COLLECTION

DES

AUTEURS LATINS

AVEC LA TRADUCTION EN FRANÇAIS

PUBLIÉE SOUS LA DIRECTION

DE M. NISARD

DE L'ACADÉMIE FRANÇAISE
INSPECTEUR GÉNÉRAL DE L'ENSEIGNEMENT SUPÉRIEUR

LUCRÈCE
VIRGILE
VALÉRIUS FLACCUS

OEUVRES COMPLÈTES

PARIS. — TYPOGRAPHIE DE FIRMIN DIDOT FRÈRES, FILS ET Cⁱᵉ, RUE JACOB, 56

LUCRÈCE
VIRGILE
VALÉRIUS FLACCUS

ŒUVRES COMPLÈTES

AVEC LA TRADUCTION EN FRANÇAIS

PUBLIÉES SOUS LA DIRECTION

DE M. NISARD
DE L'ACADÉMIE FRANÇAISE
INSPECTEUR GÉNÉRAL DE L'ENSEIGNEMENT SUPÉRIEUR

PARIS

CHEZ FIRMIN DIDOT FRÈRES, FILS ET Cⁱᵉ, LIBRAIRES

IMPRIMEURS DE L'INSTITUT DE FRANCE

RUE JACOB, 56

M DCCC LXVIII

AVERTISSEMENT

DES ÉDITEURS.

Ce volume, qui renferme les plus beaux modèles de la poésie épique chez les Romains, réunit, dans l'ordre chronologique, trois auteurs qui personnifient trois époques bien distinctes de l'histoire de cette poésie, Lucrèce, Virgile, Valérius Flaccus. Lucrèce en représente les vigoureux commencements et la jeunesse déjà virile, Virgile la perfection, Valérius Flaccus la décadence.

Si on contestait le choix qui a été fait de ce dernier comme type d'une époque dans laquelle ont vécu Lucain et Stace, nous répondrions qu'à quelques beautés près, de plus ou de moins, l'affaiblissement de l'esprit poétique et l'altération profonde de la langue donnent à ces trois poëtes un caractère uniforme, et que pour la leçon à tirer du rapprochement qu'on en peut faire avec les grands modèles, peu importe lequel des trois on mette à la suite de Lucrèce et de Virgile. On sait d'ailleurs l'estime que faisait Quintilien du talent de Valérius Flaccus. Il regarde sa mort prématurée comme une grande perte pour les lettres romaines.

De grands efforts ont été faits pour que les traductions de ces trois auteurs reproduisissent les principaux traits du génie particulier de chacun. Faire sentir ce qu'il y a de hardi et de naïf dans le génie de Lucrèce; montrer, dans la traduction de Virgile, que dans l'impossibilité d'égaler ses perfections, on les a du moins senties, marquer légèrement, et sans forcer la langue française, de quelle façon la langue latine et le fonds même de la poésie se sont altérés dans Valérius Flaccus, tel est l'esprit dans lequel a été traduit ce volume, l'un de ceux qui demandaient le plus de talent et qui ont coûté le plus de travail.

Les textes sont ceux de la collection Lemaire. Celui de Lucrèce, en particulier, est reproduit de l'édition si correcte et si savante qu'en a donnée le neveu de l'auteur de cette collection, M. Auguste Lemaire, l'un des plus habiles professeurs de l'Université.

NOTICE
SUR LUCRÈCE.

Suivant Eusèbe, Lucrèce naquit la seconde année de la 71ᵉ olympiade [1]; époque où la Grèce commençait à répandre ses lumières dans l'Italie ; où Cicéron, Atticus, Catulle et J. César apparurent presque ensemble; où le génie ambitieux qui allait asservir Rome grandissait auprès du génie littéraire qui devait la consoler de sa liberté perdue. Lucrèce appartenait à cette antique famille dont le nom avait déjà été immortalisé par l'héroïsme d'une femme [2]. Les annales du temps citent avec honneur quelques autres membres de cette famille. « Q. Lucrétius Vespillo, dit Cicéron, est un habile jurisconsulte; mais Q. Lucrétius Ofella brille surtout dans les harangues [3]. » César enfin parle du sénateur Vespillo.

Lucrèce seul, obéissant à une maxime fondamentale de son école, demeura, comme Mécène, simple chevalier. Il n'ajouta aux titres de sa famille que le surnom de *Carus*, que justifie son attachement pour Memmius [4]; noble amitié comme toutes celles qui se formèrent entre les grands et les poëtes de Rome, à la gloire des uns et des autres, et dont Horace et Virgile offrirent plus tard de si touchants exemples. On suppose que Lucrèce accompagna Memmius en Bithynie, avec Catulle et le grammairien Nicétas ; mais on ignore s'il put faire le voyage d'Athènes, alors le complément nécessaire d'une éducation libérale. On croit pourtant qu'il étudia dans le berceau de la philosophie qu'il a chantée, sous Zénon, qui fut, après Épicure, la lumière et l'honneur de l'école.

Suivant une version qui paraît au moins téméraire, un philtre que lui donna une maîtresse jalouse, altérant cette grande et vigoureuse intelligence, l'aurait précipité, jeune encore, dans une folie mêlée d'intervalles lucides, durant lesquels il aurait fait son poëme. Ainsi quelques instants de calme, quelques éclairs de raison auraient suffi pour concevoir avec tant de force et exécuter avec tant de précision le plus difficile des sujets de poésie ; ainsi un homme, partagé entre ces singulières intermittences de fièvre et de génie, aurait pu développer des théories si ardues avec tant d'ordre, de proportion et d'enchaînement. Peut-être la manière dont mourut Lucrèce a-t-elle autorisé cette conjecture. Il est trop vrai qu'à 44 ans, à cet âge où l'esprit de l'homme a acquis toute sa vigueur, ce grand poëte se donna la mort. Les uns prétendent que ce fut dans un accès de délire, triste fin pour un sage ! les autres soutiennent que le chagrin de voir Memmius tombé en disgrâce le jeta dans cette extrémité ; mais un tel chagrin semble fort extraordinaire chez un philosophe si détaché des honneurs. Il est plus vraisemblable que, fatigué du spectacle des maux qui accablaient sa patrie, il voulut se reposer dans la mort, qui était, à ses yeux, un éternel et paisible sommeil.

On a observé que Lucrèce succomba le jour où Virgile prenait la robe. Quelques-uns, outrant cette coïncidence, veulent que le poëte des *Géorgiques* soit né au moment où expirait le chantre de la *Nature* ; et cette opinion dut répandre dans l'école de Pythagore la poétique idée que Virgile était l'âme de Lucrèce, appelée à produire sous un autre corps d'autres chefs-d'œuvre.

Eusèbe, qui nous montre Lucrèce atteint de folie, ajoute que son ouvrage fut revu et publié par Cicéron ; ce qui est encore moins vraisemblable. Comment croire en effet qu'un poëte qui s'est rendu à lui-même un si noble témoignage ait douté de ses forces au point de se soumettre à la censure même d'un homme supérieur?

Au reste, Cicéron lui-même, qu'on ne peut guère accuser de réserve dans ses confidences à la postérité, n'eût pas manqué de se faire honneur de cette marque de déférence rendue à son goût, dans le passage de ses Lettres où, parlant du poëme de Lucrèce, il y reconnaît d'éblouissantes lumières et beaucoup d'art [1].

On sait quel enthousiasme Virgile, dans ses Géorgiques, montre pour cet heureux sage qui a dépouillé la nature de ses voiles, et la mort de ses terreurs :

Felix qui potuit rerum cognoscere causas,
Atque metus omnes et inexorabile fatum.
Subjecit pedibus, strepitumque Acherontis avari!
(Georg. II.)

---

[1] L'an de Rome 657, 94 avant J. C.
[2] Lucrèce, femme de Collatin, était fille de Sp. Lucrétius Triciptinus, qui gouverna, comme interroi, jusqu'à la nomination des consuls.
[3] *Brutus*, § 178.)
[4] C. Memmius Gémellus, à qui Lucrèce dédia son poëme, était de cette noble et antique famille que Virgile fait remonter jusqu'aux compagnons d'Énée :
Mox Italus Mnestheus, genus a quo nomine Memmi.
(En., liv. v.)
Il fut nommé tribun du peuple, gouverneur de Bithynie; mais il aspira vainement au consulat, et accusé de brigue, il mourut en exil à Patras, bourg de l'Achaïe. Orateur habile, poëte élégant, il aimait et protégeait les arts. Cicéron lui accorde une profonde connaissance des lettres grecques, un esprit fin, du charme dans la parole, et ne lui reproche que son indolence, qui diminua, par le défaut d'exercice, les précieuses qualités de la nature. — « C. Memmius, Lucii filius, perfectus litteris, sed græcis : fastidiosus sane latinarum ; argutus orator, verbisque dulcis ; sed fugiens non modo dicendi, verum etiam cogitandi laborem, tantum sibi de facultate detraxit, quantum imminuit industriæ. » (Cic., *de Orat.*)

[1] Lucretii poëmata, ut scribis, ita sunt multis ingenii luminibus illustrata, multæ tamen et artis. (Cic., *ep. ad. Quint.*)

Ovide le loue dans des vers spirituels :
Carmina sublimis tum sunt peritura Lucreti,
Exitio terras cum dabit una dies.

Stace vante aussi la *sublime fureur* du poëte :
Cedet musa rudis ferocis Enni,
Et docti furor arduus Lucreti.

Peut-être même ce vers est-il l'unique raison de la folie attribuée à Lucrèce ; des interprètes téméraires ayant pris pour l'emportement d'un véritable délire cette fougue d'inspiration, cette impétuosité de génie que le mot *furor* exprime.

Lucrèce n'a guère moins été admiré par les modernes.

Molière surtout aimait ce poëte, qui mêle souvent, comme lui, les railleries les plus fines à la morale la plus haute.

Il essaya, dit-on, de le traduire ; mais il ne reste de son travail qu'une vive et piquante imitation, introduite dans le *Misanthrope*[1]. Voltaire, cet esprit si juste, et cet admirateur si vrai de tous les grands esprits, a des transports pour Lucrèce ; et, dans une lettre de Memmius à Cicéron, il s'écrie, avec sa vivacité habituelle de langage : « Il y a là un admirable troisième chant, que je traduirai, ou je ne pourrai. » Malheureusement il n'a pu, ou n'a pas voulu.

Parmi les traductions en prose, d'ailleurs peu nombreuses, qui ont été faites de ce poëme, la plus remarquable (nous pourrions dire la seule remarquable) est celle de Lagrange. Mais ce travail, qui atteste une connaissance profonde des deux langues, a surtout pour objet de faire comprendre le fond de la doctrine épicurienne ; et, pour nous montrer le philosophe, quelquefois elle fait disparaître le poëte. Peut-être est-ce rendre un hommage plus complet à Lucrèce, que d'employer toutes les ressources de la traduction à faire ressortir le poëte : car c'est bien moins pour le fond que pour l'attrait des grandes beautés poétiques qui y sont répandues, que le poëme *de la Nature des choses* aura toujours des lecteurs. C'est ce qu'on a tâché de faire dans cette traduction.

---

[1] Voici les deux morceaux rapprochés. Le morceau latin a tiré un prix particulier de l'idée qu'a eue Lucrèce d'y encadrer les expressions grecques ridiculement affectées par les jeunes voluptueux de son époque.

La pâle est aux jasmins en blancheur comparable ;
La noire à faire peur, une brune adorable ;
La maigre a de la taille et de la liberté ;
La grasse est, dans son port, pleine de majesté ;
La malpropre sur soi, de peu d'attraits chargée,
Est mise sous le nom de beauté négligée ;
La géante paraît une déesse aux yeux ;
La naine, un abrégé des merveilles des cieux ;
L'orgueilleuse a le cœur digne d'une couronne,
La fourbe a de l'esprit, la sotte est toute bonne ;
La trop grande parleuse est d'agréable humeur,
Et la muette garde une honnête pudeur.
C'est ainsi qu'un amant dont l'ardeur est extrême
Aime jusqu'aux défauts des personnes qu'il aime.

Acte II, sc. 5.

Nigra μελίχροος est ; immunda ac fetida, ἄκοσμος,
Cæsia, Παλλάδιον· nervosa et lignea, Δορκάς ;
Parvola, pumilio, Χαρίτων μια, tota merum sal ;
Magna atque immanis, κατάπληξις, plenaque honoris ;
Balba, loqui non quit? τραυλίζει ; muta, pudens est ;
At flagrans, odiosa, loquacula, Λαμπάδιον fit ;
Ἰσχνὸν ἐρωμένιον tum fit, quom vivere non quit
Præ macie ; ῥαδινὴ vero est jam mortua tussi ;
At gemina et mammosa, Ceres est ipsa ab Iaccho ;
Simula, Σιληνὴ ac Σατύρα est ; labiosa, φίλημα.

Liv. IV, v. 1150.

LUCRÈCE.
DE LA NATURE DES CHOSES.

LIVRE PREMIER

Mère des Romains, charme des dieux et des hommes, bienfaisante Vénus, c'est toi qui, fécondant ce monde placé sous les astres errants du ciel, peuples la mer chargée de navires, et la terre revêtue de moissons; c'est par toi que tous les êtres sont conçus, et ouvrent leurs yeux naissants à la lumière. Quand tu parais, ô déesse, le vent tombe, les nuages se dissipent; la terre déploie sous tes pas ses riches tapis de fleurs; la surface des ondes te sourit, et les cieux apaisés versent un torrent de lumière resplendissante.

Dès que les jours nous offrent le doux aspect du printemps, dès que le zéphyr captif recouvre son haleine féconde, le chant des oiseaux que tes feux agitent annonce d'abord ta présence, puis, les troupeaux enflammés bondissent dans les gras pâturages et traversent les fleuves rapides : tant les êtres vivants, épris de tes charmes et saisis de ton attrait, aiment à te suivre partout où tu les entraînes! Enfin, dans les mers, sur les montagnes, au fond des torrents, et dans les demeures touffues des oiseaux, et dans les vertes campagnes, ta douce flamme pénètre tous les cœurs, et fait que toutes les races brûlent de se perpétuer.

Ainsi donc, puisque toi seule gouvernes la nature, puisque sans toi rien ne jaillit au séjour de la lumière, rien n'est beau ni aimable, sois la compagne de mes veilles, et me dicte ce poëme que je tente sur la Nature, pour instruire notre cher Memmius. Tu as voulu que, paré de mille dons, il brillât toujours en toutes choses : aussi, déesse, faut-il couronner mes vers de grâces immortelles.

Fais cependant que les fureurs de la guerre s'assoupissent, et laissent en repos la terre et l'onde. Toi seule peux rendre les mortels aux doux loisirs de la paix, puisque Mars gouverne les batailles, et que souvent, las de son farouche ministère, il se rejette dans tes bras, et là, vaincu par la blessure d'un éternel amour, il te contemple, la tête renversée sur ton sein; son regard, attaché sur ton visage, se repait avidement de tes charmes, et son âme demeure suspendue à tes lèvres. Alors, ô déesse, quand il repose sur tes membres sacrés, et que, penchée sur lui, tu l'enveloppes de tes caresses, laisse tomber à son oreille quelques douces paroles,

T. LUCRETII CARI
DE RERUM NATURA.

LIBER I.

Æneadum genetrix, hominum divomque voluptas,
Alma Venus! cœli subter labentia signa
Quæ mare navigerum, quæ terras frugiferenteis
Concelebras; per te quoniam genus omne animantum
Concipitur, visitque exortum lumina solis : 5
Te, dea, te fugiunt ventei, te nubila cœli,
Adventumque tuum : tibi suaveis dædala tellus
Submittit flores; tibi rident æquora ponti,
Placatumque nitet diffuso lumine cœlum.
Nam simul ac species patefacta est verna diei, 10
Et reserata viget genitabilis aura Favoni;
Aeriæ primum volucres te, diva, tuumque
Significant initum, perculsæ corda tua vi.
Inde feræ pecudes persultant pabula læta,
Et rapidos tranant amneis : ita, capta lepore, 15
[Illecebrisque tuis, omnis natura animantum]
Te sequitur cupide, quo quamque inducere pergis.
Denique per maria, ac monteis, fluviosque rapaceis,
Frundiferasque domos avium, camposque virenteis,
Omnibus incutiens blandum per pectora amorem, 20
Efficis, ut cupide generatim secla propagent.
Quæ quoniam rerum naturam sola gubernas,
Nec sine te quidquam dias in luminis oras
Exoritur, neque fit lætum neque amabile quidquam;
Te sociam studeo scribundeis versibus esse, 25
Quos ego de Rerum Natura pangere conor
Memmiadæ nostro; quem tu, dea, tempore in omni
Omnibus ornatum voluisti excellere rebus :
Quo magis æternum da dicteis, diva, leporem.
Effice, ut interea fera mœnera militiai, 30
Per maria ac terras omneis, sopita quiescant.
Nam tu sola potes tranquilla pace juvare
Mortaleis; quoniam belli fera mœnera Mavors
Armipotens regit, in gremium qui sæpe tuum se
Rejicit, æterno devictus volnere amoris : 35
Atque ita, suspiciens tereti cervice reposta,
Pascit amore avidos, inhians in te, dea, visus;
Eque tuo pendet resupini spiritus ore.
Hunc tu, diva, tuo recubantem corpore sancto
Circumfusa super, suaveis ex ore loquelas 40

et demande-lui pour les Romains une paix tranquille. Car le malheureux état de la patrie nous ôte le calme que demande ce travail ; et, dans ces tristes affaires, l'illustre sang des Memmius se doit au salut de l'État.

Ouvre pourtant les oreilles, cher Memmius ! laisse là tes soucis, et abandonne-toi à la vérité. Ces dons, ces œuvres élaborées pour toi d'une main fidèle, ne les rejette point avec mépris avant de les connaître. Car je vais discuter les grandes lois qui gouvernent les cieux, les immortels, et te faire voir les principes dont la nature forme, nourrit, accroît toutes choses, et où elle les réduit toutes quand elles succombent. Pour rendre compte de ces éléments, nous avons coutume de les appeler matière, corps générateurs, semence des êtres ; et même nous employons le mot de corps premiers, parce que tout vient de ces substances primitives.

Car il ne faut rien imputer aux dieux qui, par la force de leur nature, jouissent dans une paix profonde de leur immortalité, loin de nos affaires, loin de tout rapport avec les hommes. Aussi, exempts de douleur, exempts de péril, forts de leurs propres ressources et n'ayant aucun besoin de nous, la vertu ne les gagne point et la colère ne peut les toucher.

Jadis, quand on voyait les hommes traîner une vie rampante sous le faix honteux de la superstition, et que la tête du monstre, leur apparaissant à la cime des nues, les accablait de son regard épouvantable, un Grec, un simple mortel osa enfin lever les yeux, osa enfin lui résister en face. Rien ne l'arrête, ni la renommée des dieux, ni la foudre, ni les menaces du ciel qui gronde : loin d'ébranler son courage, les obstacles l'irritent, et il n'en est que plus ardent à rompre les barrières étroites de la nature. Aussi en vient-il à bout par son infatigable génie : il s'élance loin des bornes enflammées du monde, il parcourt l'infini sur les ailes de la pensée, il triomphe, et revient nous apprendre ce qui peut ou ne peut pas naître, et d'où vient que la puissance des corps est bornée et qu'il y a pour tous un terme infranchissable. La superstition fut donc abattue et foulée aux pieds à son tour, et sa défaite nous égala aux dieux.

Mais tu vas croire peut-être que je t'enseigne des doctrines impies, et qui sont un acheminement au crime ; tandis que c'est la superstition, au contraire, qui jadis enfanta souvent des actions criminelles et sacriléges. Pourquoi l'élite des chefs de la Grèce, la fleur des guerriers, souillèrent-ils en Aulide l'autel de Diane du sang d'Iphigénie? Quand le bandeau fatal, enveloppant la belle chevelure de la jeune fille, flotta le long de ses joues en deux parties égales ; quand elle vit son père debout et triste devant l'autel, et près de lui les ministres du sacrifice qui cachaient encore leur fer, et le peuple qui pleurait en la voyant ; muette d'effroi, elle fléchit le genou, et se laissa aller à terre. Que lui servait alors, l'infortunée, d'être la première qui eût donné le nom de père au roi des Grecs? Elle fut enlevée par

Funde, petens placidam Romaneis, incluta, pacem.
Iam neque nos agere hoc patriai tempore iniquo
Possumus æquo animo ; nec Memmi clara propago
Talibus in rebus communi deesse saluti.
 Quod superest, vacuas aureis mihi, Memmius, et te,   45
Semotum a curis, adhibe veram ad rationem :
Ne mea dona, tibi studio disposta fideli,
Intellecta prius quam sint, contemta relinquas.
Nam tibi de summa cœli ratione deumque
Disserere incipiam, et rerum primordia pandam ;   50
Unde omneis natura creet res, auctet, alatque ;
Quoque eadem rursum natura peremta resolvat :
Quæ nos *materiem* et *genitalia corpora* rebus
Reddunda in ratione vocare, et *semina* rerum
Appellare suemus, et hæc eadem usurpare   55
Corpora prima, quod ex illis sunt omnia primis.
[Omnis enim per se divom natura, necesse est,
Immortali ævo summa cum pace fruatur,
Semota ab nostris rebus, sejunctaque longe ;
Nam privata dolore omni, privata periclis,   60
Ipsa suis pollens opibus, nihil indiga nostri,
Nec bene promeritis capitur, nec tangitur ira.]
 Humana ante oculos fede quom vita jaceret
In terris, oppressa gravi sub Religione,
Quæ caput a cœli regionibus ostendebat,   65
Horribili super aspectu mortalibus instans ;
Primum Graius homo mortaleis tollere contra
Est oculos ausus, primusque obsistere contra :
Quem neque fama deum, nec fulmina, nec minitanti
Murmure compressit cœlum ; sed eo magis acrem   70
Irritat virtutem animi, confringere ut arcta
Naturæ primus portarum claustra cupiret.
Ergo vivida vis animi pervicit, et extra
Processit longe flammantia mœnia mundi ;
Atque omne immensum peragravit mente animoque :   75
Unde refert nobis victor, quid possit oriri,
Quid nequeat ; finita potestas denique quoique
Quanam sit ratione, atque alte terminus hærens.
Quare Religio, pedibus subjecta, vicissim
Obteritur, nos exæquat victoria cœlo.   80
 Illud in his rebus vereor, ne forte rearis
Impia te rationis inire elementa, viamque
Indugredi sceleris ; quod contra sæpius olla
Religio peperit scelerosa atque impia facta.
Aulide quo pacto Triviai virginis aram   85
Iphianassæo turparunt sanguine fede
Ductores Danaum delectei, prima virorum :
Quoi simul infula, virgineos circumdata comtus,
Ex utraque pari malarum parte profusa est ;
Et mœstum simul ante aras adstare parentem   90
Sensit, et hunc propter ferrum celare ministros,
Aspectuque suo lacrumas effundere civeis ;

des hommes qui l'emportèrent toute tremblante à l'autel, non pour lui former un cortége solennel après un brillant hymen, mais afin qu'elle tombât chaste victime sous des mains impures, à l'âge des amours, et fût immolée pleurante par son propre père, qui achetait ainsi l'heureux départ de sa flotte : tant la superstition a pu inspirer de barbarie aux hommes!

Toi-même, cher Memmius, ébranlé par ces effrayants récits de tous les apôtres du fanatisme, tu vas sans doute t'éloigner de moi. Pourtant ce sont là de vains songes; et combien n'en pourrais-je pas forger à mon tour qui bouleverseraient ton plan de vie, et empoisonneraient ton bonheur par la crainte! Et ce ne serait pas sans raison; car pour que les hommes eussent quelque moyen de résister à la superstition et aux menaces des fanatiques, il faudrait qu'ils entrevissent le terme de leurs misères : et la résistance n'est ni sensée, ni possible, puisqu'ils craignent après la mort des peines éternelles. C'est qu'ils ignorent ce que c'est que l'âme; si elle naît avec le corps, ou s'y insinue quand il vient de naître; si elle meurt avec lui, enveloppée dans sa ruine, ou si elle va voir les sombres bords et les vastes marais de l'Orcus; ou enfin si une loi divine la transmet à un autre corps, ainsi que le chante votre grand Ennius, le premier qu'une couronne du feuillage éternel, apportée du riant Hélicon, immortalisa chez les races italiennes. Toutefois il explique dans des vers impérissables qu'il y a un enfer, où ne pénètrent ni des corps ni des âmes, mais seulement des ombres à forme humaine, et d'une pâleur étrange; et il raconte que le fantôme d'Homère, brillant d'une éternelle jeunesse, lui apparut en ces lieux, se mit à verser des larmes amères, et lui déroula ensuite toute la nature.

Ainsi donc, si on gagne à se rendre compte des affaires célestes, des causes qui engendrent le mouvement du soleil et de la lune, des influences qui opèrent tout ici-bas, à plus forte raison faut-il examiner avec les lumières de la raison en quoi consistent l'esprit et l'âme des hommes, et comment les objets qui les frappent, alors qu'ils veillent, les épouvantent encore, quand ils sont ensevelis dans le sommeil ou tourmentés par une maladie; de telle sorte qu'il leur semble voir et entendre ces morts dont la terre recouvre les ossements.

Je sais que dans un poëme latin il est difficile de mettre bien en lumière les découvertes obscures des Grecs, et que j'aurai souvent des termes à créer, tant la langue est pauvre et la matière nouvelle. Mais ton mérite, cher Memmius, et le plaisir que j'attends d'une si douce amitié, m'excitent et m'endurcissent au travail, et font que je veille dans le calme des nuits, cherchant des tours heureux et des images poétiques qui puissent répandre la clarté dans ton âme, et te découvrir le fond des choses.

Or, pour dissiper les terreurs et la nuit des

Muta metu, terram, genibus submissa, petebat :
Nec miseræ prodesse in tali tempore quibat,
Quod patrio princeps donarat nomine regem : 95
Nam sublata virum manibus, tremebundaque ad aras
Deducta est; non ut, solemni more sacrorum
Perfecto, posset claro comitari hymenæo :
Sed casta inceste, nubendi tempore in ipso,
Hostia concideret mactatu mœsta parentis, 100
Exitus ut classi felix faustusque daretur.
Tantum Religio potuit suadere malorum!
  Tutemet a nobis jam quovis tempore, vatum
Terriloquis victus dictis, desciscere quæres.
Quippe etenim quam multa tibi jam fingere possum 105
Somnia, quæ vitæ rationes vortere possint,
Fortunasque tuas omneis turbare timore.
Et merito : nam, si certam finem esse viderent
Ærumnarum homines, aliqua ratione valerent
Religionibus atque minis obsistere vatum : 110
Nunc ratio nulla est restandi, nulla facultas;
Æternas quoniam pœnas in morte timendum.
Ignoratur enim, quæ sit natura animai;
Nata sit, an contra nascentibus insinuetur;
Et simul intereat nobiscum, morte diremta, 115
An tenebras Orci visat, vastasque lacunas;
An pecudes alias divinitus insinuet se,
Ennius ut noster cecinit, qui primus amœno
Detulit ex Helicone perenni frunde coronam,

Per genteis Italas hominum quæ clara clueret : 120
Etsi præterea tamen esse Acherusia templa
Ennius æternis exponit versibus edens,
Quo neque permanent animæ, neque corpora nostra;
Sed quædam simulacra, modis pallentia miris :
Unde sibi exortam semper florentis Homeri 125
Commemorat speciem lacrumas effundere salsas
Cœpisse, et rerum naturam expandere dictis.
  Quapropter, bene quom superis de rebus habenda
Nobis sit ratio, solis lunæque meatus
Qua fiant ratione, et qua vi quæque gerantur 130
In terris; tunc cum primis ratione sagaci,
Unde anima atque animi constet natura, videndum :
Et quæ res, nobis vigilantibus obvia, menteis
Terrificet morbo affecteis, somnoque sepulteis;
Cernere uti videamur eos, audireque coram, 135
Morte obita quorum tellus amplectitur ossa.
  Nec me animi fallit, Graiorum obscura reperta
Difficile illustrare Latinis versibus esse;
Multa novis verbis præsertim quom sit agundum,
Propter egestatem linguæ et rerum novitatem : 140
Sed tua me virtus tamen, et sperata voluptas
Suavis amicitiæ quemvis efferre laborem
Suadet, et inducit nocteis vigilare serenas,
Quærentem, dictis quibus, et quo carmine demum
Clara tuæ possim præpandere lumina menti, 145
Res quibus occultas penitus convisere possis.

âmes, c'est trop peu des rayons du soleil ou des traits éblouissants du jour ; il faut la raison, et un examen lumineux de la nature. Voici donc le premier axiome qui nous servira de base : Rien ne sort du néant, fût-ce même sous une main divine. Ce qui rend les hommes esclaves de la peur, c'est que, témoins de mille faits accomplis dans le ciel et sur la terre, mais incapables d'en apercevoir les causes, ils les imputent à une puissance divine. Aussi, dès que nous aurons vu que rien ne se fait de rien, déjà nous distinguerons mieux le but de nos poursuites, et la source d'où jaillissent tous les êtres, et la manière dont ils se forment, sans que les dieux y aident.

Si le néant les eût enfantés, tous les corps seraient à même de produire toutes les espèces, et aucun n'aurait besoin de germe. Les hommes naîtraient de l'onde, les oiseaux et les poissons de la terre ; les troupeaux s'élanceraient du ciel ; et les bêtes féroces, enfants du hasard, habiteraient sans choix les lieux cultivés ou les déserts. Les mêmes fruits ne naîtraient pas toujours sur les mêmes arbres, mais ils varieraient sans cesse : tous les arbres porteraient tous les fruits. Car si les corps étaient privés de germes, se pourrait-il qu'ils eussent constamment une même source ? Mais, au contraire, comme tous les êtres se forment d'un élément invariable, chacun d'eux ne vient au monde que là où se trouve sa substance propre, son principe générateur ; et ainsi tout ne peut pas naître de tout, puisque chaque corps a la vertu de créer un être distinct.

D'ailleurs, pourquoi la rose s'ouvre-t-elle au printemps, pourquoi le blé mûrit-il aux feux de l'été, et la vigne sous la rosée de l'automne, sinon parce que les germes s'amassent à temps fixe, et que tout se développe dans la bonne saison, et alors que la terre féconde ne craint pas d'exposer au jour ses productions encore tendres ? Si ces productions étaient tirées du néant, elles naîtraient tout à coup, à des époques incertaines et dans les saisons ennemies, puisqu'il n'y aurait pas de germes dont le temps contraire pût empêcher les féconds assemblages.

D'autre part, si le néant engendrait les êtres, une fois leurs éléments réunis, il ne leur faudrait pas un long espace de temps pour croître : les enfants deviendraient aussitôt des hommes, et l'arbuste ne sortirait de terre que pour s'élancer au ciel. Et pourtant rien de tout cela n'arrive ; les êtres grandissent insensiblement (ce qui doit être, puisqu'ils ont un germe déterminé), et en grandissant ils ne changent pas d'espèce ; ce qui prouve que tous les corps s'accroissent et s'alimentent de leur substance première.

J'ajoute que, sans les pluies qui l'arrosent à point fixe, la terre n'enfanterait pas ses productions bienfaisantes, et que les animaux, privés de nourriture, ne pourraient multiplier leur espèce ni soutenir leur vie : de sorte qu'il vaut mieux admettre l'existence de plusieurs éléments qui se combinent pour former plusieurs êtres,

Hunc igitur terrorem animi tenebrasque necesse est
Non radiei solis, neque lucida tela diei
Discutiant, sed Naturæ species, Ratioque :
Quojus principium hinc nobis exordia sumet, 150
Nullam rem e nihilo gigni divinitus unquam.
Quippe ita formido mortaleis continet omneis,
Quod multa in terris fieri cœloque tuentur,
Quorum operum causas nulla ratione videre
Possunt ; ac fieri divino numine rentur. 155
Quas ob res, ubi viderimus nil posse creari
De nihilo, tum , quod sequimur, jam rectius inde
Perspiciemus ; et unde queat res quæque creari,
Et quo quæque modo fiant opera sine divom.
 Nam, si de nihilo fierent, ex omnibu' rebus 160
Omne genus nasci posset ; nil semine egeret.
E mare primum homines, e terra posset oriri
Squamigerum genus, et volucres ; erumpere cœlo
Armenta, atque aliæ pecudes : genus omne ferarum
Incerto partu culta ac deserta tenerent : 165
Nec fructus idem arboribus constare solerent,
Sed mutarentur ; ferre omnes omnia possent.
Quippe, ubi non essent genitalia corpora quoique,
Qui posset mater rebus consistere certa ?
At nunc, seminibus quia certis quæque creantur, 170
Inde enascitur, atque oras in luminis exit,

Materies ubi inest quojusque et corpora prima :
Atque hac re nequeunt ex omnibus omnia gigni,
Quod certis in rebus inest secreta facultas.
 Præterea, quur vere rosam, frumenta calore, 175
Viteis auctumno fundi sudante videmus ;
Si non, certa suo quia tempore semina rerum
Quom confluxerunt, patefit quodquomque creatur,
Dum tempestates adsunt, et vivida tellus
Tuto res teneras effert in luminis oras ? 180
Quod si de nihilo fierent, subito exorerentur
Incerto spatio, atque alienis partibus anni :
Quippe ubi nulla forent primordia, quæ genitali
Concilio possent arceri tempore iniquo.
 Nec porro augendis rebus spatio foret usus 185
Seminis ad coitum, e nihilo si crescere possent :
Nam fierent juvenes subito ex infantibu' parvis,
E terraque, exorta repente, arbusta salirent :
Quorum nil fieri manifestum est, omnia quando
Paullatim crescunt, ut par est, semine certo ; 190
Crescentesque genus servant : ut noscere possis
Quidque sua de materia grandescere, alique.
 Huc accedit, uti sine certis imbribus anni
Lætificos nequeat fetus submittere tellus ;
Nec porro, secreta cibo, natura animantum 195
Propagare genus possit, vitamque tueri :

comme nous voyons les lettres produire tous les mots, que celle d'un être dépourvu de germe. D'où vient aussi que la nature n'a pu bâtir de ces géants qui traversent les mers à pied, qui déracinent de vastes montagnes, et dont la vie triomphe de mille générations, si ce n'est parce que chaque être a une part déterminée de substance, qui est la mesure de son accroissement? Il faut donc avouer que rien ne peut se faire de rien, puisque tous les corps ont besoin de semences pour être mis au jour, et jetés dans le souple berceau des airs. Enfin un lieu cultivé a plus de vertu que les terrains incultes, et les fruits s'améliorent sous des mains actives : la terre renferme donc des principes ; et c'est en remuant avec la charrue les glèbes fécondes, en bouleversant la surface du sol, que nous les excitons à se produire. Car, autrement, toutes choses deviendraient meilleures d'elles-mêmes, et sans le travail des hommes.

Ajoutons que la nature brise les corps, et les réduit à leurs simples germes, au lieu de les anéantir.

En effet, si les corps n'avaient rien d'impérissable, tout ce que nous cesserions de voir cesserait d'être, et il n'y aurait besoin d'aucun effort pour entraîner la dissolution des parties et rompre l'assemblage. Mais comme tous les êtres, au contraire, sont formés d'éléments éternels, la nature ne consent à leur ruine que quand une force vient les heurter et les rompre sous le choc, ou pénètre leurs vides, et les dissout.

D'ailleurs, si les corps que le temps et la vieillesse font disparaître périssent tout entiers, et que leur substance soit anéantie, comment Vénus peut-elle renouveler toutes les espèces qui s'épuisent? comment la terre peut-elle les nourrir, et les accroître quand elles sont reproduites? Avec quoi les sources inépuisables aliment-elles les mers et les fleuves au cours lointain ? et de quoi se repaît le feu des astres? Car si tout était périssable, tant de siècles écoulés jusqu'à nous devraient avoir tout dévoré; mais puisque, dans l'immense durée des âges, il y a toujours eu de quoi réparer les pertes de la nature, il faut que la matière soit immortelle, et que rien ne tombe dans le néant.

Enfin, la même cause détruirait tous les corps, si des éléments indestructibles n'enchaînaient plus ou moins étroitement leurs parties, et n'en maintenaient l'assemblage. Le toucher même suffirait pour les frapper de mort, et le moindre choc romprait cet amas de substance périssable. Mais comme les éléments s'entrelacent de mille façons diverses, et que la matière ne périt pas, il en résulte que les êtres subsistent jusqu'à ce qu'ils soient brisés par une secousse plus forte que l'enchaînement de leurs parties. Les corps ne s'anéantissent donc pas, quand ils sont dissous, mais ils retournent et s'incorporent à la substance universelle.

Ces pluies même que l'air répand à grands flots dans le sein de la terre qu'il féconde, semblent perdues ; mais aussitôt s'élèvent de riches

Ut potius multeis communia corpora rebus
Multa putes esse, ut verbeis elementa videmus,
Quam sine principiis ullam rem exsistere posse.
 Denique quur homines tantos natura parare 200
Non potuit, pedibus quei pontum per vada possent
Transire, et magnos manibus divellere monteis,
Multaque vivendo vitalia vincere secla ;
Si non, materies quia rebus reddita certa est
Gignundeis, e qua constat quid possit oriri? 205
Nil igitur fieri de nilo posse fatendum est,
Semine quando opus est rebus, quo quaeque creatae
Aeris in teneras possent proferrier auras.
 Postremo, quoniam inculteis praestare videmus
Culta loca, et manibus meliores reddere fetus, 210
Esse videlicet in terris primordia rerum ;
Quae nos, fecundas vortentes vomere glebas,
Terraique solum subigentes, cimus ad ortus.
Quod si nulla forent, nostro sine quaeque labore
Sponte sua multo fieri meliora videres. 215
 Huc accedit, uti quidque in sua corpora rursum
Dissolvat natura, neque ad nihilum interimat res.
 Nam, si quid mortale e cunctis partibus esset,
Ex oculis res quaeque repente erepta periret :
Nulla vi foret usus enim, quae partibus ejus 220
Discidium parere, et nexus exsolvere posset.
Quod nunc, aeterno quia constant semine quaeque,

Donec vis obiit, quae res diverberet ictu,
Aut intus penetret per inania, dissoluatque,
Nullius exitium patitur Natura videri. 225
 Praeterea, quaequomque vetustate amovet aetas,
Si penitus perimit, consumens materiem omnem,
Unde animale genus generatim in lumina vitae
Reducit Venus; et reductum daedala tellus
Unde alit, atque auget, generatim pabula praebens? 230
Unde mare ingenuei fontes, externaque longe
Flumina suppeditant? unde aether sidera pascit?
Omnia enim debet, mortali corpore quae sunt,
Infinita aetas consumse ante acta, diesque.
Quod si in eo spatio atque ante acta aetate fuere, 235
E quibus haec rerum consistit summa refecta,
Immortali sunt natura praedita certe :
Haud igitur possunt ad nilum quaeque revorti.
 Denique res omneis eadem vis causaque volgo
Conficeret, nisi materies aeterna teneret 240
Inter se nexu minus aut magis indupedita ;
Tactus enim leti satis esset causa profecto ;
Quippe, ubi nulla forent aeterno corpore, quorum
Contextum vis deberet dissolvere quaeque.
At nunc, inter se quia nexus principiorum 245
Dissimiles constant, aeternaque materies est,
Incolumi remanent res corpore, dum satis acris
Vis obeat pro textura quojusque reperta.

moissons, aussitôt les arbres se couvrent de verts feuillages, et ils grandissent et se courbent sous leurs fruits. C'est là ce qui nourrit les animaux et les hommes; c'est là ce qui fait éclore dans nos villes une jeunesse florissante, ce qui fait chanter nos bois, peuplés d'oiseaux naissants. Voilà pourquoi des troupeaux gras et fatigués du poids de leurs membres reposent dans les riants pâturages, et que des flots de lait pur s'échappent de leurs mamelles gonflées, tandis que leurs petits encore faibles, et dont ce lait enivre les jeunes têtes, bondissent en jouant sur l'herbe tendre.

Ainsi donc, tout ce qui semble détruit ne l'est pas; car la nature refait un corps avec les débris d'un autre, et la mort seule lui vient en aide pour donner la vie.

Je t'ai prouvé, Memmius, que les êtres ne peuvent sortir du néant, et qu'ils n'y peuvent retomber; mais, de peur que tu n'aies pas foi dans mes paroles, parce que les éléments de la matière sont invisibles, je te citerai des corps dont tu seras forcé de reconnaître l'existence, quoiqu'ils échappent à la vue.

D'abord, c'est le vent furieux qui bat les flots de la mer, engloutit de vastes navires, et disperse les nuages; ou qui, parcourant les campagnes en tourbillon rapide, couvre la terre d'arbres immenses, abat les forêts d'un souffle, tourmente la cime des monts, et irrite les ondes frémissantes qui se soulèvent avec un bruit menaçant. Il est clair que les vents sont des corps invisibles, eux qui balayent à la fois la terre, les eaux, les nues, et qui les font tourbillonner dans l'espace.

C'est un fluide qui inonde et ravage la nature, ainsi qu'un fleuve dont les eaux paisibles s'emportent tout à coup et débordent, quand elles sont accrues par ces larges torrents de pluie qui tombent des montagnes, entraînant avec eux les ruines des bois, et des arbres entiers. Les ponts les plus solides ne peuvent soutenir le choc impétueux de l'onde, tant le fleuve, gonflé de ces pluies orageuses, heurte violemment les digues : il les met en pièces avec un horrible fracas; il roule dans son lit des rochers énormes, et abat tout ce qui lui fait obstacle. C'est ainsi que doivent se précipiter les vents, qui chassent devant eux et brisent sous mille chocs tout ce que leur souffle vient battre comme des flots déchaînés, et qui parfois saisissent comme en un gouffre et emportent les corps dans leurs tourbillons rapides. Je le répète donc, les vents sont des corps invisibles, puisque, dans leurs effets et dans leurs habitudes, on les trouve semblables aux grands fleuves qui sont des corps apparents.

Enfin, ne sentons-nous pas les odeurs émanées des corps, quoique nous ne les voyions pas

Haud igitur redit ad nihilum res ulla, sed omnes
Discidio redeunt in corpore materiai.   250
   Postremo, pereunt imbres, ubi eos pater Æther
In gremium matris Terrai præcipitavit :
At nitidæ surgunt fruges, rameique virescunt
Arboribus; crescunt ipsæ, fetuque gravantur.
Hinc alitur porro nostrum genus, atque ferarum :   255
Hinc lætas urbeis pueris florere videmus,
Frundiferasque novis avibus canere undique sylvas :
Hinc fessæ pecudes pingues per pabula læta
Corpora deponunt; et candens lacteus humor
Uberibus manat distentis : hinc nova proles   260
Artubus infirmis teneras lasciva per herbas
Ludit, lacte mero menteis perculsa novellas.
Haud igitur penitus pereunt quæquomque videntur;
Quando alid ex alio reficit Natura, nec ullam
Rem gigni patitur, nisi morte adjuta aliena.   265
   Nunc age, res quoniam docui non posse creari
De nihilo, neque item genitas ad nil revocari;
Ne qua forte tamen cœptes diffidere dicteis,
Quod nequeunt oculis rerum primordia cerni;
Accipe præterea, quæ corpora tute necesse est   270
Confiteare esse in rebus, nec posse videri.
   Principio, venti vis verberat incita pontum,
Ingenteisque ruit naveis, et nubila differt;
Interdum, rapido percurrens turbine, campos
Arboribus magnis sternit, monteisque supremos   275
Sylvifragis vexat flabris : ita perfurit acri
Cum fremitu, sævitque minaci murmure pontus.

Sunt igitur ventei nimirum corpora cæca,
Quæ mare, quæ terras, quæ denique nubila cœli
Verrunt, ac subito vexantia turbine raptant.   280
Nec ratione fluunt alia, stragemque propagant,
Ac quom mollis aquæ fertur natura repente
Flumine abundanti; quem largis imbribus auget
Montibus ex altis magnus decursus aquai,
Fragmina conjiciens sylvarum, arbustaque tota :   285
Nec validei possunt pontes venientis aquai
Vim subitam tolerare; ita, magno turbidus imbri,
Molibus incurrit validis cum viribus amnis;
Dat sonitu magno stragem; volvitque sub undis
Grandia saxa, quæ quidquam fluctibus obstat.   290
Sic igitur debent venti quoque flamina ferri;
Quæ, veluti validum quom flumen procubuere
Quamlibet in partem, trudunt res ante, ruuntque
Impetibus crebris; interdum vortice torto
Corripiunt, rapideique rotanti turbine portant.   295
Quare etiam atque etiam sunt ventei corpora cæca;
Quandoquidem, factis et moribus, æmula magneis
Amnibus inveniuntur, aperto corpore quei sunt.
   Tum porro varios rerum sentimus odores;
Nec tamen ad nareis venienteis cernimus unquam;   300
Nec calidos æstus tuimur, nec frigora quimus
Usurpare oculis; nec voces cernere suemus :
Quæ tamen omnia corporea constare necesse est
Natura, quoniam sensus impellere possunt :
Tangere enim aut tangi, nisi corpus, nulla potest res. 305
   Denique fluctifrago suspensæ in litore vestes

arriver aux narines? L'œil ne saisit ni le froid ni le chaud ; on n'a pas coutume d'apercevoir les sons : et pourtant il faut bien que toutes ces choses soient des corps, car elles frappent les sens, et il n'est rien, excepté les corps, qui puisse toucher ou être touché.

Les vêtements exposés sur les bords où la mer se brise, deviennent humides, et sèchent ensuite quand ils sont étendus au soleil; mais on ne voit pas comment l'humidité les pénètre, ni comment elle s'en va, dissipée par la chaleur : l'humidité se divise donc en parties si petites, qu'elles échappent à la vue.

Bien plus, à mesure que les soleils se succèdent, le dessous de l'anneau s'amincit sous le doigt qui le porte ; les gouttes de pluie qui tombent creusent la pierre; les sillons émoussent insensiblement le fer recourbé de la charrue ; nous voyons aussi le pavé des chemins usé sous les pas de la foule; les statues, placées aux portes de la ville, nous montrent que leur main droite diminue sous les baisers des passants; et nous apercevons bien que tous ces corps ont éprouvé des pertes, mais la nature jalouse nous dérobe la vue des parties qui se détachent à chaque moment.

Enfin les yeux les plus perçants ne viendraient pas à bout de voir ce que le temps et la nature, qui font croître lentement les êtres, leur ajoutent peu à peu, ni ce que la vieillesse ôte à leur substance amaigrie. Les pertes continuelles des rochers qui pendent sur la mer, et que dévore le sel rongeur, échappent aussi à ta vue. C'est donc à l'aide de corps imperceptibles que la nature opère.

Mais il ne faut pas croire que tout se tienne, et que tout soit matière dans l'espace. Il y a du vide, Memmius ; et c'est une vérité qu'il te sera souvent utile de connaître, car elle t'empêchera de flotter dans le doute, d'être toujours en quête de la nature des choses, et de n'avoir pas foi dans mes paroles. Il existe donc un espace sans matière, qui échappe au toucher, et qu'on nomme le vide. Si le vide n'existait pas, le mouvement serait impossible ; car, comme le propre des corps est de résister, ils se feraient continuellement obstacle, de sorte que nul ne pourrait avancer, puisque nul autre ne commencerait par lui céder la place. Cependant, sur la terre et dans l'onde, et dans les hauteurs du ciel, on voit mille corps se mouvoir de mille façons et par mille causes diverses ; au lieu que, sans le vide, non-seulement ils seraient privés du mouvement qui les agite, mais ils n'auraient pas même pu être créés, parce que la matière, formant une masse compacte, eût demeuré dans un repos stérile.

D'ailleurs, parmi les corps même qui passent pour être solides, on trouve des substances poreuses. La rosée limpide des eaux pénètre les rochers et les grottes, qui laissent échapper des larmes abondantes ; les aliments se distribuent dans tout le corps des animaux ; les arbres croissent, et laissent échapper des fruits à certaines

---

Uvescunt, eædem dispansæ in sole serescunt :
At neque, quo pacto persederit humor aquaï,
Visum est, nec rursum quo pacto fugerit æstu.
In parvas igitur parteis dispergitur humor, 310
Quas oculei nulla possunt ratione videre.

Quin etiam, multis solis redeuntibus annis,
Annulus in digito subter tenuatur habendo :
Stillicidi casus lapidem cavat : uncus aratri
Ferreus occulte decrescit vomer in arvis : 315
Strataque jam volgi pedibus detrita viarum
Saxea conspicimus : tum portas propter ahena
Signa manus dextras ostendunt attenuari
Sæpe salutantum tactu, præterque meantum.
Hæc igitur minui, quom sint detrita, videmus ; 320
Sed, quæ corpora decedant in tempore quoque,
Invida præclusit speciem natura videndi.

Postremo, quæquomque dies naturaque rebus
Paullatim tribuit, moderatim crescere cogens,
Nulla potest oculorum acies contenta tueri ; 325
Nec porro quæquomque ævo macieque senescunt :
Nec, mare quæ impendent, vesco sale saxa peresa
Quid quoque amittant in tempore, cernere possis.
Corporibus cæcis igitur natura gerit res.

Nec tamen undique corporea stipata tenentur 330
Omnia natura ; namque est in rebus inane :
Quod tibi cognosse in multis erit utile rebus ;
Nec sinet errantem dubitare, et quærere semper
De summa rerum, et nostreis diffidere dictis.
[Quapropter locus est intactus, inane, vacansque.] 335
Quod si non esset, nulla ratione moveri
Res possent ; namque, officium quod corporis exstat,
Officere atque obstare, id in omni tempore adesset
Omnibus : haud igitur quidquam procedere posset,
Principium quoniam cedendi nulla daret res. 340
At nunc per maria, ac terras, sublimaque cœli,
Multa modis multis varia ratione moveri
Cernimus ante oculos : quæ, si non esset inane,
Non tam sollicito motu privata carerent,
Quam genita omnino nulla ratione fuissent, 345
Undique materies quoniam stipata quiesset.

Præterea, quamvis solidæ res esse putentur,
Hinc tamen esse licet raro cum corpore cernas.
In saxis, ac speluncis, permanat aquarum
Liquidus humor, et uberibus flent omnia guttis : 350
Dissupat in corpus sese cibus omne animantum :
Crescunt arbusta, et fetus in tempore fundunt :

époques, parce que les sucs nourriciers y sont répandus, depuis le bout des racines, par le tronc et les branches ; le son perce les murs, et se coule dans les maisons fermées ; le froid atteint et glace les os : ce qui ne pourrait se faire, si tous ces corps ne trouvaient des vides qui leur donnent passage.

Enfin, pourquoi certains corps sont-ils de différents poids sous des volumes égaux ? Si un flocon de laine contient autant de matière que le plomb, il doit peser également sur la balance, puisque le propre des corps est de tout précipiter en bas. Le vide seul manque, par sa nature même, de pesanteur. Aussi, lorsque deux corps sont de grandeur égale, le plus léger annonce qu'il y a en lui plus de vide ; le plus pesant, au contraire, accuse une substance plus compacte et plus riche.

La matière renferme donc évidemment ce que j'essaye d'expliquer à l'aide de la raison, et que je nomme le vide.

Mais, afin que rien ne puisse te détourner du vrai, je dois prévenir l'objection que des philosophes se sont imaginé de nous faire. Suivant eux, de même que les flots cèdent aux efforts des poissons et leur ouvrent une voie liquide, parce que les poissons laissent après eux des espaces libres, où se réfugient les ondes obéissantes, de même les autres corps peuvent se mouvoir de concert, et changer de place, quoique tout soit plein. Ce raisonnement est entièrement faux : car où les poissons peuvent-ils aller, si la vague ne leur fait place ? et si les poissons demeurent immobiles, où les eaux trouveront-elles un refuge ? Il faut donc ou ôter le mouvement aux corps, ou admettre qu'il y a du vide mêlé à la matière, et que la matière entre en mouvement à l'aide du vide.

Enfin si deux corps plats et larges, qui se touchent, se séparent tout à coup, il se fait entre ces deux corps un vide qui doit être nécessairement comblé par l'air. Mais quoique l'air enveloppe rapidement et inonde cet espace, tout ne peut se remplir à la fois ; car il faut que l'air envahisse d'abord les extrémités, et ensuite le reste. Peut-être croit-on que l'air antérieurement condensé se dilate quand les corps se séparent ; mais on se trompe, car il se fait alors un vide qui n'existait pas, et un vide qui existait se comble. D'ailleurs, l'air ne peut se condenser de la sorte ; et quand même ce serait possible, le vide lui serait encore nécessaire, je pense, pour rapprocher ses parties et se ramasser en lui-même. Ainsi, quelques détours que tu cherches pour échapper à l'évidence, tu es obligé enfin de reconnaître que la matière renferme du vide.

A ces arguments je pourrais en joindre beaucoup d'autres, qui donneraient un nouveau poids à mes paroles ; mais il suffit de quelques traces légères, pour acheminer ton esprit pénétrant à la

Quod cibus in totas, usque ab radicibus imis,
Per truncos ac per ramos diffunditur omneis :
Inter sæpta meant voces, et clusa domorum 355
Transvolitant : rigidum permanat frigus ad ossa.
Quod, nisi inania sint, qua possent corpora quæque
Transire, haud ulla fieri ratione videres.
Denique, quur alias aliis præstare videmus
Pondere res rebus, nihilo majore figura? 360
Nam, si tantumdem est in lanæ glomere, quantum
Corporis in plumbo est, tantumdem pendere par est ;
Corporis officium est quoniam premere omnia deorsum :
Contra autem natura manet sine pondere inanis.
Ergo, quod magnum est æque, leviusque videtur, 365
Nimirum plus esse sibi declarat inanis ;
At contra gravius plus in se corporis esse
Dedicat, et multo vacuum minus intus habere.
 Est igitur nimirum id, quod ratione sagaci
Quærimus, admixtum rebus ; quod inane vocamus. 370
Illud, in his rebus ne te deducere vero
Possit, quod quidam fingunt, præcurrere cogor.
Cedere squamigereis latices nitentibus aiunt,
Et liquidas aperire vias, quia post loca pisces
Linquant, quo possint cedentes confluere undæ : 375
Sic alias quoque res inter se posse moveri,
Et mutare locum, quamvis sint omnia plena.
Scilicet id falsa totum ratione receptum est :
Nam quo squamigerei poterunt procedere tandem,
Ni spatium dederint latices ? Concedere porro 380
Quo poterunt undæ, quom pisces ire nequibunt ?
Aut igitur motu privandum est corpora quæque,
Aut esse admixtum dicundum est rebus inane,
Unde initum primum capiat res quæque movendi.
Postremo, duo de concursu corpora lata 385
Si cita dissiliant, nempe aer omne necesse est,
Inter corpora quod fiat, possidat inane.
Is porro quamvis, circum celerantibus auris,
Confluat, haud poterit tamen uno tempore totum
Compleri spatium : nam primum quemque necesse est 390
Occupet ille locum, deinde omnia possideantur.
Quod si forte aliquis, quom corpora dissiluere,
Tum putat id fieri, quia se condenseat aer,
Errat : nam vacuum tum fit, quod non fuit ante ;
Et repletur item, vacuum quod constitit ante ; 395
Nec tali ratione potest denserier aer :
Nec, si jam posset, sine inane posset, opinor,
Ipse in se trahere, et parteis conducere in unum.
Quapropter, quamvis causando multa moreris,
Esse in rebus inane tamen fateare necesse est. 400
 Multaque præterea tibi possum commemorando
Argumenta fidem dicteis corradere nostreis :
Verum animo satis hæc vestigia parva sagaci
Sunt, per quæ possis cognoscere cætera tute.
Namque canes ut montivagæ persæpe ferai 405
Naribus inveniunt intectas fronde quietes,

connaissance du reste. Car, de même que les chiens, une fois sur la piste, découvrent avec leurs narines les retraites où les hôtes errants des montagnes dorment sous la feuillée qui les cache, de même tu pourras seul et de toi-même courir de découvertes en découvertes, forcer la nature dans ses mystérieux asiles, et en arracher la vérité.

Si ta conviction hésite, si ton esprit se relâche, je puis facilement t'en faire la promesse, cher Memmius: des preuves abondantes, que mon esprit a puisées aux grandes sources de la sagesse, vont couler pour toi de mes lèvres harmonieuses. Je crains même que la vieillesse ne se glisse dans nos membres à pas lents, et ne rompe les chaînes de notre vie, avant que cette richesse d'arguments sur toutes choses n'entre avec mes vers dans ton oreille. Mais il faut maintenant poursuivre ce que nous avions entamé.

La nature se compose donc par elle-même de deux principes, les corps, et le vide où ils séjournent et accomplissent leurs mouvements divers. Le sens commun atteste que les corps existent; et si cette croyance fondamentale n'exerce pas un empire aveugle, il n'y a aucun moyen de convaincre les esprits, quand on explique par la raison ce qui échappe aux sens. Quant à ce lieu ou à cet espace que nous appelons le vide, s'il n'existait pas, les corps ne trouveraient place nulle part, et ils ne pourraient errer en tous sens, comme je te l'ai démontré plus haut.

En outre, il n'est aucune substance qu'on puisse déclarer à la fois indépendante de la matière, distincte du vide, et qui offre les apparences d'une troisième nature. Car, quel que soit ce principe, pour exister, il doit avoir un volume petit ou grand; et au moindre contact, même le plus léger, le plus imperceptible, il va augmenter le nombre des corps et se perdre dans la masse. S'il est impalpable, au contraire, si aucune de ses parties n'arrête le flux des corps qui le traversent, n'est-ce point alors cet espace sans matière que je nomme le vide?

D'ailleurs, tous les êtres qui existent par eux-mêmes doivent agir, ou souffrir que les autres agissent sur eux; ou bien il faut que des êtres soient contenus et se meuvent dans leur sein. Mais il n'y a que les corps qui puissent agir ou endurer l'action des autres, et il n'y a que le vide qui puisse leur faire place. Il est donc impossible de trouver parmi les êtres une troisième nature qui frappe les sens, ou soit saisie par la raison, et qui ne tienne ni de la matière ni du vide.

Car on ne voit rien au monde qui ne soit une propriété ou un accident de ces deux principes. Une propriété est ce qui ne peut s'arracher et fuir des corps, sans que leur perte suive ce divorce: comme la pesanteur de la pierre, la chaleur du feu, le cours fluide des eaux, la nature tactile des êtres, et la subtilité impalpable du vide. Au contraire, la liberté, la servitude, la richesse, la pauvreté, la guerre, la paix et toutes les choses de ce genre, se joignent aux êtres ou les quittent sans altérer leur nature, et nous avons coutume de les appeler à juste titre des accidents.

```
Quom semel insisterunt vestigia certa viai;
Sic alid ex alio per te tute ipse videre
Talibus in rebus poteris, cæcasque latebras
Insinuare omneis, et verum protrahere inde.            410
    Quod si pigraris, paullumve recesseris abs re,
Hoc tibi de plano possum promittere, Memmi;
Usque adeo largos haustus e fontibu' magnis
Lingua meo suavis diti de pectore fundet,
Ut verear, ne tarda prius per membra senectus          415
Serpat, et in nobis vitai claustra resolvat,
Quam tibi de quavis una re versibus omnis
Argumentorum sit copia missa per aureis.
Sed nunc, ut repetam cœptum pertexere dictis.
    Omnis, ut est, igitur per se natura duabus          420
Constitit in rebus: nam corpora sunt, et inane,
Hæc in quo sita sunt, et qua divorsa moventur.
Corpus enim per se communis dedicat esse
Sensus: quoi nisi prima fides fundata valebit,
Haud erit, occultis de rebus quo referentes            425
Confirmare animos quidquam ratione queamus
Tum porro locus ac spatium, quod inane vocamus,
Si nullum foret, haudquaquam sita corpora possent
Esse, neque omnino quoquam divorsa meare:
Id quod jam supra tibi paullo ostendimus ante.         430
    Præterea nihil est, quod possis dicere ab omni
Corpore sejunctum, secretumque esse ab inani;
Quod quasi tertia sit numero natura reperta.
Nam, quodquomque erit, esse aliquid debebit id ipsum
Augmine vel grandi, vel parvo denique, dum sit;        435
Quoi si tactus erit quamvis levis exiguusque,
Corporis augebit numerum, summamque sequetur:
Sin intactile erit, nulla de parte quod ullam
Rem prohibere queat per se transire meantem;
Scilicet hocc' id erit vacuum, quod inane vocamus.     440
    Præterea, per se quodquomque erit, aut faciet quid,
Aut aliis fungi debebit agentibus ipsum,
Aut erit, ut possunt in eo res esse, gerique:
At facere, et fungi, sine corpore nulla potest res;
Nec præbere locum porro, nisi inane vacansque.         445
Ergo præter inane et corpora, tertia per se
Nulla potest rerum in numero natura reliqui;
Nec quæ sub sensus cadat ullo tempore nostros,
Nec ratione animi quam quisquam possit apisci.
    Nam quæquomque cluent, aut his conjuncta duabus    450
Rebus ea invenies, aut horum eventa videbis.
Conjunctum est id, quod nunquam sine perniciali
Discidio potis est sejungi, seque gregari:
Pondus uti saxi, calor ignis, liquor aquai,
Tactus corporibus cunctis, intactus inani.             455
Servitium contra, paupertas, divitiæque,
```

Le temps n'existe pas non plus par lui-même : c'est la durée des choses qui nous donne le sentiment de ce qui est passé, de ce qui se fait encore, de ce qui se fera ensuite ; et il faut avouer que personne ne peut concevoir le temps à part, et isolé du mouvement et du repos des corps.

Enfin, quand on nous parle des Troyens vaincus par les armes, et de l'enlèvement de la fille de Tyndare, gardons-nous bien de nous laisser aller à dire que ces choses existent par elles-mêmes, comme survivant aux générations humaines dont elles furent les accidents, et que les siècles ont emportées sans retour. Disons plutôt que tout événement passé est un accident du pays, et même du peuple qui l'a vu s'accomplir.

S'il n'existait point de matière ni d'espace vide dans lequel agissent les corps, jamais les feux de l'amour, amassés par la beauté d'Hélène dans le cœur du Phrygien Pâris, n'eussent allumé une guerre que ses ravages ont rendue fameuse, et jamais le cheval de bois n'eût incendié Pergame la Troyenne, en enfantant des Grecs au milieu de la nuit. Tu vois donc que les choses passées ne subsistent point en elles-mêmes, comme les corps, et ne sont pas non plus de même nature que le vide ; mais que tu dois plutôt les appeler accidents des corps, ou de cet espace dans lequel toutes choses se font.

Parmi les corps, les uns sont des éléments simples et les autres se forment de leur assemblage. Les éléments ne peuvent être rompus ni domptés par aucune force, tant ils sont solides ! Et pourtant, il semble difficile de croire que des corps aussi solides existent dans la nature : car la foudre du ciel perce les murs de nos demeures, ainsi que le bruit et la voix ; le fer blanchit au feu ; des vapeurs ardentes font éclater les pierres ; les flammes amollissent et résolvent la dure substance de l'or ; l'airain, vaincu par elles, fond comme la glace ; la chaleur et le froid pénètrent aussi l'argent, car nous sentons l'un et l'autre à travers les coupes que nous tenons à la main, quand on y verse d'en haut une onde limpide : tant il semble que la matière manque de solidité. Mais puisque la raison et la nature même nous empêchent de le croire, cher Memmius, écoute ; je vais te prouver en quelques vers qu'il y a des corps solides et impérissables, et nous les regardons comme les éléments des choses et les germes du monde, qui est formé tout entier de leur substance.

D'abord, puisque nous avons trouvé que la matière et l'étendue où elle s'agite sont deux choses opposées par leur double nature, chacune doit être indépendante, et pure de tout mélange : car il n'y a pas de matière là où s'étend le vide, il n'y a pas de vide là où se tient la matière. Les corps premiers sont donc solides, et manquent de vide.

D'ailleurs, puisque les corps formés par eux

Libertas, bellum, concordia, cætera, quorum
Adventu manet incolumis natura, abituque ;
Hæc solitei sumus, ut par est, eventa vocare.
 Tempus item per se non est, sed rebus ab ipsis   460
Consequitur sensus, transactum quid sit in ævo :
Tum, quæ res instet, quid porro deinde sequatur :
Nec per se quemquam tempus sentire fatendum est
Semotum ab rerum motu, placidaque quiete.
 Denique, Tyndaridem raptam, belloque subactas   465
Trojugenas genteis quom dicunt *esse*, videndum est,
Ne forte hæc per se cogant nos *esse* fateri ;
Quando ea secla hominum, quorum hæc eventa fuerunt,
Irrevocabilis abstulerit jam præterita ætas :
Namque aliud terreis, aliud legionibus ipseis,   470
Eventum dici poterit, quodquomque erit actum.
 Denique, materies si rerum nulla fuisset,
Nec locus ac spatium, res in quo quæque geruntur ;
Nunquam Tyndaridis formæ conflatus amore
Ignis, Alexandri Phrygio sub pectore gliscens,   475
Clara accendisset sævi certamina belli ;
Nec clam durateus Trojanis Pergama partu
Inflammasset equus nocturno Grajugenarum :
Perspicere ut possis, res gestas funditus omneis,
Non ita, uti corpus, per se constare, neque esse ;   480
Nec ratione cluere eadem, quæ constat inane :
Sed magis ut merito possis eventa vocare
Corporis atque loci, res in quo quæque gerantur.
 Corpora sunt porro partim primordia rerum,
Partim concilio quæ constant principiorum.   485
 Sed, quæ sunt rerum primordia, nulla potest vis
Stringere ; nam solido vincunt ea corpore demum ;
Etsi difficile esse videtur credere quidquam
In rebus solido reperiri corpore posse :
Transit enim fulmen cœli per sæpta domorum,   490
Clamor ut, ac voces : ferrum candescit in igni ;
Dissiliuntque fere ferventi saxa vapore :
Collabefactatus rigor auri solvitur æstu :
Tum glacies æris, flamma devicta, liquescit :
Permanat calor argentum, penetraleque frigus ;   495
Quando utrumque manu, retinentes pocula rite
Sensimus, infuso lympharum rore superne :
Usque adeo in rebus solidi nihil esse videtur.
Sed quia vera tamen ratio, naturaque rerum
Cogit, ades, paucis dum versibus expediamus,   500
Esse ea, quæ solido atque æterno corpore constent ;
Semina quæ rerum, primordiaque esse docemus :
Unde omnis rerum nunc constet summa creata.
 Principio, quoniam duplex natura duarum
Dissimilis rerum longe constare reperta est   505
Corporis atque loci, res in quo quæque geruntur ;
Esse utramque sibi per se, puramque necesse est.
Nam quaquomque vacat spatium, quod inane vocamus,
Corpus ea non est : qua porro quomque tenet se
Corpus, ea vacuum nequaquam constat inane.   510
Sunt igitur solida ac sine inani corpora prima.
 Præterea, quoniam genitis in rebus inane est,

en renferment, il faut que de la matière solide l'enveloppe; car on ne prouvera jamais par la saine raison que des corps recèlent et emprisonnent le vide, sans avoir de substance solide qui le contienne. Or, il n'y a que les assemblages de corps simples qui puissent enfermer et contenir le vide : de là résulte que les éléments, étant solides, subsistent éternellement, tandis que les autres corps tombent en ruine.

En outre, s'il n'y avait pas d'étendue sans matière, toute la nature serait solide; et si, au contraire, il n'y avait pas de corps qui remplissent exactement l'espace qu'ils occupent, le monde formerait un vide immense. Mais la matière et l'étendue sont bien distinctes, puisque tout n'est pas plein et que tout n'est pas vide : il existe donc certains corps qui séparent le vide du plein.

Ces corps ne se brisent jamais sous un choc extérieur, et rien ne peut les pénétrer à fond et les dissoudre; car ils sont inaltérables et indestructibles, comme je te l'ai montré un peu plus haut. Et, en effet, on ne conçoit pas que, sans le vide, les corps puissent se heurter, se rompre, se fendre, ou donner passage à l'humidité, au froid, et au feu plus pénétrant encore, qui consument tous les êtres. Plus un corps renferme de vide, plus ils l'attaquent profondément et le dévorent : de sorte que si les corps sont solides et manquent de vide, comme je te l'ai enseigné, ils doivent aussi être impérissables.

Si la matière n'était pas éternelle, le monde eût déjà retourné au néant, et le néant eût enfanté tout ce que nous voyons aujourd'hui. Mais comme j'ai prouvé aussi que rien ne sort du néant et que rien ne peut y retomber, il faut des éléments impérissables, et en qui toute chose se résout à son heure suprême, pour que la matière soit à même de réparer ses pertes. Les éléments sont donc simples et solides, et ils ont pu, à cette condition seule, durer autant que les âges, et renouveler les êtres depuis des temps infinis.

Enfin, si la nature n'eût mis des bornes à la fragilité des corps, les éléments de la matière, déjà brisés par les siècles, seraient tellement appauvris, que les êtres formés de leur assemblage ne pourraient arriver au terme de leur croissance dans un temps fixe; car on voit que tout se ruine plus vite que tout ne se reproduit, et par conséquent le reste des âges ne suffirait pas à réparer les corps que cette longue suite de siècles maintenant écoulés eussent rompus et mis en poussière. Mais il est évident que leur fragilité a des limites invariables, puisque nous voyons toutes les espèces se renouveler, et atteindre dans un espace déterminé la fleur de leur âge.

Cependant, quoique les éléments soient solides, ajoutons que toutes les choses qui naissent, étant mêlées de vide, peuvent être molles, comme l'air, l'eau, la terre, les chaudes vapeurs, quelle que soit la cause de leur peu de consistance. Mais au contraire, si les éléments étaient mous, on

Materiem circum solidam constare necesse est :
Nec res ulla potest vera ratione probari
Corpore inane suo celare, atque intus habere, 515
Si non, quod cohibet, solidum constare relinquas.
Id porro nihil esse potest, nisi materiei
Concilium, quod inane queat tectum cohibere.
Materies igitur, solido quæ corpore constat,
Esse æterna potest, quom cætera dissoluantur. 520
Tum porro, si nil esset, quod inane vacaret,
Omne foret solidum : nisi contra corpora certa
Essent, quæ loca complerent, quæquomque tenerent,
Omne, quod est, spatium, vacuum constaret inane.
Alternis igitur nimirum corpus inani 525
Distinctum ; quoniam nec plenum gnaviter exstat,
Nec porro vacuum : sunt ergo corpora certa,
Quæ spatium pleno possint distinguere inane.
Hæc neque dissolvi plagis, extrinsecus icta,
Possunt; nec porro, penitus penetrata, retexi ; 530
Nec ratione queunt alia tentata labare :
Id quod jam supra tibi paullo ostendimus ante.
Nam neque collidi sine inani posse videtur
Quidquam, nec frangi, nec findi in bina secando :
Nec capere humorem, neque item manabile frigus, 535
Nec penetralem ignem; quibus omnia conficiuntur.
Et quo quæque magis cohibet res intus inane,
Tam magis his rebus penitus tentata labascit.
Ergo, si solida ac sine inani corpora prima

Sunt, ita uti docui, sint hæc æterna necesse est. 540
Præterea, nisi materies æterna fuisset,
Antehac ad nihilum penitus res quæque redissent ;
De nihiloque renata forent, quæquomque videmus.
At quoniam supra docui, nil posse creari
De nihilo, neque, quod genitum est, ad nil revocari ; 545
Esse immortali primordia corpore debent,
Dissolvi quo quæque supremo tempore possint,
Materies ut suppeditet rebus reparandeis.
Sunt igitur solida primordia simplicitate,
Nec ratione queunt alia, servata per ævom, 550
Ex infinito jam tempore res reparare.
Denique, si nullam finem natura parasset
Frangundeis rebus, jam corpora materiai
Usque redacta forent, ævo frangente priore,
Ut nihil ex ollis a certo tempore posset, 555
Conceptum, summum ætatis pervadere finem ;
Nam quidvis citius dissolvi posse videmus,
Quam rursus refici : quapropter longa diei
Infinita ætas ante acti temporis omnis
Quod fregisset adhuc, disturbans dissoluensque, 560
Nunquam id relicuo reparari tempore posset :
At nunc nimirum frangundi reddita finis
Certa manet, quoniam refici rem quamque videmus,
Et finita simul generatim tempora rebus
Stare, quibus possint ævi contingere florem. 565
Huc accedit, uti, solidissima materi'

ne saurait expliquer comme se forme la dure substance des rocs et du fer, parce que la nature manquerait alors de base solide. Les éléments sont donc solides et simples ; et plus ils sont étroitement unis, plus les substances se montrent compactes et fortes.

Supposons même que le partage des corps soit illimité : encore faut-il que depuis une éternité les assemblages conservent encore des atomes qui ont échappé aux épreuves du péril. Or, puisque ces matières sont de nature fragile, il répugne qu'elles aient pu avoir une durée éternelle, éternellement tourmentée par des chocs innombrables.

Enfin, puisque la croissance des êtres a un terme, ainsi que leur existence ; puisque les lois de la nature fixent ce que tous peuvent ou ne peuvent pas ; puisque rien ne change, mais que tout demeure tellement uniforme que les oiseaux montrent invariablement sur leur plumage les mêmes taches qui distinguent leur espèce ; les corps doivent avoir pour base des substances inaltérables. Car si les éléments pouvaient être vaincus et altérés par une force quelconque, nous ne saurions plus ce qui peut ou ne peut pas naître, ni comment la puissance des corps a des limites infranchissables ; et les êtres ne pourraient reproduire tant de fois dans chaque race la nature, le genre de vie, les mouvements et les habitudes de leurs pères.

En outre, puisque la cime des atomes est un point de matière voilé aux sens, elle doit être dépourvue de parties et atteindre le terme de la petitesse. Jamais elle ne fut et jamais elle ne sera isolée, car elle ne forme que la première couche, que l'écorce d'un assemblage ; et mille parties de même nature s'amoncèlent, s'amoncèlent tour à tour, pour achever la masse de l'atome. Or, si elles sont incapables d'exister à part, il leur faut un enchaînement tel que rien ne puisse les arracher.

Les éléments sont donc simples et solides ; car ils ne se forment point par un assemblage de substances étrangères, mais ils consistent en atomes inséparables ; et forts de leur éternelle simplicité ; et la nature, se réservant les germes, ne souffre pas que ces atomes se détachent et dépérissent.

D'ailleurs, s'il n'y a aucun terme à la petitesse, les moindres corps se composeront de parties innombrables, puisque la moitié même de chaque moitié aura la sienne, et se partagera à l'infini. Quelle différence restera-t-il donc entre une masse énorme et un atome imperceptible ? Aucune ; car, quoique le monde soit immense, la plus petite chose contiendra autant de parties que le monde.

```
Corpora quom constant, possint tamen omnia reddi
Mollia, quæ fiunt, aer, aqua, terra, vapores,
Quo pacto fiant, et qua vi quomque gerantur :
Admixtum quoniam semel est in rebus inane.                570
At contra, si mollia sint primordia rerum,
Unde queant validei silices ferrumque creari,
Non poterit ratio reddi : nam funditus omnis
Principio fundamenti natura carebit.
Sunt igitur solida pollentia simplicitate ;               575
Quorum condenso magis omnia conciliatu
Arctari possunt, validasque ostendere vireis.
   Porro, si nulla est frangundeis reddita finis
Corporibus, tamen ex æterno tempore quæque
Nunc etiam superare necesse est corpora rebus,            580
Quæ nondum clucant ullo tentata periclo.
At quoniam fragili natura prædita constant,
Discrepat, æternum tempus potuisse manere
Innumerabilibus plagis vexata per ævom.
   Denique, jam quoniam generatim reddita finis           585
Crescundi rebus constat, vitamque tenendi ;
Et quid quæque queant, per fœdera naturaï,
Quid porro nequeant, sancitum quandoquidem exstat ;
Nec commutatur quidquam ; quin omnia constant
Usque adeo, variæ volucres ut in ordine cunctæ            590
Ostendant maculas generaleis corpore inesse :
Immutabile materiæ quoque corpus habere
Debent nimirum ; nam, si primordia rerum
Commutari aliqua possent ratione revicta,
Incertum quoque jam constet, quid possit oriri,           595
Quid nequeat ; finita potestas denique quoique

Quanam sit ratione, atque alte terminus hærens
Nec totiens possent generatim secla referre
Naturam, motus, victum, moresque parentum.
   Tum porro, quoniam est extremum quoique cacumen
Corporis illius, quod nostri cernere sensus               601
Jam nequeunt ; id nimirum sine partibus exstat,
Et minima constat natura : nec fuit unquam
Per se secretum, neque posthac esse valebit ;
Alterius quoniam est ipsum pars primaque, et ima :        605
Inde aliæ, atque aliæ, similes ex ordine partes
Agmine condenso naturam corporis explent.
Quæ, quoniam per se nequeunt constare, necesse est
Hærere ; unde queant nulla ratione revelli.
   Sunt igitur solida primordia simplicitate,             610
Quæ minimis stipata cohærent partibus arcte ;
Non ex ullorum conventu conciliata,
Sed magis æterna pollentia simplicitate :
Unde neque avelli quidquam, neque diminui jam,
Concedit natura, reservans semina rebus.                  615
   Præterea, nisi erit minimum, parvissima quæque
Corpora constabunt ex partibus infinitis :
Quippe ubi dimidiæ partis pars semper habebit
Dimidiam partem ; nec res præfiniet ulla.
Ergo rerum inter summam, minumamque, quid escit ? 620
Nil erit, ut distet : nam quamvis funditus omnis
Summa sit infinita, tamen, parvissima quæ sunt,
Ex infinitis constabunt partibus æque.
Quod, quoniam ratio reclamat vera, negatque
Credere posse animum, victus fateare necesse est,         625
Esse ea, quæ nullis jam prædita partibus exstent,
```

Mais comme la saine raison se récrie et rejette une telle idée, tu es obligé de reconnaître qu'il y a certains corps qui ne peuvent plus avoir de parties, et qui sont de la plus petite nature possible; et que si ces corps existent, ils doivent être solides et éternels.

Mais si, après avoir fait toutes choses, la nature avait coutume de les réduire en atomes indivisibles, elle ne pourrait plus les reproduire, parce que la matière, qui demeurerait éparse, manquerait de tout ce que doivent avoir les corps générateurs, comme les différents assemblages, le poids, les rencontres, les chocs et les mouvements à l'aide desquels tous les êtres se forment.

Ainsi donc ceux qui pensent que le feu est le seul élément des choses et que toute la nature se compose de feu, me semblent égarés loin de la saine raison. Le premier qui engagea cette lutte, fut Héraclite, célèbre par un obscur langage plutôt parmi les esprits vides que parmi les hommes sages de la Grèce qui cherchent la vérité. Car les sots aiment et admirent surtout les idées qui se cachent sous des termes équivoques, et ils acceptent pour vrai tout ce qui flatte leurs oreilles, et tout ce qui est fardé de paroles harmonieuses.

Mais je demande comment les choses peuvent être si variées, si elles ne se composent que de feu pur: car il ne servirait à rien que les atomes de feu devinssent plus denses ou plus rares, puisque ces atomes auraient la même nature que la masse du feu. La chaleur serait plus vive, si les parties étaient serrées; et plus languissante, si elles étaient écartées et lâches; mais voilà tout ce que tu peux attendre de pareilles causes, tant il s'en faut que la diversité des êtres soit produite par un feu épais ou rare.

Et encore faudrait-il admettre que les corps renferment du vide, pour que le feu pût être ou plus rare ou plus dense. Mais comme ces philosophes, apercevant les contrariétés de leur système, ne veulent pas laisser au monde le vide pur, ils se perdent pour éviter un pas difficile, et ils ne voient pas que, sans le vide, tous les corps deviennent compactes et forment une seule masse, dont rien ne peut se détacher par des émissions rapides, tandis que le feu jette la chaleur et la lumière; ce qui prouve que ses parties ne manquent pas de vide.

Peut-être croit-on que les atomes de feu peuvent s'éteindre quand ils s'amassent, et changer de nature; mais si, en effet, aucune partie n'échappe à cette altération, toute la chaleur sera engloutie par le néant, et le néant seul enfantera les corps qui naissent: car tout ce qui sort de ses limites et dépouille son être se frappe de mort. Il faut donc que les atomes demeurent inaltérables, pour que les êtres ne soient pas anéantis, et que la nature ne refleurisse point au sein du néant.

Or, puisqu'il y a des corps élémentaires qui conservent éternellement la même nature, et qui renouvellent et transforment les êtres suivant qu'ils s'y ajoutent ou s'en détachent, il est

Et minima constent natura: quæ quoniam sunt,
Olla quoque esse tibi solida atque æterna fatendum.
Denique, si minimas in parteis cuncta resolvi
Cogere consuesset rerum natura creatrix,   630
Jam nihil ex ollis eadem reparare valeret:
Propterea, quia, quæ nullis sunt partibus aucta,
Non possunt ea quæ debet genitalis habere
Materies, varios connexus, pondera, plagas,
Concursus, motus, per quos res quæque geruntur. 635
Quapropter, quei materiem rerum esse putarunt
Ignem, atque ex igni summam consistere solo,
Magno opere a vera lapsei ratione videntur.
Heraclitus init quorum dux prælia primus,
Clarus ob obscuram linguam magis inter inaneis, 640
Quamde graveis inter Graios, quei vera requirunt.
Omnia enim stolidei magis admirantur, amantque,
Invorsis quæ sub verbis latitantia cernunt;
Veraque constituunt, quæ belle tangere possunt
Aureis, et lepido quæ sunt fucata sonore.   645
Nam quur tam variæ res possent esse, requiro,
Ex uno si sunt igni puroque creatæ.
Nil prodesset enim calidum denserier ignem,
Nec rarefieri, si partes ignis eamdem
Naturam, quam totus habet super ignis, haberent. 650
Acrior ardor enim conducteis partibus esset:
Languidior porro disjecteis, disque supateis.

Amplius hoc fieri nihil est quod posse rearis
Talibus in causis; nedum variantia rerum
Tanta queat densis, rarisque ex ignibus esse.   655
Id quoque, si faciant admixtum rebus inane,
Denseri poterunt ignes, rareique relinqui:
Sed, quia multa sibi cernunt contraria inesse,
Et fugitant in rebus inane relinquere purum;
Ardua dum metuunt, amittunt vera viai: 660
Nec rursum cernunt, exemtum rebus inane,
Omnia denseri, fierique ex omnibus unum
Corpus, nil ab se quod possit mittere raptim,
Æstifer ignis uti lumen jacit, atque vaporem;
Ut videas non e stipatis partibus esse.   665
Quod si forte ulla credunt ratione potesse
Igneis in cœtu stingui, mutareque corpus;
Scilicet ex nulla facere id si parte reparcent,
Occidet ad nihilum nimirum funditus ardor
Omnis, et ex nihilo fient quæquomque creantur.   670
Nam quodquomque suis mutatum finibus exit,
Continuo hoc mors est illius, quod fuit ante:
Proinde aliquid superare necesse est incolume ollis,
Ne tibi res redeant ad nilum funditus omnes,
De niniloque renata virescat copia rerum.   675
Nunc igitur, quoniam certissima corpora quædam
Sunt, quæ conservant naturam semper eamdem,
Quorum abitu, aut aditu, mutatoque ordine, mutant

facile de voir que ce ne sont pas des atomes de feu; car alors ils auraient beau se quitter, se joindre, changer de place ou changer d'ordre, ils n'en garderaient pas moins leur nature brûlante, et le feu seul pourrait naître du feu. Mais voici, selon moi, comme tout se passe : il existe des corps qui par leurs mouvements, leurs rencontres, leur ordre, leur position et leur forme, produisent le feu, et qui varient leurs productions en même temps que leur ordre, quoique pourtant ils ne tiennent ni du feu ni des autres corps dont les émanations atteignent et frappent nos sens.

Dire que tout est du feu, que le feu est le seul corps véritable, comme le fait Héraclite, me paraît donc une grande folie. Car il combat les sens par les sens mêmes, et il affaiblit leur témoignage, sur qui reposent toutes nos croyances, et qui lui a fait connaître ce qu'il nomme le feu. Il croit, en effet, que le feu peut être connu par les sens; mais il ne le croit pas des autres corps, qui ne sont pourtant pas moins sensibles. Voilà ce qui me semble faux et extravagant. Où faut-il donc nous adresser? Que peut-il y avoir de plus infaillible que les sens? et, sans eux, comment distinguerions-nous le faux du vrai?

D'ailleurs, pourquoi anéantir tous les autres corps et ne laisser que le feu dans la nature, plutôt que de nier le feu et de reconnaître tous les autres corps? Ces deux opinions ne sont pas plus folles l'une que l'autre.

Ainsi donc ceux qui croient que le feu est le seul élément des choses, et que le monde peut être composé de feu; et ceux qui assignent l'air comme principe générateur aux corps; et ceux qui prétendent que l'eau forme les êtres de sa propre substance, ou que la terre produit tout et revêt toutes les natures, sont allés se perdre, ce me semble, bien loin de la vérité.

Ajoutons-y encore ceux qui doublent les éléments et joignent le feu et l'air à la terre et à l'eau, et ceux qui pensent que tout peut naître de ces quatre corps réunis, de la terre, du feu, de l'air et de l'onde. A la tête de ces derniers est Empédocle l'Agrigentin, enfanté sur les bords triangulaires de cette île que les flots azurés de la mer Ionienne baignent et embrassent de leurs replis immenses, et que des ondes qui bouillonnent dans un canal étroit séparent des rivages éoliens. Là se trouve la vaste Charybde; là gronde l'Etna, qui menace d'amonceler encore ses flammes irritées, pour que de nouveaux feux jaillissent arrachés de ses flancs, et lancent encore leurs éclairs jusqu'au ciel. Cette terre toute peuplée de grandes choses, et que les nations humaines admirent et aiment tant à voir; cette terre, si riche de productions utiles, et forte d'un épais rempart de héros, n'a jamais rien eu de plus illustre ni de plus sacré, de plus admirable ni de plus cher au monde, que ce grand philosophe. Aujourd'hui encore on se récrie sur les vers échappés de son esprit divin, et on proclame ses sublimes découvertes,

```
Naturam res, et convortunt corpora sese;
Scire licet, non esse hæc ignea corpora rerum.            680
Nil referret enim, quædam discedere, abire,
Atque alio attribui, mutarique ordine quædam,
Si tamen ardoris naturam cuncta tenerent;
Ignis enim foret omnimodis, quodquomque crearet.
Verum, ut opinor, ita est : sunt quædam corpora, quorum
Concursus, motus, ordo, positura, figuræ,                 686
Efficiunt igneis, mutatoque ordine mutant
Naturam : neque sunt igni simulata, neque ullæ
Præterea rei, quæ corpora mittere possit
Sensibus, et nostros adjectu tangere tactus.              690
    Dicere porro ignem res omneis esse, neque ullam
Rem veram in numero rerum constare, nisi ignem,
Quod facit hic' idem, perdelirum esse videtur.
Nam contra sensus ab sensibus ipse repugnat,
Et labefactat eos, unde omnia credita pendent;            695
Unde hic cognitus est ipsi, quem nominat ignem.
Credit enim sensus ignem cognoscere vere;
Cætera non credit, quæ nilo clara minus sunt :
Quod mihi quom vanum, tum delirum esse videtur.
Quo referemus enim? quid nobis certius ipsis              700
Sensibus esse potest? qui vera, ac falsa notemus?
    Præterea, quare quisquam magis omnia tollat,
Et velit ardoris naturam linquere solam,
Quam neget esse igneis, summam tamen esse relinquat?
Æqua videtur enim dementia dicere utrumque.               705
    Quapropter, quei materiem rerum esse putarunt
Ignem, atque ex igni summam consistere posse;
Et quei principium gignundeis aera rebus
Constituere; aut humorem queiquomque putarunt
Lingere res ipsum per se; terramve creare                 710
Omnia, et in rerum naturas vortier omneis,
Magno opere a vero longei deerrasse videntur.
    Adde etiam, quei conduplicant primordia rerum,
Aera jungentes igni, terramque liquori;
Et quei quatuor ex rebus posse omnia rentur,              715
Ex igni, terra, atque anima procrescere, et imbri;
Quorum Agragantinus cum primis Empedocles est :
Insula quem triquetris terrarum gessit in oris,
Quam fluitans circum magnis amfractibus æquor
Ionium glaucis adspergit virus ab undis,                  720
Angustoque fretu rapidum mare dividit undis
Æoliæ terrarum oras a finibus ejus.
Hic est vasta Charybdis, et hic Ætnæa minantur
Murmura, flammarum rursum se colligere iras,
Faucibus eruptos iterum ut vis evomat igneis,             725
Ad cœlumque ferat flammai fulgura rursum.
Quæ, quom magna modis multis miranda videtur
Gentibus humaneis regio, visundaque fertur,
Rebus opima bonis, multa munita virum vi;
Nil tamen hoc habuisse viro præclarius in se,             730
```

qui laissent à peine croire que ce fut un enfant des hommes.

Mais quoique Empédocle et les autres dont j'ai parlé plus haut, et qui lui sont de beaucoup inférieurs sous mille rapports, aient trouvé avec une sagesse divine tant de belles choses, et que, du sanctuaire de leur génie, ils aient rendu des oracles plus sacrés et plus infaillibles que ceux que la Sibylle tire du trépied saint et des lauriers de Phébus, ils ont tous échoué sur les éléments, comme sur un écueil, et ces grands esprits y ont fait un grand naufrage. D'abord, ils admettent le mouvement et rejettent le vide du monde; ils y laissent des substances molles et poreuses, comme l'air, le soleil, le feu, la terre, les animaux, les fruits, et cependant ils ne les mêlent pas de vide. Ensuite, ne marquant aucune fin au partage des êtres, aucun repos à leur fragilité, ils ne voient rien qui soit de moindre volume. Or, nous apercevons mille corps réduits à un point qui paraît à nos organes infiniment petit; et tu peux en conclure que leurs débris invisibles aboutissent enfin au terme de la petitesse.

De plus, puisque les éléments établis par ces philosophes sont des substances molles, qui naissent et qui meurent tout entières, il faut que les êtres retournent au néant, et que le néant ressuscite la nature; mais tu sais déjà combien ces deux choses sont bien loin de la vérité.

Ensuite ces éléments sont ennemis, et comme des poisons les uns pour les autres : ils doivent donc ou périr quand ils se rassemblent, ou se disperser comme se dispersent la foudre, les vents et la pluie, chassés par la tempête.

Enfin, puisque vous dites que tous les corps naissent de quatre choses, et que tous les corps y retournent après leur ruine, pourquoi ces choses peuvent-elles passer pour les éléments des autres, plutôt que les autres ne passent pour leurs éléments? car elles se produisent tour à tour, et elles échangent sans cesse leur forme et leur nature. Mais si tu crois que le feu et la terre peuvent unir leur substance au souffle de l'air et à la rosée de l'onde, sans que ce mélange les altère, ils ne pourront du moins rien produire, ni être vivant, ni corps inanimé, parce que chacun déploiera sa nature dans cet amas divers, et que nous y verrons de l'air et du feu mêlés à de la terre et à de l'eau; et il faut, au contraire, que les éléments emploient à former les êtres une substance mystérieuse et invisible, de peur que le principe ne se montre partout, et ne s'oppose à ce que chaque être ait sa nature propre.

Bien plus, ils font tout naître du ciel et de ses feux : le feu se change le premier en air; l'air enfante l'eau, l'eau forme la terre; puis la terre les reproduit tous, en remontant la chaîne, l'eau d'abord, ensuite l'air, et enfin le feu; et ils ne cessent de se transformer ainsi, et de voyager

Nec sanctum magis et mirum carumque, videtur.
Carmina quin etiam divini pectoris ejus
Vociferantur, et exponunt præclara reperta;
Ut vix humana videatur stirpe creatus.
Hic tamen, et, supra quos diximus, inferiores   735
Partibus egregie multis, multoque minores;
Quamquam, multa bene ac divinitus invenientes,
Ex adyto tanquam cordis, responsa dedere
Sanctius, et multo certa ratione magis, quam
Pythia, quæ tripode ex Phœbi lauroque profatur;   740
Principiis tamen in rerum fecere ruinas,
Et graviter magnei magno cecidere ibi casu :
Primum, quod motus, exemto rebus inani,
Constituunt, et res molleis rarasque relinquunt,
Aera, solem, ignem, terras, animalia, fruges;   745
Nec tamen admiscent in eorum corpus inane :
Deinde, quod omnino finem non esse secandeis
Corporibus faciunt, neque pausam stare fragori;
Nec prorsum in rebus minumum consistere quidquam :
Quod videamus id extremum quojusque cacumen   750
Esse, quod ad sensus nostros minumum esse videtur,
Conjicere ut possis ex hoc, quod cernere non quis,
Extremum quod habent, minumum consistere rebus.
Huc accedit item, quoniam primordia rerum
Mollia constituunt, quæ nos nativa videmus   755
Esse, et mortali cum corpore funditus : atqui
Debeat ad nihilum jam rerum summa revorti,
De nililoque renata vigescere copia rerum :

Quorum utrumque quid a vero jam distet, habebas.
Deinde inimica modis multis sunt, atque venena   760
Ipsa sibi inter se; quare aut congressa peribunt,
Aut ita diffugient, ut, tempestate coacta,
Fulmina diffugere atque imbreis ventosque videmus.
Denique, quatuor ex rebus si cuncta creantur,
Atque in eas rursum res omnia dissoluuntur,   765
Qui magis olla queunt rerum primordia dici,
Quam contra res ollorum, retroque putari?
Alternis gignuntur enim, mutantque colorem,
Et totam inter se naturam, tempore ab omni.
Sin ita forte putas ignis terræque coire   770
Corpus, et aerias auras, roremque liquorum,
Nil in concilio naturam ut mutet eorum,
Nulla tibi ex ollis poterit res esse creata,
Non animans, non exanimo cum corpore, ut arbos :
Quippe suam quidque in cœtu variantis acervi   775
Naturam ostendet, mixtusque videbitur aer
Cum terra simul et quodam cum rore manere :
At primordia gignundis in rebus oportet
Naturam clandestinam cæcamque adhibere;
Emineat ne quid, quod contra pugnet, et obstet,   780
Quo minus esse queat proprie, quodquomque creatur.
Quin etiam repetunt a cœlo atque ignibus ejus;
Et primum faciunt ignem se vortere in auras
Aeris : hinc imbrem gigni, terramque creari
Ex imbri; retroque a terra cuncta revorti,   785
Humorem primum, post aera, deinde calorem :

du ciel à la terre et de la terre aux astres. Mais les éléments ne peuvent agir de la sorte, et il doit y avoir une substance inaltérable, pour que le monde ne retourne pas au néant : car tout ce qui sort de ses limites et dépouille son être se frappe de mort. Ainsi, puisque les corps dont je viens de parler échangent leur nature, ou ils se composent eux-mêmes de corps qui ne peuvent changer, ou la nature sera anéantie. Pourquoi donc ne pas admettre plutôt des éléments de telle sorte, qu'après avoir formé du feu, ils n'aient qu'à y ajouter ou à y retrancher quelques atomes, et qu'à changer de mouvement ou de place, pour en faire de l'air, et pour changer de même toutes choses en choses nouvelles?

Mais il est évident, diras-tu, que tous les corps naissent de la terre, que tous en sont nourris, et que si le ciel ne leur verse ses pluies bienfaisantes aux instants propices, si les jeunes arbres ne fléchissent sous la rosée des nuages, si le soleil à son tour ne les caresse de ses feux et ne leur donne la chaleur, ni les moissons, ni les arbres, ni les animaux, ne peuvent croître. Sans doute : de même que si des aliments secs et des substances liquides et molles ne soutiennent notre corps, il dépérit, et la vie se détache des os et des nerfs en ruines. Car il est certain que nous sommes soutenus et alimentés par des substances particulières, ainsi que les différents êtres; et ils veulent tous une nourriture différente, parce que les mille principes communs à toutes choses se combinent dans mille corps de mille façons diverses. Et souvent leur mélange, leur position, et les mouvements que tous impriment ou reçoivent, influent beaucoup sur les êtres; car les mêmes éléments qui forment la terre, le ciel, la mer, les fleuves et le soleil, engendrent aussi les arbres, les moissons et les animaux; mais ils sont mêlés à d'autres, et leur arrangement diffère.

Bien plus, dans ces vers eux-mêmes tu aperçois çà et là mille lettres, éléments communs de mille mots, et pourtant tu es obligé de reconnaître que les mots et les vers ont chacun leur sens et leur harmonie distincte : tant les éléments ont de puissance, même quand ils ne font que changer leur ordre! Mais les éléments des corps sont plus nombreux que ceux des mots, et ils se combinent davantage pour varier les êtres.

Examinons maintenant l'*Homœomérie* d'Anaxagore, mot grec que la pauvreté de notre langue nous empêche de traduire : il est facile de faire connaître ce que le philosophe donne pour élément des choses, en le nommant homœomérie. Suivant Anaxagore, les os se composent de petits os, et chaque viscère de viscères déliés, imperceptibles ; le sang est formé de mille gouttes de sang, l'or de mille parcelles d'or, et la terre de mille terres entassées; le feu est un amas de feu, l'eau un amas d'eau, et tous les êtres se produisent de même. Mais Anaxagore ne nous accorde pas que la matière contienne du vide,

Nec cessare hæc inter se mutare, meare
A cœlo ad terram, de terra ad sidera mundi :
Quod facere haud ullo debent primordia facto.
Immutabile enim quiddam superare necesse est ; 790
Ne res ad nihilum redigantur funditus omnes.
Nam quodquomque suis mutatum finibus exit,
Continuo hoc mors est illius, quod fuit ante.
Quapropter, quoniam quæ paullo diximus ante,
In commutatum veniunt, constare necesse est 795
Ex aliis ea, quæ nequeant convortier usquam :
Ne tibi res redeant ad nilum funditus omnes.
Quin potius, tali natura prædita, quædam
Corpora constituas ; ignem si forte crearint,
Posse eadem, demtis paucis, paucisque tributis, 800
Ordine mutato et motu, facere aeris auras :
Sic alias aliis rebus mutarier omneis.

At manifesta palam res indicat, inquis, in auras
Aeris e terra res omneis crescere, alique :
Et nisi tempestas indulget tempore fausto 805
Imbribus, et tabe nimborum arbusta vacillant ;
Solque sua pro parte fovet, tributque calorem ;
Crescere non possint fruges, arbusta, animanteis.
Scilicet, et nisi nos cibus aridus et tener humor
Adjuvat, amisso jam corpore, vita quoque omnis 810
Omnibus e nervis atque ossibus exsoluatur.
Adjutamur enim dubio procul atque alimur nos
Certis ab rebus, certis aliæ atque aliæ res :

Nimirum, quia multimodis communia multis
Multarum rerum in rebus primordia multa 815
Sunt ; ideo variis variæ res rebus aluntur.
Atque eadem magni refert primordia sæpe
Cum quibus, et quali positura contineantur ;
Et quos inter se dent motus accipiantque.
Namque eadem cœlum, mare, terras, flumina, solem, 820
Constituunt ; eadem fruges, arbusta, animanteis :
Verum aliis alioque modo commixta moventur.

Quin etiam passim nostris in versibus ipsis
Multa elementa vides, multis communia verbis ;
Quom tamen inter se versus ac verba necesse est 825
Confiteare et re et sonitu distare sonanti :
Tantum elementa queunt, permutato ordine solo!
At rerum quæ sunt primordia, plura adhibere
Possunt, unde queant variæ res quæque creari.

Nunc et Anaxagoræ scrutemur ὁμοιομέρειαν 830
Quam Graiei memorant, nec nostra dicere lingua
Concedit nobis patrii sermonis egestas :
Sed tamen ipsam rem facile est exponere verbis,
Principium rerum, quam dicit ὁμοιομέρειαν.
Ossa videlicet e pauxillis atque minutis 835
Ossibu', sic et de pauxillis atque minutis
Visceribus viscus gigni ; sanguenque creari
Sanguinis inter se multis coeuntibu' guttis :
Ex aurique putat micis consistere posse
Aurum, et de terris terram concrescere parvis ; 840

ni que le partage des corps ait des bornes : il me paraît donc se tromper également en ces deux points, et il se trompe comme ceux que nous avons cités plus haut.

Ajoutons que les éléments sont trop faibles, si on peut appeler éléments des choses qui sont de même nature que les corps, qui endurent tout ce que les corps souffrent, et qui périssent aussi, sans que rien les arrête sur le penchant de leur ruine. Car en est-il une qui tiendra contre une attaque violente, et qui échappera à sa perte sous les dents de la mort? sera-ce le feu? l'eau? l'air? le sang? les os? laquelle enfin? Aucune, je pense, puisque toutes sont périssables comme les êtres, qui, vaincus par une force quelconque, meurent, et se dérobent à nos yeux. Mais je te rappelle que rien ne retombe dans le néant, et que rien ne peut en naître ; ce que nous avons déjà prouvé.

D'ailleurs, puisque les éléments accroissent et nourrissent les corps, il est évident que les veines, le sang, les os et les nerfs sont formés de parties hétérogènes ; ou si on prétend que les aliments eux-mêmes sont des substances qui contiennent des parcelles de nerfs, des os, des veines et des gouttes de sang, on admet alors que toute nourriture, tant sèche que liquide, se compose de parties hétérogènes, puisque des os, des veines, du sang et des nerfs y sont mêlés.

En outre, si toutes les productions de la terre sont enfermées dans le sol, il faut que la terre soit composée de parties différentes, qui sortent tour à tour du sol. Tu peux appliquer à tout le même raisonnement et les mêmes mots : si la flamme, la fumée et la cendre sont cachées dans le bois, il faut que le bois soit composé de parties différentes, et que ces parties différentes sortent tour à tour du bois.

Il reste ici à Anaxagore un faible refuge : il s'y jette, et prétend que tous les corps renferment tous les autres, mais que les yeux ne saisissent que celui dont les éléments y dominent et sont placés à la surface, plus à portée des sens. Mais la saine raison repousse cette défaite : car il faudrait alors que les grains écrasés sous le choc terrible de la meule laissassent échapper des traces de sang ou de quelques autres corps qui font partie de notre substance, et que la pierre broyée sur la pierre fût aussi ensanglantée; il faudrait, pour la même raison, que des gouttes de lait aussi pures et aussi savoureuses que le lait des brebis jaillissent des herbes ; il faudrait, quand on brise les mottes de terre, voir des herbes, des plantes, des feuilles, dispersées, enfouies toutes petites dans le sol ; il faudrait enfin, quand on coupe le bois, y trouver des atomes de fumée, de feu et de cendre. Mais comme les sens attestent que rien de tout cela ne se fait, on en peut conclure que les corps ne sont point ainsi mêlés aux corps, mais que tous renferment

Ignibus ex igneis, humorem humoribus esse.
Cætera consimili fingit ratione, putatque.
Nec tamen esse ulla parte idem in rebus inane
Concedit, neque corporibus finem esse secandeis.
Quare in utraque mihi pariter ratione videtur 845
Errare; atque ollis juxta, quos diximus ante.
   Adde, quod imbecilla nimis primordia fingit;
Si primordia sunt, simili quæ prædita constant
Natura atque ipsæ res sunt; æqueque laborant,
Et pereunt, neque ab exitio res ulla refrænat. 850
Nam quid in oppressu valido durabit eorum,
Ut mortem effugiat, leti sub dentibus ipsis?
Ignis? an humor? an aura? quid horum? sanguis an?
   anne os?
Nil, ut opinor; ubi ex æquo res funditus omnis
Tam mortalis erit, quam quæ manifesta videmus 855
Ex oculis nostris, aliqua vi victa, perire.
At neque recidere ad nihilum res posse, neque autem
Crescere de nihilo, testor res ante probatas.
   Præterea, quoniam cibus auget corpus alitque;
Scire licet, nobis venas, et sanguen, et ossa, 860
Et nervos alienigenis ex partibus esse :
Sive cibos omneis commixto corpore dicent
Esse, et habere in se nervorum corpora parva,
Ossaque, et omnino venas, parteisque cruoris,
Fiet, uti cibus omnis et aridus, et liquor ipse 865
Ex alienigenis rebus constare putentur,
Ossibus, et nervis, venisque et sanguine mixta.

LUCRÈCE.

Præterea, quæquomque e terra corpora crescunt,
Si sunt in terris, terram constare necesse est
Ex alienigenis, quæ terris exoriuntur. 870
Transfer item, totidem verbis utare licebit :
In lignis si flamma latet fumusque cinisque,
Ex alienigenis consistant ligna necesse est ;
Ex alienigenis, quæ lignis exoriuntur.
   Linquitur hic quædam latitandi copia tenuis, 875
Id quod Anaxagoras sibi sumit; ut omnibus omneis
Res putet immixtas rebus latitare, sed illud
Apparere unum, quojus sint plurima mixta,
Et magis in promtu primaque in fronte locata :
Quod tamen a vera longe ratione repulsum est. 880
Conveniebat enim fruges quoque sæpe minaci
Robore quom saxi franguntur, mittere signum
Sanguinis, aut aliquid, nostro quæ corpore aluntur :
[Quom lapidi lapidem terimus, manare cruorem :]
Consimili ratione herbas quoque sæpe decebat
Et laticis dulceis guttas, similique sapore 885
Mittere, lanigeræ quales sunt ubere lactis :
Scilicet ; et glebis terrarum sæpe frintis
Herbarum genera et fruges frundeisque videri,
Dispertita, atque in terram latitare minute :
Postremo, in lignis cinerem fumumque videri, 890
Quom præfracta forent, igneisque latere minutos.
Quorum nil fieri quoniam manifesta docet res,
Scire licet, non esse in rebus res ita mixtas;
Verum semina multimodis immixta latere

des éléments communs, et arrangés de mille façons diverses.

Cependant, me dis-tu, il arrive parfois que, sur les hautes montagnes, des arbres, contraints par un vent impétueux, entre-choquent et frottent leurs cimes, où éclot enfin une couronne de feu resplendissante. Sans doute; mais il ne faut pas croire que le bois contienne du feu : il ne renferme que des atomes inflammables, qui, amassés par le frottement des arbres, allument un incendie dans les forêts. Si la flamme se cachait au sein des forêts mêmes, elle ne pourrait se contenir un instant : elle brûlerait sans cesse les arbres, et elle dévorerait les bois.

Ne vois-tu pas déjà, comme nous le disions un peu plus haut, que le mélange des atomes, leur arrangement, et les impulsions que tous donnent ou reçoivent, sont d'une extrême importance? car leur moindre transposition engendre le feu du bois : ainsi les mots latins de bois et de feu ont pour base des lettres qui changent à peine de rang, quoique tous deux forment un son distinct.

Enfin, si tu ne peux expliquer tout ce qui se passe dans les corps sensibles, sans leur assigner des éléments de même nature, les principes de la matière sont anéantis, ou ils doivent avoir, ainsi que les êtres, les joues baignées de larmes amères, et les lèvres agitées par le tremblement du rire.

Maintenant, ô Memmius, écoute et apprends ce qui te reste à connaître. Je sais combien ces matières sont obscures; mais de glorieuses espérances ont frappé mon âme du plus vif enthousiasme, et lui ont imprimé le doux amour des Muses. Animé de leur feu, soutenu par mon génie, je parcours des sentiers du Piérus qui ne sont point encore battus, et que nul pied ne foule. J'aime à m'approcher des sources vierges, et à y boire; j'aime à cueillir des fleurs nouvelles, et à me tresser une couronne brillante là où jamais une Muse ne couronna un front humain : d'abord, parce que mes enseignements touchent à de grandes choses, et que je vais affranchissant les cœurs du joug étroit de la superstition ; ensuite, parce que je fais étinceler un vers lumineux sur des matières obscures, et que je revêts toute chose des grâces poétiques. Et ce n'est pas sans raison. Le médecin veut-il faire boire aux enfants l'absinthe amère; il commence par enduire les bords du vase d'un miel pur et doré, afin que leur âge imprévoyant se laisse prendre à cette illusion des lèvres, et qu'ils avalent le noir breuvage : jouets plutôt que victimes du mensonge, car ils recouvrent ainsi les forces et la santé. De même, comme nos enseignements paraissent amers à ceux qui ne les ont point encore savourés, et que la foule les rejette, j'ai voulu t'exposer ce système dans la langue mélodieuse des Piérides, et le dorer, en quelque sorte, du miel de la poésie; espérant retenir ton âme suspendue à mes vers, tandis que je te ferais voir toute la

Multarum rerum in rebus communia debent. 895
 At sæpe in magnis fit montibus, inquis, ut alti
Arboribus vicina cacumina summa terantur
Inter se, validis facere id cogentibus austris,
Donec flammai fulserunt flore coorto :
Scilicet ; et non est lignis tamen insitus ignis ; 900
Verum semina sunt ardoris multa, terendo
Quæ quom confluxere, creant incendia sylvis.
Quod si facta foret sylvis abscondita flamma,
Non possent ullum tempus celarier ignes :
Conficerent volgo sylvas, arbusta cremarent. 905
 Jamne vides igitur, paullo quod diximus ante,
Permagni referre, eadem primordia sæpe
Cum quibus, et quali positura contingantur;
Et quos inter se dent motus accipiantque ?
Atque eadem, paullo inter se mutata, creare 910
Ignis e lignis? quo pacto verba quoque ipsa
Inter se paullo mutatis sunt elementis,
Quom *ligna* atque *ignes* distincta voce notemus.
 Denique, jam quæquomque in rebus cernis apertis,
Si fieri non posse putas, quin materiai 915
Corpora consimili natura prædita fingas,
Hac ratione tibi pereunt primordia rerum :
Fiet, uti risu tremulo concussa cachinnent,
Et lacrumis salsis humectent ora genasque.
 Nunc age, quod superest, cognosce et clarius audi : 920
Nec me animi fallit, quam sint obscura; sed acri
Percussit thyrso laudis spes magna meum cor,
Et simul incussit suavem mi in pectus amorem
Musarum : quo nunc instinctus, mente vigenti
Avia Pieridum peragro loca, nullius ante 925
Trita solo : juvat integros accedere fonteis,
Atque haurire; juvatque novos decerpere flores,
Insignemque meo capiti petere inde coronam,
Unde prius nulli velarint tempora Musæ.
Primum, quod magnis doceo de rebus, et arctis 930
Religionum animum nodis exsolvere pergo :
Deinde quod obscura de re tam lucida pango
Carmina, Musæo contingens cuncta lepore :
Id quoque enim non ab nulla ratione videtur;
Sed, veluti pueris absinthia tetra medentes 935
Quom dare conantur, prius oras, pocula circum,
Contingunt mellis dulci flavoque liquore,
Ut puerorum ætas improvida ludificetur
Labrorum tenus; interea perpotet amarum
Absinthi laticem, deceptaque non capiatur, 940
Sed potius, tali facto recreata, valescat :
Sic ego nunc, quoniam hæc ratio plerumque videtur
Tristior esse, quibus non est tractata, retroque
Volgus abhorret ab hac; volui tibi suaviloquenti
Carmine Pierio rationem exponere nostram 945
Et quasi Musæo dulci contingere melle;
Si tibi forte animum tali ratione tenere
Versibus in nostris possem, dum perspicis omnem

nature des choses avec son ajustement harmonieux et sa forme.

Tu sais déjà que les éléments de la matière sont solides, et voltigent éternellement, sans être vaincus par les âges : examinons à présent si la somme des atomes est bornée ou infinie ; voyons de même si le vide que nous avons trouvé dans la nature, c'est-à-dire le lieu ou espace au sein duquel les corps agissent, est terminé de toutes parts, ou s'il a une étendue et une profondeur immenses.

Le grand tout ne se termine dans aucun sens; car autrement il aurait une extrémité. Mais un corps ne peut en avoir, je pense, si on voit au delà quelque chose qui le limite, et qui empêche la vue de passer outre. Or, puisqu'il faut avouer que rien n'existe au delà du monde, le monde n'a donc aucune extrémité, et par conséquent il n'a ni fin ni mesure. Peu importent les régions où tu es placé : quelque lieu que tu occupes, un espace sans bornes te restera ouvert en tous sens.

En supposant même que le grand tout finisse, si un homme va se placer au bout du monde, comme le dernier point de ses dernières limites, et que de là il jette une flèche ailée; lequel aimes-tu mieux, ou que le trait, lancé avec force, aille là où il a été envoyé, et vole au loin; ou que je ne sais quoi l'arrête, et lui fasse obstacle? Car il faut choisir; et, quelque parti que tu prennes, tu ne peux nous échapper, et tu es réduit à accorder au monde une étendue infinie. En effet, soit que la flèche, arrêtée par un obstacle, ne puisse achever sa course et atteindre le but, soit qu'elle passe outre, elle ne part pas de l'extrémité du monde. Je te poursuivrai ainsi ; et, dans quelque lieu que tu fixes des bornes, je te demanderai ce qui arrivera à la flèche. Il arrivera que, pour lui faire place, les bornes reculeront, et le monde se prolongera sans cesse.

D'ailleurs, si des limites infranchissables emprisonnaient la nature de toutes parts, et que son étendue fût bornée, les corps solides, emportés par leur poids, tomberaient en masse vers le fond du monde : rien ne pourrait se faire sous la voûte du ciel, et le ciel même n'existerait pas, ainsi que la lumière du soleil, puisque toute la matière, depuis des temps infinis, eût formé, en s'affaissant, une masse inerte. Mais on sait, au contraire, que les éléments ne connaissent pas le repos, parce que le monde n'a pas de fond où ils puissent s'entasser et fixer leur demeure. Ils se meuvent sans cesse pour enfanter toutes choses dans toutes les parties, et les gouffres inférieurs vomissent aussi des flots de matière perpétuellement agitée.

Enfin, les yeux attestent que les corps sont limités par les corps : l'air coupe les montagnes, et les montagnes coupent l'air; la terre borne les ondes, et les ondes embrassent la terre : mais il n'existe, au delà du monde, rien qui le termine. Telles sont donc l'immensité et la profondeur du

Naturam rerum, qua constet comta figura.
    Sed quoniam docui, solidissima materiai   950
Corpora perpetuo volitare, invicta per ævom;
Nunc age, summai quædam sit finis eorum,
Necne sit, evolvamus : item, quod inane repertum est,
Seu locus ac spatium, res in quo quæque gerantur,
Pervideamus, utrum finitum funditus omne   955
Constet, an immensum pateat vasteque profundum.
    Omne quod est, igitur, nulla regione viarum
Finitum est; namque extremum debeat habere :
Extremum porro nullius posse videtur
Esse, nisi ultra sit quod finiat; ut videatur,   960
Quo non longius hæc sensus natura sequatur.
Nunc extra summam quoniam nihil esse fatendum est,
Non habet extremum : caret ergo fine, modoque :
Nec refert, quibus assistas regionibus ejus :
Usque adeo, quem quisque locum possedit, in omneis   965
Tantumdem parteis infinitum omne relinquit.
    Præterea, si jam finitum constituatur
Omne, quod est, spatium, si quis procurrat ad oras
Ultimas extremas, jaciatque volatile telum,
Id validis utrum contortum viribus ire,   970
Quo fuerit missum, mavis, longeque volare;
An prohibere aliquid censes, obstareque posse?
Alterutrum fatearis enim, sumasque, necesse est :
Quorum utrumque tibi effugium præcludit, et omne
Cogit ut exemta concedas fine patere.   975

Nam sive est aliquid, prohibeat, efficiatque,
Quo minu', quo missum est, veniat, finique locet se,
Sive foras fertur, non est a fine profectum.
Hoc pacto sequar; atque, oras ubiquomque locaris
Extremas, quæram quid telo denique fiat.   980
Fiet, uti nusquam possit consistere finis ;
Effugiumque fugæ prolatet copia semper.
    Præterea spatium summai totius omne
Undique si inclusum certis consisteret oris,
Finitumque foret, jam copia materiai   985
Undique ponderibus solides confluxet ad imum;
Nec res ulla geri sub cœli tegmine posset;
Nec foret omnino cœlum, neque lumina solis :
Quippe ubi materies omnis cumulata jaceret
Ex infinito jam tempore subsidendo.   990
At nunc nimirum requies data principiorum
Corporibus nulla est; quia nil est funditus imum,
Quo quasi confluere, et sedeis ubi ponere possint :
Semper in assiduo motu res quæque geruntur,
Partibus in cunctis, infernaque suppeditantur,   995
Ex infinito cita, corpora materiai.
    Postremo, ante oculos res rem finire videtur
Aer dissæpit colleis, atque aera montes;
Terra mare, et contra mare terras terminat omneis :
Omne quidem vero nihil est quod finiat extra.   1000
Est igitur natura loci, spatiumque profundi,
Quod neque clara suo percurrere flumina cursu

vide, que les plus grands fleuves y couleraient pendant toute la durée des âges sans le parcourir, et sans être plus avancés au terme de leur course : tant il y a d'espace ouvert aux êtres, quand on ôte de toutes parts toutes les bornes au monde!

La nature ne permet pas, d'ailleurs, que le monde puisse se borner lui-même ; car elle veut que le vide soit terminé par le corps, et le corps par le vide, pour que tous deux, en se limitant sans cesse, se prolongent à l'infini. Si les corps et le vide ne se bornaient tour à tour, mais que le vide seul fût immense par sa nature, ni la terre, ni la mer, ni la voûte brillante du ciel, ni la race des hommes, ni les corps sacrés des dieux, ne pourraient subsister un instant ; car la matière, dont la masse ne serait plus assujettie, flotterait éparse dans l'immensité du vide; ou plutôt elle n'eût jamais été assez compacte pour former les corps, parce que les atomes dispersés n'auraient pu s'unir.

On ne dira pas sans doute que les éléments se soient rangés à dessein et avec intelligence chacun à leur place, ni qu'ils aient réglé de concert leurs mouvements réciproques. Mais comme, depuis tant de siècles, ces atomes innombrables se combinent de mille façons, et sont agités par mille chocs au sein du vide immense ; après avoir essayé des mouvements et des assemblages de toute sorte, ils sont enfin parvenus à cet arrangement qui a produit le monde, qui a conservé la nature durant de longues années, en assujettissant les corps à des mouvements harmonieux, et qui fait que les rivières abreuvent la mer avide de leurs eaux abondantes, que la terre pénétrée des chaudes vapeurs du soleil renouvelle ses fruits, que toutes les espèces vivantes refleurissent, et que les feux errants du ciel sont alimentés : ce qui ne pourrait se faire, si les richesses inépuisables de la matière ne fournissaient pas éternellement de quoi reparer les pertes éternelles des êtres.

Quand les animaux sont privés de nourriture, leur nature s'épuise, leur corps se ruine : de même toutes les substances doivent périr, aussitôt que la matière, détournée de sa route par un accident quelconque, cesse de les alimenter.

Il ne serait pas juste de dire que des chocs extérieurs assujettissent le grand assemblage du monde. Les atomes peuvent bien, à force de coups répétés, suspendre la ruine d'une partie, jusqu'à ce que d'autres accourent et complètent la masse; mais ils sont obligés de rejaillir eux-mêmes, quand ils choquent les principes ; et ils leur donnent ainsi le temps et la place nécessaires pour fuir, errants et libres, loin du grand assemblage. Il est donc indispensable que les atomes se succèdent sans relâche: mais, pour que ces atômes mêmes suffisent à frapper tous les corps, il faut que la matière soit infinie.

Surtout ne va pas croire, cher Memmius, que les êtres tendent vers le centre du monde, comme le disent quelques hommes, et que par conséquent la nature subsiste sans être mainte-

Perpetuo possint ævi labentia tractu ;
Nec prorsum facere, ut restet minus ire, meando :
Usque adeo passim patet ingens copia rebus, 1005
Finibus exemtis, in cunctas undique parteis.
  Ipsa modum porro sibi rerum summa parare
Ne possit, natura tenet : quia corpus inani,
Et, quod inane autem est, finiri corpore cogit ;
Ut sic alternis infinita omnia reddat. 1010
Aut etiam, alterutrum nisi terminet alterum eorum,
Simplice natura, ut pateat tamen immoderatum,
Nec mare, nec tellus, neque cœli lucida templa,
Nec mortale genus, nec divom corpora sancta,
Exiguum possent horai sistere tempus. 1015
Nam dispulsa suo de cœtu, materiai
Copia ferretur magnum per inane soluta ;
Sive adeo potius nunquam concreta creasset
Ullam rem, quoniam cogi disjecta nequisset.
  Nam certe neque consilio primordia rerum 1020
Ordine se suo quæque sagaci mente locarunt,
Nec quos quæque darent motus, pepigere profecto :
Sed quia multa, modis multis mutata, per omne
Ex infinito vexantur percita plagis ;
Omne genus motus, et cœtus experiundo, 1025
Tandem deveniunt in taleis disposituras,
Qualibus hæc rebus consistit summa creata :

Et multos etiam magnos servata per annos,
Ut semel in motus conjecta est convenienteis,
Efficit, ut largis avidum mare fluminis undis 1030
Integrent amnes, et solis terra vapore
Fota novet fetus ; submissaque gens animantum
Floreat, et vivant labentes ætheris ignes :
Quod nullo facerent pacto, nisi materiai
Ex infinito suboriri copia posset, 1035
Unde amissa solent reparare in tempore quoque.
  Nam veluti, privata cibo, natura animantum
Diffluit, amittens corpus; sic omnia debent
Dissolvi, simul ac defecit suppeditare
Materies, aliqua ratione aversa viai. 1040
Nec plagæ possunt extrinsecus undique summam
Conservare omnem, quæquomque est conciliata :
Cudere enim crebro possunt, partemque morari,
Dum veniant aliæ, ac suppleri summa queatur ;
Interdum resilire tamen coguntur, et una 1045
Principieis rerum spatium tempusque fugai
Largiri, ut possint a cœtu libera ferri.
Quare etiam atque etiam suboriri multa necesse est :
Et tamen, ut plagæ quoque possint suppetere ipsæ,
Infinita opus est vis undique materiai. 1050
  Illud in his rebus longe fuge credere, Memmi.
In medium summæ, quod dicunt, omnia niti ;

nue par des chocs extérieurs, et que les extrémités ne se détachent pas de la masse, parce que tous les corps aspirent au centre. Mais peux-tu croire que des êtres se soutiennent eux-mêmes ; que des corps pesants, qui occupent le bout opposé de la terre, tendent à gravir et demeurent à la surface, retournés comme les images que nous apercevons dans les eaux ? On soutient même que des espèces vivantes errent ainsi à la renverse, incapables de tomber dans les abîmes, autant que nos corps de voler eux-mêmes à la cime des nues. Quand ces êtres voient le soleil, les étoiles nous éclairent : ils partagent avec nous la lumière et l'ombre, et leurs nuits sont égales à nos jours.

Quelques insensés ont été conduits à ces erreurs et à ces fables ridicules, parce que dès leurs premiers pas ils ont fait fausse route. Car si le vide est un espace sans bornes, il ne peut avoir de milieu ; et même, si ce milieu existe, il n'y a aucune raison pour que les corps y séjournent plutôt que dans les autres parties de l'espace. Toute cette étendue immense, que nous appelons le vide, doit faire place aux corps pesants partout où leur mouvement les emporte, que ce soit au milieu ou non. Il n'y a donc pas de lieu où les corps perdent leur poids, et où ils se fixent au sein du vide : le vide ne peut se soutenir, il leur cède toujours, comme le veut la nature ; et ainsi il n'est pas vrai que les êtres maintiennent eux-mêmes leur assemblage, tant ils aiment le centre du monde !

D'ailleurs, on nous accorde que ce penchant n'est pas universel : la terre, les liquides, le fluide des mers, les grandes eaux des montagnes, et tous les corps qui participent à la nature terrestre, sont attirés vers le centre ; mais le souffle léger des airs et les atomes du feu en sont écartés : et ce qui fait que les astres scintillent à la voûte du ciel, et que la flamme du soleil se nourrit dans les plaines azurées, c'est que la chaleur, en fuyant du centre, s'y amoncelle tout entière. De même les espèces vivantes sont alimentées par des corps échappés de la terre ; de même les arbres ne pourraient fleurir et croître, si la terre ne fournissait à chaque rameau sa nourriture. Ces philosophes avouent aussi que le firmament enveloppe le monde, de peur que ses extrémités ne se détachent tout à coup, et ne se dispersent ainsi que des flammes ailées au sein du vide, et que toute la masse ne les suive ; de peur que le ciel étincelant de tonnerres ne croule sur nos têtes, que la terre ne se dérobe sous nos pieds, que les corps, ruinés eux-mêmes au milieu des ruines confuses du ciel et de la terre, ne soient engloutis dans les abîmes du vide, et que bientôt rien ne demeure au monde, excepté des atomes invisibles et une immense solitude. Car, aussitôt que les moindres éléments se détachent, il y a une porte ouverte à la mort, et toute la matière ne tarde pas à s'échapper.

Si tu as bien compris ce que je viens de te dire, tu saisiras sans peine le reste ; car ces vérités éclairciront des vérités nouvelles, et dissi-

Atque ideo mundi naturam stare sine ullis
Ictibus externis, neque quoquam posse resolvi
Summa atque ima, quod in medium sint omnia nixa : 1055
Ipsum si quidquam posse in se sistere credis ;
Et quæ pondera sunt sub terris, omnia sursum
Nitier, in terraque retro requiescere posta ;
Ut per aquas quæ nunc rerum simulacra videmus :
Et simili ratione animalia suppa vagari   1060
Contendunt, neque posse e terris in loca cœli
Recidere inferiora magis, quam corpora nostra
Sponte sua possint in cœli templa volare ;
Ollei quom videant solem, nos sidera noctis
Cernere ; et alternis nobiscum tempora cœli   1065
Dividere ; et nocteis parileis agitare diebus.
    Sed vanus stolidis hæc omnia finxerit error,
Amplexei quod habent perverse prima viai.
Nam medium nihil esse potest, ubi inane locusque
Infinita : neque omnino, si jam medium sit,   1070
Possit ibi quidquam hac potius consistere causa,
Quam quavis alia longe regione manere.
Omnis enim locus ac spatium, quod inane vocamus,
Per medium, per non medium, concedat oportet
Æquis ponderibus, motus quaquomque feruntur.   1075
Nec quisquam locus est, quo corpora quom venere,
Ponderis amissa vi, possint stare in inani :
Nec, quod inane autem est, ulli subsistere debet.

Quin, sua quod natura petit, concedere pergat :
Haud igitur possunt tali ratione teneri   1080
Res in concilium, medii cupedine victæ.
    Præterea, quoniam non omnia corpora fingunt
In medium niti ; sed terrarum, atque liquorum,
Humorem ponti, magnasque e montibus undas,
Et quasi terreno quæ corpore contineantur :   1085
At contra tenueis exponunt aeris auras,
Et calidos simul a medio differrier igneis ;
Atque ideo totum circum tremere æthera signis,
Et solis flammam per cœli cærula pasci,
Quod calor, a medio fugiens, ibi colligat omnis : 1090
Quippe etiam vesci e terra mortalia secla ;
Nec prorsum arboribus summos frondescere ramos
Posse, nisi a terris paullatim quoique cibatum
Terra det : at supra circum tegere omnia cœlum ;
Ne, volucri ritu flammarum, mœnia mundi   1095
Diffugiant subito magnum per inane soluta ;
Et ne cætera consimili ratione sequantur :
Neve ruant cœli tonitralia templa superne,
Terraque se pedibus raptim subducat ; et omnes
Inter permixtas rerum cœlique ruinas,   1100
Corpora solventes, abeant per inane profundum,
Temporis ut puncto nihil exstet reliquiarum,
Desertum præter spatium, et primordia cæca.
Nam, quaquomque prius de parti corpora decesse

LIVRE II.

Il est doux, lorsque la mer est grosse, lorsque le vent agite les ondes, de contempler du rivage la détresse des autres : non que leurs tourments soient une jouissance pour nous, mais parce que nous aimons à voir de quels maux nous sommes exempts. Les grandes batailles engagées dans la plaine réjouissent aussi la vue, quand on les voit sans péril ; mais rien n'est plus doux que de se placer aux cimes de la science, dans les sanctuaires inviolables que bâtit la paisible sagesse, et du haut desquels on découvre le reste des hommes qui errent çà et là dans la vie, cherchant un chemin à suivre ; qui luttent de génie, qui disputent de noblesse, et qui nuit et jour se consument en efforts admirables pour atteindre le faîte des richesses ou de la puissance.

Misérables humains ! cœurs aveugles !... dans quelles ténèbres et dans quels périls se passe ce peu de vie que nous avons ! Vous êtes donc sourds au cri de la nature, qui ne veut pas seulement que vous écartiez la douleur du corps, mais aussi que les âmes, libres de soucis et de terreurs, aient leurs jouissances, leur bien-être ?

Le corps a peu de besoins : il faut peu de chose pour le garantir de la souffrance, pour lui procurer mille délices ; et souvent la nature ne demande pas davantage. Si les hommes ne possèdent pas de ces riches statues qui tiennent à leur main droite des lampes étincelantes, et jettent des flots de lumière sur la débauche des nuits ; si l'argent et l'or ne brillent pas dans leurs demeures ; si les lyres harmonieuses ne retentissent point sous les voûtes et les lambris dorés, ils peuvent du moins, étendus ensemble sur des herbes molles, au bord des frais ruisseaux et sous le feuillage des grands arbres, ils peuvent goûter à peu de frais toutes les jouissances du corps, surtout lorsque la saison est riante, lorsque le printemps émaille de fleurs les vertes prairies.

La fièvre brûlante quitte-t-elle plus vite tes membres, quand ils se tordent sur des étoffes brodées et éclatantes de pourpre, que quand il faut dormir sur la couche grossière du peuple?

Ainsi donc, puisque ni les trésors, ni la noblesse, ni la gloire du diadème, ne profitent au corps, il faut croire que ces biens superflus ne sont pas moins inutiles à l'âme. Lorsque tu vois bouillonner dans la plaine tes légions innombrables, qui offrent un simulacre de bataille ; lorsque tu vois la mer écumer sous tes flottes qui se développent et manœuvrent au sein des ondes, penses-tu que la superstition timide fuit épouvantée par cet appareil ; que les terreurs de la mort se dissipent, et te laissent à jamais la paix du cœur ?

Constitues, hæc rebus erit pars janua leti : 1105
Hac se turba foras dabit omnis materiai.

Hæc si pernosces, parva perductus opella,
Namque alid ex alio clarescet, nec tibi cæca
Nox iter eripiet, quin ultima naturai
Pervideas : ita res accendent lumina rebus. 1110

LIBER II.

Suave mari magno, turbantibus æquora ventis,
E terra magnum alterius spectare laborem ;
Non, quia vexari quemquam est jocunda voluptas,
Sed quibus ipse malis careas, quia cernere suave est.
Per campos instructa, tua sine parte pericli, 5
Suave etiam belli certamina magna tueri ;
Sed nil dulcius est, bene quam munita tenere
Edita doctrina sapientum templa serena ;
Despicere unde queas alios, passimque videre
Errare, atque viam palanteis quærere vitæ, 10
Certare ingenio, contendere nobilitate,
Nocteis atque dies niti præstante labore,
Ad summas emergere opes, rerumque potiri.
O miseras hominum menteis ! o pectora cæca !
Qualibus in tenebris vitæ, quantisque periclis, 15
Degitur hoc ævi, quodquomque est ! Nonne videre est,
Nil aliud sibi naturam latrare, nisi ut, quoi
Corpore sejunctus dolor absit, mente fruatur
Jocundo sensu, cura semota metuque?
Ergo corpoream ad naturam pauca videmus 20
Esse opus omnino, quæ demant quomque dolorem;
Delicias quoque uti multas substernere possint :
Gratius interdum neque natura ipsa requirit :
Si non aurea sunt juvenum simulacra per ædeis,
Lampadas igniferas manibus retinentia dextris, 25
Lumina nocturneis epuleis ut suppeditentur ;
Nec domus argento fulget, auroque renidet,
Nec citharæ reboant laqueata aurataque templa ;
Quom tamen inter se, prostratei gramine molli,
Propter aquæ rivum, sub ramis arboris altæ, 30
Non magnis opibus jocunde corpora curant :
Præsertim quom tempestas arridet, et anni
Tempora conspergunt viridanteis floribus herbas :
Nec calidæ citius decedunt corpore febres,
Textilibus si in picturis ostroque rubenti 35
Jactaris, quam si plebeia in veste cubandum est.
Quapropter, quoniam nil nostro in corpore gazæ
Proficiunt, neque nobilitas, nec gloria regni ;
Quod superest, animo quoque nil prodesse putandum :
Si non forte, tuas legiones per loca campi 40
Fervere quom videas, belli simulacra cienteis,
Fervere quom videas classem, lateque vagari ;
His tibi tum rebus timefactæ Religiones
Effugiunt animo pavidæ, mortisque timores ;

Mais, au contraire, si toutes ces forces ne sont que des jouets ridicules; si les craintes et les inquiétudes qui poursuivent sans cesse les hommes ne s'émeuvent ni du retentissement des armes, ni des traits cruels; si elles habitent audacieusement parmi les rois et les puissants de la terre; si elles ne sont pas éblouies par le rayonnement de l'or ou la splendeur étincelante des vêtements de pourpre, pourquoi douter encore que la raison seule soit assez puissante pour les chasser? surtout puisque nos angoisses viennent des ténèbres où la vie se passe. Car, de même que les enfants, aveuglés par la nuit, tremblent et ont peur de tout; de même nous sommes assiégés au grand jour de mille terreurs aussi vaines que celles que les enfants se forgent au sein des ombres. Or, pour dissiper ces ténèbres et cet effroi des âmes, il ne suffit pas des rayons du soleil ni des traits enflammés du jour : il faut la raison, et un examen lumineux de la nature.

Je vais donc expliquer par quels mouvements les atomes forment les corps divers pour les briser ensuite, quelle force les pousse à le faire, et avec quelle vitesse ils se meuvent au sein du vide immense. Écoute, Memmius, et sois tout à mes paroles.

La matière ne peut être compacte et immobile, puisque nous voyons chaque substance diminuer à la longue, s'épuiser par ses pertes, et se dérober à nos yeux quand arrive la vieillesse. Mais la masse ne souffre pas de ce dépérissement; car si les atomes appauvrissent les corps dont ils se détachent, ils accroissent ceux auxquels ils s'ajoutent, et la décrépitude des uns fait éclore la jeunesse des autres. Jamais les atomes ne se fixent, et c'est ainsi que la nature se renouvelle sans cesse, que les générations humaines se font place tour à tour : celles-ci croissent, celles-là dépérissent; et bientôt les races changent, et le flambeau de la vie passe de main en main, comme la torche des coureurs.

Si tu crois que les éléments se reposent, et que leur repos enfante de nouveaux mouvements, tu vas te perdre bien loin de la vérité. Car, puisque les atomes errent au sein du vide, ils doivent être ou emportés par leur propre poids, ou poussés par des corps extérieurs : souvent, en effet, les atomes se rencontrent dans leur chute, se choquent, et rejaillissent ainsi dans une direction opposée. Quoi de plus simple, puisque ce sont des corps durs, pesants, solides, et que rien ne leur fait obstacle par derrière? Pour te convaincre mieux encore du mouvement universel des atomes, souviens-toi que le monde n'a pas de fond, que les atomes ne trouvent à se fixer nulle part, parce que le vide ne finit pas, et qu'il leur ouvre de tous côtés un espace sans mesure ni limite, comme tout le démontre, comme nous en avons donné des preuves irrécusables.

Ainsi donc les corps élémentaires s'agitent sans repos dans les profondeurs du vide. Livrés à ce mouvement perpétuel et dont la direction varie, les uns en se choquant se rejettent à de

Tum vacuum tempus linquunt, curaque solutum. 45
Quod si ridicula hæc ludibriaque esse videmus,
Re veraque metus hominum curæque sequaces
Nec metuunt sonitus armorum, nec fera tela;
Audacterque inter reges rerumque potenteis
Vorsantur, neque fulgorem reverentur ab auro, 50
Nec clarum vestis splendorem purpureai :
Quid dubitas', quin omni' sit hæc rationi' potestas?
Omnis quom in tenebris præsertim vita laboret.
Nam veluti pueri trepidant, atque omnia cæcis
In tenebris metuunt; sic nos in luce timemus 55
Interdum, nihilo quæ sunt metuenda magis, quam
Quæ pueri in tenebris pavitant, finguntque futura.
Hunc igitur terrorem animi, tenebrasque necesse est
Non radiei solis, neque lucida tela diei
Discutiant; sed Naturæ species, Ratioque. 60
Nunc age, quo motu genitalia materiaï
Corpora res varias gignant, genitasque resolvant,
Et qua vi facere id cogantur, quæque sit olleis
Reddita mobilitas magnum per inane meandi,
Expediam : tu te dicteis præbere memento. 65
   Nam certe non inter se stipata cohæret
Materies; quoniam minui rem quamque videmus,
Et quasi longinquo fluere omnia cernimus ævo,
Ex oculisque vetustatem subducere nostris;
Quom tamen incolumis videatur summa manere; 70
Propterea, quia, quæ decedunt corpora quoique,
Unde abeunt, minuunt; quo venere, augmine donant :
Olla senescere, at hæc contra florescere cogunt.
Nec remorantur ibi : sic rerum summa novatur
Semper, et inter se mortales mutua vivunt : 75
Augescunt aliæ gentes, aliæ minuuntur;
Inque brevi spatio mutantur secla animantum,
Et, quasi cursores, vitaï lampada tradunt.
   Si cessare putas rerum primordia posse,
Cessandoque novos rerum progignere motus; 80
Avius a vera longe ratione vagaris.
Nam, quoniam per inane vagantur, cuncta necesse est
Aut gravitate sua ferri primordia rerum,
Aut ictu forte alterius : ubi nam concita, sæpe,
Obvia quom flixere, fit, ut diversa repente 85
Dissiliant : neque enim mirum, durissima quæ sint,
Ponderibus solidis, neque quidquam a tergo ibus obstet.
Et quo jactari magis omnia materiaï
Corpora pervideas, reminiscere, totius imum
Nil esse in summa; neque habere, ubi corpora prima 90
Consistant : quoniam spatium sine fine modoque est,
Immensumque patere in cunctas undique parteis
Pluribus ostendi; certa et ratione probatum est.
   Quod quoniam constat, nimirum nulla quies est
Reddita corporibus primeis per inane profundum; 95
Sed magis, assiduo varioque exercita motu,

grandes distances, les autres s'écartent moins, et s'unissent même sous le choc. Les atomes qui forment un amas plus compacte, qui voltigent ensemble sans se repousser à peine, parce que leurs formes inégales s'adaptent et s'entrelacent, sont la base solide des rocs et composent la dure substance du fer, ainsi que le petit nombre des autres corps de même nature. Les atomes, au contraire, qui rejaillissent au loin quand ils se frappent, et qui demeurent flottants et dispersés dans l'espace, nous donnent le maigre fluide des airs et les feux éclatants du soleil.

Bien des atomes encore flottent au hasard dans le grand vide, qui sont exclus de tous les assemblages, et qui, incorporés dans la masse, ne peuvent y associer leur mouvement. Nous avons toujours un exemple, un simulacre de ces corps dont je parle, placé devant les yeux. Vois le soleil qui verse sa lumière par les ouvertures de cet appartement obscur : tu apercevras mille corps déliés qui se croisent et se jouent de mille manières dans le sillon lumineux. On dirait que ces corps se livrent une bataille éternelle : ils s'attaquent et s'entre-choquent comme des escadrons ennemis, et se mêlent et se séparent pour se mêler encore. Tu peux ainsi te représenter ce que doit être le mouvement des atomes sans cesse ballottés dans le vide : du moins autant que les petites choses figurent les grandes, et nous amènent à les connaître.

Tu dois observer avec d'autant plus de soin ces corps qui se pressent en désordre dans un rayon de soleil, que leur agitation révèle les agitations semblables et les luttes invisibles de la matière. Car on les voit changer mille fois de route, frappés de coups imperceptibles qui les rejettent en arrière, les poussent à droite, les chassent à gauche, de tous côtés, en tous sens : or ces écarts, ces mille détours, proviennent du choc des atomes.

En effet, les atomes commencent par se mouvoir eux-mêmes; puis ils vont frapper les plus petits assemblages, dont les volumes sont le mieux proportionnés à leur force. Ces assemblages, emportés par le choc, ébranlent à leur tour des masses un peu plus fortes : et ainsi le mouvement qui part des atomes se propage de corps en corps, et devient enfin sensible dans ceux que nous voyons tournoyer au soleil, sans apercevoir toutefois ce qui les frappe, ce qui les agite.

Maintenant, ô Memmius, apprenons en peu de mots combien est rapide le mouvement des atomes. Quand l'Aurore verse ses premiers feux sur la terre; quand les oiseaux, voltigeant au fond des bois solitaires, remplissent le ciel de leurs voix harmonieuses, tout le monde sait, tout le monde voit avec quelle promptitude le soleil, à peine levé, dore toute la nature de sa lumière naissante. Pourtant les vaporeux atomes émanés du soleil, et qui forment cette lumière, ne traversent point un espace vide; car ils sont

Partim intervallis magnis conflicta resultant,
Pars etiam brevibus spatiis nexantur ab ictu.
Et quaequomque, magis condenso conciliatu,
Exiguis intervallis convecta resultant,   100
Indupedita suis perplexis ipsa figuris;
Haec validas saxi radices, et fera ferri
Corpora constituunt, et cetera de genere horum
Paucula : quae porro magnum per inane vagantur,
Cetera dissiliunt longe, longeque recursant,   105
In magnis intervallis; haec aera rarum
Sufficiunt nobis, et splendida lumina solis.
Multaque praeterea magnum per inane vagantur,
Conciliis rerum quae sunt rejecta, nec usquam
Consociare etiam motus potuere recepta :   110
Quojus, uti memoro, rei simulacrum, et imago,
Ante oculos semper nobis vorsatur, et instat.
Contemplator enim, quom solis lumina quomque
Insertim fundunt radios per opaca domorum :
Multa minuta modis multis per inane videbis   115
Corpora misceri radiorum lumine in ipso;
Et, velut aeterno certamine, praelia pugnasque
Edere, turmatim certantia; nec dare pausam,
Conciliis et discidiis exercita crebris :
Conjicere ut possis ex hoc, primordia rerum,   120
Quale sit, in magno jactari semper inani;
Dumtaxat rerum magnarum parva potest res
Exemplare dare et vestigia notitiai.

Hoc etiam magis haec animum te advortere par est
Corpora, quae in solis radiis turbare videntur;   125
Quod tales turbae motus quoque materiai
Significant clandestinos caecosque subesse.
Multa videbis enim plagis ibi percita caecis
Commutare viam, retroque repulsa revorti,
Nunc huc, nunc illuc, in cunctas undique parteis.   130
Scilicet hic a principiis est omnibus error.
Prima moventur enim per se primordia rerum;
Inde ea, quae parvo sunt corpora conciliatu,
Et quasi proxuma sunt ac vireis principiorum,
Ictibus illorum caecis impulsa cientur;   135
Ipsaque, quae porro paullo majora, lacessunt.
Sic a principiis ascendit motus, et exit
Paullatim nostros ad sensus; ut moveantur
Olla quoque, in solis quae lumine cernere quimus;
Nec quibus id faciant plagis apparet aperte.   140
Nunc, quae mobilitas sit reddita materiai
Corporibus, paucis licet hinc cognoscere, Memmi.
Primum, Aurora novo quom spargit lumine terras,
Et variae volucres, nemora avia pervolitantes,
Aera per tenerum liquidis loca vocibus opplent;   145
Quam subito soleat sol ortus tempore tali
Convestire sua perfundens omnia luce,
Omnibus in promptu manifestumque esse videmus.
At vapor is, quem sol mittit, lumenque serenum
Non per inane meat vacuum; quo tardius ire   150

obligés de fendre la vague des airs qui retarde leur course. D'ailleurs, ces atomes ne vont pas un à un : ils se tiennent et sont agglomérés; et par conséquent ils se tirent, ils se gênent, ils se retardent eux-mêmes, outre l'obstacle qu'ils trouvent dans les résistances extérieures. Mais les éléments qui sont solides et simples, et que nul corps étranger ne peut arrêter dans le vide; les éléments dont toutes les parties forment un seul tout, et se dirigent ensemble vers un seul endroit où leur penchant les attire, ne doivent-ils pas être plus rapides encore que la lumière du soleil, et se précipiter mille fois plus vite, et dévorer mille fois plus d'espace dans l'intervalle que ses feux mettent à parcourir le ciel? Car on ne dira pas sans doute que les atomes eux-mêmes ralentissent et suspendent leurs mouvements à dessein, pour examiner toutes choses, et pour régler en conséquence leurs opérations.

Mais quelques ignorants prétendent que, sans le secours des dieux, la matière serait incapable de se plier à tous nos besoins par un arrangement harmonieux, et de faire que les saisons changent, que les fruits poussent, que les êtres exécutent tout ce que leur conseille la céleste volupté; car la volupté seule, présidant à la vie, pousse les mortels à se perpétuer en accomplissant les douces choses de Vénus, afin que la race ne soit pas éteinte. Lorsque ces ignorants se figurent que les dieux ont créé le monde tout exprès pour les hommes, ils me paraissent être bien loin de la vérité. Pour moi, lors même que je ne connaîtrais pas les éléments des choses, à la seule vue du mécanisme céleste, j'affirmerais sans crainte, je prouverais sans réplique que la nature ne peut être l'ouvrage d'une main divine : tant elle a d'imperfections! Je te le ferai voir plus tard, cher Memmius ; et il faut en finir d'abord avec le mouvement des atomes.

Voici, je crois, le moment de te convaincre que nulle substance ne peut monter et se soutenir en haut par sa propre force. Que la flamme ne te fasse pas illusion en ce point. Il est vrai que la flamme monte quand elle naît, et monte quand elle croît; mais il en est de même des moissons florissantes et des arbres, quoique tous les corps pesants inclinent à tomber. Aussi lorsque l'incendie s'élance jusqu'au faîte d'une maison, et que le feu rapide dévore les poutres et les charpentes, ne crois pas qu'il le fasse de lui-même et sans qu'aucune force l'y pousse; pas plus que le sang, échappé de nos veines, ne jaillit et ne se répand tout seul dans les airs. Ne vois-tu pas aussi comme l'eau rejette les masses de bois qu'on y plonge? Plus on les enfonce toutes droites, et plus mille bras les poussent avec vigueur, avec peine, plus elle se hâte de les chasser, de les vomir, au point que la moitié, ou plus encore rejaillit et surnage. Et pourtant il est incontestable, je pense, que ces corps aspirent à descendre dans le vide. De même, sans doute, les flammes obéissent à des impulsions cachées et montent dans les airs, quoique leur poids résiste, quoique leur penchant les attire

Cogitur, aerias quod sic diverberet undas :
Nec singillatim corpuscula quæque vaporis,
Sed complexa meant inter se conque globata :
Quapropter simul inter se retrahuntur ; et extra
Officiuntur, uti cogantur tardius ire. 155
At, quæ sunt solida primordia simplicitate,
Quom per inane meant vacuum, nec res remoratur
Ulla foris, atque ipsa, suis e partibus unum,
Unum, in quem cœpere locum, connixa feruntur;
Debent nimirum præcellere mobilitate, 160
Et multo citius ferri, quam lumina solis,
Multiplexque loci spatium transcurrere eodem
Tempore, quo solis pervolgant fulgura cœlum :
Nam neque consilio debent tardata morari,
Nec persectari primordia singula quæque, 165
Ut videant, qua quidque geratur cum ratione.
    At quoidam contra hæc ignarei, materiai
Naturam non posse deum sine numine reddi
Tantopere humaneis rationibus admoderate;
Tempora mutare annorum, frugesque creare; 170
Et jam cetera, mortaleis quæ suadet adire,
Ipsaque deducit dux vitæ, dia Voluptas,
Ut res per Veneris blanditim secla propagent,
Ne genus occidat humanum ; quorum omnia causa
Constituisse deos quom fingunt, omnibu' rebus 175
Magnopere a vera lapsei ratione videntur.

Nam quamvis rerum ignorem primordia quæ sint,
Hoc tamen ex ipsis cœli rationibus ausim
Confirmare, aliisque ex rebus reddere multis
Nequaquam nobis divinitus esse creatam 180
Naturam mundi; quamque hæc sint prædita culpa;
Quæ tibi posterius, Memmi, faciemus aperta :
Nunc id, quod superest, de motibus expediemus.
    Nunc locus est, ut opinor, in his illud quoque rebus
Confirmare tibi ; nullam rem posse sua vi 185
Corpoream sursum ferri, sursumque meare.
Ne tibi dent in eo flammarum corpora fraudem ;
Sursus enim vorsus gignuntur, et augmina sumunt;
Et sursum nitidæ fruges, arbustaque crescunt,
Pondera, quantum in se est, quom deorsum cuncta ferantur.
Nec quom subsiliunt ignes ad tecta domorum, 190
Et celeri flamma degustant tigna trabeisque,
Sponte sua facere id sine vi subigente putandum est :
Quod genus, e nostro quom missus corpore sanguis
Emicat, exsultans alte, spargitque cruorem. 195
Nonne vides etiam, quanta vi tigna trabeisque
Respuat humor aquæ? Nam, quo magis ursimus altum
Directa, et magna vi multei pressimus ægre,
Tam cupide sursum revomit magis atque remittit;
Plus ut parte foras emergant exsiliantque? 200
Nec tamen hæc, quantum est in se, dubitamus, opinor,
Quin vacuum per inane deorsum cum ea ferantur.

vers le sol. Regarde comme les feux nocturnes, qui voltigent au sommet du ciel, se perdent, en sillonnant l'espace de leur chute lumineuse, partout où la nature leur donne passage; regarde comme les astres filent vers la terre. Le soleil lui-même, qui est à la cime du monde, verse la chaleur en tous sens, et sème la lumière dans nos campagnes : les feux du soleil tendent donc à se précipiter ici-bas. Enfin, les éclairs traversent les nues, et la foudre jaillit et vole tantôt ici, tantôt par là; mais elle vient presque toujours éclater sur nos têtes.

Je veux aussi te montrer que les atomes, quand ils se précipitent en droite ligne dans le vide, dévient un peu par leur propre poids, mais si peu que rien, et on ne sait quand, on ne sait où. Si les éléments ne changeaient pas ainsi de route, ils tomberaient épars à travers les abîmes du vide, comme les gouttes de pluie : il n'y aurait jamais eu ni rencontre ni choc, et la nature demeurerait encore stérile.

Si par hasard on croit que les atomes les plus pesants atteignent dans leur course plus rapide les atomes plus légers, et les frappent, et produisent ainsi les mouvements créateurs, on va se perdre bien loin de la vérité. Car il faut bien sans doute que les corps qui tombent dans l'air ou l'eau précipitent leur chute suivant leurs poids, parce que la substance fluide des eaux et la nature déliée des airs ne peuvent opposer à tous des résistances égales, et cèdent plus vite sous un poids plus lourd; mais le vide ne peut arrêter les corps, il ne le peut jamais, il ne le peut nulle part, et il leur fait toujours place, comme le veut sa nature. Les atomes doivent donc se précipiter avec la même vitesse, quoique leur poids diffère, dans le vide qui ne leur résiste pas ; et il est impossible que les plus pesants tombent sur les plus légers, amènent des chocs, et varient le mouvement pour aider aux créations de la nature.

Je le répète donc, il faut que les atomes dévient un peu, mais ils ne dévient que le moins possible; car autrement il semblerait que nous leur prêtions un mouvement oblique, ce que la vérité repousse. Les yeux attestent et nous sommes toujours à portée de voir que les corps pesants, qui tombent de haut et suivent leur propre pente, ne se meuvent pas obliquement, ainsi que tu peux le distinguer toi-même : mais est-il un œil capable d'apercevoir si les atomes ne se détournent jamais de la ligne droite?

Enfin, si tous les mouvements sont enchaînés et se reproduisent toujours dans un ordre toujours invariable; si les atomes ne leur impriment point par de légers écarts une direction nouvelle qui rompe cet enchaînement fatal, et qui empêche la cause de succéder éternellement à la cause, d'où vient ici-bas cette volonté libre, cette volonté indépendante du sort, qui pousse les êtres où le plaisir les appelle, qui leur fait changer de route, non pas à époque fixe

Sic igitur debent flammæ quoque posse per auras
Aeris, expressæ sursum, succedere, quamquam
Pondera, quantum in se est, deorsum deducere pugnent.
Nocturnasque faces, cœli sublime volanteis, 206
Nonne vides longos flammarum ducere tractus,
In quasquomque dedit parteis natura meatum?
Non cadere in terram stellas et sidera cernis?
Sol etiam summo de vortice dissupat omneis 210
Ardorem in parteis, et lumine conserit arva :
In terras igitur quoque solis vergitur ardor.
Transvorsosque volare per imbreis fulmina cernis :
Nunc hinc, nunc illinc abruptei nubibus ignes
Concursant; cadit in terras vis flammea volgo. . 215
    Illud in his quoque te rebus cognoscere avemus :
Corpora, quom deorsum rectum per inane feruntur,
Ponderibus propriis incerto tempore ferme,
Incertisque locis, spatio depellere paullum :
Tantum quod minimum mutatum dicere possis. 220
Quod nisi declinare solerent, omnia deorsum,
Imbris uti guttæ, caderent per inane profundum;
Nec foret offensus natus, nec plaga creata
Principieis; ita nil unquam natura creasset.
    Quod si forte aliquis credit graviora potesse 225
Corpora, quo citius rectum per inane feruntur,
Incidere ex supero levioribus, atque ita plagas
Gignere, quæ possint genitaleis reddere motus:
Avius a vera longe ratione recedit.

Nam per aquas quæquomque cadunt atque aera deorsum,
Hæc pro ponderibus casus celerare necesse est; 231
Propterea, quia corpus aquæ naturaque tenuis
Aeris haud possunt æque rem quamque morari;
Sed citius cedunt, gravioribus exsuperata.
At contra nulli, de nulla parte, neque ullo 235
Tempore, inane potest vacuum subsistere rei;
Quin, sua quod natura petit, concedere pergat.
Omnia quapropter debent per inane quietum
Æque, ponderibus non æquis, concita ferri.
Haud igitur poterunt levioribus incidere unquam 240
Ex supero graviora, neque ictus gignere per se,
Quei varient motus, per quos natura gerat res.
    Quare etiam atque etiam paullum inclinare necesse est
Corpora, nec plus quam minumum; ne fingere motus
Obliquos videamur, et id res vera refutet. 245
Namque hoc in promtu manifestumque esse videmus;
Pondera, quantum in se est, non posse obliqua meare,
Ex supero quom præcipitant, quod cernere possis.
Sed nihil omnino recta regione viai
Declinare, quis est, qui possit cernere, sese? 250
    Denique si semper motus connectitur omnis,
Et vetere exoritur semper novus ordine certo;
Nec declinando faciunt primordia motus
Principium quoddam, quod fati fœdera rumpat,
Ex infinito ne causam causa sequatur : 255
Libera per terras unde hæc animantibus exstat,

ni en lieu déterminé, mais au gré du caprice qui les emporte? Car il est incontestable que leur volonté, à tous, est le principe du mouvement, et la source dont il jaillit pour se répandre dans les organes. Ne remarques-tu pas, quand on ouvre tout à coup la barrière, que l'impatient coursier ne peut s'élancer aussi vite que le voudrait son âme ardente? Il faut d'abord que l'abondante matière du corps entier s'ébranle au fond de chaque membre et s'y ramasse, afin de suivre le penchant du cœur. Ainsi le mouvement se forme dans les âmes, et il part de la volonté, qui le transmet aux membres et au reste du corps.

Il n'en est pas de même lorsque nous avançons poussés par un choc extérieur, et que de grandes forces nous impriment une vaste secousse : car alors il est clair que toute notre substance se meut et s'emporte malgré nous, jusqu'à ce que la volonté saisissant les membres arrête sa course. Tu le vois donc : quoique des forces étrangères nous entraînent, nous précipitent, il y a pourtant au fond de notre cœur une puissance qui lutte, qui fait obstacle, qui ébranle souvent à son caprice la masse du corps en agitant les articulations et les membres, qui la pousse, la retient ensuite, et la rejette dans son inertie.

Ainsi, tu es encore obligé de reconnaître qu'il y a chez les atomes, outre la pesanteur et le choc, un autre principe de mouvement qui leur donne cette puissance, puisque nous avons déjà vu que rien ne peut naître de rien. Car la pesanteur empêche sans doute que tout ne provienne du choc et des impulsions étrangères ; mais pour que les âmes ne soient pas soumises, quand elles agissent, à une nécessité intérieure qui les dompte en quelque sorte et les réduit à une obéissance passive, il faut un léger écart des atomes, et non pas à temps fixe ni dans un espace déterminé.

Les éléments ne furent jamais plus compacts ou plus écartés que de nos jours, parce que la matière ne subit ni accroissement ni perte. Les atomes se meuvent donc aujourd'hui comme dans les siècles passés, et le même mouvement les emportera dans les siècles à venir ; et, par suite, les corps qui avaient coutume de naître naîtront encore suivant les mêmes lois, et ils pourront vivre, croître, prendre des forces, autant que les lois de sa nature le permettent à chacun. Aucune force ne peut changer le monde ; car il n'est aucun endroit qui offre un refuge aux atomes échappés de la masse, ou un siège à des forces nouvelles qui puissent envahir la nature, la bouleverser, et détourner le cours du mouvement universel.

Quoique tous les éléments se meuvent, on ne doit pas être surpris de ce que la masse semble demeurer immobile, sauf les corps qui ont un mouvement propre. Car la nature des éléments est enfouie dans les ténèbres, hors de la portée des sens ; et, si leur essence échappe à ta vue, il faut bien qu'ils te dérobent aussi leurs agitations,

---

Unde est hæc, inquam, fatis avolsa voluntas,
Per quam progredimur, quo ducit quemque voluptas;
Declinamus item motus, nec tempore certo,
Nec regione loci certa, sed ubi tulit ipsa mens?   260
Nam dubio procul heis rebus sua quoique voluntas
Principium dat ; et hinc motus per membra rigantur.
Nonne vides etiam, patefactis tempore puncto
Carceribus, non posse tamen prorumpere equorum
Vim cupidam tam de subito, quam mens avet ipsa?   265
Omnis enim totum per corpus materiaï
Copia conquiri debet, concita per artus
Omneis, ut studium mentis connexa sequatur :
Ut videas initum motus a corde creari
Ex animique voluntate id procedere primum ;   270
Inde dari porro per totum corpus et artus.

Nec simile est, ut quom impulsei procedimus ictu,
Viribus alterius magnis magnoque coactu ;
Nam tum materiem totius corporis omnem
Perspicuum est nobis invitis ire rapique,   275
Donec eam refrenavit per membra voluntas.
Jamne vides igitur, quamquam vis extera multos
Pellat, et invitos cogat procedere sæpe,
Præcipitesque rapi ; tamen esse in pectore nostro
Quiddam, quod contra pugnare obstareque possit :   280
Quojus ad arbitrium quoque copia materiaï
Cogitur interdum flecti per membra, per artus ;
Et projecta refrenatur, retroque residit?

Quare in seminibus quoque idem fateare necesse est ;
Esse aliam præter plagas et pondera causam   285
Motibus, unde hæc est ollis innata potestas ;
De nihilo quoniam fieri nil posse videmus.
Pondus enim prohibet, ne plagis omnia fiant,
Externa quasi vi : sed ne mens ipsa necessum
Intestinum habeat cunctis in rebus agundis,   290
Et, devicta quasi, cogatur ferre patique ;
Id facit exiguum clinamen principiorum,
Nec regione loci certa, nec tempore certo.

Nec stipata magis fuit unquam materiaï
Copia, nec porro majoribus intervallis :   295
Nam neque adaugescit quidquam, neque deperit inde.
Quapropter, quo nunc in motu principiorum
Corpora sunt, in eodem ante acta ætate fuere,
Et posthac semper simili ratione ferentur :
Et quæ consuerunt gigni, gignentur eadem   300
Conditione ; et erunt, et crescent, inque valebunt,
Quantum quoique datum est per fœdera naturaï :
Nec rerum summam commutare ulla potest vis.
Nam neque, quo possit genus ullum materiaï
Effugere ex omni, quidquam est ; neque rursus, in omne   305
Unde coorta queat nova vis irrumpere, et omnem
Naturam rerum mutare, et vortere motus.

Illud in his rebus non est mirabile, quare,
Omnia quom rerum primordia sint in motu,
Summa tamen summa videatur stare quiete ;   310

puisque les corps visibles nous cachent eux-mêmes leurs mouvements à travers la distance qui nous en sépare. Souvent, en effet, les brebis qui paissent dans les gras pâturages se traînent où les appellent, où les attirent les herbes brillantes des perles de la fraîche rosée, tandis que les agneaux rassasiés jouent et bondissent avec grâce; mais on ne découvre de loin que des masses confuses, immobiles, et comme des taches blanches sur une verte colline. De même, lorsque de vastes légions inondent la campagne de leurs manœuvres et feignent de se livrer bataille, les armes jettent des éclairs dans le ciel; le sol étincelle de fer, et gémit sous la marche retentissante de cet amas de guerriers; les montagnes, frappées de leurs cris, les renvoient aux astres; les escadrons voltigent de toutes parts, et franchissent soudain les plaines ébranlées de leur poids et de leur course rapide : cependant, à les voir de certains endroits, au sommet des montagnes, on les croirait immobiles, et leur éclat semble dormir sur la terre.

Maintenant examinons la nature des atomes, et comment leurs formes diffèrent et leurs contours varient : non pas que beaucoup ne soient construits de même, mais parce que tous ne peuvent être semblables en tout, et tu ne dois pas en être surpris ; car, puisque les richesses de la matière sont inépuisables, puisque les atomes ne se mesurent et ne se comptent pas, il est évident que tous, dans leur ensemble, ne peuvent avoir tout à fait les mêmes traits, la même physionomie.

Vois la race des hommes, les êtres muets qui nagent au fond des ondes, les gras troupeaux, les bêtes sauvages, les oiseaux divers, ceux qui habitent près des eaux fécondes, au bord des rivières, des lacs ou des fontaines, et ceux qui demeurent et voltigent dans les solitudes des bois : compare tous les êtres de toutes les espèces, et tu découvriras que tous ont des formes différentes.

Autrement, les mères pourraient-elles reconnaître leurs petits, ou les petits leurs mères? Et on sait pourtant que les animaux se connaissent aussi bien que les hommes. Souvent un jeune taureau meurt immolé devant les statues brillantes des dieux, au pied des autels où brûle l'encens ; et des flots de sang coulent avec la vie de sa poitrine fumante. Que devient alors sa mère? Privée de lui, elle parcourt les vertes forêts; elle laisse partout les profondes empreintes de ses pieds fendus, elle promène partout ses yeux inquiets, et regarde si elle voit venir son enfant perdu : elle remplit les ombrages des bois de ses gémissements, immobile, attentive; puis elle revient aux étables, et les visite sans cesse, sans cesse tourmentée de sa perte. Le tendre feuillage des saules, les herbes que féconde la rosée, les fleuves qui coulent à pleins bords, ne la charment plus et ne la détournent pas de ses inquiétudes soudaines; la vue même des autres veaux qui bondissent dans les gras pâturages ne peut distraire son âme ni soulager sa peine : tant elle connaît bien et tant elle cherche ce qui est à elle !

Præterquam si quid proprio dat corpore motus.
Omnis enim longe nostris ab sensibus infra
Primorum natura jacet : quapropter, ubi ipsam
Cernere jam nequeas, motus quoque surpere debent.
Præsertim quom, quæ possimus cernere, celent   315
Sæpe tamen motus, spatio diducta locorum.
Nam sæpe in colli, tondentes pabula læta,
Lanigeræ reptant pecudes, quo quamque vocantes
Invitant herbæ gemmantes rore recenti;
Et satiatei agnei ludunt, blandeque coruscant :   320
Omnia quæ nobis longe confusa videntur,
Et veluti in viridi candor consistere colli.
Præterea, magnæ legiones quom loca cursu
Camporum complent, belli simulacra cientes;
Fulgur ubi ad cœlum se tollit, totaque circum   325
Ære renidescit tellus; subterque virum vi
Excitur pedibus sonitus, clamoreque montes
Ictei rejectant voces ad sidera mundi;
Et circum volitant equites, mediosque repente
Transmittunt, valido quatientes impete, campos :   330
Et tamen est quidam locus altis montibus, unde
Stare videntur, et in campis consistere fulgur.
 Nunc age, jam deinceps cunctarum exordia rerum,
Qualia sint, et quam longe distantia formis,
Percipe, multigenis quam sint variata figuris :   335
Non quo multa parum simili sint prædita forma,

Sed quia non volgo paria omnibus omnia constant.
Nec mirum : nam quom sit eorum copia tanta,
Ut neque finis, uti docui, neque summa sit ulla;
Debent nimirum non omnibus omnia prorsum   340
Esse pari filo, similique affecta figura.
 Præterea genus humanum, mutæque natantes
Squamigerum pecudes, et læta armenta, feræque,
Et variæ volucres, lætantia quæ loca aquarum
Concelebrant, circum ripas fonteisque lacusque,   345
Et quæ pervolgant nemora avia pervolitantes :
Quorum unum quodvis generatim sumere perge;
Invenies tamen inter se differre figuris.
Nec ratione alia proles cognoscere matrem,
Nec mater posset prolem : quod posse videmus;   350
Nec minus, atque homines, inter se nota cluere.
Nam sæpe ante deum vituli delubra decora
Turicremas propter mactatus concidit aras,
Sanguinis exspirans calidum de pectore flumen :
At mater, viridels saltus orbata peragrans,   355
Linquit humi pedibus vestigia pressa bisulcis,
Omnia convisens oculis loca, si queat usquam
Conspicere amissum fetum : completque querelis
Frundiferum nemus, adsistens; et crebra revisit
Ad stabulum, desiderio perfixa juvenci.   360
Nec teneræ salices, atque herbæ rore vigentes,
Fluminaque ulla queunt, summis labentia ripis,

Le cri de leur voix tremblante prouve que les faibles chevreaux reconnaissent aussi leurs mères armées de cornes; les brebis distinguent le bêlement des agneaux folâtres; et tous les jeunes êtres, guidés par la Nature, courent aux mamelles qui les nourrissent.

Enfin, quoique tous les grains de même nature se ressemblent, on voit pourtant que leurs contours diffèrent, ainsi que les coquillages aux mille formes qui émaillent le sol, près des rivages que vient battre la mer, et dont le sable boit les ondes expirantes. Or, puisque les atomes existent naturellement comme ces corps, et que la main des hommes ne les a pas forgés sur un même modèle, les atomes doivent aussi voltiger sous mille formes diverses.

Il nous est très-facile d'expliquer aussi pourquoi les feux du tonnerre sont plus pénétrants que la flamme qui naît des matières terrestres : car tu peux dire que le feu du ciel est une substance plus déliée, dont les atomes ont des formes plus fines et se glissent à travers les pores; ce que ne peut faire la flamme du bois ou le feu des torches.

En outre, la lumière traverse la corne; mais la corne repousse la pluie. Pourquoi, sinon parce que les atomes de lumière sont moindres que ceux qui forment le fluide bienfaisant des eaux?

Quoique le vin jaillisse rapidement à travers le filtre, l'huile est paresseuse et coule à regret. Pourquoi? Parce que les éléments de cette substance sont ou plus épais ou mieux accrochés ensemble, mieux entrelacés; et il en résulte que chacun ne se détache pas aussi vite, lorsque chacun se répand à son tour à travers les pores du filtre.

D'ailleurs, le lait et le miel sont doux à la langue qui les savoure, quand ils coulent dans le palais; mais l'absinthe, mais la centaurée sauvage sont des substances amères, repoussantes, et qui tordent la bouche. Tu peux aisément en conclure que des atomes polis et ronds produisent les saveurs agréables, tandis que les corps aigres et rudes contiennent des atomes crochus, étroitement enlacés, et qui ont coutume de forcer le passage dans nos organes, où ils pénètrent en déchirant les fibres.

Enfin, tout ce qui flatte les sens, et tout ce qui leur est pénible, provient de corps opposés par leur forme. Car il ne faut point croire que le bruit aigre et horrible de la scie qui siffle soit formé par des atomes polis, comme les sons harmonieux que les musiciens éveillent et façonnent avec leurs doigts agiles sur les cordes de la lyre. Ne crois pas non plus que des éléments de même forme se glissent dans les narines des hommes quand ils brûlent des cadavres infects, ou quand ils viennent de répandre le safran de Cilicie sur les théâtres, et que, près de la scène, les autels exhalent des parfums arabiques. Ne te figure pas enfin que ces couleurs bienfaisantes

---

Oblectare animum, subitamque avortere curam :
Nec vitulorum aliæ species per pabula læta
Derivare queunt animum, curamque levare :   365
Usque adeo quiddam proprium notumque requirit.
Præterea teneri tremulis cum vocibus hædei
Cornigeras norunt matres, agnique petulci
Balatum pecudes : ita, quod Natura reposcit,
Ad sua quisque, feri decurrunt ubera lactis.   370
    Postremo quodvis frumentum, non tamen omne,
Quidque suo genere, inter se simile esse videbis,
Quin intercurrat quædam distantia formis :
Concharumque genus parili ratione videmus
Pingere telluris gremium, qua mollibus undis   375
Litoris incurvi bibulam pavit æquor arenam.
Quare etiam atque etiam simili ratione necesse est,
Natura quoniam constant, neque facta manu sunt
Unius ad certam formam primordia rerum,
Dissimili inter se quædam volitare figura.   380
    Perfacile est animi ratione exsolvere nobis,
Quare fulmineus multo penetralior ignis,
Quam noster, fluat, e tedis terrestribus ortus.
Dicere enim possis cœlestem fulminis ignem,
Subtilem magis, e parvis constare figuris;   385
Atque ideo transire foramina, quæ nequit ignis
Noster hic, e lignis ortus tedaque creatus.
    Præterea lumen per cornum transit; at imber
Respuitur. Qua re? nisi luminis illa minora
Corpora sunt, quam de quibus est liquor almus aquarum.
    Et quamvis subito per colum vina videmus   391
Perfluere; at contra tardum conctatur olivom :
Aut quia nimirum majoribus est elementis,
Aut magis hamatis inter se perque plicatis;
Atque ideo fit, uti non tam diducta repente   395
Inter se possint primordia singula quæque
Singula per quojusque foramina permanare.
    Huc accedit, uti mellis lactisque liquores
Jocundo sensu linguæ tractentur in ore;
At contra tetra absinthi natura ferique   400
Centauri fedo pertorquent ora sapore;
Ut facile agnoscas e lævibus atque rotundis
Esse ea, quæ sensus jocunde tangere possunt :
At contra, quæ amara atque aspera quomque videntur,
Hæc magis hamatis inter se nexa teneri;   405
Proptereaque solere vias rescindere nostris
Sensibus, introituque suo perrumpere corpus.
    Omnia postremo bona sensibus, et mala tactu,
Dissimili inter se pugnant perfecta figura :
Ne tu forte putes, serræ stridentis acerbum   410
Horrorem constare elementis lævibus æque,
Ac Musæa mele, per chordas organicei quæ
Mobilibus digitis expergefacta figurant :
Neu simili penetrare putes primordia forma
In nareis hominum, quom tetra cadavera torrent,   415
Et quom scena croco Cilici perfusa recens est,

dont les yeux aiment à se repaître se composent de germes semblables aux germes de celles qui blessent la vue, qui nous arrachent des larmes, ou qui nous paraissent hideuses à voir et repoussantes. Car, pour que certaines images soient caressantes au regard qui les fixe, leurs éléments doivent être polis ; et, au contraire, les images blessantes et rudes ne sont produites que par les aspérités de la matière.

Il existe même des atomes que tu ne peux regarder comme des surfaces unies, et qui ne sont pas hérissés de crocs aigus, mais de petits angles à peine saillants, et capables de chatouiller les sens plus que de les déchirer. Telles sont la lie piquante du vin, et l'aunée au goût amer.

Enfin le feu qui brûle, le froid qui glace, mordent tous deux les sens, mais leurs dents ne sont pas faites de même : le toucher suffit pour nous en convaincre.

Car le toucher, grands dieux ! le toucher est ce qui affecte le corps, soit quand un corps extérieur y entre ; soit quand il essuie lui même des pertes qui le blessent, ou que les travaux féconds de Vénus y causent une perte plus douce ; soit enfin quand les atomes se choquent au sein de la masse, la bouleversent, et que leur agitation porte le trouble dans les organes, comme tu le sentiras toi-même, si tu frappes avec la main quelque partie de ton corps. Ainsi donc, pour que le choc des éléments excite des impressions différentes, il faut bien que leur structure diffère.

Enfin, les corps qui nous paraissent épais et durs ne peuvent être formés que par des atomes munis de crocs, et pour ainsi dire de branches entrelacées, qui resserrent et assujettissent la masse.

Parmi ces corps et à leur tête se place le diamant, qui méprise les coups ; ensuite viennent les rocs solides, la dure substance du fer, et les gonds d'airain qui crient en soutenant les portes. Les substances liquides, au contraire, doivent être faites de corps polis et ronds, puisque les sucs du pavot sont tout aussi faciles à boire que des eaux pures, puisque les globules liquides ne se tiennent pas, et que tous aiment à rouler sur une pente.

Mais les corps que tu vois se dissiper si vite, comme la fumée, les brouillards et la flamme, ne peuvent avoir ni des atomes polis et ronds, ni des atomes crochus et entrelacés : car ils piquent les sens et pénètrent la pierre, sans former pourtant un amas compact, tel que les buissons épineux. Il est donc facile de voir que leurs éléments sont aigus, et non pas recourbés.

Si tu trouves parmi les fluides mêmes des corps aigres, comme le fluide salé des mers, il n'y a rien là qui doive te surprendre, car toute la partie fluide ne contient sans doute que des atomes polis et ronds ; mais à ces atomes ronds et polis se mêlent quelques éléments de nature blessante. Encore ces éléments ne sont-ils pas armés de crocs qui les attachent ensemble : pour

Araque Panchæos exhalat propter odores :
Neve bonos rerum simili constare colores
Semine constituas, oculos quei pascere possunt,
Et quei compungunt aciem, lacrumareque cogunt,   420
Aut feda specie tetri turpesque videntur.
Omnis enim, sensus quæ mulcet quomque videntum,
Haud sine principiali aliquo lævore creata est :
At contra, quæquomque molesta atque aspera constat,
Non aliquo sine materiæ squalore reperta est.   425
  Sunt etiam, quæ jam nec lævia jure putantur
Esse, neque omninò flexis mucronibus unca ;
Sed magis angellis paullum prostantibus, et quæ
Titillare magis sensus, quam lædere possint :
Fæcula jam quo de genere est, inulæque sapores.   430
  Denique jam calidos igneis gelidamque pruinam,
Dissimili dentata modo, compungere sensus
Corporis, indicio nobis est tactus uterque.
  Tactus enim, tactus, pro Divom numina sancta !
Corporis est sensus, vel quom res extera sese   435
Insinuat, vel quom lædit, quæ in corpore nata est,
Aut juvat egrediens genitaleis per Veneris res :
Aut, ex offensu quom turbant corpore in ipso
Semina, confundunt inter se concita sensum :
Ut, si forte manu quamvis jam corporis ipse   440
Tute tibi partem ferias, atque experiare.
Quapropter longe formas distare necesse est

Principiis, varios quæ possint edere sensus.
  Denique, quæ nobis durata ac spissa videntur,
Hæc magis hamatis inter sese esse necesse est,   445
Et quasi ramosis alte compacta teneri.
In quo jam genere in primis adamantina saxa
Prima acie constant, ictus contemnere sueta ;
Et validei silices, ac duri robora ferri,
Æraque, quæ claustris restantia vociferantur.   450
Olla quidem debent ex lævibus atque rotundis
Esse magis, fluido quæ corpore liquida constant ;
[Namque papaveris haustus item est facilis quod aquarum :]
Nec retinentur enim inter se glomeramina quæque,
Et procursus item proclive volubilis exstat.   455
  Omnia postremo, quæ puncto tempore cernis
Diffugere, ut fumum, nebulas, flammasque, necesse est,
Si minus omnia sunt e lævibus atque rotundis,
At non esse tamen perplexis indupedita ;
Pungere uti possint corpus, penetrareque saxa,   460
Nec tamen hærere inter se ; quod quisque videmus
Sentibus esse datum : facile ut cognoscere possis,
Non e perplexis, sed acutis esse elementis.
  Sed quod amara vides eadem, quæ fluvida constant,
Sudor uti maris est, minume mirabile quoiquam.   465
Nam quod fluvidum est, e lævibus atque rotundis
Est ; et lævibus atque rotundis mixta doloris
Corpora : nec tamen hæc retineri hamata necessum :

être tout à la fois fluides et piquants, il faut que ce soient des globules à surface rude.

Si tu veux ne conserver aucun doute sur le mélange des atomes polis, et des atomes plus rudes à qui la substance des mers doit son amertume, décompose les ondes, examine les parties. Lorsque les mêmes eaux filtrent longtemps à travers le sol et vont emplir des fosses, elles deviennent plus douces : leur âcreté sauvage se perd avec les éléments qui la produisent, et qui demeurent à la surface, parce que leurs aspérités les enchaînent à la terre.

A ce que je viens de t'apprendre, je vais ajouter une chose qui en dépend et qui en tire sa preuve : je veux dire que les éléments ont un nombre limité de formes diverses ; sinon il faudrait que le volume de quelques-uns fût immense ; car un seul élément, un élément imperceptible, ne peut varier beaucoup ses formes. Compose les atomes de parties infiniment déliées, et au nombre de trois, ou augmente-le de quelques autres. Arrange ces parties en tous sens ; place-les en haut, en bas ; mets-les à droite, remets-les à gauche : tu auras bientôt épuisé les formes que leur disposition peut imprimer à la masse. Si tu veux multiplier les figures, il faut y joindre des parties nouvelles ; et, par la même raison, de nouvelles parties seront encore nécessaires, si tu veux encore varier leur arrangement et leur forme. Le volume du corps augmente donc à mesure que les formes sont plus variées ; et par conséquent tu ne saurais croire que leur diversité soit infinie, sans obliger quelques atomes à un immense développement : or, comme tu le sais déjà, nul ne peut démontrer que le fait existe.

Autrement, les riches habits des barbares, les étoffes éclatantes de Mélibée que la Thessalie baigne dans la pourpre de ses coquillages, et les riantes couleurs qui parent la race dorée des paons, effacées bientôt par des couleurs nouvelles, tomberaient au rang des choses viles. On mépriserait aussi le parfum de la myrrhe, la saveur du miel. Un chant plus doux étoufferait le chant des cygnes, et les accords de Phébus ne retentiraient plus, sept fois harmonieux, sur les cordes de la lyre : car il naîtrait toujours des choses plus belles les unes que les autres.

Et tout pourrait aller du mieux au pire, comme nous avons dit que tout serait amélioré. Quelque chose de plus repoussant, et de plus repoussant encore, frapperait sans cesse les oreilles, les narines, les yeux ou la bouche. Mais puisque les corps ne changent pas de la sorte, puisque des bornes infranchissables limitent et le bien et le mal dans la nature, tu dois admettre que les formes de la matière sont aussi limitées.

Enfin, des glaces de l'hiver aux feux brûlants, il y a un espace fixé, et le retour est le même du feu à la glace. Le chaud, le froid, les vapeurs tièdes, tout est contenu entre ces deux extrêmes, et remplit graduellement leur intervalle. Les différences de la température ne sont donc pas infinies, puisque les chaleurs ardentes

Scilicet esse globosa, tamen quom squalida constent,
Provolvi simul ut possint et lædere sensus. 470
    Et quod mixta putes magis aspera lævibus esse
Principiis, unde est Neptuni corpus acerbum ;
Est ratio secernundi, seorsumque videndi.
Humor dulcis, ubi per terras crebrius idem
Percolatur, ut in foveam fluat ac mansuescat. 475
Linquit enim supra tetri primordia viri ;
Aspera, quo magis in terris hærescere possint.
    Quod quoniam docui, pergam connectere rem, quæ
Ex hoc apta fidem ducit : primordia rerum
Finita variare figurarum ratione. 480
Quod si non ita sit, rursum jam semina quædam
Esse infinito debebunt corporis auctu.
Nam quod eadem una quojusvis in brevitate
Corporis inter se multum variare figuræ
Non possunt : face enim minimis e partibus esse 485
Corpora prima ; tribus, vel paullo pluribus auge :
Nempe, ubi eas parteis unius corporis omneis,
Summa atque ima, locans, transmutans dextera lævis,
Omnimodis expertus eris, quam quisque det ordo
Formarum speciem totius corporis ejus ; 490
Quod superest, si forte voles variare figuras,
Addendum parteis alias erit : inde sequetur,
Adsimili ratione, alias ut postulet ordo,
Si tu forte voles etiam variare figuras.
    Ergo formarum novitatem corporis augmen 495
Subsequitur : qua re non est ut credere possis,
Esse infinitis distantia semina formis ;
Ne quædam cogas immani maximitate
Esse : supra quod jam docui non esse probare.
    Jam tibi Barbaricæ vestes, Meliboeaque fulgens 500
Purpura, Thessalico concharum tincta colore ;
Aurea pavonum ridenti imbuta lepore
Secla, novo rerum superata colore, jacerent :
Et contemptus odor smyrnæ, mellisque sapores ;
Et cycnea mele, Phœbeaque, dædala chordis, 505
Carmina consimili ratione oppressa silerent :
Namque aliis aliud præstantius exoreretur.
    Cedere item retro possent in deteriores
Omnia sic parteis, ut diximus in meliores :
Namque aliis aliud retro quoque tetrius esset 510
Naribus, auribus, atque oculis, orisque sapori.
Quæ quoniam non sunt in rebus, reddita certa
Finis utrimque tenet summam ; fateare necesse est,
Materiam quoque finitis differre figuris.
    Denique ab ignibus ad gelidas hiemisque pruinas, 515
Finitum est, retroque pari ratione remensum est.
Omnis enim calor ac frigus ; medieique tepores
Inter utrasque jacent, explentes ordine summam.
Ergo finita distant ratione creata,
Ancipiti quoniam mucrone utrinque notantur, 520

et les frimas glacés la pressent de toutes parts, et lui tracent une double limite.

De ces arguments ressort une vérité nouvelle que je vais y rattacher. Les atomes de même forme sont innombrables. En effet, comme la diversité des figures a des bornes, il faut bien que le nombre des éléments semblables soit infini : sans quoi la matière même serait bornée, ce qui ne peut être, comme nous en avons fourni des preuves.

Ces vérités une fois établies, allons plus loin, et montrons par quelques vers harmonieux que les atomes entretiennent la nature depuis des temps éternels, par leurs chocs éternellement répétés dans toutes les parties du vide.

Si tu vois des espèces plus pauvres, des natures moins fécondes que les autres, tu peux croire que ces races abondent en pays étrangers, et dans des terres lointaines où leur nombre se complète. Parmi les animaux de ce genre, nous remarquons surtout les éléphants à la trompe qui serpente : les Indes en sont couvertes, et un rempart d'ivoire les protège, les rend impénétrables, tant elles renferment de ces bêtes sauvages que nous connaissons à peine. Mais je suppose même, si tu veux, que tel ou tel être soit unique dans son espèce, que la nature le forme seul, et que son semblable ne se trouve pas dans le reste du monde. Si les atomes qui servent à le concevoir et à le produire ne sont pas innombrables, cet être même ne peut naître, ne peut croître, ne peut se nourrir. En effet, que tes yeux se représentent les éléments bornés du corps unique flottant épars dans la masse : de quel côté, en quel lieu, comment, par quelle force veux-tu que ces éléments se rencontrent et se joignent au milieu de cet océan immense de matière, de cette foule d'atomes étrangers ? Il leur est impossible, je pense, de former aucun assemblage. Souvent, après de nombreux et vastes naufrages, la mer écumante disperse les bancs de rameurs, les carènes, les antennes, les proues, les rames, et les mâts qui surnagent, afin que leurs banderoles flottantes attirent les yeux sur tous les rivages, et que ces leçons terribles apprennent aux mortels à fuir les embûches de la mer, sa rage puissante, ses trompeuses amorces, et à se défier même lorsque sa perfidie se cache sous un aspect riant et calme. De même, si tu bornes le nombre des atomes, ils demeureront à jamais épars, éternellement battus par les flots de matière qui se croisent, incapables de se rassembler, incapables de maintenir leur assemblage, de le nourrir, et de l'accroître. Les yeux attestent pourtant et que des corps se forment, et que des corps croissent quand ils sont formés : il existe donc pour toutes les espèces des éléments innombrables qui les alimentent.

Aussi les mouvements qui tuent ne peuvent-ils venir à bout des êtres, et les ensevelir à jamais dans la mort ; comme les mouvements qui

Hinc flammis, illinc rigidis insessa pruinis.
   Quod quoniam docui, pergam connectere rem, quæ
Ex hoc apta fidem ducit : primordia rerum,
Inter se simili quæ sunt perfecta figura,
Infinita cluere : etenim distantia quom sit 525
Formarum finita, necesse est, quæ similes sint,
Esse infinitas ; aut summam materiaï
Finitam constare : id quod non esse probavi.
   Quod quoniam docui, nunc suaviloquis, age, paucis
Versibus ostendam, corpuscula materiaï 530
Ex infinito summam rerum usque tenere,
Undique protelo plagarum continuato.
   Nam quod rara vides magis esse animalia quædam,
Fecundamque magis naturam cernis in ollis ;
At regione, locoque alio, terrisque remotis, 535
Multa licet genere esse in eo, numerumque repleri :
Sic uti quadrupedum cum primis esse videmus
In genere anguimanos elephantos ; India quorum
Milibus e multis vallo munitur eburno,
Ut penitus nequeat penetrari : tanta ferarum 540
Vis est ; quarum nos perpauca exempla videmus !
Sed tamen, id quoque uti concedam, quam lubet esto
Unica res quædam nativo corpore sola,
Quoi similis toto terrarum non sit in orbi ;
Infinita tamen nisi erit vis materiaï, 545
Unde ea progigni possit concepta, creari

Non poterit : neque, quod superest, procrescere alique.
Quippe etenim sumant oculei, finita per omne
Corpora jactari unius genitalia rei ;
Unde, ubi, qua vi, et quo pacto, congressa coibunt 550
Materiæ tanto in pelago turbaque aliena ?
Non, ut opinor, habent rationem conciliandi :
Sed quasi, naufragiis magnis multisque coortis,
Disjectare solet magnum mare transtra, carinas,
Antemnas, proram, malos, tonsasque natanteis ; 555
Per terrarum omneis oras fluitantia aplustra
Ut videantur, et indicium mortalibus edant,
Infidi maris insidias vireisque dolumque
Ut vitare velint, neve ullo tempore credant,
Subdola quom ridet placidi pellacia ponti : 560
Sic tibi, si finita semel primordia quædam
Constitues, ævom debebunt sparsa per omnem
Disjectare æstus divorsei materiaï :
Nunquam in concilium ut possint compulsa coire ;
Nec remorari in concilio, nec crescere aducta : 565
Quorum utrumque palam fieri manifesta docet res,
Et res progigni, et genitas procrescere posse.
Esse igitur genere in quovis primordia rerum
Infinita palam est, unde omnia suppeditantur.
   Nec superare queunt motus itaque exitiales 570
Perpetuo, neque in æternum sepelire salutem :
Nec porro rerum genitales auctificeique

DE LA NATURE DES CHOSES, LIV. II.

les engendrent et les accroissent ne peuvent prolonger éternellement leur durée. Les atomes se livrent bataille, depuis le commencement des âges, avec un succès égal. Les éléments de la vie triomphent tantôt çà et là, et tantôt ils succombent : des voix expirantes se mêlent aux cris que les nouveau-nés poussent en ouvrant les yeux à la lumière ; jamais la nuit ne chasse le jour, jamais le jour ne remplace la nuit, sans entendre des vagissements plaintifs, entrecoupés de sanglots qui accompagnent la mort et les sombres agonies.

Un autre fait mérite que tu le graves dans ton esprit et que tu le fixes dans ta mémoire. Dans tout ce que la Nature met à la portée de nos sens, on ne voit rien qui soit formé par un seul genre de principes, rien qui ne provienne du mélange des atomes ; et plus un corps possède de qualités, de puissances distinctes, plus il indique que les espèces sont nombreuses et les figures variées.

D'abord, la terre contient les éléments des sources qui roulent la fraîcheur avec leurs eaux, et qui renouvellent sans cesse la mer immense. La terre contient des atomes de feu, puisque souvent le feu dévore les campagnes embrasées, puisque l'Etna vomit dans sa colère des flammes plus terribles encore. Les moissons florissantes et les arbres fertiles, qui croissent pour la race des hommes, y trouvent leurs germes, comme la tendre feuille des bois et les gras herbages que la terre fournit aux bêtes errantes des montagnes : aussi est-elle nommée la mère puissante des dieux, la mère des animaux et la mère des hommes.

Les anciens et sages poëtes des Grecs, quand ils chantent la terre, la peignent assise sur un char, et guidant la course de deux lions sous le joug. Ils enseignent ainsi que ce corps immense flotte suspendu dans le ciel, et que la terre ne peut reposer sur une terre ; les monstres attelés signifient que les bienfaits des pères doivent amollir et dompter le cœur des enfants les plus farouches. Ils lui ceignent aussi le front de la couronne murale, parce que le sol est couvert de remparts élevés et porte des villes : cet emblème dont la Mère des dieux est encore revêtue la rend formidable, quand on promène son image dans le monde. Les solennités antiques du mont Ida la font appeler Idéenne chez tous les peuples divers ; ils lui donnent une bande de Phrygiens pour escorte, parce que ce fut, dit-on, de la Phrygie que les moissons naissantes commencèrent à se répandre dans toutes les campagnes : ils lui assignent des prêtres mutilés, afin de nous avertir que ceux qui ne respectent pas la sainteté de leurs mères, et ceux en qui leurs pères trouvent des ingrats, doivent être jugés indignes de créer eux-mêmes une race vivante. La peau tendue des tambours tonne sous la main de ces prêtres ; les cymbales creuses et les trompes mêlent leurs sons menaçants et rauques à la flûte phrygienne, dont les accords irritent les âmes. Ils portent devant la statue des javelots, comme la marque d'une violente fureur, pour que les cœurs ingrats,

```
Motus perpetuo possunt servare creata.
Sic æquo geritur certamine principiorum
Ex infinito contractum tempore bellum.                                575
Nunc hic, nunc illic superant vitalia rerum ;
Et superantur item : miscetur funere vagor,
Quem puerei tollunt, visentes luminis oras :
Nec nox ulla diem, neque noctem aurora sequuta est,
Quæ non audierit, mixtos vagitibus ægris                              580
Ploratus, Mortis comites et Funeris atri.
    Illud in his obsignatum quoque rebus habere
Convenit, et memori mandatum mente tenere ;
Nil esse, in promtu quorum natura videtur,
Quod genere ex uno consistat principiorum ;                           585
Nec quidquam, quod non permixto semine constet.
Et quæquomque magis vis multas possidet in se,
Atque potestates, ita plurima principiorum
In sese genera, ac varias docet esse figuras.
    Principio, tellus habet in se corpora prima,                      590
Unde mare immensum volventes frigora fontes
Assidue renovent ; habet, ignes unde oriantur :
Nam multis succensa locis ardent sola terræ ;
Eximiis vero furit ignibus impetus Ætnæ.
Tum porro nitidas fruges, arbustaque læta,                            595
Gentibus humaneis habet unde extollere possit :
Unde etiam fluidas frundeis, et pabula læta,

Montivago generi possit præbere ferarum ;
Quare magna Deum Mater, materque ferarum,
Et nostri genetrix hæc dicta est corporis una.                        600
    Hanc veteres Graium doctei cecinere poetæ
Sedibus in curru bijugos agitare leones :
Aeris in spatio magnam pendere docentes
Tellurem, neque posse in terra sistere terram.
Adjunxere feras ; quod, quamvis effera, proles                        605
Officiis debet mollri victa parentum :
Muralique caput summum cinxere corona,
Eximiis munita locis quod sustinet urbeis :
Quo nunc insigni per magnas prædita terras
Horrifice fertur divinæ Matris imago.                                 610
Hanc variæ gentes, antiquo more sacrorum,
Idæam vocitant Matrem ; Phrygiasque catervas
Dant comites, quia primum ex illis finibus edunt
Per terrarum orbeis fruges cœpisse creari.
Gallos attribuunt ; quia, numen quei violarint                        615
Matris, et ingratei genitoribus inventei sint,
Significare volunt indignos esse putandos,
Vivam progeniem quei in oras luminis edant.
Tympana tenta tonant palmis ; et cymbala circum
Concava, raucisonoque minantur cornua cantu,                          620
Et Phrygio stimulat numero cava tibia menteis :
Telaque præportant, violenti signa furoris ;
```

les cœurs impies de la foule soient épouvantés et tremblent devant la puissance de la déesse.

Aussi, quand elle parcourt les grandes villes où son image muette passe sans donner aucun signe de sa muette bienfaisance, l'argent et l'airain pavent les chemins enrichis de pieuses largesses, et une neige de roses, une nuée de fleurs ombrage la Mère des dieux et son cortége. Alors une troupe d'hommes armés, que les Grecs nomment Curètes de Phrygie, dansent entrelacés, se mêlent au hasard, et bondissent en mesure, tandis que leur sang coule comme des larmes. Ils agitent, en secouant la tête, des aigrettes terribles, semblables aux Curètes quand ils étouffaient jadis les vagissements de Jupiter caché dans la Crète; car on raconte que ces jeunes prêtres, environnant le jeune dieu de leur danse rapide, les armes à la main, choquaient en cadence le fer contre le fer, de peur que Saturne, découvrant son asile, ne le livrât à sa dent cruelle, et ne fit au cœur de sa mère une éternelle blessure. Voilà pourquoi des gens armés accompagnent la Mère des dieux; ou peut-être veut-on nous dire que cette déesse prescrit aux hommes de défendre par les armes et avec courage le sol natal, et de se préparer à être le soutien et la gloire de leur famille.

Quelque ingénieuses et belles que soient ces fables, elles s'écartent du vrai, la raison les repousse. Car il faut que les dieux, par leur nature même, jouissent dans une paix profonde de leur immortalité, loin du contact des choses humaines, et dans un monde séparé du nôtre : là, exempts de douleur, exempts de périls, ils se suffisent, ils ne demandent rien aux hommes; la vertu ne les gagne point, et la colère ne peut les toucher. La terre, au contraire, a toujours été une masse insensible; mais, comme les éléments de mille choses y sont enfermés, elle met au jour mille corps éclos de mille façons diverses. Au reste, si on se plaît à dire Neptune pour la mer, Cérès pour les moissons, et si on préfère le nom de Bacchus au mot propre de vin, consentons aussi à ce que la terre, cet immense globe, soit appelée la Mère des dieux, pourvu que sa vraie nature lui demeure.

Souvent on voit paître dans les mêmes herbages les troupeaux chargés de laine, la race belliqueuse des chevaux, et les génisses armées de cornes; le même ciel les abrite, les mêmes sources apaisent leur soif; et pourtant ces espèces différent, elles gardent la nature qui les a produites, et chacune suit des mœurs distinctes : tant il est vrai que toutes les herbes contiennent des atomes différents, ainsi que toutes les sources. De même, parmi tous ces êtres, chacun est formé de parties analogues, les os, le sang, les veines, la chaleur, les humeurs, les entrailles, les nerfs. Et pourtant elles ne se ressemblent pas, parce que la forme de leurs éléments varie.

Les substances enflammées que le feu dévore doivent, au moins, nourrir dans leur sein des atomes qui leur permettent de vomir la flamme, de répandre la lumière, de faire jaillir les étin-

Ingratos animos atque impia pectora volgi
Conterrere metu quæ possint numine Divæ.
  Ergo quòm primum, magnas invecta per urbeis, 625
Munificat tacita mortaleis muta salute,
Ære atque argento sternunt iter omne viarum,
Largifica stipe ditantes; ninguntque rosarum
Floribus, umbrantes Matrem comitumque catervam.
Hic armata manus, Curetas nomine Graecei 630
Quos memorant Phrygios, inter se forte catenas
Ludunt, in numerumque exsultant, sanguine fletei
Terrificas capitum quatientes numine cristas,
Dictæos referunt Curetas, quei Jovis ollum
Vagitum in Creta quondam occultasse feruntur; 635
Quom puerei circum puerum pernice chorea,
Armatei, in numerum pulsarent æribus æra,
Ne Saturnus eum malis mandaret adeptus,
Æternumque daret matri sub pectore volnus.
Propterea magnam armatei Matrem comitantur : 640
Aut, quia significant Divam prædicere, ut armis
Ac virtute velint patriam defendere terram;
Præsidioque parent decorique parentibus esse.
  Quæ, bene et eximie quamvis disposta ferantur,
Longe sunt tamen a vera ratione repulsa. 645
Omnis enim per se Divom natura necesse est
Immortali ævo summa cum pace fruatur,
Semota a nostris rebus, sejunctaque longe.

Nam privata dolore omni, privata periclis,
Ipsa suis pollens opibus, nihil indiga nostri, 650
Nec bene promeritis capitur, neque tangitur ira.
Terra quidem vero caret omni tempore sensu;
Sed, quia multarum potitur primordia rerum,
Multa modis multis effert in lumina solis.
Hic si quis mare Neptunum, Cereremque vocare 655
Constituet fruges', et Bacchi nomine abuti
Mavolt, quam laticis proprium proferre vocamen;
Concedamus, ut hic terrarum dictitet orbem
Esse deum Matrem, dum vera re tamen ipse.
  Sæpe itaque, ex uno tondentes gramina campo, 660
Lanigeræ pecudes, et equorum duellica proles,
Buceriæque greges, eodem sub tegmine cœli,
Ex unoque sitim sedantes flumine aquai,
Dissimili vivunt specie, retinentque parentem
Naturam; et mores generatim quæque imitantur : 665
Tanta est, in quovis genere herbæ, materiai
Dissimilis ratio; tanta est in flumine quoque!
Hinc porro quemvis animantem ex omnibus una
Ossa, cruor, venæ, calor, humor, viscera, nervei
Constituunt; quæ sunt porro, distantia longe, 670
Dissimili perfecta figura principiorum.
  Tum porro quæquomque igni flammata cremantur,
Si nil præterea, tamen hæc in corpore aluntur,
Unde ignem jacere, et lumen submittere possint

celles, et de lancer au loin la cendre brûlante. Parcours ainsi toute la nature, guidé par la raison, et tu découvriras que tout recèle les germes de mille corps emprisonnés sous mille formes.

Enfin, tu vois bien des choses qui joignent la couleur au goût, et le goût au parfum; comme la plupart des offrandes que la superstition arrache, quand elle saisit honteusement les âmes. Ces matières doivent être composées de principes divers : car les odeurs se glissent par où le suc ne gagne jamais les membres, et le suc où les saveurs insinuantes trouvent aussi des voies particulières ; ce qui prouve que leurs atomes ne sont pas faits de même. Des atomes de forme diverse se réunissent donc dans les mêmes assemblages, et les corps se forment de leur mélange.

Bien plus, tu distingues partout dans mes vers mille lettres qui sont les éléments communs de mille mots; et pourtant tu es obligé de reconnaître que chaque mot, chaque vers ne se compose pas des mêmes éléments. Non que ces lettres communes qui courent de vers en vers soient peu nombreuses, ou que les mêmes ne se rassemblent jamais pour produire deux mots semblables; mais parce que tous les éléments de tous les mots ne sont pas rangés de même. De cette façon, quoique les autres corps renferment aussi mille principes communs à mille choses, il se peut néanmoins que leur masse diffère : tu aurais donc raison de dire que des atomes différents produisent la race des hommes, les moissons et les arbres fertiles.

Ne vas pas croire pourtant que tous les atomes puissent former des assemblages de toute sorte; car alors il serait commun de voir naître des monstres, de voir une moitié de bête sur un corps humain, un épais feuillage sur un être vivant, des membres appartenant à la terre joints à ceux que la mer enfante, des chimères enfin vomissant la flamme de leurs bouches empestées, et que la nature nourrirait aussi dans un monde capable de tout produire. Mais il est évident que rien ne se fait de la sorte, puisque nous voyons tous les êtres, formés de germes invariables et naissant à des sources distinctes, conserver leur espèce quand ils croissent.

Il faut bien que leur croissance se fasse dans un ordre déterminé : car toute nourriture fournit à chacun ses atomes propres qui se distribuent dans les membres, et qui, joints au corps, y engendrent un mouvement réparateur. Au contraire, les éléments impropres sont rejetés par la nature, qui les rend au sol; et souvent le corps humain repousse par un choc et met en fuite des corps imperceptibles, qui ne peuvent ni se mêler à la substance, ni concourir au mouvement vital, et recevoir eux-mêmes la vie.

Ne te figure pas que les animaux seuls soient assujettis à ces lois : une certaine limite sépare tous les êtres. En effet, comme toutes les productions de la Nature diffèrent, elles doivent avoir aussi des éléments de forme différente : non pas que bien des atomes ne soient faits de même, mais parce que tous ne peuvent être

Scintillasque agere, ac late differre favillam. 675
    Cetera consimili mentis ratione peragrans,
Invenies igitur multarum semina rerum
Corpore celare, et varias cohibere figuras.
Denique multa vides, quibus et color et sapor una
Reddita sunt cum odore; in primis pleraque dona, 680
Religione animum turpi quom tangere pacto.
Hæc igitur variis debent constare figuris :
Nidor enim penetrat, qua sucus non it in artus :
Sucus item seorsum, et seorsum sapor insinuatur
Sensibus; ut noscas primis differre figuris. 685
Dissimiles igitur formæ glomeramen in unum
Conveniunt; et res permixto semine constant.
Quin etiam passim nostris in versibus ipsis
Multa elementa vides multis communia verbis;
Quom tamen inter se versus ac verba necesse est 690
Confiteare alia ex aliis constare elementis.
Non quo multa parum communis litera currat,
Aut nulla inter se duo sint ex omnibus Isdem :
Sed quia non volgo paria omnibus omnia constant :
Sic aliis in rebus item communia multa 695
Multarum rerum quom sint primordia, rerum
Dissimili tamen inter se consistere summa
Possunt : ut merito ex aliis constare feratur
Humanum genus, et fruges arbustaque læta.

    Nec tamen omnimodis connecti posse putandum est 700
Omnia : nam volgo fieri portenta videres;
Semiferas hominum species exsistere, et altos
Interdum ramos e gigni corpore vivo;
Multaque connecti terrestria membra marinis :
Tum flammam tetro spiranteis ore Chimæras, 705
Pascere naturam per terras omniparenteis.
Quorum nil fieri manifestum est; omnia quando,
Seminibus certis certa genetrice creata,
Conservare genus crescentia posse videmus.
    Scilicet id certa fieri ratione necesse est : 710
Nam sua quoique cibis ex omnibus intus in artus
Corpora discedunt; connexaque convenienteis
Efficiunt motus : at contra aliena videmus
Rejicere in terras naturam; multaque cæcis
Corporibus fugiunt e corpore percita plagis; 715
Quæ neque connecti quoquam potuere, neque inter
Vitaleis motus consentire, atque animari.
    Sed ne forte putes animalia sola teneri
Legibus his, quædam ratio disterminat omneis.
Nam, veluti tota natura dissimiles sunt 720
Inter se genitæ res quæque, ita quomque necesse est
Dissimili constare figura principiorum :
Non quo multa parum simili sint prædita forma;
Sed quod non volgo paria omnibus omnia constent.

semblables en tout. Or, si les atomes ne se ressemblent pas, il faut que leurs intervalles, leurs directions, leurs assemblages, leurs poids, leurs rencontres, leurs chocs, leurs mouvements varient; et voilà ce qui non-seulement distingue les corps animés, mais ce qui sépare même la terre des océans, et ce qui nous empêche de confondre le soleil avec la terre.

Maintenant, ô Memmius, recueille des paroles qui sont le fruit de mon doux travail, afin de ne pas croire que les corps dont la blancheur éblouit les yeux soient formés de blancs atomes, que les corps sombres aient des germes noirs, et enfin que toute substance doive sa couleur à des éléments colorés de même. Les éléments ne possèdent ni couleur qui ressemble, ni couleur qui ne ressemble pas à celle des corps. Si tu crois que la pensée ne peut avoir de prise sur des atomes incolores, ton esprit erre loin du vrai chemin. Car si les aveugles-nés, sans avoir jamais aperçu la lumière du soleil, reconnaissent dès leur enfance les corps au toucher seul, et les dépouillent de toute couleur, il est évident que la raison est capable de saisir les choses qui ne sont point enveloppées de fard. Nous-mêmes enfin, lorsque nous touchons une chose dans la nuit aveugle, nous la sentons, quoique sa couleur soit insensible.

Ce que les faits attestent, je vais le prouver. Toutes les couleurs changent, et toutes se remplacent, ce qui ne peut arriver aux atomes. Il faut que certains corps demeurent inaltérables, ou le néant engloutirait le monde : car tout ce qui sort de ces limites, et dépouille son être, le frappe de mort. Ainsi donc garde-toi bien de colorer les atomes, de peur que le monde ne soit anéanti.

Mais si, en leur ôtant la couleur, la nature les a doués de formes diverses qui engendrent et varient toutes les nuances; si leur mélange, leur arrangement et les impulsions que tous donnent ou reçoivent, ont une haute importance, tu peux expliquer aisément et vite pourquoi des corps noirs acquièrent tout à coup une blancheur éclatante, comme la mer, dont les ondes tourmentées par le vent se couvrent de blanches écumes et de la pâleur du marbre. Car tu diras : Un corps habituellement sombre, quand ses atomes se mêlent et que leur ordre change, quand ils se sont enrichis ou débarrassés de quelques autres, paraît aussitôt brillant et clair. Si les éléments de la mer étaient azurés, les vagues ne pourraient blanchir : car, de quelque façon que tu bouleverses leur azur, il ne passera jamais à la blancheur du marbre.

Peut-être crois-tu que des atomes de mille couleurs produisent cet éclat pur et uniforme des flots, comme souvent un carré provient de mille figures diverses qui font une seule figure. Mais alors puisque nous apercevons dans le carré des for-

```
Semina quom porro distent, differre necesse est        725
Intervalla, vias, connexus, pondera, plagas,
Concursus, motus; quæ non animalia solum
Corpora sejungunt, sed terras ac mare totum
Secernunt, cœlumque a terris omne retentant.
    Nunc age, dicta meo dulci quæsita labore           730
Percipe : ne forte hæc albis ex alba rearis
Principiis esse, ante oculos quæ candida cernis;
Aut ea, quæ nigrant, nigro de semine nata :
Neve alium quemvis quæ sunt imbuta colorem,
Propterea gerere hunc credas, quod materiai            735
Corpora consimili sint ejus tincta colore.
Nullus enim color est omnino materiai
Corporibus, neque par rebus, neque denique dispar.
In quæ corpora si nullus tibi forte videtur
Posse animi injectus fieri, procul avius erras.        740
Nam quom cæcigenei, solis quei lumina nunquam
Despexere, tamen cognoscant corpora tactu,
Ex ineunte ævo nullo conjuncta colore;
Scire licet, nostram quoque menti corpora posse
Vorti in notitiam, nullo circumlita fuco.              745
Denique nos ipsei, cæcis quæquomque tenebris
Tangimus, haud ullo sentimus tincta colore.
    Quod, quoniam vinco fieri, nunc esse docebo,
Omnis enim color omnino mutatur in omneis;
Quod facere haud ullo debent primordia pacto :         750
Immutabile enim quiddam superare necesse est,
Ne res ad nihilum redigantur funditus omnes.

Nam quodquomque suis mutatum finibus exit,
Continuo hoc mors est illius, quod fuit ante.
Proinde colore cave contingas semina rerum,            755
Ne tibi res redeant ad nilum funditus omnes.
    Præterea si nulla coloris principieis est
Reddita natura, et variis sunt prædita formis,
E quibus omnigenos gignunt, variantque colores :
Præterea magni quod refert, semina quæque              760
Cum quibus, et quali positura contineantur,
Et quos inter se dent motus accipiantque;
Perfacile exemplo rationem reddere possis,
Quur ea, quæ nigro fuerint paullo ante colore,
Marmoreo fieri possint candore repente :               765
Ut mare, quom magnei commorunt æquora ventei,
Vortitur in canos candenti marmore fluctus.
Dicere enim possis, nigrum quod sæpe videmus,
Materies ubi permixta est illius, et ordo
Principieis mutatus, et addita demtaque quædam,        770
Continuo id fieri ut candens videatur et album.
Quod si cæruleis constarent æquora ponti
Seminibus, nullo possent albescere pacto :
Nam, quoquomque modo perturbes, cærula quæ sint,
Nunquam in marmoreum possint migrare colorem.          775
    Sin alio atque alio sunt semina tincta colore,
Quæ maris efficiunt unum purumque nitorem;
Ut sæpe ex aliis formis, variisque figuris,
Efficitur quiddam quadratum, unaque figura;
Conveniebat, uti in quadrato cernimus esse             780
```

mes distinctes, on devrait aussi voir sur la plaine des mers, ou sur tout autre corps de couleur uniforme, mille couleurs différentes, mille nuances variées.

D'ailleurs, les figures irrégulières ne nuisent pas au tout, et permettent que la surface soit carrée; mais la différence des couleurs empêche la masse de conserver un éclat uniforme.

Maintenant donc, puisque ce ne sont pas des atomes noirs et blancs qui forment le blanc et le noir, mais des atomes de forme diverse, la seule cause qui nous engage souvent à leur attribuer des couleurs est détruite. Car la blancheur naîtra plus aisément de germes incolores que du noir, ou de toute couleur opposée que sa nature repousse.

De plus, comme les couleurs ont besoin de lumière pour exister, et que les éléments échappent à la lumière, tu dois en conclure que les éléments ne sont pas enveloppés de couleur. En effet, les couleurs pourraient-elles subsister dans les ténèbres, elles qui changent à la lumière même, suivant que des rayons obliques ou droits les frappent et les éclairent? Vois étinceler au soleil le collier de plumes qui entoure le cou et la gorge des colombes : quelquefois il reflète la pourpre des rubis, et quelquefois un jour différent y sème de vertes émeraudes sur un fond azuré. De même, lorsque la queue du paon est inondée de lumière, les reflets varient, suivant que les plumes sont exposées : or, si le choc de la lumière forme les nuances, il est impossible de croire que les nuances existent sans elle.

Et puis, les yeux reçoivent tel choc quand on les dit frappés de la couleur blanche, tel autre sous les atteintes du noir, et ainsi du reste. Or, ce qui importe dans les matières touchées, ce n'est pas le hasard des nuances, mais l'harmonie des formes : il est donc évident que les couleurs ne sont pas nécessaires aux atomes; car leurs formes variées varient les impressions de la vue que leur contact excite.

En outre, si la nature des couleurs ne tient pas à la forme des atomes, et que des atomes de toute forme puissent avoir un éclat quelconque, pourquoi les corps formés par eux ne sont-ils pas de même? pourquoi toutes les nuances ne sont-elles pas répandues dans toutes les espèces? Il faudrait alors que les corbeaux, au milieu de leur vol, jetassent une blanche lumière de leurs ailes blanchissantes; que le plumage des cygnes fût assombri par de noirs atomes, ou revêtu de toutes les autres couleurs, soit simples, soit mélangées.

Bien plus, à mesure que les corps sont partagés et diminuent, il est facile de voir la couleur insensiblement effacée pâlir et s'éteindre. L'or, quand on le met en poudre; les étoffes étincelantes de pourpre, quand on les arrache fil à fil, perdent tout leur éclat : ainsi donc les couleurs

Dissimileis formas, ita cernere in æquore ponti,
Aut alio in quovis uno puroque nitore,
Dissimileis longe inter se variosque colores.
 Præterea, nihil officiunt obstantque figuræ
Dissimiles, quo quadratum minus omne sit extra : 785
At variei rerum impediunt prohibentque colores,
Quo minus esse uno possit res tota nitore.
 Tum porro, quæ ducit et illicit, ut tribuamus
Principieis rerum nonnunquam, causa, colores,
Occidit; ex albis quoniam non alba creantur, 790
Nec, quæ nigra cluent, de nigris; sed variis de.
Quippe etenim multo proclivius exorientur
Candida, de nullo, quam nigro, nata colore,
Aut alio quovis, qui contra pugnet, et obstet.
 Præterea, quoniam nequeunt sine luce colores 795
Esse, neque in lucem exsistunt primordia rerum;
Scire licet, quam sint nullo velata colore.
Qualis enim cæceis poterit color esse tenebreis,
Lumine qui in ipso mutatur, propterea quod,
Recta aut obliqua percussus luce, refulget? 800
Pluma columbarum quo pacto in sole videtur,
Quæ sita cervices circum collumque coronat :
Namque alias fit, uti claro sit rubra pyropo;
Interdum quodam sensu fit, uti videatur
Inter cæruleum viridels miscere smaragdos. 805
Caudaque pavonis, larga quom luce repleta est,
Consimili mutat ratione obversa colores :
Quei quoniam quoddam gignuntur luminis ictu,
Scire licet, sine eo fieri non posse putandum.

 Et quoniam plagæ quoddam genus excipit in se 810
Pupula, quom sentire colorem dicitur album;
Atque aliud porro, nigrum quom et cetera sentit;
Nec refert, ea quæ tangis, quo forte colore
Prædita sint, verum quali magis apta figura;
Scire licet, nil principieis opus esse colores, 815
Sed variis formis varianteis edere tactus.
 Præterea, quoniam non certis certa figuris
Est natura coloris, et omnia principiorum
Formamenta queunt in quovis esse nitore;
Quur ea, quæ constant ex ollis, non pariter sunt 820
Omnigenis perfusa coloribus in genere omni?
Convenibat enim corvos quoque sæpe volanteis
Ex albis album pennis jactare colorem;
Et nigros fieri nigro de semine cycnos,
Aut alio quovis uno, varioque colore. 825
 Quin etiam, quanto in parteis res quæque minutas
Distrahitur magis, hoc magis est, ut cernere possis
Evanescere paullatim, stinguique colorem :
Ut fit, ubi in parvas parteis discerpitur aurum;
Purpura, pœniceusque color clarissimu' multo, 830
Filatim quo distractu'st, disperditur omnis
Noscere ut hinc possis, prius omnem efflare colorem
Particulas, quam discedant ad semina rerum.
 Postremo, quoniam non omnia corpora vocem
Mittere concedis, neque odorem; propterea fit, 835
Ut non omnibus attribuas sonitus et odores :
Sic, oculis quoniam non omnia cernere quimus,
Scire licet, quædam tam constare orba colore,

se dissipent avant même que les parties ne retournent à la matière.

Enfin, tu nous accordes que tous les êtres ne jettent pas des sons ou des odeurs, et par conséquent tu ne les supposes pas tous odorants ni sonores : de même, comme tous ne peuvent être saisis par la vue, tu dois en conclure que les uns manquent de coloris aussi bien que les autres de parfum et de son, et que des esprits pénétrants se les figurent aussi bien sans couleur que sans toutes les autres qualités ou marques sensibles.

Au reste, ne crois pas que la nature dérobe seulement la couleur aux atomes : elle les soustrait au froid, aux vapeurs tièdes, aux vapeurs chaudes; les empêche de produire le son, et ôte les sucs humides à leur maigre substance, qui ne contient et ne répand aucune senteur. Ainsi toi-même, lorsque tu veux composer un doux parfum avec la marjolaine, la fleur du nard, ou la myrrhe, ce nectar embaumé des narines, tu dois chercher, autant que possible, les huiles les moins odorantes et qui ne laissent échapper aucun souffle fétide, pour ne pas mêler au pur esprit des fleurs un corps infect qui puisse l'échauffer et le corrompre.

De même les atomes, quand ils forment les êtres, ne doivent employer ni odeur ni son, puisque rien ne se détache de leur substance, et que par conséquent le goût, le froid, la vapeur chaude, la vapeur tiède, ne peuvent en émaner. Tout ce qui forme la nature mortelle des corps, la mollesse qui les assouplit, la corruption qui les brise, le vide qui les creuse, sera nécessairement écarté des atomes, si nous voulons asseoir le monde sur des fondements impérissables, qui soient la base du salut universel, et qui empêchent toute la nature de retourner aux abîmes du néant.

Tu dois avouer aussi que les êtres qui sentent naissent pourtant de germes insensibles ; et tout ce que nous avons sous les yeux, tout ce que nous sommes à portée de connaître, loin de démentir et de combattre ce fait, semble nous y conduire par la main, et nous obliger à croire que des éléments inanimés, je le répète, produisent les animaux.

En effet, il est facile de voir que le ver éclot et prend vie dans la fange, lorsque des pluies intempestives engendrent la corruption dans le sol humide. Tout se transforme de même. Les eaux tournent en feuillage, les gras herbages en troupeaux ; les troupeaux changeant de nature se font hommes, et la chair humaine va souvent accroître les forces des bêtes sauvages, ou la substance des oiseaux. La nature forme donc avec une nourriture morte des corps vivants, et elle tire de là tous les êtres sensibles : comme du bois aride naissent les flammes ondoyantes, et comme tout se convertit en feu.

Ne vois-tu pas alors combien importent la disposition, le mélange des atomes, et les mouvements que tous impriment ou reçoivent ?

Pourquoi donc ton esprit, ébranlé par le doute, cherche-t-il des objections vaines, et refuse-t-il de croire que des corps insensibles for-

---

Quam sine odore ullo quædam, sonituque remota :
Nec minus hæc animum cognoscere posse sagacem, 840
Quam quæ sunt aliis rebus privata notaque.
  Sed ne forte putes, solo spoliata colore
Corpora prima manere ; etiam secreta teporis
Sunt ac frigoris omnino calidique vaporis :
Et sonitu sterila, et suco jejuna feruntur ; 845
Nec jaciunt ullum proprium de corpore odorem.
Sicut amaracini blandum stactæque liquorem,
Et nardi florem, nectar qui naribus halat,
Quom facere instituas ; cumprimis quærere par est,
Quoad licet, ac possis reperire, inolentis olivi 850
Naturam, nullam quæ mittat naribus auram :
Quam minume ut possit mixtos in corpore odores,
Concoctosque suo contactos perdere viro.
  Propterea debent eadem primordia rerum
Non adhibere suum gignundeis rebus odorem, 855
Nec sonitum ; quoniam nihil ab se mittere possunt,
Nec simili ratione saporem denique quemquam,
Nec frigus, neque item calidum tepidumque vaporem.
Cetera, quæ quom ita sunt tamen, ut mortalia constent,
Molli lenta, fragosa putri, cava corpore raro, 860
Omnia sint a principieis sejuncta necesse est ;
Immortalia si volumus subjungere rebus
Fundamenta, quibus nitatur summa salutis ;

Ne tibi res redeant ad nilum funditus omnes.
  Nunc ea, quæ sentire videmus quomque, necesse est, 865
Ex insensilibus tamen omnia confiteare
Principieis constare, neque id manifesta refutant,
Nec contra pugnant, in promtu cognita quæ sunt ;
Sed magis ipsa manu ducunt, et credere cogunt,
Ex insensilibus, quod dico, animalia gigni. 870
  Quippe videre licet, vivos exsistere vermeis
Stercore de tetro, putorem quom sibi nacta est
Intempestivis ex imbribus humida tellus :
Præterea cunctas itidem res vortere sese.
Vortunt se fluvii in frundeis, et pabula læta 875
In pecudes ; vortunt pecudes in corpora nostra
Naturam ; et nostro de corpore sæpe ferarum
Augescunt vires, et corpora pennipotentum.
Ergo omneis natura cibos in corpora viva
Vortit, et hinc sensus animantum procreat omneis : 880
Non alia longe ratione, atque arida ligna
Explicat in flammas, et in igneis omnia vorsat.
  Jamne vides igitur, magni primordia rerum
Referre in quali sint ordine quæque locata,
Et commixta quibus dent motus accipiantque ? 885
  Tum porro quid id est, animum quod percutit ipsum,
Quod movet, et varios sensus expromere cogit,
Ex insensilibus ne credas sensile gigni ?

ment un être qui sent? Est-ce parce que les pierres, le bois et la terre, quoique mêlés ensemble, sont incapables de produire le sentiment et la vie? Mais ici rappelle-toi nos arrangements : je ne veux pas dire que tous les corps générateurs enfantent au hasard et sur-le-champ des êtres organisés pour sentir. Il importe, je le répète, que les éléments de ces êtres aient telle grandeur, telle forme, tels mouvements, tel ordre, telle position; et ces qualités manquent au bois, aux mottes de terre. Néanmoins ces corps, quand ils sont gâtés par les pluies, engendrent des vermisseaux, parce que leurs atomes, bouleversés alors par une circonstance nouvelle, forment un assemblage de telle sorte que des animaux doivent en naître.

Lorsque, sur la foi de quelques hommes, on donne pour élément à la sensibilité des atomes sensibles, on rend aussi les atomes mous; car le sentiment fait partie des entrailles, des nerfs, des veines, toutes choses molles et que nous voyons formées de substance périssable.

Supposons, pourtant, que ces atomes puissent éternellement durer. Toujours est-il que tu dois les croire sensibles, ou comme partie des êtres, ou comme tout pareil aux êtres entiers. Or, les parties sont incapables de sentir : il le faut bien, puisque chacune repousse les impressions des autres, puisque la main détachée du corps et tous les membres à part ne conservent aucune sensibilité. Reste donc à faire des atomes autant de petits êtres. Mais alors peut-on les appeler éléments des choses? Éviteront-ils les sentiers de la mort, eux qui sont des êtres contenus dans un être mortel, et qui ressemblent à la masse?

Fût-ce même possible, leur concours, leur assemblage produira seulement un amas et une multitude de corps animés : comme les hommes, les troupeaux et les bêtes sauvages, dans leurs unions, ne peuvent engendrer que leur espèce. De cette façon, tout devrait être sensible comme nous.

Si les atomes se dépouillent de leur sensibilité propre, mais que les assemblages acquièrent une sensibilité nouvelle, pourquoi leur avoir donné ce que tu leur ôtes? D'ailleurs, et cet exemple nous a déjà servi de refuge, puisque nous voyons les œufs se changer en oiseaux vivants, les vers éclore du sol qui fermente, gâté par des pluies intempestives, il est clair que le sentiment peut naître de corps insensibles.

Peut-être dira-t-on que les atomes engendrent la sensibilité qui leur manque par un changement produit avant de se manifester, comme les êtres qui naissent. Mais il me suffira de faire voir et de prouver que toute naissance vient après un assemblage, que rien ne change sans un assemblage nouveau. Le sentiment ne se forme donc pas avant le corps sensible : car les atomes jusque-là demeurent épars dans les airs, dans l'eau, dans le sol, ou dans ce que le sol enfante; du moins, si la matière se rassemble, les mouvements harmonieux de la masse, nécessaires à la vie, ne sont pas encore réglés, et eux seuls

Nimirum lapides et ligna et terra quod una
Mixta tamen nequeunt vitalem reddere sensum. 890
Illud in his igitur fœdus meminisse decebit,
Non ex omnibus omnino, quæquomque creant res,
Sensile, et extemplo me gigni dicere sensus :
Sed magni referre, ea primum quantula constent,
Sensile quæ faciunt, et qua sint prædita forma; 895
Motibus, ordinibus, posituris denique quæ sint;
Quarum nil rerum in lignis, glebisque videmus :
Et tamen hæc, quom sunt quasi putrefacta per imbreis,
Vermiculos pariunt; quia corpora materiai,
Antiquis ex ordinibus permota nova re, 900
Conciliantur ita, ut debent animalia gigni.
Deinde ex sensilibus quom sensile posse creari
Constituunt, porro, ex aliis sentire suetei,
Mollia conficiunt : nam sensus jungitur omnis
Visceribus, nerveis, veneis, quæquomque videmus 905
Mollia mortali consistere corpore creta.
Sed tamen esto jam, posse hæc æterna manere :
Nempe tamen debent aut sensum partis habere,
Aut similes toteis animalibus esse putari.
At, nequeant per se partes sentire, necesse est; 910
Namque alios sensus membrorum respuit omnis :
Nec manus a nobis potis est secreta, neque ulla
Corporis omnino sensum pars sola tenere.
Linquitur, ut toteis animalibus adsimilentur;
Vitali ut possint consentire undique sensu. 915
Qui poterunt igitur rerum primordia dici,
Et leti vitare vias, animalia quom sint,
Atque, animalibus in mortalibus, una eademque?
Quod tamen ut possint, ab cœtu conciloque
Nil facient præter volgum turbamque animantum; 920
Scilicet, ut nequeant homines, armenta, feræque
Inter sese ullam rem gignere conveniundo.
Sic itidem, qua sentimus, sentire necesse est.
Quod si forte suum dimittunt corpore sensum,
Atque alium capiunt; quid opus fuit attribui id, quo 925
Detrahitur? Tum præterea, quo fugimus ante,
Quatenus in pullos animaleis vortier ova
Cernimus alituum, vermeisque effervere, terram
Intempestivos quom putor cepit ob imbreis;
Scire licet gigni posse ex non sensibu' sensus. 930
Quod si forte aliquis dicet, dumtaxat oriri
Posse ex non sensu sensus mutabilitate
Ante, aliquo pariente partu, quam proditur extra,
Huic satis illud erit, planum facere atque probare,
Non fieri partum, nisi concilio ante coacto; 935
Nec quidquam commutari sine conciliatu
Principiom; nequeunt ullius corporis esse
Sensus ante ipsam genitam naturam animantis :
Nimirum, quia materies disjecta tenetur
Aere, fluminibus, terris, terraque creatis; 940

allument le flambeau des sens qui veillent à la garde des êtres.

Les êtres sont-ils frappés plus fort que ne le peut endurer leur nature, le coup les abat aussitôt, et bouleverse les organes de leur âme : les éléments sont arrachés de leur place, le mouvement vital expire : si bien que la masse des atomes, ébranlée dans tous les membres, brise les nœuds de la vie, la détache du corps, et la rejette par toutes les issues. En effet, que pouvons-nous attendre du choc, et que fera-t-il, à moins de tout dissiper et de tout rompre ?

Souvent aussi, lorsque le coup a moins de violence, le mouvement harmonieux de la vie triomphe par un dernier effort : il dompte la matière que soulève le choc, il apaise ses désordres, il rétablit son cours, il arrête le mouvement destructeur déjà maître du corps, et rallume les sens à demi éteints. Car est-il autre chose qui ranime le souffle de la vie chez les êtres quand ils sont aux portes de la mort, et qui les empêche de suivre leur penchant à la ruine ?

D'ailleurs, on souffre quand les atomes de matières, tourmentés par un choc au fond des entrailles ou des membres, se déplacent ; et quand ils retournent à leur poste, la douce volupté les accompagne. Tu peux en conclure que les éléments échappent aux atteintes du mal, et ne recueillent en eux-mêmes aucun plaisir ; car ils ne sont point un assemblage de ces corps élémentaires, dont les bouleversements puissent y semer la douleur ou la jouissance. La matière ne doit donc pas être sensible.

Quoi ! pour que les animaux sentent, il faut accorder le sentiment aux atomes ? Ainsi, les éléments propres à la race des hommes sont agités par le tremblement du rire ; la rosée des pleurs baigne leur visage, leurs joues ; ils sont habiles à parler sur la substance des êtres, et ils cherchent à voir leur propre base. Car, puisque ces atomes ressemblent à des hommes, il leur faut aussi des corps élémentaires : autre corps, autres germes ; et ainsi de suite, sans que tu oses jamais interrompre la chaîne. Je te suivrai sans relâche, pour imposer, à tout être que tu auras doué de la parole, du rire, de la sagesse, des atomes doués de même. Mais si nous ne voyons là que des idées folles et le comble de la sottise ; si on peut rire sans atomes qui rient ; si on peut raisonner avec sagesse, parler avec éloquence, sans atomes éloquents ni sages, pourquoi les êtres qui sentent ne seraient-ils pas également formés par un mélange de corps insensibles ?

Enfin, nous sommes tous nés du ciel ; nous avons tous le ciel pour père : du ciel tombent les eaux pures ; et quand les gouttes pénètrent au sein de la terre bienfaisante, cette mère féconde des êtres, elle produit les grasses moissons, les arbres fertiles, la race des hommes ; elle pro-

Nec, congressa modo, vitaleis convenienteis
Contulit inter se motus, quibus omne tuentes
Accensei sensus animantem quamque tuentur.
　Præterea quamvis animantem grandior ictus,
Quam patitur natura, repente affligit, et omneis　945
Corporis atque animi pergit confundere sensus :
Dissolvuntur enim positurae principiorum,
Et penitus motus vitales impediuntur ;
Donec materies, omneis concussa per artus,
Vitaleis animæ nodos e corpore solvit,　950
Dispersamque foras per caulas eïcit omneis.
Nam quid præterea facere ictum posse reamur
Oblatam, nisi discutere ac dissolvere quæque ?
　Fit quoque, uti soleant, minus oblato acriter ictu,
Reliquiæ motus vitalis vincere sæpe ;　955
Vincere, et ingenteis plagæ sedare tumultus,
Inque suos quidquid rursus revocare meatus ;
Et quasi jam leti dominantem in corpore motum
Discutere, ac pæne amissos accendere sensus.
Nam, qua re potius leti jam limine ab ipso　960
Ad vitam possint, conjecta mente, reverti,
Quam, quo decursum prope jam siet, ire et abire ?
　Præterea, quoniam dolor est, ubi materiai
Corpora, vi quadam per viscera viva, per artus,
Solicitata, suis trepidant in sedibus intus ;　965
Inque locum quando remigrant, fit blanda voluptas ;
Scire licet, nullo primordia posse dolore
Tentari ; nullamque voluptatem capere ex se :

Quandoquidem non sunt ex ollis principiorum
Corporibus, quorum motus novitate laborent,　970
Aut aliquem fructum capiant dulcedinis almæ :
Haud igitur debent esse ullo prædita sensu.
　Denique uti possint sentire animalia quæque,
Principieis si jam est sensus tribuendus eorum :
Quid ? genus humanum propritim de quibus auctum est,　975
Scilicet et risu tremulo concussa cachinnant,
Et lacrumis spargunt rorantibus ora genasque ;
Multaque de rerum mixtura dicere callent,
Et, sibi proporro quæ sint primordia, quærunt :
Quandoquidem toteis mortalibus adsimilata,　980
Ipsa quoque ex aliis debent constare elementis,
Inde alia ex aliis, nusquam consistere ut ausis.
Quippe sequar, quodquomque loqui ridereque dices,
Et sapere, ex aliis, eadem hæc facientibus, ut sit.
Quod si delira hæc furiosaque cernimus esse,　985
Et ridere potest non ex ridentibus auctus,
Et sapere, et doctis rationem reddere dictis ;
Non ex seminibus sapientibus atque disertis :
Qui minus esse queant ea, quæ sentire videmus,
Seminibus permixta carentibus undique sensu ?　990
　Denique cœlesti sumus omnes semine oriundei ;
Omnibus ille idem pater est ; unde alma liquenteis
Humoris guttas mater quom Terra recepit,
Feta parit nitidas fruges, arbustaque læta,
Et genus humanum ; parit omnia secla ferarum ;　995
Pabula quom præbet, quibus omnes corpora pascunt,

duit toutes les espèces vivantes : car elle leur fournit la pâture dont tous les corps se nourrissent, et où ils puisent avec la douce vie les germes de leur postérité. Aussi mérite-t-elle ce nom de mère que les hommes lui donnent Or, tout ce qui vient du sol y retourne; tout ce que les airs nous envoient remonte vers le ciel, et les airs le recouvrent. La mort anéantit les êtres, et non pas les atomes; elle ne fait que rompre leur assemblage, pour les assembler encore de mille façons diverses : aussi les êtres changent-ils sans cesse de forme, de couleur; et dès que le sentiment les anime, le sentiment leur échappe. Juge donc combien importent le mélange, la disposition, les mouvements réciproques des atomes; et crois à leur éternité, quoique nous voyions à la surface des choses une matière flottante qui semble ne recevoir la vie que pour la perdre. Quoi de plus essentiel, dans ces vers mêmes, que la combinaison et la place des lettres assemblées? Car les mêmes qui désignent le ciel, la mer, les fleuves, la terre, le soleil, expriment aussi les moissons, les arbres, les animaux : sinon toutes, au moins la plupart, se retrouvent en mille mots, et leur position seule les distingue. Les atomes agissent de même sur les corps; et quand leur intervalle, leur direction, leurs rapports, leur poids, leurs chocs, leurs mouvements, leur ordre, leur place, leur forme changent, les corps doivent aussi changer.

À présent, ô Memmius, sois attentif à la voix de la sagesse : car des vérités inconnues brûlent de se faire jour à tes oreilles, et la nature se montre sous une face nouvelle. Mais est-il des choses si simples qui ne soient, au premier aspect, difficiles à croire? De même, les hommes ne voient rien de si magnifique, de si admirable, que leur admiration ne finisse par diminuer à la longue.

Le brillant azur du ciel, la lumière flottante des astres épars dans le vide, la lune, le soleil aux feux éclatants, les émeuvent à peine. Mais suppose que ces astres, encore dérobés aux mortels, leur apparaissent tout à coup et les surprennent : est-il alors un spectacle plus merveilleux, et que les peuples eussent osé moins attendre? Je ne puis le croire, tant ils exciteront le ravissement des hommes! Au lieu que maintenant on se lasse de les voir, on ne daigne plus jeter un regard sur les dômes éblouissants du ciel.

Ainsi donc ne rejette pas de sages idées, parce que leur forme nouvelle te fait ombrage. Pèse-les plutôt avec intelligence : si elles te semblent vraies, rends les armes; attaque-les, si tu les trouves fausses. La raison me guide : comme des espaces sans fin existent au delà des remparts du monde, mon esprit cherche ce que renferment ces lieux, où la pensée aime tant à plonger un regard avide; et mon esprit est libre de voler où son essor le pousse.

Établissons d'abord que de toutes parts, en tous sens, de chaque côté, en haut, en bas, le tout universel manque de bornes : nous avons prouvé le fait, il parle de lui-même, la nature

Et dulcem ducunt vitam, prolemque propagant :
Quapropter merito maternum nomen adepta est.
Cedit item retro, de terra quod fuit ante,
In terras; et, quod missum est ex ætheris oris, 1000
Id rursum cœli relatum templa receptant :
Nec sic interimit mors res, ut materiai
Corpora conficiat, sed cœtum dissupat ollis :
Inde aliis aliud conjungit; et efficit, omnes
Res ita convortant formas, mutentque colores, 1005
Et capiant sensus, et puncto tempore reddant;
Ut noscas referre, eadem primordia rerum
Cum quibus, et quali positura contineantur,
Et quos inter se dent motus accipiantque :
Neve putes æterna parum residere potesse 1010
Corpora prima, quod in summis fluitare videmus
Rebus, et interdum nasci, subitoque perire.
Quin etiam refert, nostris in versibus ipsis,
Cum quibus, et quali sint ordine quæque locata.
Namque eadem cœlum, mare, terras, flumina, solem, 1015
Significant; eadem fruges, arbusta, animanteis.
Si non omnia sint, at multo maxuma pars est
Consimilis; verum positura discrepitant res :
Sic ipsis in rebus item jam materiai
Intervalla, viæ, connexus, pondera, plagæ, 1020
Concursus, motus, ordo, positura, figuræ
Quom permutantur, mutari res quoque debent.

Nunc animum nobis adhibe veram ad rationem :
Nam tibi vehementer nova res molitur ad aureis
Accidere, et nova se species ostendere rerum. 1025
Sed neque tam facilis res ulla est, quin ea primum
Difficilis magis ad credundum constet; itemque
Nil adeo magnum, neque tam mirabile quidquam,
Quod non paullatim minuant mirarier omnes.
Principio cœli clarum purumque colorem, 1030
Quemque in se cohibent palantia sidera passim,
Lunamque, et solis præclara luce nitorem :
Omnia quæ nunc si primum mortalibus essent,
Ex improviso si sint objecta repente,
Quid magis his rebus poterat mirabile dici, 1035
Aut minus ante quod auderent fore credere gentes?
Nil ut opinor; ita hæc species miranda fuisset!
Quam tibi jam nemo fessus satiate videndi,
Suspicere in cœli dignatur lucida templa.
Desine quapropter, novitate exterritus ipsa, 1040
Exspuere ex animo rationem; sed magis acri
Judicio perpende : et, si tibi vera videntur,
Dede manus; aut, si falsum est, accingere contra.
Quærit enim rationem animus, quom summa loci sit
Infinita foris, hæc extra mœnia mundi, 1045
Quid sit ibi porro, quo prospicere usque velit mens;
Atque animi jactus liber, quo pervolit ipse.
Principio nobis in cunctas undique parteis,

du vide le met en lumière. Mais alors, si nous sommes environnés de ces étendues sans limites, où des atomes sans nombre ni mesure voltigent de mille façons, agités par un mouvement éternel, est-il vraisemblable, peut-on croire que notre ciel et notre globe terrestre soient leur seul ouvrage, que ces milliers de corps élémentaires demeurent oisifs au delà du monde? surtout quand on pense que le monde sort des mains de la nature; que les atomes, sans impulsion ni règle, ni but, ont engagé mille batailles aventureuses et stériles, avant de former enfin ces assemblages rapides qui sont devenus la base des grands êtres, comme la terre, les ondes, le ciel, les espèces vivantes. Je le répète donc, et tu dois en convenir, il existe dans les autres parties du vide des amas pareils à celui que tient embrassé le vaste réseau des airs.

En outre, quand les atomes abondent, quand ils ont un espace libre, quand aucun obstacle ne les arrête, les atomes agissent nécessairement, et composent des êtres. Or, si la masse des éléments est telle que toute la vie des hommes ne suffise point à les compter, et si tous ont part à cet élan, à cette nature capable de les amonceler en tous lieux, comme nos atomes sont amoncelés ici-bas, il faut avouer que les autres régions contiennent aussi des mondes, des peuples divers, et des animaux de toute sorte.

Ajoutons que la Nature ne produit pas de corps uniques dans leur espèce, qui naissent isolés, qui croissent solitaires : tous appartiennent à quelque famille, tous ont mille semblables. Les animaux le prouvent, et tu le remarqueras surtout chez les bêtes errantes des montagnes, chez la race des hommes au double sexe, chez le peuple muet des ondes, et chez les êtres qui volent. Aussi, pour la même raison, es-tu forcé de reconnaître que la terre, le ciel, le soleil, la lune, la mer, tous les corps enfin ne sont pas uniques, mais plutôt infinis en nombre; car leur existence doit avoir aussi des bornes infranchissables, et ils se composent de substance qui naît et meurt, aussi bien que les espèces les plus fécondes.

Si tu te pénètres bien de ces vérités, aussitôt la Nature te paraît libre : plus de maîtres superbes; elle seule fait tout, et de son propre fond, sans que les dieux y mettent la main. Car, je vous atteste, divinités saintes, âmes tranquilles, et qui passez dans un calme sans fin une vie sans orage, qui de vous est capable de gouverner le tout immense, de tenir avec mesure les fortes rênes du vaste univers? Qui peut faire que mille cieux tournent ensemble, que leurs feux échauffent et fécondent mille terres? Qui peut être sans cesse répandu dans toute la nature, pour étendre le sombre voile des nuages sur la face riante des airs, et les ébranler avec la foudre retentissante? La foudre jaillit-elle de vos mains quand elle renverse vos temples, quand elle va se perdre dans les solitudes où sa fureur éclate, quand ses traits aveugles passent auprès des coupables, et donnent la

---

Et latere ex utroque, infraque superque, per omne
Nulla est finis, uti docui, res ipsaque per se 1050
Vociferatur, et elucet natura profundi.
Nullo jam pacto veri simile esse putandum est,
Undique quom vorsum spatium vacet infinitum,
Seminaque innumero numero, summaque profunda,
Multimodis volitent, æterno percita motu, 1055
Hunc unum terrarum orbem cœlumque creatum;
Nil agere olla foris tot corpora materiaï;
Quom præsertim hic sit natura factus, et ipsa
Sponte sua forte offensando semina rerum
Multimodis, temere, incassum, frustraque coacta, 1060
Tandem coaluerint ea, quæ, conjecta repente,
Magnarum rerum fierent exordia semper,
Terraï, maris, et cœli, generisque animantum.
Quare etiam atque etiam taleis fateare necesse est
Esse alios alibi congressus materiaï, 1065
Qualis hic est, avido complexu quem tenet æther.

Præterea, quom materies est multa parata,
Quom locus est præsto, nec res, nec causa moratur
Ulla; geri debent nimirum et confieri res.
Nunc, et seminibus si tanta est copia, quantam 1070
Enumerare ætas animantum non queat omnis;
Visque eadem et natura manet, quæ semina rerum
Conjicere in loca quæque queat, simili ratione
Atque huc sunt conjecta; necesse est, confiteare
Esse alios aliis terrarum in partibus orbeis, 1075
Et varias hominum genteis, et secla ferarum.

Huc accedit, uti in summa res nulla sit una,
Unica quæ gignatur, et unica solaque crescat;
Quin aliquoju' siet secli, permultaque eodem
Sint genere : in primis animalibus indice mente 1080
Invenies sic montivagum genus esse ferarum,
Sic hominum geminam prolem, sic denique mutas
Squamigerum pecudes, et corpora cuncta volantum.
Quapropter cœlum simili ratione fatendum est,
Terramque, et solem, lunam, mare, cetera, quæ sunt, 1085
Non esse unica, sed numero magis innumerali;
Quandoquidem vitæ depactus terminus alte
Tam manet hæc, et tam nativo corpore constant,
Quam genus omne, quod his generatim rebus abundans.

Quæ bene cognita si teneas, Natura videtur 1090
Libera continuo, dominis privata superbis,
Ipsa sua per se sponte omnia Dis agere expers.
Nam pro sancta Deum tranquilla pectora pace
Quæ placidum degunt ævom, vitamque serenam!
Quis regere immensi summam, quis habere profundi 1095
Indu manu validas potis est moderanter habenas?
Quis pariter cœlos omneis convortere, et omneis
Ignibus ætheriis terras suffire feraceis;
Omnibus inve locis esse omni tempore præsto,
Nubibus ut tenebras faciat, cœlique serena 1100
Concutiat sonitu? tum fulmina mittat, et ædeis
Sæpe suas disturbet; et in deserta recedens

mort aux innocents qui ne la méritent pas?

Après la naissance du monde, dès que se leva le jour où furent engendrés la terre, les ondes, le soleil, de nombreux atomes, ajoutés au dehors, enveloppèrent et enrichirent la masse. Ces germes émanaient du grand Tout qui les amoncela pour accroître les eaux, les terres; pour élargir les palais du ciel; pour hausser leurs voûtes, les écarter du sol, et reculer au loin la cime des airs. Car ils jaillissent de toutes parts sous mille chocs qui les distribuent aux corps analogues, et les unissent à leur espèce : l'eau attire l'eau, la terre se nourrit de substance terrestre, le feu engendre le feu, l'air alimente l'air. Achevant enfin son œuvre, la Nature conduit les êtres au terme de leur croissance; ce qui arrive, quand le suc vital introduit dans les pores égale le fluide qui se perd : alors les progrès de la vie cessent, et la nature puissante met un frein aux envahissements des corps.

Ainsi donc ceux que tu vois atteindre par un développement heureux et insensible le dernier échelon de la maturité engloutissent plus d'atomes qu'ils n'en rejettent. Les aliments y trouvent partout des voies faciles; les pores ne sont pas assez larges pour que les pertes abondent, et la masse dépense moins que sa nourriture ne lui donne. Sans doute de nombreux atomes découlent et se retirent des êtres, il faut en convenir; mais un nombre plus grand encore les remplace, tant que les êtres ne sont pas au faîte de leur croissance. Car alors ils dépérissent : les forces de la maturité se brisent peu à peu, et les corps ruinés tournent à la décrépitude. Plus ils ont de volume, plus ils occupent de place, quand ils cessent de croître, plus ils se dissipent de tous côtés, en tous sens, et plus ils jettent de matière. Les aliments circulent avec peine dans les canaux de la vie. Des atomes écumants débordent à larges flots, et ils épuisent la Nature, qui ne suffit pas à nourrir leurs pertes, à réparer leurs ruines. Il est donc juste que la mort vienne : les masses appauvries succombent à des attaques étrangères, parce que leur vieillesse manque de nourriture, parce que les éléments extérieurs ne cessent de battre, de tourmenter, et de rompre les corps dont ils viennent toujours à bout.

Un jour aussi les vastes remparts du monde seront emportés, abattus, et tomberont en poudre. Car il faut que les aliments renouvellent, que les aliments assujettissent, que les aliments soutiennent tout assemblage. Mais en vain nourrissent-ils le monde : ses pores étroits contiennent trop peu de sucs, et la Nature ne peut rassasier sa faim immense.

Déjà commence la décrépitude des âges. La terre fatiguée produit à peine des animaux chétifs, elle qui créa toutes les espèces, elle qui enfanta jadis des monstres énormes. Je ne crois pas, en effet, que les êtres soient descendus par une chaîne d'or des hauteurs du ciel dans nos campagnes; ou que la mer et ses ondes, qui battent

Sæviat, exercens telum, quod sæpe nocenteis
Præterit, exanimatque indignos inque merenteis?
  Multaque post mundi tempus genitale, diemque   1105
Primigenum maris et terræ solisque coortum,
Addita corpora sunt extrinsecus, addita circum
Semina, quæ magnum jaculando contulit Omne;
Unde mare et terræ possent augescere, et unde
Appareret spatium cœli domus, altaque tecta   1110
Tolleret a terris procul; et consurgeret aer.
Nam sua quoique locis ex omnibus omnia plagis
Corpora distribuuntur, et ad sua secla recedunt :
Humor ad humorem, terreno corpore terra
Crescit; et ignem ignes procudunt, ætheraque æther: 1115
Denique ad extremum crescendi perfica finem
Omnia perduxit rerum Natura creatrix :
Ut fit, ubi nihilo jam plus est, quod datur intra
Vitaleis venas, quam quod fluit atque recedit.
Omnibus his ætas debet consistere rebus;   1120
Hic Natura suis refrenat viribus auctum.
  Nam quæquomque vides hilarem grandescere ad auctum,
Paullatimque gradus ætalis scandere adultæ,
Plura sibi assumunt, quam de se corpora mittunt;
Dum facile in venas cibus omneis inditur, et dum   1125
Non ita sunt late dispersa, ut multa remittant,
Et plus dispendi faciant, quam vescitur ætas.
Nam certe fluere atque recedere corpora rebus
Multa, manus dandum est; sed plura accedere debent,
Donec alescundi summum tetigere cacumen.   1130
Inde minutatim vireis et robur adultum
Frangit, et in partem pejorem liquitur ætas.
Quippe etenim, quanto est res amplior, augmine ademto,
Et quo latior est, in cunctas undique parteis
Plura modo dispergit, et a se corpora mittit;   1135
Nec facile in venas cibus omnis diditur ei;
Nec satis est, pro quam largos exæstuat æstus,
Unde queant tantum suboriri, ac subpeditare.
Jure igitur pereunt, quom rarefacta fluundo
Sunt; et, quom externis subcumbunt omnia plagis :   1140
Quandoquidem grandi cibus ævo denique defit;
Nec tuditantia rem cessant extrinsecus ullam
Corpora conficere, et plagis infesta domare.
  Sic igitur magni quoque circum mœnia mundi
Expugnata dabunt labem, putreisque ruinas.   1145
Omnia debet enim cibus integrare novando,
Et fulcire cibus, cibus omnia sustentare.
Nequidquam, quoniam nec venæ perpetiuntur
Quod satis est, neque, quantum opus est, Natura ministrat.
  Jamque adeo fracta est ætas; effetaque tellus   1150
Vix animalia parva creat, quæ cuncta creavit
Secla, deditque ferarum ingentia corpora partu.
Haud, ut opinor, enim mortalia secla superne
Aurea de cœlo demisit funis in arva;
Nec mare, nec fluctus, plangentes saxa, crearunt,   1155
Sed genuit tellus eadem, quæ nunc alit ex se.

les rocs, leur aient donné la vie : mais ils la doivent à cette terre qui les nourrit encore de sa substance.

D'ailleurs, elle créa pour les premiers hommes, elle créa spontanément et leur offrit elle-même les riantes moissons, les vignobles et les gras pâturages, doux enfants du sol, qui de nos jours poussent et grandissent à peine sous des mains actives. On use des bœufs, on consume des hommes, et à peine suffisent-ils à la terre paresseuse : tant les fruits dépérissent et ont besoin de travail pour croître! Déjà le vieux laboureur, secouant la tête, gémit de ses efforts perdus, de ses sueurs inutiles ; et quand il compare son temps aux temps passés, il vante le bonheur de son père. Triste comme lui, épuisé comme sa vigne, le vigneron accuse de même les temps qui changent ; il tourmente le ciel, il crie sans cesse que les générations antiques, occupées seulement des dieux, tiraient une subsistance facile de leur humble domaine, quoique chacun eût moins de terre que nous : mais il ne sait pas que la vieillesse dévore lentement les êtres, et que le monde court à sa perte, déjà fatigué par les âges.

LIVRE III.

Toi qui, le premier, as su faire jaillir de ténèbres si épaisses une lumière si vive, nous éclairant sur les intérêts de la vie, je te suis, honneur du peuple grec, et déjà sous mon pied je couvre, je presse la trace de tes pas : non que je veuille tenter la lutte ; mais, épris de ta sagesse, je brûle de t'imiter. Vit-on jamais hirondelle le disputer aux cygnes? Le chevreau, tremblant des membres, peut-il rien faire qui vaille le généreux effort du coursier robuste? Toi seul inventas ces choses, et tu es un père qui nous laisses tes leçons en héritage : dans tes œuvres, illustre sage, comme dans les bois fleuris que dépouillent les abeilles rongeuses, nous aspirons tout le suc de tes paroles, où l'or, où l'or pur éclate, et qui sont à jamais dignes de la vie éternelle !

Car aussitôt que le cri de ta raison divulgue cette nature des choses échappée de ton intelligence divine, les terreurs des âmes se dissipent, les barrières du monde s'écartent, et je vois tout s'accomplir au milieu du vide. Alors m'apparaissent dans leur sainteté les immortels, et leurs paisibles demeures : elles ne sont exposées, ni à la secousse des vents, ni aux averses des nues, ni aux souillures de la neige condensée par un froid aigu, et qui tombe toute blanche ; car un ciel sans nuages les enveloppe, les inonde toujours de sa riante lumière. La nature des dieux suffit à leurs besoins, et en aucun temps aucun souci ne ronge la paix de leur âme. Mais je ne découvre pas, en face du ciel, les voûtes infernales ; et pourtant la terre ne dérobe point à mes vastes regards tout ce qui se passe, sous nos pieds, au fond du vide. En examinant ces choses, une céleste volupté, un saint effroi me pénètrent, de voir que, sous ta main puissante, la Nature s'illumine et s'ouvre tout entière, dépouillée de ses voiles.

Præterea, nitidas fruges, vinetaque læta,
Sponte sua primum mortalibus ipsa creavit;
Ipsa dedit dulceis fetus et pabula læta, 1160
Quæ nunc vix nostro grandescunt aucta labore;
Conterimusque boves, et vireis agricolarum
Conficimus, sereis vix arveis suppeditatei :
Usque adeo pereunt fetus, augentque labore!
Jamque, caput quassans, grandis suspirat arator 1165
Crebrius in cassum magnum cecidisse laborem :
Et, quom tempora temporibus præsentia confert
Præteriteis, laudat fortunas sæpe parentis.
Tristis item vetulæ vitis sator, atque [fatiscens,]
Temporis incusat momen, cœlumque fatigat; 1170
Et crepat, antiquum genus ut pietate repletum
Perfacile angustis tolerarit finibus ævom,
Quom minor esset agri multo modus ante viritim :
Nec tenet, omnia paullatim tabescere, et ire
Ad capulum, spatio ætatis defessa vetusto. 1175

LIBER III.

E tenebris tantis tam clarum extollere lumen
Qui primus potuisti, inlustrans commoda vitæ,
Te sequor, o Graiæ gentis decus! inque tuis nunc
Ficta pedum pono pressis vestigia signis;
Non ita certandi cupidus, quam propter amorem, 5
Quod te imitari aveo. Quid enim contendat hirundo
Cycnis? aut quid nam tremulis facere artubus hædei
Consimile in cursu possint, et fortis equi vis?
Tu, Pater, es rerum inventor; tu patria nobis
Subpeditas præcepta : tuisque ex, inclute, chartis, 10
Floriferis ut apes in saltibus omnia limant,
Omnia nos itidem depascimur aurea dicta;
Aurea, perpetua semper dignissima vita.
Nam, simul ac ratio tua cœpit vociferari
Naturam rerum, divina mente coortam, 15
Diffugiunt animi terrores; mœnia mundi
Discedunt, totum video per inane geri res :
Adparet Divôm numen, sedesque quietæ;
Quas neque concutiunt venti, nec nubila nimbis
Adspergunt; neque nix, acri concreta pruina, 20
Cana cadens, violat : semperque in nubibus æther
Integer, et large diffuso lumine ridet.
Omnia subpeditat porro natura, neque ulla
Res animi pacem delibat tempore in ullo.
At contra nusquam adparent Acherusia templa; 25
Nec tellus obstat, quin omnia despiciantur,
Sub pedibus quæquomque infra per inane geruntur.
His ibi me rebus quædam divina voluptas
Percipit atque horror; quod sic natura, tua vi
Tam manifesta patens, ex omni parte retecta est. 30

Après avoir enseigné ce que sont les éléments de toutes choses, et sous combien de formes diverses ils tourbillonnent d'eux-mêmes, en proie à une agitation éternelle, et comment tout peut naître de leur assemblage, je crois que désormais il faut éclaircir dans mes vers la nature des esprits, des âmes, et replonger au néant cette peur de l'Achéron, qui trouble jusque dans le fond de ses sources la vie des hommes, en y répandant partout la sombre teinte de la mort, et qui ne laisse pas de jouissances pures et limpides.

Souvent, il est vrai, des hommes proclament que les maladies et une vie infâme sont plus à craindre que les abîmes du trépas : ils savent que les âmes sont de la même nature que le sang, ou même que l'air, suivant leur bon plaisir, et ils n'ont que faire de nos enseignements. Mais tu vas reconnaître que ces fières paroles leur échappent moins par conviction que par gloire : vois les mêmes hommes chassés de leur patrie, rejetés bien loin de la vue des autres, souillés de honteuses accusations, accablés enfin de toutes les misères.... Ils vivent ; et, en quelque lieu que le malheur les pousse, ils enterrent leurs morts, ils immolent des brebis noires, ils sacrifient aux dieux mânes ; et ces amertumes ne font que rendre leur esprit plus ardent à la superstition. Il faut donc attendre les épreuves du péril pour examiner un homme, et la mauvaise fortune pour le connaître ; car alors le cri de la vérité part enfin de nos poitrines : le masque tombe, l'homme reste.

Enfin, la soif de l'or et la passion aveugle des honneurs, qui poussent les misérables humains à franchir les limites du droit, instruments ou complices des crimes, et à se consumer nuit et jour en efforts immenses pour atteindre le faîte des richesses : ces plaies de la vie ne sont alimentées presque que par la peur de mourir. Car le mépris infâme, la dure misère, semblent incompatibles avec une existence douce et assurée : ils se tiennent, en quelque sorte, devant les portes de la mort. Aussi les hommes, emportés par de fausses alarmes, veulent-ils sans cesse les fuir et les repousser sans cesse : le sang de leurs concitoyens engraisse donc leur fortune ; leurs mains avides entassent et les trésors et les meurtres ; ils suivent avec une joie cruelle le triste convoi de leurs frères, ils détestent et craignent la table de leurs proches !

La même cause, la même peur dessèche les envieux. Ils voient des hommes qui peuvent tout, des hommes qui attirent les yeux et marchent tout brillants de gloire ; eux, au contraire, ils se roulent dans les ténèbres et la boue : leurs plaintes éclatent alors ; et la plupart meurent pour acquérir un nom, une statue. Souvent même la crainte de mourir dégoûte les humains de vivre, de voir la lumière : ces âmes désespérées recourent à la mort, oubliant que la source de leurs peines est cet effroi que la mort inspire ; que lui seul

Et quoniam docui, cunctarum exordia rerum
Qualia sint, et quam variis distantia formis
Sponte sua volitent, æterno percita motu ;
Quoque modo possint res ex his quæque creari :
Hasce secundum res animi natura videtur   35
Atque animæ claranda meis jam versibus esse ;
Et metus ille foras præceps Acheruntis agundus,
Funditus humanam qui vitam turbat ab imo,
Omnia suffundens mortis nigrore ; neque ullam
Esse voluptatem liquidam puramque relinquit.   40
   Nam, quod sæpe homines morbos magis esse timendos
Infamemque ferunt vitam, quam Tartara leti ;
Et se scire animæ naturam, sanguinis esse,
Aut etiam venti, si fert ita forte voluntas,
Nec prorsum quidquam nostræ rationis egere ;   45
Hinc licet advortas animum, magis omnia laudis
Jactari causa, quam quod res ipsa probetur :
Extorres idem patria, longeque fugatei
Conspectu ex hominum, fedatei crimine turpi,
Omnibus ærumnis affectei denique, vivunt ;   50
Et quoquomque tamen miserei venere, parentant,
Et nigras mactant pecudes, et Manibu' Diveis
Inferias mittunt ; multoque in rebus acerbis
Acrius advortunt animos ad religionem.
Quo magis in dubiis hominem spectare periclis   55
Convenit, adversisque in rebus noscere, quid sit :
Nam veræ voces tum demum pectore ab imo
Eliciuntur ; et eripitur persona, manet res.
   Denique avarities et honorum cæca cupido,
Quæ miseros homines cogunt transcendere fineis   60
Juris ; et interdum, socios scelerum atque ministros,
Nocteis atque dies niti præstante labore
Ad summas emergere opes : hæc volnera vitæ
Non minumam partem mortis formidine aluntur.
Turpis enim ferme contemptus, et acris egestas,   65
Semota ab dulci vita stabilique videntur ;
Et quasi jam leti portas conctarier ante.
Unde homines, dum se, falso terrore coactei,
Effugisse volunt longe, longeque remosse,
Sanguine civili rem conflant, divitiasque   70
Conduplicant avidei, cædem cæde accumulantes :
Crudeles gaudent in tristi funere fratris,
Et consanguineum mensas odere timentque.
   Consimili ratione, ab eodem sæpe timore
Macerat invidia : ante oculos illum esse potentem, 75
Illum adspectari, claro qui incedit honore ;
Ipsei se in tenebris volvi cœnoque queruntur.
Intereunt partim statuarum et nominis ergo ;
Et sæpe usque adeo, mortis formidine, vitæ
Percipit humanos odium, lucisque videndæ,   80
Ut sibi consciscant mœrenti pectore letum ;
Oblitei fontem curarum hunc esse timorem ;
Hunc vexare pudorem ; hunc vincula amicitiai
Rumpere ; et in summa pietatem evortere suadet :

attaque leur honneur, lui seul brise les nœuds de leur amitié, lui seul bouleverse toutes les choses saintes : car souvent des hommes trahissent et leur pays et leur chère famille, pour échapper aux gouffres du Tartare.

Comme les enfants qui tremblent et que tout effraye dans la nuit aveugle, nous sommes assiégés, au grand jour, de mille terreurs non moins vaines que celles que les enfants timides se forgent au sein des ombres. Or, pour dissiper cet effroi des âmes et ces ténèbres, il ne suffit pas des rayons du soleil, ou des traits éblouissants du jour : il faut la raison, et un examen lumineux de la nature.

J'affirme d'abord que l'esprit des hommes, ou, comme nous l'appelons souvent, leur intelligence, qui est le siége du jugement et le guide de la vie, ne forme pas moins une portion de leur être que la main, le pied, ou les yeux, ne sont des parties du tout vivant.

En vain une foule de sages croient-ils que le sens intellectuel n'a point une demeure particulière, mais que c'est une disposition vivifiante de la masse, nommée par les Grecs Harmonie, parce que, sans être nulle part, il anime tout ; et comme nous disons un corps plein de santé, quoique la santé ne soit pas une partie du corps, ils refusent au sens intellectuel une place fixe. Mais ils se détournent et se perdent, ce me semble, loin du vrai. Souvent le corps, enveloppe visible, souffre, quand la joie règne dans la partie cachée ; souvent, au contraire, les tourments du cœur accompagnent à leur tour les jouissances du corps : ainsi que, chez un malade, la douleur attaque le pied sans atteindre la tête.

D'ailleurs, lorsque les membres cèdent au doux abattement du sommeil, et que le corps étendu repose lourd et insensible, il y a en nous un second être que mille mouvements agitent alors, et qui éprouve les tressaillements de la joie ou de vaines inquiétudes.

Maintenant veux-tu savoir que les corps renferment aussi des âmes, et ne demeurent pas toujours en harmonie? Souvent il nous arrive de perdre la moitié du corps, et la vie ne quitte pas le reste; mais quelques atomes de chaleur qui se dissipent, un souffle que nos bouches rejettent, la chassent tout à coup des os et des veines. Tu peux en conclure que tous les atomes ne sont pas également occupés, également propres à soutenir la vie; mais que les éléments de l'air ou de la vapeur chaude travaillent mieux à la fixer dans les membres. Le corps renferme donc une chaleur, un souffle vital, qui abandonnent les membres où la mort pénètre.

Puisque nous avons découvert la vraie nature de l'esprit et de l'âme, comme partie des hommes, rends aux Grecs leur Harmonie, mot emprunté aux bois harmonieux de l'Hélicon, ou pris ailleurs, et appliqué par eux à une chose qui manquait sans doute de terme propre. Quel que soit ce mot, qu'ils le gardent; et toi, écoute le reste de mes paroles.

Je dis à présent que l'esprit et l'âme sont in-

Nam jam sæpe homines patriam, carosque parenteis 85
Prodiderunt, vitare Acherusia templa petentes.
Nam veluti pueri trepidant, atque omnia cæcis
In tenebris metuunt; sic nos in luce timemus
Interdum, nihilo quæ sunt metuenda magis, quam
Quæ pueri in tenebris pavitant, finguntque futura. 90
Hunc igitur terrorem animi tenebrasque, necesse est,
Non radiei solis, neque lucida tela diei
Discutiant; sed Naturæ species, Ratioque.
    Primum animum dico, mentem quem sæpe vocamus,
In quo consilium vitæ regimenque locatum est, 95
Esse hominis partem nihilo minus, ac manus et pes
Atque oculei partes animantis totius exstant.
    Quamvis multa quidem sapientum turba putarunt
Sensum animi certa non esse in parte locatum;
Verum habitum quemdam vitalem corporis esse, 100
Ἁρμονίαν Graiei quam dicunt; quod faciat nos
Vivere cum sensu, nulla quom in parte siet mens :
Ut bona sæpe valetudo quom dicitur esse
Corporis, et non est tamen hæc pars ulla valentis;
Sic animi sensum non certa parte reponunt : 105
Magnopere in quo mi divorsei errare videntur.
Sæpe itaque in promptu corpus, quod cernitur, ægrum,
Quom tamen ex alia lætamur parte latenti :
Et retro fit, ubi contra sit sæpe vicissim,
Quom miser ex animo lætatur corpore toto : 110
Non alio pacto, quam si, pes quom dolet ægri,
In nullo caput interea sit forte dolore.
    Præterea, molli quom somno dedita membra,
Effusumque jacet sine sensu corpus onustum,
Est aliud tamen in nobis, quod tempore in ollo 115
Multimodis agitatur, et omneis accipit in se
Lætitiæ motus ac curas cordis inaneis.
    Nunc animam quoque ut in membris cognoscere possis
Esse, neque harmoniam corpus retinere solere;
Principio fit uti, detracto corpore multo, 120
Sæpe tamen nobis in membris vita moretur;
Atque eadem rursum, quom corpora pauca caloris
Diffugere, forasque per os est editus aer,
Deserit extemplo venas, atque ossa relinquit;
Noscere ut hinc possis, non æquas omnia parteis 125
Corpora habere, neque ex æquo fulcire salutem :
Sed magis hæc, venti quæ sunt calidique vaporis
Semina, curare in membris ut vita moretur.
Est igitur calor ac ventus vitalis in ipso
Corpore, qui nobis moribundos deserit artus. 130
    Quapropter, quoniam est animi natura reperta
Atque animæ, quasi pars hominis; redde harmoniaï
Nomen ab organico saltu delatum Heliconis;
Sive aliunde ipsei porro traxere, et in ollam
Transtulerunt, proprio quæ tum res nomine egebat : 135
Quidquid id est, habeant; tu cetera percipe dicta.

séparables, et font une même substance. Mais le jugement, que nous appelons esprit ou intelligence, en est pour ainsi dire la tête, et règne sur le corps entier. Il a sa demeure au milieu de la poitrine. C'est là, en effet, que bondissent la peur, le saisissement, ou la joie caressante : c'est donc là que l'intelligence, que l'esprit habite. Le reste de sa substance, l'âme, disséminée dans la masse, lui obéit et se meut quand il lui fait signe, quand il la pousse. Lui seul a conscience de soi et jouit de son être, sans que rien émeuve ni le corps ni les âmes : et comme les yeux ou la tête souffrent les atteintes du mal sans que tout le corps endure le même supplice, de même le chagrin le blesse, la joie le ranime, tandis que son autre moitié dort au fond des membres, et que nul changement ne la trouble. Mais quand une peur trop forte bouleverse l'esprit, on la voit se communiquer à l'âme dans tous les organes : la sueur inonde les corps qui pâlissent, les mots se brisent sur la langue, la voix expire, les yeux se troublent, les membres défaillent, et souvent même la peur terrasse les hommes. Il est donc facile de voir le lien qui joint l'esprit à l'âme : l'âme que l'esprit a frappée frappe le corps à son tour et le pousse.

La même raison indique que tous deux sont de nature corporelle. Car ils agitent les membres et les arrachent au sommeil; ils altèrent le visage des hommes, ils maîtrisent et bouleversent tout leur être; mais ils ne peuvent agir sans toucher, ni toucher sans corps : avouons donc que l'esprit et l'âme sont une substance corporelle.

D'ailleurs ils souffrent avec le corps, ils partagent ses impressions. Ne le vois-tu pas? un trait cruel fend les os, les nerfs, et pénètre sans attaquer la vie : quel abattement succède ! le sol nous attire, tomber est doux, et la chute plonge nos âmes dans un vertige combattu par une vague résolution de se lever. Il faut donc que les esprits soient de la nature des corps, si un corps, si un dard les atteint et les blesse.

Mais alors de quelle substance, de quels éléments se forment-ils? je vais en rendre compte.

J'avance d'abord que c'est un amas délié d'atomes imperceptibles : pour te convaincre de ce fait, observe que tu ne vois rien agir aussi vite que les intelligences décident et opèrent. Elles surpassent donc en vitesse tout ce que la Nature met à portée de nos yeux. Or, pour être si légères, elles doivent avoir des germes ronds et du moindre volume, de sorte que le moindre choc les ébranle, les agite. Les eaux coulent, un rien les soulève, parce que leurs atomes sont roulants et fins; au contraire, la substance plus compacte du miel épanche moins vite ses ondes paresseuses, parce que tout est mieux enchaîné, parce que la masse se compose de parties moins lisses, moins

Nunc animum atque animam dico conjuncta teneri
Inter se, atque unam naturam conficere ex se;
Sed caput esse quasi, et dominari in corpore toto,
Consilium, quod nos animum mentemque vocamus : 140
Idque situm media regione in pectoris hæret.
Hic exsultat enim pavor ac metus; hæc loca circum
Lætitiæ mulcent : hic ergo mens animusque est.
Cetera pars animæ, per totum dissita corpus,
Paret; et ad numen mentis momenque movetur. 145
Idque sibi solum per se sapit, et sibi gaudet,
Quom neque res animam, neque corpus commovet una.
Et, quasi quom caput aut oculus, tentante dolore,
Læditur in nobis, non omni concruciamur
Corpore; sic animus nonnunquam læditur ipse, 150
Lætitiaque viget, quum cetera pars animai
Per membra atque artus nulla novitate cietur.
Verum, ubi vehementi magis est commota metu mens,
Consentire animam totam per membra videmus
Sudoresque ita palloremque exsistere toto 155
Corpore, et infringi linguam, vocemque aboriri,
Caligare oculos, sonere aureis, succidere artus.
Denique concidere ex animi terrore videmus
Sæpe homines : facile ut quivis hinc noscere possit,
Esse animam cum animo conjunctam; quæ, quom animi vi
Percussa est, exin corpus propellit et icit. 161
Hæc eadem ratio naturam animi atque animai
Corpoream docet esse : ubi enim propellere membra,
Corripere ex somno corpus, mutareque voltum,
Atque hominem totum regere ac vorsare videtur; 165

Quorum nil fieri sine tactu posse videmus,
Nec tactum porro sine corpore; nonne fatendum est,
Corporea natura animum constare animamque?
Præterea pariter fungi cum corpore, et una
Consentire animum nobis in corpore cernis. 170
Si minus offendit vitam vis horrida teli,
Ossibus ac nervis disclusis, intus adacta;
At tamen insequitur languor, terræque petitus
Suavis, et in terra mentis qui gignitur æstus;
Interdumque quasi exsurgendi incerta voluntas. 175
Ergo corpoream naturam animi esse, necesse est;
Corporeis quoniam telis ictuque laborat.
Is tibi nunc animus quali sit corpore, et unde
Constiterit, pergam rationem reddere dictis.
Principio aio persubtilem, atque minutis 180
Perquam corporibus factum constare : id ita esse,
Hinc, licet advortas animum, ut pernoscere possis.
Nil adeo fieri celeri ratione videtur,
Quam si mens fieri proponit, et inchoat ipsa.
Ocius ergo animus, quam res se perciet ulla, 185
Ante oculos quorum in promtu natura videtur.
At, quod mobile tantopere est, constare rotundis
Perquam seminibus debet, perquamque minutis,
Momine uti parvo possint impulsa moveri.
Namque movetur aqua, et tantillo momine flutat; 190
Quippe volubilibus parvisque creata figuris.
At contra mellis constantior est natura,
Et pigri latices magis, et constantior actus :
Hæret enim inter se magis omnis materiai

déliées, et moins rondes. Un souffle contenu et faible dissipe cet amas de graines qui couronne le pavot ; mais sur un monceau de pierres ou de lances il ne peut rien. Donc, plus les atomes sont fins et lisses, mieux ils se remuent et courent ; au contraire, plus on les trouve pesants et rudes, mieux ils tiennent en place.

Or, puisque nous avons vu combien les âmes sont agiles, elles ne peuvent avoir que des éléments déliés, polis, et ronds. Ami, retiens ce fait, tu le trouveras utile ; car il te viendra mille fois en aide.

Voici encore qui montre la nature des âmes, la délicatesse des atomes qui en forment le tissu, et le peu de place que tiendra leur assemblage, si on peut les entasser. Sitôt que le calme de la mort envahit les hommes, que leur esprit et leur âme se sont échappés, on ne voit pas le corps perdre de son poids ou de son volume : la mort lui laisse tout, hors le sentiment et la chaleur vitale.

Toute la substance des âmes doit être faite de corps imperceptibles, et attachés aux veines, aux entrailles, aux nerfs, si elles abandonnent la masse sans appauvrir le contour et la surface des membres, ni en diminuer le poids. Ainsi, quand le bouquet du vin et le doux esprit des parfums se dissipent dans les airs, ou que des corps perdent leur suc, la substance même paraît-elle plus maigre, devient-elle moins lourde ? Non, parce que le goût et le parfum naissent de mille petits atomes, épars dans la masse.

Je le répète donc, et on le voit sans peine, la fine nature des esprits, des âmes, veut des éléments imperceptibles, puisque leur fuite ne dérobe rien au poids des êtres.

Et pourtant, gardons-nous de croire que ce soit une nature simple. Avec la vie s'échappe un léger souffle, mêlé de vapeur chaude, que l'air accompagne ; car elle ne peut exister sans air, et la chaleur est une matière si pauvre que mille germes aériens circulent nécessairement au milieu de ses pores.

Voici déjà trois éléments trouvés dans les âmes : et pourtant ils ne suffisent pas à nous rendre sensibles ; car la raison ne peut admettre que de tels corps impriment à notre sensibilité ce mouvement qui roule les idées dans nos intelligences. Il faut donc ajouter une quatrième substance. Elle n'a aucun nom dans aucune langue. Rien de plus mobile, de plus délié ; rien qui se compose d'atomes plus fins et plus lisses. Elle donne le mouvement aux sens, et le propage dans les membres : car, étant faite des moindres atomes, elle se meut la première ; la chaleur et le souffle, agent imperceptible, reçoivent alors un élan vital ; l'air part ensuite, ensuite tout s'ébranle : le sang bat, et les entrailles acquièrent une sensibilité qui trouve son dernier asile dans

Copia ; nimirum quia non tam lævibus exstat 195
Corporibus, neque tam subtilibus atque rotundis :
Namque papaveris, aura potest suspensa levisque
Cogere, ut ab summo tibi diffluat altus acervus ;
At contra lapidum conjectum spicarumque
Nenu potest : igitur parvissima corpora pro quam 200
Et lævissima sunt, ita mobilitate fruuntur.
At contra, quæquomque magis cum pondere magno
Asperaque inveniuntur, eo stabilita magis sunt.

Nunc igitur, quoniam est animi natura reperta
Mobilis egregie, perquam constare necesse est 205
Corporibus parvis, et lævibus atque rotundis :
Quæ tibi cognita res in multis, o bone ! rebus
Utilis invenietur, et opportuna cluebit.

Hæc quoque res etiam naturam dedicat ejus,
Quam tenui constet textura ; quamque loco se 210
Contineat parvo, si possit conglomerari :
Quod simul atque hominem leti secura quies est
Indepta, atque animi natura animæque recessit,
Nil ibi libatum de toto corpore cernas
Ad speciem, nihil ad pondus ; mors omnia præstat, 215
Vitalem præter sensum, calidumque vaporem.

Ergo animam totam perparvis esse necesse est
Seminibus, nexam per venas, viscera, nervos :
Quatenus, omnis ubi e toto jam corpore cessit,
Extima membrorum circumcæsura tamen se 220
Incolumem præstat ; nec defit ponderis hilum :
Quod genus est, Bacchi quom flos evanuit, aut quom
Spiritus unguenti suavis diffugit in auras ;

Aut aliquo quom jam sucus de corpore cessit :
Nil oculis tamen esse minor res ipsa videtur 225
Propterea, neque detractum de pondere quidquam.
Nimirum quia multa minutaque semina sucos
Efficiunt, et odorem in toto corpore rerum.

Quare etiam atque etiam mentis naturam animæque
Scire licet perquam pauxillis esse creatam 230
Seminibus ; quoniam fugiens nil ponderis aufert.

Nec tamen hæc simplex nobis natura putanda est :
Tenuis enim quædam moribundos deserit aura,
Mixta vapore ; vapos porro trahit aera secum :
Nec calor est quisquam, quoi non sit mixtus et aer. 235
Rara quod ejus enim constat natura, necesse est
Aeris inter eum primordia multa moveri.

Jam triplex animi est igitur natura reperta :
Nec tamen hæc sat sunt ad sensum cuncta creandum ;
Nil horum quoniam recipit mens posse creare 240
Sensiferos motus, quædam quei mente volutant.
Quarta quoque his igitur quædam natura necesse est
Attribuatur : ea est omnino nominis expers :
Qua neque mobilius quidquam, neque tenuius exstat,
Nec magis est parvis et lævibus ex elementis ; 245
Sensiferos motus quæ didit prima per artus :
Prima cietur enim, parvis perfecta figuris ;
Inde calor motus, et venti cæca potestas
Accipit ; inde aer ; inde omnia mobilitantur :
Concutitur sanguis, tum viscera persentiscunt 250
Omnia ; postremis datur ossibus atque medullis,
Sive voluptas est, sive est contrarius ardor.

les os et la moelle, soit que le plaisir ou que la lièvre du mal les agite. Toutefois, il est impossible que le mal y pénètre, que les souffrances aiguës percent les os, sans bouleverser tout au point que la vie n'ait plus de refuge, et que les débris de l'âme s'échappent par toutes les issues. Mais habituellement ces douloureuses agitations expirent à la surface : voilà ce qui permet aux hommes de conserver la vie.

Maintenant que je veux expliquer le mélange des quatre natures, et cet arrangement harmonieux qui les anime, mes efforts échouent contre la pauvreté de notre langue. Néanmoins je vais, autant que je le puis, effleurer ces matières.

Leurs atomes se mêlent, se croisent sous des impulsions réciproques, de façon que nul ne puisse se détacher des autres, et isoler sa puissance. Ce sont mille forces que meut un corps unique. De même que, chez un être quelconque, tu distingues le parfum, la couleur, le goût, quoique ces trois éléments forment un seul assemblage; de même la chaleur, l'air et le souffle, mystérieux agent, se combinent et font une même substance, joints à cette force mobile qui leur communique le germe du mouvement, et à qui nos entrailles doivent les premiers tressaillements de la vie. Car elle se cache tout au fond des êtres, loin des yeux, et le corps ne possède rien qui soit mieux enfoui : en un mot, c'est l'âme des âmes. La double puissance des âmes et des esprits, mêlée dans tous les organes, est invisible, parce que ses éléments sont fins et rares : de même la petitesse des atomes nous dérobe cette force sans nom, âme des âmes, qui règne sur le corps entier. Il faut que le souffle, la chaleur, et l'air, se confondent ainsi pour agir dans les membres, et que chacun soit inférieur aux autres, ou les domine : sinon, ils ne peuvent former un seul tout; leur action isolée ne fait que détruire le sentiment, et la vie se rompt avec leur assemblage.

Aussi est-ce la chaleur qui envahit les âmes, quand elles bouillonnent de colère, et que la flamme jaillit des yeux étincelants. Aussi est-ce le souffle glacé qui accompagne la peur, et lui sert à jeter le frisson dans les membres ou les nerfs qui tressaillent. Aussi un air tempéré forme-t-il ces natures qui joignent le calme du cœur à la sérénité du visage. Au contraire, le feu abonde chez les êtres au cœur vif, et que tout irrite, que tout enflamme; surtout chez les lions à la fougue terrible : leurs poitrines frémissantes éclatent à force de rugir, et ne peuvent emprisonner les flots de leur colère. Les froides âmes des cerfs contiennent plus de vent : un souffle froid et rapide traverse leurs entrailles, et imprime le tremblement aux membres. Un air plus doux anime la substance des bœufs; ils ne connaissent ni les feux ardents de la colère, ni ses fumées qui sont comme la nuit des âmes, ni les traits de la peur qui glacent et engourdissent : ils tiennent le milieu entre les cerfs et les lions farouches.

Il en est ainsi des hommes. La culture polit

Nec temere huc dolor usque potest penetrare, neque acre
Permanare malum, quin omnia perturbentur;
Usque adeo vitæ defit locus, atque animai 255
Diffugiunt partes per caulas corporis omneis!
Sed plerumque fit in summo quasi corpore finis
Motibus : hanc ob rem vitam retinere valemus.

Nunc, ea quo pacto inter sese mixta, quibusque
Comta modis vigeant, rationem reddere aventem 260
Abstrahit invitum patrii sermonis egestas :
Sed tamen, ut potero summatim attingere, tangam.
Inter enim cursant primordia principiorum
Motibus inter se, nihil ut secernier unum
Possit, nec spatio fieri divisa potestas; 265
Sed quasi multæ vis unius corporis exstant.
Quod genus, in quo vis animantum visere volgo,
Est odor et quidam color et sapor; et tamen ex his
Omnibus est unum perfectum corporis augmen.
Sic calor atque aer et venti cæca potestas 270
Mixta creant unam naturam, et mobilis olla
Vis, initum motus ab se quæ dividit olleis;
Sensifer unde oritur primum per viscera motus.
Nam penitus prorsum latet hæc natura, subestque,
Nec magis hac infra quidquam est in corpore nostro; 275
Atque anima est animæ proporro totius ipsa :
Quod genus, in nostris membris et corporo toto
Mixta latens animi vis est animæque potestas;
Corporibus quia de parvis paucisque creata est.
Sic tibi nominis hæc expers vis, facta minutis 280
Corporibus, latet; atque animæ quasi totius ipsa
Proporro est anima, et dominatur corpore toto.
Consimili ratione necesse est, ventus et aer
Et calor inter se vigeant commixta per artus;
Atque aliis aliud subsit magis, emineatque; 285
Ut quiddam fieri videatur ab omnibus unum :
Ne calor ac ventus seorsum, seorsumque potestas
Aeris interimant sensum, diductaque solvant.
Est etiam calor ille animo, quem sumit in ira,
Quom fervescit; et ex oculis micat acribus ardor. 290
Est et frigida multa, comes formidinis, aura;
Qua ciet horrorem membris, et concitat artus.
Est etiam quoque pacati status aeris ille,
Pectore tranquillo fit qui voltuque sereno.
Sed calidi plus est ollis, quibus acria corda, 295
Iracundaque mens facile effervescit in ira;
Quo genere in primis vis est violenta leonum,
Pectora quei fremitu rumpunt plerumque gementes;
Nec capere irarum fluctus in pectore possunt.
At ventosa magis cervorum frigida mens est, 300
Et gelidas citius per viscera concitat auras;
Quæ tremulum faciunt membris exsistere motum.
At natura boum placido magis aere vivit;
Nec minus irai fax nunquam subdita percit
Fumida, suffundens cæcæ caliginis umbram : 305
Nec gelidis torpet telis perfixa pavoris :
Inter utrasque sita est, cervos sævosque leones.
Sic hominum genus est; quamvis doctrina politos

quelques âmes; mais leur organisation y laisse toujours de fortes empreintes. Et ne crois pas déraciner si profondément le vice, que tel ou tel résiste, soit aux emportements des colères fougueuses, soit aux atteintes trop rapides de la peur, soit aux faiblesses de son âme trop endurante. Mille traits encore, mille traits ineffaçables distinguent et les natures et les mœurs qui en sont la suite. Je ne puis en expliquer ici les causes secrètes, ou multiplier les noms des atomes autant que leurs formes, qui engendrent cette diversité.

Voici pourtant, il me semble, ce que je peux affirmer : les natures dominantes qui ne sont pas étouffées par la voix de la raison laissent de si faibles germes, que rien ne nous empêche de vivre dans un calme digne des immortels.

Ainsi donc, tout le corps emprisonne cette substance, qui, à son tour, veille sur lui et en est la sauvegarde. Car tous deux ont même racine, tous deux se tiennent, et on voit que leur séparation entraîne leur perte. Comme, dans les grains de l'encens, il n'est pas facile d'extraire l'odeur, sans détruire la matière, tu arracheras difficilement aussi du corps entier l'essence de l'esprit et de l'âme, sans anéantir la masse : tant leurs principes, étroitement unis dès la naissance, leur ont fait une vie commune ! Isolés, réduits à leur propre force, les esprits et les corps sont évidemment incapables de sentir ; tandis que leur action réciproque, leur mouvement harmonieux,

amassent et allument le feu de la vie dans les entrailles.

En outre, jamais nos corps ne sont engendrés ou ne croissent tout seuls; et, leur âme morte, tu ne les vois pas survivre. Non, ils ne ressemblent point à ce fluide, à l'eau, qui rend la vapeur chaude que le feu lui donne, sans que ces pertes détachent ou altèrent sa propre substance ; non, je le répète, les membres que leur âme délaisse, ne peuvent endurer ce veuvage : ruinés eux-mêmes, ils dépérissent et se corrompent. La liaison des esprits et des corps naît avec les êtres : ils apprennent ensemble le mouvement vital ; inséparables jusque dans les entrailles maternelles, le divorce ne saurait être que leur fléau et leur ruine. Si donc leur existence tient aux mêmes causes, vois quel rapport enchaîne leur double nature.

Du reste, si on ne veut pas que les corps sentent, si on croit que les âmes, mêlées à toute leur substance, se chargent de produire ce tressaillement que nous appelons sensibilité, on attaque des choses éclatantes et réelles. Le corps sent-il, ou non ? Eh! qui prouvera le fait, sinon le fait lui-même dont le témoignage nous éclaire ? Mais une fois leur âme congédiée, nos corps tout entiers demeurent insensibles ; sans doute : vivants, ils perdent mille choses qui ne sont point à eux seuls; et ils en perdent encore, quand ils sont chassés de la vie.

Quant à soutenir que les yeux, incapables de

Constituat pariter quosdam, tamen olla relinquit
Natura quojusque animi vestigia prima : 310
Nec radicitus evelli mala posse putandum est,
Quin proclivius hic iras decurrat ad acreis;
Ille metu citius paullo tenteter; at ille
Tertius accipiat quædam clementius æquo :
Inque aliis rebus multis differre necesse est 315
Naturas hominum varias moresque sequaceis;
Quorum ego nunc nequeo cæcas exponere causas,
Nec reperire figurarum tot nomina, quot sunt
Principieis, unde hæc oritur variantia rerum.
Illud in his rebus videor firmare potesse; 320
Usque adeo naturarum vestigia linqui
Parvola, quæ nequeat ratio depellere dictis;
Ut nihil impediat dignam Diis degere vitam.
Hæc igitur natura tenetur corpore ab omni :
Ipsaque corporis est custos, et causa salutis : 325
Nam communibus inter se radicibus hærent,
Nec sine pernicie divelli posse videntur.
Quod genus, e turis glebis evellere odorem
Haud facile est, quin intereat natura quoque ejus :
Sic animi atque animæ naturam corpore toto 330
Extrahere haud facile est, quin omnia dissoluantur.
Implexis ita principiis ab origine prima
Inter se fiunt consorti prædita vita :
Nec sibi quæque, sine alterius vi, posse videtur
Corporis atque animi, seorsum sentire potestas : 335

Sed communibus inter eos conflatur utrimque
Motibus accensus nobis per viscera sensus.
Præterea corpus per se nec gignitur unquam,
Nec crescit, neque post mortem durare videtur.
Non enim, ut humor aquæ, dimittit sæpe vaporem 340
Qui datus est, neque ea causa convellitur ipse,
Sed manet incolumis : non, inquam, sic animai
Discidium possunt artus perferre relictei;
Sed penitus pereunt convolsei, conque putrescunt.
Ex ineunte ævo sic corporis atque animai 345
Mutua vitaleis discunt contagia motus,
Maternis etiam membris, alvoque reposta;
Discidium ut nequeat fieri sine peste maloque :
Ut videas, quoniam conjuncta est causa salutis,
Conjunctam quoque naturam consistere eorum. 350
Quod superest, si quis corpus sentire refutat,
Atque animam credit, permixtam corpore toto,
Suscipere hunc motum, quem sensum nominitamus;
Vel manifestas res contra verasque repugnat.
Quid sit enim corpus sentire, quis afferet unquam, 355
Si non ipsa palam quod res dedit, ac docuit nos?
At, dimissa anima, corpus caret undique sensu;
Perdit enim, quod non proprium fuit ejus in ævo;
Multaque præterea perdit, quom expellitur ævo.
Dicere porro oculos nullam rem cernere posse, 360
Sed per eos animum ut foribus spectare reclusis,
Difficile est, contra quom sensus ducat eorum;

voir, sont comme des portes ouvertes par où nos âmes regardent, cela est difficile, puisque ce sont eux, au contraire, dont la sensibilité pousse les âmes, et les attire, les entraîne vers les images qui la frappent. Souvent même tu ne peux fixer un corps éclatant, et sa lumière trouble la lumière de tes yeux : or, des portes se troublent-elles, et le mal entre-t-il dans nos fenêtres ouvertes? En outre, si les yeux servent de portes, il faut que leur perte, débarrassant les âmes, augmente la vue; car elle nous ôte des barrières.

Ne va pas non plus alléguer ici les saintes opinions du grand Démocrite, quand il affirme que les éléments des âmes et des corps, attachés un par un, sont entremêlés tour à tour, et enchaînent ainsi la masse. Car si le germe des esprits est plus fin que la substance des entrailles, du corps, il est moins abondant, il est pauvre, disséminé dans les organes; et voici tout ce dont tu peux répondre : plus sont déliés les atomes qui se précipitent en nous, et dont le choc excite les tressaillements de la vie, plus les germes de nos âmes demeurent écartés. Sent-on le contact de la poussière sur les membres, ou cette farine qui assiège la peau et y est incrustée? Sent-on la rosée des nuits, le fil si mince des araignées qui nous enlacent au passage, leur dépouille flétrie tombée sur nos têtes, la plume des oiseaux, et la fleur ailée du chardon, si légère que la chute devient un effort pour elle? Sent-on glisser un insecte qui rampe? Sent-on les faibles empreintes que laisse chaque pas du moucheron, ou de tout être

semblable? Presque jamais : tant il faut remuer de nos atomes avant que la sensibilité et le trouble ne se communiquent aux âmes qui sont éparses dans tous les organes du corps, et avant que leurs germes, dont les coups se perdent à de si larges intervalles, ne s'amassent, ne se choquent, et ne rejaillissent ensemble.

Pour empêcher la vie de rompre ses barrières, les esprits ont plus de force que les âmes : ce sont les rois de la vie. Sans eux, sans les intelligences, le corps ne peut garder un seul instant un seul atome des âmes, leurs compagnes dociles, qui les suivent et retournent dans les airs, abandonnant les membres au froid de la mort. Il demeure vivant, au contraire, tant que son intelligence, son esprit lui reste. Eût-on coupé, déchiré, mutilé tout ce qui les enveloppe; ce tronc humain eût-il perdu de son âme, fût-il dépouillé de ses membres, il vit, il respire le souffle vivifiant des cieux; et, pourvu que son âme ne lui soit pas arrachée tout entière, la moindre parcelle retient et enchaîne la vie. De même, quand on ravage le tour des yeux sans attaquer la prunelle, la vue garde son activité, son énergie. Pourtant, si tu endommages tout le globe lumineux, si tu mets à nu et que tu isoles la prunelle même, leur perte n'en sera pas moins inévitable. Surtout que le fer ne ronge pas ce milieu de l'œil, qui est si peu de chose; car la lumière disparaît tout à coup, et la nuit se lève, le reste des orbites fût-il éclatant et sain. Voilà quel accord unit sans cesse les esprits et les âmes.

Sensus enim trahit, atque acies detrudit ad ipsas :
Fulgida præsertim quom cernere sæpe nequimus,
Lumina luminibus quia nobis præpediuntur ; 365
Quod foribus non fit : neque enim, qua cernimus ipsei,
Ostia suscipiunt ullum reclusa laborem.
Præterea, si pro foribus sunt lumina nostra,
Jam magis exemtis oculis debere videtur
Cernere res animus, sublatis postibus ipsis. 370
   Illud in his rebus nequaquam sumere possis,
Democriti quod sancta viri sententia ponit,
Corporis atque animi primordia singula, priveis
Apposita, alternis variare ac nectere membra.
Nam quom multo sunt animai elementa minora, 375
Quam quibus et corpus nobis et viscera constant,
Tum numero quoque concedunt, et rara per artus
Dissita sunt, dumtaxat ut hoc promittere possis,
Quantula prima queant, nobis injecta, ciere
Corpora sensiferos motus in corpore, tanta 380
Intervalla tenere exordia prima animai.
Nam neque pulveris interdum sentimus adhæsum
Corpore, nec membris incussam sidere cretam;
Nec nebulam noctu, neque aranei tenuia fila
Obvia sentimus, quando obretimur euntes ; 385
Nec supera caput ejusdem cecidisse vietam
Vestem, nec plumas avium papposque volanteis,
Quei nimia levitate cadunt plerumque gravatim :

Nec repentis itum quojusvisquomque animantis
Sentimus; nec priva pedum vestigia quæque, 390
Corpore quæ in nostro culices, et cetera ponunt.
Usque adeo prius est in nobis multa ciendum,
Quam primordia sentiscant concussa animai,
Semina, corporibus nostreis immixta per artus;
Et quam intervallis tantis luditantia, possint 395
Concursare, coire, et dissultare vicissim.
   Et magis est animus vitai claustra coercens,
Et dominantior ad vitam, quam vis animai.
Nam sine mente animoque nequit residere per artus
Temporis exiguam partem pars ulla animai; 400
Sed comes insequitur facul, et discedit in auras,
Et gelidos artus in leti frigore linquit.
At manet in vita, quoi mens animusque remansit,
Quamvis est curtum cæsis lacer undique membris:
Truncus, adempta anima, circum, membrisque remotus,
Vivit et ætherias vitaleis suscipit auras; 405
Si non omnimodis, at magna parte, animai
Privatus, tamen in vita conctatur et hæret
Ut lacerato oculo circum, si pupula mansit
Incolumis, stat cernundi vivata potestas; 410
Dummodo ne totum corrumpas luminis orbem,
Et circumcidas aciem, solamque relinquas;
Id quoque enim sine pernicie non fiet eorum :
At si tantula pars oculi media illa peresa est,

Maintenant, afin de te convaincre que les esprits, que les âmes fragiles naissent et meurent avec les êtres, je prépare des vers, fruits de mes longues recherches, de mes douces fatigues, et dignes de ta belle vie. Pour toi, aie soin de comprendre leur double nature sous un même nom; et si, pour épargner un mot, je ne nomme que les âmes, et que je te les montre périssables, applique tout aux esprits sur ce point où un même sort les enchaîne.

D'abord, je te le répète, les âmes sont un mince tissu de petits atomes, et se composent de matière beaucoup plus fine que la substance liquide des eaux, le brouillard ou la fumée. Car elles sont mille fois plus agiles, et un choc plus faible les meut plus vite; les apparences mêmes de la fumée, du brouillard, y suffisent : ainsi, lorsque dans un rêve nous voyons se dresser un autel qui exhale la vapeur et que la fumée couronne, ce sont évidemment de simples images qui nous frappent. Or, une fois que les vases sont en pièces, le fluide sort en jaillissant, et va se perdre; le brouillard et la fumée se dissipent dans les airs : crois donc que les âmes se répandent aussi, que leur essence meurt encore plus vite, que plus vite se rompt leur assemblage, quand elles fuient arrachées de nos membres. En effet, si le corps, pulvérisé sous un choc ou amaigri par le sang ôté des veines, ne peut contenir son âme, dont il est en quelque sorte le vase, comment espérer de la voir contenue par les airs? Un corps plus maigre que le nôtre sera-t-il une barrière pour elle?

De plus, elle naît avec le corps, et les sens attestent que tous deux croissent, que tous deux vieillissent ensemble. Vois les enfants : la délicatesse de leur corps tremblant et faible répond à leur intelligence chétive. Puis, quand ils acquièrent une maturité robuste, le jugement grandit avec leur âme, dont la vigueur augmente. Mais sitôt que le choc puissant des années brise le corps, émousse les forces, abat les membres, la raison chancelle, l'esprit et la langue s'embarrassent : tous les organes dépérissent et manquent à la fois. Il faut bien alors que tout ce qui est de la nature des âmes se dissipe, comme la fumée dans les hautes régions des airs; elles que nous voyons partager la naissance, partager les accroissements du corps, et qui, je le répète, succombent du même coup à la fatigue des ans.

Ajoutons un autre fait sensible. De même que les maladies cruelles attaquent le corps et que la douleur le travaille, nos âmes sont dévorées par les inquiétudes, le chagrin ou la peur. Elles doivent donc avoir part à la mort.

Que dis-je? Souvent une maladie du corps les met en déroute, les égare : le trouble des idées, la folie du langage le prouvent. Souvent une léthargie les accable, les jette dans un assoupissement profond et interminable; les paupières tombent, le front chancelle. Là, elles ne peuvent

---

Occidit extemplo lumen, tenebræque sequuntur : 415
Incolumis quamvis alioqui splendidus orbis.
Hoc anima atque animus juncti sunt fœdere semper.
Nunc age, nativos animantibus et mortaleis
Esse animos, animasque leveis, ut noscere possis;
Conquisita diu, dulcique reperta labore, 420
Digna tua pergam disponere carmina vita.
Tu face utrumque uno subjungas nomine eorum;
Atque animam, verbi causa, quom dicere pergam,
Mortalem esse docens, animum quoque dicere credas;
Qua tenus est unum inter se, conjunctaque res est. 425
 Principio, quoniam tenuem constare minutis
Corporibus docui, multoque minoribus esse
Principiis factam, quam liquidus humor aquai,
Aut nebula, aut fumus : nam longe mobilitate
Præstat, et a tenui causa magis icta movetur; 430
Quippe ubi imaginibus fumi nebulæque moventur :
Quod genus, in somnis sopitei, ubi cernimus alta
Exhalare vapore altaria, ferreque fumum :
Nam procul hæc dubio nobis simulacra genuntur :
Nunc igitur, quoniam, quassatis undique vasis, 435
Diffluere humorem, et laticem discedere cernis;
Et nebula ac fumus quoniam discedit in auras;
Crede animam quoque diffundi, multoque perire
Ocius, ac citius dissolvi in corpora prima,
Quom semel ex hominis membris ablata recessit. 440
Quippe etenim corpus, quod vas quasi constitit ejus,
Quam cohibere nequit, conquassatum ex aliqua re
Ac rarefactum, detracto sanguine veneis,
Aere qui credas posse hanc cohiberier ullo?
Corpore qui nostro rarus magis incohibessit? 445
 Præterea gigni pariter cum corpore, et una
Crescere sentimus, pariterque senescere mentem.
Nam velut infirmo puerei teneroque vagantur
Corpore, sic animi sequitur sententia tenuis :
Inde, ubi robustis adolevit viribus ætas, 450
Consilium quoque majus, et auctior est animi vis :
Post, ubi jam validis quassatum est viribus ævi
Corpus, et obtusis cecidérunt viribus artus;
Claudicat ingenium, delirat linguaque mensque :
Omnia deficiunt atque uno tempore desunt. 455
Ergo dissolvi quoque convenit omnem animai
Naturam, ceu fumus in altas æris auras :
Quandoquidem gigni pariter, pariterque videmus
Crescere, et, ut docui, simul ævo fessa fatisci.
 Huc accedit, uti videamus, corpus ut ipsum 460
Suscipere immaneis morbos durumque laborem;
Sic animum curas acreis luctumque metumque :
Quare participem leti quoque convenit esse.
 Quin etiam morbis in corporis avius errat
Sæpe animus; dementit enim, deliraque fatur : 465
Interdumque gravi lethargo fertur in altum
Æternumque soporem, oculis nutuque cadenti :
Unde neque exaudit voces, nec noscere voltus

entendre les cris ou reconnaître le visage de ceux qui les rappellent au jour, et les environnent, la joue baignée de larmes. Avoue-le donc, elles tombent en ruines, ces âmes que gagne la contagion du mal. Car la douleur et la maladie sont deux artisans de mort : que de victimes ont pu déjà nous en convaincre !

Enfin, quand les fumées actives du vin pénètrent un homme, que son feu se répand et circule dans les veines, il appesantit les membres, il embarrasse le pied chancelant et la langue paresseuse ; l'âme est noyée de vapeurs, les yeux flottent ; les cris, les sanglots, les querelles éclatent, et avec eux tous les autres effets de la débauche. Pourquoi ces troubles, à moins que les attaques violentes du poison ne bouleversent habituellement nos âmes au fond des membres ? Or, tout désordre, tout embarras jeté dans un être, annonce qu'il ne faut que les atteintes d'un ennemi plus rude pour achever sa perte, et ravir son immortalité.

Souvent même, devant nos yeux, un homme dompté par la force du mal, et comme frappé de la foudre, tombe : il écume, gémit, et tressaille des membres ; il extravague ; ses nerfs se roidissent, il se tord avec un souffle tourmenté, inégal, et fatigue son corps à le retourner sans cesse. C'est que la fougue du mal, répandue dans les organes, soulève les tempêtes de son âme, comme sur une mer écumante les ondes bouillonnent au choc impétueux des vents. Ces plaintes, la douleur les arrache, quand elle blesse les membres, quand elle chasse tous les éléments du son, qui se précipitent en foule par les voies accoutumées et les remparts de la bouche. Le délire vient de ce que l'esprit et l'âme sont bouleversés par ce fléau, dont le venin isole, partage, disperse leur action, comme tu le sais déjà. Puis, sitôt que le mal remonte vers sa source, que le flot rongeur des matières empoisonnées rentre dans le lit qui le cache, le malade, chancelant encore, se soulève : peu à peu il recouvre les sens et reprend possession de son âme.

Cet organe que des maux si terribles agitent au fond du corps, et qui souffre là de si cruels déchirements, espères-tu que, dépouillé du corps, il puisse subsister au grand air et parmi les orages ?

Et puis, nous voyons les âmes guérir comme les corps malades ; nous voyons que les remèdes peuvent en venir à bout : ce qui est un nouvel indice de leur existence périssable. Car il faut accroître, déplacer, ou appauvrir tant soit peu la masse des atomes, si tu entreprends, si tu essayes de modifier un esprit, ou que tu cherches à dompter une substance quelconque. Mais ce qui est immortel ne souffre ni transposition, ni accroissement, ni perte, puisque tout être qui sort de ses limites, et dépouille sa nature première, la frappe de mort.

Ainsi ton âme, je le répète, donne des signes de mortalité, soit que des maux la troublent ou

Ollorum potis est, ad vitam quei revocantes
Circumstant, lacrumis rorantes ora genasque.   470
Quare animum quoque dissolvi fateare, necesse est ;
Quandoquidem penetrant in eum contagia morbi.
Nam dolor ac morbus, leti fabricator uterque est ;
Multorum exitio perdoctei quod sumus ante.
Denique, cor hominum quom vini vis penetravit   475
Acris, et in venas discessit diditus ardor ;
Consequitur gravitas membrorum, præpediuntur
Crura vacillanti, tardescit lingua, madet mens,
Nant oculei ; clamor, singultus, jurgia gliscunt ;
Et jam cetera de genere hoc, quæquomque sequuntur :   480
Quur ea sunt, nisi quod vehemens violentia viri
Conturbare animam consuevit corpore in ipso ?
At quæquomque queunt conturbari inque pediri,
Significant, paullo si durior insinuarit
Causa, fore ut pereant, ævo privata futuro.   485
Quin etiam subito, vi morbi sæpe coactus,
Ante oculos aliquis nostros, ut fulminis ictu,
Concidit, et spumas agit ; ingemit, et tremit artus ;
Desipit, extentat nervos, torquetur, anhelat
Inconstanter, et in jactando membra fatigat.   490
Nimirum, quia vis morbi, distracta per artus,
Turbat agens animam, spumanti ut in æquore salso
Ventorum validis fervescunt viribus undæ.
Exprimitur porro gemitus, quia membra dolore
Afficiuntur, et omnino quod semina vocis   495
Eliciuntur, et ore foras glomerata feruntur,
Qua quasi consuerunt, et sunt munita viai.
Desipientia fit, quia vis animi atque animai
Conturbatur, et, ut docui, divisa seorsum
Disjectatur, eodem ollo distracta veneno.   500
Inde, ubi jam morbi reflexit causa, reditque
In latebras acer corrupti corporis humor ;
Tum, quasi vacillans, primum consurgit, et omneis
Paullatim redit in sensus, animamque receptat.
Hæc igitur tantis ubi morbis corpore in ipso   505
Jactentur, miserisque modis distracta laborent,
Quur eadem credis, sine corpore, in aere aperto,
Cum validis ventis ætatem degere posse ?
Et quoniam mentem sanari, corpus ut ægrum,
Cernimus, et flecti medicina posse videmus ;   510
Id quoque præsagit mortalem vivere mentem.
Addere enim parteis, aut ordine trajicere, æquum est,
Aut aliquid prorsum de summa detrahere hilum,
Commutare animum quiquomque adoritur, et infit ;
Aut aliam quamvis naturam flectere quærit.   515
At neque transferri sibi parteis, nec tribui volt,
Immortale quod est, quidquam ; neque defluere hilum.
Nam quodquomque suis mutatum finibus exit,
Continuo hoc mors est illius, quod fuit ante.
Ergo animus, sive ægrescit, mortalia signa   520

que des remèdes la calment : tant la raison et la vérité heurtent un faux système, lui coupent toutes les issues, et le repoussent avec un dilemme qui confond le mensonge.

Souvent, enfin, nous voyons un homme s'en aller peu à peu. Il perd membre par membre le sentiment et la vie. Le pied commence : ses doigts, ses ongles deviennent livides. Puis, il meurt avec la jambe. Puis, les froides empreintes de la mort gagnent successivement le reste. Or, comme les âmes sont aussi morcelées, et que leur existence ne demeure pas tout entière, tu dois les croire périssables. Diras-tu : Elles peuvent se replier au sein des membres, et concentrer leurs atomes sur un même point, qui absorbe tout le sentiment du corps? Mais un lieu qui contient un amas si riche de matière vivante déploie nécessairement une sensibilité plus exquise. Ce lieu, où est-il? Nulle part : il faut donc, comme nous le disions, que nos âmes en lambeaux se dispersent hors de nous ; et, par conséquent, elles meurent.

Bien plus, si je veux admettre ton idée fausse, si je leur accorde le pouvoir de se ramasser dans le corps des hommes qui abandonnent le jour, et qui expirent en détail, tu seras pourtant obligé de convenir que les âmes sont mortelles. Peu importe comment elles meurent, et si elles sont éparpillées au vent ou étouffées en masse, puisque chez un homme le sentiment expire peu à peu dans tous les organes, et que dans tous la vie diminue, diminue sans cesse.

D'ailleurs, elles font partie du corps humain, elles ont leur poste fixe, leur asile déterminé, comme les oreilles, les yeux, et les autres sens qui gouvernent la vie. Mais les yeux, la main ou les narines, isolés du reste, sont incapables de sentir et de vivre; la corruption gagne bientôt ces matières abandonnées : de même les esprits ne peuvent exister à part et sans les hommes, sans le corps, qui en est au moins le vase, si on ne trouve pas de rapports plus intimes entre deux substances qui se tiennent enchaînées.

A cette liaison elles doivent leur force, leur activité, et la jouissance de la vie. Un esprit sans corps, un esprit abandonné à sa nature, peut-il engendrer le mouvement vital? Un corps sans âme peut-il avoir quelque durée, ou faire usage de sens? Non : comme les yeux que tu déracines et que tu isoles du corps entier, perdent la vue; de même les âmes, réduites à elles-mêmes, se montrent impuissantes. Car tant que leurs atomes, mêlés à la substance des veines, des entrailles, des os, des nerfs, et emprisonnés par la masse, ne sont pas libres de rejaillir à de vastes intervalles, elles se contiennent et se plient au mouvement vital : mouvement qui leur est impossible dans le vide des airs, où la mort les rejette, parce que les obstacles tombent devant elles. Autant dire que l'air seul enfante les corps animés, si les âmes y maintiennent leur assemblage, si elles y bornent leur essor au mouvement accompli jusque-là dans les nerfs et dans le corps lui-même. Je le répète donc, après la ruine de

Mittit, ut edocui; seu flectitur a medicina :
Usque adeo falsae rationis vera videtur
Res occurrere, et effugium praecludere eunti ;
Ancipitique refutatu convincere falsum.

 Denique saepe hominem paullatim cernimus ire,   525
Et membratim vitalem deperdere sensum.
In pedibus primum digitos livescere et ungueis ;
Inde pedes et crura mori : post inde per artus
Ire alios tractim gelidi vestigia leti.
Scinditur atque animo haec quoniam natura, nec uno   530
Tempore sincera exsistit, mortalis habenda est.
Quod si forte putas ipsam se posse per artus
Introrsum trahere, et parteis conducere in unum,
Atque ideo cunctis sensum deducere membris;
At locus ille tamen, quo copia tanta animai   535
Cogitur, in sensu debet majore videri :
Qui quoniam nusquam est, nimirum, ut diximus ante,
Dilaniata foras dispergitur. Interit ergo.
 Quin etiam, si jam lubeat concedere falsum,
Et dare, posse animam glomerari in corpore eorum,   540
Lumina quei linquunt moribundei particulatim;
Mortalem tamen esse animam fateare necesse est :
Nec refert, utrum pereat dispersa per auras,
An contracta suis e partibus obbrutescat;
Quando hominem totum magis ac magis undique sensus
Deficit; et vitae minus et minus undique restat.   546

 Et quoniam mens est hominis pars una, locoque
Fixa manet certo ; velut aures atque oculei sunt,
Atque alici sensus, quei vitam quomque gubernant :
Et veluti manus atque oculus naresve seorsum,   550
Secreta ab nobis, nequeunt sentire, neque esse ;
Sed tamen in parvo linquuntur tempore tabi :
Sic animus per se non quit sine corpore et ipso
Esse homine, illius quasi quod vas esse videtur,
Sive aliud quid vis potius connexius ei   555
Fingere; quandoquidem connexu corpus adhaeret.
 Denique corporis atque animi vivata potestas,
Inter se conjuncta, valent, vitaque fruuntur :
Nec sine corpore enim vitaleis edere motus
Sola potest animi per se natura; nec autem   560
Cassum anima corpus durare, et sensibus uti.
Scilicet, avolsus radicibus ut nequit ullam
Dispicere ipse oculus rem seorsum corpore toto,
Sic anima atque animus per se nil posse videtur :
Nimirum quia per venas et viscera mixtim,   565
Per nervos atque ossa, tenentur corpore ab omni,
Nec magnis intervallis primordia possunt
Libera dissultare ; ideo conclusa moventur
Sensiferos motus ; quos extra corpus in auras
Aeris haud possunt post mortem ejecta movere :   570
Propterea quia non simili ratione tenentur.
Corpus enim atque animam serit aer, si cohibere

leur enveloppe, du corps, et la perte du souffle vital, il faut avouer que le sentiment se dissipe chez les esprits comme chez les âmes, puisque leur existence tient aux mêmes causes.

Enfin, si nos corps, incapables de supporter leur fuite, tombent en lambeaux fétides, comment douter que ces essences vives, chassées du fond de leur asile, ne jaillissent éparses, comme la fumée? Ce bouleversement des êtres qui croulent, et ne sont plus que ruine, que poussière, ne vient-il pas de ce que leurs fondements se dérobent avec les âmes écoulées par les membres, et les issues tortueuses, et les pores qui sillonnent la chair? Ainsi tout indique que ces matières sont en pièces quand elles sortent du corps, et que mille déchirements intérieurs précèdent le jour où elles se répandent et nagent sur la vague des airs.

Bien plus, elles habitent encore le sanctuaire de la vie, que déjà mille secousses ont paru les abattre, les rompre dans tous nos organes : elles donnent au visage cette langueur du moment suprême, et les membres flottent, prêts à tomber du corps que le sang abandonne. Voilà, par exemple, ce que nous appelons se trouver mal, ou perdre ses esprits, alors que tous sont en émoi, et cherchent à ressaisir le dernier fil de l'existence. Car il y a un ébranlement qui énerve nos esprits, nos âmes, et ils partagent la défaillance du corps : ils succomberaient donc à des attaques un peu plus vives.

Eh bien! crois-tu que rejetés du corps, et sans force quand ils volent sans obstacle ni rempart, ils puissent avoir, non plus toute la durée des âges, mais un instant, un seul instant de vie?

Jamais on ne voit de mourants qui sentent leur âme fuir tout entière de toutes parts, ou remonter d'abord vers les embouchures de la gorge. Non, ils savent que la défaillance lui vient aux endroits marqués pour la demeure, comme les autres organes sont anéantis dans leur siége. Si la mort épargnait nos intelligences, gémiraient-elles, à son approche, de tomber en ruines? Elles aimeraient plutôt à sortir, à quitter leur enveloppe, comme le serpent, ou le cerf que les ans déchargent de son bois immense.

Enfin la pensée, le jugement, essence des âmes, ne viennent jamais à la tête, ni dans le pied ou la main. Ils occupent chez tous un même point, ils sont à demeure fixe. Pourquoi, sinon parce que tous les organes ont un lieu affecté à leur naissance? Là, ils sont capables de quelque durée; là, ces mille puissances dominent, absorbent les membres, et empêchent que leur ordre soit jamais interverti : tant la succession des êtres est invariable! La flamme peut-elle jaillir des ondes, ou la glace naître du feu?

En outre, si les âmes sont des natures impérissables, si elles ont la force de sentir, isolées du corps, il faut, je pense, les enrichir de cinq organes. Autrement, on ne peut se figurer les âmes du Tartare qui errent au bord de l'Aché-

Sese anima, atque in eos poterit concludere motus,
Quos ante in nervis et in ipso corpore agebat.
Quare etiam atque etiam resoluto corporis omni 575
Tegmine, et ejectis extra vitalibus auris,
Dissolvi sensus animi fateare, necesse est,
Atque animam; quoniam conjuncta est causa duobus.
Denique, quom corpus nequeat perferre animai
Discidium, quin in tetro tabescat odore; 580
Quid dubitas, quin ex imo penitusque coorta
Emanarit, uti fumus, diffusa animæ vis?
Atque ideo tanta mutatum putre ruina
Conciderit corpus penitus, quia mota loco sunt
Fundamenta; foras anima emanante per artus, 585
Perque viarum omneis flexus, in corpore quei sunt,
Atque foramina? multimodis ut noscere possis
Dispertitam animæ naturam exisse per artus;
Et prius esse sibi distractam corpore in ipso,
Quam, prolapsa foras, enaret in aeris auras? 590
Quin etiam, fineis dum vitæ vortitur intra,
Sæpe aliqua tamen e causa labefacta videtur
Ire anima, ac toto membratim corpore solvi;
Et quasi supremo languescere tempore voltus,
Molliaque exsangui cadere omnia corpore membra. 595
Quod genus est, animo male factum quom perhibetur,
Aut animam liquisse; ubi jam trepidatur, et omnes
Extremum cupiunt vitæ reprehendere vinclum.
Conquassatur enim tum mens animæque potestas
Omnis; et hæc ipso cum corpore collabefiunt: 600

Ut gravior paullo possit dissolvere causa.
Quid dubitas tandem, quin extra prodita corpus
Imbecilla foras, in aperto, tegmine demto,
Non modo non omnem possit durare per ævom,
Sed minumum quodvis nequeat consistere tempus? 605
Nec sibi enim quisquam moriens sentire videtur
Ire foras animam incolumem de corpore toto;
Nec prius ad jugulum et superas succedere fauces;
Verum deficere in certa regione locatam,
Ut sensus alios in parti quemque sua scit 610
Dissolvi : quod si immortalis nostra foret mens,
Non tam se moriens dissolvi conqueretur;
Sed magis ire foras, vestemque relinquere, ut anguis,
[Gauderet, prælonga senex aut cornua cervus.]
Denique quur animi nunquam mens consiliumque 615
Gignitur in capite, aut pedibus manibusve; sed unis
Sedibus, et certis regionibus, omnibus hæret;
Si non certa loca ad nascundum reddita quoique
Sunt, et ubi quidquid possit durare creatum;
Atque ita multimodis pro totis artubus esse, 620
Membrorum ut nunquam exsistat præposterus ordo?
Usque adeo sequitur res rem, neque flamma creari
Fluminibus solita est, neque in igni gignier algor.
Præterea, si immortalis natura animai est,
Et sentire potest, secreta a corpore nostro; 625
Quinque, ut opinor, eam faciundum est sensibus auctam:
Nec ratione alia nosmet proponere nobis
Possumus infernas animas Acherunte vagare.

ron. Aussi les peintres et les écrivains de la vieille race nous les représentent-ils armées de sens. Mais il est impossible que les yeux, les narines, la main ou la langue subsistent à part, même dans un esprit; et les oreilles ne peuvent, à elles seules, ni percevoir le son, ni vivre.

Puis, comme tout notre corps éprouve les tressaillements de la vie, comme nous voyons que tout y a part aux âmes; si une force quelconque donne rapidement au milieu et le tranche, le sépare tout à coup, il faudra que nos âmes, rejaillissant au loin, se déchirent avec le tronc en deux moitiés éparses. Or, tout être qui se rompt et se disperse proteste lui-même contre son immortalité.

Souvent, dit-on, un char hérissé de faux et brûlant de carnage, dans la mêlée, coupe si précipitamment les membres, que tu vois palpiter à terre les débris des hommes, alors que leur pensée, leur essence vive demeure insensible au mal, tant le mal est rapide! Le feu du combat absorbe les intelligences. Tout ce qui reste du corps, elles le précipitent dans la bataille meurtrière. Les uns ignorent la perte de leur main gauche que les chevaux emportent avec le bouclier, au tranchant des roues et des faux dévorantes; un autre, dans la fougue des escalades, ne sent pas que sa droite lui tombe. Tel essaye de soulever une jambe qui manque, sans voir le pied mourant qui remue les doigts à quelques pas sur la terre. Là, une tête, séparée du tronc encore vivant et chaud, a dans la poussière même le front animé, les yeux ouverts, et n'exhale la vie qu'avec les restes de son âme.

Bien plus : un serpent qui darde la langue te menace de sa queue, de son corps aux longs replis. Veux-tu que le fer partage chaque bout en mille tranches ? On voit aussitôt ces débris épars, saignant encore du coup qui les mutile, se tordre, baigner la terre de leur venin ; et la tête se retourne pour attaquer et mordre son propre lambeau, avec un transport de rage que ses blessures allument.

Dira-t-on que chaque fragment a son âme, son âme tout entière ? Mais alors un seul être contenait plusieurs âmes. Donc, tu as rompu la seule qui habitât un corps unique ; donc, il faut croire que tous deux meurent, puisque mille déchirements les épuisent tous deux.

En outre, si l'âme est une essence qui demeure immortelle, si elle se glisse au fond du corps naissant, pourquoi ne gardes-tu aucun souvenir de ta vie passée, des choses que tu as faites, et ne peux-tu en fixer la trace ? Car si les puissances de ton âme sont altérées au point que la mémoire de ses propres actes lui échappe tout entière, ce bouleversement ne me semble pas déjà fort éloigné de la mort. Ainsi, tu dois le reconnaître, celle qui était jadis a péri, et celle de maintenant fut maintenant créée.

Quoi! le corps est déjà formé lorsque cet agent si vif y pénètre, et nous sommes en train de naître, nous avons le pied sur le seuil de la vie ! Mais alors convient-il que tu le voies grandir,

    Pictores itaque, et scriptorum secla priora,
Sic animas introduxerunt sensibus auctas.   630
At neque seorsum oculei, neque nares, nec manus ipsa
Esse potest anima, neque seorsum lingua; neque aures
Auditum per se possunt sentire, neque esse.
    Et quoniam toto sentimus corpore inesse
Vitalem sensum, et totum esse animale videmus;   635
Si subito medium celeri præciderit ictu
Vis aliqua, ut seorsum partem secernat utramque,
Dispertita procul dubio quoque vis animai,
Et discissa simul cum corpore disicietur.
At quod scinditur et parteis discedit in ullas,   640
Scilicet æternam sibi naturam abnuit esse.
    Falciferos memorant currus abscidere membra
Sæpe ita de subito, pemixta cæde calenteis,
Ut tremere in terra videatur ab artubus id quod
Decidit abscisum; quom mens tamen atque hominis vis
Mobilitate mali non quit sentire dolorem :   646
Et simul in pugnæ studio quod dedita mens est,
Corpore cum reliquo pugnam cædeisque petessit;
Nec tenet, amissam lævam cum tegmine sæpe
Inter equos abstraxe rotas falceisque rapaceis :   650
Nec cecidisse alius dextram, quom scandit et instat.
Inde alius conatur ademto surgere crure,
Quum digitos agitat propter moribundus humi pes :
Et caput, abscisum calido viventeque trunco,

Servat humi voltum vitalem oculosque patenteis :   655
Donec reliquias animai reddidit omneis.
Quin etiam tibi si, lingua vibrante, minanti
Serpentis cauda et procero corpore, utrumque
Sit lubitum in multas parteis discidere ferro;
Omnia jam seorsum cernes, amcisa recenti   660
Volnere, tortari, et terram conspergere tabo;
Ipsam seque retro partem petere ore priorem,
Volneris ardenti, ut morsu premat, icta dolore.
Omnibus esse igitur totas dicemus in ollis
Particulis animas? at ea ratione sequetur,   665
Unam animantem animas habuisse in corpore multas.
Ergo divisa est ea, quæ fuit una simul cum
Corpore : quapropter mortale utrumque putandum est;
In multas quoniam parteis disciditur æque.
    Præterea, si immortalis natura animai   670
Constat, et in corpus nascentibus insinuatur;
Quur super ante actam ætatem meminisse nequimus,
Nec vestigia gestarum rerum ulla tenemus?
Nam si tantopere est animi mutata potestas,
Omnis ut actarum exciderit retinentia rerum;   675
Non, ut opinor, id ab leto jam longiter errat.
Quapropter fateare necesse est, quæ fuit ante,
Interiisse ; et, quæ nunc est, nunc esse creatam.
    Præterea, si, jam perfecto corpore, nobis
Inferri solita est animi vivata potestas,   680

au milieu du sang, avec le tronc et les membres? Non; il est dans une cage : il doit y vivre seul, et de son propre fond, et pour lui-même, quoique le sentiment inonde tout le corps. Aussi, je te le répète, ne crois pas que les âmes soient exemptes de naître, que la mort les affranchisse de ses lois; ou bien, il est invraisemblable que ces étrangères, insinuées dans nos membres, y forment une liaison si étroite, si complète, si évidente. Car elles se lient tellement avec les entrailles, les veines, les nerfs, les os, que les dents elles-mêmes participent à la sensibilité : tu le vois dans leurs maladies, et quand elles tressaillent agacées par des eaux froides, ou quand elles broient avec le pain un caillou qui les blesse. Mêlées au tissu du corps, les âmes ne peuvent évidemment fuir tout entières, et se détacher sans blessures des os, des nerfs, des articulations.

Les crois-tu, par hasard, un fluide que nous versent les airs, et qui pénètre, qui inonde le corps? Raison de plus pour que toutes se répandent avec lui et succombent. Tout fluide se dissout, et par conséquent il meurt. Les voilà donc disséminées par tous les pores; et comme la nourriture s'épuise dans les articulations et les membres où elle circule, comme son essence fournit une matière nouvelle, de même les âmes, quoique tout entières quand elles envahissent le corps naissant, se brisent aussi quand elles coulent, quand mille canaux distribuent à la masse leurs particules, dont se forment ces âmes de seconde nature, nouvelles reines du corps, et filles des autres qui meurent éparpillées dans nos membres.

Ainsi, tu le vois, leur nature ne les dérobe ni au jour de la naissance, ni au jour de la mort.

En outre, laissent-elles, ou non, quelques germes dans le corps inanimé? Si des restes y demeurent, elles ne peuvent se donner pour immortelles, quand elles sont appauvries et entamées dans leur fuite. Mais si elles emportent tout, échappées sans blessures, si un cadavre ne garde pas la moindre partie de leur être, pourquoi les entrailles qui se gâtent exhalent-elles des vers? Pourquoi un essaim immense d'insectes, privés de sang et d'os, bouillonne-t-il dans les chairs gonflées?

Si tu admets que des âmes extérieures se glissent au sein de chaque vermisseau, et occupent chaque corps, sans réfléchir par quel hasard des milliers se rassemblent au lieu qui en a rejeté une seule, encore faut-il apparemment que tu examines, que tu débattes ce point : Les âmes vont-elles à la chasse des éléments du ver, pour se bâtir une demeure; ou se logent-elles dans un corps tout fait? Or, pourquoi ce travail, cette peine? Leur motif ne me frappe pas : elles qui, voltigeant loin du corps, échappent aux angoisses du mal, du froid et de la faim; car ces

Tum quom gignimur, et vitæ quom limen inimus;
Haud ita conveniebat, uti cum corpore, et una
Cum membris videatur in ipso sanguine cresse :
Sed, velut in cavea, per se sibi vivere solam
Convenit, ut sensu corpus tamen affluat omne. 685
Quare etiam atque etiam neque originis esse putandum est
Experteis animas, nec leti lege solutas :
Nam neque tantopere annecti potuisse putandum est
Corporibus nostreis, extrinsecus insinuatas;
(Quod fieri totum contra manifesta docet res : 690
Namque ita connexa est per venas, viscera, nervos,
Ossaque, uti dentes quoque sensu participentur;
Morbus ut indicat, et gelidai stringor aquai,
Et lapis oppressus subitis e frugibus asper :)
Nec, tam contextæ quom sint, exire videntur 695
Incolumes posse, et salvas exsolvere sese
Omnibus e nervis atque ossibus articulisque.
Quod si forte putas, extrinsecus insinuatam,
Permanare animam nobis per membra solere;
Tanto quoique magis, cum corpore fusa, peribit. 700
Quod permanat enim, dissolvitur : interit ergo.
Dispertita ergo per caulas corporis omneis,
Ut cibus, in membra atque artus quom ducitur omneis,
Disperit, atque aliam naturam sufficit ex se,
Sic anima atque animus, quamvis integra recens in 705
Corpus eunt, tamen in manando dissoluuntur,
Dum, quasi per caulas, omneis diduntur in artus
Particulæ, quibus hæc animi natura creatur,
Quæ nunc in nostro dominatur corpore, nata
Ex olla, quæ tunc peritat, partita per artus. 710
Quapropter, neque natali privata videtur
Esse die natura animæ, nec funeris expers.
Semina præterea linquuntur, necne, animai
Corpore in exanimo? Quod si linquuntur et insunt,
Haud erit, ut merito immortalis possit haberi; 715
Partibus amissis quoniam libata recessit.
Sin ita, sinceris membris ablata, profugit',
Et nullas parteis in corpore liquerit ex se;
Unde cadavera rancenti jam viscere vermeis
Exspirant? atque unde animantum copia tanta, 720
Exos et exsanguis, tumidos perfluctuat artus?
Quod si forte animas extrinsecus insinuari
Vermibus, et privas in corpora posse venire,
Credis; nec reputas, quur millia multa animarum
Conveniant, unde una recesserit : hoc tamen est, ut 725
Quærundum videatur, et in discrimen agundum;
Utrum tandem animæ venentur semina quæque
Vermiculorum, ipsæque sibi fabricentur, ubi sint :
An quasi corporibus perfecteis insinuentur.
At neque, quur faciant ipsæ, quareve laborent, 730
Dicere suppeditat; neque enim, sine corpore quom sunt,
Sollicitæ volitant morbis algusque fameque :
Corpus enim magis his vitiis, et fine laborat;
Et mala cuncta animus contagi fungitur ejus

fléaux, ainsi que la mort, attaquent surtout la chair, et un esprit ne les endure tous que par son contact avec elle. Pourtant, je le veux bien, il leur est avantageux de construire leur asile; mais le peuvent-elles? Je ne vois pas comment. Ainsi donc elles ne fabriquent point un corps et des membres. Ont-elles, au moins, la ressource de pénétrer dans un corps tout fait? Non; car elles ne peuvent y adhérer par une chaîne si fine que les impressions se partagent et se gagnent.

Enfin, pourquoi les emportements fougueux sont-ils perpétués avec la race cruelle du lion, et avec le renard la ruse? Pourquoi la fuite, la peur et le tressaillement sont-ils le patrimoine du cerf? Pourquoi toutes les espèces de ce genre se dessinent-elles, sitôt que la vie commence, par la forme comme par les habitudes, sinon parce que les âmes ont aussi leur germe, leur race, leur essence déterminée qui, partage les accroissements de la chair? Si elles étaient impérissables, si elles changeaient de corps, quel désordre dans les mœurs des êtres! Souvent un chien d'Hyrcanie fuirait la rencontre du cerf au bois terrible; le vautour fendrait les airs d'une aile tremblante, à l'arrivée de la colombe; et la raison, quittant les hommes, passerait aux espèces sauvages, aux bêtes.

Car un faux raisonnement abuse ceux qui veulent que les âmes, immortelles quoique changeantes, se plient à la nature des corps. Tout changement amène la dissolution, et par suite la mort qui accompagne le bouleversement, désordre des parties. Les âmes seront donc exposées à se rompre dans les membres, et le corps les enveloppera tout entières dans sa ruine.

Si on prétend que celles des hommes se fixent toujours dans le corps humain, encore faut-il me dire pourquoi de sages elles deviennent folles, pourquoi l'enfant est sans prudence, et le poulain d'une cavale inhabile aux généreux efforts du coursier robuste : sinon, parce que les âmes ont leur germe, leur race, leur essence déterminée, qui partage les accroissements du corps. Ou bien, dans un jeune corps, se font-elles jeunes et tendres? Voilà ton seul refuge; mais alors il faut reconnaître la mortalité des âmes : car, pour essuyer une telle révolution dans les membres, elles dépouillent leur existence, leur sensibilité première.

Comment leur essence pourra-t-elle, se fortifiant avec le corps, avec lui atteindre la douce fleur de l'âge, si elles ne sont pas ses compagnes de naissance? Pourquoi aussi aspirent-elles à quitter nos membres vieillis? Ont-elles peur de se voir emprisonnées dans une chair corrompue, ou que leur demeure, fatiguée par les ans, ne les écrase dans sa chute? Mais un immortel ne court aucun danger.

Ainsi, dès que Vénus joint les bêtes, et que les bêtes enfantent, les âmes sont à leur poste. O le plaisant spectacle! Ces immortelles briguent un corps qui meurt, et un innombrable nombre se hâtent, se disputent à qui aura le pas sur les autres; à moins que, par une sage convention, la première qui accourt au vol ne se glisse la première; ce qui empêche toute bataille.

Sed tamen his esto quamvis facere utile corpus, 735
Quod subeant; at, qua possint, via nulla videtur :
Haud igitur faciunt animæ sibi corpora et artus.
Nec tamen est, qui jam perfecteis insinuentur
Corporibus : neque enim poterunt subtiliter esse
Connexæ; neque consensu contagia fient. 740

Denique quur acris violentia triste leonum
Seminium sequitur, volpeis dolus; et fuga cervis
A patribus datur, et patrius pavor incitat artus?
Et jam cetera de genere hoc, quur omnia membris
Ex ineunte ævo generascunt ingenioque; 745
Si non, certa suo quia semine seminioque
Vis animi pariter crescit cum corpore quoque?
Quod si immortalis foret, et mutare soleret
Corpora, per mixtis animantes moribus essent :
Effugeret canis Hyrcano de semine sæpe 750
Cornigeri incursum fugiens cervi, tremeretque per auras
Aeris accipiter fugiens, veniente columba :
Desiperent homines, saperent fera secla ferarum.

Illud enim falsa fertur ratione, quod aiunt
Immortalem animam mutato corpore flecti; 755
Quod mutatur enim, dissolvitur : interit ergo :
Trajiciuntur enim partes, atque ordine migrant,
Quare dissolvi quoque debent posse per artus,
Denique ut intereant una cum corpore cunctæ.

Sin animas hominum dicent in corpora semper 760
Ire humana, tamen quæram, quur e sapienti
Stulta queat fieri, nec prudens sit puer ullus;
Nec tam doctus equæ pullus, quam fortis equi vis?
Si non, certa suo quia semine seminioque
Vis animi pariter crescit cum corpore quoque. 765
Scilicet in tenero tenerascere corpore mentem
Confugient; quod si jam fit, fateare necesse est
Mortalem esse animam; quoniam, mutata per artus
Tantopere, amittit vitam sensumque priorem.

Quove modo poterit, pariter cum corpore quoque 770
Confirmata, cupitum ætatis tangere florem
Vis animi, nisi erit consors in origine prima?
Quidve foras sibi volt membris exire senectis?
An metuit conclusa manere in corpore putri? 775
An, domus ætatis spatio ne fessa vetusto
Obruat? At non sunt jam immortali ulla pericla.

Denique connubia ad Veneris partusque ferarum,
Esse animas præsto, deridiculum esse videtur;
Exspectare immortaleis mortalia membra
Innumero numero, certaque præproperanter 780
Inter se, quæ prima potissimaque insinuetur :
Si non forte ita sunt animarum fœdera pacta,
Ut, quæ prima volans advenerit, insinuetur
Prima, neque inter se contendant viribus hilum.

Enfin, il ne peut y avoir un arbre dans le ciel, un nuage dans les abîmes de la mer, un poisson vivant au milieu des campagnes, du sang dans les veines du bois, ou des sucs dans la pierre; tout a un lieu distinct et fixe pour séjourner et croître. De même la nature ne peut enfanter un esprit sans corps, un esprit pur, qui existe loin du sang et des veines. Car, autrement, ces essences libres habiteraient indistinctement la tête, les épaules, le talon, et auraient coutume de naître dans un endroit quelconque, plutôt que de rester au fond du même corps, du même vase. Mais si, dans ton propre corps, il est évident et sûr que des lois invariables fixent un lieu où existent et croissent séparément ton esprit et ton âme, à plus forte raison nieras-tu que leur assemblage puisse subsister ou naître loin du corps. Avoue donc que la ruine du corps entraîne la perte des âmes, qui se déchirent avec la masse.

Joindre ce qui meurt à ce qui est immortel, leur imputer un accord et des impressions communes, est une folie. Car est-il opposition plus vive, plus tranchée, plus inconciliable, que de voir un esclave de la mort et un immortel, un être sans fin, essuyer de concert les rudes tempêtes de la vie?

D'ailleurs, pour que les êtres soient éternellement durables, il leur faut une matière solide, qui brave les coups, et ne laisse pénétrer aucun germe de dissolution entre le tissu étroit des parties, comme les atomes dont nous avons indiqué plus haut la nature. Ils peuvent avoir aussi la même durée que les âges, quand ils échappent aux atteintes, comme le vide qui demeure toujours impalpable, qui ne reçoit pas la moindre blessure du choc; ou quand ils ne sont environnés par aucun espace libre, dans lequel un corps puisse se dilater et se répandre, comme le tout universel, le tout impérissable, qui hors de soi ne trouve ni étendue pour la fuite, ni atomes dont la rencontre, dont les assauts terribles viennent le pulvériser. Or, nous avons vu que les intelligences ne sont pas un corps de nature solide, puisque le vide se mêle à tout assemblage. Elles sont encore moins un vide pur. Elles ne manquent pas de corps ennemis : du tout immense jaillissent mille tourbillons orageux qui peuvent abattre le monde des âmes, ou les exposer à mille désastres. Enfin, elles ont toujours des espaces, des gouffres inépuisables pour y dissiper leur essence, pour y essuyer des attaques mortelles. Donc, les portes de la mort ne leur sont pas fermées.

Dira-t-on, comme preuve nouvelle de leur immortalité, que les enceintes les plus reculées de la vie sont leur asile, leur rempart, et que jamais ennemi de leur salut ne pénètre jusqu'à elles, ou que du moins ses atteintes fugitives sont repoussées avant que le ravage ne se fasse sentir? Ce raisonnement est loin de la vérité : car, outre les maux du corps dont elles souffrent aussi, l'avenir y jette ses angoisses desséchantes

Denique in æthere non arbor, non æquore in alto 785
Nubes esse queunt, nec pisces vivere in arvis,
Nec cruor in lignis, neque saxeis sucus inesse :
Certum ac dispositum est, ubi quidquid crescat et insit :
Sic animi natura nequit sine corpore oriri
Sola, neque a nervis et sanguine longius esse. 790
Quod si posset enim, multo prius ipsa animi vis
In capite, aut humeris, aut imis calcibus esse
Posset, et innasci quavis in parte soleret;
Quamde in eodem homine atque in eodem vase manere.
Quod quoniam nostro quoque constat corpore certum, 795
Dispositumque videtur, ubi esse et crescere possit
Seorsum anima atque animus; tanto magis inficiandum,
Totum posse extra corpus durare genique.
Quare, corpus ubi interiit, periisse necesse est
Confiteare animam, distractam in corpore toto. 800
Quippe etenim mortale æterno jungere, et una
Consentire putare, et fungi mutua posse,
Desipere est : quid enim diversius esse putandum est,
Aut magis inter se disjunctum discrepitansque,
Quam, mortale quod est, immortali atque perenni 805
Junctum, in concilio sævas tolerare procellas?
Præterea, quæquomque manent æterna, necesse est,
Aut, quia sunt solido cum corpore, respuere ictus,
Nec penetrare pati sibi quidquam quod queat arctas
Dissociare intus parteis; ut materiai 810
Corpora sunt, quorum naturam ostendimus ante;

Aut ideo durare ætatem posse per omnem,
Plagarum quia sunt expertia, sicut inane est,
Quod manet intactum, neque ab ictu fungitur hilum :
Aut ideo quia nulla loci sit copia circum, 815
Quo quasi res possint discedere, dissoluique;
Sicuti summarum summa est æterna, neque extra
Quis locus est, quo diffugiant; neque corpora sunt, quæ
Possint incidere, et valida dissolvere plaga :
At neque, uti docui, solido cum corpore mentis 820
Natura est, quoniam admixtum est in rebus inane :
Nec tamen est ut inane; neque autem corpora desunt,
Ex infinito quæ possint forte coorta
Prorruere hanc mentis violento turbine molem,
Aut aliam quamvis cladem importare pericli : 825
Nec porro natura loci spatiumque profundi
Deficit, exspergi quo possit vis animai,
Aut alia quavis possit vi pulsa perire :
Haud igitur leti præclusa est janua menti.
Quod si forte ideo magis immortalis habenda est, 830
Quod vitalibus ab rebus munita tenetur;
Aut quia non veniunt omnino aliena salutis;
Aut quia, quæ veniunt, aliqua ratione recedunt
Pulsa prius, quam, quid noceant, sentire queamus,
[Scilicet a vera longe ratione remotum est]. 835
Præter enim quam quod morbis tum corporis ægrit,
Advenit id, quod eam de rebus sæpe futuris
Maceret, inque metu male habet, curisque fatigat;

les tourments de la peur, la fatigue des inquiétudes; et une faute passée les ronge. Ajoute ce délire qui est propre aux âmes, et leur oubli des choses. Ajoute ces léthargies, dont les sombres vagues nous engloutissent.

Qu'est-ce donc que la mort? a-t-elle rien qui touche les hommes, quand ils savent leur âme de nature périssable? Jadis, avant de naître, nous ne sentions aucune blessure de voir les Carthaginois inonder et battre nos murailles, alors que tous les êtres, au retentissement des armes qui bouleversaient le monde, frissonnèrent épouvantés sous la haute voûte des cieux, et furent incertains du peuple chez qui allait tomber le souverain empire des hommes sur la terre et sur l'onde! La même paix accompagne le néant, après le divorce du corps et de l'âme, qui forment le tout harmonieux de la vie. Non, il ne saurait y avoir pour nous, qui aurons cessé d'être, ni événement, ni impression sensible : non, la terre dût-elle se mêler à la mer, et la mer au ciel!

Admettons que les esprits, les âmes demeurent sensibles, bien que leur essence vive soit arrachée du corps : que nous en revient-il, à nous qui ne faisons une masse vivante que par l'ajustement et l'alliance du corps et de l'âme? Le temps peut ramasser nos atomes que la mort éparpille, rétablir leur assemblage, leur ordre primitif, et nous rendre la douce lumière de la vie, sans que ce bienfait nous atteigne : la chaîne de nos souvenirs une fois rompue, nous ne ressentons ni intérêt pour notre vieil être, ni inquiétude pour ceux que les âges tireront encore de nos ruines. Car lorsque tu envisages le temps immense qui comble les abîmes du passé, et ensuite les agitations si variées de la matière, tu dois te figurer sans peine que les germes ont eu mille fois les mêmes arrangements que de nos jours : et pourtant la mémoire ne peut rattacher le fil de ces existences, qui sont entrecoupées de mille courses aventureuses et étrangères au mouvement vital.

Un homme réservé à un sort amer et misérable doit conserver la vie, pour que le malheur ait prise sur elle. Si donc il y échappe par la mort, et si cet homme, sujet aux infortunes, ne peut redevenir un assemblage tel que nous le sommes, à cause de son existence passée, tu vois que la mort nous affranchit de toute crainte. Le mal atteint-il ceux qui ne sont pas? Est-on autrement que si on ne fût jamais né, quand on échange sa vie mourante pour une mort immortelle?

Aussi, lorsque tu entends un homme se plaindre de ce que son propre corps, une fois éteint, soit abandonné aux vers, englouti par la flamme, dévoré par les bêtes, sache-le bien, ces plaintes sont un faux écho de son âme, que des inquiétudes secrètes aiguillonnent. Il a beau se défendre de croire que la mort épargne les sens. Oui, je doute que son cœur tienne la promesse de ses lèvres, et se retranche, se déracine tout entier de la vie, sans y oublier encore quelques restes de lui-même. Car quiconque se représente le jour où les oiseaux et les bêtes le déchireront, au sein de

Præteritisque male admissis peccata remordent.
Adde furorem animi proprium, atque oblivia rerum; 840
Adde, quod in nigras lethargi mergitur undas.
Nil igitur mors est, ad nos neque pertinet hilum,
Quandoquidem natura animi mortalis habetur.
Et velut anteacto nil tempore sensimus ægri,
Ad confligundum venientibus undique Pœnis; 845
Omnia quom, belli trepido concussa tumultu,
Horrida contremuere sub altis ætheris auris;
In dubioque fuere, utrorum ad regna cadundum
Omnibus humaneis esset terraque marique :
Sic, ubi non erimus, quom corporis atque animaï 850
Discidium fuerit, quibus e sumus uniter apti;
Scilicet haud nobis quidquam, quei non erimus tum,
Accidere omnino poterit, sensumque movere :
Non, si terra mari miscebitur, et mare cœlo.
Et si jam nostro sentit de corpore, postquam 855
Distracta est animi natura animæque potestas;
Nil tamen est ad nos, quei comtu conjugioque
Corporis atque animæ consistimus uniter aptei.
Nec, si materiam nostram collegerit ætas
Post obitum, rursumque redegerit, ut sita nunc est, 860
Atque iterum nobis fuerint data lumina vitæ;
Pertineat quidquam tamen ad nos id quoque factum,
Interrupta semel quom sit repetentia nostreis;
Et nunc nil ad nos de nobis attinet, ante

Quei fuimus : nec jam de ollis nos afficit angor, 865
Quos de materia nostra nova proferet ætas.
Nam quom respicias immensi temporis omne
Præteritum spatium; tum motus materiaï
Multimodei quam sint; facile hoc accredere possis,
Semina sæpe in eodem, ut nunc sunt, ordine posta : 870
Nec memori tamen id quimus reprehendere mente;
Inter enim jecta est vitaï pausa, vageque
Deerrarunt passim motus ab sensibus omnes.
Debet enim, misere est quoi forte ægreque futurum,
Ipse quoque esse in eo tum tempore, quoi male possit 875
Accidere : id quoniam mors eximit, esseque prohibet
Ollum, quoi possint incommoda conciliari,
Hæc eadem, quibus e nunc nos sumus, ante fuisse;
Scire licet nobis nihil esse in morte timendum :
Nec miserum fieri, qui non est, posse; neque hilum 880
Differre, a nullo fuerit jam tempore natus;
Mortalem vitam mors quom immortalis ademit.
Proinde, ubi se videas hominem indignarier ipsum,
Post mortem fore, ut aut putescat corpore posto,
Aut flammis interfiat, malisve ferarum; 885
Scire licet, non sincerum sonere, atque subesse
Cæcum aliquem cordi stimulum; quamvis neget ipse
Credere se quemquam sibi sensum in morte futurum.
Non, ut opinor, enim dat, quod promittit et unde,
Nec radicitus e vita se tollit et eicit; 890

la mort, a pitié de soi : incapable de partager son être, et d'abandonner sa triste dépouille, il s'imagine que c'est lui ; il s'y attache, et l'empoisonne d'une sensibilité pénible. De là son indignation à l'idée qu'il est une créature mortelle ; il ne voit pas que, dans sa vraie mort, il ne peut y avoir un autre lui-même qui assiste vivant à sa perte, debout à sa chute, pleurant son corps que la dent ou le feu ravage. Car si, une fois mort, il souffre dans la gueule des bêtes qui mordent et arrachent sa chair, je ne trouve pas qu'il y ait une souffrance moins aiguë à brûler sur un lit ardent de flammes, à étouffer enseveli dans le miel, à roidir glacé par la froide surface de sa couche de marbre, ou à être broyé sous nos pas, qui foulent et appesantissent la terre.

« Pour lui, désormais, ni joyeux accueil dans sa famille, ni épouse si bonne, ni enfants si doux qui accourent à ses baisers, se les ravissent, et pénètrent son âme d'une volupté muette ; il ne soutiendra plus, ni sa gloire déjà florissante, ni ses proches : triste victime d'un triste sort, un seul jour, un jour odieux lui enlève toutes ces récompenses de la vie. » Voilà ce que disent les hommes. Ils n'ajoutent pas : « Ces biens ne laissent aucun regret qui assiége sa tombe. » Si cette vérité entre dans nos intelligences, éclate dans nos paroles, elle dissipera de vives angoisses et mille terreurs des âmes. Mais non : tu vas dormir pendant le reste des âges, comme tu dors sur un lit, exempt de toutes les agitations mala-

dives ; et nous, devant cet horrible bûcher qui a fait de toi un peu de cendre, nous sommes insatiables de lamentations, et aucun jour ne vient arracher de nos poitrines ce deuil éternel ! Or, je le demande, si tout se réduit à un assoupissement, à un simple repos, est-ce donc une perte si amère qu'il faille éternellement sécher dans les larmes?

Voilà ce que font les hommes jusque sur la couche du festin ; tenant des coupes, et le front ombragé par une couronne de fleurs, ils s'écrient du fond de l'âme : « Quelles courtes jouissances pour les chétifs humains ! Elles fuient déjà, et on ne peut les rappeler ensuite. » — Comme si, à leurs yeux, le premier fléau de la mort était une soif aride qui brûle, qui dévore leurs misérables restes, ou que tout autre besoin y survécût. Non, ils ne cherchent point à recouvrer leur vie, leur être, quand les esprits et les corps dorment du même sommeil. Peu leur importe que ce soit un éternel assoupissement : ils ne sont jamais atteints de regrets pour eux-mêmes. Encore nos membres reposent-ils sans que les atomes soient égarés bien loin du mouvement vital ; car, à peine tiré du sommeil, un homme reprend possession de soi. Il faut en conclure que la mort est moins encore pour nous, si elle peut être moins que rien. En effet, les désordres de la matière qui accompagnent notre fin sont plus graves ; et aucun ne se réveille, ne se lève, dans ces froides interruptions de la vie.

Enfin, suppose que la Nature tout à coup parle,

Sed facit esse sui quiddam super inscius ipse.
Unus enim sibi quom proponit quisque, futurum
Corpus uti volucres lacerent in morte feræque,
Ipse sui miseret : neque enim se dividit hilum,
Nec removet satis a projecto corpore ; et illud   895
Se fingit, sensuque suo contaminat adstans.
Hinc indignatur se mortalem esse creatum ;
Nec videt in vera nullum fore morte alium se,
Qui possit vivus sibi se lugere peremptum,
Stansque jacentem se lacerari urive, dolere.   900
Nam si in morte malum est malis morsuque ferarum
Tractari, non invenio, qui non sit acerbum,
Ignibus impositum, calidis torrescere flammis ;
Aut in melle situm suffocari, atque rigere
Frigore, quom summo gelidi cubal æquore saxi ;   905
Urgerive, superne obtritum, pondere terræ.

« Nam jam non domus accipiet te læta, neque uxor
Optuma, nec dulces occurrent oscula natei
Præripere, et tacita pectus dulcedine tangent.
Non poteris facteis florentibus esse, tueisque   910
Præsidium : misero misere, aiunt, omnia ademit
Una dies infesta tibi tot præmia vitæ. »
Illud in his rebus non addunt : « Nec tibi earum
Jam desiderium rerum insidet insuper una. »
Quod bene si videant animo, dictisque sequantur,   915
Dissolvant animi magno se angore metuque.
Tu quidem, ut es, lecto sopitus, sic eris, ævi

Quod superest, cunctis privatu' doloribus ægris :
At nos horrifico cinefactum de prope busto
Insatiabiliter deflebimus ; æternumque   920
Nulla dies nobis mœrorem e pectore demet.
Illud ab hoc igitur quærundum est, quid sit amari
Tantopere, ad somnum si res redit atque quietem,
Quur quisquam æterno possit tabescere luctu ?
Hoc etiam faciunt, ubi discubuere, tenentque   925
Pocula sæpe homines, et inumbrant ora coronis ;
Ex animo ut dicant, « Brevis hic est fructus homullis ;
Jam fuerit ; neque post unquam revocare licebit ! »
Tamquam in morte mali cum primis hoc sit eorum,
Quod sitis exurat miseros atque arida torreat,   930
Aut aliæ quojus desiderium insidet rei.
Nec sibi enim quisquam tum se vitamque requiret,
Quom pariter mens et corpus, sopita, quiescunt ;
Nam licet æternum per nos sic esse soporem,
Nec desiderium nostri nos attigit ullum :   935
Et tamen haud quaquam nostros tunc illa per artus
Longe ab sensiferis primordia motibus errant,
Quom correptus homo ex somno se colligit ipse.
Multo igitur mortem minus ad nos esse putandum est :
Si minus esse potest, quam quod nihil esse videmus.   940
Major enim turbæ disjectus materiai
Consequitur leto ; nec quisquam expergitus exstat,
Frigida quem semel est vitai pausa secuta.

Denique, si vocem rerum Natura repente

et gourmande ainsi un des nôtres : « Mortel, qu'as-tu donc de si triste pour t'abandonner à une douleur si amère? pourquoi accueilles-tu la mort avec des gémissements et des larmes? Si tu as passé jusque-là une douce existence, si tous les avantages ne furent point accumulés dans un vase sans fond, qui les a répandus et dissipés sans charme, que tardes-tu? Convive rassasié de la vie, va-t'en, et résigne-toi, pauvre fou, à dormir en paix. Si, au contraire, toutes les jouissances se perdent écoulées de ton âme, si l'existence ne t'offre qu'aspérités, pourquoi veux-tu entasser encore de misérables jours, encore sans fruit, et que tu consumeras sans joie? Ne vaut-il pas mieux achever ta vie, pour achever tes peines? Car enfin, je suis au bout de mes œuvres, et ne puis rien inventer qui te plaise : tout demeure toujours le même. La vieillesse ne flétrit pas ton corps, tes membres ne succombent point à la fatigue des ans : Eh bien ! tu ne verras jamais que les mêmes choses, ton existence dût-elle triompher de mille siècles, ou plutôt échapper à la mort. » Que répondre, sinon que la nature nous fait une juste querelle, et plaide la cause de la vérité?

Et si le trépas arrache des lamentations trop vives à un être misérable, n'est-il pas encore plus juste qu'elle l'attaque, et lui crie d'une voix irritée : « Insatiable gouffre, débarrasse-nous de tes larmes, étouffe tes plaintes ! » — Et à cet homme si âgé, à ce vieillard qui ose se plaindre : « Tu as épuisé toutes les joies, et tu sèches de désirs ! à qui la faute? sans cesse tu aspires à ce qui te manque, tu dédaignes ce que tu as : ton existence coule donc sans être ni complète ni douce, et la mort imprévue se dresse à ton chevet, avant que tu ne sois prêt à partir, assouvi et plein de toutes choses. Lâche pourtant ces biens, qui ne sont plus de ton âge; cède-les à ceux qui ont grandi : allons, fais de bonne grâce ce qui est nécessaire. » — Oui, elle dit vrai : ses reproches, ses attaques sont justes. Oui, la vieillesse recule toujours, chassée par la fleur renaissante des êtres; et il faut que tous se renouvellent les uns des autres. Aucun ne tombe dans l'abîme, dans le sombre Tartare. Ces matières sont indispensables à la croissance des races futures, qui elles-mêmes ne feront que traverser la vie pour te suivre. Ce qui fut avant toi a donc succombé, ou succombera de même. La chaîne des existences se prolonge sans interruption : nul ne devient possesseur de la vie, tous en font usage.

Regarde même le passé. A-t-il rien qui nous intéresse, ce temps infini, antérieur à notre naissance? La nature nous le présente comme le miroir des âges, qui viendront après notre mort. De terribles images nous apparaissent-elles? Y voit-on quelque chose de triste? Le plus doux sommeil est-il aussi calme?

Bien plus, ces tourments que les âmes, dit-on, essuient au fond des enfers, ce sont tous les fléaux de notre vie. Crois-tu à la fable de ce vaste rocher dont la menace épouvante, au milieu des airs, le malheureux Tantale, glacé par de fausses alarmes? Dis plutôt que la vaine crainte des

Mittat, et hoc aliquoi nostrum sic increpet ipsa : 945
Quid tibi tantopere est, mortalis, quod nimis ægreis
Luctibus indulges? Quid mortem congemis, ac fles?
Nam, si grata fuit tibi vita anteacta priorque,
Et non omnia, pertusum congesta quasi in vas,
Commoda perfluxere, atque ingrata interiere; 950
Quur non, ut plenus vitæ conviva, recedis,
Æquo animoque capis securam, stulte, quietem?
Sin ea, quæ fructus quomque es, periere profusa,
Vitaque in offenso est; quur amplius addere quæris,
Rursum quod pereat, mali, et ingratum occidat omne? 955
Non potius vitæ finem jacis atque laboris?
Nam tibi præterea, quod machiner inveniamque,
Quod placeat, nihil est : eadem sunt omnia semper.
Si tibi non annis corpus jam marcet, et artus
Confectei languent; eadem tamen omnia restant, 960
Omnia si pergas vivendo vincere secla;
Atque etiam potius, si nunquam sis moriturus : »
Quid respondemus, nisi justam intendere litem
Naturam, et veram verbis exponere causam?
At qui obitum lamentetur miser amplius æquo, 965
Non merito inclamet magis, et voce increpet acri?
« Aufer abhinc lacrumas, Barathre, et compesce querelas. »
Grandior hic vero si jam, seniorque queratur;
« Omnia perfunctus vitaï præmia, marces;

Sed, quia semper aves, quod abest, præsentia temnis, 970
Imperfecta tibi elapsa est ingrataque vita;
Et nec opinanti mors ad caput adstitit ante,
Quam satur ac plenus possis discedere rerum.
Nunc aliena tua tamen ætate omnia mitte,
Æquo animoque, agedum, magnis concede; necesse est :»
Jure, ut opinor, agat; jure increpet, inciletque. 976
Cedit enim, rerum novitate extrusa, vetustas
Semper, et ex aliis aliud reparare necesse est :
Nec quisquam in barathrum, nec Tartara deditur atra.
Materies opus est, ut crescant postera secla : 980
Quæ tamen omnia te, vita perfuncta, sequentur.
Nec minus ergo ante hæc, quam tu, cecidere cadentque.
Sic alid ex alio nunquam desistet oriri :
Vitaque mancipio nulli datur, omnibus usu.
Respice item, quam nil ad nos anteacta vetustas 985
Temporis æterni fuerit, quam nascimur ante.
Hoc igitur speculum nobis Natura futuri
Temporis exponit post mortem denique nostram.
Num quid ibi horribile apparet? Num triste videtur
Quidquam? Non omni somno securius exstat? 990
Atqui animarum etiam, quæquomque Acherunte profundo
Prodita sunt esse, in vita sunt omnia nobis :
Nec miser impendens magnum timet aere saxum
Tantalus, ut fama est, cassa formidine torpens;

dieux assiége les vivants, et que les mortels redoutent ce que le hasard peut faire tomber sur eux.

Crois-tu que les oiseaux pénètrent dans Titye, étendu au bord de l'Achéron? Non, certes; il est impossible que, durant tous les âges, ils trouvent à fouiller sous sa vaste poitrine, quel que soit le prolongement de ce corps immense. Dût-il, en y jetant ses membres, occuper non-seulement neuf arpents, mais encore toute la surface du globe, il ne suffira point à essuyer une douleur éternelle, et à fournir de sa propre chair une éternelle pâture. Non, le vrai Titye, pour nous, est un homme tombé dans l'amour, et que ses mille vautours déchirent, que rongent les inquiétudes, les angoisses, ou que tout autre souci honteux met en pièces.

Nos yeux rencontrent encore Sisyphe dans la vie. Le voilà qui s'obstine à demander au peuple les faisceaux, les haches cruelles, et qui revient toujours vaincu et triste. Briguer le pouvoir, qui est une chose vaine, sans jamais l'atteindre; endurer pour lui mille peines si rudes, n'est-ce pas rouler sur une montagne, avec effort et contre sa pente, un rocher qui, déjà au faîte, retombe précipitamment, et gagne la rase campagne?

Ensuite repaître continuellement la faim des âmes, et ne jamais emplir ou rassasier leur ingrate nature; comme les saisons qui, ramenées par le cercle des ans, nous apportent mille productions, mille charmes, sans nous assouvir avec toutes ces moissons de la vie : voilà, je pense, ce que les hommes racontent de ces vierges, à la fleur de l'âge, qui entassent une eau fugitive dans un vase percé, incapable de se remplir. Quant à Cerbère, et aux Furies, et à la nuit éternelle, et au Tartare, dont les gorges vomissent un horrible bouillonnement de flammes, ils n'existent nulle part, ils ne peuvent exister : mais il y a, dans cette vie, de grands supplices qui épouvantent les grands crimes, ou les expient du moins, comme la prison, le terrible saut du rocher, les verges, les bourreaux, le chevalet, la poix, les lames, les torches. Et, à défaut de ces peines, les terreurs anticipées de la conscience nous aiguillonnent, nous dévorent sous des lanières brûlantes; et comme les âmes ne voient pas quel doit être le terme des misères, la fin des châtiments, elles tremblent encore plus que la mort ne les aggrave. Voilà comment les insensés se font un enfer de la vie.

Tu peux aussi te répéter souvent : « Ancus lui-même, le bon Ancus, a fermé les yeux à la lumière. » Et pourtant il valait bien mieux que toi, misérable! Comme lui, tous les rois et les puissants du monde ont succombé, eux qui avaient de grandes nations sous leur commandement.

Celui-là même qui se fraya autrefois une route dans la mer immense, qui fit marcher ses légions sur un abîme, qui leur apprit à franchir à pied les gouffres amers, et qui brava sous les bonds insultants de ses chevaux le vain murmure des ondes, a perdu le jour, et son corps expirant a répandu son âme.

Sed magis in vita Divom metus urguet inanis 995
Mortaleis; casumque timent, quem quoique ferat fors.
   Nec Tityon volucres ineunt, Acheronte jacentem;
Nec, quid sub magno scrutentur pectore, quidquam
Perpetuam ætatem possunt reperire profecto,
Quamlibet immani projectu corporis exstet : 1000
Qui non sola novem dispersis jugera membris
Obtineat, sed qui terrai totius orbem,
Non tamen æternum poterit perferre dolorem,
Nec præbere cibum proprio de corpore semper.
Sed Tityos nobis hic est, in amore jacentem 1005
Quem volucres lacerant, atque exest anxius angor;
Aut alia quavis scindunt turpedine curæ.
   Sisyphus in vita quoque nobis ante oculos est,
Qui petere a populo fasceis sævasque secureis
Imbibit; et semper victus tristisque recedit. 1010
Nam petere imperium, quod inane est, nec datur unquam,
Atque in eo semper durum sufferre laborem;
Hoc est adverso nixantem trudere monte
Saxum; quod tamen a summo jam vortice rursum
Volvitur, et plani raptim petit æquora campi. 1015
   Deinde animi ingratam naturam pascere semper,
Atque explere bonis rebus satiareque nunquam;
Quod faciunt nobis annorum tempora, circum
Quom redeunt, fetusque ferunt variosque lepores;
Nec tamen explemur vitai fructibus unquam : 1020

Hoc, ut opinor, id est, ævo florente puellas
Quod memorant laticem pertusum congerere in vas;
Quod tamen expleri nulla ratione potestur.
   Cerberus et Furiæ jam vero, et lucis egestas,
Tartarus, horriferos eructans faucibus æstus; 1025
Quei neque sunt usquam, nec possunt esse profecto :
Sed metus in vita pœnarum pro male factis
Est insignibus insignis; scelerisque luela
Carcer, et horribilis de saxo jactus eorum,
Verbera, carnufices, robur, pix, lamina, tædæ : 1030
Quæ tamen etsi absunt, at mens sibi conscia factis,
Præmetuens, adhibet stimulos, torretque flagellis :
Nec videt interea, qui terminus esse malorum
Possit, quive siet pœnarum denique finis :
Atque eadem metuit magis, hæc ne in morte gravescant.
Hinc Acherusia fit stultorum denique vita. 1036
   Hoc etiam tibi tute interdum dicere possis :
« Lumina sis oculis etiam bonus Ancu' reliquit; »
Qui melior multis, quam tu, fuit, improbe, rebus.
Inde alii multei reges rerumque potentes 1040
Occiderunt, magnis quei gentibus imperitarunt.
   Ille quoque ipse, viam qui quondam per mare magnum
Stravit, iterque dedit legionibus ire per altum,
Ac pedibus salsas docuit superare lacunas,
Et contempsit equis insultans murmura ponti; 1045
Lumine ademto, animam moribundo corpore fudit.

Scipion, ce foudre de guerre, la terreur de Carthage, a rendu ses ossements à la terre, comme le dernier des esclaves.

Ajoute ceux qui inventèrent les sciences et tous les charmes de la vie; ajoute les compagnons des Muses : Homère, qui règne sur eux sans partage, ne dort-il pas du même sommeil que les autres?

Enfin Démocrite, quand sa vieillesse, déjà mûre pour la tombe, l'avertit des langueurs de son âme qui s'oubliait elle-même, alla au-devant de la mort, et lui offrit volontairement sa tête.

Épicure lui-même s'éteint, au couchant de la vie : Épicure, dont le génie plana au-dessus des hommes, et éclipsa tous les astres, comme le soleil levant, ce roi des airs!

Et tu hésites, et tu meurs avec indignation, toi qui as déjà une vie morte, ne vivant que pour te voir mourir, toi qui uses dans le sommeil la plupart de tes heures; qui dors éveillé, la vue toujours pleine de songes; qui portes au fond du cœur le trouble des vaines alarmes, et qui souvent ne peux démêler ton propre mal, quoique tourmenté par un affreux vertige de soucis, et de flottantes irrésolutions qui étourdissent, qui égarent ton âme!

Si les hommes, quand ils se montrent sensibles au poids qui charge leur esprit et le fatigue, savaient aussi pénétrer la cause de cet accablement, et pourquoi un tel amas de misères écrase leurs poitrines, ils ne vivraient pas comme font la plupart sous nos yeux! Que veulent-ils? Aucun ne le sait, ils le cherchent toujours; ils se remuent : espèrent-ils donc secouer ce fardeau?

Souvent un homme, fatigué du logis, abandonne sa vaste demeure pour y rentrer aussitôt; car il ne trouve rien de mieux au dehors. Puis il lance ses chevaux et court précipitamment à sa terre, comme pour voler au secours de son toit qui brûle. Mais à peine touche-t-il le seuil, que déjà il bâille; ou bien il tombe dans le sommeil, sous le poids des ennuis, et cherchant à oublier; ou même il reprend sa course, et va revoir la ville.

Tous se fuient de la sorte. Leur arrive-t-il de ne pouvoir échapper? captifs malgré eux, ils se détestent, parce que ce sont des malades qui ne saisissent pas la cause de leur mal. Si on y voyait clair, on quitterait toutes choses pour s'appliquer d'abord à connaître la nature; car c'est une éternité, et non pas une heure, qui nous embarrasse : c'est l'état où demeureront les hommes pendant le reste des âges qui suivent la mort.

Enfin pourquoi, dans les incertitudes du péril, un ardent et fol amour de la vie nous cause-t-il tant d'alarmes? Il faut, mortel, il faut que ton existence finisse : tu ne peux éviter le seuil de la mort.

Au reste, comme nous séjournons éternellement parmi les mêmes choses, tu as beau vivre, tu ne te forges pas de nouveaux plaisirs. Non; mais tant que les objets de nos désirs sont encore loin de nous, ils nous semblent bien au-dessus du reste : puis, nous les tenons à peine que nous aspirons à un autre bien; et nous sommes toujours haletants de la soif de vivre, quoique tou-

---

Scipiades, belli fulmen, Carthaginis horror,
Ossa dedit terræ, proinde ac famul infimus esset.
    Adde repertores doctrinarum atque leporum :
Adde Heliconiadum comites; quorum unus Homerus,   1050
Sceptra potitus, eadem aliis sopitu' quiete est.
    Denique, Democritum postquam matura vetustas
Admonuit memores motus languescere mentis,
Sponte sua leto caput obvius obtulit ipse.
    Ipse Epicurus obit, decurso lumine vitæ;   1055
Qui genus humanum ingenio superavit, et omneis
Restinxit stellas exortus uti aerius sol.
    Tu vero dubitabis et indignabere obire,
Mortua quoi vita est prope jam vivo atque videnti?
Qui somno partem majorem conteris ævi;   1060
Et vigilans stertis, nec somnia cernere cessas,
Sollicitamque geris cassa formidine mentem;
Nec reperire potes, quid sit tibi sæpe mali, quom
Ebrius urgueris multis miser undique curis,
Atque, animo incerto fluitans, errore vagaris?   1065
    Si possent homines, proinde ac sentire videntur
Pondus inesse animo, quod se gravitate fatiget;
E quibus id fiat causis quoque noscere, et unde
Tanta mali tamquam moles in pectore constet;
Haud ita vitam agerent, ut nunc plerumque videmus :   1070
Quid sibi quisque velit, nescire, et quærere semper;
Commutare locum, quasi onus deponere possit.
    Exit sæpe foras magnis ex ædibus ille,
Esse domi quem pertæsum est, subitoque reventat;
Quippe foris nihilo melius qui sentiat esse.   1075
Currit, agens mannos, ad villam præcipitanter,
Auxilium tecteis quasi ferre ardentibus instans :
Oscitat extemplo, tetigit quom limina villæ;
Aut abit in somnum gravis, atque oblivia quærit :
Aut etiam properans urbem petit atque revisit.   1080
    Hoc se quisque modo fugit : at, quem scilicet, ut fit,
Effugere haud potis est, ingratiis hæret, et odit;
Propterea, morbi quia causam non tenet æger :
Quam bene si videat, jam rebus quisque relictis
Naturam primum studeat cognoscere rerum;   1085
Temporis æterni quoniam, non unius horæ,
Ambigitur status, in quo sit mortalibus omnis
Ætas post mortem, quæ restat quomque, manendo.
    Denique tantopere in dubiis trepidare periclis
Quæ mala nos subigit vitaï tanta cupido?   1090
Certe equidem finis vitæ mortalibus adstat,
Nec devitari letum pote, quin obeamus.
    Præterea vorsamur ibidem atque insumus usque;
Nec nova vivendo procuditur ulla voluptas :
Sed, dum abest, quod avemus, id exsuperare videtur   1095
Cetera; post aliud, quom contigit illud, avemus;

jours incertains du sort que nous amènent les jours à venir, et des hasards qui accourent avec eux, et de la fin qui nous menace.

D'ailleurs, en prolongeant ta vie, tu n'ôtes rien à la durée de ta mort, et tu ne peux entamer ce néant, ou parvenir à être moins longtemps sa proie. Vis donc, et que devant toi mille siècles se couchent : cette mort n'en demeurera pas moins éternelle; et il y aura un aussi long assoupissement pour l'homme qui a éteint sa vie avec le soleil d'hier, que pour cet autre qui a disparu il y a des mois, il y a des années.

LIVRE IV.

Je parcours les sentiers des Muses qui ne sont point encore battus, et que nul pied ne foule. J'aime à m'approcher des sources vierges, et à y boire; j'aime à cueillir des fleurs nouvelles, et à me tresser une couronne brillante là où jamais une Muse ne couronna le front humain : d'abord, parce que mes enseignements touchent à de grandes choses, et que je vais affranchissant les cœurs du joug étroit de la superstition; ensuite, parce que je fais étinceler un vers lumineux sur un sujet obscur, et que je revêts tout des grâces poétiques. Ce n'est pas sans raison. Les médecins, pour engager les enfants à boire la repoussante absinthe, commencent par enduire les bords du vase d'un miel pur et doré, afin que leur âge imprévoyant se laisse prendre à cette illusion des lèvres, et qu'ils avalent ce noir breuvage, joués plutôt que victimes du mensonge; car ils recouvrent ainsi la vigueur et la santé. De même, comme nos leçons paraissent amères à ceux qui ne les ont point encore savourées, et rebutent la foule, j'ai voulu, empruntant la voix harmonieuse des Muses, les dorer en quelque sorte du miel de la poésie : j'essaye de retenir ton âme suspendue à nos vers, jusqu'à ce que toute la Nature lui apparaisse, et qu'elle sente l'importance de nos études.

Tu sais déjà ce que sont les éléments de toutes choses, et sous combien de formes diverses ils tourbillonnent d'eux-mêmes, en proie à une agitation éternelle; tu as vu la nature des âmes, et à quoi tient leur énergie quand elles sont ajustées aux corps, et quels déchirements les font retomber en atomes : maintenant abordons ce qui a essentiellement trait à ces matières. Il existe des objets que nous appelons images. Espèces de membranes enlevées à la surface des corps, elles voltigent çà et là dans les airs, elles assiégent nos veilles, elles épouvantent nos cœurs même durant la nuit, alors que nous apercevons des spectres étranges, et les fantômes de ceux qui ont perdu le jour : horribles visions, qui nous arrachent souvent aux langueurs du sommeil. Ainsi ne va pas croire que ce soient là des âmes échappées du Styx, des ombres qui

Et sitis æqua tenet vitai semper hianteis :
Posteraque, in dubio est, fortunam quam vehat ætas;
Quidve ferat nobis casus, quive exitus instet.
    Nec prorsum, vitam ducundo, demimus hilum   1100
Tempore de mortis; nec delibrare valemus,
Quo minus esse diu possimus morte peremtei.
Proinde, licet quot vis vivendo condere secla,
Mors æterna tamen nihilominus illa manebit :
Nec minus ille diu jam non erit, ex hodierno   1105
Lumine qui finem vitai fecit, et ille,
Mensibus atque annis qui multis occidit ante.

LIBER IV.

Avia Pieridum peragro loca, nullius ante
Trita solo : juvat integros accedere fonteis,
Atque haurire; juvatque novos decerpere flores,
Insignemque meo capiti petere inde coronam,
Unde prius nulli velarint tempora Musæ.   5
Primum, quod magnis doceo de rebus, et arctis
Religionum animos nodis exsolvere pergo :
Deinde, quod obscura de re tam lucida pando
Carmina, Musæo contingens cuncta lepore :
Id quoque enim non ab nulla ratione videtur;   10
Nam veluti pueris absinthia tetra medentes
Quom dare conantur, prius oras, pocula circum,
Contingunt mellis dulci flavoque liquore,
Ut puerorum ætas improvida ludificetur
Labrorum tenus; interea perpotet amarum   15
Absinthi laticem, deceptaque non capiatur;
Sed potius, tali a tactu recreata, valescat :
Sic ego nunc, quoniam hæc ratio plerumque videtur
Tristior esse, quibus non est tractata, retroque
Volgus abhorret ab hac; volui tibi suaviloquenti   20
Carmine Pierio rationem exponere nostram,
Et quasi Musæo dulci contingere melle;
Si tibi forte animum tali ratione tenere
Versibus in nostris possem, dum percipis omnem
Naturam rerum, ac persentis utilitatem.   25
    Sed quoniam docui, cunctarum exordia rerum
Qualia sint, et quam variis distantia formis
Sponte sua volitent, æterno percita motu;
Quoque modo possint res ex his quæque creari;
Atque animi quoniam docui natura quid esset,   30
Et quibus e rebus cum corpore comta vigeret,
Quove modo distracta rediret in ordia prima :
Nunc agere incipiam tibi, quod vehementer ad has res
Attinet, esse ea, quæ rerum simulacra vocamus;
Quæ, quasi membranæ summo de corpore rerum   35
Dereptæ, volitant ultro citroque per auras;
Atque eadem, nobis vigilantibus obvia, menteis
Terrificant, atque in somnis, quom sæpe figuras
Contuimur miras, simulacraque luce carentum;
Quæ nos horrifice, languenteis sæpe sopore,   40
Excierunt : ne forte animas Acheronte reamur

errent parmi les vivants; ou que la mort laisse subsister une partie de nous-mêmes, une fois que la double nature des esprits et des corps meurt éparpillée en ses propres atomes.

Je répète donc que les assemblages exhalent à leur cime des apparences, des figures déliées, qui en sont comme les membranes, et on peut dire les écorces; car elles ont un aspect et une forme semblables au corps qui a répandu ces flottantes images.

Elles ne se dérobent point aux intelligences les plus épaisses, surtout puisque le monde des sens nous offre mille corps qui émanent : les uns jaillissant épars des assemblages en ruines, comme la fumée que jette le bois, ou la vapeur du feu; les autres, tissu fin et serré, comme ces rondes tuniques de peau que les cigales ôtent un jour d'été, et ces molles enveloppes qui se détachent à fleur de corps du veau naissant, et la robe que la couleuvre laisse sur les épines où elle glisse : car tu vois souvent les buissons enrichis de ces dépouilles que le vent agite. Si le fait a lieu, toute surface doit envoyer aussi de subtiles images. Ces lourds débris tombent-ils des êtres, plutôt que de fines émanations? Pourquoi? Tu demeures bouche close. Surtout puisque la cime des assemblages, pleine de corps imperceptibles, peut les rejeter sans détruire leur ordre, leur forme, leurs traits, et beaucoup plus vite; car leur petit nombre diminue les obstacles, et ils sont rangés en tête.

Oui, certes, nous voyons bien des êtres qui soulèvent et chassent leur matière, non-seulement du fond de leurs entrailles, mais encore des superficies telles que la couleur. Ainsi font habituellement ces voiles jaunes, bruns et rouges, qui, étendus sur les mâts et les poutres dans nos vastes amphithéâtres, y font bouillonner la vague de leurs plis tremblants. Toute l'assemblée du cirque qu'ils dominent, et tout ce qui en est la parure, les grands, les dames, les immortels, se colorent, et semblent ondoyer d'un éclat mobile. Mieux on ferme les abords, les barrières, et mieux on intercepte les feux du jour, plus on augmente le charme riant des teintes qui baignent la salle.

Or, puisque ce fard émane de la surface des toiles, il faut que tous les corps lancent aussi de frêles images : car elles sont aussi dardées par la surface.

Voici déjà quelques traces certaines de ces formes partout répandues, minces contours qui demeurent séparément invisibles.

En outre, le parfum, la fumée, la vapeur, et toutes les essences analogues, jaillissent éparses des assemblages, parce que, soulevées du fond, elles arrivent au jour par des voies tortueuses qui les brisent, et que les embouchures par où elles tâchent de sortir, une fois chassées, ne sont pas droites. Mais la couleur, écorce fine que jettent les surfaces, ne trouve rien qui la puisse déchirer, étant à nu, et comme sur le front des êtres.

Enfin, ces images que les miroirs, les ondes

```
Effugere, aut umbras inter vivos volitare;
Neve aliquid nostri post mortem posse relinqui,
Quom corpus simul atque animi natura, peremta,
In sua discessum dederint primordia quæque.          45
    Dico igitur, rerum effigias tenuesque figuras
Mittier ab rebus, summo de corpore, eorum
Quæ quasi membranæ vel cortex nominitanda est,
Quod speciem ac formam similem gerit ejus imago,
Quojusquomque cluet de corpore fusa vagari.          50
    Id licet hinc quamvis hebeti cognoscere corde;
Principio, quoniam mittunt in rebus apertis
Corpora res multæ, partim diffusa solutæ,
Robora ceu fumum mittunt, ignesque vaporem;
Et partim contexta magis condensaque, ut olim        55
Quom teretes ponunt tunicas æstate cicadæ,
Et vituli, quom membranas de corpore summo
Nascentes mittunt; et item quom lubrica serpens
Exuit in spinis vestem; nam sæpe videmus
Ollorum spoliis vepreis volitantibus auctas.         60
Quæ quoniam fiunt, tenuis quoque debet imago
Ab rebus mitti, summo de corpore rerum.
Nam quur olla cadant magis, ab rebusque recedant,
Quam quæ tenuia sunt, hiscundi est nulla potestas?
Præsertim, quom sint in summis corpora rebus         65
Multa minuta, jaci quæ possint ordine eorum,
Quo fuerint, et formai servare figuram:
Et multo citius, quanto minus indupediri
Pauca queunt, et sunt in prima fronte locata.
    Nam certe jacere ac perciti multa videmus,       70
Non solum ex alto penitusque, ut diximus ante,
Verum de summis ipsum quoque sæpe colorem:
Et volgo faciunt id lutea russaque vela,
Et ferrugina, quom, magneis intenta theatreis,
Per malos volgata trabesque, trementia fluctant.     75
Namque ibi concessum caveai subter et omnem
Scenalem speciem, patrum matrumque Deorumque,
Inficiunt, coguntque suo fluitare colore :
Et quanto circum mage sunt inclusa theatri
Mœnia, tum magis hæc intus, perfusa lepore,         80
Omnia corrident correpta luce diei.
    Ergo lintea de summo quom corpore fucum
Mittunt, effigias quoque debent mittere tenueis
Res quæque; ex summo quoniam jaculantur utræque.
    Sunt igitur jam formarum vestigia certa,         85
Quæ vulgo volitant, subtili prædita filo,
Nec singillatim possunt secreta videri.
    Præterea, omnis odos, fumus, vapor, atque aliæ res
Consimiles, ideo diffusæ rebus abundant,
Ex alto quia, dum veniunt extrinsecus, ortæ,         90
Scinduntur per iter flexum; nec recta viarum
Ostia sunt, qua contendunt exire coortæ.
    At contra, tenuis summi membrana coloris
```

et toute surface brillante nous offrent, étant semblables aux corps, doivent provenir de formes qui en émanent. Car pourquoi tombe-t-il des êtres mille débris échappés de leur matière sensible, plutôt que de fines émanations? Je le répète, tu demeures bouche close. Il existe donc de subtiles images, ayant la forme plus que la nature des corps, invisibles quand elles sont éparses, mais qui, incessamment foulées par mille chocs, rejaillissent ensemble du miroir aux yeux. Vois-tu un autre moyen qui leur permette de subsister, et de reproduire tous les êtres?

Apprends ici de quelle fine matière se composent les images : surtout puisque leurs germes sont mille fois plus écartés de nos sens, plus imperceptibles que les êtres qui commencent à franchir les bornes de la vue. Mais d'abord examine, sous une forme palpable, la délicatesse des éléments de toutes choses : quelques mots y suffisent.

Déjà, parmi les êtres, il y en a de si menus que le tiers de leur corps ne se verrait pas. Que penses-tu donc que soit un intestin, le globe de l'œil ou du cœur, les membres, les articulations? Quelle petitesse! Songe maintenant aux atomes qui doivent être la base de leur esprit et de leur âme : vois-tu comme tous sont fins et grêles?

Les corps qui exhalent de piquantes odeurs, l'absinthe au goût affreux, le panace, la rude aurone et la triste centaurée, à la moindre secousse que tu leur imprimes, éveillent une idée encore vive de ces apparences qui errent à milliers de mille façons, dépourvues d'énergie, d'action sensible, et dont la petitesse, relativement aux corps, est inexprimable : aucune langue ne peut en rendre compte.

Mais ne va pas croire que ces images vagabondes soient toujours la dépouille des êtres. Non; il en existe qui, spontanément écloses, s'établissent elles-mêmes dans la région céleste nommée les airs. Revêtues de mille formes, elles nagent à la cime des nues, essences fluides qui changent incessamment d'aspect, et dont les contours se plient à mille ressemblances. Les exemples sont faciles. Vois grossir un amas de nuages qui troublent la face riante du monde, caressant les airs de leur molle agitation. Tantôt il semble que des fantômes de géants traversent le ciel, et prolongent au loin leur ombre; tantôt de vastes montagnes, et des rochers qui tombent de leurs flancs, précèdent le soleil ou flottent derrière : puis vient un monstre qui traîne, qui amasse de nouveaux orages.

Disons maintenant avec quelle facilité, quelle vitesse les images se forment, et leur écoulement, leur chute, leur fuite perpétuelle des êtres. Il monte toujours, à fleur de corps, une substance que dardent les assemblages, et qui, arrivant aux choses extérieures, traverse les unes, surtout le vêtement; mais que les aspérités du roc ou la dure essence du bois, quand elle les heurte, déchirent et empêchent de renvoyer au-

Quom jacitur, nihil est, quod eam discerpere possit;
In promtu quoniam est, in prima fronte locata. 95
  Postremo speculis in aqua, splendoreque in omni,
Quaequomque apparent nobis simulacra, necesse est,
Quandoquidem simili specie sunt praedita rerum,
Esse in imaginibus missis consistere eorum.
Nam quur olla cadant magis, ab rebusque recedant 100
Corpora, res multae quae mittunt corpore aperto,
Quam quae tenuia sunt, hiscundi est nulla potestas.
Sunt igitur tenues formarum dissimiles
Effigies, singillatim quas cernere nemo
Quom possit, tamen, assiduo crebroque repulsu 105
Rejectae, reddunt speculorum ex aequore visum :
Nec ratione alia servari posse videntur
Tantopere, ut similes reddantur quoique figurae
  Nunc age, quam tenui natura constet imago,
Percipe; et in primis, quoniam primordia tantum 110
Sunt infra nostros sensus, tantoque minora,
Quam quae primum oculei cœptant non posse tueri.
Nunc tamen, id quoque uti conformem, exordia rerum
Cunctarum quam sint subtilia, percipe paucis.
  Primum, animalia sunt jam partim tantula, ut horum 115
Tertia pars nulla possit ratione videri.
Horum intestinum quodvis quale esse putandum est?
Quid cordis globus, aut oculei? quid membra? quid artus?
Quantula sunt? quid! praeterea, primordia quaeque,
Unde anima atque animi constet natura necessum est, 120

Nonne vides, quam sint subtilia quamque minuta?
  Praeterea, quaequomque suo de corpore odorem
Exspirant acrem, panaces, absinthia tetra,
Abrotoneique graves, et tristia centaurea;
Quorum unumquodvis leviter si forte ciebis, 125
Quin potius noscas rerum simulacra vagare
Multa modis multis, nulla vi, cassaque sensu :
[Quorum quantula pars sit imago, dicere nemo est
Qui possit, neque eam rationem reddere dictis.]
  Sed, ne forte putes ea demum sola vagari', 130
Quaequomque ab rebus rerum simulacra recedunt;
Sunt etiam, quae sponte sua gignuntur, et ipsa
Constituuntur in hoc cœlo, qui dicitur aer;
Quae, multis formata modis, sublime feruntur,
Nec speciem mutare suam liquentia cessant, 135
Et quojusque modi formarum vortere in oras.
Ut nubeis facile interdum concrescere in altum
Cernimus, et mundi speciem violare serenam,
Aera mulcenteis motu : nam saepe gigantum
Ora volare videntur, et umbram ducere late; 140
Interdum magni montes avolsaque saxa
Montibus anteire, et solem succedere propter;
Inde alios trahere atque inducere bellua nimbos.
  Nunc ea, quam facili et celeri ratione gerantur,
Perpetuoque fluant ab rebus, lapsaque cedant. 145
Semper enim summum quidquid de rebus abundat,
Quod jaculentur; et hoc, alias quum pervenit in res,

5.

cune forme. Si elle ne rencontre que des matières brillantes, compactes, et en tête le miroir, il ne se passe rien de semblable : car elle ne peut les franchir comme des étoffes; et, avant de la rompre, le corps uni a soin de la dérober à sa perte. De là ce rejaillissement des images qui nous frappent. Si rapide, si imprévu que soit le choc du miroir que tu poses devant un être quelconque, tu vois apparaître la forme : reconnais donc le flux perpétuel des surfaces qui envoient de minces tissus, de frêles images. Aussi ces formes naissent-elles en foule dans un court espace, et il est juste de leur accorder une prompte origine. Il faut que la moindre durée fasse tomber du soleil un torrent de lumière, pour emplir incessamment la nature : la même raison exige que chaque moment emporte des corps mille simulacres éparpillés de mille façons, de mille côtés divers; car, en quelque sens que nous tournions le miroir, les objets se reproduisent avec leur couleur et leur forme.

Souvent la pureté limpide du ciel est troublée si vite par un désordre si vaste, si épouvantable, que toutes les ténèbres semblent abandonner le Styx, et remplir les profondes cavernes des airs : tant les nuages amassent une nuit lugubre, tant les sombres fantômes de la peur apparaissent et planent sur nos têtes! Mais leurs images, que sont-elles, relativement à eux-mêmes? Qui peut le calculer ou le dire?

Maintenant le vol rapide qui emporte les images, et leur agilité à fendre la vague des airs, à dévorer un long espace dans un court intervalle, de quelque côté que leur essor divers les pousse, nous inspirent quelques vers dont le charme surpasse le nombre, comme un souffle harmonieux du cygne l'emporte sur le vaste cri dont les grues parsèment le vent à la cime des nuages.

D'abord, on peut remarquer souvent que les essences légères, et qui ont pour base de fins atomes, sont agiles. Vois, par exemple, la lumière du soleil et sa vapeur chaude. Leur vitesse tient aux imperceptibles germes dont elles sont faites. Ils se chassent eux-mêmes, ils n'hésitent point à franchir les vides de l'air : un choc les poursuit, les excite; car le rayon succède vivement au rayon, les éclairs aiguillonnent et perpétuent la fuite des éclairs. Par la même raison, il faut que les images puissent traverser en un moment des espaces incommensurables; tout le démontre : leur petitesse, ce mobile qui assiége, qui bat, qui pousse leurs derrières; et enfin le tissu si maigre de ces émanations si libres de pénétrer tous les assemblages, et comme de filtrer entre les pores du vent.

Quoi! des atomes enfouis que rejettent les entrailles des êtres, comme la lumière du soleil et sa vapeur chaude, n'absorbent qu'un point de la durée, quand on voit leurs flots se répan-

Transit, ut in primis vestem : sed, ubi aspera saxa
Aut in materiam ligni pervenit, ibi jam
Scinditur, ut nullum simulacrum reddere possit.   150
At quom, splendida quae constant, opposita fuerunt,
Densaque, ut in primis speculum est; nihil accidit horum :
Nam neque, uti vestem, possunt transire, neque ante
Scindi, quam meminit laevor praestare salutem.
Quapropter fit, ut hinc nobis simulacra redundent :   155
Et, quamvis subito, quovis in tempore, quamque
Rem contra speculum ponas, apparet imago :
Perpetuo fluere ut noscas e corpore summo
Texturas rerum tenueis, tenueisque figuras.
Ergo multa brevi spatio simulacra geruntur,   160
Ut merito celer his rebus dicatur origo.
Et quasi multa brevi spatio submittere debet
Lumina sol, ut perpetuo sint omnia plena :
Sic ab rebus item simili ratione, necesse est,
Temporis in puncto rerum simulacra ferantur   165
Multa modis multis in cunctas undique parteis :
Quandoquidem, speculum quoquomque obvortimus oreis,
Res ibi respondent simili forma atque colore.
 Praeterea, modo quom fuerit liquidissima coeli
Tempestas, perquam subito fit turbida sede   170
Undique, uti tenebras omneis Acheruntia rearis
Liquisse, et magnas coeli complesse cavernas.
Usque adeo, tetra nimborum nocte coorta,
Impendent atrae Formidinis ora superne :
Quorum quantula pars sit imago, dicere nemo est   175

Qui possit, neque eam rationem reddere dictis.
 Nunc age, quam celeri motu simulacra ferantur,
Et quae mobilitas ollis, tranantibus auras,
Reddita sit, longo spatio ut brevis hora teratur,
In quem quaeque locum diverso numine tendit,   180
Suavidicis potius, quam multis, versibus edam :
Parvus ut est cycni melior canor, ille gruum quam
Clamor, in aetheriis dispersus nubibus austri.
 Principio, persaepe leveis res, atque minutis
Corporibus stanteis, celereis licet esse videre.   185
In quo jam genere est solis lux, et vapor ejus;
Propterea, quia sunt e primis facta minutis :
Quae quasi cuduntur, perque aeris intervallum
Non dubitant transire, sequenti concita plaga :
Suppeditatur enim confestim lumine lumen,   190
Et quasi protelo stimulatur fulgure fulgur.
Quapropter simulacra pari ratione necesse est
Immemorabile per spatium transcurrere posse
Temporis in puncto : primum, quod parvola causa
Est procul a tergo quae provehat atque propellat :   195
Deinde, quod usque adeo textura praedita rara
Mittuntur, facile ut quasvis penetrare queant res,
Et quasi permanare per aeris intervallum.
 Praeterea, si, quae penitus corpuscula rerum
Ex altoque foras mittuntur, solis uti lux   200
Ac vapor, haec puncto cernuntur lapsa diei
Per totum coeli spatium diffundere sese;
Pe que volare mare ac terras, coelumque rigare,

dre dans toute l'étendue, envahir la terre, les ondes, et baigner les hauteurs du ciel : tant leur essor est prompt, et leur aile légère! Mais alors ceux qui occupent la cime, prêts au départ, une fois livrés à un élan que nul obstacle ne retarde, combien ne doivent-ils pas aller plus vite, plus loin, et franchir un espace plus vaste, dans cet intervalle que met un rayon de soleil à dévorer les cieux !

Voici un exemple plus frappant encore de cette rapidité qui entraîne les images. Dès que tu exposes le cristal des eaux à la face riante des nuits étoilées, aussitôt les astres, flambeaux étincelants du globe, répondent au miroir. Vois-tu dès lors avec quelle promptitude leur image tombe des régions célestes aux régions de la terre? Je le répète donc, ces merveilles nous obligent à reconnaître des émanations qui frappent, qui harcèlent les yeux, et qui sont un écoulement perpétuel des mêmes assemblages. Le froid émane des eaux courantes; la chaleur, du soleil; et du bouillonnement des vagues, un sel qui ronge les murailles autour de la plage. Mille sons divers ne cessent de flotter au vent. Enfin, une vapeur au goût salé attaque nos lèvres, quand nous sommes au bord de la mer ; et l'absinthe qu'on délaye, qu'on mélange devant nos yeux, nous blesse de son amertume. Tant il est vrai que toute chose vomit une matière flottante qui se répand de toutes parts, en tous sens : ni trêve ni repos qui interrompe le flux des êtres, puisque nos organes sont toujours en éveil, et que toujours ils peuvent voir, ou sentir, ou entendre mille retentissements.

En outre, comme nos doigts, maniant une forme dans les ténèbres, la reconnaissent pour la même qui se voit à la blanche lumière du jour, une cause semblable doit émouvoir le tact et la vue. Mais alors, si nous explorons la nuit un carré qui nous affecte, le jour peut-il envoyer à nos regards autre chose que son image carrée? Les images sont donc le germe de la vue; rien de plus clair, et sans elles tous les corps demeurent invisibles.

Je dis maintenant que ces images tourbillonnent et jaillissent éparses de tous côtés ; mais les yeux seuls étant capables de voir, il arrive que là où le regard se tourne, mille corps y donnent avec leur couleur et leur forme. La distance même nous est révélée par les images, qui ont soin de marquer leur intervalle; car, à peine dardées, elles battent et foulent les airs qui sont entre nos yeux et elles. Ce courant glisse tout entier sur nos prunelles, les balaye en quelque sorte, et passe. Voilà comment nous apercevons toutes les distances : l'abondance du vent que chassent les images, la longueur du souffle qui effleure nos yeux, est la mesure de leur écartement. Admire l'extrême vitesse de ces opérations, qui montrent à la fois de quelle nature sont les êtres, et à quel intervalle.

Ne sois pas étonné de voir les corps nous ap-

Quod super est; ubi tam volucri levitate feruntur :
Quid? quæ sunt igitur jam prima fronte parata, 205
Quom jaciuntur, et emissum res nulla moratur,
Quone vides citius debere et longius ire ;
Multiplexque loci spatium transcurrere eodem
Tempore, quo solis pervolgant lumina cœlum?
 Hoc etiam in primis specimen verum esse videtur, 210
Quam celeri motu rerum simulacra ferantur :
Quod, simul ac primum sub diu splendor aquai
Ponitur, extemplo, cœlo stellante sereno,
Sidera respondent in aqua radiantia mundi.
Jamne vides igitur, quam puncto tempore imago, 215
Ætheris ex oris in terrarum accidit oras?
Qua re etiam atque etiam mira fateare necesse est
Corpora, quæ feriant oculos, visumque lacessant,
Perpetuoque fluant certis ab rebus obortu ;
Frigus ut a fluviis, calor ab sole, æstus ab undis 220
Æquoris, ex-esor mœrorum litora circum :
Nec variæ cessant voces volitare per auras ;
Denique in os salsi venit humor sæpe saporis,
Quom mare vorsamur propter; dilutaque contra
Quom tuimur miseri absinthia, tangit amaror. 225
Usque adeo omnibus ab rebus res quæque fluenter
Fertur, et in cunctas dimittitur undique parteis;
Nec mora, nec requies inter datur ulla fluundi
Perpetuo quoniam sentimus, et omnia semper
Cernere, odorari licet, et sentire sonare. 230

Præterea, quoniam manibus tractata figura
In tenebris quædam cognoscitur esse eadem, quæ
Cernitur in luce, et claro candore; necesse est
Consimili causa tactum, visumque moveri.
Nunc igitur, si quadratum tentamus, et id nos 235
Commovet in tenebris; in luci quæ poterit res
Accidere ad speciem, quadrata nisi ejus imago?
Esse in imaginibus quapropter causa videtur
Cernundi, neque posse sine his res ulla videri.
Nunc ea, quæ dico, rerum simulacra feruntur 240
Undique, et in cunctas jaciuntur didita parteis ;
Verum, nos oculis quia solis cernere quimus,
Propterea fit, uti, speciem quo vortimus, omnes
Res ibi eam contra feriant forma atque colore.
Et, quantum quæque ab nobis res absit, imago 245
Efficit ut videamus, et internoscere curat.
Nam, quom mittitur, extemplo procudit agitque
Aera, qui inter se quomque est oculosque locatus ;
Isque ita per nostras acies perlabitur omnis,
Et quasi pertergit pupillas, atque ita transit. 250
Propterea fit, uti videamus quam procul absit
Res quæque; et quanto plus aeris ante agitatur,
Et nostros oculos perterget longior aura,
Tam procul esse magis res quæque remota videtur.
Scilicet hæc summe celeri ratione geruntur, 255
Quale sit, ut videamus; et una, quam procul absit.
Illud in his rebus minume mirabile habendum est,

paraître, quand les images qui nous frappent ne sont point isolément visibles. Battus par un vent qui se déchaîne peu à peu, inondés par un froid aigu, avons-nous coutume de sentir tour à tour les premiers atomes du froid ou du vent? Non, ils agissent en masse : nous les voyons heurter nos membres, comme si nous endurions le choc de quelque matière sensible. Nos doigts, quand ils rencontrent une pierre, ne touchent que la surface, que la couleur, écorce fine : est-ce donc la couleur qui les affecte? non, ils sentent la dureté enfouie dans les entrailles de la pierre.

Sache maintenant pourquoi les images se peignent au delà du miroir; car, évidemment, elles semblent fort reculées. Oui, comme de véritables corps nous apparaissent derrière nos portes, qui laissent le champ ouvert au regard, et lui font apercevoir mille choses éloignées du seuil. Deux airs, deux courants prolongent ainsi la vue. Nos yeux reçoivent d'abord le vent qui est en deçà des portes, ensuite les portes elles-mêmes qui arrivent de chaque côté, ensuite les atteintes du jour extérieur, et un second air que suivent les objets réels de cette vue lointaine. De même, sitôt que le miroir décoche son image pour atteindre nos organes, elle bat et refoule les vents intermédiaires, longue colonne qui se fait sentir avant elle. Mais à peine le miroir nous frappe-t-il, que nos propres images, déjà échappées, y arrivent, y échouent; et, rejaillissant à nos yeux, elles précipitent, elles roulent un autre tourbillon, et nous le montrent avant de se faire voir elles-mêmes. Voilà comment elles paraissent si écartées du miroir. Je le répète donc, nos adversaires ne peuvent crier merveille, de voir le rejaillissement des images à la surface du miroir expliqué par les deux airs; car ils assignent au même fait la même cause.

Mais pourquoi le miroir représente-t-il à gauche le côté droit de nos membres? Parce que les images, quand elles gagnent et heurtent la surface polie, ne reculent pas sans altération. Elles se retournent pour fuir, comme si on appuyait sur un pilier de bois un masque de terre qui ne fût point encore sec, et que la face, demeurée pure, quoique refoulée par le choc, vînt se peindre derrière : tu verrais aussitôt ce qui occupait la droite passer à gauche, ce qui était à gauche envahir la droite.

Souvent aussi les images, renvoyées de miroir en miroir, offrent cinq ou six fois la même ressemblance. Toute reculée, tout enfouie que soit une chose, fût-elle de travers, elle peut encore jaillir de sa retraite profonde sous les rayonnements obliques de plusieurs glaces, qui la font apercevoir dans la salle : tant les images étincellent de miroir en miroir! Celles qui émanent de gauche rebondissent à droite; puis, elles se tournent de nouveau, et reprennent le même sens.

Quur ea, quæ feriant oculos simulacra, videri
Singula quom nequeant, res ipsæ perspiciantur.
Ventus enim quoque paullatim quom verberat, et quom 260
Acre fluit frigus, non primam quamque solemus
Particulam venti sentire, et frigoris ejus,
Sed magis unvorsum : fierique perinde videmus
Corpore tum plagas in nostro, tamquam aliquæ res
Verberet, atque sui det sensum corporis extra. 265
Præterea, lapidem digito quom tundimus, ipsum
Tangimus extremum saxi, summumque colorem :
Nec sentimus eum tactu, verum magis ipsam
Duritiem penitus saxi sentimus in alto.
Nunc age, quur ultra speculum videatur imago, 270
Percipe; nam certe penitus remota videtur;
Quod genus olla, foris quæ vere transpiciuntur,
Janua quom per se transpectum præbet apertum,
Multa facitque foris ex ædibus ut videantur :
Is quoque enim duplici geminoque fit aere visus. 275
Primus enim citra posteis concernitur aer :
Inde fores ipsæ dextra lævæque sequuntur :
Post extraria lux oculos pertingat, et aer
Alter, et olla, foris quæ vere transpiciuntur.
Sic, ubi se primum speculi projecit imago, 280
Dum venit ad nostras acies, procudit agitque
Aera, qui inter se quomque est oculosque locatus :
Et facit, ut prius hunc omnem sentire queamus, [ipsum,
Quam speculum : sed, ubi in speculum quoque sensimus
Continuo a nobis in eum, quæ fertur, imago 285
Pervenit, ac nostros oculos rejecta revisit :
Atque alium præ se propellens aera volvit,
Et facit, ut prius hunc, quam se, videamus : eoque
Distare a speculo tantum semota videtur.
Quare etiam atque etiam minume mirarier est par 290
Ollis', quæ reddunt speculorum ex æquore visum
Aeribus binis; quoniam res confit utraque.
Nunc ea, quæ nobis membrorum dextera pars est,
In speculis fit, uti læva videatur, eo quod
Planitiem ad speculi veniens quom offendit imago, 295
Non convortitur incolumis; sed recta retrorsum
Sic eliditur, ut si quis, prius arida quam sit
Cretea persona, allidat pilæve trabive :
Atque ea continuo, rectam si fronte figuram
Servet, et elisam retro sese exprimat ipsa, 300
Fiet ut, ante oculos fuerit qui dexter, hic idem
Nunc sit lævus, et a lævo sit mutua dexter.
Fit quoque, de speculo in speculum ut tradatur imago :
Quinque, etiam sex, ut fieri simulacra suerint.
Nam quæquomque retro, parte interiore, latebit, 305
Inde tamen, quamvis torte penitusque remota,
Omnia, per flexos aditus educta, licebit
Pluribus hæc speculis videantur in ædibus esse :
Usque adeo e speculo in speculum translucet imago;
Et, quom læva data est, fit rursum ut dextera fiat : 310
Inde retro rursum redit, et convortit eodem.
Quin etiam, quæquomque latuscula sunt speculorum
Assimili lateris flexura prædita nostri;

Bien plus, tout miroir à facettes recourbées comme le flanc humain renvoie sans intervertir : soit que les images, promenées de facettes en facettes, nous arrivent après une double conversion ; soit que, dans le trajet, elles roulent sur elles-mêmes, instruites par la courbure du miroir à nous tourner la face.

Les images semblent aussi marcher avec nous, suivre nos pas, imiter nos gestes. Voici pourquoi. Dès que tu abandonnes un coin du miroir, aucune ne peut en rejaillir : la nature voulant que toutes émanent et rebondissent à angles égaux.

Nos yeux redoutent et fuient la vue des corps éclatants. Le soleil aveugle même ceux qui osent le regarder en face : tant il a de force, tant les images que sa hauteur précipite violemment à travers un ciel pur heurtent et bouleversent le frêle tissu des yeux! Et puis, souvent un vif éclat brûle le regard, parce que mille germes de feu y sont contenus, et blessent les yeux où ils pénètrent.

En outre, tout est jaune pour un homme tourmenté de la bile, parce que son corps vomit une foule de pâles atomes, qui rencontrent les images ; et aussi, parce que l'œil est mêlé de ces germes dont le reflet contagieux imprime sa pâleur à toutes choses. Dans les ténèbres, nous apercevons ce que le jour éclaire : voici pourquoi. Aux noirs brouillards de l'air environnant qui assiége, qui occupe d'abord les conduits ouverts de l'œil, succède tout à coup une lumineuse blancheur, un vent qui nettoie pour ainsi dire les yeux, et dissipe les sombres vapeurs du premier souffle ; car il est mille fois plus agile, plus fin, plus énergique. Dès que sa lumière remplit et ouvre les sentiers que bouche le vent obscur, les images qui s'épanouissent étalées au jour le suivent, et harcèlent la vue. Du grand jour au contraire, les yeux ne peuvent agir sur les ténèbres, parce que le vent épais et sombre, qui arrive le second, emplit les pores, obstrue les voies, et arrête le mouvement des images que sa nuit emprisonne.

Pourquoi les tours carrées des villes, que nous examinons de loin, nous semblent-elles rondes ? Parce que, de loin, tous les angles se montrent obtus ; ou, pour mieux dire, ne se voient pas. Leur impression, leur coup expire, sans atteindre le foyer de notre vue : car l'abondance de l'air que traverse leur image les soumet à un choc perpétuel qui les émousse, les rend insensibles ; et alors ils nous apparaissent comme des amas de pierres arrondies, moins distincts pourtant que les véritables corps à forme ronde que tu as sous les yeux, et dont ils ne présentent que les vagues esquisses.

On dirait même que nos ombres bondissent au soleil, et, attachées à nos traces, imitent nos gestes : si on pouvait croire que du vent obscur fût capable de suivre les pas et de reproduire les mouvements, les attitudes des hommes. Car

Dextera ea propter nobis simulacra remittunt :
Aut quia de speculo in speculum transfertur imago, 315
Inde ad nos, elisa bis, advolat; aut etiam quod
Circumagitur, quom venit imago : propterea quod
Flexa figura docet speculi convortier ad nos.
　Indugredi porro pariter simulacra, pedemque
Ponere, nobiscum credas, gestumque imitari ; 320
Propterea quia, de speculi qua parte recedas,
Continuo nequeunt illinc simulacra revorti :
Omnia quandoquidem cogit natura referri,
Ac resilire ab rebus, ad æquos reddita flexus.
　Splendida porro oculei fugitant, vitantque tueri ; 325
Sol etiam cœcat, contra si tendere pergas :
Propterea quia vis magna est ipsius, et alte
Aera per purum graviter simulacra feruntur,
Et feriunt oculos, turbantia composituras.
Præterea splendor, quiquomque est acer, adurit 330
Sæpe oculos ; ideo, quod semina possidet ignis
Multa, dolorem oculis quæ gignunt insinuando.
　Lurida præterea fiunt, quæquomque tuentur
Arquatei ; quia luroris de corpore eorum
Semina multa fluunt, simulacris obvia rerum ; 335
Multaque sunt oculis in eorum denique mixta,
Quæ contage sua palloribus omnia pingunt.
　E tenebris autem, quæ sunt in luce, tuemur,
Propterea quia, quom propior caliginis aer
Ater init oculos prior, et possedit apertos, 340

Insequitur candens confestim lucidus aer,
Qui quasi purgat eos, ac nigras discutit umbras
Aeris illius : nam multis partibus hic est
Mobilior, multisque minutior, et mage pollens.
Qui simul atque vias oculorum luce replevit, 345
Atque patefecit, quas ante obscderat ater ;
Continuo rerum simulacra adaperta sequuntur,
Quæ sita sunt in luce, lacessuntque, ut videamus.
Quod contra facere in tenebris e luce nequimus ;
Propterea quia posterior caliginis aer 350
Crassior insequitur, qui cuncta foramina complet,
Obsiditque vias oculorum, ne simulacra
Possint ullarum rerum obtenta moveri.
　Quadratasque procul turreis quom cernimus urbis,
Propterea fit, uti videantur sæpe rotundæ, 355
Angulus obtusus quia longe cernitur omnis :
Sive etiam potius non cernitur, ac perit ejus
Plaga, nec ad nostra acies perlabitur ictus ;
Aera per multum quia dum simulacra feruntur,
Cogit hebescere eum crebris offensibus aer. 360
Hoc, ubi suffugit sensum simul angulus omnis,
Fit, quasi ut ad tornum saxorum structa tuantur :
Non tamen, ut coram quæ sunt, vereque rotunda ;
Sed quasi adumbratim paullum simulata videntur.
　Umbra videtur item nobis in sole moveri, 365
Et vestigia nostra sequi, gestumque imitari ;
Aera si credis, privatum lumine, posse

rien ne forme ce que nous avons coutume de nommer ombre, sinon un air privé de jour. Oui, la lumière du soleil abandonne tour à tour chaque point du sol, où notre marche lui fait obstacle; puis, elle revient emplir la place que nous avons quittée. Voilà comment il se fait que les mêmes ombres paraissent errer toujours à la suite du corps. En effet, puisque les rayons étincelants ne cessent de se répandre, pour se dissiper ensuite, semblables à une laine dévidée dans le feu, il est naturel que la terre soit aussitôt vide que pleine de ce flot lumineux, qui balaye les sombres nuages.

Et pourtant je suis loin de reconnaître que les yeux se trompent. Il ne leur appartient que de voir où sont les lumières, les ombres. Mais ces lumières sont-elles toujours les mêmes, ou non? Ces ombres passent-elles d'un lieu à un autre? sont-elles plutôt ce que nous avons dit? Il faut que ton intelligence, que ta raison en décide. Les yeux ne peuvent approfondir la nature des choses : ainsi, ne va pas leur imputer la faute du jugement.

Le vaisseau qui nous entraîne dans sa course paraît immobile; tandis que ceux qui demeurent à la rade, nous croyons les voir passer, et voir fuir à la poupe les collines, les plaines que rase notre vaisseau, emporté sur les ailes de ses voiles.

Il semble que tous les astres dorment attachés à la voûte des airs, et tous obéissent à un mouvement perpétuel : car ils se lèvent, et ils gagnent un coucher lointain, après que leur globe resplendissant a mesuré les cieux. Le soleil et la lune partagent aussi leur immobilité apparente, quoique les faits eux-mêmes en attestent la marche.

Entre ces montagnes qui apparaissent au loin, jaillissant des gouffres humides, une flotte s'ouvrirait un libre passage : et pourtant leurs cimes enchaînées n'offrent à l'œil qu'une île immense.

Les enfants voient tourbillonner les salles et bondir les colonnes, quand ils cessent de tourner sur eux-mêmes : illusion si forte, qu'ils ont peine à croire que tout l'édifice ne les menace pas d'un écroulement.

Sitôt que la nature se met à faire jaillir la pourpre de ses feux tremblants, et la dresse sur les montagnes; ces montagnes, on dirait que le soleil les couronne, les touche, les brûle lui-même de son flambeau : elles dont nous éloignent à peine deux mille jets d'arc, souvent même cinq cents courses de javelots! Mais, entre le soleil et elles, de vastes océans se déploient sous les vastes campagnes des airs, et il y a un intervalle de mille régions, que mille peuples occupent avec mille races de bêtes sauvages.

Un amas d'eau, profond d'un seul pouce, vient-il à séjourner entre les pavés de nos rues? il laisse nos yeux se précipiter dans le sol, avec un essor aussi vaste que les gouffres du ciel ouverts sur nos têtes; et il nous offre, sous la terre, le merveilleux spectacle des nuages, du firmament, et du corps que ses profondeurs recèlent.

Passes-tu un fleuve? arrête la fougue de ton

Indugredi, motus hominum gestumque sequentem :
Nam nihil esse potest aliud, nisi lumine cassus
Aer, id, quod nos umbram perhibere suemus.   370
Nimirum, quia terra locis ex ordine certis
Lumine privatur solis, quaquomque meantes
Officimus : repletur item, quod liquimus ejus.
Propterea fit, uti videatur, quæ fuit umbra
Corporis, e regione eadem nos usque sequuta :   375
Semper enim nova se radiorum lumina fundunt,
Primaque dispereunt, quasi in ignem lana trahatur.
Propterea facile et spoliatur lumine terra,
Et repletur item, nigrasque sibi abluit umbras.

    Nec tamen hic oculos falli concedimus hilum :   380
Nam, quoquomque loco sit lux atque umbra, tueri
Ollorum est : eadem vero sint lumina; necne,
Umbraque, quæ fuit hic, eadem num transeat illuc;
An potius fiat, paullo quod diximus ante;
Hoc animi demum ratio discernere debet,   385
Nec possunt oculei naturam noscere rerum
Proinde, animi vitium hoc oculis affingere noli.

    Qua vehimur navi, fertur, quom stare videtur;
Quæ manet in statione, ea præter creditur ire :
Et fugere ad puppim colles, campeique videntur,   390
Quos agimus præter navem, velisque volamus.

    Sidera cessare, ætheriis affixa cavernis,
Cuncta videntur; et assiduo sunt omnia motu;
Quandoquidem longos obitus exorta revisunt,
Quom permensa suo sunt cœlum corpore claro :   395
Solque pari ratione manere et luna videtur
In statione; ea, quæ ferri res indicat ipsa.

    Exstantesque procul medio de gurgite montes,
Classibus inter quos liber patet exitus; ingens
Insula conjunctis tamen ex his una videtur.   400

    Atria vorsari, et circumcursare columnæ,
Usque adeo fit uti puereis videantur, ubi ipsei
Desierunt vorti, vix ut jam credere possint,
Non supra sese ruere omnia tecta minari.

    Jamque rubrum tremulis jubar ignibus erigere alte   405
Quom cœptat natura, supraque extollere monteis
Quos tibi tum supra sol monteis esse videtur,
Comminus ipse suo contingens fervidus igni,
Vix absunt nobis missus bis mile sagittæ;
Vix etiam cursus quingentos sæpe veruti.   410
Inter eos solemque jacent immania ponti
Æquora, substrata æthereis ingentibus oreis :
Interjectaque sunt terrarum milia multa,
Quæ variæ retinent gentes et secla ferarum.

    At conjectus aquæ, digitum non altior unum,   415
Qui lapides inter sistit, per strata viarum,
Despectum præbet sub terras impete tanto,

cheval, et détourne le regard vers les ondes rapides : ce cheval immobile, tu le vois emporté de travers par une force qui le pousse vivement contre la pente de l'eau ; et, de quelque côté que tu jettes les yeux, tout partage cet élan, et semble flotter de la sorte.

Vois ce portique qui allonge ses flancs symétriques, et repose debout sur une file de colonnes égales. Si, du faîte, tu examines toute cette longueur, elle se réduit en un cône dont le sommet diminue peu à peu : le toit gagne la base, les côtés se joignent, et aboutissent à la mince et imperceptible arête du cône.

Sur mer, un nocher croit apercevoir dans les ondes et le berceau et la couche du soleil, qui vient y ensevelir sa lumière. Oui, parce que la vue ne rencontre que les flots et le ciel. Tu ne peux donc imputer aux sens aucune faiblesse.

Dans le port, les hommes sans expérience de la mer ne voient que des navires aux agrès boiteux heurter et fendre les ondes. Car la partie des rames qui dépasse le sel humide des flots est droite, droite comme le haut du gouvernail ; mais toute celle qui entre, qui plonge dans le fluide, courbée, tordue, semble rejaillir horizontalement, et, ainsi détournée, flotte presque sur la cime des vagues.

La nuit, alors que de légers nuages traversent le ciel, emportés par le vent, les fanaux étincelants du monde paraissent aller contre les nues que domine leur essor, et contre la voie que toute raison leur impose.

Si nos doigts, appliqués à un seul œil, le pressent en dessous, ils affectent le sens, au point que la vue semble doubler tout ce que nous apercevons. Elle double nos lustres couronnés de flammes resplendissantes ; elle double les meubles féconds de nos appartements ; elle double le visage des hommes au double corps.

Enfin, quoique le doux abattement du sommeil enchaîne nos membres, ensevelisse nos corps dans un calme profond, il nous semble pourtant que ces membres veillent et remuent. Aveuglés par la nuit obscure, nous croyons voir le soleil et la lumière du jour. Enfermés dans un étroit espace, nous gagnons des cieux, des mers, des fleuves, des monts nouveaux, et nos pas dévorent les campagnes. Mille retentissements peuplent cet austère silence qui enveloppe la nuit, et mille réponses jaillissent de nos lèvres muettes.

Une foule de choses étranges nous apparaissent encore, qui cherchent à entamer le crédit de nos sens. Vains efforts ! la plupart des illusions tiennent aux conjectures que nos intelligences y ajoutent, et qui établissent comme vu ce que ne voient pas les sens. Car on a bien du mal à dégager un fait palpable des incertitudes que le concours rapide du jugement y mêle.

Enfin, un homme qui nous croit incapables de rien savoir ignore lui-même si on peut con-

A terris quantum cœli patet altus hiatus;
Nubila despicere, et cœlum ut videare videre, et
Corpora mirande sub terras abdita cœlo. 420
Denique, ubi in medio nobis equus acer obhæsit
lumine, et in rapidas amnis dispeximus undas ;
Stantis equi corpus transvorsum ferre videtur
Vis, et in advorsum flumen contrudere raptim :
Et, quoquomque oculos trajecimus, omnia ferri 425
Et fluere assimili nobis ratione videntur.
Porticus æquali quamvis est denique ductu,
Stansque in perpetuum paribus suffulta columnis,
Longa, tamen parte ab summa quom tota videtur,
Paullatim trahit angusti fastigia coni, 430
Tecta solo jungens, atque omnia dextera lævis;
Donec in obscurum coni conduxit acumen.
In pelago nauteis, ex undis ortus, in undis
Sol fit uti videatur obire et condere lumen;
Quippe ubi nil aliud nisi aquam cœlumque tuentur : 435
Ne leviter credas labefactari undique sensus.
At maris ignareis in portu clauda videntur
Navigia aplustris, fractas obniti undas :
Nam quæquomque supra rorem salis edita pars est
Remorum, recta est ; et recta superne guberna : 440
Quæ demersa liquore obeunt, refracta videntur
Omnia convorti, sursumque supina revorti ;
Et reflexa prope in summo fluitare liquore.
Raraque per cœlum tum ventei nubila portant
Tempore nocturno, quom splendida signa videntur 445

Labier advorsum nimbos, atque ire superne
Longe aliam in partem, quam quo ratione feruntur.
At, si forte oculo manus uni subdita, subter
Pressit eum, quodam sensu fit, uti videantur
Omnia, quæ tuimur, fieri tum bina tuundo ; 450
Bina lucernarum florentia lumina flammis,
Binaque per totas ædeis geminare supellex ;
Et duplices hominum facies, et corpora bina.
Denique, quom suavi devinxit membra sopore
Somnus, et in summa corpus jacet omne quiete, 455
Tum vigilare tamen nobis ac membra movere
Nostra videntur ; et in noctis caligine cæca
Cernere censemus solem lumenque diurnum ;
Conclusoque loco cœlum, mare, flumina, monteis
Mutare, et campos pedibus transire videmur ; 460
Et sonitus audire, severa silentia noctis
Undique quom constent ; et reddere dicta tacentes.
Cetera de genere hoc mirande multa videmus,
Quæ violare fidem quasi sensibus omnia quærunt :
Nequidquam ; quoniam pars horum maxima fallit 465
Propter opinatus animi, quos addimus ipsei,
Pro visis ut sint, quæ non sunt sensibu' visa.
Nam nihil ægrius est, quam res secernere apertas,
Ab dubiis, animus quas ab se protinus abdit.
Denique, nil sciri si quis putat, id quoque nescit, 470
An sciri possit quo se nil scire fatetur.
Hunc igitur contra mittam contendere causam,
Qui capite ipse suo in statuit vestigia sese.

naître le fait sur lequel il appuie son ignorance. Je rejette tout débat avec un fou qui marche la tête renversée. Pourtant, je lui accorde cette notion. Encore demanderai-je par quel hasard lui, qui ne voit aucune réalité dans les choses, a su approfondir la nature du mot *savoir* et du mot *ignorer*. Quel instinct lui a donné le sentiment du vrai, du faux? et à quelle marque distingue-t-il ce qui est incertain ou sûr?

Tu apercevras bientôt que la connaissance du vrai a son germe dans les organes, que le témoignage des sens est irrécusable. Car il nous faut un guide, dont la bonne foi et le jugement énergique suffisent au triomphe du vrai sur le faux. Or, qui peut inspirer une foi plus vive que les sens? Est-ce la raison qui ose combattre leurs avis, elle qui serait fille de leurs écarts, elle qui leur doit toute son existence? Si les organes mentent, la raison entière devient un mensonge. Les oreilles sont-elles capables de reprendre les narines, le toucher de reprendre les oreilles? Le toucher lui-même sera-t-il gourmandé par les saveurs de la bouche, démenti par les narines, confondu par les yeux? Non, je ne le crois pas. Ils ont tous reçu leur puissance distincte, leur énergie propre. Donc il est nécessaire que les êtres mous, brûlants ou glacés, nous paraissent tels; il est nécessaire que la couleur aux mille nuances, et les qualités jointes à la couleur, affectent un sens à part : à part, comme le goût qui travaille la bouche, comme le berceau des odeurs, comme le berceau du son. Ainsi les organes sont incapables de surprendre mutuellement leurs fautes; incapables aussi de se corriger eux-mêmes, puisque notre foi en eux doit être toujours égale. Ainsi toutes leurs conjectures sont éternellement vraies.

Si la raison ne peut démêler pourquoi une masse, carrée de près, semble ronde de loin, il vaut mieux encore, blessant la raison, assigner des causes mensongères à cette double forme, que de voir les choses évidentes nous glisser des mains, entamer ainsi la base de nos croyances, et arracher les fondements sur lesquels reposent la vie, le salut des hommes. Oui, leur raison ne croulera pas toute seule, leur existence même va tomber en ruine, s'ils n'osent, sur la foi des sens, éviter les précipices et tous les objets à fuir, pour embrasser les objets contraires. Ne vois donc que des flots de paroles inutiles dans toutes les attaques préparées contre les sens.

En architecture, si on emploie d'abord une règle fausse, si l'équerre trompeuse s'écarte de l'angle droit, et que le niveau pèche du moindre côté, il faut que tout le bâtiment soit de travers, incorrect, vicieux, affaissé, penché, sans aplomb, sans harmonie : quelques endroits sembleront aspirer à une chute, bientôt essuyée par la masse, que trahissent les erreurs fondamentales du plan. De même tout jugement, né de sensations fausses, ne peut être que faux et vicieux.

Maintenant, pour expliquer de quelle façon les

Et tamen hoc quoque uti concedam scire, at id ipsum
Quæram, quom in rebus veri nil viderit ante, 465
Unde sciat, quid sit scire, et nescire vicissim :
Notitiam veri quæ res falsique crearit,
Et dubium certo quæ res differre probarit.
  Invenies primis ab sensibus esse creatam
Notitiam veri, neque sensus posse refelli : 480
Nam majore fide debet reperirier illud,
Sponte sua veris quod possit vincere falsa.
Quid majore fide porro, quam sensus, haberi
Debet? an ab sensu falso ratio orta valebit
Dicere eos contra, quæ tota ab sensibus orta est? 485
Quei nisi sunt veri, ratio quoque falsa fit omnis.
An poterunt oculos aures reprehendere? an aureis
Tactus? an hunc porro tactum sapor arguet oris?
An confutabunt nares, oculeive revincent?
Non, ut opinor, ita est : nam seorsum quoique potestas 490
Divisa est; sua vis quoique est : ideoque necesse est,
Et, quod molle sit et gelidum fervensve, videri;
Et seorsum varios rerum sentire colores,
Et quæquomque coloribu' sint conjuncta, necesse est.
Seorsus item sapor oris habet vim, seorsus odores 495
Nascuntur, seorsum sonitus; ideoque necesse est,
Non possint alios alii convincere sensus.
Nec porro poterunt ipsei reprehendere sese;

Æqua fides quoniam debebit semper haberi :
Proinde, quod in quoque est his visum tempore, verum est.
  Et, si non poterit ratio dissolvere causam, 501
Quur ea, quæ fuerint juxtim quadrata, procul sint
Visa rotunda; tamen præstat rationis egentem
Reddere mendose causas utriusque figuræ,
Quam manibus manifesta suis emittere quoquam; 505
Et violare fidem primam, et convellere tota
Fundamenta, quibus nixatur vita salusque.
Non modo enim ratio ruat omnis, vita quoque ipsa
Concidat extemplo, nisi credere sensibus ausis,
Præcipiteisque locos vitare, et cetera, quæ sint 510
In genere hoc fugiunda; sequi, contraria quæ sint.
Olla tibi est igitur verborum copia cassa
Omnis, quæ, contra sensus instructa, parata est.
  Denique, ut in fabrica, si prava est regula prima,
Normaque si fallax rectis regionibus exit, 515
Et libella aliqua si ex parti claudicat hilum;
Omnia mendose fieri atque obstipa, necessum est,
Prava, cubantia, prona, supina, atque absona tecta;
Jam ruere ut quædam videantur velle, ruantque
Prodita judiciis fallacibus omnia primis : 520
Sic igitur ratio tibi rerum prava, necesse est,
Falsaque sit, falsis quæquomque ab sensibus orta est.
  Nunc alii sensus quo pacto quisque suam rem

autres sens exercent chacun leur sensibilité propre, nous avons déblayé la route.

D'abord le son et la voix se font entendre dès que leur corps se glisse dans nos oreilles, et va heurter le sens : car il faut bien admettre la nature corporelle de la voix et du son, eux qui ébranlent nos organes. Aussi écorchent-ils souvent le gosier, et la fuite du cri irrite-t-elle les artères. Voici pourquoi. Lorsque les germes de la voix, déchaînés trop abondamment pour des issues étroites, se mettent à fuir, ils comblent les embouchures de la gorge, qui deviennent rauques, et endommagent les voies par où ils gagnent les airs. Or, pour nous blesser, il est incontestable que le son et la parole veulent être des essences corporelles.

Et puis tu sais que de matière nous ôtent, et que de nerfs, que de vigueur usent les conversations soutenues, allongées, depuis les feux naissants de l'aurore jusqu'aux ombres de la nuit obscure : surtout quand les cris accompagnent ce flux de paroles. Ainsi la voix forme nécessairement un corps, puisque de longs discours appauvrissent notre substance.

Les oreilles ne reçoivent pas des atomes de même forme, quand gronde le sourd éclat des trompettes mugissantes, ou la conque recourbée des barbares; où serpentent de rauques bourdonnements; et lorsque, dans les vallées de l'Hélicon, un cygne tourmenté par la mort roule le flot plaintif de sa voix mélancolique?

Les sons arrachés de notre corps, et que nous envoyons par la bouche, notre langue, mobile ouvrière de la parole, les articule, et l'inflexion des lèvres concourt à les façonner. La rudesse de la voix tient à la rudesse de ses éléments, et sa douceur est engendrée par les plus doux atomes.

Si un court espace sépare le berceau de la voix du lieu où elle vole, les paroles elles-mêmes doivent être claires, et les articulations distinctes; car la voix garde ses inflexions, elle garde sa forme. Mais si elle parcourt un trop long intervalle, l'abondance de l'air confond nécessairement les mots, et bouleverse la voix qui le fend de son aile. Il en résulte que tu peux entendre le bruit, et non distinguer le sens des paroles : tant le son arrive confus et embarrassé!

En outre, souvent un mot, échappé du héraut, frappe les oreilles de tout un peuple. Une seule voix est donc éparpillée tout à coup en mille voix, puisqu'elle se distribue à mille organes, et y imprime des mots aux formes nettes, au retentissement distinct. Une partie de ces voix, qui ne rencontrent pas les oreilles mêmes, passent et expirent sans fruit, disséminées au vent. D'autres, heurtant une masse solide, pierres rebondissantes, envoient un son qui nous abuse; car il n'est que l'image d'une parole.

Une fois éclairé sur ce point, ami, tu peux te rendre compte, tu peux expliquer aux autres pourquoi, dans les solitudes, les pierres renvoient exactement et la forme et l'ordre des mots, lorsqu'on cherche ses compagnons égarés sous l'ombre

Sentiat, haud quaquam ratio scruposa relicta est.
    Principio, auditur sonus et vox omnis, in aureis 525
Insinuata suo pepulere ubi corpore sensum.
Corpoream quoque enim vocem constare fatendum est,
Et sonitum; quoniam possunt impellere sensus.
Propterea radit vox fauceis sæpe; facitque 530
Asperiora foras gradiens arteria clamor.
Quippe per angustum, turba majore coorta,
Ire foras ubi cœperunt primordia vocum
Scilicet, expletis quoque janua redditur oris
Rauca viis; et iter lædit qua vox it in auras.
Haud igitur dubium, quin voces verbaque constent 535
Corporeis e principiis, ut lædere possint.
    Nec te fallit item, quid corporis auferat, et quid
Detrahat ex hominum nervis ac viribus ipsis
Perpetuus sermo, nigrai noctis ad umbram
Auroræ perductus ab exoriente nitore; 540
Præsertim, si cum summo est clamore profusus.
Ergo corpoream vocem constare necesse est,
Multa loquens quoniam amittit de corpore partem.
    Nec simili penetrant aureis primordia forma,
Quom tuba depresso graviter sub murmure mugit, 545
Et revocat raucum retro cita barbara bombum;
Vallibus et cycnei, nece tortei, ex Heliconis
Quom liquidam tollunt lugubri voce querelam.
    Hasce igitur penitus voces, quom corpore nostro
Exprimimus, rectoque foras emittimus ore, 550
Mobilis articulat verborum dædala lingua,
Formaturamque labrorum pro parte figurat.
Asperitas autem vocis fit ab asperitate
Principiorum, et item lævor lævore creatur. 554
    Hoc, ubi non longum spatium est, unde una profecta
Perveniat vox quæque, necesse est verba quoque ipsa
Plane exaudiri, discernique articulatim :
Servat enim formaturam, servatque figuram.
At si interpositum spatium sit longius æquo,
Aera per multum confundi verba necesse est, 560
Et conturbari vocem, dum transvolat auras.
Ergo fit, sonitum ut possis sentire, neque ollam
Internoscere, verborum sententia quæ sit;
Usque adeo confusa venit vox inque pedita.
    Præterea, verbum sæpe unum perciet aureis 565
Omnibus in populo, missum præconis ab ore.
In multas igitur voces vox una repente
Diffugit, in privas quoniam se dividit aureis,
Obsignans formam verbis clarumque sonorem.
At, quæ pars vocum non aureis incidit ipsas, 570
Præterlata perit frustra, diffusa per auras :
Pars solideis allisa, lapis rejecta, sonorem
Reddit, et interdum frustratur imagine verbi.
    Quæ, bone! quom videas, rationem reddere possis
Tute tibi atque alieis, quo pacto per loca sola 575

des montagnes, et qu'une voix retentissante appelle leur troupe dispersée. J'ai entendu même six ou sept paroles rejaillir d'un endroit à qui on en jetait une seule : tant elles se multipliaient à bondir de collines en collines!

Les peuples voisins de ces lieux y font habiter les satyres et les nymphes. Ils parlent aussi de faunes ; et tous affirment que leurs bruissements nocturnes, leurs ébats folâtres troublent le morne silence des bois. Et des cordes harmonieuses y résonnent, avec ces douces plaintes que répand la flûte sous le doigt du chanteur, et les enfants des campagnes sont avertis au loin, lorsque Pan secoue la couronne de pin, rempart de son front qui tient à moitié des bêtes, et que sa lèvre recourbée, volant sur des pipeaux ouverts, épanche les intarissables accords de sa muse champêtre. Que de prodiges, à les entendre! Craignant de paraître relégués dans une solitude que les dieux mêmes abandonnent, ils forgent de merveilleuses histoires ; ou bien un autre motif les guide : car les oreilles des hommes ne sont que trop avides de fables.

Au reste, ne sois pas étonné si de tel endroit qui arrête la vue, qui nous dérobe les corps visibles, il nous arrive des sons assez éclatants pour fatiguer nos oreilles. Nous apercevons bien des hommes qui causent à travers les portes fermées. Oui, parce que la voix franchit sans blessure des issues tortueuses ; mais les images s'y refusent. Elles se déchirent, à moins de couler tout droit, comme dans les pores du verre que fend le vol des moindres apparences.

En outre, la voix se distribue de tous côtés, parce que le son engendre le son. Aussitôt qu'il éclate, il se multiplie, comme l'étincelle de feu va s'éparpiller en mille étincelles. Aussi la voix remplit-elle tout aux alentours, même les enfoncements cachés, que son éclat ébranle. Au contraire les images, à peine dardées, volent en droite ligne. Voilà pourquoi l'œil est incapable de franchir les barrières, tandis que le son extérieur nous arrive. Encore la voix, émoussée quand elle perce les murs, est-elle confuse quand elle gagne nos oreilles ; et on voit que le retentissement nous frappe plus que les mots eux-mêmes.

Les instruments du goût, le palais et la langue, sont d'un mécanisme plus compliqué et d'une explication plus rude.

D'abord, nous sentons un goût dans la bouche lorsque nos dents expriment le suc de la nourriture, comme une main qui presse et dessèche une éponge imbibée d'eau. Les matières exprimées circulent ensuite dans les interstices du palais, dans les voies tortueuses et les mille pores de la langue. Alors, pour peu que les sucs flottants aient des germes lisses, leurs douces atteintes caressent mollement toutes les fibres sous les voûtes humides et ruisselantes de la bouche. Les autres, au contraire, piquent et déchirent les organes où ils jaillissent, suivant la mesure de leur aspérité.

Saxa pareis formas verborum ex ordine reddant,
Palanteis comites quom monteis inter opacos
Quærimus, et magna dispersos voce ciemus.
Sex etiam, aut septem, loca vidi reddere voces,
Unam quom jaceres : ita colles collibus ipsei   580
Verba repulsantes iterabant dicta referri.
  Hæc loca capripedes Satyros Nymphasque tenere
Finitumei fingunt, et Faunos esse loquuntur,
Quorum noctivago strepitu, ludoque jocanti,
Affirmant volgo taciturna silentia rumpi ;   585
Chordarumque sonus fieri dulceisque querelas,
Tibia quas fundit digitis pulsata canentum :
Et genus agricolum late sentiscere, quom Pan,
Pinea semiferi capitis vallamina quassans,
Unco sæpe labro calamos percurrit hianteis,   590
Fistula sylvestrem ne cesset fundere musam.
Cetera de genere hoc monstra ac portenta loquuntur,
Ne loca, deserta ab Divis quoque, forte putentur
Sola tenere ; ideo jactant miracula dictis :
Aut aliqua ratione alia ducuntur; ut omne   595
Humanum genus est avidum nimis auricularum.
  Quod superest, non est mirandum, qua ratione
Per loca qua nequeunt oculei res cernere apertas,
Hæc loca per voces veniant, aureisque lacessant :
Colloquium clusis foribus quoque sæpe videmus :   600
Nimirum, quia vox per flexa foramina rerum
Incolumis transire potest, simulacra renutant ;
Perscinduntur enim, nisi recta foramina tranant :
Qualia sunt vitri, species quæ transvolat omnis.
  Prætera, parteis in cunctas dividitur vox,   605
Ex aliis aliæ quoniam gignuntur ; ubi nam
Dissiluit semel in multas, exorta quasi ignis
Sæpe solet scintilla suos se spargere in igneis :
Ergo replentur loca vocibus, abdita retro
Omnia quæ circum fuerunt, sonituque cientur.   610
At simulacra viis de rectis omnia tendunt,
Ut sunt missa semel : quapropter cernere nemo
Sæpta supra potis est, at voces accipere extra.
Et tamen ipsa quoque hæc, dum transit ipsa viarum,
Vox obtunditur, atque aureis confusa penetrat ;   615
Et sonitum potius, quam verba, audire videmur.
  Hoc, qui sentimus sucum, lingua atque palatum
Plusculum habent in se rationis, plus operæque.
  Principio, sucum sentimus in ore, cibum quom
Mandundo exprimimus : ceu plenam spongiam aquai   620
Si quis forte manu premere ac siccare cœpit.
Inde, quod exprimimus, per caulas omne palati
Diditur, et raræ per plexa foramina linguæ.
Hoc, ubi lævia sunt manantis corpora suci,
Suaviter attingunt, et suaviter omnia tractant,   625
Humida linguai circum sudantia templa :
At contra pungunt sensum laceramque coorta,
Quanto quæque magis sunt asperitate repleta.
  Deinde, voluptas est e suco fine palati :

Ensuite, les jouissances du goût finissent au palais : une fois que les sucs, descendus par la gorge, coulent épars dans les membres, aucune volupté ne les accompagne. Et peu importe la nature des aliments qui vont enrichir ta substance, pourvu que les matières absorbées se cuisent, que tu puisses les distribuer au corps, et entretenir dans ton estomac le cours des humeurs digestives.

Maintenant expliquons pourquoi le suc nourricier agit diversement sur divers êtres ; pourquoi un corps amer et repoussant, au goût des uns, ne laisse pas de sembler exquis à d'autres ; pourquoi enfin ces différences, ces oppositions si vives, que les uns trouvent un aliment où les autres voient un poison énergique. Ainsi le serpent, atteint de notre salive, dépérit et s'achève lui-même de ses propres morsures ; ainsi l'ellébore, poison mortel aux hommes, accroît l'embonpoint des chèvres et des cailles.

Veux-tu en démêler la cause ? Rappelle-toi ce que nous avons dit plus haut sur les mille combinaisons qui enchaînent les atomes dans les êtres. Or, comme tous les animaux qui se nourrissent ont mille différences extérieures, et que la coupe des membres, la surface qui borne leur assemblage, tient à leur espèce, les germes doivent avoir la même condition, la même variété de formes. Et si les germes diffèrent, il est indispensable que les ouvertures, les canaux que nous appelons des pores, varient dans tous les membres, et jusque dans le palais et la bouche :
les uns doivent être plus étroits, les autres plus larges ; il existe nécessairement des carrés et des triangles, des ronds, et mille polygones de mille sortes. Ne faut-il pas, en effet, que la combinaison et le mouvement des atomes varie la structure des pores, et que les ouvertures soient modifiées par le tissu qui les enveloppe ? Donc, lorsque tu vois un mets exquis pour les uns et amer pour les autres, sa douceur tient aux atomes qui roulent, caressants et lisses, dans les conduits du palais ; au lieu que les âcres impressions du même corps accompagnent les formes rudes et les crocs aigus dont il perce la gorge.

Cet exemple nous amène facilement à expliquer toutes choses. Ainsi, lorsqu'un débordement de la bile a provoqué la fièvre, ou qu'une autre cause déchaîne la fougue du mal, tout le corps est aussitôt bouleversé, tous les éléments se déplacent : il en résulte que les atomes de nourriture, jadis appropriés au sens, ne lui conviennent plus, et qu'il s'accommode mieux des autres, qui, en y pénétrant, sont aptes à causer un sentiment amer. Car les deux espèces se combinent dans la substance du miel, comme nous te l'avons souvent montré plus haut.

A présent écoute de quelle façon les odeurs gagnent et frappent les narines : je vais le dire. D'abord, il faut des corps innombrables qui roulent, qui vomissent le flot de mille parfums ; et tu dois admettre que les odeurs sont partout émanées, partout jaillissantes, partout répandues. Mais leur affinité pour les êtres varie

```
Quom vero deorsum per fauceis præcipitavit,           630
Nulla voluptas est, dum diditur omnis in artus.
Nec refert quidquam, quo victu corpus alatur,
Dummodo, quod capias, concoctum didere possis
Artubus, et stomachi humectum servare tenorem.
    Nunc aliis alius qui sit cibus, ut videamus,      635
Expediam : quareve, aliis quod triste et amarum est,
Hoc tamen esse aliis possit perdulce videri :
Tantaque in his rebus distantia differitasque est,
Ut, quod alis cibus est, aliis fuat acre venenum.
Est itaque, ut serpens, hominis quæ tacta salivis,   640
Disperit, ac sese mandundo conficit ipsa.
Præterea, nobis veratrum est acre venenum ;
At capreis adipes et coturnicibus auget.
    Id quibus ut fiat rebus cognoscere possis,
Principio meminisse decet, quæ diximus ante,         645
Semina multimodis in rebus mixta teneri.
Porro omnes, quæquomque cibum capiunt, animantes,
Ut sunt dissimiles extrinsecus, et generatim
Extima membrorum circumcæsura coercet ;
Proinde et seminibus constant, variantque figura.    650
Semina quom porro distent, differre necesse est
Intervalla, viasque, foramina quæ perhibemus,
Omnibus in membris, et in ore ipsoque palato.
Esse minora igitur quædam majoraque debent ;
Esse triquetra aliis, aliis quadrata necesse est :   655
Multa rotunda, modis multis multangula quædam.
Namque figurarum ratio ut motusque reposcunt,
Proinde foraminibus debent differre figuræ,
Et variare vias, proinde ac textura coercet.
Hoc, ubi quod suave est aliis, aliis fit amarum,     660
Illi, quoi suave est, lævissima corpora debent
Contractabiliter caulas intrare palati :
At contra, quibus est eadem res intus acerba,
Aspera nimirum penetrant hamataque fauceis.
    Nunc facile est ex his rebus cognoscere quæque.  665
Quippe, ubi quoi febris, bili superante, coorta est,
Aut alia ratione aliqua est vis excita morbi ;
Perturbatur ibi jam totum corpus, et omnes
Commutantur ibi positurræ principiorum :
Fit, prius ad sensum quæ corpora conveniebant,       670
Nunc non conveniant ; et cetera sint magis apta,
Quæ penetrata queunt sensum progignere acerbum.
Utraque enim sunt in mellis commixta sapore ;
Id quod jam supera tibi sæpe ostendimus ante.
    Nunc age, quo pacto nareis adjectus odoris       675
Tangat, agam. Primum, res multas esse necesse est,
Unde fluens volvat varius se fluctus odorum ;
Et fluere, et mitti volgo, spargique, putandum est.
Verum aliis alius magis est animantibus aptus,
Dissimileis propter formas ; ideoque per auras       680
Mellis apes, quamvis longe, ducuntur odore ;
```

comme les formes élémentaires; et voilà pourquoi, au sein des airs, le miel attire de si loin les abeilles, et un cadavre les vautours; pourquoi les chiens, une fois leur nez subtil au vent, nous guident sur la trace des bêtes au pied fourchu; pourquoi enfin les gardiennes du Capitole, les oies au blanc plumage, éventent la piste lointaine des hommes.

Ainsi tel odorat, donné à tel être, le conduit vers sa nourriture propre, le rejette loin du noir poison; et cet instinct conserve toutes les espèces vivantes.

Quant aux odeurs mêmes qui vont assaillir les narines, il se peut que les unes aient un essor plus vaste que les autres; mais aucune ne court aussi loin que le son, que la parole, ni surtout (ai-je besoin de le dire?) que les images qui frappent les yeux et provoquent la vue. Car elles marchent errantes et lourdes; et encore loin du but elles expirent peu à peu, éparpillées sur la molle vague des airs. Pourquoi? D'abord, elles s'arrachent péniblement aux entrailles des êtres. Car les odeurs ne débordent, ne fuient point à la cime : toutes les substances le prouvent, alors que rompues, que broyées, que minées par le feu, elles jettent de plus fortes exhalaisons.

Ensuite, tu peux voir que leurs atomes sont moins fins que ceux de la parole; car elles sont exclues des murailles, que percent aisément la voix et le son. De là vient que le corps odorant lui-même nous offre moins de facilité pour découvrir son asile : ses impressions se glacent, à force de traîner dans les airs, et ne volent point au sens avec de nouvelles toutes chaudes. Aussi les chiens, souvent égarés, vont-ils quêtant à la piste.

Du reste, cela ne se voit que dans les parfums ou dans le monde des saveurs. Toutes les couleurs ont-elles un rapport si harmonieux avec tous les organes, que les unes ne soient plus douloureuses à voir que les autres?

Bien plus, dès que le coq, chassant la nuit au battement de ses ailes, appelle le jour de sa voix éclatante, les lions agiles sont incapables de lui tenir tête, de le regarder en face : tant ils songent alors à la fuite! Oui, parce que la substance du coq renferme certains atomes qui, une fois dardés à l'œil des lions, percent les fibres, et y causent une douleur assez vive pour abattre ces fiers courages. Et pourtant les mêmes atomes ne blessent aucun homme : soit que nos yeux les repoussent, ou que, trouvant à leur entrée même des issues libres, ils ne puissent endommager par un long séjour aucune partie des organes.

Poursuis, et vois maintenant la nature des impressions, la source des idées qui arrivent aux intelligences : quelques mots suffisent.

J'affirme d'abord que toute sorte d'images errent à milliers de mille façons, et de toutes parts, en tous sens : images si déliées, que leur rencontre dans les airs suffit pour les attacher ensemble, comme les feuilles d'or, ou les fils d'araignée. Car les formes qui envahissent les yeux, qui harcèlent la vue, sont bien moins délicates que leur tissu, à elles, qui entrent par

Voltureique cadaveribus : tum fissa ferarum
Ungula quo tulerit gressum, permissa canum vis
Ducit; et humanum longe præsentit odorem,
Romulidarum arcis servator, candidus anser.   685
  Sic aliis alius nidor datus ad sua quemque
Pabula ducit, et a tetro resilire veneno
Cogit; eoque modo servantur secla ferarum.
  Hic odor ipse igitur, nareis quiquomque lacessit,
Est alio ut possit permitti longius alter :   690
Sed tamen haud quisquam tam longe fertur eorum,
Quam sonitus, quam vox; mitto jam dicere, quam res,
Quæ feriunt oculorum acies, visumque lacessunt :
Errabundus enim tarde venit, ac perit ante
Paullatim, facileis distractus in aeris auras.   695
Ex alto primum quia vix emittitur ex re :
Nam penitus fluere atque recedere rebus odores
Significat, quod fracta magis redolere videntur
Omnia, quod contrita, quod igni collabefacta.
  Deinde, videre licet majoribus esse creatum   700
Principiis, quam vox; quoniam per saxea sæpta
Non penetrat, qua vox vulgo sonitusque feruntur.
Quare etiam quod olet, non tam facile esse videbis
Investigare, in qua sit regione locatum :
Refrigescit enim cunctando plaga per auras;   705
Nec calida ad sensum decurrunt, nuntia rerum.

Errant sæpe canes itaque, et vestigia quærunt.
  Nec tamen hoc solis in odoribus atque saporum
In genere est : sed item species rerum atque colores
Non ita conveniunt ad sensus omnibus omnes,   710
Ut non sint aliis quædam magis acria visu.
  Quin etiam gallum, noctem explodentibus alis,
Auroram clara consuetum voce vocare,
Nenu queunt rapidei contra constare leones,
Inque tueri : ita continuo meminere fugai.   715
Nimirum, quia sunt gallorum in corpore quædam
Semina, quæ, quom sunt oculeis immissa leonum,
Pupillas interfodiunt, acremque dolorem
Præbent, ut nequeant contra durare feroces;
Quom tamen hæc nostras acies nil lædere possint :   720
Aut quia non penetrant, aut quod penetrantibus olleis
Exitus ex oculis liber datur, in remorando
Lædere ne possint ex ulla lumina parte.
  Nunc age, quæ moveant animum res, accipe; et unde,
Quæ veniunt, veniant in mentem, percipe paucis.   725
  Principio hoc dico, rerum simulacra vagari
Multa modis multis in cunctas undique parteis
Tenuia; quæ facile inter se junguntur in auris,
Obvia quom veniunt; ut aranea bracteaque auri.
Quippe etenim multo magis hæc sunt tenuia texta,   730
Quam quæ percipiunt oculos, visumque lacessunt;

tous les vides du corps, qui ébranlent la fine matière des âmes, et qui provoquent leur sensibilité.

Aussi voyons-nous apparaître des centaures, et des formes de scylles, et des gueules de cerbères, et les fantômes des morts qui ont leurs ossements sous la terre. Ces apparitions tiennent aux images partout répandues, et dont les unes naissent spontanément au milieu des airs, dont les autres échappent à tous les assemblages, ou qui sont un effet bizarre de ces espèces réunies. Car il est impossible que les images de centaures soient faites de matière vivante, puisque la matière ne créa jamais un tel monstre; mais quand une forme de cheval rencontre par hasard la forme des hommes, elles se joignent sans peine, comme nous avons dit plus haut, à cause de leur fine nature, de leur tissu imperceptible.

Toutes les apparences du même genre naissent de la même façon; et comme tu as vu que ces images déliées sont aussi mobiles que légères, un seul de leurs coups ébranle facilement nos intelligences, qui ont elles-mêmes une légèreté et une finesse merveilleuses.

Ce fait que je rapporte, veux-tu en apprécier la justesse? Écoute. Si nous apercevons les mêmes choses avec l'esprit et l'œil, il faut bien que tous deux soient affectés de même. Or, tu sais que des lions, par exemple, ne m'apparaissent qu'à l'aide d'images qui vont assaillir mes yeux : tu le vois donc, mon intelligence sera également frappée de ces apparences de lion, ou de tout autre corps, qui sont aussi nettes pour elle que pour les yeux; seulement, elle reçoit de plus fines images.

De même, quand le sommeil s'est répandu dans nos membres, les intelligences ne veillent encore que pour essuyer ces mêmes fantômes, qui assiégent nos veilles : au point que nous croyons être sûrs de voir un homme qui a échangé la vie pour la mort, et qui appartient à la terre. La Nature nous impose ces illusions, parce que tous les sens dorment engourdis au fond des membres, et ne peuvent combattre le mensonge par la vérité. En outre, la mémoire languit abattue par le sommeil, et ne dément pas nos âmes, lorsque cette proie de la mort et de la tombe leur apparaît encore vivante.

Au reste, ne sois point émerveillé de voir que les images se meuvent, et agitent avec harmonie leurs bras et le reste des membres; car le sommeil nous offre de ces formes mobiles. Voici comment. Les images, tour à tour évanouies et remplacées par de nouvelles formes aux attitudes nouvelles, semblent avoir changé de gestes. Oui, leur succession doit être fort rapide : tant leurs pieds sont agiles, leurs sources abondantes, et tant la moindre durée sensible voit jaillir de ces parcelles, qui alimentent leur fugitif assemblage!

Il faut encore résoudre mille questions, éclaircir mille points, si on veut expliquer nettement les choses.

On demande, surtout, pourquoi nos esprits forment tout à coup les idées que nos caprices leur imposent. On demande si les images, escla-

Corporis hæc quoniam penetrant per rara, cientque
Tenuem animi naturam intus, sensumque lacessunt.
Centauros itaque et Scyllarum membra videmus,
Cerbereasque canum fauceis, simulacraque corum,   735
Quorum morte obita tellus amplectitur ossa :
Omne genus, quoniam passim simulacra feruntur,
Partim sponte sua quæ fiunt aere in ipso,
Partim quæ variis ab rebus quomque recedunt,
Et quæ conficiunt ex horum facta figuris.   740
Nam certe ex vivo Centauri non fit imago ;
Nulla fuit quoniam talis natura animai :
Verum ubi equi atque hominis casu convenit imago,
Hærescit facile extemplo, quod diximus ante,
Propter subtilem naturam et tenuia texta.   745
Cetera de genere hoc eadem ratione creantur :
Quæ quom mobiliter summa levitate feruntur,
Ut prius ostendi, facile uno commovet ictu
Quælibet una animum nobis subtilis imago :
Tenuis enim mens est et mire mobilis ipsa.   750
Hæc fieri, ut memoro, facile hinc cognoscere possis ;
Quatenus hoc simile est illi, quod mente videmus,
Atque oculis, simili fieri ratione necesse est.
Nunc igitur, docui quoniam me forte leonum
Cernere per simulacra, oculos quæquomque lacessunt ;   755
Scire licet, mentem simili ratione moveri

Per simulacra leonum, cetera, quæ videt æque,
Nec minus, atque oculei : nisi quod mage tenuia cernit.
Nec ratione alia, quom somnus membra profudit,
Mens animi vigilat, nisi qua simulacra lacessunt   760
Hæc eadem nostros animos, quæ, quom vigilamus :
Usque adeo, certe ut videamur cernere eum, quem,
Reddita vita, jam mors et terra potita est.
Hoc ideo fieri cogit Natura, quod omnes
Corporis offectei sensus per membra quiescunt,   765
Nec possunt falsum veris convincere rebus.
Præterea, meminisse jacet, languetque sopore;
Nec dissentit, eum mortis letique potitum
Jam pridem, quem mens vivum se cernere credit.
Quod superest, non est mirum, simulacra moveri   770
Brachiaque in numerum jactare et cetera membra :
Nam fit, ut in somnis facere hoc videatur imago.
Hoc, ubi prima perit, alioque est altera nata
Inde statu, prior hic gestum mutasse videtur.
Scilicet id fieri celeri ratione putandum est :   775
Tanta est mobilitas, et rerum copia tanta,
Tantaque sensibili quovis est tempore in uno
Copia particularum, ut possit suppeditare.
Multaque in his rebus quæruntur, multaque nobis
Clarandum est, plane si res exponere avemus.   780
Quæritur in primis, quare, quod quoique libido

ves de notre volonté, accourent à son premier appel; et si, dès que les ondes, la terre, le ciel enfin, ou les assemblées, les pompes, les festins, les batailles, nous font envie, la Nature nous apprête, nous fournit au moindre mot toutes ces images. Et encore faut-il songer que dans la même région, dans le même lieu, les autres imaginations évoquent mille pensées contraires!

Quoi! les spectres, enfants de nos rêves, qui joignent à un pas harmonieux la souplesse des membres, la souplesse des bras tour à tour agités, et qui vont sous nos yeux répétant ces gestes que leur pied accompagne, savent-ils donc bondir avec art? Errent-ils alors, pour que la nuit favorise ces doctes ébattements? Ou bien en est-il des images comme des paroles, et nos sens embrassent-ils à la fois une série dont les intervalles nous échappent, quoique la raison admette leur existence? Sans doute. Voilà pourquoi nos yeux rencontrent toujours et partout des images toutes prêtes; voilà pourquoi, tour à tour évanouies et remplacées par de nouvelles formes aux nouvelles attitudes, elles semblent avoir changé de gestes.

Mais leur essence fine, pour être nettement aperçue, veut des intelligences attentives.

Aussi toutes les images se perdent, hormis celles que nous évoquons nous-mêmes. Or, nous sommes toujours prêts et enclins à voir les choses qui ont rapport à nos idées : elles nous apparaissent donc.

Ne vois-tu pas que nos yeux même, quand ils envisagent un corps délié, se préparent et se fixent? Autrement, la vue ne saurait être perçante. Et encore remarques-tu que, faute de tourner leur attention sur mille choses apparentes, nos intelligences les voient dans un éternel et profond éloignement. Émerveille-toi donc ensuite, si toutes les images nous échappent, hormis celles dont la pensée nous absorbe! Souvent alors nous agrandissons démesurément les formes, et nous courons de nous-mêmes au piège des illusions.

Souvent aussi les images qui se renouvellent ont changé de sexe : nous avions une femme dans les bras, et tout à coup nous y apercevons un homme! Leur figure, leur âge subit encore mille vicissitudes, que le sommeil et le défaut de mémoire travaillent à rendre moins étranges.

Il est ici un système vicieux et faux, que tu dois éviter avec horreur et fuir avec effroi. Oui, garde-toi de croire que le flambeau des yeux étincelle tout exprès pour la vue; que le pied sert de fondement à la colonne flexible des jambes, afin que nos pas allongés dévorent la route; que les bras, vigoureux assemblage de muscles, et les mains, ces deux ministres du corps, furent destinés à satisfaire tous les besoins de la vie.

Toutes ces fausses interprétations de la Nature bouleversent la raison. Le corps ne renferme point un seul organe qui naisse pour nous ser-

Venerit, extemplo mens cogitet ejus id ipsum.
Anne voluntatem nostram simulacra tuentur;
Et, simul ac volumus, nobis occurrit imago?
Si mare, si terram, cordi est, si denique cœlum, 785
Conventus hominum, pompam, convivia, pugnas;
Omnia sub verbone creat natura parataque?
Quom præsertim alieis eadem in regione locoque
Longe dissimileis animus res cogitet omneis?
 Quid porro, in numerum procedere quom simulacra 790
Cernimus in somnis, et mollia membra movere;
Mollia mobiliter quom alternis brachia mittunt,
Et repetunt oculis gestum pede convenienti?
Scilicet arte madent simulacra, et docta vagantur,
Nocturno facere ut possint in tempore ludos? 795
An magis illud erit verum, quia tempore in uno,
Consentimus id, ut quom vox emittitur una,
Tempora multa latent, ratio quæ comperit esse?
Propterea fit, uti quovis in tempore quæque
Præsto sint simulacra locis in quosque parata : 800
Tanta est mobilitas, et rerum copia tanta :
Hoc, ubi prima perit, alioque est altera nata,
Inde statu, prior hic gestum mutasse videtur.
 Et, quia tenuia sunt, nisi quæ contendit, acute
Cernere non potis est animus; proinde omnia, quæ sunt
Præterea, pereunt, nisi quæ ex sese ipse paravit. 806
Ipse parat sese porro, speratque futuram,
Ut videat quod consequitur, rem quamque : fit ergo.

Nonne vides, oculos etiam, quom, tenuia quæ sunt,
Cernere cœperunt, contendere se atque parare; 810
Nec sine eo fieri posse, ut cernamus, acute?
Et tamen in rebus quoque apertis noscere possis,
Si non advortas animum, proinde esse, quasi omni
Tempore semotum fuerit longeque remotum.
Quur igitur mirum est, animus si cetera perdit, 815
Præter quam quibus est in rebus deditus ipse?
Deinde, adopinamur de signis maxuma parvis,
Ac nos in fraudem induimus frustraminis ipsei.
 Fit quoque, ut interdum non suppeditetur imago
Ejusdem generis; sed femina, quæ fuit ante 820
In manibus, vir uti factus videatur adesse :
Aut alia ex alia facies ætasque sequatur :
Quod ne miremur, sopor atque oblivia curant.
 Illud in his rebus vitium vehementer inesse
Effugere, errorem vitareque præmetuenter, 825
Lumina ne facias oculorum clara creata,
Prospicere ut possimus; et, ut proferre viai
Proceros passus, ideo fastigia posse
Surarum ac feminum, pedibus fundata, plicari :
Brachia tum porro, validis ex apta lacertis, 830
Esse manusque datas, utraque a parte ministras,
Ut facere ad vitam possemus quæ foret usus.
 Cetera de genere hoc, inter quæquomque pretantur,
Omnia pervorsa præpostera sunt ratione :
Nil ideo quoniam natum est in corpore, ut uti 835

vir; mais, une fois né, chacun y trouve son emploi. Voyait-on, avant que le flambeau des yeux fût allumé? discourait-on, avant de posséder une langue? Non, ce fut elle qui vint longtemps avant la parole; les oreilles existaient déjà, que nul retentissement ne se faisait entendre; tous les membres enfin ont dû, ce me semble, précéder leur usage : donc, il leur est impossible de croître pour notre service.

Au contraire, ces batailles où la main seule déchirait les corps, ensanglantait les membres, furent de beaucoup antérieures au vol des flèches étincelantes; et la Nature poussa les hommes à éviter les blessures, avant que l'art n'eût ajouté au bras gauche le rempart d'un bouclier.

Abandonner le corps fatigué au sommeil, est chose bien autrement vieille que les molles étoffes de nos lits; et on étancha la soif, avant que la coupe ne prit naissance.

Oui, on peut admettre que nous ayons imaginé, en vue de leur usage, toutes les choses suggérées par les enseignements de la vie pratique. Mais les autres, qui ont commencé par naître, nous ont découvert ensuite leur utilité; et parmi elles nous distinguons surtout les organes, les membres. Je le répète donc, il est impossible que tu oses les croire formés à titre de serviteurs utiles.

Pourquoi nous étonner encore si la nature physique de tout animal est avide de nourriture? Ne sait-on pas que les assemblages perdent mille flots de matière par mille débordements? Les animaux surtout, eux que le mouvement agite. Les sueurs arrachent et emportent une foule de germes profondément enfouis; une foule sont exhalés par nos bouches haletantes de fatigue. Ces pertes appauvrissent le corps, et minent toute la substance des êtres : épuisement que la douleur accompagne. Voilà pourquoi ils absorbent la nourriture qui, éparpillée dans les vides, étaye les membres, ranime les forces, et comble le gouffre de la faim ouvert dans les muscles et les veines. De même, le breuvage circule dans tous les endroits qui implorent son humidité : ces mille tourbillons de vapeur chaude qui embrasent nos estomacs, un fluide bienfaisant les dissipe, les éteint comme du feu; et il empêche leurs desséchantes ardeurs de consumer nos membres. Ainsi la soif haletante, balayée par ce flot, abandonne le corps; ainsi on apaise le cri de la faim.

Mais comment se fait-il que nous puissions, à notre gré, nous jeter en avant, ou imprimer au corps un mouvement oblique? quel agent a coutume de pousser une masse si lourde? Je vais le dire : toi, écoute mes paroles.

Les apparences de la marche s'offrent d'abord à notre esprit qu'elles ébranlent, je l'ai dit, je le répète. La volonté agit alors; car elle ne se met jamais à l'œuvre avant que les intelligences examinent ce qu'elles veulent, et ce premier aperçu est une image. Ainsi donc, une fois que la résolution de partir, de marcher, agite l'esprit, il frappe aussitôt la vive essence des âmes par toute

Possemus; sed, quod natum est, id procreat usum.
Nec fuit ante videre oculorum lumina nata;
Nec dictis orare prius, quam lingua creata est :
Sed potius longe linguæ præcessit origo
Sermonem; multoque creatæ sunt prius aures, 840
Quam sonus est auditus; et omnia denique membra
Ante fuere, ut opinor, eorum quam foret usus :
Haud igitur potuere utundi crescere causa.
At contra conferre manu certamina pugnæ,
Et lacerare artus, fedareque membra cruore, 845
Ante fuit multo, quam lucida tela volarent :
Et volnus vitare prius Natura coegit,
Quam daret objectum parmai læva per artem.
Scilicet et fessum corpus mandare quieti,
Multo antiquius est, quam lecti mollia strata : 850
Et sedare sitim prius est, quam pocula, natum.
Hæc igitur possunt utundi cognita causa
Credier, ex usu quæ sunt vitaque reperta :
Olla quidem seorsum, sunt omnia quæ prius ipsa
Nata, dedere suæ post notitiam utilitatis : 855
Quo genere in primis sensus et membra videmus.
Quare etiam atque etiam procul est, ut credere possis,
Utilitatis ob officium potuisse creari.
Illud item non est mirandum, corporis ipsa
Quod natura cibum quærit quojusque animantis. 860
Quippe etenim fluere atque recedere corpora rebus

Multa modis multis docui : sed plurima debent
Ex animalibus; hæc quia sunt exercita motu :
Multaque per sudorem ex alto pressa feruntur;
Multa per os exhalantur, quom languida anhelant. 865
His igitur rebus rarescit corpus, et omnis
Subruitur natura : dolor quam consequitur rem.
Propterea, capitur cibus, ut suffulciat artus,
Et recreet vireis inter datus; atque, patentem
Per membra ac venas, ut amorem obturet edundi. 870
Humor item discedit in omnia, quæ loca quomque
Poscunt humorem : glomerataque multa vaporis
Corpora, quæ stomacho præbent incendia nostro,
Dissupat adveniens liquor, ac restinguit, ut ignem;
Urere ne possit calor amplius aridus artus. 875
Sic igitur tibi anhela sitis de corpore nostro
Abluitur; sic expletur jejuna cupido.
Nunc, qui fiat, uti passus proferre queamus,
Quom volumus, vareque datum sit membra movere;
Et quæ res tantum hoc oneris protrudere nostri 880
Corporis insuerit, dicam : tu percipe dicta.
Dico, animo nostro primum simulacra meandi
Accidere, atque animum pulsare, ut diximus ante :
Inde voluntas fit : neque enim facere incipit ullam
Rem quisquam, quam mens providit, quid velit, ante; 885
Id, quod providet, illius rei constat imago,
Ergo, animus quom sese ita commovet, ut velit ire,

la masse, dans les articulations et les membres : contact facile, puisque les deux substances sont enchaînées. L'âme, à son tour, attaque le corps; et voilà comme, peu à peu, toute la machine s'émeut et s'ébranle.

D'ailleurs, ces ébranlements amaigrissent le corps; et il faut bien que l'air, essence toujours mobile, gagne les ouvertures, inonde les vides, et circule dans les moindres parties de notre substance. Tu vois donc que deux mobiles nous emportent, comme le vent et la voile chassent les navires.

Ici encore ne va pas crier merveille, parce que des corps imperceptibles roulent un corps énorme, et que nos lourdes masses tournent à leur gré. Le vent, fluide subtil et maigre, précipite bien avec de vastes efforts de vastes navires; et, si impétueux que soit leur essor, une seule main les conduit, un seul gouvernail leur imprime mille détours. Armées de grues et de poulies, les machines remuent et enlèvent sans peine des fardeaux immenses.

Maintenant, de quelle façon le doux sommeil verse-t-il le repos aux membres, et chasse-t-il les inquiétudes de nos poitrines? Je veux l'exposer en quelques vers, dont le charme surpasse le nombre. Un souffle harmonieux du cygne l'emporte sur le vaste cri dont les grues parsèment le vent à la cime des nuages : toi, apporte-nous de fines oreilles et un esprit perçant, afin de t'épargner mille révoltes contre nos paroles, et cette aversion, cette horreur pour la vérité, qu'inspire le fol aveuglement de ses propres erreurs.

D'abord le sommeil a lieu quand les âmes se décomposent au sein des membres, et qu'une partie de leur essence a été vomie au dehors, tandis que l'autre se ramasse, se concentre dans les profondeurs de la masse. Alors, alors enfin nos membres paraissent déliés et flottants. Car il est incontestable que le sentiment est dû au travail des âmes; et à peine le sommeil y met-il empêchement, que nous devons croire les âmes bouleversées, chassées de leur asile. Non pas tout entières : autrement le corps demeurerait engourdi par les glaces éternelles de la mort, faute de garder une parcelle de leur substance cachée dans les organes; feu qui dort enfoui sous un monceau de cendres, étincelle qui rallume le sentiment au fond des membres, invisible foyer qui jette tout à coup la flamme.

Mais la cause de ce nouvel état, et la source de ce bouleversement des âmes, de cette langueur du corps, je vais te les découvrir : ne me laisse pas jeter mes paroles au vent.

La surface des corps essuyant par son voisinage le contact des airs, elle doit être battue, ébranlée de mille coups : aussi la peau, et même des écailles ou un cuir épais, enveloppent-ils presque tous les assemblages. De même, la respiration expose leur intérieur à un choc, quand ils aspirent ou rejettent le souffle. Ces deux atteintes que la masse subit à la fois, cet ébranlement qui remonte par des canaux imperceptibles jus-

---

Inque gredi, ferit exemplo, quæ in corpore toto
Per membra atque artus animai dissita vis est :
Et facile est factum, quoniam conjuncta tenetur. 890
Inde ea proporro corpus petit, atque ita tota
Paullatim moles protruditur atque movetur.

Præterea, tum rarescit quoque corpus, et aer
Scilicet, ut debet, qui semper mobilis exstat,
Per patefacta venit, penetratque foramina largus : 895
Et dispergitur ad parteis ita quasque minutas
Corporis : hic igitur rebus fit utrimque duabus,
Corpus ut, ac navis velis ventoque, feratur.

Nec tamen illud in his rebus mirabile constat,
Tantula quod tantum corpus corpuscula possint 900
Contorquere, et onus totum convortere nostrum.
Quippe etenim ventus, subtili corpore tenuis,
Trudit agens magnam magno molimine navem;
Et manus una regit quantovis impete euntem;
Atque gubernaclum contorquet quolubet unum : 905
Multaque per trochleas et tympana pondere magno
Commovet, atque levi sustollit machina nixu.

Nunc quibus ille modis somnus per membra quietem
Irriget, atque animi curas e pectore solvat,
Suavidicis potius, quam multis, versibus edam; 910
Parvus ut est cycni melior canor, ille gruum quam
Clamor, in ætheriis dispersus nubibus austri.

Tu mihi da tenueis aureis, animumque sagacem :
Ne fieri negites, quæ dicam, posse, retroque
Vera repulsanti discedas pectore dicta : 915
Tutemet in culpa quom sis, neque cernere possis.

Principio, somnus fit, ubi est distracta per artus
Vis animæ; partimque foras ejecta recessit,
Et partim contrusa magis concessit in altum :
Dissolvuntur enim tum demum membra, fluuntque. 920
Nam dubium non est, animai quin opera sit
Sensus hic in nobis; quem quom sopor impedit esse,
Tum nobis animam perturbatam esse putandum est,
Ejectamque foras; non omnem; namque jaceret
Æterno corpus perfusum frigore leti, 925
Quippe ubi nulla latens animai pars remaneret
In membris, cinere ut multa latet obrutus ignis;
Unde reconflari sensus per membra repente
Possit, et ex igni cæco consurgere flamma.

Sed, quibus hæc rebus novitas confletur, et unde 930
Perturbari anima, et corpus languescere possit,
Expediam : tu fac, ne venteis verba profundam.

Principio, externa corpus de parte necessum est,
Aeriis quoniam vicinum tangitur auris,
Tundier, atque ejus crebro pulsarier ictu : 935
Propthereaque, fere res omnes aut corio sunt,
Aut etiam conchis, aut callo, aut cortice tectæ.
Interiorem etiam partem spirantibus aer
Verberat hic idem, quom ducitur, atque refiatur.

que vers les éléments et la base même de notre substance, ruinent peu à peu les membres. Car les atomes de l'esprit et du corps se troublent, se déplacent, et font que les âmes nous échappent en partie, que le reste va se cacher au fond des êtres, ou, éparpillé dans la masse, ne peut y rester uni et fournir sa part au mouvement vital, les réunions comme les voies étant interrompues par la Nature. Le sentiment, que ces révolutions étouffent, gagne les profondeurs du corps. Tout appui manque sous nos organes : la défaillance nous prend, et une langueur générale des membres. Les bras, les paupières tombent ; les jarrets succombent à un lourd affaissement, et la vigueur se brise.

Ensuite nos repas amènent le sommeil, parce que la nourriture nous affecte comme l'air, quand elle circule dans nos veines. Et même cet assoupissement des hommes rassasiés ou las a mille fois plus de pesanteur. Car les atomes, rompus de travail, essuient de vastes bouleversements ; et ce désordre veut que nos âmes se jettent plus avidement au fond des membres, que leur fuite soit plus abondante, que mille déchiremen!s intérieurs les éparpillent encore davantage.

Les choses qui nous attachent même quand elles sont accomplies, les occupations qui absorbent et exercent le plus nos intelligences, le sommeil a coutume de nous les imposer encore. Les avocats plaident, et interprètent les lois ; les généraux engagent et affrontent les batailles ; les marins soutiennent une guerre déclarée par les vents ; et nous aussi, un doux travail nous enchaîne : toujours, toujours interroger cette Nature, que nous exposons toute nue dans la langue de nos pères !

Tous les arts, comme tous les penchants, nous fixent ainsi, et peuplent nos rêves de leurs illusions. Vois les hommes assidûment occupés du théâtre plusieurs jours de suite : lors même que ces images ne frappent plus leurs sens avides, il est rare que leur intelligence ne garde pas des ouvertures libres, par où elles savent y remonter. Oui, durant quelques jours les mêmes prestiges assiégent leurs regards, et jusque dans leurs veilles ils croient apercevoir des corps bondissants, des membres agiles et souples. Ce pur accent des lyres, des cordes à la voix harmonieuse, leurs oreilles le boivent encore. La même foule leur apparaît avec toutes les pompes resplendissantes de la scène.

Tant la volonté, le goût et la nature du travail habituel ont de force, non-seulement chez les hommes, mais encore chez les bêtes ! Le sommeil qui abat les membres du coursier généreux, empêche-t-il que la sueur et une haleine précipitée ne marquent ses brûlants efforts pour disputer la palme ? Les barrières semblent ouvertes, et pourtant il repose.

Que de fois les chiens du chasseur, mollement assoupis, remuent tout à coup les jambes, aboient soudain, et aspirent à plusieurs reprises les airs,

Quare utrimque secus quom corpus vapulet, et quom 940
Perveniant plagæ per parva foramina nobis
Corporis ad primas parteis, elementaque prima ;
Fit quasi paullatim nobis per membra ruina :
Conturbantur enim positurae principiorum
Corporis atque animi ; sic, ut pars inde animai 945
Eliciatur, et introrsum pars abdita cedat ;
Pars etiam, distracta per artus, non queat esse
Conjuncta inter se, neque motu mutua fungi :
Inter enim sæpit cœtus natura viasque ;
Ergo sensus abit, mutatis motibus, alte. 950
Et, quoniam non est, quasi quod suffulciat artus,
Debile fit corpus, languescuntque omnia membra ;
Brachia, palpebræque cadunt, poplitesque cubanti
Sæpe lama submittuntur, viresque resolvunt.
Deinde cibum sequitur somnus, quia, quæ facit aer, 955
Hæc eadem cibus, in venas dum diditur omneis,
Efficit : et multo sopor ille gravissumus exstat,
Quem satur, aut lassus copias ; quia plurima tum se
Corpora conturbant, magno contusa labore.
Fit ratione eadem conjectus parte animai 960
Altior, atque foras ejectus largior ejus ;
Et divisior inter se ac distractior intus.
Et, quo quisque fere studio defunctus adhæret,
Aut quibus in rebus multum sumus ante moratei,
Atque in ea ratione fuit contenta magis mens ; 965
In somnis eadem plerumque videmur obire :
Causidicei causas agere et componere leges ;
Induperatores pugnare ac prælia obire ;
Nautæ contractum cum ventis degere bellum ;
Nos agere hoc autem, et naturam quærere rerum
Semper, et inventam patriis exponere chartis. 970
Cetera sic studia atque artes plerumque videntur
In somnis animos hominum frustrata tenere :
Et queiquomque dies multos ex ordine ludeis
Assiduas dederint operas, plerumque videmus, 975
Quom jam destituerint ea sensibus usurpare,
Relicuas tamen esse vias in mente patenteis,
Qua possint eadem rerum simulacra venire.
Per multos itaque olla dies eadem obvorsantur
Ante oculos, etiam vigilantes ut videantur 980
Cernere saltanteis, et mollia membra moventeis ;
Et citharæ liquidum carmen chordasque loquenteis
Auribus accipere ; et consessum cernere eumdem,
Scenaique simul varios splendere decores.
Usque adeo magni refert studium atque voluntas ; 985
Et quibus in rebus consuerint esse operatei
Non homines solum, sed vero animalia cuncta.
Quippe videbis equos forteis, quom membra jacebunt
In somnis, sudare tamen spirareque semper,
Et quasi de palma summas contendere vireis, 990
Aut quasi carceribus patefactis sæpe quiete.
Venantumque canes in molli sæpe quiete
Jactant crura tamen subito, vocesque repente

comme pour y saisir la trace des bêtes! Déjà éveillés, ils poursuivent encore mille fantômes de cerfs, ils les voient abandonnés à la fuite; puis enfin ils reviennent à eux, et secouent ces douces illusions. Les jeunes dogues, race caressante, habituée au logis, tressaillent, et arrachent vivement leur corps de la terre, comme si des traits, des visages nouveaux inquiétaient leur vue. Plus le germe des images est rude, plus elles doivent irriter le sommeil.

Les oiseaux de mille couleurs partent tout à coup la nuit, et agitent les bois sacrés de leur aile retentissante, lorsque des vautours semblent leur apporter la guerre, les batailles, au sein de leur mol assoupissement, et voler à leur poursuite.

De même nos intelligences, accoutumées à de vastes enfantements, exécutent et soutiennent de grandes choses jusque dans nos rêves. Les rois emportent des villes, on les prend, ils engagent la mêlée, ils poussent le cri des malheureux égorgés sur place. Mille autres combattent, à qui leurs blessures arrachent des gémissements; ou, comme si leurs membres palpitaient sous la dent des tigres, des lions cruels, ils remplissent tout de lamentations. Beaucoup révèlent alors de terribles mystères, et dénoncent leurs propres attentats. Beaucoup essuient la mort. Beaucoup croient tomber de hautes montagnes sur la terre: leurs corps frissonnent épouvantés, et au réveil leur âme, frappée de vertige, se remet à peine des émotions soulevées par ces tempêtes de la chair.

Les hommes altérés se voient au bord de fleuves, de sources ravissantes, que leur gosier absorbe presque tout entières. Que de fois un enfant, enchaîné par le sommeil, a cru lever sa robe devant un réservoir, un bassin ! et le flot impur, jaillissant du corps, souille les étoffes resplendissantes que fournit Babylone.

Puis, quand les vives humeurs de sa jeunesse commencent à bouillonner dans les pores, que la sève croît et mugit avec les ans, mille formes venues de mille corps extérieurs lui offrent, messagères lascives, de beaux visages, de fraîches couleurs, qui ébranlent et irritent les organes tout gonflés de semence, qui suppléent à mille douces opérations, qui excitent de longs épanchements, et qui ensanglantent la robe des vierges.

Elles vont solliciter le fluide générateur au fond de nos membres, je le répète, sitôt que les années mûrissent les forces; et, comme les organes divers sont harcelés par divers mobiles, la semence des hommes ne fermente que sous des influences humaines. A peine renvoyée de ses demeures, elle traverse les membres, les articulations, tout le corps enfin, et se ramasse dans les nerfs qui lui sont affectés. Là, elle frappe les organes mêmes de la génération. Irrités par elle, les organes se gonflent; ils aspirent à rejeter ce qui provoque leur fatal emportement, et nos âmes tendent vers le corps qui les a blessées d'amour. Oui, elles gagnent habituellement la source même du coup: notre sang inonde les douces ennemies qui nous frappent, et, vaincues dans nos

Mittunt, et crebro reducunt naribus auras,
Ut vestigia si teneant inventa ferarum; 995
Expergefacteique sequuntur inania sæpe
Cervorum simulacra, fugæ quasi dedita cernant;
Donec discussis redeant erroribus ad se.
At, consueta domu, catulorum blanda propago
Discutere et corpus de terra corripere instant; 1000
Proinde quasi ignotas facies atque ora tuantur.
Et, quo quæque magis sunt aspera seminiorum,
Tam magis in somnis eadem sævire necessum est.
At variæ fugiunt volucres, pinnisque repente
Sollicitant Divom nocturno tempore lucos, 1005
Accipitres somno in leni si prælia pugnasque
Edere sunt persectantes visæque volantes.
  Porro, hominum mentes, magnis quæ motibus edunt,
Magna itidem sæpe in somnis faciuntque geruntque.
Reges expugnant, capiuntur, prælia miscent; 1010
Tollunt clamorem, quasi si jugulentur ibidem,
Multei depugnant, gemitusque doloribus edunt;
Et quasi pantheræ morsu sævive leonis
Mandantur, magnis clamoribus omnia complent.
Multei de magnis per somnum rebu' loquuntur: 1015
Indicioque sui facti persæpe fuere.
Multei mortem obeunt: multei, de montibus altis
Ut quei præcipitent ad terram, corpore toto

Exterrentur; et ex somno, quasi mentibu' captei,
Vix ad se redeunt, permotei corporis æstu. 1020
  Flumen item sitiens aut fontem propter amœnum
Assidet, et totum prope faucibus occupat amnem.
Purei sæpe lacum propter ac dolia curta,
Somno devinctei, credunt se extollere vestem;
Totius humorem saccatum corpori', fundunt, 1025
Quom Babylonica, magnifico splendore, rigantur.
  Tum, quibus ætatis freta primitus insinuantur,
Semen ubi ipsa dies membris matura creavit,
Conveniunt simulacra foris e corpore quoque,
Nuntia præclari voltus pulchrique coloris, 1030
Qui ciet irritans loca turgida semine multo;
Ut, quasi transactis sæpe omnibu' rebu', profundant
Fluminis ingenteis fluctus, vestemque cruentent.
  Sollicitatur id in nobis, quod diximus ante,
Semen; adulta ætas quom primum roborat artus, 1035
Namque alias aliud res commovet atque lacessit;
Ex homine humanum semen ciet una hominis vis:
Quod simul atque suis ejectum sedibus exit,
Per membra atque artus decedit corpore toto,
In loca convenien' nervorum certa; cietque 1040
Continuo parteis genitaleis corporis ipsas:
Irritata tument loca semine, fitque voluntas
Ejicere id, quo se contendit dira libido:

bras, elles sont accablées de sa pourpre jaillissante!

Ainsi donc un homme, percé des flèches de Vénus que lance soit un enfant à la molle beauté, soit une femme qui darde l'amour par tous ses membres, court aux êtres qui le blessent, avide de joindre, de mêler à leur essence les flots de ses voluptueuses écumes : car le désir fougueux est un pressentiment de la jouissance. Voilà ce que nous entendons par Vénus, ce que nous avons nommé Amour. Voilà comment il épanche dans nos âmes cette goutte de volupté, qui tourne sitôt en inquiétudes glaciales, puisque les êtres chéris, dans leur absence, nous laissent de vives images et un doux nom toujours retentissant à nos oreilles.

Mais on doit fuir ces images, écarter de soi tout ce qui alimente de folles envies, détourner le cours de son intelligence, répandre sans choix une sève trop abondante, loin de la retenir, enchaîné par un seul amour, et de fomenter un germe de soucis, de tourments inévitables. Car, une fois nourrie, la plaie s'aigrit et s'enracine : chaque jour augmente nos fureurs, appesantit nos misères, à moins que de nouveaux coups n'étourdissent les premières blessures, à moins que de fugitives, de vagabondes amours ne les cicatrisent encore fraîches, ou que nous puissions tourner ailleurs les mouvements de nos âmes.

Un homme qui évite l'amour, ne renonce point à sa douce moisson. Au contraire, sans essuyer les peines, il recueille les fruits. Car, évidemment, les pures voluptés attendent plutôt les âmes saines que de misérables fous. Aux heures mêmes de la possession, les amants promènent, égarent de mille côtés leurs flottantes ardeurs : leurs yeux, leurs mains ne savent de quel trésor jouir avant les autres ; ils pressent violemment les charmes où ils fondent ; ils blessent un faible corps, et leur dent fatigue ces lèvres meurtries de leurs baisers. Tant leurs jouissances sont imparfaites, tant un aiguillon caché les anime contre tous les appas qui engendrent et soulèvent ces rages amoureuses! Mais Vénus amortit la douleur au sein du plaisir, et y mêle la douce volupté qui combat les morsures.

Hélas! on espère que la source même de nos ardeurs peut en éteindre les flammes : espoir que la nature dément et repousse. Cette passion est la seule dont une jouissance complète redouble les embrasements et la fougue terrible. La nourriture, le breuvage que nos membres absorbent, y envahissent des places fixées ; aussi apaise-t-on facilement cet amour du pain et des ondes. Mais la beauté, la fraîcheur, notre corps ne peut en jouir que par des formes légères ; et encore le vent nous dispute ces maigres espérances. Ainsi, dans le sommeil, un homme brûlé de soif cherche vainement un fluide capable de rafraîchir ses membres : il ne boit que des images jaillissantes ; il a beau se tourmenter, un torrent inonde ses lèvres, et il a soif encore! Telle, dans l'amour, Vénus se joue des amants par de stériles images. Leurs yeux ne peuvent se rassasier du corps qui

Idque petit corpus mens, unde est, saucia amore.
Namque omnes plerumque cadunt in volnus; et ollam 1045
Emicat in partem sanguis, unde icimur ictu :
Et, si comminus est, hostem ruber occupat humor.
Sic igitur, Veneris qui telis accipit ictus,
Sive puer membris muliebribus hunc jaculatur,
Seu mulier, toto jactans e corpore amorem ; 1050
Unde feritur, eo tendit, gestitque coire,
Et jacere humorem in corpus de corpore ductum :
Namque voluptatem præsagit multa cupido.
Hæc Venus est nobis ; hinc ductum est nomen Amoris :
Hinc illa et primum Veneris dulcedinis in cor 1055
Stillavit gutta, et successit frigida cura.
Nam, si abest, quod ames, præsto simulacra tamen sunt
Illius, et nomen dulce obversatur ad aureis.
Sed fugitare decet simulacra, et pabula amoris
Absterrere sibi ; atque alio convortere mentem , 1060
Et jacere humorem conjectum in corpora quæque.
Nec retinere, semel convorsum unius amore,
Et servare sibi curam certumque dolorem.
Ulcus enim vivescit et inveterascit alundo,
Inque dies gliscit furor, atque ærumna gravescit, 1065
Si non prima novis conturbes volnera plagis,
Volgivagaque vagus Venere ante recentia cures,
Aut alio possis animi traducere motus.

Nec Veneris fructu caret is, qui vitat amorem ;
Sed potius, quæ sunt sine pœna, commoda sumit. 1070
Nam certe pura est sanies magis inde voluptas ,
Quam miseris : etenim potiundi tempore in ipso
Fluctuat incertis erroribus ardor amantum :
Nec constat, quid primum oculis manibusque fruantur :
Quod petiere, premunt arcte ; faciuntque dolorem 1075
Corporis, et denteis illidunt sæpe labelleis,
Osculaque affligunt, quia non est pura voluptas :
Et stimulei subsunt, quei instigant lædere id ipsum ,
Quodquomque est, rabies unde ollæ germina surgunt.
Sed leviter pœnas frangit Venus inter amorem 1080
Blandaque refrenat morsus admixta voluptas.
Namque in eo spes est, unde est ardoris origo,
Restingui quoque posse ab eodem corpore flammam :
Quod fieri contra totum natura repugnat ;
Unaque res hæc est, quojus quo plurima habemus, 1085
Tam magis ardescit dira cupedine pectus.
Nam cibus atque humor membris assumitur intus :
Quæ quoniam certas possunt obsidere parteis,
Hoc facile expletur laticum frugumque cupido :
Ex hominis vero facie pulchroque colore 1090
Nil datur in corpus præter simulacra fruundum
Tenuia ; quæ vento spes rapta est sæpe misella.
Ut bibere in somnis sitiens quom quærit, et humor
Non datur, ardorem qui membris stinguere possit ;
Sed laticum simulacra petit, frustraque laborat, 1095

les enchaîne, ni leurs mains arracher une parcelle de ces molles beautés, où elles errent irrésolues.

Enfin, quand les membres enlacés cueillent la douce fleur des jeunes amours, que les corps tressaillent aux approches des jouissances, et que la déesse va ensemencer le champ maternel, ces étreintes sont encore plus avides : ils confondent leur haleine, leurs bouches humides, que presse la dent fougueuse. Vains efforts ! ils ne peuvent entamer ces charmes, ou engloutir et répandre leur corps dans le corps adoré. Car on voit que leurs âmes brûlent et essayent de le faire : tant ils aiment les nœuds étroits de Vénus, sitôt que leurs membres amollis fondent aux ardeurs du plaisir ! Enfin, les sucs irritants jaillissent des nerfs où ils sont amoncelés ; la fougue se calme, mais pour un instant : bientôt les emportements renaissent, et la même fureur agite les hommes, qui essayent de toucher au but où ils aspirent. Hélas ! ils ne trouvent aucun moyen qui dompte le fléau, et une blessure cachée les ronge dans ces incertitudes.

Ajoute que la fatigue dévore les nerfs, et amène le dépérissement ; ajoute que nous passons la vie sous le fouet des autres. Cependant les fortunes s'écroulent, on engage ses biens ; le devoir languit, et la réputation frappée chancelle. Car on brille de parfums, et du riant éclat des chaussures de Sicyone ; de grandes émeraudes aux vertes lumières sont emprisonnées dans l'or ; on use continuellement la pourpre, fatiguée de boire les sueurs amoureuses ; les richesses bien acquises de nos pères ne sont plus que rubans et parures, ou se convertissent en robes brodées par Scio et Alinde. Les festins étincelant de riches étoffes, de mets exquis, les jeux, les débauches, les odeurs, les couronnes, les guirlandes, on les prodigue ; mais en vain. Un goût amer empoisonne la source même du plaisir, et les fleurs cachent des épines : soit que les remords aiguillonnent ces existences oisives, et ruinées par les voluptés impures ; soit que des mots équivoques, lancés par une femme, percent nos âmes éprises, et y demeurent, y couvent en traits de feu ; ou que ses regards nous semblent trop mobiles, trop occupés des autres, et nous révèlent une perfidie dans un sourire.

Encore ces maux accompagnent-ils un amour heureux et sans partage. Que sera donc un amour sans espoir ni aliment ? Ouvre les yeux, et tu apercevras des tourments innombrables. Aussi vaut-il mieux y pourvoir de la façon enseignée plus haut, et entrer en garde contre tout appât. Car éviter les pièges est chose plus facile que de se dérober aux lacs, une fois pris, et de rompre les nœuds puissants de Vénus.

Et pourtant, quoique saisi et enlacé, on peut échapper au fléau, si on ne se met pas en travers soi-même, si on ne ferme point les yeux sur les vices de cœur ou les imperfections physiques de celle qui enflamme nos désirs. Car la plupart

In medioque sitit torrenti flumine potans :
Sic in amore Venus simulacris ludit amanteis;
Nec satiare queunt spectando corpora coram,
Nec manibus quidquam teneris abradere membreis
Possunt, errantes incertei corpore toto.   1100
    Denique quom, membris collatis, flore fruuntur
Ætatis, jam quom præsagit gaudia corpus,
Atque in eo est Venus, ut muliebria conserat arva;
Affigunt avide corpus, junguntque salivas
Oris, et inspirant, pressantes dentibus ora,   1105
Nequidquam ; quoniam nihil inde abradere possunt,
Nec penetrare et abire in corpus corpore toto :
Nam facere interdum velle, et certare videntur,
Usque adeo cupide in Veneris compagibus hærent,
Membra voluptatis dum vi labefacta liquescunt.   1110
Tandem, ubi se erupit nervis conjecta cupido,
Parva fit ardoris violenti pausa parumper,
Inde redit rabies eadem, et furor ille revisit,
Quom sibi, quod cupiant ipsei, contingere quærunt;
Nec reperire, malum id possunt quæ machina vincat : 1115
Usque adeo incertei tabescunt volnere cæco.
    Adde, quod absumunt nervos, pereuntque labore :
Adde, quod alterius sub nutu degitur ætas.
Labitur interea res, et vadimonia fiunt;
Languent officia, atque ægrotat fama vacillans :   1120
Unguenta et pulcra in pedibus Sicyonia rident,
Scilicet ; et grandes viridi cum luce smaragdei

Auro includuntur, teriturque thalassina vestis
Assidue, et Veneris sudorem exercita potat :
Et bene parta patrum fiunt anademata, mitræ ;   1125
Interdum in pallam, atque Alidensia, Chiaque vortunt.
Eximia veste et victu convivia, ludei,
Pocula crebra, unguenta, coronæ, serta parantur ;
Nequidquam ; quoniam medio de fonte leporum
Surgit amari aliquid, quod in ipsis floribus angat :   1130
Aut quom conscius ipse animus se forte remordet,
Desidiose agere ætatem, lustrisque perire ;
Aut quod in ambiguo verbum jaculata reliquit ;
Quod cupido affixum cordi, vivescit, ut ignis :
Aut nimium jactare oculos, aliumve tueri   1135
Quod putat, in voltuque videt vestigia risus.
    Atque in amore male hæc proprio summeque secundo
Inveniuntur : in adverso vero atque inopi sunt,
Prendere quæ possis, oculorum lumine aperto,
Innumerabilia : ut melius vigilare sit, ante   1140
Qua docui ratione, cavereque, ne illiciaris.
Nam vitare, plagas in Amoris ne jaciamur,
Non ita difficile est, quam captum retibus ipsis
Exire, et validos Veneris perrumpere nodos.
    Et tamen implicitus quoque possis, inque peditus, 1145
Effugere infestum, nisi tute tibi obvius obstes,
Et prætermittas animi vitia omnia primum,
Ut quæ corpori sunt ejus, quam perpetis, ac vis.
Nam faciunt homines plerumque, cupidine cæcei,

des hommes, dans leurs transports aveugles, imaginent et accordent aux femmes mille beautés qui ne sout point à elles. Vicieuses ou difformes, elles leur paraissent éblouissantes de charmes, et dignes des plus éclatants hommages. Et ils se raillent les uns des autres. « Apaisez Vénus, qui vous afflige de ces honteuses amours, » disent-ils, les malheureux, sans voir leurs propres et lamentables infortunes!

De noires amantes sont dorées comme le miel. Infectes et sales, elles négligent la parure. Louches, elles ont, comme Pallas, un œil au flottant azur. Sèches et roides, ce sont des biches; imperceptibles naines, de véritables Grâces, élégantes merveilles; énormes colosses, de majestueuses et imposantes beautés. Elles bégayent, et parlent mal : doux embarras! Elles ne soufflent mot : aimable pudeur! Elles sont impétueuses, bavardes, insoutenables : quel feu petillant! Tombent-elles de maigreur, elles sont adorables de finesse; sèchent-elles de la toux, elles ne sont que languissantes. Un corps massif, aux larges appas, devient une Cérès allaitant Bacchus. Un nez camus rappelle les Sylvains, les Faunes, et de grosses lèvres sont le trône du baiser. Faire le dénombrement de toutes ces illusions, est chose trop longue.

Supposons même que tous les charmes éclatent sur leur visage, que tous leurs membres exhalent Vénus. Mais elles ne sont point uniques; mais on a bien vécu avant de les connaître; mais elles partagent les vils besoins des plus immondes. Hélas! elles sont infectées par elles-mêmes, et leurs femmes en déroute se cachent pour éclater de rire.

Cependant un adorateur rebuté inonde leur seuil de larmes, de fleurs, de guirlandes, de parfums, et imprime de lamentables baisers à ces portes orgueilleuses. Enfin il entre; mais, au passage, le moindre souffle blesse-t-il ses narines? prompt à fuir, il cherche des prétextes honnêtes; ces plaintes, longtemps méditées et jaillies du cœur, expirent à ses lèvres : il voit et accuse sa démence, lui qui enrichissait une mortelle des biens que sa nature lui refuse. Nos déesses le savent. Aussi enveloppent-elles d'un épais rideau ces coulisses de la vie, quand elles veulent nous retenir, nous enrôler sous les bannières amoureuses. Vains efforts! Arrêtent-elles la pensée, qui va illuminer ces mystères et dépister ces ridicules? Elles ont beau être gracieuses, adorables : on ne se résigne point à faire la part des infirmités humaines.

Au reste, leurs soupirs ne sont pas toujours de voluptueux mensonges, quand elles enlacent et rivent leur corps au corps des hommes, et que leur bouche ruisselante pompe le baiser sur nos lèvres. Non, elles obéissent souvent à leur instinct, et, avides de joies communes, elles nous excitent à fournir la carrière des amours. Pourquoi les oiseaux, les bêtes sauvages, les génisses, les brebis, les juments, succombent-elles aux feux du mâle, sinon parce que leurs corps eux-mêmes brûlent, fermentent, débordent, et aiment à repousser les coups de son ardeur bondissante?

Ne vois-tu point, ô Memmius, des êtres que

Et tribuunt, ea quæ non sunt heis commoda vere. 1150
Multimodis igitur pravas turpeisque videmus
Esse in deliciis, summoque in honore vigere.
Atque alios aljei irrident, Veneremque suadent
Ut placent, quoniam fedo afflictentur amore;
Nec sua respiciunt miserei mala maxuma sæpe. 1155
   Nigra μελίχροος est; immunda ac fetida, ἄκοσμος·
Cæsia, Παλλάδιον· nervosa et lignea, Δορκάς·
Parvola, pumilio, Χαρίτων μία, tota merum sal;
Magna atque immanis, κατάπληξις, plenaque honoris;
Balba, loqui non quit? τραυλίζει· muta, pudens est; 1160
At flagrans, odiosa, loquacula, Λαμπάδιον fit;
Ἰσχνὸν ἐρωμένιον tum fit, quom vivere non quit
Præ macie; ῥαδινὴ vero est, jam mortua tussi;
At gemina et mammosa, Ceres est ipsa ab Iaccho;
Simula, Σιληνὴ ac Σατύρα est; labiosa, φίλημα. 1165
Cetera de genere hoc, longum est, si dicere coner.
   Sed tamen esto jam quantovis oris honore,
Quoi Veneris membris vis omnibus exoriatur;
Nempe aliæ quoque sunt : nempe hac sine viximus ante :
Nempe eadem facit, et scimus facere omnia turpeis; 1170
Et miseram tetris se suffit odoribus ipsa,
Quam famulæ longe fugitant, furtimque cachinnant.
   At lacrumans exclusus amator limina sæpe

Floribus et sertis operit, posteisque superbos
Unguit amaracino, et foribus miser oscula figit. 1175
Quem si, jam immissum, venientem offenderit aura
Una modo, causas abeundi quærat honestas;
Et meditata diu cadat, alte sumta, querela :
Stultitiaque ibi se damnet, tribuisse quod illi
Plus videat, quam mortali concedere par est. 1180
Nec Veneres nostras hoc fallit; quo magis ipsæ
Omnia summopere hos vitæ postscenia celant,
Quos retinere volunt, adscriptosque esse in amore;
Nequidquam : quoniam tu animo tamen omnia posses
Protrahere in lucem, atque omneis inquirere risus : 1185
Et, si bello animo est et non odiosa vicissim,
Prætermittere humaneis concedere rebus.
   Nec mulier semper ficto suspirat amore;
Quæ complexa viri corpus cum corpore jungit,
Et tenet assuctis humectans oscula labris. 1190
Nam facit ex animo sæpe; et communia quærens
Gaudia, sollicitat spatium decurrere amoris.
Nec ratione alia volucres, armenta, feræque,
Et pecudes, et equæ, maribus subsidere possent,
Si non, ipsa quod ollorum subat, ardet abundans 1195
Natura, et venerem salientum læta retractant.
   Nonne vides, Memmi, quos mutua sæpe voluptas

les jouissances communes enveloppent des mêmes nœuds, au prix des mêmes tortures ? Ainsi, dans nos carrefours, les chiens qui aspirent à rompre leur union, et qui dirigent leur ardent et vigoureux effort en sens contraire, demeurent assujettis par les fortes chaînes de Vénus. Affronteraient-ils ces maux, si un appas connu, une volupté mutuelle ne les attirait au piége qui les tient enlacés ? Je le répète donc, les jouissances se partagent.

Et lorsque Vénus mêle nos semences, que les femmes aspirent et engloutissent vivement le germe des hommes, la ressemblance du fruit avec les mères ou les pères tient à la séve qui domine. Mais les enfants que tu vois unir et fondre sur un même visage les traits de chaque parent, naissent de leur matière, de leur sang à tous deux : car les deux semences que Vénus aiguillonne jaillissent entre-choquées par de mutuelles ardeurs, qui concourent à rendre leurs batailles égales.

Il peut arriver même que ces enfants ressemblent à un aïeul, ou soient les vives images de leurs premiers ancêtres. Voici pourquoi. La substance des époux recèle sous mille combinaisons mille germes, héritage transmis de pères en pères, et qui vient de la souche. Vénus emploie ces purs atomes à diversifier les figures, à reproduire les traits et même la voix, la chevelure des familles, essences qui ont une base déterminée tout comme nos visages, nos corps et nos membres. La séve paternelle travaille donc à la race des femmes, et du corps des mères il ne jaillit que des hommes ; car si tout enfantement suppose les deux germes, encore la ressemblance du fruit marque-t-elle le suc qui abonde davantage : ressemblance si éclatante, soit chez les enfants des hommes, soit chez les rejetons des femmes.

Il est faux que la puissance divine, refusant à quelques hommes le germe créateur, et une douce famille qui les salue du nom de père, condamne leurs tristes jours à une Vénus stérile. La plupart le croient ; et, désespérés, ils inondent les autels de sang, ils y entassent les offrandes, pour que des sucs abondants fécondent les épouses. Mais ils fatiguent en vain les dieux et les oracles ; car la stérilité résulte de leur germe trop épais, ou trop clair et trop fluide. Trop clair, il ne demeure pas attaché aux réservoirs : il fond, recule, se perd, et avorte. Trop épais, il jaillit à flots compactes, et on ne le darde pas assez loin : il ne peut se glisser au but ; ou même, quand il perce les voies, ce germe se mêle difficilement au germe des femmes. Oui, aux concerts de Vénus, l'harmonie des organisations diffère. Tel homme charge mieux tel sein que les autres, et une femme ne reçoit pas de tous le fardeau qui appesantit ses membres. Beaucoup ont langui paresseuses sous de nombreux hymens, et trouvent ensuite des époux qui les fécondent, qui les enrichissent des joies de la maternité. Et les hommes chez qui de fécondes épouses demeu-

Vinxit, ut in vinclis communibus excrucientur ?
In triviis quom sæpe canes, discedere aventes,
Divorsei, cupide summis ex viribu' tendunt, 1200
Quom interea validis Veneris compagibus hærent ?
Quod facerent nunquam, nisi mutua gaudia nossent ;
Quæ jacere in fraudem possent, vinctosque tenere.
Quare etiam atque etiam, ut dico, est communi' voluptas.
 Et commiscendo quom semine forte virili 1205
Femina vim mulxit subita vi, corripuitque ;
Tum similes matrum materno semine fiunt,
Ut patribus patrio : sed, quos utriusque figuræ
Esse vides juxtim, miscenteis volta parentum,
Corpore de patrio ac materno sanguine crescunt, 1210
Semina quom, Veneris stimulis excita per artus,
Obvia conflixit conspirans mutuus ardor ;
Et neque utrum superavit eorum, nec superatum est.
 Fit quoque, ut interdum similes exsistere avorum
Possint, et referant proavorum sæpe figuras ; 1215
Propterea, quia multa modis primordia multis
Mixta suo celant in corpore sæpe parentes,
Quæ patribus patres tradunt a stirpe profecta.
Inde Venus varia producit sorte figuras ;
Majorumque refert voltus vocesque comasque : 1220
Quandoquidem nihilo minus hæc de semine certo
Fiunt, quam facies et corpora membraque nobis.
Et muliebre oritur patrio de semine seclum,
Maternoque mares exsistunt corpore cretei.
Semper enim partus duplici de semine constat : 1225
Atque, utri simile est magis id, quodquomque creatur,
Ejus habet plus parte æqua, quod cernere possis,
Sive virum suboles, sive est muliebris origo.
 Nec divina satum genitalem numina quoiquam
Absterrent, pater a gnatis ne dulcibus unquam 1230
Appelletur, et ut steriti Venere exigat ævom ;
Quod plerumque putant ; et multo sanguine mœstei
Conspergunt aras ; adolentque altaria donis,
Ut gravidas reddant uxores semine largo.
Nequidquam Divom numen sorteisque fatigant : 1235
Nam steriles nimium crasso sunt semine partim,
Et liquido præter justum tenuique vicissim.
Tenue, locis quia non potis est affigere adhæsum,
Liquitur extemplo, et revocatum cedit abortu.
Crassius hic porro, quoniam concretius æquo 1240
Mittitur, aut non tam prolixo provolat ictu,
Aut penetrare locos æque nequit, aut penetratum
Ægre admiscetur muliebri semine semen :
Nam multum harmoniæ Veneris differre videntur ;
Atque alias aliei complent magis, ex aliisque 1245
Suscipiunt aliæ pondus magis, inque gravescunt.
Et multæ steriles Hymenæis ante fuerunt
Pluribus, et nactæ post sunt tamen, unde puellos
Suscipere, et partu possent ditescere dulci ;
Et, quibus ante domi fecundæ sæpe nequissent 1250
Uxores parere, inventa est olleis quoque compar

raient stériles rencontrent à peine des natures analogues, que des enfants croissent, doux appui autour de leur vieillesse.

Tant il importe que les deux germes opèrent un mélange créateur, que les sucs fluides se marient aux sucs épais, et les épais aux fluides ! Ici, le choix des aliments qui nous soutiennent est fort grave ; car les uns épaississent dans les membres la sève qui est amaigrie, délayée par les autres. Il faut même regarder comment tu organises la douce volupté. On croit généralement que les animaux, les quadrupèdes nous offrent le modèle des attitudes les plus fécondes : car une fois les poitrines à plat et le rein exhaussé, les canaux pompent aisément la sève. Vénus ne demande point aux femmes un mouvement élastique. Non ; elles empêchent et contrarient la conception, si leurs joyeux bondissements répondent aux coups des hommes, si, de toute la force de leur poitrine assouplie par l'amour, elles aspirent le flot qui doit les rendre fécondes. Elles ôtent le soc égaré du sillon, elles écartent du but le jet créateur. Aussi nos courtisanes exploitent-elles ces agitations, tant pour éviter le doux fardeau et ne pas tomber enceintes, que pour assaisonner leur vénus infâme. Mais nos épouses ont-elles besoin de ces raffinements ?

Il arrive parfois que, sans intervention divine ni flèche de Vénus, une femme sans beauté inspire de longs amours. Sa conduite, des mœurs faciles, et un soin exquis de sa personne, nous habituent facilement à passer nos jours avec elle.

En général, l'habitude est l'intermédiaire de l'amour : car, si faibles que soient des coups éternellement répétés, ils domptent enfin et ruinent les êtres. Ne vois-tu pas que les moindres gouttes, tombées des nues, creusent le roc où leur humidité séjourne ?

LIVRE V.

Quel être peut avoir au cœur des inspirations si hautes que ses accents répondent à la magnificence du sujet, à ses grandes découvertes ? ou des paroles assez fortes pour exalter dignement le sage qui nous laissa mille biens inestimables, fruits de ses recherches, conquêtes de son intelligence ? Aucun mortel, je crois. Car si on veut un langage qui atteigne la majesté bien connue de ses œuvres, ce fut un dieu, oui, un dieu, illustre Memmius, celui qui le premier trouva ce plan de conduite, maintenant appelé sagesse ; celui dont l'industrieuse pensée tira la vie de tant d'orages et de si épaisses ténèbres, pour l'établir dans un port si tranquille, au sein d'une lumière si éclatante !

Compare ce bienfait à quelques vieilles inventions divines. Cérès apporta, dit-on, aux mortels les fruits de la terre ; Bacchus fit jaillir le nectar des vignes : mais leurs dons étaient-ils nécessaires au maintien de la vie ? La renommée cite des nations qui vivent sans les posséder encore ; tandis que, sans un cœur pur, il leur

Natura, ut possent gnatis munire senectam.
Usque adeo magni refert, ut semina possint
Seminibus commisceri genitaliter apta,
Crassaque conveniant liquideis, et liquida crasseis. 1255
Atque in eo refert, quo victu vita colatur :
Namque aliis rebus concrescunt semina membris,
Atque aliis extenuantur, tabentque vicissim.
Et quibus ipsa modis tractetur blanda voluptas,
Id quoque permagni refert ; nam more ferarum, 1260
Quadrupedumque magis ritu plerumque putantur
Concipere uxores, quia sic loca sumere possunt,
Pectoribus positis, sublatis semina lumbis.
Nec molles opu' sunt motus uxoribus hilum :
Nam mulier prohibet se concipere, atque repugnat, 1265
Clunibus ipsa viri Venerem si læta retractet,
Atque exossato ciet omni pectore fluctus :
Eicit enim sulcum recta regione viaque
Vomeris, atque locis avortit seminis ictum :
Idque, sua causa consuerunt scorta moveri, 1270
Ne complerentur crebro, gravidæque jacerent ;
Et simul ipsa vireis Venus ut concinnior esset :
Conjugibus quod nil nostreis opus esse videtur.
Nec divinitus interdum, Veneriscue sagittis,
Deteriore fit ut forma muliercula ametur : 1275
Nam facit ipsa suis interdum femina factis,
Morigerisque modis, et mundo corpore culta,

Ut facile insuescat secum vir degere vitam.
Quod superest, consuetudo concinnat amorem :
Nam, leviter quamvis, quod crebro tunditur ictu, 1280
Vincitur id longo spatio tamen, atque labascit.
Nonne vides, etiam guttas, in saxa cadenteis,
Humoris longo in spatio pertundere saxa ?

LIBER QUINTUS.

Quis potis est dignum pollenti pectore carmen
Condere pro rerum majestate hisque repertis ?
Quisve valet verbis tantum, qui fingere laudes
Pro meritis ejus possit, qui talia nobis,
Pectore parta suo quæsitaque, præmia liquit ? 5
Nemo, ut opinor, erit, mortali corpore cretus.
Nam si, ut ipsa petit majestas cognita rerum,
Dicundum est, Deus ille fuit, Deus, inclute Memmi,
Qui princeps vitæ rationem invenit eam, quæ
Nunc appellatur Sapientia ; quique per artem 10
Fluctibus e tantis vitam tantisque tenebris
In tam tranquillo et tam clara luce locavit.
Confer enim divina aliorum antiqua reperta :
Namque Ceres fertur fruges, Liberque liquoris
Vitigeni laticem mortalibus instituisse ; 15
Quom tamen his posset sine rebus vita manere ;
Ut fama est, aliquas etiam nunc vivere genteis :

est impossible de bien vivre. Nouvelle raison de croire que ce fut un dieu, celui dont émanent ces douces consolations de la vie, répandues chez les grands peuples, et qui maintenant encore charment les âmes.

Si on met au-dessus les exploits d'Hercule, certes on s'égare loin de la vérité. Quel mal nous feraient aujourd'hui le lion de Némée et le gouffre de sa gueule immense, l'horrible sanglier d'Érymanthe, ou enfin le taureau de Crète, et le fléau de Lerne, cette hydre hérissée d'un rempart de couleuvres au dard empoisonné? Qu'aurions-nous à craindre de la triple poitrine du triple Géryon? Et les chevaux de Diomède, soufflant le feu par les narines, près de la Thrace, sur les côtes Bistoniennes, au pied de l'Ismare, nous gêneraient-ils si fort, ainsi que les formidables griffes des oiseaux d'Arcadie, hôtes du Stymphale? Et le farouche gardien qui veille sur les pommes d'or étincelantes des Hespérides, ce serpent au regard terrible, au corps énorme, dont les replis embrassent le tronc de l'arbre, serait-il capable de nuire, relégué sur les plages de l'Océan, au bord de ces tristes mers où nul Romain ne se hasarde, et que le barbare même n'ose affronter?

Tous les monstres semblables jadis étouffés, à défaut de vainqueur, existeraient encore; que pourraient-ils nous faire? Rien, que je sache. Car aujourd'hui même les bêtes sauvages pullulent à foison ici-bas; elles agitent et peuplent de mille terreurs les bois, les hautes montagnes, les forêts profondes; mais ces lieux, qui nous empêche de les éviter?

Au contraire, si l'on n'a point un cœur pur, que de combats, que de périls il faut essuyer malgré soi! Quels soucis rongeurs, quelles inquiétudes, quels déchirements cause la passion! Que de craintes! Et l'orgueil, la débauche, l'emportement, que de ravages ne font-ils pas, ainsi que le luxe, la paresse?

Et un homme qui a dompté tous ces fléaux, qui les extirpe du cœur avec les seules armes de la parole, ne sera pas jugé digne d'être mis au rang des dieux! Surtout quand cet homme nous parle toujours des immortels eux-mêmes en termes divins, et que sa voix nous découvre la nature des choses.

Attaché à ses traces, je vais poursuivre mes raisonnements, et enseigner combien il est nécessaire que tous les êtres se bornent à une durée que fixent les conditions de leur existence, sans pouvoir enfreindre les lois immuables du temps. Ainsi, en première ligne, nous avons trouvé la nature des âmes : elles se composent de matières qui naissent avec nous, elles ne peuvent fournir sans atteinte de longues années; et dans le sommeil, mille fantômes les abusent, puisque nous croyons apercevoir un homme qui a cessé de vivre.

Pour achever, le développement du système me conduit à faire voir que le monde, amas de substance périssable, naît et succombe. Je dirai comment la rencontre des atomes a formé

At bene non poterat sine puro pectore vivi.
Quo magis hic merito nobis Deus esse videtur;
Ex quo nunc etiam, per magnas didita genteis, 20
Dulcia permulcent animos solatia vitæ.
   Herculis antistare autem si facta putabis,
Longius a vera multo ratione ferere.
Quid Nemeæus enim nunc nunc magnus hiatus
Ille leonis obesset, et horrens Arcadius sus? 25
Denique quid Cretæ taurus, Lernæaque pestis,
Hydra, venenatis posset vallata colubris?
Quidve tripectora tergemini vis Geryonai?
Et Diomedis equei, spirantes naribus ignem,
Thracen Bistoniasque plagas atque Ismara propter, 30
Tantopere officerent nobis [uncisque timendæ
Unguibus, Arcadiæ volucres,] Stymphala colentes?
Aureaque Hesperidum servans fulgentia mala,
Asper, acerba tuens, immani corpore, serpens,
Arboris amplexus stirpem, quid denique obesset, 35
Oceanum propter litus pelagique severa,
Quo neque noster adit quisquam, nec barbarus audet?
   Cetera de genere hoc quæ sunt portenta peremta,
Si non victa forent, quid tandem viva nocerent?
Nil, ut opinor; ita ad satiatem terra ferarum 40
Nunc etiam scatit, et trepido terrore repleta est
Per nemora ac monteis magnos sylvasque profundas :
Quæ loca vitandi plerumque est nostra potestas.

At nisi purgatum est pectus, quæ prælia nobis,
Atque pericula sunt ingratiis insinuandum! 45
Quantæ tum scindunt hominem cupedinis acres
Sollicitum curæ! quanteique perinde timores!
Quidve superbia, spurcitia ac petulantia, quantas
Efficiunt clades? quid luxus, desidiæque?
   Hæc igitur qui cuncta subegerit, ex animoque 50
Expulerit dictis, non armis, nonne decebit,
Hunc hominem numero Divom dignarier esse?
Quom bene præsertim multa ac divinitus ipsis
Immortalibu' de Divis dare dicta suerit,
Atque omnem rerum naturam pandere dictis. 55
   Quojus ego ingressus vestigia, dum rationes
Persequor ac doceo dictis, quo quæque creata
Fœdere sint, in eo quam sit durare necessum,
Nec validas valeant ævi rescindere leges.
Quo genere in primis animi natura reperta est, 60
Nativo primum consistere corpore creta;
Nec posse incolumem magnum durare per ævom :
Sed simulacra solere in somnis fallere mentem,
Cernere quom videamur eum, quem vita reliquit.
   Quod superest, nunc huc rationis detulit ordo, 65
Ut mihi mortali consistere corpore mundum,
Nativumque simul, ratio reddunda sit, esse :
Et, quibus ille modis congressus materiai
Fundarit terram, cœlum, mare, sidera, solem,

la terre, le ciel, la mer, les astres, le soleil, et le globe de la lune; quels sont les êtres qui ont existé réellement, et ceux que la terre ne porta jamais. Je dirai comment le besoin de nommer les choses accoutuma les hommes à un échange de paroles articulées, et comment fut insinuée dans les âmes cette peur des immortels, sainte barrière qui défend, par tout le globe, les temples, les fontaines et les bois sacrés, les autels et les statues des dieux.

J'expliquerai aussi par quelle force la Nature plie et gouverne la marche du soleil et les révolutions de la lune, pour t'empêcher de croire qu'ils accomplissent librement et à leur gré leurs courses éternelles entre le ciel et la terre, qu'ils se prêtent eux-mêmes à la croissance des fruits, des animaux, ou qu'ils roulent sous une main divine. Car les hommes les mieux éclairés sur la vie paisible des immortels viennent-ils à s'étonner comment tout a lieu ici-bas, et surtout les phénomènes qui éclatent au-dessus de nos têtes dans les campagnes des airs, ils retombent aussitôt dans leurs vieilles superstitions, ils évoquent des maîtres impérieux, et leur attribuent la toute-puissance : pauvres fous qui ignorent quelle chose peut ou ne peut pas être, quelle loi borne la puissance des corps et leur trace de profondes limites.

Au reste, pour que nous cessions de t'arrêter aux prémisses, examine d'abord les ondes, la terre, le ciel: leur triple nature, leurs trois corps, ô Memmius, ces trois aspects si divers, ces trois vastes tissus, un jour livrera tout à la destruction; et cette lourde machine du monde, demeurée tant de siècles inébranlable, s'écroulera.

Il ne m'échappe pas combien c'est une idée merveilleuse et neuve que la ruine future du ciel et de la terre, et combien j'aurai de peine à y réduire les intelligences. C'est ce qui arrive, quand on offre à l'oreille une vérité jusqu'alors inconnue, sans pouvoir la mettre sous les yeux, ni la faire toucher du doigt, ces deux voies de la persuasion les plus sûres, et qui aboutissent de plus près au cœur humain, au sanctuaire de la pensée. Je parlerai cependant: peut-être les faits eux-mêmes viendront-ils appuyer mes discours; peut-être verras-tu avant peu la Nature bouleversée sous les affreuses tempêtes du sol. Puisse la Fortune, qui gouverne tout, éloigner ce désastre! Puisse la raison, plutôt que l'événement, t'apprendre que le monde vaincu peut s'abîmer avec un horrible fracas!

Mais, avant que je ne révèle sa destinée par un oracle plus saint et plus infaillible que ceux que la Sibylle tire du trépied d'or et des lauriers d'Apollon, écoute de sages et consolantes paroles. Je ne veux pas que, sous le frein de la superstition, tu ailles croire que la terre, le soleil, le ciel, la mer, la lune, essences divines, sont impérissables, et que pour cela tu invoques mille supplices contre le forfait épouvantable de ces nouveaux Géants, qui ébranlent avec leurs systèmes les remparts du monde, qui veulent éteindre le soleil, flambeau des airs, et qui impriment le sceau de la mort à des choses immor-

---

Lunaique globum : tum, quæ tellure animantes 70
Exstiterint; et, quæ nullo sint tempore natæ :
Quove modo genus humanum variante loquela
Cœperit inter se vesci per nomina rerum :
Et, quibus ille modis Divom metus insinuarit
Pectora, terrarum qui in orbi sancta tuetur 75
Fana, lacus, lucos, aras, simulacraque Divom.
    Præterea, solis cursus lunæque meatus
Expediam qua vi flectat Natura gubernans :
Ne forte hæc inter cœlum terramque reamur
Libera sponte sua cursus lustrare perenneis, 80
Morigera ad fruges augendas atque animanteis :
Neve aliqua Divom volvi ratione putemus.
Nam bene quei didicere Deos securum agere ævom,
Si tamen interea mirantur, qua ratione
Quæque geri possint, præsertim rebus in ollis, 85
Quæ supra caput æthereiis cernuntur in oris;
Rursus in antiquas referuntur religiones,
Et dominos acreis adsciscunt, omnia posse
Quos miserei credunt : ignarei, quid queat esse,
Quid nequeat; finita potestas denique quoique 90
Quanam sit ratione, atque alte terminus hærens.
    Quod superest, ne te in promissis plura moremur,
Principio maria, ac terras, cœlumque tuere :
Quorum naturam triplicem, tria corpora, Memmi,
Treis species tam dissimileis, tria talia texta, 95
Una dies dabit exitio; multosque per annos
Sustentata, ruet moles et machina mundi.
    Nec me animi fallit, quam res nova miraque menti
Accidat, exitium cœli terræque futurum;
Et quam difficile id mihi sit pervincere dictis : 100
Ut fit, ubi insolitam rem apportes auribus ante,
Nec tamen hanc possis oculorum subdere visu,
Nec jacere indu manus; via qua munita fidei
Proxuma fert humanum in pectus templaque mentis.
Sed tamen effabor : dicteis dabit ipsa fidem res 105
Forsitan; et graviter, terrarum motibus ortis,
Omnia conquassari in parvo tempore cernes :
Quod procul a nobis flectat Fortuna gubernans,
Et ratio potius quam res persuadeat ipsa,
Succidere horrisono posse omnia victa fragore. 110
    Qua prius aggrediar quam de re fundere fata
Sanctius, et multo certa ratione magis, quam
Pythia, quæ tripode e Phœbi lauroque profatur;
Multa tibi expediam doctis solatia dictis :
Religione refrenatus ne forte rearis, 115
Terras, et solem, cœlum, mare, sidera, lunam
Corpore divino, debere æterna meare :
Proptereaque putes, ritu par esse Gigantum
Pendere eos pœnas immani pro scelere omneis,

telles. Ah! ne sont-elles pas bien éloignées de la nature céleste, bien indignes de figurer parmi les dieux, ces masses qui offrent plutôt l'image d'une vie morte et insensible?

Car il est impossible d'admettre que l'âme et l'intelligence s'accommodent d'habiter un corps quelconque. De même qu'il ne peut y avoir un arbre dans l'air, un nuage dans les flots salés, un poisson vivant au sein des campagnes, du sang dans les veines du bois, ou des sucs dans la pierre, mais que tout a un lieu distinct et fixe pour séjourner et croître : de même la Nature ne peut enfanter un esprit sans corps, un esprit pur, qui existe loin du sang et des veines. Car, autrement, ces essences libres habiteraient indistinctement la tête, les épaules, le talon, et auraient coutume de naître dans un endroit quelconque, plutôt que de rester au fond du même corps, du même vase. Mais si, dans ton propre corps, il est évident et sûr que des lois invariables fixent un lieu où existent et croissent séparément ton esprit et ton âme, à plus forte raison nieras-tu que leur assemblage puisse subsister loin du corps et de toute forme vivante, dans la poussière des glèbes, dans les feux du soleil, dans l'onde, dans les hautes campagnes des airs. Possèdent-elles donc une sensibilité divine, ces matières incapables même de recevoir les tressaillements de la vie?

Il n'est rien, non plus, qui autorise à croire que les saintes demeures des immortels se trouvent dans une partie du monde. Ces dieux, natures fines, et loin de la portée de nos sens, à peine nos intelligences les entrevoient-elles. Or, échappant au contact et à la rencontre des mains, ils ne peuvent rien toucher qui nous soit perceptible; car les êtres impalpables ne touchent point eux-mêmes. Ainsi leur demeure sera tout autre que les demeures humaines, et subtile comme leur essence. Je te le prouverai, dans la suite, par de larges développements.

Dire que les immortels ont voulu disposer pour les hommes cette belle nature du monde, qu'il faut par conséquent y admirer l'admirable ouvrage d'une main divine, et la croire éternelle, impérissable; crier à l'attentat contre tout effort qui ébranle dans ses fondements ce que l'antique sagesse des dieux a établi jusqu'à la fin des âges pour les races humaines, et contre toute parole qui le tourmente, qui le bouleverse de fond en comble; imaginer enfin et répandre toutes les fables de ce genre, Memmius, est une folie. Quoi! notre reconnaissance procure-t-elle donc à ces âmes bienheureuses et immortelles de grands avantages, qui les excitent à travailler pour le compte des hommes? Quel attrait nouveau a pu inspirer si tard à ces existences si paisibles le désir de quelque changement? Ceux-là doivent aimer une position nouvelle, que leur ancien sort incommode; mais des êtres à qui le temps passé n'a fait aucune blessure dans le cours d'une vie florissante, quel besoin eût allumé en eux cette passion de la

Quei ratione sua disturbent mœnia mundi, 120
Præclarumque velint cœli restinguere solem,
Immortalia mortali sermone notantes :
Quæ procul usque adeo divino ab numine distent,
Inque Deum numero quæ sint indigna videri;
Notitiam potius præbere ut posse putentur, 125
Quid sit vitali motu sensuque remotum.
  Quippe etenim non est, cum quovis corpore ut esse
Posse animi natura putetur consiliumque :
Sicut in æthere non arbor, non æquore salso
Nubes esse queunt, neque pisces vivere in arvis; 130
Nec cruor in lignis, neque saxeis sucus inesse :
Certum ac dispositum est, ubi quidquid crescat, et insit :
Sic animi natura nequit sine corpore oriri
Sola, neque a nervis et sanguine longius esse.
Quod si posset enim, multo prius ipsa animi vis 135
In capite, aut humeris, aut imis calcibus esse
Posset, et innasci quavis in parte soleret,
Quamde in eodem homine atque in eodem vase manere.
Quod quoniam nostro quoque constat corpore certum,
Dispositumque videtur, ubi esse et crescere possit 140
Seorsum anima atque animus; tanto magis inficiandum,
Totum posse extra corpus, formamque animalem,
Putribus in glebis terrarum, aut solis in igni,
Aut in aqua durare, aut altis ætheris oris.
Haud igitur constant divino prædita sensu, 145
Quandoquidem nequeunt vitaliter esse animata.
  Illud item non est ut possis credere, sedes

Esse Deum sanctas in mundi partibus ullis :
Tenuis enim natura Deum, longeque remota
Sensibus ab nostris, animi vix mente videtur. 150
Quæ quoniam manuum tactum suffugit et ictum,
Tactile nil nobis quod sit, contingere debet :
Tangere enim non quit, si tangi non licet ipsum.
Quare etiam sedes quoque nostris sedibus esse
Dissimiles debent; tenues, de corpore eorum. 155
Quæ tibi posterius largo sermone probabo.
  Dicere porro, hominum causa voluisse parare
Præclaram mundi naturam, proptereaque
Allaudabile opus Divom laudare decere,
Æternumque putare atque immortale futurum; 160
Nec fas esse, Deum quod sit ratione vetusta
Gentibus humaneis fundatum perpetuo ævo,
Sollicitare suis ulla vi ex sedibus unquam,
Nec verbis vexare, et ab imo evortere summa :
Cetera de genere hoc affingere et addere, Memmi, 165
Desipere est; quid enim immortalibus atque beatis
Gratia nostra queat largirier emolumenti,
Ut nostra quidquam causa gerere aggrediantur?
Quidve novi potuit tanto post, ante quietos,
Illicere, ut cuperent vitam mutare priorem? 170
Nam gaudere novis rebus debere videtur,
Quoi veteres obsunt : sed, quoi nihil accidit ægri
Tempore in anteacto, quom pulchre degeret ævom,
Quid potuit novitatis amorem accendere tali?
An, credo, in tenebris vita ac mœrore jacebat, 175

nouveauté? Est-ce que, par hasard, leur existence languissait dans les ténèbres et l'abattement, jusqu'au jour où brilla la fleur naissante du monde? Pour nous, enfin, quel mal y aurait-il eu à ne pas naître? Car, une fois né, un être quelconque doit vouloir rester au monde, tant que les douces jouissances y retiennent son âme; mais s'il n'a jamais goûté à cet amour de la vie, s'il ne fut jamais au nombre des vivants, que lui importe de n'être pas créé?

Et le type de la création, et l'idée même de l'homme, où ces dieux l'ont-ils puisée? Comment ont-ils su et envisagé dans leur intelligence ce qu'ils voulaient faire? Eussent-ils connu l'énergie des atomes, et ce que peuvent leurs différentes combinaisons, sans la Nature qui a fourni son propre modèle? Car, depuis le temps immémorial que les atomes, battus par mille chocs de mille sortes, et accoutumés à un vif essor que leur poids aiguillonne, forment toutes les alliances, essayent tous les arrangements capables de féconder leur assemblage, il n'est pas étonnant qu'ils aient enfin rencontré un ordre, établi un cours tel que celui où s'opère et se renouvelle aujourd'hui encore la grande masse des êtres.

Pour moi, lors même que je ne connaîtrais pas les éléments des choses, rien qu'à voir le mécanisme céleste, j'affirmerais sans crainte, je prouverais sans réplique que la Nature ne peut être l'ouvrage d'une main divine, tant elle a d'imperfections.

D'abord, tout l'espace que le vaste tourbillon des cieux enveloppe est avidement rongé par les montagnes et les forêts des bêtes sauvages, ou envahi par des rocs et des marais immenses, et la mer enfin, large ceinture qui entrecoupe les terres. Les ardeurs brûlantes ou l'éternelle chute des frimas dévorent presque deux zones qu'elles ôtent aux mortels. Ce qui reste de terrain, la Nature, par sa propre énergie, le couvrirait de ronces, sans la vigoureuse résistance de l'homme, que les besoins de sa vie accoutument à gémir sur un infatigable râteau, et à presser, à fendre la terre de sa charrue. Si on ne retourne point avec le soc les glèbes fécondes, et qu'un bouleversement du sol n'excite pas la végétation, elle ne peut jaillir toute seule dans les airs limpides. Encore souvent le fruit de nos pénibles travaux, alors que toute la plaine se couvre de feuilles et de fleurs, est-il brûlé aux feux trop ardents que le soleil verse des hauteurs du ciel, ou étouffé sous des pluies, des gelées inattendues, ou ravagé par le souffle furieux et la tourmente des vents.

Et la race terrible des bêtes sauvages, fléau de l'espèce humaine, d'où vient que la Nature se plaît à la nourrir et à l'accroître sur la terre et dans l'onde? Pourquoi les saisons nous apportent-elles des maladies? Pourquoi la mort erre-t-elle sur nos têtes, avant l'âge mûr pour la tombe?

Semblable au marin qu'ont rejeté les ondes cruelles, l'enfant demeure couché sur la terre, nu, sans parole, dénué de tous les secours qui aident à vivre, sitôt que la Nature le vomit avec

Donec diluxit rerum genitalis origo?
Quidve mali fuerat nobis non esse createis?
Natus enim debet, quiquomque est, velle manere
In vita, donec retinebit blanda voluptas :
Qui nunquam vero vitæ gustavit amorem, 180
Nec fuit in numero ; quid obest non esse creatum?
 Exemplum porro gignundis rebus, et ipsa
Notities hominum Diis unde est insita primum,
Quid vellent facere, ut scirent animoque viderent?
Quove modo est unquam vis cognita principiorum, 185
Quidque inter sese permutato ordine possent,
Si non ipsa dedit specimen Natura creandi?
Namque ita multimodis multis primordia rerum
Ex infinito jam tempore percita plagis,
Ponderibusque suis consuerunt concita ferri, 190
Omnimodisque coire, atque omnia pertentare,
Quæquomque inter se possint congressa creare;
Ut non sit mirum si in talibus dispositibus
Deciderunt quoque, et in talibus venere meatus,
Qualibus hæc rerum geritur nunc summa novando. 195
 Quod si jam rerum ignorem primordia quæ sint,
Hoc tamen ex ipsis cœli rationibus ausim
Confirmare, aliisque ex rebus reddere multis;
Nequaquam nobis divinitus esse paratam
Naturam rerum; tanta stat prædita culpa! 200
 Principio, quantum cœli tegit impetus ingens,
Inde avidam partem montes sylvæque ferarum
Possedere; tenent rupes vastæque paludes
Et mare, quod late terrarum distinet oras.
Inde duas porro prope parteis fervidus ardor 205
Assiduusque geli casus mortalibus aufert.
Quod superest arvi, tamen id natura sua vi
Sentibus obducat, ni vis humana resistat,
Vitai causa, valido consueta bidenti
Ingemere, et terram pressis proscindere aratris : 210
Si non, fecundas vortentes vomere glebas,
Terraique solum subigentes, cimus ad ortus;
Sponte sua nequeant liquidas exsistere in auras.
Et tamen, interdum magno quæsita labore,
Quom jam per terras frondent atque omnia florent, 215
Aut nimiis torret fervoribus ætherius sol,
Aut subitei perimunt imbres gelidæque pruinæ,
Flabraque ventorum violento turbine vexant.
 Præterea, genus horriferum Natura ferarum,
Humanæ genti infestum, terraque marique 220
Quur alit atque auget? quur anni tempora morbos
Apportant? quare Mors immatura vagatur?
 Tum porro puer, ut sævis projectus ab undis
Navita, nudus humi jacet, infans, indigus omni
Vitali auxilio, quom primum in luminis oras 225
Nixibus ex alvo matris Natura profudit,
Vagituque locum lugubri complet, ut æquum est,

effort des entrailles maternelles au berceau de la lumière. Il remplit les lieux de ses lugubres vagissements; et il a bien raison, lui qui a tant de maux encore à traverser dans la vie! Mais les troupeaux divers, petits ou grands, et les bêtes féroces, croissent sans peine : ils n'ont pas besoin de hochets, et aucun n'exige qu'une tendre nourrice lui bégaye des paroles caressantes; la température ne les oblige point à changer de vêtements, et il ne leur faut ni armes, ni hautes murailles, pour défendre ce qui est à eux, puisque la terre elle-même et l'industrieuse Nature fournissent si abondamment à tous les besoins de tous ces êtres.

D'abord, comme la substance de la terre, des ondes, et l'haleine légère du vent, et la brûlante vapeur du feu, qui composent évidemment la grande masse des êtres, sont elles-mêmes formées de matières qui naissent et périssent, on doit croire que le monde tout entier participe de leur essence. Car, lorsque nous voyons un ensemble dont les parties et les membres sont des corps nés et revêtus de formes mortelles, nous apercevons presque du même regard et la mort et la naissance de cet ensemble. Moi donc qui vois les membres énormes et les parties du monde se consumer et renaître, je puis être sûr que la terre, le ciel ont eu un commencement et auront une fin.

Ici ne songe point à me reprendre, Memmius, quand je donne le feu et la terre pour des essences mortelles, que je ne crains pas de faire périr les airs, les ondes, et que je les ressuscite tous sous une croissance nouvelle. D'abord, une partie de la terre, éternellement brûlée de mille soleils et battue de mille pieds, exhale des nuages de poussière et de légers brouillards, que le vent impétueux éparpille dans les airs. Une partie même des glèbes fond et retombe en eau sous les pluies; et les fleuves, en rasant leurs rives, les rongent. Mais tout corps qui alimente les autres répare bientôt ses pertes. Or, il est évident et incontestable que la terre est à la fois le berceau et la tombe commune des êtres : il faut donc qu'elle s'use tour à tour, et s'enrichisse d'un nouvel accroissement.

Pour croire les mers, les fleuves, les sources toujours pleins d'une onde renouvelée et jaillissant d'un cours intarissable, a-t-on besoin de paroles? Les torrents qui roulent par toute la terre n'en sont-ils pas une preuve assez forte? Néanmoins des pertes empêchent que la matière fluide ne devienne trop abondante : soit que des vents orageux, balayant les flots, les appauvrissent, ou que le soleil, au faîte des airs, entame leur tissu avec ses rayons; soit que la masse des eaux circule dans la terre, ce filtre qui ôte le sel empoisonné, tandis que les atomes purs remontent vers le berceau des fleuves, s'y amassent tous, et de là épanchent leur douceur nouvelle dans les campagnes, où la route, une fois tracée, guide le pas limpide des ondes.

Parlons maintenant de l'air, et des innombrables vicissitudes que sa masse entière essuie d'heure en heure. Car toute essence, écoulée des corps, va s'engloutir au vaste océan des airs. Si, en échange, les airs ne rendaient aux corps une

```
Quoi tantum in vita restet transire malorum.
  At variæ crescunt pecudes, armenta feræque :
Nec crepitacillis opus est, nec quoiquam adhibenda est   230
Almæ nutricis blanda atque infracta loquela ;
Nec varias quærunt vesteis pro tempore cœli :
Denique, non armis opus est, non mœnibus altis,
Quei sua tutentur ; quando omnibus omnia large
Tellus ipsa parit Naturaque dædala rerum.              235
  Principio, quoniam terrai corpus et humor
Aurarumque leves animæ calideique vapores,
E quibus hæc rerum consistere summa videtur,
Omnia nativo ac mortali corpore constant;
Debet eadem omnis mundi natura putari.                 240
Quippe etenim, quorum parteis et membra videmus
Corpore nativo in mortalibus esse figuris,
Hæc eadem ferme mortalia cernimus esse,
Et nativa simul : quapropter maxuma mundi
Quom videam membra ac parteis consumta regigni ;       245
Scire licet, cœli quoque idem terræque fuisse
Principiale aliquod tempus, clademque futuram.
  Illud in his rebus ne corripuisse rearis,
Memmi, quod terram atque ignem mortalia sumsi
Esse ; neque humorem dubitavi aurasque perire ;        250
Atque eadem gigni, rursusque augescere dixi :
Principio, pars terraï nonnulla, perusta
```

```
Solibus assiduis, multa pulsata pedum vi,
Pulveris exhalat nebulam nubeisque volanteis,
Quas validei toto dispergunt aere venteis :            255
Pars etiam glebarum ad diluviem revocatur
Imbribus, et ripas radentia flumina rodunt.
Præterea, pro parte sua, quodquomque alid auget,
Redditur : et quoniam dubio procul esse videtur
Omniparens eadem rerum commune sepulcrum,              260
Ergo terra tibi libatur, et aucta recrescit.
  Quod superest, humore novo mare, flumina, fonteis,
Semper abundare, et latices manare perenneis,
Nil opus est verbis, magnus decursus aquarum
Undique declarat : sed primum, quidquid aquai          265
Tollitur, in summaque fit, ut nihil humor abundet ;
Partim, quod validei, verrentes æquora, ventei
Deminuunt, radiisque retexens ætherius sol ;
Partim, quod subter per terras diditur omneis :
Percolatur enim virus, retroque remanat                270
Materies humoris, et ad caput amnibus omnis
Convenit ; inde super terras fluit agmine dulci,
Qua via secta semel liquido pede detulit undas.
  Aera nunc igitur dicam, quid corpore toto
Innumerabiliter privas mutatur in horas :              275
Semper enim, quodquomque fluit de rebus, id omne
Aeris in magnum fertur mare ; qui nisi contra
```

substance qui répare ces écoulements ruineux, tout serait déjà rompu et changé en air. Ainsi les corps ne cessent d'engendrer l'air, et l'air retourne perpétuellement à l'essence des corps, puisque nous voyons chez tous un flux perpétuel.

De même cette source féconde des torrents de lumière, le soleil, de ses hauteurs, arrose sans cesse le ciel de clartés toujours fraîches, et remplace vivement sa lumière par une lumière nouvelle; car ses premiers éclairs meurent aux lieux où ils tombent. En veux-tu la preuve? Sitôt que des nuages viennent se mettre devant le soleil, et que leur interposition coupe pour ainsi dire les rayons du jour, toute la partie inférieure se dissipe à l'instant, et l'ombre gagne la terre du côté où se portent les nues. Cet exemple te montre que les corps ont toujours besoin d'un éclat nouveau, que tout jet lumineux expire, et que rien ne peut être vu au soleil, à moins que le berceau du jour ne fournisse continuellement à ses pertes.

Bien plus, nos flambeaux terrestres, soleils des nuits, ces lampes suspendues, ces torches étincelantes d'un vif éclat et grasses d'une épaisse fumée, s'empressent aussi, à l'aide de la chaleur, de jeter lumière sur lumière. Leurs feux tremblants se hâtent, se hâtent toujours, et on ne voit pas de lieux entrecoupés sous une lueur interrompue : tant chaque rayon de feu succombe rapidement à une mort que précipite la naissance rapide des flammes nouvelles! Aussi faut-il croire que le soleil, la lune, les étoiles dardent la lumière par des émissions successives, et que leurs premiers rayonnements ne cessent de se perdre, loin de les regarder comme des forces inaltérables.

Enfin, ne remarques-tu pas que les pierres elles-mêmes sont vaincues par l'âge? que les hautes tours s'écroulent, que les rochers tombent en poudre? que la fatigue des ans mine les temples et les statues des immortels, sans que toute leur divinité puisse reculer le terme du destin, ou aller contre les lois de la Nature?

Ne voit-on pas tomber aussi les monuments des hommes? Ils semblent aspirer eux-mêmes à la vieillesse. Ne voit-on pas les rocs arrachés rouler du haut des montagnes, incapables de soutenir et de braver le puissant effort du temps, même du temps limité? Car un déchirement subit ne jetterait point à bas des corps qui eussent demeuré jusque-là éternellement impassibles, sans que la tourmente des âges parvînt à les rompre.

Vois de toutes parts, vois au-dessus de nos têtes cet espace qui presse la terre de ses vastes embrassements. Suivant quelques hommes, il engendre toutes choses et reçoit les débris des morts ; il est donc un amas énorme de substance, née de substance périssable. Car tout être qui accroît et alimente les autres diminue nécessairement; et il augmente de nouveau, lorsque des corps y pénètrent.

De plus, si la terre et le ciel n'ont pas eu d'origine, d'enfantement, et qu'ils aient vécu de toute éternité, pourquoi, avant la guerre de Thèbes et les funérailles de Troie, d'autres poètes

Corpora retribuat rebus, recreetque fluenteis,
Omnia jam resoluta forent, et in aera vorsa.
Haud igitur cessat gigni de rebus et in res   280
Recidere assidue ; quoniam fluere omnia constat.
    Largus item liquidi fons luminis, aetherius sol,
Irrigat assidue coelum candore recenti,
Suppeditatque novo confestim lumine lumen.
Nam primum quidquid fulgoris disperit ei,   285
Quoquomque accidit : id licet hinc cognoscere possis,
Quod, simul ac primum nubes succedere soli
Coepere, et radios inter quasi rumpere lucis,
Exemplo inferior pars horum disperit omnis,
Terraque inumbratur, qua nimbei quomque ferantur ; 290
Ut noscas splendore novo res semper egere,
Et primum jactum fulgoris quemque perire;
Nec ratione alia res posse in sole videri,
Perpetuo ni suppeditet lucis caput ipsum.
    Quin etiam nocturna tibi, terrestria quae sunt 295
Lumina, pendentes lychnei, claraeque coruscis
Fulguribus, pingues multa fuligine tedae,
Consimili properant ratione, ardore ministro,
Suppeditare novum lumen; tremere ignibus instant;
Instant, nec loca lux inter quasi rupta relinquit : 300
Usque adeo properanter ab omnibus ignibus ei
Exitium celeri celeratur origine flammae.

Sic igitur solem, lunam, stellasque putandum
Ex alio atque alio lucem jactare suborto,
Et primum quidquid flammarum perdere semper ;   305
Inviolabilia haec ne credas forte vigere.
    Denique, non lapides quoque vinci cernis ab aevo?
Non altas turreis ruere, et putrescere saxa?
Non delubra Deum simulacraque fessa fatisci?
Nec sanctum numen fati protollere fineis   310
Posse, neque adversus naturae foedera niti?
    Denique, non monimenta virum dilapsa videmus?
Quaerere proporro sibi quomque senescere credas.
Non ruere avolsos silices a montibus altis,
Nec validas aevi vireis perferre patique   315
Finiti? neque enim caderent avolsa repente,
Ex infinito quae tempore pertolerassent
Omnia tormenta aetatis, privata fragore.
    Denique, jam tuere hoc circum supraque, quod omne
Continet amplexu terrarum ; procreat ex se   320
Omnia, quod queidam memorant, recipitque peremta :
Totum nativum mortali corpore constat.
Nam, quodquomque alias ex se res auget alitque,
Deminui debet; recreari, quom recipit res.
    Praeterea, si nulla fuit genitalis origo   325
Terrarum et coeli, semperque aeterna fuere ;
Quur supra bellum Thebanum et funera Trojae

n'ont-ils pas chanté d'autres exploits? Pourquoi tant de hauts faits n'ont-ils tant de fois péri? Et pourquoi les monuments éternels de la renommée n'en ont-ils pas gardé la fleur?

Quant à moi, je pense que l'univers est dans sa jeunesse, la Nature dans sa fraîcheur, et que leurs commencements ne datent pas de bien loin. Aussi voit-on quelques arts se polir encore de nos jours, et de nos jours encore suivre leur développement : c'est d'aujourd'hui que mille progrès enrichissent la navigation; c'est d'hier que les musiciens ont inventé leurs douces harmonies. Enfin, le système de la nature, ce plan du monde, est une découverte récente; et on ne m'a trouvé qu'en cet âge, moi qui, le premier entre tous, ai su l'introduire dans la langue de nos pères.

Si par hasard tu crois que les mêmes choses existaient jadis, mais que les générations humaines ont succombé aux vapeurs brûlantes, que les villes se sont abîmées dans une grande tempête du monde, que sous des pluies continuelles les fleuves dévorants ont inondé le sol, englouti les hautes murailles, tu n'en seras que mieux vaincu, et obligé d'admettre que la terre et le ciel marchent aussi à leur perte. Car au moment où ces fléaux, ces périls épouvantables tourmentaient les êtres, si une cause de mort plus terrible se fût abattue sur eux, ils eussent précipité au loin, dans un immense désastre, leurs ruines immenses. Les hommes même, pourquoi se jugent-ils mortels, sinon parce que des maladies les gagnent, eux qui ressemblent aux êtres déjà chassés de la vie par la Nature?

D'ailleurs, pour que les êtres soient éternellement durables, il leur faut une matière solide qui brave les coups, et ne laisse pénétrer aucun germe de dissolution entre le tissu étroit des parties, comme les atomes dont nous avons indiqué plus haut la nature. Ils peuvent avoir aussi la même durée que les âges quand ils échappent aux atteintes, comme le vide qui demeure toujours impalpable, qui ne reçoit pas la moindre blessure du choc; et quand ils ne sont environnés par aucun espace libre dans lequel un corps puisse se dilater et se répandre, comme le tout universel, le tout impérissable, qui hors de soi ne trouve ni étendue pour la fuite, ni atomes dont la rencontre, dont les assauts terribles viennent le pulvériser. Or, nous avons vu que le monde n'est pas une substance de nature solide, puisque le vide se mêle à tout assemblage. Il est encore moins un vide pur. Il ne manque pas de corps ennemis : du tout immense jaillissent mille tourbillons orageux qui peuvent entraîner la chute de notre univers, ou lui apporter mille désastres. Enfin, il a toujours des espaces, des gouffres inépuisables, pour y semer les débris de ses remparts, pour y essuyer des attaques mortelles. Donc, les portes de la mort ne sont pas fermées au ciel, ni au soleil, ni à la terre, ni aux eaux profondes; non : ces gouffres béants les attendent, ouverts dans toute leur immensité.

Tu es donc obligé aussi de reconnaître que ces mêmes corps ont pris naissance. Car des substances mortelles eussent été incapables de braver éternellement, jusqu'à nos jours, l'irrésistible force d'un temps immense.

Non alias alii quoque res cecinere poetæ?
Quo tot facta virum totiens cecidere; neque usquam,
Æterneis famæ monimenteis insita, florent?　330
Verum, ut opinor, habet novitatem summa recensque
Natura mundi est; neque pridem exordia cepit.
Quare etiam quædam nunc artes expoliuntur,
Nunc etiam augescunt : nunc addita navigieis sunt
Multa; modo organicei melicos peperere sonores :　335
Denique, natura hæc rerum ratioque reperta est
Nuper; et hanc, primus cum primis ipse repertus
Nunc ego sum, in patrias qui possim vortere voces.
Quod si forte fuisse antehac eadem omnia credis,
Sed periisse hominum torrenti secla vapore,　340
Aut eccidisse urbeis magno vexamine mundi,
Aut ex imbribus assiduis exisse rapaceis
Per terras amneis, ac oppida cooperuisse;
Tanto quique magis victus fateare necesse est,
Exitium quoque terrarum cœlique futurum.　345
Nam, quom res tantis morbis tantisque periclis
Tentarentur, ibi si tristior incubuisset
Causa, darent late cladem magnasque ruinas.
Nec ratione alia mortales esse videmur
Inter nos, nisi quod morbis ægrescimus iidem,　350
Atque ollei, quos a vita Natura removit.

Præterea, quæquomque manent æterna, necessum est,
Aut, quia sunt solido cum corpore, respuere ictus,
Nec penetrare pati sibi quidquam, quod queat arctas
Dissociare intus parteis; ut materiai　355
Corpora sunt, quorum naturam ostendimus ante :
Aut ideo durare ætatem posse per omnem,
Plagarum quia sunt expertia, sicut inane est
Quod manet intactum, neque ab ictu fungitur hilum :
Aut etiam, quia nulla loci sit copia circum,　360
Quo quasi res possint discedere dissoluique;
Sicut summarum summa est æterna, neque extra
Qui locus est, quo dissiliant : neque corpora sunt, quæ
Possint incidere, et valida dissolvere plaga.
At neque, uti docui, solido cum corpore mundi　365
Natura est, quoniam admixtum est in rebus inane;
Nec tamen est ût inane; neque autem corpora desunt,
Ex infinito quæ possint forte coorta
Corruere hanc rerum violento turbine summam,
Aut aliam quamvis cladem importare pericli :　370
Nec porro natura loci, spatiumque profundi,
Deficit, exspergi quo possint mœnia mundi;
Aut alia quavis possunt vi pulsa perire.
Haud igitur leti præclusa est janua cœlo,
Nec soli terræque, neque alteis æquoris undeis　375

Et puisque les vastes membres du monde engagent entre eux une lutte si acharnée, dans l'emportement d'une guerre impie; ne vois-tu pas que ces longues batailles peuvent avoir une fin? lorsque, par exemple, le soleil et toute sa vapeur chaude, buvant toutes les essences humides, demeureront les maîtres. Et ils essayent de le faire; mais jusqu'ici leur effort n'a pu en venir à bout : tant les fleuves ont d'abondance! Eux-mêmes, du profond abîme des mers, ils menacent tout d'un engloutissement. C'est en vain; car les vents balaient et appauvrissent les flots, car le soleil, rayonnant à la cime des airs, entame leur tissu; et ils espèrent dessécher toute l'eau, avant qu'elle touche au but de son entreprise. Respirant la guerre, et d'une ardeur, d'une force égale, tous s'acharnent à l'envi pour ces grands intérêts. Une fois, cependant, le feu a été vainqueur; une fois, dit-on, l'eau régna dans les campagnes.

Oui, le feu a vaincu et tout consumé au loin de ses embrasements, lorsque le vif et dévorant essor des chevaux du Soleil, égaré de ses routes, emporta Phaéton à travers les cieux et les terres. Mais le père des êtres, le tout-puissant, ému d'une colère violente, et frappant tout à coup de la foudre cet illustre téméraire, le précipita de son char ici-bas. Le Soleil accourut au bruit de sa chute, releva l'éternel flambeau du monde, réunit ses chevaux épars, les attela encore tremblants, et ranima l'univers en reprenant sa course et son empire accoutumé. Telle est, du moins, la fable chantée par les vieux poëtes de la Grèce; fable qui s'écarte trop de la vérité. Le feu triomphe, quand les atomes de sa matière jaillissent, des gouffres immenses, plus nombreux que les autres; ensuite leur énergie tombe, vaincue par une force quelconque : sinon toutes choses périssent, dévorées au vent de la flamme.

Ce fut de même que les ondes amoncelées eurent, dit-on, leur jour de victoire, lorsque tant d'hommes s'engloutirent dans les flots. Mais sitôt qu'une autre puissance écarta et mit en déroute cette masse d'eau soulevée de l'abîme, les pluies cessèrent, et les fleuves adoucirent leur emportement.

Enfin, comment la rencontre des atomes a-t-elle jeté les fondements de la terre, du ciel, des mers profondes, du soleil, et des courses de la lune? Je vais l'exposer avec ordre.

Assurément ce n'est pas à dessein, ni avec intelligence, que les atomes se sont établis chacun à leur place; et ils n'ont pas concerté leurs mouvements réciproques. Mais, depuis le temps immémorial que ces corps élémentaires, battus par milliers de mille chocs, et accoutumés à un élan que leur poids aiguillonne, forment toutes les alliances, essayent tous les résultats de tous les arrangements possibles, il arrive que leur cours éternel et leur éternel essai de mille mouvements, de mille combinaisons, unissent enfin les atomes, dont les assemblages rapides de-

Sed patet immani et vasto respectat hiatu.
   Quare etiam nativa necessum est confiteare
Hæc eadem : neque enim, mortali corpore quæ sunt,
Ex infinito jam tempore adhuc potuissent
Immensi validas ævi contemnere vireis.   380
   Denique, tantopere inter se quom maxima mundi
Pugnent membra, pio nequaquam concita bello;
Nonne vides aliquam longi certaminis olleis
Posse dari finem? vel, quom sol et vapor omnis,
Omnibus epotis humoribus, exsuperarint;   385
Quod facere intendunt, neque adhuc conata patrantur;
Tantum suppeditant amnes, ultroque minantur
Omnia diluviare ex alto gurgite ponti!
Nequidquam : quoniam verrentes æquora venti
Deminuunt, radiisque retexens ætherius sol;   390
Et siccare prius confidunt omnia posse,
Quam liquor incepti possit contingere finem.
Tantum spirantes æquo certamine bellum,
Magnis de rebus inter se cernere certant;
Quom semel interea fuerit superantior ignis,   395
Et semel, ut fama est, humor regnarit in arvis.
   Ignis enim superavit, et ambens multa perussit,
Avia quom Phaethonta rapax vis solis equorum
Æthere raptavit toto terrasque per omneis.
At Pater omnipotens, ira tum percitus acri,   400
Magnanimum Phaethonta repenti fulminis ictu
Deturbavit equis in terram; solque cadenti
Obvius, æternam suscepit lampada mundi :
Disjectosque redegit equos, junxitque trementeis :
Inde suum per iter recreavit cuncta gubernans;   405
Scilicet, ut veteres Graium cecinere poetæ :
Quod procul a vera nimis est ratione repulsum.
Ignis enim superare potest, ubi materiai
Ex infinito sunt corpora plura coorta :
Inde cadunt vires, aliqua ratione revictæ;   410
Aut pereunt res, exustæ torrentibus auris.
   Humor item quondam cœpit superare coortus,
Ut fama est, hominum multos quando obruit undis.
Inde, ubi vis, aliqua ratione aversa, recessit,
Ex infinito fuerat quæquomque coorta,   415
Constiterunt imbres, et flumina vim minuerunt.
   Sed, quibus ille modis conjectus materiai
Fundarit terram et cœlum pontique profunda,
Solis, lunai cursus, ex ordine ponam.
   Nam certe neque consilio primordia rerum   420
Ordine se suo quæque sagaci mente locarunt;
Nec, quos quæque darent motus, pepigere profecto :
Sed, quia multa modis multis primordia rerum,
Ex infinito jam tempore percita plagis,
Ponderibusque suis consuerunt concita ferri,   425
Omnimodisque coire, atque omnia pertentare,
Quæquomque inter se possent congressa creare;
Propterea fit, uti, magnum volgata per ævom,
Omnigenos cœtus et motus experiundo,

viennent enfin la base des grands êtres, comme la terre, les ondes, le ciel, et les espèces vivantes.

On ne voyait pas encore le disque du soleil, au vol sublime et ruisselant de lumière. On ne voyait pas les flambeaux de l'univers immense, ni l'Océan, ni le ciel, ni la terre, ni l'air, ni enfin aucune chose semblable aux choses d'aujourd'hui; mais un orageux désordre, et un amas confus. Bientôt les parties commencèrent à s'écarter, et les essences de même nature à se joindre : le monde se débrouilla; il eut ses membres distincts, il rangea séparément de vastes êtres, et y mêla tous les atomes chez qui la discorde, soulevant des batailles, troublait encore les intervalles, les directions, les rapports, la pesanteur, les chocs, les alliances, les mouvements, parce que leurs formes inconciliables et leurs traits divers empêchaient tout assemblage durable, tout mouvement harmonieux. Ainsi les hauteurs du ciel jaillirent loin du sol; ainsi le fluide des mers isola son immensité, et l'isolement purifia aussi les feux de l'éther.

Car, dans l'origine, les atomes de terre, essence lourde et embarrassée, s'amoncelèrent au centre, ou envahirent les parties basses. Plus leur enlacement fut vif et compacte, plus il exprima de ces germes dont se forment la mer, les astres, le ciel, la lune, le soleil, et la vaste ceinture du monde : toutes choses qui ont une semence beaucoup plus lisse, plus ronde, plus fine que la terre. Aussi la terre poreuse et maigre laissa-t-elle jaillir d'abord atome par atome, et monter aux cimes, l'air, essence de feu, qui emporta mille feux encore d'une aile rapide. Souvent, lorsque les herbes joignent aux perles de la rosée la pourpre du soleil et l'or de sa lumière matinale; que les lacs et les fleuves intarissables exhalent un léger brouillard; que la terre paraît elle-même fumante, nous voyons toutes ces vapeurs, amassées dans les hauteurs du ciel, y étendre leur épais rideau. De même ce léger fluide de l'air, une fois épaissi, devint une barrière qui emprisonna les êtres, et, répandu au loin sur toute la face du monde, l'enveloppa toute de ses vastes embrassements.

Ensuite vint la naissance du soleil, de la lune, des astres dont les globes roulent au milieu de l'air, entre les deux extrêmes, et que ni la terre ni le ciel immense n'ont attirés à eux, parce qu'ils n'étaient ni assez pesants pour tomber au fond, ni assez légers pour jaillir dans les hautes campagnes du monde. Cependant ils occupent le milieu, essences vives qui s'agitent, et forment des parties animées de la masse. Ainsi, chez les hommes, quelques membres demeurent immobiles, tandis que les autres se meuvent.

Ces matières une fois dégagées, la partie du sol où s'étend aujourd'hui la plage azurée du vaste océan s'affaissa tout à coup, et creusa les gouffres de l'onde salée. De jour en jour, plus les bouillonnements de l'air et les rayons du soleil, blessant

Tandem conveniant ea, quæ conventa repente 430
Magnarum rerum fiunt exordia sæpe,
Terrai, maris et cœli generisque animantum.
  Hic neque tum solis rota cerni, lumine largo,
Altivolans poterat; nec magni sidera mundi,
Nec mare, nec cœlum, nec denique terra, nec aer, 435
Nec similis nostreis rebus res ulla videri:
Sed nova tempestas quædam molesque coorta.
Diffugere inde loci partes cœpere, paresque
Cum paribus jungi res, et discludere mundum,
Membraque dividere, et magnas disponere parteis 440
Omnigenis e principiis; discordia quorum
Intervalla, vias, connexus, pondera, plagas,
Concursus, motus conturbat, prælia miscens,
Propter dissimileis formas variasque figuras;
Quod non omnia sic poterant conjuncta manere, 445
Nec motus inter sese dare convenienteis.
Hoc est a terris altum secernere cœlum,
Et seorsum mare uti secretum humorque pateret;
Seorsus item purei secreteique ætheris ignes.
  Quippe etenim primum terrai corpora quæque, 450
Propterea quod erant gravia et perplexa, coibant
In medio, atque imas capiebant omnia sedeis :
Quæ, quanto magis inter se perplexa coibant,
Tam magis expressere ea, quæ mare, sidera, solem,
Lunamque efficerent, et magni mœnia mundi. 455
Omnia enim magis hæc e læyibus atque rotundis
Seminibus, multoque minoribu' sunt elementis,
Quam tellus : ideo per rara foramina terræ
Partibus erumpens, primus se sustulit æther
Ignifer, et multos secum levis abstulit igneis : 460
Non alia longe ratione, ac sæpe videmus,
Aurea quom primum gemmanteis rore per herbas
Matutina rubent radiati lumina solis;
Exhalantque lacus nebulam fluvieique perennes;
Ipsaque et interdum tellus fumare videtur : 465
Omnia quæ, sursum quom conciliantur in alto,
Corpore concreto subtexunt nubila cœlum :
Sic igitur tum se levis ac diffusilis æther,
Corpore concreto circumdatus undique, sæpsit;
Et late diffusus in omneis undique parteis, 470
Omnia sic avido complexu cetera sæpsit.
  Hunc exordia sunt solis lunæque sequuta, et
Inter utrasque globei quorum vortuntur in auris,
Quæ neque terra sibi adscivit, nec maxumus æther;
Quod neque tam fuerint gravia, ut depressa sederent,
Nec levia, ut possent per summas labier oras; 476
Et tamen inter utrasque ita sunt, ut corpora viva
Vorsent, et partes ut mundi totius exstent
Quod genus, in nobis quædam licet in statione
Membra manere, tamen quom sint ea, quæ moveantur.
  His igitur rebus retractis, terra repente, 481
Maxuma qua nunc se ponti plaga cærula tendit,
Succidit, et salso suffodit gurgite fossas :

de mille coups la surface nue de la terre, la chassent, la refoulent et l'amoncellent vers son centre, plus il arrache de son corps une sueur amère, dont les flots enrichissent l'Océan et les campagnes ondoyantes; et plus aussi elle rejette par milliers ces atomes de vent et de feu, qui forment de leur vol épais et dressent, loin de la terre, les dômes éblouissants du ciel. Les plaines s'abaissent, et la pente des hautes montagnes grimpe dans les airs; car il est impossible que les rocs éprouvent un affaissement, ou que toutes les parties descendent au même niveau. Ainsi la lourde masse du sol, épaississant ses atomes, s'affermit sur sa base; ainsi, en quelque sorte, toute la vase du monde tomba, pesante, vers le bas, et s'arrêta au fond, comme la lie.

Alors la mer, alors le vent, alors le ciel même, le ciel resplendissant, demeurèrent purs, avec des atomes limpides, et une légèreté plus grande chez les uns que chez les autres. Le ciel, de tous le plus agile, le plus limpide, se répand au-dessus de la couche des airs; et il ne mêle pas sa limpidité aux corps qui altèrent le souffle du vent. Il abandonne ces régions aux bouleversements de la tourmente, au désordre, à l'inconstance de l'orage; tandis que lui-même roule ses vagues de feu d'un essor prompt et invariable. Que le ciel puisse flotter avec enchaînement et harmonie, les eaux de la mer le proclament, elles qui bouillonnent sous un flux réglé, éternellement soumises à un cours éternellement uniforme.

Chantons maintenant la cause du mouvement des astres. D'abord, si c'est l'énorme globe du ciel qui tourne, il faut admettre que deux courants d'air extérieur le pressent à chaque pôle, le maintiennent et l'emprisonnent. L'un jaillit d'en haut, et attaque les cimes où roulent et brillent les flambeaux éternels du monde; l'autre souffle du bas, afin de soutenir le globe. Nous voyons les fleuves faire tourner ainsi les roues et les seaux des machines.

Il se peut encore que ces fanaux étincelants se meuvent au sein du firmament immobile : soit que les astres, flots bouillonnants de l'impétueux éther, enfermés et cherchant à fuir, tourbillonnent, et agitent leurs feux errants par toute l'immensité de la voûte céleste; soit que l'air extérieur, débordant je ne sais où, pousse ses flammes à un mouvement circulaire; soit, enfin, que, libres de se traîner eux-mêmes vers les aliments qui appellent, qui invitent leurs pas, ils dévorent çà et là tous les atomes de feu répandus dans le ciel. Établir au juste la manière dont ils se gouvernent ici-bas est chose difficile. Je me borne à enseigner tout ce qui peut avoir et tout ce qui a vraiment lieu, au sein du vide immense, dans ces mille mondes engendrés sous mille lois diverses; et je ne m'attache qu'à une exposition nette des causes nombreuses que l'univers peut fournir au mouvement des astres. Parmi ces causes, néanmoins, une seule, comme toujours, doit assurer leurs révolutions : mais laquelle de toutes? voilà ce que ne peut décider sitôt un homme qui avance pas à pas.

Inque dies quanto circum magis ætheris æstus,
Et radiei solis cogebant undique terram   485
Verberibus crebris, extrema ad limina apertam,
In medio ut propulsa suo condensa coiret;
Tam magis expressus salsus de corpore sudor
Augebat mare manando camposque natanteis :
Et tanto magis olla, foras elapsa, volabant   490
Corpora multa vaporis et aeris, altaque cœli
Densabant procul a terris fulgentia templa :
Sidebant campei, crescebant montibus altis
Ascensus; neque enim poterant subsidere saxa,
Nec pariter tantumdem omnes succumbere partes.   495
Sic igitur terræ concreto corpore pondus
Constitit, atque omnis mundi quasi limus in imum
Confluxit gravis, et subsedit funditus, ut fæx.
Inde mare, inde aer, inde æther ignifer ipse,
Corporibus liquidis sunt omnia pura relicta,   500
Et leviora aliis alia; et liquidissimus æther,
Atque levissimus aerias super influit auras;
Nec liquidum corpus turbantibus aeris auras
Commisci; sinit hæc violentis omnia vorti
Turbinibus, sinit incertis turbare procellis;   505
Ipse suos igneis certo fert impete labens,
Nam modice fluere atque uno posse æthera nixu,
Significat Ponto mare, certo quod fluit æstu,
Unum labundi conservans usque tenorem.

Motibus astrorum nunc quæ sit causa, canamus.   510
Principio, magnus cœli si vortitur orbis,
Ex utraque polum parte premere aera, nobis
Dicundum est, extraque tenere, et cludere utrimque :
Inde alium supra fluere, atque intendere eodem,
Quo volvunda micant æterni sidera mundi;   515
Ast alium subter, contra qui subvehat orbem;
Ut fluvios vorsare rotas atque haustra videmus.
Est etiam quoque, uti possit cœlum omne manere
In statione, tamen quom lucida signa ferantur :
Sive quod inclusei rapidi sunt ætheris æstus,   520
Quærentesque viam circumvorsantur, et igneis
Passim per cœli volvunt immania templa;
Sive aliunde fluens aliquunde extrinsecus aer
Vorsat agens igneis; sive ipsei serpere possunt,
Quo quojusque cibus vocat atque invitat eunteis, 525
Flammea per cœlum pascenteis corpora passim.
Nam quid in hoc mundo sit eorum, ponere certum
Difficile est : sed, quid possit flatque per omne
In variis mundis, varia ratione creatis,
Id doceo; plureisque sequor disponere causas   530
Motibus astrorum, quæ possint esse per omne :
E quibus una tamen sit et hæc quoque causa necesse est,
Quæ vegeat motum signis; sed, quæ sit earum,
Præcipere haud quaquam est pedetentim progredientis.
Terraque ut in media mundi regione quiescat,   535

Pour que la terre repose, immobile, au centre du monde, il faut que sa pesanteur diminue et s'évanouisse insensiblement; il faut que l'extrémité inférieure ait pris une essence nouvelle, étant unie et incorporée, depuis la naissance des âges, aux parties de l'air où elle trouve sa base. De là vient qu'elle ne leur est point à charge, que les airs ne fléchissent pas sous elle. De même les membres d'un homme ne le chargent pas; la tête ne pèse point au cou, et les pieds ne sentent pas le faix de la masse. Au contraire, tout poids extérieur qui nous est imposé nous incommode, fût-il beaucoup moindre que nous : tant il faut considérer ce que peuvent toutes choses! Ainsi donc la terre n'est point une étrangère, venue du dehors, et lancée tout à coup dans un air étranger pour elle. Également conçue dès l'origine du monde, elle en est une partie déterminée, comme tu vois que les membres sont une partie de nous-mêmes.

D'ailleurs, ébranlée soudain par un vaste coup de tonnerre, elle ébranle de son agitation tout ce qui est au-dessus d'elle. Or, pourrait-elle le faire, si elle n'était enchaînée aux parties aériennes du monde et au ciel? Oui, ces essences se tiennent et ont, depuis la naissance des âges, les mêmes racines, les mêmes nœuds, les mêmes accroissements.

Regarde le corps humain : ce poids énorme n'est-il pas soutenu par la fine et vive essence de l'âme? C'est que tous deux sont unis et attachés ensemble. Et qui pourrait, d'un saut agile, soulever le corps, sinon l'âme vive qui gouverne les membres?

Vois-tu maintenant toute l'énergie d'une frêle nature, quand elle est jointe à un être pesant, comme l'air au sol, et l'âme au corps.

Le disque et l'ardent foyer du soleil ne peuvent être beaucoup plus grands ou beaucoup moindres que nos organes nous les montrent. Car de si loin que les feux attirent encore nos regards, et envoient à nos membres le souffle de la vapeur chaude, tout l'espace que dévore le jet de flamme ne les entame point, et à l'œil la masse n'en est pas plus resserrée. Donc, puisque la chaleur du soleil et ses torrents de lumière parviennent à nos sens, et illuminent la terre, il en résulte que nous devons apercevoir aussi sa forme, ses contours, de telle sorte que la vérité ne permette ni de l'accroître, ni de l'appauvrir.

Et la lune, soit qu'elle roule inondant l'espace d'un éclat emprunté, soit qu'elle darde la lumière de sa propre essence, ne marche point avec une plus vaste figure que son disque visible ne le fait juger à nos yeux. Car tous les objets qu'une vue lointaine saisit à travers une épaisse couche d'air, brouillent plutôt leur image qu'ils n'amoindrissent leur contour. Il faut donc que la lune, qui nous offre une apparence claire et nette de sa forme, et qui dessine jusqu'aux traits de son visage, nous apparaisse dans toute sa grandeur à la cime des airs.

Enfin, pour connaître tous ces feux qui éclatent dans le ciel, examine tous les feux de terre.

Evanescere paullatim et decrescere pondus
Convenit; atque aliam naturam subter habere,
Ex ineunte ævo conjunctam atque uniter aptam
Partibus aeriis mundi, quibus insita vivit.
Propterea non est oneri, neque deprimit auras; 540
Ut sua quoique homini nullo sunt pondere membra,
Nec caput est oneri collo, nec denique totum
Corporis in pedibus pondus sentimus inesse.
At, quæquomque foris veniunt, impostaque nobis
Pondera sunt, lædunt permulto sæpe minora : 545
Usque adeo magni refert, quid quæque queat res.
Sic igitur tellus non est aliena repente
Allata, atque aureis aliunde objecta alieneis;
Sed pariter prima concepta ab origine mundi,
Certaque pars ejus; quasi nobis membra videntur. 550
 Præterea, grandi tonitru concussa, repente
Terra, supra se quæ sunt, concutit omnia motu;
Quod facere haud ulla posset ratione, nisi esset
Partibus aeriis mundi cœloque revincta :
Nam communibus inter se radicibus hærent, 555
Ex ineunte ævo conjuncta atque uniter aucta.
 Nonne vides etiam, quam magno pondere nobis
Sustineat corpus tenuissima vis animai;
Propterea quia tam conjuncta atque uniter apta est?
Denique, jam saltu perníci tollere corpus 560
Quis potis est, nisi vis animæ, quæ membra gubernat?

Jamne vides quantum tenuis natura valere
Possit, ubi est conjuncta gravi cum corpore; ut aer
Conjunctus terreis, et nobis est animi vis?
Nec nimio solis major rota, nec minor ardor 565
Esse potest, nostris quam sensibus esse videtur.
Nam, quibus e spatiis quomque ignes lumina possunt
Allicere, et calidum membris afflare vaporem;
Nil missus intervallis de corpore librant
Flammarum, nihil ad speciem est contractior ignis. 570
Proinde, calor quoniam solis lumenque profusum
Perveniunt nostros ad sensus, et loca fulgent;
Forma quoque hinc solis debet filumque videri,
Nil adeo ut possis plus, aut minus, addere vere.
 Lunaque, sive notho fertur loca lumine lustrans, 575
Sive suo proprio jactat de corpore lucem;
Quidquid id est, nihilo fertur majore figura,
Quam nostreis oculis, qua cernimus, esse videtur.
Nam prius omnia, quæ longe semota tuemur
Aera per multum, specie confusa videntur, 580
Quam minui filum : quapropter luna necesse est,
Quandoquidem claram speciem certamque figuram
Præbet, ut est oris extremis quomque notata,
Quanta quoque est quanta, hinc nobis videatur in alto.
 Postremo, quosquomque vides hinc ætheris igneis, 585
Quandoquidem, quosquomque in terris cernimus igneis,
Dum tremor est clarus, dum cernitur ardor eorum,

Tant que leur éclat est net et leur flamme distincte, les contours ne varient guère que sous des accroissements ou des pertes insensibles, quelle que soit la distance : tu peux en conclure que les astres diminuent ou augmentent à peine du plus faible, du plus insaisissable volume.

Et ne va pas crier merveille, de voir un soleil si étroit envoyer une lumière si vaste que ses écoulements remplissent les eaux, les terres, le ciel, et que tout soit baigné de son ardente vapeur. Car il est possible qu'au sein du monde entier ce soit l'unique et intarissable fontaine ouverte, d'où jaillissent les torrents de lumière, parce que de tous les endroits du monde tous les atomes de feu y réunissent, y amoncellent leurs flots épais, de telle sorte que cette mer brûlante déborde par un seul canal. Ne vois-tu pas souvent un mince ruisseau arroser de larges prairies, engloutir les campagnes?

Il se peut encore que, sans avoir beaucoup de feu, le soleil envahisse l'air et le dévore de ses embrasements, si l'air est d'une nature complaisante, avide, et prompte à s'allumer au contact d'une faible ardeur. C'est ainsi qu'on voit, au sein des moissons et du chaume, une étincelle répandre l'incendie.

Peut-être même le soleil, autour des cimes que dore sa lampe resplendissante, possède-t-il un amas de feux dont les ardeurs cachées, sans se trahir par aucun éclat, dardent la chaleur, et augmentent à ce point la force de ses rayons.

Il n'y a pas, non plus, de voie directe et simple pour expliquer comment il va des régions de l'été au Capricorne, dont il tourne la froide barrière, et comment de là il ramène son char à la borne où le Cancer l'arrête; et comment aussi on voit la lune parcourir en un mois ces espaces qui usent un an de la marche du soleil. Non, je le répète, une cause unique et simple n'est point assignée à ces merveilles.

On peut surtout admettre, comme vraisemblables, les saintes opinions du grand Démocrite. Plus les astres sont voisins de la terre, moins ils sont emportés dans le tourbillon du ciel. En effet, ce rapide et ardent essor languit et s'épuise vers l'extrémité inférieure : aussi le soleil reste-t-il peu à peu en arrière avec les astres les moins hauts, étant lui-même bien au-dessous des étoiles resplendissantes; et la lune encore davantage. Plus son humble révolution s'écarte du ciel, et incline vers la terre, moins elle peut lutter de vitesse avec les flambeaux du monde; et plus elle tourbillonne d'une course lente et molle, elle qui est inférieure au soleil, plus les astres qui roulent autour d'elle l'atteignent et la dépassent. Il arrive de là qu'elle semble rejoindre d'un pas agile chacun des astres, parce que les astres reviennent à elle.

Voici un autre fait possible. Des régions opposées du monde, s'élancent alternativement et à des époques réglées deux courants d'air, qui poussent le soleil des signes de l'été aux froides carrières du Capricorne, puis le rejettent des ténèbres glacées de l'empire du froid aux demeu-

Perparvum quiddam interdum mutare videtur
Alteram utram in partem filum, quo longius absit;
Scire licet, perquam pauxillo posse minores   590
Esse, vel exigua majores parte brevique.
  Illud item non est mirandum, qua ratione
Tantulus ille queat tantum sol mittere lumen,
Quod maria, ac terras omneis cœlumque rigando
Compleat, et calido perfundat cuncta vapore.   595
Nam licet hinc mundi patefactum totius unum
Largifluum fontem scatere, atque erumpere lumen;
Ex omni mundo quia sic elementa vaporis
Undique conveniunt, et sic conjectus eorum
Confluit, ex uno capite hic ut profluat ardor.   600
Nonne vides etiam, quam late parvus aquai
Prata riget fons interdum, campisque redundet?
  Est etiam quoque, uti non magno solis ab igni
Aera percipiat calidis fervoribus ardor;
Opportunus ita est si forte et idoneus aer,   605
Ut accendi, parvis ardoribus ictus :
Quod genus, interdum segetes stipulamque videmus
Accidere ex una scintilla incendia passim.
  Forsitan et rosea sol alte lampade lucens
Possideat multum cæcis fervoribus ignem   610
Circum se, nullo qui sit fulgore notatus,
Æstifer, in tantum radiorum exaugeat ictum.
  Nec ratio solis simplex ac recta patescit,

Quo pacto æstivis e partibus Ægocerotis
Brumaleis adeat flexus; atque, inde revortens,   615
Canceris ut vortat metas ad solstitialeis :
Lunaque mensibus id spatium videatur obire,
Annua sol in quo consumit tempora cursu :
Non, inquam, simplex heis rebus reddita causa est.
  Nam fieri, vel cum primis, id posse videtur,   620
Democriti quod sancta viri sententia ponit :
Quanto quæque magis sint terram sidera propter,
Tanto posse minus cum cœli turbine ferri;
Evanescere enim rapidas illius et acreis
Imminui subter vireis; ideoque relinqui   625
Paullatim solem cum posterioribu' signis
Inferior multum quod sit, quam fervida signa :
Et magis hoc lunam; quanto demissior ejus
Cursus abest procul a cœlo, terreisque propinquat,
Tanto posse minus cum signis tendere cursum.   630
Flaccidiore etiam quanto jam turbine fertur,
Inferior quam sol, tanto magis omnia signa
Hanc adipiscuntur circum, præterque feruntur.
Propterea fit, ut hæc ad signum quodque revorti
Mobilius videatur, ad hanc quia signa revisunt.   635
  Fit quoque, ut e mundi transvorsis partibus aer
Alternis certo fluere alter tempore possit,
Qui queat æstivis solem detrudere signis
Brumaleis usque ad flexus gelidumque rigorem;

res du feu et aux signes brûlants. Il faut croire de même que la lune, que ces roulantes étoiles dont les vastes cercles embrassent de longues années, flottent d'une extrémité à l'autre sous la double et alternative impulsion de l'air. Ne remarques-tu pas que des vents opposés contrarient les nuages, et emportent diversement leurs couches amoncelées? Pourquoi, dans l'immense tourbillon de l'éther, les astres seraient-ils moins capables de jaillir sous deux tempêtes opposées?

La nuit enveloppe la terre de ses grandes ombres, parce que le soleil, après une longue marche, touche la borne du ciel, et, languissant, exhale ses feux épuisés par la route, amortis par la vague épaisse de l'air; ou bien parce que la même force qui a soutenu le disque au-dessus de la terre le contraint à rouler sous elle.

De même, à un instant fixé, Matuta conduit la rose et jeune Aurore dans l'empyrée, et ouvre les portes de la lumière : soit parce que ce même soleil qui était sous terre remonte, et de loin s'empare du ciel, tandis qu'il essaye à l'embraser de ses rayons; soit parce qu'à une heure déterminée il s'amasse habituellement des feux et mille germes ardents, qui fournissent au soleil une lumière toujours renaissante et fraîche. Ainsi l'on raconte que des hautes cimes de l'Ida brillent, à l'aube du jour, des flammes éparses qui s'amoncellent bientôt en un seul globe, et forment un disque.

Il n'est rien pourtant qui doive te surprendre dans le concours si exact de ces atomes de feu, qui réparent l'éclat usé du soleil. Que de choses ne voit-on pas s'accomplir à époque fixe dans tous les êtres! Le jour est marqué où les arbres fleurissent; il est marqué le jour où ils dépouillent la fleur. A jour marqué aussi l'âge veut que les dents nous tombent, que l'enfant d'hier se couvre d'un tendre duvet, fleur de l'adolescence, et qu'une barbe molle s'épanche de sa joue. Enfin la foudre, la neige, les pluies, les nuages, les vents, n'ont pas lieu à des époques trop incertaines de l'année. Car, une fois que les causes premières sont établies, que les effets suivent la même pente depuis la naissance du monde, tout arrive dans un ordre de succession invariable.

Divers motifs permettent que les nuits entamées fondent sous la croissance du jour, et que la durée lumineuse soit amoindrie par les envahissements de la nuit. Il se peut que le même soleil, traçant au-dessus et au-dessous de la terre des courbes inégales, découpe les campagnes de l'éther, et tranche le monde en deux parties inégalement éclairées; mais le feu qu'il dérobe à l'une, il le reporte et l'ajoute à l'autre hémisphère, où il retourne : puis, enfin, il arrive au signe du ciel qui est comme le nœud de l'année, puisqu'il enchaîne d'une égale durée l'éclat des jours et l'ombre des nuits. Car, entre le vent du nord et le vent du midi, il est un point où le ciel tient à une même distance ces deux limites, grâce à l'inclinaison du cercle planétaire, où le soleil dévore une année dans sa marche traî-

Et qui rejiciat gelidis ab frigoris umbris 640
Æstiferas usque in parteis, et fervida signa.
Et ratione pari lunam stellasque putandum est,
Quæ volvunt magnos in magnis orbibus annos,
Aeribus posse alternis e partibus ire.
Nonne vides etiam divorsis nubila ventis 645
Divorsas ire in parteis, inferna supernis?
Qui minus olla queant per magnos ætheris orbeis
Æstibus inter se divorsis sidera ferri?
   At nox obruit ingenti caligine terras,
Aut, ubi de longo cursu sol ultima cœli 650
Impulit, atque suos efflavit languidus ignis,
Concussos itere, et labefactos aere multo;
Aut quia sub terras cursum convortere cogit
Vis eadem, supra quæ terras pertulit, orbem.
   Tempore item certo roseam Matuta per oras 655
Ætheris Auroram defert, et lumina pandit;
Aut quia sol idem sub terras ille revortens
Anticipat cœlum, radiis accendere tentans;
Aut quia conveniunt ignes, et semina multa
Confluere ardoris consuerunt tempore certo, 660
Quæ faciunt solis nova semper lumina gigni.
Quod genus, Idæis fama est e montibus altis
Dispersos igneis orienti lumine cerni;
Inde coire globum quasi in unum, et conficere orbem.
   Nec tamen illud in his rebus mirabile debet 665

Esse, quod hæc ignis tam certo tempore possint
Semina confluere, et solis reparare nitorem.
Multa videmus enim, certo quæ tempore fiunt
Omnibus in rebus; florescunt tempore certo
Arbusta, et certo dimittunt tempore florem : 670
Nec minus in certo denteis cadere imperat ætas
Tempore, et impubem molli pubescere veste,
Et pariter mollem malis demittere barbam.
Fulmina postremo, nix, imbres, nubila, ventei,
Non nimis incertis fiunt in partibus anni. 675
Namque, ubi sic fuerunt causarum exordia prima,
Atque ita res mundi cecidere ab origine prima,
Consequiæ quodque est jam rerum ex ordine certo.
   Crescere itemque dies licet, et tabescere nocteis,
Et minui luces, quom sumant augmina noctes; 680
Aut quia sol idem, sub terras atque superne
Imparibus currens amfractibus, ætheris oras
Partit, et in parteis non æquas dividit orbem;
Et, quod ab alterutra detraxit parte, reponit
Ejus in adversa tanto plus parte, relatus; 685
Donec ad id signum cœli pervenit, ubi anni
Nodus nocturnas exæquat lucibus umbras:
(Nam medio cursu flatus Aquilonis et Austri
Distinet æquato cœlum discrimine metas,
Propter signiferi posituram totius orbis, 690
Annua sol in quo contundit tempora serpens,

nante, et d'où il verse ses feux obliques sur les cieux et les terres. Ainsi le démontre ce plan des hommes qui ont dépeint toutes les régions du ciel, embellies de tous les astres rangés dans leur ordre. — Il se peut encore que l'air, plus épais dans certaines parties, arrête l'éclat tremblant du soleil, qui peut à peine le fendre et gagner son berceau : voilà pourquoi les nuits d'hiver sont longues et paresseuses à fuir, jusqu'à ce que le diadème étincelant du jour apparaisse! — Il est possible même que les saisons influent tour à tour sur la vitesse de ces brûlants atomes qui amassent leurs vagues, et font jaillir le soleil à un point déterminé.

La lune doit peut-être son éclat aux rayons du soleil qui la frappent. Aussi, de jour en jour, tourne-t-elle vers nous une surface lumineuse d'autant plus grande qu'elle s'écarte plus du globe de l'astre, jusqu'au moment où, placée en face de lui, elle brille dans toute la plénitude de sa belle lumière, et, se levant radieuse et haute, elle le regarde se coucher. Il faut ensuite que, de la même façon, elle retire peu à peu et cache sa lumière, à mesure que son orbite la ramène de l'autre bout du zodiaque vers les feux du soleil. Voilà ce qu'ils font de la lune, ces hommes qui ne voient en elle qu'un ballon roulant sous le disque solaire; et, à ce point de vue, ils ont assurément la vérité dans la bouche.

Mais qui empêche la lune de tourner avec sa lumière propre, et de fournir elle-même les diverses phases d'un éclat mobile? Car il peut y avoir un autre corps qui l'accompagne flottant auprès d'elle, et qui lui fasse obstacle, qui lui fasse ombre sous mille aspects : corps invisible, parce qu'il marche dépourvu de lumière.

Elle peut rouler encore sous la forme d'une boule ronde dont la blanche lumière ne teint qu'une moitié à la fois, et qui engendre ses phases diverses en faisant tourner son globe. D'abord elle dirige vers nous le côté enrichi d'une teinte de feu, et son œil immense, tout grand ouvert. Ensuite, elle retourne peu à peu et nous dérobe la face lumineuse de son orbe. Tel est le système que les Chaldéens de Babylone essayent d'opposer victorieusement à la science des astronomes : comme si les deux opinions qui luttent n'avaient point une vraisemblance égale, et qu'on osât embrasser l'une plutôt que l'autre.

Enfin, est-il donc impossible qu'une lune nouvelle soit enfantée chaque jour, avec une suite réglée de formes et d'aspects divers, et que chaque jour la lune d'hier expire devant une autre qui naît de sa cendre et s'empare de son trône? On est fort en peine d'argumenter à l'encontre, et de faire triompher sa parole, lorsqu'on voit tant de choses s'accomplir avec tant d'ordre.

Le Printemps accourt, et Vénus avec lui : messager du Printemps, à leur tête marche le Zéphyre ailé; sous leurs pas Flore, riante déesse, parsème au loin la route qu'elle inonde des plus belles couleurs, des plus doux parfums; vient ensuite l'aride Chaleur, escortée de la poudreuse Cérès, et du souffle des vents étésiens. Puis arrive l'Automne : Évoé! Évoé! Bacchus l'accom-

Obliquo terras et cœlum lumine lustrans;
Ut ratio declarat eorum, qui loca cœli
Omnia, dispositis signis ornata, notarunt :)
Aut, quia crassior est certis in partibus aer, 695
Sub terris ideo tremulum jubar hæsitat igni,
Nec penetrare potest facile, atque emergere ad ortus;
Propterea noctes hiberno tempore longæ
Cessant, dum veniat radiatum insigne diei :
Aut etiam, quia sic alternis partibus anni 700
Tardius et citius consuerunt confluere ignes,
Quei faciunt solem certa desurgere parte.

Luna potest, solis radiis percussa, nitere;
Inque dies majus lumen convortere nobis
Ad speciem, quantum solis secedit ab orbe, 705
Donec eum contra pleno bene lumine fulsit,
Atque oriens obitus ejus super edita vidit :
Inde minutatim retro quasi condere lumen
Debet item, quanto propius jam solis ad ignem
Labitur ex alia signorum parte per orbem : 710
Ut faciunt, lunam quei fingunt esse pilai
Consimilem, cursusque viam sub sole tenere :
Propterea fit, uti videantur dicere verum.

Est etiam quare proprio cum lumine possit
Volvier, et varias splendoris reddere formas. 715
Corpus enim licet esse aliud, quod fertur et una
Labitur, omnimodis occursans officiensque;
Nec potis est cerni, quia cassum lumine fertur.

Vorsarique potest, globus ut si forte pilai
Dimidia ex parti candenti lumine tinctus; 720
Vorsandoque globum varianteis edere formas.
Denique, eam partem, quæquomque est ignibus aucta,
Ad speciem vortit nobis, oculosque patenteis :
Inde minutatim retro contorquet, et aufert
Luciferam partem glomeraminis atque pilai : 725
Ut Babylonica Chaldæum doctrina, refutans
Astrologorum artem, contra convincere tendit :
Proinde quasi id fieri nequeat, quod pugnat uterque;
Aut minus hoc illo sit quur amplectier ausis.

Denique, quur nequeat semper nova luna creari, 730
Ordine formarum certo certisque figuris,
Inque dies privos aborisci quæque creata,
Atque alia illius reparari in parte locoque;
Difficile est ratione docere, et vincere verbis :
Ordine quom videas tam certo multa creari. 735

It Ver, et Venus; et, Veris prænuntius, ante
Pennatus graditur Zephyrus, vestigia propter
Flora quibus mater præspargens ante viai
Cuncta coloribus egregiis et odoribus opplet :
Inde loci sequitur Calor aridus, et comes una 740
Polverulenta Ceres, et Etesia flabra Aquilonum.

pagne. Puis les tempêtes jaillissent, et les vents orageux, le Vulturne à la voix retentissante, et l'Auster chargé de foudre. Puis, enfin, le solstice nous apporte les neiges, nous ramène les gelées engourdissantes, suivi bientôt de l'Hiver, et du Froid qui claque des dents. Faut-il donc t'émerveiller de voir la lune si exacte à naître, si exacte à mourir, puisque tant de choses ont lieu si exactement aux mêmes époques?

Crois bien aussi que la défaillance du soleil et les obscurcissements de la lune prêtent à mille explications. Quoi! tu demandes comment la lune peut nous exclure des feux du soleil, et comment elle lui voile la terre de son front sublime, qui oppose un disque aveugle aux rayons étincelants; et tu ne crois pas que le même effet puisse venir d'un autre corps, qui roule éternellement privé de lumière!

Pourquoi enfin ne pas admettre que le soleil, à des époques fixes, laisse tomber à peine ses feux languissants, et ranime bientôt sa lumière, quand il a franchi au sein des airs ces régions, ennemies de la flamme, qui étouffent un moment ses lueurs expirantes?

Et si la terre peut à son tour ravir les clartés de la lune, en tenant le soleil plongé sous elle, tandis que l'astre des mois flotte dans son ombre épaisse et conique : pourquoi ne veux-tu pas qu'un autre corps se glisse sous la lune, roule par-dessus le globe du soleil, et intercepte ses rayons, ses torrents de lumière?

Et même, si la lune brille d'un éclat qui lui est propre, l'empêcheras-tu d'avoir ses propres langueurs dans certaines parties du monde, quand elle traverse les régions ennemies de sa propre clarté?

J'ai maintenant expliqué par quelles lois tout s'accomplit dans le vaste azur du vaste monde : nous avons pu reconnaître quelle force, quelle loi produit les évolutions variées du soleil et les phases de la lune; comment leurs feux, voilés tout à coup, expirent, et plongent la terre dans une nuit inattendue; comment ils semblent fermer et ouvrir de nouveau leur œil resplendissant, qui enveloppe le monde de sa blanche lumière. Je reviens donc à l'enfance du monde, à la tendre jeunesse de nos campagnes et j'examine ce que leur fécondité naissante osa mettre d'abord au berceau du jour, et confier au souffle incertain des vents.

La première espèce créée fut l'herbe et son verdoyant éclat dont la terre revêtit les collines; et dans toute la campagne, les prairies étincelèrent de ces vertes couleurs; et les différents arbres, une fois la bride lâchée, luttèrent de vigueur à pousser, et à se répandre dans les airs! Comme la plume, le duvet et le poil naissent d'abord sur les membres des quadrupèdes ou sur les corps à l'aile rapide, de même le sol encore vierge fit jaillir des herbes et des broussailles. Puis, il enfanta les êtres par milliers de mille genres, et sous mille combinaisons; car il est impossible que les animaux de la terre soient tombés du ciel, ou sortis des gouffres salés.

Inde Auctumnus adit, graditur simul Evius Evan :
Inde aliæ Tempestates, Venteique sequuntur;
Altitonans Volturnus, et Auster fulmine pollens.
Tandem Bruma niveis affert, pigrumque rigorem 745
Reddit; Hyems sequitur, crepitans ac dentibus Algu.
Quo minus est mirum, si certo tempore luna
Gignitur, et certo deletur tempore rursus;
Quom fieri possint tam certo tempore multa.
  Solis item quoque defectus, lunæque latebras, 750
Pluribus e causis fieri tibi posse putandum est.
Nam, quur luna queat terram secludere, poscis,
Lumine, et a terris altum caput obstruere ei,
Objiciens cæcum radiis ardentibus orbem;
Tempore eodem aliud facere et non posse putetur 755
Corpus, quod cassum labatur lumine semper?
  Solque suos etiam dimittere languidus igneis
Tempore quur certo nequeat, recreareque lumen,
Quom loca præteriit, flammeis infesta, per auras,
Quæ faciunt igneis interstingui atque perire? 760
  Et, quur terra queat lunam spoliare vicissim
Lumine, et oppressum solem super ipsa tenere,
Menstrua dum rigidas coni perlabitur umbras;
Tempore eodem aliud nequeat succurrere lunæ
Corpus, vel supra solis perlabier orbem, 765
Quod radios interrumpat lumenque profusum?
  Et tamen, ipsa suo si fulget luna nitore,
Quur nequeat certa mundi languescere parte,
Dum loca luminibus propriis inimica per exit?
  Quod superest, quoniam, magni per cærula mundi 770
Qua fieri quidquid posset ratione, resolvi;
Solis uti varios cursus lunæque meatus
Noscere possemus, quæ vis et causa cieret;
Quove modo soleant offecto lumine obire,
Et nec opinanteis tenebris obducere terras; 775
Quom quasi connivent, et aperto lumine rursum
Omnia convisunt clara loca candida luce :
Nunc redeo ad mundi novitatem et mollia terræ
Arva; novo fetu quid primum in luminis oras
Tollere, et incertis crederent committere ventis. 780
  Principio, genus herbarum viridemque nitorem
Terra dedit circum colleis; camposque per omneis
Florida fulserunt viridanti prata colore :
Arboribusque datum est variis exinde per auras
Crescundi magnum immissis certamen habenis. 785
Ut pluma atque pili primum setæque creantur
Quadrupedum membris et corpore pennipotentum;
Sic nova tum tellus herbas virgultaque primum
Sustulit : inde loci mortalia corda creavit
Multa modis multis, varia ratione coorta. 790
Nam neque de cœlo cecidisse animalia possunt,
Nec terrestria de salsis exisse lacunis.
Linquitur, ut merito maternum nomen adepta

Aussi la terre mérite-t-elle bien le nom de mère commune, puisque tous les êtres sont nés de la terre.

Aujourd'hui encore, de la terre jaillissent une foule d'animaux, engendrés par les pluies et la chaude vapeur du soleil. Est-il donc étonnant que ses créations fussent plus abondantes, plus vastes, alors que l'air et le sol, encore jeunes, excitaient leur développement?

Dans l'origine, la race ailée et les oiseaux de mille couleurs quittaient l'œuf, éclos sous l'haleine du printemps; comme de nos jours, aux feux de l'été, les cigales dépouillent elles-mêmes leurs frêles tuniques de peau, afin de chercher la nourriture et la vie.

Ce fut alors que la terre vomit ses premières générations humaines. La chaleur et l'humidité abondaient au sein des campagnes. Aussi, quand elles rencontraient un endroit propice, formaient-elles des embryons d'abord enracinés aux flancs de la terre. Et sitôt que les germes, à ce point de maturité, âge de la naissance pour les enfants, rompaient leur enveloppe, fuyant ces demeures humides, et altérés d'air, la Nature dirigeait vers eux les pores du sol, et le forçait à répandre de ses veines ouvertes un suc pareil au lait : ainsi, maintenant les femmes qui enfantent se gonflent de cette douce liqueur, parce que le torrent des sucs alimentaires roule vers les mamelles. Les enfants trouvaient leur nourriture dans la terre, leur vêtement dans la chaleur, leur couche dans l'épais et tendre duvet du gazon.

Le monde, dans sa jeunesse, ne déchaînait encore ni les froids rigoureux, ni les ardeurs excessives, ni le souffle puissant des airs : tous ces fléaux eurent aussi leur naissance, leurs accroissements.

Je le répète donc, elle porte justement ce nom de mère si bien gagné, la terre qui a enfanté la race des hommes, et qui, dans un espace presque fixé, a répandu de son sein tous les animaux qui bondissent çà et là sur les hautes montagnes, et les mille oiseaux de l'air aux mille formes diverses. Mais comme les enfantements doivent avoir un terme, elle s'arrête, semblable à une femme épuisée par l'âge. Oui; car l'âge bouleverse toute l'essence du monde, et il faut que toutes choses passent d'un état à un autre. Rien ne demeure constant à soi-même : tout flotte, tout change sous les révolutions que la Nature lui impose. L'un s'en va en poussière, et succombe aux langueurs des ans; l'autre s'accroît, et sort du rang des choses viles. Ainsi, je le répète, l'âge bouleverse la face entière du monde; il faut que tout passe d'un état à un autre, et perde l'énergie qu'il a, pour acquérir une force qui lui manque.

Dans ses laborieux efforts, la terre produisait aussi une foule de monstres, formes étranges, assemblages de membres bizarres : comme l'androgyne, qui tient de l'un et l'autre sexe, écarté de l'un et l'autre. Des êtres manquant de pieds, dépourvus de mains; des êtres sans parole ni bouche, des aveugles sans visage, se rencontrèrent; et des corps unis tout entiers par un enchaînement des membres, et qui ne pouvaient rien faire, ni aller nulle part, ni éviter le mal, ni prendre ce que leurs besoins voulaient.

```
Terra sit, e terra quoniam sunt cuncta creata.
    Multaque nunc etiam exsistunt animalia terris,       795
Imbribus et calido solis concreta vapore.
Quo minus est mirum, si tum sunt plura coorta
Et majora, nova tellure atque æthere, adulta.
    Principio, genus alituum variæque volucres,
Ova relinquebant, exclusæ tempore verno :              800
Folliculos ut nunc teretis æstate cicadæ
Linquunt sponte sua, victum, vitamque petentes.
    Tum tibi terra dedit primum mortalia secla;
Multus enim calor atque humor superabat in arvis.
Hoc, ubi quæque loci regio opportuna dabatur,          805
Crescebant uteri terræ radicibus aptei :
Quos ubi tempore maturo patefecerat ætas
Infantum, fugiens humorem, aurasque petissens,
Convortebat ibi Natura foramina terræ,
Et sucum venis cogebat fundere apertis,                810
Consimilem lactis; sic ut nunc femina quæque,
Quom peperit, dulci repletur lacte, quod omnis
Impetus in mammas convortitur ille alimenti.
Terra cibum puereis, vestem vapor, herba cubile
Præbebat, multa et molli lanugine abundans.            815
    At novitas mundi nec frigora dura ciebat,
Nec nimios æstus, nec magnis viribus auras :
Omnia enim pariter crescunt, et robora sumunt.
    Quare etiam atque etiam maternum nomen adepta
Terra tenet merito, quoniam genus ipsa creavit         820
Humanum, atque animans prope certo tempore fudit
Omne, quod in magnis bacchatur montibu' passim :
Aeriasque simul volucres variantibu' formis.
Sed, quia finem aliquam pariundi debet habere,
Destitit, ut mulier, spatio defessa vetusto.           825
Mutat enim mundi naturam totius ætas,
Ex alioque alius status excipere omnia debet,
Nec manet ulla sui similis res; omnia migrant,
Omnia commutat Natura et vortere cogit.
Namque aliud putrescit et ævo debile languet;          830
Porro aliud concrescit, et e contemptibus exit.
Sic igitur mundi naturam totius ætas
Mutat, et ex alio terram status excipit alter :
Quod potuit, nequeat; possit, quod non tulit ante.
    Multaque tum tellus etiam portenta creare          835
Conata est, mira facie membrisque coorta :
Androgynem inter utras, nec utramque, utrimque remotum;
Orba pedum partim, manuum viduata vicissim;
Muta sine ore etiam, sine voltu cæca reperta;
Vinctaque membrorum per totum corpus adhæsu,           840
Nec facere ut possent quidquam, nec cedere quoquam,
```

Tous les monstres et les phénomènes de ce genre, la terre les créa; mais en vain : la Nature coupa court à leurs accroissements, et les empêcha d'atteindre à la fleur si désirée de l'âge, de trouver leur nourriture, ou de se joindre par les douces choses de Vénus. Car, nous le voyons, il faut que mille détails concourent à permettre la reproduction et la durée des races : il faut d'abord qu'elles aient une pâture; ensuite il faut qu'une semence fertile, répandue dans les nerfs, puisse jaillir des membres qui se fondent; et que la femelle endure les approches du mâle, et que l'harmonie des organes forme le nœud des jouissances communes.

Aussi des espèces nombreuses ont-elles dû succomber alors, incapables de se propager et de faire souche. Celles que tu vois jouir encore du souffle vivifiant des airs, la ruse, la force, la vitesse, les protégent et les conservent depuis la naissance des âges; il y en a même beaucoup qui, par leur utilité, se recommandent à la vie éternelle, et se confient à notre garde.

Dès l'origine, la race fougueuse des lions, espèce cruelle, fut défendue par le courage; le renard par la ruse, le cerf par la fuite. Mais les chiens au sommeil léger, au cœur fidèle, et toute la génération des bêtes de somme, et les troupeaux chargés de laine, et la famille des bœufs, tous ces êtres, Memmius, s'abandonnèrent à la protection de l'homme. Car, avides de fuir les bêtes sauvages, ils vinrent y chercher la paix et une nourriture abondante, acquise sans trouble : bienfaits dont nous payons leurs services. Ceux que la Nature privait de toute ressource, sans aucune force pour la vie indépendante, ni aucun don utile qui engageât les hommes à veiller sur le repos et la subsistance de leur espèce; ceux-là étaient la proie, le gain des autres, languissant abattus et enchaînés par un destin misérable, qui aboutissait à la mort ou la Nature plongeait toute la race.

Quant aux Centaures, ils ne vécurent jamais, et ne peuvent jamais vivre. Il est impossible que cette double nature, ce double corps, et cet assemblage de membres hétérogènes qui combinent leur double puissance, demeurent en équilibre. Voici de quoi convaincre les plus épaisses intelligences.

Trois ans à peine révolus, le cheval impétueux est dans toute sa fleur; mais non pas l'enfant : à cet âge, que de fois il cherche encore dans ses rêves les mamelles gonflées de lait! Puis, sitôt que le cheval, au bout de ses forces, au déclin de ses années, voit défaillir ses membres languissants que la vie abandonne, alors seulement l'enfance fleurit aux approches de sa jeunesse, et un tendre duvet ombrage ses joues. Ne va donc pas croire qu'un homme mêlé à la semence du cheval robuste puisse engendrer un Centaure capable de vivre, ou des Scylles au corps à demi marin, entourés de chiens furieux, et tous les monstres pareils, dont les membres offrent une discorde si éclatante. Car ils ne gagnent ensemble ni la fleur des ans, ni la cime des forces, ni le terme

Nec vitare malum, nec sumere quod volet usus.
  Cetera de genere hoc monstra ac portenta creabat;
Nequidquam; quoniam Natura absterruit auctum;
Nec potuere cupitum ætatis tangere florem, 845
Nec reperire cibum, nec jungi per Veneris res.
Multa, videmus, enim rebus concurrere debent,
Ut propagando possint producere secla :
Pabula primum ut sint; genitalia deinde per artus
Semina, quæ possint membris manare remissis; 850
Feminaque ut maribus conjungi possit, habere
Mutua, qui nectant inter se gaudia uterque.
  Multaque tum interiisse animantum secla necesse est,
Nec potuisse propagando procudere prolem.
Nam, quæquomque vides vesci vitalibus auris, 855
Aut dolus, aut virtus, aut denique mobilitas est
Ex ineunte ævo genus id tutata, reservans :
Multaque sunt, nobis ex utilitate sua quæ
Commendata manent, tutelæ tradita nostræ.
  Principio, genus acre leonum sævaque secla 860
Tutata est virtus, volpeis dolus; ut fuga cervos.
At levisomna canum fido cum pectore corda,
Et genus omne, quod est veterino semine partum,
Lanigeræque simul pecudes, et bucera secla,
Omnia sunt hominum tutelæ tradita, Memmi! 865
Nam cupide fugere feras, pacemque sequutæ
Sunt et larga suo sine pabula parta labore :

Quæ damus utilitatis eorum præmia causa.
At, queis nil horum tribuit Natura, neque ipsa
Sponte sua possent ut vivere, nec dare nobis 870
Utilitatem aliquam, quare pateremur eorum
Præsidio nostro pasci genus, esseque tutum;
Scilicet hæc aliis prædæ lucroque jacebant
Indupedita suis fatalibus omnia vinclis,
Donec ad interitum genus id Natura redegit. 875
  Sed neque Centaurei fuerunt, nec tempore in ullo
Esse queunt; duplici natura et corpore bino
Ex alienigenis membris compacta potestas,
Hinc illinc par vis ut non sic esse potissit :
Id licet hinc quamvis hebeti cognoscere corde. 880
  Principio, circum tribus actis impiger annis
Floret equus; puer haud quaquam; quin sæpe etiam nunc
Ubera mammarum in somnis lactantia quæret.
Post, ubi equum validæ vires, ætate senecta,
Membraque deficiunt fugienti languida vita; 885
Tum demum, puerili ævo florente, juventas
Officit, et molli vestit lanugine malas :
Ne forte ex homine, et veterino semine equorum,
Confieri credas Centauros posse, neque esse :
Aut rabidis canibus succinctas, semimarinis 890
Corporibus Scyllas; et cetera de genere horum,
Inter se quorum discordia membra videmus :
Quæ neque florescunt pariter, nec robora sumunt

de la vieillesse ; la même Vénus ne les embrase pas : leurs habitudes diffèrent, et des mets semblables ne flattent point leurs organes, puisque les troupeaux à longue barbe s'engraissent de la ciguë, où l'homme ne trouve qu'un poison énergique.

Et puisque, de tout temps, les flammes brûlent et consument le corps fauve des lions, aussi bien que toutes les espèces formées ici-bas de sang et de viscères, comment aurait-il pu y avoir un être, triple corps à lui seul, lion par en haut, dragon par en bas, et au milieu ce que nous appelons chimère, dont la gueule vomit du fond des entrailles une flamme dévorante ?

Ainsi quiconque, ne s'appuyant que sur ce vain mot de nouveauté, avance que la jeunesse de la terre et la fraîche origine du ciel ouvraient les portes de la vie à de semblables animaux, est libre, par le même système, de nous conter mille fables. Qu'il affirme qu'en ce temps-là des fleuves d'or baignaient partout les campagnes, que tous les arbres pour fleurs avaient des perles ; ou bien que l'homme naissait avec un tel essor dans les membres qu'il pouvait franchir la vaste mer de ses vastes enjambements, et de ses mains faire tourbillonner autour de sa tête le globe entier des cieux ! Non, l'abondance des germes contenus dans le sol, au moment où la terre fit jaillir les premiers animaux, n'est pas un signe qu'il ait pu se produire des êtres, mélangés, assemblages de membres divers. Car aujourd'hui même que les herbes de toute sorte, les fruits, les arbres poussent si abondamment de la terre féconde, encore sont-ils incapables de naître enchaînés : loin de là, tous se développent à leur manière ; tous conservent les traits distincts, empreints du sceau ineffaçable de la Nature.

La race humaine, alors éparse dans les campagnes, était beaucoup plus dure, comme elle devait l'être, enfantée par les dures entrailles de la terre. La charpente des os était plus vaste, plus solide ; des nerfs plus robustes attachaient les muscles : l'homme n'était sensible ni aux surprises du froid ou de la chaleur, ni à la nouveauté des aliments, ni à aucun fléau du corps.

Durant mille révolutions du soleil autour des cieux, il traînait partout sa vie à la manière des bêtes errantes. Il n'y avait point encore de bras vigoureux qui maniât le soc recourbé, point d'homme qui sût travailler le sol avec le fer, enfouir dans la terre de jeunes arbrisseaux, ou élaguer sous la faucille le feuillage vieilli des grands arbres. Ce que leur donnait le soleil ou la pluie, ce que la terre répandait elle-même, suffisait, humble don, pour apaiser le cri de leur estomac. Le plus souvent, ils entretenaient leur corps sous les chênes aux glands fertiles, ces arbousiers que tu vois, durant nos hivers, mûrir avec une teinte de pourpre, la terre les engendrait alors innombrables, et plus grands que les nôtres : enfin, dans sa fleur de jeunesse, le monde produisait encore mille choses, nourriture grossière, mais abondante pour les tristes humains.

Les fleuves et les sources les invitaient à étancher leur soif ; comme, aujourd'hui, les torrents

Corporibus, neque perficiunt ætate senecta ;
Nec simili Venere ardescunt, nec moribus unis 895
Conveniunt ; neque sunt eadem jocunda per artus :
Quippe videre licet pinguescere sæpe cicuta
Barbigeras pecudes, homini quæ est acre venenum.
  Flamma quidem vero quom corpora fulva leonum
Tam soleat torrere atque urere, quam genus omne 900
Visceris in terris quodquomque et sanguinis exstet :
Qui fieri potuit, triplici cum corpore et una,
Prima leo, postrema draco, media ipsa chimæra,
Ore foras acrem flaret de corpore flammam ?
  Quare, etiam tellure nova cœloque recenti, 905
Talia qui fingit potuisse animalia gigni,
Nixus in hoc uno novitatis nomine inani ;
Multa licet, simili ratione, effutiat ore.
Aurea tum dicat per terras flumina volgo
Fluxisse, et gemmis florere arbusta suesse : 910
Aut hominem tanto membrorum esse impete natum,
Trans maria alta pedum nixus ut pandere posset,
Et manibus totum circum se vortere cœlum.
Nam, quod multa fuere in terris semina rerum,
Tempore quo primum tellus animalia fudit ; 915
Nil tamen est signi, mixtas potuisse creari
Inter se pecudes, compactaque membra animantum :
Propterea quia, quæ de terris nunc quoque abundant,

Herbarum genera ac fruges arbustaque læta,
Non tamen inter se possunt complexa creari : 920
Sed, si quæque suo ritu procedit, et omnes
Fœdere naturæ certo, discrimina servant.
  Et genus humanum multo fuit illud in arvis
Durius, ut decuit, tellus quod dura creasset,
Et majoribus et solidis magis ossibus intus 925
Fundatum ; validis aptum per viscera nervis :
Nec facile ex æstu, nec frigore quod caperetur ;
Nec novitate cibi, nec labi corporis ulla.
  Multaque per cœlum solis volventia lustra
Volgivago vitam tractabant more ferarum. 930
Nec robustus erat curvi moderator aratri
Quisquam, nec scibat ferro molirier arva,
Nec nova defodere in terram virgulta, neque altis
Arboribus veteres decidere falcibu' ramos.
Quod sol atque imbres dederant, quod terra crearat 935
Sponte sua, satis id placabat pectora donum.
Glandiferas inter curabant corpora quercus
Plerumque ; et, quæ nunc hiberno tempore cernis
Arbuta puniceo fieri matura colore,
Plurima tum tellus, etiam majora, ferebat : 940
Multaque præterea novitas tum florida mundi
Pabula dira tulit, misereis mortalibus ampla.
  At sedare sitim fluvii fontesque vocabant ;

qui roulent des hautes montagnes appellent au loin, de leur voix éclatante, les bêtes altérées. Et puis, ils trouvaient dans leurs courses et envahissaient les asiles champêtres des nymphes : là, elles déchaînaient leurs eaux jaillissantes, longs épanchements qui lavaient les rocs, les rocs humides, ruisselants de la mousse verdoyante, ou qui d'un vif et bouillonnant essor allaient gagner la plaine.

Ils ne savaient pas encore dompter les choses avec le feu, ni employer des peaux, et vêtir leur corps de la dépouille des bêtes : ils habitaient les bois, le creux des montagnes, les grandes forêts; et ils cachaient dans les broussailles leurs membres incultes, obligés de fuir les coups du vent ou la pluie.

Incapables de songer au bien commun, ils ignoraient entre eux l'usage des lois et des mœurs réglées. La proie que le hasard offrait à chacun, chacun s'en emparait, instruit par la Nature à se conserver et à vivre pour lui-même.

Vénus unissait dans les bois les corps des amants; car toute femme cédait soit à un penchant mutuel, soit au brutal emportement et à la passion furieuse de l'homme, soit à l'appas de ses dons : quelques glands, des arbouses, des poires choisies.

Se fiant à la vigueur extraordinaire de leurs mains et de leurs pieds, ils poursuivaient les animaux féroces des bois; ils venaient à bout de la plupart, et ne se cachaient que pour en éviter un petit nombre. Pareils aux sangliers couverts de soies, quand la nuit les surprenait, ils étendaient leurs membres tout nus sur la terre, en s'enveloppant de rameaux et de feuilles.

Et ils n'erraient point avec de grandes lamentations dans les campagnes, épouvantés et cherchant le jour et le soleil au milieu des ombres ; mais silencieux, et ensevelis dans le sommeil, ils attendaient que le flambeau de l'aurore vînt dorer le ciel de sa rose lumière. Car, accoutumés dès l'enfance à voir naître alternativement le jour et les ténèbres, ils n'avaient pas lieu de s'étonner qu'ils pussent le faire, ou de craindre qu'une nuit éternelle s'emparât du monde, lui ôtant à jamais la lumière du soleil. Ils étaient bien autrement inquiétés par les bêtes sauvages, qui rendaient souvent le repos fatal à ces tristes humains : chassés de leur demeure, ils se réfugiaient sous un abri de pierre, à l'approche d'un sanglier écumant ou d'un lion fougueux ; et, pleins d'alarmes, au milieu de la nuit, ils cédaient à ces terribles hôtes leur couche de feuillage.

Pourtant, alors, le troupeau des hommes ne quittait guère en plus grand nombre que de nos jours, au milieu des pleurs, la douce lumière de la vie. Sans doute chacun, plus exposé aux surprises des bêtes féroces, leur offrait une vivante pâture, consumé par leur dent, et remplissait les bois, les montagnes, les forêts de lamentations, en voyant ses entrailles ensevelies toutes vives dans une tombe vivante. Sans doute ceux que dérobait la fuite, le corps à demi rongé, et couvrant leurs plaies affreuses de leurs mains tremblantes, appelaient la mort avec des cris épouvantables, et perdaient enfin la vie dans d'horribles convulsions,

---

Ut nunc montibus e magnis decursus aquai
Claru' citat late sitientia secla ferarum.   945
Denique, nota vagcis, sylvestria templa tenebant
Nympharum, quibus excibant humore fluenta
Lubrica, proluvie larga lavere humida saxa,
Humida saxa super viridi stillantia musco ;
Et partim plano scatere atque erumpere campo.   950
Necdum res igni scibant tractare, neque uti
Pellibus, et spoliis corpus vestire ferarum;
Sed nemora atque cavos monteis sylvasque colebant;
Et frutices inter condebant squalida membra,
Verbera ventorum vitare imbreisque coactei.   955
   Nec commune bonum poterant spectare, neque ullis
Moribus inter se scibant nec legibus uti.
Quod quoique obtulerat prædæ fortuna, ferebat;
Sponte sua sibi quisque valere et vivere doctus.
   Et Venus in sylvis jungebat corpora amantum : 960
Conciliabat enim vel mutua quamque cupido,
Vel violenta viri vis atque impensa libido;
Vel pretium, glandes atque arbuta, vel pira lecta.
   Et manuum mira fretei virtute pedumque,
Consectabantur sylvestria secla ferarum   965
Missilibus saxis, et magno pondere clavæ ;
Multaque vincebant, vitabant pauca latebris :
Setigeroisque pares suibus sylvestria membra
Nudabant terræ, nocturno tempore captei,
Circum se foliis ac frondibus involuentes.   970
   Nec plangore diem magno solemque per agros
Quærebant pavidei, palantes noctis in umbris ;
Sed tacitei respectabant somnoque sepultei,
Dum rosea face sol inferret lumina cœlo.
A parvis quod enim consuerant cernere semper,   975
Alterno tenebras et lucem tempore gigni,
Non erat, ut fieri posset, mirarier unquam,
Nec diffidere, ne terras æterna teneret
Nox, in perpetuum detracto lumine solis.
Sed magis illud erat curæ, quod secla ferarum   980
Infestam misereis faciebant sæpe quietem ;
Ejecteique domo, fugiebant saxea tecta
Spumigeri suis adventu validique leonis ;
Atque intempesta cedebant nocte paventes
Hospitibus sæveis instrata cubilia fronde.   985
   Nec nimio tum plus, quam nunc, mortalia secla
Dulcia linquebant lamentis lumina vitæ.
Unus enim tum quisque magis deprensus eorum
Pabula viva fereis præbebat, dentibus haustus :
Et nemora ac monteis gemitu sylvasque replebat, 990
Viva videns vivo sepeliri viscera busto :
At quos effugium servarat, corpore adeso,
Posterius tremulas super ulcera tetra tenentes

faute de secours, faute de connaître ce que demandaient leurs blessures.

Mais un seul jour ne livrait point à la destruction des milliers d'hommes rassemblés sous les étendards; mais les tempêtes des mers ne brisaient pas contre les écueils les navires et leur équipage. Déchaînées par mille fureurs aveugles, stériles, impuissantes, elles apaisaient innocemment leurs vaines menaces. Vainement aussi les ondes souriaient-elles sous le masque trompeur du calme : leurs piéges ne séduisaient aucun mortel, et la navigation, art fatal, dormait encore dans les ténèbres. Alors les membres succombaient aux langueurs de la disette; aujourd'hui c'est l'abondance qui les plonge dans l'abîme. Jadis les hommes s'empoisonnaient eux-mêmes par ignorance; maintenant c'est un art d'empoisonner les autres.

Puis, quand ils eurent trouvé l'usage des cabanes, des peaux et du feu; quand la femme, unie à l'homme, devint sa compagne; que les chastes joies de la Vénus domestique leur furent connues, et qu'ils virent une famille née de leur sang, le genre humain commença dès lors à s'amollir. Le feu empêcha que les corps, déjà sensibles au froid, pussent l'endurer aussi bien sous le toit immense des cieux; l'amour diminua les forces; et les enfants, par leurs caresses, domptèrent aisément le cœur farouche des pères. Alors, dans les habitations voisines, on se mit à lier amitié ensemble, et ne se faire ni injure ni violence : on se recommanda les enfants et le sexe des femmes par les cris et le geste; des bégayements confus exprimèrent qu'il était juste d'avoir pitié des faibles. Sans doute la concorde ne pouvait encore régner partout; mais la plupart, cœurs honnêtes, demeuraient fidèles à ses lois : autrement, l'espèce humaine eût déjà péri tout entière, incapable d'amener jusqu'à nous la série des générations.

Bientôt la Nature poussa les hommes à émettre des sons divers, et le besoin leur arracha des noms pour les choses : à peu près comme l'impuissance de sa langue réduit l'enfant au geste, quand elle lui fait montrer du doigt ce qui frappe ses yeux : car tout être sent bien qu'il peut user des forces de sa nature. Le jeune taureau, avant que des cornes ne viennent à lui poindre sur le front, attaque dans sa fureur et presse son ennemi avec elles. Les petits des panthères, les lionceaux combattent déjà des ongles, des pattes et de la gueule, que les dents et les ongles sont à peine formés. Enfin, nous voyons toute la jeune race des oiseaux se confier à ses ailes, et leur demander un appui encore tremblant. Aussi, croire que jadis un seul homme distribua les noms aux choses, et que ce fut pour les autres la source des mots, est une folie : par quel hasard cet homme saurait-il désigner tous les corps de sa voix, émettre tous les sons de sa langue, tandis que les autres nous en ont paru incapables? D'ailleurs, si les autres n'eussent point échangé des paroles, où donc en aurait-il puisé la con-

Palmas, horriferis accibant vocibus Orcum :
Denique, eos vita privarant vermina sæva,   995
Experteis opis, ignaros quid volnera vellent.
   At non multa virum sub signis milia ducta
Una dies dabat exitio; nec turbida Ponti
Æquora lædebant naveis ad saxa, virosque :
Nec temere, incassum, frustra, mare sæpe coortum   1000
Sævibat; leviterque minas ponebat inaneis.
Nec poterat quemquam placidi pellacia Ponti
Subdola pellicere in fraudem ridentibus undis :
Improba navigii ratio tum cæca jacebat.
Tum penuria deinde cibi languentia leto   1005
Membra dabat; contra nunc rerum copia mersat.
Ollei imprudentes ipsei sibi sæpe venenum
Vergebant; nunc dant alieis solertius ipsei.
   Inde casas postquam ac pelleis ignemque pararunt,
Et mulier, conjuncta viro, concessit in unum,   1010
Castaque privatæ Veneris connubia læta
Cognita sunt, prolemque ex se videre creatam;
Tum genus humanum primum mollescere cœpit.
Ignis enim curavit, ut alsia corpora frigus
Non ita jam possent cœli sub tegmine ferre :   1015
Et Venus imminuit vireis; puereique parentum
Blanditiis facile ingenium fregere superbum.
Tunc et amicitiem cœperunt jungere habentes
Finitumei inter se, nec lædere, nec violare;
Et pueros commendarunt muliebreque seclum   1020
Vocibus et gestu; quom balbe significarent,
Imbecillorum esse æquom misererier omni.
Non tamen omnimodis poterat concordia gigni :
Sed bona magnaque pars servabant fœdera castei;
Aut genus humanum jam tum foret omne peremtum,   1025
Nec potuisset adhuc perducere secla propago.
   At varios linguæ sonitus Natura subegit
Mittere, et utilitas expressit nomina rerum :
Non alia longe ratione atque ipsa videtur
Protrahere ad gestum pueros infantia linguæ;   1030
Quom facit, ut digito, quæ sint præsentia, monstret :
Sentit enim vim quisque suam quod possit abuti.
Cornua nata prius vitulo quam frontibus exstant,
Ollis iratus petit atque infensus inurguet :
At catulei pantherarum scymneique leonum   1035
Unguibus ac pedibus jam tum morsuque repugnant,
Vix etiam quom sunt dentes unguesque createi.
Alituum porro genus alis omne videmus
Fidere, et a pennis tremulum petere auxiliatum.
Proinde, putare aliquem tum nomina distribuisse   1040
Rebus, et inde homines didicisse vocabula prima,
Desipere est : nam quur hic posset cuncta notare
Vocibus, et varios sonitus emittere linguæ,
Tempore eodem aliei facere id non quisse putentur?
Præterea, si non aliei quoque vocibus usei   1045
Inter se fuerant, unde insita notities est?
Utilitas etiam, unde data est huic prima potestas,

naissance? Le besoin même, le premier guide qui a dû lui faire voir et comprendre le but de ses efforts, qui le lui a donné? Et puis, seul contre tous, avait-il la force de les soumettre, de les réduire, de leur apprendre malgré eux les noms des choses? Comment les instruire, comment engager ces intelligences sourdes au travail nécessaire? Rudes et impatients, les hommes n'eussent jamais souffert qu'on leur fatiguât vainement l'oreille de sons inconnus.

Est-il si merveilleux, après tout, que le genre humain, doué d'une voix et d'une langue si énergiques, marquât les objets de sons divers sous diverses impressions? Les troupeaux eux-mêmes, les troupeaux sans parole et les espèces sauvages ont bien coutume de pousser un cri différent et varié, quand la crainte, la douleur ou la joie les envahissent : le fait est clair, on peut aisément le reconnaître.

Lorsque les molosses irrités grondent, et que le souple frémissement de leur vaste gueule met à nu leurs dents redoutables, leur rage ne découvre point ses armes menaçantes avec un son pareil à leurs aboiements, qui éclatent enfin et remplissent les airs. De même, quand ils se mettent à caresser leurs petits avec la langue, quand ils les agacent de leurs pattes, et que leur dent contenue les effleure comme pour les engloutir sous des morsures innocentes, le cri joyeux de leur tendresse ne ressemble ni à leurs plaintes quand ils hurlent dans la solitude, ni à leurs sanglots quand ils fuient, en rampant, les coups.

On voit aussi que les hennissements du cheval diffèrent, alors que, dans la fleur de ses jeunes années, il bondit au milieu des cavales, frappé des aiguillons de l'Amour aux ailes rapides; ou que ses larges naseaux frémissent au retentissement des armes; ou que sans motif il hennit en agitant ses membres.

Enfin, toute la race ailée et les oiseaux de mille couleurs, les vautours, les orfraies, les plongeons des mers qui cherchent leurs aliments et leur vie dans les flots salés, jettent à d'autres instants d'autres cris que ceux avec lesquels ils combattent pour leur nourriture, et se disputent une proie. La température même communique ses vicissitudes au chant rauque des antiques corneilles, et de ces bandes de corbeaux qui appellent, dit-on, les averses des nues, ou qui parfois implorent le souffle des vents.

Or, si la différence des impressions force les animaux, quoique muets, à émettre différents cris, combien n'est-il point encore plus simple que les premiers hommes aient pu désigner par mille sons mille choses diverses?

Ici, pour ne pas te faire tout bas une demande sans réponse, sache que, dans l'origine, la foudre vint apporter le feu aux mortels, et ouvrir la source des embrasements sur la terre. Car on voit bien des matières, ensemencées du feu céleste, vomir une flamme resplendissante, dès que le trait du ciel les allume. Néanmoins, quand la cime touffue des arbres, agitée par le vent, échauffe ses rameaux que heurtent les

Quid vellet facere, ut sciret, animoque videret?
Cogere item plureis unus, victosque domare
Non poterat, rerum ut perdiscere nomina vellent : 1050
Nec ratione docere ulla, suadereque surdeis,
Quid sit opus facto; faciles neque enim paterentur,
Nec ratione ulla sibi ferrent amplius aureis
Vocis inauditos sonitus obtundere frustra.
  Postremo, quid in hac mirabile tantopere est re, 1055
Si genus humanum, cui vox, et lingua vigeret,
Pro vario sensu varias res voce notaret?
Quom pecudes mutæ, quom denique secla ferarum,
Dissimileis soleant voces variasque ciere,
Quom metus, aut dolor est; et quom jam gaudia gliscunt?
Quippe etenim licet in rebus cognoscere apertis. 1061
  Irritata canum quom primum magna Molossùm
Mollia ricta fremunt, duros nudantia denteis,
Longe alio sonitu rabies districta minatur,
Et quom jam latrant, et vocibus omnia complent. 1065
At catulos blande quom lingua lambere tentant,
Aut ubi eos lactant pedibus morsuque petentes,
Suspensis teneros imitantur dentibus haustus,
Longe alio pacto gannitu vocis adulant,
Et quom deserti baubantur in ædibus, aut quom 1070
Plorantes fugiunt, submisso corpore, plagas.
  Denique non hinnitus item differre videtur,
Inter equas ubi equus florenti ætate juvencus
Pinnigeri sævit calcaribus ictus Amoris;
Et fremitum patulis sub naribus edit ad arma? 1075
Et quom sic alias concussis artubus hinnit.
  Postremo, genus alituum variæque volucres,
Accipitres atque ossifragæ mergeique marinis
Fluctibus in salso victum vitamque petentes,
Longe alias alio jaciunt in tempore voces, 1080
Et quom de victu certant prædaque repugnant.
Et partim mutant cum tempestatibus una
Raucisonos cantus cornicum secla vetusta
Corvorumque greges; ubi aquam dicuntur et imbreis
Poscere, et interdum ventos aurasque vocare. 1085
  Ergo, si variei sensus animalia cogunt,
Muta tamen quom sint, varias emittere voces;
Quanto mortaleis magis æquum est tum potuisse
Dissimileis alia atque alia res voce notare?
  Illud in his rebus tacitus ne forte requiras, 1090
Fulmen detulit in terram mortalibus ignem
Primitus; inde omnis flammarum didirur ardor :
Multa videmus enim, cœlestibus insita flammis,
Fulgere, quom cœli donavit plaga vapores.
Et ramosa tamen quom, ventis pulsa, vacillans 1095
Æstuat, in ramos incumbens arboris arbor,
Exprimitur, validis extritus viribus, ignis :

rameaux voisins, la force du choc lui arrache des étincelles; souvent même, la flamme jaillit et bouillonne sous le frottement mutuel des branches. Voilà deux choses qui peuvent avoir donné le feu aux hommes.

Ensuite, le soleil leur apprit à cuire la nourriture, à l'amollir aux chaudes vapeurs de sa flamme; parce que, sous leurs yeux, mille fruits des campagnes s'adoucissaient, vaincus par les coups de son ardeur brûlante. Puis, de jour en jour, guidés par les intelligences supérieures et les têtes les plus fortes, ils modifiaient leur subsistance et leur vie, à l'aide du feu et d'inventions nouvelles.

Les rois commencèrent à bâtir des villes, à fonder des citadelles, boulevard et asile pour eux-mêmes. Ils divisèrent les troupeaux, les champs; et ils tinrent compte, dans ce partage, de la beauté, de la force et de l'intelligence. Car la beauté florissait alors, et la force pouvait beaucoup; plus tard, la richesse fut imaginée, l'or découvert, et ils ôtèrent sans peine leur éclat à ceux qui étaient beaux et forts, puisque la vigueur et la beauté même s'attachent le plus souvent au parti du plus riche.

Quand la saine raison gouverne les existences, vivre content de peu est un trésor inestimable : car à qui se borne, rien ne manque. Mais les hommes ont voulu être puissants et illustres, afin d'asseoir leur fortune sur une base impérissable, et de se ménager une vie tranquille au sein de l'opulence. Vain espoir ! En luttant pour atteindre le faîte des honneurs, ils ont rendu la voie périlleuse; et une fois à la cime, l'envie les frappe encore comme la foudre, et précipite leur grandeur humiliée dans le sombre Tartare. Aussi vaut-il mieux obéir en paix, que d'aspirer au gouvernement d'un empire et à la possession d'un trône. Laisse-les donc se fatiguer d'un effort inutile, et suer le sang à se débattre sur le chemin étroit de l'ambition, puisque l'envie, à l'exemple de la foudre, embrase les hauteurs et tout ce qui dépasse le reste; puisque ces hommes ne jugent que par la bouche des autres, et que leurs désirs naissent de faux récits plutôt que de leurs impressions mêmes; éternelle folie de notre temps comme du temps à venir, comme du temps écoulé.

Ainsi, quand on eut massacré les rois, on renversa dans la poussière l'ancienne majesté du trône et l'orgueil du sceptre; le brillant insigne des têtes les plus hautes roula ensanglanté sous les pieds de la foule, pleurant ses beaux honneurs détruits : tant on écrase avec joie l'objet d'une peur trop vive!

Les affaires retournaient donc aux mains de la populace, de la dernière lie; chacun tirait à soi le pouvoir et le rang suprême. Bientôt quelques hommes instruisirent les autres à créer des magistratures, à établir le droit commun, à reconnaître des lois : car le genre humain, las d'une vie pratiquée sous l'empire de la force, et tout languissant de haines meurtrières, n'aspirait plus qu'à tomber dans l'étroite chaîne des lois et de la justice. Oui, ces ardeurs de vengeance que la colère poussait au delà des bornes fixées maintenant

Emicat interdum flammai fervidus ardor,
Mutua dum inter se ramei stirpesque teruntur :
Quorum utrumque dedisse potest mortalibus ignem. 1100
Inde cibum coquere ac flammæ mollire vapore
Sol docuit; quoniam mitescere multa videbant,
Verberibus radiorum atque æstu victa, per agros.
Inque dies magis hi victum vitamque priorem
Commutare novis monstrabant rebus et igni, 1105
Ingenio quei præstabant, et corde vigebant.
  Condere cœperunt urbeis, arcemque locare
Præsidium reges ipsei sibi perfugiumque;
Et pecudes et agros divisere, atque dedere
Pro facie quojusque et viribus ingenioque. 1110
Nam facies multum valuit, viresque vigebant :
Posterius res inventa est, aurumque repertum,
Quod facile et valideis, et pulchreis demsit honorem.
Divitioris enim sectam plerumque sequuntur
Quamlubet et fortes et pulchro corpore cretei. 1115
  Quod si quis vera vitam ratione gubernat,
Divitiæ grandes homini sunt, vivere parce
Æquo animo; neque enim est unquam penuria parvi.
At claros homines voluerunt se atque potenteis,
Ut fundamento stabili fortuna maneret, 1120
Et placidam possent opulentei degere vitam :
Nequidquam; quoniam, ad summum succedere honorem

Certantes, iter infestum fecere viai.
Et tamen e summo, quasi fulmen, dejicit ictos
Invidia interdum contemptim in Tartara tetra : 1125
Ut satius multo jam sit parere quietum,
Quam regere imperio res velle, et regna tenere.
Proinde sine, incassum defessei, sanguine sudent,
Angustum per iter luctantes ambitionis :
Invidia quoniam, ceu fulmine, summa vaporant 1130
Plerumque, et quæ sunt altis magis edita quomque :
Quandoquidem sapiunt alieno ex ore; petuntque
Res ex auditis potius, quam sensibus ipsis :
Nec magis id nunc est, neque erit mox, quam fuit ante.
  Ergo, regibus occisis, subvorsa jacebat 1135
Pristina majestas soliorum, et sceptra superba;
Et capitis summi præclarum insigne cruentum
Sub pedibus volgi magnum lugebat honorem;
Nam cupide conculcatur nimis ante metutum.
  Res itaque ad summam fæcem turbasque redibat; 1140
Imperium sibi quom ac summatum quisque petebat.
Inde magistratum partim docuere creare;
Juraque constituere, ut vellent legibus uti.
Nam genus humanum, defessum vi colere ævom,
Ex inimicitiis languebat : quo magis ipsum 1145
Sponte sua cecidit sub leges, arctaque jura.
Acrius ex ira quod enim se quisque parabat

par des lois équitables, dégoûtèrent les hommes des mœurs violentes. Aussitôt la peur des châtiments empoisonne les jouissances de la vie : tout coupable se voit enlacer par ses violences, ses injustices, qui retombent habituellement sur celui dont elles partent. Désormais le repos et le calme ne sont pas faciles à quiconque trouble, par ses attentats, l'accord de la paix universelle. Il a beau tromper l'œil des dieux et des hommes, il ne doit pas compter sur un éternel mystère ; car on dit que souvent des paroles, échappées dans les rêves ou dans la fièvre du mal, ont trahi bien des hommes, et mis en lumière des crimes longtemps cachés.

Maintenant quelle cause a pu répandre les dieux chez les grandes nations, remplir les villes d'autels, et travailler à l'institution de ces solennités religieuses, qui de nos jours sont en honneur dans les affaires et les circonstances importantes ? D'où naît aujourd'hui encore parmi les hommes ce pieux effroi qui élève sans cesse de nouveaux temples sur toute la face du globe, et qui oblige les peuples d'y courir aux jours de fête ? Il est facile d'en expliquer la cause.

La voici. Déjà les générations humaines, dans les rêves de leur esprit éveillé, et plus encore dans le sommeil, apercevaient des figures divines, éclatantes de beauté sous un étrange développement de la taille. Ces images, ils leur attribuaient le sentiment, à les voir agiter leurs membres, et jeter de superbes paroles en harmonie avec leur majestueuse beauté et leur vigueur immense. Et ils leur accordaient une vie éternelle, à cause de leur éternelle apparition sous une forme et une grâce inaltérable ; ou simplement parce que ces natures, douées de forces énormes, ne leur semblaient point aisées à vaincre par une force quelconque. Aussi croyait-on leur sort bien plus heureux que le nôtre, puisque la crainte de la mort ne tourmentait aucune d'elles : et aussi parce que, dans le sommeil, on leur voyait accomplir bien des choses merveilleuses, qui ne leur coûtaient pas la moindre fatigue.

D'ailleurs, un ordre immuable présidait à l'arrangement du ciel et aux révolutions de l'année : témoin du fait, et incapable d'en pénétrer la cause, l'homme n'avait d'autre refuge que de remettre tout aux mains des immortels, et de faire tout plier sous leur empire.

* Il leur donna le ciel pour séjour et pour temple, parce que c'est au ciel que nous voyons flotter la nuit et la lune, la lune et le jour, la nuit et ses astres mélancoliques, ces flambeaux errants, ces flammes volantes, et les nues, le soleil, les pluies, la neige, les vents, la foudre, la grêle, et ces frémissements rapides, et cette grande voix du tonnerre à la menace retentissante.

O misérable race des humains! quand ils ont imputé aux dieux de telles actions, quand ils leur ont prêté de si âpres colères, quelle source de gémissements ouverte pour eux-mêmes! Que de plaies pour nous, que de larmes pour nos descendants!

La piété ne consiste point à être vue sans cesse tournant un front voilé devant une pierre, à s'approcher de tous les autels, à prosterner son

Ulcisci, quam nunc concessum est legibus æquis,
Hanc ob rem est homines pertæsum vi colere ævom.
Inde metus maculat pœnarum præmia vitæ : 1150
Circumretit enim vis, atque injuria quemque;
Atque, unde exorta est, ad eum plerumque revortit :
Nec facile est placidam ac pacatam degere vitam,
Qui violat factis communia fœdera pacis.
Et si fallit enim Divom genus humanumque, 1155
Perpetuo tamen id fore clam diffidere debet :
Quippe ubi se multei per somnia sæpe loquentes,
Aut morbo delirantes, protraxe ferantur;
Et celata diu, in medium peccata dedisse.
  Nunc, quæ causa Deum per magnas numina genteis
Pervolgarit, et ararum compleverit urbeis, 1161
Suscipiendaque curarit solemnia sacra,
Quæ nunc in magnis florent sacra rebu', locisque;
Unde etiam nunc est mortalibus insitus horror,
Qui delubra Deum nova toto suscitat orbi 1165
Terrarum, et festis cogit celebrare diebus;
Non ita difficile est rationem reddere verbis.
  Quippe etenim jam tum Divom mortalia secla
Egregias animo facies vigilante videbant;
Et magis in somnis, mirando corporis auctu. 1170
Heis igitur sensum tribuebant, propterea quod
Membra movere videbantur, vocesque superbas
Mittere pro facie præclara et viribus amplis.
Æternamque dabant vitam, quia semper eorum
Suppeditabatur facies, et forma manebat : 1175
Et tamen omnino, quod tantis viribus auctos
Non temere ulla vi convinci posse putabant :
Fortunisque ideo longe præstare putabant,
Quod mortis timor haud quemquam vexaret eorum;
Et simul in somnis quia multa et mira videbant 1180
Efficere, et nullum capere ipsos inde laborem.
  Præterea, cœli rationes ordine certo
Et varia annorum cernebant tempora vorti;
Nec poterant quibus id fieret cognoscere causis.
Ergo perfugium sibi habebant omnia Diveis 1185
Tradere, et ollorum nutu facere omnia flecti.
  In cœloque Deum sedes et templa locarunt,
Per cœlum volvi quia nox et luna videtur,
Luna, dies, et nox, et noctis signa severa,
Noctivagæque faces cœli, flammæque volantes, 1190
Nubila, sol, imbres, nix, ventei, fulmina, grando,
Et rapidei fremitus, et murmura magna minarum.
  O genus infelix humanum! talia Diveis
Quom tribuit facta, atque iras adjungit acerbas,
Quantos tum gemitus ipsei sibi, quantaque nobis 1195
Volnera, quas lacrumas peperere minoribu' nostreis
  Nec pietas ulla est velatum sæpe videri

corps abattu sur la terre, à étendre ses mains ouvertes vers le sanctuaire des dieux, à inonder l'autel du sang des animaux, à enchaîner les vœux aux vœux ; non : celui-là est pieux, qui sait tout envisager d'une âme tranquille. Car lorsque nous examinons les hauteurs du ciel, les dômes immenses du monde, les étoiles qui brillent clouées au firmament, et que la marche du soleil ou de la lune frappe notre pensée, alors s'éveille dans notre cœur une inquiétude jadis étouffée par d'autres tourments, mais qui commence à relever la tête : y aurait-il par hasard une toute-puissance divine qui roulât sous des impulsions variées la blanche lumière des astres? Nos intelligences, si pauvres de bonnes raisons, hésitent, et se demandent avec trouble : Le monde a-t-il eu un commencement? Aura-t-il une fin, jusqu'à laquelle ses barrières et sa marche silencieuse peuvent résister à la fatigue? Ou bien, enrichi par une main divine d'une éternelle durée, est-il capable de franchir éternellement les âges, et de braver le puissant effort de leur cours interminable?

En outre, quel homme n'a point l'âme resserrée par la crainte des dieux, et les membres rampants sous la peur, alors que le sol, embrasé par les coups horribles de la foudre, bondit, et que de vastes retentissements parcourent le ciel? Les nations ne tremblent-elles pas? Et les rois superbes, ne les voit-on pas se coller avec effroi aux statues des dieux, craignant que l'heure formidable ne soit enfin venue d'expier quelque action infâme, ou quelque orgueilleuse parole?

Et quand l'irrésistible force du vent, déchaînée au sein de l'onde, balaye sur la plaine des mers un général avec sa flotte, et ses puissantes légions, et ses éléphants, ne cherche-t-il point à désarmer par ses vœux les immortels? Sa tremblante prière n'appelle-t-elle pas le calme des vents et un souffle favorable? C'est en vain : saisi par le rapide tourbillon, il n'en est pas moins emporté vers l'écueil mortel. Tant il est vrai qu'une puissance inconnue écrase les fortunes humaines, et semble fouler aux pieds les brillants faisceaux et les haches cruelles, qui servent de jouet à ses caprices!

Enfin, lorsque toute la terre remue sous nos pas, que les villes ébranlées tombent, ou chancellent et menacent ruine, est-il étonnant que les générations humaines se rabaissent elles-mêmes, et souffrent ici-bas de grandes puissances, des forces merveilleuses, de ces dieux enfin à qui on laisse gouverner toutes choses?

Mais achevons. Le cuivre, l'or, le fer, les masses d'argent, la pesanteur du plomb, furent trouvés dans les hautes montagnes, là où de vastes forêts avaient péri sous les embrasements du feu : soit que le ciel y eût dardé la foudre ; soit que les hommes, se livrant la guerre au fond des bois, eussent porté la flamme chez l'ennemi, afin de l'épouvanter ; ou que, séduits par la bonté du terrain, ils voulussent s'ouvrir de grasses campagnes, et les rendre propres à leur nourriture ; ou enfin que ce fût pour tuer les bêtes, et s'enrichir de leur dépouille. Car on fit la chasse à l'aide

Vortier ad lapidem, atque omneis accedere ad aras :
Nec procumbere humi prostratum, et pandere palmas
Ante Deum delubra, neque aras sanguine multo   1200
Spargere quadrupedum, nec voteis nectere vota ;
Sed mage placata posse omnia mente tueri.
Nam quom suspicimus magni cœlestia mundi
Templa super, stellisque micantibus æthera fixum ;
Et venit in mentem solis, lunæque viarum ;   1205
Tunc, aliis oppressa malis, in pectore cura
Olla quoque expergefactum caput erigere infit :
Ne quæ forte Deum nobis immensa potestas
Sit, vario motu quæ candida sidera vorset.
Tentat enim dubiam mentem rationis egestas :   1210
Ecquænam fuerit mundi genitalis origo?
Et simul, ecquæ sit finis, quoad mœnia mundi
Et taciti motus hunc possint ferre laborem?
An, divinitus æterna donata salute,
Perpetuo possint ævi labentia tractu,   1215
Immensi validas ævi contemnere vireis.
Præterea, quoi non animus formidine Divom
Contrahitur? quoi non correpunt membra pavore,
Fulminis horribili quom plaga torrida tellus
Contremit, et magnum percurrunt murmura cœlum?
Non populei gentesque tremunt? regesque superbei   1220
Corripiunt Divom perculsei membra timore,
Ne quod ob admissum fede, dictumve superbe,

Pœnarum grave sit solvundi tempus adactum?
Summa etiam quom vis violenti per mare venti   1225
Induperatorem classis super æquora verrit,
Cum validis pariter legionibus atque elephantis ;
Non Divom pacem votis adit, ac prece quæsit
Ventorum pavidus paces animasque secundas?
Nequidquam : quoniam, violento turbine sæpe   1230
Correptus, nihilo fertur minus ad vada leti.
Usque adeo res humanas vis abdita quædam
Obterit ; et pulchros fasceis sævasque secureis
Proculcare, ac ludibrio sibi habere videtur.
Denique, sub pedibus tellus quom tota vacillat,   1235
Concussæque cadunt urbes, dubiæque minantur ;
Quid mirum, si se temnunt mortalia secla,
Atque potestates magnas, mirasque relinquunt
In rebus vireis Divom, quæ cuncta gubernent?
Quod superest, æs atque aurum ferrumque repertum est,
Et simul argenti pondus, plumbique potestas,   1241
Ignis ubi ingenteis sylvas ardore cremarat
Montibus in magnis ; seu cœli fulmine misso,
Sive quod, inter se bellum sylvestre gerentes,
Hostibus intulerant ignem, formidinis ergo ;   1245
Sive quod, inductei terræ bonitate, volebant
Pandere agros pingueis, et pascua reddere rura ;
Sive feras interficere, et ditescere præda :
Nam fovea atque igni prius est venarier ortum,

des fosses et du feu, avant qu'on n'eût des filets pour entourer les bois, et des chiens pour les battre.

Au reste, quelle que fût la cause de ces embrasements qui, avec un bruit horrible, dévoraient les forêts jusque dans leurs racines, et dont les feux cuisaient en quelque sorte la terre, de ses veines brûlantes jaillissait un ruisseau d'argent et d'or, de plomb et de cuivre, qui s'amassait dans les cavités du sol. Plus tard les hommes, voyant la masse coagulée reluire sur la terre, l'enlevaient, saisis par le charme d'un aspect brillant et lisse. Et comme ils la voyaient aussi empreinte de la même forme que les cavités dont elle portait la trace, il leur vint dans l'idée que, fondue à la chaleur, elle saurait prendre toutes les apparences et courir d'un état à un autre; qu'à force de la battre, il était possible d'en allonger le bout en pointes aiguës, d'une extrême finesse; qu'elle servirait ainsi d'armes ou d'instruments pour abattre les forêts, polir les matériaux, équarrir et raboter le bois, ou le creuser, le percer et le fendre.

On destinait d'abord au même usage l'or et l'argent, aussi bien que la robuste matière et la dévorante énergie du cuivre; mais en vain : leur puissance fléchissait vaincue par l'effort, et ils étaient moins propres à essuyer la dure fatigue. Aussi le cuivre fut-il estimé davantage; et l'or gisait à l'écart, à cause de son inutilité, lui dont le tranchant s'émoussait au moindre choc. Aujourd'hui le cuivre est déchu à son tour, et l'or lui a ravi ses premiers honneurs; tant la révolution des âges change la destinée des choses! Celle qui avait du prix voit le terme de sa gloire : une autre lui succède, et jaillit de la fange; plus enviée chaque jour, et brillante d'éloges que sa possession attire, elle jouit d'un merveilleux éclat parmi les hommes.

Maintenant, comment la substance du fer fut-elle découverte? Tu peux sans peine, cher Memmius, le démêler toi-même.

Les premières armes furent les mains, les ongles, les dents, et aussi des pierres; des fragments d'arbres, des branches; puis, quand on eut connu la flamme, le feu, on trouva bientôt le fer et le cuivre. Le cuivre précéda le fer : on l'employa d'abord, parce que la nature en est plus souple, et la masse plus abondante. On travaillait le sol avec le cuivre; avec le cuivre on soulevait les tempêtes de la guerre, on semait au loin de larges blessures, on ravissait les troupeaux et les champs; car tout être nu et sans armes cédait facilement à des mains armées. Ensuite l'épée de fer s'introduisit peu à peu; la faux d'airain ne fut plus que la forme honteuse d'un instrument impur : on se mit à déchirer les campagnes avec le fer, et le sort des batailles flotta sous des chances égales.

On sut monter en armes sur les flancs du cheval, plier son essor au frein, et combattre de la main droite, avant de se hasarder aux périls de la guerre sur un char à deux coursiers; et on les attela par couples, avant de joindre deux couples ensemble, avant de bondir tout armé sur un char muni de faux. Puis les éléphants chargés de tours, monstres énormes qui ont pour main un serpent

Quam sæpire plagis saltum, canibusque ciere. 1250
 Quidquid id est, quaquomque ex causa flammeus ardor
Horribili sonitu sylvas exederat altis
Ab radicibus, et terram percoxerat igni;
Manabat venis ferventibus, in loca terræ
Concava conveniens, argenti rivus et auri; 1255
Æris item et plumbi : quæ, quom concreta videbant
Posterius claro in terras splendere colore,
Tollebant, nitido captei lævique lepore;
Et simili formata videbant esse figura,
Atque lacunarum fuerant vestigia quoique. 1260
Tum penetrabat eos, posse hæc, liquefacta calore,
Quamlubet in formam et faciem decurrere rerum;
Et prorsum quamvis in acuta ac tenuia posse
Mucronum duci fastigia procudendo,
Ut sibi tela parent, sylvasque et cædere possint, 1265
Materiem lævare, dolare ac radere tigna,
Et terebrare etiam ac pertundere perque forare.
 Nec minus argento facere hæc auroque parabant,
Quam validi primum violenti viribus æris;
Nequidquam; quoniam cedebat victa potestas, 1270
Nec poterant pariter durum sufferre laborem.
Nam fuit in pretio magis æs, aurumque jacebat
Propter inutilitatem, hebeti mucrone retusum;
Nunc jacet æs, aurum in summum successit honorem.
Sic volvunda ætas commutat tempora rerum : 1275
Quod fuit in pretio, fit nullo denique honore;
Porro aliud succedit, et e contemtibus exit,
Inque dies magis appetitur, floretque repertum
Laudibus, et miro mortaleis inter honore est.
 Nunc tibi, quo pacto ferri natura reperta 1280
Sit, facile est ipsi per te cognoscere, Memmi!
 Arma antiqua manus, ungues dentesque fuerunt;
Et lapides, et item, sylvarum fragmina, rami;
Et flamma atque ignes postquam sunt cognita primum,
Posterius ferri vis est ærisque reperta. 1285
Et prior æris erat, quam ferri, cognitus usus;
Quo facilis magis est natura, et copia major.
Ære solum terræ tractabant, æreque belli
Miscebant fluctus et volnera vasta serebant,
Et pecus atque agros adimebant; nam facile olleis 1290
Omnia cedebant armateis nuda et inerma.
Inde minutatim processit ferreus ensis,
Vorsaque in obscœnum species est falcis ahenæ,
Et ferro cœpere solum proscindere terræ;
Exæquataque sunt creperi certamina belli. 1295
 Et prius est armatum in equi conscendere costas,
Et moderarier hunc frenis, dextraque vigere,
Quam bijugo curru belli tentare pericla.
Et bijugom prius est, quam bis conjungere binos,
Et quam falciferos armatum ascendere currus. 1300
Inde boves Lucas, turrito corpore, tetros,

flexible, apprirent des Carthaginois à endurer les blessures, et à répandre le trouble dans les vastes bataillons de Mars. Ainsi la triste discorde engendra l'un après l'autre chaque fléau des nations en armes, et ajouta de jour en jour aux terreurs de la guerre.

On essaya même des taureaux pour ce fatal emploi; on essaya de lancer contre l'ennemi la rage des sangliers. Les Parthes envoyèrent devant eux de formidables lions, avec des gardiens armés, maîtres terribles, qui devaient les gouverner et les retenir à la chaîne. Vain espoir! Échauffées par le carnage de la mêlée, ces bêtes farouches troublaient indistinctement les escadrons, secouant partout leurs crinières effroyables; et les cavaliers ne pouvaient apaiser l'âme des chevaux épouvantés de leurs rugissements, ni les tourner avec le frein contre l'ennemi. Les lionnes furieuses bondissaient de toutes parts : elles attaquaient en face ceux qui venaient à elles, saisissaient par derrière ceux qui y pensaient le moins, et les enlaçaient pour les abattre, pour les vaincre de leurs coups, en s'attachant à eux par d'irrésistibles morsures et des griffes recourbées. Les taureaux jetaient en l'air ceux de leur parti, et les écrasaient ensuite; leur corne labourait le flanc et le ventre des chevaux, et ils soulevaient la terre dans leur fougue menaçante. Les sangliers tuaient aussi leurs alliés sous leurs dents vigoureuses, baignaient de leur propre sang les traits, les traits rompus sur eux-mêmes, et, pleins de rage, semaient au loin les débris confus des cavaliers et des fantassins. Vainement les chevaux se détournaient-ils pour fuir la dent meurtrière, ou se dressaient-ils en frappant l'air de leurs pieds : tu les aurais vus, le jarret coupé, s'abattre, et couvrir la terre de leur chute pesante. Les animaux même qui semblaient le mieux domptés avant la guerre s'échauffaient dans l'action par les blessures, les cris, la fuite, les alarmes, le tumulte, et il était impossible d'en ramener aucun; toutes ces espèces de monstres se dispersaient : aujourd'hui encore, que de fois les éléphants, maltraités par le fer des batailles, s'enfuient, après avoir donné à leurs maîtres mille preuves de leur colère!

Voilà ce que faisaient les hommes; mais je ne puis me résoudre à croire que leur intelligence fût incapable de pressentir et de voir quel mal affreux devait en rejaillir sur eux tous : ou bien affirme que c'est là un aveuglement commun à ces mille mondes engendrés sous mille lois diverses, plutôt que de le restreindre à un seul globe déterminé. Ils agissaient de la sorte, moins dans l'espoir de vaincre, que de fournir à l'ennemi un sujet de larmes, en périssant eux-mêmes, quand ils se défiaient de leur nombre, ou qu'ils manquaient d'armes.

On forma le vêtement avec des nœuds, avant de le tisser : le tissu vint après le fer, puisque c'est à l'aide du fer qu'on prépare la toile, et qu'on ne peut obtenir autrement ces rouleaux si

```
Anguimanos, belli docuerunt volnera Pœnei
Sufferre, et magnas Martis turbare catervas.
Sic alid ex alio peperit discordia tristis,
Horribile humaneis quod gentibus esset in armis,      1305
Inque dies belli terroribus addidit augmen.
Tentarunt etiam tauros in mœnere belli,
Experteique sues sævos sunt mittere in hosteis;
Et validos Parthei præ se misere leones,
Cum doctoribus armatis sævisque magistris,            1310
Quei moderarier heis possent, vinclisque tenere :
Nequidquam; quoniam, permixta cæde calentes,
Turbabant sævei nullo discrimine turmas,
Terrificas capitum quatientes undique cristas :
Nec poterant equites fremitu perterrita equorum       1315
Pectora mulcere, et frenis convortere in hosteis.
Irritata leæ jaciebant corpora saltu
Undique, et advorsum venientibus ora petebant;
Et nec opinanteis a tergo diripiebant,
Deplexæque dabant in terram volnere victos,           1320
Morsibus affixæ validis atque unguibus uncis.
Jactabantque suos taurei, pedibusque terebant;
Et latera ac ventres hauribant subter equorum
Cornibus, et terram minitanti mente ruebant.
Et validis socios cædebant dentibus apri,             1325
Tela infracta suo tinguentes sanguine sævei,
[In se fracta suo tinguentes sanguine tela,]
Permixtasque dabant equitum peditumque ruinas.

Nam transvorsa feros exibant dentis adactus
Jumenta, aut pedibus ventos erecta petebant :         1330
Nequidquam; quoniam ab nervis succisa videres
Concidere, atque gravi terram consternere casu.
Si quos ante domi domitos satis esse putabant,
Effervescere cernebant in rebus agundis,
Volneribus, clamore, fuga, terrore, tumultu :        1335
Nec poterant ullam partem reducere eorum;
Diffugiebat enim varium genus omne ferarum,
Ut nunc sæpe boves Lucæ, ferro male mactæ,
Diffugiunt, fera facta suis quom multa dedere.
Sic fuit ut facerent : sed vix adducor, ut ante       1340
Non quierint animo præsentire atque videre,
Quam commune malum fieret fœdumque futurum :
Et magis id possis factum contendere in omni,
In variis mundis, varia ratione creatis,
Quam certo atque uno terrarum quolubet orbi.         1345
Sed facere id non tam vincundi spe voluerunt,
Quam dare quod gemerent hostes, ipseique perire,
Quei numero diffidebant, armisque vacabant.
Nexilis ante fuit vestis, quam textile tegmen :
Textile post ferrum est; quia ferro tela paratur;     1350
Nec ratione alia possunt tam lævia gigni
Insilia ac fusei, radiei scapeique sonantes.
Et facere ante viros lanam Natura coegit,
Quam muliebre genus; nam longe præstat in arte,
Et solertius est multo genus omne virile :            1355
```

8.

polis, ces navettes, ces fuseaux et ces verges retentissantes.

La Nature força les hommes, avant la race des femmes, à travailler la laine; car le sexe mâle l'emporte de beaucoup par l'art et l'industrie. Puis enfin, sous les reproches des austères laboureurs, ils abandonnèrent cette tâche aux mains de la femme, pour essuyer eux-mêmes de robustes travaux, pour endurcir leurs bras et leurs membres à la dure fatigue.

Le modèle de l'ensemencement et l'origine de la greffe leur vinrent encore de la Nature, cette mère de toutes choses. Les baies et les glands tombés sous les arbres fournissaient, aux époques voulues, un essaim de jeunes rejetons : de là, ils se plurent à confier aux branches des souches étrangères, et à enfouir de nouveaux arbustes dans le sol des campagnes.

Puis ils essayaient tour à tour mille formes de culture pour leurs doux sillons, et ils voyaient les fruits sauvages de la terre s'adoucir à force de soins et de tendres ménagements. Chaque jour, ils repoussaient les forêts vers la cime des montagnes, et les obligeaient de céder la basse région à la culture, afin d'avoir aux flancs des collines et dans la plaine des prairies, des lacs, des ruisseaux, des moissons, de joyeux vignobles, et afin qu'une ligne d'oliviers au feuillage d'azur pût interrompre la vue çà et là, répandue sur les hauteurs, les vallées ou les plaines. Ainsi, de nos jours, tu aperçois mille grâces variées dans les campagnes, où notre main parsème le doux ornement des fruits, et que des arbres fertiles bordent de leur riante ceinture.

Imiter avec sa bouche la voix limpide des oiseaux, fut en usage parmi les hommes bien avant ces accords qui soutiennent un vers harmonieux, et charment les oreilles. Le sifflement du Zéphyre dans le creux des roseaux, leur enseigna d'abord à enfler des chalumeaux agrestes et vides. Ensuite, peu à peu, ils apprirent ces douces plaintes que répand la flûte sous le doigt du chanteur; la flûte, inventée au fond des bois inaccessibles, des grandes forêts, sous les ombrages des montagnes, dans les solitudes des pasteurs, et au sein des célestes loisirs.

Voilà comme la marche des années dévoile successivement tous les arts, et comme l'intelligence les fait jaillir au berceau de la lumière.

Ces inventions flattaient leur âme, et les ravissaient, quand ils étaient assouvis de nourriture; car tout plaît alors. Souvent, couchés ensemble sur l'herbe molle, près d'un ruisseau, à l'ombre d'un grand arbre, ils goûtaient à peu de frais toutes les jouissances du corps; surtout lorsque la saison était riante, lorsque le printemps émaillait de fleurs les vertes prairies. Alors venaient habituellement les jeux, les conversations, les doux éclats de rire; la muse des champs régnait alors. Alors enfin une gaieté folâtre les invitait à ceindre leur front et leurs épaules de couronnes tressées, de fleurs et de feuillage, à s'avancer sans mesure, en remuant lourdement leurs membres, et à frapper d'un pied retentissant cette terre, leur mère commune: de là naissaient les rires, les joies bruyantes, parce que ces jeux étaient choses nouvelles, et partant merveilleuses. Ils veillaient même, et se consolaient

Agricolæ donec vitio vortere severei;
Ut muliebribus id manibus concedere vellent,
Atque ipsei pariter durum sufferre laborem,
Atque opere in duro durarent membra manusque.
 At specimen sationis, et insitionis origo   1360
Ipsa fuit rerum primum Natura creatrix;
Arboribus quoniam baccæ glandesque caducæ
Tempestiva dabant pullorum examina subter;
Unde etiam lubitum est stirpeis committere rameis,
Et nova defodere in terram virgulta per agros.   1365
 Inde aliam atque aliam culturam dulcis agelli
Tentabant; fructusque feros mansuescere terra
Cernebant indulgendo, blandeque colundo :
Inque dies magis in montem succedere sylvas
Cogebant, infraque locum concedere culteis :   1370
Prata, lacus, rivos, segetes, vinetaque læta,
Collibus et campis ut haberent; atque olearum
Cærula distinguens inter plaga currere posset,
Per tumulos et convalleis camposque profusa.
Ut nunc esse vides vario distincta lepore   1375
Omnia; quæ, pomis intersita dulcibus, ornant,
Arbustisque tenent felicibus obsita circum.
 At liquidas avium voces imitarier ore
Ante fuit multo, quam lævia carmina cantu

Concelebrare homines possent, aureisque juvare.   1380
Et Zephyri, cava per calamorum, sibila primum
Agresteis docuere cavas inflare cicutas.
Inde minutatim dulceis didicere querelas,
Tibia quas fundit, digitis pulsata canentum,
Avia per nemora ac sylvas saltusque reperta,   1385
Per loca pastorum deserta, atque otia dia.
 Sic unum quidquid paullatim protrahit ætas
In medium, ratioque in luminis eruit oras.
 Hæc animos olleis mulcebant atque juvabant
Cum satiate cibi; nam tum sunt omnia cordi.   1390
 Sæpe itaque inter se, prostratei in gramine molli,
Propter aquæ rivum, sub ramis arboris altæ,
Non magnis opibus jocunde corpora habebant :
Præsertim, quom tempestas ridebat, et anni
Tempora pingebant viridanteis floribus herbas.   1395
Tum joca, tum sermo, tum dulces esse cachinnei
Consuerant : agrestis enim tum musa vigebat.
Tum caput atque humeros plexis redimire coronis,
Floribus et foliis, lascivia læta monebat :
Atque extra numerum procedere, membra moventis 1400
Duriter, et duro terram pede pellere matrem :
Unde oriebantur risus, dulcesque cachinnei;
Omnia quod nova tum magis hæc et mira vigebant.

du sommeil perdu en tirant mille sons de leur voix, en la pliant à mille accords, et en promenant sur les chalumeaux une lèvre recourbée. Transmises jusqu'à nous, ces habitudes charment encore les veilles; et peut-être sait-on mieux distinguer la mesure : mais on ne recueille point de son art une jouissance plus vive que celle goûtée jadis par la race sauvage des enfants de la terre.

Car tant que nous ne connaissons rien de plus agréable, ce qui est sous notre main nous plaît entre toutes choses, et nous semble la plus belle de toutes. Puis une découverte nouvelle, toujours la meilleure, fait tort aux anciennes, et change nos impressions sur elles. Ainsi nous vint la haine du gland; ainsi furent abandonnées les premières couches, amas de gazon et de feuilles. La peau déchut à son tour, on méprisa ce vêtement des bêtes; et pourtant je doute qu'on en eût trouvé l'usage, sans allumer l'envie : le premier qui le porta dut rencontrer la mort au sein des embûches; sa dépouille sanglante périt arrachée par des mains avides, et on ne put en recueillir les fruits.

Alors ce furent des peaux de bêtes, aujourd'hui c'est l'or et la pourpre qui tourmentent de mille soucis la vie des hommes, et la fatiguent de guerres : aussi, à mes yeux, la faute qui pèse sur nous est-elle plus grave; car, sans les peaux, le froid était un épouvantable supplice pour le corps nu des enfants de la terre: mais pour nous, quel mal y a-t-il donc à ne point avoir un vêtement de pourpre tissu d'or, hérissé de broderies, pourvu que nos étoffes grossières soient capables de nous garantir? Ainsi la race des hommes, sans cesse travaillée par de vaines agitations, consume la vie en soins inutiles; et cela, parce qu'elle ne connaît aucun terme à la possession, et que la vraie limite du plaisir lui échappe. Voilà ce qui insensiblement a poussé nos existences jusque sur les gouffres humides; voilà ce qui a soulevé les vastes tempêtes de la guerre.

Toujours éveillés sous le dôme mobile des cieux immenses, le soleil et la lune, par la révolution de leurs feux, montrèrent aux hommes le cercle que parcourent les années, et l'ordre invariable dont l'invariable loi gouverne toutes choses.

Déjà on vivait sous le puissant abri des tours, et la culture se partageait le sol en morceaux distincts.

Un essaim de voiles couvrait la mer, florissante du commerce des parfums. On fit des traités, on eut de secourables alliances. Les poëtes se mirent à chanter et à transmettre les belles actions; la découverte des lettres ne remontait guère plus haut. Aussi, de tout ce qui fut avant elles, notre siècle ne peut rien apercevoir, à moins que la raison ne lui en découvre quelques traces.

Les navires, les instruments de la culture, les murailles, les lois, les armes, les routes, les vêtements, en un mot toutes les commodités de la vie, comme aussi toutes ses délices, les vers, la peinture, l'art industrieux des statues : tout nous fut enseigné de jour en jour par une lente civilisation et par l'expérience d'un génie infatigable, mais qui avance pas à pas.

Ainsi la marche des années découvre succes-

```
Et vigilantibus hinc aderant solatia somno,
Ducere multimodis voces, et flectere cautus;                 1405
Et supra calamos unco percurrere labro :
Unde etiam vigiles nunc hæc accepta tuentur,
Et numeris servare genus didicere; neque hilo
Majore interea capiunt dulcedine fructum,
Quam sylvestre genus capiebat terrigenarum.                  1410
    Nam, quod adest præsto, nisi quid cognovimus ante
Suavius, in primis placet, et pollere videtur;
Posteriorque fere melior res olla reperta
Perdit et immutat sensus ad pristina quæque.
Sic odium cepit glandis; sic olla relicta                    1415
Strata cubilia sunt herbis et frondibus aucta.
Pellis item cecidit, vestis contemta ferina,
Quam reor invidia tali tunc esse repertam,
Ut letum insidiis, qui gessit primus, obiret;
Et tamen inter eos distractam, sanguine multo,               1420
Disperiisse; neque in fructum convertere quisse.
Tunc igitur pelles, nunc aurum et purpura curis
Exercent hominum vitam, belloque fatigant;
Quo magis in nobis, ut opinor, culpa resedit:
Frigus enim nudos sine pellibus excruciabat                  1425
Terrigenas; at nos nil lædit veste carere
Purpurea, atque auro signisque rigentibus apta;
Dum plebeia tamen sit, quæ defendere possit.
Ergo hominum genus incassum frustraque laborat
Semper, et in curis consumit inanibus ævom :                 1430
Nimirum, quia non cognovit, quæ sit habendi
Finis, et omnino quoad crescat vera voluptas :
Idque minutatim vitam provexit in altum,
Et belli magnos commovit funditus æstus.
    At vigiles mundi magnum et versatile templum             1435
Sol et luna suo lustrantes lumine circum
Perdocuere homines annorum tempora vorti;
Et certa ratione geri rem atque ordine certo.
    Jam validis sæpti degebant turribus ævom;
Et divisa colebatur discretaque tellus.                      1440
    Tum mare velivolis florebat propter odores :
Auxilia ac socios, jam pacto fœdere, habebant
Carminibus quom res gestas cœpere poetæ
Tradere; nec multo priu' sunt elementa reperta.
Propterea, quid sit prius actum, respicere ætas              1445
Nostra nequit, nisi qua ratio vestigia monstrat.
    Navigia, atque agri culturas, mœnia, leges,
Arma, vias, vesteis, et cetera de genere horum,
Præmia, delicias quoque vitæ funditus omneis,
Carmina, picturas ac dædala signa, politus                   1450
Usus et impigræ simul experientia mentis
```

sivement les choses, et la raison les fait jaillir au berceau de la lumière. Ainsi l'homme voyait augmenter peu à peu l'éclat des arts, qui atteignaient enfin à leur cime resplendissante!

LIVRE VI.

La première ville qui a répandu chez les misérables humains les fruits nourrissants de la terre, c'est la fameuse Athènes : c'est elle qui renouvela leur existence, qui la soumit à des lois; c'est elle enfin qui leur apporta les douces consolations de la vie, le jour où elle enfanta cet homme chez qui on a trouvé une intelligence si haute, cet homme dont la bouche fut autrefois la source de toutes les vérités, et qui, maintenant éteint, grâces à ses divines découvertes, voit sa gloire antique, semée par tout l'univers, s'élever jusqu'aux cieux!

Quand cet homme remarqua que les mortels avaient acquis presque tout ce que demandent les besoins de leur subsistance, et tout ce qui peut asseoir leur vie sur une base tranquille : l'abondance des richesses, l'autorité des honneurs et de la gloire, l'éclat que donne la bonne renommée des enfants; et que néanmoins les angoisses dévoraient leur âme au fond de ses retraites : il comprit alors pourquoi ils éclataient en ces furieuses et tristes lamentations; il comprit que le vase, gâté lui-même, corrompait aussi tous les biens extérieurs répandus et amoncelés dans ses flancs; il y aperçut tantôt comme des éclats ou des fentes qui lui ôtaient à jamais le moyen de se remplir, et tantôt il le vit empoisonner de son goût amer tout ce que son intérieur avait reçu.

Il purifia donc les âmes, en y versant la vérité de ses lèvres : il mit des bornes au désir et à la crainte; il nous expliqua la nature du bien suprême que nous cherchons tous, et nous montra le sentier le plus court, la route la plus directe, pour y atteindre; il nous apprit quels sont les maux attachés partout aux essences mortelles, maux qui jaillissent et accourent de mille façons, soit par un effet du hasard, soit par une force que déchaîne la Nature, et enfin quelles portes il convient de leur fermer. Il prouva aussi que souvent les hommes roulent, au fond de leurs poitrines, un torrent de vaines et lamentables inquiétudes. Car, de même que les enfants tremblent et que tout les effraye dans la nuit aveugle, de même nous sommes assiégés, au grand jour, de terreurs aussi fausses que celles que les enfants timides se forgent au sein des ombres. Or, pour dissiper cet effroi des âmes et ces ténèbres, il ne suffit pas des rayons du soleil, ou des traits éblouissants du jour : il faut la raison, et un examen lumineux de la Nature. Aussi me vois-tu plus ardent à suivre la chaîne de mes enseignements.

Tu as appris que les dômes du monde sont périssables, que la substance du ciel naît et meurt,

Paullatim docuit pedetentim progredienteis.
 Sic unum quidquid paullatim protrahit ætas
In medium, ratioque in luminis erigit oras.
Namque alid ex alio clarescere corde videbant   1455
Artibus, ad summum donec venere cacumen.

LIBER VI.

Primæ frugiparos fetus mortalibus ægreis
Dididerunt quondam præclaro nomine Athenæ;
Et recreaverunt vitam, legesque rogarunt;
Et primæ dederunt solatia dulcia vitæ,
Quom genuere virum, tali cum corde repertum,   5
Omnia veridico qui quondam ex ore profudit :
Quojus et exstincti, propter divina reperta,
Divolgata vetus jam ad cœlum gloria fertur.
 Nam quom vidit hic, ad victum quæ flagitat usus,
Omnia jam ferme mortalibus esse parata,   10
Et per quæ possent vitam consistere tutam;
Divitiis homines, et honore et laude potenteis,
Affluere, atque bona natorum excellere fama;
Nec minus esse domi quoiquam tamen anxia cordi,
Atque animi ingratis vitam vexare querelis :   15
Causam, quæ infestis cogit sævire querelis,
Intellegit ibi; vitium vas efficere ipsum,
Omniaque illius vitio corrumpier intus,

Quæ collata foris et commoda quomque venirent :
Partim, quod fluxum pertusumque esse videbat,   20
Ut nulla posset ratione explerier unquam;
Partim, quod tetro quasi conspurcare sapore
Omnia cernebat, quæquomque receperat intus.
 Veridicis igitur purgavit pectora dictis,
Et finem statuit cupedinis atque timoris;   25
Exposuitque, bonum summum, quo tendimus omnes,
Quid foret : atque viam monstravit tramite parvo,
Qua possemus ad id recto contendere cursu :
Quidve mali foret in rebus mortalibu' passim;
Quod flueret naturali varieque volaret   30
Seu casu, seu vi, quod sic Natura parasset;
Et quibus e portis occurri quoique deceret :
Et genus humanum frustra plerumque probavit
Volvere curarum tristeis in pectore fluctus.
Nam veluti puerei trepidant, atque omnia cæcis   35
In tenebris metuunt, sic nos in luce timemus
Interdum, nihilo quæ sunt metuenda magis, quam
Quæ puerei in tenebris pavitant, finguntque futura.
Hunc igitur terrorem animi tenebrasque, necesse est
Non radii solis, nec lucida tela diei   40
Discutiant, sed Naturæ species, ratioque;
Quo magis inceptum pergam pertexere dictis.
 Et quoniam docui, mundi mortalia templa
Esse, et nativo consistere corpore cœlum;
Et, quæquomque in eo fiunt, fierique necesse est,   45

que tous les êtres qui se forment ou doivent se former dans son enceinte, tombent en dissolution : écoute maintenant le reste de mes paroles, toi dont les applaudissements m'excitent à remonter sur un char déjà illustré au vent de la gloire, afin que de nouveaux obstacles se convertissent encore pour moi en une faveur nouvelle.

Les autres phénomènes que les mortels aperçoivent ici-bas et au ciel, en tenant leurs âmes suspendues par l'effroi, les humilient sous la crainte des dieux, les abaissent et les courbent vers la terre, parce que l'ignorance de la cause les obligeà faire hommage de l'effet à la puissance des immortels et à leur accorder un plein empire sur les choses dont ils ne peuvent démêler l'origine, et que pour cela ils imputent à une intervention céleste. Car les hommes même qui sont bien éclairés sur la vie paisible de ces immortels, viennent-ils à s'étonner comment toutes choses peuvent avoir lieu, et surtout celles qui éclatent sur leurs têtes dans les campagnes des airs, ils retombent aussitôt dans leur vieille superstition, ils évoquent des maîtres impérieux, ils leur attribuent la toute-puissance : pauvres fous, qui ignorent ce qui peut ou ne peut pas être, et comment l'énergie des corps a un terme, une limite profonde et infranchissable! Aussi errent-ils, emportés par leur aveuglement.

Si tu ne rejettes point de ton âme, si tu ne chasses pas bien loin ces idées qui outragent les dieux, et qui sont étrangères au calme de leur existence, leur majesté sainte que tu auras amoindrie t'épouvantera de mille apparitions. Non que ces hautes puissances ne soient inviolables, non que leur ressentiment couve de terribles vengeances : mais toi-même, toi qui es libre de reposer en paix, tu t'imagineras qu'ils roulent dans leur sein les flots orageux de la colère; tu n'apporteras jamais un cœur tranquille au sanctuaire des immortels, et ces images que leurs membres sacrés envoient à nos intelligences, comme des messagères de la beauté divine, ton âme ne pourra les accueillir avec une paisible sérénité.

Vois quelle sera désormais ta vie. Pour écarter de nous ces maux à l'aide de la plus éclatante sagesse, outre les mille vérités déjà parties de ma bouche, il en reste mille encore, qu'il faut embellir de l'élégance des vers. Je dois rendre compte des affaires d'en haut et du ciel ; je dois chanter les tempêtes et la foudre resplendissante, leurs effets, et la cause de leur emportement : de peur que, tremblant et hors de toi, tu ne partages le ciel en diverses régions, et que tu ne t'inquiètes d'où le feu ailé a pris l'essor, où il s'est tourné ensuite, comment il a franchi les enceintes, et comment il en a dérobé sa flamme victorieuse ; phénomènes que les hommes, faute d'en apercevoir la cause, attribuent à la puissance divine.

Oh! tandis que je hâte ma course vers la blanche marque assignée pour terme à ma carrière, ouvre-moi le chemin, Muse ingénieuse, ô Calliope, toi qui délasses les hommes et charmes les dieux, afin que j'aille sur tes pas cueillir avec gloire une couronne immortelle.

Pleraque dissolvi ; quæ restant, percipe, porro :
Quandoquidem semel insignem conscendere currum
Ventosum exhortas plaudens, male ut omnia rursum
Quæ fuerint, sint placato convorsa favore.

   Cetera, quæ fieri in terris cœloque tuentur   50
Mortales, pavidis quom pendent mentibu' sæpe,
Efficiunt animos humiles formidine Divom,
Depressosque premunt ad terram ; propterea quod
Ignorantia causarum conferre Deorum
Cogit ad imperium res, et concedere regnum ;   55
Quorum operum causas nulla ratione videre
Possunt, ac fieri divino numine rentur.
Nam, bene quiei didicere Deos securum agere ævom,
Si tamen interea mirantur, qua ratione
Quæque geri possint, præsertim rebus in ollis,   60
Quæ supra caput ætheriis cernuntur in oris,
Rursus in antiquas referuntur religiones,
Et dominos acreis adsciscunt, omnia posse
Quos miserei credunt ; ignarei, quid queat esse,
Quid nequeat : finita potestas denique quoique   65
Quanam sit ratione, atque alte terminus hærens :
Quo magis errantes cæca ratione feruntur.

   Quæ nisi respuis ex animo, longeque remittis
Diis indigna putare alienaque pacis eorum ;
Delibata Deum per te tibi numina sancta   70
Sæpe oberunt : non, quo violari summa Deum vis
Possit, ut ex ira pœnas petere imbibat acreis ;
Sed quia tute tibi, placida cum pace quietus,
Constitues magnos irarum volvere fluctus ;
Nec delubra Deum placido cum pectore adibis :   75
Nec, de corpore quæ sancto simulacra feruntur
In menteis hominum divinæ nuntia formæ,
Suscipere hæc animi tranquilla pace valebis.

   Inde videre licet, qualis jam vita sequatur ;
Quam quidem ut a nobis ratio verissima longe   80
Rejiciat, quamquam sunt a me multa profecta,
Multa tamen restant, et sunt ornanda politis
Versibus, et ratio superum cœlique tenenda ;
Sunt tempestates et fulmina clara canenda ;
Quid faciant, et qua de causa quomque ferantur ;   85
Ne trepides, cœli divisis partibus amens,
Unde volans ignis pervenerit, aut in utram se
Vorterit hinc partem ; quo pacto per loca sæpta
Insinuarit, et hinc dominatus ut extulerit se.
Quorum operum causas nulla ratione videre   90
Possunt, ac fieri divino numine rentur.

   Tu mihi, supremæ præscripta ad candida callis
Currenti, spatium præmonstra, callida Musa,
Calliope, requies hominum, Divomque voluptas :
Te duce, ut insigni capiam cum laude coronam.   95

D'abord, le tonnerre ébranle la voûte azurée du ciel, quand les nuages qui volent à la cime du monde sont entrechoqués par le combat des vents. Car le retentissement ne part jamais des régions sereines ; mais les endroits où les nues flottent en bataillons plus épais frémissent habituellement sous de plus vastes murmures.

En outre, les nuages ne peuvent être ni des masses aussi denses que les pierres et le bois, ni des essences aussi fines que le brouillard et la fumée légère. Sinon ils devraient, comme la pierre, tomber sous l'accablement de leur poids inerte ; ou, comme la fumée, dépourvus de consistance, ils ne pourraient emprisonner la froide neige et les averses de la grêle.

Ils jettent aussi, dans les plaines immenses du ciel, un son pareil au craquement de ces voiles tendues dans nos larges amphithéâtres, et balancées entre les mâts et les poutres. Quelquefois la nue s'emporte, déchirée par un souffle impétueux, et imite l'aigre cri du papier : sorte de bruit qu'on reconnaît encore dans les éclats de la foudre, de même que celui d'une étoffe suspendue ou d'un feuillet qui s'envole, et que les coups du vent font tourbillonner et gémir dans les airs.

Car il arrive parfois que les nuages, ne pouvant se heurter de front, se côtoient plutôt, et, dans leur essor contraire, se rasent les flancs tout du long. De là vient qu'un son sec froisse l'oreille, et se prolonge interminable, jusqu'au moment où les nues se dégagent d'une région trop étroite.

Il est un autre motif pour que la Nature tressaille, bondissant au formidable choc du tonnerre ; pour que, soudain rompue, la vaste barrière des abîmes de ce monde semble voler en éclats. Que de fois un vent impétueux, amoncelant ses orages, s'engouffre tout à coup dans les nues, y demeure captif ! et là, ses tourbillons bouleversent tout de plus en plus, et creusent le milieu en épaississant les bords. Puis, enfin, la masse ébranlée cède à sa violence, à ses assauts furieux, et un horrible craquement annonce sa fuite retentissante. Qui s'en étonne ? La moindre vessie, gonflée d'air, jette comme lui un son bruyant par une explosion soudaine.

On explique autrement encore le bruit du vent qui souffle à travers les nuages. Car on voit souvent marcher des nuages hérissés de mille branches, de mille aspérités. Ils retentissent alors comme, dans les épaisses forêts que traverse l'haleine du Caurus, sifflent les feuilles et résonnent les rameaux.

Quelquefois même l'emportement d'un souffle irrésistible perce le nuage, et le crève en l'assaillant de front. Ce que peuvent les vents là-haut, l'expérience nous l'enseigne ici-bas sur la terre, où ils sont plus modérés, et où cependant ils emportent les arbres les plus hauts, et les dévorent jusqu'au fond de leurs racines.

Il y a aussi des flots dans les nuages ; et en se brisant ils poussent un long murmure, comme les fleuves profonds ou la vaste mer, déchirée par le bouillonnement de ses vagues.

Le même fait a lieu lorsque le brûlant essor

Principio, tonitru quatiuntur cærula cœli,
Propterea, quia concurrunt, sublime volantes,
Æteriæ nubes, contra pugnantibu' ventis.
Nec fit enim sonitus cœli de parte serena ;
Verum, ubiquomque magis denso sunt agmine nubes, 100
Tam magis hinc magno fremitus fit murmure sæpe.
  Præterea, neque tam condenso corpore nubes
Esse queunt, quam sunt lapides ad tigna ; neque autem
Tam tenues, quam sunt nebulæ fumeique volantes.
Nam cadere aut bruto deberent pondere pressæ, 105
Ut lapides ; aut, ut fumus, constare nequirent,
Nec cohibere niveis gelidas et grandinis imbreis.
  Dant etiam sonitum patuli super æquora mundi,
Carbasus ut quondam, magneis intenta theatreis,
Dat crepitum, malos inter jactata trabeisque. 110
Interdum perscissa furit petulantibus auris,
Et fragileis sonitus chartarum commeditatur ;
Id quoque enim genus in tonitru cognoscere possis ;
Aut ubi suspensam vestem chartasve volanteis
Verberibus venteis vorsant, planguntque per auras. 115
  Fit quoque enim interdum, non tam concurrere nubes
Frontibus adversis possint, quam de latere ire,
Divorso motu radentes corpora tractim ;
Aridus unde aureis terget sonus ille, diuque
Ducitur, exierunt donec regionibus arctis. 120

Hoc etiam pacto, tonitru concussa videntur
Omnia sæpe gravi tremere, et divolsa repente
Maxuma dissiluisse capacis mœnia mundi ;
Quom subito validi venti collecta procella
Nubibus intorsit sese, conclusaque ibidem, 125
Turbine vorsante magis ac magis undique nubem,
Cogit, uti fiat spisso cava corpore circum.
Post, ubi commovit vis ejus, et impetus acer,
Tum perterricrepo sonitu dat missa fragorem.
Nec mirum, quom plena animæ vesicula parva 130
Sæpe ita dat pariter sonitum, displosa repente.
  Est etiam ratio, quom ventei nubila perflant,
Ut sonitus faciant ; etenim ramosa videmus
Nubila sæpe modis multis atque aspera ferri.
Scilicet ut crebram sylvam quom flamina Cauri 135
Perflant, dant sonitum frondes, rameique fragorem.
  Fit quoque, ut interdum validi vis incita venti
Perscindat nubem, perfringens impete recto.
Nam, quid possit ibi flatus, manifesta docet res
Hic, ubi lenior est, in terra, quom tamen alta 140
Arbusta evolvens radicibus haurit ab imis.
  Sunt etiam fluctus per nubila, quei quasi murmur
Dant in frangundo graviter ; quod item fit in altis
Fluminibus magnoque mari, quom frangitur æstu.
  Fit quoque, ubi e nube in nubem vis incidit ardens 145

de la foudre tombe de nuage en nuage. Si l'eau abonde chez le dernier qui reçoit la flamme, il la noie aussitôt avec un cri épouvantable : tel, au sortir de la fournaise ardente, le fer incandescent siffle, dès que nous le plongeons tout près de là dans une onde glacée.

Si, au contraire, le nuage qui reçoit le feu est aride, il brûle, et un vaste fracas accompagne un embrasement subit. Ainsi la flamme se répand au sein des montagnes à la chevelure de lauriers, et y promène sous les tourbillons du vent sa course dévorante. Car il n'est rien que le feu pétillant consume avec un bruit plus terrible que l'arbre de Delphes, consacré à Phébus.

Souvent, enfin, le craquement sonore de la glace et la chute de la grêle font retentir les profondeurs des grandes nuées : car lorsque le vent les entasse, ces montagnes de nuages, étroitement condensées, se brisent enfin et tombent, mêlées de grêle.

L'éclair brille quand le choc des nuages en arrache mille semences de feu, ainsi que le caillou frappé par le caillou ou par le fer; car alors aussi la lumière jaillit, et la flamme répand d'éblouissantes étincelles.

Mais le bruit du tonnerre gagne l'oreille après que l'œil a vu l'éclair, parce que les impressions de l'ouïe sont moins agiles que celles de la vue. Veux-tu t'en convaincre? Regarde de loin un homme qui abat sous le double tranchant de la hache les vains accroissements d'un arbre : tu aperçois le coup avant que le son ne fende les airs. De même, l'éclair nous frappe avant que le tonnerre nous arrive, quoique l'un parte avec l'autre, et naisse de la même cause, du même choc.

Peut-être, si les nues dorent l'espace d'une lumière à l'aile rapide, si la tempête darde un vif et ondoyant éclat, faut-il l'imputer au vent qui s'empare d'un nuage, et qui, à force de s'y rouler, comme tu l'as vu, le creuse en épaississant les bords. Mais sa propre agitation l'échauffe; car la brûlante vitesse du mouvement allume toutes choses, et on voit une balle de plomb, qui va tourbillonner au loin, se fondre. Ainsi embrasé, à peine a-t-il fendu la sombre nuée, qu'il éparpille, en les arrachant pour ainsi dire de force, les semences de feu qui engendrent l'éblouissant éclair de la foudre. Le bruit vient ensuite, moins prompt à solliciter nos oreilles que ces images qui frappent au seuil de notre vue. Tout ceci a lieu, quand des nuages épais dressent et amoncellent leurs hautes cimes avec un merveilleux essor.

Et ne te fais point illusion, parce que d'ici-bas tu vois plutôt leur étendue, que la hauteur où ces monceaux jaillissent. Examine les nues dès que le vent les emportera, semblables à des montagnes qui se croisent dans les airs; ou lorsque, sous le calme profond des vents, tu apercevras ces monts immenses entassés les uns sur les autres, et pressés par ceux qui dorment au faîte : alors tu en connaîtras la masse énorme; Alors tu verras des espèces de cavernes, bâties de rocs suspendus. Une fois que, déchaînant leur tempête, les vents les ont remplies, indi-

---

Fulminis : hæc, multo si forte humore recepit
Ignem, continuo magno clamore trucidat :
Ut calidis candens ferrum e fornacibus olim
Stridit, ubi in gelidum propter demersimus imbrem.
 Aridior porro si nubes accipit ignem,   150
Uritur ingenti sonitu, succensa repente :
Lauricomos ut si per monteis flamma vagetur,
Turbine ventorum comburens impete magno.
Nec res ulla magis, quam Phœbi Delphica laurus
Terribili sonitu, flamma crepitante, crematur.   155
 Denique, sæpe geli multus fragor, atque ruina
Grandinis, in magnis sonitum dat nubibus alte :
Ventus enim quom confercit, franguntur, in arctum
Concretei, montes nimborum, et grandine mixtei.
 Fulgit item, nubes ignis quom semina multa   160
Excussere suo concursu; ceu lapidem si
Percutiat lapis, aut ferrum : nam tum quoque lumen
Exsilit, et claras scintillas dissupat ignis.
 Sed tonitrum fit uti post auribus accipiamus,
Fulgere quam cernant oculei, quia semper ad aureis   165
Tardius adveniunt, quam visum quæ moveant res.
Id licet hinc etiam cognoscere : cædere si quem
Ancipiti videas ferro procul arboris auctum,
Ante fit ut cernas ictum, quam plaga per auras
Det sonitum; sic fulgorem quoque cernimus ante,   170
Quam tonitrum accipimus, pariter qui mittitur igni
Et simili causa, concursu natus eodem.
 Hoc etiam pacto, volucri loca lumine tinguunt
Nubes, et tremulo tempestas impete fulgit :
Ventus ubi invasit nubem, et vorsatus ibidem   175
Fecit, ut ante, cavam, docui, spississcere nubem;
Mobilitate sua fervescit, ut omnia motu
Percalefacta vides ardescere; plumbea vero
Glans etiam longo cursu volvunda liquescit.
Ergo fervidus hic, nubem quom perscidit atram,   180
Dissupat ardoris, quasi per vim expressa, repente
Semina, quæ faciunt nictantia fulgura flammæ :
Inde sonus sequitur; qui tardius allicit aureis,
Quam quæ perveniunt oculorum ad limina nostra.
Scilicet hoc densis fit nubibus, et simul alte   185
Exstructis aliis alias super impete miro.
 Nec tibi sit fraudi, quod nos inferne videmus
Quam sint lata magis, quam sursum exstructa quid exstent.
Contemplator enim, quom, montibus assimilata,
Nubila portabunt ventei transvorsa per auras;   190
Aut ubi per magnos monteis cumulata videbis
Insuper esse aliis alia, atque urguere superna
In statione locata, sepultis undique ventis :

gnés contre la nue qui les emprisonne, ils éclatent en vastes murmures, et grondent comme des bêtes farouches dans leur cage : ils poussent à chaque bout de la nuée de longs frémissements; ils vont tourbillonnant partout à la recherche d'une issue; ils arrachent mille germes de feu du flanc des nuages, ils les amassent, ils roulent un torrent de flamme dans le creux de ces fournaises, et enfin, rompant la nue, ils s'échappent au sein d'une lumière resplendissante.

Une des causes qui attirent sur la terre l'éclat doré de ce feu vif et limpide, tient aux atomes brûlants dont les nuages contiennent nécessairement une foule; car lorsqu'ils n'ont aucune humidité, ils étincellent presque toujours d'une couleur de flamme. Et il faut bien, en effet, que la lumière du soleil leur fournisse de quoi gagner cette rougeur et vomir le feu. Aussi, lorsque les impulsions du vent amassent, resserrent et pressent les nuages, elles en expriment ces germes qui débordent, et font éclater à nos yeux les couleurs de la flamme.

L'éclair brille encore, quand les nuages s'appauvrissent trop au sein des cieux. Car si, dans leur marche, le vent les ouvre, les dissout à coups légers, il entraîne forcément la chute des atomes qui engendrent l'éclair; et l'éclair part, sans que de noires alarmes, ni le moindre retentissement, ni aucun tumulte, l'accompagnent.

Quant à l'essence qui est la base de la foudre, ses coups même, la trace de ses embrasements, la forte vapeur que ces marques exhalent, tout enfin la proclame; car tout indique que c'est là du feu, et non pas du vent ou de l'eau.

D'ailleurs, elle va souvent allumer le toit des maisons, et sa flamme agile règne jusque dans nos demeures. Feu subtil entre tous les feux, la Nature lui a donné pour substance les plus fins atomes aux plus imperceptibles mouvements, afin que rien ne lui pût résister. Car la foudre puissante traverse les murs, comme le cri et la voix; elle traverse le roc, elle traverse l'airain. Elle fond en un instant le cuivre et l'or. Elle force même le vin à se répandre sans que le vase se brise, parce que sa chaleur, introduite sans peine dans les pores, relâche le tissu et amaigrit les flancs du vase; puis elle se glisse jusque dans le vin, et en disperse les atomes par une dissolution rapide : ce que ne pourrait faire, dans l'espace d'un siècle, la vapeur du soleil, elle qui darde si bien ses traits étincelants. Tant la foudre a plus d'activité, plus d'énergie, et plus d'empire!

Mais qui engendre la foudre, et d'où est-elle née avec un tel emportement, que, d'un coup, elle puisse fendre les tours, abattre les maisons, arracher les poutres et les charpentes, ébranler et détruire les monuments des hommes, anéantir les hommes eux-mêmes, étendre çà et là des troupeaux entiers, et se livrer à mille violences de ce genre? Je vais résoudre la question, et je cesse de t'arrêter aux prémisses.

Il faut croire que la foudre naît de ces masses de nuages si épaisses et si hautes, puisque jamais un ciel serein ou de minces nuées ne la vomissent. Ce fait incontestable, l'évidence même

Tum poteris magnas moleis cognoscere eorum,
Speluncasque velut, saxis pendentibu' structas, 195
Cernere; quas ventei quom tempestate coorta
Complerunt, magno indignantur murmure clusei
Nubibus, in caveisque ferarum more minantur :
Nunc hinc, nunc illinc, fremitus per nubila mittunt;
Quærentesque viam circumvorsantur, et ignis 200
Semina convolvunt e nubibus, atque ita cogunt
Multa, rotantque cavis flammam fornacibus intus,
Donec divolsa fulserunt nube coruscei.
Hac etiam fit uti de causa mobilis ille
Devolet in terram liquidi color aureus ignis; 205
Semina quod nubeis ipsas permulta necesse est
Ignis habere : etenim, quom sunt humore sine ullo,
Flammeus est plerumque colos et splendidus olleis.
Quippe etenim solis de lumine multa necesse est
Concipere, ut merito rubeant, igneisque profundant. 210
Hasce igitur quom ventus agens contrusit in unum
Compressitque locum cogens; expressa profundunt
Semina, quæ faciunt flammæ fulgere colores.
Fulgit item, quom rarescunt quoque nubila cœli.
Nam, quom ventus eas leviter diducit eunteis, 215
Dissolvitque, cadant ingratiis illa necesse est
Semina, quæ faciunt fulgorem : tum sine tetro
Terrore et sonitis fulgit, nulloque tumultu.

Quod superest, quali natura prædita constent
Fulmina, declarant ictus et inusta vapore 220
Signa notæque, graveis halantes sulfuris auras.
Ignis enim sunt hæc, non venti signa, neque imbris.
Præterea, sæpe accendunt quoque tecta domorum,
Et celeri flamma dominantur in ædibus ipsis.
Hunc tibi subtilem cum primis ignibus ignem 225
Constituit natura minutis motibus atque
Corporibus, quoi nil omnino obsistere possit :
Transit enim validum fulmen per sæpta domorum,
Clamor uti ac voces; transit per saxa, per æra;
Et liquidum puncto facit æs in tempore et aurum. 230
Curat item, vasis integris vina repente
Diffugiant; quia nimirum facile omnia circum
Collaxat rareque facit lateramina vasi
Adveniens calor ejus; ut, insinuatus in ipsum,
Mobiliter solvens differt primordia vini; 235
Quod solis vapor ætatem non posse videtur
Efficere, usque adeo cellens fervore corusco :
Tanto mobilior vis et dominantior hæc est!
Nunc, ea quo pacto gignantur, et impete tanto
Fiant, ut possint ictu discludere turreis, 240
Disturbare domos, avellere tigna trabeisque,
Et monimenta virum demoliri atque ciere,
Exanimare homines, pecudes prosternere passim

nous l'apprend. Car, au moment de l'orage, les nues amoncelées voilent la face entière du ciel, et il semble que tous les noirs brouillards abandonnent l'Achéron, pour remplir les vastes cavernes de l'air : tant ces nuages amassent une nuit lugubre, où les sombres fantômes de la peur se dressent et planent sur nous, alors que les tempêtes commencent à préparer leurs foudres !

Que de fois encore, au sein de la mer, une nuée obscure, et semblable à un fleuve de poix tombé du ciel, s'abat sur l'onde, marche enveloppée d'une ombre immense, et traîne avec elle une noire tempête, grosse d'ouragans et de foudre, de vent et de feu, qui gonflent la nue ; au point que, sur la terre même, les hommes s'épouvantent et gagnent l'abri de leurs toits. Elles ne doivent pas être moins profondes, ces tempêtes de nuages amassées sur nos têtes ; car elles n'engloutiraient point la terre dans de si épaisses ténèbres, s'il n'y avait alors mille nuées bâties sur mille autres qui interceptent le soleil ; car elles ne pourraient, en fondant ici-bas, nous accabler de ces pluies abondantes qui déchaînent les fleuves au sein des campagnes inondées, si elles n'entassaient point leurs hautes cimes dans les airs.

Là, tout regorge de vent et de flamme : aussi l'éclair et de sourds frémissements éclatent-ils de toutes parts. En effet, comme je l'ai dit plus haut, les nuages recèlent dans leurs cavités d'innombrables germes de feu, qu'ils empruntent nécessairement aux rayons du soleil et à son ardente vapeur. Alors, dès que ce même vent qui les a ramassés dans un point quelconque du ciel arrache de leur sein mille brûlants atomes, et va se mêler à ce feu ; ses tourbillons, enfermés dans leurs entrailles, y roulent et ils aiguisent les traits de la foudre au sein de ces fournaises embrasées. Car il s'allume pour deux raisons : sa propre vitesse l'échauffe, ainsi que le contact de la flamme. Puis, quand sa vive essence a pris feu d'elle-même, ou que la flamme y porte sa dévorante impétuosité, la foudre est mûre en quelque sorte : elle crève soudain la nue, elle part, et l'emportement de ses feux enveloppe tout l'espace de lueurs étincelantes. Ensuite vient un si épouvantable retentissement, que les dômes du ciel, tout à coup fendus, semblent tomber en éclats sur nos têtes. Enfin la terre, violemment ébranlée, bondit, et de longs murmures parcourent l'abîme. Car alors presque toutes les nuées orageuses tressaillent du même choc, et frémissent ensemble ; secousse qui engendre de si violentes, de si larges averses, que le ciel paraît se fondre tout en eau, et par sa chute nous ramener au déluge. Tant est vaste le fracas qui accompagne le déchirement de la nue, la tourmente du vent, et le jet éblouissant de la foudre !

Il se peut même que le souffle furieux du vent extérieur traverse, de haut en bas, un

Cetera de genere hoc qua vi facere omnia possint,
Expediam, neque te in promissis plura morabor.   245
    Fulmina gignier e crassis alteque, putandum est,
Nubibus exstructis : nam cœlo nulla sereno,
Nec leviter densis mittuntur nubibus unquam.
Nam dubio procul hoc fieri manifesta docet res ;
Quod tunc per totum concrescunt aera nubes   250
Undique, uti tenebras omneis Acherunta reamur
Liquisse, et magnas cœli complesse cavernas :
Usque adeo, tetra nimborum nocte coorta,
Impendent atræ Formidinis ora superne,
Quom commoliri tempestas fulmina cœptat.   255
    Præterea, persæpe niger quoque per mare nimbus,
Ut picis e cœlo demissum flumen, in undas
Sic cadit, et fertur tenebris procul, et trahit atram
Fulminibus gravidam tempestatem atque procellis ;
Ignibus ac ventis cum primis ipse repletus :   260
In terra quoque ut horrescant, ac tecta requirant.
Sic igitur supera nostrum caput esse putandum est
Tempestatem altam : neque enim caligine tanta
Obruerent terras, nisi inædificata superne
Multa forent multis exemto nubila sole :   265
Nec tanto possent venientes opprimere imbri,
Flumina abundare ut facerent, camposque natare,
Si non exstructis foret alte nubibus æther.
    Hic igitur ventis atque ignibus omnia plena
Sunt : ideo passim fremitus et fulgura fiunt.   270

Quippe etenim supra docui, permulta vaporis
Semina habere cavas nubeis ; et multa necesse est
Concipere ex solis radiis ardoreque eorum.
Hic, ubi ventus, eas idem qui cogit in unum
Forte locum quemvis, expressit multa vaporis   275
Semina, seque simul cum eo commiscuit igni ;
Insinuatus ibi vortex vorsatur in alto,
Et calidis acuit fulmen fornacibus intus.
Nam duplici ratione accenditur : ipse sua cum
Mobilitate calescit, et e contagibus ignis   280
Inde, ubi percaluit vis venti, vel gravis ignis
Impetus incessit ; maturum tum quasi fulmen
Perscindit subito nubem, ferturque, coruscis
Omnia luminibus lustrans loca, percitus ardor ;
Quem gravis insequitur sonitus, displosa repente   285
Opprimere ut cœli videantur templa superne.
Inde tremor terras graviter pertentat, et altum
Murmura percurrunt cœlum ; nam tota fere tum
Tempestas concussa tremit, fremitusque moventur :
Quo de concussu sequitur gravis imber et uber,   290
Omnis uti videatur in imbrem vortier æther,
Atque ita præcipitans ad diluviem revocare ;
Tantus discidio nubis ventique procella
Mittitur ardenti sonitus quom provolat ictu.
    Est etiam, quom vis extrinsecus incita venti   295
Incidit in validam maturo a culmine nubem :
Quam quom perscidit, extemplo cadit igneus ille

nuage déjà fort et mûr. Ainsi percé, le nuage laisse tomber aussitôt ce tourbillon de feu à qui la langue de nos pères donne le nom de *Foudre*. Le même fait a lieu dans toutes les parties de la nue où le vent porte sa colère.

Il arrive parfois aussi que son essence vive, quoique dardée sans flamme, prenne feu néanmoins, quand elle franchit un long espace pour venir à nous. Car elle perd dans sa course quelques atomes volumineux, moins propres à fendre l'air; et de l'air même elle détache, elle emporte des germes imperceptibles, qui engendrent le feu sous un vol rapide. De même, ou peu s'en faut, un long trajet rend la balle de plomb brûlante, parce qu'au sein de l'air elle jette mille de ses froids atomes, pour y recueillir mille atomes de feu.

Souvent encore la force même du choc embrase la nue que bat un vent glacé, un vent parti sans flamme. Oui, parce que la violence de ses coups fait jaillir tous les éléments de la vapeur chaude de ses propres flancs, aussi bien que des matières qui reçoivent le choc. Ainsi, du caillou heurté par le fer, volent les étincelles; et le fer, avec sa froide essence, n'empêche pas que les germes de ce brûlant éclat s'amassent sous le coup. Voilà comme doivent s'embraser de la foudre tous les corps d'une nature complaisante et propre à la flamme. Au reste, il est difficile que le vent soit une matière tout à fait glacée, lui qui tombe si violemment de si haut; crois plutôt que, si la course ne lui a pas fait prendre feu, il nous arrive du moins tiède et mêlé de chaleur.

Le vif essor de la foudre, ses coups violents, et la chute rapide qui te l'apporte, viennent de ce que sa rage, d'abord emprisonnée dans la nue, s'y amoncelle, et tente de vastes efforts pour s'échapper. Puis, quand le nuage ne peut contenir ses emportements qui débordent, le trait part: aussi vole-t-il merveilleusement vite, prompt comme les matières lancées par de robustes machines.

Ajoute que la foudre se compose de germes fins et lisses : avec une telle nature, il est difficile que rien lui fasse obstacle; car elle fuit et se coule par les moindres vides des moindres issues. Elle trouve donc peu de résistances qui arrêtent ou embarrassent ses pas, et voilà ce qui accélère son élan, son vol rapide.

Ensuite, la Nature veut que tous les corps pesants aspirent à descendre. Mais une fois que le choc se joint au poids, leur vitesse redouble, leur impétuosité augmente. C'est donc plus impétueusement et plus vite que la foudre dissipe tous les obstacles qui s'offrent à ses coups, et qu'elle poursuit sa route.

Enfin, quiconque fournit un long essor doit acquérir une vitesse toujours accrue par la marche, toujours enrichie de forces nouvelles qui ajoutent à la vigueur du choc. Car alors toute la masse des germes, obligée de tendre vers un but unique, réunit pour une même course ses mille tourbillons épars.

Peut-être même, dans son vol, la foudre tire-t-elle de l'air quelques atomes dont les coups allument encore sa brûlante rapidité.

Vortex, quem patrio vocitamus nomine fulmen.
Hoc fit idem in parteis alias, quoquomque tulit vis.
Fit quoque, ut interdum venti vis, missa sine igni, 300
Igniscat tamen in spatio longoque meatu,
Dum venit; amittens in cursu corpora quædam
Grandia, quæ nequeunt pariter penetrare per auras :
Atque alia ex ipso corradens aere portat
Parvola, quæ faciunt ignem, commixta, volando : 305
Non alia longe ratione, ac plumbea sæpe
Fervida fit glans in cursu, quom, multa rigoris
Corpora dimittens, ignem concepit in auris.
Fit quoque, ut ipsius plagæ vis excitet ignem,
Frigida quom venti pepulit vis, missa sine igni ; 310
Nimirum quia, quom vehementi perculit ictu,
Confluere ex ipso possunt elementa vaporis ;
Et simul ex olla, quæ tum res excipit ictum :
Ut, lapidem ferro quom cædimus, evolat ignis ;
Nec, quod frigida vis ferri est, hoc secius olla 315
Semina concurrunt calidi fulgoris ad ictum.
Sic igitur quoque res accendi fulmine debet,
Opportuna fuit si forte et idonea flammis.
Nec temere omnino plane vis frigida venti
Esse potest, ex quo tanta vi missa superne est; 320
Quin prius, in cursu si non accenditur igni,
At tepefacta tamen veniat, commixta calore.

Mobilitas autem fit fulminis, et gravis ictus,
Ac celeri ferme pergunt tibi fulmina lapsu,
Nubibus ipsa quod omnino prius incita se vis 325
Colligit, et magnum conamen sumit eundi.
Inde, ubi non potuit nubes capere impetis auctum,
Exprimitur vis; atque ideo volat impete miro,
Ut validis quæ de tormentis missa feruntur.
Adde, quod e parvis et lævibus est elementis; 330
Nec facile est tali naturæ obsistere quidquam :
Inter enim fugit ac penetrat per rara viarum.
Non igitur multis offensibus in remorando
Hæsitat : hanc ob rem celeri volat impete labens.
Deinde, quod omnino Natura pondera deorsum 335
Omnia nituntur : quom plaga sit addita vero,
Mobilitas duplicatur, et impetus ille gravescit :
Ut vehementius et citius, quæquomque morantur,
Obvia discutiat plagis, itinereque sequatur.
Denique, quod longo venit impete, sumere debet 340
Mobilitatem, etiam atque etiam quæ crescit eundo,
Et validas auget vireis, et roborat ictum.
Nam facit, ut, quæ sint illius semina quomque,
E regione locum quasi in unum cuncta ferantur,
Omnia conjiciens in eum volventia cursum. 345
Forsitan ex ipso veniens trahat aere quædam
Corpora, quæ plagis incendunt mobilitatem.

Elle traverse bien des corps sans leur faire de mal, sans les endommager au passage, quand elle trouve des pores où coulent ses feux limpides. Mais un grand nombre se brisent, parce que les atomes de la foudre heurtent les atomes mêmes qui en maintiennent le tissu.

Elle dissout aisément l'airain, et fait tout à coup bouillonner l'or; parce que, subtil assemblage de germes fins et lisses, elle n'a aucune peine à s'y glisser, et ne s'y glisse que pour détacher tous les nœuds et rompre tous les liens.

C'est surtout à l'automne, et quand la saison fleurie du printemps éclot, que la foudre ébranle le vaste palais du ciel, semé de brillantes étoiles, et le globe entier de la terre. Car l'hiver glacé manque de feu; et les chaleurs amènent la défaillance des vents, qui épaississent moins le sombre corps des nues. Il faut donc que la température demeure suspendue entre ces deux extrêmes, pour que les mille causes du tonnerre se réunissent. Alors, en effet, l'orageuse incertitude de l'année mêle le froid et la chaleur, ces deux artisans nécessaires de la foudre, seuls capables de produire la discorde du monde, et ces immenses bouleversements où l'air furieux bouillonne de vents et de flammes. Les premiers feux joints aux dernières glaces, voilà ce que sont les jours de printemps : il est donc inévitable que ces deux natures opposées se combattent, et que des troubles en accompagnent le mélange. Le cercle des saisons unit encore les dernières chaleurs aux premiers froids, époque connue sous le nom d'automne; et là encore les hivers

sont aux prises avec les étés dévorants. Aussi peut-on appeler ces temps les guerres de l'année; et il n'est pas étonnant qu'alors la foudre éclate sans cesse, et que le déchaînement des orages bouleverse les cieux, puisque deux forces s'agitent en batailles incertaines, d'une part la flamme, de l'autre le vent, et l'eau des nues qui s'y mêle.

C'est là vraiment apercevoir l'essence même de la foudre, et démêler la cause de ses ravages : on ne le fait point, quand on va relire les vaines prédictions des Étrusques, quand on y cherche la trace d'une volonté secrète des immortels, quand on s'inquiète d'où part le feu ailé, où il se tourne ensuite, comment il franchit les enceintes, comment il en dérobe sa flamme victorieuse, et enfin quels maux amène le coup de la foudre tombée des cieux.

Si c'est Jupiter et les autres dieux qui ébranlent avec un horrible fracas les dômes étincelants du ciel, et qui dardent le feu au gré de leur caprice, pourquoi ne voit-on pas ceux qui ne savent point se garder du crime, la poitrine percée de leurs coups, exhaler leur flamme vengeresse, terrible leçon pour les mortels? Pourquoi, au contraire, l'homme dont l'âme n'est chargée d'aucune bassesse, quoiqu'innocent, roule-t-il enlacé dans les nœuds de ces flammes, tout à coup saisi par le tourbillon du feu céleste?

Pourquoi vont-ils assaillir des lieux solitaires, où ils se consument en efforts inutiles? Est-ce pour accoutumer leurs bras et fortifier leurs mus-

Incolumeisque venit per res, atque integra transit
Multa, foraminibus liquidus quia transviat ignis.
Multaque perfregit, quom corpora fulminis ipsa   350
Corporibus rerum inciderint, qua texta tenentur.

Dissolvit porro facile æs, aurumque repente
Confervefacit; et parvis quia facta minute
Corporibus vis est et lævibus ex elementis',
Quæ facile insinuantur; et insinuata repente   355
Dissolvunt nodos omneis, et vincla relaxant.

Auctumnoque magis, stellis fulgentibus apta,
Concutitur cœli domus undique, totaque tellus;
Et quom tempora se veris florentia pandunt :
Frigore enim desunt ignes, venteique calore   360
Deficiunt, neque sunt tam denso corpore nubes.
Inter utrasque igitur quom cœli tempora constant,
Tum variæ causæ concurrunt fulminis omnes
Nam fretus ipse anni permiscet frigus et æstum;
Quorum utrumque opus est fabricanda ad fulmina nobis,
Ut discordia sit rerum, magnoque tumultu   365
Ignibus et ventis furibundus fluctuet aer.
Prima caloris enim pars, et postrema rigoris,
Tempus id est vernum : quare pugnare necesse est
Dissimileis inter sese, turbareque mixtas.   370
Et calor extremus primo cum frigore mixtus
Volvitur, auctumni quod fertur nomine tempus :

Hic quoque confligunt hyemes æstatibus acres.
Propterea sunt hæc bella anni nominitanda;
Nec mirum est, in eo si tempore plurima fiunt   375
Fulmina, tempestasque cietur turbida cœlo,
Ancipiti quoniam bello turbatur utrimque,
Hinc flammis, illinc ventis humoreque mixto.
Hoc est igniferi naturam fulminis ipsam
Perspicere, et qua vi faciat rem quamque, videre :   380
Non, Tyrrhena retro volventem carmina frustra,
Indicia occultæ Divom perquirere menti;
Unde volans ignis pervenerit, aut in utram se
Vorterit hic partem, quo pacto per loca sæpta
Insinuarit, et hinc dominatus ut extulerit se;   385
Quidve nocere queat de cœlo fulminis ictus.
Quod si Jupiter atque alii fulgentia Divei
Terrifico quatiunt sonitu cœlestia templa,
Et jaciunt ignem, qua quoique est quomque voluntas,
Quur, quibus incautum scelus aversabile quomque est,
Non faciunt; ictei flammas ut fulguris halent   391
Pectore perfixo, documen mortalibus acre?
Et potius, nulla sibi turpi conscius in re,
Volvitur in flammis innoxius, inque peditur,
Turbine cœlesti subito correptus et igni?   395
Quur etiam loca sola petunt, frustraque laborant?
An tum brachia consuescunt, firmantque lacertos?

cles? Pourquoi, aussi, laissent-ils les traits du père des cieux s'émousser sur la terre? Pourquoi lui-même le souffre-t-il, au lieu de se ménager des armes contre ses ennemis?

Pourquoi enfin Jupiter ne lance-t-il jamais la foudre, ne répand-il jamais sa menace retentissante, quand toute la face du ciel est pure? Attend-il qu'elle soit voilée de nuages, pour descendre au sein de la tempête, et y ajuster ses coups de plus près? Mais pourquoi les darder contre la mer? Qu'a-t-il à gourmander les ondes, ces masses liquides, ces campagnes flottantes?

En outre, s'il veut que nous évitions le coup de la foudre, pourquoi hésite-t-il à nous la faire voir, quand elle part? Veut-il, au contraire, nous surprendre, nous accabler de ses feux : alors pourquoi ce tonnerre qui éclate du même côté, afin de nous prémunir contre la foudre? Pourquoi ces ténèbres, ces frémissements, ces murmures déchaînés avant elle?

Et puis, comment admettre que ses traits volent de toutes parts à la fois? Or, oseras-tu prétendre que jamais un seul instant ne voit naître plusieurs coups? Quoi de plus ordinaire, quoi de plus inévitable? Comme les averses des nues tombent sur mille régions, ainsi la foudre doit jaillir de mille points en même temps.

Pour achever, d'où vient que sa flamme ennemie met en poudre les sanctuaires des dieux, et les brillantes demeures consacrées à lui-même? D'où vient qu'il brise les belles statues des immortels, que la violence de ses coups ravit tous leurs charmes à ses propres images? D'où vient encore qu'il s'attaque le plus souvent aux lieux élevés, et que la cime des montagnes nous offre surtout la trace de ses feux?

Ces explications rendent désormais faciles à connaître les météores que les Grecs nomment *prestères*, à cause de leurs suites, et la force qui les envoie tomber des hautes régions dans la mer. Car on les voit de temps à autre, semblables à une colonne détachée, fondre du ciel sur les ondes : autour d'eux la mer émue bouillonne, échauffée par un souffle impétueux ; et les navires que surprend ce désordre courent un grand péril au sein de la tourmente. Voilà ce qui arrive parfois, alors que la rage du vent, incapable de rompre le nuage dont elle s'empare, l'abaisse pourtant du haut des cieux vers les flots : espèce de colonne qui tombe peu à peu, masse que l'effort d'un bras robuste semble précipiter des airs pour l'étendre sur les eaux. Puis, quand il la crève, le vent rapide jaillit de ses flancs, et gagne la mer, où il excite dans les vagues un étrange bouillonnement. Car, à force de rouler ses tourbillons, il descend, et entraîne dans sa chute le nuage, corps obéissant et souple; à peine a-t-il enfoncé dans l'abîme la masse orageuse, qu'il se déchaîne tout entier au sein de l'onde, qu'il soulève de toutes parts et fait bouillir la mer retentissante.

Quelquefois aussi une colonne de vent s'enveloppe elle-même de ces nues, dont elle ramasse les germes en les détachant de l'air, et imite ces *prestères* que laisse tomber le ciel. Une fois que la trombe est venue s'abattre et se rompre

In terraque Patris quur telum perpetiuntur
Obtundi? quur ipse sinit, neque parcit in hosteis?
 Denique, quur nunquam cœlo jacit undique puro 400
Jupiter in terras fulmen, sonitusque profundit?
An, simul ac nubes successere, ipsus in æstum
Descendit, prope ut hinc teli determinet ictus?
In mare qua porro mittit ratione? Quid undas
Arguit et liquidam molem camposque natanteis? 405
 Præterea, si volt caveamus fulminis ictum,
Quur dubitat facere, ut possimus cernere missum?
Si nec opinanteis autem volt opprimere igni,
Quur tonat ex olla parte, ut vitare queamus?
Quur tenebras ante et fremitus et murmura concit? 410
 Et simul in multas parteis qui credere possis
Mittere? An hoc ausis nunquam contendere factum,
Ut fierent ictus uno sub tempore plures?
At sæpe est numero factum, fierique necesse est,
Ut pluere in multis regionibus et cadere imbreis, 415
Fulmina sic uno fieri sub tempore multa.
 Postremo, quur sancta Deum delubra, suasque
Discutit infesto præclaras fulmine sedeis;
Et bene facta Deum frangit simulacra, sueisque
Demit imaginibus violento volnere honorem? 420
Altaque quur plerumque petit loca? plurima quo plus
Montibus in summis vestigia cernimus ignis?
 Quod superest, facile est ex his cognoscere rebus,
Πρηστῆρας Graiei quos ab re nominitarunt,
In mare qua missei veniant ratione superne. 425
Nam fit, ut interdum, tanquam demissa columna,
In mare de cœlo descendant ; quam freta circum
Fervescunt, graviter spirantibus incita flabris :
Et quæquomque in eo tum sunt deprensa tumultu,
Navigia in summum veniunt vexata periclum. 430
Hoc fit, ubi interdum non quit vis incita venti
Rumpere, quam cepit, nubem; sed deprimit, ut sit
In mare de cœlo tamquam demissa columna
Paullatim ; quasi quid pugno brachiique superne
Conjectu trudatur, et extendatur in undas 435
Quam quom discidit, hinc prorumpitur in mare venti
Vis, et fervorem mirum concinnat in undis.
Vorsabundus enim turbo descendit, et ollam
Deducit pariter lento cum corpore nubem :
Quam simul ac gravidam detrudit ad æquora ponti, 440
Ille in aquam subito totum se immittit, et omne
Excitat ingenti sonitu mare, fervere cogens.
 Fit quoque, ut involvat venti se nubibus ipse
Vortex, corradens ex aere semina nubis;
Et quasi demissum cœlo prestera imitetur. 445

ici-bas, elle vomit un horrible tourbillon, et se livre à l'orage. Mais elle est fort rare sur la terre, où les montagnes lui font nécessairement obstacle; et le même phénomène éclate plus souvent au sein de la mer, qui ouvre à l'horizon une vaste et libre étendue.

Les nuages se forment, lorsque ces innombrables germes à surface rude qui voltigent dans les hauteurs du ciel s'amassent tout à coup, enlacés par de faibles nœuds, mais pourtant capables de maintenir leur assemblage. Ce premier tissu engendre de minces nuées, qui bientôt se prennent elles-mêmes, se lient et s'amoncellent, et en s'amoncelant s'accroissent, et bondissent aux vents, si bien que la tempête finit par y soulever sa rage.

Voici un autre fait encore. Plus la cime des montagnes est voisine du ciel, plus la fumée jaunâtre des nuages et leur épais brouillard couronnent fréquemment ces hauteurs. Sans doute. Car aussitôt que la substance des nues se forme, quoique trop déliée pour être visible, les vents la portent et la rassemblent au faîte des monts. Là enfin ces nues, réunies en masses plus abondantes, plus compactes, plus serrées, nous apparaissent, et semblent monter de ce faîte dans les airs. Que les hauteurs soient exposées aux vents, tout le déclare, les faits eux-mêmes, et ce que nous ressentons à gravir de hautes montagnes.

En outre, la Nature dérobe aussi à toute l'étendue des mers une foule d'atomes : les vêtements suspendus au bord du rivage le proclament, alors que l'humidité s'y attache. Tu vois donc que mille essences, capables d'accroître les nues, jaillissent aussi du bouillonnement des flots salés ; car, en ce point, tous les corps humides sont de la même famille.

De tous les fleuves encore, ainsi que de la terre, on voit s'élever un brouillard et une écume qu'ils exhalent, qu'ils poussent en l'air comme une haleine, qui enveloppent le ciel de leurs sombres voiles, et qui, insensiblement amoncelés, fournissent d'épais nuages. Car ils sont aussi pressés d'en haut par la vague étincelante de l'éther qui les foule en quelque sorte, et qui étale sous le riant azur le noir tissu des orages.

Il est possible même que des germes extérieurs viennent s'ajouter à l'assemblage de ce monde, pour y engendrer ces nues et ces tempêtes flottantes. Car je t'ai appris déjà l'innombrable nombre des atomes, et l'infinie profondeur de la masse universelle, et le vol rapide des corps élémentaires, et leur promptitude habituelle à franchir d'incommensurables espaces. Est-il donc étrange que souvent la nuit et la tempête couvrent si vite de si grandes montagnes, et pendent à la fois sur la terre et l'onde, puisque de toutes parts tous les pores du ciel, et en quelque sorte toutes les veines du monde immense offrent aux éléments mille entrées et mille issues toujours ouvertes ?

Sache maintenant de quelle façon la pluie se ramasse dans les entrailles des nues, et lâche

Hic ubi se in terras demisit dissoluitque,
Turbinis immanem vim provomit, atque procellat.
Sed, quia fit raro omnino, monteisque necesse est
Officere in terris ; apparet crebrius idem
Prospectu maris in magno cœloque patenti.   450
  Nubila concrescunt, ubi corpora multa volando
Hoc super in cœli spatio coiere repente
Asperiora ; modis quæ possint indupedita
Exiguis tamen inter se compressa teneri.
Hæc faciunt primum parvas consistere nubeis :   455
Inde ea comprehendunt inter se, conque gregantur,
Et conjungundo crescunt, ventisque feruntur,
Usque adeo, donec tempestas sæva coorta est.
  Fit quoque, uti montis vicina cacumina cœlo
Quam sint quoique magis, tanto magis edita fument 460
Assidue fulvæ nubis caligine crassa :
Propterea quia, quom consistunt nubila primum,
Ante videre oculei quam possint tenuia, ventei
Portantes cogunt ad summa cacumina montis.
Hic demum fit, uti, turba majore coorta,   465
Et condensa atque arcta apparere, et simul ipso
Vortice de montis videatur surgere in æthram.
Nam loca declarat sursum ventosa patere
Res ipsa et sensum, monteis quom ascendimus altos.
  Præterea, permulta mari quoque tollere toto   470
Corpora naturam, declarant litore vestes

Suspensæ, quom concipiunt humoris adhæsum.
Quod magis ad nubeis augendas multa videntur
Posse quoque e salso consurgere momine ponti :
Nam ratio consanguinea est humoribus omnis.   475
  Præterea, fluviis ex omnibus, et simul ipsa
Surgere de terra nebulas æstumque videmus ;
Quæ, velut halitus, hinc ita sursum expressa feruntur,
Suffunduntque sua cœlum caligine, et altas
Sufficiunt nubeis paullatim conveniundo :   480
Urguet enim quoque signiferi super ætheris æstus,
Et, quasi densendo, subtexit cærula nimbis.
  Fit quoque, ut hunc veniant in cœtum extrinsecus illi
Corpora, quæ faciunt nubeis nimbosque volanteis.
Innumerabilem enim numerum, summamque profundi   485
Esse infinitam docui ; quantaque volarent
Corpora mobilitate, ostendi, quamque repente
Immemorabile per spatium transire solerent :
Haud igitur mirum est, si parvo tempore sæpe
Tam magnos monteis tempestas atque tenebræ   490
Cooperiant, maria ac terras, impensa superne :
Undique quandoquidem, per caulas ætheris omneis,
Et quasi per magni circum spiracula mundi,
Exitus introitusque elementis redditus exstat.
  Nunc age, quo pacto pluvius concrescat in altis 495
Nubibus humor, et in terras demissus ut imber
Decidat, expediam. Primum, jam semina aquai

ces averses qui tombent sur la terre : je vais te l'expliquer. Le point que j'emporterai d'abord, le voici : une foule de semences liquides montent avec les nuages de tous les corps; et ces deux essences, la nue et l'eau que la nue renferme, croissent ensemble, de même que le sang, la sueur, et les autres fluides des membres, partagent les accroissements du corps humain. Les nuages gagnent encore beaucoup d'humidité sur la mer, alors que le vent les y porte comme des flocons de laine suspendus. Tous les fleuves leur envoient également de l'eau. Puis, une fois les semences liquides réunies à milliers de mille façons, et accrues de toutes parts, les nues condensées aspirent à leur chute pour deux motifs : un vent impétueux les opprime, et l'abondance même de ces nuages, dont les cimes entassées se foulent, se pressent, en fait jaillir la pluie.

En outre, dès que le vent amaigrit les nues, ou que, frappées de la chaleur du soleil, elles tombent en ruines, l'eau des pluies s'échappe et ruisselle goutte à goutte, comme une cire qui fond et coule abondamment sous une flamme ardente.

Mais il y a de violentes averses, quand les nues amoncelées cèdent à la double violence de leur poids et du vent qui les heurte.

Les pluies continuent et demeurent longtemps inépuisables, lorsque des milliers de germes fluides, lorsque des monceaux de nuages qui crèvent les uns sur les autres, accourent de tous les points de l'horizon, et que la terre fumante exhale et renvoie partout d'humides vapeurs.

Alors, quand les rayons du soleil brillent opposés à l'averse des nues, les couleurs de l'arc-en-ciel apparaissent au sein de la noire tempête.

Quant aux autres choses qui ont leur naissance, qui ont leurs accroissements à part, et à toutes celles qui s'amassent dans les nues, oui, toutes, je le répète, la neige, les vents, la grêle, les durs frimas, ces grandes et fortes gelées qui durcissent les grandes eaux, ces freins, ces empêchements qui arrêtent de toutes parts les fleuves ; ton esprit avide peut aisément découvrir et envisager de quelle façon elles arrivent et quelle cause les engendre, du moment que tu connnais bien la vertu des atomes.

Poursuis maintenant, et vois ce qui amène les bouleversements du sol. Avant tout, aie soin de te convaincre que les profondeurs comme le haut de la terre sont remplis de cavernes où le vent habite; que mille lacs, mille gouffres chargent ses flancs, ainsi que des rocs et des pierres déchirées : crois encore que, sous la face du globe, roulent impétueusement bien des fleuves cachés, qui emportent des roches englouties. La force des choses exige que la terre soit partout la même.

Ce principe fondamental une fois établi, les hautes régions du sol tremblent, alors que de vastes écroulements bouleversent ses entrailles, où la vieillesse abat d'immenses cavernes. Car alors des montagnes entières tombent, et de grandes secousses répandent soudain de longs

Multa simul vincam consurgere nubibus ipsis
Omnibus ex rebus; pariterque ita crescere utrumque,
Et nubeis et aquam, quæquomque in nubibus exstat, 500
Ut pariter nobis corpus cum sanguine crescit,
Sudor item atque humor quiquomque est denique membreis.
Concipiunt etiam multum quoque sæpe marinum
Humorem, veluti pendentia vellera lanæ,
Quom supera magnum mare ventei nubila portant. 505
Consimili ratione ex omnibus amnibus humor
Tollitur in nubeis : quo quom bene semina aquarum
Multa modis multis convenere, undique adaucta,
Confertæ nubes tum se dimittere certant
Dupliciter : nam vis venti contrudit, et ipsa 510
Copia nimborum, turba majore coacta,
Urguens ex supero premit, ac facit effluere imbreis.
Præterea, quom rarescunt quoque nubila ventis,
Aut dissolvuntur solis super icta calore,
Mittunt humorem pluvium; stillante, quasi igni 515
Cera super calido tabescens multa liquescat.
  Sed vehemens imber fit, ubi vehementer utraque
Nubila vi cumulata premuntur et impete venti.
  At retinere diu pluviæ longumque morari
Consuerunt, ubi multa fluenter semina aquarum, 520
Atque aliis aliæ nubes nimbeique rigantes
Insuper, atque omni volgo de parte, feruntur;

Terraque quom fumans humorem tota redhalat.
  Hic ubi sol radiis, tempestatem inter opacam,
Adversa fulsit nimborum adspergine contra ; 525
Tum color in nigris exsistit nubibus arqui.
  Cetera, quæ sursum crescunt, sursumque creantur,
Et, quæ concrescunt in nubibus omnia, prorsum
Omnia, nix, ventei, grando, gelidæque pruinæ,
Et vis magna geli, magnum duramen aquarum, 530
Et mora, quæ fluvios passim refrenat; a venteis
Perfacile est tamen hæc reperire animoque videre,
Omnia quo pacto fiant, qua reve creentur,
Quom bene cognoris, elementeis reddita quæ sint.
  Nunc age, quæ ratio terrai motibus exstet, 535
Percipe : et in primis terram face ut esse rearis
Subter item, ut supera, ventosis undique plenam
Speluncis; multosque lacus multasque lacunas
In gremio gerere, et rupeis diruptaque saxa :
Multaque sub tergo terrai flumina tecta 540
Volvere vi fluctus, submersaque saxa putandum est :
Undique enim similem esse sui, res postulat ipsa.
  His igitur rebus subjunctis suppositisque,
Terra superne tremit, magnis concussa ruinis
Subter, ubi ingenteis speluncas subruit ætas; 545
Quippe cadunt totei montes, magnoque repente
Concussu late disserpunt inde tremores :

tressaillements. Il le faut bien, puisque les chariots ébranlent, au bord de la route, nos demeures émues de leur faible poids, et que les maisons bondissent encore là où des chars rapides font rouler leurs roues retentissantes.

Il arrive aussi que, par l'effet de grands éboulements de terre dans des mares profondes, le bouillonnement de l'eau fait vaciller le sol qui lui sert de lit; de même un vase ne peut rester immobile, tant que le fluide balance à l'intérieur sa vague incertaine.

En outre, dès que le vent, amassé dans les cavités inférieures du sol, en assiège sur un point les profondes cavernes, la terre se penche du côté où la presse l'impétuosité du vent. Les demeures, bâties à la surface, cèdent avec elle : plus elles montaient vers le ciel, plus elles fléchissent et plus la même pente les entraîne. Les poutres courent en avant, déjà suspendues, déjà prêtes à la chute. Et l'on a peur de croire que la nature réserve au vaste monde l'heure fatale, l'heure de sa perte, quand on voit de si énormes masses de terre s'abîmer! Ah! si les vents ne reprenaient parfois haleine, aucun frein ne pourrait empêcher les êtres de courir à la mort. Mais tour à tour ces vents languissent et redoublent; ils se rallient en quelque sorte, et, revenus à la charge, ils battent en retraite : aussi voit-on la terre menacée plus souvent que frappée de ruine. Elle se courbe un instant, se redresse ensuite, et ne perd son équilibre que pour rentrer dans son assiette. Voilà pourquoi nos demeures chancellent de haut en bas; mais le haut plus que le milieu, le milieu plus que le bas, et le bas si peu que rien. De vastes ébranlements sont occasionnés encore par la grande et forte haleine de quelque vent, soit extérieur, soit formé dans la terre dont il envahit les gouffres. C'est d'abord au sein de ces immenses cavernes que ses frémissements éclatent, que roulent ses tourbillons; puis enfin, lorsque sa dévorante impétuosité force le passage, il ouvre les entrailles de la terre, et creuse de larges abîmes. Ce fléau attaqua, près de la Syrie, la ville de Sidon; et on le vit à Égine, dans le Péloponnèse : toutes deux furent abattues par ces éruptions du vent et ces tempêtes du sol. De grandes secousses ont encore plongé sous la terre bien de hautes murailles, et une foule de villes ont péri, abîmées dans la mer avec leurs citoyens. Lors même que ce vent ne jaillit point au dehors, un souffle fougueux et plein de rage circule dans les mille pores de la terre, espèce de frisson qui excite le tressaillement. Ainsi, quand le froid pénètre et secoue les membres, il faut que, malgré eux, les membres tremblants grelottent. Une double terreur agite donc les habitants des villes : ils craignent la chute des toits sur leur tête; ils craignent que sous leurs pieds la Nature ne démolisse tout à coup les cavernes du sol, que ses déchirements n'ouvrent au loin un gouffre immense, et que pour l'emplir elle ne veuille y confondre ses immenses débris.

Oui, on a beau croire que le ciel et la terre

Et merito; quoniam, plaustris concussa, tremescunt
Tecta viam propter non magno pondere tota :
Nec minus exsultant ædes, ubiquomque equitum vis 550
Ferratos utrimque rotarum succutit orbeis.

    Fit quoque, ubi magnas in aquæ vastasque lacunas
Gleba vetustate ex terra provolvitur ingens,
Ut jactetur aquæ fluctu quoque terra vacillans;
Ut vas in terra non quit constare, nisi humor 555
Destitit in dubio fluctu jactarier intus.

    Præterea, ventus quom, per loca subcava terræ
Collectus, parte ex una procumbit, et urguet
Obnixus magnis speluncas viribus altas;
Incumbit tellus, quo venti prona premit vis : 560
Tum, supra terram quæ sunt exstructa domorum,
Ad cœlumque magis quanto sunt edita quæque,
In clinata minent in eamdem, prodita, partem;
Protractæque trabes impendent, ire paratæ.
Et metuunt magni naturam credere mundi 565
Exitiale aliquod tempus cladeinque manere,
Quom videant tantam terrarum incumbere molem?
Quod nisi respirent ventei, vis nulla refrenet
Res, neque ab exitio possit reprehendere eunteis :
Nunc, quia respirant alternis, inque gravescunt, 570
Et, quasi collectei, redeunt, ceduntque repulsei;
Sæpius hanc ob rem minitatur terra ruinas,
Quam facit; inclinatur enim, retroque recellit;

LUCRÈCE.

Et recipit prolapsa suas in pondere sedeis.
Hac igitur ratione vacillant omnia tecta, 575
Summa magis mediis, media imis, ima perhilum.

    Est hæc ejusdem quoque magni causa tremoris;
Ventus ubi atque animæ subito vis maxuma quædam,
Aut extrinsecus aut ipsa tellure coorta,
In loca se cava terrai conjecit, ibique 580
Speluncas inter magnas fremit ante tumultu,
Vorsabundaque portatur; post, incita quom vis
Exagitata foras erumpitur; et simul, altam
Diffindens terram, magnum concinnat hiatum.
In Syria Sidone quod accidit, et fuit Ægii 585
In Peloponneso : quas exitus hic animai
Disturbat urbeis, et terræ motus obortus.
Multaque præterea ceciderunt mœnia, magnis
Motibus, in terris; et multæ per mare pessum
Subsedere suis pariter cum civibus urbes. 590
Quod nisi prorumpit, tamen impetus ipse animai,
Et fera vis venti per crebra foramina terræ
Dispertitur, ut horror; et incutit inde tremorem :
Frigus uti, nostros penitus quom venit in artus,
Concutit, invitos cogens tremere atque movere. 595
Ancipiti trepidant igitur terrore per urbeis;
Tecta superne timent, metuunt inferne cavernas
Terrai ne dissolvat Natura repente;
Neu distracta suum late dispandat hiatum,

demeurent inviolables, confiés à la garde du principe immortel de vie; souvent encore, lorsque ces terribles dangers nous pressent, les aiguillons de peur trouvent accès dans nos âmes : il semble que la terre se dérobe sous nos pas, emportée vers l'abîme ; que la grande masse des êtres, partout défaillante, va suivre sa chute, et faire du monde un amas confus de ruines.

Il faut maintenant expliquer pourquoi la mer ignore tout accroissement. D'abord, on s'étonne que la nature n'en augmente jamais le volume, lorsque des eaux si abondantes y tombent, lorsque tous les fleuves y accourent de toutes parts. Ajoute les pluies errantes des nues, et ces tempêtes au vol rapide, qui arrosent et baignent les ondes comme les terres; ajoute les sources propres à l'Océan : eh bien! pour accroître sa masse, ces torrents font à peine l'effet d'une seule goutte d'eau. Est-il donc étonnant que la mer n'ajoute point à son immensité?

Et puis, l'ardente vapeur du soleil lui ôte beaucoup de substance; car nous voyons les étoffes, où l'humidité ruisselle, sécher au feu de ses rayons. Or, mille océans déploient à nos yeux l'immense tapis des ondes. Ainsi, quoique le soleil n'enlève à chaque point qu'un atome d'humidité, dans un espace si vaste les pertes sont énormes.

Les vents eux-mêmes, les vents peuvent appauvrir la matière fluide, quand ils balayent la plaine des eaux ; puisque souvent on les voit, dans l'intervalle d'une nuit, sécher nos rues, et durcir la molle fange en une croûte épaisse.

Je te l'ai appris, en outre les nuages gagnent beaucoup d'humidité qu'ils pompent à la grande surface des mers, et qu'ils répandent sur toute l'étendue du globe, quand la pluie tombe ici-bas et que le vent apporte les orages.

Enfin, la terre étant une substance poreuse dont la masse, tout entière unie, environne l'Océan d'une large ceinture, de même que ses veines portent à la mer une onde jaillissante, elle doit recevoir aussi l'écoulement des flots salés. Oui, le sel emprisonné y passe comme dans un filtre : la matière humide remonte sous terre jusqu'au berceau des fleuves, s'y amasse toute, et de là épanche sa douceur nouvelle au sein des campagnes, où la route, une fois tracée, guide le pas limpide des ondes.

Maintenant, pour quelle raison les gorges du mont Etna exhalent-elles parfois de si épais tourbillons de flamme? Je vais le dire. Car ce ne fut point un fléau déchaîné par les immortels, cette tempête de feu qui régna jadis dans les plaines de la Sicile, et qui attira les regards des peuples voisins, quand ils virent étinceler la voûte fumante du ciel, et que, le cœur plein d'effroi, ils se demandèrent avec angoisse quelle révolution préparait la Nature !

Ici, Memmius, il faut que d'un coup d'œil profond et vaste tu enveloppes le monde dans toute son immensité, pour te ressouvenir que la grande masse des choses est un gouffre inépuisable, et pour t'apercevoir qu'auprès d'elle les

Idque suis confusa velit complere ruinis. 600
    Proinde, licet quamvis cœlum terramque reantur
Incorrupta fore, æternæ mandata Saluti :
Et tamen interdum præsens vis ipsa pericli
Subditat hunc stimulum quadam de parte timoris ;
Ne pedibus raptim tellus subtracta feratur 605
In barathrum, rerumque sequatur prodita summa
Funditus, et fiat mundi confusa ruina.
    [Nunc ratio reddunda, augmen quur nesciat æquor.]
Principio, mare mirantur non reddere majus
Naturam, quo sit tantus decursus aquarum, 610
Omnia quo veniant ex omni flumina parte.
Adde vagos imbreis tempestatesque volanteis,
Omnia quæ maria ac terras sparguntque rigantque :
Adde suos fonteis : tamen ad maris omnia summam
Guttai vix instar erunt unius ad augmen ; 615
Quo minus est mirum, mare non augescere magnum.
    Præterea, magnam sol partem detrahit æstu :
Quippe videmus enim vesteis, humore madenteis,
Exsiccare suis radiis ardentibu' solem.
At pelage multa, et late substrata, videmus. 620
Proinde, licet quamvis ex uno quoque loco sol
Humoris parvam delibet ab æquore partem,
Largiter in tanto spatio tamen auferet undis.
    Tum porro, ventei quoque magnam tollere partem
Humoris possunt, verrentes æquora ventei : 625
Una nocte vias quoniam persæpe videmus
Siccari, mollisque luti concrescere crustas.
    Præterea, docui multum quoque tollere nubeis
Humorem, magno conceptum ex æquore ponti ;
Et passim toto terrarum spargere in orbe, 630
Quom pluit in terris, et ventei nubila portant.
    Postremo, quoniam raro cum corpore tellus
Est, et conjuncta est, oras maris undique cingens ;
Debet, ut in mare de terris venit humor aquai,
In terras itidem manare ex æquore salso : 635
Percolatur enim virus, retroque remanat
Materies humoris, et ad caput amnibus omnis
Confluit; inde super terras redit agmine dulci,
Qua via secta semel liquido pede detulit undas.
    Nunc ratio quæ sit, per fauceis montis ut Ætnæ 640
Exspirent ignes interdum turbine tanto,
Expediam : neque enim dia de clade coorta
Flammæ tempestas, Siculum dominata per agros,
Finitumeis ad se convortit gentibus ora ;
Fumida quom cœli scintillare omnia templa 645
Cernentes, pavida complebant pectora cura,
Quid moliretur rerum Natura novarum.
    Hisce tibi in rebus late est alteque videndum,
Et longe cunctas in parteis despiciundum,
Ut reminiscaris, summam rerum esse profundam, 650
Et videas, cœlum summai totius unum

cieux à part ne sont qu'un atome, qu'un point imperceptible, et moindre par rapport à l'ensemble que l'homme par rapport à la terre. Si tu envisages clairement ce juste principe, si tu en vois la lumière toute manifeste, bien des prodiges cesseront de t'émerveiller.

Déjà, qui de nous s'étonne, alors que les membres d'un homme s'ouvrent aux embrasements de la fièvre, ou que toute autre maladie ravage le corps? En effet, tout à coup le pied s'enfle, une douleur aiguë saisit les dents, se jette même sur les yeux; le feu sacré s'allume, il se glisse dans le corps, il brûle toutes les parties qu'il gagne, et coule d'un membre à l'autre. Sans doute; car il existe des semences de toutes choses, et la terre et le ciel répandent assez de germes vicieux, pour fournir à la violence du mal un immense développement. Il faut donc supposer, de même, que les abîmes de l'infini envoient au ciel et à la terre assez d'atomes pour que des ébranlements soudains fassent bondir le sol, pour que de rapides tourbillons parcourent les terres, les ondes, pour que les feux de l'Etna débordent et embrasent le ciel. Oui, ce fait a lieu, et les dômes célestes s'enflamment. Les averses de la tempête jaillissent aussi à flots plus épais, quand la semence des eaux se porte plus abondamment au sein de l'air.

Mais, dira-t-on, cet orageux incendie de l'Etna est trop vaste! Oui : comme un fleuve est immense aux yeux de quiconque n'a jamais rien aperçu de plus grand; comme un homme, comme un arbre, comme tous les êtres de toutes sortes, quand ils surpassent tout ce que nous avons vu, nous paraissent le type de la grandeur. Et pourtant ces objets réunis, et avec eux le ciel, la terre, les ondes, ne sont rien auprès de la grande masse des masses tout entière!

Expliquons cependant de quelle manière cette flamme, tout à coup irritée, s'exhale des grandes fournaises de l'Etna. D'abord, toute la substance intérieure de la montagne est creuse, et ne s'appuie guère que sur des cavernes de rochers. Or, tous ces antres contiennent du vent, et par suite de l'air, puisque le vent n'est que l'agitation de l'air qui s'emporte. Quand cet air a pris feu, et que déchaîné autour des rochers il les échauffe de ses atteintes furieuses, ainsi que la terre, et arrache de leur sein un jet de flamme ardent et rapide, il monte tout droit vers les gorges de la montagne, il se répand à la cime, il fait tourbillonner au loin l'incendie, au loin il sème la cendre brûlante, il roule un épais et sombre torrent de fumée, et lance en même temps des rochers d'une pesanteur étrange. N'hésite point à reconnaître ici les violences d'un souffle orageux.

D'ailleurs, sur presque tout le pied de la montagne, la mer brise ses ondes et lâche sa vague bouillonnante. Du bord de cette mer aux plus hautes gorges du volcan courent des antres souterrains. Oui, tu dois le reconnaître, la force même des choses exige que cet intervalle soit franchi par une ligne de cavernes, où la mer afflue sans obstacle pour se dégorger à l'autre bout : voilà ce qui fait jaillir la flamme, ce qui

Quam sit parvola pars, et quam multesima constet ;
Nec tota pars, homo terrai quota totius unus.
Quod bene propositum si plane contueare,
Ac videas plane, mirari multa relinquas. 655
Num quis enim nostrum miratur, si, quis in artus
Accepit calido febrim fervore coortam,
Aut alium quemvis morbi per membra dolorem ?
Obturgescit enim subito pes, arripit acer
Sæpe dolor denteis, oculos invadit in ipsos; 660
Exsistit sacer ignise, et urit, corpore serpens,
Quamquomque arripuit partem, repitque per artus;
Nimirum, quia sunt multarum semina rerum ;
Et satis hæc tellus morbi cœlumque mali fert,
Unde queat vis immensi procrescere morbi. 665
Sic igitur toti cœlo terræque putandum est
Ex infinito satis omnia suppeditare,
Unde repente queat tellus concussa moveri,
Perque mare ac terras rapidus percurrere turbo,
Ignis abundare Ætnæus, flammescere cœlum; 670
Id quoque enim fit, et ardescunt cœlestia templa.
Et tempestates pluviæ graviore coortu
Sunt, ubi forte ita se tetulerunt semina aquarum.
At nimis est ingens incendii turbidus ardor !
Scilicet et fluvius, qui visus, maximus ei est, 675
Qui non arte aliquem majorem vidit; et ingens

Arbor homoque videtur; et omnia de genere omni,
Maxuma quæ vidit quisque, hæc ingentia fingit :
Quom tamen omnia cum cœlo terraque marique
Nil sint ad summam summai totius omnem. 680
Nunc tamen, olla modis quibus, irritata repente,
Flamma foras vastis Ætnæ fornacibus efflet,
Expediam. Primum, totius subcava montis
Est natura, fere silicum suffulta cavernis.
Omnibus est porro in speluncis ventus et aer; 685
Ventus enim fit, ubi est agitando percitus aer.
Hic ubi percaluit, calefecitque omnia circum
Saxa furens, qua contingit, terramque; et ab ollis
Excussit calidum flammis velocibus ignem;
Tollit se, ac rectis ita faucibus ejicit alte, 690
Vortitque ardorem longe, longeque favillam
Differt, et crassa volvit caligine fumum ;
Extruditque simul mirando pondere saxa.
Ne dubites, quin hæc animai turbida sit vis.

Præterea, magna ex parte mare montis ad ejus 695
Radices frangit fluctus, æstumque resolvit.
Ex hoc usque mare speluncæ montis ad altas
Perveniunt subter fauceis : hac ire, fatendum est,
Et penetrare mari, penitus res cogit, aperto,
Atque efflare foras; ideoque extollere flammam, 700
Saxaque subjectare, et arenæ tollere nimbos.

pousse les rochers en l'air, ce qui soulève des nuages de sable. Car ils trouvent au faîte des ouvertures que les habitants du lieu nomment *cratères*, et que nous appelons gorges ou bouches.

Il est encore d'autres phénomènes, à l'explication desquels une cause unique ne suffit point : il leur en faut plusieurs, quoique entre toutes il n'y en ait qu'une de véritable. Si tu aperçois de loin le cadavre d'un homme étendu sans vie, il est bon que tu énumères toutes les causes possibles de mort, afin de nommer l'unique cause de la sienne. A-t-il succombé au fer, au froid, à la maladie, au poison? Tu ne peux le décider au juste ; mais tu sais bien qu'il a dû être victime de quelque fléau de ce genre. De même, voilà tout ce que nous avons à dire pour expliquer mille choses.

L'été voit grossir peu à peu et se répandre dans les campagnes un seul fleuve d'ici-bas, le Nil, ce bienfaiteur de l'Égypte entière. Pourquoi la baigne-t-il ordinairement au milieu des chaleurs? Peut-être dans l'été les aquilons, qui prennent à cette époque le nom de *vents étésiens*, soufflent-ils contre ses embouchures ; de manière que leur haleine, contrariant sa marche, lui fait obstacle, refoule ses ondes, comble son lit, et l'oblige à s'arrêter. Il est incontestable que ces vents se précipitent à l'encontre du fleuve ; car ils accourent du pôle aux étoiles glacées, tandis que le fleuve part des ardentes régions de l'Auster, où la chaleur noircit et brûle les races humaines, et que son berceau est au centre même du jour.

Il peut arriver encore qu'un vaste amas de sable forme à l'embouchure une digue contre les flots, alors que la mer, bouleversée par le vent, y roule des sables. De cette manière, l'issue du fleuve est moins libre, et il trouve un essor moins facile à la pente de ses eaux.

Il est possible aussi que les pluies tombent plus abondamment à la source du Nil, quand le souffle des vents étésiens précipite de ce côté toutes les nues des airs. Chassées vers les régions du midi, elles s'amassent, s'épaississent enfin à la cime des monts, et tombent accablées de leur propre poids.

Peut-être enfin les hautes montagnes de l'Éthiopie fournissent-elles à ces débordements, alors que leurs blanches neiges roulent dans la plaine, fondues aux rayons du soleil, cet œil immense du monde!

Vois maintenant ce que sont ces endroits, ces lacs nommés *Avernes* : je vais en expliquer l'essence et la base.

D'abord, ce nom d'Avernes qu'on leur donne s'appuie sur un fait ; car ils sont funestes à tous les oiseaux. Ceux que leur vol amène directement au-dessus de ces lieux oublient d'agiter la rame, de tendre la voile de leur aile ; leur tête flotte languissamment, et ils sont précipités à terre, si la nature du lieu le permet, ou dans l'eau, si au-dessous d'eux l'Averne étend ses lacs. Il y a près de Cumes un endroit de ce genre, où des montagnes, pleines de soufre et enrichies de sources chaudes, exhalent une âcre fumée.

On en voit un autre dans les murs d'Athènes, au sommet de la citadelle, près du temple de la

In summo sunt vertice enim crateres, ut ipsei
Nominitant ; nos quod fauceis perhibemus et ora.
Sunt aliquot quoque res, quarum unam dicere causam
Non satis est, verum plureis ; unde una tamen sit. 705
Corpus ut exanimum si quod procul ipse jacere
Conspicias hominis, fit ut omneis dicere causas
Conveniat leti, dicatur ut illius una.
Nam neque eum ferro, nec frigore vincere possis
Interiisse, neque a morbo, neque forte veneno ; 710
Verum aliquid genere esse ex hoc, quod contigit ei,
Scimus ; item in multis hoc rebus dicere habemus.
Nilus in æstatem crescit, campisque redundat,
Unicus in terris, Ægypti totius amnis :
Is rigat Ægyptum medium per sæpe calorem ; 715
Aut quia sunt æstate Aquilones ostia contra,
Anni tempore eo, qui Etesiæ esse feruntur ;
Et, contra fluvium flantes, remorantur ; et, undas
Cogenteis sursus, replent, coguntque manere.
Nam dubio procul hæc adverso flabra feruntur 720
Flumine, quæ gelidis ab stellis axis aguntur :
Ille ex æstifera parte venit amnis, ab Austro,
Inter nigra virum percocto secla calore,
Exoriens penitus media ab regione diei.
Est quoque, uti possit magnus congestus arenæ 725

Fluctibus adversis oppilare ostia contra,
Quom mare, permotum ventis, ruit intus arenam ;
Quo fit uti pacto liber minus exitus amnis,
Et proclivus item fiat minus impetus undeis.
Fit quoque, uti pluviæ forsan magis ad caput ejus 730
Tempore eo fiant, quo Etesia flabra Aquilonum
Nubila conjiciunt in eas tunc omnia parteis.
Scilicet ad mediam regionem ejecta diei
Quom convenerunt, ibi ad altos denique monteis
Contrusæ nubes coguntur, vique premuntur. 735
Forsitan Æthiopum penitus de montibus altis
Crescat, ubi in campos albas descendere ningueis
Tabificis subigit radiis sol, omnia lustrans.
Nunc age, Averna tibi quæ sint loca quomque lacusque, 740
Expediam ; quali natura prædita constent.
Principio, quod Averna vocantur nomine, id ab re
Impositum est, quia sunt avibus contraria cunctis,
E regione ea quod loca quom venere volantes,
Remigium oblitæ, pennarum vela remittunt, 745
Præcipitesque cadunt, molli cervice profusæ,
In terram, si forte ita fert natura locorum ;
Aut in aquam, si forte lacus substratus Averni.
Is locus est Cumas apud ; acri sulfure montes
Oppleti calidis ubi fumant fontibus aucti

bienfaisante Pallas. Jamais les corneilles à la voix rauque n'osent y aborder au vol, pas même quand les offrandes fument sur les autels : tant elles fuient avec effroi, non pas la terrible colère de Pallas allumée par leur vigilance, suivant les poëtes de la Grèce, mais la nature du lieu, qui travaille de son propre fond à les écarter !

La Syrie offre encore, dit-on, un lieu semblable. A peine les animaux y ont-ils porté leurs pas, que la seule force du terrain les abat violemment, les abat tout à coup, comme si on les immolait aux dieux Mânes.

Tous ces phénomènes s'accomplissent sous l'empire d'une loi naturelle; et leur cause, leur origine sont assez éclatantes pour nous épargner de croire qu'une porte de l'Orcus soit ouverte dans ces régions, et ensuite que les dieux Mânes entraînent par là nos âmes sur les bords de l'Achéron, comme souvent, dit-on, la narine du cerf au pied ailé attire hors de ses retraites la flexible race des serpents. Combien la vérité repousse ces fables! pour t'en instruire, j'essaye de traiter à fond la matière.

D'abord, je te l'ai dit souvent et je te le répète, la terre contient sous mille formes des éléments de toutes sortes. Beaucoup sont propres à nourrir la vie ; beaucoup engendrent des maladies, et ne savent que hâter la mort. Et puis, nous avons montré plus haut que toutes les existences ne s'accommodent point également des mêmes choses, parce que la nature, le tissu des assemblages, et les formes élémentaires, varient. Que de sons ennemis coulent dans l'oreille; que d'odeurs en pénétrant l'odorat l'irritent de leur rudesse; que de corps enfin dont le contact est à éviter, dont la vue est à craindre, dont la saveur est fâcheuse !

Au reste, tu peux voir combien d'objets causent à l'homme de pénibles impressions, qui blessent et incommodent ses organes. D'abord, à certains arbres est affecté un si dangereux ombrage, qu'il excite de vives douleurs à la tête, quand on repose étendu sur l'herbe au pied de ces arbres.

Il existe même, sur les hautes cimes de l'Hélicon, un arbre qui tue l'homme avec l'horrible parfum de sa fleur. Tous ces poisons jaillissent de la terre, parce que mille semences de mille corps, réunies de mille façons, chargent ses flancs, qui vomissent à part les différentes espèces.

Un flambeau nocturne, à peine éteint, blesse-t-il les narines de ses âcres odeurs, il nous endort aussitôt jusqu'à nous faire tomber, comme ce mal rapide qui a coutume de nous abattre, de nous envoyer à terre.

L'âpre castoréum assoupit encore la femme qui succombe, et d'une main défaillante laisse échapper son brillant ouvrage, si l'odeur l'a saisie au moment où elle paye son tribut de chaque mois.

Bien d'autres essences portent la langueur

Est et Athenæis in mœnibus, arcis in ipso 750
Vertice, Palladis ad templum Tritonidis almæ,
Quo nunquam pennis appellunt corpora raucæ
Cornices; non, quom fumant altaria donis.
Usque adeo fugitant, non iras Palladis acreis,
Pervigilii causa, Graium ut cecinere poetæ ; 755
Sed natura loci opus efficit ipsa suapte.
In Syria quoque fertur item locus esse videri,
Quadrupedes quoque quo, simul ac vestigia primum
Intulerint, graviter vis cogat concidere ipsa,
Manibus ut si sint Divis mactata, repente. 760
Omnia quæ naturali ratione geruntur;
Et, quibus e fiant causis, apparet origo :
Janua ne posita his Orci regionibus esse
Credatur; post hinc animas Acheruntis in oras
Ducere forte Deos Maneis inferne reamur : 765
Naribus alipedes ut cervei sæpe putantur
Ducere de latebris serpentia secla ferarum.
Quod procul a vera quam sit ratione repulsum,
Percipe : nam nunc re de ipsa tibi dicere conor.
Principio hoc dico, quod dixi sæpe quoque ante, 770
In terra quojusque modi rerum esse figuras :
Multa, cibo quæ sunt vitalia; multaque, morbos
Incutere et mortem quæ possint accelerare :
Et magis esse alieis alias animantibus aptas
Res ad vitai rationem, ostendimus ante, 775
Propter dissimilem naturam dissimileisque

Texturas inter sese, primasque figuras :
Multa meant inimica per aureis, multa per ipsas
Insinuant nareis infesta atque aspera tactu :
Nec sunt multa parum tactu vitanda, neque autem 780
Adspectu fugiunda, saporeque tristia quæ sint.
Deinde videre licet, quam multæ sint homini res
Acriter infesto sensu, spurcæque gravesque.
Arboribus primum certeis gravis umbra tributa;
Usque adeo, capitis faciant ut sæpe dolores, 785
Si quis eas subter jacuit prostratus in herbis.
Est etiam magnis Heliconis montibus arbos,
Floris odore hominem tetro consueta necare.
Scilicet hæc ideo terris ex omnia surgunt,
Multa modis multis multarum semina rerum 790
Quod permixta gerit tellus, discretaque tradit.
Nocturnumque recens exstinctum lumen, ubi acri
Nidore offendit nareis, consopit ibidem
Concidere ; ut pronos qui morbus mittere suevit.
Castoreoque gravi mulier sopita recumbit, 795
Et manibus nitidum teneris opus effluit ei,
Tempore eo si odorata est, quo menstrua solvit.
Multaque præterea languentia membra per artus
Solvunt, atque animam labefactant sedibus intus.
Denique, si calidis etiam concire lavabris 800
Plenior, et fueris solio ferventis aquai,
Quam facile in medio fit uti des sæpe ruinas?
Carbonumque gravis vis atque odor insinuatur

dans les ressorts des membres, et vont ébranler l'âme au fond de ses retraites.

Enfin, si on demeure longtemps au bain chaud, et que plongé dans le vase on ruisselle d'une eau bouillante, quand on est plein de nourriture, avec quelle facilité la vie s'écroule au milieu de l'onde!

Avec quelle facilité aussi l'énergique et pernicieuse odeur du charbon se glisse dans le cerveau, si on ne boit de l'eau avant qu'elle n'y monte!

Et quand elles ont envahi, échauffé toutes les pièces d'une maison, les fumées du vin portent aux nerfs une sorte de coup mortel.

Ne vois-tu point aussi naître et s'amasser dans la terre le soufre, et le bitume à l'odeur fétide? Enfin, quand on poursuit les veines d'argent ou d'or, et que, le fer à la main, on fouille les profondeurs cachées du sol, quelles funestes vapeurs jaillissent des entrailles de la mine! Que d'exhalaisons malfaisantes au séjour de ces riches métaux! et quel visage, quel teint ils donnent aux hommes! Ne vois-tu point, ou n'as-tu pas entendu dire avec quelle promptitude ils y meurent d'ordinaire, et combien la vie manque nécessairement d'abondance pour ceux que la grande force des lois enchaîne à ce terrible ouvrage? Il faut donc que le sol écumant jette toutes ces vapeurs, et les répande dans la vaste et libre étendue de l'air.

Voilà comment les Avernes doivent envoyer à l'oiseau une essence mortelle, qui s'élève de la terre aux cieux, et qui va empoisonner une certaine partie de l'atmosphère. A peine l'oiseau y est-il porté par ses ailes, enlacé aussitôt et comme saisi de l'invisible poison, il tombe en ligne directe vers l'endroit d'où monte l'infect bouillonnement; et, après sa chute, la fatale énergie de cette même écume lui ôte des membres tous les restes de la vie. Car la première attaque n'excite en lui qu'une sorte de vertige; puis, quand il est précipité dans la source même du venin, il faut encore qu'il y vomisse l'âme, parce que les exhalaisons meurtrières l'environnent en abondance.

Il se peut aussi que, de temps à autre, cette énergie et ce bouillonnement de l'Averne dissipent tout l'air qui est entre l'oiseau et le sol, de manière que l'intervalle soit presque abandonné au vide. Alors, quand l'oiseau qui vole passe directement au-dessus de ces lieux, ses ailes fatiguées en vain lui manquent tout à coup, et chacune voit trahir son effort inutile. Ne pouvant trouver un appui que son aile lui refuse, il tombe: son poids l'entraîne, la Nature le veut; et une fois étendu au milieu du vide, il répand son âme par toutes les issues du corps.

L'eau des puits gagne de la fraîcheur en été, parce que la chaleur appauvrit le sol, et que si la terre possède quelques atomes de feu, elle se hâte de les rejeter dans les airs. Ainsi donc, plus la chaleur frappe la terre, plus elle glace le fluide que la terre recèle. Mais quand le froid à son tour la presse, la ramasse, la durcit, il arrive que cet épaississement refoule dans les puits toute la vapeur chaude que portent les flancs du sol.

On dit que, près du temple d'Hammon, il y a une source froide tant que brille le jour, et chaude tant que règne la nuit. Les hommes s'émerveillent trop de cette fontaine. Ils croient

Quam facile in cerebrum, nisi aquam præcipimus ante?
At, quom membra domus percepit fervida, nerveis 805
Tum fit odor vini plagæ mactabilis instar.
Nonne vides etiam terra quoque sulfur in ipsa
Gignier, et tetro concrescere odore bitumen?
Denique, ubi argenti venas aurique sequuntur,
Terrai penitus scrutantes abdita ferro, 810
Qualeis exspiret scaptensula subter odores?
Quidve mali fit, ut exhalent aurata metalla?
Quas hominum reddunt facies, qualeisque colores:
Nonne vides, audisve, perire in tempore parvo
Quam soleant; et quam vitai copia desit, 815
Quos opere in tali cohibet vis magna, necesse est?
Hos igitur tellus omneis exæstuat æstus,
Exspiratque foras in aperta promptaque cœli.
Sic et Averna loca alitibus submittere debent
Mortiferam vim, de terra quæ surgit in auras, 820
Ut spatium cœli quadam de parte venenet;
Quo simul ac primum pennis delata sit ales,
Impediatur ibi, cæco correpta veneno,
Ut cadat e regione loci, qua dirigit æstus:
Quo quom corruit, hæc eadem vis illius æstus 825
Reliquias vitæ membris ex omnibus aufert.

Quippe etenim, primo quasi quemdam conciet æstum;
Posterius fit, utei, quom jam cecidere veneni
In fonteis ipsos, ibi sit quoque vita vomunda,
Propterea quod magna mali sit copia circum. 830
Fit quoque, ut interdum vis hæc atque æstus Averni
Aera, qui inter aveis quomque est terramque locatus,
Discutiat, prope uti locus hinc linquatur inanis.
Quojus ubi e regione loci venere volantes,
Claudicat extemplo pennarum nisus inanis, 835
Et conamen utrimque alarum proditor omne.
Hic, ubi nictari nequeunt, insistereque alis,
Scilicet in terram delabi pondere cogit
Natura; et, vacuum prope jam per inane jacentes,
Dispergunt animas per caulas corporis omneis. 840
Frigidior porro in puteis æstate fit humor,
Rarescit quia terra calore, et semina si qua
Forte vaporis habet, propere dimittit in auras:
Quo magis est igitur tellus effeta calore,
Fit quoque frigidior, qui in terra est abditus, humor. 845
Frigore quom premitur porro omnis terra, coitque,
Et quasi concrescit; fit scilicet in coeundo,
Exprimat in puteos, si quem gerit ipsa, calorem.
Esse apud Hammonis fanum fons luce diurna

qu'un soleil pénétrant l'échauffe sous terre d'un feu rapide, dès que la nuit enveloppe le monde de ses épouvantables voiles; opinion qui s'écarte bien loin de la vérité. Quoi! le soleil travaille la surface nue des ondes, sans venir à bout de la rendre chaude quand sa lumière nous domine, quand elle possède de si vives ardeurs; et il pourrait au fond de la terre, ce corps si épais, faire bouillir la matière humide, et lui communiquer son ardente vapeur! Lui surtout qui est à peine capable d'insinuer à travers les murs de nos maisons les traits brûlants de sa flamme.

Mais où donc est la cause de ce phénomène? La voici. Une terre moins compacte que le reste du sol embrasse la fontaine, et mille germes de feu avoisinent la substance de l'onde. Aussi, quand les ombres humides de la nuit engloutissent la terre, la terre aussitôt, glacée jusqu'au fond des entrailles, se contracte; et alors, comme si on la pressait avec la main, elle vomit dans la source tout ce qu'elle peut avoir de brûlants atomes, et fait que l'eau ardente au toucher écume de vapeur. Mais une fois que les rayons naissants du soleil ouvrent les pores, et amaigrissent le flanc des campagnes, où pénètrent de bouillantes fumées, les éléments du feu regagnent leurs anciennes demeures, et la terre recouvre toute la chaleur des eaux. Voilà pourquoi la source fraîchit à la lumière du jour.

En outre, le soleil frappe les ondes de ses rayons, et plus le jour augmente, plus un feu tremblant écarte les germes humides : il en résulte que tous les atomes de feu appartenant à ces eaux leur échappent. De même souvent elles rejettent le froid contenu dans leur sein, et brisent la glace dont elles relâchent les nœuds.

Il est encore une source froide, au-dessus de laquelle l'étoupe qu'on y met prend feu aussitôt, et vomit la flamme. Par un effet semblable une torche, allumée dans cette onde, y nage étincelante au gré du vent qui la pousse. C'est que l'eau renferme d'innombrables semences de vapeur chaude, et qu'en outre la terre elle-même, où la source repose, doit y faire monter partout de brûlants atomes, qui s'exhalent au-dehors et gagnent les airs, sans être toutefois assez vifs pour échauffer la fontaine.

De plus, une fois ces atomes répandus hors du sol, une force cachée les oblige de franchir tout à coup les ondes, et de se rassembler à la surface. Ainsi, dans la mer Aradienne, on voit sourdre un filet d'eau douce, qui écarte autour de lui les flots salés; mille autres plages de l'Océan fournissent une ressource utile à la soif des marins, en vomissant une onde pure au sein de l'onde amère : de même ces éléments peuvent jaillir à travers la fontaine et s'élancer jusqu'à l'étoupe. Quand ils sont réunis et attachés au corps de la torche, ils s'allument sans peine aussitôt, parce que les étoupes et les torches elles-mêmes tiennent emprisonnées une foule de semences ardentes.

Ne vois-tu point aussi qu'une mèche de lin qu'on vient d'éteindre, approchée d'un flambeau

Frigidus, et calidus nocturno tempore, fertur. 850
Hunc homines fontem nimis admirantur, et acri
Sole putant subter terras fervescere partim,
Nox ubi terribili terram caligine texit :
Quod nimis a vera est longe ratione remotum.
Quippe, ubi sol, nudum contractans corpus aquaï, 855
Non quierit calidum supera de reddere parte,
Quom superum lumen tanto fervore fruatur;
Qui queat hic, subter tam crasso corpore terram,
Percoquere humorem, et calido sociare vapore?
Præsertim, quom vix possit per sæpta domorum 860
Insinuare suum radiis ardentibus æstum?

Quæ ratio est igitur? Nimirum, terra magis quod
Rara tenet circum fontem, quam cetera tellus,
Multaque sunt ignis prope semina corpus aquaï.
Hoc, ubi roriferis terram nox obruit umbris, 865
Extemplo subtus frigescit terra, coitque :
Hac ratione fit, ut, tamquam compressa manu sit,
Exprimat in fontem, quæ semina quomque habet ignis;
Quæ calidum faciunt laticis tactum atque vaporem.
Inde, ubi sol radiis terram dimovit obortis, 870
Et rarefecit, calido miscente vapore;
Rursus in antiquas redeunt primordia sedeis
Ignis, et in terram cedit calor omnis aquaï :
Frigidus hanc ob rem fit fons in luce diurna.

Præterea, solis radiis jactatur aquaï 875
Humor, et in lucem tremulo rarescit ab æstu :
Propterea fit, uti, quæ semina quomque habet ignis,
Dimittat; quasi sæpe gelum, quod continet in se,
Mittit, et exsolvit glaciem, nodosque relaxat.

Frigidus est etiam fons, supra quem sita sæpe 880
Stuppa jacit flammam, concepto protinus igni;
Tedaque consimili ratione, accensa per undas,
Collucet, quoquomque natans impellitur auris :
Nimirum, quia sunt in aqua permulta vaporis
Semina, de terraque necesse est funditus ipsa 885
Ignis corpora per totum consurgere fontem,
Et simul exspirare foras, exireque in auras ;
Non tam viva tamen, calidus queat ut fieri fons.

Præterea, dispersa foras, erumpere cogit
Vis per aquam subito, sursumque ea conciliare : 890
Quod genus, indu mari Aradio fons, dulcis aquaï,
Qui scatit, et salsas circum se dimovet undas.
Et multis aliis præbet regionibus æquor
Utilitatem opportunam sitientibu' nauteis,
Quod dulceis, inter salsas, intervomit undas. 895
Sic igitur per eum possunt erumpere fontem,
Et scatere olla foras in stuppam semina : quæ quom
Conveniunt, aut in tedaï corpore adhærent,
Ardescunt facile extemplo; quod multa quoque in se
Semina habent ignis stuppæ tedæque tenentes. 900

Nonne vides etiam, nocturna ad lumina linum

nocturne, se rallume avant d'avoir touché la flamme? Et la torche de même. Et bien d'autres matières, frappées de la vapeur chaude, s'embrasent de loin, avant que le feu ne les pénètre sous un choc immédiat. Or, on peut croire que le même fait a lieu dans la source.

Pour achever, maintenant je vais dire quelle loi de la Nature veut que le fer obéisse à l'attrait de cette pierre que les Grecs, dans leur langue, appellent *magnétique*, parce que c'est au pays des Magnésiens qu'elle a pris naissance.

Cette pierre fait l'admiration des hommes. Oui, car elle forme souvent une chaîne d'anneaux qui se tiennent eux-mêmes suspendus. Tu peux quelquefois les voir, au nombre de cinq ou de plus encore, descendre en une série flottante au vent, qui l'agite d'une légère haleine. L'un tient à l'autre, s'y attache en dessous; et ils ne connaissent entre eux d'autre appui, d'autre nœud que la pierre : tant elle propage au loin l'empire d'un attrait irrésistible !

Dans les phénomènes de ce genre, mille principes doivent être bien établis, avant que le fait même ne reçoive d'explication. C'est par d'interminables détours qu'il faut gagner le but. Aussi j'implore de toi une oreille et une âme attentives.

D'abord, tous les objets que nous apercevons sèment et répandent à flots intarissables des essences qui frappent l'œil, qui excitent la vue. Les odeurs jaillissent perpétuellement de certains assemblages; comme le froid émane des eaux vives, la chaleur du soleil, et du bouillonnement des vagues un sel qui ronge les murailles autour de la côte. Mille sons divers ne cessent de couler dans l'espace. Enfin, une vapeur au goût salé attaque souvent nos lèvres, quand nous sommes au bord de la mer; et l'absinthe qu'on broie, qu'on mélange devant nos yeux, nous blesse de son amertume. Tant il est vrai que tous les corps vomissent un flux de matière qui coule de toutes parts, en tous sens ! Cet écoulement a lieu sans trêve, ni repos, ni intervalle, puisque nos sens demeurent toujours en éveil, et que toujours on peut tout voir, tout respirer, ou entendre mille retentissements.

Ensuite, je te rappellerai à quel point la substance des corps est poreuse : vérité qui étincelle au début de mes vers; notion qui a trait à une foule de choses, mais qui touche surtout au phénomène dont j'attaque ici l'explication. Il faut donc établir qu'à la portée de l'homme il n'y a que des corps mêlés de vide.

D'abord, il arrive dans les grottes que les pierres de la voûte épanchent, comme une sueur, de l'eau qui ruisselle goutte à goutte. Des sueurs nous baignent ainsi le corps entier. La barbe croît, et le poil jaillit des membres, des articulations. La nourriture circule éparpillée dans toutes nos veines : elle va entretenir et accroître les extrémités même du corps, et jusqu'au bout des ongles. Le froid à son tour et la vapeur chaude pénètrent l'airain; nous le sentons; nous sentons encore qu'ils nous gagnent à travers l'argent et l'or, quand nous tenons une coupe pleine. Nos murs enfin, nos murs de pierre, s'ouvrent à l'aile

Nuper ubi exstinctum admoveas, accendier ante
Quam tetigit flammam; tedamque pari ratione?
Multaque præterea prius ipso tacta vapore
Eminus ardescunt, quam comminus imbuat ignis. 905
Hoc igitur fieri quoque in ollo fonte putandum est.

 Quod superest, agere incipiam quo fœdere fiat
Naturæ, lapis hic ut ferrum ducere possit,
Quem Magneta vocant patrio de nomine Graiei,
Magnetum quia sit patriis in finibus ortus.   910

 Hunc homines lapidem mirantur; quippe catenam
Sæpe ex annellis reddit pendentibus se :
Quinque etenim licet interdum plureisque videre,
Ordine demisso, levibus jactarier auris,
Unus ubi ex uno dependet, subter adhærens;   915
Ex alioque alius lapidis vim vinclaque noscit :
Usque adeo permananter vis pervalet ejus.

Hoc genus in rebus firmandum est multa prius, quam
Ipsius rei rationem reddere possis;
Et nimium longis ambagibus est adeundum :   920
Quo magis attentas aureis animumque reposco.

 Principio, omnibus a rebus, quasquomque videmus,
Perpetuo fluere ac mitti spargique necesse est
Corpora, quæ feriant oculos, visumque lacessant;
Perpetuoque fluunt certis ab rebus odores :   925
Frigus ut a fluviis, calor a sole, æstus ab undis

Æquoris, exesor mœrorum litora propter :
Nec variei cessant sonitus manare per auras.
Denique in os salsi venit humor sæpe saporis,
Quom mare vorsamur propter; dilutaque contra   930
Quom tuimur misceri absinthia, tangit amaror.
Usque adeo omnibus ab rebus res quæque fluenter
Fertur, et in cunctas dimittitur undique parteis.
Nec mora, nec requies inter datur ulla fluundi ;
Perpetuo quoniam sentimus, et omnia semper   935
Cernere, odorari licet, et sentire sonare.

 Nunc omnes repetam quam raro corpore sint res
Commemorare, quod in primo quoque carmine claret.
Quippe etenim, quamquam multas hoc pertinet ad res
Noscere, cum primis hanc ad rem protinus ipsam,   940
Qua de disserere aggredior, firmare necesse est,
Nil esse in promtu, nisi corpus mixtum in inani.

 Principio, fit, ut in speluncis saxa superna
Sudent humore, et guttis manantibu' stillent :
Manat item nobis e toto corpore sudor;   945
Crescit barba, pileique per omnia membra, per artus :
Diditur in venas cibus omneis; auget, alitque
Corporis extremas quoque parteis unguiculosque.
Frigus item transire per æs, calidumque vaporem,
Sentimus; sentimus item transire per aurum,   950
Atque per argentum, quom pocula plena tenemus.

rapide du son; l'odeur y coule, le froid aussi, et l'ardeur du feu. Que dis-je? Cette ardeur traverse même la dure essence du fer, à l'endroit où la cuirasse fait le tour du cou et l'emprisonne. Des influences malsaines nous envahissent également de l'extérieur; et la tempête échappée de la terre et du ciel, on dit avec raison qu'elle va se perdre dans le ciel et la terre : car le monde ne renferme que des corps au tissu poreux.

Ajoute qu'il n'est pas donné à toutes les matières que jettent les assemblages, de produire les mêmes impressions, ni de former avec toutes choses les mêmes alliances.

Le soleil cuit et dessèche la terre, mais il résout la glace; mais les hautes neiges amoncelées sur les hautes montagnes, ses rayons les obligent de fondre; et la cire, exposée à son ardente vapeur, devient liquide. Le feu est prompt aussi à faire couler l'airain, à dissoudre l'or; mais il contracte la peau, la chair, et les ramasse. Les eaux fluides durcissent à leur tour le fer qui sort de la fournaise; mais la chair et la peau, que durcit la chaleur, y sont amollies. Les chèvres à la barbe longue aiment tant l'olivier, qu'il semble ruisseler pour elles de nectar et d'ambroisie : or, il n'est pas d'arbre qui pousse une feuille plus amère au goût des hommes. Enfin, le pourceau fuit la marjolaine, et craint tous les parfums; car les porcs hérissés de soies trouvent un venin énergique dans ces odeurs, qui opèrent quelquefois en nous une sorte de retour à la vie. La fange, au contraire, la fange, qui est pour nous si affreuse, leur paraît si charmante, qu'ils s'y roulent et s'y engloutissent avec une ardeur insatiable.

Avant d'aborder le point en question, il me reste encore, je pense, une chose à dire. Les corps divers ayant de nombreux interstices, il faut que ces interstices soient diversement organisés : il faut que chacun ait une nature et offre une voie particulière. Oui, car les animaux possèdent des sens distincts, et chaque organe ne reçoit que l'objet qui lui est propre. Ne vois-tu point, en effet, que le son a d'autres routes que le goût des sucs nourrissants, que l'haleine embaumée des odeurs? De plus, autres sont les corps répandus à travers l'airain, autres ceux qui pénètrent le bois, autres ceux qui fendent l'or : ne le vois-tu point aussi ? Et par l'argent il s'écoule autre chose que par le verre, puisque le verre s'ouvre à l'image, et l'argent à la chaleur. Et puis, les émanations franchissent plus ou moins vite les mêmes pores. Ainsi le veut la nature de ces routes variées de mille façons, comme je viens de le montrer plus haut, par la différence de l'organisation et du tissu dans les êtres.

Une fois que ces idées fondamentales reposent affermies sur leur base, et nous préparent le terrain d'avance, le reste est facile : tout s'éclaircit, et l'on voit apparaître la cause qui attire l'essence du fer.

D'abord il faut que de l'aimant jaillissent une foule d'atomes, sorte de vapeur écumante qui bat et dissipe tout l'air interposé entre la pierre

Denique, per dissæpta domorum saxea voces
Pervolitant, permanat odos, frigusque, vaposque
Ignis : qui ferri quoque vim penetrare suevit
Denique, qua circum colli lorica coercet. 955
Morbida visque simul, quom extrinsecus insinuatur :
Et tempestatem, terra cœloque coortam,
In cœlum terramque remote jure facessunt :
Quandoquidem nihil est, nisi raro corpore nexum.
Huc accedit, uti non omnia, quæ jaciuntur 960
Corpora quomque ab rebus, eodem prædita sensu
Atque eodem pacto rebus sint omnibus apta.
Principio, terram sol excoquit, et facit are;
At glaciem dissolvit, et altis montibus altas
Exstructas ningueis radiis tabescere cogit : 965
Denique, cera liquefit in ejus posta vapore.
Ignis item liquidum facit æs, aurumque resolvit :
At coria et carnem trahit, et conducit in unum.
Humor aquæ porro ferrum condurat ab igni ;
At coria et carnem mollit, durata calore. 970
Barbigeras oleaster eo juvat usque capellas,
Effluat ambrosia quasi vero et nectare tinctus :
Qua nihil est homini quod amariu' frondeat estu.
Denique, amaracinum fugitat sus, et timet omne
Unguentum ; nam setigereis subus acre venenum est, 975
Quod nos interdum tamquam recreare videtur.
At contra nobis cœnum teterrima quom sit

Spurcities, eadem suibus hæc munda videtur,
Insatiabiliter totei ut volvantur ibidem.
Hoc etiam superest, ipsa quam dicere de re 980
Aggredior, quod dicundum prius esse videtur.
Multa foramina quom varieis sint reddita rebus,
Dissimili inter se natura prædita debent
Esse, et habere suam naturam quæque viasque.
Quippe etenim variei sensus animantibus insunt, 985
Quorum quisque suam proprie rem percipit in se.
Nam penetrare alio sonitus, alioque saporem
Cernimus e sucis, alio nidoris odores.
Præterea, manare aliud per saxa videtur,
Atque aliud lignis, aliud transire per aurum ; 990
Argentoque foras aliud, vitroque meare;
Nam fluere hac species, illac calor ire videtur;
Atque aliis aliud citius transmittere eadem.
Scilicet id fieri cogit natura viarum,
Multimodis varians, ut paullo ostendimus ante, 995
Propter dissimilem naturam textaque rerum.
Quapropter, bene ubi hæc, confirmata atque locata,
Omnia constiterint, nobis præposta, parata ;
Quod superest, facile hinc ratio reddetur, et omnis
Causa patefiet, quæ ferri pelliceat vim. 1000
Principio, fluere e lapide hoc permulta necesse est
Semina, sive æstum, qui discutit aera plagis,
Inter qui lapidem ferrumque est quomque locatus.

et le métal. Dès qu'ils ont balayé cet espace, et qu'un grand vide se fait dans l'intervalle, aussitôt les éléments du fer y glissent, y tombent encore réunis; de telle sorte que l'anneau même suit l'impulsion, et se précipite en masse. Car il n'y a point de corps que ses germes embarrassent davantage par un enchaînement plus étroit, plus solide, que le fer robuste, essence glaciale qui excite le frisson. Il n'y a donc rien d'étrange à dire que cette foule de corps élémentaires ne peuvent se répandre du fer et gagner le vide, sans que l'anneau tout entier les suive. Il les suit, en effet, jusqu'à ce qu'il rencontre la pierre elle-même, et que d'invisibles nœuds l'y attachent. Ce phénomène s'accomplit en tous sens : à quelque endroit que se forme le vide, soit de côté, soit en haut, les atomes voisins se portent à l'instant vers l'espace libre. Songe que des chocs extérieurs les y poussent; car ils ne peuvent spontanément et à eux seuls monter dans les airs.

Il est un autre motif qui leur rend cet essor plus facile. Dès que l'appauvrissement de l'air placé en tête de l'anneau y débarrasse, y vide l'intervalle, il arrive soudain que l'air opposé chasse, en quelque sorte, et roule l'anneau par derrière. L'air, en effet, ne cesse de battre les corps qu'il environne. Mais alors s'il ébranle le fer, c'est qu'il a un point de l'étendue qui est vide, et qui ouvre ses flancs au métal. Cet air dont je parle, fluide subtil qui coule par les mille pores du fer jusque dans ses moindres atomes, le meut et le précipite : comme le vent qui enfle la voile des navires, il aide et favorise l'élan d'un corps inerte.

Enfin, tous les êtres doivent avoir de l'air dans leur substance, puisque leur substance est poreuse, et que l'air les enveloppe, les baigne de toutes parts. Or, celui que les entrailles du fer recèlent, y flotte tourmenté d'une agitation perpétuelle; et en s'agitant, il est incontestable qu'il frappe l'anneau, qu'il en soulève l'intérieur, et qu'enfin il se jette avec lui du côté où le fer s'emporte déjà, et s'empare du vide ouvert à ses efforts.

Il arrive quelquefois aussi que la nature écarte le métal de cette pierre, et l'accoutume tantôt à la fuir, tantôt à la suivre.

J'ai vu même des anneaux de Samothrace reculer en bondissant, et des parcelles de fer tressaillir avec fureur dans un vase d'airain, sous lequel on avait mis une pierre magnétique : tant il semble que le fer brûle d'échapper à l'aimant, dès que l'airain s'interpose entre eux, et tant la discorde éclate aussitôt! Voici pourquoi sans doute. La vapeur émanée de l'airain a pris les devants, et occupe toutes les ouvertures du fer; celle de l'aimant, qui vient ensuite, trouve les voies remplies, et ses canaux ordinaires lui manquent. Elle est donc réduite à heurter, à battre d'une vague orageuse l'impénétrable tissu : c'est ainsi qu'elle repousse et agite à travers l'airain un corps qui, sans l'airain, court d'habitude s'engloutir en elle.

Ne va point t'émerveiller, à ce propos, si l'ex-

Hoc ubi inanitur spatium, multusque vacefit
In medio locus ; extemplo primordia ferri 1005
In vacuum prolapsa cadunt conjuncta, fit utque
Annulus ipse sequatur, eatque ita corpore toto.
Nec res ulla magis, primoribus ex elementis
Indupedita suis, arcte connexa cohæret,
Quam validi ferri naturæ frigidus horror : 1010
Quo minus est mirum, quod dicitur, ex elementis
Corpora si nequeunt, de ferro plura coorta,
In vacuum ferri, quin annulus ipse sequatur :
Quod facit ; et sequitur, donec pervenit ad ipsum
Jam lapidem, cæcisque in eo compagibus hæsit. 1015
Hoc fit idem cunctas in parteis ; unde vacefit
Quomque locus, sive ex transvorso, sive superne,
Corpora continuo in vacuum vicina feruntur :
Quippe agitantur enim plagis aliunde, nec ipsa
Sponte sua sursum possunt consurgere in auras. 1020
    Huc accedit item, quare queat id magis esse :
Quod simul a fronte est annelli rarior aer
Factus, inanitusque locus magis àc vacuatus,
Continuo fit, uti, qui post est quomque locatus
Aer, a tergo quasi provehat atque propellat. 1025
Semper enim circum positus res verberat aer ;
Sed tali fit uti propellat tempore ferrum,
Parte quod ex una spatium vacat, et capit in se.
Hic tibi, quem memoro, per crebra foramina ferri
Parvas ad parteis subtiliter insinuatus, 1030
Trudit et impellit : quasi naves velaque ventis,
Hæc quoque res adjumento motuque juvatur.
    Denique res omnes debent in corpore habere
Aera, quandoquidem raro sunt corpore, et aer
Omnibus est rebus circumdatus appositusque. 1035
Hic igitur, penitus qui in ferro est abditus, aer
Sollicito motu semper jactatur, eoque
Verberat annellum, dubio procul : et ciet intus
Scilicet : atque eodem fertur, quo præcipitavit
Jam semel, et vacuam partem in conamina sumsit. 1040
    Fit quoque, ut a lapide hoc ferri natura recedat
Interdum, fugere atque sequi consueta vicissim.
    Exsultare etiam Samothracia ferrea vidi ;
Ac ramenta simul ferri furere intus ahenis
In scaphiis, lapis hic Magnes quom subditus esset : 1045
Usque adeo fugere a saxo gestire videtur
Ære interposito; discordia tanta creatur!
Propterea, quia nimirum prius æstus ubi æris
Præcipit, ferrique vias possedit apertas ;
Posterior lapidis venit æstus, et omnia plena 1050
Invenit in ferro ; neque habet qua tranet, ut ante :
Cogitur offensare igitur, pulsareque fluctu
Ferrea texta suo : quo pacto respuit ab se,
Atque per æs agitat, sine eo quod sæpe resorbet.
    Illud in his rebus mirari mitte, quod æstus 1055

balaison de la pierre n'a pas la vertu d'imprimer à toutes choses le même élan. Quelques-unes demeurent inébranlables sous leur poids, comme l'or. D'autres, matières si lâches que cette vapeur y passe sans obstacle, n'offrent aucune prise à l'impulsion : la substance du bois est évidemment de ce genre. Mais le fer, essence qui tient le milieu entre ces deux natures, à peine absorbe-t-il quelques parcelles d'airain, qu'il se voit ébranler au choc du torrent magnétique.

Encore ces phénomènes ne sont-ils pas si étrangers au reste des corps, que mille faits analogues ne me fournissent de quoi citer mille liaisons extraordinaires.

Tu vois d'abord que la chaux seule joint un amas de pierres, que la seule colle de taureau enchaîne la matière des planches ; et un défaut du bois ouvre leurs veines plus souvent que la colle ne relâche ses nœuds.

La vigne ose mêler sa liqueur jaillissante à l'eau des fontaines ; ce que ne peuvent ni la poix trop lourde, ni l'huile trop légère.

L'éclat du coquillage de pourpre se marie et s'incorpore à la laine, au point d'en être à jamais inséparable : oui, dût-on employer les flots de Neptune à déteindre l'étoffe ; oui, toute la mer dût-elle la baigner de toutes ses ondes !

Enfin, un corps unique soude l'or à l'or, et le cuivre se voit unir au cuivre par l'étain.

Que d'alliances pareilles je puis trouver encore ! mais à quoi bon ? Tu n'as aucun besoin de ces longs détours ; et moi, il ne convient pas que j'y dépense tant d'efforts inutiles. Mieux vaut embrasser mille choses en quelques mots. Lorsque des corps, des tissus, se rencontrent avec de si harmonieuses oppositions que les saillies des uns répondent aux cavités des autres, leur union est parfaite. Il peut arriver aussi que des espèces d'anneaux ou de crochets les enlacent, les tiennent mutuellement enchaînés ; et voilà quel doit être surtout le lien de l'aimant et du fer.

Maintenant expliquons la cause des maladies, et de quelle source peuvent naître tout à coup ces influences malsaines, qui répandent au loin la mortalité sur la race des hommes et sur les troupeaux de bétail. D'abord, je te l'ai enseigné plus haut : s'il y a mille espèces de semences favorables à notre vie, mille autres au contraire, qui engendrent la maladie et la mort, volent nécessairement ici-bas. Quand le hasard les amasse, quand elles troublent la pureté du ciel, les airs deviennent malsains. Ces tempêtes de maladies, ces pestes, un climat lointain nous les envoie, comme les nuages et les brouillards, à travers la haute voûte des cieux ; ou bien elles jaillissent et montent de la terre même dont les entrailles humides se gâtent, une fois battues de pluies et de chaleurs intempestives.

Ne vois-tu pas, aussi, que le changement d'air et d'eau porte atteinte à ceux qui voyagent loin de leur patrie et de leurs foyers ? Il faut l'imputer aux vives oppositions de la température. Quelle différence, en effet, nous offre le ciel des Bretons et celui de l'Égypte, où penche l'axe du monde ! quelle différence dans l'air, du Pont

Non valet e lapide hoc alias impellere item res.
Pondere enim fretæ partim stant ; quod genus, aurum :
Ac partim, raro quia sunt cum corpore, ut æstus
Pervolet intactus, nequeunt impellier usquam :
Lignea materies in quo genere esse videtur. 1060
Inter utrasque igitur ferri natura locata,
Æris ubi accepit quædam corpuscula, tum fit,
Impellant ut eam Magnesia flumina saxi.
Nec tamen hæc ita sunt aliarum rerum aliena,
Ut mihi multa parum genere ex hoc suppeditentur, 1065
Quæ memorare queam inter se sing'lariter apta.
Saxa vides primum sola coolescere calce :
Glutine materies taurino jungitur una,
Ut vitio venæ tabularum sæpius hiscant,
Quam laxare queant compages taurea vincla. 1070
Vitigenei latices in aquai fontibus audent
Misceri, quom pix nequeat gravis, et leve olivom.
Purpureusque colos conchylii jungitur uno
Corpore cum lanæ, dirimi qui non queat usquam ;
Non si Neptuni fluctu renovare operam des ; 1075
Non, mare si totum velit eluere omnibus undis.
Denique res auro aurum concopulat una,
Ærique æs plumbo fit uti jungatur ab albo.
Cetera jam quam multa licet reperire ? Quid ergo ?
Nec tibi tam longis opus est ambagibus usquam, 1080

Nec me tam multam hic operam consumere par est ;
Sed breviter paucis præstat comprendere multa.
Quorum ita texturæ ceciderunt mutua contra,
Ut cava conveniant plenis hæc illius, olla
Hujusque ; inter se junctura hæc optuma constat. 1085
Est etiam, quasi ut annellis hamisque plicata,
Inter se quædam possint cop'lata teneri :
Quod magis in lapide hoc fieri ferroque videtur.

Nunc, ratio quæ sit morbeis, aut unde repente
Mortiferam possit cladem conflare coorta 1090
Morbida vis hominum generi pecudumque caterveis,
Expediam. Primum, multarum semina rerum
Esse supra docui, quæ sint vitalia nobis ;
Et contra, quæ sint morbo mortique, necesse est
Multa volare ; ea quom casu sunt forte coorta, 1095
Et perturbarunt cœlum, fit morbidus aer.
Atque ea vis omnis morborum pestilitasque
Aut extrinsecus, ut nubes nebulæque superne
Per cœlum veniunt ; aut ipsa sæpe coorta
De terra surgunt, ubi putorem humida nacta est, 1100
Intempestivis pluviisque et solibus icta.

Nonne vides etiam cœli novitate et aquarum
Tentari, procul a patria queiquomque domoque
Adveniunt ? ideo quia longe discrepitant res.
Nam quid Britannis cœlum differre putamus, 1105

à Gadès, et jusque chez les races humaines noircies par de brûlantes chaleurs? Outre les quatre vents et les quatre zones qui distinguent à nos yeux ces quatre régions, de larges abîmes séparent évidemment la couleur, le visage des peuples, et les espèces de maux qui envahissent chacune.

Il est une maladie, l'éléphantiasis, qui s'engendre sur les bords du Nil, au cœur de l'Égypte, et nulle part ailleurs.

Dans l'Attique, les jambes sont attaquées; et l'œil, au pays des Achéens. D'autres lieux sont funestes à d'autres parties, à d'autres membres : cette disposition tient aux variétés de l'air.

Ainsi, quand un ciel lointain, qui se trouve être un poison pour nous, se déplace; quand un air ennemi nous gagne de sa vague ondoyante, il se traîne peu à peu, comme le brouillard ou les nues; et toute l'atmosphère où il passe, il la trouble, et l'oblige à changer de nature. C'est ce qu'il fait encore, lorsqu'enfin il arrive dans la nôtre : il la gâte, il la rend pareille à lui-même et contraire à nous.

Engendré soudain, ce mal nouveau, cette peste va fondre sur les eaux, ou pénètre les moissons et les autres aliments des hommes, et la pâture des bêtes; ou même sa fatale énergie demeure suspendue dans les airs; et quand notre haleine aspire leur souffle ainsi mélangé, il faut bien que nos corps engloutissent aussi le venin. Souvent la contagion atteint jusqu'aux bœufs, jusqu'aux troupeaux bêlants que le mal appesantit. Peu importe donc que nous allions nous-mêmes en des climats funestes, et que nous changions le manteau des airs qui nous enveloppe; ou bien que la Nature nous amène soit un air corrompu, soit quelque autre dont l'usage ne nous est point habituel, et dont l'irruption soudaine peut nous porter atteinte.

Un fléau de ce genre, de mortelles vapeurs désolèrent jadis les campagnes où régna Cécrops : les chemins furent dépeuplés, et la ville épuisée d'habitants. Car une peste née au loin, et venue des confins de l'Égypte, après avoir franchi de vastes cieux et la plaine flottante des mers, s'abattit enfin sur le peuple de Pandion; et tous aussitôt devenaient en foule la proie de la maladie et de la mort.

D'abord un feu dévorant se portait à la tête, les deux yeux étincelaient d'ardentes rougeurs. La gorge elle-même, noire à l'intérieur, suait du sang; des ulcères resserraient en l'obstruant le chemin de la voix, et le sang ruisselait aussi de la langue, cette interprète de l'âme, affaiblie de ses blessures, lourde, paresseuse, et rude au toucher.

Puis, quand le torrent du mal, descendu par la gorge, inondait la poitrine et se répandait au cœur attristé des malades, alors toutes les barrières de la vie s'ébranlaient à la fois.

De la bouche roulaient, avec l'haleine, ces odeurs fétides qu'exhalent en se gâtant les cadavres abandonnés. L'âme entière dépouillée de sa force, et tout le corps, languissaient, touchant déjà au seuil de la mort. Ces insupportables douleurs avaient pour compagnes assidues les in-

Et quod in Ægypto est, qua mundi claudicat axis?
Quidve quod in Ponto est, differre, et Gadibus, atque
Usque ad nigra virum percocto secla calore?
Quæ quom quatuor, inter se divorsa, videmus
Quatuor a ventis et cœli partibus esse; 1110
Tum color et facies hominum distare videntur
Largiter, et morbei generatim secla tenere.

Est elephas morbus, qui propter flumina Nili
Gignitur Ægypto in media, neque præterea usquam.

Atthide tentantur gressus, oculeique in Achæis 1115
Finibus : inde aliis alius locus est inimicus
Partibus ac membreis; varius concinnat id aer.

Proinde, ubi se cœlum, quod nobis forte venenum,
Commovet, atque aer inimicus serpere cœpit;
Ut nebula ac nubes, paullatim repit, et omne, 1120
Qua graditur, conturbat, et immutare coactat.
Fit quoque, ut in nostrum quom venit denique cœlum,
Corrumpat, reddatque sui simile, atque alienum.

Hæc igitur subito clades nova pestilitasque
Aut in aquas cadit, aut fruges persidit in ipsas, 1125
Aut alios hominum pastus, pecudumque cibatus;
Aut etiam suspensa manet vis aere in ipso :
Et, quom spirantes mixtas hinc ducimus auras,
Illa quoque in corpus pariter sorbere necesse est.
Consimili ratione venit bubus quoque sæpe 1130
Pestilitas; etiam pigris balantibus ægros.
Nec refert, utrum nos in loca deveniamus
Nobis adversa, et cœli mutemus amictum;
An cœlum nobis ultro natura coruptum
Deferat, aut aliquid, quod non consuevimus uti, 1135
Quod nos adventu possit tentare recenti.

Hæc ratio quondam morborum et mortifer æstus
Finibu' Cecropiis funestos reddidit agros,
Vastavitque vias; exhausit civibus urbem.
Nam penitus, veniens Ægypti finibus, ortus, 1140
Aera permensus multum, camposque natanteis,
Incubuit tandem populo Pandionis; omnes
Inde catervatim morbo mortique dabantur.

Principio, caput incensum fervore gerebant;
Et dupliceis oculos suffusa luce rubenteis. 1145
Sudabant etiam fauces, intrinsecus atræ,
Sanguine; et ulceribus vocis via sæpta coibat :
Atque, animi interpres, manabat lingua cruore,
Debilitata malis, motu gravis, aspera tactu.

Inde, ubi per fauces pectus complerat, et ipsum 1150
Morbida vis in cor mæstum confluxerat ægreis;
Omnia tum vero vitai claustra lababant.

Spiritus ore foras tetrum volvebat odorem,
Rancida quo perolent projecta cadavera ritu;
Atque animi prorsum vires totius, et omne 1155

quiétudes, les angoisses, les plaintes mêlées de gémissements ; et des sanglots redoublés nuit et jour, obligeant les nerfs et les membres à se tordre sans cesse, brisaient enfin par de nouvelles fatigues leurs ressorts déjà fatigués.

Cependant tu n'aurais vu, à fleur de corps, aucune extrémité trop brûlante ; la main y rencontrait plutôt une impression de tiédeur, quoiqu'en même temps le corps entier fût rougi et marqué du feu des ulcères, pareil au feu sacré qui se répand sur nos membres. Mais la partie intérieure de l'homme s'embrasait jusqu'à la moelle des os; et la flamme bouillonnait dans l'estomac, comme dans une fournaise. Pas un des malades n'eût enduré l'usage de la plus mince, de la plus légère étoffe : tous abandonnaient leurs membres, brûlés par la fièvre du mal, au vent, au froid ; une partie même à l'onde glacée des fleuves, où ils précipitaient leurs corps nus. Beaucoup s'élancèrent jusqu'au fond des puits, et y vinrent tomber la bouche béante. Une soif dévorante, insatiable, les y plongeait ; et pour elle les torrents étaient comme des gouttes d'eau.

Le mal n'avait point de relâche : les corps gisaient épuisés de fatigue ; la médecine bégayait à peine dans une muette épouvante, tant elle voyait de malades rouler un œil ardent, au sein de longues et pénibles insomnies ! Bien d'autres signes annonçaient la mort : l'âme bouleversée par la tristesse et l'effroi ; le sourcil dur et froncé ; l'air hagard et farouche ; les oreilles inquiètes et toujours pleines d'un sinistre tintement ; l'haleine tantôt précipitée, tantôt lente et forte ; une sueur qui ruisselait à flots brillants du cou ; une salive claire, appauvrie, teinte d'une couleur de safran, chargée de sel, et qu'une toux rauque chassait avec peine de la gorge. Les nerfs se contractaient aux mains, les membres tressaillaient ; du bout des pieds, enfin, le froid étendait à pas lents et sûrs ses envahissements. A l'approche du moment suprême, ils avaient encore les narines serrées, la pointe du nez aiguë et mince, les yeux caves, les tempes creuses, la peau froide et rude, la bouche convulsivement ouverte, le front tendu et saillant. Bientôt après, la mort roidissait leurs membres immobiles ; et quand le soleil avait huit fois blanchi les cieux de sa lumière, ou neuf fois allumé son flambeau, ils rendaient l'âme.

Si quelques-uns, comme le fait arriva, échappaient à cette mort, parce que les plaies hideuses de leurs entrailles vomissaient un torrent de matières noires, cependant le poison et le trépas les attendaient encore. Que de fois, au milieu de vives douleurs à la tête, un sang corrompu remplissant les narines jaillissait à grands flots ! et par cette voie s'écoulait toute la vigueur, toute la substance des hommes.

Évitaient-ils ce flux impétueux de sang empoisonné, la maladie se jetait alors sur les nerfs, les articulations, et jusque sur les organes générateurs du corps. Aussi les uns, craignant le terrible seuil de la mort, vivaient-ils en abandonnant au fer la dépouille de leur virilité. D'autres, sans pieds ni mains, tenaient encore à la vie ; une foule

Languebat corpus, leti jam limine in ipso ;
Intolerabilibusque malis erat anxius angor
Assidue comes, et gemitu commixta querela ;
Singultusque frequens noctem per sæpe diemque,
Corripere assidue nervos et membra coactans, 1160
Dissolvebat eos, defessos ante fatigans.
  Nec nimio quoiquam posses ardore tueri
Corporis in summo summam fervescere partem ;
Sed potius tepidum manibus proponere tactum,
Et simul, ulceribus quasi inustis, omne rubere 1165
Corpus, ut est, per membra sacer quom dilatur ignis.
Intima pars hominum vero flagrabat ad ossa ;
Flagrabat stomacho flamma, ut fornacibus, intus :
Nil adeo posses quoiquam leve tenueque membreis
Vortere in utilitatem : ad ventum et frigora semper, 1170
In fluvios partim gelidos, ardentia morbo
Membra dabant, nudum jacientes corpus in undas.
Multei præcipites lympheis putealibus alte
Inciderunt, ipso venientes ore patente :
Insedabiliter sitis arida, corpora mersans, 1175
Æquabat multum parveis humoribus imbrem.
  Nec requies erat ulla mali : defessa jacebant
Corpora ; mussabat tacito Medicinæ timore ;
Quippe patentia quom totiens, ardentia morbis,
Lumina vorsarent oculorum, expertia somno : 1180
Multaque præterea mortis tum signa dabantur.

Perturbata animi mens in mœrore metuque ;
Triste supercilium ; furiosus voltus, et acer ;
Sollicitæ porro plenæque sonoribus aures ;
Creber spiritus, aut ingens, raroque coortus ; 1185
Sudorisque madens per collum splendidus humos :
Tenuia sputa, minuta, croci contacta colore,
Salsaque, per fauceis rancas vix edita tussi.
In manibus vero nervei trahere, et tremere artus ;
A pedibusque minutatim succedere frigus 1190
Non dubitabat : item, ad supremum denique tempus,
Compressæ nares, nasi primoris acumen
Tenue ; cavatei oculei ; cava tempora ; frigida pellis
Duraque ; in ore jacens rictum ; frons tenta minebat :
Nec nimio rigida post artus morte jacebant ; 1195
Octavoque fere candenti lumine solis,
Aut etiam nona reddebant lampade vitam.
  Quorum si quis, ut est, vitarat funera leti,
Visceribus tetris, et nigra proluvie alvi ;
Posterius tamen hunc tabes letumque manebat : 1200
Aut etiam multus capitis cum sæpe dolore
Corruptus sanguis expletis naribus ibat ;
Huc hominis totæ vires corpusque fluebat.
  Profluvium porro qui tetri sanguinis acre
Exierat, tamen in nervos huic morbus et artus 1205
Ibat, et in parteis genitaleis corporis ipsas :
Et graviter partim metuentes limina leti

se privaient de leurs yeux : tant était vive cette peur de mourir imprimée dans leur âme ! Quelques malheureux enfin se prirent à oublier toutes choses, au point de ne plus se reconnaître eux-mêmes.

Quoique la terre fût jonchée de cadavres entassés sur cadavres et manquant de sépulture, la race des oiseaux et les bêtes sauvages s'en écartaient d'une fuite rapide, pour éviter d'infectes odeurs : ou bien elles goûtaient à peine ces restes, que déjà elles languissaient aux approches de la mort.

Et même, en ces tristes jours, on ne voyait guère d'oiseaux apparaître, ni d'animaux nuisibles sortir des forêts : la plupart, frappés de la maladie, expiraient languissamment. Les chiens surtout, les chiens fidèles, étendus dans toutes les rues, y vomissaient avec effort leur âme, sous les assauts du mal qui arrachait la vie de leurs membres.

On menait à la hâte d'innombrables funérailles que nul n'accompagnait. Rien ne fournissait un remède général et sûr ; car ce qui avait permis à l'un d'aspirer encore le souffle vivifiant des airs, d'apercevoir encore la voûte des cieux, perdait l'autre et amenait sa ruine.

Mais de toutes ces calamités voici la plus affreuse, la plus lamentable : à peine saisi du fléau, on se voyait déjà condamné à mourir ; et, dans le triste abattement d'une âme défaillante, on gisait immobile, n'envisageant plus que la mort, et l'on expirait sur la place.

Oui, car l'avide contagion du mal ne cessait point un seul instant de gagner les uns après les autres, comme des troupeaux chargés de laine ou des bœufs mugissants. Voilà surtout ce qui entassait funérailles sur funérailles. En effet, tous ceux qui fuyaient la couche des malades, trop attachés à la vie, trop effrayés de la mort, étaient bientôt punis par une mort aussi triste que honteuse, délaissés eux-mêmes, manquant de secours, et à leur tour victimes de l'Abandon. Ceux au contraire qui assistaient les autres, succombaient et à la contagion, et à la fatigue que les obligeaient de subir une noble pudeur, et la prière caressante, la voix plaintive des mourants. Aussi étaient-ce les meilleurs des hommes qui essuyaient ce beau trépas.

Luttant d'efforts pour ensevelir sans relâche tout un peuple des siens, on revenait enfin brisé par les larmes et le deuil. Alors la plupart tombaient au lit sous le poids du chagrin ; et il était impossible de trouver un homme que ni la maladie, ni la mort, ni le deuil, n'eût frappé à cette cruelle époque.

Le pâtre, le bouvier, et le guide robuste de la charrue, sentaient aussi de mortelles langueurs. Au fond des chaumières se pressaient des corps étendus, victimes du fléau et de la misère. Ici tu aurais vu des parents jetés sans vie sur les restes sans vie de leurs enfants ; là des fils expirant sur le cadavre de leur père et de leur mère !

Cette désolation fut en grande partie répan-

Vivebant, ferro privatei parte virili ;
Et manibus sine nonnullei pedibusque manebant
In vita tamen ; et perdebant lumina partim : 1210
Usque adeo mortis metus heis incusserat acer !
Atque etiam quosdam cepere oblivia rerum
Cunctarum, neque se possent cognoscere ut ipsei.
  Multaque humi quom inhumata jacerent corpora supra
Corporibus, tamen alituum genus atque ferarum 1215
Aut procul absiliebat, ut acrem exiret odorem ;
Aut, ubi gustarat, languebat morte propinqua.
  Nec tamen omnino temere ollis solibus ulla
Comparebat avis, nec noxia secla ferarum
Exibant sylvis ; languebant pleraque morbo, 1220
Et moriebantur : cum primis fida canum vis
Strata viis animam ponebat in omnibus ægre :
Extorquebat enim vitam vis morbida membreis.
  Incomitata rapi certabant funera vasta.
Nec ratio remedii communis certa dabatur : 1225
Nam, quod ali dederat vitaleis aeris auras
Volvere in ore licere, et cœli templa tueri,
Hoc alieis erat exitio, letumque parabat.
  Illud in his rebus miserandum et magnopere unum
Ærumnabile erat, quod, ubi se quisque videbat 1230
Implicitam morbo, morti damnatus ut esset,
Deficiens animo, mœsto cum corde jacebat,
Funera respectans, animam et mittebat ibidem.
  Quippe etenim nullo cessabant tempore apisci
Ex aliis alios avidi contagia morbi, 1235
Lanigeras tamquam pecudes, et bucera secla :
Idque vel in primis cumulabat funere funus.
Nam, queiquomque suos fugitabant visere ad ægros,
Vitai nimium cupidos mortisque timenteis
Pœnibat paullo post turpi morte malaque, 1240
Desertos, opis experteis, Incuria mactans.
Quei fuerant autem præsto, contagibus ibant
Atque labore, pudor quem tum cogebat obire,
Blandaque lassorum vox, mixta voce querelæ :
Optimus hoc leti genus ergo quisque subibat. 1245
  Inque aliis alium, populum sepelire suorum
Certantes, lacrumis lassei luctuque redibant.
Inde, bonam partem, in lectum mœrore dabantur :
Nec poterat quisquam reperiri, quem neque morbus,
Nec mors, nec luctus tentaret tempore tali. 1250
  Præterea jam pastor et armentarius omnis,
Et robustus item curvi moderator aratri,
Languebat ; penitusque casa contrusa jacebant
Corpora, paupertate et morbo dedita morti.
Exanimis pueris super exanimata parentum 1255
Corpora nonnunquam posses retroque videre
Matribus et patribus natos super edere vitam.
  Nec minumam partem ex agris mœros is in urbem
Confluxit ; languens quem contulit agricolarum

due des campagnes dans la ville, et apportée par une foule de laboureurs qui, aux premières atteintes du mal, y affluèrent de tous côtés. Les maisons, les places disparaissaient toutes sous leurs flots épais, et la mort y amoncela facilement les cadavres.

Un grand nombre tombaient de soif au milieu des rues, et leurs corps, roulant au pied des fontaines jaillissantes, y demeuraient étendus, et suffoqués par une onde trop douce à leur gorge avide. Dans tous les endroits publics, sur tous les chemins, on voyait aussi des corps à demi éteints, aux membres languissants, horribles de saleté, couverts de lambeaux, aux chairs gâtées et en ruines, aux os revêtus à peine d'une peau livide, que les plaies hideuses des entrailles et la corruption avaient déjà presque englouties!

Enfin la mort, amoncelant ces dépouilles inanimées jusque dans le sanctuaire des immortels, chargeait incessamment de cadavres tous les édifices sacrés, que les gardiens des temples remplissaient de leurs hôtes. Car alors la religion et les divinités saintes étaient peu considérées : la douleur du moment avait plus de force.

On ne conservait plus, dans la ville, ces solennelles habitudes dont la pieuse cité accompagna toujours les funérailles. Le peuple courait çà et là tout bouleversé; et chacun, livré à ses propres ressources, ensevelissait tristement son ami.

Un mal si imprévu, et la dure misère, leur inspiraient même bien des violences. Ils plaçaient à grands cris leurs parents sur des bûchers construits pour d'autres, ils y mettaient le feu; et souvent ils engageaient des luttes sanglantes, plutôt que d'abandonner leurs cadavres.

Copia, conveniens ex omni morbida parte. 1260
Omnia condebant loca tectaque; quo magis æstus
Confertos ita acervatim Mors accumulabat.
Multa siti prostrata viam per, proque voluta
Corpora, silanos ad aquarum strata, jacebant,
Interclusa anima nimia ab dulcedine aquarum : 1265
Multaque per populi passim loca promta viasque
Languida semianimo cum corpore membra videres,
Horrida pædore, et pannis cooperta, perire
Corporis illuvie : pellis super ossibus una,
Visceribus tetris prope jam sordique sepulta. 1270
Omnia denique sancta Deum delubra replerat
Corporibus Mors exanimis, onerataque passim

Cuncta cadaveribus cœlestum templa manebant;
Hospitibus loca quæ complerant ædituentes.
Nec jam religio Divom, neque numina, magni 1275
Pendebantur; enim præsens dolor exsuperabat.
Nec mos ille sepulturæ remanebat in urbe,
Quo pius hic populus semper consuerat humari :
Perturbatus enim totus repedabat, et unus
Quisque suum pro re consortem mœstus humabat. 1280
Multaque res subita et paupertas horrida suasit;
Namque suos consanguineos aliena rogorum
Insuper exstructa ingenti clamore locabant,
Subdebantque faces; multo cum sanguine sæpe
Rixantes potius, quam corpora desererentur. 1285

SOMMAIRES
DU POËME DE LA NATURE DES CHOSES.

LIVRE I.

Lucrèce commence par invoquer Vénus, qui peuple la nature. — Il dédie ensuite son poëme à Memmius. — Il loue et défend Épicure. — Exposition du système. Axiome fondamental : *Rien ne sort du néant, et rien n'y retourne*. — Il existe des corps trop déliés pour être sensibles, mais que l'esprit conçoit. — Ces *atomes* forment, avec le *vide*, la base unique du monde. Toute chose étrangère à ces deux principes est une *propriété* ou un *accident* de l'un ou de l'autre. — Les *atomes* doivent être parfaitement solides, infiniment petits, indivisibles et éternels. — C'est à tort qu'Héraclite donne pour élément au monde le feu; d'autres philosophes, l'air, la terre ou l'eau; et Empédocle ces quatre substances. — Anaxagore ne réussit pas mieux avec son *homœomérie*. — Les *atomes* sont innombrables, le *vide* sans bornes, le *Grand Tout* infini : il est donc ridicule de croire que l'univers ait un *centre*, où tombent les corps pesants.

LIVRE II.

Après un brillant éloge de sa philosophie, Lucrèce revient aux atomes, et traite de leurs qualités. — 1° Le *mouvement*, attesté par la formation des êtres. — Les atomes, que la pesanteur entraîne dans le vide, tombent avec une rapidité incroyable; mais, pour expliquer la naissance des corps et surtout des corps libres, il faut soumettre leur chute à une légère *déviation* qui amène des rencontres, des chocs, des alliances. — Railleries contre les ignorants qui évoquent une providence divine, comme si un mouvement éternel ne suffisait point à la nature. — 2° Forme des atomes. Tous ne sont pas construits de même, puisque les corps qui en proviennent affectent diversement nos organes. — Il y a des éléments ronds, carrés, anguleux, rudes, polis, crochus... etc. Le nombre de ces formes est borné; mais les atomes eux-mêmes sont innombrables. — Quant aux autres qualités, comme le goût, la couleur, le froid ou le chaud, ils n'en possèdent aucune; et ils ne sont qu'une matière insensible, quoiqu'ils engendrent le sentiment et la vie. — Avec le mouvement et la forme seule, ces atomes, dont la masse infinie vole éternellement au sein de l'immensité, y sèment une foule de mondes que de nouveaux tourbillons alimentent, que des pertes appauvrissent ensuite, et qui ont, comme les animaux et les plantes, leur croissance, leur maturité, leur dépérissement et leur ruine.

LIVRE III.

Invocation à Épicure. — Si la crainte de la mort empoisonne la vie humaine, c'est qu'on ignore la nature de l'*âme*. — Or l'âme est une partie réelle du corps, et non pas une *harmonie*, comme l'ont avancé quelques philosophes grecs. — De l'*esprit*. C'est la plus vive, la plus énergique essence de l'âme. Il réside au cœur, tandis que l'âme proprement dite est répandue dans les membres. — L'âme et l'esprit sont de nature *corporelle*. — Ils ont pour base le plus mince tissu des atomes les plus déliés, les plus lisses, et se composent de quatre substances : l'*air*, le *souffle*, la *chaleur*, et une autre qui par sa délicatesse échappe même au langage, et qui est comme l'*âme des âmes*. — Ces quatre principes se combinent et agissent ensemble, mais de telle sorte que l'un ou l'autre prédomine et influe sur le *caractère*. — L'esprit et l'âme sont inséparables. — Démocrite croit que les éléments de l'âme et du corps s'entrelacent un par un : il se trompe ; l'âme anime le corps, sans y être mêlée. — Au reste, elle naît et succombe avec lui. La *métempsycose* est une fable ridicule. — Pourquoi donc craindre la mort, qui ne laisse rien après elle ? — Les supplices de l'*enfer* ne sont qu'une image allégorique des tourments que l'homme se crée dans la vie. — Reproches de la Nature à ceux qui se plaignent de mourir.

LIVRE IV.

Exorde renouvelé du premier chant. — Le poëte veut expliquer ici tout le mécanisme des sensations et des idées par les *images*, formes pures, apparences légères, dont les unes émanent des corps, dont les autres s'engendrent elles-mêmes dans l'espace, et qui arrivent aux intelligences par le canal des *sens*. — Il faut d'abord que les sens nous inspirent la plus haute confiance. Ils sont infaillibles : le *jugement* seul nous trompe. — Le contact des *simulacres* ou images que ces organes nous transmettent excite diversement les impressions — de la *vue* — de l'*ouïe* — du *goût* — de l'*odorat*. — Quant aux *idées*, elles viennent de ces images encore plus frêles, plus imperceptibles, qui ne cessent d'éclore dans les airs, et qui s'insinuent à travers nos membres jusqu'au fond de nos âmes. — Les organes de l'homme ne furent point créés en vue de ses besoins. — Origine du sommeil. Explication des songes. — Ils nous apportent des images voluptueuses. — De l'amour, et des maux qu'il entraîne.

LIVRE V.

Magnifique éloge d'Épicure. — Théorie sur le *monde*. — Ce n'est point une essence divine. Il ne peut être non plus l'ouvrage des dieux, car il est plein d'imperfections; ni leur séjour, car il est exposé à la ruine. — Il a eu un commencement, et il aura une fin, parce qu'il se compose de substances périssables qui se livrent une guerre éternelle. — De sa *formation*. Comment il se débrouilla peu à peu, et devint une masse harmonieuse et distincte, par la superposition des quatre éléments. — Du cours des *astres*. Exposition des nombreux systèmes sur leur mouvement. — Du soleil et de la lune : leur volume, leurs phases, leurs éclipses. — Décroissement périodique des jours et des nuits. — Du monde naissant. Il enfante tour à tour les plantes, les arbres, les oiseaux, les quadrupèdes, les hommes. — Peinture de la *société humaine* à son berceau. — Origine de la propriété, du langage, du gouvernement, de la guerre, de la religion. — Développement lent et graduel de l'industrie, des arts, et des sciences.

LIVRE VI.

Éloge d'Athènes, le berceau de la sagesse, la patrie d'Épicure. — Pour rassurer les hommes qui attribuent les bouleversements du ciel à la colère divine, Lucrèce prouve que tous les météores ont des causes naturelles. — Du tonnerre, des éclairs et des nuages. Les dieux lanceraient-ils la foudre sur des têtes innocentes, sur leurs propres autels ? — Origine des *trombes* marines et terrestres, des ouragans, de la pluie, de l'arc en ciel. — Pourquoi la mer ne déborde pas. — Éruptions de l'Etna. — Crues périodiques du Nil. — Des exhalaisons meurtrières que jettent les terrains nommés *Avernes*. — Des vapeurs empoisonnées qui émanent du sol, se répandent dans l'air, et sèment au loin des maladies contagieuses. — Peste d'Athènes.

NOTES

SUR LE POËME DE LA NATURE DES CHOSES.

LIVRE PREMIER.

v. 1. *Æneadum genetrix, hominum Divomque voluptas, Alma Venus.* Quelques critiques n'ont vu qu'une grave inconséquence dans cette magnifique invocation. Ils le reprochent au poëte, comme un hommage involontaire qu'il rend à la Divinité. Ce reproche n'est pas sérieux : Lucrèce explique clairement son idée par ces vers du premier livre :

Quando alio ex alio reficit Natura, neque ullam
Rem gigni patitur, nisi morte adjutam aliena.

Vénus et Mars personnifiaient, en mythologie, la force qui tue et la force qui engendre : voilà pourquoi Lucrèce implore l'une pour tempérer l'autre. Au reste, il faut reconnaître en lui un double caractère. Comme poëte, il semble adopter quelquefois les idées théologiques de son temps; comme philosophe, au contraire, il s'arme contre elles, et les combat de toute sa force. Sans cette distinction, plusieurs endroits de son poëme deviennent inintelligibles. Celui-ci, par exemple :

Usque adeo res humanas vis abdita quædam
Obterit, et pulchros fasces, sævasque secures
Proculcare ac ludibrio sibi habere videtur!

Quelle est donc cette irrésistible et mystérieuse puissance? On est tenté de croire qu'il y a sous ce mot vague un pressentiment du Dieu unique, du Dieu chrétien.

v. 57. *Omnis enim per se Divom natura, necesse est.* Lucrèce parle ici des *intermondes, intermondia*, où Épicure avait relégué les dieux. Il voulut ainsi les soustraire au péril d'être enveloppés dans les ruines du monde, disent Cicéron et Sénèque; mais ils n'ont pas vu que, d'après le système de l'école, ces espaces intermédiaires n'étaient point un abri sûr, puisque c'était là justement que devaient se répandre les débris de l'univers.

Ne volucri ritu flammarum, mœnia mundi
Diffugiant subito, magnum per inane soluta.

Le véritable but d'Épicure était d'ôter à ces dieux le gouvernement de notre monde, en les plaçant hors de la sphère des événements humains.

Semota ab nostris rebus, secretaque longe.

v. 67. *Primum Graius homo mortaleis tollere contra Est oculos ausus.* Ce Grec fameux était Épicure. Il naquit, suivant les uns, à Gargette, bourg de l'Attique; suivant les autres, à Samos, l'an 341 avant l'ère chrétienne. Sa famille est inconnue. Il s'adonna jeune encore à l'étude de la sagesse, qu'il puisa dans les écrits d'Anaxagore, de Démocrite, d'Archélaüs, le maître de Socrate, et qu'il enseigna d'abord à Mitylène, puis à Lampsaque. Il vint ensuite ouvrir une école dans Athènes. La pureté de ses mœurs, la hauteur de ses enseignements, et le charme de sa philosophie douce et naturelle, lui attirèrent bientôt de nombreux disciples; mais il excita en même temps la haine jalouse des stoïciens, qui ne reculèrent devant aucun moyen pour le perdre. Il fut accusé comme Socrate. Plus heureux que cet illustre sage, il triompha de l'envie comme du fanatisme, et sa gloire en devint plus éclatante.

Vivre selon la nature, jouir dans la mesure de ses forces, rechercher avant tout ce calme, ce bien-être que procure la paix du cœur, unie aux lumières de l'intelligence, telle était en substance la doctrine d'Épicure. On sait combien sa morale a été depuis indignement méconnue et honteusement défigurée.

Il mourut à l'âge de 72 ans, des atteintes d'une lente et douloureuse maladie qu'il avait contractée dans sa jeunesse.

v. 118. *Ennius ut noster cecinit.* Ennius fut le premier qui éleva la poésie latine jusqu'à l'épopée. Il composa en outre des annales, des satires, des comédies, des tragédies, etc.; mais il nous reste à peine quelques fragments de ses ouvrages. Le style en est barbare et rude comme l'époque où il vécut : il a pourtant de la hauteur, et il s'illumine çà et là d'un éclair de génie. Ovide l'a peint en ces termes :

Ennius, ingenio maximus, arte rudis.

Stace le caractérise plus énergiquement encore :

Musa rudis ferocis Enni.

v. 156. *Quas ob res, ubi viderimus nil posse creari De nihilo.* On regarde cet axiome fondamental, *Ex nihilo nihil*, comme un principe universellement adopté par les anciens. Cicéron écrit, dans son livre sur la Divination : *Erit aliquid quod ex nihilo oriatur, aut in nihilum subito occidat? Quis hoc physicus dixit unquam?* Aristote reconnaît aussi que tous les physiciens sont unanimes sur ce point : « ὁμογνωμονοῦσι τῆς δόξης ἅπαντες οἱ περὶ φυσέως. » Voici enfin les paroles de Burnet : *Creatio et annihilatio, hodierno sensu, sunt voces fictitiæ; neque enim occurrit apud Græcos, Hebræos et Latinos vox ulla singularis, quæ vim istam olim habuerit.* On ajoute même que saint Jérôme regarde comme synonymes les mots *creare, condere, formare.* Cependant, si quelques philosophes d'autrefois n'eussent point admis l'idée d'une *création absolue*, telle que l'entendent les modernes, pourquoi Lucrèce se serait-il cru obligé d'établir le principe contraire sur tant de preuves? Pourquoi tout cet appareil, pour démontrer une vérité universellement consentie? D'ailleurs, que veut dire Sénèque, lorsqu'il se problème si Dieu a fait lui-même la matière, ou s'il a travaillé sur une matière préexistante? *Materiem ipse sibi formet, an data utatur?* Nat. Quæst., lib I, in præf.

v. 251. *Postremo pereunt imbres, ubi eos pater Æther.* Les anciens, dans leur vive et brillante imagination, donnaient une forme et un rôle à toutes les parties de la nature. Suivant eux, l'air était le père commun de tous les êtres : de là cette expression de *pater Æther*.

v. 272. *Principio, venti vis verberat incita pontum.* Cette magnifique description des ravages du vent a servi de modèle à Virgile, Géorg. liv. 1, v. 316 sqq.

v. 316. *Strataque jam volgi pedibus detrita viarum Saxea conspicimus.* Ici le poëte nous fait entendre qu'aux portes de Rome étaient placées les statues des *dieux tutélaires*, dont la foule baisait en passant la main droite. Cicéron, dans un de ses plaidoyers contre Verrès, rapporte aussi que, sur une place d'Agrigente, la statue d'Hercule

NOTES

avait le menton usé par les nombreux hommages de ce genre qu'elle recevait à chaque instant.

v. 460. *Tempus item per se non est.* Le temps a été la première divinité de la théologie païenne, à cause du caractère d'infinité qu'il semble porter avec lui. Saturne, le ciel ou le temps, étaient un seul et même dieu, un vieillard terrible, sous la faux duquel tombaient indistinctement tous les êtres. Le temps fut donc personnifié. On lui donna un corps et des parties qui étaient le *passé*, le *présent* et l'*avenir*. On le regarda comme un être réel, distinct, mais dépendant du monde qui était né avec lui, et qui devait avoir la même fin; en sorte que, ce monde détruit, il faudrait qu'un autre temps prît naissance et vînt présider à un autre univers. C'est contre cette opinion extravagante que s'arme ici Lucrèce, persuadé que le temps est une idée purement abstraite, une forme imaginaire sous laquelle l'esprit envisage la suite des événements.

..... *Transactum quid sit in ævo,*
Tum quæ res instet, quid porro deinde sequatur.

v. 552. *Denique, si nullam finem natura parasset Frangundeis rebus.* La *divisibilité* de la matière est une question importante et vivement débattue. Thalès, Pythagore, Aristote, Chrysippe, Descartes, soutiennent qu'elle se partage à l'infini ; Leucippe, Démocrite, Épicure, Lucrèce, Gassendi, adoptent l'idée contraire. Entre tant et de si hautes autorités, la décision n'est pas facile. Toutefois les objections de Lucrèce nous ont paru d'autant plus fortes, que de nos jours la science leur prête un appui incontestable. Si, comme on le voit à l'aide du microscope, la nature ne développe les êtres qu'en travaillant sur des germes, il faut bien que les divisions actuelles de la matière soient bornées.

v. 639. *Heraclitus init quorum dux prœlia primus.* Héraclite, qui enseignait la philosophie de Pythagore dépouillée de ses voiles, exerça d'abord la première magistrature d'Éphèse, sa patrie. Dégoûté du gouvernement par la méchanceté des hommes, il s'ensevelit dans la retraite, pour y verser d'intarissables larmes sur leurs maux et leurs vices. Après avoir refusé l'invitation de Darius qui l'appelait à sa cour, il mourut à 60 ans, d'une hydropisie. Ce langage obscur que notre poète lui reproche, le fit appeler Σκοτεινός, le *ténébreux*. Sa physique entière repose sur cet axiome : que le feu est le principe de tout; le principe des âmes, qui ne sont que des particules ignées ; le principe des corps, dont les éléments sont des molécules de feu simples, éternelles, inaltérables et indivisibles. Ces atomes ignés ont formé l'air, en se condensant; un air plus dense encore a produit l'eau; une eau plus compacte a engendré la terre. L'âme n'étant que du feu, Héraclite en concluait que le comble du malheur était de se noyer, parce qu'alors l'âme s'éteint et qu'on meurt tout entier : opinion singulière qui pénétra jusque dans le christianisme; car Synédius, évêque de Ptolémaïs au quatrième siècle, avoue qu'au moment de faire naufrage sur les côtes de la Libye, cette idée lui causa de vives appréhensions. Héraclite eut quelques disciples; entre autres Platon, qu'il forma jeune encore à l'étude de la philosophie.

v. 717. *Quorum Agragantinus cum primis Empedocles est.* Empédocle, fils de Méthon, d'une noble famille d'Agrigente, s'illustra comme philosophe, comme poète et comme historien. Il vécut en même temps qu'Euripide, vers la 84ᵉ olympiade, environ 404 ans av. Jésus-Christ. Ainsi qu'Homère, il eut l'honneur de voir ses poésies chantées publiquement. Sa vie est peu connue, et de ses ouvrages il ne reste que des fragments cités par Aristote et Diogène Laërce. On raconte qu'il se précipita lui-même dans un cratère de l'Etna.

v. 830. *Nunc et Anaxagoræ scrutemur* ὁμοιομέρειαν.

Anaxagore, né à Clazomène dans une haute position, abandonna tout, honneurs et richesses, pour étudier la nature. Socrate, Périclès, Euripide, furent ses disciples, et illustrèrent d'un triple éclat son école. Le premier de tous, suivant Aristote, il attribua l'arrangement du monde à une *Intelligence;* idée magnifique, qu'il gâta lui-même en reconnaissant une matière préexistante, sur laquelle cette intelligence n'avait aucun droit. La tendance religieuse de ses enseignements, qui lui avait valu le surnom de Νοῦς ou *mens*, ne put le soustraire à une accusation d'impiété ; et, chose à peine croyable! l'homme qu'on accusait d'impiété pendant sa vie eut des autels après sa mort. Anaxagore est le premier philosophe qui ait publié des livres.

v. 1051. *Illud in his rebus longe fuge credere, Memmi.* C'est le système des *antipodes* que réfute ici Lucrèce.

LIVRE II.

v. 4... *Quibus ipse malis careas, quia cernere suave est.* Au lieu de mettre, comme la plupart des traducteurs : « La vue des maux dont nous sommes exempts nous est douce, » on a cru rendre le véritable sens de ce vers en traduisant : « Nous aimons à voir de quels maux nous sommes exempts. » C'est là une idée moins égoïste, moins cruelle.

v. 7. *Sed nil dulcius est, bene quam munita tenere.* Voltaire, dans une épître à mad. Du Châtelet, a traduit ce morceau :

Heureux qui, retiré dans le temple des sages,
Voit en paix sous ses pieds se former les orages;
Qui contemple de loin les mortels inhumains,
De leur joug volontaire esclaves empressés,
Inquiets, incertains du chemin qu'il faut suivre,
Sans penser, sans jouir, ignorant l'art de vivre,
Dans l'agitation consumant leurs beaux jours,
Poursuivant la fortune et rampant dans les cours!
O vanité de l'homme! ô faiblesse! ô misère !

v. 24. *Si non aurea sunt juvenum simulacra per ædeis, Lampadas igniferas.* Ces beaux vers ont frappé Virgile, qui a peint le même tableau avec de nouvelles couleurs dans le second livre des Géorgiques :

O fortunatos nimium, sua si bona norint,
Agricolas, quibus ipsa, procul discordibus armis,
Fundit humo! facilem victum justissima tellus,
Si non ingentem foribus domus alta superbis
Mane salutantum totis vomit ædibus undam,
Nec varios inhiant pulchra testudine postes,
Illusasque auro vestes, Ephyreiaque æra,
Alba neque Assyrio fucatur lana veneno,
Nec casia liquidi corrumpitur usus olivi :
At secura quies, et nescia fallere vita,
Dives opum variarum; at latis otia fundis,
Speluncæ, vivique lacus; at frigida Tempe,
Mugitusque boum, mollesque sub arbore somni,
Non absunt; illic saltus et lustra ferarum,
Et patiens operum exiguoque assueta juventus.

Nous renvoyons, pour l'intelligence de ce morceau, à la traduction de Virgile que contient ce volume.

v. 66. *Nam certe non inter se stipata cohæret Materies.* Lucrèce combat ici Aristote, qui supposait la matière inerte, comme il la croyait sans forme, et qui attribuait à cette inertie même toutes les transformations de la nature. Épicure, au contraire, veut que la matière soit frappée d'une éternelle agitation.

..... *Nimirum nulla quies est*
Reddita corporibus primis per inane profundum.

v. 209. *Non cadere in terram stellas et sidera cer-*

nis? Ce n'est point pour se prêter à l'opinion populaire que Lucrèce fait tomber les étoiles : il ne parle pas ici en poëte, mais en physicien. Comme Épicure était persuadé que le soleil, la lune, les astres, ne sont pas plus gros qu'ils ne nous le paraissent, il en concluait que ces vapeurs enflammées, que nous voyons tomber pendant la nuit, sont de véritables étoiles. Il ne faudrait donc pas traduire ici le mot *stellas* par *feux nocturnes*.

v. 257. *Unde est hæc, inquam, fatis avolsa voluntas.* Il est impossible de se figurer comment la liberté humaine repose sur la déclinaison des atomes. Cette déclinaison est-elle nécessaire ou accidentelle? Si elle est nécessaire, comment la liberté peut-elle en être le résultat; si elle est accidentelle, par quoi est elle déterminée? Qu'est-ce d'ailleurs que ce mouvement oblique que Lucrèce établit, par la seule raison qu'il lui est indispensable pour expliquer la formation des êtres? On voit que c'est là un côté faible, un point vulnérable du système d'Épicure; et les attaques ne lui ont pas manqué. Nous n'essayerons pas de résoudre le problème. Remarquons seulement avec quel art Lucrèce noue le fil imperceptible de ces raisonnements, et avec quels merveilleux efforts de poésie il cherche à éblouir, à entraîner la conviction qui hésite.

v. 430. *Fæcula jam quo de genere est, inulæque sapores.* Il s'agit ici de deux assaisonnements. La fécule (*fox*) était d'un goût piquant, et faite, comme son nom l'indique, avec la lie acide du vin. L'aulnée était une sauce extraite des racines à la fois douces et amères d'une plante ainsi nommée.

v. 474. *Humor dulcis, ubi per terras crebrius idem Percolatur.* Les anciens croyaient que les eaux de la mer, filtrées à travers le sol, alimentaient les sources des fleuves.

v. 599. *Quare magna Deum Materque ferarum.* La plupart des philosophes croyaient que les espèces vivantes, ainsi que les dieux, devaient l'existence à la terre; et les peuples de l'antiquité ont presque tous divinisé cette mère commune. La manière dont Lucrèce interprète les allégories de ce culte est ingénieuse, et pleine de la plus noble philosophie, de la plus haute morale, quoique souvent un peu forcée.

v. 615. *Gallos attribuunt.* Les Galles étaient des prêtres de Cybèle, dont la Phrygie inondait l'empire romain. Les anciens nous les ont représentés comme des vagabonds, des fanatiques et des misérables, dont on avait souvent à craindre la fureur. Ils portaient l'image de la mère des dieux; ils allaient quêter pour elle; on dit même qu'ils connaissaient toutes les ressources de la nécromancie, qu'ils jouaient des gobelets, et qu'ils prédisaient l'avenir.

v. 621. *Et Phrygio stimulat numero cava tibia menteis.* Le mode phrygien est un des quatre principaux modes de la musique grecque; c'est aussi l'un des plus antiques. Le caractère en était vif, impétueux, fier, ardent et terrible. Aussi était-ce, suivant Athénée, sur le ton ou mode phrygien qu'on sonnait de la trompette, et qu'on jouait des autres instruments militaires. Ce mode, inventé, dit-on, par le Phrygien Marsyas, tient le milieu entre le lydien et le dorien, sa finale étant à un ton de distance de l'un et de l'autre.

v. 630. *Hic armata manus, Curetas nomine Græcei Quos memorant Phrygios.* On regarde les Curètes comme les plus anciens ministres de la religion païenne. Livrés à la contemplation, ces prêtres étaient en Crète ce que les Mages furent en Perse, les Druides dans la Gaule, et les Saliens à Rome. On leur attribue l'invention de quelques arts. Dans leurs cérémonies, ils dansaient tout armés au bruit des cris tumultueux, des tambours, des flûtes, des sonnettes. Ils frappaient avec des épées sur des boucliers, et semblaient s'animer d'une fureur divine, qui épouvantait un peuple crédule. Il y en avait en Crète, en Phénicie, en Phrygie, à Rhodes, et par toute la Grèce. Ils se livraient à une douleur effrénée, et se mutilaient même en l'honneur de Cybèle, désespérée de la mort d'Atys. Ils observaient enfin des jeûnes si rigoureux, qu'ils s'interdisaient jusqu'à l'usage du pain.

v. 810. *Et quoniam plagæ quoddam genus excipit in se Pupula.* Ce vers est remarquable en ce qu'il montre qu'Épicure ne regardait la vue que comme un *tact* d'une certaine espèce. Les autres sensations sont également rapportées au tact dans le quatrième livre. Le tact est donc, pour cette école, le sens par excellence, le plus général de tous. En effet, parmi les êtres qui ont vie auxquels nous attribuons la sensibilité, il y en a qui paraissent privés de la vue, d'autres qui semblent dépourvus d'ouïe ou d'odorat; mais il n'y en a pas un seul à qui la nature ait refusé le tact. Voilà sans doute pourquoi Lucrèce s'écrie plus haut avec tant d'enthousiasme :

Tactus enim, tactus, proh Divom numina sancta!
Corporis est sensus.

v. 1105. *Multaque post mundi tempus genitale.* Les commentateurs de Lucrèce, et Gassendi lui-même, n'ont point remarqué ce passage autant qu'il méritait de l'être; il sert à expliquer plusieurs endroits de la philosophie corpusculaire. Épicure croyait que non-seulement notre monde, mais encore tous les autres, dont il supposait le nombre infini, étaient environnés d'éléments extérieurs, comme notre globe est environné par l'air. Ces éléments, placés dans les intervalles des mondes, les alimentaient en s'incorporant à leur substance, et en réparaient les pertes. Ils empêchaient aussi, à l'aide d'une pression extérieure, les atomes constitutifs de chaque monde de rompre leur assemblage, et de se disperser dans le vide.

v. 1145. *Sic igitur magni quoque circum mœnia mundi Expugnata dabunt labem.* Presque toutes les écoles de philosophie reconnaissaient, non-seulement que le monde courait à sa perte, mais encore qu'il approchait de son terme. Platon annonçait le dépérissement de ses forces; Sénèque se plaisait dans cette lugubre contemplation, et le christianisme saisit avidement ce dogme terrible. Saint Cyprien a dit comme Lucrèce : *Jam scire debes mundum non illis viribus stare quibus ante steterat, nec eo robore valere quo ante prævalebat.* De là ces calculs, ces prédictions qui épouvantèrent successivement tous les âges; prédictions sans cesse démenties, sans cesse renaissantes, et que les générations humaines se transmettaient comme une sorte de terreur périodique!

v. 1155. *Aurea de cœlo demisit funis in arva.* Ce vers fait allusion à une fable racontée par Homère dans le huitième livre de l'Iliade. Cette fable, d'après Platon, n'est qu'une belle et ingénieuse allégorie du soleil, dont les rayons, semblables à une chaîne d'or, font descendre la vie et la fécondité sur l'univers.

v. 1156. *Nec mare, nec fluctus, plangentes saxa, crearunt.* Lucrèce réfute ici l'opinion, longtemps accréditée, que les hommes étaient nés de l'Océan. Platon regardait cette doctrine comme très-ancienne; c'était celle de Thalès. De là toutes ces fables adoptées par les poëtes. Homère fait naître tous les dieux de l'Océan :

Ὠκεανόν τε, θεῶν γένεσιν, καὶ μητέρα Τηθύν.

Voilà l'origine de la fable de Vénus sortant de l'écume des ondes, et l'étymologie du nom de Rhéa (ῥέω), cette déesse de l'âge d'or; c'est encore par là qu'on peut expliquer le culte que presque tous les peuples de la terre ont rendu à l'eau.

LIVRE III.

v. 18. *Apparet Divom numen, sedesque quietæ.* Cette peinture du séjour des dieux rappelle un morceau de l'Odyssée, ch. VI : « Lorsque Minerve, dit Homère, eut « cessé de parler à la jeune Nausicaa, elle disparut et re- « monta au séjour immuable des dieux, où règnent la « paix et la sécurité, que ne troublent jamais les vents, « que jamais n'altère la pluie, que jamais n'attristent la « neige et les frimas. »

v. 43. *Et se scire animæ naturam, sanguinis esse.* Lucrèce fait allusion au système d'Empédocle, qui regardait nos âmes comme le plus pur de notre sang. *Empedocles autem censet animum esse cordi suffusum sanguinem.* Cic., Tuscul., quæst. I. C'est peut-être dans le même sens que Virgile dit, Én. liv. IX : *Purpuream vomit ille animam.* C'était encore l'opinion de Critias, au rapport d'Aristote ; et cette opinion se retrouve jusque dans la Bible. — « Gardez-vous, dit Moïse aux Juifs, de manger du sang, car le sang des bêtes leur tient lieu d'âme. C'est pourquoi vous ne mangerez pas leur âme avec leur chair. » *Hoc solum cave, ne sanguinem comedas : sanguis enim eorum pro anima est : et idcirco non debes animam comedere cum carnibus.* Deut., cap. XII, v. 23.

v. 59. *Denique avarities et honorum cæca cupido.* Ce morceau de morale est magnifique ; mais on l'a souvent admiré sans l'entendre ; et l'application, il est vrai, en est difficile à saisir. On a peine à concevoir comment la crainte de la mort fait naître l'avarice, l'ambition, l'envie, tous les vices enfin, et subjugue les cœurs au point d'inspirer à quelques hommes le dégoût de la vie et la résolution de se tuer. Pour comprendre ces idées, il faut se pénétrer des fables de l'ancienne mythologie ; et ce passage, bien loin d'être regardé comme une vaine déclamation, paraîtra plein de sens et de philosophie. Le mépris, la pauvreté et l'ignominie formaient, d'après un axiome fondamental du paganisme, le cortège de la mort. Ce furent donc ces fausses inductions, tirées de la religion païenne, qui engendrèrent tous les crimes si éloquemment décrits par Lucrèce. Voilà pourquoi Virgile, à la porte des enfers, avec le Deuil, les Soucis, la Vieillesse, la Maladie, place la Faim et la Pauvreté.

Vestibulum ante ipsum, primisque in faucibus Orci
Luctus et ultrices posuere cubilia Curæ;
Pallentesque habitant Morbi, tristisque Senectus,
Et Metus, et malesuada Fames, ac turpis Egestas
Terribiles visu formæ !

v. 101. Ἁρμονίαν *Graiei quam dicunt.* Quelques philosophes grecs regardaient le corps de l'homme comme un assemblage harmonieux d'organes, comme un vaste instrument dont le jeu enfantait la pensée ou l'âme. Voilà ce qu'ils appelaient *Harmonie*. Il est singulier que Lucrèce attaque avec tant de violence ce système, qui n'est, à tout prendre, qu'une conséquence fort naturelle de l'épicurisme. Car enfin, puisque Épicure, pour produire les couleurs, les sons, les odeurs... etc., n'admettait pas une espèce de corps particuliers, une substance exclusivement consacrée à cet usage, mais croyait au contraire que les mêmes atomes diversement arrangés produisaient les couleurs, les sons, les odeurs... etc., il ne devait pas, pour expliquer la pensée, admettre une essence à part, une matière sensible et pensante : il devait faire résulter des atomes mêmes du corps la pensée, qu'il regardait comme une simple modification d'un tout matériel. Au moins, sous cette forme, l'erreur eût été logique.

v. 232. *Nec tamen hæc simplex nobis natura putanda est.* Il est impossible d'admettre cette bizarre et inintelligible théorie de l'âme humaine. Qu'est-ce, en effet, que le *souffle*, sinon l'air mis en agitation ? Et qu'est-ce que la *chaleur*, sinon la modification d'un corps chaud ? Il semble pourtant que Lucrèce en fasse des êtres à part, et qu'il veuille réaliser les *formes* d'Aristote. Voilà jusqu'où s'égare une philosophie sans expérience, qui tourmente, qui raffine et qui volatilise, en quelque sorte, la matière, avant d'atteindre à l'idée d'une essence immatérielle.

v. 360. *Dicere porro oculos nullam rem cernere posse.* Lucrèce attaque ici Épicharme et Aristote, qui croyaient que l'âme avait seule le don de la vue, et que les yeux n'étaient pour elle que de simples ouvertures. νοῦς ὁρῇ, νοῦς ἀκούει, dit Aristote.

v. 418. *Nunc age, nativos animantibus et mortales Esse animos.* Il est incontestable qu'un grand nombre de philosophes anciens reconnurent l'immortalité de l'âme. Mais cette idée, trop haute pour être prostituée à une foule incapable de porter ses regards vers un magnifique avenir, demeura longtemps enfermée dans le sanctuaire. Platon fut le premier qui osa la divulguer et la répandre. L'enthousiasme qu'elle excita dès son apparition prouve combien elle parut douce et séduisante. Cet enthousiasme tenait du fanatisme, du délire. A peine Cléombrote d'Ambracie sait-il que son âme est immortelle, qu'il se précipite du haut d'une tour, comme pour atteindre d'un bond à la vie future. Les disciples du philosophe Hégésias, à Cyrène, se tuent de même. Enfin, la nouvelle doctrine cause une si effroyable épidémie, qu'elle dépeuple les États, et qu'un roi, Ptolomée Philadelphe, est obligé d'en interdire l'enseignement. Qu'arriva-t-il alors ? La politique crut devoir autoriser les fables redoutables du Tartare, du Styx, de l'Achéron, des Furies, de Cerbère, qui étaient l'antidote naturel du dogme de l'immortalité. On regarda le suicide comme un crime puni dans l'autre vie :

Proxima deinde tenent mæsti loca, qui sibi lethum
Insontes peperere manu, lucemque perosi
Projecere animas. VIRG., Én., V.

Ces lugubres images firent tomber une exaltation dangereuse ; et la foule demeura plus calme, partagée entre la terreur et l'espérance.

v. 670. *Præterea, si immortalis natura animai Constat, et in corpus nascentibus insinuatur.*

Il est curieux d'observer ici que le raisonnement de Lucrèce est confirmé par une décision du concile de Trente. L'âme, a dit le concile, s'introduit dans le corps au moment où il est formé, et elle se forme elle-même au moment de s'y introduire. *Animam creando infundi, et infundendo creari.* Une pareille conformité semble moins étonnante, quand on songe que Lucrèce argumente en cet endroit avec autant de justesse que de profondeur. Si l'âme est immortelle, elle ne doit pas avoir d'origine ; et si elle n'a pas d'origine, si elle existe de toute éternité, pourquoi ne garde-t-elle aucun souvenir de ce qu'elle fut autrefois ?

v. 720. *Atque unde animantum copia tanta, Exos et exsanguis, tumidos perfluctuat artus ?* Lucrèce est d'accord sur ce point avec une grande partie de nos physiciens modernes, dont les expériences les plus positives ont démontré que la corruption engendre de petits animaux. Souvent l'étymologie d'une expression nous révèle la nature de l'objet pour lequel elle a été créée : ainsi les mots *fœtens* et *fœtus*, dont l'un exprime l'odeur d'un corps qui se gâte, et l'autre un être vivant qui commence à se former, ont évidemment une étymologie commune.

v. 904. *Aut in melle situm suffocari.* Quelquefois les anciens ont enseveli les cadavres dans le miel. Démocrite voulait que l'on conservât ainsi tous les morts.

v. 951. *Quur non, ut plenus vitæ conviva, recedis?* On connaît la belle et touchante imitation que notre poète Gilbert nous a laissée de cette image.

Au banquet de la vie, infortuné convive,
　J'apparus un jour, et je meurs;
Je meurs! et, sur la tombe où lentement j'arrive,
　Nul ne viendra verser des pleurs.

v. 1038. *Lumina sis oculis etiam bonus Ancu' reliquit.* Ancus Martius, quatrième roi de Rome, fils d'une fille de Numa. Son caractère, dit Tite-Live, était un mélange de celui de Numa et de celui de Romulus. Il mourut l'an de Rome 138, après un règne de vingt-quatre ans.

v. 1042. *Ille quoque ipse, viam qui quondam per mare magnum.* Xerxès Ier, cinquième roi de Perse, et second fils de Darius.

v. 1080. *Aut etiam properans urbem petit atque revisit.* Horace a imité ce passage dans la satire VII :

Non horam tecum esse potes; non otia recte
Ponere, etc.

Boileau, à son tour, reprend l'idée d'Horace, et se l'approprie par les détails qu'il y ajoute :

Un fou rempli d'erreurs, que le trouble accompagne,
Et malade à la ville ainsi qu'à la campagne,
En vain monte à cheval, pour tromper son ennui :
Le chagrin monte en croupe, et galope avec lui.

LIVRE IV.

v. 73. *Et volgo faciunt id lutea russaque vela.* Les théâtres des Romains étaient tendus de rideaux, de tapisseries, de voiles, dont les uns servaient à orner la scène, d'autres à la spécifier, d'autres à la commodité des spectateurs. Ceux qui servaient d'ornement étaient les plus riches, et ceux qui spécifiaient la scène représentaient toujours quelque chose de la pièce qu'on jouait. Les voiles tenaient lieu de couverture, et l'on s'en servait pour la seule commodité des spectateurs, afin de les garantir des ardeurs du soleil. Catulus, le premier, imagina de revêtir tout l'espace du théâtre et de l'amphithéâtre de voiles étendus sur des cordages qui étaient attachés à des mâts de navire, ou à des troncs d'arbres fichés dans les murs. Ces mêmes voiles devinrent dans la suite un objet de luxe. Lentulus Spinther en fit faire de lin d'une finesse jusqu'alors inconnue. Néron non-seulement les fit teindre en pourpre, mais y ajouta des étoiles d'or, au milieu desquelles il était peint monté sur un char; le tout travaillé avec tant d'adresse et d'intelligence, qu'il paraissait comme un Phébus qui, modérant ses rayons, ne laissait se glisser qu'un demi-jour agréable.

v. 158. *Perpetuo fluere ut noscas e corpore summo Texturas rerum tenues.* On aurait droit de demander à Lucrèce comment les émanations abondantes et continues n'épuisent pas promptement les corps; mais Épicure répond qu'il se fait un échange continuel d'émanations réciproques, et qu'au moyen de ces compensations alternatives, l'épuisement se fait moins sentir; il y a d'ailleurs un autre exemple plus favorable à ce système : ce sont les corps odorants, auxquels l'émanation de leurs parfums pendant des siècles ne fait point éprouver d'altération sensible.

v. 218..... *Quæ feriant oculos, visumque lacessant.* Il faut remarquer combien la théorie des anciens, sur la vision, était ingénieuse; Lucrèce nous la développe avec beaucoup de clarté et d'élégance. Les détails minutieux sont relevés par les charmes d'une poésie pittoresque et gracieuse; il est impossible de rassembler plus de difficultés, et de les vaincre plus heureusement.

Il est curieux de comparer le mécanisme que les anciens supposaient pour opérer l'action de la vue, au système supposé par les modernes. Les stoïciens pensaient que de l'intérieur de l'œil s'élancent à sa surface des rayons visuels, qui poussent l'air, le compriment et l'appliquent contre les objets extérieurs. De sorte que, dans leur système, il se fait une espèce de cône, dont le sommet est à la surface de l'œil, et la base posée sur l'objet aperçu. Or, disent-ils, de même qu'en tenant à la main un bâton, on est instruit, par l'espèce de résistance qu'on éprouve, de la nature du corps touché, s'il est dur ou mou, poli ou raboteux, si c'est de la boue ou du bois, de la pierre ou une étoffe; de même la vue, au moyen de cet air ainsi comprimé, est instruite de toutes les qualités de l'objet qui sont relatives à la vue, s'il est blanc ou noir, beau ou difforme, etc.

Selon Aristote, la chose se passait tout différemment : c'était la couleur même des objets extérieurs qui excitait, et, pour employer ses propres termes, qui réduisait à l'*acte* la faculté d'être éclairé, qui appartient à l'air, *perspicuum actu*; et à l'aide d'une propagation non interrompue dans l'air interposé entre l'objet et l'œil, l'organe était mis en vibration par son moyen, le *sensorium* intérieur étant ébranlé, d'où s'ensuivait la perception des objets. Ainsi, dans les principes de ce philosophe, l'air fait la fonction du bâton, comme chez les stoïciens; mais c'est l'objet extérieur qui est la main, et l'œil qui est le corps touché. Chaque explication est donc ici l'inverse de l'autre. Dans la première, le mécanisme de la vision commence par l'œil, et se termine aux objets extérieurs, par le véhicule de l'air; dans la seconde, il commence par les objets extérieurs, et se termine à l'œil, aussi par le véhicule de l'air.

Les pythagoriciens réunissaient dans leur explication ces deux mécanismes si opposés. Ils croyaient que les rayons visuels, élancés de l'œil, allaient frapper les objets extérieurs, et qu'ils étaient de là réfléchis vers l'organe. C'étaient des espèces de messagers députés par l'œil vers les objets extérieurs, et qui, à leur retour, faisaient leur rapport à l'organe.

Dans les principes d'Épicure, tout se passait par des simulacres, des images, des effigies substantielles, qui, en venant frapper l'œil, y excitaient la vision. C'était là que se bornait tout le mécanisme. Il n'était pas nécessaire que les simulacres traversassent les différentes humeurs des yeux, qu'ils ébranlassent la rétine, qu'ils affectassent le *sensorium*, puisque l'âme, selon la doctrine d'Épicure, était dans les yeux comme dans le *sensorium*.

Dicere porro oculos nullam rem cernere posse....

Les modernes expliquent ainsi le mécanisme de la vision. Ils conviennent tous qu'il se fait par des rayons de lumière, réfléchis des différents points des objets reçus dans la prunelle, réfractés et réunis dans leur passage à travers les tuniques et les humeurs qui conduisent jusqu'à la rétine; et qu'en frappant ainsi, ou en faisant une impression sur les points de cette membrane, l'impression se propage jusqu'au cerveau, par le moyen des filets correspondants du nerf optique.

v. 619. *Principio, sucum sentimus in ore, cibum quom Mandundo exprimimus.* L'explication que le poëte fait ici de la sensation du goût est exactement conforme à celle qu'en donnent les physiologistes modernes; ils partent du même principe que Lucrèce; mais ils ont poussé plus loin les détails anatomiques, et les procédés chimiques sur la décomposition des corps savoureux.

v. 673. *Utraque enim sunt in mollis commixta so pore.* Ce vers n'est que la répétition de ce que le poëte a dit ailleurs.

v. 712. *Quin etiam gallum....* Chez les Perses, les Guèbres, et depuis chez les chrétiens, le coq a toujours joué un rôle dans les fables sacrées : de là sans doute s'est transmise l'opinion populaire que l'aspect d'un coq fait fuir les lions. Pline a dit : « Galli.... terrori sunt etiam leonibus, ferarum generosissimis. » (*Hist. Nat.*, lib. x, c. 21.)

v. 724. *Quæ moveant animum res, accipe; et unde, Quæ veniunt, veniant in mentem, percipe paucis.* Le nouveau genre de simulacres adopté par Lucrèce, pour expliquer la génération des idées, ne présente rien de satisfaisant; c'est la suite du système général des émanations d'Épicure. Toute cette théorie est bien faible : aussi est-ce surtout de ce côté que les détracteurs d'Épicure l'ont attaquée. Au surplus, cette matière fut toujours l'écueil de presque tous les raisonneurs; les idées innées de Descartes, l'harmonie préétablie de Leibnitz, et les idées divines de Malebranche, ne prêtent pas moins au ridicule que les simulacres d'Épicure.

v. 781. *Quæritur inprimis quare, quod quoique libido Venerit......* Voici le raisonnement du poëte, dont la marche est un peu brusque et difficile à suivre. On lui demande comment il se peut que les simulacres destinés à la pensée viennent, aussitôt que nous le voulons, présenter à notre esprit les images des objets de toute espèce. Il répond qu'il y a une foule innombrable de ces simulacres; que chaque instant est divisé en un grand nombre d'autres instants insensibles, auxquels correspond une infinité de simulacres de toute espèce, sans cesse attentifs à nos ordres, et que nous n'avons que la peine de les choisir : car enfin, ajoute-t-il, il n'est pas plus nécessaire que la nature forme exprès des simulacres, quand nous voulons penser, qu'il n'est nécessaire qu'elle leur ait appris les règles de la danse, quand nous les voyons en songe déployer leurs bras, mouvoir leurs membres avec souplesse, etc. Ces deux phénomènes sont la suite du même mécanisme, et s'expliquent par la multitude étonnante de simulacres qui se succèdent en nous sans interruption. Mais, objecte-t-on encore à Épicure, s'il y a un si grand nombre de simulacres, pourquoi n'avons-nous pas au même instant une foule innombrable d'idées de tous les genres? C'est, répond Lucrèce, que ces simulacres ne sont aperçus que quand l'âme y fait attention, *se contendit acute*; sans cela ils sont perdus pour elle. Il en est des yeux de l'âme comme de ceux du corps, qui ne voient que les objets vers lesquels ils se dirigent.

v. 1110. *Membra voluptatis dum vi labefacta liquescunt.* Lucrèce partageait les opinions des anciens sur la sécrétion du fluide séminal, et pensait, ainsi qu'Épicure et Démocrite, que toutes les parties du corps payaient un tribut dans l'acte de la génération, et contribuaient à la sécrétion de la liqueur fécondante. Cette opinion des anciens philosophes était également celle du vieillard de Cos, puisqu'il disait : *Genituram secerni ab universo corpore et ex solidis mollibusque partibus; et ex universo totius corporis humido, pronuntio.*

« Cette idée, dit un physiologiste contemporain, cette idée sur la participation de tous les organes à la sécrétion du sperme, et sur l'existence de cette humeur toute formée dans le sang, est aujourd'hui abandonnée par les physiologistes modernes, quoiqu'elle semble d'abord la plus naturelle et être le résultat de l'observation des phénomènes divers qui précèdent et suivent l'acte de la reproduction. En effet, toutes les parties du corps participent à l'état convulsif et spasmodique des organes générateurs, et éprouvent, en même temps que ces derniers, des secousses plus ou moins violentes, et une sorte de frémissement voluptueux qui annonce l'instant de l'éjaculation. La nature semble concentrer alors toutes ses forces vers le même point, et avoir oublié toutes ses fonctions, pour ne s'occuper que de celles qu'elle doit remplir dans l'acte important de la fécondation.

« Après une sensation aussi vive, et cette espèce de convulsion générale, accompagnée de jouissances portées à leur comble, les forces vitales paraissent nous avoir abandonné. Un profond accablement, un sentiment de tristesse et de lassitude physique, suivi d'une douce mélancolie qui est loin d'être sans charme, semblent nous annoncer que toutes les parties de notre être se sont épuisées dans un si grand effort, et qu'une portion de nous-mêmes s'est échappée, pour aller vivifier un autre individu.

« Cette opinion de Lucrèce et des philosophes de l'antiquité, que le fluide séminal était sécrété en même temps par tous les membres, ne peut plus être admise aujourd'hui, qu'on a prouvé, par un grand nombre d'investigations anatomiques et d'expériences aussi concluantes que multipliées, que les humeurs sécrétées n'existaient pas toutes formées préalablement dans le sang, mais qu'elles se font dans les glandes pendant l'acte de la sécrétion.

« Descartes, et la secte nombreuse des médecins mécaniciens, considéraient les organes sécréteurs comme des espèces de cribles chargés de séparer du sang une humeur quelconque, qui n'était que les molécules constituantes du sang, diversement séparées. Les physiologistes vitalistes, parmi lesquels il faut ranger en première ligne Bordeu, Bichat, et la plupart des modernes, ont depuis longtemps fait justice de cette théorie toute mécanique, et ont surtout prouvé, d'une manière concluante, que la liqueur spermatique n'était pas toute formée dans le sang et sécrétée par les testicules, mais bien que ces organes étaient des instruments chargés de fabriquer le sperme, et de le sécréter ensuite. S'il en était autrement, les analyses chimiques et les examens les plus scrupuleux auraient démontré l'existence dans le sang de quelques atomes du fluide prolifique, et, d'une autre part, la sécrétion devrait être continuelle, et ne pas exiger, pour avoir lieu, l'influence d'un stimulus particulier, et la réunion de certaines conditions et des époques déterminées de la vie.

« C'est donc dans le parenchyme du testicule que le sperme est formé, et ensuite séparé de lui. Cette action toute moléculaire ne tombe pas sous le sens, et ne peut par conséquent être décrite; elle reste inconnue dans son essence aussi bien que toute autre action de la nature; et comme elle est exclusive aux êtres vivants, on doit se contenter de savoir qu'elle ne peut s'expliquer par aucune loi, mais que c'est sous l'influence d'un stimulus physique, mécanique ou mental, que les organes génitaux entrent en action, et que lorsque l'irritation est portée à un certain degré, les testicules sécrètent la liqueur, qui, transmise par les canaux déférents dans les vésicules séminales, est dardée par jets plus ou moins rapides. »

v. 1123. *Teriturque thalassina vestis.* *Thalassina* vient du mot grec θάλασσα, *mare*. Le poëte parle d'une étoffe couleur de mer. C'est une de ces expressions qui n'ont de valeur que dans la langue où l'usage les a introduites.

v. 1155. *Nec sua respiciunt miserei mala maxuma sæpe.* Molière, qui avait essayé de traduire Lucrèce, a conservé de son travail une imitation de ce passage, qu'il a placée dans sa comédie du *Misanthrope*. V. la Notice sur Lucrèce.

v. 1156. *Nigra* μελίχροος *est*... Les mots grecs que Lucrèce a intercalés dans ce passage étaient en quelque sorte des expressions latinisées par l'usage chez les jeunes voluptueux; elles avaient une valeur de convention qu'il nous est impossible d'apprécier exactement.

LIVRE V.

v. 156. *Quæ tibi posterius largo sermone probabo.* On ne voit pas que, dans le reste du poëme, Lucrèce ait rempli cette promesse; il parle en effet des dieux, de leurs attributs, de leur puissance, mais il ne donne pas sur ce noble sujet une dissertation complète. Ce passage a fait penser à plusieurs commentateurs que son ouvrage était resté incomplet. Mais je crois qu'il faut s'en rapporter à l'opinion de Gassendi : l'ensemble du poëme de Lucrèce est complet; sa mort prématurée est la seule cause des répétitions et des négligences qui en altèrent les beautés.

v. 182. *Exemplum porro gignundis rebus, et ipsa Notities hominum, Diis unde est insita primum?* C'était pour combattre cette objection d'Épicure, que Platon avait imaginé ces idées éternelles, ces archétypes incréés, enfin ce monde insensible qui avait servi de modèle à la Divinité pour la formation d'un monde sensible.

v. 299. *Suppeditare novum lumen, tremere ignibus instant.* Lucrèce donne ici une image de l'émission de la lumière, telle que les modernes l'ont conçue : si elle n'est pas entièrement vraie, elle est du moins très-ingénieuse, puisque l'expérience des siècles et la science n'ont rien appris de plus sur cette opération de la nature.

v. 334. *Nunc addita navigieis sunt Multa.* À l'époque où Lucrèce écrivait, les anciens n'avaient que très-rarement étendu leur navigation au-delà du grand lac que nous nommons la Méditerranée. Ils ne parlaient de l'océan Atlantique que comme d'une mer inconnue, dont presque aucun navigateur n'avait osé affronter les flots, au delà desquels on ne supposait aucune région habitable. Cependant, quelques années plus tard, Sénèque prédit les progrès de la navigation; il va même jusqu'à prophétiser la découverte d'un nouveau monde : « Un temps viendra, dit-il, où les obstacles qui ferment l'Océan s'aplaniront; la route d'un vaste continent doit s'ouvrir à l'audace du navigateur. Téthys lui découvrira de nouveaux mondes, et Thulé ne formera plus les bornes de la terre. »

> Venient annis sæcula seris,
> Quibus Oceanus vincula rerum
> Laxet, et ingens pateat tellus,
> Tethysque novos detegat orbes,
> Nec sit terris ultima Thule.
> (Sen., *Medea*, act. II, Chor.)

v. 417. *Sed quibus ille modis conjectus materiai Fundarit terram et cœlum, pontique profunda.* Les hommes ont toujours tenté avidement de connaître l'origine du globe qu'ils habitent : chez les anciens, ceux qui ont vu dans son ensemble un ouvrage combiné lui ont cherché un ouvrier intelligent, et ont cru ainsi aplanir toutes les difficultés; d'autres ont cherché une cause naturelle au mouvement et à la forme de cette faible partie de l'univers; ils ont pensé que, soumise aux lois de la nature, elle avait été produite par elle : chaque créateur de système présuma alors sa formation d'après son génie et ses principes. Parmi les nombreuses cosmogonies, celle des Égyptiens est surtout remarquable.

Leurs premiers philosophes n'admettaient d'autre dieu que l'univers, d'autres principes des êtres que la matière et le mouvement. Au commencement, tout était confondu, le ciel et la terre n'étaient qu'un; mais dans le temps, les éléments se séparèrent, l'air s'agita; sa partie ignée, portée au centre, forma les astres et alluma le soleil; son sédiment grossier ne resta pas sans mouvement; il se roula sur lui-même, et la terre parut; le soleil échauffa cette matière inerte; les germes qu'elle contenait fermentèrent, et la vie se manifesta sous une infinité de formes diverses; chaque être vivant s'élança dans l'élément qui lui convenait. Le monde eut ses révolutions périodiques, à chacune desquelles il est consumé par le feu; il renaît de sa cendre, pour subir le même sort à la fin d'une autre révolution; ces révolutions n'ont point eu de commencement, et n'auront point de fin. La terre est un corps sphérique; les astres sont des amas de feu; l'influence de tous les corps célestes conspire à la production et à la diversité des corps terrestres : dans les éclipses de lune, ce corps est plongé dans l'ombre de la terre; la lune fait une espèce de terre planétaire.

v. 535. *Terraque ut in media mundi regione quiescat.* Voici à peu près tout ce que les anciens ont rêvé sur la forme de la terre, et sur la manière dont elle se soutient dans l'espace. Diodore de Sicile dit que les Chaldéens prétendaient qu'elle est concave, et semblable à un vaisseau flottant. Anaximandre la regardait comme un globe parfait, se soutenant sans appui dans le centre de l'univers, à cause de la distance égale où toutes ses parties se trouvent de son centre, et de la distance égale aussi où elle-même de toutes les parties de l'univers : ainsi elle n'a pas plus de tendance vers un côté que vers l'autre. Plutarque (*de Plac. Philosoph.*, lib. III, c. 10), faisant honneur de cette idée à Thalès, et Eusèbe (*de Præp. Ev.*, lib. I, c. 8) en attribuent une plus bizarre à Anaximandre. Ils assurent que ce philosophe se figurait la terre comme une colonne, une espèce de cylindre aplani par les deux bouts et restant suspendu à sa place, à cause de l'éloignement égal de tout ce qui l'environne en tous sens. Anaxagore la représentait comme une surface plane, une table sans pieds, se soutenant en partie par sa masse, en partie sur l'air, et lui donnait une forme allongée. Archélaüs la voyait sous celle d'un œuf, et appuyait son opinion sur ce que les peuples qui l'habitent ne voient pas tous en même temps le lever et le coucher du soleil. Quelques philosophes, ne lui trouvant pas de base, la faisaient descendre sans cesse dans un espace infini, non résistant, sans que ses habitants pussent s'en apercevoir, disaient-ils, ayant un mouvement commun avec elle. Xénophon, au contraire, lui donnait une épaisseur prolongée à l'infini sous nos pieds.

C'est au mouvement très-rapide du ciel qu'elle doit sa stabilité sur elle-même au milieu des airs, s'il faut en croire Empédocle. Le fond de l'espace étant en même temps le centre du monde, selon Aristote, elle doit s'y reposer, n'ayant point d'espace au-dessous d'elle où elle puisse descendre. On voit ici qu'Épicure la croyait soutenue par l'air, comme étant née avec lui et participant à sa nature.

Pour résoudre ce problème, le génie de Newton a trouvé la gravitation, que quelques anciens avaient soupçonnée. La science, qui n'est jamais stationnaire, soumet aujourd'hui à des investigations nouvelles le grand problème de Newton.

v. 565. *Nec nimio solis major rota, nec minor ardor.* Il faut remarquer que cette étrange supposition n'appartient pas à Lucrèce; le reproche qu'on lui en a fait est la suite d'une des nombreuses erreurs qui ont égaré ses détracteurs; Épicure, qui n'affirmait non plus aucune hypothèse, avait dit que le soleil était fort grand en soi-même, καθ' αὑτόν, et fort petit à notre égard, κατὰ τὸ πρὸς ἡμᾶς. Anaximandre faisait le soleil vingt-huit fois plus grand que la terre; d'autres disent, que la lune. Anaxagore le regardait comme le plus grand des astres. Héraclite ne le croyait pas plus grand qu'il paraît, et l'on voit ici que Lucrèce avait adopté cette idée. Il se figurait comme un bateau enflammé qui nous présente son côté concave, et s'éteint et se rallume chaque jour. Il ne le plaçait qu'à une moyenne distance de nos yeux.

Anaximène attribuait sa disparition, non à sa course prolongée vers nos antipodes, mais aux hauteurs de la terre qui nous le cachent, et à l'éloignement immense où il est de nous. Anaxagore ne voyait en lui qu'un rocher embrasé ; d'autres ont dit une masse de fer ardent ; d'autres, un globe de feu plus gros que le Péloponnèse. Xénocrate le composait, ainsi que les étoiles, de feu, et d'une partie terrestre très-raréfiée. Les stoïciens en faisaient un dieu dont le corps, infiniment plus gros que la terre, puisqu'il l'éclaire tout entière, est tout de feu. Philolaüs, disciple de Pythagore, se l'était peint comme un vaste miroir qui nous envoie par réflexion l'éclat des feux répandus dans l'atmosphère ; Xénophane, comme une collection d'étincelles rassemblées par l'humidité, un nuage de feu renaissant tous les matins sous chaque climat, un simple météore ; Démocrite, comme un résultat d'atomes très-polis, mus en tourbillon ; Épicure enfin, comme une espèce de pierre ponce, une éponge traversée par une infinité de pores, d'où s'échappe à grands flots le feu qu'il renferme.

v. 803. *Tum tibi terra dedit primum mortalia sæcla.*
L'origine de l'homme et des animaux a fort occupé les anciens. Plutarque rapporte que quelques philosophes enseignaient qu'ils étaient nés d'abord dans le sein de la terre humide, dont la surface, desséchée par la chaleur de l'atmosphère, avait formé une croûte, laquelle, s'étant enfin crevassée, leur avait ouvert les passages libres. Selon Diodore de Sicile et Célius Rhodiginus, c'était l'opinion des Égyptiens. Cette orgueilleuse nation prétendait être la première du monde, et croyait le prouver par ces rats et ces grenouilles qu'on voit, dit-on, sortir de la terre dans la Thébaïde, lorsque le Nil s'est retiré, et qui ne paraissent d'abord qu'à demi organisés. C'est ainsi, disait-elle, que les premiers hommes sont sortis du même terrain. L'opinion, renouvelée de nos jours, que le genre humain vient des poissons, est une des plus anciennes hypothèses. Plutarque et Eusèbe nous ont transmis à ce sujet l'opinion d'Anaximandre.

LIVRE VI.

v. 1. *Primæ frugiparos fœtus mortalibus ægreis
didicerunt quondam præclaro nomine Athenæ.*

On croyait que les habitants d'Athènes avaient découvert l'art de l'agriculture. Diodore de Sicile nous apprend que ces peuples se vantaient d'avoir, les premiers, formé une société régie par des lois : telle était du moins l'opinion commune ; mais, à l'époque de la fondation d'Athènes, plusieurs peuples orientaux étaient civilisés dès longtemps, et peut-être les Athéniens faisaient-ils partie d'une colonie envoyée d'Asie pour s'établir dans les plus riantes contrées de l'Europe.

v. 86. *Ne trepides cœli divisis partibus amens.* Lucrèce parle ici de la division que les prêtres devins, appelés *fulguratores*, assignaient à la voûte céleste, afin de déterminer les différents effets du tonnerre, d'après lesquels ils rendaient leurs oracles.

v. 346. *Forsitan ipso veniens trahat acre quædam
Corpora, quæ plagis incendunt mobilitatem.*

On ne peut assez admirer le discernement de Lucrèce, qui pressentit une partie des propriétés de l'air. L'expérience a confirmé plusieurs de ses hypothèses sur l'action de ce fluide, dont les effets restèrent ignorés jusqu'au moment où Pascal, Torricelli, Boyle, Otto et autres démontrèrent sa pesanteur, sa compressibilité et ses ressorts ; mais on ne savait pas encore que l'atmosphère est un mélange de deux fluides qui, pris séparément, sont transparents, compressibles, pesants, élastiques à peu près comme l'air atmosphérique, et qui néanmoins ont des qualités physiques très-différentes.

v. 424. Πρηστῆρας *Graiei quos ab re nominitarunt.* Lucrèce croit devoir rapporter l'origine du mot *prester*, qui, en effet, a pour racine le verbe πρήθω, brûler, enflammer, gonfler, souffler. Le dangereux phénomène que les Grecs appelaient πρηστήρ était nommé par les Latins *typho* et *scypho* ; les Français lui donnent le nom de *trombe*. Les anciens et les modernes ne sont pas absolument d'accord sur les causes des *trombes* ; les uns et les autres l'expliquent d'une manière vraisemblable ; la description donnée par Lucrèce est très-ingénieuse, et fait connaître l'idée qu'en avaient conçue les physiciens de son temps.

v. 524. *Hic ubi sol radiis, tempestatem inter opacam,
Adversa fulsit nimborum adspergine contra;
Tum color in nigris existit nubibus arqui.*

Cette définition de l'*arc-en-ciel* est assez heureuse ; la véritable cause de ce phénomène fut pour les anciens un problème insoluble. Les modernes ne l'ont deviné qu'après de longues et minutieuses recherches.

« L'iris ou l'arc-en-ciel ne paraît que dans un air chargé d'un nuage fondant en pluie. Il est occasionné par la lumière du soleil, réfléchie une ou plusieurs fois dans les petites gouttes dont le nuage est formé. Suivant la position de ces gouttes, les unes envoient à l'œil de l'observateur les rayons rouges de la lumière décomposée ; d'autres, les rayons oranges, ou jaunes, ou violets, etc. ; de sorte que chaque goutte qui concourt à former l'iris paraît de la couleur de la lumière qu'elle envoie à l'œil.

« Le météore, pris dans toute son étendue, est un cercle entier, dont il n'y a de visible que la partie qui est au-dessus de l'horizon. Il se dérobe absolument à notre vue lorsque le soleil dépasse une certaine hauteur : ainsi, dans les longs jours d'été, on ne voit pas d'arc-en-ciel entre neuf heures du matin et trois heures du soir ; dans l'hiver, on peut en voir à toutes les heures, lorsque le soleil est sur l'horizon, et que les autres circonstances sont favorables.

« La lumière de la lune produit aussi des iris plus faibles que celles du soleil, subordonnées aux mêmes lois. »

v. 535. *Nunc age, quæ ratio terrai motibus exstet,
Percipe.* Lucrèce donne pour cause des tremblements de terre, l'eau, l'air et la terre elle-même, et n'y fait point participer le feu, qui, dans les causes d'un pareil phénomène, semble devoir se présenter le premier ; le poëte se rapproche, en quelque sorte, de l'opinion de plusieurs physiciens modernes. Au surplus, tous les moyens supposés par Lucrèce sont ingénieux, et sans cesse revêtus des ornements d'une poésie aussi pittoresque qu'harmonieuse. Voici quelles sont les conjectures des savants modernes sur ce phénomène :

La terre est, en une infinité d'endroits, remplie de matières combustibles ; presque partout s'étendent des couches immenses de charbon de terre, des amas de bitume, de tourbe, de soufre, d'alun, de pyrites, etc., qui se trouvent enfouis dans l'intérieur de notre globe. Toutes ces matières peuvent s'enflammer de mille manières, mais surtout par l'action de l'air, qui est répandu, comme on n'en peut douter, dans tout l'intérieur de la terre, et qui, dilaté tout à coup par ses embrasements, fait effort en tous sens pour s'ouvrir un passage. Personne n'ignore les effets qu'il peut produire quand il est dans cet état. L'eau contenue dans les profondeurs de la terre contribue aussi de plusieurs manières à ces tremblements, parce que l'action du feu réduit l'eau en vapeurs ; et l'on sait que rien n'approche de la force de ces vapeurs. Il faut observer aussi que l'eau, en tombant tout à coup dans les amas de matière embrasée, doit encore produire des explosions terribles; elle anime les feux souterrains, parce que, dans sa chute, elle agite l'air, et fait la fonction des soufflets de forge. Enfin elle peut concourir aux ébranlements de la terre, par les excavations qu'elle fait dans son intérieur, par les couches qu'elle entraîne après les avoir détrempées, et par les chutes et les écroulements qu'elle occasionne.

v. 849. *Esse apud Hammonis fanum fons luce diurna Frigidus, et calidus nocturno tempore fertur.*

Quinte-Curce décrit ainsi cette fontaine, liv. IV, ch. 7 :

« Au milieu de la forêt d'Ammon se voit une fontaine qu'on appelle l'Eau du soleil. Au lever de cet astre, elle est tiède; à midi, lorsque la chaleur est au plus haut degré, elle devient très-fraîche; à mesure que le jour décline, elle s'échauffe, de manière qu'à minuit elle est presque bouillante; et plus l'aurore s'approche, plus l'eau perd de sa chaleur, jusqu'à ce qu'au matin elle retrouve sa tiédeur accoutumée. »

v. 880. *Frigidus est etiam fons.......* Cette fontaine est celle de Jupiter Dodonien, et Pline la décrit en ces termes, *Hist. Nat.*, liv. II, ch. 103 :

« La fontaine de Jupiter, à Dodone, quoique assez froide pour éteindre les flambeaux allumés qu'on y plonge, a pourtant la propriété de les rallumer quand on les en approche. »

v. 908. *.....Lapis hic ut ferrum ducere possit, Quem Magneta vocant patrio de nomine Graiei.*

L'aimant fut et dut être longtemps une merveille pour les hommes. Les anciens n'avaient trouvé cependant qu'une partie de ses propriétés; elles sont si connues, qu'il est inutile d'en offrir l'explication : je remarquerai seulement qu'au temps de Lucrèce, une partie de l'enthousiasme pour cette pierre existait encore; c'est à cette raison qu'on doit attribuer la peine qu'il se donne d'en expliquer si longuement la nature et les effets. Cependant les commentateurs reconnaissent qu'une partie de ce passage a été supprimée; et en effet Lucrèce, après avoir accumulé tant de notions préliminaires, semble atteindre la conclusion un peu brusquement. Le Blanc de Guillet, s'appuyant sur les réflexions de Gassendi, a imaginé de suppléer à la lacune qu'il croyait remarquer dans Lucrèce par des vers latins de sa façon, qu'il a interpolés dans le texte publié en 1788. L'entreprise était bizarre et hardie; malheureusement Apollon ne favorisait pas plus ce poëte en latin qu'en français. Loin de chercher à ajouter des vers à cette partie du poëme, il faudrait souhaiter que Lucrèce fût arrivé plus promptement à l'admirable épisode qui termine ce dernier chant.

« Épicure, dit Creech, expliquait la force magnétique de deux manières. Il est étonnant que Lucrèce n'en donne qu'une. Il se peut pourtant qu'il les ait données toutes les deux, et qu'il s'en soit perdu une par la négligence des copistes. »

Voici un passage où Gassendi développe l'idée de Lucrèce sur le magnétisme :

« *Ipsum Galenus ita refert, a lapide quidem Herculeo, ferrum; a succino vero paleas attrahi, etc. Quippe effluentes atomos ex lapide illo ita figuris congruere cum illis, quæ ex ferro effluunt, ut in amplexus facile veniant. Quamobrem impactas utrinque (nempe in ipsa tam lapidis, quam ferri corpora concreta) ac resilientes deinde in medium circumplicari invicem, et ferrum simul pertrahi. Sic Epicurus apud illum. Haud abs re vero insinuavi præmissa illa a Lucretio videri huic modo potissimum accommodata. Imprimis enim, juxta ipsum, constabunt, tam magnes, quam ferrum, ex corpusculis consimilibus, consimiliaque etiam inania spatiola habebunt; et maxime quidem quum, ut Alexander subolfecit, et ipsi alibi dicimus, magnes et ferrum ex eadem sint vena. Quare et effluentes ex magnete atomi, quum in ferrum incurrant, ita subibunt ejus substantiam, ut consimilibus hærentes', partim resiliant, cohærentesque abducant; partim hæ alias exsiliturae ipsas compellant, et consequantur : adeo ut, quum reciproce atomi, ex ferro incurrentes in magnetem simile quid præstent, necesse sit atomos utrimque partim regredientes, sed implicitas tamen, in medium confluere, et propter cohæsionem utrarumque cum iis ex quibus ipsa magnetis et ferri in medium coire. Et dicitur tamen, aut censetur ferrum ad magnetem potius, quam magnes ad ferrum accedere, ex communi usu, vulgaribusque experimentis, quibus lapidi magnæ molis, aut manu detento, ferri frustula apponuntur : ita nimirum necesse est, ut, quia vel major ex magnete quam ex ferro emanat vis, vel lapis cohibetur vi ne ad ferrum properet, idcirco ferrum non in medium solum, sed in manetem etiam immotum feratur; nequicquam certe Alexander requirit ex antiquis illis, cur, si effluxus mutui veri sunt, non tam magnes ad ferrum, quam ferrum ad magnetem tendat? quippe si ipse rem explorasset, sese id absurde quærere novisset. »*

(GASSENDI, *Op.*, t. II, p. 125.)

VIRGILE.

NOTICE
SUR VIRGILE.

Virgile (*Publius Virgilius ou Vergilius Maro*) naquit le 15ᵉ jour d'octobre, l'an de Rome 684, sous le consulat de Crassus et du grand Pompée, dans un petit village aujourd'hui connu sous le nom de Pétiola, autrefois appelé Andes, et assez voisin de Mantoue. On ne sait rien de précis sur la profession du père de Virgile; mais on peut conjecturer qu'il était cultivateur et se livrait au soin des troupeaux. La conjecture même devient un fait qui nous est attesté par Virgile dans la plus touchante de ses pastorales. Tityre célèbre le jeune dieu qui lui a conservé sa pauvre cabane, ses champs et ses brebis :

O Meliboee, deus nobis hæc otia fecit.....

Quel autre que son père Virgile nous indiquerait-il dans ce vieillard si triste de la ruine de ses voisins, si heureux du peu que lui avait ravi, du peu que lui a rendu la victoire d'Auguste? Les vers suivants :

Libertas; quæ sera tamen respexit inertem,
Candidior postquam tondenti barba cadebat....

achèvent de nous faire connaître la condition humble et précaire du père de notre poëte et la misère des temps. Il est vraisemblable que si Tityre possédait quelques biens en propre, il n'était pas de condition libre, et tenait à ferme les biens d'un propriétaire peu commode et peu juste. Rien n'empêche non plus qu'on ne reconnaisse, dans le vieillard Méris de la neuvième Églogue, Virgile lui-même venant, au nom du berger son père, se plaindre à Rome des violences du centurion Arius qui les avait expulsés de leur domaine, où ils venaient d'être rétablis par Octave. Quand même on ne tiendrait pas compte de ces petites circonstances de la vie de Virgile, qui se font jour à travers le dialogue charmant des Églogues, on ne se tromperait pas en assurant que le poëte des Géorgiques est né sous un toit rustique, qu'il a commencé sa vie au milieu des occupations des champs, des images riantes ou sévères du travail, et qu'il n'a fait que passer d'un premier et doux état de rêverie à une contemplation forte et savante de la nature cultivée. Quoi qu'il en soit, son père l'envoya à Crémone pour y apprendre les belles-lettres. Ainsi le père d'Horace avait mené son fils à Rome, ne voulant pas rougir de lui devant les fils des centurions : noble et touchante vanité, qui nous fait aimer davantage les deux pères, et les deux poëtes semblables par leurs humbles commencements! Virgile atteignait sa seizième année, quand il quitta cette ville pour se rendre à Milan, où il prit la robe virile, le jour même de la mort de Lucrèce : comme si les Muses, dit Lebeau, eussent voulu montrer dans cet homme le poëte qui devait hériter de la gloire d'un beau génie. Alors Crassus et Pompée étaient consuls pour la seconde fois. Naples, l'Athènes de l'Italie, attirait à ses écoles célèbres l'élite de la jeunesse romaine; Naples avait conservé dans sa pureté harmonieuse le langage des Grecs. L'esprit, le goût, la science, la philosophie, les traditions de la Grèce y revivaient sous un ciel encore plus doux que celui de l'Attique; et le mouvement des études, recommencé par les esprits latins, à la fois imitateurs et créateurs, y était prodigieux. Virgile vint donc à Naples; et comme Cicéron s'y était préparé à l'éloquence par la pratique passionnée des modèles grecs et par des études générales, Virgile avec la même ardeur et la même souplesse d'esprit s'appliqua à la physique, à l'histoire naturelle, à la philosophie, aux mathématiques, à toutes les sciences qui s'étaient répandues de la Grèce dans le monde.

Il étudia les diverses philosophies de la Grèce; et on devine sans peine que sa belle imagination, réglée par un grand sens, dut s'attacher à ce qu'il y avait de plus noble, de plus hardi et de plus raisonnable dans ces systèmes. Pythagore, Epicure et surtout Platon sont mêlés dans les Géorgiques et dans l'Énéide aux meilleurs mouvements de la poésie; et tout le monde sait les beaux endroits de ces deux poëmes où Virgile expose avec une lucidité admirable et avec un divin enthousiasme les théories magnifiques de l'organisation de la matière, de l'immortalité des âmes, de leurs transmigrations, de la constitution de toute chose dans cet univers. Au reste, les Géorgiques, si l'on n'en examine que le fond didactique, et les six derniers chants de l'Énéide, pleins des antiquités de l'Italie, seraient des preuves assez solides par elles-mêmes du profond savoir de Virgile, et vaudraient mieux qu'un détail biographique pour témoigner des solides commencements du poëte.

Virgile est-il venu à Rome du vivant de César? A-t-il été connu de César? Martyn, commentateur anglais, penche pour l'affirmative, et cite, à l'appui de son opinion, ce trait de l'apothéose du dictateur dans la cinquième Églogue : *Amavit nos quoque Daphnis*. La conjecture n'a rien d'extraordinaire, pour peu que l'on tienne au sens de l'apothéose, et à cette déification pastorale du dictateur. Mais toutes les traditions attestent que Virgile se rendit à Rome après la bataille de Philippes, et que présenté à Mécène par Pollion, et par Mécène à Auguste, il obtint, grâce à ces protecteurs puissants, la restitution de ses biens. Il est d'ailleurs beaucoup plus naturel de rattacher à cette circonstance en quelque sorte décisive de la vie du poëte ses premiers essais poétiques, et de laisser le chantre des forêts et des troupeaux dans sa solitude champêtre jusqu'au moment où la violence des temps l'en chasse, et arrache à son âme contristée la première et la plus délicieuse plainte de l'exilé. Il n'entre pas dans le plan de cette notice de comparer Virgile à Théocrite, ni d'examiner, avec certains critiques, si le poëte latin a forcé le genre pastoral, et l'a gâté par des raffinements excessifs. On ne renonce pas aisément à admirer ce qui est vif et plein de grâces, pour rechercher dans quelle mesure l'érudition s'y mêle à l'originalité. Que nous importe après tout que les bergers de Virgile s'expriment dans la langue exquise des patriciens, si les sentiments qu'ils expriment sont exquis?

Si les Églogues rendent un si naïf témoignage de la vie, des mœurs, des goûts, des connaissances et du tour d'esprit de ce grand poëte, que dire des Géorgiques, de son plus bel ouvrage, du fruit le plus mûr de la science et de la méditation? Virgile consacra, dit-on, sept années à son chef-d'œuvre, et paraît ne l'avoir achevé qu'en 724, après la célèbre ambassade que Tiridate et Phraate, son rival, envoyèrent à Auguste, arbitre de leurs querelles pour la possession du trône. Sept années ne sont rien pour celui qui vise à l'absolue perfection dans les écrits et qui y atteint. Or si l'on considère, sous le rapport de la science pratique, l'imperfection des théories agronomiques des Grecs, la faiblesse de dessin du poëme d'Hésiode, le peu de bons préceptes alors en vigueur dans l'Italie, et les préjugés innombrables des laboureurs, l'effrayante décadence des mœurs, du travail champêtre et des traditions antiques; sous le rapport de l'art, la difficulté presque entière pour Virgile d'assujettir à la précision didactique la langue des vers, sans la gêner, l'obscurcir, ni l'éteindre; ce qu'il a fait d'efforts inouïs pour relever par les ornements d'une poésie splendide les préceptes de la sagesse la plus vulgaire, qui ne reconnaîtra avec Voltaire que les Géorgiques sont l'ouvrage de poésie le plus parfait que les hommes aient produit?

Virgile pensait à l'Énéide en repolissant ses Géorgiques, où déjà brillent çà et là des lueurs de l'épopée. L'idée douce et triste des Églogues, à travers laquelle se montre la patrie romaine abattue par les factions et relevée par Auguste, se soutient, s'agrandit dans les Géorgiques, et prend dans l'Énéide les développements immenses d'une Épopée nationale. Virgile avait traversé les derniers temps des guerres civiles; il avait vu le monde romain près de s'abîmer dans ses ruines, et la civilisation elle-même en danger de périr. Auguste relevait, réparait tout d'une main ferme et adroite. Le fondateur d'un empire nouveau, l'homme habile et puissant, qui maintenait avec les formes de l'ancienne république tout ce qu'elle avait fait de grand, qui s'appliquait à anéantir doucement les derniers restes de l'esprit de faction pour raviver dans les cœurs l'esprit romain, était-il, même de son vivant, au-dessous des proportions d'un héros d'épopée? Et pour Virgile n'était-ce pas mettre son imagination d'accord avec son bon sens politique et sa haute raison, que se régler sur les beaux traits du caractère et du rôle d'Auguste, pour les idéaliser l'un et l'autre dans le héros troyen? D'ailleurs la flatterie qui s'étend à toute une nation n'est plus de la flatterie; et le nom d'Auguste sous celui d'Énée ouvrait naturellement cette magnifique histoire du peuple-roi, de ses destins laborieux, de ses grandes traditions, de ses grands ancêtres. Ainsi Virgile ne s'était pas préparé par de moindres travaux à l'Énéide qu'aux Géorgiques; et son génie était tout à fait mûr pour l'épopée.

On sait par la tradition l'enthousiasme qu'excita l'Énéide parmi les contemporains de Virgile, et combien la modestie du poëte en parut plus touchante. Auguste le força presque à lui lire ceux des chants du poème qu'il avait achevés. On sait l'effet que produisit l'Épisode de la mort du jeune Marcellus sur le cœur d'Octavie, sa mère. Revenue d'un long évanouissement, elle ordonna qu'on remit à Virgile la somme énorme de dix sesterces pour chacun des vers de cet épisode, qui en a trente-deux. Mais que valait pour Virgile ce présent royal, au prix des larmes qu'il avait tirées des yeux d'une mère, de ces larmes où il savait bien lui-même qu'était le fort de son art, *Sunt lacrimæ rerum...?* Il acheva en quatre ans les six derniers livres de l'Énéide : mais, plus sévère pour lui-même qu'on ne l'était pour ses vers à la cour d'Auguste et dans le cercle de ses amis, juges si difficiles et si délicats, il reconnaissait, avec cet instinct de la postérité qu'ont les grands écrivains, des défauts considérables dans ces six derniers chants, et il les voulait faire disparaître. Il partit donc pour Athènes. C'est à l'occasion de ce voyage qu'Horace adressa au vaisseau qui emportait le poëte loin de l'Italie, et qui ne devait pas l'y ramener vivant, une ode célèbre, où l'on regrette pour les deux amis que le cœur d'Horace ne se soit pas épanché en de plus longs adieux.

Auguste, revenant d'Orient, rencontra Virgile dans Athènes, et l'accueillit avec sa bonté ordinaire. Le poëte devait revenir à Rome avec l'empereur; mais, saisi dans la route d'une indisposition subite, que le mouvement du vaisseau ne fit qu'augmenter, à peine put-il aborder à Brindes, où il mourut, après quelques jours de maladie, dans la cinquante-deuxième année de son âge. Ses restes, transportés, selon ses désirs, à Naples, où il avait passé dans l'étude et les doux loisirs les meilleures années de sa vie, furent déposés sur le chemin de Pouzzole, dans un tombeau sur lequel on lisait cette épitaphe qu'il avait lui-même, presque à sa dernière heure, dictée ainsi :

Mantua me genuit; Calabri rapuere, tenet nunc
Parthenope : cecini pascua, rura, duces.

Il mourait avec le doux pressentiment de son immortalité, et toutefois avec le regret tardif de laisser quelque chose d'imparfait. Il avait ordonné par testament qu'on brûlât son Énéide; et l'on aurait peine à croire à tant de modestie, si le sens critique des hommes de génie, et l'idée de perfection absolue sur laquelle ils se règlent, ne les élevaient pas d'abord au-dessus d'eux-mêmes et de leurs efforts les plus audacieux. Virgile avait d'abord institué pour héritiers, son frère Valérius Proculus, né d'un autre père; ensuite Auguste, Mécène, L. Varius et Plotius Tucca, qui n'eurent garde de brûler l'Énéide, et qui se bornèrent à retrancher quelques vers imparfaits, sans se permettre aucune addition.

Si l'on en croit les auteurs qui ont parlé de Virgile et leur commun témoignage, le poëte de Mantoue était d'une taille assez élevée, rustique d'apparence, d'une complexion délicate, sujet à des incommodités graves, très sobre dans l'usage des aliments, et naturellement sérieux et mélancolique. Il aimait passionnément la solitude, qui l'avait fait poëte avant toute discipline; la solitude, qui livre au poëte avec les secrets de son propre cœur ceux de la nature et de la Providence universelle : *Spiritus intus alit...* Au reste d'un commerce facile et abandonné, ne censurant personne, ne louant même pas ses amis avec la bassesse déliée qu'y savent mettre les gens d'esprit, d'une bienveillance sans bornes pour tout le monde, Virgile, comme Horace l'a dit du vrai poëte, semblait n'avoir rien en propre : sa bibliothèque était moins à lui qu'aux autres; il répétait souvent cet adage d'Euripide : *Tout est commun entre les amis.* Quoiqu'il vécût presque toujours retiré dans la Campanie ou dans la Sicile, il possédait une maison magnifique à Rome dans le quartier des Esquilies, auprès des jardins de Mécène : il jouissait en outre d'une fortune considérable qu'il avait reçue d'Auguste et de ses amis, sans l'avoir jamais demandée. Nous ne saurions pas par la tradition le bel usage qu'il en fit, que ses seuls écrits nous l'apprendraient. Il répandit sur ses parents, sur ces pauvres bergers des Églogues avec lesquels il avait été pauvre, les bienfaits d'Auguste, et il mit dans l'aisance toute sa famille. Le plus aimable des poëtes, comment n'aurait-il pas été le meilleur des hommes?

Horace parle de lui comme de l'âme la plus candide qui ait jamais été. Ses mœurs elles-mêmes, qu'il gardait pures au milieu des faciles voluptés de l'épicuréisme, rendaient sa bonté plus charmante encore et plus respectable. A Naples on se l'appelait que *la Vierge.* Il était si modeste qu'il se réfugiait dans les maisons de Rome pour se dérober aux regards de la foule qui se portait sur ses pas, ou le montrait du doigt. Mais cela même le livrait davantage à l'admiration publique. Un jour quelques vers de Virgile, lus sur le théâtre, excitèrent un tel enthousiasme, que le peuple se leva tout entier; et le poëte, présent par hasard à ce spectacle, reçut les marques d'honneur et de respect qui s'adressaient ordinairement à Auguste. Il était le chantre de la grandeur romaine, comme Tite-Live en était l'historien. On assure qu'avant cette époque Cicéron ayant entendu l'admirable tableau de la philosophie d'Épicure, dans l'Églogue de Silène, récitée par la célèbre comédienne Cithéris, s'était écrié : *Magnæ spes altera Romæ.*

Les détracteurs n'ont pas manqué à Virgile. Ce furent les méchants poëtes de son temps et les plus pervers empereurs de Rome. Caligula le haïssait sans savoir pourquoi, pour haïr les morts comme il faisait les vivants. Mais l'admiration immense qu'il avait excitée parmi ses contemporains était déjà devenue pour la postérité un véritable culte. Silius Italicus, imitateur de Virgile, célébrait tous les ans à Naples l'anniversaire de la naissance du poëte qu'il révérait comme un dieu. L'empereur Sévère appelait Virgile le Platon des poëtes; et il rendait presque les honneurs divins à l'image de Cicéron et à celle de Virgile, placées parmi ses dieux lares. Le grand nom de Virgile, réveillé par la guerre et redit par les échos d'une terre à jamais glorieuse, émut nos armées républicaines. Le général Championnet à Naples, et le général Miollis à Mantoue, ont, à leur première halte de victoires, honoré d'un monument le berceau et le tombeau du grand poëte.

Nous n'élèverons pas de discussion nouvelle sur l'authenticité des petits poëmes attribués à Virgile. Les commentateurs qui ont le plus protégé ces opuscules médiocres, sauf deux ou trois des plus petits, n'ont pu s'accorder sur ce point de peu d'importance. Nous donnons la traduction de ces petits poëmes sans notes, Heyne lui-même ne les ayant pas jugés dignes d'être annotés.

Pour ce qui est des notes jointes aux véritables œuvres de Virgile, nous n'avions rien de mieux à faire qu'à en extraire des éditions antérieures un choix qui suffît à tous les éclaircissements. Ces notes, dont quelques-unes se recommandent de noms considérables dans les lettres, touchent exclusivement aux points les plus intéressants de la mythologie, de la géographie, et de l'histoire. Les notes des Églogues, réduites à ce qui est indispensable, ont été empruntées à M. Désaugiers aîné, le frère du célèbre chansonnier, poëte lui-même et traducteur spirituel des Églogues latines, qu'il a essayé de ranger dans un ordre chronologique autre, et, selon lui, meilleur que l'ordre adopté jusqu'à présent. Sans nous prononcer sur ce classement, qui est au moins ingénieux, nous nous bornons à donner par extraits celles de ces notes qui nous ont paru offrir le plus d'intérêt.

VIRGILE.
LES BUCOLIQUES.

ECLOGUE I.
TITYRE.

MÉLIBÉE ET TITYRE.

MÉLIBÉE.

Couché sous le vaste feuillage de ce hêtre, tu essayes, ô Tityre, un air champêtre sur tes légers pipeaux. Et nous, chassés du pays de nos pères, nous quittons les douces campagnes, nous fuyons notre patrie. Toi, Tityre, étendu sous de frais ombrages, tu apprends aux échos de ces bois à redire le nom de la belle Amaryllis.

TITYRE.

O Mélibée, c'est un dieu qui nous a fait ce sort tranquille. Oui, il sera toujours un dieu pour moi; souvent un tendre agneau de nos bergeries arrosera ses autels de son sang. Tu vois, il laisse errer mes génisses en ces lieux, et il m'a permis de jouer les airs que je voudrais sur mon rustique chalumeau.

MÉLIBÉE.

Je n'envie point ton bonheur : je m'en étonne plutôt, à la vue de ces champs désolés et pleins de trouble. Moi-même, tout faible que je suis, j'emmène à la hâte mes chèvres; en voici une que j'ai peine à traîner. Là, entre d'épais coudriers, elle vient, mère plaintive, de mettre bas deux chevreaux, l'espérance de mon troupeau, hélas! qu'elle a laissés sur une roche nue. Je me souviens (mais mon esprit était aveuglé) que ce malheur m'a été plus d'une fois prédit : des chênes ont été frappés de la foudre devant moi; souvent du creux d'une yeuse une corneille criant à ma gauche me l'avait annoncé. Mais dis-moi, ô Tityre, dis-moi quel est ce dieu?

TITYRE.

Cette ville qu'on appelle Rome, ô Mélibée, n'étais-je pas assez simple pour me la figurer semblable à celle de nos contrées, où nos bergers ont coutume de mener leurs tendres agneaux! Ainsi je voyais ressembler à leurs pères les chiens qui viennent de naître, les chevreaux à leurs mères; ainsi je comparais les petits objets aux grands. Mais Rome élève autant sa tête au-dessus des autres villes, que les cyprès surpassent les viornes flexibles.

P. VIRGILII MARONIS
BUCOLICON.

ECLOGA I.
TITYRUS.

MELIBOEUS, TITYRUS.

MELIBOEUS.

Tityre, tu patulæ recubans sub tegmine fagi
Silvestrem tenui musam meditaris avena :
Nos patriæ fines et dulcia linquimus arva;
Nos patriam fugimus : tu, Tityre, lentus in umbra,
Formosam resonare doces Amaryllida silvas. 5

TITYRUS.

O Melibœe, deus nobis hæc otia fecit.
Namque erit ille mihi semper deus; illius aram
Sæpe tener nostris ab ovilibus imbuet agnus.
Ille meas errare boves, ut cernis, et ipsum
Ludere, quæ vellem, calamo permisit agresti. 10

MELIBOEUS.

Non equidem invideo; miror magis, undique totis
Usque adeo turbatur agris. En, ipse capellas
Protenus æger ago; hanc etiam vix, Tityre, duco.
Hic inter densas corulos modo namque gemellos,
Spem gregis, ah! silice in nuda connixa reliquit. 15
Sæpe malum hoc nobis, si mens non læva fuisset,
De cœlo tactas memini prædicere quercus.
Sæpe sinistra cava prædixit ab ilice cornix.
Sed tamen, iste deus qui sit, da, Tityre, nobis.

TITYRUS.

Urbem, quam dicunt Romam, Melibœe, putavi 20
Stultus ego huic nostræ similem, quo sæpe solemus
Pastores ovium teneros depellere fetus.
Sic canibus catulos similes, sic matribus hædos
Noram; sic parvis componere magna solebam.
Verum hæc tantum alias inter caput extulit urbis, 25
Quantum lenta solent inter viburna cupressi.

MELIBOEUS.

Et quæ tanta fuit Romam tibi caussa videndi?

MÉLIBÉE.

Et quel motif si grand t'a donné l'envie de voir Rome?

TITYRE.

La liberté, qui, bien que tardive, m'a regardé dans mon oisif esclavage, quand ma barbe déjà blanchissante tombait sous les ciseaux : enfin elle m'a regardé, enfin elle est venue pour moi, depuis que Galatée m'a quitté, et qu'Amaryllis me tient sous ses lois. Car, je te l'avouerai, tant que Galatée me retenait près d'elle, je n'avais ni l'espérance d'être libre, ni le soin d'augmenter mon épargne; et quoiqu'il sortît de mes bergeries bon nombre de victimes, quoique ma main ne cessât de presser pour l'ingrate Mantoue le lait le plus savoureux de mes chèvres, elle n'en revenait jamais chargée du plus modique métal.

MÉLIBÉE.

Je m'étonnais, ô Amaryllis, de t'entendre invoquer tristement les dieux; je me demandais pour qui tu laissais pendre à leurs arbres les fruits mûrs. Tityre était absent de ces lieux : c'est toi, Tityre, toi que ces pins eux-mêmes, ces fontaines, ces arbrisseaux redemandaient.

TITYRE.

Que faire? je ne pouvais mieux sortir d'esclavage, ni connaître ailleurs des dieux aussi propices. C'est là, Mélibée, que j'ai vu ce jeune et divin mortel, pour qui douze fois l'année nos autels fumeront. A peine le suppliai-je, qu'il me répondit : « Enfants, faites paître, comme devant, vos génisses; rendez au joug vos taureaux. »

MÉLIBÉE.

Heureux vieillard, tes champs te resteront donc! et ils sont assez étendus pour toi, quoique la pierre nue et le jonc fangeux couvrent partout tes pâturages. Des herbages inconnus ne nuiront pas à tes brebis pleines, et le mal contagieux du troupeau voisin n'infectera pas le tien. Vieillard fortuné! là, sur les bords connus de tes fleuves, près de tes fontaines sacrées, tu respireras le frais et l'ombre. Ici l'abeille d'Hybla, butinant sur les saules en fleurs qui ceignent tes champs de leur verte clôture, t'invitera souvent, par son léger murmure, à goûter le sommeil : et tandis que du haut de la roche l'émondeur poussera son chant dans les airs, tes chers ramiers ne cesseront de roucouler, la tourterelle de gémir, sur les grands ormeaux.

TITYRE.

Aussi les cerfs légers paîtront dans les airs, et les flots laisseront les poissons à sec sur les rivages; le Parthe et le Germain, exilés et se cherchant l'un l'autre dans leur course errante, boiront, celui-là les eaux de l'Arare, celui-ci les eaux du Tigre, avant que l'image de ce dieu bienfaisant s'efface de mon cœur.

MÉLIBÉE.

Mais nous, tristes bannis, nous irons, les uns chez les Africains brûlés par le soleil, les autres chez les Scythes glacés, en Crète, sur les bords de l'impétueux Oaxis, et jusque chez les Bretons, séparés du reste du monde. Ah! me sera-t-il donné, après un long temps, de revoir la contrée de mes pères, mon pauvre toit couvert de gazon et de chaume, et d'admirer encore

TITYRUS.

Libertas : quæ, sera, tamen respexit inertem,
Candidior postquam tondenti barba cadebat;
Respexit tamen, et longo post tempore venit,   30
Postquam nos Amaryllis habet, Galatea reliquit.
Namque, fatebor enim, dum me Galatea tenebat,
Nec spes libertatis erat, nec cura peculi.
Quamvis multa meis exiret victima sæptis,
Pinguis et ingratæ premeretur caseus urbi,   35
Non unquam gravis ære domum mihi dextra redibat.

MELIBOEUS.

Mirabar quid mœsta deos, Amarylli, vocares;
Cui pendere sua patereris in arbore poma.
Tityrus hinc aberat. Ipsæ te, Tityre, pinus,
Ipsi te fontes, ipsa hæc arbusta, vocabant.   40

TITYRUS.

Quid facerem? neque servitio me exire licebat,
Nec tam præsentis alibi cognoscere divos.
Hic illum vidi juvenem, Meliboee, quotannis
Bis senos cui nostra dies altaria fumant.
Hic mihi responsum primus dedit ille petenti :   45
Pascite, ut ante, boves, pueri; submittite tauros.

MELIBOEUS.

Fortunate senex, ergo tua rura manebunt!
Et tibi magna satis; quamvis lapis omnia nudus
Limosoque palus obducat pascua junco.
Non insueta gravis tentabunt pabula fetas,   50
Nec mala vicini pecoris contagia lædent.
Fortunate senex, hic inter flumina nota
Et fontis sacros frigus captabis opacum;
Hinc, tibi quæ semper vicino ab limite sæpes
Hyblæis apibus florem depasta salicti,   55
Sæpe levi somnum suadebit intre susurro;
Hinc alta sub rupe canet frondator ad auras;
Nec tamen interea rancæ, tua cura, palumbes,
Nec gemere aeria cessabit turtur ab ulmo.

TITYRUS.

Ante leves ergo pascentur in æthere cervi,   60
Et freta destituent nudos in litore piscis;
Ante, pererratis amborum finibus, exsul
Aut Ararim Parthus bibet, aut Germania Tigrim,
Quam nostro illius labatur pectore vultus.

MELIBOEUS.

At nos hinc alii sitientis ibimus Afros;   65
Pars Scythiam et rapidum Cretæ veniemus Oaxem,

mon champ, mon royaume, et ses rares épis? Quoi! c'est pour un soldat inhumain que j'ai tant cultivé ces guérets! Le barbare aura ces moissons! Voilà donc où la discorde a amené de malheureux citoyens! Voilà pour qui nous avons ensemencé nos champs! Ente donc, Mélibée, ente des poiriers, range tes vignes sur le coteau. Allez, mes chèvres, troupeau jadis heureux, allez : je ne vous verrai plus, de loin couché dans un antre verdoyant, pendre aux flancs des roches buissonneuses. Je ne chanterai plus; non, mes chèvres, vous n'irez plus, menées par moi, brouter le cytise en fleur et les saules amers.

TITYRE.

Cependant tu peux, cette nuit, reposer avec moi sur un lit de feuillage. J'ai des fruits savoureux, des châtaignes amollies par la flamme, un laitage abondant. Déjà les toits des hameaux fument au loin, et les ombres grandissantes tombent des hautes montagnes.

ÉCLOGUE II.

ALEXIS.

Le berger Corydon brûlait pour le bel Alexis, les délices de son maître, et il n'avait pas ce qu'il espérait. Seulement il venait tous les jours sous les cimes ombreuses des hêtres épais ; là, seul, sans art, il jetait aux monts, aux forêts cette plainte perdue : « O cruel Alexis, « tu dédaignes mes chants, tu n'es point tou-« ché de ma peine ; à la fin, tu me feras mourir. « Voici l'heure où les troupeaux cherchent « l'ombre et le frais; où les vertes ronces ca-« chent les lézards; où Thestylis broie l'ail et « le serpolet odorants, pour les moissonneurs ac-« cablés des feux dévorants de l'été. Et moi, « attaché à la trace de tes pas, je n'entends plus « autour de moi que les buissons qui retentissent, « sous un soleil ardent, des sons rauques des ci-« gales. Ne m'eût-il pas été moins dur de sup-« porter les tristes colères et les superbes dédains « d'Amaryllis? Que n'aimé-je Ménalque, quoi-« qu'il soit brun, quoique tu sois blanc? O bel « enfant, ne compte pas trop sur la couleur : « on laisse le blanc troène, on cueille la noire « airelle. Tu me méprises, Alexis, et tu n'as « souci de savoir qui je suis, combien je suis « riche en troupeaux, combien en blanc laitage. « Mille brebis paissent pour moi sur les monts « de Sicile; l'été, l'hiver, le lait nouveau ne me « manque pas. Je chante les airs que chantait, « quand il appelait ses troupeaux, Amphion de « Thèbes sur le haut Aracynthe. Je ne suis pas « si affreux ; je me suis vu naguère sur le rivage, « dans la mer calme et unie; et si le miroir « des eaux ne nous trompe jamais, je ne crain-« drais pas, te prenant pour juge, Daphnis pour

Et penitus toto divisos orbe Britannos.
En, unquam patrios longo post tempore finis,
Pauperis et tuguri congestum cespite culmen,
Post aliquot, mea regna videns, mirabor aristas? 70
Impius hæc tam culta novalia miles habebit?
Barbarus has segetes? En, quo discordia civis
Produxit miseros! En, quis consevimus agros!
Insere nunc, Melibœe, piros; pone ordine vitis.
Ite, meæ, felix quondam pecus, ite, capellæ. 75
Non ego vos posthac, viridi projectus in antro,
Dumosa pendere procul de rupe videbo ;
Carmina nulla canam; non, me pascente, capellæ,
Florentem cytisum et salices carpetis amaras.

TITYRUS.

Hic tamen hanc mecum poteras requiescere noctem 80
Fronde super viridi : sunt nobis mitia poma,
Castaneæ molles, et pressi copia lactis.
Et jam summa procul villarum culmina fumant,
Majoresque cadunt altis de montibus umbræ.

ECLOGA II.

ALEXIS.

Formosum pastor Corydon ardebat Alexin,
Delicias domini ; nec quid speraret, habebat.
Tantum inter densas, umbrosa cacumina, fagos
Adsidue veniebat; ibi hæc incondita solus
Montibus et silvis studio jactabat inani : 5
O crudelis Alexi, nihil mea carmina curas?
Nil nostri miserere? mori me denique coges.
Nunc etiam pecudes umbras et frigora captant;
Nunc viridis etiam occultant spineta lacertos;
Thestylis et rapido fessis messoribus æstu 10
Allia serpyllumque herbas contundit olentis :
At mecum raucis, tua dum vestigia lustro,
Sole sub ardenti resonant arbusta cicadis.
Nonne fuit satius, tristes Amaryllidis iras
Atque superba pati fastidia? nonne Menalcan? 15
Quamvis ille niger, quamvis tu candidus esses.
O formose puer, nimium ne crede colori.
Alba ligustra cadunt, vaccinia nigra leguntur.
Despectus tibi sum, nec, qui sim, quæris, Alexi;
Quam dives pecoris, nivei quam lactis abundans. 20
Mille meæ Siculis errant in montibus agnæ.
Lac mihi non æstate novum, non frigore defit.
Canto, quæ solitus, si quando armenta vocabat,
Amphion Dircæus in Actæo Aracyntho.
Nec sum adeo informis : nuper me in litore vidi, 25
Quum placidum ventis staret mare ; non ego Daphnim
Judice te metuam, si nunquam fallat imago.
O tantum libeat mecum tibi sordida rura
Atque humilis habitare casas, et figere cervos,
Hædorumque gregem viridi compellere hibisco! 30

« la beauté. O qu'il te plaise seulement d'habiter avec moi ces pauvres campagnes, et nos humbles chaumières ; de percer les daims, et de chasser devant toi, avec la verte houlette, la bande pressée de nos chevreaux. Avec moi dans les forêts tu imiteras Pan sur tes pipeaux. Pan le premier a enseigné à joindre ensemble par la cire plusieurs chalumeaux ; Pan protège et les brebis et les bergers. Ne crains pas de blesser avec la flûte ta lèvre délicate : pour apprendre mes airs, que ne faisait pas Amyntas ? J'ai une flûte formée de sept tuyaux d'inégale hauteur, qu'autrefois Damétas m'a donnée en propre : en mourant il me dit : « Tu es le second qui l'aies. » Ainsi dit Damétas ; Amyntas n'en fut-il pas sottement envieux ? De plus, j'ai trouvé au fond d'un périlleux ravin deux petits chevreuils tachetés de blanc ; chaque jour ils épuisent les mamelles de deux brebis : je les garde pour toi. Il y a longtemps que Thestylis me presse de les lui amener ; et elle les aura, puisque tu n'as que du dédain pour mes présents. Viens, ô bel enfant ! Voici les nymphes qui t'apportent des lis à pleines corbeilles : pour toi une blanche naïade cueillant de pâles violettes, les plus hauts pavots, et le narcisse, les joint aux fleurs odorantes de l'anet ; pour toi entremêlant la case et mille autres herbes suaves, elle peint la molle airelle des couleurs jaunes du souci. Moi-même je cueillerai les blanches pommes du coing au tendre duvet, et des châtaignes, qu'aimait mon Amaryllis : j'y joindrai la prune vermeille ; elle aussi sera digne de te plaire. Et vous aussi, lauriers, myrtes si bien assortis, je vous cueillerai, puisqu'ainsi rassemblés vous confondez vos suaves odeurs. Tu es sot, Corydon ; Alexis ne veut pas de tes présents ; et si les tiens le disputaient à ceux d'Iolas, Iolas ne céderait pas. Malheureux, qu'ai-je dit ? Je suis perdu d'amour ; j'ai déchaîné l'auster sur les fleurs, j'ai lancé le sanglier fangeux dans les claires fontaines. Ah ! qui fuis-tu, insensé ? Les dieux aussi ont habité les forêts ; le Troyen Pâris était berger. Que Pallas aime les hauts remparts qu'elle a bâtis : nous, que les bois nous plaisent par-dessus tout. La lionne à l'œil sanglant cherche le loup ; le loup, la chèvre ; la chèvre lascive, le cytise en fleurs : et toi, Corydon te cherche, ô Alexis ! chacun suit le penchant qui l'entraîne. Vois, les bœufs ramènent le soc levé de la charrue ; et le soleil, qui descend, double les ombres croissantes : et moi je brûle encore..... Est-il quelque répit à l'amour ? Ah ! Corydon, Corydon, quelle démence est la tienne ? La vigne, unie à cet ormeau touffu, reste à demi-taillée : que ne prépares-tu plutôt quelque ouvrage utile à tes champs ? que ne tresses-tu le jonc et le flexible osier ? Tu trouveras un autre Alexis, si cet Alexis te dédaigne. »

```
Mecum una in silvis imitabere Pana canendo.
Pan primus calamos cera conjungere pluris
Instituit; Pan curat ovis oviumque magistros.
Nec te pœniteat calamo trivisse labellum :
Hæc eadem ut sciret, quid non faciebat Amyntas ?    35
Est mihi disparibus septem compacta cicutis
Fistula, Damœtas dono mihi quam dedit olim,
Et dixit moriens : Te nunc habet ista secundum.
Dixit Damœtas ; invidit stultus Amyntas.
Præterea duo, nec tuta mihi valle reperti,           40
Capreoli, sparsis etiam nunc pellibus albo,
Bina die siccant ovis ubera ; quos tibi servo.
Jam pridem a me illos abducere Thestylis orat ;
Et faciet ; quoniam sordent tibi munera nostra.
Huc ades, o formose puer : tibi lilia plenis         45
Ecce ferunt Nymphæ calathis ; tibi candida Nais,
Pallentis violas et summa papavera carpens,
Narcissum et florem jungit bene olentis anethi ;
Tum, casia atque aliis intexens suavibus herbis,
Mollia luteola pingit vaccinia caltha.               50
Ipse ego cana legam tenera lanugine mala,
Castaneasque nuces, mea quas Amaryllis amabat.
Addam cerea pruna ; honos erit huic quoque pomo ;
Et vos, o lauri, carpam, et te, proxima myrte :
Sic positæ quoniam suavis miscetis odores.          55
Rusticus es, Corydon ; nec munera curat Alexis ;
Nec, si muneribus certes, concedat Iollas.
Heu, heu, quid volui misero mihi ? floribus austrum
Perditus, et liquidis immisi fontibus apros.
Quem fugis, ah demens ? habitarunt di quoque silvas, 60
Dardaniusque Paris. Pallas, quas condidit arces
Ipsa colat : nobis placeant ante omnia silvæ.
Torva leæna lupum sequitur ; lupus ipse capellam ;
Florentem cytisum sequitur lasciva capella ;
Te Corydon, o Alexi ; trahit sua quemque voluptas.  65
Adspice, aratra jugo referunt suspensa juvenci,
Et sol crescentis decedens duplicat umbras :
Me tamen urit amor ; quis enim modus adsit amori ?
Ah Corydon, Corydon, quæ te dementia cepit !
Semiputata tibi frondosa vitis in ulmo est.         70
Quin tu aliquid saltem, potius quorum indiget usus,
Viminibus mollique paras detexere junco ?
Invenies alium, si te hic fastidit, Alexin.
```

ÉCLOGUE III.
PALÉMON.

MÉNALQUE, DAMÉTAS, PALÉMON.

MÉNALQUE.
Dis-moi, Damétas, à qui ce troupeau? à Mélibée?

DAMÉTAS.
Non; il est à Egon, qui depuis peu me l'a confié.

MÉNALQUE.
O troupeau toujours malheureux! pendant que le jaloux Égon languit auprès de Néera, et tremble qu'elle ne me préfère à lui, ici un gardien mercenaire trait deux fois par heure ses brebis, épuise les mères, dérobe le lait aux agneaux.

DAMÉTAS.
Souviens-toi de ménager un peu plus tes reproches. On sait aussi de tes aventures... quand tes boucs te regardèrent de travers... et certain antre consacré aux nymphes... Mais les nymphes en rirent; elles sont si indulgentes!

MÉNALQUE.
Est-ce quand elles me virent couper d'une faux envieuse les arbustes et les vignes nouvelles de Mycon?

DAMÉTAS.
Non, c'est quand près de ces vieux hêtres tu brisas l'arc et les chalumeaux de Daphnis. Méchant, quand tu vis qu'on les donnait à cet enfant, tu en eus tant de dépit, que si tu ne lui avais fait quelque mal, tu serais mort.

MÉNALQUE.
Que feront les maîtres, si des esclaves, des fripons sont si osés? Ne t'ai-je pas vu, scélérat, dérober traîtreusement un chevreau à Damon? Mais Lycisque aboya de toutes ses forces; et comme je criais, Où s'esquive le larron? Tityre, rassemble ton troupeau; toi, tu te cachais derrière les joncs.

DAMÉTAS.
Que Damon ne me donnait-il le chevreau, prix de la victoire que ma flûte avait remportée sur la sienne? Si tu l'ignores, ce chevreau était à moi; Damon en convenait lui-même : mais, à l'entendre, il ne pouvait me le donner.

MÉNALQUE.
Toi, vainqueur de Damon! As-tu seulement jamais eu une flûte à sept tuyaux, ignorant, qui n'as jamais su que jeter au vent, dans les carrefours, de misérables airs tirés d'un aigre chalumeau?

DAMÉTAS.
Eh bien! veux-tu que tour à tour nous nous éprouvions dans le chant? Tu vois cette génisse; ne va pas la dédaigner : deux fois elle se laisse traire, et elle nourrit encore deux veaux : ce sera mon gage. Dis le tien, et nous combattrons.

MÉNALQUE.
Je n'oserais rien risquer avec toi de mon troupeau. J'ai, tu le sais, un père; j'ai une injuste marâtre : deux fois par jour ils comptent mon troupeau, l'un les brebis, l'autre les chevreaux. Mais j'ai à te proposer, puisque tu es assez fou

ECLOGA III.
PALÆMON.

MENALCAS, DAMOETAS, PALÆMON.

MENALCAS.
Dic mihi, Damœta, cujum pecus? an Melibœi?

DAMOETAS.
Non; verum Ægonis : nuper mihi tradidit Ægon.

MENALCAS.
Infelix o semper, oves, pecus! ipse Neæram
Dum fovet, ac, ne me sibi præferat illa, veretur,
Hic alienus oves custos bis mulget in hora : 5
Et succus pecori, et lac subducitur agnis.

DAMOETAS.
Parcius ista viris tamen objicienda memento.
Novimus, et qui te, transversa tuentibus hircis,
Et quo, sed faciles Nymphæ risere, sacello.

MENALCAS.
Tum, credo, quum me arbustum videre Miconis 10
Atque mala vitis incidere falce novellas.

DAMOETAS.
Aut hic ad veteres fagos, quum Daphnidis arcum
Fregisti et calamos : quæ tu, perverse Menalca,
Et, quum vidisti puero donata, dolebas;
Et, si non aliqua nocuisses, mortuus esses. 15

MENALCAS.
Quid domini faciant, audent quum talia fures!
Non ego te vidi Damonis, pessime, caprum
Excipere insidiis, multum latrante Lycisca?
Et quum clamarem : Quo nunc se proripit ille?
Tityre, coge pecus; tu post carecta latebas. 20

DAMOETAS.
An mihi cantando victus non redderet ille,
Quem mea carminibus meruisset fistula, caprum?
Si nescis, meus ille caper fuit; et mihi Damon
Ipse fatebatur; sed reddere posse negabat.

MENALCAS.
Cantando tu illum? aut unquam tibi fistula cera 25
Juncta fuit? non tu in triviis, indocte, solebas
Stridenti miserum stipula disperdere carmen?

DAMOETAS.
Vis ergo, inter nos, quid possit uterque, vicissim
Experiamur! Ego hanc vitulam (ne forte recuses,
Bis venit ad mulctram, binos alit ubere fetus,) 30
Depono : tu dic mecum quo pignore certes.

MENALCAS.
De grege non ausim quidquam deponere tecum :
Est mihi namque domi pater; est injusta noverca;
Bisque die numerant ambo pecus, alter et hædos.
Verum, id quod multo tute ipse fatebere majus 35
(Insanire libet quoniam tibi), pocula ponam

pour me défier, un prix (toi-même tu l'avoueras) bien au-dessus du tien : ce sont deux coupes de hêtre que sculpta la main divine d'Alcimédon. Une vigne ciselée à l'entour y revêt gracieusement de ses souples rameaux les raisins épandus du pâle lierre. Dans le fond d'une de ces coupes est la figure de Conon : et quelle est donc l'autre ?... Dis-moi le nom de cet homme qui, par des lignes tracées, a décrit tout le globe de la terre habitée, a marqué le temps de la moisson, le temps propre à la charrue recourbée. Je n'ai pas encore approché ces vases de mes lèvres ; je les garde précieusement enfermés.

DAMÉTAS.

J'ai, comme toi, du même Alcimédon deux coupes, où il a fait s'entrelacer aux deux anses la molle acanthe : au fond, il a gravé l'image d'Orphée, que suivent les forêts émues : mes lèvres non plus n'en ont pas touché le bord ; et je les garde soigneusement. Mais, auprès de ma génisse, ces coupes ne valent pas qu'on les vante.

MÉNALQUE.

Tu ne m'échapperas pas aujourd'hui ; toutes les conditions que tu voudras, je les tiens. Que celui qui vient vers nous nous écoute seulement. C'est Palémon. Je saurai bien t'empêcher à jamais de provoquer qui que ce soit.

DAMÉTAS.

Allons, commence, si tu veux : je ne me ferai pas attendre. Je n'ai pas de juge à écarter. Toi, Palémon, notre voisin, il ne s'agit pas de peu de chose ; laisse-toi pénétrer par nos chants.

PALÉMON.

Chantez, enfants, puisque nous sommes assis sur l'herbe tendre. C'est le moment où les champs, les arbres, où tout enfante, où les forêts reverdissent, où l'année est la plus belle. Commence, Dametas ; toi, Ménalque, tu répondras. Vous chanterez tour à tour ; les Muses aiment les chants alternés.

DAMÉTAS.

Jupiter est le commencement de tout ; tout est plein de Jupiter. C'est par lui que nos champs sont fertiles ; il veut bien aimer mes vers.

MÉNALQUE.

Et moi je suis aimé de Phébus ; j'ai toujours des présents que je réserve à Phébus, le laurier, et l'hyacinthe suave et pourprée.

DAMÉTAS.

Galatée me jette une pomme, la folâtre jeune fille ! et fuit vers les saules ; et avant de se cacher, désire être vue.

MÉNALQUE.

Mais il vient de lui-même s'offrir à moi, mon Amyntas, ma flamme : Délie n'est pas maintenant plus connue de mes chiens.

DAMÉTAS.

J'ai des présents tout prêts pour ma Vénus : car j'ai remarqué un endroit où des ramiers ont fait leur nid.

MÉNALQUE.

J'ai cueilli (c'est tout ce que j'ai pu) dix pommes d'or choisies, je les ai envoyées au rustique enfant que j'aime : demain je lui en enverrai dix autres.

DAMÉTAS.

O que de mots tendres m'a souvent dits ma Galatée ! Vents, n'en portez-vous rien aux oreilles des dieux ?

Fagina, cælatum divini opus Alcimedontis :
Lenta quibus torno facili superaddita vitis
Diffusos hedera vestit pallente corymbos.
In medio duo signa, Conon : et quis fuit alter,　40
Descripsit radio totum qui gentibus orbem,
Tempora quæ messor, quæ curvus arator haberet ?
Necdum illis labra admovi, sed condita servo.

DAMOETAS.

Et nobis idem Alcimedon duo pocula fecit,　45
Et molli circum est ansas amplexus acantho ;
Orpheaque in medio posuit silvasque sequentis.
Necdum illis labra admovi, sed condita servo.
Si ad vitulam spectas, nihil est, quod pocula laudes.

MENALCAS.

Nunquam hodie effugies ; veniam, quocumque vocaris.
Audiat hæc tantum, vel qui venit, ecce, Palæmon.　50
Efficiam posthac, ne quemquam voce lacessas.

DAMOETAS.

Quin age, si quid habes ; in me mora non erit ulla ;
Nec quemquam fugio : tantum, vicine Palæmon,
Sensibus hæc imis, res est non parva, reponas.

PALÆMON.

Dicite : quandoquidem in molli consedimus herba ;　55
Et nunc omnis ager, nunc omnis parturit arbos,
Nunc frondent silvæ, nunc formosissimus annus.
Incipe, Damœta ; tu deinde sequere, Menalca.
Alternis dicetis ; amant alterna Camœnæ.

DAMOETAS.

Ab Jove principium Musæ ; Jovis omnia plena.　60
Ille colit terras ; illi mea carmina curæ.

MENALCAS.

Et me Phœbus amat ; Phœbo sua semper apud me
Munera sunt, lauri, et suave rubens hyacinthus.

DAMOETAS.

Malo me Galatea petit, lasciva puella ;
Et fugit ad salices, et se cupit ante videri.　65

MENALCAS.

At mihi sese offert ultro, meus ignis, Amyntas ;
Notior ut jam sit canibus non Delia nostris.

DAMOETAS.

Parta meæ Veneri sunt munera : namque notavi
Ipse locum, aeriæ quo congessere palumbes.

MENALCAS.

Quod potui, puero silvestri ex arbore lecta　70
Aurea mala decem misi ; cras altera mittam.

MÉNALQUE.

Que me sert, Amyntas, que dans ton âme tu ne me méprises point, si, tandis que tu poursuis les sangliers, moi je garde les filets?

DAMÉTAS.

Iolas, envoie-moi Phyllis; c'est mon jour natal : toi, quand je sacrifierai une génisse pour mes moissons, viens toi-même.

MÉNALQUE.

J'aime Phyllis plus que toutes les autres; car elle a pleuré de me voir partir, et elle m'a dit longtemps : Adieu, adieu, bel Iolas.

DAMÉTAS.

Le loup est funeste aux bergeries, les pluies aux moissons mûres, les vents aux arbres; à moi les colères d'Amaryllis.

MÉNALQUE.

L'eau est douce aux champs ensemencés, l'arboisier aux chevreaux sevrés, le saule pliant aux brebis pleines; à moi le seul Amyntas.

DAMÉTAS.

Pollion aime ma muse, toute rustique qu'elle est. Déesses du Permesse, nourrissez une génisse pour le poëte qui lit ses vers.

MÉNALQUE.

Pollion fait lui-même des vers vraiment nouveaux. Muses, nourrissez pour lui un jeune taureau, qui déjà menace de la corne et qui fasse en bondissant voler la poussière.

DAMÉTAS.

Que celui qui t'aime, Pollion, arrive où il se réjouit de te voir parvenu ; que le miel coule pour lui; que pour lui le buisson épineux produise l'amome.

MÉNALQUE.

Que celui qui ne hait point Bavius aime tes vers, ô Mévius ! qu'il s'en aille atteler des renards et traire des boucs!

DAMÉTAS.

Vous qui cueillez des fleurs et les fraises qui naissent à terre, fuyez d'ici, enfants; un froid serpent est caché sous l'herbe.

MÉNALQUE.

Prenez garde, mes brebis, d'aller plus avant; la rive n'est pas sûre : le bélier sèche encore sa toison.

DAMÉTAS.

Tityre, éloigne du fleuve mes chèvres : moi-même, quand il en sera temps, je les laverai toutes à la fontaine.

MÉNALQUE.

Enfants, abritez vos brebis : si la chaleur vient à tarir leur lait, comme ces jours passés, nos mains presseront en vain leurs mamelles.

DAMÉTAS.

Hélas! que mon taureau est maigre dans ces gras pâturages ! Le même amour tue et le troupeau et le pasteur.

MÉNALQUE.

Mes brebis (ce n'est pas l'amour qui en est cause) sont maigres à laisser voir leurs os. Je ne sais quel regard fascine mes tendres agneaux.

DAMÉTAS.

Dis-moi, et tu seras pour moi un Apollon, en

DAMOETAS.

O quoties, et quæ nobis Galatea locuta est!
Partem aliquam, venti, divum referatis ad auris!

MENALCAS.

Quid prodest, quod me ipse animo non spernis, Amynta,
Si, dum tu sectaris apros, ego retia servo ? 75

DAMOETAS.

Phyllida mitte mihi; meus est natalis, Iolla :
Cum faciam vitula pro frugibus, ipse venito.

MENALCAS.

Phyllida amo ante alias : nam me discedere flevit;
Et, Longum formose vale, vale, inquit, Iolla.

DAMOETAS.

Triste lupus stabulis, maturis frugibus imbres, 80
Arboribus venti, nobis Amaryllidis iræ.

MENALCAS.

Dulce satis humor, depulsis arbutus hædis ;
Lenta salix feto pecori, mihi solus Amyntas.

DAMOETAS.

Pollio amat nostram, quamvis est rustica, Musam :
Pierides, vitulam lectori pascite vestro. 85

MENALCAS.

Pollio et ipse facit nova carmina : pascite taurum ,
Jam cornu petat, et pedibus qui spargat arenam.

DAMOETAS.

Qui te, Pollio, amat, veniat, quo te quoque gaudet.
Mella fluant illi, ferat et rubus asper amomum.

MENALCAS.

Qui Bavium non odit, amet tua carmina, Mævi; 90
Atque idem jungat vulpes, et mulgeat hircos.

DAMOETAS.

Qui legitis flores et humi nascentia fraga,
Frigidus, o pueri, fugite hinc, latet anguis in herba.

MENALCAS.

Parcite, oves, nimium procedere; non bene ripæ
Creditur : ipse aries etiam nunc vellera siccat. 95

DAMOETAS.

Tityre, pascentis a flumine reice capellas ;
Ipse, ubi tempus erit, omnis in fonte lavabo.

MENALCAS.

Cogite ovis, pueri; si lac præceperit æstus,
Ut nuper, frustra pressabimus ubera palmis.

DAMOETAS.

Heu, heu, quam pingui macer est mihi taurus in ervo! 100
Idem amor exitium pecori, pecorisque magistro.

MENALCAS.

His certe neque amor caussa est : vix ossibus hærent.
Nescio quis, teneros oculus mihi fascinat agnos.

DAMOETAS.

Dic quibus in terris, et eris mihi magnus Apollo,
Tris pateat cœli spatium non amplius ulnas. 105

quel endroit de la terre l'espace du ciel n'a pas plus de trois coudées d'étendue.

MÉNALQUE.

Dis dans quelle contrée naissent des fleurs sur lesquelles sont écrits des noms de rois; et Phyllis est à toi, à toi seul.

PALÉMON.

Il ne m'appartient pas de prononcer entre vous dans une si grande lutte. Lui et toi vous avez mérité une génisse, vous et tout berger qui chantera les redoutables douceurs ou les amers soucis de l'amour. Fermez la source, enfants; les prairies sont abreuvées.

ÉCLOGUE IV.

POLLION.

Muses de Sicile, élevons un peu nos chants. Les buissons ne plaisent pas à tous, non plus que les humbles bruyères. Si nous chantons les forêts, que les forêts soient dignes d'un consul. Il s'avance enfin, le dernier âge prédit par la Sibylle : je vois éclore un grand ordre de siècles renaissants. Déjà la vierge Astrée revient sur la terre, et avec elle le règne de Saturne ; déjà descend des cieux une nouvelle race de mortels. Souris, chaste Lucine, à cet enfant naissant; avec lui d'abord cessera l'âge de fer, et à la face du monde entier s'élèvera l'âge d'or : déjà règne ton Apollon. Et toi, Pollion, ton consulat ouvrira cette ère glorieuse, et tu verras ces grands mois commencer leur cours. Par toi seront effacées, s'il en reste encore, les traces de nos crimes, et la terre sera pour jamais délivrée de sa trop longue épouvante. Cet enfant jouira de la vie des dieux ; il verra les héros mêlés aux dieux ; lui-même il sera vu dans leur troupe immortelle, et il régira l'univers, pacifié par les vertus de son père. Pour toi, aimable enfant, la terre la première, féconde sans culture, prodiguera ses dons charmants, çà et là le lierre errant, le baccar et le colocase mêlé aux riantes touffes d'acanthe. Les chèvres retourneront d'elles-mêmes au bercail, les mamelles gonflées de lait; et les troupeaux ne craindront plus les redoutables lions : les fleurs vont éclore d'elles-mêmes autour de ton berceau, le serpent va mourir; plus d'herbe envenimée qui trompe la main ; partout naîtra l'amome d'Assyrie. Mais aussitôt que tu pourras lire les annales glorieuses des héros et les hauts faits de ton père, et savoir ce que c'est que la vraie vertu, on verra peu à peu les tendres épis jaunir la plaine, le raisin vermeil pendre aux ronces incultes, et de la dure écorce des chênes le miel dégoutter en suave rosée. Cependant il restera quelques traces de la perversité des anciens jours : les navires iront encore braver Théthis dans son empire ; des murs ceindront les villes; le soc fendra le sein de la terre. Il y aura un autre Typhis, un autre Argo portant une élite de héros : il y aura même d'autres combats ; un autre Achille sera encore envoyé contre un nouvel Ilion. Mais sitôt que les ans auront mûri ta vigueur

MENALCAS.

Dic, quibus in terris inscripti nomina regum
Nascantur flores; et Phyllida solus habeto.

PALÆMON.

Non nostrum inter vos tantas componere litis :
Et vitula tu dignus, et hic : et quisquis amores
Aut metuet dulcis, aut experietur amaros. 110
Claudite jam rivos, pueri : sat prata biberunt.

EGLOGA IV.

POLLIO.

Sicelides Musæ, paullo majora canamus,
Non omnis arbusta juvant humilesque myricæ :
Si canimus silvas, silvæ sint consule dignæ.
 Ultima Cumæi venit jam carminis ætas;
Magnus ab integro sæclorum nascitur ordo. 5
Jam redit et Virgo ; redeunt Saturnia regna;
Jam nova progenies cœlo demittitur alto.
Tu modo nascenti puero, quo ferrea primum
Desinet, ac toto surget gens aurea mundo,
Casta, fave, Lucina : tuus jam regnat Apollo. 10
Teque adeo decus hoc ævi, te consule, inibit,
Pollio ; et incipient magni procedere menses.
Te duce, si qua manent, sceleris vestigia nostri
Irrita perpetua solvent formidine terras.
Ille deum vitam accipiet, divisque videbit 15
Permixtos heroas, et ipse videbitur illis ;
Pacatumque reget patriis virtutibus orbem.
At tibi prima, puer, nullo munuscula cultu,
Errantis ederas passim cum baccare, tellus,
Mixtaque ridenti colocasia fundet acantho. 20
Ipsæ lacte domum referent distenta capellæ
Ubera ; nec magnos metuent armenta leones.
Ipsa tibi blandos fundent cunabula flores.
Occidet et serpens, et fallax herba veneni
Occidet ; Assyrium vulgo nascetur amomum. 25
At, simul heroum laudes et facta parentis
Jam legere, et quæ sit poteris cognoscere virtus :
Molli paullatim flavescet campus arista,
Incultisque rubens pendebit sentibus uva;
Et duræ quercus sudabunt roscida mella. 30
Pauca tamen suberunt priscæ vestigia fraudis,
Quæ tentare Thetim ratibus, quæ cingere muris
Oppida, quæ jubeant tellure infindere sulcos.
Alter erit tum Tiphys, et altera quæ vehat Argo
Delectos heroas; erunt etiam altera bella ; 35
Atque iterum ad Trojam magnus mittetur Achilles.
Hinc, ubi jam firmata virum te fecerit ætas,
Cedet et ipse mari vector : nec nautica pinus
Mutabit merces; omnis feret omnia tellus;

le nautonnier lui-même abandonnera la mer, et le pin navigateur n'ira plus échanger les richesses des climats divers ; toute terre produira tout. Le champ ne souffrira plus le soc, ni la vigne la faux, et le robuste laboureur affranchira ses taureaux du joug. La laine n'apprendra plus à feindre des couleurs empruntées : mais le bélier lui-même, paissant dans la prairie, teindra sa blanche toison des suaves couleurs de la pourpre ou du safran; et les agneaux, tout en broutant l'herbe, se revêtiront d'une vive et naturelle écarlate. Filez, filez ces siècles heureux, ont dit à leurs légers fuseaux les Parques, toujours d'accord avec les immuables destins. Grandis donc pour ces magnifiques honneurs, cher enfant des dieux, glorieux rejeton de Jupiter ; les temps vont venir : vois le monde s'agiter sur son axe incliné; vois la terre, les mers, les cieux profonds, vois comme tout tressaille de joie à l'approche de ce siècle fortuné. Oh! s'il me restait d'une vie prolongée par les dieux quelques derniers jours, et assez de souffle encore pour chanter tes hauts faits, je ne me laisserais vaincre sur la lyre ni par le Thrace Orphée, ni par Linus, quoique Orphée ait pour mère Calliope, Linus le bel Apollon pour père. Pan lui-même, qu'admire l'Arcadie, s'il luttait avec moi devant elle, Pan lui-même s'avouerait vaincu devant l'Arcadie. Enfant, commence à connaître ta mère à son sourire ; que de peines lui ont fait souffrir pour toi dix mois entiers! Enfant, reconnais-la : le fils à qui ses parents n'ont point souri n'est digne ni d'approcher de la table d'un dieu, ni d'être admis au lit d'une déesse.

ÉCLOGUE V.
DAPHNIS.

MÉNALQUE, MOPSUS.

MÉNALQUE.

Pourquoi, Mopsus, puisque nous nous rencontrons ici, toi qui sais enfler le chalumeau léger, et moi chanter des vers, ne nous asseyons-nous pas au milieu de ces ormes, entremêlés de coudriers?

MOPSUS.

Tu es le plus âgé de nous deux, Ménalque ; il est juste que je t'obéisse ; soit que nous nous reposions sous ces ombrages changeants que remuent les zéphyrs, soit que nous nous retirions plutôt dans cet antre. Vois comme la vigne sauvage y étale ses grappes éparses.

MÉNALQUE.

Sur nos montagnes le seul Amyntas te le disputerait pour le chant.

MOPSUS.

Lui ! ne voudrait-il pas l'emporter sur Phébus lui-même?

MÉNALQUE.

Commence, Mopsus, et chante-nous ce que tu sais des amours de Phyllis, des louanges d'Alcon, ou de la querelle de Codrus : commence ; Tityre gardera nos chevreaux paissant dans la prairie.

MOPSUS.

J'ai d'autres vers que je gravai l'autre jour sur la verte écorce d'un hêtre, les chantant, les

Non rastros patietur humus, non vinea falcem ; 40
Robustus quoque jam tauris juga solvet arator.
Nec varios discet mentiri lana colores :
Ipse sed in pratis aries jam suave rubenti
Murice, jam croceo mutabit vellera luto ;
Sponte sua sandyx pascentis vestiet agnos. 45
Talia sæcla, suis dixerunt, currite, fusis
Concordes stabili fatorum numine Parcæ.
Adgredere o magnos (aderit jam tempus) honores,
Cara deum soboles, magnum Jovis incrementum !
Adspice convexo nutantem pondere mundum, 50
Terrasque, tractusque maris, cœlumque profundum ;
Adspice, venturo lætantur ut omnia sæclo.
O mihi tam longæ maneat pars ultima vitæ,
Spiritus et, quantum sat erit tua dicere facta !
Non me carminibus vincet nec Thracius Orpheus, 55
Nec Linus : huic mater quamvis, atque huic pater adsit :
Orphei Calliopea, Lino formosus Apollo.
Pan etiam, Arcadia mecum si judice certet,
Pan etiam Arcadia dicat se judice victum.
Incipe, parve puer, risu cognoscere matrem ; 60
Matri longa decem tulerunt fastidia menses.
Incipe, parve puer; cui non risere parentes,
Nec deus hunc mensa, dea nec dignata cubili est.

EGLOGA V.
DAPHNIS.

MENALCAS, MOPSUS.
MENALCAS.

Cur non, Mopse, boni quoniam convenimus ambo,
Tu calamos inflare levis, ego dicere versus,
Hic corulis mixtas inter considimus ulmos?

MOPSUS.

Tu major; tibi me est æquum parere, Menalca :
Sive sub incertas Zephyris mutantibus umbras, 5
Sive antro potius succedimus. Adspice, ut antrum
Silvestris raris sparsit labrusca racemis.

MENALCAS.

Montibus in nostris solus tibi certet Amyntas.

MOPSUS.

Quid, si idem certet Phœbum superare canendo?

MENALCAS.

Incipe, Mopse, prior : si quos aut Phyllidis ignes, 10
Aut Alconis habes laudes, aut jurgia Codri.
Incipe ; pascentis servabit Tityrus hædos.

MOPSUS.

Immo hæc, in viridi nuper quæ cortice fagi

traçant tour à tour. J'aime mieux les essayer devant toi : après cela dis à Amyntas de me le disputer encore.

MÉNALQUE.

Autant que le saule pliant cède au pâle olivier, l'humble lavande au rosier pourpre, autant, à mon avis, Amyntas cède à Mopsus.

MOPSUS.

C'en est assez, enfant; nous voici dans l'antre.

Une mort cruelle avait ravi Daphnis à la lumière; les nymphes le pleuraient: coudriers, claires ondes, vous fûtes témoins de leur douleur, lorsque, tenant embrassé le misérable corps de son fils, une mère désolée accusait la rigueur et des dieux et des astres. Dans ces jours, ô Daphnis, aucun berger ne mena ses bœufs, au sortir des pâtis, se désaltérer dans les fraîches rivières ; ses troupeaux ne goutèrent même pas de l'eau des fleuves, ne touchèrent pas à l'herbe des prés. Les lions mêmes de la Libye, ô Daphnis, ont gémi de ta mort; les sauvages monts, les forêts nous le redisent encore. C'est Daphnis qui nous apprit à atteler au char les tigres d'Arménie; Daphnis qui nous apprit à conduire les chœurs de Bacchus, à enlacer de pampres gracieux de souples baguettes. Comme la vigne est la parure des arbres, les raisins de la vigne; comme le taureau est l'orgueil du troupeau, les moissons l'ornement des grasses campagnes; de même, ô Daphnis, tu l'étais de nos bergeries. Depuis que les destins t'ont enlevé, Palès elle-même, Apollon aussi a quitté nos champs. Souvent dans ces sillons à qui nous avions confié des grains superbes, il ne croît plus que la triste ivraie et toutes les herbes stériles; à la place de la douce violette, du narcisse pourpré, s'élèvent le chardon, et la ronce aux épines aiguës. Jonchez la terre de feuillage, bergers; couvrez ces fontaines d'ombrages entrelacés : Daphnis veut qu'on lui rende ces honneurs. Élevez-lui un tombeau, et gravez-y ces vers : « Je suis ce Daphnis « connu dans les forêts et jusques aux astres, « berger d'un beau troupeau, moins beau que le « berger. »

MÉNALQUE.

Tes chants, divin poëte, sont pour nous, ce que le sommeil sur le gazon est aux membres fatigués, ce qu'au milieu des ardeurs de l'été l'eau jaillissante d'un ruisseau est à celui qui y étanche sa soif. Ce n'est pas seulement sur les pipeaux, c'est encore pour la voix, que tu égales ton maître; heureux enfant, tu seras le premier après lui ! Cependant je veux à mon tour te chanter, comme je pourrai, quelques-uns de mes vers ; à mon tour je veux élever ton cher Daphnis jusqu'aux astres, oui, jusqu'aux astres et moi aussi Daphnis m'aima.

MOPSUS.

Est-il un don plus grand pour moi? Le triste enfant est bien digne d'être chanté par toi : il y a longtemps que Stimicon m'a vanté les vers que t'inspira Daphnis.

MÉNALQUE.

Daphnis, dans les splendeurs de la céleste lumière, admire le seuil de l'Olympe, son nouveau séjour; il voit sous ses pieds les nuages et

Carmina descripsi, et modulans alterna notavi,
Experiar : tu deinde jubeto certet Amyntas.   15

MENALCAS.

Lenta salix quantum pallenti cedit olivæ,
Puniceis humilis quantum saliunca rosetis :
Judicio nostro tantum tibi cedit Amyntas.

MOPSUS.

Sed tu desine plura, puer; successimus antro.
Exstinctum Nymphæ crudeli funere Daphnin   20
Flebant : vos corulì testes et flumina Nymphis :
Quum, complexa sui corpus miserabile gnati,
Atque deos atque astra vocat crudelia mater.
Non ulli pastos illis egere diebus
Frigida, Daphni, boves ad flumina; nulla neque amnem 25
Libavit quadrupes, nec graminis attigit herbam
Daphni, tuum Pœnos etiam ingemuisse leones
Interitum, montesque feri silvæque loquuntur.
Daphnis et Armenias curru subjungere tigris
Instituit ; Daphnis thiasos inducere Bacchi,   30
Et foliis lentas intexere mollibus hastas.
Vitis ut arboribus decori est, ut vitibus uvæ,
Ut gregibus tauri, segetes ut pinguibus arvis :
Tu decus omne tuis; postquam te fata tulerunt,
Ipsa Pales agros, atque ipse reliquit Apollo.   35
Grandia sæpe quibus mandavimus hordea sulcis
Infelix lolium et steriles nascuntur avenæ.
Pro molli viola, pro purpureo narcisso,
Carduus et spinis surgit paliurus acutis.
Spargite humum foliis, inducite fontibus umbras,   40
Pastores : mandat fieri sibi talia Daphnis.
Et tumulum facite, et tumulo superaddite carmen :
Daphnis ego in silvis, hinc usque ad sidera notus,
Formosi pecoris custos, formosior ipse.

MENALCAS.

Tale tuum carmen nobis, divine poeta,   45
Quale sopor fessis in gramine; quale, per æstum
Dulcis aquæ saliente sitim restinguere rivo.
Nec calamis solum æquiparas, sed voce magistrum;
Fortunate puer, tu nunc eris alter ab illo.
Nos tamen hæc quocumque modo tibi nostra vicissim   50
Dicemus; Daphninque tuum tollemus ad astra;
Daphnin ad astra feremus : amavit nos quoque Daphnis.

MOPSUS.

An quidquam nobis tali sit munere majus?
Et puer ipse fuit cantari dignus; et ista
Jam pridem Stimicon laudavit carmina nobis.   55

MENALCAS.

Candidus insuetum miratur limen Olympi,
Sub pedibusque videt nubes et sidera Daphnis.
Ergo alacris silvas et cetera rura voluptas

les astres. Aussi quels vifs transports en ressentent et les forêts, et les campagnes, et Pan, et les bergers, et les jeunes Dryades! Le loup ne songe plus à tendre des piéges aux troupeaux, le chasseur à surprendre les cerfs dans ses traîtres lacs; le bon Daphnis aime la paix. Les monts incultes eux-mêmes en poussent jusqu'aux astres des cris de joie; les rochers même et les buissons prennent une voix pour dire : « C'est un dieu, Ménalque, c'est un dieu! » Sois-nous propice et favorable, ô Daphnis : voici quatre autels; deux fument pour toi, Daphnis, deux pour Apollon. Tous les ans je t'offrirai deux coupes où écumera un lait nouveau, deux cratères pleins du jus savoureux de l'olive : Bacchus surtout égaiera nos rustiques festins; et, l'hiver, à la flamme du foyer, l'été, à l'ombre des bois, je verserai à flots dans nos coupes un vin de Chio, nouveau nectar pour moi. Damétas et Égon chanteront tour à tour, et Alphésibée imitera la danse légère des Satyres. Tels seront à jamais tes honneurs, ô Daphnis! et quand nous célébrerons la fête solennelle des nymphes, et quand nous promènerons les victimes autour de nos champs. Tant que le sanglier aimera le sommet des montagnes, les poissons l'eau des fleuves; tant que l'abeille se nourrira de thym, la cigale de rosée, ton nom, ta gloire et tes vertus vivront dans nos cœurs. Comme à Bacchus et à Cérès, les laboureurs t'adresseront leurs vœux tous les ans; et toi aussi tu les lieras par leurs vœux.

MOPSUS.

Quels dons, Ménalque, quels dons puis-je t'offrir, en retour de pareils chants? Non, le souffle naissant de l'auster, le doux bruit des flots qui vont battre la rive, ne me charment pas autant, ni les fleuves qui courent entre les rochers murmurants des vallées.

MÉNALQUE.

Reçois de moi d'abord ce frêle chalumeau : Il m'apprit à chanter : « Corydon brûlait pour le bel Alexis. » Il m'apprit à chanter : « A qui ce troupeau? Est-ce à Mélibée? »

MOPSUS.

Et toi, Ménalque, prends cette houlette, précieuse par ses nœuds égaux, et où brille l'airain : Antigène, tout aimable qu'il était alors, me l'a souvent, mais en vain demandée.

—

ÉCLOGUE VI.

SILÈNE.

Ma muse la première a daigné redire, en se jouant, les vers du poëte de Syracuse, et n'a pas rougi d'habiter les forêts. J'allais chanter les rois et les combats, quand Apollon, me tirant l'oreille, me dit : Tityre, un berger doit faire paître ses grasses brebis, et chanter de petits airs champêtres. Je vais donc, puisque assez d'autres, ô Varus, diront à l'envi tes louanges et peindront les tristes guerres, je vais essayer un air champêtre sur mon chalumeau léger : un dieu me l'ordonne ainsi. Mais ces humbles vers, ô Varus, si quelqu'un les lit et qu'ils le charment, il enten-

Panaque pastoresque tenet Dryadasque puellas.
Nec lupus insidias pecori, nec retia cervis 60
Ulla dolum meditantur : amat bonus otia Daphnis.
Ipsi lætitia voces ad sidera jactant
Intonsi montes; ipsæ jam carmina rupes,
Ipsa sonant arbusta : Deus, deus ille, Menalca!
Sis bonus o felixque tuis : en quatuor aras : 65
Ecce duas tibi, Daphni, duas altaria Phœbo;
Pocula bina novo spumantia lacte quot annis
Craterasque duo statuam tibi pinguis olivi.
Et multo in primis hilarans convivia Baccho,
Ante focum, si frigus erit, si messis, in umbra, 70
Vina novum fundam calathis Ariusia nectar.
Cantabunt mihi Damœtas et Lyctius Ægon;
Saltantis Satyros imitabitur Alphesibœus.
Hæc tibi semper erunt; et quum sollemnia vota
Reddemus Nymphis, et quum lustrabimus agros. 75
Dum juga montis aper, fluvios dum piscis amabit,
Dumque thymo pascentur apes, dum rore cicadæ :
Semper honos nomenque tuum laudesque manebunt.
Ut Baccho Cererique, tibi sic vota quot annis
Agricolæ facient; damnabis tu quoque votis. 80

MOPSUS.

Quæ tibi, quæ tali reddam pro carmine dona!

Nam neque me tantum venientis sibilus austri,
Nec percussa juvant fluctu tam litora, nec quæ
Saxosas inter decurrunt flumina valles.

MENALCAS.

Hac te nos fragili donabimus ante cicuta; 85
Hæc nos, Formosum Corydon ardebat Alexin :
Hæc eadem docuit, Cujum pecus? an Melibœi?

MOPSUS.

At tu sume pedum, quod, me quum sæpe rogaret,
Non tulit Antigenes, et erat tum dignus amari,
Formosum paribus nodis atque ære, Menalca. 90

—

ECLOGA VI.

SILENUS.

Prima Syracosio dignata est ludere versu
Nostra, neque erubuit silvas habitare, Thalia.
Quum canerem reges et prœlia, Cynthius aurem
Vellit, et admonuit : Pastorem, Tityre, pinguis
Pascere oportet ovis, deductum dicere carmen. 5
Nunc ego; namque super tibi erunt, qui dicere laudes,
Vare, tuas cupiant, et tristia condere bella;
Agrestem tenui meditabor arundine musam.

dra nos bruyères, il entendra nos bois résonner de ton nom. Est-il rien de si agréable à Phébus, que la page qui s'est décorée du nom de Varus?

Muses, continuez. Chromis et Mnasyle, deux bergers, deux enfants, trouvèrent un jour Silène endormi dans un antre. Il avait, comme toujours, les veines enflées du vin de la veille. Sa couronne tombée de sa tête était loin de lui, et de sa main, qui en avait usé l'anse, pendait encore un vase pesant. Souvent le vieillard leur avait fait espérer ses chants; toujours il les avait trompés : ils se jettent sur lui, et le lient avec ses propres guirlandes. Églé survient; Églé, la plus belle des nymphes, encourage les timides bergers et leur prête secours ; et, au moment que le vieillard ouvre les yeux, elle lui rougit le front et les tempes du jus sanglant de la mûre. Lui, riant du badinage : « Pourquoi ces nœuds, en« fants? leur dit-il. Dégagez-moi; c'est assez d'a« voir pu me surprendre. Les chants que vous « voulez de moi, vous allez les entendre : à vous « mes chants; à celle-ci je réserve une autre ré« compense. » Il dit; il va chanter. Alors vous eussiez vu les Faunes et les bêtes sauvages accourir en cadence et se jouer autour de lui, et les chênes eux-mêmes balancer leurs cimes émues. Les rochers du Parnasse ne se réjouissent pas autant des accents d'Apollon ; le Rhodope et l'Ismare n'admirent pas autant Orphée. Silène chanta comment s'étaient pressés, confondus dans le vide immense, les éléments de la terre, de l'air, de la mer, et du feu liquide ; comment ils donnèrent naissance a toute chose, comment le monde encore tendre se forma de ces germes féconds; comment le sol commença à durcir, et à se séparer des eaux reçues dans le sein des mers; comment la matière revêtit peu à peu des formes diverses. Il dit les premiers feux du soleil, et la terre étonnée de le voir luire; les nuages montant au plus haut des airs et retombant en pluies, les jeunes forêts levant leurs fronts sauvages, et les animaux errant en petit nombre sur les monts inconnus. Il dit les pierres jetées par Pyrrha, le règne de Saturne, les vautours du Caucase, et le vol de Prométhée; Hylas perdu sous l'onde, et qu'appelaient en vain ses compagnons; Hylas, Hylas, que redemandait au loin la rive. Heureuse, hélas! s'il n'y eût jamais eu de troupeaux, Pasiphaé, il plaint ton déplorable amour pour un taureau blanc comme la neige. Ah ! vierge infortunée, quel délire t'a emportée! Les Prœtides remplirent les campagnes de faux beuglements; mais aucune d'elles ne s'abandonna aux honteux hyménées des troupeaux, quoiqu'elles craignissent le joug pour leur tête, et que souvent elles cherchassent des cornes sur leur front uni. Ah! malheureuse amante, tu erres maintenant sur les montagnes; et lui, couché sur la molle hyacinthe, où s'étale la blancheur de ses flancs, il rumine de vertes herbes sous l'ombre noire d'une yeuse, ou poursuit quelque génisse dans un grand troupeau. Fermez, nymphes de Crète, fermez les issues des forêts! peut-être s'offriront à mes yeux les traces vagabondes du

Non injussa cano. Si quis tamen hæc quoque, si quis
Captus amore leget : te nostræ, Vare, myricæ, 10
Te nemus omne canet; nec Phœbo gratior ulla est,
Quam sibi quæ Vari præscripsit pagina nomen.
    Pergite, Pierides. Chromis et Mnasylos in antro
Silenum pueri somno videre jacentem,
Inflatum hesterno venas, ut semper, Iaccho; 15
Serta procul tantum capiti delapsa jacebant;
Et gravis adtrita pendebat cantharus ansa.
Adgressi, nam sæpe senex spe carminis ambo
Luserat, injiciunt ipsis ex vincula sertis.
Addit se sociam, timidisque supervenit Ægle; 20
Ægle, Naiadum pulcherrima; jamque videnti
Sanguineis frontem moris et tempora pingit.
Ille dolum ridens, Quo vincula nectitis? inquit.
Solvite me, pueri; satis est potuisse videri.
Carmina, quæ vultis, cognoscite; carmina vobis, 25
Huic aliud mercedis erit. Simul incipit ipse.
Tum vero in numerum Faunosque ferasque videres
Ludere, tum rigidas motare cacumina quercus.
Nec tantum Phœbo gaudet Parnasia rupes,
Nec tantum Rhodope mirantur et Ismarus Orphea. 30
    Namque canebat, uti magnum per inane coacta
Semina terrarumque animæque marisque fuissent,
Et liquidi simul ignis; ut his exordia primis
Omnia, et ipse tener mundi concreverit orbis;
Tum durare solum, et discludere Nerea ponto 35
Cœperit, et rerum paullatim sumere formas;
Jamque novum terræ stupeant lucescere solem,
Altius atque cadant submotis nubibus imbres;
Incipiant silvæ quum primum surgere, quumque
Rara per ignotos errent animalia montis. 40
Hinc lapides Pyrrhæ jactos, Saturnia regna,
Caucasiasque refert volucres, furtumque Promethei.
His adjungit, Hylan nautæ quo fonte relictum
Clamassent, ut litus, Hyla, Hyla, omne sonaret;
Et fortunatam, si nunquam armenta fuissent, 45
Pasiphaen nivei solatur amore juvenci.
Ah, virgo infelix, quæ te dementia cepit!
Prœtides implerunt falsis mugitibus agros :
At non tam turpis pecudum tamen ulla secuta est
Concubitus, quamvis collo timuisset aratrum, 50
Et sæpe in levi quæsisset cornua fronte.
Ah, virgo infelix, tu nunc in montibus erras;
Ille, latus niveum molli fultus hyacintho,
Ilice sub nigra pallentis ruminat herbas;
Aut aliquam in magno sequitur grege! Claudite, Nymphæ,
Dictææ Nymphæ, nemorum jam claudite saltus; 56
Si qua forte ferant oculis sese obvia nostris
Errabunda bovis vestigia; forsitan illum
Aut herba captum viridi, aut armenta secutum,
Perducant aliquæ stabula ad Gortynia vaccæ. 60

taureau que j'aime; peut-être aussi que, charmé par les verts pâturages, ou que suivant un troupeau, quelque génisse l'attire vers les étables de Gortyne. Alors il chante la jeune fille éblouie des pommes d'or du jardin des Hespérides; il enveloppe d'une écorce amère et moussue les sœurs de Phaéton, s'élevant de la terre dans les airs en hauts peupliers. Il chante Gallus, errant sur les bords du Permesse : il dit comment une des neuf sœurs le conduisit sur le sommet de l'Hélicon, et comment devant lui se leva tout le chœur d'Apollon; comment le berger Linus, le front couronné de fleurs et d'ache amère, lui dit d'une voix divine : « Reçois des mains « des Muses ces chalumeaux, qu'elles donnèrent « autrefois au vieillard d'Ascra; quand il en ti- « rait des accords, les ormes émus descendaient « des montagnes. Dis-nous sur ces chalumeaux « les origines de la forêt de Grynée; et que, chanté « par toi, il n'y ait aucun bois sacré dont Apollon se « glorifie davantage. » Que ne chanta pas Silène? Il dit les fureurs de Scylla, fille de Nisus; les monstres aboyants qui entouraient ses flancs d'albâtre d'une horrible ceinture; comment elle tourmenta les vaisseaux d'Ulysse, précipita ses compagnons tremblants dans l'abîme profond des mers, hélas! et les livra à la dent dévorante de ses chiens. Il dit Térée et sa triste métamorphose, quels funestes mets lui prépara Philomèle; comment, nouvel oiseau, il s'enfuit dans les déserts; comment, avant de fuir, le malheureux voltigea au-dessus de son palais. Enfin, tous les beaux chants d'Apollon qu'écouta jadis l'Eurotas ravi, et qu'il fit retentir à ses lauriers, Silène les redit; et les échos des vallons les renvoient jusqu'aux astres. Mais Vesper, se levant, ordonne aux deux bergers de pousser vers l'étable leurs brebis rassemblées, et de les compter, et l'Olympe voit à regret s'avancer la nuit.

ÉCLOGUE VII.

MÉLIBÉE.

MÉLIBÉE, CORYDON, THYRSIS.

MÉLIBÉE.

Daphnis s'était assis par hasard sous le feuillage murmurant d'un chêne; Corydon et Thyrsis avaient poussé vers lui leurs troupeaux rassemblés, Thyrsis ses brebis, Corydon ses chèvres aux mamelles traînantes : tous deux de l'Arcadie et dans la fleur des ans, tous deux égaux dans l'art de chanter et de répondre aux chants. Là, tandis que je défendais du froid mes tendres myrtes, le chef de mon troupeau, le bouc, s'égara. En même temps j'aperçois Daphnis, qui, me voyant aussi, me dit : Viens ici, Mélibée, viens vite; ton bouc et tes chevreaux sont en sûreté; et si tu as quelque loisir, repose-toi à l'ombre près de moi. Tes bœufs viendront d'eux-mêmes par le pré boire en ces eaux : ici le verdoyant Mincius est ceint de tendres roseaux, et les abeilles bourdonnent sous ce chêne sacré. Que faire? Je n'avais au logis ni Phyllis, ni Alcippe, pour renfermer dans la bergerie mes agneaux nouvellement sevrés : mais un si grand combat!

Tum canit Hesperidum miratam mala puellam.
Tum Phaethontiadas musco circumdat amarae
Corticis, atque solo proceras erigit alnos.
Tum canit, errantem Permessi ad flumina Gallum
Aonas in montes ut duxerit una sororum; 65
Utque viro Phœbi chorus adsurrexerit omnis;
Ut Linus hæc illi, divino carmine pastor,
Floribus atque apio crines ornatus amaro,
Dixerit : Hos tibi dant calamos, en accipe, Musæ,
Ascræo quos ante seni, quibus ille solebat 70
Cantando rigidas deducere montibus ornos.
His tibi Grynei nemoris dicatur origo :
Ne quis sit lucus, quo se plus jactet Apollo.
Quid loquar, ut Scyllam Nisi, quam fama secuta est,
Candida succinctam latrantibus inguina monstris 75
Dulichias vexasse rates, et gurgite in alto
Ah! timidos nautas canibus lacerasse marinis?
Aut, ut mutatos Terei narraverit artus;
Quas illi Philomela dapes, quæ dona pararit,
Quo cursu deserta petiverit, et quibus ante 80
Infelix sua tecta supervolitaverit alis?
Omnia, quæ, Phœbo quondam meditante, beatus
Audiit Eurotas, jussitque ediscere lauros,

Ille canit; pulsæ referunt ad sidera valles :
Cogere donec oves stabulis, numerumque referre 85
Jussit, et invito processit Vesper Olympo.

EGLOGA VII.

MELIBŒUS.

MELIBOEUS, CORYDON, THYRSIS.

MELIBOEUS.

Forte sub arguta consederat ilice Daphnis,
Compulerantque greges Corydon et Thyrsis in unum;
Thyrsis oves, Corydon distentas lacte capellas;
Ambo florentes ætatibus, Arcades ambo,
Et cantare pares, et respondere parati. 5
Huc mihi, dum teneras defendo a frigore myrtos,
Vir gregis ipse caper deerraverat; atque ego Daphnin
Adspicio; ille ubi me contra videt : Ocius, inquit,
Huc ades, o Melibœe; caper tibi salvus, et hædi,
Et, si quid cessare potes, requiesce sub umbra; 10

Corydon contre Thyrsis! Cependant je laissai pour leurs jeux mes affaires sérieuses. Ils commencèrent donc à chanter tour à tour; les Muses voulaient que tour à tour ils dissent leurs vers. Corydon chantait le premier, et Thyrsis répondait dans un ordre pareil.

CORYDON.

Nymphes de Béotie, vous que j'aime, donnez-moi de chanter des vers tels que ceux que vous inspirâtes à mon cher Codrus; ils approchent de ceux d'Apollon : ou, si je ne peux les égaler tous, que ma flûte rebelle demeure suspendue à ce pin sacré.

THYRSIS.

Bergers d'Arcadie, couronnez de lierre un poëte grandissant, et que Codrus en crève de dépit; ou s'il me loue à m'en dégoûter, ceignez ma tête de baccar, de peur que sa langue envieuse ne porte malheur au poëte futur.

CORYDON.

Diane, le petit Mycon vous offre cette tête velue d'un sanglier, et la vivante ramure d'un cerf : si ma chasse est toujours aussi heureuse, votre image, du marbre le plus poli, s'élèvera par mes mains, chaussant le cothurne de pourpre.

THYRSIS.

Priape, je t'offre tous les ans un vase plein de lait, et ces gâteaux; c'est assez attendre de moi : tu es le gardien d'un si pauvre jardin! Jusqu'à présent je t'ai fait de marbre, c'est tout ce que j'ai pu : mais si mes brebis sont bien fécondes, tu seras d'or.

CORYDON.

Fille de Nérée, charmante Galatée, plus douce à mes sens que le thym de l'Hybla, plus blanche que les cignes, plus belle que le lierre blanc, dès que mes taureaux seront revenus du pâtis à l'étable, si tu as quelque bonté pour ton Corydon, viens à lui.

THYRSIS.

Et moi, je veux bien te paraître plus amer que les herbes de Sardaigne, plus hérissé que le houx, plus vil que l'algue rejetée par les mers, si ce jour loin de toi ne m'est pas déjà plus long qu'une année. Allez, mes taureaux, vous n'avez pas de honte! c'est assez paître, allez à vos étables.

CORYDON.

Fontaines moussues, herbe plus molle que le sommeil, verts arbrisseaux qui les couvrez d'une ombre rare, défendez mon troupeau des feux du solstice. Voici venir la saison brûlante, et déjà la vigne réjouie enfle ses bourgeons.

THYRSIS.

Dans ma cabane brillent le foyer et la torche résineuse; j'y ai toujours grand feu, et la porte en est sans cesse noircie par la fumée. Là, nous craignons autant le souffle glaçant de Borée, que le loup le nombre des agneaux, un torrent sa rive.

```
Huc ipsi potum venient per prata juvenci;
Hic viridis tenera prætexit arundine ripas
Mincius, eque sacra resonant examina quercu.
Quid facerem? neque ego Alcippen, nec Phyllida, habebam,
Depulsos a lacte domi quæ clauderet agnos;     15
Et certamen erat, Corydon cum Thyrside, magnum.
Posthabui tamen illorum mea seria ludo.
Alternis igitur contendere versibus ambo
Cœpere : alternos Musæ meminisse volebant.
Hos Corydon, illos referebat in ordine Thyrsis.    20
```

CORYDON.
```
Nymphæ, noster amor, Libethrides, aut mihi carmen,
Quale meo Codro, concedite; proxima Phœbi
Versibus ille facit; aut, si non possumus omnes,
Hic arguta sacra pendebit fistula pinu.
```

THYRSIS.
```
Pastores, edera crescentem ornate poetam,
Arcades, invidia rumpantur ut ilia Codro;     25
Aut, si ultra placitum laudarit, baccare frontem
Cingite, ne vati noceat mala lingua futuro.
```

CORYDON.
```
Sætosi caput hoc apri tibi, Delia, parvus
Et ramosa Micon vivacis cornua cervi.          30
Si proprium hoc fuerit, levi de marmore tota
Puniceo stabis suras evincta cothurno.
```

THYRSIS.
```
Sinum lactis, et hæc te liba, Priape, quot annis
Expectare sat est : custos es pauperis horti.
Nunc te marmoreum pro tempore fecimus; at tu,   35
Si fetura gregem suppleverit, aureus esto.
```

CORYDON.
```
Nerine Galatea, thymo mihi dulcior Hyblæ,
Candidior cycnis, edera formosior alba,
Quum primum pasti repetent præsepia tauri,
Si qua tui Corydonis habet te cura, venito.    40
```

THYRSIS.
```
Immo ego Sardois videar tibi amarior herbis,
Horridior rusco, projecta vilior alga :
Si mihi non hæc lux toto jam longior anno est.
Ite domum pasti, si quis pudor, ite juvenci.
```

CORYDON.
```
Muscosi fontes, et somno mollior herba,        45
Et quæ vos rara viridis tegit arbutus umbra,
Solstitium pecori defendite; jam venit æstas
Torrida, jam læto turgent in palmite gemmæ.
```

THYRSIS.
```
Hic focus, et tædæ pingues, hic plurimus ignis
Semper, et adsidua postes fuligine nigri.      50
Hic tantum Boreæ curamus frigora, quantum
Aut numerum lupus, aut torrentia flumina ripas.
```

CORYDON.
```
Stant et juniperi, et castaneæ hirsutæ :
Strata jacent passim sua quaque sub arbore poma;
```

CORYDON.

J'ai ici le genièvre et la châtaigne hérissée ; les fruits tombés sous les arbres jonchent partout la terre ; tout rit aujourd'hui. Mais si le bel Alexis s'en allait de ces montagnes, on verrait les fleuves eux-mêmes tarir.

THYRSIS.

Nos champs sont arides ; l'air embrasé fait mourir nos herbes altérées ; Bacchus lui-même envie à nos coteaux les pampres qui les ombrageaient : mais que ma Phyllis revienne, et tout le bois reverdira, et les cieux descendront en pluie féconde sur nos campagnes.

CORYDON.

Le peuplier est agréable à Hercule, la vigne à Bacchus, le myrte à la belle Vénus, le laurier à Apollon. Phyllis aime les coudriers : tant que Phyllis les aimera, le myrte ne l'emportera pas sur les coudriers, non plus que le laurier de Phébus.

THYRSIS.

Le frêne embellit nos forêts, le pin nos jardins, le peuplier les fleuves, le sapin les hautes montagnes : mais si tu viens, beau Lycidas, me voir plus souvent, le frêne dans nos forêts, le pin dans nos jardins, le céderont à toi.

MÉLIBÉE.

Je me souviens de ces vers, et que Thyrsis disputa vainement la victoire : et, depuis ce temps-là, Corydon est toujours pour moi sans égal.

Omnia nunc rident : at, si formosus Alexis 55
Montibus his abeat, videas et flumina sicca.

THYRSIS.

Aret ager, vitio moriens sitit aeris herba ;
Liber pampineas invidit collibus umbras :
Phyllidis adventu nostræ nemus omne virebit ;
Juppiter et læto descendet plurimus imbri. 60

CORYDON.

Populus Alcidæ gratissima, vitis Iaccho,
Formosæ myrtus Veneri, sua laurea Phœbo :
Phyllis amat corulos ; illas dum Phyllis amabit,
Nec myrtus vincet corulos, nec laurea Phœbi.

THYRSIS.

Fraxinus in silvis pulcherrima, pinus in hortis, 65
Populus in fluviis, abies in montibus altis :
Sæpius at si me, Lycida formose, revisas,
Fraxinus in silvis cedat tibi, pinus in hortis.

MELIBOEUS.

Hæc memini, et victum frustra contendere Thyrsin.
Ex illo Corydon, Corydon est tempore nobis. 70

ECLOGUE VIII.
LES ENCHANTEMENTS.

DAMON ET ALPHÉSIBÉE.

Je dirai les chants et le combat des bergers Damon et Alphésibée : la génisse charmée oublia pour les entendre l'herbe des prairies ; les lynx s'arrêtèrent, saisis de leurs accords ; les fleuves suspendirent leurs cours, et se reposèrent : je dirai les chants de Damon et d'Alphésibée.

Illustre Pollion, soit que tu franchisses déjà les rochers du Timave, soit que tu côtoyes les rivages de la mer Illyrienne, ne viendra-t-il jamais ce jour, où il me sera permis de chanter tes hauts faits ? Me sera-t-il jamais permis de répandre dans le monde entier tes vers, les seuls dignes du cothurne de Sophocle ? Ma muse a commencé par toi, par toi ma muse finira : reçois ces vers composés par ton ordre, et souffre que ce lierre s'enlace sur ton front avec les lauriers de la victoire.

Les froides ombres de la nuit s'étaient retirées des cieux ; c'était l'heure où la rosée est la plus agréable aux troupeaux. Damon, appuyé sur le bois poli de l'olivier, préluda ainsi :

DAMON.

Parais, étoile du matin, et, prévenant le jour, ramène sa douce lumière : trompé dans mon amour par la perfide Nisa, je me plains d'elle ; et quoiqu'il ne m'ait rien servi d'avoir pris les dieux à témoin, mourant je les invoque encore

ECLOGA VIII.
PHARMACEUTRIA.

DAMON, ALPHESIBOEUS.

Pastorum musam Damonis et Alphesibœi,
Immemor herbarum quos est mirata juvenca
Certantis, quorum stupefactæ carmine lynces,
Et mutata suos requierunt flumina cursus ;
Damonis musam dicemus et Alphesibœi. 5
  Tu mihi seu magni superas jam saxa Timavi,
Sive oram Illyrici legis æquoris ; en erit umquam
Ille dies, mihi cum liceat tua dicere facta ?
En erit, ut liceat totum mihi ferre per orbem
Sola Sophocleo tua carmina digna cothurno ? 10
A te principium ; tibi desinet ; accipe jussis
Carmina cœpta tuis, atque hanc sine tempora circum
Inter victrices ederam tibi serpere lauros.
  Frigida vix cœlo noctis decesserat umbra,
Cum ros in tenera pecori gratissimus herba, 15
Incumbens tereti Damon sic cœpit olivæ :

DAMON.

Nascere, præque diem veniens age, Lucifer, almum ;

à mon heure dernière. Commence avec moi, ô ma flûte, commence des accords dignes du Ménale. Le Ménale a toujours des forêts mélodieuses, des voix dans ses pins; il entend sans cesse les bergers chantant leurs amours, et Pan qui le premier ne laissa pas les pipeaux languir inutiles. Commence avec moi, ô ma flûte, commence des accords dignes du Ménale. Nisa à Mopsus : amants, que n'espérons-nous pas? On va voir les griffons s'unir aux cavales, et désormais les daims timides iront avec les chiens se désaltérer à la même source. Prépare, Mopsus, de nouveaux flambeaux; on te donne une épouse; mari, répands les noix : pour toi Vesper abandonne l'Œta. Commence avec moi, ô ma flûte, commence des accords dignes du Ménale. O Nisa, bien digne d'un tel époux, tandis que tu nous méprises tous, que ma flûte, que mes chèvres te déplaisent, que tu hais mes sourcils hérissés, ma longue barbe, crois-tu qu'il n'est point de dieu qui se mêle des choses humaines? Commence avec moi, ô ma flûte, commence des accords dignes du Ménale. Je t'ai vue, toi enfant, et ta mère (je vous conduisais toutes deux), cueillir dans nos jardins des pommes humides de rosée : ma douzième année commençait, et déjà je pouvais atteindre de terre aux fragiles rameaux. Je te vis, je brûlai, un funeste délire emporta mes sens. Commence avec moi, ô ma flûte, commence des accords dignes du Ménale. Maintenant je sais ce que c'est que l'amour : il est né des durs rochers de l'Ismare, du Rhodope, chez le Garamante, aux extrémités de la terre; cet enfant n'a rien de nous, rien de notre sang. Commence avec moi, ô ma flûte, commence des accords dignes du Ménale. Le cruel Amour a forcé une mère à souiller ses mains du sang de ses propres enfants : et toi aussi, ô mère, tu fus cruelle : mais qui des deux le fut davantage? Oui, l'Amour fut cruel; et toi, ô mère, tu le fus aussi. Commence avec moi, ô ma flûte, commence des accords dignes du Ménale. Que le loup maintenant fuie les brebis; que les chênes durs portent des pommes d'or; que le narcisse fleurisse sur l'aune; que les bruyères distillent de leur écorce l'ambre onctueux; que les hiboux le disputent aux cygnes; que Tityre soit Orphée, Orphée dans les forêts, Arion parmi les dauphins. Commence avec moi, ô ma flûte, commence des accords dignes du Ménale. Oui, que tout devienne Océan. Adieu, forêts; je vais, du haut de la roche aérienne, me précipiter dans les ondes. Nisa, reçois ce dernier hommage d'un amant qui meurt pour toi. O ma flûte, cesse tes accords dignes du Ménale. Ainsi chanta Damon : Muses, dites-nous ce que répondit Alphésibée; tous ne peuvent pas tout dire.

ALPHÉSIBÉE.

Apporte de l'eau, Amaryllis, et pare ces autels de molles bandelettes; brûle la grasse verveine et l'encens mâle : je veux essayer par un sacrifice magique de tirer de leur lâche tiédeur les sens de mon amant : oui, je n'ai plus qu'à recourir aux enchantements. Ramène de la ville en

```
Conjugis indigno Nisæ deceptus amore
Dum queror, et divos, quamquam nil testibus illis
Profeci, extrema moriens tamen adloquor hora.       20
Incipe Mænalios mecum, mea tibia, versus.
Mænalus argutumque nemus pinosque loquentis
Semper habet; semper pastorum ille audit amores,
Panaque, qui primus calamos non passus inertis.
Incipe Mænalios mecum, mea tibia, versus.           25
Mopso Nisa datur : quid non speremus amantes?
Jungentur jam gryphes equis; ævoque sequenti
Cum canibus timidi venient ad pocula damæ.
Mopse, novas incide faces : tibi ducitur uxor :
Sparge, marite, nuces : tibi deserit Hesperus Œtam. 30
Incipe Mænalios mecum, mea tibia, versus.
O digno conjuncta viro! dum despicis omnis,
Dumque tibi est odio mea fistula, dumque capellæ,
Hirsutumque supercilium, promissaque barba;
Nec curare deum credis mortalia quemquam.           35
Incipe Mænalios mecum, mea tibia, versus.
Sæpibus in nostris parvam te roscida mala
(Dux ego vester eram) vidi cum matre legentem;
Alter ab undecimo tum me jam ceperat annus;
Jam fragilis poteram a terra contingere ramos.      40
Ut vidi, ut perii, ut me malus abstulit error!
Incipe Mænalios mecum, mea tibia, versus.
Nunc scio quid sit Amor : duris in cotibus illum
Aut Tmaros, aut Rhodope, aut extremi Garamantes,
Nec generis nostri puerum, nec sanguinis, edunt.    45
Incipe Mænalios mecum, mea tibia, versus.
Sævus Amor docuit gnatorum sanguine matrem
Commaculare manus : crudelis tu quoque, mater;
Crudelis mater magis, an puer improbus ille?
Improbus ille puer : crudelis tu quoque, mater.     50
Incipe Mænalios mecum, mea tibia, versus.
Nunc et ovis ultro fugiat lupus; aurea duræ
Mala ferant quercus; narcisso floreat alnus;
Pinguia corticibus sudent electra myricæ;
Certent et cycnis ululæ; sit Tityrus Orpheus        55
Orpheus in silvis, inter delphinas Arion.
Incipe Mænalios mecum, mea tibia, versus.
Omnia vel medium fiant mare. Vivite, silvæ;
Præceps aerii specula de montis in undas
Deferar; extremum hoc munus morientis habeto.      60
Desine, Mænalios jam desine, tibia, versus.
Hæc Damon : vos, quæ responderit Alphesibœus,
Dicite, Pierides; non omnia possumus omnes.
```

ALPHESIBŒUS.

```
Effer aquam, et molli cinge hæc altaria vitta;
Verbenasque adole pinguis et mascula tura :         65
Conjugis ut magicis sanos avertere sacris
Experiar sensus; nihil hic nisi carmina desunt.
Ducite ab urbe domum, mea carmina, ducite Daphnin.
```

ces lieux, charme puissant, ramène-moi Daphnis. Les magiques paroles peuvent faire descendre Phébé des cieux; par elles, Circé transforma les compagnons d'Ulysse : le froid serpent, dans les prés, meurt brisé par la voix enchanteresse. Ramène de la ville en ces lieux, charme puissant, ramène-moi Daphnis. D'abord j'entoure ton image de trois bandeaux de diverses couleurs, et je la promène trois fois autour de cet autel : le nombre impair plaît aux dieux. Ramène de la ville en ces lieux, charme puissant, ramène-moi Daphnis. Comme cette argile durcit, comme cette cire se liquéfie au même brasier, que Daphnis ressente les mêmes effets de mon amour. Jette cette pâte; brûle avec le bitume ces fragiles lauriers. Le cruel Daphnis me brûle, qu'il brûle en ce laurier. Ramène de la ville en ces lieux, charme puissant, ramène-moi Daphnis. La génisse, lasse de chercher dans les bois et de colline en colline un jeune taureau, tombe sur l'herbe verdoyante au bord d'un ruisseau, et, perdue d'amour, ne pense pas que la nuit la rappelle à l'étable : que Daphnis soit possédé pour moi de la même ardeur incurable et délaissée. Ramène de la ville en ces lieux, charme puissant, ramène-moi Daphnis. Voici les dépouilles qu'autrefois le perfide m'a laissées, chers gages de son amour; terre, je les dépose dans ton sein sous le seuil même; ils me sont garants du retour de Daphnis. Ramène de la ville en ces lieux, charme puissant, ramène-moi Daphnis. Ces herbes, ces poisons cueillis dans les campagnes du Pont, c'est Méris lui-même qui me les a donnés : ils naissent innombrables dans le Pont. Par leur vertu merveilleuse, j'ai vu souvent Méris devenir loup et s'enfoncer dans les bois; je l'ai vu faire sortir les mânes de leurs tombeaux; je l'ai vu transplanter des moissons d'un champ dans un autre. Ramène de la ville en ces lieux, charme puissant, ramène-moi Daphnis. Amaryllis, porte ces cendres hors de la maison; jette-les par-dessus ta tête dans le ruisseau, et ne regarde pas derrière toi. C'est avec toutes ces armes que j'attaquerai Daphnis : mais il se rit, l'infidèle, et du charme et des dieux! Ramène de la ville en ces lieux, charme puissant, ramène-moi Daphnis. Vois, tandis que je tarde à l'emporter, cette cendre a d'elle-même enveloppé l'autel de flammes tremblottantes : bon présage! Mais qu'entends-je? Hylax aboie sur le seuil. Le croirai-je? Ou les amants se forgent-ils des songes à plaisir? Cessez, charmes puissants, Daphnis revient de la ville; cessez, voici Daphnis.

ÉCLOGUE IX.

MÉRIS.

LYCIDAS, MÉRIS.

LYCIDAS.

Où vas-tu, Méris? suis-tu le chemin de la ville?

Carmina vel cœlo possunt deducere Lunam;
Carminibus Circe socios mutavit Ulixi; 70
Frigidus in pratis cantando rumpitur anguis.
Ducite ab urbe domum, mea carmina, ducite Daphnin.
Terna tibi hæc primum triplici diversa colore
Licia circumdo, terque hæc altaria circum
Effigiem duco; numero deus impare gaudet. 75
Ducite ab urbe domum, mea carmina, ducite Daphnin.
Necte tribus nodis ternos, Amarylli, colores;
Necte, Amarylli, modo; et, Veneris, dic, vincula necto.
Ducite ab urbe domum, mea carmina, ducite Daphnin.
Limus ut hic durescit, et hæc ut cera liquescit 80
Uno eodemque igni : sic nostro Daphnis amore.
Sparge molam, et fragiles incende bitumine lauros.
Daphnis me malus urit : ego hanc in Daphnide laurum.
Ducite ab urbe domum, mea carmina, ducite Daphnin.
Talis amor Daphnin, qualis, quum fessa juvencum 85
Per nemora atque altos quærendo bucula lucos
Propter aquæ rivum viridi procumbit in ulva,
Perdita, nec seræ meminit decedere nocti,
Talis amor teneat, nec sit mihi cura mederi.
Ducite ab urbe domum, mea carmina, ducite Daphnin. 90
Has olim exuvias mihi perfidus ille reliquit,
Pignora cara sui : quæ nunc ego, limine in ipso,
Terra, tibi mando; debent hæc pignora Daphnin.
Ducite ab urbe domum, mea carmina, ducite Daphnin.

Has herbas, atque hæc Ponto mihi lecta venena, 95
Ipse dedit Mœris : nascuntur plurima Ponto :
His ego sæpe lupum fieri, et se condere silvis
Mœrim, sæpe animas imis excire sepulcris,
Atque satas alio vidi traducere messis.
Ducite ab urbe domum, mea carmina, ducite Daphnin. 100
Fer cineres, Amarylli, foras, rivoque fluenti
Transque caput jace; nec respexeris : his ego Daphnin
Adgrediar; nihil ille deos, nil carmina, curat.
Ducite ab urbe domum, mea carmina, ducite Daphnin.
Adspice : corripuit tremulis altaria flammis 105
Sponte sua, dum ferre moror, cinis ipse. Bonum sit!
Nescio quid certe est : et Hylax in limine latrat.
Credimus? an, qui amant, ipsi sibi somnia fingunt?
Parcite, ab urbe venit, jam parcite, carmina, Daphnis.

ECLOGA IX.

MŒRIS.

LYCIDAS, MŒRIS.

LYCIDAS.

Quo te, Mœri, pedes? an, quo via ducit, in urbem?

MÉRIS.

O Lycidas, nous devions donc vivre assez pour voir ce triste jour que nous n'avions jamais craint, ce jour où un étranger, possesseur de nos terres, devait nous dire : « Ces champs sont à moi ; anciens habitants, partez. » Ainsi, abattus et désolés, puisque le sort bouleverse tout, envoyons au nouveau maître ces chevreaux. Que ce présent lui soit fatal !

LYCIDAS.

J'avais pourtant ouï dire que, de l'endroit où ces collines commencent à s'abaisser, et à descendre vers la plaine par une douce pente, jusqu'à ces eaux et jusqu'à ces vieux hêtres à la cime déjà brisée, tout le terrain avait été conservé à votre Ménalque par nos maîtres, charmés de ses vers.

MÉRIS.

Tu l'avais ouï dire, et ç'était le bruit commun : mais nos vers, cher Lycidas, ont autant de force, au milieu des traits de Mars, que les colombes de Chaonie, quand l'aigle fond sur elles. Si du creux d'un chêne une corneille ne m'eût averti à gauche de n'avoir pas de nouveaux démêlés avec nos vainqueurs, ni ton Méris, ni Ménalque lui-même, ne vivraient plus.

LYCIDAS.

Ah, quelqu'un pouvait-il se charger d'un si grand crime ? avec toi, Ménalque, nous eût donc été ravie du même coup la douceur de tes chants ! Si tu n'étais plus, qui chanterait les nymphes ? qui répandrait sur la terre les herbes fleuries ? qui couvrirait nos fontaines de verts ombrages ? quel autre eût fait ces vers que l'autre jour te dérobait ma mémoire, lorsque tu partais pour aller voir Amaryllis, nos délices ? « Tityre, fais « paître jusqu'à mon retour, je ne vais pas loin, « fais paître mes chèvres : mène-les du pâtis à « la rivière, Tityre, et, en les conduisant, prends « garde à ce bouc ; il frappe de la corne. »

MÉRIS.

J'aime encore mieux, tout imparfaits qu'ils sont, ces vers qu'il chantait pour Varus : « O « Varus, pourvu que Mantoue nous reste, Man- « toue, hélas ! trop voisine de la malheureuse « Crémone, nos cygnes élèveront en mélodieux « accents ton nom jusqu'aux astres. »

LYCIDAS.

Puissent tes abeilles fuir les ifs empestés de la Corse ! puisse le lait gonfler les mamelles de tes vaches nourries de cytise ! Mais chante-moi quelques vers encore, si tu en sais. Et moi aussi les Muses m'ont fait poëte : j'ai mes chansons aussi ; nos bergers disent que je suis poëte ; mais je ne les crois point. Car il me paraît que je n'ai pas encore de vers qui soient dignes de Varus ou de Cinna ; vil oison, je mêle mes aigres cris aux chants mélodieux des cygnes.

MÉRIS.

Écoute, Lycidas : je tâche de retrouver, si je le puis, dans mon esprit certains vers... ils ne sont pas si méprisables. « Viens, ô viens, ma « Galatée ! quels jeux te peuvent retenir sous « l'onde ? Ici c'est le printemps vermeil ; ici la « terre répand mille et mille fleurs sur les bords « des fleuves ; ici le peuplier blanc se penche sur

MOERIS.

O Lycida, vivi pervenimus, advena nostri,
Quod numquam veriti sumus, ut possessor agelli
Diceret : Hæc mea sunt : veteres migrate coloni ;
Nunc victi, tristes, quoniam Fors omnia versat, 5
Hos illi (quod nec bene vertat) mittimus hædos.

LYCIDAS.

Certe equidem audieram, qua se subducere colles
Incipiunt, mollique jugum demittere clivo,
Usque ad aquam, et veteres, jam fracta cacumina, fagos,
Omnia carminibus vestrum servasse Menalcan. 10

MOERIS.

Audieras ; et fama fuit : sed carmina tantum
Nostra valent, Lycida, tela inter Martia, quantum
Chaonias dicunt, aquila veniente, columbas.
Quod nisi me quacumque novas incidere litis
Ante sinistra cava monuisset ab ilice cornix : 15
Nec tuus hic Mœris, nec viveret ipse Menalcas.

LYCIDAS.

Heu ! cadit in quemquam tantum scelus ? heu, tua nobis
Pæne simul tecum solatia rapta, Menalca !
Quis caneret Nymphas ? quis humum florentibus herbis
Spargeret ? aut viridi fontis induceret umbra ? 20
Vel quæ sublegi tacitus tibi carmina nuper,
Quum te ad delicias ferres, Amaryllida, nostras ?
« Tityre, dum redeo, brevis est via, pasce capellas ;
Et potum pastas age, Tityre ; et inter agendum
Occursare capro, cornu ferit ille, caveto. » 25

MOERIS.

Immo hæc, quæ Varo nec dum perfecta canebat :
« Vare, tuum nomen (superet modo Mantua nobis,
Mantua væ miseræ nimium vicina Cremonæ !)
Cantantes sublime ferent ad sidera cycni. »

LYCIDAS.

Sic tua Cyrneas fugiant examina taxos ; 30
Sic cytiso pastæ distendant ubera vaccæ :
Incipe, si quid habes. Et me fecere poetam
Pierides ; sunt et mihi carmina ; me quoque dicunt
Vatem pastores : sed non ego credulus illis.
Nam neque adhuc Vario videor, nec dicere Cinna 35
Digna, sed argutos inter strepere anser olores.

MOERIS.

Id quidem ago, et tacitus, Lycida, mecum ipse voluto,
Si valeam meminisse ; neque est ignobile carmen.
« Huc ades, o Galatea ; quis est nam ludus in undis ?
Hic ver purpureum ; varios hic flumina circum 40
Fundit humus flores ; hic candida populus antro
Imminet, et lentæ texunt umbracula vites.

« mon antre, et les vignes flexibles s'y entrela-
« cent en frais berceaux. Viens, et laisse les flots
« en fureur battre les rivages. »

LYCIDAS.

Et ces autres vers que je t'ai une fois entendu chanter seul, dans une belle nuit; je redirais l'air, si je me souvenais des paroles.

MÉRIS.

« Pourquoi, Daphnis, contemples-tu le lever
« des antiques étoiles? vois-tu s'avancer dans les
« cieux l'astre de César, du petit-fils de Vénus?
« astre heureux, sous lequel la moisson se ré-
« jouira de mûrir, la grappe va se colorer sur
« nos coteaux aux feux du midi. Plante des poi-
« riers, Daphnis; tes petits-fils en cueilleront les
« fruits. » Le temps emporte tout, même l'esprit : je me souviens qu'enfant je ne finissais de chanter qu'avec les soleils des longs jours : comment ai-je oublié tant de chansons? ma voix même s'en va : quelque loup le premier aura vu Méris. Mais tu entendras assez souvent mes vers de la bouche de Ménalque.

LYCIDAS.

Vains prétextes! Méris, tu me fais languir dans cette douce attente. Et pourtant la mer aplanie se tait comme pour t'écouter, vois, et tous les murmures de l'air sont tombés : nous avons fait la moitié de notre route, et déjà apparaît dans le lointain le tombeau de Bianor. Arrêtons-nous ici, Méris, où tu vois ces laboureurs émonder un épais feuillage; chantons ici, et mets à terre tes chevreaux : nous arriverons assez tôt à la ville : ou, si nous craignons que la pluie ne s'a-massant dans la nuit ne nous surprenne, chantons en poursuivant notre route; elle en sera moins longue. Pour que nous marchions en chantant, je te soulagerai de ce fardeau.

MÉRIS.

Enfant, laisse là les chants; l'heure nous presse; allons : quand Ménalque sera de retour, nous chanterons plus à l'aise.

ÉCLOGUE X.

GALLUS.

Permets, ô Aréthuse, ce dernier effort à ma muse champêtre. Que mon cher Gallus ait de moi peu de vers, mais des vers qui soient lus de Lycoris elle-même : qui refuserait des vers à Gallus? Ainsi puisse ton onde, coulant sous les flots de Sicile, ne se mêler jamais avec l'onde amère de Doris! Commençons, et chantons les malheureuses amours de Gallus, tandis que mes chèvres camuses brouteront les tendres arbrisseaux. Ici rien n'est sourd à nos chants; j'entends déjà les forêts me répondre.

Quels bois, ô Naïades, quelles forêts vous cachaient à la lumière, quand Gallus se mourait d'un indigne amour? Car ni les sommets du Parnasse ni ceux du Pinde ne vous retenaient, ni les claires eaux d'Aganippe. Les lauriers le pleurèrent; il fut aussi pleuré des bruyères : le Ménale couronné de pins le pleura, quand il le vit gisant sous ses rochers solitaires; le Lycée

Huc ades : insani feriant sine litora fluctus. »

LYCIDAS.

Quid, quæ te pura solum sub nocte canentem
Audieram? numeros memini, si verba tenerem. 45

MOERIS.

« Daphni, quid antiquos signorum suspicis ortus?
Ecce Dionæi processit Cæsaris astrum;
Astrum, quo segetes gauderent frugibus; et quo
Duceret apricis in collibus uva colorem.
Insere, Daphni, piros; carpent tua poma nepotes. » 50
Omnia fert ætas, animum quoque; sæpe ego longos
Cantando puerum memini me condere soles :
Nunc oblita mihi tot carmina; vox quoque Mœrin
Jam fugit ipsa : lupi Mœrin videre priores.
Sed tamen ista satis referet tibi sæpe Menalcas. 55

LYCIDAS.

Caussando nostros in longum ducis amores.
Et nunc omne tibi stratum silet æquor; et omnes,
Adspice, ventosi ceciderunt murmuris auræ.
Hinc adeo media est nobis via; namque sepulcrum
Incipit adparere Bianoris : hic, ubi densas 60
Agricolæ stringunt frondes, hic, Mœri, canamus;
Hic hædos depone : tamen veniemus in urbem.
Aut, si, nox pluviam ne colligat ante, veremur,
Cantantes licet usque (minus via lædat) eamus;
Cantantes ut eamus, ego hoc te fasce levabo. 65

MOERIS.

Desine plura, puer; et, quod nunc instat, agamus.
Carmina tum melius, quum venerit ipse, canemus.

ECLOGA X.

GALLUS.

Extremum hunc, Arethusa, mihi concede laborem.
Pauca meo Gallo, sed, quæ legat ipsa Lycoris,
Carmina sunt dicenda : neget quis carmina Gallo?
Sic tibi, quum fluctus subterlabere Sicanos,
Doris amara suam non intermisceat undam. 5
Incipe; sollicitos Galli dicamus amores,
Dum tenera adtondent simæ virgulta capellæ.
Non canimus surdis : respondent omnia silvæ.
    Quæ nemora, aut qui vos saltus habuere, puellæ
Naides, indigno quum Gallus amore periret? 10
Nam neque Parnasi vobis juga, nam neque Pindi
Ulla moram fecere, neque Aonie Aganippe.
Illum etiam lauri, illum etiam flevere myricæ;
Pinifer illum etiam sola sub rupe jacentem
Mænalus, et gelidi fleverunt saxa Lycæi. 15

aussi s'attendrit, et ses crêtes glacées : autour du berger sont ses brebis, ses brebis elles-mêmes sensibles à ses maux. Ne va pas dédaigner les troupeaux, divin poëte! le bel Adonis aussi mena paître des brebis le long des fleuves. Les bergers, les bouviers aux pas tardifs, tous accoururent; Ménalque vint, que mouillait encore le gland d'hiver ramassé dans les bois. Tous te demandent : Pourquoi cet amour? Apollon vint, et te dit : Gallus, quelle folie est la tienne? Ta flamme, ta Lycoris suit les pas d'un autre à travers les neiges, à travers les horreurs des camps. Sylvain parut aussi, le front ceint d'une couronne champêtre, agitant des tiges fleuries et de grands lis. Pan vint aussi, Pan, dieu d'Arcadie; nous vîmes nous-mêmes son visage divin, que rougissaient l'hièble sanglante et le carmin. « Quand finiront ces plaintes, dit-il? L'Amour ne « s'en met pas en peine; le cruel Amour ne se rassa- « sie point de larmes, non plus que les prés d'eau, « les abeilles de cytise, les chèvres de feuillage. » Mais le triste Gallus leur répondait : « Vous direz pourtant, Arcadiens, vous les seuls habiles à chanter, vous direz mes tourments à vos montagnes. O que mes os reposeront mollement, si votre flûte un jour redit mes amours! Que n'ai-je été l'un de vous? que n'ai-je ou gardé vos troupeaux, ou vendangé avec vous la grappe mûre! Soit que j'eusse brûlé pour Phyllis, soit que j'eusse aimé Amyntas (qu'importe qu'Amyntas ait le teint hâlé? les violettes sont brunes, et brune est l'airelle), il serait couché près de moi entre les saules et sous des pampres verts : Phyllis me tresserait des guirlandes, Amyntas me chanterait ses airs. Ici sont de fraîches fontaines, ici, Lycoris, de molles prairies, ici des bois : ici je vivrais, je finirais mes jours avec toi. Mais un amour insensé te retient loin de moi, au milieu des armes du cruel Mars, des traits homicides, des ennemis menaçants. Loin de ta patrie (ah, que n'en puis-je douter?) tu affrontes seule et sans moi, cruelle, les neiges des Alpes et les frimas du Rhin! Ah, que les froids ne te blessent pas! que les âpres glaçons ne déchirent pas tes pieds délicats! J'irai parmi les bergers; et les vers que j'ai renouvelés du poëte de Chalcis, je les modulerai sur le chalumeau du poëte de Sicile. C'en est fait; je veux, caché dans les forêts, au milieu des repaires des bêtes farouches, y souffrir seul, et graver mes amours sur l'écorce des tendres arbres : ils croîtront, vous croîtrez avec eux, mes amours. Cependant j'irai, me mêlant aux nymphes, fouler les sommets du Ménale, et je poursuivrai les sangliers impétueux : les frimas les plus rigoureux ne m'empêcheront pas de cerner avec ma meute les forêts du mont Parthénius : il me semble déjà courir à travers les rochers et les bois retentissants : nouveau Parthe, j'aime à décocher la flèche cydonienne : comme si c'étaient là des remèdes à mon incurable amour; comme si le cruel Amour savait s'attendrir aux maux des mortels! Déjà les Hamadryades, déjà les chants ne me plaisent plus; et vous aussi, forêts, adieu : mes rudes travaux ne pourraient vaincre l'invincible Amour; non, quand même je boirais les eaux glacées de l'Hèbre, quand au

Stant et oves circum; (nostri nec pœnitet illas;
Nec te pœniteat pecoris, divine poeta;
Et formosus oves ad flumina pavit Adonis.)
Venit et upilio; tardi venere bubulci;
Uvidus hiberna venit de glande Menalcas.   20
Omnes, Unde amor iste, rogant, tibi? Venit Apollo :
Galle, quid insanis? inquit : tua cura Lycoris
Perque nives alium perque horrida castra secuta est.
Venit et agresti capitis Silvanus honore
Florentis ferulas et grandia lilia quassans.   25
Pan deus Arcadiæ venit : quem vidimus ipsi
Sanguineis ebuli baccis minioque rubentem.
Ecquis erit modus? inquit. Amor non talia curat.
Nec lacrimis crudelis Amor, nec gramina rivis,
Nec cytiso saturantur apes, nec fronde capellæ.   30
Tristis at ille : Tamen cantabitis, Arcades, inquit,
Montibus hæc vestris; soli cantare periti
Arcades. O mihi tum quam molliter ossa quiescant,
Vestra meos olim si fistula dicat amores!
Atque utinam ex vobis unus, vestrique fuissem   35
Aut custos gregis, aut maturæ vinitor uvæ!
Certe, sive mihi Phyllis, sive esset Amyntas,
Seu quicumque furor (quid tum, si fuscus Amyntas?
Et nigræ violæ sunt, et vaccinia nigra)
Mecum inter salices lenta sub vite jaceret;   40
Serta mihi Phyllis legeret, cantaret Amyntas.
Hic gelidi fontes; hic mollia prata, Lycori;
Hic nemus; hic ipso tecum consumerer ævo.
Nunc insanus amor duri te Martis in armis
Tela inter media atque adversos detinet hostis.   45
Tu procul a patria (nec sit mihi credere tantum!)
Alpinas, ah dura, nives et frigora Rheni
Me sine sola vides. Ah te ne frigora lædant!
Ah tibi ne teneras glacies secet aspera plantas!
Ibo, et, Chalcidico quæ sunt mihi condita versu   50
Carmina, pastoris Siculi modulabor avena.
Certum est in silvis, inter spelæa ferarum
Malle pati, tenerisque meos incidere amores
Arboribus : crescent illæ; crescetis, amores.
Interea mixtis lustrabo Mænala Nymphis,   55
Aut acres venabor apros; non me ulla vetabunt
Frigora Parthenios canibus circumdare saltus.
Jam mihi per rupes videor lucosque sonantis
Ire; libet Partho torquere Cydonia cornu
Spicula : tanquam hæc sint nostri medicina furoris,   60
Aut deus ille malis hominum mitescere discat.
Jam neque Hamadryades rursum, nec carmina nobis
Ipsa placent; ipsæ rursum concedite silvæ.
Non illum nostri possunt mutare labores;
Nec, si frigoribus mediis Hebrumque bibamus,   65

fort des hivers pluvieux j'endurerais les neiges de la Sithonie; quand même, à l'heure où l'écorce desséchée des grands ormeaux meurt sous les feux du midi, je conduirais mes brebis dans les plaines de l'Éthiopie, brûlées par le Cancer : l'Amour soumet tout; et toi aussi, cède à l'Amour.

Muses, c'est assez : voilà les vers que chantait votre poëte, tandis qu'assis sur le gazon, il tressait le jonc assoupli : relevez-les aux yeux de Gallus, de Gallus pour qui ma tendresse croît autant chaque jour, que chaque jour, au printemps, croissent les tiges verdoyantes de l'aune. Levons-nous; l'ombre est nuisible à ceux qui chantent, l'ombre du genévrier surtout; l'ombre aussi est nuisible aux moissons. Allez à la bergerie, ô mes chèvres, vous êtes rassasiées; voici venir le soir, allez, mes chèvres.

Sithoniasque nives hiemis subeamus aquosæ,
Nec si, quum moriens alta liber aret in ulmo,
Æthiopum versemus ovis sub sidere Cancri.
Omnia vincit Amor; et nos cedamus Amori.
 Hæc sat erit, divæ, vestrum cecinisse poetam,   70
Dum sedet, et gracili fiscellam texit hibisco,

Pierides; vos hæc facietis maxima Gallo :
 Gallo, cujus amor tantum mihi crescit in horas,
Quantum vere novo viridis se subjicit alnus.
Surgamus : solet esse gravis cantantibus umbra;   75
Juniperi gravis umbra; nocent et frugibus umbræ.
Ite domum saturæ, venit Hesperus, ite, capellæ.

LES GÉORGIQUES.

LIVRE I.

Je veux chanter l'art qui rend les moissons abondantes; je dirai, ô Mécène, sous quel astre il convient de labourer la terre, et d'attacher la vigne à l'ormeau; quels soins il faut donner aux bœufs, comment se conservent les troupeaux, et quelle industrie fait produire à l'abeille économe ses trésors.

O vous les brillants flambeaux de l'univers, vous par qui l'année achève son cours à travers les cieux, Bacchus, et toi, Cérès, divinité propice, je vous invoque; s'il est vrai que par vous le gland de la Chaonie ait fait place à la gerbe féconde, et que l'homme ait mêlé pour la première fois le jus de la vigne avec l'eau de l'Achéloüs : et vous, divinités amies du laboureur, Faunes, Dryades, venez à moi, accourez d'un pied léger : ce sont vos présents que je chante. Je t'invoque, ô Neptune, qui, du sein de la terre ébranlée par ton trident, fis bondir le coursier frémissant; et toi aussi, dieu de Cée, gardien des forêts, pour qui trois cents taureaux, blancs comme la neige, broutent l'épais feuillage des buissons : dieu de Tégée, Pan, qui protéges les brebis, quitte aussi tes forêts, les arbres de ton Lycée; et si le Ménale t'est cher encore, parais, et sois-moi secourable : sage Minerve, qui fis naître l'olivier, et toi, dieu enfant, l'inventeur de la charrue recourbée, toi, le maître des laboureurs, Sylvain, qui portes toujours à la main le tendre rameau d'un cyprès déraciné; vous tous, dieux et déesses, je vous appelle, vous qui veillez sur les campagnes, qui faites sans cesse germer et grandir les nouvelles semences, et qui leur versez avec mesure l'eau bienfaisante des cieux.

Et toi, César, qui as ta place marquée dans le conseil des dieux (laquelle? c'est leur secret), voudras-tu, du haut de l'Empyrée, protéger nos villes? aimeras-tu mieux, le front ceint du myrte maternel, présider aux campagnes? et le vaste univers va-t-il reconnaître en toi le dieu, père des moissons, le souverain régulateur des saisons? Viens-tu régner sur la mer immense, seul dieu qu'adoreront les matelots, et qui sera invoqué jusqu'aux rivages de la lointaine Thulé? Gendre de Téthys, lui feras-tu acheter ton alliance du vaste empire de ses eaux? Viens-tu, nouvel astre d'été, te joindre à ceux qui mènent nos longs mois, et ta place sera-t-elle entre la Vierge et le Scorpion? Déjà même celui-ci resserre ses bras enflammés pour te recevoir à ses côtés, et te céder le plus large espace des cieux. Lequel des dieux que tu sois (car de t'avoir jamais pour maître, que le noir Tartare ne l'espère point; et le triste empire des morts pourrait-il te tenter, quoique la Grèce nous

P. VIRGILII MARONIS
GEORGICON.

LIBER PRIMUS.

Quid faciat lætas segetes, quo sidere terram
Vertere, Mæcenas, ulmisque adjungere vites
Conveniat; quæ cura boum, qui cultus habendo
Sit pecori; apibus quanta experientia parcis :
Hinc canere incipiam. Vos, o clarissima mundi   5
Lumina, labentem cœlo quæ ducitis annum,
Liber, et alma Ceres; vestro si munere tellus
Chaoniam pingui glandem mutavit arista,
Poculaque inventis Acheloia miscuit uvis;
Et vos, agrestum præsentia numina, Fauni,   10
Ferte simul Faunique pedem Dryadesque puellæ :
Munera vestra cano. Tuque, o, cui prima frementem
Fudit equum, magno tellus percussa tridenti,
Neptune; et cultor nemorum, cui pingua Cææ
Ter centum nivei tondent dumeta juvenci;   15
Ipse, nemus linquens patrium saltusque Lycæi,
Pan, ovium custos, tua si tibi Mænala curæ,
Adsis, o Tegeæe, favens; oleæque Minerva
Inventrix; uncique puer monstrator aratri;
Et teneram ab radice ferens, Silvane, cupressum;   20
Dique deæque omnes, studium quibus arva tueri;
Quique novas alitis non ullo semine fruges;
Quique satis largum cœlo demittitis imbrem;
Tuque adeo, quem mox quæ sint habitura deorum
Concilia, incertum est : urbisne invisere, Cæsar,   25
Terrarumque velis curam, et te maximus orbis
Auctorem frugum tempestatumque potentem
Accipiat, cingens materna tempora myrto;
An deus immensi venias maris, ac tua nautæ
Numina sola colant, tibi serviat ultima Thule,   30
Teque sibi generum Tethys emat omnibus undis;
Anne novum tardis sidus te mensibus addas,
Qua locus Erigonen inter Chelasque sequentis
Panditur: ipse tibi jam brachia contrahit ardens
Scorpios, et cæli justa plus parte reliquit :   35
Quidquid eris (nam te nec sperent Tartara regem,
Nec tibi regnandi veniat tam dira cupido,
Quamvis Elysios miretur Græcia campos,
Nec repetita sequi curet Proserpina matrem),
Da facilem cursum, atque audacibus annue cœptis,   40

vante les merveilles de ses champs Élysiens, et que Proserpine redemandée par sa mère ne se soucie pas de la suivre?) ô César, rends-moi la carrière facile, applaudis à mon entreprise audacieuse; et, prenant en pitié avec moi les laboureurs ignorants et égarés, viens nous frayer la route; et dès aujourd'hui accoutume-toi à t'entendre nommer dans nos vœux.

Le printemps revenu, quand les neiges commençant à fondre coulent du sommet des montagnes, quand la glèbe amollie cède à la douce haleine des zéphyrs; que tes taureaux commencent à gémir affaissés sous le joug, et que le soc de ta charrue brille dans les sillons, et y essuie sa rouille. Une terre ne répond à la fin aux vœux du laboureur avide qu'après qu'elle a senti deux fois les ardeurs de l'été, deux fois les glaces de l'hiver; c'est alors qu'il voit ses greniers crouler sous les moissons entassées. Mais avant d'enfoncer le soc dans un sol inconnu, aie soin d'observer les vents et leurs influences, les températures diverses, la nature des lieux, les traditions antiques de la culture, et ce que chaque contrée peut et ne peut pas produire. Ici les moissons viennent heureusement, là les vignes; ailleurs les arbres fruitiers, et les herbages naissent et verdissent comme d'eux-mêmes. Ne sais-tu pas que le Tmole est tout parfumé de safran, que l'Inde nous envoie son ivoire, la molle Arabie l'encens de Saba, les Chalybes aux bras nus leur fer, le Pont l'onguent précieux de ses castors, l'Épire ses cavales, qu'attendent les palmes d'Olympie? Telles furent, dès le principe, les lois éternelles, telle la constitution propre que la nature assigna à chaque terre, alors que Deucalion jeta dans le monde dépeuplé ces pierres fécondes, d'où naquirent de nouveaux hommes, race dure comme elles. A l'œuvre donc! et, dès les premiers mois de l'année, que tes taureaux vigoureux retournent les terres grasses, et que l'été poudreux vienne mûrir la glèbe pulvérisée par ses feux. Mais si ton sol est sec et ingrat, qu'au retour du Bouvier ta charrue en effleure à peine la surface: ainsi, dans les terres grasses, l'herbe n'étouffera point tes blés en pousse; ainsi un sol sablonneux ne perdra pas le peu de suc qu'il retient encore.

Fais reposer un an tes champs moissonnés, et que la terre se durcisse inculte et délaissée: ou bien tu sèmeras, à la saison nouvelle, le pur froment dans le terrain d'où tu auras enlevé les légumes à la cosse tremblante, les maigres grains de la vesce, le triste lupin et ses frêles chalumeaux, tous les débris de cette moisson retentissante; car le lin et l'avoine brûlent la terre où on les a récoltés, et le pavot, tout chargé des vapeurs du Léthé, la consume. Cependant elle peut recevoir les grains de deux années l'une, pourvu que tu ne craignes pas de refaire par de riches engrais le sol aride et épuisé, et d'y répandre à pleines mains une immonde cendre. Ainsi les champs reposent en changeant de semences: et même la terre que tu as laissée un an sans être labourée ne cesse pas d'être libérale.

Souvent il est bon de mettre le feu à un champ stérile, et d'en faire dévorer les chaumes flétris par la flamme petillante : soit que la terre tire

Ignarosque viae mecum miseratus agrestis,
Ingredere, et votis jam nunc adsuesce vocari.

Vere novo, gelidus canis quum montibus humor
Liquitur, et Zephyro putris se gleba resolvit,
Depresso incipiat jam tum mihi taurus aratro 45
Ingemere, et sulco adtritus splendescere vomer.
Illa seges demum votis respondet avari
Agricolae, bis quae solem, bis frigora sensit;
Illius immensae ruperunt horrea messes.

At prius, ignotum ferro quam scindimus aequor, 50
Ventos et varium coeli praediscere morem
Cura sit, ac patrios cultusque habitusque locorum;
Et quid quaeque ferat regio, et quid quaeque recuset.
Hic segetes, illic veniunt felicius uvae.
Arborei fetus alibi, atque injussa virescunt 55
Gramina. Nonne vides, croceos ut Tmolus odores,
India mittit ebur, molles sua tura Sabaei;
At Chalybes nudi ferrum; virosaque Pontus
Castorea; Eliadum palmas Epiros equarum?
Continuo has leges aeternaque foedera certis 60
Imposuit natura locis, quo tempore primum
Deucalion vacuum lapides jactavit in orbem,
Unde homines nati, durum genus. Ergo age, terrae

Pingue solum primis extemplo a mensibus anni
Fortes invertant tauri, glebasque jacentis 65
Pulverulenta coquat maturis solibus aestas.
At, si non fuerit tellus fecunda, sub ipsum
Arcturum tenui sat erit suspendere sulco :
Illic, officiant laetis ne frugibus herbae;
Hic, sterilem exiguus ne deserat humor arenam. 70

Alternis idem tonsas cessare novalis,
Et segnem patiere situ durescere campum.
Aut ibi flava seres, mutato sidere, farra,
Unde prius laetum siliqua quassante legumen,
Aut tenuis fetus viciae, tristisque lupini 75
Sustuleris fragiles calamos silvamque sonantem.
Urit enim lini campum seges, urit avenae;
Urunt Lethaeo perfusa papavera somno.
Sed tamen alternis facilis labor : arida tantum
Ne saturare fimo pingui pudeat sola; neve 80
Effetos cinerem inmundum jactare per agros.
Sic quoque mutatis requiescunt fetibus arva;
Nec nulla interea est inaratae gratia terrae.
Saepe etiam steriles incendere profuit agros,
Atque levem stipulam crepitantibus urere flammis 85
Sive inde occultas vires et pabula terrae

de là des forces secrètes et comme une nourriture succulente; soit que le feu l'épure en la consumant, et que les vapeurs mauvaises s'en exhalent; soit que la flamme élargisse ou multiplie les chemins cachés par où la séve passe, et s'insinue dans les verts tuyaux des blés; soit qu'elle affermisse le sol, et qu'elle en resserre tellement les pores trop ouverts, que ni les pluies perçantes, ni les traits embrasés de Phébus, ni le souffle pénétrant de Borée, n'y arrivent pas pour y tuer la vie.

Celui-là fait beaucoup pour ses champs qui en brise les mottes inertes avec le râteau, et qui y promène la herse aux piquants raboteux : touchée de ses travaux, la blonde Cérès le regarde, et lui sourit du haut des cieux. Elle aime aussi celui qui sait rompre, en les croisant, les glèbes que le soc a soulevées dans la plaine, qui fatigue la terre sans relâche, et qui la dompte en maître.

Priez les dieux, ô laboureurs, qu'ils vous envoient des solstices d'été pluvieux et des hivers sereins : un hiver sec et poudreux réjouit les champs, les blés : c'est alors que la Mysie s'enorgueillit de ses belles cultures, et que le Gargare s'admire dans ses moissons.

Que dirai-je de ceux qui, suivant pas à pas le sillon où ils jettent les semences, les recouvrent à l'instant sous la glèbe écrasée? Bientôt ils y amènent les eaux d'un fleuve, et mille courants détournés. Quand le soleil embrase les campagnes, que l'herbe sèche et meurt, tout à coup des hauteurs sourcilleuses du coteau l'eau descend, amenée dans la plaine : je l'entends qui murmure en tombant sur les cailloux; les champs sont rafraîchis, et l'herbe s'est ranimée. Dirai-je comment, pour empêcher que les frêles chalumeaux ne succombent sous le poids des épis, on fait brouter par les troupeaux l'herbe encore tendre et les moissons trop tôt luxuriantes, alors que les blés égalent déjà les sillons en hauteur? comment on fait écouler des terrains inondés les eaux qui s'y amassent; surtout dans ces mois pluvieux où les fleuves débordent tout à coup, et vont couvrir au loin la plaine d'un noir limon? De tièdes vapeurs s'exhalent incessamment de ces bas-fonds impurs.

Et pourtant il arrive qu'en dépit de ces efforts de l'homme, en dépit du labeur des animaux qui l'aident à remuer la terre, les champs ne sont pas encore à l'abri des outrages. Tout leur nuit et les gâte, l'oie sauvage, la grue du Strymon, ennemis ailés; les herbes amères et leurs racines tortueuses, et même le trop d'ombre des bois. C'est que Jupiter lui-même n'a pas voulu qu'il fût aisé de cultiver la terre; lui-même il a fait du labour un art pénible, y excitant les mortels par l'aiguillon du besoin, et ne permettant pas que son empire s'engourdît dans la paresse. Avant Jupiter, aucun laboureur n'avait encore dompté les champs; il n'était pas permis d'en marquer les limites, d'en régler le partage; tout était commun : et la terre, sans y être sollicitée, n'en prodiguait que plus librement ses biens. Jupiter empoisonna la dent des vipères livides, mit dans le loup l'instinct de la rapine, souleva les mers, secoua le miel qui dégouttait des arbres, retira le feu aux mortels, et fit partout tarir les ruisseaux de vins coulant dans les vallées. Il voulait

Pinguia concipiunt; sive illis omne per ignem
Excoquitur vitium, atque exsudat inutilis humor;
Seu pluris calor ille vias et cæca relaxat
Spiramenta, novas veniat qua succus in herbas; 90
Seu durat magis, et venas adstringit hiantis :
Ne tenues pluviæ, rapidive potentia solis
Acrior, aut Boreæ penetrabile frigus adurat.
Multum adeo, rastris glebas qui frangit inertis,
Vimineasque trahit crates, juvat arva; neque illum 95
Flava Ceres alto nequidquam spectat Olympo;
Et qui, proscisso quæ suscitat æquore terga,
Rursus in obliquum verso perrumpit aratro,
Exercetque frequens tellurem, atque imperat arvis.
Humida solstitia atque hiemes orate serenas, 100
Agricolæ; hiberno lætissima pulvere farra,
Lætus ager; nullo tantum se Mysia cultu
Jactat, et ipsa suas mirantur Gargara messis.
Quid dicam, jacto qui semine comminus arva
Insequitur, cumulosque ruit male pinguis arenæ? 105
Deinde satis fluvium inducit rivosque sequentis?
Et, quum exustus ager morientibus æstuat herbis,
Ecce supercilio clivosi tramitis undam
Elicit : illa cadens raucum per levia murmur
Saxa ciet, scatebrisque arentia temperat arva. 110

Quid, qui, ne gravidis procumbat culmus aristis,
Luxuriem segetum tenera depascit in herba,
Quum primum sulcos æquant sata? quique paludis
Collectum humorem bibula deducit arena?
Præsertim incertis si mensibus amnis abundans 115
Exit, et obducto late tenet omnia limo :
Unde cavæ tepido sudant humore lacunæ.
Nec tamen, hæc quum sint hominumque boumque labores
Versando terram experti, nihil improbus anser,
Strymoniæque grues, et amaris intuba fibris, 120
Officiunt, aut umbra nocet. Pater ipse colendi
Haud facilem esse viam voluit; primusque per artem
Movit agros, curis acuens mortalia corda;
Nec torpere gravi passus sua regna veterno.
Ante Jovem nulli subigebant arva coloni : 125
Ne signare quidem aut partiri limite campum
Fas erat : in medium quærebant; ipsaque tellus
Omnia liberius, nullo poscente, ferebat.
Ille malum virus serpentibus addidit atris,
Prædarique lupos jussit, pontumque moveri; 130
Mellaque decussit foliis, ignemque removit,
Et passim rivis currentia vina repressit,
Ut varias usus meditando extunderet artis
Paullatim, et sulcis frumenti quæreret herbam,

que l'expérience et la réflexion enfantassent les arts à la longue; que le travail des hommes fît sortir l'épi des sillons, et des veines du caillou jaillir et briller l'étincelle.

Alors les fleuves sentirent pour la première fois le tronc creusé de l'aune flotter sur leurs ondes; le nautonnier compta et nomma les étoiles; ce furent les Pléiades, les Hyades, et l'Ourse brillante, fille de Lycaon. Alors on commença à tendre des piéges aux bêtes féroces; la glu trompa les oiseaux; et les chiens assiégèrent les immenses forêts. Déjà le pêcheur jette la ligne au fond des fleuves; déjà gagnant la haute mer, il y traîne ses filets humides. Bientôt le fer est façonné; j'entends crier la dent de la scie mordante : car les premiers humains ne savaient que fendre le bois avec des coins; alors naquirent comme à l'envi les arts divers. Un travail opiniâtre triompha de tout : rien qui ne cède à la dure et pressante nécessité.

Cérès la première enseigna aux hommes à mettre le soc dans la terre, alors que les fruits des arbres et le gland des forêts sacrées commencèrent à manquer, et que Dodone refusa aux mortels leur facile nourriture. Bientôt le travail dut venir en aide aux semences : la nielle ronge les blés; les champs se hérissent de chardons; les moissons languissent et meurent; et à la place s'élève toute une forêt d'épines : la bardane, le saligot, la triste ivraie et l'avoine stérile dominent au milieu des riantes cultures. Si, t'armant du râteau, tu ne tourmentes pas incessamment la terre, si tu ne sais pas des bruits qui épouvantent les oiseaux, si tu ne retranches avec la faux les ombres d'alentour qui s'abaissent sur tes champs, enfin si tu n'appelles la pluie de tous tes vœux : hélas! c'est en vain que tu regarderas les belles récoltes de tes voisins; il te faudra soulager ta faim en secouant les chênes de la forêt.

Je dois dire les instruments nécessaires au robuste laboureur, et sans lesquels il ne peut ni semer, ni faire lever le blé. C'est d'abord la charrue au bois solide et recourbé avec un soc tranchant; ce sont les chariots à l'essieu traînant, de la déesse Éleusine; les madriers pour briser l'épi, les traîneaux, les râteaux aux pesantes ferrures, enfin l'humble attirail d'osier qu'inventa Célée, les claies et le van, mystérieux symbole des fêtes de Bacchus; toutes choses dont tu feras bien de t'approvisionner à l'avance, si tu prétends à de nobles profits dans l'art divin du labour. Va donc dans les forêts courber à grand'peine l'orme encore pliant, et que déjà il reçoive de tes mains la forme recourbée d'une charrue; qu'un timon y soit attaché long de huit pieds, et que le soc soit placé autour du sep garni de deux oreillons. Coupe de préférence le tilleul ou le hêtre, bois légers, pour en faire le joug et le manche qui t'aidera à tourner à ton gré l'arrière-train de l'attelage; mais que tout ce bois suspendu à ton foyer s'y durcisse, éprouvé par la fumée. J'ai encore à te rappeler beaucoup de préceptes de nos ancêtres, si tu n'en es point ennuyé, et si tu ne dédaignes pas ces petites pratiques d'un grand art. Avant tout, il convient de bien aplanir ton aire sous le poids d'un énorme cylindre, de la pétrir en quelque sorte, et d'en consolider le

Ut silicis venis abstrusum excuderet ignem. 135
Tunc alnos primum fluvii sensere cavatas;
Navita tum stellis numeros et nomina fecit,
Pleiadas, Hyadas, claramque Lycaonis Arcton.
Tum laqueis captare feras, et fallere visco,
Inventum, et magnos canibus circumdare saltus. 140
Atque alius latum funda jam verberat amnem;
Alta petens, pelagoque alius trahit humida lina.
Tum ferri rigor, atque argutæ lamina serræ;
Nam primi cuneis scindebant fissile lignum;
Tum variæ venere artes : labor omnia vicit 145
Improbus et duris urguens in rebus egestas.
Prima Ceres ferro mortalis vertere terram
Instituit : quum jam glandes atque arbuta sacræ
Deficerent silvæ, et victum Dodona negaret.
Mox et frumentis labor additus : ut mala culmos 150
Esset robigo, segnisque horreret in arvis
Carduus : intereunt segetes; subit aspera silva,
Lappæque tribulique; interque nitentia culta
Infelix lolium et steriles dominantur avenæ.
Quod nisi et adsiduis terram insectabere rastris, 155
Et sonitu terrebis aves, et ruris opaci
Falce premes umbras, votisque vocaveris imbrem :
Heu! magnum alterius frustra spectabis acervum;
Concussaque famem in silvis solabere quercu.
Dicendum et, quæ sint duris agrestibus arma, 160
Quis sine nec potuere seri, nec surgere messes :
Vomis, et inflexi primum grave robur aratri,
Tardaque Eleusinæ matris volventia plaustra,
Tribulaque, traheæque, et iniquo pondere rastri;
Virgea præterea Celei vilisque supellex, 165
Arbuteæ crates et mystica vannus Iacchi.
Omnia quæ multo ante memor provisa repones,
Si te digna manet divini gloria ruris.
Continuo in silvis magna vi flexa domatur
In burim, et curvi formam accipit ulmus aratri; 170
Huic a stirpe pedes temo protentus in octo;
Binæ aures, duplici aptantur dentalia dorso.
Cæditur et tilia ante jugo levis, altaque fagus
Stivaque, quæ currus a tergo torqueat imos;
Et suspensa focis explorat robora fumus. 175
Possum multa tibi veterum præcepta referre,
Ni refugis, tenuisque piget cognoscere curas.
Area cum primis ingenti æquanda cylindro,
Et vertenda manu, et creta solidanda tenaci
Ne subeant herbæ, neu pulvere victa fatiscat; 180
Tum variæ inludant pestes : sæpe exiguus mus
Sub terris posuitque domos atque horrea fecit;

fond avec un ciment visqueux, de peur que l'herbe ne pousse au travers, ou que le sol ne se fende, vaincu par la sécheresse. Alors que d'ennemis obscurs se jouent de toi ! souvent un misérable petit rat fait son trou dans ton aire, et s'y établit comme dans son grenier à blé; ou bien c'est la taupe aveugle qui y creuse sa retraite. On y découvre encore l'immonde crapaud, et mille autres monstres, enfants ténébreux de la terre; c'est là que se logent le charançon, ce dévastateur des granges, et la fourmi, qui butine pour le temps de la vieillesse indigente.

Regarde l'amandier dans les forêts, quand il commence à se couvrir de fleurs, et qu'il courbe vers la terre ses rameaux odorants : s'il abonde en fruits, c'est signe d'une pareille abondance pour tes blés, et que de grandes chaleurs t'apporteront de grandes récoltes; mais si l'arbre surchargé de feuillage n'étale qu'une ombre stérile, hélas ! le fléau ne battra pour toi qu'une vaine moisson de paille !

J'ai vu des laboureurs qui ne semaient leurs légumes qu'après en avoir préparé la semence, et l'avoir détrempée dans l'eau de nitre ou dans le marc d'huile, afin que les grains devinssent plus gros dans leur cosse souvent trompeuse; mais, quelque art qu'on ait mis à faire ramollir les semences dans une eau doucement échauffée, j'en ai vu des mieux choisies et des mieux apprêtées qui dégénéraient, si l'on n'avait soin chaque année de les trier et de réserver les plus grosses : ainsi tout va en déclinant; ainsi le destin précipite la fin des êtres! Je crois voir le nautonier lutter, la rame à la main, contre le courant qu'il remonte : suspend-il un moment ses efforts? l'onde roule, et l'entraîne à la dérive.

Le laboureur doit être aussi attentif au lever des constellations de l'Ourse, des Chevreaux et du Dragon, que les matelots qui, regagnant leur patrie à travers des mers orageuses, ont à franchir l'Hellespont et le détroit d'Abydos, fécond en coquillages. Ainsi dès que le signe de la Balance aura égalé les heures de la nuit à celles du jour, et fait aux mortels deux parts semblables de l'ombre et de la lumière, exercez vos taureaux dans les champs, ô laboureurs, et semez l'orge, jusqu'aux premières pluies qu'amène avec lui l'intraitable hiver. C'est aussi le moment de semer le lin et le pavot; vite donc, et poussez au labour tandis que la terre encore sèche le permet, tandis que les nuées sont suspendues sur vos têtes.

Au printemps se sème la fève, au printemps les sillons reçoivent dans leur sein le trèfle de la Médie, et le millet, qui tous les ans redemande nos soins; c'est lorsque le brillant Taureau aux cornes d'or a ouvert l'année, et que Sirius, en se retirant devant le soleil, s'est perdu dans sa lumière. Mais si tu remues la terre pour y enfouir le pur froment ou des blés de même force, si tu n'en veux qu'aux seuls grains à épis, attends que les filles d'Atlas, les Pléiades, rentrent dans l'ombre, et que l'ardente couronne d'Ariadne se dégage des feux du soleil : ne va pas mal à propos confier aux sillons les semences convenables; ne force pas la terre à garder de trop bonne heure les frêles espérances de ton année. Plusieurs ont commencé de semer avant le coucher de Maïa; mais, la moisson venue, de maigres épis ont trompé leur attente. Veux-tu semer de la vesce, de viles faséoles, et abaisser tes soins jusqu'à l'humble lentille de Péluse? attends pour commencer, que le Bouvier, descendant sous l'hori-

Aut oculis capti fodere cubilia talpæ;
Inventusque cavis bufo, et quæ plurima terræ
Monstra ferunt; populatque ingentem farris acervum 185
Curculio, atque inopi metuens formica senectæ.
Contemplator item, quum se nux plurima silvis
Induet in florem, et ramos curvabit olentis :
Si superant fetus, pariter frumenta sequentur,
Magnaque cum magno veniet tritura calore; 190
At si luxuria foliorum exuberat umbra :
Nequidquam pinguis palea teret area culmos.
  Semina vidi equidem multos medicare serentes,
Et nitro prius et nigra perfundere amurca :
Grandior ut fetus siliquis fallacibus esset, 195
Et, quamvis igni exiguo, properata maderent.
Vidi lecta diu et multo spectata labore
Degenerare tamen : ni vis humana quotannis
Maxima quæque manu legeret; sic omnia fatis
In pejus ruere, ac retro sublapsa referri. 200
Non aliter, quam qui adverso vix flumine lembum
Remigiis subigit, si brachia forte remisit,
Atque illum in præceps prono rapit alveus amni.

Præterea tam sunt Arcturi sidera nobis
Hædorumque dies servandi et lucidus Anguis, 205
Quam quibus in patriam ventosa per æquora vectis
Pontus et ostriferi fauces tentantur Abydi.
Libra die somnique pares ubi fecerit horas,
Et medium luci atque umbris jam dividit orbem,
Exercete, viri, tauros; serite hordea campis 210
Usque sub extremum brumæ intractabilis imbrem;
Nec non et lini segetem et Cereale papaver
Tempus humo tegere; et jamdudum incumbere aratris :
Dum sicca tellure licet, dum nubila pendent.
Vere fabis satio; tum te quoque, Medica, putres 215
Adcipiunt sulci, et milio venit annua cura :
Candidus auratis aperit quum cornibus annum
Taurus, et adverso cedens Canis occidit astro.
At si triticeam in messem robustaque farra
Exercebis humum, solisque instabis aristis : 220
Ante tibi Eoæ Atlantides abscondantur,
Gnosiaque ardentis decedat stella Coronæ,
Debita quam sulcis committas semina, quamque
Invitæ properes anni spem credere terræ.

zon, t'en donne le signal ; et alors mène tes semailles jusqu'à la saison des frimas.

C'est pour régler nos travaux que le ciel a été partagé en régions diverses, et que douze astres marquent à travers le monde le cours brillant du soleil. Cinq zones embrassent tout l'espace du ciel. L'une est toujours resplendissante de lumière, toujours brûlée des feux du jour ; autour d'elle, à droite et à gauche, il en est deux autres qui s'étendent jusqu'aux pôles du monde, et sous lesquelles s'amassent des glaces éternelles et de noirs frimas. Entre elles et ce milieu brûlant des cieux, il y a deux zones tempérées que la bonté des dieux a accordées aux pauvres mortels : une route les coupe en oblique, dans laquelle se meut avec le soleil tout le système des astres. Au septentrion, vers la Scythie et les monts Riphées, la terre s'élève ; elle penche et s'abaisse au midi vers la Libye. Notre pôle tient toujours le point culminant des cieux ; mais l'autre n'est vu que par le Styx profond, et par les pâles ombres des enfers. Au pôle septentrional brille, en serpentant, le Dragon, et, comme un fleuve sinueux embrasse ses rivages, il embrasse les deux Ourses, qui jamais ne se baignent dans les eaux de l'Océan. Sur ces froides contrées pèse, dit-on, une nuit éternelle et silencieuse ; et les ténèbres les couvrent d'un voile de plus en plus épais : ou peut-être l'Aurore, en nous quittant, va les visiter, et leur rend le jour ; et quand le matin les coursiers de Phébus commencent à souffler sur nous leur haleine enflammée, là-bas le brillant Vesper rallume dans la nuit son flambeau.

Les astres ainsi connus, le ciel n'a pas de changements que nous ne puissions prédire : nous savons dans quel temps semer et récolter ; quand il faut soulever avec la rame le sein des mers perfides, quand il faut armer et lancer les flottes, quand c'est le moment d'abattre le sapin dans les forêts. Ce n'est donc pas en vain que nous observons le lever et le coucher des astres, et tour à tour les quatre saisons qui partagent l'année.

S'il arrive qu'une pluie froide retienne le laboureur dans sa maison, il peut vaquer à loisir à mille choses qu'il lui faudrait hâter dans un temps serein. Il aiguisera le soc émoussé de sa charrue ; il creusera des troncs d'arbres, pour les façonner en nacelles ; il marquera ses troupeaux, ou comptera ses vases à grains. Les uns affileront des pieux et des fourches, ou prépareront le saule d'Amérine pour en faire des liens à la vigne encore souple. C'est le moment de tresser en paniers les baguettes pliantes de l'osier : alors brûlez vos grains, alors broyez-les avec la meule. Il est même pour les jours de fête de doux travaux que n'empêchent ni les lois ni la religion : le droit des pontifes ne te défend pas d'amener un ruisseau dans tes prés, d'entourer tes moissons d'une haie, de tendre des pièges aux oiseaux, d'embraser les ronces, et de plonger tes bêlantes brebis dans une eau salutaire. Que de fois, pressant les côtes d'un âne rétif qu'il a chargées d'huile ou de simples fruits des champs, le paysan le

Multi ante occasum Maiae coepere : sed illos
Exspectata seges vanis elusit aristis.
Si vero viciamque seres vilemque faselum,
Nec Pelusiacae curam adspernabere lentis :
Hand obscura cadens mittet tibi signa Bootes ;
Incipe, et ad medias sementem extende pruinas.   230
  Idcirco certis dimensum partibus orbem
Per duodena regit mundi Sol aureus astra.
Quinque tenent coelum zonae : quarum una corusco
Semper sole rubens, et torrida semper ab igni ;
Quam circum extremae dextra laevaque trahuntur,   235
Caerulea glacie concretae atque imbribus atris :
Has inter mediamque duae mortalibus aegris
Munere concessae divum ; via secta per ambas,
Obliquus qua se signorum verteret ordo.
Mundus ut ad Scythiam Rhipaeasque arduus arcis,   240
Consurgit, premitur Libyae devexus in austros.
Hic vertex nobis semper sublimis : at illum
Sub pedibus Styx atra videt Manesque profundi.
Maxumus hic flexu sinuoso elabitur Anguis
Circum, perque duas in morem fluminis Arctos,   245
Arctos Oceani metuentis aequore tingi :
Illic, ut perhibent, aut intempesta silet nox,
Semper et obtenta densantur nocte tenebrae ;
Aut redit a nobis Aurora, diemque reducit ;
Nosque ubi primus equis Oriens adflavit anhelis,   250

Illic sera rubens adcendit lumina Vesper.
Hinc tempestates dubio praediscere coelo
Possumus, hinc messisque diem tempusque serendi ;
Et quando infidum remis inpellere marmor
Conveniat ; quando armatas deducere classis ;   255
Aut tempestivam silvis evertere pinum.
  Nec frustra signorum obitus speculamur et ortus,
Temporibusque parem diversis quatuor annum.
Frigidus agricolam si quando continet imber :
Multa, forent quae mox coelo properanda sereno,   260
Maturare datur ; durum procudit arator
Vomeris obtusi dentem ; cavat arbore lintres ;
Aut pecori signum aut numeros inpressit acervis.
Exacuunt alii vallos furcasque bicornis,
Atque Amerina parant lentae retinacula viti   265
Nunc facilis rubea textatur fiscina virga ;
Nunc torrete igni fruges, nunc frangite saxo.
Quippe etiam festis quaedam exercere diebus
Fas et jura sinunt : rivos deducere nulla
Relligio vetuit, segeti praetendere saepem,   270
Insidias avibus moliri, incendere vepres,
Balantumque gregem fluvio mersare salubri.
Saepe oleo tardi costas agitator aselli
Vilibus aut onerat pomis, lapidemque revertens
Incusum, aut atrae massam picis, urbe reportat.   275
  Ipsa dies alios alio dedit ordine Luna

mène à la ville, d'où il rapporte une pierre à moudre ou de la poix résine!

La lune aussi t'indique, par son cours inégal, les jours propices à certains travaux. Redoute le cinquième : ce jour-là sont nés le pâle Orcus et les Euménides; ce jour-là la Terre, dans un enfantement effroyable, créa les géants Cée, Japet, le cruel Typhée, tous ces frères qui conspirèrent le renversement des cieux. Trois fois ils s'efforcèrent de mettre l'Ossa sur le Pélion, et de rouler l'Olympe avec ses forêts sur l'Ossa; trois fois, lançant sa foudre, Jupiter renversa ces montagnes vainement entassées.

Après le dixième jour de la lune, le septième est le plus heureux, soit pour planter la vigne, soit pour prendre et pour dompter les jeunes taureaux, soit pour commencer à ourdir la toile. Prends garde au neuvième; il est funeste aux voleurs, mais favorable à l'esclave qui veut fuir.

Il est certains ouvrages qui s'accommodent mieux de la fraîcheur des nuits, ou de celle des matins, quand l'Aurore verse la rosée sur la terre. La nuit, tu couperas mieux tes chaumes; la nuit, tes prés sont moins arides; l'herbe est plus tendre, quand la nuit l'a mouillée.

Quelques-uns, dans les longues soirées d'hiver, veillent à la lueur de la lampe, et aiguisent en forme d'épis des torches nouvelles. Pendant ce temps-là, la mère de famille charme par ses chansons les heures trop lentes du travail, fait courir la navette légère entre les fils de la toile; ou bien elle cuit dans l'airain les doux fruits de la vigne, dont elle ôte, avec une branche d'arbre, l'écume bouillonnante.

Attends le fort de la chaleur pour couper tes moissons dorées; le blé, tout brûlant encore des feux du midi, se bat mieux dans l'aire. Sème ou laboure, tant que tu auras assez de la tunique d'été : voici l'hiver, qui engourdit les bras des laboureurs. C'est pendant les froids d'hiver qu'ils jouissent du fruit de leurs travaux, et qu'ils se convient les uns les autres à de gais repas. L'hiver les invite à la joie; l'hiver chasse les soucis de leurs cœurs. Ainsi, quand le navire chargé de ses richesses touche enfin au port, les matelots joyeux couronnent la poupe, en signe de triomphe.

L'hiver cependant te permet de ramasser les glands dans les bois, les graines du laurier, l'olive, et la baie sanglante du myrte : alors tu peux tendre des lacets aux grues, pousser le cerf dans tes filets, poursuivre le lièvre aux longues oreilles, et mettre à bas le daim avec la fronde vibrante des îles Baléares; alors la neige est haute, et les fleuves charrient des glaçons.

Dirai-je les astres qui amènent les tempêtes de l'automne, quand les jours sont déjà plus courts, et que les chaleurs commencent à céder? Laboureurs, soyez sur vos gardes. Dirai-je le printemps qui se précipite en eau quand déjà les épis hérissent la plaine, et que le grain se gonfle de lait dans son enveloppe verdoyante? Souvent la troupe des moissonneurs envahissait les champs, et commençait à lier les gerbes avec la paille fragile, quand j'ai vu tous les vents des cieux se déchaîner, et se livrer de furieux combats. Ils balayaient partout les belles moissons déracinées, les enlevant dans les airs : j'ai vu la tempête emporter dans ses noirs tourbillons les chaumes dispersés et la paille voltigeante. Souvent aussi un

Felices operum : quintam fuge; pallidus Orcus,
Eumenidesque satæ; tum partu Terra nefando
Cœumque Iapetumque creat, sævumque Typhœa,
Et conjuratos cœlum rescindere fratres. 280
Ter sunt conati imponere Pelio Ossam
Scilicet, atque Ossæ frondosum involvere Olympum :
Ter pater exstructos disjecit fulmine montis.
Septima post decumam felix, et ponere vitem,
Et prensos domitare boves, et licia telæ 285
Addere; nona fugæ melior, contraria furtis.
  Multa adeo gelida melius se nocte dedere,
Aut quum sole novo terras inrorat Eous.
Nocte leves melius stipulæ, nocte arida prata
Tondentur; noctes lentus non deficit humor. 290
Et quidam seros hiberni ad luminis ignes
Pervigilat, ferroque faces inspicat acuto :
Interea, longum cantu solata laborem,
Arguto conjux percurrit pectine telas;
Aut dulcis musti Volcano decoquit humorem, 295
Et foliis undam trepidi despumat aheni.
  At rubicunda Ceres medio succiditur æstu;
Et medio tostas æstu terit area fruges.

Nudus ara, sere nudus : hiems ignava colono.
Frigoribus parto agricolæ plerumque fruuntur, 300
Mutuaque inter se læti convivia curant.
Invitat genialis hiems, curasque resolvit :
Ceu, pressæ quum jam portum tetigere carinæ,
Puppibus et læti nautæ inposuere coronas.
  Sed tamen et quernas glandes tum stringere tempus, 305
Et lauri baccas, oleamque, cruentaque myrta;
Tum gruibus pedicas et retia ponere cervis,
Auritosque sequi lepores; tum figere damas,
Stuppea torquentem Balearis verbera fundæ,
Quum nix alta jacet, glaciem quum flumina trudunt. 310
  Quid tempestates autumni et sidera dicam?
Atque, ubi jam breviorque dies et mollior æstas,
Quæ vigilanda viris? vel, quum ruit imbriferum ver,
Spicea jam campis quum messis inhorruit, et quum
Frumenta in viridi stipula lactentia turgent? 315
Sæpe ego, quum flavis messorem induceret arvis
Agricola, et fragili jam stringeret hordea culmo,
Omnia ventorum concurrere prœlia vidi :
Quæ gravidam late segetem ab radicibus imis
Sublime expulsam eruerent; ita turbine nigro 320

immense amas d'eau s'étendait sur les cieux; et les nuages, couvant dans leur sein ténébreux les pluies accumulées, se rassemblaient de tous les points de l'horizon. Tout à coup le ciel descend en eaux, et des torrents de pluie noient les riantes moissons, engloutissent les beaux travaux des bœufs : les fossés sont remplis, les fleuves débordent avec fracas, et la mer gronde dans ses golfes bouillonnants. Jupiter lui-même, du sein de la nuée ténébreuse, lance sa foudre d'une main étincelante; la terre ébranlée tremble au loin; les animaux ont fui; et une sainte épouvante abat chez les nations les cœurs des mortels. Cependant le dieu, d'un de ses traits enflammés, renverse les sommets de l'Athos, du Rhodope et des monts Cérauniens : les vents redoublent; la pluie tombe à flots : j'entends les bois siffler, et la rive au loin gémir. Pour prévenir ces maux, observe les mois et les astres qui les ramènent; regarde de quel côté des cieux se rapproche la froide étoile de Saturne, dans quels orbes lumineux vont errer les feux de Mercure.

Surtout honore les dieux; et, chaque année, quand l'hiver s'en va et que le printemps a déjà des jours sereins, offre à Cérès, sur le riant gazon, le sacrifice qu'elle aime. Alors les agneaux sont gras, les vins sont délicats; alors recommencent les doux sommeils sur la pente ombragée des coteaux. Que toute la jeunesse des champs vienne avec toi adorer Cérès; offrez-lui des gâteaux de miel, délayés dans le vin et le lait; que la victime, chargée d'espérances, soit promenée trois fois autour des moissons nouvelles, et que tout le chœur champêtre l'accompagne en triomphe : appelez à grands cris Cérès dans vos demeures; et que personne ne mette la faucille dans ses blés mûrs avant que, le front ceint d'une branche de chêne, il n'ait, joyeux danseur, sauté d'un pied rustique, et entonné l'hymne à Cérès.

Afin que des signes certains nous fissent prévoir la chaleur, la pluie, et les vents qui poussent les frimas devant eux, Jupiter lui-même a réglé d'avance ce que les lunes nous annonceraient, et sous quel signe l'auster fondrait sur la terre : avertis à temps, les laboureurs tiennent leurs troupeaux plus près des étables. Tout à coup les vents s'élèvent; la mer agitée commence à s'enfler; la montagne fait entendre de lointains éclats; de longs mugissements courent sur la plage; le bruit redouble dans les forêts murmurantes. Hélas! le flot n'épargne guère les flancs creux du navire, quand les plongeons rapides s'envolent de la haute mer et poussent des cris aigus en touchant au rivage, quand les poules d'eau s'ébattent à sec sur le sable, quand le héron abandonne ses marais, et s'élance, en tirant de l'aile, par delà les plus hautes nues!

Souvent aussi, quand la tempête est imminente, tu verras des étoiles tomber en glissant des cieux, et laisser derrière elles, à travers les ombres de la nuit, de longues traînées d'une blanche lumière. Souvent tu verras voltiger la paille légère et la feuille tombée de sa branche, ou bien encore des plumes nager en tournoyant

Ferret hiems culmumque levem stipulasque volantis.
Sæpe etiam immenso cœlo venit agmen aquarum,
Et fœdam glomerant tempestatem imbribus atris
Conlectæ ex alto nubes; ruit arduus æther,
Et pluvia ingenti sata læta boumque labores   325
Diluit; inplentur fossæ, et cava flumina crescunt
Cum sonitu; fervetque fretis spirantibus æquor.
Ipse pater, media nimborum in nocte, corusca
Fulmina molitur dextra : quo maxima motu
Terra tremit; fugere feræ; et mortalia corda   330
Per gentes humilis stravit pavor : ille flagranti
Aut Atho, aut Rhodopen, aut alta Ceraunia telo
Dejicit; ingeminant austri et densissimus imber;
Nunc nemora ingenti vento, nunc litora plangunt
Hoc metuens, cœli menses et sidera serva;   335
Frigida Saturni sese quo stella receptet;
Quos ignis cœli Cyllenius erret in orbes.
In primis venerare deos, atque annua magnæ
Sacra refer Cereri lætis operatus in herbis,
Extremæ sub casum hiemis, jam vere sereno.   340
Tunc pingues agni, et tunc mollissima vina;
Tunc somni dulces densæque in montibus umbræ.
Cuncta tibi Cererem pubes agrestis adoret;
Cui tu lacte favos et miti dilue Baccho,
Terque novas circum felix eat hostia fruges;   345

Omnis quam chorus et socii comitentur ovantes,
Et Cererem clamore vocent in tecta; neque ante
Falcem maturis quisquam supponat aristis,
Quam Cereri torta redimitus tempora quercu
Det motus incompositos, et carmina dicat.   350
Atque hæc ut certis possimus discere signis,
Æstusque, pluviasque, et agentis frigora ventos :
Ipse pater statuit, quid menstrua Luna moneret;
Quo signo caderent austri; quid sæpe videntes
Agricolæ propius stabulis armenta tenerent.   355
Continuo, ventis surgentibus, aut freta ponti
Incipiunt agitata tumescere, et aridus altis
Montibus audiri fragor; aut resonantia longe
Litora misceri, et nemorum increbrescere murmur.
Jam sibi tum curvis male temperat unda carinis : 360
Quum medio celeres revolant ex æquore mergi,
Clamoremque ferunt ad litora; quumque marinæ
In sicco ludunt fulicæ; notasque paludes
Deserit, atque altam supra volat ardea nubem.
Sæpe etiam stellas, vento inpendente, videbis   365
Præcipites cœlo labi, noctisque per umbram
Flammarum longos a tergo albescere tractus;
Sæpe levem paleam et frondes volitare caducas,
Aut summa nantis in aqua conludere plumas.
At Boreæ de parte trucis quum fulminat, et quum   370

à la surface des eaux. Mais si du côté de l'orageux septentrion l'éclair a lui, s'il tonne dans les régions de l'Eurus et du Zéphyr, la pluie va tout noyer, les champs et les fossés : vois, le pâle nautonnier replie déjà sa voile humide. Jamais l'orage n'a surpris les moins prévoyants : la grue, qui le voit s'élever du fond des vallées, a déjà fui devant lui; la génisse, levant la tête et regardant le ciel, ouvre de larges naseaux pour aspirer l'air; l'hirondelle au cri perçant rase d'une aile vagabonde l'eau des lacs; et la grenouille dans ses marais redit sa vieille et éternelle plainte. Souvent la fourmi s'en va par un petit chemin, en emportant ses œufs hors de son couvert peu sûr : l'arc-en-ciel, coupant les nues, boit l'eau de la mer; et de noires légions de corbeaux, revenant de la pâture, font retentir les airs du battement de leurs ailes rassemblées. Vois les divers oiseaux de mer, et ceux des bords du lac Asia, qui paissent les doux herbages des prairies du Caïstre; vois comme ils essayent de mouiller dans les eaux leur plumage ruisselant : tantôt ils offrent la tête aux flots, tantôt ils s'élancent contre les courants; ils ne peuvent contenter leur insatiable amour des eaux. Alors la corneille sinistre appelle la pluie à pleine voix, et elle se promène seule et recueillie le long des grèves arides. Les jeunes filles elles-mêmes, en tournant le soir leurs fuseaux, savent deviner la tempête, quand elles voient l'huile en feu pétiller, et s'amasser autour de la lampe des flocons d'une mousse consumée.

Des signes contraires et non moins certains t'annonceront de beaux soleils et des atmosphères sereines. Alors la pointe des étoiles n'est plus émoussée; Phébé a des clartés qu'on dirait qu'elle n'a point empruntées à son frère : on ne voit plus flotter dans les cieux, pareilles à la laine légère, des nuées transparentes. Les alcyons, si chers à Téthys, n'étalent plus leurs ailes au soleil chaud des rivages : on ne voit plus les porcs immondes dissiper, en s'y ruant, les gerbes déliées. Mais les nuées vont s'affaissant, et se couchent sur les plaines; et du haut de son toit, où il attend le coucher du soleil, le hibou fait entendre, mais en vain, son triste chant du soir. Tout à coup Nisus apparaît planant, dans l'azur des cieux; Scylla va recevoir sa peine, Scylla qui l'a trahi en livrant le cheveu fatal. De quelque côté qu'elle fuie en fendant l'air d'une aile légère, son implacable ennemi, Nisus, la poursuit à grand bruit : partout où fond Nisus, Scylla, plus prompte encore, fend l'air et s'échappe. Alors les corbeaux poussent trois et quatre fois des cris moins rauques; et souvent dans leurs hautes demeures, réjouis par je ne sais quelle douceur secrète, ils s'ébattent entre eux sous le feuillage; tant ils aiment, après la pluie, à revoir leurs petits, à revenir à leur tendre couvée! Ce n'est pas que je croie qu'il y ait en eux quelque peu de l'esprit divin, ou une sagesse prophétique qu'ils tiennent du destin : mais aussitôt que la température et les vapeurs changeantes des cieux ont pris un autre cours, et que Jupiter avec ses vents les a tour à tour condensées ou raréfiées, il se fait des mouvements pareils dans les êtres animés; et, selon que le vent pousse les nuages, leurs esprits ressentent des

Eurique Zephyrique tonat domus : omnia plenis
Rura natant fossis, atque omnis navita ponto
Humida vela legit. Numquam inprudentibus imber
Obfuit : aut illum surgentem vallibus imis
Aeriæ fugere grues; aut bucula cœlum 375
Suspiciens patulis captavit naribus auras;
Aut arguta lacus circumvolitavit hirundo;
Et veterem in limo ranæ cecinere querelam.
Sæpius et tectis penetralibus extulit ova
Angustum formica terens iter; et bibit ingens 380
Arcus; et e pastu decedens agmine magno
Corvorum increpuit densis exercitus alis.
Jam varias pelagi volucres, et quæ Asia circum
Dulcibus in stagnis rimantur prata Caystri,
Certatim largos humeris infundere rores, 385
Nunc caput objectare fretis, nunc currere in undas,
Et studio incassum videas gestire lavandi.
Tum cornix plena pluviam vocat improba voce,
Et sola in sicca secum spatiatur arena.
Ne nocturna quidem carpentes pensa puellæ 390
Nescivere hiemem; testa quum ardente viderent
Scintillare oleum, et putris concrescere fungos.

Nec minus ex imbri soles et aperta serena
Prospicere et certis poteris cognoscere signis.
Nam neque tum stellis acies obtusa videtur; 395
Nec fratris radiis obnoxia surgere Luna;
Tenuia nec lanæ per cœlum vellera ferri;
Non tepidum ad solem pennas in litore pandunt
Dilectæ Thetidi alcyones; non ore solutos
Immundi meminere sues jactare maniplos : 400
At nebulæ magis ima petunt, campoque recumbunt;
Solis et occasum servans de culmine summo
Nequidquam seros exercet noctua cantus.
Adparet liquido sublimis in aere Nisus,
Et pro purpureo pœnas dat Scylla capillo; 405
Quacumque illa levem fugiens secat æthera pennis,
Ecce inimicus, atrox, magno stridore per auras
Insequitur Nisus : qua se fert Nisus ad auras,
Illa levem fugiens raptim secat æthera pennis.
Tum liquidas corvi presso ter gutture voces 410
Aut quater ingeminant; et sæpe cubilibus altis,
Nescio qua præter solitum dulcedine læti,
Inter se foliis strepitant; juvat imbribus actis
Progeniem parvam dulcisque revisere nidos.
Haud equidem credo, quia sit divinitus illis 415
Ingenium, aut rerum fato prudentia major :

impressions diverses. De là ce concert des oiseaux dans les champs; de là cette joie des bêtes, et ces cris heureux des corbeaux.

Si tu es attentif au cours régulier du soleil et de la lune, jamais tu ne seras trompé sur le temps du lendemain, et tu ne te laisseras pas prendre à la sérénité perfide de la nuit. Le premier jour que la lune, rassemblant sa lumière, reparaît à l'horizon, si son croissant obscurci laisse par moments les cieux s'assombrir, alors de grandes pluies menacent les laboureurs et les matelots. Mais si le front de Phébé s'est coloré d'une pudeur virginale, crains le vent; toujours le vent enflamme le beau visage de Phébé. Si le quatrième jour (c'est ton plus sûr indice) la lune se lève claire et pure, et si les pointes de son croissant ne sont pas émoussées, ce jour et tous les jours suivants, jusqu'à la fin du mois, seront sans pluie et sans vent; et les matelots, sauvés de la tempête, acquitteront sur le rivage leurs vœux à Glaucus, à Panope, et à Mélicerte.

Le soleil, quand il se lève ou qu'il se plonge dans la mer, te donne aussi ses présages. Le soleil n'a que des signes certains, qu'ils éclatent le matin, ou quand les astres reparaissent. Si, au moment où il se lève, il est parsemé de taches, et caché dans un nuage où son disque s'efface à demi, que le ciel te soit suspect; car je vois s'élever du côté de la mer le Notus, avec ses pluies funestes à tes arbres, à tes semences, à tes troupeaux. Mais si, dès le matin, l'astre laisse échapper du milieu d'épais nuages des rayons épars et brisés, si l'Aurore se lève pâle de la couche dorée de Tithon, ah! que tes raisins déjà mûrs seront mal à couvert sous leurs pampres! quelle horrible grêle rebondit sur ton toit, serrée et retentissante!

Mais tu dois observer le soleil avec plus d'attention, à l'heure où, ayant parcouru sa carrière, il se retire des cieux; car souvent nous voyons errer sur sa face mille couleurs changeantes. L'azur t'annonce la pluie, le pourpre enflammé, les vents; s'il y a comme un mélange de feu et de taches noires, tu verras tout éclater en vent et en pluie : que personne, en cette nuit horrible, ne m'engage à gagner la haute mer, et à couper le câble qui me retient au rivage. Au contraire, si en nous ramenant et en nous retirant le jour qui s'éteint avec lui, le soleil retient toute sa lumière, c'est en vain que les nuages t'alarmeront; et tu verras les forêts frémir dans l'air épuré par l'aquilon. Enfin le soleil te dira ce que Vesper te réserve pour le lendemain, d'où vient le vent, d'où les nuages sont poussés, et les menaces de l'humide auster. Qui oserait accuser le soleil d'imposture? Le soleil nous annonce les sourds mouvements qui travaillent les empires, les complots, les guerres cachées qui fermentent.

C'est lui qui, après la mort de César, eut pitié de Rome, quand il couvrit son front brillant d'une rouille obscure, et que le siècle impie craignit une nuit éternelle. En ce temps-là tout nous donnait des avertissements, la terre, les

Verum, ubi tempestas et cœli mobilis humor
Mutavere vias, et Juppiter uvidus austris
Denset, erant quæ rara modo, et, quæ densa, relaxat;
Vertuntur species animorum, et pectora motus   420
Nunc alios, alios, dum nubila ventus agebat,
Concipiunt : hinc ille avium concentus in agris,
Et lætæ pecudes, et ovantes gutture corvi.
    Si vero solem ad rapidum lunasque sequentis
Ordine respicies, nunquam te crastina fallet   425
Hora, neque insidiis noctis capiere serenæ.
Luna, revertentes quum primum colligit ignis,
Si nigrum obscuro conprenderit aera cornu :
Maximus agricolis pelagoque parabitur imber.
At, si virgineum suffuderit ore ruborem,   430
Ventus erit; vento semper rubet aurea Phœbe.
Sin ortu quarto, namque is certissimus auctor,
Pura, neque obtusis per cœlum cornibus ibit :
Totus et ille dies, et, qui nascentur ab illo
Exactum ad mensem, pluvia ventisque carebunt :   435
Votaque servati solvent in litore nautæ
Glauco et Panopeæ et Inoo Melicertæ.
    Sol quoque et exoriens, et quum se condit in undas,
Signa dabit; solem certissima signa sequuntur
Et quæ mane refert, et quæ surgentibus astris.   440
Ille ubi nascentem maculis variaverit ortum,
Conditus in nubem, medioque refugerit orbe :
Suspecti tibi sint imbres; namque urguet ab alto
Arboribusque satisque Notus pecorique sinister.
Aut ubi sub lucem densa inter nubila sese   445
Diversi rumpent radii, aut ubi pallida surget
Tithoni croceum linquens Aurora cubile;
Heu, male tum mitis defendet pampinus uvas :
Tam multa in tectis crepitans salit horrida grando.
Hoc etiam, emenso quum jam decedet Olympo,   450
Profuerit meminisse magis : nam sæpe videmus
Ipsius in vultu varios errare colores;
Cœruleus pluviam denuntiat, igneus Euros.
Sin maculæ incipient rutilo inmiscerier igni,
Omnia tunc pariter vento nimbisque videbis   455
Fervere : non illa quisquam me nocte per altum
Ire, neque a terra moneat convellere funem.
At si, quum refertque diem, condetque relatum,
Lucidus orbis erit : frustra terrebere nimbis,
Et claro silvas cernes aquilone moveri.   460
Denique, quid vesper serus vehat, unde serenas
Ventus agat nubes, quid cogitet humidus auster,
Sol tibi signa dabit. Solem quis dicere falsum
Audeat? ille etiam cæcos instare tumultus
Sæpe monet, fraudemque et operta tumescere bella. 465
Ille etiam exstincto miseratus Cæsare Romam;
Quum caput obscura nitidum ferrugine texit,
Impiaque æternam timuerunt sæcula noctem.

mers, les sinistres aboiements des chiens, les cris odieux des oiseaux. Que de fois nous avons vu l'Etna, rompant ses fournaises, se répandre en bouillonnant à travers les champs des Cyclopes, et rouler des torrents de flamme et des roches liquéfiées ! La Germanie entendit des bruits d'armes dans tout le ciel ; les Alpes ressentirent des tremblements extraordinaires. Plus d'une fois aussi on entendit dans les bois silencieux des voix épouvantables ; on vit des spectres d'une pâleur affreuse errer à la nuit tombante : chose horrible, les bêtes parlèrent ! les fleuves s'arrêtent, la terre s'entr'ouvre : dans les temples l'ivoire pleure, comme attendri, et l'airain se mouille de sueur. Furieux et entraînant les forêts dans ses tourbillons, l'Éridan, ce roi des fleuves, déborde, et emporte à travers les campagnes les étables et les troupeaux. Jamais les tristes entrailles des victimes n'étalèrent aux yeux tant de fibres menaçantes ; partout le sang coule dans les puits ; et la nuit, nos villes épouvantées retentissent des hurlements des loups. Jamais la foudre ne tomba si souvent par un ciel serein ; jamais tant de redoutables comètes ne s'enflammèrent dans les espaces.

C'est pourquoi les champs de Philippes ont vu pour la seconde fois les légions romaines se combattre avec des armes fraternelles : deux fois les dieux ont souffert que l'Émathie et les vastes plaines de l'Hémus s'engraissassent de notre sang. Un jour viendra que dans ces mêmes contrées le laboureur, soulevant la terre avec sa charrue, trouvera des javelines rongées par la rouille, heurtera avec ses pesants râteaux des casques vides, et admirera dans leurs tombeaux fouillés les grands ossements de nos pères.

Dieux de la patrie, dieux indigètes, Romulus, Vesta, qui veillez sur le Tibre toscan et sur les palais de Rome, n'empêchez pas du moins ce jeune héros de venir en aide à ce siècle en ruine ; assez et trop longtemps nous avons expié les parjures de Troie et de la race de Laomédon. O César, depuis longtemps le ciel t'envie à la terre, et se plaint que tu es trop touché des honneurs des mortels. En effet, tu le vois, partout sont confondus le juste et l'injuste, partout la guerre est dans le monde, partout les hideuses images du crime. La charrue négligée est sans honneur ; les campagnes, d'où le laboureur a été arraché, languissent désolées ; et, avec le fer de la faux recourbée, on forge des épées meurtrières. D'un côté l'Euphrate, de l'autre la Germanie se remue ; les villes, rompant tout lien de voisinage et les antiques traités, s'arment les unes contre les autres ; Mars embrase le monde entier de ses fureurs impies. Ainsi quand les quadriges se sont élancés hors des barrières, et qu'ils s'échauffent à parcourir l'espace, le conducteur, retenant en vain les rênes, est emporté par ses coursiers, et le char n'écoute plus ni la voix ni le frein.

LIVRE II.

J'ai chanté jusqu'ici la culture des champs et le cours des astres. C'est toi maintenant, ô Bac-

Tempore quamquam illo tellus quoque, et æquora ponti,
Obscenique canes, importunæque volucres, 470
Signa dabant. Quoties Cyclopum effervere in agros
Vidimus undantem ruptis fornacibus Ætnam,
Flammarumque globos liquefactaque volvere saxa!
Armorum sonitum toto Germania cœlo
Audiit; insolitis tremuerunt motibus Alpes ; 475
Vox quoque per lucos vulgo exaudita silentis
Ingens; et simulacra modis pallentia miris
Visa sub obscurum noctis ; pecudesque loquutæ,
Infandum! sistunt amnes, terræque dehiscunt ;
Et mæstum inlacrimat templis ebur, æraque sudant. 480
Proluit insano contorquens vertice silvas
Fluviorum rex Eridanus, camposque per omnis
Cum stabulis armenta tulit. Nec tempore eodem
Tristibus aut extis fibræ adparere minaces,
Aut puteis manare cruor cessavit : et altæ 485
Per noctem resonare, lupis ululantibus, urbes.
Non alias cœlo ceciderunt plura sereno
Fulgura; nec diri toties arsere cometæ.
Ergo inter sese paribus concurrere telis
Romanas acies iterum videre Philippi ; 490
Nec fuit indignum superis, bis sanguine nostro
Emathiam et latos Hæmi pinguescere campos.
Scilicet et tempus veniet, quum finibus illis

Agricola, incurvo terram molitus aratro,
Excisa inveniet scabra robigine pila, 495
Aut gravibus rastris galeas pulsabit inanis,
Grandiaque effossis mirabitur ossa sepulcris.
    Di patrii Indigetes, et Romule, Vestaque mater,
Quæ Tuscum Tiberim et Romana Palatia servas,
Hunc saltem everso juvenem succurrere sæclo 500
Ne prohibete ! Satis jam pridem sanguine nostro
Laomedonteæ luimus perjuria Trojæ.
Jam pridem nobis cœli te regia, Cæsar,
Invidet, atque hominum queritur curare triumphos :
Quippe ubi fas versum atque nefas ; tot bella per orbem, 505
Tam multæ scelerum facies ; non ullus aratro
Dignus honos ; squalent abductis arva colonis,
Et curvæ rigidum falces conflantur in ensem ;
Hinc movet Euphrates, illinc Germania bellum ;
Vicinæ ruptis inter se legibus urbes 510
Arma ferunt ; sævit toto Mars impius orbe :
Ut, quum carceribus sese effudere, quadrigæ
Addunt in spatia, et, frustra retinacula tendens,
Fertur equis auriga, neque audit currus habenas

LIBER SECUNDUS.

Hactenus arvorum cultus et sidera cœli ;

chus, que je chanterai, et avec toi les arbres des forêts, et le fruit du tardif olivier. Viens, père de la vigne; tout ici est plein de tes dons; par toi la terre embellie se charge des pampres de l'automne; par toi la vendange coule à pleins bords dans les pressoirs écumants : dieu des raisins, mets bas tes cothurnes, et viens avec moi rougir tes jambes nues dans les flots d'un vin nouveau.

D'abord les arbres naissent d'une manière très-diverse. Les uns, sans y être forcés par la main des hommes, viennent d'eux-mêmes dans les champs, et croissent à l'aventure le long des fleuves tortueux, comme l'osier flexible, les tendres genêts, le peuplier, et le saule dans sa verdoyante blancheur. Les autres poussent après avoir été semés, tels que les hauts châtaigniers, l'arbre chéri de Jupiter, le plus grand des chênes, et le plus petit dans l'espèce, à qui la Grèce demandait des oracles. Certains arbres voient pulluler à leurs racines une forêt de rejetons, comme le cerisier et l'orme, et encore le laurier du Parnasse, faible enfant qui croît en s'abritant sous l'ombre immense de sa mère. Telles sont les voies suivies dès le principe par la nature; ainsi verdit l'espèce entière des hautes futaies, des taillis, des bois sacrés.

Il est d'autres voies détournées que s'est frayées l'expérience. Les uns, tranchant au vif dans le tronc maternel, en arrachent des rejetons qu'ils plantent. Les autres enfoncent dans la terre des souches entières, de grosses branches fendues en quatre, des pieux qu'ils aiguisent par le pied.

Ailleurs ce sont des arbres dont les branches courbées en arc, et ensevelies dans le sol natal, y attendent toutes vivantes l'instant de renaître d'elles-mêmes. Quelques arbres se passent même de racines; et l'émondeur n'hésite pas à confier à la terre la pointe seule des boutures. Mais, ô prodige! un tronc d'olivier est coupé, et ce bois sec et sans vie pousse dans la terre de nouvelles racines. Souvent nous voyons des branches greffées se changer en celles d'un autre arbre sans l'endommager, le pommier transformé produire des poires, et la cornouille pierreuse se teindre des couleurs de la prune. N'ayez de cesse, ô laboureurs, que vous ne connaissiez par les espèces la culture qui leur est propre; domptez par la greffe l'âpreté des fruits sauvages. Point de terres oisives et incultes : couvrons de vignes l'Ismare, et que je voie le haut Taburne se revêtir d'oliviers.

Et toi, Mécène, toi, ma gloire et ma vraie renommée, viens, je t'appelle; et, t'élançant avec moi sur la vaste mer, donne du souffle à ma voile. Je ne veux pas embrasser dans mes vers toute la nature : le pourrais-je, quand même j'aurais cent langues et cent bouches, avec une voix de fer! Viens côtoyer avec moi le rivage; et que nos mains ne se détachent pas de la terre. Je ne te fatiguerai ni par de vaines fictions, ni par de longs détours, ni par un fastidieux exorde.

Les arbres qui s'élèvent d'eux-mêmes dans la lumière des airs sont, il est vrai, stériles; mais ils poussent plus beaux et plus forts : c'est que la nature nourrit mieux le fonds où ils viennent

Nunc te, Bacche, canam, nec non silvestria tecum
Virgulta, et prolem tardæ crescentis olivæ.
Huc, pater o Lenæe: tuis hic omnia plena
Muneribus; tibi pampineo gravidus auctumno   5
Floret ager, spumat plenis vindemia labris;
Huc, pater o Lenæe, veni; nudataque musto
Tingue novo mecum dereptis crura cothurnis.
 Principio arboribus varia est natura creandis :
Namque aliæ, nullis hominum cogentibus, ipsæ   10
Sponte sua veniunt, camposque et flumina late
Curva tenent : ut molle siler, lentæque genestæ,
Populus, et glauca canentia fronde salicta.
Pars autem posito surgunt de semine : ut altæ
Castaneæ, nemorumque Jovi quæ maxima frondet 15
Æsculus, atque habitæ Graiis oracula quercus.
Pullulat ab radice aliis densissima silva:
Ut cerasis ulmisque; etiam Parnasia laurus
Parva sub ingenti matris se subjicit umbra.
Hos Natura modos primum dedit; his genus omne 20
Silvarum fruticumque viret nemorumque sacrorum.
 Sunt alii, quos ipse via sibi repperit usus.
Hic plantas tenero abscidens de corpore matrum
Deposuit sulcis; hic stirpes obruit arvo,
Quadrifidasque sudes et acuto robore vallos;   25
Silvarumque aliæ pressos propaginis arcus

Exspectant, et viva sua plantaria terra;
Nil radicis egent aliæ; summumque putator
Haud dubitat terræ referens mandare cacumen.
Quin et caudicibus sectis (mirabile dictu)   30
Truditur e sicco radix oleagina ligno.
Et sæpe alterius ramos impune videmus
Vertere in alterius; mutatamque insita mala
Ferre pirum, et prunis lapidosa rubescere corna.
 Quare agite o, proprios generatim discite cultus, 35
Agricolæ, fructusque feros mollite colendo;
Neu segnes jaceant terræ. Juvat Ismara Baccho
Conserere, atque olea magnum vestire Taburnum.
Tuque ades, inceptumque una decurrere laborem,
O decus, o famæ merito pars maxima nostræ,   40
Mæcenas, pelagoque volans da vela patenti.
Non ego cuncta meis amplecti versibus opto,
Non, mihi si linguæ centum sint, oraque centum,
Ferrea vox; ades, et primi lege litoris oram;
In manibus terræ, non hic te carmine ficto,   45
Atque per ambages et longa exorsa, tenebo.
 Sponte sua quæ se tollunt in luminis oras,
Infecunda quidem, sed læta et fortia surgunt.
Quippe solo natura subest. Tamen hæc quoque, si quis
Inserat, aut scrobibus mandet mutata subactis,   50
Exuerint silvestrem animum; cultuque frequenti

Cependant ces mêmes arbres, si on les greffe, ou si on les transplante dans une terre fortement remuée, dépouilleront leur naturel sauvage; assouplis par une culture incessante, ils viendront se prêter à tous les artifices de tes mains. Tu n'obtiendras pas moins de ces rejetons stériles qui sortent de la racine des arbres, si tu sais les transplanter dans un champ découvert : à présent le haut feuillage et l'ombre épaisse de leur mère étouffent ces avortons, leur ôtent la force de croître, et tuent leurs fruits dans le germe.

Tout arbre, sorti d'une semence, est lent à venir, et ne donnera de l'ombre qu'à tes arrière-neveux. Les fruits eux-mêmes dégénèrent, perdant leurs doux sucs d'autrefois; et la vigne vient à ne porter plus que des grappes honteuses, qui sont la proie des oiseaux. Donne donc à tous tes arbres les mêmes soins constants; ramasse-les tous dans des sillons; n'épargne pas ta peine pour les dompter. L'olivier aime à renaître de ses troncs; les ceps ne réussissent que provignés. On plante aussi en entier le myrte de Paphos, le dur coudrier, le frêne altier, le peuplier ombreux qui donne à Hercule des couronnes, le chêne de Jupiter Chaonien, le haut palmier, et le sapin qui ira voir les tempêtes des mers. On greffe sur le triste arboisier la noix franche; les stériles platanes portent les rejetons vigoureux du pommier, les hêtres ceux du châtaignier; le frêne blanchit sous les fleurs du poirier, et l'on voit les porcs broyer le gland au pied de l'ormeau.

Il y a deux manières d'enter les arbres, soit en greffe, soit par inoculation. L'inoculation se fait à l'endroit où le bouton, forçant l'écorce, a poussé et rompu déjà sa mince tunique; dans le nœud lui-même une petite fente est pratiquée, et on y enferme le bouton d'un arbre étranger, qui s'incorpore à sa nouvelle écorce, et qui en boit la sève. Dans la greffe le tronc des arbres est coupé à l'endroit le plus lisse; et dans le cœur même du bois que les coins déchirent, une fente profonde s'ouvre pour recevoir des rejetons fertiles : bientôt s'élève d'un essor vigoureux un grand arbre, étonné de son nouveau feuillage et des fruits qu'il n'a point portés.

Il n'y a pas qu'une seule espèce des mêmes arbres, de l'orme, du saule, du lotos, du cyprès de l'Ida : la grasse olive non plus ne se montre pas partout la même. Il y a l'olive ronde, l'ovale, l'amère bonne à broyer. Que de pommes aussi! c'est l'abondance d'Alcinoüs : ce n'est pas le même poirier qui donne la poire de Crustumium, celle de Syria, et la lourde volema; et la grappe qui pend à la vigne d'Italie n'est pas la même que celle que dans Lesbos Méthymne détache de ses ceps. Il y a les vignes à vin blanc de Thasos; il y a celles de la Maréotide; les unes viennent mieux dans une terre légère, les autres dans une terre grasse. Dans les raisins, le Psithia est excellent cuit; le Lagéos, au grain menu, fera chanceler les buveurs et enchaînera leur langue. Il y a le raisin pourpre, et le raisin précoce. Vous vanterai-je assez, vins de Rhétie, quoique vous n'ayez pas à le disputer à nos crus de Falerne? N'avons-nous pas encore les vins d'Aminée, les plus forts des vins, devant qui s'inclinent et ceux de Tmole, et le Phanée lui-même, ce roi des coteaux? Que dirai-je du vin

In quascumque voces artis haud tarda sequentur.
Nec non et sterilis, quæ stirpibus exit ab imis,
Hoc faciet, vacuos si sit digesta per agros :
Nunc altæ frondes et rami matris opacant, 55
Crescentique adimunt fetus, uruntque ferentem.
  Jam, quæ seminibus jactis se sustulit arbos,
Tarda venit, seris factura nepotibus umbram;
Pomaque degenerant succos oblita priores;
Et turpis avibus prædam fert uva racemos. 60
Scilicet omnibus est labor inpendendus; et omnes
Cogendæ in sulcum, ac multa mercede domandæ.
Sed truncis oleæ melius, propagine vites
Respondent, solido Paphiæ de robore myrtus :
Plantis et duræ coruli nascuntur, et ingens 65
Fraxinus, Herculeæque arbos umbrosa coronæ,
Chaoniique patris glandes; etiam ardua palma
Nascitur, et casus abies visura marinos.
Inseritur vero et fetu nucis arbutus horrida;
Et steriles platani malos gessere valentis; 70
Castaneæ fagus, ornusque incanuit albo
Flore piri, glandemque sues fregere sub ulmis.
  Nec modus inserere atque oculos inponere simplex.
Nam, qua se medio trudunt de cortice gemmæ,
Et tenuis rumpunt tunicas, angustus in ipso 75
Fit nodo sinus : huc aliena ex arbore germen
Includunt, udoque docent inolescere libro.
Aut rursum enodes trunci resecantur, et alte
Finditur in solidum cuneis via; deinde feraces
Plantæ inmittuntur : nec longum tempus, et ingens 80
Exiit ad cœlum ramis felicibus arbos,
Miraturque novas frondis et non sua poma.
  Præterea genus haud unum, nec fortibus ulmis,
Nec salici, lotoque, neque Idæis cyparissis.
Nec pingues unam in faciem nascuntur olivæ, 85
Orchades, et radii, et amara pausia bacca :
Pomaque, et Alcinoi silvæ; nec surculus idem
Crustumiis Syriisque piris, gravibusque volemis.
Non eadem arboribus pendet vindemia nostris,
Quam Methymnæo carpit de palmite Lesbos; 90
Sunt Thasiæ vites; sunt et Mareotides albæ;
Pinguibus hæ terris habiles, levioribus illæ;
Et passo Psithia utilior; tenuisque Lageos,
Tentatura pedes olim, vincturaque linguam;
Purpureæ, preciæque; et quo te carmine dicam, 95
Rhætica? nec cellis ideo contende Falernis.
Sunt et Amineæ vites, firmissima vina;

léger d'Argos, le plus coulant de tous, et qui résiste le mieux aux années? Je ne vous oublierai point non plus, précieuses grappes de Rhodes, si agréables aux dieux, et toujours bien venues sur nos tables; ni toi, Bumaste, tout gonflé de tes grains rouges. Mais comment compter toutes les espèces et tous les noms des raisins? Ce serait peine inutile. Autant vaudrait tâcher de savoir combien de grains de sable sont emportés par le zéphyr sur les rivages de la Libye, ou bien, quand le violent Eurus s'abat sur les vaisseaux, compter combien de vagues viennent mourir sur les grèves d'Ionie.

Toutes les terres ne peuvent pas produire toute sorte de plantes. Les saules naissent le long des fleuves, les aunes dans les marais fangeux, les frênes stériles sur les montagnes pierreuses; les myrtes sont heureux au bord des eaux : enfin la vigne aime les coteaux et le grand air, les ifs l'aquilon et les frimas. Vois l'univers dompté par la culture jusqu'aux lieux les plus reculés, depuis les régions de l'Aurore, qu'habite l'Arabe, jusqu'au pays des Gélons, qui se peignent le corps : chaque arbre a sa patrie; l'Inde seule produit le noir ébène; on ne trouve qu'à Saba la branche qui donne l'encens. Que te dirai-je de ce bois odorant qui distille le baume, et de la baie de l'acanthe toujours vert? des forêts d'Éthiopie, toutes blanches d'un tendre duvet? Dirai-je comment les Sères détachent des feuilles de leurs arbres les plus fines toisons? Parlerai-je de ces grands bois que l'Inde voit s'étendre sur les rives de l'Océan, l'Inde où finit le monde? Leur cime s'élève si haut dans les airs, qu'aucune flèche ne peut l'atteindre; et pourtant ces peuples n'ont pas la main peu prompte à décocher les traits.

La Médie produit une pomme salutaire, mais d'un suc amer et d'une saveur engourdissante : quand la marâtre cruelle a empoisonné les coupes, et y a mêlé des herbes funestes avec des paroles de mort, cette pomme est le plus puissant remède contre le noir poison qu'elle chasse des membres. L'arbre est fort haut, et tout à fait semblable au laurier; et, s'il ne répandait au loin une odeur différente, ce serait le laurier : la feuille ne tombe jamais sous l'effort des vents; la fleur tient ferme sur sa tige : les Mèdes s'en parfument la bouche et l'haleine, et réchauffent avec ses sucs les vieillards haletants.

Mais ni la Médie si riche en forêts, ni le Gange et ses belles rives, ni l'Hermus qui roule un limon d'or, ni la Bactriane, ni l'Inde, ni la Panchaïe tout entière, avec ses sables où vient l'encens, ne le disputeraient en merveilles à l'Italie. Nos champs, il est vrai, n'ont jamais été retournés par des taureaux soufflant la flamme; jamais les dents semées d'une hydre immense n'ont hérissé nos plaines d'une moisson de guerriers aux casques étincelants, aux lances pressées. Mais des blés magnifiques, mais le Massique répand à flots l'abondance; nous avons l'olivier, et les plus beaux troupeaux. D'ici s'échappe vers la plaine le coursier belliqueux, à la fière encolure; d'ici de blancs taureaux, tes plus grasses victimes, ô Clitumne, vont se baigner souvent dans

Tmolus et adsurgit quibus et rex ipse Phanæus;
Argitisque minor, cui non certaverit ulla
Aut tantum fluere, aut totidem durare per annos.   100
Non ego te, dis et mensis adcepta secundis,
Transierim, Rhodia, et tumidis, Bumaste, racemis.
Sed neque, quam multæ species, nec, nomina quæ sint,
Est numerus, neque enim numero comprendere refert :
Quem cui scire velit, Libyci velit æquoris idem   105
Discere quam multæ Zephyro turbentur arenæ;
Aut, ubi navigiis violentior incidit Eurus,
Nosse quot Ionii veniant ad litora fluctus.
  Nec vero terræ ferre omnes omnia possunt.
Fluminibus salices; crassisque paludibus alni   110
Nascuntur; steriles saxosis montibus orni;
Litora myrtetis lætissima; denique apertos
Bacchus amat collis, aquilonem et frigora taxi.
Adspice et extremis domitum cultoribus orbem,
Eoasque domos Arabum, pictosque Gelonos.   115
Divisæ arboribus patriæ : sola India nigrum
Fert ebenum; solis est turea virga Sabæis.
Quid tibi odorato referam sudantia ligno
Balsamaque, et baccas semper frondentis acanthi?
Quid nemora Æthiopum, molli canentia lana?   120
Velleraque ut foliis depectant tenuia Seres?
Aut quos Oceano propior gerit India lucos,
Extremi sinus orbis : ubi aera vincere summum
Arboris haud ullæ jactu potuere sagittæ?
Et gens illa quidem sumtis non tarda pharetris.   125
Media fert tristes succos tardumque saporem
Felicis mali; quo non præsentius ullum,
Pocula si quando sævæ infecere novercæ,
Miscueruntque herbas et non innoxia verba,
Auxilium venit, ac membris agit atra venena.   130
Ipsa ingens arbos faciemque simillima lauro;
Et, si non alium late jactaret odorem,
Laurus erat : folia haud ullis labentia ventis;
Flos ad prima tenax : animas et olentia Medi
Ora fovent illo, et senibus medicantur anhelis.   135
  Sed neque Medorum, silvæ ditissima, terra,
Nec pulcher Ganges, atque auro turbidus Hermus,
Laudibus Italiæ certent; non Bactra, neque Indi,
Totaque turiferis Panchaia pinguis arenis.
Hæc loca non tauri spirantes naribus ignem   140
Invertere, satis immanis dentibus hydri;
Nec galeis densisque virum seges horruit hastis :
Sed gravidæ fruges et Bacchi Massicus humor
Implevere; tenent oleæ armentaque læta.
Hinc bellator equus campo sese arduus infert;   145
Hinc albi, Clitumne, greges, et maxima taurus
Victima, sæpe tuo perfusi flumine sacro,

13.

…on fleuve sacré, pour conduire vers les temples des dieux nos glorieux triomphateurs. Ici le printemps est éternel, et les hivers sont encore des étés. Deux fois les brebis sont pleines, deux fois les fruits mûrissent. On n'y rencontre ni le tigre plein de rage, ni la race des lions sanguinaires : le poison ne trompe pas la main imprudente qui cueille des herbes ; et jamais on ne voit le serpent, traînant sur la terre ses immenses anneaux, se ramasser dans les longs replis de sa croupe écailleuse.

Dirai-je tant de cités magnifiques, tant de monuments de la main des hommes, tant de villes élevées à force de bras sur des rochers à pic, et ces fleuves qui coulent sous les antiques fondements de nos murailles ? Dirai-je les deux mers qui baignent nos rivages, l'une au septentrion, l'autre au midi, et ces grands lacs, ici le Lare immense, là le Bénac, dont les flots s'enflent et frémissent comme ceux de la mer ? Et tous ces ports, et cette digue qui emprisonne les eaux du Lucrin, et contre laquelle la mer indignée vient se briser en retentissant ? C'est là qu'on entend le bruit lointain de la vague refoulée dans le port Julius, et que les flots tyrrhéniens vont se précipiter dans l'Averne.

Cette même terre, nous ouvrant son sein, y fait voir partout l'argent, le cuivre et l'or, qui circulent en longs ruisseaux. Cette terre a enfanté des races d'hommes indomptables : le Marse, le Sabin, le Ligure endurci à la peine, le Volsque armé de sa pique; elle nous a donné les Décius, les Marius, les illustres Camilles, les Scipions infatigables à la guerre; et toi, César, le plus grand de tous, qui aujourd'hui même, vainqueur aux extrémités de l'Asie, écartes des frontières de l'empire l'Indien abattu sous tes coups. Salut, terre de Saturne, féconde en moissons, féconde en héros ! c'est pour toi que je chante l'art du labour et sa gloire antique; et qu'osant ouvrir les fontaines sacrées de l'Hélicon, je redis aux villes romaines les vers du poëte d'Ascra.

Je vais parler maintenant de la nature des terrains, de leur force, de leur couleur, et des productions qui leur sont propres. Les terres ingrates et les collines pierreuses, entremêlées d'argile et de cailloux, et hérissées de buissons, aiment à se couvrir des plants vivaces de l'olivier de Pallas. On reconnaît cela aux pousses nombreuses des oliviers sauvages qui y viennent, à leur alignement naturel, à leurs baies dont le sol est partout jonché. Mais il est des terres grasses, imprégnées d'une douce humidité, abondantes en herbages; de ces vallées fertiles et profondes qu'on aime à regarder du haut des montagnes : là vont couler les eaux qui tombent de la crête des rochers, et qui entraînent avec elles un limon bienfaisant : si ces terres exposées au midi nourrissent dans leur sein la fougère ennemie du soc, attends-toi qu'un jour elles te donnent en abondance des vignes fortes et pleines d'un vin délicieux, de ce vin que nous versons dans des coupes d'or, en ces jours de fêtes où l'Étrurien obèse souffle dans l'ivoire devant les autels, et où nous offrons aux dieux, sur des plats courbés, les entrailles fumantes des victimes.

Romanos ad templa deum duxere triumphos.
Hic ver adsiduum, atque alienis mensibus æstas;
Bis gravidæ pecudes, bis pomis utilis arbor. 150
At rabidæ tigres absunt, et sæva leonum
Semina; nec miseros fallunt aconita legentis;
Nec rapit immensos orbis per humum, neque tanto
Squameus in spiram tractu se colligit anguis.
Adde tot egregias urbis, operumque laborem, 155
Tot congesta manu præruptis oppida saxis,
Fluminaque antiquos subterlabentia muros.
An mare, quod supra, memorem, quodque adluit infra?
Anne lacus tantos? te, Lari maxume, teque
Fluctibus et fremitu adsurgens, Benace, marino 160
An memorem portus, Lucrinoque addita claustra,
Atque indignatum magnis stridoribus æquor,
Julia qua ponto longe sonat unda refuso,
Tyrrhenusque fretis immittitur æstus Avernis?
Hæc eadem argenti rivos ærisque metalla 165
Ostendit venis, atque auro plurima fluxit.
Hæc genus acre virum, Marsos, pubemque Sabellam,
Adsuetumque malo Ligurem, Volscosque verutos,
Extulit; hæc Decios, Marios, magnosque Camillos,
Scipiadas duros bello, et te, maxume Cæsar, 170

Qui nunc extremis Asiæ jam victor in oris
Inbellem avertis romanis arcibus Indum.
Salve, magna parens frugum, Saturnia tellus,
Magna virum, tibi res antiquæ laudis et artis
Ingredior, sanctos ausus recludere fontes, 175
Ascræumque cano romana per oppida carmen.
  Nunc locus arvorum ingeniis : quæ robora cuique,
Quis color, et quæ sit rebus natura ferendis.
Difficiles primum terræ, collesque maligni,
Tenuis ubi argilla et dumosis calculus arvis, 180
Palladia gaudent silva vivacis olivæ.
Indicio est, tractu surgens oleaster eodem
Plurimus, et strati baccis silvestribus agri.
At quæ pinguis humus, dulcique uligine læta,
Quique frequens herbis et fertilis ubere campus; 185
Qualem sæpe cava montis convalle solemus
Dispicere : huc summis liquuntur rupibus amnes
Felicemque trahunt limum; quique editus austro
Et filicem curvis invisam pascit aratris;
Hic tibi prævalidas olim multoque fluentis 190
Sufficiet Baccho vitis; hic fertilis uvæ.
Hic laticis, qualem pateris libamus et auro,
Inflavit quum pinguis ebur Tyrrhenus ad aras,

Si tu aimes mieux élever des troupeaux de toute espèce, de jeunes taureaux, des agneaux, la bande dévastatrice des chèvres, va dans les bois et dans les grasses plaines de Tarente; ou encore dans ces campagnes qu'a perdues ma chère et infortunée Mantoue, dans ces herbages du Mincio que paissent des cygnes blancs comme la neige. Là ne manquent aux troupeaux ni les claires fontaines, ni l'herbe épaisse; et autant ils en brouteront durant les plus longs jours, autant la fraîche rosée en fera renaître dans les plus courtes nuits.

Les terres noirâtres, grasses sous le soc, tendres au labour, qualités que la culture parvient à imiter, sont excellentes pour le froment; d'aucun autre champ tu ne verras revenir plus d'attelages attardés par le poids des moissons. Tels sont encore ces terrains d'où le laboureur a extirpé d'une main irritée les forêts séculaires; abattant les arbres si longtemps inutiles, arrachant avec leurs racines ces antiques demeures des oiseaux, qui, chassés de leurs nids, se sont envolés dans les airs. Ces terrains incultes, défoncés par le soc, brillent entre tous par leur fécondité.

Mais ce maigre sol, où tout n'est que pente et gravier, offre à peine aux abeilles l'humble lavande et le romarin. Le tuf raboteux, et la craie rongée comme par la dent des noires vipères, n'ont une douce pâture et des retraites profondes que pour ces reptiles impurs. Cette terre poreuse, qui laisse échapper de légères vapeurs et des exhalaisons nébuleuses, qui pompe et qui rend tour à tour la même humidité, qui se revêt sans cesse d'un frais gazon, et où le fer n'est point entamé par les sels rongeurs de la rouille, cette terre se prête à tout : elle laisse s'entrelacer les vignes riantes et les ormeaux; elle est féconde en oliviers : cultive-la seulement, et tu verras comme elle est bonne pour tes troupeaux, comme elle endure la charrue. Tels sont les champs que laboure la riche Capoue, telles les plaines voisines du mont Vésuve, et celles où déborde le Clanius funeste à Acerra, que ses habitants désertent.

Je vais dire maintenant par quelle épreuve tu pourras reconnaître la nature d'une terre, et distinguer celle qui est légère de celle qui est forte; l'une convenant mieux à la vigne, l'autre au blé. D'abord choisis dans le sol un endroit ferme, où tu feras creuser une fosse profonde; tu y rejetteras les terres qui en auront été tirées, et tu les aplaniras à la surface, et en les foulant aux pieds. S'il en manque pour combler la fosse, ton sol est léger, et excellent pour tes troupeaux et pour la vigne. Au contraire, si les terres ne peuvent pas rentrer dans le lieu d'où elles sont sorties, et si, la fosse comblée, elles en excèdent les bords, ton sol est fort; attends-toi à des mottes énormes, à des glèbes qui retarderont le soc; fends-les avec tes plus robustes taureaux. La terre salée et qu'on dit amère porte malheur aux fruits; elle ne s'adoucit point par le labour; la vigne y dégénère, la pomme y perd et ses sucs et son nom. Voici comment cette terre se reconnaît. Détache de ton toit enfumé tes corbeilles

Lancibus et pandis fumantia reddimus exta.
Sin armenta magis studium vitulosque tueri, 195
Aut fetus ovium, aut urentis culta capellas :
Saltus, et saturi petito longinqua Tarenti,
Et qualem infelix amisit Mantua campum,
Pascentem niveos herboso flumine cycnos;
Non liquidi gregibus fontes, non gramina deerunt ; 200
Et, quantum longis carpent armenta diebus,
Exigua tantum gelidus ros nocte reponet.
Nigra fere et presso pinguis sub vomere terra,
Et cui putre solum (namque hoc imitamur arando),
Optuma frumentis : non ullo ex æquore cernes 205
Plura domum tardis decedere plaustra juvencis :
Aut, unde iratus silvam devexit arator,
Et nemora evertit multos ignava per annos,
Antiquasque domos avium cum stirpibus imis
Eruit : illæ altum nidis petiere relictis; 210
At rudis enituit inpulso vomere campus.
Nam jejuna quidem clivosi glarea ruris
Vix humilis apibus casias roremque ministrat;
Et tophus scaber, et nigris exesa chelydris
Creta, negant alios æque serpentibus agros 215
Dulcem ferre cibum et curvas præbere latebras.
Quæ tenuem exhalat nebulam fumosque volucris;
Et bibit humorem, et quum vult, ex se ipsa remittit;
Quæque suo viridi semper se gramine vestit,
Nec scabie et salsa lædit robigine ferrum : 220
Illa tibi lætis intexet vitibus ulmos;
Illa ferax oleo est; illam experiere colendo
Et facilem pecori, et patientem vomeris unci.
Talem dives arat Capua, et vicina Vesevo
Ora jugo, et vacuis Clanius non æquus Acerris. 225
Nunc, quo quamque modo possis cognoscere, dicam.
Rara sit an supra morem si densa requiras :
Altera frumentis quoniam favet, altera Baccho;
Densa magis Cereri, rarissima quæque Lyæo :
Ante locum capies oculis, alteque jubebis 230
In solido puteum demitti, omnemque repones
Rursus humum, et pedibus summas æquabis arenas.
Si deerunt, rarum, pecorique et vitibus almis
Aptius, uber erit; sin in sua posse negabunt
Ire loca, et scrobibus superabit terra repletis : 235
Spissus ager; glebas cunctantis crassaque terga
Exspecta, et validis terram proscinde juvencis.
Salsa autem tellus, et quæ perhibetur amara,
Frugibus infelix (ea nec mansuescit arando,
Nec Baccho genus, aut pomis sua nomina servat), 240
Tale dabit specimen : tu spisso vimine qualos,
Colaque prælorum fumosis deripe tectis;
Huc ager ille malus, dulcesque a fontibus undæ,

d'osier les plus serrées, où les couloirs de ton pressoir : emplis-les de ce mauvais terrain en y versant de l'eau douce : ensuite presse-le, tu verras toute l'eau filtrer au travers, et de grandes gouttes couler le long des baguettes de l'osier. Cette eau goûtée sera pour toi un sûr indice, et l'âcreté de ses sels piquera tes lèvres grimaçantes. Nous reconnaîtrons encore qu'une terre est grasse, quand, la secouant dans nos mains, elle ne se dissout pas, mais s'attache à nos doigts comme ferait la poix. Les terres humides nourrissent de hauts herbages; elles sont trop fécondes : ah, redoutons cet excès d'abondance! que nos premiers blés n'étalent pas une trop forte verdure! Une terre lourde ou légère se connaît au poids : on a bientôt vu si elle est noire ou de toute autre couleur : c'est le froid meurtrier d'un fonds qui est difficile à connaître; les seules traces qui en paraissent aux yeux, ce sont les pins, les ifs empestés, les lierres noirs, qui y croissent de temps en temps.

Ton sol reconnu, commence par le bien dompter, et par ouvrir des fosses espacées dans le versant des monts; puis retourne la glèbe, et livre-la au souffle de l'aquilon : alors tu peux y enfouir les plants vifs de ta vigne : plus la terre est réduite, meilleure elle est : repose-t'en pour cela sur les vents et les frimas, et aussi sur les bras robustes du vigneron qui la retourne de fond en comble.

Mais ceux dont la vigilance n'est jamais en défaut choisissent, pour y transplanter leurs jeunes ceps, et pour les distribuer avec ordre, un terrain de même nature que le fonds d'où ils les ont tirés : ainsi le plant ne peut pas oublier tout à coup qu'il a changé de mère. Quelques-uns même marquent sur l'écorce des ceps la région des cieux qu'ils regardaient, afin de les rétablir dans leur exposition première, de tourner au midi le côté qui en recevait les chaleurs, au nord le côté qui voyait le nord : tant les habitudes de l'âge tendre ont de force! Avant tout, examine lequel vaut mieux, de planter la vigne sur les coteaux ou dans les vallées : si tu établis ton vignoble dans une grasse plaine, plante-le serré : les ceps, pour être ainsi pressés, n'en sont pas moins favorisés de Bacchus. Si tu plantes sur un sol montueux, et sur de hauts coteaux, donne davantage à la symétrie, et que tes ceps entrecoupés par des lignes égales forment un carré parfait. Ainsi, dans les grandes guerres, nous voyons se développer la longue file des légions, et les armées à découvert tenir toute la plaine; les cohortes sont en ligne, et, aussi loin qu'elles s'étendent, la terre ondoie sous l'airain étincelant; un horrible choc ne les a pas encore mêlées, mais des deux côtés Mars incertain promène le signal des batailles. Dispose ainsi tes ceps par intervalles égaux; non pour repaître tes yeux du vain spectacle de la symétrie, mais afin que la terre partage également ses sucs à tous tes plants, et que leurs rameaux puissent s'étendre dans l'espace.

Tu me demanderas peut-être quelle doit être la profondeur de tes fosses : moi, je ne craindrais pas de planter ma vigne dans un simple sillon.

Ad plenum calcentur : aqua eluctabitur omnis
Scilicet, et grandes ibunt per vimina guttae; 245
At sapor indicium faciet manifestus, et ora
Tristia tentantum sensu torquebit amaror.
Pinguis item quae sit tellus, hoc denique pacto
Discimus : haud unquam manibus jactata fatiscit,
Sed picis in morem ad digitos lentescit habendo. 250
Humida majores herbas alit, ipsaque justo
Laetior, ah nimium ne sit mihi fertilis illa,
Neu se praevalidam primis ostendat aristis!
Quae gravis est, ipso tacitam se pondere prodit,
Quaeque levis. Promtum est oculis praediscere nigram, 255
Et quis cui color. At sceleratum exquirere frigus
Difficile est : piceae tantum taxique nocentes
Interdum, aut ederae pandunt vestigia nigrae.
His animadversis, terram multo ante memento
Excoquere, et magnos scrobibus concidere montis, 260
Ante supinatas aquiloni ostendere glebas,
Quam laetum infodias vitis genus; optuma putri
Arva solo : id venti curant, gelidaeque pruinae,
Et labefacta movens robustus jugera fossor.
At, si quos haud ulla viros vigilantia fugit : 265
Ante locum similem exquirunt, ubi prima paretur
Arboribus seges, et quo mox digesta feratur;
Mutatam ignorent subito ne semina matrem.

Quin etiam coeli regionem in cortice signant;
Ut, quo quaeque modo steterit, qua parte calores 270
Austrinos tulerit, quae terga obverterit axi,
Restituant; adeo in teneris consuescere multum est!
Collibus, an plano melius sit ponere vitem,
Quaere prius : si pinguis agros metabere campi,
Densa sere; in denso, non segnior ubere Bacchus : 275
Sin tumulis adclive solum collisque supinos;
Indulge ordinibus. Nec secius omnis in unguem
Arboribus positis secto via limite quadret.
Ut saepe, ingenti bello quum longa cohortis
Explicuit legio, et campo stetit agmen aperto, 280
Directaeque acies, ac late fluctuat omnis
Aere renidenti tellus, nec dum horrida miscent
Praelia, sed dubius mediis Mars errat in armis :
Omnia sint paribus numeris dimensa viarum;
Non animum modo uti pascat prospectus inanem, 285
Sed quia non aliter vires dabit omnibus aequas
Terra, neque in vacuum poterunt se extendere rami
Forsitan et, scrobibus quae sint fastigia, quaeras.
Ausim vel tenui vitem committere sulco :
Altior ac penitus terrae defigitur arbos : 290
Aesculus in primis : quae quantum vertice ad auras
Aetherias, tantum radice in Tartara tendit.
Ergo non hiemes illam, non flabra, neque imbres

On n'enfonce profondément en terre que les grands arbres, le chêne surtout, dont la tête s'élève autant vers le ciel que les racines descendent vers le Tartare. Aussi rien ne l'ébranle, ni les hivers, ni le souffle des vents, ni les pluies; il demeure immobile, et, vainqueur des siècles qui s'écoulent, il passe en durée de nombreuses générations. Alors, tendant de tous côtés ses bras vigoureux, seul il soutient alentour l'ombre immense de ses rameaux.

Que jamais ton vignoble ne soit tourné du côté du soleil couchant : ne plante pas non plus le coudrier parmi tes vignes; et pour tes provins, garde-toi de couper les sarments du haut du cep; laisse-les pour ceux du bas, qui, plus près de la terre, l'aiment davantage : ne va pas les déchirer avec un fer émoussé, ni entremêler tes vignes d'oliviers sauvages. Car souvent des bergers imprudents y laissent tomber une étincelle, qui se glisse en secret sous l'écorce onctueuse, s'empare du tronc, et, s'élançant jusqu'aux plus hautes feuilles, éclate dans les airs par un immense pétillement : bientôt le feu vainqueur court de branche en branche, et domine le sommet de l'arbre; de là il enveloppe la forêt tout entière, et roule dans le ciel les torrents épais d'une fumée huileuse. C'est pis encore quand le vent fond d'en haut sur les bois, et qu'il chasse devant lui les tourbillons agglomérés de l'incendie. Dès lors plus de vignes : elles ne peuvent renaître ni de leurs racines, ni de leur bois taillé; tu ne les reverras plus, semblables à ce qu'elles étaient, reverdir dans la même terre. Quelques malheureux oliviers aux feuilles amères, c'est tout ce qui te reste d'elles.

N'en crois pas les plus sages, s'ils te conseillaient de remuer la terre quand le souffle de Borée la resserre. Alors son sein est fermé par la gelée; et tes nouveaux plants ne pourraient pas fixer dans le sol leurs racines glacées. Le meilleur moment pour planter la vigne, c'est quand le printemps vermeil nous ramène l'oiseau aux blanches ailes, l'ennemi des longues couleuvres; ou encore vers les premiers froids de l'automne, quand le char du soleil déjà plus rapide n'a pas encore atteint l'hiver, et qu'il a franchi l'été.

Le printemps est propice à tout, aux plantes, aux forêts, au feuillage. Au printemps, la terre se gonfle, et redemande des semences de vie. Alors le dieu tout-puissant de l'air descend en pluies fécondes dans le sein de son amante réjouie, et, remplissant de son âme immense ce vaste corps, il lui fait porter tous les germes des fruits. Alors les profondes clairières retentissent des chants des oiseaux; alors les troupeaux recommencent à sentir aux jours marqués les feux de Vénus. Partout le sol fécond enfante, et les campagnes ouvrent à la tiède haleine des zéphyrs leur sein amolli. Une douce humidité abonde dans les plantes : déjà le gazon ose impunément se confier aux rayons d'un soleil nouveau; la vigne ne craint plus les rafales de l'auster, ni les froides pluies que l'aquilon amène avec lui; mais elle pousse ses bourgeons, et déploie toutes ses feuilles.

Tels furent sans doute les jours qui éclairèrent le monde naissant; telle leur succession première : ce fut le printemps, le printemps que le vaste univers parut fêter, alors que les Eurus retenaient leur souffle glacé, que les animaux commencè-

Convellunt; immota manet, multosque nepotes,
Multa virum volvens durando sæcula, vincit;   295
Tum fortis late ramos et brachia tendens
Huc illuc, media ipsa ingentem sustinet umbram.
Neve tibi ad solem vergant vineta cadentem;
Neve inter vites corulum sere; neve flagella
Summa pete, aut summa destringe ex arbore plantas;   300
Tantus amor terræ! neu ferro læde retuso
Semina; neve oleæ silvestris insere truncos :
Nam sæpe incautis pastoribus excidit ignis,
Qui, furtim pingui primum sub cortice tectus,
Robora comprendit, frondesque elapsus in altas   305
Ingentem cœlo sonitum dedit, inde sequutus
Per ramos victor perque alta cacumina regnat,
Et totum involvit flammis nemus, et ruit atram
Ad cœlum picea crassus caligine nubem :
Præsertim si tempestas a vertice silvis   310
Incubuit, glomeratque ferens incendia ventus.
Hoc ubi; non a stirpe valent, cæsæque reverti
Possunt, atque ima similes revirescere terra :
Infelix superat foliis oleaster amaris.

Nec tibi tam prudens quisquam persuadeat auctor,   315

Tellurem Borea rigidam spirante moveri.
Rura gelu tum claudit hiems; nec semine jacto
Concretam patitur radicem adfigere terræ.
Optuma vinetis satio, quum vere rubenti
Candida venit avis, longis invisa colubris;   320
Prima vel autumni sub frigora, quum rapidus Sol
Nondum hiemem contingit equis, jam præterit æstas.
Ver adeo frondi nemorum, ver utile silvis;
Vere tument terræ, et genitalia semina poscunt.
Tum pater omnipotens fecundis imbribus Æther   325
Conjugis in gremium lætæ descendit, et omnes
Magnus alit, magno commixtus corpore, fetus.
Avia tum resonant avibus virgulta canoris
Et Venerem certis repetunt armenta diebus.
Parturit almus ager; Zephyrique tepentibus auris   330
Laxant arva sinus; superat tener omnibus humor;
Inque novos soles audent se germina tuto
Credere; nec metuit surgentis pampinus austros,
Aut actum cœlo magnis aquilonibus imbrem :
Sed trudit gemmas, et frondis explicat omnis   335
Non alios prima crescentis origine mundi
Inluxisse dies, aliumve habuisse tenorem

rent à goûter la lumière, que la race de fer des humains sortit des dures entrailles de la terre, que les bêtes sauvages furent lancées dans les forêts, les astres dans les cieux. Et encore à présent les tendres germes des plantes ne pourraient pas supporter l'excès des saisons, s'il n'y avait entre le froid et les chaleurs ce doux intervalle de repos, et si le ciel, dans sa bonté, ne ménageait un peu la terre.

Au reste, quand tu auras enfoui tes sarments dans la plaine, ne manque pas d'y répandre un gras fumier, et d'ensevelir le plant dans la terre amassée alentour; mets aussi dans la fosse des pierres spongieuses, et des coquilles à l'écaille gluante : les eaux s'écouleront à travers; l'air s'insinuera par ces passages jusqu'aux racines, et tu verras pousser tes surgeons ravivés. Il y a des vignerons qui couvrent les nouveaux plants de pierres et d'énormes tessons, pour les mettre à l'abri des ondées du ciel, ou encore des feux de la canicule, alors qu'elle fend les campagnes altérées.

Quand la vigne est plantée, il reste à ramener la terre au pied du cep, et à y pousser incessamment la bêche : alors que le soc pèse de tout son poids sur le sol tourmenté; alors d'une main sûre guide tes bœufs haletants entre les lignes de ton vignoble. Alors il faut préparer des roseaux, des branches d'arbres dépouillées de leur écorce, des pieux de frêne, des fourches, sur lesquelles la vigne vienne d'elle-même s'appuyer, et qui l'accoutument à braver les vents, et à monter d'étage en étage jusqu'à la cime des ormeaux. Dans le premier âge de la vigne, alors qu'elle pousse des bourgeons nouveaux, ménage un bois si tendre; et même quand, devenu plus fort, il s'élance dans les airs et y déploie ses jets effrénés, ne va pas le toucher encore avec le tranchant de ta faux : contente-toi d'arracher avec tes mains les feuilles une à une, et d'éclaircir le couvert. Mais quand ta vigne, embrassant l'ormeau par des nœuds plus robustes, s'emportera, alors taille et mutile sans pitié ses bras et sa chevelure; elle ne redoute plus le fer : alors enfin traite-la en maître impitoyable, et réprime l'essor désordonné de ses rameaux. Il faut aussi environner d'une haie un jeune plant, et empêcher que les troupeaux n'en approchent, surtout quand la feuille encore tendre n'est pas faite à leurs outrages. Car c'est peu qu'elle ait à craindre des hivers trop rudes et des soleils trop ardents; voici venir les buffles et les biches errantes qui l'insultent incessamment, les brebis qui la paissent, les génisses qui la dévorent. L'hiver avec ses blancs frimas et ses glaces amoncelées, l'été qui tombe avec le poids de ses feux sur la roche ardente, sont moins funestes à la vigne que les troupeaux et le venin de leur dent meurtrière, et sa marque sanglante dans le bois qu'elle entame.

C'est pour expier ce sacrilége qu'on immole un bouc à Bacchus sur tous ses autels : de là ces jeux antiques célébrés en l'honneur du dieu; un bouc était le prix du génie; et les descendants de Thésée se le disputaient çà et là dans les bourgs et les carrefours : enivrés de joie et de vin, ils sautaient, à travers les riantes prairies, sur des outres

Crediderim; ver illud erat; ver magnus agebat
Orbis, et hibernis parcebant flatibus Euri :
Quum primæ lucem pecudes hausere, virumque   340
Ferrea progenies duris caput extulit arvis,
Immissæque feræ silvis, et sidera cœlo.
Nec res hunc teneræ possent perferre laborem,
Si non tanta quies iret frigusque caloremque
Inter, et exciperet cœli indulgentia terras.   345

Quod superest, quæcumque premes virgulta per agros,
Sparge fimo pingui, et multa memor occule terra;
Aut lapidem bibulum, aut squalentis infode conchas :
Inter enim labentur aquæ, tenuisque subibit
Halitus, atque animos tollent sata. Jamque reperti,   350
Qui saxo super, atque ingentis pondere testæ,
Urgerent : hoc effusos munimen ad imbris;
Hoc, ubi hiulca siti findit Canis æstifer arva.

Seminibus positis, superest deducere terram
Sæpius ad capita, et duros jactare bidentis;   355
Aut presso exercere solum sub vomere, et ipsa
Flectere luctantis inter vineta juvencos.
Tum levis calamos et rasæ hastilia virgæ
Fraxineasque aptare sudes furcasque bicornis :
Viribus eniti quarum, et contemnere ventos   360
Adsuescant, summasque sequi tabulata per ulmos.

Ac, dum prima novis adolescit frondibus ætas,
Parcendum teneris; et, dum se lætus ad auras
Palmes agit, laxis per purum immissus habenis,
Ipsa acie nondum falcis tentanda, sed uncis   365
Carpendæ manibus frondes, interque legendæ.
Inde, ubi jam validis amplexæ stirpibus ulmos
Exierint, tum stringe comas, tum brachia tonde :
Ante reformidant ferrum : tum denique dura
Exerce imperia, et ramos compesce fluentis.   370

Texendæ sæpes etiam, et pecus omne tenendum,
Præcipue dum frons tenera inprudensque laborum :
Cui, super indignas hiemes solemque potentem,
Silvestres uri adsidue capreæque sequaces
Inludunt, pascuntur oves avidæque juvencæ.   375
Frigora nec tantum cana concreta pruina,
Aut gravis incumbens scopulis arentibus æstas,
Quantum illi nocuere greges, durique venenum
Dentis, et admorso signata in stirpe cicatrix.

Non aliam ob culpam Baccho caper omnibus aris   380
Cæditur, et veteres ineunt proscenia ludi,
Præmiaque ingeniis pagos et compita circum
Thesidæ posuere; atque inter pocula læti
Mollibus in pratis unctos saluere per utres.
Nec non Ausonii, Troja gens missa, coloni   385
Versibus incomtis ludunt risuque soluto;
Oraque corticibus sumunt horrenda cavatis;

frottées d'huile. Ainsi font aujourd'hui nos Latins, fils des exilés de Troie : c'est à qui dans ces jeux bachiques récitera des vers sans art; les rires éclatent; on se couvre le visage de masques hideux, faits d'écorces d'arbre; toute la troupe, ô Bacchus, t'invoque dans ses chants joyeux, et va suspendre en ton honneur, au haut des pins, ces grotesques et mobiles images. Soudain le pampre fécondé donne des fruits à foison; l'abondance remplit les vallées, les forêts profondes, tous les lieux où le dieu va montrant sa tête vénérée. Célébrons donc les louanges de Bacchus en chantant les vers que chantaient nos pères : offrons-lui des plats chargés de fruits, et des gâteaux; qu'un bouc soit traîné par la corne vers ses autels; que le coudrier perce les grasses entrailles des victimes; que la flamme les rôtisse.

La vigne exige encore une autre sorte de travail où tu n'auras jamais de cesse. Il faut trois et quatre fois par an couper la terre avec la bêche, en briser perpétuellement les mottes avec le hoyau, et toujours soulager la vigne en lui retranchant du feuillage : ainsi le long cercle de tes peines revient sur lui-même, et l'année qui les ramène tourne sans cesse sur ses propres traces.

Quand la vigne s'est enfin dépouillée de ses dernières feuilles, et que le froid aquilon a fait tomber la parure des bois, l'infatigable vigneron étend ses soins jusqu'à l'année qui va venir : armé du fer recourbé de Saturne, il poursuit la vigne dans ses pousses un moment négligées; il l'émonde, la taille, et la façonne encore. Sois donc le premier à creuser la terre, le premier à brûler les sarments enlevés, le premier à remporter tes échalas dans ta maison. Vendange le dernier.

Deux fois dans l'année la vigne est surchargée de pampres, deux fois les herbes épaisses et les ronces l'offusquent. Tailler et sarcler sont un dur travail. Tu peux vanter les grands vignobles; mais tu feras mieux d'en cultiver un petit. On a soin encore de couper dans les forêts la branche épineuse du houx, et le roseau des fleuves ou le saule inculte. Déjà tes vignes sont liées, et leur bois ne veut plus de la serpe; j'entends le vigneron épuisé qui chante en façonnant ses derniers plants. Et cependant il faut qu'il tourmente encore la terre, et qu'il remue encore la poussière des champs; il faut qu'il craigne encore pour ses raisins déjà mûrs l'inclémence des airs.

Les oliviers au contraire ne demandent aucune culture; ils n'attendent rien ni de la serpe recourbée, ni de la dent tenace des râteaux. Une fois qu'ils ont pris pied dans le sol, et qu'ils ont supporté le grand air, la terre ouverte alentour avec le hoyau leur fournit assez de sucs; il suffit que la charrue y passe, pour qu'ils se chargent de fruits. Ne fais pas davantage pour nourrir l'olivier fécond, l'olivier cher à la Paix. Les arbres fruitiers aussi, dès qu'ils se sentent affermis sur leur tronc, et qu'ils ont pris toute leur force, s'élèvent tout à coup dans les airs de leur propre essor, et sans avoir besoin de notre aide. Ainsi la forêt se charge partout de ses fruits naturels; ainsi les buissons incultes, asiles des oiseaux, rougissent sous leurs baies sanglantes. Le cytise est brouté par les troupeaux; les plus hautes futaies te fournissent des torches résineuses, flambeaux des nuits qui se nourrissent de leurs propres sucs, et qui répandent à flots la lumière. Et, devant tant de biens, les hommes hésiteraient à planter, et à s'épuiser dans les travaux!

Et te, Bacche, vocant per carmina læta, tibique
Oscilla ex alta suspendunt mollia pinu.
Hinc omnis largo pubescit vinea fetu; 390
Complentur vallesque cavæ saltusque profundi,
Et quocumque deus circum caput egit honestum.
Ergo rite suum Baccho dicemus honorem
Carminibus patriis, lancesque et liba feremus;
Et ductus cornu stabit sacer hircus ad aram, 395
Pinguiaque in veribus torrebimus exta colurnis.
  Est etiam ille labor curandis vitibus alter,
Cui nunquam exhausti satis est : namque omne quotannis
Terque quaterque solum scindendum, glebaque versis
Æternum frangenda bidentibus; omne levandum 400
Fronde nemus; redit agricolis labor actus in orbem,
Atque in se sua per vestigia volvitur annus.
Ac jam olim, seras posuit quum vinea frondis,
Frigidus et silvis aquilo decussit honorem;
Jam tum acer curas venientem extendit in annum 405
Rusticus, et curvo Saturni dente relictam
Persequitur vitem adtondens, fingitque putando.
Primus humum fodito, primus devecta cremato
Sarmenta, et vallos primus sub tecta referto;

Postremus metito : bis vitibus ingruit umbra, 410
Bis segetem densis obducunt sentibus herbæ.
Durus uterque labor. Laudato ingentia rura :
Exiguum colito. Nec non etiam aspera rusci
Vimina per silvam, et ripis fluvialis arundo
Cæditur, incultique exercet cura saliçti. 415
Jam vinctæ vites; jam falcem arbusta reponunt;
Jam canit extremos effetus vinitor antes :
Sollicitanda tamen tellus, pulvisque movendus;
Et jam maturis metuendus Juppiter uvis.
  Contra, non ulla est olei cultura; neque illæ 420
Procurvam exspectant falcem rastrosque tenaces,
Quum semel hæserunt arvis, aurasque tulerunt.
Ipsa satis tellus, quum dente recluditur unco,
Sufficit humorem, et gravidas cum vomere fruges.
Hoc pinguem et placitam Paci nutritor olivam. 425
  Poma quoque, ut primum truncos sensere valentis,
Et vires habuere suas, ad sidera raptim
Vi propria nituntur, opisque haud indiga nostræ.
  Nec minus interea fetu nemus omne gravescit,
Sanguineisque inculta rubent aviaria baccis. 430
Tondentur cytisi, tædas silva alta ministrat,

Mais qu'ai-je tant à parler de nos grands arbres ? Les saules et les humbles genêts ont aussi leur prix ; ils donnent du feuillage aux troupeaux, de l'ombre aux pâtres, des sucs nourrissants aux abeilles ; on en fait des haies pour les moissons. J'aime à voir le mont Cytore ondoyer sous ses buis ; j'aime à voir les forêts de pins de Naricia, et tant de campagnes que les râteaux et la main des hommes n'ont jamais subjuguées. Il n'est pas jusqu'aux forêts stériles du mont Caucase qui éternellement agitées et rompues par le souffle puissant des Eurus, ne nous donnent aussi leurs produits divers : nous en tirons des sapins pour nos vaisseaux, et pour nos édifices le cèdre et le cyprès. C'est avec leur bois que les laboureurs tournent des roues à rayons ou des roues pleines pour leurs chariots ; c'est leur bois qui se courbe en vastes carènes pour les navires. Le saule nous prête ses mille baguettes pliantes, l'orme son utile feuillage : du myrte on fait de solides javelines, du cornouiller des traits excellents : on courbe l'if en arcs d'Iturée. Le tilleul aussi à l'écorce polie, et le buis si facile à tourner, prennent des formes diverses, et cèdent au fer qui les creuse. Vois comme l'aune léger, lancé sur le Pô, vogue entraîné par les courants : vois les abeilles qui logent leur essaim sous l'écorce caverneuse et dans le tronc pourri des vieux chênes. Les dons de Bacchus ont-ils jamais égalé ces simples merveilles de la nature ? Qui dira les maux dont Bacchus a été cause ? C'est lui qui a dompté par ses vapeurs mortelles les centaures furieux, Rhétus et Pholus, et Hylée brandissant la vaste coupe dont il menaçait les Lapithes.

Trop heureux les laboureurs, s'ils connaissaient leurs vrais biens ! Loin du bruit des armes et des discordes furieuses, la terre équitable répand pour eux une facile nourriture. Ils ne voient pas le matin nos palais superbes rejeter par leurs mille portiques le flot tumultueux des clients ; ils ne vont pas s'ébahir devant ces portes incrustées de magnifiques écailles, devant ces vêtements chamarrés d'or, devant l'airain précieux de Corinthe ; pour eux les poisons d'Assyrie n'altèrent pas la blanche laine ; la pure liqueur de l'olive n'est point corrompue par la case : mais ils ont une vie tranquille, assurée, innocente, et riche de mille biens ; mais ils goûtent le repos dans leurs vastes domaines ; ils ont des grottes, des lacs d'eau vive ; ils ont les fraîches vallées, les mugissements des troupeaux, et les doux sommeils à l'ombre de leurs arbres : là sont les pâtis et les repaires des bêtes fauves ; c'est là qu'on trouve une jeunesse dure au travail, et accoutumée à vivre de peu. C'est là que la religion est en honneur, et les pères vénérés à l'égal des dieux : ce fut parmi les laboureurs qu'Astrée, prête à quitter la terre, laissa la trace de ses derniers pas.

Qu'avant tout les Muses, mes plus chères délices, divinités que je sers et qui m'échauffent d'un immense amour, me reçoivent dans leur chœur sacré ! qu'elles daignent me montrer les voies célestes et le mouvement des astres ; qu'elles me disent les temps et la cause des éclipses du soleil et de la lune ; pourquoi les tremblements de terre ; par quelle force la mer soulevée s'enfle et rompt ses barrières, par quelle force elle se retire en re-

Pascunturque ignes nocturni, et lumina fundunt.
Et dubitant homines serere, atque impendere curam?
Quid majora sequar? salices humilesque genestæ,
Aut illæ pecori frondem, aut pastoribus umbras   435
Sufficiunt; sæpemque satis, et pabula melli.
Et juvat undantem buxo spectare Cytorum,
Naryciæque picis lucos; juvat arva videre
Non rastris, hominum non ulli obnoxia curæ.
Ipsæ Caucasio steriles in vertice silvæ,   440
Quas animosi Euri adsidue franguntque feruntque,
Dant alios aliæ fetus; dant utile lignum
Navigiis pinos, domibus cedrumque cupressosque.
Hinc radios trivere rotis, hinc tympana plaustris
Agricolæ, et pandas ratibus posuere carinas.   445
Viminibusque salices fecundæ, frondibus ulmi :
At myrtus validis hastilibus, et bona bello
Cornus; Ituræos taxi torquentur in arcus.
Nec tiliæ leves aut torno rasile buxum
Non formam adcipiunt, ferroque cavantur acuto.   450
Nec non et torrentem undam levis innatat alnus,
Missa Pado; nec non et apes examina condunt
Corticibusque cavis vitiosæque ilicis alveo.
Quid memorandum æque Baccheia dona tulerunt?
Bacchus et ad culpam caussas dedit; ille furentis   455

Centauros leto domuit, Rhœtumque Pholumque,
Et magno Hylæum Lapithis cratere minantem.
    O fortunatos nimium, sua si bona norint,
Agricolas! quibus ipsa, procul discordibus armis,
Fundit humo facilem victum justissima tellus.   460
Si non ingentem foribus domus alta superbis
Mane salutantum totis vomit ædibus undam,
Nec varios inhiant pulchra testudine postes;
Inlusasque auro vestis, Ephyreiaque æra ;
Alba neque Assyrio fucatur lana veneno,   465
Nec casia liquidi conrumpitur usus olivi :
At secura quies, et nescia fallere vita,
Dives opum variarum; at latis otia fundis,
Speluncæ, vivique lacus; at frigida Tempe,
Mugitusque boum, mollesque sub arbore somni   470
Non absunt; illic saltus ac lustra ferarum,
Et patiens operum, exiguoque adsueta, juventus ;
Sacra deum, sanctique patres; extrema per illos
Justitia excedens terris vestigia fecit.
    Me vero primum dulces ante omnia Musæ,   475
Quarum sacra fero ingenti percussus amore,
Adcipiant; cœlique vias et sidera monstrent;
Defectus solis varios, lunæque labores;
Unde tremor terris; qua vi maria alta tumescant

tombant sur elle-même; pourquoi les soleils d'hiver se hâtent tant de se plonger dans l'Océan, pourquoi les nuits d'été sont si tardives. Mais si mon sang glacé, si mes esprits trop lents m'empêchent de pénétrer ces mystères de la nature, qu'au moins j'aime les champs, et les rivières qui arrosent les vallées; que j'aime les fleuves et les forêts, oisif et sans gloire! O plaines du Sperchius, où êtes-vous? où êtes-vous, sommets du Taygète, foulés par les jeunes bacchantes de Sparte? Oh! qui me portera dans les frais vallons de l'Hémus? qui me couvrira de l'ombre immense de ses arbres?

Heureux celui qui peut connaître les causes premières des choses! Heureux celui qui a mis sous ses pieds toutes les vaines terreurs des mortels, le destin inexorable, et les vains bruits de l'avare Achéron! Heureux aussi celui qui connaît des dieux champêtres, Pan, le vieux Sylvain et la troupe des nymphes! Rien ne l'émeut, ni les faisceaux que le peuple donne, ni la pourpre des rois, ni la discorde qui met aux prises les frères perfides, ni les Daces conjurés descendant des bords de l'Ister, ni les affaires romaines et les empires périssables de la terre : il n'a point à s'apitoyer sur le pauvre; il n'a point à envier le riche. Content des biens que ses champs d'eux-mêmes et sans effort lui abandonnent, il cueille les fruits de ses arbres : il ne connaît ni les lois de fer, ni le forum et ses fureurs, ni les actes publics.

Les uns tourmentent avec la rame les mers ténébreuses, et se précipitent sur le fer ennemi; ou bien ils pénètrent dans les cours, et rampent sur le seuil des rois. Celui-ci va saccager une ville et de malheureux Pénates, afin de boire dans le saphir et de dormir sur la pourpre tyrienne. Celui-là enfouit ses trésors, et se couche sur son or enseveli. Cet autre s'arrête stupéfait devant la tribune aux harangues; cet autre, la bouche béante, est tout saisi des applaudissements redoublés du sénat et du peuple, que lui renvoient les gradins du théâtre. Les frères se réjouissent d'avoir trempé leurs mains dans le sang de leurs frères; et, quittant pour l'exil le lieu de leur naissance et le doux seuil de leur maison, ils vont chercher une autre patrie sous un autre soleil.

Cependant le laboureur ouvre la terre avec la charrue recourbée. C'est le travail de toute l'année; c'est par là qu'il soutient sa patrie, ses enfants, ses troupeaux, ses bœufs qui ont bien mérité de lui. Point de repos pour le laboureur, avant que l'année ne l'ait comblé de fruits, n'ait repeuplé ses bergeries, rempli ses sillons de gerbes fécondes et de moissons entassées, et fait gémir ses greniers. Voici venir l'hiver : alors on broie sous le pressoir l'olive de Sicyone; les pourceaux repus de glands reviennent joyeux à l'étable; la forêt donne ses baies sauvages; l'automne laisse tomber tous ses fruits à la fois; et, sur les hauts coteaux, les rochers qu'échauffe le midi achèvent de mûrir la vendange.

Cependant le laboureur voit ses enfants chéris se suspendre à ses baisers : sous son chaste toit on garde la pudeur; ses vaches laissent pendre leurs mamelles pleines de lait; et dans les riantes prairies ses gras chevreaux luttent à l'envi en se heurtant de leurs cornes. Lui aussi célèbre des jours de fête, et, couché sur l'herbe, où brille la

Objicibus ruptis, rursusque in se ipsa residant; 480
Quid tantum Oceano properent se tinguere soles
Hiberni, vel quæ tardis mora noctibus obstet.
Sin, has ne possim naturæ adcedere partes,
Frigidus obstiterit circum præcordia sanguis;
Rura mihi et rigui placeant in vallibus amnes; 485
Flumina amem silvasque inglorius. O, ubi campi,
Spercheosque, et virginibus bacchata Lacænis
Taygeta! o, qui me gelidis in vallibus Hæmi
Sistat, et ingenti ramorum protegat umbra!
Felix, qui potuit rerum cognoscere caussas; 490
Atque metus omnis et inexorabile fatum
Subjecit pedibus, strepitumque Acherontis avari!
Fortunatus et ille, deos qui novit agrestis,
Panaque Silvanumque senem Nymphasque sorores!
Illum non populi fasces, non purpura regum, 495
Flexit, et infidos agitans discordia fratres;
Aut conjurato descendens Dacus ab Histro;
Non res Romanæ, periturague regna, neque ille,
Aut doluit miserans inopem, aut invidit habenti.
Quos rami fructus, quos ipsa volentia rura 500
Sponte tulere sua, carpsit: nec ferrea jura,
Insanumque forum, aut populi tabularia vidit.
Sollicitant alii remis freta cæca; ruuntque

In ferrum; penetrant aulas et limina regum;
Hic petit excidiis urbem miserosque Penatis, 505.
Ut gemma bibat, et Sarrano dormiat ostro;
Condit opes alius, defossoque incubat auro.
Hic stupet adtonitus rostris; hunc plausus hiantem
Per cuneos geminatus enim plebisque patrumque
Corripuit. Gaudent perfusi sanguine fratrum; 510
Exsilioque domos et dulcia limina mutant,
Atque alio patriam quærunt sub sole jacentem.
Agricola incurvo terram dimovit aratro :
Hinc anni labor; hinc patriam parvosque nepotes
Sustinet; hinc armenta boum, meritosque juvencos; 515
Nec requies, quin aut pomis exuberet annus,
Aut fetu pecorum, aut Cerealis mergite culmi;
Proventuque onerat sulcos, atque horrea vincat.
Venit hiems : teritur Sicyonia bacca trapetis;
Glande sues læti redeunt; dant arbuta silvæ; 520.
Et varios ponit fetus auctumnus; et alte
Mitis in apricis coquitur vindemia saxis.
Interea dulces pendent circum oscula nati;
Casta pudicitiam servat domus; ubera vaccæ
Lactea demittunt; pinguesque in gramine læto 525.
Inter se adversis luctantur cornibus hædi.
Ipse dies agitat festos; fususque per herbam,

flamme de l'autel, et où ses compagnons remplissent leurs coupes jusqu'aux bords, il t'invoque, ô Bacchus, en te faisant des libations : tantôt fixant à l'orme un but pour le javelot rapide, il propose des prix aux bergers; tantôt il les voit exercer à des luttes champêtres leurs corps nus et nerveux.

Ainsi vivaient les anciens Sabins; ainsi vécurent les frères Romulus et Rémus : c'est par là que s'accrut la belliqueuse Étrurie, et que Rome devint la merveille du monde, et que, seule entre les cités, elle renferma sept collines dans ses murs. Même avant le règne de Jupiter, avant que la race impie des mortels eût osé se nourrir de la chair des taureaux égorgés, Saturne, en cet âge d'or, menait cette simple vie sur la terre. Alors le clairon des batailles n'avait pas encore enflé sa voix, et le marteau ne forgeait pas encore les épées sur l'enclume retentissante.

Mais j'ai parcouru une assez vaste carrière; il est temps de dételer mes coursiers fumants.

LIVRE III.

Et toi aussi, grande Palès, et toi, illustre pasteur d'Amphryse, et vous, bois et fontaines du mont Lycée, je vais vous chanter. Toutes les merveilles de la poésie, qui pouvaient captiver les esprits inoccupés des peuples, sont aujourd'hui rebattues. Qui ne connaît pas le cruel Eurysthée ou les sanglants autels de l'infâme Busiris? Qui est-ce qui n'a pas chanté l'enfant Hylas, Latone et la flottante Délos, Hippodamie, et Pélops si célèbre par son épaule d'ivoire, Pélops, l'intrépide dompteur de chevaux? Je veux me frayer une route où je puisse à mon tour m'élever au-dessus de la terre, et, glorieux, faire voler mon nom de bouche en bouche. Moi le premier, que je vive seulement, je viendrai dans ma patrie amenant avec moi, des sommets de leur Hélicon, les Muses thébaines : ô Mantoue, je serai le premier qui te rapporterai les palmes d'Idumée, le premier qui élèverai un temple de marbre dans tes vertes campagnes, près des eaux, là où le Mincio serpente lentement, et voit ses longs rivages bordés de tendres roseaux. Au milieu de ce temple sera César, qui le remplira de sa divinité. Et moi, dans la pompe des triomphateurs, et tout resplendissant de la pourpre de Tyr, je ferai voler, en son honneur, sur les bords du fleuve, cent chars à quatre chevaux. A ma voix, toute la Grèce, abandonnant les rives de l'Alphée et les bois de Molorchus, y viendra disputer le prix de la course, ou du ceste aux rudes lanières. La tête ornée du feuillage de l'olivier, c'est moi qui distribuerai les dons aux vainqueurs. Déjà je vois s'avancer vers le temple la pompe joyeuse et solennelle; je vois tomber les taureaux immolés : la scène m'apparaît avec ses tableaux changeants; et les Bretons vaincus semblent lever la toile où est peinte leur ignominie. Je veux sur les portes du temple représenter en or et en ivoire les combats livrés aux Gangarides, les armes victorieuses de Quirinus, le Nil coulant au large et enflant ses eaux qui portent la guerre, et l'airain des vaisseaux s'élevant en colonnes dans les airs. On y verra les villes de l'Asie domptée, l'habitant du Niphate

Ignis ubi in medio, et socii cratera coronant :
Te, libans, Lenæe, vocat; pecorisque magistris
Velocis jaculi certamina ponit in ulmo, 530
Corporaque agresti nudant prædura palæstra.
Hanc olim veteres vitam coluere Sabini;
Hanc Remus et frater; sic fortis Etruria crevit;
Scilicet et rerum facta est pulcherrima Roma,
Septemque una sibi muro circumdedit arces. 535
Ante etiam sceptrum Dictæi regis, et ante
Impia quam cæsis gens est epulata juvencis,
Aureus hanc vitam in terris Saturnus agebat.
Necdum etiam audierant inflari classica, necdum
Impositos duris crepitare incudibus enses. 540
Sed nos immensum spatiis confecimus æquor;
Et jam tempus equum fumantia solvere colla

LIBER TERTIUS.

Te quoque, magna Pales, et te memorande canemus
Pastor ab Amphryso; vos, silvæ amnesque Lycæi.
Cetera, quæ vacuas tenuissent carmine mentis,
Omnia jam volgata; quis aut Eurysthea durum,
Aut inlaudati nescit Busiridis aras? 5
Cui non dictus Hylas puer? et Latonia Delos?
Hippodameque, humeroque Pelops insignis eburno,
Acer equis? Tentanda via est, qua me quoque possim
Tollere humo, victorque virum volitare per ora.
Primus ego in patriam mecum, modo vita supersit, 10
Aonio rediens deducam vertice Musas;
Primus Idumæas referam tibi, Mantua, palmas;
Et viridi in campo templum de marmore ponam
Propter aquam, tardis ingens ubi flexibus errat
Mincius et tenera prætexit arundine ripas. 15
In medio mihi Cæsar erit, templumque tenebit.
Illi victor ego, et Tyrio conspectus in ostro,
Centum quadrijugos agitabo ad flumina currus.
Cuncta mihi, Alpheum linquens lucosque Molorchi,
Cursibus et crudo decernet Græcia cæstu. 20
Ipse, caput tonsæ foliis ornatus olivæ,
Dona feram. Jam nunc sollennis ducere pompas
Ad delubra juvat, cæsosque videre juvencos;
Vel scena ut versis discedat frontibus, utque
Purpurea intexti tollant aulæa Britanni. 25
In foribus pugnam ex auro solidoque elephanto
Gangaridum faciam, victorisque arma Quirini;
Atque hic undantem bello magnumque fluentem
Nilum, ac navali surgentis ære columnas.
Addam urbis Asiæ domitas, pulsumque Niphaten, 30

repoussé, le Parthe qui met son espoir dans la fuite, et dans ses flèches qu'il retourne contre nous; deux trophées coup sur coup remportés sur des ennemis divers, et d'une mer à l'autre les nations deux fois menées en triomphe. Soudain le marbre de Paros, s'animant sous mes doigts, fera revivre la race d'Assaracus, tous les noms des descendants de Jupiter, Tros leur père, et Apollon qui a bâti Troie. La malheureuse Envie sera là, redoutant les Furies et le noir Cocyte, les serpents entrelacés d'Ixion, son immense et éternelle roue, et le rocher que Sisyphe ne soulèvera jamais.

Cependant, ô Mécène, je veux suivre les Dryades dans les bois, et le premier y fouler des sentiers inconnus; je veux t'obéir, quelque grand qu'en soit l'effort. Sans toi, mon esprit n'entreprend rien d'élevé. Allons, force enfin ma trop longue paresse. J'entends le Cithéron qui m'appelle à grands cris, et les chiens du Taygète, et les coursiers domptés d'Épidaure; j'entends mugir et leur répondre les échos redoublés des bois. Cependant je me préparerai bientôt à chanter les furieux combats de César, et à faire vivre son nom dans l'avenir autant d'années qu'il s'en est écoulé depuis la naissance du vieux Tithon.

Soit qu'épris des palmes triomphales d'Olympie, tu élèves des coursiers pour les jeux; soit que tu nourrisses de vigoureux taureaux pour le labour; aie soin avant tout de bien choisir les mères : la vache la meilleure est celle qui a l'œil farouche, la tête d'une informe beauté, le cou épais, et qui laisse tomber jusqu'à ses jambes son fanon pendant. Ses flancs allongés s'étendent sans mesure ; elle a tout grand, même le pied ; et dessous ses cornes recourbées on voit poindre deux oreilles velues.

J'aime encore celle qui est tachetée de blanc ou de noir, qui secoue le joug, qui de temps en temps menace de la corne, qui tient du taureau par le mufle, et qui, haute par toute sa taille, balaye, en marchant, la poussière de sa queue traînante. Le bon âge des vaches pour l'hymen et pour les travaux de Lucine commence après quatre ans, et finit à dix : plus jeunes ou plus vieilles, elles ne sont ni propres à porter, ni assez fortes pour la charrue. C'est pourquoi, tandis qu'elles sont en pleine jeunesse, lâche vers elles tes taureaux; le premier envoie-les aux combats de Vénus; et répare l'une par l'autre les races perpétuées de tes troupeaux. Hélas! les plus beaux jours sont les premiers qui passent pour les pauvres mortels ! voici venir les maladies, et la triste vieillesse, et les souffrances, et la mort qui nous emporte, la dure et impitoyable mort.

Tu auras toujours dans tes étables assez de bêtes épuisées à remplacer : remonte sans cesse ton troupeau ; et, pour ne pas regretter plus tard d'irréparables pertes, préviens-les, et tous les ans fais de nouveaux nourrissons.

Ne sois pas moins sévère dans le choix des chevaux. Que ceux que tu destines à multiplier leur espèce aient, dès l'âge le plus tendre, tes premiers soins. Vois le poulain de bonne race, comme il marche fièrement dans la plaine, et se

Fidentemque fuga Parthum versisque sagittis,
Et duo rapta manu diverso ex hoste tropæa,
Bisque triumphatas utroque ab litore gentis.
Stabunt et Parii lapides, spirantia signa,
Assaraci proles, demissæque ab Jove gentis   35
Nomina, Trosque parens, et Trojæ Cynthius auctor.
Invidia infelix Furias amnemque severum
Cocyti metuet, tortosque Ixionis anguis
Immanemque rotam, et non exsuperabile saxum.
Interea Dryadum silvas saltusque sequamur   40
Intactos, tua, Mæcenas, haud mollia jussa.
Te sine nil altum mens inchoat. En, age, segnis
Rumpe moras; vocat ingenti clamore Cithæron,
Taygetique canes, domitrixque Epidaurus equorum;
Et vox adsensu nemorum ingeminata remugit.   45
Mox tamen ardentis adcingar dicere pugnas
Cæsaris, et nomen fama tot ferre per annos.
Tithoni prima quot abest ab origine Cæsar.
   Seu quis, Olympiacæ miratus præmia palmæ,
Pascit equos; seu quis fortis ad aratra juvencos :   50
Corpora præcipue matrum legat. Optuma torvæ
Forma bovis, cui turpe caput, cui plurima cervix,
Et crurum tenus a mento palearia pendent;
Tum longo nullus lateri modus; omnia magna,
Pes etiam; et camuris hirtæ sub cornibus aures.   55

Nec mihi displiceat maculis insignis et albo;
Aut juga detrectans; interdumque aspera cornu,
Et faciem tauro propior; quæque ardua tota,
Et gradiens ima verrit vestigia cauda.
Ætas Lucinam justosque pati hymenæos   60
Desinit ante decem, post quatuor incipit annos :
Cetera nec feturæ habilis, nec fortis aratris.
Interea, superat gregibus dum læta juventas,
Solve mares; mitte in Venerem pecuaria primus,
Atque aliam ex alia generando sufffice prolem.   65
Optuma quæque dies miseris mortalibus ævi
Prima fugit; subeunt morbi, tristisque senectus;
Et labor et duræ rapit inclementia mortis.
Semper erunt, quarum mutari corpora malis :
Semper enim refice; ac, ne post amissa requiras,   70
Anteveni, et sobolem armento sortire quot annis.
Nec non et pecori est idem dilectus equino.
Tu modo, quos in spem statues submittere gentis,
Præcipuum jam inde a teneris impende laborem.
Continuo pecoris generosi pullus in arvis   75
Altius ingreditur, et mollia crura reponit.
Primus et ire viam, et fluvios tentare minaces
Audet, et ignoto sese committere ponti;
Nec vanos horret strepitus. Illi ardua cervix,
Argutumque caput, brevis alvus, obesaque terga;   80

pose sur ses jarrets pliants! Le premier il ose aller en avant, tenter le passage d'une onde menaçante, se risquer sur un pont inconnu : aucun bruit ne l'épouvante. Il a l'encolure haute, la tête effilée, peu de ventre, la croupe rebondie; et son poitrail, plein de vie, laisse voir ses muscles ramassés. On estime les bai brun et les gris pommelé; les plus communs sont les blancs et les alezan clair. Un bruit d'armes a-t-il retenti au loin, l'animal ne sait plus se tenir en place; il dresse les oreilles; tout son corps tremble; il roule dans ses naseaux les feux comprimés de sa poitrine. Sa crinière est épaisse, et retombe épanchée sur son épaule droite : il a comme une double épine qui se remue sur son dos; il creuse la terre, et la fait retentir sous la corne pesante de son pied. Tel fut Cyllare dompté par la main de Pollux d'Amiclée, Cyllare que chantèrent les poëtes grecs; tels les deux coursiers de Mars, et ceux qu'attela le grand Achille. Aussi vite s'échappa, en secouant dans l'air sa crinière empruntée, Saturne lui-même, surpris par son épouse; aussi vite il remplit les sommets du Pélion de ses hennissements aigus.

Mais quand l'étalon appesanti par la maladie ou devenu paresseux par l'effet des ans, manque à sa tâche, tiens-le loin du haras : point de pitié pour sa vieillesse impuissante. Il est de glace dans les travaux de Vénus, et ne s'y porte plus que d'un effort stérile : s'il en vient quelquefois à ces rudes combats, pareil en son ardeur malheureuse à un grand feu de paille, il se démène en vain. Assure-toi donc avant tout et de l'âge, et du cœur, et de la race de ton coursier,

et de ses autres qualités; vois s'il est sensible à la honte d'être vaincu, à l'honneur de remporter la palme. Ne vois-tu pas dans la course comme les chars précipités ont envahi l'espace, et tous ensemble se sont répandus hors des barrières; comme l'espoir de vaincre transporte les jeunes cœurs, comme la peur d'être vaincus les fait battre, comme ils étouffent dans les transes? Armés du fouet, les conducteurs pressent l'attelage, et, se penchant sur leurs coursiers, ils leur abandonnent les rênes : l'essieu s'allume, le char vole : tantôt ils se baissent, tantôt ils se dressent; on dirait qu'ils vont s'enlever dans les airs, qu'ils y sont déjà perdus. Point de halte, point de répit ; un nuage de sable a tout enveloppé; les coursiers vainqueurs sont mouillés de l'écume et de l'humide haleine de ceux qui les suivent. Tant ils aiment la gloire, tant ils ont à cœur de vaincre !

Érichthon le premier inventa les chars; il osa y atteler quatre chevaux de front, et, porté sur des roues rapides, s'y tenir en vainqueur. Les Lapithes Péléthroniens, montés sur le dos des coursiers, les accoutumèrent au frein et aux évolutions : ils leur apprirent à bondir sous les armes, et à rassembler leurs pas superbes. Les deux exercices du char et de la voltige sont également difficiles ; l'un et l'autre veulent un cheval jeune, ardent, et vif coureur; sans quoi n'en attends rien, eût-il cent fois poursuivi des ennemis en fuite, vînt-il de l'Épire ou de la généreuse Mycènes, fût-il né du trident même de Neptune.

Ces choses observées, préviens l'époque marquée par la nature, et mets tous tes soins à en-

```
 Luxuriatque toris animosum pectus. Honesti
Spadices, glauciquc; color deterrimus albis,
Et gilvo. Tum, si qua sonum procul arma dedere,
Stare loco nescit ; micat auribus, et tremit artus;
Collectumque fremens volvit sub naribus ignem.         85
Densa juba; et dextro jactata recumbit in armo.
At duplex agitur per lumbos spina, cavatque
Tellurem et solido graviter sonat ungula cornu.
Talis Amyclæi domitus Pollucis habenis
Cyllarus, et, quorum Graii meminere poetæ,             90
Martis equi bijuges, et magni currus Achilli.
Talis et ipse jubam cervice effudit equina
Conjugis adventu pernix Saturnus, et altum
Pelion hinnitu fugiens implevit acuto.
    Hunc quoque, ubi aut morbo gravis, aut jam segnior annis
Deficit, abde domo; nec turpi ignosce senectæ.         96
Frigidus in Venerem senior, frustraque laborem
Ingratum trahit; et, si quando ad prælia ventum est,
Ut quondam in stipulis magnus sine viribus ignis,
Incassum furit. Ergo animos ævumque notabis           100
Præcipue ; hinc alias artis, prolemque parentum,
Et quis cuique dolor victo, quæ gloria palmæ.

Nonne vides, quum præcipiti certamine campum
Corripuere, ruuntque effusi carcere currus;
Quum spes adrectæ juvenum, exsultantiaque haurit     105
Corda pavor pulsans : illi instant verbere torto,
Et proni dant lora ; volat vi fervidus axis;
Jamque humiles, jamque elati sublime videntur
Aera per vacuum ferri, atque adsurgere in auras ;
Nec mora, nec requies ; at fulvæ nimbus arenæ        110
Tollitur ; humescunt spumis flatuque sequentum :
Tantus amor laudum, tantæ est victoria curæ !
Primus Erichthonius currus et quatuor ausus
Jungere equos, rapidusque rotis insistere victor.
Frena Pelethronii Lapithæ gyrosque dedere            115
Impositi dorso, atque equitem docuere sub armis
Insultare solo, et gressus glomerare superbos.
Æquus uterque labor; æque juvenemque magistri
Exquirunt, calidumque animis, et cursibus acrem;
Quamvis sæpe fuga versos ille egerit hostis,         120
Et patriam Epirum referat, fortisque Mycenas,
Neptunique ipsa deducat origine gentem.
    His animadversis instant sub tempus, et omnis
Impendunt curas, denso distendere pingui,
```

graisser avec l'orge la meilleure le taureau que tu veux donner pour chef et pour père au troupeau. Alors on coupe pour lui les herbes les plus tendres; on lui apporte des eaux pures et force farine, de peur que, mal nourri, il ne succombe aux doux travaux de Vénus, et que ses enfants débiles ne se ressentent du jeûne de leur père. Au contraire, on fait tout pour amaigrir et exténuer les mères; et sitôt que les voluptueux désirs les sollicitent aux premières amours, on leur retranche le feuillage, on les éloigne des fontaines. Souvent même on les fatigue, on les rompt par des courses en plein soleil, alors que le grain battu dans l'aire gémit sous les fléaux pesants, et que les pailles vides voltigent, emportées par le vent qui se lève. On traite ainsi les mères, de peur que le trop d'embonpoint n'obstrue le champ fécond des amours, et n'en oblitère les secrets passages ; et afin qu'ayant soif de Vénus, elles l'absorbent tout entière, et en pénètrent leurs flancs avides.

Après les soins que tu dois aux pères viennent ceux que réclament les mères, alors que, les mois de leur portée révolus, elles n'ont plus qu'à errer chargées de leur fruit. Qu'on se garde bien alors de leur faire traîner de lourds chariots; qu'on les empêche de franchir les chemins en sautant, ou de s'emporter en fuyant dans les prés, ou de traverser à la nage les fleuves aux courants impétueux. Mais qu'elles paissent dans des lieux solitaires, le long des rivières coulant à pleins bords, là où la mousse, le gazon des vertes rives et les grottes leur prêteront de frais abris, et les rochers leur ombre penchante.

Il y a dans les bois du mont Silare et dans les verdoyantes forêts d'yeuses de l'Alburne, un insecte que les Latins nomment *asilus*, et les Grecs *œstron*, en traduisant notre mot. L'essaim redoutable de ces mouches frappe l'air de ses secs bourdonnements; les troupeaux épouvantés fuient çà et là dans les bois : alors tout retentit de furieux mugissements; l'air en est ébranlé, et les forêts et les rives desséchées du Tanagre. C'est ce cruel insecte qui servit autrefois les terribles colères de Junon, quand elle le déchaîna pour perdre la fille errante d'Inachus. Surtout ne manque pas de l'écarter de tes vaches pleines; c'est au fort des chaleurs qu'il est le plus ardent : fais donc paître tes troupeaux, le matin au lever du soleil, et le soir quand les étoiles ramènent la nuit.

Quand les vaches ont mis bas, c'est le moment de reporter tous tes soins sur les veaux. D'abord on les marque à vif d'un signe qui fasse reconnaître leur race, et ceux qu'on destine à repeupler le troupeau, et ceux qu'on réserve pour les autels des dieux, et ceux qui doivent t'aider à fendre la terre, et à retourner en les brisant les glèbes qui hérissent la plaine : le reste n'a qu'à paître au hasard dans la verte prairie.

Ceux de tes jeunes taureaux que tu voudras discipliner pour le labour et les travaux de la campagne, commence à les exciter de bonne heure; applique-toi à les dompter, tandis qu'ils ont encore le naturel docile, et que leur âge se laisse manier. D'abord attache à leur cou un collier flottant, d'un osier léger; quand ils auront accoutumé leur tête libre encore à ce pre-

Quem legere ducem, et pecori dixere maritum ; 125
Pubentesque secant herbas, fluviosque ministrant,
Farraque ; ne blando nequeat superesse labori ;
Invalidique patrum referant jejunia nati.
Ipsa autem macie tenuant armenta volentes ;
Atque, ubi concubitus primos jam nota voluptas 130
Sollicitat, frondisque negant, et fontibus arcent ;
Sæpe etiam cursu quatiunt, et sole fatigant,
Quum graviter tunsis gemit area frugibus, et quum
Surgentem ad Zephyrum paleæ jactantur inanes.
Hoc faciunt, nimio ne luxu obtusior usus 135
Sit genitali arvo, et sulcos oblimet inertis ;
Sed rapiat sitiens Venerem, interiusque recondat.
Rursus cura patrum cadere, et succedere matrum
Incipit. Exactis gravidæ quum mensibus errant :
Non illas gravibus quisquam juga ducere plaustris, 140
Non saltu superare viam sit passus ; et acri
Carpere prata fuga, fluviosque innare rapaces.
Saltibus in vacuis pascant, et plena secundum
Flumina : muscus ubi, et viridissima gramine ripa,
Speluncæque tegant, et saxea procubet umbra. 145
Est lucos Silari circa, ilicibusque virentem

Plurimus Alburnum volitans, quoi nomen asilo
Romanum est, œstrum Graii vertere vocantes ;
Asper, acerba sonans ; quo tota exterrita silvis
Diffugiunt armenta ; furit mugitibus æther 150
Concussus, silvæque et sicci ripa Tanagri.
Hoc quondam monstro horribilis exercuit iras
Inachiæ Juno pestem meditata juvencæ.
Hunc quoque, nam mediis fervoribus acrior instat,
Arcebis gravido pecori, armentaque pasces 155
Sole recens orto, aut noctem ducentibus astris.
Post partum cura in vitulos traducitur omnis ;
Continuoque notas et nomina gentis inurunt,
Et, quos aut pecori malint submittere habendo,
Aut aris servare sacros, aut scindere terram, 160
Et campum horrentem fractis invertere glebis ;
Cetera pascuntur viridis armenta per herbas.
Tu quos ad studium atque usum formabis agrestem,
Jam vitulos hortare, viamque insiste domandi,
Dum faciles animi juvenum, dum mobilis ætas. 165
Ac primum laxos tenui de vimine circlos
Cervici subnecte ; dehinc, ubi libera colla
Servitio adsuerint, ipsis e torquibus aptos

mier joug, attelles-y deux taureaux de même grandeur, et force-les à marcher ensemble d'un pas égal. Déjà même tu peux leur faire traîner un chariot vide ; qu'ils l'emportent, et que leurs pas soient à peine marqués sur la poussière. Bientôt qu'un essieu de frêne et sa charge pesante fassent crier les roues, et qu'un timon d'airain soit porté par ton couple plus robuste. Cependant, pour nourrir tes taureaux encore indomptés, ne leur donne pas seulement du menu fourrage, des feuilles de saule, des herbes de marais ; mais cueille encore pour eux la tige du blé vert. Et quand tes vaches sont devenues mères, ne va pas, comme faisaient nos pères, remplir tes vases de leur lait ruisselant ; laisse-les plutôt épuiser leurs mamelles pour leurs tendres enfants.

Mais si tu aimes mieux élever des chevaux pour la guerre et pour les fières manœuvres des batailles, ou bien pour faire glisser à Pise la roue légère le long des rives de l'Alphée, et pour emporter un char dans la forêt sacrée de Jupiter, accoutume d'abord ton élève à voir les combats et les cœurs courageux, à supporter le son des clairons, les roulements du char qui gémit, à entendre le cliquetis du frein dans l'étable : qu'il aime de plus en plus à se sentir flatter par son maître ; qu'il frémisse au doux retentissement de la main qui le touche. Je veux qu'à peine séparé de la mamelle de sa mère il ait l'oreille à tes leçons, et qu'à son tour il vienne de lui-même offrir sa bouche à la bride, tout faible qu'il est, tout tremblant et sans expérience. Mais après trois ans, et quand il en aura bientôt quatre, qu'il commence à tourner en rond, à retomber en mesure sur ses pieds retentissants, à jeter en avant ses jambes tour à tour mêlées et démêlées ; qu'il ait l'air de travailler sous ta main : puis, qu'il t'échappe et provoque les vents à la course, et que, s'emportant à l'aise dans la plaine et comme libre du frein, il touche à peine la terre de ses pieds ailés ; pareil à l'aquilon qui ramassant son souffle fond des régions hyperboréennes, et disperse au loin les frimas de Scythie et les nuages secs de l'hiver : alors les hautes moissons, courbées par son haleine, frémissent doucement dans les plaines ondoyantes : les forêts sur les monts rendent des sons immenses, et les flots venant de loin sont poussés vers les rivages. Cependant l'aquilon vole, balayant dans sa course et les champs et les mers.

Ainsi dressé, ton cheval ira un jour tourner la borne d'Olympie, et franchira tout en sueur la vaste carrière ; tu l'y verras, le mors aux dents, l'ensanglanter de son écume : ou mieux encore, pliant le cou sous le timon d'un char belge, il l'emportera au travers des batailles. Au reste, ce n'est qu'après avoir dompté l'animal que tu laisseras ce grand corps s'accroître par une forte nourriture : car avant ce temps-là son trop de feu le ferait se cabrer ; et, quoique sous ta main, il ne supporterait pas le fouet, et refuserait d'obéir au fer déchirant du frein.

Mais il n'est pas de plus sûr moyen d'entretenir la vigueur soit des chevaux, si tu les aimes mieux, soit des taureaux, que d'écarter d'eux Vénus et les aiguillons de l'aveugle amour. C'est pourquoi on relègue les taureaux bien loin, dans des pâtis solitaires, derrière une montagne ou une large rivière qui les sépare du troupeau ; ou

Junge pares, et coge gradum conferre juvencos :
Atque illis jam sæpe rotæ ducantur inanes 170
Per terram, et summo vestigia pulvere signent :
Post valido nitens sub pondere faginus axis
Instrepat, et junctos temo trahat æreus orbis.
Interea pubi indomitæ non gramina tantum,
Nec vescas salicum frondes, ulvamque palustrem, 175
Sed frumenta manu carpes sata : nec tibi fetæ,
More patrum, nivea implebunt mulctraria vaccæ,
Sed tota in dulcis consument ubera natos.

Sin ad bella magis studium turmasque feroces,
Aut Alphea rotis prælabi flumina Pisæ, 180
Et Jovis in luco currus agitare volantis :
Primus equi labor est, animos atque arma videre
Bellantum, lituosque pati ; tractuque gementem
Ferre rotam, et stabulo frenos audire sonantis ;
Tum magis atque magis blandis gaudere magistri 185
Laudibus, et plausæ sonitum cervicis amare.
Atque hæc jam primo depulsus ab ubere matris
Audeat, inque vicem det mollibus ora capistris
Invalidus, etiamque tremens, etiam inscius ævi.
At, tribus exactis, ubi quarta accesserit æstas, 190
Carpere mox gyrum incipiat, gradibusque sonare

Conpositis, sinuetque alterna volumina crurum ;
Sitque laboranti similis ; tum cursibus auras,
Tum vocet, ac per aperta volans, ceu liber habenis,
Æquora, vix summa vestigia ponat arena : 195
Qualis, Hyperboreis aquilo quum densus ab oris
Incubuit, Scythiæque hiemis, atque arida differt
Nubila : tum segetes altæ campique natantes
Lenibus horrescunt flabris, summæque sonorem
Dant silvæ, longique urguent ad litora fluctus : 200
Ille volat, simul arva fuga, simul æquora verrens.
Hic, vel ad Elei metas, et maxuma campi
Sudabit spatia, et spumas aget ore cruentas ;
Belgica vel molli melius feret essada collo.
Tum demum crassa magnum farragine corpus 205
Crescere jam domitis sinito ; namque ante domandum
Ingentis tollent animos, prensique negabunt
Verbera lenta pati, et duris parere lupatis.

Sed non ulla magis vires industria firmat,
Quam Venerem et cæci stimulos avertere amoris, 210
Sive boum, sive est cui gratior usus equorum.
Atque ideo tauros procul atque in sola relegant
Pascua, post montem oppositum, et trans flumina lata ;
Aut intus clausos satura ad præsepia servant.

bien on les tient enfermés dans l'étable près d'une ample pâture. Car la vue d'une génisse use leurs forces, et ils se consument d'amour ; ils en oublient et les bois et les herbages. Souvent même celle-ci par ses doux attraits force ses amants superbes à combattre pour elle à coups de cornes ; et tandis qu'elle paît, belle et tranquille dans la vaste forêt de Sila, ceux-ci, se provoquant l'un l'autre, engagent un furieux combat, et se font mille blessures : un sang noir coule le long de leurs flancs. Ils poussent l'un contre l'autre leurs fronts, qui s'entre-choquent avec un vaste gémissement ; le ciel en retentit, et les bois d'alentour. Entre eux point de traité, pas d'étable commune : le vaincu s'en va, et de lui-même s'exile dans de lointaines contrées, pleurant son ignominie, tout meurtri des coups d'un vainqueur insolent. Regrettant ses amours qu'il a perdus sans vengeance, il regarde une dernière fois son étable, et abandonne l'empire où régnaient ses aïeux. Mais c'est pour mieux exercer ses forces recueillies : la nuit donc il se couche sur l'âpre pente des rochers, et le jour il se nourrit de feuillage épineux, et de joncs aux rudes piquants. Il s'essaye, s'apprend à donner de la corne en furieux, heurtant le tronc des arbres, perçant l'air où se perdent ses coups ; il prélude au combat en dispersant sous ses pieds la poussière. Quand il a ramassé son courage et refait ses forces, il entre en campagne, et se précipite sur son ennemi qui l'avait oublié. Ainsi l'on voit venir du milieu de la mer une vague blanchissante, qui de loin se traîne en allongeant son vaste pli : elle se roule vers le rivage, éclate avec fracas au milieu des rochers, et, non moindre qu'une montagne, retombe d'aussi haut : la mer en bouillonne jusque dans ses profonds abîmes ; un sable noir est rejeté à la surface des eaux.

Tous les êtres donc dans la nature, les hommes, les bêtes féroces, les troupeaux, les poissons au fond des mers, les oiseaux aux ailes peintes, ressentent les feux de l'amour et s'abandonnent à ses fureurs : l'amour est le même pour tous. En aucun temps la lionne, oubliant ses lionceaux, n'a erré plus terrible dans les déserts : jamais les ours hideux ne sèment autant le ravage et la mort dans les forêts ; jamais le sanglier n'est plus féroce, le tigre plus sanguinaire. Malheur à ceux qui errent alors dans les déserts de la Libye ! Ne vois-tu pas comme les chevaux frissonnent de tous leurs membres, si l'air seulement leur apporte des odeurs bien connues ? Dès lors plus rien qui les arrête, ni le frein, ni le fouet sanglant, ni les rochers, ni les précipices, ni les fleuves, ni les torrents qui entraînent les débris arrachés des montagnes. Le sanglier de la Sabine fond devant lui, aiguise ses défenses, laboure la terre avec ses pattes, se frotte contre les arbres, et deçà delà endurcit aux coups ses épaules. Mais que n'ose pas un jeune homme, quand le cruel amour lui souffle dans les os ses feux cuisants ? seul, par une nuit obscure, il traverse à la nage un bras de mer que bouleverse la tempête : au-dessus de sa tête le ciel tonne, immense et plein d'orages ; les flots se brisent avec fracas contre les rochers retentissants : l'insensé n'entend plus ni ses parents éperdus qui le rappellent, ni la jeune fille qui va mourir s'il meurt !

Carpit enim vires paullatim uritque videndo 215
Femina ; nec nemorum patitur meminisse, nec herbæ.
Dulcibus illa quidem inlecebris et sæpe superbos
Cornibus inter se subigit decernere amantis.
Pascitur in magna Sila formosa juvenca :
Illi alternantes multa vi prælia miscent 220
Vulneribus crebris ; lavit ater corpora sanguis ;
Versaque in obnixos urguentur cornua vasto
Cum gemitu ; reboant silvæque et longus Olympus.
Nec mos bellantis una stabulare : sed alter
Victus abit, longeque ignotis exsulat oris ; 225
Multa gemens ignominiam, plagasque superbi
Victoris, tum, quos amisit inultus, amores ;
Et stabula adspectans regnis excessit avitis.
Ergo omni cura vires exercet, et inter
Dura jacet pernox instrato saxa cubili, 230
Frondibus hirsutis et carice pastus acuta ;
Et tentat sese, atque irasci in cornua discit
Arboris obnixus trunco, ventosque lacessit
Ictibus, et sparsa ad pugnam proludit arena.
Post, ubi conlectum robur viresque refectæ, 235
Signa movet, præcepsque oblitum fertur in hostem :
Fluctus uti, medio cœpit quum albescere ponto,
Longius ex altoque sinum trahit ; utque, volutus
Ad terras, immane sonat per saxa, neque ipso
Monte minor procumbit ; at ima exæstuat unda 240
Vorticibus, nigramque alte subjectat arenam.
  Omne adeo genus in terris hominumque, ferarumque,
Et genus æquoreum, pecudes, pictæque volucres,
In furias ignemque ruunt : amor omnibus idem.
Tempore non alio catulorum oblita leæna 245
Sævior erravit campis ; nec funera volgo
Tam multa informes ursi stragemque dedere
Per silvas ; tum sævus aper, tum pessima tigris.
Heu, male tum Libyæ solis erratur in agris !
Nonne vides, ut tota tremor pertentet equorum 250
Corpora, si tantum notas odor adtulit auras ?
Ac neque eos jam frena virum, neque verbera sæva,
Non scopuli, rupesque cavæ, atque objecta retardant
Flumina, correptos unda torquentia montis.
Ipse ruit, dentisque Sabellicus exacuit sus, 255
Et pede prosubigit terram, fricat arbore costas,
Atque hinc atque illinc, humerosque ad volnera durat.
Quid juvenis, magnum cui versat in ossibus ignem
Durus amor ? Nempe abruptis turbata procellis
Nocte natat cæca serus freta ; quem super ingens 260
Porta tonat cœli ; et scopulis inlisa reclamant
Æquora ; nec miseri possunt revocare parentes,

Et les lynx de Bacchus, au poil moucheté, et la race infatigable des loups, et les chiens, quelle n'est pas leur fureur? Quels combats les cerfs eux-mêmes, les timides cerfs, ne se livrent-ils pas! Mais rien n'égale les emportements des cavales; c'est Vénus elle-même qui leur inspira ses fureurs, lorsqu'elle fit déchirer Glaucus de Potnia par les quatre juments qui traînaient son char. L'amour emporte les cavales par delà le mont Gargare et les ondes retentissantes de l'Ascanium : point de montagnes qu'elles ne franchissent, point de fleuves qu'elles ne passent à la nage. Voyez-les : sitôt que le feu s'allume dans leurs veines avides, au printemps surtout, quand la chaleur vitale se ranime, elles se tiennent sur les hauts rochers; là, tournées vers le couchant, et la bouche ouverte au zéphyr, elles en aspirent l'haleine amoureuse; et souvent, ô prodige incroyable! le vent seul les féconde. C'est alors qu'elles s'enfuient par les monts, les rochers et les vallées profondes; non pas du côté où tu souffles, doux Eurus, ni vers les régions où se lève le soleil, mais vers ces plages qui voient naître Borée, le Caurus et le noir Auster, là où des pluies glaciales ne cessent d'attrister les cieux. C'est alors qu'elles distillent de leurs flancs échauffés l'hippomane, comme l'appellent les bergers; l'hippomane, poison lent, que recueillent souvent les cruelles marâtres, et qu'elles mêlent avec des herbes impures et d'infernales paroles. Mais tandis que, charmé par mon sujet, je m'égare en ces mille détails, le temps fuit, l'irréparable temps. C'est assez parler des grands troupeaux : il me reste à dire comment on fera paître les brebis aux blanches toisons, et les chèvres aux poils pendants. C'est de la peine pour vous, ô robustes habitants des campagnes; mais n'attendez de là qu'honneur et que profit. Pour moi, je sais combien il est difficile de relever par le beau langage d'aussi petites choses, et de leur donner ce peu de lustre. Mais je sens qu'un doux charme m'entraîne vers les cimes désertes du Parnasse; oui, je veux gravir ces sommets, où nul mortel avant moi n'a marqué de ses pas les molles pentes qui mènent à la fontaine de Castalie. C'est maintenant, ô vénérable Palès, maintenant qu'il faut que j'enfle ma voix.

D'abord je veux que tes brebis, retenues sous le doux couvert de leurs étables, s'y nourrissent d'herbages, jusqu'à ce que le printemps revienne avec ses feuilles nouvelles. Que la paille et la fougère, répandues par brassées sur le sol de l'étable, le rendent moins dur à leurs corps délicats; ainsi le froid ne les incommodera pas, ni les maux hideux de l'hiver, la gale et la goutte. Je veux aussi que tu ailles cueillir pour tes chèvres de petites branches d'arbousier avec leurs feuilles, et que tu leur donnes de l'eau fraîche. Mets leurs étables à couvert des vents du nord, et expose-les au midi; et tiens-y le troupeau renfermé jusqu'à ce que le froid Verseau disparaisse, et achève d'arroser l'année de ses dernières pluies.

Les chèvres ne veulent pas être traitées avec moins de soin que les brebis, et le profit qu'on tire d'elles n'est pas moindre. Elles ne donnent pas, il est vrai, cette précieuse laine de Milet, que Tyr renchérit encore en la teignant de ses couleurs; mais leurs enfants sont plus nombreux, leur lait ne tarit point; et plus tu épuises leurs mamelles écumantes, plus le flot abondant ruis-

Nec moritura super crudeli funere virgo.
Quid lynces Bacchi variæ, et genus acre luporum
Atque canum? quid, quæ imbelles dant prælia cervi? 265
Scilicet ante omnis furor est insignis equarum;
Et mentem Venus ipsa dedit, quo tempore Glauci
Potniades malis membra absumsere quadrigæ.
Illas ducit amor trans Gargara, transque sonantem
Ascanium; superant montis, et flumina tranant. 270
Continuoque, avidis ubi subdita flamma medullis,
Vere magis, quia vere calor redit ossibus, illæ
Ore omnes versæ in Zephyrum stant rupibus altis,
Exceptantque levis auras; et sæpe sine ullis
Conjugiis vento gravidæ (mirabile dictu) 275
Saxa per et scopulos et depressas convallis
Diffugiunt; non, Eure, tuos, neque solis ad ortus;
In Boream Caurumque, aut unde nigerrimus Auster
Nascitur, et pluvio contristat frigore cœlum.
Hic demum, hippomanes vero quod nomine dicunt 280
Pastores, lentum destillat ab inguine virus;
Hippomanes, quod sæpe malæ legere novercæ,
Miscueruntque herbas et non innoxia verba.
    Sed fugit interea, fugit irreparabile tempus,
Singula dum capti circumvectamur amore. 285

Hoc satis armentis. Superat pars altera curæ,
Lanigeros agitare greges hirtasque capellas.
Hic labor; hinc laudem fortes sperate coloni.
Nec sum animi dubius, verbis ea vincere magnum
Quam sit, et angustis hunc addere rebus honorem. 290
Sed me Parnasi deserta per ardua dulcis
Raptat amor : juvat ire jugis, qua nulla priorum
Castaliam molli devertitur orbita clivo.
Nunc, veneranda Pales, magno nunc ore sonandum.
    Incipiens stabulis edico in mollibus herbam 295
Carpere ovis, dum mox frondosa reducitur æstas,
Et multa duram stipula filicumque maniplis
Sternere subter humum, glacies ne frigida lædat
Molle pecus, scabiemque ferat turpisque podagras.
Post hinc digressus jubeo frondentia capris 300
Arbuta sufficere, et fluvios præbere recentis;
Et stabula a ventis hiberno opponere soli
Ad medium conversa diem : quum frigidus olim
Jam cadit, extremoque inrorat Aquarius anno.
Hæ quoque non cura nobis leviore tuendæ; 305
Nec minor usus erit : quamvis Milesia magno
Vellera mutentur Tyrios incocta rubores.
Densior hinc suboles; hinc largi copia lactis.

selle entre tes doigts. Cependant la barbe blanchissante du bouc de Libye, et ses longs poils, tombent sous le ciseau : on en fait des tissus pour le soldat et des vêtements pour les pauvres matelots. D'ailleurs les chèvres s'en vont elles-mêmes paître dans les bois et sur les pentes du Lycée, où elles broutent les ronces hérissées et les buissons, qui aiment les lieux escarpés. Le soir, elles pensent à revenir au bercail, et y ramènent leurs chevreaux, elles-mêmes si chargées de lait, qu'à grand'peine elles franchissent le seuil de l'étable. Sois donc attentif à écarter d'elles la gelée et les vents froids, d'autant qu'elles sont plus dépourvues des instincts de l'humaine prévoyance : ne les laisse manquer ni d'herbes ni de feuillage; et, tant que durera la brume, ne leur ferme pas tes greniers à foin.

Mais lorsque l'été reviendra, rappelé par les zéphyrs, laisse aller tes brebis et tes chèvres dans les bois et dans les prairies. Dès que Lucifer paraît, gagnons la campagne : voici le frais matin; le gazon est encore blanc des frimas de la nuit; c'est le moment où la rosée sur l'herbe tendre est le plus agréable aux troupeaux. Vers la quatrième heure, quand tout languit de chaleur et de soif, quand la cigale importe les buissons de sa plainte perçante, mène tes troupeaux au puits voisin, ou bien vers ces étangs profonds, d'où l'eau courante s'échappe par des canaux de bois. A midi, va te mettre à couvert sous l'antique tronc d'un grand chêne qui étend au loin ses rameaux, et encore dans ces bois profonds où l'yeuse accumule ses ombres noires et révérées. Sur le soir, que ton troupeau s'abreuve et paisse encore, à l'heure où Vesper commence à rafraîchir l'air, où la lune ranime les bois par une douce humidité, où tout chante, les alcyons sur les rivages, les rossignols dans les buissons.

Que dirai-je des pasteurs de la Libye, de leurs pacages, et de leurs cabanes rares et éparses dans les champs? Souvent le jour et la nuit, et durant des mois entiers, ils tiennent les pâtis; le troupeau s'en va à travers de longs déserts, errant et sans abri, tant la plaine est immense! Le berger africain emmène tout avec lui, son toit, ses Pénates, son chien, ses armes et son carquois. Ainsi le soldat romain, intrépide sous les armes, marche, et ne sent pas le fardeau qui l'excède; et avant que l'ennemi s'y attende, il a déjà planté ses pavillons devant lui.

Mais la coutume est autre chez les peuples de la Scythie : sur les bords du lac Méotis, là où l'Ister roule un sable jaune dans son lit fangeux, là où la chaîne du Rhodope va s'étendant jusque sous le pôle, les pasteurs tiennent leurs troupeaux renfermés dans les étables. C'est que là les champs sont sans herbes, les arbres sans feuilles. La terre informe, et tout en monceaux de neige, dort sous des couches de glace hautes de sept coudées. Là toujours l'hiver, toujours le Caurus soufflant le froid. Jamais le soleil n'y dissipe les pâles vapeurs de la brume, soit que porté sur son char il monte au plus haut des airs, soit qu'il précipite ses coursiers dans l'Océan,

Quam magis exhausto spumaverit ubere mulctra;
Læta magis pressis manabunt flumina mammis.   310
Nec minus interea barbas incanaque menta
Cinyphii tondent hirci, sætasque comantis,
Usum in castrorum, et miseris velamina nautis.
Pascuntur vero silvas, et summa Lycæi,
Horrentisque rubos, et amantis ardua dumos;   315
Atque ipsæ memores redeunt in tecta, suosque
Ducunt, et gravido superant vix ubere limen.
Ergo omni studio glaciem ventosque nivalis,
Quo minor est illis curæ mortalis egestas,
Avertes; victumque feres et virgea lætus   320
Pabula; nec tota claudes fœnilia bruma.
At vero, Zephyris quum læta vocantibus æstas
In saltus utrumque gregem atque in pascua mittet :
Luciferi primo cum sidere frigida rura
Carpamus, dum mane novum, dum gramina canent,   325
Et ros in tenera pecori gratissimus herba.
Inde, ubi quarta sitim cœli conlegerit hora,
Et cantu querulæ rumpent arbusta cicadæ;
Ad puteos aut alta greges ad stagna jubeto
Currentem ilignis potare canalibus undam;   330
Æstibus at mediis umbrosam exquirere vallem,
Sicubi magna Jovis antiquo robore quercus
Ingentis tendat ramos; aut sicubi nigrum
Ilicibus crebris sacra nemus adcubet umbra;

Tum tenuis dare rursus aquas, et pascere rursus   335
Solis ad occasum : quum frigidus aera vesper
Temperat, et saltus reficit jam roscida luna,
Litoraque alcyonem resonant, acalanthida dumi.
Quid tibi pastores Libyæ, quid pascua versu
Prosequar, et raris habitata mapalia tectis?   340
Sæpe diem noctemque, et totum ex ordine mensem,
Pascitur itque pecus longa in deserta sine ullis
Hospitiis : tantum campi jacet. Omnia secum
Armentarius Afer agit, tectumque, Laremque,
Armaque, Amyclæumque canem, Cressamque pharetram.
Non secus ac patriis acer Romanus in armis   346
Injusto sub fasce viam quum carpit, et hosti
Ante exspectatum positis stat in agmine castris.
At non, qua Scythiæ gentes, Mæotiaque unda,
Turbidus et torquens flaventis Hister arenas,   350
Quaque redit medium Rhodope porrecta sub axem.
Illic clausa tenent stabulis armenta; neque ullæ
Aut herbæ campo adparent, aut arbore frondes :
Sed jacet aggeribus niveis informis et alto
Terra gelu late, septemque adsurgit in ulnas.   355
Semper hiems, semper spirantes frigora Cauri.
Tum Sol pallentis haud unquam discutit umbras :
Nec quum invectus equis altum petit æthera, nec quum
Præcipitem Oceani rubro lavit æquore currum.
Concrescunt subitæ currenti in flumine crustæ,   360

14.

rougi de ses feux. Là des glaçons, subitement condensés, se ramassent sur l'eau courante des fleuves, et bientôt leur solide surface soutient le poids d'un essieu de fer : l'onde, il n'y a qu'un moment, hospitalière aux navires, porte la roue des chars. Souvent l'airain éclate fendu par le froid; les vêtements se roidissent sur le corps; on coupe avec la hache le vin, saisi par la gelée ; partout les eaux dormantes se changent en un dur cristal ; et la barbe elle-même durcit, hérissée de glaçons pendants. Jour et nuit il neige : les troupeaux périssent; çà et là restent dans les neiges qui les enveloppent les grands corps des bœufs; et les cerfs qui viennent en gros bataillons s'enfoncer dans les masses glacées, s'y engourdissent; à peine le bout de leur ramure paraît-il : alors plus de chiens à lancer contre eux, plus de filets à tendre, plus de flèches à décocher contre la troupe qui fuit épouvantée; mais on les frappe de près avec le fer, tandis qu'aux abois ils poussent leur poitrine contre la montagne de neige qui les emprisonne; ils ont beau bramer, on les tue ; et les chasseurs les emportent en poussant de grands cris de joie.

Ces peuples se retirent dans des cavernes qu'ils se creusent, et vivent sous terre oisifs et heureux. Ils entassent des chênes et des ormes entiers qu'ils roulent sur leur foyer, et qu'ils livrent à la flamme. Là ils passent les nuits à jouer, à verser dans des coupes un jus piquant fait de froment et de fruits sauvages, seul vin de ces déserts. Ainsi vers les régions hyperboréennes vit dans sa liberté sauvage cette race d'hommes sans cesse battue des vents du Riphée; elle n'a pour s'en défendre que la peau des bêtes fauves.

Si tu veux avoir de belles laines, écarte ton troupeau des fourrés épineux, de la bardane, du chardon : fuis aussi les pâturages trop gras, et ne compose ton troupeau que de brebis à la blanche et fine toison. Mais si ton bélier (fût-il blanc comme la neige) laisse voir dans son palais humide une langue noire, rejette-le, de peur qu'il n'entache de ses souillures les enfants qui naîtraient de lui ; et, dans la plaine où tu vois se répandre tes brebis, cherche un autre père à tes agneaux. O Diane, s'il est permis de le croire, ce fut par l'éclat d'une blanche toison que Pan, dieu d'Arcadie, éblouit vos yeux fascinés; il vous attira dans le fond des bois, et vous ne dédaignâtes pas de venir à lui.

Si tu aimes mieux tirer du lait de tes troupeaux, va toi-même garnir leurs étables de cytise, de lotos, et d'herbes parsemées de sel. Tes chèvres n'en auront que plus envie de boire ; leurs mamelles se tendront davantage, et le lait retiendra quelque peu de la secrète saveur du sel. Plusieurs défendent l'approche des mères aux chevreaux déjà forts, et enchaînent leur bouche encore tendre au moyen de muselières ferrées. Le lait qu'on a tiré matin ou au milieu du jour, on le fait épaissir pendant la nuit : celui qu'on a tiré le soir, et au coucher du soleil, se caille dans des paniers de joncs jusqu'au matin : alors le berger va le porter à la ville; ou bien il le sale un peu, et le conserve pour l'hiver.

Que tes chiens de garde n'attendent pas tes derniers soins : le limier de Sparte si léger à la course, et le dogue ardent de l'Épire, tes deux sentinelles, veulent être nourris d'une pâte engraissée

Undaque jam tergo ferratos sustinet orbis,
Puppibus illa prius, patulis nunc hospita plaustris.
Æraque dissiliunt volgo, vestesque rigescunt
Indutæ, cæduntque securibus humida vina,
Et totæ solidam in glaciem vertere lacunæ,   365
Stiriaque impexis induruit horrida barbis.
Interea toto non secius aere ninguit :
Intereunt pecudes, stant circumfusa pruinis
Corpora magna boum; confertoque agmine cervi
Torpent mole nova, et summis vix cornibus exstant.   370
Hos non immissis canibus, non cassibus ullis,
Puniceæve agitant pavidos formidine pinnæ :
Sed frustra oppositum trudentes pectore montem
Comminus obtruncant ferro, graviterque rudentes
Cædunt, et magno læti clamore reportant.   375
Ipsi in defossis specubus secura sub alta
Otia agunt terra, congestaque robora totasque
Advolvere focis ulmos, ignique dedere.
Hic noctem ludo ducunt, et pocula læti
Fermento atque acidis imitantur vitea sorbis.   380
Talis Hyperboreo Septem subjecta trioni
Gens effrena virum Rhipæo tunditur Euro,

Et pecudum fulvis velatur corpora sætis.
Si tibi lanitium curæ : primum aspera silva,
Lappæque tribulique absint; fuge pabula læta;   385
Continuoque greges villis lege mollibus albos.
Illum autem, quamvis aries sit candidus ipse,
Nigra subest udo tantum cui lingua palato,
Rejice, ne maculis infuscet vellera pullis
Nascentum; plenoque alium circumspice campo.   390
Munere sic niveo lanæ, si credere dignum est,
Pan deus Arcadiæ captam te, Luna, fefellit,
In nemora alta vocans; nec tu adspernata vocantem.
   At, cui lactis amor, cytisum lotosque frequentis
Ipse manu salsasque feret præsepibus herbas.   395
Hinc et amant fluvios magis, ac magis ubera tendunt,
Et salis occultum referunt in lacte saporem.
Multi jam excretos prohibent a matribus hædos,
Primaque ferratis præfigunt ora capistris.
Quod surgente die mulsere horisque diurnis,   400
Nocte premunt; quod jam tenebris et sole cadente,
Sub lucem exportans calathis adit oppida pastor,
Aut parco sale contingunt; hiemique reponunt.
   Nec tibi cura canum fuerit postrema : sed una

de petit-lait : avec ces gardiens fidèles tu n'as à redouter pour tes étables ni les voleurs de nuit, ni les incursions des loups; tu n'as pas à craindre que les brigands en armes de l'Ibérie ne te prennent par derrière. Souvent aussi tu forceras à la course les timides onagres; tes chiens lasseront et le lièvre, et le daim; souvent avec ta meute aboyante tu relanceras le sanglier débusqué de sa bauge fangeuse, et sur les hautes montagnes, pressant de tes cris un grand cerf, tu le pousseras dans tes filets.

Sache aussi allumer dans les étables le cèdre odorant, et poursuivre, avec la vapeur ardente du galbanum, les serpents enfumés. Souvent la vipère horrible à toucher se cache sous les crèches immobiles, pour fuir la lumière qui la trouble; ou encore la couleuvre qui aime à être à couvert et à l'ombre, la couleuvre, cette peste des troupeaux, qu'elle infecte de son venin, vient se blottir sous terre dans ton étable : vite, berger, vite une pierre, un bâton; le reptile se dresse menaçant, il gonfle et fait siffler son cou; frappe : il a fui; il a déjà caché sa tête tremblante : mais les cercles de son corps tortueux et les anneaux de sa queue se déroulent encore; un dernier pli se traîne lentement sur l'arène.

Il est dans les forêts de la Calabre un serpent de la pire espèce : couvert d'écailles, il rampe fièrement assis sur sa croupe; il a le ventre long et marqué de grandes taches. Quand l'urne brisée des fleuves s'épanche, quand au printemps les terres sont trempées des pluies de l'auster, il habite le bord des étangs, et là il engloutit dans son ventre affamé les poissons et les grenouilles coassantes. Mais après que l'été brûlant a tari les marais et fendu les terres partout béantes, le reptile s'élance sur le sol aride, roule ses yeux enflammés; irrité par la soif, rendu furieux par la chaleur, il porte le ravage dans les campagnes. Me préserve le ciel de goûter le doux sommeil en plein air, de me coucher sur l'herbe des pentes boisées, alors que, faisant peau nouvelle et tout brillant de jeunesse, il se roule à terre, et que, laissant dans son trou ses œufs ou ses petits, il se dresse au soleil et darde une triple langue!

Je t'expliquerai maintenant les causes et les signes des maladies qui affligent les troupeaux. Souvent une gale honteuse infecte les brebis, quand une froide pluie ou les âpres frimas de l'hiver les ont pénétrées jusqu'au vif, ou quand nouvellement tondues elles retiennent une sueur mal essuyée, ou enfin quand les ronces et les épines ont déchiré leurs corps. C'est pour prévenir ce mal que les bergers baignent dans l'eau douce des rivières le troupeau tout entier : le bélier plongé dans l'endroit le plus creux y lave sa toison submergée, et s'abandonne en nageant à la pente du fleuve. Tu peux encore, tondant tes bêtes malades, les frotter d'un onguent que tu composeras de marc d'huile d'olive, de l'écume de l'argent, de soufre vif, de poix et de cire grasse. On y joint le suc d'ognon de mer, l'hellébore, et le bitume noir. Mais le meilleur

Velocis Spartæ catulos acremque Molossum 405
Pasce sero pingui. Nunquam custodibus illis
Nocturnum stabulis furem, incursusque luporum,
Aut inpacatos a tergo horrebis Hiberos.
Sæpe etiam cursu timidos agitabis onagros;
Et canibus leporem, canibus venabere damas. 410
Sæpe volutabris pulsos silvestribus apros
Latratu turbabis agens, montisque per altos
Ingentem clamore premes ad retia cervum.

Disce et odoratam stabulis adcendere cedrum,
Galbaneoque agitare gravis nidore chelydros. 415
Sæpe sub immotis præsepibus aut mala tactu
Vipera delituit, cœlumque exterrita fugit;
Aut tecto adsuetus coluber succedere et umbræ,
Pestis acerba boum, pecorique adspergere virus,
Fovit humum. Cape saxa manu, cape robora, pastor, 420
Tollentemque minas et sibila colla tumentem
Dejice; jamque fuga timidum caput abdidit alte,
Quum medii nexus extremæque agmina caudæ
Solvuntur, tardosque trahit sinus ultimus orbis.
Est etiam ille malus Calabris in saltibus anguis, 425
Squamea convolvens sublato pectore terga;
Atque notis longam maculosus grandibus alvum :
Qui, dum amnes ulli rumpuntur fontibus, et dum
Vere madent udo terræ ac pluvialibus austris,

Stagna colit; ripisque habitans, hic piscibus atram 430
Inprobus ingluviem ranisque loquacibus explet.
Postquam exusta palus, terræque ardore dehiscunt,
Exsilit in siccum, et flammantia lumina torquens
Sævit agris, asperque siti atque exterritus æstu.
Nec mihi tum mollis sub divo carpere somnos, 435
Neu dorso nemoris libeat jacuisse per herbas :
Quum positis novus exuviis nitidusque juventa
Volvitur, aut catulos tectis aut ova relinquens,
Arduus ad solem et linguis micat ora trisulcis.

Morborum quoque te caussas et signa docebo. 440
Turpis ovis tentat scabies, ubi frigidus imber
Altius ad vivum persedit, et horrida cano
Bruma gelu; vel quum tonsis inlotus adhæsit
Sudor, et hirsuti secuerunt corpora vepres.
Dulcibus idcirco fluviis pecus omne magistri 445
Perfundunt, udisque aries in gurgite villis
Mersatur, missusque secundo defluit amni;
Aut tonsum tristi contingunt corpus amurca,
Et spumas miscent argenti, vivaque sulfura,
Idæasque pices, et pinguis unguine ceras, 450
Scillamque, elleborosque gravis, nigrumque bitumen.
Non tamen ulla magis præsens fortuna laborum est,
Quam si quis ferro potuit rescindere summum
Ulceris os. Alitur vitium, vivitque tegendo :

expédient et le plus prompt dans ces calamités, c'est de couper avec le fer la tête même de l'abcès : plus le mal est caché, plus il s'entretient et s'envenime ; surtout si le berger néglige de porter sur la plaie des mains cruellement secourables, et s'il ne sait, dans sa piété stérile, qu'implorer l'assistance des dieux. On fait mieux : quand la douleur, se glissant jusque dans les os de tes brebis bêlantes, y devient furieuse, et que la fièvre dessèche et ronge leurs membres, on en détourne les feux pour les éteindre ; et la veine du pied pousse un jet sanglant sous le fer qui la frappe. C'est la coutume des Bisaltes et des Gélons, peuples qui toujours fuient à travers les déserts gétiques et sur le mont Rhodope, et qui boivent du lait rougi du sang de leurs chevaux.

Vois-tu quelqu'une de tes brebis se retirer souvent sous les doux ombrages, brouter nonchalamment la pointe des herbes, aller toujours la dernière, ou bien tomber languissante au milieu des pâturages, et la nuit revenir au bercail seule et attardée : coupe à l'instant le mal à la racine, avant que l'horrible contagion ne se répande insensiblement sur tout le troupeau. Les tempêtes qui fondent sur la mer et la bouleversent ne sont pas plus fréquentes que les fléaux divers qui assaillent les animaux : encore les maladies ne les prennent pas un à un, mais elles envahissent des pacages entiers, et ruinent tout, pères, mères, enfants, tout, jusqu'aux dernières espérances des bergers. Allez plutôt voir les Alpes Juliennes, les bourgs fortifiés de la Noricie, et les champs japydiens arrosés par le Timave, cet empire des pasteurs depuis si longtemps déserté, et ces bois, devenus aujourd'hui d'immenses et profondes solitudes.

Là, sous l'influence pestilentielle de l'air éclata jadis une affreuse contagion, que l'automne vint embraser de ses feux excessifs. Tout périt, les troupeaux, l'espèce entière des bêtes sauvages ; la maladie empoisonna les eaux, infecta les pâturages. Les animaux ne mouraient pas d'une mort ordinaire : d'abord une soif ardente, leur courant de veine en veine, retirait leurs membres appauvris ; bientôt s'y épanchait une âcre liqueur, qui absorbait peu à peu les os minés et ramollis. Souvent la victime amenée devant les autels des dieux, et déjà ceinte des bandelettes et des guirlandes sacrées, tombait mourante entre les mains des sacrificateurs, trop lents à la frapper : ou si le prêtre avait pu l'égorger à temps, la flamme des autels ne prenait pas à ses fibres corrompues, et le devin interrogé n'en pouvait tirer de présages : à peine si les couteaux se teignaient de sang ; quelques gouttes seulement d'une liqueur livide souillaient l'arène. Les jeunes taureaux meurent partout dans les riants pâturages, et viennent rendre le doux souffle de la vie sur leur crèche pleine d'herbes. Le chien si caressant est pris de la rage ; une toux haletante secoue les flancs du porc exténué, et fait râler sa gorge obstruée. Il tombe aussi le fier coursier, vaincu et misérable, oubliant ses nobles goûts et l'herbe des prairies ; il se détourne des fontaines ; il frappe à tout moment la terre de son pied ; il baisse les oreilles ; une sueur intermittente coule de ses membres et devient froide, quand il va mourir : sa peau sèche et dure résiste à la main qui la tou-

```
Dum medicas adhibere manus ad vulnera pastor        455
Abnegat, aut meliora deos sedet omina poscens.
Quin etiam, ima dolor balantum lapsus ad ossa
Quum furit, atque artus depascitur arida febris,
Profuit incensos æstus avertere, et inter
Ima ferire pedis salientem sanguine venam :          460
Bisaltæ quo more solent, acerque Gelonus,
Quum fugit in Rhodopen, atque in deserta Getarum,
Et lac concretum cum sanguine potat equino.
    Quam procul aut molli succedere sæpius umbræ
Videris, aut summas carpentem ignavius herbas,      465
Extremamque sequi, aut medio procumbere campo
Pascentem, et seræ solam decedere nocti :
Continuo culpam ferro compesce, prius quam
Dira per incautum serpant contagia volgus.
Non tam creber, agens hiemem, ruit æquore turbo    470
Quam multæ pecudum pestes. Nec singula morbi
Corpora corripiunt ; sed tota æstiva repente,
Spemque gregemque simul, cunctamque ab origine gentem.
Tum sciat, aerias Alpis et Norica si quis
Castella in tumulis, et Iapydis arva Timavi,         475
Nunc quoque post tanto videat, desertaque regna
Pastorum, et longe saltus lateque vacantis.

    Hic quondam morbo cœli miseranda coorta est
Tempestas, totoque auctumni incanduit æstu,
Et genus omne neci pecudum dedit, omne ferarum ;    480
Corrupitque lacus ; infecit pabula tabo.
Nec via mortis erat simplex ; sed ubi ignea venis
Omnibus acta sitis miseros adduxerat artus :
Rursus abundabat fluidus liquor, omniaque in se
Ossa minutatim morbo conlapsa trahebat.             485
Sæpe in honore deum medio stans hostia ad aram,
Lanea dum nivea circumdatur infula vitta,
Inter cunctantis cecidit moribunda ministros.
Aut si quam ferro mactaverat ante sacerdos,
Inde neque impositis ardent altaria fibris ;        490
Nec responsa potest consultus reddere vates ;
Ac vix suppositi tinguuntur sanguine cultri,
Summaque jejuna sanie infuscatur arena.
Hinc lætis vituli volgo moriuntur in herbis,
Et dulcis animas plena ad præsepia reddunt.         495
Hinc canibus blandis rabies venit, et quatit ægros
Tussis anhela sues ac faucibus angit obesis.
Labitur infelix, studiorum atque immemor herbæ,
Victor equus, fontesque avertitur, et pede terram
Crebra ferit, demissæ aures ; incertus ibidem       500
```

che. Tels sont les symptômes qui paraissent dès les premiers jours et avant la mort. Mais si le mal s'accroît et empire, alors les yeux de l'animal s'enflamment; son haleine est comme tirée du fond de sa poitrine, et entrecoupée de sourds gémissements; ses flancs se tendent et palpitent avec de sanglotants efforts : un sang noir coule de ses narines, et sa langue raboteuse presse et assiége son gosier. On tenta, et cela parut réussir, de faire couler au moyen d'une corne quelque peu de vin dans la bouche des chevaux malades; c'était un dernier remède essayé sur les moribonds, mais bientôt il leur devenait funeste; leurs forces un moment ranimées tournaient à la fureur; et, dans les dernières convulsions de la mort (grands dieux, préservez les hommes pieux de ces transports, et renvoyez-les à nos ennemis!), les malheureux animaux s'en prenaient à leurs propres membres, et les déchiraient à belles dents.

Mais voici que, fumant sous le joug, le taureau tombe, et vomit un sang mêlé d'écume; il pousse un dernier gémissement : le triste laboureur détache de l'attelage l'autre taureau, affligé de la mort de son frère; et il s'en va, laissant sa charrue au milieu du sillon commencé. L'ombre des grands bois, la douce verdure des prés, l'onde qui, roulant sur des cailloux, coule plus pure que le cristal à travers la plaine, ne touchent plus le sens éteint des bêtes : leurs flancs sont décharnés; une langueur stupide pèse sur leurs yeux inertes, et leur tête affaissée tombe à terre de son propre poids. Que leur servent leurs travaux, tout le bien qu'elles nous font? que leur sert d'avoir tant retourné la glèbe pesante? Et pourtant ce n'est ni le Massique enivrant, ni les mets exquis de nos tables, qui leur ont causé ces maux : le feuillage des arbres, l'herbe des champs, c'est là toute leur nourriture; leur breuvage, c'est l'eau transparente des fontaines, et celle que les rivières épurent en la fatiguant; et jamais les soucis n'ont troublé leur sommeil salutaire.

Ce fut alors, dit-on, qu'on chercha en vain dans ces tristes contrées deux bœufs pareils, pour conduire au temple de Junon le chariot chargé d'offrandes, et qu'on ne put trouver que deux buffles inégaux. On vit donc les hommes réduits à creuser péniblement la terre avec le hoyau, à y enfouir la semence avec leurs ongles, et, le cou tendu sous le joug, à traîner jusqu'au haut des montagnes les chariots gémissants. Le loup ne va plus épier de nuit les bergeries et rôder autour des troupeaux; un mal plus fort que la faim le dompte : les daims timides, les cerfs fugitifs errent au milieu des chiens et près des chaumières.

Déjà les monstres de la mer immense et tout ce qu'elle nourrit dans ses abîmes est rejeté par les flots, et, comme des corps naufragés, échoue sur les rivages : les phoques chassés de leurs eaux fuient dans les fleuves qui ne les avaient jamais vus. La vipère elle-même, mal défendue par ses cavités ténébreuses, périt : l'hydre étonnée meurt en dressant ses écailles. L'air n'est plus salubre même pour les oiseaux : atteints jusque dans la

Sudor; et ille quidem morituris frigidus; aret
Pellis, et ad tactum tractanti dura resistit.
Hæc ante exitium primis dant signa diebus.
Sin in processu cœpit crudescere morbus :
Tum vero ardentes oculi, atque adtractus ab alto   505
Spiritus, interdum gemitu gravis; imaque longo
Illia singultu tendunt; it naribus ater
Sanguis, et obsessas fauces premit aspera lingua
Profuit inserto latices infundere cornu
Lenæos; ea visa salus morientibus una;   510
Mox erat hoc ipsum exitio, furiisque refecti
Ardebant, ipsique suos, jam morte sub ægra,
(Di meliora piis, erroremque hostibus illum!)
Discissos nudis lanibant dentibus artus.
Ecce autem duro fumans sub vomere taurus   515
Concidit, et mixtum spumis vomit ore cruorem,
Extremosque ciet gemitus. It tristis arator,
Mœrentem abjungens fraterna morte juvencum;
Atque opere in medio defixa reliquit aratra.
Non umbræ altorum nemorum, non mollia possunt   520
Prata movere animum, non, qui per saxa volutus
Purior electro campum petit amnis : at ima
Solvuntur latera, atque oculos stupor urguet inertis,
Ad terramque fluit devexo pondere cervix.

Quid labor, aut benefacta juvant? quid vomere terras   525
Invertisse gravis? atqui non Massica Bacchi
Munera, non illis epulæ nocuere repostæ;
Frondibus et victu pascuntur simplicis herbæ,
Pocula sunt fontes liquidi, atque exercita cursu
Flumina, nec somnos abrumpit cura salubres.   530
Tempore non alio dicunt regionibus illis
Quæsitas ad sacra boves Junonis, et uris
Imparibus ductos alta ad donaria currus.
Ergo ægre rastris terram rimantur, et ipsis
Unguibus infodiunt fruges, montisque per altos   535
Contenta cervice trahunt stridentia plaustra.
Non lupus insidias explorat ovilia circum,
Nec gregibus nocturnus obambulat; acrior illum
Cura domat. Timidi damæ cervique fugaces
Nunc interque canes et circum tecta vagantur.   540
Jam maris immensi prolem, et genus omne natantum,
Litore in extremo, ceu naufraga corpora, fluctus
Proluit; insolitæ fugiunt in flumina phocæ.
Interit et curvis frustra defensa latebris
Vipera, et adtoniti squamis adstantibus hydri.   545
Ipsis est aer avibus non æquus, et illæ
Præcipites alta vitam sub nube relinquunt.
Præterea jam nec mutari pabula refert,

nue, ils y laissent la vie et tombent sur la terre.

C'est en vain qu'on fait changer de pâturages aux troupeaux : l'art même se tourne contre eux; et le mal a vaincu la science des maîtres, celle des Chiron et des Mélampe. Échappée des ténèbres du Styx, la pâle Tisiphone étale ses fureurs à la pleine lumière des cieux, pousse devant elle les Maladies et la Peur, et de jour en jour lève plus haut sa tête dévorante. Les bêlements des brebis, les mugissements répétés des taureaux, font retentir les fleuves et leurs rives desséchées, et l'aride pente des collines. La déesse cruelle entasse morts sur morts; elle comble les étables de cadavres infects, et qui tombent en pourriture, jusqu'à ce qu'il faille enfin les couvrir de terre et les enfouir tout entiers dans des fosses profondes. Car on ne pouvait faire usage de leurs peaux, on ne pouvait ni les purifier par l'eau, ni en dompter l'infection par le feu. Il n'y avait pas moyen de tondre les brebis malades, d'enlever leurs toisons pénétrées du venin rongeur, et de toucher à ces laines putréfiées : malheur à celui qui osait revêtir ces dépouilles impures! Soudain il voyait son corps, baigné d'une sueur immonde, se couvrir de pustules ardentes, et bientôt il périssait consumé d'invisibles feux.

LIVRE IV.

Maintenant je vais chanter ce doux présent des cieux, le miel, qui vient des rosées de l'air. O Mécène, jette encore les yeux sur cette partie de mon ouvrage! Je veux te montrer dans de petits objets des merveilles étonnantes; je dirai les chefs magnanimes d'un peuple industrieux, ses mœurs, ses travaux, toute la nation, et ses combats. Le sujet n'est pas grand; mais grande sera ma gloire, si les dieux propices le permettent, et si Apollon que j'invoque, daigne m'écouter.

Il faut d'abord chercher pour y établir tes abeilles un endroit favorable, et qui soit de tous les côtés fermé aux vents : car les vents les empêchent de rapporter leur pâture dans leurs demeures. Que les brebis, que les boucs pétulants ne viennent pas bondir sur les fleurs d'alentour, ni la génisse, errant à l'aventure, fouler les herbes naissantes et en secouer la rosée. Loin de tes ruches bourdonnantes et le lézard vert aux taches livides, et les guêpes, et Procné encore sanglante du meurtre de son fils! Tous ces ennemis ailés portent çà et là le ravage; ils enlèvent dans son vol l'abeille, douce pâture pour leur barbare couvée. Je veux près des essaims de claires fontaines, des étangs bordés d'une verte mousse, un petit ruisseau fuyant sous le gazon, et qu'un palmier ou un olivier sauvage couvre de sa grande ombre le vestibule de leur demeure. Ainsi lorsqu'au premier printemps qu'ils voient, les nouveaux rois conduisent leurs peuplades nouvelles, et qu'échappé de ses alvéoles le jeune essaim va s'ébattre à la lumière, la rive voisine l'invite à s'y retirer contre la chaleur; un arbre est là tout près, qui le retient sous son feuillage hospitalier. Là, soit que l'eau repose immobile,

Quæsitæque nocent artes; cessere magistri,
Phillyrides Chiron, Amythaoniusque Melampus.   550
Sævit, et, in lucem Stygiis emissa tenebris,
Pallida Tisiphone Morbos agit ante Metumque,
Inque dies avidum surgens caput altius effert.
Balatu pecorum et crebris mugitibus amnes
Arentesque sonant ripæ collesque supini.   555
Jamque catervatim dat stragem, atque aggerat ipsis
In stabulis turpi dilapsa cadavera tabo :
Donec humo tegere, ac foveis abscondere discunt.
Nam neque erat coriis usus, nec viscera quisquam
Aut undis abolere potest, aut vincere flamma;   560
Nec tondere quidem morbo illuvieque peresa
Vellera, nec telas possunt adtingere putris.
Verum etiam, invisos si quis tentarat amictus,
Ardentes papulæ, atque immundus olentia sudor
Membra sequebatur; nec longo deinde moranti   565
Tempore contactos artus sacer ignis edebat.

LIBER QUARTUS.

Protenus aerii mellis cœlestia dona
Exsequar : hanc etiam, Mæcenas, adspice partem.
Admiranda tibi levium spectacula rerum,
Magnanimosque duces, totiusque ordine gentis
Mores, et studia, et populos, et prælia dicam.   5
In tenui labor; at tenuis non gloria : si quem
Numina læva sinunt, auditque vocatus Apollo.
  Principio sedes apibus statioque petenda,
Quo neque sit ventis aditus (nam pabula venti
Ferre domum prohibent), neque oves hædique petulci   10
Floribus insultent, aut errans bucula campo
Decutiat rorem, et surgentis adterat herbas.
Absint et picti squalentia terga lacerti
Pinguibus a stabulis, meropesque, aliæque volucres ;
Et manibus Procne pectus signata cruentis.   15
Omnia nam late vastant, ipsasque volantis
Ore ferunt dulcem nidis immitibus escam.
At liquidi fontes et stagna virentia musco
Adsint, et tenuis, fugiens per gramina, rivus,
Palmaque vestibulum aut ingens oleaster inumbret :   20
Ut, quum prima novi ducent examina reges
Vere suo, ludetque favis emissa juventus,
Vicina invitet decedere ripa calori;
Obviaque hospitiis teneat frondentibus arbos.
In medium, seu stabit iners, seu profluet humor,   25
Transversas salices et grandia conjice saxa :
Pontibus ut crebris possint consistere, et alas

soit qu'elle coule et s'enfuie, jette en travers des branches de saule et de grosses pierres ; tu formeras ainsi mille et mille ponts où tes abeilles viendront s'abattre, et déployer au soleil d'été leurs ailes humides, lorsque le violent Eurus les aura surprises et dispersées, ou précipitées dans les flots. Qu'aux alentours fleurissent la verte lavande, le serpolet qui répand au loin son odeur, la sariette, et ses bouquets aux fortes émanations ; et que partout les violettes boivent l'eau courante des fontaines. Que tes ruches, formées de l'écorce creuse des arbres ou des souples baguettes de l'osier tissé, n'aient que d'étroites entrées ; car dans l'hiver le grand froid durcit le miel, et dans l'été la chaleur le fond et le dissout. Les deux extrêmes sont également à craindre pour les abeilles ; et ce n'est pas en vain qu'elles s'empressent de boucher avec de la cire les petites fentes de leur maison, et de les remplir des sucs pétris des fleurs. C'est aussi pour cela qu'elles se composent et tiennent en réserve une certaine glu, plus visqueuse et plus tenace que la résine même du mont Ida. Souvent même, dit-on, elles se creusent sous terre des demeures ténébreuses ; et on trouve des essaims dans les creux des roches tendres, et dans les troncs caverneux d'arbres rongés de vétusté. Cependant prends la peine d'enduire de terre grasse leurs ruches lézardées, et de jeter par-dessus quelque peu de feuillage. Prends garde aussi que l'if impur ne croisse près de là ; n'y fais pas non plus rougir l'écrevisse sur le feu ; éloigne ton essaim des marais fangeux, et des lieux qui exhalent une forte odeur de limon, ou encore de ces roches retentissantes, où l'écho répond à la voix qui le frappe.

Mais lorsque le Soleil aux rayons dorés chassant l'hiver des cieux, l'a précipité sous la terre, et que la lumière de l'été fait s'épanouir la nature, aussitôt tes abeilles prennent l'essor : elles se répandent dans les bois et sur les arbrisseaux ; elles vont butiner sur les fleurs, et, légères comme l'air, elles rasent la surface des eaux. C'est de là que, réjouies par je ne sais quelle douceur de liberté, elles reviennent plus empressées à leurs cellules et à leur tendre famille : c'est de là que rapportant des sucs nouveaux, elles en composent la cire et pétrissent les gâteaux liquides de leur miel. L'été, quand tu verras un essaim échappé de ses ruches s'élever comme en nageant dans le subtil azur des cieux, et, pareil à une nuée obscure, se ramasser sous le vent qui l'emporte, suis-le d'un œil attentif ; il va chercher des eaux pures et des couverts touffus : alors répands-y les odeurs qu'aiment les abeilles, la mélisse broyée, et l'herbe commune de la cérinthe : fais-y retentir aussi l'airain, et frappe sur les cymbales de Cybèle : l'essaim viendra lui-même s'arrêter dans ces retraites parfumées ; lui-même, rappelé par l'instinct, il reviendra se cacher dans le fond des ruches.

Mais si tes abeilles en sortent pour se livrer des combats, (car souvent de furieuses discordes éclatent entre deux rois de la même ruche) tu peux déjà pressentir les mouvements menaçants des peuples et l'agitation guerrière des esprits : entends-tu comme un bruit martial de

Pandere ad æstivum solem ; si forte morantis
Sparserit, aut præceps Neptuno immerserit Eurus.
Hæc circum casiæ virides, et olentia late 30
Serpylla, et graviter spirantis copia thymbræ
Floreat, iriguumque bibant violaria fontem.
Ipsa autem, seu corticibus tibi suta cavatis ;
Seu lento fuerint alvearia vimine texta ;
Angustos habeant aditus. Nam frigore mella 35
Cogit hiems, eademque calor liquefacta remittit.
Utraque vis apibus pariter metuenda ; neque illæ
Nequidquam in tectis certatim tenuia cera
Spiramenta linunt, fucoque et floribus oras
Explent, collectumque hæc ipsa ad munera gluten 40
Et visco et Phrygiæ servant pice lentius Idæ.
Sæpe etiam effossis, si vera est fama, latebris
Sub terra fovere larem, penitusque repertæ
Pumicibusque cavis exesæque arboris antro.
Tu tamen a levi rimosa cubilia limo 45
Ungue fovens circum, et raras super injice frondis.
Neu propius tectis taxum sine ; neve rubentis
Ure foco cancros ; altæ neu crede paludi,
Aut ubi odor cœni gravis, aut ubi concava pulsu
Saxa sonant, vocisque offensa resultat imago. 50

Quod superest, ubi pulsam hiemem Sol aureus egit
Sub terras, cœlumque æstiva luce reclusit :
Illæ continuo saltus silvasque peragrant,
Purpureosque metunt flores, et flumina libant
Summa leves. Hinc nescio qua dulcedine lætæ 55
Progeniem nidosque fovent ; hinc arte recentis
Excudunt ceras, et mella tenacia fingunt.
Hinc, ubi jam emissum caveis ad sidera cœli
Nare per æstatem liquidam suspexeris agmen,
Obscuramque trahi vento mirabere nubem : 60
Contemplator ; aquas dulcis, et frondea semper
Tecta petunt. Huc tu jussos asperge sapores,
Trita melisphylla, et cerinthæ ignobile gramen ;
Tinnitusque cie, et Matris quate cymbala circum :
Ipsæ consident medicatis sedibus ; ipsæ 65
Intima more suo sese in cunabula condent.
Sin autem ad pugnam exierint ; (nam sæpe duobus
Regibus incessit magno discordia motu),
Continuoque animos volgi et trepidantia bello
Corda licet longe præsciscere : namque morantis 70
Martius ille æris rauci canor increpat, et vox
Auditur fractos sonitus imitata tubarum ;
Tum trepidæ inter se coeunt, pennisque coruscant,

l'airain sonore, qui excite les moins belliqueuses? entends-tu ces bourdonnements qui imitent les sons brisés de la trompette? Toutes se rassemblent en tumulte, déploient leurs ailes brillantes, aiguisent leurs dards avec leurs trompes, préparent leurs armes, et, se pressant autour de leur roi aux abords de sa tente, elles provoquent à grands cris les bataillons ennemis. Enfin, quand l'atmosphère est sereine, et que les vastes campagnes s'ouvrent devant elles, elles s'élancent de leur camp : la mêlée commence : il se fait un grand bruit dans les airs; on dirait un vaste tourbillon d'ailes qui se confondent ; les morts tombent précipités des cieux : la grêle ne fond pas plus serrée du haut des airs; il ne pleut pas tant de glands du chêne que l'on secoue. Au fort de la mêlée paraissent les deux rois, que leurs ailes distinguent ; et dans leurs petits corps ils portent un grand courage. Acharnés l'un contre l'autre, ils ne cèdent pas, avant que les vainqueurs, écrasant les vaincus, les aient dispersés et mis en déroute. Qu'on jette seulement un peu de poussière, toute cette émotion et ces formidables combats tombent et s'apaisent à l'instant.

Mais lorsque tu auras rappelé de la mêlée les deux chefs, tue sans pitié celui qui t'a paru le moins vaillant, de peur qu'inutile à l'État, il n'en consomme la substance : que le vainqueur règne seul et sans rival dans sa cour. Celui-ci a la robe toute luisante de paillettes d'or; il est plus fort, de plus belle apparence, et a le corps couvert d'écailles rutilantes : celui-là, qui est de l'espèce inférieure, a l'air ignoble et hideux, et traîne languissamment la masse d'un ventre paresseux. La différence est la même entre les sujets qu'entre les rois. Parmi les abeilles les unes sont horribles à voir ; on dirait cette poussière soulevée par le vent, et que le voyageur rejette encore sèche de son gosier altéré; les autres, au contraire, reluisent, et ne sont que flamme et or; tout leur corps est marqueté de taches pareilles. Cette espèce-ci est la meilleure; tu tireras d'elle dans la saison un miel doux, mais moins doux encore que fluide, et propre à corriger la dureté du vin.

Mais lorsque tes abeilles volent à l'abandon et se jouent dans les airs; lorsque, dégoûtées de leurs rayons, elles ont quitté leurs froides demeures, tu empêcheras ces vains amusements d'une humeur vagabonde. Rien n'est plus facile : arrache les ailes aux rois; ceux-ci retenus dans le camp, jamais les troupes n'oseront se mettre en campagne, ni lever leurs enseignes. Que tes jardins tout parfumés de fleurs odoriférantes les invitent à s'y reposer, et qu'armé de sa faux de saule, le dieu de l'Hellespont, Priape, les préserve des voleurs et des oiseaux. Que celui à qui tu as commis le soin de tes ruches répande alentour et au loin la semence du thym et la graine des pins, rapportée des hautes montagnes; qu'il fatigue à cela ses mains dures à la peine ; qu'il enfonce en terre toutes sortes de plantes fertiles, et qu'il leur verse des eaux rafraîchissantes.

Moi-même, si je n'étais presque à la fin de ma course orageuse, et si, pliant ma voile, je n'avais hâte de tourner ma proue vers la terre,

Spiculaque exacuunt rostris, aptantque lacertos,
Et circa regem atque ipsa ad prætoria densæ   75
Miscentur, magnisque vocant clamoribus hostem.
Ergo, ubi ver nactæ sudum camposque patentis
Erumpunt portis, concurritur; æthere in alto
Fit sonitus, magnum mixtæ glomerantur in orbem,
Præcipitesque cadunt; non densior aere grando,   80
Nec de concussa tantum pluit ilice glandis;
Ipsi per medias acies, insignibus alis,
Ingentis animos angusto in pectore versant,
Usque adeo obnixi non cedere, dum gravis aut hos,
Aut hos versa fuga victor dare terga subegit.   85
Hi motus animorum atque hæc certamina tanta
Pulveris exigui jactu compressa quiescunt.

Verum, ubi ductores acie revocaveris ambo,
Deterior qui visus, eum, ne prodigus obsit,
Dede neci; melior vacua sine regnet in aula.   90
Alter erit maculis auro squalentibus ardens ;
Nam duo sunt genera : hic melior, insignis et ore,
Et rutilis clarus squamis; ille horridus alter
Desidia, latamque trahens ingloriam alvum.
Ut binæ regum facies : ita corpora plebis.   95
Namque aliæ turpes horrent; ceu, pulvere ab alto
Quum venit, et sicco terram spuit ore viator

Aridus; elucent aliæ, et fulgore coruscant
Ardentes auro et paribus lita corpora guttis.
Hæc potior suboles ; hinc cœli tempore certo   100
Dulcia mella premes, nec tantum dulcia, quantum
Et liquida, et durum Bacchi domitura saporem.
At quum incerta volant, cœloque examina ludunt,
Contemnuntque favos, et frigida tecta relinquunt,
Instabilis animos ludo prohibebis inani.   105
Nec magnus prohibere labor. Tu regibus alas
Eripe. Non illis quisquam cunctantibus altum
Ire iter, aut castris audebit vellere signa.
Invitent croceis halantes floribus horti,
Et custos furum atque avium cum falce saligna   110
Hellespontiaci servet tutela Priapi.
Ipse thymum pinosque ferens de montibus altis
Tecta serat late circum, cui talia curæ;
Ipse labore manum duro terat; ipse feracis
Figat humo plantas, et amicos inriget imbris.   115
    Atque equidem, extremo ni jam sub fine laborum
Vela traham, et terris festinem advertere proram,
Forsitan, et pinguis hortos quæ cura colendi
Ornaret, canerem, biferique rosaria Pæsti,   120
Quoque modo potis gauderent intuba rivis,
Et virides apio ripæ; tortusque per herbam

peut-être dirais-je ici l'art de cultiver et d'embellir les fertiles jardins ; je chanterais les rosiers de Pestum qui fleurissent deux fois l'an ; je montrerais comment la pâle chicorée est réjouie par les eaux qu'elle boit; comment le persil borde la verdoyante rive; comment le tortueux concombre rampe à travers les herbes, sur ses flancs qui grossissent : je n'oublierais ni le narcisse lent à fleurir, ni les tiges ployantes de l'acanthe, ni le lierre blanc, ni le myrte qui aime les frais rivages. Au pied des hauts remparts de Tarente, là où le Galésus arrose de ses eaux noires des campagnes aux moissons jaunissantes, je me souviens d'avoir vu autrefois un vieillard de Cilicie, qui avait pour tout bien quelques arpents d'une terre abandonnée : elle n'était ni propre au travail des taureaux, ni bonne à nourrir les troupeaux, ni même agréable à Bacchus. Cependant le vieillard avait planté au milieu des buissons quelques légumes, que bordaient des lis blancs, des verveines et des pavots : content de sa fortune, il s'égalait aux rois ; et le soir, quand il rentrait dans sa maison, il chargeait sa table de mets qu'il n'avait point achetés. Le premier il cueillait la rose du printemps et les fruits de l'automne : quand le triste hiver avec ses glaces fendait la pierre et enchaînait le cours des fleuves, lui commençait à tondre la molle chevelure de l'acanthe, accusant l'été trop lent à venir, et les zéphyrs paresseux. Le premier donc il voyait ses abeilles grossir leurs trésors et ses essaims se multiplier; le premier il pressait de ses mains le miel écumant des rayons : pour lui croissaient les tilleuls, et le sapin aux sucs abondants ; et autant ses fertiles pommiers avaient poussé de fleurs printannières, autant ils portaient de fruits mûrs en automne. Il savait aussi transplanter et aligner les ormeaux déjà avancés, le dur poirier, le prunier greffé sur l'épine, et le platane qui déjà prêtait son ombre aux buveurs. Mais je sens que je m'emporte hors de l'étroit espace de mon sujet ; je laisse là les jardins ; d'autres achèveront de les chanter.

Je vais dire maintenant les instincts admirables que Jupiter lui-même accorda aux abeilles, en récompense des soins qu'il en reçut, alors qu'attirées par les sons des Corybantes et par l'airain frémissant de leurs cymbales, elles vinrent nourrir le roi du ciel dans l'antre du mont Dictée. Seules de tous les animaux, les abeilles élèvent leurs enfants en commun ; seules elles habitent une cité et des demeures communes, et vivent régies par des lois imposantes : seules elles ont une patrie et des pénates fixes ; et, prévoyant l'hiver qui va venir, elles se livrent l'été au travail et mettent en commun les richesses qu'elles ont amassées. Les unes veillent à la subsistance de l'État; leur tâche ainsi réglée, elles vont butiner dans la campagne : les autres, retenues dans l'intérieur de la maison, posent les premiers fondements de leurs rayons, qu'elles pétrissent avec les sucs visqueux de l'écorce des arbres et avec les pleurs du narcisse ; ensuite elles suspendent, en l'étageant, le solide édifice de cire : d'autres élèvent les jeunes nourrissons, l'espérance de la nation : d'autres entassent le miel le plus pur et remplissent du liquide nectar les alvéoles gonflées. Il en est d'autres à qui la garde des portes a été dévolue par le sort ; et, tour à tour en sentinelle, elles observent la pluie et les nua-

Cresceret in ventrem cucumis; nec sera comantem
Narcissum, aut flexi tacuissem vimen acanthi,
Pallentisque ederas, et amantis litora myrtos.
Namque sub Œbaliæ memini me turribus arcis, 125
Qua niger humectat flaventia culta Galæsus,
Corycium vidisse senem, cui pauca relicti
Jugera ruris erant : nec fertilis illa juvencis,
Nec pecori opportuna seges, nec commoda Baccho.
Hic rarum tamen in dumis olus albaque circum 130
Lilia verbenasque premens vescumque papaver,
Regum æquabat opes animis; seraque revertens
Nocte domum dapibus mensas onerabat inemtis.
Primus vere rosam atque auctumno carpere poma,
Et, quum tristis hiems etiam nunc frigore saxa 135
Rumperet, et glacie cursus frenaret aquarum,
Ille comam mollis jam tondebat hyacinthi,
Æstatem increpitans seram zephyrosque morantis.
Ergo apibus fetis idem atque examine multo
Primus abundare, et spumantia cogere pressis 140
Mella favis; illi tiliæ, atque uberrima pinus;
Quotque in flore novo pomis se fertilis arbos
Induerat, totidem auctumno matura tenebat.
Ille etiam seras in versum distulit ulmos,
Eduramque pirum, et spinos jam pruna ferentis, 145
Jamque ministrantem platanum potantibus umbras.
Verum hæc ipse equidem spatiis exclusus iniquis
Prætereo atque aliis post me memoranda relinquo.

Nunc age, naturas apibus quas Juppiter ipse
Addidit, expediam, pro qua mercede, canoros 150
Curetum sonitus crepitantiaque æra secutæ,
Dictæo cœli regem pavere sub antro.
Solæ communis gnatos, consortia tecta
Urbis habent, magnisque agitant sub legibus ævum ;
Et patriam solæ et certos novere Penatis ; 155
Venturæque hiemis memores, æstate laborem
Experiuntur, et in medium quæsita reponunt.
Namque aliæ victu invigilant, et fœdere pacto
Exercentur agris; pars intra sæpta domorum
Narcissi lacrimam, et lentum de cortice gluten, 160
Prima favis ponunt fundamina, deinde tenacis
Suspendunt ceras; aliæ, spem gentis, adultos
Educunt fetus; aliæ purissima mella
Stipant, et liquido distendunt nectare cellas.
Sunt quibus ad portas cecidit custodia sorti; 165

ges du ciel : tantôt elles reçoivent les fardeaux de celles qui arrivent ; tantôt, se formant en bataillon serré, elles écartent des ruches la bande paresseuse des frelons. On s'empresse, on s'échauffe : l'air est embaumé des odeurs du miel et du thym. Ainsi les Cyclopes se hâtent de forger, avec des masses de fer qu'amollit la flamme, les foudres de Jupiter : les uns reçoivent tour à tour et déchaînent les vents, emprisonnés dans la peau des taureaux ; les autres plongent dans l'eau l'airain frémissant ; l'Etna gémit sous les enclumes qui l'ébranlent : ceux-là lèvent avec effort et laissent retomber en cadence leurs bras sur le fer que saisit et retourne la tenaille. Telles (s'il est permis de comparer les petites choses aux grandes) les abeilles de Cécrops sont poussées par une ardeur innée d'acquérir ; telles on les voit se distribuant des postes divers : les plus âgées président à l'intérieur des villes ; elles les flanquent de remparts ; merveilleuses ouvrières, elles donnent la façon aux édifices. Les jeunes, fatiguées de leurs courses, ne reviennent que le soir, les pattes chargées de thym ; elles ont moissonné çà et là les arboisiers, les saules verdâtres, la case, le safran vermeil, la feuille onctueuse du tilleul, la ferrugineuse hyacinthe. Toutes dans le même temps cessent et recommencent leurs travaux. Dès le matin elles s'élancent hors de la ruche, promptes comme l'Aurore ; lorsqu'enfin l'étoile du soir les avertit de quitter les champs et de revenir de la pâture, elles regagnent leurs demeures, elles se préparent au repos. Un grand tumulte se fait entendre : toutes bourdonnent aux portes des ruches et alentour.

Après qu'elles se sont arrangées chacune dans leurs couches, elles se taisent, et s'abandonnent pour toute la nuit au sommeil qui les délasse. Quand la pluie menace, elles ne s'éloignent pas de leurs demeures ; quand elles sentent les approches de l'Eurus, elles ne se fient pas même à un ciel serein : à l'abri des murailles de la cité tranquille, elles iront se désaltérer tout près de là, ou ne tenteront que de petites excursions. Souvent dans leur vol elles se chargent de grains de sable, et, pareilles à la barque mobile que son lest maintient sur les flots agités, elles se balancent sans péril dans le vide des airs. Une chose qui tient du prodige dans les abeilles est qu'elles se perpétuent sans s'unir, sans s'énerver par les douceurs languissantes de Vénus, sans enfanter avec effort : elles-mêmes vont recueillir sous la feuille des fleurs, et dans les herbes suaves, des germes tout éclos ; elles se donnent ainsi un nouveau roi, et repeuplent son royaume de petits citoyens ; elles-mêmes rebâtissent son palais de cire et soutiennent son empire. Dans leurs courses errantes il leur arrive souvent de briser leurs ailes contre les durs rochers, et de mourir à la peine sous le fardeau qu'elles portent ; tant elles aiment les fleurs, tant elles mettent de gloire à produire le miel !

Ainsi, quoique la vie se termine bientôt pour elles (elle ne va guère au delà de sept ans), leur race est immortelle, et durant une longue suite d'années la fortune de leur empire subsiste et se perpétue de génération en génération. L'Égypte, la vaste Libye, les Parthes, les Mèdes, révèrent moins leurs souverains que les abeilles

Inque vicem speculantur aquas et nubila cœli ;
Aut onera adcipiunt venientum, aut agmine facto
Ignavum fucos pecus a præsepibus arcent.
Fervet opus, redolentque thymo fragrantia mella.
Ac veluti, lentis Cyclopes fulmina massis   170
Quum properant, alii taurinis follibus auras
Adcipiunt redduntque, alii stridentia tingunt
Æra lacu ; gemit inpositis incudibus Ætna ;
Illi inter sese magna vi brachia tollunt
In numerum, versantque tenaci forcipe ferrum.   175
Non aliter, si parva licet componere magnis,
Cecropias innatus apes amor urguet habendi,
Munere quamque suo. Grandævis oppida curæ,
Et munire favos, et dædala fingere tecta :
At fessæ multa referunt se nocte minores,   180
Crura thymo plenæ ; pascuntur et arbuta passim,
Et glaucas salices, casiamque, crocumque rubentem,
Et pinguem tiliam, et ferrugineos hyacinthos.
Omnibus una quies operum, labor omnibus unus.
Mane ruunt portis ; nusquam mora : rursus, easdem 185
Vesper ubi e pastu tandem decedere campis
Admonuit, tum tecta petunt, tum corpora curant ;
Fit sonitus, mussantque oras et limina circum.
Post, ubi jam thalamis se composuere, siletur

In noctem, fessosque sopor suus occupat artus. 190
Nec vero a stabulis pluvia inpendente recedunt
Longius, aut credunt cœlo adventantibus Euris ;
Sed circum tutæ sub mœnibus urbis aquantur,
Excursusque brevis tentant, et sæpe lapillos,
Ut cymbæ instabiles fluctu jactante saburram,   195
Tollunt : his sese per inania nubila librant.
Illum adeo placuisse apibus mirabere morem,
Quod nec concubitu indulgent, nec corpora segnes
In Venerem solvunt, aut fetus nixibus edunt :
Verum ipsæ e foliis natos et suavibus herbis   200
Ore legunt ; ipsæ regem parvosque Quirites
Sufficiunt, aulasque et cerea regna refingunt ;
Sæpe etiam duris errando in cotibus alas
Adtrivere, ultroque animam sub fasce dedere :
Tantus amor florum, et generandi gloria mellis ! 205
Ergo ipsas quamvis angusti terminus ævi
Excipiat : neque enim plus septuma ducitur æstas :
At genus immortale manet, multosque per annos
Stat Fortuna domus, et avi numerantur avorum.
Præterea regem non sic Ægyptos et ingens   210
Lydia, nec populi Parthorum, aut Medus Hydaspes,
Observant. Rege incolumi mens omnibus una est ;
Amisso rupere fidem, constructaque mella

leur roi : tant qu'il vit, elles ont comme un seul et même esprit; meurt-il, tout lien de fidélité est rompu; elles-mêmes dispersent leurs rayons, et saccagent leurs beaux édifices de miel. Le roi préside à leurs ouvrages ; elles l'admirent; elles se pressent autour de lui en frémissant; elles se rassemblent pour l'escorter : souvent même elles le portent sur leurs ailes, et dans les combats elles le couvrent de leurs corps; pour lui elles vont au-devant des blessures et des morts glorieuses.

Quelques-uns, frappés de ces grands traits et de ces exemples extraordinaires, ont pensé qu'il y avait dans les abeilles une partie de l'esprit divin, et comme une émanation éthérée de l'âme universelle. Un dieu, disent-ils, est répandu par toute la terre et la mer, et dans les profondeurs des cieux. C'est de lui que les animaux, et les hommes, et toute la race des bêtes fauves, tirent en naissant des souffles légers de vie. Ces âmes, rappelées à leur principe éternel, s'y réunissent après que les corps sont dissous; elles ne meurent pas; mais, toujours vivantes, elles s'envolent vers les célestes espaces, et reprennent leur rang parmi les astres.

Le moment venu de découvrir l'auguste palais de tes abeilles, et d'en tirer les trésors conservés du miel, aie soin de remplir ta bouche d'eau, et laisse-l'y tiédir; en même temps porte et agite devant tes abeilles un tison fumant; deux fois l'an elles se garnissent de miel, deux fois tu en fais la récolte : la première, lorsque du haut des cieux Taygète montre à la terre son front charmant, et que, sortant de l'Océan, elle en repousse les flots d'un pied dédaigneux; la seconde, lorsque, fuyant le signe des Poissons, et l'hiver venu, triste elle redescend dans le gouffre des mers. Les abeilles ont des colères implacables : forcées dans leurs retraites, elles percent leur ennemi en lui soufflant leurs poisons; elles s'attachent à ses veines, y enfoncent un aiguillon invisible, et laissent dans la plaie leur dard et leur vie.

Si, redoutant pour elles un hiver rigoureux, tu épargnes leurs trésors pour les mauvais jours, si tu as pitié de leur esprit abattu et de leur déplorable fortune, n'hésite pas du moins à garnir de thym les ruches délabrées, et à en retrancher les cires inutiles : car souvent le cloporte ronge dans l'ombre les rayons; les chenilles, ennemies de la lumière, s'y ramassent à couvert sous les lits qu'elles se tissent; le bourdon parasite vient manger la pâture des abeilles; le terrible frelon leur livre des combats inégaux ; les teignes, cette vivace engeance, y pullulent; ou encore l'insecte haï de Minerve suspend aux portes de la ruche ses filets flottants. Enfin, plus tu épuiseras tes essaims, plus ils auront d'ardeur à réparer les pertes de l'État ruiné, à remplir leurs alvéoles, à couvrir de fleurs leurs greniers odorants.

Si tes abeilles (puisque leur vie est sujette aux mêmes accidents que la nôtre) viennent à languir abattues par la maladie, tu le reconnaîtras bientôt à des signes non équivoques. Tout à coup elles changent de couleur, une horrible maigreur les fait paraître difformes; alors elles emportent hors de leurs demeures les corps de celles qui ne voient plus la lumière; alors elles mènent de tristes funérailles. Quelquefois les es-

Diripuere ipsæ, et crates solvere favorum.
Ille operum custos; illum admirantur, et omnes   215
Circumstant fremitu denso, stipantque frequentes;
Et sæpe adtollunt humeris, et corpora bello
Objectant, pulchramque petunt per volnera mortem.
    His quidam signis, atque hæc exempla secuti,
Esse apibus partem divinæ mentis et haustus   220
Ætherios dixere; deum namque ire per omnis
Terrasque, tractusque maris, cœlumque profundum;
Hinc pecudes, armenta, viros, genus omne ferarum,
Quemque sibi tenuis nascentem arcessere vitas;
Scilicet huc reddi deinde ac resoluta referri   225
Omnia; nec morti esse locum; sed viva volare
Sideris in numerum, atque alto succedere cœlo.
    Si quando sedem augustam servataque mella
Thesauris relines : prius haustu sparsus aquarum
Ora fove, fumosoque manu prætende sequacis.   230
Bis gravidos cogunt fetus, duo tempora messis;
Taygete simul os terris ostendit honestum
Plias, et Oceani spretos pede reppulit amnis;
Aut eadem sidus fugiens ubi Piscis aquosi
Tristior hibernas cœlo descendit in undas.   235
Illis ira modum supra est, læsæque venenum
Morsibus inspirant, et spicula cæca relinquunt
Adfixæ venis, animasque in volnere ponunt.
Sin, duram metuens hiemem, parcesque futuro,
Contususque animos et res miserabere fractas :   240
At suffire thymo, cerasque recidere inanis,
Quis dubitet? nam sæpe favos ignotus adedit
Stellio; et lucifugis congesta cubilia blattis;
Immunisque sedens aliena ad pabula fucus,
Aut asper crabro inparibus se immiscuit armis;   245
Aut dirum, tineæ, genus; aut invisa Minervæ
Laxos in foribus suspendit aranea casses.
Quo magis exhaustæ fuerint : hoc acrius omnes
Incumbent generis lapsi sarcire ruinas,
Complebuntque foros, et floribus horrea texent.   250
    Si vero, quoniam casus apibus quoque nostros
Vita tulit, tristi languebunt corpora morbo;
Quod jam non dubiis poteris cognoscere signis :
Continuo est ægris alius color ; horrida voltum
Deformat macies; tum corpora luce carentum   255
Exportant tectis, et tristia funera ducunt;
Aut illæ pedibus connexæ ad limina pendent,
Aut intus clausis cunctantur in ædibus, omnes
Ignavæque fame et contracto frigore pigræ.

saims enchaînés se tiennent suspendus par les pattes aux portes des ruches; ou bien, retirés dans le fond de leurs demeures closes, ils restent là engourdis par la faim, inertes, et contractés par le froid. Alors on entend un bruit sourd, et comme un bourdonnement plaintif et incessant. On dirait le froid Aquilon murmurant dans les bois, ou la mer agitée qui se retire en mugissant, ou la flamme rapide qui bouillonne emprisonnée dans une fournaise. C'est le moment de brûler autour de tes ruches le galbanum odorant, d'y faire couler du miel au moyen d'un roseau creux; toi-même, excitant de la voix tes abeilles languissantes, essaye de les rappeler à la nourriture qu'elles aiment. Il sera bon aussi d'en relever la saveur en y mêlant de la noix de galle pilée, des roses sèches, du vin cuit et fort épaissi par le feu, des grappes de raisin sec, du thym, et les riches parfums de la centaurée. Il est aussi dans les prés une fleur que les laboureurs ont nommée amellum, et qui est facile à trouver. La plante pousse d'une seule tige des rejetons nombreux: la fleur est couleur d'or, mais sous les feuilles, qui s'étalent alentour, éclate la pourpre rembrunie de la violette. Souvent les autels des dieux se parent de leurs guirlandes entrelacées. La plante est âpre au goût; les bergers la cueillent dans les vallons où broutent leurs troupeaux, et le long des rives tortueuses du fleuve Mella. Fais-en bouillir les racines dans un vin parfumé, et place devant tes ruches des corbeilles pleines de cette suave nourriture.

Mais si c'est la race entière de tes abeilles qui vient tout à coup à manquer, et si tu es sans ressources pour la renouveler, il est temps de te révéler la mémorable découverte du maître de l'Arcadie, et de dire comment le sang corrompu des taureaux égorgés a fait naître maintes fois de nouveaux essaims: je veux te raconter cette merveilleuse histoire, la reprenant dès sa plus haute origine. Là où les peuples fortunés de Canope, bâtie par le héros de Pella, habitent les plaines que le Nil débordé couvre de ses eaux stagnantes, et voguent dans leurs champs sur des barques peintes; vers les confins de la Perse, là où le fleuve qui arrive à flots précipités du pays des noirs Éthiopiens engraisse la verte Égypte de son épais limon, et va se jeter dans la mer par sept embouchures, on n'a d'espoir qu'en ce moyen puissant de sauver la race des abeilles. D'abord on choisit et dispose exprès un petit endroit, lequel est resserré de tous les côtés: une toiture de tuiles supportée par des murs étroits couvre le terrain, et reçoit obliquement le jour par quatre fenêtres tournées vers les quatre points du ciel. Là on amène un taureau de deux ans, dont les cornes commencent à courber leurs pointes menaçantes; il a beau se débattre, on lui bouche les narines, on lui ôte l'haleine: ensuite on le fait mourir sous les coups, et ses entrailles meurtries se dissolvent dans sa peau qui reste entière. En cet état on l'abandonne dans l'enceinte formée, après qu'on l'a couché sur un lit de feuillage, et embaumé de thym et de case fraîchement cueillie. Cela se pratique quand les doux zéphirs font déjà frissonner les eaux, avant que les prés ne brillent émaillés de

Tum sonus auditur gravior, tractimque susurrant: 260
Frigidus ut quondam silvis immurmurat auster;
Ut mare sollicitum stridit refluentibus undis;
Æstuat ut clausis rapidus fornacibus ignis.
Hic jam galbaneos suadebo incendere odores,
Mellaque arundineis inferre canalibus, ultro 265
Hortantem et fessas ad pabula nota vocantem;
Proderit et tunsum gallæ admiscere saporem,
Arentisque rosas, aut igni pinguia multo
Defruta, vel psithia passos de vite racemos,
Cecropiumque thymum, et grave olentia centaurea. 270
Est etiam flos in pratis, cui nomen amello
Fecere agricolæ, facilis quærentibus herba;
Namque uno ingentem tollit de cespite silvam,
Aureus ipse; sed in foliis, quæ plurima circum
Funduntur, violæ sublucet purpura nigræ; 275
Sæpe deum nexis ornatæ torquibus aræ;
Asper in ore sapor; tonsis in vallibus illum
Pastores et curva legunt prope flumina Mellæ.
Hujus odorato radices incoque Baccho,
Pabulaque in foribus plenis adpone canistris. 280
  Sed, si quem proles subito defecerit omnis,
Nec, genus unde novæ stirpis revocetur, habebit:
Tempus et Arcadii memoranda inventa magistri
Pandere, quoque modo cæsis jam sæpe juvencis
Insincerus apes tulerit cruor. Altius omnem 285
Expediam prima repetens ab origine famam.
Nam qua Pellæi gens fortunata Canopi
Adcolit effuso stagnantem flumine Nilum,
Et circum pictis vehitur sua rura fasclis,
Quaque pharetratæ vicinia Persidis urguet, 290
Et viridem Ægyptum nigra secundat arena,
Et diversa ruens septem discurrit in ora
Usque coloratis amnis devexus ab Indis;
Omnis in hac certam regio jacit arte salutem.
Exiguus primum, atque ipsos contractus ad usus, 295
Eligitur locus: hunc angustique imbrice tecti
Parietibusque premunt artis, et quatuor addunt,
Quatuor a ventis, obliqua luce fenestras.
Tum vitulus, bima curvans jam cornua fronte,
Quæritur: huic geminæ nares et spiritus oris 300
Multa reluctanti obsuitur, plagisque peremto
Tunsa per integram solvuntur viscera pellem.
Sic positum in clauso linquunt, et ramea costis
Subjiciunt fragmenta, thymum, casiasque recentis.
Hoc geritur, Zephyris primum inpellentibus undas, 305

fleurs nouvelles, avant que la babillarde hirondelle ne suspende son nid aux poutres de nos demeures. Cependant les humeurs échauffées fermentent dans les tendres os de l'animal : ô prodige! on y voit fourmiller mille et mille insectes informes, d'abord sans pattes, bientôt avec des ailes bruyantes : l'essaim grossit, s'élève et gagne les airs, jusqu'à ce qu'il s'y élance aussi pressé que les gouttes qui s'épanchent d'un nuage d'été, aussi rapide que les flèches poussées par l'arc, quand les Parthes légers à la course engagent les premiers la mêlée. O Muses, quel dieu découvrit aux mortels ce secret admirable? Dites-nous les commencements de cette nouvelle expérience.

Le berger Aristée ayant, dit-on, perdu toutes ses abeilles par la maladie et par la famine, abandonna Tempé qu'arrose le Pénée; et, s'arrêtant à la source sacrée du fleuve, il adressa triste et éploré ces paroles à sa mère : « O Cyrène, ô ma mère, vous qui habitez au fond de ces eaux, s'il est vrai, comme vous me l'avez dit, qu'Apollon de Thymbra est mon père, que me sert que vous m'ayez formé du noble sang des dieux, si les destins me sont ennemis? Qu'est devenu ce tendre amour que vous aviez pour moi? Pourquoi m'avoir fait espérer de voir un jour l'Olympe? Voilà que le seul bien où je mettais quelque honneur dans cette vie mortelle, ce prix de tant d'efforts, de tant de soins donnés à mes champs et à mes troupeaux, je le perds aujourd'hui ; et vous êtes ma mère! Achevez donc, et de vos mains arrachez ces forêts que j'ai vues grandir; portez la flamme et le ravage dans mes bergeries, détruisez mes moissons, brûlez mes semences, abattez mes vignes avec la cognée, puisque vous avez tant en dégoût la gloire de votre fils. »

Cyrène, du fond de sa couche humide, entendit la voix de son fils. Près d'elle ses nymphes filaient les toisons de Milet, aux teintes verdoyantes : c'étaient Drymo, Xantho, Ligée, Phyllodoce, dont les beaux cheveux tombaient épais sur leurs blanches épaules; Nésée, Spio, Thalie, Cymodocé, Cydippe et la blonde Lycorias, l'une encore vierge, l'autre qui pour la première fois avait connu les douleurs de Lucine; Clio et sa sœur Béroé, toutes deux filles de l'Océan, toutes deux vêtues de peaux bigarrées que retenaient des agrafes d'or; Éphyre, Opis, Déjopée fille d'Asius, et l'agile Aréthuse qui venait de déposer l'arc et les flèches.

Au milieu d'elles Clymène redisait les vaines alertes de Vulcain jaloux, les ruses de Mars et ses doux larcins, et contait dès le chaos les innombrables amours des dieux. Pendant que, charmées de ces récits, les nymphes déroulent le doux lin de leurs fuseaux, les plaintes d'Aristée vinrent pour la seconde fois frapper les oreilles de sa mère. Toutes les nymphes émues en tressaillirent sur leurs sièges de cristal : mais Aréthuse la première se lève, et, pour regarder, montre sa blonde tête au-dessus des eaux; et de loin elle s'écrie : « O Cyrène, ma sœur, ce n'est pas en vain que vous vous êtes effrayée de si grands cris : Aristée lui-même, votre cher Aristée, est là triste et pleurant à la source du Pénée votre père,

Ante novis rubeant quam prata coloribus, ante
Garrula quam tignis nidum suspendat hirundo.
Interea teneris tepefactus in ossibus humor
Æstuat ; et visenda modis animalia miris,
Trunca pedum primo, mox et stridentia pennis 310
Miscentur, tenuemque magis magis aera carpunt;
Donec, ut æstivis effusus nubibus imber,
Erupere; aut ut, nervo pulsante sagittæ,
Prima leves ineunt si quando prælia Parthi.
Quis deus hanc, Musæ, quis nobis extudit artem? 315
Unde nova ingressus hominum experientia cepit?
Pastor Aristæus fugiens Peneia Tempe,
Amissis, ut fama, apibus morboque fameque,
Tristis ad extremi sacrum caput adstitit amnis,
Multa querens, atque hac adfatus voce parentem : 320
Mater Cyrene, mater, quæ gurgitis hujus
Ima tenes, quid me præclara stirpe deorum,
Si modo, quem perhibes, pater est Tymbræus Apollo,
Invisum fatis genuisti? aut quo tibi nostri
Pulsus amor? Quid me cœlum sperare jubebas? 325
En etiam hunc ipsum vitæ mortalis honorem,
Quem mihi vix frugum et pecudum custodia sollers
Omnia tentanti extuderat, te matre, relinquo.
Quin age, et ipsa manu felicis erue silvas;
Fer stabulis inimicum ignem, atque interfice messis; 330
Ure sata, et validam in vitis molire bipennem :
Tanta meæ si te ceperunt tædia laudis.
At mater sonitum thalamo sub fluminis alti
Sensit : eam circum Milesia vellera Nymphæ
Carpebant, hyali saturo fucata colore; 335
Drymoque, Xanthoque, Ligeaque, Phyllodoceque,
Cæsariem effusæ nitidam per candida colla;
Nesææ, Spioque, Thaliaque, Cymodoceque,
Cydippeque, et flava Lycorias; altera virgo,
Altera tum primos Lucinæ experta labores; 340
Clioque et Beroe soror, Oceanitides ambæ,
Ambæ auro, pictis incinctæ pellibus ambæ;
Atque Ephyre, atque Opis, et Asia Deiopea;
Et tandem positis velox Arethusa sagittis.
Inter quas curam Clymene narrabat inanem 345
Volcani, Martisque dolos et dulcia furta;
Aque Chao densos divom numerabat amores.
Carmine quo captæ dum fusis mollia pensa
Devolvunt, iterum maternas impulit auris
Luctus Aristæi, vitreisque sedilibus omnes 350
Obstupuere; sed ante alias Arethusa sorores
Prospiciens, summa flavum caput extulit unda.
Et procul : O gemitu non frustra exterrita tanto,
Cyrene soror, ipse tibi, tua maxima cura,
Tristis Aristæus Penei genitoris ad undam 355

et il vous appelle une mère cruelle. » « Mon fils! répond Cyrène, saisie d'une nouvelle crainte; qu'on m'amène, qu'on m'amène mon fils; il a droit d'entrer dans les demeures des dieux. » Soudain elle ordonne aux flots profonds de se séparer et d'ouvrir un large passage au jeune Aristée : l'onde, se courbant des deux côtés en forme de montagne, reste suspendue, le reçoit dans son vaste sein, et le porte jusqu'au fond du fleuve. Aristée s'avançait, admirant le palais de sa mère et son liquide empire, et ces lacs enfermés dans leurs cavernes, et les racines des forêts que les eaux font retentir : étonné de ce grand mouvement des ondes, il voyait couler sous la vaste terre tous les fleuves qui en viennent, et qui de là se répandent en mille endroits, le Phase, le Lycus; il voyait les sources d'où le profond Énipée s'échappe en se précipitant, d'où s'élancent et le Tibre, et les courants de l'Anio, et l'Hypanis tombant avec fracas sur des rochers, et le Caïque de Mysie, et l'Éridan avec ses deux cornes d'or et sa face de taureau, l'Éridan qui, plus fougueux que tous les autres, court, à travers des campagnes fécondes, verser ses eaux dans la mer resplendissante. Enfin Aristée entra sous les voûtes pendantes et rocailleuses du palais de sa mère. Quand Cyrène a connu le vain sujet de ses larmes, les nymphes ses sœurs s'empressent autour de lui; les unes épanchent une eau pure sur ses mains, les autres lui offrent pour les sécher de fins tissus de lin; celles-ci chargent les tables de mets, et y placent des coupes pleines; la fumée des parfums s'élève des autels embrasés. Alors Cyrène dit à son fils : « Prends cette coupe remplie d'un vin de Lydie; faisons des libations à l'Océan. » En même temps elle invoque l'Océan, le père de toutes choses, et les nymphes ses sœurs, qui gardent cent forêts, qui règnent sur cent fleuves. Trois fois elle répandit la liqueur sur la flamme ardente; trois fois la flamme, jaillissant, s'élança jusqu'à la voûte. Rassurée par ce présage, elle poursuit en ces mots :

« Dans les abîmes de la mer Carpathienne habite un devin fameux, Protée, qui parcourt les flots immenses sur un char attelé de monstres marins et de chevaux à deux pieds. A présent il va revoir les ports de l'Émathie, et Pallène sa patrie. Nous les nymphes des eaux, et le vieux Nérée lui-même, révérons ce devin; car il sait le présent, le passé, et toutes les choses qui sont à venir. Ainsi l'a voulu Neptune, dont il fait paître au fond des mers les phoques, informes et hideux troupeaux. Il faut, mon fils, que tu commences par le charger de liens, afin qu'il t'explique toute la cause du mal qui a tué tes abeilles, et qu'il t'aide à réparer tes pertes. Car si tu n'uses de violence, il ne t'enseignera rien; et tu auras beau le prier, tu ne le fléchiras point. Prends-le de force, enchaîne-le, et resserre ses liens; toutes ses ruses à la fin tomberont, brisées par tes mains. Moi-même, quand le soleil à son midi allumera tous ses feux, à l'heure où l'herbe a soif, où l'ombre est plus douce aux troupeaux, je te mènerai dans l'antre secret où le vieillard, las de ses courses sous l'onde, vient se retirer : plongé

Stat lacrimans, et te crudelem nomine dicit.
Huic percussa nova mentem formidine mater,
Duc, age, duc ad nos; fas illi limina divom
Tangere, ait; simul alta jubet discedere late
Flumina, qua juvenis gressus inferret. At illum 360
Curvata in montis faciem circumstetit unda,
Adcepitque sinu vasto, misitque sub amnem.
Jamque domum mirans genetricis, et humida regna,
Speluncisque lacus clausos, lucosque sonantis,
Ibat, et, ingenti motu stupefactus aquarum, 365
Omnia sub magna labentia flumina terra
Spectabat diversa locis, Phasimque, Lycumque,
Et caput, unde altus primum se erumpit Enipeus,
Unde pater Tiberinus, et unde Aniena fluenta,
Saxosumque sonans Hypanis, Mysusque Caicus, 370
Et gemina auratus taurino cornua voltu
Eridanus : quo non alius per pinguia culta
In mare purpureum violentior effluit amnis.
Postquam est in thalami pendentia pumice tecta
Perventum, et gnati fletus cognovit inanes 375
Cyrene : manibus liquidos dant ordine fontis
Germanæ, tonsisque ferunt mantelia villis.
Pars epulis onerant mensas, et plena reponunt
Pocula; Panchæis adolescunt ignibus aræ;

Et mater, Cape Mæonii carchesia Bacchi; 380
Oceano libemus, ait. Simul ipsa precatur
Oceanumque patrem rerum, Nymphasque sorores,
Centum quæ silvas, centum quæ flumina servant;
Ter liquido ardentem perfudit nectare Vestam :
Ter flamma ad summum tecti subjecta reluxit. 385
Omine quo firmans animum, sic incipit ipsa :
 Est in Carpathio Neptuni gurgite vates
Cœruleus Proteus, magnum qui piscibus æquor
Et juncto bipedum curru metitur equorum.
Hic nunc Emathiæ portus patriamque revisit 390
Pallenen; hunc et Nymphæ veneramur, et ipse
Grandævus Nereus; novit namque omnia vates,
Quæ sint, quæ fuerint, quæ mox ventura trahantur.
Quippe ita Neptuno visum est : immania cujus
Armenta et turpis pascit sub gurgite phocas. 395
Hic tibi, nate, prius vinclis capiundus, ut omnem
Expediat morbi caussam, eventusque secundet.
Nam sine vi non ulla dabit præcepta, neque illum
Orando flectes; vim duram et vincula capto
Tende; doli circum hæc demum frangentur inanes. 400
Ipsa ego te, medios quum sol adcenderit æstus,
Quum sitiunt herbæ, et pecori jam gratior umbra est,
In secreta senis ducam, quo fessus ab undis

dans le sommeil, il sera facile à surprendre. Mais dès que tu l'auras saisi et lié, alors sous mille images changeantes, sous mille formes de bêtes féroces, il se jouera de toi. Tu le verras soudain devenir sanglier hérissé, tigre furieux, dragon couvert d'écailles, lionne à la crinière fauve; ou bien, flamme rapide et petillante, il s'échappera de tes liens; ou encore, onde fugitive, il s'écoulera de tes mains. Mais plus il revêtira de figures diverses, plus tu redoubleras tes étreintes, jusqu'à ce qu'il ait repris la forme qu'il avait d'abord, lorsque le sommeil commençait à clore ses paupières. »

Elle dit, et, répandant sur son fils la liquide essence de l'ambroisie, elle en parfuma tout son corps : ses cheveux arrangés exhalèrent de suaves odeurs, et il sentit se glisser dans ses membres une vigueur divine. Dans les flancs d'un rocher miné par les flots est une caverne immense : là, poussés par les vents, les flots se ramassent, et se divisant forment deux anses tranquilles et sûres pour les nautonniers qu'a surpris la tempête. C'est dans le fond de l'antre, et sous le vaste couvert du rocher, que Protée se retire. Cyrène y place son fils dans l'endroit le plus ténébreux; et s'enveloppant d'un nuage, elle se retire. Déjà Sirius, qui brûle de ses feux rapides les Indiens altérés, incendiait les cieux, et l'ardent Soleil avait dévoré la moitié de l'espace lumineux : les herbes étaient desséchées; et les rayons échauffant le lit creux des rivières épuisées, en pompaient l'eau jusqu'au limon. En ce moment Protée, sortant du sein des eaux, gagnait sa retraite accoutumée : autour de lui le peuple humide du vaste Océan bondit, et fait jaillir au loin l'onde amère. Les phoques vont dormir étendus çà et là sur la rive. Mais lui, comme fait le pâtre sur la montagne, quand Vesper ramène les génisses des pâtis à l'étable, et que les bêlements des tendres agneaux irritent la dent du loup, il s'assied sur son rocher et compte son troupeau. Aristée, profitant de l'occasion favorable qui lui livre le vieillard fatigué, lui laisse à peine le temps de s'assoupir; il se jette sur lui en poussant un grand cri, le saisit et l'enchaîne. Mais Protée n'a pas oublié ses puissants artifices; il se transforme soudain en mille choses étonnantes, il s'échappe en flamme, en horrible bête, en eau fugitive. Enfin, voyant que toutes ses ruses ne le peuvent dégager, il cède, reprend sa forme naturelle, et d'une voix humaine parle ainsi à son vainqueur : « Qui t'a donc ordonné, jeune téméraire, de venir jusqu'en ma demeure? Que veux-tu de moi? » Mais Aristée : « Vous le savez, Protée, vous le savez vous-même; et personne ne peut vous tromper. Cessez donc de vous dérober à moi ; c'est par l'ordre des dieux que je viens ici, et que j'implore vos oracles pour relever ma fortune abattue. » Il dit; et le devin se faisant violence lança sur lui des regards enflammés où brillait sa verte prunelle : il rugit, et sa langue enfin déliée laissa échapper ces paroles fatales :

« N'en doute pas, c'est un dieu qui exerce sur toi sa vengeance; tu expies un grand crime. Le dé-

Se recipit; facile ut somno adgrediare jacentem.
Verum, ubi conreptum manibus vinclisque tenebis, 405
Tum variæ eludent species atque ora ferarum.
Fiet enim subito sus horridus, atraque tigris,
Squamosusque draco, et fulva cervice leæna;
Aut acrem flammæ sonitum dabit, atque ita vinclis
Excidet, aut in aquas tenues dilapsus abibit. 410
Sed, quanto ille magis formas se vertet in omnis,
Tanto, nate, magis contende tenacia vincla :
Donec talis erit mutato corpore, qualem
Videris, incepto tegeret quum lumina somno.
Hæc ait, et liquidum ambrosiæ diffundit odorem, 415
Quo totum nati corpus perduxit; at illi
Dulcis compositis spiravit crinibus aura,
Atque habilis membris venit vigor. Est specus ingens
Exesi latere in montis, quo plurima vento
Cogitur inque sinus scindit sese unda reductos; 420
Deprensis olim statio tutissima nautis;
Intus se vasti Proteus tegit objice saxi.
Hic juvenem in latebris aversum a lumine Nympha
Conlocat : ipsa procul nebulis obscura resistit.
Jam rapidus torrens sitientis Sirius Indos 425
Ardebat; cœlo et medium Sol igneus orbem
Hauserat; arebant herbæ, et cava flumina siccis
Faucibus ad limum radii tepefacta coquebant :
Quum Proteus consueta petens e fluctibus antra

Ibat; eum vasti circum gens humida ponti 430
Exsultans rorem late dispersit amarum.
Sternunt se somno diversæ in litore phocæ.
Ipse, velut stabuli custos in montibus olim,
Vesper ubi e pastu vitulos ad tecta reducit,
Auditisque lupos acuunt balatibus agni, 435
Considit scopulo medius, numerumque recenset.
Cujus Aristæo quoniam est oblata facultas :
Vix defessa senem passus componere membra,
Cum clamore ruit magno, manicisque jacentem
Occupat. Ille suæ contra non immemor artis, 440
Omnia transformat sese in miracula rerum,
Ignemque, horribilemque feram, fluviumque liquentem.
Verum, ubi nulla fugam reperit pellacia, victus
In sese redit, atque hominis tandem ore locutus :
Nam quis te, juvenum confidentissime, nostras 445
Jussit adire domus? quidve hinc petis? inquit. At ille :
Scis, Proteu, scis ipse; neque est te fallere quidquam;
Sed tu desine velle. Deum præcepta secuti
Venimus, hinc lapsis quæsitum oracula rebus.
Tantum effatus. Ad hæc vates vi denique multa 450
Ardentis oculos intorsit lumine glauco,
Et graviter frendens, sic fatis ora resolvit :
Non te nullius exercent numinis iræ.
Magna luis commissa : tibi has miserabilis Orpheus
Haud quaquam ob meritum, pœnas, ni fata resistant, 455

plorable Orphée, qui n'a pas mérité ses malheurs, suscite contre toi ces peines que les destins seuls pourront suspendre; c'est sur toi qu'il venge cruellement l'épouse qui lui a été ravie. Eurydice fuyant devant toi courait éperdue sur les bords du fleuve; elle ne vit pas à ses pieds, l'infortunée qui en devait mourir! une hydre immense, cachée sous les hautes herbes de la rive. Soudain le chœur des Dryades ses compagnes remplit au loin les montagnes de ses cris; les sommets du Rhodope en gémirent; les cimes du Pangée, la terre de Rhésus aimée de Mars, les Gètes, l'Hèbre et Orithyie en pleurèrent. Orphée, le triste Orphée, charmant avec sa lyre les douleurs du veuvage, seul sur la rive déserte ne chantait que toi, chère épouse, toi quand venait le jour, toi quand revenait la nuit. Il osa même descendre dans les gouffres du Ténare; il vit le profond royaume de Pluton, et ses bois que remplissent l'horreur et les ténèbres, et les mânes, et le terrible roi des enfers, et ces cœurs que les prières des humains n'ont jamais attendris. Cependant des profondeurs de l'Érèbe sortaient, émues par ses chants, les ombres légères, et les spectres qui ne volent plus la lumière : ils accouraient, aussi nombreux que les oiseaux qui se rassemblent par milliers sous le feuillage des bois, quand le soir ou une pluie d'orage les chasse des montagnes; c'étaient des mères, des époux, des héros magnanimes, délivrés de la vie; des enfants, des vierges destinées à l'hymen, des jeunes gens mis sur le bûcher sous les yeux de leurs parents. L'odieux Cocyte au noir limon, aux roseaux affreux, les enchaîne dans ses eaux dormantes, et neuf fois le Styx les environne de ses replis infranchissables. L'enfer même, et le Tartare, et les plus profondes demeures de la mort, s'en émurent; les Euménides à la chevelure de vipères parurent charmées; Cerbère en retint ses trois gueules béantes, et la roue d'Ixion s'arrêta suspendue dans les airs. Échappé de tous les dangers, Orphée revenait des sombres bords, et Eurydice, qui lui était rendue, marchait vers les régions de la lumière, le suivant sans qu'il la vît; Proserpine ne la lui rendait qu'à ce prix. Mais, ô délire soudain d'un amant insensé, et bien digne de pardon, si l'enfer savait pardonner! il s'arrête, et presque aux portes du jour, s'oubliant lui-même, hélas! et vaincu par l'amour, il regarde son Eurydice. En ce moment tous ses efforts s'évanouirent; les traités furent rompus avec l'impitoyable tyran des enfers, et trois fois les gouffres de l'Averne retentirent d'un épouvantable fracas. Mais elle : « Quelle folie m'a perdue, malheureuse que je suis! et te perd en ce jour, ô mon Orphée! Voici que les cruels destins me rappellent à eux; je sens mes yeux éteints nager dans les ombres du sommeil éternel : adieu! L'immense nuit m'environne et m'entraîne; je te tends encore des mains défaillantes... Hélas! je ne suis plus à toi. » Elle dit, et, pareille à la fumée qui s'évapore, elle se dissipa dans les airs et disparut. En vain Orphée voulait saisir une ombre, et, lui parler encore; elle ne le vit plus, et le nocher de l'Orcus ne permit pas à son époux de repasser le marais infernal. Que va-t-il devenir? où va-t-il porter sa douleur? deux fois son épouse lui avait été ravie! Par quels pleurs,

Suscitat; et rapta graviter pro conjuge sævit.
Illa quidem, dum te fugeret per flumina præceps,
Immanem ante pedes hydrum moritura puella
Servantem ripas alta non vidit in herba.
At chorus æqualis Dryadum clamore supremos 660
Implerunt montis; flerunt Rhodopeiæ arces,
Altaque Pangæa, et Rhesi Mavortia tellus,
Atque Getæ, atque Hebrus, et Actias Orithyia.
Ipse, cava solans ægrum testudine amorem,
Te, dulcis conjunx, te solo in litore secum, 465
Te veniente die, te decedente canebat.
Tænarias etiam fauces, alta ostia Ditis,
Et caligantem nigra formidine lucum
Ingressus, Manisque adiit, regemque tremendum,
Nesciaque humanis precibus mansuescere corda. 470
At cantu commotæ Erebi de sedibus imis
Umbræ ibant tenues simulacraque luce carentum :
Quam multa in foliis avium se millia condunt,
Vesper ubi aut hibernus agit de montibus imber :
Matres, atque viri, defunctaque corpora vita 475
Magnanimum heroum, pueri, innuptæque puellæ,
Impositique rogis juvenes ante ora parentum;
Quos circum limus niger et deformis arundo
Cocyti tardaque palus inamabilis unda
Adligat, et novies Styx interfusa coercet. 480
Quin ipsæ stupuere domus atque intima Leti
Tartara, cæruleosque implexæ crinibus anguis
Eumenides, tenuitque inhians tria Cerberus ora,
Atque Ixionii vento rota constitit orbis.
Jamque pedem referens casus evaserat omnis, 485
Redditaque Eurydice superas veniebat ad auras,
Pone sequens; namque hanc dederat Proserpina legem;
Quum subita incautum dementia cepit amantem,
Ignoscenda quidem, scirent si ignoscere Manes;
Restitit, Eurydicenque suam jam luce sub ipsa 490
Immemor, heu! victusque animi respexit. Ibi omnis
Effusus labor, atque immitis rupta tyranni
Fœdera, terque fragor stagnis auditus Averni.
Illa, Quis et me, inquit, miseram, et te perdidit, Orpheu,
Quis tantus furor? En iterum crudelia retro 495
Fata vocant, conditque natantia lumina somnus.
Jamque vale. Feror ingenti circumdata nocte,
Invalidasque tibi tendens, heu non tua, palmas!
Dixit, et ex oculis subito, ceu fumus in auras
Commixtus tenuis fugit diversa; neque illum, 500
Prensantem nequidquam umbras, et multa volentem
Dicere, prætera vidit; nec portitor Orci
Amplius objectam passus transire paludem.

par quels chants pourra-t-il toucher encore les divinités des enfers? déjà la froide Eurydice voguait dans la barque du Styx. On dit que durant sept mois entiers, seul au pied des hauts rochers de la Thrace ou près des rives désertes du Strymon, il pleura, et redit ses douleurs aux antres glacés; les tigres étaient adoucis par ses chants; il tirait à lui les chênes émus. Telle, sous le feuillage d'un peuplier la plaintive Philomèle se désole de ses petits qu'elle a perdus, et qu'un barbare laboureur, qui les guettait, a enlevés encore sans plumes de leur nid : elle aussi, sous le rameau qui la cache, pleure durant la nuit, recommence sans cesse ses chants lamentables, et remplit les lieux d'alentour de sa plainte insensée. Pour lui plus d'amour, plus d'hymen qui le touche encore. Il parcourait solitaire les glaces hyperboréennes, les rives neigeuses du Tanaïs, et les plaines du Riphée, que couvrent des frimas éternels; il allait se plaignant d'Eurydice ravie, et des vains présents de Pluton. Tant d'amour irrita les femmes de la Thrace, qui, se voyant méprisées par ce jeune homme, le saisirent au milieu des fêtes des dieux et dans les orgies nocturnes de Bacchus, et dispersèrent dans les champs ses membres déchirés. Alors même, alors que l'Hèbre roulait dans ses gouffres profonds sa tête flottante et séparée de son cou d'albâtre, on entendit encore sa voix éteinte et sa langue glacée redire le nom d'Eurydice. Ah, malheureuse Eurydice! murmurait son âme en fuyant chez les morts. Sur toute la rive les échos répétaient : Eurydice, Eurydice. »

Ainsi parla Protée, et, d'un bond s'élançant dans la mer, il fit tournoyer sous lui l'onde écumante. Mais Cyrène n'abandonna point son fils en ce moment d'alarmes. « A présent, lui dit-elle, tu peux chasser de ton cœur les tristes soucis; la cause de ton malheur t'est connue : les nymphes, compagnes d'Eurydice, avec lesquelles elle formait des chœurs dans les grands bois, se sont vengées sur tes abeilles en les faisant périr misérablement. Va donc en suppliant leur offrir des présents, et fléchir leur courroux; les Napées sont faciles à qui les vénère : elles se rendront à tes vœux et reviendront de leur colère. Mais d'abord je veux te dire de quelle manière tu dois les implorer. Dans tes troupeaux, qui paissent maintenant sur les verts sommets du Lycée, choisis quatre beaux taureaux et autant de génisses superbes, dont les têtes n'ont pas encore été courbées sous le joug. Élève encore dans le temple des nymphes quatre autels, sur lesquels tu feras couler le sang des victimes égorgées; abandonne les corps inanimés sous les ombrages de la forêt. Quand la neuvième Aurore apparaîtra dans les cieux, sacrifie à Orphée en lui offrant les pavots du Léthé; tu apaiseras les mânes d'Eurydice en leur immolant une génisse avec une brebis noire, et tu iras revoir le bois où gisent tes victimes. »

Elle dit, et lui d'exécuter à l'instant les ordres de sa mère. Il se rend au temple des nymphes, fait dresser quatre autels, y amène quatre beaux taureaux et autant de génisses superbes. Quand la neuvième Aurore a paru, il sacrifie aux mânes d'Orphée et retourne dans le bois. O prodige sou-

Quid faceret? quo se rapta bis conjuge ferret?
Quo fletu Manis, qua numina voce moveret? 505
Illa quidem Stygia nabat jam frigida cymba.
Septem illum totos perhibent ex ordine mensis
Rupe sub aeria deserti ad Strymonis undam
Flevisse, et gelidis hæc evolvisse sub antris,
Mulcentem tigris, et agentem carmine quercus. 510
Qualis populea mœrens Philomela sub umbra
Amissos queritur fetus; quos durus arator
Observans nido implumis detraxit : at illa
Flet noctem, ramoque sedens miserabile carmen
Integrat, et mœstis late loca questibus implet. 515
Nulla Venus, non ulli animum flexere Hymenæi.
Solus Hyperboreas glacies Tanaimque nivalem
Arvaque Rhipæis nunquam viduata pruinis
Lustrabat, raptam Eurydicen atque irrita Ditis
Dona querens : sprætæ Ciconum quo munere matres, 520
Inter sacra deum, nocturnique orgia Bacchi,
Discerptum latos juvenem sparsere per agros.
Tum quoque, marmorea caput a cervice revolsum
Gurgite quum medio portans Œagrius Hebrus
Volveret, Eurydicen vox ipsa et frigida lingua, 525
Ah miseram Eurydicen! anima fugiente vocabat;
Eurydicen toto referebant flumine ripæ.

Hæc Proteus : et se jactu dedit æquor in altum.
Quaque dedit, spumantem undam sub vertice torsit.
At non Cyrene : namque ultro adfata timentem : 530
Nate, licet tristi animo deponere curas.
Hæc omnis morbi caussa; hinc miserabile Nymphæ,
Cum quibus illa choros lucis agitabat in altis,
Exitium misere apibus. Tu munera supplex
Tende, petens pacem, et faciles venerare Napæas. 535
Namquè dabunt veniam votis, irasque remittent.
Sed, modus orandi qui sit, prius ordine dicam.
Quatuor eximios præstanti corpore tauros,
Qui tibi nunc viridis depascunt summa Lycæi,
Delige et intacta totidem cervice juvencas. 540
Quatuor his aras alta ad delubra dearum
Constitue, et sacrum jugulis demitte cruorem;
Corporaque ipsa boum frondoso desere luco.
Post, ubi nona suos Aurora ostenderit ortus,
Inferias Orphei Lethæa papavera mittes, 545
Placatam Eurydicen vitula venerabere cæsa,
Et nigram mactabis ovem, lucumque revises.

Haud mora : continuo matris præcepta facessit.
Ad delubra venit; monstratas excitat aras;
Quatuor eximios præstanti corpore tauros 550
Ducit, et intacta totidem cervice juvencas.

15.

dain et inouï! Il entend bourdonner, dans les entrailles corrompues et dans les vastes flancs des taureaux, un essaim d'abeilles; il les voit percer toutes frémissantes des cavités impures qui les retiennent, se répandre en nuage immense, aller s'abattre sur un arbre, et y rester suspendues comme la grappe au cep d'où elle retombe.

Ainsi ma muse chantait les champs, les troupeaux et les arbres, pendant que César, grand dans la guerre, foudroyait l'Euphrate épouvanté, donnait des lois aux nations gagnées à son empire, et se frayait la route vers les célestes demeures de l'Olympe. Alors la douce Parthénope me nourrissait dans son sein, moi Virgile; oisif et obscur, j'y jouissais de mes chères études. C'est moi qui, dans ma jeune audace, ai chanté les jeux des bergers, moi qui t'ai peint, ô Tityre, couché sous l'épais feuillage d'un hêtre.

Post, ubi nona suos Aurora induxerat ortus,
Inferias Orphei mittit, lucumque revisit.
Hic vero subitum ac dictu mirabile monstrum
Adspiciunt, liquefacta boum per viscera toto 555
Stridere apes utero, et ruptis effervere costis :
Immensasque trahi nubes; jamque arbore summa
Confluere, et lentis uvam demittere ramis.

Hæc super arvorum cultu pecorumque canebam,
Et super arboribus : Cæsar dum magnus ad altum 560
Fulminat Euphraten bello, victorque volentis
Per populos dat jura, viamque adfectat Olympo.
Illo Virgilium me tempore dulcis alebat
Parthenope, studiis florentem ignobilis oti :
Carmina qui lusi pastorum, audaxque juventa, 565
Tityre, te patulæ cecini sub tegmine fagi.

L'ÉNÉIDE.

LIVRE I.

Moi qui jadis essayai quelques airs sur mes pipeaux légers, qui depuis désertai les forêts pour les champs voisins, et dans mes vers, agréables aux laboureurs, forçai la terre à se soumettre à leurs mains avides, aujourd'hui je chante les horribles combats de Mars, et ce héros qui, banni par le destin des bords troyens, vint le premier en Italie et sur les rivages de Lavinium : longtemps le jouet misérable de la puissance des dieux, l'infatigable haine de Junon le poursuivit sur la terre et sur les mers; longtemps il eut à souffrir les maux de la guerre, jusqu'à ce qu'il eût fondé une ville et transporté ses dieux dans le Latium. C'est de lui que sortirent et la race des Latins, et les sénateurs albains, et ceux par qui s'élevèrent les murs de la superbe Rome.

Muse, dis-moi les causes de ces grands événements, quelle offense à la majesté de Junon, quel ressentiment animait la reine des dieux contre cet homme d'une piété insigne, pour qu'elle le jetât au milieu de si rudes travaux, et tourmentât ainsi sa destinée. Tant de colère entre-t-il dans les âmes des dieux !

En face de l'Italie, et vis-à-vis l'embouchure du Tibre, s'élevait par delà les mers une ville antique, colonie de Tyr ; c'était Carthage, cité opulente, et que possédait l'âpre génie de la guerre. On dit que Junon, la préférant même à Samos, l'aimait par-dessus toutes les terres : là étaient ses armes, là était son char : déjà même la déesse, si les destins le permettent, travaille à donner l'empire du monde à Carthage, et en nourrit l'espérance dans son cœur. Mais elle avait appris qu'une nation issue du sang troyen devait un jour renverser les tours de la cité tyrienne, et que de cette race sortirait un peuple belliqueux, dominateur superbe de l'univers, et suscité pour la ruine de la Libye : ainsi les Parques filaient la trame des destinées. Alarmée pour Carthage, la fille de Saturne se souvenait encore de l'ancienne guerre qu'elle avait la première soutenue sous les remparts d'Ilion pour ses chers Argiens ; et les causes humiliantes de sa colère et de son furieux ressentiment ne s'étaient pas encore effacées de sa mémoire : tous ces souvenirs irritants vivent au fond de son cœur, et le jugement de Pâris, et l'injure faite à sa beauté méprisée, et l'odieux sang de Dardanus, et l'enlèvement de Ganymède, et ses honneurs usurpés. Enflammée par tant d'outrages, elle écartait loin du Latium les Troyens, restes échappés aux fureurs des Grecs et de l'impitoyable Achille, jouets misérables des flots, et qui depuis longtemps erraient, poussés par les destins, de mers en mers. Tant était laborieux l'enfantement de la puissance romaine !

ÆNEIDOS.

LIBER PRIMUS.

Ille ego, qui quondam, gracili modulatus avena
Carmen, et, egressus silvis, vicina coegi,
Ut quamvis avido parerent arva colono;
Gratum opus agricolis : at nunc horrentia Martis
Arma, virumque cano, Trojæ qui primus ab oris
Italiam, fato profugus, Lavinia venit
Litora; multum ille et terris jactatus, et alto,
Vi superum, sævæ memorem Junonis ob iram;
Multa quoque et bello passus, dum conderet urbem, 5
Inferretque deos Latio; genus unde Latinum,
Albanique patres, atque altæ mœnia Romæ.
 Musa, mihi caussas memora, quo numine læso,
Quidve dolens, regina deum tot volvere casus
Insignem pietate virum, tot adire labores 10
Impulerit; tantæne animis cœlestibus iræ!
 Urbs antiqua fuit; Tyrii tenuere coloni;
Carthago, Italiam contra Tiberinaque longe
Ostia, dives opum, studiisque asperrima belli.

Quam Juno fertur terris magis omnibus unam
Posthabita coluisse Samo; hic illius arma, 15
Hic currus fuit; hoc regnum dea gentibus esse,
Si qua fata sinant, jam tum tenditque fovetque.
Progeniem sed enim Trojano a sanguine duci
Audierat, Tyrias olim quæ verteret arces;
Hinc populum, late regem, belloque superbum, 20
Venturum excidio Libyæ; sic volvere Parcas.
Id metuens, veterisque memor Saturnia belli,
Prima quod ad Trojam pro caris gesserat Argis;
Nec dum etiam caussæ irarum sævique dolores
Exciderant animo; manet alta mente repostum 25
Judicium Paridis, spretæque injuria formæ,
Et genus invisum, et rapti Ganymedis honores :
His accensa super, jactatos æquore toto
Troas, reliquias Danaum atque immitis Achilli,
Arcebat longe Latio; multosque per annos 30
Errabant acti fatis maria omnia circum.
Tantæ molis erat romanam condere gentem.
 Vix e conspectu Siculæ telluris in altum
Vela dabant læti, et spumas salis ære ruebant;
Quum Juno, æternum servans sub pectore volnus, 35
Hæc secum : Mene incepto desistere victam,

Les Troyens, encore en vue des rivages de la Sicile, avaient à peine mis à la voile, et joyeux labouraient de leurs proues les ondes écumantes, que Junon, nourrissant l'immortelle blessure de son cœur ulcéré, se dit à elle-même : « Quoi! « je renoncerais à mon entreprise et m'avouerais « vaincue! Je ne pourrai pas écarter de l'Italie « le roi des Troyens, et cela parce que le destin « m'en empêche? Pallas aura donc pu brûler la « flotte des Grecs et les submerger eux-mêmes, « et pourquoi? pour punir la faute d'un seul, « les fureurs d'Ajax! Elle-même, lançant du « milieu des nuées la foudre rapide de Jupiter, « dispersa leurs vaisseaux, déchaîna les vents, « bouleversa les mers, saisit dans un tourbil- « lon le fils d'Oïlée, qui vomissait de ses flancs « sillonnés les feux du tonnerre, et le jeta pal- « pitant sur la pointe des rochers. Et moi qui « marche l'égale du souverain des dieux, moi « sa sœur et son épouse, je fais depuis tant d'an- « nées la guerre à une seule nation! Et qui vou- « dra désormais adorer Junon, et venir en sup- « pliant charger mes autels de vains honneurs? »

La déesse, roulant ces pensées dans son cœur que la haine enflamme, vole vers les îles Éoliennes, dans la patrie des orages, dans ces lieux que remplissent tous les souffles furieux de l'air. Là, dans une vaste caverne règne, Éole : il tient sous son empire et enchaîne dans leur prison les vents mutinés et les tempêtes sifflantes. Ceux-ci, s'indignant du frein qui les maîtrise, frémissent autour de leurs barrières avec un immense murmure de la montagne : Éole, du haut de son rocher et le sceptre en main, apaise leurs esprits fougueux et tempère leur rage. S'il ne les retenait, terre, mer et cieux profonds, ils emporteraient tout dans leurs rapides élans, et le balayeraient à travers l'espace. Mais le puissant Jupiter, redoutant pour le monde leur souffle destructeur, les a emprisonnés dans de noires cavernes, a entassé sur eux la masse formidable des plus hautes montagnes, et leur a donné un roi qui sût, par son ordre, tantôt mesurer et contenir leur haleine, tantôt lâcher les rênes à leur furie. Ce fut à lui que Junon s'adressa d'une voix suppliante : « Éole, lui dit-elle, « vous à qui le père des dieux et le maître des « humains a donné le pouvoir de calmer les flots « et de soulever les vents, un peuple qui m'est « odieux vogue sur la mer Tyrrhénienne, empor- « tant Ilion en Italie, et ses pénates vaincus. « Déchaînez vos vents, submergez, abîmez les « vaisseaux ; ou dispersez-les, et couvrez la mer des « corps naufragés de ces Troyens. J'ai quatorze « nymphes d'une beauté parfaite ; Déiopée, la « plus belle d'entre elles, sera unie à vous par « les nœuds éternels de l'hymen ; et je vous la « donnerai pour épouse, afin qu'en retour d'un « si grand service, elle soit à jamais à vous, et « qu'elle vous rende père d'enfants aussi beaux « qu'elle. »

« Reine, lui répondit Éole, c'est à vous de « désirer et de commander, et à moi d'obéir : ce « royaume que je gouverne, le sceptre et la fa- « veur de Jupiter, je les tiens de votre bonté ; « c'est par vous que je suis assis à la table « des dieux ; c'est par vous que je commande « en maître aux vents et aux tempêtes. »

Il dit, et du revers de sa lance il frappe les flancs caverneux de la montagne : ils s'ouvrent, et sou-

Nec posse Italia Teucrorum avertere regem?
Quippe vetor fatis. Pallasne exurere classem
Argivum, atque ipsos potuit submergere ponto, 40
Unius ob noxam et furias Ajacis Oilei?
Ipsa, Jovis rapidum jaculata e nubibus ignem,
Disjecitque rates, evertitque æquora ventis ;
Illum, exspirantem transfixo pectore flammas,
Turbine corripuit, scopuloque infixit acuto. 45
Ast ego, quæ divom incedo regina, Jovisque
Et soror et conjunx, una cum gente tot annos
Bella gero! Et quisquam numen Junonis adoret
Præterea, aut supplex aris inponat honorem?
Talia flammato secum dea corde volutans, 50
Nimborum in patriam, loca feta furentibus austris,
Æoliam venit. Hic vasto rex Æolus antro
Luctantis ventos tempestatesque sonoras
Imperio premit, ac vinclis et carcere frenat.
Illi indignantes magno cum murmure montis 55
Circum claustra fremunt. Celsa sedet Æolus arce
Sceptra tenens, mollitque animos, et temperat iras.
Ni faciat, maria ac terras cœlumque profundum
Quippe ferant rapidi secum, verrantque per auras.
Sed pater omnipotens speluncis abdidit atris, 60

Hoc metuens ; molemque et montis insuper altos
Inposuit ; regemque dedit, qui fœdere certo
Et premere, et laxas sciret dare jussus habenas.
Ad quem tum Juno supplex his vocibus usa est :
Æole, namque tibi divom pater atque hominum rex 65
Et mulcere dedit fluctus et tollere vento,
Gens inimica mihi Tyrrhenum navigat æquor,
Ilium in Italiam portans victosque Penates :
Incute vim ventis, submersasque obrue puppes ;
Aut age diversos ; et disjice corpora ponto. 70
Sunt mihi bis septem præstanti corpore Nymphæ,
Quarum, quæ forma pulcherrima, Deiopeam
Connubio jungam stabili propriamque dicabo :
Omnis ut tecum meritis pro talibus annos
Exigat, et pulchra faciat te prole parentem. 75
Æolus hæc contra : Tuus, o regina, quid optes
Explorare labor ; mihi jussa capessere fas est.
Tu mihi, quodcumque hoc regni, tu sceptra Jovemque
Concilias ; tu das epulis adcumbere divom,
Nimborumque facis tempestatumque potentem. 80
Hæc ubi dicta, cavum conversa cuspide montem
Inpulit in latus ; ac venti, velut agmine facto,
Qua data porta, ruunt, et terras turbine perflant.

dain la cohorte serrée des vents s'élance, et se répand sur la terre en tourbillons sifflants. L'Eurus, le Notus, l'Africus fécond en tempêtes, s'abattent tous ensemble sur la mer, la bouleversent dans ses profonds abîmes, et roulent vers le rivage ses vastes flots. En même temps éclatent les cris des matelots, mêlés au sifflement des cordages. Les nuées dérobent tout à coup le jour aux yeux des Troyens; le ciel disparaît, et une nuit noire s'abaisse sur les eaux. Le tonnerre gronde; de fréquents éclairs illuminent la nue : tout présente aux matelots la menaçante image de la mort. Énée alors sent le frisson de l'épouvante se glisser dans ses veines; il gémit, et, tendant ses mains vers le ciel, il s'écrie : « O trois et quatre fois heureux ceux à qui il a été donné de mourir à la « face de leurs parents et sous les hauts remparts « d'Ilion! O le plus brave des Grecs, fils de Ty- « dée, que n'ai-je pu succomber dans les champs « de Troie, et rendre sous les coups de ton bras « cette vie trop prolongée, là où le terrible Hec- « tor, percé par les traits d'Achille, mord la pous- « sière; où le grand Sarpédon est couché, où le « Simoïs entraîne dans ses ondes et roule avec « elles les boucliers, les casques et les généreux « corps de tant de héros! »

Tandis qu'il exhale ces plaintes, voici que la tempête, portée sur l'aile sifflante de l'Aquilon, vient frapper de front la voile, et élève les vagues jusqu'aux nues. Les rames sont brisées; la proue dévie, et présente le flanc aux ondes : l'eau bondit, amoncelée en montagne écumante. Les uns demeurent suspendus sur la cime des vagues; les autres, précipités au fond de l'abîme entr'ouvert, voient la terre à travers les flots; l'onde et le sable bouillonnent confondus. Le Notus emporte dans ses tourbillons trois navires, et les jette sur ces grands rochers cachés sous les eaux, et qui étendent à la surface des mers leurs cimes en forme de dos immenses : les Italiens les appellent Autels. Trois autres (ô spectacle pitoyable!), poussés par l'Eurus de la haute mer contre les bas-fonds, et engagés dans les syrtes, vont s'y briser; et de tous côtés les cernent des monceaux de sable. Le vaisseau qui portait le fidèle Oronte et ses Lyciens est frappé dans la poupe par une lame immense qui fond des cimes écumeuses. Arraché du gouvernail, le pilote roule tête baissée dans la mer; trois fois le navire tournoie sur lui-même, entraîné par la vague tourbillonnante : enfin le gouffre rapide le dévore. Alors apparaissent, nageant çà et là dans le vaste abîme, quelques malheureux : les armes des guerriers, les débris des navires, les trésors d'Ilion, flottent épars sur les eaux. Déjà le solide vaisseau d'Ilionée, celui du vaillant Achate, celui qui porte Abas et le vieil Aléthès, succombent, vaincus par la tempête : tous reçoivent dans leurs flancs désunis l'onde ennemie, et s'affaissent en éclatant.

Cependant Neptune entend les murmures tumultueux de la mer, les bruits de la tempête déchaînée, et sent son empire bouleversé jusqu'en ses profonds abîmes. Troublé par ce désordre, il lève au-dessus des flots sa tête majestueuse, et porte au loin ses regards : il voit

Incubuere mari, totumque a sedibus imis
Una Eurusque Notusque ruunt creberque procellis   85
Africus, et vastos volvunt ad litora fluctus.
Insequitur clamorque virum stridorque rudentum.
Eripiunt subito nubes coelumque diemque
Teucrorum ex oculis; ponto nox incubat atra.
Intonuere poli, et crebris micat ignibus æther;   90
Præsentemque viris intentant omnia mortem.
Extemplo Æneæ solvuntur frigore membra.
Ingemit, et, duplicis tendens ad sidera palmas,
Talia voce refert : O terque quaterque beati!
Quis ante ora patrum Trojæ sub moenibus altis   95
Contigit oppetere! o Danaum fortissime gentis
Tydide, mene Iliacis occumbere campis
Non potuisse, tuaque animam hanc effundere dextra!
Sævus ubi Æacidæ telo jacet Hector, ubi ingens
Sarpedon; ubi tot Simois correpta sub undis   100
Scuta virum galeasque et fortia corpora volvit.
   Talia jactanti stridens aquilone procella
Velum adversa ferit, fluctusque ad sidera tollit.
Franguntur remi; tum prora avertit, et undis
Dat latus; insequitur cumulo præruptus aquæ mons.   105
Hi summo in fluctu pendent; his unda dehiscens
Terram inter fluctus aperit; furit æstus arenis.

Tris Notus abreptas in saxa latentia torquet :
Saxa vocant Itali, mediis quæ in fluctibus, Aras;
Dorsum immane mari summo. Tris Eurus ab alto   110
In brevia et syrtis urguet, miserabile visu,
Inliditque vadis, atque aggere cingit arenæ.
Unam, quæ Lycios fidumque vehebat Oronten,
Ipsius ante oculos ingens a vertice pontus
In puppim ferit : excutitur, pronusque magister   115
Volvitur in caput; ast illam ter fluctus ibidem
Torquet agens circum, et rapidus vorat æquore vortex.
Adparent rari nantes in gurgite vasto;
Arma virum, tabulæque, et Troia gaza per undas.
Jam validam Ilionei navem, jam fortis Achatæ,   120
Et qua vectus Abas, et qua grandævus Aletes,
Vicit hiems; laxis laterum compagibus omnes
Accipiunt inimicum imbrem, rimisque fatiscunt.
   Interea magno misceri murmure pontum,
Emissamque hiemem sensit Neptunus, et imis   125
Stagna refusa vadis, graviter commotus; et alto
Prospiciens, summa placidum caput extulit unda.
Disjectam Æneæ toto videt æquore classem;
Fluctibus oppressos Troas coelique ruina.
Nec latuere doli fratrem Junonis et iræ.   130
Eurum ad se Zephyrumque vocat; dehinc talia fatur :

la flotte d'Énée dispersée sur toute la mer, les Troyens écrasés par les vagues, et le ciel qui s'écroule sur eux. Le frère de Junon a bientôt reconnu les ruses et la colère de la déesse. Il appelle à lui Eurus et Zéphyre, et leur parle ainsi : « Êtes-vous donc si fiers de votre origine, que « vous en ayez tant d'audace? Quoi! sans mon « ordre vous osez, Vents téméraires, troubler le « ciel et la terre, et soulever d'aussi grandes « tempêtes? Je devrais.... Mais d'abord il faut « que je calme les flots émus. Désormais un pa-« reil attentat serait suivi d'un autre châtiment. « Hâtez-vous de fuir, et dites à votre roi que « ce n'est pas à lui, mais à moi, que le sort a « donné l'empire de la mer et le redoutable tri-« dent : à lui ses rochers, vos demeures profon-« des; à lui cette cour; qu'il y triomphe, et qu'il « règne sur vos prisons fermées. » Il parlait encore, que le sein gonflé des mers tombait à sa voix : le dieu dissipe les nuages amoncelés, et ramène le soleil. Cymothoé et Triton, rassemblant leurs efforts, dégagent les vaisseaux suspendus aux pointes des écueils; Neptune lui-même les soulève avec son trident, leur ouvre un passage à travers les vastes syrtes, apaise la mer, et sur son char léger rase la surface des eaux. Ainsi, quand au sein d'une grande cité éclate une sédition, l'ignoble populace déchaîne ses turbulentes fureurs : déjà volent dans l'air les pierres et les torches; la rage arme les bras. Mais qu'un homme imposant par sa piété et par ses vertus vienne tout à coup à paraître, on se tait, on prête l'oreille, on écoute. Celui-ci par ses discours subjugue les esprits et adoucit les cœurs. Ainsi tomba tout le fracas de la mer, après que le père des ondes, promenant ses regards sur son empire, et emporté par ses coursiers sous un ciel pur, les eût guidés de sa main, et laissé le char et les rênes voler sur les eaux tranquilles.

Les Troyens, fatigués par la tempête, s'efforcent à l'envi de gagner le plus prochain rivage, et tournent leurs proues vers les terres de la Libye. Là, dans un golfe enfoncé, est une île qui forme un port par le prolongement de ses côtés; les eaux venant de la haute mer s'y brisent, et, refoulées sur elles-mêmes, se partagent après de longs détours. A droite et à gauche sont de vastes rochers, dont deux menacent le ciel : à l'ombre de leurs sommets les flots dorment au loin, tranquilles et silencieux; au-dessus s'élèvent en amphithéâtre des arbres où se joue la lumière, et la forêt abaisse sur les eaux la noire épaisseur de ses ombres. En face et sous des roches pendantes est un antre où coulent des eaux douces, où la nature a taillé des siéges dans la pierre vive : c'est la retraite des nymphes. Là point de câbles qui retiennent les vaisseaux fatigués; point d'ancre à la dent mordante qui les enchaîne. Énée, avec sept navires qu'il a recueillis, restes de toute sa flotte, aborde dans cette anse; les Troyens, dans leur impatiente ardeur de toucher la terre, s'élancent des vaisseaux, prennent possession de la rive tant désirée, et étendent sur la grève leurs membres, flétris par le sel piquant des mers. Aussitôt Achate fait jaillir l'étincelle des veines d'un caillou, la recueille dans des feuilles, amasse autour des matières arides, et saisit dans son foyer la flamme pétillante. Tous alors tirent des vaisseaux, ressource dernière dans

Tantane vos generis tenuit fiducia vestri?
Jam cœlum terramque meo sine numine, Venti,
Miscere, et tantas audetis tollere moles?
Quos ego... Sed motos præstat componere fluctus.   135
Post mihi non simili pœna commissa luetis.
Maturate fugam, regique hæc dicite vestro :
Non illi imperium pelagi sævumque tridentem,
Sed mihi sorte datum. Tenet ille immania saxa,
Vestras, Eure, domos; illa se jactet in aula   140
Æolus, et clauso ventorum carcere regnet.
Sic ait, et dicto citius tumida æquora placat;
Collectasque fugat nubes, solemque reducit.
Cymothoe, simul et Triton adnixus, acuto
Detrudunt navis scopulo; levat ipse tridenti;   145
Et vastas aperit syrtis, et temperat æquor;
Atque rotis summas levibus perlabitur undas.
Ac, veluti magno in populo quum sæpe coorta est
Seditio, sævitque animis ignobile vulgus;
Jamque faces et saxa volant; furor arma ministrat :   150
Tum pietate gravem ac meritis si forte virum quem
Conspexere, silent, adrectisque auribus adstant;
Iste regit dictis animos, et pectora mulcet :
Sic cunctus pelagi cecidit fragor, æquora postquam

Prospiciens genitor, cœloque invectus aperto,   155
Flectit equos, currugue volans dat lora secundo.
Defessi Æneadæ, quæ proxima, litora cursu
Contendunt petere, et Libyæ vertuntur ad oras.
Est in secessu longo locus : insula portum
Efficit objectu laterum, quibus omnis ab alto   160
Frangitur inque sinus scindit sese unda reductos.
Hinc atque hinc vastæ rupes geminique minantur
In cœlum scopuli, quorum sub vertice late
Æquora tuta silent; tum silvis scena coruscis
Desuper, horrentique atrum nemus imminet umbra.   165
Fronte sub adversa scopulis pendentibus antrum;
Intus aquæ dulces, vivoque sedilia saxo;
Nympharum domus : hic fessas non vincula navis
Ulla tenent; unco non adligat ancora morsu.
Huc septem Æneas collectis navibus omni   170
Ex numero subit; ac, magno telluris amore,
Egressi, optata potiuntur Troes arena,
Et sale tabentis artus in litore ponunt.
Ac primum silici scintillam excudit Achates,
Suscepitque ignem foliis, atque arida circum   175
Nutrimenta dedit, rapuitque in fomite flammam.
Tum Cererem corruptam undis, Cerealiaque arma

leur détresse, le froment à demi-corrompu par l'onde amère et les instruments de Cérès ; le feu va rôtir et la pierre broyer ces grains sauvés du naufrage.

Cependant Énée monte sur un rocher, et jette la vue sur la mer immense, pour découvrir, s'il peut, quelque galère phrygienne, ou celle d'Anthée, ou celle de Capys, ou le pavillon de Caïcus flottant au haut de la poupe. Rien ne paraît ; pas une voile : mais il aperçoit trois cerfs errants sur le rivage ; ils sont suivis par le troupeau tout entier, qui paît en longue file au milieu de la vallée. Énée s'arrête, saisit son arc et ses flèches rapides, que portait le fidèle Achate ; les chefs du troupeau, à la tête altière, à la haute ramure, tombent abattus : ensuite il poursuit de ses traits à travers les bois touffus la troupe dispersée, et ne la quitte pas qu'il n'ait en vainqueur renversé sur la poussière sept grands cerfs, et égalé leur nombre au nombre de ses vaisseaux. De là il retourne au port, et partage entre ses compagnons sa proie sanglante. Les vins dont le bon roi Aceste avait chargé ses vaisseaux sur le rivage de Sicile, et qu'il avait donnés aux Troyens partant de son royaume, leur sont distribués. Alors Énée console par ses discours leurs cœurs affligés. « Compagnons, leur dit-il, ce n'est pas « d'aujourd'hui que nous connaissons les maux : « nous en avons supporté de plus rudes : un dieu « mettra de même une fin à ceux-ci. Vous avez « affronté la rage de Scylla et ses gouffres re-« tentissants ; vous avez visité les terribles ro-« chers des Cyclopes. Rappelez vos courages, « et bannissez la tristesse et la crainte : un jour « peut-être ces souvenirs vous seront doux. A « travers tant d'épreuves, à travers tant de vi-« cissitudes nous courons au Latium, où les « destins nous montrent des demeures paisibles ; « c'est là qu'il nous sera permis de voir se rele-« ver l'empire de Troie. Endurcissez donc vos « cœurs à la peine, et conservez-vous pour des « jours meilleurs. »

Il dit, et, cachant sous un air d'espérance les grands soucis qui l'oppressent, il renferme dans son sein sa profonde douleur. Cependant les Troyens se livrent aux apprêts de leur sauvage festin. Ils dépouillent les cerfs, et mettent à nu leurs entrailles. Les uns les coupent par morceaux, et enfoncent un bois aigu dans leurs membres palpitants ; les autres placent sur le rivage des vases d'airain, qu'embrase la flamme attisée. Alors ils réparent leurs forces par une ample nourriture, et, couchés sur l'herbe, ils se rassasient de chair sauvage qu'ils arrosent d'un vieux Bacchus. Leur faim satisfaite, et les tables enlevées, ils redemandent par de longs discours leurs compagnons perdus. Suspendus entre l'espérance et la crainte, tantôt ils croient qu'ils vivent encore, tantôt qu'ils ont souffert les dernières extrémités, et qu'ils n'entendent plus leurs compagnons qui les appellent. Le pieux Énée surtout s'attendrit sur le sort cruel et du bouillant Oronte, et d'Amycus, et de Lycus : il pleure et le brave Gyas et le brave Cloanthe.

Enfin Jupiter, laissant tomber du haut des cieux ses regards sur la mer, sur la terre au loin étendue, sur les rivages et sur les peuples épars dans

Expediunt fessi rerum ; frugesque receptas
Et torrere parant flammis, et frangere saxo.
Æneas scopulum interea conscendit, et omnem 180
Prospectum late pelago petit ; Anthea si quem
Jactatum vento videat, Phrygiasque biremis,
Aut Capyn, aut celsis in puppibus arma Caici.
Navem in conspectu nullam ; tris litore cervos
Prospicit errantis ; hos tota armenta sequuntur 185
A tergo, et longum per vallis pascitur agmen.
Constitit hic, arcumque manu celerisque sagittas
Corripuit, fidus quæ tela gerebat Achates ;
Ductoresque ipsos primum, capita alta ferentis
Cornibus arboreis, sternit ; tum volgus, et omnem 190
Miscet agens telis nemora inter frondea turbam.
Nec prius absistit, quam septem ingentia victor
Corpora fundat humi, et numerum cum navibus æquet :
Hinc portum petit, et socios partitur in omnis.
Vina bonus quæ deinde cadis onerarat Acestes 195
Litore Trinacrio, dederatque abeuntibus heros,
Dividit, et dictis mœrentia pectora mulcet :
O socii, neque enim ignari sumus ante malorum,
O passi graviora ; dabit deus his quoque finem.
Vos et Scyllæam rabiem, penitusque sonantis 200
Adcestis scopulos ; vos et Cyclopia saxa
Experti : revocate animos, mœstumque timorem
Mittite : forsan et hæc olim meminisse juvabit.
Per varios casus, per tot discrimina rerum,
Tendimus in Latium, sedes ubi fata quietas 205
Ostendunt : illic fas regna resurgere Trojæ :
Durate, et vosmet rebus servate secundis.
Talia voce refert, curisque ingentibus æger
Spem voltu simulat, premit altum corde dolorem.
Illi se prædæ adcingunt, dapibusque futuris ; 210
Tergora deripiunt costis, et viscera nudant ;
Pars in frusta secant, veribusque trementia figunt ;
Litore ahena locant alii, flammasque ministrant ;
Tum victu revocant vires ; fusique per herbam
Implentur veteris Bacchi, pinguisque ferinæ. 215
Postquam exempta fames epulis, mensæque remotæ ;
Amissos longo socios sermone requirunt ;
Spemque metumque inter dubii, seu vivere credant,
Sive extrema pati, nec jam exaudire vocatos.
Præcipue pius Æneas, nunc acris Oronti, 220
Nunc Amyci casum gemit, et crudelia secum
Fata Lyci, fortemque Gyan, fortemque Cloanthum.
Et jam finis erat : quum Juppiter æthere summo
Despiciens mare velivolum, terrasque jacentis,
Litoraque, et latos populos, sic vertice cœli 225

l'univers, s'arrêta au sommet de l'Empyrée, et fixa ses yeux sur les royaumes de la Libye. Il agitait dans son esprit les destinées des mortels, quand Vénus, désolée et inondant de pleurs ses beaux yeux, lui parla ainsi : « O vous qui gou-
« vernez par des décrets éternels les dieux et les
« hommes, et dont la foudre les épouvante, qu'a
« donc fait contre vous mon Énée, qu'ont fait les
« Troyens de si criminel, pour que, épuisés par tant
« de funestes désastres, ils se voient fermer par
« tout l'univers les chemins de l'Italie? Un jour,
« disiez-vous, après des siècles révolus, les Ro-
« mains, le sang ranimé de Teucer, sortiront de
« là pour marcher à la tête des nations; la mer,
« la terre entière seront soumises à leur empire.
« Vous me l'aviez promis; qui a pu, mon père,
« vous faire changer de résolution? Hélas! cette
« espérance me consolait de la chute de Troie et de
« ses tristes ruines; de meilleurs destins compen-
« saient pour moi les destins contraires d'Ilion.
« Mais voici que la même fortune, s'acharnant à
« des hommes tant agités, les poursuit encore :
« puissant maître des dieux, quand mettrez-vous
« un terme à nos douleurs? Anténor, échappé
« aux armes des Grecs, a bien pu pénétrer dans
« le golfe d'Illyrie, s'avancer en sûreté jusqu'au
« fond du royaume des Liburniens, et franchir
« la source du Timave, qui, tombant des monta-
« gnes avec un immense murmure, s'élance par
« sept bouches, et, mer impétueuse, va couvrir
« les campagnes de ses vagues retentissantes. Là
« lui-même a bâti la ville de Padoue, établi les
« Troyens dans des demeures assurées, donné
« son nom à son nouveau peuple, et fixé les armes
« errantes d'Ilion : tranquille aujourd'hui, il rè-
« gne dans une paix profonde. Et nous, vos en-
« fants, nous à qui vous promettez les splendeurs
« de l'Olympe, nous perdons nos vaisseaux ; nous
« sommes livrés à la colère d'une seule déesse;
« nous sommes poussés bien loin des rivages de
« l'Italie. Est-ce là le prix de notre piété? Est-ce,
« ainsi que vous nous rétablissez dans notre em-
« pire? »

Le père des dieux et des hommes, souriant à Vénus de ce radieux sourire qui calme la tempête et qui répand la sérénité dans les airs, effleura de ses lèvres le front de sa fille, et lui répondit :
« Cesse de t'alarmer, déesse de Cythère; les des-
« tins demeureront les mêmes pour tes chers
« Troyens : tu verras la ville de Lavinium et ces
« remparts qui te sont promis ; et par toi le ma-
« gnanime Énée sera élevé jusqu'aux demeures
« éthérées. Mais, pour mieux calmer les tourments
« de ton cœur, je te dirai les secrets de l'avenir,
« et je déroulerai devant toi la longue trame des
« destinées. Ton fils soutiendra en Italie une
« grande guerre ; il y domptera des peuples féro-
« ces ; il leur donnera et des villes et des mœurs :
« trois étés le verront régner sur le Latium, et
« trois hivers s'écouleront, après qu'il aura sou-
« mis les Rutules. Le jeune Ascagne, qui porte
« aujourd'hui le nom d'Iūle (il s'appelait Ilus
« tant que subsista l'empire d'Ilion), verra, sur
« le trône de son père, l'année parcourir trente
« fois le long cercle des jours, et transportera le
« siége de l'empire de Lavinium à Albe la Longue,
« dont il jettera à grand'peine les fondements. Là
« régnera durant trois cents ans la race d'Hector :
« enfin une fille des rois albains, une vestale, Ilie,
« mêlant au sang de Mars le sang des rois, met-
« tra au monde deux jumeaux. Bientôt Romulus,
« le fier nourrisson de la louve, et paré de sa dé-

Constitit, et Libyæ defixit lumina regnis.
Atque illum talis jactantem pectore curas
Tristior, et lacrimis oculos suffusa nitentis,
Adloquitur Venus : O qui res hominumque deumque
Æternis regis imperiis, et fulmine terres,   230
Quid meus Æneas in te committere tantum,
Quid Troes potuere? quibus, tot funera passis,
Cunctus ob Italiam terrarum clauditur orbis?
Certe hinc Romanos olim, volventibus annis,
Hinc fore ductores, revocato a sanguine Teucri, 235
Qui mare, qui terras omni ditione tenerent,
Pollicitus. Quæ te, genitor, sententia vertit?
Hoc equidem occasum Trojæ tristisque ruinas
Solabar, fatis contraria fata rependens.
Nunc eadem fortuna viros tot casibus actos   240
Insequitur. Quem das finem, rex magne, laborum?
Antenor potuit, mediis elapsus Achivis,
Illyricos penetrare sinus atque intima tutus
Regna Liburnorum, et fontem superare Timavi,
Unde per ora novem vasto cum murmure montis   245
It mare proruptum, et pelago premit arva sonanti;
Hic tamen ille urbem Patavi sedesque locavit

Teucrorum, et genti nomen dedit, armaque fixit
Troïa; nunc placida compostus pace quiescit.
Nos, tua progenies, cœli quibus adnuis arcem,   250
Navibus (infandum) amissis, unius ob iram
Prodimur, atque Italis longe disjungimur oris.
Hic pietatis honos? sic nos in sceptra reponis?
  Olli subridens hominum sator atque deorum
Voltu, quo cœlum tempestatesque serenat,   255
Oscula libavit natæ; dehinc talia fatur :
Parce metu, Cytherea, manent immota tuorum
Fata tibi; cernes urbem et promissa Lavini
Mœnia, sublimemque feres ad sidera cœli
Magnanimum Æneam; neque me sententia vertit.   260
Hic (tibi fabor enim, quando hæc te cura remordet,
Longius et volvens fatorum arcana movebo)
Bellum ingens geret Italia, populosque ferocis
Contundet; moresque viris et mœnia ponet :
Tertia dum Latio regnantem viderit æstas,   265
Ternaque transierint Rutulis hiberna subactis.
At puer Ascanius, cui nunc cognomen Iulo
Additur (Ilus erat, dum res stetit Ilia regno),
Triginta magnos volvendis mensibus orbis

« pouille fauve, héritera du royaume d'Albe,
« fondera la cité de Mars, et appellera les Ro-
« mains de son nom. Ceux-ci ne connaîtront de
« bornes ni à la grandeur ni à la durée de leur
« puissance; je leur ai donné un empire infini
« comme les temps. Junon elle-même, l'impla-
« cable Junon, qui fatigue aujourd'hui de ses
« craintes haineuses et la mer, et la terre, et les
« cieux, inclinera à des sentiments meilleurs, et
« protégera avec moi les Romains, maîtres du
« monde, et la nation qui portera la toge. Telle
« est ma volonté. Bien des lustres s'écouleront
« encore jusqu'à ce qu'il vienne un temps où la
« maison d'Assaracus asservira Phthie, la superbe
« Mycènes, et dominera sur Argos vaincue. De la
« belle race troyenne naîtra Jules César, qui pren-
« dra son nom du grand Iüle; César, qui portera
« son empire jusqu'aux rivages de l'Océan, la gloire
« de son nom jusqu'aux astres. Toi-même un
« jour, libre d'inquiétudes, tu le recevras, tout
« chargé des dépouilles de l'Orient, dans le séjour
« des dieux, et les mortels l'invoqueront dans
« leurs prières. Alors cesseront les guerres; alors
« s'adoucira la férocité des temps; alors l'an-
« tique honneur, et Vesta, et Romulus avec Ré-
« mus son frère, dicteront des lois aux peuples ;
« les redoutables portes du temple de la guerre
« seront fermées par d'étroites barrières de fer ;
« au dedans, la Discorde impie, assise sur de cruel-
« les armes, les mains liées derrière le dos par cent
« nœuds d'airain, frémira, la bouche sanglante,
« dans sa hideuse rage. »

Il dit, et du haut de l'Olympe il envoie le fils de Maïa sur la terre libyenne, afin qu'il dispose la nouvelle cité de Carthage à ouvrir aux Troyens son enceinte hospitalière, et qu'il empêche Didon, qui ignore leur destinée, de les repousser de ses frontières. Mercure, porté sur ses ailes rapides, fend les vagues des airs, s'arrête sur le rivage libyen, et exécute les ordres de Jupiter. Dociles à la volonté du dieu, les Tyriens dépouillent leur humeur farouche; leur reine la première ouvre déjà son cœur à des sentiments de paix et de bienveillance pour les Troyens.

Cependant le pieux Énée s'agitait dans les inquiétudes d'une nuit sans sommeil. Dès que reparut la douce lumière du jour, il résolut d'aller lui-même reconnaître ces contrées nouvelles : il veut savoir sur quel rivage les vents l'ont poussé, si ces déserts sont habités par des hommes ou abandonnés aux bêtes sauvages, et raconter ses découvertes à ses compagnons. Il laisse sa flotte à l'ancre dans l'enfoncement des bois, à l'abri d'une roche spacieuse, que les arbres enveloppent de tous côtés de leurs noirs ombrages. Il s'avance, accompagné du seul Achate, et brandissant deux javelots armés d'un large fer. Voici qu'au milieu de la forêt sa mère se présente à lui : son air, sa démarche, ses armes, tout en elle est d'une vierge de Sparte; on dirait encore Harpalyce de Thrace fatiguant ses coursiers effrénés, et devançant dans sa fuite le rapide Eurus. La déesse avait suspendu à ses épaules l'arc léger des forêts; ses cheveux abandonnés s'épanchaient au gré des

Imperio explebit, regnumque ab sede Lavini 270
Transferet, et longam multa vi muniet Albam.
Hic jam ter centum totos regnabitur annos
Gente sub Hectorea; donec regina sacerdos
Marte gravis geminam partu dabit Ilia prolem.
Inde lupae fulvo nutricis tegmine laetus 275
Romulus excipiet gentem, et Mavortia condet
Moenia, Romanosque suo de nomine dicet.
His ego nec metas rerum nec tempora pono;
Imperium sine fine dedi. Quin aspera Juno,
Quae mare nunc terrasque metu coelumque fatigat, 280
Consilia in melius referet, mecumque fovebit
Romanos, rerum dominos, gentemque togatam.
Sic placitum. Veniet lustris labentibus aetas,
Quum domus Assaraci Phthiam clarasque Mycenas
Servitio premet, ac victis dominabitur Argis. 285
Nascetur pulchra Trojanus origine Caesar,
Imperium Oceano, famam qui terminet astris;
Julius, a magno demissum nomen Iulo :
Hunc tu olim caelo, spoliis Orientis onustum,
Adcipies secura; vocabitur hic quoque votis. 290
Aspera tum positis mitescent saecula bellis.
Cana Fides, et Vesta, Remo cum fratre Quirinus,
Jura dabunt; dirae ferro et compagibus artis
Claudentur Belli portae; Furor inpius intus,
Saeva sedens super arma, et centum vinctus aenis 295

Post tergum nodis, fremet horridus ore cruento.
 Haec ait : et Maia genitum demittit ab alto;
Ut terrae, utque novae pateant Carthaginis arces
Hospitio Teucris : ne fati nescia Dido
Finibus arceret. Volat ille per aera magnum 300
Remigio alarum; ac Libyae citus adstitit oris.
Et jam jussa facit; ponuntque ferocia Poeni
Corda, volente deo. In primis regina quietum
Adcipit in Teucros animum mentemque benignam.
 At pius Aeneas, per noctem plurima volvens, 305
Ut primum lux alma data est, exire, locosque
Explorare novos; quas vento adcesserit oras,
Qui teneant, nam inculta videt, hominesne feraene,
Quaerere constituit, sociisque exacta referre.
Classem in convexo nemorum, sub rupe cavata, 310
Arboribus clausam circum atque horrentibus umbris
Occulit; ipse uno graditur comitatus Achate;
Bina manu lato crispans hastilia ferro.
Cui mater media sese tulit obvia silva,
Virginis os habitumque gerens, et virginis arma 315
Spartanae; vel qualis equos Threissa fatigat
Harpalyce, volucremque fuga praevertitur Eurum.
Namque humeris de more habilem suspenderat arcum,
Venatrix, dederatque comam diffundere ventis;
Nuda genu, nodoque sinus collecta fluentis. 320
Ac prior, Heus, inquit, juvenes, monstrate mearum

vents ; nue jusqu'aux genoux, elle avait rassemblé par un nœud les plis de sa tunique flottante. La première elle élève la voix : « Holà, jeunes « guerriers ! dit-elle ; n'avez-vous point par hasard aperçu quelqu'une de mes compagnes errante en ces lieux, couverte de la peau tachetée d'un lynx, et portant un carquois, ou pressant de ses cris la fuite d'un sanglier écumant ? » Ainsi parla Vénus, et son fils de lui répondre : « Aucune de vos compagnes n'a été ni vue, ni entendue par nous. Mais de quel nom vous appellerai-je, ô vierge divine ? car ce visage, cette voix ne sont pas d'une mortelle, mais d'une déesse. Êtes-vous la sœur de Phébus, une des nymphes de ces bois ? Soyez-nous propice, qui que vous soyez, et venez en aide à des malheureux : apprenez-nous enfin sous quel ciel, dans quelle contrée de l'univers le sort nous a jetés : ignorant et les lieux où nous sommes, et les peuples qui les habitent, nous errons, poussés sur ces bords par les vents et par les vastes flots. De nombreuses victimes tomberont devant vos autels, sous nos mains reconnaissantes. »

Alors Vénus : « Ces honneurs ne sont pas « faits pour moi. C'est la coutume des vierges « tyriennes de porter un carquois, et de chausser le haut cothurne de pourpre. Vous êtes dans « le royaume de Carthage, chez les Tyriens, et « près de la ville d'Agénor. Ces frontières sont « celles des Libyens, nation indomptable à la « guerre : cet empire obéit à Didon, qui, pour « fuir la barbarie d'un frère, s'est exilée de « Tyr. L'histoire de ses malheurs est longue, et « long en est l'enchaînement : je veux n'en tracer « à vos yeux qu'une rapide peinture. Didon avait « pour époux Sichée, le plus riche des Phéniciens « par les champs qu'il labourait, et pour lequel « elle brûlait du plus violent amour. Le roi son « père la lui avait donnée vierge encore, et l'avait unie à lui sous les premiers auspices de « l'hymen. Mais le frère de Didon, Pygmalion, « venait de monter sur le trône de Tyr ; Pygmalion, le plus abominable des scélérats. Soudain « éclatent entre les frères de furieuses inimitiés : « le tyran, aveuglé par la passion de l'or, surprend Sichée au pied des autels, et d'un bras « impie l'assassine en secret, sans s'inquiéter « d'une sœur qu'il frappe dans ses amours. « Longtemps il cacha son crime, et, inventant « mille fables odieuses, il amusa par de vaines « espérances la douleur d'une amante infortunée. « Mais l'ombre de Sichée privé de sépulture apparut en songe à Didon, et devant elle le spectre « se dressa pâle d'une pâleur effrayante : il lui « montra l'autel homicide où il était tombé, sa « poitrine percée d'un fer sanglant, et lui dévoila « tout le ténébreux mystère de ce crime domestique. Alors il lui conseille de se hâter de fuir, et « de s'éloigner de sa patrie ; et, pour l'aider dans « sa fuite, il lui découvre sous la terre d'anciens trésors enfouis, des monceaux d'or et « d'argent. Agitée par ces visions, Didon se préparait à fuir, et déjà pressait ses compagnons « d'exil. Aussitôt se rassemblent autour d'elle « tous ceux que rallie ou la haine mortelle qu'ils « portent au tyran, ou la peur violente de la tyrannie. Des vaisseaux étaient prêts dans le « port ; ils s'en saisissent : on emporte sur les « ondes les trésors ravis aux mains avides de « Pygmalion : une femme a tout conduit. Les « exilés de Tyr abordèrent aux lieux où vous

Vidistis si quam hic errantem forte sororum,
Subcinctam pharetra et maculosæ tegmine lyncis,
Aut spumantis apri cursum clamore prementem.
 Sic Venus; et Veneris contra sic filius orsus :   325
Nulla tuarum audita mihi neque visa sororum,
O, quam te memorem? virgo ; namque haud tibi voltus
Mortalis, nec vox hominem sonat : o, dea certe ;
An Phœbi soror? an Nympharum sanguinis una?
Sis felix, nostrumque leves, quæcumque, laborem :   330
Et, quo sub cœlo tandem, quibus orbis in oris
Jactemur, doceas. Ignari hominumque locorumque
Erramus, vento huc et vastis fluctibus acti.
Multa tibi ante aras nostra cadet hostia dextra.
 Tum Venus : Haud equidem tali me dignor honore :   335
Virginibus Tyriis mos est gestare pharetram,
Purpureoque alte suras vincire cothurno.
Punica regna vides, Tyrios, et Agenoris urbem.
Sed fines Libyci, genus intractabile bello.
Imperium Dido Tyria regit urbe profecta,   340
Germanum fugiens. Longa est injuria, longæ
Ambages ; sed summa sequar fastigia rerum.

Huic conjunx Sychæus erat, ditissimus agri
Phœnicum, et magno miseræ dilectus amore :
Cui pater intactam dederat, primisque jugarat   345
Ominibus. Sed regna Tyri germanus habebat
Pygmalion, scelere ante alios immanior omnis.
Quos inter medius venit Furor. Ille Sychæum
Impius ante aras, atque auri cæcus amore,
Clam ferro incautum superat, securus amorum   350
Germanæ ; factumque diu celavit, et ægram,
Multa malus simulans, vana spe lusit amantem.
Ipsa sed in somnis inhumati venit imago
Conjugis ; ora modis adtollens pallida miris,
Crudelis aras trajectaque pectora ferro   355
Nudavit ; cæcumque domus scelus omne retexit.
Tum celerare fugam patriaque excedere suadet,
Auxiliumque viæ veteres tellure recludit
Thesauros, ignotum argenti pondus et auri.
His commota fugam Dido sociosque parabat.   360
Conveniunt, quibus aut odium crudele tyranni,
Aut metus acer erat ; navis, quæ forte paratæ,
Corripiunt, onerantque auro. Portantur avari

« allez voir de hautes murailles qui déjà s'élèvent,
« et la citadelle de la nouvelle Tyr, de Carthage.
« Ils achetèrent autant d'espace que peut en em-
« brasser la peau d'un taureau : de là le nom de
« Byrsa qu'ils donnèrent à la citadelle. Mais
« vous, ô étrangers, qui êtes-vous ? de quels
« bords venez-vous ? où dirigez-vous votre
« course ? » Elle dit, et le héros, tirant de sa poitrine un profond soupir, lui répond par ces mots :
« O déesse, si, rappelant les années écoulées,
« je vous racontais nos malheurs dès leur ori-
« gine, et si vous aviez le loisir d'en écouter la
« déplorable histoire, Vesper ensevelirait le jour
« dans les ténèbres de l'Olympe assoupi. Échap-
« pés de l'antique Troie (peut-être ce nom fameux
« est-il venu jusqu'à vos oreilles), et portés de
« mers en mers, un caprice imprévu de la tempête
« nous a jetés sur les côtes de la Libye. Je suis
« Énée, ce mortel pieux qui emporte avec lui
« sur ses vaisseaux ses dieux pénates, arrachés
« aux mains des ennemis ; Énée, dont le nom a
« volé jusqu'aux astres. Je vais chercher une pa-
« trie en Italie ; là aussi j'eus des ancêtres issus
« du grand Jupiter. Je me suis embarqué sur la
« mer de Phrygie avec vingt vaisseaux : la déesse
« ma mère me montrait la route ; je suivais les
« destins qui m'étaient marqués. De mes navi-
« res sept à peine, écrasés par les vagues et par
« les vents, me restent de ma flotte entière. Moi-
« même, inconnu, misérable, je parcours les dé-
« serts de la Libye, chassé de l'Europe et de
« l'Asie. » Vénus ne le laissa pas poursuivre son
déplorable récit, et l'interrompit ainsi au milieu
de sa douleur :

« Non, qui que vous soyez, je ne crois pas que,
« haï des dieux, vous goûtiez la lumière du ciel,
« vous qui êtes arrivé près de la cité tyrienne.
« Poursuivez votre route, et portez vos pas jus-
« qu'au palais de la reine. Vos compagnons
« vous sont rendus, votre flotte vous est ramenée,
« et le souffle changé des vents l'a poussée dans
« de sûrs parages : c'est moi qui vous l'annonce,
« à moins que mes parents ne m'aient trompée en
« m'apprenant l'art menteur des augures. Voyez
« voler en troupe et s'ébattre joyeux dans les
« airs ces douze cygnes : tout à l'heure l'oiseau
« de Jupiter, fondant sur eux du haut des nues,
« les dispersait au milieu d'un ciel serein : les
« voilà maintenant qui s'abattent en longue file,
« ou qui vont, tête baissée, s'abattre sur la terre.
« Rassemblés de nouveau, comme ils agitent en
« se jouant leurs ailes bruyantes, comme ils se
« déploient en cercle, comme ils chantent dans
« l'azur des cieux ! Ainsi vos navires dispersés
« et vos compagnons ou sont entrés dans le port,
« ou y voguent à pleines voiles. Allez donc, et
« dirigez vos pas jusqu'où vous mène cette route. »
Elle dit, et, détournant sa face de rose, elle
parut éblouissante ; ses cheveux divins exhalèrent une odeur d'ambroisie ; sa robe tomba en
plis flottants jusqu'à ses pieds : elle marcha, et
son port trahit une déesse. Énée reconnaît sa
mère ; et, tandis qu'elle fuit, il la poursuit de
ces paroles : « Pourquoi, mère cruelle, vous aussi,
« tromper tant de fois votre fils par de vaines
« images ? Pourquoi ne m'est-il pas permis de
« toucher votre main de la mienne, d'entendre
« votre voix et d'y répondre ? » En exhalant ces

Pygmalionis opes pelago ; dux femina facti.
Devenere locos, ubi nunc ingentia cernes   365
Moenia, surgentemque novæ Carthaginis arcem ;
Mercatique solum, facti de nomine Byrsam,
Taurino quantum possent circumdare tergo.
Sed vos qui tandem, quibus aut venistis ab oris,
Quove tenetis iter ? Quærenti talibus ille   370
Suspirans, imoque trahens a pectore vocem :
O dea, si prima repetens ab origine pergam,
Et vacet annalis nostrorum audire laborum :
Ante diem clauso componet vesper Olympo.
Nos Troja antiqua, si vestras forte per auris   375
Trojæ nomen iit, diversa per æquora vectos
Forte sua Libycis tempestas adpulit oris.
Sum pius Æneas, raptos qui ex hoste Penates
Classe veho mecum, fama super æthera notus.
Italiam quæro patriam, genus ab Jove summo.   380
Bis denis Phrygium conscendi navibus æquor,
Matre dea monstrante viam, data fata secutus.
Vix septem convolsæ undis Euroque supersunt.
Ipse ignotus, egens, Libyæ deserta peragro,
Europa atque Asia pulsus. Nec plura querentem   385
Passa Venus medio sic interfata dolore est :

Quisquis es, haud, credo, invisus cœlestibus auras
Vitales carpis, Tyriam qui adveneris urbem.
Perge modo, atque hinc te reginæ ad limina perfer.
Namque tibi reduces socios classemque relatam
Nuntio, et in tutum versis aquilonibus actam :   390
Ni frustra augurium vani docuere parentes.
Adspice bis senos lætantis agmine cycnos,
Ætheria quos lapsa plaga Jovis ales aperto
Turbabat cœlo ; nunc terras ordine longo   395
Aut capere, aut captas jam despectare videntur.
Ut reduces illi ludunt stridentibus alis,
Et cœtu cinxere polum, cantusque dedere :
Haud aliter puppesque tuæ pubesque tuorum
Aut portum tenet, aut pleno subit ostia velo.   400
Perge modo, et, qua te ducit via, dirige gressum.
  Dixit, et avertens rosea cervice refulsit,
Ambrosiæque comæ divinum vertice odorem
Spiravere ; pedes vestis defluxit ad imos ;
Et vera incessu patuit dea. Ille, ubi matrem   405
Adgnovit, tali fugientem est voce secutus :
Quid natum toties, crudelis tu quoque, falsis
Ludis imaginibus ? cur dextræ jungere dextram
Non datur, ac veras audire et reddere voces ?

plaintes, il s'avance à grands pas vers Carthage. Cependant Vénus l'avait environné lui et Achate d'une obscure vapeur, et les avait enveloppés comme d'un voile d'une nuée épaisse, afin que nul ne pût les voir, ni s'approcher d'eux, ni retarder leur marche, ni les interroger sur les causes de leur arrivée. La déesse revole vers Paphos, et joyeuse va revoir ces lieux qu'elle aime. Là est son temple; là l'encens de Saba fume sur cent autels, que des fleurs toujours nouvelles embaument du parfum de leurs guirlandes.

Cependant Énée et Achate s'engagent dans le sentier ouvert devant eux. Déjà ils gravissaient la colline qui domine au loin la ville, et d'où ses hautes murailles se découvrent aux yeux. Énée étonné contemple ces immenses ouvrages, autrefois des cabanes; il admire ces portes, ces mille voies aplanies de la bruyante cité. Partout les Tyriens se portent d'une commune ardeur aux travaux : ceux-ci élèvent les murs de la citadelle, les flanquent de tours, et roulent à force de bras d'énormes pierres; ceux-là choisissent un terrain pour s'y bâtir une demeure, et y tracer un fossé d'enceinte. Ici on élit des juges, des magistrats, et le corps sacré du sénat; là on creuse un port; ailleurs on pose les assises profondes d'un théâtre; et d'immenses colonnes sont taillées dans le roc, hautes décorations des scènes futures. Ainsi les abeilles, quand l'été renaît avec ses chauds soleils, s'exercent au travail à travers les campagnes fleuries, et font sortir de la ruche les jeunes essaims, l'espoir de la nation : les unes pétrissent le miel liquide, et remplissent du doux nectar les alvéoles gonflés;

les autres reçoivent les fardeaux de celles qui arrivent, ou, se rassemblant en cohortes serrées, elles écartent des ruches la troupe paresseuse des frelons. Tout agit, tout s'échauffe; l'air est embaumé des suaves odeurs du thym et du miel. Heureux, s'écria Énée, heureux ceux qui voient s'élever leurs murailles! Et en même temps il regardait le faîte des toits grandissants de Carthage. A la faveur du nuage qui l'environne, il se porte (ô prodige!) au milieu des Tyriens, se mêle à la foule, est partout présent et invisible. Il y avait au milieu de la ville un bois plein de délicieux ombrages; c'était là que les Phéniciens, ballottés par les ondes et les tempêtes, avaient pris terre : en fouillant le sol, ils avaient découvert la tête d'un coursier ardent que Junon elle-même leur avait montrée; signe manifeste qui promettait à la nouvelle nation la gloire des armes et les faciles ressources d'une abondance éternelle. Là Didon faisait bâtir et consacrait à Junon un temple magnifique, plein des dons les plus riches et de la majesté de la déesse. On voyait s'élever son vestibule d'airain, où l'on montait par des degrés; l'airain liait entre elles les poutres de l'édifice; les portes gémissaient sous des gonds d'airain. Là s'offrit pour la première fois aux regards d'Énée un spectacle nouveau qui calma ses douleurs; là pour la première fois il osa espérer des jours meilleurs, et prendre confiance en sa fortune moins déplorable. Tandis qu'en attendant la reine il parcourt des yeux toutes les magnificences du temple; tandis qu'il admire la fortune étonnante de la nouvelle cité, et ces merveilleux ouvrages de tant de mains

Talibus incusat, gressumque ad moenia tendit.   410
At Venus obscuro gradientis aere saepsit,
Et multo nebulae circum dea fudit amictu :
Cernere ne quis eos, neu quis contingere posset,
Molirive moram, aut veniendi poscere caussas.
Ipsa Paphum sublimis abit, sedesque revisit   415
Laeta suas : ubi templum illi, centumque Sabaeo
Ture calent arae, sertisque recentibus halant.
    Corripuere viam interea, qua semita monstrat;
Jamque adscendebant collem, qui plurimus urbi
Imminet, adversasque adspectat desuper arces.   420
Miratur molem Aeneas, magalia quondam;
Miratur portas, strepitumque, et strata viarum.
Instant ardentes Tyrii : pars ducere muros,
Molirique arcem : et manibus subvolvere saxa;
Pars optare locum tecto, et concludere sulco.   425
Jura magistratusque legunt, sanctumque senatum.
Hic portus alii effodiunt; hic alta theatris
Fundamenta locant alii, immanisque columnas
Rupibus excidunt, scenis decora alta futuris.
Qualis apes aestate nova per florea rura   430
Exercet sub sole labor; quum gentis adultos
Educunt fetus, aut quum liquentia mella
Stipant, et dulci distendunt nectare cellas;

Aut onera adcipiunt venientum, aut agmine facto
Ignavum fucos pecus a praesepibus arcent;   435
Fervet opus, redolentque thymo fragrantia mella.
O fortunati, quorum jam moenia surgunt!
Aeneas ait, et fastigia suspicit urbis.
Infert se saeptus nebula (mirabile dictu)
Per medios, miscetque viris; neque cernitur ulli.   440
    Lucus in urbe fuit media, laetissimus umbrae,
Quo primum, jactati undis et turbine, Poeni
Effodere loco signum, quod regia Juno
Monstrarat, caput acris equi; sic nam fore bello
Egregiam, et facilem victu per saecula gentem.   445
Hic templum Junoni ingens Sidonia Dido
Condebat, donis opulentum et numine divae :
Aerea cui gradibus surgebant limina, nexaeque
Aere trabes; foribus cardo stridebat aenis.
Hoc primum in luco nova res oblata timorem   450
Leniit; hic primum Aeneas sperare salutem
Ausus, et adflictis melius confidere rebus.
Namque, sub ingenti lustrat dum singula templo,
Reginam opperiens, dum, quae fortuna sit urbi,
Artificumque manus inter se, operumque laborem,   455
Miratur, videt Iliacas ex ordine pugnas,
Bellaque jam fama totum volgata per orbem,

Industrieuses, il voit représentés sur la toile la longue série des combats d'Ilion, et les guerres que la renommée a déjà publiées par toute la terre; il voit le fils d'Atrée, Priam, et Achille si terrible à l'un et à l'autre. Énée à cette vue s'arrête, et s'écrie en pleurant : « Quel lieu, ô « Achate, quelle contrée de la terre n'est pas « déjà pleine de nos malheurs? Voici Priam : ici « donc la gloire a aussi sa récompense; ici il y « a des larmes pour les maux, et les choses humaines touchent les cœurs mortels. Rassurons-« nous; cette renommée d'Ilion sera notre salut « en ces lieux. » Il dit, et repaît ses yeux et son âme de ces vaines images, gémissant de douleur, et inondant son visage d'un torrent de larmes. Là il voyait se combattre autour de Pergame les Grecs et les Troyens, d'un côté les Grecs fuir, de l'autre les presser les guerriers d'Ilion : ailleurs les Phrygiens fuyaient devant le char et l'aigrette menaçante d'Achille. Non loin de là, il reconnaît en pleurant les blancs pavillons de Rhésus, et ce camp des Thraces que le fils de Tydée, après l'avoir lâchement surpris vers la première heure du sommeil, ravageait et remplissait de carnage : Diomède emmène dans son camp les coursiers ardents de Rhésus, avant qu'ils aient goûté des pâturages de Troie, et bu des eaux du Xanthe. Près de là fuit désarmé Troïle, malheureux enfant qui osa provoquer Achille à une lutte inégale : emporté par ses coursiers, il reste renversé sur son char vide, et tenant encore les rênes; sa tête et ses cheveux sont traînés sur l'arène, et la lance qui l'a percé marque la poussière d'un sillon sanglant. Voilà que les Troyennes, les cheveux épars, allaient au temple de Pallas irritée; tristes et suppliantes, elles portaient en offrande à la déesse un voile sacré, et se meurtrissaient le sein. Pallas, les yeux immobiles et baissés vers la terre, détournait la tête. Trois fois Achille avait traîné Hector autour des murs d'Ilion, et il vendait pour de l'or ses restes inanimés. Alors Énée laisse échapper de son sein un profond soupir, quand il voit ce char, ces dépouilles, ce corps sanglant de son ami; quand il voit Priam tendant au vainqueur des mains désarmées. Lui aussi il se retrouve au fort de la mêlée avec les chefs des Grecs; il reconnaît les phalanges venues des contrées de l'aurore, et les armes du noir Memnon. Il voit l'ardente Penthésilée mener au combat les cohortes de ses Amazones; il voit briller leurs boucliers en forme de croissant : terrible entre mille et mille combattants, et nouant un baudrier sur son sein découvert, la vierge guerrière ose se mesurer avec des guerriers.

Tandis qu'Énée, admirant ces peintures, y attachait ses yeux ravis, et s'oubliait dans un muet enchantement de la reine de Carthage, la belle Didon s'avançait vers le temple, escortée d'une nombreuse jeunesse. Telle sur les rives de l'Eurotas, ou sur les hauteurs du Cynthe, Diane mène les chœurs de ses nymphes : autour d'elle se pressent en foule mille et mille Oréades, ses compagnes; la déesse porte un carquois sur l'épaule; elle marche, et dépasse de sa tête divine toutes ces immortelles; le cœur de Latone en est pénétré d'une secrète joie : telle paraissait Didon, telle elle s'avançait joyeuse au milieu de ses peuples, animant leurs travaux, et pressant la future grandeur de son empire. Alors,

Atridas, Priamumque, et sævum ambobus Achillem.
Constitit; et lacrimans, Quis jam locus, inquit, Achate,
Quæ regio in terris nostri non plena laboris?   460
En Priamus. Sunt hic etiam sua præmia laudi ;
Sunt lacrimæ rerum; et mentem mortalia tangunt.
Solve metus ; feret hæc aliquam tibi fama salutem.
Sic ait, atque animum pictura pascit inani,
Multa gemens, largoque humectat flumine voltum.   465
Namque videbat, uti bellantes Pergama circum
Hac fugerent Graii, premeret Trojana juventus;
Hac Phryges ; instaret curru cristatus Achilles.
Nec procul hinc Rhesi niveis tentoria velis
Adgnoscit lacrimans; primo quæ prodita somno   470
Tydides multa vastabat cæde cruentus ;
Ardentisque avertit equos in castra, priusquam
Pabula gustassent Trojæ Xanthumque bibissent.
Parte alia fugiens amissis Troilus armis,
Infelix puer, atque impar congressus Achilli,   475
Fertur equis, curruque hæret resupinus inani,
Lora tenens tamen : huic cervixque comæque trahuntur
Per terram, et versa pulvis inscribitur hasta.
Interea ad templum non æquæ Palladis ibant
Crinibus Iliades passis, peplumque ferebant   480
Suppliciter tristes, et tunsæ pectora palmis ;
Diva solo fixos oculos aversa tenebat.
Ter circum Iliacos raptaverat Hectora muros,
Exanimumque auro corpus vendebat Achilles.
Tum vero ingentem gemitum dat pectore ab imo :   485
Ut spolia, ut currus, utque ipsum corpus amici,
Tendentemque manus Priamum conspexit inermis,
Se quoque principibus permixtum adgnovit Achivis,
Eoasque acies, et nigri Memnonis arma.
Ducit Amazonidum lunatis agmina peltis   490
Penthesilea furens, mediisque in millibus ardet
Aurea subnectens exsertæ cingula mammæ
Bellatrix, audetque viris concurrere virgo.
    Hæc dum Dardanio Æneæ miranda videntur,
Dum stupet, obtutuque hæret defixus in uno :   495
Regina ad templum, forma pulcherrima, Dido
Incessit, magna juvenum stipante caterva.
Qualis in Eurotæ ripis, aut per juga Cynthi,
Exercet Diana choros ; quam mille secutæ
Hinc atque hinc glomerantur Oreades ; illa pharetram 500
Fert humero, gradiensque deas supereminet omnis ;
Latonæ tacitum pertentant gaudia pectus :
Talis erat Dido, talem se læta ferebat

sous le vestibule de la déesse et à l'entrée même du sanctuaire, elle s'assied, entourée de guerriers, sur un trône élevé. Là, tandis qu'elle dictait ses jugements, proclamait ses lois, et mesurait à ses peuples ou faisait tirer au sort les travaux de la cité nouvelle, tout à coup Énée voit s'avancer au milieu d'une foule immense Anthée, Sergeste, le brave Cloanthe, et les autres Troyens que la noire tempête avait dispersés sur la mer, et jetés à des distances infinies sur des bords étrangers. A cette vue, saisis d'étonnement, de joie et de crainte, Achate et le héros brûlent de toucher la main de leurs compagnons. Mais tout en ces lieux leur est inconnu et trouble leurs esprits. Ils dissimulent, et du sein de la nuée qui les enveloppe ils observent et écoutent, impatients de savoir quel destin a sauvé leurs compagnons, sur quel rivage ils ont laissé la flotte, ce qui les amène en ces lieux : car ils voyaient les chefs de leurs vaisseaux s'avancer en implorant la pitié des Tyriens, et gagner le temple en poussant des cris suppliants. Après qu'ils eurent été introduits devant la reine, et qu'elle leur eut accordé la permission de parler, le plus âgé d'entre eux, Ilionée, s'exprima ainsi d'un ton plein d'assurance : « Grande reine, à « qui Jupiter a donné de fonder une ville nou- « velle, et de soumettre au frein de vos lois « équitables des nations farouches, nous, mal- « heureux Troyens, portés par les vents sur « toutes les mers, nous venons vous supplier. « Écartez de nos vaisseaux des flammes barba- « res ; épargnez une race pieuse, et daignez con- « naître mieux notre triste fortune. Nous ne « sommes pas venus dévaster, le fer à la main, « le pays des Libyens, ni, ravisseurs de leurs « biens, emporter vers le rivage un butin infâme : « tant de violence, hélas! et tant d'orgueil sié- « raient mal à des vaincus. Il est un lieu (les Grecs « le nomment Hespérie), terre antique, au sein fé- « cond, et puissante par les armes. Jadis les Œno- « triens l'habitèrent ; et l'on dit qu'après eux de « nouveaux peuples l'appelèrent Italie, du nom de « leur chef. Là se dirigeait notre course, lors- « que, soulevant tout à coup les flots, l'orageux « Orion nous poussa sur des écueils cachés ; les « vents déchaînèrent leur haleine pétulante ; la « mer nous écrasa, et nous fûmes dispersés sur « les ondes, jetés contre des rochers inaccessi- « bles. Un petit nombre des nôtres a pu aborder « jusqu'à vos rivages. Mais quelle race inhu- « maine les habite donc? Quelle est donc cette « terre barbare qui souffre une telle coutume? « Quoi! nous sommes repoussés de la rive hos- « pitalière! on s'agite en armes, on nous défend « de mettre le pied sur la première terre offerte « aux naufragés! Libyens, si vous méprisez les « hommes et leurs armes mortelles, songez du « moins qu'il est des dieux qui se souviennent « du juste et de l'injuste. Nous avions pour roi « Énée, le plus juste, le plus pieux des mortels, « le plus vaillant et le plus redoutable des guer- « riers. Si les destins nous conservent ce héros, « s'il goûte encore la lumière éthérée, et s'il n'est « pas encore plongé dans les cruelles ombres de « la mort, ne craignez pas, grande reine, de « jamais vous repentir de l'avoir prévenu par « vos bienfaits. Nous avons encore pour nous « les villes de la Sicile, les armes de ses peuples, « et leur roi, l'illustre Aceste, issu du sang

Per medios, instans operi regnisque futuris.
Tum foribus divæ, media testudine templi, 505
Sæpta armis, solioque alte subnixa, resedit.
Jura dabat legesque viris ; operumque laborem
Partibus æquabat justis, aut sorte trahebat :
Quum subito Æneas concursu adcedere magno
Anthea Sergestumque videt fortemque Cloanthum, 510
Teucrorumque alios : ater quos æquore turbo
Dispulerat, penitusque alias avexerat oras.
Obstupuit simul ipse, simul percussus Achates
Lætitiaque metuque ; avidi conjungere dextras
Ardebant : sed res animos incognita turbat. 515
Dissimulant ; et nube cava speculantur amicti,
Quæ fortuna viris ; classem quo litore linquant ;
Quid veniant : cunctis nam lecti navibus ibant,
Orantes veniam, et templum clamore petebant.
Postquam introgressi, et coram data copia fandi 520
Maximus Ilioneus placido sic pectore cœpit :
O regina, novam cui condere Juppiter urbem,
Justitiaque dedit gentis frenare superbas,
Troes te miseri, ventis maria omnia vecti,
Oramus : prohibe infandos a navibus ignis ; 525
Parce pio generi, et propius res adspice nostras.

Non nos aut ferro Libycos populare Penates
Venimus, aut raptas ad litora vertere prædas :
Non ea vis animo, nec tanta superbia victis.
Est locus, Hesperiam Graii cognomine dicunt, 530
Terra antiqua, potens armis, atque ubere glebæ :
Œnotri coluere viri ; nunc fama, minores
Italiam dixisse ducis de nomine gentem.
Huc cursus fuit :
Quum subito adsurgens fluctu nimbosus Orion 535
In vada cæca tulit, penitusque procacibus austris
Perque undas, superante salo, perque invia saxa
Dispulit ; huc pauci vestris adnavimus oris. [morem
Quod genus hoc hominum, quæve hunc tam barbara
Permittit patria? hospitio prohibemur arenæ ? 540
Bella cient, primaque vetant consistere terra.
Si genus humanum et mortalia temnitis arma ;
At sperate deos memores fandi atque nefandi.
Rex erat Æneas nobis, quo justior alter,
Nec pietate fuit, nec bello major et armis. 545
Quem si fata virum servant, si vescitur aura
Ætheria, neque adhuc crudelibus occubat umbris ;
Non metus, officio ne te certasse priorem
Pœniteat. Sunt et Siculis regionibus urbes,

« troyen. Souffrez que nous tirions à terre nos
« vaisseaux fracassés par les vents, et que nous
« réparions avec le bois de vos forêts nos ca-
« rènes et nos rames brisées. S'il nous est encore
« réservé de pousser notre course vers l'Italie,
« après avoir retrouvé nos compagnons et notre
« roi, nous voguerons joyeux vers l'Italie et
« vers le Latium. Mais si tout espoir de salut est
« perdu pour nous, si la mer de Libye te roule
« dans ses abîmes, ô toi le père des Troyens, le
« meilleur des rois, s'il nous faut même déses-
« pérer d'Iule, qu'au moins nous regagnions
« la terre de Sicile, et ces demeures toutes pré-
« parées qui nous y attendent, et d'où nous ve-
« nons ; que nous puissions revoir le bon roi
« Aceste. » Ainsi parla Ilionée, et tous les Troyens
d'applaudir par un murmure flatteur.

Alors Didon, les yeux baissés, répondit en
peu de mots : « Troyens, rassurez-vous, et ban-
« nissez toute inquiétude vaine. Les durs com-
« mencements de mon nouvel empire me for-
« cent à ces rigueurs, et veulent que j'étende au
« loin ma surveillance sur mes frontières. Qui ne
« connaît pas les Troyens et leur ville fameuse?
« Qui n'a pas entendu parler de vos guerriers, de
« leurs exploits, de l'incendie d'une si grande
« guerre? Nos Tyriens n'ont pas l'esprit si gros-
« sier, et le Soleil n'attelle pas ses coursiers si
« loin de Carthage. Soit donc que vous ayez des-
« sein de vous rendre dans la grande Hespérie et
« dans les champs de Saturne ; soit que vous
« vouliez retourner en Sicile, dans le royaume
« d'Aceste, j'assurerai votre libre retraite, et je
« vous aiderai de mes secours. Aimez-vous
« mieux vous fixer ici avec moi dans le même
« royaume? la ville que je bâtis est la vôtre ;
« amenez vos vaisseaux sur ce rivage ; Troyens
« et Tyriens seront égaux pour moi. Plût au ciel
« que, poussé sur nos bords par les mêmes vents,
« votre roi lui-même, Énée, fût au milieu de
« nous ! Je vais envoyer le long de ces rivages,
« et faire chercher jusqu'aux confins de la Libye
« la trace de ses pas : peut-être que, rejeté par les
« flots, il erre dans les forêts ou dans les villes
« africaines. »

Relevés par ces paroles, le brave Achate et
Énée brûlaient depuis longtemps d'impatience
de percer le nuage qui les environnait. Achate
le premier s'adressant à Énée : « Fils de Vénus,
« lui dit-il, quelle pensée s'élève maintenant
« dans votre esprit? Vous voyez : tout est en sû-
« reté ; notre flotte, nos compagnons nous sont
« rendus : un seul nous manque, celui que la
« mer engloutit à nos yeux dans ses abîmes. Jus-
« qu'ici tout répond aux prédictions de votre
« mère. » A peine avait-il parlé, que le nuage
répandu autour d'eux s'entr'ouvre, et se dissipant
fait place à l'air transparent des cieux. Énée paraît, et resplendit d'une lumière éblouissante ; sa
figure, ses épaules sont d'un dieu. Sa mère elle-
même avait embelli sa chevelure, et d'un souffle
de sa bouche répandu sur le front et versé dans
les yeux de son fils le vif éclat de la jeunesse, et
les grâces heureuses des immortels. Ainsi la
main de l'ouvrier donne à l'ivoire un lustre nouveau ; ainsi reluit enchâssée dans l'or et l'argent
la pierre de Paros. Alors Énée, apparaissant
tout à coup aux regards surpris de l'assemblée,

Arvaque, Trojanoque a sanguine clarus Acestes.   550
Quassatam ventis liceat subducere classem,
Et silvis aptare trabes, et stringere remos.
Si datur Italiam, sociis et rege recepto,
Tendere, ut Italiam læti Latiumque petamus.
Sin absumta salus, et te, pater optume Teucrum,   555
Pontus habet Libyæ, nec spes jam restat Iuli :
At freta Sicaniæ saltem, sedesque paratas,
Unde huc advecti, regemque petamus Acesten.
Talibus Ilioneus. Cuncti simul ore fremebant
Dardanidæ.   560
Tum breviter Dido, voltum demissa, profatur :
Solvite corde metum, Teucri ; secludite curas.
Res dura, et regni novitas me talia cogunt
Moliri, et late finis custode tueri.
Quis genus Æneadum, quis Trojæ nesciat urbem,   565
Virtutesque virosque, aut tanti incendia belli?
Non obtusa adeo gestamus pectora Pœni ;
Nec tam aversus equos Tyria Sol jungit ab urbe.
Seu vos Hesperiam magnam Saturniaque arva,
Sive Erycis fines regemque optatis Acesten :   570
Auxilio tutos dimittam, opibusque juvabo.
Vultis et his mecum pariter considere regnis?
Urbem quam statuo, vestra est ; subducite naves ;
Tros Tyriusque mihi nullo discrimine agetur.
Atque utinam rex ipse, Noto compulsus eodem,   575
Adforet Æneas ! equidem per litora certos
Dimittam, et Lybiæ lustrare extrema jubebo ;
Si quibus ejectus silvis aut urbibus errat.
His animum adrecti dictis, et fortis Achates
Et pater Æneas, jamdudum erumpere nubem   580
Ardebant. Prior Ænean compellat Achates :
Nate dea, quæ nunc animo sententia surgit?
Omnia tuta vides ; classem, sociosque receptos.
Unus abest, medio in fluctu quem vidimus ipsi
Submersum ; dictis respondent cetera matris.   585
Vix ea fatus erat, quum circumfusa repente
Scindit se nubes, et in æthera purgat apertum.
Restitit Æneas, claraque in luce refulsit,
Os humerosque deo similis ; namque ipsa decoram
Cæsariem nato genetrix, lumenque juventæ   590
Purpureum, et lætos oculis adflarat honores :
Quale manus addunt ebori decus, aut ubi flavo
Argentum Pariusve lapis circumdatur auro.
Tum sic reginam adloquitur, cunctisque repente
Improvisus ait : Coram, quem quæritis, adsum   595

adresse ces paroles à la reine : « Le voici, cet
« Énée que vous cherchez, et que les dieux ont
« arraché aux flots libyens. O vous qui seule
« avez eu pitié des immenses malheurs de Troie,
« vous qui nous avez recueillis, nous les déplo-
« rables restes de la fureur des Grecs, nous épui-
« sés par tous les désastres de la terre et de la mer,
« et dépourvus de tout, et qui nous faites parta-
« ger votre ville et ces demeures, vous témoigner
« notre juste reconnaissance, généreuse Didon,
« n'est pas en notre pouvoir; et tout ce qu'il y a
« de malheureux Troyens dispersés dans le
« vaste univers ne pourra jamais s'acquitter en-
« vers vous. Puissent les dieux (s'il en est qui
« prennent soin des mortels pieux, si la justice
« n'est pas un vain nom), puissent votre cœur, et
« la douce conscience d'avoir bien fait, vous ré-
« compenser dignement! Quel siècle heureux
« que celui qui vous a vue naître! quelle gloire
« pour ceux qui ont donné le jour à une si grande
« reine! Oui, tant que les fleuves se précipiteront
« dans la mer; tant que les ombres, descendant
« des montagnes, s'étendront sur les vallées; tant
« que le ciel nourrira les astres de ses feux,
« vos dons, votre nom et vos louanges vivront
« dans la mémoire d'Énée, en quelque lieu que
« les destins l'appellent. » Il dit, et sa main amie
cherchait tour à tour celles d'Ilionée, de Séreste,
du vaillant Gyas, du brave Cloanthe, et des
autres Troyens.

Cette soudaine apparition d'Énée avait frappé
Didon de stupeur : son âme n'était occupée que
des infortunes du héros. Enfin elle lui répond :
« Fils d'une déesse, quel malheur vous poursuit,
« et vous jette au milieu de si grands périls?
« Quel destin vous a fait échouer sur un rivage
« barbare? Êtes-vous donc cet Énée, fils du
« Troyen Anchise et de la belle Vénus, qui vous
« a donné la naissance sur les bords du Simoïs?
« Je me souviens que Teucer vint autrefois à
« Tyr : chassé de sa patrie, et cherchant une
« contrée où fonder un nouveau royaume, il im-
« plora le secours de Bélus, mon père. Alors
« Bélus ravageait les grasses campagnes de Cypre
« et y dominait en vainqueur. Dès ce temps-là
« je connus et la catastrophe d'Ilion, et votre
« nom, et ceux des capitaines de la Grèce. Teucer,
« quoique votre ennemi, exaltait la valeur des
« Troyens, et même prétendait être issu de l'an-
« tique race de vos rois. Entrez donc, ô étrangers,
« entrez dans nos demeures. Et moi aussi, la
« même fortune a voulu que, battue par les tem-
« pêtes de l'exil, je vinsse enfin me reposer dans
« cette terre : malheureuse, j'appris à secourir
« les malheureux. » A ces mots, elle conduit Énée
dans son palais : en même temps elle ordonne
que cette heureuse journée soit célébrée dans les
temples des dieux. Ensuite elle envoie aux compagnons d'Énée, qui étaient restés le long du
rivage, vingt taureaux, cent porcs énormes aux
dos hérissés, cent agneaux gras avec leurs mères;
elle y joint les dons de Bacchus, la joie des
cœurs.

Cependant l'intérieur du palais, tout resplendissant d'un luxe royal, est paré pour une fête;
et au milieu sont étalés les apprêts d'un festin.
Ce ne sont que tentures travaillées avec art; ce
n'est que pourpre éblouissante. L'argent couvre
les tables; et l'on voit gravées sur l'or les grandes actions des ancêtres de la reine, et la lon-

Troïus Æneas, Libycis ereptus ab undis.
O sola infandos Trojæ miserata labores,
Quæ nos, reliquias Danaum, terræque marisque
Omnibus exhaustos jam casibus, omnium egenos,
Urbe, domo, socias! grates persolvere dignas   600
Non opis est nostræ, Dido, nec quidquid ubique est
Gentis Dardaniæ, magnum quæ sparsa per orbem.
Di tibi, si qua pios respectant numina, si quid
Usquam justitia est et mens sibi conscia recti,
Præmia digna ferant. Quæ te tam læta tulerunt   605
Sæcula? qui tanti talem genuere parentes?
In freta dum fluvii current, dum montibus umbræ
Lustrabunt convexa, polus dum sidera pascet :
Semper honos, nomenque tuum, laudesque manebunt;
Quæ me cumque vocant terræ. Sic fatus, amicum   610
Ilionea petit dextra, lævaque Serestum;
Post alios, fortemque Gyan, fortemque Cloanthum.
   Obstupuit primo adspectu Sidonia Dido;
Casu deinde viri tanto; et sic ore locuta est.
Quis te, nate dea, per tanta pericula casus   615
Insequitur? quæ vis immanibus adplicat oris?
Tune ille Æneas, quem Dardanio Anchisæ
Alma Venus Phrygii genuit Simoentis ad undam?
Atque equidem Teucrum memini Sidona venire,
Finibus expulsum patriis, nova regna petentem   620
Auxilio Beli : Genitor tum Belus opimam
Vastabat Cyprum, et victor ditione tenebat :
Tempore jam ex illo casus mihi cognitus urbis
Trojanæ, nomenque tuum, regesque Pelasgi.
Ipse hostis Teucros insigni laude ferebat,   625
Seque ortum antiqua Teucrorum ab stirpe volebat.
Quare agite, o tectis, juvenes, succedite nostris.
Me quoque per multos similis fortuna labores
Jactatam hac demum voluit consistere terra.
Non ignara mali miseris succurrere disco.   630
Sic memorat : simul Ænean in regia ducit
Tecta; simul divom templis indicit honorem.
Nec minus interea sociis ad litora mittit
Viginti tauros, magnorum horrentia centum
Terga suum, pinguis centum cum matribus agnos,   635
Munera lætitiamque dii.
   At domus interior regali splendida luxu
Instruitur, mediisque parant convivia tectis,
Arte laboratæ vestes, ostroque superbo;

gue série des faits mémorables de leurs règnes, transmise de héros en héros dès l'origine de l'antique nation tyrienne.

Énée, à qui la tendresse paternelle ne laisse pas l'esprit en repos, envoie en toute hâte Achate vers la flotte. Il veut qu'il aille informer Ascagne de ces heureux événements, et qu'il amène son fils à Carthage. Ascagne est l'unique objet où se fixe la sollicitude de ce tendre père. Il ordonne en même temps que des présents, débris précieux arrachés aux flammes d'Ilion, soient apportés : c'étaient un manteau chamarré d'or et d'un dessin splendide, un voile où l'acanthe serpentait en flexibles rameaux : parure de l'Argienne Hélène, admirables présents de Léda sa mère, et qu'elle avait apportés de Mycènes, alors qu'elle allait chercher à Pergame un hymen illégitime. C'étaient un sceptre qu'avait jadis porté Ilione, l'aînée des filles de Priam ; un collier de perles, une couronne d'or avec un double rang de pierres précieuses. Achate, impatient d'exécuter les ordres d'Énée, précipitait ses pas vers la flotte.

Cependant la déesse de Cythère roulait dans son esprit de nouveaux artifices et de nouveaux projets. Elle veut que Cupidon, prenant la figure et les traits du tendre Ascagne, vienne à Carthage sous la forme du fils d'Énée, qu'il embrase Didon enivrée par les présents du héros, et qu'il lui souffle dans les veines ses feux tout-puissants. Elle redoute pour Énée l'hospitalité douteuse de la reine, et ses Tyriens sans foi. Junon surtout et ses haines atroces entretiennent dans le cœur de Vénus de brûlants souvenirs, qui viennent encore troubler la paix de ses nuits. Elle s'adresse donc au dieu ailé, et lui dit : « Mon « fils, toi ma force, toi ma seule et grande « puissance, toi qui méprises les traits du père « des dieux, ces traits qui ont abattu Typhée, « j'ai recours à toi, et j'implore en suppliante ton « invincible pouvoir. Tu sais que ton frère Énée « est jeté par les flots sur tous les rivages, éter- « nel jouet des haines de Junon ; tu le sais, et « souvent tu as ressenti pour lui mes douleurs « maternelles. Aujourd'hui la Phénicienne Didon « le retient dans son palais, et sous le charme de « ses caressantes paroles. Je crains pour mes « Troyens les murs hospitaliers de Junon : l'im- « placable déesse ne s'endormira pas dans cette « vive conjoncture. J'ai donc songé, mon fils, à « prévenir la reine par mes ruses, et à enlacer « son cœur dans tes pièges brûlants, si bien « qu'aucune divinité ne puisse le changer. Je « veux qu'elle brûle pour Énée de tout l'amour « que je lui inspirerai. Voilà mon projet, voici « ce que tu dois faire pour le seconder. L'enfant « royal, Iule, si cher à mon amour, appelé par son « père, va se rendre à Carthage, où il doit porter « à Didon les présents qu'Énée lui destine, débris « sauvés des naufrages et de l'incendie d'Ilion. « Moi je transporterai Ascagne endormi sur les « monts de Cythère ou d'Idalie, et l'y déposerai « dans mes bocages sacrés, de peur qu'il ne vienne « à savoir ma ruse et ne traverse mes desseins. « Toi, mon fils, prends pour une nuit seulement « la figure d'un faux Ascagne : enfant, emprun- « te-lui ses traits enfantins ; et quand Didon, au « milieu des joies du festin et des vapeurs eni-

Ingens argentum mensis, cælataque in auro 640
Fortia facta patrum, series longissima rerum,
Per tot ducta viros antiqua ab origine gentis.
Æneas (neque enim patrius consistere mentem
Passus amor) rapidum ad navis præmittit Achaten,
Ascanio ferat hæc ; ipsumque ad mœnia ducat. 645
Omnis in Ascanio cari stat cura parentis.
Munera præterea, Iliacis erepta ruinis,
Ferre jubet ; pallam signis auroque rigentem,
Et circumtextum croceo velamen acantho,
Ornatus Argivæ Helenæ quos illa Mycenis, 650
Pergama quum peteret inconcessosque Hymenæos,
Extulerat, matris Ledæ mirabile donum.
Præterea sceptrum, Ilione quod gesserat olim,
Maxuma natarum Priami, colloque monile
Baccatum, et duplicem gemmis auroque coronam. 655
Hæc celerans, iter ad navis tendebat Achates.
   At Cytherea novas artis, nova pectore versat
Consilia : ut faciem mutatus et ora Cupido
Pro dulci Ascanio veniat, donisque furentem
Incendat reginam, atque ossibus implicet ignem. 660
Quippe domum timet ambiguam Tyriosque bilinguis ;
Urit atrox Juno, et sub noctem cura recursat.

Ergo his aligerum dictis adfatur Amorem :
Nate, meæ vires, mea magna potentia, solus,
Nate, patris summi qui tela Typhoïa temnis ; 665
Ad te confugio, et supplex tua numina posco.
Frater ut Æneas pelago tuus omnia circum
Litora jactetur, odiis Junonis iniquæ,
Nota tibi ; et nostro doluisti sæpe dolore.
Hunc Phœnissa tenet Dido, blandisque moratur 670
Vocibus ; et vereor, quo se Junonia vertant
Hospitia : haud tanto cessabit cardine rerum.
Quocirca capere ante dolis et cingere flamma
Reginam meditor ; ne quo se numine mutet :
Sed magno Æneæ mecum teneatur amore. 675
Qua facere id possis, nostram nunc adcipe mentem :
Regius adcitu cari genitoris ad urbem
Sidoniam puer ire parat, mea maxima cura,
Dona ferens, pelago et flammis restantia Trojæ :
Hunc ego sopitum somno, super alta Cythera, 680
Aut super Idalium, sacrata sede recondam ;
Ne qua scire dolos, mediusve occurrere possit ;
Tu faciem illius noctem non amplius unam
Falle dolo, et notos pueri puer indue vultus :
Ut, quum te gremio adcipiet lætissima Dido, 685

16.

« vrantes de Bacchus, t'attirera sur son sein, et,
« te serrant entre ses bras, imprimera de doux
« baisers sur ton front, souffle un feu secret
« dans ses veines, et fais couler un doux poison
« dans son cœur abusé. »

L'Amour obéit à la voix de sa mère chérie; il se dépouille de ses ailes, et, s'applaudissant, marche du pas d'Iule. Cependant Vénus verse dans les membres d'Ascagne un paisible sommeil, l'enlève endormi sur son sein, et le porte sur les hauteurs d'Idalie, dans ces bois sacrés où la douce marjolaine le couvre de ses fleurs, et, le caressant de son haleine embaumée, l'environne de suaves ombrages.

Déjà Cupidon, docile aux leçons maternelles, marchait heureux d'être conduit par Achate, et portait aux Tyriens les présents royaux offerts par Énée. Lorsqu'il arriva dans le palais, la belle Didon prenait place sous un dais magnifique, et, appuyée sur des coussins dorés, s'y reposait majestueusement. Déjà Énée et ses Troyens se sont rassemblés ; tous se couchent sur des lits de pourpre. Des serviteurs empressés versent l'eau sur les mains des convives, et déploient les plus fins tissus de la laine ; les dons de Cérès sont tirés des corbeilles. Au dedans du palais, cinquante femmes surveillent l'immense ordonnance du festin, et font brûler des parfums en l'honneur des dieux pénates. Cent jeunes filles et autant de jeunes garçons chargent les tables de mets, et placent les coupes. Les Tyriens aussi se rassemblent en foule sous les joyeux portiques du palais: conviés par la reine, ils se répandent autour des tables sur les lits aux mille couleurs.

On admire les présents d'Énée ; on admire le faux Ascagne, ses yeux où petille un feu divin, et la douceur feinte de ses paroles. Didon surtout, la malheureuse Didon, dévouée au mal qui va la dévorer, ne peut assez repaître ses yeux et son cœur de la vue de l'enfant et des présents, et s'enflamme à les regarder tour à tour. Après que l'enfant se fut suspendu au cou d'Énée et à ses baisers, et qu'il eut rassasié l'immense tendresse d'un père qu'abusait l'image d'Iule, il va vers la reine. Celle-ci attache sur lui ses regards et son âme enchantée ; de temps en temps elle le presse sur son sein, et ne sait pas, la malheureuse, quel dieu redoutable se joue entre ses bras. Mais lui, qui n'a pas oublié de quelle mère il est fils, efface peu à peu de cette âme fidèle l'image de Sichée, et s'essaye à réchauffer par une vive flamme ce cœur dès longtemps refroidi, et désaccoutumé de l'amour.

Le repas achevé et les tables enlevées, on apporte les vastes cratères, et le vin en couronne les bords écumeux. Alors les bruits joyeux redoublent, et les cris roulent en longs éclats sous les lambris des vastes galeries : de leurs plafonds dorés pendent des candélabres enflammés, et les feux qu'ils jettent au loin triomphent de la nuit. La reine demande une coupe chargée d'or et de pierreries, et la remplit de vin : Bélus et tous ses descendants avaient coutume de la vider en l'honneur des dieux. On se tait ; alors la reine :
« Grand Jupiter, toi qui protéges la sainte hos-
« pitalité, fais que ce jour soit également heureux
« pour les Tyriens et pour les exilés de Troie,
« et que nos derniers neveux en conservent la

```
Regalis inter mensas laticemque Lyæum,
Quum dabit amplexus atque oscula dulcia figet,
Occultum inspires ignem, fallasque veneno.
Paret Amor dictis caræ genetricis, et alas
Exuit, et gressu gaudens incedit Iuli.              690
At Venus Ascanio placidam per membra quietem
Inrigat, et fotum gremio dea tollit in altos
Idaliæ lucos : ubi mollis amaracus illum
Floribus et dulci adspirans complectitur umbra.
Jamque ibat, dicto parens, et dona Cupido          695
Regia portabat Tyriis, duce lætus Achate.
Quum venit, aulæis jam se regina superbis
Aurea composuit sponda mediamque locavit.
  Jam pater Æneas, et jam Trojana juventus
Conveniunt, stratoque super discumbitur ostro.     700
Dant famuli manibus lymphas, Cereremque canistris
Expediunt, tonsisque ferunt mantelia villis.
Quinquaginta intus famulæ : quibus ordine longo
Cura penum struere, et flammis adolere Penates.
Centum aliæ, totidemque pares ætate ministri,      705
Qui dapibus mensas onerant, et pocula ponunt.
Nec non et Tyrii per limina læta frequentes
Convenere, toris jussi discumbere pictis.
Mirantur dona Æneæ ; mirantur Iulum,
```

```
Flagrantesque dei voltus, simulataque verba,        710
Pallamque, et pictum croceo velamen acantho.
Præcipue infelix, pesti devota futuræ,
Expleri mentem nequit, ardescitque tuendo
Phœnissa, et pariter puero donisque movetur.
Ille, ubi complexu Æneæ colloque pependit,          715
Et magnum falsi implevit genitoris amorem ;
Reginam petit. Hæc oculis, hæc pectore toto
Hæret ; et interdum gremio fovet ; inscia Dido,
Insidat quantus miseræ deus ! At memor ille
Matris Acidaliæ, paullatim abolere Sychæum         720
Incipit, et vivo tentat prævertere amore
Jam pridem resides animos desuetaque corda.
  Postquam prima quies epulis, mensæque remotæ :
Crateras magnos statuunt, et vina coronant.
Fit strepitus tectis, vocemque per ampla volutant   725
Atria ; dependent lychni laquearibus aureis
Incensi, et noctem flammis funalia vincunt.
Hic regina gravem gemmis auroque poposcit
Implevitque mero pateram : quam Belus, et omnes
A Belo soliti. Tum facta silentia tectis :
Juppiter, hospitibus nam te dare jura loquuntur,
Hunc lætum Tyriisque diem Trojaque profectis       730
Esse velis, nostrosque hujus meminisse minores.
```

« mémoire. Bacchus, père de la gaieté, et toi,
« Junon protectrice, soyez-nous favorables : et
« vous, Tyriens, célébrez avec moi ce fortuné
« banquet. » Elle dit, répand sur la table le
vin des libations, et effleure de ses lèvres les
bords de la coupe, qu'aussitôt elle donne à Bitias en l'excitant : celui-ci avale intrépidement
la liqueur écumante, et s'abreuve à longs traits
dans l'or. La coupe circule de mains en mains.
Alors Iopas à la longue chevelure chante sur sa
lyre d'or les sublimes leçons du grand Atlas. Il
dit la course vagabonde de la lune et les feux
éclipsés du soleil, l'origine des hommes et des
animaux, la cause des pluies et des éclairs : il
dit l'Arcture, les Hyades pluvieuses, et les deux
Ourses ; pourquoi les soleils d'hiver se plongent
si vite dans l'Océan teint de leurs feux ; pourquoi
les nuits d'été sont si tardives. Tyriens et Troyens
applaudissent de concert. Cependant la malheureuse Didon prolongeait dans la nuit ses entretiens avec Énée, et buvait à longs traits le poison de l'amour. Elle l'interroge sans fin et sur
Priam et sur Hector. Elle lui demande avec
quelles armes le fils de l'Aurore était venu à
Troie, quels étaient les coursiers de Diomède,
quel était le grand Achille. « Mais, dit-elle au
« héros, racontez-moi dès le commencement les
« piéges des Grecs, les malheurs des vôtres, et
« vos longs errements : car voici le septième été
« qui vous voit porter votre fortune fatiguée de
« mer en mer et de rivage en rivage.

LIVRE II.

Tous se taisent ; tous ont l'oreille et le regard
aux paroles d'Énée. Alors le héros, de la couche
élevée où il est assis, commence en ces termes :
« Vous m'ordonnez, grande reine, de réveiller
le souvenir d'inexprimables douleurs, de vous raconter comment la puissance de Troie est tombée,
comment les Grecs ont renversé ce déplorable
empire : affreux malheurs que j'ai vus de mes
propres yeux, et auxquels je n'ai eu que trop
de part. Quels soldats, Myrmidons ou Dolopes,
ceux même de l'impitoyable Ulysse, pourraient
redire ces calamités sans répandre des larmes ?
Mais déjà la nuit humide se précipite des cieux,
et les astres, penchant vers leur déclin, nous invitent au sommeil. Cependant si vous avez un si
grand désir de connaître nos malheurs, et d'apprendre en peu de mots la catastrophe dernière
d'Ilion, quoique mon esprit s'épouvante de ces
souvenirs et en recule d'horreur, je vous obéirai.

« Épuisés par la guerre, rebutés par les destins
et par dix ans de vains efforts, les chefs des Grecs,
à qui la divine Pallas inspire cet artifice, construisent un cheval énorme, haut comme une
montagne, et en forment la masse d'ais de sapin
adroitement unis. Ils répandent le bruit mensonger que c'est un vœu pour obtenir un heureux
retour ; on les croit. Cependant ils cachent dans
les flancs ténébreux du monstre l'élite des guerriers que le sort a désignés ; en un moment les
cavités immenses de la machine et son vaste sein
se remplissent de soldats armés.

Adsit lætitiæ Bacchus dator, et bona Juno.
Et vos, o, cœtum, Tyrii, celebrate faventes.
Dixit, et in mensam laticum libavit honorem,
Primaque, libato, summo tenus adtigit ore.
Tum Bitiæ dedit increpitans ; ille impiger hausit
Spumantem pateram, et pleno se proluit auro.
Post alii proceres. Cithara crinitus Iopas   740
Personat aurata, docuit quæ maximus Atlas.
Hic canit errantem lunam, solisque labores ;
Unde hominum genus, et pecudes : unde imber, et ignes ;
Arcturum, pluviasque Hyadas, geminosque Triones ;
Quid tantum Oceano properent se tinguere soles   745
Hiberni, vel quæ tardis mora noctibus obstet.
Ingeminant plausu Tyrii, Troesque sequuntur.
Nec non et vario noctem sermone trahebat
Infelix Dido, longumque bibebat amorem ;
Multa super Priamo rogitans, super Hectore multa :   750
Nunc, quibus Auroræ venisset filius armis,
Nunc, quales Diomedis equi ; nunc, quantus Achilles.
Immo age, et a prima, dic, hospes, origine nobis
Insidias, inquit, Danaum, casusque tuorum,
Erroresque tuos : nam te jam septima portat   755
Omnibus errantem terris et fluctibus æstas.

LIBER SECUNDUS.

Conticuere omnes, intentique ora tenebant ;
Inde toro pater Æneas sic orsus ab alto :
  Infandum, regina, jubes renovare dolorem ;
Trojanas ut opes et lamentabile regnum
Eruerint Danai ; quæque ipse miserrima vidi,   5
Et quorum pars magna fui. Quis talia fando
Myrmidonum, Dolopumve, aut duri miles Ulixi,
Temperet a lacrimis ! et jam nox humida cœlo
Præcipitat, suadentque cadentia sidera somnos.
Sed, si tantus amor casus cognoscere nostros,   10
Et breviter Trojæ supremum audire laborem ;
Quamquam animus meminisse horret, luctuque refugit,
Incipiam. Fracti bello, fatisque repulsi,
Ductores Danaum, tot jam labentibus annis,
Instar montis equum divina Palladis arte   15
Ædificant, sectaque intexunt abiete costas ;
Votum pro reditu simulant : ea fama vagatur.
Huc delecta virum sortiti corpora furtim
Includunt cæco lateri, penitusque cavernas
Ingentis uterumque armato milite complent.   20
Est in conspectu Tenedos, notissima fama
Insula, dives opum, Priami dum regna manebant ;
Nunc tantum sinus, et statio male fida carinis.

« En vue d'Ilion est une île fameuse par son nom et ses richesses, tant que subsista l'empire de Priam : c'est Ténédos ; aujourd'hui ce n'est plus qu'une anse abandonnée, un abri peu sûr pour les vaisseaux. Là les Grecs s'avançant se cachent sur le rivage. Nous de croire qu'ils sont partis, et que le vent les pousse vers Mycènes. Enfin la Troade entière respire de son long deuil. Ilion ouvre ses portes : on se répand à l'envi hors des murs; on aime à voir le camp des Grecs, les postes abandonnés, le rivage désert. Ici campaient les Dolopes, là le redoutable Achille dressait sa tente ; ici était la flotte, là combattaient les armées. Les nôtres regardent ébahis ce funeste présent offert à Minerve, à la vierge immortelle, et admirent la masse prodigieuse du cheval. Thymète le premier dit qu'il faut le faire entrer dans nos murs et le placer dans la citadelle, soit que Thymète nous trahît, soit que les destins de Troie l'ordonnassent ainsi. Mais Capys, et avec lui les plus sages, veulent que cette machine traîtresse et les dons suspects des Grecs soient précipités dans les ondes ou livrés à la flamme dévorante, ou qu'on perce au moins les flancs du cheval, et qu'on en sonde les cavités profondes. Mille sentiments contraires partagent les esprits agités de la multitude.

« Tout à coup du haut de la citadelle on voit accourir, suivi d'une foule nombreuse, Laocoon qu'enflamme la colère ; et de loin : « Malheu-
« reux citoyens, s'écrie-t-il, quelle démence est la
« vôtre? Croyez-vous nos ennemis éloignés, ou que
« les Grecs apportent des offrandes que n'empoi-
« sonne pas la ruse? Est-ce là connaître Ulysse?
« Ou les Grecs sont enfermés dans les vastes con-
« tours de ce bois, ou cette machine a été fabri-
« quée contre nos murailles pour explorer nos
« demeures et dominer Pergame, ou quelque
« piége y est caché. Troyens, ne vous fiez point à
« ce cheval. Quoi que ce soit, je crains les Grecs,
« même avec leurs pieuses offrandes. » Il dit, et d'un bras vigoureux lance une longue javeline contre les flancs du cheval, et dans les aïs arrondis de son ventre monstrueux : la javeline s'y arrête en tremblant. La masse en est ébranlée, et ses concavités sonores rendent un long gémissement. Hélas ! si les dieux ne nous avaient pas été contraires, si nos esprits n'avaient pas été aveuglés, il nous aurait poussés à déchirer avec le fer ce ténébreux repaire des perfides Argiens : et toi, Ilion, tu serais encore debout; haute citadelle de Priam, nous te verrions encore !

« Cependant des bergers troyens, poussant de grands cris, traînaient devant le roi un jeune homme, les mains liées derrière le dos. Inconnu, il s'était jeté lui-même entre leurs mains, pour mieux couvrir sa ruse, et pour livrer aux Grecs les portes de Troie ; le cœur résolu, et prêt à tout, à consommer son stratagème, ou à succomber à une mort certaine. De tous côtés la jeunesse troyenne accourt et l'environne, impatiente de le voir ; c'est à qui insultera le captif. Apprenez maintenant, ô reine, toute la fourberie des Grecs, et que la scélératesse d'un seul vous les fasse connaître tous. Troublé et sans défense, il s'arrête au milieu de la foule qui l'entoure, et promène un moment ses regards sur les Phrygiens assemblés. Tout à coup il s'écrie : « Hélas ! quelle terre au-
« jourd'hui, quelles mers me peuvent recevoir?
« Quelle ressource me reste-t-il encore, à moi le plus

Huc se provecti deserto in litore condunt.
Nos abiisse rati, et vento petiisse Mycenas. 25
Ergo omnis longo solvit se Teucria luctu.
Panduntur portæ ; juvat ire ; et Dorica castra
Desertosque videre locos litusque relictum.
Hic Dolopum manus, hic sævus tendebat Achilles ;
Classibus hic locus ; hic acie certare solebant. 30
Pars stupet innuptæ donum exitiale Minervæ,
Et molem mirantur equi, primusque Thymœtes
Duci intra muros hortatur, et arce locari ;
Sive dolo, seu jam Trojæ sic fata ferebant ;
At Capys, et quorum melior sententia menti, 35
Aut pelago Danaum insidias suspectaque dona
Præcipitare jubent, subjectisve urere flammis ;
Aut terebrare cavas uteri et tentare latebras.
Scinditur incertum studia in contraria volgus.
Primus ibi ante omnis, magna comitante caterva, 40
Laocoon ardens summa decurrit ab arce ;
Et procul, O miseri, quæ tanta insania, cives?
Creditis avectos hostis, aut ulla putatis
Dona carere dolis Danaum? sic notus Ulixes?
Aut hoc inclusi ligno occultantur Achivi, 45
Aut hæc in nostros fabricata est machina muros,
Inspectura domos, venturaque desuper urbi ;
Aut aliquis latet error ; equo ne credite, Teucri.
Quidquid id est, timeo Danaos et dona ferentis.
Sic fatus, validis ingentem viribus hastam 50
In latus inque feri curvam compagibus alvum
Contorsit. Stetit illa tremens, uteroque recusso
Insonuere cavæ gemitumque dedere cavernæ.
Et, si fata deum, si mens non læva fuisset,
Impulerat ferro Argolicas fœdare latebras ; 55
Trojaque nunc stares, Priamique arx alta maneres.
Ecce, manus juvenem interea post terga revinctum
Pastores magno ad regem clamore trahebant
Dardanidæ, qui se ignotum venientibus ultro,
Hoc ipsum ut strueret, Trojamque aperiret Achivis, 60
Obtulerat, fidens animi, atque in utrumque paratus
Seu versare dolos, seu certæ occumbere morti.
Undique visendi studio Trojana juventus
Circumfusa ruit, certantque inludere capto.
Adcipe nunc Danaum insidias, et crimine ab uno 65
Disce omnis.
Namque, ut conspectu in medio turbatus, inermis,
Constitit, atque oculis Phrygia agmina circumspexit :
Heu, quæ nunc tellus, inquit, quæ me æquora possunt

« malheureux des hommes? Pour moi plus de refuge auprès des Grecs; et voici que les Troyens irrités demandent et mon supplice et mon sang! » Ces accents plaintifs changent tout à coup les esprits, et font tomber leurs mouvements impétueux. Nous l'exhortons à parler, à nous dire sa naissance, ce qu'il prétend, et si nous pouvons nous fier à la parole d'un captif. Enfin, revenu de sa frayeur, il s'exprime en ces termes :

« Grand roi, quoi qu'il puisse m'arriver, je vous
« dirai toute la vérité. Et d'abord je ne nierai pas
« que la Grèce est ma patrie. Si la cruelle fortune
« a fait de Sinon un malheureux, au moins elle
« n'en fera ni un menteur, ni un fourbe. Peut-
« être avez-vous entendu parler de Palamède,
« issu du sang de Bélus, et le nom et la gloire de
« ce guerrier fameux sont-ils venus jusqu'à vos
« oreilles : faussement accusé de trahison, perdu
« par un témoignage infâme, les Grecs le firent
« mourir, parce qu'il s'élevait contre la guerre;
« il était innocent; aujourd'hui qu'il ne voit
« plus la lumière, ils le regrettent. Mon père,
« qui était pauvre, et que les liens du sang unis-
« saient à lui, m'envoya dès mes plus jeunes ans
« chercher ici sous ses ordres la gloire des ar-
« mes. Tant que Palamède vécut et soutint son
« rang suprême, tant qu'il fit fleurir par ses con-
« seils la puissance des Grecs, un peu de sa re-
« nommée et de son éclat rejaillit sur moi. Mais
« depuis que par la haine jalouse du perfide Ulysse
« (la voix publique le redit avec moi) il a disparu
« du séjour de la lumière, j'ai traîné dans le deuil
« une vie obscure et misérable, m'indignant au
« fond de mon cœur du coup qui frappait un ami
« innocent. Insensé, je n'ai pu me taire : j'ai juré,
« si le sort me secondait, si jamais je rentrais
« vainqueur dans Argos ma patrie, de me por-
« ter le vengeur de Palamède; et par mes dis-
« cours j'ai soulevé contre moi des haines furieuses.
« De là tous mes malheurs : dès lors Ulysse de me
« poursuivre de mille accusations effrayantes, de
« répandre dans la multitude mille soupçons ca-
« lomnieux, de chercher des armes et un complice
« à sa haine; et en effet il ne respira plus jusqu'au
« moment où Calchas lui prêtant son ministère...
« Mais pourquoi ces récits superflus, et qui peut-
« être vous importunent? Pourquoi parlerais-je
« encore, si tous les Grecs sont les mêmes à vos
« yeux, et si vous êtes fatigués de m'entendre?
« Que tardez-vous? versez le sang d'un malheu-
« reux : Ulysse s'en réjouirait tant, et les Atrides
« payeraient si chèrement mon supplice ! »

« Ces mots enflamment notre curiosité; nous le pressons de s'expliquer encore, ne soupçonnant pas l'art affreux de ses discours et toute la fourberie d'un Grec. Lui, d'un air tremblant et la perfidie dans le cœur, poursuit ainsi :

« Souvent les Grecs, las d'une si longue guerre,
« ont voulu fuir loin d'Ilion abandonné, et re-
« tourner dans leur patrie. Plût au ciel qu'ils
« l'eussent fait! Souvent les rudes tempêtes de la
« mer leur fermèrent le chemin des eaux; sou-
« vent ils mirent à la voile, et l'auster les épou-
« vanta. Surtout depuis que s'est dressé sous
« nos mains ce cheval, ce monstrueux assem-
« blage d'ais enchâssés, les nuages ont grondé
« dans les cieux. Incertains que résoudre, nous
« envoyons Eurypyle consulter l'oracle d'Apollon;
« et cette triste réponse nous est rapportée du
« sanctuaire : — « Grecs, c'est par le sang et en

Accipere? aut quid jam misero mihi denique restat? 70
Qui neque apud Danaos usquam locus; et super ipsi
Dardanidæ infensi pœnas cum sanguine poscunt.
Quo gemitu conversi animi, compressus et omnis
Impetus. Hortamur fari, quo sanguine cretus,
Quidve ferat; memoret, quæ sit fiducia capto. 75
Ille hæc, deposita tandem formidine, fatur :
Cuncta equidem tibi, rex, fuerit quodcumque, fatebor
Vera, inquit; neque me Argolica de gente negabo :
Hoc primum; nec, si miserum Fortuna Sinonem
Finxit, vanum etiam mendacemque improba finget. 80
Fando aliquod si forte tuas pervenit ad auris
Belidæ nomen Palamedis, et incluta fama
Gloria : quem falsa sub proditione Pelasgi
Insontem, infando indicio, quia bella vetabat,
Demisere neci; nunc cassum lumine lugent; 85
Illi me comitem, et consanguinitate propinquum,
Pauper in arma pater primis huc misit ab annis.
Dum stabat regno incolumis, regumque vigebat
Consiliis : et nos aliquod nomenque decusque
Gessimus. Invidia postquam pellacis Ulixi 90
(Haud ignota loquor) superis concessit ab oris :
Afflictus vitam in tenebris luctuque trahebam,
Et casum insontis mecum indignabar amici.
Nec tacui demens; et me, fors si qua tulisset,
Si patrios unquam remeassem victor ad Argos, 95
Promisi ultorem; et verbis odia aspera movi.
Hinc mihi prima mali labes; hinc semper Ulixes
Criminibus terrere novis; hinc spargere voces
In volgum ambiguas, et quærere conscius arma.
Nec requievit enim, donec Calchante ministro — 100
Sed quid ego hæc autem nequidquam ingrata revolvo?
Quidve moror? si omnis uno ordine habetis Achivos,
Idque audire sat est; jamdudum sumite pœnas.
Hoc Ithacus velit, et magno mercentur Atridæ.
Tum vero ardemus scitari et quærere caussas, 105
Ignari scelerum tantorum artisque Pelasgæ.
Prosequitur pavitans, et ficto pectore fatur :
Sæpe fugam Danai Troja cupiere relicta
Moliri, et longo fessi discedere bello.
Fecissentque utinam! sæpe illos aspera ponti 110
Interclusit hiems, et terruit auster euntis.
Præcipue, quum jam hic trabibus contextus acernis
Staret equus, toto sonuerunt æthere nimbi.
Suspensi Eurypylum scitatum oracula Phœbi
Mittimus, isque adytis hæc tristia dicta reportat : 115

« immolant une vierge que vous avez apaisé les « vents, lorsque vous êtes venus pour la pre-« mière fois sur les rivages d'Ilion : c'est encore « par du sang que vous achèterez le retour; sa-« crifiez un Grec! » A peine la fatale sentence « eut-elle frappé les oreilles de la multitude, « que tous les esprits en furent consternés, et que « la terreur glaça le sang dans nos veines. Qui « les destins ont-ils marqué? qui sera la victime « que demande Apollon? Soudain Ulysse paraît, « traînant à grand bruit Calchas au milieu de « l'assemblée des Grecs, et le presse de nommer « la victime des dieux. Plusieurs m'annonçaient « déjà le cruel artifice de mon ennemi, et pres-« sentaient mon triste sort. Durant cinq jours « Calchas se tut, et par une feinte pitié refusa de « prononcer le nom du malheureux qu'Apollon « dévouait à la mort. Forcé enfin par les cla-« meurs d'Ulysse, et de concert avec lui, il rompt « le silence, et c'est moi qu'il destine aux autels. « Tous applaudirent; et le coup qu'il redoutait « pour soi, chacun le vit avec plaisir tomber sur « la tête misérable d'un seul.

« Le jour fatal était arrivé; déjà se prépa-« raient pour moi le sacrifice et les gâteaux sa-« lés; déjà les bandelettes ceignaient mes tem-« pes. Je vous l'avouerai : je me dérobai à la « mort; je rompis mes liens, et j'allai, protégé « par l'ombre de la nuit, me cacher dans les joncs « d'un marais fangeux, en attendant que les « Grecs missent à la voile, s'ils s'y étaient ré-« solus. Hélas! plus d'espérance pour moi de « revoir le pays de mes aïeux, ni mes chers en-« fants, ni le plus aimé des pères! Et peut-être « les Grecs vengeront-ils ma fuite sur ces mal-« heureux, et répandront leur sang innocent pour « expier ma faute. Au nom des dieux, grand roi, « de ces dieux qui savent que je dis vrai, au nom « de la justice, si le cœur des mortels en garde « encore quelques purs vestiges, ayez pitié de « mes maux affreux; ayez pitié d'un homme qu'un « sort inique accable. »

« Touchés de ses larmes, attendris par tant d'infortunes, nous lui accordons la vie. Priam lui-même ordonne le premier qu'on lui ôte ses liens, et qu'on dégage ses mains enchaînées; et il lui adresse ces paroles amies : « Qui que tu « sois, oublie désormais les Grecs, perdus pour « toi : tu seras un des nôtres; mais dis-moi la « vérité sur ce que je vais te demander. Pour-« quoi les Grecs ont-ils construit la masse pro-« digieuse de ce cheval? quel en est l'inventeur? « que prétendent-ils? Est-ce un vœu? est-ce « une machine de guerre? » Il dit. Alors Sinon, consommé dans la ruse et l'art menteur des Grecs, lève au ciel ses mains délivrées de leurs chaînes, et s'écrie : « Feux éternels des cieux, « divinités inviolables, et vous saints autels, « funestes couteaux que j'ai fuis, bandelettes « saintes qui pariez ma tête sous la hache, qu'il « me soit permis de rompre le lien sacré de la « patrie grecque, de haïr des concitoyens enne-« mis, et de révéler tous leurs secrets à la face « des cieux : mon pays m'a dégagé de ma foi. « Mais vous, grand roi, tenez votre promesse, « et que Troie sauvée par moi me garde sa pa-« role si je dis vrai, si je paye vos bienfaits du « plus grand des services.

Sanguine placastis ventos et virgine cæsa,
Quum primum Iliacas Danai venistis ad oras :
Sanguine quærendi reditus, animaque litandum
Argolica. Volgi quæ vox ut venit ad auris :
Obstupuere animis, gelidusque per ima cucurrit   120
Ossa tremor; cui fata parent, quem poscat Apollo.
Hic Ithacus vatem magno Calchanta tumultu
Protrahit in medios; quæ sint ea numina divom,
Flagitat. Et mihi jam multi crudele canebant
Artificis scelus, et taciti ventura videbant.   125
Bis quinos silet ille dies, tectusque recusat
Prodere voce sua quemquam, aut opponere morti.
Vix tandem magnis Ithaci clamoribus actus,
Composito rumpit vocem, et me destinat aræ.
Adsensere omnes; et, quæ sibi quisque timebat,   130
Unius in miseri exitium conversa tulere.
Jamque dies infanda aderat : mihi sacra parari,
Et salsæ fruges, et circum tempora vittæ.
Eripui, fateor, leto me, et vincula rupi,
Limosoque lacu per noctem obscurus in ulva   135
Delitui, dum vela, darent si forte, dedissent.
Nec mihi jam patriam antiquam spes ulla videndi,
Nec dulcis natos exoptatumque parentem :
Quos illi fors ad pœnas ob nostra reposcent
Effugia, et culpam hanc miserorum morte piabunt.   140
Quod te, per superos, et conscia numina veri,
Per, si qua est, quæ restet adhuc mortalibus usquam
Intemerata fides, oro, miserere laborum
Tantorum; miserere animi non digna ferentis.
    His lacrimis vitam damus, et miserescimus ultro.   145
Ipse viro primus manicas atque arta levari
Vincla jubet Priamus; dictisque ita fatur amicis :
Quisquis es, amissos hinc jam obliviscere Graios;
Noster eris; mihique hæc edissere vera roganti.
Quo molem hanc immanis equi statuere? quis auctor?   150
Quidque petunt? quæ religio? aut quæ machina belli?
Dixerat. Ille dolis instructus et arte Pelasga,
Sustulit exutas vinclis ad sidera palmas :
Vos, æterni ignes, et non violabile vestrum
Testor numen, ait; vos aræ, ensesque nefandi,   155
Quos fugi, vittæque deum, quas hostia gessi :
Fas mihi Graiorum sacrata resolvere jura,
Fas odisse viros, atque omnia ferre sub auras,
Si qua tegunt; teneor patriæ nec legibus ullis.
Tu modo promissis maneas, servataque serves   160
Troja fidem; si vera feram, si magna rependam.

« Toutes les espérances des Grecs, tout le succès qu'ils attendaient de la guerre commencée contre Troie, reposèrent toujours sur l'assistance de Minerve. Mais depuis que l'impie Diomède, et qu'Ulysse, l'inventeur de tous les crimes, après avoir égorgé la garde de la citadelle, eurent entrepris d'arracher du sanctuaire de la déesse le fatal Palladium, eurent osé saisir son auguste image, et de leurs mains ensanglantées toucher les bandelettes virginales de Pallas, dès lors s'évanouirent et furent emportées sans retour les espérances des Grecs : leurs forces se brisèrent, l'esprit de la déesse se détourna d'eux. Bientôt son courroux éclata par des signes manifestes. A peine la statue eut-elle été placée dans le camp, qu'on vit dans ses yeux levés sur nous pétiller des flammes brillantes, et dégoutter de tous ses membres une sueur salée : trois fois, ô prodige ! elle bondit sur le sol, secouant son égide et sa lance frémissante. Aussitôt Calchas s'écrie qu'il faut fuir, et repasser les mers; que Pergame ne peut être détruit par les traits des Grecs, si l'armée ne retourne à Argos pour y prendre de nouveaux auspices, et si elle n'en ramène le Palladium, qu'elle a emporté sur ses vaisseaux creux à travers les mers. Aujourd'hui que les Grecs, poussés par les vents, ont regagné Mycènes, ils y préparent des armes et se rendent les dieux plus propices; ensuite ils repasseront la mer, et reparaîtront à l'improviste sur ces rivages. c'est ainsi que Calchas a interprété les divins présages. Conseillés par lui, et pour remplacer le Palladium et l'image outragée de la déesse, ils ont fabriqué ce nouveau simulacre en expiation de leur abominable sacrilége. Calchas leur a ordonné d'édifier cette masse immense, et d'en élever jusqu'au ciel les compartiments gigantesques, afin qu'elle ne pût entrer par les portes de votre ville, ni être introduite dans l'enceinte de vos murailles, ni couvrir vos peuples de l'ombre tutélaire d'un culte antique. Car si vous portiez des mains sacriléges sur ce don offert à Minerve, alors d'épouvantables maux (veuillent les dieux tourner contre les Grecs ces funestes présages!) éclateraient sur l'empire de Priam et sur les Phrygiens. Si au contraire, soulevé par vos mains, le colosse escalade vos murailles, ce sera l'Asie à son tour qui dans une grande guerre fondra sur les murs de Pélops; et nos neveux doivent s'attendre à ces fatales représailles. »

« Tant de perfidie, et l'art infernal du parjure Sinon, nous persuadent; et ainsi furent vaincus par la ruse et par des larmes feintes ceux que n'avaient pu dompter ni Diomède, ni Achille de Larisse, ni dix ans de combats, ni mille vaisseaux conjurés.

« Pour surcroît de malheur, un prodige nouveau et plus effrayant encore s'offre à nos yeux, et achève de troubler nos esprits aveuglés. Laocoon, que le sort avait fait grand prêtre de Neptune, immolait en ce jour solennel un taureau sur l'autel du dieu. Voilà que deux serpents (j'en tremble encore d'horreur), sortis de Ténédos par un calme profond, s'allongent sur les flots, et, déroulant leurs anneaux immenses, s'avancent ensemble vers le rivage. Le cou dressé, et levant une crête sanglante au-dessus des vagues,

Omnis spes Danaum, et cœpti fiducia belli
Palladis auxiliis semper stetit. Impius ex quo
Tydides sed enim, scelerumque inventor Ulixes,
Fatale adgressi sacrato avellere templo 165
Palladium, cæsis summæ custodibus arcis,
Corripuere sacram effigiem, manibusque cruentis
Virgineas ausi divæ contingere vittas :
Ex illo fluere ac retro sublapsa referri
Spes Danaum, fractæ vires, aversa deæ mens. 170
Nec dubiis ea signa dedit Tritonia monstris.
Vix positum castris simulacrum : arsere coruscæ
Luminibus flammæ adrectis, salsusque per artus
Sudor iit; terque ipsa solo (mirabile dictu)
Emicuit, parmamque ferens hastamque trementem. 175
Extemplo tentanda fuga canit æquora Calchas;
Nec posse Argolicis exscindi Pergama telis;
Omina ni repetant Argis, numenque reducant,
Quod pelago et curvis secum avexere carinis.
Et nunc, quod patrias vento petiere Mycenas, 180
Arma deosque parant comites, pelagoque remenso
Improvisi aderunt. Ita digerit omina Calchas.
Hanc pro Palladio, moniti, pro numine læso
Effigiem statuere; nefas quæ triste piaret.

Hanc tamen immensam Calchas adtollere molem 185
Roboribus textis, cœloque educere, jussit :
Ne recipi portis, aut duci in mœnia possit;
Neu populum antiqua sub religione tueri.
Nam, si vestra manus violasset dona Minervæ,
Tum magnum exitium (quod di prius omen in ipsum 190
Convertant!) Priami imperio Phrygibusque futurum.
Sin manibus vestris vestram adscendisset in urbem :
Ultro Asiam magno Pelopea ad mœnia bello
Venturam, et nostros ea fata manere nepotes.

Talibus insidiis perjurique arte Sinonis 195
Credita res, captique dolis lacrimisque coactis,
Quos neque Tydides, nec Larissæus Achilles,
Non anni domuere decem, non mille carinæ.

Hic aliud majus miseris multoque tremendum
Objicitur magis, atque improvida pectora turbat. 200
Laocoon, ductus Neptuno sorte sacerdos,
Sollennis taurum ingentem mactabat ad aras.
Ecce autem gemini a Tenedo tranquilla per alta
(Horresco referens) immensis orbibus angues
Incumbunt pelago, pariterque ad litora tendunt : 205
Pectora quorum inter fluctus adrecta jubæque
Sanguineæ exsuperant undas; pars cetera pontum

ils les dominent de leur tête superbe : le reste de leur corps se traîne sur les eaux, et leur croupe immense se recourbe en replis tortueux. Un bruit perçant se fait entendre sur la mer écumante : déjà ils avaient pris terre; les yeux ardents et pleins de sang et de flammes, ils agitaient dans leur gueule béante les dards sifflants de leur langue. Pâles de frayeur, nous fuyons çà et là; mais eux, rampant de front, vont droit au grand prêtre : et d'abord ils se jettent sur ses deux enfants, les enlacent, les étreignent, et de leurs dents rongent leurs faibles membres. Armé d'un trait, leur père vient à leur secours; il est saisi par les deux serpents, qui le lient dans d'épouvantables nœuds : deux fois ils l'ont embrassé par le milieu, deux fois ils ont roulé leurs dos écaillés autour de son cou; ils dépassent encore son front de leurs têtes et de leurs crêtes altières. Lui, dégouttant de sang et souillé de noirs poisons, roidit ses mains pour se dégager de ces nœuds invincibles, et pousse vers le ciel des cris affreux. Ainsi mugit un taureau, quand, blessé devant l'autel par un bras mal assuré, il fuit, et a secoué la hache tombée de sa tête. Mais les deux dragons, glissant sur leurs écailles, s'échappent vers le temple de la terrible Pallas, gagnent la citadelle, et là se cachent sous les pieds de la déesse et sous son bouclier.

« Alors de nouvelles terreurs se glissent dans nos âmes frissonnantes : chacun se dit que Laocoon a reçu le juste châtiment de son crime, lui qui d'une main injurieuse a profané le cheval sacré, et lancé dans ses flancs un dard impie. Tous de s'écrier qu'il faut conduire au temple le divin simulacre, et implorer la pitié de la déesse. Aussitôt une brèche est faite dans nos murailles, et la ville est ouverte au colosse. Tous se mettent à l'œuvre : on élève les pieds du cheval sur des madriers roulants; des cordes attachées à son cou se tendent pour le traîner; la fatale machine escalade nos murs, grosse de soldats armés; des enfants et des vierges chantent alentour des hymnes pieux, et se plaisent à toucher le câble qui la traîne. Elle entre enfin, et glisse menaçante à travers la ville. O ma patrie, ô Ilion, demeure des dieux, murailles des Troyens à jamais illustrées par la guerre! quatre fois aux portes mêmes de la ville le cheval s'arrêta; quatre fois on entendit un bruit d'armes dans son sein. Nous poursuivons, insensés que nous sommes, et aveuglés par la démence; et nous plaçons le monstre fatal dans la citadelle sacrée. C'est alors que Cassandre ouvrit la bouche pour nous prédire nos destins; Cassandre, que les Troyens (Apollon l'ordonnait ainsi) n'ont jamais crue. Et nous, nous malheureux, dont c'était le dernier jour, nous parions de guirlandes, comme en un jour de fête, les temples de Troie. Cependant le ciel a tourné sur son axe, et la Nuit s'élance du sein de l'Océan, enveloppant de son ombre immense la terre, les espaces éthérés, et les embûches des Grecs. Dispersés dans l'enceinte de leurs murailles, les Troyens reposent silencieux; le sommeil enchaîne leurs membres fatigués.

« En ce moment la troupe des Grecs, partie de Ténédos sur ses vaisseaux en ligne, gagnait, à

Pone legit, sinu antque immensa volumine terga.
Fit sonitus, spumante salo. Jamque arva tenebant;
Ardentisque oculos suffecti sanguine et igni,   210
Sibila lambebant linguis vibrantibus ora.
Diffugimus visu exsangues. Illi agmine certo
Laocoonta petunt. Et primum parva duorum
Corpora natorum serpens amplexus uterque
Implicat, et miseros morsu depascitur artus;   215
Post ipsum, auxilio subeuntem ac tela ferentem,
Corripiunt, spirisque ligant ingentibus; et jam
Bis medium amplexi, bis collo squamea circum
Terga dati, superant capite et cervicibus altis.
Ille simul manibus tendit divellere nodos,   220
Perfusus sanie vittas atroque veneno;
Clamores simul horrendos ad sidera tollit :
Qualis mugitus, fugit quum saucius aram
Taurus, et incertam excussit cervice securim.
At gemini lapsu delubra ad summa dracones   225
Effugiunt, sævæque petunt Tritonidis arcem;
Sub pedibusque deæ clipeique sub orbe teguntur.
Tum vero tremefacta novus per pectora cunctis
Insinuat pavor, et scelus expendisse merentem
Laocoonta ferunt, sacrum qui cuspide robur   230
Læserit, et tergo sceleratam intorserit hastam.
Ducendum ad sedes simulacrum, orandaque divæ
Numina conclamant.
Dividimus muros, et mœnia pandimus urbis.
Adcingunt omnes operi, pedibusque rotarum   235
Subjiciunt lapsus, et stuppea vincula collo
Intendunt. Scandit fatalis machina muros,
Feta armis. Pueri circum innuptæque puellæ
Sacra canunt, funemque manu contingere gaudent.
Illa subit, mediæque minans inlabitur urbi.   240
O patria, o divom domus Ilium, et incluta bello
Mœnia Dardanidum! quater ipso in limine portæ
Substitit, atque utero sonitum quater arma dedere.
Instamus tamen inmemores cæcique furore,
Et monstrum infelix sacrata sistimus arce.   245
Tunc etiam fatis aperit Cassandra futuris
Ora, dei jussu non unquam credita Teucris.
Nos delubra deum miseri, quibus ultimus esset
Ille dies, festa velamus fronde per urbem.
Vertitur interea cœlum, et ruit Oceano Nox,   250
Involvens umbra magna, terramque, polumque,
Myrmidonumque dolos : fusi per mœnia Teucri
Conticuere; sopor fessos complectitur artus.
Et jam Argiva phalanx instructis navibus ibat
A Tenedo, tacitæ per amica silentia lunæ,   255
Litora nota petens : flammas quum regia puppis
Extulerat; fatisque deum defensus iniquis,

la clarté paisible d'une lune amie, le rivage de Troie, qui leur était si connu : le vaisseau d'Agamemnon avait élevé des feux sur sa poupe royale. Alors Sinon, protégé par les destins ennemis d'Ilion, ouvre furtivement aux Grecs, enfermés dans les flancs du cheval, la barrière de sapin qui les retenait : le colosse mis à découvert les vomit à la lumière; et de ses cavités béantes s'échappent avec transport, en se laissant glisser le long d'un câble, Thessandre, Sthénélus, le cruel Ulysse, Acamas, Thoas, Néoptolème; et des premiers, Machaon, Ménélas, et Épéus, l'inventeur de l'affreux stratagème. Ils envahissent la ville ensevelie dans le vin et le sommeil, massacrent les gardes, ouvrent les portes, introduisent leurs compagnons dans la ville, et se rallient à leurs bataillons conjurés.

« C'était l'heure où le sommeil, doux présent des dieux, commence pour les malheureux mortels, et leur verse ses premières langueurs. Soudain je crus voir en songe Hector : il m'apparut, le visage défait par la tristesse, les yeux inondés de larmes, et tel qu'autrefois je l'avais vu traîné par les coursiers d'Achille, tout souillé de sang et de poussière, les pieds percés par des courroies, et horriblement gonflés. Hélas! dans quel état je le revoyais! qu'il ressemblait peu à cet Hector qui revenait chargé des dépouilles d'Achille, ou la main encore fumante des feux phrygiens qu'il avait lancés sur les vaisseaux des Grecs! Un sang glacé collait sa barbe et ses cheveux; et il portait encore les marques des blessures nombreuses qu'il avait reçues autour des murs de sa patrie. Il me sembla que moi-même je lui adressais ces tristes paroles : « O « vous la lumière de la Dardanie, vous le plus « ferme espoir des Troyens, qui vous a si long- « temps retenu loin de nous? De quelles contrées « venez-vous, ô Hector, vous tant désiré des « Troyens? Combien des vôtres ont péri dans les « combats! que de maux ont assailli et Troie et « ses défenseurs épuisés! Enfin nous vous revoyons! « Mais quelle main barbare a ensanglanté votre « front si pur? Pourquoi ces cruelles blessures? » Il ne me répond rien, et ne paraît pas touché de mes vaines questions; mais, poussant un profond soupir : « Ah! fuis, me dit-il, fils d'une déesse, « fuis, et arrache-toi aux flammes qui t'environ- « nent! L'ennemi est dans nos murs; Troie tombe « du faîte de ses grandeurs. Nous avons assez « fait pour notre patrie et pour Priam. Si Per- « game avait pu être sauvé par un bras mortel, « il l'eût été par le mien. Troie te confie ses dieux « tutélaires, et leurs images sacrées : qu'elles « accompagnent tes destins fugitifs; cherche-leur « un asile, quelque grande cité que tu bâtiras « enfin, après avoir erré sur toutes les mers. » Il dit, et emporte lui-même la statue de la puissante Vesta, et son bandeau sacré, et le feu éternel conservé dans son sanctuaire.

« Cependant des bruits confus et lugubres remplissent l'enceinte de nos murailles; et quoique la maison de mon père Anchise fût située dans un lieu écarté, et qu'un bois la couvrît de son ombre, les cris de plus en plus éclatants y pénètrent, et le fracas des armes fond de plus près sur nous. Je m'éveille en sursaut; d'un bond je monte au faîte du palais, et, l'oreille inquiète, j'écoute. Ainsi, quand la flamme poussée par le furieux auster s'abat sur les moissons,

Inclusos utero Danaos, et pinea furtim
Laxat claustra Sinon : illos patefactus ad auras
Reddit equus; lætique cavo se robore promunt, 260
Thessandrus Sthenelusque duces, et dirus Ulixes,
Demissum lapsi per funem, Acamasque, Thoasque,
Pelidesque Neoptolemus, primusque Machaon,
Et Menelaus, et ipse doli fabricator Epeos.
Invadunt urbem somno vinoque sepultam; 265
Cæduntur vigiles, portisque patentibus omnis
Adcipiunt socios, atque agmina conscia jungunt.
Tempus erat, quo prima quies mortalibus ægris
Incipit, et dono divom gratissima serpit.
In somnis, ecce, ante oculos mæstissimus Hector 270
Visus adesse mihi, largosque effundere fletus,
Raptatus bigis ut quondam, aterque cruento
Pulvere, perque pedes trajectus lora tumentis.
Hei mihi, qualis erat! quantum mutatus ab illo
Hectore, qui redit exuvias indutus Achilli, 275
Vel Danaum Phrygios jaculatus puppibus ignis!
Squalentem barbam, et concretos sanguine crinis,
Volneraque illa gerens, quæ circum plurima muros
Adcepit patrios. Ultro flens ipse videbar
Compellare virum, et mæstas expromere voces : 280

O lux Dardaniæ, spes o fidissima Teucrum,
Quæ tantæ tenuere moræ? quibus Hector ab oris
Exspectate venis? ut te post multa tuorum
Funera, post varios hominumque urbisque labores
Defessi adspicimus! quæ caussa indigna serenos 285
Fœdavit voltus? aut cur hæc volnera cerno?
Ille nihil; nec me quærentem vana moratur :
Sed graviter gemitus imo de pectore ducens,
Heu fuge, nate dea, teque his, ait, eripe flammis.
Hostis habet muros; ruit alto a culmine Troja. 290
Sat patriæ Priamoque datum. Si Pergama dextra
Defendi possent : etiam hac defensa fuissent.
Sacra suosque tibi commendat Troja Penates :
Hos cape fatorum comites; his mœnia quære,
Magna pererrato statues quæ denique ponto. 295
Sic ait; et manibus vittas Vestamque potentem
Æternumque adytis effert penetralibus ignem.
Diverso interea miscentur mœnia luctu;
Et magis atque magis, quamquam secreta parentis
Anchisæ domus arboribusque obtecta recessit, 300
Clarescunt sonitus; armorumque ingruit horror.
Excutior somno, et summi fastigia tecti
Adscensu supero, atque adrectis auribus adsto :

ou lorsqu'un torrent rapide, grossi des eaux de la montagne, noie la plaine, couche les riantes moissons, ruine les travaux des bœufs, et entraîne dans ses ondes les forêts précipitées, le berger, stupide d'épouvante, écoute du haut d'un rocher ces bruits lointains, et n'en sait pas la cause. Alors tout est connu, alors apparaissent au jour les embûches des Grecs. Déjà s'est écroulée la vaste maison de Déiphobe, envahie par les flammes; déjà brûle des mêmes feux celle d'Ucalégon : l'incendie reluit au loin sur la plage de Sigée. On entend se mêler dans les airs et les cris des guerriers et les sons des clairons. Je saisis mes armes avec rage; mais que peuvent mes armes dans mes mains désespérées? Je brûle de ramasser une poignée de braves, de courir à la citadelle avec mes compagnons : la colère et la fureur précipitent mes esprits; je ne sais plus que mourir glorieusement les armes à la main.

« Tout à coup je vois Panthée qui fuyait, échappé aux traits des Grecs; Panthée Othryades, prêtre d'Apollon et gardien de la citadelle. Il portait dans ses mains les vases sacrés, et, traînant avec lui ses dieux vaincus et son petit-fils, il courait éperdu vers le rivage. « Panthée, m'écriai-je, en « quel état sont nos affaires? Sauverons-nous la « citadelle? Hélas! me répondit-il, il est venu ce « jour inévitable, le dernier de cet empire! Ilion « n'est plus; ils ne sont plus les Troyens et leur « gloire immense! l'impitoyable Jupiter a tout « transporté à Argos; les Grecs dominent dans « Troie embrasée. Leur gigantesque cheval, au « milieu même de nos murailles, vomit des sol-
« dats de ses flancs, et Sinon vainqueur sème « l'incendie en nous insultant; des milliers d'ennemis se pressent aux portes ouvertes; jamais « il n'en est tant venu de la grande Mycènes. Les « uns, le javelot à la main, occupent tous les « passages : partout le fer tranchant, et la pointe « des dards tournée contre nos poitrines, font « briller la mort; à peine les premiers gardes « sedéfendent aux portes, et résistent dans « l'ombre. »

« Ces paroles de Panthée me transportent, et, les dieux m'inspirant, je me jette au milieu des armes et des flammes, partout où m'appellent et la triste érynnis, et les courages frémissants, et les clameurs qui s'élèvent aux cieux. Bientôt, à la clarté de la lune, se joignent à moi Rhipée, Épytus le plus vieux de nos guerriers, Hypanis, et Dymas, qui se serrent à nos côtés : le jeune Corèbe aussi est des nôtres; Corèbe fils de Migdon, épris d'un fol amour pour Cassandre; il était venu à Troie dans ces tristes jours pour briguer la main de la fille de Priam, et pour offrir son secours aux Phrygiens : malheureux amant, qui ne voulut pas croire son amante inspirée!

« Voyant cette petite troupe déterminée à combattre : « Guerriers, leur dis-je, cœurs généreux, « mais généreux en vain, vous voyez la déplorable « fortune d'Ilion : ils s'en vont de leurs temples, « ils abandonnent leurs autels, les dieux par qui « subsistait cet empire, hélas! et vous ne défendez « plus qu'une ville incendiée! Si donc vous êtes, « comme moi, résolus à affronter la dernière « chance des batailles, mourons, et jetons-nous

In segetem veluti quum flamma furentibus austris
Incidit, aut rapidus montano flumine torrens   305
Sternit agros, sternit sata læta, boumque labores,
Præcipitesque trahit silvas; stupet inscius alto
Adcipiens sonitum saxi de vertice pastor.
Tum vero manifesta fides, Danaumque patescunt
Insidiæ : jam Deiphobi dedit ampla ruinam,   310
Volcano superante, domus; jam proxumus ardet
Ucalegon; Sigea igni freta lata relucent.
Exoritur clamorque virum, clangorque tubarum.
Arma amens capio; nec sat rationis in armis :
Sed glomerare manum bello, et concurrere in arcem 315
Cum sociis ardent animi; furor iraque mentem
Præcipitant; pulchrumque mori succurrit in armis.
Ecce autem telis elapsus Panthus Achivum,
Panthus Othryades, arcis Phœbique sacerdos,
Sacra manu, victosque deos, parvumque nepotem   320
Ipse trahit, cursuque amens ad limina tendit.
Quo res summa loco, Panthu? quam prendimus arcem?
Vix ea fatus eram, gemitu quum talia reddit :
Venit summa dies et ineluctabile tempus
Dardaniæ. Fuimus Troes; fuit Ilium, et ingens   325
Gloria Teucrorum. Ferus omnia Juppiter Argos
Transtulit. Incensa Danai dominantur in urbe.
Arduus armatos mediis in incendiis adstans

Fundit equus, victorque Sinon incendia miscet,
Insultans. Portis alii bipatentibus adsunt,   330
Millia quot magnis unquam venere Mycenis.
Obsedere alii telis angusta viarum
Opposita; stat ferri acies mucrone corusco
Stricta, parata neci; vix primi prælia tentant
Portarum vigiles, et cæco Marte resistunt.   335
Talibus Othryadæ dictis et numine divom
In flammas et in arma feror, quo tristis Erinnys,
Quo fremitus vocat, et sublatus ad æthera clamor.
Addunt se socios Rhipeus, et maxumus armis
Epytus; oblati per lunam Hypanisque Dymasque;   340
Et lateri adglomerant nostro; juvenisque Corœbus
Mygdonides. Illis ad Trojam forte diebus
Venerat, insano Cassandræ incensus amore;
Et gener auxilium Priamo Phrygibusque ferebat.
Infelix, qui non sponsæ præcepta furentis   345
Audierit.
Quos ubi confertos audere in prælia vidi :
Incipio super his : Juvenes, fortissima frustra
Pectora, si vobis audentem extrema cupido
Certa sequi; quæ sit rebus fortuna videtis;   350
Excessere omnes adytis arisque relictis
Di, quibus imperium hoc steterat; succurritis urbi
Incensæ : moriamur, et in media arma ruamus.

« au milieu des glaives ennemis. La seule ressource des vaincus, c'est le désespoir. » Ce peu de mots a redoublé leur rage. Alors, comme des loups ravissants qui, poussés hors de leur retraite par l'indomptable faim, rôdent dans une nuit noire, et que leurs petits attendent, le gosier altéré de carnage, nous courons, à travers les ennemis et les traits, à une mort certaine. Nous nous avançons au milieu de la ville; la nuit étend sur nous ses ailes ténébreuses. Nuit cruelle! qui pourrait en raconter les désastres et les morts sanglantes? Quels yeux, Ilion, auraient assez de larmes pour pleurer tes malheurs! Une ville antique, et durant tant d'années la reine des cités, tombe, et les corps inanimés de ses habitants jonchent çà et là ses rues, ses maisons, le seuil sacré de ses temples. Cependant les Troyens ne rougissent pas seuls le fer de leur sang : parfois aussi le courage se réveille dans le cœur des vaincus, et sous leurs mains ranimées tombent les Grecs vainqueurs : partout le sang, les pleurs, l'effroi; partout l'image lugubre de la mort.

« Le premier des Grecs qui s'offre à nous, c'est Androgée, à la tête d'une troupe nombreuse : nous croyant de ses compagnons d'armes, et trompé par la nuit, il nous adresse ces confiantes paroles : « Amis, hâtez-vous donc; quelle lenteur « enchaîne ainsi vos pas? Déjà nos compagnons, « animés au pillage, emportent les débris enflam- « més de Pergame; et vous, vous descendez à « peine de vos vaisseaux! » Il dit, et tout à coup s'aperçoit, à notre réponse équivoque, qu'il est tombé dans un parti d'ennemis. Frappé de stupeur, il se retire, retenant et ses pas et sa voix. Tel le voyageur appuie, sans y songer, un pied pesant sur un serpent caché sous les ronces épineuses, et soudain recule épouvanté : le reptile a dressé sa tête et son cou bleuâtre, que gonfle la colère. Ainsi devant nous Androgée reculait d'épouvante. Nous fondons sur sa troupe, et, la pressant de nos armes, nous l'enveloppons de tous côtés. Troublés par la peur et par l'ignorance des lieux, les Grecs tombent sous nos coups : la fortune seconde ainsi nos premiers efforts. « Mes amis, « s'écrie Corèbe, que le succès échauffe et trans- « porte, marchons dans ce premier sentier que « nous fraye la fortune; et partout où elle se mon- « tre favorable, suivons-la. Changeons nos bou- « cliers, et couvrons-nous des armes des Grecs : « ruse ou valeur, qu'importe entre ennemis? les « Grecs eux-mêmes nous fourniront des armes. »

« Il dit, et pare son front du casque d'Androgée et de son aigrette flottante, se couvre de son brillant bouclier, et attache à son côté le glaive emprunté des Grecs. Rhipée, et Dymas, et tous les nôtres, entraînés par son exemple, en font autant : chacun s'arme de ses dépouilles récentes. Nous marchons ainsi, nous mêlant aux Grecs, en dépit des destins jaloux, et nous livrons maint combat heureux dans la nuit obscure. Plus d'un guerrier d'Argos est précipité dans l'Orcus. Les uns fuient vers leurs vaisseaux, et vont chercher vers le rivage un sûr abri; les autres, frappés d'une honteuse épouvante, escaladent de nouveau le

Una salus victis, nullam sperare salutem.
Sic animis juvenum furor additus. Inde, lupi ceu 355
Raptores atra in nebula, quos improba ventris
Exegit cæcos rabies, catulique relicti
Faucibus exspectant siccis; per tela, per hostis
Vadimus haud dubiam in mortem; mediæque tenemus
Urbis iter. Nox atra cava circumvolat umbra. 360
Quis cladem illius noctis, quis funera fando
Explicet, aut possit lacrimis æquare labores?
Urbs antiqua ruit, multos dominata per annos;
Plurima perque vias sternuntur inertia passim
Corpora, perque domos, et religiosa deorum 365
Limina. Nec soli pœnas dant sanguine Teucri :
Quondam etiam victis redit in præcordia virtus;
Victoresque cadunt Danai. Crudelis ubique
Luctus, ubique pavor, et plurima mortis imago.
  Primus se, Danaum magna comitante caterva, 370
Androgeus offert nobis, socia agmina credens
Inscius; atque ultro verbis compellat amicis :
Festinate, viri, nam quæ tam sera moratur
Segnities? alii rapiunt incensa feruntque
Pergama : vos celsis nunc primum a navibus itis? 375
Dixit; et extemplo (neque enim responsa dabantur
Fida satis) sensit, medios delapsus in hostis;
Obstupuit, retroque pedem cum voce repressit :
Improvisum aspris veluti qui sentibus anguem
Pressit humi nitens, trepidusque repente refugit, 380
Adtollentem iras, et cærula colla tumentem :
Haud secus Androgeus visu tremefactus abibat.
Inruimus densis et circumfundimur armis;
Ignarosque loci passim et formidine captos
Sternimus : adspirat primo fortuna labori. 385
Atque hic successu exsultans animisque Corœbus,
O socii, qua prima, inquit, fortuna salutis
Monstrat iter, quaque ostendit se dextra, sequamur.
Mutemus clipeos, Danaumque insignia nobis
Aptemus : dolus, an virtus, quis in hoste requirat? 390
Arma dabunt ipsi. Sic fatus, deinde comantem
Androgei galeam clipeique insigne decorum
Induitur, laterique Argivum accommodat ensem.
Hoc Rhipeus, hoc ipse Dymas, omnisque juventus
Læta facit, spoliis se quisque recentibus armat. 395
Vadimus immixti Danais haud numine nostro,
Multaque per cæcam congressi prælia noctem
Conserimus; multos Danaum demittimus Orco.
Diffugiunt alii ad navis, et litora cursu
Fida petunt; pars ingentem formidine turpi 400
Scandunt rursus equum, et nota conduntur in alvo.
Heu nihil invitis fas quemquam fidere divis!
  Ecce trahebatur passis Priameia virgo
Crinibus a templo Cassandra adytisque Minervæ,
Ad cœlum tendens ardentia lumina frustra, 405

monstrueux cheval, et se cachent dans ses flancs, qui leur sont si connus. Hélas! qui peut, s'il a contre lui les dieux, s'en fier à sa vaillance?

« Voici que du temple et du sanctuaire de Minerve la fille de Priam, Cassandre, était traînée, les cheveux épars, et levant au ciel ses yeux enflammés de colère; ses yeux... car des fers chargeaient ses faibles mains. Corèbe ne peut soutenir ce spectacle, et furieux il se jette, pour y mourir, au milieu de la foule des Grecs. Nous le suivons tous, et nous nous précipitons au fort de la mêlée. Mais voilà que, du faîte du temple où ils s'étaient portés, les Troyens nous écrasent sous leurs traits; la forme de nos armes et nos panaches grecs les ont trompés : il se fait un horrible massacre des nôtres. En même temps les Grecs, de douleur et de rage de se voir enlever la vierge captive, se rassemblent de tous côtés et fondent sur nous : c'est le fougueux Ajax, ce sont les deux Atrides, c'est l'armée entière des Dolopes. Ainsi, rompant le tourbillon qui les enveloppait, des vents rivaux, le Zéphyre, le Notus, et l'Eurus fier de monter les coursiers de l'Aurore, luttent les uns contre les autres : les forêts sifflent; Neptune en furie fait écumer la mer sous son trident, et la bouleverse dans ses plus profonds abîmes. Ceux même qu'au milieu des ombres de la nuit nous avions surpris, dispersés, poussés devant nous par toute la ville, reparaissent soudain. Les premiers ils reconnaissent nos boucliers, et nos armes empruntées; ils remarquent les sons étrangers de notre langage. Nous sommes donc accablés par le nombre : Chorèbe le premier, frappé par la main de Pénélée, va tomber devant l'autel de la redoutable déesse de la guerre : Rhipée tombe aussi; Rhipée, le plus juste des Troyens, le plus pieux des mortels : et pourtant les dieux ne l'épargnèrent pas! Hypanis et Dymas meurent percés par des javelots troyens; et toi, Penthée, tu tombas aussi, et ni ton insigne piété, ni le sacré bandeau d'Apollon, ne purent te protéger. Cendres d'Ilion, et vous flammes qui dévorâtes les restes des miens, soyez-moi témoins que dans cette chute dernière de ma patrie je n'ai évité ni les traits des Grecs, ni les chances périlleuses des combats; et que si c'eût été ma destinée de succomber, j'avais fait assez pour mériter de mourir! Enfin nous sommes arrachés de la mêlée; avec moi se retirent Iphitus et Pélias; Iphitus, déjà appesanti par l'âge; Pélias, qu'Ulysse a blessé, et qui se traîne sur nos pas. Alors de grands cris nous appellent au palais de Priam.

« Là nous vîmes un combat si terrible et Mars si furieux, qu'il semblait qu'on ne combattît point ailleurs, et que nul ne mourût dans Troie entière. Nous vîmes les Grecs se précipiter à l'escalade du palais, et, formant la tortue, en assiéger les portes. Les échelles sont dressées le long des murs, au pied même des portes; sur les degrés se pressent les assiégeants; d'une main ils tiennent leurs boucliers, dont ils se couvrent pour repousser les traits; de l'autre, ils saisissent le faîte du toit. Les Troyens de leur côté arrachent les pierres de leurs tours et de leurs maisons démolies : voyant venir leur dernière heure et déjà sous le coup de la mort, ils n'ont plus que ces armes pour se défendre. Les poutres et les lambris dorés, superbes ornements de leurs anciens rois, sont roulés sur l'ennemi; d'autres, l'épée à la main, gardent les premières portes, et, serrant leurs rangs, en défendent l'entrée. Ce spectacle

```
Lumina, nam teneras arcebant vincula palmas.
Non tulit hanc speciem furiata mente Corœbus,
Et sese medium injecit periturus in agmen.
Consequimur cuncti, et densis incurrimus armis.
Hic primum ex alto delubri culmine telis                410
Nostrorum obruimur, oriturque miserrima cædes,
Armorum facie et Graiarum errore jubarum.
Tum Danai, gemitu atque ereptæ virginis ira,
Undique collecti invadunt, acerrimus Ajax,
Et gemini Atridæ, Dolopumque exercitus omnis.
Adversi rupto ceu quondam turbine venti
Confligunt, Zephyrusque, Notusque, et lætus Eois
Eurus equis : stridunt silvæ, sævitque tridenti
Spumeus atque imo Nereus ciet æquora fundo
Illi etiam, si quos obscura nocte per umbram       420
Fudimus insidiis, totaque agitavimus urbe,
Adparent; primi clipeos mentitaque tela
Adgnoscunt, atque ora sono discordia signant.
Ilicet obruimur numero. Primusque Corœbus
Penelei dextra, divæ armipotentis ad aram,         425
Procumbit; cadit et Rhipeus, justissimus unus
Qui fuit in Teucris et servantissimus æqui :
Dis aliter visum : pereunt Hypanisque Dymasque
Confixi a sociis; nec te tua plurima, Panthu,
'Labentem pietas nec Apollinis infula texit.         430
Iliaci cineres, et flamma extrema meorum,
Testor, in occasu vestro nec tela nec ullas
Vitavisse vices Danaum; et, si fata fuissent,
Ut caderem, meruisse manu. Divellimur inde :
Iphitus et Pelias mecum : quorum Iphitus ævo    435
Jam gravior, Pelias et volnere tardus Ulixi :
Protinus ad sedes Priami clamore vocati.
    Hic vero ingentem pugnam, ceu cetera nusquam
Bella forent, nulli tota morerentur in urbe,
Sic Martem indomitum, Danaosque ad tecta ruentis  440
Cernimus, obsessumque acta testudine limen.
Hærent parietibus scalæ, postesque sub ipsos
Nituntur gradibus, clipeosque ad tela sinistris
Protecti objiciunt; prensant fastigia dextris.
Dardanidæ contra turris ac tecta domorum          445
Culmina convellunt : his se, quando ultima cernunt,
Extrema jam in morte parant defendere telis;
```

rallume mon courage : je cours sauver le palais de mon roi, soutenir ses derniers défenseurs, rendre quelque peu de force aux vaincus.

« Derrière le palais de Priam était une porte, issue secrète qui réunissait entre elles par un commun passage les longues galeries de la demeure de nos rois : c'était par là que l'infortunée Andromaque, dans le temps de nos grandeurs, avait coutume de se rendre sans escorte vers ses vieux parents, et menait à son aïeul son cher Astyanax. Je m'élance par cette porte jusqu'au faîte du palais, d'où les malheureux Troyens lançaient des traits impuissants. Là s'élevait comme suspendue au comble, et perdant son sommet dans les nues, une tour, d'où l'on voyait Troie entière, et le camp des assiégeants, et les mille vaisseaux des Grecs : avec des leviers de fer nous sapons aux endroits mal unis et déjà chancelants les derniers étages de l'immense édifice ; nous l'ébranlons jusqu'en ses fondements, et tout à coup le poussons : la tour s'écroule avec fracas, et va tomber au loin sur les bataillons grecs ; mais d'autres prennent leur place, et sur eux pleuvent incessamment et des pierres et toute sorte de traits.

« Devant le vestibule, et sur le seuil même du palais, Pyrrhus bondit, tout resplendissant de l'éclat qui jaillit de ses armes d'airain. Tel reparaît à la lumière un serpent que les brumes glaciales cachaient sous terre, repu d'herbes vénéneuses et gonflé de poisons : aujourd'hui, revêtu d'une peau nouvelle et rayonnant de jeunesse, le cou dressé et roulant sa croupe luisante, il s'étale au soleil, et darde un triple aiguillon. Avec Pyrrhus entrent dans le palais le grand Périphas, Automédon qui portait jadis les armes et guidait les coursiers d'Achille, et toute la bouillante jeunesse de Scyros : ils lancent des feux jusque sur les toits. A leur tête Pyrrhus, saisissant une hache à deux tranchants, brise les portes d'airain, ébranle leurs gonds, fend leurs ais solides, et, creusant le chêne dans sa vaste épaisseur, y fait une large ouverture. Alors apparaît l'intérieur du palais, et se découvrent ses longues galeries ; alors l'œil plonge dans la demeure de Priam et dans l'antique foyer de nos rois. Des soldats postés sur le seuil le défendent encore. Mais au dedans tout n'est que gémissements, trouble et effroi lamentable ; et des hurlements de femmes retentissent dans les profondeurs les plus reculées de l'édifice ; leurs clameurs vont frapper les astres. Alors les mères tremblantes errent dans la vaste enceinte ; elles embrassent les portes, et y collent une dernière fois leurs lèvres. Pyrrhus (c'est Achille, c'est son ardeur) presse l'assaut : ni barrières, ni gardes, ne peuvent lui résister ; la porte chancelle sous les coups redoublés du bélier, et tombe arrachée de ses gonds. Le fer s'ouvre un chemin ; les passages sont forcés ; les Grecs pénètrent, et massacrent les premiers qu'ils rencontrent : tout le palais se remplit de soldats. Avec moins de fureur un fleuve écumant, qui a rompu ses digues, et vaincu par l'effort de ses eaux amoncelées les masses qu'on leur opposait, déborde et s'emporte dans la plaine, entraînan

Auratasque trabes, veterum decora alta parentum,
Devolvunt; alii strictis mucronibus imas
Obsedere fores : has servant agmine denso. 450
Instaurati animi, regis succurrere tectis,
Auxilioque levare viros, vimque addere victis.
 Limen erat, cæcæque fores, et pervius usus
Tectorum inter se Priami, postesque relicti
A tergo : infelix qua se, dum regna manebant, 455
Sæpius Andromache ferre incomitata solebat
Ad soceros, et avo puerum Astyanacta trahebat.
Evado ad summi fastigia culminis : unde
Tela manu miseri jactabant inrita Teucri.
Turrim, in præcipiti stantem, summisque sub astra 460
Eductam tectis, unde omnis Troja videri
Et Danaum solitæ naves, et Achaia castra,
Adgressi ferro circum, qua summa labantis
Juncturas tabulata dabant, convellimus altis
Sedibus, impulimusque ; ea lapsa, repente ruinam 465
Cum sonitu trahit, et Danaum super agmina late
Incidit. Ast alii subeunt; nec saxa, nec ullum
Telorum interea cessat genus.
 Vestibulum ante ipsum primoque in limine Pyrrhus
Exsultat, telis et luce coruscus aena. 470
Qualis, ubi in lucem coluber mala gramina pastus,
Frigida sub terra tumidum quem bruma tegebat ;
Nunc positis novus exuviis, nitidusque juventa,
Lubrica convolvit sublato pectore terga
Arduus ad solem, et linguis micat ore trisulcis. 475
Una ingens Periphas, et equorum agitator Achillis
Armiger Automedon, una omnis Scyria pubes
Succedunt tecto, et flammas ad culmina jactant.
Ipse inter primos correpta dura bipenni
Limina perrumpit, postesque a cardine vellit 480
Æratos ; jamque excisa trabe firma cavavit
Robora, et ingentem lato dedit ore fenestram.
Adparet domus intus, et atria longa patescunt ;
Adparent Priami et veterum penetralia regum ;
Armatosque vident stantis in limine primo. 485
 At domus interior gemitu miseroque tumultu
Miscetur ; penitusque cavæ plangoribus ædes
Femineis ululant ; ferit aurea sidera clamor.
Tum pavidæ tectis matres ingentibus errant,
Amplexæque tenent postes, atque oscula figunt. 490
Instat vi patria Pyrrhus ; nec claustra, neque ipsi
Custodes sufferre valent. Labat ariete crebro
Janua, et emoti procumbunt cardine postes.
Fit via vi : rumpunt aditus, primosque trucidant
Immissi Danai, et late loca milite complent. 495
Non sic, aggeribus ruptis quum spumeus amnis
Exiit, oppositasque evicit gurgite moles,
Fertur in arva furens cumulo, camposque per omnis
Cum stabulis armenta trahit. Vidi ipse furentem

à travers les campagnes et les taureaux et les étables. J'ai vu Pyrrhus enivré de carnage; j'ai vu les deux Atrides sur le seuil du palais; j'ai vu Hécube, et ses cent filles, et Priam ensanglantant les autels et les feux qu'il avait lui-même consacrés. Les couches nuptiales de ses cinquante fils, immense espérance de postérité, ces lambris superbes, cet or, ces riches dépouilles de la Phrygie, ont péri; les Grecs sont partout où n'est pas la flamme.

« Mais peut-être, ô reine, voulez-vous savoir comment Priam acheva sa destinée. Lorsqu'il eut vu Troie prise et tombée, son palais croulant de toutes parts, et l'ennemi vainqueur au sein même de ses foyers, le vieillard charge en vain ses épaules tremblantes d'armes que depuis longtemps elles n'étaient plus accoutumées à porter; il prend un glaive, hélas! inutile dans ses mains, et, résolu de mourir, se jette à travers la foule des ennemis. Au milieu du palais, et sous la voûte lumineuse des cieux, il y avait un grand autel, sur lequel un antique laurier penchait ses rameaux, embrassant de son ombre les dieux domestiques. Autour de cet autel se tenaient serrées Hécube et ses filles, pareilles à des colombes que la noire tempête a précipitées en troupe sur la terre; immobiles, elles embrassaient les statues des dieux. Dès qu'Hécube voit le vieux roi couvert des armes d'un jeune homme : « Malheureux époux, lui dit-elle, quelle funeste démence vous pousse à vous charger de ces traits? « Où courez-vous? Ce n'est pas d'un tel secours, « ni d'un pareil défenseur, que nous avons besoin « aujourd'hui; non, et mon Hector lui-même ne « nous sauverait pas. Venez enfin près de nous; « cet autel nous protégera tous; ou vous mour« rez avec nous. » Elle dit, attire à elle le vieillard, et le place dans l'asile sacré.

« Cependant Polite, l'un des enfants de Priam, échappé des mains sanglantes de Pyrrhus, fuyait à travers les traits et les ennemis sous les longs portiques du palais, et parcourait blessé les galeries solitaires : Pyrrhus, qui brûle de l'achever, le poursuit, et déjà le touche de sa main, déjà l'accable de sa lance. Polite enfin court jusqu'à l'autel; et là, sous les yeux et à la face de ses parents, il tombe, et rend son dernier souffle avec son sang. En ce moment Priam ne se possède plus; et quoique la mort déjà l'environne, il ne retient ni sa voix ni sa colère. « Bar« bare, s'écrie-t-il, que les dieux (s'il est dans le « ciel quelque justice vengeresse) te récompen« sent dignement d'un si exécrable forfait, et « qu'ils t'en payent le prix que tu mérites, toi qui « m'as fait voir mon fils mourant à mes yeux, « toi qui as souillé la face d'un père du sang de « son enfant! Mais cet Achille, dont tu te vantes « faussement d'être le fils, ne fut pas tel que toi « envers Priam, son ennemi; les droits et la sain« teté des suppliants le touchèrent; il me rendit « pour l'ensevelir le corps défiguré de mon Hec« tor, et me renvoya libre dans le palais de mes « pères. » En disant ces mots, le vieillard lance à Pyrrhus un trait faible et sans portée, que repousse aussitôt l'airain sonore de son armure, et qui pend vainement à la surface effleurée du bouclier. Alors Pyrrhus : « Va donc annoncer « toi-même à mon père ce que tu vois; raconte-

Cæde Neoptolemum, geminosque in limine Atridas. 500
Vidi Hecubam, centumque nurus, Priamumque per aras
Sanguine fœdantem, quos ipse sacraverat, ignis.
Quinquaginta illi thalami, spes tanta nepotum,
Barbarico postes auro spoliisque superbi,
Procubuere. Tenent Danai, qua deficit ignis. 505
   Forsitan et, Priami fuerint quæ fata, requiras.
Urbis uti captæ casum, convolsaque vidit
Limina tectorum, et medium in penetralibus hostem :
Arma diu senior desueta trementibus ævo
Circumdat nequidquam humeris, et inutile ferrum 510
Cingitur, ac densos fertur moriturus in hostis.
   Ædibus in mediis, nudoque sub ætheris axe,
Ingens ara fuit; juxtaque veterrima laurus
Incumbens aræ, atque umbra complexa Penates.
Hic Hecuba et natæ nequidquam altaria circum, 515
Præcipites atra ceu tempestate columbæ,
Condensæ, et divom amplexæ simulacra sedebant.
Ipsum autem sumtis Priamum juvenalibus armis
Ut vidit : Quæ mens tam dira, miserrime conjunx,
Impulit his cingi telis? aut quo ruis? inquit. 520
Non tali auxilio, nec defensoribus istis
Tempus eget; non, si ipse meus nunc adforet Hector.

Huc tandem concede; hæc ara tuebitur omnis :
Aut moriere simul. Sic ore effata, recepit
Ad sese, et sacra longævum in sede locavit. 525
   Ecce autem elapsus Pyrrhi de cæde Polites,
Unus natorum Priami, per tela, per hostis
Porticibus longis fugit, et vacua atria lustrat
Saucius. Illum ardens infesto volnere Pyrrhus
Insequitur, jam jamque manu tenet, et premit hasta. 530
Ut tandem ante oculos evasit et ora parentum :
Concidit, ac multo vitam cum sanguine fudit.
Hic Priamus, quamquam in media jam morte tenetur,
Non tamen abstinuit, nec voci iræque pepercit.
At tibi pro scelere, exclamat, pro talibus ausis, 535
Di, si qua est cœlo pietas, quæ talia curet,
Persolvant grates dignas, et præmia reddant
Debita : qui nati coram me cernere letum
Fecisti, et patrios fœdasti funere voltus.
At non ille, satum quo te mentiris, Achilles 540
Talis in hoste fuit Priamo; sed jura fidemque
Supplicis erubuit, corpusque exsangue sepulcro
Reddidit Hectoreum, meque in mea regna remisit.
Sic fatus senior, telumque imbelle sine ictu
Conjecit : rauco quod protinus ære repulsum, 545

« lui mes tristes exploits; dis-lui que Néoptolème « dégénère : mais avant, meurs. » Il dit, traîne vers l'autel le vieillard tremblant, et dont les pieds glissent dans le sang du dernier de ses fils ; saisit d'une main sa chevelure, de l'autre lève son épée étincelante, et la lui plonge dans le sein jusqu'à la garde. Ainsi finit Priam ; ainsi le destin nous l'enleva, après qu'il eut vu Troie incendiée, Pergame renversé de fond en comble; ainsi périt ce dominateur de l'Asie, fier de commander à tant de peuples, de régner sur tant de terres : maintenant gît sur le rivage ce reste d'un grand roi ; sa tête est séparée de ses épaules; ce n'est plus qu'un cadavre sans nom.

« Alors pour la première fois je sentis une affreuse horreur m'environner ; j'en demeurai stupide ; l'image de mon père chéri me revint à l'esprit, quand je vis ce monarque, comme lui chargé d'ans, exhaler sous le fer ennemi sa misérable vie : je pensai à Créuse, mon épouse, que j'avais abandonnée ; à ma maison, livrée peut-être au pillage ; aux maux qui menaçaient mon enfant, mon Iule. Je regarde derrière moi, et je cherche si quelques amis m'entourent encore : tous, fatigués de combattre, m'ont abandonné, et d'épuisement se sont précipités de nos toits, ou jetés au milieu des flammes.

« Je restais seul, lorsque, errant à la clarté de l'incendie et portant çà et là des regards inquiets, j'aperçois, sur le seuil du temple de Vesta, Hélène, qui y cherchait quelque retraite obscure et silencieuse. Cette femme, la furie d'Argos et de Troie, redoutant et la vengeance des Troyens qui voyaient Pergame renversé par ses mains adultères, et la vengeance des Grecs, et le ressentiment d'un époux indignement délaissé, s'était cachée là, et, odieuse à tous, se tenait à l'ombre des autels. Je sentis s'allumer en moi tous les feux de la colère, et je brûlai de venger sur cette femme ma patrie en ruines, et de châtier enfin tant de scélératesse. « Quoi ! me dis-je, « cette femme ira, saine et sauve, revoir Sparte et « Mycènes, sa patrie? Reine encore et triomphant « d'Ilion, elle rentrera dans son empire? Elle re- « verra son époux, sa maison, son père et ses « enfants, environnée de la foule des Troyennes « et de nos femmes, devenues ses esclaves? Et « Priam aura péri sous le glaive? Et Troie aura « brûlé tout entière? Et ces rivages auront tant « de fois regorgé du sang troyen? Non ; et quoi- « qu'il n'y ait nulle gloire à tuer une femme, et « tout ignoble que soit la victoire, on me louera « pourtant d'avoir exterminé ce monstre, et puni « l'infâme comme elle le méritait; enfin j'étein- « drai dans son sang les flammes de ma ven- « geance; son sang rassasiera les mânes des « miens. »

« Ainsi je m'emportais, ainsi m'égarait la fureur, quand tout à coup Vénus, ma mère, paraît à mes yeux, plus brillante que je ne l'avais jamais vue, et resplendissante, au milieu des ténèbres, de la plus pure lumière des cieux : je reconnus la déesse, aussi belle, aussi majestueuse qu'elle apparaît dans l'Olympe aux immortels. Elle retint mon bras, et me dit de sa bouche de rose : « Quel si grand sujet allume en

Et summo clipei nequidquam umbone pependit.
Cui Pyrrhus : Referes ergo hæc, et nuntius ibis
Pelidæ genitori. Illi mea tristia facta,
Degeneremque Neoptolemum narrare memento.
Nunc morere. Hoc dicens, altaria ad ipsa trementem   550
Traxit et in multo lapsantem sanguine nati,
Implicuitque comam læva; dextraque coruscum
Extulit, ac lateri capulo tenus abdidit ensem.
Hæc finis Priami fatorum : hic exitus illum
Sorte tulit, Trojam incensam, et prolapsa videntem   555
Pergama ; tot quondam populis terrisque superbum
Regnatorem Asiæ. Jacet ingens litore truncus,
Avolsumque humeris caput, et sine nomine corpus.
At me tum primum sævus circumstetit horror.
Obstupui; subiit cari genitoris imago.   560
Ut regem æquævum crudeli volnere vidi
Vitam exhalantem; subiit deserta Creüsa,
Et direpta domus, et parvi casus Iuli.
Respicio, et quæ sit me circum copia lustro.
Deseruere omnes defessi, et corpora saltu   565
Ad terram misere aut ignibus ægra dedere.
Jamque adeo super unus eram : quum limina Vestæ
Servantem, et tacitam secreta in sede latentem
Tyndarida adspicio; dant clara incendia lucem
Erranti, passimque oculos per cuncta ferenti.   570

Illa sibi infestos eversa ob Pergama Teucros,
Et pœnas Danaum, et deserti conjugis iras,
Præmetuens, Trojæ et patriæ communis Erinnys,
Abdiderat sese, atque aris invisa sedebat.
Exarsere ignes animo; subit ira cadentem   575
Ulcisci patriam, et sceleratas sumere pœnas.
Scilicet hæc Spartam incolumis patriasque Mycenas
Adspiciet, partoque ibit regina triumpho?
Conjugiumque, domumque, patres, natosque videbit,
Iliadum turba, et Phrygiis comitata ministris?   580
Occiderit ferro Priamus? Troja arserit igni?
Dardanium toties sudarit sanguine litus?
Non ita : namque, etsi nullum memorabile nomen
Feminea in pœna est, nec habet victoria laudem,
Extinxisse nefas tamen, et sumsisse merentis   585
Laudabor pœnas; animumque explesse juvabit
Ultricis flammæ, et cineres satiasse meorum.
Talia jactabam, et furiata mente ferebar;
Quum mihi se, non ante oculis tam clara, videndam
Obtulit, et pura per noctem in luce refulsit   590
Alma parens, confessa deam, qualisque videri
Cœlicolis, et quanta solet; dextraque prehensum
Continuit, roseoque hæc insuper addidit ore :
Nate, quis indomitas tantus dolor excitat iras?
Quid furis? aut quonam nostri tibi cura recessit?   595

« ton cœur cette colère indomptable? Pourquoi ces fureurs? Et n'as-tu donc plus de souci de ta mère et des nôtres? Que ne vas-tu voir plutôt dans Troie, où tu as laissé ton père Anchise, que la vieillesse accable! Créuse, Ascagne, vivent-ils encore? De tous côtés les hordes errantes des Grecs les environnent; et si mon amour inquiet ne repoussait loin d'eux les périls, déjà la flamme les aurait dévorés tous trois, ou le fer ennemi se serait baigné dans leur sang. Non, ce n'est point l'odieuse Lacédémonienne, ce n'est point Pâris qu'il faut accuser aujourd'hui : c'est le courroux, l'impitoyable courroux des dieux qui renverse cet empire, et qui précipite du faîte Ilion. Regarde, car je vais dissiper le nuage dont l'humide vapeur, répandue sur tes yeux mortels, obscurcit ta vue et en émousse la pointe : écoute seulement, et, rassuré par ta mère, ne résiste pas à ses ordres. Là où tu vois ses masses dispersées, les pierres arrachées et confondues, c'est Neptune qui des coups redoublés de son trident bat vos murailles, en ébranle les assises profondes, et déracine Ilion entier dans ses fondements. Vois-tu Junon la première à la porte Scée, l'implacable Junon; et comme, le fer à la main, elle appelle en furieuse ses soldats, trop lents à quitter leurs vaisseaux? Regarde derrière toi, c'est Pallas avec sa redoutable égide; portée sur un nuage étincelant, elle est assise sur le sommet de la citadelle. Le père des dieux lui-même souffle aux Grecs le feu de la guerre, et seconde leurs efforts : lui-même il suscite les dieux contre les armes troyennes. Fuis donc au plus vite, ô mon fils, et cesse une vaine résistance : je serai partout avec toi, et te conduirai en sûreté jusqu'au seuil paternel. » Elle dit, et disparut dans l'ombre épaisse de la nuit.

« Alors m'apparaissent les figures effrayantes des grands dieux ennemis de Troie ; alors je vis Ilion tout entier s'abîmer dans les flammes, et la ville de Neptune se renverser de fond en comble. Ainsi sur le sommet d'une haute montagne gémit, entamé par le fer et sous les coups redoublés de la hache, un frêne antique que des bûcherons, rassemblant leurs bras, s'efforcent d'abattre : l'arbre menace encore le ciel, son feuillage tremble, sa cime ébranlée chancelle; enfin, épuisé par les blessures, il pousse un dernier gémissement, tombe, et roule dans la vallée ses vastes ruines. Je descends de la citadelle, et, guidé par une main divine, je m'esquive à travers les flammes et les ennemis ; devant moi les traits s'écartent, l'incendie se retire. J'arrive sur le seuil de la maison paternelle et dans la demeure de mes aïeux : mais voilà que mon père, que je voulais sauver le premier et transporter sur les montagnes voisines, refuse de traîner plus longtemps sa vie après la ruine d'Ilion, et de souffrir les maux de l'exil. « Fuyez, nous dit-il, vous qu'échauffe encore le sang de la jeunesse, vous à qui vos forces sont demeurées entières, fuyez : si les dieux avaient voulu que ma vie se prolongeât, ils m'auraient conservé ces demeures de mes ancêtres C'est assez, c'est trop pour moi d'avoir vu une fois cette ville saccagée, et d'avoir survécu à ma

Non prius adspicies, ubi fessum ætate parentem
Liqueris Anchisen, superet conjunxne Creüsa,
Ascaniusque puer? quos omnis undique Graiæ
Circum errant acies, et, ni mea cura resistat,
Jam flammæ tulerint, inimicus et hauserit ensis. 600
Non tibi Tyndaridis facies invisa Lacænæ,
Culpatusve Paris; divom inclementia divom,
Has evertit opes, sternitque a culmine Trojam.
Adspice : namque omnem, quæ nunc obducta tuenti
Mortalis hebetat visus tibi, et humida circum 605
Caligat, nubem eripiam. Tu ne qua parentis
Jussa time, neu præceptis parere recusa.
Hic, ubi disjectas moles avolsaque saxis
Saxa vides, mixtoque undantem pulvere fumum,
Neptunus muros magnoque emota tridenti 610
Fundamenta quatit, totamque ab sedibus urbem
Eruit. Hic Juno Scæas sævissima portas
Prima tenet, sociumque furens a navibus agmen
Ferro adcincta vocat.
Jam summas arcis Tritonia, respice, Pallas 615
Insedit, nimbo effulgens et Gorgone sæva.
Ipse pater Danais animos viresque secundas
Sufficit ; ipse deos in Dardana suscitat arma.

Eripe, nate, fugam, finemque impone labori.
Nusquam abero, et tutum patrio te limine sistam. 620
Dixerat ; et spissis noctis se condidit umbris.
Adparent diræ facies, inimicaque Trojæ
Numina magna deom.
Tum vero omne mihi visum considere in ignis
Ilium, et ex imo verti Neptunia Troja : 625
Ac veluti, summis antiquam in montibus ornum,
Quum ferro adcisam crebrisque bipennibus instant
Eruere agricolæ certatim; illa usque minatur,
Et tremefacta comam concusso vertice nutat;
Volneribus donec paullatim evicta supremum 630
Congemuit, traxitque jugis avolsa ruinam.
Descendo, ac ducente deo flammam inter et hostis
Expedior ; dant tela locum, flammæque recedunt.
  Atque, ubi jam patriæ perventum ad limina sedis
Antiquasque domos, genitor, quem tollere in altos 635
Optabam primum montis, primumque petebam,
Abnegat excisa vitam producere Troja,
Exsiliumque pati. Vos o , quibus integer ævi
Sanguis, ait, solidæque suo stant robore vires,
Vos agitate fugam. 640
Me si cœlicolæ voluissent ducere vitam :

« patrie conquise. Laissez-moi mourir à cette
« place, et dites en partant un dernier adieu aux
« restes d'Anchise. Je saurai bien de cette
« main terminer ma vie, ou l'ennemi, par pitié,
« enlèvera ma dépouille : qu'est-ce que la perte
« d'un tombeau ? Il y a trop longtemps qu'odieux
« aux immortels, je traîne sur cette terre une vie
« inutile, depuis que le maître des dieux et des
« hommes m'a effleuré du vent de sa foudre et
« touché des feux de son tonnerre. » En disant
ces mots il persistait dans sa résolution, et y
demeurait inébranlable. Mais nous, mais Créuse
mon épouse, Ascagne et toute la maison se répandaient en larmes, et le conjuraient de ne pas
entraîner tout avec lui, de ne pas peser encore sur
nos destinées accablantes. Il résiste à nos prières ;
rien ne peut l'arracher des lieux où il veut mourir. Désespéré, je me jette de nouveau dans les
hasards des combats, et je souhaite d'y trouver
la mort. Car quel autre parti prendre ? quelle
autre fortune m'était laissée ? « Ah ! mon père,
« m'écriai-je, avez-vous pu penser que je fui-
« rais sans vous ? Et votre bouche paternelle a-
« t-elle pu me commander un crime si exécra-
« ble ? Si les dieux veulent qu'il ne reste plus
« rien d'une si grande ville, si vous-même êtes
« ferme dans la résolution cruelle de vous join-
« dre vous et les vôtres aux ruines de Troie, la
« porte est ouverte à cette mort que vous appe-
« lez. Voici venir Pyrrhus tout dégouttant du
« sang de Priam, Pyrrhus qui massacre le fils
« sous les yeux du père, et qui égorge le père
« à la face des autels. O ma divine mère, ne m'a-
« vez-vous donc arraché au fer et à la flamme
« que pour que je visse l'ennemi au sein de mes
« foyers, Ascagne et mon père, et avec eux
« Créuse, massacrés dans le sang l'un de l'au-
« tre ? Rendez-moi, rendez-moi mes armes ; le
« dernier jour a lui pour les vaincus, et les ap-
« pelle ; rendez Énée aux Grecs ; que pour moi
« les combats se rallument : nous ne mourrons
« pas tous aujourd'hui sans vengeance. » Alors
je ceins de nouveau mon épée, j'attache à mon
bras mon bouclier, et je me porte hors de ma
demeure. Mais voici que mon épouse, embrassant mes genoux, m'arrête sur le seuil, et, présentant à mes baisers mon fils Iule « Si tu cours à
« la mort, me dit-elle, entraîne-nous donc par-
« tout avec toi ; mais si tu as encore quelque es-
« poir en la force éprouvée de ton bras, commence
« du moins par sauver cette demeure où tu laisses
« un enfant, un père, où tu veux me laisser, moi
« que tu appelais ta chère épouse. »

Ainsi Créuse exhalait ses plaintes et remplissait toute la maison de ses cris. Soudain s'offre à
nos regards un prodige inouï. Sur la tête d'Ascagne, dans les bras et sous les yeux mêmes de
ses parents en pleurs, une flamme légère brilla,
qui, touchant mollement sa chevelure, ne fit que
l'effleurer, et se jouer innocemment autour de
ses tempes. Nous, dans le trouble et l'épouvante,
nous secouons ces cheveux enflammés, et, versant l'eau à grands flots, nous tâchons d'éteindre
ces flammes célestes. Mais Anchise lève au ciel
des yeux réjouis, et, tendant ses mains vers l'O-
lympe : « Puissant Jupiter, s'écria-t-il, si nos
« prières peuvent vous fléchir, jetez seulement
« sur nous un regard favorable ; et si nous le mé-

Has mihi servassent sedes. Satis una superque
Vidimus excidia, et captæ superavimus urbi.
Sic o, sic positum adfati discedite corpus.
Ipse manu mortem inveniam. Miserebitur hostis, 645
Exuviasque petet. Facilis jactura sepulcri.
Jam pridem invisus divis, et inutilis annos
Demoror : ex quo me divom pater atque hominum rex
Fulminis adflavit ventis, et contigit igni.
Talia perstabat memorans, fixusque manebat. 650
Nos contra, effusi lacrimis conjunxque Creüsa,
Ascaniusque, omnisque domus, ne vertere secum
Cuncta pater, fatoque urgenti incumbere vellet.
Abnegat, inceptoque et sedibus hæret in isdem.
Rursus in arma feror, mortemque miserrimus opto. 655
Nam quod consilium aut quæ jam fortuna dabatur ?
Mene efferre pedem, genitor, te posse relicto
Sperasti ? tantumque nefas patrio excidit ore ?
Si nihil ex tanta Superis placet urbe relinqui,
Et sedet hoc animo, periturææ addere Trojæ 660
Teque tuosque juvat : patet isti janua leto ;
Jamque aderit multo Priami de sanguine Pyrrhus,
Natum ante ora patris, patrem qui obtruncat ad aras.
Hoc erat, alma parens, quod me per tela, per ignis
Eripis, ut mediis hostem in penetralibus, utque 665
Ascanium, patremque meum, juxtaque Creüsam,
Alterum in alterius mactatos sanguine, cernam ?
Arma, viri, ferte arma : vocat lux ultima victos.
Reddite me Danais ; sinite instaurata revisam
Prælia. Nunquam omnes hodie moriemur inulti. 670
Hinc ferro adcingor rursus, clipeoque sinistram
Insertabam aptans, meque extra tecta ferebam.
Ecce autem complexa pedes in limine conjunx
Hærebat, parvumque patri tendebat Iulum :
Si periturus abis, et nos rape in omnia tecum ; 675
Sin aliquam expertus sumtis spem ponis in armis,
Hanc primum tutare domum. Cui parvus Iulus,
Cui pater, et conjunx quondam tua dicta relinquor ?
Talia vociferans gemitu tectum omne replebat :
Quum subitum dictuque oritur mirabile monstrum. 680
Namque manus inter, mœstorumque ora parentum,
Ecce levis summo de vertice visus Iuli
Fundere lumen apex, tactuque innoxia mollis
Lambere flamma comas, et circum tempora pasci.
Nos pavidi trepidare metu, crinemque flagrantem 685
Excutere, et sanctos restinguere fontibus ignes.
At pater Anchises oculos ad sidera lætus
Extulit, et cœlo palmas cum voce tetendit :
Juppiter omnipotens, precibus si flecteris ullis,

17.

« ritons par notre piété, ne cessez pas de nous
« secourir, et confirmez ces heureux présages. »

« A peine le vieillard achevait-il sa prière, qu'un éclat soudain du tonnerre se fit entendre vers la gauche, et qu'une étoile, glissant des cieux au milieu des ténèbres, courut à travers l'espace avec une longue traînée de lumière; nous vîmes l'astre, un moment suspendu sur le faîte de notre demeure, l'éclairer de ses feux, et se perdre, en traçant sa route brillante, dans les forêts de l'Ida : alors un long sillon de flamme nous illumina, et les lieux d'alentour fumèrent d'une odeur de soufre. Vaincu par ces signes éclatants, mon père se lève, invoque les dieux et adore l'étoile sacrée. « Allons, dit-il, et plus de retard; je
« vous suis, dieux de ma patrie, et vais où vous
« me conduisez; conservez ma famille, conser-
« vez mon petit-fils. Ces présages viennent de
« vous; où sera votre puissance, là seront les
« restes de Troie. Je cède, ô mon fils, et je ne
« refuse plus de t'accompagner. »

« Il dit, et déjà nous entendions de plus près petiller les flammes; déjà l'incendie plus éclatant roulait vers nous ses tourbillons. « Vite, m'écriai-
« je, vite, ô mon père chéri, placez-vous sur les
« épaules de votre fils : je vous porterai, et ce
« fardeau ne me sera point accablant. Quoi qu'il
« arrive, nos périls seront communs, ou nous
« nous sauverons ensemble : que mon Ascagne
« marche à mes côtés; et vous, Créuse, suivez de
« loin nos pas. Vous, mes serviteurs, soyez at-
« tentifs à ce que je vais vous dire. Au sortir de
« la ville, vous verrez un ancien temple de Cérès

« et des autels abandonnés, et près de là un vieux
« cyprès que la piété de nos pères a conservé du-
« rant de nombreuses années. C'est là que nous
« nous rendrons tous par différents chemins.
« Vous, mon père, prenez nos vases saints et
« nos dieux pénates. Moi qui reviens d'un si rude
« combat, je ne puis les toucher de mes mains en-
« core sanglantes, avant de m'être purifié dans
« les eaux vives d'un fleuve. » En achevant ces mots, je couvre d'un vêtement mes larges épaules et mon cou, et je m'enveloppe d'une peau de lion; je me courbe, et je reçois mon précieux fardeau. Iule s'attache à ma main, et suit son père à pas inégaux. Créuse marche derrière nous; nous traversons des lieux pleins d'une sombre horreur; et moi qui tout à l'heure affrontais sans pâlir les traits des Grecs et leurs bataillons rassemblés, maintenant tous les bruits me font peur, un souffle m'épouvante; je respire à peine: je tremble et pour mon fardeau et pour ceux qui me suivent.

« Déjà nous approchions des portes, et il me semblait que j'avais échappé à tous les passages périlleux, quand tout à coup je crois entendre un bruit de pas qui se précipitent; mon père regarde dans l'ombre, et me crie : « Fuis, mon fils, fuis;
« les ennemis approchent; je vois reluire des
« boucliers et briller des casques. » En ce moment je ne sais quelle divinité ennemie troubla mes esprits et m'en ravit l'usage. Tandis que je cours éperdu à travers des sentiers détournés, et que je m'écarte des chemins battus, ma chère Créuse, hélas! est-ce le destin qui me l'enleva? S'était-

Adspice nos; hoc tantum; et, si pietate meremur,   690
Da deinde auxilium, pater, atque hæc omina firma.
  Vix ea fatus erat senior : subitoque fragore
Intonuit lævum, et de cœlo lapsa per umbras
Stella facem ducens multa cum luce cucurrit.
Illam, summa super labentem culmina tecti,   695
Cernimus Idæa claram se condere silva,
Signantemque vias; tum longo limite sulcus
Dat lucem, et late circum loca sulfure fumant.
Hic vero victus genitor se tollit ad auras,
Adfaturque deos, et sanctum sidus adorat.   700
Jam jam nulla mora est. Sequor, et, qua ducitis, adsum.
Di patrii, servate domum, servate nepotem!
Vestrum hoc augurium, vestroque in numine Troja est.
Cedo equidem, nec, nate, tibi comes ire recuso.
  Dixerat ille; et jam per mœnia clarior ignis   705
Auditur, propiusque æstus incendia volvunt.
Ergo age, care pater, cervici imponere nostræ :
Ipse subibo humeris, nec me labor iste gravabit;
Quo res cumque cadent, unum et commune periclum,
Una salus ambobus erit. Mihi parvus Iulus   710
Sit comes, et longe servet vestigia conjux.
Vos famuli, quæ dicam, animis advertite vestris.
Est urbe egressis tumulus templumque vetustum
Desertæ Cereris, juxtaque antiqua cupressus,

Religione patrum multos servata per annos :   715
Hanc ex diverso sedem veniemus in unam.
Tu, genitor, cape sacra manu, patriosque Penates.
Me, bello e tanto digressum et cæde recenti,
Adtrectare nefas; donec me flumine vivo
Abluero.   720
Hæc fatus latos humeros subjectaque colla
Veste super fulvique insternor pelle leonis;
Succedoque oneri. Dextræ se parvus Iulus
Implicuit, sequiturque patrem non passibus æquis.
Pone subit conjunx. Ferimur per opaca locorum.   725
Et me, quem dudum non ulla injecta movebant
Tela, neque adverso glomerati ex agmine Graii,
Nunc omnes terrent auræ; sonus excitat omnis,
Suspensum et pariter comitique onerique timentem.
  Jamque propinquabam portis, omnemque videbar   730
Evasisse vicem : subito quum creber ad auris
Visus adesse pedum sonitus genitorque per umbram
Prospiciens, Nate, exclamat, fuge, nate; propinquant.
Ardentis clipeos atque æra micantia cerno.
Hic mihi nescio quod trepido male numen amicum   735
Confusam eripuit mentem. Namque, avia cursu
Dum sequor, et nota excedo regione viarum,
Heu! misero conjunx, fatone erepta, Creüsa
Substitit, erravitne via, seu lassa resedit,

elle égarée? ou s'arrêta-t-elle tombant de lassitude? Je ne sais; mais depuis mes yeux ne l'ont plus revue. Je ne portai mes regards en arrière et ne songeai à cette perte cruelle que lorsque, arrivés sur l'antique colline de Cérès et dans son temple sacré, et y rassemblant notre troupe fugitive, nous vîmes que Créuse seule nous manquait, qu'une mère était perdue pour son fils, une épouse pour son époux. Dans ma douleur insensée, qui n'accusai-je point et des hommes et des dieux? qu'avais-je vu de plus horrible dans Ilion en ruines? Aussitôt je laisse dans l'endroit le plus secret de la vallée Ascagne, Anchise et mes dieux pénates, les recommandant à mes compagnons. Je reprends mes armes et je rentre dans la ville, résolu de voler à de nouveaux hasards, de parcourir encore Troie entière, de donner tête baissée dans les périls. D'abord je retourne vers les murs et vers le seuil obscur de la porte par où j'étais sorti, et, me guidant au milieu des ténèbres sur la trace de mes pas, je jette çà et là des regards avides. Partout règne l'horreur; partout c'est un silence épouvantable. Peut-être a-t-elle porté ses pas vers la maison de mon père? peut-être l'y reverrai-je? J'y cours : les Grecs s'étaient précipités dans la demeure de mes aïeux, et l'avaient envahie. Les flammes dévorantes, poussées par le vent, roulaient jusqu'au comble, et déjà le dépassaient; furieuses, elles s'élançaient vers les cieux. Je m'avance vers le palais de Priam, et je revois la citadelle. Sous les portiques solitaires du temple de Junon, Phénix et le cruel Ulysse, commis à la garde du butin, veillaient sur leur proie : là je vois entassés tous les trésors de Troie arrachés aux temples en flammes, les tables des dieux, les cratères d'or massif, les dépouilles captives; autour sont rangés en longue file les enfants et les mères tremblantes. J'osai bien jeter ma voix plaintive dans l'ombre de la nuit, et remplir de mes cris Ilion désolé ; et, dans mon désespoir, je dis et redis cent fois le nom de Créuse absente.

« Pendant que je m'emporte ainsi en recherches vaines et en regrets insensés, voici que l'ombre de Créuse elle-même s'offre à mes yeux, et que son triste fantôme m'apparaît plus grand que je ne la vis jamais elle-même. J'en frémis d'horreur, mes cheveux se dressèrent sur ma tête, ma voix expira sur mes lèvres. Mais Créuse, m'adressant la parole, calme ainsi mes cruelles inquiétudes :
« Pourquoi, cher époux, t'abandonner à cette
« douleur insensée? Rien ne nous arrive aujourd'hui que les dieux n'aient ordonné, et il ne
« t'est pas permis d'emmener avec toi Créuse;
« le souverain maître de l'Olympe ne le veut pas.
« Un long exil t'attend, et de vastes mers seront
« sillonnées par tes vaisseaux. Tu arriveras enfin
« dans la terre d'Hespérie, dans ces grasses campagnes que le Tibre étrusque baigne de ses tranquilles eaux. Là se renoueront pour toi de belles destinées; tu conquerras un empire et la
« main d'une royale épouse : cesse donc de pleurer ta chère Créuse. Je ne verrai point les demeures superbes des Myrmidons et des Dolopes ; je n'irai point servir les femmes de la Grèce,
« moi le sang de Dardanus, moi l'épouse du fils
« de Vénus. Mais la puissante mère des dieux
« me retient sur ces bords : adieu, et garde ton
« amour à l'enfant que nous aimions ensemble. »
Elle dit, me laisse pleurant et voulant lui parler

Incertum : nec post oculis est reddita nostris ; 740
Nec prius amissam respexi, animumve reflexi,
Quam tumulum antiquæ Cereris sedemque sacratam
Venimus : hic demum collectis omnibus una
Defuit ; et comites, natumque, virumque fefellit.
Quem non incusavi amens hominumque deorumque? 745
Aut quid in eversa vidi crudelius urbe?
Ascanium, Anchisenque patrem, Teucrosque Penates
Commendo sociis, et curva valle recondo ;
Ipse urbem repeto, et cingor fulgentibus armis.
Stat casus renovare omnis, omnemque reverti 750
Per Trojam, et rursus caput objectare periclis.
Principio muros obscuraque limina portæ,
Qua gressum extuleram, repeto · et vestigia retro
Observata sequor per noctem, et lumine lustro.
Horror ubique animos, simul ipsa silentia terrent. 755
Inde domum, si forte pedem, si forte tulisset,
Me refero. Inruerant Danai, et tectum omne tenebant.
Ilicet ignis edax summa ad fastigia vento
Volvitur ; exsuperant flammæ ; furit æstus ad auras.
Procedo ; et Priami sedes arcemque reviso. 760
Et jam porticibus vacuis Junonis asylo
Custodes lecti Phœnix et dirus Ulixes
Prædam adservabant. Huc undique Troïa gaza
Incensis erepta adytis, mensæque deorum,
Crateresque auro solidi, captivaque vestis 765
Congeritur. Pueri et pavidæ longo ordine matres
Stant circum.
Ausus quin etiam voces jactare per umbram,
Implevi clamore vias, mœstusque Creüsam
Nequidquam ingeminans iterumque iterumque vocavi. 770
Quærenti, et tectis urbis sine fine furenti,
Infelix simulacrum atque ipsius umbra Creüsæ
Visa mihi ante oculos, et nota major imago.
Obstupui, steteruntque comæ, et vox faucibus hæsit.
Tum sic adfari, et curas his demere dictis : 775
Quid tantum insano juvat indulgere dolori,
O dulcis conjunx? non hæc sine numine divom
Eveniunt.
Nec te hinc comitem asportare Creüsam
Fas ; aut ille sinit superi regnator Olympi.
Longa tibi exsilia, et vastum maris æquor arandum ; 780
Et terram Hesperiam venies : ubi Lydius, arva
Inter opima virum, leni fluit agmine Thybris :
Illic res lætæ, regnumque, et regia conjunx
Parta tibi : lacrimas dilectæ pelle Creüsæ.
Non ego Myrmidonum sedes Dolopumve superbas 785

encore, et s'évanouit dans l'air. Trois fois j'essaye de jeter mes bras autour de son cou; trois fois l'ombre vainement saisie échappe à mes mains, aussi légère que le vent, aussi fugitive qu'un songe.

« Ainsi se passa cette nuit, et j'allai enfin rejoindre mes compagnons. Là je vois avec étonnement que leur nombre s'est accru d'une foule immense : c'étaient des mères, des époux, des enfants, troupe misérable, restes d'Ilion que je recueillais pour l'exil. Ils étaient accourus de toutes parts, chargés de leurs débris, et prêts à me suivre sur les mers partout où je voudrais les conduire. Déjà le brillant Lucifer se levait sur les hauteurs de l'Ida, et ramenait le jour. Les Grecs tenaient assiégées les portes de Troie; il n'y avait plus d'espérance de secourir ma patrie. Je me retirai donc, et, enlevant mon père, je le portai sur la montagne. »

LIVRE III.

« Il avait plu aux dieux de ruiner le grand empire de l'Asie, de détruire Priam et sa race innocente : le superbe Ilion était tombé, et Troie, ouvrage de Neptune, fumait ensevelie tout entière dans la cendre. Alors, poussés par les présages des dieux, nous cherchons çà et là des lieux d'exil et des terres désertes; sous les hauteurs d'Antandre, au pied même du mont Ida, nous construisons une flotte, incertains sur quel bord nous porteront les destins, où nous pourrons enfin nous fixer. Nous rassemblons les restes d'un peuple fugitif. L'été s'ouvrait à peine, quand mon père Anchise nous ordonna de mettre à la voile. Alors je quitte en pleurant les rivages de ma patrie, le port, et les champs où fut Troie : exilé, la mer m'emporte moi et mes compagnons, mon fils et mes pénates, et les grands dieux de la Phrygie.

« Bien loin de Troie s'étend une vaste contrée, chère au dieu Mars; les Thraces la cultivent; jadis y régna le cruel Lycurgue. Troie, tant que dura sa haute fortune, vit ses pénates et ceux de la Thrace unis par les liens d'une antique hospitalité. C'est là que me portent les vagues et mes funestes destins; je jette sur la rive sinueuse des mers les fondements d'une ville nouvelle; et déjà ses habitants ont pris de mon nom le nom d'Énéades. Cependant j'offrais un sacrifice à Vénus ma mère, et aux dieux dont les auspices président aux ouvrages commencés des mortels, et j'immolais au maître tout-puissant de l'Olympe un superbe taureau sur le rivage. Près de là était un tertre où le souple cornouiller et le myrte dressaient leurs tiges serrées. Je m'approche, et j'essaye d'arracher de terre quelques arbrisseaux verdoyants, pour couvrir les autels d'un frais feuillage. Soudain un prodige épouvantable s'offre à mes yeux. Du premier arbrisseau que j'arrache du sol, en rompant ses racines, coulent des gouttes d'un sang noir; la terre en est toute souillée : je tressaille d'horreur; un froid mortel a glacé mes sens. J'essaye encore d'arracher la tige flexible d'un second arbrisseau, et de pénétrer

Adspiciam, aut Graiis servitum matribus ibo,
Dardanis, et divæ Veneris nurus :
Sed me magna deum Genetrix his detinet oris.
Jamque vale, et nati serva communis amorem.
Hæc ubi dicta dedit, lacrimantem, et multa volentem 790
Dicere, deseruit, tenuisque recessit in auras.
Ter conatus ibi collo dare brachia circum;
Ter frustra comprensa manus effugit imago,
Par levibus ventis, volucrique simillima somno.
Sic demum socios consumta nocte reviso.   795
Atque hic ingentem comitum adfluxisse novorum
Invenio admirans numerum; matresque virosque,
Conlectam exsilio pubem, miserabile volgus.
Undique convenere, animis opibusque parati,
In quascumque velim pelago deducere terras.   800
Jamque jugis summæ surgebat Lucifer Idæ,
Ducebatque diem; Danaique obsessa tenebant
Limina portarum; nec spes opis ulla dabatur.
Cessi, et sublato montem genitore petivi.

LIBER TERTIUS.

Postquam res Asiæ Priamique evertere gentem
Immeritam visum Superis, ceciditque superbum
Ilium, et omnis humo fumat Neptunia Troja :
Diversa exsilia et desertas quærere terras

Auguriis agimur divom, classemque sub ipsa   5
Antandro et Phrygiæ molimur montibus Idæ;
Incerti quo fata ferant, ubi sistere detur;
Contrahimusque viros. Vix prima inceperat æstas;
Et pater Anchises dare fatis vela jubebat :
Litora quum patriæ lacrimans portusque relinquo   10
Et campos, ubi Troja fuit. Feror exsul in altum
Cum sociis, natoque, Penatibus et magnis dis.
  Terra procul vastis colitur Mavortia campis,
Thraces arant, acri quondam regnata Lycurgo;
Hospitium antiquum Trojæ, sociique Penates,   15
Dum fortuna fuit. Feror huc, et litore curvo
Mœnia prima loco, fatis ingressus iniquis;
Æneadasque meo nomen de nomine fingo.
  Sacra Dionææ matri divisque ferebam
Auspicibus cœptorum operum; superoque nitentem   20
Cœlicolum regi mactabam in litore taurum.
Forte fuit juxta tumulus, quo cornea summo
Virgulta, et densis hastilibus horrida myrtus.
Accessi; viridemque ab humo convellere silvam
Conatus, ramis tegerem ut frondentibus aras :   25
Horrendum et dictu video mirabile monstrum.
Nam, quæ prima solo ruptis radicibus arbor
Vellitur, huic atro liquuntur sanguine guttæ,
Et terram tabo maculant. Mihi frigidus horror
Membra quatit, gelidusque coit formidine sanguis. 30

les causes profondes de cet affreux mystère; un sang noir jaillit encore de l'écorce déchirée. Agité de mille pensées, j'invoquais les nymphes des bois, et Mars qui préside aux campagnes des Gètes, suppliant ces divinités de tourner à bien ce prodige, et de nous rendre légers ces présages. Mais tandis que, redoublant de force, je tente de déraciner un troisième arbrisseau, et qu'appuyant mes genoux sur le tertre je lutte contre l'arène (parlerai-je ou me tairai-je?), du fond du tertre une voix lamentable se fait entendre, et ces accents plaintifs viennent frapper mon oreille : « Énée, pourquoi déchires-tu un malheureux? « Épargne ma tombe, et ne souille pas tes mains « pures. Troyen comme toi, je ne te suis point « étranger; ce sang que tu vois couler de cette « tige est le mien. Ah! fuis cette terre cruelle, « fuis ce rivage avare. Je suis Polydore, percé en « ce lieu de mille traits; leurs pointes aiguës « m'accablent encore; elles ont germé dans cette « terre en moisson homicide. » A ces mots je sentis mon âme oppressée par l'anxiété et la terreur; je demeurai interdit; mes cheveux se dressèrent sur ma tête, ma voix expira sur mes lèvres.

« J'avais reconnu Polydore : jadis le malheureux Priam, se défiant de la fortune des armes dardaniennes, et voyant Troie cernée de tous côtés, l'avait secrètement envoyé, avec beaucoup d'or, au roi de Thrace, pour qu'il prît soin de son enfance. Cet hôte perfide, dès que la puissance troyenne eut été brisée, et que la fortune se fut retirée d'Ilion, suivit le parti d'Agamemnon et ses armes victorieuses, viola tous les droits sacrés, assassina Polydore, et s'empara violemment de ses trésors. A quoi ne pousses-tu pas les cœurs mortels, exécrable soif de l'or? Revenu de ma première épouvante, j'allai raconter aux principaux de la nation, et à mon père le premier, ces prodiges divins, et je leur demandai conseil. Tous furent d'avis qu'il fallait s'éloigner de cette terre sacrilége, quitter ces bords où l'hospitalité avait été souillée, et livrer de nouveau la voile aux vents. Cependant nous rendons à Polydore les honneurs suprêmes, et la terre entassée par nos mains s'élève pour lui en immense tombeau. De lugubres autels, parés de bandelettes bleues et de cyprès au feuillage funéraire, se dressent pour les dieux Mânes; alentour les femmes d'Ilion pleurent, les cheveux épars selon la coutume. Nous portons sur le tombeau et y répandons des coupes écumantes d'un lait tiède, et le sang sacré des victimes; nous renfermons l'âme de Polydore dans son sépulcre, et, appelant son ombre à haute voix, nous la saluons d'un dernier adieu.

« Dès que nous pûmes nous fier à la mer, que les vents apaisés eurent aplani le liquide espace, et que le doux frémissement de l'auster nous eut invités à cingler au large, nos compagnons mirent les navires à flot, et remplirent le rivage de leur foule empressée. Nous partons; le port, le rivage et les villes ont déjà fui sous nos regards. Au milieu des mers s'élève une île, terre sacrée et chérie entre toutes de la mère des Néréides et de Neptune Égéen : c'est Délos; longtemps errante, elle flottait de rivage en rivage, quand le

Rursus et alterius lentum convellere vimen
Insequor, et caussas penitus tentare latentis :
Ater et alterius sequitur de cortice sanguis.
Multa movens animo, Nymphas venerabar agrestis,
Gradivumque patrem, Geticis qui præsidet arvis :   35
Rite secundarent visus, omenque levarent.
Tertia sed postquam majore hastilia nisu
Adgredior; genibusque adversæ obluctor arenæ :
Eloquar, an sileam? gemitus lacrimabilis imo
Auditur tumulo, et vox reddita fertur ad auris;   40
Quid miserum, Ænea, laceras? jam parce sepulto;
Parce pias scelerare manus. Non me tibi Troja
Externum tulit; aut cruor hic de stipite manat.
Heu! fuge crudelis terras, fuge litus avarum.
Nam Polydorus ego. Hic confixum ferrea texit   45
Telorum seges, et jaculis increvit acutis.
Tum ferro ancipiti mentem formidine pressus
Obstupui, steteruntque comæ, et vox faucibus hæsit.
    Hunc Polydorum auri quondam cum pondere magno
Infelix Priamus furtim mandarat alendum   50
Threicio regi; quum jam diffideret armis
Dardaniæ, cingique urbem obsidione videret.
Ille, ut opes fractæ Teucrum, et Fortuna recessit,
Res Agamemnonias victriciaque arma secutus,
Fas omne abrumpit; Polydorum obtruncat, et auro   55

Vi potitur. Quid non mortalia pectora cogis,
Auri sacra fames? Postquam pavor ossa reliquit :
Delectos populi ad proceres, primumque parentem,
Monstra deom refero, et, quæ sit sententia, posco.
Omnibus idem animus scelerata excedere terra;   60
Linqui pollutum hospitium, et dare classibus austros.
Ergo instauramus Polydoro funus, et ingens
Adgeritur tumulo tellus; stant Manibus aræ,
Cæruleis mœstæ vittis atraque cupresso;
Et circum Iliades crinem de more solutæ.   65
Inferimus tepido spumantia cymbia lacte,
Sanguinis et sacri pateras animamque sepulcro
Condimus, et magna supremum voce ciemus.
    Inde, ubi prima fides pelago, placataque venti
Dant maria, et lenis crepitans vocat auster in altum,   70
Deducunt socii navis, et litora complent.
Provehimur portu; terræque urbesque recedunt.
Sacra mari colitur medio gratissima tellus
Nereidum matri et Neptuno Ægæo;
Quam pius Arcitenens, oras et litora circum   75
Errantem, Gyaro celsa Myconoque revinxit,
Immotamque coli dedit, et contemnere ventos.
Huc feror; hæc fessos tuto placidissima portu
Adcipit. Egressi veneramur Apollinis urbem.
Rex Anius, rex idem hominum Phœbique sacerdos,   80

dieu qui porte l'arc, la fixant d'une main reconnaissante entre la haute Mycone et Cyare, voulut qu'elle fût immobile et qu'elle bravât les vents. Nous voguons vers ces parages, et l'île reçoit nos vaisseaux lassés dans sa baie sûre et tranquille. Nous prenons terre, et nous saluons pieusement la ville d'Apollon. Anius, roi de ces peuples et grand prêtre de Phébus, le front ceint à la fois du bandeau royal et du laurier sacré, vient à notre rencontre, et reconnaît Anchise, son vieil ami; nous touchons de nos mains amies sa main hospitalière, et nous entrons dans son palais.

« J'allai adorer Apollon dans son temple, bâti d'un marbre antique : « Dieu de Thymbrée, m'é« criai-je, donne à mon peuple errant et fatigué « une demeure fixe, des murailles, une ville pour « s'y établir et s'y perpétuer; sauve en nous une « autre Pergame; sauve les restes de Troie échap« pés aux Grecs et à l'impitoyable Achille! Qui « devons-nous suivre, grand dieu? Où nous or« donnes-tu de porter et de fixer nos pas? Éclaire« nous par quelque signe, et fais couler ton divin « esprit dans les nôtres. »

« A peine avais-je prononcé ces mots, que tout parut trembler autour de nous, et le temple, et le laurier du dieu; le mont s'ébranle au loin, le sanctuaire s'entr'ouvre, et le trépied mugit. Nous nous prosternons, et voici l'oracle qui vient frapper nos oreilles : « Enfants de Dardanus, endur« cis aux maux, la terre qui a vu naître vos pre« miers parents vous recevra dans son sein, « joyeuse de vous revoir; cherchez votre ancienne « mère. Là dominera sur toutes les terres la maison « d'Énée, et les enfants de ses enfants, et ceux qui « naîtront d'eux. » Ainsi parle Apollon; soudain la joie éclate parmi nous en transports tumultueux; et tous de nous demander quels sont ces murs où Apollon appelle nos destins errants, et nous ordonne de revenir. Alors mon père, déroulant à nos yeux les fastes des temps antiques : « Écoutez, dit-il, ô nobles Troyens, et connais« sez vos espérances. Au milieu de la mer est « l'île de Crète, où s'élève le mont Ida, berceau « du grand Jupiter et de notre race. Là sont de « florissants royaumes et cent villes immenses. Ce « fut de là, si je me souviens bien de ce qui m'a « été raconté, que notre aïeul Teucer vint pour « la première fois aborder au promontoire de Rhé« tée, et choisir un lieu pour y fonder un empire : « Ilion et la citadelle de Pergame n'étaient pas « encore debout; les peuples habitaient le fond « des vallées. C'est de Crète que nous vinrent et « Cybèle et son culte, et l'airain frémissant des « Corybantes, et la religion qui a consacré le bois « de l'Ida, et le sévère silence des mystères de la « déesse, et ces lions subjugués qui traînent son « char. Courage donc, et suivons la route que « nous tracent les dieux. Apaisons les vents, et « cinglons vers les royaumes de Gnose : la dis« tance qui nous en sépare n'est pas longue; que « Jupiter seulement nous soit favorable, et la « troisième Aurore verra notre flotte à l'ancre sur « le rivage de la Crète. » Ayant parlé ainsi, il immola sur les autels les victimes consacrées, un taureau à Neptune; à toi, bel Apollon, un taureau; une brebis noire aux Vents orageux, une blanche aux heureux Zéphyrs.

« Cependant le bruit court qu'Idoménée, chassé du royaume de ses pères, a fui; que les rivages de la Crète sont abandonnés des Grecs, que le pays est vide d'ennemis, et que des demeures toutes prêtes nous y attendent. Nous quittons le

Vittis et sacra redimitus tempora lauro,
Occurrit; veterem Anchisen adgnoscit amicum.
Jungimus hospitio dextras, et tecta subimus.
Templa dei saxo venerabar structa vetusto.
Da propriam, Thymbræe, domum! da mœnia fessis, 85
Et genus, et mansuram urbem! Serva altera Trojæ
Pergama, reliquias Danaum atque immitis Achilli!
Quem sequimur? quove ire jubes? ubi ponere sedes?
Da pater, augurium; atque animis inlabere nostris.
    Vix ea fatus eram : tremere omnia visa repente, 90
Liminaque, laurusque dei; totusque moveri
Mons circum, et mugire adytis cortina reclusis.
Submissi petimus terram, et vox fertur ad auris :
Dardanidæ duri, quæ vos a stirpe parentum
Prima tulit tellus, eadem vos ubere læto 95
Adcipiet reduces. Antiquam exquirite matrem.
Hic domus Æneæ cunctis dominabitur oris,
Et nati natorum, et qui nascentur ab illis.
Hæc Phœbus : mixtoque ingens exorta tumultu
Lætitia; et cuncti, quæ sint ea mœnia, quærunt; 100
Quo Phœbus vocet errantis, jubeatque reverti.
Tum genitor, veterum volvens monumenta virorum,
Audite, o proceres, ait, et spes discite vestras.
Creta Jovis magni medio jacet insula ponto;
Mons Idæus ubi, et gentis cunabula nostræ. 105
Centum urbes habitant magnas, uberrima regna :
Maximus unde pater, si rite audita recordor,
Teucrus Rhœteas primum est advectus ad oras;
Optavitque locum regno. Nondum Ilium, et arces
Pergameæ steterant; habitabant vallibus imis. 110
Hinc mater cultrix Cybelæ, Corybantiaque æra,
Idæumque nemus; hinc fida silentia sacris,
Et juncti currum dominæ subiere leones.
Ergo agite, et, divom ducunt qua jussa, sequamur :
Placemus ventos, et Gnosia regna petamus. 115
Nec longo distant cursu; modo Juppiter adsit,
Tertia lux classem Cretæis sistet in oris.
Sic fatus, meritos aris mactavit honores,
Taurum Neptuno, taurum tibi, pulcher Apollo;
Nigram Hiemi pecudem, Zephyris felicibus albam. 120
    Fama volat, pulsum regnis cessisse paternis
Idomenea ducem, desertaque litora Cretæ;

port d'Ortigie; nous volons sur la mer; nous voyons Naxos et ses sommets foulés par les Bacchantes, la verte Donyse, Oléaros, la blanche Paros, les Cyclades semées çà et là sur les flots, et nous côtoyons mille terres au milieu des eaux resserrées. Nos matelots poussent à l'envi un cri d'allégresse : « Gagnons, se disent-ils en s'ani-« mant les uns les autres, gagnons la Crète, « cette terre de nos aïeux. » Le vent, qui s'élève en poupe, nous pousse au large; enfin nous abordons tranquillement aux antiques rivages des Curètes. Dans mon ardeur impatiente, je jette les fondements de ma ville tant désirée; je l'appelle Pergamée, et j'exhorte la colonie nouvelle, que réjouit ce nom troyen, à aimer ses foyers, et à élever de ses mains la citadelle. Déjà nos vaisseaux, pour la plupart, avaient été mis à sec sur le rivage; déjà la jeunesse troyenne, tout entière à la culture de ses nouveaux champs, se livrait aux douces espérances de l'hymen; je donnais à tous des lois, des demeures, quand tout à coup une corruption funeste, amenée par les vapeurs infectes de l'air, fondit sur les hommes, les arbres, les moissons : l'année en fut frappée de mort. Tous exhalaient le doux souffle de la vie, ou traînaient leurs corps mourants; la canicule en feu brûlait les campagnes stériles; les herbes étaient desséchées, et l'été sans épis refusait aux hommes leur nourriture. Alors mon père m'exhorte à repasser la mer, à consulter de nouveau l'oracle de Délos, à supplier le dieu de nous dire dans sa pitié quelle fin il donnera aux maux qui nous lassent, où il veut que nous cherchions un soulagement à tant de peines, où il veut que se tournent nos courses incertaines.

« Il était nuit, et le sommeil pesait sur tout ce qui respire. Alors les images sacrées de mes dieux, et nos pénates phrygiens, que j'avais sauvés des flammes d'Ilion et emportés avec moi, m'apparurent dans mon sommeil et se dressèrent devant moi : je les voyais resplendir à la pleine lumière de la lune, qui me versait à travers mes fenêtres ses douces clartés. Il me sembla qu'ils me parlaient, et qu'ils calmaient mes chagrins en m'adressant ces mots : « Ce qu'Apollon te dirait à Dé-« los, il te le dit ici par notre voix; et c'est lui qui « nous envoie vers toi : nous sommes ces mêmes « dieux qui, après l'incendie de Troie, avons suivi « tes armes exilées, qui avons traversé avec toi et « sur tes vaisseaux les espaces orageux des mers; « c'est nous qui élèverons jusqu'aux astres le nom « de tes descendants, qui donnerons à leur ville « l'empire du monde : à de si grands hommes « il faut d'aussi grandes murailles; ne laisse pas « s'interrompre le long travail de ta fuite. Tu « dois changer de demeures : ce n'est point ce « rivage que le dieu de Délos marquait à tes des-« tins; ce n'est point en Crète qu'il t'ordonnait « de te fixer. Il est un lieu (les Grecs le nomment « Hespérie), une terre antique, au sein fécond « et puissante par ses armes : jadis les Œnotriens « l'habitèrent; aujourd'hui, nous dit-on, leurs « descendants l'ont appelée Italie, du nom de leur « chef. Là sont nos vraies demeures; c'est de là « que sont sortis Dardanus, et Jasius, auteur de « votre race. Debout donc, et cours joyeux re-« dire nos paroles à ton vieux père désabusé. « Cherchez les pays de Corythus et les terres au-« soniennes : Jupiter te défend de t'arrêter dans « les champs de Dictée. »

Hoste vacare domos, sedesque adstare relictas.
Linquimus Ortygiæ portus, pelagoque volamus,
Bacchatamque jugis Naxon, viridemque Donusam,   125
Olearon, niveamque Paron, sparsasque per æquor
Cycladas, et crebris legimus freta concita terris.
Nauticus exoritur vario certamine clamor;
Hortantur socii, Cretam proavosque petamus.
Prosequitur surgens a puppi ventus euntis,   130
Et tandem antiquis Curetum adlabimur oris.
Ergo avidus muros optatæ molior urbis,
Pergameamque voco, et lætam cognomine gentem
Hortor amare focos, arcemque adtollere tectis.
Jamque fere sicco subductæ litore puppes,   135
Connubiis arvisque novis operata juventus;
Jura domosque dabam : subito quum tabida membris,
Corrupto cœli tractu, miserandaque venit
Arboribusque satisque lues, et letifer annus.
Linquebant dulcis animas, aut ægra trahebant   140
Corpora, vim sterilis exurere Sirius agros;
Arebant herbæ, et victum seges ægra negabat.
Rursus ad oraclum Ortygiæ Phœbumque remenso
Hortatur pater ire mari, veniamque precari :
Quam fessis finem rebus ferat; unde laborum   145
Tentare auxilium jubeat; quo vertere cursus.
  Nox erat, et terris animalia somnus habebat.
Effigies sacræ divom Phrygiique Penates,
Quos mecum a Troja mediisque ex ignibus urbis
Extuleram, visi ante oculos adstare jacentis   150
Insomnis, multo manifesti lumine, qua se
Plena per insertas fundebat luna fenestras;
Tum sic adfari, et curas his demere dictis :
Quod tibi delato Ortygiam dicturus Apollo est,
Hic canit; et tua nos en ultro ad limina mittit.   155
Nos te, Dardania incensa, tuaque arma secuti;
Nos tumidum sub te permensi classibus æquor :
Idem venturos tollemus in astra nepotes,
Imperiumque urbi dabimus. Tu mœnia magnis
Magna para, longumque fugæ ne linque laborem.   160
Mutandæ sedes. Non hæc tibi litora suasit
Delius, aut Cretæ jussit considere, Apollo.
Est locus, Hesperiam Graii cognomine dicunt :
Terra antiqua, potens armis, atque ubere glebæ;
Œnotri coluere viri : nunc fama, minores   165
Italiam dixisse, ducis de nomine, gentem.
Hæ nobis propriæ sedes; hinc Dardanus ortus,
Jasiusque pater, genus a quo principe nostrum.

« Cette apparition et la voix de mes dieux me frappèrent d'un saint étonnement : ce n'était point un songe ; ils étaient devant moi, je reconnaissais leurs visages, leurs têtes, et leurs bandeaux sacrés ; tout me les montrait présents. Une sueur froide coulait de tous mes membres. Je m'élance de ma couche ; j'élève vers le ciel mes mains et ma voix suppliante, et je répands le vin pur des libations sur mon foyer. Heureux de cet hommage rendu à mes dieux, je cours annoncer à mon père et le prodige et ses merveilleuses circonstances. Anchise alors reconnaît que notre double origine et les deux branches de la famille troyenne l'ont trompé, et qu'il a confondu les lieux antiques marqués par l'oracle. « O mon fils, me
« dit-il, toi qu'agitent les mauvais destins d'Ilion,
« la seule Cassandre me prédisait les événements
« qui s'accomplissent pour nous : il m'en souvient,
« elle annonçait à ma race un empire prédestiné ;
« elle l'appelait tantôt l'Hespérie, tantôt les
« royaumes d'Italus. Mais qui aurait cru que les
« Troyens dussent jamais venir sur les rivages
« de l'Hespérie? Et qui dans ces temps malheu-
« reux était touché des prédictions de Cassandre?
« Cédons à Phébus, et, dociles aux dieux, lais-
« sons-nous conduire mieux par leurs mains. » Il dit, et tous, applaudissant à ses paroles, nous lui obéissons à l'envi. Nous abandonnons encore cette terre, et, n'y laissant qu'un petit nombre des nôtres, nous mettons à la voile, et nous lançons encore nos vaisseaux creux à travers la vaste mer.

« Quand nous eûmes gagné le large, que toute terre eut disparu à nos yeux, et que nous ne vîmes partout que le ciel, partout que l'onde, voici qu'une nuée bleuâtre s'arrêta sur nos têtes, portant dans ses flancs la nuit et l'orage, et répandant sur les eaux sa ténébreuse horreur. Tout à coup les vents bouleversent la mer, et de grandes vagues s'élèvent ; dispersés, l'onde nous ballotte dans ses vastes gouffres. Les nuages ont enveloppé le jour dans leurs plis ténébreux, la nuit humide nous a dérobé les cieux. Nous sommes jetés hors de notre route, et nous errons en aveugles sur les eaux. Palinure lui-même dit qu'il ne peut plus distinguer le jour de la nuit, ni reconnaître sa route au milieu des mers. Pendant trois jours d'épaisses ténèbres ou d'une incertaine lumière, nous errons sur les flots ; nous errons pendant trois nuits sans étoiles. Enfin le quatrième jour la terre parut s'élever du sein des eaux, découvrir de loin ses montagnes, et rouler la fumée. Alors nos voiles tombent ; nous nous levons sur nos rames ; nos matelots impatients tourmentent de leurs bras nerveux l'onde écumante, et en balayent la verte surface. Échappé aux flots, les Strophades me reçurent dans leurs baies hospitalières. Les Grecs appellent Strophades ces îles de la mer Ionienne qu'habitent la cruelle Céléno et les autres Harpies, depuis que le palais de Phinée leur a été fermé, et que la peur les a chassées de sa table royale. Jamais monstres plus horribles, jamais fléau plus redoutable, suscité par la colère des dieux, ne s'éleva des ondes du Styx. Affreux oiseaux, ils ont les traits d'une vierge, les mains armées de griffes,

Surge age, et hæc lætus longævo dicta parenti
Haud dubitanda refer : Corythum, terrasque requirat 170
Ausonias. Dictæa negat tibi Juppiter arva.
Talibus adtonitus visis, ac voce deorum,
(Nec sopor illud erat ; sed coram adgnoscere vultus,
Velatasque comas, præsentiaque ora videbar.
Tum gelidus toto manabat corpore sudor.) 175
Conripio e stratis corpus, tendoque supinas
Ad cœlum cum voce manus, et munera libo
Intemerata focis. Perfecto lætus honore
Anchisen facio certum, remque ordine pando.
Adgnovit prolem ambiguam, geminosque parentis, 180
Seque novo veterum deceptum errore locorum.
Tum memorat : Nate, Iliacis exercite fatis,
Sola mihi talis casus Cassandra canebat.
Nunc repeto, hæc generi portendere debita nostro ;
Et sæpe Hesperiam, sæpe Itala regna vocare. 185
Sed quis ad Hesperiæ venturos litora Teucros
Crederet? aut quem tum vates Cassandra moveret?
Cedamus Phœbo, et moniti meliora sequamur.
Sic ait : et cuncti dicto paremus ovantes.
Hanc quoque deserimus sedem, paucisque relictis 190
Vela damus, vastumque cava trabe currimus æquor.

Postquam altum tenuere rates, nec jam amplius ullæ
Adparent terræ, cœlum undique et undique pontus :
Tum mihi cæruleus supra caput adstitit imber,
Noctem hiememque ferens ; et inhorruit unda tenebris. 195
Continuo venti volvunt mare, magnaque surgunt
Æquora ; dispersi jactamur gurgite vasto.
Involvere diem nimbi, et nox humida cœlum
Abstulit ; ingeminant abruptis nubibus ignes.
Excutimur cursu, et cæcis erramus in undis. 200
Ipse diem noctemque negat discernere cœlo ;
Nec meminisse viæ media Palinurus in unda.
Tris adeo incertos cæca caligine soles
Erramus pelago ; totidem sine sidere noctes.
Quarto terra die primum se adtollere tandem 205
Visa, aperire procul montis, ac volvere fumum.
Vela cadunt ; remis insurgimus ; haud mora, nautæ
Adnixi torquent spumas, et cærula verrunt.
Servatum ex undis Strophadum me litora primum
Accipiunt : Strophades Graio stant nomine dictæ, 210
Insulæ Ionio in magno ; quas dira Celæno,
Harpyiæque colunt aliæ, Phineïa postquam
Clausa domus, mensasque metu liquere priores.
Tristius haud illis monstrum, nec sævior ulla
Pestis, et ira deom Stygiis sese extulit undis. 215
Virginei volucrum voltus, fœdissima ventris
Proluvies, uncæque manus, et pallida semper
Ora fame.

le visage toujours pâle et creusé par la faim, avec un ventre d'où sont rejetés sans cesse d'immondes et indigestes débris.

« A peine sommes-nous entrés dans le port et avons-nous touché le rivage, que nous voyons épars dans les riantes campagnes des troupeaux de bœufs, et des chèvres qui erraient à l'abandon au milieu des herbages. Le fer à la main, nous nous jetons sur ces animaux, appelant les dieux et Jupiter lui-même à partager cette proie inespérée. Alors nous dressons des lits de gazon sur le rivage, et nous nous rassasions de ces mets succulents. Mais voici que du haut des monts les Harpies fondent sur nous d'un effroyable vol, battant des ailes et poussant de grands cris : elles pillent nos mets, souillent tout de leur toucher immonde, et mêlent des cris sinistres à d'abominables odeurs. Alors nous nous retirons dans un lieu enfoncé, sous une roche creuse, et partout environnée d'arbres qui la couvrent de leurs ombres profondes. Là nous dressons nos tables et rallumons le feu de nos autels. Mais d'un autre bout de l'horizon et du fond de repaires ténébreux une nouvelle troupe s'élance, voltige autour de nos tables en déployant ses ailes et ses pieds crochus, et souille nos mets de sa bouche fétide. Je dis alors à mes compagnons de prendre les armes, et de faire une rude guerre à cette race exécrable. On m'obéit : les épées toutes nues sont cachées sous l'herbe; l'herbe couvre les boucliers invisibles. Bientôt les monstres ailés s'abattent sur le rivage avec des cris aigus; Misène, du haut d'un roc où je l'ai posté, sonne de la trompette : c'est le signal; mes compagnons se précipitent, et, s'essayant à ce combat nouveau, tâchent de percer avec le fer ces obscènes oiseaux de la mer. Mais leur plumage, impénétrable aux coups, amortit la pointe des traits; et, fuyant à travers les airs d'une fuite rapide, l'horrible troupe abandonne sa proie à demi-rongée, et laisse des traces impures de son passage. Cependant l'une d'elles, Céléno, prophétesse de malheur, s'arrêta sur la pointe d'un haut rocher, et nous fit entendre ces funestes paroles : « Race de Laomédon, n'est-ce pas assez
« d'avoir égorgé nos bœufs, abattu nos taureaux ?
« et prétends-tu encore nous faire la guerre, et
« chasser les innocentes Harpies du royaume de
« leurs pères? Écoutez donc, Troyens, et que
« mes paroles se fixent dans vos esprits : ce que
« le père tout-puissant des dieux a révélé à Apol-
« lon et qu'Apollon m'a révélé, moi, la plus
« redoutable des Furies, je vous le déclare. Vous
« courez en Italie; les Vents, que vous n'invoquez
« pas en vain, vous y pousseront, et vous en-
« trerez dans les ports ausoniens. Mais vous ne
« pourrez pas entourer de murailles la ville que
« vous devez y bâtir, avant qu'une faim cruelle,
« juste punition des violences exercées contre
« nous, ne vous ait forcés de dévorer jusqu'à vos
« tables. »

« Elle dit, et, prenant son vol, elle s'alla cacher dans la forêt voisine. Alors une soudaine terreur glace notre sang dans nos veines; nous sentons nos courages tomber; ce n'est plus les armes à la main, c'est par des vœux et des prières que nous sommes résolus à demander la paix, et à fléchir les Harpies, qu'elles soient des déesses, qu'elles soient de funestes et immondes oiseaux. Anchise, étendant vers le ciel ses mains vénéra-

---

Huc ubi delati portus intravimus, ecce
Læta boum passim campis armenta videmus,   220
Caprigenumque pecus, nullo custode, per herbas.
Inruimus ferro, et divos ipsumque vocamus
In partem prædamque Jovem : tum litore curvo
Exstruimusque toros, dapibusque epulamur opimis.
At subitæ horrifico lapsu de montibus adsunt   225
Harpyæ, et magnis quatiunt clangoribus alas,
Diripiuntque dapes, contactuque omnia fœdant
Immundo; tum vox tetrum diræ inter odorem.
Rursum in secessu longo sub rupe cavata,
Arboribus clausi circum atque horrentibus umbris, 230
Instruimus mensas, arisque reponimus ignem.
Rursum ex diverso cœli cæcisque latebris
Turba sonans prædam pedibus circumvolat uncis,
Polluit ore dapes. Sociis tunc, arma capessant,
Edico, et dira bellum cum gente gerendum.   235
Haud secus ac jussi faciunt, tectosque per herbam
Disponunt ensis, et scuta latentia condunt.
Ergo, ubi delapsæ sonitum per curva dedere
Litora, dat signum specula Misenus ab alta
Ære cavo. Invadunt socii, et nova prælia tentant, 240
Obscenas pelagi ferro fœdare volucres.

Sed neque vim plumis ullam, nec volnera tergo
Adcipiunt; celerique fuga sub sidera lapsæ
Semesam prædam et vestigia fœda relinquunt.
Una in præcelsa consedit rupe Celæno,   245
Infelix vates, rumpitque hanc pectore vocem :
   Bellum etiam pro cæde boum stratisque juvencis,
Laomedontiadæ, bellumne inferre paratis,
Et patrio Harpyias insontis pellere regno?
Adcipite ergo, animis, atque hæc me figite dicta : 250
Quæ Phœbo pater omnipotens, mihi Phœbus Apollo
Prædixit, vobis Furiarum ego maxima pando.
Italiam cursu petitis, ventisque vocatis
Ibitis Italiam, portusque intrare licebit.
Sed non ante datam cingetis mœnibus urbem,   255
Quam vos dira fames nostræque injuria cædis
Ambesas subigat malis absumere mensas.
   Dixit; et in silvam pennis ablata refugit.
At sociis subita gelidus formidine sanguis
Deriguit; cecidere animi; nec jam amplius armis,   260
Sed votis precibusque jubent exposcere pacem,
Sive deæ, seu sint diræ obscenæque volucres.
Et pater Anchises passis de litore palmis
Numina magna vocat, meritosque indicit honores :

bles, invoque les grands dieux, et ordonne qu'on leur sacrifie : « Grands dieux, s'écrie-t-il, écartez de nos têtes ces menaces sinistres, détournez un tel malheur, et dans votre clémence sauvez des hommes pieux! » Alors il ordonne de couper les câbles qui retiennent les vaisseaux à la rive, et de lâcher tous les cordages détendus. Les vents enflent nos voiles; nous fuyons sur l'onde écumante, là où nous appellent et le pilote et les souffles favorables. Déjà apparaissent au-dessus des flots Zacynthe et ses grands bois, Dulichium, Samos, et Néritos avec ses hauts rochers. Nous fuyons bien loin des écueils d'Ithaque, du royaume de Laërte, et nous exécrons la terre qui a nourri le cruel Ulysse. Bientôt se montrent à nos regards les sommets nuageux de Leucate, et le promontoire d'Apollon, si redouté des matelots. Nous y abordons pourtant, las de naviguer, et nous entrons dans l'humble cité du dieu. On jette l'ancre, nos vaisseaux se rangent immobiles le long du rivage.

« Enfin, contre toute espérance, nous prenons terre sur ces bords. Nous sacrifions à Jupiter, nous chargeons de vœux ses autels, et nous célébrons nos jeux troyens sur le rivage d'Actium. Nos jeunes gens exercent à la lutte, comme aux jours de la patrie troyenne, leurs membres ruisselants d'huile : on se réjouit d'avoir échappé à tant de villes grecques, et de s'être frayé une route au milieu de tant d'ennemis. Cependant le soleil achevait de parcourir le vaste cercle de l'année; le glacial hiver et les aquilons commençaient à irriter les mers. Un bouclier d'airain, que portait autrefois le grand Abas, est attaché par mes mains aux portes du temple, et je grave au-dessous ces mots : *Énée a enlevé ces armes aux Grecs victorieux*. En même temps j'ordonne à nos rameurs de quitter le port, et de se ranger sur leurs bancs. Tous battent la mer à l'envi et balayent sa surface azurée. Bientôt les hautes tours des Phéaciens disparaissent dans les nuages; déjà nous côtoyons les rivages de l'Épire, nous relâchons dans le port de Chaonie, et nous montons vers la haute ville de Buthrote.

« Là d'incroyables bruits viennent étonner nos oreilles : on nous dit qu'Hélénus, fils de Priam, régnait sur des villes grecques; qu'il avait épousé la veuve de Pyrrhus dont il tenait le sceptre, et qu'un dernier hymen avait mis la triste Andromaque dans les bras d'un Troyen. J'en demeurai dans la stupeur, et mon âme se sentit enflammée de l'ardent désir de voir et d'entretenir Hélénus, et d'apprendre de lui d'aussi grands événements. Laissant donc mes vaisseaux à l'ancre sur le rivage, je m'avance dans les terres. Ce jour-là même Andromaque, hors des murs de la ville, dans un bois sacré et près des rives d'un faux Simoïs, faisait de solennelles libations à la cendre d'Hector, offrant à son premier époux les mets et les tristes dons des morts : elle évoquait ses mânes près d'un tombeau vide formé de vert gazon, et leur avait consacré deux autels, causes de ses intarissables larmes. Dès qu'elle m'aperçut venant à elle, et qu'elle vit reluire autour de moi des armes troyennes, éperdue et glacée d'épouvante comme à la vue d'un soudain prodige, elle tomba; la vie abandonna ses membres. Enfin, ayant recouvré ses esprits, elle me parla ainsi : « Est-ce bien vous que je vois, fils « de Vénus? Est-ce bien vous qui venez à moi?

Di prohibete minas! di, talem avertite casum! 665
Et placidi servate pios! Tum litore funem
Deripere, excussosque jubet laxare rudentis.
    Tendunt vela Noti : ferimur spumantibus undis,
Qua cursum ventusque gubernatorque vocabant.
Jam medio adparet fluctu nemorosa Zacynthos, 270
Dulichiumque, Sameque, et Neritos ardua saxis.
Effugimus scopulos Ithacae, Laertia regna,
Et terram altricem saevi exsecramur Ulixi.
Mox et Leucatae nimbosa cacumina montis,
Et formidatus nautis aperitur Apollo : 275
Hunc petimus fessi, et parvae succedimus urbi.
Ancora de prora jacitur; stant litore puppes.
    Ergo insperata tandem tellure potiti,
Lustramurque Jovi, votisque incendimus aras;
Actiaque Iliacis celebramus litora ludis. 280
Exercent patrias oleo labente palaestras
Nudati socii. Juvat evasisse tot urbis
Argolicas, mediosque fugam tenuisse per hostis.
Interea magnum sol circumvolvitur annum,
Et glacialis hiems aquilonibus asperat undas. 285
Aere cavo clipeum, magni gestamen Abantis,
Postibus adversis figo, et rem carmine signo :

ÆNEAS HÆC DE DANAIS VICTORIBUS ARMA.
Linquere tum portus jubeo, et considere transtris.
Certatim socii feriunt mare, et aequora verrunt. 290
Protenus aerias Phaeacum abscondimus arces,
Litoraque Epiri legimus, portuque subimus
Chaonio, et celsam Buthroti adcedimus urbem.
    Hic incredibilis rerum fama occupat auris,
Priamidem Helenum Graias regnare per urbis, 295
Conjugio Aeacidae Pyrrhi sceptrisque potitum :
Et patrio Andromachen iterum cessisse marito.
Obstupui : miroque incensum pectus amore,
Compellare virum, et casus cognoscere tantos.
Progredior portu, classis et litora linquens. 300
Sollennis tum forte dapes, et tristia dona,
Ante urbem in luco, falsi Simoentis ad undam,
Libabat cineri Andromache, Manisque vocabat
Hectoreum ad tumulum : viridi quem cespite inanem,
Et geminas, caussam lacrimis, sacraverat aras. 305
Ut me conspexit venientem, et Troia circum
Arma amens vidit : magnis exterrita monstris
Deriguit visu in medio; calor ossa reliquit.
Labitur, et longo vix tandem tempore fatur :
Verane te facies, verus mihi nuntius adfers, 310

« Vivez-vous? ou, si la douce lumière du ciel s'est retirée de vous, où est mon Hector? » Elle dit, verse un torrent de larmes, et remplit tout le bois de ses gémissements. Ému de tant de douleur, je lui réponds à peine, et, dans mon trouble, je laisse échapper ces mots entrecoupés : « Oui, je vis, et je traîne ma vie à travers toutes les extrémités; n'en doutez point, c'est Énée que vous voyez. Mais vous, hélas! quel coup du sort vous a fait descendre de ce haut rang d'épouse d'Hector? Quelle autre fortune, digne et de vous et de lui, a pu vous visiter? La veuve d'Hector, Andromaque, partage-t-elle la couche de Pyrrhus? »

« Elle baissa la tête, et, d'une voix humble, me répondit en ces termes : « O! heureuse entre toutes la vierge, fille de Priam, forcée de mourir sur le tombeau de son ennemi et sous les hauts remparts d'Ilion! Elle n'a point subi les arrêts injurieux du sort; elle n'est point entrée captive dans le lit d'un vainqueur et d'un maître. Mais moi, après l'incendie de Troie, traînée sur toutes les mers, j'ai supporté l'insolent amour d'un jeune orgueilleux, du fils d'Achille; j'ai enfanté dans la servitude. Bientôt, courant à Sparte sur les pas de la fille d'Hélène, et poursuivant un hymen lacédémonien, Pyrrhus me jeta, moi esclave, dans les bras de son esclave Hélénus. Mais Oreste, brûlant d'une flamme insensée pour son amante qu'il se voit ravir, Oreste, agité par les Furies vengeresses, attaque son rival à l'improviste, et le massacre au pied des autels, devant les dieux de l'Épire. Par la mort de Néoptolème, une partie de son royaume échut en partage à Hélénus, qui, du nom du Troyen Chaon, a appelé Chaonie tout le pays qui est sous ses lois. Il a aussi donné les noms de Pergame et d'Ilion à cette citadelle qu'il a bâtie sur ces hauteurs. Mais vous, prince, quels vents, quels destins ont poussé ici votre course? Quel dieu vous a fait aborder sur nos rivages, inconnus pour vous? Et votre cher Ascagne, vit-il encore et voit-il la lumière? Il vous est né lorsque Troie.... L'enfant regrette-t-il quelquefois sa mère qui n'est plus? Sent-il déjà son cœur s'exciter aux antiques vertus et au courage viril, par l'exemple de son père Énée et de son oncle Hector? »

« Elle parlait ainsi dans les larmes, les sanglots et les vains regrets, quand le Troyen Hélénus, environné d'une foule nombreuse, s'avança hors des murs de la ville au-devant de nous. Il reconnaît ses concitoyens, nous conduit jusque dans l'enceinte des murs, et mêle à chaque mot qu'il nous dit une larme de joie. Je m'avance, et là je retrouve une petite Troie, et la faible image de la grande Pergame : ce ruisseau desséché s'appelle le Xanthe; je baise le seuil de la porte de Scée. Mes compagnons aussi jouissent comme moi de ces lieux amis. Le roi les recevait sous ses vastes portiques : au milieu de sa cour, assis à des tables splendides que chargeaient les mets, ils répandaient en l'honneur de Bacchus le vin des libations, et vidaient joyeusement les coupes.

« Un jour, puis un autre s'écoulent au milieu de ces fêtes : les vents appellent nos voiles, qui déjà s'enflent sous la puissante haleine de l'aus-

Nate dea? vivisne? aut, si lux alma recessit,
Hector ubi est? Dixit, lacrimasque effudit, et omnem
Implevit clamore locum. Vix pauca furenti
Subjicio, et raris turbatus vocibus hisco.
Vivo equidem, vitamque extrema per omnia duco. 315
Ne dubita : nam vera vides.
Heu! quis te casus dejectam conjuge tanto
Excipit? aut quae digna satis Fortuna revisit?
Hectoris Andromache Pyrrhin' connubia servas?
Dejecit voltum, et demissa voce locuta est : 320
O felix una ante alias Priameia virgo,
Hostilem ad tumulum Trojae sub moenibus altis
Jussa mori, quae sortitus non pertulit ullos,
Nec victoris heri tetigit captiva cubile!
Nos, patria incensa, diversa per aequora vectae, 325
Stirpis Achilleae fastus, juvenemque superbum,
Servitio enixae, tulimus; qui deinde, secutus
Ledaeam Hermionem Lacedaemoniosque hymenaeos,
Me famulo famulamque Heleno transmisit habendam.
Ast illum, ereptae magno inflammatus amore 330
Conjugis, et scelerum Furiis agitatus, Orestes
Excipit incautum, patriasque obtruncat ad aras.
Morte Neoptolemi regnorum reddita cessit
Pars Heleno; qui Chaonios cognomine campos,
Chaoniamque omnem Trojano a Chaone dixit, 335
Pergamaque Iliacamque jugis hanc addidit arcem.
Sed tibi qui cursum venti, quae fata dedere?
Aut quisnam ignarum nostris deus adpulit oris?
Quid puer Ascanius? superatne, et vescitur aura?
Quem tibi jam Troja.... 340
Ecqua tamen puero est amissae cura parentis?
Ecquid in antiquam virtutem animosque viril is
Et pater Aeneas et avunculus excitat Hector?
Talia fundebat lacrimans, longosque ciebat
Incassum fletus : quum sese a moenibus heros 345
Priamides multis Helenus comitantibus adfert,
Adgnoscitque suos, laetusque ad limina ducit,
Et multum lacrimas verba inter singula fundit.
Procedo, et parvam Trojam, simulataque magnis
Pergama, et arentem Xanthi cognomine rivum 350
Adgnosco, Scaeaeque amplector limina portae.
Nec non et Teucri socia simul urbe fruuntur.
Illos porticibus rex adcipiebat in amplis.
Aulai in medio libabant pocula Bacchi
Impositis auro dapibus, paterasque tenebant. 355
Jamque dies, alterque dies processit : et aurae
Vela vocant; tumidoque inflatur carbasus austro.
His vatem adgredior dictis, ac talia quaeso:

ter. Alors je m'adresse au roi, prêtre et devin, et je l'interroge en ces termes : « Enfant de Troie, « vous l'interprète des dieux, vous à qui l'es- « prit d'Apollon se fait sentir et dans le trépied « sacré, et dans les lauriers de Claros, et dans « les astres des cieux ; vous pour qui l'oiseau a « son langage, l'aile qui fend l'air ses présages, « parlez, je vous écoute. Partout la religion « m'annonce un terme heureux à ma course ; et « tous les dieux m'ont conseillé de gagner l'Ita- « lie, et de pénétrer jusqu'en ses champs reculés. « La seule Harpie Céléno nous annonce un pro- « dige horrible, nous menace du courroux fu- « neste des dieux, et de la plus hideuse famine. « Lesquels de ces périls éviterai-je les premiers ? « Qu'ai-je à faire pour surmonter d'aussi grandes « épreuves ? »

« Alors Hélénus immole, selon la coutume, des taureaux aux dieux, pour se les rendre propices ; il détache les bandelettes qui ceignent sa tête sacrée, et me conduit tout tremblant à ton saint nom, ô Phébus, dans ton redoutable sanctuaire. Alors le prêtre du dieu laisse tomber de sa bouche inspirée cet oracle : « Fils de « Vénus, oui, c'est sous les plus grands des « auspices (ils éclatent à ma vue) que tu cours à « travers les mers : ainsi le souverain des dieux « dispose du destin des mortels, et en déroule les « vicissitudes ; ainsi tout se succède dans un or- « dre éternel. J'aurais à te révéler beaucoup de « choses qui rendraient plus sûres pour toi et « plus hospitalières les mers que tu vas parcou- « rir, les ports de l'Ausonie où tu vas t'arrêter ; « mais je te dirai les moins secrets de ces mys- « tères : les Parques empêchent Hélénus de sa- « voir le reste, et la fille de Saturne lui défend « de parler. Et d'abord cette Italie que tu crois « voisine de nos rivages, ces ports où, dans ton « ignorance, tu te prépares déjà à entrer à plei- « nes voiles, sont séparés de toi par d'infinis es- « paces, par de longues et infranchissables routes. « Il faudra que ta rame se courbe sous les flots « trinacriens, que tes vaisseaux fendent les on- « des salées de la mer ausonienne, que tu visi- « tes les lacs de l'enfer et les infidèles bords de « l'île de Circé, avant que tu puisses fonder ta « nouvelle cité dans une terre tranquille. Je te « dirai les signes qui te guideront : toi, grave-les « dès à présent dans ta mémoire. Un jour que, « triste et solitaire, tu chemineras le long d'un « fleuve, une laie se présentera à ta vue sous les « chênes de la rive : blanche, étendue sur l'a- « rène, tu la trouveras nourrissant trente enfants « d'une égale blancheur, et les ramassant autour « de ses mamelles. Là sera le lieu marqué pour « ta ville, là le terme fortuné de tes travaux. Ne « redoute point ces tables que tu dois dévorer « un jour : les destins dénoueront pour toi cet « oracle ambigu, et tu n'invoqueras pas en vain « Apollon. Mais fuis ces terres, fuis cette côte de « l'Italie voisine de nos rivages, et que baignent « les flots de notre mer ! Là toutes les villes sont « habitées par les perfides Grecs ; là les Locriens « ont jeté les fondements de Narycium, là les « champs de Salente sont occupés par les soldats « du Lyctien Idoménée ; là le chef mélibéen « Philoctète a flanqué de murs l'humble Pétilie. « Mais aussitôt que ta flotte portée au delà des « mers aura jeté l'ancre sur le rivage, et qu'y « dressant des autels tu payeras ton hommage

Trojugena, interpres divom, qui numina Phœbi,
Qui tripodas, Clarii lauros, qui sidera sentis, 360
Et volucrum linguas, et præpetis omina pennæ,
Fare age (namque omnem cursum mihi prospera dixit
Religio, et cuncti suaserunt numine divi
Italiam petere, et terras tentare repostas;
Sola novum dictuque nefas Harpyia Celæno 365
Prodigium canit, et tristis denuntiat iras,
Obscenamque famem) quæ prima pericula vito?
Quidve sequens tantos possim superare labores?
Hic Helenus, cæsis primum de more juvencis,
Exorat pacem divom, vittasque resolvit 370
Sacrati capitis, meque ad tua limina, Phœbe,
Ipse manu multo suspensum numine ducit;
Atque hæc deinde canit divino ex ore sacerdos :
Nate dea; nam te majoribus ire per altum
Auspiciis manifesta fides : sic fata deom rex 375
Sortitur, volvitque vices : is vertitur ordo;
Pauca tibi e multis, quo tutior hospita lustres
Æquora, et Ausonio possis considere portu,
Expediam dictis ; prohibent nam cetera Parcæ
Scire, Helenum farique vetat Saturnia Juno. 380
Principio Italiam, quam tu jam rere propinquam,
Vicinosque, ignare, paras invadere portus,
Longa procul longis via dividit invia terris.
Ante et Trinacria lentandus remus in unda,
Et salis Ausonii lustrandum navibus æquor, 385
Infernique lacus, Æææque insula Circæ,
Quam tuta possis urbem componere terra.
Signa tibi dicam : tu condita mente teneto.
Quum tibi sollicito secreti ad fluminis undam
Litoreis ingens inventa sub ilicibus sus, 390
Triginta capitum fetus enixa, jacebit,
Alba, solo recubans, albi circum ubera nati :
Is locus urbis erit ; requies ea certa laborum.
Nec tu mensarum morsus horresce futuros :
Fata viam invenient, aderitque vocatus Apollo. 395
Has autem terras, Italique hanc litoris oram,
Proxima quæ nostri perfunditur æquoris æstu,
Effuge : cuncta malis habitantur mœnia Graiis.
Hic et Narycii posuerunt mœnia Locri,
Et Sallentinos obsedit milite campos 400
Lyctius Idomeneus; hic illa ducis Meliboei
Parva Philoctetæ subnixa Petelia muro.
Quin, ubi transmissæ steterint trans æquora classes,
Et positis aris jam vota in litore solves :

« aux dieux sauveurs, souviens-toi de couvrir
« ta tête d'un voile de pourpre, de peur qu'au
« milieu des feux sacrés et de la pompe divine
« un visage ennemi ne se présente à toi et ne
« trouble les présages. Retenez, tes compagnons
« et toi, cet usage des sacrifices, et que la tradi-
« tion sainte en soit perpétuée par tes pieux descen-
« dants. Mais lorsque les vents, te poussant au
« large, t'auront porté vers les côtes de la Sicile,
« et que tu verras s'élargir devant toi l'étroite
« barrière de Pélore, cingle vers la gauche, et
« par un long circuit gagne de ce côté et les mers
« et la terre; fuis tout ce qui s'étend à droite, et
« l'onde et les rivages. Ces continents, dit-on,
« rompus par l'effort des eaux, se sont séparés
« dans un vaste et soudain déchirement : tant la
« longue durée des siècles peut causer de chan-
« gements! Les deux terres n'en formaient
« qu'une : la mer vint tout à coup se jeter au
« travers, sépara les régions de l'Hespérie de cel-
« les de la Sicile, et, s'ouvrant un étroit passage
« entre les deux rives, baigna deçà et delà les
« villes et les campagnes. Deux monstres, Scylla
« à droite, à gauche l'implacable Charybde, as-
« siégent le rivage : trois fois Charybde absorbe
« les vastes flots précipités dans ses gouffres sans
« fond; trois fois elle les rejette vers les cieux,
« et les lance contre les astres. Mais Scylla, em-
« prisonnée dans les ténébreux abîmes d'une ca-
« verne, avance la tête hors de son repaire, et
« attire les vaisseaux contre ses rochers. Son
« visage est d'un homme; elle a le sein ravissant
« d'une vierge; baleine énorme par le reste de
« son corps, sa queue se termine en dauphin, et
« ses flancs sont d'un loup. Il vaut mieux t'é-
« loigner, tourner lentement le promontoire de
« Pachynum, et, prolongeant ta course, décrire
« un vaste circuit, que de voir une seule fois
« dans son antre béant l'affreuse Scylla, et ces
« rochers retentissant des rauques hurlements
« des chiens. Enfin, si Hélénus n'a pas en vain
« la science de l'avenir, si tu as quelque confiance
« dans l'interprète d'Apollon, et si sa vérité
« sainte remplit mon cœur, je te donnerai, fils
« de Vénus, ce conseil, le plus important de tous.
« Oui, je ne saurais trop te le dire et te le redire,
« avant tout rends-toi Junon propice par tes
« prières; n'épargne ni les vœux ni les dons des
« suppliants, pour vaincre le courroux de la puis-
« sante reine des dieux : ce n'est qu'après l'avoir
« fléchie que, laissant derrière toi la Sicile, tu
« t'élanceras en vainqueur dans les champs au-
« soniens. Quand tes vaisseaux t'auront porté
« là, et que tu seras arrivé à la ville de Cumes,
« tu visiteras ces lacs divins, le Lucrin et l'A-
« verne, et leurs forêts retentissantes, et la prê-
« tresse inspirée qui, sous son rocher caverneux,
« chante les destins des mortels, et confie à des
« feuilles légères les caractères sacrés de ses
« paroles fatidiques. Tous les oracles que la
« vierge a tracés sur ces feuilles sont rangés par
« elle en un ordre certain, et laissés au fond de
« l'antre, qui se ferme sur eux. Là ils restent
« immobiles, et rien n'en trouble l'arrangement.
« Mais si, la porte tournant sur ses gonds, le
« vent vient à remuer ces fragiles empreintes et
« à les disperser, la Sibylle alors dédaigne de
« ressaisir ses oracles voltigeant dans son antre,

Purpureo velare comas adopertus amictu :   405
Ne qua inter sanctos ignis in honore deorum
Hostilis facies occurrat, et omina turbet.
Hunc socii morem sacrorum, hunc ipse teneto;
Hac casti maneant in religione nepotes.
Ast, ubi digressum Siculæ te admoverit oræ   410
Ventus, et angusti rarescent claustra Pelori,
Læva tibi tellus, et longo læva petantur
Æquora circuitu'; dextrum fuge litus et undas.
Hæc loca vi quondam, et vasta convolsa ruina,
Tantum ævi longinqua valet mutare vetustas!   415
Dissiluisse ferunt, quum protenus utraque tellus
Una foret; venit medio vi pontus, et undis
Hesperium Siculo latus abscidit, arvaque et urbis
Litore diductas angusto interluit æstu.
Dextrum Scylla latus, lævum implacata Charybdis   420
Obsidet, atque imo barathri ter gurgite vastos
Sorbet in abruptum fluctus, rursusque sub auras
Erigit alternos, et sidera verberat unda.
At Scyllam cæcis cohibet spelunca latebris,
Ora exsertantem, et navis in saxa trahentem.   425
Prima hominis facies, et pulchro pectore virgo
Pube tenus; postrema immani corpore pistrix,
Delphinum caudas utero commissa luporum.

Præstat Trinacrii metas lustrare Pachyni
Cessantem, longos et circum flectere cursus,   430
Quam semel informem vasto vidisse sub antro
Scyllam, et cæruleis canibus resonantia saxa.
Præterea, si qua est Heleno prudentia, vati
Si qua fides, animum si veris implet Apollo,
Unum illud tibi, nate dea, præque omnibus unum   435
Prædicam, et repetens iterumque iterumque monebo :
Junonis magnæ primum prece numen adora;
Junoni cane vota libens, dominamque potentem
Supplicibus supera donis : sic denique victor
Trinacria finis Italos mittere relicta.   440
Huc ubi delatus Cumæam accesseris urbem,
Divinosque lacus, et Averna sonantia silvis :
Insanam vatem adspicies; quæ rupe sub ima
Fata canit, foliisque notas et nomina mandat.
Quæcumque in foliis descripsit carmina, virgo   445
Digerit in numerum, atque antro seclusa relinquit.
Illa manent immota locis, neque ab ordine cedunt.
Verum eadem, verso tenuis quum cardine ventus
Impulit, et teneras turbavit janua frondis,
Nunquam deinde cavo volitantia prendere saxo,   450
Nec revocare situs, aut jungere carmina curat.
Inconsulti abeunt, sedemque odere Sibyllæ.

« de rappeler les mots à leur place, d'en rassem-
« bler le sens; et qui vient consulter la prêtresse
« s'en retourne sans réponse, et maudit l'antre
« de la Sibylle. Cependant ne sois pas avare d'un
« temps qui ne sera point perdu pour toi : en
« vain tes compagnons impatients accusent ta
« lenteur; en vain la mer appelle et entraîne tes
« voiles, et tu pourrais les livrer au souffle heu-
« reux des vents : que rien ne t'arrête ; va trou-
« ver la Sibylle, implore ses oracles; qu'elle-même
« te parle, qu'elle-même laisse échapper de sa
« bouche complaisante ses sons prophétiques. Elle
« te dira les peuples divers de l'Italie, et tes
« guerres futures, et comment tu fuiras ou sur-
« monteras les travaux qui t'y attendent; invo-
« que-la pieusement, elle secondera tes courses
« aventureuses. Voilà ce que ma voix mortelle
« pouvait te révéler : va, cours, et, par tes hauts
« faits, porte au ciel les grands destins de Troie. »

« Hélénus, après m'avoir parlé ainsi d'une bouche amie, ordonne que des présents d'or et d'i-
voire soient portés sur nos navires; il y entasse
l'argent ciselé, les vases d'airain de Dodone,
une riche cuirasse où l'or s'entrelace à triple
maille, un casque brillant avec son aigrette flottante : c'étaient les armes de Pyrrhus. Mon père
aussi a sa part des présents; Hélénus y ajoute
des chevaux et des guides, recrute pour nous des
rameurs, fournit des armes à mes compagnons.

« Cependant Anchise donna l'ordre d'appareiller, et de s'abandonner sans retard au vent favorable. L'interprète d'Apollon, touché pour le vieillard d'un pieux respect, lui parle en ces termes :
« Mortel chéri des dieux, vous le digne et glo-
« rieux époux de Vénus, vous deux fois arraché
« aux ruines de Pergame, la voici devant vous
« cette terre de l'Ausonie; saisissez-la à pleines
« voiles. Et cependant il vous faudra côtoyer
« longtemps ses rivages; vous êtes encore loin
« de cette partie de l'Italie qu'Apollon vous dé-
« couvre par ses oracles. Partez, heureux père
« du plus pieux des fils! qu'ai-je à prolonger cet
« entretien, et pourquoi retarderais-je les autans
« qui s'élèvent? » Andromaque aussi, qu'attriste
ce moment suprême du départ, nous apporte ses
présents, à moi des vêtements chamarrés d'or,
à Ascagne un manteau phrygien : elle ne le cède
pas à Hélénus en magnificence; elle charge mon
fils des plus riches tissus, et lui parle ainsi : « Re-
« çois, cher enfant, ces ouvrages de mes mains ?
« qu'ils te fassent te souvenir de moi, et qu'ils
« attestent longtemps l'amitié qu'eut pour toi la
« veuve d'Hector; prends-les, ce sont les derniers
« présents des tiens, toi la seule image qui me
« reste de mon Astyanax ! Il avait ces yeux, ces
« mains, cet air; il aurait ton âge, il grandirait
« avec toi! » En m'éloignant, je leur disais, les
yeux pleins de larmes : « Vivez heureux, vous qui
« avez enfin fixé le cours de votre fortune ! Nous,
« nous sommes jetés de destins en destins; vous,
« vous avez le repos; vous n'avez point de mers
« à sillonner, pas de champs ausoniens toujours
« reculant devant vous, et toujours à chercher;
« vous voyez ici une image du Xanthe, et une
« autre Troie que vos mains se sont faite : puisse-
« t-elle subsister sous de meilleurs auspices, et
« n'être plus exposée à la fureur des Grecs ! Si
« jamais j'entre dans le Tibre et dans les campa-
« gnes voisines du Tibre, si je vois s'élever les
« murs promis à ma nation, nos villes et nos

Hic tibi ne qua moræ fuerint dispendia tanti;
Quamvis increpitent socii, et vi cursus in altum
Vela vocet, possisque sinus implere secundos ;   455
Quin adeas vatem, precibusque oracula poscas:
Ipsa canat, vocemque volens atque ora resolvat.
Illa tibi Italiæ populos, venturaque bella,
Et, quo quemque modo fugiasque ferasque laborem,
Expediet; cursusque dabit venerata secundos.   460
Hæc sunt, quæ nostra liceat te voce moneri.
Vade age, et ingentem factis fer ad æthera Trojam.
  Quæ postquam vates sic ore effatus amico est :
Dona dehinc auro gravia sectoque elephanto
Imperat ad navis ferri, stipatque carinis   465
Ingens argentum, Dodonæosque lebetas,
Loricam consertam hamis auroque trilicem,
Et conum insignis galeæ, cristasque comantis,
Arma Neoptolemi. Sunt et sua dona parenti.
Addit equos, additque duces;   470
Remigium supplet; socios simul instruit armis.
  Interea classem velis aptare jubebat
Anchises, fieret vento mora ne qua ferenti.
Quem Phœbi interpres multo compellat honore :
Conjugio, Anchisa, Veneris dignate superbo,   475
Cura deum, bis Pergameis erepte ruinis,
Ecce tibi Ausoniæ tellus : hanc arripe velis.
Et tamen hanc pelago præterlabare necesse est;
Ausoniæ pars illa procul, quam pandit Apollo.
Vade, ait, o felix nati pietate ! Quid ultra   480
Provehor, et fando surgentis demoror austros?
Nec minus Andromache, digressu mœsta supremo,
Fert picturatas auri subtemine vestis,
Et Phrygiam Ascanio chlamydem; nec cedit honori ;
Textilibusque onerat donis, ac talia fatur :   485
Accipe et hæc, manuum tibi quæ monumenta mearum
Sint, puer, et longum Andromachæ testentur amorem,
Conjugis Hectoreæ. Cape dona extrema tuorum,
O mihi sola mei super Astyanactis imago.
Sic oculos, sic ille manus, sic ora ferebat;   490
Et nunc æquali tecum pubesceret ævo.
Hos ego digrediens lacrimis adfabar obortis :
Vivite felices, quibus est fortuna peracta
Jam sua : nos alia ex aliis in fata vocamur.
Vobis parta quies : nullum maris æquor arandum;   495
Arva neque Ausoniæ, semper cedentia retro,
Quærenda. Effigiem Xanthi Trojamque videtis,
Quam vestræ fecere manus ; melioribus, opto,

« peuples, unis par la naissance et par les mêmes
« infortunes, ceux de l'Épire et de l'Hespérie,
« qui tous ont Dardanus pour père, ne feront un
« jour qu'une seule Troie, n'auront qu'un même
« esprit. Puissent ces sentiments animer nos der-
« niers neveux ! »

« Enfin nous nous avançons en mer ; nous côtoyons les hauteurs de Géraunium, d'où le trajet
en Italie est rapide et court. Cependant le soleil
se précipite dans les flots, et les monts se couvrent d'ombres épaisses. Le sort partage aux rameurs leurs travaux ; enfin nous nous couchons
près de l'onde sur le sein de cette terre tant désirée ; étendus çà et là sur la grève aride, nous
rafraîchissons nos corps fatigués, et le sommeil
nous verse ses douces langueurs. La Nuit, me-
née par les Heures, n'atteignait pas encore le milieu de sa carrière, quand le diligent Palinure
se lève, explore les vents, a l'oreille à tous les
souffles de l'air. Il observe les astres glissant sous
un ciel silencieux, l'Ourse, les deux Trions, les
Hyades pluvieuses, Orion resplendissant au loin
dans son armure d'or. Après qu'il a vu les cieux
partout fermes et sereins, il donne du haut de
la poupe le signal retentissant de l'airain ; nous
levons le camp, nous cherchons encore une route
sur les eaux, et déployons aux vents les ailes de
nos vaisseaux.

« Déjà l'Aurore avait fait fuir les étoiles et rougissait l'horizon de ses feux, quand de loin nous
vîmes des collines encore obscures et l'Italie poindre au-dessus des eaux. « Italie, Italie ! » s'écrie le
premier Achate. « Italie ! » répondent nos compagnons en saluant la terre par mille cris d'allégresse. Alors mon père Anchise couronne de
feuillage une vaste coupe, la remplit de vin, et,
debout sur la poupe, adresse cette prière aux dieux :
« Dieux des mers et de la terre, maîtres souve-
« rains des tempêtes, donnez-nous encore un
« vent propice, encore un souffle heureux. » Il
dit, et l'air fraîchit dans nos voiles frissonnantes ;
nos vœux sont comblés ; le port se découvre de
plus près ; un temple de Minerve apparaît sur les
hauteurs. Nos compagnons plient les voiles, et
tournent les proues vers le rivage. Creusé à l'o-
rient, le port se recourbe en arc ; deux rochers
le cachent en s'avançant dans la mer ; battus par
les rafales écumeuses, et pareils à deux tours, ils
projettent au loin leurs bras et ferment par un
double mur la baie tranquille : le temple, à notre
approche, paraît s'enfuir du rivage. Je pris terre,
et, pour premier présage, je vis quatre chevaux,
blancs comme la neige, qui paissaient dans la plaine. Alors Anchise : « C'est la guerre, ô terre hospi-
« talière, la guerre que tu portes ; les coursiers sont
« armés pour la guerre ; ceux-ci nous menacent
« de la guerre. Mais pourtant ces mêmes coursiers
« s'accoutument à courber la tête sous un char, et à
« porter ensemble et le joug et le frein : c'est une
« espérance de paix. » Il dit, et nous d'implorer la
puissance révérée de Pallas à l'armure sonnante,
de Pallas qui la première accueillait nos vaisseaux
triomphants. Prosternés devant ses autels, nous
couvrons nos têtes d'un voile phrygien, et, suivant

Auspiciis, et quæ fuerit minus obvia Graiis.
Si quando Thybrim, vicinaque Thybridis arva,   500
Intraro, gentique meæ data mœnia cernam :
Cognatas urbis olim, populosque propinquos,
Epiro, Hesperia, (quibus idem Dardanus auctor,
Atque idem casus) unam faciemus utramque
Trojam animis. Maneat nostros ea cura nepotes.   505
  Provehimur pelago vicina Ceraunia juxta :
Unde iter Italiam, cursusque brevissimus undis.
Sol ruit interea, et montes umbrantur opaci.
Sternimur optatæ gremio telluris ad undam,
Sortiti remos, passimque in litore sicco   510
Corpora curamus ; fessos sopor irrigat artus.
Necdum orbem medium Nox horis acta subibat :
Haud segnis stato surgit Palinurus, et omnis
Explorat ventos, atque auribus aera captat ;
Sidera cuncta notat tacito labentia cœlo,   515
Arcturum, pluviasque Hyadas, geminosque Triones,
Armatumque auro circumspicit Oriona.
Postquam cuncta videt cœlo constare sereno,
Dat clarum e puppi signum ; nos castra movemus,
Tentamusque viam, et velorum pandimus alas.   520
  Jamque rubescebat stellis Aurora fugatis :
Quum procul obscuros colles humilemque videmus
Italiam. Italiam primus conclamat Achates ;
Italiam læto socii clamore salutant.

Tum pater Anchises magnum cratera corona   525
Induit : implevitque mero ; divosque vocavit
Stans celsa in puppi.
Di, maris, et terræ, tempestatumque potentes,
Ferte viam vento facilem, et spirate secundi.
Crebrescunt optatæ auræ, portusque patescit   530
Jam propior, templumque adparet in arce Minervæ.
Vela legunt socii, et proras ad litora torquent.
Portus ab Euroo fluctu curvatus in arcum ;
Objectæ salsa spumant adspargine cautes :
Ipse latet ; gemino demittunt brachia muro   535
Turriti scopuli, refugitque ab litore templum.
Quatuor hic, primum omen, equos in gramine vidi
Tondentis campum late, candore nivali.
Et pater Anchises : Bellum, o terra hospita, portas ;
Bello armantur equi ; bellum hæc armenta minantur. 540
Sed tamen idem olim curru succedere sueti
Quadrupedes, et frena jugo concordia ferre :
Spes et pacis, ait. Tum numina sancta precamur
Palladis armisonæ, quæ prima adcepit ovantis ;
Et capita ante aras Phrygio velamur amictu ;   545
Præceptisque Heleni, dederat quæ maxima, rite
Junoni Argivæ jussos adolemus honores.
  Haud mora ; continuo perfectis ordine votis,
Cornua velatarum obvertimus antennarum,
Grajugenumque domos suspectaque linquimus arva. 550

les graves conseils d'Hélénus, nous brûlons en l'honneur de Junon Argienne l'encens des sacrifices.

Ces saints devoirs accomplis, nos voiles tournent soudain sur les longs bras des antennes; nous quittons ce rivage suspect, habité par des Grecs. De là nous voyons le golfe et les murs de Tarente, bâtie, dit-on, par Hercule. Sur l'autre bord s'élève le temple de Junon Lacinienne; plus loin les hauts remparts de Colon, et Sylacée sur ses rochers fameux par les naufrages. Alors nous voyons de loin sortir des flots les cimes de l'Etna; nous entendons l'immense gémissement de la mer, le bruit lointain des rochers battus par les vagues, la voix des flots qui se brisent contre les rivages : nous voyons bondir le fond des mers, et le sable bouillonner avec les ondes. Alors Anchise : « La voilà sans doute cette Charybde; « voilà ces écueils, ces horribles rochers qu'Hé- « lénus nous annonçait par ses oracles. Dégagez- « nous, amis, et tous ensemble courbez-vous sur « vos rames. » Tous ont obéi, et Palinure le premier a tourné vers la gauche la proue gémissante : toute la flotte gouverne à gauche, rames et voilure au vent. Mais voilà qu'une vague courbée en montagne nous enlève jusqu'aux nues; et, l'onde s'abaissant, nous descendons dans les gouffres des mânes. Trois fois les rochers poussèrent un effroyable cri sous leurs cavités profondes; trois fois nous vîmes les flots lancer dans les airs leur écume brisée, et la rosée amère dégoutter des astres. Cependant les vents et le soleil abandonnent nos voiles fatiguées, et, ne sachant plus quelle route tenir, les courants nous portent sur les côtes des Cyclopes.

« Là s'ouvre à l'abri des vents un vaste port; l'eau y dort immobile; mais près de là tonne l'Etna au milieu de ses ruines épouvantables. Tantôt il pousse dans les airs un nuage noir, mêlé d'épais tourbillons de fumée et de cendres blanches, et il élève des bouffées de flammes qui vont toucher la voûte étoilée; tantôt il vomit en grondant des rochers énormes, ses entrailles arrachées, rejette à flots pressés et lance au ciel avec un sourd gémissement des pierres liquéfiées, et, partout débordant, bouillonne dans ses profonds abîmes. On dit que sur le corps d'Encelade à demi consumé par la foudre pèse à jamais la masse entière de la montagne; l'Etna la surcharge encore de son poids immense, l'Etna qui souffle la flamme de ses fournaises rompues : chaque fois que le géant se retourne sur ses flancs fatigués, toute la Trinacrie tremble et murmure, et les cieux se voilent d'une épaisse fumée. Durant toute cette nuit, cachés dans les forêts, nous ressentîmes ces mouvements prodigieux : nous ignorions la cause de si grands bruits. Pas un astre ne luisait dans le ciel, pas un faible rayon ne venait de la voûte éthérée; ce n'étaient que nuages sombres; une nuit sinistre enveloppait la lune de sa ténébreuse atmosphère.

« Cependant le jour commençait à poindre à l'orient, et l'Aurore avait dissipé l'ombre humide des cieux, quand tout à coup du fond des bois un inconnu d'une figure étrange, le corps décharné, l'air pitoyable, s'avance vers nous, et tend vers le rivage des mains suppliantes : une barbe épaisse descend sur sa poitrine; de sales et hideux lambeaux, que rattachent quelques épines, le couvrent à peine; le reste annonce un

Hinc sinus Herculei, si vera est fama, Tarenti
Cernitur. Adtollit se diva Lacinia contra,
Caulonisque arces, et navifragum Scylaceum.
Tum procul e fluctu Trinacria cernitur Ætna;
Et gemitum ingentem pelagi, pulsataque saxa   555
Audimus longe, fractasque ad litora voces.
Exsultantque vada, atque æstu miscentur arenæ.
Et pater Anchises : Nimirum hæc illa Charybdis;
Hos Helenus scopulos, hæc saxa horrenda canebat.
Eripite, o socii; pariterque insurgite remis.   560
Haud minus ac jussi faciunt : primusque rudentem
Contorsit lævas proram Palinurus ad undas :
Lævam cuncta cohors remis ventisque petivit.
Tollimur in cœlum curvato gurgite, et idem
Subducta ad Manis imos desidimus unda.   565
Ter scopuli clamorem inter cava saxa dedere :
Ter spumam elisam et rorantia vidimus astra.
Interea fessos ventus cum sole reliquit;
Ignarique viæ Cyclopum adlabimur oris.
   Portus ab accessu ventorum immotus, et ingens   570
Ipse; sed horrificis juxta tonat Ætna ruinis,
Interdumque atram prorumpit ad æthera nubem,
Turbine fumantem piceo et candente favilla;
Adtollitque globos flammarum, et sidera lambit :
Interdum scopulos avolsaque viscera montis   575
Erigit eructans, liquefactaque saxa sub auras
Cum gemitu glomerat, fundoque exæstuat imo.
Fama est, Enceladi semiustum fulmine corpus
Urgueri mole hac, ingentemque insuper Ætnam
Impositam ruptis flammam exspirare caminis;   580
Et, fessum quoties mutet latus, intremere omnem
Murmure Trinacriam, et cœlum subtexere fumo.
Noctem illam tecti silvis immania monstra
Perferimus; nec, quæ sonitum det causa, videmus.
Nam neque erant astrorum ignes, nec lucidus æthra   585
Sidereus polus; obscuro sed nubila cœlo,
Et lunam in nimbo nox intempesta tenebat.
   Postera jamque dies primo surgebat Eoo,
Humentemque Aurora polo dimoverat umbram.
Quum subito e silvis, macie confecta suprema,   590
Ignoti nova forma viri, miserandaque cultu,
Procedit, supplexque manus ad litora tendit.
Respicimus. Dira illuvies, immissaque barba
Consertum tegumen spinis : at cetera Graius,

Grec : il était venu jadis, avec les armées de sa patrie, sous les remparts de Troie. Dès qu'il eut vu de loin des vêtements et des armes troyennes, il s'arrêta un moment, frappé d'épouvante, et retint ses pas tremblants; bientôt il se précipite vers le rivage, et s'écrie, avec des larmes et des prières : « Par ces astres, par ces dieux que « j'atteste, par cet air que nous respirons tous, « ôtez-moi de ces lieux, Troyens! emmenez-moi « partout où vous voudrez, je serai content. Je « suis Grec, je l'avoue, et l'un de ceux qui sont « venus, le fer à la main, attaquer les pénates « d'Ilion. Si mon crime est si grand à vos yeux, « déchirez le corps d'un ennemi, plongez-moi « dans la vaste mer. Si je meurs, il me sera doux « de mourir de la main des hommes. » En disant ces mots, il embrassait nos genoux, et, se jetant à nos pieds, il y restait attaché. Nous l'engageons à nous dire son nom, sa famille, et quelle fortune l'agite. Anchise le premier, sans attendre qu'il nous réponde, tend la main au malheureux jeune homme, et, par ce gage d'un tendre intérêt, rassure ses esprits. Enfin, remis de sa frayeur, le Grec poursuit en ces termes :

« Ma patrie est l'île d'Ithaque; je suis un des « compagnons du malheureux Ulysse; mon nom « est Achéménide : Adamaste, mon père, étant « pauvre (plût au ciel que je me fusse contenté « de son humble fortune!), je partis pour le siége « de Troie. Quand mes compagnons s'échappèrent « de ces retraites cruelles, dans leur épouvante « ils ne songèrent pas à moi, et me laissèrent dans « la vaste caverne de Polyphème : horrible de- « meure! immense et ténébreuse, elle est par- « tout souillée d'un sang fétide et de chairs palpi- « tantes. Le monstre (dieux puissants, délivrez la « terre d'un tel fléau!), aussi haut que les nues, « frappe les astres de son front : on n'ose le re- « garder; toute voix se tait devant lui. Les en- « trailles des malheureux humains, le sang des « cadavres, voilà sa nourriture. Je l'ai vu moi- « même, étendu dans le fond de son antre, sai- « sir avec son immense main deux des nôtres, « les écraser contre un rocher, leurs entrailles re- « jaillir, et dans leur sang nager le seuil de la « caverne : je l'ai vu manger leurs membres tout « dégouttants, leurs chairs ruisselantes ; j'ai en- « tendu crier sous ses dents leurs os encore tiè- « des. Ce ne fut pas impunément : Ulysse ne le « souffrit pas, et le roi d'Ithaque ne s'oublia point « dans une telle extrémité. Le monstre, gorgé de « carnage et enseveli dans le vin, avait laissé flé- « chir sa tête appesantie, et s'était allongé dans « son antre de toute l'immensité de son corps, « rejetant, durant son sommeil, le sang et le vin « mêlés aux débris de ses affreux repas. Nous « invoquons les dieux ; le sort assigne à chacun « sa place ; tous nous nous répandons autour du « géant, et, à l'aide d'un pieu aiguisé, nous cre- « vons le seul œil qu'il avait à demi-caché sous « son front menaçant : œil énorme! on eût dit un « bouclier d'Argos, ou le disque brillant du so- « leil. Enfin nous vengeons avec joie les mânes « de nos compagnons. Mais vous, fuyez, malheu- « reux Troyens! fuyez, coupez les câbles qui « vous retiennent à la rive; c'est peu que Poly-

Et quondam patriis ad Trojam missus in armis. 595
Isque ubi Dardanios habitus et Troia vidit
Arma procul : paullum adspectu conterritus hæsit,
Continuitque gradum; mox sese ad litora præceps
Cum fletu precibusque tulit. Per sidera testor,
Per superos, atque hoc cœli spirabile lumen : 600
Tollite me, Teucri; quascumque abducite terras;
Hoc sat erit. Scio me Danais e classibus unum,
Et bello Iliacos fateor petiisse Penates.
Pro quo, si sceleris tanta est injuria nostri,
Spargite me in fluctus, vastoque immergite ponto. 605
Si pereo; hominum manibus periisse juvabit.
Dixerat; et genua amplexus, genibusque volutans
Hærebat. Qui sit, fari, quo sanguine cretus,
Hortamur; quæ deinde agitet Fortuna, fateri.
Ipse pater dextram Anchises, haud multa moratus, 610
Dat juveni; atque animum præsenti pignore firmat.
Ille hæc, deposita tandem formidine, fatur :
    Sum patria ex Ithaca, comes infelicis Ulixi,
Nomen Achemenides, Trojam, genitore Adamasto
Paupere, (mansissetque utinam Fortuna!) profectus. 615
Hic me, dum trepidi crudelia limina linquunt,
Immemores socii vasto Cyclopis in antro
Deseruere. Domus sanie dapibusque cruentis,
Intus opaca, ingens. Ipse arduus, altaque pulsat

Sidera, (Di, talem terris avertite pestem!) 620
Nec visu facilis, nec dictu adfabilis ulli.
Visceribus miserorum et sanguine vescitur atro.
Vidi egomet, duo de numero quum corpora nostro
Prensa manu magna medio resupinus in antro
Frangeret ad saxum, sanieque exspersa natarent 625
Limina; vidi atro quum membra fluentia tabo
Manderet, et tepidi tremerent sub dentibus artus.
Haud impune quidem. Nec talia passus Ulixes,
Oblitusve sui est Ithacus discrimine tanto.
Nam simul, expletus dapibus, vinoque sepultus, 630
Cervicem inflexam posuit, jacuitque per antrum
Immensus, saniem eructans ac frusta cruento
Per somnum commixta mero : nos, magna precati
Numina, sortitique vices, una undique circum
Fundimur, et telo lumen terebramus acuto 635
Ingens, quod torva solum sub fronte latebat,
Argolici clipei, aut Phœbeæ lampadis instar :
Et tandem læti sociorum ulciscimur umbras.
Sed fugite, o miseri, fugite, atque ab litore funem
Rumpite. 640
Nam, qualis quantusque cavo Polyphemus in antro
Lanigeras claudit pecudes, atque ubera pressat,
Centum alii curva hæc habitant ad litora volgo
Infandi Cyclopes, et altis montibus errant.

« phème, retiré dans son antre profond, y tienne
« ses brebis enfermées et presse leurs ruisselan-
« tes mamelles; cent autres Cyclopes, comme
« lui géants effroyables, habitent le long de ces
« rivages, errent sur ces hautes montagnes. La
« lune a trois fois rassemblé sa pleine lumière,
« depuis que je traîne ma misérable vie dans ces
« forêts, au milieu des bêtes farouches et dans
« leurs repaires désolés, et que du fond d'un roc
« caverneux je regarde au loin les vastes Cyclo-
« pes, j'écoute en frissonnant et le bruit de leurs
« pas et les sons effrayants de leurs voix. Des
« baies sauvages, des cornouilles pierreuses, des
« racines que j'arrache, voilà ma triste nourri-
« ture. Je parcourais des yeux les lointains espa-
« ces, quand j'ai vu cingler vers ces rivages vos
« vaisseaux : quels qu'ils fussent, amis ou enne-
« mis, je me suis abandonné à eux : c'est assez
« que j'aie échappé à l'effroyable race de ces mons-
« tres : ôtez-moi plutôt la vie; que je meure par
« vous de mille morts. »

« Il achevait à peine ces mots, quand nous voyons sur la cime des monts se mouvoir dans sa masse énorme l'affreux pâtre lui-même, Polyphème, au milieu de ses troupeaux, qu'il menait vers la rive accoutumée : monstre horrible, informe, immense, aveugle! Un pin dépouillé de ses rameaux guide sa main et assure ses pas : ses brebis chargées de laine l'accompagnent, ses brebis, son seul plaisir, sa seule consolation dans ses maux. Quand il eut touché les flots profonds et qu'il fut entré dans la mer, il lava l'orbite encore dégouttant de sang de son œil éteint ; il grinçait les dents, frémissait de douleur; et déjà il marchait à grands pas dans la mer, que l'onde mouillait à peine ses flancs démesurés. Tremblants, nous précipitons notre fuite au large, après avoir recueilli le Grec suppliant, et qui avait bien mérité de nous ; les câbles sont coupés en silence ; et, penchés à l'envi sur nos rames, nous balayons la plaine liquide. Polyphème nous entend, et, au bruit de nos mouvements, tourne vers nous ses pas. Mais quand il voit qu'il ne peut nous atteindre, ni suivre dans leur course les ondes ioniennes, il pousse un cri immense : la mer et toutes ses vagues en tremblèrent ; l'Italie entière en fut épouvantée; l'Etna même en mugit dans ses cavernes profondes. A ce cri, toute la race des Cyclopes sort de ses forêts, descend des hautes montagnes, se précipite vers le port, et remplit le rivage. De loin nous voyons debout sur la rive, et nous menaçant en vain de leurs regards, ces fils de l'Etna : ils portaient jusqu'au ciel leurs fronts audacieux : troupe horrible! Tels sur le sommet des monts se dressent dans les airs les chênes, les cyprès, les hautes forêts de Jupiter, les bois sacrés de Diane. Pressés du vif aiguillon de la peur, nous tourmentons nos câbles au hasard, nous déployons nos voiles à tous les souffles favorables. Mais l'avis d'Hélénus nous revient à l'esprit; nous craignons de nous engager, à peine de périr, entre Charybde et Scylla : nous sommes résolus à faire voile en arrière, quand tout à coup Borée vient à souffler de l'étroit promontoire de Pélore, et nous porte bien au delà des roches vives de Pantagie, de la baie de Mégare, et de la basse péninsule de Thapsus. Achéménide, notre Grec, nous montrait ces rivages divers, qu'il revoyait en repassant sur les traces errantes du malheureux Ulysse.

```
Tertia jam Lunæ se cornua lumine complent      645
Quum vitam in silvis, inter deserta ferarum
Lustra domosque traho, vastosque ab rupe Cyclopas
Prospicio, sonitumque pedum, vocemque tremisco.
Victum infelicem, baccas, lapidosaque corna
Dant rami, et volsis pascunt radicibus herbæ.   650
Omnia conlustrans, hanc primum ad litora classem
Conspexi venientem : huic me, quæcumque fuisset,
Addixi : satis est gentem effugisse nefandam :
Vos animam hanc potius quocumque absumite leto.
Vix ea fatus erat : summo quum monte videmus   655
Ipsum inter pecudes vasta se mole moventem
Pastorem Polyphemum, et litora nota petentem :
Monstrum horrendum, informe, ingens, cui lumen ademp-
Trunca manu pinus regit, et vestigia firmat.        tum.
Lanigeræ comitantur oves : ea sola voluptas,    660
Solamenque mali.
Postquam altos tetigit fluctus, et ad æquora venit,
Luminis effossi fluidum lavit inde cruorem,
Dentibus infrendens gemitu; graditurque per æquor
Jam medium; necdum fluctus latera ardua tinxit. 665
Non procul inde fugam trepidi celerare; recepto
Supplice, sic merito; tacitique incidere funem ;
Verrimus et proni certantibus æquora remis.
Sensit, et ad sonitum vocis vestigia torsit :
Verum ubi nulla datur dextra adfectare potestas,   670
Nec potis Ionios fluctus æquare sequendo,
Clamorem immensum tollit : quo pontus, et omnes
Intremuere undæ, penitusque exterrita tellus
Italiæ, curvisque immugiit Ætna cavernis.
At genus e silvis Cyclopum et montibus altis      675
Excitum ruit ad portus, et litora complent.
Cernimus adstantis nequidquam lumine torvo
Ætnæos fratres, cœlo capita alta ferentis,
Concilium horrendum : quales cum vertice celso
Aeriæ quercus, aut coniferæ cyparissi             680
Constiterunt, silva alta Jovis, lucusve Dianæ.
Præcipites metus acer agit quocumque rudentis
Excutere, et ventis intendere vela secundis.
Contra jussa monent Heleni, Scyllam atque Charybdim
Inter utramque viam, leti discrimine parvo,        685
Ni teneant cursus : certum est dare lintea retro.
Ecce autem Boreas angusta ab sede Pelori
Missus adest. Vivo prætervehor ostia saxo
Pantagiæ, Megarosque sinus, Thapsumque jacentem.
Talia monstrabat relegens errata retrorsum        690
```

« Dans le golfe de Sicile, en face de l'orageux Plemmyre, est une île que ses premiers habitants ont appelée Ortygie. On dit que l'Alphée qui arrose les champs d'Élide a poussé secrètement sa course sous les mers; l'Alphée qui maintenant, ô Aréthuse, confond avec les eaux de ta source ses ondes siciliennes. Nous adorons (ainsi l'ordonne Anchise) les puissances suprêmes de ces lieux, et bientôt je passe les vallons que le fleuve Hélore engraisse de ses eaux stagnantes. Nous rasons les pics allongés de Pachynum et ses rochers qui s'avancent dans les flots. De loin nous apparaissent, et Camarine à qui les destins ont défendu de déplacer ses fondements, et les campagnes qu'arrose le Gélas, et Géla, ville immense à qui le fleuve a donné son nom. La haute Acragas étale à nos yeux dans le lointain ses murailles prodigieuses; Acragas, autrefois la cité nourricière des coursiers magnanimes. Le vent s'élève, et je te passe à ton tour, terre des palmiers, heureuse Sélinunte, et vous, durs écueils de Lilybée, piéges invisibles des mers. Enfin Drépane me reçoit dans son port, et sur son triste rivage : là, battu par tant de rudes tempêtes, je perds, hélas ! ma seule consolation dans mes maux, mon vieux père Anchise. Oui, c'est là que tu me quittes, à ce premier terme de mes fatigues, ô toi le meilleur des pères, toi que j'avais en vain arraché à de si grands périls. Ni Hélénus, qui m'avait prédit tant d'effroyables coups, ni la cruelle Céléno, ne m'avaient annoncé le plus cruel de tous. Là cessaient mes travaux ; j'avais atteint le terme de mes longues courses. C'était de là que je faisais voile vers l'Italie, quand un dieu, grande reine, m'a porté sur vos rivages.

C'est ainsi qu'Énée, au milieu des Tyriens attentifs, seul élevant la voix, racontait ses destinées et ses courses vagabondes. Enfin il se tut, et suspendit là son récit.

LIVRE IV.

Cependant la reine, déjà atteinte d'un mal profond, nourrit dans ses veines une cuisante blessure, et est dévorée d'un feu secret. L'insigne valeur du héros, la noblesse de sa race lui reviennent sans cesse à l'esprit; ses traits, ses paroles sont restés empreints dans son cœur; et sa passion ne lui laisse pas goûter le doux sommeil. Le lendemain, l'Aurore avait à peine éclairé la terre des premiers feux de Phébus et chassé des cieux l'ombre humide, que Didon aborde sa sœur, sa sœur qui n'a qu'une âme avec elle, et dans son égarement lui parle ainsi : « Anna, ma « sœur, quelles insomnies m'inquiètent et m'é- « pouvantent! Quel est cet étranger nouvelle- « ment arrivé dans nos demeures? Qu'il a l'air « noble! quel cœur intrépide! quelle valeur dans « les combats! Oui, je crois, et ce n'est point « une vaine idée, qu'il est du sang des dieux : « la peur trahit les âmes dégénérées. Hélas! qu'il « a été agité par les destins! quelles guerres il « nous racontait! qu'il a épuisé de travaux! Si je « n'avais pas formé dans mon cœur la ferme et « immuable résolution de ne plus m'engager dans « le lien conjugal, depuis que la mort a trompé

Litora Achemenides, comes infelicis Ulixi.
  Sicanio prætenta sinu jacet insula contra
Plemmyrium undosum : nomen dixere priores
Ortygiam. Alpheum fama est huc Elidis amnem
Occultas egisse vias subter mare : qui nunc   695
Ore, Arethusa, tuo Siculis confunditur undis.
Jussi numina magna loci veneramur, et inde
Exsupero præpingue solum stagnantis Helori.
Hinc altas cautes projectaque saxa Pachyni
Radimus; et fatis nunquam concessa moveri   700
Adparet Camarina procul, campique Geloi,
Immanisque Gela fluvii cognomine dicta.
Arduus inde Acragas ostentat maxima longe
Mœnia, magnanimum quondam generator equorum.
Teque datis linquo ventis, palmosa Selinus ;   705
Et vada dura lego saxis Lilybeia cæcis.
Hinc Drepani me portus et inlætabilis ora
Adcipit. Hic, pelagi tot tempestatibus actus,
Heu genitorem, omnis curæ casusque levamen,
Amitto Anchisen. Hic me, pater optime, fessum 710
Deseris, heu, tantis nequidquam erepte periclis!
Nec vates Helenus, quum multa horrenda moneret,
Hos mihi prædixit luctus, non dira Celæno.
Hic labor extremus, longarum hæc meta viarum.
Hinc me digressum vestris deus adpulit oris.   715

Sic pater Æneas, intentis omnibus, unus
Fata renarrabat divom', cursusque docebat.
Conticuit tandem, factoque hic fine quievit.

LIBER QUARTUS.

At regina gravi jam dudum saucia cura
Volnus alit venis, et cæco carpitur igni.
Multa viri virtus animo, multusque recursat
Gentis honos; hærent infixi pectore voltus,
Verbaque; nec placidam membris dat cura quietem.   5
Postera Phœbea lustrabat lampade terras,
Humentemque Aurora polo dimoverat umbram ;
Quum sic unanimam adloquitur male sana sororem :
Anna soror, quæ me suspensam insomnia terrent!
Quis novus hic nostris successit sedibus hospes!   10
Quem sese ore ferens! quam forti pectore, et armis!
Credo equidem, nec vana fides, genus esse deorum.
Degeneres animos timor arguit. Heu, quibus ille
Jactatus fatis! quæ bella exhausta canebat!
Si mihi non animo fixum immotumque sederet,   15
Ne cui me vinclo vellem sociare jugali,
Postquam primus amor deceptam morte fefellit :
Si non pertæsum thalami tædæque fuisset :
Huic uni forsan potui succumbere culpæ.
Anna ; fatebor enim ; miseri post fata Sychæi,

« mon premier amour; si je n'avais pris en dé-
« goût le lit nuptial et les torches de l'hymen,
« peut-être aurais-je succombé à cette seule fai-
« blesse. Anna, te l'avouerai-je? après les des-
« tins malheureux de mon époux Sichée, et de-
« puis qu'immolé par la main d'un frère il a ar-
« rosé nos pénates de son sang, cet étranger seul
« a fléchi ma vertu et ébranlé mon âme chance-
« lante : je reconnais la trace de mes anciens
« feux. Mais que la terre s'entr'ouvre sous mes
« pas, que le père tout-puissant des dieux, lan-
« çant sa foudre, me précipite dans le séjour des
« ombres, des pâles ombres de l'Érèbe et dans sa
« nuit profonde, avant que je te profane, ô Pu-
« deur, ou que je viole tes saintes lois! Le pre-
« mier à qui je fus unie a emporté mes amours
« dans la tombe; qu'elles y restent avec lui et
« qu'il les conserve à jamais! » Elle dit, et des
torrents de larmes inondèrent son sein.

Anna lui répondit : « Ma sœur, toi qui m'es
« plus chère que la lumière du jour, seras-tu la
« seule à te consumer dans les ennuis d'une jeu-
« nesse éternelle? Veux-tu ne jamais connaître ni
« la douceur d'être mère ni les faveurs de Vénus?
« Crois-tu qu'une froide cendre et des mânes en-
« sevelis soient touchés de cette constance? Je
« veux que jusqu'à présent aucun de ceux qui
« ont brigué ta main n'ait pu fléchir ton triste
« cœur; tu as dédaigné en Libye Iarbas, déjà re-
« poussé à Tyr, et tant d'autres chefs illustres
« que nourrit l'Afrique, cette terre féconde en
« trophées : vas-tu combattre encore un amour
« qui te plaît? Et ne regardes-tu pas dans quelle
« contrée tu es venue t'établir? Ici les Gétules,
« peuples indomptables à la guerre, et les Numi-
« des aux coursiers sans frein t'environnent, et
« tu es bornée par les Syrtes inaccessibles; là
« s'étendent des déserts que la soif dévore, et les
« Barcéens qui répandent au loin leurs fureurs.
« Te dirai-je les guerres qui s'élèvent dans Tyr
« contre toi, et les menaces de ton frère? Oui,
« c'est sous les auspices des dieux et par la faveur
« de Junon que les vents ont poussé sur ces ri-
« vages les vaisseaux d'Ilion. Quelle ville, ô ma
« sœur, tu verras s'élever, quel empire s'accroître
« par cet hymen! Soutenue des armes troyennes,
« à quel degré de splendeur ne va pas monter la
« fortune de Carthage! Toi seulement implore la
« bonté des dieux; apaise-les par des sacrifices;
« livre-toi aux soins de l'hospitalité; et de jour
« en jour inventant des prétextes, retiens tes
« hôtes tandis que la tempête et le pluvieux
« Orion se déchaînent sur les mers, que leurs
« vaisseaux sont fracassés, et que le ciel est intrai-
« table. » Par ce discours elle enflamma ce cœur
déjà brûlant d'amour, rendit l'espérance à cette
âme encore tremblante, et la délia de la pudeur.

Elles vont donc l'une et l'autre dans les temples des dieux, et implorent leur bonté au pied
des autels : elles immolent, suivant l'usage, des
brebis choisies à Cérès législatrice, à Apollon et
à Bacchus, à Junon surtout, qui préside aux
nœuds de l'hyménée. Tenant une coupe à la
main, la belle Didon elle-même la répand entre
les deux cornes d'une génisse blanche, ou, à la
face des dieux, elle marche à grands pas autour
des gras autels, renouvelle chaque jour ses offrandes, et, penchée sur les flancs ouverts des
victimes, elle interroge d'un œil avide leurs fibres palpitantes. O vaine science des devins!

Conjugis, et sparsos fraterna cæde Penatis,
Solus hic inflexit sensus, animumque labantem
Impulit. Adgnosco veteris vestigia flammæ.
Sed mihi vel tellus optem prius ima dehiscat,
Vel Pater omnipotens adigat me fulmine ad umbras, 25
Pallentis umbras Erebi, noctemque profundam,
Ante, Pudor, quam te violo, aut tua jura resolvo.
Ille meos, primus qui me sibi junxit amores
Abstulit; ille habeat secum servetque sepulcro.
Sic effata sinum lacrimis implevit obortis. 30
  Anna refert : O luce magis dilecta sorori,
Solane perpetua mœrens carpere juventa?
Nec dulcis natos, Veneris nec præmia noris?
Id cinerem aut Manis credis curare sepultos?
Esto : ægram nulli quondam flexere mariti; 35
Non Libyæ, non ante Tyro; despectus Iarbas,
Ductoresque alii, quos Africa terra triumphis
Dives alit : placitone etiam pugnabis amori?
Nec venit in mentem, quorum consederis arvis?
Hinc Gætulæ urbes, genus insuperabile bello, 40
Et Numidæ infreni cingunt, et inhospita Syrtis;
Hinc deserta siti regio, lateque furentes
Barcæi. Quid bella Tyro surgentia dicam,
Germanique minas?
Dis equidem auspicibus reor et Junone secunda 45
Hunc cursum Iliacas vento tenuisse carinas.
Quam tu urbem, soror, hanc cernes! quæ surgere regna
Conjugio tali! Teucrum comitantibus armis,
Punica se quantis adtollet gloria rebus!
Tu modo posce deos veniam, sacrisque litatis 50
Indulge hospitio, caussasque innecte morandi :
Dum pelago desævit hiems, et aquosus Orion,
Quassatæque rates, dum non tractabile cœlum.
His dictis incensum animum inflammavit amore,
Spemque dedit dubiæ menti, solvitque pudorem. 55
  Principio delubra adeunt, pacemque per aras
Exquirunt; mactant lectas de more bidentis
Legiferæ Cereri, Phœboque, patrique Lyæo;
Junoni ante omnis, cui vincla jugalia curæ.
Ipsa, tenens dextra pateram, pulcherrima Dido, 60
Candentis vaccæ media inter cornua fundit;
Aut ante ora deom pinguis spatiatur ad aras,
Instauratque diem donis, pecudumque reclusis
Pectoribus inhians spirantia consulit exta.
Heu vatum ignaræ mentes! quid vota furentem, 65
Quid delubra juvant? Est mollis flamma medullas

Que servent les vœux et les autels contre les fureurs de l'amour? Tandis qu'elle prie les dieux, une douce flamme consume ses os, et dans son cœur s'entretient une vive et secrète blessure. La malheureuse Didon brûle de tous les feux de l'amour : furieuse, elle erre çà et là dans la ville : telle une biche surprise dans les bois de Crète, et qu'un berger a percée de loin avec ses flèches ; il a laissé sans le savoir le fer ailé dans la blessure ; l'animal fuit à travers les forêts, et franchit les pâturages de Dictée ; mais le trait mortel reste attaché à ses flancs. La reine conduit Énée vers les remparts de la ville, lui montre avec orgueil les richesses rapportées de Sidon, et cette cité toute prête à s'élever. Elle commence à lui parler, et tout à coup elle s'interrompt : quand vient le soir, elle le rappelle encore à de nouveaux festins ; et, dans sa folle envie de l'entendre raconter les malheurs d'Ilion, elle les lui redemande sans cesse, et sans cesse est suspendue aux lèvres du héros. Quand l'heure est venue où ils se séparent, quand la lune plus sombre voile sa lumière et que les astres tombants les invitent enfin au sommeil, elle, triste et abandonnée, reste dans son palais solitaire, se couche sur le lit où le héros s'est reposé ; absent, elle l'entend ; absent, elle le voit encore. Quelquefois elle retient Ascagne sur son sein, charmée par la ressemblance paternelle, et tâche de tromper ainsi son malheureux amour. Les tours commencées ne s'élèvent plus ; la jeunesse ne s'exerce plus aux armes ; elle cesse de creuser les ports, de préparer les fortifications pour la guerre : tous les ouvrages restent suspendus ; et dans les airs s'arrêtent inachevées et menaçantes les hautes murailles, et les machines qui vont toucher les nues.

Dès que Junon, la chère épouse de Jupiter, a senti que Didon est atteinte d'un mal incurable, et que le soin de sa renommée n'arrête plus ses fureurs, elle aborde Vénus, et lui parle ainsi : « La belle victoire en vérité pour vous et pour « votre fils, le magnifique trophée, le grand et « insigne honneur pour deux divinités puissan- « tes, que vaincre par la ruse une faible mor- « telle ! Je sais que vous redoutez nos nouvelles « murailles, et que les palais de ma superbe Car- « thage ont excité vos soupçons jaloux. Mais « quand finiront vos alarmes? que nous revient- « il aujourd'hui de nos grandes querelles? que « ne concluons-nous plutôt une paix éternelle, « cimentée par un hymen? vous avez maintenant « ce que vous avez désiré de toutes vos forces : « Didon brûle d'amour, et attise la flamme qui « consume ses veines. Gouvernons désormais « les deux peuples confondus et réunis sous les « mêmes auspices : consentez que Didon se sou- « mette à un époux phrygien, et que les Tyriens « soient la dot qu'il reçoive de vos mains. »
Vénus sentit l'artifice de Junon, qui ne parlait ainsi que pour écarter de l'Italie et fixer sur les rivages libyens l'empire promis à son fils : « Qui serait assez insensé, lui répondit-elle, pour « repousser de telles offres, et pour aimer mieux « engager la lutte avec vous? Sachons seulement « si la fortune fera réussir les projets que vous « me proposez. Mais un doute fatal m'agite, et je « ne sais si Jupiter voudra permettre que les « Tyriens et les exilés de Troie aient une même « ville, que les deux peuples se mêlent et s'al- « lient l'un à l'autre. Vous êtes son épouse ; vous « seule pouvez essayer de gagner son cœur. Mar- « chez, je vous suis. »

Interea, et tacitum vivit sub pectore volnus.
Uritur infelix Dido, totaque vagatur
Urbe furens : qualis conjecta cerva sagitta,
Quam procul incautam nemora inter Cresia fixit   70
Pastor agens telis ; liquitque volatile ferrum
Nescius ; illa fuga silvas saltusque peragrat
Dictæos ; hæret lateri letalis arundo.
Nunc media Æneam secum per mœnia ducit,
Sidoniasque ostentat opes, urbemque paratam ;   75
Incipit effari, mediaque in voce resistit.
Nunc eadem labente die, convivia quærit,
Iliacosque iterum demens audire labores
Exposcit, pendetque iterum narrantis ab ore.
Post, ubi digressi, lumenque obscura vicissim   80
Luna premit, suadentque cadentia sidera somnos,
Sola domo mœret vacua, stratisque relictis
Incubat. Illum absens absentem auditque videtque.
Aut gremio Ascanium, genitoris imagine capta,
Detinet, infandum si fallere possit amorem.   85
Non cœptæ adsurgunt turres ; non arma juventus
Exercet ; portusve aut propugnacula bello
Tuta parant : pendent opera interrupta, minæque
Murorum ingentes, æquataque machina cœlo.
  Quam simul ac tali persensit peste teneri   90
Cara Jovis conjunx, nec famam obstare furori ;
Talibus adgreditur Venerem Saturnia dictis :
Egregiam vero laudem et spolia ampla refertis
Tuque puerque tuus ; magnum et memorabile numen,
Una dolo divom si femina victa duorum est.   95
Nec me adeo fallit, veritam te mœnia nostra,
Suspectas habuisse domos Carthaginis altæ.
Sed quis erit modus? aut quo nunc certamina tanta?
Quin potius pacem æternam pactosque hymenæos
Exercemus? habes, tota quod mente petisti :   100
Ardet amans Dido, traxitque per ossa furorem.
Communem hunc ergo populum, paribusque regamus
Auspiciis, liceat Phrygio servire marito,
Dotalisque tuæ Tyrios permittere dextræ.
  Olli (sensit enim simulata mente locutam,   105
Quo regnum Italiæ Libycas averteret oras)
Sic contra est ingressa Venus : Quis talia demens
Abnuat, aut tecum malit contendere bello?
Si modo, quod memoras, factum fortuna sequatur
Sed fatis incerta feror, si Juppiter unam   110

Junon reprit en ces termes : « Ce soin me regarde : maintenant je vais vous dire en peu de mots le moyen que j'ai imaginé pour hâter la fin de cet heureux événement. Énée et la malheureuse Didon doivent aller ensemble dans la forêt pour y chasser, dès que Phébus aura montré son front matinal à la terre, et l'aura illuminée de ses rayons naissants. Là, tandis qu'en tumulte on déploiera les filets, et que les forêts seront assiégées par la troupe des chasseurs, je ferai s'épancher sur eux du haut des airs un nuage noir mêlé de grêle, et j'ébranlerai tout le ciel par les éclats du tonnerre. Les chasseurs se disperseront, enveloppés d'une nuit épaisse. Didon et le chef des Troyens iront ensemble se réfugier dans la même grotte. J'y serai présente; et si je suis assurée de votre volonté, j'unirai Didon à Énée par des nœuds durables, et je la lui donnerai pour épouse. Le dieu Hyménée sera là. » La déesse de Cythère ne refusa pas à Junon ce qu'elle demandait ; elle comprit la ruse, et en sourit.

Cependant l'Aurore se levant quittait le sein de l'Océan, et allumait le flambeau du jour, quand l'élite de la jeunesse tyrienne sortit des portes de Carthage. Les filets, les toiles, les épieux garnis d'un large fer, tout est prêt ; les cavaliers massyliens se précipitent, et avec eux la meute des chiens ardente à flairer sa proie. La reine, qui tarde à sortir de son palais, est attendue par les grands de Carthage. Son coursier tout brillant de pourpre et d'or est là qui, fier et impatient, ronge son frein écumant. Enfin elle paraît, environnée d'une nombreuse escorte : sa chlamyde de Tyr est bordée d'une frange aux mille couleurs ; son carquois est d'or ; l'or retient ses cheveux assemblés ; une agrafe d'or soutient les plis ramassés de son manteau de pourpre. Autour d'elle s'avancent les Phrygiens, et Ascagne tout joyeux : le plus beau d'eux tous, Énée se porte à la rencontre de la reine, et se joint à l'escorte. Tel Apollon, quand il quitte la Lycie que l'hiver a glacée, et les rives du Xanthe, et qu'il va revoir Délos son île maternelle, y recommence ses chœurs sacrés : confondus autour de ses autels, les Crétois, les Dryopes, et les Agathyrses qui se peignent le corps, dansent en frémissant : le dieu marche à grands pas sur les cimes du Cynthe ; une branche de laurier presse mollement sa chevelure flottante, où l'or s'entrelace ; ses flèches retentissent sur ses épaules. Tel et aussi agile marchait Énée ; ainsi brille la grâce répandue sur son noble visage. Lorsqu'on eut atteint les hautes montagnes et pénétré dans les inaccessibles retraites des bois, voici que, précipitées de la crête des rochers, les biches courent le long des pentes : d'un autre côté les cerfs, abandonnant les hauteurs, traversent d'une course légère les vastes plaines, et ramassent en fuyant leurs escadrons poudreux. Le jeune Ascagne, charmé du vif coursier qu'il monte, vole à travers les vallées, et devance tantôt les uns, tantôt les autres : il voudrait, dans son ardeur, voir venir à lui, au milieu de ces timides troupeaux, un sanglier écumant, ou un lion à la fauve crinière descendre de la montagne.

Esse velit Tyriis urbem Trojaque profectis,
Miscerive probet populos, aut fœdera jungi.
Tu conjunx ; tibi fas animum tentare precando.
Perge ; sequar. Tum sic excepit regia Juno :
Mecum erit iste labor. Nunc qua ratione, quod instat,
Confieri possit, paucis, adverte, docebo. 116
Venatum Æneas, unaque miserrima Dido
In nemus ire parant, ubi primos crastinus ortus
Extulerit Titan, radiisque retexerit orbem.
His ego nigrantem commixta grandine nimbum, 120
Dum trepidant alæ, saltusque indagine cingunt,
Desuper infundam, et tonitru cœlum omne ciebo.
Diffugient comites, et nocte tegentur opaca.
Speluncam Dido, dux et Trojanus eamdem
Devenient : adero, et, tua si mihi certa voluntas, 125
Connubio jungam stabili, propriamque dicabo.
Hic Hymenæus erit. Non adversata petenti
Adnuit, atque dolis risit Cytherea repertis.
Oceanum interea surgens Aurora relinquit.
It portis jubare exorto delecta juventus, 130
Retia rara, plagæ, lato venabula ferro,
Massylique ruunt equites, et odora canum vis.
Reginam thalamo cunctantem ad limina primi
Pœnorum exspectant ; ostroque insignis et auro
Stat sonipes, ac frena ferox spumantia mandit. 135
Tandem progreditur, magna stipante caterva,
Sidoniam picto chlamydem circumdata limbo :
Cui pharetra ex auro, crines nodantur in aurum,
Aurea purpuream subnectit fibula vestem.
Nec non et Phrygii comites, et lætus Iulus, 140
Incedunt. Ipse ante alios pulcherrimus omnis
Infert se socium Æneas, atque agmina jungit :
Qualis, ubi hibernam Lyciam Xanthique fluenta
Deserit, ac Delum maternam invisit Apollo,
Instauratque choros, mixtique altaria circum 145
Cretesque Dryopesque fremunt pictique Agathyrsi ;
Ipse jugis Cynthi graditur, mollique fluentem
Fronde premit crinem fingens, atque implicat auro ;
Tela sonant humeris. Haud illo segnior ibat
Æneas ; tantum egregio decus enitet ore. 150
Postquam altos ventum in montis, atque invia lustra,
Ecce feræ, saxi dejectæ vertice, capræ
Decurrere jugis ; alia de parte patentis
Transmittunt cursu campos atque agmina cervi
Pulverulenta fuga glomerant, montisque relinquunt. 155
At puer Ascanius mediis in vallibus acri
Gaudet equo ; jamque hos cursu, jam præterit illos,
Spumantemque dari pecora inter inertia votis
Optat aprum, aut fulvum descendere monte leonem.
Interea magno misceri murmure cœlum 160

Cependant le ciel commence à retentir d'un effrayant murmure : un nuage éclate, mêlé de pluie et de grêle. Les Tyriens et la jeunesse Troyenne, et le petit-fils de Vénus, fuient de tous côtés à travers les campagnes, et dans leur frayeur cherchent des abris : des torrents s'élancent du haut des monts. Didon et le chef des Troyens se retirent dans la même grotte : la Terre la première et Junon donnent le signal ; les feux du ciel étincelèrent ; l'Éther s'enflamma, complice de l'Hymen ; et les nymphes en hurlèrent sur le sommet des montagnes. Ce jour fut pour Didon le commencement de sa mort, et le premier de ses jours infortunés. Maintenant rien ne la touche, ni la décence ni l'honneur ; ce n'est plus un amour secret qu'elle prétend cacher ; elle l'appelle un hymen, elle couvre de ce nom sa déplorable faiblesse.

Aussitôt la Renommée va parcourant les grandes villes de la Libye ; la Renommée, le plus rapide de tous les maux. La mobilité est sa vie, et elle acquiert des forces en courant. D'abord petite et timide, elle grandit et s'élève dans les airs ; elle chemine sur la terre, et cache sa tête dans les nues. La Terre, irritée contre les dieux, l'enfanta, dit-on, la dernière ; elle est la sœur des géants Cée et Encelade, aussi rapide des pieds que de l'aile. C'est un monstre horrible, immense, le corps couvert de plumes, et qui sous chacune d'elles a des yeux toujours ouverts, une bouche et une langue toujours retentissantes, des oreilles toujours dressées. La nuit, il vole à travers les cieux, et déploie ses ailes bruyantes au milieu des ombres de la terre ; jamais le doux sommeil n'abaisse ses paupières. Le jour, il s'assied, sentinelle immobile, sur le toit des hautes maisons ou sur les tours élevées, et de là il jette l'épouvante dans les grandes villes, aussi ferme à tenir pour le mensonge et la calomnie, qu'à répandre la vérité. Alors l'affreuse déesse semait avec joie mille bruits divers parmi les peuples, disant tout à la fois et ce qui était et ce qui n'était pas. Elle allait publiant qu'Énée, issu du sang troyen, était arrivé sur la terre d'Afrique, et que la belle Didon ne dédaignait pas de s'unir à lui ; qu'ils passaient tous deux le long hiver dans la mollesse et les délices, oubliant leurs empires, et épris l'un pour l'autre d'une indigne passion. Voilà ce que l'odieuse déesse répandait çà et là dans toutes les bouches. Aussitôt elle prend son vol vers le roi Iarbas, enflamme son cœur par ses discours envenimés, et y amasse tous les orages de la colère.

Fils de Jupiter Hammon et d'une nymphe du pays des Garamantes enlevée par le dieu, il avait élevé dans ses vastes États cent temples magnifiques au maître de l'Olympe, et cent autels où des feux nuit et jour allumés veillaient éternellement en l'honneur des dieux ; le sang des grasses victimes y ruisselait sur les parvis, et les portes étaient couronnées de guirlandes toujours fleuries. On dit que, furieux et enflammé par le cruel récit des nouvelles amours de Didon, Iarbas, au milieu même des autels des dieux, exhala suppliant, et les mains levées vers Jupiter, ces plaintes insensées : « Dieu tout-puissant, à qui la na-
« tion des Maures, dans ses festins et sur ses lits
« aux mille couleurs, ne cesse de faire de pieuses

Incipit. Insequitur commixta grandine nimbus.
Et Tyrii comites passim, et Trojana juventus,
Dardaniusque nepos Veneris, diversa per agros
Tecta metu petiere. Ruunt de montibus amnes.
Speluncam Dido dux et Trojanus eamdem 165
Deveniunt. Prima et Tellus et pronuba Juno
Dant signum : fulsere ignes, et conscius æther
Connubiis ; summoque ululârunt vertice Nymphæ.
Ille dies primus leti primusque malorum
Caussa fuit. Neque enim specie famave movetur, 170
Nec jam furtivum Dido meditatur amorem :
Conjugium vocat ; hoc prætexit nomine culpam.
Extemplo Libyæ magnas it Fama per urbis :
Fama malum, quo non aliud velocius ullum ;
Mobilitate viget, viresque adquirit eundo ; 175
Parva metu primo ; mox sese adtollit in auras,
Ingrediturque solo, et caput inter nubila condit.
Illam Terra parens, ira irritata deorum,
Extremam, ut perhibent, Cœo Enceladoque sororem
Progenuit, pedibus celerem, et pernicibus alis ; 180
Monstrum horrendum, ingens, cui, quot sunt corpore plu-
Tot vigiles oculi subter, mirabile dictu, [mæ,
Tot linguæ, totidem ora sonant, tot subrigit auris.

Nocte volat cœli medio terræque, per umbram
Stridens, nec dulci declinat lumina somno. 185
Luce sedet custos, aut summi culmine tecti,
Turribus aut altis, et magnas territat urbis ;
Tam ficti pravique tenax, quam nuntia veri.
Hæc tum multiplici populos sermone replebat
Gaudens, et pariter facta atque infecta canebat : 190
Venisse Æneam, Trojano a sanguine cretum,
Cui se pulchra viro dignetur jungere Dido ;
Nunc hiemem inter se luxu, quam longa, fovere
Regnorum inmemores, turpique cupidine captos.
Hæc passim dea fœda virum diffundit in ora : 195
Protinus ad regem cursus detorquet Iarban,
Incenditque animum dictis, atque aggerat iras.
Hic Hammone satus, rapta Garamantide Nympha,
Templa Jovi centum latis immania regnis,
Centum aras posuit ; vigilemque sacraverat ignem, 200
Excubias divom æternas ; pecudumque cruore
Pingue solum, et variis florentia limina sertis.
Isque amens animi, et rumore adcensus amaro,
Dicitur ante aras, media inter numina divom,
Multa Jovem manibus supplex orasse supinis : 205
Juppiter omnipotens, cui nunc Maurusia pictis

« libations, peux-tu voir et souffrir mon injure ?
« Est-ce donc en vain, ô mon père, que nous
« frissonnons d'horreur, lorsque tu lances ta
« foudre ? Est-ce en vain que ces feux cachés
« dans la nue épouvantent les cœurs des mortels ?
« et ton tonnerre n'a-t-il que de vains murmures ?
« Une femme, une étrangère, errante sur les
« frontières de mon empire, y bâtit à prix d'or
« une petite ville, et vient pour défricher ce ri-
« vage aride ; je lui donne et lui mesure la terre
« qu'elle possède : et c'est elle qui rejette ma
« main, elle qui reçoit Énée dans son royaume et
« l'en fait maître ! Et maintenant ce Pâris, avec
« son cortège de femmes, avec sa mitre lydienne
« et sa chevelure tout humide de parfums, jouit,
« en ravisseur qu'il est, de sa conquête. Et moi,
« qui charge tes temples de mes offrandes, je n'ai
« donc plus qu'une vaine idée de ta puissance. »

Ainsi priait Iarbas, et il tenait les autels embrassés : le dieu tout-puissant l'entendit, et,
tournant ses regards vers les murs de Carthage,
il voit ces deux amants qui y languissent dans
l'oubli d'une meilleure renommée. Aussitôt il
parle à Mercure, et lui dit : « Va, cours, mon fils,
« appelle les zéphyrs, et, les ailes déployées, vole
« vers la terre. Le chef des Troyens se laisse re-
« tenir dans la ville tyrienne, et ne songe plus à
« l'empire que lui assurent les destins : aborde-
« le, et porte-lui mes ordres à travers les airs ra-
« pides. Dis-lui qu'il n'est pas le héros que nous
« avait promis la belle Vénus sa mère, et que ce
« n'est pas pour d'aussi tristes destins qu'elle l'a
« deux fois préservé du fer des Grecs. Digne re-
« jeton du sang de Teucer, il devait être cet illus-
« tre mortel qui gouvernerait un jour l'Italie
« chargée de tant d'empires et toute frémissante
« de guerre, et qui rangerait l'univers entier sous
« ses lois. Si des destinées si hautes n'enflamment
« pas son cœur, et s'il ne soutient pas lui-même
« ce laborieux ouvrage de sa grandeur, pourquoi,
« père injuste, envierait-il à son fils Ascagne la
« gloire d'élever les remparts de Rome ? Que pré-
« tend-il ? Quelles espérances le retiennent au
« milieu d'une nation ennemie ? Et ne regarde-
« t-il plus dans l'avenir sa postérité ausonienne
« et les champs de Lavinium ? Qu'il s'embarque,
« je le veux ; va le lui annoncer. »

Il dit, et Mercure se prépare à obéir aux ordres
du père tout-puissant des dieux : il attache à ses
pieds ses brodequins d'or, dont les ailes le soutiennent au haut des airs, et le portent, rapide
comme les vents, au-dessus de la terre et des
mers. Il prend sa baguette puissante ; avec elle
tantôt il évoque les pâles ombres de l'Orcus, tantôt
il envoie vers le sombre Tartare les âmes des mortels ; avec elle il donne et ôte le sommeil, et ouvre
les yeux que la mort a fermés : c'est elle qui
l'aide à pousser les vents, à traverser les nuées
orageuses. Il vole, et déjà il découvre la cime et
les flancs sourcilleux de l'Atlas, du dur Atlas qui
soutient le fardeau des cieux, et dont la tête, environnée de nuages noirs et couronnée de pins est
incessamment battue des vents et des orages. Les
épaules du vieillard sont couvertes de neiges
amoncelées ; de son menton se précipitent des
fleuves, et sa barbe, roidie par les frimas, est
toute hérissée de glaçons. Là le dieu, se balançant sur ses ailes immobiles, s'arrête, et d'un

Gens epulata toris Lenæum libat honorem,
Adspicis hæc ? An te, genitor, quum fulmina torques,
Nequidquam horremus ? cæcique in nubibus ignes
Terrificant animos, et inania murmura miscent?   210
Femina, quæ nostris errans in finibus, urbem
Exiguam pretio posuit, cui litus arandum,
Cuique loci leges dedimus, connubia nostra
Reppulit, ac dominum Æneam in regna recepit.
Et nunc ille Paris, cum semiviro comitatu,   215
Mæonia mentum mitra, crinemque madentem
Subnixus, rapto potitur : nos munera templis
Quippe tuis ferimus, famamque fovemus inanem.
  Talibus orantem dictis, arasque tenentem,
Audiit omnipotens, oculosque ad mœnia torsit   220
Regia, et oblitos famæ melioris amantis.
Tum sic Mercurium adloquitur, ac talia mandat :
Vade age, nate, voca Zephyros, et labere pennis,
Dardaniumque ducem, Tyria Carthagine qui nunc
Exspectat, fatisque datas non respicit urbis,   225
Adloquere, et celeris defer mea dicta per auras.
Non illum nobis genetrix pulcherrima talem
Promisit, Graiumque ideo bis vindicat armis :
Sed fore, qui gravidam imperiis belloque frementem
Italiam regeret, genus alto a sanguine Teucri   230
Proderet, ac totum sub leges mitteret orbem.
Si nulla adcendit tantarum gloria rerum,
Nec super ipse sua molitur laude laborem :
Ascanione pater romanas invidet arces ?
Quid struit ? aut qua spe inimica in gente moratur ? 235
Nec prolem Ausoniam et Lavinia respicit arva ?
Naviget. Hæc summa est ; hic nostri nuntius esto.
  Dixerat. Ille magni parere parabat
Imperio ; et primum pedibus talaria nectit
Aurea : quæ sublimem alis, sive æquora supra,   240
Seu terram, rapido pariter cum flamine portant.
Tum virgam capit : hac animas ille evocat Orco
Pallentis ; alias sub Tartara tristia mittit ;
Dat somnos adimitque, et lumina morte resignat.
Illa fretus agit ventos, et turbida tranat   245
Nubila. Jamque volans apicem et latera ardua cernit
Atlantis duri, cœlum qui vertice fulcit ;
Atlantis, cinctum adsidue cui nubibus atris
Piniferum caput et vento pulsatur et imbri ;
Nix humeros infusa tegit ; tum flumina mento   250
Præcipitant senis, et glacie riget horrida barba.
Hic primum paribus nitens Cyllenius alis
Constitit : hinc toto præceps se corpore ad undas
Misit ; avi similis, quæ circum litora, circum

élan impétueux de tout son corps se précipite vers la mer, semblable à l'oiseau qui le long des rivages et des rochers poissonneux vole en rasant la surface des eaux. Ainsi volait entre la terre et les cieux le fils de Maïa, quittant les sommets d'Atlas, son aïeul maternel; ainsi il effleurait les rivages de la Libye et fendait les airs. A peine de ses pieds ailés a-t-il touché les humbles cabanes du pays de Carthage, qu'il aperçoit Énée posant les fondements des hautes murailles et des édifices de la nouvelle cité: il portait à son côté une épée sur laquelle brillait une étoile de jaspe; de ses épaules tombait un manteau tyrien étincelant des feux de la pourpre, ouvrage et présent de la riche Didon, et qu'elle-même avait tissu, l'entremêlant de filets d'or. Tout à coup le dieu l'aborde: « Eh quoi! tu poses les fonde-
« ments de la haute Carthage, et tu songes, es-
« clave et mari d'une étrangère, à lui bâtir une
« belle ville; et tu oublies ton empire et tes grandes
« destinées! Le roi des dieux, le maître du ciel
« et de la terre, m'envoie vers toi du haut du
« brillant Olympe, et veut que je te porte à tra-
« vers les espaces de l'air les ordres que voici:
« Que prétends-tu, Énée, et quel espoir te fait te
« consumer ainsi d'oisiveté sur la terre libyenne?
« Si tu n'es pas touché des magnifiques des-
« tinées qui t'attendent, et si tu n'entreprends
« rien toi-même pour ta propre gloire, songe au
« moins à ton fils Ascagne, à l'héritier de ta for-
« tune, à ses espérances grandissantes; souviens-
« toi que l'empire de l'Italie et la terre de Rome
« lui sont dus. »

A ces mots, le dieu se dérobe aux regards du faible mortel qui l'écoute encore, et disparaît au loin comme une vapeur légère.

Troublé de cette apparition, Énée reste interdit; ses cheveux se dressent d'horreur sur sa tête, et sa voix s'arrête sur ses lèvres. Frappé d'un si grand avis des dieux et de leur ordre absolu, il brûle de partir, et de quitter en fugitif ces doux lieux. Hélas! que faire? De quel air osera-t-il aborder une amante en fureur? par quel détour? que lui dire, et par où commencer? Mille projets partagent son âme irrésolue, l'entraînent en tous sens, l'agitent et le bouleversent. De désespoir enfin, il s'arrête à ce parti. Il fait appeler Mnesthée, Sergeste, et le brave Cloanthe: il leur dit d'équiper la flotte en silence, de préparer leurs armes, de rassembler leurs compagnons sur le rivage, et de leur cacher la cause de ces mouvements extraordinaires: lui, tandis que la trop confiante Didon ignore ses desseins et ne s'attend pas à ce qu'un si grand amour puisse se rompre, tentera près d'elle quelque accès, épiera les moments les plus propices pour lui parler, les voies les plus délicates pour l'amener à ses projets. Les Troyens obéissent à ses ordres avec joie, et sur-le-champ les exécutent.

Mais la reine (qui peut tromper une amante?) pressentit la ruse, et la première comprit les mouvements qui se préparaient autour d'elle: elle craint tout, et le calme de son propre cœur. Déjà ses fureurs se ravivent, quand la Renommée, la messagère impie de ses amours, vient lui apprendre qu'on arme la flotte, et qu'on se prépare à mettre à la voile. Alors elle éclate en

Piscosos scopulos, humilis volat æquora juxta.   255
Haud aliter terras inter cœlumque volabat;
Litus arenosum Libyæ ventosque secabat
Materno veniens ab avo Cyllenia proles.
Ut primum alatis tetigit magalia plantis:
Æneam fundantem arces ac tecta novantem   260
Conspicit; atque illi stellatus Iaspide fulva
Ensis erat, Tyrioque ardebat murice læna,
Demissa ex humeris; dives quæ munera Dido
Fecerat, et tenui telas discreverat auro.
Continuo invadit: Tu nunc Carthaginis altæ   265
Fundamenta locas, pulchramque uxorius urbem
Exstruis? heu regni rerumque oblite tuarum!
Ipse deum tibi me claro demittit Olympo
Regnator, cœlum et terras qui numine torquet;
Ipse hæc ferre jubet celeris mandata per auras: 270
Quid struis? aut qua spe Libycis teris otia terris?
Si te nulla movet tantarum gloria rerum,
Nec super ipse tua moliris laude laborem;
Ascanium surgentem, et spes heredis Iuli
Respice; cui regnum Italiæ Romanaque tellus   275
Debentur. Tali Cyllenius ore locutus
Mortalis visus medio sermone reliquit,
Et procul in tenuem ex oculis evanuit auram.
    At vero Æneas adspectu obmutuit amens,
Adrectæque horrore comæ, et vox faucibus hæsit.   280
Ardet abire fuga, dulcisque relinquere terras,
Adtonitus tanto monitu imperioque deorum.
Heu quid agat? quo nunc reginam ambire furentem
Audeat adfatu? quæ prima exordia sumat?
Atque animum nunc huc celerem, nunc dividit illuc,   285
In partisque rapit varias, perque omnia versat.
Hæc alternanti potior sententia visa est:
Mnesthea, Sergestumque vocat, fortemque Cloanthum;
Classem aptent taciti, sociosque ad litora cogant;
Arma parent, et quæ sit rebus caussa novandis,   290
Dissimulent; sese interea, quando optima Dido
Nesciat, et tantos rumpi non speret amores,
Tentaturum aditus, et quæ mollissima fandi
Tempora, quis rebus dexter modus. Ocius omnes
Imperio læti parent, ac jussa facessunt.   295
    At regina dolos (quis fallere possit amantem!)
Præsensit, motusque excepit prima futuros,
Omnia tuta timens: eadem impia Fama furenti
Detulit, armari classem, cursumque parari.
Sævit inops animi, totamque incensa per urbem   300

transports insensés, et, la colère l'enflammant, elle s'emporte à travers la ville. Telle la jeune bacchante s'émeut en préludant aux fêtes du dieu qui l'appelle; les saintes orgies l'enivrent; elle n'entend plus que les clameurs nocturnes du Cithéron. Enfin la reine va au-devant d'Énée, et lui parle ainsi :

« Perfide, as-tu bien cru pouvoir me cacher un « si grand crime, et t'évader en secret de mon « royaume? Ni mon amour, ni la foi que tu m'a- « vais donnée, ni la triste Didon qui n'a plus qu'à « mourir, ne peuvent t'arrêter. Cruel! et c'est par « un ciel d'hiver que ta flotte appareille, et qu'en « dépit des aquilons déchaînés tu te hâtes de « voguer vers la haute mer! Ah! quand tu n'i- « rais pas chercher dans de lointains climats « une patrie inconnue, quand même l'antique « Troie subsisterait encore, irais-tu chercher « Troie à travers les mers orageuses? Est-ce « moi que tu fuis? Par ces larmes que je ré- « pands, par cette main qui est la tienne, puis- « que je n'ai plus que cela, malheureuse! de « tout ce que j'avais, par nos amours, par no- « tre hymen commencé, si j'ai bien mérité de « toi en quelque chose, si quelque douceur t'est « revenue de moi, aie pitié de ma maison qui « tombe, si tu ne demeures! et je t'en conjure, si « tu es encore accessible à mes prières, renonce à « ce projet affreux. Pour toi je me suis rendue « odieuse aux nations de la Libye, aux rois « Nomades, et même à mes Tyriens; pour toi « j'ai perdu ma pudeur; j'ai perdu le seul bien « qui m'égalait aux dieux, ma renommée. A qui « vas-tu m'abandonner mourante, cher hôte, « puisque c'est le seul nom qui me reste de toi, « de toi que j'appelais mon époux? Que faire? « Attendrai-je que mon frère Pygmalion vienne « renverser mes murs, ou qu'il plaise au Gétule « Iarbas de m'emmener captive? Encore si avant « ta fuite tu me laissais quelque doux gage de no- « tre amour, s'il m'était né quelque enfant que « je visse grandir à ma cour, et qui me rappelât « seulement les traits de son père, je ne me « trouverais pas tout à fait captive et aban- « donnée. »

Elle dit. Énée, qu'enchaînent les ordres de Jupiter, tient ses regards immobiles, et s'efforce d'étouffer la douleur qui le surmonte. Enfin il répond en peu de mots : « Grande reine, tous les « bienfaits que vous me rappelez, je les reconnais, « et jamais ne les renierai; non, jamais je n'aurai « de peine à me souvenir de la noble Élise, tant « que je vivrai pour me souvenir, tant que mon « esprit animera ces membres. N'imaginez pas que « j'aie voulu fuir en cachette de vos États, et me « dérober à vous : jamais non plus je n'ai fait « briller à vos yeux les torches sacrées de l'hy- « men; jamais je n'ai engagé dans notre union « ma parole d'époux. Si les destins m'eussent « permis de disposer de mes jours, et d'ordon- « ner à mon gré des intérêts qui m'agitaient, « j'aurais d'abord gardé les chers débris de Troie « et les doux restes des miens; les hauts palais « de Priam seraient encore debout, et j'aurais « vu mon Ilion, relevé par mes mains, renaître « pour les vaincus. Mais aujourd'hui Apollon et « les oracles de Lycie m'ordonnent d'aller pren- « dre terre dans la grande Italie : là est ma nou-

Bacchatur; qualis commotis excita sacris
Thyias, ubi audito stimulant trieterica Baccho
Orgia, nocturnusque vocat clamore Cithæron.
Tandem his Ænean compellat vocibus ultro :
    Dissimulare etiam sperasti, perfide, tantum   305
Posse nefas? tacitusque mea decedere terra?
Nec te noster amor, nec te data dextera quondam,
Nec moritura tenet crudeli funere Dido?
Quin etiam hiberno moliris sidere classem,
Et mediis properas aquilonibus ire per altum,   310
Crudelis! Quid? si non arva aliena domosque
Ignotas peteres, et Troja antiqua maneret,
Troja per undosum peteretur classibus æquor!
Mene fugis? Per ego has lacrimas, dextramque tuam, te,
(Quando aliud mihi jam miseræ nihil ipsa reliqui)   315
Per connubia nostra, per inceptos hymenæos;
Si bene quid de te merui, fuit aut tibi quidquam
Dulce meum; miserere domus labentis, et istam,
Oro, si quis adhuc precibus locus, exue mentem.
Te propter, Libyæ gentes Nomadumque tyranni   320
Odere; infensi Tyrii; te propter eumdem
Exstinctus pudor, et, qua sola sidera adibam
Fama prior; cui me moribundam deseris, hospes?
Hoc solum nomen quoniam de conjuge restat.
Quid moror? an mea Pygmalion dum mœnia frater   325
Destruat, aut captam ducat Gætulus Iarbas?
Saltem si qua mihi de te suscepta fuisset
Ante fugam soboles; si quis mihi parvulus aula
Luderet Æneas, qui te tamen ore referret;
Non equidem omnino capta, ac deserta viderer.   330
Dixerat. Ille Jovis monitis immota tenebat
Lumina, et obnixus curam sub corde premebat.
Tandem pauca refert : Ego te, quæ plurima fando
Enumerare vales, nunquam, regina, negabo
Promeritam : nec me meminisse pigebit Elissæ;   335
Dum memor ipse mei, dum spiritus hos regit artus.
Pro re pauca loquar. Neque ego hanc abscondere furto
Speravi, ne finge, fugam; nec conjugis unquam
Prætendi tædas, aut hæc in fœdera veni.
Me si fata meis paterentur ducere vitam   340
Auspiciis, et sponte mea componere curas :
Urbem Trojanam primum dulcisque meorum
Reliquias colerem; Priami tecta alta manerent;
Et recidiva manu posuissem Pergama victis.
Sed nunc Italiam magnam Gryneus Apollo,   345
Italiam Lyciæ jussere capessere sortes.
Hic amor, hæc patria est. Si te Carthaginis arces
Phœnissam, Libycæque adspectus detinet urbis :

« velle patrie; je n'ai plus que celle-là que j'aime.
« Si votre Carthage, si la nouvelle cité libyenne
« vous charment et vous consolent de Tyr, pour-
« quoi envieriez-vous aux Troyens de s'aller
« fixer dans les champs de l'Ausonie? Exilés
« comme vous, il nous est permis de chercher
« un empire sur la terre étrangère. L'image lu-
« gubre de mon père Anchise, dès que la nuit
« enveloppe la terre de ses humides ombres, dès
« que se lèvent dans les cieux les astres en-
« flammés, m'avertit en songe, et me remplit
« d'épouvante : et je pense à mon fils Ascagne,
« à cette tête si chère que j'irais frustrer cruelle-
« ment de l'empire de l'Hespérie et des champs
« que les destins lui assurent. Aujourd'hui même,
« (j'en atteste et mon père et cet enfant) le
« messager des dieux, Mercure, envoyé par Ju-
« piter, est venu du haut des airs m'apporter ses
« ordres divins. Oui, j'ai vu le dieu lui-même dans
« son éblouissante lumière, je l'ai vu entrer dans
« ces murs, et sa voix tonne encore à mon oreille.
« Cessez donc, ô reine, d'irriter vos douleurs et
« les miennes par ces plaintes furieuses : je suis
« en Italie les destins qui m'y entraînent. »

Didon en l'écoutant détournait la tête d'horreur : enfin, roulant çà et là des yeux égarés,
elle le mesure tout entier de ses regards silencieux, et dans sa rage éclate ainsi : « Perfide,
« non, tu n'as pas eu pour mère une déesse; non,
« tu n'es pas du sang de Dardanus : l'affreux
« Caucase t'a enfanté dans ses plus durs ro-
« chers, et les tigresses de l'Hyrcanie t'ont donné
« leurs mamelles à sucer. Car qu'ai-je à dissi-
« muler? quelle plus grande injure ai-je à atten-
« dre de toi? Le barbare a-t-il gémi de mes
« douleurs? a-t-il seulement tourné vers moi les
« yeux? a-t-il pleuré, vaincu par mes larmes?
« a-t-il eu pitié de son amante? Qu'ai-je de pire
« à souffrir? Non, non, la puissante fille de
« Saturne et Jupiter lui-même ne voient pas d'un
« œil tranquille tant de perfidie. Il n'y a donc
« plus de bonne foi! L'ingrat! rejeté par les flots
« sur mon rivage, naufragé et misérable, je l'ai
« recueilli; j'ai voulu, insensée, qu'il eût une
« part de mon empire; sa flotte et ses compa-
« gnons étaient perdus; je les ai tirés du nau-
« frage et de la mort. Ah! toutes les Furies m'en-
« flamment et me transportent! Le voilà qui me
« parle d'Apollon, des oracles lyciens, du mes-
« sager des dieux, envoyé par Jupiter lui-même,
« et qui lui porte à travers les airs des ordres
« redoutables : comme si les dieux s'abaissaient
« à de pareils soins, comme si nos misères les
« troublaient dans leur repos! Va, je ne te re-
« tiens plus, je ne daigne pas te confondre.
« Pars, et que les vents te portent dans ton
« Italie; cherche ton empire à travers les ondes.
« Et moi j'espère, si les dieux justes ont quelque
« pouvoir, que, brisé contre les rochers, tu
« épuiseras tous les supplices, et que tu invo-
« queras souvent le nom d'Élise. Absente, je te
« poursuivrai de mes torches funèbres; et lors-
« que la froide mort aura séparé mon âme de mon
« corps, ombre importune je serai en tout lieu de-
« vant toi. Méchant, c'est toi-même qui me venge-
« ras; et jusque chez les sombres mânes mes oreilles
« seront réjouies par le bruit de tes malheurs. »

A ces mots qu'elle interrompt tout à coup,
et comme si elle fuyait la lumière importune, elle
s'échappe et se dérobe aux yeux d'Énée, qu'elle
laisse tremblant, interdit, et voulant, mais
en vain, lui répondre : elle tombe entre les

Quæ tandem, Ausonia Teucros considere terra,
Invidia est? Et nos fas extera quærere regna. 350
Me patris Anchisæ, quoties humentibus umbris
Nox operit terras, quoties astra ignea surgunt,
Admonet in somnis et turbida terret imago.
Me puer Ascanius, capitisque injuria cari,
Quem regno Hesperiæ fraudo et fatalibus arvis. 355
Nunc etiam interpres divom, Jove missus ab ipso,
(Testor utrumque caput) celeris mandata per auras
Detulit. Ipse deum manifesto in lumine vidi
Intrantem muros, vocemque his auribus hausi.
Desine meque tuis incendere teque querelis; 360
Italiam non sponte sequor.
   Talia dicentem jamdudum aversa tuetur,
Huc illuc volvens oculos, totumque pererrat
Luminibus tacitis, et sic accensa profatur :
Nec tibi diva parens, generis nec Dardanus auctor, 365
Perfide; sed duris genuit te cautibus horrens
Caucasus, Hyrcanæque admorunt ubera tigres.
Nam quid dissimulo? aut quæ me ad majora reservo?
Num fletu ingemuit nostro? num lumina flexit?
Num lacrimas victus dedit? aut miseratus amantem est? 370

Quæ quibus anteferam? Jam, jam nec maxuma Juno,
Nec Saturnius hæc oculis pater adspicit æquis.
Nusquam tuta fides : ejectum litore, egentem
Excepi, et regni demens in parte locavi;
Amissam classem, socios, a morte reduxi. 375
Heu Furiis incensa feror! Nunc augur Apollo,
Nunc Lyciæ sortes, nunc et Jove missus ab ipso
Interpres divom fert horrida jussa per auras.
Scilicet is Superis labor est; ea cura quietos
Sollicitat! Neque te teneo, neque dicta refello : 380
I, sequere Italiam ventis; pete regna per undas.
Spero equidem, mediis, si quid pia numina possunt,
Supplicia hausurum scopulis, et nomine Dido
Sæpe vocaturum : sequar atris ignibus absens;
Et, quum frigida mors anima seduxerit artus; 385
Omnibus umbra locis adero; dabis, improbe, pœnas :
Audiam; et hæc Manis veniet mihi fama sub imos.
His medium dictis sermonem abrumpit, et auras
Ægra fugit, seque ex oculis avertit et aufert;
Linquens multa metu cunctantem, et multa parantem 390
Dicere. Suscipiunt famulæ, conlapsaque membra
Marmoreo referunt thalamo, stratisque reponunt.

bras de ses femmes, qui la portent sur sa couche superbe, et l'y laissent épuisée et mourante.

Énée, une dernière fois, voudrait calmer par de douces paroles les douleurs de la reine, et la détacher de ce violent amour qui l'ébranle encore lui-même, et qui lui fait pousser de secrets gémissements : mais il persiste à exécuter les ordres des dieux, et il va revoir sa flotte. Alors les Troyens, rivalisant d'ardeur, retirent du rivage les hauts navires ; déjà les carènes enduites de poix sont à flot. Ils tirent des forêts des rames encore couvertes de feuillage, des mâts qu'à peine ils ont ébauchés dans l'ardeur de la fuite. On ne voit que Troyens désertant la ville, et se précipitant en foule hors des remparts. Ainsi les fourmis s'empressent, quand, prévoyant l'hiver, elles ravagent un grand amas de blé, et en portent les débris dans leurs magasins : le noir bataillon va à travers champs, et, chargé de son butin, s'avance sous les herbes par un étroit sentier : les unes poussent avec effort d'énormes grains de froment ; les autres, ralliant les plus lentes, châtient leur paresse ; tout le sentier s'agite et s'échauffe. Et toi qui voyais ces apprêts, infortunée Didon, quelles étaient tes pensées, quels tes gémissements, quand du haut de tes tours tu regardais tout ce rivage en tumulte, et devant toi l'immense mer? quand tu entendais ces mille cris se confondant au loin sur la plage? Cruel amour, à quoi ne pousses-tu pas le cœur des mortels? Voilà cette superbe reine forcée de nouveau à recourir aux larmes, à essayer encore des prières, à abaisser son âme suppliante sous la loi de l'amour ; et cela pour ne pas mourir avant d'avoir tout tenté vainement.

« Anna, dit-elle à sa sœur, tu vois comme on « s'agite partout sur le rivage : de tous côtés ac-« courent les Troyens ; déjà la voile appelle les « vents, et les matelots joyeux ont couronné les « poupes des navires. Si j'avais pu m'attendre « à ce coup terrible, j'aurais eu, ma sœur, la « force de le supporter. Pourtant je veux de toi « un seul et dernier effort ; fais-le, Anna, pour « ta malheureuse sœur. Le perfide avait pour « toi seule un tendre respect ; et même il te « confiait ses plus secrètes pensées ; toi seule tu « savais les doux chemins de son cœur, les mo-« ments propices pour aller à lui. Va, ma sœur, va « trouver en suppliante cet ennemi superbe. Je « n'ai point à Aulis conjuré avec les Grecs « l'extermination des Troyens ; je n'ai point en-« voyé mes flottes contre Pergame ; je n'ai point « arraché au tombeau les restes d'Anchise, ni dis-« persé sa cendre. Pourquoi ferme-t-il ses oreilles « inhumaines à mes paroles? Pourquoi se pré-« cipiter ainsi? Qu'il accorde au moins cette « grâce dernière à sa malheureuse amante : « qu'il attende que la fuite lui soit plus facile, « les vents plus favorables. Je ne réclame plus « l'ancienne foi de notre hyménée, qu'il a tra-« hie ; je ne veux le priver ni de son beau La-« tium, ni de son glorieux empire. Je demande un « vain délai, un peu de repos, quelque relâche « à mon amour, le temps de me laisser vaincre « et m'accoutumer à ma triste fortune. J'at-« tends, chère Anna, de ta pitié cette grâce der-« nière ; si tu me l'accordes, ma mort seule « mettra le comble à ma reconnaissance. »

Telles étaient ses prières et ses plaintes : en vain sa sœur désolée les porte et les reporte au prince troyen : les pleurs ne le touchent plus,

At pius Æneas, quamquam lenire dolentem
Solando cupit, et dictis avertere curas ;
Multa gemens, magnoque animum labefactus amore ; 395
Jussa tamen divom exsequitur, classemque revisit.
Tum vero Teucri incumbunt, et litore celsas
Deducunt toto navis. Natat uncta carina ;
Frondentisque ferunt remos et robora silvis
Infabricata, fugæ studio. 400
Migrantis cernas, totaque ex urbe ruentis :
Ac veluti, ingentem formicæ farris acervum
Quum populant, hiemis memores, tectoque reponunt :
It nigrum campis agmen, prædamque per herbas
Convectant calle angusto ; pars grandia trudunt 405
Obnixæ frumenta humeris : pars agmina cogunt,
Castigantque moras ; opere omnis semita fervet.
Quis tibi tunc, Dido, cernenti talia sensus?
Quosve dabas gemitus, quum litora fervere late
Prospiceres arce ex summa, totumque videres 410
Misceri ante oculos tantis clamoribus æquor?
Improbe amor, quid non mortalia pectora cogis!
Ire iterum in lacrimas, iterum tentare precando
Cogitur ; et supplex animos submittere amori.

Ne quid inexpertum frustra moritura relinquat. 415
Anna, vides toto properari litore ; circum
Undique convenere ; vocat jam carbasus auras ;
Puppibus et læti nautæ imposuere coronas.
Hunc ego si potui tantum sperare dolorem,
Et perferre, soror, potero. Miseræ hoc tamen unum 420
Exsequere, Anna, mihi ; solam nam perfidus ille
Te colere, arcanos etiam tibi credere sensus ;
Sola viri mollis aditus, et tempora noras.
I, soror, atque hostem supplex adfare superbum :
Non ego cum Danais Trojanam exscindere gentem 425
Aulide juravi, classemve ad Pergama misi ;
Nec patris Anchisæ cinerem Manisve revelli :
Cur mea dicta negat duras demittere in auris?
Quo ruit? Extremum hoc miseræ det munus amanti :
Exspectet facilemque fugam, ventosque ferentis. 430
Non jam conjugium antiquum, quod prodidit, oro ;
Nec pulchro ut Latio careat, regnumque relinquat :
Tempus inane peto, requiem spatiumque furori ;
Dum mea me victam doceat fortuna dolere.
Extremam hanc oro veniam, miserere sororis, 435
Quam mihi quum dederis, cumulatam morte remittam.

les reproches ne l'ébranlent pas ; les destins l'ont endurci ; un dieu bouche les oreilles du sensible Énée. Tel un chêne au cœur robuste est battu deçà et delà par les aquilons des Alpes, qui s'efforcent de le déraciner ; ils accourent en sifflant ; le tronc est ébranlé, et les feuilles dispersées jonchent au loin la terre : mais l'arbre demeure ferme sur son roc ; et autant sa tête s'élève dans les airs, autant ses racines plongent dans le noir Tartare. Ainsi le héros est assailli de tous côtés par les prières et les sanglots ; son âme en ressent les profondes secousses, mais ne s'en ébranle pas ; et autour de lui coulent vainement les larmes.

Alors la malheureuse Didon, épouvantée de sa destinée, appelle la mort ; elle est lasse de voir la voûte des cieux. Tout la pousse à quelque dessein funeste ; tout la dégoûte de la lumière : voici qu'apportant ses offrandes sur les autels, elle voit, ô prodige affreux ! la liqueur sacrée devenir noire, et le vin des libations se changer en un sang abominable. Elle ne dit à personne, pas même à sa sœur, cette vision effrayante. Il y avait dans son palais un temple de marbre consacré aux mânes de son premier époux, et que, dans son zèle pieux et magnifique, elle parait sans cesse des plus blanches toisons et de fraîches guirlandes de feuillage. Il lui semble, à l'heure où la nuit enveloppe la terre de son ombre, qu'elle entend s'échapper du sanctuaire des cris étranges, et la voix de son époux qui l'appelle. Souvent aussi le hibou, seul au sommet de son palais, redit sa plainte funèbre, et traîne en longs gémissements sa voix prophétique. D'anciennes et terribles prédictions, d'épouvantables avertissements des dieux, la glacent d'horreur : Énée lui-même, le cruel Énée la poursuit dans ses songes enflammés ; et il lui semble qu'elle est toujours seule et laissée à elle-même, qu'elle erre seule et sans suite sur une longue route, qu'elle cherche ses Tyriens à travers de vastes solitudes. Ainsi Penthée dans ses fureurs voit accourir à lui cent Euménides, et deux soleils dans les cieux, deux Thèbes lui apparaître à la fois. Ainsi sur nos théâtres le fils d'Agamemnon, Oreste, se démène agité par les Furies, alors qu'il fuit sa mère armée de torches flamboyantes et de noirs serpents, et qu'il voit s'asseoir et l'attendre au seuil du temple les divinités vengeresses.

Quand donc, vaincue par la douleur, elle se fut donnée aux Furies, et qu'elle eut résolu de mourir, elle avise en elle-même au temps et à la manière de se délivrer de la vie : alors composant son visage pour mieux cacher son dessein, et rappelant sur son front la sérénité et l'espérance, elle aborde sa triste sœur, et lui dit :
« Félicite-moi, ma sœur ; j'ai trouvé le moyen de
« ramener à moi l'infidèle, ou de me dégager
« moi-même de mon amour. Aux extrémités de
« l'Océan, là où le soleil s'abîme dans les flots,
« s'étendent les régions les plus reculées de l'E-
« thiopie ; c'est là que le grand Atlas soutient
« sur ses épaules l'axe resplendissant des cieux
« étoilés. De là est venue jusqu'en nos contrées
« une prêtresse de la nation des Massyliens, gar-
« dienne du temple des Hespérides : elle-même
« nourrissait de miel liquide et de pavots assou-

    Talibus orabat, talisque miserrima fletus
Fertque refertque soror : sed nullis ille movetur
Fletibus, aut voces ullas tractabilis audit ;
Fata obstant, placidasque viri deus obstruit auris.   440
Ac velut, annoso validam quum robore quercum
Alpini Boreæ nunc hinc nunc flatibus illinc
Eruere inter se certant : it stridor ; et alte
Consternunt terram concusso stipite frondes ;
Ipsa hæret scopulis ; et, quantum vertice ad auras   445
Ætherias, tantum radice in Tartara tendit :
Haud secus assiduis hinc atque hinc vocibus heros
Tunditur, et magno persentit pectore curas.
Mens immota manet, lacrimæ volvuntur inanes.
    Tum vero infelix fatis exterrita Dido   450
Mortem orat ; tædet cœli convexa tueri.
Quo magis inceptum peragat, lucemque relinquat,
Vidit, turicremis quum dona imponeret aris,
(Horrendum dictu) latices nigrescere sacros,
Fusaque in obscœnum se vertere vina cruorem.   455
Hoc visum nulli, non ipsi effata sorori.
Præterea fuit in tectis de marmore templum
Conjugis antiqui, miro quod honore colebat,
Velleribus niveis et festa fronde revinctum :
Hinc exaudiri voces et verba vocantis   460
Visa viri, nox quum terras obscura teneret ;
Solaque culminibus ferali carmine bubo
Sæpe queri, et longas in fletum ducere voces.
Multaque præterea vatum prædicta priorum
Terribili monitu horrificant. Agit ipse furentem   465
In somnis ferus Æneas ; semperque relinqui
Sola sibi, semper longam incomitata videtur
Ire viam, et Tyrios deserta quærere terra.
Eumenidum veluti demens videt agmina Pentheus,
Et solem geminum, et duplicis se ostendere Thebas ;   470
Aut Agamemnonius scenis agitatus Orestes ;
Armatam facibus matrem et serpentibus atris
Quum fugit, ultricesque sedent in limine Diræ.
    Ergo, ubi concepit Furias evicta dolore,
Decrevitque mori, tempus secum ipsa modumque   475
Exigit, et, mœstam dictis adgressa sororem,
Consilium vultu tegit, ac spem fronte serenat :
Inveni, germana, viam (gratare sorori),
Quæ mihi reddat eum, vel eo me solvat amantem.
Oceani finem juxta, solemque cadentem,   480
Ultimus Æthiopum locus est, ubi maximus Atlas
Axem humero torquet stellis ardentibus aptum :
Hinc mihi Massylæ gentis monstrata sacerdos,
Hesperidum templi custos, epulasque draconi

« pissants le dragon qui veillait avec elle sur « l'arbre aux rameaux sacrés. Cette magicienne « se vante de pouvoir, par ses paroles enchante- « resses, délier à son gré les cœurs de leurs tour- « ments, ou leur inspirer les cuisants soucis de « l'amour. Elle arrête le cours des fleuves, force « les astres à reculer; elle rappelle les mânes de « leur nuit éternelle : à sa voix, tu entendras la « terre mugir sous ses pieds, tu verras les frênes « descendre des montagnes. J'en atteste les « dieux, et toi-même, Anna, et ta tête si chère : « c'est malgré moi que j'ai recours à l'art ma- « gique. Fais donc élever secrètement un bûcher « dans l'intérieur de mon palais et sous la voûte « des cieux; qu'on y place les armes du Troyen, « ces armes que l'impie a laissées suspendues à « sa couche, et toute sa dépouille', et ce lit con- « jugal où j'ai péri : la prêtresse veut que j'a- « néantisse tout ce qui me reste du plus odieux « des hommes. » Elle dit, et la pâleur se répand sur son visage. Cependant Anna ne s'imagine pas que Didon couvre des apprêts d'un sacrifice les apprêts de sa mort; l'idée ne lui vient pas d'un si grand désespoir, ni qu'elle ait à redouter pour sa sœur rien de plus funeste que la mort de Sichée. Elle exécute donc ses ordres.

Après qu'on a élevé au fond du palais un immense bûcher où sont entassés le sapin et l'yeuse, la reine orne de guirlandes l'enceinte sacrée, et y suspend des couronnes d'un feuillage funèbre. Elle fait placer au haut du bûcher la dépouille de son amant, son épée qu'il a laissée, son image et le lit nuptial, sachant bien, hélas! pour qui sont ces apprêts. Les autels sont dressés; et la prêtresse, les cheveux épars, appelle d'une voix tonnante toutes les divinités infernales, l'Érèbe, le Chaos, la triple Hécate, Diane aux trois visages. En même temps elle répandait des eaux funèbres, pour simuler celles de l'Averne : elle avait coupé au lever de la lune, avec une faux d'airain des herbes naissantes, dont elle exprimait les sucs noirs et le lait impur : elle y joint l'hippomane, arraché du front du coursier naissant, et dérobé à son avide mère. Didon elle-même, portant dans ses mains pieuses un gâteau sacré, s'approche des autels, un pied nu, et laissant flotter sa robe sans ceinture : au moment de mourir, elle atteste les dieux et les astres qui savent sa destinée; et s'il est quelque divinité juste et sensible aux douleurs des amants trahis, elle la supplie de la venger.

Il était nuit; les mortels fatigués goûtaient par toute la terre le doux sommeil; dans les forêts, sur la mer orageuse, tout était assoupi; c'était l'heure où les astres au milieu de leur cours glissent à travers les cieux; où les troupeaux dans les champs, les oiseaux aux ailes peintes, les poissons au fond des lacs, les bêtes fauves qui peuplent les buissons épineux, se taisent dans la nuit silencieuse, et, livrés aux langueurs du repos, endorment leurs douleurs et oublient leurs maux. Didon seule veille et se plaint, et jamais ne s'abandonne au sommeil, jamais ne laisse venir sous ses paupières et dans son cœur les douces ténèbres de la nuit ; ses tourments en redoublent, sa passion renaissante se réveille plus furieuse, et son âme flotte au milieu des ora-

Quæ dabat, et sacros servabat in arbore ramos, 485
Spargens humida mella soporiferumque papaver.
Hæc se carminibus promittit solvere mentis,
Quas velit; ast aliis duras immittere curas;
Sistere aquam fluviis, et vertere sidera retro;
Nocturnosque ciet Manis; mugire videbis 490
Sub pedibus terram, et descendere montibus ornos.
Testor, cara, deos, et te, germana, tuumque
Dulce caput, magicas invitam adcingier artis.
Tu secreta pyram tecto interiore sub auras
Erige, et arma viri, thalamo quæ fixa reliquit 495
Impius, exuviasque omnis, lectumque jugalem,
Quo perii, superimponas. Abolere nefandi
Cuncta viri monumenta jubet monstratque sacerdos
Hæc effata silet; pallor simul occupat ora.
Non tamen Anna novis prætexere funera sacris 500
Germanam credit, nec tantos mente furores
Concipit, aut graviora timet, quam morte Sychæi.
Ergo jussa parat.
    At regina, pyra penetrali in sede sub auras
Erecta ingenti, tædis atque ilice secta, 505
Intenditque locum sertis, et fronde coronat
Funerea; super exuvias, ensemque relictum,
Effigiemque toro locat, haud ignara futuri.

Stant aræ circum, et crinis effusa sacerdos
Ter centum tonat ore deos, Erebumque, Chaosque, 510
Tergeminamque Hecaten, tria virginis ora Dianæ.
Sparserat et latices simulatos fontis Averni;
Falcibus et messæ ad Lunam quæruntur aenis
Pubentes herbæ, nigri cum lacte veneni;
Quæritur et nascentis equi de fronte revolsus, 515
Et matri præreptus amor.
Ipsa, mola manibusque piis, altaria juxta,
Unum exuta pedem vinclis, in veste recincta,
Testatur moritura deos, et conscia fati
Sidera; tum, si quod non æquo fœdere amantis 520
Curæ numen habet justumque memorque, precatur.
    Nox erat, et placidum carpebant fessa soporem
Corpora per terras, silvæque et sæva quierant
Æquora : quum medio volvuntur sidera lapsu,
Quum tacet omnis ager, pecudes, pictæque volucres, 525
Quæque lacus late liquidos, quæque aspera dumis
Rura tenent, somno positæ sub nocte silenti,
Lenibant curas, et corda oblita laborum.
At non infelix animi Phœnissa, neque unquam
Solvitur in somnos, oculisve aut pectore noctem 530
Adcipit : ingeminant curæ; rursusque resurgens
Sævit amor: magnoque irarum fluctuat æstu.

ges qu'y soulèvent la colère et l'amour. Un moment enfin elle se recueille, et roule ces pensées dans son cœur : « Que faire, hélas? Irai-je encore rechercher mes premiers prétendants et leurs railleries? Irai-je en suppliante mendier l'hymen de ces rois Numides, dont j'ai tant de fois dédaigné les poursuites? Suivrai-je donc les flottes d'Ilion, et recevrai-je, comme la dernière des esclaves, les ordres des Troyens? En effet, j'ai tant à m'applaudir d'avoir soulagé leur infortune; et il leur reste de mes anciens bienfaits un si profond souvenir! Mais quand je le voudrais, le souffriraient-ils? me recevraient-ils, moi qui leur suis odieuse, dans leurs vaisseaux superbes? Ah! tu ne connais donc pas, malheureuse, tu ne sens donc pas encore les perfidies de la race parjure de Laomédon? Quoi! seule et fugitive je suivrais ces matelots triomphants! j'entraînerais avec moi mes Tyriens et toute la foule de mes peuples; et ceux qu'avec tant de peine j'ai arrachés de Sidon, j'irais encore les jeter sur les mers, et livrer aux vents ma voile aventureuse! Non; meurs, comme tu l'as mérité, et que le fer te délivre de ta misère. C'est toi, ma sœur, qui, vaincue par mes larmes, et caressant mes fureurs, m'as accablée de tous ces maux, et livrée à ce cruel ennemi. Que n'ai-je pu, ignorant l'hymen, vivre dans ma première et farouche innocence, et ne jamais connaître les tourments que j'endure! Ah! je n'ai pas gardé la foi promise à la cendre de Sichée! » Telles étaient les plaintes qui s'échappaient de son cœur, brisé par la douleur.

Énée, toujours ferme dans sa résolution fatale, avait tout préparé pour son départ, et goûtait les douceurs du sommeil sur la poupe de son vaisseau. Tout à coup il croit revoir en songe le même dieu qui s'est déjà montré à lui : c'est Mercure; ce sont ses traits, son air, sa voix, ses blonds cheveux; il a les mêmes grâces divines de la jeunesse. Énée l'entend qui le presse de nouveau par ces paroles : « Eh quoi! fils d'une déesse, tu dors en cet instant suprême; tu dors, et tu ne vois pas les périls qui tout à l'heure t'environneront! Insensé, tu n'entends pas souffler les zéphyrs qui t'appellent? Didon, résolue à mourir, médite dans son cœur quelque ruse et quelque horrible forfait, et les plus furieux transports l'agitent. Tu ne précipites pas ta fuite, quand tu le peux encore? Bientôt tu verras cent vaisseaux armés fondre en tumulte sur la mer; tu verras briller sur les flots les torches de l'incendie, et tout le rivage bouillonner dans les flammes, si l'Aurore te retrouve encore sur la plage africaine. Va, pars; crains tout de l'humeur mobile et changeante d'une femme. » A ces mots, il s'enfonce dans l'ombre de la nuit, et disparaît.

Énée, épouvanté de cette vision soudaine, s'arrache au sommeil, et du geste et de la voix enflamme ses compagnons : « A l'œuvre, matelots, et qu'on se précipite! rameurs, à vos bancs, et déployons nos voiles. Un dieu pour la seconde fois descend du haut des airs, et me presse de fuir, et de couper les câbles. Qui que tu sois, grand dieu, nous te suivons, et, joyeux, nous obéissons encore à tes ordres. Sois-nous propice et doux, et fais luire pour nous dans le ciel des astres favorables. » Il dit, et, tirant du fourreau sa

Sic adeo insistit, secumque ita corde volutat :
En, quid ago? rursusne procos inrisa priores
Experiar? Nomadumque petam connubia supplex, 535
Quos ego sim toties jam dedignata maritos?
Iliacas igitur classis, atque ultima Teucrum
Jussa sequar? quiane auxilio juvat ante levatos,
Aut bene apud memores veteris stat gratia facti?
Quis me autem, fac velle, sinet? ratibusve superbis 540
Invisam adcipiet? Nescis heu, perdita, necdum
Laomedonteæ sentis perjuria gentis?
Quid tum? sola fuga nautas comitabor ovantis?
An, Tyriis omnique manu stipata meorum,
Inferar? et, quos Sidonia vix urbe revelli, 545
Rursus agam pelago, et ventis dare vela jubebo?
Quin morere, ut merita es; ferroque averte dolorem.
Tu, lacrimis evicta meis, tu prima furentem
His, germana, malis oneras, atque objicis hosti.
Non licuit thalami expertem sine crimine vitam 550
Degere, more feræ, talis nec tangere curas!
Non servata fides, cineri promissa Sychæo!
Tantos illa suo rumpebat pectore questus.

    Æneas celsa in puppi, jam certus eundi,
Carpebat somnos, rebus jam rite paratis. 555

Huic se forma dei voltu redeuntis eodem
Obtulit in somnis, rursusque ita visa monere est;
Omnia Mercurio similis, vocemque, coloremque,
Et crinis flavos, et membra decora juventæ.
Nate dea, potes hoc sub casu ducere somnos? 560
Nec, quæ te circum stent deinde pericula, cernis?
Demens! nec Zephyros audis spirare secundos?
Illa dolos dirumque nefas in pectore versat,
Certa mori, varioque irarum fluctuat æstu.
Non fugis hinc præceps, dum præcipitare potestas? 565
Jam mare turbari trabibus, sævasque videbis
Conlucere faces, jam fervere litora flammis :
Si te his adtigerit terris Aurora morantem.
Eia age, rumpe moras. Varium et mutabile semper
Femina. Sic fatus nocti se immiscuit atræ. 570
    Tum vero Æneas, subitis exterritus umbris,
Conripit e somno corpus, sociosque fatigat :
Præcipites vigilate, viri, et considite transtris;
Solvite vela citi. Deus, æthere missus ab alto,
Festinare fugam, tortosque incidere funis, 575
Ecce iterum stimulat. Sequimur te, sancte deorum,
Quisquis es, imperioque iterum paremus ovantes.
Adsis o, placidusque juves, et sidera cœlo

foudroyante épée, il abat les amarres d'un coup du fer tranchant. La même ardeur transporte tous les Troyens; on se précipite, on s'entraîne sur les eaux; le rivage est déserté, la mer disparaît sous les voiles, et l'onde écume sous l'effort vigoureux des bras qui la sillonnent.

Déjà l'Aurore, abandonnant la couche embaumée de Tithon, répandait sur toute la terre sa lumière matinale, lorsque la reine, du haut des tours où elle veille, regardant l'horizon qui blanchit, voit la flotte troyenne voguer à pleines voiles, le rivage désert, le port abandonné et silencieux. Alors frappant trois et quatre fois son beau sein, et arrachant ses blonds cheveux : « Grand Jupiter, s'écrie-t-elle, il partira donc, « ce lâche étranger! il partira, et il aura insulté « à mon empire! Et mes Tyriens n'ont pas encore pris les armes; et de toute la ville on ne « s'élance pas à sa poursuite, on n'a pas encore « traîné sur les flots ses vaisseaux dissipés? Partez, volez, la flamme à la main, la voile au « vent, et au large les rames... Mais que dis-je? « où suis-je? et quelle fureur a renversé mes esprits? Malheureuse Didon, c'est à présent que « les perfidies de l'ingrat te touchent : il les fallait « pressentir, quand tu lui donnais la moitié de ton « sceptre. Voilà donc cette foi, cette main qui me « répondait de ses serments; le voilà cet homme « pieux qu'on dit porter partout avec lui les dieux « de sa patrie, ce fils qui s'est courbé sous un père « accablé du poids des années. L'infâme! je n'ai « pu le saisir, le déchirer de mes mains, et semer « sur les ondes ses lambeaux palpitants; je n'ai « pu massacrer ses compagnons, égorger Asca- « gne lui-même, et de mes mains lui en apprêter « un horrible festin? Mais la fortune du combat « eût été douteuse : eh bien, elle l'eût été! Résolue à mourir, qu'avais-je à craindre! J'aurais porté la torche dans son camp, j'aurais « rempli ses vaisseaux de flammes, j'aurais exterminé et le fils, et le père, et toute sa race, et « moi-même après elle. Soleil, qui embrasses de « tes regards toutes les actions des humains, et « toi, Junon, témoin et complice de mes malheurs; Hécate, pour qui les carrefours « des grandes villes retentissent de hurlements « nocturnes; et vous, Furies vengeresses, vous « tous, dieux d'Élise mourante, écoutez sa prière, « et faites que mes vœux tournent au juste châtiment des parjures. S'il faut que cette tête « maudite touche au port et aborde sur la terre « d'Italie, si c'est là le terme de ses courses, si tel « est l'arrêt de Jupiter, que du moins le perfide, « assailli par vingt nations belliqueuses, chassé « de ses frontières, arraché aux embrassements « d'Iule, implore des secours étrangers, et voie « mourir d'une mort lamentable ses plus chers « compagnons; et quand il se sera soumis aux « conditions d'une paix inique, qu'alors même il « ne jouisse ni de son empire tant désiré, ni de la « lumière du jour, mais qu'il meure avant le « temps, et que son corps, privé de sépulture, gise « sur l'arène. Voilà mon dernier vœu, voilà le dernier cri qui m'échappe avec mon sang. Et vous, « ô mes Tyriens, exercez vos haines contre ses « descendants et toute sa race future, et rendez « cet honneur suprême à ma cendre : qu'entre « les deux peuples il n'y ait ni amour ni alliance. »

Dextra feras. Dixit; vaginaque eripit ensem
Fulmineum, strictoque ferit retinacula ferro.   580
Idem omnis simul ardor habet; rapiuntque, ruuntque;
Litora deseruere; latet sub classibus æquor;
Adnixi torquent spumas, et cærula verrunt.
  Et jam prima novo spargebat lumine terras
Tithoni croceum linquens Aurora cubile.   585
Regina e speculis ut primum albescere lucem
Vidit, et æquatis classem procedere velis,
Litoraque et vacuos sensit sine remige portus :
Terque quaterque manu pectus percussa decorum,
Flaventisque abscissa comas, Pro Juppiter! ibit   590
Hic, ait, et nostris inluserit advena regnis!
Non arma expedient, totaque ex urbe sequentur,
Deripientque rates alii navalibus? Ite,
Ferte citi flammas, date vela, impellite remos. —
Quid loquor? aut ubi sum? Quæ mentem insania mutat?
Infelix Dido! nunc te facta impia tangunt?   596
Tum decuit, quum sceptra dabas : — En dextra fidesque!
Quem secum patrios aiunt portare Penatis!
Quem subiisse humeris confectum ætate parentem! —
Non potui abreptum divellere corpus, et undis   600
Spargere? non socios, non ipsum absumere ferro
Ascanium, patriisque epulandum ponere mensis? —
Verum anceps pugnæ fuerat fortuna. — Fuisset;
Quem metui moritura? Faces in castra tulissem,
Implessemque foros flammis, natumque patremque   605
Cum genere exstinxem, memet super ipsa dedissem. —
Sol, qui terrarum flammis opera omnia lustras,
Tuque harum interpres curarum et conscia Juno,
Nocturnisque Hecate triviis ululata per urbis,
Et Diræ ultrices, et di morientis Elissæ,   610
Adcipite hæc, meritumque malis advertite numen,
Et nostras audite preces. Si tangere portus
Infandum caput, ac terris adnare necesse est;
Et sic fata Jovis poscunt; hic terminus hæret;
At bello audacis populi vexatus et armis,   615
Finibus extorris, complexu avolsus Iuli,
Auxilium imploret, videatque indigna suorum
Funera; nec, quum se sub leges pacis iniquæ
Tradiderit, regno aut optata luce fruatur :
Sed cadat ante diem mediaque inhumatus arena.   620
Hæc precor; hanc vocem extremam cum sanguine fundo.
Tum vos, o Tyrii, stirpem et genus omne futurum
Exercete odiis; cinerique hæc mittite nostro
Munera. Nullus amor populis, nec fœdera sunto.
Exoriare aliquis nostris ex ossibus ultor,   625
Qui face Dardanios ferroque sequare colonos,

« Sors enfin, sors de mes froids ossements, toi, « mon vengeur, toi qui, le fer et la flamme à la « main, poursuivras partout les enfants de Dar- « danus. Que dès maintenant et à jamais, qu'en « tout temps les deux peuples armés se rencon- « trent : rivages contre rivages, flots contre flots, « fer contre fer, qu'ils se cherchent et se combat- « tent, eux et leurs derniers neveux. »

Elle dit, et, roulant dans son âme mille projets furieux, elle cherche le moyen le plus prompt de rompre la trame de ses jours odieux. Elle appelle Barcé, nourrice de Sichée, son époux ; car la sienne avait laissé ses froides cendres dans l'antique Tyr. « Chère nourrice, lui dit-elle, fais « venir ici ma sœur Anna ; dis-lui qu'elle aille « en toute hâte se plonger dans une eau pure, « qu'elle amène les victimes, et qu'elle porte sur « les autels les objets sacrés des expiations mar- « quées par la prêtresse. Toi-même orne ta tête de « saintes bandelettes. Je veux achever le sacri- « fice que j'ai offert au roi du Styx et pour lequel « j'ai déjà tout préparé ; je veux finir mes tour- « ments, et livrer moi-même à la flamme l'image « du Troyen. » Elle dit, et dans son empressement la vieille Barcé se hâtait d'un pas tremblant. Cependant la reine, dans un dernier transport, et comme possédée de la fureur de mourir, la prunelle égarée et sanglante, les joues tremblantes et livides, et déjà pâle de la pâleur de la mort, se précipite vers le fond du palais, monte en désespérée au haut du bûcher, et tire du fourreau l'épée du Troyen, cette épée, hélas ! qui n'était point destinée à cet usage. Après qu'elle eut regardé ce qui lui restait d'Ilion, ces vêtements, et ce lit tant connu, elle suspendit un moment ses larmes et ses pensées, se pencha sur la couche nuptiale, et laissa échapper ces dernières paroles : « Chères dépouilles, tant que le destin et les dieux « l'ont permis, recevez mon âme et délivrez-moi « de mes peines. J'ai vécu, et j'ai fourni la car- « rière que m'avait marquée la fortune ; et main- « tenant mon ombre descendra glorieuse aux en- « fers. J'ai fondé une ville superbe, j'ai vu s'éle- « ver mes murailles ; j'ai vengé mon époux, j'ai « puni un frère assassin. Heureuse, hélas ! trop « heureuse, si les vaisseaux troyens n'eussent ja- « mais touché ces rivages ! » Elle dit, et, collant ses lèvres sur sa couche : « Mourir sans vengeance ! « mais mourons : oui, oui, ce m'est encore doux « de descendre ainsi chez les morts. Que le cruel « voie, du haut de sa poupe, cette flamme qui va « me consumer ; qu'il en repaisse ses yeux, et « qu'il emporte avec lui ce funeste présage de « ma mort. »

A ces mots, qu'elle achevait à peine, ses femmes la voient tomber sous le fer et l'épée encore fumante dans ses mains ensanglantées. Un cri lamentable éclate dans tout le palais ; la Renommée court en furieuse répandre la nouvelle dans la ville bouleversée : on n'entend partout que gémissements, que lamentations, que hurlements de femmes éplorées ; l'air retentit de lugubres clameurs. On dirait que Carthage s'écroule renversée par l'ennemi qui s'y précipite, ou l'antique cité de Tyr, et que les flammes déchaînées s'élancent en tourbillons au-dessus des demeures des hommes et des temples des dieux.

A cette nouvelle, Anna se sent défaillir : bientôt elle accourt épouvantée, se déchirant le visage, se meurtrissant le sein, et arrive à travers

Nunc, olim, quocumque dabunt se tempore vires.
Litora litoribus contraria ; fluctibus undas
Imprecor, arma armis ; pugnent ipsique nepotesque.
  Hæc ait, et partis animum versabat in omnis ; 630
Invisam quærens quam primum abrumpere lucem.
Tum breviter Barcen nutricem adfata Sychæi :
Namque suam patria antiqua cinis ater habebat :
Annam, cara mihi nutrix, huc siste sororem ;
Dic, corpus properet fluviali spargere lympha ; 635
Et pecudes secum et monstrata piacula ducat.
Sic veniat ; tuque ipsa pia tege tempora vitta.
Sacra Jovi Stygio, quæ rite incepta paravi,
Perficere est animus, finemque imponere curis ;
Dardaniique rogum capitis permittere flammæ. 640
Sic ait. Illa gradum studio celerabat anili.
At trepida et cœptis immanibus effera Dido,
Sanguineam volvens aciem, maculisque trementis
Interfusa genas, et pallida morte futura,
Interiora domus irrumpit limina, et altos 645
Conscendit furibunda rogos, ensemque recludit
Dardanium, non hos quæsitum munus in usus.
Hic, postquam Iliacas vestis notumque cubile
Conspexit, paullum lacrimis et mente morata,
Incubuitque toro, dixitque novissima verba : 650
  Dulces exuviæ, dum fata deusque sinebant,
Accipite hanc animam, meque his exsolvite curis.
Vixi, et, quem dederat cursum fortuna, peregi ;
Et nunc magna mei sub terras ibit imago.
Urbem præclaram statui ; mea mœnia vidi ; 655
Ulta virum, pœnas inimico a fratre recepi :
Felix, heu nimium felix, si litora tantum
Nunquam Dardaniæ tetigissent nostra carinæ !
Dixit ; et, os impressa toro, Moriemur inultæ !
Sed moriamur, ait. Sic, sic juvat ire sub umbras. 660
Hauriat hunc oculis ignem crudelis ab alto
Dardanus, et nostræ secum ferat omina mortis.
  Dixerat. Atque illam media inter talia ferro
Conlapsam adspiciunt comites, ensemque cruore
Spumantem, sparsasque manus. It clamor ad alta 665
Atria ; concussam bacchatur fama per urbem.
Lamentis, gemituque, et femineo ululatu
Tecta fremunt ; resonat magnis plangoribus æther :
Non aliter, quam si immissis ruat hostibus omnis
Carthago, aut antiqua Tyros ; flammæque furentes 670
Culmina perque hominum volvantur perque deorum.
  Audiit exanimis, trepidoque exterrita cursu,

la foule jusqu'à sa sœur mourante, qu'elle appelle encore par son nom. « Ma sœur, il est donc vrai, « tu me trompais! Voilà donc ce que me prépa- « raient ce bûcher, ces feux, ces autels! Aban- « donnée par toi, m'en plaindrai-je assez? As-tu « donc méprisé ta sœur que tu n'as pas voulu « qu'elle t'accompagnât chez les morts? Tu « m'aurais appelée aux mêmes destins; le même « fer, le même coup, la même heure nous eût « enlevées toutes les deux. Et c'est donc moi qui « de mes mains élevais ce bûcher, moi qui invo- « quais les dieux de la patrie, pour être loin de « toi, cruelle, quand tu mourais? Oui, ma sœur, « tu m'as tuée, et toi et ce peuple, et le sénat, « et cette ville.... Vite, une eau pure, que je lave « ses blessures! et s'il erre encore sur sa bouche « un dernier souffle, que je le recueille avec mes « lèvres. » En parlant ainsi, elle avait franchi les degrés du bûcher, et, tenant embrassée Didon expirante, elle la réchauffait sur son sein, et étanchait en gémissant le sang noir de sa bles- sure. Didon, tâchant de rouvrir ses yeux appe- santis, retombe défaillante : le sang bouillonne en sifflant au fond de sa blessure : trois fois, se soulevant avec effort et s'appuyant sur son coude, elle se dresse; trois fois elle retombe sur sa cou- che; ses regards errants cherchent encore la lu- mière des cieux; elle la retrouve, et soupire.

Alors la puissante Junon, ayant pitié de cette longue douleur et de ce laborieux trépas, envoya Iris du haut de l'Olympe, pour dégager cette âme en lutte des membres qui l'enchaînaient. Car Didon ne mourant pas d'une mort méritée et par l'arrêt des destins, mais d'un coup pré- maturé, et par de tristes et soudaines fureurs, Proserpine ne lui avait point encore enlevé le cheveu fatal, et n'avait pas encore dévoué sa tête aux ténèbres de l'Orcus. Iris donc, traversant les cieux sur ses ailes humides de rosée, et se tei- gnant de mille couleurs sous les rayons opposés du soleil, descend du haut des airs, et s'arrête sur la tête de Didon : « Je porte, dit-elle, à Plu- « ton ce cheveu sacré, et par son ordre je te dé- « livre de ce corps. » Elle dit, et de sa main coupe le cheveu fatal : en ce moment la vie échappe à Didon avec la chaleur, et son âme s'exhale dans les airs.

LIVRE V.

Cependant Énée, ferme dans ses projets, te- nait déjà la haute mer, et fendait, en dépit de l'a- quilon, les noirs abîmes des flots : il tourne ses regards vers ces murs qu'éclairent les flammes allumées par la malheureuse Élise. La cause d'un si grand incendie, il l'ignore; mais il sait l'implacable ressentiment de l'amour outragé, et ce que peut une femme en furie; et ses som- bres pressentiments ont passé dans les cœurs des Troyens.

Dès que les vaisseaux eurent cinglé au large, que les terres eurent disparu, et que tout ne fut plus que ciel et mer, Énée vit s'arrêter sur sa tête un nuage bleuâtre, portant dans ses flancs la nuit et la tempête; une nuit affreuse tomba sur les eaux. Palinure lui-même s'écrie, du haut de la poupe : « Quelles nuées, hélas! ont enveloppé « les airs! O Neptune, que nous prépares-tu? »

Unguibus ora soror fœdans, et pectora pugnis,
Per medios ruit, ac morientem nomine clamat :
Hoc illud, germana, fuit? me fraude petebas? 675
Hoc rogus iste mihi, hoc ignes aræque parabant?
Quid primum deserta querar? comitemne sororem
Sprevisti moriens? Eadem me ad fata vocasses :
Idem ambas ferro dolor, atque eadem hora, tulisset.
His etiam struxi manibus, patriosque vocavi 680
Voce deos, sic te ut posita crudelis abessem?
Exstinxsti me teque, soror, populumque, patresque
Sidonios, urbemque tuam. Date volnera lymphis,
Abluam, et, extremus si quis super halitus errat,
Ore legam. Sic fata gradus evaserat altos, 685
Semianimemque sinu germanam amplexa fovebat
Cum gemitu, atque atros siccabat veste cruores.
Illa, gravis oculos conata adtollere, rursus
Deficit. Infixum stridit sub pectore volnus.
Ter sese adtollens cubitoque adnixa levavit : 690
Ter revoluta toro est, oculisque errantibus alto
Quæsivit cœlo lucem, ingemuitque reperta.
  Tum Juno omnipotens, longum miserata dolorem
Difficilisque obitus, Irim demisit Olympo,
Quæ luctantem animam nexosque resolveret artus. 695
Nam, quia nec fato, merita nec morte peribat,
Sed misera ante diem, subitoque adcensa furore,
Nondum illi flavum Proserpina vertice crinem
Abstulerat, Stygioque caput damnaverat Orco.
Ergo Iris croceis per cœlum roscida pennis, 700
Mille trahens varios adverso sole colores,
Devolat, et supra caput adstitit : Hunc ego Diti
Sacrum jussa fero, teque isto corpore solvo.
Sic ait, et dextra crinem secat. Omnis et una
Dilapsus calor, atque in ventos vita recessit. 705

LIBER QUINTUS.

Interea medium Æneas jam classe tenebat
Certus iter, fluctusque atros aquilone secabat,
Mœnia respiciens, quæ jam infelicis Elissæ
Conlucent flammis. Quæ tantum adcenderit ignem,
Caussa latet : duri magno sed amore dolores 5
Polluto, notumque, furens quid femina possit,
Triste per augurium Teucrorum pectora ducunt.
  Ut pelagus tenuere rates, nec jam amplius ulla
Occurrit tellus; maria undique, et undique cœlum;
Olli cæruleus supra caput adstitit imber, 10
Noctem hiememque ferens; et inhorruit unda tenebris.
Ipse gubernator puppi Palinurus ab alta :

Il dit, ordonne aux matelots d'amener les voiles, et de peser de toutes leurs forces sur les rames : lui-même il présente obliquement sa voile au vent, et s'adressant à Énée : « Magnanime Énée, « non, quand Jupiter lui-même me l'assurerait, « je n'espérerais pas, sous un ciel aussi menaçant « aborder en Italie! Les vents ont changé; ils « frappent en flanc nos voiles frémissantes ; et du « couchant ténébreux ils accourent avec furie : « tout le ciel n'est bientôt plus qu'un nuage. « Vainement nous voudrions lutter et tenir ferme « contre la tourmente : la fortune l'emporte, « suivons-la; où elle nous appelle, là est notre « route. Je ne crois pas que nous soyons bien « loin des rivages fidèles de votre frère Éryx, et « des ports siciliens, si ma mémoire retrace sû- « rement à mes regards les astres que j'ai obser- « vés. » Alors le pieux Énée : « Je vois bien de- « puis longtemps que les vents nous commandent, « et que vous vous roidissez en vain contre leur « fureur. Tournez donc la voile du côté de la Si- « cile : est-il une terre plus douce à mon cœur, « et où je souhaite plus de voir relâcher mes vais- « seaux fatigués, que celle qui me garde un « hôte du sang troyen, Aceste; que celle qui « a recueilli dans son sein les os de mon père « Anchise? » Il dit : on gagne les ports de la Sicile; les voiles s'enflent au soufle heureux des zéphyrs ; la flotte est emportée sur les ondes, et les Troyens joyeux touchent enfin ces rivages connus.

Cependant, du sommet d'une montagne, Aceste étonné a découvert l'arrivée des Troyens, et leurs vaisseaux amis : il accourt au rivage, couvert de la peau d'une panthère de Libye, et brandissant le terrible dard des chasseurs. Né d'une mère troyenne et du fleuve Crimise, Aceste n'a point oublié ses ancêtres : il témoigne donc aux Troyens sa joie de les revoir, les reçoit avec le luxe royal d'une hospitalité champêtre, les relève et les console par tous les secours de l'amitié. Le lendemain, dès que les premiers traits de la lumière partis de l'orient eurent mis en fuite les étoiles, Énée convoqua sur le rivage ses compagnons, et du haut d'un tertre leur parla ainsi :

« Illustres enfants de Dardanus, vous de qui « le sang remonte jusqu'aux dieux, l'année a « parcouru le cercle entier des mois révolus, de- « puis que les restes mortels de mon père et ses « os ont été déposés par nous dans le sein de la « terre, et que nous avons consacré à ses mânes « divins de funèbres autels. Voici venir ce jour de « lugubre mémoire, ce jour (vous le voulûtes « ainsi, grands dieux!) qui sera pour moi à ja- « mais funeste, à jamais vénérable. Quand je « vivrais exilé dans les sables de Gétulie, quand « les mers de la Grèce m'auraient livré cap- « tif à l'odieuse Mycènes, je ne laisserais pas « d'accomplir ces vœux annuels, d'honorer ce « jour par des pompes solennelles, de parer les « autels des dons chers aux morts. Nous voici sur « la tombe et sur la cendre même de mon père ; « et ce n'est pas sans la volonté, sans la faveur « singulière des dieux : l'onde elle-même nous « a amenés dans un port ami. Honorons donc à « l'envi la mémoire d'Anchise; demandons-lui « des vents favorables; et qu'il veuille bien »

```
Heu! quianam tanti cinxerunt æthera nimbi?
Quidve, pater Neptune, paras? Sic deinde locutus
Conligere arma jubet, validisque incumbere remis ;        15
Obliquatque sinus in ventum, ac talia fatur :
Magnanime Ænea, non, si mihi Juppiter auctor
Spondeat, hoc sperem Italiam contingere cœlo.
Mutati transversa fremunt, et vespere ab atro
Consurgunt venti, atque in nubem cogitur aer.             20
Nec nos obniti contra, nec tendere tantum
Sufficimus : superat quoniam Fortuna, sequamur,
Quoque vocat, vertamus iter : nec litora longe
Fida reor fraterna Erycis, portusque Sicanos,
Si modo rite memor servata remetior astra.                25
Tum pius Æneas : Equidem, sic poscere ventos
Jamdudum, et frustra cerno te tendere contra.
Flecte viam velis. An sit mihi gratior ulla,
Quove magis fessas optem demittere navis,
Quam quæ Dardanium tellus mihi servat Acesten,            30
Et patris Anchisæ gremio conplectitur ossa?
Hæc ubi dicta, petunt portus, et vela secundi
Intendunt Zephyri ; fertur cita gurgite classis ;
Et tandem læti notæ advertuntur arenæ.
    At procul excelso miratus vertice montis              35
Adventum sociasque rates, occurrit Acestes,
Horridus in jaculis et pelle Libystidis ursæ :
Troia Crimiso conceptum flumine mater
Quem genuit. Veterum non inmemor ille parentum
Gratatur reduces, et gaza lætus agresti                   40
Excipit, ac fessos opibus solatur amicis.
Postera quum primo stellas Oriente fugarat
Clara dies ; socios in cœtum litore ab omni
Advocat Æneas, tumuloque ex aggere fatur :
    Dardanidæ magni, genus alto a sanguine divom,         45
Annuus exactis completur mensibus orbis,
Ex quo relliquias divinique ossa parentis
Condidimus terra, mœstasque sacravimus aras.
Jamque dies, ni fallor, adest, quem semper acerbum
Semper honoratum (sic di voluistis), habebo.              50
Hunc ego, Gætulis agerem si Syrtibus exsul,
Argolicove mari deprensus, et urbe Mycenæ ;
Annua vota tamen sollennisque ordine pompas
Exsequerer, struerem que suis altaria donis.
Nunc ultro ad cineres ipsius et ossa parentis,            55
Haud equidem sine mente, reor, sine numine divom,
Adsumus, et portus delati intramus amicos.
Ergo agite, et lætum cuncti celebremus honorem ;
Poscamus ventos, atque hæc me sacra quot annis
Urbe velit posita templis sibi ferre dicatis.             60
```

« quand j'aurai bâti une ville, que je renouvelle
« chaque année ces sacrifices dans des temples
« consacrés à sa mémoire. Aceste, comme nous
« enfant de Troie, vous fait présent de deux
« bœufs pour chaque navire : appelez à vos festins les pénates de la patrie et ceux qu'adore
« votre hôte, Aceste. Ce n'est pas tout : si la neuvième Aurore fait briller pour les mortels un
« jour serein, et illumine le monde de ses traits
« rayonnants, j'ordonnerai des jeux, et vos rapides galères ouvriront le combat sur les eaux.
« Que ceux qui sont légers à la course, qui excellent à déployer leurs forces, à lancer le javelot et la flèche légère, ou qui, plus hardis,
« ne craignent pas d'engager la lutte avec le
« ceste aux rudes lanières, se présentent, et viennent se disputer des palmes méritées. Vous
« tous cependant priez, et ceignez vos fronts de
« feuillage. »

Il dit, et le premier ceint son front du myrte maternel : ainsi font Hélymus, Aceste déjà mûr par les années, Ascagne encore enfant; ainsi fait toute la jeunesse troyenne. Alors, du milieu de l'assemblée, le fils d'Anchise s'avance, environné de la foule des peuples, vers le tombeau de son père. Là il répand, selon les rites, deux coupes remplies du vin pur des libations, deux d'un lait nouveau, deux d'un sang sacré. Il jette des fleurs sur la tombe, et prononce ces paroles :
« Salut, ô mon divin père! salut, cendres chéries,
« vains restes que j'ai recueillis! salut, ombre et
« mânes paternels! Il ne m'a donc pas été permis,
« ô mon père, de chercher avec vous cette terre
« d'Italie, ces fatales contrées, ce Tibre, quel
« qu'il soit, où les destins m'appellent! »

A peine achevait-il ces mots, que du fond du tombeau un serpent aux écailles luisantes sort en traînant sept cercles immenses, sept replis tortueux ; tranquille, il embrasse le tombeau, et glisse entre les autels : son dos est marqué de taches azurées; l'or semé sur ses écailles les embrase de son éclat flamboyant : ainsi l'arc-en-ciel dans les nuages se teint de mille couleurs, sous les feux opposés du soleil. Ce prodige frappe Énée de stupeur : mais le serpent enfin s'allonge, glisse entre les coupes et les vases polis, goûte des mets, se retire sans violence dans le fond du tombeau, et rassasié quitte les autels. La piété du héros s'en émeut davantage, et il continue le sacrifice qu'il a commencé; incertain s'il a vu le génie tutélaire du lieu, ou un génie, gardien des mânes d'Anchise. Il immole selon la coutume cinq brebis noires, autant de truies, autant de jeunes taureaux noirs. Cependant il répandait le vin des libations, et appelait l'âme du grand Anchise, et ses mânes sortis de l'Achéron. Les Troyens à leur tour apportent leur part des offrandes, en chargent les autels, immolent des taureaux. En même temps on dressait sur les brasiers les vases d'airain : couchés sur l'herbe, les compagnons du héros entretiennent la flamme ardente du festin sacré, et font rôtir les entrailles des victimes.

Enfin le jour fixé pour les jeux, ce jour si attendu, était arrivé, et déjà les coursiers de Phaéthon ramenaient brillante et pure la neuvième Aurore. L'éclat des jeux et le nom de l'illustre Aceste avaient de toutes parts rassemblé les peuples voisins; leur foule joyeuse remplissait les rivages : tous ils voulaient voir les

Bina boum vobis Troja generatus Acestes
Dat numero capita in navis : adhibete Penatis,
Et patrios epulis, et quos colit hospes Acestes.
   Præterea, si nona diem mortalibus almum
Aurora extulerit, radiisque retexerit orbem,   65
Prima citæ Teucris ponam certamina classis;
Quique pedum cursu valet, et qui viribus audax
Aut jaculo incedit melior levibusque sagittis,
Seu crudo fidit pugnam conmittere cestu;
Cuncti adsint, meritæque exspectent præmia palmæ. 70
Ore favete omnes, et tempora cingite ramis.
   Sic fatus, velat materna tempora myrto.
Hoc Helymus facit, hoc ævi maturus Acestes,
Hoc puer Ascanius; sequitur quos cetera pubes.
Ille e concilio multis cum millibus ibat   75
Ad tumulum, magna medius comitante caterva.
Hic duo rite mero libans carchesia Baccho
Fundit humi, duo lacte novo, duo sanguine sacro;
Purpureosque jacit flores, ac talia fatur :
Salve, sancte parens, iterum; salvete recepti   80
Nequidquam cineres, animæque umbræque paternæ.
Non licuit finis Italos, fataliaque arva,
Nec tecum Ausonium, quicumque est, quærere Thybrim.
   Dixerat hæc; adytis quum lubricus anguis ab imis
Septem ingens gyros, septena volumina, traxit,   85
Amplexus placide tumulum, lapsusque per aras;
Cæruleæ cui terga notæ maculosus et auro
Squamam incendebat fulgor : ceu nubibus arcus
Mille jacit varios adverso sole colores.
Obstupuit visu Æneas. Ille agmine longo   90
Tandem inter pateras et lævia pocula serpens
Libavitque dapes, rursusque innoxius imo
Successit tumulo, et depasta altaria liquit.
Hoc magis inceptos genitori instaurat honores,
Incertus, Geniumne loci, Famulumne parentis   95
Esse putet; cædit binas de more bidentis,
Totque sues, totidem nigrantis terga juvencos.
Vinaque fundebat pateris, animamque vocabat
Anchisæ magni, Manisque Acheronte remissos.
Nec non et socii, quæ cuique est copia, læti   100
Dona ferunt; onerant aras, mactantque juvencos.
Ordine ahena locant alii, fusique per herbam
Subjiciunt veribus prunas, et viscera torrent.
   Exspectata dies aderat, nonamque serena
Auroram Phaethontis equi jam luce vehebant;   105
Famaque finitimos et clari nomen Acestæ

Troyens, ou même leur disputer les prix. D'abord sont étalés aux yeux et placés au milieu du cirque les présents destinés aux vainqueurs : des trépieds sacrés, de vertes couronnes, des palmes, des armes diverses, des vêtements teints en pourpre, des talents d'or et d'argent. Soudain la trompette annonce, du haut d'un tertre, que les jeux sont ouverts.

La première lutte s'engage entre quatre galères d'une égale grandeur, et leurs vigoureux rameurs; elles étaient choisies dans toute la flotte troyenne : Mnesthée gouverne la rapide Baleine et son bouillant équipage ; Mnesthée, qui sera un jour Italien, et le père de ta race, ô Memmius ! Gyas montait l'immense Chimère; à sa masse prodigieuse, on dirait une ville flottante; la jeunesse troyenne, s'y pressant sur trois files, la pousse sur les eaux; trois rangs de rameurs se lèvent ensemble pour l'ébranler. Sergeste, qui a donné son nom à la famille Sergia, est porté sur l'énorme Centaure; Cloanthe, sur la verte Scylla; Cloanthe, le premier de ta race, illustre Cluentius !

Vis-à-vis le rivage écumant s'élève au loin sur la mer un rocher quand les vents d'hiver ont voilé les astres, il disparaît, submergé et battu par les flots tumultueux; quand la mer se tait, il reparaît au-dessus des ondes immobiles, offrant un délicieux refuge aux plongeons qui s'y reposent au soleil. Là, Énée fait dresser un chêne orné de son feuillage, verdoyante borne fixée pour les matelots, et d'où ils devaient, tournant le rocher par un long circuit, se replier vers le port.

Alors les galères tirent leurs places au sort; les chefs, sur leurs poupes, paraissent de loin resplendissants d'or et de pourpre; la jeunesse troyenne, couronnée de branches de peuplier, les épaules nues et luisantes d'huile, s'assied sur les bancs; et, les bras étendus sur la rame, attentive au signal, elle l'attend : la peur d'être vaincus, l'amour dévorant de la gloire font battre et bondir les cœurs dans les poitrines. Enfin l'airain sonore donne le signal; tous au même instant s'élancent de leurs places; les cris des matelots frappent la voûte des cieux; l'onde écume sous les efforts des bras ramenés en arrière; tous ensemble y creusent de larges sillons; la mer entière s'ouvre, soulevée par la rame et par la triple pointe des proues. Moins vites fondent les chars à deux coursiers; moins vites ils s'emparent de l'espace, et se répandent hors des barrières; avec moins d'impatience leurs conducteurs, les laissant s'emporter, secouent les rênes ondoyantes, et, le fouet suspendu, se penchent sur le timon. Alors les applaudissements de la foule frémissante, les vœux bruyants de l'amitié retentissent dans les forêts d'alentour; et la rive sonore et les collines ébranlées roulent au loin l'écho de ces clameurs immenses.

Au milieu de la foule et des frémissements du rivage, Gyas le premier vole, et devance ses rivaux; Cloanthe le suit; ses rameurs sont plus forts, mais le poids du navire les retarde. Après eux viennent à égale distance la Baleine et le Centaure, qui tâchent de se passer l'une l'autre. Tantôt la Baleine est la première, tantôt s'échappe

Excierat : læto conplerant littora cœtu
Visuri Æneadas ; pars et certare parati.
Munera principio ante oculos circoque locantur
In medio : sacri tripodes, viridesque coronæ,   110
Et palmæ, pretium victoribus, armaque, et ostro
Perfusæ vestes, argenti aurique talenta ;
Et tuba conmissos medio canit aggere ludos.
Prima pares ineunt gravibus certamina remis
Quatuor, ex omni delectæ classe, carinæ.   115
Velocem Mnestheus agit acri remige Pristin ;
Mox Italus Mnestheus, genus a quo nomine Memmi ;
Ingentemque Gyas ingenti mole Chimæram,
Urbis opus, triplici pubes quam Dardana versu
Inpellunt ; terno consurgunt ordine remi ;   120
Sergestusque, domus tenet a quo Sergia nomen,
Centauro invehitur magna ; Scyllaque Cloanthus
Cærulea, genus unde tibi, Romane Cluenti.
Est procul in pelago saxum spumantia contra
Litora, quod tumidis submersum tunditur olim   125
Fluctibus, hiberni condunt ubi sidera Cori ;
Tranquillo silet, inmotaque adtollitur unda
Campus, et apricis statio gratissima mergis.
Hic viridem Æneas frondenti ex ilice metam
Constituit signum nautis pater ; unde reverti   130
Scirent, et longos ubi circumflectere cursus.
Tum loca sorte legunt, ipsique in puppibus auro
Ductores longe effulgent ostroque decori ;
Cetera populea velatur fronde juventus,
Nudatosque humeros oleo perfusa nitescit.   135
Considunt transtris ; intentaque brachia remis,
Intenti exspectant signum, exsultantiaque haurit
Corda pavor pulsans, laudumque adrecta cupido.
Inde, ubi clara dedit sonitum tuba, finibus omnes,
Haud mora, prosiluere suis : ferit æthera clamor   140
Nauticus ; adductis spumant freta versa lacertis.
Infindunt pariter sulcos, totumque dehiscit
Convolsum remis rostrisque tridentibus æquor.
Non tam præcipites bijugo certamine campum
Corripuere, ruuntque effusi carcere currus ;   145
Nec sic inmissis aurigæ undantia lora
Concussere jugis, pronique in verbera pendent.
Tum plausu fremituque virum studiisque faventum
Consonat omne nemus, vocemque inclusa volutant
Littora ; pulsati colles clamore resultant.   150
Effugit ante alios, primisque elabitur undis
Turbam inter fremitumque Gyas ; quem deinde Cloanthus
Consequitur, melior remis ; sed pondere pinus
Tarda tenet : post hos, æquo discrimine Pristis

devant elle l'immense Centaure ; tantôt se serrant de front, les deux galères vont, et de leurs longues carènes sillonnent les ondes salées. Déjà les quatre navires voguaient à la hauteur du rocher et atteignaient la borne, quand Gyas, le premier sur les flots et déjà vainqueur, crie à son pilote Ménètes : « Pourquoi ce détour à droite ? gou-
« verne de ce côté-ci ; côtoie ce bord, et laisse la
« rame raser les rochers à gauche : que les autres
« tiennent la haute mer. » Il dit ; mais Ménètes, craignant les rochers sous l'eau, détourne sa proue, et gagne au large. « Qu'as-tu donc à t'écarter, Ménè-
« tes ? encore un coup, rapproche-toi des rochers, » lui criait Gyas en le rappelant. Et soudain il voit Cloanthe qui le presse par derrière, et qui déjà le gagne. Cloanthe saisit l'espace qui était entre la galère de Gyas et les rochers retentissants, glisse à gauche, la passe, double la borne, et vogue librement en pleine mer. Alors le jeune homme, qui perdait la victoire, sentit s'allumer dans son cœur une ardente colère ; des larmes coulèrent sur ses joues ; s'oubliant lui-même, et son honneur et le salut des siens, il précipite l'indocile Ménètes du haut de la poupe dans les flots. En même temps il court au gouvernail, et, pilote à son tour, il encourage les siens, et tourne le timon du côté du rivage. Mais le vieux pilote, sortant enfin du fond des eaux, gagne, tout ruisselant et appesanti par ses vêtements humides, le haut du rocher, et s'assied sur sa cime aride. Les Troyens avaient ri de le voir et tomber et nager ; ils rient en le voyant rejeter de sa poitrine les flots amers.

Cependant les deux derniers, Mnesthée et Sergeste, s'enflamment à l'espérance de vaincre Gyas, un moment retardé. Sergeste s'approche du but, et devance Mnesthée ; mais il ne le passe qu'à demi de la galère, et la proue de la Baleine serre toujours les flancs du Centaure. Mnesthée parcourant à grands pas les bancs de ses rameurs, les échauffait de sa voix : « Allons, allons, et
« courbez-vous sur vos rames, compagnons du
« grand Hector, vous qu'en ce jour qui fut le der-
« nier de Troie, j'ai choisis pour les miens ! Voici,
« voici l'instant de déployer ces forces et ce cou-
« rage qui vous sauvèrent des syrtes de Gétulie,
« des fureurs de la mer Ionienne, et des courants
« entraînants de Malée. Je n'aspire pas au pre-
« mier rang ; non, Mnesthée ne prétend pas à la
« victoire. Si pourtant... Mais, ô Neptune, fais
« triompher celui qu'il te plaira ! Ah ! du moins
« ayons honte d'arriver les derniers ; compagnons,
« que ce soit là notre victoire ; défendons-nous du
« déshonneur. » Il dit, et d'un immense effort ils pèsent ensemble sur leurs rames ; l'airain du navire tremble sous les vastes coups de l'aviron, l'onde sillonnée s'enfuit : les rameurs, la bouche desséchée, halètent ; un souffle entrecoupé bat leurs flancs, et des flots de sueur en ruissellent. Un accident leur donna la victoire tant désirée. Tandis que, furieux d'être dépassé, Sergeste court entre les rochers sur la poupe rivale, et veut saisir un intervalle périlleux, le malheureux heurte la pointe avancée des écueils, et s'y engage. Les rochers en sont ébranlés ; les rames, repoussées par leurs saillies aiguës, s'y brisent en éclats,

```
Centaurusque locum tendunt superare priorem ;          155
Et nunc Pristis habet ; nunc victam præterit ingens
Centaurus ; nunc una ambæ junctisque feruntur
Frontibus ; et longa sulcant vada salsa carina.
   Jamque propinquabant scopulo, metamque tenebant,
Quum princeps medioque Gyas in gurgite victor         160
Rectorem navis conpellat voce Menœten :
Quo tantum mihi dexter abis ? huc dirige gressum ;
Litus ama, et lævas stringat sine palmula cautes ;
Altum alii teneant. Dixit. Sed cæca Menœtes
Saxa timens, proram pelagi detorquet ad undas.        165
Quo diversus abis ? iterum : pete saxa, Menœte,
Cum clamore Gyas revocabat ; et ecce Cloanthum
Respicit instantem tergo, et propiora tenentem.
Ille inter navemque Gyæ scopulosque sonantis
Radit iter lævum interior, subitoque priorem          170
Præterit, et metis tenet æquora tuta relictis.
Tum vero exarsit juveni dolor ossibus ingens ;
Nec lacrimis caruere genæ ; segnemque Menœton,
Oblitus decorisque sui sociumque salutis,
In mare præcipitem puppi deturbat ab alta ;           175
Ipse gubernaculo rector subit, ipse magister,
Hortaturque viros, clavumque ad litora torquet.
   At gravis, ut fundo vix tandem redditus imo est
Jam senior, madidaque fluens in veste Menœtes,
Summa petit scopuli, siccaque in rupe resedit.        180
Illum et labentem Teucri, et risere natantem,
Et salsos rident revomentem pectore fluctus.
   Hic læta extremis spes est accensa duobus,
Sergesto Mnestheique, Gyan superare morantem.
Sergestus capit ante locum, scopuloque propinquat ;   185
Nec tota tamen ille prior præeunte carina ;
Parte prior ; partem rostro premit æmula Pristis.
At media socios incedens nave per ipsos
Hortatur Mnestheus : Nunc, nunc insurgite remis,
Hectorei socii, Trojæ quos sorte suprema              190
Delegi comites ; nunc illas promite vires,
Nunc animos, quibus in Gætulis Syrtibus usi,
Ionioque mari, Maleæque sequacibus undis.
Non jam prima peto Mnestheus, neque vincere certo :
Quamquam o ! sed superent, quibus hoc, Neptune, dedisti ;
Extremos pudeat rediisse : hoc vincite, cives,        196
Et prohibete nefas. Olli certamine summo
Procumbunt : vastis tremit ictibus ærea puppis,
Subtrahiturque solum ; tum creber anhelitus artus
Aridaque ora quatit ; sudor fluit undique rivis.      200
Adulit ipse viris optatum casus honorem.
   Namque, furens animi, dum proram ad saxa suburguet
Interior, spatioque subit Sergestus iniquo,
Infelix saxis in procurrentibus hæsit.
```

et la proue fracassée demeure suspendue. Les matelots se lèvent tous ensemble, et, poussant un grand cri, s'arrêtent : on s'arme de crocs de fer, de longs pieux à la pointe acérée; on recueille çà et là les débris flottants des rames. Cependant Mnesthée, que réjouit le malheur de Sergeste, s'enflamme par le succès; ses rameurs redoublent de vitesse; il invoque les vents, glisse sur la mer, et s'emporte à travers l'espace libre des eaux. Telle, dans le creux de la roche poreuse où elle a sa demeure et sa douce couvée, une colombe troublée tout à coup prend son essor vers la plaine, et dans son épouvante bat de l'aile au-dessus de son nid avec un bruit immense; bientôt glissant dans l'air tranquille, elle rase le liquide azur, et ne fait qu'y soutenir son vol rapide. Ainsi Mnesthée s'élance; ainsi la Baleine échappée fend les flots au bout de la carrière; ainsi l'emporte son essor impétueux. D'abord elle laisse derrière elle Sergeste luttant contre les écueils, tâchant de se dégager des bancs de sable, implorant en vain du secours, et essayant de se remettre à flot avec ses débris de rames. De là Mnesthée poursuit Gyas, et la vaste et pesante Chimère, qui, dépourvue de son pilote, lui a bientôt cédé.

Cloanthe restait seul, et il avait presque achevé sa course : Mnesthée fond sur lui, et le presse de toute la force de ses rames. Alors redoublent les cris des spectateurs ; alors on l'encourage par mille vœux ardents; le ciel retentit d'un immense fracas. Ceux de la galère de Cloanthe comptent pour rien leur avantage et un honneur déjà conquis, s'ils ne les gardent; et ils veulent cent fois mourir pour la gloire. Le succès nourrit l'ardeur des matelots de Mnesthée; ils peuvent vaincre, parce qu'ils croient le pouvoir. Et peut-être les deux galères allaient à proues égales saisir le prix de la victoire, si Cloanthe, étendant ses bras vers les eaux, ne se fût répandu en prières, et n'eût invoqué les dieux de la mer : « Divinités qui « avez l'empire de ces mers où je cours, je vous « immolerai avec joie, oui, j'en fais le vœu, un « taureau blanc sur ce rivage, au pied de vos autels ; je jetterai les entrailles de la victime dans « les flots amers, et j'y répandrai le vin des libations. » Il dit, et du fond des eaux tout le chœur des Néréides et de Phorcus, et la Nymphe Panopée, entendirent sa voix. Palémon lui-même de sa puissante main pousse la galère, qui, plus rapide que le Notus ou que la flèche légère, vole vers le rivage, et s'enfonce dans le port.

Alors le fils d'Anchise, après avoir appelé tous les combattants, selon la coutume, fait proclamer par la voix retentissante du héraut Cloanthe vainqueur, et le couronne lui-même du laurier verdoyant. Il fait ensuite distribuer à chaque galère trois jeunes taureaux, au choix des combattants, des vins, et des talents d'argent. Les chefs reçoivent de lui des récompenses d'un prix plus relevé. Au vainqueur il donne une chlamyde tissue d'or, où serpente en un double contour la pourpre mélibéenne. On y voyait représenté l'enfant royal des forêts de l'Ida; un javelot à la

```
Concussæ cautes, et acuto in murice remi                205
Obnixi crepuere, inlisaque prora pependit.
Consurgunt nautæ, et magno clamore morantur;
Ferratasque trudes et acuta cuspide contos
Expediunt, fractosque legunt in gurgite remos.
At lætus Mnestheus, successuque acrior ipso,            210
Agmine remorum celeri, ventisque vocatis,
Prona petit maria, et pelago decurrit aperto.
Qualis spelunca subito conmota columba,
Cui domus et dulces latebroso in pumice nidi,
Fertur in arva volans, plausumque exterrita pennis     215
Dat tecto ingentem : mox aere lapsa quieto
Radit iter liquidum, celeris neque conmovet alas :
Sic Mnestheus, sic ipsa fuga secat ultima Pristis
Æquora, sic illam fert inpetus ipse volantem.
Et primum in scopulo luctantem deserit alto             220
Sergestum brevibusque vadis, frustraque vocantem
Auxilia, et fractis discentem currere remis.
Inde Gyan ipsamque ingenti mole Chimæram
Consequitur; cedit, quoniam spoliata magistro est.
   Solus jamque ipso superest in fine Cloanthus;        225
Quem petit, et summis adnixus viribus urguet.
Tum vero ingeminat clamor, cunctique sequentem
Instigant studiis, resonatque fragoribus æther.
Hi, proprium decus et partum indignantur honorem
Ni teneant; vitamque volunt pro laude pacisci.         230
```

```
Hos successus alit; possunt, quia posse videntur.
Et fors æquatis cepissent præmia rostris;
Ni, palmas ponto tendens utrasque, Cloanthus
Fudissetque preces, divosque in vota vocasset :
Di, quibus imperium est pelagi, quorum æquora curro,
Vobis lætus ego hoc candentem in litore taurum         235
Constituam ante aras, voti reus, extaque salsos
Porriciam in fluctus, et vina liquentia fundam.
Dixit, eumque imis sub fluctibus audiit omnis
Nereidum Phorcique chorus, Panopeaque virgo;
Et pater ipse manu magna Portunus euntem               240
Inpulit : illa Noto citius volucrique sagitta
Ad terram fugit, et portu se condidit alto.
   Tum satus Anchisa, cunctis ex more vocatis,
Victorem magna præconis voce Cloanthum
Declarat, viridique advelat tempora lauro;             245
Muneraque in navis ternos optare juvencos
Vinaque, et argenti magnum dat ferre talentum.
Ipsis præcipuos ductoribus addit honores :
Victori chlamydem auratam, quam plurima circum         250
Purpura Mæandro duplici Meliboea cucurrit;
Intextusque puer frondosa regius Ida
Velocis jaculo cervos cursuque fatigat
Acer, anhelanti similis, quem præpes ab Ida
Sublimem pedibus rapuit Jovis armiger uncis.           255
Longævi palmas nequidquam ad sidera tendunt
```

main, il fatigue à la course les cerfs rapides; échauffé, haletant, il semble respirer: soudain l'oiseau qui porte la foudre fond sur lui, et l'enlève entre ses serres. Les vieux gouverneurs de l'enfant tendent vainement les bras vers le ciel, et les chiens jettent aux vents des aboiements furieux. Mnesthée, que sa vigoureuse adresse avait porté à la seconde place, reçoit pour récompense une cuirasse tissue d'une triple maille d'or, ornement et défense à la fois : Énée vainqueur de Démolée la lui avait enlevée près du rapide Simoïs, au pied des hauts remparts d'Ilion. Phégée et Sagaris, deux esclaves, rassemblant pour la porter leurs robustes épaules, fléchissaient sous le poids de ses anneaux multipliés; mais Démolée autrefois, léger sous cette énorme armure, poussait devant lui les Troyens dispersés. Pour troisième prix, Énée donne à Gyas deux grands bassins d'airain, deux coupes d'argent d'un travail parfait, et d'où ressortaient des figures en relief.

Déjà tous les prix étaient distribués, et, fiers de leurs trophées, les chefs marchaient la tête ceinte de bandelettes de pourpre, quand Sergeste, après s'être à grand'peine dégagé des funestes écueils, revint dépouillé d'un banc de ses rameurs, honteux, et ramenant au milieu des rires sa débile galère. Tel un serpent qu'une roue a surpris sur la montée d'un chemin et traversé de son cercle d'airain, ou qu'un voyageur a laissé tout meurtri sous le coup d'une pierre et demi-mort; pour fuir il se tord en longs et impuissants replis. Terrible d'un côté, les yeux ardents, sa tête se dresse encore altière et sifflante; mais de l'autre côté où la blessure interrompt le jeu des anneaux, il est arrêté; et c'est en vain qu'il courbe et recourbe ses restes mutilés. Ainsi dégarnie de rames et attardée se traînait la galère; elle navigue pourtant avec ses voiles, et, sous le vent qui les enfle, elle rentre dans le port. Énée, heureux de voir qu'il a sauvé son vaisseau et ramené ses compagnons, donne à Sergeste sa part des récompenses promises : c'est une jeune esclave crétoise, Pholoé, savante dans les arts de Minerve, et mère de deux enfants à la mamelle.

Ce combat terminé, Énée se rendit dans une prairie qu'enfermaient de toutes parts des coteaux couronnés de forêts; au milieu du vallon était un cirque naturel : le héros s'y transporte entouré de la foule des Troyens, et y prend sa place. Là il invite par de nobles encouragements tous ceux qui veulent lutter à la course, et il propose des prix. De tous côtés accourent et Troyens et Siciliens, et à leur tête Nisus et Euryale : Euryale, que distingue sa beauté et les grâces de la verte jeunesse; Nisus, sa pieuse tendresse pour le bel enfant. Après eux viennent Diorès, de la race royale de Priam; Salius d'Acarnanie, patron de Tégée d'Arcadie; enfin deux jeunes Siciliens, Hélymus et Panope, accoutumés à vivre dans les forêts, et compagnons assidus du vieil Aceste. Il en vint d'autres encore, dont l'oubli nous a caché les noms.

Énée les voyant rassemblés leur parla ainsi : « Écoutez, jeunes gens, et que vos cœurs joyeux « s'ouvrent à mes paroles : nul de vous ne se re-

Custodes; sævitque canum latratus in auras.
At qui deinde locum tenuit virtute secundum,
Lævibus huic hamis consertam auroque trilicem
Loricam, quam Demoleo detraxerat ipse   260
Victor apud rapidum Simoenta sub Ilio alto,
Donat habere viro, decus et tutamen in armis.
Vix illam famuli Phegeus Sagarisque ferebant
Multiplicem, connixi humeris : indutus at olim
Demoleos cursu palantis Troas agebat.   265
Tertia dona facit geminos ex ære lebetas;
Cymbiaque argento perfecta atque aspera signis.
   Jamque adeo donati omnes, opibusque superbi,
Puniceis ibant evincti tempora tænis;
Quum sævo e scopulo multa vix arte revolsus,   270
Amissis remis, atque ordine debilis uno,
Inrisam sine honore ratem Sergestus agebat.
Qualis sæpe viæ deprensus in aggere serpens,
Ærea quem obliquum rota transiit; aut gravis ictu
Seminecem liquit saxo lacerumque viator;   275
Nequidquam longos fugiens dat corpore tortus,
Parte ferox, ardensque oculis, et sibila colla
Arduus adtollens; pars volnere clauda retentat
Nexantem nodis, seque in sua membra plicantem.
Tali remigio navis se tarda movebat;   280
Vela facit tamen, et velis subit ostia plenis.

Sergestum Æneas promisso munere donat,
Servatam ob navem lætus sociosque reductos :
Olli serva datur, operum haud ignara Minervæ,
Cressa genus Pholoe, geminique sub ubere nati. 285
   Hoc pius Æneas misso certamine tendit
Gramineum in campum, quem collibus undique curvis
Cingebant silvæ; mediaque in valle theatri
Circus erat, quo se multis cum millibus heros
Consessu medium tulit, exstructoque resedit.   290
Hic, qui forte velint rapido contendere cursu,
Invitat pretiis animos, et præmia ponit.
Undique conveniunt Teucri, mixtique Sicani;
Nisus et Euryalus primi;
Euryalus forma insignis viridique juventa,   295
Nisus amore pio pueri; quos deinde secutus
Regius egregia Priami de stirpe Diores:
Hunc Salius, simul et Patron; quorum alter Acarnan,
Alter ab Arcadio Tegeææ sanguine gentis :
Tum duo Trinacrii juvenes, Helymus Panopesque, 300
Adsueti silvis, comites senioris Acestæ :
Multi præterea, quos fama obscura recondit.
   Æneas quibus in mediis sic deinde locutus :
Adcipite hæc animis, lætasque advertite mentis.
Nemo ex hoc numero mihi non donatus abibit :   305
Gnossia bina dabo levato lucida ferro

« tirera de la lice sans un présent de mes mains.
« Je vous donnerai deux javelots armés d'un fer
« poli, avec une hache à deux tranchants ciselée
« en argent; cette récompense sera commune à
« tous. Les trois premiers vainqueurs recevront
« trois prix, et l'olivier triomphal ceindra leurs
« fronts. Au premier je destine un coursier riche-
« ment équipé; au second, un carquois d'Amazo-
« ne, rempli de flèches de Thrace, qu'embrasse
« un large baudrier d'or, et que noue une agrafe
« de luisantes pierreries : que le troisième s'en re-
« tourne content de ce casque, dépouille d'un
« Grec. »

Il dit, chacun prend sa place, le signal est donné; et tous, quittant la barrière, s'emportent à travers l'espace, et s'y répandent comme un tourbillon : tous fixent de l'œil le but. A leur tête, Nisus court, bondit, laissant les autres loin derrière lui, plus rapide que le vent et que l'aile du tonnerre. Salius le suit, mais le suit à une grande distance; et à son tour il laisse un large espace entre Euryale et lui. Euryale a les devants sur Hélymus, derrière qui vole Diorès; Diorès, qui déjà presse de son pied sa trace, penché sur son épaule; et s'il y avait plus d'espace à franchir, il s'échapperait devant lui, ou laisserait la victoire incertaine. Déjà ils étaient arrivés à l'extrémité de la carrière et ils touchaient au but, quand le malheureux Nisus tomba; il avait glissé sur le terrain et sur le vert gazon, trempés du sang des taureaux qui y avaient été récemment immolés. Là le jeune homme, déjà vainqueur, déjà triom-

phant, ne peut retenir ses pas chancelants sur le sol; il roule étendu sur l'herbe fangeuse et humide encore du sang des sacrifices. Dans son malheur au moins il n'oublie pas Euryale, son cher Euryale : mais, se relevant soudain du sol qui l'a trahi, il s'oppose à Salius, qui tombe précipité sur l'épaisse arène. Euryale passe comme l'éclair, et, vainqueur par cette tendre ruse de l'amitié, il tient la tête des coureurs, et vole au milieu des cris et des frémissements de la foule enivrée. Hélymus arrive après lui, et la troisième palme est à Diorès. Cependant Salius remplissait de ses clameurs l'immensité du cirque, et jetait ses plaintes aux premiers rangs de l'amphithéâtre. Il réclame pour lui l'honneur que la ruse lui a ravi. Euryale a pour lui la faveur de l'assemblée, ses larmes qui le font paraître plus charmant, sa vertu encore plus gracieuse, unie à un beau corps. Diorès le soutient; il s'emporte, il s'écrie qu'il a vainement approché de la victoire et gagné le troisième prix, si le premier est décerné à Salius. Alors Énée : « Jeunes gens, les récompenses que
« je vous ai promises vous sont assurées, et per-
« sonne n'a rien changé à l'ordre des prix. Souf-
« frez seulement que je console un ami malheu-
« reux. » Il dit, et donne à Salius l'immense dépouille d'un lion de Gétulie, avec ses crins touffus et ses ongles d'or. Alors Nisus : « Si la part
« des vaincus est si belle, et si vous avez pitié
« de ceux qui tombent, que réservez-vous donc
« à Nisus qui soit digne de lui, à Nisus qui eût
« mérité la première couronne, si la fortune en-

Spicula, cælatamque argento ferre bipennem :
Omnibus hic erit unus honos. Tres præmia primi
Adcipient, flavaque caput nectentur oliva :
Primus equum phaleris insignem victor habeto;   310
Alter Amazoniam pharetram plenamque sagittis
Threiciis, lato quam circumplectitur auro
Balteus, et tereti subnectit fibula gemma;
Tertius Argolica hac galea contentus abito. »
   Hæc ubi dicta; locum capiunt, signoque repente   315
Conripiunt spatia audito, limenque relinquunt,
Effusi nimbo similes; simul ultima signant.
Primus abit, longeque ante omnia corpora Nisus
Emicat, et ventis et fulminis ocior alis.
Proximus huic, longo sed proximus intervallo,   320
Insequitur Salius; spatio post deinde relicto
Tertius Euryalus :
Euryalumque Helymus sequitur; quo deinde sub ipso
Ecce volat, calcemque terit jam calce Diores,
Incumbens humero; spatia et si plura supersint,   325
Transeat elapsus prior, ambiguumve relinquat.
Jamque fere spatio extremo, fessique, sub ipsam
Finem adventabant, levi quum sanguine Nisus
Labitur infelix; cæsis ut forte juvencis
Fusus humum viridisque super madefecerat herbas.   330
Hic juvenis jam victor ovans vestigia presso
Haud tenuit titubata solo; sed pronus in ipso

Concidit, inmundoque fimo sacroque cruore.
Non tamen Euryali, non ille oblitus amorum :
Nam sese obposuit Salio per lubrica surgens;   335
Ille autem spissa jacuit revolutus arena.
Emicat Euryalus, et munere victor amici
Prima tenet, plausuque volat fremituque secundo :
Post Helymus subit; et nunc tertia palma Diores.
Hic totum caveæ consessum ingentis, et ora   340
Prima patrum, magnis Salius clamoribus inplet,
Ereptumque dolo reddi sibi poscit honorem.
Tutatur favor Euryalum, lacrimæque decoræ,
Gratior et pulchro veniens in corpore virtus :
Adjuvat, et magna proclamat voce Diores,   345
Qui subiit palmæ, frustraque ad præmia venit
Ultima, si primi Salio reddantur honores.
   Tum pater Æneas, Vestra, inquit, munera vobis
Certa manent, pueri; et palmam movet ordine nemo :
Me liceat casus miserari insontis amici.   350
Sic fatus, tergum Gætuli inmane leonis
Dat Salio, villis onerosum atque unguibus aureis.
Hic Nisus, Si tanta, inquit, sunt præmia victis,
Et te lapsorum miseret, quæ munera Niso
Digna dabis, primam merui qui laude coronam,   355
Ni me, quæ Salium, fortuna inimica tulisset?
Et simul his dictis faciem ostentabat, et udo
Turpia membra fimo. Risit pater optimus olli,

« nemie ne la lui eût enlevée comme à Salius ? » Et en même temps il montrait son visage et ses membres tout souillés de sang et de fange. Énée lui sourit avec bonté, et lui met entre les mains un bouclier, précieux ouvrage de la main de Didymaon, que les Grecs avaient autrefois arraché des portes sacrées du temple de Neptune. Ce magnifique présent console le noble jeune homme.

Les courses achevées et les prix distribués : « Maintenant, dit Énée, si quelqu'un d'entre « vous se sent assez de courage et de vigueur « pour le combat du ceste, qu'il se présente, et « qu'il lève ses bras enveloppés des rudes laniè- « res. » Il dit, et propose deux prix : au vainqueur un jeune taureau, dont la tête sera parée de bandelettes et de lames d'or ; au vaincu, pour le consoler, une épée et un casque magnifique. Aussitôt se montre étalant ses forces prodigieuses Darès, et il se lève au milieu d'un immense murmure : seul autrefois il osait lutter contre Pâris ; seul, près du tombeau où le grand Hector est couché, il vainquit Butès toujours vainqueur, l'énorme Butès qui se vantait d'être de la race d'Amycus de Bébrycie, le terrassa, et l'étendit mourant sur la poudreuse arène. Tel, préludant au combat, Darès lève sa tête altière, montre ses larges épaules, jette en avant ses deux bras tour à tour étendus, et en bat les airs. On lui cherche un rival ; mais dans une si grande foule, nul n'ose se mesurer avec lui, ni armer ses mains du ceste. Alors, dans sa joie insolente, et déjà de l'air d'un vainqueur couronné, il se pose devant Énée, et saisissant le taureau par une corne : « Fils de Vénus, dit-il, puisque personne n'ose « s'exposer au combat, jusques à quand demeu- « rerai-je ici ? Qu'ai-je à attendre encore ? Ordon- « nez qu'on amène le taureau ; il est à moi. » Tous les Troyens de répondre par un murmure flatteur, et de réclamer pour lui la récompense promise. Alors le vieil Aceste gourmande avec douceur Entelle, comme il était assis à ses côtés sur le vert tapis de la prairie : « Entelle, n'as-tu « donc été le plus vaillant des héros d'autrefois « que pour souffrir d'un cœur trop patient qu'un « si beau prix soit enlevé sans combat ? Où est « donc cet Éryx vainement vanté, ce dieu, no- « tre maître ? Qu'est devenue ta renommée qui « remplissait la Sicile ? Que sont devenues tant « de dépouilles suspendues aux portes de ta de- « meure ? » Entelle lui répond : « Ce n'est pas la « peur qui a chassé de mon cœur l'amour des « louanges et de la gloire : mais la vieillesse pe- « sante a engourdi mon sang glacé, et éteint « dans ce corps languissant mes forces épuisées. « Si j'avais encore cette jeunesse qui enhardit la « bouillante ardeur de cet insolent, ce ne serait « pas le prix qui m'attirerait au combat ; les pré- « sents me touchent peu, et ce beau taureau n'est « pas ce qui me ferait descendre dans l'arène. » Il dit, et jette sur l'arène deux cestes d'un poids énorme, avec lesquels le redoutable Éryx avait coutume de s'engager dans les luttes, et garnissait ses bras triplement enlacés. Les esprits furent frappés de stupeur à la vue de cette masse effroyable où la peau d'un bœuf entier, soudée par le fer et le plomb se repliait sept fois sur elle-même. Darès surtout reste saisi et recule devant de pareilles armes. Le magnanime fils d'Anchise

Et clipeum efferri jussit, Didymaonis artes,
Neptuni sacro Danais de poste refixum : 360
Hoc juvenem egregium præstanti munere donat.
    Post, ubi confecti cursus, et dona peregit :
Nunc, si cui virtus, animusque in pectore præsens
Adsit, et evinctis adtollat brachia palmis.
Sic ait, et geminum pugnæ proponit honorem ; 365
Victori velatum auro vittisque juvencum ;
Ensem, atque insignem galeam, solatia victo.
Nec mora ; continuo vastis cum viribus effert
Ora Dares, magnoque virum se murmure tollit ;
Solus qui Paridem solitus contendere contra ; 370
Idemque ad tumulum, quo maximus occubat Hector,
Victorem Buten inmani corpore, qui se,
Bebrycia veniens Amyci de gente, ferebat,
Perculit, et fulva moribundum extendit arena.
Talis prima Dares caput altum in prælia tollit, 375
Ostenditque humeros latos, alternaque jactat
Brachia protendens, et verberat ictibus auras.
Quæritur huic alius : nec quisquam ex agmine tanto
Audet adire virum, manibusque inducere cestus.
Ergo alacris, cunctosque putans excedere palma, 380
Æneæ stetit ante pedes ; nec plura moratus,
Tum læva taurum cornu tenet, atque ita fatur :

Nate dea, si nemo audet se credere pugnæ,
Quæ finis standi ? quo me decet usque teneri ?
Ducere dona jube. Cuncti simul ore fremebant 385
Dardanidæ, reddique viro promissa jubebant.
    Hic gravis Entellum dictis castigat Acestes,
Proxumus ut viridante toro consederat herbæ :
Entelle, heroum quondam fortissime frustra,
Tantane tam patiens nullo certamine tolli 390
Dona sines ? ubi nunc nobis deus ille, magister
Nequidquam memoratus, Eryx ? ubi fama per omnem
Trinacriam, et spolia illa tuis pendentia tectis ?
Ille sub hæc : Non laudis amor, nec gloria cessit
Pulsa metu, sed enim gelidus tardante senecta 395
Sanguis hebet, frigentque effetæ in corpore vires.
Si mihi, quæ quondam fuerat, quaque inprobus iste
Exsultat fideus, si nunc foret illa juventas ;
Haud equidem pretio inductus pulchroque juvenco
Venissem ; nec dona moror. Sic deinde locutus 400
In medium geminos inmani pondere cestus
Projecit ; quibus acer Eryx in prælia suetus
Ferre manum, duroque intendere brachia tergo.
Obstupuere animi : tantorum ingentia septem
Terga boum plumbo insuto ferroque rigebant. 405
Ante omnia stupet ipse Dares, longeque recusat ;

soulève ce couple prodigieux, en manie les immenses nœuds çà et là déroulés. Alors le vieil Entelle : « Et que serait-ce donc si vous eussiez « vu les cestes, les armes d'Hercule lui-même, « et ce triste et fameux combat livré sur ce même « rivage? C'étaient là les armes que portait jadis « votre frère Éryx; voyez, elles sont encore « souillées des restes sanglants des crânes fracassés. Ce fut avec ces armes qu'il tint ferme contre le grand Alcide; c'étaient aussi les miennes, « lorsqu'un sang plus vif entretenait mes forces, « et que la vieillesse ennemie ne s'était pas encore répandue sur mes tempes blanchissantes. « Mais si Darès se retire devant nos armes, et si « le pieux Énée et Aceste, à la voix de qui j'ai « cédé, ont à cœur d'égaliser la lutte, je le veux « bien, Darès, et je te fais grâce des cestes « d'Éryx : rassure-toi donc, et à ton tour dépouille les cestes troyens. » A ces mots, il rejette de ses épaules sa double tunique, met à nu ses membres énormes, ses grands os, ses redoutables bras, et se pose, athlète immense, au milieu de l'arène. Alors Énée fait apporter des cestes égaux, et lui-même les enlace aux bras des deux rivaux appareillés.

Tous deux aussitôt, les poings en avant, se dressent sur leurs pieds, et lèvent en l'air leurs bras intrépides. Et d'abord ils rejettent loin des coups leur tête relevée en arrière; bientôt leurs mains se mêlent, et ils engagent la lutte. L'un, plus léger, plus agile, a l'avantage de la jeunesse; l'autre, plus ramassé dans ses membres, se défend par sa masse, mais il chancelle sur ses genoux engourdis et tremblants, et sa pénible haleine bat ses vastes flancs. Longtemps l'un et l'autre se portent mille coups perdus; les cestes précipités tantôt tombent sur leurs flancs creux, tantôt retentissent sur leurs poitrines ébranlées; on voit errer autour de leurs oreilles et de leurs tempes leurs mains infatigables; leurs joues crient sous la dure et pesante lanière. Entelle, qu'affermit son propre poids, demeure immobile dans le même effort, et par d'adroits mouvements, par un vigilant coup d'œil, ne fait qu'esquiver les coups. Darès, semblable au guerrier qui assiége les remparts élevés d'une ville, ou qui, posté sous les armes, investit un fort au haut d'un mont, épie tantôt un accès, tantôt un autre, parcourt la place en tout sens, l'enveloppe de son art, et la presse de mille assauts impuissants. Entelle se dresse, déploie son bras droit et le lève en l'air; Darès voit venir d'en haut le coup, et par un vif écart s'y dérobe. Entelle perd son effort dans les airs, et, de lui-même entraîné, il tombe à terre de tout son vaste poids : ainsi au sommet de l'Érymanthe et de l'Ida tombe avec ses racines un pin creux de vétusté. Troyens et Siciliens, tous se lèvent émus; un immense cri monte au ciel : Aceste le premier accourt; vieux, il plaint son vieil ami tombé, et l'aide à se relever. Mais le héros, que sa chute n'a ni affaibli ni épouvanté, revient plus furieux au combat; la colère, la honte, le sentiment de la gloire ont irrité son courage et rallumé son sang; et voilà que, plus impétueux,

Magnanimusque Anchisiades, et pondus, et ipsa
Huc illuc vinclorum inmensa volumina versat.
Tum senior talis referebat pectore voces :
« Quid, si quis cestus ipsius et Herculis arma   410
Vidisset, tristemque hoc ipso in litore pugnam?
Hæc germanus Eryx quondam tuus arma gerebat,
Sanguine cernis adhuc fractoque infecta cerebro :
His magnum Alciden contra stetit; his ego suetus,
Dum melior vires sanguis dabat, æmula necdum   415
Temporibus geminis canebat sparsa senectus.
Sed, si nostra Dares hæc Troius arma recusat,
Idque pio sedet Æneæ, probat auctor Acestes,
Æquemus pugnas : Erycis tibi terga remitto;
Solve metus; et tu Trojanos exue cestus.   420
Hæc fatus, duplicem ex humeris rejecit amictum,
Et magnos membrorum artus, magna ossa, lacertosque
Exuit, atque ingens media consistit arena.
Tum satus Anchisa cestus pater extulit æquos,
Et paribus palmas amborum innexuit armis.   425

Constitit in digitos extemplo adrectus uterque,
Brachiaque ad superas interritus extulit auras :
Abduxere retro longe capita ardua ab ictu;
Inmiscentque manus manibus, pugnamque lacessunt.
Ille pedum melior motu, fretusque juventa,   430
Hic membris et mole valens; sed tarda trementi
Genua labant, vastos quatit æger anhelitus artus.

Multa viri nequidquam inter se volnera jactant,
Multa cavo lateri ingeminant, et pectore vastos
Dant sonitus; erratique auris et tempora circum   435
Crebra manus; duro crepitant sub volnere malæ.
Stat gravis Entellus, nisuque inmotus eodem
Corpore tela modo atque oculis vigilantibus exit.
Ille, velut celsam oppugnat qui molibus urbem,
Aut montana sedet circum castella sub armis,   440
Nunc hos, nunc illos aditus, omnemque pererrat
Arte locum; et variis adsultibus inritus urguet.
Ostendit dextram insurgens Entellus, et alte
Extulit; ille ictum venientem a vertice velox
Prævidit, celerique elapsus corpore cessit :   445
Entellus vires in ventum effudit; et ultro,
Ipse gravis graviterque ad terram pondere vasto
Concidit : ut quondam cava concidit, aut Erymantho,
Aut Ida in magna radicibus eruta pinus.
Consurgunt studiis Teucri et Trinacria pubes;   450
It clamor cœlo, primusque adcurrit Acestes,
Æquævumque ab humo miserans adtollit amicum.
At, non tardatus casu, neque territus, heros
Acrior ad pugnam redit, ac vim suscitat ira;
Tum pudor incendit vires, et conscia virtus;   455
Præcipitemque Daren ardens agit æquore toto;
Nunc dextra ingeminans ictus, nunc ille sinistra :
Nec mora, nec requies; quam multa grandine nimbi

il revient contre Darès étourdi, et le pousse çà et là dans l'arène, redoublant ses coups et de la main droite et de la gauche, sans trêve ni répit : comme tombe des nuages sur nos toits la grêle serrée et retentissante, ainsi pleuvent les coups sur Darès ; ainsi de ses deux bras précipités Entelle chasse et culbute Darès.

Énée ne souffrit pas que la colère d'Entelle allât plus loin, et que le vieil athlète s'emportât jusqu'aux fureurs de la vengeance ; il mit fin à la lutte, arracha aux mains d'Entelle Darès épuisé, et le consola par ces douces paroles : « Malheureux, « quelle démence s'est emparée de toi ? Ne sens-tu « pas une force autre que celle d'un bras mortel, « et que le ciel est contre toi ? Rends les armes à « un dieu. » Il dit, et de la voix arrête le combat. Les amis de Darès l'emportent de l'arène, se traînant sur ses genoux rompus, abandonnant deçà et delà sa tête flottante, et rejetant de sa bouche un sang épais avec ses dents brisées : ils le ramènent vers les vaisseaux, et reçoivent le casque et l'épée promis au vaincu ; ils abandonnent à Entelle la palme et le taureau. Alors Entelle vainqueur, et fier du prix de la victoire, s'écrie dans le transport d'un juste orgueil : « Fils de Vé-« nus, et vous, Troyens, connaissez aujourd'hui « Entelle, et voyez quelle a été la vigueur de ses « jeunes ans, et de quelle mort vous avez rappelé « Darès. » Il dit, se présente en face du taureau, prix du combat, se dresse, et de son bras droit ramené en arrière lui assène entre les deux cornes un si rude coup de son ceste, qu'il lui brise le crâne et en fait jaillir la cervelle. Le taureau s'ébranle, chancelle, tombe. « Éryx, s'écrie alors « Entelle, reçois cette victime, plus digne de toi « que Darès : vainqueur pour la dernière fois, je « dépose mon ceste et je renonce à mon art. »

Aussitôt Énée invite au combat de l'arc ceux qui s'y veulent signaler, et propose des prix. Luimême d'un bras vigoureux élève un mât tiré du vaisseau de Sereste, au haut duquel une colombe, but mobile des flèches, est attachée et se débat suspendue. Les rivaux accourent, et leurs noms sont jetés dans un casque pour être tirés au sort. Le premier qui est proclamé au milieu des applaudissements de la foule est celui d'Hippocoon, fils d'Hyrtacus : après lui sort le nom de Mnesthée, tout à l'heure vainqueur dans le combat des galères, de Mnesthée encore ceint de la verte branche de l'olivier. Le troisième est Eurytion, ton frère, ô illustre Pandarus, toi qui, pour obéir à Minerve, rompant tout à coup les traités de Troie, lanças un trait au milieu des Grecs. Aceste est le dernier dont le nom sort du casque ; Aceste, qui ose encore, dans ses vieux ans, tenter les vifs exercices de la jeunesse. Chacun alors courbe de toutes ses forces son arc flexible, et tire les flèches du carquois. La première que pousse au ciel la corde frémissante, est celle du jeune fils d'Hyrtacus : elle fend les airs, touche au mât, le perce et l'ébranle : l'oiseau s'effraye et bat de l'aile ; l'arène retentit d'immenses applaudissements. L'ardent Mnesthée s'avance, l'arc bandé, visant à la cime du mât, l'œil et le trait tendus

Culminibus crepitant, sic densis ictibus heros
Creber utraque manu pulsat versatque Dareta. 460
  Tum pater Æneas procedere longius iras,
Et sævire animis Entellum haud passus acerbis ;
Sed finem inposuit pugnæ, fessumque Dareta
Eripuit, mulcens dictis, ac talia fatur :
Infelix, quæ tanta animum dementia cepit ? 465
Non vires alias, conversaque numina sentis ?
Cede deo. Dixitque, et prælia voce diremit.
  Ast illum fidi æquales, genua ægra trahentem,
Jactantemque utroque caput, crassumque cruorem
Ore ejectantem, mixtosque in sanguine dentes, 470
Ducunt ad navis ; galeamque ensemque vocati
Adcipiunt : palmam Entello taurumque relinquunt.
  Hic victor, superans animis, tauroque superbus :
Nate dea, vosque hæc, inquit, cognoscite, Teucri,
Et mihi quæ fuerint juvenali in corpore vires, 475
Et qua servetis revocatum a morte Dareta.
  Dixit, et adversi contra stetit ora juvenci,
Qui donum adstabat pugnæ ; durosque reducta
Libravit dextra media inter cornua cestus
Arduus, effractoque inlisit in ossa cerebro. 480
Sternitur, exanimisque tremens procumbit humi bos.
Ille super talis effundit pectore voces :
Hanc tibi, Eryx, meliorem animam pro morte Daretis
Persolvo : hic victor cestus artemque repono.

  Protenus Æneas celeri certare sagitta 485
Invitat, qui forte velint, et præmia ponit ;
Ingentique manu malum de nave Seresti
Erigit ; et volucrem trajecto in fune columbam,
Quo tendant ferrum, malo suspendit ab alto.
Convenere viri, dejectamque ærea sortem 490
Adcepit galea : et primus clamore secundo
Hyrtacidæ ante omnis exit locus Hippocoontis ;
Quem modo navali Mnestheus certamine victor
Consequitur, viridi Mnestheus evinctus oliva.
  Tertius Eurytion, tuus, o clarissime, frater, 495
Pandare, qui quondam, jussus confundere fœdus,
In medios telum torsisti primus Achivos.
Extremus galeaque ima subsidit Acestes ;
Ausus et ipse manu juvenum tentare laborem.
  Tum validis flexos incurvant viribus arcus 500
Pro se quisque viri, et depromunt tela pharetris.
Primaque per cœlum nervo stridente sagitta
Hyrtacidæ juvenis volucris diverberat auras ;
Et venit, adversique infigitur arbore mali.
Intremuit malus, timuitque exterrita pennis 505
Ales, et ingenti sonuerunt omnia plausu.
Post acer Mnestheus adducto constitit arcu,
Alta petens, pariterque oculos telumque tetendit.
Ast ipsam miserandus avem contingere ferro
Non valuit ; nodos et vincula linea rupit, 510

vers le but. Malheureux, il ne put atteindre l'oiseau, et ne fit que rompre les nœuds de lin qui l'attachaient au mât et l'y tenaient suspendu. La colombe s'envole, fuit dans les nues et vers la région des vents. Soudain Eurytion, qui tenait son arc bandé et sa flèche toute prête, invoque son frère et son maître, suit des yeux dans l'espace azuré la colombe joyeuse, et la perce sous la nue noire, comme elle s'y enfonçait d'une aile triomphante. L'oiseau perd la vie au milieu des airs, tombe, et en tombant rapporte le trait qui l'a percé. Aceste restait seul, n'ayant plus de palme à disputer; il veut du moins signaler son adresse et d'une main de maître faire siffler son arc; il décoche un trait dans les airs; mais, ô prodige soudain ! ô présage redoutable, qu'un grand événement interprété trop tard par les devins effrayants devait confirmer! le trait volant à travers les nues s'enflamme, marque au loin sa route d'un sillon de lumière, et se perd consumé dans les vaporeux espaces : pareil à ces étoiles volantes qui, détachées du ciel, traversent les airs et traînent une chevelure étincelante. Troyens et Siciliens, tous frappés d'un saint effroi, invoquent les dieux. Cependant Énée accepte l'augure, embrasse l'heureux Aceste, et, le comblant de présents, lui dit : « Acceptez-les, prince vénérable; le roi de l'Olympe lui-même, vous exceptant par ce prodige du sort commun des vainqueurs, vous réservait ce prix ; c'est le vieil Anchise qui vous le donne par mes mains : recevez donc cette coupe ciselée qu'autrefois Cis-

« sée, roi de Thrace, donna à mon père Anchise, « souvenir et gage précieux de son amitié. » Il dit, met sur son front une verte couronne de laurier, et proclame Aceste premier vainqueur. Le généreux Eurytion ne lui envia pas cette marque insigne de préférence, quoiqu'il eût seul abattu l'oiseau sous la nue. Après eux vient et reçoit sa récompense celui qui a rompu les liens de la colombe; le dernier proclamé est celui qui perça le mât de sa flèche rapide.

Les jeux n'étaient pas encore fermés, quand Énée appelle à lui le gouverneur et le compagnon du jeune Iule, Épytides, et confie à son oreille fidèle cet ordre secret : « Cours, et va dire « à Ascagne que s'il a réuni autour de lui sa troupe « enfantine, et mis ses coursiers en ligne, il con- « duise ses escadrons au tombeau de son aïeul, et « s'y montre en armes lui et les siens. » Aussitôt il ordonne à tout le peuple répandu dans l'immense cirque de se ranger, et de laisser la carrière libre. Alors s'avancent les jeunes cavaliers; et tous, sur leurs coursiers splendidement harnachés, défilent aux yeux de leurs parents. La jeunesse troyenne et sicilienne les admire et frémit d'allégresse. Tous, selon la coutume, ont la chevelure pressée par une guirlande de feuillage; tous portent à la main deux javelots aux pointes de fer; quelques-uns ont un léger carquois sur l'épaule; et sur leur poitrine l'or tombe et se joue en mobile collier. Trois escadrons divers commandés par trois chefs se déploient dans la plaine; douze cavaliers composent chacun de ces corps

Quis innexa pedem malo pendebat ab alto :
Illa Notos atque atra volans in nubila fugit.
Tum rapidus jamdudum arcu contenta parato
Tela tenens, fratrem Eurytion in vota vocavit,
Jam vacuo lætam cœlo speculatus ; et alis 515
Plaudentem nigra figit sub nube columbam.
Decidit exanimis, vitamque reliquit in astris
Æheriis, fixamque refert delapsa sagittam.
Amissa solus palma superabat Acestes :
Qui tamen aerias telum contendit in auras, 520
Ostentans artemque pater arcumque sonantem.
Hic oculis subitum objicitur magnoque futurum
Augurio monstrum : docuit post exitus ingens;
Seraque terrifici cecinerunt omina vates.
Namque volans liquidis in nubibus arsit arundo, 525
Signavitque viam flammis, tenuisque recessit
Consumta in ventos : cœlo ceu sæpe refixa
Transcurrunt crinemque volantia sidera ducunt.
Adtonitis hæsere animis, superosque precati
Trinacrii Teucrique viri : nec maxumus omen 530
Abnuit Æneas ; sed lætum amplexus Acesten
Muneribus cumulat magnis, ac talia fatur :
Sume, pater : nam te voluit rex magnus Olympi
Talibus auspiciis exsortem ducere honores.
Ipsius Anchisæ longævi hoc munus habebis, 535
Cratera inpressum signis, quem Thracius olim

Anchisæ genitori in magno munere Cisseus
Ferre sui dederat monumentum et pignus amoris.
Sic fatus, cingit viridanti tempora lauro,
Et primum ante omnis victorem adpellat Acesten. 540
Nec bonus Eurytion prælato invidit honori,
Quamvis solus avem cœlo dejecit ab alto.
Proximus ingreditur donis, qui vincula rupit;
Extremus, volucri qui fixit arundine malum.
At pater Æneas, nondum certamine misso, 545
Custodem ad sese comitemque inpubis Iuli
Epytiden vocat, et fidam sic fatur ad aurem :
Vade age, et, Ascanio si jam puerile paratum
Agmen habet secum, cursusque instruxit equorum,
Ducat avo turmas, et sese ostendat in armis, 550
Dic, ait. Ipse omnem longo decedere circo
Infusum populum, et campos jubet esse patentis.
Incedunt pueri, pariterque ante ora parentum
Frenatis lucent in equis : quos omnis euntes
Trinacriæ mirata fremit Trojanæ juventus. 555
Omnibus in morem tonsa coma pressa corona :
Cornea bina ferunt præfixo hastilia ferro;
Pars levis humero pharetras; it pectore summo
Flexilis obtorti per collum circulus auri.
Tris equitum numero turmæ, ternique vagantur 560
Ductores; pueri bis seni quemque secuti
Agmine partito fulgent, paribusque magistris.

brillants, et fiers des chefs qui les guident. Le premier s'avance triomphant sous les ordres du jeune Priam, fils de Polite ; grand et triste nom, illustre rejeton, qui perpétuera glorieusement la race italienne! Priam monte un coursier de Thrace au poil tacheté de blanc ; ses pieds portent une marque blanche ; une blanche étoile se montre étalée sur son front altier. A la tête du second corps marche Atys, de qui descendent les Atius du pays latin ; Atys, tendre enfant, chéri d'Ascagne enfant. Enfin paraît Ascagne lui-même, Ascagne, le plus beau de tous ; il monte un coursier de Tyr, que la belle Didon lui a donné, souvenir et gage de sa tendre amitié. Les autres enfants courent sur des coursiers siciliens du vieil Aceste.

Les timides cavaliers s'avancent au milieu des applaudissements des Troyens, qui les regardent avec joie, et qui reconnaissent sur leurs visages les traits de leurs aïeux. Après qu'ils eurent joyeux parcouru le cirque entier, et joui des regards de leurs parents, Epytides, qui les voit prêts, donne de loin le signal par un cri, et fait résonner son fouet. A l'instant ils partent en nombre égal, et, se divisant en trois bandes, ils rompent leur escadron : rappelés par les chefs, ils changent leurs mouvements, portent les armes en avant, et font mine de s'attaquer. On les voit tour à tour s'étendre, se replier, s'éloigner, pour se rencontrer encore, s'entremêler par des évolutions alternées, et simuler un combat réel. Tantôt fuyant, ils se découvrent sur les derrières ; tantôt, faisant volte-face, ils se menacent de leurs dards ; tantôt, réunis comme par une trêve, ils se rejoignent et vont ensemble. Tel autrefois dans la Crète montueuse le fameux Labyrinthe, par l'enchaînement obscur de ses murailles, par ses mille détours insidieux, embarrassait dans ses voies ambiguës et retenait dans d'inextricables pièges les pas égarés sans retour. Ainsi les enfants des Troyens se mêlent dans leur course, et entrelacent en se jouant la fuite et le combat ; pareils aux dauphins qui, nageant dans la plaine liquide, fendent les mers de Carpathie et de Libye, et se jouent sur les ondes. Ces coutumes, ces courses et ces luttes, Ascagne le premier les transmit à l'Italie, alors qu'il entoura de murailles Albe la Longue : les anciens Latins apprirent de lui à renouveler ces jeux, qui passèrent des enfants de Troie aux enfants des Albains : c'est d'eux que la grande Rome les a reçus, et depuis elle a conservé leur pompe héréditaire : aujourd'hui encore Troie est le nom de cette fête de l'enfance, et les enfants s'appellent la troupe troyenne.

Au milieu de ces spectacles, la fortune un moment infidèle aux Troyens démentit ses faveurs. Tandis qu'ils célèbrent autour du tombeau d'Anchise ces fêtes diverses, la fille de Saturne, l'implacable Junon, envoie du haut des cieux vers la flotte troyenne Iris et commande aux vents de seconder son aile : Junon nourrit toujours dans son âme agitée son antique et insatiable ressentiment. Iris, précipitant son essor à travers les mille couleurs de son arc, descend, rapide et invisible, sur la terre. Elle voit d'abord les peuples assemblés en foule ; elle parcourt au loin la plage : le port est désert, la flotte abandonnée. Seulement sur la grève soli-

Una acies juvenum, ducit quam parvus ovantem
Nomen avi referens Priamus, tua clara, Polite,
Progenies, auctura Italos ; quem Thracius albis 565
Portat equus bicolor maculis, vestigia primi
Alba pedis frontemque ostentans arduus albam.
Alter Atys, genus unde Atii duxere Latini ;
Parvus Atys, pueroque puer dilectus Iulo.
Extremus, formaque ante omnis pulcher, Iulus 570
Sidonio est invectus equo, quem candida Dido
Esse sui dederat monumentum et pignus amoris.
Cetera Trinacriis pubes senioris Acestæ
Fertur equis.
  Excipiunt plausu pavidos, gaudentque tuentes 575
Dardanidæ ; veterumque adgnoscunt ora parentum.
Postquam omnem læti consessum oculosque suorum
Lustravere in equis : signum clamore paratis
Epytides longe dedit, insonuitque flagello.
Olli discurrere pares, atque agmina terni 580
Diductis solvere choris, rursusque vocati
Convertere vias, infestaque tela tulere.
Inde alios ineunt cursus aliosque recursus
Adversis spatiis, alternisque orbibus orbes
Inpediunt, pugnæque cient simulacra sub armis ; 585
Et nunc terga fuga nudant ; nunc spicula vertunt
Infensi ; facta pariter nunc pace feruntur.

Ut quondam Creta fertur Labyrinthus in alta
Parietibus textum cæcis iter, ancipitemque
Mille viis habuisse dolum, qua signa sequendi 590
Falleret indeprensus et inremeabilis error.
Haud alio Teucrum nati vestigia cursu
Inpediunt, texuntque fugas et prælia ludo ;
Delphinum similes, qui per maria humida nando
Carpathium Libycumque secant, luduntque per undas. 595
Hunc morem, hos cursus, atque hæc certamina primus
Ascanius, longam muris quum cingeret Albam,
Rettulit, et priscos docuit celebrare Latinos,
Quo puer ipse modo, secum quo Troia pubes :
Albani docuere suos ; hinc maxuma porro 600
Adcepit Roma, et patrium servavit honorem ;
Trojaque nunc, pueri Trojanum dicitur agmen.
Hac celebrata tenus sancto decurrit certamina patri.
  Hic primum Fortuna fidem mutata novavit.
Dum variis tumulo referunt sollennia ludis : 605
Irim de cœlo misit Saturnia Juno
Iliacam ad classem, ventosque adspirat eunti,
Multa movens, necdum antiquum saturata dolorem.
Illa, viam celerans per mille coloribus arcum,
Nulli visa, cito decurrit tramite virgo : 610
Conspicit ingentem concursum, et litora lustrat,
Desertosque videt portus classemque relictam.

taire les Troyennes, rassemblées à l'écart, pleuraient Anchise, et toutes en pleurant contemplaient la profonde mer. « Hélas! se disaient-elles, « faut-il qu'après tant de fatigues il nous reste « encore tant de mers à traverser ! » Toutes demandent des demeures fixes, une ville; elles ont assez supporté d'ennuis sur les flots. Iris donc, adroite en ses desseins pervers, se jette au milieu d'elles, quitte ses traits et ses vêtements divins, et prend la forme de la vieille Béroé, épouse de Dorycle d'Ismare, et qui jadis eut un nom, un rang, et des enfants. La fausse Béroé se mêle aux femmes troyennes. « Mal« heureuses que nous sommes, leur dit-elle, « nous que les mains victorieuses des Grecs n'ont « pas traînées à la mort sous les murs de notre « patrie ! Ah ! peuple déplorable, quelle funeste « fin te réserve la fortune! Voici venir le septième « été, depuis que Troie est tombée; mers ora« geuses, contrées lointaines, rocs inhospita« liers, climats inconnus, où ne sommes-nous « pas emportées? Depuis quand, le jouet incessant « des vagues, ne poursuivons-nous pas l'Italie, « qui fuit devant nous? Ici a régné Éryx, frère « d'Énée ; ici commande Aceste, notre hôte : qui « nous empêche de bâtir ici des murailles, de « donner une ville à nos concitoyens? O ma patrie, « ô mes pénates en vain arrachés au fer ennemi ! « ne dirai-je donc plus, Voici Troie et ses mu« railles? Ne verrai-je jamais les fleuves d'Hector, « le Xanthe et le Simoïs ? Que n'allons-nous brûler « ces malheureux vaisseaux ? Oui, cette nuit Cas« sandre m'a apparu en songe : elle m'a mis une « torche à la main. « Ici cherchez Troie, m'a-t-elle « dit; ici est votre demeure. » Allons, Troyennes, « voici le moment d'agir. Qu'attendre encore, « après de si grands présages ? Voici quatre au« tels consacrés à Neptune ; un dieu lui-même « allume et nos torches et nos courages. » Elle dit, et, d'un bras qu'anime la rage, elle arrache un brandon, et, l'agitant dans les airs pour l'attiser, elle reluit dans les flammes : le brandon est lancé; les esprits sont saisis et les cœurs stupéfaits. Cependant la plus âgée d'entre elles, Pyrgo, qui avait nourri de son lait tant d'enfants de Priam, s'écrie : « Troyennes, ce n'est pas Béroé du « cap Rhété, ce n'est pas l'épouse de Doryclès « que je vois ici : remarquez cet air et cet éclat di« vins, ces yeux étincelants, cette vivacité céleste, « ce visage, le son de cette voix, cette marche « des immortelles. Moi-même j'ai tantôt quitté « Béroé: languissante, elle gémit d'être seule pri« vée du spectacle de ces fêtes, et de ne pouvoir « porter au tombeau d'Anchise le tribut de ses « pleurs. » Elle dit ; les Troyennes inquiètes, incertaines, jettent sur la flotte des regards sinistres, partagées entre l'amour insensé de la terre sicilienne, et la vive espérance de voir les grandeurs promises à Ilion par les destins. Soudain balançant ses ailes, la déesse s'enlève vers les cieux , et dans sa fuite trace sous la nue un grand arc de lumière. Frappées de ce prodige, et transportées de fureur, les Troyennes poussent de grands cris, ravissant aux saints foyers le feu des sacrifices. Quelques-unes dépouillent les autels, et jettent à la fois sur les vaisseaux le feuillage sacré, les guirlandes et les torches allumées. Le feu déchaîné éclate, et court sur les

At procul in sola secretæ Troades acta
Amissum Anchisen flebant, cunctæque profundum
Pontum adspectabant flentes. Heu tot vada fessis,　615
Et tantum superesse maris! vox omnibus una.
Urbem orant; tædet pelagi perferre laborem.
Ergo inter medias sese haud ignara nocendi
Conjicit, et faciemque deæ vestemque reponit :
Fit Beroe, Tmarii conjunx longæva Dorycli,　620
Cui genus, et quondam nomen, natique fuissent;
Ac sic Dardanidum mediam se matribus infert:
O miseræ, quas non manus, inquit, Achaica bello
Traxerit ad letum patriæ sub mœnibus ! o gens
Infelix ! cui te exitio Fortuna reservat?　625
Septima post Trojæ excidium jam vertitur æstas,
Cum freta, cum terras omnis, tot inhospita saxa
Sideraque emensæ ferimur; dum per mare magnum
Italiam sequimur fugientem, et volvimur undis.
Hic Erycis fines fraterni, atque hospes Acestes :　630
Quid prohibet muros jacere, et dare civibus urbem?
O patria, et rapti nequidquam ex hoste Penates,
Nullane jam Trojæ dicentur mœnia? nusquam
Hectoreos amnis, Xanthum et Simoenta, videbo?
Quin agite, et mecum infaustas exurite puppes.　635

VIRGILE.

Nam mihi Cassandræ per somnum vatis imago
Ardentis dare visa faces. *Hic quærite Trojam;*
Hic domus est, inquit, *vobis*. Jam tempus agi res :
Nec tantis mora prodigiis : en quatuor aræ
Neptuno. Deus ipse faces animumque ministrat.　640
Hæc memorans, prima infensum vi corripit ignem,
Sublataque procul dextra connixa coruscat,
Et jacit. Adrectæ mentes, stupefactaque corda
Iliadum. Hic una e multis, quæ maxuma natu,
Pyrgo, tot Priami natorum regia nutrix :　645
Non Beroe vobis, non hæc Rhœteia, matres,
Est Dorycli conjunx : divini signa decoris,
Ardentisque notate oculos; qui spiritus illi,
Qui voltus, vocisve sonus, vel gressus eunti.
Ipsa egomet dudum Beroen digressa reliqui　650
Ægram, indignantem, tali quod sola careret
Munere, nec meritos Anchisæ inferret honores.
Hæc effata.
At matres primo ancipites, oculisque malignis
Ambiguæ spectare ratis, miserum inter amorem　655
Præsentis terræ, fatisque vocantia regna;
Quum dea se paribus per cœlum sustulit alis,
Ingentemque fuga secuit sub nubibus arcum.

bancs, sur les rames, sur les poupes peintes des galères.

Eumélus court au tombeau d'Anchise et jusqu'au cirque porter la nouvelle de l'incendie des vaisseaux ; les Troyens eux-mêmes tournent les yeux du côté de la flotte, et voient voltiger dans les airs de noirs tourbillons. Ascagne le premier, avec la même ardeur qu'il avait à conduire son jeune escadron, pousse son coursier vers le camp en alarme, et ses gouverneurs hors d'haleine ne peuvent retenir le bouillant jeune homme. « Malheureuses, s'écrie-t-il, quelle est donc cette « fureur étrange? où donc, où donc allez-vous? « Ce n'est pas la flotte, ce n'est pas le camp des « Grecs, ce sont vos espérances que vous brûlez : « reconnaissez-moi, je suis votre Iule. » Il dit, et jette à ses pieds le casque qui couvrait son front dans ces jeux, vains simulacres de guerre. Énée accourt aussi, et les Troyens, tous ensemble. A la vue du héros, les Troyennes effrayées s'enfuient çà et là sur le rivage ; elles gagnent furtivement les forêts et les creux des rochers, et vont y cacher leur honte et leur funeste délire : leur cœur est changé ; elles ont reconnu leurs concitoyens, et elles ont secoué l'esprit de Junon. Cependant l'incendie n'a rien perdu de sa force indomptable ; sous le bois humide des navires, il vit alimenté par l'étoupe, qui pousse au dehors une épaisse fumée ; une lente vapeur mine les carènes, et le fléau destructeur descend dans leurs cavités les plus profondes. Rien ne peut arrêter l'embrasement, ni l'effort des bras, ni les torrents d'eau. Alors le pieux Énée de douleur déchire ses vêtements, appelle les dieux à son secours, et, levant les mains au ciel : « Puissant « Jupiter, s'écrie-t-il, si vous ne haïssez pas en- « core les Troyens jusqu'au dernier, si vos anti- « ques bontés pour Ilion vous font prendre en « pitié les malheurs des mortels, arrachez no- « tre flotte à la flamme ; sauvez, père des hu- « mains, sauvez de la ruine ces faibles restes de « Troie : ou, si je suis coupable, achevez, et, « vous armant de votre foudre vengeresse, pré- « cipitez-moi dans les ombres de la mort, écra- « sez-moi de votre main tonnante. » Il priait encore, quand un noir orage, s'élevant tout à coup, éclate avec furie, et se répand en pluie immense ; les monts et les vallées tremblent sous les coups redoublés du tonnerre ; le ciel entier se fond en torrents impétueux, que noircit encore le souffle serré de l'Auster : l'eau remplit les navires débordés, et trempe leurs bois à demi-brûlés : enfin toute vapeur ardente s'éteint ; quatre galères seulement succombent, et la flotte est sauvée de l'incendie.

Cependant Énée, ébranlé par ce cruel revers, était encore combattu d'immenses soucis et de mille desseins inquiets. Doit-il se fixer dans les champs siciliens, y oubliant ses destins glorieux? Ira-t-il s'emparer de la rive italienne? Enfin le vieux Nautès, que Pallas elle-même a instruite, et rendu habile entre tous dans sa science divine, explique au héros les grandes colères des dieux, leurs menaces formidables, l'éternel enchaînement des destins, et le console par ces paroles : « Fils de Vénus, suivons le flux et reflux

Tum vero adtonitæ monstris, actæque furore,
Conclamant, rapiuntque focis penetralibus ignem ; 660
Pars spoliant aras, frondem ac virgulta facesque
Conjiciunt : furit immissis Volcanus habenis
Transtra per, et remos, et pictas abiete puppis.
Nuntius Anchisæ ad tumulum cuneosque theatri
Incensas perfert navis Eumelus ; et ipsi 665
Respiciunt atram in nimbo volitare favillam.
Primus et Ascanius, cursus ut lætus equestris
Ducebat ; sic acer equo turbata petivit
Castra ; nec exanimes possunt retinere magistri.
Quis furor iste novus? quo nunc, quo tenditis, inquit, 670
Heu miseræ cives? non hostem, inimicaque castra
Argivum ; vestras spes uritis. En ego vester
Ascanius : galeam ante pedes projecit inanem,
Qua ludo indutus belli simulacra ciebat.
Adcelerat simul Æneas, simul agmina Teucrum. 675
Ast illæ diversa metu per litora passim
Diffugiunt ; silvasque, et sicubi concava furtim
Saxa, petunt : piget incepti, lucisque, suosque
Mutatæ adgnoscunt, excussaque pectore Juno est.
Sed non idcirco flammæ atque incendia vires 680
Indomitas posuere ; udo sub robore vivit
Stuppa vomens tardum fumum, lentusque carinas

Est vapor, et toto descendit corpore pestis ;
Nec vires heroum infusaque flumina prosunt.
Tum pius Æneas humeris abscindere vestem, 685
Auxilioque vocare deos, et tendere palmas :
Juppiter omnipotens, si nondum exosus ad unum
Trojanos, si quid pietas antiqua labores
Respicit humanos, da flammam evadere classi
Nunc, pater, et tenuis Teucrum res eripe leto. 690
Vel tu, quod superest, infesto fulmine morti,
Si mereor, demitte, tuaque hic obrue dextra.
Vix hæc ediderat, quum effusis imbribus atra
Tempestas sine more furit, tonitruque tremiscunt
Ardua terrarum et campi ; ruit æthere toto 695
Turbidus imber aqua, densisque nigerrimus austris ;
Inplenturque super puppes ; semiusta madescunt
Robora : restinctus donec vapor omnis, et omnes,
Quatuor amissis, servatæ a peste carinæ.
At pater Æneas, casu concussus acerbo, 700
Nunc huc ingentis, nunc illuc pectore curas
Mutabat versans : Siculisne resideret arvis,
Oblitus fatorum, Italasne capesseret oras.
Tum senior Nautes, unum Tritonia Pallas
Quem docuit, multaque insignem reddidit arte, 705
Hæc responsa dabat, vel quæ portenderet ira

« des destinées : quoi qu'il arrive, il faut surmonter toute fortune par la patience. Vous avez un ami fidèle dans le Troyen Aceste, issu, comme vous, du sang des dieux ; consultez-le, faites qu'il consente à entrer dans vos projets. Confiez à sa bonté ceux des vôtres qui surchargeraient le reste des vaisseaux, ceux qu'ont rebutés les commencements de votre haute et laborieuse fortune, ces vieillards languissants, ces femmes fatiguées de la mer, toute cette foule impuissante, et qu'effrayent les périls : laissez-la se détacher de vous, et se reposer ici, à l'abri de ces murailles, des fatigues de l'exil ; et qu'elle appelle Acesta, du consentement d'Aceste, la ville qu'elle bâtira. »

Ce discours du sage vieillard ranime le héros ; mais son esprit n'en est pas moins déchiré par les soucis. Déjà la Nuit, portée sur son char, parcourait sa sombre carrière, quand l'âme d'Anchise descendue des cieux apparut à Énée, et lui fit entendre ces paroles inespérées : « O mon fils, toi que vivant j'aimais plus que la vie ; toi qu'exercent depuis si longtemps les destins d'Ilion, je viens ici par l'ordre de Jupiter, qui a écarté les flammes de ta flotte, et qui du haut de l'Olympe te regarde enfin d'un œil de pitié. Suis les conseils salutaires du vieux Nautès ; que l'élite seulement de tes Troyens, que les cœurs les plus vaillants, te suivent en Italie : une race farouche et indomptable t'attend dans le Latium, où tu auras à la combattre. Mais avant il faut que tu pénètres jusqu'aux demeures infernales, et que, passant le profond Averne, tu ailles, ô mon fils, y visiter ton père. Car je n'habite pas le Tartare impie, ni parmi les tristes ombres, mais avec les âmes pieuses, dans le délicieux Élysée ; c'est là que la chaste Sibylle te conduira, sanctifié par le sang des noires victimes ; c'est là que tu connaîtras toute ta postérité, et quelles murailles te seront données. Adieu ; voici que du milieu de sa carrière la Nuit humide glisse au penchant des cieux, et que l'Orient me souffle la dévorante haleine de ses coursiers haletants. » Il dit, et, comme une vapeur légère, disparaît dans les airs. Mais Énée : « Où se précipite, ô mon père, où s'échappe ton ombre évanouie? Qui fuis-tu ? qui t'arrache ainsi à mes embrassements? » En même temps il réveille les feux de son foyer assoupis sous la cendre, offre un gâteau sacré aux pénates de Pergame, et à la chaste Vesta qu'il adore dans son sanctuaire; et, répandant l'encens à pleines mains, il invoque en suppliant les dieux domestiques. Aussitôt il convoque ses compagnons et Aceste le premier, et leur expose la volonté suprême de Jupiter, les conseils de son père chéri, et ses propres résolutions : on l'approuve ; Aceste consent à tout. On destine pour habiter la nouvelle ville, et on dépose sur le rivage sicilien, les femmes, et tous ceux qui veulent bien demeurer ; cœurs nullement touchés de l'amour de la gloire. Les autres Troyens réparent les bancs des navires, rétablissent les bois consumés par la flamme, et garnissent les galères de rames et de cordages : ils ne sont qu'une poignée, mais c'est la fleur des bouillants courages.

Cependant Énée trace avec la charrue l'enceinte d'une ville ; le sort assigne à chacun sa mai-

Magna deum, vel quæ fatorum posceret ordo.
Isque his Ænean solatus vocibus infit :
Nate dea, quo fata trahunt retrahuntque, sequamur :
Quidquid erit; superanda omnis fortuna ferendo est. 710
Est tibi Dardanius divinæ stirpis Acestes :
Hunc cape consiliis socium, et conjuge volentem ;
Huic trade, amissis superant qui navibus, et quos
Pertæsum magni incepti rerumque tuarum est ;
Longævosque senes, ac fessas æquore matres, 715
Et quidquid tecum invalidum metuensque pericli est,
Delige ; et his habeant terris, sine, mœnia fessi :
Urbem adpellabunt permisso nomine Acestam.
Talibus incensus dictis senioris amici.
Tum vero in curas animum diducitur omnis 720
Et Nox atra polum bigis subvecta tenebat.
Visa dehinc cœlo facies delapsa parentis
Anchisæ subito talis effundere voces :
Nate, mihi vita quondam, dum vita manebat,
Care magis ; nate, Iliacis exercite fatis ; 725
Imperio Jovis huc venio : qui classibus ignem
Depulit, et cœlo tandem miseratus ab alto est.
Consiliis pare, quæ nunc pulcherrima Nautes
Dat senior : lectos juvenes, fortissima corda,
Defer in Italiam : gens dura atque aspera cultu 730
Debellanda tibi Latio est. Ditis tamen ante
Infernas adcede domos, et Averna per alta
Congressus pete, nate, meos : non me impia namque
Tartara habent, tristes umbræ ; sed amœna piorum
Concilia Elysiumque colo : huc casta Sibylla 735
Nigrarum multo pecudum te sanguine ducet.
Tum genus omne tuum, et, quæ dentur mœnia, disces.
Jamque vale : torquet medios nox humida cursus.
Et me sævus equis Oriens adflavit anhelis.
Dixerat : et tenuis fugit, ceu fumus, in auras. 740
Æneas : Quo deinde ruis ? quo proripis ? inquit ;
Quem fugis ? aut quis te nostris conplexibus arcet ?
Hæc memorans cinerem et sopitos suscitat ignis ;
Pergameumque Larem, et canæ penetralia Vestæ,
Farre pio, et plena supplex veneratur acerra. 745
Extemplo socios primumque arcessit Acesten ;
Et Jovis imperium, et cari præcepta parentis
Edocet, et quæ nunc animo sententia constet.
Haud mora consiliis ; nec jussa recusat Acestes.
Transcribunt urbi matres, populumque volentem 750
Deponunt, animos nil magnæ laudis egentes.
Ipsi transtra novant, flammisque ambesa reponunt
Robora navigiis ; aptant remosque rudentisque ;
Exigui numero, sed bello vivida virtus.

20.

son; il veut que ces murailles soient celles d'I-
lion, ces champs ceux de Troie; le Troyen
Aceste se réjouit d'unir à son empire la colonie
troyenne; il lui donne un forum, des lois, un
sénat. Alors on élève à Vénus d'Idalie, sur le
sommet de l'Éryx, un temple voisin des astres;
enfin un prêtre, un bois sacré qui s'étend au loin,
consacrent le tombeau d'Anchise. Neuf jours
s'étaient écoulés dans les festins, les sacrifices et
les offrandes; les vents doux avaient aplani les
mers, et l'auster, élevant de nouveau ses brises
heureuses, appelait les Troyens à cingler au large.
Alors éclatent sur toute la rive d'immenses pleurs;
et le jour et la nuit de longs embrassements retardent le moment du départ. Alors les mères
troyennes elles-mêmes, et ceux à qui tout à l'heure
la vue des flots semblait affreuse, le seul nom de
la mer insupportable, veulent partir, et supporter tous les maux du voyage. Énée attendri
les console par de douces paroles, et les recommande en pleurant au cœur troyen d'Aceste.
Ensuite il ordonne qu'on immole trois jeunes
taureaux à Éryx, une brebis aux Tempêtes, et
que chacun rompe ses amarres. Lui-même, le
front ceint d'une branche d'olivier, debout sur la
proue et une coupe à la main, jette dans les flots
amers les entrailles des victimes, et y verse le
vin des libations. On part; le vent, soufflant en
poupe, presse de son haleine les mâts qui fuient;
les rameurs à l'envi frappent la mer, et en balayent la surface.

Cependant Vénus, en proie aux inquiétudes,
aborde Neptune, et, lui ouvrant son âme, exhale
ses douleurs en ces mots : « La violente colère de
« Junon et son insupportable haine me forcent, ô
« Neptune, de descendre aux humbles prières : ni
« le temps, ni les pieux hommages de mon fils, ne
« peuvent adoucir la fille de Saturne; rien ne réduit
« cet inflexible cœur, ni les volontés de Jupiter, ni
« les arrêts des destins. C'est peu que dans son
« abominable haine, elle ait effacé de la terre
« phrygienne la ville des Troyens, et traîné de
« misères en misères leurs déplorables restes;
« elle poursuit encore les cendres et les os d'I-
« lion anéanti : la cause de tant de fureur, elle
« seule la sait et pourrait la dire. Vous-même na-
« guère avez vu de vos propres yeux comme elle
« a soulevé contre la flotte troyenne les flots
« libyens, bouleversé le ciel et la mer, appe-
« lant à son aide les tempêtes d'Éole, à la fin im-
« puissantes; et cela, ô comble d'audace! dans
« votre propre empire. Voilà qu'aujourd'hui par
« un nouveau forfait elle souffle sa rage aux fem-
« mes troyennes, les excite à brûler leurs vais-
« seaux, et force mon fils, privé d'une partie de
« sa flotte, à laisser ses compagnons sur des bords
« étrangers. Pour dernière grâce, je vous de-
« mande de permettre qu'il fasse voile en sûreté
« sur vos ondes, et qu'il puisse atteindre le ri-
« vage du Tibre et les bords Laurentins, si je ne
« demande pour lui que ce que les destins lui ac-
« cordent, et s'il est vrai que les Parques lui
« donnent ces murs tant promis. »

Le fils de Saturne, le dominateur des mers
profondes, répond à Vénus : « Qui a plus que
« vous, déesse de Cythère, le droit de vous
« fier à un empire où vous avez reçu la naissance?
« N'ai-je pas mérité votre confiance, moi qui sou-

Interea Æneas urbem designat aratro, 755
Sortitusque domos, hoc Ilium, et hæc loca Trojam
Esse jubet. Gaudet regno Trojanus Acestes,
Indicitque forum, et patribus dat jura vocatis.
Tum vicina astris Erycino in vertice sedes
Fundatur Veneri Idaliæ, tumuloque sacerdos, 760
Ac lucus late sacer additur Anchiseo.
Jamque dies epulata novem gens omnis, et aris
Factus honos : placidi straverunt æquora venti,
Creber et adspirans rursus vocat auster in altum.
Exoritur procurva ingens per litora fletus; 765
Complexi inter se noctemque diemque morantur.
Ipsæ jam matres, ipsi, quibus aspera quondam
Visa maris facies, et non tolerabile nomen,
Ire volunt, omnemque fugæ perferre laborem.
Quos bonus Æneas dictis solatur amicis, 770
Et consanguineo lacrimans commendat Acestæ.
Tris Eryci vitulos, et Tempestatibus agnam,
Cædere deinde jubet, solvique ex ordine funem.
Ipse, caput tonsæ foliis evinctus olivæ,
Stans procul in prora pateram tenet, extaque salsos 775
Porricit in fluctus, ac vina liquentia fundit.
Prosequitur surgens a puppi ventus euntis.
Certatim socii feriunt mare, et æquora verrunt.
At Venus interea Neptunum exercita curis
Adloquitur, talisque effundit pectore questus : 780
Junonis gravis ira, nec exsaturabile pectus,
Cogunt me, Neptune, preces descendere in omnis :
Quam nec longa dies, pietas nec mitigat ulla;
Nec Jovis imperio fatisve infracta quiescit.
Non media de gente Phrygum exedisse nefandis 785
Urbem odiis satis est, nec pœnam traxe per omnem
Relliquias : Trojæ cineres atque ossa peremtæ
Insequitur : caussas tanti sciat illa furoris.
Ipse mihi nuper Libycis tu testis in undis,
Quam molem subito excierit : maria omnia cœlo 790
Miscuit, Æoliis nequidquam freta procellis,
In regnis hoc ausa tuis.
Per scelus ecce etiam Trojanis matribus actis
Exussit fœde puppis; et classe subegit
Amissa socios ignotæ rinquere terræ. 795
Quod superest; oro, liceat dare tuta per undas
Vela tibi; liceat Laurentem adtingere Thybrim,
Si concessa peto, si dant ea mœnia Parcæ.

Tum Saturnius hæc domitor maris edidit alti :
Fas omne est, Cytherea, meis te fidere regnis, 800

« vent ai contenu les fureurs et réprimé la rage
« du ciel et de la mer, conjurés contre votre fils?
« Sur la terre aussi (j'en atteste le Xanthe et le
« Simoïs) je n'ai pas moins protégé votre Énée.
« Quand Achille, poursuivant les phalanges ha-
« letantes des Troyens, les écrasait contre leurs
« murailles, en moissonnait des milliers; que les
« fleuves gémissaient sous le poids des morts, et
« que le Xanthe, gêné dans son cours, pouvait à
« peine rouler jusqu'à la mer ses flots ensanglan-
« tés, j'arrachai des mains du fils de Pélée et
« d'un combat inégal Énée, qui luttait en dépit
« des dieux, et, le couvrant d'un nuage, je le dé-
« robai au trépas; et pourtant ce même jour je
« brûlais de renverser de fond en comble les
« murailles d'Ilion parjure, bâties par mes propres
« mains. Les mêmes sentiments m'animent en-
« core pour votre fils; rassurez-vous. Il abordera,
« selon vos désirs, au port de l'Averne; un seul
« de ses Troyens périra dans les abîmes de la
« mer; une seule tête sera sacrifiée pour le salut
« de tous. » Après avoir réjoui par ces douces paroles le cœur de la déesse, Neptune attelle ses
coursiers à son char doré, enchaîne avec le frein
leur bouche écumante, et leur lâche toutes les rênes : sur son char azuré il vole et rase les ondes.
Les flots s'abaissent, la mer tout à l'heure gonflée
s'aplanit sous l'axe tonnant du dieu; les nuages
fuient des vastes cieux. Alors se rassemblent autour de lui cent monstres divers, les immenses
baleines, le vieux cortége de Glaucus, Palémon,
les légers Tritons, et toute la troupe de Phorcus.
A la gauche du dieu se rangent Thétis et Mélite,
la vierge Panopée, Nesée, Spio, Thalie et
Cymodocée. Cependant Énée sent une douce joie
pénétrer son âme irrésolue : vite il ordonne de
dresser tous les mâts, de déployer vergues et
toiles. Tous les cordages sont tendus, les voiles
hissées de tous côtés, les antennes tournées et
retournées; les vents emportent la flotte. Palinure, à la tête des galères, en dirige la course
serrée; les autres pilotes ont ordre de se régler
sur ses manœuvres.

Déjà la Nuit humide avait rempli la moitié de
sa course silencieuse; les matelots délassaient
leurs membres par un doux sommeil; ils dor-
maient, durement étendus sous leurs rames et
le long de leurs bancs, lorsqu'un fantôme des
nuits, écartant les vapeurs ténébreuses de l'air,
et dissipant les ombres, glissa du haut des cieux:
c'était toi qu'il cherchait, infortuné Palinure, toi
qu'il visitait, t'apportant de funestes songes. Le
dieu, sous les traits de Phorbas, s'assied sur la
poupe, et ces paroles s'échappent de sa bouche :
« Fils d'Iasus, vois, l'onde elle-même emporte la
« flotte; les vents soufflent d'une haleine égale;
« l'heure est venue de goûter le sommeil; repose ta
« tête, et dérobe à la fatigue tes yeux accablés.
« Moi-même je veillerai un moment pour toi au-
« près du gouvernail. » Palinure, soulevant avec
peine ses paupières appesanties, lui répond :
« Moi, que j'oublie la face trompeuse de la mer
« et le calme insidieux des flots, et que je me fie
« à ce cruel élément! J'abandonnerais aux vents
« perfides la fortune d'Énée, moi qu'a trompé
« tant de fois la fausse sérénité des cieux? » En

Unde genus ducis : merui quoque; sæpe furores
Conpressi et rabiem tantam cœlique marisque.
Nec minor in terris, Xanthum Simoentaque testor,
Æneæ mihi cura tui : quum Troïa Achilles
Exanimata sequens inpingeret agmina muris;   805
Millia multa daret leto; gemerentque repleti
Amnes; nec reperire viam atque evolvere posset
In mare se Xanthus; Pelidæ tunc ego forti
Congressum Æneam, nec dis nec viribus æquis,
Nube cava rapui : cuperem quum vertere ab imo   810
Structa meis manibus perjuræ mœnia Trojæ.
Nunc quoque mens eadem perstat mihi : pelle timorem.
Tutus, quos optas, portus adcedet Averni.
Unus erit tantum, amissum quem gurgite quæret;
Unum pro multis dabitur caput.   815
His ubi læta deæ permulsit pectora dictis :
Jungit equos auro genitor, spumantiaque addit
Frena feris, manibusque omnis effundit habenas.
Cæruleo per summa levis volat æquora curru.
Subsidunt undæ, tumidumque sub axe tonanti   820
Sternitur æquor aquis : fugiunt vasto æthere nimbi.
Tum variæ comitum facies; inmania cete,
Et senior Glauci chorus, Inousque Palæmon,
Tritonesque citi, Phorcique exercitus omnis.
Læva tenent Thetis, et Melite, Panopeaque virgo, 825
Nesææ, Spioque, Thaliaque Cymodoceque.
Hic patris Æneæ suspensam blanda vicissim
Gaudia pertentant mentem : jubet ocius omnis
Adtolli malos, intendi brachia velis.
Una omnes fecere pedem; pariterque sinistros,   830
Nunc dextros solvere sinus; una ardua torquent
Cornua, detorquentque : ferunt sua flamina classem.
Princeps ante omnis densum Palinurus agebat
Agmen : ad hunc alii cursum contendere jussi.
Jamque fere mediam cœli Nox humida metam   835
Contigerat; placida laxarunt membra quiete
Sub remis fusi per dura sedilia nautæ :
Quum levis ætheriis delapsus Somnus ab astris
Aera dimovit tenebrosum, et dispulit umbras,
Te, Palinure, petens; tibi somnia tristia portans 840
Insonti; puppique deus consedit in alta,
Phorbanti similis; funditque has ore loquelas :
Iaside Palinure, ferunt ipsa æquora classem;
Æquatæ spirant auræ; datur hora quieti.
Pone caput, fessosque oculos furare labori.   845
Ipse ego paullisper pro te tua munera inibo.
Cui vix adtollens Palinurus lumina fatur :
Mene salis placidi voltum fluctusque quietos
Ignorare jubes? mene huic confidere monstro?
Æneam credam quid enim fallacibus austris,   850

parlant ainsi, il s'attachait au gouvernail, et, le serrant de toute la force de ses mains, il tenait ses yeux fixés sur les étoiles. Mais le dieu secoue sur ses tempes un rameau trempé dans les eaux du Léthé, et pénétré de la rosée assoupissante du Styx, et noie dans le sommeil sa paupière qui lutte encore. A peine une langueur subite avait-elle envahi ses membres abandonnés, que le dieu, pesant sur lui, l'entraîne avec le gouvernail et une partie de la poupe qu'il arrache, et le précipite dans le sein des ondes. Le malheureux appelle encore, mais en vain, ses compagnons; le dieu s'envole, porté dans les airs sur ses ailes légères.

Cependant la flotte poursuit sa course heureuse à travers les mers, et vogue sans terreur, sur la foi de Neptune. Déjà elle cinglait à la hauteur des rochers des Syrènes; écueils jadis redoutables, et blanchis des ossements de tant de malheureux. En ce moment les rochers retentissaient au loin du bruit rauque et incessant des vagues : Énée s'aperçoit qu'il n'a plus de pilote, et que son navire flotte à la merci des ondes; il le conduit lui-même à travers les flots ténébreux, gémissant dans son cœur, et consterné du malheur qui l'a privé d'un ami : « Hélas! dit-il, pour t'être « trop confié à la sérénité du ciel et au calme des « flots, ton corps, ô Palinure, restera nu sur un « rivage ignoré! »

LIVRE VI.

Ainsi parlait Énée en pleurant : il abandonne aux vents ses voiles déployées, et, glissant sur les eaux, il aborde enfin au rivage de Cumes Eubéenne. Aussitôt on tourne les proues du côté de la mer; l'ancre à la dent mordante fixe les navires sur les flots, et les poupes recourbées bordent le rivage. Soudain l'ardente jeunesse s'élance et prend terre sur la rive ausonienne : les uns cherchent les semences de la flamme que recèlent les veines des cailloux; ceux-ci, forçant les sombres retraites des bêtes fauves, enlèvent la dépouille des forêts, et se montrent les fleuves qu'ils ont découverts.

Mais le pieux Énée gagne les hauteurs qu'Apollon, dieu des montagnes, a consacrées par sa présence, et s'enfonce dans l'antre immense et ténébreux de la redoutable Sibylle, à laquelle le dieu de Délos souffle son esprit puissant et le feu de son âme prophétique, et découvre l'avenir. Déjà le héros et ses compagnons ont pénétré dans le bois sacré d'Hécate et sous les voûtes dorées de son temple. On dit que Dédale, voulant fuir du royaume de Minos, osa se confier aux airs sur des ailes rapides, et, s'ouvrant à travers les cieux une route inaccoutumée, vola vers les froides régions de l'Arctos, et s'abattit, léger comme l'oiseau, sur les hauteurs de Cumes. Descendu sur cette terre hospitalière, il te consacra, divin Apollon, ses ailes, rames aériennes, et te bâtit un temple immense. Sur les portes de l'édifice était représenté le meurtre d'Androgée : on y voyait les sept jeunes garçons qu'en expiation de ce crime les fils de Cécrops étaient forcés (cruel tribut!) de livrer tous les ans : l'urne fatale est là; le sort va prononcer. Vis-à-vis

Et cœli toties deceptus fraude sereni?
Talia dicta dabat, clavumque adfixus et hærens
Nusquam amittebat, oculosque sub astra tenebat.
Ecce deus ramum Lethæo rore madentem,
Vique soporatum Stygia, super utraque quassat   855
Tempora; cunctantique natantia lumina solvit.
Vix primos inopina quies laxaverat artus;
Et super incumbens, cum puppis parte revolsa,
Cumque gubernaclo, liquidas projecit in undas
Præcipitem, ac socios nequidquam sæpe vocantem.   860
Ipse volans tenuis se sustulit ales ad auras.
Currit iter tutum non secius æquore classis,
Promissisque patris Neptuni interrita fertur.
Jamque adeo scopulos Sirenum advecta subibat;
Difficilis quondam, multorumque ossibus albos;   865
Tum rauca adsiduo longe sale saxa sonabant :
Quum pater amisso fluitantem errare magistro
Sensit, et ipse ratem nocturnis rexit in undis,
Multa gemens, casuque animum concussus amici.
O nimium cælo et pelago confise sereno,   870
Nudus in ignota, Palinure, jacebis arena!

LIBER VI.

Sic fatur lacrimans, classique immittit habenas,
Et tandem Euboïcis Cumarum adlabitur oris.
Obvertunt pelago proras; tum dente tenaci
Ancora fundabat navis, et litora curvæ
Præ texunt puppes; juvenum manus emicat ardens   5
Litus in Hesperium; quærit pars semina flammæ
Abstrusa in venis silicis; pars densa ferarum
Tecta rapit, silvas, inventaque flumina monstrat.
   At pius Æneas arces, quibus altus Apollo
Præsidet, horrendæque procul secreta Sibyllæ,   10
Antrum immane, petit : magnam cui mentem animumque
Delius inspirat vates, aperitque futura.
Jam subeunt Triviæ lucos, atque aurea tecta.
Dædalus, ut fama est, fugiens Minoïa regna,
Præpetibus pennis ausus se credere cœlo,   15
Insuetum per iter gelidas enavit ad Arctos,
Chalcidicaque levis tandem super adstitit arce.
Redditus his primum terris, tibi, Phœbe, sacravit
Remigium alarum, posuitque inmania templa.
In foribus letum Androgei : tum pendere pœnas   20
Cecropidæ jussi (miserum!) septena quot annis
Corpora natorum; stat ductis sortibus urna.
Contra elata mari respondet Gnosia tellus :
Hic crudelis amor tauri, suppostaque furto
Pasiphae, mixtumque genus, prolesque biformis   25
Minotaurus inest, Veneris monumenta nefandæ;

s'élevait, au-dessus de la mer, la terre de Gnose. Là étaient Pasiphaé, brûlant pour un taureau d'un sauvage amour, et livrée à un honteux hymen ; et ce monstre au sang mêlé, à la double nature, ce Minotaure, fruit d'une abominable ardeur. Là étaient retracés le Labyrinthe, et l'ingénieux artifice de ses inextricables détours. Mais Dédale, touché du violent amour d'Ariadne pour Thésée, démêla lui-même les piéges et les mille circuits de cette mystérieuse demeure, guidant avec un fil les pas ténébreux de la fille de Minos. Et toi aussi, Icare, si la douleur d'un père l'eût permis, tu aurais eu la plus belle place dans ce vaste tableau : deux fois il avait essayé de retracer sur l'or ta triste aventure ; deux fois le ciseau tomba de ses mains paternelles. — Les Troyens auraient longtemps parcouru des yeux toutes ces merveilles, si Achate, envoyé par Énée vers la Sibylle Déiphobe, fille de Glaucus, prêtresse d'Apollon et d'Hécate, ne fût arrivé avec elle. « Ce n'est pas le temps, dit-elle, de vous « arrêter à ces vains spectacles : que n'avez-vous « déjà immolé sept jeunes taureaux encore li-« bres du joug, et autant de brebis choisies selon « les rites ? » Elle dit, et les Troyens d'exécuter sur-le-champ ses ordres sacrés, et de la suivre au fond de son temple, où elle les appelle. C'est un antre immense creusé dans les flancs de la montagne de Cumes, et où conduisent cent larges chemins, cent vastes portes : de là s'élancent autant de voix retentissantes, réponses de la Sibylle. On était arrivé sur le seuil de la caverne, lorsque la vierge s'écrie : « Il est temps d'inter-« roger les destins : le dieu vient, voici le dieu. » Elle parlait ainsi devant les portes, quand tout à coup son visage, ses traits se bouleversent, ses cheveux s'épanchent en désordre, sa poitrine halète, son sein se gonfle sous l'effort d'une rage divine : sa taille paraît grandir, et sa voix n'a plus rien d'une mortelle; le dieu lui souffle de plus près l'esprit fatidique. « Énée, dit-elle, « tu tardes à offrir tes vœux et tes prières ! tu « tardes encore ! N'espère donc pas voir s'ou-« vrir pour toi les portes ébranlées de cette re-« doutable demeure. » A ces mots elle se tut; une sainte horreur glaça les os des Troyens, et leur roi exhala cette prière du fond de son cœur : « Apollon, toi qui eus toujours pitié des « grands maux d'Ilion, toi qui dirigeas la main « et qui poussas la flèche de Pâris contre Achille, « c'est sous ta conduite que j'ai parcouru tant « de mers qui embrassent les vastes terres, pé-« nétré jusqu'aux régions lointaines qu'habitent « les Massyliens, et jusqu'à ces campagnes que « bordent les Syrtes. Enfin nous saisissons ce « rivage de l'Italie qui fuyait devant nous ; enfin « la triste fortune de Troie aura cessé de nous « poursuivre. Et vous aussi épargnez, il en est « temps, la race de Pergame, vous tous, dieux « et déesses, qu'importunaient Ilion et l'immense « gloire de la Dardanie ! Et toi, sainte prêtresse, « qui sais l'avenir, accorde aux Troyens (je « ne demande que l'empire dû à mes destins), « accorde-leur de s'établir dans le Latium, et « d'y fixer leurs pénates errants et les dieux agi-« tés de Troie. Alors j'élèverai à Apollon et à Hé-« cate un temple du marbre le plus beau, et j'ins-« tituerai des jours de fête en l'honneur de « Phébus. Et toi aussi, vénérable Sibylle, je te « réserve un auguste sanctuaire dans mon em-

Hic labor ille domus, et inextricabilis error;
Magnum reginæ sed enim miseratus amorem
Dædalus, ipse dolos tecti ambagesque resolvit,
Cæca regens filo vestigia. Tu quoque magnam   30
Partem opere in tanto, sineret dolor, Icare, haberes.
Bis conatus erat casus effingere in auro :
Bis patriæ cecidere manus. Quin protenus omnia
Perlegerent oculis ; ni jam præmissus Achates
Adforet, atque una Phœbi Triviæque sacerdos,   35
Deiphobe Glauci, fatur quæ talia regi :
Non hoc ista sibi tempus spectacula poscit.
Nunc grege de intacto septem mactare juvencos
Præstiterit, totidem lectas de more bidentis.
Talibus adfata Æneam (nec sacra morantur   40
Jussa viri) Teucros vocat alta in templa sacerdos.
 Excisum Euboicæ latus ingens rupis in antrum;
Quo lati ducunt aditus centum, ostia centum;
Unde ruunt totidem voces, responsa Sibyllæ.
Ventum erat ad limen, quum virgo, Poscere fata   45
Tempus, ait : deus, ecce deus. Cui talia fanti
Ante fores, subito non voltus, non color unus,
Non comtæ mansere comæ : sed pectus anhelum,
Et rabie fera corda tument; majorque videri,
Nec mortale sonans, adflata est numine quando   50
Jam propiore dei. Cessas in vota precesque,
Tros, ait, Ænea? cessas? neque enim ante debiscent
Adtonitæ magna ora domus. Et talia fata
Conticuit. Gelidus Teucris per dura cucurrit
Ossa tremor, funditque preces rex pectore ab imo :   55
  Phœbe, gravis Trojæ semper miserate labores,
Dardana qui Paridis direxti tela manusque
Corpus in Æacidæ; magnas obeuntia terras
Tot maria intravi, duce te, penitusque repostas
Massylum gentis, prætentaque Syrtibus arva;   60
Jam tandem Italiæ fugientis prendimus oras.
Hac Trojana tenus fuerit Fortuna secuta.
Vos quoque Pergameæ jam fas est parcere genti,
Dique deæque omnes, quibus obstitit Ilium, et ingens
Gloria Dardaniæ. Tuque, o sanctissima vates,   65
Præscia venturi, da, non indebita posco
Regna meis fatis, Latio considere Teucros,
Errantisque deos, agitataque numina Trojæ.
Tum Phœbo et Triviæ solido de marmore templum,
Instituam, festosque dies de nomine Phœbi.   70
Te quoque magna manent regnis penetralia nostris :
Hic ego namque tuas sortis, arcanaque fata,

« pire : là je déposerai tes oracles et les secrets « destins annoncés à ma race, et des prêtres consacrés par moi les conserveront. Seulement « ne va pas confier tes arrêts éternels à des « feuilles légères, de peur qu'elles ne s'envolent, « vain jouet des vents rapides. Parle, parle toi-« même, je t'en supplie. » Énée se tut.

Cependant la Sibylle, impatiente du dieu, entre en fureur, et se démène dans son antre : elle voudrait secouer l'esprit puissant qui remplit sa poitrine : mais lui l'en obsède davantage, s'imprime sur sa bouche écumante, dompte son cœur farouche, et, redoublant ses assauts, la façonne à son gré. Alors les cent portes immenses s'ouvrirent d'elles-mêmes, et laissèrent se répandre dans les airs les paroles de la Sibylle. « Énée, « dit-elle, te voilà enfin délivré des grands périls « de la mer; mais de plus terribles t'attendent sur « la terre. Les Troyens pénétreront dans le « royaume de Lavinium ; bannis donc de ton « cœur ce doute inquiétant; mais ils voudront un « jour n'y être jamais entrés. Je vois la guerre, « l'horrible guerre; je vois le Tibre regorger de « sang. Là aussi tu trouveras un Simoïs, un « Xanthe, un camp des Grecs; déjà le Latium « a son Achille, fils aussi d'une déesse : là, « Junon acharnée contre les Troyens, les poursuivra encore. A qui, dans ta détresse, ne tendras-tu pas des mains suppliantes ? quelle « nation de l'Italie, quelle ville n'imploreras-tu « pas ? La cause de tant de maux sera encore une « femme étrangère, et un nouvel hymen disputé. « Toi, ne cède pas au malheur, mais va d'un « cœur plus intrépide jusqu'où te portera ta for-« tune. Une ville grecque, ce que tu n'aurais « jamais espéré, t'ouvrira la première une voie « secourable. »

Ainsi, des profondeurs de son terrible sanctuaire, la Sibylle de Cumes faisait entendre ces oracles mystérieux; ainsi elle mugissait dans son antre, enveloppant les choses vraies d'une sainte obscurité : c'est le dieu qui secoue ses sens enchaînés et frémissants, c'est Apollon qui aiguillonne son âme rétive. Enfin ses fureurs s'apaisent, et la rage tombe de sa bouche haletante. Énée alors reprend : « O vierge, ces terri-« bles images des travaux qui m'attendent n'ont « rien de nouveau pour moi, et ne sauraient me « surprendre : j'ai tout prévu, j'ai préparé mon « âme à tout endurer. Je vous demande une seule « grâce : puisque c'est ici la porte qui mène au « royaume de Pluton, et le marais ténébreux de « l'Achéron débordé, qu'il me soit permis de « descendre en ces lieux, et d'y voir l'ombre et « les traits chéris de mon père : montrez-moi le « chemin, et ouvrez-moi les portes sacrées des « enfers. Ce père tant aimé, c'est moi qui, à tra-« vers les flammes et poursuivi de mille traits, « l'ai enlevé sur mes épaules et arraché aux « mains des ennemis. Lui m'accompagnait dans « mes courses errantes et sur toutes les mers; il « soutenait avec moi les menaçantes colères des « cieux et des flots, faible et supportant des maux « au-dessus des forces de l'impuissante vieillesse. « Lui-même il me pressait d'aller à vous en suppliant, et de pénétrer dans votre sanctuaire. « Daignez, ô prêtresse secourable, prendre en « pitié et le fils et le père : car vous pouvez tout,

Dicta meæ genti, ponam, lectosque sacrabo,
Alma, viros : foliis tantum ne carmina manda,
Ne turbata volent rapidis ludibria ventis.   75
Ipsa canas oro. Finem dedit ore loquendi.

At, Phœbi nondum patiens, inmanis in antro
Bacchatur vates, magnum si pectore possit
Excussisse deum : tanto magis ille fatigat
Os rabidum, fera corda domans, fingitque premendo. 80
Ostia jamque domus patuere ingentia centum
Sponte sua, vatisque ferunt responsa per auras :
O tandem magnis pelagi defuncte periclis !
Sed terra graviora manent : in regna Lavini
Dardanidæ venient; mitte hanc de pectore curam;   85
Sed non et venisse volent : bella, horrida bella,
Et Thybrim multo spumantem sanguine cerno.
Non Simois tibi, nec Xanthus, nec Dorica castra
Defuerint : alius Latio jam partus Achilles,
Natus et ipse dea. Nec Teucris addita Juno   90
Usquam aberit. Quum tu supplex in rebus egenis
Quas gentis Italum, aut quas non oraveris urbis !
Caussa mali tanti, conjunx iterum hospita Teucris,
Eæternique iterum thalami.
Tu ne cede malis : sed contra audentior ito,   95

Qua tua te Fortuna sinet. Via prima salutis,
Quod minime reris, Graia pandetur ab urbe.
   Talibus ex adyto dictis Cumæa Sibylla
Horrendas canit ambages, antroque remugit,
Obscuris vera involvens : ea frena furenti   100
Concutit, et stimulos sub pectore vertit Apollo.
Ut primum cessit furor, et rabida ora quierunt ;
Incipit Æneas heros : Non ulla laborum,
O virgo, nova mi facies inopinave surgit.
Omnia præcepi, atque animo mecum ante peregi.   105
Unum oro ; quando hic inferni janua regis
Dicitur, et tenebrosa palus Acheronte refuso :
Ire ad conspectum cari genitoris et ora
Contingat ; doceas iter, et sacra ostia pandas.
Illum ego per flammas, et mille sequentia tela   110
Eripui his humeris, medioque ex hoste recepi ;
Ille, meum comitatus iter, maria omnia mecum,
Atque omnis pelagique minas cœlique ferebat
Invalidus, vires ultra sortemque senectæ.
Quin, ut te supplex peterem, et tua limina adirem, 115
Idem orans mandata dabat. Gnatique patrisque,
Alma, precor, miserere ; potes namque omnia ; nec te
Nequidquam lucis Hecate præfecit Avernis ;

« et ce n'est point en vain qu'Hécate vous a com-
« mise à la garde des bois sacrés de l'Averne.
« Orphée a pu, grâce aux doux accords de sa
« lyre de Thrace, rappeler des enfers les mânes
« de son épouse ; Pollux mourant pour son frère
« le rachète du trépas, et tour à tour s'en va
« vers les sombres bords, et revient à la lumière :
« que dirai-je de Thésée et du grand Alcide? Et
« moi aussi je descends comme eux du puissant
« Jupiter. »

Énée, en parlant ainsi, tenait les autels
embrassés. Alors la Sibylle : « Illustre re-
« jeton du sang des dieux, fils d'Anchise, il est
« facile de descendre dans les gouffres de l'A-
« verne : nuit et jour est ouverte la porte du noir
« dieu des enfers. Mais s'échapper du sombre
« abîme et remonter vers les régions de la lu-
« mière, c'est là le suprême effort pour un
« mortel : quelques hommes, issus des dieux,
« l'ont pu, ceux-là seulement que Jupiter pro-
« pice a aimés, et que leur ardent génie a éle-
« vés jusqu'aux astres. Des forêts couvrent les
« vastes espaces qui nous séparent des enfers, et
« alentour le Cocyte roule ses noires ondes. Mais
« si tu es entraîné par un pieux amour, si tu as
« tant d'envie de passer deux fois le marais du
« Styx, de voir deux fois le ténébreux Tartare ; si
« tu veux t'abandonner à cette entreprise insen-
« sée, écoute ce que tu dois faire d'abord. Entre
« les branches d'un arbre touffu, se cache un ra-
« meau à la tige et au feuillage d'or : il est con-
« sacré à la Junon des enfers : le bois sacré tout
« entier le couvre de son ombre, et les vallées en-
« vironnantes l'enferment dans une profonde nuit.
« Nul ne peut pénétrer dans les demeures sou-
« terraines, avant qu'il n'ait détaché de l'arbre
« la branche aux fruits d'or. La belle Proserpine
« a voulu qu'on lui portât ce riche présent qu'elle
« s'est réservé. A peine le rameau est-il arraché,
« qu'un autre renaît soudain, et que la tige ra-
« vivée pousse des feuilles du même métal. Va
« donc, et cherche des yeux la branche dans les
« hautes épines des arbres ; et dès que tu l'auras
« trouvée, cueille-la selon les rites : tu la verras fa-
« cile et obéissante suivre d'elle-même, ta main, si
« les destins t'appellent aux enfers ; sinon, aucune
« force humaine n'en triomphera, et le fer même
« ne pourra la séparer de l'arbre. C'est peu : tan-
« dis que tu consultes ici les dieux, et que tu t'ar-
« rêtes suspendu à nos oracles, le corps inanimé
« de l'un de tes amis (tu l'ignores, hélas !) est gi-
« sant sur le rivage, et ses restes oubliés infec-
« tent toute la flotte. Va donc les rendre à la
« terre, et dépose-les dans la tombe. Conduis
« près de là et immole des brebis noires : que ce
« soient tes premières expiations. Alors enfin tu
« pourras voir les bois sacrés du Styx et les royau-
« mes inaccessibles aux vivants. » Elle dit, et se
tut.

Énée, le visage triste et les yeux baissés, sort de
l'antre de la Sibylle, et roule dans son cœur les in-
quiétants secrets de l'avenir : le fidèle Achate l'accompagne, agité des mêmes soucis. Tous deux
cheminaient, s'entretenant de sujets divers : ils
se demandent quel est celui de leurs compagnons
dont la Sibylle leur a annoncé la mort, quel corps
ils ont à inhumer. Voici qu'en arrivant près des
vaisseaux, ils voient étendu sur le rivage aride
Misène, fils d'Éole ; Misène, qu'une mort déplorable a frappé. Il n'eut jamais son égal dans

Si potuit Manis arcessere conjugis Orpheus,
Threicia fretus cithara fidibusque canoris ; 120
Si fratrem Pollux alterna morte redemit,
Itque reditque viam toties. Quid Thesea, magnum
Quid memorem Alciden? Et mi genus ab Jove summo.
Talibus orabat dictis, arasque tenebat ;
Quum sic orsa loqui vates : Sate sanguine divom, 125
Tros Anchisiada, facilis descensus Averno.
Noctes atque dies patet atri janua Ditis ;
Sed revocare gradum, superasque evadere ad auras,
Hoc opus, hic labor est. Pauci, quos æquus amavit
Juppiter, aut ardens evexit ad æthera virtus, 130
Dis geniti potuere. Tenent media omnia silvæ,
Cocytusque sinu labens circumvenit atro.
Quod si tantus amor menti, si tanta cupido est,
Bis Stygios innare lacus, bis nigra videre
Tartara ; et insano juvat indulgere labori : 135
Adcipe, quæ peragenda prius : latet arbore opaca
Aureus et foliis et lento vimine ramus,
Junoni infernæ dictus sacer : hunc tegit omnis
Lucus, et obscuris claudunt convallibus umbræ.
Sed non ante datur telluris operta subire, 140
Auricomos quam quis decerpserit arbore fetus.
Hoc sibi pulchra suum ferri Proserpina munus
Instituit. Primo avolso non deficit alter
Aureus, et simili frondescit virga metallo.
Ergo alte vestiga oculis, et rite repertum 145
Carpe manu : namque ipse volens facilisque sequetur,
Si te fata vocant : aliter, non viribus ullis
Vincere, nec duro poteris convellere ferro.
Præterea jacet exanimum tibi corpus amici,
Heu nescis ! totamque incestat funere classem ; 150
Dum consulta petis, nostroque in limine pendes.
Sedibus hunc refer ante suis, et conde sepulcro ;
Duc nigras pecudes : ea prima piacula sunto.
Sic demum lucos Stygios, regna invia vivis,
Adspicies. Dixit, pressoque obmutuit ore. 155
Æneas mæsto defixus lumina vultu
Ingreditur, linquens antrum ; cæcosque volutat
Eventus animo secum : cui fidus Achates
It comes, et paribus curis vestigia figit.
Multa inter sese vario sermone serebant : 160
Quem socium exanimem vates, quod corpus humandum
Diceret. Atque illi Misenum in litore sicco,

l'art d'exciter les courages par les sons de l'airain, et de rallumer le feu des batailles. Autrefois compagnon du grand Hector, il parcourait avec lui les champs du carnage, se signalant entre tous et par la trompette et par la lance. Après qu'Achille vainqueur eut arraché la vie à Hector, le vaillant Misène s'attacha au fils d'Anchise, et suivit des destins non moins glorieux. Mais un jour qu'il faisait retentir les rivages des sons de sa conque guerrière, et qu'il provoquait, l'insensé! les dieux de la mer à une lutte inégale, Triton, s'il est permis de le croire, saisit ce rival impie, et le plongea entre les rochers sous la vague écumeuse.

Tous les Troyens, le pieux Énée surtout, poussaient de grands cris de douleur en revoyant Misène. Alors ils se hâtent en pleurant d'exécuter les ordres de la Sibylle. On s'empresse d'amasser des arbres, et d'élever jusqu'au ciel un autel funéraire. On pénètre dans une antique forêt, profonde retraite des bêtes fauves. Les sapins tombent abattus; l'yeuse éclate sous les coups retentissants de la cognée : les troncs des frênes et des chênes se fendent, déchirés par les coins; et les grands ormes roulent du sommet des montagnes. Énée le premier pousse à l'œuvre ses compagnons, et comme eux s'arme de la cognée. Alors, jetant un regard sur la forêt immense, il roule dans son cœur de tristes pensées; et cette prière s'échappe de sa bouche. « Oh! si « le précieux rameau d'or se montrait à moi dans « les vastes profondeurs de ce bois! La Sibylle a « parlé, et ton infortune, ô Misène, ne prouve « que trop la vérité de ses oracles. » Comme il disait ces mots, deux colombes fendant les airs passent sous ses yeux, et vont s'abattre sur le sol verdoyant. Alors le héros reconnaît les oiseaux aimés de sa mère, et joyeux il les prie ainsi : « O vous, soyez mes guides, et que votre « vol me trace le chemin vers ces bois, où le « riche rameau ombrage la terre féconde; et toi, « ne manque pas à ton fils dans sa détresse, ô « ma divine mère! » Il dit, et s'arrête, observant les signes avant-coureurs, et de loin en loin l'essor des colombes. Celles-ci s'avançaient voltigeant et paissant d'espace en espace; mais toujours l'œil les pouvait suivre dans leurs capricieux ébats. Enfin elles arrivent près des gouffres méphitiques de l'Averne : là elles s'élèvent rapides et légères, glissent à travers les airs liquides, et vont se poser toutes deux sur l'arbre désiré. Son or brillait en reflets étincelants à travers une sombre verdure. Ainsi, durant les brumes glaciales de l'hiver, on voit dans les forêts le gui étaler sa feuille verdoyante sur le chêne qui n'en a point porté la semence, et entourer le tronc lisse de l'arbre de ses baies de safran. Tel paraissait sous un chêne touffu le rameau d'or; telles ses lames brillantes frémissaient remuées par un doux zéphyr. Énée, de le saisir aussitôt, de l'arracher, quoiqu'il résiste à ses mains impatientes, et de le porter à l'antre de la Sibylle.

Cependant les Troyens, rassemblés sur le ri-

Ut venere, vident indigna morte peremptum;
Misenum Æoliden, quo non præstantior alter
Ære ciere viros, Martemque adcendere cantu.   165
Hectoris hic magni fuerat comes; Hectora circum
Et lituo pugnas insignis obibat et hasta :
Postquam illum vita victor spoliavit Achilles,
Dardanio Æneæ sese fortissimus heros
Addiderat socium, non inferiora secutus.   170
Sed tum, forte cava dum personat æquora concha,
Demens et cantu vocat in certamina divos,
Æmulus exceptum Triton, si credere dignum est,
Inter saxa virum spumosa immerserat unda.
Ergo omnes magno circum clamore fremebant;   175
Præcipue pius Æneas. Tum jussa Sibyllæ,
Haud mora, festinant flentes, aramque sepulcri
Congerere arboribus, cœloque educere certant.
Itur in antiquam silvam, stabula alta ferarum :
Procumbunt piceæ; sonat icta securibus ilex,   180
Fraxineæque trabes cuneis et fissile robur
Scinditur; advolvunt ingentis montibus ornos.
Nec non Æneas opera inter talia primus
Hortatur socios, paribusque adcingitur armis;
Atque hæc ipse suo tristi cum corde volutat,   185
Adspectans silvam inmensam, et sic voce precatur :
Si nunc se nobis ille aureus arbore ramus
Ostendat nemore in tanto! quando omnia vere
Heu nimium de te vates, Misene, locuta est.
Vix ea fatus erat, geminæ quum forte columbæ   190
Ipsa sub ora viri cœlo venere volantes,
Et viridi sedere solo. Tum maximus heros
Maternas adgnoscit avis, lætusque precatur :
Este duces, o, si qua via est, cursumque per auras
Dirigite in lucos, ubi pinguem dives opacat   195
Ramus humum. Tuque, o, dubiis ne defice rebus,
Diva parens. Sic effatus vestigia pressit;
Observans quæ signa ferant, quo tendere pergant.
Pascentes illæ tantum prodire volando,
Quantum acie possent oculi servare sequentum.   200
Inde, ubi venere ad fauces graveolentis Averni,
Tollunt se celeres; liquidumque per aera lapsæ
Sedibus optatis geminæ super arbore sidunt.
Discolor unde auri per ramos aura refulsit.
Quale solet silvis brumali frigore viscum   205
Fronde virere nova, quod non sua seminat arbos,
Et croceo fetu teretis circumdare truncos.
Talis erat species auri frondentis opaca
Ilice; sic leni crepitabat bractea vento.
Conripit Æneas extemplo, avidusque refringit   210
Cunctantem, et vatis portat sub tecta Sibyllæ.
Nec minus interea Misenum in litore Teucri

vage autour de Misène, le pleuraient, et rendaient les derniers honneurs à sa cendre insensible. D'abord ils élèvent un immense bûcher, sur lequel ils entassent les sapins résineux et les rameaux coupés du chêne : alentour on entrelace les guirlandes d'un noir feuillage ; on plante des cyprès funèbres devant le triste monument, et les armes brillantes du mort en décorent le faîte. Les uns préparent dans l'airain qu'échauffe la flamme des eaux bouillonnantes, lavent le corps glacé, et l'oignent de parfums. Des gémissements se font entendre. Alors on dépose sur un lit funéraire les restes déplorés du héros, et on y jette ses vêtements de pourpre, dépouilles bien connues ; les autres (triste et pieux ministère !) portent sur leurs épaules la funèbre litière, et mettant la torche au bûcher, à la manière de leurs pères, la tiennent allumée en détournant la tête. L'encens, les mets entassés sur le bûcher, l'huile répandue à pleines coupes, brûlent avec le corps. Quand les cendres se sont écroulées, et que la flamme a cessé de luire, on lave dans les flots de vin les débris et la poussière brûlante de l'incendie ; et Corynée recueillant les os les renferme dans une urne d'airain. Ensuite il porte trois fois autour de ses compagnons un rameau d'olivier imprégné d'une onde pure, répand sur eux une légère rosée, les purifie, et prononce les dernières paroles. Le pieux Énée fait élever sur une haute montagne un immense tombeau, et veut qu'on y place les armes du héros, une rame et une trompette. Aujourd'hui la montagne retient le nom de Misène, et le perpétue à travers les siècles.

Ces cérémonies achevées, Énée se hâte d'exécuter les ordres de la Sibylle. Au milieu de sombres bois est une caverne profonde, rocailleuse, vaste et béante, et qu'un lac aux eaux noires défend de l'abord des mortels. Au-dessus de l'antre nul oiseau ne peut, déployant ses ailes, traverser impunément les airs : tant le sombre gouffre exhale de vapeurs impures qu'il pousse jusqu'aux plus hautes régions des cieux : de là vient que les Grecs lui ont donné le nom d'Averne. Là d'abord la prêtresse fait amener quatre taureaux noirs, et verse du vin sur leurs fronts : elle leur coupe le poil entre les cornes, et, pour premier hommage aux divinités des enfers, elle le brûle sur les autels sacrés, invoquant Hécate, toute-puissante au ciel et dans l'empire de l'Érèbe. Les sacrificateurs plongent le couteau dans la gorge des victimes, et des coupes reçoivent le sang encore tiède. Énée lui-même frappe de son épée une jeune brebis à la toison noire, offrande agréable à la Nuit, mère des Euménides, et à la Terre, sa sœur ; à toi, Proserpine, il immole une vache stérile. Alors se dressent pour le roi du Styx les autels de nuit ; on jette dans les flammes les corps entiers des taureaux, et l'huile onctueuse coule, répandue sur leurs entrailles torréfiées. Voilà qu'aux premières lueurs du soleil naissant, la terre commence à mugir, la cime des forêts tremble au sommet des montagnes, et les chiens font entendre des hurlements dans l'ombre : c'est la déesse qui approche : « Loin d'ici, profanes, s'écrie la « Sibylle, loin d'ici, et sortez tous de ce bois « sacré ! Et toi, Énée, marche avec moi, et l'é-

Flebant, et cineri ingrato suprema ferebant.
Principio pinguem tædis et robore secto
Ingentem struxere pyram : cui frondibus atris   215
Intexunt latera, et feralis ante cupressos
Constituunt, decorantque super fulgentibus armis.
Pars calidos latices et ahena undantia flammis
Expediunt, corpusque lavant frigentis et unguunt.
Fit gemitus : tum membra toro defleta reponunt,   220
Purpureasque super vestis, velamina nota,
Conjiciunt ; pars ingenti subiere feretro,
Triste ministerium ; et subjectam more parentum
Aversi tenuere facem. Congesta cremantur
Turea dona, dapes, fuso crateres olivo.   225
Postquam conlapsi cineres, et flamma quievit ;
Reliquias vino et bibulam lavere favillam,
Ossaque lecta cado texit Corynæus aheno.
Idem ter socios pura circumtulit unda,
Spargens rore levi et ramo felicis olivæ ;   230
Lustravitque viros, dixitque novissima verba.
At pius Æneas ingenti mole sepulcrum
Inponit, suaque arma viro, remumque, tubamque,
Monte sub aerio ; qui nunc Misenus ab illo
Dicitur, æternumque tenet per sæcula nomen.   235
  His actis propere exsequitur præcepta Sibyllæ.

Spelunca alta fuit, vastoque inmanis hiatu,
Scrupea, tuta lacu nigro nemorumque tenebris ;
Quam super haud ullæ poterant inpune volantes
Tendere iter pennis : talis sese halitus atris   240
Faucibus effundens supera ad convexa ferebat :
Unde locum Graii dixerunt nomine Aornon.
Quatuor hic primum nigrantis terga juvencos
Constituit, frontique invergit vina sacerdos ;
Et, summas carpens media inter cornua sætas,   245
Ignibus inponit sacris, libamina prima,
Voce vocans Hecaten, Cœloque Ereboque potentem.
Supponunt alii cultros, tepidumque cruorem
Suscipiunt pateris. Ipse atri velleris agnam
Æneas matri Eumenidum magnæque sorori   250
Ense ferit, sterilemque tibi, Proserpina, vaccam.
Tum Stygio regi nocturnas inchoat aras,
Et solida inponit taurorum viscera flammis,
Pingue super oleum infundens ardentibus extis.
Ecce autem, primi sub lumina solis et ortus,   255
Sub pedibus mugire solum, et juga cœpta moveri
Silvarum, visæque canes ululare per umbram,
Adventante dea. Procul o, procul este, profani,
Conclamat vates, totoque absistite luco ;
Tuque invade viam, vaginaque eripe ferrum :   260

« pée hors le fourreau : c'est le moment, Énée, « d'avoir du courage et un cœur intrépide. » A ces mots elle s'élance en furieuse dans l'antre ouvert; le héros se précipite sur les pas de son guide audacieux.

Dieux qui avez l'empire des âmes, ombres silencieuses, Chaos, Phlégéthon, vastes lieux où règnent la nuit et le silence, souffrez que je raconte ce que j'ai entendu : permettez qu'un mortel révèle les secrets ensevelis dans les ténébreux abîmes de la terre. Ils marchaient, seuls dans la nuit, à travers les ténèbres, les demeures désertes de Pluton et ses royaumes vides. Tel, à la clarté douteuse d'une pâle lune, le voyageur chemine à travers les forêts : Jupiter a enveloppé le ciel d'une ombre noire, et la nuit ôte aux objets leur couleur.

Devant le vestibule des enfers, et à la bouche même du gouffre de l'Orcus, le Chagrin et les Remords vengeurs ont établi leur demeure. Là habitent et les pâles Maladies, et la triste Vieillesse, et la Faim, mauvaise conseillère, et la honteuse Indigence, spectres terribles à voir, et la Mort, et le Travail, et le Sommeil frère de la Mort, et les mauvaises Joies du cœur, et sur le seuil même la Guerre meurtrière, et les Euménides couchées sur des lits de fer, et la Discorde insensée, avec sa chevelure de vipères qu'enlacent des bandelettes sanglantes. Au milieu est un orme touffu, immense, qui étend de tous côtés ses rameaux et ses bras séculaires : c'est, dit-on, la retraite des vains Songes, qui s'abritent, hôtes légers, sous chaque feuille. Là sont encore mille monstres divers : sous les portes gîtent les Centaures, les Scyllas à la double forme, Briarée aux cent bras, l'Hydre de Lerne aux sifflements horribles, la Chimère armée de flammes, les Gorgones, les Harpies, et l'ombre de Géryon aux trois corps. Soudain Énée, frappé de terreur, saisit son glaive et leur en présente la pointe : et si la docte prêtresse ne l'eût pas averti que c'étaient de légers simulacres sans corps, de vaines et subtiles images qui voltigeaient dans les ténèbres, il se serait précipité, et il aurait frappé çà et là de son épée d'impalpables fantômes.

Là s'ouvre le chemin qui mène à l'Achéron, gouffre vaste et bourbeux, rapide torrent, qui vomit en bouillonnant sa fange immonde dans le Cocyte. Ces eaux et ce fleuve sont gardés par un horrible nocher : c'est Charon à l'air hideux et effroyable; sur son menton s'épaissit une barbe blanche et inculte, ses yeux flamboient : de ses épaules tombe, retenu par un nœud, un sale manteau. Lui-même gouverne sa barque avec l'aviron, et tend la voile ; lui-même passe les morts d'une rive à l'autre dans son noir esquif : il est vieux ; mais sa vieillesse est celle d'un dieu, verte et vigoureuse. Là se précipitait, en se répandant sur la rive, toute la foule des morts : c'étaient des mères, des époux, les vaines ombres des héros magnanimes délivrés de la vie, des enfants, des vierges qu'attendait l'hymen, et des jeunes gens mis au bûcher sous les yeux de leurs parents; aussi nombreux que les feuilles qui tombent dans les forêts au premier froid de l'automne, ou que les oiseaux voyageurs qui, venant de la haute mer, s'abat-

Nunc animis opus, Ænea, nunc pectore firmo.
Tantum effata, furens antro se inmisit aperto :
Ille ducem haud timidis vadentem passibus æquat.
Di quibus imperium est animarum, umbræque silentes,
Et Chaos, et Phlegethon, loca nocte tacentia late, 265
Sit mihi fas audita loqui; sit, numine vestro,
Pandere res alta terra et caligine mersas.
Ibant obscuri sola sub nocte per umbram,
Perque domos Ditis vacuas, et inania regna.
Quale per incertam Lunam sub luce maligna 270
Est iter in silvis; ubi cœlum condidit umbra
Juppiter, et rebus nox abstulit atra colorem.
  Vestibulum ante ipsum, primisque in faucibus Orci,
Luctus, et ultrices posuere cubilia Curæ;
Pallentesque habitant Morbi, tristisque Senectus, 275
Et Metus, et malesuada Fames, ac turpis Egestas;
Terribiles visu formæ; Letumque, Labosque;
Tum consanguineus Leti Sopor; et mala mentis
Gaudia; mortiferumque adverso in limine Bellum;
Ferreique Eumenidum thalami; et Discordia demens, 280
Vipereum crinem vittis innexa cruentis.
  In medio ramos annosaque brachia pandit
Ulmus opaca, ingens; quam sedem Somnia volgo
Vana tenere ferunt, foliisque sub omnibus hærent :
Multaque præterea variarum monstra ferarum, 285
Centauri in foribus stabulant, Scyllæque biformes,
Et centumgeminus Briareus, ac bellua Lernæ
Horrendum stridens, flammisque armata Chimæra,
Gorgones, Harpyiæque, et forma tricorporis umbræ.
Corripit hic subita trepidus formidine ferrum 290
Æneas, strictamque aciem venientibus offert;
Et, ni docta comes tenuis sine corpore vitas
Admoneat volitare cava sub imagine formæ,
Inruat, et frustra ferro diverberet umbras.
  Hinc via, Tartarei quæ fert Acherontis ad undas : 295
Turbidus hic cœno vastaque voragine gurges
Æstuat, atque omnem Cocyto eructat arenam :
Portitor has horrendas aquas et flumina servat
Terribili squalore Charon; cui plurima mento
Canities inculta jacet; stant lumina flamma; 300
Sordidus ex humeris nodo dependet amictus :
Ipse ratem conto subigit, velisque ministrat,
Et ferruginea subvectat corpora cymba,
Jam senior; sed cruda deo viridisque senectus.
Huc omnis turba ad ripas effusa ruebat, 305
Matres atque viri, defunctaque corpora vita
Magnanimum heroum, pueri innuptæque puellæ,
Inpositique rogis juvenes ante ora parentum :

tent par milliers sur la terre, aussitôt que les frimas les chassent par delà les eaux, et les envoient vers de plus doux climats. Les premiers arrivés sur le bord étaient là demandant à passer le fleuve, et tendaient les mains en implorant l'autre rive. Mais le triste nocher reçoit dans sa barque tantôt ceux-ci, tantôt ceux-là, et, repoussant les autres, il les chasse loin du rivage.

Étonné de ce mouvement tumultueux des ombres, Énée dit à la Sibylle : « Pourquoi l'empressement de cette foule vers le fleuve? que demandent toutes ces âmes? Pourquoi celles-ci, plutôt que les autres qui s'éloignent du rivage, sillonnent-elles avec la rame le gouffre livide? » La prêtresse aux longs jours lui répondit en peu de mots : « Fils d'Anchise, toi le vrai sang des dieux, tu vois le profond marais du Cocyte et les eaux dormantes du Styx, par lequel les dieux redoutent de jurer, et qu'ils n'attestent jamais en vain. Toute cette foule que tu vois est celle des morts inhumés et misérables ; ce nocher, c'est Charon ; ceux que l'onde porte ont reçu la sépulture : il n'est pas permis aux premiers de franchir l'horrible rive et les courants au bruit rauque, avant que leurs os n'aient reposé dans le tombeau. Ces ombres errent pendant cent ans, et voltigent autour de ces bords; alors enfin admises dans la barque, elles atteignent la rive tant désirée. » Là le fils d'Anchise s'arrête, agité de mille pensées, et plaignant dans son cœur la cruelle destinée de ces morts. Soudain il aperçoit, tristes et privés des honneurs suprêmes, Leucaspis et Oronte, chef de la flotte lycienne, qui, partis de Troie et portés sur les mers orageuses, avaient été engloutis par l'auster et les flots avec leur navire.

Voici qu'au milieu de ces ombres le pilote Palinure se portait au-devant du héros; Palinure qui, dans le trajet de Carthage en Italie, observant les astres, avait glissé de la poupe de son vaisseau, et était tombé dans l'abîme des eaux. Énée le reconnut à peine, triste comme il était et environné d'une ombre épaisse : le premier il lui parla ainsi : « Quel dieu, Palinure, t'a enlevé à nous et t'a plongé dans la profonde mer? Parle, je t'en prie; car Apollon, jusqu'ici trouvé fidèle en tous ses oracles, ne m'a trompé qu'à ton sujet : il m'assurait qu'échappé comme moi aux périls de la mer, tu aborderais aux rivages d'Ausonie : est-ce qu'il tient sa promesse? » — « Fils d'Anchise, répondit Palinure, l'oracle d'Apollon ne t'a point abusé, et aucun dieu ne m'a précipité dans les flots. Je me tenais attaché à la proue, et je réglais la course du navire, lorsque, imprimant au gouvernail une violente secousse, je tombai, et l'entraînai dans ma chute : j'en atteste les terribles mers, j'ai moins tremblé pour moi dans ce moment fatal que pour votre vaisseau ; je craignais que dépouillé de ses agrès, échappé des mains de son pilote, le navire ne sombrât; tant les vagues s'élevaient menaçantes. Durant trois nuits orageuses le Notus furieux me ballotta sur la vaste mer ; enfin, le quatrième jour, je découvris de loin l'Italie, porté jusqu'aux nues sur la cime des vagues. Je nageais lentement vers

Quam multa in silvis autumni frigore primo
Lapsa cadunt folia; aut ad terram gurgite ab alto   310
Quam multæ glomerantur aves, ubi frigidus annus
Trans pontum fugat, et terris inmittit apricis.
Stabant orantes primi transmittere cursum,
Tendebantque manus ripæ ulterioris amore :
Navita sed tristis nunc hos, nunc adcipit illos,   315
Ast alios longe submotos arcet arena.
Æneas, miratus enim, motusque tumultu,
Dic, ait, o virgo, quid vult concursus ad amnem?
Quidve petunt animæ? vel quo discrimine ripas
Hæ linquunt, illæ remis vada livida verrunt?   320
Olli sic breviter fata est longæva sacerdos :
Anchisa generate, deum certissima proles,
Cocyti stagna alta vides, Stygiamque paludem,
Di cujus jurare timent et fallere numen.
Hæc omnis, quam cernis, inops inhumataque turba est ;
Portitor ille, Charon; hi, quos vehit unda, sepulti.   326
Nec ripas datur horrendas et rauca fluenta
Transportare prius, quam sedibus ossa quierunt.
Centum errant annos, volitantque hæc litora circum :
Tum demum admissi stagna exoptata revisunt.   330
Constitit Anchisa satus, et vestigia pressit;
Multa putans, sortemque animo miseratus iniquam.
Cernit ibi mæstos, et mortis honore carentis,

Leucaspim, et Lyciæ ductorem classis Oronten :
Quos simul, a Troja ventosa per æquora vectos,   335
Obruit auster, aqua involvens navemque virosque.
Ecce gubernator sese Palinurus agebat :
Qui Libyco nuper cursu, dum sidera servat,
Exciderat puppi, mediis effusus in undis.
Hunc ubi vix multa mæstum cognovit in umbra ;   340
Sic prior adloquitur : Quis te, Palinure, deorum
Eripuit nobis, mediaque sub æquore mersit?
Dic age : namque mihi, fallax haud ante repertus,
Hoc uno responso animum delusit Apollo,
Qui fore te ponto incolumem, finisque canebat   345
Venturum Ausonios. En hæc promissa fides est ?
Ille autem : Neque te Phœbi cortina fefellit,
Dux Anchisiada, nec me deus æquore mersit.
Namque gubernaclum multa vi forte revulsum,
Cui datus hærebam custos, cursusque regebam,   350
Præcipitans traxi mecum. Maria aspera juro,
Non ullum pro me tantum cepisse timorem,
Quam tua ne, spoliata armis, excussa magistro,
Deficeret tantis navis surgentibus undis.
Tris Notus hibernas inmensa per æquora noctis   355
Vexit me violentus aqua : vix lumine quarto
Prospexi Italiam, summa sublimis ab unda.
Paullatim adnabam terræ ; jam tuta tenebam :

« la rive, et j'allais prendre terre, si, tout chargé de mes vêtements humides et saisissant avec mes ongles la pointe aiguë d'un rocher, je n'eusse été soudainement attaqué par des peuples féroces, qui dans leur ignorance crurent se jeter sur une riche dépouille. Maintenant je suis le jouet des flots, et les vents me roulent sur le rivage. Mais vous, par cette douce lumière des cieux, par cet air que vous respirez, par Anchise votre père, par Ascagne qui grandit en espérances, je vous en conjure, arrachez-moi à ces maux cruels : jetez, vous le pouvez, un peu de terre sur mon corps, et redemandez-le au port de Véline : ou plutôt, s'il se peut, (car, je n'en doute pas, c'est par une insigne faveur des dieux que vous allez traverser de grands fleuves et le marais du Styx) tendez-moi une main secourable, et portez-moi avec vous au delà de ces ondes, afin que mon ombre au moins repose dans les demeures tranquilles de la mort. » — « D'où te vient, ô Palinure, interrompit la Sibylle, un désir si insensé? Quoi! tu voudrais, sans être inhumé, franchir les eaux du Styx et le redoutable fleuve des Euménides, et aborder à l'autre rive contre l'ordre des destins? Jamais, cesse de l'espérer, ta prière ne fera fléchir la volonté des dieux. Mais écoute et retiens mes paroles; elles te consoleront dans ta misère. Les peuples qui voient ton corps battre leurs rivages, frappés des prodiges célestes qui éclateront au loin dans leurs villes, consacreront tes os, t'élèveront un tombeau et sacrifieront à tes mânes; « et le lieu de ta sépulture gardera éternellement le nom de Palinure. » Ces paroles soulagèrent sa douleur et dissipèrent un peu la tristesse de son cœur; il se réjouit de penser qu'une terre portera son nom.

Énée et la Sibylle poursuivent leur route et s'avancent vers le fleuve. A peine des bords du Styx le nocher les a-t-il aperçus de loin, cheminant à travers le bois silencieux et portant leurs pas vers la rive, qu'élevant le premier sa voix, il gourmande ainsi le héros : « Qui que tu sois qui t'avances armé jusqu'aux rives de notre fleuve, dis pourquoi tu viens, et arrête ici tes pas. C'est ici le séjour des ombres, l'empire du Sommeil et de la Nuit. Il m'est défendu de recevoir des vivants dans la barque stygienne. Je n'ai pas eu à me réjouir d'avoir autrefois reçu Alcide, Thésée, Pirithoüs, tout enfants des dieux et tout invincibles qu'ils étaient. Le premier osa bien de sa main enchaîner le gardien du Tartare, et l'arracher tremblant du trône même de Pluton. Les deux autres entreprirent d'enlever de sa couche nuptiale l'épouse du dieu des morts. » — La prêtresse d'Amphryse lui répondit ce peu de mots : « Cesse de t'émouvoir; nous n'avons pas de ces desseins perfides, et ces armes n'ont rien de menaçant : que l'effroyable gardien des morts, couché dans son antre, épouvante les pâles ombres de ses aboiements éternels; et que Proserpine partage, à jamais chaste et fidèle, le lit de son oncle. Le Troyen Énée, d'une piété et d'une valeur insignes, descend dans les profonds abîmes de l'Érèbe, pour y voir son

Ni gens crudelis madida cum veste gravatum,
Prensantemque uncis manibus capita aspera montis, 360
Ferro invasisset, prædamque ignara putasset.
Nunc me fluctus habet, versantque in litore venti.
Quod te per cœli jucundum lumen, et auras,
Per genitorem oro, per spes surgentis Iuli;
Eripe me his, invicte, malis : aut tu mihi terram 365
Injice, namque potes, portusque require Velinos;
Aut tu, si qua via est, si quam tibi diva creatrix
Ostendit; neque enim, credo, sine numine divom
Flumina tanta paras Stygiamque innare paludem,
Da dextram misero, et tecum me tolle per undas, 370
Sedibus ut saltem placidis in morte quiescam.
Talia fatus erat, cœpit quum talia vates :
Unde hæc, o Palinure, tibi tam dira cupido?
Tu Stygias inhumatus aquas, amnemque severum
Eumenidum adspicies, ripamve injussus adibis? 375
Desine fata deom flecti sperare precando :
Sed cape dicta memor, duri solatia casus :
Nam tua finitimi, longe lateque per urbes
Prodigiis acti cœlestibus, ossa piabunt,
Et statuent tumulum, et tumulo sollemnia mittent; 380
Æternumque locus Palinuri nomen habebit.

His dictis curæ emotæ, pulsusque parumper
Corde dolor tristi : gaudet cognomine terra.
Ergo iter inceptum peragunt, fluvioque propinquant.
Navita quos jam inde ut Stygia prospexit ab unda 385
Per tacitum nemus ire, pedemque advertere ripæ,
Sic prior adgreditur dictis, atque increpat ultro :
Quisquis es, armatus qui nostra ad flumina tendis,
Fare age, quid venias, jam istinc et comprime gressum.
Umbrarum hic locus est, Somni Noctisque sopóræ; 390
Corpora viva nefas Stygia vectare carina.
Nec vero Alciden me sum lætatus euntem
Adcepisse lacu, nec Thesea, Pirithoumque;
Dis quamquam geniti, atque invicti viribus essent.
Tartareum ille manu custodem in vincla petivit, 395
Ipsius a solio regis traxitque trementem;
Hi dominam Ditis thalamo deducere adorti.
Quæ contra breviter fata est Amphrysia vates :
Nullæ hic insidiæ tales; absiste moveri;
Nec vim tela ferunt; licet ingens janitor antro 400
Æternum latrans exsanguis terreat umbras;
Casta licet patrui servet Proserpina limen.
Troius Æneas, pietate insignis et armis,
Ad genitorem, imas Erebi descendit ad umbras.

« père. Si tant de piété ne te touche pas, recon-
« nais ce rameau. » Elle montre alors le rameau,
qu'elle tenait caché sous son voile. Soudain
tombe la colère qui gonflait le cœur du nocher :
il révère en silence le présent sacré de la fatale
branche, que depuis longtemps il n'avait pas
vue ; et, tournant sa barque vers les bords du
fleuve, il va toucher la rive. Alors il écarte en
les poussant les ombres assises en longues files
sur les bancs, et met la barque à vide : en même
temps il reçoit dans le frêle esquif le grand Énée ;
les ais mal joints de la nacelle gémirent sous le
poids du héros, et s'ouvrirent de tous côtés aux
ondes infernales. Énée enfin et la Sibylle passent sains et saufs à l'autre bord du fleuve, et
Charon les dépose sur un affreux limon au milieu de sombres roseaux.

Couché dans son antre qui s'ouvre à l'entrée
même de ces tristes royaumes, l'immense Cerbère les fait retentir des aboiements de sa triple
gueule. La prêtresse, voyant déjà se dresser sur
son cou ses serpents hideux, lui jette un gâteau
soporifique qu'elle a composé de miel et de pavots. Le monstre affamé ouvre ses trois gueules, saisit le gâteau, le dévore, et, laissant fléchir son dos immense, se couche dans son antre,
qu'il remplit de toute sa masse répandue. Le
gardien des enfers enseveli dans le sommeil,
Énée se porte en avant, et bientôt il a franchi
la rive du fleuve qu'on passe sans retour. Tout
à coup il entend des voix plaintives et de grands
vagissements : c'étaient les ombres des enfants
qui pleuraient au seuil des enfers : privés de la
douce lumière, et ravis en naissant au sein maternel, un funeste jour les avait enlevés à la vie,
et plongés dans la nuit prématurée de la mort.
Près d'eux sont les hommes qu'un arrêt injuste
a condamnés à mourir. Là nulle place n'est assignée que le sort et des juges n'en aient décidé,
à leur tête est Minos, qui agite l'urne fatale ; c'est
lui qui appelle devant son tribunal la muette assemblée des humains, qui examine leur vie,
qui connait de leurs crimes. Non loin de là sont
les tristes ombres de ceux qui, sans être coupables, ont tourné contre eux-mêmes leurs mains
violentes, et qui, ayant pris la lumière en horreur,
ont rejeté leur âme. Qu'ils voudraient maintenant supporter sous la voûte éthérée la pauvreté
et les durs travaux ! Mais le destin s'y oppose ;
l'affreux Cocyte les enchaîne dans ses tristes ondes, et le Styx neuf fois se repliant sur lui-même
les tient emprisonnés.

Ailleurs on voit s'étendre de tous côtés une
plaine immense ; c'est le champ des pleurs ; on
l'appelle ainsi. Là, ceux que le dur amour et ses
poisons cruels ont consumés errent cachés dans
de secrets sentiers ; un bois de myrte les environne et les couvre de son ombre : leurs soucis
ne les abandonnent pas même dans la mort.
Énée aperçoit dans ces lieux Phèdre, Procris,
Évadné, Pasiphaé, et la triste Ériphyle, qui
montrait son sein percé par la main cruelle de
son fils : Laodamie les accompagne, et Cénis,
autrefois jeune homme, depuis changé en femme,
et que le destin avait alors rappelé à sa figure
première.

Parmi elles la Phénicienne Didon, encore sanglante de sa blessure, errait dans la forêt immense.

Si te nulla movet tantæ pietatis imago, 405
At ramum hunc, aperit ramum qui veste latebat,
Adgnoscas. Tumida ex ira tum corda residunt.
Nec plura his. Ille admirans venerabile donum
Fatalis virgæ, longo post tempore visum,
Cæruleam advertit puppim, ripæque propinquat. 410
Inde alias animas, quæ per juga longa sedebant,
Deturbat, laxatque foros ; simul adcipit alveo
Ingentem Æneam : gemuit sub pondere cymba
Sutilis, et multam adcepit rimosa paludem.
Tandem trans fluvium incolumis vatemque virumque 415
Informi limo glaucaque exponit in ulva.
 Cerberus hæc ingens latratu regna trifauci
Personat, adverso recubans inmanis in antro :
Cui vates, horrere videns jam colla colubris,
Melle soporatam et medicatis frugibus offam 420
Objicit : ille fame rabida tria guttura pandens
Conripit objectam, atque inmania terga resolvit
Fusus humi, totoque ingens extenditur antro.
Occupat Æneas aditum custode sepulto,
Evaditque celer ripam inremeabilis undæ. 425
 Continuo auditæ voces, vagitus et ingens
Infantumque animæ flentes, in limine primo ;
Quos dulcis vitæ exsortis, et ab ubere raptos,
Abstulit atra dies, et funere mersit acerbo.
Hos juxta falso damnati crimine mortis. 430
Nec vero hæ sine sorte datæ, sine judice, sedes.
Quæsitor Minos urnam movet ; ille silentum
Conciliumque vocat, vitasque et crimina discit.
Proxima deinde tenent mæsti loca, qui sibi letum
Insontes peperere manu, lucemque perosi 435
Projecere animas. Quam vellent æthere in alto
Nunc et pauperiem, et duros perferre labores !
Fas obstat, tristique palus inamabilis unda
Adligat, et novies Styx interfusa coercet.
 Nec procul hinc partem fusi monstrantur in omnem 440
Lugentes campi : sic illos nomine dicunt.
Hic, quos durus amor crudeli tabe peredit,
Secreti celant calles, et myrtea circum
Silva tegit ; curæ non ipsa in morte relinquunt.
His Phædram Procrinque locis, mæstamque Eriphylen, 445
Crudelis nati monstrantem volnera cernit,
Evadnenque, et Pasiphaen ; his Laodamia
It comes, et juvenis quondam, nunc femina, Cænis,
Rursus et in veterem fato revoluta figuram.
 Inter quas Phœnissa recens a volnere Dido 450
Errabat silva in magna : quam Troïus heros,
Ut primum juxta stetit, adgnovitque per umbras

Le héros troyen s'avance vers elle; il a reconnu son fantôme obscur à travers les ombres, comme aux premiers jours des mois on voit ou croit voir se lever dans les nuages la lune naissante: des larmes tombèrent des yeux du héros, et dans un doux mouvement d'amour il lui adressa ces paroles: « Malheureuse Didon, elle est donc « vraie cette nouvelle affreuse de votre mort, et « des funestes extrémités où vous êtes venue! Hé-« las! j'en fus la cause. Mais j'en jure par les as-« tres, par les dieux de l'Olympe, par tout ce « qu'il y a de sacré dans les abîmes de la terre; « c'est malgré moi, ô reine, que j'ai quitté vo-« tre rivage. Ces mêmes dieux, qui me forcent « maintenant à descendre dans les lieux de ténè-« bres et d'horreur, et dans cette profonde nuit « de la mort, m'avaient entraîné loin de vous « par des ordres suprêmes; et je n'ai pu croire « que je vous causais par mon départ une si vive « douleur. Arrêtez, et ne vous dérobez point à « mes regards. Qui fuyez-vous? Hélas! c'est pour « la dernière fois que le destin permet que je « vous parle. » Énée par ces mots mêlés de larmes tâchait d'apaiser cette ombre courroucée qui lui lançait des regards furieux: mais Didon immobile et détournant la tête tenait ses yeux baissés vers la terre. Elle n'est pas plus émue des discours d'Énée que si elle était du rocher le plus dur, un marbre de Paros. Enfin elle s'échappe; et cette âme implacable s'enfonce dans le bois ombreux où son premier époux, Sichée, répond à ses tendres soins et égale son amour. Cependant Énée, touché d'un sort si cruel, la suit longtemps des yeux, et pleure encore Didon qui le fuit.

Enfin il reprend sa route : déjà ils étaient arrivés dans les champs les plus reculés des enfers, vers ces secrets asiles qu'habitent les guerriers illustres. Là Énée voit venir à lui Tydée, le vaillant Parthenopée, et l'ombre du pâle Adraste. Là étaient les Troyens tant pleurés sur la terre, et que la guerre avait moissonnés. Énée gémit les voyant tous s'avancer en longue file, et Glaucus, et Médonte, et Thersiloque, et les trois fils d'Anténor, et Polyphète, prêtre de Cérès, et Idée guidant encore son char, tenant encore ses armes. De tous côtés ces âmes l'environnent en foule : c'est peu pour elles de l'avoir vu; elles veulent s'arrêter près de lui, l'accompagner, apprendre de sa bouche pourquoi il est venu dans ces lieux. Mais les chefs des Grecs et les phalanges d'Agamemnon, dès qu'elles voient le héros et ses armes briller dans l'ombre, se dispersent dans une immense épouvante: les unes fuient, comme autrefois elles fuyaient vers leurs vaisseaux; les autres veulent pousser des cris; mais les cris inachevés meurent sur leurs lèvres béantes.

Soudain il voit Déiphobe, fils de Priam: tout son corps était mutilé; son visage paraissait déchiré cruellement; reste infortuné de lui-même, le fer lui avait ravi les mains, les oreilles, le nez, avait ravagé ses tempes, marqué toute sa face de sanglants outrages. Honteux et tremblant, il cachait sa cruelle difformité: Énée le reconnut à peine, et d'une voix amie lui parla

Obscuram, qualem primo qui surgere mense
Aut videt, aut vidisse putat per nubila Lunam,
Demisit lacrimas, dulcique adfatus amore est : 455
Infelix Dido, verus mihi nuntius ergo
Venerat exstinctam, ferroque extrema secutam;
Funeris heu tibi caussa fui? Per sidera juro,
Per superos, et si qua fides tellure sub ima est,
Invitus, regina, tuo de littore cessi. 460
Sed me jussa deum, quæ nunc has ire per umbras,
Per loca senta situ cogunt noctemque profundam,
Imperiis egere suis; nec credere quivi
Hunc tantum tibi me discessu ferre dolorem.
Siste gradum, teque adspectu ne subtrahe nostro. 465
Quem fugis? extremum fato, quod te adloquor, hoc est.
Talibus Æneas ardentem et torva tuentem
Lenibat dictis animum, lacrimasque ciebat.
Illa solo fixos oculos aversa tenebat;
Nec magis incepto voltum sermone movetur, 470
Quam si dura silex, aut stet Marpesia cautes.
Tandem corripuit sese, atque inimica refugit
In nemus umbriferum; conjunx ubi pristinus illi
Respondet curis, æquatque Sychæus amorem.
Nec minus Æneas, casu percussus iniquo, 475
Prosequitur lacrimans longe, et miseratur euntem.

Inde datum mollitur iter : jamque arva tenebant
Ultima, quæ bello clari secreta frequentant.
Ille illi occurrit Tydeus, hic inclutus armis
Parthenopœus, et Adrasti pallentis imago. 480
Hic multum fleti ad superos, belloque caduci,
Dardanidæ : quos ille omnis longo ordine cernens
Ingemuit, Glaucumque, Medontaque, Thersilochumque,
Tris Antenoridas, Cererique sacrum Polyphœten,
Idæumque, etiam currus, etiam arma tenentem. 485
Circumstant animæ dextra lævaque frequentes :
Nec vidisse semel satis est; juvat usque morari,
Et conferre gradum, et veniendi discere caussas.
At Danaum proceres, Agamemnoniæque phalanges,
Ut videre virum, fulgentiaque arma per umbras, 490
Ingenti trepidare metu; pars vertere terga,
Ceu quondam petiere ratis; pars tollere vocem
Exiguam : inceptus clamor frustratur hiantis.
Atque hic Priamiden laniatum corpore toto
Deïphobum vidit, lacerum crudeliter ora, 495
Ora manusque ambas, populataque tempora raptis
Auribus, et truncas inhonesto volnere naris.
Vix adeo adgnovit pavitantem, et dira tegentem
Supplicia; et notis conpellat vocibus ultro :
« Deïphobe armipotens, genus alto a sanguine Teucri, 500

ainsi : « Valeureux Déiphobe, noble rejeton du « sang de Teucer, qui donc a pu se venger si « cruellement? quel est le barbare qui a tant « abusé de toi? Hélas! on m'avait dit que, dans « la nuit qui fut la dernière d'Ilion, tu étais « tombé, sanglant et fatigué de carnage, sur un « amas confus de Grecs immolés. Alors j'élevai « moi-même sur le rivage de Rhétie un vain tom- « beau à tes mânes, et trois fois je les appelai à « haute voix : tes armes et ton nom, gravés sur le « monument, le consacrent à jamais. Cher ami, « je n'ai pu ni te voir en m'éloignant d'Ilion, ni « déposer tes os dans la terre de la patrie. » Alors Déiphobe : « Ami, c'est assez, et je n'attends « plus rien de toi; tu as tout fait pour honorer « Déiphobe et son ombre. C'est ma cruelle des- « tinée, c'est la funeste trahison de la Lacédé- « monienne qui m'a plongé dans cet abîme de « maux : voilà les monuments de sa tendresse. « Tu sais (et comment l'oublier?) dans quelle « fausse joie s'est passée pour nous la nuit der- « nière de Troie, alors que le fatal cheval esca- « lada les hautes murailles de Pergame, gros « des soldats qu'il vomit tout armés de ses flancs. « Hélène, feignant une bachique allégresse, me- « nait le chœur des femmes phrygiennes et la « pompe des orgies. Elle-même, agitant au mi- « lieu de ses compagnes une torche immense, « appelait les Grecs du haut de la citadelle d'I- « lion. Accablé de soucis, appesanti par le som- « meil, je reposais sur ma couche infortunée, et « je dormais enseveli dans un repos doux et « profond, déjà semblable au repos de la mort. « Cependant ma noble épouse fait enlever toutes « les armes de ma maison, et dérobe elle-même

« à mon chevet ma fidèle épée : elle appelle Mé- « nélas dans l'intérieur de ma demeure et lui en « ouvre les portes, espérant sans doute que cette « lâcheté cruelle sera d'un grand prix aux yeux « de son premier époux, et qu'elle éteindra ainsi « la triste renommée de ses anciennes infamies. « Que vous dirai-je?... Ils fondent sur ma cou- « che : Ulysse les accompagne, Ulysse, l'âme « de tous les crimes. Grands dieux, rendez aux « Grecs le supplice que j'ai souffert, si c'est « d'une bouche pieuse que je vous demande « vengeance! Mais toi, parle à ton tour : quel « malheur t'a fait descendre vivant chez les « morts? Viens-tu poussé par la tourmente des « mers ou par un ordre des dieux? Quelle for- « tune enfin fatigue ta vie, pour que tu péné- « tres dans ces demeures tristes et sans soleil, « dans ces lieux de trouble et d'horreur? » Pen- dant qu'ils s'entretenaient ainsi, l'Aurore au teint de rose avait déjà franchi avec ses coursiers la moitié de la céleste carrière; et peut-être que tout le temps accordé à Énée se serait con- sumé en pareils discours. Mais la Sibylle in- terrompit l'entretien, et dit ce peu de paroles au héros : « La nuit se précipite, Énée; et, tan- « dis que nous pleurons, les heures s'écoulent. « C'est ici que la route des enfers se partage en « deux chemins : celui de la droite conduit au « palais du redoutable Pluton et aux champs « Élysées; l'autre mène au Tartare, séjour des « impies, où s'exerce à les châtier la justice des « dieux. » Alors Déiphobe : « Grande prêtresse, « ne soyez point irritée, je me retire; je vais me « confondre dans la foule des ombres, et me « replonger dans les ténèbres. Allez, prince,

Quis tam crudelis optavit sumere pœnas?
Cui tantum de te licuit? Mihi fama suprema
Nocte tulit fessum vasta te cæde Pelasgum
Procubuisse super confusæ stragis acervum.
Tunc egomet tumulum Rhœteo in litore inanem   505
Constitui, et magna Manis ter voce vocavi.
Nomen et arma locum servant; te, amice, nequivi
Conspicere, et patria decedens ponere terra.
Ad quæ Priamides : Nihil, o tibi, amice, relictum;
Omnia Deïphobo solvisti et funeris umbris.   510
Sed me fata mea et scelus exitiale Lacænæ
His mersere malis; illa hæc monumenta reliquit.
Namque, ut supremam falsa inter gaudia noctem
Egerimus, nosti; et nimium meminisse necesse est.
Quum fatalis equus saltu super ardua venit   515
Pergama, et armatum peditem gravis adtulit alvo :
Illa, chorum simulans, evantis orgia circum
Ducebat Phrygias; flammam media ipsa tenebat
Ingentem, et summa Danaos ex arce vocabat.
Tum me, confectum curis somnoque gravatum,   520
Infelix habuit thalamus, pressitque jacentem
Dulcis et alta quies, placidæque simillima morti.
Egregia interea conjunx arma omnia tectis

Emovet, et fidum capiti subduxerat ensem;
Intra tecta vocat Menelaum, et limina pandit :   525
Scilicet id magnum sperans fore munus amanti,
Et famam exstingui veterum sic posse malorum.
Quid moror? inrumpunt thalamo; comes additus una
Hortator scelerum Æolides. Di, talia Graiis
Instaurate; pio si pœnas ore reposco.   530
Sed te qui vivum casus, age, fare vicissim,
Adtulerint :'pelagi ne venis erroribus actus,
An monitu divom? an, quæ te Fortuna fatigat,
Ut tristis sine sole domos, loca turbida, adires?
Hac vice sermonum roseis Aurora quadrigis   535
Jam medium ætherio cursu trajecerat axem :
Et fors omne datum traherent per talia tempus;
Sed comes admonuit, breviterque adfata Sibylla est :
Nox ruit, Ænea; nos flendo ducimus horas.
Hic locus est, partis ubi se via findit in ambas; 540
Dextera, quæ Ditis magni sub mœnia tendit;
Hac iter Elysium nobis : at læva malorum
Exercet pœnas, et ad inpia Tartara mittit.
Deïphobus contra : Ne sævi, magna sacerdos;
Discedam, explebo numerum, reddarque tenebris. 545
I decus, i, nostrum; melioribus utere fatis.

« allez, vous la gloire de notre Ilion ; et que vos
« destins soient meilleurs que les miens! » Il dit
et disparut.

Tout à coup Énée regarde derrière lui, et voit
à gauche sous une roche une vaste forteresse,
flanquée d'une triple muraille : le Phlégéthon,
rapide torrent, l'entoure de ses ondes enflammées, et roule avec fracas des débris de rochers.
L'enceinte est fermée par une porte immense,
que soutiennent des colonnes de diamant massif : aucune force humaine, les dieux eux-mêmes ne pourraient les arracher de leurs fondements : une tour de fer s'élève jusqu'aux nues.
Sur le seuil est assise Tisiphone, couverte d'une
robe ensanglantée dont elle relève les plis : là
jour et nuit elle veille, et jamais elle ne ferme sa
paupière. De là partent des voix gémissantes,
les cruels sifflements des fouets, d'affreux bruits
de fer et de chaînes traînées. Énée s'arrête épouvanté, et il écoute. « Dites-moi, ô vierge, quels
« sont ces criminels? Quelles peines les accablent? D'où viennent ces clameurs lamentables? »
Alors la prêtresse : « Illustre chef des Troyens,
« nul mortel au cœur pur ne peut toucher ce seuil
« du crime. Mais lorsqu'Hécate me confia la
« garde du bois de l'Averne, elle m'apprit elle-
« même les châtiments des dieux, et me con-
« duisit partout dans le Tartare. Rhadamanthe
« de Crète étend son dur empire sur ces lieux,
« il châtie les coupables, et se fait dérouler leurs
« trames criminelles : il force chacun à avouer
« les forfaits cachés dont il a vainement joui sur
« la terre, et dont il a différé l'expiation jusqu'à
« l'heure tardive de la mort. Aussitôt Tisiphone,
« armée d'un fouet vengeur, frappe les coupa-
« bles en insultant à leur douleur ; et de la main
« gauche agitant devant eux ses terribles serpents,
« elle appelle à son aide l'effroyable cohorte de
« ses sœurs. »

En ce moment les portes sacrées du Tartare
s'ouvrirent, en tournant sur leurs gonds avec
un bruit épouvantable : « Vois-tu, dit la Sibylle,
« la garde postée sous ce vestibule? vois-tu ce
« monstre qui défend le seuil du Tartare? Au de-
« dans veille, immense et encore plus cruelle,
« l'Hydre avec ses cinquante têtes aux gueules
« toujours béantes : enfin le Tartare et ses abî-
« mes s'ouvrent et plongent sous les ombres, deux
« fois aussi bas que de ces profondeurs où nous
« sommes, l'œil mesure d'espace jusqu'à la voûte
« de l'Olympe. Là sont les Titans, antiques en-
« fants de la Terre, qui, foudroyés par Jupiter,
« roulent dans le fond de l'abîme. Là j'ai vu les
« deux fils d'Aloüs et leurs corps immenses ; ils
« avaient essayé avec leurs seules mains d'ar-
« racher la voûte immense des cieux, et de pré-
« cipiter Jupiter du haut de son trône éternel.
« J'ai vu dans les horreurs d'un cruel supplice
« l'impie Salmonée, qui osa bien imiter les feux
« de Jupiter et les bruits de l'Olympe. Porté sur
« un char que traînaient quatre coursiers, et agi-
« tant une torche flamboyante, il allait triom-
« phant à travers les peuples de la Grèce et dans
« sa nouvelle ville d'Élis, et se faisait rendre les
« honneurs qu'on ne rend qu'aux dieux : insensé
« qui, par le bruit des pieds de ses chevaux
« et par son pont d'airain, pensait imiter les
« nuages et l'inimitable foudre! Mais le père
« tout-puissant des dieux lança du sein des
« nuées épaisses, non pas de vains flambeaux, ni

Tantum effatus, et in verbo vestigia torsit.
Respicit Æneas subito, et sub rupe sinistra
Mœnia lata videt, triplici circumdata muro,
Quæ rapidus flammis ambit torrentibus amnis   550
Tartareus Phlegethon, torquetque sonantia saxa.
Porta adversa, ingens, solidoque adamante columnæ :
Vis ut nulla virum, non ipsi exscindere ferro
Cœlicolæ valeant. Stat ferrea turris ad auras;
Tisiphoneque sedens, palla succincta cruenta,   555
Vestibulum exsomnis servat noctesque diesque.
Hinc exaudiri gemitus, et sæva sonare
Verbera : tum stridor ferri, tractæque catenæ.
Constitit Æneas, strepitumque exterritus hausit.
Quæ scelerum facies? o virgo, effare; quibusve   560
Urguentur pœnis? qui tantus plangor ad auras?
Tum vates sic orsa loqui : Dux inclute Teucrum,
Nulli fas casto sceleratum insistere limen ;
Sed me quum lucis Hecate præfecit Avernis,
Ipsa deum pœnas docuit, perque omnia duxit.   565
Gnosius hæc Rhadamanthus habet durissima regna,
Castigatque auditque dolos; subigitque fateri,
Quæ quis apud superos, furto lætatus inani,

Distulit in seram commissa piacula mortem.
Continuo sontis ultrix adcincta flagello   570
Tisiphone quatit insultans, torvosque sinistra
Intentans anguis, vocat agmina sæva sororum.
Tum demum horrisono stridentes cardine sacræ
Panduntur portæ. Cernis, custodia qualis
Vestibulo sedeat? facies quæ limina servet?   575
Quinquaginta atris inmanis hiatibus Hydra
Sævior intus habet sedem. Tum Tartarus ipse
Bis patet in præceps tantum, tenditque sub umbras,
Quantus ad ætherium cœli suspectus Olympum.
Hic genus antiquum Terræ, Titania pubes,   580
Fulmine dejecti, fundo volvuntur in imo.
Hic et Aloïdas geminos, inmania vidi
Corpora : qui manibus magnum rescindere cœlum
Adgressi, superisque Jovem detrudere regnis.
Vidi et crudelis dantem Salmonea pœnas,   585
Dum flammas Jovis et sonitus imitatur Olympi :
Quatuor hic invectus equis, et lampada quassans,
Per Graium populos mediæque per Elidis urbem
Ibat ovans, divomque sibi poscebat honorem,
Demens! qui nimbos, et non imitabile fulmen,   590

« les pâles feux des torches enfumées, mais le fou-
« dre véritable, et, enveloppant l'impie d'un im-
« mense tourbillon, il le précipita dans le Tartare.
« J'ai vu encore Tityus, ce monstrueux nour-
« risson de la Terre, dont le corps étendu cou-
« vre neuf arpents : un énorme vautour au bec
« recourbé ronge son foie immortel et ses en-
« trailles fécondes en tourments, les fouille pour
« s'en repaître, et habite éternellement au fond
« de sa poitrine : il n'y a pas de repos pour ses
« fibres sans cesse renaissantes. Te parlerai-je des
« Lapithes, d'Ixion et de Pirithoüs? Sur eux pend
« un roc affreux qui va tomber, qui déjà tombe
« sur leurs têtes éternellement menacées. Devant
« eux brillent des lits somptueux aux pieds d'or,
« et des tables étalent sous leurs lèvres les mets
« et le luxe des rois : mais là est assise la plus
« redoutable des Furies ; elle leur défend de por-
« ter la main sur les tables, et, brandissant sa
« torche, elle se dresse et fait tonner sa voix. Là
« sont ceux qui ont haï leurs frères pendant la
« vie, ceux qui ont frappé leurs pères, ourdi des
« trahisons contre leurs clients ; ceux (leur
« troupe est innombrable) qui ont couvé seuls des
« richesses entassées, et n'en ont point réservé
« une part pour leurs proches ; ceux qui ont été
« tués pour crime d'adultère ; ceux qui ont suivi
« des drapeaux impies, et qui n'ont pas craint
« de trahir la foi jurée à leurs maîtres : tous en-
« fermés dans ces lieux y attendent leur supplice.
« Ne me demande point quel il est, et les formes
« infinies du châtiment, et tout cet abîme de
« misères. Les uns roulent un énorme rocher ;
« d'autres, attachés aux rayons d'une roue qui les

« emporte, y demeurent suspendus : là est assis,
« assis pour jamais, sur la pierre l'infortuné Thé-
« sée ; et le plus malheureux de tous, Phlégyas,
« élevant sa grande voix dans l'ombre du Tar-
« tare, atteste la justice des dieux, et crie sans
« cesse aux mortels instruits par son supplice :
« *Apprenez par mon exemple à n'être point
« injustes, et à ne pas mépriser les dieux.* Ce-
« lui-ci a vendu sa patrie, et lui a imposé un
« tyran ; celui-là pour de l'or a fait et défait les
« lois. Ce père incestueux est entré dans le lit de
« sa fille, et s'est souillé d'un abominable hy-
« men : tous ces coupables ont osé d'énormes
« forfaits, et en ont joui. Eussé-je cent bouches
« et cent langues, avec une voix de fer, je ne
« pourrais jamais te décrire tous ces crimes,
« compter tous ces supplices. Mais poursuis ta
« route, reprit-elle, achève ta pieuse entreprise.
« Hâtons-nous. Je vois d'ici s'élever les murail-
« les du palais de Pluton forgées par les Cyclopes,
« j'aperçois et la porte et la voûte où il nous est
« prescrit de suspendre nos présents. » En parlant ainsi, ils s'avancent ensemble par des sentiers obscurs, s'engagent dans les espaces du
milieu, et s'approchent des portes du palais.
Énée, avant d'entrer, se purifie dans une eau
fraîche, et suspend son rameau à la porte. Ces
cérémonies achevées et cet hommage rendu à
Proserpine, ils arrivèrent dans des lieux charmants ; c'étaient de frais bocages, des bois délicieux, de fortunées demeures. Là un air plus
pur est répandu sur les campagnes, et les revêt
d'une lumière de pourpre : ces beaux lieux ont
aussi leur soleil et leurs astres. Parmi ces om-

Ære et cornipedum pulsu simularat equorum.
At pater omnipotens densa inter nubila telum
Contorsit ; non ille faces, nec fumea tædis
Lumina ; præcipitemque inmani turbine adegit.
Nec non et Tityon, Terræ omniparentis alumnum, 595
Cernere erat ; per tota novem cui jugera corpus
Porrigitur ; rostroque inmanis voltur obunco
Inmortale jecur tondens, fecundaque pœnis
Viscera, rimaturque epulis, habitatque sub alto
Pectore ; nec fibris requies datur ulla renatis. 600
Quid memorem Lapithas, Ixiona, Pirithoumque?
Quos super atra silex jamjam lapsura, cadentique
Inminet adsimilis : lucent genialibus altis
Aurea fulcra toris, epulæque ante ora paratæ
Regifico luxu ; Furiarum maxima juxta 605
Adcubat, et manibus prohibet contingere mensas,
Exsurgitque facem adtollens, atque intonat ore.
Hic, quibus invisi fratres, dum vita manebat,
Pulsatusve parens, et fraus innexa clienti ;
Aut qui divitiis soli incubuere repertis, 610
Nec partem posuere suis ; quæ maxima turba est ;
Quique ob adulterium cæsi ; quique arma secuti
Inpia, nec veriti dominorum fallere dextras,
Inclusi pœnam exspectant. Ne quære doceri,

Quam pœnam ; aut quæ forma viros fortunave mersit. 615
Saxum ingens volvunt alii, radiisve rotarum
Districti pendent ; sedet, æternumque sedebit,
Infelix Theseus ; Phlegyasque miserrimus omnis
Admonet, et magna testatur voce per umbras :
Discite justitiam moniti, et non temnere divos. 620
Vendidit hic auro patriam, dominumque potentem
Inposuit, fixit leges pretio atque refixit :
Hic thalamum invasit natæ vetitosque hymenæos :
Ausi omnes inmane nefas, ausoque potiti.
Non, mihi si linguæ centum sint, oraque centum, 625
Ferrea vox, omnis scelerum conprendere formas,
Omnia pœnarum percurrere nomina possim.
Hæc ubi dicta dedit Phœbi longæva sacerdos :
Sed jam age, carpe viam, et susceptum perfice munus,
Adceleremus, ait ; Cyclopum educta caminis 630
Mœnia conspicio, atque adverso fornice portas,
Hæc ubi nos præcepta jubent deponere dona.
Dixerat, et pariter gressi per opaca viarum,
Conripiunt spatium medium, foribusque propinquant.
Occupat Æneas aditum, corpusque recenti 635
Spargit aqua, ramumque adverso in limine figit.
    His demum exactis, perfecto munere divæ,
Devenere locos lætos, et amœna vireta

21.

bres bienheureuses, les unes sur le vert gazon s'exercent en se jouant à des luttes innocentes, et combattent sur la molle arène : les autres formant des chœurs frappent la terre en cadence, et chantent des vers. Le prêtre de la Thrace, revêtu d'une longue robe, fait résonner sur des tons divers les sept cordes de sa lyre, y promenant tantôt ses doigts légers, tantôt un archet d'ivoire. Là est l'antique et belle race de Teucer, là ces héros magnanimes nés dans des temps meilleurs, Ilus, Assaracus, et Dardanus le fondateur de Troie. Énée est étonné de voir autour d'eux des armes, et des chars vides : les lances sont là fixées en terre, et les coursiers paissent errants et libres dans les prairies ; la noble passion des chars et des armes et des coursiers brillants, qu'avaient ces guerriers pendant leur vie, les charme encore dans les demeures souterraines de la mort. Énée, portant ses regards à droite et à gauche, vit d'autres ombres qui goûtaient sur l'herbe la douceur des festins, et qui chantaient en chœur l'hymne joyeux d'Apollon. Elles étaient couchées au milieu d'un bois odoriférant de lauriers, où vient tomber, en roulant ses eaux abondantes, un divin Éridan. Là étaient ceux qui ont reçu des blessures en combattant pour leur patrie ; les prêtres qui furent chastes tant qu'ils vécurent ; les poëtes pieux, qui ont chanté des vers dignes d'Apollon ; ceux qui ont embelli la vie en inventant les arts ; ceux qui par leurs bienfaits ont mérité de vivre dans la mémoire des hommes. Tous ont les tempes ceintes d'une bandelette blanche comme la neige.

Ces ombres s'approchaient, se répandant autour d'Énée et de la Sibylle, qui leur parla ainsi, s'adressant à Musée ; car elle le voyait environné de la foule des ombres, et les dépassant toutes par sa taille majestueuse : « Dites-nous, âmes « heureuses, et toi, divin poëte, dans laquelle « de ces régions fortunées habite Anchise : c'est « pour lui que nous sommes venus, et que nous « avons traversé les grands fleuves de l'Érèbe. » Musée lui répondit en peu de mots : « Nous « n'avons point de demeure fixe ; tantôt nous « habitons dans ces bois ombreux ; tantôt nous « foulons le gazon de ces rives, et ces prés tou- « jours rafraîchis par des ruisseaux : cependant, « si vous voulez voir Anchise, franchissez ce co- « teau, et je vous conduirai par un chemin « aisé. » Il dit, et, marchant devant eux, il leur fait contempler du haut de la colline les belles campagnes d'alentour : bientôt ils abandonnent les hauteurs.

Cependant Anchise, au fond d'un frais vallon, où sont enfermées les âmes qui doivent naître à la lumière d'en haut, se plaisait à les reconnaître, et comptait avec amour ceux de sa race future et ses chers petits-fils, remarquant déjà leurs destinées, leurs fortunes diverses, leurs mœurs, et leurs exploits. Dès qu'il aperçut Énée qui s'avançait à travers la prairie, transporté d'allégresse, il étendit ses bras vers lui ; des larmes coulèrent sur ses joues, et ces mots tombèrent de sa bouche : « Tu es donc enfin « venu, mon fils, et ta piété tant éprouvée pour « moi t'a fait surmonter ce dur voyage ! Il m'est

Fortunatorum nemorum, sedesque beatas.
Largior hic campos æther et lumine vestit   640
Purpureo ; solemque suum, sua sidera norunt.
Pars in gramineis exercent membra palæstris ;
Contendunt ludo, et fulva luctantur arena ;
Pars pedibus plaudunt choreas, et carmina dicunt.
Nec non Threicius longa cum veste sacerdos   645
Obloquitur numeris septem discrimina vocum ;
Jamque eadem digitis, jam pectine pulsat eburno.
Hic genus antiquum Teucri, pulcherrima proles,
Magnanimi heroes, nati melioribus annis,
Ilusque, Assaracusque, et Trojæ Dardanus auctor.   650
Arma procul currusque virum miratur inanis.
Stant terra defixæ hastæ, passimque soluti
Per campos pascuntur equi. Quæ gratia currum
Armorumque fuit vivis, quæ cura nitentis
Pascere equos, eadem sequitur tellure repostos.   655
Conspicit ecce alios dextra lævaque per herbam
Vescentis, lætumque choro Pæana canentis,
Inter odoratum lauri nemus ; unde superne
Plurimus Eridani per silvam volvitur amnis.
Hic manus, ob patriam pugnando volnera passi ;   660
Quique sacerdotes casti, dum vita manebat ;
Quique pii vates, et Phœbo digna locuti ;

Inventas aut qui vitam excoluere per artis ;
Quique sui memores alios fecere merendo ;
Omnibus his nivea cinguntur tempora vitta.   665
Quos circumfusos sic est adfata Sibylla ;
Musæum ante omnis ; medium nam plurima turba
Hunc habet, atque humeris exstantem suspicit altis :
Dicite, felices animæ, tuque, optime vates ;
Quæ regio Anchisen, quis habet locus ? illius ergo 670
Venimus, et magnos Erebi tranavimus amnis.
Atque huic responsum paucis ita reddidit heros :
Nulli certa domus : lucis habitamus opacis,
Riparumque toros et prata recentia rivis
Incolimus. Sed vos, si fert ita corde voluntas,   675
Hoc superate jugum ; et facili jam tramite sistam.
Dixit, et ante tulit gressum, camposque nitentis
Desuper ostentat ; dehinc summa cacumina linquunt.
   At pater Anchises penitus convalle virenti
Inclusas animas, superumque ad lumen ituras,   680
Lustrabat studio recolens, omnemque suorum
Forte recensebat numerum, carosque nepotes,
Fataque, fortunasque virum, moresque, manusque.
Isque ubi tendentem adversum per gramina vidit
Ænean, alacris palmas utrasque tetendit ;   685
Effusæque genis lacrimæ ; et vox excidit ore :

« donc permis, mon fils, de voir ton visage,
« d'entendre ta voix si chère, et de répondre à
« tes paroles! Mon cœur l'espérait bien ainsi, et
« je t'attendais venir en ces lieux, comptant les
« moments; et mon impatience ne m'a point
« trompé. Que de terres tu as parcourues, que de
« mers t'ont porté sur leurs flots, toi que je re-
« vois aujourd'hui! Que de périls, ô mon fils, ont
« bouleversé ta vie! que j'ai craint de maux pour
« toi du royaume de Libye! » — Énée reprit :
« C'est votre ombre, ô mon père, votre ombre
« affligée, qui, s'offrant souvent à mes yeux,
« m'a forcé de descendre sur ces sombres bords.
« Ma flotte est à l'ancre dans la mer Tyrrhé-
« nienne : permettez-moi, mon père, permet-
« tez-moi de joindre ma main à la vôtre, et ne
« vous dérobez point à mes embrassements. »
En disant ces mots, les larmes inondaient son
visage. Trois fois il veut dans un tendre effort
embrasser son père, trois fois l'ombre vainement saisie échappe à ses mains, pareille au vent
léger, aux fantômes impalpables des songes.

Cependant Énée voit dans une vallée profonde un bocage solitaire, plein d'arbrisseaux
murmurants, et le Léthé qui coule près de ces demeures tranquilles. Sur les bords du fleuve voltigeaient des nations et des peuples sans nombre.
Ainsi, par un jour serein d'été, les abeilles dans
les prairies se posent sur mille et mille fleurs,
et se répandent autour des lis blancs : toute la
plaine résonne de leur murmure. Ce spectacle
frappe Énée de stupeur, et dans son ignorance il
demande à son père quel est ce fleuve, quelles
sont ces ombres qui remplissent la rive de leur
foule tumultueuse. Alors Anchise : « Ce sont
« les âmes qui par la loi du destin doivent ani-
« mer d'autres corps; rassemblées sur les bords
« du Léthé, elles en boivent les eaux calmantes,
« et avec elles le long oubli des choses passées.
« Depuis longtemps je désire te faire connaître,
« amener devant toi et te signaler celles de ces
« âmes qui doivent continuer ma race glorieuse,
« afin que tu te réjouisses davantage avec moi
« d'avoir enfin touché le rivage de l'Italie. » — « O
« mon père, interrompit Enée, est-il croyable
« que quelques-unes de ces âmes prennent d'ici
« leur vol vers les hautes régions de la lumière,
« et qu'elles retournent une seconde fois dans
« des corps grossiers? Quel amour insensé ont-
« elles donc de cette misérable vie? » — « Je vais
« te le dire, ô mon fils, reprit Anchise, et je ne
« tiendrai pas plus longtemps ton esprit en sus-
« pens. » Et il lui dévoila cette grande succession
des choses.

« Dès le principe une âme pénètre et soutient
« le ciel, la terre, la plaine liquide, le globe
« brillant de la lune, et les astres qui roulent
« autour du soleil : répandu dans tous les mem-
« bres de ce grand corps, cet esprit en fait mou-
« voir la masse, et en s'y mêlant la vivifie. De là
« viennent les hommes, les animaux, l'espèce
« entière des oiseaux, et des monstres que la mer
« nourrit dans son sein. Tous tiennent du ciel
« le principe de leur être, et ont en eux une vive
« étincelle du feu éthéré. Mais la matière cor-
« ruptible l'opprime bientôt, et elle s'émousse

Venisti tandem, tuaque spectata parenti
Vicit iter durum pietas! datur ora tueri,
Nate, tua; et notas audire et reddere voces?
Sic equidem ducebam animo, rebarque futurum, 690
Tempora dinumerans; nec me mea cura fefellit.
Quas ego te terras, et quanta per æquora vectum
Adcipio! quantis jactatum, nate, periclis!
Quam metui, ne quid Libyæ tibi regna nocerent!
Ille autem : Tua me, genitor, tua tristis imago, 695
Sæpius occurrens, hæc limina tendere adegit.
Stant sale Tyrrheno classes. Da jungere dextram
Da, genitor; teque amplexu ne subtrahe nostro.
Sic memorans largo fletu simul ora rigabat.
Ter conatus ibi collo dare brachia circum; 700
Ter frustra conprensa manus effugit imago,
Par levibus ventis, volucrique simillima somno.
Interea videt Æneas in valle reducta
Seclusum nemus, et virgulta sonantia silvis,
Lethæumque, domos placidas qui prænatat, amnem. 705
Hunc circum innumeræ gentes populique volabant;
Ac, veluti in pratis, ubi apes æstate serena
Floribus insidunt variis, et candida circum
Lilia funduntur, strepit omnis murmure campus.
Horrescit visu subito, caussasque requirit 710
Inscius Æneas, quæ sint ea flumina porro,
Quive viri tanto conplerint agmine ripas.
Tum pater Anchises : Animæ, quibus altera fato
Corpora debentur, Lethæi ad fluminis undam,
Securos latices, et longa oblivia potant. 715
Has equidem memorare tibi, atque ostendere coram,
Jampridem hanc prolem cupio enumerare meorum;
Quo magis Italia mecum lætere reperta.
O pater, anne aliquas ad cœlum hinc ire putandum est
Sublimes animas, iterumque in tarda reverti 720
Corpora? quæ lucis miseris tam dira cupido?
Dicam equidem; nec te suspensum, nate, tenebo;
Suscipit Anchises, atque ordine singula pandit.
Principio cœlum, ac terras, camposque liquentis,
Lucentemque globum Lunæ, Titaniaque astra, 725
Spiritus intus alit, totamque infusa per artus
Mens agitat molem, et magno se corpore miscet.
Inde hominum pecudumque genus, vitæque volantum,
Et quæ marmoreo fert monstra sub æquore pontus.
Igneus est ollis vigor et cœlestis origo 730
Seminibus, quantum non noxia corpora tardant,
Terrenique hebetant artus, moribundaque membra.
Hinc metuunt, cupiuntque; dolent, gaudentque; neque auras
Dispiciunt, clausæ tenebris et carcere cæco.

« au contact des corps terrestres qu'elle anime, et des membres mortels. De là les passions, la crainte, les désirs, la douleur, et la joie, tant que les âmes enfermées dans les ténèbres et dans l'obscure prison des corps ne voient pas la pure lumière. Et même au dernier jour, quand la vie les a abandonnées, elles n'ont pas rejeté hors d'elles tout reste de misère, et toutes les souillures qu'elles retiennent des corps ; et il est nécessaire que beaucoup de ces vices impurs subsistent longtemps en elles et achèvent de s'y invétérer. Ici donc le châtiment les éprouve, et elles expient par des supplices divers leurs anciens crimes. Les unes, suspendues dans les airs, sont le jouet des vents ; les autres, plongées dans un vaste gouffre, s'y lavent de leurs souillures criminelles, ou s'épurent dans le feu. Chacune de nos âmes souffre ici sa peine : de là nous passons dans le vaste Élysée ; c'est le petit nombre qui habite ces campagnes charmantes. Enfin après de longs jours, et lorsque le temps marqué pour l'épreuve a achevé d'effacer des âmes l'empreinte invétérée de leurs désordres, elles redeviennent de simples et pures essences éthérées, un feu subtil et céleste. Après mille ans révolus, un dieu les appelle toutes, et conduit leur foule immense vers le Léthé, afin qu'ayant savouré l'oubli dans ses eaux, elles aillent revoir la voûte des cieux, et que le désir leur vienne de retourner dans de nouveaux corps. »

Il dit, et entraîna son fils et la Sibylle au milieu de la foule émue et bruyante des ombres. Il monta sur une éminence, d'où il pouvait les voir venir à lui en longue file, et les reconnaître toutes à leurs traits. « Maintenant, dit-il à Énée, je vais te révéler la fortune glorieuse réservée à la race de Dardanus ; je vais te montrer toute ma postérité italienne, toutes ces âmes illustres, et qui doivent perpétuer notre nom ; je vais t'apprendre tes propres destinées. Ce jeune homme que tu vois appuyé sur un sceptre est le premier dont le sort a marqué la place dans les régions de la lumière : né de mon sang et du sang italien, il s'élèvera le premier à la clarté des cieux ; c'est Silvius, nom albain, ton fils que tu ne verras pas naître. Fruit tardif de ta vieillesse, il sera élevé dans les forêts par ton épouse Lavinie ; il sera roi et père de rois : de lui sortiront tous ceux de notre race qui régneront dans Albe la Longue. Après lui Procas sera la gloire de la nation troyenne. Voici Capys, et Numitor, et Silvius Énée, qui rendra à l'Italie ton nom, ta piété et ta valeur insignes, si jamais il règne dans Albe. Quels jeunes gens ! quel air de vigueur ! Mais ceux-là dont le chêne au feuillage civique ombrage le front seront les fondateurs de Nomente, de Gabie et de Fidène : d'autres élèveront sur le sommet d'une montagne les murs de Collatie, qu'immortalisera la pudeur ; par eux seront encore bâtis la superbe Pométie, les remparts d'Inuus, de Bole et de Cora : lieux célèbres un jour, aujourd'hui terres sans nom.

« Voici Romulus, fils du dieu Mars et d'Ilie issue du sang d'Assaracus, qui prêtera le secours de son bras vengeur à son aïeul Numitor. Vois-tu ces deux aigrettes qui se dressent sur

Quin et, supremo quum lumine vita reliquit, 735
Non tamen omne malum miseris, nec funditus omnes
Corporeæ excedunt pestes ; penitusque necesse est
Multa diu concreta modis inolescere miris.
Ergo exercentur pœnis, veterumque malorum
Supplicia expendunt : aliæ panduntur inanis 740
Suspensæ ad ventos ; aliis sub gurgite vasto
Infectum eluitur scelus, aut exuritur igni ;
Quisque suos patimur Manis ; exinde per amplum
Mittimur Elysium, et pauci læta arva tenemus ;
Donec longa dies, perfecto temporis orbe, 745
Concretam exemit labem, purumque reliquit
Æthereum sensum, atque aurai simplicis ignem.
Has omnis, ubi mille rotam volvere per annos,
Lethæum ad fluvium deus evocat agmine magno ;
Scilicet inmemores supera ut convexa revisant, 750
Rursus et incipiant in corpora velle reverti.
Dixerat Anchises : natumque, unaque Sibyllam
Conventus trahit in medios, turbamque sonantem ;
Et tumulum capit, unde omnis longo ordine possit
Adversos legere, et venientum discere voltus. 755

Nunc age, Dardaniam prolem quæ deinde sequatur
Gloria, qui maneant Itala de gente nepotes,
Inlustris animas, nostrumque in nomen ituras,
Expediam dictis, et te tua fata docebo.
Ille, vides, pura juvenis qui nititur hasta, 760
Proxima sorte tenet lucis loca ; primus ad auras
Ætherias Italo conmixtus sanguine surget
Silvius, Albanum nomen, tua postuma proles ;
Quem tibi longævo serum Lavinia conjunx
Educet silvis regem, regumque parentem ; 765
Unde genus Longa nostrum dominabitur Alba.
Proximus ille Procas, Trojanæ gloria gentis,
Et Capys, et Numitor, et qui te nomine reddet
Silvius Æneas, pariter pietate, vel armis
Egregius, si unquam regnandam adceperit Albam. 770
Qui juvenes, quantas ostentant, adspice, vires !
At, qui umbrata gerunt civili tempora quercu,
Hi tibi Nomentum, et Gabios, urbemque Fidenam ;
Hi Collatinas inponent montibus arces,
Laude pudicitiæ celebres, addentque superbos 775
Pometios, Castrumque Inui, Bolamque, Coramque :
Hæc tum nomina erunt, nunc sunt sine nomine terræ.

Quin et avo comitem sese Mavortius addet
Romulus ; Assaraci quem sanguinis Ilia mater
Educet : viden' ut geminæ stant vertice cristæ, 780

« son casque; et comme le père des dieux lui-
« même imprime sur son front sa divine splen-
« deur? Ce sera, mon fils, sous ses auspices que
« la superbe Rome étendra son empire sur toute
« la terre, enfantera des courages qui l'égaleront
« aux dieux, et seule entre les cités embrassera sept
« monts dans son enceinte; ville heureuse dans
« ses enfants, sa joie et son orgueil! Telle la fé-
« conde Cybèle, la tête couronnée de tours, par-
« court sur un char de triomphe les villes de la
« Phrygie, glorieuse d'être la mère des dieux, et
« de rassembler autour d'elle cent petits-fils,
« tous habitants de l'Olympe, tous trônant sous
« la voûte des cieux.

« Tourne les yeux de ce côté, mon fils, et re-
« garde cette nation; ce sont tes Romains. Voilà
« César, et toute la postérité d'Ascagne, qui
« doit venir à la vie sous la voûte immense des
« cieux. »

« Mais voici, voici le héros qui t'a été si sou-
« vent promis, César Auguste, du sang des
« dieux, qui rappellera l'âge d'or dans le La-
« tium, et dans ces champs où régna jadis Sa-
« turne : il étendra son empire jusque sur les
« Garamantes et les Indiens, par delà les astres
« et les voies de l'année et du soleil, jusqu'en
« ces climats où l'infatigable Atlas soutient sur
« ses épaules l'astre resplendissant des cieux.
« Déjà dans l'attente de ce vainqueur les peu-
« ples de la Caspienne et ceux des Méotides
« frémissent, effrayés par les oracles des dieux;
« déjà se troublent et s'épouvantent les sept em-
« bouchures du Nil. Non, Alcide qui a percé la
« biche aux pieds d'airain, qui a pacifié les fo-
« rêts d'Érymanthe, qui a fait trembler avec

« son arc l'Hydre de Lerne; ni Bacchus qui lan-
« çant des sommets de Nise ses tigres soumis
« au joug, manie en vainqueur les rênes de son
« char entrelacées de pampres, n'ont parcouru
« tant de lieux que César en a conquis. Et
« nous hésiterions encore à étendre notre nom
« par nos exploits? Et nous craindrions de fixer
« nos destinées dans la terre d'Ausonie?

« Mais quel est ce vieillard qui paraît dans le
« lointain, l'olivier sur le front, et dans les mains
« les objets sacrés du culte? Je le reconnais a
« sa chevelure, à sa barbe blanche : c'est un
« roi; c'est le premier qui fondera sur des lois
« la naissante grandeur de Rome : de sa petite
« ville de Cures et de l'humble champ de ses pè-
« res, il sera appelé à un puissant empire. Tullus
« lui succédera, Tullus enfin rompra le repos
« de la patrie; il réveillera le goût des armes
« dans les cœurs endormis, et qui déjà désappre-
« naient la victoire. Vois après lui Ancus, Ancus
« trop vain de ses aïeux, et qui dès à présent
« s'enivre de la faveur populaire. Veux-tu voir
« les Tarquins, et la fière âme de Brutus, le ven-
« geur de la tyrannie, et les faisceaux qu'il a re-
« pris sur elle? Le premier consul de Rome, il
« fera porter devant lui les haches redoutables :
« ses enfants remueront l'État pour en changer
« la face. Il les immolera à la liberté publique :
« Malheureux père! quoi que doivent un jour en
« penser nos neveux, l'amour de la patrie et la
« soif immense de la gloire l'emporteront dans
« ton cœur. Regarde plus loin, mon fils, et vois
« les deux Décius, les Drusus, Torquatus à la
« hache cruelle, et Camille rapportant à Rome
« les drapeaux gaulois.

Et pater ipse suo superum jam signat honore?
En hujus, nate, auspiciis, illa incluta Roma
Imperium terris, animos æquabit Olympo,
Septemque una sibi muro circumdabit arces,
Felix prole virum : qualis Berecyntia mater   785
Invehitur curru Phrygias turrita per urbis,
Læta deom partu, centum complexa nepotes,
Omnis cœlicolas, omnis supera alta tenentis.

Huc geminas nunc flecte acies; hanc adspice gentem,
Romanosque tuos. Hic Cæsar, et omnis Iuli   790
Progenies, magnum cœli ventura sub axem.

Hic vir, hic est, tibi quem promitti sæpius audis,
Augustus Cæsar, divi genus; aurea condet
Sæcula qui rursus Latio, regnata per arva
Saturno quondam; super et Garamantas, et Indos   795
Proferet imperium; jacet extra sidera tellus,
Extra anni Solisque vias, ubi cœlifer Atlas
Axem humero torquet stellis ardentibus aptum.
Hujus in adventum jam nunc et Caspia regna
Responsis horrent divom, et Mæotia tellus,   800
Et septemgemini turbant trepida ostia Nili.
Nec vero Alcides tantum telluris obivit;
Fixerit æripedem cervam licet, aut Erymanthi

Pacarit nemora, et Lernam tremefecerit arcu;
Nec, qui pampineis victor juga flectit habenis,   805
Liber, agens celso Nysæ de vertice tigris.
Et dubitamus adhuc virtutem extendere factis?
Aut metus Ausonia prohibet consistere terra?

Quis procul ille autem ramis insignis olivæ
Sacra ferens? nosco crinis incanaque menta   810
Regis Romani; primus qui legibus urbem
Fundabit, Curibus parvis, et paupere terra
Missus in imperium magnum. Cui deinde subibit,
Otia qui rumpet patriæ, residesque movebit
Tullus in arma viros, et jam desueta triumphis   815
Agmina. Quem juxta sequitur jactantior Ancus,
Nunc quoque jam nimium gaudens popularibus auris.

Vis et Tarquinios reges, animamque superbam
Ultoris Bruti, fascisque videre receptos?
Consulis imperium hic primus sævasque secures   820
Accipiet; natosque pater, nova bella moventis,
Ad pœnam pulchra pro libertate vocabit.
Infelix! utcumque ferent ea facta minores;
Vincet amor patriæ, laudumque immensa cupido.

Quin Decios, Drusosque procul, sævumque securi   825
Adspice Torquatum, et referentem signa Camillum.

« Vois briller sous les mêmes armes ces deux
« âmes à présent amies, et qui le seront tant
« que pèsera sur elles l'infernale nuit : hélas !
« quelle guerre elles se feront, si elles atteignent
« le séjour de la lumière! que de bras armés,
« que de sang versé pour elles! Le beau-père,
« descendant des sommets des Alpes et des hau-
« teurs de Monœcum, marchera contre le gendre,
« soutenu de toutes les forces de l'Orient. O mes
« fils, n'accoutumez pas vos cœurs à des guerres
« si funestes, ne tournez pas contre les entrailles
« de votre patrie vos mains invincibles! Et toi,
« César, toi le fils des dieux, jette, ô mon sang,
« jette loin de toi ces traits parricides!

« Celui-ci, après avoir abattu Corinthe et tout
« brillant des dépouilles achéennes, guidera son
« char triomphal vers le haut Capitole. Celui-là
« renversera de fond en comble Argos, Mycènes
« la ville d'Agamemnon, et détruira les peuples
« d'Épire, la race du belliqueux Achille, vengeant
« sur elle les Troyens ses ancêtres, et les tem-
« ples profanés de Minerve. Qui pourrait, grand
« Caton, te passer sous silence? et toi, illustre
« Cossus? et vous, Gracques, nobles frères et
« les Scipions, ces deux foudres de guerre, ces
« deux fléaux de la Libye? et Fabricius si pauvre
« et si puissant, ou toi, Serranus, quittant la
« charrue pour le consulat? Où m'entraînez-vous,
« famille glorieuse des Fabius, moi fatigué de
« compter des héros? C'est toi, Maximus, qui
« par ta sage lenteur pourras seul rétablir nos
« affaires désespérées.

« D'autres, j'y consens, feront mieux que nous
« respirer l'airain sous leur ciseau moelleux,
« tireront du marbre de vivantes figures; ils
« plaideront mieux les causes, décriront
« mieux les révolutions du ciel, diront les astres
« qui se lèvent : toi, Romain, souviens-toi de
« régir les nations (ce seront là tes arts) et de
« leur imposer la paix, d'épargner ceux qui se
« soumettront, de réduire les superbes. »

Ainsi parlait Anchise; Énée et la Sibylle l'é-
coutaient avec étonnement : il reprit en ces
termes : « Vois comme Marcellus s'avance d'un
« air de triomphe, et paré des dépouilles opimes!
« comme il surpasse en majesté tous ses rivaux
« de gloire! Cavalier intrépide, il soutiendra
« dans un grand tumulte la république chance-
« lante; il abattra les Carthaginois, et le Gaulois
« indomptable; et, le troisième des Romains, il
« suspendra dans le temple de Jupiter Férétrien
« les dépouilles ravies à un chef ennemi. »

Alors Énée vit s'avancer près de Marcellus
un beau jeune homme, couvert d'armes brillantes, mais le front déjà triste, l'œil morne,
l'air abattu. « Qui donc, ô mon père, accompa-
« gne ce héros? Est-ce son fils? est-ce quelqu'un
« de notre illustre race? Quelle foule bruyante
« se presse autour de lui! comme il ressemble
« au héros qui est à ses côtés! Mais une nuit
« funèbre environne sa tête de son ombre af-
« freuse. » — Alors Anchise lui répond en pleurant : « O mon fils, ne m'interroge pas sur l'é-
« ternel sujet de douleur de tes descendants. Les
« destins ne feront que le montrer à la terre, et
« il lui sera aussitôt enlevé : O dieux, la race
« romaine vous eût paru trop puissante, si ce
« don précieux de vos mains lui fût resté! O com-

Illæ autem, paribus quas fulgere cernis in armis,
Concordes animæ nunc, et dum nocte prementur,
Heu quantum inter se bellum, si lumina vitæ
Adtigerint, quantas acies, stragemque ciebunt!   830
Aggeribus socer Alpinis, atque arce Monœci
Descendens; gener adversis instructus Eois.
Ne, pueri, ne tanta animis adsuescite bella;
Neu patriæ validas in viscera vertite vires!
Tuque prior, tu parce, genus qui ducis Olympo;   835
Projice tela manu, sanguis meus!
Ille triumphata Capitolia ad alta Corintho
Victor aget currum, cæsis insignis Achivis.
Eruet ille Argos, Agamemnoniasque Mycenas,
Ipsumque Æaciden, genus armipotentis Achilli;   840
Ultus avos Trojæ, templa et temerata Minervæ.
Quis te, magne Cato, tacitum, aut te, Cosse, relinquat?
Quis Gracchi genus, aut geminos, duo fulmina belli,
Scipiadas, cladem Libyæ, parvoque potentem
Fabricium, vel te sulco, Serrane, serentem?   845
Quo fessum rapitis, Fabii? tu Maximus ille es,
Unus qui nobis cunctando restituis rem.

Excudent alii spirantia mollius æra,
Credo equidem, vivos ducent de marmore voltus;
Orabunt caussas melius, cœlique meatus   850
Describent radio, et surgentia sidera dicent :
Tu regere imperio populos, Romane, memento;
Hæ tibi erunt artes; pacisque inponere morem,
Parcere subjectis, et debellare superbos.

Sic pater Anchises, atque hæc mirantibus addit :   855
Adspice, ut insignis spoliis Marcellus opimis
Ingreditur, victorque viros supereminet omnis!
Hic rem Romanam, magno turbante tumultu,
Sistet, eques sternet Pœnos, Gallumque rebellem,
Tertiaque arma patri suspendet capta Quirino.   860

Atque hic Æneas; una namque ire videbat
Egregium forma juvenem, et fulgentibus armis;
Sed frons læta parum, et dejecto lumina voltu.
Quis, pater, ille, virum qui sic comitatur euntem?
Filius, anne aliquis magna de stirpe nepotum?   865
Qui strepitus circa comitum! quantum instar in ipso est!
Sed Nox atra caput tristi circumvolat umbra. »

Tum pater Anchises, lacrimis ingressus obortis :
O nate, ingentem luctum ne quære tuorum;
Ostendent terris hunc tantum fata, neque ultra   870
Esse sinent : nimium vobis Romana propago
Visa potens, superi, propria hæc si dona fuissent.

« bien de gémissements vont pousser et la grande
« cité et le champ de Mars! quel deuil, ô Ti-
« bre, tu verras sur tes bords, quand tu cou-
« leras près de cette tombe récente? Jamais en-
« fant de la race d'Ilion ne portera plus haut les
« espérances de ses aïeux; jamais la terre de
« Romulus ne se glorifiera d'un plus illustre nour-
« risson. Quelle piété, quelle antique vertu! quel
« bras invincible à la guerre! Nul n'eût osé se
« porter impunément au-devant de lui dans les
« combats, soit que d'un pas intrépide il eût
« marché contre l'ennemi, soit qu'il eût enfoncé
« l'éperon dans les flancs d'un coursier écumant.
« Ah! déplorable enfant, si tu peux vaincre un
« jour les destins cruels, tu seras Marcellus....
« Donnez, donnez des lis; donnez des fleurs,
« que je les répande à pleines mains; que je
« couvre au moins de ces frêles offrandes les
« mânes de mon petit-fils; que je m'acquitte de
« ce vain et dernier devoir. » C'est ainsi qu'Anchise et son fils erraient çà et là dans l'Élysée
et à travers ces champs aériens : ils en parcou-
raient toutes les régions ; et Anchise faisait voir à
Énée toutes ces merveilles, remplissant son cœur
du brûlant amour de sa future grandeur. Il lui
raconte ensuite les guerres qu'il aura à soutenir
dans l'Ausonie, lui dit les peuples du Latium,
la ville de Latinus, et comment il évitera ou
supportera tous les travaux qui l'attendent.

Il y a aux enfers deux portes du Sommeil
l'une est de corne, et ouvre un facile passage aux
ombres véritables qui s'échappent vers la terre ;
l'autre est formée avec art d'un pur et blanc
ivoire; c'est par là que les mânes envoient vers
le ciel les songes trompeurs. Anchise entretint
longtemps encore Énée et la Sibylle, et les fit
sortir par la porte d'ivoire. Le héros va droit à
ses vaisseaux, et revoit ses compagnons. Alors
longeant le rivage il cingle vers le port de Caïète :
on jette l'ancre, et les vaisseaux amarrés bordent le rivage.

LIVRE VII.

Et toi aussi, ô Caïète, nourrice d'Énée, tu as
fait en mourant l'éternelle renommée de nos
rivages. Encore aujourd'hui ta mémoire vénéré-
rée protége les bords où tu reposes ; et ton nom,
si c'est une gloire dernière, marque dans la
grande Hespérie la place où sont tes os.

Cependant le pieux Enée avait célébré selon
les rites les funérailles de sa nourrice, et lui
avait élevé un tombeau ; la mer était calme : il
fit appareiller, et s'éloigna du port. La nuit, le
vent se lève et souffle en poupe ; la lune au front
d'argent se prête à guider les navires ; les flots
s'illuminent de sa clarté tremblante. Énée rase les
rivages du promontoire de Circé : c'est là que la
fille du Soleil fait retentir de ses chants éternels
des bois inaccessibles, et que dans son palais
superbe, où le cèdre embrase la nuit de ses feux
odorants, elle fait courir la subtile navette entre les fils d'un tissu délicat. Là on entend gémir dans la nuit, et gronder en se débattant contre
leurs chaînes, des lions furieux ; on entend se dé-

Quantos ille virum magnam Mavortis ad urbem
Campus aget gemitus! vel quæ, Tiberine, videbis
Funera, quum tumulum præterlabere recentem!   875
Nec puer Iliaca quisquam de gente Latinos
In tantum spe tollet avos; nec Romula quondam
Ullo se tantum tellus jactabit alumno.
Heu pietas, heu prisca fides, invictaque bello
Dextera! non illi se quisquam inpune tulisset   880
Obvius armato, seu quum pedes iret in hostem,
Seu spumantis equi foderet calcaribus armos.
Heu, miserande puer! si qua fata aspera rumpas,
Tu Marcellus eris. Manibus date lilia plenis :
Purpureos spargam flores, animamque nepotis   885
His saltem adcumulem donis, et fungar inani
Munere. Sic tota passim regione vagantur
Aeris in campis latis, atque omnia lustrant.
Quæ postquam Anchises natum per singula duxit,
Incenditque animum famæ venientis amore :   890
Exin bella viro memorat quæ deinde gerenda,
Laurentisque docet populos, urbemque Latini ;
Et quo quemque modo fugiatque feratque laborem.

Sunt geminæ Somni portæ : quarum altera fertur
Cornea ; qua veris facilis datur exitus Umbris :   895
Altera candenti perfecta nitens elephanto ;
Sed falsa ad cœlum mittunt insomnia Manes.
His ubi tum natum Anchises unaque Sibyllam
Prosequitur dictis, portaque emittit eburna :
Ille viam secat ad navis, sociosque revisit ;   900
Tum se ad Caietæ recto fert limite portum :
Ancora de prora jacitur ; stant litore puppes.

LIBER VII.

Tu quoque litoribus nostris, Æneia nutrix,
Æternam moriens famam, Caieta, dedisti ;
Et nunc servat honos sedem tuus, ossaque nomen
Hesperia in magna, si qua est ea gloria, signat.
   At pius exsequiis Æneas rite solutis,   5
Aggere composito tumuli, postquam alta quierunt
Æquora, tendit iter velis, portumque relinquit.
Adspirant auræ in noctem, nec candida cursus
Luna negat ; splendet tremulo sub lumine pontus.
Proxima Circææ raduntur litora terræ :   10
Dives inaccessos ubi Solis filia lucos
Adsiduo resonat cantu, tectisque superbis
Urit odoratam nocturna in lumina cedrum,
Arguto tenuis percurrens pectine telas.
Hinc exaudiri gemitus, iræque leonum   15

mener de rage dans leur prison les sangliers au rude poil et les ours, et hurler les loups à la taille immense : tous, privés de la forme humaine par la déesse cruelle, ont revêtu, par la force des puissantes herbes, les hideuses figures des bêtes sauvages. Neptune, craignant pour les pieux Troyens ces monstrueuses métamorphoses, et que, poussés vers le port, ils n'abordassent à ces funestes rivages, enfla leurs voiles d'un vent favorable, précipita leur course, et les emporta par delà le détroit orageux.

Déjà la mer rougissait des premiers feux du jour, et du haut des airs l'Aurore sur son char que traînent deux coursiers aux crins de rose, dorait au loin les ondes : soudain les vents tombent, tout souffle de l'air cesse, et la rame lutte contre une mer immobile. Cependant Énée découvre de la haute mer un vaste bois ; le Tibre le partage dans son cours délicieux , et va, tourbillonnant et chargé d'un sable jaune, se précipiter dans la mer : autour et au-dessus du fleuve, mille oiseaux, accoutumés à ses rives et à ses ondes, charmaient l'air de leurs chants, et volaient çà et là dans le bois. C'est là qu'Énée ordonne à ses compagnons de tourner leur proue et prendre terre; et joyeux il entre dans les eaux et sous les ombrages du fleuve.

Je dirai maintenant, ô divine Érato, quels étaient les rois de l'antique Latium, quels événements remplissaient les temps, quel était l'état de l'empire, lorsqu'une armée troyenne aborda pour la première fois aux rivages ausoniens ; et je rappellerai l'origine des premiers combats. Toi, Muse, inspire le poëte ! Je dirai les horribles guerres , je dirai les armées rangées en bataille, les rois animés au carnage, les bataillons thyrréniens, et l'Hespérie entière rassemblée sous les armes. Une plus vaste carrière s'ouvre devant moi ; j'agite un plus vaste sujet. Le roi Latinus déjà vieux gouvernait dès longtemps, dans une paix profonde, les terres et les villes de son empire. Fils de la nymphe Marica, du pays des Laurentins, on dit qu'il eut pour père Faune, né de Picus : Picus, ô Saturne, remontait jusqu'à toi , à toi l'aïeul de ses aïeux. Latinus n'avait point d'enfant mâle ; un fils que les destins lui avaient donné lui fut enlevé dans la fleur de ses jours. Une fille lui restait, qui seul soutenait une si grande maison et un si beau trône, vierge déjà nubile , et que les ans ont achevé de mûrir pour l'hymen. Cent princes du vaste Latium et l'Ausonie entière prétendaient à sa main : le plus beau de tous est Turnus, Turnus fier de la longue suite de ses aïeux, et que la reine souhaitait avec une extrême ardeur d'unir à sa fille. Mais les dieux par mille prodiges épouvantables s'opposaient à cette alliance.

Au milieu du palais, au sein même des pénates domestiques , était un laurier aux rameaux sacrés, et qu'un respect religieux conservait depuis longtemps. Le roi, dit-on, l'avait trouvé planté dans le lieu même où il avait jeté les fondements de sa ville, et l'avait consacré à Apollon. Les Laurentins en prirent leur nom. Un jour, ô prodige incroyable ! des abeilles , comme une nuée épaisse, vinrent, traversant les airs avec un

---

Vincla recusantum, et sera sub nocte rudentum;
Sætigerique sues, atque in præsepibus ursi
Sævire, ac formæ magnorum ululare luporum ;
Quos hominum ex facie dea sæva potentibus herbis
Induerat Circe in voltus ac terga ferarum. 20
Quæ ne monstra pii paterentur talia Troes
Delati in portus, neu litora dira subirent,
Neptunus ventis implevit vela secundis,
Atque fugam dedit, et præter vada fervida vexit.
    Jamque rubescebat radiis mare, et æthere ab alto 25
Aurora in roseis fulgebat lutea bigis;
Quum venti posuere, omnisque repente resedit
Flatus, et in lento luctantur marmore tonsæ.
Atque hic Æneas ingentem ex æquore lucum
Prospicit : hunc inter fluvio Tiberinus amœno, 30
Vorticibus rapidis, et multa flavus arena,
In mare prorumpit : variæ circumque supraque
Adsuetæ ripis volucres et fluminis alveo,
Æthera mulcebant cantu, lucoque volabant.
Flectere iter sociis, terræque advertere proras 35
Imperat, et lætus fluvio succedit opaco.
Nunc age, qui reges, Erato, quæ tempora rerum,
Quis Latio antiquo fuerit status, advena classem
Quum primum Ausoniis exercitus adpulit oris,

Expediam, et primæ revocabo exordia pugnæ; 40
Tu vatem, tu, diva, mone. Dicam horrida bella ;
Dicam acies, actosque animis in funera reges,
Tyrrhenamque manum , totamque sub arma coactam
Hesperiam. Major rerum mihi nascitur ordo;
Majus opus moveo. Rex arva Latinus, et urbis 45
Jam senior longa placidas in pace regebat.
Hunc Fauno, et nympha genitum Laurente Marica
Adcipimus ; Fauno Picus pater ; isque parentem
Te, Saturne, refert; tu sanguinis ultimus auctor.
Filius huic, fato divom, prolesque virilis 50
Nulla fuit , primaque oriens erepta juventa est.
Sola domum, et tantas servabat filia sedes ,
Jam matura viro, jam plenis nubilis annis.
Multi illam magno e Latio, totaque petebant
Ausonia; petit ante alios pulcherrimus omnis 55
Turnus, avis atavisque potens : quem regia conjunx
Adjungi generum miro properabat amore;
Sed variis portenta deum terroribus obstant.
    Laurus erat tecti medio, in penetralibus altis,
Sacra comam, multosque metu servata per annos. 60
Quam pater inventam, primas quum conderet arces,
Ipse ferebatur Phœbo sacrasse Latinus,
Laurentisque ab ea nomen posuisse colonis.

immense bourdonnement, s'abattre sur la cime du laurier, s'entrelacèrent les unes aux autres par les pattes, et tout à coup, se ramassant en essaim, apparurent suspendues au feuillage de l'arbre sacré. Le devin consulté répondit : « Je « vois un guerrier étranger arriver sur nos bords; « je vois un peuple nombreux venir des mêmes « lieux que cet essaim, et dominer du haut de « nos citadelles. » C'est peu : un jour que, brûlant sur les autels un chaste encens, la vierge Lavinie se tenait près de son père, on vit, ô terreur! le feu sacré saisir ses longs cheveux, toute sa parure s'enflammer en pétillant, son bandeau royal, sa couronne de pierreries s'embraser : on la vit elle-même, enveloppée d'une pâle lumière et d'un tourbillon de fumée, répandre le feu dans tout le palais. Ce prodige semble effrayant aux devins; tous en augurent une brillante destinée pour la fille des rois, mais pour les peuples l'embrasement d'une grande guerre.

Cependant le roi, que ces prodiges alarment, va consulter les oracles divins de son père Faunus, et s'enfonce dans les bois sacrés de la profonde Albunée, qui s'échappe à flots retentissants de sa source sacrée, et qui du sein des ombrages épais exhale d'horribles vapeurs. C'est là que les peuples d'Italie et toute la contrée d'Œnotrie viennent dans leurs doutes pieux chercher les réponses du sort. Là, quand le prêtre a porté ses dons sur l'autel et dépouillé les brebis immolées, il se couche pendant la nuit silencieuse sur leurs peaux étendues, et s'y endort : alors il voit voltiger autour de lui mille fantômes étranges; il entend mille voix diverses; il jouit du commerce des dieux, et, jusque dans les profondeurs de l'Averne, il interroge l'Achéron. Alors le roi Latinus, attendant venir les réponses des dieux, immolait cent brebis chargées de laine, et s'endormait couché sur leurs toisons étendues. Soudain une voix sortant du fond de la forêt fit entendre ces mots : « Garde-toi, ô mon fils, d'unir ta fille à un « époux latin; ne consens pas à l'hymen qui s'ap-« prête : un étranger viendra, dont le sang mêlé « avec le nôtre élèvera jusqu'aux astres la gloire « de notre nom, et dont les descendants verront « tout ce que le soleil éclaire d'un océan à l'autre « rangé sous leurs lois et abattu à leurs pieds. » Cette réponse de son père Faunus et ces avertissements donnés dans la nuit silencieuse, Latinus ne les tint pas secrets; mais déjà volant au loin, la Renommée les avait répandus dans les villes de l'Ausonie, lorsque les petits-fils de Laomédon vinrent enchaîner leurs vaisseaux au rivage du Tibre.

Énée, le bel Iule et les principaux chefs troyens, vont d'abord se reposer sous les rameaux touffus d'un grand arbre. Là des mets leur sont préparés; et des gâteaux de froment posés sur l'herbe (ainsi l'avait prescrit Jupiter) leur servant de plats, ils chargent de fruits sauvages les tables de Cérès. Tous leurs mets épuisés, la faim les força de mordre dans les gâteaux, d'attaquer d'une main et d'une dent audacieuses cette pâte fatale, et de n'en pas épargner les larges carrés. Alors Iule : « Oh! nous mangeons jusqu'à nos tables. » : Ce mot plaisant fut le premier qui leur annonça la fin de

Hujus apes summum densæ (mirabile dictu)
Stridore ingenti, liquidum trans æthera vectæ, 65
Obsedere apicem; et, pedibus per mutua nexis,
Examen subitum ramo frondente pependit.
Continuo vates, Externum cernimus, inquit,
Adventare virum, et partis petere agmen easdem
Partibus ex isdem, et summa dominarier arce. 70
Præterea, castis adolet dum altaria tædis,
Ut juxta genitorem adstat Lavinia virgo,
Visa (nefas) longis conprendere crinibus ignem,
Atque omnem ornatum flamma crepitante cremari,
Regalisque adcensa comas, adcensa coronam, 75
Insignem gemmis; tum fumida lumine fulvo
Involvi, ac totis Volcanum spargere tectis.
Id vero horrendum, ac visu mirabile ferri :
Namque fore inlustrem fama, fatisque canebant
Ipsam; sed populo magnum portendere bellum. 80
   At rex sollicitus monstris, oracula Fauni,
Fatidici genitoris, adit, lucosque sub alta
Consulit Albunea : nemorum quæ maxima sacro
Fonte sonat, sævamque exhalat opaca mephitim.
Hinc Italæ gentes, omnisque Œnotria tellus, 85
In dubiis responsa petunt : huc dona sacerdos
Quum tulit, et cæsarum ovium sub nocte silenti
Pellibus incubuit stratis, somnosque petivit :
Multa modis simulacra videt volitantia miris,
Et varias audit voces, fruiturque deorum 90
Conloquio, atque imis Acheronta adfatur Avernis.
Hic et tum pater ipse petens responsa Latinus
Centum lanigeras mactabat rite bidentis,
Atque harum effultus tergo stratisque jacebat
Velleribus : subita ex alto vox reddita luco est : 95
Ne pete connubiis natam sociare Latinis,
O mea progenies, thalamis neu crede paratis;
Externi veniunt generi, qui sanguine nostrum
Nomen in astra ferant; quorumque ab stirpe nepotes
Omnia sub pedibus, qua Sol utrumque recurrens 100
Adspicit Oceanum, vertique regique videbunt.
Hæc responsa patris Fauni, monitusque silenti
Nocte datos, non ipse suo premit ore Latinus :
Sed circum late volitans jam Fama per urbis
Ausonias tulerat; quum Laomedontia pubes 105
Gramineo ripæ religavit ab aggere classem.
   Æneas, primique duces, et pulcher Iulus
Corpora sub ramis deponunt arboris altæ;
Instituuntque dapes, et adoream liba per herbam
Subjiciunt epulis (sic Juppiter ille monebat), 110
Et Cereale solum pomis agrestibus augent.
Consumtis hic forte aliis, ut vertere morsus
Exiguam in Cererem penuria adegit edendi,

leurs misères; vite Énée le saisit, et, frappé du sens divin qu'il renferme, il l'arrêta sur les lèvres de son fils : « Salut, s'écrie-t-il aussitôt, « terre que me devaient les destins; salut, dieux « tutélaires de Troie, dieux fidèles, salut : ici « est notre demeure, ici notre patrie : Anchise, « il m'en souvient encore, en me dévoilant le « secret des destins, a laissé dans mon esprit « ces paroles : « Mon fils, quand, poussé sur un « rivage inconnu, la faim te forcera, les mets « consumés, de manger les tables, alors tu pour-« ras espérer un sûr asile pour tes destins fati-« gués; alors souviens-toi de poser là de tes « mains les fondements de ta nouvelle ville, et « de la fortifier. » Voilà donc cette famine tant « redoutée; voilà que s'accomplissent les der-« niers oracles qui promettaient un terme à nos « malheurs. Courage donc, compagnons; et de-« main aux premières lueurs de l'aurore, allons « explorer ces lieux, en reconnaître les habitants « et les villes, et portons-nous loin du port sur « des points divers. Aujourd'hui faites des liba-« tions en l'honneur de Jupiter; invoquez dans « vos prières mon père Anchise, et que les « tables soient de nouveau chargées de vins. » A ces mots Énée ceint sa tête d'un rameau vert; en même temps il invoque le Génie du lieu, la Terre qui naquit avant les dieux, les nymphes, et les fleuves de l'Ausonie qui lui sont encore inconnus, la Nuit et les astres qui se lèvent dans les ténèbres, Jupiter Idéen, Cybèle Phrygienne, Vénus sa mère dans le ciel, et Anchise son père dans l'Érèbe. Soudain le père tout-puissant des dieux tonne trois fois dans un ciel pur, et fait rayonner au haut des airs un nuage de flamme et d'or, qu'il secoue lui-même d'une main visible. En même temps le bruit se répand dans l'armée des Troyens, que le jour est enfin arrivé où ils vont bâtir les murs d'un nouvel Ilion. Ils recommencent donc à l'envi leurs festins, et, ces heureux présages les transportant d'allégresse, ils relèvent les cratères et les remplissent jusqu'au bord. Le lendemain, dès que l'Aurore éclaira la terre de ses premiers feux, les Troyens se divisent, vont reconnaître la ville, les frontières et les rivages de la nouvelle contrée : ici est le lac formé par la source du Numicus; ce fleuve, c'est le Tibre; cette contrée est habitée par les belliqueux Latins. Alors le fils d'Anchise choisit parmi ses compagnons cent ambassadeurs, auxquels il ordonne de marcher vers les murs de la cité royale. Ils devaient paraître devant le roi couronnés de branches d'olivier, lui offrir des présents, et lui demander son alliance. Ils partent, ils volent. Cependant Énée trace un fossé, humble enceinte de sa ville future, en bâtit les premières demeures, les fortifie, et les entoure comme un camp de créneaux et de retranchements. Déjà les ambassadeurs avaient achevé leur route, et voyaient les tours et les hauts édifices de la capitale des Latins; déjà ils entraient dans ses murs. Hors de la ville, des enfants et des jeunes gens dans la fleur de l'âge s'exerçaient, les uns à manier des coursiers, et à dompter un poudreux

```
Et violare manu, malisque audacibus orbem
Fatalis crusti, patulis nec parcere quadris :           115
Heus! etiam mensas consumimus? inquit Iulus;
Nec plura adludens. Ea vox audita laborum
Prima tulit finem, primamque loquentis ab ore
Eripuit pater, ac stupefactus numine pressit.
Continuo : Salve fatis mihi debita Tellus,              120
Vosque, ait, o fidi Trojæ salvete Penates!
Hic domus, hæc patria est. Genitor mihi talia, namque
Nunc repeto, Anchises fatorum arcana reliquit :
Quum te, nate, fames ignota ad litora vectum
Adcisis coget dapibus consumere mensas :               125
Tum sperare domos defessus, ibique memento
Prima locare manu molirique aggere tecta.
Hæc erat illa fames, hæc nos suprema manebat,
Exitiis positura modum.
Quare agite, et primo læti cum lumine solis,           130
Quæ loca, quive habeant homines; ubi mœnia gentis,
Vestigemus, et a portu diversa petamus.
Nunc pateras libate Jovi, precibusque vocate
Anchisen genitorem, et vina reponite mensis.
Sic deinde effatus frondenti tempora ramo             135
Implicat, et Geniumque loci, primamque deorum
Tellurem, Nymphasque, et adhuc ignota precatur
Flumina; tum Noctem, Noctisque orientia Signa,
Idæumque Jovem, Phrygiamque ex ordine Matrem,
Invocat, et duplicis Cœloque Ereboque parentes.       140
Hic Pater omnipotens ter cœlo clarus ab alto
Intonuit; radiisque ardentem lucis et auro
Ipse manu quatiens ostendit ab æthere nubem.
Diditur hic subito Trojana per agmina rumor,
Advenisse diem, quo debita mœnia condant.             145
Certatim instaurant epulas, atque omine magno
Crateras læti statuunt, et vina coronant.
Postera quum prima lustrabat lampade terras
Orta dies : urbem, et finis, et litora gentis
Diversi explorant; hæc fontis stagna Numici,          150
Hunc Thybrim fluvium, hic fortis habitare Latinos.
Tum satus Anchisa delectos ordine ab omni
Centum oratores augusta ad mœnia regis
Ire jubet, ramis velatos Palladis omnes,
Donaque ferre viro, pacemque exposcere Teucris.       155
Haud mora; festinant jussi, rapidisque feruntur
Passibus. Ipse humili designat mœnia fossa,
Moliturque locum; primasque in litore sedes,
Castrorum in morem, pinnis atque aggere cingit.
Jamque iter emensi, turres ac tecta Latinorum         160
Ardua cernebant juvenes, muroque subibant :
Ante urbem pueri, et primævo flore juventus,
Exercentur equis, domitantque in pulvere currus;
Aut acris tendunt arcus, aut lenta lacertis
Spicula contorquent, cursuque ictuque lacessunt :     165
```

attelage; les autres à bander leurs arcs redoutables, et à lancer d'un bras vigoureux de souples dards; d'autres, à se provoquer à la course ou à la lutte. L'un d'eux, poussant son coursier, prend les devants, vole vers le vieux roi, et lui annonce que des étrangers à la haute stature, aux vêtements inconnus, sont arrivés dans la ville. Le roi ordonne qu'on les introduise dans son palais; et lui-même, pour les recevoir, s'assied sur le trône de ses ancêtres. Dans le lieu le plus élevé de la ville était un vaste et majestueux édifice, soutenu sur cent colonnes; c'était le palais de Picus, environné de forêts : une antique religion le remplissait d'une sainte horreur. C'était là que, pour premiers auspices, les rois venaient recevoir le sceptre, et qu'on levait les faisceaux devant eux : ce temple était pour eux le sanctuaire de la justice; on y célébrait les festins sacrés; des béliers y étaient immolés, et les premiers de l'État se rangeaient en ordre autour de tables immenses. Sous ce vestibule apparaissaient d'antiques statues de cèdre représentant la suite des aïeux du roi; c'étaient Italus, Sabinus qui planta la vigne et qui tient encore à la main la serpette recourbée, le vieux Saturne, Janus au double front, et tous les autres rois de la nation depuis son origine; guerriers qui avaient reçu de glorieuses blessures en combattant pour la patrie. Aux portes sacrées du palais étaient suspendues les dépouilles de l'ennemi, des chars captifs, des haches, des panaches, les gonds immenses des portes conquises, des javelots, des boucliers, des éperons arrachés aux navires. Au milieu de ces trophées paraissait, tenant à la main le bâton augural, vêtu de la courte tunique, et portant au bras gauche un bouclier, Picus, le dompteur de coursiers : Circé, son amante, transportée par sa passion, le frappa de sa baguette d'or, et par la vertu de ses breuvages le changea en oiseau, et répandit sur ses ailes les plus vives couleurs. Tel était ce temple des dieux : ce fut là qu'assis sur le trône de ses pères Latinus reçut les Troyens. Lorsqu'ils eurent été introduits, le roi le premier leur parla ainsi avec bonté :

« Enfants de Dardanus, nous connaissons vo-
« tre ville et votre origine; nous savions qui
« vous étiez, avant que vous n'eussiez tourné vos
« proues vers ce rivage : que demandez-vous? Quel
« motif ou quelle nécessité vous a portés à travers
« tant de mers jusqu'aux bords ausoniens? Est-
« ce trompés par les astres, ou poussés par les
« tempêtes qui fatiguent si souvent les matelots
« en pleine mer, que vous êtes entrés dans notre
« fleuve et que vous vous êtes abrités dans ses
« eaux? Ne fuyez point mon hospitalité, et con-
« naissez les Latins, le peuple de Saturne : ce n'est
« point la loi qui les enchaîne à l'équité; justes
« par inclination, ils sont restés fidèles à l'exem-
« ple de cet antique dieu. Je me souviens encore
« (mais le récit en est obscurci par les ans) que
« des vieillards de la nation des Aurunces m'ont
« autrefois raconté que Dardanus, né dans ces
« campagnes, pénétra jusqu'aux villes phrygien
« nes de l'Ida, après avoir passé par Samos de
« Thrace, aujourd'hui la Samothrace; il était
« parti de Corythe, ville de Tyrrhénie : main-

Quum prævectus equo longævi regis ad auris
Nuntius ingentis ignota in veste reportat
Advenisse viros. Ille intra tecta vocari
Imperat, et solio medius consedit avito.
Tectum augustum, ingens, centum sublime columnis, 170
Urbe fuit summa, Laurentis regia Pici,
Horrendum silvis et religione parentum.
Hic sceptra adcipere, et primos adtollere fascis
Regibus omen erat; hoc illis curia templum,
Hæ sacris sedes epulis; hic ariete cæso 175
Perpetuis soliti patres considere mensis.
Quin etiam veterum effigies ex ordine avorum
Antiqua e cedro, Italusque, paterque Sabinus
Vitisator, curvam servans sub imagine falcem,
Saturnusque senex, Janique bifrontis imago, 180
Vestibulo adstabant; aliique ab origine reges,
Martiaque ob patriam pugnando volnera passi.
Multaque præterea sacris in postibus arma,
Captivi pendent currus, curvæque secures,
Et cristæ capitum, et portarum ingentia claustra, 185
Spiculaque, clipeique, ereptaque rostra carinis.
Ipse Quirinali lituo, parvaque sedebat
Succinctus trabea, lævaque ancile gerebat
Picus, equum domitor : quem capta cupidine conjunx

Aurea percussum virga, versumque venenis, 190
Fecit avem Circe, sparsitque coloribus alas.
Tali intus templo divom patriaque Latinus
Sede sedens, Teucros ad sese in tecta vocavit;
Atque hæc ingressis placido prior edidit ore :
Dicite, Dardanidæ, neque enim nescimus et urbem, 195
Et genus, auditique advertitis æquore cursum,
Quid petitis? quæ caussa rates, aut cujus egentes
Litus ad Ausonium tot per vada cærula vexit?
Sive errore viæ, seu tempestatibus acti,
(Qualia multa mari nautæ patiuntur in alto) 200
Fluminis intrastis ripas, portuque sedetis;
Ne fugite hospitium, neve ignorate Latinos,
Saturni gentem, haud vinclo nec legibus æquam,
Sponte sua veterisque dei se more tenentem.
Atque equidem memini (fama est obscurior annis) 205
Auruncos ita ferre senes, his ortus ut agris
Dardanus Idæas Phrygiæ penetrarit ad urbis,
Threiciamque Samum, quæ nunc Samothracia fertur.
Hinc illum Corythi Tyrrhena ab sede profectum
Aurea nunc solio stellantis regia cœli 210
Acipit, et numerum divorum altaribus addit.
Dixerat : et dicta Ilionens sic voce secutus :
Rex, genus egregium Fauni, nec fluctibus actos

« tenant le palais étoilé des cieux l'a admis à ses
« splendeurs éternelles, et il partage avec les
« dieux l'encens des humains. »

Il dit ; Ilionée lui répond en ces mots : « Noble
« sang de Faunus, ce n'est pas l'affreuse tempête
« qui nous a poussés sur ces bords et forcés d'en-
« trer dans votre empire ; ce n'est point un astre
« trompeur qui a jeté hors de leur route nos vais-
« seaux égarés : c'est à dessein et de notre pro-
« pre mouvement que nous avons porté nos pas
« jusqu'en ces murs, chassés que nous sommes
« du plus grand des empires que le soleil venant
« des extrémités de l'Olympe ait jamais éclairés.
« Jupiter est le commencement de notre race ; les
« Troyens se glorifient de l'avoir pour aïeul ; no-
« tre roi lui-même, Énée, qui nous a envoyés
« vers vous, voit remonter sa race jusqu'à Jupi-
« ter. Qui ne sait quel orage fondant de la cruelle
« Mycènes s'est répandu sur les champs de l'Ida?
« par quelle force ennemie des destins, poussées
« l'une contre l'autre ; l'Europe et l'Asie se sont
« entre-choquées? Toute la terre en a retenti, et
« les peuples relégués sur les dernières plages de
« l'Océan, et les peuples séparés du reste du monde
« par la vaste zone que le soleil embrase. Échap-
« pés de cet affreux déluge, portés sur tant de
« vastes mers, nous demandons pour nos dieux
« pénates un humble abri, un peu de terre le
« long du rivage hospitalier ; l'eau et l'air qui sont
« à tous les mortels. Nous ne ferons point de dés-
« honneur à votre royaume ; la gloire de votre
« bienfait en grandira encore, et jamais le sou-
« venir ne s'en effacera de nos cœurs ; non, l'Au-
« sonie ne se repentira jamais d'avoir reçu dans
« son sein les enfants d'Ilion. J'en jure par les
« destins d'Énée, par sa main aussi fidèle dans
« les traités que redoutable dans les combats. Si
« vous nous voyez humbles devant vous et por-
« tant les bandelettes de la paix avec des paroles
« de suppliants, ne nous méprisez pas pour cela :
« plus d'une nation a recherché notre alliance,
« a voulu, tout proscrits que nous sommes, nous
« réunir à elle. Mais les arrêts impérieux du des-
« tin nous ont forcés de chercher sur vos terres
« une autre patrie. Dardanus vient retrouver son
« berceau ; et Apollon par ses ordres formidables
« nous ramène sur les bords du Tibre tyrrhénien,
« et à la source sacrée du Numicus. Recevez donc
« d'Énée ces médiocres présents, débris de sa pre-
« mière fortune, restes recueillis des cendres de
« Troie embrasée. Voici la coupe d'or qu'Anchise
« répandait pour les libations ; voilà le sceptre et
« la tiare sacrée que portait Priam, lorsqu'il dic-
« tait ses lois à ses peuples assemblés : ces tissus
« sont l'ouvrage des femmes d'Ilion. » Ces paroles
d'Ilionée frappèrent l'esprit du roi des Latins. Immobile, l'air pensif, les yeux fixés à terre, il les
roule dans une attention profonde : ce ne sont
pas les présents d'Énée, ce n'est pas la pourpre
éclatante ni le sceptre de Priam qui le touchent ;
c'est l'hymen de sa fille, c'est ce tendre intérêt
qui occupe toutes ses pensées ; et il roule dans son
esprit l'oracle du vieux Faunus. Cet étranger parti
d'une contrée étrangère est bien le gendre que lui
annoncent les destins, et que d'heureux auspices
appellent à succéder à son empire ; de son union
avec sa fille doit naître une glorieuse postérité,
qui par son invincible courage envahira le monde
entier. Enfin il s'écrie dans un transport de joie :
« Que les dieux secondent nos projets, et accom-

```
Atra subegit hiems vestris succedere terris,
Nec sidus regione viæ, litusve fefellit :                215
Consilio hanc omnes animisque volentibus urbem
Adferimur; pulsi regnis, quæ maxuma quondam
Extremo veniens Sol adspiciebat Olympo.
Ab Jove principium generis; Jove Dardana pubes
Gaudet avo; rex ipse Jovis de gente suprema           220
Troius Æneas tua nos ad limina misit.
Quanta per Idæos sævis effusa Mycenis
Tempestas ierit campos; quibus actus uterque
Europæ atque Asiæ fatis concurrerit orbis,
Audiit, et si quem tellus extrema refuso               225
Submovet Oceano, et si quem extenta plagarum
Quatuor in medio dirimit plaga Solis iniqui.
Diluvio ex illo tot vasta per æquora vecti
Dis sedem exiguam patriis litusque rogamus
Innocuum, et cunctis undamque auramque patentem.   230
Non erimus regno indecores; nec vestra feretur
Fama levis, tantive abolescet gratia facti;
Nec Trojam Ausonios gremio excepisse pigebit.
Fata per Æneæ juro, dextramque potentem,
Sive fide, seu quis bello est expertus et armis;        235

Multi nos populi, multæ (ne temne, quod ultro
Præferimus manibus vittas ac verba precantia)
Et petiere sibi et voluere adjungere gentes.
Sed nos fata deum vestras exquirere terras
Imperiis egere suis. Hinc Dardanus ortus               240
Huc repetit, jussisque ingentibus urguet Apollo
Tyrrhenum ad Thybrim, et fontis vada sacra Numici.
Dat tibi præterea Fortunæ parva prioris
Munera, relliquias Trojæ ex ardente receptas.
Hoc pater Anchises auro libabat ad aras;              245
Hoc Priami gestamen erat, quum jura vocatis
More daret populis; sceptrumque, sacerque tiaras,
Iliadumque labor, vestes.
          Talibus Ilionei dictis defixa Latinus
Obtutu tenet ora, soloque immobilis hæret,            250
Intentos volvens oculos : nec purpura regem
Picta movet, nec sceptra movent Priameia tantum,
Quantum in connubio natæ thalamoque moratur;
Et veteris Fauni volvit sub pectore sortem.
Hunc illum fatis externa ab sede profectum            255
Portendi generum, paribusque in regna vocari
Auspiciis; huic progeniem virtute futuram
```

« plissent leurs présages! Troyens, je vous accorde ce que vous demandez, et je ne dédaigne pas vos présents. Tant que Latinus régnera, vous trouverez dans ses États et des champs féconds et toute l'opulence de Troie. Qu'Énée seulement, s'il désire avec tant d'ardeur s'unir à moi par les liens de l'hospitalité et devenir mon allié, vienne dans mon palais, et qu'il ne redoute pas mon visage ami. Que je touche la main de votre roi ; ce sera notre traité. Vous, allez lui porter en mon nom cette réponse. J'ai une fille, que je ne peux pas unir à un prince de ma nation ; les oracles paternels et mille prodiges célestes me le défendent. Ils m'annoncent que l'époux destiné à ma fille viendra des rives étrangères, qu'il est promis au Latium, et qu'il portera jusqu'aux astres la gloire de notre sang. Votre roi est celui que marquent les destins ; je le crois, et, si mes pressentiments ne me trompent, je le désire. » Il dit, et fait choisir ses plus beaux coursiers : trois cents étaient nourris dans ses superbes haras : il ordonne qu'on amène à chacun des Troyens un de ces coursiers : tous, légers comme les vents, étaient couverts de housses de pourpre richement brodées. Des colliers d'or pendent de leurs larges poitrails; l'or couvre leurs harnais; ils rongent un frein d'or. Le roi envoie à Énée un char et deux coursiers pareils, enfants de ceux du Soleil ; leurs naseaux soufflaient le feu. L'artificieuse Circé les avait créés, en soumettant, par un heureux larcin, ses cavales aux coursiers de son père. Chargés des présents de Latinus et de ses paroles rassurantes, les ambassadeurs s'en retournent montés sur leurs superbes coursiers, et rapportent la nouvelle de la paix conclue. Mais voici que l'implacable épouse de Jupiter revient d'Argos, et, traversant les airs sur son char, aperçoit dès le promontoire de Pachynum, et du haut des cieux, Énée tout entier à sa joie. Elle voit la flotte troyenne à l'ancre, les Troyens déjà travaillant à bâtir leurs nouvelles demeures, déjà s'assurant de la terre ausonienne, et abandonnant leurs vaisseaux. Elle s'arrête, comme enfoncée dans son âpre ressentiment : alors secouant sa tête altière, elle exhale sa colère en ces mots : « Race odieuse, destins des Phrygiens toujours contraires à mes destins! Les a-t-on vus succomber dans les champs de Sigée? Captifs, ont-ils été pris? Leur Ilion les a-t-il embrasés de ses flammes ? A travers les armes, à travers l'incendie ils se sont frayé un passage. Ma puissance se rend-elle donc, lassée contre eux? et, rassasiée de haine, me reposé-je? Rejetés de leur patrie, j'ai osé dans ma fureur les poursuivre sur les ondes, et m'opposer sur toutes les mers à leurs restes fugitifs : j'ai épuisé contre eux les forces du ciel et de la mer. Que m'ont servi les Syrtes, Scylla, Charybde, et ses vastes gouffres? Les voilà dans le lit tant désiré du Tibre, assurés contre la mer et contre moi. Mars a bien pu exterminer la race féroce des Lapithes : le père des dieux lui-même a livré l'antique Calydon aux fureurs de Diane. Quel était le crime si grand des Lapithes, quel celui de Calydon? Et moi, l'épouse du plus

Egregiam, et totum quæ viribus occupet orbem.
Tandem lætus ait : Di nostra incepta secundent,
Auguriumque suum! Dabitur, Trojane, quod optas. 260
Munera nec sperno. Non vobis, rege Latino,
Divitis uber agri Trojæve opulentia deerit.
Ipse modo Æneas, nostri si tanta cupido est,
Si jungi hospitio properat, sociusque vocari,
Adveniat ; voltus neve exhorrescat amicos. 265
Pars mihi pacis erit dextram tetigisse tyranni.
Vos contra regi mea nunc mandata referte.
Est mihi nata, viro gentis quam jungere nostræ,
Non patrio ex adyto sortes, non plurima cœlo
Monstra sinunt : generos externis adfore ab oris, 270
Hoc Latio restare canunt, qui sanguine nostrum
Nomen in astra ferant : hunc illum poscere fata
Et reor, et si quid veri mens augurat, opto.
  Hæc effatus, equos numero pater eligit omni.
Stabant ter centum nitidi in præsepibus altis : 275
Omnibus extemplo Teucris jubet ordine duci
Instratos ostro alipedes pictisque tapetis :
Aurea pectoribus demissa monilia pendent :
Tecti auro, fulvum mandunt sub dentibus aurum.
Absenti Æneæ currum geminosque jugalis, 280
Semine ab ætherio, spirantis naribus ignem,
Illorum de gente, patri quos Dædala Circe

Supposita de matre nothos furata creavit.
Talibus Æneadæ donis dictisque Latini
Sublimes in equis redeunt, pacemque reportant. 285
  Ecce autem Inachiis sese referebat ab Argis
Sæva Jovis conjunx, aurasque invecta tenebat;
Et lætum Ænean classemque ex æthere longo
Dardaniam Siculo prospexit ab usque Pachyno.
Moliri jam tecta videt, jam fidere terræ; 290
Deseruisse rates. Stetit acri fixa dolore ;
Tum quassans caput, hæc effundit pectore dicta :
Heu stirpem invisam, et fatis contraria nostris
Fata Phrygum! num Sigeis occumbere campis,
Num capti potuere capi? num incensa cremavit 295
Troja viros? medias acies, mediosque per ignes
Invenere viam. At, credo, mea numina tandem
Fessa jacent, odiis aut exsaturata quievi.
Quin etiam patria excussos infesta per undas
Ausa sequi, et profugis toto me opponere ponto : 300
Absumtæ in Teucros vires cœlique marisque.
Quid Syrtes, aut Scylla mihi, quid vasta Charybdis
Profuit? optato conduntur Thybridis alveo,
Securi pelagi atque mei. Mars perdere gentem
Inmanem Lapithum valuit; concessit in iras 305
Ipse deom antiquam genitor Calydona Dianæ;
Quod scelus aut Lapithas tantum, aut Calydona merentem?

« grand des dieux, moi qui ai pu, malheureuse, « tout oser, qui ai tourné à tout mon génie, je « suis vaincue par cet Énée : ah! puisque ma « puissance n'est plus assez grande, il n'est rien « aujourd'hui que je n'implore. Si je ne peux fléchir « les cieux, je remuerai l'Achéron. Je n'empê-« cherai pas le Troyen de régner dans le Latium, « soit ; et l'immuable arrêt des destins lui assure « la main de Lavinie : mais je puis traîner en « longueur, je puis retarder de si grands projets ; « mais je puis exterminer les peuples des deux « rois. Oui, qu'à ce prix le beau-père et le gendre « s'allient. Le sang des Troyens et des Rutules « sera ta dot, ô vierge, et Bellone fera les apprêts « de tes noces. La fille de Cissé n'aura pas seule « porté dans son sein un flambeau de discorde : « Vénus aussi enfantera comme elle un autre « Paris, et les torches funestes de son hymen em-« braseront Pergame renaissante. »

A ces mots, la déesse redoutable descend sur la terre : elle évoque la plus effroyable des sœurs de l'enfer, Allecto, et la fait sortir des ténèbres du Tartare : Allecto ne respire que les tristes guerres, la vengeance, la trahison, les crimes. Pluton même, son père, a ce monstre en horreur ; il est haï de ses sœurs du Tartare : tant il revêt de visages divers, de figures atroces ; tant sa tête hideuse fourmille de serpents! Junon excite l'horrible Furie par ces paroles : « Fille de la Nuit, « rends-moi un service, que seule tu peux me « rendre : fais tout pour empêcher que mon hon-« neur, que ma renommée ne cèdent et ne se « brisent, que le chef des Troyens n'achève son « hymen avec la fille de Latinus, et n'établisse « ses peuples dans l'Italie. Tu peux, quand il te « plait, armer le frère contre le frère, bouleverser « les familles par les haines, porter dans les « maisons tes fouets sanglants, tes funèbres flam-« beaux : tu as mille inventions funestes, mille « moyens de nuire : secoue ton génie fécond : « détruis la paix conclue; sème les causes de « guerre, et que des deux côtés la jeunesse crie « aux armes, demande des combats, et y coure. »

Infectée des poisons de l'horrible Gorgone, Allecto se rend d'abord dans le Latium, gagne le palais du roi de Laurente, et pénètre jusqu'aux lieux secrets où la reine Amata, que troublent et l'arrivée des Troyens et l'hymen rompu de Turnus, nourrissait dans son cœur maternel les cuisantes douleurs de l'orgueil ulcéré. La déesse lui jette un des livides serpents de sa chevelure, et le plonge dans son sein et au plus profond de son cœur, afin que, saisie des fureurs de l'enfer, elle en remplisse toute sa maison. Le monstre s'insinue sous ses vêtements, se roule insensible autour de sa poitrine qu'à peine il effleure, et souffle à ses sens surpris son haleine de vipère. Tantôt de ses anneaux allongés il entoure le cou de la reine comme d'un collier d'or; tantôt il s'entrelace en longue bandelette autour de ses cheveux, et il erre en glissant sur tous ses membres. Tant que le subtil poison, dans ses premiers accès, n'a fait que pénétrer ses sens et envelopper ses os d'un feu caché; tant que son âme ne s'est pas livrée tout entière à la flamme dévorante ; mère encore tendre, elle parle le langage

Ast ego magna Jovis conjunx, nil linquere inausum
Quæ potui infelix, quæ memet in omnia verti,
Vincor ab Ænea. Quod si mea numina non sunt   310
Magna satis : dubitem haud equidem implorare quod usquam
Flectere si nequeo superos, Acheronta movebo.   [est.
Non dabitur regnis, esto, prohibere Latinis,
Atque inmota manet fatis Lavinia conjunx :
At trahere atque moras tantis licet addere rebus ;   315
At licet amborum populos exscindere regum.
Hac gener, atque socer coeant mercede suorum :
Sanguine Trojano et Rutulo dotabere, virgo;
Et Bellona manet te pronuba : nec face tantum
Cisseis prægnans ignis enixa jugalis;   320
Quin idem Veneri partus suus, et Paris alter,
Funestæque iterum recidiva in Pergama tædæ.
 Hæc ubi dicta dedit, terras horrenda petivit.
Luctificam Allecto dirarum ab sede sororum
Infernisque ciet tenebris ; cui tristia bella,   325
Iræque, Insidiæque, et crimina noxia cordi.
Odit et ipse pater Pluton, odere sorores
Tartareæ monstrum : tot sese vertit in ora,
Tam sævæ facies, tot pullulat atra colubris!
Quam Juno his acuit verbis, ac talia fatur :   330
Hunc mihi da proprium, virgo sata Nocte, laborem,
Hanc operam, ne noster honos infractave cedat
Fama loco; neu connubiis ambire Latinum
Æneadæ possint, Italosve obsidere finis.
Tu potes unanimos armare in prælia fratres,   335
Atque odiis versare domos; tu verbera tectis
Funereasque inferre faces; tibi nomina mille,
Mille nocendi artes : fecundum concute pectus,
Disjice conpositam pacem, sere crimina belli ;
Arma velit, poscatque simul, rapiatque juventus.   340
 Exin Gorgoneis Allecto infecta venenis
Principio Latium et Laurentis tecta tyranni
Celsa petit, tacitumque obsedit limen Amatæ :
Quam super adventu Teucrum Turnique hymenæis
Femineæ ardentem curæque iræque coquebant.   345
Huic dea cæruleis unum de crinibus anguem
Conjicit, inque sinum præcordia ad intima subdit;
Quo furibunda domum monstro permisceat omnem.
Ille, inter vestis et levia pectora lapsus,
Volvitur adtactu nullo, fallitque furentem,   350
Vipeream inspirans animam; fit tortile collo
Aurum ingens coluber, fit longæ tænia vittæ,
Innectitque comas, et membris lubricus errat.
Ac dum prima lues udo sublapsa veneno
Pertentat sensus, atque ossibus inplicat ignem ;   355

des mères ; elle pleure sur sa fille, elle gémit de son hymen avec un Phrygien : « Hélas! est-il « donc vrai? vous, son père, vous donnez Lavinie à « ces Troyens bannis? Et vous n'avez pitié ni de « votre fille, ni de vous-même, ni de sa mère, « qu'au premier aquilon ce perfide ravisseur va « délaisser, entraînant avec lui la vierge sur les « mers! N'est-ce pas ainsi que le berger phrygien « pénétra dans Lacédémone, enleva la fille de « Léda, et l'emmena vers les murs de Troie? « Que sont devenues vos saintes promesses, « votre ancienne tendresse pour les vôtres, votre « parole tant de fois donnée à Turnus, qu'unit à « vous le sang de mes aïeux? Si vous cherchez « pour la fille des rois latins un époux de race « étrangère, si telle est votre ferme résolution, « et si les oracles de Faunus votre père vous « pressent de leur sens impérieux, moi je regarde « tout pays, libre de votre sceptre royal, comme « étranger, et je pense que les dieux l'entendent « ainsi : d'ailleurs Turnus, si vous remontez aux « premières origines de sa maison, a pour ancê-« tres Inachus et Acrisius, et sort des rois de « Mycènes. »

Ainsi elle tentait, mais en vain, d'ébranler Latinus par ces plaintes : alors se glissant jusque dans ses entrailles le serpent y verse le poison des Furies, et se répand dans tout son corps. Bientôt la malheureuse, troublée par d'effroyables images, et saisie d'un furieux délire, s'emporte comme une insensée à travers la ville. Tel, chassé par le fouet, voltige ce buis tournant que les enfants, sous les portiques déserts, exer-cent sans relâche dans un vaste cercle : poussé par la sifflante courroie, il s'emporte en de vastes contours : la jeune et ignorante troupe l'observe avec étonnement, admire ses impétueux écarts et sa vitesse, que raniment les coups. D'une course non moins rapide la reine court à travers les villes et les peuples belliqueux de son empire. C'est peu : se figurant qu'elle est possédée de l'esprit de Bacchus, elle se porte à de plus grandes violences, elle entre dans de plus grandes fureurs : la voilà qui fuit dans les forêts, et qui cache sa fille sous les ombrages des monts, pour la ravir à l'hymen du Troyen, pour retarder le moment où s'allumeront les torches nuptiales. « A moi, s'écriait-elle dans ses transports, à moi, « divin Bacchus! toi seul es digne de ma fille; « c'est pour toi, oui, c'est pour toi qu'elle prend « le thyrse léger, pour toi qu'elle se mêle à nos « chœurs, pour toi qu'elle nourrit sa chevelure « sacrée. » Le bruit se répand de ses fureurs : le même feu embrase toutes les femmes du Latium ; toutes ont déserté leurs demeures pour les forêts ; elles livrent aux vents leur cou et leur chevelure. D'autres remplissent les airs de hurlements poussés d'une voix tremblante, et, couvertes de peaux bigarrées, elles agitent des dards entrelacés de pampres. Au milieu d'elles Amata, une torche à la main, et brûlant de rage, chante l'hymen de Turnus et de sa fille. Tout à coup elle s'écrie, roulant des yeux égarés et sanglants : « Femmes latines, vous toutes qui êtes mères, « écoutez-moi : si vous gardez encore quelque « tendresse à la malheureuse Amata, si le saint

Necdum animus toto percepit pectore flammam :
Mollius, et solito matrum de more, locuta est;
Multa super nata lacrimans, Phrygiisque hymenæis :
 Exsulibusne datur ducenda Lavinia Teucris,
O genitor? nec te miseret natæque, tuique? 360
Nec matris miseret, quam primo aquilone relinquet
Perfidus, alta petens abducta virgine, prædo?
At non sic Phrygius penetrat Lacædæmona pastor,
Ledæamque Helenam Trojanas vexit ad urbes?
Quid tua sancta fides? quid cura antiqua tuorum, 365
Et consanguineo toties data dextera Turno?
Si gener externa petitur de gente Latinis,
Idque sedet, Faunique premunt te jussa parentis;
Omnem equidem sceptris terram quæ libera nostris
Dissidet, externam reor, et sic dicere divos. 370
Et Turno, si prima domus repetatur origo,
Inachus Acrisiusque patres, mediæque Mycenæ.
His ubi nequidquam dictis experta, Latinum
Contra stare videt, penitusque in viscera lapsum
Serpentis furiale malum, totamque pererrat : 375
Tum vero infelix, ingentibus excita monstris,
Immensam sine more furit lymphata per urbem.
Ceu quondam torto volitans sub verbere turbo,
Quem pueri magno in gyro vacua atria circum
Intenti ludo exercent; ille actus habena 380
Curvatis fertur spatiis; stupet inscia supra
Impubesque manus, mirata volubile buxum ;
Dant animos plagæ : non cursu segnior illo
Per medias urbis agitur populosque feroces.
Quin etiam in silvas, simulato numine Bacchi, 385
Majus adorta nefas, majoremque orsa furorem,
Evolat, et natam frondosis montibus abdit;
Quo thalamum eripiat Teucris, tædasque moretur :
Evoe Bacche, fremens, solum te virgine dignum,
Vociferans; etenim mollis tibi sumere thyrsos, 390
Te lustrare choro, sacrum tibi pascere crinem.
Fama volat ; Furiisque accensas pectore matres
Idem omnis simul ardor agit, nova quærere tecta.
Deseruere domos : ventis dant colla comasque.
Ast aliæ tremulis ululatibus æthera conplent, 395
Pampineasque gerunt incinctæ pellibus hastas.
Ipsa inter medias flagrantem fervida pinum
Sustinet, ac natæ Turnique canit hymenæos,
Sanguineam torquens aciem ; torvumque repente
Clamat : Io matres, audite, ubi quæque, Latinæ ; 400
Si qua piis animis manet infelicis Amatæ
Gratia, si juris materni cura remordet;
Solvite crinalis vittas, capite orgia mecum.

« droit des mères crie au fond de vos cœurs, dé-
« nouez vos cheveux, et célébrez avec moi les
« orgies. »

Ainsi errait au milieu des forêts et dans les déserts habités par les bêtes fauves la reine, qu'Allecto poursuit partout des aiguillons de Bacchus. Quand la funeste déesse voit que c'est assez exciter de premières fureurs, qu'elle a rempli de trouble la maison royale, renversé les projets de Latinus, elle s'élève sur ses ailes ténébreuses, et s'envole vers la ville de l'audacieux Rutule; cette ville fut, dit-on, bâtie par la fille d'Acrisius, Danaé, qui conduisait une colonie, et que l'impétueux Notus jeta sur ces rivages. Ardua, son ancien nom, est devenue Ardea, nom d'un oiseau : un nom célèbre, c'est tout ce qui lui reste de son antique splendeur. C'était au milieu des ombres de la nuit : Turnus goûtait sous les lambris de son palais un profond sommeil. Alors Allecto dépouille son horrible figure et son corps de Furie : elle prend le visage d'une vieille femme; son front hideux se sillonne de rides ; elle couvre sa tête de cheveux blancs que retient une bandelette sacrée, et qu'elle ceint d'une branche d'olivier. C'est Calybé, vieille prêtresse du temple de Junon. Ainsi métamorphosée, elle se montre aux regards du jeune guerrier, et lui parle en ces termes : « Quoi! Turnus, tu souffri-
« ras que tant de travaux soient perdus pour
« toi, et que ton sceptre passe aux mains de co-
« lons troyens? Le roi des Latins te refuse sa
« fille, et une dot que tu as achetée de ton sang;
« il te préfère un héritier de race étrangère. Va
« donc maintenant affronter les dangers pour un
« ingrat qui te joue; va renverser les phalanges
« tyrrhéniennes; assure le repos des Latins. Ju-
« non elle-même, la toute-puissante fille de Sa-
« turne, lorsque tu dormais durant la nuit pai-
« sible, m'a envoyée vers toi et te parle par ma
« voix. Lève-toi; arme la jeunesse de tes États,
« et d'un cœur résolu fais-la sortir de ses murail-
« les et marcher contre les chefs phrygiens, cam-
« pés tranquillement sur les belles rives du Ti-
« bre; cours, et brûle leurs vaisseaux. C'est la
« puissante volonté des dieux. Que le roi des
« Latins lui-même, s'il persiste à te refuser sa
« fille et à manquer à sa parole, sache enfin qui
« tu es dans la guerre, et comment Turnus se
« venge. »

Turnus lui répond avec un sourire moqueur : « La flotte troyenne est entrée dans les eaux du
« Tibre; ne crois pas que je l'ignore, et la nou-
« velle en est venue jusqu'à mes oreilles. Cesse
« d'imaginer pour moi de vains sujets d'a-
« larmes; la reine des dieux ne m'a pas oubliée.
« Le grand âge, je le vois, prêtresse caduque,
« agite de vains soucis ton esprit crédule, et, au
« milieu des querelles des rois, tu te forges de
« fausses terreurs. Prends soin des temples et
« des images des dieux; voilà ton ministère;
« et laisse aux guerriers à faire ou la guerre ou
« la paix. »

Ces mots allument le courroux d'Allecto : Turnus, qui l'a reconnue, veut la conjurer; mais un soudain tremblement s'empare de ses membres; son regard reste fixe : la Furie a fait siffler tous ses serpents; elle s'est montrée dans toute son effroyable laideur. Alors roulant ses yeux

Talem inter silvas, inter deserta ferarum,
Reginam Allecto stimulis agit undique Bacchi.   405
Postquam visa satis primos acuisse furores,
Consiliumque omnemque domum vertisse Latini;
Protenus hinc fuscis tristis dea tollitur alis
Audacis Rutuli ad muros; quam dicitur urbem
Acrisioneis Danae fundasse colonis,   410
Præcipiti delata Noto : locus Ardea quondam
Dictus avis : et nunc magnum manet Ardea nomen;
Sed fortuna fuit. Tectis hic Turnus in altis
Jam mediam nigra carpebat nocte quietem.
Allecto torvam faciem et furialia membra   415
Exuit : in voltus sese transformat aniles,
Et frontem obscenam rugis arat; induit albos
Cum vitta crinis; tum ramum innectit olivæ;
Fit Calybe Junonis anus templique sacerdos :
Et juveni ante oculos his se cum vocibus offert :   420
  Turne, tot incassum fusos patiere labores,
Et tua Dardaniis transcribi sceptra colonis?
Rex tibi conjugium et quæsitas sanguine dotes
Abnegat, externusque in regnum quæritur heres.
I nunc, ingratis offer te, inrise, periclis;   425
Tyrrhenas, i, sterne acies; tege pace Latinos.

Hæc adeo tibi me, placida quum nocte jaceres,
Ipsa palam fari omnipotens Saturnia jussit.
Quare age, et armari pubem portisque moveri
Lætus in arma para; et Phrygios, qui flumine pulchro   430
Consedere, duces, pictasque exure carinas.
Cœlestum vis magna jubet. Rex ipse Latinus,
Ni dare conjugium et dicto parere fatetur,
Sentiat, et tandem Turnum experiatur in armis.
  Hic juvenis, vatem inridens, sic orsa vicissim   435
Ore refert : Classis invectas Thybridis alveo
Non, ut rere, meas effugit nuntius auris.
Ne tantos mihi finge metus : nec regia Juno
Immemor est nostri.
Sed te victa situ verique effeta senectus,   440
O mater, curis nequidquam exercet, et arma
Regnum inter falsa vatem formidine ludit.
Cura tibi, divom effigies et templa tueri :
Bella viri pacemque gerent, quis bella gerenda.
  Talibus Allecto dictis exarsit in iras.   445
At juveni oranti subitus tremor occupat artus;
Deriguere oculi : tot Erinnys sibilat hydris,
Tantaque se facies aperit! Tum flammea torquens
Lumina, cunctantem et quærentem dicere plura

L'ÉNÉIDE, LIV. VII.

enflammés, elle repousse le prince interdit et qui veut la supplier encore, fait dresser sur sa tête deux de ses serpents, déploie son fouet retentissant, et, d'une voix qu'enfle la rage, s'écrie : « La voilà cette prêtresse vieille, décrépite, et « qui, au milieu des querelles des rois, se forge « de vaines terreurs. Regarde-moi ; je suis Allecto; « je sors du sombre séjour des Furies, mes sœurs ; « je porte dans mes mains la guerre et la mort. » Elle dit, jette à Turnus une torche qui va s'attacher fumante et lumineuse à la poitrine du guerrier. Une immense et soudaine épouvante le tire de son sommeil ; il se lève ; des flots de sueur coulent de tout son corps, inondent ses membres et ses os. Il s'agite dans un belliqueux transport ; ses armes, il les cherche autour de sa couche, et dans tout son palais ; il ne respire que le fer homicide, que la guerre atroce, insensée ; la colère enflamme encore ses esprits : telle, quand sous l'airain bouillonnant s'embrase et pétille un sarment aride, l'onde furieuse écume et bondit dans sa prison murmurante, exhale des tourbillons de fumée, monte, déborde, n'est déjà plus contenue, et se répand dans les airs en noire vapeur. Turnus donc déclare aux principaux guerriers de sa nation qu'il va marcher contre le roi Latinus, violateur de la paix, leur ordonne de prendre les armes, d'assurer la défense de l'Italie ; de chasser l'ennemi de ses frontières : lui seul, et c'est assez, ira au-devant des Troyens et des Latins. Il dit, et invoque les dieux. Les Rutules s'animent les uns les autres à prendre les armes. Les uns aiment Turnus à cause de sa beauté et de sa jeunesse ; les autres vantent en lui le sang des rois ses aïeux ; ceux-là sont frappés de l'éclat de ses exploits.

Tandis que Turnus remplit les Rutules de sa fougueuse ardeur, Allecto, déployant ses ailes infernales, vole au camp des Troyens, et, méditant un stratagème nouveau, elle observe les lieux d'alentour : elle voit le bel Ascagne poursuivre d'un pied léger et pousser dans des pièges les bêtes sauvages. Alors la fille du Cocyte souffle une soudaine rage aux chiens du jeune chasseur, apporte à leurs narines ardentes l'odeur bien connue d'un cerf, et les précipite sur sa trace. Telle fut la première cause des maux qui désolèrent les campagnes du Latium, celle qui enflamma le feu de la guerre dans les cœurs de ses rustiques habitants. Il y avait un cerf d'une admirable beauté, à la haute ramure, que les enfants de Tyrrhée avaient enlevé à la mamelle de sa mère, et qu'ils nourrissaient dans la maison de leur père : Tyrrhée était commis à la garde des troupeaux du roi et de ses vastes domaines. Silvie, leur sœur, l'avait accoutumé à obéir à sa voix, en faisait ses délices, enlaçait à ses cornes de molles guirlandes, peignait de sa main son poil fauve, et le lavait dans le courant d'une onde pure. L'animal, s'abandonnant aux caresses, et accoutumé à la table de sa maîtresse, errait le jour dans les forêts ; et le soir, quoique tard, il revenait de lui-même à la demeure connue. Ce jour-là, il errait au loin, quand la meute furieuse d'Ascagne le relança, comme il se laissait dériver au courant du fleuve, et se reposait des ardeurs du midi sur la rive verdoyante. Ascagne, qui brûle de signaler son bras, lui

Reppulit, et geminos erexit crinibus angues, 450
Verberaque insonuit, rabidoque hæc addidit ore :
En, ego victa situ, quam veri effeta senectus
Arma inter regum falsa formidine ludit ;
Respice ad hæc : adsum dirarum ab sede sororum ;
Bella manu letumque gero. 455
Sic effata, facem juveni conjecit, et atro
Lumine fumantis fixit sub pectore tædas.
Olli somnum ingens rumpit pavor, ossaque et artus
Perfundit toto proruptus corpore sudor ;
Arma amens fremit ; arma toro tectisque requirit ; 460
Sævit amor ferri, et scelerata insania belli ;
Ira super ; magno veluti quum flamma sonore
Virgea suggeritur costis undantis aheni,
Exsultantque æstu latices ; furit intus aquai
Fumidus atque alte spumis exuberat amnis ; 465
Nec jam se capit unda ; volat vapor ater ad auras.
Ergo iter ad regem polluta pace Latinum
Indicit primis juvenum, et jubet arma parari ;
Tutari Italiam, detrudere finibus hostem :
Se satis ambobus Teucrisque venire Latinisque. 470
Hæc ubi dicta dedit, divosque in vota vocavit,
Certatim sese Rutuli exhortantur in arma.
Hunc decus egregium formæ movet atque juventæ ;

Hunc atavi reges ; hunc claris dextera factis.
Dum Turnus Rutulos animis audacibus inplet, 475
Allecto in Teucros Stygiis se concitat alis,
Arte nova ; speculata locum, quo litore pulcher
Insidiis cursuque feras agitabat Iulus.
Hic subitam canibus rabiem Cocytia virgo
Objicit, et noto naris contingit odore, 480
Ut cervum ardentes agerent : quæ prima laborum
Caussa fuit, belloque animos adcendit agrestis.
Cervus erat forma præstanti et cornibus ingens,
Tyrrhidæ pueri quem matris ab ubere raptum
Nutribant, Tyrrheusque pater, cui regia parent 485
Armenta, et late custodia credita campi.
Adsuetum imperiis soror omni Silvia cura
Mollibu[s] intexens ornabat cornua sertis,
Pectebatque ferum, puroque in fonte lavabat.
Ille, manum patiens, mensæque adsuetus herili, 490
Errabat silvis ; rursusque ad limina nota
Ipse domum sera quamvis se nocte ferebat.
Hunc procul errantem rabidæ venantis Iuli
Commovere canes, fluvio quum forte secundo
Deflueret, ripaque æstus viridante levaret. 495
Ipse etiam, eximiæ laudis succensus amore,
Ascanius curvo direxit spicula cornu.

décoche une flèche : Allecto la guidait ; le trait pousse siffle, et va percer de part en part les flancs du cerf. L'animal blessé accourt à son asile, entre en gémissant dans l'étable ; et, tout sanglant, comme s'il implorait du secours, il remplit la maison de ses plaintes. Silvie la première l'a revu, et, se meurtrissant les bras, pousse un cri de détresse, et appelle tous les rudes habitants de la campagne. Ceux-ci (l'horrible Furie les excitait, cachée dans les profondeurs des bois) accourent soudain, les uns armés de bâtons durcis au feu, les autres de lourdes et noueuses massues ; leur colère fait des armes de tout ce qui se rencontre sous leur main. Tyrrhée lui-même rassemble leur troupe agreste : en ce moment il enfonçait des coins dans un chêne, et le séparait en éclats ; il saisit sa cognée, il accourt, respirant la rage. Cependant l'affreuse déesse, qui de sa retraite épiait l'occasion d'irriter le mal, la saisit, va s'abattre sur le toit de l'étable du cerf, et du faite donne le signal des pasteurs, enfle la trompe champêtre des sons de sa voix infernale : toute la forêt en est ébranlée, et les bois profonds en mugissent. Le signal fut entendu au loin sur le lac d'Aricie ; le Nar l'entendit dans ses eaux blanches et sulfureuses, les sources du Vélino l'entendirent ; et les mères épouvantées pressèrent leurs enfants sur leur sein. Aussitôt, saisissant leurs armes indomptables, les laboureurs accourent vers les lieux d'où partent les funestes sons de la trompette ; les Troyens à leur tour, sortant de leur camp, s'élancent en flots impétueux au secours d'Ascagne. On se range en bataille : ce n'est plus un combat agreste ; on ne s'attaque plus avec des bâtons noueux, avec des pieux durcis à la flamme, mais avec le fer, et à travers les chances sanglantes des batailles. La plaine se hérisse au loin d'une horrible moisson d'épées nues ; l'airain étincelle, frappé par les feux du soleil, et renvoie sa lumière jusqu'aux nuages. Ainsi, lorsque la vague commence à blanchir au premier souffle des vents, la mer s'enfle peu à peu, élève plus haut ses ondes, et enfin se lance du fond de ses abîmes jusqu'aux astres. On se mêle ; Almon, l'aîné des enfants de Tyrrhée, tombe, au premier rang, sous la flèche sifflante : le trait lui perce la gorge, ferme les humides passages de la voix, et arrête le souffle de la vie sur ses lèvres ensanglantées. Autour de lui s'entassent mille corps : là tombe le vieux Galésus, tandis qu'il s'avance jetant des paroles de paix entre les combattants. Il était le plus juste et le plus riche entre tous les Ausoniens ; cinq troupeaux bêlants et cinq de bœufs revenaient chaque soir dans ses étables ; et cent charrues retournaient ses terres.

Tandis que l'on combat de part et d'autre avec des chances égales, Allecto, qui a tenu ce qu'elle a promis à Junon, voyant la guerre se teindre de sang, et les premiers combats s'engager dans le carnage, quitte l'Hespérie, et, s'élevant d'une aile triomphante jusqu'à l'Olympe, elle tient à Junon ce langage superbe : « Reine des dieux, « j'ai consommé pour vous cette œuvre de discorde « et de guerre. Réconciliez, si vous pouvez, les « deux peuples ; renouez les liens de la paix, de-

Nec dextræ erranti deus abfuit! actaque multo
Perque uterum sonitu perque ilia venit arundo.
Saucius at quadrupes nota intra tecta refugit, 500
Successitque gemens stabulis, questuque cruentus
Atque imploranti similis tectum omne replebat.
Silvia prima soror, palmis percussa lacertos,
Auxilium vocat, et duros conclamat agrestis.
Olli, pestis enim tacitis latet aspera silvis, 505
Improvisi adsunt : hic torre armatus obusto,
Stipitis hic gravidi nodis ; quod cuique repertum
Rimanti, telum ira facit : vocat agmina Tyrrheus,
Quadrifidam quercum cuneis ut forte coactis
Scindebat, rapta spirans inmane securi. 510
At sæva e speculis tempus dea nacta nocendi
Ardua tecta petit stabuli ; et de culmine summo
Pastorale canit signum, cornuque recurvo
Tartaream intendit vocem ; qua protenus omne
Contremuit nemus, et silvæ intonuere profundæ : 515
Audiit et Triviæ longe lacus ; audiit amnis
Sulfurea Nar albus aqua, fontesque Velini ;
Et trepidæ matres pressere ad pectora natos.
Tum vero ad vocem celeres, qua buccina signum
Dira dedit, raptis concurrunt undique telis 520
Indomiti agricolæ ; nec non et Troïa pubes
Ascanio auxilium castris effundit apertis.

Direxere acies : non jam certamine agresti,
Stipitibus duris agitur, sudibusve præustis ;
Sed ferro ancipiti decernunt, atraque late 525
Horrescit strictis seges ensibus, æraque fulgent
Sole lacessita, et lucem sub nubila jactant :
Fluctus uti primo cœpit quum albescere vento,
Paullatim sese tollit mare, et altius undas
Erigit, inde imo consurgit ad æthera fundo. 530
Hic juvenis primam ante aciem stridente sagitta,
Natorum Tyrrhi fuerat qui maximus, Almo
Sternitur : hæsit enim sub gutture volnus, et udæ
Vocis iter tenuemque inclusit sanguine vitam.
Corpora multa virum circa, seniorque Galæsus, 535
Dum paci medium se offert ; justissimus unus
Qui fuit, Ausoniisque olim ditissimus arvis :
Quinque greges illi balantum, quina redibant
Armenta, et terram centum vertebat aratris.
Atque ea per campos æquo dum Marte geruntur, 540
Promissi dea facta potens, ubi sanguine bellum
Inbuit, et primæ conmisit funera pugnæ,
Deserit Hesperiam, et, cœli convexa, per auras
Junonem victrix adfatur voce superba :
En, perfecta tibi bello discordia tristi ; 545
Dic, in amicitiam coeant, et fœdera jungant.
Quandoquidem Ausonio respersi sanguine Teucros,

« puis que j'ai arrosé les Troyens du sang de
« l'Ausonie. Je ferai plus encore, si vous m'as-
« surez de votre puissante volonté : j'irai par de si-
« nistres rumeurs soulever les villes voisines, et
« j'enflammerai les cœurs de l'amour insensé
« de la guerre ; si bien que toute l'Ausonie vien-
« dra au secours des Latins ; je couvrirai les
« champs d'armes et de soldats. » « Non, répondit
« la fille de Saturne ; c'est assez de ruses et d'a-
« larmes : ils ont un sujet de guerre ; les voilà
« aux prises ; et ces armes que le hasard leur a
« mises entre les mains, un premier sang les a
« rougies ; que ce soient là les auspices sous les-
« quels le noble fils de Vénus et le roi Latinus
« lui-même célèbrent leur hymen. Mais toi, tu
« ne pourrais errer plus longtemps au-dessus des
« espaces éthérés ; le souverain maître de l'Olympe
« ne le souffrirait pas. Retire-toi ; ce que les
« événements me laisseront à faire, je le ferai
« moi-même. » Ainsi parla la fille de Saturne.
La Furie secoue les serpents qui sifflent sous ses
ailes déployées, et, regagnant les bords du Cocyte, descend du haut des airs.

Au milieu de l'Italie et au pied des plus hautes montagnes est un lieu célèbre et renommé par
toute la terre ; c'est la vallée d'Amsancte : des deux
côtés la pressent de leurs noirs ombrages des bois
touffus qui s'étendent sur le revers des monts, et
elle est traversée par un torrent qui, battant les
rochers de ses ondes tortueuses, s'y abîme avec
fracas. Là se voit une caverne, affreux soupirail
du sombre empire de Pluton, gouffre immense
par où l'Achéron débordant ouvre une issue à
ses exhalaisons empestées : là l'odieuse Furie se
plonge, et délivre enfin la terre et les cieux de ses
fureurs.

Cependant Junon met la dernière main à la
guerre. Déjà la troupe innombrable des pasteurs
court à Laurente, emportant le corps du jeune
Almon et celui du vieux Galésus, dont le visage est
souillé de sang : tous ils implorent les dieux et
conjurent le roi. Turnus paraît, et, triomphant
de la clameur publique et du sang versé, il augmente encore la terreur par des discours qui ne
respirent que le sang et l'incendie : « Voilà, s'é-
« crie-t-il, ces Troyens qu'on appelle à succéder
« au trône ; on s'allie à des Phrygiens, et moi on
« me chasse du seuil des rois. » Bientôt les fils de
ces femmes qui, frappées de l'esprit de Bacchus,
erraient à travers les forêts profondes et se dé-
menaient dans les orgies, se rassemblent de toutes parts, et fatiguent Mars de leurs cris furieux.
Tous, contre les présages célestes, contre l'arrêt
des destins, demandent une guerre sacrilége et
condamnée par les dieux ; tous assiégent les portes du palais de Latinus. Celui-ci leur résiste, calme et inébranlable comme un rocher au milieu
de la mer : les vents viennent le battre avec fracas, les vagues accumulées mugir autour de ses
flancs ; il se soutient par sa masse ; et, tandis que
les écueils semés à ses pieds frémissent blanchis
par l'écume, il brise et refoule l'algue impuissante. Enfin quand il voit qu'il ne peut surmonter
l'aveugle fureur des esprits, et que tout va au
gré de la cruelle Junon, il prend à témoin les
dieux et l'air qu'il respire : « Hélas ! s'écrie-t-il,
« nous sommes écrasés par les destins, emportés
« par la tempête. Vous payerez, malheureux La-

Hoc etiam his addam, tua si mihi certa voluntas,
Finitimas in bella feram rumoribus urbis,
Accendamque animos insani Martis amore, 550
Undique ut auxilio veniant ; spargam arma per agros.
　Tum contra Juno : Terrorum et fraudis abunde est ;
Stant belli caussæ ; pugnatur comminus armis,
Quæ fors prima dedit, sanguis novus inbuit arma.
Talia connubia, et talis celebrent hymenæos 555
Egregium Veneris genus, et rex ipse Latinus.
Te super ætherias errare licentius auras
Haud pater ille velit, summi regnator Olympi.
Cede locis ; ego, si qua super fortuna laborum est,
Ipsa regam. Talis dederat Saturnia voces. 560
Illa autem adtollit stridentis anguibus alas,
Cocytique petit sedem, supera ardua linquens.
　Est locus Italiæ medio sub montibus altis
Nobilis, et fama multis memoratus in oris,
Amsancti valles : densis hunc frondibus atrum 565
Urguet utrimque latus nemoris, medioque fragosus
Dat sonitum saxis et torto vortice torrens :
Hic specus horrendum, sævi spiracula Ditis,
Monstratur, ruptoque ingens Acheronte vorago
Pestiferas aperit fauces ; quis condita Erinnys, 570

Invisum nomen, terras cœlumque levabat.
　Nec minus interea extremam Saturnia bello
Inponit regina manum : ruit omnis in urbem
Pastorum ex acie numerus, cæsosque reportant
Almonem puerum fœdatique ora Galæsi ; 575
Inplorantque deos, obtestanturque Latinum.
Turnus adest, medioque in crimine cædis et ignis
Terrorem ingeminat : Teucros in regna vocari ;
Stirpem admisceri Phrygiam ; se limine pelli ;
Tum, quorum adtonitæ Baccho nemora avia matres 580
Insultant thiasis, neque enim leve nomen Amatæ,
Undique collecti coeunt, Martemque fatigant.
Ilicet infandum cuncti contra omina bellum,
Contra fata deum, perverso numine poscunt ;
Certatim regis circumstant tecta Latini. 585
Ille, velut pelagi rupes inmota, resistit
Ut pelagi rupes, magno veniente fragore,
Quæ sese, multis circum latrantibus undis,
Mole tenet ; scopuli nequidquam et spumea circum
Saxa fremunt, laterique inlisa refunditur alga. 590
Verum, ubi nulla datur cæcum exsuperare potestas
Consilium, et sævæ nutu Junonis eunt res ;
Multa deos aurasque pater testatus inanis.

« tins, vous payerez de votre sang ces emporte-
« ments sacriléges! et toi, Turnus, un triste sup-
« plice t'attend, et tu imploreras, mais trop tard,
« les inflexibles dieux. Pour moi, le repos m'est
« assuré, et je touche au port : je ne perds qu'une
« mort tranquille. » Il dit, se renferme dans son
palais, et abandonne les rênes de son empire.

Il y avait dans le Latium un usage antique,
depuis révéré par toutes les villes du royaume
d'Albe : aujourd'hui la reine des cités, Rome l'observe, quand elle ouvre à Mars la carrière des
combats : soit qu'on se prépare à porter la guerre
et la désolation aux Gètes, aux Hyrcaniens, ou
aux Arabes, soit qu'on menace l'Indien, et que,
poussant jusqu'aux contrées de l'Aurore, on aille
redemander aux Parthes nos étendards. Le temple de la guerre a deux portes, que la religion et
la crainte du cruel Mars ont consacrées; elles
sont fermées par cent verrous d'airain et par d'é-
ternelles barres de fer; et Janus ne cesse point
d'en garder le seuil. Lorsque le sénat a décrété
la guerre, le consul lui-même, revêtu de la trabée romaine, ceint de la robe Gabienne, et dans
toute la pompe de ses insignes, ouvre les portes,
et les fait crier sur leurs gonds. Lui-même il appelle les combats; toute la jeunesse romaine le
suit; et les sons rauques du clairon répondent à
l'immense cri de guerre. Avant de se déclarer contre les Troyens, Latinus devait obéir à cette coutume antique, et ouvrir les portes fatales. Mais le
vieux roi ne les toucha même pas, et, rejetant
loin de lui ce ministère horrible, il s'enfonça dans
sa ténébreuse solitude. Alors la reine des dieux
descend du ciel, pousse elle-même de ses mains
impatientes les portes du temple, les fait tourner
sur leurs gonds, et rompt les barrières de fer qui
retiennent la Guerre. Voilà l'Ausonie en feu, l'Ausonie jusqu'alors immobile dans la paix. Les uns
s'avancent, fantassins intrépides; les autres,
montant de superbes coursiers, bondissent sur
la poudreuse arène : tous cherchent des armes.
Ceux-ci essuient leurs boucliers, et font reluire
leurs dards dérouillés; ceux-là aiguisent le tranchant de leurs haches. On déploie à l'envi les
étendards; on s'anime au son des trompettes. Cinq
grandes villes à la fois font retentir l'enclume et
forgent des armes : ce sont la puissante Atine, le
superbe Tibur, Ardée, Crustumère, Antemne
couronnée de tours. On creuse les casques qui
doivent couvrir d'un impénétrable airain le front
des guerriers; le saule s'arrondit en bouclier; ici
l'airain trempe les cuirasses; là l'argent, amolli
par la flamme, s'allonge en brillants cuissards. Le
soc perd ses honneurs, on délaisse et la faux et
la charrue. Tous replongent dans la fournaise les
glaives de leurs pères. Déjà les trompettes son-
nent, déjà les ordres courent de rang en rang. Celui-ci tout en alarme saisit son casque, celui-là
range sous le joug ses coursiers frémissants; l'un
charge son bras de son bouclier, l'autre ceint sa
fidèle épée.

Muses, dévoilez à mes yeux les secrets de l'Hélicon, et daignez exciter ma voix. Dites-moi les
noms des rois engagés dans cette guerre fameuse;

Frangimur heu fatis, inquit, ferimurque procella!
Ipsi has sacrilego pendetis sanguine pœnas, 595
O miseri! te, Turne, nefas, te triste manebit
Supplicium; votisque deos venerabere seris.
Nam mihi parta quies; omnisque in limine portus;
Funere felici spolior. Nec plura locutus
Sæpsit se tectis, rerumque reliquit habenas. 600
    Mos erat Hesperio in Latio, quem protinus urbes
Albanæ coluere sacrum, nunc maxima rerum
Roma colit, quum prima movent in prælia Martem,
Sive Getis inferre manu lacrimabile bellum,
Hyrcanisve, Arabisve parant, seu tendere ad Indos, 605
Auroramque sequi, Parthosque reposcere signa.
Sunt geminæ Belli portæ, sic nomine dicunt,
Relligione sacræ, et sævi formidine Martis :
Centum ærei claudunt vectes, æternaque ferri
Robora; nec custos absistit limine Janus. 610
Has, ubi certa sedet patribus sententia pugnæ,
Ipse, Quirinali trabea, cinctuque Gabino
Insignis, reserat stridentia limina Consul;
Ipse vocat pugnas; sequitur tum cætera pubes,
Æreaque adsensu conspirant cornua rauco. 615
Hoc et tum Æneadis indicere bella Latinus
More jubebatur, tristisque recludere portas :
Abstinuit tactu pater, aversusque refugit
Fœda ministeria, et cæcis se condidit umbris.
Tum regina deom cœlo delapsa morantis 620
Impulit ipsa manu portas, et cardine verso
Belli ferratos rupit Saturnia postes.
Ardet inexcita Ausonia, atque inmobilis ante;
Pars pedes ire parat campis; pars arduus altis
Pulverulentus equis furit; omnes arma requirunt. 625
Pars levis clipeos, et spicula lucida tergunt
Arvina pingui, subiguntque in cote securis;
Signaque ferre juvat, sonitusque audire tubarum.
Quinque adeo magnæ positis incudibus urbes
Tela novant, Atina potens, Tiburque superbum, 630
Ardea, Crustumerique, et turrigeræ Antemnæ.
Tegmina tuta cavant capitum, flectuntque salignas
Umbonum cratis; alii thoracas ahenos,
Aut levis ocreas lento ducunt argento;
Vomeris huc, et falcis honos, huc omnis aratri 635
Cessit amor; recoquunt patrios fornacibus ensis.
Classica jamque sonant; it bello tessera signum.
Hic galeam tectis trepidus rapit; ille frementis
Ad juga cogit equos; clipeumque, auroque trilicem
Loricam induitur, fidoque adcingitur ense. 640
    Pandite nunc Helicona, deæ, cantusque movete,
Qui bello exciti reges, quæ quemque secutæ
Compleriut campos acies; quibus Itala jam tum

les armées qui suivant leurs étendards couvrirent les champs; les guerriers que dès ce temps-là vit fleurir la féconde Italie; quels peuples conjurés la mirent en feu. Déesses, vous vous en souvenez, et vous seules pouvez raconter ces grandes choses; à peine un faible souffle de la renommée les a-t-il portées jusqu'à nous.

Le premier qui s'avance pour combattre est le féroce Mézence, contempteur des dieux; il vient des bords tyrrhéniens avec ses bataillons armés. Lausus, son fils, marche à ses côtés; Lausus, le plus beau des guerriers de l'Ausonie, après Turnus. Habile dompteur de coursiers et la terreur des bêtes sauvages, il conduit, mais en vain, mille soldats de la ville d'Agylle; digne d'obéir à un meilleur roi, d'aimer un meilleur père. Après eux, guidant son char décoré des palmes du cirque, et ses coursiers tant de fois vainqueurs, se montre le fils d'Hercule, Aventinus, beau comme son père; il porte gravée sur son bouclier, marque de sa haute naissance, l'hydre paternelle, et ses cent serpents qui y entrelacent leurs replis. La prêtresse Rhéa, simple mortelle unie à un dieu, le conçut furtivement et lui donna le jour dans la forêt du mont Aventin; alors le dieu de Tyrinthe, après avoir terrassé Géryon, avait atteint les campagnes de Laurente, et baignait les génisses d'Ibérie dans les eaux du fleuve tyrrhénien. Les soldats d'Aventinus portent dans les guerres un javelot croche et des pieux terribles, qui recèlent une longue pointe de fer; c'est la lance sabine. Le fils d'Hercule, ramassant sur ses épaules l'immense peau d'un lion, et la tête couverte de la crinière hérissée du monstre dont la gueule étale des dents blanches, marche vers le palais du roi dans cette pompe horrible qu'aimait Alcide.

Puis viennent deux frères : Catillus et le bouillant Coras, la fleur de la jeunesse argienne : tous deux ont quitté les murs de Tibur, ainsi appelé du nom de Tiburte leur frère; tous deux au premier rang se jettent à travers les traits serrés des ennemis. Tels, abandonnant d'une course rapide les crêtes des monts, deux Centaures, enfants de la nue, descendent des sommets neigeux de l'Omole et de l'Othrys; les vastes forêts s'écartent devant eux, et les rameaux fracassés plient sous leurs pas.

Tu ne manquas pas non plus au Latium alarmé, fondateur de Préneste, Céculus, fils de Vulcain, roi né dans les champs, parmi les troupeaux, et trouvé dans un foyer; ainsi l'ont cru d'âge en âge les peuples de l'Ausonie. Toute une armée d'agrestes combattants l'accompagne, et ceux de Préneste aux hauts remparts, et ceux des campagnes de Gabie chère à Junon, et ceux des rives fraîches de l'Anio, et ceux des monts Herniciens, arrosés de ruisseaux limpides; ceux que nourrit la riche Anagnie, et le fleuve Amasène. Tous n'ont pas d'armes, de boucliers, de chars retentissants; les uns (c'est le plus grand nombre) lancent le plomb balancé par la fronde; les autres portent deux dards à la main; la dépouille fauve d'un loup couvre leur tête et retombe sur leurs tempes : leur jambe gauche est nue, la droite est chaussée d'un cuir grossier.

Cependant le dompteur de coursiers, le fils de Neptune, Messape, que ne peuvent renverser ni le fer ni le feu, a déjà réveillé ses peuples

Floruerit terra alma viris, quibus arserit armis ;
Et meministis enim, divæ, et memorare potestis : 645
Ad nos vix tenuis famæ perlabitur aura.

    Primus init bellum Tyrrhenis asper ab oris
Contemtor divom Mezentius, agminaque armat.
Filius huic juxta Lausus, quo pulchrior alter
Non fuit, excepto Laurentis corpore Turni ; 650
Lausus, equum domitor, debellatorque ferarum
Ducit Agyllina nequidquam ex urbe secutos
Mille viros ; dignus, patriis qui lætior esset
Imperiis, et cui pater haud Mezentius esset.

    Post hos insignem palma per gramina currum, 655
Victoresque ostentat equos, satus Hercule pulchro
Pulcher Aventinus ; clipeoque insigne paternum,
Centum angues, cinctamque gerit serpentibus Hydram ;
Collis Aventini silva quem Rhea sacerdos
Furtivum partu sub luminis edidit oras, 660
Mixta deo mulier, postquam Laurentia victor,
Geryone exstincto, Tirynthius adtigit arva,
Tyrrhenoque boves in flumine lavit Iberas.
Pila manu sævosque gerunt in bella dolones ;
Et tereti pugnant mucrone, veruque Sabello. 665
Ipse pedes, tegumen torquens inmane leonis,
Terribili impexum sæta cum dentibus albis

Indutus capiti, sic regia tecta subibat
Horridus, Herculeoque humeros innexus amictu.

    Tum gemini fratres Tiburtia mœnia linquunt, 670
Fratris Tiburti dictam cognomine gentem,
Catillusque, acerque Coras, Argiva juventus ;
Et primam ante aciem densa inter tela feruntur ;
Ceu, duo nubigenæ quum vertice montis ab alto
Descendunt Centauri, Homolen Othrymque nivalem 675
Linquentes cursu rapido ; dat euntibus ingens
Silva locum, et magno cedunt virgulta fragore.

    Nec Prænestinæ fundator defuit urbis,
Volcano genitum pecora inter agrestia regem
Inventumque focis omnis quem credidit ætas, 680
Cæculus : hunc legio late comitatur agrestis ;
Quique altum Præneste viri, quique arva Gabinæ
Junonis, gelidumque Anienem, et roscida rivis
Hernica saxa colunt ; quos, dives Anagnia, pascis ;
Quos, Amasene pater : non illis omnibus arma, 685
Nec clipei currusve sonant ; pars maxima glandes
Liventis plumbi spargit ; pars spicula gestat
Bina manu ; fulvosque lupi de pelle galeros
Tegmen habent capiti ; vestigia nuda sinistri
Instituere pedes ; crudus tegit altera pero. 690

    At Messapus, equum domitor, Neptunia proles,

endormis, appelé aux armes ses bataillons désaccoutumés de la guerre, et ressaisi le glaive. Il arme les Fescennins, les Falisques célèbres par leurs lois, ceux qui habitent les hauteurs du Soracte, les plaines de Flavinie, les bords montueux du lac Cimin, les bois de Capène. Tous marchaient en ordre, chantant les louanges de leur roi. Ainsi, à travers les cieux azurés, des cygnes au plumage de neige chantent en revenant des pâturages, et tirent de leurs longs gosiers des sons mélodieux ; le Caïstre en retentit, et les bords émus de l'Asia y répondent au loin. A leur nombre on croit voir, non pas des bataillons ramassés sous leurs armes d'airain, mais une nuée de ces oiseaux aux cris rauques, qui s'élevant de la haute mer va s'abattre sur le rivage.

Voici venir, à la tête d'une troupe nombreuse, Clausus, de l'antique race des Sabins ; lui seul vaut une armée. C'est de lui que sortent et la famille et la tribu Claudienne, encore aujourd'hui répandue par tout le Latium, depuis que Rome a associé les Sabins aux droits de ses enfants. Sous ses ordres marchaient les cohortes d'Amiterne, des Cures, pères des Quirites romains, d'Erétum, de Mutusca féconde en oliviers ; les peuples qui habitent Nomente, les humides campagnes du Vélino, les rochers affreux de Tétrica, le mont Sévère, les champs de Caspérie et de Forule ; ceux qui boivent les eaux de l'Himelle, du Tibre et du Fabaris ; ceux qu'ont envoyés la froide Nursie, le pays d'Horta, les cités Latines, et ceux que sépare de ses flots l'Allia, nom à jamais funeste.

Aussi pressées sont les vagues que la mer de Libye roule vers le rivage, quand l'orageux Orion se plonge dans les ondes ; aussi serrés les épis que le soleil de ses feux renaissants brûle dans les plaines de l'Hermus ou dans les campagnes dorées de la Lycie. Leurs boucliers résonnent, et la terre émue tremble au loin sous leurs pas.

D'un autre côté arrive Halesus, fils d'Agamemnon, ennemi du nom troyen ; il a attelé ses coursiers à son char, et entraîne sous les drapeaux de Turnus cent peuples redoutables ; ceux qui promènent les rateaux le long des pentes du Massique, favorisées de Bacchus ; les Auruncs descendus de leurs hautes montagnes, les Sidicins venus de leurs plages ; ceux de Calès et des bords du Vulturne aux courants fangeux ; l'âpre Saticule et la troupe des Osques : ils sont armés de courts javelots, mais que rattachent à leur main de souples lanières ; un petit bouclier couvre leur bras gauche, et de près ils combattent avec des glaives recourbés.

Je ne t'oublierai pas non plus dans mes vers, illustre Œbale, toi, dit on, le fils de la nymphe Sébéthis et du vieux roi Telon, qui régnait sur les Téléboens de Caprée. Mais Œbale ne s'était pas contenté du royaume paternel ; et déjà il étendait sa domination sur les Sarrastes, sur les plaines qu'arrose le Sarno, sur les peuples de Rufras, de Batule, de Célenne, et sur ceux que regarde du haut de ses remparts Abella, si fertile en fruits. Leurs armes sont un lourd javelot qu'ils lancent à la manière des Teutons, des casques faits d'é-

```
Quem neque fas igni cuiquam, nec sternere ferro,
Jam pridem resides populos, desuetaque bello
Agmina, in arma vocat subito, ferrumque retractat.
Hi Fescenninas acies, Æquosque Faliscos ;           695
Hi Soractis habent arces, Flaviniaque arva,
Et Cimini cum monte lacum, lucosque Capenos.
Ibant æquati num..., regemque canebant :
Ceu quondam nivei liquida inter nubila cycni,
Quum sese e pastu referunt, et longa canoros       700
Dant per colla modos ; sonat amnis, et Asia longe
Pulsa palus.
 Nec quisquam æratas acies ex agmine tanto
Misceri putet : aeriam sed gurgite ab alto
Urgueri volucrum raucarum ad litora nubem.          705
 Ecce, Sabinorum prisco de sanguine, magnum
Agmen agens Clausus, magnique ipse agminis instar,
Claudia nunc a quo diffunditur, et tribus, et gens
Per Latium, postquam in partem data Roma Sabinis.
Una ingens Amiterna cohors, priscique Quirites,    710
Ereti manus omnis, oliviferæque Mutuscæ ;
Qui Nomentum urbem, qui rosea rura Velini,
Qui Tetricæ horrentis rupes, montemque Severum,
Casperiamque colunt, Forulosque, et flumen Himellæ ;
Qui Thybrim Fabarimque bibunt, quos frigida misit  715
Nursia, et Hortinæ classes, populique Latini ;
Quosque secans infaustum interluit Allia nomen :
Quam multi Libyco volvuntur marmore fluctus,
Sævus ubi Orion hibernis conditur undis,
Vel quum sole novo densæ torrentur aristæ,         720
Aut Hermi campo, aut Lyciæ flaventibus arvis ;
Scuta sonant, pulsuque pedum conterrita tellus.
 Hinc Agamemnonius, Trojani nominis hostis,
Curru jungit Halæsus equos, Turnoque feroces
Mille rapit populos ; vertunt felicia Baccho       725
Massica qui rastris, et quos de collibus altis
Aurunci misere patres, Sidicinaque juxta
Æquora ; quique Cales linquunt, amnisque vadosi
Adcola Volturni, pariterque Saticulus asper,
Oscorumque manus : teretes sunt aclydes illis      730
Tela ; sed hæc lento mos est aptare flagello.
Lævas cætra tegit ; falcati comminus enses.
 Nec tu, carminibus nostris indictus abibis,
Œbale, quem generasse Telon Sebethide nympha
Fertur, Teleboum Capreas quum regna teneret        735
Jam senior ; patriis sed non et filius arvis
Contentus, late jam tum ditione premebat
Sarrastis populos, et quæ rigat æquora Sarnus,
Quique Rufras Batulumque tenent, atque arva Celennæ,
Et quos maliferæ despectant moenia Abellæ ;         740
Teutonico ritu soliti torquere cateias ;
```

corce enlevée au liége, des boucliers et des glaives d'airain qui resplendissent. Et toi, brave Ufens, toi, renommé par tes armes tant de fois heureuses, tu quittas pour les combats les montagnes de Nersa : là tu commandes à des nations sauvages, à d'infatigables chasseurs, à l'Équicole indomptable qui laboure tout armé une terre ingrate, et qui, toujours traînant avec lui une proie nouvelle, n'aime, ne respire que rapine. Le vaillant Umbron, grand prêtre de la nation des Marrubiens, vient aussi, envoyé par le roi Archippe; il porte sur son casque l'olivier de la paix. Les vipères et les hydres, soufflant la rage et le poison, s'apaisaient, endormies par ses chants et par ses magiques attouchements : il savait aussi guérir leurs morsures. Mais son art fut impuissant contre les coups du fer troyen; et sa blessure ne put être adoucie ni par ses enchantements, ni par les herbes soporifiques cueillies sur les montagnes des Marses. Malheureux Umbron! les bois d'Anguitie, la claire fontaine et le lac limpide du Fucinus te pleurèrent.

Comme lui marchait le beau Virbius, digne fils d'Hippolyte et d'Aricie; sa mère l'envoya dans les champs de la gloire : elle l'avait élevé dans les bois sacrés d'Égérie, le long de cet humide rivage où se voit encore un riche autel élevé à Diane compatissante. Hippolyte, si l'on en croit la renommée, après qu'il eut péri par les artifices de sa marâtre, et satisfait par son sang à la colère d'un père, traîné de çà et de là, et déchiré par ses coursiers, fut rendu à la lumière et rappelé sous la voûte des cieux par la vertu merveilleuse des herbes de Péon, et par la pitié de Diane attendrie. Alors le père tout-puissant des dieux, indigné qu'un mortel, plongé dans les ombres des enfers, se fût élancé de nouveau à la lumière, foudroya le fils d'Apollon lui-même, l'inventeur de cet art impie, et le précipita dans les gouffres du Styx. Mais Diane dans sa bonté cacha Hippolyte au fond de ses bois les plus secrets, et le confia à la nymphe Égérie. Là, seul dans les forêts, inconnu de l'Italie, il devait couler des jours mystérieux sous le nom emprunté de Virbius. Encore aujourd'hui on écarte du temple de Diane et de ses bois sacrés les coursiers à la corne sonnante : c'est que sur ces mêmes rivages les coursiers d'Hippolyte, épouvantés par un monstre marin, emportèrent et le jeune héros et son char fracassé. Son fils ne laissait pas d'exercer dans la plaine des chevaux fougueux, et de lancer son char dans les batailles.

Cependant Turnus, les armes à la main, efface les guerriers par sa beauté majestueuse, et les passe de toute la tête. Le cimier de son casque, orné d'un triple panache, porte la Chimère vomissant, comme l'Etna, des tourbillons de flammes; plus le sang coulait et plus s'échauffait le combat, plus elle frémissait, plus s'irritaient et sa rage et ses feux. Sur l'orbe poli de son bouclier la belle Io dressait ses cornes d'or, Io déjà couverte de poils, déjà transformée en génisse : longue et lamentable histoire gravée sur l'airain. Argus est là qui garde la vierge, et près d'elle Inachus, son père, épanche les ondes de son urne. Turnus est suivi d'une nuée

Tegmina quis capitum raptus de subere cortex;
Ærataeque micant peltae, micat aereus ensis.
  Et te, montosae misere in praelia Nersae,
Ufens, insignem fama, et felicibus armis;   745
Horrida praecipue cui gens, adsuetaque multo
Venatu nemorum, duris Æquicula glebis.
Armati terram exercent, semperque recentis
Convectare juvat praedas, et vivere rapto.
  Quin et Marrubia venit de gente sacerdos,   750
Fronde super galeam et felici comtus oliva,
Archippi regis missu, fortissimus Umbro;
Vipereo generi, et graviter spirantibus hydris,
Spargere qui somnos cantuque manuque solebat,
Mulcebatque iras, et morsus arte levabat.   755
Sed non Dardaniae medicari cuspidis ictum
Evaluit; neque eum juvere in volnera cantus
Somniferi, et Marsis quaesitae montibus herbae.
Te nemus Anguitiae, vitrea te Fucinus unda,
Te liquidi flevere lacus.   760
  Ibat et Hippolyti proles pulcherrima bello
Virbius; insignem quem mater Aricia misit,
Eductum Egeriae lucis, humentia circum
Litora, pinguis ubi et placabilis ara Dianae.
Namque ferunt fama Hippolytum, postquam arte novercae
Occiderit, patriasque explerit sanguine poenas, 766
Turbatis distractus equis, ad sidera rursus
Ætheria, et superas coeli venisse sub auras,
Paeoniis revocatum herbis et amore Dianae.
Tum Pater omnipotens, aliquem indignatus ab umbris 770
Mortalem infernis ad lumina surgere vitae,
Ipse repertorem medicinae talis et artis
Fulmine Phoebigenam Stygias detrusit in undas.
At Trivia Hippolytum secretis alma recondit
Sedibus, et nymphae Egeriae nemorique relegat;   775
Solus ubi in silvis Italis ignobilis aevum
Exigeret, versoque ubi nomine Virbius esset :
Unde etiam templo Triviae lucisque sacratis
Cornipedes arcentur equi; quod litore currum,
Et juvenem monstris pavidi effudere marinis.   780
Filius ardentis haud secius aequore campi
Exercebat equos, curruque in bella ruebat.
  Ipse inter primos praestanti corpore Turnus
Vertitur arma tenens, et toto vertice supra est :
Cui triplici crinita juba galea alta Chimaeram   785
Sustinet, Ætnaeos efflantem faucibus ignis :
Tam magis illa fremens, et tristibus effera flammis,
Quam magis effuso crudescunt sanguine pugnae.
At levem clipeum sublatis cornibus Io
Auro insignibat, jam saetis obsita, jam bos,   790
Argumentum ingens, et custos virginis Argus,

de fantassins; les boucliers se serrent, les bataillons se pressent dans toute la plaine : c'est la jeunesse argienne, la troupe des Aurunces, celle des Rutules ; ce sont les antiques Sicaniens, les Sacraniens, les Labiques aux boucliers peints; ceux qui habitent, ô Tibre, tes forêts, et qui labourent les rives sacrées du Numicus; ceux qui enfoncent le soc dans les montagnes Rutuloises et Circéennes; ceux des vallons auxquels préside Jupiter Anxur ; ceux des bois verdoyants aimés de la déesse Féronia; enfin les peuples des bords du noir marais de Satura et des fraîches rives de l'Ufens, qui cherche un chemin tortueux à travers de profondes vallées, et va s'engloutir dans la mer.

On vit après eux arriver du pays des Volsques, à la tête d'escadrons d'airain étincelants, Camille, la vierge guerrière : elle n'a point accoutumé ses mains de femme au fuseau et aux ouvrages délicats de Minerve; mais elle s'est endurcie aux combats; elle sait lutter avec les vents, les devancer à la course. Elle eût, sans les toucher ni plier leur tête, rasé les vertes moissons, couru sur les tendres épis; ou encore, d'un pas suspendu sur la vague gonflée, elle eût effleuré les mers sans mouiller ses pieds rapides. Tous, les guerriers, les mères, se répandant hors des bourgades et des champs, l'admirent, et la suivent de leurs regards ébahis : un manteau royal couvre de sa pourpre éblouissante ses délicates épaules, l'or retient sa chevelure nouée. On admire sa grâce à porter le carquois lycien, et le myrte pastoral armé d'une pointe de fer.

LIVRE VIII.

Dès que Turnus, du haut de la citadelle de Laurente, eut déployé l'étendard de la guerre, et que la trompette aux sons rauques eut retenti ; dès qu'il eut secoué la bouche de ses coursiers fougueux, et agité ses armes, soudain les esprits s'émurent : tout le Latium conjuré se soulève en tumulte, et la jeunesse enflammée éclate en belliqueux transports. Ses chefs, Messape, Ufens, et Mézence, le contempteur des dieux, rassemblent des forces de toutes parts, et dépeuplent au loin les campagnes, vides de laboureurs. En même temps Vénulus est envoyé vers la ville du grand Diomède, pour lui demander du secours, et pour lui annoncer que les Troyens occupent le Latium, qu'Énée avec sa flotte a touché les bords ausoniens, qu'il y apporte ses Pénates vaincus, qu'il se dit appelé par les destins à l'empire de l'Italie, que plusieurs nations sont déjà venues se joindre au chef dardanien, et que son nom retentit au loin dans le Latium. Que prépare-t-il par ces commencements? à quoi aspire-t-il, si la fortune seconde ses armes? C'est ce que Diomède doit voir plus clairement que Turnus et que le roi Latinus.

Cependant le héros troyen, qui sait les mouvements du Latium, flotte entre mille et mille pensées tumultueuses, partage son esprit rapide entre mille objets, est emporté de çà et de là,

Cælataque amnem fundens pater Inachus urna.
Insequitur nimbus peditum, clipeataque totis
Agmina densentur campis, Argivaque pubes,
Auruncæque manus, Rutuli, veteresque Sicani, 795
Et Sacranæ acies, et picti scuta Labici :
Qui saltus, Tiberine, tuos, sacrumque Numici
Litus arant, Rutulosque exercent vomere collis,
Circæumque jugum; quis Jupiter Anxurus arvis
Præsidet, et viridi gaudens Feronia luco; 800
Qua Saturæ jacet atra palus, gelidusque per imas
Quærit iter vallis, atque in mare conditur Ufens.
Hos super advenit Volsca de gente Camilla,
Agmen agens equitum, et florentis ære catervas,
Bellatrix : non illa colo calathisve Minervæ 805
Femineas adsueta manus ; sed prælia virgo
Dura pati, cursuque pedum prævertere ventos.
Illa vel intactæ segetis per summa volaret
Gramina, nec teneras cursu læsisset aristas;
Vel mare per medium, fluctu suspensa tumenti, 810
Ferret iter, celeris nec tinguere æquore plantas.
Illam omnis tectis agrisque effusa juventus
Turbaque miratur matrum, et prospectat euntem,
Adtonitis inhians animis; ut regius ostro
Velet honos levis humeros; ut fibula crinem 815
Auro internectat, Lyciam ut gerat ipsa pharetram,
Et pastoralem præfixa cuspide myrtum.

LIBER VIII.

Ut belli signum Laurenti Turnus ab arce
Extulit, et rauco strepuerunt cornua cantu ;
Utque acris concussit equos, utque inpulit arma :
Extemplo turbati animi; simul omne tumultu
Conjurat trepido Latium, sævitque juventus 5
Effera. Ductores primi Messapus et Ufens,
Contemtorque deom Mezentius, undique cogunt
Auxilia, et latos vastant cultoribus agros.
Mittitur et magni Venulus Diomedis ad urbem,
Qui petat auxilium, et, Latio consistere Teucros, 10
Advectum Æneam classi, victosque Penatis
Inferre, et fatis regem se dicere posci ;
Edoceat, multasque viro se adjungere gentis
Dardanio, et late Latio increbrescere nomen :
Quid struat his cœptis; quem, si Fortuna sequatur, 15
Eventum pugnæ cupiat; manifestius ipsi,
Quam Turno regi, aut regi apparere Latino.
  Talia per Latium : quæ Laomedontius heros
Cuncta videns, magno curarum fluctuat æstu;
Atque animum nunc huc celerem, nunc dividit illuc, 20
In partisque rapit varias, perque omnia versat.

roule des desseins tour à tour abandonnés et repris. Ainsi, réfléchis de la surface tremblante d'une eau agitée dans un vase d'airain, rejaillissent les rayons du soleil ou de la lune : leur vagabonde et lumineuse image voltige çà et là, s'élance dans les airs, et frappe incessamment les murs et les hauts lambris. Il était nuit, et tous les êtres qui peuplent la terre et les airs, ensevelis dans un profond sommeil, soulageaient leurs corps fatigués, lorsque le chef des Troyens, l'esprit troublé des tristes images d'une guerre imminente, se coucha sur le rivage et sous la fraîche voûte des cieux, et abandonna ses membres à un tardif repos. Alors le dieu de ces lieux, le Tibre lui-même, lui sembla, à travers le feuillage des peupliers, se lever, majestueux vieillard, du lit où coulent ses belles ondes : un voile du tissu le plus fin l'enveloppait de ses plis azurés ; des roseaux tressés ombrageaient sa chevelure. Le dieu lui parlait, et calmait ainsi ses inquiétudes : « Fils des dieux, toi qui portes sur nos bords « Ilion arraché aux mains ennemies, et qui « nous conserves l'éternelle Pergame ; héros si « longtemps attendu sur le sol de Laurente « et dans les champs du Latium, ici est ta de- « meure assurée, ici (ne t'en éloigne plus), ici « doivent se fixer tes Pénates. Que ces mena- « ces de guerre ne t'épouvantent pas ; les tempê- « tes de la fortune et la colère des dieux se sont « apaisées. Ne crois pas que le sommeil abuse « ici tes sens par de vaines illusions : sous les « chênes qui bordent ma rive, une immense laie « blanche, couchée sur le sol, va s'offrir à tes « yeux avec trente enfants blancs comme leur « mère, rassemblés autour de ses mamelles. Voilà « l'endroit où tu bâtiras ta ville ; là t'attend la « fin de tes labeurs ; et trente années seront à « peine révolues, que ton fils Ascagne fondera « la cité d'Albe, au nom célèbre. Ce que je te « prédis est certain. Maintenant par quels moyens « triompheras-tu des difficultés qui te pressent? « Écoute, je vais t'en instruire en peu de mots. « Les Arcadiens, descendants de Pallas, venus « en ces lieux sous la conduite et sous les dra- « peaux du roi Évandre, y ont fixé leur demeure, « et ont bâti sur les monts latins une ville appelée « Pallantée, du nom de Pallas leur ancêtre. « Comme ils sont toujours en guerre avec les « Latins, attache-les à ta fortune et à tes armes, « et qu'un traité t'unisse à eux. Je te guiderai « moi-même le long de mes rives et sur mon « onde propice, afin que porté sur le fleuve tu en « remontes le cours par un heureux effort de tes « rames. Lève-toi donc, fils d'une déesse ! et « sitôt que les astres tomberont devant les feux « du jour, porte à Junon tes solennelles prières, « et à force de vœux et de supplications essaye de « vaincre sa colère et ses menaces. Vainqueur, « tu me rendras les honneurs de ta reconnais- « sance. Je suis le dieu de ces eaux que tu vois « couler à pleins flots entre ces rives et arroser « les grasses campagnes ; le Tibre azuré, fleuve « chéri du ciel. Mon vaste palais est au fond de « ces eaux ; ma source lave les hauts remparts « de cités célèbres. »

Il dit, et se plonge dans le sombre abîme de ses grottes profondes : la nuit et le sommeil abandonnent Énée. Il se lève, et, tournant ses

Sicut aquæ tremulum labris ubi lumen ahenis
Sole repercussum, aut radiantis imagine Lunæ,
Omnia pervolitat late loca, jamque sub auras
Erigitur, summique ferit laquearia tecti.   25
Nox erat : et terras animalia fessa per omnis,
Alituum pecudumque genus sopor altus habebat ;
Quum pater in ripa gelidique sub ætheris axe
Æneas, tristi turbatus pectora bello,
Procubuit, seramque dedit per membra quietem.   30
Huic deus ipse loci fluvio Tiberinus amœno
Populeas inter senior se adtollere frondis
Visus ; eum tenuis glauco velabat amictu
Carbasus, et crinis umbrosa tegebat arundo.
Tum sic adfari, et curas his demere dictis.   35
O sate gente deum, Trojanam ex hostibus urbem
Qui revehis nobis, æternaque Pergama servas,
Exspectate solo Laurenti, arvisque Latinis,
Hic tibi certa domus ; certi, ne absiste, Penates ;
Neu belli terrere minis : tumor omnis et iræ   40
Concessere deum.
Jamque tibi, ne vana putes hæc fingere somnum,
Litoreis ingens inventa sub ilicibus sus,
Triginta capitum fetus enixa, jacebit,
Alba, solo recubans, albi circum ubera nati.   45
Hic locus urbis erit, requies ea certa laborum
Ex quo ter denis urbem redeuntibus annis
Ascanius clari condet cognominis Albam.
Haud incerta cano : nunc qua ratione, quod instat,
Expedias victor, paucis, adverte, docebo.   50
Arcades his oris ; genus a Pallante profectum,
Qui regem Evandrum comites, qui signa secuti,
Delegere locum, et posuere in montibus urbem,
Pallantis proavi de nomine Pallanteum.
Hi bellum assidue ducunt cum gente Latina ;   55
Hos castris adhibe socios, et fœdera junge.
Ipse ego te ripis et recto flumine ducam,
Adversum remis superes subvectus ut amnem.
Surge age, nate dea ; primisque cadentibus astris
Junoni fer rite preces ; iramque, minasque   60
Supplicibus supera votis ; mihi victor honorem
Persolves ; ego sum, pleno quem flumine cernis
Stringentem ripas, et pinguia culta secantem,
Cæruleus Thybris, cœlo gratissimus amnis.
Hic mihi magna domus, celsis caput urbibus exit.   65
    Dixit ; deinde lacu fluvius se condidit alto,
Ima petens. Nox Ænean somnusque reliquit :
Surgit ; et, ætherii spectans orientia Solis
Lumina, rite cavis undam de flumine palmis

yeux vers la lumière naissante du soleil, il puise, selon les rites, de l'eau du fleuve dans ses mains, et pousse au ciel cette prière : « Nymphes de « Laurente, nymphes mères des fleuves, et toi, « dieu du Tibre, toi, fleuve sacré, recevez Énée « dans vos eaux, et gardez-le enfin des périls. « Quelle que soit la source qui renferme tes eaux, « toi qui as pitié de nos maux ; de quelque terre « que tu sortes ; ô toi le plus beau des fleuves, « tu seras à jamais honoré par moi, à jamais « comblé de mes dons. Fleuve aux cornes ré- « vérées, roi des eaux de l'Hespérie, sois-moi « propice, et prompt à confirmer tes divines « promesses. » Il dit, et choisit dans sa flotte deux galères à double rang, qu'il garnit d'excellents rameurs, et qu'il pourvoit d'armes et de soldats.

Soudain (ô prodige inouï !) une laie blanche avec ses trente enfants de couleur pareille, lui apparaît à travers la forêt, et va se coucher sur la verte rive du fleuve. C'est à toi, ô Junon, reine des dieux, qu'Énée offre en sacrifice et la mère et sa tendre portée, et qu'il les immole devant tes autels. Cependant le Tibre, durant toute cette nuit, a calmé la fougue de ses ondes gonflées, et par un doux reflux s'est affaissé sur son lit silencieux : c'est un lac tranquille, c'est la surface immobile et unie d'un marais ; la rame n'a plus à lutter contre les eaux. Énée et ses compagnons précipitent donc leur course facile et doucement animée ; les galères aux flancs enduits de poix glissent sur les flots : les ondes, les bois infréquentés de la rive admirent ces boucliers qui reluisent au loin, ces carènes peintes qui flottent sur le fleuve. On fatigue à ramer et le jour et la nuit entière ; on franchit les longs détours du courant au travers des bois et sous leurs mobiles ombrages ; et les proues fendent les vertes forêts, reflétées par les eaux tranquilles. Déjà le soleil enflammé montait au plus haut des airs, quand les Troyens aperçoivent de loin, des murs, une citadelle, et quelques toits épars, que depuis la puissance romaine a élevés jusqu'au ciel : alors ce n'était que l'humble royaume d'Évandre. Bientôt on tourne les proues, et on s'approche de la ville.

Ce jour-là, le roi arcadien offrait dans un bois sacré, près de la ville, un sacrifice solennel à l'illustre fils d'Amphitryon et aux autres dieux : avec lui, son fils Pallas, ses principaux guerriers, et le modeste sénat de la nation, brûlaient l'encens et faisaient fumer sur les autels le sang tiède des victimes. A la vue des hauts navires qui glissaient à travers les bois ombreux, et qui pesaient sur leurs rames silencieuses, l'assemblée est saisie d'une terreur soudaine ; tous se lèvent, et veulent abandonner les tables du festin. Mais l'intrépide Pallas leur défend d'interrompre le sacrifice, saisit un javelot, vole au-devant des navires, et de loin, du haut d'un tertre : « Étrangers, s'écrie-t-il, quel dessein vous a fait « tenter des routes égarées ? que prétendez-vous ? « Qui êtes-vous ? Votre pays ? Apportez-vous ici « la guerre, ou la paix ? » Alors Énée lui présentant un rameau d'olivier, symbole de la paix, lui répond en ces mots, du haut de sa poupe : « Vous « voyez des Troyens, et des traits ennemis des « Latins ; vous voyez des exilés que les armes su-

Sustulit, ac talis effundit ad æthera voces : 70
Nymphæ, Laurentes Nymphæ, genus amnibus unde est,
Tuque, o Thybri tuo genitor cum flumine sancto,
Accipite Ænean, et tandem arcete periclis.
Quo te cumque lacus, miserantem incommoda nostra,
Fonte tenet, quocumque solo pulcherrimus exis ; 75
Semper honore meo, semper celebrabere donis,
Corniger Hesperidum fluvius regnator aquarum.
Adsis o tantum, et propius tua numina firmes.
Sic memorat, geminasque legit de classe biremis,
Remigioque aptat ; socios simul instruit armis. 80
 Ecce autem, subitum atque oculis mirabile monstrum,
Candida per silvam cum fetu concolor albo
Procubuit, viridique in littore conspicitur sus :
Quam pius Æneas tibi enim, tibi maxuma Juno,
Mactat, sacra ferens, et cum grege sistit ad aram. 85
Thybris ea fluvium, quam longa est, nocte tumentem
Leniit, et tacita refluens ita substitit unda,
Mitis ut in morem stagni placidæque paludis
Sterneret æquor aquis, remo ut luctamen abesset.
Ergo iter inceptum celerant ; rumore secundo 90
Labitur uncta vadis abies : mirantur et undæ ;
Miratur nemus insuetum fulgentia longe
Scuta virum fluvio pictasque innare carinas.

Olli remigio noctemque diemque fatigant,
Et longos superant flexus, variisque teguntur 95
Arboribus, viridisque secant placido æquore silvas.
Sol medium cœli conscenderat igneus orbem :
Quum muros arcemque procul ac rara domorum
Tecta vident ; quæ nunc Romana potentia cœlo
Æquavit ; tum res inopes Evandrus habebat. 100
Ocius advertunt proras, urbique propinquant.
 Forte die sollemnem illo rex Arcas honorem
Amphitryoniadæ magno divisque ferebat
Ante urbem in luco : Pallas huic filius una,
Una omnes juvenum primi, pauperque senatus, 105
Tura dabant ; tepidusque cruor fumabat ad aras.
Ut celsas videre rates, atque inter opacum
Adlabi nemus, et tacitis incumbere remis :
Terrentur visu subito, cunctique relictis
Consurgunt mensis : audax quos rumpere Pallas 110
Sacra vetat raptoque volat telo obvius ipse ;
Et procul e tumulo : Juvenes, quæ caussa subegit
Ignotas tentare vias ? quo tenditis ? inquit.
Qui genus ? unde domo ? pacemne huc fertis, an arma ?
Tum pater Æneas puppi sic fatur ab alta, 115
Paciferæque manu ramum prætendit olivæ :
Trojugenas ac tela vides inimica Latinis,

« perbes des Latins ont chassés de l'Hespérie. Nous
« venons trouver Évandre. Dites-lui que les chefs
« de la nation troyenne sont ici, et qu'ils de-
« mandent à unir leurs drapeaux aux siens. » Au
nom si grand de Troie, Pallas, frappé d'étonnement, s'arrête et répond : « Qui que vous soyez,
« ô étranger, descendez sur ce rivage; venez, et
« paraissez devant le roi mon père; entrez sous
« notre toit hospitalier. » En même temps il tend
la main à Énée, et colle ses lèvres sur celle du
héros. Les Troyens s'avancent dans le bois, et
abandonnent le fleuve. Énée s'approche d'Évandre, et lui dit ces paroles amies : « O le meilleur
« des Grecs, vous à qui la fortune a voulu que
« j'offrisse en suppliant la branche de l'olivier
« ornée de la bandelette sacrée, votre nom ne
« m'a point effrayé, quoique vous soyez un chef
« grec, un Arcadien; quoiqu'un même sang vous
« unisse aux deux Atrides. La seule droiture de
« mon cœur, les saints oracles des dieux, de
« communs ancêtres, votre renommée répandue
« par toute la terre, m'ont enchaîné d'avance à
« vous; les destins et ma volonté m'ont poussé
« vers Évandre. Dardanus, le père des Troyens,
« le fondateur d'Ilion, fils d'Électre, comme les
« Grecs le racontent, passa en Troade. Électre
« eut pour père le grand Atlas, qui soutient sur
« ses épaules la voûte éthérée. Vous tirez votre
« origine de Mercure, que la belle Maïa conçut
« et mit au monde sur les sommets glacés du
« Cyllène. Maïa (si nous en croyons d'antiques
« récits) a pour père Atlas, le même Atlas qui
« porte le ciel et ses astres. Ainsi les rameaux
« séparés de notre race ont la même racine. Fort
« de ces droits, je ne vous a. point envoyé d'am-
« bassadeurs ; je n'ai point tenté de surprendre
« votre bonne foi par des artifices détournés.
« C'est moi, moi-même qui viens à vous, le front
« haut et confiant; c'est moi qui touche votre
« seuil en suppliant. La nation des Rutules pour-
« suit votre peuple et le mien de la même guerre
« cruelle : si elle nous repousse, elle ne croit
« plus que rien l'empêche de soumettre à son
« joug l'Hespérie entière, et de régner en maî-
« tresse sur les rivages que baignent les deux
« mers. Recevez ma foi, et donnez-moi la vôtre.
« J'ai avec moi des cœurs invincibles à la guerre,
« d'impétueux courages, une jeunesse éprouvée
« par le malheur. »

Énée avait parlé, et depuis longtemps Évandre
contemplait ses traits, ses yeux, et le parcourait
tout entier de ses regards curieux. Alors il lui répond en peu de mots : « Quel plaisir, ô le plus
« brave des Troyens, de vous recevoir et de vous
« reconnaître ! Comme vous me rappelez le grand
« Anchise ! ce sont ses paroles, c'est le son de sa
« voix, c'est son visage. Je me souviens que le
« fils de Laomédon, Priam, visitant les États de
« sa sœur Hésione, aborda à Salamine, et vint
« voir notre froide Arcadie. Alors la jeunesse en
« sa fleur ombrageait mes joues de son premier
« duvet : j'admirais les capitaines troyens; j'ad-
« mirais le fils de Laomédon; mais plus haut
« qu'eux tous marchait Anchise : dans la jeune
« ardeur de mon âme je brûlais d'aborder le hé-
« ros, de joindre ma main à la sienne. Je m'ap-
« prochai de lui, et je le conduisis, heureux de
« l'avoir pour hôte, dans les murs de Phénée. En

Quos illi bello profugos egere superbo.
Evandrum petimus : ferte hæc et dicite lectos
Dardaniæ venisse duces, socia arma rogantis. 120
Obstupuit tanto percussus nomine Pallas :
Egredere o, quicumque es, ait, coramque parentem
Adloquere, ac nostris succede Penatibus hospes.
Excepitque manu, dextramque amplexus inhæsit.
Progressi subeunt luco, fluviumque relinquunt. 125
    Tum regem Æneas dictis adfatur amicis :
Optume Grajugenum, cui me fortuna precari,
Et vitta comtos voluit prætendere ramos,
Non equidem extimui, Danaum quod ductor, et Arcas,
Quodque ab stirpe fores geminis conjunctus Atridis; 130
Sed mea me virtus, et sancta oracula divom,
Cognatique patres, tua terris didita fama,
Conjunxere tibi, et fatis egere volentem.
Dardanus, Iliacæ primus pater urbis et auctor,
Electra, ut Graii perhibent, Atlantide cretus, 135
Advehitur Teucros; Electram maximus Atlas
Edidit, ætherios humero qui sustinet orbis.
Vobis Mercurius pater est, quem candida Maia
Cyllenæ gelido conceptum vertice fudit ;
At Maiam, auditis si quidquam credimus, Atlas, 140
Idem Atlas generat, cœli qui sidera tollit :
Sic genus amborum scindit se sanguine ab uno
His fretus, non legatos, neque prima per artem
Tentamenta tui pepigi : me, me ipse, meumque
Objeci caput, et supplex ad limina veni. 145
Gens eadem, quæ te, crudeli Daunia bello
Insequitur ; nos si pellant, nihil affore credunt,
Quin omnem Hesperiam penitus sua sub juga mittant,
Et mare, quod supra, teneant, quodque adluit infra.
Accipe, daque fidem : sunt nobis fortia bello 150
Pectora, sunt animi, et rebus spectata juventus.
    Dixerat Æneas. Ille os, oculosque loquentis
Jam dudum, et totum lustrabat lumine corpus.
Tum sic pauca refert : Ut te, fortissime Teucrum,
Accipio adgnoscoque libens ! ut verba parentis, 155
Et vocem Anchisæ magni voltumque recordor !
Nam memini Hesionæ visentem regna sororis
Laomedontiadem Priamum, Salamina petentem,
Protenus Arcadiæ gelidos invisere fines.
Tum mihi prima genas vestibat flore juventa; 160
Mirabarque duces Teucros, mirabar et ipsum
Laomedontiaden; sed cunctis altior ibat
Anchises : mihi mens juvenali ardebat amore
Compellare virum, et dextræ conjungere dextram
Accessi, et cupidus Phenei sub mœnia duxi. 165

« me quittant, il me fit présent d'un magnifique « carquois garni de flèches lyciennes, d'une « chlamyde brodée d'or, et de deux freins d'or « que j'ai donnés à mon fils Pallas. Ainsi l'alliance « que vous cherchez est toute formée entre nous; « et demain, dès que la lumière sera rendue à la « terre, je vous renverrai, accrus de mes secours « et des ressources de mon royaume. En atten- « dant, puisque vous êtes venus en amis, célé- « brez de concert avec nous ce sacrifice annuel « qu'il ne m'est pas permis de différer, et accou- « tumez-vous dès à présent aux banquets de « vos alliés. »

Il dit, et ordonne qu'on remette sur les tables les mets et les coupes enlevés; lui-même il fait placer les Troyens sur des siéges de gazon, et invite le héros d'Ilion, Énée, à monter sur un trône d'érable, que couvre la peau velue d'un lion. Alors une jeunesse choisie et le prêtre du dieu apportent les chairs rôties des victimes, chargent des corbeilles des dons préparés de Cérès, et offrent ceux de Bacchus. Énée et toute la jeunesse troyenne se nourrissent d'un bœuf entier et des entrailles consacrées.

Après qu'ils eurent apaisé leur faim, et qu'ils se furent rassasiés de viande, le roi Évandre parla ainsi : « Cette solennité sainte, ce banquet annuel, « cet autel élevé à une divinité si grande, ne nous « ont point été imposés par une superstition « vaine, ni par une ignorance sacrilége des an- « ciens dieux. Apprenez, hôte troyen, que, sauvés « d'un grand danger, nous honorons dans notre « reconnaissance un dieu libérateur. Regardez « cette roche suspendue à ce mont escarpé, ces « masses jetées çà et là, cette demeure solitaire « de la montagne, ces immenses débris de ro- « chers. Là était une caverne enfoncée au loin « dans les flancs du roc inaccessible aux rayons « du soleil; Cacus, un monstre demi-homme, « l'habitait. L'antre fumait sans cesse d'un car- « nage nouveau, et, attachées à ses portes, des tê- « tes pendaient, effroyables trophées, pâles et « dégouttantes de sang. Fils de Vulcain, et vomis- « sant de sa bouche les noirs feux de son père, « il marchait dans sa vaste masse. Le temps nous « amena enfin le secours que nous désirions : un « dieu vint dans nos contrées. Le grand vengeur « des crimes, Alcide, fier des dépouilles du triple « Géryon tombé sous ses coups, Alcide était là. « Vainqueur, il conduisait vers nos pâturages ses « immenses taureaux; ses génisses paissaient dans « la vallée et le long des rives du fleuve. Cependant « Cacus qu'enflamment les fureurs de la rapine, « pour qu'il n'y ait ni crime ni ruse qu'il n'ose et « qu'il ne tente, enlève des pâtis quatre des plus « beaux taureaux, et autant de génisses des plus « belles. Mais, pour n'être pas découvert par la « trace de leurs pas portés en avant, il les sai- « sissait par la queue, les traînait à reculons « dans sa caverne, et les cachait sous sa sombre « roche. Nul indice ne menait à la caverne ceux qui « les cherchaient. Cependant Alcide rassemblait « déjà ses troupeaux engraissés dans nos pâtu- « rages, et se préparait au départ. En s'en allant « les taureaux mugirent, remplirent les bois de « leurs plaintes, et abandonnèrent les collines

Ille mihi insignem pharetram Lyciasque sagittas
Discedens chlamydemque auro dedit intertextam,
Frenaque bina, meus quæ nunc habet, aurea, Pallas.
Ergo et, quam petitis, juncta est mihi fœdere dextra;
Et lux quum primum terris se crastina reddet, 170
Auxilio lætos dimittam, opibusque juvabo.
Interea sacra hæc, quando huc venistis amici
Annua, quæ differre nefas, celebrate faventes
Nobiscum, et jam nunc sociorum adsuescite mensis.

Hæc ubi dicta, dapes jubet et sublata reponi 175
Pocula, gramineoque viros locat ipse sedili;
Præcipuumque toro et villosi pelle leonis
Accipit Ænean, solioque invitat acerno.
Tum lecti juvenes certatim aræque sacerdos
Viscera tosta ferunt taurorum, onerantque canistris 180
Dona laboratæ Cereris, Bacchumque ministrant.
Vescitur Æneas, simul et Trojana juventus,
Perpetui tergo bovis, et lustralibus extis.
Postquam exemta fames, et amor compressus edendi,
Rex Evandrus ait : Non hæc sollemnia nobis, 185
Has ex more dapes, hanc tanti numinis aram
Vana superstitio veterumque ignara deorum
Inposuit : sævis, hospes Trojane, periclis
Servati facimus, meritosque novamus honores.
Jam primum saxis suspensam hanc adspice rupem : 190

Disjectæ procul ut moles, desertaque montis
Stat domus, et scopuli ingentem traxere ruinam.
Hic spelunca fuit, vasto submota recessu;
Semihominis Caci facies quam dira tenebat,
Solis inaccessam radiis; semperque recenti 195
Cæde tepebat humus; foribusque adfixa superbis
Ora virum tristi pendebant pallida tabo.
Huic monstro Volcanus erat pater; illius atros
Ore vomens ignis, magna se mole ferebat.
Adtulit et nobis aliquando optantibus ætas 200
Auxilium adventumque dei : nam maxumus ultor,
Tergemini nece Geryonæ spoliisque superbus,
Alcides aderat, taurosque hac victor agebat
Ingentis; vallemque boves amnemque tenebant.
At furiis Caci mens effera, ne quid inausum 205
Aut intractatum sceleris ve dolive fuisset,
Quatuor a stabulis præstanti corpore tauros
Avertit, totidem forma superante juvencas :
Atque hos, ne qua forent pedibus vestigia rectis,
Cauda in speluncam tractos, versisque viarum 210
Indiciis raptos, saxo occultabat opaco.
Quærenti nulla ad speluncam signa ferebant.
Interea, quum jam stabulis saturata moveret
Amphitryoniades armenta, abitumque pararet,
Discessu mugire boves, atque omne querelis 215

« avec de longs meuglements. Une des génisses
« répondit d'une voix gémissante, mugit au
« fond de l'antre vaste, et trahit le larcin et les
« espérances de Cacus. Alcide l'entend; un fiel
« noir et brûlant allume la fureur dans son âme;
« il saisit ses armes, sa noueuse et pesante mas-
« sue, et s'élance vers les sommets aériens de la
« montagne. Alors nos peuples virent pour la
« première fois Cacus trembler : les yeux égarés,
« il fuit plus rapide que l'Eurus, gagne sa ca-
« verne; la peur lui donnait des ailes. Il s'en-
« ferme dans l'antre, fait tomber ce roc énorme
« que l'adroite main de son père a suspendu à
« des chaînes de fer, les brise, et du roc abattu
« se fait un rempart. Mais voici que le héros de
« Tirynthe arrive au pied de la montagne; il la
« parcourt tout entière pour y chercher un accès,
« et porte çà et là son regard en grinçant des
« dents : trois fois, bouillant de colère, il fait le
« tour du mont Aventin; trois fois il attaque en
« vain les portes de roc du brigand; trois fois
« lassé il se repose dans le vallon. Sur la croupe
« de la montagne était une roche pointue, et de
« tous côtés à pic; elle s'élevait sur le dos de la
« caverne, à perte de vue, et offrait un sauvage
« asile aux oiseaux de proie. A gauche elle incli-
« nait vers le fleuve par une pente précipitée :
« Hercule, appuyant tout son corps sur la droite,
« la pousse, l'ébranle et la déracine : elle tombe;
« le ciel immense retentit de sa chute, la rive
« s'écroule, et le fleuve épouvanté recule vers sa
« source. Alors apparurent à la lumière la ca-
« verne, l'immense et effroyable palais de Cacus,
« ses voûtes ténébreuses et leurs profondes hor-
« reurs. Ainsi la terre, si par quelque choc violent
« elle s'entr'ouvrait jusque dans ses abîmes, dé-
« couvrirait à nos regards les demeures inferna-
« les; l'œil verrait les pâles royaumes détestés
« des dieux, plongerait dans l'immense gouffre
« du Tartare; et les soudaines clartés du jour
« épouvanteraient les Mânes éblouis. Surpris
« tout à coup par cette lumière qu'il n'attendait
« pas, enfermé dans les cavités du roc, le mons-
« tre poussait de sauvages rugissements : du haut
« du mont, Alcide l'écrase de traits, se fait des
« armes de tout, l'accable de troncs d'arbres et
« de pierres énormes. Mais, ô prodige! Cacus, qui
« ne peut plus fuir le péril, vomit de son gosier
« une immense fumée, enveloppe son repaire
« d'une épaisse obscurité, se dérobe aux yeux
« de son ennemi, et amasse sous son antre une
« nuit tourbillonnante, où se mêlent les feux et
« les ténèbres. Alcide ne contient plus sa rage,
« et d'un bond il se précipite au milieu des flam-
« mes, là où la fumée roule ses flots les plus épais,
« où bouillonnent les plus noires vapeurs qui
« remplissent la vaste caverne. Là il saisit Cacus
« vomissant dans les ténèbres ses vains feux; il
« l'embrasse, il l'étreint, lui serre la gorge,
« fait jaillir ses yeux de leurs orbites, arrête le
« sang et la vie dans son gosier desséché. Sou-
« dain tombe le roc arraché, et s'ouvre la noire
« caverne : alors les génisses enlevées, et toutes
« les rapines niées par le brigand parjure, appa-
« raissent à la lumière. On traîne par les pieds
« hors de l'antre son cadavre hideux; on ne se

Inpleri nemus, et colles clamore relinqui.
Reddidit una boum vocem, vastoque sub antro
Mugiit, et Caci spem custodita fefellit.
Hic vero Alcidæ furiis exarserat atro
Felle dolor : rapit arma manu, nodisque gravatum   220
Robur; et ætherii cursu petit ardua montis.
Tum primum nostri Cacum videre timentem
Turbatumque oculis : fugit ilicet ocior Euro,
Speluncamque petit; pedibus timor addidit alas.
Ut sese inclusit, ruptisque inmane catenis   225
Dejecit saxum, ferro quod et arte paterna
Pendebat, fultosque emuniit objice postes;
Ecce furens animis aderat Tirynthius; omnemque
Adcessum lustrans huc ora ferebat et illuc,
Dentibus infrendens : ter totum fervidus ira   230
Lustrat Aventini montem; ter saxea tentat
Limina nequidquam; ter fessus valle resedit.
Stabat acuta silex, præcisis undique saxis,
Speluncæ dorso insurgens, altissima visu,
Dirarum nidis domus opportuna volucrum.   235
Hanc, ut prona jugo lævum incumbebat ad amnem,
Dexter in adversum nitens concussit, et imis
Avolsam solvit radicibus; inde repente
Inpulit : inpulsu quo maximus insonat æther,
Dissultant ripæ, refluitque exterritus amnis.   240

At specus et Caci detecta adparuit ingens
Regia, et umbrosæ penitus patuere cavernæ :
Non secus, ac si qua penitus vi terra dehiscens
Infernas reseret sedes, et regna recludat
Pallida, dis invisa; superque inmane barathrum   245
Cernatur, trepidentque inmisso lumine Manes.
Ergo insperata deprensum in luce repente,
Inclusumque cavo saxo, atque insueta rudentem,
Desuper Alcides telis premit, omniaque arma
Advocat, et ramis vastisque molaribus instat.   250
Ille autem, neque enim fuga jam super ulla pericli,
Faucibus ingentem fumum, mirabile dictu,
Evomit, involvitque domum caligine cæca,
Prospectum eripiens oculis; glomeratque sub antro
Fumiferam noctem conmixtis igne tenebris.   255
Non tulit Alcides animis, seque ipse per ignem
Præcipiti injecit saltu, qua plurima undam
Fumus agit, nebulaque ingens specus æstuat atra.
Hic Cacum in tenebris incendia vana vomentem
Conripit in nodum conplexus, et angit inhærens   260
Elisos oculos, et siccum sanguine guttur.
Panditur extemplo foribus domus atra revolsis;
Abstractæque boves abjuratæque rapinæ
Cœlo ostenduntur, pedibusque informe cadaver
Protrahitur : nequeunt expleri corda tuendo   265

« lasse point de regarder ses yeux terribles, sa
« face effroyable, la poitrine velue du monstre
« demi-bête, et ses feux éteints dans son gosier.
« Depuis ce mémorable jour nous célébrons cette
« fête en l'honneur d'Alcide, et les générations
« reconnaissantes ont consacré ce joyeux anni-
« versaire. Potitius, le premier instituteur de ce
« culte, et la famille Pinaria, dépositaire de ce
« rit herculéen, ont érigé au milieu de ce bois
« un autel, qui sera toujours appelé par nous,
« qui toujours restera pour nous le plus grand
« des autels. Soyez donc, ô Troyens, de cette fête
« d'Hercule; et, pour redire avec nous les hauts
« fait du héros, couronnez vos têtes de feuillage,
« prenez la coupe en main, invoquez ce dieu,
« notre dieu tutélaire et le vôtre, et faites couler
« le vin à flots. » Il dit; le peuplier, cher à Hercule, ombrage sa chevelure de ses feuilles à la
double couleur, et pend entrelacé à ses tempes;
la coupe sacrée remplit sa main : tous aussitôt
de répandre avec lui le vin des libations, d'invoquer les dieux.

Le jour déclinait, et Vesper commençait à
monter sur l'horizon : déjà s'avançaient les prêtres, et à leur tête Potitius, vêtu de peaux, selon
l'usage antique, et portant les feux sacrés. Alors
on recommence le festin ; les secondes tables des
sacrifices étalent leurs dons agréables; on charge
les autels de bassins remplis d'offrandes. Les
Italiens se lèvent pour chanter, et, les tempes
couronnées de peuplier, environnent les saints
brasiers. Ils sont partagés en deux chœurs, l'un
de jeunes gens, l'autre de vieillards; ils chantent
les louanges d'Alcide et célèbrent ses travaux
immortels. Ils disent comment il triompha des
premiers monstres que lui suscita sa marâtre,
comment il étouffa, les pressant de ses mains
enfantines, deux serpents; comment il renversa
deux villes fameuses, Troie et Œchalie; et les
mille travaux formidables qu'il surmonta sous
les lois d'Eurysthée, et par la fatale volonté de
l'inique Junon. « C'est toi, dieu invincible, qui
« abattis sous tes coups les deux Centaures en-
« fants de la nue, Hylée et Pholus; toi qui as
« terrassé le prodigieux taureau de Crète, et le
« lion énorme de la roche Néméenne. Le Styx
« aussi trembla devant toi, et tu épouvantas le
« gardien de l'Orcus, Cerbère couché dans son
« antre sanglant, sur des tas d'os à demi-rongés.
« Pas de monstre qui t'ait jamais effrayé, pas
« même Typhée, haut comme les nues, et les
« armes à la main ; et le cœur ne te faillit pas,
« quand l'hydre de Lerne se dressa autour de
« toi avec ses cent têtes renaissantes. Salut, vrai
« fils de Jupiter, salut, nouvel ornement des
« cieux. Viens nous visiter et nous et tes sacrifi-
« ces ; viens d'un pied favorable. » Ainsi ils chantent les louanges d'Hercule; ils redisent surtout
la caverne de Cacus, et le monstre lui-même qui
souffla vainement ses flammes. Tout le bois résonne de leurs chants, et les collines au loin en
retentissent. Les cérémonies achevées, on retourne
à la ville. Évandre, appesanti par l'âge, marchait appuyé sur Énée et sur son fils Pallas; et
par ses entretiens variés il soulageait la fatigue
du chemin. Énée observe tout, porte çà et là ses
mobiles regards, est charmé de la vue des lieux
d'alentour, s'informe de tout avec joie, se fait
instruire des antiques traditions ausoniennes.
Alors le roi Évandre, premier fondateur de

Terribilis oculos, voltum, villosaque setis
Pectora semiferi, atque extinctos faucibus ignis.
Ex illo celebratus honos, lætique minores
Servavere diem, primusque Potitius auctor,
Et domus Herculei custos Pinaria sacri. 270
Hanc aram luco statuit, quæ maxuma semper
Dicetur nobis, et erit quæ maxima semper.
Quare agite, o juvenes, tantarum in munere laudum
Cingite fronde comas, et pocula porgite dextris,
Communemque vocate deum, et date vina volentes. 275
Dixerat : Herculea bicolor quum populus umbra
Velavitque comas, foliisque innexa pependit;
Et sacer inplevit dextram scyphus : ocius omnes
In mensam læti libant, divosque precantur.
Devexo interea propior fit Vesper olympo; 280
Jamque sacerdotes, primusque Potitius ibant,
Pellibus in morem cincti, flammasque ferebant.
Instaurant epulas, et mensæ grata secundæ
Dona ferunt, cumulantque oneratis lancibus aras.
Tum Salii ad cantus, incensa altaria circum, 285
Populeis adsunt evincti tempora ramis.
Hic juvenum chorus, ille senum ; qui carmine laudes
Herculeas et facta ferunt : ut prima novercæ
Monstra manu geminosque premens eliserit angues;
Ut bello egregias idem disjecerit urbis, 290
Trojamque, Œchaliamque; ut duros mille labores
Rege sub Eurystheo, fatis Junonis iniquæ,
Pertulerit. Tu nubigenas, invicte, bimembris
Hylæumque Pholumque manu, tu Cresia mactas
Prodigia, et vastum Nemea sub rupe leonem. 295
Te Stygii tremuere lacus, te janitor Orci
Ossa super recubans antro semesa cruento;
Nec te ullæ facies, non terruit ipse Typhœus,
Arduus, arma tenens; non te rationis egentem
Lernæus turba capitum circumstetit anguis. 300
Salve, vera Jovis proles, decus addite divis,
Et nos, et tua dexter adi pede sacra secundo.
Talia carminibus celebrant; super omnia Caci
Speluncam adjiciunt, spirantemque ignibus ipsum.
Consonat omne nemus strepitu, collesque resultant. 305
Exin se cuncti divinis rebus ad urbem
Perfectis referunt : ibat rex obsitus ævo,
Et comitem Æneam juxta natumque tenebat
Ingrediens, varioque viam sermone levabat.
Miratur, facilisque oculos fert omnia circum 310
Æneas, capiturque locis; et singula lætus

Rome, lui dit : « Ces forêts, des Faunes indigènes
« et des nymphes les habitaient jadis ; là vivait
« une race d'hommes nés du tronc dur des chê-
« nes, sans mœurs et sans lois. Ils ne savaient ni
« joindre des taureaux sous le joug, ni amasser
« pour les besoins de la vie, ni ménager ce qu'ils
« avaient acquis. Les fruits des arbres, la chasse,
« faisaient leur âpre nourriture. Saturne, le pre-
« mier, vint de l'Olympe éthéré dans ces con-
« trées ; banni et dépouillé de son royaume, il
« fuyait les armes victorieuses de Jupiter. Sa-
« turne rassembla ces hommes indomptables et
« dispersés sur les hautes montagnes, leur donna
« des lois, et voulut qu'on appelât Latium ce
« pays où il s'était caché, et où il avait trouvé
« un sûr asile. On dit que sous son règne s'écoula
« l'âge d'or ; tant il gouvernait en paix ses peu-
« ples ! Mais peu à peu vint un âge décoloré, et
« d'un métal moins pur ; et avec lui vinrent la
« rage de la guerre et la fureur d'acquérir.
« Alors arrivèrent en ces lieux Ausoniens et Si-
« caniens ; et souvent la terre de Saturne chan-
« gea de nom. Enfin des rois y dominèrent,
« et Thybris, guerrier formidable, à l'énorme
« taille, donna son nom au fleuve ; depuis, les Ita-
« liens l'ont appelé Thybre ; et c'est fini de l'antique
« et doux nom d'Albula. Pour moi, chassé de ma
« patrie et courant sur les mers tous les hasards
« extrêmes, la fortune toute-puissante et l'inévi-
« table destin m'ont fixé sur ces bords ; et j'y
« étais poussé par les redoutables avertissements
« de la nymphe Carmente, ma mère, et par les
« ordres absolus d'Apollon. » Ainsi parlait Évandre en s'avançant vers la ville. Alors il montre à
Énée l'autel et la porte nommée depuis par les
Romains Carmentale ; monument élevé à l'antique prophétesse, qui la première annonça la
gloire future des descendants d'Énée, et la splendeur des murs de Pallas. Puis il lui fait voir l'immense forêt où le bouillant Romulus ouvrit un
asile aux étrangers, et le rocher fameux du
froid Lupercal, appelé Panos, du nom que les
Arcadiens donnent à Pan du Lycée. Il n'oublie
pas non plus le bois sacré d'Argilète, et il prend
à témoin ce lieu funeste et le tombeau du perfide
Argien, son hôte, qu'il n'a pu empêcher les
siens d'immoler. De là il conduit Énée vers le
mont Tarpéius et vers le futur Capitole, aujour-
d'hui resplendissant d'or, en ce temps-là hérissé
de buissons et de ronces : déjà la sainte horreur
qui l'environne frappait les esprits terrifiés ; déjà
les habitants de ces campagnes tremblaient à la
vue du bois et de la roche. « Ce bois, dit Évan-
« dre, cette colline au sommet verdoyant, un
« dieu (lequel ? on ne sait), mais un dieu y ré-
« side : les Arcadiens croient y avoir vu Jupiter
« lui-même, alors que de son bras droit il agitait
« souvent sa noire égide, et qu'il rassemblait les
« nuages. Plus loin vous voyez des murs çà et là
« renversés ; ce sont les restes de deux cités,
« monuments des anciens héros qui les ont habi-
« tées. L'une fut bâtie sur ces hauteurs par Janus,
« l'autre par Saturne ; celle-ci portait le nom de
« Saturnie, celle-là de Janicule. » Ils approchaient,
s'entretenant ainsi, de l'humble demeure d'É-
vandre ; ils voyaient des troupeaux épars errer

Exquiritque, audiitque virum monumenta priorum.
Tum rex Evandrus, Romanæ conditor arcis :
Hæc nemora indigenæ Fauni, Nymphæque tenebant,
Gensque virum truncis et duro robore nata : 315
Quis neque mos neque cultus erat ; nec jungere tauros,
Aut componere opes norant, aut parcere parto ;
Sed rami atque asper victu venatus alebat.
Primus ab ætherio venit Saturnus Olympo,
Arma Jovis fugiens, et regnis exsul ademtis. 320
Is genus indocile, ac dispersum montibus altis
Conposuit, legesque dedit, Latiumque vocari
Maluit, his quoniam latuisset tutus in oris.
Aurea quæ perhibent, illo sub rege fuerunt
Sæcula : sic placida populos in pace regebat : 325
Deterior donec paullatim ac decolor ætas,
Et belli rabies, et amor successit habendi.
Tum manus Ausonia, et gentes venere Sicanæ ;
Sæpius et nomen posuit Saturnia tellus :
Tum reges, asperque immani corpore Thybris ; 330
A quo post Itali fluvium cognomine Thybrim
Diximus ; amisit verum vetus Albula nomen.
Me pulsum patria, pelagique extrema sequentem,
Fortuna omnipotens et ineluctabile fatum
His posuere locis, matrisque egere tremenda 335
Carmentis nymphæ monita, et deus auctor Apollo.

Vix ea dicta ; dehinc progressus, monstrat et aram,
Et Carmentalem Romano nomine portam,
Quam memorant, nymphæ priscum Carmentis honorem,
Vatis fatidicæ, cecinit quæ prima futuros 340
Æneadas magnos, et nobile Pallanteum.
Hinc lucum ingentem, quem Romulus acer Asylum
Rettulit, et gelida monstrat sub rupe Lupercal,
Parrhasio dictum Panos de more Lycæi.
Nec non et sacri monstrat nemus Argileti, 345
Testaturque locum, et letum docet hospitis Argi.
Hinc ad Tarpeiam sedem et Capitolia ducit,
Aurea nunc, olim silvestribus horrida dumis.
Jam tum relligio pavidos terrebat agrestis
Dira loci ; jam tum silvam saxumque tremebant. 350
Hoc nemus, hunc, inquit, frondoso vertice collem,
Quis deus, incertum est, habitat deus : Arcades ipsum
Credunt se vidisse Jovem, quum sæpe nigrantem
Ægida concuteret dextra, nimbosque cieret.
Hæc duo præterea disjectis oppida muris, 355
Relliquias veterumque vides monumenta virorum.
Hanc Janus pater, hanc Saturnus condidit arcem :
Janiculum huic, illi fuerat Saturnia nomen.
Talibus inter se dictis ad tecta subibant
Pauperis Evandri, passimque armenta videbant 360
Romanoque foro, et lautis mugire Carinis.

VIRGILE.

là où est le forum romain; des taureaux mugissaient au milieu des splendides Carènes. Lorsqu'ils furent arrivés à la demeure d'Évandre : « Ce seuil, dit le roi arcadien, Alcide vainqueur « l'a franchi; c'est là le palais qui l'a reçu. Osez « comme lui, ô mon hôte, mépriser les richesses; « et vous aussi montrez-vous digne d'un dieu, « et ne regardez pas d'un œil dédaigneux notre « pauvreté. » Il dit et conduit sous l'étroite porte de sa demeure le grand Énée, et l'invite à s'asseoir sur un lit de feuillage que couvre la peau d'une panthère de Libye. Cependant la nuit se précipite, et enveloppe la terre de ses sombres ailes. Vénus, dont le cœur maternel s'épouvante des menaces des Laurentins et des mouvements tumultueux du Latium, s'adresse à Vulcain; et dans sa couche d'or où elle repose près de son époux, elle lui souffle avec un doux langage les feux d'un divin amour. « Cher époux, « lui disait-elle, dans le temps que les rois grecs « désolaient par la guerre Pergame due à leurs « coups, et ses murailles dévouées à la flamme « ennemie, je ne t'ai pas demandé de secourir « les malheureux Troyens; je n'ai pas imploré « ton art et les puissantes armes, ouvrages de « tes mains; je n'ai pas voulu que ton génie « s'exerçât en vain à ces merveilleux travaux. « Et pourtant je devais beaucoup aux enfants « de Priam; j'avais souvent pleuré sur les maux « affreux de mon fils Énée. Aujourd'hui, par l'or- « dre souverain de Jupiter, il s'est arrêté sur les « frontières des Rutules. Je viens donc à toi en « suppliante; j'implore ta puissance que j'ai tou- « jours révérée; c'est une mère qui te demande « des armes pour son fils. La fille de Nérée, l'é- « pouse de Tithon ont bien pu te toucher par « leurs larmes. Vois quels peuples se liguent, « quelles villes ferment leurs portes, aiguisent « le fer contre moi et pour la destruction de « mes chers Troyens. » A ces mots, la déesse de ses deux bras d'albâtre enveloppe amoureusement son époux, qui résiste encore : mais tout à coup il sent se rallumer dans son cœur sa première flamme; une chaleur qui lui est connue pénètre ses veines, et se répand dans tous ses membres amollis. Ainsi l'éclair, qui s'échappe de la nue enflammée par le tonnerre, part, ouvre les cieux, et en parcourt la lumineuse étendue. Vénus sent son triomphe, et, sûre de sa beauté, jouit du succès de sa ruse. Alors le dieu qu'enchaîne un éternel amour, lui répond : « Pourquoi cher- « cher des motifs si éloignés? Qu'est devenue « cette confiance que tu avais en moi? Si ta solli- « citude se fût émue plus tôt pour tes Troyens, « j'aurais pu leur fournir des armes. Ni le maî- « tre tout-puissant de l'Olympe, ni les destins « eux-mêmes, n'auraient point empêché Ilion « d'être encore debout, et Priam d'y régner en- « core dix années. Mais aujourd'hui que tu es « fermement résolue à combattre, commande « seulement; et tout ce que je puis te promettre « des ressources infinies de mon art, tout ce que « le fer ou l'or mêlé à l'argent peuvent devenir « sous mes mains ingénieuses, tout ce qu'ont de « puissance et mes feux et l'haleine de mes vents, « est à toi : cesse par tes prières de douter de mes « forces. » Il dit, donne à son épouse les baisers désirés, et, mollement étendu sur le sein de la déesse, il abandonne ses membres aux langueurs du sommeil.

Ut ventum ad sedes : Hæc, inquit, limina victor
Alcides subiit; hæc illum regia cepit.
Aude, hospes, contemnere opes, et te quoque dignum
Finge deo; rebusque veni non asper egenis. 365
Dixit, et angusti subter fastigia tecti
Ingentem Æneam duxit, stratisque locavit
Effultum foliis et pelle Libystidis ursæ.
Nox ruit, et fuscis tellurem amplectitur alis.
    At Venus haud animo nequidquam exterrita mater, 370
Laurentumque minis et duro mota tumultu,
Volcanum alloquitur, thalamoque hæc conjugis aureo
Incipit, et dictis divinum adspirat amorem :
Dum bello Argolici vastabant Pergama reges
Debita, casurasque inimicis ignibus arces, 375
Non ullum auxilium miseris, non arma rogavi
Artis opisque tuæ; nec te, carissime conjunx,
Incassumve tuos volui exercere labores;
Quamvis et Priami deberem plurima natis,
Et durum Æneæ flevissem sæpe laborem; 380
Nunc Jovis imperiis Rutulorum constitit oris.
Ergo eadem supplex venio, et sanctum mihi numen
Arma rogo, genetrix nato : te filia Nerei,
Te potuit lacrimis Tithonia flectere conjunx.
Adspice, qui coeant populi, quæ mœnia clausis 385
Ferrum acuant portis in me excidiumque meorum.
    Dixerat; et niveis hinc atque hinc diva lacertis
Cunctantem amplexu molli fovet : ille repente
Accepit solitam flammam; notusque medullas
Intravit calor, et labefacta per ossa cucurrit : 390
Non secus atque olim, tonitru quum rupta, corusco
Ignea rima micans percurrit lumine nimbos.
Sensit læta dolis et formæ conscia conjunx.
Tum pater æterno fatur devinctus amore :
Quid caussas petis ex alto? fiducia cessit 395
Quo tibi, diva, mei? Similis si cura fuisset,
Tum quoque fas nobis Teucros armare fuisset;
Nec Pater omnipotens Trojam, nec fata vetabant
Stare, decemque alios Priamum superesse per annos.
Et nunc, si bellare paras, atque hæc tibi mens est, 400
Quidquid in arte mea possum promittere curæ,
Quod fieri ferro liquidove potest electro,
Quantum ignes animæque valent; absiste precando
Viribus indubitare tuis. Ea verba locutus,
Optatos dedit amplexus, placidumque petivit 405
Conjugis infusus gremio per membra soporem
    Inde, ubi prima quies medio jam noctis abactæ

Lorsque la nuit, parvenue au milieu de sa carrière, a chassé le premier sommeil des yeux des mortels, c'est l'heure où la femme que la nécessité force à soutenir sa vie par le fuseau et par les ouvrages délicats de Minerve réveille la flamme assoupie sous la cendre, et, ajoutant la nuit à ses travaux, exerce à la lumière de la lampe ses femmes, auxquelles elle a distribué de longues tâches; par là elle garde l'honneur du lit conjugal, et élève ses petits enfants : aussi matinal, le dieu du feu se lève de sa molle couche, et court aux travaux de ses forges.

Entre la Sicile et Lipare, l'une des Éoliennes, s'élève une île aux sommets fumants : sous ces roches s'étendent des cavernes, et tonnent minés par les fournaises des cyclopes des antres pareils à ceux de l'Etna : de là les pesants marteaux tombant sur les enclumes renvoient de lointains gémissements; dans ces cavernes étincelle en sifflant l'acier des Chalybes ; la flamme halète dans ses fournaises rugissantes. C'est la demeure de Vulcain, et l'île s'appelle la terre de Vulcain : c'est là que le dieu du feu descendit du haut de l'Olympe. Alors sous ces vastes voûtes battaient le fer les Cyclopes Brontès, Stérope et Pyracmon, les membres nus. Ébauché par leurs mains habiles, s'achevait un de ces foudres que le père des dieux roule tant de fois dans les cieux, et qu'il lance sur la terre; une partie était déjà polie, et l'autre était encore brute. Les Cyclopes avaient mêlé à sa trempe trois rayons de grêle, trois de pluie, trois de feu rutilant, trois des autans ailés. Ils travaillaient à y joindre les terribles éclairs, les bruits formidables, et ces colères enflammées de Jupiter qui poursuivent les mortels. D'un autre côté, ils se pressaient de forger pour Mars un char, et ces roues volantes sur lesquelles le dieu de la guerre emporté excite au combat les guerriers et les villes. Ailleurs ils polissaient à l'envi une redoutable égide, arme et signe de Pallas en furie ; ils l'ornaient d'or, de serpents entrelacés : et sur le sein même de la déesse la tête de la Gorgone lançait d'affreux regards. « Cyclopes, c'est assez, dit Vulcain ; enlevez tous « ces ouvrages commencés, et soyez attentifs à « mes paroles. Il faut que vous forgiez des armes « pour un bouillant guerrier ; vite, et déployez vos « forces et vos mains rapides ; j'ai besoin de tout « votre art divin ; hâtez-vous, et point de retard. » Il dit, et tous de se partager les travaux, de se pencher sur les enclumes. L'airain, l'or coulent en ruisseaux, et l'homicide acier se liquéfie dans les vastes fournaises. Ils forgent un bouclier immense, et qui pût à lui seul défier tous les traits des Latins ; sept orbes, soudés par la flamme, s'y appliquent l'un sur l'autre. Cependant les uns reçoivent l'air dans les soufflets gonflés, et le chassent ; les autres trempent le fer dans l'eau sifflante ; l'antre gémit des coups déchargés sur l'enclume. Les Cyclopes lèvent tour à tour avec un grand effort leurs bras en cadence, et, la tenaille mordante à la main, ils retournent la masse embrasée du fer.

Tandis que le dieu de Lemnos presse ces ouvrages sur les bords éoliens, Évandre est réveillé sous son humble toit par la douce lumière, et par le chant matinal des oiseaux gazouillant sur le chaume hospitalier. Le vieillard

Curriculo expulerat somnum; quum femina primum,
Cui tolerare colo vitam tenuique Minerva
Impositum, cinerem et sopitos suscitat ignis,   410
Noctem addens operi; famulasque ad lumina longo
Exercet penso, castum ut servare cubile
Conjugis, et possit parvos educere natos :
Haud secus ignipotens nec tempore segnior illo
Mollibus e stratis opera ad fabrilia surgit.   415
 Insula Sicanium juxta latus, Æoliamque
Erigitur Liparen, fumantibus ardua saxis :
Quam subter specus et Cyclopum exesa caminis
Antra Ætnæa tonant, validique incudibus ictus
Auditi referunt gemitum, striduntque cavernis   420
Stricturæ chalybum, et fornacibus ignis anhelat ;
Volcani domus, et Volcania nomine tellus.
Huc tunc ignipotens cœlo descendit ab alto.
Ferrum exercebant vasto Cyclopes in antro,
Brontesque, Steropesque, et nudus membra Pyracmon. 425
His informatum manibus jam parte polita
Fulmen erat ; toto genitor quæ plurima cœlo
Dejicit in terras; pars inperfecta manebat.
Tris imbris torti radios, tris nubis aquosæ
Addiderant, rutili tris ignis, et alitis austri :   430
Fulgores nunc horrificos, sonitumque, metumque
Miscebant operi, flammisque sequacibus iras.
Parte alia Marti currumque rotasque volucris
Instabant, quibus ille viros, quibus excitat urbis;
Ægidaque horriferam, turbatæ Palladis arma,   435
Certatim squamis serpentum auroque polibant,
Connexosque anguis, ipsamque in pectore divæ
Gorgona, desecto vertentem lumina collo.
Tollite cuncta, inquit, cœptosque auferte labores,
Ætnæi Cyclopes, et huc advertite mentem :   440
Arma acri facienda viro : nunc viribus usus,
Nunc manibus rapidis, omni nunc arte magistra.
Præcipitate moras. Nec plura effatus : et illi
Ocius incubuere omnes, pariterque laborem
Sortiti : fluit æs rivis, auriquc metallum;   445
Volnificusque chalybs vasta fornace liquescit.
Ingentem clipeum informant, unum omnia contra
Tela Latinorum, septenosque orbibus orbis
Inpediunt : alii ventosis follibus auras
Accipiunt redduntque; alii stridentia tingunt   450
Æra lacu : gemit impositis incudibus antrum.
Illi inter sese multa vi brachia tollunt
In numerum, versantque tenaci forcipe massam.
 Hæc pater Æoliis properat dum Lemnius oris,
Evandrum ex humili tecto lux suscitat alma,   455

se lève, revêt sa tunique, et entrelace ses pieds de la courroie tyrrhénienne; il attache à son épaule et à son côté le glaive arcadien; la peau d'une panthère retombe ramassée de son épaule gauche sur son sein. Deux chiens, ses gardes fidèles, s'avancent avec lui hors du seuil rustique, et accompagnent les pas de leur maître. Évandre gagnait le secret asile de son hôte Énée, se souvenant des entretiens de la veille, et du secours qu'il avait promis au héros troyen. Énée, non moins matinal, venait à lui. Ils se rencontrent, l'un accompagné de son fils Pallas, l'autre de son ami Achate. Ils s'abordent, se donnent la main l'un à l'autre, s'asseyent près du foyer, et commencent à jouir d'un libre entretien. Le roi, prenant la parole, dit à Énée:

« Illustre chef des Troyens, tant que vous vivrez, je ne croirai jamais que Troie est vaincue et l'empire d'Ilion tombé : les forces que je puis joindre aux vôtres dans la guerre sont bien médiocres pour une cause aussi grande que la vôtre. D'un côté le Tibre borne mes États; de l'autre les Rutules nous resserrent, et le bruit de leurs armes retentit jusque sous nos murs. Mais je veux amener sous vos drapeaux de grandes nations, d'opulents royaumes : un hasard inespéré fait luire à vos yeux le jour du salut, les destins semblent vous avoir conduit exprès en ces lieux. Non loin d'ici s'élève, bâtie sur un antique rocher, la ville d'Agylla, où les Lydiens, célèbres dans la guerre, vinrent s'établir sur les monts d'Étrurie. Cette cité, longtemps florissante, passa depuis par les armes cruelles et sous l'empire superbe du roi Mézence. Vous dirai-je les meurtres effroyables, les barbares forfaits du tyran? Dieux, faites-les retomber sur sa tête et sur toute sa race! Le monstre attachait des corps vivants à des cadavres, (tourment nouveau) les mains aux mains, la bouche sur la bouche; et il les regardait, tout dégouttants d'un sang infect, mourir d'une longue mort dans d'affreux embrassements. Enfin lassés de ses insupportables fureurs, ses sujets prennent les armes, l'environnent lui et son palais, massacrent ses gardes, et lancent des flammes jusqu'au faîte de l'exécrable édifice. Le tyran s'échappe au milieu du carnage, et se réfugie chez les Rutules; aujourd'hui Turnus, son hôte, le protége de ses armes. Mais toute l'Étrurie s'est soulevée, dans sa juste fureur : elle redemande en armes le roi, pour le livrer au supplice. C'est à ces milliers d'hommes, Énée, que je veux donner un chef; et ce chef, c'est vous. Déjà frémissent sur tout le rivage leurs vaisseaux rassemblés; ils n'attendent que le signal. Mais un vieil aruspice les arrête, et leur dit ainsi les arrêts du destin :—« O vous, l'élite de la jeunesse de Méonie, la fleur des courageux guerriers vos ancêtres, vous qu'un juste ressentiment emporte contre un ennemi, vous qu'enflamme contre Mézence la plus sainte des colères, il n'est donné à aucun Italien de subjuguer la redoutable nation des Rutules; choisissez des généraux étrangers. »—L'armée des Étrusques s'arrête dans son camp,

Et matutini volucrum sub culmine cantus.
Consurgit senior, tunicaque inducitur artus,
Et Tyrrhena pedum circumdat vincula plantis;
Tum lateri atque humeris Tegeæum subligat ensem,
Demissa ab læva pantheræ tergare torquens. 460
Nec non et gemini custodes limine ab alto
Præcedunt, gressumque canes comitantur herilem.
Hospitis Æneæ sedem et secreta petebat,
Sermonum memor et promissi muneris, heros.
Nec minus Æneas se matutinus agebat 465
Filius huic Pallas, illi comes ibat Achates.
Congressi jungunt dextras, mediisque residunt
Ædibus, et licito tandem sermone fruuntur.
Rex prior hæc :
Maxume Teucrorum ductor, quo sospite nunquam 470
Res equidem Trojæ victas aut regna fatebor;
Nobis ad belli auxilium pro nomine tanto
Exiguæ vires; hinc Tusco claudimur amni;
Hinc Rutulus premit, et murum circumsonat armis.
Sed tibi ego ingentis populos opulentaque regnis 475
Jungere castra paro; quam fors inopina salutem
Ostentat : fatis huc te poscentibus adfers.
Haud procul hinc saxo incolitur fundata vetusto
Urbis Agyllinæ sedes, ubi Lydia quondam
Gens, bello præclara, jugis insedit Etruscis. 480
Hanc multos florentem annos rex deinde superbo
Imperio, et sævis tenuit Mezentius armis.
Quid memorem infandas cædes? quid facta tyranni
Effera? Di capiti ipsius generique reservent!
Mortua quin etiam jungebat corpora vivis, 485
Conponens manibusque manus, atque oribus ora,
Tormenti genus! et sanie taboque fluentis
Conplexu in misero longa sic morte necabat.
At fessi tandem cives infanda furentem
Armati circumsistunt ipsumque, domumque; 490
Obtruncant socios, ignem ad fastigia jactant.
Ille inter cædes Rutulorum elapsus in agros
Confugere, et Turni defendier hospitis armis.
Ergo omnis furiis surrexit Etruria justis;
Regem ad supplicium præsenti Marte reposcunt. 495
His ego te, Ænea, ductorem millibus addam :
Toto namque fremunt condensæ litore puppes;
Signaque ferre jubent; retinet longævus haruspex
Fata canens : O Mæoniæ delecta juventus,
Flos veterum virtusque virum, quos justus in hostem 500
Fert dolor, et merita adcendit Mezentius ira;
Nulli fas Italo tantam subjungere gentem;
Externos optate duces. Tum Etrusca resedit
Hoc acies campo, monitis exterrita divom.
Ipse oratores ad me regnique coronam 505

« épouvantée par ces avertissements des dieux.
« Tarchon, leur chef, m'a donc envoyé des am-
« bassadeurs, et par eux la couronne, le sceptre
« de l'Étrurie, et les insignes de la royauté : il
« veut que je succède au commandement de
« l'armée et à l'empire tyrrhénien. Mais les gla-
« ces de l'âge et mes vieux ans qui m'ont épuisé,
« m'envient ce suprême honneur ; et c'est trop
« tard pour mes forces de se porter aux grands
« coups de la guerre. J'eusse exhorté mon fils à
« prendre ma place, si, né d'une mère sabine, il
« ne tenait par elle à la patrie latine. Vous donc
« à qui le destin a tout réservé, et l'âge et la
« naissance, vous que réclament les dieux, mar-
« chez, ô le chef le plus brave des Troyens et des
« Italiens. Ce n'est pas tout : ce fils, l'espérance
« et la consolation de ma vieillesse, Pallas vous
« suivra ; je veux que, sous un maître tel que
« vous, il se forme au dur métier de la guerre et
« aux rudes travaux de Mars ; qu'il s'accoutume à
« voir vos exploits ; que dès ses premiers ans il
« vous admire. Je lui donnerai deux cents cava-
« liers arcadiens, la fleur de notre jeunesse, et
« lui-même vous en donnera autant en son
« nom. »

Il dit : le fils d'Anchise et le fidèle Achate, tous deux silencieux et le regard fixé sur la terre, entrevoyaient dans leur cœur les menaçantes images d'un sombre avenir ; quand tout à coup la déesse de Cythère fit paraître à la face des cieux un signe favorable. L'air s'ébranle, un éclair part de la nue avec un grand bruit ; on dirait que tout va s'écrouler, et on entend mugir la trompette tyrrhénienne. Ils lèvent les yeux ; le ciel tonne coup sur coup avec un immense fracas. Alors ils voient, entre les nuages, et dans une pure éclaircie des cieux, reluire des armes ; ils les entendent tonner en s'entre-choquant. Tous sont frappés de stupeur : mais le héros troyen reconnaît le son des armes divines ; la déesse sa mère accomplit sa promesse. Alors se tournant vers Évandre : « Ne vous in-
« quiétez pas, ô mon hôte, de ce prodige et des
« événements qu'il annonce ; c'est à moi que l'O-
« lympe s'adresse : la déesse, ma mère, m'a-
« vait annoncé ce signe, en me promettant que,
« si la guerre éclatait, elle m'apporterait à tra-
« vers les airs des armes forgées par Vulcain. O
« quel carnage vous menace, malheureux Lauren-
« tins ! Téméraire Turnus, comme tu payeras
« cher ton audace ! Et toi Thybre, père de ces on-
« des, que de boucliers, que de casques, que de
« corps généreux tu vas rouler dans tes flots !
« Qu'ils appellent la guerre maintenant, qu'ils
« rompent les traités ! »

Il dit, se lève, et, accompagné d'Evandre et de la jeunesse troyenne, il va réveiller la flamme assoupie sur les autels d'Hercule ; ensuite il porte ses hommages aux humbles pénates de son hôte, aux dieux Lares qui l'ont accueilli la veille ; et, après leur avoir immolé, selon les rites, des brebis choisies, il retourne à ses galères, et revoit ses compagnons. Dans leur nombre il choisit pour le suivre aux combats les plus distingués par leur valeur ; les autres sont emportés par le courant du fleuve, et tranquilles s'abandonnent à la pente de l'onde : ils vont porter au jeune Ascagne des nouvelles de son père, et lui annoncer son heureuse fortune. Des chevaux sont donnés aux Troyens qui vont se porter dans les

Cum sceptro misit, mandatque insignia Tarcho,
Succedam castris, Tyrrhenaque regna capessam.
Sed mihi tarda gelu sæclisque effeta senectus
Invidet imperium, seræque ad fortia vires.
Natum exhortarer, ni mixtus matre Sabella   510
Hinc partem patriæ traheret. Tu, cujus et annis
Et generi fata indulgent, quem numina poscunt,
Ingredere, o Teucrum atque Italum fortissime ductor.
Hunc tibi præterea, spes et solatia nostri,
Pallanta adjungam : sub te tolerare magistro   515
Militiam et grave Martis opus, tua cernere facta
Adsuescat, primis et te miretur ab annis.
Arcadas huic equites bis centum, robora pubis
Lecta, dabo ; totidemque suo tibi nomine Pallas.
Vix ea fatus erat ; defixique ora tenebant   520
Æneas Anchisiades et fidus Achates,
Multaque dura suo tristi cum corde putabant,
Ni signum cœlo Cytherea dedisset aperto.
Namque improviso vibratus ab æthere fulgor
Cum sonitu venit, et ruere omnia visa repente,   525
Tyrrhenusque tubæ mugire per æthera clangor.
Suspiciunt ; iterum atque iterum fragor increpat ingens.
Arma inter nubem, cœli in regione serena,
Per sudum rutilare vident, et pulsa tonare.
Obstupuere animis alii ; sed Troius heros   530
Agnovit sonitum et divæ promissa parentis.
Tum memorat : Ne vero, hospes, ne quære profecto,
Quem casum portenta ferant ; ego poscor Olympo.
Hoc signum cecinit missuram diva creatrix,
Si bellum ingrueret ; Volcaniaque arma per auras   535
Laturam auxilio.
Heu quantæ miseris cædes Laurentibus instant !
Quas pœnas mihi, Turne, dabis ! quam multa sub undas
Scuta virum, galeasque, et fortia corpora volves !
Thybri pater ! Poscant acies, et fœdera rumpant.   540
Hæc ubi dicta dedit, solio se tollit ab alto ;
Et primum Herculeis sopitas ignibus aras
Excitat, hesternumque Larem, parvosque Penatis
Lætus adit ; mactant lectas de more bidentis
Evandrus pariter, pariter Trojana juventus.   545
Post hinc ad navis graditur, sociosque revisit :
Quorum de numero, qui sese in bella sequantur,
Præstantis virtute legit : pars cetera prona
Fertur aqua, segnisque secundo defluit amni,
Nuntia ventura Ascanio rerumque patrisque.   550
Dantur equi Teucris Tyrrhena petentibus arva

champs tyrrhéniens : on choisit pour Énée un coursier superbe, que couvre tout entier une peau de lion avec ses ongles resplendissants d'or.

Bientôt le bruit vole et se répand, dans la petite ville de Pallantée, que les cavaliers arcadiens se portent d'une course rapide vers les murs Toscans. Déjà les mères alarmées redoublent leurs prières; plus près du péril, elles tremblent davantage, et plus grande leur apparaît l'image de Mars. Alors Évandre, près de quitter son fils, baise affectueusement sa main, le serre dans ses bras, n'a point assez de larmes, et lui parle ainsi : « O si Jupiter me rendait mes ans écoulés, si j'étais encore à cet âge où, sous les murs de Préneste, je renversai les premiers rangs ennemis, et vainqueur embrasai des monceaux de boucliers! Ce bras précipita dans le Tartare le roi Hérilus, à qui la nymphe Féronia, sa mère, horrible prodige! avait donné en naissant trois âmes, trois armures à mouvoir. Il fallait l'abattre trois fois sous les coups de la mort; cette main pourtant lui arracha sa triple vie, le dépouilla de sa triple armure. Non, mon fils, non, si j'étais encore à cet âge, je ne me séparerais jamais de tes doux embrassements; et l'affreux Mézence n'aurait pas, insultant à cette tête branlante, rougi si près de moi son épée de tant de sang, dépeuplé de tant de citoyens sa ville désolée. O dieux, et toi surtout leur maître tout-puissant, ô Jupiter, ayez pitié du roi des Arcadiens, écoutez les prières d'un père! Si votre volonté, si les destins me conservent Pallas, si je vis assez pour le revoir et l'embrasser encore, je vous demande de prolonger ma vie; je suis prêt à endurer tous les tourments. Mais si tu me prépares, ô Fortune, quelque coup terrible, dieux, qu'à présent il vous plaise de rompre la trame de mes jours misérables; tandis que je ne fais encore que craindre, et que l'incertain avenir suspend mes espérances; tandis que je te tiens encore entre mes bras mon cher enfant, ma seule et tardive douceur; avant qu'une affreuse nouvelle ne vienne déchirer mes oreilles! » Ainsi le vieillard se répandait en adieux suprêmes; ses serviteurs l'emportent évanoui dans sa demeure.

Cependant la cavalerie arcadienne et troyenne était sortie des portes de la ville. Énée marchait à la tête, accompagné du fidèle Achate et suivi des autres chefs troyens. Pallas, au centre de l'escadron, se distingue par sa brillante chlamyde et par la splendeur variée de ses armes. Tel, encore tout baigné des eaux de l'Océan, Lucifer, que Vénus aime entre tous les feux du ciel, montre sa tête sacrée, et dissipe les ténèbres. Les mères tremblantes, debout sur les remparts, suivent des regards le nuage poudreux et les escadrons étincelants d'airain. La troupe s'avance à travers les buissons, par les chemins les plus courts; un cri part, et les pieds des chevaux tombant et retombant ensemble battent la plaine poudreuse de leur corne sonnante. Près du fleuve qui baigne de ses fraîches ondes les murs de Céré, est un vaste bois consacré au loin par une antique tradition religieuse : de tous côtés des collines, de creux vallons et de noirs sapins l'environnent. On dit que les anciens Pélasges le

Ducunt exsortem Æneæ; quem fulva leonis
Pellis obit totum, præfulgens unguibus aureis.
    Fama volat parvam subito volgata per urbem,
Ocius ire equites Tyrrheni ad limina regis. 555
Vota metu duplicant matres, propiusque periclo
It timor, et major Martis jam adparet imago.
Tum pater Evandrus, dextram conplexus euntis,
Hæret, inexpletum lacrimans, ac talia fatur :
O mihi præteritos referat si Juppiter annos! 560
Qualis eram, quum primam aciem Præneste sub ipsa
Stravi, scutorumque incendi victor acervos;
Et regem hac Herilum dextra sub Tartara misi;
Nascenti cui tris animas Feronia mater,
Horrendum dictu! dederat, terna arma movenda; 565
Ter leto sternendus erat : cui tunc tamen omnis
Abstulit hæc animas dextra, et totidem exuit armis.
Non ego nunc dulci amplexu divellerer usquam,
Nate, tuo; neque finitimus Mezentius usquam,
Huic capiti insultans, tot ferro sæva dedisset 570
Funera, tam multis viduasset civibus urbem.
At vos, o superi, et divom tu maxime rector,
Juppiter, Arcadii, quæso, miserescite regis,
Et patrias audite preces : si numina vestra
Incolumem Pallanta mihi, si fata reservant, 575
Si visurus eum vivo, et venturus in unum;
Vitam oro; patiar quemvis durare laborem.
Sin aliquem infandum casum, Fortuna, minaris,
Nunc, o nunc liceat crudelem abrumpere vitam,
Dum curæ ambiguæ, dum spes incerta futuri, 580
Dum te, care puer, mea sera et sola voluptas,
Conplexu teneo; gravior ne nuntius auris
Volneret. Hæc genitor digressu dicta supremo
Fundebat; famuli conlapsum in tecta ferebant.
    Jamque adeo exierat portis equitatus apertis; 585
Æneas inter primos, et fidus Achates;
Inde alii Trojæ proceres; ipse agmine Pallas
In medio, chlamyde, et pictis conspectus in armis :
Qualis, ubi Oceani perfusus Lucifer unda,
Quem Venus ante alios astrorum diligit ignis, 590
Extulit os sacrum cœlo, tenebrasque resolvit.
Stant pavidæ in muris matres, oculisque sequuntur
Pulveream nubem, et fulgentis ære catervas.
Olli per dumos, qua proxima meta viarum,
Armati tendunt : it clamor, et agmine facto 595
Quadrupedante putrem sonitu quatit ungula campum.
Est ingens gelidum lucus prope Cæritis amnem,
Relligione patrum late sacer; undique colles
Inclusere cavi, et nigra nemus abiete cingunt.

consacrèrent à Sylvain, au dieu protecteur des champs et des troupeaux, et qu'ils instituèrent un jour de fête en son honneur : les Pélasges furent les premiers qui s'établirent sur les terres des Latins. Non loin de là, Tarchon et les Tyrrhéniens avaient assis leur camp, et du haut d'une colline on pouvait déjà voir leurs bataillons et leurs tentes se déployer au loin dans la plaine. Énée et sa troupe d'élite se portent sur les hauteurs; cavaliers et chevaux s'y arrêtent fatigués, et s'y reposent.

Cependant Vénus apparaît brillante sur les nuages, apportant les armes promises à son fils. Dès qu'elle le vit au fond d'une étroite vallée, et se reposant à l'écart sur les fraîches rives du fleuve, elle s'offre à ses regards, et lui parle en ces mots : « Les voilà ces présents que Vulcain, mon « époux, m'avait promis pour toi; voilà ces ar- « mes que son art a achevées. Maintenant, ô mon « fils, ne crains plus de défier au combat les « superbes Laurentins et le bouillant Turnus. » A ces mots, la déesse de Cythère embrasse son fils, et pose devant lui au pied d'un chêne la radieuse armure. Énée, ravi des présents de la déesse et d'une si haute tendresse, ne peut se rassasier de la vue de ces armes, en examine chaque partie d'un œil curieux, ne se lasse point de les admirer, manie et essaye ce casque au redoutable panache, et qui vomit des flammes; cette épée qui porte la mort, cette cuirasse hérissée d'airain, sanglante, immense, pareille au nuage azuré qui s'enflamme aux rayons du soleil, et qui projette au loin ses reflets lumineux. Puis il saisit ces cuissards polis, faits d'un métal trempé d'or et d'argent, et la lance, et le bouclier, ouvrage merveilleux qui ne se peut décrire. Sur son orbe le dieu du feu, qui savait les oracles et les siècles à venir, avait retracé les grandes choses de la nation italienne, et les triomphes des Romains : il y avait représenté toute la suite des descendants d'Ascagne, et la longue série de leurs combats. On voyait dans l'antre de Mars une louve féconde couchée sur l'herbe verdoyante; deux enfants jumeaux, pendus à ses mamelles, jouaient autour et suçaient leur sauvage nourrice sans trembler : celle-ci, la tête mollement détournée vers eux, les caressait tour à tour et façonnait leur corps de sa langue. Près de là, on voyait Rome, et les Sabines violemment enlevées des siéges de l'amphithéâtre, au milieu des grands jeux du Cirque : alors éclatait une guerre nouvelle entre Romulus, le vieux Tatius, et les austères Sabins. Bientôt les deux rois, mettant bas les armes, se tenaient, armés et une coupe à la main, devant l'autel de Jupiter, et se juraient, sur les entrailles d'une truie immolée, une éternelle alliance. Non loin de là, de rapides coursiers attelés à des quadriges entraînaient en sens contraire Métius, (infidèle Albain, que ne gardais-tu tes serments !) et déchiraient (ainsi le veut Tullus) les membres du traître emportés à travers la forêt : les ronces dégouttaient, arrosées de son sang. Ailleurs Porsenna ordonnait aux Romains de recevoir Tarquin rejeté de leurs murs, et pressait Rome par un siége opiniâtre. Les petits-fils d'Énée se je-

```
Silvano fama est veteres sacrasse Pelasgos,          600
Arvorum pecorisque deo, lucumque diemque,
Qui primi finis aliquando habuere Latinos.
Haud procul hinc Tarcho, et Tyrrheni, tuta tenebant
Castra locis, celsoque omnis de colle videri
Jam poterat legio, et latis tendebat in arvis.       605
Huc pater Æneas, et bello lecta juventus
Succedunt, fessique et equos, et corpora curant.
   At Venus aetherios inter dea candida nimbos
Dona ferens aderat : natumque in valle reducta
Ut procul egelido secretum flumine vidit,            610
Talibus adfata est dictis, seque obtulit ultro :
En, perfecta mei promissa conjugis arte
Munera; ne mox aut Laurentis, nate, superbos,
Aut acrem dubites in praelia poscere Turnum.
Dixit, et amplexus nati Cytherea petivit;            615
Arma sub adversa posuit radiantia quercu.
Ille, deae donis et tanto laetus honore,
Expleri nequit, atque oculos per singula volvit,
Miraturque, interque manus et brachia versat
Terribilem cristis galeam, flammasque vomentem,     620
Fatiferumque ensem, loricam ex aere rigentem,
Sanguineam, ingentem; qualis, quum caerula nubes
Solis inardescit radiis, longeque refulget;

Tum levis ocreas electro auroque recocto,
Hastamque, et clipei non enarrabile textum.          625
Illic res Italas Romanorumque triumphos,
Haud vatum ignarus venturique inscius aevi,
Fecerat ignipotens; illic genus omne futurae
Stirpis ab Ascanio, pugnataque in ordine bella :
Fecerat et viridi fetam Mavortis in antro            630
Procubuisse lupam : geminos huic ubera circum
Ludere pendentis pueros, et lambere matrem
Inpavidos; illam tereti cervice reflexam
Mulcere alternos, et corpora fingere lingua.
Nec procul hinc Romam, et raptas sine more Sabinas  635
Consessu caveae, magnis Circensibus actis,
Addiderat, subitoque novum consurgere bellum
Romulidis, Tatioque seni, Curibusque severis.
Post idem, inter se posito certamine, reges
Armati Jovis ante aram, paterasque tenentes,         640
Stabant, et caesa jungebant foedera porca.
Haud procul inde, citae Metum in diversa quadrigae
Distulerant : at tu dictis, Albane, maneres!
Raptabatque viri mendacis viscera Tullus
Per silvam, et sparsi rorabant sanguine vepres.      645
Nec non Tarquinium ejectum Porsenna jubebat
Accipere, ingentique urbem obsidione premebat;
```

taient pour la liberté contre le fer ennemi. On voyait Porsenna, les yeux menaçants, s'indigner de ce que l'intrépide Coclès osât rompre le pont, de ce que la vierge Clélie, brisant ses fers, passât le Tibre à la nage. Posté sur le sommet de la roche Tarpéienne, Manlius gardait le temple de Jupiter et le haut Capitole : le palais de Romulus se hérissait encore de son chaume récent. Une oie au plumage argenté, volant sous les portiques dorés du temple, annonçait par son cri perçant l'approche des Gaulois. Ceux-ci arrivaient se glissant à travers les buissons, et déjà s'emparaient de la citadelle, protégés par l'obscurité et par les profondes ténèbres d'une nuit amie. On les reconnaissait à leur blonde chevelure, à leurs vêtements dorés, à leurs sayes rayées, aux colliers d'or qui entouraient leurs cous blancs comme le lait ; dans leurs mains resplendissent deux dards des Alpes ; de longs boucliers leur couvrent tout le corps. D'un autre côté on voyait gravé sur l'airain les Saliens bondissant en cadence, les Luperques nus, les prêtres de Jupiter et leurs houppes de laine, et les boucliers tombés du ciel : les chastes matrones promenaient par la ville les objets sacrés du culte, traînées dans des chars au mol essieu. Loin de là Vulcain avait représenté le Tartare, le profond empire du dieu des morts, les supplices des coupables, et toi, Catilina, suspendu à la pointe menaçante d'un rocher, et que fait trembler la face des Furies ; seuls à l'écart étaient les hommes pieux, et Caton leur dictait ses arrêts. Au milieu du bouclier s'étendait une image d'or de la mer enflée par le vent : l'onde azurée blanchissait d'écume, et çà et là des dauphins nageant en cercle balayaient de leurs queues argentées et fendaient les flots bouillonnants. On découvrait en pleine mer deux flottes aux proues d'airain, et le combat d'Actium : vous eussiez vu toute la côte de Leucate bouillonner sous le formidable appareil de Mars, et les flots resplendir au loin des reflets de l'or. D'un côté, c'est Auguste César entraînant au combat les Italiens, le sénat, le peuple, les dieux de la patrie et les grands dieux de l'Olympe : il est debout sur la poupe de son vaisseau ; de ses tempes rayonnantes jaillissent deux flammes, et sur son front reluit l'astre paternel. Plus loin Agrippa, favorisé des vents et des dieux, s'avance d'un air de triomphe, à la tête de ses galères : sur son front brille, superbe trophée de guerre, la couronne rostrale. De l'autre côté c'est Antoine, vainqueur des peuples de l'aurore et de ceux des bords de la mer Rouge ; il traîne avec lui ses alliés barbares, mille étendards divers, l'Égypte, les forces de l'Orient, les Bactriens relégués aux confins de la terre ; une Égyptienne, ô honte ! son épouse le suit. Tous s'élancent ensemble ; la mer, que soulèvent mille bras ramenés en arrière, écume sous l'airain des proues à la triple pointe. Ils cinglent au large ; on croirait voir les Cyclades, arrachées du fond des mers, nager sur les eaux, ou des monts heurter contre des monts : tant se poussent d'un lourd effort les masses de ces tours flottantes ! L'étoupe enflammée, le fer ailé des flèches volent lancés de part et d'autre ; un carnage nouveau rougit les champs de Neptune. La reine, au milieu de sa flotte, anime ses soldats des sons du sistre égyp-

Æneadæ in ferrum pro libertate ruebant.
Illum indignanti similem, similemque minanti
Adspiceres ; pontem auderet quod vellere Cocles,   650
Et fluvium vinclis innaret Clœlia ruptis.
In summo custos Tarpeiæ Manlius arcis
Stabat pro templo, et Capitolia celsa tenebat,
Romuleoque recens horrebat regia culmo :
Atque hic auratis volitans argenteus anser   655
Porticibus, Gallos in limine adesse canebat ;
Galli per dumos aderant, arcemque tenebant,
Defensi tenebris, et dono noctis opacæ ;
Aurea cæsaries ollis, atque aurea vestis ;
Virgatis lucent sagulis ; tum lactea colla   660
Auro innectuntur ; duo quisque Alpina coruscant
Gæsa manu, scutis protecti corpora longis.
Hic exsultantis Salios, nudosque Lupercos,
Lanigerosque apices, et lapsa ancilia cœlo
Extuderat : castæ ducebant sacra per urbem   665
Pilentis matres in mollibus. Hinc procul addit
Tartareas etiam sedes, alta ostia Ditis ;
Et scelerum pœnas ; et te, Catilina, minaci
Pendentem scopulo, Furiarumque ora trementem,
Secretosque pios ; his dantem jura Catonem.   670
Hæc inter tumidi late maris ibat imago
Aurea ; sed fluctu spumabant cærula cano ;
Et circum argento clari delphines in orbem
Æquora verrebant caudis, æstumque secabant.
In medio classis æratas, Actia bella,   675
Cernere erat ; totumque instructo Marte videres
Fervere Leucaten, auroque effulgere fluctus.
Hinc Augustus agens Italos in prælia Cæsar
Cum Patribus, Populoque, Penatibus, et magnis dis,
Stans celsa in puppi ; geminas cui tempora flammas   680
Læta vomunt, patriumque aperitur vertice sidus.
Parte alia, ventis et dis Agrippa secundis,
Arduus agmen agens ; cui, belli insigne superbum,
Tempora navali fulgent rostrata corona.
Hinc ope barbarica, variisque Antonius armis,   685
Victor ab Auroræ populis et litore rubro,
Ægyptum, viresque Orientis, et ultima secum
Bactra vehit ; sequiturque nefas ! Ægyptia conjunx.
Una omnes ruere, ac totum spumare, reductis
Convolsum remis, rostrisque tridentibus, æquor.   690
Alta petunt ; pelago credas innare revolsas
Cycladas, aut montis concurrere montibus altos ;
Tanta mole viri turritis puppibus instant !
Stuppea flamma manu, telisque volatile ferrum
Spargitur ; arva nova Neptunia cæde rubescunt.   695

tien, et ne voit pas derrière elle les deux serpents qui l'attendent. Tous les dieux monstrueux de sa patrie, et à leur tête l'aboyant Anubis, se sont armés pour lutter contre Neptune, Vénus et Minerve : au fort de la mêlée, Mars, gravé sur le fer, paraît déchaînant ses fureurs ; des cieux descendent les cruelles Furies ; et la Discorde, étalant en triomphe sa robe déchirée, marche à grands pas ; Bellone la suit armée d'un fouet ensanglanté.

Apollon, des hauteurs d'Actium, regarde le combat et bande son arc : frappés de terreur, l'Égyptien, l'Indien, l'Arabe, le Sabéen, tous ont tourné le dos. On voit la reine elle-même, implorant les vents, fuir à toutes voiles, et déployer sur les eaux ses câbles abandonnés. Le dieu du feu l'avait représentée au milieu du carnage, déjà pâle de la mort qui l'attendait, et emportée par les flots et l'Iapyx. Voilà que le Nil aux vastes formes apparaissait devant elle, pleurant son malheur, ouvrant les larges plis de sa robe, et appelant les vaincus dans son sein azuré, et dans les retraites profondes de ses eaux. Mais César, trois fois triomphant, entrait porté sur son char dans les murs de Rome, et, payant aux dieux de l'Italie l'immortel tribut de ses vœux, consacrait dans la ville trois cents des plus vastes temples. Rome entière retentissait des cris de joie, du bruit des jeux, des applaudissements de la foule. Dans tous les temples ce ne sont qu'autels dressés, chœurs de dames romaines ; partout devant les autels des taureaux immolés jonchent la terre de leurs dépouilles sanglantes. Sur le seuil éblouissant de marbre et d'albâtre du temple d'Apollon, César, du haut de son trône recueille les présents des peuples, et en décore les superbes portiques du dieu. On voit s'avancer la longue file 'des nations vaincues, aussi diverses par leur langage que par leurs vêtements et leurs armes. Ici Vulcain avait représenté les Nomades, et les Africains à la robe flottante ; là les Lélèges, les Cariens, et les Gélons qui portent l'arc. L'Euphrate soumis coulait plus mollement ; on voyait les Morins venus des extrémités de la terre, le Rhin à la double corne, les Dahes jusqu'alors indomptés, et l'Araxe indigné du pont qui l'enchaîne.

Telles étaient les merveilles empreintes sur ce bouclier, présent de Vulcain. Énée les admire, et, réjoui par cette prophétique image des grandes choses qu'il ignore, il charge ses épaules de la gloire et des destins de sa postérité.

LIVRE IX.

Au milieu de ces mouvements divers, la fille de Saturne envoie du haut de l'Olympe Iris vers le fier Turnus. Turnus se reposait alors dans un bois sacré, au fond d'une vallée consacrée à Pilumnus, l'un de ses aïeux. Iris l'aborde, et de sa bouche de rose elle laisse tomber ces mots : « Turnus, ce « qu'aucun dieu n'eût osé promettre à tes vœux, « cette journée, qui déjà s'écoule, vient d'elle-mê-« me te l'offrir. Énée a quitté sa ville, ses compa-« gnons, sa flotte, a gagné le mont Palatin et la « demeure royale d'Évandre : c'est peu ; il a pénétré « jusqu'aux dernières villes de Coryte, et là il ras-« semble et arme la troupe agreste des Lydiens.

Regina in mediis patrio vocat agmina sistro ;
Necdum etiam geminos a tergo respicit anguis ;
Omnigenumque deum monstra, et latrator Anubis,
Contra Neptunum, et Venerem, contraque Minervam
Tela tenent : sævit medio in certamine Mavors   700
Cœlatus ferro, tristesque ex æthere Diræ ;
Et scissa gaudens vadit Discordia palla,
Quam cum sanguineo sequitur Bellona flagello.
Actius hæc cernens arcum intendebat Apollo
Desuper : omnis eo terrore Ægyptus, et Indi,   705
Omnis Arabs, omnes vertebant terga Sabæi.
Ipsa videbatur ventis regina vocatis
Vela dare, et laxos jamjumque inmittere funis.
Illam inter cædes pallentem morte futura
Fecerat ignipotens undis et Iapyge ferri ;   710
Contra autem magno mærentem corpore Nilum,
Pandentemque sinus, et tota veste vocantem
Cæruleum in gremium, latebrosaque flumina, victos.
At Cæsar, triplici invectus Romana triumpho
Mœnia, dis Italis votum inmortale sacrabat,   715
Maxuma tercentum totam delubra per Urbem.
Lætitia, ludisque viæ plausuque fremebant ;
Omnibus in templis matrum chorus, omnibus aræ ;
Ante aras, terram cæsi stravere juvenci.

Ipse, sedens niveo candentis limine Phœbi,   720
Dona recognoscit populorum, aptatque superbis
Postibus ; incedunt victæ longo ordine gentes,
Quam variæ linguis, habitu tam vestis, et armis.
Hic Nomadum genus', et discinctos Mulciber Afros,
Hic Lelegas, Carasque, sagittiferosque Gelonos   725
Finxerat. Euphrates ibat jam mollior undis,
Extremique hominum Morini, Rhenusque bicornis,
Indomitique Dahæ, et pontem indignatus Araxes.
Talia, per clipeum Volcani, dona parentis,
Miratur, rerumque ignarus imagine gaudet,   730
Adtollens humero famamque et fata nepotum.

LIBER IX.

Atque ea diversa penitus dum parte geruntur,
Irim de cœlo misit Saturnia Juno
Audacem ad Turnum : luco tum forte parentis
Pilumni Turnus sacrata valle sedebat.
Ad quem sic roseo Thaumantias ore locuta est :   5
Turne, quod optanti divom promittere nemo
Auderet, volvenda dies en adtulit ultro.
Æneas urbe, et sociis, et classe relicta,
Sceptra Palatini sedemque petit Evandri.

« Pourquoi balances-tu? Voici le moment de demander et tes coursiers et ton char. Plus de retard ; va, disperse, enlève le camp troyen. » Elle dit, s'élève dans les airs sur ses ailes égales, et dans sa fuite trace sous la nue un grand arc de lumière. Le jeune guerrier a reconnu la messagère des dieux ; il lève au ciel ses deux mains, et la suivant des yeux, lui adresse ces paroles : « Iris, ornement de l'Olympe, quel dieu t'a envoyée à moi et portée sur un nuage vers la terre? « D'où vient cette sérénité soudaine? Je vois s'ouvrir les cieux, je vois sous leur voûte errer les « étoiles ; je me livre à un si grand présage ; je « t'obéis, qui que tu sois, dieu qui m'appelles au « combat. » Aussitôt il s'approche du fleuve, puise au fond de ses gouffres l'eau des libations, invoque mille et mille fois les dieux, et charge le ciel de ses vœux.

Déjà marchait se déployant dans la plaine l'armée entière des Rutules ; la cavalerie resplendissait d'or ; l'or et les couleurs éclataient sur les vêtements des guerriers. A la tête des premiers rangs est Messape ; les derniers sont commandés par les fils de Tyrrhus : au centre paraît Turnus, les armes à la main, et dépassant de toute la tête les autres combattants. Tel s'enfle et coule silencieux le Gange, gros de ses sept courants tranquilles ; ou encore le Nil, quand il rappelle ses fertiles ondes répandues dans les campagnes, et qu'il est enfin rentré dans son lit. Tout à coup les Troyens voient de loin un nuage d'une noire poussière s'amasser et s'élever de la plaine obscurcie. Caïcus, posté sur le rempart et vis-à-vis l'ennemi, de s'écrier le premier : « Compagnons, quel épais « et noir tourbillon roule vers nous? Aux armes ! « les traits en main ! montez sur les remparts ; « voici l'ennemi ; alerte, alerte! » On lui répond par un cri ; les Troyens se rangent sous toutes les portes, et remplissent les murailles. Énée, en habile capitaine, avant de partir leur avait prescrit, quoi qu'il arrivât, de ne pas chercher les hasards d'une bataille rangée, ni s'aventurer dans la plaine ; mais de ne faire que protéger le camp et les retranchements. Ainsi, bien que la honte et la colère les excitent à en venir aux mains, ils obéissent, ferment leurs portes, et à l'abri de leurs tours attendent de pied ferme l'ennemi. Turnus vole en avant, et déjà il a devancé sa troupe tardive : à la tête de vingt cavaliers choisis, il paraît tout à coup sous les murs de la ville ; il monte un coursier de Thrace tacheté de blanc ; un panache rouge ombrage son casque d'or. « Guerriers, s'écrie-t-il, qui le premier de « nous?... qui court avec moi à l'ennemi?... » Il dit, et, dardant un trait, le lance dans les airs, commence l'attaque et se porte fièrement dans la plaine. Les Rutules d'applaudir en poussant d'horribles cris, et de le suivre en agitant leurs armes frémissantes. Cependant l'inertie des Troyens les étonne : est-ce que l'ennemi n'oserait pas descendre dans la plaine, s'avancer contre eux enseignes déployées? Est-ce qu'il va se tenir dans son camp? Turnus, que troublent la fureur et la honte, va, revient, porté sur son

Nec satis : extremas Corythi penetravit ad urbes ; 10
Lydorumque manum, collectos armat agrestis.
Quid dubitas? nunc tempus equos, nunc poscere currus.
Rumpe moras omnis, et turbata adripe castra.
Dixit, et in cœlum paribus se sustulit alis ;
Ingentemque fuga secuit sub nubibus arcum. 15
Adgnovit juvenis, duplicisque ad sidera palmas
Sustulit, et tali fugientem est voce secutus :
Iri, decus cœli, quis te mihi nubibus actam
Detulit in terras? unde hæc tam clara repente
Tempestas? medium video discedere cœlum, 20
Palantisque polo stellas : sequor omina tanta,
Quisquis in arma vocas. Et sic effatus, ad undam
Processit, summoque hausit de gurgite lymphas,
Multa deos orans ; oneravitque æthera votis.
Jamque omnis campis exercitus ibat apertis, 25
Dives equum, dives pictai vestis et auri.
Messapus primas acies, postrema coercent
Tyrrhidæ juvenes : medio dux agmine Turnus
Vertitur, arma tenens, et toto vertice supra est.
Ceu septem surgens sedatis amnibus altus 30
Per tacitum Ganges, aut pingui flumine Nilus,
Quum refluit campis, et jam se condidit alveo.
Hic subitam nigro glomerari pulvere nubem
Prospiciunt Teucri, ac tenebras insurgere campis.
Primus ab adversa conclamat mole Caicus : 35

Quis globus, o cives, caligine volvitur atra!
Ferte citi ferrum, date tela, scandite muros,
Hostis adest, eia! Ingenti clamore per omnis
Condunt se Teucri portas, et mœnia conplent.
Namque ita discedens præceperat optumus armis 40
Æneas ; si qua interea fortuna fuisset,
Neu struere auderent aciem, neu credere campo ;
Castra modo, et tutos servarent aggere muros.
Ergo, etsi conferre manum pudor iraque monstrat,
Objiciunt portas tamen, et præcepta facessunt, 45
Armatique cavis exspectant turribus hostem.
Turnus, ut ante volans tardum præcesserat agmen,
Viginti lectis equitum comitatus et urbi
Inprovisus adest ; maculis quem Thracius albis
Portat equus, cristaque tegit galea aurea rubra. 50
Ecquis erit mecum, juvenes? qui primus in hostem?
En ; ait : et jaculum adtorquens emittit in auras,
Principium pugnæ, et campo sese arduus infert.
Clamore excipiunt socii, fremituque sequuntur
Horrisono ; Teucrum mirantur inertia corda ; 55
Non æquo dare se campo, non obvia ferre
Arma viros, sed castra fovere : huc turbidus atque huc
Lustrat equo muros, aditumque per avia quærit.
Ac veluti pleno lupus insidiatus ovili,
Quum fremit ad caulas, ventos perpessus et imbris ; 60
Nocte super media ; tuti sub matribus agni

coursier, tourne les remparts, et cherche quelque endroit inaccessible à forcer. Tel au milieu de la nuit un loup, endurant et la pluie et les vents, rôde autour d'un bercail plein, et frémit aux portes : les agneaux, en sûreté sous leurs mères, bêlent; mais lui, que leur bêlement irrite et enflamme de rage, écume contre sa proie absente : une furieuse faim qu'il a depuis longtemps amassée le fatigue de son aiguillon, et son gosier desséché a soif de sang. Ainsi Turnus, en voyant le camp troyen et ses retranchements inabordables, sent s'allumer sa colère; un féroce dépit brûle les os du guerrier. Que faire? Quel accès tenter? Comment arracher les Troyens à leurs murs? comment les rejeter dans la plaine? Leur flotte à l'ancre dans le Tibre, et appuyée à l'un des côtés du camp, était couverte par les retranchements qui la cachaient et par les eaux du fleuve. Turnus court l'attaquer, propose à ses compagnons, que cet appel transporte, de l'embraser, et lui-même dans sa bouillante ardeur arme sa main d'un pin enflammé. Tous alors s'y portent d'un même élan; la présence de Turnus les anime; chacun à l'envi s'arme de torches noirâtres, de tisons enlevés des foyers : le pin résineux lance jusqu'aux astres sa fumée lumineuse, et le feu éclate en étincelles volantes.

Quelle divinité, ô Muses, détourna des Troyens un si funeste incendie, et chassa loin de leurs vaisseaux ces immenses feux? Dites-le-moi. L'événement se perd dans les temps de la crédule antiquité, mais le souvenir en est éternel. Alors qu'Énée, se préparant à traverser les mers, faisait construire ses vaisseaux dans les forêts de l'Ida, on dit que la mère des dieux, la déesse de Bérécynte, tint ce langage à Jupiter : « Accordez, ô

« mon fils, une grâce à votre mère chérie, de qui
« vous tenez l'empire de l'Olympe. Sur les sommets de l'Ida s'élève une forêt de pins qui
« m'est chère depuis de nombreuses années, et
« que mon culte a consacrée : c'est là sous de
« noirs ombrages, et sous le ténébreux couvert
« d'antiques érables, que les Phrygiens venaient
« m'offrir des sacrifices. Ces arbres, je les ai
« abandonnés avec joie au héros dardanien, afin
« qu'il s'en servît pour construire sa flotte : aujourd'hui mon cœur s'alarme et tremble pour
« cette forêt chérie : calmez les inquiétudes de
« votre mère, et accordez-lui la faveur qu'elle
« implore. Que ces arbres ne soient ni ébranlés par les flots qu'ils vont sillonner, ni vaincus par les tourbillons des vents : qu'ils gardent ce saint privilége d'être nés sur mes
« montagnes. » Le fils de Cybèle, par qui les astres roulent dans les cieux, lui répond en ces termes : « O ma mère, pourquoi vouloir forcer les
« destins; et que me demandez-vous pour ces navires? Quoi ! ces carènes formées par la main des
« mortels seraient donc immortelles comme nous?
« Et le seul Énée traverserait impunément les
« hasards et les périls? Quel dieu disposa jamais
« d'une telle faveur? Voici ce que je vous promets :
« toutes celles de ces galères qui, au terme de
« leur course, toucheront aux rivages et aux ports
« de l'Ausonie, et qui, échappées aux vagues, auront porté le chef des Troyens vers les champs
« laurentins, je leur ôterai leurs formes mortelles,
« et je commanderai qu'elles deviennent des déesses de la vaste mer, telles que Doto et Galatée,
« qui fendent avec leurs seins d'albâtre les flots
« écumants. » Il dit, jura par le fleuve du roi son frère, par le Styx, par ses torrents de bitume et

Balatum exercent : ille, asper et improbus, ira
Sævit in absentis; collecta fatigat edendi
Ex longo rabies, et siccæ sanguine fauces.
Haud aliter Rutulo, muros et castra tuenti, 65
Ignescunt iræ; duris dolor ossibus ardet;
Qua tentet ratione aditus, et quæ via clausos
Excutiat Teucros vallo, atque effundat in æquor.
Classem, quæ lateri castrorum adjuncta latebat,
Aggeribus sæptam circum et fluvialibus undis, 70
Invadit; sociosque incendia poscit ovantis;
Atque manum pinu flagranti fervidus inplet.
Tum vero incumbunt; urguet præsentia Turni;
Atque omnis facibus pubes adcingitur atris.
Diripuere focos; piceum fert fumida lumen 75
Tæda, et conmixtam Volcanus ad astra favillam.

Quis deus, o Musæ, tam sæva incendia Teucris
Avertit? tantos ratibus quis depulit ignes?
Dicite : prisca fides facto, sed fama perennis.
Tempore quo primum Phrygia formabat in Ida 80
Æneas classem, et pelagi petere alta parabat,
Ipsa deum fertur genetrix Berecyntia magnum
Vocibus his adfata Jovem : Da, nate, petenti,

Quod tua cara parens domito te poscit Olympo.
Pinea silva mihi, multos dilecta per annos, 85
Lucus in arce fuit summa, quo sacra ferebant,
Nigranti picea trabibusque obscurus acernis;
Has ego Dardanio juveni, quum classis egeret,
Læta dedi : nunc sollicitam timor anxius urguet.
Solve metus, atque hoc precibus sine posse parentem, 90
Ne cursu quassatæ ullo, neu turbine venti
Vincantur : prosit nostris in montibus ortas. »
Filius huic contra, torquet qui sidera mundi :
O genetrix, quo fata vocas? aut quid petis istis?
Mortaline manu factæ inmortale carinæ 95
Fas habeant? certusque incerta pericula lustret
Æneas? cui tanta deo permissa potestas?
Immo, ubi defunctæ finem portusque tenebunt
Ausonios, olim quæcunque evaserit undis,
Dardaniumque ducem Laurentia vexerit arva, 100
Mortalem eripiam formam, magnique jubebo
Æquoris esse deas : qualis Nereia Doto
Et Galatea secant spumantia pectore pontum.
Dixerat : idque ratum Stygii per flumina fratris,
Per pice torrentis atraque voragine ripas 105

par les noirs tourbillons de ses rives, inclina sa tête, et à ce signe tout l'Olympe ébranlé trembla.

Enfin ce jour promis par les destins était arrivé, et les temps comptés par les Parques étaient accomplis. Avertie par la fureur de Turnus, la mère des dieux songea à repousser de la flotte sacrée les torches de l'incendie. En ce moment on vit resplendir une lumière nouvelle, et des régions de l'Aurore un grand nuage traverser les cieux; les chœurs de l'Ida parurent; une voix épouvantable tomba du haut des airs, et remplit de ses vastes éclats les armées des Troyens et des Rutules. « Troyens, ne vous agitez pas « pour défendre mes vaisseaux; n'armez point vos « bras : Turnus embrasera plutôt les mers que « ces pins sacrés. Et vous, mes galères, allez, soyez « libres; allez, déesses de la mer; Cybèle vous « l'ordonne. » Toutes au même instant rompent les nœuds qui les enchaînent à la rive, et, comme des dauphins, plongent leur proue dans les eaux; elles s'y enfoncent, et reparaissent, ô prodige! nymphes des mers. Autant de proues d'airain flottaient attachées au rivage, autant de formes divines se montrent et s'élancent dans la mer. Les Rutules s'arrêtent stupéfaits; Messape lui-même est consterné, et ses coursiers se troublent : le Tibre suspend les rauques murmures de son onde, et du plus profond de son lit recule vers sa source. Mais Turnus n'a rien perdu de sa confiante audace; il relève et gourmande les esprits abattus des siens par ces fières paroles : « Ce prodige ne menace que les Troyens : « c'est Jupiter lui-même qui leur enlève leur « ressource dernière : il n'y a plus pour les Ru« tules ni traits, ni torches à lancer. La route des « mers est fermée aux Troyens; pour eux plus « d'espérance de fuir : voici que la mer leur est « enlevée; la terre est dans nos mains, et cent « peuples italiens sont en armes avec nous. Tous « ces oracles dont les Phrygiens se vantent n'ont « rien qui m'effraye, non plus que les arrêts des « dieux. C'est assez pour les destins, assez pour « Vénus que les Troyens aient touché la terre « fertile de l'Ausonie : et moi aussi j'ai mes des« tins ; c'est d'exterminer par le fer une race cri« minelle, qui prétend m'enlever mon épouse. « Cet affront ne touche pas que les seuls Atrides, « et d'autres villes que Mycènes ont le droit de « prendre les armes. Ce n'est pas assez pour ces « ravisseurs d'avoir une première fois péri; et « n'est-ce pas encore trop qu'après un premier « crime qu'ils ont tant expié, ils n'aient point « en horreur toutes les femmes? Ces retranche« ments, auxquels ils se confient, ces fossés qu'ils « nous opposent, faibles barrières entre eux et « la mort, voilà ce qui leur donne du cœur. Mais « n'ont-ils pas vu les murs de Troie, bâtis des « mains de Neptune, s'abîmer dans les flammes? « Allons, mes guerriers d'élite, qui de vous veut « avec moi renverser ce rempart, et envahir ce « camp perdu d'épouvante? Je n'ai besoin ni des « armes de Vulcain, ni de mille vaisseaux contre « les Troyens : que toute l'Étrurie vienne au plus « vite se joindre à eux : les ombres de la nuit, le « lâche enlèvement d'un Palladium, le massacre « des gardes d'un temple, ils n'ont pas à craindre

Adnuit, et totum nutu tremefecit Olympum.
Ergo aderat promissa dies, et tempora Parcæ
Debita conplerant; quum Turni injuria matrem
Admonuit, ratibus sacris depellere tædas.
Hic primum nova lux oculis offulsit, et ingens 110
Visus ab Aurora cœlum transcurrere nimbus,
Idæique chori : tum vox horrenda per auras
Excidit, et Troum Rutulorumque agmina conplet :
Ne trepidate meas, Teucri, defendere navis,
Neve armate manus; maria ante exurere Turno, 115
Quam sacras dabitur pinus : vos ite solutæ,
Ite, deæ pelagi; Genetrix jubet. Et sua quæque
Continuo puppes abrumpunt vincula ripis,
Delphinumque modo demersis æquora rostris
Ima petunt : hinc virgineæ, mirabile monstrum, 120
Quot prius æratæ steterant ad litora proræ,
Reddunt se totidem facies, pontoque feruntur.

Obstupuere animis Rutuli; conterritus ipse
Turbatis Messapus equis; cunctatur et amnis
Rauca sonans, revocatque pedem Tiberinus ab alto. 125
At non audaci cessit fiducia Turno;
Ultro animos tollit dictis, atque increpat ultro :
Trojanos hæc monstra petunt; his Juppiter ipse
Auxilium solitum eripuit; non tela, nec ignes
Exspectant Rutulos; ergo maria invia Teucris, 130

Nec spes ulla fugæ; rerum pars altera ademta est.
Terra autem in nostris manibus; tot millia, gentes
Arma ferunt Italæ : nil me fatalia terrent,
Si qua Phryges præ se jactant, responsa deorum.
Sat fatis Venerique datum, tetigere quod arva 135
Fertilis Ausoniæ Troes : sunt et mea contra
Fata mihi, ferro sceleratam exscindere gentem,
Conjuge præpta; nec solos tangit Atridas
Iste dolor, solisque licet capere arma Mycenis.
Sed periisse semel satis est : peccare fuisset 140
Ante satis, penitus modo non genus omne perosos
Femineum; quibus hæc medii fiducia valli,
Fossarumque moræ, leti discrimina parva,
Dant animos : at non viderunt mœnia Trojæ,
Neptuni fabricata manu considere in ignis? 145
Sed vos, o lecti, ferro qui scindere vallum
Adparat, et mecum invadit trepidantia castra?
Non armis mihi Volcani, non mille carinis
Est opus in Teucros : addant se protenus omnes
Etrusci socios : tenebras et inertia furta 150
Palladii, cæsis summæ custodibus arcis
Ne timeant; nec equi cæca condemur in alvo :
Luce, palam, certum est igni circumdare muros.
Haud sibi cum Danais rem faxo, et pube Pelasga
Esse putent, decumum quos distulit Hector in annum 155

« de moi de pareils coups ; nous ne nous cache-
» rons pas dans les flancs ténébreux d'un cheval.
« C'est en plein jour que je veux embraser leurs
« murs. Ils n'auront point affaire à des Grecs, et
« à cette patiente jeunesse qu'Hector a traînée,
« devant des murailles, jusqu'à la dixième an-
« née. Cependant la plus grande partie du jour
« est écoulée : compagnons, qui vous êtes vail-
« lamment comportés, donnez au repos les mo-
« ments qui vous restent, et tenez-vous prêts et
« en espérance pour l'attaque. » En même temps
il commet à Messape le soin de poser des sentinelles devant toutes les portes du camp troyen,
et d'environner les remparts de feux allumés.
Quatorze chefs rutules s'avancent pour garnir
les postes ; chacun d'eux est suivi de cent jeunes
guerriers tout brillants d'or et de superbes aigrettes. Ils se portent çà et là sur tous les points, et
se relèvent tour à tour : les autres, couchés sur
l'herbe, se livrent aux délices de Bacchus et renversent les cratères d'airain. Les feux brillent
de loin en loin ; le jeu charme les longueurs
d'une nuit sans sommeil.

Les Troyens, du haut de leurs retranchements,
observent ces mouvements de l'ennemi, et, les
armes à la main, couvrent les remparts. Alarmés du péril qui les environne, ils visitent toutes les portes, et joignent entre eux par des ponts
suspendus les ouvrages de défense. Tous sont en
armes ; les travaux sont poussés par Mnesthée
et par l'ardent Séreste : Énée, craignant que
quelque revers n'appelât l'effort de leurs bras,
les avait chargés de diriger la jeunesse troyenne
et d'ordonner de tout en maîtres. Leurs soldats,
se partageant les dangers et les veilles, se relèvent tour à tour des postes qu'ils ont à défendre.

L'une des portes du camp était gardée par Nisus, fils d'Hyrtacus, jeune homme d'un bouillant courage : l'Ida, foulé par les chasseurs,
l'avait vu quittant ses collines pour suivre Énée :
Nisus excellait à pousser le javelot rapide et la
flèche légère. Au même poste veillait avec lui
Euryale, son ami, le plus beau de tous les guerriers qui revêtirent une armure troyenne ; enfant,
c'est à peine si la première jeunesse se marquait
sur son visage par un léger duvet. Ils s'aimaient
d'amitié tendre ; ensemble ils se jetaient au milieu
des combats. En ce moment un commun devoir les retenait à la même porte du camp. Soudain Nisus : « Euryale, sont-ce les dieux qui souf-
« flent à nos cœurs cette ardeur qui m'anime ?
« ou chacun de nous prend-il pour la voix d'un
« dieu son instinct impétueux ? Je ne sais, mais
« je sens aux bonds de mon cœur que je veux
« combattre ou tenter quelque chose de grand, et
« je ne supporte plus cet inutile repos. Tu vois la
« sécurité des Rutules : les feux ne brillent plus
« que de loin en loin ; tout le camp dort, ense-
« veli dans le vin et le sommeil : partout c'est
« un profond silence. Écoute-moi donc : voici
« mon projet, et la pensée qui s'élève dans mon
« cœur. Chefs et soldats, tous demandent avec
« ardeur le retour d'Énée ; tous voudraient qu'un
« message fidèle fût envoyé vers lui. Si l'on
« me promet pour toi ce que je demanderai, c'est
« assez pour moi de la gloire. Je crois pouvoir
« me frayer sous ces hauteurs une route jusqu'aux
« murailles de Pallantée. » Ce dessein a saisi
l'âme d'Euryale, que transporte un violent amour
des louanges ; il répond en ces mots à son bouillant ami : « Eh quoi ! Nisus, tu dédaignes de
« m'associer aux grandes choses que tu vas en-

Nunc adeo, melior quoniam pars acta diei,
Quod superest, læti bene gestis corpora rebus
Procurate, viri ; et pugnam sperate parati.
Interea vigilum excubiis obsidere portas
Cura datur Messapo, et mœnia cingere flammis.   160
Bis septem, Rutulo muros qui milite servent,
Delecti : ast illos centeni quemque sequuntur
Purpurei cristis juvenes, auroque corusci.
Discurrunt, variantque vices ; fusique per herbam
Indulgent vino, et vertunt crateras ahenos.   165
Collucent ignes : noctem custodia ducit
Insomnem ludo.
   Hæc super e vallo prospectant Troes, et armis
Alta tenent, nec non trepidi formidine portas
Explorant, pontisque et propugnacula jungunt ;   170
Tela gerunt : instant Mnestheus acerque Serestus ;
Quos pater Æneas, si quando adversa vocarent,
Rectores juvenum, et rerum dedit esse magistros.
Omnis per muros legio, sortita periclum,
Excubat, exercetque vices, quod cuique tuendum est.   175
   Nisus erat portæ custos, acerrimus armis,
Hyrtacides ; comitem Æneæ quem miserat Ida
Venatrix, jaculo celerem levibusque sagittis ;
Et juxta comes Euryalus, quo pulchrior alter
Non fuit Æneadum, Trojana neque induit arma,   180
Ora puer prima signans intonsa juventa.
His amor unus erat, pariterque in bella ruebant.
Tum quoque communi portam statione tenebant.
Nisus ait : Dine hunc ardorem mentibus addunt,
Euryale ? an sua cuique deus fit dira cupido ?   185
Aut pugnam, aut aliquid jam dudum invadere magnum
Mens agitat mihi ; nec placida contenta quiete est.
Cernis, quæ Rutulos habeat fiducia rerum :
Lumina rara micant ; somno vinoque sepulti
Procubuere ; silent late loca : percipe porro,   190
Quid dubitem, et quæ nunc animo sententia surgat.
Ænean adciri omnes, populusque patresque,
Exposcunt ; mittique viros, qui certa reportent.
Si tibi, quæ posco, promittunt, nam mihi facti
Fama sat est, tumulo videor reperire sub illo   195
Posse viam ad muros et mœnia Pallantea.
Obstupuit magno laudum percussus amore
Euryalus ; simul his ardentem adfatur amicum :
Mene igitur socium summis adjungere rebus,

« treprendre? Pourrai-je te laisser te jeter seul
« à travers de si grands périls? Je ne serais pas le
« fils du belliqueux Opheite, moi qu'il a élevé et
« instruit au milieu des alarmes de la guerre ar-
« gienne et des horreurs d'Ilion assiégé : et tu
« ne m'as pas trouvé indigne de toi depuis le jour
« où j'ai suivi le magnanime Énée et ses destins
« désespérés. Ce cœur, cher Nisus, ce cœur, je le
« sens, méprise la vie, et ne croit pas que mou-
« rir soit trop payer l'honneur où tu aspires. » —
« Je n'ai jamais douté de ton courage, lui répond
« Nisus ; non, et cela ne m'est pas permis : qu'ainsi
« puissent et le grand Jupiter, et les dieux qui re-
« gardent mon dessein d'un œil favorable, me
« ramener triomphant vers toi! Mais tu sais si
« l'entreprise est pleine de périls ; et si un coup
« du sort, un dieu ennemi m'entraîne en quelque
« malheur, je veux que tu me survives : ton âge
« est plus digne de la vie. Que j'aie un ami qui
« m'emporte du combat, ou qui me rachète et qui
« dépose mes restes dans la terre ; ou, si la for-
« tune les lui envie, qui rende à ma dépouille
« absente les vains honneurs des morts, et la dé-
« core d'un tombeau. Que je ne sois pas la cause
« d'une si grande douleur pour ta malheureuse
« mère, qui seule entre tant de mères, enfant, a
« tout bravé pour te suivre, et qui pour toi a dédai-
« gné les murailles hospitalières du grand Aceste. »
Mais Euryale : « Tu m'opposes de vains prétex-
« tes ; ma résolution est prise ; elle est inébranla-
« ble : marchons. » Il dit, éveille les gardes, qui
les remplacent et occupent leur poste. Euryale
marche aux côtés de Nisus, et tous deux vont
trouver Ascagne.

Il était nuit, et tous les êtres animés se re-
posaient de leurs peines, et oubliaient leurs
maux dans le sommeil. Les principaux chefs des
Troyens et l'élite des guerriers délibéraient sur
les grands intérêts de l'État en péril : que feront-
ils? Lequel d'entre eux sera envoyé vers Énée?
Appuyés sur leurs longues lances, tenant en
main leurs boucliers, tous sont debout au milieu
du camp. Soudain d'un air animé se présentent
ensemble Nisus et Euryale ; ils demandent à être
admis : une chose importante les amène ; elle
vaut bien qu'on leur donne quelques moments.
Ascagne, qui voit leur impatience, les reçoit le
premier, et ordonne à Nisus de parler. Alors le
fils d'Hyrtacus : « Troyens, écoutez-nous favo-
« rablement, et ne jugez point par notre âge du
« projet qui nous amène devant vous. Les Ru-
« tules ensevelis dans le vin et le sommeil se sont
« tus : nous avons découvert un endroit propre à
« une surprise ; c'est où la route se partage en deux
« sentiers, près de la porte du camp la plus voisine
« de la mer. Les feux de l'ennemi sont partout inter-
« rompus ; on ne voit plus s'élever dans les airs
« qu'une noire fumée. Si vous nous permettez de
« saisir cette heureuse occasion, nous irons cher-
« cher Énée jusque dans les murs de Pallantée,
« et vous nous verrez bientôt revenir tout san-
« glants, et chargés des dépouilles de l'ennemi.
« Nous ne pouvons nous égarer ; dans nos lon-
« gues chasses nous avons souvent aperçu la
« ville d'Évandre au fond de l'obscure vallée, et
« reconnu toute la rive du fleuve. » Alors Alète
chargé d'ans, et en qui l'âge a mûri l'esprit, s'é-
crie : « Dieu de la patrie, vous qui couvrez tou-

Nise, fugis? solum te in tanta pericula mittam? 200
Non ita me genitor, bellis adsuetus, Opheltes
Argolicum terrorem inter Trojæque labores
Sublatum erudiit ; nec tecum talia gessi,
Magnanimum Ænean, et fata extrema secutus.
Est hic, est animus lucis contemtor, et istum 205
Qui vita bene credat emi, quo tendis, honorem.
Nisus ad hæc : Equidem de te nil tale verebar ;
Nec fas ; non : ita me referat tibi magnus ovantem
Juppiter, aut quicumque oculis hæc adspicit æquis.
Sed, si quis, quæ multa vides discrimine tali, 210
Si quis in adversum rapiat, casusve, deusve,
Te superesse velim ; tua vita dignior ætas.
Sit, qui me raptum pugna, pretiove redemtum
Mandet humo solita ; aut, si qua id Fortuna vetabit,
Absenti ferat inferias, decoretque sepulcro. 215
Neu matri miseræ tanti sim caussa doloris,
Quæ te sola, puer, multis e matribus ausa,
Persequitur, magni nec mœnia curat Acestæ.
Ille autem : Caussas nequidquam nectis inanis,
Nec mea jam mutata loco sententia cedit. 220
Acceleremus, ait : vigiles simul excitat ; illi
Succedunt, servantque vices : statione relicta
Ipse comes Niso graditur, regemque requirunt.

Cetera per terras omnis animalia somno
Laxabant curas, et corda oblita laborum : 225
Ductores Teucrum primi, delecta juventus,
Consilium summis regni de rebus habebant,
Quid facerent, quisve Æneæ jam nuntius esset ;
Stant longis adnixi hastis, et scuta tenentes,
Castrorum et campi medio : tum Nisus et una 230
Euryalus confestim alacres admitter orant ;
Rem magnam, pretiumque moræ fore : primus Iulus
Accepit trepidos, ac Nisum dicere jussit.
Tum sic Hyrtacides : Audite o mentibus æquis,
Æneadæ ; neve hæc nostris spectentur ab annis, 235
Quæ ferimus. Rutuli somno vinoque soluti
Conticuere ; locum insidiis conspeximus ipsi,
Qui patet in bivio portæ, quæ proxima ponto ;
Interrupti ignes, aterque ad sidera fumus
Erigitur : si Fortuna permittitis uti, 240
Quæsitum Ænean ad mœnia Pallantea
Mox hic cum spoliis, ingenti cæde peracta,
Adfore cernetis : nec nos via fallit euntis :
Vidimus obscuris primam sub vallibus urbem
Venatu adsiduo, et totum cognovimus amnem. 245
Hic annis gravis, atque animi maturus Aletes :
Di patrii, quorum semper sub numine Troja est,

« jours Ilion de votre puissance, non, vous n'êtes pas près d'anéantir tout à fait les Troyens, puisque vous suscitez parmi nous de tels courages, de si jeunes et si fermes cœurs! » En parlant ainsi, le vieillard tenait serrées les poitrines et les mains des deux jeunes gens, et inondait leurs visages de ses larmes. « Quel prix, leur disait-il, quel prix digne de vous pourra payer une si noble audace? Votre plus belle récompense, les dieux d'abord vous la donneront, et vous la trouverez dans votre vertu : comptez encore sur la reconnaissance du pieux Énée et du jeune et brillant Ascagne : jamais ils n'oublieront un si grand service. » — « Et moi, reprit Ascagne, moi que mon père de retour peut seul sauver, par les grands dieux de Troie, par les Lares de la maison d'Assaracus, par le sanctuaire de la chaste Vesta, je vous en supplie, Nisus, et vous Euryale, aux mains de qui je remets ma fortune et toutes mes espérances, ramenez-moi mon père ; rendez-moi sa présence : lui revenu, plus rien de triste. Je vous donnerai deux coupes d'argent magnifiquement ciselées, que mon père enleva dans Arisba conquise, deux trépieds, deux grands talents d'or, un cratère antique, que m'a donné la Sidonienne Didon. Si la victoire met en nos mains l'Italie et son sceptre, et nous laisse ses dépouilles à tirer au sort, vous avez vu le coursier qui portait Turnus et son armure étincelante d'or : eh bien! ce bouclier, ce panache flamboyant seront exceptés du sort ; et dès à présent, Nisus, ils sont à vous. A ces présents mon père ajoutera douze des plus belles captives, et autant de captifs avec leurs armes ; enfin cette plaine où nous sommes, et qui appartient au roi Latinus. Mais toi, Euryale, que mon âge presque égal rapproche de ton âge, cher et vénérable enfant, de ce jour tout mon cœur est à toi ; sois mon compagnon, sois de moitié dans tous mes périls. Sans toi je ne veux point chercher la gloire : dans la paix, dans la guerre, tu seras l'âme de mes travaux, l'âme de mes conseils. » Euryale lui répond : « Jamais on ne me verra démentir ce noble effort de mon courage : que la fortune seulement me soit propice, et ne se tourne pas contre moi. Mais il est une grâce que je mets au-dessus de tous vos dons, et que j'implore de vous. J'ai une mère issue de l'ancienne race de Priam ; ni la terre d'Ilion ni les murailles d'Aceste n'ont pu retenir l'infortunée, ni la séparer de moi. Aujourd'hui elle ignore les dangers où je cours, et je la quitte sans lui dire adieu. J'atteste et la Nuit et votre main, que je ne pourrais supporter les larmes de ma mère. Vous donc, je vous en conjure, consolez-la dans sa misère, soutenez-la dans son abandon. Laissez-moi emporter de vous cette espérance ; j'en aurai plus d'audace à chercher les périls. » Les Troyens émus laissaient couler leurs larmes ; Ascagne surtout était attendri ; son cœur s'était serré à cette vive image de la piété filiale. « Oui, je te promets, dit-il à Euryale, tout ce que mérite ta sublime entreprise. Ta mère sera la mienne ; il ne lui manquera que le nom de Créuse ; et la nais-

Non tamen omnino Teucros delere paratis,
Quum talis animos juvenum, et tam certa tulistis
Pectora! Sic memorans, humeros dextrasque tenebat 250
Amborum, et voltum lacrimis atque ora rigabat :
Quæ vobis, quæ digna, viri, pro laudibus istis,
Præmia posse rear solvi? pulcherrima primum
Di, moresque dabunt vestri ; tum cetera reddet
Actutum pius Æneas, atque integer ævi 255
Ascanius, meriti tanti non inmemor unquam.
Immo ego vos, cui sola salus genitore reducto,
Excipit Ascanius, per magnos, Nise, Penatis,
Assaracique Larem, et canæ penetralia Vestæ,
Obtestor, quæcumque mihi fortuna, fidesque est, 260
In vestris pono gremiis ; revocate parentem ;
Reddite conspectum ; nihil illo triste recepto.
Bina dabo argento perfecta atque aspera signis
Pocula, devicta genitor quæ cepit Arisba ;
Et tripodas geminos ; auri duo magna talenta ; 265
Cratera antiquum, quem dat Sidonia Dido.
Si vero capere Italiam, sceptrisque potiri
Contigerit victori, et prædam ducere sortem ;
Vidisti, quo Turnus equo, quibus ibat in armis
Aureus ; ipsum illum, clipeum, cristasque rubentis, 270
Excipiam sorti ; jam nunc tua præmia, Nise.
Præterea bis sex genitor lectissima matrum
Corpora, captivosque dabit, suaque omnibus arma ;
Insuper his, campi quod rex habet ipse Latinus.
Te vero, mea quem spatiis propioribus ætas 275
Insequitur, venerande puer, jam pectore toto
Accipio, et comitem casus complector in omnis.
Nulla meis sine te quæretur gloria rebus ;
Seu pacem, seu bella geram : tibi maxima rerum
Verborumque fides. Contra quem talia fatur 280
Euryalus : Me nulla dies tam fortibus ausis
Dissimilem arguerit ; tantum : Fortuna, secunda
Aut adversa, cadat : sed te super omnia dona
Unum oro : genetrix Priami de gente vetusta
Est mihi, quam miseram tenuit non Ilia tellus 285
Mecum excedentem, non mœnia regis Acestæ.
Hanc ego nunc ignaram hujus quodcumque periculi est,
Inque salutatam linquo ; Nox, et tua testis
Dextera, quod nequeam lacrimas perferre parentis.
At tu, oro, solare inopem, et succurre relictæ. 290
Hanc sine me spem ferre tui : audentior ibo
In casus omnis. Percussa mente dederunt
Dardanidæ lacrimas ; ante omnis pulcher Iulus ;
Atque animum patriæ strinxit pietatis imago.
Tum sic effatur : 295
Spondeo digna tuis ingentibus omnia cœptis.
Namque erit ista mihi genetrix, nomenque Creusæ

« sance d'un fils tel que toi ne lui sera pas peu
« comptée, quel que soit l'événement qui t'at-
« tende. J'en jure par cette tête, par laquelle jurait
« mon père; tout ce que je te promets pour le
« jour heureux du retour, je le promets à ta mère
« et à ceux de ton sang. » Ainsi parlait Iule en
pleurant. Alors il détache de son épaule son
épée, ouvrage admirable de Lycaon de Gnosse;
la poignée en était d'or, et la lame s'engageait
dans un fourreau d'ivoire. Mnesthée donne à Nisus la dépouille hérissée d'un lion; Alète change
son casque avec le sien. Tous deux armés se
mettent en marche; les premiers des Troyens,
jeunes gens et vieillards, se pressent sur leurs pas
et jusqu'aux portes du camp les suivent de leurs
vœux : le bel Ascagne, dont le cœur et l'esprit déjà
virils devancent les années, envoyait par eux
à son père mille avis importants; vaines paroles
que les vents dissipent et jettent aux nuages.

Ils sortent, franchissent les fossés, et à la faveur
des ombres de la nuit gagnent le camp des ennemis : mais avant d'en sortir, à combien de Rutules
leurs coups seront funestes! Ils voient des soldats
que le vin et le sommeil ont étendus sur l'herbe :
les chars pendent dételés près du rivage ; les rênes,
les roues, les guerriers, les armes, les vins répandus, tout gît pêle-mêle. Alors le fils d'Hyrtacide :
« Euryale, un coup d'audace ! l'occasion nous ap-
« pelle ; c'est par là que je vais : toi, de peur que
« l'ennemi ne vienne à s'élever sur nous par derrière,
« fais la garde, et veille au loin. Je vais tout égor-
« ger devant moi et te mener par un large chemin. »
Ainsi il parle à voix basse : en même temps il tombe l'épée à la main sur le superbe Rhamnès, qui, reposant sur des coussins magnifiquement dressés, soufflait le sommeil de toute sa bruyante poi-
trine. Il était roi et augure, cher entre tous à Turnus; mais sa divine science ne put détourner de
lui le coup fatal. Trois esclaves de Rémus gisaient
au hasard au milieu des armes; il les massacre
avec son écuyer et le conducteur de son char, qu'il
trouve encore le cou pendant sur ses coursiers :
il l'abat du tranchant de son épée; la tête de Rémus
tombe aussi; et du tronc palpitant s'élance un
sang noirâtre, qui mouille l'herbe tiédie et le lit du
guerrier. Il immole coup sur coup Lamyrus, La-
mus, et le jeune et beau Sarranus : il avait passé
dans le jeu une grande partie de cette nuit; vaincu
par le dieu du sommeil, il lui abandonnait ses membres enchaînés : heureux s'il eût prolongé jusqu'au retour de la lumière et sa veille et le jeu!
Ainsi un lion à jeun et poussé par une faim furieuse ravage une bergerie pleine, déchire, entraîne les tendres agneaux, les brebis muettes de peur,
et ensanglante sa gueule frémissante. Euryale n'est
pas moins ardent au carnage; lui aussi répand
dans le camp ses sanglantes fureurs, et frappe
dans l'ombre mille guerriers sans nom : il tombe
sur Fadus, Herbésus, Rhétus et Abaris. Rhétus
veillait, et voyait tout ; mais dans sa frayeur il se
tenait caché derrière un grand cratère. Au moment qu'il se dresse pour fuir, Euryale lui enfonce
jusqu'à la garde son épée dans la poitrine, et l'en
retire fumante du coup de la mort. Rhétus expire et
rejette son âme avec des flots pourprés de sang et
de vin. Euryale s'échauffe à ses cruelles embû-

```
Solum defuerit, nec partum gratia talem
Parva manet : casus factum quicumque sequentur,
Per caput hoc juro, per quod pater ante solebat;                300
Quæ tibi polliceor reduci, rebusque secundis,
Hæc eadem matrique tuæ generique manebunt.
Sic ait inlacrimans; humero simul exuit ensem
Auratum, mira quem fecerat arte Lycaon
Gnosius, atque habilem vagina aptarat eburna;                   305
Dat Niso Mnestheus pellem horrentisque leonis
Exuvias; galeam fidus permutat Aletes.
Protenus armati incedunt; quos omnis euntis
Primorum manus ad portas juvenumque senumque
Prosequitur votis : nec non et pulcher Iulus,                   310
Ante annos animumque gerens curamque virilem,
Multa patri portanda dabat mandata : sed auræ
Omnia discerpunt, et nubibus inrita donant.
    Egressi superant fossas, noctisque per umbram
Castra inimica petunt, multis tamen ante futuri                 315
Exitio : passim somno vinoque per herbam
Corpora fusa vident; adrectos litore currus;
Inter lora rotasque viros, simul arma, jacere,
Vina simul : prior Hyrtacides sic ore locutus :
Euryale, audendum dextra ; nunc ipsa vocat res.                 320
Hac iter est : tu, ne qua manus se adtollere nobis
A tergo possit, custodi, et consule longe.

Hæc ego vasta dabo, et lato te limite ducam.
Sic memorat, vocemque premit ; simul ense superbum
Rhamnetem adgreditur, qui forte tapetibus altis                 325
Exstructus toto proflabat pectore somnum;
Rex idem, et regi Turno gratissimus augur :
Sed non augurio potuit depellere pestem.
Tris juxta famulos temere inter tela jacentis,
Armigerumque Remi premit, aurigamque sub ipsis                  330
Nactus equis ; ferroque secat pendentia colla;
Tum caput ipsi aufert domino, truncumque relinquit
Sanguine singultantem; atro tepefacta cruore
Terra torique madent : nec non Lamyrumque, Lamumque,
Et juvenem Sarranum, illa qui plurima nocte                     335
Luserat, insignis facie, multoque jacebat
Membra deo victus : felix, si protenus illum
Æquasset nocti ludum, in lucemque tulisset!
Inpastus ceu plena leo per ovilia turbans,
Suadet enim vesana fames, manditque, trahitque                  340
Molle pecus, mutumque metu ; fremit ore cruento.
Nec minor Euryali cædes : incensus et ipse
Perfurit ; ac multam in medio sine nomine plebem,
Fadumque, Herbesumque subit, Rhœtumque, Abarimque,
Ignaros ; Rhœtum vigilantem, et cuncta videntem ;               345
Sed magnum metuens se post cratera tegebat :
Pectore in adverso totum cui comminus ensem
```

ches. Déjà il marchait vers les tentes de Messape, où il voyait tomber les derniers feux, et les coursiers dételés paître l'herbe : mais Nisus, qui sent que la fureur du carnage et la soif du sang emportent son ami, lui dit ce peu de mots : « Cessons, voici venir l'aurore ennemie. C'est assez goûter de carnage ; la route nous est frayée à travers les ennemis. » Ils s'éloignent, et abandonnent les dépouilles des Rutules, de magnifiques ouvrages d'argent massif, des armes, des cratères, des étoffes splendides. Euryale cependant enlève les caparaçons des coursiers de Rhamnès, et son baudrier, garni de clous d'or : c'était un don que l'opulent Cédicus avait jadis envoyé à Rémulus de Tibur, gage de l'hospitalité à laquelle, absent, il engageait sa foi. Rémulus en mourant le légua à son petit-fils : après la mort de celui-ci, les Rutules, vainqueurs des peuples de Tibur, s'emparèrent de cette magnifique dépouille. Euryale la saisit, et en pare vainement ses robustes épaules ; il se couvre aussi du casque de Messape, orné d'une brillante aigrette. Tous deux ils sortent du camp et se mettent en sûreté.

Cependant des cavaliers envoyés en avant de la ville de Laurente, pendant que le gros de l'escadron rangé en bataille s'est arrêté dans la plaine, s'avançaient pour joindre Turnus et lui porter un message du roi : ils étaient trois cents, tous portant boucliers, et commandés par Volscens. Déjà ils approchaient du camp rutule et arrivaient au pied des murs assiégés, quand ils aperçoivent les deux jeunes Troyens, qui se détournaient à gauche. L'ombre de la nuit commençait à s'éclaircir ; le casque de Messape trahit l'imprudent Euryale, et brilla tout à coup d'un reflet de l'aube naissante. » Je ne me trompais pas, s'écrie Volscens du « milieu de son escadron : arrêtez, jeunes gens ! « Pourquoi dans ces lieux ? qui êtes-vous ? où allez-« vous ? » Eux de ne rien répondre, mais de s'échapper au plus vite vers la forêt, et de se fier à la nuit. Les cavaliers s'éparpillant vont se placer aux détours connus du bois et en cernent toutes les issues. La forêt étendait au loin les noirs ombrages de ses chênes touffus et de ses buissons entremêlés : elle était partout remplie de ronces épaisses, que coupaient de loin en loin de ténébreux sentiers. Euryale est empêché par l'ombre des rameaux et par le poids du butin qu'il emporte, et la peur égare ses pas éperdus. Nisus fuit ; et déjà, sans songer à Euryale, il avait échappé aux ennemis, et gagné ces lacs qu'on a depuis appelés les lacs Albains, du nom de la ville d'Albe : là étaient alors les magnifiques pâturages du roi Latinus. Il s'arrête, se retourne, et cherche en vain son ami. « Malheureux, qu'ai-je fait ? s'é-« crie-t-il. Euryale, en quel lieu t'ai-je laissé ? Où « vais-je te chercher ? » Il s'engage de nouveau dans les routes obscures et trompeuses qu'il a déjà parcourues, reconnaît et suit la trace de ses pas, erre au milieu des buissons silencieux. Il entend des chevaux, des bruits d'armes, des cavaliers qui le suivent. Au même instant un cri frappe son oreille, et il voit Euryale, que l'obscurité, l'erreur des chemins et ce tumulte subit ont jeté entre les mains de la troupe ennemie, et qui, accablé, se débat en vain. Que faire ? par quel effort, avec quelles armes osera-t-il dégager son ami ? Ira-t-il se jeter, pour y mourir, au milieu des épées ennemies, et chercher à travers les blessures un beau trépas ? Soudain d'un bras ramené

Condidit adsurgenti, et multa morte recepit.
Purpuream vomit ille animam ; et cum sanguine mixta
Vina refert moriens. Hic furto fervidus instat ; 350
Jamque ad Messapi socios tendebat, ubi ignem
Deficere extremum, et religatos rite videbat
Carpere gramen equos : breviter quum talia Nisus,
Sensit enim nimia cæde atque cupidine ferri,
Absistamus, ait : nam lux inimica propinquat. 355
Pœnarum exhaustum satis est ; via facta per hostes.
Multa virum solido argento perfecta relinquunt
Armaque craterasque simul, pulchrosque tapetas.
Euryalus phaleras Rhamnetis, et aurea bullis
Cingula, Tiburti Remulo ditissimus olim 360
Quæ mittit dona, hospitio quum jungeret absens,
Cædicus ; ille suo moriens dat habere nepoti ;
Post mortem bello Rutuli pugnaque potiti ;
Hæc rapit, atque humeris nequidquam fortibus aptat.
Tum galeam Messapi habilem, cristisque decoram 365
Induit : excedunt castris, et tuta capessunt.
    Interea præmissi equites ex urbe Latina,
Cetera dum legio campis instructa moratur,
Ibant, et Turno regis responsa ferebant,
Tercentum, scutati omnes, Volscente magistro. 370

Jamque propinquabant castris, murosque subibant,
Quum procul hos lævo flectentis limite cernunt ;
Et galea Euryalum sublustri noctis in umbra
Prodidit inmemorem, radiisque adversa refulsit.
Haud temere est visum. Conclamat ab agmine Volscens :
State, viri ; quæ caussa viæ ? quive estis in armis ? 376
Quove tenetis iter ? Nihil illi tendere contra ;
Sed celerare fugam in silvas, et fidere nocti.
Objiciunt equites sese ad divortia nota
Hinc atque hinc, omnemque abitum custode coronant. 380
Silva fuit, late dumis atque ilice nigra
Horrida, quam densi conplerant undique sentes,
Rara per occultos lucebat semita callis.
Euryalum tenebræ ramorum onerosaque præda
Inpediunt, fallitque timor regione viarum. 385
Nisus abit : jamque inprudens evaserat hostis,
Atque lacus, qui post Albæ de nomine dicti
Albani ; tum rex stabula alta Latinus habebat.
Ut stetit, et frustra absentem respexit amicum :
Euryale, infelix qua te regione reliqui ? 390
Quave sequar ? ursus perplexum iter omne revolvens
Fallacis silvæ, simul et vestigia retro
Observata legit, dumisque silentibus errat.

en arrière il bande son arc; et, levant les yeux vers la lune qui brillait au haut des cieux, il lui adresse cette prière: « Déesse, toi, le plus beau « des astres, Latone qui gardes les forêts, sois-« moi propice, et seconde l'effort de mon bras. Si « mon père Hyrtacus a porté pour moi des offran-« des sur tes autels; si je les ai moi-même chargés « des dépouilles des bêtes fauves; si j'ai suspendu « mes sanglants trophées à la voûte et au faîte « sacré de ton temple, fais que je dissipe cette « troupe, et toi guide ces traits à travers les airs. » Il dit, et de tout l'effort de ses membres il lance une flèche; le trait vole, fend les ombres de la nuit, va percer le dos de Sulmon, s'y brise, et de son bois rompu lui traverse la poitrine. Sulmon roule à terre, vomit, déjà glacé par la mort, des flots d'un sang chaud; et la vie s'exhale de ses flancs, que secouent de longs sanglots. On regarde de tous côtés; Nisus redouble de vigueur; et de sa main élevée à la hauteur de sa tête il balançait déjà un second trait. Tandis que la troupe est en alarme, le trait vient en sifflant frapper Tagus de l'une à l'autre tempe, et s'arrête fumant dans sa cervelle transpercée. Volscens transporté de fureur regarde, et ne voit pas d'où sont partis les coups, ne sait pas, dans sa rage, sur qui s'élancer: « Eh « bien! dit-il, tu payeras de ton sang ces deux « morts. » En même temps, l'épée nue, il fondait sur Euryale. Alors épouvanté, hors de lui, Nisus pousse un cri; il ne peut plus se cacher dans les ténèbres, il ne peut plus supporter un si douloureux spectacle: « Moi, c'est moi qui ai tout fait; « tournez le fer contre moi, ô Rutules! tout le cri-« me en est à moi. Cet enfant n'a rien osé, n'a pu « rien contre vous; j'en jure par le ciel et par ces « astres, qui le savent; il n'a fait que trop aimer son « malheureux ami. » Tandis qu'il parle, l'épée de Volscens, poussée d'un bras furieux, perce le flanc et déchire la blanche poitrine d'Euryale. Il roule mourant sur la poussière; le sang coule sur son beau corps, et sa tête inclinée se penche et tombe sur ses épaules. Ainsi coupée par le tranchant de la charrue, languit et meurt une fleur pourprée; ainsi baissent leur tête, sur leur tige lasse, les pavots chargés de pluie. A l'instant Nisus se jette au milieu des ennemis; entre tous il cherche Volscens, il n'en veut qu'à Volscens: les ennemis l'enveloppent, le pressent, et de tous côtés l'accablent; lui n'en pousse l'attaque qu'avec plus d'ardeur, et fait tournoyer sa foudroyante épée; enfin il l'enfonce dans la bouche du Rutule au moment qu'elle s'ouvre pour le menacer, et avant de mourir il ôte la vie à son ennemi. Alors, percé de mille coups, il se jette sur le corps inanimé de son ami, et là il s'endort enfin d'un tranquille et dernier sommeil. Heureux l'un et l'autre! si mes vers peuvent quelque chose, Euryale et Nisus, jamais le temps ne vous effacera de la mémoire des hommes; vous y vivrez tant que la race d'Énée dominera des hauteurs de l'immobile Capitole, tant que

Audit equos, audit strepitus, et signa sequentum.
Nec longum in medio tempus, quum clamor ad auris 395
Pervenit, ac videt Euryalum, quem jam manus omnis
Fraude loci et noctis, subito turbante tumultu,
Oppressum rapit, et conantem plurima frustra.
Quid faciat? qua vi juvenem, quibus audeat armis
Eripere? an sese medios moriturus in enses 400
Inferat, et pulchram properet per volnera mortem?
Ocius adducto torquens hastile lacerto,
Suspiciens altam Lunam, sic voce precatur:
Tu, dea, tu præsens nostro succurre labori,
Astrorum decus, et nemorum Latonia custos; 405
Si qua tuis unquam pro me pater Hyrtacus aris
Dona tulit, si qua ipse meis venatibus auxi,
Suspendive tholo, aut sacra ad fastigia fixi:
Hunc sine me turbare globum, et rege tela per auras.
Dixerat: et toto connixus corpore ferrum 410
Conjicit: hasta volans noctis diverberat umbras,
Et venit aversi in tergum Sulmonis, ibique
Frangitur, ac fisso transit præcordia ligno.
Volvitur ille vomens calidum de pectore flumen
Frigidus, et longis singultibus ilia pulsat. 415
Diversi circumspiciunt: hoc acrior idem
Ecce aliud summa telum librabat ab aure;
Dum trepidant, iit hasta Tago per tempus utrumque
Stridens, trajectoque hæsit tepefacta cerebro.
Sævit atrox Volscens, nec teli conspicit usquam 420
Auctorem, nec quo se ardens immittere possit.

Tu tamen interea calido mihi sanguine pœnas
Persolves amborum, inquit; simul ense recluso
Ibat in Euryalum: tum vero exterritus, amens,
Conclamat Nisus; nec se celare tenebris 425
Amplius, aut tantum potuit perferre dolorem:
Me, me, adsum, qui feci; in me convertite ferrum,
O Rutuli! mea fraus omnis; nihil iste nec ausus,
Nec potuit: cælum hoc et conscia sidera testor:
Tantum infelicem nimium dilexit amicum. 430
Talia dicta dabat; sed viribus ensis adactus
Transabiit costas, et candida pectora rumpit.
Volvitur Euryalus leto, pulchrosque per artus
It cruor, inque humeros cervix conlapsa recumbit:
Purpureus veluti quum flos, succisus aratro, 435
Languescit moriens; lassove papavera collo
Demisere caput, pluvia quum forte gravantur.
At Nisus ruit in medios, solumque per omnis
Volscentem petit; in solo Volscente moratur.
Quem circum glomerati hostes, hinc comminus atque hinc
Proturbant: instat non secius, ac rotat ensem
Fulmineum; donec Rutuli clamantis in ore
Condidit adverso, et moriens animam abstulit hosti.
Tum super exanimem sese projecit amicum
Confossus, placidaque ibi demum morte quievit. 445
    Fortunati ambo! si quid mea carmina possunt,
Nulla dies unquam memori vos eximet ævo,
Dum domus Æneæ Capitoli immobile saxum
Adcolet, imperiumque pater Romanus habebit.

L'ÉNÉIDE, LIV. IX.   371

le père des Romains y maintiendra son empire.

Les Rutules vainqueurs s'emparent du butin et des dépouilles des deux Troyens, et emportent en pleurant le corps sans vie de Volscens dans leur camp. Mais là le deuil n'est pas moins affreux : ce sont les premiers de l'armée enveloppés dans un seul massacre; c'est Rhamnès mort, c'est Sarranus, c'est Numa. On accourt, on s'assemble autour des cadavres et des guerriers à demi morts ; on voit la terre encore tiède d'un récent carnage, et partout écumer de pleins ruisseaux de sang. On reconnaît parmi les dépouilles des deux Troyens celles des Rutules, le casque brillant de Messape, et ces harnais qui ont tant coûté à reconquérir.

Déjà l'Aurore, abandonnant la couche parfumée de Tithon, répandait une nouvelle lumière sur la terre ; déjà le soleil épanchait ses feux, et rendait aux objets leurs couleurs, quand Turnus, se montrant tout armé, appela ses guerriers aux armes, et rassembla pour la bataille ses phalanges d'airain. Chacun par ses discours divers excite les siens, et allume leur colère. En même temps ils portent, au bout de lances qu'ils élèvent en l'air, deux têtes, déplorable trophée ! qu'ils poursuivent de mille cris insultants : ce sont celles de Nisus et d'Euryale. Cependant les Troyens, endurcis par la guerre, portent toutes leurs forces à la gauche de leur camp, le fleuve couvrant la droite : les uns gardent les immenses fossés ; les autres se sont postés sur les hautes tours : tristes, et le cœur ému, ils voient les deux têtes, hélas! trop connues d'eux, fixées au bout des piques, et dégouttantes d'un sang noir. Bientôt la Renommée déployant ses ailes rapides fond à travers la ville épouvantée, et, funeste messagère, glisse jusqu'aux oreilles de la mère d'Euryale. Soudain la malheureuse sent la chaleur abandonner ses os ; les fuseaux tombent de ses mains, et le lin déroulé leur échappe. Enfin elle s'élance, désolée, poussant des hurlements lamentables, arrachant ses cheveux ; et elle vole éperdue jusqu'aux remparts et vers les premiers rangs. Les soldats, les périls, les traits, elle brave tout : puis elle remplit les airs de ces plaintes : « Est-ce toi, Euryale, que « je vois, toi, le dernier soutien de ma vieillesse ? « As-tu pu, cruel, me laisser seule ici ? Et quand « tu t'allais jeter dans de si grands périls, ta « malheureuse mère n'a pu te parler pour la dernière fois ! Hélas ! tu gis sur une terre étrangère, la proie des chiens du Latium ! Et moi, ta « mère, je n'ai point mené tes funérailles, je ne « t'ai point fermé les yeux, je n'ai point lavé tes « blessures, te couvrant de ces tissus, douce tâche que je pressais pour toi les jours et les nuits, « qui consolait les ennuis de ma triste vieillesse ! « Où irai-je ? tes membres, tes restes déchirés, « tes débris misérables, où les chercher ? Voilà « donc, mon cher fils, ce que tu me rapportes de « toi ; voilà ce que je suis venue chercher à travers tant de terres et tant de mers ! Percez-« moi de vos épées, si vous avez quelque pitié de « moi, ô Rutules ; lancez contre moi tous vos « traits ; tuez-moi, tuez-moi la première. Ou toi, « grand Jupiter, par pitié foudroie cette tête « maudite et précipite-la dans le Tartare, puisque « je ne puis autrement rompre la trame d'une si « cruelle vie. » Ces plaintes ébranlent tous les

Victores præda Rutuli spoliisque potiti,   450
Volscentem exanimum flentes in castra ferebant.
Nec minor in castris luctus, Rhamnete reperto
Exsangui, et primis una tot cæde peremtis,
Sarranoque, Numaque : ingens concursus ad ipsa
Corpora, seminecesque viros, tepidaque recentem   455
Cæde locum, et plenos spumanti sanguine rivos.
Adgnoscunt spolia inter se, galeamque nitentem
Messapi, et multo phaleras sudore receptas.

Et jam prima novo spargebat lumine terras
Tithoni croceum linquens Aurora cubile;   460
Jam sole infuso, jam rebus luce retectis ;
Turnus in arma viros, armis circumdatus ipse,
Suscitat; æratasque acies in prælia cogit.
Quisque suos, variisque acuunt rumoribus iras.
Quin ipsa adrectis, visu miserabile, in hastis   465
Præfigunt capita, et multo clamore sequuntur,
Euryali et Nisi.
Æneadæ duri murorum in parte sinistra
Opposuere aciem, nam dextera cingitur amni,
Ingentisque tenent fossas, et turribus altis   470
Stant mœsti : simul ora virum præfixa movebant,
Nota nimis miseris, atroque fluentia tabo.
Interea pavidam volitans pennata per urbem

Nuntia Fama ruit, matrisque adlabitur auris
Euryali : at subitus miseræ calor ossa reliquit ;   475
Excussi manibus radii, revolutaque pensa.
Evolat infelix, et, femineo ululatu,
Scissa comam, muros amens atque agmina cursu
Prima petit : non illa virum, non illa pericli,
Telorumque memor ; cœlum dehinc quæstibus inplet :   480
« Hunc ego te, Euryale, adspicio ? tune, illa senectæ
Sera meæ requies, potuisti linquere solam,
Crudelis ? nec te, sub tanta pericula missum,
Adfari extremum miseræ data copia matri?
Heu, terra ignota, canibus date præda Latinis   485
Alitibusque jaces ! nec te tua funera mater
Produxi, pressive oculos, aut volnera lavi,
Veste tegens, tibi quam noctes festina diesque
Urguebam, et tela curas solabar anilis.
Quo sequar ? aut quæ nunc artus avolsaque membra,   490
Et funus lacerum, tellus habet ? hoc mihi de te,
Nate, refers ? hoc sum terraque marique secuta ?
Figite me, si qua est pietas ; in me omnia tela ?
Conjicite, o Rutuli ; me primam absumite ferro.
Aut tu, magne pater divom, miserere ; tuoque   495
Invisum hoc detrude caput sub Tartara telo ;
Quando aliter nequeo crudelem abrumpere vitam.

cœurs; un même gémissement éclate dans tout le camp; la douleur a brisé et engourdi les courages. La malheureuse mère troublait les airs de ses cris lugubres, quand Idée et Actor, par l'ordre d'Ilionée et d'Ascagne en pleurs, l'enlèvent, et la portent dans leurs bras sous son toit désolé.

Cependant les sons terribles de la trompette, échappés de l'airain frémissant éclatent au loin; des cris y répondent, et le ciel en mugit. Déjà les Volsques, sous la voûte serrée de leurs boucliers unis, s'avancent à la hâte, et se préparent à combler les fossés, à arracher les palissades. D'autres cherchent un accès pour l'escalade là où les soldats sont plus rares, où paraissent s'éclaircir leurs files moins serrées. Les Troyens de leur côté font pleuvoir sur l'ennemi toute sorte de traits, et le repoussent avec des pieux aux dures pointes; une longue guerre les a accoutumés à défendre des murs assiégés. Ils roulaient aussi des pierres d'un poids effroyable, pour rompre le toit mobile de l'épaisse tortue; inébranlable, elle supporte un moment les plus rudes chocs; enfin elle va céder : là où la troupe ennemie devient plus pressante, les Troyens roulent et précipitent une masse immense, qui écrase au loin les Rutules, et qui rompt la voûte des boucliers. Alors les audacieux Rutules renoncent à cette aveugle attaque; ils ne veulent plus que chasser à coups de traits les assiégés de leurs remparts. D'une autre part Mézence, à la mine terrible, secouait une torche étrusque, et s'avançait portant des feux mêlés de fumée. En même temps Messape, le dompteur de coursiers, le fils de Neptune, arrache une palissade, et demande des échelles pour monter à l'assaut.

Muses, toi surtout Calliope, soutenez ici ma voix : racontez-moi le carnage et les morts qui signalèrent le bras de Turnus; dites-moi combien de guerriers furent précipités dans l'Orcus, et déroulez avec moi les grandes scènes de cette guerre. O Muses, vous vous en souvenez, et vous pouvez les décrire.

Une tour s'élevait, haute et dominant au loin la plaine de ses nombreux étages : avantageusement située, les assiégeants rassemblaient contre elle toutes leurs forces, et déployaient pour la renverser toutes les ressources de l'attaque. Les Troyens la défendaient avec vigueur, et par ses mille ouvertures faisaient pleuvoir une grêle de pierres et de traits. Turnus le premier lance contre la tour une torche ardente : la flamme s'attache à ses flancs; accrue par le vent, elle saisit d'étage en étage les plafonds et les portes, les embrase et les dévore. Les assiégés s'agitent dans le trouble et l'effroi, et veulent en vain fuir le mal qui les poursuit. Tandis qu'ils se ramassent, et se retirent vers l'endroit que l'incendie épargne encore, la tour surchargée s'écroule tout à coup avec un horrible fracas, dont le ciel retentit. Entraînés par l'immense masse, les Troyens tombent demi-morts, percés de leurs propres armes, ou par les éclats des poutres brisées : Hélénor et Lycus sont presque les seuls qui échappent. Hélénor, le plus âgé des deux, était fils du roi de Méonie et de l'esclave

Hoc fletu concussi animi, mæstusque per omnis
It gemitus; torpent infractæ ad prælia vires.
Illam incendentem luctus Idæus et Actor, 500
Ilionei monitu et multum lacrimantis Iuli,
Corripiunt, interque manus sub tecta reponunt.
At tuba terribilem sonitum procul ære canoro
Increpuit : sequitur clamor, cœlumque remugit.
Adcelerant acta pariter testitudine Volsci; 505
Et fossas implere parant, ac vellere vallum.
Quærunt pars aditum, et scalis adscendere muros,
Qua rara est acies, interlucetque corona
Non tam spissa viris. Telorum effundere contra
Omne genus Teucri, ac duris detrudere contis, 510
Adsueti longo muros defendere bello :
Saxa quoque infesto volvebant pondere, si qua
Possent tectam aciem perrumpere; quum tamen omnis
Ferre juvat subter densa testudine casus.
Nec jam sufficiunt : nam, qua globus imminet ingens, 515
Immanem Teucri molem volvuntque ruuntque,
Quæ stravit Rutulos late, armorumque resolvit
Tegmina. Nec curant cæco contendere Marte
Amplius audaces Rutuli; sed pellere vallo
Missilibus certant. 520
Parte alia horrendus visu quassabat Etruscam
Pinum, et fumiferos infert Mezentius ignis;
At Messapus equum domitor, Neptunia proles,
Rescindit vallum, et scalas in mœnia poscit.
Vos, o Calliope, precor, adspirate canenti; 525
Quas ibi tunc ferro strages, quæ funera Turnus
Ediderit : quem quisque virum demiserit Orco;
Et mecum ingentis oras evolvite belli :
Et meministis enim, divæ, et memorare potestis.
Turris erat vasto suspectu, et pontibus altis, 530
Opportuna loco; summis quam viribus omnes
Expugnare Itali, summaque evertere opum vi
Certabant; Troes contra defendere saxis,
Perque cavas densi tela intorquere fenestras.
Princeps ardentem conjecit lampada Turnus, 535
Et flammam adfixit lateri; quæ plurima vento
Corripuit tabulas, et postibus hæsit adesis.
Turbati trepidare intus, frustraque malorum
Velle fugam : dum se glomerant, retroque residunt
In partem, quæ peste caret; tum pondere turris 540
Procubuit subito, et cœlum tonat omne fragore.
Semineces ad terram, inmani mole secuta,
Confixique suis telis, et pectora duro
Transfossi ligno, veniunt : vix unus Helenor,
Et Lycus, elapsi; quorum primævus Helenor, 545
Mæonio regi quem serva Licymnia furtim
Sustulerat, vetitisque ad Trojam miserat armis,
Ense levis nudo, parmaque inglorius alba.
Isque ubi se Turni media inter millia vidit,

Licymnia, qui, l'ayant élevé secrètement, l'envoya armé, malgré les lois, sous les murs de Troie : guerrier obscur, il n'a pour armes qu'une épée et un bouclier sans ornements. Lorsqu'il se vit seul au milieu des mille et mille soldats de Turnus, et de tous côtés enveloppé par l'armée des Latins; pareil à la bête sauvage qui, cernée par la troupe serrée des chasseurs, tourne sa fureur contre les traits, et, sûre de mourir, s'élance et saute par-dessus les épieux, il se jette, pour y mourir, au milieu des ennemis, et court là où il voit les traits les plus pressés. Lycus, plus léger à la course, perce à travers les ennemis et les armes, s'échappe, et déjà touche le rempart : il tâche de saisir les hauts créneaux et d'atteindre les mains de ses compagnons. Mais Turnus l'a suivi, et, le pressant de ses pas rapides et de son javelot vainqueur, il le gourmande en ces termes : « Insensé, as-tu cru pouvoir échapper à « mes mains? » En même temps il le saisit comme il pendait du rempart, et l'en arrache avec un pan de la muraille. Ainsi l'oiseau de Jupiter fond sur un lièvre ou sur un cygne au blanc plumage, et l'enlève entre ses serres au haut des nues; ainsi le loup, aimé de Mars, arrache de l'étable un agneau que sa mère redemande par de longs bêlements. De tous côtés on s'écrie, on s'élance, on comble les fossés, tandis que d'autres lancent des torches enflammées au faîte des remparts.

Lucétius, la flamme à la main, s'avançait sous l'une des portes; Ilionée fait tomber sur lui un immense fragment de roc, qui l'écrase. Liger, habile à lancer le dard ; Asylas, à pousser d'une main sûre la flèche au but lointain, abattent l'un Émathion, l'autre Corinée. Cénée tue Ortygius, et Cénée vainqueur est tué par Turnus, qui en même temps immole Itys, Clonius, Dioxippe, Promolus, Sagaris, et Idas posté devant les tours qu'il défendait. Priverne tombe sous les coups de Capys : Priverne, effleuré par la lance de Témille, avait, l'insensé, jeté son bouclier, et portait sa main à sa blessure, lorsque, glissant sur son aîle légère, la flèche de Capys perce sa main attachée à son flanc, pénètre dans sa poitrine, et par un coup mortel déchire les organes du souffle. Le fils d'Arcens marchait, fier de son éclatante armure, de sa chlamyde brodée par l'aiguille, et teinte du sombre incarnat de la pourpre ibérienne ; plus fier encore de sa beauté. Arcens, son père, avant de l'envoyer aux combats, l'avait élevé dans un bois consacré à Cybèle, sur les bords du fleuve Symèthe, là où est le riche et propice autel de Palicus. Mézence le voit, met bas ses javelots, fait tournoyer trois fois autour de sa tête la sifflante courroie de sa fronde; le plomb s'échappe, va fendre en s'y amollissant les tempes d'Arcens, et l'étend mort sur l'arène.

Alors, dit-on, pour la première fois Ascagne, qui n'avait encore épouvanté que les bêtes fugitives des bois, tendit son arc dans un combat, et de sa flèche, poussée d'une main guerrière, abattit le brave Numanus, surnommé Rémulus, et que l'hymen avait uni depuis peu à la plus jeune sœur de Turnus. Le cœur enflé de cette royale alliance, Numanus aux premiers rangs exhalait son arrogance en vociférations infâmes, et se portait au-devant des Troyens en les poursuivant de ses insolentes clameurs : « Lâches

Hinc acies, atque hinc acies adstare Latinas : 550
Ut fera, quæ, densa venantum sæpta corona,
Contra tela furit, seseque haud nescia morti
Injicit, et saltu supra venabula fertur :
Haud aliter juvenis medios moriturus in hostis
Inruit ; et, qua tela videt densissima, tendit. 555
At, pedibus longe melior Lycus, inter et hostis,
Inter et arma, fuga muros tenet, altaque certat
Prendere tecta manu sociumque adtingere dextras.
Quem Turnus, pariter cursu teloque secutus,
Increpat his victor : Nostrasne evadere, demens, 560
Sperasti te posse manus? Simul adripit ipsum
Pendentem, et magna muri cum parte revellit :
Qualis, ubi aut leporem, aut candenti corpore cycnum,
Sustulit alta petens pedibus Jovis armiger uncis,
Quæsitum aut matri multis balatibus agnum 565
Martius a stabulis rapuit lupus : undique clamor
Tollitur : invadunt, et fossas aggere complent ;
Ardentis tædas alii ad fastigia jactant.
Ilioneus saxo atque ingenti fragmine montis
Lucetium, portæ subeuntem, ignisque ferentem ; 570
Emathiona Liger, Corynæum sternit Asylas ;
Hic jaculo bonus, hic longe fallente sagitta :
Ortygium Cæneus, victorem Cænea Turnus ;
Turnus Ityn, Cloniumque, Dioxippum, Promolumque,
Et Sagarim, et summis stantem pro turribus Idan ; 575
Privernum Capys : hunc primo levis hasta Temillæ
Strinxerat ; ille manum projecto tegmine demens
Ad volnus tulit : ergo alis adlapsa sagitta,
Et lævo adfixa est lateri manus, abditaque intus
Spiramenta animæ letali volnere rumpit. 580
Stabat in egregiis Arcentis filius armis,
Pictus acu chlamydem, et ferrugine clarus Hibera
Insignis facie, genitor quem miserat Arcens,
Eductum Matris luco, Symæthia circum
Flumina ; pinguis ubi et placabilis ara Palici : 585
Stridentem fundam, positis Mezentius hastis,
Ipse ter adducta circum caput egit habena ;
Et media adversi liquefacto tempora plumbo
Diffidit, ac multa porrectum extendit arena.

Tum primum bello celerem intendisse sagittam 590
Dicitur, ante feras solitus terrere fugaces,
Ascanius ; fortemque manu fudisse Numanum,
Cui Remulo cognomen erat ; Turnique minorem
Germanam nuper thalamo sociatus habebat.
Is primam ante aciem digna atque indigna relatu 595
Vociferans, tumidusque novo præcordia regno
Ibat, et ingentem sese clamore ferebat :

« Phrygiens, deux fois pris, n'avez-vous pas
« honte d'être encore cernés dans vos retranche-
« ments, et de mettre des murailles entre Mars
« et vous? Les voilà ces guerriers qui viennent,
« les armes à la main, nous demander nos filles
« pour femmes! Quel dieu, ou plutôt quelle folie
« vous a poussés en Italie? Ici vous n'aurez affaire
« ni aux Atrides, ni au fourbe Ulysse, mais bien
« aux durs rejetons d'une race aguerrie : nous
« plongeons dans les fleuves nos nouveau-nés,
« et nous les endurcissons dans les âpres glaçons
« de leurs ondes. Chasseurs infatigables, nos en-
« fants fatiguent les forêts; dompter les coursiers,
« lancer des dards, ce sont là leurs jeux. Invinci-
« ble au travail, accoutumée à vivre de peu, no-
« tre jeunesse ou dompte la terre avec le hoyau,
« ou de ses armes bat les remparts des villes.
« Toute notre vie s'use, à manier le fer, et
« de la pointe de nos lances nous pressons les
« flancs de nos taureaux attelés. La lente
« vieillesse n'affaiblit pas nos courages, n'altère
« pas notre vigueur; nous chargeons d'un cas-
« que nos cheveux blancs; et sans cesse nous
« emportons de nouvelles dépouilles, nous vi-
« vons de rapines. Mais vous, Troyens, sous
« ces vêtements aux splendides couleurs et tout
« brillants de pourpre, vous portez des cœurs lâ-
« ches; vous n'aimez que les danses, guerriers
« qui étalez des tuniques aux manches pendan-
« tes, des mitres ceintes de bandelettes. Allez,
« Phrygiennes (car vous n'êtes pas même des
« Phrygiens) allez sur votre mont de Dindyme,
« où vos oreilles sont accoutumées au double son
« de la flûte troyenne. Le buis mélodieux et les
« cymbales de votre Mère des dieux vous appel-
« lent sur l'Ida : abandonnez les armes, cédez
« le fer aux hommes. » Ces insolentes et cruelles
bravades, Ascagne ne peut les souffrir; il bande
son arc, amène en arrière le crin d'un coursier
qui retient la flèche; et, les deux bras deçà et
delà tendus, il s'arrête, et d'une voix suppliante
invoque Jupiter en ces termes : « Dieu tout-puis-
« sant, seconde mon audace, et je t'offrirai des
« dons solennels dans tes temples, et j'immolerai
« sur tes autels un jeune taureau blanc au front
« doré, portant la tête aussi haut que sa mère,
« déjà frappant de la corne, et de ses pieds disper-
« sant l'arène. » Le père des dieux l'entendit,
et fit gronder à gauche, sous un ciel pur, son
tonnerre. En même temps résonne l'arc qui porte
la mort; la flèche décochée part avec un horrible
sifflement, va frapper la tête de Rémulus, et de
sa pointe de fer lui perce les deux tempes. « Va
« maintenant, insulte à la valeur par tes discours
« insolents; voici la réponse que les Phrygiens,
« deux fois pris, envoient aux Rutules. » Ascagne ne dit que ces mots. Les Troyens, frémissant
de joie, lui applaudissent par leurs cris; ce coup
porte jusqu'aux nues leurs courages relevés. Du
haut de l'empyrée, Apollon à la belle chevelure
contemplait, assis sur un nuage, l'armée des Rutules et le camp des Troyens : « Courage, géné-
« reux enfant! dit-il à Iule vainqueur; c'est ainsi
« qu'on va jusqu'aux astres, enfant né des dieux
« et de qui naîtront des dieux. Un jour la race
« d'Assaracus (et cette gloire lui est due) apaisera
« toutes les guerres allumées par les destins : en-
« fant, Troie était trop peu pour contenir ta future
« grandeur. » A ces mots il s'élance de la nue, écarte
les souffles de l'air, et marche vers Ascagne.

Non pudet obsidione iterum valloque teneri,
Bis capti Phryges, et Marti præerendere muros?
En, qui nostra sibi bello connubia poscunt! 600
Quis deus Italiam, quæ vos dementia adegit?
Non hic Atridæ, nec fandi fictor Ulixes.
Durum ab stirpe genus, natos ad flumina primum
Deferimus, sævoque gelu duramus et undis;
Venatu invigilant pueri, silvasque fatigant; 605
Flectere ludus equos, et spicula tendere cornu.
At patiens operum, parvoque adsueta juventus,
Aut rastris terram domat, aut quatit oppida bello.
Omne ævum ferro teritur, versaque juvencum
Terga fatigamus hasta; nec tarda senectus 610
Debilitat vires animi, mutatque vigorem.
Canitiem galea premimus; semperque recentis
Comportare juvat prædas, et vivere rapto.
Vobis picta croco, et fulgenti murice vestis;
Desidiæ cordi; juvat indulgere choreis; 615
Et tunicæ manicas, et habent redimicula mitræ.
O vere Phrygiæ, neque enim Phryges, ite per alta
Dindyma; ubi adsuetis biforem dat tibia cantum.
Tympana vos buxusque vocant Berecyntia matris
Idææ : sinite arma viris, et cedite ferro. 620

Talia jactantem dictis, ac dira canentem,
Non tulit Ascanius; nervoque obversus equino
Intendit telum, diversaque brachia ducens
Constitit ante Jovem supplex, per vota precatus :
Juppiter omnipotens, audacibus adnue cœptis. 625
Ipse tibi ad tua templa feram sollennia dona,
Et statuam ante aras aurata fronte juvencum
Candentem, pariterque caput cum matre ferentem,
Jam cornu petat et pedibus qui spargat arenam.
Audiit, et cæli Genitor de parte serena 630
Intonuit lævum : sonat una fatifer arcus.
Effugit horrendum stridens adducta sagitta,
Perque caput Remuli venit, et cava tempora ferro
Trajicit. I, verbis virtutem inlude superbis.
Bis capti Phryges hæc Rutulis responsa remittunt. 635
Hoc tantum Ascanius. Teucri clamore sequuntur,
Lætitiaque fremunt, animosque ad sidera tollunt.
Ætheria tum forte plaga crinitus Apollo
Desuper Ausonias acies urbemque videbat,
Nube sedens; atque his victorem adfatur Iulum : 640
Macte nova virtute, puer; sic itur ad astra,
Dis genite, et geniture deos : jure omnia bella
Gente sub Assaraci fato ventura resident :

En même temps il dépouille ses traits, et prend ceux du vieux Butès, autrefois écuyer d'Anchise, et le gardien fidèle de son palais. Depuis, Énée l'avait attaché à son fils Ascagne. Apollon marchait tout à fait semblable au vieillard ; il avait sa voix, son teint, ses cheveux blancs, sa terrible et retentissante armure : « Fils d'Énée, « dit-il au prince transporté d'ardeur, c'est assez « pour vous d'avoir impunément abattu sous vos « traits Numanus : vous devez ce glorieux coup « d'essai à la faveur d'Apollon ; le dieu n'est « point jaloux que des armes mortelles égalent « les siennes ; cessez, noble enfant, de cher- « cher de nouveaux hasards. » A ces mots, Apollon se dérobe aux regards mortels, et s'évanouit dans l'air léger. Les chefs troyens reconnurent le dieu et ses flèches divines, et ils entendirent, pendant qu'il fuyait, résonner son carquois. Dociles aux divins conseils de Phébus, ils répriment l'ardeur guerrière d'Ascagne, retournent au combat, et leur grand cœur les rejette en face des périls. Tout à coup un grand cri s'élève le long des remparts : à l'instant les arcs sont bandés, les courroies se détendent ; toute la terre est jonchée de traits : alors les boucliers, les casques retentissent des coups qu'ils parent ; le combat devient furieux. Ainsi amenée du couchant par les Chevreaux orageux, la pluie fouette la terre ; ainsi les nuages se précipitent en grêle épaisse sur la grève des mers, quand le redoutable Jupiter lance sur les ailes de l'Auster la pluvieuse tempête, et rompt dans le ciel les nuées caverneuses.

Pandarus et Bitias, deux fils d'Alcanor de l'Ida, sauvages nourrissons qu'Hiéra leur mère avait élevés dans un bois consacré à Jupiter, jeunes guerriers égaux par la taille aux sapins des monts paternels, ouvrent une des portes du camp commise à leur garde, et, comptant sur leurs armes, défient l'ennemi de pénétrer dans l'enceinte des murs. Eux-mêmes, postés à droite et à gauche devant les tours, se tiennent là, le fer à la main, grandis encore par les brillants panaches de leurs casques. Tels, le long des fleuves, sur les rives du Pô, ou de l'Athésis au cours délicieux, deux chênes s'élèvent dans les airs, portent jusqu'au ciel leur tête que n'a point émondée le fer, et balancent leur cime élancée. Les Rutules voyant une des portes du camp ouverte, s'y précipitent : Quercens, Aquicole à la brillante armure, l'impétueux Tmarus et le belliqueux Hémon, repoussés avec toute leur troupe par les deux frères, ont tourné le dos ou laissé leur vie sur le seuil même de la porte. Alors redoublent de part et d'autre la fureur et l'acharnement des esprits ; déjà les Troyens ralliés se concentrent sur le même point ; déjà ils osent en venir aux mains, et pousser l'attaque hors des barrières.

En ce moment Turnus répandait ailleurs ses fureurs et culbutait tout devant lui. Tout à coup on lui annonce que l'ennemi s'est relevé, qu'il

---

Nec te Troja capit. Simul, hæc effatus ab alto
Æthere se mittit, spirantis dimovet auras,   645
Ascaniumque petit : formam tum vertitur oris
Antiquum in Buten : hic Dardanio Anchisæ
Armiger ante fuit, fidusque ad limina custos ;
Tum comitem Ascanio pater addidit : ibat Apollo
Omnia longævo similis, vocemque, coloremque,   650
Et crinis albos, et sæva sonoribus arma ;
Atque his ardentem dictis adfatur Iulum :
Sit, satis, Æneada, telis impune Numanum
Oppetiisse tuis ; primam hanc tibi magnus Apollo
Concedit laudem, et paribus non invidet armis ; 655
Cetera parce, puer, bello. Sic orsus Apollo
Mortalis medio adspectus sermone reliquit,
Et procul in tenuem ex oculis evanuit auram.
Adgnovere deum proceres divinaque tela
Dardanidæ, pharetramque fuga sensere sonantem.   660
Ergo avidum pugnæ, dictis ac numine Phœbi,
Ascanium prohibent ; ipsi in certamina rursus
Succedunt, animasque in aperta pericula mittunt.
It clamor totis per propugnacula muris ;
Intendunt acris arcus, amentaque torquent.   665
Sternitur omne solum telis ; tum scuta cavæque
Dant sonitum flictu galeæ ; pugna aspera surgit :
Quantus ab occasu veniens, pluvialibus Hædis,
Verberat imber humum ; quam multa grandine nimbi
In vada præcipitant, quum Juppiter horridus austris 670
Torquet aquosam hiemem, et cœlo cava nubila rumpit.
Pandarus et Bitias, Idæo Alcanore creti,
Quos Jovis eduxit luco silvestris Iæra,
Abjetibus juvenes patriis et montibus æquos,
Portam, quæ ducis imperio conmissa, recludunt.   675
Freti armis, ultroque invitant mœnibus hostem.
Ipsi intus dextra ac læva pro turribus adstant
Armati ferro, et cristis capita alta corusci :
Quales aeriæ liquentia flumina circum,
Sive Padi ripis, Athesim seu propter amœnum,   680
Consurgunt geminæ quercus, intonsaque cœlo
Adtollunt capita, et sublimi vertice nutant.
Inrumpunt, aditus Rutuli ut videre patentis.
Continuo Quercens, et pulcher Aquicolus armis,
Et præceps animi Tmarus, et Mavortius Hæmon,   685
Agminibus totis aut versi terga dedere,
Aut ipso portæ posuere in limine vitam.
Tum magis increscunt animis discordibus iræ ;
Et jam conlecti Troes glomerantur eodem,
Et conferre manum, et procurrere longius audent. 690
   Ductori Turno, diversa in parte furenti,
Turbantique viros, perfertur nuntius, hostem
Fervere cæde nova, et portas præbere patentis.
Deserit inceptum, atque immani concitus ira,
Dardaniam ruit ad portam, fratresque superbos,   695

s'échauffe au carnage et qu'il laisse ses remparts ouverts. Turnus abandonne son attaque, et, poussé d'une furieuse colère, il s'élance vers la porte troyenne et sur les deux frères redoutables. D'abord il rencontre Antiphate, qui le premier s'offre à ses coups ; Antiphate était né des amours d'une femme thébaine et du grand Sarpédon : Turnus l'abat sous le javelot italique, qui, volant à travers les airs, va s'enfoncer dans la poitrine du guerrier ; la plaie profonde laisse échapper des flots d'un sang écumant, et le fer, fixé dans les poumons, y tiédit. Alors frappés par sa main terrible, Mérope, Érymante, Aphidne, mordent la poussière. Bitias restait, l'œil enflammé, le cœur frémissant de rage : ce n'est point avec un dard que Turnus l'attaque (un dard ne lui eût point ôté la vie), mais avec la formidable phalarique : lancée du bras dont Jupiter lance la foudre, elle arrive avec un grand sifflement ; les deux cuirs du bouclier de Bitias, et sa fidèle cuirasse au double tissu d'écailles d'or, ne la peuvent amortir ; le géant tombe de toute sa hauteur, couché dans la poudre. La terre en gémit, et retentit du fracas de son vaste bouclier. Ainsi sur le rivage de Baïes tombe dans la mer un vaste amas de pierres que mille mains ont assemblées pour en former une digue puissante : la masse précipitée s'écroule, et s'enfonçant va heurter les profondeurs de l'abîme : la mer est bouleversée et soulève un sable noir ; la haute Prochyte en tremble ; Inarime en est ébranlée ; Inarime, dure couche qui presse, par l'ordre de Jupiter, les flancs de Typhée.

Alors le puissant dieu des batailles, Mars, souffle aux Latins le courage et la vigueur, et presse leurs âmes des vifs aiguillons de sa fougue. Aux Troyens il envoie la Fuite et l'affreuse Épouvante. Les Latins accourent de toutes parts, là où le combat leur est ouvert ; le dieu de la guerre descend tout entier dans leurs cœurs. Pandarus voyant son frère étendu par terre, la triste fortune des Troyens, leurs armes abandonnées à de funestes chances, appuie en dedans ses larges épaules contre la porte du camp, la fait tourner avec un grand effort sur ses gonds, et la ferme, laissant hors des murs un grand nombre des siens engagés dans un rude combat. Les autres rentrent avec lui, et il reçoit dans l'enceinte leur foule éperdue : insensé, qui n'a pas vu dans la mêlée que le roi des Rutules s'était jeté avec lui dans la ville, et qu'il l'y avait enfermé comme un tigre féroce au milieu d'un timide troupeau ! Soudain un feu nouveau s'allume dans les regards de Turnus ; son armure rend un son plus terrible ; son panache sanglant tremble sur son casque, et son bouclier lance de foudroyants éclairs. Les Troyens reconnaissent cette face odieuse, cette taille immense, et tout à coup se troublent. Mais Pandarus s'élance ; il brûle dans sa colère de venger la mort de son frère : « Ce n'est pas ici, crie-t-il à Turnus, le palais « d'Amate qui t'a été promis en dot ; et Turnus « n'est pas renfermé dans les murs d'Ardée sa pa- « trie. Le voici dans un camp ennemi ; tu ne « peux t'en échapper. » Turnus, sans s'émouvoir, lui répond avec un sourire amer : « Eh bien ! si « tu as tant de courage, montre-toi, et combat- « tons ensemble ; tu pourras bientôt raconter à « Priam que tu as trouvé ici un nouvel Achille. » A ces mots, Pandarus lui lance de toute sa force

Et primum Antiphaten, is enim se primus agebat,
Thebana de matre nothum Sarpedonis alti,
Conjecto sternit jaculo : volat Itala cornus
Aera per tenerum, stomachoque infixa sub altum
Pectus abit ; reddit specus atri volneris undam   700
Spumantem, et fixo ferrum in pulmone tepescit. [num,
Tum Meropem atque Erymanta manu, tum sternit Aphid-
Tum Bitian ardentem oculis, animisque frementem ;
Non jaculo : neque enim jaculo vitam ille dedisset ;
Sed magnum stridens contorta phalarica venit,   705
Fulminis acta modo ; quam nec duo taurea terga,
Nec duplici squama lorica fidelis et auro
Sustinuit ; conlapsa ruunt immania membra ;
Dat tellus gemitum, et clipeum super intonat ingens.
Qualis in Euboico Bajarum litore quondam   710
Saxea pila cadit ; magnis quam molibus ante
Constructam ponto jaciunt ; sic illa ruinam
Prona trahit, penitusque vadis inlisa recumbit ;
Miscent se maria, et nigræ adtolluntur arenæ ;
Tum sonitu Prochyta alta tremit, durumque cubile   715
Inarime Jovis imperiis inposta Typhœo.
Hic Mars armipotens animum viresque Latinis
Addidit, et stimulos acris sub pectore vertit ;

Inmisitque Fugam Teucris atrumque Timorem.
Undique conveniunt, quoniam data copia pugnæ ;   720
Bellatorque animos deus incidit.
Pandarus, ut fuso germanum corpore cernit,
Et quo sit fortuna loco, qui casus agat res ;
Portam vi multa converso cardine torquet,
Obnixus latis humeris, multosque suorum   725
Mœnibus exclusos duro in certamine linquit ;
Ast alios secum includit recipitque ruentis,
Demens ! qui Rutulum in medio non agmine regem
Viderit inrumpentem, ultroque incluserit urbi,
Inmanem veluti pecora inter inertia tigrim.   730
Continuo nova lux oculis obfulsit, et arma
Horrendum sonuere ; tremunt in vertice cristæ
Sanguineæ, clipeoque micantia fulmina mittunt.
Adgnoscunt faciem invisam, atque immania membra,
Turbati subito Æneadæ : tum Pandarus ingens   735
Emicat, et mortis fraternæ fervidus ira
Effatur : Non hæc dotalis regia Amatæ ;
Nec muris cohibet patriis media Ardea Turnum.
Castra inimica vides ; nulla hinc exire potestas.
Olli subridens sedato pectore Turnus :   740
Incipe, si qua animo virtus, et consere dextram ;

un javelot, dont le bois noueux était couvert de sa rude écorce: l'air seul en fut blessé; Junon détourna le coup et le javelot s'enfonça dans la porte. « Cette arme que brandit ma main vigoureuse, « tu ne l'éviteras pas ainsi ; c'est un autre bras que « le tien qui va pousser et le trait et la blessure. » Il dit, se dresse de toute sa hauteur en levant son épée, la décharge sur le géant, lui fend la tête entre les deux tempes, et par une immense blessure sépare ses deux joues encore imberbes. Il tombe avec fracas; la terre est ébranlée de son poids énorme. Ses membres abandonnés, ses armes rougies du sang de sa cervelle, se répandent sur l'arène; il meurt, et l'on voit pendre des deux côtés sur ses épaules sa tête partagée. A cette vue les Troyens, saisis d'effroi, tournent le dos et se dispersent; et si Turnus victorieux eût songé à briser les barrières et à livrer aux Latins les portes ouvertes, ce jour eût été le dernier de la guerre et de la nation troyenne. Mais sa fureur et une soif insensée de carnage l'emportèrent en avant. Il accable d'abord Phalaris, et Gygès chancelant sur ses jarrets coupés; il saisit les traits des fuyards et les lance contre eux; Junon sert sa vigueur et son courage. Il immole Halys et Phégée, qu'il perce à travers son petit bouclier. Alcandre, Halius, Noémon et Prytanis ignoraient que Turnus fût dans le camp, et échauffaient le combat; Turnus les attaque et les renverse. Cependant Lyncée marche contre lui et appelle ses compagnons; mais Turnus, s'adossant à la muraille, le prévient et brandit son glaive, et, d'un seul coup asséné de près, fait rouler au loin sa tête avec son casque. Il tue aussi Amycus, la terreur des bêtes fauves; Amycus, le plus habile dans l'art de tremper les traits dans des sucs mortels et d'empoisonner le fer. Il tue Clytius, fils d'Éole, et Créthée, ami et compagnon des Muses: épris des charmes des vers et de l'harmonie, il chantait sans cesse, sur les cordes tendues de sa lyre, les coursiers, les armes, et les combats.

Enfin les deux chefs, Mnesthée et Séreste, apprennent le carnage que Turnus fait des Troyens; ils accourent, ils voient les leurs dispersés, et l'ennemi dans les murs. Alors Mnesthée : « Où « fuyez-vous, Troyens? où courez-vous? quels « autres remparts, quelles autres murailles que « celles-ci avez-vous donc? Un seul homme, « emprisonné dans vos retranchements, aura im- « punément semé le carnage et la mort à travers « notre ville, et précipité dans l'Orcus la fleur « de nos guerriers? Quoi ! ni votre malheureuse « patrie, ni vos anciens dieux, ni le grand Énée, « lâches que vous êtes, ne vous touchent ni ne « vous font rougir ? »

Ces paroles enflamment et raffermissent les Troyens; ils se rallient et font tête à l'ennemi. Turnus se retire peu à peu du combat, gagne le fleuve, et la partie du camp que ceignent les eaux. Les Troyens tous ensemble fondent à grands cris sur lui et le pressent avec ardeur. Ainsi la troupe des chasseurs accable de ses traits un lion féroce : effrayé, mais furieux et lançant des regards terribles, l'animal recule; sa colère et son courage

Hic etiam inventum Priamo narrabis Achillem.
Dixerat. Ille rudem nodis et cortice crudo
Intorquet summis adnixus viribus hastam.
Excepere auræ volnus; Saturnia Juno   745
Detorsit veniens; portæque infigitur hasta.
At non hoc telum, mea quod vi dextera versat,
Effugies; neque enim is teli nec vulneris auctor.
Sic ait, et sublatum alte consurgit in ensem,
Et mediam ferro gemina inter tempora frontem   750
Dividit, inpubesque inmani volnere malas.
Fit sonus : ingenti concussa est pondere tellus.
Conlapsos artus atque arma cruenta cerebro
Sternit humi moriens; atque illi partibus æquis
Huc caput atque illuc humero ex utroque pependit. 755
Diffugiunt versi trepida formidine Troes;
Et, si continuo victorem ea cura subisset,
Rumpere claustra manu, sociosque inmittere portis,
Ultimus ille dies bello gentique fuisset.
Sed furor ardentem cædisque insana cupido   760
Egit in adversos.
Principio Phalerim, et, succiso poplite, Gygen
Excipit; hinc raptas fugientibus ingerit hastas
In tergus : Juno vires animumque ministrat.
Addit Halym comitem, et confixa Phegea parma; 765
Ignaros deinde in muris Martemque cientis,
Alcandrumque, Haliumque, Noemonaque, Prytanimque;

Lyncea tendentem contra, sociosque vocantem,
Vibranti gladio connixus ab aggere dexter
Occupat : huic uno dejectum comminus ictu   770
Cum galea longe jacuit caput : inde ferarum
Vastatorem Amycum, quo non felicior alter
Ungere tela manu, ferrumque armare veneno;
Et Clytium Æoliden, et amicum Crethea Musis ;
Crethea Musarum comitem, cui carmina semper   775
Et citharæ cordi, numerosque intendere nervis;
Semper equos, atque arma virum, pugnasque canebat.
Tandem ductores, audita cæde suorum,
Conveniunt Teucri, Mnestheus, acerque Serestus;
Palantisque vident socios, hostemque receptum.   780
Et Mnestheus : Quo deinde fugam, quo tenditis ? inquit.
Quos alios muros, quæ jam ultra mœnia habetis?
Unus homo, et vestris, o cives, undique sæptus
Aggeribus, tantas strages inpune per urbem
Ediderit? juvenum primos tot miserit Orco?   785
Non infelicis patriæ, veterumque deorum,
Et magni Æneæ segnes miseretque pudetque?
Talibus adcensi firmantur, et agmine denso
Consistunt. Turnus paullatim excedere pugna,
Et fluvium petere, ac partem, quæ cingitur amni. 790
Acrius hoc Teucri clamore incumbere magno,
Et glomerare manum : ceu sævum turba leonem
Quum telis premit infensis; at territus ille,

l'empêchent de fuir : il voudrait, mais il ne peut, s'élancer en avant, et se faire jour à travers les dards et les chasseurs. Tel Turnus incertain recule à pas lents; la colère bouillonne dans son cœur : deux fois il s'est jeté au milieu des ennemis ; deux fois il a chassé le long des remparts leurs bataillons en déroute. Mais voici que le camp tout entier se rassemble contre lui ; et la fille de Saturne n'ose plus le soutenir contre tant de bras réunis; car Jupiter a envoyé du haut de l'Olympe Iris à sa divine épouse, pour lui porter des ordres rigoureux, si Turnus ne se hâte pas de sortir des hauts remparts du camp troyen. Le jeune guerrier lui-même a épuisé sa vaillance, il ne peut plus résister ni du bouclier ni de la main ; de tous côtés les traits l'accablent; son casque incessamment atteint siffle autour de ses tempes, l'airain de ses armes fléchit sous la grêle des pierres; son panache est renversé; son bouclier ne suffit plus aux coups des Troyens ; la lance en main, et à leur tête, le foudroyant Mnesthée ne le laisse pas respirer; enfin, inondé de sueur, de sang et de poussière, les flancs exténués et battus d'un souffle brûlant, d'un bond il s'élance tout armé dans le fleuve. Le Tibre le reçoit dans le sein de ses flots jaunes, le soutient sur ses eaux tranquilles; et, après avoir lavé le sang de ses blessures, il le rend joyeux à ses compagnons.

LIVRE X.

Cependant le palais de l'Olympe tout-puissant s'ouvre, et le père des dieux, le maître des hommes, convoque les immortels autour de son trône semé d'étoiles. C'est de là qu'abaissant ses regards, Jupiter voit la terre entière, le camp des Troyens, et les peuples du Latium. Les dieux prennent place dans l'enceinte ouverte de deux côtés, et Jupiter commence en ces termes :
« Glorieux habitants du ciel, pourquoi ce chan-
« gement soudain de vos volontés? pourquoi cet
« esprit de haine qui vous anime les uns contre les
« autres ? J'avais défendu que l'Italie fît la guerre
« aux Troyens. Pourquoi cette discorde qui éclate,
« au mépris de mes ordres, entre les deux peu-
« ples? Quelle terreur leur a fait prendre les
« armes de part et d'autre, et les excite à se
« livrer des combats ? Les temps marqués vien-
« dront, ne les prévenez pas, où la féroce Car-
« thage enverra les malheurs et la ruine aux mu-
« railles romaines et, s'ouvrant un passage à tra-
« vers les monts, déchaînera les Alpes contre
« l'Italie. Alors vos haines pourront se combattre,
« alors vous pourrez tout bouleverser. Jusque-là
« reposez dans une heureuse et profonde con-
« corde. » Jupiter ne dit que ce peu de mots :
mais Vénus à la chevelure d'or se répand en de
plus longs discours : « O père, ô maître éternel
« des dieux et des hommes) car quelle autre
« puissance que la vôtre pouvons-nous implorer
« aujourd'hui?), vous voyez comme les Rutules

Asper, acerba tuens, retro redit ; et neque terga
Ira dare aut virtus patitur, nec tendere contra ; 795
Ille quidem hoc cupiens; potis est per tela virosque.
Haud aliter retro dubius vestigia Turnus
Inproperata refert, et mens exaestuat ira.
Quin etiam bis tum medios invaserat hostes;
Bis confusa fuga per muros agmina vertit. 800
Sed manus e castris propere coit omnis in unum :
Nec contra vires audet Saturnia Juno
Sufficere ; acriam cœlo nam Juppiter Irim
Demisit, germanae haud mollia jussa ferentem,
Ni Turnus cedat Teucrorum mœnibus altis. 805
Ergo nec clipeo juvenis subsistere tantum,
Nec dextra valet : injectis sic undique telis
Obruitur! strepit adsiduo cava tempora circum
Tinnitu galea, et saxis solida aera fatiscunt;
Discussaeque jubae capiti ; nec sufficit umbo 810
Ictibus ; ingeminant hastis et Troes, et ipse
Fulmineus Mnestheus : tum toto corpore sudor
Liquitur, et piceum (nec respirare potestas)
Flumen agit; fessos quatit acer anhelitus artus.
Tum demum praeceps saltu sese omnibus armis 815
In fluvium dedit : ille suo cum gurgite flavo
Adcepit venientem, ac mollibus extulit undis;
Et laetum sociis abluta caede remisit.

LIBER X.

Panditur interea domus omnipotentis Olympi,
Conciliumque vocat divom pater atque hominum rex
Sideream in sedem ; terras unde arduus omnes,
Castraque Dardanidum adspectat, populosque Latinos.
Considunt tectis bipatentibus : incipit ipse ; 5
  Coelicolae magni, quianam sententia vobis
Versa retro, tantumque animis certatis iniquis?
Abnueram bello Italiam concurrere Teucris.
Quae contra vetitum discordia? quis metus, aut hos,
Aut hos arma sequi, ferrumque lacessere suasit? 10
Adveniet justum pugnae, ne accersite, tempus,
Quum fera Carthago Romanis arcibus olim
Exitium magnum, atque Alpes inmittet apertas :
Tum certare odiis, tum res rapuisse licebit.
Nunc sinite; et placitum laeti conponite fœdus. 15
  Juppiter haec paucis : at non Venus aurea contra
Pauca refert.
O Pater, o hominum divomque aeterna potestas!
Namque aliud quid sit, quod jam inplorare queamus?
Cernis ut insultent Rutuli, Turnusque feratur 20
Per medios insignis equis, tumidusque secundo
Marte ruat? non clausa tegunt jam mœnia Teucros,
Quin intra portas, atque ipsis praelia miscent
Aggeribus murorum; et inundant sanguine fossae.

« vous insultent; vous voyez comme Turnus s'em-
« porte glorieux au milieu de ses escadrons, comme
« enflé de ses succès il se précipite à de nou-
« veaux triomphes. Déjà les Troyens ne sont plus
« à couvert derrière leurs murailles; les voilà
« réduits à combattre aux portes mêmes de leur
« camp et jusque dans leurs retranchements; et
« leurs fossés regorgent de sang. Énée absent
« l'ignore. Ne permettrez-vous pas qu'ils soient
« enfin délivrés de ce siége? Troie renaît à peine
« de ses ruines; et voici que l'ennemi, voici
« qu'une autre armée menace de nouveau ses
« murs; et des champs d'Arpos se lève contre les
« Troyens un autre fils de Tydée. Oui, ma blessure
« est à peine cicatrisée; et moi, votre fille, je m'at-
« tends encore aux coups d'une arme mortelle. Si,
« sans votre permission et en dépit de vos décrets,
« les Troyens ont gagné l'Italie, qu'ils expient leur
« audace, et retirez-leur votre appui. Mais s'ils
« n'ont fait qu'obéir à tant d'oracles des cieux et
« des enfers, qui donc peut aujourd'hui renver-
« ser vos ordres, créer de nouveaux destins?
« Rappellerai-je l'embrasement de nos vaisseaux
« sur le rivage d'Éryx, le roi des tempêtes suscité
« contre nous, les vents furieux déchaînés dans
« l'Éolie, Iris tant de fois poussée du haut des
« nues? Voici qu'Allecto (l'enfer manquait encore
« à nos malheurs) soulève les Mânes contre nous;
« et, s'élançant tout à coup du Tartare à la lu-
« mière des cieux, elle répand ses fureurs à travers
« les villes de l'Italie. L'empire promis à mes
« Troyens ne me touche plus; nous l'avons espéré,
« tant que la fortune a été pour nous; donnez
« la victoire à qui il vous plaira. S'il n'est aucune
« contrée que votre implacable épouse abandonne

« aux Troyens, je vous en conjure, ô mon père,
« par les ruines fumantes d'Ilion, permettez au
« moins que je sauve Ascagne du tumulte des
« armes, et qu'il me reste un petit-fils! Qu'Énée,
« puisqu'on le veut, soit à jamais ballotté sur des
« mers inconnues, et qu'il suive la route, quelle
« qu'elle soit, que lui ouvrira la fortune : mais
« que je puisse protéger cet enfant, et l'arracher
« aux horreurs des combats. J'ai Amathonte,
« j'ai la haute Paphos, j'ai mes demeures de
« Cythère et d'Idalie. Qu'Ascagne, déposant ses
« armes, y achève sa vie tranquille et ignorée.
« Ordonnez que Carthage écrase l'Ausonie de sa
« pesante domination : rien ne va plus s'opposer
« à la grandeur tyrienne. Que nous sert donc d'a-
« voir échappé aux calamités de la guerre, d'a-
« voir fui à travers les feux argiens, d'avoir
« épuisé tous les périls de la mer et de la vaste
« terre, pour chercher dans le Latium une nou-
« velle patrie et pour y faire renaître Ilion? Ne va-
« lait-il pas mieux rester sur les cendres éteintes
« de la patrie, et sur le sol où fut Troie? Rendez,
« je vous en supplie, rendez aux malheureux
« Troyens leur Xanthe et leur Simoïs, et laissez-
« les recommencer tous les travaux d'Ilion. »

A ces mots Junon, transportée de fureur :
« Pourquoi, dit-elle, me forcez-vous de rompre un
« profond silence, et de répandre en paroles des
« douleurs renfermées dans mon âme? Qui des
« dieux ou des hommes a contraint votre Énée à
« chercher les combats, et à se porter en ennemi
« contre le roi des Latins? Les destins, je le veux
« bien, et les fureurs de Cassandre l'ont poussé en
« Italie : mais l'avons-nous exhorté à quitter son
« camp, à confier sa vie aux vents? Est-ce à un

Æneas ignarus abest : numquamne levari 25
Obsidione sines? muris iterum inminet hostis
Nascentis Trojæ; nec non exercitus alter,
Atque iterum in Teucros Ætolis surgit ab Arpis
Tydides : equidem, credo, mea volnera restant;
Et tua progenies mortalia demoror arma! 30
Si sine pace tua, atque invito numine, Troes
Italiam petiere, luant peccata; neque illos
Juveris auxilio : sin tot responsa secuti,
Quæ Superi Manesque dabant; cur nunc tua quisquam
Vertere jussa potest? aut cur nova condere fata? 35
Quid repetam exustas Erycino in litore classis?
Quid tempestatum regem, ventosque furentis
Æolia excitos? aut actam nubibus Irim?
Nunc etiam Manis (hæc intentata manebat
Sors rerum) movet, et superis inmissa repente 40
Allecto, medias Italum bacchata per urbis.
Nil super imperio moveor; speravimus ista,
Dum fortuna fuit : vincant, quos vincere mavis.
Si nulla est regio, Teucris quam det tua conjux
Dura, per eversæ, genitor, fumantia Trojæ 45
Excidia obtestor; liceat dimittere ab armis

Incolumem Ascanium, liceat superesse nepotem.
Æneas sane ignotis jactetur in undis;
Et, quamcumque viam dederit Fortuna, sequatur.
Hunc tegere, et diræ valeam subducere pugnæ. 50
Est Amathus, est celsa mihi Paphus, atque Cythera,
Idaliæque domus; positis inglorius armis
Exigat hic ævum : magna ditione jubeto
Carthago premat Ausoniam; nihil urbibus inde
Obstabit Tyriis : quid pestem evadere belli 55
Juvit, et Argolicos medium fugisse per ignis,
Totque maris vastæque exhausta pericula terræ,
Dum Latium Teucri recidivaque Pergama quærunt?
Non satius, cineres patriæ insedisse supremos,
Atque solum quo Troja fuit? Xanthum et Simoenta 60
Redde, oro, miseris; iterumque revolvere casus
Da, pater, Iliacos Teucris. Tum regia Juno
Acta furore gravi : Quid me alta silentia cogis
Rumpere, et obductum verbis volgare dolorem?
Æneam hominum quisquam divomque subegit 65
Bella sequi, aut hostem regi se inferre Latino?
Italiam fatis petiit auctoribus, esto,
Cassandræ inpulsus furiis : num linquere castra

« enfant qu'il devait abandonner la conduite de la « guerre et la garde de ses murs, pour aller sou-« lever les esprits de l'Étrurie, et troubler des na-« tions paisibles? Quelle divinité l'a jeté dans ces « inextricables périls? qu'a fait ici notre dure « puissance? qu'ont fait Junon, Iris envoyée du « haut des nues? Il est intolérable que les peuples « de l'Italie enveloppent de flammes Troie renais-« sante; il l'est donc aussi que Turnus se main-« tienne dans sa patrie, lui qui a Pilumnus pour « aïeul, et pour mère la divine Vénilie. Quoi! « les Troyens porteront impunément le fer et la « flamme dans le pays latin, feront peser leur « joug sur une terre étrangère, en emporteront « les dépouilles; ils y choisiront un beau-père à « leur gré, ils arracheront du sein d'une mère « une fiancée; ils viendront, l'olivier à la main, « demander la paix, et présenteront le front « armé de leurs proues; Vénus peut bien dérober « Énée aux mains des Grecs, et à la place d'un « héros offrir à leurs coups un nuage et des vents « impalpables; elle peut changer ses navires en « Nymphes de la mer : et moi il me sera défendu « d'aider les Rutules! Énée absent ignore les dé-« sastres de son camp : que vous importe? N'a-« vez-vous pas pour vous et pour lui Paphos, « Idalie, la haute Cythère? Pourquoi provoquez-« vous une nation guerrière et d'âpres courages? « Est-ce nous qui nous efforçons d'exterminer « les restes misérables de la puissance phrygienne? « Nous? Mais est-ce nous qui avons livré les mal-« heureux Troyens aux Grecs? Qui a fait se lever « en armes l'Europe et l'Asie? Qui a rompu par « un perfide attentat la paix du monde? Est-ce « sous ma conduite que l'adultère Troyen a pris « Sparte d'assaut? Est-ce moi qui lui ai fourni des « armes, qui ai allumé les torches de la guerre « au flambeau de l'Amour? C'est alors que vous « deviez trembler pour vos chers Troyens; au-« jourd'hui vous vous emportez en plaintes tar-« dives et injustes, et vous jetez à la face des « dieux de vaines invectives. »

Ainsi parle Junon; et tous les dieux frémissent, partagés de sentiments. Ainsi le premier souffle des vents se prenant au feuillage des forêts frémit, et roule de sourds murmures qui annoncent aux nautoniers une tempête prochaine. Alors le souverain arbitre de l'univers se prépare à parler; à sa voix se tait la haute demeure des dieux; la terre tremble; le silence règne dans l'empyrée; les Zéphyrs laissent tomber leur haleine, la mer abat ses flots tranquilles. « Écoutez-moi, dit « Jupiter, et que mes paroles se gravent dans vos « esprits. Puisqu'aucune alliance ne peut unir « les Ausoniens aux Troyens, et que vos discor-« des n'ont pas de fin, quelles que soient aujour-« d'hui la fortune et les espérances du Troyen « ou du Rutule, l'un et l'autre seront égaux pour « moi : que les destins aient arrêté le siége du « camp troyen, qu'une funeste erreur et des ora-« cles mal interprétés aient abusé les Phrygiens; « il n'importe. Je ne dégage pas non plus les Ru-« tules des communes vicissitudes; à chacun d'eux « ses libres efforts et sa fortune diverse. Jupiter « est le roi de tous : le destin saura bien marcher « à ses fins. » A ces mots il jure par le fleuve de son frère Pluton, par les rives de ce torrent de bitume et par ses gouffres noirs; il incline sa tête,

Hortati sumus, aut vitam committere ventis?
Num puero summam belli, num credere muros?   70
Tyrrhenamve fidem, aut gentis agitare quietas?
Quis deus in fraudem, quæ dura potentia nostri
Egit? ubi hic Juno, demissave nubibus Iris?
Indignum est, Italos Trojam circumdare flammis
Nascentem, et patria Turnum consistere terra,   75
Cui Pilumnus avus, cui diva Venilia mater :
Quid face Trojanos atra vim ferre Latinis?
Arva aliena jugo premere, atque avertere prædas?
Quid soceros legere, et gremiis abducere pactas?
Pacem orare manu, præfigere puppibus arma?   80
Tu potes Æneam manibus subducere Graium,
Proque viro nebulam, et ventos obtendere inanes,
Et potes in totidem classem convertere Nymphas :
Nos aliquid Rutulos contra juvisse nefandum est?
Æneas ignarus abest; ignarus et absit.   85
Est Paphus, Idaliumque tibi, sunt alta Cythera :
Quid gravidam bellis urbem, et corda aspera tentas?
Nosne tibi fluxas Phrygiæ res vertere fundo
Conamur? nos? an miseros qui Troas Achivis
Objecit? quæ caussa fuit consurgere in arma   90
Europamque Asiamque, et fœdera solvere furto?

Me duce Dardanius Spartam expugnavit adulter?
Aut ego tela dedi, fovive Cupidine bella?
Tum decuit metuisse tuis : nunc sera querelis
Haud justis adsurgis, et inrita jurgia jactas.   95
  Talibus orabat Juno; cunctique fremebant
Cælicolæ adsensu vario; ceu flamina prima,
Quum deprensa fremunt silvis, et cæca volutant
Murmura, venturos nautis prodentia ventos.
Tum Pater omnipotens, rerum cui summa potestas, 100
Infit : eo dicente, deum domus alta silescit;
Et tremefacta solo tellus; silet arduus æther;
Tum Zephyri posuere; premit placida æquora pontus.
« Adcipite ergo, animis atque hæc mea figite dicta.
Quandoquidem Ausonios conjungi fœdere Teucris   105
Haud licitum, nec vestra capit discordia finem;
Quæ cuique est fortuna hodie, quam quisque secat spem,
Tros Rutulusve fuat, nullo discrimine habebo;
Seu fatis Italum castra obsidione tenentur,
Sive errore malo Trojæ, monitisque sinistris.   110
Nec Rutulos solvo : sua cuique exorsa laborem
Fortunamque ferent; rex Juppiter omnibus idem.
Fata viam invenient. Stygii per flumina fratris,
Per pice torrentis atraque voragine ripas

et ce signe fait trembler tout l'Olympe. Ainsi finit le céleste conseil ; Jupiter se lève de son trône d'or ; tous les dieux l'environnent et le reconduisent à son palais.

Cependant les Rutules, ayant investi toutes les portes du camp, pressent de tous les côtés le carnage et l'incendie ; la troupe des Troyens est cernée dans ses retranchements : pour elle plus d'espoir de fuir ; les malheureux tiennent, mais en vain, sur leurs hautes tours, et de rares soldats bordent encore les remparts. Asius, fils d'Imbrasus, Thymète d'Hicétaon, les deux Assaracus, le vieux Thymbris avec Castor, sont au premier rang, soutenus des deux frères de Sarpédon, Clarus et Thémon, venus de la haute Lycie. Alors s'avance, portant de tout l'effort de ses muscles un rocher énorme, débris d'un mont, Acmon de Lyrnesse, digne fils de Clytius et digne frère de Mnesthée. En même temps les uns se défendent à coups de dards et de pierres ; les autres, en lançant des feux et décochant des flèches. Ascagne lui-même, juste objet des tendresses de Vénus, se montre au milieu d'eux, ayant découvert sa jeune et belle tête : ainsi brille une perle environnée d'or, ornement de la tête ou du cou ; ainsi reluit l'ivoire élégamment enchâssé dans l'ébène ou dans le bois de térébinthe : sur son cou blanc comme le lait retombe sa flottante chevelure, que retient mollement une agrafe d'or. Et toi aussi les peuples magnanimes te virent, ô Ismare, diriger tes coups, et armer de poison la pointe de tes flèches ; Ismare, né dans la généreuse Méonie, où les hommes tourmentent avec le soc les grasses plaines que le Pactole au sable d'or arrose de ses flots. Là parurent aussi Mnesthée, que la fuite de Turnus glorieusement repoussé du rempart a élevé jusqu'au ciel, et l'illustre Capys, dont la ville de Capoue tire son nom.

Tandis que de part et d'autre on se livre de cruels combats, Énée au milieu de la nuit fendait les mers. Après avoir quitté Évandre et joint le camp étrusque, il va trouver le roi Tarchon, lui apprend son nom et son origine, lui dit sa détresse et ses moyens, quelles armes Mézence a su s'attacher, et ce que peut la violente humeur de Turnus. Il lui représente l'incertitude des choses humaines, et mêle à ses avis de nobles prières. Aussitôt Tarchon joint ses forces aux siennes, et conclut une alliance avec lui. Alors, libre d'obéir aux destins, la nation lydienne s'abandonne à la conduite d'un chef étranger, et, docile à l'ordre des dieux, monte avec lui sur sa flotte. Le vaisseau d'Énée est à la tête, avec sa proue ornée de deux lions phrygiens. Au-dessus l'Ida s'élève, l'Ida, si doux aux regards des Troyens exilés. Là s'assied Énée, méditant sur les événements divers de la guerre présente : près de lui, à sa gauche, Pallas tantôt lui demande quels astres règlent la course nocturne d'un navire, tantôt se fait raconter par lui les maux qu'il a soufferts sur la terre et sur la mer.

Muses, ouvrez-moi maintenant votre Hélicon, et animez mes chants. Dites-moi quels peuples venus des bords toscans accompagnèrent Énée, armèrent des vaisseaux, et voguèrent sur la mer.

Adnuit, et totum nutu tremefecit Olympum. 115
Hic finis fandi : solio tum Juppiter aureo
Surgit, cœlicolæ medium quem ad limina ducunt.
  Interea Rutuli portis circum omnibus instant
Sternere cæde viros, et mœnia cingere flammis.
At legio Æneadum vallis obsessa tenetur ; 120
Nec spes ulla fugæ : miseri stant turribus altis
Nequidquam, et rara muros cinxere corona :
Asius Imbrasides, Hicetaoniusque Thymœtes,
Assaracique duo, et senior cum Castore Thymbris,
Prima acies : hos germani Sarpedonis ambo, 125
Et Clarus, et Themon, Lycia comitantur ab alta.
Fert ingens toto connixus corpore saxum,
Haud partem exiguam montis, Lyrnessius Acmon,
Nec Clytio genitore minor, nec fratre Menestheo.
Hi jaculis, illi certant defendere saxis, 130
Molirique ignem, nervoque aptare sagittas.
Ipse inter medios, Veneris justissima cura,
Dardanius caput ecce puer detectus honestum,
Qualis gemma, micat, fulvum quæ dividit aurum,
Aut collo decus, aut capiti ; vel quale per artem 135
Inclusum buxo, aut Oricia terebintho,
Lucet ebur ; fusos cervix cui lactea crinis
Adcipit, et molli subnectens circulus auro.
  Te quoque magnanimæ viderunt, Ismare, gentes

Volnera dirigere, et calamos armare veneno, 140
Mæonia generose domo : ubi pinguia culta
Exercentque viri, Pactolosque inrigat auro.
Adfuit et Mnestheus, quem pulsi pristina Turni
Aggere murorum sublimem gloria tollit ;
Et Capys : hinc nomen Campanæ ducitur urbi. 145
  Illi inter sese duri certamina belli
Contulerant : media Æneas freta nocte secabat.
Namque, ut ab Evandro castris ingressus Etruscis,
Regem adit, et regi memorat nomenque genusque ;
Quidve petat, quidve ipse ferat ; Mezentius arma 150
Quæ sibi conciliet, violentaque pectora Turni,
Edocet ; humanis quæ sit fiducia rebus
Admonet, inmiscetque preces : haud fit mora ; Tarcho
Jungit opes, fœdusque ferit ; tum libera fati
Classem conscendit jussis gens Lydia divom, 155
Externo commissa duci. Æneia puppis
Prima tenet, rostro Phrygios subjuncta leones :
Inminet Ida super, profugis gratissima Teucris.
Hic magnus sedet Æneas, secumque volutat
Eventus belli varios ; Pallasque sinistro 160
Adfixus lateri jam quærit sidera, opacæ
Noctis iter, jam quæ passus terraque marique.
  Pandite nunc Helicona, deæ, cantusque movete ;
Quæ manus interea Tuscis comitetur ab oris

Massicus le premier fend les flots de sa proue au tigre d'airain. Sous lui s'avancent mille guerriers qui ont quitté les murs de Clusium et de Cosa : leurs armes sont des flèches, de légers carquois, l'arc homicide. Sur la même ligne vogue le farouche Abas avec sa troupe brillante ; sur sa poupe resplendit un Apollon d'or. Pour lui Populonie a tiré de son sein six cents jeunes soldats aguerris ; l'île d'Ilva lui en avait donné trois cents autres ; Il va, sol généreux et inépuisable en métaux. Après eux, et le troisième, venait Asylas, l'interprète des dieux ; Asylas, pour qui n'ont de secrets ni les fibres des taureaux, ni les astres du ciel, ni la langue des oiseaux, ni les présages de la foudre : il entraîne avec lui mille soldats, impénétrable bataillon, hérissé de lances : fille de l'Alphée, et Toscane par le sol, Pise a voulu qu'il les commandât. Suivait le bel Astur, fier de son coursier docile et de son armure aux diverses couleurs. Il mène avec lui trois cents guerriers, qu'un même esprit entraîne sur ses pas : ils viennent de Cérète, de l'ancienne Pyrge, de Gravisque à l'air impur, et des campagnes arrosées par le Minion. Je ne te passerai pas sous silence, brave Cinyras, chef des Liguriens, ni toi et ta petite troupe, ô Cupavon : les plumes de cygne qui s'élèvent sur ton casque annoncent que l'amour a été le crime de ta maison, et représentent la métamorphose de ton père. Car on raconte que Cycnus, touché du malheur de son cher Phaéthon, pleurait son ami sous le feuillage ombreux des peupliers ses sœurs, et charmait par ses chants ses tristes amours : il vieillit en chantant, vit son corps se couvrir d'un doux duvet, quitta la terre, et toujours, chantant, s'envola vers les cieux. Son fils, qui mène aussi avec lui trois cents de ses compagnons, pousse à force de rames un immense navire : c'est le Centaure ; le monstre du haut de la proue, où superbe il se dresse, pèse sur les eaux, et menace l'abîme d'un énorme rocher ; du reste de son corps allongé en carène il sillonne les mers profondes. Ocnus aussi amène des soldats de la contrée de ses pères ; Ocnus, fils du Tibre et de la prêtresse Manto : c'est lui, Mantoue, qui a bâti tes murs, et qui t'a donné le nom de sa mère : Mantoue fut riche en aïeux célèbres ; tous n'ont pas la même origine. Trois nations, divisées en quatre tribus différentes, reconnaissent Mantoue pour leur capitale : mais sa force lui vient du sang étrusque. Cinq cents autres guerriers qu'arme contre Mézence une haine commune voguent portés par le Mincio ; couronné de verts roseaux par son père Bénacus, le Mincio les conduisait à travers les mers sur sa carène armée. Auleste, leur vénérable chef, monte cette galère ; cent rames se lèvent ensemble pour battre les flots ; la mer retournée se blanchit d'écume. Un vieux Triton porte Auleste et sa troupe ; des sons de sa conque il épouvante les mers : il présente jusqu'aux flancs la figure velue d'un homme qui nage ; le reste de son corps se termine en baleine ; et sous sa poitrine sauvage l'onde blanchit et murmure. Tels étaient les illustres chefs de la

Æneam, armetque rates, pelagoque vehatur. 165
Massicus ærata princeps secat æquora tigri ;
Sub quo mille manus juvenum, qui mœnia Clusi,
Quique urbem liquere Cosas ; quis tela, sagittæ,
Coryticque leves humeris, et letifer arcus.
Una torvus Abas : huic totum insignibus armis 170
Agmen, et aurato fulgebat Apolline puppis :
Sexcentos illi dederat Populonia mater
Expertos belli juvenes ; ast Ilva trecentos .
Insula, inexhaustis Chalybum generosa metallis.
Tertius, ille hominum divomque interpres Asylas, 175
Cui pecudum fibræ, cœli cui sidera parent,
Et linguæ volucrum, et præsagi fulminis ignes,
Mille rapit densos acie, atque horrentibus hastis.
Hos parere jubent Alpheæ ab origine Pisæ,
Urbs Etrusca solo : sequitur pulcherrimus Astur, 180
Astur equo fidens, et versicoloribus armis.
Tercentum adjiciunt, mens omnibus una sequendi,
Qui Cærete domo, qui sunt Minionis in arvis,
Et Pyrgi veteres, intempestæque Graviscæ.
Non ego te, Ligurum ductor fortissime bello, 185
Transierim, Cinyra ; et paucis comitate Cupavo,
Cujus olorinæ surgunt de vertice pennæ ;
Crimen amor vestrum, formæque insigne paternæ :
Namque ferunt luctu Cycnum Phaethontis amati,
Populeas inter frondis umbramque sororum 190
Dum canit, et mæstum musa solatur amorem,
Canentem molli pluma duxisse senectam ;
Linquentem terras, et sidera voce sequentem
Filius, æqualis comitatus classe caterva,
Ingentem remis Centaurum promovet : ille 195
Instat aquæ, saxumque undis inmane minatur
Arduus, et longa sulcat maria alta carina.
Ille etiam patriis agmen ciet Ocnus ab oris,
Fatidicæ Mantus et Tusci filius amnis,
Qui muros, matrisque dedit tibi, Mantua, nomen ; 200
Mantua, dives avis ; sed non genus omnibus unum ;
Gens illi triplex, populi sub gente quaterni ;
Ipsa caput populis : Tusco de sanguine vires.
Hinc quoque quingentos in se Mezentius armat,
Quos patre Benaco, velatus arundine glauca 205
Mincius, infesta ducebat in æquora pinu.
It gravis Aulestes, centenaque arbore fluctus
Verberat adsurgens : spumant vada marmore verso.
Hunc vehit inmanis Triton, et cærula concha
Exterrens freta : cui laterum tenus hispida nanti 210
Frons hominem præfert, in pristin desinit alvus ;
Spumea semifero sub pectore murmurat unda.
Tot lecti proceres ter denis navibus ibant
Subsidio Trojæ, et campos salis ære secabant.
Jamque dies cœlo concesserat ; almaque curru 215
Noctivago Phœbe medium pulsabat Olympum :

flotte ; telles leurs trente galères s'élançaient au secours des Troyens, et de leurs proues d'airain fendaient les plaines liquides.

Déjà le jour s'était retiré du ciel, et, portée sur son char nocturne, la vagabonde Phébé touchait le milieu de l'Olympe. Énée, à qui ses inquiétudes ne permettent pas le repos, assis à la poupe, dirigeait lui-même le timon et gouvernait les voiles. Voilà qu'au milieu de sa course il voit venir à sa rencontre le chœur de ses compagnes de l'Ida, ces nymphes qui, de galères qu'elles étaient, avaient été changées par Cybèle en divinités des mers. Elles nageaient de front, et fendaient ensemble les flots, égales en nombre aux proues d'airain que le Tibre avait vues reposer dans ses eaux. Elles avaient de loin reconnu leur roi, et semblaient former des chœurs autour de lui. Alors la plus éloquente d'entre elles, Cymodocée, s'attachant d'une main à la poupe qu'elle suit, s'élève sur les mers, et de l'autre main bat comme avec la rame les ondes silencieuses. Alors elle apprend à Énée ce qu'il ignorait : « Veilles-« tu, fils des dieux? veille, et déploie voiles et « cordages. Nous sommes les pins du sommet « sacré de l'Ida, aujourd'hui nymphes de la mer, « naguère tes vaisseaux. Le perfide Rutule, le fer « et la flamme à la main, se précipitait pour nous « accabler, quand nous rompîmes à regret les chaî-« nes qui nous retenaient sous ta main; errantes « sur la mer, nous t'y cherchons. Cybèle nous pre-« nant en pitié a changé notre forme première, « a fait de nous des déesses, et nous a accordé « de vivre immortelles sous les ondes. Cepen-« dant ton fils Ascagne est pressé dans tes murs « et dans tes fossés ; de toutes parts l'environnent « les traits, les bataillons latins, les horreurs « de la guerre. Les cavaliers arcadiens, forti-« fiés des troupes étrusques, occupent déjà le « poste que tu leur as assigné ; Turnus, pour em-« pêcher qu'ils ne se joignent au camp troyen, « a résolu de leur couper le passage avec ses es-« cadrons. Lève-toi donc, et, aux premiers rayons « de l'aurore, commence à mettre tous tes alliés « sous les armes ; toi-même arme-toi de l'invinci-« ble bouclier que t'a donné le dieu du feu, et « qu'il a ceint d'un or impénétrable. Le jour qui va « luire, si tu ne crois pas que mes paroles soient « vaines, verra un immense carnage des Rutules, « et bien des cadavres entassés. » Elle dit, et, se rappelant son art, elle pousse en reculant la poupe d'Énée ; la galère fuit sur les eaux, plus rapide qu'un dard ou qu'une flèche qui égale les vents en vitesse. Les autres navires précipitent à l'envi leur course. Le héros étonné ne sait d'où vient ce prodige, mais il accepte un augure qui relève ses esprits : alors levant les yeux au ciel, il adresse à Cybèle cette courte prière : « Puissante mère « des dieux, reine de l'Ida, qui chérissez Dyn-« dyme, qui protégez les villes couronnées de « tours, qui soumettez au frein des lions attelés, « c'est vous qui me guidez aujourd'hui au com-« bat ; rendez-moi cet augure favorable, et ve-« nez, ô déesse, d'un pas propice seconder vos « Phrygiens. » Tandis qu'il parle, le jour se précipitait ramenant sa pleine lumière, et chassait les ombres de la nuit. D'abord Énée ordonne à ses alliés de se ranger sous leurs drapeaux, de se remplir d'une ardeur martiale, et de se préparer au combat. Debout sur la poupe, il aperçoit déjà les Troyens et son camp : alors de son bras gauche il élève son bouclier étincelant. Les Troyens, de leurs murs, poussent un cri jusqu'aux

Æneas, neque enim membris dat cura quietem,
Ipse sedens clavumque regit, velisque ministrat.
Atque illi medio in spatio chorus ecce suarum
Occurrit comitum ; Nymphæ, quas alma Cybebe   220
Numen habere maris, Nymphasque e navibus esse
Jusserat, innabant pariter, fluctusque secabant,
Quot prius æratæ steterant ad litora prorae.
Adgnoscunt longe regem, lustrantque choreis ;
Quarum, quæ fandi doctissima, Cymodocea   225
Pone sequens dextra puppim tenet, ipsaque dorso
Eminet, ac læva tacitis subremigat undis.
Tum sic ignarum adloquitur : Vigilasne, deum gens,
Ænea? vigila, et velis inmitte rudentes.
Nos sumus Idææ sacro de vertice pinus,   230
Nunc pelagi Nymphæ ; classis tua : perfidus ut nos
Præcipites ferro Rutulus flammaque premebat ;
Rupimus invitæ tua vincula, teque per æquor
Quærimus : hanc Genetrix faciem miserata refecit,
Et dedit esse deas, ævumque agitare sub undis.   235
At puer Ascanius muro fossisque tenetur,
Tela inter media, atque horrentis Marte Latinos.
Jam loca jussa tenent forti permixtus Etrusco
Arcas eques : medias illis opponere turmas,
Ne castris jungant, certa est sententia Turno.   240
Surge age, et Aurora socios veniente vocari
Primus in arma jube, et clipeum cape, quem dedit ipse
Invictum ignipotens, atque oras ambiit auro.
Crastina lux, mea si non inrita dicta putaris,
Ingentes Rutulæ spectahit cædis acervos.   245
Dixerat ; et dextra discedens inpulit altam,
Haud ignara modi, puppim : fugit illa per undas
Ocior et jaculo et ventos æquante sagitta :
Inde aliæ celerant cursus. Stupet inscius ipse
Tros Anchisiades ; animos tamen omine tollit.   250
Tum breviter supera adspectans convexa precatur :
Alma parens Idæa deum, cui Dindyma cordi,
Turrigeræque urbes, bijugique ad frena leones ;
Tu mihi nunc pugnæ princeps ; tu rite propinques
Augurium, Phrygibusque adsis pede, diva, secundo.   255
Tantum effatus ; et interea revoluta ruebat
Matura jam luce dies, noctemque fugarat.
Principio sociis edicit, signa sequantur,
Atque animos aptent armis, pugnæque parent se.
Jamque in conspectu Teucros habet et sua castra,   260

astres; l'espérance rappelée dans leur cœur ranime leur colère. Mille traits partent de leurs mains : ainsi sous la nuée noire les grues du Strymon donnent le signal, traversent les airs à grand bruit, et fuient avec de joyeux cris les régions du Notus.

Turnus et les chefs ausoniens s'étonnent de cette soudaine ardeur des Troyens, jusqu'à ce que, regardant en arrière, ils voient des poupes tournées vers le rivage, et toute une flotte glisser sur les eaux. Sur la tête d'Énée étincelle le cimier de son casque; son aigrette répand des flammes, et l'orbe d'or de son bouclier vomit de vastes feux. Telle une comète, par une nuit pure, rougit sanglante et lugubre; tel l'ardent Sirius, s'élevant sur l'horizon, apporte aux malheureux mortels la soif et les maladies, et contriste les cieux de sa sinistre lumière. Cependant l'audacieux Turnus n'est point déconcerté; il veut s'emparer du rivage, en repousser l'ennemi. Il relève donc par ses discours l'esprit de ses soldats et les excite au combat : « Ceux que vous désiriez, « braves guerriers, les voici; à vous de les écra- « ser! Mars lui-même les met entre vos mains. « C'est le moment de vous souvenir de vos fem- « mes, et de vos maisons; maintenant rappelez- « vous les hauts faits et la gloire de vos pères : « marchons les premiers au rivage, tandis que les « ennemis sont encore troublés, et que, descen- « dant de leurs vaisseaux, ils posent un pied « chancelant sur la grève : la fortune seconde « l'audace. » Il dit, et délibère en lui-même sur le choix de ceux des siens qu'il mènera contre les Toscans, et de ceux à qui il laissera la garde du camp troyen, et les assiégés à contenir.

Cependant Énée fait jeter des ponts du haut des poupes, et ses soldats débarquent. Les uns, et c'est le plus grand nombre, cherchent des endroits où la vague redescend languissante, et d'un saut s'élancent dans les guets; les autres bondissent, appuyés sur leurs rames. Tarchon examine le rivage, et remarque un endroit où les flots ne bouillonnent pas, où l'onde brisée ne rend pas de murmure, mais où la mer sans écueil amène mollement sa vague gonflée : aussitôt il ordonne qu'on tourne là les proues, et il encourage ses compagnons : « Allons, mes matelots d'élite, « courbez-vous sur vos rames; lancez, portez vos « galères; fendez de vos proues cette rive ennemie, « et que la carène même s'y creuse un sillon. La « terre une fois saisie, qu'importe que j'y brise « mes vaisseaux? » Ainsi parle Tarchon; tous ensemble se lèvent sur leurs rames, et lancent dans les champs latins leurs galères écumantes; enfin les proues atteignent la rive, et les carènes vont, libres du péril, s'asseoir sur la grève. Mais ton vaisseau, brave Tarchon, fut moins heureux : chassée contre un banc de sable, suspendue sur son dos inégal, sa carène se balance longtemps indécise, fatigue les flots, s'ouvre, et laisse tomber dans l'abîme soldats et matelots. Empêchés par les bancs épars des rameurs et par les avirons flottants, ils luttent en vain; et la vague qui revient sur elle-même les arrache au rivage.

Turnus ne connaît plus de lâches retardements : impétueux, il entraîne sa troupe contre les

Stans celsa in puppi; clipeum quum deinde sinistra
Extulit ardentem. Clamorem ad sidera tollunt
Dardanidæ e muris: spes addita suscitat iras.
Tela manu jaciunt; quales sub nubibus atris
Strymoniæ dant signa grues, atque æthera tranant   265
Cum sonitu, fugiuntque notos clamore secundo.
At Rutulo regi ducibusque ea mira videri
Ausoniis, donec versas ad litora puppis
Respiciunt, totumque adlabi classibus æquor.
Ardet apex capiti, cristisque a vertice flamma   270
Funditur, et vastos umbo vomit aureus ignes :
Non secus, ac liquida si quando nocte cometæ
Sanguinei lugubre rubent, aut Sirius ardor;
Ille sitim morbosque ferens mortalibus ægris
Nascitur, et lævo contristat lumine cœlum.   275
    Haud tamen audaci Turno fiducia cessit
Litora præcipere, et venientis pellere terra.
Ultro animos tollit dictis, atque increpat ultro.
Quod votis optastis, adest, perfringere dextra;
In manibus Mars ipse, viri : nunc conjugis esto   280
Quisque suæ tectique memor; nunc magna referto
Facta patrum, laudes; ultro occurramus ad undam,
Dum trepidi egressique labant vestigia prima :
Audentis Fortuna juvat.
    Hæc ait, et secum versat, quos ducere contra,   285
Vel quibus obsessos possit concredere muros.
    Interea Æneas socios de puppibus altis
Pontibus exponit : multi servare recursus
Languentis pelagi, et brevibus se credere saltu;
Per remos alii : speculatus litora Tarcho,   290
Qua vada non spirant, nec fracta remurmurat unda,
Sed mare inoffensum crescenti adlabitur æstu,
Advertit subito proras, sociosque precatur :
Nunc, o lecta manus, validis incumbite remis;
Tollite, ferte rates; inimicam findite rostris   295
Hanc terram, sulcumque sibi premat ipsa carina.
Frangere nec tali puppim statione recuso,
Adrepta tellure semel. Quæ talia postquam
Effatus Tarcho, socii consurgere tonsis,
Spumantisque rates arvis inferre Latinis,   300
Donec rostra tenent siccum, et sedere carinæ
Omnes innocuæ : sed non puppis tua, Tarcho;
Namque, inflicta vadis, dorso dum pendet iniquo,
Anceps, sustentata diu, fluctuque fatigat,
Solvitur, atque viros mediis exponit in undis;   305
Fragmina remorum quos et fluitantia transtra
Inpediunt, retrahitque pedem simul unda relabens.
    Nec Turnum segnis retinet mora : sed rapit acer
Totam aciem in Teucros, et contra in litore sistit.
Signa canunt : primus turmas invasit agrestis   310

Troyens, et va se placer sur le rivage. On sonne la charge : Énée le premier fond sur les bataillons agrestes du Latium, et, présage heureux ! il les culbute, après avoir tué Théron, leur chef, guerrier à la taille gigantesque, qui s'était porté contre lui. Énée, prenant le défaut de sa cuirasse d'airain et de sa tunique aux âpres mailles d'or, lui enfonce son épée dans le flanc, et ne la retire que pour en frapper Lichas, Lichas tiré vivant du sein de sa mère expirée : on t'avait, ô Phébus, consacré cet enfant, échappé, grâce à ton art, à la cruelle épreuve du fer. Non loin de là, le robuste Cissée et l'immense Gyas abattaient sous les coups de leurs massues des files entières de soldats : Énée les terrasse ; rien ne les garantit du trépas, ni les armes d'Hercule, ni leurs mains vigoureuses, ni Mélampe, leur père, compagnon d'Alcide, tant que la terre fournit au dieu de terribles travaux. Tandis que Pharo jetait à travers les airs des cris impuissants, Énée, dardant un trait, le plonge dans sa bouche béante. Et toi, Cydon, Clytius, dont les joues s'ombragent à peine d'un premier et blond duvet, t'entraînait sur ses pas, toi, ses nouvelles délices : abattu par le bras du Troyen, tu oubliais, infortuné, dans la mort, Clytius et tant d'autres amours, si les sept fils de Phorcus, se rangeant devant toi en troupe serrée, n'eussent lancé tous les sept leurs sept traits contre Énée : les uns rebondissent repoussés par le casque et le bouclier du héros ; les autres, détournés par la main maternelle de Vénus, ne font qu'effleurer le corps de son fils. Alors Énée au fidèle Achate : « Donnez-moi « de ces traits (pas un seul ne sera lancé en vain « contre les Rutules), de ces traits qui restèrent « enfoncés dans le corps des Grecs sous les murs « d'Ilion. » A l'instant il saisit un long javelot et le lance : le javelot vole, perce de part en part l'airain du bouclier de Méon, brise et sa cuirasse et sa poitrine. Alcanor s'avance, et de sa main soutient son frère qui tombe : le javelot, suit son élan, traverse, encore chaud et ensanglanté, le bras d'Alcanor ; le bras, détaché de l'épaule, pend à ses nerfs languissants. Numitor, autre frère de Méon, retire le javelot de ce corps inanimé, et le lance à Énée ; mais le coup ne peut l'atteindre, et ne fait qu'effleurer la cuisse du valeureux Achate.

Cependant Clausus, venu de Cures, s'élance tout fier des forces du jeune âge, et de loin, de toute la roideur de son bras, lance un javelot contre Dryope : le fer s'enfonce sous son menton, lui traverse la gorge, et du même coup lui ravit la parole et la vie. Dryope frappe la terre de son front, et sa bouche vomit des flots d'un sang épais. Trois jeunes Thraces de la plus antique race de Borée, et trois fils d'Idas, sortis d'Ismare leur patrie, tombent par des coups divers sous le bras de Clausus. D'un autre côté, Halésus accourt avec les Aurunces, et il est suivi de Messape, fils de Neptune, à la tête de sa brillante cavalerie. Les deux partis luttent pour se chasser l'un l'autre de l'Italie : la frontière ausonienne est le champ de bataille. Tels, dans le vaste espace des airs, un combat s'élève entre deux vents égaux en forces et en haleine. Ni les nuages, ni les flots de la mer, ni les vents entre eux, ne se cèdent l'un à l'autre : des deux côtés la lutte est douteuse ;

Æneas, omen pugnæ, stravitque Latinos,
Occiso Therone, virum qui maximus ultro
Ænean petit : huic gladio perque ærea suta,
Per tunicam squalentem auro, latus haurit apertum.
Inde Lichan ferit, exsectum jam matre peremta, 315
Et tibi, Phœbe, sacrum, casus evadere ferri
Quod licuit parvo : nec longe, Cissea durum,
Immanemque Gyan, sternentes agmina clava,
Dejicit leto : nihil illos Herculis arma,
Nec validæ juvere manus, genitorque Melampus, 320
Alcidæ comes, usque gravis quum terra labores
Præbuit : ecce Pharo, voces dum jactat inertis,
Intorquens jaculum clamanti sistit in ore.
Tu quoque, flaventem prima lanugine malas
Dum sequeris Clytium infelix, nova gaudia, Cydon, 325
Dardania stratus dextra, securus amorum,
Qui juvenum tibi semper erant, miserande, jaceres ;
Ni fratrum stipata cohors foret obvia, Phorci
Progenies ; septem numero, septenaque tela
Conjiciunt : partim galea clipeoque resultant 330
Irrita ; deflexit partim stringentia corpus
Alma Venus : fidum Æneas adfatur Achaten :
Suggere tela mihi, non ullum dextera frustra

Torserit in Rutulos, steterunt quæ in corpore Graium
Iliacis campis. Tum magnam corripit hastam, 335
Et jacit : illa volans clipei transverberat æra
Mæonis, et thoraca simul cum pectore rumpit.
Huic frater subit Alcanor, fratremque ruentem
Sustentat dextra : trajecto missa lacerto
Protinus hasta fugit, servatque cruenta tenorem ; 340
Dexteraque ex humero nervis moribunda pependit.
Tum Numitor, jaculo fratris de corpore rapto,
Ænean petiit ; sed non et figere contra
Est licitum, magnique femur perstrinxit Achatæ.
Hic Curibus, fidens primævo corpore, Clausus 345
Advenit, et rigida Dryopem ferit eminus hasta,
Sub mentum graviter pressa, pariterque loquentis
Vocem animamque rapit, trajecto gutture ; at ille
Fronte ferit terram, et crassum vomit ore cruorem.
Tris quoque Threicios Boreæ de gente suprema, 350
Et tris, quos Idas pater, et patria Ismara mittit,
Per varios sternit casus : adcurrit Halesus,
Auruncæque manus ; subit et Neptunia proles,
Insignis Messapus equis : expellere tendunt
Nunc hi, nunc illi ; certatur limine in ipso 355
Ausoniæ ; magno discordes æthere venti

des deux côtés se soutiennent des chocs opiniâtres. Ainsi s'entre-heurtent les armées troyenne et latine, pied contre pied, poitrine contre poitrine.

Plus loin combat Pallas. Là un torrent débordé roulait des débris de roc et d'arbrisseaux arrachés à la rive; la cavalerie arcadienne, contre sa coutume, met pied à terre, forcée par l'âpre nature du terrain de quitter ses chevaux. Pallas la voit tourner le dos, et les Latins la poursuivre : alors, seule ressource dans cette extrémité, il tâche par ses prières de retenir les fuyards, de rallumer leur courage par ces reproches amers : « Où fuyez-vous, compagnons? Par « vous, par vos exploits, par le nom de votre roi « Évandre, par tant de victoires, par l'espoir qui « m'enflamme de rivaliser aujourd'hui de gloire « avec mon père, ne vous confiez pas en la vi- « tesse de vos pieds : c'est avec le fer qu'il faut « nous ouvrir un passage à travers l'ennemi, là, « au plus épais de ces bataillons; c'est par cette « route que notre grande patrie veut que vous et « moi nous revenions : ici aucun dieu ne nous ac- « cable; mortels, nous sommes pressés par des « ennemis mortels; nous avons autant d'âmes, au- « tant de bras qu'eux. De ce côté la mer nous en- « ferme dans sa vaste barrière; la terre manque « à notre fuite : allons-nous gagner la mer et la « nouvelle Troie? » A ces mots il s'élance à travers les phalanges serrées des Latins. Le premier qui s'offre à ses coups, conduit par un destin ennemi, c'est Lagus : dans le temps qu'il s'efforce d'arracher une pierre énorme pour la lancer contre Pallas, celui-ci le perce d'un dard à l'endroit où l'épine partage les flancs en deux régions, et il en retire le fer encore attaché aux os. Hisbon se flatte de venger Lagus; mais Pallas le prévient, au moment où il le voit fondre sur lui furieux et égaré par le cruel trépas de son ami, et il plonge son épée dans ses poumons encore gros de courroux. Il attaque ensuite Sthénélus et Anchémole de l'ancienne race de Rhétus; incestueux Anchémole, qui avait osé souiller la couche de sa marâtre. Vous aussi, vous tombâtes tous deux dans les champs des Rutules, ô Laris, ô Thymber, enfants de Daucia, nés le même jour; vos traits, pareils en tout, embarrassaient par une douce erreur les regards et l'amour de vos parents. Mais Pallas sut trop vous distinguer en ce jour : le cimeterre d'Évandre tranche ta tête, ô Thymber; et toi, Laris, ta main coupée cherche le bras dont elle est séparée ; tes doigts mourants tressaillent encore, et veulent ressaisir le fer. Les exploits éclatants de Pallas, encore plus que ses reproches, rallument le courage des Arcadiens; le repentir et la honte les ramènent contre l'ennemi. En ce moment Pallas perce Rhétée, qui fuyait emporté sur son char à deux coursiers; et sa mort ne fait que retarder d'un instant celle d'Ilus. Pallas avait de loin dirigé son javelot contre Ilus, lorsque Rhétée fuyant devant toi, brave Teuthras, et devant ton frère Tyrès, intercepte le coup, et, roulant de son char, bat de ses pieds mourants les plaines des Rutules. Comme un berger, dans la saison d'été, quand s'élève le vent qu'il appelait de ses vœux, disperse à travers d'inutiles broussailles les semences de l'incendie; mille

Prælia ceu tollunt, animis et viribus æquis :
Non ipsi inter se, non nubila, non mare cedunt;
Anceps pugna diu ; stant obnixi ; omnia contra.
Haud aliter Trojanæ acies aciesque Latinæ   360
Concurrunt; hæret pede pes, densusque viro vir.

 At parte ex alia, qua saxa rotantia late
Inpulerat torrens, arbustaque diruta ripis,
Arcadas, insuetos acies inferre pedestris,
Ut vidit Pallas Latio dare terga sequaci ;   365
Aspera quis natura loci dimittere quando
Suasit equos; unum quod rebus restat egenis;
Nunc prece, nunc dictis virtutem adcendit amaris :
Quo fugitis, socii? per vos, et fortia facta,
Per ducis Evandri nomen, devictaque bella,   370
Spemque meam, patriæ quæ nunc subit æmula laudi,
Fidite ne pedibus; ferro rumpenda per hostis
Est via, qua globus ille virum densissimus urguet :
Hac vos et Pallanta ducem patria alta reposcit.
Numina nulla premunt : mortali urguemur ab hoste   375
Mortales; totidem nobis animæque manusque.
Ecce maris magna claudit nos objice pontus;
Deest jam terra fugæ : pelagus Trojamne petemus?
Hæc ait, et medius densos prorumpit in hostis.
Obvius huic primum, fatis adductus iniquis,   380

Fit Lagus : hunc, magno vellit dum pondere saxum,
Intorto figit telo, discrimina costis
Per medium qua spina dabat; hastamque receptat
Ossibus hærentem : quem non super occupat Hisbo,
Ille quidem hoc sperans; nam Pallas ante ruentem,   385
Dum furit, incautum crudeli morte sodalis,
Excipit, atque ensem tumido in pulmone recondit.
Hinc Sthenelum petit, et Rhœti de gente vetusta
Anchemolum, thalamos ausum incestare novercæ.
Vos etiam gemini, Rutulis cecidistis in arvis,   390
Daucia, Laride Thymberque, simillima proles,
Indiscreta suis, gratusque parentibus error :
At nunc dura dedit vobis discrimina Pallas;
Nam tibi, Thymbre, caput Evandrius abstulit ensis;
Te decisa suum, Laride, dextera quærit ;   395
Semanimesque micant digiti, ferrumque retractant.
Arcadas adcensos monitu, et præclara tuentes
Facta viri, mixtus dolor et pudor armat in hostes.
Tum Pallas bijugis fugientem Rhœtea præter
Trajicit : hoc spatium tantumque moræ fuit Ilo ;   400
Ilo, namque procul validam direxerat hastam,
Quam medius Rhœteus intercipit, optime Teuthra,
Te fugiens, fratremque Tyren ; curruque volutus
Cædit semanimis Rutulorum calcibus arva.

feux, dévorante armée, envahissent la plaine et s'y étendent de toutes parts; lui, assis sur la hauteur, suit d'un regard victorieux les flammes triomphantes : ainsi se recueillent, ô Pallas, les courages de tes compagnons ralliés; ainsi tu t'en réjouis. Cependant le bouillant Halésus marche contre eux, ramassé sous ses armes; il tue Ladon, Phérète, et Démodocus; Strymon levait la main pour lui percer la gorge; il la lui abat d'un revers de sa brillante épée : en même temps il atteint Thoas d'une pierre, lui brise le crâne, en disperse les os et la cervelle sanglante. Le père d'Halésus, qui savait les destins, avait caché son fils dans les forêts; mais à peine la mort eut-elle fermé à la lumière les paupières blanchies du vieillard, que les Parques mirent la main sur son fils, et le dévouèrent aux traits du fils d'Évandre. Pallas, avant de l'attaquer, adresse cette prière au Tibre : « Dieu du Tibre, donne un « vol heureux à ce javelot que je balance, et qu'il « s'ouvre un passage à travers la poitrine du fa- « rouche Halésus! Les armes et les dépouilles de « ce guerrier orneront un chêne de tes bords. » Le dieu l'exauça : tandis qu'Halésus veut couvrir Imaon de son bouclier, le malheureux livre lui-même au trait arcadien sa poitrine sans défense. Mais Lausus, l'une des plus grandes forces de cette guerre, ne permet pas qu'une mort aussi désastreuse épouvante les phalanges latines; le premier il tue Abas, qui s'opposait à lui; Abas qui à lui seul enchaîne et retarde le combat. Il tombe, cet enfant de l'Arcadie; avec lui tombent les guerriers étrusques, et vous aussi, Troyens, corps invincibles au fer des Grecs. Les deux armées s'entre-choquent; chefs et forces, tout est égal de part et d'autre. Les rangs se serrent jusqu'au dernier; l'espace manque aux traits et aux mains confondues. D'un côté, c'est Pallas qui presse et qui pousse l'attaque; de l'autre, c'est Lausus; tous deux à peu près du même âge, tous deux beaux, mais tous deux condamnés par la fortune à ne pas revoir leur patrie. Le souverain maître de l'Olympe ne permet pas cependant qu'ils combattent l'un contre l'autre; les destins les réservent aux coups de plus nobles ennemis.

En ce moment la nymphe Juturna, sœur de Turnus, l'avertit d'aller au secours de Lausus : aussitôt Turnus emporté par son char rapide perce les bataillons : « Arrêtez! » s'écrie-t-il en voyant ses alliés, » cessez le combat; c'est à moi, à moi « seul de me porter contre Pallas; à moi seul est « réservé Pallas. Oh! que son père n'est-il specta- « teur de notre combat! » Il dit, et tout fait place aux deux rivaux. Cet ordre, la retraite des Rutules, le fier commandement de Turnus, étonnent le jeune Pallas; sa vue se fixe sur Turnus; il mesure des yeux sa taille prodigieuse, le parcourt tout entier de ses regards farouches, et lui rend en ces mots sa superbe menace : « Ou « je me glorifierai de t'avoir ravi tes belles dé- « pouilles, ou je mourrai d'une mort illustre; « l'un et l'autre est égal à mon père : cesse donc « tes menaces. » En parlant ainsi, il s'avance dans la plaine; les Arcadiens tremblent, et tout leur sang se glace dans leurs veines. Turnus saute de son char; c'est à pied, c'est de près qu'il veut se me-

Ac velut, optato ventis æstate coortis, 405
Dispersa inmittit silvis incendia pastor;
Conreptis subito mediis, extenditur una
Horrida per latos acies Volcania campos.
Ille sedens victor flammas despectat ovantis :
Non aliter sociûm virtus coit omnis in unum, 410
Teque juvat, Palla : sed bellis acer Halesus
Tendit in adversos, seque in sua conligit arma.
Hic mactat Ladona, Pheretaque, Demodocumque;
Strymonio dextram fulgenti deripit ense
Elatam in jugulum; saxo ferit ora Thoantis, 415
Ossaque dispersit cerebro permixta cruento.
Fata canens silvis genitor celarat Halesum;
Ut senior leto canentia lumina solvit,
Injecere manum Parcæ, telisque sacrarunt
Evandri : quem sic Pallas petit ante precatus : 420
Da nunc, Thybri pater, ferro, quod missile libro,
Fortunam atque viam duri per pectus Halesi;
Hæc arma exuviasque viri tua quercus habebit.
Audiit illa deus : dum texit Imaona Halesus,
Arcadio infelix telo dat pectus inermum. 425
At non cæde viri tanta perterrita Lausum,
Pars ingens belli, sinit agmina : primus Abantem
Oppositum interimit, pugnæ nodumque moramque.
Sternitur Arcadiæ proles; sternuntur Etrusci :
Et vos, o Graiis inperdita corpora, Teucri. 430
Agmina concurrunt ducibusque et viribus æquis :
Extremi addensent acies; nec turba moveri
Tela manusque sinit : hinc Pallas instat et urguet;
Hinc contra Lausus, nec multum discrepat ætas,
Egregii formæ; sed quis fortuna negarat 435
In patriam reditus : ipsos concurrere passus
Haud tamen inter se magni regnator Olympi;
Mox illos sua fata manent majore sub hoste.
Interea soror alma monet succurrere Lauso
Turnum, qui volucri curru medium secat agmen. 440
Ut vidit socios : Tempus desistere pugnæ;
Solus ego in Pallanta feror, soli mihi Pallas
Debetur; cuperem ipse parens spectator adesset.
Hæc ait; et socii cesserunt æquore jusso.
At, Rutulûm abscessu, juvenis tum jussa superba 445
Miratus, stupet in Turno, corpusque per ingens
Lumina volvit, obitque truci procul omnia visu :
Talibus et dictis it contra dicta tyranni :
Aut spoliis ego jam raptis laudabor opimis,
Aut leto insigni : sorti pater æquus utrique est. 450
Tolle minas. Fatus, medium procedit in æquor.
Frigidus Arcadibus coit in præcordia sanguis.
Desiluit Turnus bijugis; pedes adparat ire
Comminus : utque leo, specula quum vidit ab alta

surer avec Pallas. Comme s'élance un l'on, quand du haut d'une montagne il voit de loin dans la plaine un taureau qui s'apprête au combat, ainsi Turnus apparaît et bondit. Quand Pallas le voit assez près de sa lance pour qu'elle l'atteigne, il s'avance le premier, et veut tenter si l'audace, aidée de la fortune suppléera à l'inégalité des forces : alors, élevant la voix, il adresse cette prière au ciel :« Grand Alcide, je te conjure par le « toit hospitalier de mon père, par sa table où tu « es venu t'asseoir, seconde cet immense effort « de mon bras : que Turnus, expirant sous mes « coups, me voie lui ravir ses armes sanglantes, « et de ses yeux mourants reconnaisse en moi « son vainqueur. » Hercule entend la prière du jeune homme; il étouffe un profond gémissement prêt à s'échapper de son cœur; il verse des larmes inutiles. Alors Jupiter console son divin fils par ces paroles amies : « Mon fils, les jours de chaque « mortel lui sont comptés; le temps de la vie hu-« maine est court et irréparable : mais étendre « par de hauts faits sa renommée aux âges futurs, « c'est là l'ouvrage de la vertu. Sous les hauts « remparts de Troie, combien sont tombés d'en-« fants des dieux ! j'y ai bien vu périr Sarpédon « mon fils ! Déjà Turnus lui-même est appelé par « ses destins, et touche au terme de la vie qu'ils « lui ont accordée. » Il dit, et détourne ses regards des champs des Rutules. Cependant Pallas lance un javelot de toutes ses forces, et aussitôt il tire du fourreau son étincelante épée. Le trait vole, va frapper à l'endroit où la cuirasse s'élève au-dessus de l'épaule qu'elle couvre, perce les bords du bouclier, et enfin effleure le grand corps de Turnus. Turnus à son tour balance longtemps un bois que termine un fer acéré, et, le lançant contre Pallas : « Vois, lui dit-il, si mon trait pé-« nétrera mieux que le tien. » Il dit; le bouclier du fils d'Évandre, tout garni qu'il est de triples lames de fer et d'airain, et quoique la peau d'un taureau l'enveloppe de ses cent replis, est transpercé par la pointe du javelot, que n'arrête pas la cuirasse, et qui se fait une large ouverture dans la poitrine de Pallas. Celui-ci l'arrache, mais en vain, tout tiède encore, de la plaie : son sang et sa vie s'échappent par le même passage; il tombe sur sa blessure, ses armes en retentissent; et en mourant il mord de sa bouche ensanglantée cette terre ennemie. Alors Turnus, debout près de son cadavre : « Arcadiens, s'écrie-t-« il, rapportez fidèlement ces paroles à Évandre : « Je lui renvoie son fils, tel qu'il mérite de le re-« voir. Les honneurs du tombeau, les consolations « dernières de la sépulture, je les lui accorde : il « aura payé cher l'hospitalité donnée au Troyen. » A ces mots, il presse de son pied gauche le corps du vaincu, lui enlève son baudrier, qui était d'un poids énorme, et, avec ce riche trophée, l'exécrable forfait que l'art y avait représenté : c'était le massacre des jeunes époux des Danaïdes, égorgés en une seule nuit dans leurs sanglantes couches nuptiales. Clonus, fils d'Euryte, avait gravé sur l'or cette lamentable histoire. Paré de ces superbes dépouilles, Turnus s'en applaudit : funeste aveuglement de l'homme, qui ne sait ni le destin, ni ce que lui réserve l'avenir ! transporté par le bonheur, il n'y garde pas de mesure. Un temps viendra que Turnus souhaitera de n'avoir pas

```
Stare procul campis meditantem in prælia taurum,       455
Advolat : haud alia est Turni venientis imago.
Hunc ubi contiguum missæ fore credidit hastæ,
Ire prior Pallas, si qua fors adjuvet ausum
Viribus inparibus ; magnumque ita ad æthera fatur :
Per patris hospitium, et mensas, quas advena adisti,   460
Te precor, Alcide, cœptis ingentibus adsis ;
Cernat seminecl sibi me rapere arma cruenta,
Victoremque ferant morientia lumina Turni.
Audiit Alcides juvenem, magnumque sub imo
Corde premit gemitum, lacrimasque effudit inanes.     465
Tum Genitor natum dictis adfatur amicis :
Stat sua cuique dies ; breve et inreparabile tempus
Omnibus est vitæ ; sed famam extendere factis,
Hoc virtutis opus. Trojæ sub mœnibus altis
Tot gnati cecidere deom ; quin occidit una             470
Sarpedon, mea progenies ; etiam sua Turnum
Fata vocant, metasque dati pervenit ad ævi.
Sic ait, atque oculos Rutulorum rejicit arvis.
At Pallas magnis emittit viribus hastam,
Vaginaque cava fulgentem deripit ensem.                475
Illa volans, humeris surgunt qua tegmina summa,
Incidit, atque, viam clipei molita per oras,
Tandem etiam magno strinxit de corpore Turni.
Hic Turnus ferro præfixum robur acuto
In Pallanta diu librans jacit, atque ita fatur :       480
Adspice, num mage sit nostrum penetrabile telum.
Dixerat : at clipeum, tot ferri terga, tot æris,
Quum pellis totiens obeat circumdata tauri,
Vibranti medium cuspis transverberat ictu,
Loricæque moras, et pectus perforat ingens.            485
Ille rapit calidum frustra de volnere telum ;
Una eademque via sanguis animusque sequuntur.
Conruit in volnus ; sonitum super arma dedere ;
Et terram hostilem moriens petit ore cruento.
Quem Turnus super adsistens :                          490
Arcades, hæc, inquit, memores mea dicta referte
Evandro : qualem meruit, Pallanta remitto.
Quisquis honos tumuli, quidquid solamen humandi est,
Largior : haud illi stabunt Æneia parvo
Hospitia. Et lævo pressit pede talia fatus             495
Exanimem, rapiens inmania pondera baltei,
Inpressumque nefas : una sub nocte jugali
Cæsa manus juvenum fœde, thalamique cruenti ;
Quæ Clonus Eurytides multo cælaverat auro ;
Quo nunc Turnus ovat spolio gaudetque potitus.         500
Nescia mens hominum fati, sortisque futuræ,
Et servare modum, rebus sublata secundis !
```

mis la main sur Pallas, et détestera le jour où il emporta ces dépouilles. Cependant les Arcadiens, au milieu des gémissements et des larmes, placent le corps de Pallas sur un bouclier, et, l'environnant en foule, l'enlèvent du champ de bataille. O combien ton retour va porter de douleur et de gloire à ton père! le premier jour qui t'envoie au combat t'enlève à la victoire; mais tu laisses sur ces plaines des monceaux de Rutules terrassés par ton bras.

Ce n'est déjà plus par la voix de la renommée, c'est par un avis sûr qu'Énée apprend un si grand malheur; on lui dit aussi l'extrême danger où sont engagées ses troupes, et qu'il est temps de secourir les Troyens en déroute. Il part, moissonne tout devant lui de sa bouillante épée, et s'ouvre avec le fer un vaste passage à travers les bataillons latins : c'est toi, Turnus, qu'il cherche, toi encore enivré du sang que tu viens de répandre. Pallas, Évandre, sont présents à ses yeux; il ne songe qu'à cette table hospitalière, la première à laquelle, étranger en Italie, il est venu s'asseoir; à la main du vieux roi, gage de son alliance. D'abord il saisit tout vivants huit jeunes gens, dont quatre étaient fils de Sulmon, et les quatre autres d'Ufens; il les réserve pour être immolés aux mânes de Pallas, et pour arroser de ce sang captif les flammes de son bûcher. Au même instant il pousse de loin un javelot furieux à Magus, qui esquive adroitement le coup; le trait vole tremblant au-dessus de sa tête. Magus embrasse les genoux d'Énée, et lui parle ainsi : « Par les mânes de vo- « tre père, par Ascagne, vos espérances grandis- « santes, conservez, je vous en conjure, la vie

« à un fils et à un père. J'ai un palais magnifi- « que, d'immenses amas d'argent ciselé enfouis « dans la terre; j'ai des monceaux d'or ou brut « ou façonné. Ce n'est pas de ma mort que dépend « la victoire des Troyens; la vie d'un seul homme « n'emportera pas une si grande différence. » Il dit; Énée lui répond : « Tous ces talents d'or et « d'argent que tu m'étales, gardes-les pour tes « enfants : ces pactes à prix d'or entre combat- « tants, Turnus le premier les a abolis, en tuant « Pallas : point de grâce aux Latins! voilà ce « que demandent les mânes d'Anchise, ce que « demande mon fils. » A ces mots, il saisit de sa main gauche le casque de Magus, qui le supplie encore, lui courbe la tête, et lui plonge son épée dans la gorge. Non loin de là s'offre à ses yeux le fils d'Hémon, grand prêtre d'Apollon et de Diane : la tiare ceignait ses tempes de ses bandelettes sacrées; il était tout resplendissant de l'éclat de ses vêtements et de ses armes. Énée marche à lui, le poursuit dans la plaine : le prêtre tombe; Énée l'atteint, l'immole, et le couvre des ombres de la nuit éternelle. Séreste le dépouille de ses armes et les emporte sur ses épaules, trophée pour toi, ô dieu de la guerre. Le combat se rengage, relevé par Céculus, fils de Vulcain, et par Umbron, venu des montagnes des Marses. Énée en fureur court à eux : déjà de son épée il avait abattu le bras gauche d'Anxur et fracassé l'orbe entier de son bouclier. Anxur, avait prononcé sur son propre sort quelques paroles superbes, dont il attendait de sûrs effets; déjà même il portait son cœur et ses espérances jusqu'au ciel, se promettant la vieillesse et de longues années. Tarquitus, fils de

Turno tempus erit, magno quum optaverit emtum
Intactum Pallanta, et quum spolia ista, diemque
Oderit! At socii multo gemitu lacrimisque 505
Inpositum scuto referunt Pallanta frequentes.
O dolor, atque decus magnum rediture parenti!
Hæc te prima dies bello dedit, hæc eadem aufert;
Quum tamen ingentis Rutulorum linquis acervos!
    Nec jam fama mali tanti, sed certior auctor 510
Advolat Æneæ, tenui discrimine leti
Esse suos : tempus versis succurrere Teucris.
Proxima quæque metit gladio, latumque per agmen
Ardens limitem agit ferro; te, Turne, superbum
Cæde nova quærens. Pallas, Evander, in ipsis 515
Omnia sunt oculis; mensæ, quas advena primas
Tunc adiit, dextræque datæ. Sulmone creatos
Quatuor hic juvenes; totidem, quos educat Ufens,
Viventis rapit, inferias quos inmolet umbris,
Captivoque rogi perfundat sanguine flammas. 520
Inde Mago procul infensam contenderat hastam :
Ille astu subit; at tremebunda supervolat hasta;
Et genua amplectens, effatur talia supplex :
Per patrios Manis, per spes surgentis Iuli,
Te precor, hanc animam serves natoque, patrique. 525

Est domus alta; jacent penitus defossa talenta
Cælati argenti; sunt auri pondera facti
Infectique mihi; non hic victoria Teucrum
Vertitur; aut anima una dabit discrimina tanta.
Dixerat. Æneas contra cui talia reddit : 530
Argenti atque auri memoras quæ multa talenta,
Gnatis parce tuis. Belli commercia Turnus
Sustulit ista prior jam tum Pallante peremto.
Hoc patris Anchisæ Manes, hoc sentit Iulus.
Sic fatus galeam læva tenet, atque reflexa 535
Cervice orantis capulo tenus adplicat ensem.
Nec procul Hæmonides, Phœbi Triviæque sacerdos,
Infula cui sacra redimibat tempora vitta,
Totus conlucens veste, atque insignibus armis :
Quem congressus agit campo, lapsumque superstans 540
Inmolat, ingentique umbra tegit; arma Serestus
Lecta refert humeris, tibi, rex Gradive, tropæum.
Instaurant acies Volcani stirpe creatus
Cæculus, et veniens Marsorum montibus Umbro.
Dardanides contra furit : Anxuris ense sinistram 545
Et totum clipei ferro dejecerat orbem;
Dixerat ille aliquid magnum', vimque adfore verbo
Crediderat, cœloque animum fortasse ferebat,

Pan, dieu des forêts, et de la nymphe Dryope, triomphant de l'éclat de ses armes, vient s'opposer à la furie du héros. Énée, d'un javelot vigoureusement ramené en arrière, perce sa cuirasse et son énorme bouclier, qui ne font plus que l'embarrasser de leur poids. En vain Tarquitus le supplie, et veut le toucher par ses paroles; Énée lui abat la tête; et du pied repoussant le tronc encore tiède, il prononce ces paroles de colère : « Te voilà gisant sur la poussière, redoutable « guerrier; ta tendre mère ne t'ensevelira pas, ne « déposera pas tes membres dans le tombeau de « tes pères : tu seras abandonné aux oiseaux de « proie, ou plongé dans le gouffre des mers; l'onde « t'emportera, et les poissons affamés déchireront ta blessure. » Aussitôt il se met à poursuivre Antée, et Lucas, portés au premier rang de l'armée de Turnus, le brave Numa, le blond Camerte, fils du magnanime Volscens, le plus riche de ceux qui cultivent les champs de l'Ausonie, et roi des taciturnes Amycles. Tel Égéon aux cent bras, aux cent mains, vomissait des feux de ses cinquante poitrines, et opposait aux foudres de Jupiter autant de boucliers retentissants, autant d'épées nues; Tel Énée victorieux répand ses fureurs dans la plaine, dès que son glaive s'est tiédi dans le sang. Le voici qui marche contre les quadriges et droit à la poitrine de Niphée : dès que les coursiers voient de loin le héros venir à eux à grands pas et frémissant de rage, saisis d'épouvante ils reculent, et, se rejetant en arrière, ils renversent leur conducteur et entraînent le char vers le rivage.

Dans le même temps Lucagus et son frère Liger, montés sur un char attelé de deux coursiers, se portent au milieu des bataillons troyens. Liger guide les coursiers; le bouillant Lucagus fait tournoyer sa foudroyante épée. Énée ne peut souffrir leurs fureurs meurtrières : il fond sur eux, et leur apparaît armé d'une lance qui le grandit encore. Alors Liger : « Ce ne sont « pas ici les champs de Phrygie; ce ne sont ni « les coursiers de Diomède, ni le char d'Achille : « tu vas trouver en ces lieux la fin de la guerre « et de tes jours. » Ainsi parle l'insensé Liger; ainsi volent dans les airs ses vaines paroles. Mais ce n'est pas par des mots qu'Énée lui répond; il lance son javelot, dans le temps que Lucagus suspendu à l'attelage se penche sur ses coursiers, les pique de la pointe d'un dard, et jetant en avant son pied gauche, s'apprête au combat : le javelot d'Énée traverse par les bords le brillant bouclier de Liger, et va se plonger dans son aine gauche : renversé de son char, le Rutule roule mourant sur l'arène. Alors Énée l'insulte par ces paroles amères : « Lucagus, tu n'accuse- « ras pas tes chevaux et ton char d'avoir trahi « ton ardeur par une course trop lente, non plus « que l'ennemi de les avoir effarouchés par les « vaines ombres de la peur; c'est toi-même qui « sautes à terre, et qui abandonnes le joug. » A ces mots, il saisit les deux coursiers : le malheureux Liger, tombé du même char, tendait au héros des mains désarmées : « Noble Troyen, « lui disait-il, par toi-même, par ceux qui ont « donné le jour à un héros tel que toi, je t'en « conjure, laisse-moi cette vie, aie pitié d'un

Canitiemque sibi, et longos promiserat annos.
Tarquitus exsultans contra fulgentibus armis, 550
Silvicolæ Fauno Dryope quem nympha crearat,
Obvius ardenti sese obtulit : ille reducta
Loricam clipeique ingens onus impedit hasta.
Tum caput orantis nequidquam, et multa parantis
Dicere, deturbat terræ; truncumque tepentem 555
Provolvens, super hæc inimico pectore fatur :
Istic nunc, metuende, jace : non te optima mater
Condet humi, patriove onerabit membra sepulcro :
Alitibus linquere feris; aut gurgite mersum
Unda feret, piscesque inpasti vulnera lambent. 560
Protenus Antæum et Lucam, prima agmina Turni,
Persequitur, fortemque Numam, fulvumque Camertem,
Magnanimo Volscente satum, ditissimus agri
Qui fuit Ausonidum, et tacitis regnavit Amyclis.
Ægæon qualis, centum cui brachia dicunt, 565
Centenasque manus, quinquaginta oribus ignem
Pectoribusque arsisse, Jovis quum fulmina contra
Tot paribus streperet clipeis, tot stringeret ensis :
Sic toto Æneas desævit in æquore victor,
Ut semel intepuit mucro; quin ecce Niphæi 570
Quadrijuges in equos adversaque pectora tendit;
Atque illi, longe gradientem et dira frementem

Ut videre, metu versi, retroque ruentes,
Effunduntque ducem, rapiuntque ad litora currus.
Interea bijugis infert se Lucagus albis 575
In medios, fraterque Liger; sed frater habenis
Flectit equos : strictum rotat acer Lucagus ensem.
Haud tulit Æneas tanto fervore furentes :
Inruit, adversaque ingens adparuit hasta.
Cui Liger : 580
Non Diomedis equos, nec currus cernis Achilli,
Aut Phrygiæ campos : nunc belli finis et ævi
His dabitur terris. » Vesano talia late
Dicta volant Ligeri; sed non et Troius heros
Dicta parat contra; jaculum nam torquet in hostem. 585
Lucagus ut pronus pendens in verbera telo
Admonuit bijugos; projecto dum pede lævo
Aptat se pugnæ, subit oras hasta per imas
Fulgentis clipei, tum lævum perforat inguen;
Excussus curru moribundus volvitur arvis. 590
Quem pius Æneas dictis adfatur amaris :
Lucage, nulla tuos currus fuga segnis equorum
Prodidit, aut vanæ vertere ex hostibus umbræ
Ipse rotis saliens juga deseris. Hæc ita fatus
Adripuit bijugos : frater tendebat inermes 595
Infelix palmas, curru delapsus eodem :

« suppliant. » — « Tu ne tenais pas tout à « l'heure un pareil langage, lui répond Énée; « meurs, et, frère de Lucagus, ne quitte point ton « frère. » En même temps de la pointe de son glaive il lui ouvre la poitrine, où se cachait son âme éperdue. Ainsi le chef des Troyens semait le carnage dans les champs latins, pareil à un torrent furieux ou à un noir tourbillon. Enfin s'élancent hors du camp, et des remparts faiblement assiégés, Ascagne et la jeunesse troyenne.

Cependant Jupiter s'adressant à Junon : « O « ma sœur, ô ma chère épouse, Vénus, vous ne « vous trompiez pas, soutient les Troyens; ils « n'ont, vous le voyez, ni feu dans l'action, ni « fier courage, ni fermeté dans les périls. » Junon d'un ton soumis lui répond : « Pourquoi, ô « le plus beau des dieux et des époux, pourquoi « m'affliger encore, moi déjà si malheureuse, et « qui crains tant vos rudes paroles. Si, comme « autrefois et comme vous le devriez encore, vous « m'aimiez du même amour, vous ne me refuse- « riez pas ce que je désire, vous qui êtes tout- « puissant : je pourrais alors enlever Turnus à la « mêlée, et le rendre sain et sauf à Daunus son « père. Faut-il qu'il périsse aujourd'hui, et qu'il « satisfasse par son pieux sang à la vengeance « des Troyens? Et pourtant il est issu de notre « race divine ; Pilumne est son quatrième aïeul, « Pilumne dont la main magnifique a si souvent « chargé vos autels d'abondantes offrandes. » Le souverain maître de l'Olympe lui repartit en peu de mots : « Si vous me demandez de re- « tarder la mort de Turnus et le moment où ce « jeune guerrier doit tomber, et si vous croyez « que je lui doive cette seule grâce, enlevez-le par « la fuite, et tâchez de le soustraire aux destins « qui le pressent. C'est tout ce que ma bonté peut « pour lui. Mais si vos prières cachent de plus « hautes prétentions, si vous pensez que je vais « changer et bouleverser tout l'ordre de cette « guerre, vous nourrissez de vaines espérances.» Alors Junon en pleurant : « Si ce qu'il vous coûte « de prononcer tout haut, votre cœur l'accor- « dait! si cette vie restait assurée à Turnus, au- « jourd'hui qu'un si rude coup menace sa tête in- « nocente! Ce coup, je le vois venir, ou je m'abuse. « Ah! puissé-je être le jouet de vaines alarmes! « Et vous qui le pouvez, que ne changez-vous en « l'adoucissant un arrêt si rigoureux ? » Elle dit, s'élance du haut de l'Olympe, poussant à travers les airs un nuage orageux qui l'enveloppe, et vole vers l'armée troyenne et vers le camp des Latins. Alors la déesse forme d'une nuée transparente une légère et débile image d'Énée. O prodige! elle pare ce fantôme des armes troyennes : elle lui donne le même bouclier, le même panache qui se balance sur la tête divine du héros, la même voix, les mêmes paroles, mais vaines et sans pensée : elle assimile sa démarche à celle d'Énée. Telles voltigent, dit-on, sur la terre les ombres des morts; tels les songes se jouent de nos sens assoupis. Cependant le spectre triomphant bondit aux premiers rangs de l'armée, irrite Turnus en lui lançant des

Per te, per qui te talem genuere parentes,
Vir Trojane, sine Hanc animam, et miserere precantis.
Pluribus oranti Æneas : haud talia dudum
Dicta dabas; morere, et fratrem ne desere frater.   600
Tum latebras animæ pectus mucrone recludit.
Talia per campos edebat funera ductor
Dardanius, torrentis aquæ, vel turbinis atri
More furens : tandem erumpunt, et castra relinquunt
Ascanius puer, et nequidquam obsessa juventus.   605
   Junonem interea conpellat Juppiter ultro :
O germana mihi, atque eadem gratissima conjunx,
Ut rebare, Venus, nec te sententia fallit,
Trojanas sustentat opes; non vivida bello
Dextra viris, animusque ferox, patiensque pericli.   610
Cui Juno submissa : « Quid, o pulcherrime conjunx,
Sollicitas ægram, et tua tristia dicta timentem?
Si mihi, quæ quondam fuerat, quamque esse decebat,
Vis in amore foret, non hoc mihi namque negares,
Omnipotens, quin et pugnæ subducere Turnum,   615
Et Dauno possem incolumem servare parenti.
Nunc pereat, Teucrisque pio det sanguine pœnas :
Ille tamen nostra deducit origine nomen,
Pilumnusque illi quartus pater ; et tua larga
Sæpe manu multisque oneravit limina donis.   620
   Cui rex ætherii breviter sic fatur Olympi :
Si mora præsentis leti, tempusque caduco
Oratur juveni, meque hoc ita ponere sentis,
Tolle fuga Turnum, atque instantibus eripe fatis.
Hactenus indulsisse vacat; sin altior istis   625
Sub precibus venia ulla latet, totumque moveri
Mutarive putas bellum, spes pascis inanis.
Et Juno adlacrymans : Quid si, quod voce gravaris,
Mente dares; atque hæc Turno rata vita maneret!
Nunc manet insontem gravis exitus; aut ego veri   630
Vana feror : quod uto potius formidine falsa
Ludar, et in melius tua, qui potes, orsa reflectas!
Hæc ubi dicta dedit, cœlo se protenus alto
Misit, agens hiemem nimbo succincta per auras;
Iliacamque aciem et Laurentia castra petivit.   635
   Tum dea nube cava tenuem sine viribus umbram,
In faciem Æneæ, visu mirabile monstrum,
Dardaniis ornat telis, clipeumque, jubasque
Divini adsimulat capitis; dat inania verba ;
Dat sine mente sonum; gressusque effingit euntis,   640
Morte obita quales fama est volitare figuras,
Aut quæ sopitos deludunt somnia sensus.
At primas læta ante acies exsultat imago,
Iritatque virum telis, et voce lacessit.
Instat cui Turnus, stridentemque eminus hastam   645
Conjicit; illa dato vertit vestigia tergo.

traits, et de la voix le provoque au combat. Turnus marche à lui, et de loin lui lance un javelot sifflant; le spectre tourne le dos et prend la fuite. Turnus croit qu'Énée lâche pied et fuit devant lui, et déjà, dans le trouble de ses fougueux esprits, il dévore une vaine espérance : « Où fuis-tu, Énée? s'écrie-t-il, n'abandonne pas « la couche nuptiale qui t'est promise! cette main « va te donner la terre que tu as cherchée à tra-« vers les ondes. » En s'écriant ainsi, il poursuit, l'épée nue et étincelante, une fugitive image, et il ne voit pas que les vents emportent sa joie. Non loin de là était par hasard le vaisseau qui avait amené Osinius des bords Clusiens; amarré aux escarpements d'un haut rocher, ses échelles encore dressées et ses ponts appliqués au rivage le retenaient en partie. Là, dans les cavités ténébreuses du navire, se jette l'ombre éperdue d'Énée fuyant. Turnus n'en est que plus ardent à l'y suivre; il franchit les barrières, escalade les ponts. Mais à peine a-t-il atteint la proue, que Junon coupe le câble, arrache le vaisseau du rivage, et l'entraîne sur les eaux, qui, refluant, l'emportent. Alors le léger fantôme cesse de se tenir caché; il reparaît, prend son essor et se perd dans la nuée noire, tandis qu'un tourbillon entraîne Turnus vers la haute mer. Enfin il regarde en arrière, ignorant qui le joue, détestant l'invisible main qui le sauve; et il s'écrie, les bras levés vers le ciel : « Père tout-puissant des dieux, par « quel crime si grand ai-je pu mériter que vous « m'infligiez un si rude châtiment? Où vais-je? « d'où viens-je? où me réfugier? qui me ramè-« nera parmi les miens? Reverrai-je les murs de « Laurente? reverrai-je mon camp? Que vont dire « ces braves soldats qui m'ont suivi moi et mes « armes, et que j'ai honteusement abandonnés « à une mort effroyable? Je les vois courir débandés, j'entends les gémissements des mourants. Que faire? quel abîme assez profond m'engloutira? Vents, prenez pitié de moi! Poussez « (Turnus implore vos fureurs), poussez mon navire contre les rochers, les écueils; jetez-le au « milieu des syrtes les plus affreuses, là où ni « mes Rutules, ni le sentiment de ma honte, ne « puissent me suivre. » En prononçant ces mots, Turnus flotte suspendu entre mille et mille pensées: doit-il, furieux de honte, se percer de la pointe de son épée, enfoncer le fer nu dans son flanc? doit-il se précipiter dans les flots, gagner la rive à la nage, et se rendre à la mêlée ennemie? Trois fois il va suivre l'une et l'autre extrémité; trois fois la puissante Junon le retient, et réprime par pitié les funestes emportements du jeune homme. Le navire enfin fendant les ondes suit le flux qui l'entraîne, et ramène Turnus dans l'antique cité de Daunus son père.

Cependant le fougueux Mézence, inspiré par Jupiter, prend la place de Turnus, et attaque vivement les Troyens triomphants. Tous les bataillons tyrrhéniens accourent ensemble, ligués contre un seul homme par des haines communes, et accablent un seul homme de leurs armes conjurées. Lui tient bon, pareil à un rocher qui s'avance au milieu des vastes ondes, et qui, exposé à la furie des vents et des flots, supporte, immobile et inébranlable, toutes les menaces du ciel et de la mer. Mézence étend à ses pieds Hébrus, fils

Tum vero Æneam aversum ut cedere Turnus
Credidit, atque animo spem turbidus hausit inanem :
Quo fugis, Ænea? thalamos ne desere pactos :
Hac dabitur dextra tellus quæsita per undas.   650
Talia vociferans sequitur, strictumque coruscat
Mucronem; nec ferre videt sua gaudia ventos.
Forte ratis celsi conjuncta crepidine saxi
Expositis stabat scalis, et ponte parato,
Qua rex Clusinis advectus Osinius oris.   655
Huc sese trepida Æneæ fugientis imago
Conjicit in latebras : nec Turnus segnior instat;
Exsuperatque moras, et pontis transilit altos.
Vix proram adtigerat; rumpit Saturnia funem,
Avolsamque rapit revoluta per æquora navem.   660
Illum autem Æneas absentem in prælia poscit;
Obvia multa virum demittit corpora morti.
Tum levis haud ultra latebras jam quærit imago;
Sed sublime volans nubi se inmiscuit atræ,
Quum Turnum medio interea fert æquore turbo.   665
Respicit ignarus rerum, ingratusque salutis,
Et duplicis cum voce manus ad sidera tendit :
Omnipotens genitor, tanton' me crimine dignum
Duxisti, et talis voluisti expendere pœnas?
Quo feror? unde abii? quæ me fuga, quemve reducet?   670

Laurentisne iterum muros aut castra videbo?
Quid manus illa virum, qui me meaque arma secuti?
Quosne, nefas, omnis infanda in morte reliqui?
Et nunc palantis video, gemitumque cadentum
Adcipio : quid ago? aut quæ jam satis ima dehiscat   675
Terra mihi? vos, o potius miserescite, venti,
In rupes, in saxa, volens vos Turnus adoro,
Ferte ratem, sævisque vadis inmittite Syrtis,
Quo neque me Rutuli, nec conscia fama sequatur.
Hæc memorans, animo nunc huc, nunc fluctuat illuc;   680
An sese mucrone ob tantum dedecus amens
Induat, et crudum per costas exigat ensem :
Fluctibus an jaciat mediis, et litora nando
Curva petat, Teucrumque iterum se reddat in arma.
Ter conatus utramque viam : ter maxima Juno   685
Continuit; juvenemque animi miserata repressit.
Labitur alta secans fluctuque æstuque secundo,
Et patris antiquam Dauni defertur ad urbem.
At Jovis interea monitis Mezentius ardens
Succedit pugnæ, Teucrosque invadit ovantis.   690
Concurrunt Tyrrhenæ acies, atque omnibus uni,
Uni odiisque viro telisque frequentibus instant.
Ille, velut rupes, vastum quæ prodit in æquor,
Obvia ventorum furiis, expostaque ponto,

de Dolichaon, et avec lui Latagus, et Palmus qui fuyait. Latagus est atteint à la tête et au visage d'une pierre, débris énorme d'une montagne : Mézence coupe le jarret au lâche Palmus, qu'il laisse se rouler à terre ; lui enlève ses armes, son panache, et le donne à Lausus pour qu'il en pare son front. Il massacre ensuite le Phrygien Évas, avec Mimas le compagnon de Pâris, et son égal par les années. La même nuit qui vit naître le fils de Théano et d'Amycus, vit la fille de Cissée mettre au monde Pâris, le flambeau de la guerre. Pâris est couché sous les murs de ses pères : les champs de Laurente ont reçu la dépouille ignorée de Mimas. Tel qu'un sanglier, que les pins du Vésule et le marais de Laurente ont longtemps défendu, descend des hautes montagnes lancé par la dent des chiens, et encore tout repu de la forêt de roseaux ; quand il est tombé dans les rets, il s'arrête, frémit de rage, hérisse ses crins sur ses flancs ; les chasseurs n'ont le courage ni de l'attaquer, ni d'avancer ; mais de loin ils le harcèlent de leurs traits et de leurs prudentes clameurs. Lui, intrépide, se tourne de tous côtés, grinçant les dents et secoue les traits qui viennent mourir sur son dos. De même aucun de ceux qu'une même et juste colère enflamme contre Mézence ne se sent le courage de le combattre de près le fer à la main ; tous ne font que l'assaillir de loin de leurs dards impuissants et de leurs vastes cris.

Acron, Grec d'origine, était venu de l'antique pays de Corythe, abandonnant pour l'exil un hymen inachevé. Dès que Mézence le voit portant au loin le désordre dans les bataillons latins, et déployant sa brillante aigrette et ses vêtements de pourpre, dons de sa fiancée : comme un lion à jeun, et qui pressé d'une faim furieuse parcourt souvent les hautes clôtures des bergeries ; s'il voit paraître une biche fugitive ou se dresser les bois d'un cerf, il tressaille, ouvre une gueule immense, hérisse sa crinière, arrive sur sa proie, et, couché tout entier sur ses entrailles palpitantes, y demeure attaché ; un sang noir lave ses dents affreuses ; tel et aussi impétueux Mézence fond sur les rangs serrés des ennemis : le malheureux Acron tombe renversé par lui, bat en expirant la terre de ses pieds, et ensanglante ses armes brisées. A cette vue, Orode se met à fuir ; Mézence dédaigne de l'abattre dans sa fuite, et de lancer un dard honteux dans le dos d'un ennemi ; mais il court à lui, lui fait face ; guerrier, c'est avec un guerrier qu'il se mesure, moins rusé que lui, mais plus brave. Il le terrasse, lui met le pied sur la gorge ; et s'appuyant sur la lance dont il l'a percé : « Compagnons, s'écrie-t-il, voici le « grand Orode, un des forts soutiens de cette « guerre, couché dans la poudre. »

Ses soldats lui répondent par des acclamations, et entonnent un joyeux péan. Mais Orode expirant : « Qui que tu sois, tu ne te réjouiras pas « longtemps de m'avoir vaincu et laissé sans « vengeance ; un destin pareil t'a marqué, et « bientôt tu seras étendu sur ces mêmes champs. » Mézence, le regardant avec un sourire mêlé de colère, lui répond : « Meurs ; le père des dieux « et des hommes fera de moi ce qu'il lui plaira. »

```
Vim cunctam atque minas perfert cœlique marisque,    695
Ipsa inmota manens ; prolem Dolichaonis Hebrum
Sternit humi, cum quo Latagum, Palmumque fugacem ;
Sed Latagum saxo, atque ingenti fragmine montis
Occupat os faciemque adversam : poplite Palmum
Succiso volvi segnem sinit ; armaque Lauso    700
Donat habere humeris, et vertice figere cristas.
Nec non Evanthen Phrygium, Paridisque Mimanta
Æqualem comitemque : una quem nocte Theano
In lucem genitori Amyco dedit, et face prægnans
Cisseis regina Parin ; Paris urbe paterna    705
Occubat ; ignarum Laurens habet ora Mimanta.
Ac velut ille canum morsu de montibus altis
Actus aper, multos Vesulus quem pinifer annos
Defendit, multosve palus Laurentia, silva
Pastus arundinea, postquam inter retia ventum est,    710
Substitit, infremuitque ferox, et inhorruit armos ;
Nec cuiquam irasci propiusve accedere virtus ;
Sed jaculis, tutisque procul clamoribus instant :
Ille autem impavidus partes cunctatur in omnis,
Dentibus infrendens, et tergo decutit hastas.    715
Haud aliter, justæ quibus est Mezentius iræ,
Non ulli est animus stricto concurrere ferro ;
Missilibus longe, et vasto clamore lacessunt.

Venerat antiquis Corythi de finibus Acron,
Graius homo ; infectos linquens profugus hymenæos :    720
Hunc ubi miscentem longe media agmina vidit,
Purpureum pennis, et pactæ conjugis ostro :
Inpastus stabula alta leo ceu sæpe peragrans,
Suadet enim vesana fames, si forte fugacem
Conspexit capream, aut surgentem in cornua cervum,    725
Gaudet, hians inmane, comasque adrexit, et hæret
Visceribus super incumbens ; lavit inproba teter
Ora cruor :
Sic ruit in densos alacer Mezentius hostes.
Sternitur infelix Acron, et calcibus atram    730
Tundit humum exspirans, infractaque tela cruentat.
Atque idem fugientem haud est dignatus Oroden
Sternere, nec jacta cæcum dare cuspide volnus ;
Obvius adversoque occurrit, seque viro vir
Contulit, haud furto melior, sed fortibus armis.    735
Tum super abjectum posito pede nixus et hasta :
Pars belli haud temnenda, viri, jacet altus Orodes.
Conclamant socii lætum pæana secuti.
Ille autem exspirans : Non me, quicumque es, inulto,
Victor, nec longum lætabere ; te quoque fata    740
Prospectant paria, atque eadem mox arva tenebis.
Ad quem subridens mixta Mezentius ira :
```

A ces mots, il retire sa lance du corps de son ennemi : un dur repos et un sommeil de fer pèsent sur les yeux d'Orode, qui se ferment, obscurcis par une nuit éternelle. Cependant Cédicus abat la tête d'Alcathoüs; Sacrator tue Hydaspe; Rapon immole Parthénius et le robuste Orsès; Messape accable tour à tour Clonius et Éricète de Lycaonie : l'un gisait renversé de son coursier sans frein; l'autre était à pied. Agis de Lycie s'était porté en avant; il est abattu par Valérus, qui n'a pas dégénéré de la valeur de ses ancêtres : Salius tue Thronius; à son tour il est tué par Néalcès, habile entre tous à lancer le javelot et la flèche, qui de loin frappe inattendue.

Jusqu'alors Mars égalait pour les deux armées le deuil et les funérailles; des deux côtés reculaient et se ruaient vaincus et vainqueurs; mais ni les uns ni les autres ne savaient fuir. Les dieux, assemblés dans le palais de Jupiter, ont pitié de la vaine fureur des combattants, et plaignent les mortels occupés à de si tristes travaux. Ici Vénus, là Junon regardent le combat, tandis que la pâle Tisiphone, au milieu des bataillons, échauffe le carnage. Voici que, brandissant une énorme javeline, Mézence se porte en furieux dans la plaine : ainsi le grand Orion marche à grands pas à travers les vastes étangs de Nérée, se frayant une route au milieu des eaux, qu'il dépasse des épaules; ou pareil à un vieil orme des montagnes, il touche la terre de ses pieds, et cache sa tête dans les nues : tel se porte Mézence sous son énorme armure. Énée, qui le cherchait des yeux dans la longue file des rangs ennemis, se prépare à marcher contre lui : Mézence s'arrête sans trembler, attendant ce magnanime ennemi,

et se ramassant dans sa masse immobile. Dès qu'il a mesuré des yeux l'espace que peut franchir sa javeline : « Que mon bras, mon seul dieu, « que ce trait que je balance, me soient propices! « Je fais vœu, si j'enlève la dépouille de ce bri- « gand, de t'en revêtir, ô mon fils Lausus! c'est « toi qui porteras ce trophée pris sur le Troyen. » Il dit, et lance de loin un bruyant javelot; le trait vole, est écarté par le bouclier d'Énée, et va percer au milieu des flancs le vaillant Antor, autrefois compagnon d'Hercule, et qui, sorti d'Argos pour s'attacher à Évandre, s'était établi dans une cité italienne. Le malheureux est renversé par un coup qui ne lui était point destiné; il regarde le ciel, et se souvient en mourant de sa chère Argos. Alors le pieux Énée lance un dard; le trait perce le triple airain, le triple tissu de lin et la triple peau de taureau qui recouvraient le bouclier de Mézence, et va s'enfoncer dans sa cuisse; mais là s'amortit la force du coup. Énée, qui voit couler le sang du Tyrrhénien, s'en réjouit, met l'épée à la main, et dans sa bouillante ardeur fond sur son ennemi étonné. Lausus, que trouble sa tendresse pour son père, pousse, en le voyant, un profond soupir; des larmes coulent sur ses joues. Oui, noble jeune homme, toi, tes hauts faits et ta mort déplorable (si la postérité peut croire à tant de courage et de piété) ne seront point passés sous silence dans mes vers. Déjà lâchant pied, hors de combat, et comme enchaîné aux bras d'Énée, Mézence se retirait, et traînait avec son bouclier le dard ennemi qui l'avait percé. Lausus se jette entre eux et à travers leurs armes : dans le moment qu'Énée se dresse le bras levé, et va porter à Mézence

Nunc morere : ast de me divom pater atque hominum rex
Viderit. Hoc dicens, eduxit corpore telum.
Olli dura quies oculos et ferreus urguet   745
Somnus; in æternam clauduntur lumina noctem.
Cædicus Alcathoum obtruncat, Sacrator Hydaspen;
Partheniumque Rapo, et prædurum viribus Orsen;
Messapus Cloniumque, Lycaoniumque Ericeten;
Illum infrenis equi lapsu tellure jacentem,   750
Hunc peditem pedes : et Lycius processerat Agis,
Quem tamen haud expers Valerus virtutis avitæ
Dejicit; at Thronium Salius, Saliumque Nealces,
Insignis jaculo, et longe fallente sagitta.
    Jam gravis æquabat luctus et mutua Mavors   755
Funera; cædebant pariter, pariterque ruebant
Victores, victique; neque his fuga nota, neque illis.
Di Jovis in tectis iram miserantur inanem
Amborum, et tantos mortalibus esse labores;
Hinc Venus, hinc contra spectat Saturnia Juno;   760
Pallida Tisiphone media inter millia sævit.
    At vero ingentem quatiens Mezentius hastam
Turbidus ingreditur campo; quam magnus Orion,
Quum pedes incedit medii per maxima Nerei
Stagna viam scindens, humero supereminet undas;   765

Aut, summis referens annosam montibus ornum,
Ingrediturque solo, et caput inter nubila condit :
Talis se vastis infert Mezentius armis.
Huic contra Æneas, speculatus in agmine longo,
Obvius ire parat : manet inperterritus ille,   770
Hostem magnanimum opperiens, et mole sua stat;
Atque oculis spatium emensus, quantum satis hastæ :
Dextra, mihi deus, et telum quod missile libro,
Nunc adsint; voveo prædonis corpore raptis
Indutum spoliis ipsum te, Lause, tropæum   775
Æneæ. Dixit; stridentemque eminus hastam
Injicit; illa volans clipeo est excussa, proculque
Egregium Antoren latus inter et alia figit.
Herculis Antoren comitem, qui missus ab Argis
Hæserat Evandro, atque Itala consederat urbe.   780
Sternitur infelix alieno volnere, cœlumque
Adspicit, et dulcis moriens reminiscitur Argos.
Tum pius Æneas hastam jacit : illa per orbem
Ære cavum triplici, per linea terga, tribusque
Transiit intextum tauris opus, imaque sedit   785
Inguine; sed vires haud pertulit : ocius ensem
Æneas, viso Tyrrheni sanguine lætus,
Eripit a femine, et trepidanti fervidus instat.

un coup de son épée, Lausus le pare, arrêta la pointe du glaive, et soutient l'effort du Troyen jusqu'à ce que son père, qu'il couvre de son bouclier, se soit retiré. Les Latins applaudissent à grands cris, lancent mille traits contre Énée, et l'accablent de loin : lui, furieux, tient bon, à couvert sous son bouclier. Ainsi quand des nuages épanchés se précipitent en grêle, bergers et laboureurs, tout fuit des champs; le voyageur se cache comme dans un sûr asile, soit sous la rive escarpée d'un fleuve, soit sous la voûte profonde d'une roche : là, tandis que la pluie fond sur la terre, ils attendent que le soleil reparaisse, et les rende aux travaux de la journée. Tel le héros troyen, de toutes parts accablé de traits, soutient, jusqu'à ce qu'elle ait épuisé ses foudres, toute la tempête de la guerre. Cependant il gourmande Lausus; et d'une voix pleine de menaces : « Malheureux, lui dit-il, pourquoi « courir à la mort? pourquoi cette audace au- « dessus de tes forces? Ta tendresse imprudente « pour ton père t'égare. » Lausus ne rabat rien de sa confiance insensée : mais déjà la colère s'élève plus terrible dans le cœur du chef des Troyens, et les Parques déroulent les derniers fils de la trame de Lausus. Énée d'une main vigoureuse perce le jeune homme de part en part, et plonge dans sa poitrine son épée tout entière. La pointe traverse son léger bouclier, trop faible pour le bras qui avait tant menacé, et sa tunique, que sa mère avait tissue de fils délicats d'or; son sein est rempli de sang, et son âme évanouie s'envole tristement chez les Mânes, et abandonne son corps. Mais quand le fils d'Anchise le voit mourant, quand il voit ce beau visage pâle d'une pâleur effrayante, il gémit, sent son cœur s'attendrir, et, tout saisi de l'image de la piété filiale, il étend sa main vers Lausus : « Malheureux en- « faut, que peut faire maintenant Énée pour ho- « norer assez tant de vertu et tant de grandeur? « Garde ces armes qui faisaient ta joie; je te rends « aux mânes, et, si cela te touche encore, à la « cendre de tes pères. Console-toi cependant, « malheureux jeune homme, de ta mort déplo- « rable; tu es tombé sous le bras du grand Énée. » En même temps il gourmande les compagnons de Lausus trop lents à venir, et lui-même il soulève ce corps sans vie, avec ces beaux cheveux encore tressés que souillait le sang.

Cependant Mézence, près des rives du Tibre, étanchait le sang de sa blessure dans les eaux du fleuve, et, appuyé contre le tronc d'un arbre, y soulageait ses membres épuisés. Loin de lui pend aux rameaux son casque d'airain, et dans la prairie reposent ses pesantes armes. L'élite de ses guerriers l'entoure. Faible, haletant, il soutient sa tête languissante; sur sa poitrine se répandent les flots de sa barbe épaisse. Sans cesse il interroge ses compagnons sur Lausus; sans cesse il envoie des messagers pour le rappeler auprès de lui, et pour lui porter les ordres d'un père alarmé. Mais voici que des soldats rapportent le corps inanimé de Lausus, étendu sur ses armes; ils pleuraient ce grand guerrier abattu par un grand

```
Ingemuit cari graviter genitoris amore,
Ut vidit, Lausus; lacrimæque per ora volutæ.              790
Hic mortis duræ casum, tuaque optuma facta,
Si qua fidem tanto est operi latura vetustas,
Non equidem, nec te, juvenis memorande, silebo.
    Ille pedem referens, et inutilis, inque ligatus
Cedebat, clipeoque inimicum hastile trahebat.             795
Prorupit juvenis, seseque inmiscuit armis;
Jamque adsurgentis dextra plagamque ferentis
Æneæ subiit mucronem, ipsumque morando
Sustinuit : socii magno clamore sequuntur,
Dum genitor nati parma protectus abiret;                  800
Telaque conjiciunt, proturbantque eminus hostem
Missilibus : furit Æneas, tectusque tenet se.
Ac velut, effusa si quando grandine nimbi
Præcipitant, omnis campis diffugit arator,
Omnis et agricola; et tuta latet arce viator;             805
Aut amnis ripis, aut alti fornice saxi,
Dum pluit in terris; ut possint, sole reducto,
Exercere diem : sic obrutus undique telis
Æneas nubem belli, dum detonet, omnem
Sustinet, et Lausum increpitat, Lausoque minatur :        810
Quo moriture ruis, majoraque viribus audes?
Fallit te incautum pietas tua. Nec minus ille
Exsultat demens; sævæ jamque altius iræ
Dardanio surgunt ductori, extremaque Lauso
Parcæ fila legunt; validum namque exigit ensem            815
Per medium Æneas juvenem, totumque recondit;
Transiit et parmam mucro, levia arma minacis,
Et tunicam, molli mater quam neverat auro,
Inplevitque sinum sanguis : tum vita per auras
Concessit mæsta ad Manis, corpusque reliquit.             820
At vero ut voltum vidit morientis et ora,
Ora modis Anchisiades pallentia miris;
Ingemuit miserans graviter, dextramque tetendit,
Et mentem patriæ strinxit pietatis imago.
Quid tibi nunc, miserande puer, pro laudibus istis,       825
Quid pius Æneas tanta dabit indole dignum?
Arma, quibus lætatus, habe tua; teque parentum
Manibus et cineri, si qua est ea cura, remitto.
Hoc tamen infelix miseram solabere mortem;
Æneæ magni dextra cadis. Increpat ultro                   830
Cunctantis socios, et terra sublevat ipsum,
Sanguine turpantem comtos de more capillos.
    Interea genitor Tiberini ad fluminis undam
Volnera siccabat lymphis, corpusque levabat
Arboris adclinis trunco : procul ærea ramis               835
Dependet galea, et prato gravia arma quiescunt.
Stant lecti circum juvenes; ipse æger, anhelans,
Colla fovet, fusus propexam in pectore barbam;
Multa super Lauso rogitat, multumque remittit,
Qui revocent, mæstique ferant mandata parentis.           840
```

coup. Au bruit de ses gémissements, le cœur de Mézence a pressenti de loin l'affreux malheur. Soudain il souille ses cheveux blancs d'une horrible poussière ; il lève ses deux mains vers le ciel, et, s'attachant au corps de son fils : « Avais-« je donc, ô mon fils, s'écria-t-il, avais-je un si « grand désir de vivre, que j'aie pu souffrir que « tu vinsses à ma place tomber sous les coups de « l'ennemi, toi que j'ai engendré ? Est-ce donc par « ta blessure que ton père est sauvé ? Est-ce parce « que tu meurs que je vis ? Ah ! c'est maintenant « que je sens enfin toute la misère de l'exil ; « maintenant que je sens ma blessure s'enfoncer « dans mon cœur. Oui, mon fils, moi, ton père, « j'ai souillé ton nom par mes crimes, moi que « la haine de mes peuples a chassé du trône et « dépouillé du sceptre de mes pères. Ah ! j'au-« rais dû satisfaire par mon supplice à ma patrie « et à l'exécration de mes peuples ; toutes les morts « m'eussent été bonnes pour finir ma coupable « vie. Et je vis encore ! et je n'ai pas encore quitté « les hommes et la lumière ! Mais je les quitterai. » A ces mots, il se soulève sur sa cuisse languissante, et, quoique appesanti par sa profonde et cuisante blessure, il se soutient encore, et ordonne qu'on lui amène son coursier, sa gloire et sa consolation : avec lui il était revenu vainqueur de toutes les batailles. Le noble animal était triste de la tristesse de son maître ; Mézence lui parle ainsi : « Rhébus, nous avons « (si quelque chose dure pour les mortels) assez « vécu l'un et l'autre ; aujourd'hui, ou tu rappor-« teras vainqueur les dépouilles sanglantes et la « tête d'Énée, et tu vengeras avec moi le cruel « trépas de Lausus ; ou, si nul effort ne nous ouvre « un chemin à la gloire, tu succomberas avec « moi ; car je ne crois pas, mon brave compagnon, « que tu veuilles souffrir le commandement « d'un autre, et reconnaître les Troyens pour « maîtres. » Il dit, et se fait placer sur son coursier, qui a senti son poids accoutumé ; il arme ses deux mains de javelots acérés, couvre sa tête d'un casque brillant, que hérissent, aigrettes flottantes, des crins de cheval : ainsi armé, il s'élance d'une course rapide au milieu des bataillons ; au fond de son cœur se soulèvent et bouillonnent une immense honte, une folle douleur, l'amour paternel agité par les Furies, une énergique confiance en son propre courage. Trois fois il appelle Énée à haute voix. Énée l'entend et le reconnaît, et dans sa joie invoque les dieux : « Fassent, lui « crie-t-il, le père des dieux et le grand Apollon « que tu recommences à m'attaquer ! » Il dit, et s'avance au-devant de lui, la lance baissée. Mais Mézence : « Assassin de mon fils, qu'as-« tu à vouloir m'effrayer ! Tu as trouvé le seul « moyen de me tuer ; la mort ne me fait point hor-« reur, et je brave tous les dieux. Cesse de me me-« nacer ; je suis venu pour mourir ; mais avant je « t'envoie ces présents. » Il dit, et lance un javelot contre son ennemi, puis un second, puis un autre, et il vole autour d'Énée en décrivant au large un cercle poudreux : mais l'orbe d'or du bouclier d'Énée soutient la grêle des traits. Trois fois Mézence voltige autour du héros, le pressant à gauche, et l'accablant de traits ; trois fois tourne avec le héros l'airain de son bouclier, hérissé d'une forêt de dards. Enfin, impatient de

```
At Lausum socii exanimem super arma ferebant
Flentes, ingentem, atque ingenti volnere victum.
Adgnovit longe gemitum præsaga mali mens :
Canitiem multo deformat pulvere, et ambas
Ad cœlum tendit palmas, et corpore inhæret.                845
Tantane me tenuit vivendi, nate, voluptas,
Ut pro me hostili paterer succedere dextræ,
Quem genui ? Tuane hæc genitor per volnera servor,
Morte tua vivens ? Heu, nunc misero mihi demum
Exilium infelix ! nunc alte volnus adactum !               850
Idem ego, nate, tuum maculavi crimine nomen,
Pulsus ob invidiam solio sceptrisque paternis.
Debueram patriæ pœnas odiisque meorum :
Omnis per mortes animam sontem ipse dedissem !
Nunc vivo ! neque adhuc homines lucemque relinquo !        855
Sed linquam. Simul hoc dicens adtollit in ægrum
Se femur ; et, quamquam vis alto volnere tardat,
Haud dejectus, equum duci jubet : hoc decus illi,
Hoc solamen erat ; bellis hoc victor abibat
Omnibus ; et, adloquitur mærentem, et talibus infit :      860
Rhœbe, diu, res si qua diu mortalibus ulla est,
Viximus : aut hodie victor spolia illa cruenta
Et caput Æneæ referes, Lausique dolorum
Ultor eris mecum ; aut, aperit si nulla viam vis,
Occumbes pariter : neque enim, fortissime, credo          865
Jussa aliena pati, et dominos dignabere Teucros.
Dixit, et exceptus tergo consueta locavit
Membra, manusque ambas jaculis oneravit acutis,
Ære caput fulgens, cristaque hirsutus equina.
Sic cursum in medios rapidus dedit : æstuat ingens        870
Uno in corde pudor, mixtoque insania luctu,
Et furiis agitatus amor, et conscia virtus :
Atque hic Ænean magna ter voce vocavit.
Æneas adgnovit enim, lætusque precatur :
Sic pater ille deom faciat, sic altus Apollo,             875
Incipias conferre manum.
Tantum effatus, et infesta subit obvius hasta.
Ille autem : Quid me, erepto, sævissime, nato,
Terres ? hæc via sola fuit, qua perdere posses.
Nec mortem horremus, nec divom parcimus ulli ;            880
Desine : jam venio moriturus, et hæc tibi porto
Dona prius. Dixit, telumque intorsit in hostem ;
Inde aliud super atque aliud figitque, volatque
Ingenti gyro : sed sustinet aureus umbo.
Ter circum adstantem lævos equitavit in orbis,            885
Tela manu jaciens ; ter secum Troius heros
Inmanem ærato circumfert tegmine silvam.
Inde ubi tot traxisse moras, tot spicula tædet
```

tous ces retards, las d'arracher les traits qui reviennent sans cesse, et de soutenir un combat inégal qui l'épuise, il se recueille un moment, fond sur son ennemi, et lance un javelot dans les tempes du belliqueux coursier. L'animal se cabre, frappe les airs de ses pieds, renverse son cavalier, sur lequel il s'abat, et qu'il embarrasse et écrase de son poids. Troyens et Latins ébranlent le ciel de leurs cris; Énée s'élance, et tirant son épée : « Où est à présent le fougueux « Mézence? où est ce féroce courage? » Mais le Tyrrhénien lève les yeux au ciel, aspire un moment la lumière, et reprenant ses esprits : « En- « nemi barbare, pourquoi m'insulter? pourquoi la « menace et la mort? Tu peux me tuer sans crime, « et je ne suis pas venu combattre pour que tu me « pardonnes : mon cher Lausus n'a point fait « avec toi un si honteux traité. Pourtant, s'il est « quelque grâce pour les vaincus, je te demande « seulement que mon corps soit couvert d'un peu « de terre. Je sais que les implacables haines de « mes peuples m'environnent; sauve-moi, je t'en « supplie, de leurs fureurs; et accorde-moi dans « le même tombeau une place à côté de mon fils. » En achevant ces mots, il reçoit dans la gorge le coup auquel il s'attendait, et il répand son âme sur ses armes avec les flots de son sang.

LIVRE XI.

Déjà l'Aurore se levait sortant du sein de l'Océan. Énée au milieu des tristes soins qui le pressent, et quoiqu'il précipite le moment d'ensevelir les siens, quoique son esprit soit troublé par tant de funérailles, commence, aux premières lueurs du matin, par offrir ses vœux aux dieux qui l'ont fait vaincre. Un grand chêne, dépouillé de toutes ses branches, est élevé par son ordre sur un tertre, et revêtu des brillantes armes arrachées à Mézence; c'est à toi, puissant dieu de la guerre, qu'il consacre ce trophée. Il y fixe l'aigrette du tyran encore dégouttante de sang, ses javelots mutilés, et sa cuirasse percée en douze endroits; à la gauche il attache son bouclier d'airain; et l'épée au fourreau d'ivoire, que portait Mézence, semble encore suspendue à son cou. Alors, environné de tous ses capitaines qui se pressent à ses côtés, il harangue en ces mots ses soldats triomphants : « Guerriers, un grand coup « est porté! Aujourd'hui plus d'alarmes; il nous « reste ces dépouilles enlevées à un roi superbe, « ces prémices de la guerre : et ce terrible Mé- « zence, je le tiens dans mes mains. Le chemin « nous est ouvert à présent pour aller chercher le « roi latin dans ses murs. Préparez donc vos « armes, et que vos cœurs goûtent en espérance « les périls de la guerre. Je vous le dis, de peur « qu'au moment où les dieux nous permettront « de lever nos enseignes, et de mener hors du « camp notre brave jeunesse, un signal imprévu « ne vous surprenne, et que vos courages ne languissent, enchaînés par les retards ou la crainte. « Cependant songeons à déposer dans la terre les « corps sans sépulture de nos compagnons; seul « honneur qui reste sur la sombre rive de l'Aché-

```
Vellere, et urguetur pugna congressus iniqua;
Multa movens animo, jam tandem erumpit, et inter     890
Bellatoris equi cava tempora conjicit hastam.
Tollit se adrectum quadrupes, et calcibus auras
Verberat, effusumque equitem super ipse secutus
Inplicat, ejectoque incumbit cernuus armo.
Clamore incendunt cœlum Troesque Latinique.           895
Advolat Æneas, vaginaque eripit ensem,
Et super hæc : Ubi nunc Mezentius acer, et illa
Effera vis animi? » contra Tyrrhenus, ut auras
Suspiciens hausit cœlum, mentemque recepit :
Hostis amare, quid increpitas, mortemque minaris?    900
Nullum in cæde nefas; nec sic ad prælia veni;
Nec tecum mens hæc pepigit mihi fœdera Lausus.
Unum hoc, per, si qua est victis venia hostibus, oro;
Corpus humo patiare tegi : scio acerba meorum
Circumstare odia; hunc, oro, defende furorem;        905
Et me consortem nati concede sepulcro.
Hæc loquitur, juguloque haud inscius adcipit ensem,
Undantique animam diffundit in arma cruore.
```

LIBER XI.

```
Oceanum interea surgens Aurora reliquit :
Æneas, quamquam et sociis dare tempus humandis
Præcipitant curæ, turbataque funere mens est,
Vota deum primo victor solvebat Eoo.
Ingentem quercum decisis undique ramis                 5
Constituit tumulo, fulgentiaque induit arma,
Mezenti ducis exuvias; tibi, magne, tropæum,
Bellipotens, aptat rorantis sanguine cristas,
Telaque trunca viri, et bis sex thoraca petitum
Perfossumque locis; clipeumque ex ære sinistræ        10
Subligat, atque ensem collo suspendit eburnum.
Tum socios, namque omnis eum stipata tegebat
Turba ducum, sic incipiens hortatur ovantis :
« Maxima res effecta, viri; timor omnis abesto,
Quod superest; hæc sunt spolia, et de rege superbo    15
Primitiæ; manibusque meis Mezentius hic est.
Nunc iter ad regem nobis murosque Latinos.
Arma parate; animis et spe præsumite bellum;
Ne qua mora ignaros, ubi primum vellere signa
Adnuerint superi, pubemque educere castris,           20
Inpediat, segnisve metu sententia tardet.
Interea socios inhumataque corpora terræ
Mandemus; qui solus honos Acheronte sub imo est.
Ite, ait; egregias animas, quæ sanguine nobis
Hanc patriam peperere suo, decorate supremis          25
```

« ron. Allez, et rendez les derniers devoirs à ces « nobles âmes, à ces guerriers, dont le sang nous « donne une nouvelle patrie. Faisons d'abord ra- « mener Pallas à la triste ville de Pallantée; Pal- « las si brave, et qu'un funeste destin nous a ravi, « pour le plonger sitôt dans les cruelles ombres « de la mort ! »

Ainsi il parlait en pleurant : alors il s'avance vers le lieu où le corps inanimé de Pallas était gardé par le vieil Acétès, autrefois le fidèle écuyer du roi Évandre : mais à présent ce n'est pas sous d'aussi doux auspices qu'il accompagne son cher élève. Là se pressaient en foule les serviteurs de Pallas, les Troyens, les femmes d'Ilion éplorées, et les cheveux épars, selon la coutume. Dès qu'É- née fut entré sous le funèbre vestibule, toutes se meurtrissant le sein, poussèrent au ciel d'immen- ses gémissements, et tout le palais mugit de leurs cris lamentables. En voyant la tête du beau Pal- las mollement appuyée, et ce visage encore char- mant, et cette blanche poitrine ouverte par le fer ausonien, Énée s'écria, les yeux baignés de lar- mes : « Fallait-il donc, malheureux enfant, que la « fortune qui souriait à mes armes m'enviât la dou- « ceur de te voir jouir de ma royauté nouvelle « et de te ramener triomphant sous le toit pater- « nel? Ce n'était pas là ce que j'avais promis à « Évandre ton père, en me séparant de lui; et « lorsque, me pressant dans ses bras, il m'envoyait « à la conquête d'un grand empire, et m'avertis- « sait avec terreur que j'allais chercher d'intré- « pides ennemis, combattre une rude nation. Peut- « être en ce moment, trop charmé d'une vaine « espérance, il fait des vœux et charge d'offran- « des les autels; et nous pleurant ce jeune homme « sans vie, et qui n'a plus à s'acquitter envers les « dieux, nous l'environnons de vains honneurs. « Malheureux père, tu verras les cruelles funé- « railles de ton fils. Voilà ce retour heureux, « voilà ces triomphes que tu attendais; voilà cette « grande foi que tu as eue dans ma parole. Mais « du moins, Évandre, tu ne le reverras point « percé de blessures honteuses; et ton fils sauvé, « mais infâme, ne te fera point désirer de mourir « d'une mort amère. O Italie, quelle force tu « perds ! quel appui tu perds, ô Ascagne ! »

Ainsi Énée pleurait Pallas; alors il ordonne qu'on emporte ses restes misérables, et il détache de toute son armée mille hommes, qui devaient accompagner la pompe funèbre, et mêler leurs larmes à celles d'Évandre : faible consolation pour une si grande douleur, mais due à un si malheureux père. Aussitôt, entrelaçant le lierre et les flexibles branches de l'osier, ils en forment un doux cercueil, et, le lit funèbre ainsi dressé, ils le couvrent d'un frais voile de feuillage. Au haut de cette couche rustique ils étendent le jeune guerrier. Ainsi la fleur cueillie par la main d'une jeune fille, ou la molle violette, ou l'hyacin- the languissante, n'a pas encore perdu son éclat et sa beauté; mais la terre sa mère ne la nourrit ni ne la soutient plus. Alors Énée fait apporter deux vêtements de pourpre brodés d'or, qu'autrefois la Sidonienne Didon avait façonnés pour lui de ses mains complaisantes, et tissus des fils les plus déli- cats : de l'un d'eux, triste et dernière parure, il

Muneribus; mæstamque Evandri primus ad urbem
Mittatur Pallas, quem non virtutis egentem
Abstulit atra dies, et funere mersit acerbo.
Sic ait inlacrimans, recipitque ad limina gressum;
Corpus ubi exanimi positum Pallantis Acœtes   30
Servabat senior, qui Parrhasio Evandro
Armiger ante fuit; sed non felicibus æque
Tum comes auspiciis caro datus ibat alumno.
Circum omnis famulumque manus Trojanaque turba,
Et mæstum Iliades crinem de more solutæ.   35
Ut vero Æneas foribus sese intulit altis,
Ingentem gemitum tunsis ad sidera tollunt
Pectoribus, mæstoque immugit regia luctu.
Ipse, caput nivei fultum Pallantis et ora
Ut vidit, lævique patens in pectore volnus   40
Cuspidis Ausoniæ, lacrimis ita fatur obortis :
Tene, inquit, miserande puer, quum læta veniret,
Invidit Fortuna mihi, ne regna videres
Nostra, neque ad sedes victor veherere paternas?
Non hæc Evandro de te promissa parenti   45
Discedens dederam : quum me complexus euntem
Mitteret in magnum imperium, metuensque moneret
Acris esse viros, cum dura prælia gente.
Et nunc ille quidem spe multum captus inani
Fors et vota facit, cumulatque altaria donis.   50
Nos juvenem exanimum, et nil jam cœlestibus ullis
Debentem, vano mæsti comitamur honore.
Infelix, nati funus crudele videbis!
Hi nostri reditus, exspectatique triumphi?
Hæc mea magna fides? at non, Evandre, pudendis   55
Volneribus pulsum adspicies; nec sospite dirum
Optabis nato funus pater : hei mihi, quantum
Præsidium Ausonia, et quantum tu perdis, Iule !
   Hæc ubi deflevit, tolli miserabile corpus
Imperat, et toto lectos ex agmine mittit   60
Mille viros, qui supremum comitentur honorem,
Intersintque patris lacrimis, solatia luctus
Exigua ingentis, misero sed debita patri.
Haud segnes alii cratis et molle feretrum
Arbuteis texunt virgis et vimine querno,   65
Exstructosque toros obtentu frondis inumbrant.
Hic juvenem agresti sublimem stramine ponunt :
Qualem virgineo demessum pollice florem,
Seu mollis violæ, seu languentis hyacinthi;
Cui neque fulgor adhuc, nec dum sua forma recessit; 70
Non jam mater alit tellus, viresque ministrat.
Tunc geminas vestis, auroque ostroque rigentis,
Extulit Æneas, quas illi læta laborum

revêt le jeune homme, et il couvre d'un voile ses cheveux, que va dévorer la flamme. Il ordonne qu'on entasse sur le bûcher les nobles prix de la victoire remportée sur Laurente, et qu'on y amène en grande pompe toutes les dépouilles des vaincus. Il y joint les coursiers et les armes enlevés à l'ennemi. Alors s'avancent, les mains liées derrière le dos, les captifs dévoués aux mânes de Pallas, et qui de leur sang doivent arroser ses cendres. Il ordonne que ses capitaines portent sur des tronçons les armes ennemies, et que sur chaque trophée soient inscrits les noms des vaincus. On conduit vers son élève le vieil Acétès : tantôt il se meurtrit la poitrine, et se déchire le visage; tantôt, tombant de douleur, il s'étend sur la poussière. Vient ensuite le char de Pallas, teint du sang rutule; derrière marche, dépouillé de sa parure, son cheval de bataille, Éthon; il pleure, et de grandes larmes mouillent sa face. On porte la lance et le casque du fils d'Évandre; ses autres armes sont aux mains de Turnus vainqueur. Alors s'avancent, fermant la marche, les capitaines troyens et tyrrhéniens, triste phalange, et les Arcadiens, les armes renversées. Après que le funèbre cortége s'est déployé en ordre dans la plaine, Énée s'arrête, et poussant un profond soupir : « D'autres larmes nous sont encore réservées par « les mêmes et affreux destins de cette guerre : « salut à jamais, grand Pallas, et adieu pour « toujours. » Il ne dit que ces mots, se dirigea vers ses hauts remparts et porta ses pas vers le camp troyen.

Déjà se présentaient à lui des ambassadeurs venus de la capitale du Latium : le front ceint de branches d'olivier, ils imploraient d'Énée la faveur d'emporter les corps de leurs compagnons que le fer avait couchés dans la plaine, et de les rendre à la terre. Ils lui représentaient qu'il n'y avait plus à combattre avec des vaincus, avec des hommes privés de la lumière des cieux; ils le suppliaient d'épargner ceux qu'il avait appelés autrefois ses hôtes et ses alliés. Le héros généreux ne repousse pas leurs justes prières, et leur répond avec une facile bonté : « Quelle fatalité déplora-
« ble, ô Latins, vous a engagés dans une si rude
« guerre? et pourquoi fuir notre amitié? Vous
« me demandez la paix pour des morts, pour ceux
« qu'ont abattus les aveugles fureurs de Mars; et
« moi je voudrais même l'accorder aux vivants.
« Je ne serais pas venu en ces lieux, si les destins
« ne m'y eussent appelé pour m'y établir. Ce
« n'est pas à la nation latine que je fais la guerre.
« Votre roi a rejeté l'hospitalité qui nous liait à
« lui, et a mieux aimé se fier aux armes de Tur-
« nus. Il eût été plus juste que Turnus vînt lui-
« même chercher cette mort qui a frappé tant de
« braves. S'il voulait terminer cette guerre par
« un grand coup, et chasser les Troyens d'Italie,
« il était digne de lui de se mesurer avec moi à
« armes égales. Il vivrait seul aujourd'hui celui de
« nous deux à qui les dieux et son courage eus-
« sent donné de vivre et de vaincre : allez main-
« tenant, et portez au bûcher vos malheureux
« concitoyens. » Ces nobles paroles frappèrent d'étonnement les ambassadeurs; ils se regardaient les uns les autres silencieux et immobiles. Alors

Ipsa suis quondam manibus Sidonia Dido
Fecerat, et tenui telas discreverat auro :
Harum unam juveni supremum mæstus honorem 75
Induit, arsurasque comas obnubit amictu;
Multaque præterea Laurentis præmia pugnæ
Adgerat, et longo prædam jubet ordine duci.
Addit equos, et tela quibus spoliaverat hostem. 80
Vinxerat et post terga manus, quos mitteret umbris
Inferias, cæso sparsuros sanguine flammam;
Indutosque jubet truncos hostilibus armis
Ipsos ferre duces, inimicaque nomina figi.
Ducitur infelix ævo confectus Acœtes, 85
Pectora nunc fœdans pugnis, nunc unguibus ora;
Sternitur et toto projectus corpore terræ.
Ducunt et Rutulo perfusos sanguine currus :
Post bellator equus, positis insignibus, Æthon
It lacrimans, guttisque humectat grandibus ora. 90
Hastam alii galeamque ferunt; nam cetera Turnus
Victor habet : tum mæsta phalanx, Teucrique sequuntur,
Tyrrhenique duces, et versis Arcades armis.
Postquam omnis longe comitum processerat ordo,
Substitit Æneas, gemituque hæc addidit alto : 95
Nos alias hinc ad lacrimas eadem horrida belli
Fata vocant : salve æternum mihi, maxume Palla,
Æternumque vale. Nec plura effatus, ad altos
Tendebat muros, gressumque in castra ferebat.
Jamque oratores aderant ex urbe Latina, 100
Velati ramis oleæ, veniamque rogantes :
Corpora, per campos ferro quæ fusa jacebant,
Redderet, ac tumulo sineret succedere terræ;
Nullum cum victis certamen, et æthere cassis;
Parceret hospitibus quondam socerisque vocatis. 105
Quos bonus Æneas, haud aspernanda precantis,
Prosequitur venia, et verbis hæc insuper addit :
Quænam vos tanto fortuna indigna, Latini,
Implicuit bello, qui nos fugiatis amicos?
Pacem me exanimis, et Martis sorte peremtis 110
Oratis; equidem et vivis concedere vellem.
Nec veni, nisi fata locum, sedemque dedissent;
Nec bellum cum gente gero; rex nostra reliquit
Hospitia, et Turni potius se credidit armis.
Æquius huic Turnum fuerat se opponere morti : 115
Si bellum finire manu, si pellere Teucros
Adparat, his mecum decuit concurrere telis;
Vixet, cui vitam deus aut sua dextra dedisset.
Nunc ite, et miseris subponite civibus ignem.
Dixerat Æneas : olli obstupuere silentes; 120
Conversique oculos inter se atque ora tenebant.
Tum senior, semperque odiis et crimine Drances
Infensus juveni Turno sic ore vicissim

le vieux Drancès, qu'une haine persévérante et de perpétuels griefs animaient contre le jeune Turnus, répond à Énée en ces termes : « O toi, « grand par ta renommée, plus grand encore par « tes exploits, héros troyen, par quelles louan- « ges t'égalerai-je aux astres? Qu'admirer le plus « en toi, ou ton équité, ou tes travaux guerriers? « Oui, nous irons pleins de reconnaissance rappor- « ter dans notre patrie ce que tu viens de nous dire; « et, si la fortune nous en donne le moyen, nous « saurons bien vous unir au roi Latinus: que Tur- « nus cherche ailleurs des alliances. C'est peu; « ces murs qui vous sont promis par les destins, « nous-mêmes nous les élèverons avec vous, et « nous vous prêterons nos bras pour soulever les « pierres destinées à la nouvelle Troie. » Ainsi parla Drancès, et tous les ambassadeurs d'y ap- plaudir en frémissant. On convient d'une trêve de six jours. Troyens et Latins, confondus ensem- ble, errèrent sur les montagnes et dans les bois. Le frêne éclate, frappé par la cognée; les pins, voisins des cieux, tombent abattus; on ne cesse de fendre avec les coins le chêne et le cèdre odo- riférant, on ne cesse de transporter des ormes sur l'essieu gémissant des chars.

Cependant la Renommée aux ailes rapides, trop prompte messagère de deuil, a déjà rempli de bruits sinistres le cœur d'Évandre, son palais et les murs arcadiens, elle qui naguère proclа- mait dans tout le Latium Pallas vainqueur. Les Arcadiens se précipitent aux portes de la ville, et, selon l'antique usage, saisissent des torches funé- raires. La route brille, éclairée par un long rang de flammes qui répandent au loin leurs clartés dans la campagne. Bientôt arrivent les Troyens,
qui joignent à la troupe des Arcadiens leur troupe plaintive : en les voyant entrer dans la ville, les femmes remplissent de leurs cris leurs tristes de- meures. Mais rien ne peut retenir le vieil Évan- dre; il s'avance au milieu du funèbre cortége, voit le cercueil qu'on a déposé à terre, se jette sur Pallas, le presse entre ses bras, et ne peut que pleurer et gémir. Enfin la douleur rendant le pas- sage à sa voix, un moment étouffée : « O Pallas, « s'écrie-t-il, ce n'est pas ce que tu avais promis « à ton père, quand tu l'assurais que tu ne t'a- « bandonnerais qu'avec prudence au cruel dieu « de la guerre. Je savais bien ce que la première « gloire a de douceur pour un jeune courage et « jusqu'où l'emporte l'honneur qu'il cherche dans « un premier combat. Prémices malheureuses de « ta jeunesse! cruel apprentissage de la guerre, « qui a tenté de trop près ta valeur! ô dieux sourds « aux vœux et aux prières d'un père! Et toi, chère « et vénérable épouse, heureuse de n'être plus, tu « n'as point été réservée pour ce jour de douleur. « Mais moi, j'ai trop vécu; j'ai forcé mes des- « tinées pour survivre, inconsolable père, à mon « fils. Ah! si j'avais suivi les drapeaux alliés des « Troyens, les Rutules m'auraient accablé de leurs « traits, seul j'aurais péri, et cette triste pompe « me ramènerait moi, et non Pallas, dans ma « demeure. Troyens, je ne vous impute point « mon malheur, je n'en accuse non plus une al- « liance cimentée par la sainte hospitalité; c'était « le sort réservé à ma vieillesse. Cependant, puis- « qu'une mort prématurée attendait mon fils, il « meurt après avoir abattu des milliers de Vols- « ques; il meurt après avoir ouvert le Latium aux « Troyens, et ce m'est une consolation. Moi-

Orsa refert : O fama ingens, ingentior armis,
Vir Trojane, quibus cœlo te laudibus æquem? 125
Justitiæne prius mirer, belline laborum?
Nos vero hæc patriam grati referemus ad urbem;
Et te, si qua viam dederit fortuna, Latino
Jungemus regi : quærat sibi fœdera Turnus; 130
Quin et fatalis murorum attollere moles,
Saxaque subvectare humeris Trojana juvabit.
Dixerat hæc, unoque omnes eadem ore fremebant.
Bis senos pepigere dies, et, pace sequestra,
Per silvas Teucri, mixtique impune Latini, 135
Erravere jugis : ferro sonat icta bipenni
Fraxinus; evertunt actas ad sidera pinus;
Robora nec cuneis et olentem scindere cedrum,
Nec plaustris cessant vectare gementibus ornos.
    Et jam Fama volans, tanti prænuntia luctus, 140
Evandrum, Evandrique domos, et mœnia conplet,
Quæ modo victorem Latio Pallanta ferebat.
Arcades ad portas ruere, et de more vetusto
Funereas rapuere faces : lucet via longo
Ordine flammarum, et late discriminat agros. 145
Contra turba Phrygum veniens plangentia jungunt
Agmina; quæ postquam matres succedere tectis
Viderunt, mæstam incendunt clamoribus urbem.
At non Evandrum potis est vis ulla tenere :
Sed venit in medios : feretro Pallanta reposto
Procubuit super, atque hæret lacrimansque gemensque, 150
Et via vix tandem voci laxata dolore est :
« Non hæc, o Palla, dederas promissa parenti.
Cautius ut sævo velles te credere Marti!
Haud ignarus eram, quanta nova gloria in armis,
Et prædulce decus primo certamine posset. 155
Primitiæ juvenis miseræ! bellique propinqui
Dura rudimenta! et nulli exaudita deorum
Vota precesque meæ! Tuque, o sanctissima conjunx,
Felix morte tua, neque in hunc servata dolorem!
Contra ego vivendo vici mea fata, superstes 160
Restarem ut genitor. Troum socia arma secutum
Obruerent Rutuli telis! animam ipse dedissem,
Atque hæc pompa domum me, non Pallanta, referret!
Nec vos arguerim, Teucri, nec fœdera, nec, quas
Junximus hospitio, dextras : sors ista senectæ 165
Debita erat nostræ : quod si inmatura manebat
Mors natum, cæsis Volsceorum millibus ante,

« même, ô Pallas, je n'aurais pas rendu à ta cendre
« de plus dignes honneurs que ceux que le pieux
« Énée, les illustres Phrygiens, les chefs tyr-
« rhéniens et leur armée entière te rendent au-
« jourd'hui, en t'élevant ce magnifique trophée
« enlevé aux ennemis que ton bras a terrassés : et
« toi aussi, Turnus, je t'y verrais figurer dans ton
« immense dépouille, si j'avais ta jeunesse et ta
« vigueur. Mais pourquoi, infortuné que je suis,
« retardé-je pour les Troyens l'heure des com-
« bats ? Allez, et rapportez à votre roi ces paroles :
« Dites-lui que la vie m'est odieuse, depuis que
« j'ai perdu Pallas; que pourtant un bras ven-
« geur peut me la faire supporter encore; qu'Énée
« doit au père et au fils la mort de Turnus ; qu'il
« n'a plus que ce seul moyen de bien mériter de
« moi, et de me rendre la fortune moins amère.
« Je ne cherche plus les joies de la vie ; elles ne
« sont plus pour moi ; je ne veux que porter à
« mon fils chez les Mânes la nouvelle qu'il est
« vengé. »

Cependant l'Aurore avait rallumé pour les malheureux mortels le doux flambeau du jour, ramenant les travaux et les peines. Déjà Énée, déjà Tarchon ont fait élever des bûchers le long du rivage sinueux ; chacun, suivant l'usage antique, y porte les corps des siens; les feux s'allument; une noire et épaisse fumée enveloppe la voûte des cieux obscurcis. Trois fois les fantassins, couverts de leurs armes étincelantes, tournent en courant autour des bûchers enflammés. Trois fois les cavaliers guident leurs coursiers autour du triste incendie des funérailles, et poussent de lugubres hurlements. La terre est arrosée de leurs larmes; leurs armes en sont baignées; les cris des guerriers et le bruit montent jusqu'au ciel. Les uns jettent dans les flammes les dépouilles enlevées aux Latins immolés, des casques, des glaives splendides, des freins, des roues détachées de leurs brûlants essieux ; d'autres jettent les boucliers de ceux-là mêmes qu'ils pleurent, dons connus, armes qui ont mal servi leur vaillance. En même temps on immole autour des bûchers de nombreux taureaux ; des porcs, des animaux divers enlevés aux campagnes voisines, sont égorgés dans les flammes : de tous les points du rivage, Arcadiens et Troyens voient brûler les restes de leurs compagnons d'armes, ou veillent assis près des bûchers demi-consumés ; rien ne peut les arracher à ce pieux devoir, jusqu'à ce que la nuit humide, ramenant les brillantes étoiles, ait changé la face des cieux.

Les malheureux Latins de leur côté dressent aussi d'innombrables bûchers : une partie de leurs morts est inhumée ; les autres sont transportés dans les campagnes et les villes voisines. Le reste, vaste et sanglant monceau, brûle pêle-mêle et sans honneur. Alors reluisent de toutes parts dans les champs latins mille et mille incendies. Quand la troisième aurore a chassé du ciel les froides ombres de la nuit, on remue tristement le haut amas des cendres ; et du milieu des foyers où ils gisent confondus on tire les os, et on couvre de terre ces débris brûlants.

Mais c'est dans le palais du puissant roi Latinus qu'éclatent les plus grands transports, les plus lon-

---

Ducentem in Latium Teucros, cecidisse juvabit.
Quin ego non alio digner te funere, Palla,
Quam pius Æneas, et quam magni Phryges, et quam   170
Tyrrhenique duces, Tyrrhenum exercitus omnis.
Magna tropæa ferunt, quos dat tua dextera leto ;
Tu quoque nunc stares immanis truncus in armis,
Esset par ætas, et idem si robur ab annis,
Turne ; sed infelix Teucros quid demoror armis ?   175
Vadite, et hæc memores regi mandata referte :
Quod vitam moror invisam, Pallante perempto,
Dextera caussa tua est; Turnum gnatoque patrique
Quam debere vides : meritis vacat hic tibi solus
Fortunæque locus ; non vitæ gaudia quæro,   180
Nec eis; sed nato Manis perferre sub imos.
    Aurora interea miseris mortalibus almam
Extulerat lucem, referens opera atque labores.
Jam pater Æneas, jam curvo in litore Tarcho
Constituere pyras : huc corpora quisque suorum   185
More tulere patrum ; subjectisque ignibus atris
Conditur in tenebras altum caligine cœlum.
Ter circum accensos, cincti fulgentibus armis,
Decurrere rogos ; ter mæstum funeris ignem
Lustravere in equis, ululatusque ore dedere.   190
Spargitur et tellus lacrimis, sparguntur et arma.

It cœlo clamorque virum clangorque tubarum.
Hinc alii spolia occisis derepta Latinis
Conjiciunt igni ; galeas, ensisque decoros,
Frenaque, ferventisque rotas ; pars munera nota,   195
Ipsorum clipeos, et non felicia tela.
Multa boum circa mactantur corpora Morti ;
Sætigerosque sues, raptasque ex omnibus agris
In flammam jugulant pecudes : tum litore toto
Ardentis spectant socios, semiustaque servant   200
Busta ; neque avelli possunt, nox humida donec
Invertit cœlum stellis fulgentibus aptum.
    Nec minus et miseri diversa in parte Latini
Innumeras struxere pyras, et corpora partim
Multa virum terræ infodiunt, avectaque partim   205
Finitimos tollunt in agros, urbique remittunt ;
Cetera, confusæque ingentem cædis acervum
Nec numero, nec honore, cremant ; tunc undique vasti
Certatim crebris conlucent ignibus agri.
Tertia lux gelidam cœlo dimoverat umbram :   210
Mærentes altum cinerem, et confusa ruebant
Ossa focis, tepidoque onerabant aggere terræ.
    Jam vero in tectis, prædivitis urbe Latini,
Præcipuus fragor, et longi pars maxima luctus.
Hic matres, miseræque nurus, hic cara sororum   215

gues et les plus violentes douleurs. Là des mères, des épouses malheureuses, des sœurs tendres et désolées, des enfants privés de leurs pères, détestent une guerre fatale et l'hymen sanglant de Turnus. Ils veulent qu'il ait seul les armes à la main, que seul il combatte, puisqu'il réclame pour lui l'empire de l'Italie et les honneurs suprêmes. L'implacable Drancès appuie ces discours; il assure qu'Énée n'en veut qu'au seul Turnus, n'appelle que Turnus au combat. Mais un parti nombreux soutient Turnus du cœur et de la voix, et le couvre du grand nom de la reine. Turnus se relève encore par sa belle renommée et par ses trophées mérités. Au milieu de ces mouvements, et au fort et dans le feu même de ces passions tumultueuses, les ambassadeurs envoyés vers la grande ville de Diomède reviennent avec la triste réponse, que tous leurs immenses efforts ont été impuissants; que rien n'a pu ébranler le prince, ni les dons, ni l'or, ni les prières les plus pressantes; que les Latins n'ont plus qu'à chercher d'autres alliances, ou à demander la paix au roi des Troyens. Cette nouvelle achève de consterner le roi Latinus. Énée est bien ce maitre fatal que les dieux annoncent manifestement à l'Italie; Latinus en est assez averti par leur colère, et par la perte encore saignante de tant de braves mis au tombeau sous ses yeux. Il appelle donc à une assemblée générale les grands de son royaume, et les rassemble dans son palais. Tous accourent; tous se précipitent à flots pressés vers les issues qui mènent à la demeure royale. Au milieu d'eux s'assied Latinus, le premier par l'âge et par la majesté du sceptre; mais la tristesse obscurcit son front. Alors on introduit les ambassadeurs nouvellement revenus de la ville étolienne; le roi leur ordonne de parler, et de rapporter dans un ordre précis les réponses qu'ils ont reçues de Diomède. Il se fait un grand silence; et Vénulus, pour obéir au roi, commence en ces termes :
« Citoyens, nous avons vu Diomède et le camp
« argien; nous avons surmonté tous les périls
« d'une longue route; et nous avons touché cette
« main sous qui tomba Ilion. Alors Diomède
« vainqueur fondait en Iapygie, au pied du mont
« Gargan, la ville d'Argyripe, qu'il a ainsi appelée du nom de son ancienne patrie. Introduits
« devant lui, et invités à prendre la parole, nous
« étalons nos présents; nous lui disons notre nom,
« notre patrie, quels peuples nous ont apporté la
« guerre, quel sujet nous amène à Arpos. Après
« nous avoir écoutés, le héros, d'un ton calme,
« nous répond : Nation fortunée, sur qui Saturne
« a jadis régné, antiques Ausoniens, quel sort funeste trouble aujourd'hui votre repos, et vous
« pousse à provoquer aux combats un peuple qui
« ne vous est pas connu? Nous tous qui avons
« d'un fer impie dévasté les champs d'Ilion (je ne
« parle pas des maux sans nombre qui nous ont
« épuisés sous ses hauts remparts, des guerriers
« que le Simoïs presse encore de ses ondes), nous
« avons souffert sur toutes les plages du monde
« d'effroyables supplices; nous avons expié nos
« crimes par tous les châtiments : restes de la
« vengeance des dieux, Priam lui-même aurait eu
« pitié de nous. Minerve le sait, elle qui déchaîna
« contre nous l'astre des tempêtes; ils le savent,
« les rochers eubéens et le flambeau vengeur de

Pectora mærentum, puerique parentibus orbi,
Dirum exsecrantur bellum, Turnique hymenæos;
Ipsum armis, ipsumque jubent decernere ferro;
Qui regnum Italiæ et primos sibi poscat honores.
Ingravat hæc sævus Drances, solumque vocari 220
Testatur, solum posci in certamina Turnum.
Multa simul contra variis sententia dictis
Pro Turno; et magnum reginæ nomen obumbrat;
Multa virum meritis sustentat fama tropæis.
  Hos inter motus, medio in flagrante tumultu, 225
Ecce, super mœsti magna Diomedis ab urbe
Legati responsa ferunt : nihil omnibus actum
Tantorum inpensis operum; nil dona, neque aurum,
Nec magnas valuisse preces; alia arma Latinis
Quærenda, aut pacem Trojano ab rege petendam. 230
Deficit ingenti luctu rex ipse Latinus.
Fatalem Æneam manifesto numine ferri,
Admonet ira deom, tumulique ante ora recentes.
Ergo concilium magnum, primosque suorum
Imperio adcitos, alta intra limina cogit. 235
Olli convenere, fluuntque ad regia plenis
Tecta viis : sedet in mediis et maximus ævo,
Et primus sceptris, haud læta fronte, Latinus.

Atque hic legatos Ætola ex urbe remissos,
Quæ referant, fari jubet, et responsa reposcit 240
Ordine cuncta suo; tum facta silentia linguis,
Et Venulus dicto parens ita farier infit :
Vidimus, o cives, Diomede Argivaque castra;
Atque iter emensi casus superavimus omnis;
Contigimusque manum, qua concidit Ilia tellus. 245
Ille urbem Argyripam, patriæ cognomine gentis,
Victor Gargani condebat Iapygis arvis.
Postquam introgressi, et coram data copia fandi :
Munera præferimus, nomen patriamque docemus;
Qui bellum intulerint, quæ caussa adtraxerit Arpos. 250
Auditis ille hæc placido sic reddidit ore :
O fortunatæ gentes, Saturnia regna,
Antiqui Ausonii, quæ vos fortuna quietos
Sollicitat, suadetque ignota lacessere bella?
Quicumque Iliacos ferro violavimus agros, 255
Mitto ea, quæ muris bellando exhausta sub altis,
Quos Simois premat ille viros, infanda per orbem
Supplicia, et scelerum pœnas expendimus omnes,
Vel Priamo miseranda manus; scit triste Minervæ
Sidus, et Euboicæ cautes, ultorque Caphereus. 260
Militia ex illa diversum ad litus adacti,

« Capharée. Après cette grande guerre, les flots
« nous ont poussés de rivage en rivage : Ménélas
« est emporté, lointain exil, jusqu'aux colonnes
« de Protée; Ulysse a vu les Cyclopes de l'Etna.
« Vous dirai-je Néoptolème et son règne d'un
« jour? Idoménée et ses pénates bouleversés? les
« Locriens jetés sur les rivages de la Libye? Le
« chef lui-même des nobles enfants de la Grèce,
« Agamemnon a péri sur le seuil de son palais,
« par les mains de son exécrable épouse; un in-
« fâme adultère est assis sur le trône du vain-
« queur de l'Asie. Et moi, les dieux ne m'ont-ils
« pas envié le bonheur de revoir ma patrie, une
« épouse désirée, et ma belle ville de Calydon?
« Encore aujourd'hui d'horribles prodiges épou-
« vantent mes yeux : j'ai vu mes compagnons
« perdus pour moi s'élancer sur des ailes à tra-
« vers les airs; je les vois (cruel supplice pour
« mon cœur) voler, oiseaux vagabonds, sur les
« bords des fleuves; je les entends remplir les
« rochers de leurs cris lamentables. Je devais
« bien m'attendre à ces rigueurs du ciel, depuis
« ce jour où j'osai, insensé que j'étais, attaquer
« avec le fer les corps des immortels, et percer
« d'un trait sacrilége la main de Vénus. Non, ne
« me poussez pas à de tels combats; non, plus
« de guerre avec les Troyens! Depuis que Pergame
« est renversé, je ne me réjouis plus des maux
« que je leur ai causés; je voudrais ne m'en plus
« souvenir. Ces présents que vous m'apportez des
« bords ausoniens : renvoyez-les à Énée. Nous
« nous sommes vus l'un et l'autre, fer contre fer,
« mains contre mains; croyez-en mon expérien-
« ce; je sais quel guerrier c'est se dressant sous le
« bouclier; je sais de quel bras foudroyant il
« lance le javelot. Si la terre de l'Ida eût porté
« deux héros comme lui, le Troyen serait venu à
« son tour jusqu'aux cités d'Inachus, et la Grèce
« pleurerait ses destins changés. Tout ce qui re-
« tarda sous les murs troyens l'heure fatale d'I-
« lion, tout ce qui arrêta la victoire des Grecs,
« c'est le bras d'Hector et d'Énée qui l'ont fait;
« tous deux égaux par le courage et les hauts
« faits : mais Énée l'emportait par sa piété. Re-
« nouez donc alliance avec lui, à quelque prix
« que ce soit : mais gardez-vous d'engager vos
« armes avec les siennes. — Vous avez entendu,
« ô le meilleur des rois, la réponse de Diomède, et
« ce qu'il pense de cette guerre importante. » A
peine Vénulus eut-il cessé de parler, qu'un frémissement confus se répandit dans toute l'assemblée
tumultueuse : ainsi quand des rochers retardent
le rapide courant d'un fleuve, il se fait un sourd
murmure dans le gouffre obstrué, et les deux
rives retentissent des éclats de l'onde refoulée.

Dès que les esprits se furent calmés, les voix
tumultueuses tombèrent; et le roi, après avoir
invoqué les dieux, parla ainsi du haut de son
trône : « Latins, j'aurais voulu et il aurait été
« plus à propos de délibérer sur ces grands inté-
« rêts avant que n'éclatât la guerre; et ce n'est
« pas au moment où l'ennemi est sous nos murs,
« qu'il convient de tenir conseil. Nous faisons,
« citoyens, une guerre insensée aux enfants des
« dieux, à des hommes indomptables, que les
« combats ne lassent point, et qui, même vain-
« cus, ne déposent pas le fer. Si vous avez attendu
« quelque secours des armes étoliennes, renoncez

Atrides Protei Menelaus ad usque columnas
Exsulat; Ætnæos vidit Cyclopas Ulixes.
Regna Neoptolemi referam, versosque Penatis
Idomenei? Libycone habitantes litore Locros? 265
Ipse Mycenæus magnorum ductor Achivom
Conjugis infandæ prima intra limina dextra
Oppetiit; devictam Asiam subsedit adulter.
Invidisse deos, patriis ut redditus aris
Conjugium optatum, et pulchram Calydona viderem! 270
Nunc etiam horribili visu portenta sequuntur,
Et socii amissi petierunt æthera pennis,
Fluminibusque vagantur aves, heu, dira meorum
Supplicia! et scopulos lacrimosis vocibus inplent.
Hæc adeo ex illo mihi jam speranda fuerunt 275
Tempore, quum ferro cœlestia corpora demens
Adpetii, et Veneris violavi vulnere dextram.
Ne vero, ne me ad tales inpellite pugnas :
Nec mihi cum Teucris ullum post eruta bellum
Pergama; nec veterum memini, lætorve malorum. 280
Munera, quæ patriis ad me portatis ab oris,
Vertite ad Æneam : stetimus tela aspera contra,
Contulimusque manus; experto credite, quantus
In clipeum adsurgat, quo turbine torqueat hastam.

Si duo præterea tales Idæa tulisset 285
Terra viros, ultro Inachias venisset ad urbes
Dardanus, et versis lugeret Græcia fatis.
Quidquid apud duræ cessatum est mœnia Trojæ,
Hectoris Æneæque manu victoria Graium
Hæsit, et in decumum vestigia rettulit annum. 290
Ambo animis, ambo insignes præstantibus armis;
Hic pietate prior : coeant in fœdera dextræ,
Qua datur; ast armis concurrant arma cavete.
Et responsa simul quæ sint, rex optume, regis
Audisti, et quæ sit magno sententia bello. 295
   Vix ea legati; variusque per ora cucurrit
Ausonidum turbata fremor : ceu, saxa morantur
Quum rapidos amnis, fit clauso gurgite murmur,
Vicinæque fremunt ripæ crepitantibus undis.
Ut primum placati animi, et trepida ora quierunt, 300
Præfatus divos, solio rex infit ab alto.
   Ante equidem summa de re statuisse, Latini,
Et vellem, et fuerat melius; non tempore tali
Cogere concilium, quum muros adsidet hostis.
Bellum importunum, cives, cum gente deorum 305
Invictisque viris gerimus, quos nulla fatigant
Prælia, nec victi possunt absistere ferro.

« à cette espérance; que chacun de nous n'espère
« plus qu'en lui! et encore vous voyez combien
« cette ressource est misérable. L'irréparable
« ruine de nos affaires est étalée devant vos yeux;
« vous la voyez, vous la touchez. Je n'accuse per-
« sonne; tout ce qu'a pu faire un prodigieux
« courage, vous l'avez fait; et nous avons com-
« battu avec toutes les forces de l'État. Mainte-
« nant je vous dirai à quel avis s'arrête mon es-
« prit incertain; écoutez-moi; peu de mots vous
« l'expliqueront. Il est un antique territoire qui
« s'étend au loin vers le couchant le long du Tibre,
« et par delà les frontières sicaniennes. Les Au-
« runces et les Rutules ensemencent et tourmen-
« tent avec le soc ces collines ingrates, et font
« paître leurs troupeaux sur les plus âpres ver-
« sants. Que tout ce pays, avec sa montagne et sa
« forêt de pins, soit cédé aux Troyens pour prix
« de leur alliance; que la paix soit conclue avec
« eux sous de justes conditions; et appelons-les à
« partager nos droits de citoyens. Qu'ils s'établis-
« sent en Italie, si l'Italie a pour eux tant de
« charmes, et qu'ils y bâtissent des murailles.
« Mais s'ils cherchent d'autres contrées, s'ils veu-
« lent s'emparer d'un autre territoire et s'ils peu-
« vent se retirer du nôtre, construisons-leur vingt
« vaisseaux, et même plus, s'ils les peuvent rem-
« plir. Les bois sont tout abattus sur la rive du
« fleuve : qu'ils prescrivent eux-mêmes le nom-
« bre et la forme des navires; l'airain, les bras,
« la voilure, et le reste leur seront fournis par
« nous. C'est peu; députons cent des principaux
« de la nation, qui aillent, le rameau d'olivier à
« la main, porter au roi des Troyens nos proposi-
« tions et l'assurer de notre alliance. Ils lui por-
« teront en présents des talents d'or et d'ivoire,
« avec la chaise curule et la trabée, insignes de
« notre royauté. Voilà mon sentiment; délibérez
« à votre tour, et venez en aide à cet empire fa-
« tigué. »

Alors Drancès, jaloux en secret de la gloire de Turnus, se lève, le cœur plein de haine, et l'esprit agité par les aiguillons poignants de l'envie : libéral, éloquent, mais de glace dans les combats, habile dans les conseils, maître de la multitude par la sédition, fier du noble sang de sa mère, il était né d'un père inconnu. Il prend la parole, et, déchargeant sa haine sur Turnus, il accroît encore l'irritation des esprits : « O le
« meilleur des rois, dit-il, le triste état de nos
« affaires que vous venez de nous exposer n'est
« obscur pour personne, et votre voix n'a pas
« besoin que la mienne l'appuie. Tous ceux qui
« m'écoutent savent bien ce que demande l'inté-
« rêt de la nation; mais aucun n'ose s'en ouvrir.
« Qu'il nous rende la liberté de parler, et qu'il ra-
« batte de son orgueil, celui sous les auspices du-
« quel nos armes ont été si malheureuses, et
« dont les sinistres prétentions (je dirai tout, quoi-
« qu'il me menace de son fer homicide) ont fait
« tomber tant de guerriers, lumières de la patrie,
« ont plongé dans le deuil notre ville entière; et
« cela parce qu'il tente l'attaque du camp
« troyen, l'intrépide soldat qui ne se fie qu'à ses
« pieds, et qui épouvante le ciel du fracas de ses
« armes. A ces nombreux présents que vous desti-
« nez aux Troyens, ajoutez-en encore un autre,
« ô le meilleur des rois; et ne souffrez pas que

Spem, si quam adscitis Ætolum habuistis in armis,
Ponite : spes sibi quisque; sed hæc, quam angusta, videtis.
Cetera qua rerum jaceant perculsa ruina, 310
Ante oculos, interque manus sunt omnia vestras;
Nec quemquam incuso : potuit quæ plurima virtus
Esse, fuit; toto certatum est corpore regni.
Nunc adeo, quæ sit dubiæ sententia menti,
Expediam, et paucis, animos adhibete, docebo. 315
Est antiquus ager Tusco mihi proximus amni,
Longus, in occasum, finis super usque Sicanos;
Aurunci Rutulique serunt, et vomere duros
Exercent collis, atque horum asperrima pascunt.
Hæc omnis regio, et celsi plaga pinea montis, 320
Cedat amicitiæ Teucrorum; et fœderis æquas
Dicamus leges, sociosque in regna vocemus;
Considant, si tantus amor, et mœnia condant.
Sin alios finis, aliamque capessere gentem
Est animus, poscuntque solo decedere nostro, 325
Bis denas Italo texamus robore navis,
Seu pluris complere valent; jacet omnis ad undam
Materies : ipsi numerumque modumque carinis
Præcipiant; nos æra, manus, navalia demus.
Præterea, qui dicta ferant, et fœdera firment, 330
Centum oratores prima de gente Latinos
Ire placet, pacisque manu prætendere ramos;
Munera portantis, aurique eborisque talenta,
Et sellam regni trabeamque insignia nostri.
Consulite in medium, et rebus succurrite fessis. 335
    Tum Drances idem infensus, quem gloria Turni,
Obliqua invidia stimulisque agitabat amaris,
Largus opum, et lingua melior, sed frigida bello
Dextera, consiliis habitus non futilis auctor,
Seditione potens; genus huic materna superbum 340
Nobilitas dabat, incertum de patre ferebat;
Surgit, et his onerat dictis, atque aggerat iras :
Rem nulli obscuram, nostræ nec vocis egentem,
Consulis, o bone rex : cuncti se scire fatentur,
Quid fortuna ferat populi; sed dicere mussant. 345
Det libertatem fandi, flatusque remittat,
Cujus ob auspicium infaustum, moresque sinistros,
Dicam equidem, licet arma mihi mortemque minetur,
Lumina tot cecidisse ducum, totamque videmus
Consedisse urbem luctu; dum Troïa tentat 350
Castra, fugæ fidens, et cœlum territat armis.
Unum etiam donis istis, quæ plurima mitti
Dardanidis dicique jubes, unum, optume regum,

« la violence vous empêche de donner en père
« et en roi votre fille à un gendre illustre, et de
« cimenter par un digne hyménée l'éternelle al-
« liance qui doit vous unir à lui. Si Turnus a frappé
« les esprits d'une invincible épouvante, eh bien!
« supplions-le, et implorons de lui cette grâce
« pour l'État. Qu'il permette au roi d'user de son
« propre droit, et qu'il sacrifie le sien à la patrie.
« Pourquoi, Turnus, toi la cause première de
« tous nos maux, pourquoi jeter tes malheureux
« concitoyens dans la sanglante carrière des ba-
« tailles? Il n'y a plus de salut pour nous dans la
« guerre; tous nous te demandons la paix, Tur-
« nus, et le seul et inviolable gage de la paix. Moi-
« même, que tu t'imagines être animé contre
« toi (et je ne m'en défends point) je viens à toi le
« premier en suppliant : aie pitié de tes conci-
« toyens, laisse tomber ton orgueil; vaincu,
« retire-toi; partout battus, nous avons assez vu
« mourir des nôtres, assez vu se dépeupler nos
« campagnes désolées. Mais si tu es si touché de
« la gloire, si tu as une si fière confiance dans ta
« force, et si la couronne des rois est la seule dot
« qui te tienne au cœur, ose donc te montrer, et
« porte intrépidement ta poitrine au-devant des
« coups de ton ennemi. Eh quoi! pour que Tur-
« nus devienne l'heureux époux d'une princesse,
« nous, âmes viles, troupe indigne de sépulture
« et de larmes, nous resterons couchés sur les
« champs de bataille! Mais toi, si tu as encore du
« cœur, s'il te reste un peu de la valeur de tes pè-
« res, va regarder en face ton rival qui t'appelle. »

Ce discours enflamma l'âme violente de
Turnus; il gémit de l'affront qu'il dévore, et
éclate par ces mots : « Ta bouche, ô Drancès, a
« toujours des flots de paroles, lorsque la guerre
« demande des bras; et quand on convoque les
« chefs de la nation, tu es le premier au conseil.
« Mais il ne s'agit pas de remplir la curie de ces
« grands mots que sans péril tu jettes au vent,
« tandis qu'un bon rempart tient l'ennemi à dis-
« tance, et que les fossés ne regorgent pas de
« sang. Eh bien! tonne ici avec ton éloquence
« ordinaire : traite-moi de lâche, Drancès, toi
« dont le bras rougi par le carnage entasse
« Troyens sur Troyens, toi dont les trophées dé-
« corent çà et là nos campagnes. Mais ces vifs
« élans du courage, éprouvons enfin, toi et moi,
« ce qu'ils peuvent : nous n'avons pas à chercher
« loin les ennemis; ils sont là qui environnent de
« tous côtés nos murs. Marchons; qui t'arrête?
« Mars ne sera-t-il jamais pour toi que dans cette
« langue pleine de vent, et dans ces pieds si
« agiles à fuir? Moi vaincu! Et qui donc, misérà-
« ble, aura droit de me le dire en face? qui, s'il
« voit comme j'ai fait enfler le Tibre du sang
« troyen, s'il voit toute la maison d'Évandre
« tomber avec toute sa race sous mes coups, et
« les Arcadiens dépouillés par moi de leurs ar-
« mes? M'ont-ils trouvé lâche et Bitias et le grand
« Pandarus, et ces milliers de Troyens que ce
« bras vainqueur a envoyés dans le Tartare, en
« ce jour où j'étais enfermé dans les murs, em-
« prisonné dans les remparts ennemis? Plus de
« salut dans la guerre, nous dis-tu. Va débiter
« ces lâchetés insensées au chef des Troyens et à
« ceux de ton parti; va, répands autour de toi
« le trouble et la peur qui te travaillent; exalte

Adjicias; nec te ullius violentia vincat,
Quin natam egregio genero, dignisque hymenæis   355
Des, pater, et pacem hanc æterno fœdere jungas.
Quod si tantus habet mentis et pectora terror;
Ipsum obtestemur, veniamque oremus ab ipso :
Cedat; jus proprium regi patriæque remittat.
Quid miseros toties in aperta pericula civis   360
Projicis, o Latio caput horum et caussa malorum?
Nulla salus bello : pacem te poscimus omnes,
Turne; simul pacis solum inviolabile pignus.
Primus ego, invisum quem tu tibi fingis, et esse
Nil moror, en, supplex venio : miserere tuorum,   365
Pone animos, et pulsus abi : sat funera fusi
Vidimus, ingentis et desolavimus agros.
Aut, si fama movet, si tantum pectore robur
Concipis, et si adeo dotalis regia cordi est;
Aude, atque adversum fidens fer pectus in hostem.   370
Scilicet, ut Turno contingat regia conjunx,
Nos, animæ viles, inhumata infletaque turba,
Sternamur campis; et jam tu, si qua tibi vis,
Si patrii quid Martis habes, illum adspice contra
Qui vocat.   375
     Talibus exarsit dictis violentia Turni;
Dat gemitum, rumpitque has imo pectore voces :

Larga quidem, Drance, semper tibi copia fandi,
Tum quum bella manus poscunt; patribusque vocatis
Primus ades; sed non replenda est curia verbis   380
Quæ tuto tibi magna volant, dum distinet hostem
Agger murorum, nec inundant sanguine fossæ.
Proinde tona eloquio, solitum tibi; meque timoris
Argue tu, Drance; quando tot stragis acervos
Teucrorum tua dextra dedit, passimque tropæis   385
Insignis agros : possit quid vivida virtus,
Experiare licet; nec longe scilicet hostes
Quærendi nobis : circumstant undique muros.
Imus in adversos? quid cessas? an tibi Mavors
Ventosa in lingua, pedibusque fugacibus istis   390
Semper erit?
Pulsus ego? aut quisquam merito, fœdissime, pulsum
Arguet, Iliaco tumidum qui crescere Thybrim
Sanguine, et Evandri totam cum stirpe videbit
Procubuisse domum, atque exutos Arcadas armis?   395
Haud ita me experti Bitias et Pandarus ingens,
Et quos mille die victor sub Tartara misi,
Inclusus muris, hostilique aggere sæptus.
Nulla salus bello : capiti cane talia demens
Dardanio, rebusque tuis; proinde omnia magno   400
Ne cessa turbare metu, atque extollere vires

« les forces d'un peuple que j'ai deux fois vaincu,
« et ravale les armes des Latins. Maintenant voilà
« que les capitaines des Grecs, que Diomède,
« qu'Achille de Larisse ont tremblé devant les
« armes phrygiennes. Vous verrez que l'Aufide
« en a reculé, ramenant ses eaux du sein des
« ondes adriatiques. A l'entendre, l'imposteur ar-
« tificieux, il feint de s'épouvanter de mes me-
« naces, et ce n'est que pour me faire mieux
« haïr. Cesse de trembler, Drancès! ce bras ne
« t'ôtera jamais ta vile âme; qu'elle demeure en
« toi, et dans ce corps aussi vil qu'elle.

« Maintenant, grand roi, je reviens à vous et
« au grave objet sur lequel vous nous consultez.
« Si vous n'avez plus aucune confiance en nos ar-
« mes, si nous sommes si abandonnés qu'on le
« dit, si une première déroute nous a anéantis,
« si pour nous la fortune n'a pas de retour, im-
« plorons la paix, et tendons au Troyen des mains
« désarmées. Que dis-je? ah! s'il nous restait
« quelque ombre de notre ancienne vigueur.....
« Oui, je dirais que celui-là est un noble cœur et
« heureux entre tous, qui, pour ne pas voir une
« telle infamie, est tombé mourant sur le champ
« de bataille, et a mordu une dernière fois la
« poussière. Mais si nous avons encore des
« ressources, si notre jeunesse est encore en-
« tière, s'il nous reste le secours des villes et
« des peuples de l'Italie; si les Troyens ont
« payé leur gloire par des flots de sang, s'ils ont
« aussi leurs morts à pleurer, et si la même tempête
« nous a tous écrasés, vainqueurs et vaincus;
« pourquoi manquer lâchement de cœur à l'en-
« trée de la carrière? pourquoi frissonner de
« peur avant que n'ait retenti la trompette? Le
« temps, la pénible et changeante succession
« des jours a réparé bien des ruines : que de
« mortels, jouets de la fortune, elle a quittés
« tour à tour et de nouveau visités, et qu'enfin
« elle a établis dans un solide bonheur! Nous
« n'aurons pas le secours de l'Étolien et d'Arpos;
« mais nous avons avec nous Messape, l'heureux
« Tolumnius, et tant d'autres capitaines que nous
« ont envoyés les peuples d'Italie; et la gloire
« ne tardera pas à suivre les drapeaux d'élite
« du Latium et des champs laurentins : n'avons-
« nous pas aussi Camille, de la noble nation des
« Volsques? Vous l'avez vue à la tête de ses ca-
« valiers; vous avez vu ses escadrons resplendis-
« sants d'airain. Si les Troyens m'appellent seul
« au combat, si le défi vous plait, et si je suis le
« seul obstacle au bien commun; la victoire ne me
« hait pas tellement, et ne s'est pas déjà tant
« échappée de mes mains, pour que je manque
« à d'aussi magnifiques espérances en n'osant pas
« tenter un grand coup. Je marcherai avec mon
« courage contre le Phrygien, l'emportât-il sur
« le grand Achille, et dût-il, comme lui, revêtir
« des armes forgées par Vulcain lui-même. Cette
« vie, Turnus, qui ne veut le céder en valeur à
« aucun de ses ancêtres, vous la donne à vous et
« à Latinus son beau-père. C'est moi seul qu'É-
« née défie : eh bien! qu'il me défie, c'est ce
« que je demande. Ce n'est pas à Drancès, si nous
« avons contre nous les dieux irrités, à les satis-
« faire par sa mort; et s'il y a là de l'honneur et
« de la gloire à gagner, ce n'est pas à Drancès à
« me les enlever. »

Tandis que ces orageux débats agitaient les
esprits du Latium en péril, Énée levait son camp

Gentis bis victæ; contra premere arma Latini.
Nunc et Myrmidonum proceres Phrygia arma tremiscunt;
Nunc et Tydides, et Larissæus Achilles;
Amnis et Hadriacas retro fugit Aufidus undas,   405
Vel quum se pavidum contra mea jurgia fingit
Artificis scelus, et formidine crimen acerbat.
Numquam animam talem dextra hac, absiste moveri,
Amittes; habitet tecum, et sit pectore in isto.
Nunc ad te, et tua magna, pater, consulta revertor.   410
Si nullam nostris ultra spem ponis in armis;
Si tam deserti sumus, et semel agmine verso
Funditus occidimus, neque habet Fortuna regressum :
Oremus pacem, et dextras tendamus inertis.
Quamquam o! si solitæ quidquam virtutis adesset,   415
Ille mihi ante alios fortunatusque laborum,
Egregiusque animi, qui, ne quid tale videret,
Procubuit moriens, et humum semel ore momordit.
Sin et opes nobis, et adhuc intacta juventus,
Auxiliique urbes Italæ, populique supersunt;   420
Sin et Trojanis cum multo gloria venit
Sanguine; sunt illis sua funera, parque per omnis
Tempestas : cur indecores in limine primo
Deficimus? cur ante tubam tremor occupat artus?
Multa dies, variique labor mutabilis ævi   425
Rettulit in melius; multos alterna revisens
Lusit, et in solido rursus Fortuna locavit.
Non erit auxilio nobis Ætolus et Arpi :
At Messapus erit, felixque Tolumnius, et quos
Tot populi misere duces; nec tarda sequetur   430
Gloria delectos Latio, et Laurentibus agris.
Est et Volscorum egregia de gente Camilla,
Agmen agens equitum, et florentis ære catervas.
Quod si me solum Teucri in certamina poscunt,
Idque placet, tantumque bonis communibus obsto,   435
Non adeo has exosa manus Victoria fugit,
Ut tanta quidquam pro spe tentare recusem.
Ibo animis contra; vel magnum præstet Achillem,
Factaque Volcani manibus paria induat arma
Ille licet : vobis animam hanc, soceroque Latino   440
Turnus ego, haud ulli veterum virtute secundus,
Devovi : solum Æneas vocat; et vocet, oro.
Nec Drances potius, sive est hæc ira deorum,
Morte luat; sive est virtus et gloria, tollat.
  Illi hæc inter se dubiis de rebus agebant   445
Certantes; castra Æneas aciemque movebat.
Nuntius ingenti per regia tecta tumultu

et se mettait en marche avec son armée. Voici qu'un messager se précipite dans le palais avec un grand tumulte, et remplit toute la ville de terreur. Il annonce que les Troyens rangés en bataille ont quitté les bords du Tibre, et que les troupes tyrrhéniennes descendent de tous côtés dans la plaine. Soudain les esprits se troublent, la multitude est ébranlée; la colère aiguillonne et soulève tous les cœurs. On demande des armes avec fureur : Aux armes! crie la jeunesse frémissante. Les vieillards contristés pleurent, et dévorent leurs gémissements; de tous côtés s'élèvent dans les airs d'immenses et discordantes clameurs. Tels des oiseaux attroupés quand ils s'abattent sur une forêt profonde, tels sur les bords de l'Éridan poissonneux les cygnes font entendre leurs chants rauques à travers les bruyants marais. Turnus saisit l'instant : « Ci-
« toyens, s'écrie-t-il, continuez à tenir conseil, et,
« tranquilles sur vos siéges, vantez-nous les dou-
« ceurs de la paix; que pendant ce temps l'en-
« nemi se précipite au cœur du royaume. » Il dit, s'échappe de l'assemblée et s'élance hors du palais. « Va, dit-il à Voluse, commander aux ba-
« taillons volsques de se mettre sous les armes;
« amène-moi aussi les Rutules; vous, Messape,
« Coras et votre frère, déployez votre cavalerie
« dans la plaine; qu'une partie des nôtres se dirige
« vers les passages qui mènent à la ville, et s'em-
« pare des tours; et que le reste se porte en armes
« avec moi où je l'ordonnerai. » Cependant on accourt de toute la ville sur les remparts. Latinus lui-même abandonne le conseil, et, troublé par le malheur des temps, il ajourne ces grandes délibérations. Il se reproche amèrement de n'avoir pas tout d'abord accueilli le Troyen Énée, et associé cet illustre gendre à son trône. Les uns creusent de larges fossés devant les portes, les autres soulèvent pour s'y retrancher des pierres et des pieux; la trompette aux sons rauques donne le signal sanglant des batailles; les femmes, les enfants confondus bordent les murailles; tous accourent où les appelle un grand et dernier péril. La reine, environnée de la foule nombreuse des dames latines, se fait porter au temple et à la haute citadelle de Pallas, pour y déposer ses offrandes : à ses côtés est Lavinie, la cause de ces grands malheurs, triste, et tenant ses beaux yeux baissés. Elles entrent dans le temple, qu'elles parfument d'encens; et sur le seuil du sanctuaire elles répandent cette lamentable prière : « Déesse de la guerre, vierge de
« Triton, qui peux tout dans les combats, brise
« de tes mains la lance du ravisseur phrygien;
« renverse-le sur la poussière; étends-le sous
« ces hautes portes. »

Turnus dans son impatiente fureur s'armait pour le combat; déjà la cuirasse rutule hérissait sur sa poitrine ses écailles d'airain; déjà il avait revêtu ses cuissards dorés, ceint son épée; et, les tempes encore nues, il descendait tout éblouissant d'or du haut de la citadelle. Le cœur bondissant de joie, il a d'avance vaincu son ennemi. Tel un coursier qui a rompu ses liens s'échappe des étables, libre enfin, et s'emparant de l'espace ouvert devant lui : il court aux pâturages et vers la troupe des cavales, ou vers les eaux connues du fleuve où il aime à se plonger;

Ecce ruit, magnisque urbem terroribus inplet :
Instructos acie Tiberino a flumine Teucros
Tyrrhenamque manum totis descendere campis. 450
Exemplo turbati animi, concussaque volgi
Pectora, et adrectæ stimulis haud mollibus iræ.
Arma manu trepidi poscunt; fremit arma juventus;
Flent mæsti mussantque patres : hic undique clamor
Dissensu vario magnus se tollit in auras : 455
Haud secus, atque alto in luco quum forte catervæ
Consedere avium, piscosove amne Padusæ
Dant sonitum rauci per stagna loquacia cycni.
Immo, ait, o cives, adrepto tempore, Turnus,
Cogite concilium, et pacem laudate sedentes; 460
Illi armis in regna ruant. Nec plura locutus
Corripuit sese, et tectis citus extulit altis.
Tu, Voluse, armari Volscorum edice maniplis;
Duc, ait, et Rutulos : equitem, Messapus, in armis,
Et cum fratre Coras, latis diffundite campis. 465
Pars aditus urbis firment, turresque capessant :
Cetera, qua jusso, mecum manus inferat arma.
Ilicet in muros tota discurritur urbe.
Concilium ipse pater, et magna incepta Latinus
Deserit, ac tristi turbatus tempore differt; 470
Multaque se incusat, qui non adceperit ultro
Dardanium Æncan, generumque adsciverit urbi.
Præfodiunt alii portas, aut saxa sudesque
Subvectant : bello dat signum rauca cruentum
Buccina : tum muros varia cinxere corona 475
Matronæ puerique; vocat labor ultimus omnis.
Nec non ad templum, summasque ad Palladis arces
Subvebitur magna matrum regina caterva,
Dona ferens; juxtaque comes Lavinia virgo,
Caussa mali tanti, oculos dejecta decoros. 480
Succedunt matres, et templum ture vaporant;
Et mæstas alto fundunt de limine voces :
Armipotens, præses belli, Tritonia virgo,
Frange manu telum Phrygii prædonis, et ipsum
Pronum sterne solo, portisque effunde sub altis. 485
Cingitur ipse furens certatim in prælia Turnus :
Jamque adeo Rutulum thoraca indutus ahenis
Horrebat squamis, surasque incluserat auro;
Tempora nudus adhuc, laterique adcinxerat ensem;
Fulgebatque alta decurrens aureus arce; 490
Exsultatque animis, et spe jam præcipit hostem.
Qualis, ubi abruptis fugit præsepia vinclis,
Tandem liber, equus, campoque potitus aperto;
Ant ille in pastus armentaque tendit equarum;
Aut, adsuetus aquæ perfundi flumine noto, 495

Il bondit, il lève sa tête altière, il frémit dans sa force luxuriante; et ses crins, jouets des vents, voltigent sur son cou et ses épaules. Turnus voit venir à sa rencontre Camille à la tête de ses escadrons; arrivée aux portes de la ville, la reine s'élance à terre; tous ses cavaliers l'imitent, et, légers comme elle, glissent de leurs coursiers. Alors s'adressant à Turnus : « Turnus, s'il est permis « de compter sur son propre courage, j'ose te « promettre de marcher contre les escadrons « d'Énée, et de me porter seule au-devant des « cavaliers tyrrhéniens. Laisse-moi tenter les « premiers hasards du combat; toi, demeure avec « tes fantassins au pied des remparts et garde les « murailles. » Turnus fixant ses yeux sur la vierge étonnante lui répond : « O vierge, l'honneur de « l'Italie, comment égaler par la reconnaissance « et payer un tel service? Venez donc, puisque « votre courage est au-dessus de tout, venez « partager avec moi les travaux de cette journée. « On dit, et mes éclaireurs m'en ont confirmé « le bruit, que l'audacieux Énée a envoyé devant « lui une troupe de cavalerie légère pour battre « la campagne, et qu'à la tête de son armée il « franchit les sommets déserts de la montagne « pour tomber sur la ville. Je lui prépare une em- « buscade dans le sentier creux de la forêt, et je « garnirai les deux gorges de soldats. Vous, en- « gagez vos enseignes contre celles de la cavale- « rie tyrrhénienne; avec vous marcheront le « bouillant Messape, les escadrons latins, et la « troupe de Tiburne : allez, commandez et dirigez. » Il exhorte par de pareils discours Messape et les chefs alliés, et marche au-devant de l'ennemi. Il y avait dans l'enfoncement des monts une vallée, propice aux ruses et aux pièges de la guerre : deux versants couverts de noirs ombrages la resserraient de çà et delà, et on y pénétrait par un étroit sentier, gorge tortueuse, défilé perfide. Au-dessus de la vallée et sur le sommet de l'un des monts s'étendait une plaine cachée aux yeux, poste d'observation, retraite sûre, d'où l'on pouvait à droite et à gauche courir au combat, tomber sur l'ennemi, et faire rouler sur lui d'énormes pierres. C'est là que Turnus, qui connaît le pays, se porte; il saisit la position couverte par les ombrages de la forêt perfide.

Cependant Diane, dans les hautes demeures de l'Olympe, entretenait Opis, l'une des vierges ses compagnes et de sa troupe sacrée, et lui adressait ces tristes paroles : « Nymphe, voici « Camille qui marche à un cruel combat, et qui « revêt mes armes, hélas! inutiles dans ses mains. « Camille m'est chère entre toutes les vierges; « et ce n'est pas de ce jour que m'est venue pour « elle cette vive tendresse; ce n'est pas d'un mou- « vement subit qu'elle a touché le cœur de Diane. « Chassé de son royaume par la haine de ses « peuples et à cause de son insupportable tyran- « nie, Métabe, son père, s'échappe de l'antique « Priverne; fuyant de sa patrie à travers les armes « et les combats, il emporta avec lui dans l'exil sa « fille encore enfant, et l'appela Camille, du nom « adouci de sa mère Casmille. Le malheureux « père, portant sa fille dans ses bras, gagnait « les longues pentes des bois solitaires : de tous

Emicat, adrectisque fremit cervicibus alte
Luxurians; luduntque jubæ per colla, per armos.
Obvia cui, Volscorum acie comitante, Camilla
Occurrit, portisque ab equo regina sub ipsis
Desiluit; quam tota cohors imitata relictis   500
Ad terram defluxit equis; tum talia fatur :
Turne, sui merito si qua est fiducia forti,
Audeo, et Æneadum promitto occurrere turmæ,
Solaque Tyrrhenos equites ire obvia contra.
Me sine prima manu tentare pericula belli :   505
Tu pedes ad muros subsiste, et mœnia serva.
Turnus ad hæc, oculos horrenda in virgine fixus :
O decus Italiæ, virgo, quas dicere gratis,
Quasve referre parem? sed nunc, est omnia quando
Iste animus supra, mecum partire laborem.   510
Æneas, ut fama fidem missique reportant
Exploratores, equitum levia inprobus arma
Præmisit, quaterent campos : ipse ardua montis
Per deserta jugo superans adventat ad urbem.
Furta paro belli convexo in tramite silvæ,   515
Ut bivias armato obsidam milite fauces.
Tu Tyrrhenum equitem conlatis excipe signis;
Tecum acer Messapus erit, turmæque Latinæ,
Tiburnique manus : ducis et tu concipe curam.
Sic ait, et paribus Messapum in prælia dictis   520
Hortatur, sociosque duces; et pergit in hostem.
Est curvo anfractu valles, adcommoda fraudi
Armorumque dolis; quam densis frondibus atrum
Urguet utrimque latus; tenuis quo semita ducit,
Angustæque ferunt fauces aditusque maligni.   525
Hanc super in speculis summoque in vertice montis
Planities ignota jacet, tutique recessus;
Seu dextra lævaque velis occurrere pugnæ;
Sive instare jugis, et grandia volvere saxa.
Huc juvenis nota fertur regione viarum;   530
Adripuitque locum, et silvis insedit iniquis.
Velocem interea superis in sedibus Opim,
Unam ex virginibus sociis sacraque caterva,
Conpellabat, et has tristis Latonia voces
Ore dabat : Graditur bellum ad crudele Camilla, 535
O virgo, et nostris nequidquam cingitur armis,
Cara mihi ante alias : neque enim novus iste Dianæ
Venit amor, subitaque animum dulcedine movit.
Pulsus ob invidiam regno, viresque superbas,
Priverno antiqua Metabus quum excederet urbe,   540
Infantem, fugiens media inter prælia belli,
Sustulit exsilio comitem, matrisque vocavit
Nomine Casmillæ, mutata parte, Camillam.
Ipse, sinu præ se portans, juga longa petebat
Solorum nemorum; tela undique sæva premebant,   545

« côtés le pressaient mille traits cruels; et les
« Volsques en armes, se déployant çà et là, vol-
« tigeaient autour de lui. Voici que dans sa
« fuite il voit l'Amasène, grossi par les pluies
« que les nuages en se rompant avaient épan-
« chées, rouler par-dessus ses rives ses flots écu-
« mants : il va s'élancer à la nage; mais son
« amour pour son enfant le retient, et il tremble
« pour ce cher fardeau. Longtemps il délibère ;
« enfin il s'arrête à ce périlleux moyen. Autour
« de l'immense javeline, formée d'un bois noueux
« et durci par la flamme qu'il portait, guerrier
« superbe, d'une main vigoureuse il enlace un
« berceau d'écorce et de liége dans lequel il a
« enfermé sa fille; des nœuds adroitement tressés
« rassemblent et le berceau et la javeline. Alors
« les balançant l'un et l'autre d'un bras puis-
« sant : Fille de Latone, qui habites les forêts,
« déesse secourable, s'écrie-t-il, je voue, moi son
« père, cette fille à tes autels : vois, elle tient
« pour la première fois tes traits, et t'implore en
« fuyant ses ennemis et les miens. Accepte, ô toi
« que j'atteste, accepte, ô déesse, ce bien que je
« t'abandonne, et que ma main confie au périlleux
« espace des airs. Il dit, et d'un bras ramené en
« arrière lance sa javeline : l'onde en retentit ;
« et l'infortunée Camille s'envole par-dessus le
« fleuve rapide avec le trait sifflant. Métabe, que
« la troupe ennemie presse de plus près, se jette
« à la nage, aborde ; et d'une main triomphante
« arrache du gazon sa javeline et son enfant, don
« que Diane désormais réclame. Cependant nul
« toit, nulle cité ne reçut Métabe dans ses murs ;
« et le farouche tyran lui-même n'aurait pas

« donné les mains à l'hospitalité offerte. Il passa
« donc sa vie, à la manière des pasteurs, dans
« les montagnes solitaires. Là, au milieu des buis-
« sons et dans les profondeurs affreuses des fo-
« rêts, il nourrissait sa fille avec le lait d'une
« cavale, pressant sur les tendres lèvres de l'en-
« fant la mamelle ruisselante de sa sauvage nour-
« rice. A peine commençait-elle à marquer sur
« l'arène ses pas mal assurés, qu'il chargea ses
« mains d'un dard aigu, et qu'il suspendit à ses
« petites épaules un arc avec ses flèches. L'or ne
« noua point ses cheveux ; elle ne revêtit pas
« une longue robe flottante : la dépouille d'un
« tigre pendait de sa tête sur tout son corps. Déjà
« de ses tendres mains elle lançait de petits jave-
« lots ; déjà, faisant tournoyer autour de sa tête
« la courroie de la fronde, elle abattait la grue du
« Strymon et le cygne au blanc plumage ; plus
« d'une mère des cités tyrrhéniennes désira en
« vain de la voir unie à son fils : Camille, heu-
« reuse de n'être qu'à Diane, aime d'un éternel
« amour nos armes et sa pure virginité. Hélas !
« j'aurais voulu que, saisie d'une passion moins
« vive pour les combats, elle ne tentât pas d'at-
« taquer les Troyens ; chère à mon cœur, elle
« serait maintenant l'une de mes compagnes.
« Mais puisqu'elle est déjà sous le coup des destins
« cruels, nymphe, descends des cieux, et vole vers
« le pays des Latins, là où s'engage sous de fu-
« nestes auspices un horrible combat. Prends ces
« armes, et tire une flèche vengeresse de mon
« carquois. Quel qu'il soit, celui qui percera d'un
« fer sacrilége le chaste corps de la vierge, Auso-
« nien ou Troyen, il faut qu'il me satisfasse par

Et circumfuso volitabant milite Volsci.
Ecce, fugæ medio, summis Amasenus abundans
Spumabat ripis; tantus se nubibus imber
Ruperat : ille, innare parans, infantis amore
Tardatur, caroque oneri timet; omnia secum 550
Versanti subito vix hæc sententia sedit :
Telum immane, manu valida quod forte gerebat
Bellator, solidum nodis et robore cocto
Huic natam, libro et silvestri subere clausam,
Inplicat, atque habilem mediæ circumligat hastæ ; 555
Quam dextra ingenti librans, ita ad æthera fatur :
Alma, tibi hanc, nemorum cultrix, Latonia virgo,
Ipse pater famulam voveo ; tua prima per auras
Tela tenens supplex hostem fugit : adcipe, testor,
Diva tuam, quæ nunc dubiis committitur auris. 560
Dixit, et adducto contortum hastile lacerto
Inmittit : sonuere undæ ; rapidum super amnem
Infelix fugit in jaculo stridente Camilla.
At Metabus, magna propius jam urguente caterva,
Dat sese fluvio, atque hastam cum virgine victor 565
Gramineo donum Triviæ de cespite vellit.
Non illum tectis ullæ, non mœnibus urbes
Adcepere, neque ipse manus feritate dedisset :
Pastorum et solis exegit montibus ævum.

Hic natam, in dumis, interque horrentia lustra, 570
Armentalis equæ mammis et lacte ferino
Nutribat, teneris inmulgens ubera labris.
Utque pedum primis infans vestigia plantis
Institerat, jaculo palmas oneravit acuto ;
Spiculaque ex humero parvæ suspendit et arcum. 575
Pro crinali auro, pro longæ tegmine pallæ,
Tigridis exuviæ per dorsum a vertice pendent.
Tela manu jam tum tenera puerilia torsit,
Et fundam tereti circum caput egit habena ;
Strymoniamque gruem, aut album dejecit olorem. 580
Multæ illam frustra Tyrrhena per oppida matres
Optavere nurum : sola contenta Diana,
Æternum telorum et virginitatis amorem
Intemerata colit : vellem haud conrepta fuisset
Militia tali, conata lacessere Teucros ; 585
Cara mihi comitumque foret nunc una mearum.
Verum age, quandoquidem fatis urguetur acerbis,
Labere, Nympha, polo, finisque invise Latinos,
Tristis ubi infausto conmittitur omine pugna.
Hæc cape et ultricem pharetra deprome sagittam : 590
Hac, quicumque sacrum violarit vulnere corpus,
Tros Italusve, mihi pariter det sanguine pœnas.
Post ego nube cava miserandæ corpus et arma

« son sang. Et moi, enlevant dans un nuage le « corps et les dépouilles intactes de la malheu- « reuse guerrière, je les rendrai au tombeau de « ses pères. » Elle dit, et la nymphe fendant les airs légers descend des cieux d'un vol bruyant, enveloppée d'un noir tourbillon.

Cependant la cavalerie troyenne et étrusque, partagée en escadrons et déployant ses lignes, s'avance vers les murs de Laurente : partout dans la plaine le coursier frémissant bondit, et, se tournant deçà et delà, se débat sous le frein qui le presse. Les champs se hérissent au loin du fer des lances, et étincellent des feux que jettent les pointes des armes. Messape, et Coras son frère, et la rapide cavalerie des Latins, soutenus des escadrons de la belliqueuse Camille, se présentent dans la plaine contre les Troyens : déjà les lances s'allongent, ramenées en arrière ; déjà on brandit les dards ; cavaliers et chevaux, tout frémit, tout s'enflamme. Déjà les deux armées, marchant l'une sur l'autre, s'étaient arrêtées à la portée du trait : soudain on s'élance à grands cris ; on emporte les coursiers frémissants ; des deux côtés fond une nuée de traits pressés comme la neige ; le ciel en est obscurci. Tyrrhénus et le bouillant Acontée, la lance en avant, courent les premiers l'un sur l'autre et s'entre-heurtent avec un bruit effroyable, rompant coursier contre coursier, poitrail contre poitrail ; Acontée, renversé comme la foudre qui tombe, ou comme la pierre lancée par la baliste, est jeté au loin et répand sa vie dans les airs. Tout à coup les escadrons latins, saisis d'épouvante, rejettent leurs boucliers sur leurs épaules, et tournent bride vers la ville. Les Troyens de les pousser, entraînés par leur chef Asylas : déjà même ils approchaient des portes de la ville, quand les Latins se ralliant poussent un grand cri, et retournent les molles bouches de leurs coursiers. Les Troyens de fuir à leur tour, et, donnant des rênes, de se replier sur le gros de leur armée. Ainsi la mer, dans le mouvement alterné de ses flots, tantôt se précipite vers la terre, jette par-dessus les rochers ses vagues écumantes, et les déroule sur la grève au loin inondée : tantôt, reculant d'une fuite aussi rapide, et ramenant dans son sein bouillonnant les rocs qu'elle a roulés sur la plage, elle retire du rivage son onde décroissante. Deux fois les Toscans poussent les Rutules jusque sous leurs murailles ; deux fois rejetés sur eux-mêmes, ils tournent le dos en couvrant leur retraite. Une troisième fois enfin on s'attaque, on se mêle, on choisit son ennemi. Alors ce ne sont plus que mourants qui gémissent, que torrents de sang qui inondent et les armes et les corps. Ce n'est plus qu'un horrible mélange de cavaliers et de chevaux massacrés et roulant dans la plaine ; alors le combat devient affreux. Orsilochus, voyant que Rémulus tremble de l'attaquer, lance un dard à son coursier, qu'il perce au-dessous de l'oreille. Le quadrupède altier se cabre sous le coup, se redresse en fureur, et, impatient de sa blessure, bat l'air de ses pieds. Rémulus renversé roule à terre. Catillus abat Iolas, et Herminius, tout fier qu'il est de son courage, de son vaste corps et de ses armes. Herminius à la blonde

Inspoliata feram tumulo, patriæque reponam.
Dixit : at illa levis cœli delapsa per auras 595
Insonuit, nigro circumdata turbine corpus.
  At manus interea muris Trojana propinquat,
Etruscique duces, equitumque exercitus omnis ;
Compositi numero in turmas : fremit æquore toto
Insultans sonipes, et pressis pugnat habenis 600
Huc obversus et huc ; tum late ferreus hastis
Horret ager, campique armis sublimibus ardent.
Nec non Messapus contra, celeresque Latini,
Et cum fratre Coras, et virginis ala Camillæ,
Adversi campo adparent, hastasque reductis 605
Protendunt longe dextris, et spicula vibrant ;
Adventusque virum, fremitusque ardescit equorum.
Jamque intra jactum teli progressus uterque
Substiterat : subito erumpunt clamore, frementisque
Exhortantur equos ; fundunt simul undique tela 610
Crebra nivis ritu, cœlumque obtexitur umbra.
Continuo adversis Tyrrhenus et acer Aconteus
Connixi incurrunt hastis, primique ruinam
Dant sonitu ingenti, perfractaque quadrupedantum
Pectora pectoribus rumpunt : excussus Aconteus, 615
Fulminis in morem, aut tormento ponderis acti,
Præcipitat longe, et vitam dispergit in auras.
Extemplo turbatæ acies, versique Latini
Rejiciunt parmas, et equos ad mœnia vertunt.
Troes agunt : princeps turmas inducit Asylas. 620
Jamque propinquabant portis, rursusque Latini
Clamorem tollunt, et mollia colla reflectunt :
Hi fugiunt, penitusque datis referuntur habenis.
Qualis ubi alterno procurrens gurgite pontus
Nunc ruit ad terras, scopulosque superjacit undam 625
Spumeus, extremamque sinu perfundit arenam :
Nunc rapidus retro, atque æstu revoluta resorbens
Saxa fugit, litusque vado labente relinquit.
Bis Tusci Rutulos egere ad mœnia versos ;
Bis rejecti armis respectant terga tegentes. 630
Tertia sed postquam congressi in prælia, totas
Inplicuere inter se acies, legitque virum vir,
Tum vero et gemitus morientum, et sanguine in alto
Armaque, corporaque, et permixti cæde virorum
Semanimes volvuntur equi ; pugna aspera surgit. 635
Orsilochus Remuli, quando ipsum horrebat adire,
Hastam intorsit equo, ferrumque sub aure reliquit :
Quo sonipes ictu furit arduus, altaque jactat
Volneris inpatiens adrecto pectore crura :
Volvitur ille excussus humi. Catillus Iolan, 640
Ingentemque animis, ingentem corpore, et armis,
Dejicit Herminium ; nudo cui vertice fulva
Cæsaries, nudique humeri ; nec volnera terrent ;

chevelure combattait la tête nue, les épaules nues; les blessures ne l'épouvantaient pas, tant se découvrait aux coups l'intrépide géant! Le javelot de Catillus va s'enfoncer en tremblant dans ses vastes épaules, et, perçant ce grand corps de part en part, le fait se courber sous la douleur. Des flots d'un sang noir coulent de tous côtés; les combattants sèment partout la mort, et cherchent eux-mêmes à travers les blessures un beau trépas.

Au milieu du carnage bondit l'Amazone Camille, un carquois sur l'épaule, un sein nu pour le combat : tantôt elle lance coup sur coup avec la main des javelots pliants; tantôt elle fait voltiger d'un bras infatigable la pesante hache; sur son épaule résonnent son arc d'or et les armes de Diane. Quelquefois repoussée et forcée de fuir, elle se retourne, et tout en fuyant décoche ses flèches meurtrières. A ses côtés combattent ses compagnes d'élite, Larina, Tulla et Tarpeïa, qui brandit une hache d'airain; toutes trois Italiennes, escorte brillante de la divine Camille, ses conseils dans la paix, ses vaillants soutiens dans la guerre. Ainsi les Amazones de Thrace frappent du bruit de leurs armes peintes les bords ensanglantés du Thermodon, soit qu'elles se pressent autour de leur reine Hippolyte, soit que la belliqueuse Penthésilée se porte sur son char à travers les batailles; leur troupe guerrière hurle et bondit en tumulte, agitant ses boucliers en forme de croissant. Quel est le premier, quel est le dernier, ô vierge terrible, que tu abats sous tes coups? Qui compterait tous ceux que tu étends morts sur l'arène? Le premier qu'elle immole est Eunée, fils de Clytius; il venait contre elle, quand de sa longue lance elle traverse sa poitrine découverte; Eunée tombe en vomissant des ruisseaux de sang, mord la terre ensanglantée, et se roule en mourant sur sa blessure. Elle fond sur Liris et sur Pagase; tandis que l'un, déjà culbuté, ramasse les rênes de son coursier percé sous le flanc, et que l'autre vient à son aide et lui tend pour le soutenir une main désarmée, ils sont entraînés tous deux et tombent ensemble. A côté d'eux elle jette sur la poussière Amastre, fils d'Hippotas; et de loin, penchée sur sa lance, elle poursuit et atteint Térée, Harpalyce, Démophoon et Chromis. Autant partent de traits lancés par la main de la vierge, autant tombent de guerriers phrygiens. Elle voit Ornyte, chasseur fameux, que distingue au loin son armure inconnue, et qu'emporte un cheval apulien : la peau d'un taureau sauvage couvre ses vastes épaules; il a pour cimier la tête énorme d'un loup, avec sa gueule et ses dents blanches. Sa main est armée d'un épieu agreste; il s'agite au milieu des escadrons, et dépasse de la tête tous les autres cavaliers. Camille l'atteint aisément, son bataillon étant rompu, le perce de son dard, et le cœur plein de colère : « As-tu cru, « lui dit-elle, féroce Tyrrhénien, lancer ici les bê- « tes de tes forêts? Le jour est venu où le bras « d'une femme devait confondre tes insolents dis- « cours : cependant tu pourras raconter aux mâ- « nes de tes pères (et ce n'est pas peu de gloire pour « toi) que tu es tombé sous le trait de Camille. » En même temps elle attaque Orsiloque et Butès, les deux géants de l'armée troyenne : elle perce

Tantus in arma patet : latos huic hasta per armos
Acta tremit, duplicatque virum transfixa dolore.   645
Funditur ater ubique cruor : dant funera ferro
Certantes, pulchramque petunt per volnera mortem.
  At medias inter cædes exsultat Amazon,
Unum exserta latus pugnæ, pharetrata Camilla;
Et nunc lenta manu spargens hastilia denset;   650
Nunc validam dextra rapit indefessa bipennem :
Aureus ex humero sonat arcus, et arma Dianæ.
Illa etiam, si quando in tergum pulsa recessit,
Spicula converso fugientia dirigit arcu.
At circum lectæ comites, Larinaque virgo,   655
Tullaque, et æratam quatiens Tarpeia securem,
Italides; quas ipsa decus sibi dia Camilla
Delegit, pacisque bonas bellique ministras.
Quales Threiciæ quum flumina Thermodontis
Pulsant, et pictis bellantur Amazones armis;   660
Seu circum Hippolyten, seu quum se Martia curru
Penthesilea refert, magnoque ululante tumultu
Feminea exsultant lunatis agmina peltis.
Quem telo primum, quem postremum, aspera virgo,
Dejicis? aut quot humi morientia corpora fundis?   665
Eunæum Clytio primum patre; cujus apertum
Adversi longa transverberat abiete pectus.
Sanguinis ille vomens rivos cadit, atque cruentam
Mandit humum, moriensque suo se in volnere versat.
Tum Lirim, Pagasumque super : quorum alter habenas 670
Suffosso revolutus equo dum colligit, alter
Dum subit, ac dextram labenti tendit inermem,
Præcipites pariterque ruunt : his addit Amastrum
Hippotaden; sequiturque incumbens eminus hasta   675
Tereaque, Harpalycumque, et Demophoonta, Chromimque;
Quotque emissa manu contorsit spicula virgo,
Tot Phrygii cecidere viri : procul Ornytus armis
Ignotis et equo venator Iapyge fertur;
Cui pellis latos humeros erepta juvenco
Pugnatori operit; caput ingens oris hiatus   680
Et malæ texere lupi cum dentibus albis,
Agrestisque manus armat sparus : ipse catervis
Vertitur in mediis, et toto vertice supra est.
Hunc illa exceptum, neque enim labor agmine verso,
Trajicit, et super hæc inimico pectore fatur :   685
Silvis te, Tyrrhene, feras agitare putasti?
Advenit qui vestra dies muliebribus armis
Verba redarguerit : nomen tamen haud leve patrum.
Manibus hoc referes, telo cecidisse Camillæ.
Protenus Orsilochum et Buten, duo maxima Teucrum   690
Corpora; sed Buten aversum cuspide fixit

Butès entre la cuirasse et le casque, là où le court bouclier qui pend de son bras gauche laisse à découvert le cou du guerrier. Elle fuit devant Orsiloque ; mais tournant son ennemi par un grand cercle qu'elle décrit à sa gauche, elle l'évite, et poursuit à son tour celui qui la poursuit. Alors se levant tout entière sur ses pieds dressés, elle décharge sa formidable hache sur les armes et les os du guerrier : en vain Orsiloque la suppliant lui demande la vie ; le coup tombe, et couvre son visage de sa cervelle fumante.

Sur son passage se présente et s'arrête, saisi d'une soudaine épouvante, le fils d'Aunus que vit naître l'Apennin. Il ne fut pas, tant que les destins le lui permirent, le dernier des Liguriens dans l'art de tromper. Voyant qu'il ne peut échapper au combat par la fuite, ni détourner de sa tête la reine qui le poursuit, il a recours à la ruse, il imagine un stratagème, et s'adressant à Camille : « Le « beau courage pour une femme de se fier à un « coursier vigoureux ! Laisse là cette vitesse qui « n'est pas la tienne ; ose descendre avec moi « dans la plaine, et me combattre de près et à « pied. Tu connaîtras bientôt qui de nous deux « aura plus qu'une vaine fumée de gloire. » Il dit : Camille furieuse, et qu'un vif dépit enflamme, confie son coursier à l'une de ses compagnes, et, l'épée nue, à pied, intrépide sous son bouclier blanc, elle se présente pour un combat égal. Mais le jeune guerrier, s'applaudissant trop tôt de la ruse, s'échappe d'un bond, tourne bride, s'enfuit, est emporté, et fatigue de ses éperons de fer les flancs de son coursier rapide. « Fourbe Ligurien, âme enflée d'orgueil et de lâ-

« cheté, c'est en vain que tu as voulu glisser de « mes mains par les ruses de ta nation ; mais ta « supercherie ne te rendra pas vivant à ton père, « aussi fourbe que toi. » A ces mots, la vierge aussi ardente que légère passe le cheval à la course, l'atteint, le saisit par le mors, attaque le cavalier de front, et le punit en répandant son sang odieux. Aussi facilement l'oiseau sacré de Mars, l'épervier, fond du haut d'un rocher, et poursuit de l'aile une colombe qui déjà se perd dans la nue ; il la saisit, la presse, et la déchire de ses ongles crochus ; on voit tomber des airs du sang et des plumes arrachées.

Cependant le père des dieux et des hommes, assis sur son trône, regardait du haut de l'Olympe cette sanglante mêlée. Soudain il inspire et pousse au carnage Tarchon, le chef des Tyrrhéniens ; et il pique son cœur des vifs aiguillons de la colère. Au milieu des morts et de ses escadrons qui plient, Tarchon lance son coursier, ranime par ses discours ses cavaliers débandés, les appelant chacun par leur nom, et rétablit le combat. « Quelle peur ! ô Tyrrhéniens, lâches, qui « ne sentez plus votre lâcheté, quelle faiblesse « honteuse s'est emparée de vos cœurs ? Une « femme vous met en déroute, une femme fait « tourner le dos à mes escadrons ! Pourquoi ce « fer dans vos mains ? pourquoi portons-nous « ces traits inutiles ? Vous n'êtes pas si mous aux « nocturnes combats de Cythère, ni lorsque la « flûte vous appelle aux chœurs de Bacchus, et « que vous attendez l'heure de vous livrer aux « festins et de remplir vos coupes. Voilà votre « passion, et vous n'avez d'ardeur qu'au moment

---

Loricam galeamque inter, qua colla sedentis
Lucent, et lævo dependet parma lacerto ;
Orsilochum, fugiens magnumque agitata per orbem,
Eludit gyro interior, sequiturque sequentem ;   695
Tum validam perque arma viro perque ossa securim,
Altior exsurgens, oranti et multa precanti
Congeminat : volnus calido rigat ora cerebro.
Incidit huic, subitoque adspectu territus hæsit
Appenninicolæ bellator filius Auni,   700
Haud Ligurum extremus, dum fallere fata sinebant.
Isque, ubi se nullo jam cursu evadere pugnæ
Posse, neque instantem reginam avertere, cernit ;
Consilio versare dolos ingressus et astu,
Incipit hæc : Quid tam egregium, si femina forti   705
Fidis equo ? dimitte fugam, et te comminus æquo
Mecum crede solo, pugnæque adcinge pedestri :
Jam nosces ventosa ferat cui gloria laudem.
Dixit : at illa furens, acrique adcensa dolore,
Tradit equum comiti, paribusque resistit in armis,   710
Ense pedes nudo, puraque interrita parma.
At juvenis, vicisse dolo ratus, avolat ipse,
Haud mora, conversisque fugax aufertur habenis,
Quadrupedemque citum ferrata calce fatigat.
Vane Ligus, frustraque animis elate superbis,   715

Nequidquam patrias tentasti lubricus artis ;
Nec fraus te incolumem fallaci perferet Auno.
Hæc fatur virgo, et pernicibus ignea plantis
Transit equum cursu, fræniusque adversa prehensis
Congreditur, pœnasque inimico ex sanguine sumit.   720
Quam facile accipiter saxo sacer ales ab alto
Consequitur pennis sublimem in nube columbam,
Conprensamque tenet, pedibusque eviscerat uncis ;
Tum cruor, et volsæ labuntur ab æthere plumæ.   725
At non hæc nullis hominum sator atque deorum
Observans oculis summo sedet altus Olympo.
Tyrrhenum genitor Tarchonem in prælia sæva
Suscitat, et stimulis haud mollibus injicit iras.
Ergo inter cædes cedentiaque agmina Tarcho
Fertur equo, variisque instigat vocibus alas,   730
Nomine quemque vocans ; reficitque in prælia pulsos.
Quis metus, o nunquam dolituri, o semper inertes
Tyrrheni, quæ tanta animis ignavia venit ?
Femina palantis agit, atque hæc agmina vertit ?
Quo ferrum, quidve hæc gerimus tela inrita dextris ? 735
At non in Venerem segnes, nocturnaque bella,
Aut, ubi curva choros indixit tibia Bacchi,
Exspectare dapes, et plenæ pocula mensæ ;
Hic amor, hoc studium ; dum sacra secundus haruspex

« où un aruspice favorable annonce un banquet « sacré, et quand une grasse victime vous appelle « au fond des bois sacrés. » Il dit, et, résolu à mourir, se lance avec son coursier dans la mêlée, et se porte comme un tourbillon au-devant de Vénulus. Il le saisit, l'arrache à son coursier, le serre de toutes ses forces contre sa poitrine, et l'enlève. Un cri éclate dans les airs; tous les regards des Latins se tournent sur les deux cavaliers. Tarchon, rapide comme la flamme, vole à travers la plaine, emportant avec lui l'homme et ses armes; en même temps il rompt le fer de la lance de Vénulus, et cherche les défauts de son armure, pour lui porter un coup mortel; Vénulus se débattant repousse de sa gorge le bras qui le va percer, et tâche d'échapper à la force par la force. Tel un aigle au plumage fauve enlève jusqu'aux nues un dragon qu'il a saisi, l'enlace dans ses serres, l'étreint de ses ongles; le reptile blessé plie ses anneaux tortueux, hérisse ses écailles, siffle, s'enfle, dresse sa tête, lutte contre le bec qui le déchire; l'oiseau de Jupiter ne l'en serre pas moins, et, l'emportant, bat l'air de ses ailes : tel Tarchon triomphant emporte la proie qu'il vient de ravir à l'escadron des Tiburtins. Entraînés par l'exemple de leur chef et par ce coup prodigieux, les Étrusques accourent sur ses traces. Alors Arruns, que réclament les destins, voltigeait, le dard à la main, autour de la légère Camille, et, la prévenant à force d'art, épiait, pour l'accabler, un hasard favorable. Partout où la vierge en furie se porte au travers des bataillons, Arruns la suit, et court en silence sur sa trace. Revient-elle victorieuse, et laissant derrière elle l'ennemi dispersé, Arruns détourne furtivement vers elle ses rapides rênes. Partout sur son passage, l'œil à tous ses mouvements, il tourne sans relâche dans le cercle où s'agite la guerrière, et brandit son javelot pour le lancer à coup sûr. Chlorée, consacré à Cybèle, et jadis prêtre de son temple, étalait au loin le luxe éblouissant de son armure phrygienne : sous lui bondissait un coursier écumant, couvert d'une peau où l'or et l'airain tissu en écailles imitaient un plumage bigarré. Chlorée, que distinguaient la teinture étrangère et le pourpre rembruni de ses vêtements, lançait des flèches d'un bois de Gortyne. Sur ses épaules retentit un arc d'or; un casque d'or couvre sa tête sacrée; sa chlamyde jaune et le tissu frémissant de ses plis de lin étaient rassemblés par un nœud d'or; l'aiguille avait brodé la tunique et les cuissards du barbare. La vierge, soit pour suspendre aux lambris des temples de ses dieux des armes troyennes, soit pour se parer elle-même d'un or pris sur l'ennemi, suivait, chasseresse avide, le seul Chlorée sur le champ de bataille; et, ne s'attachant qu'à lui dans son aveugle ardeur, elle convoitait en femme cette belle proie et ces brillantes dépouilles : l'imprudente! Arruns est là, qui saisit le moment, et qui va lui lancer son dard perfide. « Dieu puissant, s'écrie-t-il, gardien du « Soracte sacré, Apollon, toi que nos peuples « entre les autres mortels honorent le plus, toi « pour qui les rameaux entassés de nos pins en- « tretiennent une flamme éternelle, toi qui fais « que, soutenus par un saint zèle, nous, tes « adorateurs, nous foulons sans peur des bra-

Nuntiet, ac lucos vocet hostia pinguis in altos. 740
Hæc effatus, equum in medios, moriturus et ipse,
Concitat, et Venulo adversum se turbibus infert,
Dereptumque ab equo dextra complectitur hostem,
Et gremium ante suum multa vi concitus aufert.
Tollitur in cœlum clamor, cunctique Latini 745
Convertere oculos ; volat igneus æquore Tarcho,
Arma virumque ferens; tum summa ipsius ab hasta
Defringit ferrum, et partis rimatur apertas,
Qua volnus letale ferat : contra ille repugnans
Sustinet a jugulo dextram, et vim viribus exit : 750
Utque volans alte raptum quum fulva draconem
Fert aquila, inplicuitque pedes, atque unguibus hæsit;
Saucius at serpens sinuosa volumina versat,
Adrectisque horret squamis, et sibilat ore,
Arduus insurgens : illa haud minus urguet obunco 755
Luctantem rostro; simul æthera verberat alis.
Haud aliter prædam Tiburtum ex agmine Tarcho
Portat ovans; ducis exemplum eventumque secuti
Mæonidæ incurrunt : tum fatis debitus Arruns
Velocem jaculo et multa prior arte Camillam 760
Circuit, et, quæ sit fortuna facillima, tentat.
Qua se cumque furens medio tulit agmine virgo,
Hac Arruns subit, et tacitus vestigia lustrat;

Qua victrix redit illa, pedemque ex hoste reportat,
Hac juvenis furtim celeris detorquet habenas. 765
Illos aditus, jamque hos aditus, omnemque pererrat
Undique circuitum; et certam quatit improbus hastam.
Forte sacer Cybelæ Chloreus, olimque sacerdos,
Insignis longe Phrygiis fulgebat in armis,
Spumantemque agitabat equum, quem pellis, ahenis 770
In plumam squamis, auro conserta tegebat.
Ipse, peregrina ferrugine clarus et ostro,
Spicula torquebat Lycio Gortynia cornu;
Aureus ex humeris sonat arcus, et aurea vati 775
Cassida; tum croceam chlamydemque sinusque crepantis
Carbaseos fulvo in nodum conlegerat auro,
Pictus acu tunicas, et barbara tegmina crurum.
Hunc virgo, sive ut templis præfigeret arma
Troia, captivo sive ut se ferret in auro,
Venatrix, unum ex omni certamine pugnæ 780
Cæca sequebatur; totumque incauta per agmen
Femineo prædæ et spoliorum ardebat amore :
Telum ex insidiis quum tandem tempore capto
Concitat, et superos Arruns sic voce precatur :
Summe deum, sancti custos Soractis Apollo, 785
Quem primi colimus, cui pineus ardor acervo
Pascitur; et medium freti pietate per ignem

« siers ardents ; permets, grand dieu, que « j'efface le déshonneur imprimé à nos armes : « je ne demande point la dépouille de la vierge « vaincue, je ne veux pas d'un si petit trophée ; « d'autres exploits m'illustreront assez : pourvu « que mon bras extermine ce terrible fléau de « ma patrie, je consens à retourner sans gloire « dans nos cités. » Apollon l'entend et lui accorde une part de son vœu ; mais l'autre il la laisse se perdre dans les airs. Il consent qu'il abatte Camille par un coup soudain et terrible ; mais il ne veut pas qu'il revoie les hautes murailles de sa patrie ; et les vents emportent sur leurs ailes orageuses ses dernières paroles.

Enfin le trait lancé par la main d'Arruns siffle à travers les airs ; tous les yeux, tous les cœurs emportés se tournent vers la reine des Volsques. Mais l'intrépide guerrière n'entend pas le souffle frémissant du fer, ne voit pas le trait qui arrive à travers les airs, quand déjà la pointe l'a atteinte, s'est enfoncée au-dessous de sa mamelle nue, et, pénétrant au fond de sa poitrine, a bu son sang virginal. Les compagnes de Camille accourent éperdues, et reçoivent dans leurs bras leur reine, qui tombe. Arruns le premier s'enfuit épouvanté, et le cœur rempli de joie et de terreur ; il n'ose plus se fier à sa lance, il n'ose aller au-devant des armes de la vierge abattue. Tel un loup, avant que les traits vengeurs ne le poursuivent, court se cacher dans les profondeurs inaccessibles des monts ; il a égorgé un grand taureau et le berger lui-même ; troublé de ce coup d'audace, et repliant sa queue tremblante qu'il colle à ses flancs, il gagne les forêts : ainsi Arruns, dans son trouble, se dérobe à tous les yeux, et, content de la fuite, il va se confondre au milieu des bataillons latins. Camille mourante veut de sa main arracher le trait ; mais il est retenu par sa pointe de fer, qui a pénétré à travers les os jusqu'au fond des côtes. Elle tombe sans vie ; ses yeux s'éteignent glacés par la mort, et son teint, tout à l'heure vermeil, s'efface de son visage. Alors, près d'expirer, elle dit ces mots à la triste Acca, celle de ses compagnes qui de toutes lui était la plus fidèle, et qui partageait les secrets de son cœur : « Acca, ma sœur, j'ai eu « jusqu'ici des forces ; mais ma cruelle blessure « m'accable, et tout se noircit autour de moi des « ombres de la mort. Va, cours, porte à Turnus « mes dernières paroles. Qu'il vienne prendre ici « ma place, et qu'il repousse les Troyens des murs « de Laurente. Adieu. » Elle dit, laisse aller les rênes de son coursier, et tombe à terre. Le frisson de la mort dénoue peu à peu les liens de son corps ; elle penche sur son sein son cou languissant et sa tête environnée de sombres vapeurs ; elle abandonne ses armes, et son âme en courroux s'envole en gémissant chez les Mânes. Alors d'immenses cris s'élèvent de la plaine, vont frapper les astres ; Camille abattue, le combat se rallume avec plus de fureur : Troyens, Tyrrhéniens, les escadrons d'Évandre, tous se rassemblent, tous s'élancent à la fois sur l'ennemi.

Cependant la compagne de Diane, Opis, s'était depuis longtemps arrêtée sur le sommet des monts, et de là regardait tranquille les sanglants combats.

```
Cultores multa premimus vestigia pruna,
Da, Pater, hoc nostris aboleri dedecus armis,
Omnipotens : non exuvias, pulsæve tropænum         790
Virginis, aut spolia ulla peto : mihi cetera laudem
Facta ferent ; hæc dira meo dum volnere pestis
Pulsa cadat, patrias remeabo inglorius urbis.
Audiit, et voti Phœbus succedere partem
Mente dedit ; partem volucris dispersit in auras.  795
Sterneret ut subita turbatam morte Camillam,
Adnuit oranti : reducem ut patria alta videret,
Non dedit ; inque notos vocem vertere procellæ.
Ergo, et missa manu sonitum dedit hasta per auras :
Convertere animos acris, oculosque tulere          800
Cuncti ad reginam Volsci : nihil ipsa neque auræ,
Nec sonitus memor, aut venientis ab æthere teli ;
Hasta sub exsertam donec perlata papillam
Hæsit, virgineumque alte bibit acta cruorem.
Concurrunt trepidæ comites, dominamque ruentem    805
Suscipiunt : fugit ante omnis exterritus Arruns,
Lætitia mixtoque metu ; nec jam amplius hastæ
Credere, nec telis occurrere virginis audet.
Ac velut ille, prius quam tela inimica sequantur,
Continuo in montis sese avius abdidit altos,       810
Occiso pastore, lupus, magnove juvenco,
Conscius audacis facti, caudamque remulcens
Subjecit pavitantem utero, silvasque petivit :
Haud secus ex oculis se turbidus abstulit Arruns,
Contentusque fuga mediis se inmiscuit armis.       815
Illa manu moriens telum trahit ; ossa sed inter
Ferreus ad costas alto stat volnere mucro.
Labitur exsanguis ; labuntur frigida leto
Lumina ; purpureus quondam color ora reliquit.
Tum sic exspirans Accam, ex æqualibus unam,        820
Adloquitur ; fida ante alias quæ sola Camillæ ;
Quicum partiri curas ; atque hæc ita fatur :
Hactenus, Acca soror, potui : nunc volnus acerbum
Conficit, et tenebris nigrescunt omnia circum.
Effuge, et hæc Turno mandata novissima perfer ;    825
Succedat pugnæ, Trojanosque arceat urbe ;
Jamque vale. Simul his dictis linquebat habenas,
Ad terram non sponte fluens : tum frigida toto
Paullatim exsolvit se corpore, lentaque colla
Et captum leto posuit caput, arma relinquens ;     830
Vitaque cum gemitu fugit indignata sub umbras.
Tum vero inmensus surgens ferit aurea clamor
Sidera ; dejecta crudescit pugna Camilla ;
Incurrunt densi simul omnis copia Teucrum,
Tyrrhenique duces, Evandrique Arcades alæ.        835
   At Triviæ custos jam dudum in montibus Opis
Alta sedet summis, spectatque interrita pugnas.
```

Dès qu'elle voit de loin, au milieu des clameurs des guerriers en furie, Camille frappée d'une mort affreuse, elle gémit, et laisse échapper ces paroles du fond de son cœur : « Noble fille, hélas! que « tu es cruellement punie d'avoir provoqué les « Troyens au combat! Que t'a servi d'avoir tant « aimé Diane et nos forêts solitaires, d'avoir porté « notre carquois sur tes épaules? Cependant ta « reine ne t'a pas abandonnée sans gloire en ce « moment suprême ; ton nom sera redit avec ta « triste mort parmi les nations ; et tu ne souffriras « point l'infamie d'un trépas sans vengeance. Car « celui qui a percé ton corps d'un fer sacrilége, « payera, quel qu'il soit, ce crime de son sang. » Sur une haute montagne s'élevait un tertre que l'yeuse couvrait de ses noirs ombrages; c'était le tombeau de Dercennus, ancien roi de Laurente : c'est là que la belle nymphe vole d'un élan rapide; elle s'y arrête, et de la hauteur observe Arruns. Dès qu'elle le voit resplendissant sous ses armes, et enflé de son lâche exploit : « Où te retournes-tu, Arruns? lui crie-t-elle. « Viens ici, viens recevoir en mourant le digne « prix réservé au meurtrier de Camille; faut-« il donc que toi aussi tu meures des flèches de « Diane! » Elle dit; de son carquois d'or la nymphe de Thrace tire une flèche légère, tend son arc d'un bras irrité, le ramène à elle dans toute sa longueur, jusqu'à ce que les deux bouts du bois courbé se joignent et se touchent; de la main gauche elle tient la pointe du trait, de la droite elle ramène la corde jusqu'à sa poitrine : Arruns entend le trait siffler, l'air frémir, et dans le même instant se sent percer. Il expire, et pousse ses derniers gémissements ; ses compagnons l'oublient, et le laissent étendu sans honneur sur la poussière. Opis s'envole vers l'Olympe. Alors on voit fuir la première la cavalerie légère des Volsques, qui n'a plus Camille à sa tête ; les Rutules consternés lâchent pied ; le brave Atinas est entraîné ; chefs et escadrons, tous dispersés, éperdus gagnent des lieux sûrs, et ramènent leurs coursiers vers les murs de la ville. Serrés de près par les Troyens qui les tuent, ils ne soutiennent plus la charge, ils ne songent plus à résister. Ils fuient, emportant sur leurs épaules languissantes leurs arcs détendus : la corne retentissante des coursiers en déroute bat la plaine poudreuse. De noirs tourbillons de poussière roulent vers les murailles de Laurente ; et les femmes, qui du haut des remparts voient s'obscurcir la plaine, se frappent la poitrine et poussent au ciel des cris lamentables. Ceux des fuyards qui se précipitent les premiers aux portes ouvertes sont écrasés par l'ennemi, qui tombe sur leurs débris confondus : les malheureux n'évitent point la mort; percés sur le seuil même de leurs demeures, dans l'enceinte des murs de la patrie, à l'ombre de leurs pénates, ils rendent l'âme ; quelques-uns ferment les portes ; ils n'osent pas ouvrir un passage à leurs compagnons, ni les recevoir, tout suppliants qu'ils sont, dans leurs murs. Là il se fait un effroyable carnage et de ceux qui, les armes à la main, défendent l'entrée, et de ceux qui se précipitent sur les glaives tournés contre eux. Rejetés de l'asile des vaincus sous les yeux

Utque procul medio juvenum in clamore furentum
Prospexit tristi multatam morte Camillam ;
Ingemuitque, deditque has imo pectore voces :   840
Heu nimium, virgo, nimium crudele luisti
Supplicium, Teucros conata lacessere bello !
Nec tibi desertæ in dumis coluisse Dianam
Profuit, aut nostras humero gessisse pharetras.
Non tamen indecorem tua te regina reliquit   845
Extrema jam in morte, neque hoc sine nomine letum
Per gentis erit ; aut famam patieris inultæ.
Nam quicumque tuum violavit vulnere corpus,
Morte luet merita. Fuit ingens monte sub alto
Regis Dercenni terreno ex aggere bustum   850
Antiqui Laurentis, opacaque ilice tectum ;
Hic dea se primum rapido pulcherrima nisu
Sistit, et Arruntem tumulo speculatur ab alto.
Ut vidit fulgentem armis, ac vana tumentem :
Cur, inquit, diversus abis? huc dirige gressum ,   855
Huc periture veni, capias ut digna Camillæ
Præmia : tune etiam telis moriere Dianæ?
Dixit, et aurata volucrem Threissa sagittam
Depromsit pharetra, cornuque infensa tetendit,
Et duxit longe, donec curvata coirent   860
Inter se capita, et manibus jam tangeret æquis,
Læva aciem ferri, dextra nervoque papillam.
Extemplo teli stridorem, aurasque sonantis
Audiit una Arruns, hæsitque in corpore ferrum.
Illum exspirantem socii, atque extrema gementem   865
Obliti ignoto camporum in pulvere linquunt ;
Opis ad ætherium pennis aufertur Olympum.
    Prima fugit, domina amissa, levis ala Camillæ ;
Turbati fugiunt Rutuli ; fugit acer Atinas ;
Disjectique duces, desolatique manipli   870
Tuta petunt, et equis aversi ad mœnia tendunt.
Nec quisquam instantis Teucros letumque ferentis
Sustentare valet telis, aut sistere contra :
Sed laxos referunt humeris languentibus arcus ;
Quadrupedumque putrem cursu quatit ungula campum.
Volvitur ad muros caligine turbidus atra   875
Pulvis, et e speculis percussæ pectora matres
Femineum clamorem ad cœli sidera tollunt.
Qui cursu portas primi irrupere patentis,
Hos inimica super mixto premit agmine turba ;   880
Nec miseram effugiunt mortem, sed limine in ipso,
Mœnibus in patriis, atque inter tuta domorum,
Confixi exspirant animos : pars claudere portas,
Nec sociis aperire viam, nec mœnibus audent
Accipere orantis ; oriturque miserrima cædes   885
Defendentum armis aditus, inque arma ruentum.
Exclusi, ante oculos lacrimantumque ora parentum,

et à la face de leurs parents en pleurs, les uns, culbutés par la masse des fuyards, roulent dans les fossés profonds; d'autres, poussés par un aveugle désespoir, s'élancent brides abattues, et du poids de leurs coursiers battent les portes et se brisent contre les barrières. Du haut de leurs murs les femmes latines elles-mêmes, à qui le vif amour de la patrie fait voir encore Camille combattant pour elles, transportées d'une commune et tumultueuse ardeur, lancent des traits de leurs mains débiles; le fer manque; elles s'arment de bâtons et de pieux que la flamme a durcis : c'est à qui mourra la première pour la défense de ses murs.

Cependant Acca vient apporter à Turnus, embusqué dans la forêt, la terrible nouvelle de ces désastres, et remplit l'âme du jeune guerrier d'un trouble immense. « Les Volsques « sont taillés en pièces, Camille a mordu la pous- « sière, l'ennemi furieux fond en avant; Mars le « seconde; les Troyens tiennent tout; la terreur « s'étend jusqu'aux murailles. » Turnus, furieux, (ainsi le veut l'implacable Junon) abandonne les gorges de la montagne et les âpres sentiers des forêts. A peine commençait-il à s'éloigner et à s'étendre dans la campagne, qu'Énée entre dans le défilé qu'il trouve libre, franchit la montagne, et sort de la sombre forêt. Tous deux se portent d'une marche rapide et avec toute leur armée vers les murs de Laurente, et quelques pas seulement les séparent l'un de l'autre. Énée voit de loin la plaine toute fumante de poussière, et se déployer les bataillons laurentins. Turnus reconnaît aussi le redoutable Énée sous ses armes;

il entend les pas de ses fantassins, et la bruyante haleine de ses chevaux. Et peut-être ils allaient recommencer le combat et tenter encore le destin des armes, si Phébus au teint de rose n'avait plongé ses coursiers fatigués dans les flots ibériens, et, le jour déclinant, ramené la nuit dans les cieux. Tous deux posent donc leur camp devant la ville, et s'y retranchent.

LIVRE XII.

Turnus, voyant que les Latins, abattus par leurs revers, s'abandonnent au désespoir, que l'État réclame de lui sa promesse, que tous les yeux sont fixés sur lui seul, laisse éclater son implacable fureur, et n'en porte que plus haut ses esprits. Tel, dans les champs libyens, un lion que les chasseurs ont percé d'un grand coup dans la poitrine s'apprête enfin à combattre, s'en réjouit, bat son cou nerveux de ses crins flottants, rompt sans frissonner le trait perfide enfoncé dans son flanc, et frémit d'une gueule sanglante : ainsi se glisse la rage dans le cœur enflammé de Turnus. Alors s'adressant au roi, il lui tient ce fougueux discours : « Turnus est prêt; les lâches Troyens n'ont plus « à se dédire, ni à retirer la parole donnée : vous, « père des Latins, faites dresser l'autel, dictez « les pactes sacrés. Ou cette main précipitera « dans le Tartare le Troyen déserteur de l'Asie « (Latins, soyez tranquilles spectateurs du com- « bat), et ma seule épée vengera la querelle « commune; ou les vaincus seront à lui, et je lui

Pars in præcipitis fossas, urgente ruina,
Volvitur; inmissis pars cæca et concita frenis
Arietat in portas, et duros objice postes.   890
Ipsæ de muris summo certamine matres,
Monstrat amor verus patriæ, ut videre Camillam,
Tela manu trepidæ jaciunt; ac robore duro
Stipitibus ferrum sudibusque imitantur obustis
Præcipites, primæque mori pro mœnibus ardent. 895
   Interea Turnum in silvis sævissimus inplet
Nuntius, et juveni ingentem fert Acca tumultum :
Deletas Volscorum acies, cecidisse Camillam,
Ingruere infensos hostis, et Marte secundo
Omnia corripuisse; metum jam ad mœnia ferri.   900
Ille furens, et sæva Jovis sic numina poscunt,
Deserit obsessos collis, nemora aspera linquit.
Vix e conspectu exierat, campumque tenebat,
Quum pater Æneas, saltus ingressus apertos,
Exsuperatque jugum, silvaque evadit opaca.   905
Sic ambo ad muros rapidi, totoque feruntur
Agmine, nec longius inter se passibus absunt;
Ac simul Æneas fumantis pulvere campos
Prospexit longe, Laurentiaque agmina vidit;
Et sævum Æneas adgnovit Turnus in armis,   910
Adventumque pedum, flatusque audivit equorum.

Continuoque incant pugnas et prælia tentent;
Ni roseus fessos jam gurgite Phœbus Hibero
Tinguat equos, noctemque die labente reducat.
Considunt castris ante urbem, et mœnia vallant. 915

LIBER XII.

Turnus ut infractos adverso Marte Latinos
Defecisse videt, sua nunc promissa reposci,
Se signari oculis; ultro inplacabilis ardet,
Adtollitque animos : pœnorum qualis in arvis,
Saucius ille gravi venantum volnere pectus,   5
Tum demum movet arma leo, gaudetque comantis
Excutiens cervice toros, fixumque latronis
Inpavidus frangit telum, et fremit ore cruento :
Haud secus adcenso gliscit violentia Turno.
Tum sic adfatur regem, atque ita turbidus infit : 10
Nulla mora in Turno; nihil est quod dicta retractent
Ignavi Æneadæ; nec, quæ pepigere, recusent.
Congredior; fer sacra, pater, et concipe fœdus.
Aut hac Dardanium dextra sub Tartara mittam,
Desertorem Asiæ, sedeant spectentque Latini,   15
Et solus ferro crimen commune refellam;
Aut habeat victos, cedat Lavinia conjunx.

« céderai Lavinie. » Latinus lui répond d'un cœur calme : « O le plus courageux des guerriers, autant vous montrez de sublime ardeur, « autant je dois la tempérer par le conseil, et peser « avec crainte toutes les chances de cette lutte « aventureuse. Vous avez un royaume, celui de « votre père Daunus ; vous avez beaucoup de « villes conquises par votre bras ; l'or et le cœur « de Latinus sont à vous. Mais il est dans le Latium et dans le pays de Laurente d'autres « beautés aussi dignes de vous par leur naissance « que Lavinie : souffrez que je m'ouvre à vous « sans artifice, et recueillez dans votre esprit ces « dures vérités. Il m'était défendu d'unir ma fille « avec aucun des prétendants de l'antique Italie ; les oracles des dieux et leurs interprètes « me redisaient sans cesse l'arrêt des destins. « Vaincu par l'amitié qui m'attache à vous, « vaincu par les liens du sang, par les larmes « d'une épouse désolée, j'ai rompu tous mes engagements sacrés. J'ai enlevé à Énée ma fille « que je lui avais promise ; j'ai levé contre lui « des armes impies. Depuis ce jour fatal vous « voyez, Turnus, quels malheurs, quels sanglants « désastres fondent sur moi ; vous voyez quels « maux vous le premier vous souffrez avec nous. « Vaincus dans deux grandes batailles, c'est à « peine si nous défendons derrière ces murs les « espérances de l'Italie ; le Tibre fume encore « du sang de nos guerriers, et leurs ossements « ont blanchi nos vastes campagnes. Pourquoi « ces mille retours sur moi-même, et quelle folle « inconstance agite mon esprit ? Si, Turnus mort, « je dois attacher ces nouveaux alliés à ma fortune, pourquoi ne ferais-je pas plutôt cesser les « combats en vous conservant la vie ? Que diront « les Rutules, mon propre sang, que dira l'Italie entière, si (que le sort prononce contre mes « paroles !) je vous livre à la mort, si vous périssez pour m'avoir demandé la main de ma « fille et le titre de gendre ? Considérez le destin « changeant de la guerre ; ayez pitié de votre « vieux père, qui gémit loin de vous dans Ardée, « sa patrie. » Ce discours ne fléchit point l'intraitable violence de Turnus ; il ne s'en emporte que plus ; et le remède ne fait qu'aigrir son mal. Dès qu'il put parler, il répondit au roi : « L'intérêt qui vous touche pour moi, ô le meilleur des princes, quittez-le, je vous en supplie ; « et permettez que je paye de ma vie un peu de « gloire. Et nous aussi nous savons d'une main « non débile lancer le fer ; et le sang suit les « coups que nous portons. Énée n'aura pas toujours près de lui la déesse sa mère, pour l'envelopper, cette femme phrygienne, d'un nuage, « et pour cacher sa fuite dans de vaines ténèbres. »

Cependant la reine, qu'épouvantent les chances de cette nouvelle lutte, pleurait, et, se mourant de douleur, serrait entre ses bras son gendre qui brûle de combattre. « Turnus, lui disait« elle, par ces larmes, par l'honneur d'Amata, « s'il vous touche encore, je vous conjure, n'ôtez pas à ma vieillesse la seule espérance qui « lui reste : vous êtes ma seule consolation dans « mes maux ; la gloire, l'empire du Latium « sont en vos mains ; sur vous pèse et repose « toute notre maison. Je ne vous demande « qu'une grâce : n'allez pas essayer vos armes « contre celles du Troyen. Le sort de ce combat,

Olli sedato respondit corde Latinus :
O præstans animi juvenis, quantum ipse feroci
Virtute exsuperas, tanto me inpensius æquum est 20
Consulere, atque omnis metuentem expendere casus.
Sunt tibi regna patris Dauni, sunt oppida capta
Multa manu ; nec non aurumque animusque Latino est ;
Sunt aliæ innuptæ Latio et Laurentibus agris,
Nec genus indecores : sine me hæc haud mollia fatu 25
Sublatis aperire dolis ; simul hoc animo hauri.
Me natam nulli veterum sociare procorum
Fas erat, idque omnes divique hominesque canebant.
Victus amore tui, cognato sanguine victus,
Conjugis et mæstæ lacrimis, vincla omnia rupi : 30
Promissam eripui genero ; arma inpia sumsi.
Ex illo qui me casus, quæ, Turne, sequantur
Bella vides ; quantos primus patiare labores.
Bis magna victi pugna vix urbe tuemur
Spes Italas ; recalent nostro Tiberina fluenta 35
Sanguine adhuc, campique ingentes ossibus albent.
Quo referor toties ? quæ mentem insania mutat ?
Si, Turno exstincto, socios sum adscire paratus ;
Cur non incolumi potius certamina tollo ?

Quid consanguinei Rutuli, quid cetera dicet 40
Italia : ad mortem si te, Fors dicta refutet !
Prodiderim, natam et connubia nostra petentem ?
Respice res bello varias ; miserere parentis
Longævi, quem nunc mæstum patria Ardea longe
Dividit. Haudquaquam dictis violentia Turni 45
Flectitur : exsuperat magis, ægrescitque medendo.
Ut primum fari potuit, sic institit ore :
Quam pro me curam geris, hanc precor, optume, pro me
Deponas, letumque sinas pro laude pacisci.
Et nos tela, pater, ferrumque haud debile dextra 50
Spargimus, et nostro sequitur de vulnere sanguis.
Longe illi dea mater erit, quæ nube fugacem
Feminea tegat ; et vanis sese occulat umbris.
    At regina, nova pugnæ conterrita sorte,
Flebat ; et ardentem generum moritura tenebat : 55
Turne, per has ego te lacrimas, per, si quis Amatæ
Tangit honos animum, spes tu nunc una, senectæ
Tu requies miseræ ; decus imperiumque Latini
Te penes ; in te omnis domus inclinata recumbit ;
Unum oro : desiste manum conmittere Teucris. 60
Qui te cumque manent isto certamine casus,

« quel qu'il soit, sera le mien. Si vous mourez, je ferme mes yeux à l'odieuse lumière; je ne serai pas la captive d'Énée; il ne sera pas mon gendre. » Lavinie entend ces paroles de sa mère; les larmes inondent ses joues brûlantes; une ardente rougeur colore son front pudique, et se répand sur son visage enflammé. Comme le pur ivoire de l'Inde se teint de la pourpre sanglante de Tyr; comme rougissent les blancs lis, mêlés aux roses; ainsi éclataient les feux sur le visage de la jeune fille. Turnus ressent tous les troubles de l'amour, et tient ses yeux attachés sur la jeune fille. Il n'en est que plus ardent au combat, et il répond en peu de mots à la reine : « Cessez, ô ma mère, cessez vos pleurs ; et qu'un si triste présage ne me suive pas dans les champs des cruels combats : Turnus n'est plus libre de retarder son heure fatale. Idmon, va porter au tyran phrygien ces paroles, qui ne plairont pas à son lâche cœur : dis-lui que demain, dès que l'Aurore portée sur son char rougira le ciel de ses feux, il ne mène pas ses Troyens contre mes Rutules : Rutules et Troyens, que tous se reposent; que son sang ou le mien termine la guerre, et qu'ainsi la main de Lavinie soit disputée sur ce champ de bataille. » Il dit, et soudain se retire dans son palais, demande ses coursiers, et se réjouit en les voyant frémir devant lui. Orithye les donna autrefois à Pilumnus ; honneur de leur race, ils passaient la neige en blancheur, les vents en vitesse. Autour d'eux s'empressent leurs conducteurs, qui frappent d'une main caressante leur poitrail retentissant, et qui peignent leur flottante crinière.

Turnus enveloppe ses épaules d'une cuirasse où brillent entremêlés l'or et le blanc orichalque; il s'arme d'une épée, d'un bouclier, d'un casque orné de deux aigrettes rouges : cette épée, le dieu du feu lui-même l'avait forgée pour Daunus son père, et trempée tout ardente dans les eaux du Styx. Ensuite il détache d'une haute colonne de son palais une énorme javeline, dépouille enlevée à Actor, du pays des Aurunces ; il la saisit d'une main vigoureuse, et, secouant l'arme tremblante, il s'écrie : « C'est maintenant, ô ma javeline, toi qui n'as jamais trompé ma belliqueuse envie, c'est maintenant qu'il faut seconder mon bras : autrefois portée par le grand Actor, Turnus te porte aujourd'hui. Viens m'aider à abattre ce Phrygien demi-homme, à déchirer sa cuirasse que cette main lui arrachera, à souiller dans la poussière ces cheveux tout luisants de parfums, et qu'un fer chaud a roulés en boucles ondoyantes. » Ainsi Turnus est poussé de furieux mouvements ; son visage enflammé scintille, le feu qui le brûle jaillit de ses yeux foudroyants. Tel, s'essayant à un premier combat, un taureau pousse des mugissements terribles, éprouve sa colère et ses cornes, heurte de son front le tronc des arbres, fatigue les vents de ses coups, et prélude à l'attaque en dispersant la poussière. Énée de son côté, terrible sous l'armure que lui donna sa mère, réveille en lui l'esprit de Mars, s'échauffe des feux de la colère, et s'applaudit du combat décisif qui doit terminer la guerre. Il rassure ses compagnons et console le triste Ascagne, en leur rappelant les arrêts des destins. En même

Et me, Turne, manent : simul hæc invisa relinquam
Lumina, nec generum Æneam captiva videbo.
Adcepit vocem lacrimis Lavinia matris
Flagrantis perfusa genas; cui plurimus ignem   65
Subjecit rubor, et calefacta per ora cucurrit.
Indum sanguineo veluti violaverit ostro
Si quis ebur, aut mixta rubent ubi lilia multa
Alba rosa : talis virgo dabat ore colores.
Illum turbat amor, figitque in virgine vultus;   70
Ardet in arma magis, paucisque adfatur Amatam :
Ne, quæso, ne me lacrimis, neve omine tanto
Prosequere in duri certamina Martis euntem,
O mater; neque enim Turno mora libera mortis.
Nuntius, hæc Idmon Phrygio mea dicta tyranno   75
Haud placitura refer : Quum primum crastina cœlo
Puniceis invecta rotis Aurora rubescit,
Non Teucros agat in Rutulos; Teucrum arma quiescant,
Et Rutulum : nostro dirimamus sanguine bellum.
Illo quæratur conjunx Lavinia campo.   80
    Hæc ubi dicta dedit, rapidusque in tecta recessit,
Poscit equos, gaudetque tuens ante ora frementis,
Pilumno quos ipsa decus dedit Orithyia,
Qui candore nives anteirent, cursibus auras.
Circumstant proneri aurigæ, manibusque lacessunt 85
Pectora plausa cavis, et colla comantia pectunt.
Ipse dehinc auro squalentem, alboque orichalco
Circumdat loricam humeris : simul aptat habendo
Ensemque, clipeumque, et rubræ cornua cristæ;
Ensem, quem Dauno ignipotens deus ipse parenti   90
Fecerat, et Stygia candentem tinxerat unda.
Exin, quæ mediis ingenti adnixa columnæ
Ædibus adstabat; validam vi coripit hastam,
Actoris Aurunci spolium, quassatque trementem,
Vociferans : Nunc, o nunquam frustrata vocatus   95
Hasta meos, nunc tempus adest; te maximus Actor,
Te Turni nunc dextra gerit ; da sternere corpus,
Loricamque manu valida lacerare revolsam
Semiviri Phrygis, et fœdare in pulvere crinis
Vibratos calido ferro myrrhaque madentis.   100
His agitur furiis, totoque ardentis ab ore
Scintillæ absistunt; oculis micat acribus ignis.
Mugitus veluti quum prima in prælia taurus
Terrificos ciet, atque irasci in cornua tentat,
Arboris obnixus trunco, ventosque lacessit   105
Ictibus, et sparsa ad pugnam proludit arena.
Nec minus interea maternis sævus in armis
Æneas acuit Martem, et se suscitat ira,
Oblato gaudens componi fœdere bellum.

temps il fait porter par des envoyés fidèles sa réponse au roi Latinus, avec les conditions du traité.

Le lendemain, à peine le jour naissant semait ses feux sur la cime des monts, à l'heure où les coursiers du Soleil s'élancent du gouffre des mers, et, les naseaux levés, soufflent la lumière, que les Troyens et les Rutules marquèrent, sous les hauts remparts de Laurente, le lieu où devaient combattre les deux rivaux. Au milieu du champ ils dressent des autels de gazon et des foyers, en l'honneur de leurs divinités communes; d'autres, la tête voilée de lin, et le front ceint de verveine, portent le feu et l'eau du sacrifice. Alors s'avance hors de la ville l'armée ausonienne, et, des portes où ils affluent, ses bataillons hérissés de lances se répandent dans la plaine : les Troyens et les Étrusques, sous leurs drapeaux divers, se précipitent hors de leur camp; le fer en main ils sont rangés, comme si Mars les appelait à une sanglante bataille. Au milieu des rangs pressés voltigent sur leurs coursiers les chefs des deux armées, éclatants d'or et de pourpre : c'est Mnesthée du sang d'Assaracus, c'est le brave Asylas, c'est Messape, le fils de Neptune, le dompteur de coursiers. Le signal est donné; tous se retirent dans l'espace qui leur est marqué, plantent leurs javelines en terre, et baissent leurs boucliers. Alors, dans leur immense empressement, les femmes, les faibles vieillards, et la foule sans armes, se répandent çà et là, couvrent les tours et les toits des maisons, ou montent sur les hautes portes de la ville.

Cependant Junon, du haut du mont Albain, en ce temps-là sans nom, sans lustre et sans gloire, contemplait la plaine, les armées latine et troyenne, et la ville de Laurente. Alors elle tient ce langage à la nymphe Juturne, sœur de Turnus ; déesse, elle s'adresse à une déesse : Juturne présidait aux lacs et aux fleuves retentissants ; le roi tout-puissant des cieux, Jupiter lui avait accordé cet empire sacré, pour prix de sa pudeur qu'il lui avait ravie. « Nymphe, l'orne- « ment des fleuves, lui dit Junon, vous si chère « à mon cœur, vous savez que de toutes les vierges « latines qui sont entrées dans la couche infidèle « du grand Jupiter, vous êtes la seule qu'ait « distinguée ma bonté, la seule à qui j'ai bien « voulu donner place dans les célestes demeures. « Apprenez donc, ô Juturne, le malheur qui vous « menace, et ne l'imputez pas à Junon. Partout où « la fortune a paru le souffrir, et autant que les « Parques ont permis que tout cédât au Latium, « j'ai protégé Turnus et vos murailles. Mais je « vois aujourd'hui le jeune guerrier courir à une « lutte inégale; je vois approcher pour lui le jour « des Parques et la force ennemie des destins. Je « ne puis être présente ni à ce dernier combat, « ni au traité qui sera conclu. Vous, si vous pou- « vez tenter quelque grand coup pour votre frère, « osez-le, c'est votre devoir. Peut-être que des « chances meilleures viendront aux malheureux. » Elle dit ; Juturne ne répond qu'en versant des torrents de larmes, et en frappant trois et quatre fois son beau sein. Alors la fille de Saturne : « Ce « n'est pas le moment de répandre des larmes ; « hâtez-vous, et, s'il se peut, arrachez votre

Tum socios, mæstique metum solatur Iuli, 110
Fata docens; regique jubet responsa Latino
Certa referre viros, et pacis dicere leges.
    Postera vix summos spargebat lumine montis
Orta dies; quum primum alto se gurgite tollunt
Solis equi, lucemque elatis naribus efflant : 115
Campum ad certamen magnæ sub mœnibus urbis
Dimensi, Rutulique viri, Teucrique parabant;
In medioque focos, et dis communibus aras
Gramineas : alii fontemque ignemque ferebant,
Velati lino, et verbena tempora vincti. 120
Procedit legio Ausonidum, pilataque plenis
Agmina se fundunt portis : hinc Troïus omnis,
Tyrrhenusque ruit variis exercitus armis ;
Haud secus instructi ferro, quam si aspera Martis
Pugna vocet : nec non mediis in millibus ipsi 125
Ductores auro volitant, ostroque decori,
Et genus Assaraci Mnestheus, et fortis Asylas,
Et Messapus equum domitor, Neptunia proles.
Utque dato signo spatia in sua quisque recessit,
Defigunt tellure hastas, et scuta reclinant. 130
Tum studio effusæ matres, et volgus inermum,
Invalidique senes, turris et tecta domorum
Obsedere; alii portis sublimibus adstant.

At Juno e summo, qui nunc Albanus habetur,
Tum neque nomen erat, nec honos, aut gloria monti, 135
Prospiciens tumulo campum adspectabat, et ambas
Laurentum Troumque acies, urbemque Latini.
Exemplo Turni sic est adfata sororem :
Diva deam, stagnis quæ fluminibusque sonoris
Præsidet; hunc illi rex ætheris altus honorem 140
Juppiter erepta pro virginitate sacravit :
Nympha, decus fluviorum, animo gratissima nostro,
Scis, ut te cunctis unam, quæcumque Latinæ
Magnanimi Jovis ingratum adscendere cubile,
Prætulerim, cœlique lubens in parte locarim : 145
Disce tuum, ne me incuses, Juturna, dolorem.
Qua visa est fortuna pati, Parcæque sinebant
Cedere res Latio, Turnum et tua mœnia texi :
Nunc juvenem inparibus video concurrere fatis,
Parcarumque dies, et vis inimica propinquat. 150
Non pugnam adspicere hanc oculis, non fœdera possum.
Tu, pro germano si quid præsentius audes,
Perge; decet : forsan miseros meliora sequentur.
Vix ea; quum lacrimas oculis Juturna profudit;
Terque quaterque manu pectus percussit honestum. 155
Non lacrimis hoc tempus, ait Saturnia Juno :
Adcelera, et fratrem, si quis modus, eripe morti;

« frère à la mort; ou rallumez la guerre, et rom-
« pez dans ses commencements ce fatal traité :
« c'est moi qui vous y pousse. » Ainsi elle encourage la nymphe encore incertaine, et l'abandonne à son trouble et à ses angoisses.

Cependant les deux rois s'avancent en grande pompe. Latinus est porté sur un char attelé de quatre coursiers; autour de ses tempes resplendit une couronne à douze rayons d'or, image du Soleil, son aïeul : Turnus paraît traîné, par deux coursiers blancs, et brandissant deux javelots garnis d'un large fer. Vers le même lieu s'avance Énée, le père des Romains; on le reconnaît aux feux que darde son bouclier céleste, à l'éclat de ses armes divines : Ascagne est à ses côtés, Ascagne, autre espoir de la grande Rome. Chacun sort de son camp : le grand prêtre, revêtu d'un lin pur, conduit un jeune porc et une brebis dont la toison n'a pas encore tombé sous le fer, et les amène au pied des autels embrasés. Alors les rois, l'œil tourné vers le soleil levant, présentent les gâteaux salés, coupent le poil sur la tête des victimes, et versent sur les autels les prémices de la coupe. Le pieux Énée, le glaive en main, s'écrie : « Soleil, et toi, terre d'Italie
« que j'invoque, toi pour qui j'ai pu supporter
« tant et de si rudes travaux; Père tout-puissant
« des dieux; et vous, fille de Saturne, vous que
« je prie de m'être plus favorable; et toi, glo-
« rieux Mars, toi qui tiens sous ta puissance les
« destins divers des batailles; vous, Fleuves et
« Fontaines, et vous divinités qui remplissez les
« airs et le vert abîme des mers, je vous prends
« à témoin de mon serment. Si le sort donne
« la victoire à l'Ausonien Turnus, les vaincus
« consentent à se retirer dans la ville d'Évandre ;
« Ascagne abandonne les champs latins, et les
« Troyens promettent de ne jamais relever leurs
« armes rebelles, de ne jamais tirer le fer contre
« cet empire. Mais si Mars et la victoire se dé-
« clarent pour nous (je l'espère, et puissent les
« dieux confirmer cette espérance!), je n'exige
« point que les peuples d'Italie obéissent aux
« Troyens, et ne prétends pas régner sur eux.
« Que ces deux nations invincibles, soumises aux
« mêmes lois, contractent une alliance éternelle.
« Je donnerai aux Latins nos dieux et nos rites :
« que Latinus, mon beau-père, maître de ses
« armes, garde un empire souverain sur ses peu-
« ples ; les Troyens bâtiront pour leur roi une
« ville nouvelle, et Lavinie lui donnera son nom. »
Ainsi parle le premier le héros troyen. Latinus, les yeux levés au ciel, et la main étendue vers la voûte étoilée, prononce ces paroles : « Et moi
« aussi, Énée, je le jure comme vous, par la
« terre, par la mer, par les astres, par les deux
« enfants de Latone, par Janus au double front,
« par les puissances infernales, par le sanctuaire
« de l'impitoyable Pluton : puisse m'entendre le
« père des dieux, qui sanctionne les traités par sa
« foudre! j'atteste ces autels que je touche, les
« feux sacrés et tous les dieux du ciel, que nul
« jour, quoi qu'il arrive, ne rompe cette paix et
« ces traités qui enchaînent l'Italie; aucune force
« ne me dégagera de mes libres serments, non,
« quand même elle abîmerait dans les eaux la
« terre inondée, quand même les cieux s'écroulant
« tomberaient dans le Tartare. Ma parole est

Aut tu bella cie, conceptumque excute fœdus.
Auctor ego audendi. Sic exhortata reliquit
Incertam, et tristi turbatam volnere mentis. 160
  Interea reges, ingenti mole Latinus
Quadrijugo vehitur curru, cui tempora circum
Aurati bis sex radii fulgentia cingunt,
Solis avi specimen : bigis it Turnus in albis,
Bina manu lato crispans hastilia ferro. 165
Hinc pater Æneas, Romanæ stirpis origo,
Sidereo flagrans clipeo, et cœlestibus armis,
Et juxta Ascanius, magnæ spes altera Romæ,
Procedunt castris, puraque in veste sacerdos
Sætigeræ fetum suis, intonsamque bidentem 170
Adtulit, admovitque pecus flagrantibus aris.
Illi ad surgentem conversi lumina solem,
Dant fruges manibus salsas, et tempora ferro
Summa notant pecudum, paterisque altaria libant.
Tum pius Æneas stricto sic ense precatur : 175
Esto nunc Sol testis, et hæc mihi Terra vocanti,
Quam propter tantos potui perferre labores,
Et pater omnipotens, et tu, Saturnia Juno,
Jam melior, jam, diva, precor; tuque inclute Mavors,
Cuncta tuo qui bella, pater, sub numine torques; 180
Fontisque, Fluviosque voco, quæque Ætheris alti
Relligio, et quæ cæruleo sunt numina ponto :
Cesserit Ausonio si fors victoria Turno,
Convenit Evandri victos discedere ad urbem;
Cedet Iulus agris; nec post hæc arma rebelles 185
Æneadæ referent, ferrove hæc regna lacessent.
Sin nostrum adnuerit nobis Victoria Martem;
Ut potius reor, et potius di numine firment,
Non ego nec Teucris Italos parere jubebo,
Nec mihi regna peto; paribus se legibus ambæ 190
Invictæ gentes æterna in fœdera mittant.
Sacra deosque dabo; socer arma Latinus habeto;
Imperium sollenne socer : mihi mœnia Teucri
Constituent, urbique dabit Lavinia nomen.
Sic prior Æneas; sequitur sic deinde Latinus, 195
Suspiciens cœlum, tenditque ad sidera dextram :
Hæc eadem, Ænea, Terram, Mare, Sidera, juro,
Latonæque genus duplex, Janumque bifrontem,
Vimque deum infernam, et duri sacraria Ditis;
Audiat hæc Genitor, qui fœdera fulmine sancit; 200
Tango aras; medios ignis et numina testor :
Nulla dies pacem hanc Italis, nec fœdera rumpet
Quo res cumque cadent; nec me vis ulla volentem
Avertet; non, si tellurem effundat in undas,
Diluvio miscens, cœlumque in Tartara solvat : 205

« comme ce sceptre que je tiens : jamais il ne « poussera de rameaux, ne donnera de feuillage « ni d'ombre, depuis que, arraché dans les forêts « de la souche qui l'a nourri, il est séparé de sa « mère, et que sa chevelure et ses bras sont tom- « bés sous le fer : jadis arbre verdoyant, aujour- « d'hui la main de l'ouvrier l'a entouré d'un bril- « lant cercle d'airain, et l'a donné à porter aux « rois du Latium. » C'est ainsi que les deux rois s'engageaient l'un l'autre par de communs ser- ments, en présence des chefs des deux armées. Alors on égorge les victimes consacrées selon les rites, et que doit dévorer la flamme : on leur ar- rache leurs entrailles encore palpitantes ; les plats sacrés en sont chargés, et couvrent les autels.

Cependant les Rutules craignent depuis long- temps ce combat inégal, et sont agités de divers mouvements : plus ils observent les deux ri- vaux, moins ils jugent que leurs forces se ba- lancent. Turnus surtout les émeut, quand ils le voient s'avancer d'un pas silencieux, s'incliner en suppliant, et les yeux baissés, devant l'autel ; quand ils voient ses joues flétries, et la pâleur répandue sur ce jeune et beau visage. Juturne voyant s'accroître de bouche en bouche ces dis- cours alarmants, les cœurs chanceler et tourner à la défiance, emprunte la figure de Camerte, guerrier illustre par sa haute naissance, par les grands exploits de son père, et lui-même d'une insigne valeur ; elle se mêle aux soldats, et semant dans l'armée mille adroites rumeurs : « Rutules, « disait-elle, n'avez-vous pas honte d'exposer pour « vous tous la vie d'un seul homme ? Sommes-nous « moins nombreux ou moins vaillants que nos « ennemis ? Eh ! voyez-les tous devant vous, « Troyens, Arcadiens, la fatale Étrurie qui s'a- « charne contre Turnus ! A peine chacun de nous « aurait-il un ennemi à combattre. Les dieux, à « qui Turnus se dévoue pour nous, éleveront sa « renommée jusqu'à eux, et le feront vivre dans « la bouche des mortels. Mais nous, quand nous « n'aurons plus de patrie, nous serons forcés « d'obéir à des maîtres superbes, nous qui de- « meurons, les bras immobiles, dans nos champs « envahis. »

Ce discours enflamme de plus en plus la jeu- nesse rutule ; un sourd murmure circule de rang en rang : les volontés ont changé ; Laurentins et Latins, qui tout à l'heure espéraient voir la fin de la guerre, et l'État sauvé par la paix, main- tenant redemandent les combats, appelant de leurs vœux la rupture du traité, et déplorent l'in- juste sort de Turnus. Juturne alors précipite ces mouvements par un prodige qu'elle fait éclater dans les cieux, et qui achève de porter le trouble et la surprise dans les âmes italiennes. L'oiseau de Jupiter, au plumage fauve, volant à travers les ardentes régions de l'air, poursuivait ces oiseaux des rivages, et les bandes bruyantes de l'armée ailée : tout à coup on le voit, s'abat- tant sur les ondes, enlever dans ses terribles serres un cygne magnifique. Les esprits des La- tins se relèvent : ô prodige ! tous les oiseaux, se ralliant à grands cris, obscurcissent l'air de leurs ailes, et, ramassés en nuage, fondent sur le ravisseur : l'aigle, vaincu par le nombre et

Ut sceptrum hoc, dextra sceptrum nam forte gerebat,
Numquam fronde levi fundet virgulta, neque umbras,
Quum semel in silvis, imo de stirpe recisum,
Matre caret, posuitque comas et brachia ferro;
Olim arbos; nunc artificis manus ære decoro   210
Inclusit, patribusque dedit gestare Latinis.
Talibus inter se firmabant foedera dictis,
Conspectu in medio procerum : tum rite sacratas
In flammam jugulant pecudes, et viscera vivis
Eripiunt, cumulantque oneratis lancibus aras.   215
   At vero Rutulis inpar ea pugna videri
Jamdudum, et vario misceri pectora motu;
Tum magis, ut propius cernunt, non viribus æquis.
Adjuvat, incessu tacito progressus, et aram
Suppliciter venerans demisso lumine, Turnus,   220
Tabentesque genæ, et juvenali in corpore pallor.
Quem simul ac Juturna soror crebrescere vidit
Sermonem, et volgi variare labantia corda,
In medias acies, formam adsimulata Camerti,
Cui genus a proavis ingens, clarumque paternæ   225
Nomen erat virtutis, et ipse acerrimus armis;
In medias dat sese acies, haud nescia rerum,
Rumoresque serit varios, ac talia fatur :
Non pudet, o Rutuli, pro cunctis talibus unam
Objectare animam? numerone, an viribus æqui   230
Non sumus? En, omnes et Troes, et Arcades, hi sunt;
Fatalisque manus, infensa Etruria Turno:
Vix hostem, alterni si congrediamur, habemus.
Ille quidem ad superos, quorum se devovet aris,
Succedet fama, vivusque per ora feretur :   235
Nos, patria amissa, dominis parere superbis
Cogemur, qui nunc lenti consedimus arvis.
Talibus incensa est juvenum sententia dictis,
Jam magis atque magis; serpitque per agmina murmur :
Ipsi Laurentes mutati, ipsique Latini.   240
Qui sibi jam requiem pugnæ rebusque salutem
Sperabant, nunc arma volunt, foedusque precantur
Infectum, et Turni sortem miserantur iniquam.
His aliud majus Juturna adjungit, et alto
Dat signum cœlo; quo non præsentius ullum   245
Turbavit mentis Italas, monstroque fefellit.
Namque volans rubra fulvus Jovis ales in æthra
Litoreas agitabat avis, turbamque sonantem
Agminis aligeri; subito quum lapsus ad undas
Cycnum excellentem pedibus rapit inprobus uncis.   250
Adrexere animos Itali, cunctæque volucres
Convertunt clamore fugam; mirabile visu;
Ætheraque obscurant pennis, hostemque per auras
Facta nube premunt; donec vi victus, et ipso
Pondere defecit, prædamque ex unguibus ales   255

succombant sous le fardeau qu'il porte, laisse tomber de ses ongles sa proie dans le fleuve, et va se perdre dans la nue. Les Rutules saluent cet heureux présage par leurs cris, et remettent la main au glaive. Le premier, Tolumnius, l'augure, s'écrie : « Le voilà, Rutules, le voilà ce signe « que j'ai si souvent demandé : j'accepte le pré- « sage, et je reconnais qu'il nous vient des dieux. « Moi, oui, c'est moi qui vous appelle ; ressaisis- « sez vos armes, malheureux Rutules, vous que « cet odieux étranger, qui porte la guerre et la dé- « vastation sur vos rivages, a épouvantés comme « de faibles oiseaux. Lui aussi va fuir, et précipi- « ter sa voile au loin sur les mers ; vous donc « serrez vos rangs, et tous, d'un même cœur, « défendez votre roi qu'on vient vous ravir. » Il dit, et, se portant en avant, il lance un dard contre les ennemis : le trait siffle et, poussé d'une main sûre, fend les airs. Un cri part ; les lignes ennemies se troublent, le tumulte échauffe de nouveau les cœurs. Le dard, en volant, va tomber sur un groupe de neuf frères, les plus beaux des guerriers arcadiens, tous fils de Gylippe et d'une Tyrrhénienne, sa fidèle épouse : l'un d'eux est atteint à l'endroit du corps que le baudrier presse de son tissu serré, et où se joignent les deux bords retenus par l'agrafe mordante. Le beau jeune homme, si brillant sous ses armes, a les flancs percés par le trait qui l'étend sur la jaune arène. Mais ses frères, courageuse phalange que la douleur enflamme, saisissent, les uns leurs glaives, les autres leurs javelines, et fondent en aveugles sur l'ennemi : les Laurentins s'avancent pour les recevoir ; alors débordent à flots pressés les Troyens, ceux d'Agylla, et les Arcadiens aux armes peintes : tous ne respirent plus que le combat. On renverse les autels ; une tempête de traits éclate dans les airs obscurcis ; une pluie de fer tombe sur les deux armées. On enlève les feux et les cratères sacrés ; Latinus lui-même s'enfuit, emportant ses dieux outragés par la rupture des traités. Cependant les uns attellent leurs chars ; les autres s'élancent d'un bond sur leurs coursiers, et, le fer en main, cherchent le combat. Messape, qui brûlait de rompre le traité, pousse son coursier contre le Tyrrhénien Auleste, roi et portant les insignes de la royauté ; du choc il le déconcerte : Auleste, qui se précipite pour fuir, s'engage en reculant dans les débris des autels ; et le malheureux tombe sur sa tête et ses épaules. Le bouillant Messape accourt, la javeline en main ; c'est en vain que le monarque demande la vie ; Messape du haut de son coursier l'accable du poids de son arme, et s'écrie : « A lui le coup ; « voici la meilleure victime que nous avons of- « ferte aux dieux. » Les Latins accourent, et dépouillent les membres encore palpitants de l'Étrusque. Le prêtre Corynée arrache de l'autel un tison embrasé, et, dans le moment qu'Ébusus fond sur lui pour le frapper, il lui lance la torche au visage : la grande barbe d'Ébusus prend feu ; une odeur s'exhale de la flamme qui pétille. Corynée à l'instant se jette sur son ennemi éperdu, le saisit par la chevelure, et, d'un genou rudement appuyé, le tenant immobile sur l'arène, lui perce le flanc de son épée. Podalire voit le berger Alsus qui, armé d'une hache et au premier rang, se jetait à travers les traits ; le

Projecit fluvio, penitusque in nubila fugit.
Tum vero augurium Rutuli clamore salutant,
Expediuntque manus; primusque Tolumnius augur,
Hoc erat, hoc votis, inquit, quod sæpe petivi ;
Adcipio, adgnoscoque deos ; me, me duce ferrum   260
Conripite, o miseri, quos inprobus advena bello
Territat, invalidas ut avis ; et litora vestra
Vi populat ; petet ille fugam, penitusque profundo
Vela dabit : vos unanimi densate catervas,
Et regem vobis pugna defendite raptum.   265
Dixit, et adversos telum contorsit in hostis
Procurrens ; sonitum dat stridula cornus, et auras
Certa secat : simul hoc, simul ingens clamor, et omnes
Turbati cunei, calefactaque corda tumultu.
Hasta volans, ut forte novem pulcherrima fratrum   270
Corpora constiterant contra, quos fida crearat
Una tot Arcadio conjunx Tyrrhena Gylippo,
Horum unum, ad medium, teritur qua sutilis alvo
Balteus, et laterum juncturas fibula mordet,
Egregium forma juvenem, et fulgentibus armis   275
Transadigit costas, fulvaque effundit arena.
At fratres, animosa phalanx, adcensaque luctu,
Pars gladios stringunt manibus, pars missile ferrum
Conripiunt, cæcique ruunt : quos agmina contra
Procurrunt Laurentum ; hinc densi rursus inundant   280
Troes, Agyllinique, et pictis Arcades armis.
Sic omnis amor unus habet decernere ferro :
Diripuere aras ; it toto turbida cœlo
Tempestas telorum, ac ferreus ingruit imber ;
Craterasque focosque ferunt : fugit ipse Latinus   285
Pulsatos referens infecto fœdere divos.
Infrenant alii currus, aut corpora saltu
Subjiciunt in equos, et strictis ensibus adsunt.
Messapus regem, regisque insigne gerentem,
Tyrrhenum Aulesten, avidus confundere fœdus,   290
Adverso proterret equo : ruit ille recedens,
Et miser oppositis a tergo involvitur aris
In caput, inque humeros : at fervidus advolat hasta
Messapus, teloque orantem multa trabali
Desuper altus equo graviter ferit, atque ita fatur : 295
Hoc habet ; hæc melior magnis data victima divis.
Concurrunt Itali, spoliantque calentia membra.
Obvius ambusto torrem Corynæus ab ara
Conripit, et venienti Ebuso plagamque ferenti
Occupat os flammis ; olli ingens barba reluxit,   300
Nidoremque ambusta dedit ; super ipse secutus
Cæsariem læva turbati conripit hostis,
Inpressoque genu nitens terræ adplicat ipsum ;

glaive nu, il le suit de près et déjà le touche; mais Alsus d'un revers de sa hache lui fend la tête jusqu'au menton, et arrose ses armes de son sang répandu. Un dur repos pèse sur ses yeux qui se ferment, et un sommeil de fer les couvre de ténèbres éternelles.

Cependant le pieux Énée, la tête nue, tendait aux siens des mains désarmées, et les rappelait par ses cris. « Où courez-vous? Quelle est cette « discorde soudaine qui s'élève? Ah! retenez vos « fureurs; le traité est conclu, les conditions en « sont réglées; à moi seul le droit de combattre; « laissez-moi, j'y cours : ne craignez rien, ce « bras fait et cimente les traités; ces autels m'en- « gagent à jamais Turnus. » Il parlait encore et se répandait en vains cris, quand une flèche vole, siffle et l'atteint : de quelle main partait-elle? quelle force l'avait poussée? ou l'ignore. Un dieu ou le hasard donna-t-il en ce jour aux Rutules tant de gloire? L'honneur de ce grand coup s'est éteint dans l'oubli; et nul ne s'est vanté d'avoir blessé Énée.

Turnus voyant Énée se retirer du champ de bataille, et ses généraux déconcertés, s'enflamme d'une nouvelle et soudaine ardeur. Il demande ses coursiers, ses armes, s'élance d'un bond superbe sur son char, et, tenant lui-même les rênes, vole à travers les bataillons ennemis, fait mordre la poussière à des milliers de braves, roule les mourants à terre, les écrase sous son char, et accable les fuyards des traits qu'il leur a ravis. Ainsi sur les bords glacés de l'Hèbre le dieu sanglant de la guerre, Mars bondit, frappe son bouclier, et, soufflant le feu des combats, lance ses coursiers furieux; la plaine leur est ouverte; ils volent plus rapides que le Notus et le Zéphyre : sous leurs pas foudroyants gémit au loin la terre de Thrace; autour du char s'agitent, effroyable escorte du dieu, la Frayeur à la face noire, la Colère, et la Ruse sanguinaire. Tel et aussi impétueux Turnus pousse au milieu des combats ses coursiers fumants de sueur; il insulte sans pitié ceux qu'a massacrés son bras; une rosée de sang rejaillit sous la corne brûlante de ses coursiers, qui foulent çà et là le sable rougi. Il abat Sthénélus, Thamyris et Pholus; les deux derniers de près, le premier de loin : de loin il renverse les deux frères Glaucus et Ladès, fils d'Imbrasus le Lycien : leur père les avait nourris lui-même en Lycie, les avait parés des mêmes armes, leur avait appris soit à combattre de près, soit à devancer les vents sur leurs coursiers. D'un autre côté se précipitait dans la mêlée Eumède, le glorieux fils de l'antique Dolon; en lui revivaient avec le nom de son aïeul l'âme et les talents de son père, qui jadis s'engagea, espion intrépide, à pénétrer dans le camp des Grecs, et osa demander pour récompense le char d'Achille; mais Diomède paya son audace d'un autre prix; et Dolon n'aspire plus à posséder les coursiers d'Achille. Turnus aperçoit Eumède au milieu de la plaine; longtemps, un léger javelot à la main, il le poursuit, sans l'atteindre, à travers l'espace; enfin il arrête son char, saute à terre, tombe sur Eumède

Sic rigido latus ense ferit. Podalirius Alsum
Pastorem, primaque acie per tela ruentem,   305
Ense sequens nudo superinminet : ille securi
Adversi frontem mediam mentumque reducta
Disjicit, et sparso late rigat arma cruore.
Olli dura quies oculos et ferreus urguet
Somnus; in æternam claudantur lumina noctem.   310
At pius Æneas dextram tendebat inermem
Nudato capite, atque suos clamore vocabat :
Quo ruitis? quæve ista repens discordia surgit?
O cohibete iras! ictum jam fœdus, et omnes
Conpositæ leges; mihi jus concurrere soli;   315
Me sinite, atque auferte metus; ego fœdera faxo
Firma manu; Turnum jam debent hæc mihi sacra.
Has inter voces, media inter talia verba,
Ecce, viro stridens alis adlapsa sagitta est,
Incertum, qua pulsa manu, quo turbine adacta; 320
Quis tantam Rutulis laudem, casusne, deusne,
Adtulerit : pressa est insignis gloria facti;
Nec sese Æneæ jactavit vulnere quisquam.
  Turnus, ut Æneam cedentem ex agmine vidit,
Turbatosque duces, subita spe fervidus ardet; 325
Poscit equos, atque arma simul, saltuque superbus
Emicat in currum, et manibus molitur habenas.
Multa virum volitans dat fortia corpora leto ·
Semineces volvit multos, aut agmina curru
Proterit, aut raptas fugientibus ingerit hastas.   330
Qualis apud gelidi quum flumina concitus Hebri
Sanguineus Mavors clipeo increpat, atque furentis
Bella movens inmittit equos : illi æquore aperto
Ante Notos Zephyrumque volant; gemit ultima pulsu
Thraca pedum, circumque atræ Formidinis ora,   335
Iræque, Insidiæque, dei comitatus, aguntur.
Talis equos alacer media inter prælia Turnus
Fumantis sudore quatit, miserabile cæsis
Hostibus insultans; spargit rapida ungula rores   339
Sanguineos, mixtaque cruor calcatur arena.   [lumque,
Jamque neci Sthenelumque dedit, Thamyrimque, Pho-
Hunc congressus et hunc; illum eminus : eminus ambo
Imbrasidas, Glaucum atque Laden, quos Imbrasus ipse
Nutrierat Lycia, paribusque ornaverat armis;
Vel conferre manum, vel equo prævertere ventos.   345
Parte alia media Eumedes in prælia fertur,
Antiqui proles bello præclara Dolonis:
Nomine avum referens, animo manibusque parentem :
Qui quondam, castra ut Danaum speculator adiret,
Ausus Pelidæ pretium sibi poscere currus;   350
Illum Tydides alio pro talibus ausis
Adfecit pretio; nec equis adspirat Achillis.
Hunc procul ut campo Turnus prospexit aperto,
Ante levi jaculo longum per inane secutus;
Sistit equos bijugis, et curru desilit, atque   355

abattu et demi-mort, lui met un pied sur le cou, lui arrache son épée, la lui plonge toute brillante dans la gorge, et lui dit : « Troyen, les voici ces champs, la voici cette Hespérie que tu es venu conquérir ; mesure-la de ton corps étendu : voilà la récompense que reçoivent de Turnus ceux qui osent l'attaquer ; voilà les murailles qu'ils bâtissent ici. » Il dit, lance un dard, et envoie Asbutès accompagner l'ombre d'Eumède : Chlorée les suit, et Sybaris, et Darès, et Thersiloque, et Thymère renversé de son coursier qui tombe. Tel, fondant de la Thrace, Borée déchaîne son souffle bruyant sur la mer Égée ; partout où il s'abat, les flots obéissants courent au rivage, les nuages s'enfuient des cieux : ainsi Turnus, partout où il s'ouvre un passage, voit les bataillons plier, et se précipiter dans la fuite : ainsi l'emporte sa fougue ; il vole, et le vent, qui lui bat le visage, secoue son aigrette mouvante. Cependant Phlégée ne peut supporter tant d'acharnement et tant de fureur ; il se jette au-devant du char de Turnus, saisit le mors écumant des coursiers emportés, et les détourne : tandis qu'entraîné par eux et suspendu au joug, il se découvre, la large lance de Turnus l'atteint, s'enfonce dans sa cuirasse à double maille, la rompt, et entame à peine son sein effleuré : Phlégée, opposant son bouclier à son ennemi, volait lui faisant face, et, l'épée en avant, appelait les siens à son secours : mais l'essieu rapidement lancé le renverse et le roule à terre. Turnus, qui le suit, lui décharge un coup de son cimeterre entre les bords du casque et de la cuirasse, lui enlève la tête, et laisse son tronc sanglant palpiter dans la poussière.

Tandis que Turnus vainqueur semait ainsi la mort dans les champs de Laurente, Mnesthée, le fidèle Achate et Ascagne, ramenaient dans le camp Énée ensanglanté, et qui aidait ses pas tardifs de sa longue javeline. Furieux, il ébranle le trait brisé dans sa plaie, tâche de l'arracher, et demande le secours le plus prompt : il veut qu'on élargisse sa blessure avec la pointe d'une épée, qu'on ouvre une route douloureuse au dard enfoncé ; il veut qu'on le renvoie aux combats. Iapis, fils d'Iasus, arrive ; Iapis cher entre tous à Phébus, qui, touché pour lui d'un violent amour, lui avait donné et les secrets de son art, et tous ses dons, et la science des augures, et sa lyre et ses flèches rapides. Iapis, pour prolonger les destins de son père qu'il pleure encore, aima mieux savoir les vertus des plantes, leur usage salutaire, et pratiquer en silence et sans gloire un art bienfaisant. Énée était debout, appuyé sur sa longue lance, et frémissant de rage, autour de lui se pressent la foule des jeunes guerriers, et Ascagne en pleurs ; lui, l'œil sec, est immobile. Le vieillard, à la manière des disciples d'Apollon, rejetant en arrière les plis de sa robe retroussée, s'agite en vain, essaye des mille attouchements de sa main savante, des mille vertus des herbes ; en vain de ses doigts il ébranle le trait, en vain il le saisit dans la plaie avec un fer mordant. La Fortune, Apollon son maître, tout manque à son art, tout le laisse impuissant ; et cependant l'horreur du carnage s'accroît sur le

Semianimi lapsoque supervenit, et, pede collo
Impresso, dextræ mucronem extorquet, et alto
Fulgentem tinguit jugulo ; atque hæc insuper addit :
En, agros, et quam bello, Trojane, petisti,
Hesperiam metire jacens : hæc præmia, qui me   360
Ferro ausi tentare, ferunt ; sic mœnia condunt.
Huic comitem Asbuten conjecta cuspide mittit ;
Chloreaque, Sybarimque, Daretaque, Thersilochumque ;
Et sternacis equi lapsum cervice Thymœten.
Ac velut Edoni Boreæ quum spiritus alto   365
Insonat Ægæo, sequiturque ad litora fluctus,
Qua venti incubuere ; fugam dant nubila cœlo :
Sic Turno, quacumque viam secat, agmina cedunt,
Conversæque ruunt acies ; fert inpetus ipsum,
Et cristam adverso curru quatit aura volantem.   370
Non tulit instantem Phegeus animisque frementem ;
Objicit sese ad currum, et spumantia frenis
Ora citatorum dextra detorsit equorum.
Dum trahitur, pendetque jugis, hunc lata retectum
Lancea consequitur, rumpitque infixa bilicem   375
Loricam, et summum degustat volnere corpus.
Ille tamen clipeo objecto conversus in hostem
Ibat, et auxilium ducto mucrone petebat ;
Quum rota præcipitem et procursu concitus axis
Impulit, effunditque solo ; Turnusque secutus,   380

Imam inter galeam, summi thoracis et oras,
Abstulit ense caput, truncumque reliquit arenæ.
   Atque ea dum campis victor dat funera Turnus ;
Interea Æneam Mnestheus, et fidus Achates,
Ascaniusque comes, castris statuere cruentum,   385
Alternos longa nitentem cuspide gressus.
Sævit, et infracta luctatur arundine telum
Eripere, auxilioque viam, quæ proxima, poscit :
Ense secent lato volnus, telique latebram
Rescindant penitus, seseque in bella remittant. 390
Jamque aderat Phœbo ante alios dilectus Iapis
Iasides ; acri quondam cui captus amore
Ipse suas artis, sua munera, lætus Apollo
Augurium, citharamque dabat celerisque sagittas.
Ille, ut depositi proferret fata parentis,   395
Scire potestates herbarum, usumque medendi
Maluit, et mutas agitare inglorius artis.
Stabat acerba fremens, ingentem nixus in hastam,
Æneas, magno juvenum et mœrentis Iuli
Concursu, lacrimis inmobilis. Ille retorto   400
Pæonium in morem senior succinctus amictu,
Multa manu medica Phœbique potentibus herbis
Nequidquam trepidat, nequidquam spicula dextra
Sollicitat, prensatque tenaci forcipe ferrum.
Nulla viam Fortuna regit ; nihil auctor Apollo   405

champ de bataille, et le péril devient plus pressant pour les Troyens. Déjà la poussière monte au ciel; on entend de plus près venir la cavalerie latine; les traits pleuvent au milieu du camp troyen; dans les airs s'élèvent les cris douloureux des combattants, et de ceux qui tombent sous les coups du cruel Mars. Alors Vénus, ébranlée par les affreuses souffrances de son fils, va cueillir sur le mont Ida en Crète le dictame, chargé de ses feuilles au tendre duvet, et de ses fleurs purpurines. Cette plante n'échappe pas au daim des forêts, quand la flèche légère s'est arrêtée dans ses flancs. Vénus, s'enveloppant d'un nuage ténébreux, apporte de la montagne l'herbe salutaire, la jette dans le vase étincelant d'Iapis, l'y infuse et l'y prépare secrètement, y mêle les sucs efficaces de l'ambroisie et de l'odoriférante panacée. Le vieillard lave la plaie avec cette eau, dont il ignore la vertu divine : soudain la douleur s'enfuit; le sang s'arrête au fond de la blessure, le trait suit de lui-même la main qui le dégage; Énée sent renaître sa première vigueur. « Vite, rendez-lui ses armes; que « tardez-vous? s'écrie Iapis, qui le premier en-« flamme le courage du héros. S'il revit, ce n'est « ni par un pouvoir mortel, ni par un effet de « mon art : non, Énée, ce n'est point ma main « qui vous sauve; c'est une volonté plus puis-« sante, c'est un dieu qui vous réserve à de plus « grandes œuvres. »

Déjà Énée, avide de combats, avait revêtu ses cuissards d'or; tout retard le gêne; sa lance étincelle dans ses mains : il couvre ses flancs de son bouclier, son dos de sa cuirasse, serre Ascagne dans ses bras armés, et, lui donnant à travers son casque les plus tendres baisers : « Apprends de moi, mon enfant, ce que « c'est que le courage et la vraie patience; d'au-« tres t'apprendront le bonheur. C'est toi que « mon bras va défendre aujourd'hui; c'est par « moi que tu vas recueillir le prix magnifique de « ces travaux. Tâche, ô mon fils, quand l'âge « t'aura mûri, de te souvenir de mes leçons : et « quand les exemples de ta race te viendront à la « mémoire, que ton père Énée, que ton oncle « Hector t'excitent à bien faire. » Il dit, et d'un air qui le grandit encore, il s'avance hors des portes, en brandissant un énorme javelot : avec lui se précipitent en troupe serrée Anthée et Mnesthée; tous les guerriers troyens désertent le camp à flots tumultueux : alors la plaine disparaît dans la poussière, et la terre émue retentit sous leurs pas. Turnus, posté sur une éminence, voit arriver les Troyens; les Ausoniens les voient aussi, et la peur se glissant dans leurs veines a glacé leur sang. Juturne, avant tous les Latins, entend la première et reconnaît le bruit de la marche d'Énée : épouvantée, elle s'enfuit. Le héros vole, et entraîne dans la plaine, ouverte devant lui, ses noirs bataillons. Tel un nuage, échappé des cieux rompus, accourt du sein des mers vers la terre; les cœurs des malheureux laboureurs frémissent, hélas! en pressentant de loin la ruine : il va renverser les arbres, ravager les moissons; il va tout emporter : les vents volent devant lui, et portent leurs sifflements jusqu'aux rivages.

Subvenit; et sævus campis magis ac magis horror
Crebrescit, propiusque malum est : jam pulvere cœlum
Stare vident; subeuntque equites, et spicula castris
Densa cadunt mediis : it tristis ad æthera clamor
Bellantum juvenum, et duro sub Marte cadentum.   410
Hic Venus, indigno nati concussa dolore,
Dictamnum genetrix Cretæa carpit ab Ida,
Puberibus caulem foliis et flore comantem
Purpureo; non illa feris incognita capris
Gramina, quum tergo volucres hæsere sagittæ.   415
Hoc Venus, obscuro faciem circumdata nimbo,
Detulit; hoc fusum labris splendentibus amnem
Inficit, occulte medicans; spargitque salubris
Ambrosiæ succos, et odoriferam panaceam.
Fovit ea volnus lympha longævus Iapis   420
Ignorans; subitoque omnis de corpore fugit
Quippe dolor; omnis stetit imo volnere sanguis.
Jamque secuta manum, nullo cogente, sagitta
Excidit, atque novæ rediere in pristina vires.
« Arma citi properate viro! quid statis? Iapis   425
Conclamat, primusque animos adcendit in hostem,
Non hæc humanis opibus, non arte magistra,
Proveniunt; neque te, Ænea, mea dextera servat;
Major agit deus, atque opera ad majora remittit. »
Ille avidus pugnæ suras incluserat auro   430
Hinc atque hinc, oditque moras, hastamque coruscat.
Postquam habilis lateri clipeus, loricaque tergo est;
Ascanium fusis circum conplectitur armis,
Summaque per galeam delibans oscula fatur :
Disce, puer, virtutem ex me, verumque laborem;   435
Fortunam ex aliis : nunc te mea dextera bello
Defensum dabit, et magna inter præmia ducet.
Tu facito, mox quum matura adoleverit ætas,
Sis memor, et te, animo repetentem exempla tuorum,
Et pater Æneas, et avunculus excitet Hector.   440
Hæc ubi dicta dedit, portis sese extulit ingens,
Telum inmane manu quatiens : simul agmine denso
Antheusque Mnestheusque ruunt; omnisque relictis
Turba fluit castris : tum cæco pulvere campus
Miscetur, pulsuque pedum tremit excita tellus.   445
Vidit ab adverso venientis aggere Turnus,
Videre Ausonii, gelidusque per ima cucurrit
Ossa tremor : prima ante omnis Juturna Latinos
Audiit, adgnovitque sonum, et tremefacta refugit.
Ille volat, campoque atrum rapit agmen aperto.   450
Qualis, ubi ad terras abrupto sidere nimbus
It mare per medium : miseris heu! præscia longe
Horrescunt corda agricolis; dabit ille ruinas
Arboribus, stragemque satis; ruet omnia late;
Ante volant, sonitumque ferunt ad litora venti :   455

Tel le chef des Troyens pousse ses bataillons contre l'ennemi : sa troupe se serre, forme ses colonnes, se ramasse. Thymbrée frappe du glaive le brave Osiris; Mnesthée abat Archétius; Achate tue Épulon; Gyas terrasse Ufens. Il tombe aussi l'augur Tolumnius, lui qui le premier avait lancé un trait impie contre les Troyens. Un grand cri s'élève au ciel; et les Rutules, à leur tour culbutés, montrent en fuyant leurs dos poudreux. Énée ne daigne ni abattre ceux qui fuient devant lui, ni poursuivre ceux qui l'attendent de pied ferme ou qui lui lancent des dards. A travers ces ténèbres de poussière ses yeux ne cherchent que le seul Turnus; c'est le seul Turnus qu'il voudrait combattre.

Dans la frayeur qui la bouleverse, la vierge Juturne précipite au milieu des harnais Métisque, le conducteur du char de Turnus, et le laisse au loin étendu sous le joug; elle-même prend sa place, et manie les rênes ondoyantes : elle a tout de Métisque, la voix, la figure, les armes.

Telle la noire hirondelle vole le long des vastes édifices d'un maître opulent, et parcourt de l'aile les hautes galeries, cherchant une petite pâture, et de quoi calmer la faim de son nid babillard; elle rase en sifflant tantôt les portiques solitaires, tantôt les humides bords des étangs : telle Juturne est emportée par ses coursiers au milieu des ennemis, et lance partout son char rapide; elle ne fait que montrer çà et là son frère triomphant, l'empêche de combattre, et de détour en détour s'enfuit avec lui. Cependant Énée, s'offrant partout à son rival, suit sa trace tortueuse, le cherche des yeux, et à travers les bataillons rompus des Latins l'appelle à grands cris. Chaque fois qu'il tient son ennemi sous son regard, ou qu'il essaye de vaincre par la poursuite la fuite ailée de ses coursiers, la nymphe détourne aussitôt l'insaisissable char. Hélas! que fera-t-il? son cœur, que partagent mille sentiments contraires, flotte au milieu d'orageuses angoisses. Cependant Messape court à lui d'une course légère, il tient de la main gauche deux souples javelots armés de pointes de fer : d'un bras vigoureux et adroit il lance à Énée l'un des deux dards; le héros s'arrête, plie un genou, et se ramasse sous son armure; le javelot, vivement poussé, frappe le cimier de son casque et renverse son panache. Alors la colère s'élève dans le cœur d'Énée : vaincu par ces lâches ruses, et voyant que les coursiers et le char de Turnus sont toujours entraînés loin de lui, il prend Jupiter à témoin de la foi violée, des autels profanés, et se précipite dans la mêlée; terrible, et secondé de Mars, il s'excite en aveugle au carnage, et lâche toutes les rênes à son libre courroux.

Quel dieu me donnera des accents pour redire tant d'horreurs, tant de massacres divers, les morts de tant d'illustres guerriers qu'immolèrent tour à tour Turnus et le héros troyen? O Jupiter, comment as-tu permis que de si grands mouvements missent aux prises des nations destinées à vivre dans une concorde éternelle? Énée frappe sur-le-champ (et ce premier coup raffermit les Troyens) le Rutule Sucron, l'atteint

Talis in adversos ductor Rhœteius hostis
Agmen agit; densi cuneis se quisque coactis
Adglomerant : ferit ense gravem Thymbræus Osirim,
Archetium Mnestheus, Epulonem obtruncat Achates,
Ufentemque Gyas; cadit ipse Tolumnius augur,   460
Primus in adversos telum qui torserat hostis.
Tollitur in cœlum clamor, versique vicissim
Pulverulenta fuga Rutuli dant terga per agros.
Ipse neque aversos dignatur sternere morti;
Nec pede congressos æquo, nec tela ferentis   465
Insequitur; solum densa in caligine Turnum
Vestigat lustrans, solum in certamina poscit.
Hoc concussa metu mentem Juturna virago
Aurigam Turni media inter lora Metiscum
Excutit, et longe lapsum temone relinquit;   470
Ipsa subit, manibusque undantis flectit habenas,
Cuncta gerens, vocemque, et corpus, et arma Metisci.
Nigra velut magnas domini quum divitis ædis
Pervolat, et pennis alta atria lustrat hirundo,
Pabula parva legens, nidisque loquacibus escas;   475
Et nunc porticibus vacuis, nunc humida circum
Stagna sonat : similis medios Juturna per hostis
Fertur equis, rapidoque volans obit omnia curru;
Jamque hic germanum, jamque hic ostentat ovantem;
Nec conferre manum patitur; volat avia longe.   480

Haud minus Æneas tortos legit obvius orbis,
Vestigatque virum, et disjecta per agmina magna
Voce vocat : quoties oculos conjecit in hostem,
Alipedumque fugam cursu tentavit equorum;
Aversos toties currus Juturna retorsit.   485
Heu, quid agat, vario nequidquam fluctuat æstu;
Diversæque vocant animum in contraria curæ.
Huic Messapus, uti læva duo forte gerebat
Lenta, levis cursu, præfixa hastilia ferro,
Horum unum certo contorquens dirigit ictu.   490
Substitit Æneas, et se collegit in arma,
Poplite subsidens : apicem tamen ipsa summum
Hasta tulit, summasque excussit vertice cristas.
Tum vero adsurgunt iræ; insidiisque subactus,
Diversos ubi sensit equos currumque referri,   495
Multa Jovem et læsi testatur fœderis aras;
Jam tandem invadit medios, et Marte secundo
Terribilis, sævam nullo discrimine cædem
Suscitat; irarumque omnis effundit habenas.
  Quis mihi nunc tot acerba deus, quis carmine cædes 500
Diversas, obitumque ducum, quos æquore toto
Inque vicem nunc Turnus agit, nunc Troius heros,
Expediat? tanton' placuit concurrere motu,
Juppiter, æterna gentis in pace futuras!
Æneas Rutulum Sucronem (ea prima ruentis   505

au flanc, et lui enfonce son épée nue entre les côtes et dans les tendres tissus de la poitrine, là où pénètre le plus tôt la mort. Turnus voit venir à lui Amycus et son frère Diorès ; il met pied à terre, les attaque tous deux, renverse l'un de son cheval, le perce de sa longue javeline, frappe l'autre de son épée; il coupe leurs têtes, les suspend à son char, et les emporte ruisselantes de sang. Énée combat et immole à la fois Talon, Tanaïs, le brave Céthégus, et envoie dans l'Orcus le triste Onytès, né à Thèbes et fils de Péridie. Turnus, à son tour, massacre deux frères venus de la Lycie et des campagnes chères à Apollon, et le jeune Ménète d'Arcadie, qui abhorrait en vain la guerre : pêcheur, il exerçait son art sur les bords du lac de Lerne ; sa famille était pauvre, et ne connaissait pas les soins des grands; son père semait des terres qu'un autre possédait. Semblables à des feux jetés aux deux extrémités d'une forêt aride, là où le vent fait résonner les branches du laurier ; ou tels que, descendant par bonds rapides du sommet des montagnes, deux torrents écumeux courent avec fracas dans la plaine, et ravagent chacun la route qu'ils se sont frayée; aussi impétueux Énée et Turnus se précipitent dans les combats; ainsi bouillonnent tour à tour et éclatent leurs cœurs invincibles; ainsi ils courent de toutes leurs forces semer les blessures. Murranus, qui faisait sonner les antiques noms de ses cent aïeux et descendre sa race entière des rois du Latium, est assailli par Énée, qui lui lance un rocher tourbillonnant, le renverse et l'étend à terre. Tombé sous le joug et parmi les rênes de son char, entraîné par les roues, ses coursiers, précipitant leurs pas, foulent de leur corne fangeuse leur maître qu'ils méconnaissent. Hyllus courait sur Turnus, le cœur bondissant de rage; Turnus lui lance un javelot qui atteint ses tempes qu'ombrageait l'or, traverse sa cuirasse et s'enfonce dans sa cervelle. Et toi, Crétée, le plus brave des Grecs, ton bras ne peut l'arracher à celui de Turnus; Cupence non plus n'est pas défendu par ses dieux du choc d'Énée; il livre sa poitrine au fer du Troyen, et l'airain de son bouclier ne pare pas le coup qui l'abat le malheureux. Et toi aussi, Eole, les champs laurentins te virent succomber, et couvrir au loin la terre de ton corps; tu péris, toi que ne purent abattre ni les phalanges argiennes, ni Achille, le destructeur de l'empire de Priam : c'est là que le destin avait marqué le terme de ta vie; tu avais un beau palais sous l'Ida, un beau palais à Lernesse; le sol de Laurente est ton tombeau. Les Latins, les Troyens, tous recommencent la mêlée; c'est Mnesthée, c'est l'ardent Séreste, c'est Messape le dompteur de coursiers, c'est le brave Asylas ; ce sont les phalanges toscanes, les escadrons arcadiens d'Évandre : chacun déploie toutes les ressources de son courage; point de cesse, point de répit; c'est un vaste et opiniâtre combat.

Cependant la belle Vénus inspire son fils; elle veut qu'il marche vers les murs de Laurente, qu'il porte à l'instant ses forces contre la ville,

Pugna loco statuit Teucros), haud multa moratus,
Excipit in latus , et, qua fata celerrima, crudum
Transadigit costas et crates pectoris ensem.
Turnus equo dejectum Amycum, fratremque Diorem,
Congressus pedes, hunc venientem cuspide longa, 510
Hunc mucrone ferit; curruque abscisa duorum
Suspendit capita, et rorantia sanguine portat.
Ille Talon Tanaimque neci fortemque Cethegum,
Tris uno congressu, et maestum mittit Onyten,
Nomen Echionium, matrisque genus Peridiae : 515
Hic fratres Lycia missos et Apollinis agris,
Et juvenem exosum nequidquam bella Menœten
Arcada; piscosae cui circum flumina Lernae
Ars fuerat, pauperque domus ; nec nota potentum
Limina, conductaque pater tellure serebat. 520
Ac velut inmissi diversis partibus ignes
Arentem in silvam, et virgulta sonantia lauro;
Aut ubi decursu rapido de montibus altis
Dant sonitum spumosi amnes, et in aequora currunt,
Quisque suum populatus iter : non segnius ambo 525
Æneas Turnusque ruunt per praelia; nunc nunc
Fluctuat ira intus ; rumpuntur nescia vinci
Pectora; nunc totis in volnera viribus itur.
Murranum hic, atavos et avorum antiqua sonantem
Nomina, per regesque actum genus omne Latinos, 530
Praecipitem scopulo, atque ingentis turbine saxi
Excutit, effunditque solo; hunc lora et juga subter
Provolvere rotae; crebro super ungula pulsu
Incita, nec domini memorum proculcat equorum.
Ille ruenti Hyllo, animisque inmane frementi, 535
Occurrit, telumque aurata ad tempora torquet:
Olli per galeam fixo stetit hasta cerebro.
Dextera nec tua te, Graium fortissime, Creteu,
Eripuit Turno ; nec di texere Cupencum,
Ænea veniente, sui : dedit obvia ferro 540
Pectora; nec misero clipei mora profuit aerei.
Te quoque Laurentes viderunt, Æole, campi
Oppetere, et late terram consternere tergo;
Occidis, Argivae quem non potuere phalanges
Sternere, nec Priami regnorum eversor Achilles ; 545
Hic tibi mortis erant metae : domus alta sub Ida;
Lyrnessi domus alta ; solo Laurente sepulcrum.
Totae adeo conversae acies, omnesque Latini,
Omnes Dardanidae : Mnostheus, acerque Serestus,
Et Messapus equum domitor, et fortis Asylas, 550
Tuscorumque phalanx, Evandrique Arcades alae :
Pro se quisque, viri summa nituntur opum vi;
Nec mora, nec requies; vasto certamine tendunt.
Hic mentem Æneae genetrix pulcherrima misit,
Iret ut ad muros, urbique adverteret agmen 555

et qu'il frappe les Latins d'un trouble imprévu. Tandis que, cherchant Turnus dans la foule des combattants, il porte çà et là ses regards, il voit la ville à l'abri des coups d'une si cruelle guerre, et impunément tranquille. Soudain son esprit s'enflamme à l'image d'un plus grand combat. Il appelle Mnesthée, Sergeste et le brave Séreste, les chefs de ses troupes, s'empare d'une éminence où accourt le reste de l'armée troyenne; ses soldats ne déposent ni leurs boucliers ni leurs dards, et lui de la hauteur leur parle en ces termes : « Guerriers, qu'on m'écoute et qu'on m'o-
« béisse! Jupiter est pour nous; que mon des-
« sein, tout subit qu'il est, ne trouve aucun de
« vous plus lent à me seconder : cette ville, la
« cause de la guerre, ce siége de l'empire de
« Latinus, si elle déclare qu'elle ne veut ni re-
« cevoir le joug, ni se soumettre aux lois du
« vainqueur, je l'arracherai de ses fondements et
« je raserai ses toits fumants. Dois-je attendre
« plus longtemps qu'il plaise à Turnus d'accepter
« le combat de ma main, et que déjà vaincu il
« daigne encore se mesurer avec moi? C'est là,
« compagnons, là qu'est la tête, l'âme de cette
« guerre abominable. Vite, saisissez vos torches,
« et, la flamme à la main, réclamez la foi violée
« des traités. » Il dit; tous d'un commun élan se forment en colonnes, et se portent en masse serrée contre les murs: les échelles sont plantées, les feux ont relui. Les uns courent aux portes, et égorgent les sentinelles; les autres jettent des dards, et obscurcissent le ciel de leurs traits. Énée le premier s'avance sous les murs, étendant la main, et accusant à grands cris le roi Latinus :

il prend les dieux à témoin qu'on le force une seconde fois à combattre, que pour la seconde fois les Italiens l'attaquent, que c'est le deuxième traité rompu. Alors éclatent entre les citoyens la discorde et les alarmes. Les uns veulent que la ville soit livrée, et ses portes ouvertes aux Troyens, et même ils entraînent le roi jusqu'aux remparts; les autres continuent, les armes à la main, à défendre les murs. Ainsi quand un berger a découvert des abeilles cachées dans le creux d'un rocher, et qu'il l'a rempli d'une fumée amère, celles-ci qu'agite le péril commun, se répandent çà et là dans leur camp de cire, et s'excitent à la colère par de grands bourdonnements : une noire vapeur roule sous leurs secrets abris; la roche retentit dans ses flancs d'un sourd murmure; la fumée s'élève dans les airs. Un désastre nouveau, qui éclate sur les Laurentins épuisés, achève d'ébranler dans ses fondements la cité en deuil. La reine voit du haut de son palais venir l'ennemi, voit les murailles assaillies, les feux voler aux toits des maisons; elle n'aperçoit nulle part les troupes rutules, les phalanges de Turnus : la malheureuse croit que le jeune guerrier a péri dans le combat; une soudaine douleur trouble ses esprits, elle s'accuse des maux de sa famille : « Moi seule, s'écrie-t-elle, moi seule j'ai
« tout fait! » Dans son désespoir elle dit mille choses insensées; elle veut mourir; elle déchire ses vêtements de pourpre; enfin elle suspend à une poutre du palais le lien ignominieux qui termine sa vie. Les malheureuses femmes des Latins apprennent cette affreuse catastrophe : Lavinie la première arrache ses blonds cheveux,

Ocius, et subita turbaret clade Latinos.
Ille, ut vestigans diversa per agmina Turnum,
Huc atque huc acies circumtulit; adspicit urbem
Inmunem tanti belli, atque inpune quietam.
Continuo pugnæ adcendit majoris imago;   560
Mnesthea, Sergestumque vocat, fortemque Serestum,
Ductores; tumulumque capit, quo cetera Teucrum
Concurrit legio; nec scuta aut spicula densi
Deponunt : celso medius stans aggere fatur :
Ne qua meis esto dictis mora : Juppiter hac stat; 565
Neu quis ob inceptum subitum mihi segnior ito.
Urbem hodie, caussam belli, regna ipsa Latini,
Ni frenum adcipere et victi parere fatentur,
Eruam, et æqua solo fumantia culmina ponam.
Scilicet exspectem, libeat dum prælia Turno   570
Nostra pati, rursusque velit concurrere victus?
Hoc caput, o cives, hæc belli summa nefandi :
Ferte faces propere, fœdusque reposcite flammis.
    Dixerat, atque animis pariter certantibus omnes
Dant cuneum; densaque ad muros mole feruntur. 575
Scalæ inproviso, subitusque adparuit ignis :
Discurrunt alii ad portas, primosque trucidant;
Ferrum alii torquent, et obumbrant æthera telis.
Ipse inter primos dextram sub mœnia tendit

Æneas, magnaque incusat voce Latinum;   580
Testaturque deos, iterum se ad prælia cogi;
Bis jam Italos hostis; hæc altera fœdera rumpi.
Exoritur trepidos inter discordia civis :
Urbem alii reserare jubent, et pandere portas
Dardanidis, ipsumque trahunt in mœnia regem;   585
Arma ferunt alii, et pergunt defendere muros.
Inclusas ut quum latebroso in pumice pastor
Vestigavit apes, fumoque inplevit amaro;
Illæ intus trepidæ rerum per cerea castra
Discurrunt, magnisque acuunt stridoribus iras; 590
Volvitur ater odor tectis; tum murmure cæco
Intus saxa sonant; vacuas it fumus ad auras.
    Adcidit hæc fessis etiam fortuna Latinis,
Quæ totam luctu concussit funditus urbem.
Regina ut tectis venientem prospicit hostem,   595
Incessi muros, ignis ad tecta volare;
Nusquam acies contra Rutulas, nulla agmina Turni :
Infelix pugnæ juvenem in certamine credit
Exstinctum; et, subito mentem turbata dolore,
Se caussam clamat, crimenque, caputque malorum; 600
Multaque per mæstum demens effata furorem,
Purpureos moritura manu discindit amictus,
Et nodum informis leti trabe nectit ab alta.

déchire ses joues de roses ; toute la troupe des femmes qui l'entourent s'abandonne à la fureur ; le palais retentit au loin de lugubres cris. Le triste bruit s'en répand dans toute la ville ; les esprits sont abattus ; Latinus, accablé du destin de son épouse et de la ruine de sa capitale, s'avance, déchirant ses vêtements et souillant ses cheveux blancs d'une horrible poussière. Mille fois il se reproche de n'avoir pas reçu le Troyen Énée qui venait à lui, et de ne lui avoir pas donné la main de sa fille.

Cependant Turnus combat encore à l'extrémité de la plaine ; il poursuit quelques ennemis épars, déjà moins ardent, déjà moins heureux de la vitesse de ses coursiers, qui va se ralentissant. Alors l'haleine des vents porte jusqu'à lui des cris tumultueux, sombres échos d'une aveugle terreur ; et son oreille attentive est frappée de sons confus s'élevant de la ville, et de lamentables murmures : « Hélas ! s'écrie-t-il, quel « nouveau désastre trouble encore les murs de « Laurente ? pourquoi ces horribles clameurs qui « s'élancent de tous ses remparts ? » Il dit, et, ramenant à lui les rênes de ses coursiers, il s'arrête éperdu. Alors Juturne, qui sous les traits de Métiscus guidait le char, les coursiers et les rênes, se tourne vers lui et lui dit : « Turnus, « poursuivons les Troyens par le chemin que « nous ouvre la victoire ; assez d'autres défendent « nos toits menacés ; Énée fond sur les Italiens, et « leur livre bataille : et nous aussi portons le « ravage et la mort dans les rangs troyens ; tu « ne te retireras du champ de bataille ni plus « affaibli qu'Énée, ni moins glorieux. » Turnus lui répond : « O ma sœur, je vous ai reconnue « dès que vous avez rompu le traité par votre « artifice, et que vous vous êtes jetée au milieu « de nos combats. Déesse sous ces traits mortels, « vous voulez en vain tromper mes yeux. Mais « qui vous a ordonné de descendre de l'Olympe, « et de supporter avec nous de si grands travaux ? « Est-ce pour voir mourir d'une mort cruelle un « frère infortuné ? Car que puis-je faire ? quelle « fortune inespérée peut me sauver ? J'ai vu tom- « ber sous mes yeux le grand Murranus, le « plus cher des amis qui me restent ; il m'appelait « à son secours ; je l'ai vu périr abattu par un « grand coup. Le malheureux Ufens a cher- « ché la mort pour ne pas voir mon déshon- « neur ; son corps et ses armes sont aux mains « des Troyens. Souffrirai-je (il ne me manque « plus que cette infamie) que nos maisons soient « détruites ; et ce bras ne donnera-t-il pas un « démenti à Drancès ? Je montrerai le dos à l'en- « nemi, et cette terre verra fuir Turnus ? Mais « est-ce donc un si grand mal que mourir ? Mâ- « nes, soyez-moi propices, puisque les dieux « du ciel se sont détournés de moi. Mon âme des- « cendra dans votre empire sainte et innocente « de ce crime, et n'aura jamais été indigne de ses « grands ancêtres. » Il parlait encore, quand il vit Sacès voler à travers les ennemis sur son coursier écumant ; Sacès est blessé d'une flèche au visage, et il se précipite en appelant et implorant Turnus. « Turnus, s'écrie-t-il, vous êtes notre « dernier espoir ; ayez pitié des vôtres. Énée fou-

Quam cladem miseræ postquam accepere Latinæ ;
Filia prima manu flavos Lavinia crinis   605
Et roseas laniata genas, tum cetera circum
Turba, furit : resonant late plangoribus ædes.
Hinc totam infelix volgatur fama per urbem :
Demittunt mentis ; it scissa veste Latinus,
Conjugis adtonitus fatis, urbisque ruina ;   610
Canitiem inmundo perfusam pulvere turpans :
Multaque se incusat, qui non adsceperit ante
Dardanium Æneam, generumque adsciverit ultro.
  Interea extremo bellator in æquore Turnus
Palantis sequitur paucos, jam segnior, atque   615
Jam minus atque minus successu lætus equorum.
Adtulit hunc illi cæcis terroribus aura
Conmixtum clamorem, adrectasque inpulit auris
Confusæ sonus urbis et inlætabile murmur.
Hei mihi ! quid tanto turbantur mœnia luctu ?   620
Quisve ruit tantus diversa clamor ab urbe ?
Sic ait, adductisque amens subsistit habenis :
Atque huic, in faciem soror ut conversa Metisci
Aurigæ, currumque et equos et lora regebat,
Talibus occurrit dictis : Hac, Turne, sequamur   625
Trojugenas, qua prima viam victoria pandit ;
Sunt alii qui tecta manu defendere possint.
Ingruit Æneas Italis, et prælia miscet ;
Et nos sæva manu mittamus funera Teucris.
Nec numero inferior, pugnæ nec honore recedes. 630
  Turnus ad hæc :
O soror, et dudum adgnovi, quum prima per artem
Fœdera turbasti, teque hæc in bella dedisti ;
Et nunc nequidquam fallis dea ; sed quis Olympo
Demissam tantos voluit te ferre labores ?   635
An fratris miseri letum ut crudele videres ?
Nam quid ago ? aut quæ jam spondet Fortuna salutem ?
Vidi oculos ante ipse meos, me voce vocantem,
Murranum, quo non superat mihi carior alter,
Oppetere, ingentem, atque ingenti volnere victum. 640
Occidit infelix, ne nostrum dedecus Ufens
Adspiceret ; Teucri potiuntur corpore et armis.
Exscindine domos, id rebus defuit unum,
Perpetiar ; dextra nec Drancis dicta refellam ?
Terga dabo ? et Turnum fugientem hæc terra videbit ? 645
Usque adeone mori miserum est ? vos, o mihi, Manes
Este boni, quoniam superis aversa voluntas.
Sancta ad vos anima, atque istius inscia culpæ
Descendam, magnorum haud unquam indignus avorum.
  Vix ea fatus erat : medios volat ecce per hostis 650
Vectus equo spumante Saces, adversa sagitta
Saucius ora, ruitque inplorans nomine Turnum :
Turne, in te suprema salus ; miserere tuorum.

« droie nos murs, et menace de renverser et de réduire en poudre les citadelles de l'Italie. Déjà les feux volent jusqu'à nos toits. Tous les yeux, tous les cœurs des Latins sont tournés vers vous. Le roi Latinus lui-même doute au fond de son âme du choix d'un gendre, et ne sait à quelle alliance incliner. C'est peu; la reine, qui se fiait tant à vous, a péri de ses propres mains, et a fui l'odieuse lumière. Messape et le brave Atinas, seuls devant les portes, soutiennent le combat : ils sont environnés des phalanges serrées de l'ennemi; autour d'eux la terre est hérissée d'une moisson de fer et d'épées nues; et vous, vous promenez votre char sur ces gazons déserts. » Turnus, frappé de ces paroles et de la confuse image de tant de désastres, reste immobile et se recueille en silence : dans son cœur bouillonnent et la honte, et la douleur insensée, et l'amour porté jusqu'à la fureur, et le fier sentiment de son courage aux abois. Dès que ce sombre nuage se fut dissipé, et que la lumière eut été rendue à son esprit, il tourna vers les murs de Laurente des yeux enflammés, et se dressa furieux sur son char pour regarder cette grande cité. Il voit ondoyer vers le ciel un tourbillon de flammes qui, roulant d'étage en étage, enveloppait une tour qu'il avait lui-même construite; des poutres en soutenaient la masse compacte; il l'avait posée sur des roues, et y avait suspendu des ponts qui la joignaient aux remparts. « Ma sœur, s'écrie-t-il, c'en est fait, les destins l'emportent! cessez de m'arrêter : courons où m'appellent les dieux et la dure fortune. Je suis résolu de combatre seul contre Énée, et de supporter tout ce que la mort a de plus cruel : ma sœur, vous ne me verrez pas plus longtemps déshonoré; laissez-moi, je vous en conjure, laissez-moi exhaler mes dernières fureurs. » Il dit, et de son char s'élance d'un bond dans la plaine, se précipite à travers les ennemis et les traits, abandonne sa sœur désolée, et d'une course rapide rompt les épais bataillons. Tel un rocher se précipite et roule de la cime des monts, ou arraché par les vents, ou détrempé par les pluies orageuses, ou sourdement miné par les années; la masse funeste, emportée d'un immense élan sur les pentes escarpées, bondit dans la plaine, entraînant avec elle les forêts, les troupeaux et les pasteurs : tel l'impétueux Turnus, à travers les bataillons qu'il renverse, se précipite vers les murailles de la ville, là où la terre est tout humectée de sang, où les dards sifflent à travers les airs. Alors il fait un signe de la main, et d'une voix retentissante: « Arrêtez, Rutules, et vous, Latins, retenez vos traits. Quelle que soit la fortune des combats, elle sera la mienne; il est juste que seul je porte pour vous la peine du traité violé, que seul je combatte. » A ces mots, on se retire, et on laisse un vaste espace entre les deux armées.

Cependant Énée, au seul nom de Turnus, abandonne les murs et les hautes tours de Laurente, interrompt tous les travaux du siége, précipite ses mouvements, et, le cœur bondissant de joie, fait tonner son effrayante armure. Aussi majestueux s'élèvent et l'Athos et l'Éryx; aussi grand paraît l'Apennin, père de tant de fleuves, tout frémissant des murmures de ses

Fulminat Æneas armis, summasque minatur
Dejecturum arces Italum, excidioque daturum; 655
Jamque faces ad tecta volant : in te ora Latini,
In te oculos referunt; mussat rex ipse Latinus,
Quos generos vocet, aut quæ sese ad fœdera flectat;
Præterea regina, tui fidissima, dextra
Occidit ipsa sua, lucemque exterrita fugit. 660
Soli pro portis Messapus et acer Atinas
Sustentant aciem : circum hos utrimque phalanges
Stant densæ, strictisque seges mucronibus horret
Ferrea; tu currum deserto in gramine versas.
Obstupuit varia confusus imagine rerum 665
Turnus, et obtutu tacito stetit : æstuat ingens
Uno in corde pudor, mixtoque insania luctu,
Et furiis agitatus amor, et conscia virtus.
Ut primum discussæ umbræ, et lux reddita menti,
Ardentis oculorum orbis ad mœnia torsit 670
Turbidus, eque rotis magnam respexit ad urbem.
Ecce autem, flammis inter tabulata volutus
Ad cœlum undabat vortex, turrimque tenebat;
Turrim, conpactis trabibus quam eduxerat ipse,
Subdideratque rotas, pontisque instraverat altos. 675
Jam jam fata, soror, superant; absiste morari;
Quo deus, et quo dura vocat Fortuna, sequamur.
Stat conferre manum Æneæ; stat, quidquid acerbi est,
Morte pati; nec me indecorem, germana, videbis
Amplius : hunc, oro, sine me furere ante furorem. 680
Dixit, et e curru saltum dedit ocius arvis;
Perque hostis, per tela ruit; mæstamque sororem
Deserit, ac rapido cursu media agmina rumpit.
Ac veluti, montis saxum de vertice præceps
Quum ruit, avolsum vento, seu turbidus imber 685
Proluit, aut annis solvit sublapsa vetustas,
Fertur in abruptum magno mons inprobus actu,
Exsultatque solo; silvas, armenta, virosque
Involvens secum : disjecta per agmina Turnus
Sic urbis ruit ad muros, ubi plurima fuso 690
Sanguine terra madet, striduntque hastilibus auræ;
Significatque manu, et magno simul incipit ore :
Parcite jam, Rutuli, et vos, tela inhibete, Latini;
Quæcumque est Fortuna, mea est; me verius unum
Pro vobis fœdus luere, et decernere ferro. 695
Discessere omnes medii, spatiumque dedere.
At pater Æneas, audito nomine Turni,
Deserit et muros, et summas deserit arcis;
Præcipitatque moras omnis; opera omnia rumpit;
Lætitia exsultans, horrendumque intonat armis : 700
Quantus Athos, aut quantus Eryx, aut ipse, coruscis

chênes où se joue la lumière, tout fier de sa cime neigeuse qu'il porte jusqu'aux nues. Troyens, Rutules, Italiens, tous fixent les regards sur les deux rivaux ; ceux qui défendaient les hautes murailles, et ceux qui en battaient le pied avec le bélier, ont déposé leurs armes : Latinus lui-même est stupéfait à la vue de ces deux grands guerriers, nés si loin l'un de l'autre, qui vont lutter ensemble et confondre leurs coups. A peine un champ libre s'est-il ouvert aux deux combattants, que d'une course rapide, et se lançant de loin leurs javelines, ils fondent l'un sur l'autre, s'attaquent et s'entre-heurtent bouclier contre bouclier, airain contre airain. La terre en gémit : les épées se croisent avec les épées ; le hasard et la valeur se confondent. Tels sur le haut Sila ou au sommet du Taburne deux taureaux, heurtant leurs larges fronts, se ruent à un furieux combat ; les bergers se retirent tremblants ; tout le troupeau s'arrête muet d'épouvante ; et les génisses inquiètes attendent quel sera le roi des pâturages, quel chef suivra tout le troupeau. Ceux-ci mêlent leurs efforts et leurs coups, se poussent et se percent de leurs cornes ; le sang coule à flots sur leurs cous et leurs épaules ; tous les bois retentissent de leurs longs meuglements. Ainsi se heurtent de leurs boucliers le Troyen Énée et le noble fils de Daunus ; ainsi le fracas de leurs armes remplit les airs.

Cependant Jupiter tient ses célestes balances également suspendues, y place les destinées diverses des deux héros ; il veut connaître celui des deux que condamne le combat, et de quel côté penche la mort. Turnus bondit, se dresse de tout l'élan de son corps, lève le bras et le glaive, et frappe Énée d'un coup qu'il croit sûr ; mais la perfide épée du Rutule se brise, et trahit son ardent effort : il périt, s'il ne fuit ; il fuit donc plus rapide que l'Eurus ; sa main est désarmée ; il regarde, et ne reconnaît plus la poignée qu'il tient encore. On dit que, le jour où il monta sur son char attelé pour se précipiter aux premiers combats, il laissa, dans son trouble belliqueux, le glaive de son père, et saisit l'épée de Métiscus, son écuyer : elle lui avait suffi, tant que les Troyens dispersés tournaient le dos. Mais quand il en vint à s'essayer contre les divines armes de Vulcain, cette épée, ouvrage d'un mortel, éclata dans ses mains, comme de la glace fragile : ses débris dispersés resplendissent sur la jaune arène. Turnus éperdu fuit donc à travers la plaine, et s'engage çà et là dans mille détours incertains : d'un côté ce sont les Troyens qui l'enferment entre leurs files pressées ; de l'autre, c'est un vaste marais, ce sont les hauts remparts de Laurente qui bordent l'arène.

Énée, quoique ses genoux retardés par sa blessure empêchent de temps en temps son ardeur et ralentissent sa course, ne laisse pas de poursuivre Turnus, et presse d'un pied brûlant son pied que trouble la fuite. Tel un chien, impétueux chasseur, relance et presse de ses aboiements un cerf qu'un fleuve arrête sur ses bords, ou que cerne, affreux épouvantail, la pourpre mobile des toiles ; la bête, effrayée du piège et de la rive escarpée, va, vient, fait cent détours ;

Quum fremit ilicibus, quantus, gaudetque nivali
Vertice se adtollens pater Apenninus ad auras.
Jam vero et Rutuli certatim, et Troes, et omnes
Convertere oculos Itali, quique alta tenebant   705
Mœnia, quique imos pulsabant ariete muros ;
Armaque deposuere humeris : stupet ipse Latinus,
Ingentis, genitos diversis partibus orbis,
Inter se coiisse viros, et cernere ferro.
Atque illi, ut vacuo patuerunt æquore campi,   710
Procursu rapido, conjectis eminus hastis,
Invadunt Martem clipeis atque ære sonoro.
Dat gemitum tellus ; tum crebros ensibus ictus
Congeminant : fors et virtus miscentur in unum.
Ac velut, ingenti Sila, summove Taburno,   715
Quum duo conversis inimica in prælia tauri
Frontibus incurrunt, pavidi cessere magistri ;
Stat pecus omne metu mutum, mussantque juvencæ,
Quis nemori imperitet, quem tota armenta sequantur ;
Illi inter sese multa vi volnera miscent,   720
Cornuaque obnixi infigunt, et sanguine largo
Colla armosque lavant ; gemitu nemus omne remugit :
Haud aliter Tros Æneas, et Daunius heros
Concurrunt clipeis : ingens fragor æthera conplet.
Juppiter ipse duas æquato examine lances   725
Sustinet, et fata inponit diversa duorum ;
Quem damnet labor, et quo vergat pondere letum.
Emicat hic, inpune putans, et corpore toto
Alte sublatum consurgit Turnus in ensem,
Et ferit : exclamant Troes, trepidique Latini,   730
Adrectæque amborum acies : at perfidus ensis
Frangitur, in medioque ardentem deserit ictu ;
Ni fuga subsidio subeat : fugit ocior Euro,
Ut capulum ignotum dextramque adspexit inermem.
Fama est, præcipitem, quum prima in prælia junctos   735
Conscendebat equos, patrio mucrone relicto,
Dum trepidat, ferrum aurigæ rapuisse Metisci,
Idque diu, dum terga dabant palantia Teucri,
Suffecit ; postquam arma dei ad Volcania ventum,
Mortalis mucro, glacies ceu futilis, ictu   740
Dissiluit ; fulva resplendent fragmina arena.
Ergo amens diversa fuga petit æquora Turnus,
Et nunc huc, inde huc incertos inplicat orbis.
Undique enim densa Teucri inclusere corona ;
Atque hinc vasta palus, hinc ardua mœnia cingunt.   745
Nec minus Æneas, quanquam tardata sagitta
Interdum genua inpediunt, cursumque recusant,
Insequitur, trepidique pedem pede fervidus urguet :
Inclusum veluti si quando flumine nactus
Cervum, aut puniceæ sæptum formidine pennæ,   750
Venator cursu, canis et latratibus, instat ;

mais l'ardent limier d'Ombrie s'attache à elle, la gueule béante; il est près de la saisir, et, comme s'il la tenait déjà, il fait crier ses mâchoires; mais le cerf lui échappe, et il ne mord que l'air. Alors un grand cri part des deux armées; les rivages et les lacs d'alentour y répondent; les cieux en tumulte tonnent au loin. Turnus, tout en fuyant, gourmande les Rutules, appelle les siens par leur nom, crie qu'on lui rende sa bonne épée. Mais Énée menace de tuer quiconque ira secourir Turnus; il dit qu'il exterminera la ville; tous tremblent à sa voix; et, tout blessé qu'il est, il poursuit son ennemi. Cinq fois ils parcourent tous deux l'enceinte du champ de bataille, cinq fois ils viennent et reviennent sur leurs traces : c'est qu'il n'y va pas d'un prix médiocre ou d'un vain simulacre de combat, mais de la vie et du sang de Turnus.

Il y avait par hasard au milieu du champ un olivier aux feuilles amères, consacré au dieu Faune; arbre de tout temps révéré des nautoniers, qui sauvés des ondes avaient coutume d'attacher leurs offrandes à ses rameaux, et d'y suspendre leurs vêtements, voués au dieu protecteur de Laurente. Mais les Troyens, sans respect pour l'arbre sacré, l'avaient abattu pour dégager le champ du combat. Là s'était arrêté le javelot d'Énée; poussé d'un effort impétueux, il s'était enfoncé dans les racines tortueuses du vieux tronc : le héros troyen se courba pour l'en arracher; il voulait de ce fer atteindre l'ennemi qu'il ne pouvait saisir à la course. Alors Turnus glacé d'effroi : « Dieu Faune, je t'en supplie, par pitié pour « moi, et toi, Terre bienfaisante, retenez ce fer, « si j'ai toujours gardé votre saint culte, que les « Troyens ont profané par cette guerre. » Il dit, et n'invoqua pas en vain le secours du dieu. Longtemps Énée lutte de toutes ses forces contre la dure racine qui l'arrête : il ne peut vaincre sa morsure obstinée. Tandis qu'il s'acharne et qu'il s'épuise en vains efforts, voici qu'empruntant de nouveau les traits de Métisque, Juturne s'élance, et va rendre à son frère l'épée de Daunus. Mais Vénus, indignée de l'audace de la nymphe, s'avance, et arrache elle-même le javelot des profondes racines de l'arbre sacré. Alors les deux rivaux, ressaisissant avec leurs armes leur fierté première et leur courage, l'un, sa fidèle épée à la main, l'autre, la lance haute et menaçante, recommencent de pied ferme ce combat haletant.

Cependant Junon, du sein d'un nuage d'or, regardait ces deux rivaux. Jupiter s'adressant à elle, lui parle ainsi : « Quelle sera, chère « épouse, la fin de cette guerre? que vous reste- « t-il à entreprendre? Vous savez, et vous-même « avouez le savoir, qu'Énée a sa place réservée « parmi les héros habitants de l'Olympe, et que « les destins l'élèvent jusqu'aux demeures étoi- « lées. Que préparez-vous encore? et quel vain « espoir vous arrête dans ces froides nuées? « Convient-il qu'un dieu soit blessé de la main « d'un mortel? Fallait-il (car sans vous que pou- « vait Juturne?) rendre à Turnus son épée et « accroître la force des vaincus? Cessez donc « enfin de vous agiter, et laissez-vous fléchir

Ille autem, insidiis et ripa territus alta,
Mille fugit, refugitque vias : at vividus Umber
Hæret hians, jamjamque tenet, similisque tenenti
Increpuit malis, morsuque elusus inani est.   755
Tum vero exoritur clamor; ripæque lacusque
Responsant circa, et cœlum tonant omne tumultu.
Ille simul fugiens, Rutulos simul increpat omnis,
Nomine quemque vocans, notumque efflagitat ensem.
Æneas mortem contra, præsensque minatur   760
Exitium, si quisquam adeat; terretque trementis,
Excisurum urbem minitans, et saucius instat.
Quinque orbis explent cursu, totidemque retexunt
Huc illuc : neque enim levia aut ludicra petuntur
Præmia; sed Turni de vita et sanguine certant.   765
   Forte sacer Fauno foliis oleaster amaris
Hic steterat, nautis olim venerabile lignum;
Servati ex undis ubi figere dona solebant
Laurenti divo, et votas suspendere vestis.
Sed stirpem Teucri nullo discrimine sacrum   770
Sustulerant, puro ut possent concurrere campo.
Hic hasta Æneæ stabat; huc inpetus illam
Detulerat, fixam et lenta in radice tenebat.
Incubuit, voluitque manu convellere ferrum
Dardanides, teloque sequi, quem prendere cursu   775
Non poterat : tum vero amens formidine Turnus,
Faune, precor, miserere, inquit; tuque optima ferrum
Terra tene; colui vestros si semper honores,
Quos contra Æneadæ bello fecere profanos.
Dixit, opemque dei non cassa in vota vocavit.   780
Namque diu luctans, lentoque in stirpe moratus,
Viribus haud ullis valuit discludere morsus
Roboris Æneas : dum nititur acer, et instat,
Rursus in aurigæ faciem mutata Metisci
Procurrit, fratrique ensem dea Daunia reddit.   785
Quod Venus audaci Nymphæ indignata licere,
Adessit, telumque alta ab radice revellit.
Olli sublimes, armis animisque refecti,
Hic gladio fidens, hic acer et arduus hasta,
Assistunt contra certamine Martis anheli.   790
   Junonem interea Rex omnipotentis Olympi
Adloquitur, fulva pugnas de nube tuentem :
Quæ jam finis erit, conjunx? quid denique restat?
Indigetem Æneam scis ipsa, et scire fateris,
Deberi cœlo, fatisque ad sidera tolli.   795
Quid struis? aut qua spe gelidis in nubibus hæres?
Mortalin' decuit violari volnere divum?
Aut ensem (quid enim sine te Juturna valeret?)
Ereptum reddi Turno, et vim crescere victis?

« par mes prières. Ne livrez plus votre âme à
« cette secrète amertume qui la ronge : que plu-
« tôt votre aimable bouche s'accoutume à me
« dire les peines de votre cœur. Voici venir le
« moment suprême : vous avez pu poursuivre
« les Troyens sur la terre et sur l'onde, allumer
« en Italie une détestable guerre, désoler une
« maison royale, et couvrir un hymen de deuil.
« Je vous défends de pousser plus loin vos fu-
« reurs. » Ainsi parla Jupiter. La fille de Saturne
d'un air soumis lui répond en ces termes :
« Grand Jupiter, c'est parce que votre volonté
« souveraine m'était connue, que j'ai malgré
« moi abandonné Turnus et la terre. Si je
« ne vous étais soumise, vous ne me verriez
« pas seule sur ces nuées endurer tant d'iniqui-
« tés et d'outrages : mais, armée de mes feux, je
« paraîtrais à la tête de mes Latins, et j'entraî-
« nerais les Troyens aux funestes combats. J'ai
« conseillé, je l'avoue, à Juturne de secourir son
« malheureux frère, et je lui ai dit d'oser tout
« pour le sauver. Cependant c'est sans mon aveu
« qu'elle a tendu l'arc et lancé des traits ; je le
« jure par la source de l'implacable Styx, seul
« pouvoir que redoutent les célestes puissances.
« Je cède enfin, et j'abandonne des combats
« qui me sont odieux. Tout ce que je vous
« demande, et qui ne dépend pas de la loi
« du destin ; ce que je vous demande pour la
« gloire du Latium, et pour la majesté de ses
« rois issus de votre sang, c'est d'empêcher,
« quand la paix (j'y consens) aura, par un heu-
« reux hymen, réuni les deux peuples sous des
« lois jurées en commun, que les Latins, enfants

« de cette terre, perdent leur nom antique, de-
« viennent Troyens, soient appelés Troyens,
« désapprennent la langue et les coutumes de
« leurs pères. Que le Latium subsiste à jamais ;
« que les rois albains se perpétuent dans la suite
« des siècles ; que la race romaine ne soit un
« jour si puissante que par la valeur italienne.
« Il n'est plus de Troie ; que le nom de Troie périsse
« avec elle ! » Le créateur des hommes et de l'u-
nivers souriant à la déesse, lui répondit :
« Vous, la sœur de Jupiter, vous la fille de Sa-
« turne, vous roulez dans votre cœur les flots
« d'une si grande colère ! Eh bien, domptez donc
« enfin vos vaines fureurs. Je vous accorde ce
« que vous voulez de moi, et, vaincu par vos
« prières, je me rends volontiers. Les peuples
« d'Ausonie conserveront la langue et les mœurs
« de leurs pères ; leur nom leur restera ; mêlés à
« ce grand corps, les Troyens s'y engloutiront. Je
« donnerai seulement aux Ausoniens le culte et
» les rites d'Ilion ; tous n'auront qu'une langue ;
« tous seront Latins. Du sang mêlé de l'Ausonie
« naîtra une race qui surpassera en piété les hom-
« mes et les dieux eux-mêmes ; et nul peuple ne
« vous rendra d'aussi magnifiques honneurs. » Junon y consentit d'un signe de sa tête, et son
cœur, rendu à la joie, fut changé. Aussitôt elle
quitte les airs et la nue.

Cependant Jupiter roule dans son esprit un
autre projet, et se prépare à séparer Juturne de
son frère et du combat. Il est deux divinités,
fléaux des humains, qu'on appelle les Furies,
sœurs de l'infernale Mégère, et filles de la sombre Nuit, qui les mit au monde par un seul en-

Desine jam tandem, precibusque inflectere nostris ; 800
Nec te tantus edat tacitam dolor ; et mihi curæ
Sæpe tuo dulci tristes ex ore recursent.
Ventum ad supremum est : terris agitare, vel undis,
Trojanos potuisti ; infandum adcendere bellum,
Deformare domum, et luctu miscere hymenæos ; 805
Ulterius tentare veto. Sic Juppiter orsus ;
Sic dea submisso contra Saturnia vultu :
Ista quidem nota mihi tua, magne, voluntas,
Juppiter, et Turnum, et terras invita reliqui.
Nec tu me aeria solam nunc sede videres 810
Digna indigna pati ; sed flammis cincta sub ipsam
Starem aciem, traheremque inimica in prælia Teucros.
Juturnam misero, fateor, succurrere fratri
Suasi, et pro vita majora audere probavi ;
Non ut tela tamen, non ut contenderet arcum ; 815
Adjuro Stygii caput inplacabile fontis ;
Una superstitio superis quæ reddita divis.
Et nunc cedo equidem, pugnasque exosa relinquo.
Illud te, nulla fati quod lege tenetur,
Pro Latio obtestor, pro majestate tuorum ; 820
Quum jam connubiis pacem felicibus, esto,
Conponent, quum jam leges et fœdera jungent ;
Ne vetus indigenas nomen mutare Latinos,

VIRGILE.

Neu Troas fieri jubeas, Teucrosque vocari ;
Aut vocem mutare viros, aut vertere vestis. 825
Sit Latium ; sint Albani per sæcula reges ;
Sit Romana potens Itala virtute propago ;
Occidit, occideritque sinas cum nomine Troja.
 Olli subridens hominum rerumque repertor :
Et germana Jovis, Saturnique altera proles, 830
Irarum tantos volvis sub pectore fluctus ?
Verum age, et inceptum frustra submitte furorem.
Do, quod vis ; et me victusque volensque remitto.
Sermonem Ausonii patrium moresque tenebunt ;
Utque est, nomen erit ; conmixti corpore tantum 835
Subsident Teucri : morem ritusque sacrorum
Adjiciam, faciamque omnis uno ore Latinos.
Hinc genus, Ausonio mixtum quod sanguine surget,
Supra homines, supra ire deos pietate videbis ;
Nec gens ulla tuos æque celebrabit honores. 840
Adnuit his Juno, et mentem lætata retorsit :
Interea excedit cœlo, nubemque reliquit.
 His actis, aliud Genitor secum ipse volutat :
Juturnamque parat fratris dimittere ab armis.
Dicuntur geminæ pestes cognomine Diræ, 845
Quas et Tartaream Nox intempesta Megæram
Uno eodemque tulit partu, paribusque revinxit

fantement, entortilla leurs têtes des mêmes vipères, et leur donna des ailes rapides comme les vents. Debout près du trône et du redoutable seuil du roi des dieux, elles veillent, aiguillonnant la peur dans les âmes des malheureux mortels ; soit que le maître des dieux déchaîne sur la terre l'horrible mort et les maladies, soit qu'il épouvante par la guerre les cités coupables. Jupiter envoie du haut des airs l'une de ces rapides Furies, et lui ordonne de s'offrir en signe de malheur aux regards de Juturne. Elle vole, et un rapide tourbillon la porte sur la terre. Telle, chassée par la corde à travers la nue, la flèche qu'un Parthe ou un Crétois a armée de poison siffle, et, fendant les ombres d'un vol obscur, porte avec sa pointe infectée une incurable blessure. Ainsi la fille de la Nuit traverse les airs et gagne la terre. Quand elle a vu l'armée troyenne et les bataillons de Turnus, soudain elle se ramasse sous la forme empruntée de ce petit oiseau qui, se posant la nuit sur les tombeaux ou sur les toits abandonnés, prolonge dans les ténèbres ses cris importuns. La Furie, sous ce plumage, passe et revient devant les yeux de Turnus, et bat son bouclier de ses ailes. Une nouvelle terreur glace les membres engourdis de Turnus ; ses cheveux se dressent d'horreur sur son front ; sa voix s'arrête sur ses lèvres. A peine Juturne a-t-elle reconnu de loin le vol et l'aigre cri de la Furie, que la malheureuse sœur arrache ses cheveux épars, se déchire le visage, se meurtrit le sein. » Ah ! Turnus, « s'écrie-t-elle, que peut maintenant pour toi ta « sœur ? Que devenir, malheureuse que je suis, « cruelle qui t'abandonne ? Par quel art prolonger « pour toi la vie ? Comment m'opposer à ce « monstre qui t'environne ? C'en est fait ; j'abandonne ce champ de bataille. Cessez, impurs « oiseaux, de m'épouvanter ; je connais les battements de vos ailes et vos funèbres cris. Je « sens l'impérieuse volonté du grand Jupiter. « Voilà comme il me récompense de ma pudeur « ravie ! Pourquoi m'a-t-il accordé une vie éter- « nelle ? Pourquoi m'avoir exemptée de la con- « dition mortelle ? La mort finirait pour moi de si « grandes douleurs, et je pourrais accompagner « mon malheureux frère chez les Mânes. Moi « immortelle ? Mais quelle douceur, ô mon frère, « puis-je goûter sans toi ? La terre a-t-elle des « abîmes assez profonds pour m'engloutir, et me « précipiter, toute déesse que je suis, dans les « gouffres des enfers ? » A ces mots elle couvre sa tête d'un voile bleu, et se plonge en gémissant dans le fleuve.

Cependant Énée presse son rival, et fait étinceler son javelot dans ses mains redoutables : « Qui t'arrête maintenant, Turnus, s'écrie-t-il ? « et pourquoi refuses-tu le combat ? Ce n'est pas « de courir qu'il s'agit, mais de combattre de près « avec des armes cruelles.

« Prends toutes les formes que tu voudras ; « ramasse en toi toutes les ressources du courage « et de l'art ; demande des ailes pour t'envoler « vers les astres ; demande à la terre de te ca- « cher dans ses entrailles. » Turnus secouant la tête lui répond : « Barbare, ce n'est pas le vain « feu de tes paroles, ce sont les dieux qui m'é-

Serpentum spiris, ventosasque addidit alas.
Hæc Jovis ad solium, sævique in limine regis,
Adparent, acuuntque metum mortalibus ægris, 850
Si quando letum horrificum morbosque deum rex
Molitur, meritas aut bello territat urbis.
Harum unam celerem demisit ab æthere summo
Juppiter, inque omen Juturnæ occurrere jussit.
Illa volat, celerique ad terram turbine fertur ; 855
Non secus, ac nervo per nubem impulsa sagitta,
Armatum sævi Parthus quam felle veneni,
Parthus, sive Cydon, telum inmedicabile, torsit ;
Stridens et celeris incognita transilit umbras.
Talis se sata Nocte tulit, terrasque petivit. 860
Postquam acies videt Iliacas atque agmina Turni :
Alitis in parvæ subitam collecta figuram,
Quæ quondam in bustis, aut culminibus desertis
Nocte sedens, serum canit inportuna per umbras ;
Hanc versa in faciem, Turni se pestis ob ora 865
Fertque refertque sonans, clipeumque everberat alis.
Illi membra novus solvit formidine torpor ;
Adrectæque horrore comæ, et vox faucibus hæsit.
At, procul ut Diræ stridorem adgnovit et alas,
Infelix crinis scindit Juturna solutos, 870
Unguibus ora soror fœdans, et pectora pugnis ;

Quid nunc te tua, Turne, potest germana juvare ?
Aut quid jam duræ superat mihi ? qua tibi lucem
Arte morer ? talin' possum me opponere monstro,
Jam jam linquo acies : ne me terrete timentem, 875
Obscenæ volucres ; alarum verbera nosco,
Letalemque sonum ; nec fallunt jussa superba
Magnanimi Jovis : hæc pro virginitate reponit !
Quo vitam dedit æternam ? cur mortis adempta est
Conditio ? possem tantos finire dolores 880
Nunc certe, et misero fratri comes ire per umbras.
Inmortalis ego ? aut quidquam mihi dulce meorum
Te sine, frater, erit ? o quæ satis alta dehiscat
Terra mihi, Manisque deam demittat ad imos ?
Tantum effata, caput glauco contexit amictu 885
Multa gemens ; et se fluvio dea condidit alto.

Æneas instat contra, telumque coruscat
Ingens, arboreum, et sævo sic pectore fatur :
Quæ nunc deinde mora est ? aut quid jam, Turne, retractas ?
Non cursu, sævis certandum est comminus armis. 890
Verte omnis tete in facies ; et contrahe, quidquid
Sive animis, sive arte vales ; opta ardua pennis
Astra sequi, clausumve cava te condere terra.
Ille caput quassans : Non me tua fervida terrent
Dicta, ferox ; di me terrent, et Juppiter hostis. 895

« pouvantent, c'est Jupiter ennemi. » Il dit, regarde autour de lui, voit une pierre haute, énorme, qui gisait dans la plaine, antique monument qui servait à marquer la borne litigieuse des champs voisins : douze hommes des plus robustes de ceux qu'enfante aujourd'hui notre terre, fléchiraient sous cette masse; Turnus l'enlève d'une main furieuse, se dresse de toute sa hauteur, et d'une course haletante la lance à Énée. Mais il ne sent pas que la force lui manque pour courir et se précipiter, pour soulever et mouvoir le roc immense : ses genoux plient; un froid glacial serre son cœur. La pierre, roulant dans le vide des airs, ne franchit même pas tout l'espace qui le sépare de son rival, et ne porte pas coup. Ainsi la nuit, durant nos songes, quand le sommeil languissant pèse sur nos yeux, il nous semble que nous voulons d'un avide élan prolonger une course impuissante, et que nous tombons épuisés au milieu de nos efforts; notre langue est enchaînée; notre corps n'a plus ses forces accoutumées; la voix, ni les mots, ne suivent les désirs. De même Turnus, quoi que tente son courage, se sent trahi par l'infernal génie de la déesse.

Alors mille pensées diverses agitent son esprit. Il regarde les Rutules et la ville: la peur l'arrête; il tremble de lancer son dard; il ne sait où s'échapper, ni comment assaillir son ennemi; plus de char, plus de sœur pour le conduire. Il balançait encore, quand Énée fait luire son fatal javelot; il a cherché des yeux une place à ses coups; il lance son arme de toute la force de son corps. Jamais n'ont tant frémi les murailles ébranlées par le bélier des siéges; jamais la foudre ne rompit la nue avec d'aussi effroyables éclats. Pareil à un noir tourbillon, le dard vole, portant avec lui la mort; perce les bords de la cuirasse et les sept lames repliées du bouclier de Turnus, et pénètre en sifflant au milieu de sa cuisse : à ce terrible coup, le grand Turnus tombe à terre sur ses genoux ployés. Des bataillons rutules s'élève un immense gémissement; tout le mont en mugit, et les hautes forêts lui répondent en échos lamentables. Turnus humble et suppliant, les mains tendues vers son vainqueur, l'implorait du regard : « J'ai mérité « la mort, lui dit-il, et je ne te demande point « la vie ; use de ta fortune. Mais si tu es touché « du sort d'un père malheureux (et toi aussi tu « as plaint un père, le vieil Anchise), aie pitié de « la vieillesse de Daunus. Et s'il te plaît de me « ravir la lumière, rends mon corps aux miens. « Tu as vaincu, et tous les Ausoniens m'ont vu « te tendre des mains désarmées. Lavinie est à « toi; ne porte pas plus loin ta haine. »

Énée s'arrête au fort de sa fureur, roulant des yeux incertains, retenant son bras. Longtemps il hésite; il va se laisser fléchir par les paroles de Turnus, quand apparaît à ses yeux et reluit avec ses boucles d'or si connues le malheureux baudrier de Pallas, d'un enfant que Turnus avait abattu par un coup mortel, et dont il portait sur ses épaules la dépouille ennemie.

Nec plura effatus, saxum circumspicit ingens,
Saxum antiquum, ingens, campo quod forte jacebat,
Limes agro positus, litem ut discerneret arvis;
Vix illud lecti bis sex cervice subirent,
Qualia nunc hominum producit corpora tellus; 900
Ille manu raptum trepida torquebat in hostem,
Altior insurgens, et cursu concitus heros.
Sed neque currentem se, nec cognoscit euntem,
Tollentemve manu saxumque inmane moventem;
Genua labant, gelidus concrevit frigore sanguis : 905
Tum lapis ipse viri, vacuum per inane volutus,
Nec spatium evasit totum, nec pertulit ictum.
Ac velut in somnis, oculos ubi languida pressit
Nocte quies, nequidquam avidos extendere cursus
Velle videmur, et in mediis conatibus ægri 910
Succidimus; non lingua valet, non corpore notæ
Sufficiunt vires, nec vox, aut verba sequuntur :
Sic Turno, quacumque viam virtute petivit,
Successum dea dira negat : tum pectore sensus
Vertuntur varii : Rutulos adspectat, et urbem, 915
Cunctaturque metu, telumque instare tremiscit;
Nec quo se eripiat, nec qua vi tendat in hostem,
Nec currus usquam videt, aurigamve sororem.
Cunctanti telum Æneas fatale coruscat,
Sortitus fortunam oculis; et corpore toto 920
Eminus intorquet : murali concita nunquam
Tormento sic saxa fremunt, nec fulmine tanti
Dissultant crepitus : volat atri turbinis instar
Exitium dirum hasta ferens, orasque recludit
Loricæ, et clipei extremos septemplicis orbis; 925
Per medium stridens transit femur : incidit ictus
Ingens ad terram duplicato poplite Turnus.
Consurgunt gemitu Rutuli, totusque remugit
Mons circum, et vocem late nemora alta remittunt.
Ille humilis supplexque oculos dextramque precantem 930
Protendens : Equidem merui, nec deprecor, inquit,
Utere sorte tua : miseri te si qua parentis
Tangere cura potest; oro, fuit et tibi talis
Anchises genitor, Dauni miserere senectæ;
Et me, seu corpus spoliatum lumine mavis, 935
Redde meis : vicisti; et victum tendere palmas
Ausonii videre : tua est Lavinia conjunx
Ulterius ne tende odiis. Stetit acer in armis
Æneas, volvens oculos, dextramque repressit;
Et jam jamque magis cunctantem flectere sermo 940
Cœperat; infelix humero quum adparuit alto
Balteus, et notis fulserunt cingula bullis
Pallantis pueri; victum quem volnere Turnus
Straverat, atque humeris inimicum insigne gerebat.
Ille, oculis postquam sævi monumenta doloris 945

Énée a revu ce trophée, qui réveille dans son âme de cruelles douleurs; il en repaît ses tristes regards; sa fureur se rallume; et cette fois, terrible dans sa colère : « Eh quoi, encore paré des « dépouilles des nôtres, tu m'échapperais! C'est « Pallas, oui, Pallas qui t'immole de sa main, « et qui se venge dans ton sang criminel. » A ces mots il lui plonge sa bouillante épée dans la poitrine : le froid de la mort coule dans ses membres, il gémit, et son âme en courroux s'enfuit chez les Mânes.

Exuviasque hausit, furiis adcensus, et ira
Terribilis : Tune hinc spoliis indute meorum
Eripiare mihi? Pallas te hoc volnere, Pallas
Inmolat, et pœnam scelerato ex sanguine sumit.

Hoc dicens, ferrum adverso sub pectore condit 950
Fervidus : ast illi solvuntur frigore membra,
Vitaque cum gemitu fugit indignata sub umbras.

POÉSIES DIVERSES.

LE MOUCHERON.

Ces vers, Octave, c'est ma Thalie qui en se jouant les a modulés sur ses grêles pipeaux; et, comme l'araignée, je n'ai fait qu'ourdir les premiers fils de ma trame légère. Qu'un moucheron soit le héros de ce poëme. Je veux qu'humble en ses accords, ma muse de jeux en jeux réponde à cette humble histoire; je le veux, en dépit des envieux. Qui que tu sois qui t'apprêtes à blâmer ma muse et ses badinages, je te prédis que tu pèseras dans la postérité moins que mon moucheron, et seras plus léger de gloire. Plus tard, Octave, quand le temps aura mûri les fruits de mon génie, ma muse t'adressera de plus graves accents, et limera pour toi des vers plus dignes de ton goût.

Le fils radieux de Latone et de Jupiter, et leur plus bel ornement, Phébus sera le commencement de ces vers qu'il inspire en souriant à la lyre qui le chante. Peut-être l'as-tu nourri dans ton sein maternel, Xanthe que baignent les flots épanchés du mont de la Chimère; ou toi, forêt d'Astérie, ou toi, rocher du Parnasse, qui étends deçà et delà ton large front aux deux cornes, et qui vois bondir d'un pied liquide le flot sonore de Castalie. Vous donc qui embellissez les ondes de Piéros, venez, Naïades, aimables sœurs, et, frappant le sol en chœur, célébrez le dieu. Et toi, sainte Palès, qui vois revenir à tes autels les douces prémices des travaux champêtres, daigne suivre le poëte à travers les espaces aériens des bois et des forêts verdoyantes. J'aime, ô déesse qui cultives ces clairières et ces antres, à porter là mes pas vagabonds.

Et toi, digne sujet de louanges pour la poésie, qui déjà se repose en toi, vénérable Octave, sois propice à mon œuvre. Cette page ne chante pas la guerre, n'inonde pas la terre phlégréenne du sang des Géants, ne jette pas les Lapithes contre l'épée des Centaures, ne brûle pas des feux de l'orient les tours d'Érechthée : l'Athos percé, la vaste mer chargée de chaînes n'attendent plus de mon opuscule une célébrité tardive; je ne redirai ni l'Hellespont battu par les pieds des chevaux, alors que la Grèce vit tremblante fondre de tous côtés sur elle les hordes des Perses. Non; ma muse, que guide Phébus, se plaît à parcourir d'un vers léger la trame d'un poëme à l'abandon, et ne se joue qu'à une tâche accommodée à ses forces. Et toi, saint et vénérable adolescent, nul doute que ta gloire ne brille d'âge en âge d'un éclat éternel, qu'un lieu de délices ne t'attende dans l'asile des justes! Que ta vie (les dieux te le doivent), intacte et heureuse durant de longues années, soit comme une douce lumière aux bons citoyens. Mais venons à notre sujet.

Le soleil aux traits de flamme avait percé de

P. VIRGILII MARONIS
CULEX.

Lusimus, Octavi, gracili modulante Thalia;
Atque, ut araneoli, tenuem formavimus orsum.
Lusimus : hæc propter Culicis sint carmina dicta.
Omnis ut historiæ per ludum consonet ordo
Notitiæ, ducam voces; licet invidus adsit. 5
Quisquis erit culpare jocos Musamque paratus,
Pondere vel Culicis levior famaque feretur.
Posterius graviore sono tibi Musa loquetur
Nostra, dabunt quum securos mihi tempora fructus;
Ut tibi digna tuo polianter carmina sensu. 10
   Latonæ magnique decus Jovis aurea proles,
Phœbus, erit nostri princeps et carminis auctor,
Et recinente lyra fautor : sive educat illum
Alma Chimæreo Xanthus perfusa liquore;
Seu nemus Asteriæ; seu qua Parnassia rupes 15
Hinc atque hinc patula præpandit cornua fronte,
Castaliæque sonans liquido pede labitur unda.
Quare, Pierii laticis decus, ite, sorores
Naides, et celebrate deum plaudente chorea.
Et tibi, sancta Pales, ad quam ventura recurrit 20
Agrestum bona cura, sequi sit cura tenentis
Aereos nemorum tractus silvasque virentes;
Te cultrice, vagus saltus feror inter et astra.
   At tu, cui meritis oritur fiducia chartis,
Octavi venerande, meis adlabere cœptis, 25
Sancte puer : tibi namque canit non pagina bellum,
Phlegra Giganteo sparsa est quo sanguine tellus;
Nec Centaureos Lapithas conpellit in ensis;
Urit Erichthonias Oriens non ignibus arces;
Non perfossus Athos, nec magno vincula Ponto 30
Jacta, meo quærent jam sera volumine famam;
Non Hellespontus pedibus pulsatus equorum,
Græcia quum timuit venientis undique Persas :
Mollia sed tenui percurrere carmina versu,
Viribus apta suis, Phœbo duce, ludere gaudet. 35
Et tu, sancte puer, venerabilis, et tibi certet
Gloria perpetuum lucis mansura per ævum;
Et tibi sede pia maneat locus, et tibi sospes
Debita felicis memoretur vita per annos,
Grata bonis lucens : sed nos ad cœpta feramur. 40
   Igneus æthereas jam Sol penetrarat in arcis,
Candidaque aurato quatiebat lumina curru;

ses feux les demeures éthérées, et de son char d'or secouait la blanche lumière ; l'Aurore, épanchant sa chevelure de roses, avait dissipé les ténèbres, quand un berger chassa de l'étable vers les riants pâturages ses chèvres, et gagna les sommets d'une haute montagne, là où les gazons inondés de lumière couvraient les spacieux versants. Tantôt les bois, les buissons et les vallées cachent le troupeau vagabond ; tantôt, ramassant de tous côtés leurs bandes éparses, les chèvres agiles grimpent aux fissures aiguës d'une roche solitaire. Elles tondent d'une tendre morsure l'herbe verdoyante, entament les longs rameaux de l'arbousier qui pendent, et attaquent d'une dent avide les labrusques touffus des broussailles. L'une saisit et mord la pointe des pousses que laisse retomber le saule flexible, et l'aune qui vient de naître ; une autre fourrage les tendres épines des halliers ; une autre se penche sur le bord d'un ruisseau qui réfléchit son image.

O bonheur du berger! si le vain savoir de nos esprits prévenus ne dédaigne pas les jouissances du pauvre, et ne lui vante pas toutes les magnificences qu'empoisonnent les soucis, et qui déchirent nos cœurs avides et ennemis d'eux-mêmes ; si jamais pour lui des toisons, payées par les trésors d'un Attale, n'ont été deux fois baignées dans la teinture d'Assyrie ; si l'éclat de l'or, rayonnant aux lambris de sa demeure, ne touche pas son cœur avare ; s'il ne connaît le vain usage ni des splendides peintures, ni de l'étincelante émeraude ; si ses coupes n'étalent pas les élégantes ciselures d'Alcon et de Boëce ; si la perle des coquilles de la mer Indienne n'a point de prix à ses yeux ; en revanche son cœur est pur : souvent il étend ses membres sur un tendre gazon, alors que la terre en fleurs déploie les pierreries de l'herbe renaissante, et que le doux printemps parsème les champs de mille couleurs. Tout entier à ses pipeaux, qu'il arrache à la rive de l'étang, coulant dans les loisirs des jours exempts d'envie et de mensonge, il est riche pour lui ; l'arbuste du Tmole, jouant avec les verts sarments, le voile de sa chevelure, et jette autour de lui un manteau de pampre. Il aime les chèvres ruisselantes de lait ; il aime les bois, la féconde Palès, et, au fond des vallées, les antres sombres où coulent des eaux toujours nouvelles. Eh! qui peut vivre d'une vie plus heureuse et plus digne d'envie que celui dont l'âme pure et le cœur sans reproche ne connaît pas l'ardent amour des richesses, ne craint ni les tristes guerres, ni les funestes combats des redoutables flottes? Il ne va pas, pour orner de brillantes dépouilles les saints temples des dieux, ou pour dépasser en s'élevant les bornes de la puissance, se jeter, la tête baissée, au-devant des cruels ennemis? Ce n'est point l'art, c'est le faux qui a poli l'image du dieu qu'il adore ; ses palais, ce sont les bois ; ses parfums d'Arabie, ce sont les fleurs qui teignent de mille couleurs les herbes des champs. Un doux repos, une volupté pure et libre, les soins d'une âme simple, voilà sa vie. Où se portent, où tendent ses pensées? Quel souci aiguillonne son cœur? Le vivre, quel qu'il soit, en abondance, et du repos, c'est tout ce qu'il veut ; et pour ses

---

Crinibus et roseis tenebras Aurora fugarat ;
Propulit ut stabulis ad pabula læta capellas
Pastor, et excelsi montis juga summa petivit, 45
Lucida qua patulos velabant gramina collis ;
Jam silvis dumisque, vagæ jam vallibus abdunt
Corpora ; jamque omni celeres e parte vagantes
Scrupea deserti perrepunt ad cava rupis.
Tondentur tenero viridantia gramina morsu, 50
Pendula projectis carpuntur et arbuta ramis,
Densaque virgultis avide labrusca petuntur.
Hæc suspensa rapit carpente cacumina morsu
Vel salicis lentæ, vel quæ nova nascitur alnus.
Hæc teneras fruticum sentes rimantur ; at illa 55
Imminet in rivi præstantis imaginis undam.

O bona pastoris, si quis non pauperis usum
Mente prius docta fastidiat, et probet illis
Omnia luxuriæ pretiis incognita curis,
Quæ lacerant avidas inimico pectore mentes. 60
Si non Assyrio fuerint bis lauta colore,
Attalicis opibus data, vellera ; si nitor auri
Sub laqueate domus animum non tangit avarum ;
Picturæque decus, lapidum nec fulgor in ulla
Cognitus utilitate manet, nec pocula gratum 65
Alconis referent Boeticæque toreuma ; nec Indi
Conchea bacca maris pretio est : at pectore puro
Sæpe super tenero prosternit gramine corpus ;
Florida quum tellus gemmantis picta per herbas
Vere notat dulci distincta coloribus arva ; 70
Atque illum, calamo lætum recinente palustri,
Otiaque invidia degentem ac fraude remota,
Pollentemque sibi, viridi cum palmite ludens
Tmolia pampineo subter coma velat amictu.
Illi sunt gratæ rorantes lacte capellæ, 75
Et nemus, et fecunda Pales, et vallibus imis
Semper opaca novis manantia fontibus antra.
Quis magis optato queat esse beatior ævo,
Quam qui mente procul pura sensuque probando
Non avidas agnovit opes ; non tristia bella, 80
Nec funesta timet validæ certamina classis ;
Non, spoliis dum sancta deum fulgentibus ornet
Templa, vel evectus finem transcendat habendi,
Adversum sævis ultro caput hostibus offert?
Illi falce deus colitur, non arte, politus ; 85
Ille colit lucos ; illi, Panchaia tura,
Floribus agrestes herbæ variantibus, adsunt ;
Illi dulcis adest requies, et pura voluptas,
Libera, simplicibus curis : huc imminet, omnis
Dirigit huc sensus, hæc cura est subdita cordi, 90
Quolibet ut requie victu contentus abundet,
Jucundoque liget languentia corpora somno.

membres allanguis, les doux liens du sommeil. O troupeaux! ô dieux Pans! ô ravissantes Tempés pleines de sources et d'Hamadryades! tous les pasteurs, dans le culte simple qu'ils leur vouent, rivaux du poëte d'Ascra, passent comme lui, d'un cœur tranquille, une vie sans orage. Tels sont les travaux du berger appuyé sur sa houlette : au doux midi, il rêve; ou bien, inhabile aux harmonieux accords, il module sur ses roseaux joints ensemble sa chanson accoutumée; tandis qu'Hypérion s'élève, dardant ses rayons, et qu'il pose au milieu du monde éthéré cette ligne étincelante, d'où il jette sur l'un et l'autre Océan ses flammes dévorantes.

Mais voici que, rassemblées par le berger qui les pousse devant lui, les chèvres vagabondes descendent aux basses rives d'une source murmurante. L'onde bleuâtre sommeillait sur la verte mousse; déjà le soleil avait atteint le haut point des cieux qui partage sa laborieuse carrière, lorsque le berger réunit son troupeau sous d'épais ombrages, et de loin vit ses chèvres, ô déesse de Délos, se coucher dans ces bois verdoyants. Là vint autrefois, poussée par d'irrésistibles fureurs, la fille de Cadmus, Agavé, lorsqu'elle fuyait Bacchus. Mère criminelle, les mains ensanglantées par un épouvantable meurtre, le dieu l'agitait encore sur les pentes glacées des monts; enfin elle se reposa dans un antre, et pour elle fut retardé le supplice qui expiait la mort de son fils. Là aussi, s'ébattant sur l'herbe verte, les Pans, les Satyres et les jeunes Dryades formèrent des chœurs avec la troupe des Naïades. Jamais Orphée ne retint l'Hèbre enchaîné par ses accords, et les forêts attentives, aussi longtemps que tu t'arrêtas, ô Diane, à la vue de ces chœurs de Pans, et de ces visages qui te souriaient, épanouis par le bonheur : ce beau site vert, ce murmurant asile, semblait fait pour réparer par sa douce ombre les chèvres lassées. En avant, sur les pentes de la vallée, s'élevaient des platanes dont le vaste feuillage touchait la nue, et entre eux les funestes lotos; funestes, puisqu'ils enlevèrent au triste roi d'Ithaque ses compagnons, captivés par la douceur fascinante de leurs couverts hospitaliers. Puis les sœurs de Phaéton, qui, renversé par les coursiers de Phébus tomba réduit en cendres du char lumineux, les Héliades, qui de douleur virent se changer leurs formes premières, enlaçaient leurs bras sortis de leurs tendres tiges, et déployaient la vaste tenture de leurs rameaux au blanchissant feuillage. Plus loin c'était l'amante à qui Démophon laissa d'éternelles douleurs, et qui, pleurant sa perfidie, fut souvent perfide à son tour. A ses côtés se montrait l'arbre aux chants fatidiques, le chêne donné par les dieux aux humains avant les semences de Cérès, le chêne, qui fit place aux épis nés du sillon de Triptolème. Là se dressait encore le pin, insigne honneur du navire Argo; ses bras hérissés décorent les hautes futaies. D'autres sur les cimes aériennes, des monts, semblent aspirer aux astres : ce sont l'yeuse au noir feuillage, le luxuriant cyprès, les hêtres ombreux, fermes sur leurs troncs; et le lierre qui se roule aux branches du peuplier, pour empêcher qu'elles ne se meurtrissent au souvenir de leur frère, et qui, s'élançant jusqu'au faîte en spirales flexi-

O pecudes, o Panes, et o gratissima Tempe
Fontis Hamadryadum; quarum non divite cultu
Æmulus Ascræo pastor sibi quisque poetæ 95
Securam placido traducit pectore vitam.
Talibus in studiis baculo dum nixus apricas
Pastor agit curas, et dum non arte canora
Conpacta solitum modulatur arundine carmen;
Tendit inevectus radios Hyperionis ardor, 100
Lucidaque æthereo ponit discrimina mundo,
Qua jacit Oceanum flammas in utrumque rapaces.
  Et jam compellente vagæ pastore capellæ
Ima susurrantis repetant ad vada lymphæ,
Quæ subter viridem residebant cærula muscum. 105
Jam medias operum partis evectus erat Sol;
Quum densas pastor pecudes cogebat in umbras;
Et procul adspexit luco residere virenti,
Delia diva, tuo : quo quondam victa furore
Venit Nyctelium fugiens Cadmeis Agave 110
Infandas scelerata manus e cæde cruenta,
Quæ gelidis bacchata jugis requievit in antro;
Posterius pœnam gnati se morte futuram.
Hic etiam viridi ludentes Panes in herba,
Et Satyri Dryadesque choros egere puellæ 115
Naiadum cœtu. Tantum non Orpheus Hebrum
Restantem tenuit ripis silvasque canendo,
Quantum te, Peneu, remorantem Dia chorea,
Multa tibi læto fundentes gaudia vultu,
Ipsa loci natura, domum resonante susurro, 120
Quis dabat, et dulci fessas refovebat in umbra.
Nam primum prona surgebant valle patentes
Æreæ platanus : inter quas inpia lotos,
Inpia, quæ socios Ithaci mœrentis abegit,
Hospita dum nimia tenuit dulcedine captos. 125
At, quibus insigni curru projectus equorum
Ambustus Phaethon luctu mutaverat artus,
Heliades teneris amplexæ brachia truncis
Candida fundebant tentis velamina ramis.
Posterius, cui Demophoon æterna reliquit 130
Perfidiam lamentandi mala, perfida multis :
Quam comitabantur fatalia carmina quercus;
Quercus ante datæ, Cereris quam semina, vitæ :
Illas Triptolemi mutavit sulcus aristis.
Hic, magnum Argoæ navi decus, edita pinus 135
Proceras decorat silvas hirsuta per artus :
Adpetit aeriis contingere montibus astra
Ilicis et nigræ species, et læta cupressus;

bles, teint d'un vert pâle ses grappes tachetées d'or. Tout près était le myrte, qui n'a pas oublié sa primitive destinée. Cependant les oiseaux qui se sont posés sur les larges rameaux font entendre mille chants sur mille tons divers. Au-dessous coulait d'une fraîche source une eau vive, qui s'échappant résonnait avec un doux bruit sur son humble rive : et quoique retentissent à l'oreille les voix assourdissantes des oiseaux, elles ne couvrent pas la vieille plainte des filles des marais, que charme l'onde fangeuse. Écho dans l'air soutient les sons qu'elle relève ; et tout retentit du cri aigu des ardentes cigales. Cependant les chèvres lasses se couchent çà et là, éparpillées sur les hauteurs, parmi les buissons qu'une douce brise confond en les caressant de son haleine murmurante.

A peine le pâtre s'est-il reposé au bord de la fontaine sous l'épaisse feuillée, qu'il sent couler dans son cœur le charme du sommeil. Étendu sur l'herbe, il avait, sans craindre aucun piége, livré ses membres à un profond accablement, et, libre d'inquiétude, il allait savourer sur sa couche de verdure un doux sommeil ; si le hasard n'eût amené pour lui un périlleux moment. Aux mêmes lieux et à son heure accoutumée, un énorme serpent à la peau tachetée allait se déroulant, pour s'enfoncer dans la vase profonde, et s'y cacher aux feux du jour. Sa langue vibrante aspirait au passage l'air qu'elle chargeait de poisons ; il portait en avant, par d'amples mouvements, ses anneaux écailleux ; au moindre souffle il lançait tout alentour d'inquiets regards. A mesure qu'il roule ses orbes sans cesse repliés, il lève plus haut son poitrail aux étincelantes couleurs, et, dressant sa tête altière, il bondit ; une aigrette la couronne, auréole de pourpre aux taches lumineuses ; et des prunelles enflammées du monstre jaillissent de farouches regards.1

L'immense reptile mesurait de l'œil tous les lieux à la ronde, quand vis-à-vis de lui se montre le berger étendu. Alors ses pupilles élargies dardent des regards plus ardents ; d'une gueule farouche et plus souvent béante il veut broyer tout ce qui s'approche de ses eaux ; il rassemble les armes que lui donna la nature ; il brûle de rage, il éclate en furieux sifflements ; il tonne, il courbe en cercle volumineux sa masse tortueuse ; des gouttes de sang coulent en longues traînées de son corps ; son souffle va rompre sa gorge. Il allait tout dévorer, quand l'humble nourrisson des vapeurs le prévient, donne l'alarme au berger, et, le piquant de son aiguillon, l'avertit de se soustraire à la mort. Au point même où la fente qui sépare les paupières découvre le diamant qu'elles protégent, le dard léger du moucheron avait frappé le cristallin du vieillard. Lui de bondir, et, dans sa rage, d'écraser et de mettre à mort le pauvre insecte, dont le souffle se dissipe avec le sentiment, et s'évapore. Au même instant il se retourne, et voit le serpent qui de près fixe sur lui sa prunelle menaçante. Alerte, pâle d'effroi et presque hors de lui-même, il recule, arrache à l'orme voisin une forte branche ; secours qui

Umbrosæque manent fagus, ederæque ligantes
Brachia, fraternos plangat ne populus ictus ; 140
Ipsæque excedunt ad summa cacumina lentæ,
Pinguntque aureolos viridi pallore corymbos.
Quis aderat veteris myrtus non nescia fati.
At volucres patulis residentes dulcia ramis
Carmina per varios edunt resonantia cantus. 145
His suberat gelidis manans e fontibus unda,
Quæ levibus placidum rivis sonat orta liquorem ;
Et, quamquam geminas avium vox obstrepit auris,
Hanc querulæ referunt voces, quis nantia limo
Corpora lympha fovet : sonitus alit aeris Echo ; 150
Argutis et cuncta fremunt ardore cicadis.
At circa passim fessæ cubuere capellæ,
Excelsisque super dumis ; quos leniter adflans
Aura susurrantis possit confundere venti.
Pastor, ut ad fontem densa requievit in umbra, 155
Mitem concepit projectus membra soporem,
Anxius insidiis nullis : sed lentus in herbis
Securo pressos somno mandaverat artus ;
Stratus humi dulcem capiebat corde quietem,
Ni Fors incertos jussisset ducere casus. 160
Nam solitum volvens ad tempus tractibus isdem
Inmanis vario maculantia corpore serpens,
Mersus ut in limo magno subsideret æstu,
Obvia vibranti carpens gravis aera lingua,
Squamosos late torquebat motibus orbis. 165
Tollebat auræ venientis ad omnia visus.
Jam magis atque magis corpus revolubile volvens
Adtollit nitidis pectus fulgoribus, et se
Sublimi cervice rapit ; cui crista superne
Edita purpureo lucens maculatur amictu, 170
Adspectuque micant flammantia lumina torvo.
Metabat late circum loca, quum videt ingens
Adversum recubare ducem gregis : acrior instat
Lumina diffundens intendere, et obvia torvo
Sævius adripiens infringere, quod sua quisquam 175
Ad vada venisset : naturæ comparat arma ;
Ardet mente, furit stridoribus, intonat ore ;
Flexibus eversis torquetur corporis orbis ;
Manant sanguineæ per tractus undique guttæ ;
Spiritus et rumpit fauces. Cui cuncta paranti 180
Parvulus hunc prior humoris conterret alumnus,
Et mortem vitare monet per acumina ; namque,
Qua diducta genas pandebant lumina gemmis,
Hac senioris erat naturæ pupula telo
Icta levi. Tum prosiluit furibundus, et illum 185
Obtritum morti misit ; cui dissitus omnis
Spiritus excessit sensus. Tum torva tenentem
Lumina respexit serpentem comminus : inde
Inpiger, exanimis, vix conpos mente, refugit ;
Et validum dextra truncum detraxit ab orno, 190

LE MOUCHERON.

lui vient du hasard, ou de la providence des dieux. Car dire qui d'un dieu ou du hasard lui ouvrit cette voie de salut, serait chose douteuse; le ciel ou la fortune voulait qu'il vainquît. En vain l'affreux reptile déroule ses formes écailleuses; en vain il résiste et lutte, et veut mordre d'une dent impure : des coups redoublés frappent ses tempes là où les ceint la crête; et comme le berger est lent à se reconnaître, et qu'il n'a pas encore secoué la langueur du sommeil, voyant sans voir, et aveuglé par l'épouvante, il n'en est que moins enchaîné par le sinistre effroi. Bientôt il voit le reptile meurtri se pâmer à ses pieds, et il se rassied.

Mais déjà la Nuit qui s'élève a secoué ses deux coursiers et les a lancés des bords de l'Érèbe, et le paresseux Vesper s'avance des flancs dorés de l'OEta. A cette heure où l'ombre redouble, le pâtre rassemble son troupeau, chemine, et se prépare à rendre au repos ses membres fatigués. A peine le léger sommeil s'est-il glissé dans son corps, à peine une douce langueur s'est-elle répandue dans ses membres languissants, que le fantôme du moucheron s'offre à ses regards, et, tout triste de l'événement qui l'a tué, lui reproche sa cruelle mort. « Ah! qu'ai-je fait? dit-il, à quel crime
« me suis-je porté pour être réduit au destin le
« plus dur? Moi qui aimai plus ta vie que ma
« vie, les vents m'emportent dans l'espace; et
« toi, mollement étendu, tu ranimes par un agréa-
« ble repos tes membres arrachés à une effroyable
« destruction. Les Mânes forcent mes restes
« sanglants à passer sur la fatale barque les on-
« des du Léthé; je vais et viens, chétive proie de
« Caron. Vois-tu ces torches brûlantes éclairer
« de leurs horribles lueurs des temples redouta-
« bles? Tisiphone est là, devant moi, qui m'ar-
« rête; des serpents, tresses affreuses, enlacent
« ses cheveux; elle agite la flamme et le fouet
« inexorable qui me doivent punir. Cerbère, la
« gueule en feu, éclate en aboiements terribles; à
« droite, à gauche, des serpents entortillés hérissent
« son cou, et d'ardents éclairs jaillissent de l'orbe
« sanglant de ses yeux. Hélas! pourquoi la re-
« connaissance s'est-elle ainsi séparée du service,
« lorsque je t'ai ramené au séjour de la lumière,
« du seuil même de la mort! Où sont donc les
« prix dus à la bienfaisance? La bienfaisance,
« elle n'est plus honorée; c'est fait d'elle, elle
« s'est évanouie; et l'antique et sainte équité
« s'est retirée des champs. Je vois les destins
« d'un autre près de s'achever, et je ne songe
« pas aux miens que j'abandonne; et lui, il me
« pousse au malheur que j'écarte de sa tête : le
« bienfaiteur est puni, et la peine, c'est la mort.
« Au moins aie le bon vouloir de la gratitude, et
« que le service acquitte le service.

« J'erre emporté à travers des immenses soli-
« tudes qui s'étendent entre les forêts Cimmérien-
« nes; tout autour se pressent des supplices qui
« attristent l'âme. Là est assis Otos, qu'enchaî-
« nent dans leurs replis d'immenses serpents; et
« de loin d'un œil triste il contemple Éphialte
« dans les fers. Tous deux jadis avaient tenté
« d'arracher le monde de ses fondements. Là je
« vois Tityе, qui se souvient encore avec terreur,
« ô Latone, de ta colère, de ta trop implacable
« colère : il gît, pâture d'un vautour. Je tremble,

Qui casus sociaret opem, numenve deorum.
Namque illi dederitne viam casusve, deusve,
Prodere sit dubium : voluit sed vincere tales
Horrida squamosi volventia membra draconis :
Atque reluctantis, crebris fœdeque petentis 195
Ictibus, ossa ferit, cingunt qua tempora cristæ.
Et, quod erat tardus, somni languore remoto,
Nescius adspiciens, timor obcæcaverat artus :
Hoc minus implicuit dira formidine mentem :
Quem postquam vidit cæsum languescere, sedit. 200
 Jam quatit et bijuges oriens Erebo cit equos Nox;
Et piger aurato procedit Vesper ab OEta;
Quum, grege conpulso pastor, duplicantibus umbris,
Vadit et in fessos requiem dare conparat artus.
Cujus ut intravit levior per corpora somnus, 205
Languidaque effuso requierunt membra sopore;
Effigies ad eum Culicis devenit, et illi
Tristis ab eventu cecinit convicia mortis.
Inquit : « Quid meritus, ad quæ delatus acerbas
Cogor adire vices? tua dum mihi carior ipsa 210
Vita fuit vita, rapior per inania ventis.
Tu lentus refoves jucunda membra quiete,
Ereptus tetris e cladibus : at mea Manes

Viscera Lethæas cogunt transnare per undas;
Præda Charontis agor. Viden' ut flagrantia tædis 215
Lumina conlucent infestis omnia templis;
Obvia Tisiphone, serpentibus undique comta,
Et flammas et sæva quatit mihi verbera pœnæ;
Cerberus et diris flagrat latratibus ora,
Anguibus hinc atque hinc horrent cui colla reflexis, 220
Sanguineique micant ardorem luminis orbes.
Heu! quid ab officio digressa est gratia, quum te
Restitui superis leti jam limine ab ipso?
Præmia sunt pietatis ubi? pietatis honores
In vanas abiere vices; et rure recessit 225
Justitiæ prior illa fides; instantia vidi
Alterius, sine respectu mea fata relinquens;
Ad pariles agor eventus; fit pœna merenti;
Pœna fit exitium : modo sit dum grata voluntas!
Exsistat par officium! Feror avia carpens, 230
Avia Cimmerios inter distantia lucos :
Quem circa tristes densentur in omnia pœnæ.
Nam vinctus sedet inmanis serpentibus Otos,
Devinctum mæstum procul adspiciens Ephialten,
Conati quum sint quondam rescindere mundum; 235
Et Tityos, Latona, tuæ memor anxius iræ,

« ah! je tremble de me mêler à de si grandes om-
« bres, quand je me rapprocherai des eaux du
« Styx. J'y vois presque submergé par l'onde ce
« mortel qui déroba le nectar des dieux; il a
« beau se tourner en tout sens, son gosier est
« toujours aride. Dirai-je celui qui roule un roc
« au haut d'un mont, qui succombe sous l'amère
« douleur d'avoir bravé les dieux, et qui leur
« demande en vain un moment de répit? Fuyez,
« fuyez, jeunes filles, dont les torches furent al-
« lumées par la triste Erynnis, et qui toutes
« avez préludé à l'hymen par le meurtre. Dirai-je
« aussi ces masses innombrables qui se pressent
« les unes sur les autres la magicienne de Col-
« chos, cette mère dénaturée, qui, dans sa féro-
« cité délirante, tient suspendu sur la tête trem-
« blante de ses fils le coup qui va les frapper;
« ou ces déplorables filles de Pandion, de qui la
« voix appelle Itys, Itys, tandis que le roi Bisto-
« nius, changé en huppe, pleure son abandon,
« plane dans les airs légers; ou ces irréconcilia-
« bles frères issus du sang de Cadmus, qui, se
« perçant l'un l'autre, portent et reçoivent tour à
« tour des coups furieux et profonds? Encore à
« présent ils se détestent, en voyant chacun son
« sang rougir la main impie de son frère.

« Épreuves, hélas! qui ne seront pas changées.
« Me voici porté bien au delà, et dans des régions
« lointaines et diverses; j'aperçois à une distance
« immense une porte. Je vole, je suis entraîné vers
« les fleuves de l'Élysée, qu'il me faut traverser.
« J'y rencontre Proserpine, qui force les Héroïnes
« à porter devant elle des torches sinistres: seule,

« Alceste est exempte de toute douleur, pour
« avoir, au prix de sa vie, retardé les cruels destins
« de son époux Admète. Voici l'épouse du roi d'I-
« thaque, la fille d'Icarios, l'éternel et pur hon-
« neur des femmes; plus loin habite la troupe
« insolente des prétendants percés de flèches. Ail-
« leurs, c'est la malheureuse Eurydice qui revient
« abattue de douleur : sur toi pèse maintenant, ô
« Orphée, la peine de ces regards trop tendres je-
« tés en arrière. Sans doute il fut audacieux celui
« qui crut que Cerbère pouvait s'adoucir, et qu'on
« apaisait les puissances infernales; qui n'eut
« peur ni des ondes ardentes du Phlégéton fu-
« rieux, ni de la désolation, ni de l'affreux voile
« de ténèbres tendu sur le ferrugineux empire, ni
« des souterraines demeures du Tartare, envelop-
« pées d'une nuit sanglante, ni de l'impitoyable
« tribunal où siége le juge crétois, le juge qui
« punit après la mort les actes de la vie. Mais la
« fortune, constante dans ses faveurs, avait rendu
« Orphée téméraire. Déjà les fleuves rapides s'é-
« taient arrêtés; déjà la troupe des bêtes fau-
« ves, attirée par la voix enchanteresse d'Orphée,
« venait se fixer aux lieux qu'il charmait; déjà,
« remués dans leurs profondes racines, les chênes
« se soulevaient du sol verdoyant; les fleuves sus-
« pendaient leur cours, et dans les forêts sonores
« les arbres d'eux-mêmes aspiraient par leur
« écorce les chants du poëte. Plus d'une fois la
« Lune retint ses coursiers glissant à travers les
« étoiles. Oui, tu arrêtas leur élan, vierge qui
« présides aux mois; et, pour entendre sa lyre,
« tu laissas la nuit marcher sans toi. Cette lyre

Inplacabilis ira nimis, jacet alitis esca.
Terreor, ah tantis insistere, terreor, umbris,
Ad Stygias revocatus aquas. Vix ultimus amni
Restat, nectareas divom qui prodidit escas, 240
Gutturis arenti revolutus in omnia sensu.
Quid, saxum procul adverso qui monte revolvit,
Contemsisse dolor quem numina vincit acerbus,
Otia quærentem frustra? Vos ite puellæ,
Ite, quibus tædas adcendit tristis Erinnys : 245
Sicut hymen præfata dedit connubia mortis :
Atque alias alio densat super agmine turmas;
Inpietate fera vecordem Colchida matrem,
Anxia sollicitis meditantem volnera gnatis;
Jam Pandionias miseranda prole puellas, 250
Quarum vox cit Ityn, et Ityn, quod Bistonius rex,
Orbus epops mæret volucris evectus in auras.
At discordantes Cadmeo sanguine fratres
Jam truculenta ferunt infestaque volnera corpus
Alter in alterius, jamque aversatus uterque 255
Inpia germani manat quod sanguine dextra.
Eheu! mutandus nunquam labor. Auferor ultra
In diversa magis : distantia limina cerno;
Elysium tranandus agor delatus ad undam.
Obvia Persephone comites Heroidas urguet 260
Adversas perferre faces. Alcestis ab omni

Inviolata vacat cura, quod sæva mariti
Ipsa suis fatis Admeti fata morata est.
Ecce, Ithaci conjux, semper decus, Icariotis
Femineum incorrupta decus; manet et procul illa 265
Turba ferox juvenum telis confixa procorum.
Quin misera Eurydice tanto mærore recessit,
Pœnaque respectus et nunc manet, Orpheus, in te.
Audax ille quidem, qui mitem Cerberon unquam
Credidit, aut illi Ditis placabile numen; 270
Nec timuit Phlegethonta furentem ardentibus undis,
Nec mæsta obtentu diro et ferrugine regna,
Defossasque domos, ac Tartara nocte cruenta
Obsita, nec faciles Ditis sine judice sedes,
Judice, qui vitæ post mortem vindicat acta. 275
Sed fortuna valens audacem fecerat Orphea.
Jam rapidi steterant amnes, et turba ferarum
Blanda voce sequax regionem insederat Orphei;
Jamque imam viridi radicem moverat alte
Quercus humo, steterantque amnem, silvæque sonoræ 280
Sponte sua cantus rapiebant cortice amara.
Labentes bijugos etiam per sidera Luna
Pressit equos; et tu currentes, menstrua virgo,
Auditura lyram tenuisti nocte relicta.
Hæc eadem potuit Ditis te vincere conjux, 285
Eurydicenque ultro ducendam reddere : non fas,

« sut aussi vaincre ton cœur, épouse de Pluton,
« et rendre à Orphée son Eurydice. Mais la ra-
« mener, il ne le pouvait; la puissance de Pro-
« serpine est inexorable pour la vie. Eurydice,
« qui ne connaissait que trop les sévères coutu-
« mes des Mânes, suivait la route marquée, sans
« rejeter ses regards au fond de l'abîme infernal,
« sans corrompre par sa langue imprudente le
« bienfait de Proserpine. Toi seul, hélas! cruel,
« trop cruel Orphée, tandis que tu t'élançais avide
« de tendres baisers, tu rompis les ordres des dieux.
« Amour digne de pardon, si le Tartare savait
« pardonner même une faute légère!

« Mais, à l'opposite, je vois et la demeure des
« justes et le groupe des héros. Là sont les deux
« Éacides, Pélée et le brave Télamon, tous deux
« participant à l'inaltérable joie de leur divin père,
« tous deux exemples insignes de ces rares hymens
« que forment Vénus et la Vertu. Celui-ci se laissa
« ravir aux charmes d'une esclave; celui-là fut
« aimé d'une Néréide. Près de ce dernier est assis
« un guerrier jeune, bouillant, indomptable,
« s'associant à lui par la gloire; c'est Achille,
« qui rapporte des poupes d'Argos les torches
« phrygiennes que sa farouche vaillance en a re-
« poussées. Oh! qui ne redirait cette grande
« guerre qui divisa le monde, et que virent les
« fils de Troie, que virent les fils de la Grèce, en
« ces jours où le sang inondait la terre de Teu-
« cer, et grossissait les flots du Xanthe et du Si-
« moïs, où le long des rivages de Sigée on vit, gui-
« dés par le courroux dévastateur d'Hector, les
« Troyens, tout prêts, dans leur haine, à lancer
« sur les navires pélasgiques les blessures, les
« traits, la mort, et l'incendie? Ida elle-même,
« la reine de la nature sauvage, Ida, debout sur
« ses hautes pentes, arme de torches ses fils avi-
« des d'incendie; mère tendre, elle veut que sur
« tout le rivage rhétéen la flamme triom-
« phante réduise en cendres la flotte consumée.
« D'un côté lutte le héros Télamonide, et, le bou-
« clier en avant, il presse le combat; de l'autre
« c'est Hector, la gloire d'Ilion: tous deux, ar-
« dents et impétueux comme la foudre qui éclate
« au haut des airs, ils agitent, l'un ses brandons
« flamboyants, pour arracher le retour aux navi-
« res d'Argos, l'autre son glaive protecteur, pour
« écarter des vaisseaux les morsures de Vulcain.
« Ajax se réjouit de ses glorieux coups, qui sau-
« vèrent la flotte; Achille, de son plus beau triom-
« phe, alors que, dans les plaines ensanglantées
« de la Dardanie, il traînait autour de Troie le
« cadavre d'Hector. Bientôt ils frémissent l'un
« et l'autre, et s'indignent, Achille d'être tué par
« Pâris, Ajax de voir sa noble vaillance succom-
« ber, mortellement frappée par les ruses d'U-
« lysse. Le fils de Laërte vient ensuite; mais il
« détourne sa face du fils de Télamon. Vain-
« queur du Strymonien Rhésus et de Dolon, il
« s'applaudit de l'appui de Pallas; mais voici
« qu'il a peur des Cicones, qu'il frissonne à l'as-
« pect des atroces Lestrygons; voici que la rapace
« Scylla et son aboyante ceinture de dogues, que
« le Cyclope de l'Etna, que l'effroyable Charybde,
« que les lacs aux pâles ombres, que le Tartare
« infect l'épouvantent. Non loin de là siége la
« gloire du sang de Pélops, la lumière d'Argos,
« Agamemnon à la vaste puissance; guidées par

Non erat in vitam divæ exorabile numen.
Illa quidem, nimium Manes experta severos,
Præceptum signabat iter; nec rettulit intus
Lumina, nec divæ corrupit munera lingua.   290
Sed tu crudelis, crudelis tu magis, Orpheu,
Oscula cara petens rupisti jussa deorum.
Dignus amor venia, parvum si Tartara nossent
Peccatum ignovisse. Sed et vos sede piorum,
Vos manet Heroum contra manus: hic et uterque   295
Æacides: Peleus namque, et Telamonia virtus
Per secura patris lætantur numina, quorum
Connubiis Venus et Virtus injunxit honorem.
Hunc rapuit serva; ast illum Nereis amavit.
Assidet hac juvenis, sociat quem gloria, fortis,   300
Acer, inexcussus, referens a navibus ignes
Argolicis Phrygios torva feritate repulsos.
O quis non referat talis divortia belli,
Quæ Trojæ videre viri, videreque Graii!
Teucria quum magno manaret sanguine tellus,   305
Et Simois, Xanthique liquor; Sigeaque præter
Litora quum Troas, sævi ducis Hectoris ira,
Videre in classis inimica mente Pelasgas
Vulnera, tela, neces, ignis inferre paratos.
Ipsa jugis namque Ida, potens feritatis, et ipsa 310
Æqua faces altrix cupidis præbebat alumnis,
Omnis ut in cineres Rhœtei litoris ora
Classibus ambustis flamma superante daretur.
Hinc erat oppositus contra Telamonius heros,
Objectoque dabat clipeo certamina; et illinc   315
Hector erat, Trojæ summum decus: acer uterque,
Fulminibus cœlo veluti fragor editus alto;
Ignibus hic telisque super, si classibus Argos
Eripiat reditus: ille ut Vulcania ferro
Vulnera protectus depellere navibus instet.   320
Hoc erat Æacides alter lætatus honore:
Dardaniæque, alter, fuso quod sanguine campis
Hectoreo victor lustravit corpore Trojam.
Rursus acerba fremunt, Paris hunc quod lethat, et hujus
Alma dolis Ithaci virtus quod concidit icta.   325
Huic gerit aversos proles Laertia vultus,
Et jam Strymonii Rhesi victorque Dolonis,
Pallade jam lætatur ovans; rursusque tremiscit
Jam Cíconas, jam jamque horret Læstrygonas atrox.
Illum Scylla rapax canibus succincta Molossis,   330
Ætnæusque Cyclops; illum metuenda Charybdis,
Pallentesque lacus, et squalida Tartara terrent.
Hic et Tantalei generis decus, amplus Atrides,
Assidet, Argivum lumen: quo flamma regente

« lui, les flammes doriques renversèrent de fond
« en comble les tours d'Érichthonius. Mais, hélas !
« il expia ta chute, ô Troie, par un cruel retour ;
« il te devait de périr dans les ondes de l'Helles-
« pont.

« Elles firent si bien éclater autrefois les vicissi-
« tudes humaines, ces immenses multitudes con-
« jurées contre l'Asie, que nul ne devrait, enflé de
« ses propres avantages et des faveurs de la fortune,
« porter son essor au-dessus des nues : près de
« la gloire est toujours l'envie, qui la brise de ses
« traits. Ils voguaient vers la haute mer, regagnant
« leur patrie, les braves Argiens enrichis du pil-
« lage des citadelles de Pergame ; un vent pro-
« pice accompagnait leurs voiles emportées sur
« l'onde tranquille ; les Néréides faisaient des
« signaux, les unes de la cime des vagues, les
« autres penchées sur la courbe des carènes qu'el-
« les poussaient au large. Tout à coup, soit
« par le décret des dieux, soit par l'apparition
« d'un astre funeste, la riante face des cieux
« change d'un bout à l'autre de l'horizon ; la
« terre et la mer se remuent, tourmentées par les
« vents et les tourbillons. Déjà se soulevant,
« l'onde amère veut toucher les astres ; astres et
« soleil menacent de s'écrouler avec les cieux, et
« la foudre vient éclater sur la terre. Alors les
« phalanges, naguère joyeuses, tremblent, enve-
« loppées par d'horribles destinées ; elles meurent,
« soit à la surface des flots, soit au promontoire de
« Capharée sur les brisants euboïques, et le long des
« rivages d'Hérée ; tandis que les dépouilles de la
« Phrygie égorgée flottent çà et là dans un com-
« mun naufrage sur le sein bouillonnant des mers.

« Mais d'autres héros, leurs rivaux en gloire et
« en vertus, habitent les mêmes lieux, au centre de
« l'Élysée : honneur du vaste univers, tous fu-
« rent enfantés par Rome. Ce sont les Fabius, les
« Décius ; c'est la race courageuse des Horaces ; c'est
« Camille, dont la vieille renommée ne mourra
« pas ; Curtius, qui, au milieu même des murs de
« sa patrie, dévouant sa tête à la fortune des armes,
« se plongea dans le gouffre béant qui l'englou-
« tit ; Mucius, qui endura volontairement la
« flamme qui dévorait sa main, et qui brisa,
« par le légitime ascendant du courage, la puis-
« sance du roi des Étrusques ; et Curius, leur
« compagnon de vertu et de gloire ; et ce Flaminius
« qui, par un vœu sublime, se livra vivant au
« bûcher ; c'est donc à bon droit qu'il orne ce
« séjour des justes. Et vous aussi, je vous y re-
« trouve, Scipions, rapides capitaines, qui fîtes
« trembler les murs de l'Africaine Carthage, dé-
« vouée à vos triomphes. Qu'ils vivent entiers dans
« leur gloire, ces héros ! Moi je suis forcé de re-
« tourner aux sombres lacs de l'Érèbe, que le so-
« leil ne visite point de sa lumière, et de souffrir
« un dur exil sur les bords du Phlégéton, immense
« barrière que Minos a jetée entre les vastes
« prisons du crime et le séjour des âmes pieuses.
« Il faut que je dise la cause de ma mort : les Fu-
« ries m'y forcent, debout près du juge redouta-
« ble, et toutes hérissées de fouets. Et toi, la cause
« de mes maux, ton cœur ne te dit pas de m'assis-
« ter, et, distrait par de frivoles pensées, tu ne
« m'écoutes même pas. Eh bien, puisque je jette
« de vains mots aux vents, je m'éloigne pour ne
« jamais revenir. Toi, hante, toujours joyeux,

Doris Erichthonias prostravit funditus arces. 335
Reddidit, heu, gravius pœnas tibi, Troja, ruenti ;
Hellespontiacis obiturus reddidit undis.
    Illa vices hominum testata est copia quondam,
Ne quisquam propriæ fortunæ munere dives
Iret inevectus cœlum super : omne propinquo 340
Frangitur invidiæ telo decus : ibat in altum
Vis Argea petens patriam, ditataque præda
Arcis Erichthoniæ : comes huic erat aura secunda
Per placidum cursu pelagus ; Nereis ad undas
Signa dabat, pars inflexis super acta carinis ; 345
Quum, seu cœlesti fato, seu sideris ortu,
Undique mutatur cœli nitor ; omnia ventis,
Omnia turbinibus sunt anxia : jam maris unda
Sideribus certat consurgere ; jamque superne
Conruere et Sol iis et sidera cuncta, minantur. 350
Ac venit in terras cœli fragor : hoc modo læta
Copia nunc miseris circumdatur anxia fatis,
Inmoriturque super fluctus, et saxa Capharei,
Euboïcas et per cautes Heræaque late
Litora : quum Phrygiæ passim vaga præda peremtæ 355
Fluctuat omnis in æquoreo jam naufraga tractu.
Hic alii sidunt pariles virtutis honore
Heroes, mediisque siti sunt sedibus omnes :

Omnis Roma decus magni quos suscipit orbis.
Hic Fabii, Deciique ; hic est et Horatia virtus ; 360
Hic et fama vetus nunquam moritura Camilli ;
Curtius, et mediis quem quondam sedibus urbis
Devotum bellis consumsit gurgitis haustus ;
Mucius et prudens ardorem corpore passus,
Legitime cessit cui fracta potentia Regis. 365
Hic Curius claræ socius virtutis, et ille
Flaminius, devota dedit qui corpora flammæ.
Jure igitur talis sedes pietatis honorat.
Illic Scipiadæque duces, devota triumphis
Mœnia quos rapidos Libycæ Carthaginis horrent. 370
Illi laude vigeant ; ego Ditis opacos
Cogor adire lacus, viduos a lumine Phœbi,
Et vastum Phlegethonta pati : quo maxima Minos
Conscelerata pia discernit vincula sede.
Ergo jam caussam mortis me dicere vinctæ 375
Verberibus sævo cogunt ab judice Pœnæ :
Quum mihi tu sis caussa mali, nec conscius adsis,
Sed tolerabilibus curis hæc inmemor audis ;
Quæ tamen, ut vanis dimittens omnia ventis,
Digredior nunquam rediturus ; tu cole fontis 380
Et viridis nemorum silvas et pascua lætus :
Et mea diffusas rapiantur dicta per auras.

« les fontaines, les verts réduits des bois, les
« pâturages ; et que les airs vaporeux emportent
« mes paroles. » Il dit, et s'évanouit en exhalant ce
triste et dernier adieu. Soudain une vive inquiétude
saisit le berger, et son insouciance l'abandonne ; le
cœur en proie à une profonde angoisse, il ne peut
supporter plus longtemps la douleur que lui cause
la mort du moucheron, et qui se répand dans
tous ses sens. Ramassant tout ce que la vieillesse
lui a laissé de forces (et ces forces ont suffi pour
combattre et exterminer un effroyable ennemi),
il s'évertue, et va former au bord d'un ruisseau,
sous un verdoyant couvert, une secrète enceinte ;
il a recours au manche du soc pour détacher de
la verte pelouse une masse de gazon. Achevant
ensuite la tâche commencée, dans son ingénieuse
reconnaissance il replace la terre, comble la
fosse ; et, sous ses mains qui le façonnent, grandit le tertre circulaire : il taille en pierre sépulcrale le marbre qu'il polit, et en entoure la
tombe, monument d'un regret éternel. Là grimpe
l'acanthe ; là s'épanouit la rose purpurine ; là se
mêlent les violettes diverses, le myrte de Sparte,
l'hyacinthe, le safran que produisent les champs
de Cilicie, le laurier, honneur croissant de Phébus ; là le laurier-rose, et le lis, et le romarin
qui a sa place marquée dans nos bosquets, et
l'herbe qui imite le précieux encens au pays des
antiques Sabins, et le souci, et le lierre luisant
aux pâles grappes, et le bocque qui rappelle
le nom du roi de Libye ; là des amarantes,
le buphthalme vert, le pin toujours fleuri, et
cette fleur qui fut Narcisse, lorsque sa propre
beauté l'enflammant d'amour, il brûlait de se
posséder lui-même, et toutes celles que renouvelle la saison printanière. Au milieu d'elles
se perd l'humble tombeau ; à sa surface est tracée l'épitaphe, et voici ce que disent les lettres
en leur muet langage :

*Petit moucheron, le vieux pâtre reconnaissant te rend ces honneurs des morts, en retour
du bienfait de la vie.*

L'AIGRETTE.

A MESSALA.

Oui, quoique l'amour de la gloire ait agité de
mouvements divers mon cœur désenchanté, et que
l'expérience m'ait appris combien sont vains les
prix que décerne la foule menteuse ; quoique le
bocage cécropique, d'où s'exhalent dans les airs
tant de suaves parfums, m'enlace dans les ombrages verts et fleuris de l'arbre de la sagesse ;
quoique mon Érato, qui aspire à des chants dignes d'elle, se passionne pour d'autres travaux,
y prépare son cœur, et, planant par delà les vastes espaces du monde, au plus haut de l'Empyrée, ose gravir des pentes où tous redoutent de
s'aventurer, je ne renoncerai pas à mettre à fin
ma tâche commencée, à remplir le doux engagement qui me lie. Veuillent les dieux que mes muses, libres enfin, se reposent, et abandonnent
doucement pour les loisirs leurs aimables goûts !

Si je pouvais, par de merveilleux accents, proclamer les hautes vérités ; si je pouvais, heureux
de te plaire, en répandre l'écho à travers les siè-

Dixit : et extrema tristis cum voce recessit.
  Hunc ubi sollicitum dimisit inertia vitæ :
Interius graviter mentem æger nec tulit ultra   385
Sensibus infusum Culicis de morte dolorem.
Quantumcumque sibi vires tribuere seniles,
Quis tamen infestum pugnans devicerat hostem,
Rivum propter aquæ, viridi sub fronde latentem
Conformare locum capit inpiger : hunc et in orbem   390
Destinat, ac ferri capulum repetivit in usum,
Gramineam ut viridi foderet de cespite terram.
Jam memor inceptum peragens sibi cura laborem
Congestum cumulavit opus, atque aggere multo
Telluris tumulus formatum crevit in orbem :   395
Quem circum lapidem lævi de marmore formans
Conserit assiduæ curæ memor : hic et acanthus,
Et rosa purpureo crescit rubicunda colore,
Et violæ genus omne hic est, et Spartica myrtus,
Atque hyacinthus ; et hic Cilici crocus editus arvo ;   400
Laurus item Phœbi surgens decus ; hic rhododaphne,
Liliaque, et roris non avia cura marini,
Herbaque turis opes priscis imitata Sabina,
Chrysanthusque, ederæque nitor, pallente corymbo,
Et Bocchus Libyæ regis memor ; hic amarantus,   405
Buphthalmusque virens, et semper florida pinus.

Non illinc Narcissus abest : cui gloria formæ
Igne Cupidineo proprios exarsit in artus ;
Et quoscumque novant vernantia tempora flores.   410
His tumulus super inseritur : tunc fronte locatur
Elogium, tacita format quod litera voce :
*Parve Culex, pecudum custos tibi tale merenti
Funeris officium vitæ pro munere reddit.*

CIRIS.

AD MESSALAM.

Etsi me vario jactatum laudis amore,
Inritaque expertum fallacis præmia vulgi,
Cecropius suavis exspirans hortulus auras
Florentis viridi Sophiæ conplectitur umbra,
Num mea quæret eo dignum sibi quærere carmen ?   5
Longe aliud studium atque alios adcincta labores
Altius ad magni suspendit sidera mundi,
Et placitum paucis ausa est adscendere collem :
Non tamen absistam cœptum detexere munus,
In quo jure meas utinam requiescere Musas,   10
Et leviter blandum liceat deponere morem.
Quod si mirificum proferre valent genus omnes

cles ; si déjà la sagesse avait marqué ma place dans ces sphères sublimes que se partagent les quatre héritiers antiques de Socrate, cimes radieuses d'où j'abaisserais au loin mes regards sur le vaste univers, sur les humains perdus dans de fausses routes, et prendrais en pitié les basses pensées de leurs cœurs : ah! ce n'est point par un si faible hommage que je t'honorerais, toi, si grand. Non, non ! bien qu'il nous soit permis de badiner quelquefois, et d'enfermer de petits vers dans une douce mesure. Mais je t'envelopperais, si je puis le dire, dans les plis du voile le plus ample. Tu sais ce magnifique tissu porté jadis à travers la ville d'Érechthée, quand tous payaient la dette sacrée de leurs vœux à la chaste Minerve; en ces jours qui voient se clore le lustre, et revenir lentement les Quinquatries, au temps où frémit le souffle incessamment alterné de l'Eurus et du léger Zéphyre, qui, penché sur son char, en précipite la course par son poids. Jour heureux ! heureuse année! et vous, heureuses générations qui avez vu cette belle année, ce beau jour ! Le tissu sacré déroule une à une les grandes luttes de Pallas; il déploie avec ses vastes plis les trophées conquis sur les Géants; les horribles combats s'y confondent avec la sanglante écarlate ; on y voit Typhon qui tombe renversé, par la lance d'or, Typhon, qui naguère, se faisant avec les blocs entassés de l'Ossa une route vers les cieux, doublait le haut Olympe de toute la hauteur des cimes émathiennes. Eh bien ! ce voile qu'ils portent aux autels de la déesse en ce solennel anniversaire, je voudrais, ô le plus docte des jeunes gens, t'en dédier un pareil ; et là, entre le soleil aux feux pourprés, et la lune à la blanche lumière, qui voit son orbe emporté par deux coursiers d'azur, je voudrais mêler tes traits à ce grand dessin de la Nature ; je voudrais que ton nom, à jamais uni au nom de la philosophie, fût redit par mes pages retentissantes aux siècles les plus reculés.

Mais puisque je ne fais que naître pour ces hautes sciences, et que mes muscles encore tendres commencent à peine à se fortifier, accepte, en attendant mieux, ce que je puis t'offrir, la première ébauche où se consumèrent mes premiers ans, léger tribut de mes veilles laborieuses, humble prélude d'une grande histoire, celle de ta vie. Tu vas voir l'impie Scylla épouvanter le monde par d'immenses prodiges, prendre son essor dans les airs, et se mêler à d'innombrables troupes d'oiseaux inconnus, et, s'élevant d'un vol léger jusqu'aux astres, agiter sur son toit natal ses ailes azurées; long-supplice qu'elle souffre pour avoir, fille barbare, tranché le fatal cheveu d'écarlate, et détruit de fond en comble la ville de son père.

Bien des poëtes (et il faut le dire, Messala, puisque Polymnie aime la vérité) prétendent qu'une tout autre forme déguise sa forme première : C'est, disent les uns, ce monstre qui est devenu l'écueil de Scylla ; c'est cette Scylla que nous voyons souvent, dans les lamentables traverses d'Ulysse, étaler sur ses flancs d'albâtre sa ceinture de chiens hurlants, harceler les navires de Dulichium, saisir les matelots au sein des vagues profondes, et les déchirer avec ses gueules

Mirificum sæcli, modo sit tibi velle libido;
Si me jam summa Sapientia pangeret arce;
Quatuor antiquis quæ heredibus est data consors;   15
Unde hominum errores longe lateque per orbem
Despicere, atque humilis possem contemnere curas :
Non ego te talem venerarer munere tali;
Non equidem ; quamvis interdum ludere nobis,
Et gracilem molli liceat pede claudere versum ;   20
Sed magno intexens, si fas est dicere, peplo,
Qualis Erechtheis olim portatur Athenis,
Debita quum castæ solvuntur vota Minervæ,
Tardaque confecto redeunt Quinquatria lustro,
Quum levis alterno Zephyrus concrebuit Euro,   25
Et prono gravidum provexit pondere currum.
Felix ille dies, felix et dicitur annus;
Felices, qui talem annum videre, diemque.
Ergo Palladiæ texuntur in ordine pugnæ :
Magna Giganteia ornantur pepla tropæis;   30
Horrida sanguineo pinguntur prælia cocco ;
Additur aurata dejectus cuspide Typho,
Qui prius, Ossæis consternens æthera saxis,
Emathio celsum duplicabat vertice Olympum.
Tale deæ velum sollenni in tempore portant :   35
Tali te vellem, juvenum doctissime, ritu
Purpureos inter Soles et candida Lunæ

Sidera, cæruleis orbem pulsantia bigis,
Naturæ rerum magnis intexere chartis;
Æternum Sophiæ conjunctum carmine nomen   40
Nostra tuum senibus loqueretur pagina sæclis.
Sed quoniam ad tantas nunc primum nascimur artes,
Nunc primum teneros firmamus robore nervos :
Hæc tamen interea, quæ possumus, in quibus ævi
Prima rudimenta et primos exegimus annos,   45
Adcipe dona, meo multum vigilata labore,
Et præmissa tuis non magna exordia rebus :
Inpia prodigiis ut quondam exterruit amplis
Scylla, novosque avium sublimis in aere cœtus
Viderit ; et tenui conscendens sidera penna   50
Cæruleis sua tecta supervolitaverit alis,
Hanc pro purpureo pœnam scelerata capillo,
Proque patris solvens excisa funditus urbe.
Conplures illam, et magni, Messalla, poetæ
(Nam verum fateamur; amat Polyhymnia verum)   55
Longe alia perhibent mutatam membra figura;
Scyllæum monstra in saxum conversa vocari;
Illam esse, ærumnis quam sæpe legamus Ulyxi
Candida succinctam latrantibus inguina monstris
Dulichias vexasse ratis, et gurgite in alto   60
Deprensos nautas canibus lacerasse marinis.
Sed neque Mæoniæ hæc patiuntur credere chartæ,

marines. Les autres (mais les récits du chantre de Méonie démentent leurs inventions, et c'est en vain qu'ils invoquent à l'appui de leurs fables suspectes de graves témoignages) ont imaginé cent jeunes filles diverses, qui toutes sont, ils l'assurent, la Scylla du poëte de Colophon. La mère, c'est tantôt Lamie, tantôt Cratéis, tantôt Hécate, qui l'eut du monstre aux deux formes. Parfois aussi elle n'est la fille ni des unes ni des autres, et tout ce récit n'est qu'une description symbolique des sales crimes, des fureurs libertines qu'inspire Vénus. Ailleurs c'est une vierge qu'a horriblement défigurée le poison; vierge malheureuse! car quelle faute avait-elle commise? Nue, elle avait, sur un cruel rivage, laissé sa pudeur sans défense aux bras de Neptune; Neptune seul avait violé la foi promise à sa chère Amphitrite; et cependant ce fut Scylla qui ressentit, longtemps après, la vengeance de l'épouse outragée. Un jour qu'elle glissait portée sur les mers, l'objet des feux de son époux, Amphitrite, mêla aux flots du farouche Océan les flots d'un sang magique. Ailleurs enfin on assure que, belle entre toutes, mais âpre au gain, et dépouillant çà et là ses amants trop épris d'elle, elle vit subitement des monstres marins, des chiens en furie l'envelopper, et dresser autour d'elle leurs formes horribles. Oh, que de fois ces étonnantes apparitions la firent pâlir! que de fois elle frissonna au bruit de ses propres aboiements! C'est que, mortelle, elle avait osé frustrer les dieux des offrandes de l'amour, et s'approprier le prix des vœux d'hymen, dû à Vénus. Environnée du nombreux cortége de ses amants, elle allait, courtisane insolente, exhalant l'injure contre la déesse : mais bientôt l'infamie de sa métamorphose éclata par de justes rumeurs, comme l'atteste la docte voix des papyrus que nous légua Paléphate. Quoi qu'il soit de Scylla, et quoi que chacun raconte de son abominable destinée, croyons tout; mais qu'il me soit permis de la métamorphoser ici en aigrette, et de distinguer ma Scylla de la foule obscure des jeunes filles.

Vous donc qui tant de fois, lorsque je méditais, poëte véridique, des chants nouveaux, avez comblé par vos faveurs les vœux de mon génie ardent, divines Piérides, qui voyez souvent des dons offerts par moi décorer vos autels et vos chastes lambris, l'hyacinthe et le narcisse au rouge tendre poser leurs fleurs à vos portes, le safran s'enlacer pour vous en guirlandes où alternent les soucis et les lis, et la rose épanouie joncher le seuil de vos temples; maintenant plus que jamais, déesses, secondez mes travaux de votre souffle propice, et couronnez d'une gloire éternelle ce volume qui va naître! De toutes les villes répandues autour de la cité royale de Pandion, entre les collines attiques et ces blancs rivages de Thésée, où se déploie au loin la riante pourpre des coquillages, nulle qui ne le cède en renommée à Mégare : c'est que ses remparts furent jadis élevés par Alcathoüs, et par Apollon, qui lui prêta le secours de ses mains divines. Aussi la pierre, imitant les sons aigus de la lyre, vibre-t-elle, comme le chef-d'œuvre de Cyllène, si elle est touchée; et ces frémissements merveilleux attestent l'antique et glorieux privilége qu'elle tient d'Apollon.

Nec malus istorum dubiis erroribus auctor.
Namque alias alii vulgo finxere puellas,
Quæ Colophoniaco Scyllæ dicantur Homero. 65
Ipsi seu Lamie mater sit, sive Cratæis,
Sive illam monstro genuit Persea biformi,
Sive est neutra parens : atque hoc in carmine toto
Inguinis est vitium et Veneris descripta libido;
Sive etiam est jactis speciem mutata venenis, 70
Infelix virgo : quid enim commiserat illa?
Ipse Pater nudam sæva complexus arena
Conjugium caræ violaverat Amphitrites,
Attamen exegit longo post tempore pœnas,
Ut, quum cura sui veheretur conjugis alto, 75
Ipsa trucem multo misceret sanguine pontum.
Seu vero, ut perhibent, forma quum vinceret omnis,
Et cupidos quæstu passim spoliaret amantes;
Piscibus et canibus rabidis vallata repente,
Horribiles circum vidit se sistere formas. 80
Heu quoties mirata novos expalluit artus!
Ipsa suos quoties heu pertimuit latratus!
Ausa quod est mulier numen fraudare deorum,
Et dictam Veneri votorum vertere pœnam :
Quam, mala multiplici juvenum quod sæpta caterva 85
Dixerat atque animo meretrix jactata ferarum,

Infamem tali merito rumore fuisse,
Docta Palæphatia testatur voce papyrus.
Quidquid, et ut quisque est tali de clade locutus,
Omnia sint : potius liceat notescere Cirin; 90
Atque unam ex multis Scyllam non esse puellis.
Quare, quæ, cantus meditanti mittere certos,
Magna mihi cupido tribuistis præmia, divæ
Pierides : quarum castos altaria postes
Munere sæpe meo inficiunt, foribusque hyacinthi 95
Deponunt flores, aut suave rubens narcissus,
Aut crocus alterna conjungens lilia caltha,
Sparsaque liminibus floret rosa : nunc age, divæ,
Præcipue nostro nunc adspirate labori,
Atque novum æterno prætexite honore volumen. 100
    Sunt Pandioniis vicinæ sedibus urbes,
Actæos inter collis et candida Thesei
Purpureis late ridentia litora conchis :
Quarum non ulli fama concedere digna
Stat Megara, Actæi quondam munita labore 105
Alcathoi, Phœbique; deus namque adfuit illi :
Unde etiam, citharæ voces imitatus acutas,
Sæpe lapis recrepat Cyllenia munera pulsus,
Et veterem sonitu Phœbi testatur honorem.
Hanc urbem, ante alios qui tum florebat in armis, 110

Alors Mégare était désolée par la flotte dévastatrice de Minos, de tous les rois le plus puissant par les armes : Polyide, son aïeul, fuyant la mer Carpathienne et les flots du Cérate, s'était abrité sous le toit hospitalier de Nisus; le héros de Gortyne réclamait Polyide les armes à la main; et les flèches crétoises couvraient les campagnes athéniennes. Mais ni les citoyens de Mégare, ni le roi lui-même, ne redoutent de porter leurs escadrons volants vers les murs infestés par l'ennemi, et de rabattre son orgueil par une indomptable valeur; c'est assez qu'ils se souviennent de la réponse des dieux. Sur la tête du roi, qu'ombrageait une blanche chevelure et que ceignait le verdoyant laurier, brillait, ô merveille! un cheveu rose; il se dressait au plus haut de la royale tête, et, tant qu'il devait subsister, la patrie et le trône de Nisus devaient se maintenir fermes; les Parques, toujours unanimes, avaient confirmé l'oracle par leur volonté immuable. Dès lors tous les soins se concentrèrent sur ce cheveu chéri; et l'agrafe d'or de Mopsopie le retenait toujours luisant sous sa fine dent de cigale. Enfants de Mégare, ces tendres veilles n'eussent point été vaines, et ne le seraient pas encore, si tout à coup, prise de nouvelles fureurs, Scylla, Scylla, qui va creuser la tombe de son malheureux père et de sa patrie, n'eût dévoré Minos de ses beaux yeux, hélas! trop avides. Mais ce cruel enfant dont les inflexibles colères résistent à sa mère, résistent au maître de l'Olympe, son père et son aïeul; qui

dompte jusqu'aux lions de la Libye, qui apprend au tigre à adoucir son féroce courage, qui subjugue les dieux, les hommes; cet enfant (prononcerai-je cette parole téméraire?) souffle la sombre vengeance au cœur de la grande Junon, de Junon que nulle jeune fille ne se souvient longtemps d'avoir parjurée. Un jour Scylla viola son temple à l'étourdie : elle vaquait aux cérémonies saintes : folâtre, elle devançait la longue file des matrones et de leurs suivantes, et se plaisait à voir se jouer autour de ses flancs sa robe flottante, dont elle abandonnait les plis gonflés au souffle de l'aquilon. La chaste flamme n'avait pas encore relui dans les foyers agités; la prêtresse n'avait pas encore purifié ses mains par l'onde solennelle, ni paré sa tête du pâle feuillage de l'olivier. Tout à coup des mains de Scylla s'échappe une boule; Scylla s'élance. Ah! si elle n'eût pas, trahie par le jeu, laissé tomber de ses épaules d'albâtre sa légère palla, et tous ces plis ondulants qui peuvent suspendre ou retenir une course rapide! Ah! Scylla, que ne restèrent-ils collés à ton corps charmant! Ta main n'eût point profané le sanctuaire de la déesse, et tu n'eusses point par tes infortunes expié le plus grand des sacrilèges. Mais ce crime n'a pas été la vraie cause de tes malheurs; non, la cause en fut plus touchante : Junon a craint de te laisser voir à son frère; mais le dieu léger, qui, lorsqu'il veut se venger, cherche quelque offense dans le plus innocent propos, tira de son luisant, hélas! trop luisant carquois, des flèches

```
Fecerat infestam populator remige Minos :
Hospitio quod se Nisi Polyidos avito,
Carpathium fugiens et flumina Cæratea,
Texerat : hunc bello repetens Gortynius heros
Attica Cretæa sternebat rura sagitta.                              115
Sed neque tunc cives, neque tunc rex ipse veretur
Infesto ad muros volitantis agmine turmas
Ducere, et indomita virtute retundere mentis :
Responsum quoniam satis est meminisse deorum.
Nam capite a summo regis, mirabile dictu,                          120
Candida cæsaries; florebant tempora lauro
At roseus medio fulgebat vertice crinis :
Cujus quam servata diu natura fuisset,
Tam patriam incolumem Nisi regnumque futurum,
Concordes stabili firmarunt numine Parcæ.                          125
Ergo omnis cura residebat cura capillo;
Aurea sollenni comtum quoque fibula ritu
Mopsopio tereti nectebat dente cicadæ.
    Nec vero hæc vobis custodia vana fuisset,
Nec fuerat : nisi Scylla, novo concepta furore,                    130
Scylla, patris miseri patriæque inventa sepulcrum,
O nimium cupidis si non inhiasset ocellis!
Sed malus ille puer, quem nec sua flectere mater
Iratum potuit, quem nec pater atque avus idem
Jupiter : ille etiam Pœnos domitare leones,                        135
Et validas docuit vires mansuescere tigris;
Ille etiam divos, homines; sed dicere magnum est;
Idem tum tristes acuebat parvulus iras
Junonis magnæ : [cujus perjuria divæ
Olim se meminisse diu perjuria puellæ                              140
Non ulli liceat :] violaverat inscia sedem,
Dum sacris operata deæ lascivit, et extra
Procedit longe matrum comitumque catervam,
Suspensam gaudens in corpore ludere vestem,
Et tumidos agitante sinus Aquilone relaxans :                      145
Necdum etiam castos agitaverat ignis honores,
Necdum sollenni lympha perfusa sacerdos
Pallentis foliis caput exornarat olivæ :
Quum lapsa e manibus fugit pila, quumque relapsa
Procurrit virgo : quo utinam ne prodita ludo                       150
Aurea tam gracili solvisset corpora palla!
Omnia, quæ retinere gradum, cursumque morari
Possent, o tecum vellem tua semper haberes!
Non unquam violata manu sacraria divæ,
Jurando infelix nequidquam jura piasses.                           155
Et si quis nocuisse tibi perjuria credat,
Caussa pia est : timuit fratri te ostendere Juno.
At levis ille deus, cui semper ad ulciscendum
Quæritur ex omni verborum injuria dicto,
Aurea fulgenti depromens tela pharetra,                            160
```

L'AIGRETTE.

(ce sont flèches d'Hercule), qu'il plongea toutes dans le cœur de la tendre vierge.

Déjà ses veines altérées ont bu la flamme, et une indomptable fureur a pénétré ses os jusque dans la moelle. Comme la cruelle Bistonienne sur le rivage glacé des Cicones, comme la prêtresse de Cybèle enlevée par les sons du buis barbare, la déplorable vierge s'emporte, bacchante insensée, à travers la ville. Le styrax de l'Ida ne colore plus sa chevelure embaumée; ses pieds délicats rejettent la chaussure sicyonienne; son cou blanc comme la neige ne retient plus la perle pendante; ses pieds chancellent, sa démarche est incertaine. Cent fois, près de se trahir, elle monte et remonte sur les remparts de Mégare, et prétexte le désir de voir ces tours qui se perdent dans la nue. Cent fois aussi la nuit, exhalant des plaintes douloureuses, elle contemple, du haut du palais, les amours qui sont aux cieux, et regarde au loin ce camp où brillent mille feux allumés. La quenouille, elle ne la connaît plus; l'or, qui lui était si cher, elle le dédaigne; sous ses doigts ne résonne plus la corde harmonieuse du luth; la navette libyenne ne frappe plus les fils frémissants des molles étoffes. Plus de rougeur sur son front; la rougeur ne convient pas à l'amour. C'en est fait : pour elle, il n'est plus de remède à de si grands maux; elle sent la mort se glisser dans ses entrailles lentement consumées. Là où la douleur l'appelle, là où l'entraînent les destins, elle vole; un horrible et invisible aiguillon la pousse, la précipite. Que va-t-elle faire, l'insensée?... Enlever furtivement de la tête de son père le fatal cheveu, et envoyer cette chère dépouille à l'astucieux ennemi : car c'est le seul parti qui s'offre à elle, l'infortunée! ou peut-être ne sait-elle ce qu'elle fait. Quel noble cœur ne croirait pas tout d'une jeune fille, plutôt que de l'accuser d'un si grand crime? Mais qu'importe sa triste ignorance? Que tu es malheureux, ô son père, ô Nisus, toi qui vas voir ta ville impitoyablement saccagée, et à qui il restera à peine, au faîte d'une de tes tours une pierre où construire ton nid, où abriter ta vieillesse fatiguée. Et toi aussi tu mourras oiseau! et le père châtiera sa fille. Réjouissez-vous, oiseaux rapides, vous que portent les nues élevées, légers habitants des mers, des vertes forêts, des bois sonores; réjouissez-vous, oiseaux vagabonds, doux enfants de l'air; et vous encore plus, vous que la loi cruelle des destins a dépouillées des formes humaines, filles de la Daulide : voici qu'un aussi cruel arrêt augmente votre nombre et la troupe ailée des rois; voici venir parmi vous une royale lignée, Ciris chérie de vous et de son père. O vous, autrefois si belles sous la forme humaine, fendez les airs, devancez les nuages d'azur; volez jusqu'où monte l'Haliéète, jusqu'aux demeures des immortels, jusqu'où va l'éblouissante Aigrette, en prenant possession des splendeurs éthérées.

Cependant le doux sommeil enchaînait les paupières de Nisus, et les sentinelles qui veillaient au loin, aux premières portes, faisaient parade d'un vain zèle. Scylla descend furtivement de sa couche solitaire; l'oreille inquiète,

Heu nimium tereti, nimium Tirynthia visu,
Virginis in tenera defixerat omnia mente.
 Quæ simul ac venis hausit sitientibus ignem,
Et validum penitus concepit in ossa furorem :
Sæva velut gelidis Ciconum Bistonis in oris,   165
Ictave barbarico Cybeles antistita buxo,
Infelix virgo tota bacchatur in urbe;
Non styrace Idæo fragrantes picta capillos,
Cognita non teneris pedibus Sicyonia servans,
Non niveo retinens baccata monilia collo :   170
Multum illi incerto trepidant vestigia cursu.
Sæpe redit patrios adscendere prodita muros :
Aeriasque facit caussam se visere turres.
Sæpe etiam tristis volvens in nocte querelas,
Sedibus ex altis cœli speculatur amorem;   175
Castraque prospectat crebris lucentia flammis.
Nulla colum novit; carum nec respicit aurum.
Non arguta sonant tenui psalteria chorda;
Non Libyco molles plauduntur pectine telæ.
Nullus in ore rubor : ubi enim rubor, obstat amori.   180
Atque ubi nulla malis reperit solatia tantis,
Tabidulamque videt labi per viscera mortem;
Quo vocat ire dolor, subigunt quo tendere fata
Fertur; et horribili præceps inpellitur œstro,
Ut patris, ah demens, crinem de vertice ferret   185
Furtim, atque arguto detonsum mitteret hosti.
Namque hæc conditio miseræ proponitur una :
Sive illa ignorans; quis non bonus omnia malit
Credere, quam tanto scelere damnare puellam?
Heu tamen infelix, quid enim inprudentia prodest?   190
Nise pater! cui, direpta crudeliter urbe,
Vix erit una super sedes in turribus altis,
Fessus ubi exstructo possis considere nido.
Tu quoque, avis, moriere : dabit tibi filia pœnas.
Gaudete, o celeres, subnixæ nubibus altis,   195
Quæ mare, quæ virides silvas, lucosque sonantes
Incolitis; gaudete, vagæ blandæque volucres;
Vosque adeo, humani mutatæ corporis artus,
Vos o crudeli fatorum lege, puellæ
Dauliades, crudele, venit carissima vobis   200
Cognatos augens reges numerumque suorum
Ciris, et ipse pater; vos, o pulcherrima quondam
Corpora, cœruleas prævertite in æthera nubes,
Qua novus ad superum sedes Calcheius, et qua
Candida concessos adscendat Ciris honores.   205
 Jamque adeo dulci devinctus lumina somno
Nisus erat; vigilumque procul custodia primis
Excubias foribus studio jactabat inani :
Quum furtim tacito descendens Scylla cubili
Auribus adrectis nocturna silentia tentat;   210

elle interroge l'ombre silencieuse; et son haleine, qu'elle tient captive, aspire à peine l'air léger. Alors, le pied suspendu et le doigt en avant, elle hasarde un pas, arme ses mains d'un fer à deux tranchants, et vole : mais un effroi soudain lui ôte ses forces. Elle prend à témoin de sa frauduleuse entreprise les noires ténèbres; et, près de toucher le seuil paternel, elle s'arrête un moment sous le vestibule de sa couche virginale, lève les yeux vers les astres qui roulent dans les cieux brillants, et promet aux dieux justes des offrandes qu'ils n'acceptent pas. Mais la fille de Phénix Ogygien, la vieille Carmé, l'entend se lever; elle avait pris l'alarme au bruit du gond d'airain criant contre le seuil du marbre. Tout à coup elle saisit dans ses bras la jeune fille languissante et épuisée : « O toi, dit-elle, toi « que j'ai nourrie, tête sacrée pour moi, ce n'est « pas sans cause qu'une livide pâleur ravage ton « sein, et laisse à peine un peu de sang couler « dans tes veines décolorées. Non, ce n'est pas, « ce ne peut être un léger souci qui te force à « quitter ta couche : je ne me trompe pas, c'est « toi, c'est toi qu'égare Némésis. Eh! d'où vien- « drait que tu ne veux plus toucher aux douces « coupes de Bacchus, aux riches présents de « Cérès? D'où vient que seule tu veilles au seuil « de la couche paternelle, à l'heure où les sou- « cis s'endorment dans les cœurs fatigués des « mortels, où les fleuves même suspendent leur « course rapide? Dis, oh! dis enfin à ta malheu- « reuse nourrice ce que tu refusas si souvent de « lui dire, ce qui n'était rien, tu me le jurais, « lorsque je te voyais, vierge éplorée, te mourir

« en pressant la belle chevelure de ton père. Ah! « puissent tes charmes n'être pas en proie à cette « fureur qui jadis fascina les yeux de Myrrha, « la belle fille d'Arabie! puisse cette horrible « fureur, que réprouve Adrastée, ne pas te pous- « ser à outrager par un seul et abominable at- « tentat les deux auteurs de tes jours! Mais si « c'est un autre amour qui fait battre ton cœur « (et il bat), je n'ignore pas tellement les feux de « la déesse d'Amathonte, que j'en méconnaisse « les signes certains; si un amour légitime te « dessèche de ses feux, je te jure par Dictynne, « et qu'elle me soit propice! par Dictynne, à qui « je dois plus qu'aux autres déesses le bonheur de « t'avoir nourrie, j'affronterai, innocente ou cou- « pable, toutes les épreuves, plutôt que de laisser « flétrir tes attraits par ce deuil et par ce hideux « désordre. »

Elle dit, se couvre d'un ample et doux vêtement, et jette un autre tissu autour de la jeune fille frissonnante, qui restait là, à peine cachée par un mince strophium. Ensuite, collant sur ses joues humides des lèvres caressantes, elle recommence à s'enquérir des causes de tant de ravages. Toutefois, avant d'entendre un seul mot de réponse, elle veut que la tremblante jeune fille ait remis au lit ses pieds froids comme le marbre. Alors Scylla : « Pourquoi me tourmen- « ter ainsi, ma bonne nourrice? pourquoi te « presser tant de connaître mes fureurs? La « flamme qui me brûle n'est pas commune aux « mortels; ce n'est pas sur un des nôtres que se « sont tournés mes regards; encore moins pensé- « je à mon père : je ne suis que trop portée à haïr

Et pressis tenuem singultibus aera captat.
Tum suspensa levans digitis vestigia primis
Egreditur ; ferroque manus armata bidenti
Evolat : at demtæ subita in formidine vires.
Cæruleas sua furta prius testatur ad umbras. 215
Nam, qua se ad patrium tendebat semita limen,
Vestibulo in thalami paulum remoratur ; et altum
Suspicit ad culti nutantia sidera mundi,
Non adepta piis promittens munera divis.
   Quam simul Ogygii Phœnicis filia Carme 220
Surgere sensit anus, sonitum nam fecerat illi
Marmoreo æratus stridens in limine cardo,
Conripit extemplo fessam languore puellam :
« Et simul, o nobis sacrum caput, inquit, alumna!
Non tibi nequidquam viridis per viscera pallor 225
Ægrotas tenui suffudit sanguine venas,
Nec levis, hoc faceres, neque enim pote, cura subegit :
Haud fallor, quod te potius Rhamnusia fallit.
Nam qua te caussa nec dulcis pocula Bacchi,
Nec gravidos Cereris dicam contingere fetus? 230
Qua caussa ad patrium solam vigilare cubile,
Tempore quo fessas mortalia pectora curas,
Quo rapidos etiam requiescunt flumina cursus?
Dic age nunc miseræ saltem, quod sæpe petenti

Jurabas nihil esse mihi, quum mæsta parentis 235
Formosos circum virgo morerere capillos?
Hei mihi, ne furor ille tuos invaserit artus,
Ille, Arabis Myrrhæ quondam qui cepit ocellos,
Ut scelere infando, quod nec sinit Adrastia,
Lædere utrumque uno studeas errore parentem. 240
Quod si alio quovis animo jactaris amore :
Nam te jactari, non est Amathusia nostri
Tam rudis, ut nullo possim cognoscere signo;
Si concessus amor noto te macerat igne :
Per tibi Dictynnæ præsentia numina juro, 245
Prima deum quæ te mihi dulcem donat alumnam,
Omnia me potius digna atque indigna laborum
Millia visuram, quam te tam tristibus istis
Sordibus, et scoria patiar tabescere tali. »
   Hæc loquitur ; mollique ut se velavit amictu, 250
Frigidulam injecta circumdat veste puellam,
Quæ prius in tenui steterat succincta corona.
Dulcia deinde genis rorantibus oscula figens,
Persequitur miseræ caussas exquirere tabis;
Nec tamen ante ullas patitur sibi reddere voces, 255
Marmoreum tremebunda pedem quam rettulit intra.
Illa autem, « Quid nunc me, inquit, nutricula, torques?
Quid tantum properas nostros novisse furores?

« tous les miens. Ce cœur, ô nourrice, aime un
« tout autre objet que celui qu'il devrait aimer,
« et que pourrait couvrir une fausse apparence
« de piété filiale : c'est dans ce camp que sont
« mes amours, c'est au milieu de ces ennemis.
« Comment parler, hélas? par quels termes
« commencer cet aveu de mes peines? Que ne me
« laisses-tu dire, ô nourrice! Ah! reçois ce der-
« nier gage de ta Scylla mourante. Cet ennemi,
« tu vois, qui tient nos murailles assiégées, à qui
« le père des dieux lui-même a donné le sceptre
« glorieux, à qui les Parques elles-mêmes ont
« accordé d'être invulnérable (ah! je m'em-
« porte en de vains détours), Minos enfin, ce
« Minos assiége aussi mon cœur. Par les mille
« amours des dieux, par ces mamelles qu'a su-
« cées ton enfant reconnaissante, si tu peux me
« sauver, ne me perds pas! Mais si tout espoir de
« salut m'est retranché, ne m'envie pas, chère
« nourrice, la mort que je cherche. Car si un
« funeste, oh! bien funeste hasard, ou un dieu
« ennemi, ne t'avait pas jetée devant moi, ma
« bonne Carmé, ce fer (et en même temps elle
« découvre le fer caché sous sa robe) eût abattu
« le cheveu de pourpre qui orne la tête de mon
« père, ou fait entrer par une large blessure la
« mort dans mon sein. » A peine Scylla avait-elle
prononcé ces mots, qu'épouvantée de l'affreuse
catastrophe, la vieille nourrice traîne dans la poussière sa longue chevelure négligée, et répand sa
profonde douleur en accents lamentables.

« Eh quoi! cruel Minos, c'est donc encore
« toi que je retrouve, toi, qui vas être encore le
« fléau de ma vieillesse; c'est toujours toi : jadis
« ton amour perdit ma fille; il n'apporte aujour-
« d'hui à celle que j'ai nourrie de mon lait que
« douleur et démence. Ainsi, captive et emme-
« née si loin de ma patrie, après avoir souffert
« un si lourd esclavage et de si rudes travaux,
« je n'ai pu t'éviter, je n'ai pu arrêter la funeste
« ruine des miens. C'en est fait! je ne peux plus
« même vivre de la vie à peine supportable de la
« vieillesse. Quand tu me fus ravie, Britomartis,
« ô Britomartis, unique espoir de ma vie, com-
« ment ai-je pu prolonger d'un jour mes tristes
« années? Ah! plût au ciel que jamais tu n'eus-
« ses, tant aimée de l'agile Diane, tendu sur
« l'arc des Parthes la flèche de Cnosse, et suivi,
« vierge virile, les chasseurs dans leurs courses!
« Aujourd'hui tu mènerais aux pâturages connus
« les chèvres crétoises; tu ne te serais pas, fuyant
« d'une fuite si opiniâtre l'amour de Minos,
« précipitée de la cime aérienne des monts, ou,
« comme les uns le disent, tu n'aurais pas fui
« pour ne plus reparaître, et pour être appelée la
« vierge Aphée, ou encore pour être plus con-
« nue des mortels, en donnant à la Lune le nom
« de Dyctinne. Cela serait-il vrai, ô ma fille, tu
« n'en serais pas moins morte pour moi. Jamais
« je ne te verrai voler sur le sommet des monts
« avec tes compagnons hyrcaniens, et parmi les
« bêtes farouches; jamais au retour je ne te ser-
« rerai dans mes bras. Mais, ô Scylla! ô
« mon enfant! quand je ressentis dans mon cœur
« indigné ces coups cruels, l'espérance que j'a-
« vais placée en toi me restait entière, et le mot

Non ego consueto mortalibus uror amore,
Nec mihi notorum deflectunt lumina voltus,   260
Nec genitor cordi est : ultro namque odimus omnis.
Nil amat hic animus, nutrix, quod oportet amari,
In quo falsa tamen lateat pietatis imago :
Sed media ex acie, mediis ex hostibus. Heu heu,
Quid dicam? quove ipse malum hoc exordiar ore?   265
Dicam equidem; quoniam quid tu tibi dicere, nutrix,
Non sinis; extremum hoc munus morientis habeto.
Ille, vides, nostris qui mœnibus adsidet hostis,
Quem pater ipse deum sceptri donavit honore,
Cui Parcæ tribuere nec ullo vulnere lædi :   270
Dicendum est, frustra circumvehor omnia verbis,
Ille mea, ille idem oppugnat præcordia Minos.
Quod te per divum crebros obtestor amores,
Perque tuum memoris haustum mihi pectus alumnæ,
Ut me, si servare potes, ne perdere malis.   275
Sin autem optatæ spes est incisa salutis,
Ne mihi, quam merui, invideas, nutricula, mortem.
Nam nisi te nobis malus, o malus, optima Carme,
Ante hunc conspectum casusve deusve tulisset;
Aut ferro hoc, aperit ferrum quod veste latebat,   280
Purpureum patris demsissem vertice crinem,
Aut mihi præsenti peperissem vulnere letum. »

Vix hæc ediderat, quum clade exterrita tristi
Intonsos multo deturpat pulvere crinis,
Et graviter questu Carme conplorat anili :   285
« O mihi nunc iterum crudelis reddite Minos,
O iterum nostræ Minos inimice senectæ,
Semper et, aut olim nata, o te propter eundem,
Aut amor insanæ luctum portavit alumnæ.
Tene ego tam longe capta atque avecta nequivi,   290
Tam grave servitium, tam duros passa labores,
Effugere, ut sistam exitium crudele meorum?
Jam jam nec nobis ea, quæ senioribus, ullum
Copia vivendi vitæ genus. Ut quid ego amens
Te erepta, o Britomarti, meæ spes una salutis,   295
Te, Britomarti, diem potui producere vitæ?
Atque utinam celeri ne tantum grata Dianæ
Venatus esses virgo sectata virorum,
Cnossia neu Partho contendens spicula cornu
Dictæas ageres ad gramina nota capellas :   300
Nunquam, tam obnixe fugiens Minois amores,
Præceps aeris specula de montibus isses.
Unde alii fugisse ferunt, et numina Aphææ
Virginis adsignant : alii, quo notior esses,
Dictynnam dixere tuo de nomine Lunam.   305
Sint hæc vera velim : mihi certe, gnata, peristi.
Nunquam ego te summo volitantem in vertice montis
Hyrcanos inter comites agmenque ferarum

« fatal que tu viens de prononcer n'avait pas encore déchiré mes oreilles. Toi aussi, la fortune t'a donc ravie à mon amour; toi, qui seule rendais la vie encore douce à ma vieillesse! Souvent charmée par la trompeuse image de ton doux sommeil, lorsque l'univers semblait m'accabler, je n'ai plus voulu mourir, afin de teindre pour toi le flammeum des sucs de l'herbe corycienne. A quoi maintenant me réservent les dieux? Et ces dieux, qui sont-ils? Ignores-tu par quelle loi la pourpre, se dressant sur la tête de ton père, borde ses cheveux blancs? Ignores-tu quelles espérances de la patrie sont suspendues à un seul et frêle cheveu? Si tu l'ignores, tout peut être sauvé, puisque ce n'est pas avec connaissance que tu aurais médité un aussi exécrable forfait. Mais s'il en est comme je le crains, eh bien, mon enfant chérie, par mon nom, par cet amour qui te ronge et dont j'ai fait tant de fois la douloureuse expérience, par la sainte puissance d'Ilithye, je t'en conjure, ne te laisse pas aller d'un si facile mouvement à un si grand attentat. Je n'essaye point de te détourner d'un amour naissant, j'y serais impuissante; et ce n'est pas à nous à lutter contre les dieux. Je voudrais te voir unie à ton amant, sans que le trône de ton père croulât. O ma Scylla, je voudrais que tu conservasses des pénates. L'infortune m'a éprouvée et instruite; écoute ce seul conseil. Que si tu ne peux par aucun autre moyen fléchir ton père (mais tu le fléchiras; que ne pourrais-tu sur lui, toi, son unique enfant?), alors tu auras pour toi le droit « de la piété filiale; alors le moment sera venu pour toi de t'irriter, et d'en appeler à une juste violence. Remets à ce temps tes résolutions, tes entreprises. Alors, ô mon enfant, je te promets de te seconder de concert avec les dieux: rien n'est long, si l'on suit le cours des choses. »

Ces paroles ont un peu calmé l'orage qui bouleverse l'âme de Scylla; et la douce espérance a triomphé de ce cœur malade. Alors la tremblante Carmé ramène peu à peu sur les joues de la jeune fille les doux tissus, et, pour retrouver le calme en rappelant les ténèbres, elle retourne la lampe, où meurt soudain la lumière avide d'huile; puis portant la main sur ce sein, qui par ses bonds précipités marque au dehors son tumultueux délire, elle adoucit par d'incessantes caresses cette poitrine que soulève l'amour. Durant toute cette nuit, la triste nourrice, appuyée sur son coude près de son enfant qui se meurt, veilla, la paupière suspendue et tremblottante.

Le lendemain, quand la riante et matinale Aurore, venue des froides cimes de l'Œta, a secoué les feux du jour, du jour qui nourrit les mortels, du jour que redoutent et désirent tour à tour les jeunes filles (car elles redoutent Vesper, et désirent les ardeurs du soleil), la vierge se soumet aux leçons de sa nourrice, et se tourmente à chercher mille causes qui amènent pour elle le moment de l'hymen. Des mots insinués tout bas à l'oreille de Nisus sondent le cœur d'un père. Que de fois Scylla lui vante les douceurs de la paix bienfaisante! que de propos étranges errent sur les lèvres novices de la trop

Conspiciam, nec te redeuntem amplexa tenebo.
Verum hæc tum nobis gravia atque indigna fuere, 310
Tum, mea alumna, tui quum spes integra maneret;
Et vox ista meas nondum violaverat aures.
Tene etiam Fortuna mihi crudelis ademit?
Tene, o sola meæ vivendi caussa senectæ?
Sæpe tuo dulci nequidquam capta sopore, 315
Quum premeret natura, mori me velle negavi,
Ut tibi Corycio glomerarem flammea luto.
Quo nunc me, infelix, aut quæ me numina servant?
An nescis, qua lege patris de vertice summo
Edita candentis prætexat purpura canos? 320
Quæ tenui patriæ spes sit suspensa capillo?
Si nescis, aliquam possum sperare salutem,
Inscia quandoquidem scelus es conata nefandum.
Sin est, quod metuo; per me, mea alumna, tuumque
Expertum multis miseræ mihi rebus amorem, 325
Per me, et sacra precor per numina Ilithyiæ,
Ne tantum in facinus tam molli mente sequaris.
Non ego te incepto, fieri quod non pote, conor
Flectere amore, neque est cum dis contendere nostrum:
Sed patris incolumi potius te nubere regno, 330
Atque aliquos tamen esse velis tibi, alumna, Penates.
Hoc unum, exitio docta atque experta, monebo.

Quod si non alia poteris ratione parentem
Flectere: (sed poteris; quid enim non unica possis?)
Tunc potius tamen ipsa, pio cum jure licebit, 335
Quum facti caussam tempusque doloris habebis,
Tunc potius conata tua atque incepta referto.
Meque, deosque tibi comites, mea alumna, futuros
Polliceor: nihil est, quod texas ordine, longum. »
Ilis ubi sollicitos animi relevaverat æstus 340
Vocibus, et blanda pectus spe vicerat ægrum:
Paullatim tremebunda genis obducere vestem
Virginis, et placidam tenebris captare quietem,
Inverso bibulum restinguens lumen olivo,
Incipit, ad crebros insani pectoris ictus 345
Ferre manum, adsiduis mulcens præcordia palmis.
Noctem illam sic mæsta super morientis alumnæ
Frigidulos cubito subnixa pependit ocellos.
Postera lux ubi læta diem mortalibus almum,
Et gelido veniens mani quatiebat ab Œta; 350
Quem pavidæ alternis fugitant optantque puellæ:
Hesperium vitant, optant ardescere Solem:
Præceptis paret virgo nutricis, et omnis
Undique conquirit nubendi sedula caussas.
Tentantur patriæ submissis vocibus aures, 355
Laudanturque bonæ pacis bona; multus ineptæ

simple jeune fille ! Tantôt elle lui dit que les hasards d'une guerre de plus en plus pressante la font trembler; qu'elle craint la déesse qui rend égales pour tous les chances des batailles: n'a-t-elle pas eu peur cent fois de survivre, triste orpheline, à son père? Tantôt ce sont de nobles amis du roi qui donnèrent le nom de petits-fils à des petits-fils de Jupiter; tantôt, habile à mentir, elle imagine des fraudes honteuses, remplit d'épouvante les citoyens qu'elle dit abandonnés des dieux, enchaîne les présages aux présages; et jamais les présages ne manquent. Elle ose même corrompre les irréprochables devins; et quand la victime tombe abattue par le fer sacré, des voix prophétiques annoncent que les entrailles montrent dans Minos un allié, un gendre, et veulent qu'on cesse des combats incertains.

Cependant la nourrice, étendant sur un plat d'argile le narcisse et la cannelle mêlés de soufre, livre à la flamme ces herbes odoriférantes, et unit trois fois par un triple nœud trois fils tricolores. « Jeune fille, dit-elle, fais comme « moi: crache dans ton sein trois fois; les dieux « aiment le nombre trois. » Ensuite elle offre deux fois au grand Jupiter les sacrifices qu'on offre au maître du Styx, sacrifices que ne connaissent ni les vieillards de l'Ida, ni ceux de la Grèce. Enfin elle asperge l'autel avec la branche amycléenne; elle veut percer l'âme du roi de ses imprécations, renouvelées d'Iolcos. Mais nul artifice n'ébranle l'inébranlable Nisus; ni les dieux, ni les hommes ne peuvent le fléchir;

tant il a de confiance en ce frêle cheveu, s'il le sait bien garder! Alors Carmé s'associe à l'entreprise désespérée de sa seconde fille, et s'apprête à trancher le cheveu de pourpre : c'est venir en aide au long amour de son enfant. Elle se réjouit aussi à l'espérance d'être ramenée vers les murs crétois; car la patrie est douce à la cendre qui y repose.

Scylla donc a juré haine à la tête de son père : alors le fer tranche ce cheveu où étincelait la pourpre de Tyr; alors Mégare est prise, et les oracles des dieux se confirment. Mais aussi, par une nouvelle coutume, Scylla, suspendue au mât des navires, apparaît entraînée sur les flots d'azur. Les Nymphes en foule l'admirent, du sein des ondes; le vieil Océan s'émerveille, et la blanche Téthys, et Galatée qui traîne à sa suite ses sœurs curieuses; et celle qui mesure le vaste espace des mers tantôt avec ses dauphins attelés, tantôt sur le char glauque qu'emportent des capricornes, Leucothoé, déesse et mère, qu'accompagne l'enfant Palémon. Les deux héros que le sort rend tour à tour à la lumière, ces fils bien-aimés, ces nobles rejetons de Jupiter, les Tyndarides admirent la jeune fille, et ce corps d'une charmante blancheur. Elle, poussant dans les airs des cris lamentables, exhalait au milieu des flots sa plainte inutile, et levait au ciel, la malheureuse, des yeux étincelants... des yeux; car des chaînes étreignaient ses tendres mains.

« Retenez un peu, ô vents furieux, retenez
« vos haleines; que je me plaigne, et que les
« dieux, en vain adjurés par moi, entendent

Virginis insolito sermo novus errat in ore.
Nunc tremere instantis belli certamina dicit,
Communemque timere deum ; nunc regis amicos ;
Namque ipso verita est orbari mœsta parente, 360
Cum Jove communis qui quondam habuere nepotes ;
Nunc etiam conficta dolo mendacia turpi
Invenit; et divum terret formidine civis ;
Nunc alia ex aliis, nec desunt, omina quærit.
Quin etiam castos ausa est conrumpere vates : 365
Ut, quum cæsa pio cecidisset victima ferro,
Essent, qui generum Minoa auctoribus extis
Jungere, et ancipites suaderent tollere pugnas.
At nutrix patula conponens sulfura testa,
Narcissum, casiamque, herbas incendit olentis ; 370
Terque novena ligat triplici diversa colore
Fila; « ter in gremium mecum, inquit, despue virgo.
Despue ter, virgo : numero deus inpare gaudet. »
Inde Jovi geminat magno Stygialia sacra,
Sacra nec Idæis senibus, nec cognita Graiis ; 375
Pergit, Amyclæo spargens altaria thallo,
Regis Iolciacis animum defigere votis.
Verum, ubi nulla movet stabilem fallacia Nisum,
Nec possunt homines, nec possunt flectere divi :
Tanta est in parvo fiducia crine cavendi : 380
Rursus ad inceptum sociam se adjungit alumnæ,

Purpureumque parat rursus tondere capillum,
Cum longo quod jam captat succurrere amori :
Non minus illa tamen revehi, quod mœnia crescant,
Gaudeat : et cineri patria est jucunda sepulto. 385
Ergo metu capiti Scylla est inimica paterno.
Tum coma Sidonio florens succiditur ostro :
Tum capitur Megara, et divom responsa probantur :
Tum suspensa novo ritu de navibus altis,
Per mare cæruleum trahitur Niseia virgo. 390
Conplures illam Nymphæ mirantur in undis ;
Miratur pater Oceanus, et candida Tethys,
Et cupidas secum rapiens Galatea sorores ;
Illa etiam, junctis magnum quæ piscibus æquor
Et glauco bipedum curru metitur equorum, 395
Leucothee, parvusque dea cum matre Palæmon.
Illi etiam, alternas sortiti vivere luces,
Cara Jovis soboles, magnum Jovis incrementum,
Tyndaridæ niveos mirantur virginis artus.
Has adeo voces, atque hæc lamenta per auras 400
Fluctibus in mediis questu volvebat inani,
Ad cœlum infelix ardentia lumina tollens,
Lumina : nam teneras arcebant vincula palmas.
« Supprimite o paullum turbati flamina venti,
Dum queror; et divos, quamquam nil testibus illis 405
Profeci, extrema moriens tamen adloquor hora.

« Scylla mourante les invoquer à son heure dernière. Oui, vents, oui, c'est vous que je prends à témoin, et vous, brises légères, qui venez des régions du matin; vous le voyez, je suis cette Scylla unie à vous par les liens du sang (ah! laisse-moi le dire, Progné, et ne t'en irrite pas), la fille du roi Nisus, cette Scylla, jadis l'objet des vœux empressés de tous les princes de la Grèce, aussi loin que l'embrassent les rives sinueuses de l'Hellespont; Scylla, que tu nommas, ô Minos, par un engagement sacré, ton épouse : et tu m'entends, Minos, tu m'entends, bien que tu ne m'écoutes pas. Faudra-t-il qu'ainsi enchaînée je passe les ondes de cet immense abîme? Quoi! enchaînée et pendante durant tant de jours! Ah! sans doute, et je ne puis le contester, je l'ai mérité ce supplice, moi qui, dans mon ignorance, ai livré ma patrie, mes pénates chéris, aux ennemis, à un barbare tyran. Il n'est que trop vrai; mais, Minos, ta criminelle amante eût cru n'avoir à l'attendre, ce supplice, que dans Mégare, si quelque hasard y eût révélé notre pacte funeste; et de ceux-là seulement dont elle a ruiné les murs, livré, la cruelle! les temples aux flammes. Mais toi vainqueur!... Les astres, me disais-je, changeront de cours, avant qu'il ne me traite en misérable captive. Allons, allons, ton crime passe tous les miens. Et c'est toi que, pour me perdre, j'ai aimé plus que l'empire de mon père! C'est toi, hélas! Est-il étonnant qu'une jeune fille soit déçue par un beau visage? Je te vis, je péris, un fatal délire m'emporta. Non, je n'aurais pas cru que d'un corps si charmant dût me venir tant de mal : beauté, astre menteur, tu m'as trompée. Je te vis, et ne fus plus touchée ni des délices ni de l'opulence des palais où brillent le frêle corail et les larmes de l'ambre; je laissai mes compagnes, belles comme moi; la peur des dieux n'a pu retenir mes sens enflammés; l'amour a tout vaincu; eh, que ne vaincrait-il pas? Jamais ne ruissellera de mes tempes la myrrhe onctueuse; jamais le pin odorant n'allumera pour mon hymen ses chastes torches; jamais le lit de cèdre ne se couvrira pour moi de la pourpre d'Assyrie. Je regrette les plus belles choses; et la terre même, cette mère commune des êtres, ne recevra pas mes os recouverts d'un peu de sable. Quoi! ne pas même vivre parmi tes suivantes, confondue dans la foule de tes esclaves; ne pas y remplir de serviles offices! ne pas, près de ton épouse (heureuse épouse, quelle qu'elle soit!), ne pas pouvoir tourner les lourds fuseaux chargés de lin! Ah! que n'usais-tu du droit de la guerre? que n'égorgeais-tu ta captive? Déjà mes forces défaillantes m'échappent; ma tête tombe appesantie sur mon cou qui fléchit; meurtris par les nœuds qui les serrent, mes bras pendent, froids comme le marbre. Voici venir les monstres de la mer, voici les corps immenses qui peuplent ses eaux; ils se rassemblent de tous côtés; ils battent de leurs queues les flots azurés; ils me menacent de leur gueule béante. Considère enfin, Minos, considère l'humaine destinée. Puissent suffire aux dieux tant de maux soufferts par une seule mortelle! Que ces tortures m'aient été dues par le destin,

Vos ego, vos adeo, venti, testabor, et auræ,
Vos, matutina si qui de gente venitis,
Cernitis : illa ego sum cognato sanguine vobis
Scylla, quod, ah, salva liceat te dicere, Procne; 410
Illa ego sum Nisi pollentis filia quondam :
Certatim ex omni petiit quam Græcia regno,
Qua curvus terras amplectitur Hellespontus;
Illa ego sum, Minos, sacrato fœdere conjunx
Dicta tibi : tamen hæc, et si non adcipis, audis. 415
Vinctane tam magni tranabo gurgitis undas?
Vincta tot assiduas pendebo ex ordine luces?
Non equidem me alio possum contendere dignam
Supplicio : quod sic patriam carosque Penates
Hostibus inmitique addixi ignara tyranno. 420
Verum esto : hæc, Minos, illos scelerata putavi,
Si nostra ante aliquis nudasset fœdera casus,
Facturos, quorum direptis mœnibus urbis,
O ego crudelis, flamma delubra petivi :
Te vero victore, prius vel sidera cursus 425
Mutatura suos : quam te mihi talia captæ
Facturum metui : jamjam scelus omnia vincit.
Ten' ego plus patrio dilexi perdita regno?
Ten' ego? nec mirum, vultu decepta puella
Ut vidi, ut perii! ut me malus abstulit error! 430

Non equidem ex isto speravi corpore posse
Tale malum nasci : forma, vel sidere fallor.
Non me deliciis conmovit regia dives,
Coralio fragili, ac electro lacrimoso;
Me non florentes æquali corpore Nymphæ; 435
Non metus incensam potuit retinere deorum.
Omnia vicit amor : quid enim non vinceret ille?
Non mihi jam pingui sudabunt tempora myrrha,
Pronuba nec castos adcendet pinus odores,
Nec Libys Assyrio sternetur lectulus ostro. 440
Magna queror; nec et illa quidem communis alumno
Omnibus injecta tellus tumulabit arena.
Mene inter comites, ancillarumque catervas
Mene alias inter, famularum munere fungi,
Conjugis atque tuæ, quæcumque erit illa, beatæ 445
Non licuit gravidos penso devolvere fusos?
At belli saltem captivam lege necasses.
Jam fessæ tandem fugiunt de corpore vires,
Et caput inflexa lentum cervice recumbit;
Marmorea adductisque labascunt brachia nodis, 450
Æquoreæ pestes, inmania corpora Ponti,
Undique conveniunt, et glauco in gurgite circum
Verbere caudarum atque oris minitantur hiatu.
Jam tandem casus hominum, jam respice, Minos,

« ou préparées par le hasard, ou attirées par ma
« faute, j'aurai fait du mal à tout ce que j'aimais,
« à tout, excepté à toi, Minos. »

Cependant la flotte glisse sur les flots, entraînée loin du rivage; les amples voiles s'arrondissent au souffle soudain du Corus; la rame plie sous la verte vague qu'elle soulève; et la plainte languissante de la jeune fille lassée expire dans cette longue course. Elle quitte l'isthme, étroit défilé qu'emprisonnent deux mers, et où fleurit Corinthe, empire du noble fils de Cypsèle : elle côtoie les cimes abruptes qu'infesta Sciron, et le redoutable repaire de la tortue funeste à Mégare, et les récifs rougis du sang de tant d'hôtes. Bientôt elle distingue dans le lointain l'inexpugnable Pirée, et jette de muets et vains regards sur Athènes, qui lui est si connue. Enfin elle voit s'élever dans le lointain, au-dessus des flots, les campagnes de Minos; elle voit d'un côté les riantes Cyclades, et les Strophades; de l'autre, le golfe et le vaste port d'Hérée. On laisse Délos, de toutes les terres la plus agréable à la mère des Néréides et à Neptune Égéen. Cythnos se montre avec l'immense ceinture de sa grève écumante; on glisse à côté de Paros, l'île des marbres; on longe la verdoyante Donuse, Égine, et Sériphe si riche en graines.

Scylla est emportée sur les eaux, et ballottée par le souffle incertain des vents; semblable à la frêle chaloupe que traîne avec elle une flotte immense, pendant que l'ouragan d'Afrique se déchaîne sur la mer orageuse. Tant de beauté et tant de misère émurent de pitié la souveraine de l'empire azuré, l'épouse de Neptune : elle métamorphosa les déplorables membres de la jeune fille. Cependant elle ne veut pas revêtir la vierge d'une tunique écailleuse, et exposer cette tendre créature à la dent traîtresse des poissons; le troupeau d'Amphitrite est trop vorace. Elle aime mieux l'enlever dans les hauts espaces sur des ailes aériennes; et la terre, pour éterniser son forfait, lui donnera le nom d'Aigrette, d'Aigrette plus belle que le cygne amycléen de Léda. Comme on voit dans la blanche substance de l'œuf germer la tendre ébauche de l'animal, et d'imparfaits ligaments flotter et s'unir par l'effet de la chaleur nouvelle; ainsi le corps de Scylla répandu çà et là sur les eaux, ses membres, déjà parties indécises de la bête, enfantaient, subissaient mille changements. Ce charmant visage, ces lèvres qui tant de fois provoquèrent les désirs, ce front élégant et large, se mêlent et se confondent; le menton s'allonge en un bec effilé. Alors sur la ligne qui partage la tête par le milieu, à la cime même, une aigrette de pourpre, comme pour rivaliser avec l'insigne paternel, agite sa pointe mobile. Un moelleux plumage où mille couleurs s'entremêlent revêt de sa légère enveloppe ce corps d'albâtre, et ses souples bras vont s'épanouissant en ailes. Mais le reste est difforme: sur ses jambes hideusement amincies, et que colore le rouge minium, se colle une peau rugueuse; et ses pieds délicats se hérissent de griffes acérées. Prêter un tel secours à cette infortunée n'était

Sit satis hoc, tantum solam vidisse malorum : 455
 Vel fato fuerit nobis hæc debita pestis,
Vel casu incepto, merita vel denique culpa.
Omnia nam potius, quam te læsisse, putabo. »
 Labitur interea revoluta ab litore classis,
Magna repentino sinuantur lintea Coro, 460
Flectitur in viridi remus sale, languida fessæ
Virginis in cursu moritur querimonia longo.
Deserit angustis inclusum faucibus Isthmon,
Cypselidæ magni florentia regna Corinthi;
Prætérit abruptas Scironis protinus arcis, 465
Infestumque suis diræ testudinis exit
Spelæum, multoque cruentas hospite cautes.
Jamque adeo tutum longe Piræea cernit,
Et notas secum, heu frustra, respectat Athenas.
Jam procul e fluctu Minoia respicit arva, 470
Florentisque videt jam Cycladas, hinc Strophadasque;
Hinc sinus, hinc statio contra patet Hermionea.
Linquitur ante alias longe gratissima Delos
Nereidum matri et Neptuno Ægæo.
Prospicit incinctam spumanti litore Cythnon, 475
Marmoreamque Paron, viridemque adlapsa Donusam,
Æginamque simul, sementiferamque Seriphum.
Fertur, et incertis jactatur ad omnia ventis :
Cymba velut, magnas sequitur quum parvula classis,
Afer et hiberno bacchatur in æquore turbo. 480
Donec tale decus formæ vexavit, et ægros
 Non tulit, et miseros mutavit virginis artus,
Cæruleo pollens conjunx Neptunia regno.
Sed tamen externam squamis vestire puellam,
Infidosque inter teneram committere piscis 485
Non statuit : nimium est avidum pecus Amphitrites.
Aereis potius sublimem sustulit alis,
Esset ut in terris facti de nomine Ciris,
Ciris Amyclæo formosior ansere Ledæ.
Ac velut in niveo teneræ quum primitus ovo 490
Effigies animantis et internodia membris
Inperfecta novo fluitant concreta calore;
Sic liquido Scyllæ circumfusum æquore corpus
Semiferi incertis etiam nunc partibus artus
Undique mutabant, atque undique mutabantur. 495
Oris honos primum, et multis optata labella,
Et patulæ frontis species, concrescere in unum
Cœpere, et gracili mentum producere rostro.
Tum, qua se medium capitis discrimen agebat
Ecce repente, velut patrios imitatus honores, 500
Purpuream concussit apex in vertice cristam.
At mollis varios intexens pluma colores
Marmoreum volucri vestivit tegmine corpus,
Lentaque perpetuas fuderunt brachia pennas.
Inde alias partis, minioque infecta rubenti 505
Crura, nova macies obduxit squalida pelli,

pas digne de la douce compagne de Neptune.

Depuis, ceux de Mégare ne la virent plus enlacer sa tête blonde de bandes de pourpre ; cette couche que parfumait l'amome de Tyr ne reçut plus la fille des rois : pour elle, plus de demeures. Des demeures ! à quoi bon ? A peine du sein de la vague blanchissante a-t-elle, rapide et sonore, déployé vers les cieux ses ailes bruyantes, et secoué au loin sur la mer une abondante rosée, qu'elle va, la malheureuse jeune fille, en vain ravie à la mort, traîner sa vie sauvage au milieu des rocs solitaires, des brisants, des écueils, et le long des grèves désertes. Et encore le châtiment la poursuit-il jusque-là. Le roi des dieux, dont l'ordre meut la terre et ses mille régions, s'indigne de voir voler vers les immortels l'abominable jeune fille, tandis que son père inanimé est enseveli dans l'ombre de la nuit : pour le récompenser de sa piété (car cent fois ses mains suppliantes avaient inondé les autels du sang des taureaux, cent fois il avait décoré de ses larges offrandes les demeures des dieux), Jupiter lui rendit la douce vie, mais en le transformant. Et Nisus, reparaissant sur la terre, devient l'Haliéète ; car le dieu qui resplendit dans la foudre n'aime que les aigles. Et comme la malheureuse Scylla avait été condamnée auparavant par la sentence du fils des dieux et d'un amant, il attacha à la fille la sanglante haine du père en courroux. De même qu'au ciel le lumineux Orion, et l'astre qui l'emporte en beauté sur tous les signes de l'Empyrée, qui seul se partage en deux groupes d'étoiles, le Scorpion, se poursuivent et se fuient tour à tour ; de même l'Haliéète et l'Aigrette s'entretiennent dans leur sombre colère, et gardent à travers les siècles leurs implacables souvenirs. L'Aigrette fend-elle d'une aile légère et fugitive le vaporeux espace ; voici Nisus, atroce en sa vengeance, qui la poursuit avec un aigre fracas à travers les airs. Nisus s'élance-t-il vers les mers ; celle-ci de fendre en fuyant l'air qui cède à son aile.

CATALECTES.

I.

A TUCCA.

Délie est venue pour toi, Tucca; mais la voir souvent ne t'est pas permis : l'époux la cache et la tient sous les verrous. Délie est venue souvent pour toi ; pour moi, pas encore. Ce qui est caché et qu'on ne peut toucher est bien loin. Appellerais-tu cela venir à toi ? La belle nouvelle ! Et qu'est-ce qu'elle m'apprend ? Je dis, moi, qu'une belle est venue me voir, quand elle est rentrée chez elle.

II.

SUR LE RHÉTEUR C. ANNIUS CIMBER.

Voilà un amateur des mots corinthiens ! voilà, voilà un rhéteur ! Comme Thucydide, ce

---

Et pedibus teneris ungues confixit acutos.
Et tamen hoc demum miseræ succurrere pacto
Vix fuerat placida Neptuni conjuge dignum.
Nunquam illam posthac oculi videre suorum   510
  Purpureas flavo retinentem vertice vittas ;
Non thalamus Tyrio fragrans adcepit amomo,
  Nullæ illam sedes. Quid jam cum sedibus illi ?
Quæ simul ut sese cano de gurgite velox
  Cum sonitu ad coelum stridentibus extulit alis,   515
Et multum late dispersit in æquore rorem ;
  Infelix virgo nequidquam a morte recepta
Incultum solis in rupibus exigit ævum,
  Rupibus, et scopulis, et litoribus desertis.
Nec tamen hoc iterum poena sine : namque deom rex, 520
Omnia qui imperio terrarum millia versat,
  Conmotus talem ad superos volitare puellam,
Quum pater extinctus cæca sub nocte lateret,
  Illi pro pietate sua (nam sæpe tepenti
Sanguine taurorum supplex resperserat aras ;   525
  Sæpe deom largo decorarat munere sedes ;)
Reddidit optatam mutato corpore vitam,
  Fecit et in terris Haliæetus ales ut esset.
Quippe aquilis semper gaudet deus ille coruscus.
  Huic vero miseræ, quoniam damnata deorum   530
Judicio gnatique et conjugis ante fuisset,
  Infesti adposuitque odium crudele parentis.
Namque, ut in ætherio signorum munere præstans,

Unum quem duplici stellarum sidere vidi,
  Scorpius alternis clarum fugat Oriona :   535
Sic inter sese tristis Haliæetus iras,
  Et Ciris, memori servant ad sæcula fato.
Quacumque illa levem fugiens secat æthera pennis,
  Ecce inimicus atrox magno stridore per auras
Insequitur Nisus ; qua se fert Nisus ad auras,   540
  Illa levem fugiens raptim secat æthera pennis.

CATALECTA.

I.

AD TUCCAM.

Delia, Tucca, tibi venit ; sed sæpe videre
  Non licet : occulitur limine clausa viri.
Delia sæpe tibi, non venit adhuc mihi : namque
  Si occulitur, longe est, tangere quod nequeas.
Venerit aut tibi ; sed jam jam mihi nuntius iste
  Quid prodest ? illi dicito, quæ rediit.

II.

IN C. ANNIUM CIMBRUM RHETOREM.

Corinthiorum amator iste verborum,
Iste iste rhetor ! Namque quatenus totus
Thucydides tyrannus Atticæ febris,
Tau Gallicum spinæ ipsemet male illisit,

bourreau de la fièvre attique, vous amalgame dans ses ordonnances *tau, gal, li, com, spi, naph, si mek, mel;* tout ce galimatias il l'a fait avaler à son frère.

III.
CONTRE NOCTUIN.

Beau-père, qui n'es riche ni pour d'autres, ni pour toi; et toi, Noctuin son gendre, cervelle gâtée, la plus belle des filles va donc, hélas! opprimée par ta stupidité, s'exiler aux champs! Oh! gendre et beau-père, en quelque sens qu'on le prenne, vous avez tout perdu.

IV.
CONTRE LE MÊME NOCTUIN.

Superbe Noctuin, cervelle gâtée, on te la donne la belle que tu demandes, on te la donne; on te la donne, superbe Noctuin, celle que tu demandes. Mais ne vois-tu pas, ô superbe Noctuin, qu'Atilius a deux filles, oui, deux, et que l'une et l'autre te sont données? Venez ainsi, venez, voilà Noctuin, toujours superbe, comme il lui sied; Noctuin qui porte la dame-jeanne. Thalassio! Thalassio! Thalassio!

V.
CONTRE LUCIUS.

Le poëte est à bas, dis-tu, parce qu'il ne peut plus, comme autrefois, courir les mers, braver les durs frimas, endurer les feux du jour, et suivre les armes du vainqueur. J'ai, crois-le bien, j'ai encore toute ma colère, toute ma vieille fureur, et ma langue tout entière pour te servir; rien ne me manque, pas même ta sœur qui m'a prostitué sa jeunesse infâme. A quel propos me provoques-tu, impudique, digne de la censure de César? Tu veux donc que je conte et tes vols, et ton patrimoine englouti, et ta tardive économie aux dépens de ton frère; ou les festins où tu allais t'asseoir enfant avec des hommes faits, et ce sommeil pollué par la débauche, et ces cris qui tout à coup éclataient à ton oreille : Thalassio! Thalassio! Pourquoi pâlir, femme? ces plaisanteries te blessent-elles? Est-ce que tu reconnais là tes hauts faits? Va, ce n'est pas moi que tu attireras à tes belles Cotytties, au milieu des phallus en fête. Je ne te verrai pas mouvoir tes flancs, la main appliquée sur les deux ailes de la robe safranée, puis courir à l'appel des galants à l'odeur de marée, sur les bords du Tibre aux ondes jaunes, là où viennent aborder les bateaux retenus dans le gué par la vase fétide, et luttant contre de maigres eaux. Je ne te suivrai point à la taverne, aux graisseuses compitalies, aux sales banquets d'où, replet comme l'éponge que gonflent les eaux de vaisselle, tu reviens à ton épouse obèse pour écraser savamment son embonpoint fumant, et pour humecter ses joues de tes longs baisers. Attaque-moi maintenant, harcèle-moi de plus belle, si tu peux; et alors je te nomme ici en toutes let-

Ista omnia, ista verba miscuit fratri.   5

III.
IN NOCTUINUM.

Socer, beate nec tibi, nec alteri,
 Generque Noctuine, putidum caput,
Tuone nunc puella talis, heu tuo
 Stupore, pressa rus abibit? Hei mihi!
Ut ille versus usquequaque pertinet :   5
 Gener socerque, perdidistis omnia.

IV.
IN EUNDEM.

Superbe Noctuine, putidum caput,
 Datur tibi puella, quam petis, datur;
Datur, superbe Noctuine, quam petis.
 Sed, o superbe Noctuine, non vides
Duas habere filias Atilium,   5
 Duas, et hanc, et alteram, tibi dari.
Adeste nunc, adeste, ducit, ut decet,
 Superbus, ecce, Noctuinus herneam.
Thalassio! Thalassio! Thalassio!

V.
IN LUCIUM.

Jacere me, quod alta non possim, putas,
 Ut ante, vectari freta;
Nec ferre durum frigus, aut æstum pati,
 Neque arma victoris sequi.

Valent, valent mihi ira et antiquus furor,   5
 Et lingua, qua adsim tibi;
Et prostitutæ turpe contubernium
 Sororis. O quid me incitas?
Quid, impudice, et improbande Cæsari?
 Sed furta dicantur tua,   10
Et heluato sera patrimonio
 In fratre parsimonia.
Vel acta puero cum viris convivia,
 Udæque per somnum nates;
Et inscio repente clamatum super,   15
 Thalassio, Thalassio.
Quid palluisti, femina? an joci dolent?
 An facta cognoscis tua?
Non me vocabis pulchra per Cotyttia
 Ad feriatos fascinos :   20
Nec dein movere lumbos in crocotulam
 Prensis videbo altaribus;
Flavum prope Thybrim et olentis nauticum
 Vocare : ubi adpulsæ rates
Stant in vadis cœno retentæ sordido,   25
 Macraque luctantes aqua.
Neque in culinam, et uncta compitalia,
 Dapesque duces sordidas :
Quibus repletus ut salivosis aquis,
 Obesam ad uxorem redis,   30
Et æstuantes docte solvis pantices,

tres. Impur Lucius, est-ce que tes richesses t'ont quitté? Est-ce que la famine fait claquer tes mâchelières? Oui, je te verrai n'ayant plus rien que des frères paresseux, ayant Jupiter contre toi, le ventre pourfendu, et les jambes cagneuses de ton oncle le herniaire.

VI.

A VÉNUS.

Si j'ai le bonheur de fournir la carrière que je cours, ô déesse qui habites Paphos et les bosquets d'Idalie; si, porté sur les ailes de la poésie, mon Troyen Énée vole enfin avec toi de ville en ville à travers l'empire romain; je ne me contenterai pas de décorer ton temple d'encens et de tableaux, et de porter d'une main pure à tes autels quelques guirlandes : un bélier aux belles cornes sera ma moindre offrande; et avec lui un taureau, victime énorme, teindra de son sang les foyers sacrés. Pour toi se dressera un Amour de marbre, étalant ses ailes aux mille couleurs, et son carquois bariolé. Viens, ô Cythérée! descends de l'Olympe; ton César t'appelle, et la plage de Sorrente.

VII.

VIRGILE DIT ADIEU A TOUS SES TRAVAUX LITTÉRAIRES, POUR EMBRASSER LA PHILOSOPHIE ÉPICURIENNE.

Loin d'ici, inutiles bataillons de rhéteurs; loin d'ici, cohue qu'engraisse non la pure rosée de l'Attique, vous, Silus, Albutius, Arquitius, Varron, épais scolastiques, nation empâtée! loin d'ici, cymbales de la jeunesse vaine! Et toi, de mes soucis le plus cher, adieu, Sextus Sabinus; amis charmants, adieu. Je déploie ma voile vers un port fortuné; je vais entendre l'éloquente parole du grand Syron, et je vais affranchir ma vie de toute inquiétude. Partez aussi, vous, Muses; partez, vous si douces au jeune âge; car, je dis vrai, douces vous me fûtes. Et pourtant rendez visite à mes tablettes; mais discrètement, de loin en loin.

VIII.

SUR SABINUS, PARODIE DE CATULLE.

Le Sabinus que vous voyez, mes hôtes, était, il s'en vante lui-même, le muletier le plus expéditif; et jamais chariot au vol impétueux n'a pu le passer, qu'il fût besoin de voler à Mantoue ou à Brescia. Il n'est démenti, nous jure-t-il, ni par la fameuse maison Tryphon, ni par l'hôtel Cérule, où il débuta, le Sabinus d'aujourd'hui, dans les écuries de Quinctius, la main armée du fer à deux dents, par rogner la longue crinière des chevaux, de peur qu'un poil sale et rude n'écorchât leur cou, sans cesse froissé par le joug. O froide Crémone, ô Gaule fangeuse, vous avez su, vous savez tout cela parfaitement : Sabinus l'affirme! Il dit que de père

Os usque lambis saviis.
Nunc læde, nunc lacesse, si quidquam vales!
Et nomen adscribo tuum.
Cinæde Luci, an te reliquerunt opes?   35
  Fameque genuini crepant?
Videbo habentem præter ignavos nihil
  Fratres et iratum Jovem,
Scissumque ventrem, et herniosi patrui
  Pedes inedia turgidos.   40

VI.

AD VENEREM.

Si mihi susceptum fuerit decurrere munus,
  O Paphon, o sedes quæ colis Idalias,
Troius Æneas Romana per oppida digno
  Jam tandem ut tecum carmine vectus eat:
Non ego ture modo, aut picta tua templa tabella   5
  Ornabo, et puris serta feram manibus :
Corniger hos aries humilis, et maxima taurus
  Victima sacratos tinguet honore focos :
Marmoreusque tibi, dea, versicoloribus alis,
  In morem picta stabit Amor pharetra.   10
Adsis, o Cytherea! tuus te Cæsar Olympo,
  Et Surrentini litoris ora, vocat.

VII.

RELICTIS ALIIS STUDIIS PHILOSOPHIAM EPICUREAM AMPLECTITUR.

Ite hinc, inanes rhetorum manipli,
Inflata rore non Achaico turba,
Et vos, Sile, Albuti, Arquitique, Varroque,
  Scholasticorum natio madens pingui;
Ite hinc, inanis cymbalon juventutis;   5
Tuque, o mearum cura, Sexte, curarum,
  Vale, Sabine; jam valete formosi.
Nos ad beatos vela mittimus portus,
  Magni petentes docta dicta Syronis,
Vitamque ab omni vindicabimus cura.   10
Ite hinc, Camenæ; vos quoque limite sævæ,
  Dulces Camenæ; nam fatebimur verum,
Dulces fuistis. Et tamen meas chartas
  Revisitote; sed pudenter, et raro.

VIII.

DE SABINO PARODIA CATULLIANA.

Sabinus ille, quem videtis, hospites,
  Ait fuisse mulio celerrimus;
Neque ullius volantis impetum cisi
  Nequisse præterire : sive Mantuam
Opus foret volare, sive Brixiam.   5
Neque hoc negat Tryphonis æmuli domus
  Negare nobilem, insulamve Cæruli :
Ubi iste, post Sabinus, ante Quinctio
  Bidente dicit adtondisse forfice
Comata colla, nequa sordidum, jugo   10
  Premente, dura volnus ederet juba.
Cremona frigida, et lutosa Gallia,
  Tibi hæc fuisse, et esse, cognitissima

en fils il a barbotté dans vos boues, déchargé des paquets dans vos mares, et porté le harnais dans vos tortueuses ornières, gouvernant ses mules d'une main; de l'autre, des deux au besoin. Et jamais il ne s'avisa de faire des vœux aux dieux des grandes et des petites routes, hormis le jour où il leur dédia son fonds de patrimoine, la bride et l'étrille. Mais cela c'est le passé; pour le présent, il se pavane dans l'ivoire curule; et Sabinus se dédie en personne à toi, Castor, et à ton frère jumeau.

IX.
A VARIUS.

Je te le dirai, mon cher Varius, sans mentir : Je veux mourir, si ce maraud ne m'a pas mis à sec. Mais si les règles de la poésie m'empêchent de parler, je me tairai : mais ce petit blond m'a mis à sec.

X.
A LA VILLA DE SYRON.

Petite maison, pauvre champ qui fûtes jadis à Syron, et qui fûtes pour lui des trésors..., peut-être entendrai-je de tristes récits sur ma patrie. Ah! je me recommande à vous, et tout ce que j'aime et ce que j'aimai, et surtout mon père. Soyez pour lui ce que furent jadis Mantoue et Crémone.

XI.
A M. VALÉRIUS MESSALA.

Chantez-moi quelques-vers, doctes Aganippides, quelques vers seulement; mais des vers que ne méconnaisse pas le bel Apollon. Il arrive, magnifique ornement de son magnifique triomphe, il arrive le vainqueur à qui la terre et la mer ouvrent leurs libres espaces. L'égal du grand Diomède, du superbe Éryx, il apporte les effrayantes dépouilles des combats livrés aux barbares. Poëte non moins grand, il exhale nos chants poétiques; il est digne d'entrer dans les chœurs sacrés. C'est là surtout, sublime Messala, ce qui agite et trouble mon esprit étonné : qu'écrire de toi, et que t'écrire? Car, je l'avouerai, ce qui devrait déconcerter ma muse est cela même qui l'enhardit. Quelques vers nés de ta veine se sont glissés dans mes tablettes; vers délicieux par l'idiome et par le sel attique; vers qui, accueillis par les âges futurs, seront dignes de vaincre en durée le vieillard de Pylos. Là, mollement étendus à l'ombre d'un large chêne au vert feuillage, reposent Méris et Mélibée; tous deux bergers, tous deux se renvoyant les doux vers alternés qu'aimait le jeune poëte de la Sicile. Ailleurs les dieux à l'envi parent de leurs dons ta noble amie; et chaque déesse y joint son présent. Heureuse entre toutes, la beauté que célèbre un

Ait Sabinus; ultima ex origine
Tua stetisse dicit in voragine, 15
Tua in palude deposuisse sarcinas,
Et inde tot per orbitosa millia
Jugum tulisse : læva, sive dextera,
Strigare mulas, sive utrimque cœperat.
Neque ulla vota semitalibus deis 20
Sibi esse facta, propter hoc novissimum,
Paterna lora, proximumque pectinem.
Sed hæc prius fuere; nunc eburnea
Sedetque sede, seque dedicat tibi,
Gemelle Castor, et Gemelle Castoris. 25

IX.
AD VARIUM.

Scilicet hoc sine fraude, Vari dulcissime, dicam :
Dispeream, nisi me perdidit iste putus.
Sin autem præcepta vetant me dicere : sane,
Non dicam. Sed me perdidit iste puer.

X.
AD VILLAM SYRONIS.

Villula, quæ Syronis eras, et pauper agelle,
Verum illi domino tu quoque divitiæ :
Me tibi, et hos una mecum, et quos semper amavi,
Si quid de patria tristius audiero,
Commendo, in primisque patrem. Tu nunc eris illi, 5
Mantua quod fuerat, quodque Cremona prius.

XI.
AD M. VALERIUM MESSALAM.

Pauca mihi, niveo sed non incognita Phœbo,
Pauca mihi doctæ, dicite, Pegasides.
Victor adest, magni magnum decus ecce triumphi.
Victor, qua terræ, quaque patent maria;
Horrida barbaricæ portans insignia pugnæ, 5
Magnus ut Œnides, utque superbus Eryx;
Nec minus idcirco nostros expromere cantus
Maximus, et sanctos dignus inire choros.
Hoc itaque insuetis jactor magis, optime, curis :
Quid de te possim scribere, quidve tibi. 10
Namque, fatebor enim, quæ maxima deterrendi
Debuit, hortandi maxima caussa fuit.
Pauca tua in nostras venerunt carmina chartas,
Carmina cum lingua, tum sale Cecropio.
Carmina, quæ Pylium, sæclis adcepta futuris, 15
Carmina, quæ Pylium vincere digna senem.
Molliter hic viridi patulæ sub tegmine quercus
Mœris pastores et Melibœus erant;
Dulcia jactantes alterno carmina versu,
Qualia Trinacriæ doctus amat juvenis. 20
Certatim ornabant omnes Heroida divi.
Certatim divæ munere quæque suo.
Felicem ante alias tanto scriptore puellam!
Altera non fama dixerit esse prior.
Non illa, Hesperidum ni munere capta fuisset, 25
Quæ volucrem cursu vicerat Hippomenem;

si grand génie! Jamais femme ne te surpassera en renommée : ni celle qui, sans l'appât décevant des pommes des Hespérides, allait vaincre à la course le léger Hippomène; ni la blanche Hélène, éclose de l'œuf du cygne; ni Cassiopée, qui resplendit dans les hauteurs de l'Empyrée; ni la jeune Grecque que défendirent si longtemps les bonds impétueux des coursiers d'OEnomaüs, dont la main fut recherchée par tant de mains grecques, qui vit tant de fois son père arracher pour elle l'âme à des prétendants téméraires, tant de fois la terre d'Élide regorger de sang; ni Sémélé, cette royale fille; ni cette Inachide, cette fille d'Acrisius, que visita Jupiter, foudre pour l'une, pluie pour l'autre; ni l'épouse dont la pudeur ravie chassa des pénates héréditaires les Tarquins, le père et le fils, en ces temps où Rome échangea la superbe royauté contre les faisceaux plus doux des consuls, et mainte fois décerna les plus hautes récompenses aux services des Messala Publicola, ses enfants. A présent rappellerai-je leur zèle ardent pour l'État, leurs immenses labeurs? Dirai-je les temps affreux de la guerre où s'endurcit leur courage? les camps préférés au forum, les camps préférés à la ville, si loin d'un fils, si loin d'une patrie? Dirai-je ces frimas, ces chaleurs excessives héroïquement endurés; ce sommeil qu'ils peuvent goûter, bruyant et profond, sur le dur silex? Dirai-je comme ils glissent, en dépit des astres, sur les mers orageuses; comme, à force d'audace, ils triomphent de l'Océan et de ses tempêtes; comme ils se jettent au plus épais des phalanges ennemies, sans redouter les chances communes du terrible jeu des batailles; comme ils abordent les agiles Africains destinés à périr par milliers, et les flots d'or du Tage rapide; comme ils portent leurs infatigables armes d'une nation à l'autre, comme ils vont vaincre par delà l'immense Océan? Ce n'est point à nous à toucher à de si hautes louanges; c'est à peine, j'ose le dire, la tâche d'un mortel. Les monuments de vos exploits raconteront d'eux-mêmes votre gloire à l'univers; vos nobles vies rayonneront d'elles-mêmes dans la postérité.

J'en reviens à ces vers que tracèrent avec toi les dieux, Apollon, les Muses, Bacchus et Aglaé. Si ma muse aspire, bien que d'un humble effort, à suivre ta trace, si je puis accommoder au mètre romain tes saillies athéniennes, j'ai fait un pas plus grand que jamais je ne le désirai : c'en est assez; je n'ai rien de commun avec l'épais vulgaire.

XII.

SUR POMPÉE LE GRAND, OU SUR MITHRIDATE.

Regarde cet homme que la gloire avait fixé sur un trône puissant, et porté plus haut que les cieux. Il avait ébranlé par la guerre le monde entier; il avait brisé les rois et les peuples de l'Asie. Déjà il t'apportait, ô Rome, le lourd esclavage; car tout le reste était tombé sous sa lance. Tout à coup, précipité lui-même au milieu de sa course triomphante, il tombe, il est

Candida cycneo non edita Tyndaris ovo;
  Non supero fulgens Cassiopea polo;
Non defensa diu volucrum certamine equorum,
  Optabant Graiæ quam sibi quæque manus; 30
Sæpe animam generi pro qua pater inpius hausit;
  Sæpe rubro Eleis sanguine fluxit humus;
Regia non Semele, non Inachis Acrisione,
  Inmitti exspectant fulmine, et imbre, Jovem;
Cujus et ob raptum pulsi liquere Penates 35
  Tarquinii patrios, filius atque pater;
Illo, quo primum dominatus Roma superbos
  Mutavit placidis tempore consulibus.
Multa, neque immeritis, donavit præmia alumnis;
  Præmia Messalis maxima Poplicolis. 40
Nam quid ego inmensi memorem studia ista laboris?
  Horrida quid duræ tempora militiæ?
Castra foro solitos, urbi præponere castra,
  Tam procul hoc nato, tam procul hac patria?
Inmoderata pati nunc frigora, nuncque calores? 45
  Stertere vel dura posse super silice?
Sæpe trucem adverso perlabi sidere Pontum?
  Sæpe mare audendo vincere, sæpe hiemem?
Sæpe etiam densos inmittere corpus in hostes,
  Communem belli nec timuisse deum? 50
Nunc celeres Afros, perituraque millia gentis,
  Aurea nunc rapidi flumina adire Tagi?

Nunc aliam ex alia bellando quærere gentem?
  Vincere et Oceani finibus ulterius?
Non nostrum est, inquam, tantas adtingere laudes; 55
  Quin ausim hoc etiam dicere, vix hominum est.
Ipsa, hæc ipsa ferent rerum monumenta per orbem;
  Ipsa sibi egregium facta decus parient.
Nos ea, quæ tecum finxerunt carmina divi,
  Cynthius, et Musæ, Bacchus, et Aglaie. 60
Si laudes adspirem, humili sed adire Camena;
  Si patrio Graios carmine adire sales
Possumus : optatis plus jam procedimus ipsis.
  Hoc satis est, pingui nil mihi cum populo.

XII.

IN POMPEIUM MAGNUM, VEL IN MITHRIDATEM.

Adspice, quem valido subnixum gloria regno
  Altius et cœli sedibus extulerat,
Terrarum hic bello magnum concusserat orbem;
  Hic reges Asiæ fregerat et populos.
Hic grave servitium tibi, jam tibi, Roma, ferebat; 5
  Cetera namque viri cuspide conciderant;
Quum subito in medio rerum certamine præceps
  Conruit, e patria pulsus in exilium.
Tale deæ numen; tali mortalia nutu
  Fallax momento temporis hora dedit. 10

XIII.

A ANTONIUS MUSA.

En quelques lieux que nous porte le souffle changeant de la vie, quelque terre qu'il nous fasse toucher, quelques mortels qu'il nous fasse voir, que je meure, s'il est un homme au monde que j'aime plus que toi! Et quel autre peut être plus que toi doux à mon cœur? Les dieux, les sœurs des dieux, et Vénus la première, ne t'ont-elles pas donné, à toi qui en es digne, tous les biens, ceux même qui réjouissent Phébus et le chœur de Phébus? Est-il, ô Musa, un plus docte esprit que le tien? Quelle bouche s'échappe en plus suaves accents? Aucune, pas même celle de la blanche Clio. Aussi ce m'est assez que tu veuilles que je t'aime; de toi je n'exige même pas amitié pour amitié.

XIV.

SUR LA MORT D'OCTAVE.

Quel dieu, Octave, t'a si vite enlevé à nous? Est-ce bien ce que l'on dit, est-ce le vin bu sans raison? est-ce la coupe, cette fois cruelle? La faute n'en est-elle pas à la bile? Hélas! à chacun son destin : le crime en est-il à des coupes innocentes? Va, Octave, tes écrits nous raviront toujours; toujours nous te pleurerons, toi si vite enlevé à tes amis, toi, et l'histoire romaine interrompue. Mais toi tu ne seras plus rien. Mânes abominables, parlez : pourquoi lui avoir envié la douceur de survivre à son père?

XV.

FRAGMENT D'UNE LETTRE DE VIRGILE A AUGUSTE, SUR SON ÉNÉIDE.

Je reçois souvent des lettres de toi.......

Quant à mon Énéide, si, par Hercule, j'avais à t'en offrir quelque partie qui fût digne de tes oreilles, j'aurais plaisir à te l'envoyer. Mais l'œuvre n'est encore qu'ébauchée; et en vérité je crois presque que c'est folie à moi d'avoir entrepris une si grande chose, surtout dans un moment où, tu le sais, je fais marcher de pair avec ce travail d'autres études bien plus importantes.

LA CABARETIÈRE.

La cabaretière syrienne, qui ceint sa tête d'une petite mitre grecque, savante en l'art d'agiter au son du crotale ses souples hanches, danse, enivrée, des pas lascifs dans sa taverne fumeuse, et se bat les coudes avec des baguettes claquantes. A quoi bon chercher loin d'elle la fatigue et la poudreuse chaleur, au lieu de s'étendre sur le lit des buveurs? Voici des coupes, des calices, des tasses, des roses, des flûtes, des lyres, et un frais berceau que tapissent d'ombreuses oseraies. Sous cette grotte ménalienne fredonne doucement la rustique flûte qui redit les airs des pasteurs. La piquette ne manque pas, elle vient de s'épancher du tonneau poissé; à nos pieds résonne un ruisseau limpide au rauque

XIII.

AD ANTONIUM MUSAM.

Quocumque ire ferunt variæ nos tempora vitæ,
    Tangere quas terras, quosque videre homines;
Dispeream, si te fuerit mihi carior alter.
    Alter enim quis te dulcior esse potest?
Cui Venus ante alios, divi, divomque sorores,   5
    Cuncta, neque indigno, Musa, dedere bona;
Cuncta, quibus gaudet Phœbus, chorus ipseque Phœbi;
    Doctior o quis te, Musa, fuisse potest?
O quis te in terris loquitur jucundior uno?
    Clio nam certe candida non loquitur.   10
Quare illud satis est, si te permittis amari;
    Non contra ut sit amor mutuus inde mihi.

XIV.

IN OCTAVII MORTEM.

Quis deus, Octavi, te nobis abstulit? an, quæ
    Dicunt, an, nimio pocula dura mero?
Vobis si culpa est bilis : sua quemque sequuntur
    Fata; quod inmeriti crimen habent cyathi?
Scripta quidem tua nos multum mirabimur, et te   5
    Raptum, et Romanam flebimus historiam.
Sed tu nullus eris. Perversi, dicite, Manes,

Hunc superesse patri quæ fuit invidia?

XV.

P. VIRGILII MARONIS

Fragmenta ex Epistola, quam ad Augustum Cæsarem super Æneide suá scripsit.

Ego vero frequentes a te literas accipio. *Et infra :* De Ænea quidem meo, si, me Hercules, jam dignum auribus haberem tuis, libenter mitterem. Sed tantum inchoata res est; ut pæne vitio mentis tantum opus ingressus mihi videar : quum præsertim, ut scis, alia quoque studia ad id opus, multoque potiora, inpertiar.

COPA.

Copa Syrisca, caput Graia redimita mitella,
    Crispum sub crotalo docta movere latus,
Ebria fumosa saltat lasciva taberna,
    Ad cubitum raucos excutiens calamos.
Quid juvat æstivo defessum pulvere abesse,   5
    Quam potius bibulo decubuisse toro?
Sunt cupæ, calices, cyathi, rosa, tibia, chordæ,
    Et trichila umbriferis frigida arundinibus.
Est et Mænalio quæ garrit dulce sub antro
    Rustica pastoris fistula more sonans.   10

murmure : là ce sont des couronnes de violette nouées par le safran, des touffes jaunes mêlées à la rose purpurine, et des lis que, des bords où l'onde vierge les effleura, l'Achéloïde apporte à pleines corbeilles d'osier. Ce sont de petits fromages que sèchent des paniers de jonc; des prunes que mûrissent les jours d'automne, polies comme cire; des châtaignes, et des pommes au délicat vermillon; des mûres sanglantes, la grappe que porte le cep flexible, et le concombre azuré qui pend à sa tige tortueuse. Cérès est là, belle et parée; Amour est là, là est Bacchus; là aussi est le gardien de la chaumière, armé de sa faux de saule; mais il n'épouvante pas les regards de son prodigieux attribut. Viens ici, chevalier de Bébèle; ton âne harassé sue; ménage la pauvre bête pour toi et tes pareils : l'âne ne fait-il pas vos délices? A cette heure la cigale fatigue les arbustes de son chant perpétuel; à cette heure le lézard se tapit dans sa fraîche retraite. Si tu es sage, couche-toi de même, et plonge ta lèvre altérée dans le verre d'été, ou dans le cristal, si tu l'aimes mieux. Çà, repose à l'ombre de ces pampres tes membres lassés; noue sur cette tête appesantie la guirlande de roses: pour toi quelle moisson de baisers sur les lèvres d'une belle et blanche jeune fille! Ah, périsse l'homme antique au sombre sourcil! Pourquoi réserver à des cendres insensibles les parfums de nos fleurs? Quoi! nous les aurons cueillies pour en couronner des pierres? Pose là le vin, les dés.

Maudit soit qui s'inquiète du lendemain ! La Mort, nous pinçant l'oreille, nous dit : « Vivez, vivez, « j'arrive. »

LE PETIT JARDIN.

Venez, ô Muses, filles du tout-puissant Jupiter; proclamons les louanges du petit jardin fertile. — Un jardin fournit à celui qui le cultive de salutaires aliments, et lui rapporte sans cesse des produits variés, des légumes délicieux, de nombreuses variétés d'herbages, des raisins vermeils, et des fruits. Qu'un jardin aussi est un lieu charmant! L'agréable et l'utile s'y mêlent de mille façons. Le cristal transparent d'une eau murmurante l'entoure, et arrose les plants où le conduit un sillon. Des fleurs brillent sur des tiges aux mille nuances, et tapissent la terre de splendides pierreries. De gracieuses abeilles y bourdonnent, et pompent, légères et murmurantes, l'essence des fleurs ou la rosée nouvelle. Les vignes fécondes accablent les ormeaux, leurs maris; le pampre ombrage des treillis de roseaux; les arbres offrent des berceaux touffus, et leurs chevelures épaisses empêchent les feux du soleil de percer; les oiseaux répandent leurs voix en mélodieux gazouillements, et ne cessent de charmer les airs. Un jardin attire, réjouit, loge, nourrit, ôte au cœur affligé la pesante angoisse, rend la vigueur aux membres, et captive la vue; il paye le travail au centuple; il donne

---

Est et vappa, cado nuper diffusa picato :
    Est strepitans rauco murmure rivus aquæ.
Sunt etiam croceo violæ de flore corollæ,
    Sertaque purpurea lutea mista rosa;
Et quæ virgineo libata Achelois ab amne   15
    Lilia vimineis adtulit in calathis.
Sunt et caseoli, quos juncea fiscina siccat.
    Sunt autumnali cerea pruna die;
Castaneæque nuces, et suave rubentia mala.
    Est hic munda Ceres; est Amor; est Bromius.   20
Sunt et mora cruenta, et lentis uva racemis :
    Est pendens junco cæruleus cucumis :
Est tuguri custos armatus falce saligna;
    Sed non et vasto est inguine terribilis.
Huc Calybita veni : fessus jam sudat asellus :   25
    Parce illi; vestrum delicium est asinus.
Nunc cantu crebro rumpunt arbusta cicadæ :
    Nunc etiam in gelida sede lacerta latet.
Si sapis, æstivo recubans te prolue vitro;
    Seu vis crystallo ferre novos calices.   30
Eia age pampinea fessus requiesce sub umbra;
    Et gravidum roseo necte caput strophio;
Candida formosæ decerpes ora puellæ.
    Ah! pereat, cui sunt prisca supercilia!
Quid cineri ingrato servas bene olentia serta?   35
    Anne coronato vis lapide ista legi?
Pone merum et talos. Pereant, qui crastina curant!

Mors aurem vellens : Vivite, ait, venio.

HORTULUS.

Adeste Musæ, maximi proles Jovis;
Laudes feracis prædicemus hortuli.
Hortus salubres corpori præbet cibos,
Variosque cultus sæpe cultori refert;
Olus suave, multiplex herbæ genus;   5
Uvas nitentes, atque fœtus arborum.
Non defit hortis et voluptas maxima,
Multisque mixta commodis jucunditas.
Aquæ strepentis vitreus ambit liquor,
Sulcoque ductus irrigat rivus sata :   10
Flores nitescunt discolore gramine,
Pinguntque terras gemmeis honoribus.
Apes susurro murmurant gratæ levi,
Quum summa florum vel novos rores legunt.
Fecunda vitis conjuges ulmos gravat,   15
Textasve inumbrat pampinus arundines.
Opaca præbent arbores umbracula,
Prohibentque densis fervidum solem comis.
Aves canoros garrulæ fundunt sonos,
Et semper auras cantibus mulcent suis.   20
Oblectat hortus, advocat, pascit, tenet,
Animoque mœsto demit angores graves :
Membris vigorem reddit, et visum capit;

à celui qui le cultive le bonheur sous mille formes.

MORETUM.

Déjà la nuit d'hiver avait achevé sa dixième heure, et l'oiseau qui, sentinelle vigilante, annonce la lumière, avait chanté, quand Simulus, rustique cultivateur d'un petit champ, redoutant pour le jour qui va luire un triste jeûne, soulève peu à peu ses membres étendus sur un vil grabat, et d'une main inquiète interroge à tâtons les ténèbres silencieuses : il cherche son âtre ; à sa main qui s'y blesse, il le sent enfin. Là fumaient encore les restes d'un petit tison consumé, et la cendre couvrait l'étincelle cachée de la braise. Simulus, le front penché, abaisse sur le foyer sa lampe, en tire du bout de l'aiguille l'étoupe desséchée, et d'un souffle haletant réveille dans l'âtre la flamme assoupie. Enfin elle brille, et l'ombre se retire. Le villageois abrite d'une main la lumière contre l'air, et ouvre, en la faisant tourner sous sa clef, la porte de son grenier, qu'il tenait prudemment fermée.

Sur la terre était répandu un humble amas de grains ; il en prend sa mesure ; un vase la reçoit, qui peut soutenir le poids de huit livres de blé. De là il va vers la meule voisine ; il s'arrête, et place sa lampe fidèle sur un petit chevron de tout temps fixé dans le mur pour cet usage. Alors il dépouille ses deux bras du vêtement qui les couvre, et, ceint d'une peau de chèvre aux longs poils, il balaye avec une touffe de crins les cavités raboteuses de la double meule. Bientôt ses deux mains se partagent inégalement le travail : la gauche ne fait qu'épandre le blé ; et la droite, tout entière au même mouvement, tourne en cercles incessants l'orbe emporté. Le grain, écrasé sous les coups rapides de la pierre, s'échappe en flots poudreux. De temps en temps la main gauche relève sa sœur fatiguée, et alterne avec elle. Cependant Simulus entonne un chant rustique, et soulage son labeur de sa voix agreste. Parfois il appelle Cybale ; c'était la seule gardienne de son logis : Africaine par sa naissance, tout en elle annonçait sa patrie, ses cheveux crépus, ses lèvres épaisses, son teint noir, sa large poitrine, ses mamelles abandonnées, son ventre creux, ses jambes grêles, ses pieds démesurément plats, et sillonnés de fentes sur leurs talons roidis. Simulus l'appelle, lui ordonne d'entasser du bois sec sur le foyer, et de faire tiédir à la flamme l'onde glacée.

La meule enfin achève, au moment marqué, son cours circulaire. Simulus rassemblant la farine épandue, la verse dans le crible, et l'y secoue ; au-dessus restent les débris impurs du grain, et par les trous qui la laissent tomber s'écoule la farine nette et épurée. Soudain il l'étale sur un ais poli, et y jette une onde tiède : alors il ramasse la farine et l'eau confondues, pétrit le mélange qui s'épaissit sous ses doigts, et en parsème de sel la surface plus solide. La pâte est domptée ; il la façonne à son gré, l'élargit en orbe sous ses mains, et marque par carrés égaux les

Refert labori pleniorem gratiam ;
Tribuit colenti multiforme gaudium.   25

MORETUM.

Jam nox hibernas bis quinque peregerat horas,
Excubitorque diem cantu prædixerat ales ;
Simulus exigui cultor quum rusticus agri,
Tristia venturæ metuens jejunia lucis,
Membra levat sensim, vili demissa grabato,   5
Sollicitaque manu tenebras explorat inertes,
Vestigatque focum ; læsus quem denique sensit.
  Parvulus exusto remanebat stipite fumus,
Et cinis obductæ celabat lumina prunæ :
Admovet his pronam, submissa fronte, lucernam,   10
Et producit acu stupas humore carentes,
Excitat et crebris languentem flatibus ignem.
Tandem concepto tenebræ fulgore recedunt ;
Oppositaque manu lumen defendit ab aura,
Et reserat clausa, quæ prævidet, ostia clavi.   15
  Fusus erat terra frumenti pauper acervus ;
Hinc sibi deprompt, quantum mensura patebat,
Quæ bis in octonas excurrit pondere libras.
Inde abit, adsistitque molæ ; parvaque tabella,
Quam fixam paries illos servabat in usus,   20
Lumina fida locat ; geminos tunc veste lacertos

Liberat, et, cinctus villosæ tergore capræ,
Præverrit cauda silices gremiumque molarum.
Advocat inde manus operi, partitus utrinque :
Læva ministerio, dextra est intenta labori ;   25
Hæc rotat assiduis gyris et concitat orbem.
Tunsa Ceres rapido silicum decurrit ab ictu.
Interdum fessæ succedit læva sorori,
Alternatque vices : modo rustica carmina cantat,
Agrestique suum solatur voce laborem.   30
Interdum clamat Cybalen : erat unica custos,
Afra genus, tota patriam testante figura,
Torta comam, labroque tumens, et fusca colorem ;
Pectore lata, jacens mammis, conpressior alvo
Cruribus exilis, spatiosa prodiga planta ;   35
Continuis rimis calcanea scissa rigebant.
Hanc vocat, atque arsura focis inponere ligna
Imperat, et flamma gelidos adolere liquores.
  Postquam inplevit opus justum versatile finem,
Transfert inde manu fusas in cribra farinas,   40
Et quatit : at remanent summo purgamina dorso ·
Subsidit sincera foraminibusque liquatur
Emundata Ceres. Lævi tum protinus illam
Conponit tabula, et tepidas super ingerit undas.
Contrahit admistos nunc fontes atque farinas ;   45
Tranversat durata manu, liquidoque coacto
Interdum grumos spargit sale. Jamque subactum

pains divisés. Il les porte dans son foyer. Cybale avait pris soin de nettoyer l'âtre qui les devait recevoir; l'argile les couvre, et au-dessus s'entasse la braise. Tandis que le feu et l'argile les durcissent à l'envi, Simulus ne laisse point s'écouler l'heure oisive : il avise quelque nouvelle ressource contre la faim; les dons seuls de Cérès ne flatteraient pas son palais; il veut y joindre quelque mets apprêté. Au foyer de sa cabane n'étaient point suspendus à l'abandon le dos d'un porc et ses membres durcis dans le sel; mais, traversé de sparte et enveloppé du vieux faisceau d'aneth, pendait le fromage orbiculaire. Notre héros donc, dans sa prévoyance, se ménage d'autres délices.

Sa chaumière touchait un jardin qu'entouraient comme d'un rempart quelques plants d'osier, et les tiges du léger roseau, sans cesse renaissantes sous le tranchant du fer. Ce jardin occupait un petit espace; mais il était fertile en herbes de toute espèce ; rien n'y manquait de ce qui contente les besoins du pauvre ; et souvent le riche vint demander à l'indigent Simulus les fruits de son enclos. Il le cultivait à peu de frais, se réglant sur ses autres travaux. Quand la pluie ou les jours de fête le retenaient libre dans sa chaumière, quand cessait pour lui le labour, il donnait ses loisirs à son jardin. Il savait planter mille herbes diverses, confier leurs semences au sein de la terre, et leur distribuer avec mesure l'eau des ruisseaux voisins. Là croissaient mille légumes : la bette aux longs bras épandus, la féconde oseille, les mauves et l'aunée, le siser, le porreau qui doit son nom à sa tête, le froid pavot aux funestes vapeurs, la laitue agréable aux convives qu'ont fatigués les nobles mets, et le lourd concombre, couché sur son vaste ventre. Cette abondance n'était pas pour le maître du jardin (quel homme vécut plus à l'étroit?), mais pour le peuple : tous les neuf jours il portait à la ville, pour les vendre, de verdoyants faisceaux de légumes ; le soir il revenait au logis, le dos léger, mais la bourse pesante; et rarement il rapportait du marché de la ville de quoi rehausser ses repas. L'oignon rouge et le porreau taillé domptent son appétit; il y joint le cresson piquant sous la dent et qui tord la lèvre, l'endive, et la roquette qui ranime Vénus languissante.

Ce jour-là donc, songeant à quelque mince régal, il était entré dans son jardin. D'abord, creusant la terre d'un doigt léger, il en tire quatre aulx avec leurs racines fibreuses ; ensuite il arrache la rue qui donne la vigueur aux amants, l'ache à la fine chevelure, et la coriandre aux fils menus et tremblants : les herbes cueillies, il va s'asseoir près de l'âtre joyeux, appelle son esclave, et lui demande le mortier. Alors il dépouille de leurs nombreuses enveloppes les têtes des aulx, en ôte un à un les premiers téguments, qu'il répand çà et là sur le sol d'une main dédaigneuse, et qu'il jette loin de lui : il n'en garde que les bulbes, et il les met dans le creux de la pierre. Il les parsème de grains de sel, il y joint la croûte d'un fromage qu'a durci le sel, et y entasse les

Lævat opus, palmisque suum dilatat in orbem,
Et notat, inpressis æquo discrimine quadris.
Infert inde foco : Cybale mundaverat aptum 50
Ante locum : testisque tegit; super aggerat ignes.
Dumque suas peragit Vulcanus testaque partes,
Simulus interea vacua non cessat in hora;
Verum aliam sibi quærit opem ; neu sola palato
Sit non grata Ceres, quas jungat, comparat escas. 55
Non illi suspensa focum carnaria juxta,
Durati sale terga suis, truncique, vacabant :
Trajectus medium sparto sed caseus orbem,
Et vetus adstricti fascis pendebat anethi.
Ergo aliam molitur opem sibi providus heros. 60
 Hortus erat junctus casulæ, quem vimina pauca
Et calamo recidiva levi munibat arundo;
Exiguus spatio, variis sed fertilis herbis.
Non illi deerat, quod pauperis exigit usus.
Interdum locuples a paupere plura petebat. 65
Nec sumtus erat illud opus. Sed regula curæ :
Si quando vacuum casula pluviæve tenebant,
Festave lux; si forte labor cessabat aratro;
Horti opus illud erat. Varias deponere plantas
Norat, et occultæ committere semina terræ, 70
Vicinosque apte cura submittere rivos.
Hic olus, hic late fundentes brachia betæ,
Fecundusque rumex, malvæque, inulæque virebant;
Hic siser, et capiti nomen debentia porra;
Hic etiam nocuum capiti gelidumque papaver, 75
Grataque nobilium requies lactuca ciborum,
Et gravis in latum demissa cucurbita ventrem.
Verum hic non domini, quis enim contractior illo?
Sed populi proventus erat; nonisque diebus
Venales olerum fasces portabat in urbem ; 80
Inde domum cervice levis, gravis ære, redibat,
Vix unquam urbani comitatus merce macelli.
Cepa rubens, sectique famem domat area porri,
Quæque trahunt acri vultum nasturtia morsu,
Intubaque, et Venerem revocans eruca morantem. 85
 Tum quoque tale aliquid meditans intraverat hortum :
Ac primum, leviter digitis tellure refossa,
Quatuor educit cum spissis allia fibris;
Inde comas apii graciles, rutamque rigentem
Vellit, et exiguo coriandra trementia filo. 90
Hæc ubi collegit, lætum consedit ad ignem;
Et clara famulam poscit mortaria voce.
Singula tum capitum numeroso cortice nudat,
Et summis spoliat coriis, contemtaque passim
Spargit humi, atque abicit : servatum gramine bulbum 95
Tingit aqua, lapidisque cavum demittit in orbem.
Hinc salis inspergit micas; sale durus adeso

autres plantes. De la main gauche ramenant sa tunique autour de ses reins velus, de la droite il amollit sous le pilon l'ail odorant, et broie toutes les herbes qui confondent leurs sucs. Sa main va tournant en rond ; peu à peu chaque plante perd sa saveur propre, et toutes n'offrent plus qu'une seule couleur : ce n'est plus la teinte verte, les parties lactées la repoussent ; ce n'est plus la blancheur du lait, tant les herbes diverses l'ont altérée. Parfois s'en élance une forte odeur qui frappe la narine de Simulus; et son visage grimaçant accuse l'âcreté du mets. Souvent Simulus essuie de sa main sa paupière larmoyante, et furieux il maudit la fumée innocente. L'ouvrage avançait ; et le pilon, qui d'abord bondissait inégal, tournait pesamment en circuits plus lents. Simulus y verse goutte à goutte la liqueur de Pallas, et le vinaigre aux vifs esprits. Il mêle et remue encore la masse toujours remaniée : enfin, parcourant de ses deux doigts les bords du mortier, il resserre en un seul globe les parties séparées de la pâte, qui prend le nom et la forme parfaite d'un moretum.

Cependant l'active Cybale retire le pain du foyer; Simulus le reçoit dans ses mains joyeuses ; il n'a plus peur de la faim, et, rassuré pour le jour contre le jeûne, il entoure ses jambes de deux brodequins égaux, couvre sa tête du bonnet rustique, et, rassemblant sous l'attelage ses dociles taureaux, il les pousse vers son champ, et enfonce la charrue dans la terre.

```
Caseus adjicitur; dictas super ingerit herbas;
Et læva vestem setosa sub inguina fulcit.
Dextera pistillo primum fragrantia mollit                100
Allia; tum pariter misto terit omnia succo.
It manus in gyrum ; paullatim singula vires
Deperdunt proprias; color est e pluribus unus;
Nec totus viridis, quia lactea frusta repugnant;
Nec de lacte nitens, quia tot variatur ab herbis.         105
Sæpe viri nares acer jaculatur apertas
Spiritus, et simo damnat sua prandia vultu.
Sæpe manu summa lacrimantia lumina tergit;
Inmeritoque furens dicit convicia fumo.
Procedebat opus : non jam salebrosus, ut ante,            110
Sed gravior lentos ibat pistillus in orbes.
Ergo Palladii guttas instillat olivi,
Exiguique super vires infundit aceti,
Atque iterum conmiscet opus, mistumque retractat.
Tum demum digitis mortaria tota duobus                    115
Circuit, inque globum distantia contrahit unum,
Constet ut effecti species nomenque moreti.
  Eruit interea Cybale quoque sedula panem;
Quem lætus recipit manibus, pulsoque timore
Jam famis, inque diem securus Simulus illam,              120
Ambit crura ocreis paribus, tectusque galero
Sub juga parentes cogit lorata juvencos,
Atque agit in segetes, et terræ condit aratrum.
```

NOTES SUR VIRGILE.

LES ÉGLOGUES (1).

ÉGLOGUE I. (v d'après M. Désaugiers.)

Virgile avait été présenté à Octave soit par Pollion, soit, sur sa recommandation, par Mécène. Cette églogue témoigne de l'accueil favorable qu'il avait obtenu du triumvir. C'est un monument de sa reconnaissance, et une des plus belles productions de son génie; déjà parvenu à sa maturité. Il avait alors vingt-neuf ans ; et c'était sa cinquième composition pastorale.

v. 66. *Et rapidum Cretæ veniemus Oaxem.* Servius place l'Oaxès ou l'Oaxis dans la Mésopotamie, et non dans l'ile de Crète. Il entend par *rapidum Cretæ, lutulentum, quod rapiat albam cretam*, de la craie. Saumaise l'a entendu de la même manière. Il place ce fleuve , qu'il appelle *Oaxus* et qu'il croit être l'*Oxus*, dans la Scythie orientale. La plupart des autres commentateurs le placent en Crète, quoique Strabon, Pline, Ptolémée, Pomponius Mela, n'en fassent aucune mention. Quelques manuscrits, au lieu d'Oaxem, portent Araxem, ce qui serait une très-bonne leçon. Je me suis décidé pour le sens le plus vraisemblable. Mélibée n'a dans la pensée que des déserts

(1) Les notes des églogues sont extraites de l'édition donnée par M. Désaugiers aîné. Nous avons cru nécessaire de mettre en regard de l'ordre suivi par nous l'ordre qu'a proposé cet éditeur.

arides et lointains, tels qu'il les suppose aux quatre extrémités du monde alors connu. Il a nommé la Scythie, l'Afrique, la Bretagne, c'est-à-dire le nord, le midi, l'occident ; et par l'Oaxis, il doit vouloir désigner l'orient, l'Asie, et non la Crète, trop voisine de l'Italie, et qui était alors très-populeuse et très-florissante. Ptolémée y comptait encore de son temps quarante villes.

v. 74. *Insere nunc, Melibœe, piros! pone ordine vitis.* Dans l'églogue précédente , Méris dit au sujet de l'astre de César, sous lequel les moissons et les vignes doivent désormais mûrir : *Insere, Daphni, pyros; Carpent tua poma nepotes.* Ici, Mélibée, chassé du champ qu'il avait si soigneusement cultivé, s'écrie avec une ironie amère :

Insere nunc, Melibœe, piros.

Nouvelle preuve que cette églogue doit venir après celle de Méris, et qu'elle fut la cinquième.

ÉGLOGUE II. (I d'après M. Désaugiers.)

v. 18. *Alba ligustra cadunt, vaccinia nigra leguntur.* Vaccinium, jusqu'à présent, a été traduit par *vaciet* et par *glaïeul;* mais Linnée, et avec lui nos botanistes modernes, ont reconnu dans cette plante l'airelle, dont le nom vulgaire est le *bleuet.* Notre grand dictionnaire d'histoire naturelle, à l'article Airelle, *vaccinium*, cite le vers de Virgile.

Des dix églogues de Virgile, celle-ci, sans aucun doute, a été la première dans l'ordre de la composition. Lui-même nous l'apprend dans l'églogue de *Daphnis*, où, se désignant sous le nom de *Ménalque*, il dit :

Hæc (cicuta) nos « Formosum Corydon ardebat Alexyn ; »
Hæc eadem docuit : « Cujum pecus ? an Melibœi ? »

On sait que les triumvirs, devenus les maîtres de la république, par leur concordat de l'année 711, avaient promis, pour s'attacher leurs soldats, de leur distribuer une partie des propriétés territoriales de l'Italie et de la Gaule cisalpine, après la guerre qu'ils allaient livrer au parti républicain en Macédoine.

La Gaule cisalpine s'étant trouvée comprise dans la part échue à Marc-Antoine, il confia le commandement de cette province à Pollion, son lieutenant ; ce fut un bonheur pour Virgile. Il trouva dans Pollion, qui était lui-même poëte, l'appui dont il avait besoin pour tâcher de soustraire son petit domaine patrimonial aux spoliations dont tous les propriétaires de cette province se voyaient menacés.

Ce fut donc en cette même année 711 que Virgile se présenta à Pollion, et c'est à l'églogue de Corydon, où son talent se révélait déjà, qu'il dut l'appui et l'amitié de ce guerrier. La composition de cette églogue était probablement récente, ou du moins de très-peu de temps antérieure à cette année.

ÉGLOGUE III. (II d'après M. Désaugiers.)

Cette églogue, citée après celle de Corydon dans l'églogue de *Daphnis*, a été la seconde, et doit être de l'année 711, puisqu'elle a précédé immédiatement celle de *Daphnis*, qui est, comme on le verra, du commencement de l'année 712. Dans celle-ci, Virgile a pris soin de nous apprendre le succès que sa première églogue avait obtenu auprès de Pollion, et de constater l'amitié qui s'était établie entre eux. Le guerrier poëte lui avait même lu de ses ouvrages :

Pollio amat nostram, quamvis est rustica, musam.
Pollio et ipse facit nova carmina.
Qui te, Pollio, amat, veniat quo te quoque gaudet.

v. 40. *In medio duo signa, Conon : et quis fuit alter ?* Conon de Samos, ami d'Archimède, était mathématicien et astronome. C'est lui qui, pour flatter Ptolémée Philadelphe, plaça la chevelure de Bérénice, fille de ce prince, au nombre des constellations.

Il y a de l'incertitude sur l'autre savant dont Ménalque a oublié le nom. Virgile n'a pu avoir en vue qu'un homme célèbre. Les commentateurs ont porté leurs conjectures sur Hésiode, Anaximandre, Archimède, Eudoxe, Aratus. Heyne penche pour ce dernier, dont le poëme des *Phénomènes*, quoique principalement astronomique, est en quelques points applicable à l'agriculture. Son ouvrage nous est parvenu, ainsi que la presque totalité de la traduction en vers que Cicéron en a faite.

v. 60. *Ab Jove principium, Musæ.* C'est le début de la dix-septième idylle de Théocrite ; mais c'est aussi celui du poëme des *Phénomènes* d'Aratus, où se trouve de plus la haute pensée que Jupiter remplit le monde, ce qui est le complément du vers de Virgile : *Jovis omnia plena.* Ce serait donc *Aratus* et son poëme qu'il aurait eu probablement en vue dans les vers 41 et 42.

v. 77. *Cum faciam vitula pro frugibus, ipse venito.* Il s'agit ici de la fête des champs nommée *Ambarvalia*. On y promenait solennellement une victime, par le sang de laquelle on demandait à Cérès la fertilité des campagnes. Ces sacrifices étaient publics ou particuliers. Virgile, par l'expression *facere vitula*, au lieu de *sacrificare*, a conservé les termes consacrés pour cette fête. On lit dans Festus : *Ambarvalis hostia est quæ, rei divinæ causa, circum arva ducitur ab iis, qui pro frugibus faciunt.*

Nos Rogations sont un reste des anciennes Ambarvales.

v. 90. *Qui Bavium non odit, amet tua carmina, Mœvi.* On ne saurait voir dans Mævius et Bavius des ennemis de Virgile, comme le suppose l'abbé Desfontaines, puisqu'il n'avait point encore quitté ses champs et ne s'était point fait connaître. Il est plus probable que les plaisanteries de Pollion sur ces deux mauvais poëtes donnèrent à Virgile l'idée de cette épigramme. Mævius est, comme on sait, fort maltraité dans une des épodes d'Horace. Quant à Bavius, il n'est, je crois, connu que par ce vers.

v. 104. *Dic quibus in terris.* On connaît le sens donné à cette énigme et à la suivante : le mot de la première est un puits ; celui de la seconde est, à ce qu'on croit, la fleur de jacinthe, sur laquelle on a cru reconnaître les deux premières lettres du nom d'Ajax. Virgile s'est conformé ici au goût puéril des anciens pour les énigmes.

ÉGLOGUE IV. (VII d'après M. Désaugiers.)

Pollion, qui avait été désigné consul pour l'année 714, entre en exercice. Virgile lui dédie cette églogue.

Il avait dit, dans l'exorde de l'églogue précédente :

Prima SYRACOSIO *dignata est ludere* VERSU
Nostra, nec erubuit SILVAS HABITARE *Thalia.*
                    Te NOSTRÆ, *Vare,* MYRICÆ,
Te NEMUS OMNE *canet.*

Dans celle-ci, il invoque les Muses de Sicile, dont il n'avait point dédaigné d'imiter les chants agrestes ; et il a soin de nous rappeler les *bois* et les *bruyères* qu'il a promis de faire résonner du nom de Varus.

v. 1. SICELIDES MUSÆ, *paulo majora canamus,*
Non omnis arbusta juvant humilesque MYRICÆ :
Si canimus silvas, silvæ sint Consule dignæ.

Ici, l'allusion à l'églogue de Silène est évidente.

v. 4. *Ultima Cumæi venit jam carminis ætas.* On a entendu de deux manières les mots *Cumæi carminis*. Quelques-uns ont pensé qu'il s'agissait ici non de la Sibylle de Cumes, mais d'Hésiode, dont le père était né à Cumes, et qui a parlé des quatre âges du monde dans son poëme des *Travaux* et des *Jours*. Mais Hésiode, en y déplorant les misères de l'âge de fer, sous lequel il avait le malheur de vivre, n'a nullement pronostiqué le renouvellement de l'âge d'or, ni même un temps plus heureux. C'est donc des livres de la Sibylle de Cumes qu'il s'agit dans ces vers. Ces livres secrets avaient-ils en effet annoncé ce que Virgile suppose dans cette églogue? Il est fort permis d'en douter, avec le savant Fabricius, qui discute ce point dans sa dissertation sur les livres Sibyllins (Biblioth. Græca, lib. 1, cap. 30.)

v. 8. *Tu modo nascenti puero, quo ferrea primum Desinet, ac toto surget gens aurea mundo, Casta, fave, Lucina : tuus jam regnat Apollo. Teque adeo decus hoc ævi, te Consule, inibit, Pollio ; ei incipient magni procedere menses.* Les anciens commentateurs, d'après Servius, ont voulu voir dans *Apollon*, Octave, qui quelquefois dans sa jeunesse s'était paré des insignes de ce dieu, et dans *Lucine*, sa sœur Octavie, qu'ils regardaient probablement comme la mère de l'enfant. Nous devons rechercher maintenant quel était l'enfant *merveilleux* célébré dans cette églogue. Si l'on pèse les expressions de Virgile, l'enfant dont il parle a dû naître lorsque Pollion déjà désigné consul allait entrer en exercice,

Teque adeo decus hoc ævi, te Consule, inibit,

c'est-à-dire à la fin de 713, puisque Pollion reçut les faisceaux à l'ouverture de l'année 714. Ainsi l'enfant né à la fin de 713 aurait eu dix-huit ans révolus à la fin de l'année 731 : or c'est précisément l'âge que Servius donne à

Marcellus à sa mort. Dans sa note sur le célèbre passage du sixième livre de l'Énéide, *tu Marcellus eris*, il dit que ce jeune prince, après avoir langui pendant deux ans, mourut à Baies à l'âge de dix-huit ans, étant alors édile.

ÉCLOGUE V. (III d'après M. Désaugiers.)

C'est cette églogue qui nous a fait connaître par deux vers déjà cités quelles furent les deux premières compositions pastorales de Virgile, et, par son sujet, quelle date il faut lui assigner. Elle est de l'année 712, si, comme on l'a cru dans l'antiquité, Virgile a eu l'intention de célébrer, sous le nom de *Daphnis*, Jules César, sa mort et son apothéose.

Les triumvirs, avant d'aller combattre le parti républicain qui se fortifiait dans la Macédoine, décernent les honneurs divins à Jules César, par un décret qui reçoit son exécution aux kalendes de janvier 712 (*le 7 janvier*); et ils lui dédient un petit temple au forum. Octave se qualifie politiquement de *Divi filius*. A son retour en Italie, il devait distribuer aux soldats vétérans les terres qui leur avaient été promises.

Virgile, menacé comme les autres propriétaires, et pour qui l'amitié de Pollion n'était point une garantie suffisante, avait le plus grand intérêt à plaire à ce triumvir. Or, le poëte composant son églogue dans cette même année 712 (c'est la date que, suivant Heyne, on lui donne communément), églogue destinée à célébrer un personnage qui, après avoir péri d'une mort cruelle, est élevé au rang des dieux, comment ne pas présumer que le poëte avait en vue l'apothéose qui venait d'avoir lieu, et dont le bruit remplissait l'Italie et le monde? Concevrait-on que, dans la nécessité où il était de se faire des protecteurs, il eût consacré son talent poétique, dans cette églogue, à un être imaginaire ou obscur, plutôt qu'à la mémoire de celui dont on vengeait alors la mort, et par l'héritier duquel il devait espérer d'être récompensé? Non sans doute. Au moment où cette églogue parut, personne ne put s'y méprendre. Le nom même de Daphnis, par sa signification grecque, rappelait le laurier dont le dictateur couvrait son front chauve. Les notes suivantes viendront à l'appui de cette opinion, qui, comme on l'a dit, a été, chez les anciens, la plus accréditée.

v. 20. *Extinctum Nymphæ crudeli funere Daphnin Flebant*. L'expression *crudeli funere* présente l'idée d'une mort prématurée et sanglante, telle que le fut celle de César. Il faut rapprocher de ce beau morceau celui du premier livre des Géorgiques où le mot *extincto* est appliqué, comme ici, à César.

Ille etiam extincto miseratus Cæsare Romam.

v. 22. *Quum complexa sui corpus miserabile gnati, Atque deos, atque astra vocat crudelia mater*. Par cette mère de Daphnis, il faut, comme Servius, entendre Vénus, de qui on faisait descendre Jules-César par Énée. Dans l'églogue qui suit, César est surnommé *Dionœus*, d'un des noms grecs de cette déesse. Ovide, dans le XV⁰ livre des *Métamorphoses*, représente aussi Vénus éplorée à la mort de César, et s'empressant de recueillir son âme au moment où elle se séparait du corps.

v. 34. *Tu decus omne tuis; postquam te fata tulerunt, Ipsa Pales agros, atque ipse reliquit Apollo*. La Gaule cisalpine, après la mort de César, fut horriblement ravagée dans la guerre de Modène. C'est sans doute à ces malheurs que Virgile fait allusion.

v. 43. *Daphnis ego in silvis, hinc usque ad sidera notus, Formosi pecoris custos, formosior ipse*. Ici l'allusion à César et au peuple romain est claire. *Formosior ipse*, c'est-à-dire, comme l'explique Servius, *chef d'un peuple illustre, j'étais moi-même plus illustre encore*.

v. 54. *Et puer ipse fuit cantari dignus*. Cette expression *puer* paraît d'abord ne pouvoir s'appliquer à Jules César, qui mourut à l'âge de 56 ans; mais, comme le fait observer le P. Larue, César, placé au rang des dieux, avait repris sa jeunesse dans la coupe d'Hébé. *Puer* est ici un terme de caresse. Au surplus, ce mot avait des acceptions très-diverses, dont nous ne saisissons plus bien les nuances; et ici, par exemple, il ne peut d'aucune manière être appliqué, dans son sens primitif d'*enfant*, à celui qui avait soumis les tigres au joug et institué les fêtes de Bacchus.

v. 56. *Candidus insuetum miratur limen Olympi, Sub pedibusque videt nubes et sidera Daphnis*. Ici, le poëte s'élève, sans sortir toutefois du ton pastoral. C'est l'apothéose d'un dieu champêtre, qui va protéger les bergers et fertiliser les campagnes. Dans l'églogue suivante l'astre de César est aussi présenté comme devant mûrir dorénavant, par son influence, les moissons et les vignes.

v. 80. .... *Damnabis tu quoque votis*. *Votum* était une promesse faite à un dieu, et dont la violation livrait le coupable à sa colère. Ceux qui avaient fait des vœux s'appelaient *voti rei*; et ceux qui ne les avaient pas accomplis, *voti damnati*.

ÉCLOGUE VI.

Virgile venait de payer à Octave le tribut de sa reconnaissance par l'églogue de Tityre. Il lui restait une autre dette à acquitter. Varus avait protégé sa propriété pendant son absence, et le poëte, dans sa quatrième églogue, s'était engagé, au nom des *cygnes de Mantoue*, à porter son nom jusqu'aux cieux. Il remplit ici sa promesse par quelques vers qui ont immortalisé Varus.

v. 31. *Namque canebat, uti magnum per inane coacta Semina terrarumque, animæque, marisque fuissent*. Dans ce beau tableau de la formation du monde, Virgile a, dit-on, suivi le système d'Épicure, que nous connaissons fort peu. Dryden y trouvait plus de ressemblance avec le premier chapitre de la Genèse. C'est en effet la même marche, d'abord la séparation des éléments, puis la terre dégagée des eaux, et les mers enfermées dans leurs limites : la création des deux grands luminaires, la végétation de l'herbe et des plantes; les vapeurs de la terre retombant sur elle en rosée, et enfin les animaux paraissant sur la terre avant l'homme. Ces rapports ne doivent pas faire supposer que Virgile connût la Genèse, quoique la chose ne soit pas rigoureusement impossible, puisque la traduction grecque des *Septante* existait déjà depuis plus de deux cents ans : mais cette marche de la formation des choses est si rationnelle, que son génie a pu la concevoir sans recourir à Épicure.

v. 64. *Tum canit, errantem Permessi ad flumina Gallum*. Gallus, un des officiers d'Octave, avait été chargé, dit Servius, de lever des contributions sur les propriétaires qui avaient conservé leurs terres. A cette occasion, il connut Virgile, et, poëte lui-même, il le traita en confrère et en ami. Une étroite liaison s'établit entre eux. Virgile, dans cette églogue, s'est plu à payer la dette de la reconnaissance à Gallus ainsi qu'à Varus, un de ses autres protecteurs.

v. 72. *His tibi Grynæi nemoris dicatur origo*. Ce vers nous apprend que Gallus avait composé un poëme sur l'origine de la forêt de *Grynée*, ouvrage différent de celui dont il est fait mention dans la dixième églogue (vers 50), traduit du grec d'Euphorion. Grynée était une ville de l'Étolide. Une tradition du pays disait qu'Apollon avait tué un serpent monstrueux dans une forêt voisine. Elle fut dès lors consacrée à ce dieu, qui y avait un temple.

ÉGLOGUE VII. (IX d'après M. Désaugiers.)

Dans cette églogue, où chantent deux bergers, rien n'indique dans quel temps elle a été faite. On aurait pu conjecturer, avec assez de fondement, que, n'ayant été rappelée dans aucune des précédentes, elle a été une des dernières, et conséquemment la neuvième : c'est en effet la place que Virgile a pris soin de lui marquer.

v. 27. *Aut, si ultra placitum laudarit, baccare frontem Cingite, ne vati noceat mala lingua futuro.* Une louange outrée, telle que la craint le berger, était regardée chez les anciens comme une espèce de fascination qui pouvait arrêter l'essor des jeunes talents, et c'est pour être préservé de ce maléfice qu'il demande à être couronné de *baccar*. Cette plante, que Virgile nomme pour la seconde fois dans ses églogues, avait de son temps la réputation de conjurer les effets des enchantements. Elle est entièrement ignorée de nos botanistes, et le nom ne s'en trouve même pas dans nos dictionnaires d'histoire naturelle.

v. 41. *Immo ego Sardois videar tibi amarior herbis.* Servius nous apprend, sur l'autorité de Salluste, que certaines herbes de Sardaigne excitaient chez ceux qui en mangeaient de fortes douleurs avec des contractions de nerfs, qui donnaient aux traits l'apparence d'un rire convulsif, d'où est venue l'expression de *rire sardonique*. Le malade en mourait. Ces herbes ne sont pas plus connues aujourd'hui que le baccar.

ÉGLOGUE VIII.

Cette églogue est dédiée à Pollion, quoiqu'il n'y soit point nommé. Il avait été chargé l'an 715 d'une expédition contre les Parthins, peuple de l'Illyrie, qui avait pris parti dans la guerre civile pour Brutus et Cassius. A son retour, au mois de novembre, il obtint les honneurs du triomphe. Horace, dans la Ire ode de son 2e livre, fait mention de ces honneurs, ainsi que des belles tragédies de Pollion, dont Virgile va parler.

v. 11. *A te principium; tibi desinet : accipe jussis Carmina cœpta tuis.* Virgile rappelle ici à Pollion l'hommage qu'il lui a rendu dans sa seconde églogue, où six vers lui sont consacrés; et peut-être aussi l'églogue précédente, qui lui est dédiée comme celle-ci. Il nous apprend en même temps par le second de ces vers que Pollion l'avait engagé à traduire la Pharmaceutrie de Théocrite, une de ses plus belles idylles. Notre poëte en a fait la seconde partie de cette églogue. La première est composée d'autres imitations de Théocrite.

v. 16. *Incumbens tereti Damon sic cœpit olivæ.* Tereti olivæ peut s'entendre de deux manières : ou c'est une houlette de bois d'olivier, ou c'est l'olivier même contre lequel Damon est appuyé. Le P. Larue, Bourgeois et Heyne admettent l'un et l'autre sens. Le traducteur anglais Warton, cité par Heyne, a adopté, comme moi, le dernier :

Against an olive's trunk reclin'd.

ÉGLOGUE IX. (IV d'après M. Désaugiers.)

Cette églogue, celle où Virgile nous occupe le plus de lui-même, mérite de fixer notre attention par les détails qu'elle contient. Elle est, dans l'ordre de la composition, la quatrième. Quoique tous les commentateurs, sans exception, l'aient placée après celle de Tityre, il sera démontré qu'elle l'a précédée.

Il est nécessaire de rappeler les faits auxquels elle se rapporte.

Après la bataille de Philippes, qui anéantit le parti républicain, Octave, revenu en Italie vers la fin de l'an 712, procéda aussitôt à la distribution des terres promises aux soldats vétérans.

Ce fut probablement alors que le triumvir connut, par les soins de Pollion, les trois premières églogues; et le succès en fut complet, puisque l'on voit dans celle-ci que le poëte avait reçu la promesse de n'être point inquiété dans sa propriété. Il devait d'autant plus être rassuré, que Mantoue et son territoire n'étaient point compris dans les confiscations ordonnées. Mais les vétérans, non contents des dix-huit villes opulentes qui leur avaient été abandonnées avec leurs territoires, se jetèrent sur celui de Mantoue. Le petit domaine du poëte fut envahi, et lui-même obligé de prendre la fuite. Il se rendit aussitôt à Rome. Ce dut être au commencement de l'année 713. Appien dit qu'à cette époque Rome était remplie de propriétaires de tout âge et de tout sexe, qui venaient réclamer contre de pareilles spoliations.

C'est en attendant sa présentation à Octave qu'il fit à Rome cette nouvelle églogue. Le P. Larue la regarde avec raison comme une espèce de placet adressé à Varus, pour appeler sa protection sur le domaine qu'il avait été obligé d'abandonner.

v. 7. *Certe equidem audieram..... Omnia carminibus vestrum servasse Menalcan.* On voit par ce passage que Virgile avait reçu l'assurance d'être protégé, et qu'il la devait à ses talents poétiques, *carminibus*, c'est-à-dire à ses trois premières églogues, qui lui avaient mérité la bienveillance d'Octave. Ce n'était point encore la décision par laquelle ce triumvir lui fit rendre, plus tard, son patrimoine usurpé, mais une simple promesse de protection, alors suffisante, puisque le territoire de Mantoue avait été excepté des confiscations militaires.

v. 27. *Vare, tuum nomen (superet modo Mantua nobis, Mantua væ miseræ nimium vicina Cremonæ!) Cantantes sublime ferent ad sidera cycni.* C'est pour renfermer et accompagner ces trois vers que toute l'églogue a été faite : en demandant à Varus de préserver Mantoue du sort de la malheureuse Crémone, qui avait été saccagée par les soldats, il appelait indirectement l'intérêt et les soins de Varus sur son domaine. Ces expressions, *superet modo Mantua nobis*, disent bien que Mantoue n'avait pas été dévolue aux vétérans.

Virgile prend ici envers Varus un engagement qu'il remplira dans la sixième églogue.

v. 46. *Daphni, quid antiquos signorum suspicis ortus? Ecce Dionæi processit Cæsaris astrum.* Un passage de Suétone, dans la vie d'Auguste, donne l'explication de ces vers :

« Pendant les jeux qu'Auguste célébra pour l'apothéose de César, une comète chevelue brilla pendant sept jours. Elle paraissait vers la onzième heure du jour (cinq heures du soir), et l'on crut que c'était l'âme de César reçue dans les cieux. »

« C'est pour cela, continue Suétone, qu'il est toujours représenté avec une étoile au-dessus de la tête. »

v. 59. ... *Namque sepulcrum Incipit adparere Bianoris....* Bianor, qui avait aussi le nom d'*Ochnus*, était regardé comme le fondateur de Mantoue. Son tombeau était sur la grande route, suivant l'usage observé par les anciens pour les monuments des personnages importants. On trouve encore de ces tombeaux antiques sur les grands chemins d'Italie.

v. 67. *Carmina tum melius, cum venerit ipse, canemus.* Ménalque, dont on attend le retour, n'étant autre que Virgile, alors à Rome, ce vers prouve que c'est dans cette ville qu'il a fait l'églogue.

ÉGLOGUE X.

Une expédition militaire dont il est parlé dans cette églogue en fixe la date.

L'an 717, le consul Marcus Agrippa passa les Alpes avec une armée, et s'avança par les Gaules sur le Rhin. Il était le premier depuis Jules-César qui eût pénétré dans la Germanie. (Dion Cassius, liv. 48, chap. 49.)

A la même époque, Sextus Pompée, alors maître de la Sicile et de la mer, occupait par sa flotte le golfe Adriatique, menaçant à la fois les côtes de l'Italie et de la Grèce. Les vers 44 et 45 de cette églogue rendent probable que Gallus commandait alors pour Octave un corps de troupes dans le Péloponnèse, et sans doute aux environs de l'Arcadie, puisque Virgile le place au milieu des bergers arcadiens, ce qu'il n'eût point fait sans motifs.

Abandonné par Lycoris qui avait suivi un autre amant dans l'expédition sur le Rhin, Gallus engagea le poëte à chanter ses amoureuses douleurs :

Neget quis carmina Gallo?

C'est à ce vœu de Gallus entendu par son ami que nous devons cette délicieuse églogue.

v. 1. *Extremum hunc, Arethusa, mihi, concede laborem.* Virgile, en terminant ses églogues, a soin, pour en compléter le classement, d'annoncer celle-ci comme étant la dernière. C'est une preuve de plus de l'attention qu'il a eue de marquer l'ordre dans lequel il les a composées.

v. 50. *Ibo, et Chalcidico quæ sunt mihi condita versu Carmina, pastoris Siculi modulabor avena.* Gallus avait probablement écrit à Virgile que, pour se distraire de l'infidélité de Lycoris, il s'amusait à traduire les pastorales d'Euphorion, poëte grec, né à Chalcis. Toutes les poésies de Gallus, y compris quatre livres d'élégies sur Lycoris, sont perdues pour nous. Quintilien fait à ses vers le seul reproche d'être un peu durs.

LES GÉORGIQUES.

LIVRE PREMIER.

Mécène avait engagé Virgile à composer les Géorgiques; il sut faire servir à la gloire de son ami et de son maître les talents de tous les genres; il fut aussi utile à Auguste par la finesse de sa politique, qu'Agrippa par son courage.

v. 14... *Cui pinguia Ceæ.* Aristée, fils d'Apollon et de Cyrène, révéré particulièrement des bergers, auxquels il enseigna l'art de recueillir le miel.

v. 19.... *Uncique puer moderator aratri; Et teneram ab radice ferens, Silvane, cupressum.* Il s'agit dans le premier vers de Triptolème, selon les uns; d'Osiris, suivant les autres; dans le second, de Sylvain, par qui le jeune Cyparisse fut changé en cyprès.

v. 22. *Quique novas alitis non ullo semine fruges.* Quelques éditions portent *non nullo*: cette leçon me paraît fausse. Il est question ici des plantes qui viennent d'elles-mêmes, et Virgile les distingue des plantes semées, *satis*, dont il parle dans le vers suivant.

v. 29. *An deus immensi venias maris.* Les géographes ne s'accordent pas sur la situation de Thulé; tous les auteurs et tous les poëtes qui en ont fait mention, en parlent comme de la partie la plus reculée vers le monde connu.

v. 32. *Anne novum tardis...* Par ces mots *tardis mensibus* on entend généralement les mois d'été, parce qu'alors les jours sont plus longs. Peut-être ce passage, qui a tant exercé les commentateurs, peut s'expliquer encore plus naturellement, si l'on veut se rappeler que le Lion, la Vierge, le Scorpion, sont en effet plus lents dans leur ascension, que les neuf autres signes du zodiaque.

v. 33. *Qua locus Erigonen.....* Érigone est le même signe que la Vierge.

v. 48. *Bis quæ solem, bis frigora sensit.* Ce passage est un de ceux qui ont été le plus controversés entre les critiques. Servius, le plus ancien, et peut-être le moins judicieux, entendait par *frigora* la fraîcheur de la nuit, et par *solem* la chaleur du jour. Ce vers s'explique naturellement par ce passage de Pline : « Quarto seri sulco Virgilius existimatur voluisse, cum dixit optimam esse segetem bis quæ solem, bis frigora sensisset. »

v. 56... *Nonne vides croceos ut Tmolus odores.* Montagne de la grande Phrygie, fertile en vin et en safran.

58... *Virosaque Pontus Castorea.* Le castoreum est d'un grand usage en médecine; c'est un soporifique très-efficace.

Lucrèce a dit :

Castoreoque gravi mulier sopita recumbit.

v. 68... *Sub ipsum Arcturum tenui...* L'Arcture ou le Bouvier, du temps de Columelle et de Pline, se levait pour les Athéniens avec le soleil, quand il était dans le douzième degré un tiers de la Vierge; et pour les Romains trois jours plus tôt, quand le soleil était dans le neuvième degré un quart de la Vierge; l'équinoxe d'automne commençant alors le 24 ou le 25 septembre.

v. 71. *Alternis idem tonsas cessare novales.* Pline entend par le mot *novales* une terre qu'on ensemence de deux ans l'un.

v. 79. *Sed tamen alternis...* Virgile, en parlant plus haut du repos des terres, se sert du mot *alternis*, et c'est sans doute pour cela que les commentateurs l'expliquent ici dans le même sens : mais il faut observer que plus haut il est joint aux mots *novales* et *cessare*; ce qui en détermine le sens dans cet endroit. Je pense qu'ici il peut être entendu de même, et que Virgile veut parler seulement du changement de semence.

v. 94. *Multum adeo, rastris....* Les Romains brisaient d'abord la terre avec des râteaux, et l'aplanissaient ensuite en y traînant des claies; c'est ce que Columelle exprime par ces mots, qui répondent exactement aux vers de Virgile : *glebas sarculis resolvere, et inducta crate coequare.*

v. 102. *Nullo tantum se Mysia cultu.* La Mysie est une partie de l'Asie Mineure; il y a dans cette province une montagne et une ville appelée Gargare. Comme les peuples de ce pays devaient moins leurs belles moissons à leur industrie qu'à la bonté du sol, Virgile a dit très-bien :

Ipsa suas mirantur Gargara messis.

v. 148. *Atque arbuta sacræ. Arbuta* signifie ici l'arbousier; son fruit ressemble beaucoup à la fraise, mais il est plus gros, et n'a point comme elle ses graines en dehors.

v. 151. *Esset robigo.* La rouille est une maladie à laquelle le blé est très-sujet. Selon Pline, la rouille et le charbon sont la même chose, et nuisent non-seulement aux blés, mais aux vignes, qu'ils brûlent comme le feu. Varron invoque le dieu Robigus, qu'il prie de préserver la vigne de ce que les Latins appelaient robigo.

v. 193. *Semina vidi equidem.* Quoique le mot *semina* s'entende généralement de toutes sortes de semences, Virgile parle ici des légumes seulement : cette interprétation est appuyée sur ce passage de Columelle, « Priscis rusticis, nec minus Virgilio, prius amurca, vel nitro macerari fabam, et ita seri placuit. »

v. 212. *Cereale papaver.* Pourquoi *cereale* appliqué

au pavot? Les commentateurs se sont tourmentés pour expliquer ce mot. Le pavot se mêlait chez les anciens avec le blé, pour faire le pain; d'ailleurs on en ornait les statues de Cérès : voilà, je crois, l'explication la plus naturelle du mot *cereale*.

v. 221. *Ante tibi*. Par le mot *Eoæ*, Virgile entend le coucher des Pléiades au matin, c'est-à-dire quand les Pléiades descendent sous l'horizon au couchant, en même temps que le soleil paraît sur l'horizon à l'orient. Columelle, en expliquant ce passage de Virgile, nous apprend que cela arrivait au neuvième jour des kalendes d'octobre.

v. 229. *Haud obscura cadens*. L'Arcture ou le Bouvier (bootes) se couche, selon Columelle, le 21 d'octobre.

v. 240. *Mundus ut ad Scythiam*. Virgile parle ici des pôles, et de leur élévation relative à l'horizon de chaque peuple.

v. 247. *Illic, ut perhibent....* Les anciens imaginaient que le soleil n'éclairait point l'autre hémisphère; on voit cependant par la suite de ce morceau que Virgile soupçonnait le contraire.

v. 267. *Nunc torrete igni...* Les Romains séchaient leurs grains avant de les moudre; et il est probable qu'ils y étaient obligés par une ancienne loi. Nous lisons dans Pline : « Instituit far torrere, quoniam tostum cibo salubrius esset. Id uno consecutum, statuendo non esse purum ad rem divinam, nisi tostum. »

v. 272. *Balantumque gregem...* Rarement il y a dans Virgile des mots oisifs : ici *salubri* est essentiel au sens; car Columelle nous apprend qu'il n'était pas permis de baigner les brebis aux jours de fête pour épurer leur laine, mais seulement pour cause de maladie.

v. 274. *...... Lapidemque revertens. Lapidem* signifie ici, selon Servius, une pierre à moudre; selon d'autres, un mortier de pierre où l'on broyait le grain, comme on l'apprend par ce passage de Tosinus sur les antiquités romaines : « Ante usum molarum, frumenta in pila comminuebantur. » A l'égard de la poix, les Romains en faisaient grand usage pour goudronner les vases où ils gardaient le miel et le vin.

v. 336. *Frigida Saturni sese....* Ce qui peut avoir donné lieu à l'épithète *frigida*, c'est que Saturne est à une plus grande distance du soleil que les autres planètes. D'ailleurs les anciens le regardaient comme le dieu du froid, ainsi qu'on peut le voir par ce vers de Lucain :

Frigida Saturni glacies et zona nivalis
Cessit.

v. 380. *...... Et bibit ingens*. Les anciens croyaient que l'arc-en-ciel pompait les eaux de la mer. On trouve parmi les poëtes plusieurs allusions à ce préjugé. Dans une comédie de Plaute, quelqu'un voyant boire une femme vieille et courbée, dit plaisamment :

Ecce autem bibit arcus : pluet, credo, hodie.

v. 404. *Adparet liquido....* Nisus avait un cheveu couleur de pourpre, dont dépendait le sort de ses États. Scylla, sa fille, amoureuse de Minos qui assiégeait Nisus dans Mégare, lui coupa le cheveu fatal. Nisus fut métamorphosé en épervier, et Scylla en alouette. Depuis ce temps-là, le père pour se venger de sa fille la poursuit dans les airs.

v. 432. *Sin ortu quarto....* Il s'agit ici du quatrième jour de la lune. Virgile a suivi l'opinion des astronomes égyptiens : Quartam maxime observat Ægyptus.

v. 498. *Di patrii Indigetes...* Larue joint ensemble *Di patrii Indigetes*. Je crois qu'il se trompe. Une foule d'exemples me fait penser que Virgile parle ici de deux sortes de dieux : *di patrii*, les dieux du pays, les dieux tutélaires, les dieux pénates; *Di indigetes*, les hommes déifiés.

v. 509. *Hinc movet Euphrates....* Cet endroit semble avoir été écrit dans le temps qu'Auguste et Antoine rassemblaient leurs forces pour cette guerre dont le succès fut décidé par la défaite d'Antoine et de Cléopâtre, au promontoire d'Actium. Antoine tirait ses forces de la partie orientale de l'empire; c'est ce que désigne Virgile par l'Euphrate : Auguste tirait les siennes de la partie septentrionale; c'est ce qu'exprime *Germania*.

LIVRE II.

v. 10. *Namque aliæ, nullis...* Il y a dans le texte *nullis hominum cogentibus, ipsæ sponte sua veniunt*. Quelques commentateurs ont faussement accusé Virgile en cet endroit d'une erreur de physique. Virgile veut dire qu'il y a des arbres qui viennent, non pas sans semence, mais seulement sans avoir été semés de mains d'hommes.

v. 17. *Pullulat ab radice...* Le cerisier était un arbre nouveau parmi les Romains du temps de Virgile. Pline nous apprend que Lucullus le transporta du Pont en Italie, après la défaite de Mithridate.

v. 20. *Hos natura modos...* Virgile a marqué les trois manières naturelles dont les arbres peuvent naître, ou d'une semence que le hasard a fait germer, ou d'une semence déposée par l'homme, ou enfin de rejetons : maintenant il va parler des manières artificielles de multiplier les arbres.

v. 37. *.... Juvat Ismara Baccho*. L'Ismare est une montagne de la Thrace, et le Taburne une montagne de la Campanie. La première était fertile en excellents vins, la seconde en oliviers. On la nomme aujourd'hui *Taburo*.

v. 63. *Sed truncis oleæ...* Columelle a dit de même, *melius truncis quam plantis olivetum constituitur*. *Truncus* dans ce vers est opposé à *propagine*.

v. 70. *Et steriles platani....* Le platane est ainsi appelé de πλατύς, large à cause de la largeur de ses feuilles. Les anciens avaient pour cet arbre une espèce de vénération, jusqu'à l'arroser de vin.

v. 75. *Angustus in ipso*. Nos agriculteurs, au lieu de faire l'incision dans le bouton, la font au-dessus et au-dessous.

v. 78. *Aut rursum enodes...* Columelle a dit de même : « Ea parte quamaxime nitida et sine cicatrice (est arbor). » Virgile ne parle ici que de deux manières d'enter : nous en avons plusieurs autres, qu'on peut lire dans les livres d'agriculture.

v. 83. *Præterea genus haud unum...* Nous avons vu jusqu'à présent comment la nature et l'art multiplient les arbres. Virgile, dans la seconde partie, traite de la diversité des espèces. Dans cette énumération, il parle 1° des arbres des champs; 2° de ceux des jardins; 3° enfin des vignobles.

v. 85. *Nec pingues unam...* Virgile nomme trois sortes d'olives : *Orchades* ou *orchites*, de ὄρχις, testiculus, parce qu'elles étaient rondes; *radios*, parce qu'elles avaient la forme d'une navette; *pausia*, du mot *pavire*, qui veut dire broyer; parce que, si l'on en croit Columelle, cette dernière espèce était celle qu'on broyait pour exprimer l'huile.

v. 88. *Crustumiis, Syriisque piris...* Comme Virgile a nommé trois sortes d'olives, il nomme trois sortes de poires : 1° *Crustumia*, de Crustumium; ville de Toscane; 2° *Syria*, qu'on nommait autrement *Tarentina*, parce qu'elles avaient été transportées de Syrie à Tarente; 3° *Volema*, parce qu'elles remplissaient la paume de la main, *volam manus*.

v. 90. *Quam Methymnæo...* Methymna était une ville de l'île de Lesbos, dans la mer Égée.

Thase était une île de la même mer. Il est probable

que le vin Maréotide était du vin d'Egypte, près du lac Maréotis. Horace, en parlant de Cléopâtre, dit :

Mentemque Lymphatam Mareotico redegit in veros timores.

Psithia. On ignore d'où vient ce nom; on sait seulement que le raisin de cette vigne se séchait au soleil ou au feu, et qu'on en exprimait le vin cuit; dans quelques-unes de nos provinces méridionales on fait encore de cette sorte de vin. Les Latins appelaient ce raisin *passum*, du mot *pati*, parce qu'il souffrait le soleil ou le feu. *Lageos* vient, dit-on, de λαγωὸς, lièvre, parce que le vin en avait la couleur. Pline nous apprend que c'était chez les Romains un vin étranger, ainsi que le vin de *Thase* et de *Maréotide*.

v. 98. ... *Rex ipse Phanæus.* Le vin de *Phanée* était le même que celui de Chio, île de la mer Égée. Il a eu, comme les autres vins fameux, l'honneur d'être chanté par Horace. L'épithète *rex*, si l'on en croit Servius, est empruntée de Lucinius, qui dit Χίος τε δυνάστης.

Le mot *Argitis*, à ce que l'on croit, vient d'Argos, ville du Péloponnèse, aujourd'hui la Morée. La petite espèce était apparemment plus estimée que la grande.

Le vin ou le raisin de *Rhodes* se présentait au dessert; c'était le moment où l'on faisait des libations en l'honneur des dieux.

Le *bumaste* était un gros raisin qui tire son nom du mot grec qui signifie *mamelle de vache*. On connaît encore en Italie et surtout à Florence un gros raisin rouge qui se présente au dessert.

v. 120. *Quid' nemora Æthiopum.....* Le cotonnier dont il s'agit ici est un arbuste qui s'élève à la hauteur de huit à neuf pieds : son fruit arrondi intérieurement, et divisé en quatre ou cinq loges, s'ouvre par le haut pour laisser sortir les semences enveloppées d'une espèce de laine propre à être filée, et qu'on nomme coton, du nom de la plante.

v. 122. *Aut quos Oceano.....* Il y a dans le texte : *Extremi sinus orbis* : c'est le golfe du Gange; c'était l'extrémité du monde connu.

v. 126. *Media fert tristes.* L'arbre que décrit Virgile n'est autre chose que le citronnier : les Grecs l'appelaient *medicum*, et les Latins *citrium*.

v. 153. *Nec rapit immensos orbes......* Virgile ne dit pas qu'il n'y a point de serpent en Italie, mais seulement qu'on n'y en trouve point de monstrueux.

v. 156. *Tot congesta manu....* Il y a encore en Italie une multitude de villes situées sur des rochers; dans la route de Rome à Naples on en voit quatre d'un seul coup d'œil.

v. 158. *An mare quod supra......* L'Italie est entre deux mers; la mer Adriatique au septentrion, qu'on appelle aujourd'hui le golfe de Venise, et la mer Tyrrhénienne au midi. — Ces deux mers s'appelaient *mare superum* et *mare inferum*.

v. 159. ... *Te, Lari maxime....* Le Lare est un grand lac au pied des Alpes dans le Milanais : on le nomme aujourd'hui Lago di Compo.

v. 160. *Fluctibus et fremitu adsurgens, Benace, marino.* Le Benace est un grand lac dans le Véronais; on l'appelle Lago di Garda.

v. 193. *Inflavit quum pinguis ebur....* C'était ordinairement des Toscans qui jouaient de la flûte dans les sacrifices; ils étaient fameux par leur gloutonnerie; ce qui a fait dire à Virgile *pinguis Tyrrhenus*, comme Catulle avait dit *obesus Etruscus*.

v. 217. *Quæ tenuem exhalat......* Ces vers peignent très-fidèlement le territoire de la Campanie, qui pendant une partie du jour est toujours couvert d'un léger brouillard.

v. 277...... *Nec secius omnis in unguem.* Larue et quelques autres commentateurs ont cru que Virgile exigeait ici qu'on plantât en quinconce; je croirais plus volontiers qu'il parle de planter en carré. Le quinconce tire son nom du chiffre romain V. Trois arbres plantés en cette forme sont appelés le quinconce simple; le quinconce double, c'est le chiffre V doublé qui forme un X étant composé de quatre arbres qui composent un carré, avec un cinquième au centre : or il est clair que, puisque Virgile compare la disposition d'un plant à celle d'une armée, il ne parle que de la forme carrée.

v. 298. *Neve tibi ad solem....* Columelle, en parlant de l'aspect qu'on doit donner aux vignobles, dit que les anciens étaient fort partagés là-dessus : pour lui, il veut que dans les lieux froids on les expose au midi; dans les lieux chauds, à l'orient.

v. 320. *Candida venit avis....* Pline nous apprend que dans la Thessalie c'était un crime capital de *tuer une cigogne*, parce qu'on avait besoin de cet oiseau pour détruire les serpents.

v. 325. *Tum pater omnipotens.....* Cette grande et magnifique idée du mariage de l'air avec la terre semble empruntée de ces deux vers de Lucrèce :

... Pereunt imbres, ubi eos pater Æther
Os gremium matris Terrai præcipitavit.

v. 348.... *Squalentis infode conchas.* Ceci est encore pratiqué près de Trani dans la Pouille, où l'on fait d'excellent vin muscat.

v. 357. *Flectere luctantis inter.....* Les anciens labouraient souvent les vignes, et cet usage subsiste encore dans quelques provinces; mais alors on en écarte davantage les rangs.

v. 381.... *Veteres ineunt proscenia ludi.* Le proscenium était un endroit qui allait d'une aile du théâtre à l'autre, entre l'orchestre et la scène; il était plus bas que la scène et plus élevé que l'orchestre. C'est là que déclamaient les acteurs.

v. 389. *Oscilla ex alta....* Quelques commentateurs ont cru que le mot *oscilla* signifiait des escarpolettes. C'étaient de petites têtes de Bacchus que les vignerons suspendaient à des arbres, persuadés que, dans tous les endroits vers lesquels se serait tournée cette image, les vignes deviendraient fécondes. Un voyageur anglais, M. Holdsworth, dit avoir vu le dieu de la vendange ainsi représenté sur une pierre antique de la collection du grand duc, à Florence.

v. 402. *Atque in se sua.....* On représentait l'année par un serpent roulé en cercle, avec sa queue dans la bouche.

v. 412..... *Laudato ingentia rura.* Columelle a dit à propos de cette maxime : « Præclaram nostri poetæ sententiam! » et il ajoute immédiatement après : « Nec dubium, quin minus reddat laxus ager non recte cultus, quam angustus, eximie. »

v. 437. *Et juvat undantem......* On est partagé sur la situation du mont Cytorus. Si l'on en croit Strabon, il est dans la Paphlagonie. *Naryce* était une ville des Locriens.

v. 463. *Nec varios inhiant....* Les Romains ornaient leurs portes d'écailles de tortues, qu'ils incrustaient encore de pierres précieuses. *Varios* peut signifier que ces ornements étaient placés de distance en distance.

v. 490. *Felix qui potuit....* Il est clair que c'est de Lucrèce que veut parler ici Virgile. Ces vers expriment l'objet que ce poëte s'était proposé. Il oppose à celui qui sonde les secrets de la nature celui qui sait jouir de ses richesses. Il semble que ceci est une comparaison indirecte entre le poëme de Lucrèce, sur la nature des choses, et celui de Virgile, sur la culture des terres.

v. 496.... *Et infidos agitans.....* Virgile écrivait ses Géorgiques dans le temps que Phraate et Tiridate se disputaient le trône de Perse; c'est à quoi sans doute ce vers fait allusion.

v. 505..... *Sarrano dormiat ostro.* Sarrano ostro signifie la pourpre de Tyr ; cette ville était nommée anciennement *Sara.*

LIVRE III.

v. 1. *Te quoque, magna Pales.....* Palès était la déesse des bergers : les Romains avaient institué en son honneur des fêtes appelées de ce nom Pallilia. On lui offrait du lait, sorte d'offrande analogue au genre de richesse de ses adorateurs.

Le berger dont il est question dans ce passage est Apollon, qui garda les troupeaux d'Admète sur les bords de l'Amphryse.

v. 24. *Vel scena ut versis.....* Le théâtre était mobile, et présentait tour à tour différentes faces qui offraient différentes décorations, comme on peut voir par ce passage de Vitruve : « In singula (loca) tres sint species ornationis, quæque quum, aut fabularum mutationes sunt futuræ, seu deorum adventus cum tonitribus repentinis versentur, mutentque speciem ornationis in frontes. »

v. 25. *Purpurea intexti.....* Ce qui veut dire 1° que les victoires remportées par Jules César sur les Bretons étaient représentées sur les tapisseries qui décoraient le théâtre; 2° que ces prisonniers bretons étaient occupés à déployer ces mêmes tapisseries où leurs défaites étaient tracées.

v. 29..... *Ac navali surgentis....* Servius dit que des proues des navires égyptiens Auguste fit faire quatre colonnes d'airain.

v. 51. *Optuma torvæ Forma bovis.* Cette peinture de la vache s'accorde presque en tout avec celle de Columelle et de Varron.

v. 75. *Continuo pecoris........* « Avec un très-bel exté-
« rieur, l'étalon doit avoir encore toutes les bonnes quali-
« tés extérieures : du courage, de la docilité, de l'ardeur,
« de l'agilité, de la liberté dans les épaules, de la sûreté
« dans les jambes, de la souplesse dans les hanches, du
« ressort par tout le corps, et surtout dans les jarrets. »
(Buffon.)

v. 81..... *Honesti Spadices....* « Il faut qu'un étalon soit
« d'un beau poil, comme noir de jais, beau gris, bai, ale-
« zan, isabelle doré, avec la raie de mulet, les crins et
« les extrémités noires. Tous les poils qui sont d'une cou-
« leur lavée et qui paraissent mal teints doivent être ban-
« nis des haras, ainsi que les chevaux qui ont les extré-
« mités blanches. » (Buffon).

v. 92. *Talis et ipse jubam....* Saturne fut surpris avec Phillyre, fille de l'Océan, par Rhéa sa femme : pour échapper à ses reproches, il se sauva sous la figure d'un cheval.

v. 113. *Primus Erichthonius.....* Cicéron, dans le troisième livre de Natura Deorum, attribue cette invention à la quatrième Minerve. Newton croit qu'Érichthon était le même qu'Érichthée. Il est plus probable qu'il s'agit ici d'Érichthon, fils de Dardanus et père de Tros, parce que Pline le nomme parmi les Phrygiens, auxquels il fait honneur d'avoir su atteler à un char plusieurs chevaux.

v. 147..... *Quoi nomen asilo.* Varron l'appelle tabanus, d'où vient notre mot taon.

v. 162. *Cætera pascuntur.....* Virgile distingue les troupeaux nouveau-nés en trois classes. 1° Ceux qui doivent repeupler le troupeau ; 2° ceux qui seront réservés pour les sacrifices ; 3° ceux qui sont destinés au labourage.

v. 204. *Belgica vel molli....* L'essedum était tantôt une voiture destinée aux voyages, tantôt un char guerrier. Les Belges en imaginèrent les premiers l'usage ; ce qui lui fait donner par Virgile le nom de Belgica.

v. 258.. *Quid juvenis, magnum......* Virgile fait ici allusion à l'histoire de Léandre, qui passait un bras de mer pour aller trouver Héro son amante.

v. 267. *Et mentem Venus ipsa dedit...* Potnie était une ville de Béotie près de Thèbes. Glaucus, né dans cette ville, empêcha quatre cavales de s'accoupler, pour les rendre plus légères à la course. Vénus, dit-on, le punit de les avoir soustraites à ses lois, en inspirant à ces animaux une rage amoureuse si violente qu'ils déchirèrent leur maître.

v. 295. *Incipiens stabulis........* « On les nourrit pen-
« dant l'hiver, à l'étable, de son, de navets, de paille,
« de luzerne, de sainfoin, de feuilles d'orme, de frêne.
« On ne laisse pas de les faire sortir tous les jours, à moins
« que le temps ne soit fort mauvais ; mais c'est pour les
« promener plutôt que pour les nourrir. (Buffon.)

v. 300. *Post hinc digressus.....* « On ne les laisse pas
« sortir pendant les neiges et les frimas ; on les nourrit à
« l'étable, d'herbes et de petites branches d'arbres cueil-
« lies en automne, ou de choux, de navets, et d'autres
« légumes. » (Buffon.)

v. 311. *Nec minus interea...* Les anciens, comme on voit, ne tiraient pas autant de parti du poil de chèvre que nous. Les étoffes faites de cette matière sont une des plus grandes richesses des manufactures de Flandre et de Picardie.

v. 346. *Non secus ac patriis....* Végèce, livre Ier, dit que le fardeau que les soldats romains portaient ordinairement dans leur marche était de soixante livres. Cicéron dit (Tuscul. I, n° 37) : « Qui labor, quantus agminis? ferre plus dimidiati mensis cibaria, ferre si quid ad usum velint, ferre vallum. Nam scutum, gladium, in onere nostri milites jam non plus numerant quam humeros, lacertos, manus. »

v. 379. *Et pocula læti...* Il s'agit de quelque liqueur semblable à la bière, au cidre ou au poiré ; peut-être cependant était-elle plus forte ; car on sait le goût des peuples sauvages et des habitants du Nord pour les boissons qui piquent vivement le palais.

v. 408. *Aut inpacatos a tergo...* Les Ibères ou Espagnols passaient pour de grands voleurs. Ils tirent leur nom du fleuve Ibérus. C'est l'Èbre.

v. 415. *Galbaneoque agitare...* Le galbanum est le suc d'une plante appelée ferula. Dioscoride dit qu'on exprime d'une espèce de ferula, arbre de Syrie, un suc dont l'odeur est très-forte, et dont la fumée chasse les serpents. Pline dit la même chose. Columelle donne aussi cette recette ; il prétend que les cheveux de femme, étant brûlés, produisent le même effet.

v. 448. *Aut tonsum tristi.... amurca.* C'est la lie de l'huile, dont les anciens faisaient usage en médecine. *Spumas argenti.* C'est l'écume de l'argent qu'on épure. *Scilla* ou l'oignon de mer est une plante huileuse qui ressemble à un oignon, mais qui est beaucoup plus grosse.

L'*ellébore* est blanc ou noir : on se sert de l'ellébore blanc pour les maladies de la peau. Le *bitume* est une substance grasse, sulfureuse, tenace et inflammable, qui sort de la terre ou qui flotte sur l'eau.

v. 474. *Tum sciat, aerias....* La Noricie est une partie de la Bavière ; l'Iapidie est le Frioul ou la Carniole. Le Timiane est un petit fleuve du Frioul qui va se jeter dans la mer Adriatique.

v. 497. *Tussis anhela sues....* Les cochons sont sujets à l'esquinancie ; ce qui augmente la vérité de l'expression *angit,* car cette maladie se nomme en latin *angena.*

v. 549... *Cessere magistri.* Chiron, Mélampus représentent ici les médecins en général.

v. 566..... *Sacer ignis ardebat.* C'est le nom de la maladie contagieuse dont il s'agit. Nous l'appelons vulgairement le *feu Saint-Antoine*. On peut comparer cette peste avec celle que décrit Lucrèce.

LIVRE IV.

v. 15. *Et manibus Procne*..... L'hirondelle porte des marques rouges sur la poitrine ; c'est ce qui a fait imaginer la fable de Progné.

v. 21. *Ut quum prima novi*...... On sait actuellement que c'est une reine et non pas un roi.

v. 40. *Collectumque hæc ipsa*.... C'est la Propolis, nom qui lui a été donné par les anciens et que les modernes lui ont conservé. Cette matière est différente de la cire et du miel ; c'est une résine extrêmement visqueuse, d'un brun rougeâtre, qui répand communément une odeur agréable lorsqu'elle est échauffée, et qui se dissout facilement dans l'esprit-de-vin et l'huile de térébenthine : elle varie pour la consistance et la couleur, qui est plus ou moins foncée, et pour l'odeur, qui est plus ou moins aromatique.

v. 63. *Trita melisphylla*... La mélisse est une plante à plusieurs tiges, hautes d'une coudée, carrées, dures, et aisées à rompre ; les feuilles sont noirâtres, d'une odeur de citron, et d'un goût un peu âcre. Il y a plusieurs espèces de cérinthe décrites par les modernes ; il est probable que celle des anciens est celle qu'on appelle Cerinthe *flavo flore asperior* : c'est une des herbes les plus communes de l'Italie et de la Sicile.

v. 95. *Ut binæ regum*..... La distinction des deux espèces d'abeilles est une chimère d'Aristote, qui n'a d'autre fondement que les différences que l'âge apporte dans la couleur des insectes. Les jeunes abeilles sont grises et même brunes ; elles deviennent rougeâtres lorsqu'elles vieillissent.

v. 102... *Et durum Bacchi*..... Les anciens mettaient du miel dans les vins forts.

v. 111. *Hellespontiaci servet*...... Priape était adoré particulièrement à Lampsaque, ville bâtie sur l'Hellespont.

v. 119. *Biferique rosaria Pæsti*. La ville de Pæstum n'est plus aujourd'hui qu'un village appelé Pesti dans la Lucanie, c'est-à-dire dans la Calabre. Ce pays était autrefois célèbre pour les belles roses qui croissent deux fois l'année.

v. 125. *Namque sub Œbaliæ*... Tarente est ici appelé Œbalia, du nom d'Œbalus, venu de Lacédémone dans la Lucanie, où il établit une colonie et bâtit la ville de Tarente. Le Galèse, aujourd'hui appelé Galeso, coule dans la Calabre, et se décharge dans la mer près de Tarente. Coryce était une ville de la Galicie, aujourd'hui nommée Curco, dans la Caramanie, vis-à-vis de l'île de Chypre.

v. 144. *Ille etiam seras*..... Les commentateurs ont peu compris ce passage. Virgile veut dire que ce vieillard avait trouvé le secret de transplanter des arbres déjà forts : il est aisé de s'en convaincre par les épithètes qu'il a données à chacun des arbres, qu'il nomme, *seras ulmos, eduram pyrum, spinos jam pruna ferentes, jamque ministrantem platanum potantibus umbras*.

v. 178. *Munere quamque suo*.... Les anciens ont été plus hardis que nous. Nos naturalistes modernes n'ont point eu d'expérience assez décisive qui leur apprît si les différents travaux étaient partagés entre les différents corps d'abeilles, ou si toutes les abeilles ne s'occupent point successivement de différents ouvrages.

v. 194. *Et sæpe lapillos*. Ceci n'est qu'une fable débitée par Aristote, copiée par Virgile et répétée par Pline. Il y a une espèce d'abeille qu'on appelle maçonne qui bâtit son nid contre les murs, avec un mortier composé de sable et de gravier. Comme cette abeille ressemble à l'autre, des yeux inattentifs les ont confondues d'abord ; et ensuite les erreurs du jugement se mêlant à celles de la vue, ou a imaginé à cette pierre, qu'on croyait voir dans les pattes de notre abeille, un usage qu'elle n'avait point.

v. 232. *Taygete simul os*..... Taygète est une des Pléiades. Les Pléiades s'élèvent avec le soleil le 22 avril, selon Columelle.

v. 234. *Aut eadem sidus*..... Le coucher des Pléiades indique ici la fin d'octobre ou le commencement de novembre. Les commentateurs sont partagés sur le sens du mot *piscis*. Les uns pensent qu'il s'agit du signe des Poissons, qui se lève en effet après le coucher des Pléiades ; les autres, que Virgile a voulu désigner le Dauphin. Larue prétend qu'il faut entendre par ce mot la constellation de l'Hydre, ce qui paraît moins vraisemblable. Dryden avec moins de fondement encore a supposé qu'il s'agissait du Scorpion.

v. 270. *Et grave olentia centaurea*. L'herbe du Centaure est, à ce que pense le père Larue, la petite centaurée. Son nom lui est venu du centaure Chiron, qui guérit, dit-on, avec le suc de cette plante une blessure faite par les flèches d'Hercule. Cependant l'épithète de *grave olentia* que Virgile donne au *centaureum* ne convient point à la petite centaurée, qui a une odeur douce, assez suave, et qui n'est qu'amère au goût.

v. 271. *Est etiam flos*..... Les commentateurs ont été fort partagés sur la qualité de la fleur dont parle ici Virgile. Il est probable qu'il s'agit de l'*aster atticus*. Cette fleur pousse d'une seule tige un grand nombre de rejetons, *Ingentem silvam uno de cespite* : son disque est jaune, *flos aureus esse*, mais les rayons sont pourprés : *in foliis violæ sublucet purpura nigræ*. Indépendamment de la conformité de cette fleur avec l'*amellum* de Virgile, cette interprétation est appuyée sur la meilleure observation possible en fait de botanique, celle du célèbre M. de Jussieu.

v. 278. *Prope flumina Mellæ*. Il y a plusieurs rivières de ce nom : celle dont Virgile parle ici est une rivière de Lombardie.

v. 287. *Nam qua Pellæi*..... Ce passage est le plus difficile de toutes les Géorgiques. Je crois que Virgile veut parler ici de la basse Égypte, autrement nommée le Delta. Ce pays forme un triangle. Canope forme l'angle occidental, Péluse l'angle oriental, qui est le plus voisin de la Perse. Ce que Virgile appelle les confins de l'angle méridional est l'endroit où le Nil en se divisant représente un delta.

v. 294. *Omnis in hac*...... Nouvelle preuve que Virgile parle ici d'un seul pays.

v. 363. *Jamque domum mirans*..... Platon, dont Virgile avait suivi le système dans ses vers, pose que toutes les rivières prennent leur source dans une vaste caverne que les poëtes appellent *barathron*. Le *Phase* et le *Lycus* sont deux fleuves fameux de l'Arménie qui vont se perdre dans la mer Noire. L'*Énipée* est une rivière de Thessalie. Le *Tibre* est assez connu. L'*Anio* est une rivière d'Italie. L'*Hypanis* arrose la Scythie. Le *Caïque* prend sa source dans la Mysie. L'*Éridan*, autrement le *Pô*, est un grand fleuve d'Italie. Virgile, selon l'usage des poëtes lorsqu'ils parlent des fleuves, lui donne des cornes.

v. 380. *Oceano libemus, ait*..... Ici Virgile suit le système de Thalès, qui attribuait à l'eau la formation de l'univers.

v. 387. *Est in Carpathio*..... Toute cette fable de Protée est une imitation d'un morceau de l'Odyssée.

v. 389... *Patriamque revisit Pallenen*. Pallène est une péninsule de la Macédoine.

v. 559. *Hæc super arvorum*... Ces vers prouvent que Virgile retoucha ses Géorgiques toute sa vie. L'époque dont il s'agit ne précéda sa mort que d'un an. Auguste commandait alors ses armées en personne sur l'Euphrate, et forçait Phraate de rendre les aigles romaines que les Parthes avaient arrachées à Crassus.

L'ÉNÉIDE.

LIVRE I.

v. 173. *Et sale tabentes artus in litore ponunt.*
Quelques médecins se sont autorisés de ces vers, qui expriment l'action des parties salines de l'air sur le corps humain, pour prouver que les anciens, sans faire de longues navigations, n'ignoraient pas la maladie la plus commune des gens de mer, connue sous le nom de *scorbut*.

v. 242. *Antenor potuit, mediis elapsus Achivis*, etc.
Ce passage n'a pas toujours été bien compris, même par les anciens. Virgile, qui s'était proposé de célébrer dans l'Énéide les origines de l'Italie, rappelle ici le souvenir de la première colonie asiatique qui, peu après la guerre de Troie, entra dans le golfe Adriatique, découvrit son extrémité, et la route qui conduisait en Italie. Tite-Live, Strabon, Justin, ont parlé de cette transmigration chacun à leur manière. Nous ne devons nous attacher qu'à ce qu'en dit ici notre poète. Anténor, à la tête d'une colonie partie du pays des Hénètes, dans l'Asie Mineure, pénétra dans l'Illyrie, et traversant, dit Virgile, le pays des Liburniens, c'est-à-dire les provinces illyriennes ou la Morlakie des modernes, il arriva au fond du golfe où se trouvait le Timave, torrent encore aujourd'hui connu sous le nom de *Timao*. Anténor, en redescendant au midi, entra en Italie, fonda la ville de Padoue, et donna au pays dont il s'empara le nom de *Henetia* ou *Venetia*, et au canton où s'établit sa colonie, celui de *Pagus Trojanus*. Ces mots *hic tamen*, etc., ne sont donc point relatifs au Timave, et n'indiquent pas que la nouvelle colonie se trouvait sur les rives de ce fleuve, dont elle était au contraire fort éloignée; mais ils rappellent qu'elle était en Italie. Ces mots sont dans la bouche de Vénus un reproche fait à Jupiter. La déesse se plaint que, pour l'empêcher d'aborder en Italie, on écarte Énée de tous les rivages.

Cunctus ob Italiam terrarum clauditur orbis.

Et cependant, dit-elle, Anténor est bien venu d'Asie en Italie, et y a fondé Padoue.

Hic tamen ille urbem Patavi sedesque locavit.

J'ai dit que ce passage avait été mal compris par les anciens; en effet, Stace (1), en parlant de Tite-Live, qui était de Padoue, dit qu'il était *alumnus Timavi*. Lucain (2) confond de même le *Timavi* avec le fleuve qui coule à Padoue, ou le *Medoacominor* des anciens, le Bachiglione des modernes. Sidoine Apollinaire (3), et plusieurs autres auteurs cités par Cluvérius (4), commettent la même faute; et il est certain que ce passage de Virgile, mal interprété, a été la seule cause de cette erreur : en effet, Tite-Live, Strabon, Méla, Pline, Martial, Servius, l'Itinéraire d'Antonin, la table de Peutinger, et même antérieurement Polybe et Posidonius, s'accordent tous à placer Timave entre *Tergeste* ou Trieste, et *Aquileia*, dont on voit encore les ruines près de Montfalcone, et à l'est duquel nos cartes modernes marquent le port de *Timao*, et le torrent ou la rivière du même nom (5). Virgile lui-même nous indique autre part la situation de ce fleuve, puisque dans ses *Géorgiques*, liv. III, vers 475, il nous apprend que le Timave coule chez les Iapides et près des montagnes de la Norique, *et Iapidis arva Timavi*. Comparons sa description avec celle de Strabon, qui écrivait peu d'années après lui. « Au fond du golfe « Adriatique, dit le géographe grec (1), se voit un lieu « consacré à Diomède; on l'appelle le *Timavum*, et il est « singulièrement remarquable; car il est pourvu d'un port, « ainsi que d'un très-beau bois sacré; et de ce même en- « droit sortent sept sources d'eau potable, dont la réunion « forme un fleuve large et profond, qui, à peu de distance « de là, se jette dans la mer. Suivant Polybe, toutes ces « sources, hormis une seule, sont d'eau salée; et c'est « pour cela que ce lieu s'appelle la source et la *mère de « la mer*. » D'après plusieurs observateurs modernes qui ont visité les lieux (2), entre Aquilée et Trieste, près d'un village qu'on appelle Borgo S. Giovanni, on voit s'échapper, de divers antres formés au sein des rochers, plusieurs sources d'eau fort considérables : la plus grosse est celle qui sort du château de Tywein. Ces différentes sources se réunissent d'abord en trois canaux, et ensuite en une seule rivière, qui, après un cours de mille pas, arrive à la mer; elle se nomme *Timao*, et de nos jours encore on la qualifie de *mère de la mer*. Au moyen des cavernes, la mer remonte quelquefois jusqu'aux sources du Timao, qui alors sortent des rochers avec bruit et avec un mugissement souterrain :

Vasto cum murmure montis.

On comprendra mieux, je l'espère, après ce détail, toute l'exactitude de la description de Virgile, et surtout pourquoi il distingue *Fons Timavi* d'avec les *Ora Timavi*; car il est évident qu'*Ora novem* signifie *les neuf sources*, et non *les neuf embouchures*. Cependant Pline semble s'y être mépris, et avoir été aussi induit en erreur par ce vers de Virgile, en naturaliste, en parlant d'une île, dit : « *Ante ostia Timavi* (3), devant les embouchures du Timave. » Méla, mieux instruit et plus exact, dit, au contraire : *Timavus novem captivus exsurgens uno ostio emissus*. « Le Timave a neuf sources (4), et se verse dans « la mer par une seule embouchure. » Il paraîtra sans doute étrange que des poètes latins aussi habiles que Lucain, Stace, Sidoine Apollinaire; qu'un savant tel que Pline, presque tous ayant passé leur vie en Italie, et versés dans la lecture de Virgile, n'aient pas compris des vers de ce grand poète, et se soient mépris sur le sens de ses expressions, relativement à un détail qui concerne l'Italie même : nous en convenons, mais cela cependant ne nous semble pas moins certain.   C. A. WALCKENAER.

v. 530. *Est locus, Hesperiam Graii cognomine dicunt, Terra antiqua*, etc. Virgile rappelle ici avec beaucoup d'art et d'exactitude les noms anciens de l'Italie : celui d'*Hespérie*, ou *contrée de l'ouest*, fut d'abord donné à l'Épire, ensuite à l'Italie, et enfin à l'Espagne. Ces changements successifs dans les dénominations marquent les progrès des découvertes géographiques des Grecs. La dernière contrée connue vers l'ouest recevait exclusivement le nom d'*Hespérie*; il en fut de même sur le continent opposé. Le *Jardin des Hespérides* et l'*île Fortunée* furent d'abord placés dans la grande Oasis, ensuite plus à l'ouest, au midi de la Cyrénaïque; puis après, encore plus à l'ouest, aux environs du fleuve Lathon, qui se perd dans la grande Sirte; et enfin, dans

---

(1) *Statius Silvar.*, lib. IV, carm. 2.
(2) Lucanus, *Pharsalia*, lib. VII, v. 194.
(3) *Sidonius Appollinaris*, carm. 9.
(4) Cluver. (2), *Ital. antiq.*, tom. 1, pag. 100.
(5) Voyez la carte *del regno d'Italia*, dressé par le dépôt de la guerre en 1806, feuille IV.

(1) Strabon, *Georg.*, liv. V, pag. 214, trad. franç., tom. II, pag. 126.
(2) Carli, *Antichita d'Italia*, part. 1, pag. 118; Cluvérius, tom. I, p. 191; Strabon, *Éclaircissements*, tom. II, pag. 7.
(3) Pline, *Hist. nat.*, lib. III, cap. XXX.
(4) Martial, liv. IV, épigr. 25, n'admet que sept sources, comme Strabon; Claudien, neuf, comme Virgile et Méla; Cluvérius n'en a vu que six; il paraît qu'au reste le nombre varie selon les saisons.

des temps encore postérieurs, sur l'océan Atlantique, et vis-à-vis les îles Canaries, qui furent alors nommées les *îles Fortunées*. Les autres noms que rappelle ici Virgile sont dus à des peuples ou à des chefs de peuples qui ont successivement occupé quelques parties de l'Italie. On n'y trouve point celui d'*Ausonie*, souvent employé, comme synonyme d'*Italie*, par M. Delille, surtout au commencement de ce livre; mais, indépendamment d'autres exemples, le poëte français a pour lui l'autorité de Virgile, qui, dans un grand nombre de vers, se sert du mot *Ausonia*, pour désigner l'Italie. Au reste, les vers qui font l'objet de cette note se trouvent encore répétés liv. III, vers 163 à 166.   C. A. WALCKENAER.

LIVRE II.

v. 781. *Et terram Hesperiam venies, ubi Lydius arva inter opima virum, leni fluit agmine Tibris.* L'épithète de *Lydius*, Lydien, que Virgile donne au Tibre, est ici synonyme d'Étrurien ou Tyrrhénien. Cette épithète prouve que Virgile adoptait l'opinion de ceux qui croyaient les Étrusques originaires d'une colonie de Lydiens de l'Asie Mineure. Les récits d'Hérodote sont conformes à cette opinion; mais Denys d'Halicarnasse la combat. Dans un ouvrage récent sur l'Égypte, M. Hamilton (1) rapporte une inscription en caractères étrusques, que deux voyageurs anglais ont, dit-on, récemment trouvée dans l'intérieur de l'Asie Mineure; ce qui doit nous porter à croire au récit d'Hérodote, et nous ramener au sentiment de Virgile. Les Étrusques ont possédé primitivement tout le nord de l'Italie : le Tibre coulait dans leurs possessions. C'est par cette raison que Virgile, Horace, Ovide, Lucain, Stace, et d'autres poëtes latins, ont fréquemment donné au Tibre l'épithète de *Tuscum*, ou d'autres semblables (2).

C. A. WALCKENAER.

LIVRE III.

v. 5. *Classemque sub ipsa Antandro et Phrygiæ molimur montibus Idæ.* Antandros subsiste encore au fond du golfe d'Adramitti; elle a conservé son nom. Cette ville est située, suivant nos meilleures cartes, à dix-sept milles géographiques au sud de Bounar-Bachy, où l'on a reconnu l'emplacement de l'ancienne Troie. Antandros est placée au pied du mont Gargara, le plus haut sommet de l'Ida, nommé aussi Alexandria, parce que ce fut sur cette montagne que, suivant la tradition, Pâris décerna le prix de la beauté à Vénus. Hérodote, VII, 42; Thucydide, VIII, 108; Méla, I, 18; Pline, V, 30; Strabon, livre XIII, 903 et 904, donnent d'intéressants détails sur Antandros.   C. A. WALCKENAER.

v. 18. *Æneadasque meo nomen de nomine fingo.* Cette ville conserve encore ce nom, et elle l'a communiqué au golfe à l'entrée duquel elle se trouve, qui s'appelle Enos, comme la ville. La rivière de Morizza, qui se jette dans ce golfe, est l'ancien Hèbre. M. de Choiseul, dans le second volume de son *Voyage pittoresque de la Grèce*, a donné des détails intéressants sur l'état actuel de cette ville.   C. A. WALCKENAER.

v. 73. *Sacra mari colitur medio gratissima tellus.* Par cette longue périphrase poétique, Virgile désigne la célèbre Délos, nommée *Idilis* sur plusieurs de nos anciennes cartes. On doit être étonné de voir la fable attacher cette petite île à *Cyaros*, qui est l'île *Joura* des modernes : cette dernière est à plus de trente mille géographiques vers le nord-ouest; d'ailleurs deux autres îles, Rhénée et Syra, se trouvent entre elle et Délos. Cependant on sait, par plusieurs passages des anciens, et surtout par un fragment en vers de Pétrone, que Virgile se conforme ici à la tradition commune. Thucydide dit que Polycrate avait attaché Délos à *Rhénée*, et ce récit est un peu moins absurde; car Rhénée ou la grande Délos n'est qu'à une demi-lieue de distance de Délos; à l'est et à peu de distance est Myconi : deux petits écueils nommés le grand et le petit. Rématiari (1) sont à l'entrée de l'île de Délos, du côté de l'ouest et vis-à-vis de Rhénée. Le plus grand de ces écueils et le plus méridional est l'île d'*Hécate* ou *Psammetiché*. C'est de ce côté et au pied du mont *Cynthus* qu'étaient la ville et le temple d'Apollon, où affluaient les dons et les offrandes d'une multitude de peuples.

v. 115. *Placemus ventos, et Gnosia regna petamus.* Nos meilleures cartes modernes nous font compter cent vingt-cinq milles géographiques de distance entre Délos et le lieu où nous plaçons Pergamo; par conséquent les vaisseaux des anciens, dans cette mer, faisaient quarante-deux milles géographiques, ou quatorze lieues marines, dans les vingt-quatre heures, lorsqu'ils étaient favorisés par le vent. M. Olivier, qui de Délos se dirigea sur Naxos, et de Naxos sur l'île de Crète, fut, comme Énée, favorisé par le vent du nord, qui, ajoute-t-il, souffle régulièrement en été sur l'Archipel (2). Ainsi le *surgens a puppi ventus euntis* de Virgile s'accorde donc avec les vents dominants dans cette mer, et il n'y a pas un seul trait de ce tableau qui ne soit d'une justesse parfaite.

C. A. WALCKENAER.

v. 170.... *Corythum, terrasque requirat Ausonias.* Par *terras Ausonias*, Virgile entend l'Italie en général, et par *Corythum*, l'Étrurie ou la Toscane en particulier. Ce passage de Virgile, et un autre du livre X, mal interprété, ont fait supposer à Servius une ville et une montagne portant le nom de *Corythe*, qu'aucun ancien ne connaît, et qui paraissent n'avoir jamais existé. Par une figure hardie, Virgile met le nom du roi pour celui de la contrée qui lui était consacrée; et, comme l'observe Cluvérius, *Corythum* est ici pour *sedem Corythi, sepulcrum sive monumentum aut memoriam ejus*; de même Silius Italicus, en parlant du passage de l'armée de Flaminius dans la Toscane, dit, lib. IV, v. 718 :

Ergo agitur raptis præceps exercitus armis
Lydorum in populos, sedemque ab origine prisci
Sacratam Corythi.

De là les Étruriens furent appelés Corythes, ou peuples de Corythe; et pour désigner l'Étrurie on a dit *les champs de Corythe*, *arva Corythi*. Voyez, à ce sujet, la savante description de Cluvérius, *Italia antiqua*, tome I, page 592; et Dempster, *de Etruria regali*, lib. II, cap. 10, tom. I, page 131.   C. A. WALCKENAER.

v. 209. *Servatum ex undis Strophadum.* Virgile, toujours exact jusque dans les plus petits détails, a soin de nous dire que les îles habitées par les harpies ont été surnommées *Strophades* par les Grecs, ce qui fait entendre qu'elles avaient un autre nom : Apollonius de Rhodes et Pline nous apprennent qu'en effet elles se nommaient *Plotœ*. Virgile dit encore *insulæ in Ionio magno*, pour indiquer leur situation; et l'épithète de *magnus* convient à la mer Ionienne, comparativement à la mer Égée et à l'Adriatique qui l'avoisinent, et qui sont beaucoup plus resserrées. L'ignorance des premiers navigateurs, qui ne savaient pas retrouver les îles déjà découvertes, et qui leur faisait croire qu'elles avaient changé de place, avait, chez les anciens, semé les mers d'îles flottantes. Les *Strophades* sont les deux îles *Strivali*, à vingt milles au

---

(1) Hamilton's Ægyptiana, p. 217.
(2) Voyez Cluverius, Ital. antiqua, p. 798.

(1) Comparez Olivier, Voyages, tom. II, pag. 156, in 8°, avec la carte 38 de l'atlas d'Anacharsis, quatrième édition.
(2) Olivier, Voyages, tom. II, pag. 179.

nord-ouest du cap Konello dans la Morée. Elles ont été visitées par Spon : elles sont fort basses; la plus grande, qui n'a pas plus de quatre milles de circuit, est fertile, bien habitée, et abondante en sources. C. A. WALCKENAER.

v. 270. *Jam medio adparet fluctu nemorosa Zacynthos, Dulichiumque, Sameque, et Neritos ardua saxis.* Zacynthos, aujourd'hui *Zante*, ne mérite plus l'épithète de *nemorosa*, que lui donne Virgile d'après Homère; et les hautes montagnes qui abritent ses trois vallées, quoique bien cultivées, sont nues, et dépouillées des forêts qui l'ombrageaient. Denys d'Halicarnasse rapporte qu'Énée construisit à Zacynthe un temple à Vénus, et y institua des jeux encore en vigueur du temps d'Auguste. A cette époque les jeux de la course se nommaient *la course d'Énée et de Vénus* (1). *Samé* est la grande île de Céphallonie, plus connue depuis sous le nom de *Cephallenia.* Quant à *Dulichium* et à *Néritos*, on ne sait à quelles îles les modernes elles répondent. D'Anville prétend que la première est la même qu'*Ithaque*, et que *Néritos* est *Leucade*; mais l'exactitude de Virgile, qui distingue ces îles et devait les connaître, nous fait croire qu'il se trompe. D'ailleurs Méla s'accorde avec Virgile relativement à *Néritos*; nous osons même dire que le sentiment unanime des géographes modernes, qui rapportent *Ithaque* à *Theaki* moderne, n'est pas sans quelques difficultés, malgré l'ouvrage que vient de publier M. Gell (2). Si nous commentions Homère, il serait de notre devoir d'approfondir toutes ces questions; mais nous suivons Énée, et, comme lui,

Nous fuyons le berceau de l'exécrable Ulysse,

et nous abordons aux rivages plus connus de *Leucade*, aujourd'hui *Sainte-Maure*. Denys d'Halicarnasse dit qu'Énée bâtit un temple à Vénus dans l'île de Leucade, que l'on appelait le *temple de Vénus-Æneas;* il en construisit un autre à *Actium*, qui subsistait encore du temps de Virgile, et un troisième à Ambracie (3). Le mont de *Leucade*, si redouté des navigateurs et si funeste aux amants, porte aujourd'hui le nom de *Capo Ducato*; et le cap du continent qui lui est opposé rappelle l'ancien nom d'*Actium* dans le nom moderne d'*Azio*. Enfin, en côtoyant la Chaonie, et remontant vers le nord, Énée aperçoit la ville et l'île des Phéaciens, c'est-à-dire *Corcyre* (4), aujourd'hui *Corfou*. Vis-à-vis de cette île et sur une hauteur du continent opposé, on aperçoit les ruines de l'ancienne ville de *Buthrotum* (5), dont la position était par conséquent conforme à l'indication de Virgile :

Et celsam Buthroti ascendimus urbem.

Ce lieu porte le nom de *Butrinto*, et la capitale du Troyen Hellanicus est devenue le siége d'un évêché grec. Denys d'Halicarnasse nous apprend qu'Énée construisit un temple à *Onchesme*, près de Buthrote (6), et qu'il se rendit de ce dernier lieu à Dodone, pour consulter l'oracle. Énée, parti de Crète, et remontant au nord de *Buthrotum*, pour se rendre en Italie, a l'air de faire un long dé-

(1) Dionys. Halicarn., lib. I, § 50; Larcher, mémoire sur Vénus, p. 145.
(2) Gells topography and Antiquities of Ithaca, in-4°, 1807. L'auteur ne dit rien des mesures que nous donne Strabon, et c'est surtout ce point qu'il fallait discuter.
(3) Larcher, mémoire sur Vénus.
(4) Telle paraît avoir été l'opinion générale du temps de Virgile; lorsqu'on lit attentivement l'Odyssée, cette opinion éprouve de bien fortes objections. Les Romains arrangeaient la géographie d'Homère à leur manière. Nous voyons par Strabon que le fil des traditions était depuis longtemps perdu.
(5) Pouqueville, Voyages en Morée, tom. III, page 14.
(6) Dionys. Halicarnas., Antiq. romanæ, lib. I, § 51 ; Palmier de Grent-mesnil, Græciæ antiq., lib. II, page 245; Larcher, mémoire sur Vénus, page 145.

tour; mais de son temps, où l'on ne quittait point la terre de vue, il suivait la route directe.

v. 350. *Et arentem Xanthi cognomine rivum*, etc. Une chose remarquable, c'est que ce que dit Virgile de ce petit ruisseau qui représentait le Xanthe, la Condamine le dit et du Xanthe et du Simoïs : « En les voyant, on s'aperçoit de l'illusion qu'ont faite au monde les beaux vers d'Homère. »

v. 429. *Præstat Trinacrii metas lustrare Pachyni.* L'inspiré des dieux recommande au héros troyen, lorsqu'il aura franchi la Sicile et atteint les côtes occidentales de l'Italie, de s'arrêter à Cumes, ville située sur le rivage de la Campanie, aujourd'hui la Terre de Labour, et dont on voit encore les vestiges près de *Puzzuolo*, qui est *Dicearcha*. Cumes, fondée par des Grecs de l'île d'*Eubée* (île Négrepont), était, selon Strabon, la plus ancienne des villes grecques de la Sicile et de l'Italie; et le territoire volcanique qui l'environnait formait les fameux champs Phlégréens, théâtre de l'aventure des Géants et d'autres prodiges mystérieux : c'est là qu'était la Sibylle qu'Énée devait consulter, afin de recevoir les instructions nécessaires pour terminer son voyage; car l'implacable déesse, fille de Saturne, qui régna sur le *Latium*, promis par le destin à Énée, Junon enfin, interdit la connaissance du reste à Hélénus :

Scire Helenum farique vetat Saturnia Juno.

Je ne remarquerai pas avec quel art admirable Virgile, jusque dans les épithètes en apparence les plus indifférentes, rappelle sans cesse aux Romains l'histoire de l'Italie, les origines sacrées de leur culte, et les souvenirs antiques de leur patrie. Si mes notes ne font pas comprendre tout le mérite de ce grand poète sous ce rapport, elles ont manqué leur but. C. A. WALCKENAER.

v. 506. *Provehimur pelago vicina Ceraunia juxta.* En sortant de Buthrote, Énée remonte encore vers le nord, et suit la côte de l'Épire qu'habitaient les *Chaones*, afin d'atteindre les *monts Cérauniens*, aujourd'hui les monts Kimara, parce que cette terre est la plus rapprochée des côtes de l'Italie, vers lesquelles il se dirige et qu'il doit suivre ensuite.

Unde iter Italiam, cursusque brevissimus undis.
C. A. WALCKENAER.

Nota. Le livre IV n'a donné lieu à aucune note.

LIVRE V.

v. 23..... *Nec litora longe Fida reor fraterna Erycis, portusque Sicanos*, etc. Éryx, selon la fable, était fils de Vénus et de Butès : il régnait sur un canton de la Sicile, appelé de son nom Érycie. Se croyant invincible aux exercices du pugilat et du ceste, il osa défier Hercule, et fut tué dans le combat. Virgile appelle les bords de cette contrée *litora fraterna*, parce qu'Énée était aussi fils de Vénus, et par conséquent frère d'Éryx. Non loin même fut bâti un temple à Vénus qui en surnomma Érycine.

Tum vicina astris Erycino in vertice sedes
Fundatur Veneri Idaliæ,

comme le dit Virgile à la fin de ce même livre.

v. 32. ...... *Hæc ubi dicta, petunt portus*, etc. Le port où relâche Énée est celui de Drépane, maintenant Tropano, au pied du mont Saint-Julien, autrefois le mont Éryx, dans le val de Mazara.

v. 120. ...... *Terno consurgunt ordine remi*. Virgile donne ici les arts de son temps au siècle d'Énée. A l'époque du siége de Troie on ne connaissait point les navires à plusieurs rangs. C'est par le même privilége qu'il a placé des tableaux dans le palais de Didon, quoiqu'on n'eût pas encore découvert l'art de la peinture.

v. 864. *Jamque adeo scopulos Sirenum advecta subibat Difficiles*, etc. On célèbre des jeux, et le rocher dont il est parlé dans la joute navale se reconnaît facilement sur nos grandes cartes de Sicile, et est évidemment le *scoglio del Malconsiglio*, qu'on observe dans la rade de Tropani. Cet écueil est en pleine mer, à cinq cents toises environ de la pointe formée par le promontoire de Trapé, et à quinze cents toises du fond de la baie, ce qui répond à la désignation de Virgile :

Est procul in pelago saxum spumantia contra Litora, etc.,

à une grande lieue au nord du port Palinuro, à un mille au midi de la ville de Pisciotto, et à plus de trois lieues de Castello-a-marre-della-Brucca, où l'on met Velia. La carte de Zannoni, déjà citée, place sur la côte, parmi des rochers, et près d'une église nommée il Soccorso, un monument appelé encore aujourd'hui le tombeau de Palinure, *sepolcro di Palinuro*.

Avant d'arriver au Tibre, Virgile signale encore l'île de Circé,

Proxima Circææ raduntur litora terræ.

C'est aujourd'hui le mont Circelle, promontoire élevé qui est à l'extrémité des marais Pontins. Du temps de Virgile, ce promontoire tenait à la terre comme aujourd'hui; mais les marais et les lagunes dont il était et dont il est encore environné faisaient penser qu'il avait été une île, que la tradition prétendait être l'île d'Aléa, célèbre dans Homère, pour avoir été la demeure de l'enchanteresse Circé (1). A la fin, Énée entre dans le Tibre avec sa flotte. « Ils arrivaient, dit Denys d'Halicarnasse, à Laurente, en Italie : l'endroit où ils campèrent a porté depuis ce temps-là le nom de Troie, et est éloigné de la mer de quatre stades. » Ce lieu devait donc être près d'Ostie.

LIVRE VI.

v. 1..... *Sic fatur lacrimans, classique immittit habenas*...... Virgile a soin de rassembler toutes les traditions nationales, il n'omet rien de ce qui peut illustrer les fleuves, les villes, les ports, et tous les lieux d'Italie. Ce n'est pas sans raison que les larmes d'Énée honorent la mémoire du pilote qu'il a perdu. « Les Troyens, selon « Denys d'Halicarnasse, arrivèrent d'abord en Italie, au « port de Palinure : un de leurs principaux pilotes y perdit « la vie, et ce lieu en reçut le nom. De là Énée vint dans « un autre port de la Campanie, où mourut Misène, l'un « de ses plus illustres compagnons; et le promontoire voi-« sin s'appela Misène. » (Antiquités rom., liv. 1, chap. II.)

v. 229. *Idem ter socios pura circumtulit unda*. Plusieurs de ces usages religieux se sont conservés dans le christianisme, qui leur donne encore une fin plus noble et plus touchante. Les anciens regardaient avec raison les cérémonies funèbres comme le plus important de la police sociale et de la science des mœurs; et c'est pour cela que les honneurs rendus aux tombeaux tiennent tant de place dans les poëmes grecs et romains.

v. 726. *Spiritus intus alit*, etc. Cette magnifique idée de l'âme universelle, dont chaque être animé reçoit une faible partie, appartenait à l'école des stoïciens. Ce n'est point là le système de Spinosa, qui confond Dieu et la nature. Virgile distingue fort clairement deux substances.

v. 727. *Mens agitat molem, et magno se corpore miscet*. C'est l'esprit ici qui donne le mouvement à la matière. L'auteur de Télémaque a très-bien expliqué ce vers

(1) Homère, Odyssée, liv. x, v. 133; Strabo, lib. v, pag. 232; Theophrast. Histor. plant., lib. I, c. IX; Servius, ad Virgil., lib. III.

de Virgile, en faisant dire à Mentor : « L'âme universelle du monde est comme un grand océan de lumière : nos esprits sont comme de petits ruisseaux qui en sortent, et qui y retournent pour s'y perdre. » (Liv. IV.)

*Non tamen omne malum miseris, nec funditus omnes
Corporeæ excedunt pestes : penitusque necesse est
Multa diu concreta modis inolescere miris.*

On voit par ces vers que la doctrine du purgatoire est très-ancienne; elle accorde parfaitement la justice à la miséricorde divine. Le christianisme a fait un dogme fondamental de cette opinion consolante; il enseigne que la prière des vivants abrège le temps de l'expiation pour les morts, et c'est ainsi qu'il établit des rapports continuels entre le monde présent et le monde futur. C'est un des dogmes les mieux assortis à la nature du cœur humain, et les plus propres à justifier la Providence. Les sectaires qui l'ont rejeté dans le seizième siècle ont donc méconnu à la fois les besoins de l'homme et la bonté de Dieu.

v...... *Tum se ad Caietæ recto fert litora portum*. De Cumes à Gaëte le rivage est en effet en ligne droite.

LIVRE VII.

v. 83 ... *Consulit Albunea*, etc. La source *Albunen*, dont parle ici Virgile, est bien certainement la *solfata* de Tivoli. Ce point de critique géographique a été bien discuté par Champy (*Découverte de la maison d'Horace*, t. II, p. 386 à 398). M. Bonstetten propose avec assurance, comme une découverte qui lui est propre, une conjecture de Champy, et que celui-ci a justement abandonnée. L'ouvrage de M. Bonstetten est intitulé *Voyage dans les six derniers livres de l'Énéide*, Genève, in-8°, an 13. La confiance que cet auteur a en lui-même est égale à son ignorance; il regarde Just-Lipse, Cluvier, Kircher, et tous ceux qui l'ont précédé dans la même carrière, comme des pédants qui ne méritent pas même une réfutation.

v. 483. *Cervus erat forma præstanti et cornibus ingens*, etc. Macrobe, dans son cinquième livre des *Saturnales*, se récrie beaucoup sur ce passage et sur ceux qui précédent; et sa critique, surtout pour ce qui regarde le cerf de Sylvie, a frappé de très-bons esprits. On a trouvé ridicule qu'un cerf tué par Ascagne fût la cause d'une guerre dont le résultat devait être la fondation de Rome : plusieurs écrivains ont défendu Virgile; ils ont observé que la plupart des guerres les plus sanglantes avaient eu une cause plus légère, que quelques-unes même n'en avaient point eu du tout; et que d'ailleurs le cerf tué n'était point ici la cause, mais l'occasion des combats. On pouvait ajouter qu'il n'est point étonnant que la guerre commençât par un pareil fait.

LIVRE VIII.

v. 630. *Fecerat et viridi fetam Mavortis in antro Procubuisse lupam*;... On a reproché à Virgile d'avoir négligé beaucoup d'événements glorieux dans l'histoire romaine. La défaite d'Annibal, la captivité du roi Persée, les triomphes des Scipions, auraient figuré d'une manière aussi brillante sur le bouclier d'Énée, que plusieurs autres événements moins importants, et dont la vérité a été mise en doute avec beaucoup de raison, tels que la résistance de Coclès, le supplice de Métius, et la victoire de Camille. Cela peut être vrai, mais il ne faut pas oublier que le but principal de Virgile était de parler de la bataille d'Actium; après avoir pris l'enfance héroïque du peuple romain, il passe tout à coup à l'époque de la plus grande splendeur de l'empire, et il semble réserver tous les efforts de son génie pour décrire le combat qui décida et commença le règne d'Octave. On a dit que Virgile avait cherché à louer Auguste dans le personnage d'Énée; mais il faut avouer qu'Auguste prête ici un nouvel éclat au héros troyen. Quoi de plus propre, en effet, à rehausser la gloire d'Énée, que de le montrer comme la première cause de tant de grandeurs, et de le parer, pour ainsi dire, des trophées qui faisaient, au temps de Virgile, l'admiration de l'univers soumis?

Nota. Le livre IX n'a donné lieu à aucune note.

LIVRE X.

v. 228.... *Vigilasne, deum gens, Ænea? Vigila*, etc. Pour expliquer cette répétition, il est nécessaire de dire que cette expression était consacrée à Rome par les vestales, qui avaient coutume de l'adresser au grand pontife.

v. 315. *Inde Lichan ferit, exsectum jam matre perempta*, etc. Cette histoire d'un guerrier que le fer sauva à sa naissance, et qui périt par le fer, présente un contraste bien frappant, et fait naître une foule d'idées philosophiques. Lichas était venu au monde par l'opération césarienne, ainsi appelée parce qu'elle fut employée pour la naissance d'un enfant de la famille Julia, qui fut tiré du ventre de sa mère après la mort de celle-ci, et pour cette raison appelé César, *quia matris alvus cæsa fuerat*. Depuis ce temps tous les Jules prirent ce surnom. Cette opération a été tentée depuis avec succès sur des femmes vivantes.

v. 391... *Laride Thymberque, simillima proles*, etc. La mort de ces deux frères jumeaux, chéris de leurs parents, et tellement ressemblants que la différence de leurs blessures seule a pu les distinguer, est un des plus beaux exemples de l'art avec lequel Virgile sait entremêler ses récits de batailles à la peinture des vertus de la paix et des mœurs domestiques. On ne trouve rien de semblable dans Homère. M. de Puységur a placé l'auteur de l'*Iliade* au nombre des écrivains militaires; on doit s'étonner qu'il n'y ait point placé l'auteur de l'*Énéide*. Partout, dit le comte Algarotti, Virgile fait éclater ses connaissances guerrières, soit qu'il s'agisse d'asseoir un camp, soit qu'il faille l'attaquer ou le défendre; il sait aussi bien faire marcher une armée que la mettre en ordre de bataille, et il place avec art les corps qu'il désigne dans les lieux où ils ont le plus d'avantage. Au reste, il n'est pas étonnant qu'il soit initié dans les secrets de l'art militaire; la plupart de ses amis, Pollion, Varus, Mécène, étaient guerriers.

Quoique les batailles de Virgile soient de la même époque que celles d'Homère, on ne peut nier qu'elles ne se ressentent des progrès que l'art de la guerre avait faits chez les Romains. On serait peut-être fondé à lui faire un reproche de cette espèce d'anachronisme; mais on regrette plutôt que son sujet ne lui ait pas permis de nous faire connaître cet art funeste au point où l'avait porté l'habileté des Césars. Ses descriptions auraient peut-être fourni aux savants des notions plus précises que celles de Polybe.

v. 740. *Te quoque fata Prospectant paria*, etc. Les anciens croyaient que les morts avaient le don de la divination; il est bien naturel qu'Orode, si cruellement outragé par son vainqueur, désire et prévoie le juste châtiment de ses insultantes railleries. C'est ainsi que, dans le seizième livre de l'*Iliade*, Homère met dans la bouche de Patrocle expirant la prédiction de la mort d'Hector.

LIVRE XI.

v. 89... *Æthon It lacrymans*, etc. Cette image d'un vieux cheval de bataille pleurant derrière le corps de son maître est pathétique. On a voulu aussi qu'elle fût conforme à la réalité; et c'est dans Pline le naturaliste que les défenseurs de Virgile ont trouvé une réponse aux critiques. Il parle ainsi des chevaux : « Amissos lugent dominos, lacrimasque interdum desiderio fundunt. » Le portrait beaucoup plus étendu que Buffon a fait de cet animal vient aussi à l'appui de cette assertion.

v. 142. *Et de more vetusto Funereas rapuere faces; lucet via*, etc. C'était dans les cérémonies funèbres les plus affligeantes, et pour les morts prématurées, qu'on se servait de flambeaux. Cette idée jette d'abord sur la cérémonie les plus sombres couleurs. Ces longues files de torches funéraires, que l'œil suit au loin dans la campagne, sont très-pittoresques.

v. 336. *Tum Drances idem infensus, quem gloria Turni, Obliqua invidia stimulisque agitabat amaris*, etc. Quelques commentateurs ont pensé que Virgile, voulant faire sa cour à Auguste, avait représenté Cicéron sous ces odieuses couleurs : cette pensée lui ferait peu d'honneur. Mais est-il vraisemblable que Virgile, qui osa faire devant Auguste l'éloge de Caton, se soit rendu coupable d'une telle bassesse envers Cicéron, lorsque Rome était encore remplie de sa gloire?

LIVRE XII.

v. 161. *Interea reges, ingenti mole Latinus Quadrijugo vehitur curru, cui tempora circum Aurati bis sex radii fulgentia cingunt*, etc. Quelques commentateurs ont vu dans cette pompe, au milieu de laquelle Latinus vient sur le champ de bataille, une ressemblance avec Auguste. On sait que cet empereur était souvent appelé par ses flatteurs le fils du Soleil. Suétone et Cédrénus racontent que le père d'Octave, le jour de la naissance de son fils, vit le Soleil se lever du sein de sa femme : « Exorientem Solem e sinu uxoris suæ. » Velléius dit qu'un jour, lorsque Auguste rentrait dans Rome sur son char, il parut environné de rayons du Soleil, qui formaient une couronne autour de sa tête. Cela fait voir jusqu'où allait la flatterie des courtisans et la crédulité du peuple romain.

v. 603. *Et nodum informis leti trabe nectit ab alta*. On ne peut nier que ce genre de mort ne fût très-ignominieux chez les anciens. Les corps de ceux qui mouraient de cette manière étaient abandonnés sans sépulture. Le trépas avait aussi ses préjugés. Tacite, dans ses Annales, affecte un profond mépris pour un proscrit qui s'était noyé dans le Tibre, tandis que la mode était de s'ouvrir les quatre veines. Il est probable qu'il n'aurait pas eu plus de respect pour un homme qui se serait pendu.

v. 869. *At, procul ut Diræ stridorem adgnovit et alas, Infelix crines scindit Juturna solutos*, etc. La Furie envoyée par Jupiter paraît ici sous la forme d'un oiseau de mauvais augure; elle est par conséquent moins l'instrument que l'interprète de la volonté des dieux. Dans ce cas, l'apparition de cette Furie n'est pas, comme on l'a prétendu, une intervention directe de la Divinité. La mort des héros et des princes, chez les anciens, était toujours annoncée par quelques présages sinistres.

VALÉRIUS FLACCUS.

NOTICE
SUR VALÉRIUS FLACCUS.

Caïus Valérius Flaccus paraît avoir appartenu à la famille de Valérius Publicola, l'un des fondateurs de la liberté romaine. On ignore quel fut son père, et en quelle année il naquit.

Des manuscrits ajoutent à ses noms ceux de Sétinus et de Balbus. On pourrait conclure du premier qu'il était né à Sétia, ville de la Romagne, célèbre par ses vins; mais deux épigrammes de Martial ne permettent pas de douter que la ville natale de Valérius Flaccus n'ait été Padoue, appelée tour à tour par ce poëte *Apona tellus*[1], du nom d'une source d'eau minérale voisine de cette ville, et *Antenoreus Lar*[2], parce que les Padouans rapportaient leur origine au Troyen Anténor. Quant au nom de Balbus, Heinsius l'attribue, ainsi que celui de Sétinus, au possesseur de l'un des manuscrits de Valérius, où ces deux noms se lisent, non en tête du manuscrit, mais à la suite du deuxième livre. Il prouve d'ailleurs qu'au temps des Flaviens nul Romain ne portait cinq noms, et que Balbus étant le dernier, Valérius eût été appelé par Quintilien et Martial, ses contemporains, Balbus, et non Flaccus.

Quoi qu'il en soit, Valérius Flaccus vécut sous les règnes de Domitien, qu'il a loué de son talent poétique, de Nerva, et de Trajan. Il remplit des fonctions publiques à Rome et au dehors. Il nous apprend lui-même, dans l'invocation qui précède son poëme, qu'il était quindécemvir chargé de la garde des livres sibyllins. C'est en cette qualité qu'il aurait présidé les jeux séculaires donnés par Domitien en l'an 88 de notre ère.

Si le Flaccus auquel sont adressées d'autres épigrammes est en effet Valérius Flaccus, il aurait été en Chypre[1] probablement en qualité de préteur, puis en Espagne[2], où il aurait fait un séjour dont on ne sait ni le motif, ni la durée; puis il aurait fixé sa résidence à Baies[3], où Martial, qu'il avait voulu y attirer, aurait refusé de le rejoindre, et même de faire des vers que Valérius lui avait demandés à la louange de ce pays. D'après un autre passage[4], il aurait laissé voir un jour, à Martial, le peu de cas qu'il faisait de l'épigramme; ce qui lui en aurait attiré une qui n'est pas l'une des moins piquantes du recueil de son ami. Enfin, il aurait eu, comme Virgile, un Alexis du nom d'Amazonicus dont Martial fait un portrait charmant[5], et aurait aimé une Thaïs, que Martial peint sous des couleurs bien différentes[6].

Tous ces détails sont incertains, et de médiocre intérêt.

Ce qui n'est point douteux, et ce qui suffirait pour recommander le poëme de Valérius Flaccus aux amis des lettres latines, c'est le passage où Quintilien, passant en revue les poëtes qui s'étaient rendus célèbres à Rome, s'exprime ainsi : « Nous avons fait « naguère une grande perte dans la personne de Valé- « rius Flaccus : » *Multum in Valerio Flacco nuper amisimus*[7].

Ce passage permettrait de fixer l'époque où mourut Valérius Flaccus. Quintilien ayant écrit ses *Institutions oratoires* dans les douzième et treizième années du règne de Trajan, c'est peu de temps auparavant, c'est-à-dire vers la cent huitième année de l'ère chrétienne, que Rome aurait eu à regretter la perte de Valérius Flaccus.

---

[1] Ep., liv. VIII, 45; IX, 91.
[2] Ibid. X, 104.
[3] Ibid. XI, 80.
[4] Ibid. IV, 49.
[5] Ibid. 42.
[6] Ibid. XI, 100 et 101.
[7] Inst. Orat. X, 1, vers la fin.

---

[1] Ep., liv. I, 62.
[2] Ibid., 77 :

Flacce, Antenorei spes et alumne Luris.

VALERIUS FLACCUS.
LES ARGONAUTIQUES.

LIVRE PREMIER.

Je chante ces mers sillonnées pour la première fois par les illustres fils des dieux, et le vaisseau fatidique qui, dirigeant sa course à travers les écueils mobiles, osa voguer à la recherche du Phase, en Scythie, et qui se reposa enfin dans l'Olympe étoilé.

Si le trépied de la prêtresse de Cumes, interprète de tes oracles, ô Phébus, a fait choix pour son séjour de ma chaste demeure; si mon front est digne du laurier vert, inspire-moi. Et vous, qui êtes plus fameux pour avoir navigué sur cet Océan calédonien dont jadis les descendants d'Iule ont réveillé la colère, que si le premier vous eussiez franchi les mers, père vénéré, élevez-moi au-dessus du vulgaire, au-dessus de ce monde obscurci de vapeurs; soyez propice au chantre des anciens héros et de leurs saints exploits. De vos fils, l'un redira, car il le peut, l'Idumée vaincue; il redira son frère, noirci d'une noble poussière, et qui va semant la ruine et l'incendie dans les remparts de Solyme; l'autre vous dressera des autels et élèvera des temples à votre famille, lorsqu'un jour, astre lumineux, vous resplendirez dans l'Olympe. Et alors, ni la petite Ourse, étoile des vaisseaux tyriens, ni la grande, chère aux pilotes grecs, ne guideront plus sûrement que vous le navigateur, vint-il de la Grèce, de Sidon, ou des bords du Nil. Maintenant que votre sérénité accueille ce début, afin que nos chants remplissent toutes les cités du Latium!

Dès son enfance, Pélias régnait sur l'Hémonie : longue et pesante était pour ses peuples la terreur qu'il inspirait. Tous les fleuves qui se jettent dans la mer Ionienne étaient à lui; pour lui la charrue déchirait les flancs de l'Othrys, de l'Hémus, et les vallons de l'Olympe. Mais son cœur était sans repos; il craignait le fils de son frère et les menaces des dieux : car ce fils doit être la cause de sa perte; les devins l'ont prédit, et les victimes confirment chaque jour leurs sinistres présages. Il s'inquiétait surtout de la haute renommée du prince, de cette jeune valeur importune à sa tyrannie. Pour prévenir le sort qu'il redoute, il cherche à se défaire du jeune fils d'Éson. Le choix seul du temps et des moyens le tient irrésolu. Plus de guerres nulle part; dans les cités de la Grèce, plus de monstres : Hercule est couvert de la peau du lion néméen; l'Arcadie est sauvée des fureurs de l'hydre; les deux taureaux ont mordu la poussière. Mais le courroux des flots, les dangers d'une mer sans limites, voilà

C. VALERII FLACCI
SETINI BALBI
ARGONAUTICON
LIBER PRIMUS.

Prima deum magnis canimus freta pervia natis,
Fatidicamque ratem; scythici quæ Phasidis oras
Ausa sequi, mediosque inter juga concita cursus
Rumpere, flammifero tandem consedit Olympo.
Phœbe, mone, si cymææ mihi conscia vatis   5
Stat casta cortina domo; si laurea digna
Fronte viret. Tuque o, pelagi cui major aperti
Fama, caledonius postquam tua carbasa vexit
Oceanus, phrygios prius indignatus Iulos,
Eripe me populis, et habenti nubila terræ,   10
Sancte Pater! veterumque fave veneranda canenti
Facta virum : versam proles tua pandet Idumen,
Namque potest, solymo nigrantem pulvere fratrem,
Spargentemque faces, et in omni turre furentem.
Ille tibi cultusque deum delubraque genti   15
Instituet, quum jam genitor lucebis ab omni
Parte poli : neque enim in tyrias Cynosura carinas
Certior, aut graiis Helice servanda magistris,
Seu tu signa dabis; seu te duce Græcia mittet,
Et Sidon, Nilusque rates; nunc nostra serenus   20
Orsa juves, hæc ut latias vox impleat urbes.
Hæmoniam primis Pelias frenabat ab annis,
Jam gravis et longus populis metus : illius amnes,
Ionium quicumque petunt; ille Othryn et Hæmum
Atque imum felix versabat vomere Olympum.   25
Sed non ulla quies animo fratrisque paventi
Progeniem, divumque minas : hunc nam fore regi
Exitio, vatesque canunt, pecudumque per aras
Terrifici monitus iterant : super ipsius ingens
Instat fama viri, virtusque haud læta tyranno.   30
Ergo anteire metus, juvenemque exstinguere pergit
Æsonium, lethique vias ac tempora versat.
Sed neque bella videt, graias neque monstra per urbes
Ulla : cleonæo jam tempora clusus hiatu
Alcides; olim Lernæ defensus ab angue   35
Arcas; et ambobus jam cornua fracta juvencis.

ce qu'il lui faut. Calme et confiant, il aborde le jeune homme, et, donnant à ses paroles un air de sincérité, il lui dit :

« Il est une entreprise plus glorieuse que tou-
« tes celles de l'antiquité; accepte-la, encourage-
« la. Tu sais comment Phrixus, né du sang dont
« nous sortons nous-mêmes, échappa aux autels
« où son père voulait l'immoler. Cependant le fa-
« rouche Étés, le maître de la Scythie et des rives
« glacées du Phase, l'assassina (honte au Soleil!)
« à la table de l'hospitalité, au milieu d'un festin
« solennel et des convives épouvantés; double-
« ment ingrat envers sa famille et envers les
« dieux. La Renommée n'est pas la seule de qui
« j'ai appris ce forfait; la victime elle-même, la
« victime m'apparait gémissante, quand je cède
« à peine à un tardif sommeil; son ombre ensan-
« glantée, celle d'Hellé, divinité des mers, sol-
« licitent incessamment ma vengeance. Si j'a-
« vais mes forces d'autrefois, la Colchide serait
« déjà punie, et l'on verrait ici la tête et les ar-
« mes de son roi. Mais les ans ont émoussé ma vi-
« gueur, et mon fils n'est point encore mûr, ni pour
« commander, ni pour tenter la mer et les com-
« bats. Toi qui as déjà les soucis et les mâles pen-
« sées de l'homme, va, noble enfant; rends à nos
« temples grecs la toison de Néphélé; montre-toi
« digne de cette expédition périlleuse. »

Telles étaient les exhortations ou plutôt les ordres de Pélias. Il se tut; mais des Cyanées, ces écueils de la mer de Scythie, dont il connaissait trop bien les dangers; mais du gardien de la toison, ce dragon monstrueux qui darde sa langue aux mille pointes, que la fille d'Étés attire hors de son antre par des enchantements, et nourrit chaque jour d'un miel empoisonné la veille, il n'en dit pas un mot.

Jason a de suite deviné le piége : la toison n'est qu'un prétexte; c'est sa haine qui le livre à la fureur des mers. Et comment obéir? quel moyen d'atteindre la Colchide? Tantôt il voudrait les talonnières de Persée, tantôt l'attelage de dragons que donna Cérès au premier laboureur, à celui qui proscrivit le gland et fit jaillir de la terre les moissons jaunissantes. Que va-t-il faire? En appeler à un peuple léger qu'aigrit un despotisme sans fin, et aux grands, touchés depuis longtemps du sort d'Éson? ou bien, sous les auspices de Junon et de la belliqueuse Pallas, obéir, affronter et dompter les vagues? Que si, triomphant de la mer, il pouvait rendre son nom fameux, ô Gloire! c'est toi qui enflammes son cœur, toi au front toujours jeune, aux lauriers toujours verts, et qu'il voit, debout sur la rive du Phase, appeler ses jeunes compagnons. Enfin la Religion vient raffermir son âme et fixer ses incertitudes. Il lève pieusement ses mains vers le ciel : « Reine toute-puissante, dit-il, quand
« Jupiter en courroux épanchait dans les airs de
« noirs torrents de pluie, si je te portai à travers
« les flots gonflés de l'Énipée, si je te mis à l'abri
« du péril, ne pouvant croire que tu fusses une
« déesse, jusqu'à ce que le tonnerre, signe de la
« volonté de ton époux, t'ayant rappelée, tu dis-

Ira maris vastique placent discrimina ponti :
Quum juvenem, tranquilla tuens nec fronte timendus,
Occupat, et fictis dat vultum et pondera verbis :
Hanc mihi militiam, veterum quæ pulchrior actis,   40
Anne, daque animum : nostri de sanguine Phrixus
Cretheos ut patrias audisti effugerit aras.
Hunc ferus Æetes, Scythiam Phasinque rigentem
Qui colit, (heu magni Solis pudor!) hospita vina
Inter et attonitæ mactat solennia mensæ,   45
Nil nostri divumque memor : non nuntia tantum
Fama refert; ipsum juvenem tam sæva gementem,
Ipsum ego, quum serus fessos sopor alligat artus,
Aspicio, meque assiduis lacera illius umbra
Questibus, et magni numen maris excitat Helle.   50
Si mihi, quæ quondam, vires; vel pendere pœnas
Colchida jam, et regis caput hic atque arma videres.
Olim annis ille ardor hebet, necdum mea proles
Imperio et belli rebus matura marique.
Tu, cui jam curæque vigent animique viriles,   55
I, decus! et pecoris nephelæi vellera graio
Redde tholo, ac tantis temet dignare periclis.
Talibus hortatur juvenem, propiorque jubenti
Conticuit; certus scythico concurrere ponto
Cyaneas; tantoque silet possessa dracone   60
Vellera, multifidas regis quem filia linguas
Vibrantem ex adytis cantu dapibusque vocabat,
Et dabat hesterno liventia mella veneno.
Mox taciti patuere doli; nec vellera curæ
Esse viro, sed sese odiis immania cogi   65
In freta : qua jussos sic tandem quærere Colchos
Arte queat? nunc aerii plantaria vellet
Perseos, aut currum, ut sævos frenasse dracones
Crediret, ignaras Cereris qui vomere terras
Imbuit, et flava quercum damnavit arista.   70
Heu quid agat? populumne levem veterique tyranno
Infensum, atque olim miserantes Æsona patres
Advocet? an socia Junone et Pallade fretus
Armisona superet magis, et freta jussa capessat?
Si qua operis tanti domito consurgere ponto   75
Fama queat, tu sola animos mentemque peruris,
Gloria! te viridem videt immunemque senectæ
Phasidis in ripa stantem, juvenesque vocantem.
Tandem animi incertum confusaque pectora firmat
Relligio, tendensque pias ad sidera palmas :   80
Omnipotens regina, inquit, quam, turbidus atro
Æthera cæruleum quateret quum Jupiter imbre,
Ipse ego præcipiti tumidum per Enipea nimbo
In campos et tuta tuli; nec credere quivi
Ante deam, quam te tonitru nutuque reposci   85
Conjugis, et subita raptam formidine vidi;

« parus tout à coup à mes yeux épouvantés,
« guide-moi vers le Phase et la Scythie; et toi,
« chaste Pallas, protége-moi : je donnerai cette
« toison à vos temples, et mon père environnera
« vos autels de bœufs aux cornes dorées, et d'a-
« gneaux aussi blancs que la neige. »

Les déesses agréent sa prière. Soudain traversant l'Empyrée, elles prennent chacune une route différente. Minerve vole en toute hâte à Thespies, près de son cher Argus; elle lui ordonne de construire un vaisseau, et d'abattre des chênes; elle-même le conduit dans les sombres forêts du Pélion. Junon répand dans toutes les villes de la Grèce et de la Macédoine le bruit que le fils d'Éson va tenter des mers inconnues, et que son vaisseau tout prêt se balance orgueilleusement sur ses rames, demandant des bras pour le mouvoir et l'immortaliser.

Tous brûlent de partir : ceux qui, chefs renommés, ont déjà fait leurs preuves aux combats; ceux qui, dans la fleur de l'âge, n'ont pu se signaler encore et attendent leur coup d'essai ; ceux même que retiennent la culture et la charrue inoffensive, voient les Faunes, les divinités des bois, les Fleuves aux cornes élancées, leur apparaître en plein jour, les encourager, leur vanter ce vaisseau dont la louange retentit dans toutes les campagnes.

Bientôt Hercule est accouru d'Argos; près de lui, le jeune Hylas porte gaiement et sans efforts sur ses épaules les flèches teintes des poisons enflammés de l'hydre, et l'arc du héros : mais c'est en vain (son bras plierait sous un pareil fardeau) qu'il veut porter la massue. Pleine de dépit, la fille de Saturne les regarde partir, et renouvelle ainsi ses plaintes accoutumées :

« Plût aux dieux que l'élite tout entière de la
« jeunesse grecque ne courût pas d'elle-même à
« ces nouveaux hasards, mais qu'ils fussent ordon-
« nés par mon Eurysthée ! Les tempêtes, la nuit,
« le redoutable trident m'eussent été des armes ;
« la foudre même, je l'eusse lancée malgré mon
« époux. Que cet Hercule du moins ne soit pas un
« des compagnons, le soutien peut-être de notre
« expédition ! Me fier à lui, devoir à cet orgueil-
« leux un si haut service, c'est ce que je ne vou-
« drai, ce que je ne pourrai jamais. »

Elle dit, et détourne les yeux vers les rivages de la Thessalie. Elle y voit les guerriers, ardents au travail, amener le bois de toutes parts. La rive résonne des coups habilement frappés de la hache ; Argus fend les pins en planches amincies, qu'il assemble et façonne en courbe à la chaleur d'un feu tempéré : les rames sont préparées, et Pallas cherche des antennes pour les attacher au mât. Bientôt le navire est achevé ; sa coque est pour longtemps impénétrable à l'eau ; ses fentes sont enduites de cire, et la déesse l'orne de diverses peintures. On y voit Thétis, trompée dans son espoir, conduite dans les bras de Pélée par le dauphin qui nage sous son précieux fardeau ; son voile retombe sur son visage ; elle soupire, en pensant qu'Achille ne naîtra pas plus grand que Jupiter. Panope la suit, et Doto sa sœur, et Galatée aux bras nus, qui s'ébat dans les flots, en regagnant sa grotte : du haut

Da Scythiam Phasinque mihi ; tuque, innuba Pallas,
Eripe me : vestris egomet tum vellera templis
Illa dabo ; dabit auratis et cornibus igni
Colla pater, niveique greges altaria cingent. 90
Accepere deæ, celerique per æthera lapsu
Diversas petiere vias : in mœnia pernix
Thespiaca ad carum Tritonia devolat Argum.
Moliri hunc puppim jubet et demittere ferro
Robora, peliacas et jam comes exit in umbras. 95
At Juno argolicas pariter Macetumque per urbes
Spargit, inexpertos tentare parentibus austros
Æsoniden ; jam stare ratem, remisque superbam
Poscere quos revehat, rebusque in sæcula tollat.
Omnis avet, quæ jam bellis spectataque fama 100
Turba ducum, primæ seu quos in flore juventæ
Tentamenta tenent, necdum data copia rerum.
At quibus arvorum studiumque insontis aratri,
Illos stimulant, magnaque ratem per lustra viasque
Visi laude canunt manifesto in lumine fauni 105
Silvarumque deæ, atque elatis cornibus amnes.
Protinus inachiis ultro Tirynthius Argis
Advolat, arcadio cujus flammata veneno
Tela puer, facilesque humeris gaudentibus arcus
Gestat Hylas : velit ille quidem ; sed dextera nondum 110
Par oneri clavæque capax. Quos talibus amens

Insequitur, solitosque novat Saturnia questus :
O utinam graiæ rueret non omne juventæ
In nova facta decus ; nostrique Eurystheos hæc nunc
Jussa forent ! imbrem, et tenebras, sævumque tridentem
Jamjam ego, et inviti torsissem conjugis ignem.
Nunc ego nec socium nostræ columenve carinæ
Esse velim, herculeis nec me unquam fidere fas sit
Auxiliis, comiti et tantum debere superbo.
Dixit, et hæmonias oculos detorquet ad undas. 120
Fervere cuncta virum cœtu, simul undique cernit
Delatum nemus, et docta resonare bipenni
Litora ; jam pinus gracili dissolvere lamna
Thespiaden ; jungique latus, lentoque sequaces
Moliri videt igne trabes, remisque paratis 125
Pallada velifero quærentem brachia malo.
Constitit ut, longo moles non pervia ponto,
Puppis, et ut tenues subiere latentia ceræ
Lumina, picturæ varios superaddit honores.
Hic insperatos tyrrheni tergore piscis 130
Peleos in thalamos vehitur Thetis ; æquora delphin
Corripit ; illa sedet dejecta in lumina palla,
Nec Jove majorem nasci suspirat Achillem.
Hanc Panope, Dotoque soror, lætataque fluctu
Prosequitur nudis pariter Galatea lacertis, 135
Antra petens ; siculo revocat de litore Cyclops.

du rivage de Sicile, Polyphème la rappelle en vain. Vis-à-vis sont les feux, les lits de verdure, les mets, les vins ; Pélée avec son épouse au milieu des dieux de la mer, et Chiron qui joue de la lyre après le festin. Ailleurs est le mont Pholoé, Rhétus ivre-fou, et le combat dont la vierge thessalienne fut la cause subite. Partout volent les coupes, les tables, les autels des dieux, et les vases, chefs-d'œuvre de l'antiquité. On reconnaît là l'adroit Pélée et le fougueux Éson, brandissant l'un sa lance, l'autre son épée. Nestor est monté sur le dos de Monychus, qui se débat vainement contre son cavalier ; Clanis lance à Actor un tison enflammé ; le noir Nessus s'enfuit, et, couché sur les tapis, Hippasus cache sa tête dans un vaisseau d'or vide.

Jason admire ces prodiges de l'art, et pourtant il se dit : « Malheureux nos pères et nos enfants ! Irai-je donc, trop prompt à obéir, lutter « avec cet esquif contre les tempêtes ? et, seul, « Éson redoutera-t-il pour son fils les fureurs de la « mer ? N'entraînerai-je pas aussi dans ces hasards, « dans ces périls, le jeune Acaste ? Que Pélias fasse « donc des vœux pour ce navire, invention de sa « haine, et qu'il se joigne à nos mères pour con-« jurer les flots. »

Au milieu de ces incertitudes, l'oiseau de Jupiter fond à sa gauche du haut des airs, et saisit un agneau dans ses serres vigoureuses. Les bergers le poursuivent de loin de leurs clameurs effrayées, les chiens de leurs aboiements. Mais déjà le ravisseur a repris son vol, il plane au-dessus de la mer Égée. Jason accepte l'augure, et, plein de joie, il marche vers le palais de l'orgueilleux Pélias. Le premier, le fils du roi court au-devant de lui, l'embrasse, et le presse fraternellement sur son cœur. « O Acaste, » dit Jason, « ne crois pas que je vienne ici protester par des « plaintes indignes de mon sang ! je veux seulement « t'associer à mon entreprise : Télamon, Canthus, « Idas et les fils de Tyndare ne sont pas plus que « toi dignes de la Toison d'Hellé. Que de terres, que « de climats nous allons découvrir ! que de routes « inconnues nous allons ouvrir au commerce des « mers ! Peut-être en ce moment ne considères-tu « que le péril ; mais quand ma voile un jour re-« viendra triomphante, quand je reverrai ma chère « Iolcos, quelle honte alors pour toi d'entendre « le récit de nos travaux ! que de regrets de n'a-« voir pas vu ces nations que je te nommerai ! »

Acaste l'arrête à ces mots. « C'en est assez, « dit-il, je suis prêt à te suivre partout où tu « m'appelles. Ne crois pas, ami, que l'oisiveté « m'enchaîne, que le sceptre paternel m'inspire « plus de confiance que toi. Laisse-moi seulement « cueillir, sous tes auspices, mes premiers lau-« riers, et croître ma renommée à l'ombre de « celle d'un frère. Bien plus, de peur que la ten-« dresse paternelle, trop vivement alarmée, ne « me retienne, je tromperai sa vigilance, je serai « là quand le vaisseau et vous serez prêts à « partir. » Il dit : Jason accueille avec bonheur ces promesses, ces élans d'une âme courageuse, et d'un pas impatient il retourne au rivage.

Dociles à la voix, aux ordres de leur chef, les Argonautes élèvent le vaisseau sur leurs épaules ;

Contra ignis, viridique torus de fronde, dapesque,
Vinaque, et æquoreos inter cum conjuge divos
Æacides ; pulsatque chelyn post pocula Chiron.
Parte alia Pholoe, multoque insanus Iaccho 140
Rhœtus, et atracia subitæ de virgine pugnæ :
Crateres, mensæque volant, aræque deorum,
Pocnlaque, insignis veterum labor : optimus hasta
Hic Peleus, hic ense furens agnoscitur Æson.
Fert gravis invito victorem Nestora tergo 145
Monychus ; ardenti peragit Clanis Actora quercu ;
Nigro Nessus equo fugit ; acclinisque tapeti
In mediis vacuo condit caput Hippasus auro.

Hæc quanquam miranda viris stupet Æsone natus,
Et secum : Heu miseros nostrum natosque patresque !
Haccine nos animæ faciles rate nubila contra 151
Mittimur ? in solum nunc sæviet Æsona pontus ?
Non juvenem in casus eademque pericula Acastum
Abripiam ? invisæ Pelias freta tuta carinæ
Optet, et exoret nostris cum matribus undas ? 155

Talia cunctanti lævum Jovis armiger æthra
Advenit, et validis fixam erigit unguibus agnam.
At procul e stabulis trepidi clamore sequuntur
Pastores, fremitusque canum ; citus occupat auras
Raptor, et Ægæi super effugit alta profundi. 160
Accipit augurium Æsonides, lætusque superbi

Tecta petit Peliæ : prior huic tum regia proles
Advolat, amplexus fraternaque pectora jungens.
Ductor ait : Non degeneres, ut reris, Acaste,
Venimus ad questus ; socium te jungere cœptis 165
Est animus : neque enim Telamon, aut Canthus, et Idas,
Tyndariusque puer, mihi vellere dignior Helles.
O quantum terræ, quantum cognoscere cæli
Permissum est ! pelagus quantos aperimus in usus !
Nunc forsan grave reris opus : sed læta recurret 170
Quum ratis, et caram quum jam mihi reddet Iolcon,
Quis pudor heu nostros tibi tunc audire labores !
Quas referam visas tua per suspiria gentes !

Nec passus rex plura virum : Sat multa parato,
In quæcumque voces ; nec nos, ait, optime, segnes 175
Credideris, patriisque magis confidere regnis,
Quam tibi ; si primos, duce te, virtutis honores
Carpere, fraternæ si des accrescere famæ.
Quin ego, ne qua metu nimio me cura parentis
Impediat, fallam ignarum, subitusque paratis 180
Tunc adero, primas linquet quum puppis arenas.
Dixerat ; ille animos promissaque talia lætus
Accipit ; et gressus avidos ad litora vertit.

At ducis imperiis Minyæ monituque frequentes
Puppim humeris subeunt ; et tento poplite proni 185
Decurrunt, intrantque fretum ; non clamor anhelis

ils s'avancent ployés sur leurs genoux tendus; ils entrent dans la mer, reprenant haleine et réglant leurs pas aux cris cadencés du matelot, aux accords harmonieux de la lyre d'Orphée; puis ils dressent des autels sur la rive. A toi, souverain des mers, les premiers honneurs; à toi, à Glaucus, aux Zéphyrs, Ancée immole un taureau paré de bandelettes azurées, et à Téthis une génisse. Nul mieux qu'Ancée n'abat sous la hache le col épais des victimes. Jason prenant une coupe fait trois libations au dieu des mers, et dit : « O « toi qui d'un signe ébranles l'écumeux empire, « qui embrasses de tes ondes le globe entier, pardonne-moi. Seul de tous les humains, je vais, « je le sais, tenter une route qui leur est interdi« te, et mériter ta colère; mais on m'en fait une « loi, et je n'ai pas le fol orgueil de vouloir en« tasser des montagnes, pour ravir la foudre au « puissant Jupiter. Sois sourd aux vœux de Pélias, « de cet homme qui conçut l'idée barbare de « m'envoyer à Colchos, pour me perdre avec « mes compagnons. Je le.... Reçois seulement sur « tes flots apaisés Jason et son vaisseau chargé « de rois. » En disant ces mots, il couvre le brasier de lambeaux arrachés aux victimes.

Le feu, vainqueur de cet amas de viandes, avait déployé sa crinière enflammée; il montait au-dessus des entrailles palpitantes, quand tout à coup, plein du dieu qui l'inspire, Mopsus paraît sur le rivage : son aspect frappe d'horreur; ses cheveux sont dressés sur sa tête; ses bandelettes sont en désordre; il agite le laurier sacré : il parle enfin; sa voix est effrayante; elle commande le silence. « Que vois-je! s'écrie-t-il ;

« Neptune s'indigne de notre audace; il convo« que les dieux de la mer, cet immense sénat. « Les voilà qui frémissent, qui l'exhortent à « défendre les lois naturelles. Presse, ô Junon, « presse ton frère dans tes bras, sur ton sein ! « et toi, Pallas, n'abandonne pas ton vaisseau; « apaise ton oncle, fléchis-le. Ils cèdent enfin ; « et les flots ont reçu le navire.

« Mais que d'obscurités à éclaircir! Que signi« fient ces roseaux qui voilent tout à coup la che« velure d'Hylas? Pourquoi cette urne sur ses « épaules? Pourquoi ces vêtements azurés autour « de ses membres de neige? D'où te viennent ces « blessures, Pollux? Quels feux exhalent les « narines gonflées des taureaux ! Des casques « d'abord, puis des javelots, puis des épaules? « sortent de terre : on se bat autour de la toison. « Quelle est cette femme toute dégouttante de « sang, qui fend les airs sur des dragons ailés? « Qui donc égorge-t-elle? Jason, malheureux, « sauve ces enfants! je vois un lit nuptial em« brasé. »

Ces visions confuses du devin épouvantent les Argonautes et leur chef. Idmon, fils d'Apollon, qui tient de son père l'art d'expliquer les oracles des dieux, en interrogeant les flammes ou le frémissement des entrailles, ou le vol des oiseaux; Idmon, le visage serein, les cheveux sans désordre, plein de l'avenir et doucement inspiré, dit à ses compagnons et à Mopsus : « Si « je comprends bien l'augure d'Apollon et le « premier jet de la flamme, j'entrevois une expé« dition pleine de périls; mais ayons patience, « et nous triompherons. Affermissez-vous donc,

---

Nauticus, aut blandus testudine defuit Orpheus.
Tum læti statuunt aras : tibi, rector aquarum,
Summus honor; tibi cæruleis in litore vittis,
Et Zephyris Glaucoque bovem, Thetidique juvencam 190
Dejicit Ancæus; non illo certior alter
Pinguia letifera perfringere colla bipenni.
Ipse ter æquoreo libans carchesia patri,
Sic ait Æsonides : O qui spumantia nutu
Regna quatis, terrasque salo complecteris omnes, 195
Da veniam; scio me cunctis e gentibus unum
Illicitas tentare vias, hiememque mereri ;
Sed non sponte feror, nec nunc mihi jungere montes
Mens tumet, aut summo deposcere fulmen Olympo.
Ne Peliæ te vota trahant : ille aspera jussa 200
Repperit, et Colchos in me, luctumque meorum.
Illum ego... Tu tantum non indignantibus undis
Hoc caput accipias, et pressam regibus alnum.
Sic fatus pingui cumulat libamine flammam.

Protulit ut crinem densis luctatus in extis 205
Ignis, et ascendit salientia viscera tauri;
Ecce sacer, totusque dei, per litora, Mopsus
Immanis visu, vittamque comamque per auras
Surgentem, laurusque rotat : vox reddita tandem,

Vox horrenda viris; tum facta silentia vati : 210
Heu, quænam aspicio! nostris modo concitus ausis
Æquoreos vocat ecce deos Neptunus, et ingens
Concilium; fremere, et legem defendere cuncti
Hortantur. Sic amplexu, sic pectora fratris,
Juno, tene : tuque o puppim ne desere, Pallas : 215
Nunc, patrui nunc flecte minas : cessere, ratemque
Accepere mari : per quot discrimina rerum
Expedior! subita cur pulcher arundine crines
Velat Hylas? unde urna humeris niveosque per artus
Cæruleæ vestes? unde hæc tibi vulnera, Pollux ? 220
Quantus io! tumidis taurorum e naribus ignis !
Tollunt se galeæ, sulciosque ex omnibus hastæ,
Et jamjamque humeri : quem circum vellera martem
Aspicio? quænam aligeris secat anguibus auras
Cæde madens? quos ense ferit? miser, eripe parvos, 225
Æsonide; cerno en thalamos ardere jugales.

Jam dudum vates Minyas ambage ducemque
Terrificat ; sed enim contra Phœbeius Idmon,
Non pallore viris, non ullo horrore comarum
Terribilis, plenus fatis, Phœboque quieto, 230
(Cui genitor tribuit monitu præonoscere divum
Omina, seu flammas, seu lubrica comminus exta,

« nobles cœurs ! les doux embrassements de vos « pères vous attendent au retour. » Il dit, et verse des larmes ; car la flamme lui présageait aussi qu'il ne reverrait plus Argos.

Aussitôt Jason s'écrie : « Compagnons, si « telle est la volonté des dieux, s'ils encouragent « ainsi notre espoir, ayez la valeur et l'audace « de vos aïeux. Pour moi, j'absous de sa ten-« dresse le despote thessalien ; je ne suspecte plus « sa bonne foi. Ici, c'est un dieu qui parle ; c'est « un dieu qui ordonne. Jupiter veut que le né-« goce et les entreprises des hommes unissent entre « elles toutes les parties de son univers. Suivez-« moi donc, amis ; conquérez au prix des « hasards ce qui fera un jour le charme de nos « vieux ans et le tourment de nos neveux. Cepen-« dant, passons la nuit prochaine sur le rivage, « dans les jeux et les doux entretiens. » On obéit ; chacun s'étend sur l'algue molle ; parmi eux, on distingue surtout le héros de Tirynthe. Les serviteurs apportent les viandes fraîchement débrochées, et des corbeilles de pain.

Soudain Chiron descend des sommets du Pélion, portant Achille, dont les cris appellent son père. Au son de cette voix bien connue, Pélée se lève, et s'avance à grands pas. Il ouvre ses bras à son fils, qui s'y précipite, et reste longtemps suspendu à cette tête si chère. Ce ne sont pas les coupes écumantes d'un vin généreux, ni leurs admirables sculptures, qui l'intéressent et le captivent : ce qui l'étonne, ce sont les guerriers ; il savoure le récit pompeux de leurs exploits ; il est tout yeux pour la peau du lion néméen. Pélée, qui le tient dans ses bras, le couvre de baisers ; et regardant le ciel : « Si « vous voulez, dit-il, que Pélée s'embarque « exempt d'inquiétude, et souhaite des vents fa-« vorables, dieux, veillez sur cette tête. Toi, « Chiron, fais le reste. Que l'enfant t'écoute avec « admiration lui parler de guerre et du bruit « des clairons ; qu'à la chasse et sous tes aus-« pices, il porte les armes proportionnées à son « âge, et qu'il aspire bientôt à manier ma lance. »

Ce discours redouble l'ardeur des Argonautes : ils brûlent de s'élancer sur les flots. Déjà la toison est à eux ; Argo revient triomphant et la poupe dorée. Mais le soleil est à son déclin ; tout le jour s'est écoulé dans l'allégresse, et pour la première fois des feux indiquant la terre au navigateur sont allumés çà et là sur le rivage ; la nuit est venue. Le poëte de Thrace en charme la durée par les doux accords de sa lyre. Il dit comment Phrixus, le front ceint de bandelettes, et près d'être immolé, fuit, sous un nuage protecteur, les injustes autels, laissant Athamas assouvir sa rage sur son fils Léarque, et comment le bélier à la toison d'or le porta sur les flots attendris, avec Hellé suspendue aux cornes de l'animal. Sept fois l'Aurore avait reparu, sept fois la Lune avait traversé les ombres ; déjà Sestos, vue de près, cessait de paraître confondue avec Abydos, lorsque Hellé, vainement échappée aux fureurs d'une marâtre, abandonne son frère, léguant au détroit son impérissable nom.

Seu plenum certis interroget aera pennis)
Sic sociis Mopsoque canit : Quantum augur Apollo
Flammaque prima docet, præduri plena laboris   235
Cerno equidem, patiens sed quæ ratis omnia vincat.
Ingentes durate animæ, dulcesque parentum
Tendite ad amplexus. Lacrimæ cecidere canenti,
Quod sibi jam clusos invenit in ignibus Argos.
Vix ea fatus erat, jungit quum talia ductor   240
Æsonius : Superum quando consulta videtis,
O socii, quandoque datur spes maxima cœptis,
Vos quoque nunc vires animosque afferte paternos.
Non mihi thessalici pietas culpanda tyranni,
Suspectique doli : deus hæc, deus omine dextro   245
Imperat ; ipse suo voluit commercia mundo
Juppiter, et tantos hominum miscere labores.
Ite, viri, mecum, dubiisque evincite rebus,
Quæ meminisse juvet, nostrisque nepotibus instent.
Hanc vero, o socii, venientem in litore læti   250
Dulcibus alloquiis ludoque educite] noctem.
Paretur : molli juvenes funduntur in alga,
Conspicuusque toris Tirynthius ; exta ministri
Rapta simul verubus, Cereremque dedere canistris.
Jamque aderat summo decurrens vertice Chiron,   255
Clamantemque patri procul ostendebat Achillem.
Ut puer ad notas erectum Pelea voces
Vidit, et ingenti tendentem brachia passu,
Adsiluit, caraque diu cervice pependit.
Illum nec valido spumantia pocula Baccho   260
Sollicitant, veteri nec conspicienda metallo
Signa tenent ; stupet in ducibus, magnumque sonantes
Haurit, et herculeo fert comminus ora leoni.
Lætus at implicit Peleus rapit oscula nati,
Suspiciensque polum : Placido si carrere fluctu   265
Pelea vultis, ait, ventosque optare ferentes ;
Hoc, superi, servate caput. Tu cætera, Chiron,
Da mihi : te parvus lituos et bella loquentem
Miretur : sub te puerilia tela magistro
Venator ferat, et nostram festinet ad hastam.   270
Omnibus inde magis calor additus : ire per altum
Magna mente volunt. Phrixi promittitur absens
Vellus, et auratis Argo reditura corymbis.
Sol ruit, et totum Minyis lætantibus undæ
Deduxere diem ; sparguntur litore curvo   275
Lumina, nondum ullis terras monstrantia nautis.
Thracius hic noctem dulci testudine vates
Extrahit ; ut steterit redimitus tempora vittis
Phrixus, et injustas contectus nubibus aras
Fugerit, inoo linquens Athamanta Learcho ;   280
Aureus ut juvenem miserantibus intulit undis
Vector, et astrictis ut sedit cornibus Helle.
Septem Aurora vias, totidemque peregerat umbras
Luna polo ; dirimique procul non æquore visa

longtemps ses mains fatiguées cherchent à saisir la toison humide ; mais le poids de ses vêtements trempés d'eau l'entraîne, et l'or de la toison glisse entre ses doigts. Quelle fut ta douleur, ô Phrixus, lorsqu'emporté loin de ta sœur par les flots rapides, tu ne vis plus que la tête de l'infortunée jetant un dernier cri, l'extrémité de ses mains, et sa chevelure éparse sur la surface de l'eau ?

Aux repas et aux divertissements succède le silence, puis le sommeil. Tous gisent étendus sur les lits ; seul l'impatient Jason ne dort point. Le vieil Éson et la vigilante Alcimédé sont là, qui le contemplent, qui le pressent dans leurs bras ; il s'entretient doucement avec eux ; il s'efforce de calmer leurs inquiétudes. Mais bientôt sa paupière appesantie a cédé au sommeil. C'est alors qu'il croit voir en songe la divinité protectrice du vaisseau, qui lui parle en ces termes : « Je suis un chêne de Dodone, consacré « à Jupiter Chaonien ; je vais naviguer avec toi. « Junon n'eût pu m'arracher de mon bois pro- « phétique, sans la promesse d'une place dans « le ciel. Voici l'instant de partir ; allons, hâte- « toi. Si, pendant notre longue navigation, le « ciel inconstant te prépare quelques orages, « sois sans crainte, et compte sur les dieux et « sur moi. »

Elle dit. Effrayé de ce présage, quelque heureux qu'il soit, Jason se lève précipitamment. Il voit sur les flots, ridés par les premiers feux du jour, tous ses compagnons à l'œuvre : les uns ajustent au mât les antennes ; les autres essayent les rames, en effleurant les eaux ; Argus, au haut de la proue, roule le câble de l'ancre.

Les mères redoublent leurs gémissements, le courage même faillit au cœur des pères ; les larmes coulent ; les embrassements sont plus étroits. La douleur d'Alcimédé est la plus vive ; ses cris plaintifs dominent ceux de toutes les autres femmes, autant que la trompette de Mars écrase la flûte idéenne. « Mon fils, dit-elle, tu « vas affronter des hasards indignes de toi, et nous « nous séparons ! Mon cœur n'y était point pré- « paré ; je ne craignais pour toi que la terre et « les combats : c'est aux dieux d'un autre élé- « ment qu'il me faut adresser mes vœux. S'ils « me sont agréables, si les destins te rendent à « ma tendresse, je pourrai jusque-là endurer la « vie et de longues alarmes. Mais si la Fortune en « ordonne autrement, aie pitié de nous, mort « secourable, quand nous ne faisons que crain- « dre encore sans avoir rien à pleurer ! Hélas ! « comment aurais-je redouté Colchos, et l'enlè- « vement de la toison de Phrixus ? Quels jours, « quelles nuits d'inquiétudes et d'insomnie je « prévois désormais ! Que de fois, aux rauques « mugissements des vagues, je mourrai de peur, « en songeant aux orages de la mer de Scythie ! « Le calme même de nos côtes, ô mon fils, ne me « rassurera point sur ton sort. De grâce, viens « m'embrasser encore ; parle, et que ta voix « se grave en mes oreilles ; presse mes yeux de « ta main chérie. » Ainsi se lamentait Alcimédé. Éson, plus ferme, excite le courage de son fils :

Cœperat a gemina discedere Sestos Abydo.   285
Hic soror Æoliden, ævum mansura per omne,
Deserit, heu sævæ nequidquam erepta novercæ ?
Illa quidem fessis longe petit humida palmis
Vellera, sed bibulas urgenti pondere vestes
Unda trahit, levique manus labuntur ab auro.   290
Quis tibi, Phrixe, dolor, rapido quum concitus æstu
Respiceres miseræ clamantia virginis ora,
Extremasque manus, sparsosque per æquora crines !
Jamque mero ludoque modus ; positique quietis
Conticuere toris ; solus quibus ordine fusis   295
Impatiens somni ductor manet. Hunc gravis Æson,
Et pariter vigil Alcimede spectantque tenentque
Pleni oculos : illis placidi sermonis Iason
Suggerit affatus, turbataque pectora mulcet.
Mox, ubi victa gravi ceciderunt lumina somno,   300
Visa coronatæ fulgens tutela carinæ
Vocibus his instare duci : Dodonida quercum
Chaoniique vides famulam Jovis ; æquora tecum
Ingredior, nec fatidicis avellere silvis
Me nisi promisso potuit Tritonia cælo.   305
Tempus adest, age ; rumpe moras : dumque æquore toto
Currimus, incertus si nubila duxerit æther ;
Jam nunc mitte metus, fidens superisque mihique.
Dixerat ; ille pavens, læto quanquam omine divum,
Prosiluit stratis. Minyas simul obtulit omnes   310

Alma novo crispans pelagus Tithonia Phœbo.
Discurrunt transtris : hi celso cornua malo
Expediunt ; alii tonsas in marmore summo
Prætentant ; prora funem legit Argus ab alta.
Increscunt matrum gemitus, et fortia languent   315
Corda patrum ; longis flentes amplexibus hærent.
Vox tamen Alcimedes planctus super eminet omnes ;
Femineis tantum illa furens ululatibus obstat,
Obruat Idæam quantum tuba martia buxum.
Fatur et hæc : Nate, indignos aditure labores, 320
Dividimur ; nec ad hos animum componere casus
Ante datum, sed bella tibi terrasque timebam.
Vota aliis facienda deis : si fata secundent
Te mihi, si trepidis placabile matribus æquor,
Possum equidem lucemque pati, longumque timorem ; 325
Sin aliud Fortuna parat, miserere parentum,
Mors bona, dum metus est, nec adhuc dolor. Hei mihi !
Unde ego, et avecti timuissem vellera Phrixi,   [Colchos
Quos jam mente dies, quam sæva insomnia curis
Prospicio ! quoties raucos ad litoris ictus   330
Deficiam, scythicum metuens pontumque polumque ;
Nec de te credam nostris ingrata serenis !
Da, precor, amplexus, hæsuraque verba relinque
Auribus, et dulci jam nunc preme lumina dextra
Talibus Alcimede mœret, sed fortior Æson   335
Attollens dictis animos : O si mihi sanguis,

« Oh! si j'avais ma vigueur d'autrefois, quand ce bras abattit Pholus du coup d'un cratère d'or plus pesant que celui dont il me menaçait, j'eusse le premier suspendu mes armes au mât de ce vaisseau, et ma rame l'eût gaiement fait voler sur les ondes. Mais du moins les vœux d'un père n'ont pas été sans effet; les dieux ont entendu mes prières. Tant de rois, et mon fils à leur tête, me rappellent qu'autrefois je guidai et je suivis leurs pareils. Maintenant il ne me reste plus qu'à attendre le jour (et puissé-je l'obtenir de Jupiter!), le jour où je te recevrai vainqueur de la mer et du roi de Scythie, portant sur l'épaule la toison éblouissante, et, si jeune, éclipsant mes hauts faits. » Il dit: Jason soutient sa mère renversée sur sa poitrine, et reçoit avec respect les embrassements du vieillard.

Trois fois la trompette avait sonné le triste signal, et mis fin aux adieux qui retardaient le départ. Chacun choisit son banc et saisit sa rame. Télamon est à la gauche, Hercule à la droite. Le reste se partage les autres places. C'est d'abord l'agile Astérion, que le brillant Comètès, son père, plongea, au sortir du sein maternel, dans les eaux de deux fleuves, à l'endroit où l'Énipée reçoit l'impétueux Apidan. Derrière lui sont Talaüs, Léodocus, qui rame immédiatement après son frère; tous deux envoyés par la noble Argos; Idmon, aussi d'Argos, qui partit malgré les menaces des augures; car il est honteux pour un homme de craindre l'avenir. Là encore Iphitus, fils de Naubolus, domine le somm et des eaux qui lui fouettent le visage; Euphémus, fils de Neptune, qui règne sur la bruyante Psamathé et sur le Ténare toujours béant, sillonne l'élément paternel. Viennent ensuite, partis des doux rivages de Pella, Deucalion, adroit au javelot, et le noble Amphion, habile à manier l'épée; tous deux fils d'Hypso, tous deux si semblables qu'elle ne peut ni ne veut les distinguer. Ici Clyménus ramenant avec force la rame vers sa poitrine, et son frère Iphiclus; Nauplius, dont le phare trompeur guidera bientôt, ô Capharée, les vaisseaux grecs contre tes rochers; Oïlée, qui pleurera son fils frémissant de rage dans les flots de l'île d'Eubée, et foudroyé par une autre main que celle de Jupiter, font voler le navire. Plus loin est Céphée, qui reçut, dans les mers de Tégée, Hercule affaissé sous le poids du sanglier d'Érymanthe; Amphidamas son frère; Ancée, fils de leur aîné, que celui-ci, trop vieux, aima mieux envoyer à sa place conquérir la toison; Eurytion, dont les longs cheveux seront à son retour consacrés par son père sur les autels de Béotie; toi aussi, Nestor, que séduisit la destinée glorieuse de l'Argo, et qui verras un jour sans étonnement blanchir la mer sous les voiles sorties de Mycènes avec leurs mille pilotes; Mopsus enfin, véridique interprète d'Apollon son père, dont la robe blanche, tombant jusqu'aux pieds, recouvre ses brodequins de pourpre, dont le casque est ceint de bandelettes, dont le panache est un laurier.

Du côté d'Hercule se placent encore Tydée, Périclymène, fils de Nélée, fameux dans l'humble Methone, à Élis la ville aux coursiers rapi-

Quantus erat, quum signifero cratere minantem
Non leviore Pholum manus hæc compescuit auro!
Primus in ætatis posuissem puppibus arma,
Concussoque ratem gauderem tollere remo.   340
Sed patriæ valuere preces, auditaque magnis
Vota deis: video en nostro tot in æquore reges,
Teque ducem: tales, tales ego ducere suetus,
Atque sequi: nunc illa dies, det Juppiter oro,
Ille super, quo te scythici regisque marisque   345
Victorem, atque humeros ardentem vellere rapto
Accipiam; cedantque tuæ mea facta juventæ.
Sic ait; ille suo collapsam pectore matrem
Sustinuit, magnaque senem cervice recepit.
Et jam finis erat, Zephyrumque ratemque morantes 350
Solverat amplexus tristi tuba tertia signo.
Dant remo sua quisque viri, dant nomina transtris.
Hinc lævum Telamon pelagus tenet; altior inde
Occupat Alcides aliud mare; cætera pubes
Dividitur: celer Asterion, quem matre cadentem   355
Cristatus gemino fovit pater amne Cometes,
Segnior Apidani vires ubi sentit Enipeus.
Nititur hinc Talaus, fratrisque Leodocus urget
Remo terga sui, quos nobile contulit Argos.
Hinc quoque missus adest, quamvis arcentibus Idmon 360
Alitibus; sed turpe viro timuisse futura.

Hic et Naubolides tortas consurgit in undas
Iphitus; hic patrium frangit Neptunius æquor,
Qui tenet undisonam Psamathen, semperque patentem
Tænaron, Euphemus; mollique a litore Pellæ   365
Deucalion certus jaculis; et comminus ense
Nobilis Amphion, pariter quos edidit Hypso,
Nec potuit similes, voluitve ediscere vultus.
Tum valida Clymenus percusso pectore tonsa,
Frater et Iphiclus puppim trahit; et face sæva   370
In tua mox Danaos acturus saxa, Capahreu,
Nauplius; et tortum non ab Jove fulmen Oileus
Qui gemet, euboicas nato stridente per undas;
Quique erymanthei sudantem pondere monstri
Amphitryoniadem tegeæo limine Cepheus   375
Juvit, et Amphidamas; at frater plenior annis
Maluit Ancæo vellus contingere Phrixi.
Tectus et Eurytion servato colla capillo,
Quem pater aonias reducem tondebit ad aras.
Te quoque thessalicæ, Nestor, rapit in freta puppis 380
Fama, mycenæis olim qui candida velis
Æquora, nec stantes mirabere mille magistros.
Hic vates, Phœbique fides non vana parentis
Mopsus, puniceo cui circumfusa cothurno
Palla imos ferit alba pedes, vittataque frontem 385
Cassis, et in summo laurus penela cono.

des, à Aulone que les flots envahissent, par son adresse à briser la figure de ses rivaux, aux combats du ceste. Toi aussi, fils de Péan, qui verras deux fois Lemnos, qui, maintenant digne héritier de la lance paternelle, porteras un jour les flèches d'Hercule, tu vas à Colchos. Après lui vient Butès, riche habitant de l'Attique, qui nourrit des milliers d'abeilles, et voit avec orgueil leur troupe obscurcir le jour, dès qu'il ouvre ses ruches remplies de nectar, et dirige les essaims vers l'Hymette embaumé. Tu le suis, ô Phalère, toi dont le bouclier retrace les terribles aventures; voilà bien le serpent qui tombe de l'arbre, qui t'environne trois fois de ses replis; voici plus loin ton père qui bande son arc, qui a peur, et hésite sur le coup. Puis Éribotès, dont l'armure offrait d'effrayantes images, et Pélée, fier de l'appui de son épouse et de son beau-père. Ta lance, fils d'Éacus, étincelle du haut de la proue; elle s'élève au-dessus de toutes les autres autant que l'arbre qui l'a produite s'éleva jadis au-dessus des arbres du Pélion. Le fils d'Actor est le compagnon de Pélée; Actor a laissé son fils dans l'antre de Chiron, pour y apprendre avec Achille à former des accords sur la lyre, à lancer de légères javelines, et, sur le dos de leur maître docile, à monter à cheval. Celui-ci est Phléias, dont les cheveux flottants prouvent que la renommée ne s'est pas trompée en le faisant fils de Bacchus. Cet autre est Ancée; sa mère, qui dut ce fils aux amours du roi de l'Océan, ne craint pas de le confier aux flots. Erginus, aussi fils de Neptune, n'a pas moins d'assurance; il connaît les dangers de la mer, les astres favorables, les vents qu'Éole tient emprisonnés dans ses antres. Tiphys, las de regarder l'Ourse, se fie à lui pour gouverner le vaisseau et pour observer le ciel. Voici Pollux avec son ceste formé de bandes de cuir garni de plomb; ce n'est sans doute que pour s'essayer, pour divertir l'équipage, en se livrant sur la rive à des combats simulés. Castor, plus habile à dompter un cheval, laisse, en allant à la recherche de la toison, Cyllare s'engraisser dans les pâturages d'Amyclée. Sur les épaules des deux frères flottent deux manteaux teints de la pourpre étincelante du Ténare, merveilleux ouvrages de leur mère, où l'on voit, brodés avec art, le Taygète aux sommets couronnés de bois, l'Eurotas s'épanchant en flots d'or, et les deux coursiers blancs comme neige montés par ses fils, dont la poitrine offre l'image vivante du cygne paternel. Mais te voilà, Méléagre; ton agrafe est détachée; tes vêtements sont rabattus, et tu étales tes puissantes épaules, ton orgueilleuse et large poitrine, tes bras rivaux de ceux d'Hercule. Quelle est cette nombreuse phalange? C'est la lignée de Mercure : c'est Éthalide prompt à bander son arc et à lancer ses flèches; c'est toi encore, Eurytus, qui sais te faire jour avec l'épée au travers des ennemis; c'est Échion, comme son père actif messager, et qui doit annoncer aux différents peuples les desseins de son chef. Pour toi, Iphis,

Quin etiam herculeo consurgit ab ordine Tydeus,
Nelidesque Periclymenus, quem parva Mtelione,
Et levis Elis equis, et fluctibus obvius Aulon,
Cæstibus adversos viderunt frangere vultus. 390
Tu quoque phrixeos remo, Pæantie, Colchos,
Bis Lemnon visure, petis; nunc cuspide patris
Inclitus, herculeas olim moture sagittas.
Proximus hinc Butes actæis dives ab oris;
Innumeras nam claudit apes, longaque superbus 395
Fuscat nube diem, dum plenas nectare cellas
Pandit, et in dulcem reges dimittit Hymetton.
Insequeris, casusque tuos expressa, Phalere,
Arma geris; vacua nam lapsus ab arbore parvum
Ter quater ardenti tergo circumvenit anguis; 400
Stat procul intendens dubium pater anxius arcum.
Tum cælata metus alios gerit arma Eribotes,
Nec Peleus fretus soceris et conjuge diva
Defuit : at prora splendet tua cuspis ab alta,
Æacide; tantum hæc aliis excelsior hastis, 405
Quantum peliacas in vertice vicerat ornos.
Linquit et Actorides natum Chironis in antro,
Ut socius caro pariter meditetur Achilli
Fila lyræ, pariterque leves puer jucet hastas;
Discat eques placidi conscendere terga magistri. 410
Et, quem fama genus non est decepta Lyæi,
Phleias immissus patriis de vertice crines.
Nec timet Ancæum genitrix committere ponto,

Plena tulit quem rege maris. Securus in æquor
Haud minus Erginus, proles neptunia, fertur, 415
Qui maris insidias, claræ qui sidera noctis
Norit, et e clausis quem destinet Æolus antris;
Non metuat cui regna ratis, cui tradere cælum
Assidua Tiphys vultum lassatus ab Arcto.
Taurea vulnifico portat cælataque plumbo 420
Terga Lacon, saltem in vacuos ut brachia ventos
Spargat, et cebaliam pagaseia puppis alumnum
Spectet, securo celebrantem litora ludo.
Oraque thessalico melior contundere freno,
Vectorem pavidæ Castor dum quæreret Helles 425
Passus amyclæa pinguescere Cyllaron herba.
Illis tænario pariter tremit ignea fuco
Purpura, quod gemina mater spectabile tela
Duxit opus; bis Taygeton silvasque comantes
Struxerat; Eurotan molli bis fuderat auro; 430
Quemque suus sonipes niveo de stamine portat,
Et volat amborum patrius de pectore cycnus.
At tibi collectas solvit jam fibula vestes,
Ostenditque humeros fortes, spatiumque superbi
Pectoris, herculeis æquum, Meleagre, lacertis. 435
Hinc numerosa phalanx, proles cyllenia; certus
Æthalides subitas nervo redeunte sagittas
Cogere; tu medios gladio bonus ire per hostes,
Euryte; nec patrio Minyis ignobilis usu,
Nuntia verba ducis populis qui reddit, Echion. 440

tu n'aideras point à ramener Argo; il te laissera sur le triste rivage de la Scythie; il regrettera ton adresse à manier cette rame désormais immobile à ton banc. Toi aussi, Admète, tu as quitté les campagnes de Phérée, heureuses de leur illustre pasteur; car c'est là que l'ingrat Apollon expia le coup dont son arc frappa Stéropès. Que de fois, sortant des bois qu'elle aime, Diane pleura l'esclavage de son frère, alors qu'il cherchait le frais sous un chêne de l'Ossa, ou qu'il souillait misérablement sa chevelure dans l'eau fangeuse du Bébéis! Droit sur sa rame, Canthus, que la flèche d'un barbare fera rouler dans la poussière d'Æa, laboure les flancs de Nérée. A ses pieds repose le noble bouclier que porta son père Abas, où l'on voit, fuyant entre les côtes sablonneuses de Chalcis, l'Euripe rouler ses flots en nappes d'or; et au centre, Neptune, qui sort du promontoire de Géreste, tenant haut le mors à ses coursiers marins. Mais tu reviendras, Polyphème, sur la nef de Minerve; tu verras aux portes de la ville le bûcher qui consumera les restes de ton père, et ses esclaves pieux ayant différé ses funérailles jusqu'à ton retour. Idas sillonne l'onde avec une rame plus courte; il occupe loin des autres le dernier banc. Son frère Lyncée, comme lui de la ville d'Arène, est réservé pour de plus importants services. Il peut, de ses regards, percer à travers les abîmes de la terre, et surprendre le Styx silencieux. Du milieu des flots, il dénoncera au pilote la vue du rivage; il signalera les astres; et lorsque Jupiter aura voilé d'ombres la voûte éthérée, seul Lyncée les pénétrera. On ne compte pas parmi les rameurs les fils d'Orithye; Zétès et son frère ont soin des cordages adaptés aux vergues tremblantes. Orphée de Thrace n'est pas non plus employé à la rame; il se borne à apprendre aux rameurs à manœuvrer en cadence, et à empêcher que les rames ne s'entre-choquent à la surface de l'eau. Jason dispense aussi des travaux de la jeunesse Iphiclus de Phylacé, trop vieux pour y prendre part, mais qui donnera des avis salutaires et qui enflammera le courage des héros, en célébrant les exploits de leurs ancêtres. A toi, Argus, le soin général du vaisseau, présent de Pallas : c'est à ta science que Thespies l'a confié. A toi de veiller à ce que l'eau ne s'y introduise pas, et à boucher les fentes avec de la poix ou de la cire. Le fils d'Hagnias, Tiphys, a l'œil constamment tendu vers l'astre arcadien; le premier, il eut le bonheur de tirer parti des étoiles fixes, et de régler la navigation sur l'aspect du ciel.

Mais voici que, par un des chemins les plus courts de la montagne, Jason, qui applaudit à sa ruse, voit, suivant son désir, accourir Acaste tout hérissé de ses armes, et remarquable par l'éclat de son bouclier. A peine est-il dans le vaisseau, mêlé à la foule qui le remplit, que Jason coupe le câble avec son épée. Tel, serrant contre son sein de jeunes tigres ravis par ruse à leur mère qui les avait un moment délaissés pour chercher sa pâture sur le

Sed non, Iphi, tuis Argo reditura lacertis;
Heu celerem scythica te mœsta relinquet arena,
Cessantemque tuo lugebit in ordine remum.
Te quoque dant campi tanto pastore pheræi
Felices, Admete; tuis nam pendit in arvis   445
Delius, ingrato Steropen quod fuderat arcu.
Ah quoties famulo notis soror obvia silvis
Flevit, ubi Ossææ captaret frigora quercus,
Perderet et pingui miseros Bœbeide crines!
Insurgit transtris, et remo Nerea versat   450
Canthus, in Æa volvet quem barbara cuspis
Pulvere; at interea clari decus adjacet orbis,
Quem genitor gestarat Abas; secat aurea fluctu
Tegmina chalcidicas fugiens Euripus arenas;
Celsaque semiferum contorquens frena luporum   455
Surgis ab ostrifero medius, Neptune, Geræsto.
Et tibi palladia pinu, Polypheme, revecto
Ante urbem ardentis restat properantia patris
Relliquias, multum famulis pia justa moratis,
Si venias. Breviore petit jam cærula remo,   460
Occupat et longe sua transtra novissimus Idas.
At frater magnos Lynceus servatur in usus,
Quem tulit Arene, possit qui rumpere terras,
Et styga transmisso tacitam deprendere visu.
Fluctibus e mediis terras dabit ille magistro,   465
Et dabit astra rati; quumque æthera Juppiter umbra
Perdiderit, solus transibit nubila Lynceus.
Quin et cecropiæ proles vacat Orithyiæ,
Temperet ut tremulos Zetes fraterque ceruchos.
Nec vero odrysius transtris impenditur Orpheus,   470
Aut pontum remo subigit, sed carmine tonsas
Ire docet, summo passim ne gurgite pugnent.
Donat et Iphiclo pelagus juvenumque labores
Œsonides, fessum Phylace quem miserat ævo,
Non jam operum in partem, monitus sed tradat ut acres,   475
Magnorumque viros qui laudibus urat avorum.
Arge, tuæ tibi cura ratis; te mœnia doctum
Thespia palladio dant munere; sors tibi, ne qua
Parte trahat tacitum puppis mare, fissaque fluctu,
Vel pice, vel molli conducere vulnera cera.   480
Pervigil arcadio Tiphys pendebat ab astro
Hagniades, felix stellis qui segnibus usum,
Et dedit æquoreos cælo duce tendere cursus.
  Ecce per obliqui rapidum compendia montis
Ductor avens lætusque dolis agnoscit Acastum,   485
Horrentem jaculis, et parmæ luce coruscum.
Ille ut se mediæ per scuta virosque carinæ
Intulit, ardenti Æsonides retinacula ferro
Abscidit; haud aliter saltus vastataque pernix
Venator quum lustra fugit, dominoque timentem   490
Urget equum, teneras compressus pectore tigres,
Quas astu rapuit pavido; dum sæva relictis

mont Amanus, le chasseur fuit rapidement les bois qu'il a ravagés, et presse son cheval qui tremble pour son maître; tel fuit le vaisseau. Les mères, bordant le rivage, suivent des yeux les blanches voiles et les boucliers étincelants aux rayons du soleil, jusqu'à ce que la vague ait dépassé le mât, et que l'immensité de l'espace leur ait dérobé la vue du vaisseau.

Jupiter voit cette magnifique entreprise et ces immenses préparatifs; il s'en réjouit du haut de l'Olympe; car il n'aime pas que l'homme soit inactif, comme au temps de Saturne. Tous les dieux partagent son allégresse, et surtout les Parques, qui entrevoient dans l'avenir du monde l'agrandissement de leur terrestre domaine. Mais, tremblant pour le roi de Scythie, le Soleil, son père, exhale ainsi ses inquiétudes : « Souverain « auteur de toutes choses, toi pour qui ma lu- « mière, à chaque révolution d'année, parcourt « et achève tant de fois sa carrière, est-ce là ta « volonté? Est-ce à ta voix et sous tes auspices « que ce vaisseau grec fend les ondes? Puis-je « laisser éclater ma juste douleur? Pour mettre « mon fils à l'abri de l'envie que je redoutais, ce « n'est ni dans les contrées centrales de la terre, « ni sur des plages trop fertiles, que j'ai placé sa « demeure : qu'ils soient à Teucer, ces heureux « pays; à Libys, à vos Pélopides : mon fils n'a « que des campagnes sillonnées par les horribles « frimas, par des fleuves de glace. Je l'aurais re- « légué plus loin encore; j'aurais porté plus avant « son empire déshonoré, si au delà n'était cette « zone glaciale et inhabitée qui repousse jusqu'à « l'impétuosité de mes rayons. Quel tort fait aux « Grecs une région barbare? quel tort le Phase « à tous les fleuves du monde? quel tort mon « fils à des peuples si éloignés? Que lui repro- « chent-ils, les Argonautes? A-t-il enlevé de force « la toison? Il refusa au contraire de secourir « Phrixus; il ne vengea point l'attentat d'Ino, « mais il retint le transfuge, en lui donnant avec « sa fille une partie de son empire. Maintenant « il a des petits-fils issus du sang des Grecs; il « nomme les Grecs ses gendres, et leur pays « l'allié de sa famille. Arrête, ô Jupiter! rappelle « ce vaisseau; n'ouvre pas, pour mon malheur, « la route des mers à ces aventuriers : les rives « ombragées du Pô, et les larmes des Héliades « à la vue de leur père, n'attestent que trop mes « chagrins d'autrefois. »

A ce discours, Mars secoue la tête, frémissant de ce qu'on tente de ravir cette toison placée sous sa sauvegarde. Pallas et Junon murmurent sourdement.

Alors Jupiter : « Ce qui arrive a été réglé « par nous depuis longtemps, et s'accomplit sui- « vant l'ordre prescrit; nous en décidâmes ainsi « dès l'origine des choses. Nous n'avions pas en- « core de fils chez les humains, quand nous tra- « çâmes leurs destinées; nous n'avons pu qu'être « juste, en préparant, pour l'avenir, l'élévation « des différents rois de la terre. Écoutez donc au- « jourd'hui ces lois dictées par notre sollicitude. « Il y a bien des années que tout le pays qui longe « les côtes immenses de l'Orient, depuis la mer « d'Hellé jusqu'au Tanaïs, abonde en chevaux « et est peuplé de guerriers. Nulle nation n'a osé « encore y porter la guerre, ni lutter de valeur

Mater in adverso catulis venatur Amano.
  Ut pariter propulsa ratis, stant litore matres,
Claraque vela oculis percussaque sole sequuntur   495
Scuta virum; donec jam celsior arbore pontus,
Immensusque ratem spectantibus abstulit aer.
  Siderea tunc arce pater pulcherrima Graium
Cœpta tuens, tantamque operis consurgere molem,
Lætatur; patrii neque enim probat otia regni.   500
Una omnes gaudent superi, venturaque mundo
Tempora, quæque vias cernunt sibi crescere Parcæ.
Sed non et scythici genitor discrimine nati
Intrepidus, tales fundit Sol pectore voces :
Summe sator, cui nostra dies, volventibus annis,   505
Tot peragit reficitque vices, tuane ista voluntas?
Graiaque nunc undis duce te, nutuque secundo,
It ratis? an meritos fas et mihi rumpere questus?
Hoc metuens, et ne qua foret manus invida nato,
Non mediæ telluris opes, non improba legi   510
Divitis arva plagæ; teneant uberrima Teucer,
Et Libys, et vestri Pelopis domus; horrida sævo
Quæ premis arva gelu, strictosque insedimus amnes.
Cederet his etiam, et sese sine honore referret
Ulterius; sed nube rigens ac nescia rerum   515
Stat super, et nostros jam zona reverberat ignes.
Quid regio immanis, quid barbarus amnibus ullis
Phasis, et aversis proles mea gentibus obstat?
Quid Minyæ meruere queri? num vellere graio
Vi potitur? profugo quin agmina jungere Phrixo   520
Abnuit, inoas ultor nec venit ad aras;
Imperii sed parte virum natæque moratus
Conjugio, videt e graia nunc stirpe nepotes,
Et generos vocat, et junctas sibi sanguine terras.
Flecte ratem motusque, pater; nec vulnere nostro   525
Æquora pande viris; veteris sat conscia luctus
Silva Padi, et viso flentes genitore sorores.
Affremit his, quassatque caput, qui vellera dono
Bellipotens sibi fixa videt tentataque; contra
Pallas, et amborum gemuit Saturnia questus.   530
  Tum genitor : Vetera hæc nobis et condita pergunt
Ordine cuncta suo, rerumque a principe cursu
Fixa manent : neque enim terris tum sanguis in ullis
Noster erat, quum fata darem; justique facultas
Hic mihi, quum varios struerem per sæcula reges.   535
Atque ego curarum repetam decreta mearum :
Jam pridem regio, quæ virginis æquor ad Helles
Et Tanain tenus immenso descendit ab Euro,

« et de renommée avec ses habitants : tel fut « l'arrêt des destins ; tel a été notre amour pour « ce pays. Mais le jour fatal approche à grands « pas : nous abandonnons l'Asie chancelante ; déjà « les Grecs nous demandent leur tour de régner. « Nos oracles, nos chênes prophétiques, les mânes « de leurs pères, tout a précipité ces hommes « sur les flots. A travers les mers et les tempêtes, « ô Bellone, s'ouvrent pour toi de nouveaux « chemins. Il ne s'agit pas seulement d'une toi- « son, ni des colères qu'elle va soulever ; le rapt « d'une jeune fille causera bien d'autres douleurs ; « mais rien n'est plus arrêté dans notre pensée. « Un berger phrygien viendra du mont Ida « rendre à la Grèce les mêmes présents, les mê- « mes colères et les mêmes douleurs. Que de « flottes, que d'armées en mouvement pour deux « amants ! Que d'hivers Mycènes passera dans « les larmes sous les murs de Troie ! Que de chefs « illustres, de héros, de fils des dieux on verra « mourir ! L'Asie elle-même cédera à sa destinée. « Puis les Grecs auront leur fin ; et bientôt « notre sollicitude se tournera vers d'autres peu- « ples. Ouvrez-vous, lacs, forêts et montagnes ; « barrières des flots, rompez-vous : que la crainte « et l'espoir partagent le monde. En changeant la « face des lieux et des empires, nous verrons « quel peuple régnera le plus longtemps sur le « monde, quel peuple méritera que nous lui en « abandonnions les rênes. »

Tournant alors les yeux vers la mer Égée, il aperçoit Hercule et les fils de Léda, et dit :

« Héros, gagnez le ciel : c'est en combattant le « farouche Japet, dans les champs phlégréens, « que j'ai conquis l'empire de l'univers. Il est « pénible et rude le chemin que je vous ai tracé ; « mais mon fils Bacchus qui dompta la terre, « Apollon qui l'habita longtemps, l'ont tous deux « remonté. »

Il dit, et lance à travers l'espace un éclair flamboyant, qui sillonne l'éther dans toute son étendue. Arrivée près du vaisseau, la flamme se sépare en deux jets, et va se fixer paisible- ment aux fronts des Tyndarides, prenant tout à coup cette teinte pourprée et douce que béniront un jour les malheureux matelots.

Cependant Borée a déjà vu, du haut du mont Pangée, le navire voguer à pleines voiles ; furieux, il s'élance vers l'Éolie, île caverneuse de la mer de Tyrrhène. Les forêts gémissent sous son vol impétueux ; les moissons sont renversées ; les flots se gonflent. Dans la mer de Sicile, à l'endroit où le Pélore fuit à l'horizon, est un affreux rocher dont la crête tantôt s'allonge vers la nue, tan- tôt est refoulée jusqu'au fond de l'abîme. Près de lui, et aussi hérissé de récifs et d'antres creux, est une autre terre, séjour d'Acamas et de Py- racmon aux membres nus. C'est dans ces îles que les Vents, les Ouragans, les Tempêtes fécondes en naufrages, ont choisi leur demeure ; c'est de là qu'ils s'élancent sur la terre et les mers ; c'est de là qu'ils bouleversaient jadis tous les éléments, alors qu'ils n'étaient point encore soumis à l'em- pire d'Éole, que l'arrivée soudaine des vagues de

```
Undat equis, floretque viris; nec tollere contra
Ulla pares animos nomenque capessere bellis        540
Ausa manus; sic fata, locos sic ipse fovebam.
Accelerat sed summa dies, Asiamque labantem
Linquimus, et poscunt jam me sua tempora Graii;
Inde meæ quercus, tripodesque, animæque parentum
Hanc pelago misere manum : via facta per undas,    545
Perque hiemes, Bellona, tibi; nec vellera tantum
Indignanda manent; propior de virgine rapta
Ille dolor; sed nulla magis sententia menti
Fixa meæ; veniet phrygia nam pastor ab Ida,
Qui gemitus irasque pares et mutua Graiis           550
Dona feret. Qua classe dehinc effusa procorum
Bella! quot ad Trojam flentes hiberna Mycenas!
Quot proceres natosque deum, quæ robora cernes
Oppetere, et magnis Asiam concedere fatis!
Hinc Danaum de fine sedet, gentesque fovebo        555
Mox alias : pateant montes, silvæque, lacusque,
Cunctaque claustra maris; spes et metus omnibus esto
Arbiter. Ipse locos terrenaque summa movendo
Experiar, quænam populis longissima cunctis
Regna velim, linquamque datas ubi certus habenas.  560
    Tunc oculos Ægæa refert ad cærula, robur
Herculeum Ledæque tuens genus, atque ita fatur :
Tenditein astra, viri; me primum regia mundo
Japeti post bella trucis phlegræque labores

Imposuit; durum vobis iter et grave cæli           565
Institui; sic ecce meus, sic orbe peracto
Liber, et expertus terras remeavit Apollo.
    Dixit, et ingenti flammantem nubila sulco
Direxit per inane facem, quæ puppe propinqua
In bifidum discessit iter, fratresque petivit      570
Tyndarios; placida et mediis in frontibus hæsit
Protinus amborum, lumenque innoxia fudit
Purpureum, miseris olim implorabile nautis.
    Interea medio sævus permissa profundo
Carbasa pangæa Boreas speculatus ab arce,          575
Continuo Æoliam Tyrrhenaque tendit ad antra
Concitus : omne dei rapidis nemus ingemit alis,
Strata Ceres, motuque niger sub præpete pontus.
Æquore trinacrio refugique a parte Pelori
Stat rupes horrenda fretis; quot in æthera surgit  580
Molibus, infernas toties demissa sub undas.
Nec scopulos aut antra minor juxta altera tellus
Cernitur; illam Acamas habitat nudusque Pyracmon.
Has nimbi ventique domos et naufraga servat
Tempestas; hinc in terras latumque profundum       585
Est iter; hinc olim soliti miscere polumque,
Infelixque fretum; neque enim tunc Æolus illis
Rector erat, Libya quum rumperet adveną Calpen
Oceanus; quum flens siculos Œnotria fines
Perderet; et mediis intrarent montibus undæ;       590
```

l'Océan séparait Calpé de la Libye, que l'Italie alarmée perdait la Sicile, et que la mer pénétrait à travers les montagnes. Mais depuis, le maître des dieux tonna sur les Vents épouvantés, et força leur ligue séditieuse d'obéir à un roi. Une double enceinte d'airain et de rocs amoncelés domptent leur fougue. Quand cette fougue va jusqu'à la fureur, et qu'Éole ne peut plus les contenir, de lui-même il leur ouvre les portes, leur livre passage, et apaise ainsi leurs farouches murmures. La nouvelle que lui apporte Borée le fait sauter à bas de son trône : « Éole, dit celui-ci, quel attentat ai-je « vu du haut du mont Pangée ! De jeunes Grecs « ont fabriqué à coups de hache une machine « d'une nouvelle espèce, que meuvent d'immenses « voiles, et avec laquelle ils se flattent insolemment « de commander aux flots. Et cependant je n'ai « pu comme autrefois soulever les mers jusque « dans leurs abîmes, captif et enchaîné que je « suis! De là l'audace de ces hommes et leur con-« fiance dans leur navire, car ils savent que Bo-« rée a un maître. Laisse-moi submerger ces Grecs « et leur téméraire vaisseau. Peu m'importent « mes fils ; réprime seulement l'orgueil des hom-« mes, tandis qu'ils sont encore près du rivage « thessalien, et que d'autres pays n'ont point « aperçu leurs voiles. »

Les Vents frémissent à ce discours, et demandent la tempête. Le fils d'Hippotas lance contre la porte un violent tourbillon; soudain s'échappent tout joyeux les coursiers de la Thrace, le Zéphyre, le Notus aux sombres ailes, avec sa lignée de nuages et sa chevelure chargée de pluie ; l'Eurus, au front souillé de sables jaunissants. Ils portent les tempêtes, et, tous ensemble roulent avec fracas les flots contre le rivage. L'empire du trident n'est pas seul agité; le ciel est en feu; le tonnerre gronde; la nuit enveloppe l'espace de ténèbres épaisses. La rame échappe aux mains ; le vaisseau tourne, et prête le flanc au choc des vagues mugissantes; un tourbillon emporte la voile qui flotte au-dessus du mât ébranlé. Quelle fut alors la terreur des Argonautes, quand le ciel étincelait d'éclairs dont les feux éblouissants tombaient autour du vaisseau ; quand l'antenne, tristement penchée, se relevait dégouttant l'eau ramassée dans sa chute ? Novices encore, ils méconnaissent l'orage, et croient que telle est la mer. « Voilà pourquoi, se disent-ils « dans leur morne frayeur, nos pères ont craint « d'attenter aux flots par leurs téméraires avi-« rons. A peine quittons-nous le rivage, voyez « comme la mer Égée frémit et se soulève ! Est-« ce ici que les Cyanées s'entre-choquent? ou « bien est-il encore une mer plus effroyable? O « terre, n'espère plus en la mer, et qu'un nou-« veau divorce t'en sépare à jamais ! »

Puis ils répétaient le même discours, et pleuraient à l'idée d'un trépas sans honneur. Le vaillant Hercule regarde ses flèches, sa massue, armes impuissantes; d'autres échangent de lugubres adieux, joignent leurs mains, et promènent des yeux fatigués sur ce lamentable tableau. Soudain la carène se fend, et reçoit dans ses flancs une immense masse d'eau. Le vaisseau tourmenté, tantôt pivote sous le souffle de l'Eurus, tantôt est

Intonuit donec pavidis ex æthere ventis
Omnipotens, regemque dedit, quem jussa vereri
Sæva cohors : in monte chalybs iterataque muris
Saxa domant Euros; quum jam prohibere frementum
Ora nequit, rex tunc aditus et claustra refringit   595
Ipse volens, placataque data fera murmura porta.
Nuntius hunc solio Boreas proturbat ab alto :
Pangæa quod ab arce nefas, ait, Æole, vidi !
Graia novam ferro molem commenta juventus
Pergit, et ingenti gaudens domat æquora velo;   600
Nec mihi libertas imis freta tollere arenis
Qualis eram, nondum vinclis et carcere clausus !
Hinc animi structæque viris fiducia puppis,
Quod Boream sub rege vident : da mergere Graios,
Insanamque ratem ; nil me mea pignora tangunt;   605
Tantum hominum compesce minas, dum litora juxta
Thessala, necdum aliæ viderunt carbasa terræ.
Dixerat ; at cuncti fremere intus, et æquora venti
Poscere : tum valido contortam turbine portam
Impulit Hippotades : fundunt se carcere læti   610
Thraces equi, Zephyrusque, et nocti concolor alas
Nimborum cum prole Notus, crinemque procellis
Hispidus, et multa flavus caput Eurus arena ;
Induxere hiemem; raucoque ad litora tractu
Unanimi freta curva ferunt, nec sola tridentis   615

Regna movent ; vasto pariter ruit igneus æther
Cum tonitru, piceoque premit nox omnia cælo.
Excussi manibus remi, conversaque frontem
Puppis in obliquum resonos latere accipit ictus ;
Vela super tremulum subitus volitantia malum   620
Turbo rapit. Qui tum Minyis trepidantibus horror !
Quum picei fulsere poli, pavidamque coruscæ
Ante ratem cecidere faces, antennaque lævo
Prona dehiscentem cornu quum sustulit undam !
Non hiemem missosque putant consurgere ventos   625
Ignari, sed tale fretum. Tum murmure mœsto :
Hoc erat, illicitas temerare rudentibus undas,
Quod nostri timuere patres : vix litore puppim
Solvimus, en quanto fremitu se sustulit Ægan !
Hoccine Cyaneæ concurrunt æquore cautes ?   630
Tristius an miseris superest mare ? linquite, terræ,
Spem pelagi, sacrosque iterum seponite fluctus.
Hæc iterant, segni flentes occumbere leto.
Magnanimus spectat pharetras et inutile robur
Amphitryoniades ; miscent suprema paventes   635
Verba alii ; junguntque manus ; atque ora fatigant
Aspectu tota in misero, quum protenus alnus
Solvitur, et vasto puppis mare sorbet hiatu.
Illam huc atque illuc nunc torquens verberat Eurus,
Nunc stridens Zephyris aufert Notus : undique fervent   640

enlevé par le Notus à l'haleine stridente. La mer bouillonnait tout alentour, quand Neptune, le trident en main, lève la tête au dessus des flots, et dit : « Les larmes de Pallas et celles de ma « sœur ont dompté ma résistance, et sauvent au- « jourd'hui ce vaisseau ; viennent plus tard, en- « couragés par cet exemple, ceux de Tyr et de « l'Égypte ; et alors que de voiles déchirées par « les vents ! que d'importunes clameurs sur toute « l'étendue de mon empire ! Ni mon fils Orion, « ni le Taureau et ses cruelles Pléiades, ne seront « la cause des nouvelles catastrophes qui mena- « cent les malheureux humains : toi seule, Argo, « les leur prépares ; et toi, Tiphys, car tu l'auras « mérité, nulle mère ne te souhaitera le tranquille « Élysée et le séjour des mânes pieux. »

Il dit, rend le calme à la mer et à ses rivages, et chasse les Vents ; avec eux se dissipent la sombre fureur des flots, les nuées pesamment chargées d'eau, et la pluie qui se traîne à la suite. Sitôt qu'ils sont rentrés dans leurs cavernes d'Éolie, l'azur des cieux reparaît, Iris déploie sa ceinture, les nuages se réfugient au sommet des montagnes ; et le vaisseau, soulevé du fond de l'abîme par Thétis et Nérée, reprend son aplomb sur les flots apaisés.

Jason, se couvrant les épaules du manteau sacré, prend une coupe d'or. C'était un gage d'hospitalité, qu'en échange d'un carquois Éson avait reçu jadis de Salmonée, avant que celui-ci, follement impie, et rival du dieu qui lance le tonnerre sur l'Athos et sur le Rhodope, n'eût fabriqué cette machine à quatres dards, vaine image de la foudre de Jupiter, avec laquelle il incendiait les hautes forêts de Pise et les malheureuses campagnes de l'Élide. Jason fait avec cette coupe des libations à la mer, et s'écrie : « Dieux de la mer et des tempêtes, vous dont « l'empire est égal à celui du ciel ; et toi, Neptune, « que le sort fit roi de cet empire et de ses di- « vinités à double forme, soit que cette nuit « orageuse ait été l'effet du hasard, ou de ces « lois qui, pour équilibrer les forces du mon- « de, font soulever les mers quand les cieux s'a- « baissent ; soit que l'aspect inattendu de ce na- « vire et de nos guerriers ait excité subitement ta « colère, je suis assez puni. Reviens à de meil- « leures pensées ; permets que je ramène un jour « mes compagnons dans leur patrie, et que j'em- « brasse moi-même le seuil de la maison pater- « nelle. Alors, dans nos cités plus qu'en aucun lieu « du monde, on verra tes saints autels arrosés « du sang des plus grasses victimes ; et ton image « redoutable debout sur son char, précédé d'un « énorme triton soutenant le frein de tes coursiers. »

Il dit, et toutes les voix, toutes les mains s'élèvent en signe d'approbation. Ainsi, quand la colère du ciel et les feux de Sirius, dévastateur des campagnes de la Calabre, font peser sur les moissons et sur les troupeaux leur funeste influence, la foule éperdue des laboureurs se rassemble dans la forêt antique, et répète les prières qu'adresse aux dieux le pontife vénéré. Soudain les Zéphyrs descendent mollement ; la nef vogue à pleines voiles et fend les eaux, dont elle fait jaillir l'écume sous le triple airain

Æquora, quum subitus trifida Neptunus in hasta
Cæruleum fundo caput extulit. Hanc mihi Pallas,
Et Soror hanc, inquit, mulcens mea pectora fletu,
Abstulerint ; veniant phariæ tyriæque carinæ,
Permissumque putent : quoties mox rapta videbo 645
Vela Notis, plenasque malis clamoribus undas !
Non meus Orion, aut sævus Pliade Taurus
Mortis causa novæ ; miseris tu gentibus, Argo,
Fata paras ; nec jam merito tibi, Tiphy, quietum
Ulla parens volet Elysium manesque piorum. 650

Hæc ait, et pontum pater ac turbata reponit
Litora, depellitque Notos, quos cærulus horror,
Et madido gravis unda sinu, longeque sequutus
Imber ad æoliæ tendunt simul æquora portæ.
Emicuit reserata dies, cælumque resolvit 655
Arcus, et in summos redierunt nubila montes.
Jam placidis ratis exstat aquis, quam gurgite ab imo,
Et Thetis, et magnis Nereus socer erigit ulnis.

Ergo humeros ductor sacro velatur amictu,
Æsoniamque capit pateram, quam munere gaudens 660
Liquerat hospitio, pharetrasque rependerat auro
Salmoneus, nondum ille furens, quum fingeret alti
Quadrifida trabe tela Jovis, contraque ruentem
Aut Atho, aut Rhodopen, mœstæ nemora ardua Pisæ,
Æmulus et miseros ipse ureret Elidis agros 665

Hac pelago libat latices, et talibus infit :
Di, quibus undarum tempestatisque sonoræ
Imperium, et magno penitus par regia cælo,
Tuque, fretum divosque, pater, sortite biformes,
Seu casus nox ista fuit, seu volvitur axis, 670
Ut superum sic staret opus ; tollique vicissim
Pontus habet ; seu te subitæ nova puppis imago
Armorumque hominumque truces consurgere in iras
Impulit, hæc luerim satis, et tua numina, rector,
Jam fuerint meliora mihi ; da reddere terris 675
Has animas, patriæque amplecti limina portæ.
Tum quocumque loco meritas tibi plurimus aras
Pascet honos, ubicumque rotis horrendus equisve
Stas, pater, atque ingens utrimque fluentia Triton
Frena tenet, tantus nostras condere per urbes. 680

Dixerat hæc ; oritur clamor, dextræque sequentum
Verba ducis. Sic, quum stabulis et messibus ingens
Ira deum et calabri populator Sirius arvi
Incubuit, coit agrestum manus inscia priscum
In nemus, et miseris dictat pia vota sacerdos. 685
Ecce autem molli Zephyros descendere lapsu
Aspiciunt ; volat immissis cava pinus habenis,
Infidinque salum, et spumas vomit ære tridenti :
Tiphys agit, tacitique sedent ad jussa ministri ;
Qualiter ad summi solium Jovis omnia circum 690

de la proue. Tiphys est au gouvernail, près de lui, silencieux, l'équipage s'apprête à obéir. Tels, autour du trône de Jupiter, sont rangés, le front bas et l'oreille attentive, les Vents, la Pluie, la Neige, les Orages mêlés de tonnerre et d'éclairs, et les Fleuves encore simples fontaines.

Mais une frayeur soudaine et plus poignante que toutes les autres, un souvenir de funeste augure, troublent l'âme de Jason. Il a, par un cruel stratagème, enlevé le fils au roi, Acaste à Pélias, tandis qu'il a laissé son père Éson avec toute sa famille, livrés sans défenses, sans armes, sans appui, à la vengeance et à la mort, et que lui-même est loin et en sûreté. Sans doute que le tyran va donner cours à sa fureur; Jason l'appréhende; et ce n'est pas en vain; l'avenir le fait trembler.

Bientôt, frémissant de rage, Pélias aperçoit, du haut d'une éminence, la voile insolente. Mais comment donner cours à son ardente colère? Courage, puissance, tout est inutile : la fureur des soldats expire sur le rivage contre cette barrière des flots, où se réfléchissent seulement leurs armes et leurs torches enflammées. Ainsi, quand l'agile Dédale, suivi de son compagnon aux ailes moins étendues, s'élançant du sommet de la Crète, fuyait, nuage d'une forme nouvelle, sa patrie fertile en métaux, les soldats de Minos frémissaient en vain, en vain ses cavaliers perdaient leurs regards dans l'espace; tous revinrent à Gortyne, leurs carquois intacts. Pélias, renversé sur le seuil de l'appartement d'Acaste et penché sur son lit, baise les pas, les moindres vestiges de son fils, et les balaye de ses cheveux blancs. « Et toi aussi

« mon fils, » dit-il, te figures-tu ton père désolé; « entends-tu ses sanglots, et reconnais-tu la ruse « qui t'a précipité dans ces périls où la mort t'en-« vironne de toutes parts? Malheureux, comment, « vers quels rivages, aller à ta poursuite? Ce « barbare ne dirige point sa course en Scythie, « ni à l'embouchure du Pont; mais, impitoyable « aux chagrins de ma vieillesse, il te persécute, « toi, mon enfant, qu'a séduit l'amour d'une « gloire mensongère. Si la mer était accessible à « de pareils vaisseaux, ne pouvais-je te donner « une flotte et des guerriers? O ma maison, ô « mes pénates si mal gardés par ma postérité ! »

Il dit; et, terrible dans sa fureur et dans ses menaces. « C'est ici, ravisseur, s'écrie-t-il, « c'est ici que sont tes blessures; ici qu'il te reste « un père et des larmes. » Puis il va et vient dans son palais, rugissant, et méditant les plus horribles forfaits. Tel, quand Bacchus, exhalant contre les Bistoniens son terrible et légitime courroux, épouvantait l'Hémus et les cimes du Rhodope de ses mille fureurs, Lycurgue faisait fuir devant soi, sous ses longs portiques, sa femme et ses enfants.

Cependant Alcimédé offrait un sacrifice au roi des enfers et aux mânes du Styx, pour évoquer les ombres, et en obtenir, au milieu de ses inquiétudes sur son illustre fils, des révélations plus heureuses. Elle y conduisit Éson, qu'assiégeaient les mêmes soucis, les mêmes craintes, et qui fut facilement entraîné. Tandis que le sang coule à flots dans les fosses, et va se mêler aux ondes du ténébreux Phlégéthon, une vieille magicienne de Thessalie, poussant des cris tu-

Prona, parata deo; ventique, imbresque, nivesque,
Fulguraque, et tonitrus, et adhuc in fontibus amnes.
At subitus curaque ducem metus acrior omni
Mensque mali præsaga quatit, quod regis adortus
Progeniem, raptoque dolis crudelis Acasto,   695
Cætera nuda neci mediaque in crimine patrem
Liquerit, ac nullis inopem vallaverit armis,
Ipse procul nunc tuta tenens; ruat omnis in illos
Quippe furor; nec vana pavet; trepidatque futuris.
  Sævit atrox Pelias, inimicaque vertice ab alto   700
Vela videt, nec qua se ardens effundere possit;
Nil animi, nil regna juvant; fremit objice ponti
Clausa cohors, telisque salum facibusque coruscat.
Haud secus, ærisona volucer quum Dædalus ora
Prosiluit, juxtaque comes brevioribus alis,   705
Nube nova linquente domos, Minoia frustra
Infremuit manus, et visu lassatur inani;
Omnis eques, plenisque redit Gortyna pharetris.
Quin etiam in thalamis primoque in limine Acasti
Fusus humi, juvenis gressus et inania signa   710
Ore premit; sparsisque legens vestigia canis.
Te quoque jam mœsti forsan genitoris imago,
Nate, ait, et luctus subeunt suspiria nostri;
Jamque dolos circumque trucis discrimina leti

Mille vides; qua te, infelix, quibus insequar oris?   715
Non scythicas ferus ille domos, nec ad ostia Ponti
Tendit iter, falsæ sed captum laudis amore
Te, puer, in nostræ durus tormenta senectæ
Nunc lacerat : celsis an si freta puppibus essent
Pervia, non ultro juvenes classemque dedisses?   720
O domus, o freti nequidquam prole penates !
  Dixit, et extemplo furiis iraque minaci
Terribilis : Sunt hic etiam tua vulnera, prædo,
Sunt lacrimæ carusque parens. Simul ædibus altis
Itque reditque fremens, rerumque asperrima versat.   725
Bistonas ad meritos quum cornua sæva Thyoneus
Torsit, et infelix jam mille furoribus Hæmus,
Jam Rhodopes nemora alta gemunt; talem incita longis
Porticibus conjuxque fugit, natique Lycurgum.
  Tartareo tum sacra Jovi Stygiæque ferebat   730
Manibus Alcimede, tanto super anxia nato,
Si quid ab excitis melius prænosceret umbris.
Ipsum etiam, curisque parem, talesque prementem
Corde metus ducit, facilem tamen, Æsona conjux.
In scrobibus cruor, et largus Phlegethontis operti   735
Stagnat honos, sævoque vocal grandæva tumultu
Thessalis exanimes atavos, magnæque nepotem
Pleiones : et jam tenues ad carmina vultus

multueux, évoque les aïeux d'Éson et le petit-fils de Pléione. A sa voix, des spectres accourent; celui de Créthée, regardant son fils et sa bru plongés dans la tristesse, goûte le sang des victimes, et dit : « Cessez de craindre ; il vole sur les « flots; à mesure qu'il avance, Éa tremble de « plus en plus; mille prodiges, les oracles des « dieux la frappent de terreur, elle et les farouches « Colchidiens. Quelles destinées l'attendent! « quelle terreur il sème parmi les nations! Bien- « tôt, fier des dépouilles de la Scythie et de l'a- « mour de ses filles, il va revenir. Plut aux dieux « qu'alors ma tombe se rouvrît! Mais le roi « médite contre toi de sinistres desseins; il agite « ses armes fratricides; il aiguise sa colère. Dé- « livre donc ton âme; brise les liens qui l'enchaî- « nent à ce corps esclave; viens; tu es à moi : « voici la foule des ombres vénérées; voici Éolus « voltigeant autour de leurs grottes mystérieuses, « qui t'appellent dans les sacrés bocages. »
Alors dans le palais, parmi les serviteurs d'Éson, s'élève un cri lugubre, immense. Les voûtes retentissent de la nouvelle que le roi vient de rassembler des troupes, et qu'il leur a donné ses ordres. La prêtresse quitte précipitamment les autels, le bois qui en alimentait la flamme, et dépouille ses vêtements. Effrayé de ce désordre subit, Éson regarde autour de soi. Que fera-t-il? Tel un lion, serré de près par la troupe des chasseurs, hésite, contracte ses mâchoires et fronce ses sourcils. Éson est dévoré d'inquiétudes. Ceindra-t-il une impuissante épée, et, à l'âge où il est, l'armure de sa jeunesse? Excitera-t-il le zèle des grands et d'un peuple inconstant? Alcimédé étendant les bras et pressant son époux sur son sein : « Moi aussi, dit-elle, vous me ferez par- « tager votre destinée, quel que soit le danger qui « approche; je ne vous survivrai pas; sans vous, « je ne reverrai pas Jason. Assez longtemps j'ai « supporté la vie, puisque j'ai pu le voir partir, et « ne pas succomber de douleur. »

Des pleurs accompagnent ces paroles. Éson réfléchit alors comment il préviendra les menaces de Pélias, comment il cherchera une mort digne de lui. Son fils, sa maison, le sang d'Éolus, lui font un devoir de périr glorieusement, et non sans combat. Un second fils d'un âge encore tendre occupe aussi sa pensée ; il veut que ce fils apprenne à connaître les grands courages et les grandes actions, et se souvienne un jour du trépas de son père. Il ordonne alors de reprendre le sacrifice. Sous le feuillage d'un cyprès antique était encore un taureau, au poil couleur de rouille, aux cornes ornées de bandelettes d'azur, au front garni de branches d'if, triste, haletant, fatigué de la place qu'il occupe et effrayé du spectre qu'il a vu. La magicienne, suivant l'usage de cette race détestable, l'avait réservé comme la dernière victime, et la plus digne de Pluton. Elle apaise la triple déesse, et conjure pour la dernière fois les divinités du Styx, en prononçant au rebours la formule de ses enchantements; car le noir nocher des enfers n'eût point, sans cette condition, admis les ombres dans sa barque, et les eût laissées à l'entrée du Tartare. Éson voit le taureau destiné à clore le sacrifice; il le voue à la mort, et, la main posée sur ses cornes, il prononce ces dernières paroles : « Vous qui, docile

Extulerat, mœstosque tuens natumque, nurumque,
Talia libato pandebat sanguine Cretheus :　　　　　　740
Mitte metus : volat ille mari; quantumque propinquat,
Jam magis atque magis variis stupet Æa deorum
Prodigiis, quatiuntque truces oracula Colchos.
Heu quibus ingreditur fatis! qui gentibus horror
Pergit! mox Scythiæ spoliis nuribusque superbus　　　745
Adveniet; cuperem ipse graves tum rumpere terras.
Sed tibi triste nefas, fraternaque turbidus arma
Rex parat, et sævos irarum concipit ignes.
Quin rapis hanc animam, et famulos citus effugis artus?
I, meus es; jam te in lucos pia turba silentum,　　　750
Secretisque ciet volitans pater Æolus antris.
　　Horruit interea famulum clamore supremo
Mœsta domus, regemque fragor per mœnia differt
Mille ciere manus, et jam dare jussa vocatis.
Flagrantes aras, vestemque, nemusque sacerdos　　　755
Præcipitat, subitisque pavens circumspicit Æson,
Quid moveat. Quam multa leo cunctatus in arcta
Mole virum, rictuque genas et lumina pressit;
Sic curæ subiere ducem, ferrumne capessat
Imbelle, atque ævi senior gestamina primi;　　　　　760
An patres, regnique acuat mutabile vulgus.
Contra effusa manus, hærensque in pectore conjux :
Me quoque, ait, casus comitem, quicumque propinquat,
Accipies; nec fata traham ; natumque videbo
Te sine, sat cæli patiens, quum prima per altum　　　765
Vela dedit, potui quæ tantum ferre dolorem.
　　Talia per lacrimas; et jam circumspicit Æson,
Præveniat quo fine minas, quo fata capessat
Digna satis; magnos obitus natumque domumque,
Et genus Æolium, pugnataque poscere bella.　　　　　770
Est etiam ante oculos ævi rudis altera proles,
Ingentes animos et fortia discere facta
Quem velit, atque olim leti meminisse paterni.
Ergo sacra novat : veteris sub nocte cupressi
Sordidus, et multa pallens ferrugine taurus　　　　　775
Stabat adhuc, cui cæruleæ per cornua vittæ,
Et taxi frons hirta comis; ipse æger, anhelans,
Impatiensque loci, visaque exterritus umbra.
Hunc sibi præcipuum, gentis de more nefandæ,
Thessalis in seros Ditis servaverat usus.　　　　　　780
Tergeminam tum placat heram, stygiasque supremo
Obsecrat igne domos, jamjam exorabile retro
Carmen agens : neque enim ante leves niger avehit umbras
Portitor, et cunctæ primis stant faucibus Orci.
Illum ubi terrifici superesse in tempore sacri　　　　　785
Conspexit, statuit leto; supremaque fatur,

« aux ordres de Jupiter, avez couru glorieuse-
« ment la carrière de la vie, vous dont j'ai connu
« les noms aux camps, dans les conseils, et que
« la renommée a divinisés parmi vos illustres
« descendants; et toi, mon père, qui as quitté le
« séjour des ombres, pour être témoin de ma mort
« et souffrir ici des douleurs que tu avais ou-
« bliées, ouvrez-moi l'asile de l'éternel repos,
« et que cette victime qui me précède m'en apla-
« nisse le chemin. Vierge qui dénonces les crimes
« à Jupiter, et qui vois tous les humains d'un œil
« impartial; divinités vengeresses, Justice, Tisi-
« phone la plus terrible des Furies, entrez dans le
« palais du roi; portez-y vos torches dévorantes;
« que la peur égare ce tyran farouche; qu'il pense
« déjà voir non-seulement mon fils qui le pour-
« suit de son glaive, et son vaisseau triomphant,
« mais aussi les flottes, les étendards de la Scythie
« et les rois du Pont indignés qu'on ait violé
« leurs rivages; qu'il ne cesse de courir en trem-
« blant vers la mer, de crier aux armes; que la
« mort ne vienne pas trop tôt lui ouvrir un re-
« fuge contre ses terreurs, ni le soustraire à mes
« imprécations; mais qu'il soit témoin du retour
« des Argonautes; qu'il les reconnaisse à l'éclat
« de la toison : je serai là pour l'insulter, pour
« battre des mains, pour triompher à sa face. Et
« s'il est quelque trame mystérieuse, quelque at-
« tentat inouï, quelque mort inconnue, qu'il y
« succombe honteusement, le perfide vieillard;
« qu'il en soit flétri jusque dans la tombe. Que
« ni la guerre, ni le fer d'un ennemi; que jamais
« surtout, je vous en conjure, l'épée de mon fils
« ne verse son indigne sang; qu'il soit massacré
« par les siens, déchiré par les mains les plus
« chères, et qu'on ne puisse pas même ensevelir
« ses débris. Qu'il expie ainsi, ce roi, et ma mort,
« et les maux, hélas! de tous ceux qu'il a pous-
« sés sur les flots! »

Soudain accourt la plus terrible des Furies, tenant deux coupes fumantes du sang du taureau.
Éson et son épouse les saisissent, et en boivent
avec avidité la liqueur.

Un bruit s'élève; bientôt, l'épée nue, se précipitent les satellites de Pélias, exécuteurs de ses
ordres barbares. Ils voient les vieillards se débattre entre la vie et la mort, celle-ci peser déjà
sur leurs paupières, et le sang rejeté inonder
leurs vêtements; alors c'est contre toi qu'ils
tournent leur rage, enfant qui entres à peine
dans la vie, qui ne comprends de tout ce spectacle
et ne vois, pâle d'effroi, que la mort des tiens;
c'est toi qu'ils envoient les rejoindre. Éson, près
d'expirer, en frémit d'horreur, et le ressentiment
le suit jusqu'au séjour des ombres.

Sous l'axe de la terre, et sans nul contact
avec le monde supérieur, est le Tartare, empire
de Pluton. Jamais il ne pourrait approcher du
ciel, celui-ci tombât-il, et quand même Jupiter,
dissolvant les éléments, voudrait en replonger
la masse dans leur confusion primitive; car alors
le vaste chaos qui l'environne engloutirait dans
ses abîmes et la matière et l'univers écroulé.
Là sont de toute éternité, deux portes : l'une,
qu'une inflexible loi tient toujours ouverte, reçoit
les peuples et les rois; l'autre, qu'il est défendu
d'approcher et de franchir, s'ouvre rarement
d'elle-même, pour quelque illustre chef à la

Ipse manu tangens damnati cornua tauri :
Vos, quibus imperium Jovis, et non segne peractum
Lucis iter, mihi conciliis, mihi cognita bellis
Nomina, magnorum fama sacrata nepotum; 790
Tuque, excite parens umbris, ut nostra videres
Funera, et oblitus superum patere dolores,
Da placidæ mihi sedis iter, meque hostia vestris
Conciliet promissa locis. Tu, nuntia sontum
Virgo Jovi, terras oculis quæ prospicis æquis, 795
Ultricesque Deæ, Fasque, et grandæva Furorum
Pœna parens, meritis regis succedite tectis,
Et sævas inferte faces; sacer effera raptet
Corda Pavor; nec sola mei gravia affore nati
Arma, ratemque putet; classesque, et pontica signa, 800
Atque indignatos temerato litore reges
Mente agitet, semperque metu decurrat ad undas
Arma ciens; mors sera viam tentataque claudat
Effugia, et nostras nequeat præcurrere diras;
Sed reduces jamjamque viros, auroque coruscum 805
Cernat iter; stabo insultans, et ovantia contra
Ora manusque feram : tum, vobis si quid inausum,
Arcanumque nefas, et adhuc incognita leti
Sors superest, date fallaci pudibunda senectæ
Exitia, in decoresque obitus : non marte, nec armis, 810
Aut nati precor ille mei dignatus ut unquam
Ense cadat; quin fida manus, quin cara suorum
Diripiat, laceretque senem, nec membra sepulcro
Contegat : hæc noster de rege piacula sanguis
Sumat, et, heu! cunctæ, quas misit in æquora, gentes.
Adstitit, et nigro fumantia pocula tabo 815
Contigit ipsa gravi Furiarum maxima dextra;
Illi avide exceptum pateris hausere cruorem.
Fit fragor; irrumpunt sonitu, qui sæva ferebant
Imperia, et strictos jussis regalibus enses. 820
In media jam morte senes, suffectaque leto
Lumina, et undanti removentes veste cruorem
Conspiciunt; primoque rudem sub limine rerum
Te, puer, et visa pallentem morte parentum
Diripiunt, adduntque tuis; procul horruit Æson 825
Excedens, memoremque tulit sub nubibus umbram.
Cardine sub nostro, rebusque abscisa supernis
Tartarei sedet aula patris; non illa ruenti
Accessura polo, victam si solvere molem
Jupiter, et primæ velit omnia reddere massæ. 830
Ingenti jacet ore chaos, quod pondere fessam
Materiem, lapsumque queat consumere mundum.
Hic geminæ æternum portæ : quarum altera, dura
Semper lege patens, populos regesque receptat;

32.

poitrine couverte de blessures, qui jadis orna ses palais de casques et de chars guerriers, qui fit son étude du soulagement des hommes, qui pratiqua la justice, et ne connut ni la crainte ni la cupidité; ou pour quelque ministre des dieux, portant la robe sans tache et les bandelettes sacrées. Tous ont pour guide le petit-fils d'Atlas, aux talons ailés, qui brandit devant eux une torche enflammée. La clarté illumine au loin la route ténébreuse, jusqu'à ce qu'enfin ils arrivent dans ces délicieuses retraites, dans ces bocages et ces campagnes où brille toujours le soleil, où le printemps dure toute l'année, où les danses, les chants et la poésie ne laissent plus à former un seul désir aux pieux habitants de ce séjour. C'est dans ces demeures éternelles que Créthée conduit son fils et sa bru. Il leur montre, à gauche, la vaste porte par où doit sortir le châtiment qui attend Pélias. Ici, le bruit immense, la foule qui se précipite, les honneurs que les juges des enfers décernent à la vertu, tout excite leur admiration.

LIVRE II.

Cependant Jason, ignorant ces forfaits et ces scènes de deuil, poursuivait sa route. Junon voulait que les malheurs de sa famille lui restassent inconnus, de peur qu'impatient d'en châtier Pélias, il ne revînt sur ses pas, ne renversât témérairement l'ordre des destinées, et n'abandonnât une entreprise agréable aux dieux.

Déjà la cime des forêts du mont Pélion, et le temple de Diane Tiséenne à gauche, s'abaissent au niveau de la mer; déjà Sciathos a presque disparu et Sépias fuit à l'horizon, : la Magnésie se découvre, ses pâturages, ses coursiers, le tombeau de Dolops, et l'embouchure de l'Amyros au cours sinueux. Là, repoussés par un vent de terre, les Argonautes plient leurs voiles et font force de rames. Ils saluent, en passant, Eurymène; puis, emportés par le vent du midi, regagnent la pleine mer. Ossa se perd une seconde fois dans les nues. Mais voici l'effroi des dieux, Pallène, séjour maudit depuis la guerre des Géants; voici ces monstrueux fils de la Terre qui jadis ont combattu le ciel, dont une mère affligée recouvrit les cadavres de poutres, de quartiers de rocs, et dont elle forma ces montagnes qui se dressent toujours vers leur ancien ennemi. Chaque rocher respire encore la menace, la terreur et les combats; ils sont tous incessamment déchirés par les orages et sillonnés par la foudre. Pourtant sous ces rochers ne gît pas le plus grand, le plus horrible des Géants, Typhée; la terre de Sicile pèse sur ses débris. Il fuyait, dit-on, vomissant la foudre qui l'avait frappé, quand Neptune l'entraîna par les cheveux et le précipita dans les flots. C'est en vain qu'il relève sa main ensanglantée, qu'il bat l'onde de ses pieds de reptile; le dieu le pousse vers le détroit sicilien, et entasse sur lui l'Etna avec des villes entières. Depuis lors, le monstre fait jaillir dans les airs les fondements enflammés de la montagne; et, comme lui, toute la Sicile est hale-

Ast aliam tentare nefas, et tendere contra :   835
Rara et sponte patet, si quando pectore ductor
Vulnera nota gerens, galeis præfixa rotisque
Cui domus, aut studium mortales pellere curas,
Culta fides, longe metus atque ignota cupido;
Seu venit in vittis, castaque in veste sacerdos.   840
Quos omnes lenis plantis, et lampada quassans
Progenies Atlantis agit : lucet via late
Igne dei; donec silvas et amœna piorum
Deveniant, camposque, ubi sol, totumque per annum
Durat aprica dies, thiasique, chorique virorum,   845
Carminaque, et quorum populis jam nulla cupido.
Has pater in sedes æternaque moenia natum,
Inducitque nurum : tum porta quanta sinistra
Pœna, docet, maneat Pelian; quo limine, monstrat.
Mirantur tantos strepitus, turbamque ruentem,   850
Et loca, et infernos almæ virtutis honores.

LIBER II.

Interea scelerum luctusque ignarus Iason
Alta secat; neque enim patrios cognoscere casus
Juno sinit, mediis ardens ne flectat ab undis,
Ac temere in Pelian et adhuc obstantia regis
Fata ruat, placitosque deis ne deserat actus.   5
Jamque fretis summas æquatum Pelion ornos

Templaque Tisææ mergunt obliqua Dianæ.
Jam Sciathos subsedit aquis, jam longa recessit
Sepias; attollit tondentes pabula Magnes
Campus equos; vidisse putant Dolopeia busta,   10
Intrantemque Amyron curvas quæsita per oras
Æquora, flumineo cujus redeuntia vento
Vela legunt; remis insurgitur : inde salutant
Eurymenas; recipit velumque fretumque reversus
Auster, et in nubem, Minyis repetentibus altum,   15
Ossa redit. Metus ecce deum, damnataque bello
Pallene; circumque vident immania monstra
Terrigenum cælo quondam adversata gigantum,
Quos scopulis, trabibusque, parens miserata, jugisque
Induit, et versos exstruxit in æthera montes.   20
Quisque suas in rupe minas, pugnamque, metusque
Servat adhuc; quatit ipse hiemes et torquet ab alto
Fulmina crebra pater : scopulis sed maximus illis
Horror abest, sicula pressus tellure, Typhoeus.
Hunc profugum et sacras revomentem pectore flammas,   25
Ut memorant, prensum ipse comis Neptunus in altum
Abstulit, implicuitque vadis : totiesque cruenta
Mole resurgentem, torquentemque anguibus undas
Sicanium dedit usque fretum, cumque urbibus Ætnam
Intulit, ora premens; trux ille ejectat adesi   30
Fundamenta jugi; pariter tunc omnis anhelat
Trinacria, injectam fesso dum pectore molem

tante, s'il vient à soulever le poids énorme qui oppresse sa poitrine, et s'il le laisse retomber après d'inutiles efforts.

Déjà le Soleil touche aux bornes de l'Ibérie; à mesure qu'il s'abaisse, les rênes de son char se détendent; l'antique Thétys lui ouvre ses bras, et le céleste Titan disparaît enfin dans les ondes frémissantes. C'est l'heure où les inquiétudes redoublent. L'aspect du jour qui s'évanouit, les montagnes, les côtes qu'environnent de sombres ténèbres et qui se dérobent à leurs yeux, le calme même, le silence de la nature, les astres étincelants dont la voûte des cieux est parsemée, tout épouvante les Argonautes. Tel le voyageur égaré pendant la nuit, dans un pays inconnu, essaye de tous les chemins, et ne laisse de repos ni à ses yeux ni à ses oreilles; il a peur de la nuit, il a peur de l'espace que remplissent les ténèbres, et de l'ombre d'un arbre qui s'allonge devant lui: tels sont les Argonautes. Mais Tiphys les rassure « Ce vaisseau, : dit-il, je ne le conduis pas sans l'assistance des dieux. Minerve ne m'en a pas seulement appris la route : plus d'une fois elle-même a daigné mettre la main à l'œuvre. Ne le sentîtes-vous pas alors que, chassé par la tempête, le jour fit place aux horreurs de la nuit? Quelles luttes, ô Jupiter, nous soutînmes contre les vents! Que de fois, grâce à Pallas, les plus fortes lames retombèrent en vain sur elles-mêmes! Courage donc, ô compagnons! l'éclat des cieux nous promet une sérénité inaltérable; Cynthie s'est levée pure, et la face dégagée de rougeâtres va-

« peurs; et, pour confirmer ces heureux présa-
« ges, le Soleil s'est plongé dans les flots, sans
« qu'un seul nuage ou le moindre zéphyr en trou-
« blassent la pureté. D'ailleurs, pendant la nuit,
« les vents agissent mieux sur la voile et la mer;
« dans ces heures silencieuses, la nef glisse plus
« rapide. Mes regards ne suivent pas non plus ces
« astres qui abandonnent le ciel pour se baigner
« dans l'Océan; tel est Orion, qui déjà précipite sa
« chute; tel Persée, qui déjà fait siffler l'onde ir-
« ritée contre lui. Mon guide est ce dragon qui,
« enlaçant de ses replis sept étoiles, plane tou-
« jours au-dessus de l'horizon, et ne se couche
« jamais dans les flots. » Il dit, et leur fait observer l'état rassurant du ciel, les Pléiades, les Hyades; sous quel astre vibre l'Épée, sous quel autre brille le Bouvier. Alors, mêlant avec réserve les dons de Bacchus à ceux de Cérès, ils réparent leurs forces et cèdent bientôt au sommeil. Le navire suit l'indication des astres.

Déjà pâlit l'étoile du matin; les campagnes blanchissent; les ours féroces ne rôdent plus autour des bergeries, et regagnent leurs tanières; quelques oiseaux voltigent au haut du rivage. Déjà hors d'haleine, les coursiers du Soleil ont franchi les sommets de l'Athos et versé la lumière sur toute la surface de la mer. Les rames se meuvent à l'envi; la proue tremble; le vaisseau marche. On découvre Lemnos. C'est là, Vulcain, que tu pleures tes infortunes; les crimes, les fureurs des femmes de Lemnos n'ont pu t'en expulser, ni te faire oublier la reconnaissance que tu dois à cette île.

Commovet experiens, gemituque reponit inani.
   Jamque Hyperionius metas maris urget Iberi
Currus, et evectæ prono laxantur habenæ   35
Æthere, quum palmas Tethys grandæva sinusque
Sustulit, et rupto sonuit sacer æquore Titan.
Auxerat hora metus; jam se vertentis Olympi
Ut faciem, raptosque simul montesque locosque
Ex oculis, circumque graves videre tenebras.   40
Ipsa quies rerum, mundique silentia terrent,
Astraque, et effusis stellatus crinibus æther.
Ac velut ignota captus regione viarum,
Noctivagum qui carpit iter, non aure quiescit,
Non oculis, noctisque metus niger auget utrimque   45
Campus, et occurrens umbris majoribus arbor;
Haud aliter trepidare viri; sed pectora firmans
Hagniades : Non hanc, inquit, sine numine pinum
Dirigimus, nec me tantum Tritonia cursus
Eruduit; sæpe ipsa manu dignata carinam est.   50
An non experti, subitus quum luce fugata
Horruit imbre dies? quantis, proh Jupiter, austris
Restitimus! quanta quoties et Palladis arte
In cassum decimæ cecidit tumor arduus undæ!
Quin agite, o socii : micat immutabile cœlum,   55
Puraque nec gravido surrexit Cynthia cornu,
Nullus in ore rubor; certusque ad talia Titan

Integer in fluctus, et in uno decidit Euro.
Adde, quod in noctem venti veloque marique
Incumbunt magis : it tacitis ratis ocior horis.   60
Atque adeo non illa sequi mihi sidera monstrant,
Quæ delapsa polo reficit mare; tantus Orion
Jam cadit; irato jam stridet in æquore Perseus:
Sed mihi dux, vetitis qui nunquam conditus undis
Axe nitet serpens, septenosque implicat ignes.   65
Sic ait, et certi memorat qui vultus Olympi,
Pleiones Hyadumque locos; quo sidere vibret
Ensis, et Actæus niteat qua luce Bootes.
Hæc ubi dicta dedit, Cereris tum munere fessas
Restituunt vires, et parco corpora Baccho;   70
Mox somno cessere : regunt sua sidera puppim.
   Jamque sub Eoæ dubios Atlantidis ignes
Albet ager, motusque truces ab ovilibus ursi
Tuta domosque petunt, raras et litus in altum
Mittit aves; quum primus equis exegit anhelis   75
Phœbus Athon, mediasque diem dispersit in undas.
Certatim remis agitur mare, rostraque cursu
Prima tremunt; et jam summis Vulcania surgit
Lemnos aquis, tibi per varios defleta labores,
Ignipotens; nec te furiis et crimine matrum   80
Terra fugat, meritique piget meminisse prioris.
   Tempore quo primum fremitus insurgere opertos

Quand Jupiter vit pour la première fois les frémissements étouffés des dieux, et leur orgueil, blessé d'un règne nouveau, troubler la paix du ciel, il commença par se saisir de Junon; et, la tenant suspendue du haut de l'Olympe, il lui montra de là l'horrible Chaos et les supplices du Tartare. Mais Vulcain veut délivrer sa mère épouvantée; quand, soudain précipité du ciel, il roule, pareil à un tourbillon, tout un jour et toute une nuit, à travers les airs, et tombe bruyamment sur la terre de Lemnos. L'écho de sa chute se fait entendre jusque dans la ville. On le trouve appuyé contre un rocher; on s'émeut; on le soutient dans sa marche, retardée par la rupture de son genou. Quand ensuite il obtint de son pere la permission de rentrer dans l'Olympe, Vulcain ne cessa d'aimer Lemnos; il ne la rendit pas moins célèbre qu'Etna et que Lipari, il y eut ses temples, ses sacrifices; il y accourt tout joyeux, après avoir forgé quelque égide ou les carreaux d'un foudre. Vénus, au contraire, n'a dans Lemnos qu'un autel toujours éteint, depuis le jour où, enveloppée avec Mars dans des liens invisibles, elle subit avec horreur la légitime colère de son époux. Cependant elle prépare sa vengeance; Lemnos a mérité un châtiment; il sera terrible. Déjà Vénus a perdu l'orgueil de sa beauté : sa chevelure n'est plus emprisonnée dans un réseau d'or, et flotte négligemment sur son sein éblouissant; son regard est fixe et farouche, ses joues semées de taches livides. Semblable aux Furies, elle porte une robe noire, et une torche résineuse et petillante.

Arrive enfin le jour qui vit la déroute des Thraces. Le chef des Lemniens, qui avait osé façonner en barques le flexible roseau et garnir de peaux leur mince charpente, revenait avec ses enseignes victorieuses, et ses esquifs remplis de captives, de troupeaux, de vêtements des barbares, et de colliers, parure favorite de ces peuples. Sur toute la mer on n'entendait que ces cris : « O ma patrie, « ô mon épouse trop longtemps agitée de cruels « soucis, ces esclaves, ces trophées de la guerre, « c'est à vous que nous les apportons! » Soudain, assise sur un nuage épais, Vénus se précipite à travers les airs, et va chercher dans son ténébreux empire la vagabonde Renommée. Jupiter écarta des paisibles régions du ciel cette messagère du bien et du mal, cet épouvantail des humains. Elle a sa demeure dans la région située au-dessous des nuages; et, n'appartenant ni à l'enfer ni au ciel, elle fatigue la terre de sa voix importune. On méprise d'abord ses bruits audacieux, puis on les répète; bientôt on s'en émeut, et toutes les cités en sont ébranlées.

Tel est l'instrument que Vénus cherche et veut pour l'exécution de ses criminelles vengeances. La Renommée la voit la première : impatiente, elle accourt avant même d'être appelée; elle apprête ses cent bouches, elle dresse ses oreilles. Vénus l'enflamme encore et la stimule par ces paroles : « Va, cours, jeune fille; des« cends dans l'île de Lemnos ; mets-y le trouble « dans toutes les familles; sois telle qu'on te voit « quand tu annonces la guerre, exagérant le « nombre des bataillons, des chevaux hennis-« sants, des trompettes retentissantes. Dis qu'en-« chaînés par le luxe et par de honteuses amours,

Cælicolum, et regni sensit novitate tumentes
Jupiter, ætheriæ nec stare silentia pacis :
Junonem volucri primam suspendit Olympo,   85
Horrendum chaos ostendens, pœnasque barathri;
Mox etiam pavidæ tentantem vincula matris
Solvere, præruptı Vulcanum vertice cæli
Devolvit, ruit ille polo noctemque diemque,
Turbinis in morem, Lemni quum litore tandem   90
Insonuit. Vox inde repens ut perculit urbem,
Acclinem scopulo inveniunt, miseremque, foventque
Alternos ægro cunctantem poplite gressus.
Hinc reduci superas postquam pater annuit arces,
Lemnos cara deo; nec fama notior Ætne   95
Aut Lipares domus : has epulas, hæc templa, peracta
Ægide, et horrifici formatis fulminis alis,
Lætus adit; contra Veneris stat frigida semper
Ara loco, meritas postquam dea conjugis iras
Horruit, et tacitæ Martem tenuere catenæ.   100
Quocirca struit illa nefas, Lemnoque merenti
Exitium furiale movet; neque enim alma videri
Jam tumet, aut tereti crinem subnectitur auro,
Sidereos diffusa sinus; eadem effera, et ingens,
Et maculis suffecta genas, pinumque sonantem   105
Virginibus stygiis nigramque simillima pallam.

Jamque dies aderat, Thracas qui fuderat armis;
Dux Lemni, puppes tenui contexere canna
Ausus, et inducto cratem defendere tergo,
Læta mari tum signa refert, plenasque movebat   110
Armentis nuribusque rates; it barbara vestis,
Et torques, insigne loci; sonat æquore clamor :
O patria, o variis conjux nunc anxia curis,
Has agimus longi famulas tibi præmia belli.
Quum dea se piceo per sudum turbida nimbo   115
Præcipitat, Famamque vagam vestigat in umbra,
Quam pater omnipotens digna atque indigna canentem,
Spargentemque metus, placidis regionibus arcet
Ætheris : illa fremens habitat sub nubibus imis,
Non Erebi, non diva poli, terrasque fatigat,   120
Qua datur; audentem primi spernuntque foventque;
Mox omnes agit, et motis quatit oppida linguis.
Talem diva sibi scelerisque dolique ministram
Quærit avens; videt illa prior, jamque advolat ultro
Impatiens; jamque ora parat, jam suscitat aures.   125
Hanc superincendit Venus, atque his vocibus implet :
Vade, age, et æquoream, virgo, delabere Lemnon,
Et cunctas mihi verte domos; præcurrere qualis
Bella soles, quum mille tubas, armataque campis
Agmina, et innumerum flatus confingis equorum.   130

« les Lemniens arrivent, prêts à livrer leurs cou-
« ches à des femmes de Thrace. Dis cela d'abord,
« et que cette fatale nouvelle soulève la jalousie
« de leurs épouses; je serai là bientôt, et j'a-
« chèverai ton œuvre. »

La Renommée part. Joyeuse, elle descend au milieu de la ville, et va surprendre avant tout Eurynome, dans le palais de Codrus. C'est là que, dévorée d'ennuis, cette chaste et fidèle épouse attend son mari, fatigue ses servantes à filer la laine, rêve, au pied du lit nuptial, à cette guerre sans fin, et trompe ses insomnies par un travail sans relâche. L'autre, pleurant, mais déguisée sous les habits de Nééra, se frappe le visage, et s'écrie : « Plût aux dieux, ma sœur,
« que je ne fusse point chargée d'un pareil mes-
« sage, ou que l'onde engloutît plutôt l'objet de
« nos douleurs! Cet époux, celui que, si noble-
« ment résignée, tu appelles de tes vœux et de tes
« larmes, est maintenant l'esclave de sa captive,
« et brûle pour elle d'un amour insensé. Tous
« deux vont arriver. Elle approche de ta cou-
« che, cette Thrace qui n'est ton égale ni en
« beauté, ni en adresse à manier le fuseau; qui
« n'a pas ta modeste pudeur, qui n'est pas de
« l'illustre sang de Doryclus : des mains peintes,
« un visage fardé, voilà tous ses charmes. Peut-
« être qu'un autre hymen te consolerait de ces
« outrages, et que tu trouverais, sous un autre
« toit, une destinée meilleure; mais je me sens
« glacée d'épouvante pour tes enfants, privés de
« leur mère et maudits par leur marâtre. Je la vois
« lever contre ces malheureux des regards sinis-
« tres ; je vois les mets, les breuvages empoison-
« nés. Tu connais la nature ardente de notre sexe :
« eh bien ! ajoute à cela cette férocité, cette soif
« de sang innée chez les Scythes. Elle viendra
« donc celle-ci que le lait des cavales a nourrie,
« que le froid a rendue plus farouche; puis une
« autre, dit-on, à la face tatouée, descendra de
« son chariot barbare, et prendra aussi ma
« place dans ce lit d'où mon époux m'aura
« chassée. » Elle interrompt tout à coup ses plaintes, et part, abandonnant la tremblante Eurynome à ses larmes, à sa jalousie.

Elle va chez Iphinoé ; elle remplit des mêmes terreurs les maisons d'Olénius et d'Amythaon; elle répand par toute la ville que les hommes de Lemnos délibèrent d'en chasser toutes leurs femmes, et d'y régner seuls avec leurs captives. La douleur et la rage sont au comble; les Lemniennes s'abordent; elles entendent et se répètent la nouvelle, elles n'en doutent plus. Alors, importunant les dieux de leurs cris, de leurs plaintes, elles ne cessent d'embrasser leurs lits, d'embrasser leurs portes mêmes ; elles s'arrêtent pour les revoir, pour y pleurer encore ; elles se sauvent enfin, ne pouvant contempler plus longtemps le toit conjugal. Rassemblées en foule, n'ayant plus d'autre abri que la voûte du ciel, elles s'excitent mutuellement à pleurer, maudissent leurs hyménées, et appellent sur des liens infâmes la vengeance des Furies.

Au milieu d'elles, Vénus, sous la figure de la triste Dryope, verse des larmes, et les anime par ses perfides sanglots. La première, elle s'écrie : « O Fortune, que ne nous donnas-tu pour demeu-
« res des maisons sarmates, pour pays le plus

Adfore jam luxu turpique cupidine captos
Fare viros, carasque toris inducere Thressas.
Hinc tibi principia, hinc rabidas dolor undique matres
Instimulet; mox ipsa adero, ducamque paratas.
Illa abit, et mediam gaudens defertur in urbem; 135
Et primam Eurynomen ad proxima limina Codri
Occupat, exesam curis castumque cubile
Servantem; manet illa virum, famulasque fatigat
Velleribus, tardi reputans quæ tempora belli
Ante torum, et longo mulcens insomnia penso. 140
Huic dea cum lacrimis, et nota veste Neæræ,
Icta genas : Utinam non hic tibi nuntius essem,
O soror, aut nostros, inquit, prius unda dolores
Obruat, in tali quoniam tibi tempore conjux,
Sic meritæ, votis quem tu fletuque requiris, 145
Heu furit, et captæ indigno famulatur amori.
Jamque aderunt, thalamisque tuis Threissa propinquat,
Non forma, non arte colus, non laude pudoris
Par tibi, nec proles magni præclara Dorycli :
Picta manus, ustoque placet sed barbara mento. 150
Attamen hos tales forsan solabere casus
Tu thalamis, fatoque leges meliore penates;
Me tua matris egens, damnataque pellice proles
Exanimat, quam jam miseros transversa tuentem

Letalesque dapes, infectaque pocula cerno. 155
Scis simile ut flammis simus genus; adde cruentis
Quod patrium sævire Dahis; jam lacte ferino,
Jam veniet durata gelu. Sed me quoque pulsam
Fama viro, nostrosque toros virgata tenebit
Et plaustro derepta nurus. Sic fata querelas 160
Abscidit, et curis pavidam lacrimisque relinquit.
Transit ad Iphinoen, isdemque Amythaonis implet
Oleniique domum furiis ; totam inde per urbem
Personat, ut cunctas agitent expellere Lemno,
Ipsi urbem Thressæque regant. Dolor iraque surgit; 165
Obvia quæque eadem traditque, audituque, neque ulli
Vana fides : tum voce deos, tum questibus implent;
Oscula jamque toris, jamque oscula postibus ipsis
Ingeminant, lacrimisque iterum visuque moratæ
Prosiliunt, nec tecta virum thalamosque revisunt 170
Amplius; agglomerant sese, nudisque sub astris
Condensæ fletus acuunt, ac dira precantur
Conjugia, et stygias infanda ad fœdera tædas.

Has inter medias, Dryopes in imagine mœstæ
Flet Venus, et sævis ardens dea planctibus instat ; 175
Primaque : Sarmaticas utinam, Fortuna, dedisses
Insedisse domos, tristesque habitasse pruinas,
Plaustra sequi, vel jam patriæ vidisse per ignes

« sombre climat, pour guides des chariots er-
« rants! ou bien que ne vimes-nous la ruine et
« l'incendie de notre patrie, le saccagement de
« nos temples! Car tous les autres maux de la
« guerre, ne les souffrons-nous pas? Moi, moi,
« destinée par cet infidèle à subir un second es-
« clavage! moi, fuir Lemnos, délaisser mes en-
« fants! Armons-nous plutôt, armons-nous de la
« flamme et du glaive. Pendant qu'ils reposent,
« qu'ils dorment aux bras de leurs nouvelles
« épouses, l'amour ne nous soufflera-t-il pas quel-
« que hardi dessein? » Et, roulant des yeux enflammés, elle arrache avec violence ses enfants
de son sein.

Tout à coup elles reprennent courage; le cri sacré de la déesse a retenti dans leurs cœurs maternels; elles portent toutes leurs regards vers la mer, forment des chœurs, ornent les temples de feuillages, et vont, avec une joie simulée, au-devant de leurs époux. On s'avance ensuite vers la ville; on se met à table sous les vastes porti-ques. Chaque femme, couvant sa haine, s'assied avec empressement à côté de son époux. Telle, au fond du noir Tartare, Tisiphone, couchée près de Thésée et de Phlégyas qui s'en étonne, goûte (supplice sans égal!) les mets et le vin servis de-vant eux, et les enveloppe de ses affreux serpents.

Vénus alors, secouant une torche dont les tour-billons fumeux épaississent encore les ténèbres, se prépare au combat, et s'élance, la robe re-troussée, dans Lemnos. Le sol tremble sous ses pas; derrière elle, les nuées étincellent d'éclairs; Jupiter même tonne en son honneur. Elle assour-dit les oreilles craintives de clameurs sauvages et inconnues qui épouvantent l'Athos, les flots, les vastes marais de la Thrace, qui vont glacer d'effroi, jusque dans leur lit, la mère et son nourrisson pendu à sa mamelle contractée. La Peur, la Dis-corde insensée quittant les sales habitations des Gètes, la Colère aux joues pâles, aux cheveux en désordre, la Fourberie, la Rage, et, plus grande que toutes les autres, la Mort étendant ses bras ensanglantés, accourent au premier cri, au pre-mier signal de l'amante de Mars.

Bientôt, par un artifice plus affreux encore, elle fait entendre les gémissements et les plain-tes des mourants, pénètre dans les maisons, secoue, en guise de trophées, des têtes palpitan-tes, et, la robe sanglante, la chevelure hérissée : « Me voici! s'écrie-t-elle ; j'ai vengé la première « les droits de l'hymen : mais le temps presse. » Elle triomphe enfin; elle les précipite contre leurs époux; elle trouve des épées pour celles qui balancent.

Comment, à la vue de tant de forfaits, de tant de victimes diversement immolées, poursuivre mon récit? Dans quelles horreurs ma muse est-elle engagée! quelle suite de crimes se déroule devant moi! Oh! qui glacera ma langue trop fi-dèle? qui délivrera mon esprit de ces lugubres images? Les portes sont envahies : une partie des femmes surprend ceux de ces infortunés autrefois si chers qui se sont endormis après le repas; l'autre, la torche en main, s'apprête à attaquer ceux qui veillent, et qui observent ce qui se passe, sans oser ni fuir ni se défendre; tant la crainte les comprime, tant l'implacable Vénus a grandi la taille et grossi la voix de leurs épouses! L'effroi

Culmen agi, stragemque deum! nam caetera belli
Perpetimur; mene ille novis, me destinat amens 180
Servitiis! urbem aut fugiam, natosque relinquam!
Non prius ense manus, raptoque armabimus igne?
Dumque silent, ducuntque nova cum conjuge somnos,
Magnum aliquid spirabit amor? Tunc ignea torquens
Lumina, praecipites excussit ab ubere natos. 185

Ilicet arrectae mentes, evictaque matrum
Corda sacer Veneris gemitus rapit; aequora cunctae
Prospiciunt, simulantque choros, delubraque festa
Fronde tegunt, laetaeque viris venientibus adsunt.
Jamque domos mensasque petunt; discumbitur altis 190
Porticibus; sua cuique furens festinaque conjux
Adjacet; inferni qualis sub nocte barathri
Accubat attonitum Phlegyan et Thesea juxta
Tisiphone, saevasque dapes et pocula libat,
Tormenti genus! et nigris amplectitur hydris. 195

Ipsa Venus quassans undantem turbine pinum
Agglomerat tenebras, pugnaeque accincta, trementem
Desilit in Lemnon; nimbis et luce fragosa
Prosequitur polus, et tonitru pater auget honoro.
Inde novam pavidas vocem furibunda per aures 200
Congeminat, qua primus Athos, et pontus, et ingens
Thraca palus, pariterque toris exhorruit omnis

Mater, et adstricto riguerunt ubere nati.
Accelerat Pavor, et geticis Discordia demens
E stabulis, hirtaeque genis pallentibus Irae, 205
Et Dolus, et Rabies, et Leti major imago
Visa, truces exserta manus, ut prima vocatu
Intonuit, signumque dedit mavortia conjux.

Hic aliud Venus et multo magis ipsa tremendum
Orsa nefas, gemitus fingit vocesque cadentum; 210
Irrupitque domos, et singultantia gestans
Ora manu, taboque sinus perfusa recenti,
Arrectasque comas : Meritos en prima revertor ;
Ulta toros : premit ecce dies. Tum verbere victas
In thalamos agit, et cunctantibus invenit enses. 215

Unde ego tot scelerum facies, tot fata jacentum
Exsequar : heu vatem monstris quibus intulit ordo!
Quae se aperit series! o qui me vera canentem
Sistat, et hac nostros exsolvat imagine noctes!
Invadunt aditus, et quondam cara suorum 220
Corpora ; pars, ut erant, dapibus vinoque soporos ;
Pars conferre manus etiam, magnisque paratae
Cum facibus, quosdam insomnes et cuncta tuentes :
Sed tentare fugam, prohibetque capessere contra
Arma metus; adeo ingentes inimica videri 225
Diva dabat, notaque sonat vox conjuge major.

leur ferme les yeux, comme s'ils voyaient la troupe des Euménides, ou l'épée de Bellone briller sur leurs têtes. Et ce sont là les crimes d'une sœur, d'une épouse, que dis-je! d'une fille et d'une mère! Des femmes arrachent de leurs lits, traînent et immolent ces hommes que ni les Besses farouches, ni les hordes gétiques, ni les fureurs de la mer n'ont pu détruire. Les lits sont teints de sang; les blessures fument sur les poitrines haletantes; les corps mutilés se débattent et tombent. Les unes lancent sur les toits des brandons enflammés; toutes les issues en sont obstruées : ceux que poursuit l'incendie se hâtent de fuir; mais une épouse frénétique les attend sur le seuil, et, à l'aspect du fer, ils se rejettent dans les flammes. D'autres déchirent les femmes thraces, cause principale de leur jalousie insensée, qui mêlent aux gémissements de leurs vainqueurs la sauvage expression de leurs prières, et qui remplissent l'air d'accents inconnus.

Mais où trouver maintenant des paroles dignes de ta sublime audace, ô Hypsipyle, honneur et gloire de ta patrie expirante? Ton nom, chanté dans mes vers, vivra aussi longtemps du moins que dureront les fastes du Latium, les Lares d'Ilion, et les palais de ce majestueux empire. Cédant à une impulsion commune, les femmes et les filles couraient çà et là dans l'île, bouleversée tout entière par ces monstres en délire. Hypsipyle, pieusement armée du fer, criait : « Fuyez, ô mon « père, cette ville et moi-même! Hâtez-vous; ce « n'est ni l'ennemi, ni le Thrace vengeant sa « honte, qui occupent nos murs; ce crime est le « nôtre; n'en cherchez pas l'auteur. Fuyez donc;

« saisissez le moment où ma force chancelle, « arrêtez le glaive aux mains de votre malheu- « reuse fille. » Et, le tenant embrassé, elle lui voile la tête, l'entraîne en silence vers le temple de Bacchus, et, les mains tendues, elle implore ainsi le dieu sur le seuil : « Épargne-moi, Bac- « chus, un parricide; aie encore une fois pitié de « tes pieux enfants. » Elle dit, et dépose en silence son père tremblant aux pieds de la statue, sous la main tutélaire du dieu, dont la robe sacrée cache le vieillard. On entend alors la voix des chœurs, le son retentissant de l'airain triennal, et, à l'entrée du temple, le frémissement des tigres sur leurs bases.

Au lever de l'Aurore, quand la reine vit que tout se taisait dans la ville fatiguée du carnage de la nuit, rassurée elle-même par son action généreuse, elle s'enhardit à la compléter. Elle fait prendre à son père la couronne, la chevelure et les habits du jeune dieu, et le place sur le char, escorté des cymbales, des tambours, et des corbeilles remplies des mystérieuses offrandes. Pour elle, ceignant sa robe et ses bras du lierre pontifical, elle brandit le thyrse de pampre, et tourne la tête pour voir comment son père porte le voile et tient les rênes de verdure, comment les cornes du dieu saillent au dehors de la mitre éclatante, et si enfin, à l'aspect de la coupe sacrée, on reconnaît Bacchus. Elle pousse alors et fait gémir les portes sur leurs énormes gonds, s'élance dans la ville, et s'écrie : « Quitte, ô Bacchus, ces demeu- « res inondées de sang, dont les flots ont rejailli « jusque sur toi; permets que la mer expie cet « outrage, et que je ramène dans ton temple tes

Tantum oculos pressere metu, velut agmina cernant
Eumenidum, ferrumve super Bellona coruscet.
Hoc soror, hoc conjux, propiorque hoc nata parensque
Sæva valet; prensosque toris mactatque, trahitque 230
Femineum genus, immanes quos sternere Bessi
Nec Geticæ potuere manus, aut æquoris iræ.
It cruor in thalamis, et anhela in pectore fumant
Vulnera, seque toris misero luctamine trunci
Devolvunt; diras aliæ ad fastigia tædas 235
Injiciunt, obduntque domos; pars ignibus acti
Effugiunt propere, sed dura in limine conjux
Obsidet, et viso repetunt incendia ferro.
Ast aliæ Thressas labem causamque furoris
Diripiunt; mixti gemitus, clamorque precantum 240
Barbarus, ignotæque implebant æthera voces.
Sed tibi nunc quæ digna tuis ingentibus ausis
Ora feram, decus et patriæ laus una ruentis,
Hypsipyle? non ulla meo te carmine dictam
Abstulerint, durent latiis modo sæcula fastis, 245
Iliacique lares, tantique palatia regni.
Irruerant actæ pariter natæque nurusque,
Totaque jam sparsis exarserat insula monstris;
Illa pias armata manus : Fuge protinus urbem
Meque, pater; non hostis, ait, non mœnia læsi 250

Thraces habent, nostrum hoc facinus; ne quære quis auctor.
Jam fuge, jam dubiæ donum rape mentis, et ensem
Tu potius miseræ retine. Tunc excipit artus,
Obnubitque caput, tacitumque ad conscia Bacchi
Templa rapit, primoque manus a limine tendens : 255
Exime nos sceleri, pater, et miserere piorum
Rursus, ait. Tacita pavidum tum sede locavit
Sub pedibus dextraque dei : latet ille receptus
Veste sacra; voces chorus et trieterica reddunt
Æra sonum, fixæque fremunt in limine tigres. 260
Regina ut roseis Auroram surgere bigis
Vidit, et insomni lassatas turbine tandem
Conticuisse domos; stabilem quando optima facta
Dant animum, majorque piis audacia cœptis :
Serta patri, juvenisque comam vestesque Lyæi 265
Induit, et medium curru locat, æraque circum,
Tympanaque, et plenas tacita formidine cistas.
Ipsa sinus hederisque ligat famularibus artus,
Pampineamque quatit ventosis ictibus hastam,
Respiciens, teneat virides velatus habenas 270
Ut pater, et nivea tumeant ut cornua mitra,
Et sacer ut Bacchum referat scyphus. Impulit acri
Tum validas stridore fores, rapiturque per urbem,
Talia voce canens : Linque o mihi cæde madentem,

« dragons purifiés! » Elle échappe ainsi aux alarmes, grâce au dieu qui commande le respect autour d'elle, et dont elle sent le souffle inspirateur.

Déjà elle a mis le vieillard en sûreté dans un bois épais, bien loin de cette cité barbare : mais la Peur, témoin de son audace, Érynnis qu'elle a frustrée d'une victime, la troublent jour et nuit. Elle n'ose plus recommencer cette même pompe orgiaque qui n'eût pas trompé deux fois, ni approcher en secret de la retraite de son père : l'infortuné doit donc chercher d'autres moyens de fuir.

Elle aperçoit une barque qui, dès longtemps consacrée à Thétis et à Glaucus, vieillit aux rudes travaux de la mer, exposée jour et nuit aux ardeurs du soleil et aux injures des frimas. Pendant une nuit profonde et silencieuse, elle y mène son père, qu'elle fait sortir du bois à la hâte, et lui dit en pleurant : « Quelle patrie, ô mon « père, quelle ville tristement dépeuplée vous « abandonnez! O crime! ô nuit désastreuse! nuit « homicide! Puis-je, ô mon père, vous confier à « cet esquif, ou vous retenir encore au milieu « de tous ces dangers? Mon crime ne serait-il « que différé, et payerai-je aussi mon tribut aux « Furies? Entends mes vœux, déesse, dont le « char, ami du repos, sort en ce moment du « sein des mers : je ne te demande pas pour mon « père un royaume, des sujets, de fertiles cam-« pagnes : qu'il puisse seulement quitter sa pa-« trie. Quand pourrai-je à Lemnos goûter la « joie de l'avoir sauvé? Quand verrai-je en ces « murs des larmes et des remords? » Elle dit : le vieillard éperdu fuit sur la barque à demi brisée, gagne le large, et arrive en Tauride, à ce temple de Diane qu'arrose le sang humain. Là, déesse, tu lui confies avec ton glaive les terribles fonctions de sacrificateur. Mais toi-même tu ne resteras pas longtemps sur cette plage inhospitalière. Déjà t'appellent la nymphe Égérie, Jupiter Albain, du haut de sa colline, et Aricie, désormais sans pitié pour ton seul pontife.

Cependant Hypsipyle monte à la citadelle où s'était assemblé l'horrible conseil des Lemniennes. Assises en tumulte à la place de leurs pères et de leurs époux, elles changent les lois de leur ville déserte, et donnent à Hypsipyle, comme à la plus digne, le sceptre paternel : mais l'honneur en était dû à sa piété filiale.

Tout à coup on signale dans le lointain des guerriers qui s'avancent vers Lemnos à force de rames; la reine donne l'alarme et rouvre le conseil. Obstinées dans leur fureur, elles veulent aussi s'armer contre eux du fer et de la flamme; mais Vulcain a calmé l'horrible ressentiment de Vénus. Alors aussi Polyxo, prêtresse chérie d'Apollon, dont la patrie, dont l'origine est inconnue, raconta que la vieille Téthys et le changeant Protée avaient quitté leurs antres du Phare, pour venir, traînés par des monstres marins, aux rivages de Lemnos. Plongeant plusieurs fois dans les flots, elle en ressortit enfin pour expliquer les oracles, qu'elle avait entendus au fond de l'abîme. « Ouvrons, dit-elle, notre rade; « ce vaisseau, croyez-moi, porte des amis. Un

Bacche, domum; sine fœdatum te funere pontus 275
Expiet, et referam lotos in templa dracones.
Sic medios egressa metus; facit ipse verendam
Nam deus, et flatu non inscia gliscit anhelo.
    Jamque senem tacitis sæva procul urbe remotum
Occulerat silvis : ipsam sed conscius ausi 280
Nocte dieque Pavor, fraudataque turbat Erinnys.
Non similes jam ferre choros (semel orgia fallunt)
Audet, non patrios furtis accedere saltus.
Et fuga diversas misero quærenda per artes.
    Visa ratis, sævæ defecta laboribus undæ, 285
Quam Thetidi longinqua dies Glaucoque repostam
Solibus, et canis urebat luna pruinis.
Huc genitorem, altæ per opaca silentia noctis,
Præcipitem silvis rapit, et sic mœsta profatur :
Quam, genitor, patriam, quanta modo linquis inanes 290
Pube domos! proh dira lues, proh noctis acerbæ
Exitium! talin' possum te credere puppi,
Care parens? possum tantis retinere periclis?
Solvimus heu serum furiis scelus! annue votis,
Diva, soporiferas quæ nunc trahis æquore bigas. 295
Non populos, non dite solum, non ulla parenti
Regna peto; patria liceat decedere terra.
Quando ego servato mediam genitore per urbem
Læta ferar? quando hic lacrimas planctusque videbo?
Dixerat : ille procul trunca fugit anxius alno, 300
Taurorumque locos, delubraque sæva Dianæ
Advenit; hic illum tristi, dea, præficis aræ,
Ense dato : mora nec terris tibi longa cruentis.
Jam nemus Egeriæ, jam te ciet altus ab Alba
Jupiter, et soli non mitis Aricia regi. 305
    Arcem nata petit, quo jam manus horrida matrum
Congruerat : rauco fremitu sedere parentum
Natorumque locis, vacuæque in mœnibus urbis
Jura novant; donant solio sceptrisque paternis,
Ut meritam; redeuntque piæ sua præmia menti. 310
    Ecce procul validis Lemnon tendentia remis
Arma notant; rapitur subito regina tumultu,
Conciliumque vocat : non illis obvia tela
Ferre, nec infestos deerat furor improbus ignes,
Ni Veneris sævas fregisset Mulciber iras. 315
Tunc etiam vates Phœbo dilecta Polyxo,
Non patriam, non certa genus, te, maxima Tethys,
Proteaque ambiguum Phariis referebat ab antris
Huc rexisse vias, junctis super æquora phocis.
Sæpe imis se condit aquis, cunctataque paullum 320
Surgit, ut auditas referens in gurgite voces :
Portum demus, ait : hæc hospita, credite, puppis

« dieu, plus propice à Lemnos, guide vers vous
« les Argonautes. Vénus elle-même vous convie
« à de nouvelles unions, tandis que votre âge et
« vos forces vous promettent encore d'être fécon-
« des. » L'avis est agréé; Iphinoé porte des paroles
de paix aux Grecs, que n'arrêtent déjà plus le
crime de ces femmes et ses traces encore récentes. Vénus a chassé de ces lieux la terreur.
Aussitôt on immole en l'honneur des guerriers un
superbe taureau; les temples négligés se remplissent de pieuses offrandes, et sur l'autel de
Vénus brûle sa première génisse.

Les Argonautes arrivaient au mont, dont les
saillies escarpées sont toutes noircies par le feu,
et d'où s'exhale une vapeur qui enflamme l'atmosphère. Jason s'arrête : Hypsipyle l'exhorte à
des pensées pieuses, et lui explique la cause
de ce spectacle : « Tu vois ici les antres de Vul-
« cain; ici est son empire. Offrez-lui tous des
« libations et des vœux. Maintenant peut-être la
« foudre restera-t-elle assoupie dans ses four-
« neaux brûlants; mais la nuit, ô mon hôte,
« quand les mugissements de la flamme captive,
« quand le bruit des marteaux étonneront tes
« oreilles, tu verras que j'ai dit vrai. » Elle lui
vante alors la force, les remparts de Lemnos,
et les antiques richesses de ses maîtres. Des esclaves ont préparé des festins sous les portiques
du palais; les lits y sont recouverts de la pourpre de Tyr, aux reflets de feu; à l'entour, pleurant des rois leurs aïeux, des rois leurs époux,
se tiennent quelques captives thraces qui passaient pour avoir repoussé un hymen adultère,

et saintement respecté la couche de leurs maîtres-
ses. Jason est au milieu, la reine près de lui, et
après eux les Argonautes. La chair des victimes
apaise d'abord le premier appétit; le vin circule
dans les coupes, et le silence est général; bientôt
succèdent les causeries, qui se prolongent fort
avant dans la nuit. Hypsipyle surtout, enthou-
siasmée de l'aventureux Jason, lui demande
quels desseins l'entraînent, quelle tyrannie le
pousse, lui et cet énorme vaisseau thessalien?
Tout entière à ses paroles, elle attise insensiblement les feux qui la pénètrent; elle est moins
rebelle à l'hymen, plus docile aux encouragements de Vénus. Le ciel sourit à son amour,
et lui laisse le temps d'en goûter les prémices.
L'éternel moteur du monde, le régulateur des
cieux, Jupiter avait fait lever l'astre pluvieux des
Pléiades; des torrents d'eau inondent la terre;
un seul coup de foudre fait trembler le mont
Pangée, le Gargare, et les forêts désolées. Plus
puissante que jamais, la Terreur agite les mortels. Astrée anime sans doute et stimule la fureur de Jupiter contre les peuples; elle a quitté la
terre; elle importune tous les astres de ses plaintes continuelles. Le sombre Eurus et ses terribles
frères la secondent; ils grondent sur la mer Égée,
dont les flots envahissent ses rivages. Tiphys
impatient, mais arrêté par la crainte, voit pour
la quatrième fois la lune se lever, grosse de vapeurs; et cependant les Argonautes, joyeux et
tranquilles dans Lemnos, attendent que l'astre
ait reparu plus pur, s'oublient dans les bras des
veuves lemniennes, et atteignent la saison des

Adveniet; levior Lemno deus æquore flexit
Huc Minyas; Venus ipsa volens dat tempora jungi,
Dum vires utero, maternaque sufficit ætas. 325
Dicta placent, portatque preces ad litora Graiis
Iphinoe; nec turba nocens, scelerisque recentis
Signa movent, tollitque loci Cytherea timorem.
Protinus ingentem procerum sub nomine taurum
Dejicit; insuetis et jam pia munera templis 330
Reddit, et hac prima Veneris calet ara juvenca.

Ventum erat ad rupem, cujus pendentia nigris
Fumant saxa jugis, coquiturque vaporibus aer.
Substitit Æsonides; atque hic regina precari
Hortatur; causasque docens, Hæc antra videtis 335
Vulcanique, ait, ecce domos; date vina precesque,
Forsitan hoc factum taceat jam fulmen in antro;
Nox dabit ipsa fidem, clausæ quum murmura flammæ,
Hospes, et incussæ sonitum mirabere massæ.
Mœnia tum viresque loci, veteresque parentum 340
Jactat opes. Mediis famulæ convivia tectis
Expediunt; tyrio vibrat torus igneus ostro.
Stat mœrens atavos reges, regesque maritos
Thressa manus, quæcumque faces timuisse jugales
Credita, nec dominæ sanctum tetigisse cubile. 345
Jam medio Æsonides, jam se regina locavit,
Post alii proceres : sacris dum vincitur extis

Prima fames, circum pateris it Bacchus, et omnis
Aula silet; dapibus cœptis mox tempora fallunt
Noctis, et in seras durant sermonibus umbras. 350
Præcipueque ducis casus mirata requirit
Hypsipyle, quæ fata trahant, quæ regis agat vis,
Aut unde Hæmoniæ molem ratis : unius hæret
Alloquio, et blandos paullatim colligit ignes,
Jam non dura toris, Veneri nec iniqua reversæ; 355
Et deus ipse moras spatiumque indulget amori.
Pliada lege poli nimboso moverat astro
Jupiter, æternum volvens opus, et simul undis
Cuncta ruunt; unoque dei Pangea sub ictu,
Gargaraque, et mœsti steterant formidine luci. 360
Sævior haud alio mortales tempore mentes
Terror agit : tunc urget enim, tunc flagitat iras
In populos Astræa Jovem, terrisque relictis,
Invocat assiduo saturnia sidera questu.
Insequitur niger et magnis cum fratribus Eurus 365
Intonat Ægæo, tenditque ad litora pontus.
Et lunam quarto densam videt imbribus ortu
Thespiades, longus cœptis et fluctibus arcet
Quem metus : usque novos divæ melioris ad ignes
Urbe sedent læti Minyæ, viduisque vacantes 370
Indulgent thalamis, nimbosque educere luxu,
Nec jam velle vias, zephyrosque audire vocantes

tempêtes au sein des voluptés. Déjà même ils ne veulent plus partir, ni entendre la voix des Zéphyrs qui les appellent. Enfin le héros de Tirynthe, resté hors de la ville pour veiller sur le vaisseau, s'indigne que les dieux soient jaloux de leur hardi dessein; que ses compagnons n'aient abandonné leur patrie que pour tromper dans un lâche repos l'espoir de leurs familles, et que lui-même soit encore spectateur de tant d'hésitation. « Malheureux! s'écrie-t-il, nous « tous qui nous sommes associés à ton expédi-« tion! Rends-nous, fils d'Éson, le Phase, Éé-« tès, et tous les dangers de la mer de Scythie. « L'amour seul de la gloire m'a fait suivre tes « pas; j'espérais fixer les écueils Cyanéens, et, mal-« gré sa vigilance, ravir à un nouveau dragon « son trésor. Si tu as résolu d'habiter les rochers « de la mer Égée, ce que tu négliges, Télamon « et moi nous l'exécuterons. » A ces amers reproches Jason s'éveille. Tel un coursier belliqueux, énervé dans sa patrie par les douceurs d'une paix trop longue, parcourt avec indolence les circuits resserrés d'un manége, puis demande un maître et un frein, sitôt que le cri de guerre et le son déjà oublié des trompettes viennent frapper son oreille; tel Jason appelle Argus, Tiphys, et les presse de se préparer au départ. Le gouvernail, les rames éparses sur le rivage, les guerriers, tout est en mouvement à la voix du pilote.

Lemnos est une seconde fois plongée dans le deuil; ce sont partout de nouveaux gémissements, de nouvelles plaintes. Voici ses remparts encore déserts! Quand donc viendra, pour ses fils, le temps de régénérer la nation et de porter le scep-

tre? Maintenant le triste souvenir des assassinats d'une nuit impie, le silence et la solitude de leurs maisons, effrayent d'autant plus les Lemniennes, qu'elles ont formé de nouveaux liens et repris un joug qu'elles avaient brisé. Hypsipyle elle-même, voyant les Argonautes quitter précipitamment la ville et courir au rivage, gémit, et d'une voix plaintive interpelle ainsi Jason : « O « toi qui m'es plus cher que mon propre père, le « ciel est pur, les flots sont calmés à peine, et tu « veux partir! Est-ce ainsi que tu fuirais le port, « si les Pléiades t'enchaînaient aux bords enne-« mis de la Thrace? Ton arrivée, ton séjour parmi « nous, c'est donc au temps, à la mer, que nous « les devons? » Elle pleura à ces mots, et donne au héros qu'elle aime une chlamyde tissue de ses propres mains, où l'aiguille retraça, d'une part, la fête qui assura le salut de son père, le char de Bacchus, la foule barbare qui s'écarte et lui livre passage avec terreur, les thyrses aux pampres verts qui s'agitent à l'entour, et au milieu d'eux le vieillard qui s'échappe en tremblant; de l'autre, le rapt fameux de Ganymède sur les sommets ombragés de l'Ida, sa joie d'être au ciel et d'y assister aux festins des dieux, et l'aigle de Jupiter qui reçoit le nectar de la main du jeune échanson phrygien. Elle lui présente ensuite l'épée de Thoas, illustrée par maints hauts faits. « Reçois-la, dit-elle; qu'elle te suive à la guerre, « au milieu des combats. Ce fer trempé par Vul-« cain au feu de l'Etna, mon père l'a porté; main-« tenant il est digne de faire partie de tes ar-« mes. Va donc; souviens-toi d'un pays qui, le « premier, vous reçut avec amour sur son sol hos-

Dissimulant; donec resides Tirynthius heros
Non tulit, ipse rati invigilans atque integer urbis;
Invidisse deos tantum maris æquor adortis   375
Desertasque domos, fraudataque tempore segni
Vota patrum. Quid et ipse viris cunctantibus adsit?
O miseri, quicumque tuis accessimus actis!
Phasin et Æeten, scythicique pericula ponti
Redde, ait, Æsonide; me tecum solus in æquor   380
Rerum traxit amor, dum spes mihi sistere montes
Cyaneos, vigilemque alium spoliare draconem.
Si sedet Ægæi scopulos habitare profundi,
Hoc mecum Telamon peraget meus. Hæc ubi dicta,
Haud secus Æsonides monitis accensus amaris,   385
Quam bellator equus, longa quem frigida pace
Terra juvat, brevis in lævos piger angitur orbes :
Frena tamen dominumque velit, si martius aures
Clamor, et obliti rursus fragor impleat æris.
Tunc Argon Tiphynque vocat, pelagoque parari   390
Præcipitat; petit ingenti clamore magister
Arma, viros pariter, sparsosque in litore remos.
Exoritur novus urbe dolor, planctusque per omnes
It facies antiqua domos; sibi mœnia linqui
En iterum; ecquando natorum tempora, gentem   395
Qui recolant, qui sceptra gerant? nunc triste nefandæ

Noctis opus, vidui nunc illa silentia tecti
Sæva magis, thalamos excussaque vincla quod ausæ
Induere, atque iterum tales admittere curas.
Ipsa quoque Hypsipyle subitos per litora cursus   400
Ut vidit, totaque viros decedere Lemno,
Ingemit, et tali compellat Iasona questu :
Jamne placet primo deducere vela sereno,
Carius o mihi patre caput? modo sæva quierunt
Æquora : sic portus fugeret ratis, aspera si te   405
Plias in adversæ tenuisset litore Thraces?
Ergo moras cælo cursumque tenentibus undis
Debuimus? Dixit lacrimas, hæsuraque caro
Dona duci promit chlamydem textosque labores.
Illic servati genitoris conscia sacra   410
Pressit acu, currusque pios; stant sæva paventum
Agmina, dantque locum; viridis circum horrida tela
Silva tremit; mediis refugit pater anxius umbris.
Pars et frondosæ raptus expresserat Idæ,
Illustremque fugam pueri; mox æthere lætus   415
Adstabat mensis : quin et Jovis armiger ipse
Accipit a Phrygio jam pocula blanda ministro.
Tunc ensem notumque ferens insigne Thoantis :
Accipe, ait, bellis mediæque ut pulvere pugnæ
Sit comes, Ætnæi genitor quæ flammea gessit   420

« pitalier ; va triompher de la Colchide ; mais, » par cet autre Jason que tu laisses en mon sein, « reviens à Lemnos. » Elle dit, et tombe aux bras de son jeune époux thessalien. Ainsi restaient suspendues au cou de leurs maris la triste compagne d'Orphée, la tienne, ô petit-fils d'Éacus, et celles de Castor et de Pollux.

Cependant, au milieu de ces larmes, l'ancre oisive est arrachée du sable ; déjà les rames, déjà la voile emportent le vaisseau qui fuit, creusant derrière soi un écumeux sillon. Lemnos n'est plus qu'un point à l'horizon, et déjà paraît l'île d'Électre, célèbre par ces mystères de Thrace, dont un dieu que la terreur environne punit les indiscrets révélateurs. Jamais Jupiter n'osa déchaîner la tempête sur les flots qui la baignent ; seul, son dieu les soulève pour écarter de ses rivages les infidèles nochers. Cependant le pontife Thyotès quitte le sanctuaire, et vient au-devant des Argonautes ; il les reçoit dans le temple, et leur en dévoile les rites mystérieux. Mais c'est assez entretenir de toi le vulgaire, ô Samothrace ! adieu ; laissons à ton culte ses redoutables secrets.

Après leur initiation, les Argonautes joyeux se rembarquent au lever du soleil ; ils perdent de vue les côtes qu'ils avaient visitées, côtoyent l'île d'Imbros, et abordent, vers le milieu du jour, aux rivages de la Dardanie et du promontoire de Sigée. On prend terre. Les uns disposent en légers pavillons de blanches voiles ; les autres écrasent le froment doré sous la meule ; ceux-ci font jaillir d'un caillou l'étincelle qui tombe sur la feuille, et qu'attise le soufre, son actif aliment.

Tandis qu'Hercule et Télamon suivent les contours escarpés et onduleux de ce pittoresque rivage, une voix plaintive, semblable au murmure expirant des flots, vient frapper leurs oreilles. Étonnés, ils pressent le pas ; ils s'avancent dans la direction de la voix ; bientôt ils en distinguent parfaitement les sons : c'était celle d'une jeune fille abandonnée, dévouée à la mort, et qui invoquait les dieux et les hommes. Sûrs de la secourir, ils redoublent d'ardeur. Tels, quand, terrassé par un lion qui le déchire, le taureau remplit l'air de ses mugissements sauvages, on voit les bergers accourir en foule de leurs cabanes, et les laboureurs se rassembler, poussant des cris confus. Hercule s'arrête, lève les yeux, et aperçoit, en haut d'un rocher, une femme les mains étroitement enchaînées, le visage pâle, et les regards tournés avec anxiété vers les premiers flots du rivage. On eût dit une statue d'ivoire que l'artiste força de s'attendrir, un marbre de Paros révélant les traits, le nom de ceux qu'il représente, une peinture vivante. « Jeune fille, dit « Hercule, quel est ton nom, ta naissance ? pour- « quoi cette mort ? pourquoi ces fers ? apprends-le- « moi. » Celle-ci tremblante, et les yeux pudiquement baissés : « Je n'ai point mérité mon mal- « heur ; cet or, ces vêtements de pourpre que tu « vois étalés sur ces rochers, sont les présents fu- « nèbres de mes parents. Nous sommes les des-

---

Dona dei, nunc digna tuis adjungier armis.
I memor, i, terræ, quæ vos amplexa quieto
Prima sinu ; refer et domitis a Colchidos oris
Vela, per hunc utero quem linquis Iasona nostro.
Sic ait, Hæmonii labens in colla mariti : 425
Nec minus Orphea tristis cervice, tuaque,
Æacide, et gemino conjux a Castore pendet.
　Has inter lacrimas legitur piger uncus arenis :
Jam remi rapuere ratem, jam flamina portant ;
Spumea subsequitur fugientis semita clavi. 430
Tunc tenuis Lemnos, transitque Electria tellus,
Threiciis arcana sacris ; hic numinis ingens
Horror, et incautis decreta piacula linguis.
Hanc demissa Jovi non unquam lædere fluctu
Audet hiems ; sponte ipse deus tunc asperat undas, 435
Quum vetat infidos sua litora tangere nautas.
Obvius at Minyas terris adytisque sacerdos
Excipit, hospitibus reserans secreta, Thyotes.
Hactenus in populos vati, Samothraca, diemque
Missa, vale, sacrisque metum servemus opertis. 440
　Illi sole novo læti, plenique deorum,
Considunt transtris ; jam, quas præviderat, urbes
Navita condebat, proræque accesserat Imbros ;
Et sol ætherias medius conscenderat arces.
Thessala Dardaniis tunc primum puppis arenis 445
Appulit, et fatis Sigeo litore sedit.

Desiliunt ; pars hinc levibus candentia velis
Castra levat ; tracto pars frangit adorea saxo
Farra ; citum strictis alius de cautibus ignem
Ostendit foliis, et sulfure pascit amico. 450
　Alcides Telamonque comes dum litora blando
Anfractu sinuosa legunt, vox accidit aures,
Flebile succedens, ceu fracta remurmurat unda.
Attoniti pressere gradum, vacuumque sequuntur
Vocis iter : jam certa sonat ; desertaque duræ 455
Virgo neci quem non hominum superumque vocabat ?
Acrius hoc instare viri, succurrere certi.
Qualiter, implevit gemitu quum taurus acerbo
Avia, frangentem morsu super alta leonem
Terga ferens, coit e sparso concita mapali 460
Agrestum manus, et cæco clamore coloni.
Constitit Alcides, visuque enisus, in alta
Rupe truces manicas, defectaque virginis ora
Cernit, et ad primos turgentia lumina fluctus ;
Exanimum veluti, multa tamen arte coactum, 465
Mœret ebur, Pariusve notas et nomina sumit
Quum lapis, aut liquidi referunt miranda colores.
Ductor ait : Quod, virgo, tibi nomenque genusque ?
Quæ mors ista, doce, tendunt cur vincula palmas ?
Illa tremens, tristique oculos dejecta pudore : 470
Non ego digna malis, inquit ; suprema parentum
Dona vides, ostro scopulos auroque frequentes.

« cendants de l'antique Ilus ; mais la fortune ja-
« louse a abandonné le palais de Laomédon. Ce
« furent d'abord les maladies, la peste produite
« par l'infection de l'air, les incendies de nos
« campagnes, vastes bûchers sans cesse renais-
« sants. Tout à coup un bruit part de la mer ; les
« flots, le mont Ida, ses forêts, ses antres, en
« sont ébranlés ; du fond de l'eau monte et sort,
« en rampant, une bête, un monstre hideux.
« Nulles montagnes, notre mer même, ne sau-
« raient t'en donner une idée. Une troupe de jeu-
« nes filles ravies aux pleurs, aux embrassements
« de leurs parents, est livrée à sa fureur : ainsi
« l'ordonne Jupiter Ammon, dont l'oracle nous a
« dévouées à ce sacrifice ; et le sort qui désigne
« les victimes m'a fixée à mon tour à cet affreux
« rocher. Mais si les dieux redeviennent favora-
« bles aux Phrygiens, et que tu sois ce héros an-
« noncé par les destins et par nos augures, pour
« qui mon père nourrit des chevaux blancs dont
« il fit vœu de payer ma délivrance, viens à mon
« aide ; sauve-moi, je t'en conjure, sauve Per-
« game de ce monstre. Tu le peux ; car je ne vis
« pas cette large poitrine à Neptune quand il
« éleva jusqu'aux nues nos murailles, ni à Apol-
« lon ces épaules et ce carquois. » Ces lieux, le
sombre aspect de ce rivage resserré, ces tombeaux, cette atmosphère qui pèse sur la ville,
confirment la vérité de ce récit, et rappellent à
Hercule les campagnes désolées d'Érymanthe et
de Némée, et les marais empestés de Lerne.

Mais Neptune a donné de loin le signal ; les flots mugissent, à l'approche du monstre ; le fléau de Sigée soulève leurs masses amoncelées. Ses yeux étincelants percent à travers la nappe azurée ; ses mâchoires, garnies d'une triple rangée de dents, s'entre-choquent avec le fracas de la foudre ; sa queue se déroule, puis revient sur elle-même ; et sa tête redressée en traîne après soi les replis. La mer, qu'il écrase de son poids, obéit au choc de ses élans sinueux et jaillit autour de ses flancs ; sa marche est une tempête qui, plus terrible que celles de l'orageux Auster, plus furieuse que l'Africus ou qu'Orion menant à pleines guides les coursiers paternels sur l'onde gonflée par leur souffle, le précipite enfin et l'échoue sur le rivage. La perspective d'un combat qui lui plaît enflamme Hercule. Télamon, frappé de stupeur, voit déjà le héros soulever ses bras et grandir sa taille ; il entend ses flèches retentir sourdement au fond de son carquois. Hercule, invoquant son père, les dieux de la mer et ses armes, s'élance sur le rocher ; il frémit à l'aspect de l'onde agitée jusqu'en ses abîmes, et de l'espace immense que le monstre couvre de ses replis. Tel Borée, emportant les nuages des froides vallées de la Thrace, les précipite par delà les monts Riphées, et en obscurcit le ciel presque tout entier ; tel, déployant son corps gigantesque et sa croupe squammeuse, le monstre projette une ombre immense. L'Ida tremble, ses forêts s'entre-choquent, et les tours d'Ilion chancellent sur leurs bases. Hercule saisit son arc, et décoche une nuée de traits contre le monstre, aussi inébranlable que le mont Éryx

Nos Ili veteris quondam genus, invida donec
Laomedonteos fugeret Fortuna penates.
Principio, morbi, cæloque exacta sereno 475
Temperies ; arsere rogis certantibus agri ;
Quum subitus fragor, et fluctus Idæa moventes
Cum stabulis nemora ; ecce repens consurgere ponto
Bellua, monstrum ingens : hanc tu nec montibus ullis,
Nec nostro metire mari : primæva furenti 480
Huic manus, amplexus inter planctusque parentum,
Deditur : hoc sortes, hoc corniger imperat Hammon,
Virgineam damnare animam, sortitaque Lethen
Corpora ; crudelis scopulis me destinat urna.
Verum o jam redeunt Phrygibus si numina, tuque 485
Ille ades, auguriis promissæ et sorte deorum,
Jam cui candentes votivo in gramine pascit
Cornipedes genitor, nostræ stata dona salutis,
Annue, meque, precor, defectaque Pergama monstris
Eripe ; namque potes : neque enim tam lata videbam 490
Pectora, Neptunus muros quum jungeret astris,
Nec tales humeros pharetramque gerebat Apollo.
Auxerat hæc locus, et facies mœstissima capti
Litoris, et tumuli, cælumque, quod incubat urbi,
Quale laborantis Nemeæ iter, aut Erymanthi 495
Vidit, et infectæ miseratus flumina Lernæ.

Dat procul interea signum Neptunus, et una
Monstriferi mugire sinus, Sigeaque pestis
Agglomerare fretum : cujus stellantia glauca
Lumina nube tremunt, atque ordine curva trisulco 500
Fulmineus quatit ora fragor ; pelagoque remenso
Cauda redit, passosque sinus rapit ardua cervix.
Illam incumbentem per mille volumina pontus
Prosequitur lateri assultans, trepidisque ruentem
Litoribus sua cogit hiems ; non fluctibus æquis 505
Nubiferi venit unda Noti, non Africus alto
Tantus ovat, patriisque manus quum plenus habenis
Orion bipedum flatu mare tollit equorum.
Ecce ducem placitæ furiis crudescere pugnæ,
Surgentemque toris stupet, immanemque paratu 510
Æacides, pulsentque graves ut terga pharetræ.
Ille, patrem pelagique deos suaque arma precatus,
Insiluit scopulo, motumque e sedibus æquor
Horruit, et celsi spatiosa volumina monstri.
Qualis ubi a gelidi Boreas convallibus Hebri 515
Tollitur, et volucres Rhipæa per ardua nubes
Præcipitat, piceo necdum tenet omnia cælo.
Illa simul molem horrificam, scopulosaque terga
Promovet, ingentique umbra subit ; intremere Ida,
Illidique ratis, pronæque resurgere turres. 520
Occupat Alcides arcum, totaque pharetræ
Nube premit ; non illa magis, quam sede moveri
Magnus Eryx, deferre velint quem vallibus imbres.
Jam brevis, et telo volucri non utilis aer.

quand les torrents semblent vouloir l'entraîner dans les vallées. Déjà l'espace qui l'en sépare se raccourcit ; ses traits ailés n'ont plus d'essor. Alors en proie à la colère, au dépit, à une muette honte, et voyant pâlir d'effroi la jeune fille, il jette son arc, porte les regards sur les rochers qui l'environnent ; et celui que le temps, secondé par les orages ou les lames de la mer, n'eût pu détacher, il l'ébranle jusqu'en ses fondements et l'enlève. Déjà, rassemblant ses replis sur la rive, le monstre, la gueule entr'ouverte, est près de sa victime. Debout sur un écueil, Alcide le prévient, et d'abord lui écrase la tête de son quartier de roc ; ensuite il le frappe à coups redoublés de sa noueuse massue. L'animal, refoulé dans les flots, roule et disparaît au fond de leurs abîmes. Cybèle pousse un cri d'allégresse ; les Nymphes, les Naïades y répondent du haut de leurs collines ; les bergers quittent leurs montagnes, leurs sombres vallées, et, transportés de joie, courent en toute hâte vers la ville. Télamon appelle ses compagnons qui frémissent, et voient avec horreur leur vaisseau nager dans le sang. Hercule, sans perdre de temps, vole au haut de l'âpre rocher, détache les mains de la jeune fille, reprend ses armes, remonte, d'un pas triomphant, le rivage affranchi par sa victoire, et marche au palais de Laomédon. Tel, à travers les prairies, s'avance, la tête haute et grandi par la victoire, un taureau qui a reconquis les étables, les bois de sa patrie, et vengé ses amours.

Cependant accourent au-devant de lui la foule des Phrygiens si longtemps prisonnière dans ses murs, et Laomédon, suivi de sa femme et de son fils ; mais triste, et déjà regrettant les chevaux qu'il doit au vainqueur. Le reste des Troyens borde le haut des remparts, d'où ils admirent Alcide et cette armure qui leur est inconnue. Le roi le regardant d'un air farouche, et masquant ses desseins d'une joie hypocrite et d'une fausse tendresse paternelle, l'aborde en ces mots : « O le plus grand des Grecs, vous que le « hasard seul, et non la pitié pour les maux de « Troie, a conduit vers ces rivages, si ce qu'on « dit est vrai, si vous êtes le fils de Jupiter, soyez « des nôtres, soyez le bienvenu ; car moi aussi, « malgré l'espace qui sépare nos deux patries, « je suis un rejeton du même sang. Mais, après « tant de larmes, après une si cruelle expiation, « que vous arrivez tard ! et que la gloire de « cet exploit en est amoindrie ! Mais allons, ame- « nez vos compagnons dans ces murs fraternels, « et demain vous verrez les chevaux dont je « dois récompenser le libérateur de ma fille. »

Il dit, et machine en silence le complot perfide d'immoler Hercule pendant son sommeil, et d'éluder les prédictions de l'oracle, en lui enlevant ses flèches, qu'il savait devoir être deux fois fatales à la ville de Troie. Mais qui pouvait changer la destinée du royaume de Priam ? Elle est irrévocable cette nuit promise aux Grecs, aux descendants d'Énée, à une autre Troie plus puissante. « Nous allons, dit Hercule, aux « extrémités du Pont-Euxin ; bientôt nous serons

Tum vero fremitus, vanique insania cœpti, 525
Et tacitus pudor ; et rursus pallescere virgo.
Projicit arma manu, scopulos vicinaque saxa
Respicit ; et quantum ventis adjuta vetustas
Impulerit pontive fragor, tantum abscidit imi
Concutiens a sede maris. Jamque agmine toto 530
Pistris adest, miseræque inhiat jam proxima prædæ.
Stat mediis elatus aquis, recipitque ruentem
Alcides, saxoque prior surgentia colla
Obruit ; hinc vastos nodosi roboris ictus
Congeminat : fluctus defertur bellua in imos, 535
Jam totis resoluta vadis ; Idæaque mater,
Et chorus, et summis ululabant collibus amnes.
Protinus e scopulis, et opaca valle resurgunt
Pastores, magnisque petunt clamoribus urbem.
Nuntius hinc socios Telamon vocat, ac simul ipsi 540
Horrescunt, subitoque vident in sanguine puppim.
Nec minus in scopulos, crudique cacumina saxi
Emicat Alcides, vinclisque tenentibus aufert
Virgineas e rupe manus, aptatque superbis
Arma humeris ; regem inde petens, superabat ovante 545
Litora tuta gradu : qualis per pascua victor
Ingreditur, tum colla tumens, tum celsior armis,
Taurus, ubi assueti pecoris stabula alta revisit,
Et patrium nemus, et bello quos ultus amores.

Obvia cui contra, longis emissa tenebris, 550

Turba Phrygum, parvumque trahens cum conjuge natum
Laomedon, jam mœstus equos, jam debita posci
Dona gemit ; pars aerii fastigia muri
Cingit, et ignotis juvenem mirantur in armis.
Illum torva tuens, atque acri lubricus astu 555
Rex subit, et patrio fatur male lætus amore :
Maxime Grajugenum, quem non Sigea petentem
Litora, nec nostræ miserantem funera Trojæ
Appulit his Fors ipsa locis, si vera parentem
Fama Jovem summique tibi genus esse Tonantis, 560
Noster ades, junctusque veni : sator unus, et idem
Stirpis honos, quanquam longis disjungimur oris.
Quot mihi post lacrimas, post quanta piacula patrum
Serus ades ! quam parva tuis jam gloria factis !
Verum, age, nunc socios fraternis mœnibus infer, 565
Ut tibi, servata statui quæ munera prole,
Crastina lux bijuges stabulis ostendat apertis.
Dixerat hæc ; tacitusque dolos, dirumque volutat
Corde nefas, clausum ut thalamis somnoque gravatum
Immolet, ereptaque luat responsa pharetra : 570
Namque bis Herculeis deberi Pergama telis
Audierat. Priami sed quis jam vertere regni
Fata queat ? manet immotis nox Dorica lustris,
Et genus Æneadum, et Trojæ melioris honores.
Nos, ait, ad Scythici, Tirynthius, ostia ponti 575
Raptat iter ; mox huc vestras revehemur ad oras

« de retour, et alors je recevrai vos présents. » Laomédon prit les dieux à témoin qu'il en augmenterait encore le nombre ; mais les Phrygiens pleuraient déjà le parjure de leur roi et les malheurs de leur patrie.

Les Argonautes mettent à la voile pendant la nuit ; ils rasent les bords où s'élèvent les tombeaux d'Ilus et de Dardanus, voient les Troyens qui partout veillent dans les fêtes et dans les plaisirs, l'onde réfléchir les feux sacrés de l'Ida, et le Gargare que remplissent de leurs accords sauvages les flûtes phrygiennes. Poussés par un vent frais, ils gagnent le large et entrent dans le détroit jadis sans nom, mais qui porte aujourd'hui celui de la sœur de Phrixus. Tout à coup, au petit jour et du sein de la mer qui s'entr'ouvre, apparaît, à leur grand étonnement, Hellé, la nouvelle sœur de Panopé et de Thétis. Son front est paré de bandelettes ; elle tient dans sa main gauche un sceptre d'or, dont elle calme les flots ; elle regarde les Argonautes et leur chef, et dit à Jason avec douceur : « Et toi aussi, un sort pa-
« reil au mien, un roi ennemi de sa famille t'ont
« poussé des campagnes de la Thessalie à travers
« des mers inconnues. La fortune disperse encore
« une fois les pénates d'Éolus ! Toi donc, débris
« de sa race malheureuse, c'est un fleuve de Scy-
« thie que tu vas chercher ! Mais quelles vastes
« contrées ! quelle mer immense ! Et plus loin le
« Phase ! Rassure-toi cependant, celui-ci t'ouvrira
« son embouchure. Là, dans une forêt mysté-
« rieuse, sont deux autels qui s'élèvent près d'un
« tombeau de verdure. Vous y apaiserez d'abord

« les mânes de Phrixus, et je vous conjure de lui
« dire en mon nom ces paroles : Je ne suis pas,
« comme tu le penses, ô mon frère, errante sur
« les bords silencieux du Styx, et tu me cher-
« ches en vain parmi les ombres des enfers.
« Quand je suis tombée dans les flots, mon corps
« ne s'est point brisé contre les écueils ; Glaucus
« et Cymothoé m'ont aussitôt tendu la main dans
« ma chute ; et le père de l'Océan, plein de bonté
« pour moi, m'a donné l'empire de cette mer
« d'où je vois, sans jalousie, Ino régner sur celle
« qui porte son nom. » Elle dit, et, songeant à ses anciens malheurs domestiques, elle rentre, en gémissant, au fond de son paisible empire. Jason alors, faisant à la mer des libations de vin, s'écrie : « Descendante de Créthée, honneur des
« ondes et de notre famille, livre-nous passage,
« et sois, ô déesse, le guide bienveillant des
« tiens. »

Et il poursuit sa marche. Il passe entre les deux cités baignées par les eaux du détroit, où, plus resserrées, elles sont aussi plus furieuses, et où l'Europe, bordée d'affreux escarpements, échappe aux envahissements de l'Asie. Le temps destructeur, et sans doute aussi le trident de Neptune, séparèrent ces continents réunis autrefois, comme le furent la Sicile et la Libye ; et le bruit de ce déchirement retentit du Taurus aux montagnes occidentales que domine l'Atlas. Déjà les Argonautes ont dépassé les hauteurs de Percote, la côte dangereuse de Parium, et Pitye ; ils laissent derrière eux Lampsaque qui ne connaît ni les fêtes triennales de Bacchus Ogygien, ni

Donaque dicta feram. Tum vero plura vocatis
Annuit ille deis ; promissa infida tyranni
Jam Phryges, et miseræ flebant discrimina Trojæ.
   Panditur hinc totis in noctem carbasus alis, 580
Litoraque et veteris tumulos præelabitur Ili,
Dardaniumque patrem ; vigili simul omnia ludo
Festa vident ; hinc unda, sacris hinc ignibus Ide
Vibrat, et horrisonæ respondent Gargara buxo.
Inde ubi jam medii tenuere silentia ponti, 585
Stridentesque juvant auræ, Phrixea subibant
Æquora, et angustas quondam sine nomine fauces.
Ecce autem prima volucrem sub luce dehiscens
Terruit unda ratem, vittataque constitit Helle,
Jam Panopes Thetidisque soror, jamque aurea læva 590
Sceptra tenens ; tum sternit aquas, proceresque ducemque
Aspicit, et placidis compellat Iasona dictis :
Te quoque ab Hæmoniis ignota per æquora terris
Regna infesta domus, fatisque simillima nostris
Fata ferunt ; iterum Æolios Fortuna penates 595
Spargit, et infelix Scythicum gens quæritis amnem.
Vasta super tellus, longum, ne defice cœptis,
Æquor, et ipse procul, verum dabit ostia, Phasis.
Hic nemus arcanum, geminæque virentibus aræ
Stant tumulis ; celeres hic prima piacula Phrixo 600

Ferte manu, cinerique, precor, mea reddite dicta :
Non ego per Stygiæ, quod rere, silentia ripæ,
Frater, agor ; frustra vacui scrutaris Averni,
Care, vias ; neque enim scopulis me et fluctibus actam
Frangit hiems ; celeri exemplo subiere ruentem 605
Cymothoe Glaucusque manu ; pater ipse profundi
Has etiam sedes, hæc numine tradidit æquo
Regna, nec Inois noster sinus invidet undis.
Dixerat, et mæstos tranquilla sub æquora vultus
Cum gemitu tulit, ut patrii rediere dolores. 610
Tum pelago vina invergens dux talibus infit :
Undarum decus et gentis, Crethela virgo,
Pande viam, cursuque tuos age, diva, secundo.
   Immittitque ratem, mediasque intervolat urbes,
Qua brevibus furit æstus aquis, Asiamque prementem 615
Effugit abruptis Europa immanior oris.
Has etiam terras, consertaque gentibus arva
Sic, pelago pulsante, reor, Neptunia quondam
Cuspis, et adversi longus labor abscidit ævi,
Ut Siculum Libycumque latus : stupuitque fragorem 620
Taurus, et occiduis regnator montibus Atlas.
Jam juga Percotes, Pariumque infame fragosis
Exsuperant Pityamque vadis, transmissaque puppi
Lampsacus, Ogygii quam nec trieterica Bacchis,

le culte sombre de Cybèle et les fanatiques transports de ses prêtres, mais que son dieu mit tout entière à la discrétion de Vénus. Ils voient de loin, en haut de la ville, les autels de ce dieu, et les insignes qui en décorent le temple. Ici les côtes s'éloignent, le ciel se déroule et agrandit ses limites; la vue commence à planer sur un autre continent.

Entre le Pont-Euxin et l'Hellespont, s'élève du sein de la mer, et comme portée du fond de son lit à la surface, une presqu'île entourée de bas-fonds dangereux, et dont la croupe empiète au loin sur le domaine des flots. Elle tient à l'antique Phrygie, et se termine par une montagne couverte de pins. Près de la mer, au pied de la montagne, est une ville bâtie à mi-côte; Cyzique est le roi de cet heureux pays. A peine a-t-il vu la voile du vaisseau thessalien, qu'il s'avance vers le rivage, contemple avec admiration les Argonautes, leur prend les mains, et, les yeux fixés sur eux, leur adresse ces paroles : « Héros d'É-« mathie, ô vous jusqu'alors inconnus dans ces « parages, et dont l'aspect me confirme et au « delà tous les éloges de la Renommée, ce pays « n'est donc pas si éloigné, cette contrée si diffi-« cile ! L'Orient cessera donc bientôt d'être inac-« cessible aux nations, puisque de tels chefs, de « si valeureux guerriers ont su leur en frayer la « route! Près d'ici sans doute il est une terre « où vivent des peuples barbares, et la Propon-« tide gronde sans cesse et frémit autour de nos « rivages; mais nous avons votre bonne foi, vo-« tre culte; comme vous, la civilisation a adouci

« nos mœurs. Tant s'en faut que nous ayons le « courage farouche des Bébryces et la religion « sanguinaire des Scythes! »

Il dit, et emmène les Argonautes, charmés de cette réception ; il leur fait donner l'hospitalité, et prodigue en leur honneur l'encens sur les autels. On prépare des lits enrichis d'or et de pierreries. Cent esclaves pareils et à la fleur de l'âge dressent des tables d'une magnificence toute royale; les uns en ordonnent les mets, les autres y font circuler des coupes d'or où sont gravés les exploits récents de Cyzique. « Vous voyez ici, » dit-il à Jason, en lui présentant une de ces coupes, « le port si fatal aux Pélasges, leur troupe « rassemblée pendant la nuit, leur fuite, et la « flamme, lancée de ma main, qui dévore leurs « vaisseaux. « Plût aux dieux, répondit Jason, « que le désir de la vengeance ramenât ici les Pé-« lasges, qu'ils tentassent de nouveau leurs bri-« gandages nocturnes, et qu'ils accourussent avec « toute leur flotte! vous verriez ce que peut la « valeur de vos hôtes, et le combat de cette nuit « serait votre dernier combat. »

C'est ainsi, c'est dans ces épanchements mutuels que s'écoulèrent et la nuit et le jour qui lui succéda.

LIVRE III.

Déjà pour la troisième fois l'Aurore avait dissipé les froides ombres et éclairci le ciel. Calme, la mer attendait Tiphys. Les Argonautes quittent la ville, suivis de la foule des habitants, qui ne peuvent se détacher de leurs hôtes si chers, qui

Sacra, neque arcanis phrygius furor invehit antris,   625
Sed suus in Venerem raptat deus; illius aras
Urbe super, celsique vident velamina templi.
Rarior hinc tellus, atque ingens undique cælum
Rursus, et incipiens alium prospectus in orbem.
  Terra sinu medio Pontum jacet inter et Hellen,   630
Ceu fundo prolata maris; namque improba cœcis
Intulit arva vadis, longoque sub æquora dorso
Litus agit : tenet hinc veterem confinibus oris
Pars Phrygiam, pars discreti juga pinea montis.
Nec procul ad tenuis surgit confinia ponti   635
Urbs placidis demissa jugis, rex divitis agri
Cyzicus; Hæmoniæ qui tum nova signa carinæ
Ut videt, ipse ultro primas procurrit ad undas,
Miraturque viros dextramque amplexus, et hærens,
Incipit : O terris nunc primum cognita nostris   640
Æmathiæ manus, et fama mihi major imago.
Non tamen hæc adeo semota, neque ardua tellus,
Longaque jam populis impervia lucis eoæ,
Quum tales intrasse duces, tot robora cerno.
Nam licet hinc sævas tellus alat horrida gentes,   645
Neque fremens tumido circumfluat ore Propontis;
Vestra fides, ritusque pares, et mitia cultu
His etiam mihi corda locis; procul effera virtus
Bebrycis, et scythici procul inclementia sacri.

VALERIUS FLACCUS.

  Sic memorat, lætosque rapit, simul hospita pandi
Tecta jubet, templisque sacros largitur honores.   650
Stant gemmis auroque tori, mensæque paratu
Regifico, centumque pares primæva ministri
Corpora; pars epulas manibus, pars aurea gestant
Pocula, bellorum casus expressa recentum.   655
Atque ea prima duci porgens carchesia Graio
Cyzicus : Hic portus, inquit, mihi territat hostis ;
Has acies sub nocte refert ; hæc versa Pelasgum
Terga vides; meus hic, ratibus qui pascitur, ignis.
Subjicit Æsonides : Utinam nunc ira Pelasgos   660
Efferet, et solitis tentent concurrere furtis,
Cunctaque se ratibus fundat manus : arma videbis
Hospita, nec post hanc ultra tibi prælia noctem.
  Sic ait ; hasque inter variis nox plurima dictis
Rapta vices; nec non simili lux postera tractu.

LIBER III.

Tertia jam gelidas Tithonia solverat umbras,
Exueratque polum; Tiphyn placida alta vocabant.
It tectis Argoa manus; simul urbe profusi
Æuidæ caris socium digressibus hærent.
Dat cererem, lectumque pecus, nec palmite bacchum   5

leur apportent du blé, des troupeaux choisis, et du vin, non de Phrygie ou de Bithynie, mais des coteaux fameux de Lesbos, et venu par l'Hellespont. Cyzique lui-même accompagne, en pleurant, Jason jusqu'au rivage ; il le charge de magnifiques présents, auxquels il ajoute encore des vêtements brodés d'or, premier ouvrage des mains de son épouse Clité, un casque et l'invincible épée de son père. Jason, à son tour, lui offre une coupe, un mors de Thessalie ; et tous deux cimentent, en se donnant la main, l'alliance de leurs maisons.

Maintenant Clio, vierge qui as le don de connaître les desseins des dieux et les causes cachées, dis-moi pourquoi cette guerre désastreuse qui éclata tout à coup entre ces deux héros ; pourquoi Jupiter arma l'une contre l'autre ces mains qui venaient de serrer les nœuds de l'hospitalité ; pourquoi ces trompettes ; pourquoi ces vengeances nées au sein des ombres de la nuit ?

Monté sur un coursier agile, l'intrépide Cyzique, épris d'un violent amour de la chasse, battait un jour les forêts du mont Dindyme, théâtre de la fureur des prêtres de Cybèle. Son javelot perça un lion qui traînait habituellement le char de la déesse par les villes de la Phrygie, et qui venait reprendre le joug. L'imprudent vainqueur en suspendit la crinière et la tête aux portes de son palais ; fatal trophée qui révélait la honte de la déesse ! Aussi n'oublia-t-elle jamais cette injure. Quand elle aperçoit, du haut de son tumultueux séjour, le vaisseau thessalien paré des brillants pavois des Argonautes, elle médite quelle catastrophe, quelle mort d'un nouveau genre elle suscitera contre Cyzique ; comment, pendant la nuit, elle allumera, entre ces alliés confiants, une guerre impie, comment elle enveloppera la ville elle-même dans le piége.

Il était nuit ; l'onde murmurait mollement agitée, et les astres inclinés versaient le doux sommeil. Le vaisseau, ses rames relevées, cède au Zéphyre ; il côtoye Procnesse, dépasse l'embouchure du Rhyndacus, qui conserve ses eaux jaunissantes jusqu'au milieu de la mer, et le promontoire de Sylacé, battu par les flots écumeux. Tiphys, qui se guide sur le vent et sur les étoiles, consulte tantôt l'orient et tantôt l'occident. Mais bientôt, par l'ordre des dieux, le sommeil le plus profond qui se fût jamais emparé de lui surprend sa vigilance ; sa main engourdie laisse échapper le gouvernail ; ses yeux se ferment : un coup de vent fait tourner le vaisseau, et le ramène au port de Cyzique.

A peine a-t-il mouillé dans ces eaux bien connues, que l'air retentit du bruit des trompettes, et de ce cri poussé au sein des ténèbres : « L'en- « nemi est dans le port ; voici, voici les Pélas- « ges ! » On s'éveille. Un dieu semait le trouble et la terreur dans toute la ville ; Pan s'y faisait le ministre de l'implacable colère de Cybèle, Pan qui règne aux forêts, à la guerre ; qui, le jour, se tient caché au fond des antres, et, la nuit, apparaît dans les lieux solitaires ; dont le corps est couvert de poils, et dont le front farouche est hérissé d'une chevelure épaisse ; qui domine de sa voix le son des trompettes, et fait tomber casques et épées, renverse les cochers du haut de leurs roues chancelantes, abat les barrières,

Bithyno Phrygiove satum, sed quem sua noto
Colle per angustæ Lesbos freta suggerit Helles.
Ipse agit Æsonide junctos ad litora gressus
Cyzicus, abscessu lacrimans, oneratque superbis
Muneribus, primas conjux Percosia vestes   10
Quas dabat et picto Clite variaverat auro.
Tum galeam, et patriæ telum insuperabile dextræ
Addidit ; ipse ducis pateras, et Thessala contra
Frena capit, manibusque datis junxere penates.
   Tu mihi nunc causas infandaque prælia, Clio,   15
Pande virum : tibi enim superum data, virgo, facultas
Nosse animos, rerumque vias, cur talia passus
Arma, quid hospitiis junctas concurrere dextras
Jupiter ; unde tubæ ; nocturnaque movit Erinnys.
Dindyma sanguineis famulum bacchata lacertis,   20
Dum volucri quatit asper equo, silvasque fatigat
Cyzicus, ingenti prædæ deceptus amore,
Assuetum Phrygias dominam vectare per urbes,
Oppressit jaculo redeuntem ad frena leonem.
Et nunc ille jubas, captivaque postibus ora   25
Imposuit, spolium infelix, divæque pudendum.
Quæ postquam Hæmoniam, tantæ non immemor iræ,
Ærisono de monte ratem, præfixaque regum
Scuta videt, nova monstra viro, nova funera volvit,

Ut socias in nocte manus, utque impia bella   30
Conserat, et sævis erroribus implicet urbem.
   Nox erat, et leni canebant æquora sulco ;
Et jam prona leves spargebant sidera somnos.
Aura vehit ; religant tonsas, veloque Procnesson,
Teque etiam medio flaventem, Rhyndace, ponto,   35
Spumosumque legunt fracta Scylaceion unda.
Ipse diem longe solisque cubilia Tiphys
Consulit, ipse ratem vento stellisque ministrat ;
Atque illum non ante sopor luctamine tanto
Lenit agens divum imperiis ; cadit inscia clavo   40
Dextera, demittitque oculos ; solataque puppis
Turbine flectit iter, portuque refertur amico.
   Ut notis allapsa vadis, dant æthere longo
Signa tubæ, vox et mediis emissa tenebris :
Hostis habet portus, soliti rediere Pelasgi.   45
Rupta quies ; deus ancipitem lymphaverat urbem,
Mygdoniæ Pan jussa ferens sævissima Matris ;
Pan nemorum bellique potens, quem lucis ad horas
Antra tenent, patet ad medias per devia noctes ;
Setigerum latus, et torvæ coma sibila frontis.   50
Vox omnes super una tubas, qua conus et enses,
Qua trepidis auriga rotis, nocturnaque muris
Claustra cadunt ; talesque metus non Martia cassis,

protectrices nocturnes des cités : moins épouvantables sont le cimier de Mars, la chevelure des Euménides, l'horrible Gorgone, quand, à leur suite, l'air se peuple de fantômes qui entraînent après eux les armées. C'est un jeu pour lui quand les troupeaux effrayés s'échappent des étables, et que les jeunes taureaux fuient, renversant les halliers.

Ce cri arrive au roi. Fuyant les spectres livides qui troublaient son sommeil, Cyzique se lève tout à coup. Il voit, sur le seuil de la porte, Bellone, le flanc nu, faisant sonner à chaque pas son armure, balayant les plafonds de sa triple aigrette, et l'appelant aux armes. L'insensé la suit à travers la ville, et court à son dernier combat. Tel Rhétus, qui, les yeux obscurcis par l'ivresse et voyant double le mont Pholoé, et son antre s'agrandir outre mesure, se précipite contre Hercule et Thésée; ou tel Athamas, revenant de la chasse, chante Diane et les forêts, porte Léarque sur ses épaules, et fait détourner d'horreur les yeux des Thébains. Déjà Cyzique est aux portes de la ville; il entraîne la garde, qui la première va seconder sa fureur; d'autres accourent ensuite, à mesure que l'alarme se répand de maison en maison.

Mais la peur a cloué sur leurs bancs les Argonautes. Ils se sentent défaillir, à l'aspect de ce rivage qu'ils ne reconnaissent plus, de ces dangers, de ces casques, de ces boucliers étincelants; ils se demandent si cet ennemi qui veille sous les armes, si les Colchidiens eux-mêmes ne viennent pas les attaquer. Tout à coup un trait, lancé avec vigueur, passe en sifflant, au-dessus du vaisseau, et les avertit d'apprêter leurs armes. Chacun s'arme au hasard de ce qui lui tombe sous la main. Jason saisit son casque, et s'écrie : « Agrée, ô mon père, ce premier combat de ton « fils; et vous, guerriers, supposez que vos vœux « s'accomplissent, et que vous êtes à Colchos. » Soudain pareil à Mars, quand le dieu du haut du ciel se précipite au milieu des Thraces, animé par les cris, les clairons homicides de ce peuple héroïque, Jason, plein d'ardeur, s'élance sur le rivage. Ses compagnons le suivent; ils avancent corps contre corps, boucliers contre boucliers, offrant ainsi un rempart d'airain que ni Pallas armée de son égide, ni le bras de Jupiter, ni les coursiers de Mars, ni la Crainte, ni la Terreur, ne sauraient ébranler. Telle on voit la masse épaisse des nuages rassemblés par Jupiter résister tour à tour au souffle impuissant du Zéphyre et du Notus, et glacer d'effroi les mortels, incertains sur quelle mer, sur quelle campagne éclatera l'orage.

Cependant les malheureux habitants de Cyzique poussent de grands cris, lancent des quartiers de rocs, des torches enflammées, et font siffler leurs frondes. L'immobile phalange, insensible au bruit, comprime son ardeur, jusqu'à ce qu'ils aient épuisé leur première décharge. Mopsus et Eurytus aperçoivent d'abord l'armure étincelante et la grande ombre de Corythus; celui-ci les voit à son tour, et soudain à l'éclat du fer il recule, comme le pâtre à l'aspect d'un fleuve enflé par les orages, et roulant des arbres

Eumenidumque comae, non tristis ab aethere Gorgon
Sparserit, aut tantis aciem raptaverit umbris, 55
Ludus et ille deo, pavidum praesepibus aufert
Quum pecus, et profugi sternunt dumeta juvenci.
  Ilicet ad regem clamor ruit; exsilit altis
Somnia dira toris simulacraque pallida linquens
Cyzicus. Ecce super foribus Bellona reclusis, 60
Nuda latus, passuque movens orichalca sonoro,
Adstitit, et, triplici pulsans fastigia crista,
Inde ciere virum; sequitur per moenia demens
Ille deam, et fatis extrema in praelia tendit.
Qualis in Alciden et Thesea Rhoetus, iniqui 65
Nube meri geminam Pholoen, majoraque cernens
Antra, ruit; qualisve redit, venatibus actis,
Lustra pater Triviamque canens, humeroque Learchum
Advehit, at miserae declinant lumina Thebae.
Jamque adeo nec porta ducem, nec pone moratur 70
Excubias sortita manus, quae prima furenti
Advolat; hinc alii subeunt, ut proxima quaeque
Intremuit domus, et motus accepit inanes.
  At Minyas anceps fixit pavor; aegra virorum
Corda labant, nec, quae regio aut discrimina, cernunt, 75
Cur galeae clipeique micent, num pervigil armis
Hostis, et exciti dent obvia praelia Colchi :
Donec et hasta volans immani turbine transtris

Insonuit, monuitque ratem rapere obvia caeca
Arma manu. Princeps galeam constringit Iason, 80
Vociferans : Primam hanc nati, pater, accipe pugnam;
Vosque, viri, optatos huc adfore credite Colchos.
Bistonas in medios ceu Martius exsilit astris
Currus, ubi ingentes animae, clamorque, tubaeque
Sanguineae juvere deum : non segnius ille 85
Occupat arva furens; sequitur vis omnis Achivum,
Agglomerant latera, et densis thoracibus horrens
Stat manus, aegisono quam nec fera pectore virgo
Dispulerit, nec dextra Jovis, Terrorque Pavorque,
Martis equi : sic contextis umbonibus urgent : 90
Caeruleo veluti quum Jupiter agmine nubem
Constituit; certant Zephyri, frustraque rigentem
Pulsat utrimque Notus : pendent mortalia longo
Corda metu, quibus illa fretis, quibus incidat arvis.
  Hinc manus infelix clamore impellere magno 95
Saxa, facesque atras, et tortae pondera fundae;
Fert sonitus immota phalanx, irasque retentant,
Congeries dum prima fluat : stellantia Mopsus
Tegmina, et ingentem Corythi notat Eurytus umbram.
Restitit ille gradu, seseque a lumine ferri 100
Sustinuit praeceps, subitam ceu pastor ad amnem,
Spumantem nimbis, fluctuque arbusta ruentem.
Et Tydeus : En intentis quem viribus, inquit,

dans son lit impétueux. Tydée alors : « En voici un contre qui j'essayerai mes forces : que ne puis-je l'attaquer de près ! Quelque part que tu t'arrêtes, tu périras. » Et de son dard il perce le flanc de Corythus qui tombe avec fracas, mord la poussière, et vomit à la fois son sang et sa vie. Tel un vaisseau, guidé par un pilote ignorant, n'a jamais rasé impunément l'écueil anguleux caché sous les flots; tel le peuple de Cyzique court en aveugle sur la pointe des épées. Iron est tué, et Cotys, et Biénor plus vaillant que son père Pirnus.

Cependant l'agitation augmente dans la ville; tout y est trouble et confusion. Génysus, à qui son épouse avait caché ses armes, s'empare d'un tison dont l'éclat, avivé par l'air, révèle sa présence ; il s'applaudit, l'infortuné, d'avoir trouvé cette arme. Médon laisse inachevé un sacrifice nocturne, et déserte les tables chargées d'offrandes; il roule autour d'une main sa chlamyde de pourpre, impuissant bouclier, et brandit de l'autre son épée étincelante; puis il vole au combat. Les vins, les mets restent intacts, les lits solitaires; seuls, les esclaves veillent alentour. Tous deux se perdent dans la mêlée, et, diversement armés, y périssent aussi d'une mort différente.

Phlégyas, secouant une torche noueuse et enduite d'un épais bitume, descend de la citadelle, où tout est en émoi : il croit, comme autrefois, que la troupe fugitive des Pélasges est revenue pendant la nuit. La lueur fumeuse de sa torche éclaire tout son corps; il l'élève, en poussant de vains cris; il cherche Thamyrus, qu'il a déjà repoussé tant de fois: tel, rouge des feux de l'ouragan, Typhon, du haut du ciel où Jupiter le tient suspendu par les cheveux, plonge ses regards sur la terre, et épouvante les rochers de sa prunelle sinistre. Mais Hercule, courbé tout entier sur son arc, se précipite de ce côté, dirige, à la faveur de la lumière, une flèche qui s'enflamme à la torche, et va frapper Phlégyas à la poitrine. Celui-ci tombe la tête sur le flambeau, dont le feu redouble en s'attachant à sa chevelure. Pélée renverse Ambrosius, Ancée l'immense Éthélus, et, laissant venir à portée Télécoon, lui abat la tête de deux coups de hache, et lui enlève son baudrier, dont les ornements en relief étincelaient à la vague clarté des astres. « Laisse, dit Nestor, ces dépouilles, ces « cadavres, prémices de la victoire; c'est au fer, « au fer seul à achever notre ouvrage. » Et, saisissant Amaster, il lui tranche la tête, et exhorte ses compagnons à fondre tous ensemble sur l'ennemi. Ils rompent leur phalange, s'élancent, et se dispersent çà et là, à travers les ténèbres. Le lourd Phléïas rencontre Ochus; Hébrus tremblant est heurté par Pollux ; Jason, foulant aux pieds des cadavres baignés dans le sang, domine le champ de bataille et le parcourt semblable à l'ouragan déchaîné sur les flots. Il laisse demi-morts Zélys, Brotès et Abaris, et poursuit Glaucus, qui se retourne, mais qu'il prévient en lui plongeant le fer dans la gorge. Vainement Glaucus pare le

Experiar, manibusque dari quem comminus optem;
Quo steteris, moriere loco. Subit ilia cuspis   105
Olenii; dedit ilia sonum, compressaque mandens
Æquora purpuream singultibus exspuit auram.
Ac velut in medio rupes latet horrida ponto,
Quam super ignari numquam rexere magistri
Præcipites impune rates : sic agmine cæco   110
Incurrit strictis manus ensibus. Occubat Iron,
Et Cotys, et Pirno melior genitore Bienor.
    At magis interea diverso turbida motu
Urbs agitur; Genyso conjux amoverat arma :
Ast illi subitus ventis vivoque reluxit   115
Torre focus; telis gaudes, miserande, repertis.
Linquit et undantes mensas, infectaque pernox
Sacra Medon; chlamys imbelli circumvenit ostro
Torta manum, strictoque vias præfulgurat ense.
Talis in arma ruit; jam vina dapesque remotæ :   120
Statque loco torus; insomnes mansere ministri.
Inde vagi nec tela modis, nec casibus isdem
Conseruere manum, et longe jacuere perempti.
    Ecce, gravem nodis pinguique bitumine quassans
Lampada, turbata Phlegyas decurrit ab arce;   125
Ille leves de more manus, aciemque Pelasgum
Per noctem remeasse ratus, pulsumque requirens
Sæpe sibi vano Thamyrum clamore petebat
Arduus, et late fumanti nube coruscus :
Quantus ubi immenso prospexit ab æthere Typhon,   130
Igne simul ventisque rubens, quem Jupiter alte
Crine tenet; trepidant diro sub lumine puppes.
Tollitur hinc, totusque ruit Tirynthius arcu,
Pectore certa regens adversa spicula flamma,
Per piceos accensa globos : et pectus arundo   135
Per medium contenta fugit; ruit ille comanti
Ore facem supra, majorque apparuit ignis.
Ambrosium Peleus, ingentem Ancæus Ethelum
Sternit, et elatæ propius succedere dextræ
Telecoonta sinit, duplicataque ora securi   140
Disjicit cervice tenus; simul aspera victor
Cingula sublustri vibrantia detrahit umbra.
Has, precor, exuvias et prima cadavera, Nestor,
Linquite, ait ; ferro potius mihi dextera, ferro
Navet opus. Prensumque manu detruncat Amastrum.   145
Diversasque simul socios invadere turmas
Admonuit. Pergunt rupta testudine fusi,
Qua tenebræ campique ferunt. Gravis invenit Ochum
Phleias, et trepido Pollux impingitur Hebro.
Ipse super vultus, taboque labantia terga,   150
Dux campi Martisque potens, ut cæca profundo
Currit hiems, Zelyn et Broten Abarinque relinqui
Semineces; Glaucum sequitur, Glaucumque ruentem
Occupat, et jugulo vulnus molitur aperto.
Ille manu contra telum tenet, ultima frustra   155
Verba ciens, fixamque videt decrescere cornum.
Hinc Halyn, hinc rigido transcurrens demetit ense

coup de sa main et jette un dernier cri ; il voit le dard pénétrer de plus en plus dans la plaie. Jason immole en courant Halys, Prothis, et Dorée dont la voix facile et la lyre harmonieuse osèrent se faire entendre dans les festins, après le chantre mélodieux de la Thrace. Hercule a déposé son arc et ses flèches, mais il renverse des bataillons à coups de massue. Ainsi qu'en une forêt épaisse qu'abattent de vigoureux bûcherons, l'énorme chêne cède, en craquant, à la violence des coins qui le déchirent, le sapin, l'arbre à poix tombent avec fracas; ainsi les os et les mâchoires retentissent, brisés par la massue d'Hercule, et les cerveaux épars blanchissent au loin la plaine. L'agile Ichnon s'était traîtreusement glissé jusqu'à ses pieds ; le héros le saisit par la barbe, et levant sa massue : « Meurs, dit-il, meurs de la « main d'Hercule, honneur insigne et qui ren- « dra fameux tes derniers instants. » Ichnon tombe et frémit d'horreur ; le premier il a reconnu ce nom ami ; il en porte l'affreuse nouvelle aux mânes qui l'ont précédé. En vain Ornytus, plein de bonté pour tes hôtes thessaliens, tu prolongeas leur séjour et célébras leur arrivée comme une fête domestique, voici venir Idmon, le chef couvert d'un casque à l'aigrette rouge, dont toi-même, hélas! lui fis présent; il te rencontre et te frappe. Et toi, Crénée, en quel état te reverra ton père? Déjà le froid sommeil a clos tes charmantes paupières ; ta candeur, ta jeunesse, ta beauté, tout a disparu, tout s'est exhalé avec ton dernier soupir. Va donc, insensible à l'amour des Nymphes, quitte maintenant les forêts! Ailleurs, Hylas, le bel Hylas, l'espoir et l'honneur des armes, si Junon et les Destins le permettent, montre pour la première fois son audace ; il lance un trait à Sagès qui lui perce le cœur et terrasse le guerrier.

Trompés par la nuit, les deux Tyndarides, fatale erreur ! arrivaient l'un sur l'autre. Le premier, Castor, marche au-devant des coups. Mais l'astre qu'ils portent à leur front brille soudain et les désabuse. Castor frappe Itys à la ceinture, à l'endroit où deux têtes de dragons forment l'agrafe du baudrier. Pollux renverse Hagès, Thapsus, Néalcès qui brandissait sa hache, et Cydrus tout pâle encore de la blessure de Canthus. Il lance ensuite, de toute sa vigueur, une flèche au chasseur Érymus ; elle lui portait la mort, quand la Lune, touchée de compassion pour son jeune serviteur, darde du sein des nuages un rayon lumineux. Le trait qu'éclaire sa lumière fait plier l'aigrette d'Érymus, rase en sifflant le casque, et se perd dans le vide. Télamon perce Nisée d'une flèche qui, traversant le triple airain de la cuirasse, s'enfonce dans la poitrine du présomptueux Opheltès : « Plût aux dieux, s'écrie-t-il « avec joie, que le sort en ce jour eût fait tomber « sous ma main le roi de ces barbares, ou quel- « que autre comme lui d'une naissance illustre, « quelqu'un de leurs grands qu'ils pleurassent à « jamais! » A ces morts il ajoute Arès, son frère Mélanthus, et Phocée, fils d'Oléuns, qui, chassé du pays des Lélèges, avait (que ne peuvent la patience et l'adresse ?) obtenu l'amitié de Cyzique et l'honneur de sa plus intime familiarité.

Prothin, et insignem cithara cantuque fluenti
Dorcea, qui dulci festis assistere mensis
Pectine Bistoniæ magnum post ausus alumnum. 160
Nec pharetram, aut acres ultra Tirynthius arcus
Exercet, socia sed disjicit agmina clava.
Ac veluti magna juvenum quum densa securi
Silva labat, cuneisque gemit grave robur adactis,
Jamque abies piceæque ruunt : sic dura sub ictu 165
Ossa virum malæque sonant, sparsusque cerebro
Albet ager. Levis ante pedes subsederat Ichnon;
Occupat os barbamque viri, clavamque superne
Intonat : Occumbens, i nunc, ait, Herculis armis;
Donum ingens, semperque tuis mirabile fatis. 170
Horruit ille cadens, nomenque agnovit amicum
Primus, et ignaris dirum scelus attulit umbris.
Nec tibi Thessalicos tunc profuit, Ornyte, reges
Hospitis, aut mente moras fovisse benigna,
Et laribus sacrasse diem : procul advenit Idmon, 175
Oblatumque ferit, galeam cristasque rubentes,
Heu tua dona! ferens. Quem te, qualemque videbit
Attonitus, Crenæe, parens! en frigidus orbes
Purpureos jam somnus obit, jam candor, et aura
Deficiunt, vitaque fugit decus omne soluta. 180
Desere nunc nemus, et nympharum durus amores!
At diversa Sagen turbantem fallere nervo

Tum primum puer ausus Hylas, spes maxima bellis
Pulcher Hylas, si fata sinant, si prospera Juno;
Prostravitque virum celeri per pectora telo. 185
Accessere, nefas! tenebris fallacibus acti
Tyndaridæ in sese. Castor prius ibat in ictus
Nescius : ast illos nova lux, subitusque diremit
Frontis apex : tum Castor Ityn, qua cærulus ambit
Balteus, et gemini committunt ora dracones; 190
Frater Hagen, Thapsumque, securigerumque Nealcen.
Transigit, et Canthi pallentem vulnere Cydrum.
Torserat hic totis connisus viribus hastam
Venatori Erymo : brevis hanc sed fata ferentem
Prodidit, et piceo comitem miserata refulsit 195
Luna polo; cessere jubæ, raptumque per auras
Vulnus, et extrema sonuit cita casside cuspis.
Nisæum Telamon, et Opheltem vana sonantem,
Per clipei cedentis opus, partemque trilicem,
Qua stomachi secreta, ferit, lætusque profatur : 200
Di, precor, hunc regem, aut æque delegerit alta
Fors mihi gente satum, magnusque et flebilis urbi
Conciderit. Super addit Aren, fraterumque Melanthum,
Phoceaque Oleniden, Lelegum qui pulsus ab oris,
Regis amicitiam, et famuli propioris honores 205
(Qua patiens non arte?) tulit ; nox alta cadentum
Ingentes donec sonitus, angetque ruinas.

La nuit, par son silence, accroît le bruit de ces luttes, de ces cadavres qui tombent; et comme l'île d'Inarime ou comme le Vésuve exhale des mugissements plus terribles, lorsqu'au milieu de la nuit il éveille tout à coup les cités épouvantées, ainsi se poursuit l'œuvre de destruction; et cependant les astres restent immobiles, et la Nuit, témoin de ces horreurs, ralentit son char.

Muse, achevons ensemble, achevons le tableau de cette nuit infernale. Tisiphone inquiète a senti le souffle des coursiers du Soleil; l'ombre s'affaisse, plus pesante à mesure que la lumière approche; on ne distingue encore ni les enseignes, ni les combattants, ni les morts; l'acharnement redouble. Dites-moi, Muses, la fureur des Euménides, complices de la Nuit; dites-moi le fracas des armes, les sanglots des mourants abattus sur le sol, et les mânes envoyés aux enfers par les Argonautes.

Traînant après soi son destin, et fatiguant l'espace de ses courses inutiles, Cyzique croit avoir encore une fois repoussé les Pélasges et jonché la terre de leurs corps; il triomphe. Mais cette joie, cette confiance, c'est la colère des dieux qui les lui inspire. Tel Céus, au fond du noir Tartare, traînant les chaînes qu'il a rompues et dont l'avait chargé Jupiter, appelle Saturne et Tityus, et aspire, l'insensé, à revoir la lumière; mais Cerbère et les serpents des Euménides l'ont bientôt repoussé au delà des ténébreux rivages. Cyzique grince des dents, et gourmande ainsi les retardataires : « Ne rougirez-vous jamais de « n'avoir de courage qu'à la suite de votre « roi? Que la flûte phrygienne, que les hurle- « ments du Dyndime et la célébration de ses mys- « tères vous appellent, furieux alors, vous tirez « l'épée avec enthousiasme; qu'un prêtre vous « présente le fer, votre sang jaillit à son ordre. » Depuis longtemps déjà il insultait la mère des dieux, quand soudain il se sent défaillir; son ardeur s'éteint, sa course se ralentit, son cœur se glace : il entend rugir les lions de Cybèle, sonner les trompettes; il voit dans les nuages s'ébranler les tours au front de la déesse. Alors un lourd javelot, lancé par Jason, vient droit à lui à travers les ténèbres, et s'ouvre un large chemin dans sa poitrine. Oh! qu'il voudrait maintenant n'avoir jamais connu les forêts, jamais perdu ses années au plaisir de la chasse! Ainsi de toutes parts combattaient les magnanimes Argonautes. Un bruit de pas, un mouvement leur est suspect et les appelle : s'ils se saisissent entre eux, au mot de passe ils se reconnaissent. Si le carnage eût duré jusqu'au jour, c'en était fait du peuple entier de Cyzique; les femmes seules fussent restées dans la ville, et les maris égorgés sur le rivage.

Mais, le roi mort, Jupiter pensa qu'il était temps de mettre un terme à la rigueur du Destin, à cette horrible mêlée. Tout à coup, et sans que la sérénité des cieux en soit troublée, il fait gronder son tonnerre. A ce signal, les filles de la Nuit, l'infatigable Mars sont saisis d'effroi, et les portes de la Guerre se referment au fond de l'infernal séjour. Les vaincus tournent le dos, et fuient à travers la plaine; les Argonautes ne songent pas à les poursuivre; leur courage alarmé s'ar-

Ut magis Inarime, magis ut mugitor anhelat
Vesvius, attonitas acer quum suscitat urbes :
Sic pugnæ crudescit opus : neque enim ignea cedunt 210
Astra loco, lentis hæret nox conscia bigis.
Perge, age, tartareæ mecum simul omnia noctis,
Musa, sequi. Trepidam Phaethon afflavit ab alto
Tisiphonen, graviorque locos jam luce propinqua
Umbra premit; non signa virum, non funera cernunt, 215
Et rabie magis ora calent. Vos prodite, divæ,
Eumenidum noctisque globos, vatique patescat
Armorum fragor, et trepidi singultibus agri
Labentum, atque acti Minyis per litora manes.
Cyzicus hic aciem vanis discursibus implet, 220
Fata trahens; jam pulsa sibi cessisse Pelasgum
Agmina, jam passim vacuos disjecta per agros
Credit ovans, tales aditus, ea gaudia fingit
Ira deum : fundo veluti quum Cœus in imo
Vincla Jovis fractoque trahens adamante catenas, 225
Saturnum Tityonque vocat, spemque ætheris amens
Concipit; ast illum, fluviis et nocte remensa,
Eumenidum canis, et sparsæ juba reppulit hydræ.
Sævit acerba fremens, tardumque a mœnibus agmen
Increpitat : Numquamne dolor virtute subibit 230
Nil ausas sine rege manus? at barbara buxus

Si vocet, et motis ululantia Dindyma sacris,
Tunc ensis placeatque furor; modo tela sacerdos
Porrigat, et jussa sanguis exuberet ulna.
Talibus insultans jam dudum numine divæ 235
Deficit; infracti languescunt frigore cursus;
Corda pavent; audit fremitus irasque leonum,
Cornuaque, et motas videt inter nubila turres.
Tunc gravis et certo tendens stridore per umbras,
Æsonii venit hasta ducis, latumque sub imo 240
Pectore rumpit iter. Quam nunc incognita vellet
Lustra sibi, nullisque datos venatibus annos!
Talia magnanimi diverso turbine fundunt
Tela viri, sonituque pedum, suspectaque motu
Explorant; prensant socios, vocemque reposcunt. 245
Quod si tanta lues seros durasset in ortus,
Exstinctum genus, et solas per mœnia matres
Vidisset, stratamque diis in litore gentem.
Tum pater omnipotens, tempus, jam rege perempto,
Flectere fata ratus, miserasque abrumpere pugnas, 250
Supremam celeravit opem; nutuque sereno
Intonuit, quem nocte satæ, quem turbidus horret
Armipotens : tunc porta trucis coit infera belli.
Continuo dant terga metu, versique per agros
Diffugiunt; quæ sola salus : nec terga ruentum 255

rête. Cependant un faible rayon de lumière glisse sur le port; le jour est levé : voici blanchir les tours de la ville, ô crime! elles sont reconnues. « Dieux de la mer, » s'écrie Tiphys du milieu de ses compagnons stupéfaits, « quel fatal sommeil « m'avez-vous imposé! O mes amis, de quel sang « venons-nous d'inonder ce rivage ! » Mais ils ne peuvent ni gémir, ni lever leurs yeux qui leur font voir tous leurs forfaits; leur sang se glace, leurs membres se roidissent. Telle est Agavé, lorsque, libre enfin des frénétiques inspirations de Bacchus, elle retrouve, au lieu du taureau qu'elle a immolé et des cornes de l'animal, les traits et la chevelure de son fils Penthée. Cependant les vieillards avaient quitté la ville pour courir au rivage; mais à peine ont-ils reconnu leurs amis, qu'ils reculent et fuient épouvantés. Jason leur tend la main et s'écrie : « Qui fuyez-vous? Oui, « ces meurtres sont notre ouvrage; et plût au « ciel que nous fussions nous-mêmes les victimes! « Mais un dieu sans pitié nous a trompés tous. « Nous sommes les Argonautes, vos amis, vos « hôtes. Que tardons-nous de rendre à ces infor-« tunés les honneurs suprêmes? »

Ils se précipitent alors, en se lamentant, sur ces cadavres entassés et sans vie. La mère reconnaît son fils, l'épouse son mari, aux vêtements qu'elles leur ont tissus. Leurs longs gémissements frappent les échos du rivage et s'élèvent jusqu'au ciel. Les unes recueillent un dernier soupir, ou pressent des blessures encore palpitantes; les autres, trop tard accourues, ferment des yeux éteints. Mais lorsqu'au milieu de cet amas sanglant on eut trouvé le corps de Cyzique, tout autre regret disparut; on ne pleura plus que sur lui. Les mères, les esclaves, le peuple entier, tous se réunissent dans une commune douleur. L'affliction, le désespoir ne sont pas moins vifs chez les Argonautes. Rangés autour du cadavre, ils versent des larmes sur leur criminel triomphe, déplorent le coup parti de la main de Jason, et s'efforcent de l'en consoler. Lui, ne reconnaissant plus dans cette chevelure souillée de sang, dans ces joues livides, dans cette poitrine déchirée par le fer, l'ami qu'il a quitté la veille, presse dans ses bras le corps de Cyzique, et s'écrie au milieu des sanglots : « Infortuné! la « mort du moins t'a dérobé l'horreur de notre « forfait, et tes plaintes n'ont pu protester « contre la violation de notre amitié. Oh! com-« bien est plus triste ma destinée! Voilà donc cet « ami, voilà cet hôte que la fortune ramène près « de toi. Toi, périr de ma main, ô comble de « malheur! Est-ce là ce que j'espérais? Est-ce là « le prix que je réservais à ton affectueuse hos-« pitalité? Si les dieux voulaient ce combat et « qu'il leur plût de le prolonger, n'était-il pas plus « juste que je succombasse, et que tu restasses, « toi, pour me pleurer? Vous accuserai-je, antres « du dieu de Claros, chênes de Jupiter? Sont-ce « là les combats, les triomphes que m'annonçaient « vos oracles? Fallait-il qu'ils se tussent sur ce « crime effroyable, eux qui me prédisaient l'hor-« rible trépas de mon vieux père et tant d'autres « malheurs? Fatal rivage! dieux jaloux qui m'y « avez ramené! Où trouverai-je désormais un « pays qui me reçoive, qui ne me chasse pas « ayant à peine touché le rivage? Les dieux m'ont

Mens Minyis conversa sequi; stetit anxia virtus.
Ecce, levi primos jam spargere lumine portus
Orta dies, notæque, nefas! albescere turres.
Di maris, attonito conclamat ab agmine Tiphys,
Ut mea fatali damnastis pectora somno! 260
Heu socii quantis complerunt litora monstris!
Illi autem neque adhuc gemitus, neque conscia facti
Ora levant; tenet exsangues rigor horridus artus :
Ceu pavet ad crines, et tristia Penthéos ora
Thyas, ubi impulsæ jam se deus agmine matris 265
Abstulit, et cæsi vanescunt cornua tauri.
Nec minus effusi grandævum ad litora vulgus,
Ut socias videre manus, dare versa retrorsus
Terga metu; dextram tendens proclamat Iason :
Quos fugitis? vellem hac equidem me strage meosque 270
Procubuisse magis : deus hæc, deus asper utrisque
Implicuit; sumus en Minyæ, sumus hospita turba!
Cur etiam flammas miserosque moramur honores?

Tum super exsangues confertæ cædis acervos
Præcipiti plangore ruunt; agnoscit in alta 275
Strage virum sua texta parens, sua munera conjux.
It gemitus toto sinuosa per æquora cælo.
Pars tenues flatus, et adhuc stridentia prensant
Vulnera, pars sera componunt lumina dextra.

At vero, in mediis exsangui rege reperto 280
Aggeribus, tristi sileant ceu cætera planctu,
Sic famulum matrumque dolor, sic omnis ad unum
Versa manus; circa lacrimis ac mentibus ægri
Stant Minyæ, deflentque nefas, et cuspidis ictus
Æsoniæ, sortemque ducis solantur acerbam. 285
Ille ubi concretos pingui jam sanguine crines,
Pallentesque genas, infractaque pectore caro
Tela, neque hesternos agnovit in hospite vultus,
Ingemit, atque artus fatur complexus amicos :
Te tamen ignarum tanti, miserande, furoris 290
Nox habet, et nullo testantem fœdera questu;
At mihi luctificum venit jubar, et in quibus adsum
Colloquiis! cui me hospitio fortuna revexit!
Exstinguine mea (satis hoc defuit unum)
Speravi te posse manu? talisve reliqui 295
Has ego, amice, domos? quod si jam bella manebant,
Et placitum hoc superis, nonne hæc mea justius essent
Funera, meque tuus potius nunc plangeret error?
Nec Clarii nunc antra dei, quercusque Tonantis
Argucrem? talesne acies, talesne triumphos 300
Sorte dabant? tantumne nefas mens conscia vatum
Conticuit, patriæ exitium crudele senectæ,
Et tot acerba canens? heu divis visa sinistris

« envié le bonheur de revenir près de toi, de te
« venger de tes ennemis, après avoir vaincu moi-
« même le Phase et la Scythie; mais je puis encore
« te baigner de mes larmes, te serrer sur mon
« cœur, enlacer dans mes bras ton cadavre glacé.
« Vous donc, roulez ici le bois funéraire, versez
« l'eau lustrale sur les bûchers de nos amis ; offrez
« à vos victimes les présents que Cyzique lui-
« même eût offerts à vos mânes. »

Clité, les cheveux épars et penchée sur le corps de Gyzique, sollicite les femmes à partager son désespoir. « O mon époux, dit-elle, la mort qui te ravit à la fleur de l'âge me ravit tout à moi-même.
« Je n'ai pas même un fils, la joie de notre hymen,
« pour souffrir, pour gémir avec moi sur ta des-
« tinée, pour adoucir par la moindre consolation
« la violence de mes regrets. Mon père a suc-
« combé, et ma patrie avec lui, en combattant les
« Mygdoniens. Diane a percé ma mère d'un
« trait mystérieux et mortel; et toi qui étais à la
« fois mon père, mon époux et mon frère, toi
« l'unique objet de mes vœux depuis mon enfance,
« tu m'abandonnes, hélas ! et le dieu qui te frappe
« a frappé toute la ville. Que dis-je ! je ne t'ai pas
« même vu mourant me tendre les bras; je n'ai
« point recueilli tes derniers conseils. Tranquille
« dans ma couche, je me plaignais seulement de
« ta trop longue absence; et c'est ainsi que je te
« retrouve ! » Émus de sa douleur, Castor et Pollux l'arrachent avec peine de ce corps qu'elle étreignait convulsivement de ses bras.

Cependant on se hâte; on dépouille les montagnes; on dresse d'innombrables bûchers; on les décore; on les couvre de cadavres. Déjà s'avance le coursier, la tête penchée; puis les chiens de chasse, puis les autres victimes. Chacun a les siens, qu'il honore suivant son affection ou suivant sa fortune. Au milieu, le bûcher de Cyzique domine au loin tous les autres; Jason y porte le corps en sanglottant, et le dépose sur un tapis de pourpre; il le recouvre d'un manteau écarlate, brodé d'or, qu'Hypsipyle, avant son départ de Lemnos, avait achevé à la hâte, et jette pardessus le casque et le baudrier que Cyzique chérissait le plus. Celui-ci, la face tournée vers la ville, tient à la main le sceptre, noble attribut de la royauté, qu'avaient porté ses ancêtres et qu'il n'a pu transmettre à aucun descendant. Alors les Argonautes, couverts de leurs armes, font trois fois le tour des bûchers, qui s'ébranlent au bruit de leurs pas; trois fois l'air retentit du son lugubre des trompettes; un dernier cri se fait entendre; on allume les feux. Bientôt la flamme dévore tout ce pompeux appareil; elle s'élance et se reflète au loin sur les flots. Tel était donc le sort réservé à Cyzique et à son peuple, dès le jour où tombèrent les sapins du Pélion ! Et pourtant tout le leur présageait : le vol sinistre des oiseaux, la foudre lancée sur le sein des mers. Mais qui s'inquiète d'un premier avertissement du ciel ? qui ne se promet de longs jours ? Les funérailles achevées, les femmes, les enfants regagnent à pas

Regna mihi! quinam reditus? quæ me hospita tellus
Accipiet? quæ non primis prohibebit arenis?   305
Invidere dei, ne, Phasidis arva remoti
Et Scythicas populatus opes, hæc rursus adirem
Litora, neve tuos irem tunc ultor in hostes.
Fas tamen est conferre genas; fas jungere tecum
Pectora, et exsangues miscere amplexibus artus.   310
Vos, age, funereas ad litora volvite silvas,
Et socios lustrate rogos; date debita cæsis
Munera, quæ nostro misisset Cyzicus igni.
   Parte alia Clite laceras super ora mariti
Fusa comas, misera in planctus vocat agmina matrum, 315
Fatur et hæc : Primis conjux ereptus in annis
Cuncta trahis; necdum soboles, nec gaudia de te
Ulla mihi, quis mœsta tuos nunc, optime, casus
Perpeterer, tenui luctum solamine fallens.
Mygdonis arma patrem, funestaque prælia super   320
Natales rapuere domos ; Triviæque potentis
Occidit arcana genitrix absumpta sagitta :
Tu, mihi qui conjux pariter fraterque parensque
Solus, et a prima fueras spes una juventa,
Deseris, heu, totamque deus simul impulit urbem! 325
Ast ego non media te saltem, Cyzice, vidi
Tendentem mihi morte manus, aut ulla monentis
Verba tuli; quin et thalamis modo questa morari,
Heu talem tantique metus secura recepi?
Illam vix gemino mœrens cum Castore Pollux   330
Erigit hærentem, compressaque colla trahentem.
   Interea innumeras nudatis montibus urgent
Certatim, decorantque pyras, et corpora mœsti
Summa locant; vadit sonipes cervice remissa;
Venatrix nec turba canum pecudumque morantur; 335
Funereæ quæ cuique manus, quæ cura suorum,
Quæ fortuna fuit. Medio rex aggere longe
Eminet; hunc, crebris quatiens singultibus ora,
Allevat Æsonides, celsoque reponit in ostro.
Dat pictas auro atque ardentes murice vestes,   340
Quas rapuit telis festina vocantibus austris
Hypsipyle, galeam dilectaque cingula regi
Injicit; ille, suam vultum conversus ad urbem,
Sceptra manu veterum retinet gestamen avorum.
Nam quia nec proles, alius nec denique sanguis, 345
Ipse decus regnique refert insigne paterni.
Inde ter armatos Minyis referentibus orbes,
Concussi tremuere rogi; ter inhorruit æther,
Luctificum clangente tuba; jecere supremo
Tum clamore faces : rerum labor omnis in auras   350
Solvitur, et celsis collucent æquora flammis.
Scilicet hæc illo juvenem populosque manebant
Tempore, Peliacis caderet quum montibus arbor;
Hoc volucrumque minæ, præsagaque fulmina longo
Acta mari tulerant : sed quis non prima refellat 355
Monstra deum, longosque sibi non auguret annos?
Jamque solutus honos cineri : jam passibus ægris

lents leurs demeures, et l'écho des montagnes se tait, fatigué de leurs cris lamentables. Ainsi chaque année règne le silence autour de Memphis et sur les bords du Nil, lorsqu'au milieu du printemps les oiseaux du Nord revolent vers leur patrie.

Mais ni ce jour, ni la nuit suivante, ne délivrent les Argonautes de l'affreuse image du sang qu'ils ont versé. Au double appel du Zéphyre, ils restent sans ardeur, sans espoir; leur courage est glacé par les remords. Ils pensent n'avoir pas assez pleuré, assez expié leur crime; ils sont froids au souvenir de leur patrie, de la gloire qui les attends; il trouvent du charme à s'abandonner à une lâche douleur. Jason lui-même, bien qu'il soit du devoir d'un chef de corriger la rigueur des événements, et de cacher sa tristesse sous un front serein, se plaît à répandre et à laisser voir ses larmes. Tirant alors Mopsus à l'écart : « Quel est, lui-dit-il, le mal qui nous consume? « et quelle est la volonté des dieux? Cette stupeur « est-elle un arrêt du destin? ou ce retard est-il « l'œuvre de notre seule faiblesse? Pourquoi cet « oubli de nos foyers, de notre renommée? pour- « quoi cette molle langueur qui nous oppresse, et « quelle en sera la fin? »

Mopsus lève les yeux au ciel, et répond : « Je « vais vous révéler la cause véritable de tous nos « maux. Quoique la destinée ait imposé à notre « âme, émanation du feu céleste, la loi rigoureuse « d'habiter pour un temps des corps mortels, il n'en « est pas moins impie de briser par le fer les liens « qui l'y retiennent, et d'en hâter ainsi le retour à « sa source divine. Tout ne meurt pas, tout n'est « pas anéanti avec nous; le ressentiment survit « dans les mânes ainsi que la douleur; et lorsqu'ils « arrivent au pied du trône de Jupiter, qu'ils s'y « plaignent du meurtre sacrilége dont ils furent « les victimes, les portes de l'enfer s'ouvrent de « nouveau derrière eux : ils peuvent les franchir, « accompagnés d'une des Euménides, poursuivre « à travers les terres et les mers leurs meurtriers, « et jeter dans leurs cœurs l'épouvante et le re- « mords. Pour ceux qui, poussés par un aveugle « destin, ont innocemment trempé leurs mains « dans le sang, leur faute étant plus légère, ils « en trouvent le châtiment dans leur propre con- « science. Le repentir vient troubler leur repos, « affaiblir leur courage, leur arracher des larmes; « ils sont tremblants, abattus et plongés dans la « stupeur. Telle est notre situation; ma tâche est « d'y remédier. Je me souviens d'avoir connu « jadis, près des bords ténébreux du Styx, un « pays habité par les Cimmériens, et toujours en- « veloppé des ombres de la nuit; pays ignoré des « dieux mêmes, dont le char du Soleil n'approche « jamais, où toutes les saisons sont confondues, « dont les bois sont sans échos et le feuillage immo- « bile, et où les zéphyrs printanniers ne soufflent « jamais. Là est une caverne qui sert de passage « aux ombres, où l'Océan s'engouffre avec fracas, « où de longs silences succèdent à des voix sou- « daines, et qui conduit à de vastes et effrayantes « solitudes. Là, Céléné, vêtu d'une robe noire, « une épée à la main, purifie les coupables invo- « lontaires et efface leurs crimes, en récitant des

Dilapsæ cum prole nurus; tandemque quiescunt
Dissona pervigili planctu juga, qualiter, Arctos
Ad patrias avibus medio jam vere revectis, 360
Memphis, et aprici statio silet annua Nili.
At non inde dies, neque jam magis aspera curis
Nox Minyas tanta cæsorum ab imagine solvit :
Bis Zephyri jam vela vocant; fiducia mœstis
Nulla viris; ægro assidue mens carpitur æstu; 365
Necdum omnes lacrimas, atque omnia reddita cæsis
Justa putant; patria ex oculis, acerque laborum
Pulsus amor, segnique juvat frigescere luctu.
Ipse etiam Æsonides (quanquam tristissima rerum
Castiganda duci, vultuque premenda sereno) 370
Dulcibus indulget lacrimis, aperitque dolorem.
Tum secreta trahens Phœbeum ad litora Mopsum :
Quænam, ait, ista lues, aut quæ sententia divum?
Decretusne venit fato pavor? an sibi nectunt
Corda moras? cur jam immemores famæque larisque 375
Angimur? aut pariet quemnam hæc ignavia finem?
Dicam, ait, ac penitus causas labemque docebo,
Mopsus, et astra tuens : non, si mortalia membra,
Sortitusque breves, et parvi tempora fati
Perpetimur, socius superi quondam ignis Olympi, 380
Fas ideo miscere neces, ferroque morantes
Exigere hinc animas, redituraque semina cælo.

Quippe nec in ventos, nec in ultima solvimur ossa;
Ira manet, duratque dolor; quum deinde tremendi
Ad solium venere Jovis, questuque nefandam 385
Edocuere necem : patet illis janua leti,
Atque iterum remeare licet; comes una sororum
Additur, et pariter terras atque æquora lustrant.
Quisque suos sontes, inimicaque pectora pœnis
Implicat, et varia meritos formidine pulsant. 390
At quibus invito maduerunt sanguine dextræ,
Si fors sæva tulit miseros, si proxima culpæ,
Hos variis mens ipsa modis agit, et sua carpunt
Facta viros resides; et jam nihil amplius ausi,
In lacrimas, humilesque metus, ægramque fatiscunt 395
Segnitiem; quos ecce vides : sed nostra requiret
Cura viam. Memori jam pridem cognita vati
Est procul, ad stygiæ devexa silentia noctis,
Cimmerium domus, et superis incognita tellus,
Cæruleo tenebrosa situ, quo flammea numquam 400
Sol juga, sidereos nec mittit Jupiter annos.
Stant tacitæ frondes, immotaque silva comanti
Horret verna jugo; specus umbrarumque meatus
Subter, et Oceani præceps fragor, arvaque nigro
Vasta metu; et subitæ post longa silentia voces, 405
Ensifer hic atraque sedens in veste Celeneus
Insontes errore luit, culpamque remittens,

« vers qui apaisent les mânes irrités. Lui-même
« m'a révélé quelles expiations exige l'homicide ;
« lui-même a bien voulu me dévoiler les mystè-
« res de l'Érèbe. Aussitôt donc que l'Aurore sortira
« du sein des ondes, rassemble nos compagnons,
« et prépare deux grandes victimes pour les dieux
« infernaux. Jusque-là, jusqu'à ce que j'aie
« passé la nuit en prières expiatoires, je ne puis
« me mêler parmi vous. Voici Latone qui met son
« char en mouvement : allons, retire-toi, et qu'un
« silence religieux règne sur le rivage. »

Déjà la nuit est au milieu de son cours ; le sommeil pèse sur toute la terre, et les songes mystérieux voltigent de toutes parts. Seul Mopsus veille : épiant l'instant du sacrifice, il dirige ses pas le long des rives ombragées de l'Esèpe, et descend jusqu'à la mer. Là, il se purifie dans l'eau salée et dans l'eau douce, et se prépare à la terrible cérémonie. Il ceint sa tête de bandelettes et de l'olivier symbole des suppliants, marque avec l'épée un emplacement sur le rivage et dresse à l'entour, en l'honneur des divinités inconnues, des autels peu élevés, qu'il recouvre d'épais feuillage. Lorsqu'il a imprimé à tous ces préparatifs le terrible et sombre caractère de la religion, il évoque l'astre brillant du jour.

Les Argonautes, couverts de leurs armes, s'avancent alors, poussant devant eux des béliers aux cornes dorées. Revêtu d'une robe blanche, le pontife d'Apollon marche à leur rencontre, leur fait signe avec un rameau, puis, debout sur une éminence dont la terre est fraîchement remuée, il les touche, en passant, de sa branche de laurier. Il les conduit ensuite près du fleuve, leur ordonne de délier leurs chaussures, de ceindre leurs fronts de branches de peuplier, de lever leurs mains vers le soleil qui montait à l'horizon, de se prosterner tous. Alors, on immole des brebis noires ; on en coupe par morceaux les entrailles. Mopsus et Idmon en portent chacun une partie, et passent trois fois en silence au milieu des Argonautes. Trois fois Mopsus touche leurs habits et leurs armes, jette dans la mer ce qui avait servi à les purifier, et livre aux flammes le reste. Ensuite, figurant des hommes avec des troncs de chênes, il y adapte des armes, et prie les dieux de détourner sur ces vains simulacres le courroux des enfers, celui du sang qui demande vengeance, et les remords qui ne s'apaisent jamais. Là, prononçant la formule expiatoire : « Allez, mânes, dit-il,
« oubliez vos malheurs d'ici-bas, et goûtez la
« paix. Heureux habitants du Styx, ne nous
« poursuivez plus dans nos camps, sur les mers ;
« gardez-vous surtout d'approcher des villes de
« la Grèce, et de faire entendre dans nos carre-
« fours vos gémissements plaintifs. Que nos trou-
« peaux soient à l'abri de la contagion, nos
« moissons des orages dévastateurs ; que notre
« crime ne retombe ni sur notre patrie, ni sur
« nos descendants ! » Il dit, et porte sur les autels ornés de feuillage les offrandes funèbres que de paisibles serpents, ministres des ombres, enlèvent et dévorent aussitôt.

Carmina turbatos volvit placantia manes.
Ille mihi, quæ danda forent lustramina cæsis,
Prodidit ; ille volens Erebum terrasque retexit.   410
Ergo ubi puniceas oriens ascenderit undas,
Tu socios adhibere sacris, armentaque magnis
Bina deis ; me jam cœtus accedere vestros
Haud fas interea, donec lustralia pernox
Vota fero. Movet en gelidos Latonia currus :   415
Flecte gradum, placitis sileant, age, litora cœptis.

Jamque sopor mediis tellurem presserat horis,
Et circum tacito volitabant somnia mundo,
Quum vigil, arcani speculatus tempora sacri,
Ampycides petit adversis Æsepia silvis   420
Flumina, et æquoreas pariter decurrit ad undas.
Hic sale purpureo, vivaque nitentia lympha
Membra novat, seque horrificis accommodat actis.
Tempora tum vittis et supplice castus oliva
Implicat, et stricto designat litora ferro ;   425
Circum humiles aras, ignotaque nomina divum
Instituit, silvaque super contristat opaca.
Utque metum numenque loco, sacramque quietem
Addidit, ardenti nitidum jubar evocat alto.

Atque Argoa manus variis insignis in armis   430
Ibat, agens lectas aurata fronte bidentes.
Delius hic longe candenti veste sacerdos
Occurrit, ramoque vocat ; jamque ipse recenti

Stat tumulo, placida transmittens agmina lauro ;
Ducit et ad fluvios, ac vincula solvere monstrat   435
Prima pedum, glaucasque comis prætexere frondes
Imperat ; hinc alte Phœbi surgentis ad orbem
Ferre manus, totisque simul procumbere campis.
Tunc piceæ mactantur oves, prosectaque partim
Pectora fert Mopsus, partim gerit obvius Idmon.   440
Ter tacitos egere gradus, ter tristia tangens
Arma simul vestesque virum, lustramina ponto
Pone jacit ; rapidis adolentur cætera flammis.
Quin etiam truncas nemorum effigiesque virorum
Rite locat quercus, simulataque subligat arma.   445
Huc stygias transire minas, iramque severi
Sanguinis, his orat vigiles incumbere curas ;
Atque ita lustrifico cantu vocat : Ite perempti,
Ac memores abolete animas ; sint otia vobis,
Sit Stygiæ jam sedis amor ; procul agmine nostro,   450
Et procul este mari, cunctisque absistite bellis.
Vos ego nec Graias umquam contendere ad urbes,
Nec triviis ululare velim, pecorique satisque
Nullæ ideo pestes, nec luctifer ingruat annus ;
Nec populi, nostrive luant ea facta minores.   455
Dixerat, et summas frondentibus intulit aris
Libavitque dapes, placidi quas protinus angues,
Umbrarum famuli, linguis rapuere coruscis.

Continuo puppim petere, et considere transtris

Mopsus alors commande aux Argonautes de se rembarquer, sans tourner leurs regards vers la terre, sans se rappeler que leurs mains n'y furent que les instruments du Destin. On se hâte; on dépose ses armes, on replace les bancs; les rames s'ébranlent à la fois; de joyeux cris en accompagnent les mouvements cadencés. Comme on voit, aux sommets des monts Cérauniens, reparaître tout brillants de clarté les rocs et les forêts, quand Jupiter a dispersé les nuages et que l'éther a recouvré sa pureté; ainsi renaît la confiance aux cœurs des Argonautes. Le pilote lutte contre l'ébranlement causé par les rames, et chancelle sur le gouvernail; les défis partent d'un banc à l'autre. C'est d'abord Eurytus qui s'est dégagé de son manteau, puis Idas qui se joue des railleries de Talaüs. Tous ensuite se provoquent à l'envi, se penchent avec efforts, soulèvent le flot, et tout haletants le renvoient vers la poupe. Alors Hercule gaiement : « Qui de « vous en soulèverait autant? » Il dit, se dresse de toute sa hauteur sur sa rame et l'appuie contre sa poitrine; la rame trompe son effort et se brise. Il tombe à la renverse sur Talaüs, sur Éribotès, sur Amphion qui, par son éloignement, se croyait à l'abri de la chute, et va frapper de la tête le banc d'Iphitus.

Phébus avait atteint le point le plus élevé du ciel, et raccourci les ombres. Le navire allant plus lentement depuis qu'Hercule était inactif, Tiphys aborde au rivage voisin, au pied des montagnes de la Mysie. Aussitôt Hercule se dirige vers les bois qui couronnent leurs sommets; Hylas est à ses côtés, qui le force de ralentir sa marche.

A peine, du haut de l'Olympe, Junon voit Hercule s'éloigner du vaisseau, qu'elle juge le moment favorable de le persécuter. Elle cherche d'abord à tromper Pallas, comme elle propice aux Argonautes, et à la distraire de ce frère chéri que la déesse guidait elle-même pour qu'il fût plus tôt de retour. « Chassé, lui dit-elle, par la fac- « tion des grands et par son frère Éétès, (vous « savez si cet outrage fut mérité!) Persès revient, « appuyé de forces barbares et d'une armée d'Hyr- « caniens. Éétès s'est concilié les rois scythes, à « l'un desquels il a fiancé sa fille; et Stirus, qui « doit être son gendre, lui amène d'Albanie de « nombreux bataillons. Terrible sera la guerre! « Déjà Mars pousse au combat ses coursiers : « voyez quel nuage immense s'élève du côté du « nord, et tient suspendue la tempête? Partez « donc; prenez les devants; et quand Persès aura « passé le Phase, que ses troupes seront sous les « murs de la ville, dites-lui nos projets; obtenez « de lui, par votre habileté, vos conseils, des dé- « lais, une alliance; assurez-le qu'une troupe de « rois, enfants des dieux, vont venir à son aide; « qu'ils joindront leurs armes à ses armes, leurs « guerriers à ses guerriers. »

Pallas reconnaît la fourbe et la haine de la marâtre, sous la douceur qu'affecte Junon sur son visage. Elle obéit pourtant, et vole vers le Phase.

Junon pousse un soupir et rompt enfin le silence : « La voilà, cette tête indomptable et qui

---

Imperat Ampycides, nec visum vertere terræ; 460
Exciderint, quæ gesta manu, quæ debita fatis.
Illi alacres, pars arma locant, pars ardua celsis
Insternunt tabulata foris, oriturque trementum
Remorum sonus, et lætæ concordia vocis.
Jupiter urgentem ceu summa Ceraunia nubem 465
Quum pepulit, movitque jugis, fulsere repente
Et nemora et scopuli, nitidusque reducitur æther;
Sic animi rediere viris, jamque ipse magister
Nutat ab arce ratis, remisque obsistere tendit.
Instaurant primi certamina, liber amictu 470
Eurytus, et dictis Talai non territus Idas;
Inde alii increpitant, atque æquora pectore tollunt.
Par gemitu pulsuque labor, versumque vicissim
Mittitur in puppim remo mare; lætus et ipse
Alcides : Quisnam hos vocat in certamina fluctus? 475
Dixit, et, intortis assurgens arduus undis,
Percussit subito deceptum fragmine pectus,
Atque in terga ruens, Talaum, fortemque Eribotem,
Et longe tantæ securum Amphiona molis
Obruit, inque tuo posuit capiti, Iphite, transtro. 480
  Jam summas cœli Phœbus candentior arces
Vicerat, et longas medius revocaverat umbras;
Tardior hinc cessante viro, quæ proxima Tiphys
Litora, quosque dabat densos trabe Mysia montes,
Advehitur; petit excelsas Tirynthius ornos; 485
Hæret Hylas lateri, passusque moratur iniquos.
  Illum ubi Juno, poli summo de vertice, puppim
Deseruisse videt, tempus rata diva nocendi,
Pallada consortem curis cursusque regentem
(Ne qua inde inceptis fieret mora) fallere prima 490
Molitur, caroque dolis avertere fratri.
Tunc sic alloquitur : Procerum vi pulsus iniqua,
Germanique manu (repetis, quo crimine), Perses
Barbaricas jam movit opes Hyrcanaque signa;
Æetes contra thalamis et virgine pacta 495
Conciliat reges Scythicos, primusque coacta
Advehit Albana Stirus gener agmina porta.
Bellum ingens, atque ipse citis Gradivus habenis
Fundit equos. Viden' arctoo de carcere quanta
Tollat se nubes, atque æquore pendeat atro? 500
Corripe prima vias; finem quum Phasidis alti
Transierit Perses, aciemque admoverit urbi,
Cœpta refer, paullumque nefas et fœdera necte
Consiliis atque arte tua; sponde, adfore reges
Dis genitos, quis arma volens, quis agmina jungat. 505
  At virgo, quanquam insidias æstusque novercæ
Sentiat, et blandos quærentem fingere vultus,
Obsequitur tamen, et jussas petit ocius oras.
  Ingemuit Juno, tandemque silentia rumpit :

« fatigue ma haine! Eh! ne m'a-t-il pas vaincue dans toutes ses épreuves? Quels monstres de Lerne et de Némée évoquerai-je contre lui, quand il vient d'en abattre encore un sous mes yeux, et de rendre aux Troyens la mer libre et sûre? Suis-je la sœur des rois de l'univers, la fille honorée de Saturne? Quand il eut, dès le berceau (et ce début déshonora ma juste vengeance), étouffé les serpents que j'avais envoyés contre lui, j'aurais dû peut-être renoncer à le poursuivre, et ne plus m'abaisser à de tels combats. Va; persiste dans ta haine; épuise (ô honte!) toutes les sortes de ruses. Bientôt aussi, Pluton, Furies, je vous ébranlerai. »

Elle dit, et aperçoit en même temps une troupe de Nymphes, ornement des fontaines et des bois, qui chassaient sur le flanc des coteaux couverts de pins. Un arc léger, des gants couleur de verdure, un javelot de myrte avec sa courroie, composent leur équipage. Leur robe est relevée au-dessus du genou; leur chevelure flotte en boucles ondoyantes, et retombe sur leur sein, dont les contours se trahissent à peine. La terre tressaille d'allégresse au bruit de leur course rapide, et le gazon naît sous leurs pas. Dryope, l'une d'elles, étonnée de voir les bêtes partir si loin de la portée du trait, et entendant tout ce fracas dont Hercule remplissait la forêt, s'avance pour en connaître la cause. Mais, effrayée à la vue d'Hercule, elle regagne bien vite sa fontaine. Junon, descendue de l'Olympe et appuyée contre un pin, l'appelle, et, lui prenant la main, lui dit avec bonté : « L'époux que j'ai choisi pour toi, jeune Nymphe qui en as dédaigné tant d'autres, vient d'arriver ici sur un navire thessalien. C'est le bel Hylas, qui vagabonde maintenant dans ces bois, le long de ces fontaines. Tel était Bacchus, quand tu le vis, sur son char jonché de roses, traîner derrière soi, à travers vos campagnes, les dépouilles de l'Orient et des nations vaincues, mener les chœurs de ses danses et restaurer ses mystères; ou tel est Apollon, lorsqu'il a quitté sa lyre pour l'exercice de la chasse. Quel espoir tu raviras aux Nymphes de la Grèce! Que de larmes verseront les Naïades du lac Bébéis! Quel sera le dépit de la fille du blond Lycormas! »

Et tout à coup, sous les yeux mêmes d'Hylas, elle lance du fond de la forêt un cerf aux superbes ramures, qui, lent à fuir et long à s'arrêter, sollicite l'ardeur du jeune Hylas et le défie de vitesse. L'autre croit déjà le saisir; et, tout fier d'en être si près, le poursuit de plus belle. Hercule de loin l'anime par ses cris, puis bientôt le perd de vue. Toujours pressé par Hylas, dont le bras se fatigue à bander son arc, le cerf arrive au bord d'un ruisseau limpide et sinueux, qu'il franchit sans l'effleurer. Hylas, déçu dans son espoir, renonce à poursuivre la bête, et, haletant, trempé de sueur, se penche sur ces eaux, avide d'en aspirer la fraîcheur. Comme un lac, à la surface tremblottante, reflète les rayons argentés de la lune ou les feux du soleil à son midi, ainsi l'onde reflète la figure d'Hylas, sans que

En labor, en odiis caput insuperabile nostris ! 510
Quam Nemeen tot fessa minis, quæ prœlia Lernæ
Experiar ? Phrygiis ultro concurrere monstris
Nempe virum, et pulchro reserantem Pergama ponto
Vidimus. En ego nunc regum soror? et mihi gentis
Ullus honos? jam tum indecores, justæque dolorum 515
Primitiæ, et tenero superati protinus angues.
Debueram nullos juveni jam quærere casus,
Victa nec ad tales forsan descendere pugnas.
Verum animis insiste tuis, astutumque per omnem
Tende (pudor!); mox et furias Ditemque movebo. 520
  Hæc ait, et pariter lævi juga pinea montis
Respicit, ac pulchro venantes agmine nymphas,
Undarum nemorumque decus; levis omnibus arcus,
Et manicæ virides, et stricta myrtus habenis;
Summo palla genu; tenui vagus innatat unda 525
Crinis, ad obscuræ decurrens cingula mammæ.
Ipsa citatarum tellus pede plausa sororum
Personat, et teneris submittit gramina plantis.
E quibus Herculeo Dryope percussa fragore,
Quum fugerent jam tela feræ, processerat ultra; 530
Turbatum visura nemus; fontemque petebat
Rursus, et attonitos referebat ab Hercule vultus.
Hanc delapsa polo, piceæque acclinis opacæ
Juno vocat, prensaque manu sic blanda profatur :
Quem tibi conjugio, tot dedignata, dicavi, 535

Nympha procos, en Hæmonia puer appulit alno,
Clarus Hylas, saltusque tuos fontesque pererrat.
Vidisti, roseis hæc per loca Bacchus habenis
Quum domitas acies, et Eoi fercula regni
Duceret, ac rursus thiasos et sacra moveret : 540
Hunc tibi, vel posito venantem pectine Phœbum
Crede dari ; quæ spes nymphis aufertur Achæis !
Præreptum quanto proles Bœbeia questu
Audiet, et flavi quam tristis nata Lycormæ !
  Sic ait, et celerem frondosa per avia cervum 545
Suscitat, ac juveni sublimem cornibus offert.
Ille animos, tardusque fugæ, longumque resistens,
Sollicitat, suadetque puer contendere cursu.
Credit Hylas, prædæque ferox ardore propinquæ
Insequitur ; simul Alcides hortatibus urget 550
Prospiciens ; jamque ex oculis aufertur uterque ;
Quum puerum instantem quadrupes, fessaque minantem
Tela manu, procul ad nitidi spiracula fontis
Ducit, et intactas levis ipse superfugit undas.
Hoc pueri spes lusa modo est, nec tendere certat 555
Amplius ; utque artus et concita pectora sudor
Diluerat, gratos avidus procumbit ad amnes.
Stagna vaga ceu luce micant, ubi Cynthia cœlo
Prospicit, aut medii transit rota candida Phœbi :
Tale jubar diffundit aquis; nil umbra comæque, 560
Turbavitque sonus surgentis ad oscula Nymphæ.

l'ombre, ni la chevelure, ni le frémissement de la Naïade qui remonte altérée de baisers, en troublent la limpidité. Soudain elle enlace l'enfant de ses bras, et l'entraîne. Il crie au secours; il appelle, mais trop tard, son valeureux ami; le poids de son corps a accéléré sa chute.

Cependant Hercule, au plus haut de la forêt, ébranlait les frênes, et le bruit de leur chute retentissait dans toute la montagne. Il charge de leurs débris son épaule, que recouvre sa peau de lion, et retourne au rivage; il pensait qu'Hylas, rapportant le produit d'une chasse qui allait rendre leur repas plus abondant, y était revenu par un autre chemin. Inquiet de ne pas voir cet autre lui-même, ni parmi ses compagnons attablés au bord de la mer, ni partout où sa vue peut s'étendre, son amour, vivement alarmé, lui suggère mille pressentiments lugubres. Où est-il? quel obstacle, quel accident pourraient impunément l'arrêter? La nuit, qui augmente, ajoute à ses craintes; bientôt il pâlit; une sueur froide découle de ses membres. Comme aux approches d'un orage, les nuées, qui s'amoncellent, sombres et menaçantes, font frissonner d'effroi les matelots et les laboureurs, ainsi l'absence d'Hylas trouble le cœur d'Hercule et lui rappelle la haine de sa marâtre. Tout à coup, pareil à un taureau de Calabre qui, piqué par un taon, s'est élancé de son étable et renverse tout sur son passage, il se précipite en furie à travers les halliers et les collines. La terreur gagne au loin la montagne, et la forêt complice de l'enlèvement; tout tremble de la crainte que donnent cette violente co-

lère, ce sinistre désespoir. Lui, comme un lion qui, blessé par la lance acérée de l'agile Maure, rugit, et croit déjà mordre et déchirer son ennemi, court de colline en colline, son arc bandé, et le cœur plein de rage. Malheureuses les bêtes, malheureux les hommes qui passent à sa portée! Il marche au hasard, interroge tous les lieux, les ruisseaux, les rochers d'où ils tombent, ces bois qu'il ne connaît que trop. Au milieu de la solitude, c'est Hylas, c'est toujours Hylas qu'il appelle; et l'écho fugitif et la forêt répondent seuls à ses cris.

Mais, sûrs qu'il reviendra, les Argonautes, qu'invitent les vents favorables, attendaient encore. Tous aimaient le jeune Hylas et la grâce de sa valeur naissante; mais c'est surtout le nom d'Hercule qu'ils ont à la bouche. Ils l'appellent d'abord de leurs vœux, de leurs larmes; bientôt incertains, tremblants, ils poussent de longs cris, et allument des feux toutes les nuits sur le rivage. Jason, voyant le calme solennel des montagnes, la mer tranquille et les vents propices, pleure, et reste par attachement pour Hercule. La démarche du héros, son carquois qu'il porte sans en sentir le poids, sa présence parmi ses compagnons, à cette table aujourd'hui triste et silencieuse, où il avalait d'un trait la coupe qu'il saisissait de sa vaste main, et où il rappelait les monstres suscités contre lui par sa marâtre, Jason cherche en vain tout cela.

Cependant la cruelle Junon ne cesse, tous les matins, de faire souffler le vent du couchant; Tiphys, impatient de tous ces retards, se hasarde

Illa, avidas injecta manus, heu sera cientem
Auxilia, et magni referentem nomen amici
Detrahit; adjutæ prono nam pondere vires.
 Jam pater umbrosis Tirynthius arcibus ornos 565
Depulerat, magnoque jugi stridore revulsas
Terga super fulvi porrexerat horrida monstri,
Litora curva petens; alio nam calle reversum
Credit Hylan, captaque dapes auxisse ferina.
Sed neque apud socios, structasque in litore mensas 570
Unanimum videt æger Hylan, nec longius acrem
Intendens aciem; varios hinc excitat æstus
Nube mali percussus amor, quibus hæserit oris
Quis tales impune moras casusve labori
Attulerit; densam interea descendere noctem 575
Jam majore metu; tum vero et pallor, et amens
Cum piceo sudore rigor : ceu pectora nautis
Congelat hiberni vultus Jovis agricolisve,
Quum coit umbra minax ; comitis sic afficit error
Alciden, sævæque monet meminisse novercæ. 580
Continuo, volucri ceu pectora tactus asilo
Emicuit Calabris taurus per confraga septis,
Obvia quæque ruens : tali se concitat ardens
In juga senta fuga; pavet omnis conscia late
Silva, pavent montes, luctu succensus acerbo 585
Quid struat Alcides, tantaque quid apparet ira.

 Ille, velut, refugi quem contigit improba Mauri
Lancea, sanguineus vasto leo murmure fertur,
Frangit et absentem vacuis sub dentibus hostem,
Sic furiis accensa gerens Tirynthius ora 590
Fertur, et intento decurrit montibus arcu.
Heu miseræ, quibus ille, feræ, quibus incidit usquam
Immeritis per lustra viris! volat ordine nullo,
Cuncta petens, nunc ad ripas dejectaque saxis
Flumina, nunc notas nemorum procurrit ad umbras. 595
Rursus Hylan, et rursus Hylan per longa reclamat
Avia : respondent silvæ, et vaga certat imago.
 At sociis immota fides, austrisque secundis
Certa moræ; nec parvus Hylas, quanquam omnibus æque
Grata rudimenta; Herculeo sub nomine pendent. 600
Illum omnes lacrimis mœstisque reposcere votis ;
Incertique metu, nunc longas litore voces
Spargere, nunc seris ostendere noctibus ignes.
Ipse, vel excelsi quum densa silentia montis,
Strata vel oblatis ductor videt æquora ventis, 605
Stat lacrimans, magnoque viri cunctatur amore.
Illius incessus, habilemque ad terga pharetram,
Illum inter proceres, mœstæque silentia mensæ
Quærit inops, quondam ingenti compressa trahentem
Vina manu, et duræ referentem monstra novercæ. 610
 Nec minus interea crudelis Iapyga Juno

à gourmander ses compagnons, et les exhorte à profiter du beau temps. Jason, ébranlé par ses instances, dit enfin aux Argonautes : « Plût aux « dieux qu'au moment où je méditai mes projets « fatals à la Scythie, l'oracle de Delphes qui m'an- « nonça que le plus vaillant d'entre nous serait « retenu par la volonté de Jupiter et du Destin, « avant de voir la mer où flottent les écueils, « ait été trompeur ! Nul ne sait ce qu'Hercule est « devenu, nul ne le peut dire. Toutefois, dans « cette incertitude, consultez-vous : voyez si « vous brûlez toujours du désir de poursuivre « votre route, et alors je me rends à votre appel ; « ou si vous voulez attendre encore, battre de « nouveau les montagnes; et alors le temps perdu « pourra être amplement réparé. »

Mais les plus jeunes, qu'encourage la jalousie des autres, demandent le départ. S'il est vrai, disent-ils, que l'un d'eux manque à l'appel, ceux qui restent ne sont ni d'une origine moins illustre, ni moins vaillants que lui. Presque tous, enflés par ces vains propos, y applaudissent avec une égale présomption. Ainsi la biche ramène en folâtrant au milieu des forêts les troupeaux de cerfs, le sanglier s'ébat, le loup hurle d'allégresse et l'ourse lui répond, une fois que le tigre belliqueux est passé, ou que le lion s'est retiré dans son antre. Mais Télamon, fidèle à son ami, bouillonne et frémit de colère; il éclate en reproches insultants; il se plaint aux dieux, qu'il implore avec chaleur; conjure ses compagnons eux-mêmes,

leur serre les mains, presse Jason, qui se tient les yeux baissés, le supplie, et lui dit en gémissant qu'il ne parle pas plus pour Hercule que pour tout autre de leurs compagnons ; que cependant, comme ils doivent, dit-on, aborder sur des rivages barbares, chez des nations féroces, ils n'auront pas à leur opposer un second Alcide, un bras si vigoureux. A son tour, le magnanime enfant de Calydon, renchérissant toujours sur les mauvais conseils, toujours soutenant avec dureté les avis contraires, rebelle à la voix de l'équité et à ceux qui l'invoquent, anime, excite ses partisans. « Ce n'est pas, dit-il à Jason, parce « que nous perdions Hercule, mais par respect « pour toi, que nous nous sommes abstenus jus- « qu'ici de nous plaindre; nous attendions tes « ordres pour parler. Voici le septième jour que « l'Auster souffle du haut des montagnes, et peut- « être nous eût-il déjà portés sur les rives du « Phase. Mais oubliant notre patrie, et comme si, « loin d'espérer d'y retourner jamais, nous dussions « à Mycènes servir un farouche tyran, nous res- « tons à moitié route ! Si je pouvais endurer quel- « que part l'oisiveté ou l'inaction, je régnerais « aujourd'hui au sein de la paix et de l'abondance « dans ma chère Calydon, et j'y vivrais tranquille « près de mon père et de ma mère. Pourquoi rester « cloués à ce rivage? Pourquoi lasser nos yeux « à regarder les flots? Crois-tu encore qu'Alcide « et ses flèches nous suivront aux champs de la « Colchide? Non; Junon veille toujours et ne laisse

Assidue movet, et primis cum solibus offert.
Jamque moræ impatiens cunctantes increpat ausus
Tiphys, et oblato monet otia rumpere cursu.
Ergo animum flexus dictis instantis Iason   615
Concedit, sociosque simul sic fatur ad omnes :
O utinam, Scythicis struerem quum funera terris,
Vox mihi mentitas tulerit Parnasia sortes :
Agmine de toto, socius qui maximus armis
Afforet, hunc Jovis imperiis fatoque teneri,   620
Ante procellosum scopulis errantibus æquor !
Nec dum fama viri, nec certior exstitit auctor.
Verum agite, et, dubiis variant quia pectora curis,
Consulite, et, motis seu vos via flatibus urget,
Pergite, et inceptos mecum revocate labores ;   625
Seu plures tolerare moras, rursusque propinquis
Quæsivisse jugis, pretium haud leve temporis acti.
Dixerat, et studiis jam dudum freta juventus
Orat inire vias; unum tanto absore cœtu,
Nec minus in sese generis, dextrasque potentes   630
Esse ferunt. Tali mentem pars maxima flatu
Erigit, et vana gliscunt præcordia lingua.
Saltibus ut mediis tum demum læta reducit
Cerva gregem; tum gestit aper, reboatque superbis
Comminus ursa lupis, quum sese martia tigris   635
Abstulit, aut curvo tacitus leo condidit antro.
At pius ingenti Telamon jam fluctuat ira
Cum fremitu, sævisque furens in jurgia dictis

Insequitur, magnoque implorat numina questu.
Idem orans prensatque viros, demissaque supplex   640
Hæret ad ora ducis : nil se super Hercule fari,
Sed socio quocumque gemens; quanquam aspera fama
Jam loca, jamque feras per barbara litora gentes ;
Non alium contra Alciden, non pectora tanta
Posse dari. Rursum instimulat, ducitque faventes   645
Magnanimus Calydone satus, potioribus ille
Deteriora fovens, semperque inversa tueri
Durus, et haud ullis unquam superabilis æquis,
Rectorumve memor : Non Herculis, inquit, adempti,
Sed tuus in seros hæc nostra silentia questus   650
Traxit honor, dum jura dares, dum tempora fandi.
Septimus hic celsis descendit montibus Auster,
Jamque ratem Scythicis forsan statuisset in oris;
Nos patriæ immemores, maneant ceu nulla revectos
Gaudia, sed duro sævæ sub rege Mycenæ,   655
Ad medium cunctamur iter; si finibus ullis
Has tolerare moras, et inania tempora possem,
Regna hodie, et dulcem sceptris Calydona tenerem,
Lætus opum pacisque meæ, tutusque manerem,
Quis genitor materque, locis. Quid deside terra   660
Hæremus? vacuos cur lassant æquora visus?
Tun' comitem Alciden ad Phasidis amplius arva
Adfore, tu socias ultra tibi rere pharetras?
Non ea fax odiis, oblitaque numine fesso
Juno sui; nova tartareo fors semine monstra,   665

« pas ainsi reposer sa vengeance. De nouveaux
« monstres échappés du Tartare, de nouveaux
« ordres venus d'Argos, le retiennent sans doute
« loin d'ici. Nous n'avons plus avec nous ce re-
« jeton du grand Jupiter; mais il nous reste Cas-
« tor et Pollux, issus du même sang, et d'autres
« fils d'autres dieux; moi-même j'ai quelque
« confiance dans mon origine. Oui, partout où tu
« m'appelleras, j'irai; je moissonnerai des ba-
« taillons entiers avec mon épée; ma main t'est
« dévouée; tout ce que j'ai de sang est à toi, et
« je retiens pour moi les dangers les plus grands.
« Mais nous n'avions de salut que dans les armes
« d'Hercule, et il nous abandonne : eh bien, nous
« tous qui ne sommes que de simples mortels,
« nous n'en ramerons qu'avec plus d'ensemble.
« Depuis longtemps, en proie à une agitation
« insensée et fier du renom qu'il s'est acquis déjà,
« il dédaigne de partager notre gloire et refuse
« de nous accompagner. Vous dont la valeur, à
« son premier essor, est animée par l'espérance,
« partez : le sang bout dans vos veines, vos mem-
« bres sont pleins de vigueur; songez que la Col-
« chide ne sera pas la seule terre où vous sèmerez
« la mort, ni la mer le seul théâtre où se fera
« craindre votre vaillante jeunesse. J'ai compté
« sur Hercule aussi longtemps que j'ai dû le faire;
« mon amitié pour lui me l'a fait chercher jusqu'au
« fond des forêts; il n'est pas de lieu dont mes
« cris n'aient troublé le silence. Maintenant en-
« core que nous délibérons, je voudrais le voir
« descendre du haut des montagnes; mais,
« croyez-moi, c'est assez lui donner de larmes;

« peut-être le sort commun à tous, ou quelque
« combat, nous l'a-t-il à jamais ravi. »

Ainsi Méléagre pressait les Argonautes. Ils
s'enflamment à ce discours. Le premier de tous,
Calaïs ordonne de lever l'ancre. Frappé de leurs
transports et de leur enthousiasme, pénétré de
douleur, Télamon est sur le point de se soustraire
à la complicité de ce triste abandon et de gagner les montagnes. Et cependant il ne cesse de
gémir et d'exhaler une inutile colère. « O Jupiter,
« dit-il, quel jour pour les peuples de la Grèce!
« quelle joie pour la cruelle Colchos! Ce n'était
« pas cet orgueil, ce n'était pas ce superbe lan-
« gage, quand, près de quitter le rivage de la
« patrie, à la voix des Zéphyrs, toutes les cares-
« ses étaient pour Hercule. Qu'il soit notre sou-
« tien, disait-on; qu'il accepte l'honneur et les
« soins du commandement. Mais aujourd'hui
« n'est-on pas son égal en valeur, en naissance,
« en exploits? Pourquoi donc cette confiance
« dans le seul Hercule? pourquoi ces pleurs? Nos
« chefs ne sont-ils pas le petit-fils de Parthaon,
« les enfants de Borée? N'est-ce pas le lion qui
« tremble maintenant, et l'agneau qui menace?
« J'en atteste cette lance, dépouille du vaillant
« Didymaon, dont le bois, depuis le jour où elle
« fut arrachée au tronc maternel, ne produit plus
« ni rameaux, ni feuillage; cette lance qui m'est
« si fidèle, et qui ne m'a jamais manqué dans les
« sanglantes mêlées; plus d'une fois, et j'en prends
« tous les dieux à témoin, au milieu de nos crain-
« tes et de nos vicissitudes, plus d'une fois, ô
« Jason, tu invoqueras, mais trop tard, le se-

Atque iterum Inachiis jam nuntius urget ab Argis.
Non datur hæc magni proles Jovis; at tibi Pollux
Stirpe pares Castorque manent, at cætera divum
Progenies, nec parva mihi fiducia gentis :
Ast egomet, quocumque voces, sequar; agmina ferro 670
Plura metam; tibi dicta manus, tibi quidquid in ipso
Sanguine erit; jamque hinc, operum quæ maxima, posco.
Scilicet in solis profugi stetit Herculis armis
Nostra salus? nempe ora æque mortalia cuncti
Ecce gerunt; ibunt æquo nempe ordine remi.   675
Ille, vel insano jam dudum turbidus æstu,
Vel parta jam laude tumens, consortia famæ
Despicit, ac nostris ferri comes abnuit actis.
Vos, quibus et virtus, et spes in limine primo,
Tendite, dum rerum patiens calor, et rude membris 680
Robur inest; nec enim solis dare funera Colchis
Sit satis, et tota pelagus lustrasse juventa.
Spes mihi, quæ tali potuit longissima casu
Esse, fuit; quiscumque virum perquirere silvis
Egit amor; loca vociferans non ulla reliqui.   685
Nunc quoque, dum vario nutat sententia motu,
Cernere devexis redeuntem montibus opto.
Sat lacrimis comitique datum, quem sortibus ævi
Crede, vel in mediæ raptum tibi sanguine pugnæ.

Talibus Œnides urget : simul incita dictis   690
Heroum manus; ante omnes Argoa jubebat
Vincla rapi Calais. Furias miratur ovantum
Æacides; multusque viri cunctantia corda
Fert dolor, an sese comitem tam tristibus actis
Abneget, et celsi mœrens petat ardua montis.   695
Non tamen et gemitus, et inanes desinit iras
Fundere : Quis terris, proh Jupiter, inquit, Achæis
Iste dies! sævi capient quæ gaudia Colchi!
Non hi tum flatus, non ista superbia dictis,
Litore quum patrio, jam vela petentibus austris,   700
Cunctus ad Alciden versus favor; ipse juvaret,
Ipse ducis curas, meritosque subiret honores.
Jamne animis, jam gente pares, atque inclita vulgi
Dextera? nulla fides, nulli super Hercule fletus?
Nunc Parthaonides, nunc dux mihi Thracia proles! 705
Aspera nunc pavidos contra ruit agna leones?
Hanc ego, magnanimi spolium Didymaonis, hastam,
Quæ neque jam frondes, virides nec proferet umbras
Ut semel est evulsa jugis, ac matre perempta,
Fida ministeria, et duras obit horrida pugnas,   710
Testor, et hoc omni, ductor, tibi numine firmo :
Sæpe metu, sæpe in tenui discrimine rerum,
Herculeas jam serus opes, spretique vocabis

« cours d'Hercule, et de ces armes qu'on méprise « aujourd'hui. Que nous feront alors tous ces « vains discours ? »

Tâchant ainsi d'intimider ses compagnons, il verse des larmes et souille ses cheveux de poussière. Mais les destins l'emportent. Entraîné par le parti le plus fort, Jason cède, en cachant sous son manteau ses pleurs et son visage. Alors les regrets se réveillèrent plus vifs, quand chacun, placé à son banc, vit inoccupé l'énorme espace où se tenait Hercule sur la dépouille du lion de Némée. Le pieux Télamon redouble de larmes; Philoctète est consterné; Castor et Pollux confondent leurs gémissements. Tous, en quittant la rive, appellent Hercule, appellent Hylas; vains noms qui se perdent sur l'immensité des flots.

C'était l'heure où le vieux Phorcys, rassemblant au son d'une conque recourbée ses phoques difformes, les fait rentrer dans leurs sombres cavernes, et où les bergers de la Numidie, de la Crète et de la Calabre quittent les pâturages. La nuit arrive; elle couvre de ses ombres les dernières côtes de l'Hespérie, et parsème le ciel d'étoiles. Dans les airs, sur les flots, tout est calme, tout se tait. Hercule ne sait où courir encore, ni comment rejoindre ses compagnons, ni que leur apprendre de la disparition d'Hylas; son amour le dévore et l'empêche de quitter ces bois, leur solitude. Telle, privée de ses lionceaux, la lionne rentre dans son repaire, le quitte encore, fait le guet le long des chemins, tient les hommes en éveil, et les épouvante au fond des cités : cependant la douleur contracte ses paupières, et de sa crinière souillée dégouttent des pleurs.

LIVRE IV.

Assez longtemps le père des dieux fut indifférent à ce spectacle. Touché enfin des pieuses amours de son fils, il accuse Junon, qui tremble aux accents de sa colère : « Voyez-la savourer en « secret sa joie barbare! Abandonné, furieux, « Hercule est attaché à ces rivages solitaires, tan- « dis que les Argonautes, n'y songeant déjà plus, « voguent tranquillement en pleine mer. Est-ce « ainsi que Junon, attentive aux intérêts de Ja- « son, fournit à son héros des secours et des « armes ? Il fera beau la voir tout à l'heure, « éperdue, redouter les guerriers de la Scythie et « souffrir mille angoisses ! Qu'elle vienne alors me « prier, me supplier, verser des larmes ; je ne le « souffrirai pas. Va ; provoque Vénus et les Furies ; « l'attentat d'une jeune fille ne sera pas impuni, « et les gémissements d'Éétès ne resteront pas « sans vengeance. »

Il dit, et sur le front d'Hercule errant çà et là, il verse une rosée mystérieuse, parfumée de nectar, et toute-puissante pour rendre le calme à son cœur, le sommeil à ses yeux. Pendant que ses paupières s'appesantissent, le nom d'Hylas sort toujours de sa bouche. Mais le héros n'a plus la force de résister à l'influence de Morphée; il tombe. La forêt émue redevient silencieuse; sur

Arma viri, nec nos tumida hæc tum dicta juvabunt.
Talibus Æacides socios terroribus urgens 715
Illacrimat, multaque comas deformat arena.
Fata trahunt, raptusque virum certamine ductor
Ibat, et obtenta mulcebat lumina palla.
Hic vero ingenti repetuntur pectora luctu,
Ut socii sedere locis, nullæque leonis 720
Exuviæ, tantique vacant vestigia transtri.
Flet pius Æacides; mœrent Pæantia corda,
Ingemit et dulci frater cum Castore Pollux.
Omnis adhuc vocat Alciden, fugiente carina,
Omnis Hylan, medio pereuntia nomina ponto. 725
  Dat procul interea toto pater æquore signum
Phorcys, et immanes intorto murice phocas
Contrahit antra petens; simul et Massylus, et una
Lyctius, et Calabris redit armentarius arvis.
Ilicet extremi nox litore Solis Iberas 730
Condidit alta domos, et sidera sustulit astris.
Flamina conticuere, jacet sine fluctibus æquor.
Amphitryoniades, nec quæ nova lustra requirat,
Nec quo tentet iter, comitis nec fata perempti
Quæ referat, videt, aut socios qua mente revisat. 735
Urit amor, solisque negat decedere silvis.
Non aliter gemitu quondam lea prolis ademptæ
Terga dedit; sedet inde viis, inclusaque longo
Pervigilant castella metu ; dolor attrahit orbes
Interea, et misero manat juba sordida luctu. 740

LIBER IV.

Atque ea non oculis divum pater amplius æquis
Sustinuit ; natique pios miseratus amores,
Junonem ardenti trepidam gravis increpat ira :
Ut nova nunc tacito sub pectore gaudia tollunt!
Hæret inops, solisque furit Tirynthius oris. 5
At comite immemores Minyæ facilesque relicto
Alta tenent : sic Juno ducem fovet anxia curis
Æsonium, sic arma viro sociosque ministrat.
Jam, quibus incertam bellis, Scythicæque paventem
Gentis opes, quanta trepidam formidine cernam ! 10
Tum precibus, tum me lacrymis et supplice dextra
Attentare veto : rerum mihi firma potestas.
I, Furias Veneremque move ; dabit impia pœnas
Virgo, nec Æetæ gemitus patiemur inultos.
  Dixit ; et arcano redolentem nectare rorem, 15
Quem penes alta quies, liquidique potentia somni,
Detulit, inque vagi libavit tempora nati.
Ille, graves oculos, et Hylan resonantia semper
Ora ferens, ut nulla deum superare potestas,

les eaux, dans les montagnes, on n'entend plus que le souffle des vents.

Bientôt il lui sembla voir s'élever au-dessus de l'eau Hylas, paré de fleurs de safran, dons de la perfide Naïade, se pencher sur sa tête, et lui parler ainsi : « Pourquoi, mon père, te con-
« sumer en plaintes inutiles? Ce bois, cette fon-
« taine est ma demeure; telle est ma destinée,
« depuis que, docile aux cruels conseils de Junon,
« une Nymphe m'a ravi par trahison, m'a ou-
« vert les portes du ciel, un accès près de Jupiter,
« et associé aux vœux, aux honneurs qu'elle re-
« çoit des humains. Adieu donc, flèches chéries
« que je portai jadis! Entraînés par l'éloquence
« passionnée, par les conseils jaloux de Méléagre,
« nos compagnons, le vent en poupe, ont quitté
« ces rivages; mais il en sera puni, lui, sa mai-
« son, sa famille; et déjà sa mère prépare ta ven-
« geance. Lève-toi donc, et lutte sans relâche
« contre l'adversité. Bientôt tu seras au ciel; les
« astres t'y gardent une place. Jusque-là n'oublie
« jamais notre amitié, et que jamais ne s'éloigne
« de toi la douce image de ton jeune compa-
« gnon. »

Ainsi parlait Hylas, en considérant Hercule avec attendrissement. Celui-ci fait un effort, et cherche à l'étreindre de ses bras; mais l'engourdissement les enchaîne, et il ne saisit que le vide. Le sommeil paralyse ses forces; l'ombre le fuit et trompe ses désirs. Il pleure alors; il l'appelle; il s'épuise en vains gémissements et voit enfin son espoir se dissiper avec le sommeil. Ainsi quand la vague agitée détache des flancs du ro-cher et emporte le nid et la couvée d'un alcyon, la mère désolée se tient sur ses pénates flottants, les suit partout dans leur naufrage avec une hardiesse mêlée de crainte, jusqu'à ce que le nid violemment ballotté s'entr'ouvre et s'engloutisse; alors elle pousse un cri plaintif et s'envole : tel Hercule, se dégageant avec peine des liens du sommeil, se lève tout hors de soi, et s'écrie, en versant un torrent de larmes : « Je partirai donc;
« et tu vas rester seul dans ces lieux, dans ces
« bois déserts! Cher enfant, tu ne seras plus là
« pour admirer mes exploits. » Et, retournant sur ses pas, il quitte la vallée, sans savoir quel destin lui prépare la colère de Junon; et, à l'aspect de ses compagnons emportés déjà loin de lui, il sent une secrète honte d'en avoir été ainsi abandonné.

Il avançait déjà vers les murs de Troie, comptant sur la reconnaissance et les promesses de Laomédon, lorsque Latone et Diane, la tristesse empreinte sur le visage, s'approchent de Jupiter, précédées d'Apollon, qui s'exprime ainsi d'un ton suppliant : « Quel autre Alcide, quel autre temps
« réservez-vous pour la délivrance du vieux Pro-
« méthée? Jamais, grand Jupiter, ne verra-t-il
« finir son supplice? Tous les hommes, le Caucase
« lui-même et les forêts lassées de ses plaintes,
« s'unissent pour vous conjurer. C'est assez punir
« le rapt du feu céleste et la révélation de nos sa-
« crés festins. »

Il dit, et à son tour Prométhée, de son roc où l'insatiable vautour lui déchire les entrailles, lève au ciel ses yeux brûlés par les frimas, et fa-

Procumbit : tandem fessis pax reddita silvis, 20
Fluminaque, et vacuis auditæ montibus auræ.
 Ecce, puer summa se tollere visus ab unda
Frondibus in croceis, et iniquæ munere nymphæ;
Stansque super carum tales caput edere voces :
Quid, pater, in vanos absumis tempora questus? 25
Hoc nemus, hæc fatis mihi jam domus, improba quo me
Nympha rapit, sævæ monitu Junonis; inanes
Nunc Jovis accessus, et jam mihi limina cæli
Conciliat, jungitque preces et fontis honores.
O dolor! o dulces, quas gessimus ante, pharetræ! 30
Jam socii lætis rapuerunt vincula ventis,
Hortator postquam furiis et voce nefanda
Impulit Œnides : verum cum gente domoque
Ista luet, sævæque aderunt tua numina matri.
Surge, age, et in duris haud umquam defice; cælo 35
Mox aderis, teque astra ferent; tu semper amoris
Sis memor, et cari comitis ne abscedat imago.
 Talibus orantem dictis, visuque fruentem,
Ille ultro petit, et vacuis amplexibus instat,
Languentisque movet frustra conamina dextræ : 40
Corpus hebet somno, refugaque eluditur umbra;
Tum lacrymis, tum voce sequi, tum rumpere questus,
Quum sopor, et vano spes mœsta resolvitur actu.
Fluctus ab undisoni ceu forte crepidine saxi
Quum rapit Halcyones miseræ fetumque laremque; 45
It super ægra parens, queriturque, tumentibus undis,
Certa sequi, quocumque ferant, audetque pavetque,
Icta fatiscit aquis donec domus, haustaque fluctu est;
Illa dolens vocem dedit, et se sustulit alis :
Haud aliter somni mœstus labor : exsilit amens, 50
Effusisque genas lacrimis rigat : Ibimus, inquit;
Solus et hos montes desertaque lustra tenebis,
Care puer, nec res ultra mirabere nostras?
Hæc fatus relegitque vias, et vallibus exit,
Incertus, quid Juno ferat, quas apparet iras. 55
Nec minus et socios cernit procul æquore ferri
Præcipites, tacitumque pudet potuisse relinqui.
 Jamque iter ad Teucros, atque hospita mœnia Trojæ
Flexerat, Iliaci repetens promissa tyranni,
Quum mœsto Latona simul Dianaque vultu 60
Ante Jovem stetit, et supplex sic fatur Apollo :
In quem alium Alciden, in quæ jam tempora differs
Caucasium, rex magne, senem? nullumne malorum
Finem adeo pœnæque dabis? te cuncta precantur
Gens hominum, atque ipsi jam te, pater optime, montes, 65
Fessaque cum silvis orant juga : sat tibi furtum
Ignis, et ætheriæ defensa silentia mensæ.
 Dixit ubi, e scopulis, media inter pabula diri
Vulturis, ipse etiam gemitu mœstaque fatigat

tigue Jupiter de ses gémissements et de ses plaintes : les fleuves et les rochers du Caucase les répètent à l'envi, et le vautour lui-même en est effrayé. On entend aussi la voix de Japhet monter du fond des enfers jusqu'à l'Olympe, malgré les efforts d'Érynnis qui le repousse, et obéit en cela aux ordres du maître des dieux. Touché enfin des larmes des deux déesses et des nobles instances d'Apollon, Jupiter fait descendre des nues la diligente Iris, et lui dit : « Va, qu'Hercule « diffère encore le châtiment des Troyens, et « qu'il arrache le Titan à son cruel vautour. » La déesse vole, porte à Hercule le commandement de son père; et le héros, prêt à y obéir, en tressaille d'allégresse.

Cependant les Argonautes, à la clarté des étoiles, laissaient paisiblement glisser leur navire, non sans beaucoup songer au compagnon qu'ils avaient délaissé. Le pontife de Thrace (Orphée), qui sait adoucir les rigueurs des Destins et les misères de la vie, chante du haut de la poupe des vers qui portent le calme et la consolation dans les âmes. Sitôt qu'il fait vibrer les cordes de sa lyre, les regrets amers, le ressentiment, les fatigues, le souvenir même de ce qu'on a de plus cher, cèdent à la douceur de ses accords.

Mais déjà les astres se plongent dans le sein paternel de l'antique Océan; les coursiers du Soleil rongent leur frein; Phébus, entouré des Heures, ceint sa tête de rayons, et sa poitrine d'une cuirasse dont les couleurs offrent l'image des douze signes; il attache son baudrier qui,

sous la forme d'un arc, déploie aux yeux des mortels ses nuances que produit l'opposition des nuages; enfin, il apparaît au-dessus des montagnes qui bornent l'Orient, traînant après soi le Jour du fond de ses retraites lumineuses. Les Vents, à son aspect, ont cessé de souffler.

Les Argonautes découvrent les côtes de la Bébrycie, contrée fertile, et qui cède avec complaisance aux efforts des taureaux. Amycus en est roi. Fiers de sa haute destinée et de l'appui du dieu son père, ses peuples n'ont point de murailles, et ne connaissent ni la justice, ni les lois qui répriment la violence des passions. Semblables aux farouches Cyclopes qui, des cavernes de l'Etna, observent les flots pendant les nuits d'orage, et attendent que les vents jettent sur leurs côtes les malheureux qui doivent servir de pâture à Polyphème, ils parcourent les campagnes, et cherchent de tous côtés des étrangers qu'ils amènent à leur maître. Le barbare les précipite, en l'honneur de Neptune, du haut d'un rocher qui s'avance sur les flots; ou, s'ils sont de belle stature, il leur ordonne de s'armer du ceste et de combattre contre lui, luttes suivies d'une mort moins indigne de leur valeur.

Neptune voyant arriver là le vaisseau des Argonautes, tourne un dernier regard vers ces rivages et ces campagnes animés jusqu'alors par les combats de son fils, et s'écrie en gémissant : « Toi que j'entraînai jadis au fond de « mon empire, infortunée Mélie, que n'étais-« tu plutôt l'amante du maître des dieux? Est-« ce là le triste sort réservé à mes enfants,

---

Voce Jovem, sævis relevans ambusta pruinis 70
Lumina; congeminant amnes rupesque fragorem
Caucasiæ; stupet ipse dei clamoribus ales :
Tunc etiam superas Acheronte auditur ad arces
Iapetus gravis; orantem procul arcet Erinnys,
Respiciens celsi legem Jovis. Ille, dearum 75
Fletibus, et magno Phœbi commotus honore,
Velocem roseis demittit nubibus Irin :
I, Phrygas Alcides, et Trojæ differat arma :
Nunc, ait, eripiat diræ Titana volucri.
Diva volat, defertque viro celeranda parentis 80
Imperia, atque alacrem lætis hortatibus implet.

Jam Minyæ mediis, claræ per sidera noctis,
Fluctibus intulerant placido cava lintea cursu,
Multaque deserto memores super Hercule volvunt :
Thracius at summa sociis e puppe sacerdos, 85
Fata deum, et miseræ solans incommoda vitæ,
Securum numeris agit et medicabile carmen;
Quo simul assumpta pulsus fide luctus, et iræ,
Et labor, et dulces cedunt e pectore nati.

Interea, magni jamjam subeuntibus astris 90
Oceani genitale caput, Titania frenis
Antra sonant; Sol auricomus, cingentibus Horis,
Multifidum jubar, et bisseno sidere textam
Loricam induitur; ligat hanc, qui nubila contra

Balteus undantem variat mortalibus arcum. 95
Inde super terras, et Eoi cornua montis,
Emicuit, traxitque diem candentibus undis :
Et Minyas viso liquerunt flamina Phœbo.

Proxima Bebrycii panduntur litora regni,
Pingue solum, et duris regio non invida tauris. 100
Rex Amycus : regis fatis et numine freti
Non muris cinxere domos, non fœdera legum
Ulla colunt, placidas aut jura tenentia mentes.
Quales Ætnæis rabidi Cyclopes in antris
Nocte sub hiberna servant freta, sicubi sævis 105
Advectet ratis acta notis tibi pabula dira
Et miseras, Polypheme, dapes; sic undique in omnes
Prospiciunt cursantque vias, qui corpora regi
Capta trahant : ea Neptuno trux ipse parenti
Sacrifici pro rupe jugi, media æquora supra, 110
Torquet agens; sin forma viris præstantior adsit,
Tum legere arma jubet, sumptisque occurrere contra
Crestibus; hæc miseri sors est æquissima leti.

Huc ubi devectam Neptunus gurgite puppim
Sensit, et extremum nati prospexit in oras, 115
Et quondam lætos domini certamine campos;
Ingemit, ac tales evolvit pectore questus :
Infelix, imas quondam mihi rapta sub undas,
Nec potius magno, Melie, tum mixta Tonanti!

« quelle que soit leur mère? Oui, j'ai bien com-
« pris, Jupiter, quelle serait ta volonté constante,
« depuis le jour où Diane perça injustement de
« ses flèches mon fils Orion, qui remplit aujour-
« d'hui le Tartare. Que ton courage, Amycus,
« que ta naissance ne te rende pas trop présomp-
« tueux; ne t'aveugle pas davantage sur ce que
« peut désormais ton père. Une autre puissance,
« une volonté supérieure à la nôtre, celle de
« Jupiter, l'emporte, et protége avant tout les
« siens. Sans cela, déchaînant les tempêtes,
« j'eusse essayé du moins de retenir ou d'éloigner
« ce vaisseau : mais rien ne peut plus retarder
« ta mort. Opprime donc, frère barbare, les rois
« dont tu es le premier. » Et, détournant les yeux,
il abandonne son fils et ses combats sinistres, et
baigne le rivage de flots ensanglantés.

Jason ordonne d'abord d'explorer le pays, ses
fleuves, le peuple qui l'habite. Échion pénétrait à
peine dans l'intérieur, qu'il trouve au fond d'une
vallée un jeune homme qui sanglottait à l'écart
et pleurait la mort d'un ami. A l'aspect d'Échion
qui s'avance, la tête couverte, comme Mercure
son père, du casque d'Arcadie, et qui tient à
la main un rameau, symbole de la paix : « Qui
« que vous soyez, dit l'inconnu, fuyez, il en
« est temps. » Échion stupéfait s'arrête, et
l'étranger le pressant de plus en plus de fuir,
il l'entraîne avec lui, et le force à s'expliquer
devant ses compagnons. Celui-ci, étendant la
main : « Cette terre, dit-il, ô guerriers, ne vous
« sera point hospitalière; rien n'est sacré pour
« ce peuple; la mort et les luttes sanglantes sont
« les hôtes de ces rivages. Amycus, dont la tête
« orgueilleuse touche aux nues, va bientôt vous
« provoquer au combat du ceste. Telle est envers
« les étrangers la fureur toujours renaissante de
« ce fou qui passe pour fils de Neptune; il choi-
« sit pour champions, comme des victimes in-
« nocentes qu'on traîne à l'autel, des adversai-
« res incapables de lui résister, afin de plonger
« ses mains dans leur cervelle brisée. Réfléchis-
« sez donc; il est encore temps de fuir; profitez-
« en. Qui oserait entrer en lice avec un pareil
« monstre? qui seulement voudrait le voir? »

« Es-tu, lui dit Jason, un des Bébryces? et
« ton cœur est-il autre (car l'humanité est sou-
« vent le partage du vulgaire) que celui de leur
« roi? Ou si tu es un étranger que le hasard a
« poussé sur ces côtes, comment le ceste d'A-
« mycus ne t'a-t-il pas encore broyé la tête? »
« J'avais, répond-il, un ami qui m'était cher
« au-dessus de tous les amis, Otrée, la gloire
« et l'honneur des siens, et que vous-mêmes
« n'eussiez pas dédaigné pour compagnon; je le
« suivis, comme il allait en Phrygie demander
« la main d'Hésione. Forcé de se battre contre
« Amycus, ce fut moi-même qui attachai son
« ceste. Otrée était à peine en garde, qu'Amycus,
« de sa main foudroyante, lui fracassa le crâne
« et fit voler sa cervelle. Pour moi, qu'il jugea
« indigne de ses armes, indigne de mourir, et
« qu'il laissa me consumer dans les larmes et
« dans le chagrin, je n'ai plus qu'un espoir :

Usque adeone meam, quacumque ab origine, prolem 120
Tristia fata manent? sic te olim pergere sensi,
Jupiter, injustæ quando mihi virginis armis
Concidit infelix, et nunc Chaos implet Orion.
Nec tibi nunc virtus, aut det fiducia nostri,
Nate, animos, opibusque ultra ne crede paternis. 125
Jamjam aliæ vires, majoraque sanguine nostro
Vincunt fata Jovis, potior cui cura suorum est.
Atque adeo, neque ego hanc motis avertere ventis
Tentavi, tenuive ratem : nec jam mora morti
Hinc erit ulla tuæ. Reges preme, dure, secundos. 130
Abstulit inde oculos, natumque et tristia linquens
Prælia, sanguineo terras pater alluit æstu.

Principio fluvios, gentemque, et litora ductor
Explorare jubet; paullumque egressus Echion,
Invenit obscura gemitus in valle trahentem 135
Clam juvenem, et cæsi mœrentem nomen amici.
Ille, virum ut contra venientem, umbrataque vidit
Tempora Parrhasio patris de more galero,
Paciferæque manu nequidquam insignia virgæ,
Heu fuge, ait, certo, quicumque es, perdite, passu, 140
Dum datur. Obstupuit visu Nonacria proles,
Quid ferat, admirans. Postquam remeare monentem
Ocius, et dictis perstantem cernit in isdem;
Abripit, et sociis, quæ sint ea, promere cogit.

Ille manum tendens : Non hæc, ait, hospita vobis 145
Terra, viri ; non hic ullos reverentia ritus
Pectora : mors habitat, sævæque hoc litore pugnæ.
Jam veniet diros Amycus qui tollere cæstus
Imperet, et vasto qui vertice nubila pulset.
Talis in advectos Neptuni credita proles 150
Æternum furit, atque æquæ virtutis egentes,
Ceu superum segnes ad iniqua altaria tauros,
Constituit, tandem ut misero lavet arma cerebro.
Consulite, atque fugæ medium ne temnite tempus.
Namque isti frustra quisnam concurrere monstro 155
Audeat, et quænam talem vidisse voluptas?

Ductor ad hæc : Bebryxne venis, diversaque regi
Corda gerens (melior vulgi nam sæpe voluntas)?
Hostis an externis fato delatus ab oris?
Et tua cur Amycus cæstu nondum obruit ora? 160
Nomen, ait, prædulce mihi, nomenque sequutus
Otreos unanimi; decus ille et læta suorum
Gloria, nec vestros comes aspernandus in actus,
Hesionam et Phrygiæ peteret quum gaudia nuptæ,
Hic Amycum contra jussus stetit, atque ego palmas 165
Implicui; sed prima procul vixdum ora levantis
Fulminea frontem dextra, disjectaque fudit
Lumina, me numquam leto dignatus et armis;
Sed lacrimis potius luctuque absumor inerti.

« c'est que peut-être cette nouvelle sera parvenue
« chez les Mariandinyens, au frère de mon ami.
« Mais non : que Lycus reste dans ses foyers,
« et que nous n'ayons pas à pleurer une victime
« de plus. »

Voyant que ce récit, loin d'effrayer les Argonautes, ne fait qu'exciter leur ardeur et leur indignation, il se hâte de les engager à le suivre.

A l'extrémité du rivage s'ouvre une immense caverne, couronnée d'arbres et de rochers menaçants, affreux repaire où la lumière du ciel ne pénètre jamais, où mugissent les vagues bondissantes, et où, dès l'entrée, s'offre un épouvantable spectacle. On voit des bras arrachés et encore armés du ceste, des os livides et décharnés, de lugubres rangées de crânes, des têtes entièrement défigurées par les blessures, et au milieu, sur un autel consacré à Neptune, les armes redoutables d'Amycus.

Alors les Argonautes commencent à se rappeler les conseils de Timante et à ressentir les effets de la peur; ils croient déjà voir les traits monstrueux d'Amycus, et se regardent en silence. Mais l'intrépide Pollux s'écrie d'un ton plein d'assurance : « Qui que tu sois donc, et malgré
« l'effroi que tu inspires, je ferai en sorte que tu
« figures dans ce séjour, si tu as du sang et des
« membres. » Tous, comme lui, brûlent de combattre; tous demandent Amycus, et veulent se trouver face à face avec lui. Tel un taureau, bravant la profondeur et le courroux d'un fleuve écumeux, s'élance le premier dans ses gouffres inconnus, nage, et entraîne derrière soi le troupeau tout entier, que cette audace rassure et qui bientôt a devancé son chef.

Cependant l'affreux géant quittait ses troupeaux et ses bois, et marchait vers son antre. Ses propres sujets ne peuvent le contempler sans frémir. Il n'a rien de mortel, et ressemble à un rocher qui s'élève du sein des montagnes, seul visible au milieu de tous ceux qui l'entourent. Furieux, il vole, et sans demander aux Argonautes qui ils sont, où ils vont, ce qu'ils veulent, il s'écrie d'une voix tonnante : « A l'œuvre donc,
« jeunes guerriers! car j'imagine que votre seule
« audace vous amène en ces lieux, que vous
« avez entendu parler de nous, et que vous venez
« nous attaquer. Je suppose toutefois que vous
« vous êtes égarés, que vous ne connaissez pas
« ce pays; sachez-en du moins les usages. Armez-vous du ceste et préparez-vous au combat.
« Tel est l'accueil que reçoivent ici tous ceux qui
« viennent de l'Asie, des pays situés à droite et
« à gauche de l'Euxin, la Scythie et le Pont;
« les rois même ne s'en retournent qu'après
« m'avoir combattu. Ici habite Neptune, et je
« suis son fils. Depuis longtemps mes cestes se
« reposent; la terre est altérée; quelques dents
« seules apparaissent çà et là. Qui de vous le
« premier scellera de sa main notre alliance et
« recevra mes dons? Mais vous aurez tous cet
« honneur; la terre ni le ciel ne sauraient vous
« y dérober. Les larmes, les prières le nom
« même des dieux, ne font rien sur mon cœur;
« Jupiter est roi sur d'autres rivages. J'aurai
« soin que nul vaisseau ne puisse franchir la mer

Spes tamen, his fando si nuntius exstitit oris,   170
Et Mariandynum patrias penetravit ad urbes,
Unde genus fraterque viro; sed et ille quierit
Oro, nec a vanis cladem Lycus augeat armis.
 Hæc ubi non ulla juvenes formidine moti
Accipiunt, dolor et duras insurgere mentes,   175
Terga sequi, properosque jubet conjungere gressus.
 Litore in extremo spelunca apparuit ingens,
Arboribus super, et dorso contecta minanti,
Non quæ dona deum, non quæ trahat ætheris ignem;
Infelix domus, et sonitu tremebunda profundi;   180
Et varii pro rupe metus; hinc trunca rotatis
Brachia rapta viris, strictoque immortua cæstu,
Ossaque tetra situ, et capitum mœstissimus ordo.
Respicias, quibus adverso sub vulnere nulla
Jam facies, nec nomen erat; media ipsius arma   185
Sacra metu, magnique aris imposita parentis.
 Hospitis hic primum monitus rediere Timantis,
Et pavor, et monstri subiit absentis imago,
Atque oculos cuncti inter se tenuere silentes;
Donec sidereo Pollux interritus ore :   190
 Te tamen hac, quicumque es, ait, formidine faxo
Jam tua silva ferat, modo sint tibi sanguis et artus.
Omnibus idem animus forti decernere pugna,
Exoptantque virum, contraque occurrere poscunt :

Qualiter ignotis spumantem funditus amnem   195
Taurus aquis qui primus init, spernitque tumentem,
Pandit iter : mox omne pecus, formidine pulsa,
Pone subit, jamque et mediis præcedit ab undis.
 At procul e silvis sese gregibusque ferebat
Sævus in antra gigas, quem nec sua turba tuendo   200
It tanti secura metus; mortalia nusquam
Signa manent, instar scopuli, qui montibus altis
Summus abit, longeque jugo stat solus ab omni.
Devolat inde furens, nec, quo via, curve profecti,
Nec genus ante rogat, sed tali protonat ira :   205
 Incipite, o juvenes; etenim fiducia, credo,
Huc tulit, auditas et sponte lacessitis oras.
Sin errore viæ, necdum mens gnara locorum,
Hic mihi lex, cæstus adversaque tollere contra
Brachia; sic ingens Asiæ plaga, quique per Arcton   210
Dexter et in lævum Pontus jacet, hæc mea visat
Hospitia; hoc cuncti remeent certamine reges.
Neptuni domus, atque egomet Neptunia proles;
Jam pridem cæstus resides, et frigida raris
Dentibus aret humus; qui mecum fœdera junget   215
Prima manu? cui dona fero? mox omnibus idem
Ibit honos; fuga sub terras, fuga nulla per auras.
Nec lacrimæ, nec forte preces, superive vocati
Pectora nostra movent; aliis rex Jupiter oris.

« des Bébryces, et que les Symplégades continuent « à s'agiter dans leur océan désert.

Comme il parlait encore, Jason, les deux Éacides, les enfants de Calydon, le fils de Nélée et Idas avant lui, tout ce qu'il y a là de plus intrépide, acceptent le défi. Mais déjà Pollux a découvert sa poitrine. Castor en est glacé de stupeur et d'effroi : ce qui attend Pollux, ce n'est pas ici, comme à Olympie, un combat sous les yeux d'un père, ni les applaudissements d'un amphithéâtre d'Œbalie, ni les coteaux aimés du Taygète, ni ce fleuve où il lavait sa poussière victorieuse; ce n'est pas non plus un coursier ni un taureau qui est le prix de la lutte, mais la mort, mais la nuit des enfers. Amycus ne voyant rien d'effrayant dans la taille de Pollux, rien de farouche sur sa figure, qui portait à peine les signes de la première jeunesse, le toise d'un air moqueur, s'indigne de tant d'audace, et roule des yeux sanglants de rage. Tel était le géant Typhée, quand, se croyant déjà maître du ciel, il s'indignait de trouver Bacchus à la porte, et Pallas, au premier rang des dieux, armée des serpents de Méduse. « Qui que tu sois, » poursuit-il d'un ton qu'il veut rendre terrible, « hâte-toi, pauvre « enfant; tu ne garderas plus longtemps ce beau « visage, ces traits délicats que ne verra plus « ta mère. Quoi ! tes compagnons ont eu la sottise « de te choisir? et c'est toi qui mourras de la « main d'Amycus? » Soudain il dépouille ses larges épaules, sa vaste poitrine et ses membres sillonnés de muscles hideux. A cet aspect, les Argonautes pâlissent, et Pollux s'étonne. Ils regrettent, mais trop tard, de n'avoir plus Hercule, et regardent tristement les montagnes d'où il ne saurait revenir. « Vois, dit le fils de Neptune, « ces cestes recouverts d'un cuir brut; choisis « et, si tu le peux, arme-toi. » Il dit, et, ignorant que son heure est venue, il donne pour la dernière fois ses mains à garnir à ses serviteurs. Pollux en fait autant. Une haine implacable surgit au cœur de ces deux athlètes jusque-là l'un à l'autre inconnus. Bouillants de fureur, le sang de Jupiter et celui de Neptune sont en présence; chaque parti fait des vœux, regarde et se tait. Pluton permet aux ombres des victimes d'Amycus de sortir des enfers, et, protégées par un nuage, d'être témoins de son dernier combat. Une vapeur noire voile le sommet des montagnes.

Tout à coup le Bébryce, pareil à un tourbillon qui se précipite du promontoire orageux de Malée, laisse à peine à Pollux le temps de lever la tête et les bras, fait pleuvoir sur lui une grêle de coups, le presse d'assauts répétés, et le poursuit en tournoyant dans l'arène avec une rage infatigable. L'autre, attentif et défiant, la poitrine et les épaules effacées, va tantôt ici, tantôt là, tient sa tête en arrière, se dresse sur la pointe du pied, effleure le sol, s'esquive et revient. Comme un vaisseau surpris par la tempête en pleine mer, et guidé par la seule adresse du pilote, nargue les vents et surmonte sans péril la vague impétueuse; ainsi le vigilant Pollux pare les coups et y sous-

Faxo, Bebrycium nequeat transcendere puppis 220
Ulla fretum, et ponto volitet Symplegas inani.
   Talia dicta dabat, quum protinus asper Iason,
Et simul Æacidæ, simul et Calydonis alumni,
Nelidesque, Idasque prior, quæ maxima surgunt
Nomina; sed nudo steterat jam pectore Pollux, 225
Quum pavor et gelidus defixit Castora sanguis;
Nam nec ad Elei pugnam videt ora parentis;
Nec sonat Œbalius caveæ favor, aut juga nota
Taygeti, lavitur patrios ubi victor ad amnes;
Nec pretium sonipes, aut sacræ taurus arenæ; 230
Præmia sed manes, reclusaque janua leti.
Illum Amycus, nec fronte trucem, nec mole tremendum,
Vixdum etiam primæ spargentem signa juventæ,
Ore renidenti lustrans obit, et fremit ausum,
Sanguineosque rotat furiis ardentibus orbes. 235
Non aliter jam regna poli, jam capta Typhœus
Astra ferens, Bacchum ante acies, primamque deorum
Pallada, et oppositos doluit sibi virginis angues.
Sic adeo insequitur, rabidoque ita murmure terret :
Quisquis es, infelix celera puer, haud tibi pulchræ 240
Manserit hoc ultra frontis decus, oræve matri
Nota feres. Tune e sociis electus iniquis?
Tune Amyci moriere manu? Nec plura moratus,
Ingentes humeros, spatiosaque pectoris ossa
Protulit, horrendosque toris informibus artus. 245

Deficiunt visu Minyæ, miratur et ipse
Tyndarides; redit Alcidæ jam sera cupido,
Et vacuos mœsto lustrarunt lumine montes.
At satus æquoreo fatur tunc talia rege :
Aspice et hæc crudis durata volumina tauris, 250
Nec pete sortis opem, sed, quos potes, indue cœstus.
   Dixit, et urgentis post sera piacula fati
Nescius, extremum hoc, armis innectere palmas
Dat famulis; dat et inde Lacon : odia aspera surgunt
Ignotis prius, atque incensa mente feruntur 255
In medium sanguis Jovis et Neptunia proles.
Hinc illinc dubiis intenta studiis votis.
Et pater orantes cæsorum Tartarus umbras
Nube cava tandem ad meritæ spectacula pugnæ
Emittit : summi nigrescunt culmina montis. 260
   Continuo Bebryx, Malææ velut arce fragosa
Turbo rapax, vix ora virum, vix tollere passus
Brachia, torrenti præceps agit undique nimbo,
Cursibusque involvens, totaque immanis arena
Insequitur : vigil ille metu, cum pectore et armis 265
Huc alternus et huc, semper cervice reducta,
Semper et in digitis, et summi pulvere campi,
Projectusque redit. Spumanti qualis in alto
Pliade capta ratis, trepidi quam sola magistri
Cura tenet, rapidum ventis certantibus æquor 270
Intemerata secat : Pollux sic providus ictus

trait sa tête avec une dextérité toute lacédémonienne. Après avoir ainsi épuisé l'ardeur et la colère de son ennemi, lui, tout frais encore, commence à se déployer peu à peu et à frapper à son tour. Alors pour la première fois on vit Amycus, trempé de sueur, fatigué, respirant à peine, ralentir son action; ses sujets, ses compagnons l'ont méconnu à cet affaissement. Tous deux cependant reprennent haleine et se reposent. Ainsi s'arrêtent sur le champ de bataille les Lapithes et les Thraces, lorsqu'appuyé sur sa lance, Mars a suspendu leur choc.

A peine reposés, ils s'élancent de nouveau. Les cestes se heurtent et retentissent; on dirait un nouvel assaut et d'autres athlètes. L'un est animé par la honte, l'autre par l'espoir, et la connaissance plus éprouvée de son adversaire. Les poitrines fument sous les coups redoublés; l'écho des montagnes redit leurs gémissements : ainsi lorsqu'au sein des nuits et sous la surveillance de Vulcain, les Cyclopes forgent la foudre, les cités retentissent du battement des enclumes.

Cependant Pollux se dresse, et lève la main droite dont il menace Amycus; le Bébryce, qui attend le choc, y dirige ses yeux, y porte sa défense; tout à coup son rival le frappe de la main gauche au visage. Les Argonautes poussent des cris de joie. Troublé par cette feinte inattendue, Amycus devient furieux; Pollux effrayé lui-même, mais présumant bien de sa ruse audacieuse, se remet sur la défensive et laisse passer l'orage. Amycus éperdu ne connait plus de frein; il se précipite au hasard et fond avec acharnement (car il voyait de loin triompher les Argonautes) sur son ennemi, en se couvrant à la fois de ses deux cestes. Pollux se baisse, passe au milieu, se pose rapidement en face du barbare, et, bien qu'il espérât de le frapper au visage, il lui décharge ses deux poings dans la poitrine. Celui-ci, de plus en plus furieux, agite vainement dans les airs ses bras mal dirigés. L'autre le voyant hors de lui, prête le flanc, serre les genoux, suit de l'œil le Bébryce qui perd l'équilibre, et, sans lui donner le temps de se remettre en garde, le pousse, le presse, et l'accable à loisir de cent coups répétés. Criblée de blessures, la tête d'Amycus craque, se penche, et cède à la violence de la douleur; le sang jaillit des tempes et inonde ses oreilles; encore un dernier coup, et le lien qui rattache la tête à la première vertèbre est brisé. Le héros pousse ce corps chancelant, et y posant le pied : « Je suis, dit-il, Pollux d'Amyclée, fils de Jupiter; « va le dire aux ombres étonnées, et que ta tombe « en rappelle à jamais le souvenir. »

Soudain les Bébryces fuient et se dispersent. D'ailleurs peu touchés de la mort de leur roi, ils gagnent les bois et les montagnes. Tel fut le sort, telle fut la main qui punirent Amycus, le farouche gardien du Pont, plein du fol espoir d'une éternelle jeunesse, et, comme son père, se croyant immortel. Naguère l'effroi des humains, il gît étendu sur le sol dont il couvre un espace immense, pareil à un débris détaché de l'Éryx, ou même à l'Athos tout entier. Le vainqueur ne peut se rassasier de voir cette masse énorme; longtemps il y fixe ses yeux, immobiles d'étonnement. Mais

Servat, et Œbalia dubium caput eripit arte.
Ut deinde urgentes effudit nubibus iras
Ardoremque viri, paullatim insurgere fesso
Integer, et summos manibus deducere cæstus. 275
Ille dies ægros Amyci sudoribus artus
Primus, et arenti cunctantem vidit hiatu;
Nec sua defessum noscunt loca, nec sua regem
Agmina; respirant ambo, paullumque reponunt
Brachia, ceu Lapithas aut Pæonas æquore in ipso 280
Dum refovet, fixaque silet Gradivus in hasta.

Vix steterant, et jam ecce ruunt, inflictaque late
Terga sonant; nova vis iterum, nova corpora surgunt.
Hunc pudor, hunc noto jam spes audentior hoste
Instimulat: fumant crebro præcordia pulsu; 285
Avia responsant gemitu juga, pervigil ut quum
Artificum notat ipse manus, et fulmina Cyclops
Prosubigit: pulsis strepitant incudibus urbes.

Emicat hic, dextramque parat, dextramque minatur
Tyndarides; redit huc oculis et pondere Bebryx, 290
Sic ratus; ille autem celeri rapit ora sinistra.
Conclamant socii; et subitas dant gaudia voces.
Illum insperata turbatum fraude, furentemque
Œbalides prima refugit, dum detonet, ira,
Territus ipse etiam, atque ingentis conscius ausi. 295
Sævit inops Amycus, nullo discrimine sese

Præcipitans, avidusque viri (respectat ovantes
Quippe procul Minyas) cæstu velatus utroque
Irruit; hos inter Pollux subit, et trucis ultro
Advolat ora viri; nec spes effeta, sed ambæ 300
In pectus cecidere manus. Hoc sævior ille
Ecce iterum vacuas agit inconsulta per auras
Brachia; sentit enim Pollux rationis egentem,
Dat genibus junctis latus, effusumque sequutus
Haud revocare gradus patitur, turbataque premitque 305
Ancipitem, crebros et liber congerit ictus.
Desuper averso; sonat omni vulnere vertex
Inclinis, ceditque malis : jam tempora manant,
Sanguineæque latent aures, vitalia donec
Vincula, qua primo cervix committitur artu, 310
Solvit dextra gravis. Labentem propulit heros,
Ac super insistens : Pollux ego missus Amyclis,
Et Jove natus, ait; nomen mirantibus umbris
Hoc referes, sic et memori noscere sepulcro.

Bebrycas extemplo spargit fuga; nullus ademti 315
Regis amor, montem celeres silvamque capessunt.
Hæc sors, hæc Amycum tandem manus arguit ausi
Effera servantem Ponti loca, vimque juventæ
Continuam, et magni sperantem tempora patris.
Tenditur ille ingens hominum pavor, arvaque late 320
Occupat, annosi veluti si decidat olim

ses compagnons s'empressent autour de lui et l'embrassent; c'est à qui prendra ses cestes et soutiendra ses bras. « Salut, s'écrie-t-on de toutes « parts, salut, vrai fils, oui, vrai fils de Jupiter! « Gloire au Taygète, à ses illustres palestres, à « celui qui le premier en sortit victorieux! » Au milieu de ces acclamations, on voit couler du front de Pollux quelques gouttes de sang; le héros, sans s'effrayer, l'essuie du revers de son ceste. Castor orne la tête et les armes de son frère de branches de laurier; et tournant ses yeux vers le rivage : « Divin vaisseau, s'écrie-t-il, rapporte, « je t'en conjure, ces lauriers dans notre patrie; « et jusque-là vogue avec eux sur les flots. »

Il dit; on immole des victimes, et les Argonautes, après s'être purifiés dans l'eau sacrée pour apaiser Neptune, se couchent sur le gazon. Le vin et les mets sont dressés sur des tables de feuillage; le dos des victimes est réservé à Pollux, qui, pendant tout le repas, entendit avec émotion l'éloge de ses compagnons, et le sien qu'Orphée chanta sur sa lyre, et qui vida plus d'une coupe en l'honneur de Jupiter vainqueur.

Déjà le jour, déjà les vents appellent les Argonautes. Ils se rembarquent là où le Bosphore vomit ses flots impétueux, qu'Io traversa quand elle n'était point encore une des divinités de l'Égypte, et auxquels elle donna son nom. Alors le pieux fils d'OEagre, le poëte inspiré par sa mère Calliope, racontait à ses compagnons attentifs l'histoire de la fille d'Inachus, ses courses vagabondes,

ses exils au delà des mers. « Les premiers humains virent plus d'une fois Jupiter descendre dans les campagnes d'Argos et le royaume des Pélasges, où l'attirait son amour pour la jeune Io. Junon s'en aperçut : enflammée de jalousie, elle se lança du haut des cieux dans l'Argolide; et cette terre qui lui est consacrée, les grottes complices d'un amour que la déesse allait surprendre, en furent ébranlées. Saisie de frayeur, la fille d'Inachus prit aussitôt, au gré de Jupiter, la forme d'une génisse. Junon, cachant sa douleur sous un visage riant, la flatte, la caresse, et dit à Jupiter : « Donnez-moi cette génisse pétulante, née tout « à coup dans les campagnes de la fertile Argos, « et dont les cornes ressemblent au croissant de « Phébé; faites ce présent à votre épouse chérie. « Je l'aimerai, je lui choisirai des pâturages di-« gnes d'elles et les ruisseaux les plus limpides. » Comment Jupiter eût-il refusé? Comment eût-il soupçonné Junon et ses projets de vengeance? Maîtresse d'Io, Junon la met aussitôt sous la garde d'Argus, dont la tête, garnie d'yeux qui jamais ne sommeillent, brille comme le voile d'une fille de Lydie parsemé d'étoiles de pourpre. Argus la conduit par des routes inconnues, à travers des rochers et des forêts peuplées de monstres, malgré sa résistance opiniâtre, malgré ses vains efforts pour le fléchir, et articuler les paroles captives au fond de sa poitrine. Elle donne en partant un dernier baiser aux rivages paternels. Amymone pleure; la naïade de Messéis pleure;

Pars Erycis, vel totus Athos; qua mole jacentis
Ipse etiam expleri victor nequit, oraque longo
Comminus obtutu mirans tenet. At manus omnis
Heroum densis certatim amplexibus urgent, 325
Armaque ferre juvat, fessasque attollere palmas.
Salve, vera Jovis, vera o Jovis, undique, proles,
Ingeminant, o magnanimis memoranda palæstris
Taygeta, et primi felix labor ille magistri!
Dumque ea dicta ferunt, tenues tamen ire cruores 330
Siderea de fronte vident; nec sanguine Pollux
Territus, averso siccabat vulnera cæstu.
Illius excelsum ramis caput, armaque Castor
Implicat, et viridi connectit tempora lauro,
Respiciensque ratem : Patriis, ait, has precor oris., 335
Diva, refer frondes, cumque hac freta curre corona.
Dixerat; hinc valida cædunt armenta bipenni,
Perfusique sacro placati gurgitis amne,
Graminea sternuntur humo : tunc liba dapesque
Frondibus accumulant; exsortia terga Laconi 340
Præcipiunt pecudum : toto mox tempore mensæ
Lætus ovat nunc laude virum, nunc vatis honoro
Carmine, victori geminans cratera parenti.
Jamque dies auræque vocant, rursusque capessunt
Æquora, qua rigidos eructat Bosporos amnes. 345
Illos, Nile, tuis nondum dea gentibus Io
Transierat fluctus, unde hæc data nomina ponto.
Tum pius Œagri claro de sanguine vates,

Admonita genitrice, refert casusque locorum,
Inachidosque vias, pelagusque emensa juvencæ 350
Exsilia, intentusque canit : Videre priores
Sæpe Jovem', terras Argivaque regna Pelasgum
Virginis Iasiæ blandos descendere ad ignes.
Sentit Juno dolos, curaque accensa jugali
Æthere desiluit; dominam Lyrceia tellus, 355
Antraque depransæ tremuerunt conscia culpæ.
Quum trepida Inachiæ pellex subit ora juvencæ,
Sponte dei; plausu fovet hanc, et pectora mulcet
Juno, renidenti cohibens suspiria vultu.
Mox ita adorta Jovem. Da, quam modo ditibus Argis 360
Campus alit, primæ referentem cornua Phœbes,
Indomitamque bovem, da caræ munera nuptæ.
Ipsa ego dilectæ pecudi jam pascua digna,
Præcipuosque legam fontes. Qua fraude negaret,
Aut quos inventos timuisset Jupiter astus? 365
Muneris illa potens, custodem protinus Argum
Adjungit; custos Argus placet, inscia somni
Lumina non aliter lucent cui vertice, quam si
Lyda nurus sparso telas maculaverit ostro.
Argus et in scopulos, et monstris horrida lustra, 370
Ignotas jubet ire vias, heu multa morantem,
Conantemque preces, inclusaque pectore verba.
Ultima tum patriæ cedens dedit oscula ripæ.
Flevit Amymone, flerunt Messeides undæ,
Flevit et effusis revocans Hyperia lacertis. 375

Hypérie pleure, et la rappelle en lui tendant les bras. Que de fois, succombant à la fatigue de ces courses sans fin, ou quand le soir ramenait le froid et les ombres, elle s'affaissa sur les rochers! Que de fois elle étancha dans des eaux fangeuses la soif qui la tourmentait, se nourrit d'herbes amères, et vit ses blanches épaules meurtries de coups! Un jour que, résolue de mourir, elle tenta de se précipiter du haut d'un roc, Argus la fit bientôt descendre dans la vallée, et sauva ainsi, le barbare! cet objet des caprices de sa maîtresse. Tout à coup de douces modulations se font entendre; c'est Mercure qui les tire d'une flûte arcadienne, et qui arrive, dépêché par Jupiter. « Pourquoi s'éloigner, dit-il à Argus? Allons, écoute un peu mes accords. » En même temps il le suit de près. Bientôt les yeux d'Argus s'appesantissent, se ferment, et sont vaincus par le sommeil. Le dieu le voit, et, sans interrompre son jeu, le perce de son épée. Rendue à Jupiter sous sa forme primitive, Io traversait les campagnes, triomphant de Junon, quand devant elle se présente Tisiphone avec sa torche, ses vipères et ses hurlements infernaux. A cet aspect, elle reste immobile; puis, reprenant sa forme de génisse, elle parcourt de nouveau collines et vallées, sans savoir où s'arrêter. Enfin, elle arrive sur les bords de l'Inachus : mais que sa seconde métamorphose est différente de la première! Son père, les Nymphes effrayées ne veulent plus l'approcher. Elle repart donc encore, retourne encore au milieu des bois, fuyant un père adoré comme elle eût fui le Styx même, traverse les villes de la Grèce, franchit les fleuves, arrive aux bords de la mer, hésite un peu et s'y plonge. Mais les flots, instruits de l'avenir, s'abaissent, et lui livrent passage. On voit de loin ses cornes qui les dominent, et son fanon qui flotte à la surface. Alors la fille de l'Érèbe vole vers l'Égypte; elle voulait repousser Io des rivages du Phare, lorsque le Nil accourut au-devant de la Furie, souleva contre elle toute la masse de ses ondes, et, quoiqu'elle implorât le secours de Pluton et des dieux de l'enfer, il l'engloutit et la brisa sur ses écueils. Au loin surnagèrent des débris de torches, des fouets dispersés çà et là, et des serpents arrachés à la chevelure du monstre. Cependant Jupiter n'abandonne pas d'un instant son amante; un coup de tonnerre réveille toute sa sollicitude et fait trembler Junon, tandis qu'Io, déjà réunie aux immortels, déjà couronnée de l'aspic et faisant résonner son sistre triomphant, regarde ce tumulte du haut de l'Olympe. De là vint que le Bosphore fut ainsi appelé par les anciens du nom de la déesse errante. Maintenant qu'elle nous soit propice, et nous fasse voguer heureusement sur son détroit. »

Il dit; les Argonautes, le vent en poupe, poursuivent leur voyage; et le lendemain, l'Aurore leur découvre la route qu'ils ont faite pendant une nuit bien employée. De nouvelles côtes leur apparaissent; voici la Thynie, fameuse par les malheurs du devin Phinée. La malédiction

Illa, ubi vel fessi tremerent erroribus artus,
Vel rueret summo jam frigidus æthere vesper,
Heu quoties saxo posuit latus! aut ubi longa
Ægra siti, quos ore lacus, quæ pabula carpsit!
Verbere candentes quoties exhorruit armos!   380
Quin et ab excelso meditantem vertice saltus,
Audentemque mori, valles citus egit in imas
Argus, et arbitrio durus servavit herili;
Quum subito Arcadio sonuit cava fistula ritu,
Imperiumque patris celerans Cyllenius ales   385
Advenit, et leni modulatur carmen avena,
Quoque, ait, hinc diversus abis? heu respice cantus.
Haud procul insectans Argum, languentia somno
Lumina cuncta notat, dulcesque sequentia somnos,
Et celerem mediis in cantibus exigit harpen.   390
Jamque refecta Jovi paullatim in imagine prisca
Ibat agris Io victrix Junonis; et ecce
Cum facibus spirisque et Tartareo ululatu
Tisiphonen videt, ac primo vestigia visu
Figit, et in miseræ rursus bovis ora recurrit;   395
Nec qua valle memor, nec quo se vertice sistat.
Inachias errore etiam defertur ad undas,
Qualis, et a prima quantum mutata juvenca!
Nec pater, aut trepidæ tentant accedere nymphæ.
Ergo iterum silvas, iterum petit invia retro,   400
Ceu Styga, dilectum fugiens caput; inde per urbes

Raptatur graias, atque ardua flumina ripis;
Oblato donec paullum cunctata profundo
Incidit : absistunt fluctus, et gnara futuri
Dant pavidæ alta viam; celsis procul ipsa refulget   405
Cornibus, ac summa palearia sustinet unda.
Ast Erebi virgo ditem volat æthere Memphim
Præcipere, et Pharia venientem pellere terra.
Contra Nilus adest, et toto gurgite torrens
Tisiphonen agit, atque imis illidit arenis,   410
Ditis opem, ac sævi clamantem numina regni.
Apparent sparsæque faces, disjectaque longe
Verbera, et abruptis excussi crinibus hydri.
Nec Jovis interea cessat manus; intonat alto   415
Insurgens cœlo genitor, curamque fatetur,
Atque ipsa imperium Juno pavet. Hæc procul Io
Spectat ab arce poli, jam divis addita, jamque
Aspide cincta comas, et ovanti persona sistro.
Bosporon hinc Veteres errantis nomine divæ
Vulgavere. Juvet nostros nunc ipsa labores,   420
Immissisque ratem sua per freta provehat Euris.
Dixerat, et placidi tendebant carbasa venti.
Postera non cassæ Minyis aurora retexit
Noctis iter : nova cuncta vident, Thynnæaque juxta
Litora, fatidici pœnis horrentia Phinei.   425
Dira deum summoque lues urgebat in ævo :
Quippe neque extorrem tantum, nec lucis egentem,

des dieux pesait sur la vieillesse de ce prince. Exilé, privé de la vue, il était en outre tourmenté par les Harpyes, filles de Typhon et ministres des vengeances de Jupiter, qui lui ravissaient ses aliments jusqu'à sa bouche. Ce supplice extraordinaire était le châtiment de quelque indiscrétion ; le seul espoir du vieillard était dans les enfants de Borée, désignés par le Destin comme ses libérateurs.

Phinée, pressentant l'arrivée des Argonautes et sa prochaine délivrance, marche, courbé sur un bâton, au rivage le plus près, cherche le vaisseau, lève ses yeux éteints, et d'une voix défaillante : « Salut, dit-il, héros attendus depuis
« si longtemps, et que l'ardeur de mes vœux m'a
« fait reconnaître. Je sais et de quels dieux vous
« êtes nés et sur quel ordre vous avez entrepris
« ce voyage. Je calculai que vous seriez bientôt
« ici, quand je considérai le temps que vous pas-
« sâtes à Lemnos et à combattre l'infortuné Cy-
« zique. J'ai su encore votre dernier exploit sur
« les rivages de la Bébrycie, plus voisine de mes
« Etats ; et d'avance j'en ai senti mes maux s'a-
« doucir. Je ne vous dirai pas maintenant que Phi-
« née eut pour père l'illustre Agénor, qu'Apollon
« me dévoile l'avenir : puissiez-vous seulement
« compatir à ma fortune présente ! Je ne me
« peindrai pas errant de contrée en contrée, pleu-
« rant la perte de mes foyers et de la douce lu-
« mière du jour ; je me suis accoutumé à ces
« maux, et il est trop tard pour en gémir encore.
« Mais les Harpyes sont toujours là pour épier
« mes repas ; nulle retraite ne peut m'en mettre
« à l'abri. Pareilles à un noir tourbillon, elles
« fondent sur moi toutes ensemble, et de loin je
« reconnais Céléno, au battement de ses ailes.
« Elles renversent, enlèvent mes aliments, trou-
« blent, souillent ma boisson, et exhalent une
« odeur infecte. Affamé comme elles, je les com-
« bats à outrance ; et ce qu'elles ont pollué et re-
« jeté, ce qui échappe à leurs griffes dégoûtantes,
« a servi jusqu'ici à prolonger mes jours. La mort
« n'y peut mettre un terme, et cette affreuse nour-
« riture éternise ma misère. Sauvez-moi donc, je
« vous en conjure ; vous seuls, si j'en crois les ora-
« cles des dieux, finirez mon supplice. Parmi
« vous sont les fils de Borée, qui doivent chasser
« ces monstres et qui ne me sont point étrangers.
« J'étais roi jadis dans la fertile Thrace, et Cléo-
« pâtre, mon épouse, fut leur sœur. »

Au nom de Cléopâtre, Calaïs et Zétès s'élancent ; et Zétès prenant la parole : « Que vois-je ?
« dit-il au vieillard ; seriez-vous l'illustre Phinée,
« naguère roi de Thrace, le favori d'Apollon et
« l'ami de notre père ? O splendeur de la royauté
« et de la naissance, où êtes-vous maintenant ?
« Comme le malheur a creusé son front et hâté sa
« vieillesse ! Mais c'est assez de prières ; nos bras
« vous sont acquis, si le ciel n'est plus irrité, ou
« s'il est seulement plus pitoyable. »

Phinée levant alors ses mains vers le ciel :
« Colère du maître des dieux, dit-il, toi qui me
« poursuis injustement, avant tout, je t'en sup-
« plie, suspends tes rigueurs et épargne enfin ma
« vieillesse. Oui, mes vœux seront exaucés : car,
« sans l'agrément des dieux, jeunes guerriers,

Insuper Harpyiæ Typhonides, ira Tonantis,
Depopulant, ipsoque dapes prædantur ab ore.
Talia prodigia et tales pro crimine pœnas 430
Perpetitur : spes una seni, quod pellere sævam
Quondam fata luem dederunt Aquilone creatis.
  Ergo ubi jam Minyas, certamque accedere Phineus
Sentit opem, primas baculo defertur ad undas,
Vestigatque ratem, atque oculos attollit inanes. 435
Tunc tenuem spirans animam : Salve, o mihi longum
Exspectata manus, nostrisque, ait, agnita votis.
Novimus, et divis geniti quibus, et via jussos
Qua ferat, ac vestri (rebar sic) tempora cursus,
Proxima quæque legens ; quantum Vulcania Lemnos 440
Traxerit, infelix tulerit quæ Cyzicus arma,
Sensi et Bebrycio supremam in litore pugnam,
Jam propior, jamque hoc animam solamine mulcens.
Non ego nunc, magno quod cretus Agenore Phineus,
Aut memorem, mea quod vates insedit Apollo 445
Pectora ; præsentis potius miseresite fati.
Nec mihi diversis erratum casibus orbem,
Amissas aut flere domos, aut dulcia tempus
Lumina ; consuetis serum est ex ordine fatis
Ingemere. Harpyiæ semper mea pabula servant, 450
Fallere quas nusquam misero locus : illicet omnes
Deveniunt, nigro intorto ceu turbine nimbus,

(Jamque alis procul, et sonitu mihi nota Celæno),
Diripiunt verruntque dapes, fœdataque turbant
Pocula ; sævit odor, surgitque miserrima pugna ; 455
Parque mihi monstrisque fames ; sprevere quod omnes
Polluerunt que manus, quodque unguibus excidit atris,
Has mihi fert in luce moras : nec rumpere fata
Morte licet ; trahitur victu crudelis egestas.
Sed vos, o servate, precor, prædicta deorum 460
Si non falsa mihi, vos finem imponite pœnis.
Nempe adsunt, qui monstra fugent, Aquilonia proles,
Non externa mihi ; nam rex ego divitis Hebri,
Junctaque vestra meo quondam Cleopatra cubili.
  Nomen ad Actææ Calais Zetesque sororis 465
Prosiliunt, Zetesque prior : Quem cernimus, inquit,
Tune ille Odrysiæ Phineus rex inclytus oræ ?
Tu Phœbi comes, et nostro dilecte parenti ?
O ubi nunc regni, generisque ubi gloria ? quam te
Exedit labor, et miseris festina senectus ! 470
Quin age, mitte preces, namque est tibi nostra voluntas,
Si non ira deum, vel si placabilis urget.
  Sustulit hic geminas Phineus ad sidera palmas,
Teque, ait, injusti, quæ nunc premis, ira Tonantis
Ante precor, nostræ tandem jam parce senectæ ; 475
Sit modus : et fore credo equidem ; nam vestra voluntas
Quo, juvenes, sine pace deum ? nec credite culpam

« à quoi bon votre aide? Ne croyez pas pourtant
« que mes maux soient la punition d'un crime ou
« de ma cruauté. Ému de pitié pour les mortels,
« je leur ai indiscrètement révélé des desseins mys-
« térieusement conçus par Jupiter, et dont il se
« réservait seul l'accomplissement subit. De là
« l'horrible fléau, de là cette cécité qui m'ont
« frappé, au milieu même de mes prédictions.
« Mais enfin le courroux céleste s'apaise, et ce
« n'est pas le hasard, mais un dieu, qui vous a
« poussé vers ces rivages. »

A ce discours, à ce tableau de si cruelles infortunes, et le Destin sans doute commençant à
fléchir, les Argonautes sont touchés jusqu'au fond
du cœur. Ils font asseoir Phinée sur des tapis,
l'entourent, et regardant partout, sur la mer et
dans l'air, l'exhortent à manger hardiment. Tout
à coup un tremblement saisit le malheureux
vieillard; il pâlit; sa main tombe de sa bouche,
et, avant même qu'on n'ait soupçonné leur présence, les Harpyes volent déjà au milieu des mets.
Leur odeur infecte, leur haleine pareille au souffle
de l'Averne leur patrie, empestent l'air. Elles
harcèlent Phinée du choc de leurs ailes, le salissent
de leurs mains, et se jouent, les mâchoires béantes,
au-dessus de lui; nuée infernale et dont le seul
aspect soulève le cœur. Elles arrosent le sol, les
tapis, les tables, d'une liqueur puante, font siffler leurs ailes, et enlèvent les morceaux qui leur
sont disputés avec une égale avidité. L'horrible
Céléno, non contente d'affamer Phinée, repousse
encore ses propres sœurs.

Tout à coup les fils de Borée se lèvent en
poussant des cris, et s'élancent dans les airs, soutenus sur leurs ailes par le souffle paternel. Effrayé de ce nouvel ennemi, l'essaim impur lâche
les débris de sa proie, voltige quelque temps autour de la demeure de Phinée, et prend son essor
vers la mer. Les Argonautes regardent attentivement du rivage et suivent de l'œil les monstres dispersés. Ainsi, quand le Vésuve, quand
son cratère fatal à l'Hespérie, tonne et fait irruption, l'incendie dévore à peine la montagne, que
déjà les cités de l'Orient sont inondées de cendre;
ainsi les Harpyes traversent les terres et les mers,
emportées comme un tourbillon et poursuivies
sans relâche.

Déjà elles touchaient aux extrémités de la mer
Ionienne, à ces rochers que les navigateurs appellent aujourd'hui les Strophades, lorsque fatiguées, hors d'haleine, tremblantes aux approches
de la mort et traînant de l'aile, elles implorent
avec des cris effroyables le secours de Typhon
leur père. Soudain il paraît, enveloppé d'une
sombre vapeur, soulève les flots jusque dans leurs
abîmes, et dit : « C'est assez poursuivre mes
« filles : pourquoi vous acharner davantage con-
« tre ces servantes de Jupiter? N'est-ce pas lui
« qui, bien qu'il porte la foudre et l'égide, les
« a choisies pour ministres de ses vengeances?
« Aujourd'hui encore, c'est à sa voix qu'elles
« abandonnent la demeure de Phinée; à sa voix
« qu'elles se retirent. Bientôt vous fuirez comme
« elles, atteints par la flèche meurtrière : mais
« les Harpyes ne manqueront jamais de nouvelle
« proie, tant que les humains mériteront le cour-

Sævitiæ, scelerumve mihi nunc crimina pendi;
Fata loquax mentemque Jovis, quæque abdita solus
Consilia, et terris subito ventura parabat,   480
Prodideram, miserans hominum genus; hinc mihi tanta
Pestis, et offusæ media inter dicta tenebræ.
Jam tandem cessere iræ; nec casus, ab alto
Ipse volens nostris sed vos deus appulit oris.
  Sic ait, et, fatis ita jam cedentibus, omnes   485
Impulit, et duræ commovit imagine pœnæ.
Instituere toros, mediisque tapetibus ipsum
Accipiunt, circumque jacent; simul æquora servant,
Astra simul, vescique jubent ac mittere curas,
Quum subitus misero tremor, et pallentia primæ   490
Ora senis fugere manus; nec prodita pestis
Ante, sed in mediis dapibus videre volucres.
Fragrat acerbus odor, patriæque exspirat Averni
Halitus : unum omnes incessere planctibus, unum
Infestare manus; inhiat Cocytia nubes   495
Luxurians, ipsoque ferens fastidia visu.
Tum sola colluvie, atque illisis stramina mensis
Fœda rigant; stridunt alæ, prædaque retenta,
Sævit utrimque fames; nec solum horrenda Celæno
Phinea, sed miseras etiam prohibere sorores.   500
  Emicat hic subito, seseque Aquilonia proles

Cum clamore levat, genitor simul impulit alas.
Hoste novo turbata lues, lapsæque ruinæ
Faucibus; et primum pavidæ Phineia tecta
Pervolitant, mox alta petunt; stant litore fixi   505
Hæmonidæ, atque oculis palantia monstra sequuntur.
Sic ubi prorupti tonuit quum forte Vesevi
Hesperiæ letalis apex, vix dum ignea montem
Torsit hyems, jamque Eoas cinis induit urbes;
Turbine sic rapido populos atque æquora longe   510
Transabeunt, nullaque datur considere terra.
  Jamque et ad Ionii metas, atque intima tendunt
Saxa : vocat magni Strophadas nunc incola ponti.
Hic fessæ, letique metu propioris anhelæ
Dum trepidant, humilique graves timidoque volatu 515
Implorant clamore patrem Typhona nefando;
Extulit assurgens noctem pater, imaque summis
Miscuit, et mediis vox exaudita tenebris :
Jam satis huc pepulisse deas : cur tenditis ultra
In famulas sævire Jovis? quas, fulmina quanquam 520
Ægidaque ille gerens, magnas sibi legit in iras.
Nunc quoque Agenoreis idem decedere tectis
Imperat; agnoscunt monitus, jussæque recedunt.
Mox tamen et vobis similis fuga, quum premet arcus
Letifer. Harpyiæ numquam nova pabula quærent,   525

« roux des dieux. » Calaïs et Zétès hésitent à ce discours; leur vol s'alanguit; soudain ils font volte-face, et reviennent triomphants vers leurs compagnons.

Les Harpyes chassées, les Argonautes commencent par sacrifier à Jupiter; puis, on rapporte le vin et les viandes. Au milieu d'eux, Phinée plein de joie, et comme sous le charme d'un songe délicieux, savoure avec douceur les dons de Cérès si longtemps oubliés, reconnaît la liqueur de Bacchus, l'eau limpide, et s'étonne des jouissances toutes nouvelles d'un repas que rien ne trouble plus. Il était là mollement étendu, heureux et déjà bien loin du souvenir de ses longs malheurs, quand Jason le regarde, l'interpelle, et lui adresse cette prière : « O vieil- « lard, vos vœux sont accomplis : à votre tour, « calmez nos inquiétudes et considérez un mo- « ment notre entreprise. Jusqu'ici tout nous a « réussi, et les dieux (s'il est permis de croire à « leur sollicitude) n'ont pas vainement encouragé « nos efforts. La fille de Jupiter a construit elle- « même ce vaisseau; sa sœur m'a donné des rois « pour compagnons : mais je ne puis céder à une « aveugle confiance, et plus je vois approcher le « Phase, ce terme de nos fatigues, plus je sens « s'augmenter en moi un trouble plus fort que « toutes les assurances de Mopsus et d'Idmon. »

Phinée ne se laisse pas prier davantage; il prend ses bandelettes et sa couronne, et invoque le dieu qui l'inspira si souvent. Bientôt, au grand étonnement de l'illustre fils d'Éson, Phinée, comme si la colère céleste ne se fût jamais appesantie sur sa tête, paraît, le front radieux, le visage respirant toute la majesté de la vieillesse, et le corps animé d'une vigueur nouvelle. « O « toi, s'écrie-t-il, dont le nom remplira le monde, « toi que guident et accompagnent les dieux, que « Pallas instruisit elle-même et que Pélias élève « aussi jusqu'au ciel, sans s'inquiéter beaucoup de « la dépouille de Phrixus, je vais (c'est ainsi que « je puis te marquer ma reconnaissance) te dé- « voiler tes destins, les lieux où tu vas, les che- « mins qui y conduisent, et la fin de ton entreprise. « Le dieu qui me défend de révéler l'avenir au « reste des mortels, lui-même en ce moment veut « bien que je parle pour toi. Au sortir d'ici, on « trouve l'embouchure du Pont, puis les flottan- « tes Cyanées qui s'entre-choquent au milieu des « eaux, qui ne savent pas encore ce que c'est « qu'un navire, qui froissent les unes contre les « autres leurs masses énormes, émoussent leurs « flancs anguleux, ébranlent, quand elles s'a- « gitent, le monde jusqu'en ses fondements, « font trembler la terre, chanceler les cités, et « ne se séparent que pour se heurter de nouveau. « Quand tu en approcheras, les dieux sans « doute seront tes conseils et tes guides; quant « à moi, quels avis, quels secours te donner ? « Tu vas entrer dans une mer que fuient les « Vents, que fuient les oiseaux, et d'où Neptune « lui-même détourne ses coursiers tremblants. « Si ces rochers laissent entre eux le moindre in- « tervalle, s'ils se reposent un moment, hâte-toi « de passer. A peine ont-ils touché aux rivages « voisins, qu'ils se précipitent de nouveau, pour

Donec erunt divum meritæ mortalibus iræ.
Hæsit uterque polo, dubiisque elanguit alis;
Mox abit, et sociæ victor petit agmina puppis.
 Interea Minyæ, pulsa lue, prima Tonanti
Sacra novant; tum vina toris epulasque reponunt. 530
Ipse inter medios, ceu dulcis imagine somni
Lætus, ad oblitæ Cereris suspirat honores;
Agnoscit Bacchi latices, agnoscit et undam,
Et nova non pavidæ miratur gaudia mensæ.
Hunc ubi reclinem stratis, et pace fruentem 535
Aspicit, ac longæ ducentem oblivia pœnæ,
Talibus appellat, supplexque ita fatur Iason :
Vota, senex, perfecta tibi; nunc me quoque curis
Eripe, et ad nostros animum converte labores.
Omnis adhuc sors læta quidem, nec numine vano 540
(Si qua fides curæ superum) tantum æquor adorti
Tendimus; ipsa mihi puppim Jovis optima proles
Instituit, sociosque dedit Saturnia reges.
Fidere mens sed cæca nequit, quantumque propinquat
Phasis, et ille operum summus labor, hoc magis angunt 545
Proxima, nec vates sat jam mihi Mopsus et Idmon.
 Ille ducem nec ferre preces, nec dicere passus
Amplius, hic demum vittas laurumque capessit,
Numina nota ciens. Stupet Æsonis inclyta proles

Phinea, ceu numquam pœnis nullaque gravatum 550
Peste Jovis : tam largus honos, tam mira senectæ
Majestas infusa; vigor novus auxerat artus.
Tum canit : O terras fama venture per omnes,
Quem sociis ducibusque deis, atque arte benigna
Pallados, ipse ultro Pelias ad sidera tollit, 555
Demens, dum profugi non sperat vellera Phrixi,
Fata locosque tibi (possum quas reddere grates)
Expediam, rerumque vias finemque docebo.
Ipse etiam, qui me prohibet sua pandere terris
Sæcula, te propter fandi mihi Jupiter auctor. 560
Hinc iter ad Ponti caput, errantesque per altum
Cyaneas : furor his medio concurrere ponto;
Necdum ullas videre rates; sua comminus actæ
Saxa premunt, caulesque suas : quum vincula mundi
Ima labant, tremere ecce solum, tremere ipsa repente 565
Tecta vides; illæ redeunt, illæ æquore certant.
Di tibi progresso propius, di forsitan ipsi
Auxilium mentemque dabunt : ast ipse juvare
Ausa quibus monitis possim tua? quippe per altum
Tenditis, unde procul venti, procul unde volucres, 570
Et pater ipse maris pavidas detorquet habenas.
Si qua brevis scopulis fuerit mora, si semel orsis
Ulla quies, fuga tunc medio properanda recursu.

« se rejoindre avec un épouvantable fracas, et
« envahissent la mer qui se mêle à ce chaos de
« montagnes mobiles. Pourtant un ancien oracle
« s'offre à mon souvenir ; écoutez-le, il vous
« consolera, il raffermira vos espérances. Quand
« Jupiter irrité suscitait contre moi du fond
« des enfers les bruyantes et cruelles Harpyes,
« une voix frappa mes oreilles : « Dispense-toi,
« disait-on, d'inutiles prières ; ne demande pas,
« fils d'Agénor, que tes maux aient un terme.
« Quand un vaisseau pénétrera dans le Pont,
« que les rochers mouvants de cette mer seront
« immobiles, alors seulement tu pourras espérer
« le pardon de ton crime. » Ainsi parla l'oracle.
« Or, ou tu franchiras heureusement le terrible
« passage, ou les sauvages Harpyes reviendront
« ici chercher leur pâture. Mais tu le franchiras
« ce passage, car tu en es digne ; et tu vogueras
« ensuite dans un large océan. La terre la plus
« proche est le royaume de Lycus, qui vient en ce
« moment de triompher des Bébryces. Nul, sur
« toute la côte du Pont, n'a l'âme plus généreuse
« que ce roi. Là, si le voisinage d'un air empesté
« fait périr un de tes compagnons, ne te laisse
« point abattre, souviens-toi de ma prédiction, et
« arme-toi de courage pour l'avenir. Là aussi,
« un autre Achéron roule ses eaux infectes sous
« des cavernes profondes ; de leur gouffre béant
« s'exhalent des tourbillons de vapeurs qui en-
« veloppent les campagnes de sinistres ténèbres.
« Fuis ce fleuve odieux et les infortunés habitants
« de ses rivages ; toi-même tu ne les auras pas

« impunément dépassés. Que te dirai-je du pro-
« montoire de Carambis dont le sommet touche
« aux nues, du fleuve Iris, du port d'Ancon ? N'ou-
« blie pas que le Thermodon traverse les campa-
« gnes voisines. C'est là qu'habite l'illustre nation
« des Amazones, ces filles de Mars. Garde-toi
« bien de les traiter comme un vil troupeau de
« femmes ; elles ressemblent à Bellone quand elle
« fait trembler les mortels, ou à Minerve quand
« elle est armée de la tête de Méduse. Puissent
« les vents ne pas vous pousser sur ces redouta-
« bles rivages, alors qu'ivres de combats, elles
« bondissent en se jouant sur leurs poudreux
« coursiers, que la terre est ébranlée de leurs hur-
« lements, et que Mars, agitant sa lance, les ap-
« pelle aux armes. Non moins redoutables, quoi-
« que plus féroces, sont les Chalybes, infatiga-
« bles colons d'un sol ingrat, et dont les demeu-
« res retentissent sans cesse du bruit des marteaux
« qui tonnent sur des blocs enflammés. Plus loin
« et tout le long de la côte sont des rois sans
« nombre, étrangers aux devoirs de l'hospitalité.
« Mais passe outre, cède au vent, et vogue sans
« t'arrêter jusqu'au Phase. Cependant la Scythie
« est partagée en deux camps, et la vengeance arme
« deux frères l'un contre l'autre. Là tu seras
« l'allié de tes féroces ennemis, les Colchidiens ;
« après quoi tout danger aura cessé pour vous
« Peut-être même enlèveras-tu cette toison tant
« désirée ; mais n'espère pas y parvenir par ton
« seul courage ; l'adresse est souvent plus puis-
« sante que la force. Un dieu t'offrira son aide,

Vix repetunt primæ celeres confinia terræ,
Jamque alio clamore ruunt, omnisque tenetur   575
Pontus, et infestis anceps cum montibus errat.
Verum animo redit illa meo sors cognita divum
(Fabor enim, nec spe dubios solabor inani) :
Quum mihi Tartareas sævo clangore volucres
Protulit ira Jovis, vox hæc simul accidit aures :   580
Ne vanas impende preces, finemque malorum
Expete, Agenoride ; Pontum penetraverit ulla
Quum ratis, et rapidi steterint in gurgite montes,
Tunc sperare modum pœnæ veniamque licebit.
Sic deus. Aut vobis ergo fera saxa patescent,   585
Aut mea jam sævæ redeunt ad pabula Diræ.
Verum inter medias dabitur sic currere cautes
(Certe digna manus), vacuumque exibis in æquor.
Proxima regna Lyci, remeat qui victor ab oris
Bebryciis ; toto non ullus litore Ponti   590
Mitior : hic lecto comitum de robore si quem
Perculerit vicina lues, ne deficе, casus
Prædicti memor, atque animos accinge futuris.
Illic pestiferas subter juga concava torquet
Alter aquas Acheron, vastoque exundat hiatu   595
Fumeus, et sæva sequitur caligine campus ;
Linque gravem fluvium, et miseris sua fata colonis.
Sic quoque non uno dabitur transcurrere luctu.

Quid tibi nubifera surgentem rupe Carambin,
Quid memorem, quas Iris aquas, quas torqueat Ancon ?
Proxima Thermodon hic jam secat arva, memento ;   601
Inclyta Amazonidum, magnoque exorta Gradivo
Gens ubi ; femineas nec tu nunc crede catervas,
Sed qualis, sed quanta viris insultat Enyo,
Divaque Gorgonei gestatrix innuba monstri.   605
Ne tibi tunc horrenda rapax ad litora puppim
Ventus agat ; ludo volitans quum turma superbo
Pulvereis exsultat equis, ululataque tellus
Intremit, et pugnas mota pater incitat hasta.
Non ita sit metuenda tibi, sævissima quanquam,   610
Gens Chalybum, duris patiens cui cultus in arvis,
Et tonat afflicta semper domus ignea massa.
Inde omnem innumeri reges per litoris oram,
Hospitii quis nulla fides ; sed limite recto
Puppis, et æquali transcurrat carbasus aura.   615
Sic demum rapidi venies ad Phasidis amnem.
Castra ibi jam Scythiæ, fraternaque surgit Erinnys ;
Ipse truces illic Colchos, hostemque juvabis
Auxiliis. Nec plura equidem discrimina cerno ;
Fors etiam optatam dabitur contingere pellem.   620
Sed te non animis, nec solis viribus æquum
Credere ; sæpe acri potior prudentia dextra.
Quam tulerit deus, arripe opem. Jamque ultima nobis

« profites-en. Mais je ne puis t'en dire davantage ;
« je me tais, et fais des vœux pour toi. » Le discours de Phinée, l'obscurité de ses prédictions alarment les Argonautes.

Jason, précipitant des délais qui alimentaient la crainte, donne aussitôt le signal du départ. Phinée les accompagne jusqu'au bord de la mer, et s'écrie : « Par quelle reconnaissance, nobles « fils de Borée, puis-je acquitter votre bienfait? « Oui, je me crois encore au sommet du Pangée, « ou dans la ville de Tyr, au sein de ma patrie; « oui, c'est bien le jour que je revois encore. « Grâce à vous, les Harpyes sont en fuite; je ne « les craindrai plus, et mes repas ne me seront « plus disputés. Approchez-vous donc; souffrez « que je touche vos visages et que je vous serre « dans mes bras. » Il dit; les Argonautes quittent le rivage, et bientôt ils l'ont perdu de vue.

Plus ils avancent, plus les écueils Cyanéens se peignent terribles à leur imagination. Quand, où les apercevront-ils? L'effroi les tient immobiles; leurs yeux seuls tournent sans cesse çà et là, sans se reposer jamais. Tout à coup un bruit lointain se fait entendre : c'est celui des rochers qui se déchaînent, et qui leur semblent moins des rochers que des fragments du ciel précipités dans les flots. Ils courent, et soudain la mer s'entr'ouvre devant eux, et les rochers s'écartent. A ce spectacle, la terreur les paralyse, les rames leur tombent des mains. Jason, allant de l'un à l'autre, lève des mains suppliantes, les exhorte, les presse; et appelant chacun par son nom : « 'Où « sont, dit-il, ces superbes promesses, ces grandes « menaces qui m'assaillirent au départ? Vous « tremblâtes ainsi quand vous vîtes l'antre d'A-« mycus; cependant nous persistâmes et un dieu « vint à notre aide : ce dieu, croyez-moi, « nous faillira pas non plus aujourd'hui. » En disant ces mots, il prend la rame de Phalère, le repousse, se met à sa place, et manœuvre avec vigueur. Rouges de honte, ses compagnons l'imitent. Le courant vient à eux, et fait tournoyer le vaisseau; les rochers se heurtent, s'éloignent, puis se heurtent encore : deux fois retentit le fracas de ces masses ennemies; deux fois la flamme a brillé au sein des eaux jaillissantes. Comme la foudre qui, s'échappant en flèches du feu du flanc des sombres nuages, tombe, mêlée aux éclats du tonnerre, traverse la nuit, illumine les ténèbres, éblouit les yeux et épouvante les oreilles; ainsi gronde la mer en ces chocs effroyables, tandis que les flots lancés au loin inondent d'une pluie immense le vaisseau tout entier.

Les dieux sont accourus; les regards fixés sur la mer, ils observent comment le navire, comment les rudes guerriers qui le montent forceront le passage. La hardiesse de l'entreprise excite leur faveur et les tient en suspens. Mais le signal est donné; la vierge à l'étincelante égide lance un foudre qui passe entre les rochers, et fuit en traçant derrière soi un sentier lumineux. A cet indice, les forces des Argonautes, leur cou-

Promere fata nefas; sileo et precor. Atque ita facto
Fine, dedit tacitis iterum responsa tenebris. 625
  Tum subita resides socios formidine Jason
Præcipitat, rumpitque moras, tempusque timendi.
Ipse viros gradiens ad primi litoris undam
Prosequitur Phineus : Quænam tibi præmia, dixit,
Quas, decus o Boreæ, possim persolvere grates? 630
Me Pangæa super rursus juga, meque paterna
Stare Tyro, dulcesque iterum mihi surgere soles
Nunc reor; exactæ nam vere abiere volucres,
Nec metuam, tutæque dapes. Date tangere vultus;
Dem, sinite, amplexus, propiusque accedite dextræ. 635
Dixerat; abscedunt terris, et litora condunt.
  Omnibus exemplo sæva sub imagine rupes
Cyaneæ, propiorque labor; quando adfore, quaque
Parte patent; stant ora metu, nec fessa recedunt
Lumina diversas circum servantibus undas : 640
Quum procul audiri sonitus, insanaque saxa;
Saxa neque illa viris, sed præcipitata profundo
Siderei pars visa poli; dumque ocius instant
Ferre fugam, maria ante ratem, maria ipsa repente
Diffugere, adversosque vident discedere montes; 645
Omnibus et gelida rapti formidine remi.
Ipse per arma volans, et per juga summa carinæ
Hortatur, supplexque manus intendit Iason,
Nomine quemque premens : Ubi nunc promissa superba,
Ingentesque minæ, mecum quibus ista sequuti? 650

Idem animos Amyci viso timor omnibus antro
Perculerat; stetimus tamen, et deus adfuit ausis.
Quin iterum idem aderit, credo, deus. Hæc ubi fatus,
Corripit abjecti remumque locumque Phaleri,
Et trahit; insequitur flammata pudore juventus. 655
Unda laborantes præceps rotat, ac fuga ponti
Obvia; miscentur rupes, jamque æquore toto
Cyaneæ juga præcipites illisa remittunt.
Bis fragor infestas cautes, adversaque saxis
Saxa dedit, flamma expresso bis fulsit in imbri. 660
Sic ubi multifidus ruptis e nubibus horror
Effugit, et tenebras nimbosque intermicat ignis,
Terrificus ruunt tonitrus, elisaque noctem
Lux dirimit, pavor ora virum, pavor occupat aures;
Haud secus implevit pontum fragor; effluit imber 665
Spumeus, et magno puppim procul æquore vestit.
  Advertere dei, defixaque numina ponto,
Quid scopulis præclusa ratis, quid dura juventus
Expediat; pendet magnis favor ortus ab ausis.
Prima coruscanti signum dedit ægide virgo, 670
Fulmineam jaculata facem : vixdum ardua cautes
Cesserat; illa volans tenui per concita saxa
Luce fugit; rediere viris animique manusque,
Ut videre viam. Sequor, o quicumque deorum,
Æsonides, vel fallor, ait, præcepsque fragores 675
Per medios ruit, et fumo se condidit atro.
  Cœperat hinc cedens abductis montibus unda

rage, se raniment. « Je te suis, dit Jason, ô qui que tu sois des dieux, et dusses-tu me tromper. » Et se jetant au travers des rochers, il disparaît dans une nuit de vapeurs.

La mer, qui refluait par l'éloignement des Cyanées, faisait avancer le vaisseau; déjà même, au delà du passage qui s'élargissait, apparaît le jour. Mais la science du pilote, les efforts des rameurs et la force des voiles sont toujours impuissants; les rochers vont se rejoindre, leur ombre couvre encore le vaisseau; ils l'approchent, ils le menacent. Alors Junon et Pallas se précipitent à la fois du haut de l'Olympe sur les rochers; celle-ci en arrête un, celle-là contient l'autre : pareilles toutes deux au laboureur qui, voulant soumettre au joug des taureaux vigoureux, abaisse jusqu'au poitrail leur tête indomptée. En même temps, comme agitée par des feux sous-marins, l'onde bouillonne, se soulève, et recouvre les rochers qui obstruent son cours. Un étroit défilé s'entr'ouvre; les Argonautes font force de rames pour franchir l'intervalle; mais la poupe a été touchée, et, ô sacrilége! une partie de la nef est emportée; le reste était dû au ciel. Un cri part; on croit le vaisseau fracassé. Tiphys, échappé le premier au péril, se laisse entraîner par le courant, sans regarder en arrière; et ses compagnons ne cessent de ramer jusqu'à ce que le cap Noir et l'embouchure du Rhébas soient dépassés.

Ici les bras tombent de fatigue, les poitrines sont haletantes et desséchées. On s'embrasse de joie, comme Alcide et Thésée, quand tout pâles encore, et à peine échappés aux gouffres de l'Averne, ils se rejoignirent avec transport aux premier confins de la lumière. Cependant Jason n'est pas libre encore de craintes ni d'inquiétudes; mais portant au loin ses regards : « Quelles épreuves, dit-il, le Destin nous impose! Je veux bien que nous arrivions au Phase, que nous en rapportions même, du gré des Colchidiens, la toison d'or; mais comment franchirons-nous de nouveau ces écueils? » Il parlait ainsi, ne sachant pas que la volonté de Jupiter, d'accord avec celle de l'immuable Destin, les enchaînait, les fixait à jamais, du moment qu'un vaisseau avait pu les franchir. Alors ces mers, impénétrables pendant de si longs âges, s'étonnèrent tout à coup de porter un vaisseau; alors apparurent les côtes du Pont-Euxin, ses royaumes, ses nations lointaines. Nulle mer ne se développe sur une plus vaste étendue; ni celle qui baigne les côtes de la Toscane, ni la mer Égée, ni la mer Méditerranée, dont l'eau ne couvre pas même ses deux sirtes. La terre y verse d'immenses fleuves. Le Danube aux sept embouchures, le Tanaïs, le Bycès, l'Hypanis, le Tyras, l'enrichissent du tribut de leurs ondes; et les Palus-Méotides se dégorgent à longs flots dans son sein. Le concours de ces fleuves divers dompte l'amertume des eaux de l'Euxin, lequel, par cela même, sensible au souffle de Borée, se durcit plus rapidement dès que l'hiver sévit, et offre une surface tantôt unie, tantôt hérissée de montagnes, selon que les vents du nord trouvent ses flots ou calmes, ou soulevés par les tempêtes. Rasant d'un côté les sinueux rivages de l'Europe, de l'autre ceux de

Ferre ratem; pelagoque dies occurrere aperto;
Sed neque permissis jam fundere rector habenis
Vela, nec eniti remis pote, quum super adsunt 680
Cyaneæ; premit umbra ratem, scopulique feruntur
Comminus. Hic Juno præcepsque ex æthere Pallas
Insiliunt pariter scopulos : hunc nata coercet,
Hunc conjux Jovis; ut valido qui robore tauros
Sub juga, et invito detorquet in ilia cornu. 685
Inde, velut mixtis Vulcanius ardor arenis
Verset aquas, sic ima fremunt, fluctuque coacto
Angitur, et clausum scopulos super effluit æquor.
Contra omnes validis tenui discrimine remis
Pergere iter, mediosque ratem transferre per ictus; 690
Saxa sed extremis tamen increpuere corymbis,
Parsque (nefas) deprensa jugis; nam cætera cælo
Debita. Conclamant Minyæ; latera utraque quippe
Dissiluisse putant : fugit ipse novissimus ictus
Tiphys, et e mediis sequitur freta rapta ruinis; 695
Nec prius obsessum scopulis respexit ad æquor,
Aut sociis tentata quies, nigrantia quam jam
Litora, longinquique exirent flumina Rhebæ.
   Tunc fessas posuere manus, tunc arida anheli
Pectora, discussa quales formidine Averni 700
Alcides Theseusque comes pallentia jungunt

Oscula, vix primis amplexi luminis oris.
Nec vero ipse metus curasque resolvere ductor,
Sed maria aspectans : Heu quis datus iste deorum
Sorte labor nobis! serum ut veniamus ad amnem 705
Phasidis, et mites, inquit, dent vellera Colchi,
Unde per hos iterum montes fuga? Talia fundit,
Imperio fixos Jovis æternumque revincto
Nescius : id fati certa nam lege manebat,
Si qua per hos undis umquam ratis isset apertis. 710
   Tum freta, quæ longis fuerant impervia seclis,
Ad subitam stupuere ratem, Pontique jacentis
Omne solum, regesque patent, gentesque repostæ.
Non alibi effusis cesserunt longius undis
Litora, nec tantas quamvis Tyrrhenus et Ægæn 715
Volvat aquas, geminis et desint Syrtibus undæ;
Nam super huc vastos tellus quoque congerit amnes.
Non septemgemini memorem quas exitus Histri,
Quas Tanais, flavusque Byces, Hypanisque, Tyrasque
Addat opes, quantosque sinus Mæotia laxent 720
Æquora. Flumineo sic agmine frangit amari
Vim salis, hinc Boreæ cedens glaciantibus auris
Pontus, et exorta facilis concrescere bruma.
Utque vel immotos Ursæ rigor invenit amnes,
Vel freta versa vadis; hyemem sic unda per omnem 725

l'Asie, l'Euxin figure les contours de l'arc des Scythes. Au-dessus de lui planent sans cesse des nuages noirs qui l'éclairent d'un jour douteux, et ses glaces ne fondent, ni au premier soleil du printemps, ni quand cet astre rend les nuits égales aux jours, mais seulement quand il quitte le signe du Taureau.

Déjà les Argonautes abordent au pays des Mariandyniens. Le léger Échion part pour le reconnaître, et pour demander au roi qu'il permette à des guerriers l'élite de la Thessalie, et dont les noms ne lui sont peut-être pas inconnus, de se reposer sur ses rivages. Lycus, charmé de cette nouvelle, vient au-devant des Argonautes, les conduit tous avec leur chef dans son palais récemment décoré des trophées conquis sur les Bébryces, et leur adresse ces paroles affectueuses : « Non, ce n'est pas le hasard, ce sont les dieux « eux-mêmes qui vous amènent ici, vous, comme « moi, ennemis acharnés des Bébryces, et, comme « moi, vainqueurs de ces barbares. C'est le gage « d'amitié le plus sûr, qu'un ennemi commun. « Moi qui n'habite pas une contrée si lointaine que « la vôtre, j'ai senti plus vivement les coups « d'Amycus; sous son gantelet sanglant mon « frère a mordu la poussière et lorsque, respi- « rant la vengeance, j'accourais, j'attaquais « les Bébryces avec toutes mes forces, vous vo- « guiez déjà loin de leurs rivages. Je l'ai vu, ce « barbare, encore tout souillé de fange et de « sang, et tel qu'un monstre des mers, étendu « sur l'arène. Loin de regretter que l'honneur de « son trépas m'ait été ravi, j'eusse été moins « joyeux de l'immoler moi-même sur le champ « de bataille, que de l'y voir déchiré par le ceste, « et mort victime de son odieuse loi. »

« C'étaient donc vos feux, dit Jason, c'était « votre armée que je vis du milieu des flots? « Voici, ajouta-t-il en lui montrant le fils de Ju- « piter, voici Pollux, le vengeur des crimes « d'Amycus. » Et le roi, stupéfait, le parcourait des yeux tout entier. Ils se rassemblent ensuite dans le palais; puis, dans un festin solennel, ils remercient les dieux qui furent leurs communs protecteurs, qui leur permirent de triompher de la Bébrycie et d'en partager les dépouilles.

LIVRE V.

Le jour suivant fut un jour de deuil pour les Argonautes. Idmon d'Argos, qui sentait approcher sa dernière heure, tomba malade et mourut. Jason alors reconnait trop bien la vérité des prédictions de Phinée; il craint après ce malheur d'en avoir d'autres à déplorer. Il rend à Idmon les devoirs funèbres; il lui consacre un manteau brodé avec un art merveilleux, qu'il tenait du roi des Dolions. Lycus donne la terre où doivent reposer ses cendres, et Mopsus détache, en pleurant, ses armes appendues au mât du vaisseau. Les uns coupent le bois dans la forêt, et le déposent sur l'autel; d'autres entourent de bandelettes et de branches de peuplier la tête de l'augure et mettent le corps sur un lit de parade. Ce jour

Aut campo jacet, aut tumido riget ardua fluctu,
Atque hac Europam curvis anfractibus angit,
Hac Asiam, Scythicum specie sinuatus in arcum.
Illic umbrosae semper stant aequore nubes,
Et non certa dies; primo nec sole profundum   730
Solvitur, aut vernis quum lux aequata tenebris,
Sed redit extremo tandem in sua litora Tauro.
  Jam Mariandynis advertit puppis arenis,
Atque celer terras regemque exquirit Echion,
Dicta ferens : lectos fama est si nominis unquam   735
Haemonii subiisse viros, det litora fessis.
Approperat Lycus auditis laetatus Achivis,
Ac simul Aesoniden, omnemque in regia turbam
Tecta trahit, modo Bebryciis praefixa tropaeis;
Mitis et in mediis effatur talia Graiis :   740
Haud temere est : fato divum reor ad mea vectos
Litora vos, odium quibus atque eadem ira furentis
Bebryciae, saevaque pares de gente triumphi.
Certa fides animis, idem quibus incidit hostis.
Nos quoque, nos Amycum, tanto procul orbe remoti,   745
Sensimus, et saevis frater mihi fusus arenis.
Ultor ego, atque illuc cunctis accensus in armis
Tunc aderam, quum vos mediis contenta ferebant
Vela fretis : illum in sanie taboque recenti
Vidimus aequoreo similem per litora monstrum.   750

Nec vero praerepta mihi suprema tyranni
Fata queror, bellove magis laetarer et armis
Procubuisse meis, quam lege quod occidit ultus
Ipse sua, meritoque madent quod sanguine caestus.
  Excipit Aesonides : Tuus ergo in montibus ignis   755
Ille? tuas acies medio de gurgite vidi?
Fatur, et ostentans prolem Jovis : Hic tibi Pollux
En, ait, inviso solvit cui pectore poenas.
Ille virum circa mirantia lumina volvit.
Festa dehinc mediis ineunt convivia tectis,   760
Communesque vocant superos, quorum eruta nutu
Bebrycia, et votis pariter praedaque fruuntur.

LIBER V.

Altera lux haud laeta viris emersit Olympo :
Argolicus morbis fatisque rapacibus Idmon
Labitur, extremi sibi tum non inscius aevi.
At memor Aesonides nimium jam vera loquuti
Phineos, hinc alios rapto pavet Idmone luctus.   5
Tum comiti pia justa tulit, caelataque multa
Arte Doloniï donat velamina regis;
Hospes humum sedemque Lycus : flens arma revellit
Idmonis e celsa Mopsus rate : robora caedunt
Pars sylvis, portamque arae; pars auguris alba   10

leur dit à tous qu'ils auront aussi leur jour.

Au milieu de ces larmes et de cette lugubre cérémonie, celui qui avait la conduite et le commandement du vaisseau, Tiphys, est atteint d'un mal si violent, que tous, frappés de terreur, poussent au ciel ces cris lamentables : « O toi « dont l'arc est si redoutable, Apollon, tourne « enfin sur nous un regard de pitié; sauve ses « jours; rends-nous cette tête si chère, s'il est « vrai que tu prennes quelque souci d'une entreprise dont le succès, plus incertain que jamais, « dépend maintenant du salut d'un seul. »

Mais leurs prières sont le jouet des vents, et les Destins sont inflexibles. Tels, pleurant leur père menacé d'une fin prématurée, de jeunes enfants éperdus supplient les dieux de conserver à leur faiblesse un appui qui leur est nécessaire encore : tels les compagnons de Tiphys, à son heure suprême, demandent que sa vie soit sauvée plutôt que la leur, cependant que le froid de la mort l'envahit, et que l'âme d'Idmon, récemment échappée, voltige devant ses yeux. Ils veulent en vain, à force de cris, retarder sa mort et arrêter son dernier soupir; ils cèdent enfin, livrant au bûcher ses membres roidis, et au feu l'inutile tribut de leurs larmes et de leurs présents. Bientôt les offrandes ont grossi l'appareil funéraire.

Quand la fatigue eut suspendu leurs embrassements et que la flamme petilla, il leur sembla voir le vaisseau même brûler et s'engloutir au milieu des eaux avec ses passagers. Désespéré, à l'aspect de ces deux bûchers qui dévoraient les restes de ses deux compagnons, Jason s'écrie en gémissant : « Quelle est donc cette animosité, ce châtiment imprévu des dieux? Sont-« ce nos travaux qui les ont provoqués? Quoi! « deux morts à la fois sur cette terre amie! Sommes-nous déjà trop nombreux? Ou le sort me « ravit mes compagnons, ou moi-même, entraîné « par les implacables Furies, je les abandonne. « Tiphys, où es-tu? où es-tu, Idmon, révélateur « de l'avenir? Et celui qui fut égal à toutes les « épreuves que lui imposa sa marâtre, où est-il? « Sans toi, Tiphys, pourrons-nous continuer no-« tre route? Ne te verrai-je plus observer du haut « de la poupe le groupe des Pléiades et les Ourses, « nos guides au sein des nuits? À qui lègues-tu ta « nef chérie, ta connaissance des astres? Qui « calmera les insomnies de mon père Éson? Est-« ce là le prix de tant de veilles, et de ces alarmes « trop vives que tu ressentais en approchant de « la Colchide? Désormais qu'ils s'éloignent de « nous et le Phase et Colchos! Cependant, si les « ombres ne sont pas insensibles, que la tienne, « prévoyant les tempêtes, soit le conseil de ton « successeur au gouvernail. » Ainsi parlait Jason. Le feu des bûchers s'éteint, et les ossements seuls apparaissent. « Que du moins, dit-il encore, sur « cette terre étrangère vos mânes aient la con-« solation de n'être point séparés; que le même « tombeau renferme vos corps, la même urne « vos cendres, et que vous trouviez dans la mort « les liens qui vous unissaient dans la vie ! » Aussitôt on mêle ensemble ces restes si chers et si

Fronde caput vittisque ligant, positumque feretro
Congemuere : dies simul et suus admonet omnes.
Ecce, inter lacrymas, interque extrema virorum
Munera, quem cursus penes imperiumque carinæ,
Tiphyn agit violenta lues, cunctique pavore   15
Attoniti fundunt mœstas ad sidera voces :
Arcipotens, adverte, precor, nunc denique, Apollo :
Hoc, pater, hoc nobis refove caput, ulla laboris
Si nostri te cura movet, qui cardine summo
Vertitur, atque omnis manibus nunc pendet ab unis.   20
Dicta dabant ventis, nec debita fata movebant.
Qualem præcipiti gravidum jam sorte parentem
Natorum flet parva manus, trepidique precantur,
Duret ut invalidis, et adhuc genitoris egenis ;
Haud aliter socii supremo in tempore Tiphyn   25
Ante alios superesse volunt : mors frigida contra
Urget, et ille recens oculis intervolat Idmon.
Exanimum frustra Minyæ clamore morantur,
Avellique negant; vix membra rigentia tandem
Imposuere rogo, lacrymasque et munera flammis   30
Vana ferunt; crescit donis feralis acervus.
Ut vero amplexus fessi rupere supremos,
Et rapidæ sonuere faces, tunc ipsa cremari
Visa ratis, medioque viros deponere ponto.
Non tulit Æsonides, geminis flagrantia cernens   35
Corpora cara rogis, sed pectore ductor ab imo
Talia voce gemit : Quid tantum infensa repente
Numina? quas nostri pœnas meruere labores?
Bina (nefas!) tuto pariter mihi funera surgunt
Litore; magna adeo comitum numerosaque pubes?   40
Aut socios rapit atra dies, aut ipse relinquo
Sontibus impulsus Furiis. Ubi Tiphys? ubi Idmon
Fata canens? ubi monstriferæ par ille novercæ?
Te sine, Thespiade, nos ulla movebimus ultra
Æquora? nec summa speculantem puppe videbo   45
Pleiadumque globos et agentes noctibus Arctos?
Cui Minyas caramque ratem, cui sidera tradis?
Carpere securas quis jam jubet Æsona noctes?
Hoc labor, hoc dulci totiens fraudata sopore
Lumina, et admotis nimium mens anxia Colchis   50
Profuit? heu quantum Phasis, quantum Æa recessit!
Nunc quoque, si tenui superant in imagine curæ,
Adsis umbra, precor, venturi præscia cæli,
Rectoremque tuæ moneas ratis. Hæc ubi fatus
Sola virum flammis vidit labentibus ossa :   55
Quod tamen externis unum solamen in oris
Restat, ait, caras humus hæc non dividet umbras,
Ossaque nec tumulo, nec separe conteget urna,
Sed simul; ut junctis venistis in æquora fatis,
Haud mora : relliquias socii defletaque miscent   60
Nomina ; tum vivo frondens e cespite tellus
Aggeritur, cineremque Lyco commendat Jason.

regrettés; on élève au-dessus un tertre de gazon frais, et Jason les recommande à la piété de Lycus.

Les Argonautes consternés ne savaient qui choisir pour diriger le vaisseau. Ancée et l'adroit Nauplius le demandent à la fois : mais la nef prophétique désigne elle-même Erginus, dont les rivaux, vaincus, retournent à leurs rames. Comme un taureau à qui échut l'empire s'avance et passe avec orgueil au milieu du troupeau, unique objet de sa gloire et de ses amours; ainsi, fier de sa charge, le nouveau pilote s'avance et prend son essor; car déjà la nuit claire laisse voir distinctement la grande Ourse. La proue fend les ondes, et l'ancre suspendue à la poupe a quitté la grève hospitalière.

Poussé par le Notus, le vaisseau dépasse les tristes contrées baignées par l'Achéron et le Callichorus. Ce fleuve est célèbre par les fêtes nocturnes de Bacchus; c'est dans ses eaux, dit-on, que le dieu lava ses thyrses, teints du sang des peuples de l'Orient. Eaux du Callichorus, vous vous le rappelez encore, lorsqu'après ses conquêtes il vint ici des extrémités de la mer Rouge, renouvelant ses danses longtemps interrompues, agitant ses cymbales, les cornes humides et ornées de guirlandes de pampre, tel enfin qu'eussent voulu le voir la Thyade de Béotie et l'infortuné Cithéron. Cependant l'active renommée publiait chez les morts les hauts faits des Argonautes, leur future arrivée, sous de meilleurs auspices, dans les régions supérieures du globe,

le passage des Cyanées, et la découverte d'une nouvelle mer. Les ombres, qu'émeuvent encore et les affections de la parenté et l'amour de la gloire, brûlent d'élever jusqu'à eux leurs regards; mais les Destins s'y opposent. Un seul, dont le corps reposait sur ce rivage, Sthénélus obtient de contempler la troupe chérie des Argonautes. Ceint des armes avec lesquelles Hercule l'ensevelit, et tel que le vit jadis l'intrépide Amazone, il apparaît aux héros du haut de l'éminence qui recouvre ses restes. L'onde étincelle comme aux premiers jets du soleil levant, ou comme la nue que déchire l'éclair. Mais bientôt le fantôme disparaît, et rentre en gémissant dans les ombres éternelles. Tandis que Mopsus observe avec effroi ce prodige, il découvre un tombeau sur le rivage, et, voilant sa tête, il fait des libations à l'ombre évoquée. Orphée récite des vers qui ont le pouvoir d'apaiser les mânes, et marie sa voix aux sons de la lyre harmonieuse dont ces lieux gardent encore le nom. Le vaisseau gagne le large; il vogue au delà du Crobiale, et d'un fleuve, le Parthénius, que les Destins, ô Tiphys, ne t'ont pas permis de voir, que Diane chérit, dit-on, plus que nul autre fleuve, et qu'elle préfère même à l'Inopus, son onde natale.

Bientôt il a laissé derrière soi les hauteurs de Cromna, le Cytore aux buis jaunissants et les rochers d'Érythie. Sur la fin du jour, il rase le promontoire de Carambis, et Sinope, dont la mer réfléchit l'image tremblottante. L'opulente Sinope commande au golfe d'Assyrie. Nymphe jadis peu

Mœsti omnes dubiique, ratem fidissima cujus
Dextra regat; simul Ancæus solersque petebant
Nauplius. Erginum fato vocat ipsa monenti   65
Quercus, et ad tonsas victi rediere magistri.
Ac velut ille, gregis cessit cui regia, taurus
Fertur ovans, hunc omnis honos, hunc omnis in unum
Transit amor: primo lætus sic tempore rector
Ingreditur cursus; etenim dat candida certam   70
Nox Helicen: jam prora fretum commoverat, et jam
Puppe sedens placidas dimiserat ancora terras.
    Inde, premente Noto, tristes Acherusidos oras
Præterit, et festa vulgatum nocte Lyæi
Callichoron; nec vana fides: his Bacchus in undis   75
Abluit Eoo rorantes sanguine thyrsos.
Illum, post acies, Rubrique novissima claustra
Æquoris, hic resides thiasos, hic æra moventem,
Udaque pampinea nectentem cornua vitta,
Nunc etiam meministis, aquæ, Bœotia qualem   80
Thyas, et infelix cuperet vidisse Cithæron.
Fama per extremos quin jam volat improba manes
Interea, et magnis natorum laudibus implet,
Venturam cælo fatis melioribus Argo;
Addita jamque fretis repetens freta, jamque ferentes   85
Cyaneas. Ardent avidos attollere vultus,
Quos pietas, vel tangit adhuc quos æmula virtus.

Fata immota manent; unum, qui litore in illo
Conditus, ad caræ mittunt spectacula turbæ.
It Sthenelus; qualem Mavortia vidit Amazon,   90
Cumque suis comitem Alcides ut condidit armis,
Talis ab æquorei consurgens aggere busti
Emicuit; fulsere undæ, Sol magnus ut orbem
Tolleret, aut nubem quateret polus. Atque ea vixdum
Visa viris atra nox protinus abstulit umbra.   95
Ille dolens altum repetit chaos. Omina Mopsus
Dum stupet, in prima tumulum procul aspicit acta;
Obnubensque caput cineri dat vina vocato.
Carmina quin etiam visos placantia manes
Odrysius dum rite movet, mixtoque sonantem   100
Percutit ore lyram, nomenque reliquit arenis;
Altius in ventos recipit ratis, ac fugit omne
Crobiali latus, et fatis tibi, Tiphy, negatum
Parthenium, ante alios Triviæ qui creditur amnes
Fidus, et Inopi materna gratior unda.   105
    Mox etiam Cromnæ juga, pallentemque Cytoron
Teque cita penitus condunt, Erythia, carina.
Jamque reducebat noctem polus: alta Carambis
Raditur, et magnæ pelago tremit umbra Sinopes.
Assyrios complexa sinus stat opima Sinope,   110
Nympha prius, blandosque Jovis quæ luserat ignes,
Cælicolis immota procis: deceptus amatæ

sensible aux amours des immortels, elle trompa les feux de Jupiter, éluda les poursuites du fleuve Halys, et se joua d'Apollon.

Sur ces bords, un heureux hasard amène aux Argonautes trois nouveaux compagnons : Autolicus, Phlogius et Déiléon, qui avaient suivi les armes d'Hercule, et qui depuis, après maintes traverses, s'étaient fixés dans ces contrées. A la vue des guerriers, à la vue de la nef thessalienne, ils accourent au rivage, et conjurent les Argonautes de les recevoir à leur bord. Jason accueille avec joie leur demande, et ces nouveaux bras qui vont redonner du mouvement à des rames depuis peu délaissées.

Sous leurs yeux coulent le fleuve Halys, l'Iris qui s'égare dans de longs détours, et le Thermodon. Celui-ci, dont les eaux grondent encore au milieu de la mer à laquelle il porte son tribut, est consacré à Mars, et est le plus riche des fleuves en dépouilles. C'est à lui que la jeune Amazone offre des coursiers et des haches votives, quand, suivie du Massagète et du Mède, ornements de son triomphe, elle revient des combats par les Portes Caspiennes, vraie fille de la Guerre et du dieu qui se repaît de sang. Ici les Argonautes, dociles aux conseils de Phinée, s'écartent de plus en plus de la rive.

Jason s'adresse alors à ses nouveaux compagnons. « Maintenant, leur dit-il, racontez-nous « vos combats, ceux de mon cher Hercule, et ses « victoires. » Et, morne et silencieux, il entend le récit de la guerre des Amazones, les dangers, les fatigues de cette guerre; comment la première, lâchant les rênes, roula presque mourante dans les eaux du Thermodon; comment une autre, jetant son bouclier et son carquois, prenait la fuite, quand Hercule l'atteignit d'une flèche ; comment enfin la Colère, la crainte d'affliger Mars leur père, enflammaient leurs vaillants escadrons ; quel formidable aspect avait leur reine, ses armes, son baudrier tout resplendissant d'or.

Vers la fin de la nuit, du fond des entrailles de la terre, retentissent les marteaux des vigilants Chalybes. Hôtes d'un pays qui t'est cher, ô Mars, ils fabriquent péniblement des armes, et sont les inventeurs de cette industrie si fatale au reste des humains. Car avant qu'ils arrachassent le fer du sein de la terre et qu'ils le façonnassent en épées, les Haines erraient désarmées et impuissantes, les Colères étaient stériles et la Vengeance paralysée.

Derrière eux, les Argonautes laissent ensuite le promontoire de Jupiter Généteen, les lacs, les prairies du pays des Tibaréniens, où les femmes, après leur délivrance, prennent soin de leurs maris, et les coiffent d'une mitre, emblème de la paresse. Vous l'admirâtes aussi ce navire inconnu, vous, Mossyniens, vous Macrons, du haut de vos retraites escarpées; vous, Byzères vagabonds; vous enfin, rivages que Philyre a dotés de son nom, et où jadis galopa Saturne changé en coursier.

De là, ils découvrent les dernières côtes de l'Euxin, et le Caucase, théâtre du supplice de Prométhée, qui cache sa tête dans les frimas de l'Ourse. Par hasard Hercule arrivait le même jour, pour mettre un terme à la punition du Titan. Déjà, réunissant tous ses efforts, il ébranle

Fraude Deæ nec solus Halys, nec solus Apollo.
Addidit hic casu comites Fortuna benigno
Autolycum, Phlogiumque, et Deileonta, sequutos 115
Herculis arma viros ; vagus hos ibi fixerat error.
Ut Graiam videre manum, puppimque Pelasgam,
Prima ruunt celeres ad litora, seque precantur
Accipiant socios : nova dux accedere gaudet
Nomina, desertos et jam sibi currere remos. 120
Transit Halys, longisque fluens anfractibus Iris,
Sævusque Thermodon medio sale murmura volvens,
Gradivo sacer, et spoliis ditissimus amnis,
Donat equos, donat votas cui virgo secures,
Quum redit ingenti per Caspia claustra triumpho, 125
Massageten Medumque trahens : est vera propago
Sanguinis, est ollis genitor deus. Hinc magis alta
Hæmonidæ petere, et monitus non temnere Phinei.
Ipse autem comitum conversus ad ora novorum,
Vos mihi nunc pugnas, ait, et victricia, ductor, 130
Herculis arma mei, vestrasque in litore Martis
Interea memorate manus. Sic fatus, et ægro
Corde silens, audit cursus, bellique labores
Virginei : exciderit frenis quæ prima remissis;
Semianimem patrius quam vexerit amnis in æquor; 135
Quæ pelta latus, atque humeros nudata pharetris
Fugerit, Herculeæ mox vulnere prensa sagittæ;
Utque securigeras stimulaverit Ira catervas,
Fleturusque pater; quantus duce terror in ipsa,
Qui furor in signis, quo balteus arserit auro. 140
Nocte sub extrema clausis telluris ab antris
Pervigil auditur Chalybum labor ; arma fatigant
Ruricolæ, Gradive, tui; sonat illa creatrix
Prima manus belli terras crudelis in omnes.
Nam prius ignoti quam dura cubilia ferri 145
Eruerent, ensesque darent, odia ægra sine armis
Errabant, iræque inopes, et segnis Erinnys.
Inde Genetæi rupem Jovis, hinc Tibarenum
Dant virides post terga lacus, ubi deside mitra
Feta ligat, partuque virum fovet ipsa soluto. 150
Vos quoque non notæ mirati vela carinæ
Mossyni, vos et stabulis Macrones ab altis,
Byzeresque vagi, Philyræque a nomine dicta
Litora, quæ cornu pepulit Saturnus equino.
Ultimus inde sinus, sævumque cubile Promethei 155
Cernitur, in gelidas consurgens Caucasus Arctos.
Ille etiam Alciden Titania fata morantem
Attulerat tum forte dies; jamque aspera nisu

les rochers, disperse leurs glaces éternelles, saisit les chaînes en s'affermissant sur un pied, et se dresse de toute sa hauteur pour les desceller. Le Caucase retentit de l'énorme secousse; ses sommets tombent, entraînant après eux les sapins, qui s'abattent sur les fleuves et qui en arrêtent le cours. Un craquement pareil à celui des nuées que déchire la foudre de Jupiter, ou de la terre quand Neptune en ébranle les cavités profondes, répand la terreur sur toute l'étendue des côtes de l'Euxin, chez l'Hibère, voisin de l'Arménie, et sur les flots agités jusqu'en leurs abîmes. Les Argonautes craignent de nouveau le choc des Cyanées. Cependant ils entendent de plus près le bruit des chaînes, le fracas des rocs qui roulent de monts en monts, et les cris affreux du Titan, pendant qu'Hercule le détache. Mais ignorant la cause de ce bouleversement, (car qui d'entre eux eût pu croire qu'Alcide fût dans ces montagnes, et conserver l'espérance de le retrouver?) ils poursuivent leur route, regardant avec étonnement les débris des rochers, le rivage jonché de neige, et, au-dessus de ces ruines, l'ombre immense d'un oiseau qui se débattait contre la mort, et dont le sang noir dégouttait en pluie dans les airs.

L'onde se colorait des feux plus rapprochés du soleil, et le jour, à son déclin, montrait aux héros fatigués le rivage tant désiré de la Colchide, et la vaste embouchure par où le Phase mêle ses eaux immenses à celles de la mer. Tous à la fois ont reconnu les lieux; certains indices, les nations qu'ils ont successivement dépassées, tout les leur signale. Ils gouvernent vers le fleuve. En même temps Pallas, éblouissante de lumière, et Junon, arrêtent leurs chevaux ailés.

Jason voguait déjà dans les eaux du fleuve, quand il vit sur ses rives verdoyantes un massif de peupliers qui entouraient une éminence. Au centre s'élevait le tombeau de Phrixus. Près de lui, une statue en marbre de Paros figurait Hellé, sa malheureuse sœur, partagée entre la crainte de sa marâtre et celle de la mer, et n'osant poser ses mains sur le Bélier. Jason alors donne l'ordre d'arrêter et d'amarrer le vaisseau, comme s'il fût entré dans le port de Pagase, dans le fleuve de sa patrie; puis, prenant une coupe de vin, il fait des libations suivant le rit consacré, évoque l'ombre de Phrixus, et prononce ces paroles : « Par « nos communs aïeux, ô Phrixus, par nos com- « muns dangers, sois, je t'en conjure, mon guide « et mon appui dans ces lieux. Vois que de mers « parcourues, que de tempêtes essuyées! Sois-nous « donc propice, et souviens-toi de ta patrie. Toi « aussi, dont ce cénotaphe attend en vain la dé- « pouille, déesse de la mer, entends nos vœux, « sois la compagne d'un guerrier issu du même « sang que toi. Quand traverserai-je de nouveau « tes flots? Quand la toison d'or reverra-t-elle « Sestos et ton fatal détroit? Et vous, forêts, « vous, campagnes de la Colchide dont je suis « l'hôte aujourd'hui, et où la précieuse toison « brille suspendue à son arbre sacré, soyez-nous « accessibles. Pour toi, fils du dieu qui féconde « la nature, toi qui prends ta source sous l'astre « glacé de Calisto, si tu permets, ô Phase, que « mon vaisseau, ouvrage de Pallas, mouille dans « tes eaux paisibles, tu ne manqueras dans ma

```
Undique convellens, veteris cum strage pruinæ,
Vincula prensa manu saxis adduxerat imis           160
Arduus, et lævo gravior pede; consonat ingens
Caucasus, et summo pariter cum monte sequutæ
Incubuere trabes, abductaque flumina ponto.
Fit fragor, ætherias ceu Jupiter arduus arces
Impulerit, imas manus aut Neptunia terras.         165
Horruit immensum Ponti latus, horruit omnis
Armeniæ prætentus Hiber, penitusque recusso
Æquore, Cyaneas Minyæ timuere relictas.
Tum gemitu propiore chalybs, densusque revulsis
Rupibus audiri montis labor, et grave Titan        170
Vociferans, fixos scopulis dum vellitur artus.
Contra autem ignari (quis enim nunc credat in illis
Montibus Alciden, dimissave vota retentet?)
Pergere iter, socii, tantum mirantur ab alto
Litora discussa sterni nive, ruptaque saxa,        175
Et simul ingentem moribundæ desuper umbram
Alitis, atque atris rorantes imbribus auras.
    Sol propius flammabat aquas, extremaque fessis
Cœperat optatos jam lux ostendere Colchos,
Magnus ubi adversum spumanti Phasis in æquor       180
Ore ruit. Cuncti pariter loca debita noscunt,
Signaque commemorant, emensasque ordine gentes.
Dantque ratem fluvio : simul æthere plena corusco
Pallas, et alipedum Juno juga sistit equorum.
    Ac dum prima gravi ductor subit ostia pulsu,   185
Populeos flexus, tumulumque virentia supra
Flumina cognati medio videt aggere Phrixi,
Quem comes infelix Pario de marmore juxta
Stat soror, hinc sævæ formidine mœsta novercæ,
Inde maris, pecudique timens imponere palmas.     190
Sistere tum socios jubet, atque hic prima ligari
Vincula, ceu Pagasas patriumque intraverit amnem.
Ipse, gravi patera sacri libamina Bacchi
Rite ferens, umbram vocat, et sic fatur ad aras :
Per genus, atque pares tecum mihi, Phrixe, labores, 195
Tu, precor, orsa regas, meque his tueris in oris.
Tot freta, tot duræ properantia sidera passis,
Phrixe, fave, et patrias placidus reminiscere terras.
Tu quoque nunc, tumulo nequidquam condita inani,
Annue, Diva maris, numeroque accede tuorum.      200
Quando egomet rursus per te vehar? aurea quando
Seston, et infaustos agnoscent vellera fluctus?
Vos etiam silvæ, vos Colchidos hospitis oræ,
Pandite, dives ubi pellis micet arbore sacra.
Tunc tibi, fecundi proles Jovis, orte nivali      205
Arcados axe deæ, fluvio modo, Phasi, quieto
```

« patrie ni d'autels, ni d'offrandes. J'y consa-
« crerai ton image épanchant ses ondes, aussi
« vénérable, aussi grande que celle de l'Énipée,
« ou que l'Inachus couché dans sa grotte d'or. »

Il dit, et le vaisseau, par un heureux présage, vire de bord, la proue tournée du côté de l'embouchure du fleuve. « Oui, s'écrie Jason, tu nous le promets; tu nous y invites même; nous retournerons dans notre patrie. » Et il ordonne à ses compagnons de prendre leurs armes. On tire du vaisseau la liqueur de Bacchus qui fortifie les cœurs contre l'adversité, les présents de Cérès, et l'on s'assied sur la pelouse le long du rivage.

Maintenant, ô Muse, fais entendre de nouveaux accents; sois l'écho des exploits de Jason comme tu en fus le témoin : car ici mon génie et ma voix sont insuffisants. Dis-nous donc les amours furieuses, l'infâme trahison d'une jeune fille, le vaisseau que fit trembler sa criminelle présence, les monstres sortis tout à coup du sein de la terre, et leurs combats impies. Mais d'abord racontons la perfidie de l'astucieux fils du Soleil, si digne d'être trompé, si digne d'être abandonné, et reprenons les faits de plus haut.

Devenu vieux, Phrixus avait fini sa pénible carrière dans la ville du Soleil, en Scythie. Comme on lui rendait les derniers devoirs, une flamme brilla tout à coup dans le ciel, et le Bélier apparut sous la forme de cette constellation qui soulève les flots. Sa toison, de l'or le plus pur, insigne monument de la valeur de Phrixus, avait été suspendue par lui à un chêne du bois sacré de Mars. Une nuit, l'ombre gigantesque du héros vint épouvanter son beau-père Éétès, par ces révélations distinctement formulées :
« Toi qui voulus que je fixasse dans ton empire
« ma course errante et fugitive, qui m'offris
« ta fille et me recherchas pour gendre, plus de
« bonheur pour toi, plus de puissance, si, par
« quelque artifice, la toison d'or est enlevée de
« son arbre sacré. Si de plus un amant, quel
« qu'il soit, te demande la main de Médée, au-
« jourd'hui prêtresse d'Hécate et conduisant ses
« chastes chœurs, accorde-la, et que l'hymen
« éloigne promptement la jeune fille du royaume
« paternel. »

Il dit, et semble en même temps présenter à Éétès la fatale Toison. Les lambris du palais resplendissent de la brillante et trompeuse clarté.

La frayeur arrache de son lit le fils du Soleil; il s'adresse à son père, dont le char montait déjà sur l'horizon, et s'écrie : « Protecteur de mes
« destinées, ô mon père, toi dont les regards
« embrassent le monde, tourne-les maintenant
« vers la terre et la mer; et si quelqu'un des
« miens, si une main étrangère trame contre
« moi d'obscurs complots, hâte-toi de m'en ins-
« truire. Toi aussi, gardien de ce dépôt sacré
« qui rayonne du haut d'un chêne, Mars, sois
« vigilant; que la forêt ne cesse de retentir du
« bruit de tes armes et des trompettes, et que,
« la nuit, ta voix en remplisse les espaces. » Il achevait à peine, qu'un dragon envoyé par Mars descend des rochers du Caucase, enlace de ses replis la forêt tout entière et fixe

Palladiam patiare ratem, nec dona, nec aræ
Defuerint tellure mea; veneranda fluentis
Effigies te, Phasi, manet, quam magnus Enipeus,
Et pater aurato quantus jacet Inachus antro.   210
  Dixerat, atque illi dextra sine versa magistri
Protenus in proram rediit ratis, omine certo
Fluminis os, pontumque tuens. Promittis ut, ecce,
Utque vocas, reveheamur, ait. Sic deinde precatus,
Arma jubet celsa socios depromere puppi;   215
Dona dehinc Bacchi, casus qui firmet in omnes;
Rapta Ceres, viridesque premunt longo ordine ripas.
  Incipe nunc alios cantus, Dea, visaque vobis
Thessalici da bella ducis. Non mens mihi, non hæc
Ora satis; ventum ad furias, infandaque natæ   220
Fœdera, et horrenda trepidam sub virgine puppim;
Impia monstriferis surgunt jam prælia campis.
Ante dolos, ante infidi tamen exsequar astus
Soligenæ, falli meriti, meritique reliqui.
  Inde canens : Scythica senior jam Solis in urbe   225
Fata laborati Phrixus compleverat ævi;
Illius extremo sub funere, mira repente
Flamma poli, magnoque aries apparuit astro,
Æquora cuncta movens; at vellera Martis in umbra
Ipse sui Phrixus monumentum insigne periculi   230
Liquerat, ardenti quercum complexa metallo.

Quondam etiam tacitæ visus per tempora noctis
Effigie vasta, socerumque exterruit ingens
Prodita vox : O qui patria tellure fugatum
Quærentemque domos, his me considere passus   235
Sedibus, oblata generum mox prole petisti,
Tunc tibi regnorum labes luctusque supersunt,
Rapta soporato fuerint quum vellera luco.
Præterea infernæ quæ nunc sacrata Dianæ
Fert castos Medea choros, quemcumque procorum   240
Pacta petat, maneat regnis ne virgo paternis.
  Dixit, et admota pariter fatalia visus
Tradere terga manu; tum falso fusus ab auro
Currere per summi fulgor laquearia tecti.
  Membra toris rapit ille tremens, patriumque precatur
Numen, et Eoo surgentes litore currus :   245
Hæc tibi, fatorum genitor tutela meorum,
Omnituens; tua nunc terris, tua lumina toto
Sparge mari; seu nostra dolos molitur opertos,
Sive externa manus, primus mihi nuntius esto.   250
Tu quoque, sacrata rutilanti cui vellera quercu,
Excubias, Gradive, tene; præsentia luco
Arma tubæque sonent, vox et tua noctibus exstet.
  Vix ea, Caucaseis quum lapsus montibus anguis,
Haud sine mente dei, spiris nemus omne refusis   255
Implicuit, Graiumque procul respexit ad orbem.

au loin ses regards du côté de la Grèce. Alors, pour conjurer les menaçantes prédictions de Phrixus, Eétès fiança au roi d'Albanie sa fille Médée, qui n'était pas nubile encore.

Cependant le dieu, qui n'épargne jamais les avertissements, épouvantait la ville d'Eétès par des présages, par des menaces, par des accidents surnaturels, et par des signes précurseurs de quelque catastrophe. Un prêtre ordonne de se défaire de la funeste toison, et de la renvoyer en Grèce. Mais le fils du Soleil, se rappelant les avis de Phrixus, s'oppose à ce dessein. Persès, son frère maternel, et le premier après lui par le rang, lui prodigue les reproches, aux applaudissements de la multitude, ravie d'avoir trouvé un chef. Le roi, emporté par la fureur, s'élance de son trône, chasse les grands de sa présence, et fond, l'épée à la main, sur Persès, que son audace et l'inconstance du peuple encourageaient dans ses prétentions à l'empire. Persès fuit, portant les traces de la cruauté de son frère, et va soulever tous les peuples habitants des contrées de l'Ourse. Déjà, suivi d'une foule considérable de rois, il investissait la ville, contre laquelle il avait tenté d'inutiles assauts. Deux jours avaient été donnés de part et d'autre pour brûler les morts, quand, durant la trêve, le héros prédit aux rives de la Colchide y aborda.

La nuit, qui prend pitié des hommes et de leurs maux, avait rendu le repos et le silence à la terre fatiguée. Alors Junon et la fille du grand Jupiter tiennent conseil, et se communiquent leurs mutuelles inquiétudes. « Vous voyez, dit Pallas, « à quels ennemis nos bras ont affaire, quelles « luttes se préparent dans la Colchide, en quel « état est ce pays. Deux rivaux sont en pré- « sence ; ici Persès, là Éétès, mais avec de « forces inégales : quel parti prendrons-nous ? » « Ne craignez pas, répondit Junon, que je « vous refuse les combats que vous demandez. « La sueur va bientôt couler sur votre égide, et « inonder mes coursiers. J'ai résolu d'appuyer « Éétès. Je sais qu'il a le cœur perfide, et qu'il « payera d'ingratitude les Argonautes ; mais alors « j'emploierai contre lui d'autres moyens, d'au- « tres ruses. » « Soit, reprit Pallas ; car aussi bien « je dois unir ma puissance à la vôtre, pour pou- « voir un jour ramener Jason dans la Grèce, et « placer enfin dans le Ciel son vaisseau, jouet « de tant de traverses et l'œuvre de mes pro- « pres mains. »

Tandis que les dieux préparaient ainsi le triomphe des Argonautes, jamais nuit ne les attrista, ne les effraya davantage. Ce n'est rien pour eux d'avoir trouvé le Phase, rien d'avoir franchi les Symplégades ; le doute les tourmente et les assiége, jusqu'à ce qu'ils soient introduits dans la ville, auprès d'Eétès. Jason surtout est en proie aux plus vives alarmes ; il roule à la fois dans son esprit mille projets divers. Tel Jupiter, tonnant au haut des cieux, agite les Pléiades, lance la grêle à la chute sonore, couvre les campagnes d'un linceul de neige ; ou bien, ouvrant les portes san

Ergo omnes prohibere minas, praedictaque Phrixi
Invigilat; plena necdum Medea juventa
Annuitur thalamis Albani virgo tyranni.
Interea auguriis monstrisque minacibus urbem   260
Territat ante monens semper deus, et data seri
Signa mali; reddi jubet exitiale sacerdos
Vellus, et Haemoniis infaustum mittere terris.
Contra Sole satus, Phrixi praecepta volutans
Aegro corde, negat; nec vulgi cura tyranno,   265
Dum sua sit modo tuta salus. Tunc ordine regi
Proximus, et frater materno sanguine Perses
Increpitare virum; sequitur duce turba reperto.
Ille furens ira, solio se proripit alto,
Praecipitatque patres; ipsum quoque, talibus ausis   270
Spem sibi jam rerum vulgi levitate serentem,
Ense petit. Rapit inde fugam crudelia Perses
Signa gerens, omnemque quatit rumoribus Arcton.
Jamque aderat magnis regum cum millibus urbi,
Primaque in adversos frustratus praelia muros   275
Constiterat; datus et sociis utrimque cremandis
Ille dies alterque dies, quum, Marte remisso,
Debitus Aeaeis dux Thessalus appulit oris.
 Nox hominum genus et duros miserata labores,
Rettulerat fessis optata silentia terris;   280
At Juno, et summi virgo Jovis, intima secum
Consilia et varias sociabant pectore curas.

Virgo prior : Magna pariter quos mole petamus,
Cernis, ait, Colchos habeant quae praelia, quique
Nunc status; hinc Perses, illinc non viribus aequis   285
Apparat Aeetes aciem : quibus addimur armis?
Cui Juno : Dimitte metus, ne praelia forte
Hinc tibi grata negem; manet ingens aegida sudor,
Et nostros jam sudor equos : stat pectore fixum,
Aeetae sociare manus : scio perfida regis   290
Corda quidem : nullos Minyis exsolvet honores;
Verum alios tua ipsa dolos, alia orsa movebo.
Sint, precor, haec ; tua namque mihi comitanda potestas,
Pallas ait; liceat Graiis ut reddere terris
Aesonium caput, et puppim, quam struximus ipsae,   295
Jactatam tandem nostro componere caelo.
 Talia tunc hominum Superi pro laude movebant.
Tristior at numquam, tantove paventibus ulla
Nox Minyis egesta metu; nil quippe reperto
Phaside, nil domitis actum Symplegados undis;   300
Cunctaque adhuc, magni veniant dum regis ad urbem,
Ambigua, et dubia rerum pendentia summa.
Praecipue Aesoniden varios incerta per aestus
Mens rapit undantem curis ac multa novantem.
Qualiter ex alta quum Jupiter arce coruscat,   305
Pliadas ille movens, mixtumque sonoribus imbrem
Horriferamve nivem, canis ubi tollitur omnis
Campus aquis, aut sanguinei magna ostia belli,

glantes de la Guerre, prédit aux nations corrompues les révolutions que le Destin leur prépare ; tel Jason, livré au choc tumultueux de ses pensées indécises, pousse de fréquents soupirs, impatient de revoir le jour, et de connaître enfin le danger qui l'attend.

Regardant alors ses compagnons, qui restaient silencieux et les yeux baissés : « Ce que vous « avez conçu, leur dit-il, avec une audace sans « pareille, ce qui eût fait frémir l'antiquité, nous « l'avons accompli ; nous sommes au terme de no- « tre immense navigation. La mer et ses mille dé- « tours ne nous ont point égarés, et la Renommée « ne nous a pas vainement annoncé qu'Éétès, fils « du Soleil, régnait dans les contrées de l'Ourse. « Aussi, dès que le jour viendra éclairer ces ri- « vages, je partirai vers la ville ; j'irai sonder les « dispositions du tyran. Notre demande n'est pas « de celles qu'on ne puisse obtenir, et je pense « qu'il l'accordera. Si cependant il la rejetait avec « orgueil, n'en soyez que plus résolus. Il faut, « par quelque moyen que ce soit, remporter la « toison dans notre patrie. Dans les circonstances « extrêmes, toute fausse honte est superflue et « doit être bannie. »

Il dit, et se fait suivre à la ville par neuf guerriers tirés au sort. Ils se mettent en route au lever du soleil, et traversent les campagnes de Circé, pour aller trouver Éétès.

Médée, que d'affreux songes avaient troublée pendant son sommeil, s'étant levée dès l'aube, allait invoquer les premiers rayons de Phébus, et effacer dans les eaux du fleuve le souvenir de ses horribles visions de la nuit. Vierge innocente encore, étrangère à toute inquiétude, elle commençait à goûter dans sa couche le calme d'un paisible sommeil, lorsqu'il lui sembla sortir tout effrayée du bois sacré d'Hécate. Comme elle allait se jeter aux bras de son père, s'éleva tout à coup entre elle et lui une mer immense ; et la vierge éperdue se vit emportée sur l'abîme, malgré les efforts de son frère pour la suivre. Elle voyait aussi des enfants debout devant elle, frissonnant de l'horreur de la mort ; elle les égorgeait, trempait ses mains dans leur sang, et pleurait ensuite son forfait.

Épouvantée de ces présages, elle marchait donc vers les rives du Phase, environnée de jeunes Colchidiennes de son âge. Telle Proserpine, accompagnée de Pallas, de Diane et des Nymphes, qui lui cédaient toutes en beauté, en stature, menait les chœurs de ses danses sur les coteaux fleuris de l'Hymette ou dans les vallons d'Enna, avant que le séjour de l'enfer eut terni sa fraîcheur et pâli son visage ; telle était Médée, portant à chaque main une torche enflammée, le front ceint de bandelettes, et le cœur encore sans haine contre l'auteur de ses jours.

Dès qu'elle voit de loin, à l'embouchure du fleuve, les Argonautes en remonter le cours et s'avancer lentement, elle s'arrête, et dit à sa nourrice avec une tristesse mêlée de crainte : « Quelle est cette troupe, ô ma mère ? Elle vient « à moi sans doute ; je ne connais ni ces armes, « ni ces habits. De grâce, voyez où fuir et cher- « cher quelque asile. » La vieille Hénioché, gar-

Aut altos duris fatorum gentibus ortus ;
Sic tum diversis hinc atque hinc molibus anceps   310
Pectora dux crebro gemitu quatit, optat et almum
Jam jubar, et certi tandem discriminis horas.
　Tunc defixa solo, cœtuque intenta silenti
Versus ad ora virum : Quod primum ingentibus ausis
Optavistis, ait, veterumque quod horruit ætas,   315
Adsumus en, tantumque fretis enavimus orbem.
Nec pelagi nos mille viæ, nec fama fefellit,
Solígenam Æeten media regnare sub Arcto.
Ergo ubi lux altum sparget mare, tecta petenda
Urbis, et ignoti mens experienda tyranni.   320
Annuet ipse, reor, neque inexorabile certe,
Quod petimus ; sin vero preces et dicta superbus
Respuerit, jam nunc animos firmate repulsæ,
Quaque via patriis referamus vellera terris ;
Stet procul et rebus semper pudor absit in arctis.   325
　Dixerat, et Scythicam qui se comitentur ad urbem,
Sorte petit, numeroque novem ducuntur ab omni.
Inde viam, qua Circæi plaga proxima campi,
Corripiunt, regemque petunt jam luce reducta.
　Forte deum variis per noctem exterrita monstris,   330
Senserat ut pulsas tandem Medea tenebras,
Rapta toris, primi jubar ad placabile Phœbi
Ibat, et horrendas lustrantia flumina noctes :

Namque soporatos tacitis in sedibus artus
Dum premit alta quies, nullæque in virgine curæ,   335
Visa pavens castis Hecates excedere lucis ;
Dumque pii petit ora patris, stetit arduus inter
Pontus et ingenti circum stupefacta profundo,
Fratre tamen conante sequi ; mox stare paventes
Viderat intenta pueros nece, seque trementum   340
Spargere cæde manus, et lumina rumpere fletu.
　His turbata minis, fluvios ripamque petebat
Phasidis, æquali Scythidum comitante caterva.
Florea per verni qualis juga duxit Hymetti,
Aut Sicula sub rupe choros, hinc gressibus hærens   345
Pallados, hinc caræ Proserpina juncta Dianæ,
Altior, ac nulla comitum certante, priusquam
Palluit, et viso pulsus decor omnis Averno ;
Talis et in vittis geminæ cum lumine tædæ
Colchis erat, nondum miseros exosa parentes.   350
　Ut procul extremi gelidis a fluminis undis
Prima viros tacito vidit procedere passu,
Substitit, et mœsto nutricem affata timore est :
Quæ manus hæc, certo ceu me petat agmine, mater,
Advenit haud armis, haud unquam cognita cultu ?   355
Quære fugam, precor, et tutos circumspice saltus.
　Audit virginei custos grandæva pudoris
Henioche, cultus primi cui creditus ævi ;

dienne de la pudeur de la jeune fille, et naguère protectrice de son enfance, l'entend, et la rassure par ces paroles : « Il ne s'agit pas ici de craintes, « de menaces, ni de violences; les manteaux que « je vois reflètent l'éclat de la pourpre étrangère, « mais je vois aussi des bandelettes, et l'olivier « symbole de la paix. Ce sont des Grecs ; tout en « eux rappelle le Grec Phrixus. »

Elle dit. Junon cependant revêt d'un nouveau lustre et de tout l'incarnat de la jeunesse la mâle figure de Jason, dès longtemps altérée par les soucis et par les fatigues. Il dépasse de toute la tête Mopsus, Talaüs et les deux Tyndarides au front étoilé. Tel, aux approches de l'automne, embrasant l'atmosphère et incendiant les nuits, le Sirius, à la crinière dorée et rayonnante, fait pâlir l'astre d'Arcas et celui de Jupiter même, bien que les campagnes, que les fleuves dont les eaux sont brûlantes jusqu'à leurs sources, voudraient qu'il modérât son ardeur. Médée, non encore revenue de son étonnement et de son effroi, ne laisse pas de ralentir sa marche, et d'admirer le noble extérieur du héros ; tandis que Jason, sans voir la troupe obscure des femmes qui la suivent, n'a de regards que pour Médée. Bientôt il reconnaît en elle une maîtresse, une reine.

« Si vous êtes, dit-il, l'une de ces déesses qui « font l'ornement de l'Olympe, cet air, ces flam- « beaux me font croire que je vois Diane elle-même, « qui s'est débarrassée de son carquois pour pren- « dre quelque repos, et que guident les Nymphes « du Caucase vers leur fleuve paternel. Si vous êtes « habitante de la terre et fille de ce pays, heureux « votre père, plus heureux celui qui obtiendra « votre main, et qui unira pour longtemps sa des- « tinée à la vôtre! Cependant, ô reine, protégez- « nous. Nous sommes des étrangers, les plus no- « bles enfants de la Grèce, venus sur ces côtes à « la recherche de votre pays : menez-nous, je « vous prie, à votre roi, quel qu'il soit; ou bien « indiquez-nous les lieux, les moments les plus « favorables pour conférer avec lui. Sans doute « qu'un dieu, pour me tirer d'inquiétude et de « peine, vous a conduite vers moi, et c'est en vos « mains que je remets notre espoir et nos desti- « nées. »

Il dit, reste immobile et attend. Médée, surmontant peu à peu sa timidité et sa crainte, lui répond : « Celui que vous demandez est Éétès, mon « père ; la ville est près d'ici : mais de ces deux « chemins, pourrez-vous distinguer le meilleur? « Prenez donc celui que va vous indiquer cette « femme; des camps, un ennemi parricide in- « terceptent l'autre. »

A ces mots, elle reprend sa marche vers le fleuve, et là elle offre à la Nuit, mère des funestes songes, un inutile sacrifice.

Jason, guidé par l'esclave, hâte le pas. Junon l'enveloppait d'un nuage, pour qu'il fût invisible et que personne n'allât prévenir Éétès de son arrivée. Il traversait inaperçu la ville et le peuple, quand son guide l'arrête et lui dit : « Voici le « temple du Soleil. Le roi va bientôt se rendre « dans le sanctuaire de ce dieu dont il est le fils : « c'est là qu'accessible à tous, il écoute les priè- « res des grands et des peuples ; la présence de « son père l'avertit d'être juste. »

Les Argonautes entrent aussitôt, et, dès le seuil

Tum trepidam dictis firmans hortatur alumnam :
Non tibi ab hoste minæ, nec vis, ait, ulla propinquat, 360
Nec metus; externo jam flammea murice cerno
Tegmina, jam vittas frondemque imbellis olivæ.
Graius adest; Graio sic cuncta simillima Phrixo.

Sic ait; at Juno, pulchrum longissima quando
Robur cura ducis, magnique edere labores, 365
Mole nova et roseæ perfudit luce juventæ.
Jam Talaum, jamque Ampyciden, astroque comantes
Tyndaridas ipse egregio supereminet ore.
Non secus, autumno quum quum magis asperat ignes
Sirius, et sævo quum vox accenditur auro, 370
Luciferas crinita faces, hebet Arcas, et ingens
Jupiter ; ast illum tanto non gliscere cœlo
Vellet ager, vellent calidis jam fontibus amnes.
Regina, attonito quamquam pavor ore silentem
Exanimet, mirata tamen, paullumque reductis 375
Passibus, insolito stupuit duce; nec minus inter
Ille tot ignoti socias gregis hæret in una
Defixus, sentitque ducem dominamque catervæ.

Si dea, si magni decus huc ades, inquit, Olympi,
Has ego credo faces, hæc virginis ora Dianæ, 380
Teque renodatam pharetris ac pace fruentem
Ad sua Caucaseæ producunt flumina nymphæ.

Si domus in terris atque hinc tibi gentis origo,
Felix prole parens, olimque beatior ille,
Qui tulerit, longis et te sibi junxerit annis! 385
Sed fer opem, regina, viris; nos hospita pubes
Advehimur, Graium proceres, tua tecta petentes.
Duc, precor, ad vestri, quicumque est, ora tyranni,
Ac tu prima doce fandi tempusque modumque.
Nam mihi sollicito deus ignaroque locorum 390
Te dedit; in te animos, sed et omnia nostra repono.

Dixit, et opperiens trepidam stetit. Illa, parumper
Virgineo cunctata metu, sic orsa vicissim :
Quem petis Æeten, genitor meus; ipsaque juxta
Mœnia, si bivios possis discernere calles. 395
Hac adeo duce ferte gradus; ingentia namque
Castra alios aditus atque impius obsidet hostis.

Dixerat hæc, patriumque viam detorquet ad amnem,
Sacraque terrificæ supplex movet irrita Nocti.
Ille autem inceptum famula duce protinus urget 400
Aere septus iter, patitur nec regia cerni
Juno virum, prior Æetæ ne nuntius adsit.
Jamque inerat populo mediæque incognitus urbi,
Quum comes orsa loqui : Phœbi genitoris ad aras
Ventum, ait; huc adytis jam se de more paternis 405
Rex feret : hic proceres audit, populusque precantes,

du temple, se croient transportés dans le palais même du Soleil, devant sa face radieuse, tant ils sont inondés de lumière. Ils y voient le robuste Atlas, dont la statue est baignée par l'Océan, qui vient se briser à ses genoux. Sur ses vastes épaules le Soleil fait voler son char, et ramène le jour dans les plaines de l'Olympe; tandis que derrière lui Phébé, sa sœur, s'avance sur un char plus modeste, suivie des Pléiades aux cheveux trempés de pluie. Étonné des merveilleuses beautés de ce temple, Jason arrête aussi ses regards sur les portes, où il voit représentés l'origine des Colchidiens, Sésostris portant pour la première fois la guerre chez les Gètes, son effroi après la déroute des siens, le retour des uns à Thèbes sur les bords du Nil, l'établissement des autres dans les campagnes du Phase, où, prenant le nom de Colchidiens, ils regrettent le séjour d'Arsinoé, le doux climat, les plaisirs de Pharos, ses moissons fécondes, quoique sans pluie, et leurs fines robes de lin échangées contre les braies du Sarmate. Là aussi, le Phase, amoureux de la belle Éa, poursuit dans les montagnes la Nymphe effrayée, qui, alarmée pour sa pudeur, jette son carquois, mais bientôt, lasse de courir, est enlacée dans les replis caressants du fleuve. Ailleurs, les sœurs de Phaéton, métamorphosées en peupliers, pleurent la mort de leur frère, qui roule, masse enflammée, dans les flots épouvantés de l'Éridan; et cependant Téthys rassemble avec peine les débris du char, et les coursiers, qui appréhendent la colère de leur maître.

Sur ces portes le ciseau prophétique de Vulcain avait aussi sculpté la toison d'or, la future expédition des Argonautes, et leur navire construit par Argus sur le rivage de Pagase. Une déesse en essaye les rames, les agrès, et, montée sur le pont, invite de la main les guerriers à s'y réunir. L'Autan se lève; seule alors sur toute l'immensité des flots, la nef vogue, et les chants d'Orphée charment les monstres marins. Plus loin, les Colchidiens éperdus accourent sur les bords du Phase, d'où un père appelle en vain sa fille qui l'abandonne.

Vis-à-vis est une ville baignée par les deux mers. Les jeux et les chants l'animent; les torches de l'hymen l'éclairent pendant la nuit. Fier de devenir le gendre d'un roi, un époux quitte sa première épouse; mais les Furies vengeresses l'observent d'en haut. L'épouse délaissée et mourante, après avoir longtemps dévoré sa douleur, apprête pour sa rivale une robe et une couronne de perles, fatals présents dont l'amante infortunée se pare au pied des autels, qui la pénètrent de leurs feux empoisonnés, et qui embrasent le palais. Tels étaient les chefs-d'œuvre de Vulcain. Les Colchidiens les admiraient sans les comprendre encore, ne sachant pas quelle fût la pensée de Vulcain, ni quelle était cette femme couverte de sang, qui traversait les airs sur des dragons ailés; ils la haïssaient cependant, et en détournaient les yeux.

Les Argonautes n'étaient pas moins surpris, ni moins ignorants. Mais déjà le fils du Soleil entrait dans le temple. Près de lui est le jeune Absyrte,

Alloquii facilis; præsens pater admonet æqui.
  Dixerat; ast illi propere monstrata capessunt
Limina, non aliter, quam si radiantis adirent
Ora dei, verasque æterni luminis arces.   410
Tale jubar per tecta micat; stat ferreus Atlas
Oceano, genibusque tumens infringitur unda :
At medii per terga senis rapit ipse nitentes
Altus equos, curvoque diem subtexit Olympo;
Pone rota breviore, soror, densæque sequuntur   415
Pliades, et madidis rorant e crinibus ignes.
Nec minus hic varia dux lætus imagine templi
Ad geminas fert ora fores, cunabula gentis
Colchidos hic ortusque tuens : ut prima Sesostris
Intulerit rex bella Getis; ut clade suorum   420
Territus, hos Thebas patriumque reducat ad amnem.
Phasidis hos imponat agris, Colchosque vocari
Imperet : Arsinoen illi tepidæque requirunt
Otia læta Phari, pinguemque sine imbribus annum;
Et jam Sarmaticis permutant carbasa bracis.   425
Barbarus in patriis sectatur montibus Æan
Phasis, amore furens; pavidas jacit illa pharetras
Virgineo turbata metu, discursibus et jam
Deficit, ac volucri victam deus alligat unda.
Flebant populeæ juvenem Phaethonta sorores,   430
Ater et Eridani trepidum globus ibat in amnem;
At juga vix Tethys sparsumque recolligit axem,
Et formidantem patrios Pyroenta dolores.
  Aurea quin etiam præsaga Mulciber arte
Vellera, venturosque olim cælarat Achivos;   435
Texitur Argoa pinus Pagasea securi;
Jamque eadem remos, eadem dea flectit habenas
Ipsa subit, nudaque vocat dux agmina dextra.
Exoritur Notus, et toto ratis una profundo
Cernitur : Odrysio gaudebant carmine phocæ;   440
Apparent trepidi per Phasidis ostia Colchi,
Clamantemque procul linquens regina parentem.
  Urbs erat hic contra, gemino circumflua ponto,
Ludus ubi et cantus, tædæque in nocte jugales,
Regalique toro lætus gener; ille priorem   445
Deserit : ultrices spectant a culmine Diræ :
Deficit in thalamis, turbataque pellice conjux
Pallam, et gemmiferæ donum exitiale coronæ
Apparat, ante omnes secum dequesta labores :
Munere quo patrias pellex ornetur ad aras   450
Infelix; et jam rutilis correpta venenis
Implicat igne domos. Hæc tum miracula Colchis
Struxerat Ignipotens, nondum noscentibus, ille
Quis labor, aligeris aut quæ secet anguibus auras
Cæde madens; odere tamen, visusque reflectunt. 455
  Quin idem Minyas operum defixerat error,

digne de son aïeul, et dont l'innocence méritait un meilleur sort. Viennent ensuite Stirus, roi d'Albanie, futur gendre d'Eétès, mais dont la guerre a jusqu'ici retardé l'hymen; Phrontis, Argus, descendants d'Eolus, leur frère Mélas, et Cytisore qui brandit une lance légère, tous quatre nés de Phrixus; enfin des grands de la Colchide choisis pour cette circonstance solennelle, et des rois que la guerre a rassemblés.

Alors Jason fait un signe à ses compagnons, et apparaît, sortant du nuage qui le cachait. Sa figure brille comme une étoile, et cet éclat nouveau éblouit encore les Colchidiens. On entoure ces étrangers; on leur demande qui ils sont, ce qu'ils veulent, quel sujet les amène; on les presse de questions. Jason profitant du premier instant de silence, alors que tout murmure a cessé, s'approche du roi étonné, et lui dit : « Fils du Soleil, « vous que les dieux ont jugé digne de voir le pre- « mier vaisseau chercher votre empire à travers « tant de mers, peut-être qu'un héros, né parmi « nous, Phrixus vous a entretenu quelquefois de « la Thessalie et des Pélasges. Eh bien ! vous voyez « en nous des Pélasges qui ont affronté tous les « périls de cette immense traversée. Issu du même « sang que Phrixus, comme lui je descends d'Éo- « lus et de Créthée, et tous deux nous comptons « parmi nos ancêtres, Jupiter, Neptune, et Tyro, « fille de Salmonée. Ce n'est pas le ressentiment, « ce n'est pas l'épée d'un père levée sur ma tête « au pied des autels, qui m'ont fait fuir ma patrie; « votre gloire même, quoique répandue dans toute « la Thessalie, ne m'eût point attiré sur ces riva- « ges : qui voudrait en effet braver volontairement « les horreurs de cette mer et le fracas des Cya- « nées? Mais Pélias, roi du plus grand des empires « qu'éclaire le Soleil, de tant de cités fécondes en « héros, de tant de fleuves aux ondes majestueuses « et intarissables, Pélias assujettit mon destin à sa « volonté et m'impose des travaux pareils à ceux « du grand Hercule, comme moi exilé d'Argos par « son roi Eurysthée, le fils de Sthénélus. Cepen- « dant nous cédons tous deux à cette contrainte « rigoureuse : et puis-je, moi, si loin de valoir Her- « cule, ne pas obéir ? Pélias veut qu'à tout prix je « lui rapporte la toison d'or, et je souhaite que ma « soumission à ses ordres, que la certitude de vous « trouver plus humain et plus généreux qu'il ne « l'espère et ne le désire, me soient des titres à « votre bienveillance. Si j'avais voulu conquérir « la toison les armes à la main, le Pinde et « l'Ossa m'eussent fourni des vaisseaux, et plus « nombreux eussent été mes compagnons que ceux « qui suivirent jadis Persée et l'intrépide Bac- « chus. Ce qui m'amène ici, c'est ma confiance « en vous, la force et la justice de ma cause, la « mémoire de Phrixus dont je partage toute la re- « connaissance, et les liens du sang qui m'atta- « chent à vos petits-fils. Cependant les rois de « Phrygie et les féroces Bébryces ont éprouvé la « valeur de mon bras: suivant qu'on fut pour moi « ou généreux ou perfide, j'ai rendu à chacun ce « que j'en ai reçu, et montré que nous ne som- « mes pas seulement les fils des dieux, mais que « ce vaisseau même est l'ouvrage de Minerve. « Arrivés enfin aux bords si longtemps désirés

Quum se Sole satus patriis penetralibus infert.
Filius hunc juxta primis Absyrtus in annis,
Dignus avo, quemque insontem meliora manerent :
Tum gener Albanis Stirus qui advenerat oris;   460
Distulerant sed bella toros : tum Phrontis et Argus
Æolidæ, fraterque Melas, quos advena Phrixus
Progenuit, pariterque levi Cytisorus in hasta.
Post alii, quos præcipuo Titania tellus
Legit honore Patres, motique ad prælia reges.   465
   Admonet hic socios, nebulamque erumpit Iason,
Sideris ora ferens; nova lux offusa Cytæis.
Conveniunt, rogitantque viros, rogitantque, quid ausi,
Quidve ferant. Postquam primis inhiantia dictis
Agmina, suppressumque videt jam murmur Iason,   470
Talia miranti propius tulit orsa tyranno :
Rex Hyperionide, quem per freta tanta petundum
Cælicolæ, et prima dignum statuere carina,
Si quando hic aliquam nostro satus orbe solebat
Thessaliam, si quos Phrixus memorare Pelasgos;   475
Hi tibi, tot casus, horrenda tot avia mensi,
Cernimur; ipse egomet proprio de sanguine Phrixi,
Namque idem Cretheus ambobus et Æolus auctor
Cum Jove, Neptunoque, et cum Salmonide Nympha.
Meque nec huc enses, aræque egere paternæ;   480
Nec tua, Thessalicis quamquam inclyta nomina terris,
Sponte sequor : cui non jusso tot adire voluptas
Monstra maris? cui Cyaneos intrare fragores ?
Sceptra tui toto Pelias sub numine Phœbi
Maxima sorte tenens, totque illa creantia divos   485
Oppida, tot vigili pulcherrima flumina cornu;
Ille meum imperiis urget caput, ille labores
Dat varios; suus ut magnum rex spargit ab Argis
Alciden, Sthenelo ipse satus; tamen aspera regum
Perpetimur juga, nec melior parere recuso.   490
Hic sibi me auratæ pecudis quicumque periclis
Exuvias perferre jubet : tibi gratia nostri
Sit precor hæc, meritumque locus, quod jussa recepi,
Teque alium, quam quem Pelias speratque cupitque,
Promisi, et meliora tuæ mihi fœdera dextræ.   495
Si petere hoc sævi statuissem sanguine belli,
Ossa dabat Pindusque rates, quotque ante sequuti
Inde nec audacem Bacchum, nec Persea reges.
Sed me nuda fides, sanctique potentia justi
Huc tulit, et medii sociatrix gratia Phrixi,   500
Jamque tibi nostra geniti de stirpe nepotes.
Nec tamen aut Phrygios reges, aut arva furentis
Bebryciæ spernendus adi; seu fraude petivit,
Seu quis honore meos, sua reddita dona ; deumque
Nos genus, atque ratem magnæ sensere Minervæ.   505
Vix tandem longis quæsitam Colchida votis

« de la Colchide, nous vous voyons aussi grand « que vous peignit la Renommée. Toutefois « ne soyez point curieux de la gloire des Argo- « nautes. Je ne vous demande pas (la vérité « a-t-elle besoin de descendre à la prière?) un « bien qui soit à autrui, auquel nous n'ayons pas « quelque droit. Croyez que vous le rendrez « à Phrixus, et que Phrixus le rapportera dans sa « patrie. Recevez vous-même en échange ces pré- « sents qui ont bravé pour vous la fureur des « mers, cette chlamyde teinte de pourpre de La- « conie, ces freins, cette épée enrichie de pierres « précieuses. L'épée fut l'arme de mon père, la « chlamyde est l'œuvre de ma mère, et jadis un « cavalier lapithe a possédé ces freins. Unissons « donc nos mains, nos patries; que mon tyran « farouche sache qui règne sous le ciel glacé du « Caucase, et combien votre clémence en adoucit « l'âpreté. »

Éétès, le visage menaçant, frémissait en entendant ce discours; sa fureur longtemps contenue s'attise et gronde au fond de son cœur, pareille à la mer calme d'abord, et qui s'émeut jusqu'en ses abîmes dès que l'Aquilon en soulève les flots. Il s'irrite tantôt que cet homme ait tant d'audace, tantôt que ses États soient livrés aux Grecs; déjà même il regrette d'avoir accueilli trop facilement Phrixus, et dissipé l'effroi qu'inspirait la Scythie. Puis, secouant la tête, il rit de ce jeune présomptueux qui vient follement réclamer la toison au monstre qui la protége. L'ancien oracle aussi lui cause du trouble. Pourquoi ce fatal concours de la guerre de Persès et de l'arrivée des Argonautes?

Les Destins vont-ils s'accomplir, et la toison est-elle aussi redemandée par les Parques cruelles?

Cependant, son souci le plus pressant, c'est la guerre, c'est le combat qui s'apprête. Il dissimule donc sa rage, et répond avec une feinte douceur : « Je voudrais que vous ne fussiez point « arrivés dans ces murs au moment où un ennemi « redoutable les assiége, où mon propre frère « (tant est vive chez tous les hommes la passion « de régner!) prépare ma ruine et me presse de « ses nombreux bataillons. Commencez donc « par défendre vos alliés, vos parents; cette guerre « vous offre l'occasion de vous rendre illustres, « saisissez-la. Le fer d'ailleurs est un appât pour « la bravoure; soyez vainqueurs avec moi, et la « toison ne sera pas la seule récompense qui payera « vos services. » Jason ne soupçonne pas la ruse : « Puisqu'il faut, dit-il, oubliant les traverses « d'une si rude navigation, ajouter ce nouveau pé- « ril à nos périls passés, ce jour d'épreuves à ceux « que nous avons traversés, j'accepte cette guerre « comme une nouvelle loi de mon destin : mais « qu'il expie, cet ennemi, par une sanglante dé- « faite, le retard dont il est la cause! » Et il envoie Castor porter à ses compagnons la réponse d'Éétès.

Ceux-ci attendaient toujours, livrés aux plus vives inquiétudes. A la vue de Castor, ils sentirent redoubler leurs alarmes. Tous alors de s'écrier : « Fils de Jupiter, parle, parle; devons- « nous espérer de revoir la patrie? » « Éétès, ré- « pond Castor, n'est pas si farouche que le fait « la Renommée, et ne nous refuse pas la toison; « mais, serré de près par un ennemi impie, il

Contigimus, qualemque dabat te fama, videmus;
Tu modo ne claros Minyis invideris actus.
Non aliena peto, terrisve indebita nostris,
Si quis et in precibus vero locus, atque ea Phrixo   510
Crede dari, Phrixum ad patrios ea ferre penates.
Munera tu contra victum mihi vecta per æquor
Accipe, Tænarii chlamydem de sanguine aheni,
Frenaque, et accinctum gemmis fulgentibus ensem :
Hoc patrium decus, hæc materni texta laboris,   515
Ilis Lapithes assuerat eques. Da jungere dextram,
Da Scythicas sociare domos; sciat effera regis
Ira mihi, quem te horrifero sortitus in axe
Caucasus, atque tuis quantum mitescat habenis.
Talibus orantem vultu gravis ille minaci   520
Jam dudum fremit, et furiis ignescit opertis.
Ceu tumet, atque imo sub gurgite concipit Austros
Unda silens, trahit ex alto sic barbarus iras,
Et nunc ausa viri, nunc heu! sua prodita Graiis
Regna fremit; quin et facili sibi mente receptum   525
Jam Phrixum dolet, et Scythiæ periisse timores.
Nunc quassat caput, ac juvenis spes ridet inanes,
Quid vesanus agat, quod vellera poscat ab angue.
Urit et antiquæ memorem vox præscia sortis,
Cur simul aut Persen illinc sibi moverit, aut hinc   530
Thessalicam Fortuna ratem; num debitus ista

Finis agat, sævæque petant jam vellera Parcæ.
   Interea, quoniam belli pugnæque propinquæ
Cura prior, fingit placidis fera pectora dictis,
Reddit et hæc : Cuperem haud tali vos tempore tectis 535
Advenisse meis, quo me gravis assidet hostis.
Frater enim (sceptri sic omnibus una cupido)
Excidium parat, et castris me ingentibus urget.
Quare, age, cognatas primum defendite sedes,
Nec decus oblati dimiseris advena belli,   540
Namque virum trahit ipse chalybs; tum vellera victor,
Tum meritis, nec sola dabo. Contra inscius astus :
Ergo nec hic nostris deerat labor arduus actis,
Excipit Æsonides, et ceu nihil æquore passis
Additus iste dies! veniant super hæc quoque fato   545
Bella meo! non hunc parva mihi cæde dolorem,
Quasque dedit, luet ille moras. Tum Castora mittit,
Qui ferat Æeæi sociis responsa tyranni.
   Acribus ast illos curis mora sæva trahebat;
Ac simul ut medio viderunt Castora campo,   550
Crebrior incussit mentem pavor : O Jovis alma
Progenies, fare, an patriam spes ulla videndi,
Fare, omnes. Ille in mediis sic orsus Achivis :
Nec ferus Æetes, nec fama, nec aurea nobis
Terga negat; bello interea sed pressus iniquo   555
Auxilium petit; armatos dux protinus omnes

« réclame notre secours. Jason vous ordonne donc
« de prendre vos armes et d'accourir. Le vaisseau
« est en sûreté dans ce golfe éloigné, et le fleuve
« est défendu par la ville. »

Ils s'élancent aussitôt d'un bond qui ferait reculer les guerriers du Riphée, ceux de l'Ibérie, tout l'Orient et ses nombreux archers. Ils se rangent en bataille, visitent leurs armes, éprouvent leurs bras; et, sans songer davantage à repasser les flots, à revoir leur patrie, ils volent où la gloire les appelle. Le vent agite leurs panaches; le chemin est marqué par l'éclat de leurs armures. Ainsi le ciel resplendit de lumière, quand la Nuit, sortant de l'Océan, monte, escortée du chœur des astres radieux.

Le fils du Soleil, qui dévore son dépit en silence, s'étonne de son hospitalité si facile, et ne sait s'il n'aimerait pas mieux voir l'ennemi dans ses murs que de tels alliés. Cependant il montre à table un visage gai, et offre souvent la coupe à Jason. Celui-ci lui fait connaître d'abord les fils de Jupiter, ceux d'Éacus, les illustres enfants de Calydon; il lui raconte aussi la fatale disparition d'Hercule, la mort de quelques-uns d'entre eux, et tout ce qu'il a souffert et sur terre et sur mer. Il interroge à son tour Éétès sur les causes d'une guerre si furieuse et sur les rois ses amis. « Quel est, dit-il, là-bas, ce guerrier que
« ceint un baudrier relevé de sculptures, et près
« duquel est un écuyer, l'arc bandé, comme s'il
« allait combattre et renverser les tables? » « C'est
« Carméius, répond Éétès; il a pour habitude de
« ne jamais quitter ses armes, de n'oublier jamais
« son carquois. Admirez aussi Latagus et Choaspe,
« fils d'un fleuve, lequel boit à longs traits le sang
« d'un coursier, sans que l'animal en soit ou plus
« lent ou moins impétueux. » « Et cet autre, reprend Jason, dont le manteau est rehaussé de
« broderies, et dont la chevelure bouclée exhale
« une suave odeur? » « C'est, continue le roi,
« l'opulent Aron : toute son armée, cavaliers et
« fantassins, se fait gloire de porter, comme lui,
« les cheveux bouclés et parfumés de safran. Mais
« ne l'en méprisez pas, et n'allez pas le juger sur
« cette coiffure efféminée. Cet autre qu'enve-
« loppe une dépouille de tigre, est Campésus. Mais
« voyez Odrussa, penché avec amour sur sa coupe
« bien remplie, sa poitrine hérissée de longs poils,
« et sa barbe immense qui trempe dans le vin. »
Jason s'étonnait des railleries d'Iaxarte, de la violence de son langage, de ses menaces, de son irrévérence envers les dieux, de son peu de souci de la guerre présente. Éétès lui dit : « Ce
« langage n'est pas l'effet d'un vain orgueil, et les
« actions d'Iaxarte répondent à ses discours.
« Ennemi du repos, il fatigue de ses armes et le
« jour et la nuit; et dès que les vents qui soufflent
« des monts Riphées ont glacé les fleuves, le
« Gète tremble avec sa famille, le Mède l'attend,
« sentinelle vigilante, et l'Ibère le guette au passage de ses défilés. Mais si je vous citais les
« peuples qui marchent sous les enseignes de chacun d'eux, le jour, avant la fin de mon récit, aurait dispersé les ombres humides. Demain, vous
« verrez de vos yeux leurs armées, et le bizarre
« mélange de leurs costumes. Les uns avec la

Accelerare jubet : longo nam tuta recessu
Puppis, et opposita fluvius defenditur urbe.

　Haud mora, prosiliunt, quos nec Rhipœa juventus,
Quos nec Iber, aut tota suis Aurora pharetris　　560
Sustineat : stetit explicito prius agmine pubes,
Expertique simul, si tela artusque sequantur.
Nec quisquam freta, nec patrias jam respicit urbes,
Sed magis ad præsens itur decus. Incita cristas
Aura quatit, variis floret via discolor armis,　　565
Qualis ab Oceano nitidum chorus æthera vestit;
Qualibus assurgens nox aurea cingitur astris.

　Illos Sole satus, tacita mœstissimus ira,
Miratur temere assumptos, nec talia mallet
Robora, quam medios hostem subiisse penates.　　570
Interea læto patitur convivia vultu,
Et juxta Æsoniden magno cratere lacessit,
Nunc sibi monstrantem natos Jovis, oraque juxta
Æacidum, nunc ingentes Calydonis alumnos;
Audit et Alciden infando errore relictum,　　575
Defletosque duces, terræque marisque labores.
Ipse autem tantis concita furoribus arma
Expetit Æsonides, et amico ordine reges :
Quis procul ille virum nobis, quem balteus asper
Subligat, et stricto stat proximus armiger arcu,　　580
Ceu pugnam paret, et positas confundere mensas?

Contra, flammigeri proles Perseia Solis :
Quem rogitas, Carmeius, ait; mos comminus arma
Semper habere viro, semper meminisse pharetræ.
Quid Latagum, quid si amnigenam mirere Choaspem? 585
Bellatoris equi potantem cerne cruores;
Nec tamen immissis hic segnior ibit habenis.
Illum, ait Æsonides, pariter refer, horrida signis
Cui chlamys, et multa spirat coma flexilis aura.
Respicit Æetes, atque hunc quoque nomine reddit :　590
Dives Aron; croceos sic illius omnis odores
Jactat eques, unctis sic est coma culta manipulis;
Sed nec sperne virum, et comptis diffide capillis.
Campesus hic spoliis in tigridis, ille profundo
Incumbens Odrussa mero; viden' alta comantem　595
Pectora, et ingenti turbantem pocula barba?
Hic et Iaxarten dictis stupet hospes acerbis
Immodicum, linguaque gravem, cui nulla minanti
Non Superum, non præsentis reverentia belli.

　Contra autem Æetes : Non frustra magna superbo　600
Dicta volant, ait, et vocem paria arma sequantur;
Nec requies, quin Marte diem noctemque fatiget;
Atque ubi Rhipæa stupuerunt flumina bruma,
Jam pavidi cum prole Getæ, jam pervigil illum
Medus, et oppositis exspectat Iberia claustris.　　605
Hos autem quæ quemque manus, quæ signa sequantur,

« fronde lancent une grêle de pierres, les autres
« de légers javelots; d'autres portent des carquois
« bariolés de peintures. Représentez-vous de
« telles troupes sur le champ de bataille, et parmi
« elles, guidant ses escadrons et frémissant d'ar-
« deur, Euryalé, la hache à la main, le bouclier
« au bras, frappant des coups terribles, et broyant
« les cadavres sous les roues de son char. Je l'aime,
« et mes filles ne sont pas plus chères à mon
« cœur. » Il dit, et fait des libations au Soleil couchant. Chacun suit son exemple, et prie les dieux
qu'il révère de lui donner la victoire.

Mais voici qu'arrivant du fond de la Gétie,
Mars traverse, au milieu d'un nuage immense
de poussière, les plaines de la Scythie; il voit
avec stupéfaction les Argonautes entrés dans la
ville d'Éétès, celui-ci déjà circonvenu par eux
et leur promettant la toison. Il monte aussitôt
vers le palais étoilé de son père; et, le cœur plein
d'amertume, il dit à Jupiter : « Roi du monde,
« quelle sera la fin de nos discordes? Bientôt les
« Dieux s'entre-battront pour les seuls intérêts
« des mortels. Et cela vous plaît ainsi, puisque
« vous ne chassez pas du ciel cette furieuse Pallas,
« et n'opposez pas la justice éternelle à l'audace
« d'une femme. Je ne me plains pas qu'elle ait
« amené sur un vaisseau construit par elle l'homme
« qui se flatte de me ravir la Toison sacrée, ni
« qu'elle le protège ouvertement; mais au moins
« qu'elle continue, si elle en a la puissance, ses
« attaques ouvertes, sans employer, comme elle
« le fait aujourd'hui, la ruse pour dépouiller
« mes autels du dépôt de Phrixus. La Colchide
« n'a besoin ni de secours, ni d'alliance : nous
« combattrons à la fois Persès et les Argonautes.
« Que dis-je? Pourquoi, Pallas, mettre aux pri-
« ses tant de peuples divers? Qu'avons-nous af-
« faire de ton Ésonide? Allons plutôt, allons
« dans ma forêt; et là, le fer à la main, dispu-
« tons-nous son précieux dépôt. Ou bien vas-y
« seule, en secret et pendant la nuit ; tu verras
« quel dieu l'habite, et si tu l'y braveras impuné-
« ment. Mon temple est-il moins respectable,
« parce qu'il est caché au fond d'un bois soli-
« taire, que mes autels n'y sont qu'un grossier
« gazon, et qu'on ne me rend les honneurs divins
« que sous l'ombre des arbres? Chacun aime et
« défend ce qui lui appartient. Pour vous, grand
« Jupiter, la terre se couvre de temples; Junon et
« Pallas ont aussi les leurs. Si je voulais détruire
« à mon tour ces superbes édifices que Mycènes
« et la ville de Cécrops leur ont consacrés, votre
« épouse, votre fille viendraient bientôt se plain-
« dre et vous implorer. Qu'elles craignent donc
« pour elles-mêmes, et respectent mes droits. »

Pallas ne put s'empêcher de rompre le silence; et se moquant des menaces et des clameurs de Mars : « Les Bistoniens, dit-elle, les
« Lapithes pourraient s'épouvanter de ta féroce
« jactance; mais Pallas! Non, je ne serais pas di-
« gne de porter l'égide, on ne m'appellerait plus
« désormais fille de Jupiter, si je ne rabattais ton
« orgueilleux langage. Bientôt je te ferai haïr le
« bruit des clairons et des armes, et la première
« bataille sera le tombeau de ta fière renommée.
« L'insensé! dans sa rage n'a-t-il pas aussi attaqué

Si memorem, prius humentem lux solverit umbram.
Cras acies, atque illa ducum cras regna videbis
Dissona, saxiferæ surgat quibus imber habenæ;
Quæ jaculo gens apta levi, quæ picta pharetris   610
Venerit. Ingentes animo jam prospice campos,
Atque hanc alipedi pulsantem corpora curru
Euryalen, quibus exsultet Mavortia turmis,
Et quantum elata valeat peltata securi,
Cara mihi, et veras inter non ultima natas.   615
Fatur, et occiduo libat cratera parenti :
Quisque suis tum vota deis et pocula fundit,
Dent aciem, dent belligeros superare labores.

Ecce autem Geticis veniens Gradivus ab antris,
Ingentemque trahens Arctoa per æquora nubem,   620
Aspicit Ææa Minyas stupefactus in urbe,
Ambitumque senem, promissaque vellera puppi
Thessalicæ; citus ad summi stellantia patris
Tecta ruit, questuque Jovem testatur acerbo :
Quæ studiis, rex magne, quies? jam mutua Divi   625
Exitia in solos hominum molimur honores,
Teque ea cuncta juvant, rabidam qui Pallada cœlo
Non abigis, neque femineis jus objicis ausis.
Non querar, exstructa quod vexerit ipsa carina
Vellera sacra meis sperantem avertere lucis,   630
Quodque palam tutata viros; sic cætera pergat,

Si valet, insidiis quæ nunc fallacibus ambit,
Nostra ut Phrixeo spolientur templa metallo.
Non opus auxilio Colchis, nec fœdere vestro;
Et Persen simul, et Minyas deposcimus hostes.   635
Quin age, quid tantæ coeunt in prælia gentes?
Quid tuus Æsonides? imus nos, protinus imus
In nemus auriferum, et sumptis decernimus armis?
Vel tu sola polo tacitis inopina tenebris
Labere : quantus ibi deus, experiere, nec illas   640
Adstiteris impune trabes; an Martia templa
Intemeranda minus, tacitus mihi lucus, et agger
Quod rudis, et sola colimur si gentibus umbra?
Est amor, et rerum cunctis tutela suarum;
Et tibi, magne pater, terris donaria certant;   645
Est honor his etiam suus : anne ego clara Mycenes
Culmina, virgineas prædæ si Cecropis arces,
Jam conjux, jam te gemitu lacrymisque tenebit
Nata querens? metuant ergo, nec talia poscant.

Non tulit hæc animis, quin longa silentia Pallas   650
Rumperet, irridens strepitumque minasque Gradivi :
Non tibi Bistonidæ, quibus hæc fera murmura jactes,
Non Lapithæ, sed Pallas, ait; neque ego ægide digna,
Nec vocer ulterius proles Jovis, excidat iste
Ni tibi corde tumor; lituos mox armaque faxo   655
Oderis, et primis adimam tua nomina bellis.

« sa mère? Mais elle l'a mérité, ayant donné le jour à un monstre tel que toi. Après tout, sommes-nous donc si coupables, si criminelles pour secourir un héros qui, docile aux ordres d'un tyran barbare, affronte des mers jusqu'à lui inconnues, et pour encourager de quelque espoir sa merveilleuse audace? Mais, au lieu de prier Eétès, de s'allier avec lui, ne devions-nous pas d'abord engager aveuglément le combat? Oui, ainsi font les Thraces; ainsi cet insensé, quand il veut obtenir quelque chose. Pour moi, que ne puis-je prévenir tout désaccord, toute guerre entre les deux alliés! Donnez-nous donc la toison, vous qui êtes l'arbitre de toutes choses, et soudain nous reprenons le chemin des mers. Que si Mars s'y refuse encore, et s'oppose seul à l'exécution de nos projets, me faudra-t-il à travers tant de mers rapporter cet affront, et avouer ainsi mon impuissance? » Elle dit : Mars, les yeux enflammés, commençait à répondre, quand Jupiter l'interrompt et l'arrête par ces mots : « Insensé, pourquoi cette colère? Quand le mal est fait et que déjà vous vous en repentez, vous venez réclamer ma justice! Combattez donc, achevez ce que vous avez commencé, puisqu'aussi bien vous en payerez la peine. Vous cependant, mon épouse et ma fille, écoutez mes avis. Contentez-vous de repousser Persès, et qu'un vain espoir ne porte pas les Argonautes à mettre fin à la guerre. Tel est l'arrêt du Destin : l'ennemi lèvera son camp et ajournera la guerre, effrayé de l'arrivée des Pélasges et de la valeur de leur chef.

« Mais à peine auront-ils regagné la Thessalie, que Persès reviendra s'emparer du sceptre et du royaume d'Eétès. Or, quand il aura vieilli dans un long exil, celui-ci, secondé par sa fille (tâche trop glorieuse, après les crimes qu'elle aura commis) et par un petit-fils issu du sang d'un Grec, sera rétabli sur son trône. Voilà le terme assigné aux divisions, aux haines des deux frères. Allez maintenant, et que chacun de vous choisisse à son gré ses adversaires. »

Il dit, fait dresser les tables, et rétablit la concorde parmi les dieux. Cependant la Nuit déploie dans l'Olympe son manteau d'étoiles; le chœur des Muses et le dieu qui joue de la lyre s'avancent pour chanter les combats de Phlégra, et Ganymède verse à la ronde le céleste nectar. Les dieux, chacun dans son palais, vont goûter le sommeil.

LIVRE VI.

Cependant Mars veille, possédé des mêmes fureurs, et l'amer ressentiment bouillonne dans son sein. Ne sachant quel parti prendre, qui protéger, il veut aller s'assurer par soi-même s'il peut dompter les Argonautes, anéantir l'élite de la jeunesse grecque, et, par une défaite sanglante, punir Eétès de son indigne traité. Il lance son char, brandit sa pique, signal irrévocable de la guerre, et s'arrête au-dessus des tentes de l'armée scythe. Le Sommeil fuit tout à

Quin simili matrem demens gravitate sequutus?
Digna quidem, monstrum superis quæ tale creavit.
Quod tamen aggressæ scelus, aut quo crimine sontes,
Si juvenem, qui jussa sui tam dira tyranni 660
Impavidus maria et nondum qu. nota subibat,
Juvimus, et magnis aliquam spem movimus ausis?
An nullas præferre preces, nec fœdera regis
Ulla sequi, cæca sed cuncta impellere pugna
Debuimus? Sic Thraces agunt, sic turbidus iste, 665
Si qua petit. Cuperem hæc etiam nunc bella remitti,
Nec socias armare manus : da vellera rector,
Et medio nos cerne mari. Quod sin ea Mavors
Abnegat, et solus nostris sudoribus obstat,
Ibimus indecores, frustraque tot æquora vectæ, 670
Fassaque, quæ nequeam? Sic femina. Cœperat ardens
Hic iterum alternis Mavors insurgere dictis.
Excipit hinc contra pater, et sic voce coercet :
Quid vesane fremis? quum vos jam pœnitet acti,
Peccatumque satis, tunc ad mea jura venitis. 675
Quolibet ista modo, quacumque impellite pugna,
Quæ cœpistis, habent quoniam sua fata furores.
Te tamen hoc, conjux, et te, mea nata, monebo :
Sit Persen pepulisse satis, nec vana retentet
Spes Minyas, finemve velint imponere bello. 680
Illum etenim talis rerum manet (accipite) ordo :

Victa retro nunc castra dabit, bellumque remittet,
Territus adventu ducis et virtute Pelasgi;
Mox ubi Thessalicis referent hos flamina terris,
Tunc aderit, victorque domos et sceptra tenebit, 685
Donec et Æeten inopis post longa senectæ
Exsilia (heu! magnis, quantum libet, impia, fatis)
Nata juvet, Graiusque nepos in regna reponat.
Hic labor, amborumque hæc sunt discrimina fratrum.
Vadite, et adversis, ut quis volet, irruat armis. 690
Dixerat; instaurat mensas, pacemque reducit,
Et jam sideream noctem demittit Olympo.
Tunc assuetus adest Phlegræas reddere pugnas
Musarum chorus, et citharæ pulsator Apollo;
Fertque gravem Phrygius circum cratera minister. 695
Surgitur in somnos, seque ad sua limina flectunt.

LIBER VI.

At vigil isdem ardet furiis Gradivus, et acri
Corde tumet, nec quas acies, quæ castra sequatur,
Invenit; ire placet tandem, præsensque tueri,
Sternere si Minyas, magnoque repedere luctu
Regis pacta queat, Graiamque absumere pubem. 5
Impulit hinc currus, monstrum irrevocabile belli

coup; on court aux armes; les chefs s'assemblent en tumulte, alarmés des bruits que sème la grande voix de la Renommée. On dit, en effet, que des Grecs, montés sur un vaisseau sacré, sont venus redemander la toison de Phrixus, leur compatriote, et que le perfide Éétés, par une hospitalité et une alliance trompeuses, les a gagnés à sa cause.

La nuit on tient conseil. On convient d'envoyer des députés pris parmi les chefs. Persès les charge de s'adresser aux Argonautes, et de les avertir que le tyran les trompe; qu'une erreur fatale les éloigne de leur véritable allié; que le premier, lui, Persès, a conseillé de rendre la toison, de restituer à sa terre natale la sainte dépouille du bélier; que ce conseil a suscité la haine et la guerre entre son frère et lui; qu'ils devraient plutôt embrasser son parti ou se rembarquer, les promesses d'Éétés ne méritant nulle confiance, et se retirer d'une lutte qui ne les touche pas; qu'apparemment ils n'ont pas traversé tant de mers, pour combattre des gens qui leur sont inconnus et qu'ils ne peuvent haïr. Persès achevait de donner ces ordres, quand la campagne s'éclaira tout à coup d'une sanglante rougeur. Les armes, les trompettes retentirent d'elles-mêmes : Mars, du haut de son char, criait : « L'ennemi vient; « debout, debout! il approche. » Et les Colchidiens, et Persès, de se répandre aussitôt dans la plaine. Le combat s'engage; le cri du dieu vole et s'entend d'une armée à l'autre.

Muse qui en fus le témoin, dis-moi les fureurs qui s'exhalèrent aux pieds des monts Riphées, les efforts surhumains de Persès pour soulever la Scythie et la pousser au combat, cavaliers et fantassins, héros que je ne pourrais, eussé-je mille bouches, ni nombrer ni nommer. Ce pays, qui s'étend sous les deux Ourses et sous les immenses replis du Dragon, est plus riche en population qu'aucun autre; et, malgré les guerres éternelles qui moissonnent ses habitants, son sein toujours fécond les renouvelle toujours. Muse, dis-moi donc seulement les noms de chaque peuple et les noms de leurs chefs.

Anausis menait à sa suite les impétueux Alains et les farouches Hénioques. Jaloux depuis longtemps du roi d'Albanie, parce que ce prince devait être l'époux de Médée, il ne prévoyait pas, l'insensé, de quel monstre il brûlait de partager la couche, à quel terrible spectacle la Grèce était réservée, et combien, privée d'une pareille compagne, il serait lui-même plus heureux, plus favorisé des dieux.

Près de lui sont les Bisaltes. Leur chef est Colaxès, né du sang des dieux, en Scythie, près de la verdoyante Myracé et de l'embouchure du Tibisus. Il fut le fruit de l'amour de Jupiter pour une Nymphe moitié femme et moitié serpent; bizarre assemblage, dont le dieu, dit-on, ne s'effraya point. Ses soldats portent sur leurs boucliers l'image d'un foudre ailé, aux triples dards de feu. Cet emblème éclatant orne aussi, ô Rome, ceux de tes guerriers; mais le Bisalte t'avait devancée. Colaxès joint à ce symbole celui de la nymphe Hora, sa mère : ce sont deux serpents opposés l'un à l'autre, et dont les lan-

Concutiens, Scythiæque super tentoria sistit.
Protinus e castris fugit sopor; excita tela;
Turbati coiere duces : hos insuper ingens
Fama movet, rate quæ sacra vulgabat Achivos   10
Advenisse, sui repetentes vellera Phrixi,
Quos malus hospitio junctaque ad fœdera dextra
Luserit Æetes, atque in sua traxerit arma.
   Ergo, consiliis dum non vacat alta movendis,
Legatos placet ire duces; mandataque Perses   15
Edocet adfari Minyas, fraudemque tyranni
Ut moneant; quinam hinc animos averterit error;
Se primum Hæmoniis hortatum ea vellera terris
Reddere, et exuvias pecudis dimittere sacræ;
Hinc odium et tanti venisse exordia belli.   20
Quin potius dextramque suam suaque arma sequantur,
Aut remeent; neque enim Æetæ promissa fidemque
Esse loco, abstineant alienæ a sanguine pugnæ.
Non illos ideo tanti venisse labores
Per maris; ignotis quid opus concurrere, nec quos 25
Oderis? Hæc medio Perses dum tempore mandat,
Aureus effulsit campis rubor, armaque acres
Sponte sua strepuere tubæ. Mars sævus ab altis,
Hostis io, conclamat, equis, agite, ite, propinquat.
Ac simul hinc Colchos, hinc fundit in æquora Persen; 30
Tunc et quæque suis committit prælia terris,

Voxque dei pariter pugnas audita per omnes.
Hinc, age, Rhipæo quos videris orbe furores,
Musa, mone, quanto Scythiam molimine Perses
Concierit, quis fretus equis per bella virisque.   35
Verum ego nec numero memorem, nec nomine cunctos,
Mille vel ora movens; neque enim plaga gentibus ulla
Ditior, æterno quamquam Mæotia pubes
Marte cadat; pingui numquam tamen ubere desit,
Quod geminas Arctos, magnumque quod impleat anguem.
Ergo duces solasque, deæ, mihi promite gentes.   41
   Miserat ardentes, mox ipse sequutus, Alanos
Henicchosque truces jam pridem infensus Anausis,
Pacta quod Albano conjux Medea tyranno;
Nescius, heu, quanti thalamos ascendere monstri   45
Arserit, atque urbes maneat qui terror Achæas,
Gratior ipse deis, orbaque beatior aula.
   Proxima Bisaltæ regio, ductorque Colaxes.
Sanguis et ipse deum, Scythicis quem Jupiter oris
Progenuit, viridem Myracen Tibisenaque juxta   50
Ostia, semifero (dignum si credere) captus
Corpore, nec nymphæ geminos exhorruit angues.
Cuncta phalanx insigne Jovis, cælataque gestat
Tegmina dispersos trifidis ardoribus ignes;
Nec primus radios, miles Romane, corusci   55
Fulminis, et rutilas scutis diffunderis alas.

gues se rencontrent sur une pierre précieuse qui forme l'agrafe de son baudrier.

Auchus vient le troisième, tout fier de l'ardeur unanime et de la magnificence de ses mille Cimmériens. Il naquit avec des cheveux blancs que l'âge a rendus plus longs, et qui tombent sur ses tempes en triples nattes, avec deux bandelettes, ornement sacré du sacerdoce.

Dathis, envoyé par Daraps, que retient une blessure reçue en combattant contre les Perses, commande les belliqueux Dandarides, les peuples des bords du lac Bicès, et ceux que rend farouches l'eau du Gérys. Là aussi est Anxur, Sydon et son frère Rhodalus. Chryxus conduit les Acésins : leur enseigne est une biche (fatal présage) au poil et aux cornes d'or : ils la portent devant leurs bataillons, au haut d'une pique : mais l'animal est triste, et jamais ne reverra les bois sacrés de la farouche Diane.

Les prières de Persès, les blessures impies qu'il reçut de la main d'un frère ont aussi entraîné Syénès et ses Hyléens. Nul sol ne porta des forêts plus épaisses que les leurs; et les arbres y sont si hauts, que le trait se lasse avant d'en atteindre le sommet.

Du fond de leurs antres d'Hyrcanie le Titanien Cyris a appelé aux armes tous ses guerriers; les Coralètes l'ont suivi, montés sur des chariots couverts de cuir grossier, leur demeure ordinaire, celle de leurs femmes et de leurs enfants qui lancent, debout sur le timon, de pesants javelots.

Le Tyras, rapide jusqu'à la mer, a vu déserter ses bords. Le mont Ambénus, et Ophiuse fertile en poisons homicides, n'ont plus d'habitants.

Les Sindes, race de bâtards, affluent à leur tour, et poussent leurs bataillons qui craignent encore les fouets, instruments du supplice de leurs pères.

Plus loin, Phalcès guide les turbulents Coralles, phalanges bardées d'airain, qui ont pour enseignes des roues, des sangliers au dos armé de pointes de fer, et un tronçon de colonne, simulacre de leur dieu. Ces peuples dédaignent de marcher au combat au son des trompettes; ils chantent les exploits de leurs anciens guerriers; l'éloge du courage de leurs ancêtres enflamme le leur.

Éa est aussi menacée par les Bastarnes que conduit Teutagonus, et dont l'infanterie, mêlée à la cavalerie, n'est pas moins agile qu'elle. Ils portent des boucliers d'écorce, et des lances dont la hampe et le fer sont d'égale grandeur.

Près d'eux marchent, en frappant d'un double javelot leurs brillants boucliers, les peuples qui brisent à coups de hache les glaces du Noës, ceux qui pendant tout l'hiver n'entendent pas murmurer les flots de l'Alazon, les habitants des rives du Taras et ceux de l'Évarchus, patrie du cygne au plumage de neige.

Toi aussi, géant Ariasmène, j'apprendrai ton nom aux siècles à venir, je dirai le poids de ton bras dans les batailles, et tes chars armés de faux qui sèment au loin la dévastation et la mort.

Voici les Dranciens et les Caspiens, sortis en foule de leurs défilés; ils mènent des troupes de

---

Insuper auratos collegerat ipse dracones,
Matris Horæ specimen, linguisque adversus utrinque
Congruit, et tereti serpens dat vulnera gemmæ.
 Tertius unanimis veniens cum millibus Auchus 60
Cimmerias ostentat opes, cui candidus olim
Crinis inest, natale decus; dat longior ætas
Jam spatium, triplici percurrens tempora nodo;
Demittit sacro geminas a vertice vittas.
 Dathin, Achæmeniæ gravior de vulnere pugnæ, 65
Misit in arma Daraps, acies quem martia circum
Dandaridum, potaque Gerys quos efferat unda,
Quique lacum cinxere Bicen. Non defuit Anxur,
Non Rhodalo cum fratre Sydon; Acesinaque lævo
Omine fatidicæ Phrixus movet agmina cervæ; 70
Ipsa comes, setis fulgens et cornibus aureis,
Ante aciem celsi vehitur gestamine conti,
Mœsta, nec in sævæ lucos reditura Dianæ.
 Movit et Hylæa supplex cum gente Syenen
Impia germani præteutans vulnera Perses. 75
Densior haud usquam, nec celsior extulit ullas
Silva trabes; fessæque prius rediere sagittæ,
Arboris ad summum quam pervenere cacumen.
 Quin et ab Hyrcanis Titanius expulit antris
Cyris in arma viros, plaustrisque ad prælia cunctas 80
Coralctæ traxere manus; ibi sutilis illis

Est domus, et crudo residens sub vellere conjux,
Et puer e primo torquens temone cateias.
 Linquitur abruptus pelago Tyra, linquitur et mons
Ambenus, et gelidis pollens Ophiusa venenis. 85
 Degeneresque ruunt Sindi, glomerantque, paterno
Crimine nunc etiam metuentes verbera, turmas.
 Hos super æratam Phalces agit æquore nubem
Cum fremitu, densique levant vexilla Coralli,
Barbaricæ quis signa rotæ, ferrataque dorso 90
Forma suum, truncæque Jovis simulacra columnæ;
Prælia nec rauco curant incendere cornu,
Indigenas sed rite duces, et prisca suorum
Facta canunt, veterumque, viris hortamina, laudes.
 Ast ubi Sidonicas inter pedes æquat habenas, 95
Illinc juratos in se trahit Æa Baternas,
Quos, duce Teutagono, crudi mora corticis armat,
Æquaque, nec ferro brevior nec rumpia ligno.
 Nec procul albentes gemina ferit aclyde parmas,
Hiberni qui terga Noæ, gelidumque securi 100
Eruit, et tota non audit Alazona ripa;
Quosque Taras, niveumque ferax Evarchus olorum.
 Te quoque venturis, ingens Ariasmene, seclis
Tradiderim, molem belli, lateque ferentem
Undique falcatos deserta per æquora currus. 105
 Insequitur Dranceæ phalanx, claustrisque profusi

chiens qui, comme eux, bondissent au son des trompettes, qui combattent avec eux, et avec eux partagent la gloire de mourir et d'être ensevelis parmi leurs propres ancêtres, dans les tombeaux mêmes des guerriers ; qui ont le cou et la poitrine hérissés de pointes de fer, et qui fondent sur les combattants, terrible et fougueuse cohorte, en poussant des aboiements pareils à ceux de l'affreux Cerbère, ou des chiens qui forment le cortége d'Hécate.

Le devin Varus a aussi amené ses bataillons des forêts sacrées de l'Hyrcanie. Depuis trois ans il annonce à la Scythie le navire Argo et l'arrivée des Argonautes ; et, sur la foi de ses oracles, les opulentes nations de l'Inde, la ville des Lagides, Thèbes aux cent portes, et l'Arabie entière, courent à la conquête de ce pays.

L'Ibérie a versé dans les champs de la Colchide des bataillons armés de lances et bigarrés de mille couleurs. Otacès et Latris les conduisent. Après eux vient le Nèvre, ravisseur de femmes ; l'Iazyge, qui n'attend jamais la vieillesse, qui voyant ses forces s'affaiblir, son arc, ses javelots le méconnaître, devance, à l'exemple de ses magnanimes aïeux, l'appel de la mort, met le fer à la main de son propre fils, et se fait tuer par lui. L'un frappe, l'autre tombe ; tous deux malheureux, celui-ci de son courage, celui-là de sa soumission.

Voici les Micèles, à la chevelure parfumée ; les Cesséens, l'innocent Arimaspe, qui n'a point encore fouillé la terre pour en arracher les métaux ; l'Auchate, habile à déployer sur une large circonférence des filets dont il enveloppe l'ennemi jusqu'en ses derniers rangs.

Je ne tairai pas non plus les Thyrsagètes, qui, dans les mêlées sanglantes, frappent sur un tambourin, ne sont vêtus que d'une peau flottante, et portent une lance garnie de feuilles et de fleurs. Bacchus, fils de Jupiter et de la fille de Cadmus, les avait, dit-on, avec lui, quand il triompha des Arabes et des fortunés Sabéens ; plus tard, ayant passé l'Hèbre, il les laissa dans ces contrées glaciales où ils ont conservé avec tous les usages de leurs ancêtres celui du tambourin et de la flûte, qui leur rappelle leurs victoires en Orient.

L'Eumède est aussi là avec toutes ses forces ; l'Exomate le suit, le Torinien, fier de ses abeilles, et le blond Satarque, riche du lait de ses troupeaux. L'Exomate vit de sa chasse ; de tous les peuples du Nord, c'est lui qui possède les plus beaux coursiers. Il traverse avec eux l'Hypanis à peine gelé, emportant les petits d'une lionne ou d'une tigresse, tandis que, interdite et désolée, la mère reste prudemment sur la rive.

Un désir ardent de ravir la toison a de même entraîné les Centores et les Choatres. Ils pratiquent l'art terrible de la magie, et immolent des victimes humaines. Les prodiges leur sont familiers. Ils savent tantôt arrêter au printemps la pousse des feuilles, tantôt fondre tout à coup, sous les chariots tremblants, les glaces des Méotides. Le plus habile dans cette science, Coastès, est avec eux : ce n'est pas l'amour des com-

Caspiadæ, quis turba canum non segnius acres
Exsilit ad lituos, pugnasque capessit heriles ;
Inde etiam par mortis honos, tumulisque recepti
Inter avos positusque virum : nam pectora ferro   110
Terribilesque innexa jubas ruit agmine nigro
Latratuque cohors, quanto sonat horrida Ditis
Janua, vel superas Hecates comitatus ad auras.
Ducit ab Hyrcanis vates sacer agmina lucis
Varus ; cum Scythiæ jam tertia viderat ætas   115
Magnanimos Minyas Argoaque vela canentem.
Illius et dites monitis spondentibus Indi,
Et centumgeminæ Lagea novalia Thebes,
Totaque Rhipæo Panchaia rapta triumpho.
Discolon hastatas effudit Iberia turmas,   120
Quas Otaces, quas Latris agunt, et raptor amorum
Neurus, et expertes canentis Iazyges ævi.
Namque, ubi jam viresque aliæ, notosque refutat
Arcus, et inceptus jam lancea temnit heriles,
Magnanimis mos ductus avis, haud segnia mortis   125
Jura pati, dextra sed caræ occumbere prolis,
Ense dato ; rumpuntque moras natusque parensque,
Ambo animis, ambo miseri tam fortibus actis.
Hic et odorato spirantes crine Micelæ,
Cessææque manus, et qui tua jugera nondum   130
Eruis, ignotis insons, Arimaspe, metallis.
Doctus et Auchates patulo vaga vincula gyro
Spargere, et extremas laqueis adducere turmas.
Non ego sanguineis gestantem tympana bellis
Thyrsageten, cinctumque vagis post terga silebo   135
Pellibus, et nexas viridantem floribus hastas.
Fama, ducem, Jovis et Cadmi de sanguine, Bacchum
Hac quoque luriferos, felicia regna, Sabæos,
Hac Arabas fudisse manu ; mox rumperet Hebri
Quum vada, Thyrsagetas gelida liquisse sub Arcto.   140
Illis omnis adhuc veterum tenor, et sacer æris
Pulsus, et Eoæ memoratrix tibia pugnæ.
Jungit opes Eumeda suas, sua signa sequuti
Exomatæ, Torinique, et flavi crine Satarchæ ;
Mellis honos Torinis ; ditant sua mulctra Satarchen ;   145
Exomatas venatus alit, nec clarior ullis
Arctos equis ; abeunt Hypanin fragilemque per undam,
Tigridis aut sævæ profugi cum prole leænæ ;
Mœstaque suspectæ mater stupet aggere ripæ.
Impulit et dubios Phrixei velleris ardor   150
Centoras, et diros magico terrore Choatras.
Omnibus in superos sævus honor, omnibus artes
Monstrificæ : nunc vere novo compescere frondes,
Nunc subitam trepidis Mæotin solvere claustris.
Maximus hos inter Stygia venit arte Coastes ;   155
Sollicitat nec Martis amor, sed fama Cytææ
Virginis, et paribus spirans Medea venenis.
Gaudet Averna palus, gaudet jam nocte quieta

bats, c'est la réputation de Médée qui l'attire; ce sont les poisons dont elle est, ainsi que lui, sans cesse environnée : son aspect réjouit les enfers, réjouit Caron qui dort enfin, et la Lune, qui poursuit tranquillement sa carrière dans le ciel.

Aux deux ailes de l'armée sont les Ballonotes, les Mèses, qui changent lestement de chevaux, et les Sarmates, habiles à lancer le javelot à courroie. Moins nombreux sont les flots que la mer pousse vers les rivages, ou que Borée et ses frères soulèvent d'un bout à l'autre de l'Océan; moins bruyants sont les cris des oiseaux aquatiques; moins variées sont les fleurs au commencement du printemps, que ce mélange de guerriers de toutes sortes, que le son de leurs instruments, que les clameurs qu'ils font entendre. Le sol tremble et gémit sous le poids et le roulement des chars, comme il tremblait jadis quand Jupiter foudroyait les campagnes de Phlégra, et refoulait Typhon dans les abîmes de la terre.

Au premier rang de l'armée d'Éétès est son fils Absyrte, puis son gendre et d'autres puissants rois, suivis de soldats par milliers. Autour de Jason se groupent les héros grecs, et Pallas à la terrible égide. La déesse ne la quitte pas d'un instant. Tout à l'heure Jupiter agitera cette tête épouvantable et cette chevelure de reptiles, qui semblent respirer encore; il attend pour cela que le combat s'engage. Les troupes d'Éétès cèdent à l'impulsion de Mars, à la soif du carnage, à Tisiphone qui accourt au son de la trompette, en élevant sa tête jusqu'aux nues. La Fuite plane au milieu des deux armées, n'ayant pas encore décidé de quels cœurs elle se rendra maîtresse.

On s'attaque enfin; on croise le fer avec fureur. Les casques heurtent les casques; les haleines se confondent; les guerriers s'observent; les armes brisées tombent avec les cadavres; le sang se mêle au sang et les morts aux morts. Les casques roulent sur le sol; les cuirasses dégorgent des flots ensanglantés : ici, des explosions de joie barbare, là, des gémissements; plus loin, le râle des mourants couchés dans la poussière. Caspius prend aux cheveux Monésès d'Éa, et l'entraîne. Grecs et Colchidiens font pleuvoir sur le vaisseau une grêle de traits; Caspius tue son ennemi et l'abandonne; la victime n'a plus rien à attendre de ses compagnons. Carésus abat Dypsas et Strymon, dont la fronde semait au hasard le trépas; lui-même, atteint d'un javelot par Crémédon l'Albanien, tombe, et disparaît sous les chars et les pieds des chevaux.

Mélas et Hidasmène s'avancent. Mélas lance le premier son javelot; l'autre après lui; ils se manquent tous deux. Ils fondent alors l'épée à la main; Mélas, plus alerte, frappe son adversaire au sommet du casque, et lui fend la cervelle. Que de faits glorieux se perdent dans la mêlée! Œbrus ne sait à qui il doit la mort, Tyrès non plus; Iron, au sifflement d'une flèche argienne, se détourne, et reçoit dans le flanc la lance de Nestor.

Castor voit deux frères Hyrcaniens, montés sur des chevaux de forme pareille, que leur père, par une inspiration fatale, avait choisis lui-même dans ses haras. Le fils de Tyndare était à pied; la blancheur remarquable des chevaux allume sa convoitise. Soudain il marche à Géla, lui perce

Portitor, et tuto veniens Latonia cælo.
Ibant et geminis æquantes cornibus alas   160
Ballonoti, comitumque celer mutator equorum
Mœsus, et ingentis frenator Sarmata conti.
Nec tot ab extremo fluctus agit æquore, nec sic
Fratribus adversa Boreas respondet ab unda,
Aut is apud fluvios volucrum sonus, æthera quantus   165
Tunc lituum concentus adit, lymphataque miscet
Millia, quot foliis, quot floribus incipit annus.
Ipse rotis gemit intus ager, tremebundaque pulsu
Nutat humus; quatit ut sævo quum fulmine Phlegram
Jupiter, atque imis Typhona reverberat arvis.   170
    Prima tenent illinc patriis Absyrtus in armis,
Et gener, ingentesque inter sua millia reges.
At circa Æsoniden Danaum manus, ipsaque Pallas
Ægide terrifica, quam nec dea lassat habendo,
Nec pater horrentem colubris vultuque tremendam   175
Gorgoneo; nec semineces ostendere crines
Tempus adhuc, primasque sinit concurrere pugnas.
Impulit hos contra Mavors pater, et mala leti
Gaudia, Tisiphoneque caput per nubila tollens
Ad sonitum lituî, mediaque altissima pugna,   180
Necdum clara, quibus sese Fuga mentibus addat.
    Illi ubi consertis junxere frementia telis

VALÉRIUS FLACCUS.

Agmina, virque virum galeis afflavit adactis :
Continuo hinc obitus, perfractaque cædibus arma,
Corporaque, alternus cruor, alternæque ruinæ;   185
Volvit ager galeas, et thorax egerit imbres
Sanguineos; hinc barbarici glomerantur ovatus,
Hinc gemitus, mixtæque virum cum pulvere vitæ.
Caspius Ææum correpto crine Monesen
Abstulit : hunc pariter Colchi Graiique sequuntur   190
Missilibus : rapit ille necem, prædamque relinquit;
Nec sociis jam cura viri. Dypsanta Caresus,
Strymonaque obscura spargentem vulnera funda
Dejicit ; Albani cadit ipse Cremedonis hasta,
Jamque latet, currusque super turmæque feruntur.   195
    Processere Melas et Hidasmenus; incipit hasta
Ante Melas, levis ast abies elusit utrumque.
Ensibus inde ruunt; prior occupat ære citato
Cassidis ima Melas; infracta est vulnere cervix.
Mixta perit virtus : nescit cui debeat Œbreus,   200
Aut cui fata Tyres. Dum sibila respicit Iron
Cuspidis Argivæ, Pyliam latere accipit hastam.
    Viderat Hyrcanos paribus discurrere fratres
Castor equis, pater armento quos dives ab omni
Nutrierat, fatisque viam monstrarat iniquis.   205
Tum magis atque magis peditem candore notato

la poitrine de son javelot, le démonte, et saute sur le cheval. Jupiter sourit du haut des nues, et reconnaît son fils à l'adresse du cavalier. En même temps Médorès, que ce spectacle afflige et irrite, s'élance vers Castor, et s'adressant aux Dieux : « Ou sa mort, ou la mienne, dit-il ; mais « que ce trait punisse d'abord le coursier impie, qui « garde même les armes que mon père lui a con- « fiées, souffre sur son dos un nouveau maître, et « se tourne contre moi. » Il dit; mais le javelot de Phalère l'a devancé; il tombe; son cheval fuit dans les rangs des siens.

Qui prévoyait qu'un jour Amyclée et le bras d'un guerrier d'Œballe, que séparent de toi, Rhyndacus, tant de monts et de mers, te seraient si fatals? C'en est fait aussi de l'intrépide Tagès ; le fer a traversé ses entrailles. Né de l'illustre Taulas et d'une nymphe des bois, les sœurs de sa mère prirent de son enfance et de sa parure un soin exagéré. Mais à quoi bon aujourd'hui ce lin blanc et fin qui le revêt, cette chlamyde brochée d'or, ce panache de fourrure qui orne son casque, ces braies si richement brochées ? Cependant le nouveau cavalier, pénétrant jusqu'au centre des bataillons épouvantés, lançait flèche sur flèche, ou frappait çà et là de sa flamboyante épée, renversant tout ce qui lui faisait obstacle; quand, terrible et poussant des cris sauvages, arrive un escadron de Sarmates. Couverts, ainsi que leurs chevaux, d'une cotte de mailles, ils tiennent collée à l'épaule du cheval, et appuyée contre leur cuisse, une pique immense, dont l'ombre se projette au-dessus des rangs ennemis. Hommes et chevaux s'élancent ; l'arme suit, docile à la main qui la pousse ou la retire, et dont le coup est d'autant plus dangereux qu'il vient de plus haut. Grâce à la légèreté de son cheval, Castor, par des évolutions rapides, par des feintes bien ménagées, trompe leurs efforts. Harassés de fatigue, ils meurent avec indifférence. Moins habiles que Castor, les Colchidiens courent eux-mêmes au-devant du trépas. Campésus, frappé au cœur d'un coup mortel, tombe, en expirant, sur la lance de son ennemi. Œbasus, qui pensait éviter Phalcès en ployant le genou, reçoit le fer dans l'œil gauche. Sibotès, au contraire, se fiant en sa double cuirasse, lève son épée sur la lance d'Ambénus et en brise le bois : inutile succès ! le fer est entré dans sa poitrine, et Ambénus qui ne le regrette guère, perce Otrée avec le tronçon. Taxès entraîne après soi Hypanis qu'il a tué à moitié, secoue le corps pour en dégager sa lance, et la retire en courant : mais, tandis qu'il se remet en garde, Castor le joint, l'attaque à l'improviste et l'immole.

Le cheval d'Onchée va donner du poitrail contre une pique ennemie. Onchée rassemble en vain toutes ses forces pour le retenir : percés tous deux, le cheval tombe sur le flanc, le cavalier tombe après lui ; les armes du guerrier et sa lance teinte de son sang, sont jetées au loin. Tel l'oiseau, qui se fiait au feuillage protecteur d'un épais peuplier,

Tyndariden incendit amor; simul obvius hastam
Pectus in adversum Gelæ jacit alipedemque;
Constitit excusso victor duce : risit ab alta
Nube pater, prensisque equitem cognovit habenis.   210
At pariter luctuque furens visuque Medores
Tyndariden petit, et superos sic voce precatur .
Hunc, age, vel cæso comitem me reddite fratri,
Primus et hic nostra sonipes cadat impius hasta,
Credita qui misero non rettulit arma parenti,   215
Meque venit contra, captivaque terga ministrat.
Dixerat, Actæi sed eum prior hasta Phaleri
Dejicit; ad socias sonipes citus effugit alas.
    Quis tibi fatales umquam metuisset Amyclas
Œbaliamque manum, tot, Rhyndace, montibus inter   220
Diviso, totidemque fretis ? cadit impiger una
Inguine transfosso clari Taulantis alumnus
Semidea genitrice Tages, cui plurima silvis
Pervigilat materna soror, cultusque laborat.
Tenuia non illum candentis carbasa lini,   225
Non auro depicta Chlamys, non flava galeri
Cæsaries, pictoque juvant subtemine bracæ.
Jamque novus mediæ stupefacta per agmina pugnæ
Vadit eques, densa spargens hastilia dextra,
Fulmineumque viris proturbans ingerit ensem   230
Huc alternus et huc ; quum sævior, ecce, juventus,
Sarmaticæ colere manus, fremitusque virorum
Semiferi : riget his molli lorica catena ;

Id quoque tegmen equis : at equi porrecta per armos
Et caput ingentem campis hostilibus umbram   235
Fert abies obnixa genu, vaditque virum vi,
Vadit equum, docilis relegi docilisque relinqui,
Atque iterum medios non altior ire per hostes.
Orbibus hos rapidis mollique per æquora Castor
Anfractu levioris equi deludit anhelos ,   240
Immemoresque mori; sed non isdem artibus æque
Concurrunt, ultroque ruunt in funera Colchi.
Campesus impacta latus inter et ilia quercu
Tollitur, ac mediam moriens descendit in hastam.
Œbasus, infestum submisso poplite Phalcen   245
Evasisse ratus, lævum per luminis orbem
Transigitur ; teneræ liquuntur vulnere malæ.
Contra autem, geminis fidens thoracibus, ictum
Sustulit, et gladio Sibotes ferit ultima teli ,
Nequidquam : jam cuspis inest, nec fragmina curat   250
Ambenus, et trunco medium subit Otrea ligno.
Seminecem Taxes Hypanin vehit, atque remissum
Pone trahit fugiens, et cursibus exuit hastam ;
Dumque recollectam rursus locat, irruit ultro,
Turbatumque Lacon et adhuc invadit inermem.   255
    Impulit adverso præceps equus Onchea conto,
Nequidquam totis revocantem viribus armos.
In latus accedit sonipes, accedit et ipse
Frigidus ; arma cadunt, rorat procul ultima cuspis.
Qualem populeæ fidentem nexibus umbræ   260

quitte sa retraite à l'appel de l'oiseleur, et se pose sur le roseau englué qu'une main perfide fait glisser silencieusement jusqu'à lui; mais, hélas! victime de la ruse, enchaîné par l'élément visqueux et tenace, il implore en vain l'arbre hospitalier, et agite inutilement ses ailes.

Ailleurs, le hasard met en présence Stirus et Anausis. Celui-ci se réjouit le premier d'avoir reconnu son rival : « Voilà donc, s'écrie-t-il, le « futur époux de Médée, l'heureux fiancé de celle « que j'aime! Non, père de Médée, il vous faudra, « malgré vous, changer de gendre. » Soudain ils fondent l'un sur l'autre et se lancent leurs javelots. Stirus blessé tourne bride, ignorant qu'il a lui-même mortellement frappé Anausis. « Va, » lui dit celui-ci d'une voix mourante, et le fer encore enfoncé dans la plaie, « fuis dans les bras de ton « beau-père et de ta maîtresse; rapporte-leur ta « blessure, que ne guériront ni les enchantements « de Médée, ni ses perfides poisons. » Il dit; ses yeux se ferment, sa voix se glace, et sa tête s'incline vers la terre.

L'ardeur des Colchidiens s'en accroît. Gésandre au contraire, dont la douleur irrite le courage, gourmande ainsi les Iazyges, en faisant briller à leurs yeux son épée : « Non, tous nos vieillards « ne sont pas morts; nul de nos pères n'a quitté « la vie. Quoi donc! une vieillesse honteuse a-t- « elle paralysé vos membres, abattu vos coura- « ges, étouffé votre haine? Allons, jeunes gens, « ou renversons ces Grecs et pénétrons ensemble « jusque dans la ville, ou périssez de la main de « vos enfants! » Il court, et apostrophe ainsi l'ombre de son père : « O Vorapte, mon vénérable père, « fais passer toute l'intrépidité de ton âme dans « l'âme de ton fils, s'il est vrai que je n'ai pas « hésité un instant à t'obéir quand tu accusais les « lenteurs de la mort, et que j'ai montré à nos « enfants ce que j'en attends moi-même un jour. » Il dit; l'Érèbe entend sa voix. Transporté d'une ardeur furieuse, il saisit son épée et agite ses armes avec violence.

Consacré au culte des Nymphes de la Colchide et pontife du Phase, Aquitès, le front couronné de feuilles de peuplier, pâle symbole de son ministère, parcourait les bataillons, voulant, ô Cyrnus, te soustraire aux dangers que tu affrontais malgré ses paternels avis. Déjà il avait passé à travers tous les rangs et pénétré dans tous les groupes, sans trouver nulle part l'objet de ses recherches. Il revenait sur ses pas, et, poussant de grands cris, appelait de nouveau son fils et l'appelait encore, quand un javelot part, et siffle autour de ses bandelettes. Gésandre s'était précipité sur lui, bride abattue. Aquitès, élevant les mains vers son farouche ennemi, et lui montrant les insignes pacifiques de sa dignité : « Je t'en « conjure, lui dit-il, par mes cheveux blancs, si « tu as encore un père, désarme ton courroux, « et, en quelque lieu que tu le trouves, épargne « mon fils. » Gésandre lui répond en le perçant de son épée : « Mon père que tu crois vivant encore « et traînant honteusement sa vieillesse, a mieux « aimé périr de cette main que d'attendre le terme

Si quis avem summi deducat ab acre rami,
Ante manu tacita cui plurima crevit arundo;
Illa dolis viscoque super correpta sequaci
Implorat ramos, atque irrita concitat alas.
Parte alia infestis (nam fors ita junxit) in armis   265
Stirus adest, lætusque virum cognoscit Anausin,
Et prior : En cujus thalamis Æetia virgo
Dicta manet, nostrosque feret qui victor amores!
Non, ait; invitoque gener mutabere patri.
Tum simul adversas collatis cursibus hastas   270
Conjiciunt; fugit adductis Albanus habenis
Saucius, atque datum leto non sperat Anausin,
Nec videt; ille autem telo moribundus adacto :
Ad soceros pactæque sinus en conjugis, inquit,
Stire, fugis, vulnus referens, quod carmine nullo   275
Sustineat, nullisque levet Medea venenis.
Dixerat, extremus quum lumina corripit error,
Voxque repressa gelu, percussaque vertice tellus.
Hinc animos acies auget, magnumque doloris
Turbine Gesandrum Mavors rapit; ille morantes   280
Increpat, et stricto sic urget Iazygas ense :
Nempe omnes cecidere senes, nempe omnis ademptus
Ante pater; quæ vos subito tam foeda senectus
Corripuit, fregitque animos, atque abstulit iras!
Aut mecum mediam, juvenes, agite, ite per urbem,   285
Argolicamque manum, aut caris occumbite natis

Irruit, et patrias coeptis ferus advocat umbras :
Sancte mihi Vorapte pater, tua pectora nato
Suggere nunc animumque parem, si fata peroso
Tarda tibi turpesque moras non segnius ipsi   290
Paruimus, parvique viam didicere nepotes.
Hæc ait, auditurque Erebo; tunc corripit ensem
Turbidus, et furiis ardens quatit arma paternis.
  Indigenis sacratus aquis, magnique sacerdos
Phasidis Arctois Aquites errabat in armis,   295
(Populeus cui frondis honor, conspectaque glauco
Tempora nectuntur ramo) te, Cyrne, parentis
Immemorem duræ cupiens abducere pugnæ;
Jamque omnes impune globos diversaque lustrans
Agmina, quem quærit, nusquam videt, atque iterum instat   300
Vociferans, iterum belli diversa peragrat;
Lancea cæruleas circum strepit incita vittas.
Opprimit admissis ferus hunc Gesander habenis.
Ille manum trepidans atque irrita sacra tetendit :
Teque per hanc, inquit, genitor tibi si manet, oro   305
Canitiem, compesce minas, et sicubi nato
Parce meo. Dixit; contra sic victor adacto
Ense refert : Genitor, turpi durare senecta
Quem mihi reris adhuc, ipse hac occumbere dextra
Maluit, atque ultro segnes abrumpere metas.   310
Et tibi si pietas nati, si dextra fuisset,

« d'une vie languissante. Si ton fils avait eu le
« même courage, la même affection pour toi, tu
« ne choisirais pas, pour prier, le temps de com-
« battre, et tu ne deviendrais pas la proie des
« chiens. Le sort de la jeunesse est bien plus
« beau. C'est à elle qu'il convient de se battre et
« de se passer de sépulture. » Il dit, et Aquitès
près d'expirer supplie les dieux que son fils ne
rencontre pas un pareil ennemi.

Sur toi aussi, Canthus, Argo, qui déjà prévoyait
ta mort, pleura, quand malgré lui tu revêtis tes
armes. Infortuné! tu avais franchi la mer de
Sythie et atteint le Phase; encore quelques jours,
et tu assistais à la conquête de la toison, et tu revoyais ensuite les montagnes de l'Eubée ta patrie :
mais Gésandre te provoque à une lutte inégale,
et t'épouvante par ces paroles : « Toi, pauvre Grec,
« qui croyais trouver ici des maisons commodes
« et des gens pour t'y recevoir, le pays, comme
« tu vois, est bien autre que tu ne l'imaginais.
« L'homme y naît dans la neige; la vie y est
« bientôt à charge; on n'y sait guère manier la
« rame; on n'y a pas besoin d'attendre le souffle
« favorable des vents. C'est à cheval que nous
« passons l'Euxin, quand les frimas l'enchaînent,
« et l'Ister, quand il frémit sous ses entraves de
« glaces. Vos murailles, nous en faisons peu de
« cas. Je parcours en liberté les campagnes de la
« Scythie, ayant avec moi toutes mes richesses. Ce
« que j'aime, ce que je peux perdre, un seul cha-
« riot le renferme; l'ennemi qui me l'enlèverait
« n'en jouirait pas longtemps. Les troupeaux, le
« gibier, font toute ma nourriture. Envoie donc
« rassurer l'Asie, rassurer les Grecs; jamais je n'a-
« bandonnerai ces climats, ces rochers, cette patrie
« de Mars, où, l'hiver, nous plongeons, pour les
« endurcir, nos enfants dans les fleuves, où la
« mort si souvent s'offre d'elle-même à l'homme.
« Ici donc, sous ce ciel glacial, combattre et pil-
« ler, voilà tout mon plaisir, et voici le coup que
« je t'adresse. »

Il dit, et lance un trait, dont les vents de Thrace
accélèrent le vol homicide, qui traverse l'épaisse
cuirasse de Canthus et s'enfonce dans sa poitrine.
Idas, Méléagre, Ménétius, et le vainqueur du tyran
de Bébrycie, accourent aussitôt. Télamon étend
sur Canthus expirant son immense bouclier; et,
pareil à un lion forcé par les chasseurs, qui couvre
ses lionceaux de son corps, l'Eacide, la lance en
arrêt, attend l'ennemi de pied ferme, et oppose
à la violence du choc son bouclier recouvert de
sept cuirs. Les Scythes, de leur côté, s'avancent,
tous revendiquant les armes de Canthus et
l'honneur d'outrager le corps d'un Grec. De là
d'immenses efforts, et une mêlée furieuse autour du cadavre. Tels, se heurtant en masse
contre les portes des antres d'Éolie, les Vents
se disputent à qui soulèvera les mers, amoncel-
lera les nuages, recueillera enfin tous les honneurs de la tempête; tels les combattants acharnés se poussent, se serrent les uns contre les
autres et ne peuvent se détacher du corps qu'ils
ont saisi. Comme un cuir est amolli à force d'huile
par des esclaves qui le tendent, le foulent tour
à tour et font ruisseler sur la terre l'onctueuse
liqueur; ainsi et avec non moins d'efforts les

Haud medii precibus tereres nunc tempora belli,
Præda futurę canum. Juveni sors pulcrior omni;
Et certare manu decet, et caruisse sepulcro.
Dixerat; ille deos moriens cælumque precatur, 315
Dextera ne misero talis foret obvia nato.
Te quoque, Canthe, tui non inscia funeris Argo
Flevit, ab invita rapientem tela carina.
Jam Scythicos miserande sinus, jam Phasidis amnem
Contigeras; nec longa dies, ut capta videres 320
Vellera, et Euboicis patrios de montibus ignes.
Illum, ubi congressu subiit Gesander iniquo,
Territat his : Tu, qui faciles hominumque putasti
Has, Argive, domos, alium hic miser adspicis annum,
Altricemque nivem, festinaque tædia vitæ. 325
Non nos aut levibus componere brachia remis
Novimus, aut ventos opus exspectare ferentes;
Imus equis, qua vel medio riget æquore pontus,
Vel tumida fremit Hister aqua; nec moenia nobis
Vestra placent : feror Arctois nunc liber in arvis, 330
Cuncta tenens mecum; omnis amor jacturaque plaustri
Sola, nec hac longum victor potiere rapina :
Ast epulæ quodcumque pecus, quæcumque ferarum.
Mitte Asiæ, mitte Argolicis mandata colonis,
Ne trepident; numquam has hiemes, hæc saxa relinquam,
Martis agros, ubi jam sævo duravimus amne 336
Progeniem, natosque rudes : ubi copia leti
Tanta viris? Sic in patriis bellare pruinis
Prædarique juvat, talemque hanc accipe dextram.
Dixit, et Edonis nutritum missile ventis 340
Concitat; it medium per pectus et horrida nexu
Letifer æra chalybs. Trepidus super advolat Idas,
Ac simul Œnides, pariterque Menœtius, et qui
Bebrycio propius remeavit ab hospite victor.
At vero ingentem Telamon procul extulit orbem, 345
Exanimem te, Canthe, tegens : ceu septus in arcto
Dat catulos post terga leo, sic cominus hastam
Æacides gressumque tenet, contraque ruentem
Septeno validam circumfert tegmine molem.
Nec minus hinc urget Scythiæ manus, armaque Canthi 350
Quisque sibi, et Graio pœnam de corpore poscens.
Arduus inde labor, medioque in corpore pugna
Conseritur : magno veluti quum turbine sese
Ipsius Æoliæ frangunt in limine venti,
Quem pelagi rabies, quem nubila, quemque sequatur 355
Ille dies; obnixa virum sic comminus hæret
Pugna, nec arrepto velli de corpore possunt.
Ut bovis exuvias multo qui frangere olivo
Dat famulis, tendunt illi, tractuque vicissim
Taurea terga domant, pingui fluit unguine tellus; 360
Talis utrimque labor, raptataque limite in arcto

membres du malheureux Canthus, tiraillés en tous sens dans cet étroit espace, sont tantôt entraînés par ceux-ci, tantôt retenus par ceux-là, sans que de part ni d'autre on veuille lâcher prise. Télamon le saisit enfin par le milieu du corps. Gésandre, qui le tenait aussi par le cou et par les gourmettes du casque, sent le casque lui échapper des mains et tomber à terre : furieux alors, il frappe à coups redoublés le bouclier de Télamon, revient sur Canthus, et le réclame encore. Mais les Grecs l'enlèvent. Le char d'Euryale le reçoit et l'emporte. Bientôt avec les Argonautes accourent Euryale elle-même et ses escadrons; tous marchent contre Gésandre. Lui, voyant ces soldats d'une espèce nouvelle, ces héros féminins, s'écrie : « Elles aussi ! et nous pour les combattre? quelle honte ! » Puis il frappe Lycé près du sein, et Thoé à l'endroit que son bouclier laisse à découvert. Il fondait sur Harpé, qui pour la première fois maniait l'arc, et sur Hénippé, qui soutenait son cheval près de s'abattre, quand d'un double coup bien asséné de sa hache au bois noueux, à l'acier garni d'or, la reine (Euryale) lui enlève un morceau et de sa tête et de son casque de cuir. Une nuée de traits tombe en même temps sur lui; longtemps il résiste; mais enfin, accablé sous le poids, il est renversé près d'Idas qu'il effraye encore. On eût dit d'un quartier de rocher ou d'une tour qui, cédant à la masse de pierres, de poutres et de projectiles enflammés qui l'ébranlent, s'écroule, et entraîne après soi toute une partie d'une ville.

Ariasmène, jugeant alors qu'il est temps de combattre et qu'on réclame son concours, fait avancer ses chars armés de faux, et les dispose en ordre de bataille. Il se flattait de faire disparaître d'un seul coup Grecs et Colchidiens. Tel, si Jupiter, irrité contre les descendants de Pyrrha, ouvrait de nouveau les digues de l'Océan et faisait déborder les fleuves; que les sommets du Parnasse, et de l'Othrys aux pins élancés, fussent engloutis dans les eaux; que les Alpes même décrussent et abaissassent leurs cimes; tel et non moins terrible est Ariasmène, promenant çà et là ses chars meurtriers, et couvrant la plaine d'un déluge de sang. Pallas lève alors son égide : l'image de Méduse toute dégoûtante des trois cents vipères qui se replient à l'entour, est d'abord aperçue des chevaux. La frayeur les emporte; ils renversent leurs guides, et sèment la terreur et la mort dans leurs propres rangs. La Discorde, à son tour, embarrasse les chars dans les faux. Comme on voyait naguère, chez les Romains, Tisiphone précipiter les légions contre les légions, les généraux contre les généraux, les enseignes contre les enseignes, les glaives contre les glaives, armant ainsi les uns contre les autres des soldats qui habitaient les mêmes campagnes, et que le Tibre n'avait pas rassemblés de tous les points de l'Italie pour les conduire à de pareils combats; ainsi Pallas jette un épouvantable désordre parmi ces chars qui tout à l'heure marchaient avec ensemble à l'extermination de leurs ennemis, et, les lançant les uns contre les autres, tourne contre eux-mêmes leurs sanglantes manœuvres, quoi que fassent leurs guides pour les rallier. Rien n'était comparable à cet affreux spectacle; ni la tempête, quand elle pousse les cadavres sur les

Membra viri miseranda meant : hi tendere contra,
Hi contra, alternæque virum non cedere dextræ.
Hinc medium Telamon Canthum rapit ; hinc tenet ardens
Colla viri, et molles galeæ Gesander habenas,   365
Insonuit quæ lapsa solo, dextramque fefellit.
Ille iterum in clypei septemplicis improbus orbem
Arietat, et Canthum sequitur, Canthumque reposcit ;
Quem manus a tergo socium rapit, atque receptum
Virginis Euryales curru locat. Advolat ipsa   370
Ac simul Hæmonidæ, Gesandrumque omnis in unum
It manus. Ille novas acies, et virginis arma
Ut videt : Has etiam contra bellabimus? inquit ;
Heu pudor! Inde Lycen ferit ad confine papillæ,
Inde Thoen, qua pelta vacat; jamque ibat in Harpen, 375
Vixdum prima levi ducentem cornua nervo,
Illabentis equi tendentem frena et Henippen ;
Quum regina, gravem nodis auroque securim
Congeminans, partem capitis galeæque ferinæ
Dissipat. Hic pariter telorum immanis in unum   380
It globus : ille diu conjectis sufficit hastis,
Quis gravior nutuque cadens exterruit Idam.
Tunc ruit, ut montis latus, aut ut machina muri,
Quæ scopulis trabibusque diu confectaque flammis
Procubuit tamen, atque ingentem propulit urbem.   385

Ecce locum tempusque ratus, jamque et sua posci
Prælia, falcatos infert Ariasmenus axes,
Sævaque diffundit sociüm juga, protinus omnes
Grajugenas; omnes rapturus ab agmine Colchos.
Qualiter, exosus Pyrrhæ genus, æquora rursus   390
Jupiter atque omnes fluvium si fundat habenas,
Ardua Parnasi lateant juga, cesserit Othrys
Piniger, et mersis decrescant rupibus Alpes :
Diluvio tali, paribusque Ariasmenus urget
Excidiis, nullo rapiens discrimine currus.   395
Ægida tum primum virgo spiramque Medusæ
Tercentum sævis squalentem sustulit hydris,
Quam soli vidistis, equi. Pavor occupat ingens
Excussis in terga viris, diramque retorquet
In socios non sponte luem; tunc ensibus uncis   400
Implicat, et trepidos lacerat Discordia currus.
Romanas veluti sævissima quum legiones
Tisiphone regesque movet, quorum agmina pilis,
Quorum aquilis utrimque micant, eademque Parentis
Rura colunt, idem lectos ex omnibus agris   405
Miserat infelix non hæc ad prælia Thybris ;
Sic modo concordes externaque fata petentes
Palladii rapuere metus; sic in sua versi
Funera concurrunt, dominis revocantibus, axes.

côtes du Latium ; ni la mer de Libye, quand elle charrie, vers ses rivages, les débris des flottes fracassées. Ici les chevaux, là leurs maîtres, se contrariant dans leurs efforts, sont coupés par les faux ou déchirés par les rênes ; le char, souillé de sang, entraîne le char, puis en est entraîné ; des lambeaux de chair pendent et roulent çà et là dans la poussière. Les Colchidiens, n'ayant plus besoin de courage ni de prudence, percent à leur aise ces malheureux, impuissants contre les liens qui les enveloppent. Ils les immolent avec la même facilité que le chasseur ombrien qui, sans chiens et sans dards, égorge des cerfs embarrassés dans leurs propres bois, et qu'enchaîne une colère aveugle. Ariasmène lui-même dégage vainement ses armes et s'élance ; mutilé par les faux, broyé sous les roues, emporté au milieu des chevaux en furie, il disparaît du champ de bataille.

Pendant que les Argonautes et les Colchidiens jonchaient à l'envi la plaine de cadavres et dépeuplaient la Scythie, Junon avait senti que cette conquête ne conduirait pas Jason à celle de la toison d'or, et ne lui assurerait pas le retour dans sa patrie. Avant donc qu'Éétès fasse éclater sa perfidie et ses funestes desseins, elle imagine pour Jason des ressources nouvelles : elle gourmande, elle accuse avec amertume Vulcain, dont les taureaux, aux narines enflammées, paissaient alors dans les prairies d'Éétès : car elle craint que celui-ci, aussitôt après le combat, n'ordonne à Jason de soumettre au joug ces féroces animaux, et de semer les dents du dragon de Cadmus. Divers moyens se présentent à l'esprit agité de la déesse ; mais Médée seule l'occupe, Médée est son unique espoir. Personne plus que Médée n'a la science de la magie ; elle sait par ses conjurations, par le suc des plantes arrachées dans les lieux les plus inaccessibles, faire pâlir les étoiles, arrêter la marche du Soleil son aïeul, changer l'aspect des campagnes et le cours des fleuves, plonger la nature entière dans le sommeil, rajeunir les vieillards, et leur filer à son gré de nouveaux jours : elle étonne Circé même, si fameuse par ses redoutables enchantements ; elle étonna Phrixus, qui pourtant avait l'art de faire distiller à la Lune des poisons écumeux, et d'évoquer les ombres par des formules thessaliennes.

Junon cherche donc à donner au héros grec l'appui du terrible pouvoir de la magicienne. Nulle ne lui semble plus capable qu'elle de lutter contre les taureaux et contre les guerriers qui surgiront du sein de la terre ; elle ne se troublerait pas au milieu des flammes, elle n'en craindrait ni la vue ni le contact. Que sera-ce lorsqu'un aveugle amour, lorsqu'une passion dévorante pénétreront ses sens ? Junon va donc trouver Cypris. De son palais, toujours orné de fleurs fraîchement écloses, la déesse l'aperçoit et se lève, entourée de la troupe ailée des Amours. Junon l'aborde la première, et lui dit d'une voix suppliante (car elle craignait de trahir la véritable cause de ses alarmes) : « Tout mon espoir, toute « ma puissance sont entre vos mains. Que l'aveu

Non tam fœda virum Laurentibus agmina terris 410
Ejecere Noti, Libyco nec talis imago
Litore, quum fractas involvunt æquora puppes.
Hinc bijuges, illinc artus tenduntur heriles,
Quos radii, quos frena secant ; trahiturque trahitque
Currus cæde madens, atroque in pulvere regum 415
Viscera nunc aliis, aliis nunc curribus hærent.
Haud usquam Colchorum animi, neque cura cavere
Tela, sed implicitos miseraque in peste revinctos
Confodiunt ; ac forma necis non altera surgit,
Quam cervos ubi non Umbro venator edaci, 420
Non penna petit, hærentes sed cornibus altis
Invenit, et cæca constrictos excipit ira.
Ipse recollectis audax Ariasmenus armis
Desilit, illum acies curvæ secat undique falcis,
Partiturque rotis, atque inde furentia raptus 425
In juga, Circæos tetigit non amplius agros.
  Talia certatim Minyæ sparsique Cytæi
Funera miscebant campis, Scythiamque premebant,
Quum Juno Æsonidæ, non hanc ad vellera cernens
Esse viam, nec sic reditus regina parandos, 430
Extremam molitur opem, funesta priusquam
Consilia ac seras aperit rex perfidus iras.
Increpat et sævis Vulcanum mœsta querelis,
Cujus flammiferos videt inter regia tauros
Pascua Tartaream proflantes pectore noctem. 435

Hæc etenim Minyas ne jungere Marte peracto
Monstra satis jubeat Cadmei dentibus hydri
Ante diem, timet, et varias circumspicit artes.
Sola animo Medea subit, mens omnis in una
Virgine, nocturnis qua nulla potentior aris. 440
Illius ad fremitus sparsosque per avia succos
Sidera fixa pavent, et avi stupet orbita Solis :
Mutat agros fluviumque vias, suus alligat igni
Cuncta sopor, recoquit fessos ætate parentes,
Datque alias sine lege colus. Hanc maxima Circe 445
Terrificis mirata modis, hanc advena Phrixus,
Quamvis Atracio lunam spumare veneno
Sciret, et Hæmoniis agitari cantibus umbras.
  Ergo opibus magicis et virginitate tremendam
Juno duci sociam conjungere quærit Achivo. 450
Non aliam tauris videt et nascentibus armis
Quippe parem ; medio quam si stet in agmine flammæ,
Nullum mente nefas, nullos horrescere visus.
Quid ? si cæcus amor sævusque accesserit ignis ?
Hinc Veneris thalamos, semperque recentia sertis 455
Tecta petit. Visa, jam dudum prosiluit altis
Diva toris, volucrunique exercitus omnis Amorum ;
Ac prior hanc placidis supplex Saturnia dictis
Aggreditur, veros metuens aperire timores :
In manibus spes nostra tuis omnisque potestas 460
Nunc, ait ; hoc etiam magis annue vera fatenti.

« que je vais vous faire vous rende favorable à
« ma prière. Depuis que le vaillant Hercule est
« exilé d'Argos, Jupiter ne me témoigne plus ni
« bonté, ni amour. Il dédaigne ma couche, et n'a
« plus pour moi sa flamme d'autrefois. Prêtez-
« moi, je vous prie, ces attraits séducteurs, cette
« parure et ces grâces dont le ciel et la terre
« éprouvent si souvent le pouvoir. »

Vénus sentit la ruse; mais, comme depuis longtemps elle voulait elle-même anéantir la Colchide et toute la race odieuse du Soleil, elle saisit l'occasion de satisfaire sa haine; et, sans attendre que Junon en dise davantage, elle lui donne ce fatal ornement, cette ceinture féconde en prodiges, qui n'inspire ni la fidélité, ni le soin de sa réputation, ni la pudeur, mais les désirs impétueux et passagers, les propos menteurs, les faux plaisirs, les soucis et les folles alarmes. « Voilà, « dit-elle, tout mon empire, toutes les armes de « mes enfants; prenez-les; vous pouvez mainte- « nant, selon vos caprices, ébranler les cœurs. »

La fille de Saturne, ivre de joie, s'arme du dangereux présent. Elle prend la figure et la voix de Chalciope, entre dans l'appartement de Médée, et s'approche de la jeune fille. Une lumière qui, malgré Junon, l'a de loin annoncée, jette le trouble et l'effroi dans le cœur de Médée.

« Quoi! dit la déesse, seule, ô ma sœur, vous
« ignorez encore l'arrivée des Argonautes et leur
« alliance avec notre père? Mais tout le peuple
« est sur les remparts, qui admire les exploits de
« ces demi-dieux. Vous seule y êtes indifféren-
« te; seule vous ne bougez de votre apparte-
« ment, ni du palais. Quand verrez-vous jamais
« de semblables héros? »

Et, sans attendre sa réponse, elle la prend par la main, et, marchant d'un pas rapide, elle l'entraîne tout émue de surprise. L'infortunée jeune fille se laisse conduire aux remparts, sans soupçonner le piége et pleine de confiance dans la fausse Chalciope. Tel un lis, à la vie éphémère, à l'éclat passager, éclipse à peine de sa blancheur éblouissante toutes les fleurs du printemps, que déjà l'horrible Notus le menace du choc de ses ailes jalouses.

Hécate, fille de Persès, pleurait alors dans ses sombres forêts, et s'écriait en sanglottant : « Ah! malheureuse Médée, tu quittes mes bois « et tes compagnes, pour aller, contre ta volonté, « dans la Grèce, errer de ville en ville! Oui, tu « cèdes à une destinée irrésistible; mais, ô l'uni- « que objet de mes soins, je ne t'abandonnerai « pas. De grandes catastrophes signaleront ta « fuite; tu ne seras pas toujours l'esclave ni l'objet « du mépris d'un homme perfide; il sentira que je « fus ta maîtresse, et que je sais punir l'audacieux « qui me ravit ma servante. »

Cependant Médée et sa compagne sont arrivées au plus haut des remparts. Elles regardent, et le fracas des armes, le bruit des clairons les glacent d'épouvante. Ainsi, aux approches de l'orage, les oiseaux attristés se réfugient sous les feuilles, et s'y tapissent immobiles et tremblants.

Déjà les Gètes, toute l'armée des Ibères et des bataillons entiers de Drancès sont massacrés, et roulent dans la poussière. Les blessés, repliés sur eux-mêmes et embarrassés au milieu de

Durus ut Argolicis Tirynthius exsulat oris,
Mens mihi non eadem Jovis atque aversa voluntas,
Nullus honor thalamis, flammæve in nocte priores.
Da, precor, artificis blanda aspiramina formæ,   465
Ornatusque tuos, terra cœloque potentes.
  Sensit diva dolos, jam pridem sponte requirens
Colchida, et invisi genus omne exscindere Phœbi ;
Tum vero optatis potitur. Nec passa precari
Ulterius, dedit acre decus fecundaque monstris   470
Cingula, non pietas quibus aut custodia famæ,
Non pudor, at contra levis et festina cupido,
Affatusque mali, dulcisque labantibus error,
Et metus, et demens alieni cura pericli.
Omne, ait, imperium, natorumque arma meorum   475
Cuncta dedi ; quascumque libet nunc concute mentes.
  Cingitur arcanis Saturnia læta venenis,
Atque hinc virgineæ venit ad penetralia sedis,
Chalciopen imitata sono formaque sororem.
Fulsit ab invita lumen procul, et pavor artus   480
Protinus, atque ingens Æetida perculit horror.
  Ergo nec ignotis Minyas huc fluctibus, inquit,
Advenisse, soror, nec nostro sola parenti
Scis socias junxisse manus ? At cætera muros
Turba tenet, fruiturque virum cælestibus armis ;   485

Tu thalamis ignava sedes, tu sola paterna
Fixa domo ? tales quando tibi cernere reges?
  Illa nihil contra, nec enim dea passa, manumque
Implicat, et rapidis mirantem passibus aufert.
Ducitur infelix ad mœnia summa, futuri   490
Nescia virgo mali, et falsæ commissa sorori ;
Lilia per vernos lucent velut alba colores
Præcipue, quis vita brevis, totusque parumper
Floret honor, fuscis et jam Notus imminet alis.
  Hanc residens altis Hecate Perseia lucis   495
Flebat, et has imo referebat pectore voces :
Deseris, heu, nostrum nemus, æqualesque catervas.
Ah misera, ut Graias haud sponte vageris ad urbes!
Non injussa tamen ; neque te, mea cura, relinquam.
Magna fugæ monumenta dabis, spernere nec usquam   500
Mendaci captiva viro, meque ille magistram
Sentiet, et raptu famulæ doluisse pudendo.
  Dixerat, ast illæ murorum extrema capessunt,
Defixæque virum lituumque fragoribus horrent :
Quales instanti nimborum frigore mœstæ   505
Succedunt ramis, hærentque pavore volucres.
  Jamque Getæ, jamque omnis Hiber, Drancesque densa
Strage cadit legio, et latis prosternitur arvis
Semineces duplicesque inter sua tela, suosque

leurs chevaux, se débattent péniblement, et remplissent l'air de gémissements interrompus. Vainqueurs au contraire, les Gélons chantent l'hymne de la patrie. Mais bientôt les vaincus prendront leur revanche; un dieu leur a souri; la bataille va changer de face.

Muse, rappelle-toi ces luttes furieuses, et dis-moi quel guerrier ramena la fortune et causa tant de nouveaux trépas?

Ce fut Absyrte : on le reconnaît à son char, à son bouclier tout rayonnant des feux du Soleil, son aïeul. Quand il balance son javelot, quand il secoue son panache, les barbares ne peuvent supporter son aspect; ils fuient épouvantés, tournant le dos aux traits qui les accablent, et augmentent le désordre par leurs clameurs confuses. Il s'élance, renverse des masses de combattants, foule aux pieds de ses chevaux des monceaux de cadavres, étouffe le dernier soupir de ceux qui râlent encore. Non moins terrible, Aron le suit : il porte sur sa cuirasse et sur ses brassards d'airain une chlamyde brodée à l'aiguille, à la façon des barbares, et dont les larges plis soulevés par le vent couvrent son cheval. Tel paraît Lucifer aux ailes de rose, quand Vénus se plaît à lui tracer la route à travers les voûtes étoilées.

Près de là Rhamélus et l'actif Otaxès avaient repoussé les Colchidiens. Un troisième était avec eux, l'ignoble Armès, lâche ravisseur de troupeaux, qui s'assurait l'impunité, en se hérissant le front de cornes comme le dieu de Lycée, et qui semait, à la faveur de cet étrange déguisement, le ravage et l'effroi parmi les pasteurs.

Ce stratagème, dont il usait alors, étonnait ses ennemis et les intimidait. Dès qu'Aron a reconnu la ruse : « Crois-tu, dit-il à Armès, « avoir affaire à des bergers craintifs, à de stupi- « des troupeaux? Tu n'es pas ici dans une étable, « dans des pâturages. Garde ton déguisement « pour tes larcins nocturnes. Cesse de te faire « passer pour dieu; quand tu le serais, je ne t'en « défierais pas moins. » Il dit, et, se roidissant sur ses pieds, il lance son javelot. La dépouille du faux dieu tombe et laisse voir une large blessure.

Non moins audacieux, les fils de Phrixus signalent leur vaillance, et la déploient avec orgueil aux yeux des Grecs leurs parents, et des Colchidiens. Jason les voit au plus chaud de la mêlée, applaudit à leur intrépidité, et leur crie : « Courage, compatriotes, vous êtes bien de la race « d'Éolus, et votre origine n'est pas douteuse. Je « vous vois, et je suis assez payé de mes peines. »

Il dit, et Argus, agitant son bouclier, fond de toute sa hauteur sur Suétès et le grand Céramnus : il renverse l'un en lui brisant le genou, et fait dans la poitrine de l'autre une large ouverture; il désarçonne et laisse étendus sur le sol Zacorus et Phalcès, éventre Amaster, qui, comme lui, combattait à pied, qui reçoit dans ses mains son sang et ses entrailles, et qui meurt en exhalant sa fureur impuissante.

Calaïs tue Barisas; il tue Rhipée, soldat mercenaire et toujours à la solde de quelque nation voisine, qui s'était loué pour cent bœufs et autant de chevaux, et qui, frustré dans son attente, redemanda vainement au ciel, par un dernier re-

Inter equos, sævam misero luctamine versant 510
Congeriem, et longis campos singultibus implent.
Victores contra patrium Pæana Geloni
Congeminant; eadem redeunt mox gaudia victis,
Qua deus et melior belli respexit imago.
    Quis tales obitus dederit, quis talia facta, 515
Dic age, tuque feri reminiscere, Musa, furoris.
    Absyrtus clypei radiis curruque coruscus
Solis avi, cujus vibrantem cominus hastam
Cernere, nec galeam gentes potuere minantem;
Sed trepidæ redeunt, et verso vulnera tergo 520
Accipiunt, magnisque fugam clamoribus augent;
Proterit impulsu gravis agmina, corporaque atris
Sternit equis, gemitusque premit spirantis acervi.
Nec levior comitatur Aron, horrentia cujus
Discolor arma super squalentesque ære lacertos 525
Barbarica chlamys ardet acu, tremefactaque vento
Implet equum; qualis roseis it Lucifer alis,
Quem Venus illustri gaudet producere cælo.
    At non inde procul Rhamelus et acer Otaxes
Dispulerant Colchos pariterque inglorius Armes. 530
Fraude nova stabula et furtis assuetus inultis
Depopulare greges, frontem quum cornibus auxit
Hispidus, inque dei latuit terrore Lycæi.
Hac tunc attonitos facie defixerat hostes.

Quem simul ignota formidine bella moventem 535
Vidit Aron : Pavidos te, inquit, nunc rere magistros
Et stolidum petiisse pecus; non pascua, nec seps
Hic tibi : nocturnis mitte hæc simulacra rapinis,
Neve deum mihi finge, deus quoque consere dextram.
Sic ait, intentaque adjutum missile planta 540
Dirigit, et lapsis patuerunt vulnera villis.
    Nec minus Æolii proles Æetia Phrixi
Fertur et ipsa furens, ac se modo læta Cytæis
Agminibus, modo cognatis ostentat Achivis.
Atque hos in medio duri discrimine belli, 545
Laudibus inque ipsis gaudens ubi vidit Iason :
Macte, ait, o nostrum genus, et jam certa propago
Æoliæ, nec opina, domus; sat magna laborum
Dona fero, satis hoc visu quæcumque rependo.
    Dixit, et in Sueten magnique in fata Ceramni 550
Emicuit, clypeumque rotans, hunc poplite cæso
Dejicit, illum aperit lato per pectus hiatu.
Argus : utrumque ab equis ingenti porrigit arvo
Et Zacorum et Phalcen; peditem pedes haurit Amastrum.
Sanguinis ille globos, effusaque viscera gestat 555
Barbarus, et cassa frendens sublabitur ira.
    Dat Calais Barisanta neci, semperque propinquas
Rhipea venali comitantem sanguine pugnas.
Centum lecta boum bellator corpora, centum

gard, cette douce lumière que ne rachète nul trésor. Il tombe aussi Peucron à la blonde chevelure bouclée, au front couronné du roseau maternel. Méotis, sa mère, pleure et se lamente au fond de ses antres humides ; elle appelle son fils, qu'elle ne verra plus parcourir ses étangs, ses rivages, ni abattre sur ses ondes gelées les rapides élans.

Eurytus met en fuite les Exomates. Hélix, à la fleur de l'âge, meurt de la lance de Nestor, sans avoir pu rendre à son père les soins qu'il en avait reçus. Daraps poursuit Latagus et Zatès ; il tue l'un sur le coup, et voit l'autre fuir, emportant le fer dans sa poitrine et rendant des flots de sang.

Cependant Médée, du haut des remparts, observait le combat et ses chances diverses. Elle reconnaît d'abord, au milieu de la mêlée, plusieurs guerriers, et s'informe des autres à Junon. Du plus loin qu'elle aperçoit Jason, elle fixe sur lui d'avides regards ; bientôt sa pensée, tous ses vœux sont pour lui : elle suit les pas du héros, elle les devance même ; elle compte les guerriers qu'il désarme, les cavaliers qu'il abat, ceux qu'il immole, malgré leurs prières. Quelquefois elle tourne ailleurs son œil errant et comme sans regard, cherchant sans doute ou son père, ou son futur époux ; mais Jason est toujours là ; l'infortunée ne voit que Jason. S'adressant alors à sa sœur : « Quel est, dit-elle, feignant d'ignorer « son nom, celui que je vois depuis si longtemps, « et que vous aussi vous voyez courir, comme « un incendie, sur le champ de bataille? Sa valeur,

« j'imagine, ne vous étonne pas moins que moi. » L'implacable déesse enchérissant sur cet éloge, et fidèle à ses ruses, répond à Médée : « C'est « Jason lui-même que vous voyez, ma sœur ; « il a traversé des mers immenses pour venir ici « revendiquer la toison, héritage de son parent « Phrixus. Nul n'est plus noble, nul n'est plus va« leureux que lui. Voyez comme il efface en beauté « les Argonautes et les plus illustres de nos guer« riers, comme il insulte à ces cadavres amon« celés autour de lui ! Hélas ! il va partir ; il va « quitter nos rivages et regagner les fertiles campa« gnes de la Thessalie, si tendrement aimées de « Phrixus. Puisse-t-il du moins y arriver sans « périls ! » C'en était assez pour que Médée, profitant des heures qui lui restaient encore, assouvit ses regards du spectacle qu'elle avait sous les yeux, et des exploits de Jason.

En même temps que Junon l'enflammait par ses discours, elle grandissait le héros par des succès, et le pénétrait d'une ardeur toute nouvelle. Du haut du casque de Jason jaillissent de terribles éclairs ; son panache, astre fatal à toi, Persès, à toi aussi, jeune fille, trace dans l'air des sillons de feu, pareil au brûlant Sirius, ou à ces comètes enflammées que suscite contre les tyrans le courroux du maître des dieux. Le héros a senti l'influence de la déesse ; ses forces en sont décuplées. Il lui semble s'élever au-dessus des bataillons autant que le Caucase élève vers les Ourses glacées ses sommets couronnés de neige. Comme un lion qui s'est élancé dans une étable,

Pactus equos ; his ille animam lucemque rependit 560
Crudelis ; tandem dulces jam cassus in auras
Respicit, ac nulla cælum reparabile gaza.
Labitur intortos per tempora cærula crines
Tunc quoque materna velatus arundine Peucron.
At genitrix imis pariter Mæotis ab antris 565
Implevit plangore lacus, natumque vocavit,
Jam non per ripas, jam non per curva volantem
Stagna, nec in medio truncantem marmore cervos.
 Eurytus Exomatas agit æquore. Nestoris hastæ
Immoritur primævus Helix (nec reddita caro 570
Nutrimenta patri) brevibus præreptus in annis.
At Latagum Zatenque Daraps ; illum exigit hasta,
Hunc fugat, ingentem subiti quum sanguinis undam
Vidit, et extremo lucentia pectora ferro.
 Ecce autem muris residens Medea paternis, 575
Singula dum magni lustrat certamina belli,
Atque hos ipsa procul densa in caligine reges
Agnoscit, quæritque alios Junone magistra,
Conspicit Æsonium longe caput, ac simul acres
Huc oculos sensusque refert animumque faventem ; 580
Nunc, quo se raperet, nunc, quo diversus abiret,
Ante videns ; quotque unus equos, quot funderet arma,
Orantesque viros quam densis sterneret hastis :
Quaque iterum tacito sparsit vaga lumina vultu,
Aut fratris quærens, aut pacti conjugis arma, 585

Sævus ibi miseræ solusque occurrit Iason.
Tunc his germanam aggreditur, ceu nescia, dictis :
Quis, precor, hic, toto jam dudum fervere campo
Quem tueor, quemque ipsa vides? nam te quoque tali
Attonitam virtute reor. Contra aspera Juno 590
Reddit agens stimulis, ac diris fraudibus urget :
Ipsum, ait, Æsoniden cernis, soror, æquore tanto
Debita cognati repetit qui vellera Phrixi.
Nec nunc laude prior generis, nec sanguinis usquam.
Aspicis, ut Minyas inter proceresque Cytæos 595
Emicet effulgens, quantisque insultet acervis ;
Et jam vela dabit, jam litora nostra relinquet,
Thessaliæ felicis opes, dilectæque Phrixo
Rura petens ; eat atque utinam, superetque labores !
Tantum effata, magis campis intendere suadet, 600
Dum datur, ardentesque viri percurrere pugnas.
 At simul hanc dictis, illum dea marte secundo
Impulit, atque novas egit sub pectora vires.
Ora sub excelso jam dudum vertice coni
Sæva micant ; cursusque ardescit, nec tibi, Perse, 605
Nec tibi, virgo, jubæ lætabile sidus Achivæ ;
Acer ut autumni canis, iratoque vocati
Ab Jove fatales ad regna injusta cometæ.
Nec sua Crethiden latuit dea, vimque recentem
Sentit agi membris ac se super agmina tollit, 610
Quantus ubi ipse gelu magnoque incanuit imbre

s'y gorge de carnage et y assouvit sa faim, quittant tour à tour et reprenant ses victimes; ainsi Jason promenant de l'un à l'autre, sans choix, sans préférence, sa rage dévastatrice, frappe à la fois de l'épée ou de la lance tous ceux qui l'approchent, et dont le nombre diminue à chacun de ses coups. Il immole le terrible Hébrus à l'ondoyante chevelure, et Prion de Gétie; il fait voler la tête et les bras d'Auchus, et l'envoie rouler lui-même sur le sol.

Colaxès, fils de Jupiter, touche à sa dernière heure. Le père des dieux enveloppe le ciel d'un nuage de tristesse, et, dans sa colère impuissante, exhale ainsi ses plaintes : « Quoi! pour soustraire « mon fils à la mort, n'oserai-je user de mon pou- « voir suprême? Neptune pleure encore Amycus; « tous les dieux pleurent aussi leurs fils, ou les « pleureront un jour. Eh bien, que la destinée soit « égale pour tous! Ce que je me refuse à moi- « même, je ne saurais l'accorder à d'autres. » Et pour illustrer du moins le dernier jour de son fils, il lui inspire un courage extraordinaire. Colaxès vole dans la mêlée, enfonce des bataillons, sème au loin les funérailles. Tel un orage, sorti des flancs de l'arc-en-ciel, entraînant après soi les rochers, les forêts, les édifices, heurte tout à coup le sommet d'une montagne, s'y brise, et finit par s'épancher peu à peu en fleuve inoffensif; tel, avant de mourir, se révèle le fils de Jupiter. Il tue le vaillant Hypétaon, Gésithoüs, Arinès et Olbus. Blessé lui-même, démonté et combattant à pied, il perce de sa lance Après et Tydrus le Phasien; celui-ci, né près des sources du Phase, de Caucasus qui gardait, suivant la coutume antique, les troupeaux de son père, avait été ainsi surnommé par ses parents, en l'honneur du fleuve auquel il était consacré et pour qui croissait inutilement sa chevelure. Colaxès frappait toujours; mais la Parque ennemie rompt sa trame, et Jason paraît en vainqueur. Colaxès lui crie d'une voix terrible : « Malheureux, vous n'êtes « donc venus en Scythie que pour y servir de « pâture à nos chiens et à nos vautours ? » Et, saisissant un quartier de roc, sorte d'arme en usage dans ces temps grossiers et pour ces bras si vigoureux, il le soulève de terre et le lance. Junon détourne le coup qui terrasse Monésus, soldat obscur et peu regretté. Mais le coup qui menaçait Colaxès, Jupiter ne l'a point conjuré : le javelot de Jason traverse le bouclier et la poitrine du guerrier. Celui-ci tombe dans son sang. Jason accourt, et par des railleries ajoute encore à l'amertume de son trépas. Il s'élance ensuite, et marche aux Alains, qui déjà ne le connaissent que trop.

Médée suit Jason et le dévore des yeux; l'Amour ne permet pas qu'il lui échappe un seul instant. Déjà elle a moins de plaisir à regarder le combat; elle se reproche ses craintes, et ces alarmes dont elle ignore la cause; elle se demande si sa sœur est bien sincère; et, n'osant pas croire que ces traits ne soient pas les siens, elle cède

Caucasus, et summas abiit hibernus in Arctos.
Tunc vero, stabulis qualis leo sævit opimis
Luxurians, spargitque famem, mutatque cruores;
Sic neque parte ferox, nec cæde moratur in una 615
Turbidus, inque omnes pariter furit, ac modo sævo
Ense, modo infesta rarescunt cuspide pugnæ.
Tunc et terrificis undantem crinibus Hebrum,
Et Geticum Priona ferit ; caput eripit Auchi
Brachiaque, et vastis volvendum mittit arenis. 620
At genitus Jove complerat sua fata Colaxes;
Jamque pater mœsto contristat sidera vultu,
Talibus ægra movens nequidquam pectora curis :
Hei mihi, si duræ natum subducere sorti
Moliar, atque meis ausim confidere regnis! 625
Frater adhuc Amyci mœret nece, cunctaque divum
Turba fremunt, quorum nati cecidere cadentque.
Quin habeat sua quemque dies, cunctisque negabo,
Quæ mihi. Supremos misero sic fatus honores
Congerit, atque animis moriturum ingentibus implet. 630
Ille volat campis, immensaque funera miscet
Per cuneos. Velut hiberno proruptus ab arcu
Imber agens scopulos, nemorumque operumque ruinas,
Donec ab ingenti bacchatus vertice montis
Frangitur, inque novum paullatim deficit amnem; 635
Talis in extremo proles Jovis emicat ævo,
Et nunc magnanimos Hypetaona Gesithoumque,
Nunc Arinen Olbumque necat; jam saucius Apren,

Et desertus equo Tydrum pedes excipit hasta
Phasiaden, pecoris custos de more paterni 640
Caucasus ad primas genuit quem Phasidis undas;
Hinc puero cognomen erat, famulumque ferebant
Phasidis intonso nequidquam crine parentes.
Jamque aliis instabat atrox, quum diva supremas
Rumpit iniqua colus, victorque advenit Iason. 645
Excipit hunc sæva sic fatus voce Colaxes :
Vos Scythiæ saturare canes, Scythiæque volucres
Huc miseri venistis? ait, saxumque prehensum,
Illius et dextræ gestamen et illius ævi,
Concussa molitur humo, quod regia Juno 650
Flexit ad ignotum caput infletumque Monesi.
Præceps ille ruit : nato non depulit ictus
Jupiter; Æsoniæ vulnus fatale sed hastæ
Per clypeum, per pectus abit; lapsusque cruentus
Advolat Æsonides, mortemque cadentis acerbat. 655
Spargitur hinc, miserisque venit jam notus Alanis.
At regina virum (neque enim deus amovet ignem)
Persequitur lustrans, oculisque ardentibus hæret;
Et jam, læta minus præsentis imagine pugnæ,
Castigatque metus, et, quas furiis fatale inscia, curas, 660
Respiciens, an vera soror; nec credere falsos
Audet atrox vultus, eademque in gaudia rursus
Labitur, et sævæ trahitur dulcedine flammæ.
Ac velut ante comas ac summa cacumina silvæ
Lenibus alludit flabris levis Auster, at illum 665

de nouveau à ses premières impressions, et à la douce, à l'irrésistible passion qui l'entraîne. Tel l'Aquilon, d'abord brise légère, se joue au sommet des arbres qu'il ébranle à peine, et bientôt sévit avec fureur contre les nautoniers éperdus; telle Médée exalte peu à peu son amour jusqu'à ses dernières fureurs. Parfois, détachant le collier de la déesse, qui s'y prête avec complaisance, elle adapte à son cou la parure dévorante, et l'or fatal ne l'a pas sitôt touchée qu'elle se sent défaillir : elle le rend enfin, moins éblouie par l'éclat des pierreries et du précieux métal dont il est formé, que brûlée par le feu qu'il répand, et accablée par le dieu qui la remplit tout entière. Un reste de pudeur errait sur ses joues enflammées : « Croyez-vous, dit-elle, ô ma sœur, que notre père tiendra sa promesse? Comme il doit remercier les dieux de l'arrivée de cet étranger! Mais combien durera donc encore cette affreuse mêlée? Et que de périls il affronte pour une nation qu'il ne connaît pas! » Elle parlait encore, que Junon la quitte, satisfaite de ce début, et sûre désormais du succès de sa perfidie.

Médée, de plus en plus hardie, s'avance sur le rempart, sans suivre sa sœur, sans la regarder même. Chaque fois que chefs et soldats, se pressant en foule, serrent Jason de plus près, que les traits pleuvent sur lui seul, tous ces traits, tous ces coups retombent sur elle : elle frémit en voyant Lexanor bander son arc ; mais la flèche, passant par-dessus la tête de Jason, va te frapper, ô Caïcus, condamnant au veuvage ton épouse infortunée, et étouffant dans la couche nuptiale l'espoir de votre maison.

Envoyé du roi des Parthes, Myracès, chargé d'or et de présents, était venu chez Éétès, pour contracter, au nom de son maître, une nouvelle alliance avec les Colchidiens : mais la Parque et l'attrait de la guerre qui s'alluma tout à coup retinrent le messager en Scythie. Il était là, suivi d'un nègre, impuissant eunuque, au visage efféminé et sans barbe. Lui, combattant assis sur des housses et entouré de carquois, tantôt poussait son char contre les bataillons ennemis, tantôt simulait une fuite et décochait ses flèches en se retournant. Une tiare, tissue de soie et d'émeraudes, ornement des rois de son pays, couvre sa tête; de ses bras pendent de larges manches ; à son côté droit brille un cimeterre. Sa chaussure barbare dépasse de beaucoup la mesure de ses pieds. De telles dépouilles n'échappèrent pas longtemps aux regards de l'avide Syénès. Une flèche, lancée de sa main, perce aisément la peau de tigre tachetée de pourpre, qui couvre Myracès. Le sang du guerrier s'échappe avec la vie par cette ouverture ; sa tête tombe sur son arc brisé ; le sang inonde sa superbe chlamyde, baigne son visage, et salit sa belle chevelure, que parfumaient des essences de Saba, et que sa mère avait entrelacée de filigranes d'or. Comme un jeune olivier, planté dans un terrain que fécondent une douce température et des irrigations modérées, répond d'abord aux soins assidus, aux espérances du cultivateur, et montre sa tête couronnée

Protinus immanem miseræ sensere carinæ;
Talis ad extremos agitur Medea furores.
Interdum blandæ derepta monilia divæ
Contrectat, miseroque aptat flagrantia collo;
Quaque dedit teneros aurum furiale per artus, 670
Deficit, ac sua virgo deæ gestamina reddit,
Non gemmis, non illa levi turbata metallo,
Sed facibus, sed mole dei, quem pectore toto
Jam tenet; extremus roseo pudor errat in ore.
Ac prior his : Credisne patrem promissa daturum, 675
O soror, Argolicus cui dis melioribus hospes
Contigit? aut belli quantum jam restat acerbi?
Heu quibus ignota sese pro gente periclis
Objicit! Hæc fantem medio in sermone reliquit
Incepti jam Juno potens, securaque fraudis. 680
Imminet e celsis audentius improba muris
Virgo, nec ablatam sequitur quæritve sororem.
At quoties vis dira ducum, densique repente
Æsoniden pressere viri, quumque omnis in unum
Imber iit, toties saxis pulsatur et hastis. 685
Primaque ad infesti Lexanoris horruit arcus,
Alta sed Æsonium supra caput exit arundo.
Teque, Caice, petit : conjux miseranda Caico
Linquitur, et primo domus imperfecta cubili.
Regius Eois Myraces interpres ab oris 690
Venerat, ut Colchos procul atque Æetia Parthis

Fœdera donato non irrita jungeret auro.
Tum juvenem terris Parcæ tenuere Cytæis,
Ac subiti Mavortis amor : simul armiger ibat
Semivir, impubemque gerens sterilemque juventam. 695
Ipse, pharetratis residens ad frena tapetis,
Nunc levis infesto procurrit in agmina curru,
Nunc fuga conversas spargit mentita sagittas.
At viridem gemmis et Eoæ stamine silvæ
Subligat extrema patrium cervice tiaram, 700
Insignis manicis, insignis acinace dextro;
Improba barbaricæ procurrunt tegmina plantæ.
Nec latuere diu sævum spolia illa Syenen,
Perque levem et multo maculatam murice tigrin
Concita cuspis abit; subitos ex ore cruores 705
Saucia tigris hiat, vitamque effundit herilem;
Ipse puer fracto pronum caput implicat arcu :
Sanguine tunc atro chlamys ignea, sanguine vultus
Et gravidæ maduere comæ, quas flore Sabæo
Nutrierat, liquidoque parens signaverat auro. 710
Qualem si quis aquis et fertilis ubere terræ
Educat, ac ventis oleam felicibus implet,
Nec labor assiduus, nec spes sua fallit alentem,
Jamque videt primam tenero de vertice frondem,
Quum subito immissis præceps aquilonia nimbis 715
Venit hiems, magnaque evulsam tendit arena;
Haud secus ante urbem Myraces atque ipsius ante

des premiers feuillages, quand tout à coup, déchaînant ses impétueux tourbillons, l'Aquilon le déracine et le renverse sur le sol; ainsi tombe Myracès au pied des murs de la ville, et sous les yeux mêmes de Médée. Cependant la jeune fille, tout entière aux périls d'un seul, n'est pas plus émue de sa chute qu'étonnée des exploits de Méléagre, de Talaüs et d'Acaste, objets, tous trois, d'attention et d'effroi pour les ennemis, et qu'une ardeur égale emporte à la suite des bataillons en déroute. Chefs et soldats, tout fuit devant eux; le sang coule à grands flots, et déjà il n'est plus un seul char qui n'ait perdu son maître.

En voyant la fuite et le massacre des siens, Persès ne contient plus sa douleur; il accuse ainsi le ciel : « Quand je fus exilé de ma patrie, dieux, « vous me trompiez donc, en me poussant à la « guerre, en me forçant d'y entraîner la Scythie? « Pourquoi, Jupiter, m'avoir prédit, m'avoir « promis le châtiment d'Éétès? C'est là ce secours « que je devais recevoir des Argonautes; ce sont « là ces forces qui devaient se joindre aux miennes ! Oh! qu'une vie trop longue pèse aux infortunés ! Pourtant, et je ne demande rien « de plus, puissé-je voir encore le jour où mon « frère, trompant ces Grecs, comme ils méritent « de l'être, fera verser à l'orgueilleux Jason des « larmes amères sur la stérile issue de ses audacieux efforts ! »

En parlant ainsi, il frappait sa poitrine de ses armes; il pleurait, étouffant ses sanglots sous la visière de son casque. Pallas le vit, comme il allait se précipiter au plus fort de la mêlée, et se dit alors à elle-même : « Persès court au tré- « pas, et pourtant Jupiter a résolu de l'élever un « jour sur le trône d'Éétès. S'il meurt, il est à « craindre que mon père ne m'en accuse, et ne « fasse retomber sur moi sa terrible colère. »

Et soudain elle le couvre d'un nuage, et écarte les traits qui sifflent autour de sa tête. Un tourbillon propice le soulève du milieu de ses compagnons, et l'emporte à travers les airs jusqu'aux derniers rangs, là où, trop tard arrivés, les Ibères et les Essédons ne prenaient part au combat que par leurs clameurs.

La nuit étend sur la terre ses ombres étoilées, et met fin au combat. Médée s'éloigne des remparts, le cœur malade des longues inquiétudes qui l'ont agitée. Telle une bacchante, d'abord maîtresse d'elle-même pendant les redoutables mystères, cède bientôt à l'inspiration du dieu qui la porte à tout oser; telle revenait Médée, en proie à un trouble non moins violent. Sans cesse occupée de Jason, elle le voit au milieu de la foule des Grecs et des Colchidiens; elle reconnaît ses armes et ce que son casque lui laisse apercevoir de son visage.

LIVRE VII.

Toi aussi, vierge de Colchos, la nuit te sépare de ton hôte thessalien, et t'enlève tes plus chères délices; elle marche, impitoyable pour tes seules amours. Mais la vierge hésite encore sur le

Virginis ora cadit; sed non magis illa movetur,
Unius ægra metu, quam te, Meleagre, furentem,
Quam Talaum videt, aut pugnas miratur Acasti 720
(At satis hos ipsæ gentes campique videbant)
Tempestate pari versis incumbere turmis.
Ante oculos fuga fœda ducum, largusque cadentum
It cruor, et currus dominis ingentibus orbi.
Non tulit hos Perses gemitus, clademque suorum 725
Tergaque versa tuens, his cælum questibus implet :
Quid me jam patriis ejectum sedibus, istas
Ut struerem pugnas, Scythiamque in bella moverem,
Vos superi, vos augurio lusistis inani?
Quid fratris meritas tua, Jupiter, omina pœnas 730
Promisere mihi? nobis Argoa parabas
Scilicet auxilia, et tantas conjungere vires.
Sæva quidem lucis miseris mora; dent tamen, oro,
Unum illum mihi fata diem, quo fallat Achivos
Sic meritos, quoque hunc videam virtute superbum 735
Æsoniden, tantos flentem sine honore labores.
Dixerat hæc, pectusque suis everberat armis,
Et galeam fletu, galeam singultibus implet;
Ibat et in medii præceps incendia belli,
Ni prior adversis Pallas vidisset ab armis, 740
Et secum : Ruit ecce ferox in funera Perses,
Quem genitor Colchis solioque reponere fratris

Jam statuit. Nostra vereor ne fraude peremptum
Increpet, et culpam hanc magno terrore rependat.
Hæc dicens atro nebulam diffundit amictu, 745
Stridentesque viri circum caput amovet hastas.
Ille super socias clementi turbine gentes
Erigitur, paullumque levi raptatus in æthra
Jam tandem extremas pugnæ defertur in oras,
Forte ubi serus Iber Essedoniæque phalanges 750
Marte carent, solisque juvant clamoribus agmen.
Nox simul astriferas profert mortalibus umbras,
Et cadit exemplo belli fragor, ægraque muris
Digreditur, longum virgo perpessa timorem.
Ut fera Nyctelii paullum per sacra resistunt, 755
Mox rapuere deum jam jam in quodcumque paratæ
Thyades : haud alio remeat Medea tumultu,
Atque inter Graiumque acies patriasque phalanges
Semper inexpletis agnoscit Iasona curis,
Armaque, quique cava superest de casside vultus. 760

LIBER VII.

Te quoque Thessalico jam serus ab hospite vesper
Dividit, et te jam tua gaudia, virgo, relinquunt,
Noxque ruit, soli veniens non mitis amanti.
Ergo ubi, cunctatis extremo in limine plantis,

seuil de son appartement; elle arrive enfin à sa couche. Là, dans le silence des ténèbres, s'exaltant à loisir, elle passe ses longues veilles en proie à mille pensées diverses, n'osant s'interroger sur le mal qui la consume. Bientôt elle se l'avoue à elle-même, et peu à peu elle laisse s'exhaler sa douleur. « Quelle fatalité, quel éga-
« rement volontaire chasse ainsi de mes yeux le
« sommeil? Telles n'étaient pas mes nuits, jeune
« héros, avant que je visse tes traits. Pourquoi,
« insensée que je suis, me les rappeler sans cesse?
« Un immense océan nous sépare. Toujours penser à lui, à lui seul! et pourquoi? Ah! livrons-
« lui plutôt cette toison de Phrixus, seul objet
« de ses désirs, seul but de ses travaux. Car
« reviendra-t-il jamais en ce pays? ou jamais
« mon père ira-t-il en Thessalie? Heureux les
« guerriers qui ont bravé les flots, qui ont affronté
« les périls d'un tel voyage, pour suivre un tel
« héros! Qu'importe? qu'il parte vite. »
Au milieu de cette agitation et sur cette couche qu'elle est impatiente de fuir, Médée voit poindre enfin l'aube blanchissante. Le jour se lève, et rafraîchit l'amante fatiguée par l'insomnie, comme une douce pluie ranime les épis languissants, ou comme un frais zéphyr assouplit les bras fatigués des rameurs.

Cependant, occupés de leurs grands desseins, les Argonautes choisissent vainement, pour aborder Éétès, le moment où la victoire due à leur courage le transporte de joie. Jason le laisse d'abord offrir aux dieux ses prières et la dépouille des vaincus; il s'avance ensuite, cherchant s'il ne verra point quelque part la toison promise resplendir sous les voûtes de l'édifice.

Mais Éétès ne pouvait déguiser plus longtemps son visage ni ses paroles; il va droit à Jason qui n'osait parler, et exhale en ces mots son dépit :
« Nés sous un autre ciel, maîtres d'autres pays,
« d'autres mers, quelle folie ou quel si grand
« amour pour moi vous a poussés ici du fond de
« vos lointains rivages? O toi, Phrixus, toi mon
« gendre et la première cause de mes malheurs,
« pourquoi, comme ta sœur, n'as-tu pas été submergé? Heureux encore, j'ignorerais jusqu'au
« nom des Grecs! Qu'est-ce que ce roi Pélis, ce
« Thessalien, et toute la Grèce? Quels sont ces
« hommes que je vois? Rochers Cyanéens, où
« êtes-vous? Des étrangers venir en Scythie! Un
« Jason, ô honte, et cinquante bannis pénétrer
« en Asie! Un vaisseau, un seul me mépriser assez
« pour me dépouiller moi vivant, moi régnant!
« M'ordonner d'apporter moi-même la toison,
« de violer nos sacrés asiles, sans daigner seulement m'y forcer par la victoire! Dis-moi, pirate,
« pourquoi ne pas ravir à tous nos temples les
« offrandes sacrées, arracher les filles du sein de
« leurs mères? Croirai-je que vous avez une patrie,
« une famille, vous que font vivre la piraterie
« et la tempête; vous qui, de votre aveu même,
« fûtes jetés sur les flots, et proscrits à jamais par
« votre propre roi? Ai-je, pour m'emparer de la
« toison d'or, transformé en vaisseaux et lancé à
« la mer la dépouille du Caucase, promené le

Contigit ægra toros, et mens incensa tenebris, 5
Vertere tunc varios per longa insomnia questus,
Nec pereat quo scire malo; tandemque fateri
Ausa sibi, paullum medio sic fata dolore est :
Nunc ego quo casu, vel quo sic pervigil usque
Ipsa volens errore trahor? non hæc mihi certe 10
Nox erat ante tuos, juvenis fortissime, vultus.
Quos ego cur iterum demens iterumque recordor,
Tam magno discreta mari? quid in hospite solo
Mens mihi? cognati potius jam vellera Phrixi
Accipiat, quæ sola petit, quæque una laborum 15
Causa viro. Nam quando domos has ille reviset?
Aut meus Æsonias quando pater ibit ad urbes?
Felices, mediis qui se dare fluctibus ausi,
Nec tantas timuere vias, talemque secuti
Hunc qui deinde virum; sed sic quoque talis abito. 20
  Tum jactata toro, nimiumque experta cubile;
Ecce videt tenui candescere limen Eoo :
Nec minus insomnem lux orta refecit amantem,
Quam quum languentes levis erigit imber aristas,
Grataque jam fessis descendunt flamina remis. 25
  At sua longarum Minyas jam cura viarum
Admonet, inque ipso nequidquam tempore regem
Lætitiæ meritique petunt; quem passus Iason
Vota prius, captasque deis accendere prædas,
Prominet, atque oculos longe tenet, aurea si jam 30
Pellis, et oblatis clarescant atria villis.

Ille autem jamjam vultus vocesque paratas
Ante aperit, rumpitque moras, inque ipsa morantis
Prosilit ora viri, talique effunditur ira :
Orbe satos alio, sua litora regnaque habentes, 35
Quis furor has mediis tot fluctibus egit in oras,
Quisve mei vos tantus amor? Tu prima malorum
Causa mihi, tu, Phrixe gener; non te æquore mersum,
Quo soror, ut felix nullos nunc nomine Graios 39
Nossem ego! Quis regum Pelias, quis Thessalus, aut quæ
Græcia? Quodnam hominum cerno genus? aut ubi cautes
Cyaneæ? venit Scythicas en hospes in oras.
Quinquaginta Asiam (pudet heu !) penetrarit Iason
Exsulibus! meque ante alios sic spreverit una,
Una ratis, spolium ut vivo de rege reportet! 45
Ipsum efferre, meos ipsum me pandere lucos
Imperet, et nullo dignetur vincere bello!
Cur, age, non templis sacrata avellere dona
Omnibus, atque ipsas gremiis abducere natas,
Prædo, libet? vobisne domos, vobisne parentes 50
Esse putem; ratis infandis quos sola rapinis,
Sævaque pascit hiems? et quos, credamus ut ipsis,
Rex suus illisit pelago, vetuitque reverti?
Scilicet Æoliæ pecudis potereris et auro,
Ante meæ cæsa descendit Caucasus umbra, 55
Ac prior Hæmonias rapuit super æquora prædas?
Aut ego cum vittis statui feralibus Hellen?
Si tamen his aliter perstas non cedere terris

« premier mes brigandages le long des côtes de
« la Thessalie ; attaché au front d'Hellé les fatales
« bandelettes? Si pourtant tu ne veux pas
« sortir de ce pays sans la toison ; si tu as
« honte de t'en retourner les mains vides, et
« que ton vaisseau recèle je ne sais quoi de su-
« périeur à la puissance humaine, je ne différerai
« pas davantage ma promesse, pourvu qu'au-
« paravant tu obéisses à mes ordres. Il est près de
« la ville un champ consacré à Mars, inculte de-
« puis bien des années, et où paissent deux tau-
« reaux furieux, qui reconnaissent à peine le joug
« auquel je veux les soumettre. Ma vieillesse les
« a rendus plus féroces et plus indomptables ; un
« feu plus dévorant jaillit de leurs bouches. Sois
« donc, ô étranger, mon digne successeur, et
« défriche ces landes arides. Ni les semences
« que j'employais moi-même ne te manqueront,
« ni la moisson que seul j'avais jusque-là re-
« cueillie. Une nuit te suffira pour te résoudre,
« après en avoir délibéré avec tes demi-dieux :
« et si tu as quelque confiance en tes forces, tu
« te rendras sans différer sur ce champ où t'appel-
« lent les Destins. Pour moi, je ne sais encore si
« je désire que tu sois tout à coup étouffé par les
« flammes et par la fumée, ou que, résistant à
« cette première épreuve, tu voies, à mesure que
« tu ensemenceras la terre, les dents du dragon
« de Cadmus enfanter des guerriers, et la campa-
« gne se couvrir de bataillons tout armés. »

Étonnée de l'ordre barbare donné par son père, Médée hésite, regarde en pâlissant Jason, et
tremble que, dans l'ignorance du péril, le héros ne se flatte de le surmonter. Cependant
l'effroi glaçait Jason. En proie à une sombre colère, il reste immobile ; pareil au pilote des
mers de Tyrrhène et d'Ionie, qui, voguant à
pleines voiles vers le port du Tibre, ou vers
Pharos à l'éclatant fanal, perd de vue tout à
coup et l'Égypte et l'Ausonie, et chasse sur les
sirtes dangereux de l'Afrique. Enfin, après avoir
longtemps médité sa réponse, il attache son regard sur le tyran, et lui dit :

« Éétès, ce n'est pas là le retour, ce ne sont pas
« là les espérances dont tu nous flattas, quand
« nous prîmes les armes pour défendre tes murs.
« Que signifient ce changement, ces ordres, qui
« cachent sans doute quelque piége? Vois-je ici
« un autre Pélias, d'autres dangers à courir? Eh
« bien, tyrans, unissez contre moi vos haines et
« vos ordres cruels ; ni le courage, ni l'espoir ne
« me failliront pour les affronter. Je ne demande
« qu'une chose : si demain je meurs, victime de
« ces soldats qui sortiront tout armés du sein de
« la terre, ou si je suis consumé par les flammes
« des taureaux, que Pélias sache qu'ici seulement
« nous aurons succombé, et que j'aurais pu retour-
« ner en Thessalie, si tu avais eu plus de bonne foi. »

Il part à ces mots, laissant le père et la fille plongés dans la stupeur, et sort brusquement de cette
cour perfide. Mais tremblante, et comme isolée au
milieu des siens, Médée garde le silence ; ses
yeux mouillés de larmes ont cessé peu à peu de
fixer la terre, pour se tourner vers la porte de
l'appartement. Là, elle le voit encore, prêt
à partir, et plus beau qu'il ne lui est encore
apparu. Faut-il donc ne plus revoir cette
noble stature, ces traits divins ! Ne pouvant,

Teque pudor cassi reditus movet, ac latet una
Nescio quid plus puppe viris ; haud ipse morabor, 60
Quæ petitis ; modo nostra prior tu perfice jussa.
Martius ante urbem longis jacet horridus annis
Campus, et ardentes ac me quoque, vomere presso,
Me quoque cunctantes interdum agnoscere tauri.
His magis atque magis rabiem nunc nostra senectus 65
Luxuriemque dedit, solitoque superbior ignis
Ore fremit. Succede meæ, fortissime, laudi,
Et nostros recole, hospes, agros : nec semina deerunt,
Quæ prius ipse dabam, et messes, quas solus obibam.
Consiliis nox una satis, tecumque retracta 70
Cumque tuis hæc jussa deis, ac si quid in isto est
Robore, prædicti venies in rura laboris.
Ipse incertus adhuc, tenebris te protinus illis
Involvi flammisque velim, durare parumper
An magis, everso jacias dum semina campo, 75
An tibi Cadmei dum seminis exeat hydri
Miles, et armata florescant pube novales.
Filia prima trucis vocem mirata tyranni
Hæsit, et ad juvenem pallentia rettulit ora,
Contremuitque metu, ne nescius audeat hospes, 80
Seque miser ne posse putet : perstrinxerat horror
Ipsum etiam, et mœsta stabat defixus in ira ;
Non ita Tyrrhenus stupet Ioniusque magister,
Qui portus, Tiberine, tuos, clarumque serena
Arce Pharon præceps subiit : nusquam ostia, nusquam 85
Ausoniam videt, et sævas accedere Syrtes.
Tum tamen, infando quæ det responsa tyranno,
Colligit, et tandem obtutu consurgit ab alto :
Non, ait, hos reditus, non hanc, Æeta, dedisti
Spem Minyis, quum prima tuis pro mœnibus arma 90
Induimus ; quo versa fides, quos vestra volutant
Jussa dolos ? alium hic Pelian, alia æquora cerno.
Quin agite, hoc omnes odiisque urgete, tyranni,
Imperiisque caput ; quamquam mihi dextera, nec spes
Defuerit mox jussa pati, seu seges obruet hastis, 95
Unum oro, seu me illa suis obruet hastis,
Hauriet adverso seu crastinus ignis hiatu ;
Nuntius hinc sævas Peliæ mittatur ad aures,
Hic perisse viros ; et me si vestra fuisset,
Ulla fides, reducem patriæ potuisse referri. 100
Talibus attonitos dictis natamque patremque
Linquit, et infida præceps prorumpit ab aula.
At trepida et medios inter deserta parentes
Virgo silet : nec fixa solo servare parumper
Lumina, nec potuit mœstos non flectere vultus ; 105
Respexitque fores, et adhuc invenit euntem,
Visus et, heu ! miseræ tunc pulchrior hospes amanti
Discedens : tales humeros, ea terga relinquit.

malgré son impatience, franchir le seuil du palais, elle voudrait qu'il marchât tout entier sur les pas de Jason. Telle Io, arrivant hors d'haleine au bord de la mer, avance un pied dans l'eau, puis le retire, quand Érinnys la pousse dans les flots au delà desquels l'appelaient les femmes de l'Égypte : telle Médée marche au hasard, se penche près de la porte ouverte encore, comme si elle attendait que son père s'adoucît et rappelât les Argonautes; elle se fatigue à chercher Jason. Tantôt elle reste seule à pleurer sur sa couche, tantôt se réfugie dans les bras de sa sœur, veut lui parler et se tait: puis elle s'éloigne un peu, et lui demande l'histoire de l'arrivée de Phrixus en Colchide, et de Circé traînée par des dragons ailés. Quelquefois, reposant ses regards sur ses aimables compagnes, elle sent que leurs plaisirs ne lui suffisent plus ; elle vient ensuite plus caressante retrouver ses parents, et baise avec transport la main de son père. Ainsi, commensal habituel d'un maître dont elle partage aussi la couche, une chienne, atteinte déjà de tous les symptômes de la rage, parcourt, malade et plaintive, la maison qu'elle va bientôt fuir. Enfin, la jeune fille se gourmande elle-même. « Allons, insensée, se « dit-elle, nourris-toi de cet amer souvenir; in-« quiète-toi d'un homme qui te fuit, qui peut-être « est déjà bien loin ; qui, arrivé dans sa patrie, « aura même oublié ton nom. Que m'importe après « tout qu'il triomphe ou qu'il succombe, et que « sa chute afflige et ébranle toute la Grèce? Pour-« tant, s'il devait périr, plût aux dieux que ce fût « loin d'ici, loin de ce pays, mais dans les États et « par les ordres de quelque tyran inconnu ! Car « il est issu du sang des dieux; il est parent, dit-« on, de Phrixus, qui est aussi le nôtre; et j'ai vu « ma sœur s'attendrir sur son sort ; enfin, c'est « poussé par des ordres cruels qu'il traîne ainsi « sa misère sur les ondes. Qu'il parte donc, s'il « le veut, et comme il le veut; qu'il ignore seule-« ment les vœux que je fais pour lui, et ne haïsse « plus mon père ! »

En achevant ces mots, elle se laisse tomber de tout son poids sur son lit, attendant que le sommeil ait pitié de ses angoisses. Mais, plus terrible que jamais, le sommeil la tourmente et l'agite ; il lui montre ici son hôte prosterné à ses pieds, et là son père. Elle s'éveille épouvantée; elle s'élance de son lit, et, au lieu des villes de la Thessalie à travers lesquelles elle se croyait entraînée, elle reconnaît ses pénates, ses esclaves qui l'entourent. Tel Oreste, agité par les Furies et par d'aveugles terreurs, saisit une épée, frappe sur ces ministres vengeurs de son impitoyable mère, croit sentir leurs serpents, leurs fouets qui le déchirent, le sang de l'incestueuse Lacédémonienne qui irrite sa soif du meurtre, et tombe enfin, las de ce combat imaginaire, sur le sein de la malheureuse Électre.

Junon voyant Médée, encore incertaine, résister aux fureurs de l'amour, la passion languir à mesure que la pudeur se réveille, et cette âme se roidir contre le mal, ne songe plus à prendre la figure et la voix de Chalciope; elle s'élève dans

Illa domum atque ipsos paullum procedere postes
Optat, et ardentes tenet intra limina gressus. 110
Qualis, ubi extremas Io vaga sentit arenas,
Fertque refertque pedem ; tumido quam cogit Erinnys
Ire mari, Phariæque vocant trans æquora matres :
Circuit haud aliter, foribusque impendet apertis,
An melior Minyas revocet pater : oraque quærens 115
Hospitis, aut solo mœret defecta cubili,
Aut venit in caræ gremium refugitque sororis
Atque loqui conata silet ; rursusque recedens
Quærit, ut Æœis hospes consederit oris
Phrixus, ut aligeri Circen rapuere dracones. 120
Tum comitum visu fruitur miseranda suarum,
Impleriquæ nequit ; subitoque parentibus hæret
Blandior, et patriæ circumfert oscula dextræ :
Sic assueta toris et mensæ dulcis herili,
Ægra nova jam peste canis rabieque futura, 125
Ante fugam totos lustrat queribunda penates.
Tandem etiam molli sese semel increpat ira :
Pergis, ait, demens ; teque illius angit imago,
Curaque, qui profuga forsan tenet alta carina,
Quique meum patrias referet nec nomen ad urbes ! 130
Quid me autem sic ille movet, superetne labores,
An cadat, et tanto turbetur Græcia luctu?
Saltem, fata virum si jam suprema ferebant,
Jussus ad ignotos potius foret ire tyrannos !
O utinam, et tandem non hac moreretur in urbe ! 135
Namque et sidereo nostri de sanguine Phrixi
Dicitur ; et caram vidi indoluisse sororem :
Seque ait has jussis actum miser ire per undas.
Aut redeat quocumque modo, meque ista precari
Nesciat, atque meum non oderit ille parentem. 140
Dixerat hæc, stratoque graves projecerat artus,
Si veniat miserata quies ; quum sævior ipse
Turbat agitque sopor : supplex hinc sternitur hospes,
Hinc pater : illa nova rumpit formidine somnos,
Erigiturque toro ; famulas carosque penates 145
Agnoscit, modo Thessalicas raptata per urbes :
Turbidus ut Pœnis cæcisque pavoribus ensem
Corripit, et sævæ ferit agmina matris Orestes ;
Ipsum angues, ipsum horrisoni quatit ira flagelli ;
Atque iterum incestæ se fervere cæde Lacænæ 150
Credit agens, falsaque redit de strage dearum
Fessus, et in miseræ collabitur ora sororis.
His ubi nequidquam nutantem Colchida curis
Juno videt, necdum extremo parere furori,
Non jam mentitæ vultum vocemque resumit 155
Chalciopes, quando ardor hebet, leviorque pudori,
Mensque obnixa malo ; tenues sublimis in auras
Tollitur, et fulvo Venerem vestigat Olympo :

les airs, et va trouver Vénus dans l'Olympe. « Je « n'oublie pas, lui dit-elle, l'aide que vous m'avez « prêtée jusqu'ici ; mais la jeune fille demeure « insensible ; elle combat sa passion par des pleurs, « et, tout éprise qu'elle est, elle m'échappe. Allez « donc, je vous prie : ayez raison de cet amour « dont elle veut me frustrer. Qu'elle ose quitter « le palais de son père, et défendre de tout péril « Jason qui m'est si cher ; qu'elle charme par la « puissance des sucs magiques le Dragon qui jour « et nuit enveloppe de ses vastes et innombrables « anneaux la toison et la forêt entière ; qu'elle « l'assoupisse, et l'écarte de son arbre sacré. Voilà « ce que j'attends de vous ; les Furies et Médée « feront le reste. » La mère des Amours lui répondit : « Je vous ai servie, quand vous avez voulu « rendre sensible le cœur de cette jeune fille, et « lui inspirer des sentiments qu'elle ignorait. Pour « vous seule je me suis dépouillée de ma cein- « ture ; le charme a opéré ; il a été irrésistible. « Mais ce n'est pas assez, et j'y suis nécessaire. « Ce cœur qui balance, cette pudeur qui chancelle « me réclament tout entière. Eh bien ! je ferai en « sorte qu'elle sollicite elle-même la main de « Jason, qu'elle s'impatiente du moindre retard. « Vous, faites-le venir bientôt dans le temple « d'Hécate, où Médée, avec le chœur de ses com- « pagnes, préside, les flambeaux à la main, « aux mystères de la déesse. Ne craignez d'Hé- « cate aucun obstacle à nos projets. Qu'elle l'ose « d'ailleurs ; j'en fais le vœu : l'amour m'en fera « bientôt justice ; je la forcerai alors de calmer « elle-même de sa triple voix les taureaux de « Vulcain, et à souffrir les embrassements de Ja- « son. » Junon, apercevant Iris, lui enjoint d'obéir promptement à Vénus, et de faire venir le héros dans le temple.

Iris va trouver aussitôt les Argonautes, et Vénus la jeune fille. Junon, s'arrêtant sur un des sommets du Caucase, regarde attentivement les murs d'Éa, avec un espoir mêlé de crainte.

Invisible à tous les regards, Vénus découvrait à peine les murs de la ville, qu'une sensation étrange serre le cœur de Médée, rallume ses feux assoupis et réveille ses plaintes. Mille pensées diverses et qui toutes ont Jason pour objet viennent l'assaillir encore ; elle pleure, et comme s'il était là pour l'entendre : « Si ta mère, dit-elle, « si ton épouse (aurait-il, hélas ! une épouse?) « pouvaient appeler à ton aide la vertu des philtres « thessaliens ; si moi-même je pouvais faire autre « chose que gémir des soucis qui t'accablent !... « Mais non ; c'est ta mort que je verrai, traînée « encore à ce spectacle par une sœur insensible. « Il ne croit pas sans doute que personne ici soit « touché de son sort, que personne se souvienne « de lui ; il me hait moi-même avec tous les au- « tres. Si cependant je le puis jamais, je veux « recueillir sa dernière poussière, rassembler ses « os, ceux du moins que la flamme meurtrière « des taureaux aura respectés, et leur donner la « sépulture. Alors enfin je pourrai chérir ses mâ- « nes, et rendre à sa tombe tout l'amour que « j'eus pour lui. »

Sum memor, ut tantum mecum partita laborem;
Illa nimis sed dura manet, conversaque in iram 160
Et pharus dolet, ac me nunc decepta reliquit.
I, precor, atque istum, quo me frustratur, amorem
Vince, precor; patriis ut tandem evadere tectis
Audeat, atque meum casu defendere ab omni
Æsoniden : quia illa sacro, quo freta, veneno 165
Illum etiam totis adstantem noctibus anguem,
Qui nemus omne suum, quique aurea (respice porro)
Vellera tot spiris circum, tot ductibus implet,
Solvat, et in somnos ingenti solvat ab orno.
Hæc tibi nunc : Furiis, atque ipsi cætera mando. 170
Tum Venus aligerum mater sic fatur Amorum :
Nec tibi, quum primos aggressa es flectere sensus
Virginis, ignotaque animum contingere cura,
Defuimus : data continuo sed cingula soli
Nostra tibi, quis mota loco labefactaque cessit. 175
Haud satis est, sed me ipsa opus : et cunctantia poscunt
Pectora me, dubiusque pudor : jam fœdera faxo
Æsonii petat ipsa viri, metuatque morari.
Tu face luciferæ citus ad delubra Dianæ
Deveniat, sacras solita est ubi fundere tædas 180
Colchis, et æquali dominam lustrare caterva.
Nec tu nunc Hecates suheat metus, aut mea forte
Impediat ne cœpta time : quin audeat opto :
Continuo transibit amor; cantuque trilingui
Ipsam flammiferos cogam compescere tauros, 185
Amplexumque pati. Volucrem tunc aspicit Irin,
Festinamque jubet monitis parere Diones ;
Et juvenem Æsonium prædicto sistere luco.
    Protinus hinc Iris Minyas, Cytherea petivit
Colchida : Caucasiis speculatrix Juno resedit 190
Rupibus, attonitos Æa in mœnia vultus
Speque metuque tenens, et adhuc ignara futuri.
Vix primas occulta Venus prospexerat arces,
Virginis ecce novus mentem perstringere languor
Incipit : ingeminant commotis questibus æstus. 195
Ergo iterum sensus varios super hospite volvens
Mœret, et absenti nequidquam talia fatur :
Si tibi Thessalicis nunc, si tua forte venenis
Mater, et heu, si qua est, posset succurrere conjux !
Quidve tuos virgo possim nisi flere labores ? 200
Hoc satis, ipsa etiam casus spectare supremos,
Atque iterum duræ cogar comes esse sorori.
Et nunc ille sua non quemquam sorte moveri,
Non ullum meminisse putat ; cumque omnibus odit
Me quoque : si quando fuerit tamen ulla potestas, 205
Illum ego, qui diris cinis ultimus hæserit arvis,
Ossaque, quis tauri sævusque pepercerit ignis,
Componam, sedemque dabo : fas tunc mihi manes
Dilexisse viri, tumuloque has reddere curas.
    Dixerat : ecce toro Venus improvisa resedit, 210

Elle achevait à peine, que Vénus, sous les traits de Circé, avec la robe bariolée et la baguette magique de la fille du Soleil, s'assied au pied de son lit. Médée, comme abusée par une de ces visions que suscite un sommeil pénible, la regarde d'abord d'un œil incertain. Peu à peu elle croit reconnaître la sœur de son père; elle s'élance aussitôt dans les bras de la terrible déesse, l'embrasse avec une effusion empreinte de mélancolie, et lui dit la première : « Enfin « vous nous êtes rendue, cruelle Circé ! Mais « pourquoi cette fuite avec vos dragons ailés? « quelle patrie plus douce que la vôtre a pu vous « attirer? Fallait-il qu'un vaisseau thessalien « entrât dans le Phase, que l'infortuné Jason tra- « versât inutilement tant de mers, avant que vous « sentissiez le besoin de la patrie? » Vénus l'interrompt : « C'est pour toi, dit-elle, pour toi seule, « pour servir ta jeunesse, que j'ai renoncé au re- « pos, que je suis venue. D'ailleurs, ne me re- « proche rien; ne m'accuse pas d'avoir cherché « une existence plus heureuse; car, pour te don- « ner une idée des bienfaits des dieux, sache que « la terre est le patrimoine de tous les hommes, « que les dieux sont les mêmes partout, que la « patrie est partout où naît et meurt le jour. Pas « plus que d'autres, ô ma fille, nous ne som- « mes enchaînées à jamais aux âpres frimas de « la Colchide. Je l'ai quittée déjà, n'ayant pu « m'y plaire; il ne t'est pas défendu de m'imiter. « Mon époux est Picus, roi d'Ausonie. Là, point « de taureaux au souffle enflammé qui dessèchent « les verts pâturages; là je règne sur toute la mer « d'Étrurie. Mais toi, malheureuse, quel Sar- « mate recherche ta main? De quel Ibère, hélas! « ou de quel farouche Gélon vas-tu grossir la « nombre des concubines ? »

« Je n'ai pas, répondit Médée, sachez-le bien, « je n'ai pas tellement oublié Perséis, mon illus- « tre aïeule, que je consente à de pareilles allian- « ces. Sur ce point donc, soyez sans crainte. « Mais faites cesser, ô ma mère, puisque vous en « avez le pouvoir, ces ennuis, ce trouble, ces agi- « tations, ces brûlantes ardeurs qui déchirent mon « cœur naguère si paisible. Je n'ai plus ni paix « ni sommeil. Rendez-moi le calme et la sérénité ; « rendez-moi la parfaite jouissance du jour et de « la nuit; laissez-moi toucher ces vêtements et « approcher de mes yeux cette baguette, qui ont « la vertu d'endormir. Mais vous non plus, ma « mère, vous ne me soulagez pas! seule, j'avais « plus de courage. Maintenant je ne vois qu'hy- « mens malheureux, que funestes présages; à la « place de vos cheveux, j'aperçois des vipères. »

En parlant ainsi, Médée, penchée sur le sein de la barbare déesse, pleurait, livrant la plaie secrète de son cœur, le feu qui la consume. Vénus la serre dans ses bras, et lui imprime des baisers empoisonnés qui la pénètrent à la fois de toutes les fureurs de l'amour et de la vengeance. Puis, s'étudiant avec art à la consoler, elle attire son attention sur un autre sujet, et lui dit, les larmes aux yeux : « Lève la tête, ô ma fille, et « écoute. Je descendais du ciel sur ce rivage, « quand j'y vis un vaisseau prêt à partir. Il était « tel, que jamais je ne lui eusse permis de quitter

Sicut erat mutata deam, mentitaque pictis
Vestibus et magica Circen Titanida virga.
Ipsa, velut lenti fallatur imagine somni,
Hic oculos incerta tenet, magnique sororem
Paullatim putat esse patris; tum flebile gaudens   215
Prosiluit, sævæque ultro tulit oscula divæ.
Ac prior : O tandem, vix tandem reddita, Circe,
Dura tuis; quæ te bijugis serpentibus egit
Hinc fuga? quæve fuit patriis mora gratior oris?
Ante et Thessalicæ Phasin petiere carinæ,   220
Perque tot infelix frustra vada venit Iason,
Quam patriæ te movit amor? Tum cætera rumpit,
Occurritque Venus : Tu nunc mihi causa viarum;
Sola tuæ venio (jam pridem ignava) juventæ :
Cætera parce queri, ne me meliora sequutam   225
Argue; quippe ut jam reputentur munera divum,
Omnibus hunc potius communem animantibus orbem,
Communes et crede deos : patriam inde vocato,
Qua redit itque dies; nec nos, o nata, malignus
Cluserit hoc uno semper sub frigore Phasis.   230
Fas mihi non habiles, fas et tibi linquere Colchos.
Et nunc Ausonii conjux ego regia Pici :
Nec mihi flammiferis horrent ibi pascua tauris,
Meque vides Tusci dominam maris : at tibi quinam
Sauromatæ, miseranda, proci?cui vadis Hibero,   235

(Hei mihi!) vel sævo conjux non una Gelono?
Illa deæ contra jamdudum spernere voces :
  Non ita me immemorem magnæ Perseidos, inquit,
Cernis, ut infelix thalamos ego cogar in illos.
I, precor, atque unum pro me dimitte timorem;   240
Sed magis his miseram, quando potes, eripe curis,
Unde metus æstusque mihi, quæque aspera, mater,
Perpetior duræ jamdudum incendia mentis.
Nulla quies animo, nullus sopor : ardua amanti.
Quare malis nostris requiem, mentemque repone;   245
Redde diem noctemque mihi; da prendere vestes
Somniferas, ipsaque oculos componere virga.
Tu quoque nil, mater, prodes mihi : fortior ante
Sola fui : tristes thalamos, infestaque cerno
Omnia, vipereos ipsi tibi surgere crines.   250
Talia verba dabat, collapsaque flebat iniquæ
In Veneris Medea sinus, pestemque latentem
Ossibus, atque imi monstrabat pectoris ignem.
Occupat amplexu Venus, et furialia figit
Oscula, permixtumque odiis inspirat amorem.   255
Dumque illam variis mœrentem vocibus ambit,
Inque alio sermone tenet : Quin hoc, ait, audi,
Atque attolle genas; lacrimisque hæc infit obortis :
Quum levis a superis ad te modo laberer auris,
Forte ratem primo fugientem litore cerno,   260

« mon île, comme je le fais encore pour tout
« vaisseau qui ose y aborder. Un des hommes
« qui le montaient, remarquable entre tous les
« autres par sa beauté, et que je reconnus de loin
« pour leur chef, accourut vers moi, me croyant
« sans doute de ta suite, et me dit : Par la pitié
« qu'inspire un malheureux, et que peut-être vous
« ressentez vous-même pour celui qui va périr,
« pour celui qui vient combattre des monstres,
« sans avoir mérité cet honneur, peignez, je vous
« prie, l'état où je suis à votre jeune maîtresse ;
« montrez-lui ma douleur. C'est à elle que j'a-
« dresse, autant que je le puis, ces prières ; à elle
« que je tends du rivage mes mains suppliantes.
« Maintenant, abandonnée par les déesses qui
« m'ont emmené jusqu'ici à travers mille orages,
« je n'ai d'espoir de salut qu'en elle, et qu'autant
« qu'elle le voudra. Dites-lui, je vous en conjure,
« qu'elle ne repousse pas mes vœux, qu'elle se-
« coure des héros, les plus illustres qu'elle ait vus
« jamais ; qu'elle sauve la gloire de leurs noms. Si
« jadis Hippodamie, détestant le char homicide
« de son père et la mort affreuse de tous ses préten-
« dants, assura la victoire à Pélops ; si Ariadne
« livra elle-même son frère à la mort, quel mal
« y a-t-il que vous secouriez des étrangers qui
« en sont si dignes, et que vous rendiez la paix à
« ces campagnes désolées ? Oui, qu'à l'aspect de
« Jason périssent à jamais et la moisson de Cad-
« mus, et les taureaux aux bouches enflam-
« mées ! Malheur à moi qui ne puis, dès à pré-
« sent, reconnaître tant de générosité ! Qu'elle
« sache au moins que ce corps sauvé par elle,
« que cette vie tout entière sont à elle seule : en
« aura-t-elle pitié ? Répondez, ou sinon..... » Et
« il se précipitait sur son épée nue. J'ai promis ;
« tu ne me démentiras pas, je l'espère. Quoique
« vivement touchée moi-même de ses paroles et
« de ses malheurs, j'ai pensé que toi seule de-
« vrais les entendre ; tu es digne de cet honneur,
« digne d'un tel suppliant ; quant à moi, mes
« enchantements m'ont valu assez de gloire. »

Depuis longtemps Médée avait détourné les yeux. Elle se possédait à peine ; à peine elle retenait sa main prête à fermer la bouche à la déesse, tant sa pudeur était offensée d'un pareil discours, tant son jeune cœur en était révolté ! Vainement elle cache sa tête sous ses coussins ; l'infortunée, enveloppée de toutes parts et ne sachant où fuir, où se cacher, souhaite avec ardeur que la terre s'entr'ouvre et la dévore, pour ne pas entendre un si coupable langage. Mais Circé lui ordonne de la suivre ; elle l'attend à la porte de l'appartement. Tel qu'on vit Penthée, jadis abandonné par l'implacable Bacchus, quand ce dieu, secouant enfin les fers qui retenaient ses cornes humides de vin, rendit furieux l'infortuné fils d'Échion, l'habilla d'une robe pareille à celle d'Agavé, et l'arma du tambourin et du thyrse à la pointe émoussée : telle Médée, abandonnée par la déesse, se trouble, jette autour d'elle des regards égarés, et ne peut se résoudre à quitter le palais. Cependant sa fatale passion, Jason qui va périr, les paroles qu'elle vient d'entendre et qui la persuadent de plus en plus, tout lui dit de se hâter. Que faire ? Elle se voit près de

Qualem nostra suo nunquam dimittere portu
Vellet, adhuc omnes quæ detinet insula nautas.
Unus ibi ante alios, qui tum mihi pulchrior omnes
Visus erat (longeque ducem mirabar et ipsa),
Advolat, atque unam comitum ratus esse tuarum :   265
Per, tibi si quis, ait, morituri protinus horror,
Et quem non meritis videas occurrere monstris,
Hæc, precor, hæc dominæ referas ad virginis aurem ;
Tu fletus ostende meos ; illi has ego voces,
Qua datur, hasque manus, ut possum, a litore tendo :   270
Ipsæ, ego quas mecum per mille pericula traxi,
Defecere deæ : spes et via sola salutis
Quam dederit, si forte dabit ; ne vota repellat,
Ne mea, totque animas, quales nec viderit ultra,
Dic, precor, auxilio juvet, atque hæc nomina servet.   275
Si Pelopis duros prior Hippodamia labores
Expediit, totque ora simul jugulata procorum
Respiciens, tandem patrios exhorruit axes ;
Si dedit ipsa neci fratrem Minoia virgo ;
Cur non hospitibus fas sit succurrere dignis   280
Te quoque, et Ææos jubeas mitescere campos ?
Occidat æterna tandem Cadmeia morte
Jam seges, et viso fumantes hospite tauri.
Hei mihi, quod nullas hic possum exsolvere grates !
Ut tamen hoc sæva corpus de morte receptum,   285
Hanc animam sciat esse suam : miserebitur ergo ?
Dic, ait, an potius ?... Strictumque ruebat in ensem.
Promisi : ne falle, precor ; quumque ipsa moverer
Alloquio casuque viri, te passa rogari
Sum potius ; tu laude nova, tu supplice digno   290
Dignior es : sat fama meis jam parta venenis.
    Torserat illa gravi jamdudum lumina vultu
Vix animos dextramque tenens, quin ipsa loquentis
Iret in ora deæ : tanta pudor æstuat ira
Verba cavens ; horror molles invaserat annos.   295
Jamque toro trepidans infelix obstruit aures :
Nec quo ferre fugam, nec quo se vertere posset
Prensa videt ; rupta condi tellure premique
Jamdudum cupit, ac diras evadere voces.
Illa sequi jubet, et portis exspectat in ipsis.   300
Sævus Echionia ceu Penthea Bacchus in aula
Deserit, injectis per roscida cornua vinclis ;
Quum tenet ille deum, pudibundaque tegmina matris,
Tympanaque, et mollem subito miser accipit hastam :
Haud aliter deserta pavet, perque omnia circum   305
Fert oculos, tectisque negat procedere virgo.
Contra sævus amor, contra periturus Iason
Urget, et auditæ crescunt in pectore voces.
Heu quid agat ? videt externo se prodere patrem
Dura viro, famam scelerum jamque ipsa suorum   310

trahir son père pour un étranger ; elle devine déjà quelle célébrité l'avenir réserve à ses crimes ; elle fatigue de ses plaintes le ciel et l'enfer, bat la terre de ses pieds, murmure sourdement, et les mains jointes, des prières à Pluton et à Proserpine, les conjurant l'un et l'autre de la délivrer de la vie, ou de la faire périr avec l'objet de son fol amour. Tantôt c'est Pélias, ce tyran qui a voulu perdre Jason, qu'elle va chercher au delà des mers ; tantôt c'est Jason même à qui elle promet le secours de son art, à qui elle le refuse ensuite, n'écoutant plus que sa colère, et jurant de ne céder jamais à une passion coupable, de n'assister jamais un inconnu. Puis elle retombe sur son lit et attend. Mais une voix l'appelle encore, et les portes s'ouvrent avec fracas. Alors, se sentant vaincue et comme entraînée par une puissance mystérieuse, elle brise les derniers liens de l'austère pudeur, et va, dans une pièce retirée de son appartement, prendre les substances qu'elle juge les plus efficaces pour secourir le chef des Argonautes. Quand elle eut ouvert ce terrible sanctuaire, que l'odeur des philtres qu'il contenait se fût répandue dans l'appartement, qu'elle vit devant elle tous les poisons recueillis au fond de la terre et des mers, et distillés sur les plantes par la Lune en courroux : « Peux-tu, se dit-elle « à elle-même, te résigner ainsi au déshonneur, « quand tu as ici mille morts, mille moyens de « t'épargner un crime ? » En disant ces mots, elle contemple avec avidité le plus subtil de tous ces poisons, y fixe un moment ses regards, et, résolue

de mourir, rassemble tout son courage. Mais (ô doux éclat du jour, plus doux encore aux approches du trépas !) elle s'arrête, et comme étonnée de son égarement :

« Mourir ! dit-elle ; le peux-tu au printemps « de la vie ? La vie, la jeunesse, l'aspect d'un frère « chéri qui s'avance vers la puberté, ces biens « n'ont-ils pour toi plus de charmes ? Et Jason qui « est lui-même à la fleur de son âge, Jason qui « t'implore, qui n'espère qu'en toi, que tu as vu « la première descendre sur ce rivage, ne sais-tu « pas que ta mort sera la sienne ? Pourquoi, mon « père, l'avoir leurré d'une alliance chimérique, « au lieu de le livrer tout d'abord aux taureaux ? « Moi-même alors, je le confesse, moi-même je « l'ai voulu. Aujourd'hui, Circé, vos paroles se-« ront mon excuse ; je dois vous obéir, et mon « inexpérience doit céder à la maturité de votre « âge et à la sagesse de vos conseils. » Dès lors, tout entière au guerrier thessalien, elle ne s'occupe plus que de lui, ne craint plus que pour lui ; le bonheur ou de vivre ou de mourir pour lui, voilà tout son désir. N'osant se fier à la vertu de ses propres enchantements, elle supplie Hécate d'en augmenter la puissance. Enfin, elle est prête.

Elle prend une fleur dont la vertu surpasse celle de toutes les autres, une fleur née sur le Caucase du sang de Prométhée, nourrie des feux du tonnerre, qui croît et se fortifie dans la neige et sous les frimas, et qu'arrose de ce funeste sang le vautour, lorsque, s'élançant du rocher où il déchire le foie du Titan, il en laisse tomber des

Prospicit, et questu superos, questuque fatigat
Tartara, pulsat humum, manibusque immurmurat uncis,
Noctis heram Ditemque ciens : succurrere tandem
Morte velint, ipsumque simul demittere leto,
Quem propter furit ; absentem sævissima poscit 315
Nunc Pelian, tanta juvenem qui perderet ira :
Sæpe suas misero promittere destinat artes,
Denegat, atque una potius decernit in ira :
Ac neque tam turpi cessuram semper amori
Proclamat, neque opem ignoto viresque daturam ; 320
Atque toro projecta manet : quum visa vocari
Rursus, et impulso sonuerunt cardine postes.
Ergo ubi nescio quo penitus an vincla vinci
Sentit, et abscisum quidquid pudor ante monebat,
Tum thalami penetrale petit, quæ maxima norat 325
Auxilia Hæmoniæ quærens pro rege carinæ.
Utque procul magicis spirantia tecta venenis,
Et sævæ patuere fores, oblataque contra
Omnia, quæ Ponto, quæ Manibus eruit imis,
Et sub sanguinea Lunæ distrinxit ab ira : 330
  Tunc sequeris, ait, quidquam, aut patiere pudendum,
Quum tibi tot mortes, scelerisque brevissima tanti
Effugia ? Hæc dicens, qua non velocior ulla
Pestis erat, toto nequicquam lumine lustrat,
Cunctaturque super, morituraque colligit iras. 335
O nimium jucunda dies, quam cara sub ipsa

Morte magis ! Stetit, et sese mirata furentem est.
  Occidis, heu ! primo potes hoc durare sub ævo ?
Nec tu lucis, ait, nec videris ulla juventæ
Gaudia ? nec dulces fratris pubescere malas ? 340
Hunc quoque, qui nunc est primævus, Iasona nescis
Morte perire tua, qui te nunc invocat unam,
Qui rogat, et nostro quem primum in litore vidi ?
Cur tibi fallaces placuit conjungere dextras
Tunc, pater, atque istis juvenem non perdere monstris 345
Protinus ? ipsa etiam, fateor, tunc ipsa volebam
Testor cara tuas, Circe Titania, voces :
Te ducente sequor : tua me grandæva fatigant
Consilia, et monitis cedo minor. Hæc ubi fata,
Rursus ad Hæmonii juvenis curamque metumque 350
Vertitur ; hunc solum propter seu vivere gaudens,
Sive mori, quodcumque velit : majora precatur
Carmina, majores Hecaten immittere vires
Nunc sibi ; nec notis stabat contenta venenis.
  Cingitur inde sinus, et qua sibi fida magis vis 355
Nulla, Promethææ florem de sanguine fibræ
Caucasium, tonitru nutritaque gramina, promit,
Quæ sacer ille nives inter tristesque pruinas
Durat editque cruor ; quum viscere vultur adeso
Tollitur e scopulis, et rostro irrorat aperto. 360
Idem nec longi languescit finibus ævi
Immortale virens : idem stat fulmina contra

gouttes de son bec entr'ouvert; plante que le temps n'affaiblit jamais, dont la verdure est éternelle, qui résiste à la foudre et fleurit au milieu des flammes. Armée d'une faux trempée dans le Styx, Hécate, la première, arracha du sein des rochers sa robuste tige; et Médée, imitant la déesse qui la lui avait fait connaître, venait chaque mois, au dixième jour de la lune, faire aussi l'horrible moisson, et poursuivre sans relâche tous les restes du sang d'un dieu. Celui-ci, à la vue de la jeune fille, gémissait en vain; la faux réveillait ses douleurs, faisait contracter ses membres et résonner ses chaînes.

Munie de ce charme puissant, mais fatal à sa patrie, Médée s'avance en tremblant au milieu des ténèbres. Vénus la tient par la main, la rassure par des paroles caressantes, et, sans la quitter d'un pas, lui fait traverser la ville. Comme on voit la couvée timide, sortant du nid pour la première fois, s'élever sur ses ailes, encouragée dans son essor par la mère attentive, puis bientôt, éblouie par l'éclat des cieux, demander à revenir et gagner l'arbre qui lui sert de retraite; ainsi Médée, traversant la ville à cette heure de la nuit, se sent défaillir. Les ténèbres, les maisons silencieuses, tout lui fait horreur. Elle s'arrête à la dernière porte de la ville, et s'abandonne encore une fois aux larmes et à la douleur. Là, regardant la déesse, elle hésite de nouveau et dit :

« Est-il bien vrai qu'il me prie, qu'il m'implore ? « Ne fais-je point une faute ? Ma pudeur est-elle « sans tache et mon cœur sans amour ? Écouter un « suppliant, est-ce une chose honteuse ? » Inutiles scrupules auxquels Vénus ne répond pas.

A mesure que Médée, prononçant des formules magiques, s'avance dans les ténèbres, les astres se voilent, les fleuves se détournent de leur cours. La terreur est dans les étables; les tombeaux s'agitent; la Nuit, étonnée d'une obscurité si profonde ralentit sa marche; déjà même Vénus ne suit plus qu'en tremblant la jeune fille. A peine sont-elles arrivées dans le bois sacré d'Hécate, que Jason paraît devant elles. Son aspect inattendu frappe tout d'abord les regards de Médée. Iris s'enfuit alors d'un vol rapide, et Vénus quitte la main de la jeune fille. Comme on voit, à la nuit close, pasteurs et troupeaux frappés d'une terreur panique, ou comme des ombres silencieuses qui se rencontrent au séjour des enfers, ainsi, dans l'épaisseur des ténèbres et de la forêt, Jason et Médée apparaissent l'un à l'autre, tous deux muets, tous deux immobiles, et pareils à des sapins ou à des cyprès dont le vent n'a point encore agité le feuillage.

Pendant qu'ils restent ainsi en silence et les yeux baissés, le temps s'écoule. Médée cependant voudrait que Jason levât la tête et parlât le premier. Jason, qui voit son trouble, ses larmes, sa rougeur et sa honte, lui adresse ces paroles : « M'apportez-vous quelque espoir de salut ? Ve« nez-vous compatir à mes peines ou vous réjouir « de ma mort ? Ah! jeune fille, ne ressemblez pas,

Sanguis, et in mediis florescunt ignibus herbæ.
Prima Hecate Stygiis duratam fontibus harpen
Intulit, et validas scopulis effodit aristas : 365
Mox famulæ monstrata seges, quæ lampade Phœbes
Sub decima juga fœta metit, sævitque per omnes
Relliquias saniemque dei; gemit irritus ille
Colchidos ora tuens : totos tunc contrahit artus
Monte dolor, cunctæque tremunt sub falce catenæ. 370
  Talibus infelix contra sua regna venenis
Induitur, noctique tremens infertur opacæ.
Dat dextram vocemque Venus, blandisque paventem
Alloquiis, junctoque trahit per mœnia passu.
Qualis adhuc teneros supremum pallida fœtus 375
Mater ab excelso produxit in aera nido,
Hortaturque sequi, brevibusque insurgere pennis;
Illos cærulei primus ferit horror Olympi;
Jamque redire rogant, assuetaque quæritur arbor :
Haud aliter per mœnia deficit urbis 380
Incedens, horretque domos Medea silentes.
Hic iterum extremæ nequicquam in limine portæ
Substitit, atque iterum fletus animique soluti :
Respexitque deam, paullumque his vocibus hæsit :
  Ipse rogat certe, meque ipse implorat Iason ? 385
Nullane culpa subest? labes non ulla pudoris,
Nullus amor? nec turpe viro servire precanti?
  Illa nihil contra, vocesque abrumpit inanes.
Et jamjam magico per opaca silentia Colchis
Cœperat ire sono, monstrataque condere vultus 390
Lumina, cumque suis averti collibus amnes.
Jam stabulis gregibusque pavor, strepitusque sepulcris
Incidat : stupet ipsa gravi nox tardior umbra :
Jamque tremens longe sequitur Venus; utque sub altas
Pervenere trabes, divæque triformis in umbram, 395
Hic subito ante oculos nondum speratus Iason
Emicuit, viditque prior conterrita virgo.
Atque hinc se profugam volucri Thaumantias ala
Sustulit, inde Venus dextræ dilapsa tenenti.
Obvius ut sera quum se sub nocte magistris 400
Impingit pecorique pavor; qualesve profundum
Per Chaos occurrunt cæcæ sine vocibus umbræ :
Haud secus in mediis noctis nemorisque tenebris
Inciderant ambo attoniti, juxtaque subibant,
Abietibus tacitis aut immotis cyparissis 405
Adsimiles, rapidus nondum quas miscuit Auster.
  Ergo ut erat vultu defixus uterque silenti,
Noxque suum peragebat iter, jamjam ora levare
Æsoniden, farique cupit Medea priorem.
Quam simul effusis pavitantem fletibus heros, 410
Flagrantesque genas vidit, miserumque pudorem,
Has tandem voces dedit, et solatus amantem est :
Fersne aliquam spem lucis ? ait, miseram laborem
Nempe venis? an et ipsa mea lætabere morte ?
Ne, precor, infando similem te, virgo, parenti 415
Gesseris : haud tales decet inclementia vultus.

« je vous en conjure, à votre injuste père : un cœur
« dur siérait mal à de pareils attraits. Était-ce là
« reconnaître, était-ce là récompenser dignement
« mes services ? Moi qui suis à vous tout entier,
« devais-je, sous vos yeux mêmes, être trompé à
« ce point ? Soyez juste : votre père lui-même ne
« me força pas d'abord à combattre des monstres ;
« cette peine je ne l'avais point méritée, et il ne
« me l'infligea pas. Me punirait-il aujourd'hui,
« parce que Canthus a succombé sous le javelot
« d'un barbare, qu'Iphis est mort en défendant vos
« murailles, que tant de Scythes ont été terrassés
« par mon bras ? Mais non ; à peine arrivés, il nous
« a ordonné de partir, de quitter ses États. Il s'ac-
« quitte enfin de sa promesse ; à quel prix, à quelle
« condition ? vous le voyez. Dans ces nouveaux
« dangers je puis périr, sans doute ; mais j'y suis
« résolu, plutôt que de désobéir à ses ordres. Je ne
« sortirai pas d'ici sans la toison, et ce n'est pas
« vous qui me verrez pour la première fois man-
« quer de courage. »

Il dit : la timide Médée, voyant, à la figure suppliante du héros, qu'il attend sa réponse, ne sait ni
ce qu'elle doit dire, ni comment elle le dira. Elle
voudrait s'ouvrir tout entière ; mais la pudeur
ne la laisse pas commencer. Longtemps elle
hésite, et levant enfin les yeux : « Pourquoi, dit-
« elle, jeune Thessalien, êtes-vous venu dans ce
« pays ? Pourquoi votre espérance en moi, et cette
« défiance de vous-même en face du danger, et
« alors que vous ne devez compter que sur votre
« courage ? Ainsi donc vous périssiez, si je n'eusse
« osé sortir du palais de mon père ! ainsi cette âme
« si fière était vouée au destin le plus rigoureux !
« Et Junon, et Pallas, où sont-elles ? Une prin-
« cesse étrangère venir seule à votre aide dans
« de si grands périls ! Vous vous en étonnez ; je
« m'en étonne moi-même, et ces forêts déjà ne
« reconnaissent plus la fille d'Éétès. Mais je cède
« à vos destinées ; elles m'ordonnent de vous offrir
« ceci ; acceptez-le à titre de suppliant. Si Pélias
« veut encore vous perdre, s'il vous envoie courir
« encore de nouveaux dangers, de nouvelles aven-
« tures, hélas ! ne vous fiez plus désormais à vo-
« tre seule beauté. » A ces mots, elle tirait déjà de
sa ceinture la plante née du sang d'un Titan, lorsqu'elle ajouta : « Si pourtant vous avez quelque
« espoir dans la protection des dieux, ou si votre
« bravoure peut vous soustraire à la mort, agissez
« sans moi, je vous en conjure, et laissez-moi,
« étranger, retourner innocente vers mon père. »

Cependant les astres à leur déclin ne se cou-
chaient point encore ; le char du Bouvier était immobile ; l'art de Médée les avait enchaînés dans
leur course. Elle se hâte donc de présenter à Jason le talisman, et, comme si elle lui livrait à la
fois sa patrie, sa réputation, son honneur, elle
sanglotte et verse des larmes abondantes. Jason
accepte, et saisit avec empressement le précieux
cadeau. Coupable dès ce moment, Médée perd
bientôt cette première pudeur qui ne revient jamais : Érinnys la presse et la possède tout entière.
Elle murmure autour du héros et sur chacun de
ses membres des paroles magiques, elle les répète
sept fois sur son bouclier, et elle ajoute au poids
et à la force de sa lance. Les taureaux, bien

Hascine nunc grates, hæc exspectata laborum
Dona dari decuit ? sic te sub teste remitti
Fas me, virgo, tuum ? justas da vocibus aures.
Nec pater ille tuus tantis me opponere monstris,   420
(Quid meritum ?) aut tales voluit me pendere pœnas.
An jacet externa quod nunc mihi cuspide Canthus,
Quodque meus vestris cecidit pro mœnibus Iphis ?
Aut Scythiæ tanta inde manus ? jussisset abire
Perfidus, atque suis exemplo cedere regnis.   425
Spem mihi promissam per quæ discrimina rursus,
Et reddat qua lege, vides : occumbere tandem
Possumus ; idque sedet, quam non quæcumque subire
Patris jussa tui : nunquam sine vellere abibo
Hinc ego ; degenerem nec me tu prima videbis.   430
 Hæc ait : illa tremens, ut supplicis adspicit ora
Conticuisse viri, jamque et sua verba reposci,
Nec quibus incipiat demens videt, ordine nec quo,
Quove tenus, prima cupiens effundere voce
Omnia : sed nec prima pudor dat verba timenti.   435
Hæret, et attollens vix tandem lumina fatur :
Quid, precor, in nostras venisti, Thessale, terras ?
Unde mei spes ulla tibi ? tantosque petisti
Cur non ipse tua fretus virtute labores ?
Nempe, ego si patriis timuissem excedere tectis,   440
Occideras ! nempe hanc animam sors sæva manebat

Funeris ! en ubi Juno, ubi nunc Tritonia virgo ?
Sola tibi quoniam tantis in casibus adsum
Externæ regina domus : miraris et ipse,
Credo, nec agnoscunt hæ nunc Æetida silvæ.   445
Sed fatis sum victa tuis : cape munera supplex
Non mea ; teque iterum Pelias si perdere quæret,
Inque alios casus, aliasque immittet ad urbes,
Heu ! formæ ne crede tuæ. Titania jamque
Gramina, Persæasque sinu depromere vires   450
Cœperat ; his iterum compellat Iasona dictis :
 Si tamen aut superis aliquam spem ponis in ipsis,
Aut tua præsenti virtus educere leto
Si te forte potest ; et jam nunc deprecor, hospes,
Me sine, et insontem misero dimitte parenti.   455
 Dixerat ; extemplo (neque enim matura ruebant
Sidera, et extremum suffixerat axe Booten)
Cum gemitu et multo juveni medicamina fletu,
Non secus ac patriam pariter, famamque decusque,
Objicit : ille manu subit, et vim corripit omnem.   460
Inde ubi facta nocens, et non revocabilis unquam
Cessit ab ore pudor, propiorque implevit Erinnys,
Carmina nunc totos volvit figitque per artus
Æsonidæ, et totum septeno murmure fertur
Per clypeum, atque viro graviorem reddidit hastam.   465
Jamque sui tauris languent absentibus ignes.

qu'éloignés, vomissent déjà moins de flammes.

« Allons, dit-elle ensuite, reprenez ce casque
« et ces aigrettes que la Discorde vient de toucher
« de sa main infernale. Quand vous aurez labouré
« le champ du dieu Mars, vous les jetterez au
« milieu des guerriers qui en sortiront, et tous
« aussitôt s'armeront les uns contre les autres.
« Alors mon père frémira d'étonnement, et peut-
« être aussi me regardera-t-il. » En achevant ces
mots, elle pense tout à coup au départ des Argonautes, à leur vaisseau qui fait voile sans elle.
Accablée de douleur, elle saisit la main de Jason,
et dit d'une voix craintive :

« Souvenez-vous, je vous en conjure, souvenez-
« vous de moi; et moi, croyez-en mes paroles, je
« ne vous oublierai jamais. Quand vous serez
« loin d'ici, de grâce, dites-moi vers quelle partie
« du ciel je dois porter mes yeux? Mais aussi,
« en quelque lieu que vous soyez, quel que soit
« le nombre de vos années, ayez souci de moi;
« rappelez-vous ce que vous êtes maintenant;
« avouez-vous à vous-même le service que la
« jeune fille vous a rendu, et n'en rougissez pas...
« Malheureuse que je suis! vos yeux n'ont pas une
« larme ! Pensez donc que bientôt je serai victime
« de la vengeance de mon père; qu'un royaume,
« une épouse, des enfants vous attendent, et que
« moi je mourrai abandonnée! Mais je ne me
« plains pas, et tout mon bonheur sera de mourir
« pour vous. »

Aussitôt Jason, qu'elle avait déjà vaincu par
la puissance mystérieuse de ses enchantements,
et qu'elle pénétrait de l'amour qui la dévorait
elle-même, lui répond :

« Jason partir sans vous, vivre sans vous quel-
« que part, le croyez-vous? Rendez-moi plutôt à
« mon tyran; reprenez ces dons qui me sont
« odieux. Quel motif m'attacherait à la vie, et
« quel désir aurais-je de revoir mon pays, si mon
« père Eson ne peut vous embrasser la première,
« si la Grèce, à l'aspect de cette toison resplen-
« dissante qui sera votre conquête, n'accourt
« au rivage se prosterner à vos pieds? Pesez ces
« paroles, et laissez-vous fléchir, vous que déjà
« je nomme mon épouse. Par vous, par votre puis-
« sance plus grande que celle du ciel et de l'en-
« fer, par les astres dociles à votre voix, par ces
« moments si dangereux pour nous-mêmes, je jure
« que si jamais je perds le souvenir de cette nuit
« et de vos bienfaits, si vous regrettez jamais
« d'avoir abandonné un trône, une patrie, une
« famille, et de me trouver infidèle, que je mau-
« dirai le jour de ma victoire sur les taureaux et
« sur les féroces guerriers issus de la terre. Et
« alors incendiez mon propre palais, usez contre
« un ingrat de toutes les ressources de votre art,
« privez-moi de toute assistance humaine; et si
« vous trouvez quelque châtiment plus affreux
« encore, faites-le moi subir; puis, au milieu de
« toutes ces horreurs abandonnez-moi. » Les Furies l'entendent; elles promettent de punir le
parjure et de venger l'amour outragé.

Après cet entretien, tous deux restent encore
immobiles. Tantôt ils lèvent des yeux brillants
d'amour et de jeunesse, des yeux dont les regards
pleins de douceur s'attirent et se confondent;
tantôt ils les baissent avec une pudeur embarrassée, et retombent dans le silence. Médée

```
Nunc age, et has, inquit, cristas galeamque resume,
Quam modo funerea tenuit Discordia dextra.
Hanc jace per medias, quum verteris æquora, messes.
Protinus in sese conversa furoribus ibit          470
Cuncta phalanx; atque ipse fremens mirabitur, et me
Respiciet fortasse pater. Sic deinde loquuta
Jam magis atque magis mentem super alta ferebat
Æquora; pandentes Minyas jam vela videbat
Se sine : tum vero extremo percussa dolore        475
Arripit Æsoniden dextra, ac submissa profatur :

  Sis memor, oro, mei; contra memor ipsa manebo,
Crede, tui : quando hinc aberis, dic, quæso, profundi
Quod cæli spectabo latus? sed te quoque tangat
Cura mei quocumque loco, quoscumque per annos,   480
Atque hunc te meminisse velis, et nostra fateri
Munera; servatum pudeat nec virginis arte.
Hei mihi! cur nullos stringunt tua lumina fletus?
An me mox merita morituram patris ab ira
Dissimulas? te regna tuæ felicia gentis,          485
Te conjux natæque manent : ego prodita obibo.
Nec queror, et pro te lucem quoque læta relinquam.

  Protinus hospes ad hæc (tacitis nam cantibus illum
Flexerat, et simili jamdudum afflarat amore) :
Tune, ait, Æsoniden quidquam te velle relicta     490
Credis, et ulla pati sine te loca? redde tyranno
Me potius; recipe ingratos atque exue cantus.
Quis mihi lucis amor? patriam cur amplius optem,
Si non et genitor te primam amplectitur Æson,
Teque tuo longe fulgentem vellere gaudens         495
Spectat, et ad primos procumbit Græcia fluctus?
Respice ad has voces, et jam, precor, annue, conjux.
Per te, quæ superis divisque potentior imis,
Perque hæc, virgo, tuo redeuntia sidera nutu,
Atque per has nostri juro discriminis horas :     500
Unquam ego si meriti sim noctis et immemor hujus,
Si te sceptra, domum, si te liquisse parentes
Senseris, et mea tum non hæc promissa videntem;
Tum me non tauros juvet evasisse, ferosque
Terrigenas; tum me tectis tua turbet in ipsis     505
Flamma tuæque artes; nullus succurrere contra
Ingrato queat; et si quid tu sævius, ipsis
Adjicias, meque in medio terrore relinquas.
Audiit, atque simul meritis perjuria pœnis
Despondet questus semper Furor ultus amantis.    510

  Hæc ubi dicta, tamen perstant defixus uterque,
Et nunc ora levant audaci læta juventa,
Ora simul toties dulces rapientia visus;
Dejicit hinc vultus æger pudor, et mora dictis
```

le rompt alors, pour effrayer de nouveau Jason.

« Apprenez, lui dit-elle, quels périls vous at-
« tendent après que vous aurez dompté les tau-
« reaux, et quel gardien veille sur la toison. Car,
« je l'avoue, je ne vous ai pas dit encore tout ce
« que j'ai résolu pour vous. Sous un arbre de
« la forêt de Mars est le plus grand obstacle
« de votre entreprise. Puissions-nous alors comp-
« ter assez sur mon pouvoir, sur celui d'Hécate,
« et sur votre valeur! »

Elle dit; et pour faire voir au héros quel sera
le dernier terme de ses épreuves, elle irrite le
dragon replié sur ses immenses anneaux, et lui
présente tout à coup l'ombre de Jason. Le monstre, contre sa coutume, hésite, et pousse des
sifflements plaintifs : puis se dressant inquiet, il
entoure de ses replis l'arbre et la toison, allonge
le cou vers le fantôme, et, de ses mâchoires
qu'il choque avec furie, ne saisit que le vide.

« Que signifie, jeune fille, ce bruit affreux, cet
« ébranlement terrible? » s'écrie Jason, frappé
d'horreur et tirant son épée. Médée sourit, le
retient, et lui dit, après avoir apaisé le Dragon :

« Voilà le dernier ennemi que vous réserve
« mon père. Malheureux, que de fois on expose
« votre tête! Oh! puissé-je vous voir arriver
« sans efforts jusqu'à cet arbre, malgré l'ef-
« froyable rempart, malgré la vigilance qui le
« protége; vous voir fouler aux pieds le monstre,
« m'en réjouir et mourir! » Elle fuit à ces mots,
et rentre dans la ville au déclin de la nuit.

Levé dès l'aurore avec le vain espoir de trouver Jason parti, et déjà éloigné de la côte de la
longueur d'une nuit, Éétès s'était rendu sur le
rivage de la mer redevenue calme et silencieuse.
Comme il jetait des regards sur l'horizon, l'Arcadien Échyon vint lui annoncer que Jason était
déjà dans le champ de Mars et demandait à
combattre les taureaux.

« Il me provoque, dit-il, il ajoute la présomp-
« tion à l'audace! Allez, mes taureaux, fendez
« le sein de la terre, répandez toutes vos flam-
« mes, faites croître des moissons dont se sou-
« viendra notre colon thessalien. Et toi, ma
« fille, réserve le dragon pour sa troupe de Grecs.
« Que son seul regard les tue; que son corps et
« la toison elle même soient teints et abreuvés
« de leur sang. »

Il ordonne en même temps à ses gens de lâcher les taureaux. Les uns portent les dents,
horrible semence; les autres, la lourde et sanglante
charrue. Les Argonautes escortent et suivent leur
chef magnanime, l'encouragent à l'envi, et le
quittent enfin à l'entrée de la fatale carrière.

Jason s'arrête : comme un char dépassé dans
la lice par d'autres chars, et que l'approche de
la nuit, que la poussière soulevée par le brûlant
Auster, que la neige versée du haut des montagnes de la Scythie par l'impétueux Borée ont
soustrait aux regards; tel paraît Jason, isolé du
reste de ses compagnons. Tout à coup les rivages étonnés du Phase, le Caucase et ses antiques
forêts, toute la Colchide enfin resplendissent de
lumière; du fond d'une étable jaillissent des vapeurs

Redditur, ac rursus conterret Iasona virgo : 515
　Accipe, perdomitis quae deinde pericula tauris,
Et quis in Aeolio maneat te vellere custos;
Nondum cuncta tibi, fateor, promissa peregi.
Saevior ingenti Mavortis in arbore restat,
Crede, labor; quem...... tanta utinam fiducia nostri 520
Sit mihi, nocturnaeque Hecates, vestrique vigoris !
　Dixerat; utque virum doceat, quae monstra supersint,
Protinus immensis recubantem anfractibus anguem
Turbat, et Haemonii subito ducis objicit umbram.
Ille, quod haud alias, stetit, et trepidantia torsit 525
Sibila; seque metu postquam sua vellera circum
Sustulit, atque omnis spiris exhorruit arbor,
Incipit inde sequi, et vacuo furit ore per auras.
　Quis fragor hic? quaenam tantae, dic, virgo, ruinae ?
Exclamat stricto Aesonides stans frigidus ense. 530
Illa trahit ridens, tandemque ait angue represso :
　Hunc tibi postremum nostri parat ira parentis,
Heu miser, heu tantis iterum carpende periclis !
O utinam ut nullo te sim visura labore,
Ipsam caeruleis squalentem nexibus ornum, 535
Ipsaque pervigilis calcantem lumina monstri,
Contingat vix deinde mori ! Sic fata, profugit,
Seque sub extremis in moenia rettulit umbris.
　Et jam puniceo regem spes vana sub ortu
Extulerat, quantis nox una diremerit undis 540
Aesoniden; liberno freto iam vultus aperto,

Utque prius totum sileat mare : dumque ea longe
Explorare queat, contra venit Arcas Echion
Dicta ferens : jam Circaeis Mavortis in agris
Stare virum, daret aeripedes in praelia tauros. 545
　En vocor, en ultro, dixit, spesque addidit ausa !
Vos mihi nunc primum in glebas invertite tauri
Aequora, nunc totas aperite et volvite flammas;
Exeat Haemonio messis memoranda colono;
Tuque tuum parti Graium da, nata, draconem : 550
Ipsius adspectu pereant; quin vellera, et ipsa
Terga mihi diros servent infecta cruores.
　Fatur, et effusis pandi jubet aequora tauris:
Pars et Echionii subeunt immania dentis
Semina; pars diri portant grave robur aratri. 555
At sua magnanimum contra Pagasaea juventus
Prosequitur stipatque ducem; tum maxima quisque
Dicta dedit, saevisque procul discessit ab agris.
　Fixerat ille gradus, totoque ex agmine solus
Stabat, ut extremis desertus ab orbibus Axis, 560
Quem jam lassa dies, Austrique ardentis arenae,
Aut quem Rhipaeas exstantem rursus ad arces
Nix et caerulei Boreae ferus abstulit horror :
Quum subito attoniti longissima Phasidis unda,
Caucasiaeque trabes, omnisque Aeetia tellus 565
Fulsit, et ardentes stabula effudere tenebras.
Ac velut ex una si quando nube corusci,
Ira Jovis torsit geminos mortalibus ignes;

enflammées. Pareils à deux foudres étincelants que Jupiter en fureur lance sur les humains du haut des nues, ou bien à deux Vents qui ont brisé leurs entraves, et qui s'échappent avec rage, les deux taureaux se précipitent hors de leur antre, secouent leurs têtes, et vomissent des tourbillons de feux, semant çà et là l'incendie.

Les Argonautes ont frémi; Idas a frémi lui-même; l'audacieux Idas, qui déplorait tout à l'heure que Jason dût son salut aux enchantements d'une jeune fille, et qui la regardait d'un œil jaloux. Jason, sans plus attendre, marche à la rencontre des taureaux, et, les voyant avancer séparément, il les provoque, en agitant son casque et en écartant de ses mains le feu qu'ils vomissent. Celui qui le premier a vu l'éclat des armes s'arrête un moment et entre en fureur. Avec moins de rage la mer se précipite contre les rochers, et revient brisée sur elle-même. Deux fois le héros est couvert tout entier de l'haleine embrasée du monstre, deux fois Médée éteint l'incendie; la flamme s'amortit et se glace au contact du bouclier; elle pâlit à l'aspect du charme qui l'environne.

Jason saisit les cornes du taureau et s'y suspend de toutes ses forces. L'animal, rebelle d'abord à la puissance de Médée et aux efforts de Jason, secoue l'ennemi qui se cramponne fortement à sa tête, et le soulève un moment : inutiles efforts! il plie; ses mugissements sont plus sourds; sa tête fléchit et tombe. Jason se tourne alors vers ses compagnons, et demande les liens les plus forts. Il assujettit la tête du taureau; et tantôt l'entraînant, tantôt entraîné par lui, il le presse du genou, le domine, et le force enfin de se courber sous le joug. L'autre, à moitié dompté par la vigilante Médée, plus lent dans ses mouvements, plus timide dans ses menaces, approche, les yeux comme obscurcis par un nuage; sa colère le paralyse, son propre poids l'écrase; il tombe, la tête et les épaules en avant. Jason l'attaque, se renverse sur lui de toute sa hauteur, et lui tient les naseaux fixés contre terre. Les deux monstres accouplés et vigoureusement attelés, Jason les relève d'un coup de genou et les aiguillonne de sa lance. Ainsi jadis on vit, au sommet de l'Ossa, le Lapithe dompter le premier cheval sorti de terre, et comprimer avec le mors ses premiers hennissements. Jason, comme s'il labourait les campagnes de la Libye ou de la fertile Égypte, répand gaiement à pleines mains la semence d'où doit sortir la guerre.

Trois fois alors du soc même de la charrue et du fond des sillons retentit un bruit de trompettes. Les glèbes s'agitent, prêtes à enfanter des phalanges armées et à en couvrir la plaine. Jason fait quelques pas en arrière et se rapproche de ses compagnons, attendant l'occasion de combattre. Dès qu'il voit la terre livrer passage aux aigrettes, les casques lancer des éclairs, il accourt. D'abord il coupe sans efforts et à ras de terre une tête sortie jusqu'aux épaules, puis par le milieu un tronc avec la cuirasse, puis encore des bras qui jaillissaient les premiers hors du sein mater-

```
Aut duo quum pariter ruperunt vincula venti,
Dantque fugam; sic tunc claustris evasit uterque        570
Taurus, et immani proflavit turbine flammas
Arduus, atque atro volvens incendia fluctu.
    Horruit Argoæ legio ratis : horruit audax
Qui modo virgineis servari cantibus Idas
Flebat, et invito prospexit Colchida vultu.             575
Non tulit ipse moras, seseque immisit Iason,
Diversos postquam ire videt, galeamque minantem
Quassat, et errantem dextra ciet obvius ignem.
Ut tandem stetit, et torvo se lumine flexit,
Qui prior adversi respexit Iasonis arma,                580
Cunctatus paullum subito furit; æquora non sic
In scopulos irata ruunt, eademque recedunt
Fracta retro : bis fulmineis se flatibus infert,
Obnubitque virum; sed non incendia Colchis
Adspirare sinit; clypeoque illiditur ignis              585
Frigidus, et viso pallescit flamma veneno.
    Incitat Æsonides dextram, inque ardentia mittit
Cornua, dein totis propendens viribus hæret.
Ille virum, atque ipsam tunc te, Medea, recusans,
Concutit, et tota nitentem cornibus ira                 590
Portat iners; tandem gravius mugire residens
Incipit, et fesso victus descendere cornu.
    Respicit hinc socios, immania vincula poscens,
Æsonides, jamque ora premit, trahiturque, trahitque,
Obnixusque genu superat, cogitque trementes             595
Sub juga ahena toros : alium dehinc turbida Colchis
Exarmat, lentumque offert timideque minantem,
Jamque propinquanti noctem implicat; ille fatiscens
In caput inque humeros ipsa vi molis et iræ
Proruit; invadit, totusque incumbit Iason               600
Desuper, atque suis defixum flatibus urget.
Utque dedit vinclis, validoque obstrinxit aratro,
Suscitat ipse genu, sævaque agit insuper hasta.
Non aliter medio quam si telluris hiatu
Terga recentis equi, primumque invasit habenis          605
Murmur, et in summa Lapithes apparuit Ossa.
Ille velut campos Libyes, ac pinguia Nili
Fertilis arva secet, plena sic semina dextra
Spargere gaudet agris, oneratque novalia bello.
    Martius hic primum ter vomere fusus ab ipso         610
Clangor, et ex omni sonuerunt cornua sulco;
Bellatrix tunc gleba quati, pariterque creari
Armarique phalanx, totusque insurgere campis.
Cessit, et ad socios paullum se rettulit heros
Opperiens, ubi prima sibi daret agmina tellus           615
Adverso; ut summis jam rura recedere cristis
Vidit, et infesta vibrantes casside terras,
Advolat : atque imo tellus qua proxima collo,
Necdum humeri videre diem, prior ense sequaci
Æquat humo truncos; rutuli thoraca sequenti,            620
Aut primas a matre manus premit obvius ante.
Nec magis aut illis, aut illis millibus ultra
```

uel. Mais bientôt il naît des hommes par milliers ; Jason n'y peut suffire, pas plus qu'Hercule n'eût suffi à abattre les têtes de l'hydre, sans le conseil que lui donna Minerve.

Il recourt encore aux enchantements protecteurs de Médée, et détache la gourmette de son casque. Cependant il hésite ; seul il voudrait combattre toute cette armée. Vaine ambition! Les guerriers se pressent en foule sous les étendards de leurs chefs ; leurs cris, leurs clairons retentissent. Objet de leur commune haine, Jason est aussi l'unique but de leurs coups ; et son cœur se troublant à l'aspect d'un si grand péril, il jette au milieu des ennemis le casque infecté par Médée du venin de la Discorde, et dont la jeune fille arma son front pour ce fatal moment. Les lances se retournent soudain. Pareils aux Phrygiens ou aux prêtres mutilés de Bellone, qui, tous les ans, se déchirent les uns les autres avec une rage insensée, les guerriers, cédant à la fureur que leur souffle Médée, se frappent et s'entretuent misérablement. Chacun d'eux croit immoler le héros ; tous sont en proie à la même illusion. Plongé dans la stupeur, Éétès veut en vain les calmer, les rappeler à eux-mêmes ; ils tombent tous à la fois ; aucun d'eux ne survit, et leur berceau devient tout à coup leur tombe.

Jason court aussitôt plonger dans le fleuve ses armes ensanglantées. Tel, souillé de la poussière des plaines de la Gétie, Mars entre dans l'Hèbre avec ses chevaux dont la sueur échauffe les eaux du fleuve, ou tel un noir Cyclope se précipite hors des antres où il a forgé la foudre, et va se rafraîchir dans la mer de Sicile. Jason rejoint les siens, qui l'embrassent transportés de joie. Il ne daigne plus rappeler au perfide Éétès sa promesse ; il refuserait même de se réconcilier avec lui, dût-il en recevoir la toison. Ils se séparent, tous deux sombres, tous deux menaçants.

LIVRE VIII.

Cependant Médée tremblait dans son appartement. Agitée par les remords, elle croyait entendre partout autour d'elle les menaces de son père irrité. Déjà l'infortunée ne craignait plus les flots ; nul pays déjà ne lui semble trop éloigné : elle est prête à fuir sur toute mer, à monter sur tout vaisseau. Elle baise pour la dernière fois ses bandelettes virginales, la couche qu'elle va quitter, s'arrache les cheveux, se meurtrit la figure, et, penchée sur son lit encore froissé par son dernier sommeil, elle exhale en ces mots sa douleur : « O vous, père d'une fille fugitive, si du « moins, Éétès, vous lui donniez un dernier em« brassement ; si vous voyiez ses larmes! Croyez« moi, mon père, il ne m'est pas plus cher que « vous, le mortel que je vais suivre. Puissent « les flots m'engloutir avec lui! Daignent les dieux « vous conserver longtemps et le sceptre et la vie ; « et que vos autres enfants ne me ressemblent « pas! »

Elle dit ; et tirant de leur réduit empoisonné ces

Sufficit, ad diræ quam quum Tirynthius hydræ
Agmina Palladios defessus respicit ignes.
　Ergo iterum ad socias convertere Colchidos artes, 625
Et galeæ nexus ac vincula dissipat imæ ;
Cunctaturque tamen, totique occurrere bello
Ipse cupit ; spes nulla datur, sic undique densant
Terrigenæ jam signa duces, clamorque, tubæque.
Jamque omnes odere virum, jamque omnia contra 630
Tela volant ; tum vero amens discrimine tanto,
Quam modo Tartareo galeam Medea veneno
Infectam dederat, ususque armarat in illos,
In medios torsit : conversæ protinus hastæ.
Qualis ubi attonitos mœstæ Phrygas annua Matris 635
Ira, vel exsectos lacerat Bellona comatos :
Haud secus accensas subito Medea cohortes
Implicat, et miseros agit in sua prælia fratres.
Omnis ibi Æsoniden sterni putat ; omnibus ira
Talis erat. Stupet Æetes, ultroque furentes 640
Ipse viros revocare cupit : sed cuncta jacebant
Agmina ; nec quisquam primus ruit, aut super ullus
Linquitur : atque hausit subito sua funera tellus.
　Protinus in fluvium fumantibus evolat armis
Æsonides : qualis Getico de pulvere Mavors 645
Intrat equis, uritque gravem sudoribus Hebrum ;
Aut niger ex antris rutilique a fulminis æstu
Quum furit, et Siculo respirat in æquore Cyclops.

Redditus hic tandem, sociosque amplexus ovantes
Haud jam mendacem promissa reposcere regem 650
Dignatur ; nec, si ipse sibi terga ingerat ultro
Qui pepigit, velit in pacem dextramque reverti
Amplius : ambo truces, ambo abscessere minantes.

LIBER VIII.

At trepidam in thalamis et jam sua facta paventem
Colchida circa omnes pariter furiæque minæque
Patris habent ; nec cærulei timor æquoris ultra,
Nec miseræ terra ulla procul ; quascumque per undas
Ferre fugam, quamcumque cupit jam scandere puppim. 5
Ultima virginitas tunc flens dedit oscula vittis,
Quosque fugit, complexa toros, crinemque genasque
Ante perantiqui carpsit vestigia somni,
Atque hæc impresso gemuit miseranda cubili :
O mihi si profuga genitor nunc ille supremos 10
Amplexus, Æeta, dares, fletusque videres.
Ecce meos ! ne crede, pater ; non carior ille est,
Quem sequimur ; tumidis utinam simul obruar undis !
Tu, precor, hæc longa placidus mox sceptra senecta
Tuta geras, meliorque tibi sit cætera proles. 15
　Dixit, et Hæmonio nunquam spernenda marito
Condita letiferis prodit medicamina cistis,

substances vénéneuses que son époux devra toujours redouter, elle en imprègne sa robe, son collier, et s'arme aussi d'une épée. Alors, comme aiguillonnée par les fouets des Euménides, elle s'élance, pareille à Ino quand, éperdue et oubliant son fils qu'elle tient dans ses bras, elle se précipite dans la mer, tandis que son époux sur la rive frémit d'une rage inutile. Poursuivi par mille inquiétudes, Jason l'avait devancée dans la forêt. Là, son front rayonnant de jeunesse éclairait au loin la sainte obscurité du bocage. Tel, séparé de ses compagnons dispersés çà et là, le chasseur de Latmus repose sous les frais ombrages, digne objet de l'amour de Phébé, qui voile son croissant lumineux et qui vient le visiter : tel Jason, attendant son amante non moins belle, remplit la forêt du doux éclat de sa figure radieuse. Tout à coup, semblable à la colombe qui, déjà enveloppée dans l'ombre immense des ailes de l'autour, tombe éperdue sur le passant, Médée, saisie d'effroi, se jette sur le sein de Jason. Le héros la reçoit dans ses bras caressants : « O vous, « lui dit-il, bientôt l'honneur et la gloire de mes « pénates, vierge qui méritiez à vous seule que j'en- « treprisse un si long voyage, que m'importe « désormais la toison? il suffit que je vous em- « mène sur mon navire. Pourtant, puisque vous « le pouvez, ajoutez ce présent à ceux dont vous « m'avez déjà comblé ; un ordre impérieux exige « que j'emporte cette riche dépouille, et cette « gloire n'intéresse pas moins mes compagnons. »

Il dit, et il baise les mains de Médée d'un air suppliant. « Pour vous, dit-elle alors au milieu « de nouveaux sanglots, j'abandonne mon rang, « mon pays, ma famille ; déjà ce n'est plus en « reine que je parle ; je renonce à mon sceptre, et « je vous obéis. Gardez à l'amante fugitive la foi « que le premier (ne l'oubliez pas) vous lui avez « jurée. Les dieux nous entendent et ces astres « nous voient. Avec vous je traverserai les mers, « avec vous le monde entier, pourvu qu'un jour je « ne sois pas forcée de revenir en ces lieux, et de « reparaître aux yeux de mon père. C'est tout ce « que je demande aux dieux, c'est la seule prière « que je vous fasse. »

Elle dit, et court comme une insensée, loin des chemins frayés. Jason saisi de pitié ne la quitte pas. Soudain il voit jaillir du sein des ténèbres une flamme immense, à l'éclat sinistre. « Quelle « est à l'horizon cette lueur rougeâtre, cette clarté « lugubre? » dit-il effrayé. « Ce sont les yeux, ré- « pond Médée, c'est le farouche regard du dragon : « ces éclairs partent de sa crête. Il ne voit que moi « maintenant, il m'appelle, suivant sa coutume, et « sa langue caressante réclame sa nourriture. Eh « bien ! voulez-vous qu'il vous aperçoive, et dispu- « ter ensuite la toison à sa vigilance, ou que je le « plonge dans le sommeil et vous le livre après l'a- « voir dompté moi-même? » Jason ne répond rien, tant l'effroi le gagne, aussi bien que Médée.

Déjà celle-ci, les cheveux hérissés, les mains tendues vers les astres, et récitant des vers sur un rhythme barbare, invoquait le Sommeil. « Dieu « tout puissant, disait-elle, je t'appelle de toutes

Virgineosque sinus ipsumque monile venenis
Implicat, ac sævum super omnibus addidit ensem.
Inde, velut torto Furiarum erecta flagello 20
Prosilit : attonito qualis pede prosilit Ino
In freta, nec parvi meminit conterrita nati,
Quem tenet ; extremum conjux ferit irritus Isthmon.
Jam prior in lucos curis urgentibus heros
Venerat, et nemoris sacra se nocte tegebat, 25
Tum quoque sidereâ clarus procul ora juventa.
Qualis adhuc sparsis comitum per lustra catervis
Latmius æstiva residet venator in umbra,
Dignus amore deæ ; velatis cornibus et jam
Luna venit : roseo talis per nubila ductor 30
Implet honore nemus, talemque exspectat amantem.
Ecce autem pavidæ virgo de more columbæ,
Quæ super ingenti circumdata præpetis umbra
In quemcumque tremens hominem cadit : haud secus illa
Icta timore gravi mediam se immisit ; at ille 35
Excepit, blandoque prior sic ore loquutus :
O decus in nostros magnum ventura penates,
Solaque tantarum virgo haud indigna viarum
Causa reperta mihi, jam nunc non ulla requiro
Vellera, teque meæ satis est vexisse carinæ. 40
Verum age, et hoc etiam, quando potes, adjice tantis
Muneribus meritisque tuis ; namque aurea jussi
Terga referre sumus ; socios ea gloria tangit.

Sic ait, et primis supplex dedit oscula palmis.
Contra virgo novis iterum singultibus orsa est : 45
Linquo domos patrias te propter opesque meorum ;
Nec jam nunc regina loquor : sceptrisque relictis,
Vota sequor ; serva hanc profugæ, nam ipse dedisti
Quam (scis nempe) fidem. Di nostris vocibus adsunt,
Sidera et hæc te meque vident ; tecum æquora, tecum 50
Experiar quascumque vias ; modo ne quis abactam
Huc referat me forte dies, oculisque parentis
Ingerat ; hoc superos, hoc te quoque deprecor, hospes.
Hæc ait, atque furens rapido per devia passu
Tollitur : ille hæret comes, et miseratur euntem, 55
Quum subito ingentem media inter nubila flammam
Conspicit, et sæva vibrantes luce tenebras :
Quis rubor iste poli? quod tam lugubre refulsit
Sidus? ait ; reddit trepido cui talia virgo :
Ipsius en oculos et lumina torva draconis 60
Adspicis, hæc suis hæc vibrat fulgura cristis,
Meque pavens contra solam videt, ac vocat ultro,
Ceu solet, et blanda poscit me pabula lingua.
Dic age nunc, utrum vigilanti hostemque videri
Exuvias auferre velis, an lumina somno 65
Mergimus, et domitum potius tibi tradimus anguem?
Ille silet, tantus subiit ut virginis horror.

Jamque manus Colchis crinemque intenderat astris,
Carmina barbarico fundens pede, teque ciebat,

« les parties du monde, et t'ordonne de descendre
« ici tout entier sur ce dragon. Par toi j'ai plus
« d'une fois dompté les flots, les nuages, la foudre,
« et tout ce qui a vie et mouvement dans les airs :
« mais aujourd'hui, viens plus puissant que jamais;
« viens, semblable au Trépas ton frère. Et toi, fidèle
« gardien de la dépouille du bélier de Phrixus,
« voici le moment de reposer tes yeux du soin qui
« les fatigue. Que crains-tu quand je suis avec toi?
« Je te suppléerai moi-même quelques heures dans
« la garde de la forêt; jusque-là prends du repos. »
Le monstre, malgré sa fatigue, n'ose encore se relâcher de sa surveillance, ni goûter un repos auquel on l'invite, après lequel il soupire. Appesanti par les premières vapeurs du sommeil, il frissonne, et repousse loin de l'arbre sacré cet ennemi plein de charmes. Médée alors fait agir tous les poisons du Tartare; elle secoue incessamment un rameau trempé dans le silencieux Léthé, appesantit par un chant magique les paupières rebelles du dragon, lasse, épuise, à force de gestes et de paroles, toute la puissance du Styx, jusqu'à ce que l'intraitable monstre soit assoupi. Et déjà sa crête altière s'est abaissée; sa tête obéissante s'incline; son cou se détend et s'allonge. Ainsi s'abaissent les flots gonflés du Pô, du Nil aux sept embouchures, et ceux de l'Alphée à travers les champs de l'Hespérie.

Dès qu'elle voit le dragon qu'elle aime étendu sur le sol, Médée le presse dans ses bras, s'accuse de cruauté, pleure celui qu'elle a nourri de ses mains, et leur commune destinée.

« Ce n'est pas ainsi, dit-elle, que je te voyais,
« quand, la nuit, je t'apportais les offrandes sa-
« crées; et moi-même j'étais bien différente, quand,
« d'un soin si affectueux, je te donnais le miel et
« ces poisons avec lesquels tu apaisais ta faim.
« Quelle masse inerte et pesante! Qu'il est faible le
« souffle qui t'anime encore! Infortuné, peut-être
« eût-il mieux valu que je t'ôtasse la vie! Qu'il
« sera douloureux pour toi le jour où tu ne verras
« plus la toison, et l'arbre où tu veilles dépouillé
« de son brillant dépôt! Cède au Destin; va main-
« tenant cacher ta vieillesse dans quelque autre fo-
« rêt sacrée; oublie-moi, je t'en conjure, et que
« tes sifflements ne me poursuivent pas sur les
« mers que je vais parcourir. Mais vous, fils d'É-
« son, hâtez-vous, enlevez votre proie, et fuyez.
« Fille impie, j'ai éteint les flammes des taureaux
« de mon père, j'ai poussé les enfants de la Terre
« à s'entre-détruire; voici le dragon étendu à
« vos pieds: je n'ai plus, je pense, d'autres crimes
« à commettre. »

Pendant que Jason cherchait le moyen d'atteindre à la cime de l'arbre : « Allons, lui dit-elle, « escaladez le monstre et marchez sur son dos. » Jason, plein de confiance, monte sur le dragon, et arrive de replis en replis à la branche sur laquelle reposait la brillante toison, pareille à un nuage enflammé, ou à la légère Iris, quand elle est frappée des rayons du soleil. Il saisit le trophée, dernier objet de ses vœux et la fin de toutes ses fatigues. L'arbre rend à regret le monument de la fuite de Phrixus, qu'il gardait depuis si long-

Somne pater : Somne omnipotens, te Colchis ab omni 70
Orbe voco, inque unum jubeo nunc ire draconem.
Quæ freta sæpe tuo domui, quæ nubila cornu,
Fulminaque, et toto quidquid micat æthere; sed nunc,
Nunc, age, major ades, fratrique simillime Letho.
Te quoque, Phrixeæ pecudis fidissime custos, 75
Tempus ab hac oculos tandem deflectere cura.
Quem metuis me hic stante dolum? servabo parumper
Ipsa nemus; longum interea tu pone laborem.
Ille haud Æolio discedere fessus ab auro,
Nec dare permissæ (quamvis juvet) ora quieti 80
Sustinet; ac primi percussus nube soporis
Horruit, et dulces excussit ab arbore somnos.
Contra Tartareis Colchis spumare venenis,
Cunctaque Lethæi quassare silentia rami
Perstat, et adverso luctantia lumina cantu 85
Obruit, atque omnem linguaque manuque fatigat
Vim Stygiam, ardentes donec sopor occupat iras.
Jamque altæ cecidere jubæ, nutatque coactum
Jam caput, atque ingens extra sua vellera cervix,
Ceu refluens Padus, aut septem projectus in amnes 90
Nilus, et Hesperium veniens Alpheos in orbem.
Ipsa caput cari postquam Medea draconis
Vidit humi, fusis circum projecta lacertis,
Seque suumque simul flevit crudelis alumnum :
Non ego te sera talem sub nocte videbam, 95

Sacra ferens, epulasque tibi; nec talis hianti
Mella dabam, ac nostris nutribam fida venenis.
Quam gravida nunc mole jaces! quam segnis inertem
Flatus habet! nec te saltem, miserande, peremi,
Heu sævum passure diem! jam nulla videbis 100
Vellera, nulla tua fulgentia dona sub umbra.
Cede deo, inque aliis senium nunc digere lucis
Immemor, oro, mei; nec me tua sibila toto
Exagitent infesta mari. Sed tu quoque cunctas,
Æsonide, dimitte moras, atque effuge, raptis 105
Velleribus : patrios exstinxi noxia tauros;
Terrigenas in fata dedi; fusum ecce draconis
Corpus habes; jamque omne nefas, jam spero, peregi.
Quærenti tunc deinde viam, qua se arduus heros
Ferret ad aurigeræ caput arboris : Eia, per ipsum 110
Scande age, et adverso gressus, ait, imprime dorso.
Nec mora fit : dictis fidens Cretheia proles
Calcat, et, aeream quamvis, perfertur ad ornum,
Cujus adhuc rutilam servabant brachia pellem,
Nubibus accensis similem, aut quam, veste recincta, 115
Labitur ardenti Thaumantias obvia Phœbo.
Corripit optatum decus, extremumque laborem
Æsonides; longosque sibi gestata per annos
Phrixeæ monumenta fugæ vix reddidit arbor
Cum gemitu, tristesque super coiere tenebræ. 120
Egressi relegunt campos, et fluminis ora

temps, gémit et s'enveloppe de lugubres ténèbres. Médée et Jason sortent de la forêt, gagnent la plaine, et marchent vers l'embouchure du fleuve. La toison éclaire au loin la campagne; Jason en étale avec orgueil les flocons lumineux; tantôt il la met autour de son cou, tantôt il la tient suspendue à son bras. Tel marchait Hercule, au sortir des antres de la patrie d'Inachus, ajustant sur sa tête et sur ses épaules la peau du lion de Némée.

Les Argonautes, qui attendaient, comme il était convenu, leur chef à l'embouchure du Phase, l'aperçoivent soudain tout reluisant d'or au sein de la nuit, et poussent un cri de joie. Le vaisseau tressaille d'allégresse, et s'avance de lui-même au rivage. Jason précipite sa course, met d'abord en sûreté sa précieuse conquête, s'élance ensuite dans la nef avec la jeune fille éperdue, saisit sa lance, et attend.

Cependant le bruit de la trahison et de la fuite de sa fille, l'attentat qui fait le deuil et la honte de sa maison, parviennent aux oreilles d'Éétès. Le frère de Médée prend les armes; toute la ville s'assemble; le roi lui-même, oubliant sa vieillesse, vole au rivage; les soldats y accourent. Soins inutiles! le vaisseau fuit à pleines voiles. Voici la sœur de Médée, ses jeunes compagnes, les femmes de Colchos, filles ou mères, et, se faisant remarquer entre toutes, la mère de la jeune fugitive, qui étend ses bras vers les flots et remplit l'air de ses gémissements. « Arrête, ô ma fille! ramène « vers nous, car tu le peux, ramène ce vaisseau. « Où vas-tu? Tous les tiens sont ici; ton père « même est encore sans colère. A toi est ce « pays, à toi ce royaume. Pourquoi te fier à des « Grecs? Barbare aux yeux des filles d'Inachus, « trouveras-tu chez elles un asile? Est-ce là le vœu « de ta famille? est-ce là l'hymen qui t'était des- « tiné? est-ce là le jour qu'invoquait ma vieillesse? « Que ne puis-je, oiseau de proie, voler jusqu'à « ton ravisseur, et, sur son propre vaisseau, lui « déchirer le visage de mes ongles, et lui rede- « mander à grands cris celle que mes flancs ont « portée! C'est au roi d'Albanie, et non la toi, fils « d'Éson, qu'elle fut promise; jamais ses mal- « heureux parents ne se sont engagés envers toi. « Pallas ne te commande pas de revenir avec une « pareille proie, ni d'enlever les filles de la Col- « chide. Garde la Toison; et, s'il est dans nos tem- « ples quelque trésor oublié, prends-le aussi. Mais « pourquoi t'accuser injustement? C'est elle-même « qui fuit; c'est elle, ô honte! qu'entraîna sa « passion insensée. Voilà donc, malheureuse (car « tout le passé me revient à l'esprit), voilà pour- « quoi, depuis l'arrivée de ces Thessaliens, tu « prenais en dégoût tous les mets, tous les plaisirs! « Ta figure était pâle, tes paroles embarrassées, « tes yeux égarés, ta joie et ton sourire empruntés. « Que ne me découvrais-tu cet horrible mystère? « Jason fût devenu mon gendre, l'hôte de notre « palais, et tu ne me fuirais pas ainsi; ou peut- « être aujourd'hui, complice de ton crime, le « serais-je aussi de ta fuite; peut-être irions- « nous toutes deux chercher la Thessalie et la « patrie, quelle qu'elle soit, de ce cruel étranger. »

Ainsi parle sa mère, tandis que l'écho du rivage retentit des lamentations de sa sœur, et

Summa petunt; micat omnis ager; villisque comantem
Sidereis totos pellem nunc fundit in artus,
Nunc in colla refert, nunc implicat ille sinistræ :
Talis ab Inachiis Nemeæ Tirynthius antris   125
Ibat, adhuc aptans humeris capitique leonem.
  Ut vero sociis, qui tunc prædicta tenebant
Ostia, per longas apparuit aureus umbras,
Clamor ab Hæmonio surgit grege; se quoque gaudens
Promovet ad primas juveni ratis obvia ripas.   130
Præcipites agit ille gradus, utque aurea misit
Terga prius, mox attonita cum virgine puppim
Insilit, ac rapta victor consistit in hasta.
  Interea patrias sævus venit horror ad aures,
Fata domus luctumque ferens, fraudemque fugamque 135
Virginis. Hinc subitis inflexit frater in armis;
Urbs etiam mox tota coit; volat ipse senectæ
Immemor Æetes; complentur litora bello
Nequidquam : fugit immissis nam puppis habenis.
Mater adhuc ambas tendebat in æquora palmas, 140
Et soror, atque omnes aliæ matresque nurusque
Colchides, æqualesque tibi, Medea, puellæ.
Exstat sola parens, impletque ululatibus auras :
Siste fugam, medio refer huc ex æquore puppim,
Nata, potes : quo, clamat, abis ? hic turba tuorum 145
Omnis, et iratus nondum pater; hæc tua tellus,
Sceptraque : quid terris solam te credis Achæis?
Quis locus Inachias inter tibi, barbara, natas?
Istane vota domus, exspectatique Hymenæi?
Hunc petii grandæva diem? Vellem unguibus uncis, 150
Ut volucris, possem prædonis in ipsius ora
Ire ratemque supra, claroque reposcere cantu,
Quam genui. Albano fuit hæc promissa tyranno,
Non tibi; nil tecum miseri pepigere parentes,
Æsonide; non hoc Pelias evadere furto   155
Te jubet, aut ullas Colchis abducere natas.
Vellus habe, et nostris si quid super, accipe, templis.
Sed quid ego quemquam immeritis incuso querelis?
Ipsa fugit, tantoque, nefas! ipsa ardet amore.
Hoc erat, infelix, redeunt nam singula menti,   160
Ex quo Thessalici subierunt æquora remi,
Quod nullæ te, nata, dapes, non ulla juvabant
Tempora? non ullus tibi tum color, ægraque verba,
Errantesque genæ, atque alieno gaudia vultu
Semper erant? Cur tanta mihi non prodita pestis, 165
Ut gener Æsonides nostra consideret aula,
Nec talem paterere fugam? commune fuisset
Aut certe nunc omne nefas, iremus et ambæ
In quascumque vias; pariter petiisse juvaret
Thessaliam, et sævi, quæcumque est, hospitis urbem. 170
  Sic genitrix, similique implet soror omnia questu

que ses jeunes compagnes, poussant un dernier cri qui se perd dans l'espace, appellent leur maîtresse. Loin d'elles, ô Médée, t'emportent les vents et ton destin.

Les Argonautes, poussés par un vent qui favorisait leur retour, marchaient jour et nuit, et reconnaissaient les rivages qu'ils avaient déjà côtoyés, lorsqu'Erginus dit tout à coup du haut de la poupe:

« Vous avez tant de joie d'avoir conquis la Toi-
« son, que vous ne pensez ni au chemin qui vous
« reste à faire ni au danger qui nous attend. De-
« main nous touchons à l'extrémité de cette terri-
« ble mer et aux Cyanées. Je n'ai pas oublié Tiphys,
« je n'ai pas oublié, ô mon vénérable maître, tes
« pénibles efforts au passage de ces rochers. Chan-
« geons de route, mes amis; il en est une autre
« par laquelle nous sortirons de cette mer, et que
« je vais vous indiquer. Non loin d'ici se jette,
« après avoir traversé la Scythie, l'Ister à l'urne
« immense, et qui, vous le savez, trop à l'étroit
« dans son lit, se divise en sept canaux et se verse
« dans la mer par sept embouchures. Gagnons ce
« fleuve en côtoyant la rive gauche du Pont; re-
« montons-en le cours jusqu'à ce que nous trou-
« vions un autre fleuve qui nous portera dans une
« autre mer. Il vaut mieux, Jason, consentir à quel-
« que retard, que de braver de nouveau les per-
« fides Cyanées. Tel est mon avis. Voyez plutôt, le
« navire n'y a-t-il pas déjà laissé une partie de
« sa poupe? » En parlant ainsi, Erginus ignorait que le destin avait rendu les Cyanées immobiles, et les avait condamnées à un éternel repos.

« Fidèle pilote, lui répondit Jason, tes craintes
« sont fondées; je ne refuse pas de faire une
« route plus longue, et de montrer ma victoire à
« toute la terre. » On gouverne aussitôt, en côtoyant de nouveaux pays et d'autres empires, vers ce fleuve habitué à porter des chariots sur son sein.

Assise à la poupe derrière le pilote, Médée embrassait les genoux de l'effigie de Minerve; son voile couvrait sa figure, et des larmes tombaient de ses yeux. Elle se voyait au milieu des héros thessaliens, seule, et sans être certaine de son futur hymen. Les rives de la Sarmatie en sont attendries; et quand elle passe devant la Tauride, Diane verse des pleurs. Pas un marais, pas un fleuve de la Scythie qui ne soit ému; les glaces des Hyperboréens se fondent à l'aspect de la puissance déchue de Médée; les Argonautes eux-mêmes ont cessé leurs murmures; ils souffrent volontiers sa présence. Pour elle, à peine lève-t-elle les yeux, quand, sur la fin du jour, son cher Jason lui présente quelques aliments, quand il lui annonce qu'ils ont dépassé le nuageux Carambis, le royaume de Lycus, et quand, pour tromper sa douleur, il l'engage à porter ses regards vers les montagnes de la Thessalie.

Il est une île à laquelle une nymphe de Sarmatie, Peucé, donna son nom: c'est là que l'Ister, aux rives dangereuses et sans cesse infestées de hordes farouches, roule à travers le pays des Alains ses eaux à la mer. Jason, voulant y soulager son cœur du poids qui l'oppressait, ose découvrir à ses compagnons ses engagements avec Médée, la foi qu'il lui a promise, l'hymen qui doit la sanctionner; tous y applaudissent avec

Exululans; famulæ pariter clamore supremo
In vacuos dant verba Notos, dominamque reclamant
Nomine; te venti procul et tua fata ferebant.
 Inde diem noctemque volant: redeuntibus aura   175
Gratior, et notæ Myniis transcurrere terræ,
Quum subito Erginus puppi sic fatur ab alta:
 Vos, ait, Æsonide, contenti vellere capto,
Nec via quæ superest, nec quæ fortuna, videtis.
Crastina namque dies trucis ad confinia ponti   180
Cyaneasque vocat, meminique, o Tiphy, tuorum
Saxa per illa, pater, memini, veneranda, laborum.
Mutandum, o socii, nobis iter; altera ponti
Eluctanda via, et cursu, quem fabor, eundum est.
Haud procul hinc ingens Scythici ruit exitus Istri,   185
Fundere non uno tantum quem flumina cornu
Accipimus: septem exit aquis, septem ostia pandit.
Illius adversi nunc ora petamus et undam,
Quæ latus in lævum ponti cadit; inde sequemur
Ipsius amnis iter, donec nos flumine certo   190
Perferat, inque aliud reddat mare. Sint age tanti,
Æsonide, quæcumque moræ, quam sæva subire
Saxa iterum, quam Cyaneos perrumpere montes.
Sat mihi; non totis Argo redit ecce corymbis.   195
Hæc ait, ignarus fixas jam numine rupes
Stare, neque adversis ultra concurrere saxis.

 Reddidit Æsonides: Et te, fidissime rector,
Haud vani tetigere metus, nec me ire recuso
Longius, et cunctis redeuntem ostendere terris.
Protinus inde alios flectunt regesque locosque,   200
Assuetumque petunt plaustris migrantibus æquor.
 Puppe procul summa vigilis post terga magistri
Hæserat auratæ genibus Medea Minervæ;
Atque ibi dejecta residens in lumina palla
Flebat adhuc, quamquam Hæmoniis cum regibus iret,   205
Sola tamen, nec conjugii secura futuri.
Illam Sarmatici miserantur litora ponti;
Illa Thoanteæ transit defleta Dianæ.
Nulla palus, nullus Scythiæ non mœret euntem
Amnis; Hyperboreas movit conspecta pruinas,   210
Tot modo regna tenens; ipsi quoque murmura ponunt
Jam Minyæ, jam ferre volunt. Vix allevat ora
Ad seras, si quando, dapes, quas carus Iason
Ipse dabat, jam nubiferam transire Carambin
Significans, jam regna Lyci; totiesque gementem   215
Fallit, ad Hæmonios hortatus surgere montes.
 Insula Sarmaticæ Peuce stat nomine nymphæ,
Torvus ubi et ripa semper metuendus utraque
In freta per sævos Ister descendit Alanos.
Solvere in hoc tandem resides dux litore curas,   220
Ac primum socios ausus sua pacta docere,

joie, et reconnaissent que Médée l'a bien mérité. Jason élève d'abord des autels à Pallas, qui voit cette union malgré elle; et il commence à honorer Vénus, qu'il avait jusque-là dédaignée. Si jamais alors il effaça par sa beauté tous les Argonautes, ce fut surtout à l'approche de son hymen. Tel, après une victoire sur les bords ensanglantés de l'Hèbre, Mars gagne furtivement Idalie ou les bosquets chéris de Cythère; ou tel Hercule, admis enfin à la table des dieux, se repose de ses fatigues sur le sein d'Hébé. Vénus, et Cupidon au langage séducteur, conspirent pour dissiper les ennuis de Médée; la déesse elle-même la revêt de sa robe couleur de safran, et lui donne ce diadème, dont les perles recèlent un feu qui doit consumer un jour une autre amante. Alors le teint de la jeune fille se rehausse d'un nouvel éclat : elle arrange avec art ses blonds cheveux; elle s'avance enfin, oubliant tout ce qu'elle a souffert. Ainsi, quand les eaux sacrées de l'Almon ont lavé les blessures des prêtres de Cybèle, que la déesse elle-même a recouvré la gaieté, que ses flambeaux de fête éclairent toutes les villes, qui croirait que le sang humain vient d'inonder son sanctuaire? Quels de ses prêtres s'en souviennent encore?

Tandis que Jason et sa fiancée s'approchent des autels, qu'ils commencent à réciter les prières d'usage, Pollux porte devant eux le feu et l'eau nuptiale. Les deux époux décrivent un cercle en se tournant vers leur droite. Mais alors la flamme se déploie dans une atmosphère chargée de vapeurs; l'encens monte en flocons épars, signe d'une fidélité passagère et d'un amour de courte durée. A cet aspect, Mopsus maudit les deux époux et les plaint tous deux; il souhaite, barbare Médée, que tu n'aies jamais d'enfants. On apprête ensuite le repas : on y sert en abondance des pièces de gibier, produit d'une chasse facile, les unes cuites au feu, les autres bouillies dans l'airain. On s'étend sur des lits de gazon, près de l'antre où Peucé haletante céda jadis à la passion de l'Ister. Au milieu des convives et plus élevés qu'eux, les deux époux, éblouissants de jeunesse et de grâces, sont assis sur leur Toison.

Mais quelle alarme nouvelle a suspendu les chants de l'hyménée, troublé le festin, interrompu les sacrifices? C'est Absyrte; il arrive soudain avec la flotte de son père; il poursuit, une torche à la main, les Grecs fugitifs; il accable d'invectives sa criminelle sœur. « Compagnons, « dit-il, si vous êtes sensibles à la douleur et au « ressentiment, hâtez-vous. Ce n'est pas Jupiter « qui fuit avec son amante; ce n'est pas le taureau « dont il a emprunté la figure que nous poursui- « vons. Le dirai-je? C'est un brigand qui avec un « seul vaisseau enlève la toison de Phrixus; une « jeune fille lui plaît, il l'enlève aussi, et part, ô « honte! sans seulement attaquer nos maisons ni « nos murailles. Comment venger assez cet ou- « trage? Je ne redemande plus la toison; je ne « veux plus de toi, ma sœur, qu'on te rende ou « non; je n'ai ni l'espoir de traiter, ni la force de « calmer ma fureur. Et d'ailleurs, puis-je sitôt

Promissamque fidem thalami, fœdusque jugale.
Ultro omnes læti instigant meritamque fatentur.
Ipse autem invitæ jam Pallados erigit aras,
Incipit Idaliæ numen nec spernere divæ. 225
Præcipueque sui, si quando, in tempore pulcher
Conjugii Minyas nunquam magis eminet inter :
Qualis sanguineo victor Gradivus ab Hebro :
Idalium furto subit, aut dilecta Cythera :
Seu quum cælestes Alcidæ invisere mensas 230
Jam vacat, et fessum Junonia sustinet Hebe.
Adsunt unanimes Venus, hortatorque Cupido
Suscitat affixam mœstis Æetida curis;
Ipsa suas illi croceo subtemine vestes
Induit, ipsa suam duplicem Cytherea coronam 235
Donat, et arsuras alia cum virgine gemmas.
Tum novus implevit vultus honor, ac sua flavis
Reddita cura comis, graditurque oblita malorum :
Sic ubi Mygdonios planctus sacer abluit Almo,
Lætaque jam Cybele, festæque per oppida tædæ; 240
Quis modo tam sævos adytis fluxisse cruores
Cogitet? aut ipsi qui jam meminere ministri?
Inde, ubi sacrificas cum conjuge venit ad aras
Æsonides, unaque adeunt pariterque precari
Incipiunt, ignem Pollux undamque jugalem 245
Prætulit, ut dextrum pariter vertantur in orbem.
Sed neque se pingues tum candida flamma per auras

Explicuit; nec thura videt concordia Mopsus,
Promissam nec stare fidem; breve tempus amorum.
Odit utrumque simul, simul et miseratur utrumque, 250
Et tibi jam nullos optavit, barbara, natos.
Mox epulas et sacra parant; silvestria lœtis
Præmia, venatu facili quæsita, supersunt :
Pars verubus; pars undanti despumat aheno.
Gramineis ast inde toris discumbitur, olim 255
Ister anhelantem Peucen quo presserat antro.
Ipsi inter medios rosea radiante juventa
Altius, inque sui sternuntur velleris auro.
Quis novus inceptos timor impediit hymenæos,
Turbavitque toros, et sacra calentia rupit? 260
Absyrtus subita præceps cum classe parentis
Advehitur, profugis infestam lampada Graiis
Concutiens, diramque premens clamore sororem :
Atque : Hanc, o si quis vobis dolor iraque, Colchi,
Accelerate viam, neque enim fugit æquore raptor 265
Jupiter, aut falsi sequimur vestigia tauri.
Puppe (nefas) una prædo Phrixea reportat
Vellera; qua libuit, remeat cum virgine; nobis,
O pudor! et muros et stantia tecta reliquit.
Quid mihi deinde satis? nec quæro vellera, nec te 270
Accipio, germana, datum; nec fœderis ulla
Spes erit, iræ quisquam modus. Inde reverti
Patris ad ora mei tam parvo in tempore fas sit?

« revenir chez mon père? Le sang de cinquante
« pirates, un seul vaisseau submergé, m'apaise-
« ront-ils assez? C'est toi, Grèce trompeuse, que je
« poursuis; c'est pour tes cités que j'attise le feu
« de ce flambeau. Non, ma sœur, ton frère ne man-
« quera pas à ton digne hymen. C'est moi qui le
« premier secoue sur toi, sur ton époux, cette
« torche nuptiale. Si, le premier, je viens prési-
« der à tes noces, excuse en cela, je te prie, la
« vieillesse de notre père. Mais le sénat et le peuple
« sont avec moi. La royale petite-fille du Soleil,
« pour s'unir dignement au héros de la Thessalie,
« n'a pas trop de la réunion de tant de navires,
« de l'éclat de tant de flambeaux. »

Il dit, et, parcourant les vaisseaux, il invoque tantôt les Vents, tantôt ses compagnons. Le pilote transmet ses prières aux rameurs, qui battent les flots avec leurs avirons encore tout garnis de feuilles. Cette flotte, formée en un jour d'arbres abattus au sommet des montagnes (que ne pouvaient la colère et la haine chez les hommes de cet âge?), approche de plus en plus, et des radeaux grossiers suivent le léger esquif de Pallas. Déjà les Colchidiens découvrent les embouchures du Danube, l'île verdoyante de Peucé et aperçoivent le haut du mât des Argonautes. Ils poussent des cris de joie et de haine, dont le bruit qui redouble se mêle au bruit des rames à mesure qu'Argo se rapproche; tous en même temps veulent fondre sur lui. Stirus, enflammé d'amour et de jalousie, saisit un croc ajusté à une hampe de chêne noueux, et interroge au loin les flots; les autres s'arment de leurs boucliers et d'énor-

mes javelots, enduisent des torches de poix et brandissent impatiemment leurs lances. Bientôt ils sont à portée de trait; ils redoublent leurs cris; ils trépignent de fureur sur leurs frêles embarcations.

A l'aspect inattendu de cette flotte et de ces feux que la mer réfléchit, les Argonautes se lèvent, agités de mille pressentiments : Jason quitte son épouse, saute le premier dans le vaisseau, prend son casque qui reposait sur sa lance, son bouclier et sa brillante épée. Non moins alertes que lui, ses compagnons s'arment, et se rangent sur le rivage. Comment alors, ô Médée, ton crime t'apparut-il? Quelle honte fut la tienne en revoyant ton frère, tes compatriotes, dont tu te croyais séparée par l'immensité des mers? Aussi se cache-t-elle tristement au fond de la grotte, n'attendant désormais que la mort, soit que Jason succombe, soit que son frère périsse de la main des Grecs.

Mais Junon dans les demeures de l'Olympe ne se résigne pas ainsi; elle ne veut pas d'un combat avec un ennemi si supérieur aux Argonautes en guerriers et en vaisseaux. A peine voit-elle s'approcher et la flotte et la guerre, qu'elle descend sur la terre, et ouvre leur prison aux Vents et aux Tempêtes. La troupe turbulente s'en échappe aussitôt; Junon leur montre la flotte. Tous l'ont vue soudain. Ils s'élancent à la fois vers le but indiqué, poussent d'horribles sifflements, bouleversent la mer jusqu'en ses abîmes, et font de chaque flot un ennemi des Colchidiens.

Stirus, emporté dans les eaux de l'Argo, avance avec la vague et retombe avec elle dans l'abîme;

Quinquaginta animæ me scilicet, unaque mersa
Sufficiet placare ratis? te, Græcia fallax, 275
Persequor, atque tuis hunc quasso mœnibus ignem;
Nec tibi digna, soror, desum ad connubia frater.
Primus et ecce fero quatioque hanc lampada vestro
Conjugio; primus celebro dotalia sacra,
Qui potui; patriæ veniam da, quæso, senectæ. 280
Quin omnes alii pariter populique Patresque
Mecum adsunt : magni virgo ne regia Solis
Hæmonii thalamos adeas despecta mariti,
Tot decuit coiisse rates, tot fulgere tædas.

Dixerat, itque orans iterum ventosque virosque; 285
Perque ratis supplex vox remigis illa magistros.
Illi autem intorquent truncis frondentibus undam;
Quæque die fuerat raptim formata sub uno,
Et tantum dejecta suis a montibus arbor,
(Quid dolor et veterum potuit non ira virorum?) 290
Haud longis jam distat aquis, sequiturque volantem
Barbara Palladiam puppim ratis, ostia donec
Danubii viridemque vident ante ostia Peucen,
Ultimaque agnoscunt Argoi cornua mali.
Tum vero clamorem omnes inimicaque tollunt 295
Gaudia; tum gravior remis fragor, ut procul Argo
Visa viris, unamque petunt rostra omnia puppim.
Princeps navalem nodosi roboris uncum

Arripit, et longa Stirus prospectat ab unda,
Conjugio atque iterum sponsæ flammatus amore. 300
Jamque alii clypeos et tela trabalia dextris
Expediunt; armant alii picis unguine flammas.
Impatiens tremit hasta moræ, nec longius inter,
Quam quod tela vetet, superest mare : vocibus urgent
Interea, et pedibus pulsant tabulata frementes. 305
Quum subitas videre rates, vibrataque flammis
Æquora, non una Minyæ formidine surgunt;
Primus et in puppim, deserta virgine, ductor
Prosilit, et summa galeam rapit altus ab hasta;
Ense simul clypeoque micat; nec cætera pubes 310
Segnius arreptis in litore constitit armis.

At tibi, quæ scelerum facies, Medea, tuorum?
Quisve pudor Colchos iterum fratremque videnti.
Quidquid et abscisum vasto jam tuta profundo
Credideras? Ergo infausto sese occulit antro, 315
Non aliud quam certa mori, seu carus Iason,
Seu frater Graia victus cecidisset ab hasta.

Haud ita sed summo segnis sedet æthere Juno;
Haud sinit extrema Minyas decernere pugna,
Nec numero quoniam Colchis, nec puppibus, æquos. 320
Ergo ubi diva rates hostemque accedere cernit,
Ipsa subit terras, tempestatumque refringit
Ventorumque domos : volucrum gens turbida fratrum

un flot le roule encore, le chasse, et se brise ensuite. Comme lui, ses compagnons sont le jouet des vagues, soit qu'elles s'élancent vers le ciel, soit qu'elles retombent sur elles-mêmes. Ici un gouffre les engloutit, là un tourbillon les entraîne ; la terreur est peinte sur tous les visages : les coups redoublés du tonnerre ébranlent la voûte céleste. Toutefois la violence de Stirus ne s'est point ralentie : tandis qu'il lutte contre les dieux eux-mêmes, il exhorte ses compagnons : Quoi ! s'écrie-t-il, l'infidèle Colchidienne au mépris de mes droits, se choisirait un autre époux ! Un ravisseur thessalien me serait préféré ! J'aurais en vain, seul de tant de rois mes rivaux, fixé le choix de son père ! Est-ce le courage qu'elle aime dans son séducteur, et celui qu'elle suit est-il plus brave que moi ? Mais, sans le secours de ta magie, je dompterai les taureaux ; avec mon épée, seule, j'affronterai les monstres issus des dents du dragon thébain. En attendant, contemple du rivage un combat dont tu seras le prix, un combat digne de toi. Tu vas la voir ensanglanter les flots, cette tête si chère ! Tu vas le voir tomber ce Grec efféminé, dont la chevelure au lieu de myrrhe n'exhalera bientôt plus que l'odeur de la poix et du soufre enflammés. Flots, jetez seulement Stirus sur ce rivage, et ni vous, Éetès, ni le Soleil votre père, n'aurez à rougir de votre gendre. Me trompé-je ? N'est-ce pas elle encore qui excite ces vents et les mers par ses paroles infernales, et dont l'art magique protége Jason contre « nous ? En effet, il a coutume d'y recourir. Mais « tous ces enchantements, tout ce vain fracas ne « sauraient le sauver. Allez, vaisseaux, brisez ces « flots soulevés par une jeune fille. »

Il dit, et les rameurs redoublent d'efforts. Il s'élance en avant avec sa troupe. Mais la lame revient encore, heurte le radeau, le met en pièces, et disperse ceux qui le montent. Lui, toujours menaçant, nage la main tendue vers le bord, et, au milieu du naufrage, lutte contre les flots sans quitter son épée. Il cherche à saisir quelques débris de son vaisseau ; il appelle ses compagnons à son aide. Mais personne, dans le trouble général, ne peut ni ne veut l'entendre. Chaque fois qu'il se rapproche de la rive, la lame le repousse ; il résiste encore, et disparaît. D'un effort violent il remonte à la surface ; mais la mer revient acharnée, l'engloutit sous une montagne d'eau, et le force à laisser la jeune fille.

A cet affreux spectacle, Absyrte consterné ne sait ni que faire, ni comment s'emparer du port et de l'embouchure du fleuve, ni comment attaquer les Argonautes qui s'y tiennent à l'abri : il les voit, il les reconnaît en frémissant de rage. La mer toujours en fureur, la tempête incessante, les vagues suspendues sur sa tête, paralysent tous ses efforts. Il se retire enfin, convaincu de l'impuissance de sa colère, et gagne avec les débris de sa flotte le rivage opposé de l'île de Peucé. Là, le Danube, se partageant en deux bras, forme autour de l'île une double barrière ;

Erumpit : classem dextra Saturnia monstrat.
Videre, inque imum pariter mare protinus omnes 325
Infesto clamore ruunt, inimicaque Colchis
Æquora, et adversos statuunt a litore fluctus.
 Tollitur, atque intra Minyas Argoaque vela
Stirus abit ; vasto rursus desidit hiatu
Abrupta revolutus aqua ; jamque omnis in astra 330
Itque reditque ratis, lapsoque reciproca fluctu
Descendit : vorat hos vortex, hos agmine toto
Gurges agit, simul in vultus micat undique terror ;
Crebra ruina poli cælestia limina laxat.
Non tamen ardentis Stiri violentia cedit ; 335
Hortatur socios media inter prælia divum :
Transferet ergo meas, in quæ volet, oppida dotes
Colchis ! et Hæmonius nobis succedet adulter !
Nec mihi tot magnos inter regesque procosque
Profuerit prona haud dubii sententia patris ! 340
An virtus prælata viri est, et fortior ille,
Quem sequitur? jungam igniferos ego carmine tauros,
Sævaque Echionii ferro sata persequar hydri.
Hoc adeo interea spectans de litore pugnas
Amborum, victoris eris ; jam digna videbis 345
Prælia, jamque illud carum caput ire cruenta
Sub freta ; semiviri nec murrha corpus Achivi,
Sed pice, sed flammis et olentes sulfure crines.
Vos modo vel solum hoc fluctus expellite corpus,
Non te, Æeta pater, generi, aut, Sol magne, pudebit. 350
Fallor? an hos nobis magico nunc carmine ventos
Ipsa movet, diraque levat maria ardua lingua?
Atque iterum Æsonides, iterum defenditur arte,
Qua solet? haud illi cantus et futile murmur
Proderit : ite, rates, et frangite virginis undam. 355
 Dixit, et intortis socio cum milite remis
Prosilit ; ac fluctu puppis labefacta reverso
Solvitur, effunditque viros, ipsumque minantem
Tunc quoque, et elata quærentem litora dextra.
Ibat et arma ferens et strictum naufragus ensem ; 360
Incipit et remos et quærere transtra solutæ
Sparsa ratis, mœstas ultis intendere voces
Puppibus ; ast inter tantos succurrere fluctus
Nulla potest, aut ulla velit ; quotiesque propinquat,
Tunc aliud rursus dirimit mare. Jam tamen exstat, 365
Jamque abiit, fundoque iterum violentus ab imo
Erigitur ; sed fluctus adest, magnoque sub altis
Turbine figit aquis, et tandem virgine cessit.
 Absyrtus visu mœret defixus acerbo,
Nec quid agat, qua vi portus et prima capessat 370
Ostia, qua possit Minyas invadere clausos,
Quos videt agnoscitque fremens ; maria obvia contra
Sævaque pugnat hiems, totusque in vertice pontus.
Abscessit tandem, vanaque recedit ab ira ;
Et tanta de clade ratis, latus inde sinistrum 375
Adversamque procul Peuces defertur in oram
Cum sociis ; gemino nam scinditur insula flexu

le vaisseau des Argonautes occupait l'un depuis longtemps; le fils d'Eétès s'empare de l'autre, d'où il harcèle avec sa flotte le camp des Thessaliens, sans pouvoir, dans sa rage impatiente, engager le combat. Jour et nuit la tempête soulève les flots qui les séparent, jusqu'à ce que Junon ait trouvé un moyen de terminer au gré de ses désirs cette lutte qui l'inquiète. Eux-mêmes prévoyant les suites d'une attaque si obstinée, les Argonautes importunent Jason de leurs prières et de leurs murmures : ils se plaignent de ce que, pour la fille d'un barbare, il les expose à toute la rigueur d'un siége et à des périls toujours renaissants; qu'il ne considère pas assez le nombre de ses compagnons, la grandeur de leurs destinées. Ce n'est pas un amour criminel et clandestin qui les a entraînés à sa suite à travers les mers, mais leur seule valeur! Quoi! s'amuser à célébrer son hymen avec la femme qu'il a enlevée? En effet, le temps est bien choisi. Les Grecs ont assez de la Toison, et l'on peut, en rendant Médée, étouffer la guerre. Qu'il laisse donc les deux partis retourner dans leurs foyers, et que Médée ne soit pas la première furie qui arme l'une contre l'autre l'Europe et l'Asie : car aussi bien, (les Destins l'ont prédit et Mopsus l'annonçait jadis avec effroi) cette guerre est réservée à leurs descendants, et c'est un autre ravisseur qui doit un jour allumer ce terrible incendie.

Jason ne sachant que répondre à ces plaintes réitérées pousse de profonds soupirs. Le respect des Dieux, la sainteté de sa promesse, les premières douceurs de l'hyménée peuvent à peine le retenir. Il balance; il voudrait mourir, en songeant à celle que menace comme lui ce nouveau péril; il faut enfin qu'il cède à ses compagnons. Une fois sa résolution prise, les Argonautes attendent que l'orage et que les flots s'apaisent; jusque-là on ne dit rien à Médée; on lui cache le funeste décret.

Mais l'amour, s'il est souvent le jouet de craintes chimériques, en éprouve souvent de trop réelles. Il ne veut pas que la jeune fille soit trompée. Aussi voit-elle bientôt la trahison sous le masque dont il se couvre, elle reconnaît l'infidélité de son époux, et comprend le silence de tout ce qui l'entoure. Toujours présente à elle-même et sans s'effrayer du péril qui la menace, elle aborde Jason, le tire à l'écart et lui parle ainsi : « Comme « vous aussi, cher époux, je suis jour et nuit « vivement préoccupée des Argonautes, de vos « braves compagnons. Cependant, ne puis-je sa- « voir si je suis leur captive, si l'on m'a trompée « et si j'obéis à plusieurs maîtres? Ne puis-je « enfin connaître votre pensée? Certes, ô mon « très-fidèle époux, je suis au-dessus de toute « crainte; pourtant, ayez pitié de moi; gardez au « moins jusqu'en Thessalie la foi que vous m'avez « jurée; c'est dans votre palais seul que vous me « mépriserez. J'ai reçu, vous le savez, votre foi « et non celle de vos compagnons; s'ils croient « qu'il leur est permis de me rendre aux miens, « vous n'avez pas le même droit; vous seriez con- « traint de me suivre, car je ne suis pas la seule « coupable, la seule qu'on redemande; nous avons « commis la même faute; nous avons fui ensemble. « Mon frère vous épouvante; vous tremblez de vous « voir enfermer par sa flotte et par un ennemi plus

Danubii : hac dudum Minyæ Pagaseaque puppis
In statione manent; illinc Æetius heros
Obsidet adversa tentoria Thessala classe   380
Impatiens, pugnæque datur non ulla potestas.
Noctes atque dies vastis mare fluctibus inter
Perfurit, expediant donec Junonia sese
Consilia, atque aliquem bello ferat anxia finem.
    At Minyæ tanti reputantes ultima belli   385
Urgent, et precibus cuncti fremituque fatigant
Æsoniden : quid se externa pro virgine clausos
Objiciat, quidve illa pati discrimina cogat?
Respiceret pluresque animas, majoraque fata
Tot comitum, qui non furtis, nec amore nefando   390
Per freta, sed sola sese virtute sequantur.
An vero, ut thalamis raptisque indulgeat unus
Conjugiis? id tempus enim! sat vellera Graiis,
Et posse oblata componere virgine bellum.
Quemque suas sinat ire domos, nec Marte cruento   395
Europam atque Asiam prima hæc committat Erinnys.
Namque datum hoc fatis, trepidus supplexque canebat
Mopsus, ut in seros irent magis ipsa nepotes,
Atque alius lueret tam dira incendia raptor.
    Ille trahens gemitum, tantis ac vocibus impar,   400
Quamquam jura deum, et sacri sibi conscia pacti

Relligio, dulcisque movent primordia tædæ,
Cunctatur, mortemque cupit, sociamque pericli
Cogitat, haud ultra sociis obsistere pergit.
    Hæc ubi fixa viris, tempus fluctusque quietos   405
Exspectant; ipsam interea, quid restet, amantem
Ignorare sinunt, decretaque tristia servant.
    Sed miser ut vanos, veros ita sæpe timores
Versat amor, fallique sinit nec virginis annos.
Ac prior ipsa dolos et quamlibet intima sensit   410
Non fidi jam signa viri, nimiumque silentem
Una omnes : haud illa sui tamen immemor umquam,
Nec subitis turbata minis, prior occupat unum
Æsoniden, longeque trahit, mox talibus infit :
Me quoque, vir, tecum Minyæ, fortissima pubes,   415
Nocte dieque movent; liceat cognoscere tandem,
Si modo Peliacæ non sum captiva carinæ,
Nec dominos decepta sequor, consultaque vestra
Fas audire mihi. Vereor, fidissime conjux,
Nil equidem : miserere tamen, promissaque serva   420
Usque ad Thessalicos saltem connubia portus,
Inque tua me sperne domo : scis te mihi certe,
Non socios jurasse tuos, hi reddere forsan
Fas habeant; tibi non eadem permissa potestas.
Teque simul mecum ipsa traham; non sola reposcor   425

« nombreux que vous? Mais ces esquifs, ces ba-
« taillons fussent-ils plus nombreux encore, la foi
« promise n'est-elle rien? Ne suis-je digne d'au-
« cun sacrifice? N'ai-je pas mérité que vous et
« vos compagnons vous mourussiez pour moi?
« Que n'ont-ils sans vous touché nos rivages!
« Que n'avaient-ils un autre chef! Ils s'en re-
« tournent maintenant, et n'ont pas honte de me
« livrer, disant que c'est leur seul espoir de salut.
« Vous, Jason, consultez-moi du moins et ne cé-
« dez pas à la frayeur exagérée de vos compa-
« gnons. Auraient-ils cru naguère que vous fussiez
« capable de dompter les taureaux, d'arriver jus-
« qu'au sacré dépôt confié au dragon? Plût aux
« Dieux que tout n'eût pas été possible à mon
« amour et qu'il ait douté de soi-même un mo-
« ment! Oui, cherchez si vous n'avez pas encore
« quelque ordre à me donner! Hélas! tu te tais,
« barbare, mais ta honte qui se peint sur ta figure
« me présage je ne sais quelle trahison nouvelle.
« Amant jadis si cher, quoi! je devais te prier à
« mon tour, te supplier? Mon père est loin de le
« croire, sans doute, loin de penser que je paye
« déjà la peine de mon crime et que je subis un
« maître. » Elle dit, et, sans attendre la réponse
de Jason, elle fuit comme une insensée, en jetant
des cris horribles. Telle possédée de son dieu et
animée par le tambourin qu'elle frappe de son
thyrse d'Aonie, la Ménade s'élance au haut des
montagnes de Thèbes ; telle Médée, que tout épouvante, court de colline en colline, fuyant les javelots des fils de la Terre et les taureaux au souffle
enflammé, mais satisfaite de mourir, si elle peut
apercevoir la Thessalie, les sommets du Pélion,
et les fameuses cascades de la verte Tempé. Elle
passe le jour entier à gémir, à se plaindre ; la Nuit
elle-même est troublée de ses cris. On croirait
entendre dans le silence des ténèbres, hurler tristement les loups, claquer les mâchoires des lions
affamés, ou mugir lentement les génisses privées
de leurs nourrissons. Elle revient enfin ; mais son
visage n'a plus la noblesse des héros de son sang,
la majesté du Soleil, son aïeul, ce charme d'une
beauté étrangère qu'il avait jadis, quand triomphante elle apporta aux Argonautes la toison
d'or, et quand parmi les plus grands noms de
la Grèce, elle s'assit, autre Pallas, à la proue du
vaisseau de Pallas.

Cependant alarmé des menaces et de la colère
de Médée, Jason hésite. Partagé entre la cruelle
résolution qu'il a prise avec ses compagnons, et
la honte d'en faire l'aveu, il cherche pourtant,
malgré la douleur qui l'oppresse, à adoucir celle
de son amante et à gagner du temps. « Pensez-
« vous, lui dit-il, que j'aie jamais craint. . . . .

Virgo nocens, atque hac pariter rate fugimus omnes.
An fratris te bella mei, patriæque biremes
Terrificant, magnoque impar urgeris ab hoste?
Finge rates alias, et adhuc majora coire
Agmina; nulla fides? nullis ego digna periclis? 430
Non merui mortemque tuam comitumque tuorum?
Vellem equidem nostri tetigissent litora patris
Te sine, duxque illis alius quicumque fuisset.
Nunc remeant, meque ecce (nefas) et reddere possunt,
Nec spes ulla super : quin tu mea respice saltem 435
Consilia, et nimio comitum ne cede timori.
Credidit ardentes quis te nunc jungere tauros
Posse? quis ad sævi venturum templa draconis?
O utinam ergo meus pro te non omnia posset,
Atque aliquid dubitaret amor! quin nunc quoque quære
Quid jubeas. Heu! dure, siles, magnumque minatur 440
Nescio quid tuus iste pudor. Mene, optime quondam
Æsonide, me ferre preces et supplicis ora
Fas erat? haud hoc nunc genitor putat, haud dare pœnas
Jam sceleris, dominumque pati. Sic fata, parentem 445
Reddere dicta virum furiata mente refugit
Vociferans; qualem Ogygias quum tollit in arces
Bacchus, et Aoniis illidit tympana truncis :
Talis erat, talemque jugis se virgo ferebat,
Cuncta pavens; fugit infestos vibrantibus hastis 450
Terrigenas, fugit ardentes exterrita tauros.
Si Pagasas vel Peliacas hinc denique nubes
Cerneret, et Tempe viridi lucentia fumo;
Hoc visu contenta mori. Tunc tota querelis
Egeritur questuque dies, eademque sub astris 455
Sola movet; mœstis veluti nox illa sonaret
Plena lupis, quaterentque truces jejuna leones
Ora, vel orbatæ traherent suspiria vaccæ.
Procedit non gentis honos, non gloria magni
Solis avi, non barbaricæ decor ille juventæ, 460
Qualis erat, quum Chaonio radiantia trunco
Vellera vexit ovans, interque ingentia Graium
Nomina Palladia virgo stetit altera prora.
Mœstus at ille minis et nota Colchidos ira
Hæret, et hinc præsens pudor, hinc decreta suorum 465
Dura premunt; utcumque tamen mulcere gementem
Tentat et ipse gemens, et tempora currere dictis :
Mene aliquid metuisse putas , ...

NOTES

SUR VALÉRIUS FLACCUS.

LIVRE I.

Vers 2. *Fatidicam.* Ce vaisseau était doué, suivant Apollonius, iv, 580, d'une voix humaine. Quelques auteurs font dériver son nom de celui d'Argus, qui le construisit; d'autres, d'ἀργὸς, vite, léger, rapide.

v. 3. *Juga concita.* Tous les anciens, Pindare, Euripide et même Hérodote, iv, ch. 85, rapportent que ces rochers étaient jadis flottants. Pline, iv, ch. 13, explique assez bien l'origine de cette fable; mais les célèbres voyageurs Choiseul et Olivier l'expliquent encore mieux, en disant que ces rochers étaient volcaniques.

v. 4. *Flammifero.* Le vaisseau des Argonautes forme une des plus belles constellations australes.

v. 5. *Cymææ vatis.* La prêtresse de Cumes, la Sibylle.

v. 6. *Cortina domo.* Valérius était quindécemvir. Les quindécemvirs gardaient les livres sibyllins. La cortine, *cortina*, était proprement le couvercle du trépied.

v. 7. *Tuque.* Le poëte s'adresse à Vespasien, et plus bas veut parler de J. César, qui, à son retour de la Grande-Bretagne, perdit dans une tempête une partie de sa flotte.

v. 12. *Versam proles.* Domitien, qui faisait des vers dans sa jeunesse.

v. 15. *Ille.* Titus, au rapport de Pline le jeune, *Panég.* ch. 11, décerna l'apothéose à Vespasien qui triompha de la Judée, et prit Jérusalem. Ce n'est pas que Domitien n'élevât aussi des temples, et n'accordât les honneurs divins à son père : aussi quelques critiques veulent-ils voir dans les faits dont nous attribuons une part à chacun d'eux, les faits du seul Domitien. Mais il n'est pas probable que le poëte s'en soit tenu à une flatterie tronquée; il a eu un peu d'encens pour toute la famille.

v. 17. *Cynosura.* La petite Ourse.

v. 18. *Helice.* La grande Ourse.

v. 22. *Hæmoniam.* La Thessalie, ainsi appelée d'Hæmon, fils de Pélasgus. Hæmon eut pour fils Thessalus, qui donna son nom au pays.

Pélias. Pélias était fils de Tyro, fille de Salmonée et de Neptune; il remontait jusqu'à Deucalion. Celui-ci eut pour fils Hellen; Hellen, Éolus; Éolus, Créthée, Athamas et Salmonée, qui donna le jour à Tyro, mère de Pélias. Valérius et Apollonius lui donnent pour fils Acaste; Diodore de Sicile, pour filles, Alceste, Evadné et Amphinome. Il passait pour avoir été nourri de lait de jument, et était très-cruel.

v. 23. *Illius amnes.* Il s'en fallait que le très-petit État de Pélias, qui bordait la mer Égée, s'étendit jusqu'à la mer Ionienne; mais les rivières qui s'y rendent prenaient leur source dans son pays. — L'Othrys, l'Hémus et l'Olympe sont des montagnes de la Thessalie, chantées par tous les poëtes de l'antiquité.

v. 27. *Divumque minas.* Un oracle d'Apollon avait dit que Pélias périrait par la main d'un homme chaussé d'un seul pied; or ce fut dans cet état que Jason se présenta un jour à Pélias, pendant un sacrifice. Jason avait perdu son autre chaussure dans l'Énipée, lorsqu'allant au secours de Junon, qu'il ne reconnaissait pas sous un déguisement de vieille, il la tira du péril qu'elle courait, au milieu du débordement de ce fleuve. Voyez Pindare, iv° *Pyth.*, v. 124 et suiv., que Valérius a beaucoup imité dans le commencement de ce chant.

v. 29. *Super ipsius.* Jason, le chef des Argonautes, était fils d'Éson; sa mère fut Alcimédé. Créthée, son aïeul, avait bâti Iolcos; Éson, fils de celui-ci et père de Jason, devait y régner, après la mort de son père; Pélias, frère utérin d'Éson, usurpa sur lui la royauté.

v. 34. *Cleonæo.* Cléonée, petite ville près de la forêt de Némée, théâtre d'un des douze travaux d'Hercule.

v. 36. *Arcas; et ambobus.... juvencis.* Le marais de Lerne, où Hercule tua l'hydre, était en Arcadie. — Ces deux taureaux sont le taureau de Marathon, le même que celui de Crète, et le Minotaure, tous deux tués par Thésée.

v. 40. *Hanc mihi.* Valérius a imité de Pindare, iv, 277, tout le commencement de ce discours, en transposant seulement les idées.

v. 41. *Nostri de sanguine.* Comme il est souvent question dans ce poëme de l'histoire de Phrixus et de sa sœur, il ne sera pas inutile de la rapporter ici tout entière. Athamas, fils d'Éolus, frère de Créthée, et oncle d'Éson et de Pélias, eut de sa première femme Néphélé, Phrixus et Hellé. Néphélé ayant été changée en nuage, il épousa Ino, fille de Cadmus et d'Harmonie : mais bientôt celle-ci prit en haine les enfants de Néphélé, et, par un horrible artifice, persuada aux femmes du pays de faire rôtir le blé destiné à ensemencer les terres. L'année suivante, ces grains brûlés n'ayant pas levé, il y eut une grande disette. On envoya des prêtres consulter l'oracle d'Apollon. Ceux-ci, gagnés par les dons d'Ino, déclarèrent que l'oracle ordonnait de sacrifier Phrixus et Hellé. Athamas s'y refusa longtemps. Enfin, contraint par la nécessité, il les fit placer devant l'autel, pour y être immolés. Néphélé, leur mère, portée sur un nuage, vint alors les trouver, les exhorta à s'enfuir, et leur donna un bélier revêtu d'une toison d'or, qui devait leur faire traverser les mers. Mais Hellé ayant glissé sur le dos du bélier, tomba dans le détroit qui prit dès lors le nom d'Hellespont. Phrixus arriva en Colchide, où il sacrifia le bélier dans le temple de Mars, selon l'ordre qu'il en avait reçu d'un oracle. Là, il épousa la fille du roi Éétès, qu'Hérodote, Apollonius, Ovide et Valérius nomment Chalciope; il en eut quatre enfants, Argus, Phrontis, Mélas et Cytisore.

v. 43. *Ferus Æetes.* Homère et Hésiode donnent à Éétès et à Circé le Soleil pour père, et pour mère Perséis, fille de l'Océan. Éétès eut deux filles, Médée et Chalciope, et un fils, Absyrte. Selon Apollonius et Hésiode, il épousa d'abord Astérodie, nymphe du Caucase, et en secondes noces, Idya, fille de l'Océan et de Téthys. Hyginus, *fab.* 3, et Pindare, iv° *Pyth.*, rapportent que Éétès ayant été averti par des oracles qu'un étranger, fils d'Éolus, le chasserait de son trône, fit périr Phrixus et exila ses enfants. Valérius fait allusion à cette tradition.

Une grande partie de la Colchide, dit Strabon, ii, est bordée par la mer. Elle est arrosée par le Phase, fleuve qui prend sa source en Arménie, et sur lequel on a bâti une ville du même nom, qui est le marché de toute la Colchide. Il y eut, au rapport de Pline, VI, c. 4, plusieurs autres villes sur les rives de ce fleuve; la plus célèbre de toutes fut Éa, située à 15,000 pas de la mer. La Colchide est aujourd'hui la Mingrélie.

v. 50. *Helle.* Voy. la note du v. 41.

v. 56. *Nephelœi.* Voy. *id. ibid.* Quant au bélier, Isidore, *Orig.* III, et Hyginus nous apprennent qu'il était fils de Neptune et de Théophane; que Neptune le transporta dans l'île de Crionisse, et le transforma en brebis. Il fut mis au nombre des constellations.

v. 61. *Quem filia.* Médée, fille d'Éétès. Voy. note du v. 43.

v. 67. *Plantaria.* Persée, prétendu petit-fils d'Acrise, mais réellement fils de Jupiter et de Danaé, se servit des talonnières de Mercure pour aller en Libye tuer la Gorgone.

v. 68. *Aut currum.* Triptolème était fils d'Éleusinus et de Cothonée; il fut nourri par Cérès qui lui donna l'immortalité, et lui confia son char attelé de dragons, afin qu'il semât les blés sur tout le globe, et qu'il répandit le goût de l'agriculture.

v. 82. *Æthera cœruleum.* Homère, au 1er ch. de l'Iliade, parle d'une conspiration de Neptune, Pallas et Junon contre Jupiter, qu'ils voulaient détrôner et enchaîner. Thétis, aidée de Briarée, le sauva. C'est alors que Junon, craignant le ressentiment de son époux, se réfugia en Thessalie, déguisée en vieille, et que Jason la tira du péril où l'avait jetée le débordement subit de l'Énipée.

v. 93. *Thespiaca... Argum.* La Grèce avait deux villes du nom de Thespies, l'une en Béotie, l'autre en Thessalie; c'est de celle-ci qu'il est question. — Il y eut aussi deux Argonautes du nom d'Argus: l'un, fils d'Arestor, suivant Apollonius, fut le constructeur du navire; l'autre, fils de Phrixus et de Chalciope, fille d'Éétès. C'est celui-ci que Valérius fait rencontrer par les Argonautes à la cour de ce roi. Il faut encore distinguer ces deux Argus d'un troisième aux cent yeux, fils aussi d'Arestor, qui vivait douze générations avant le second, et dont Orphée raconte l'histoire dans Valérius, IV.

v. 110. *Gestat Hylas.* Hylas était fils de Théodamas et de la nymphe Ménodice. Hercule l'adopta tout enfant, après avoir vaincu et tué son père. Voy. le scholiaste d'Apollonius, I, v. 1212.

v. 131. *Peleos.* Jupiter, épris d'amour pour Thétis, avait résolu de la séduire. Mais il en fut détourné par Prométhée, qui lui prédit que de leur union naîtrait un fils qui serait plus grand que son père et qui lui ravirait l'empire, comme il l'avait ravi lui-même à Saturne. Thétis épousa donc Pélée, dont elle eut Achille.

v. 134. *Panope, Doto.* Panope et Doto, nymphes de la mer, compagnes de Thétis, filles de Nérée et de Doris.

v. 135. *Galatea.* Galatée, fille de Nérée et de Doris, aimait Acis, et n'avait que du dégoût pour le cyclope Polyphème. Celui-ci les ayant un jour surpris ensemble, écrasa sous le poids d'un rocher Acis, qui fut changé en fleuve.

v. 139. *Chiron.* Chiron, fils de Philyre et de Saturne. Il apprit aux hommes la médecine, fut l'inventeur de l'astronomie, et le précepteur de Jason, d'Aristée, de Patrocle et d'Achille. Il est au nombre des constellations.

v. 140. *Pholoe.* Montagne de Thessalie, ainsi nommée du centaure Pholus, qui y fut enseveli.

v. 141. *Rhœtus.* Ovide attribue à Rhétus l'exploit que Valérius attribue à Clanis. Celui-ci combattait avec un tison ardent contre Actor, prince thessalien. — *Atracice virgine.* Hippodamie, ainsi appelée d'Atrax, ville de Thessalie.

v. 146. *Monychus.* Voyez sur ce centaure et ceux qui sont cités dans les deux vers suiv., Ovide, *Métam.*, liv. XII, v. 345, 308, 317.

v. 153. *Acastum.* Acaste, fils de Pélias et d'Anaxibie, ou de Philomaché, fille de Bias. Il eut pour fille Laodamie, femme de Protésilas.

v. 166. *Telamon,* etc. Télamon, fils d'Éaque et roi de Salamine. — Canthus, fils d'Abas. — Idas, dont on ne connaît pas l'origine. — *Tyndariusque puer.* Castor et Pollux.

v. 184. *Minyœ.* Les Argonautes étaient ainsi appelés de Minyas, roi d'une ville de Thessalie, des filles duquel la plupart des Argonautes tiraient leur origine. Voy. Apollonius, I, v. 230.

v. 190. *Glauco.* Voyez Ovide, *Métam.*, XIII, v. 898.

v. 191. *Ancœus.* C'était le sacrificateur des Argonautes. C'est toujours lui qui, dans Apollonius, remplit ce ministère. Voyez le détail des cérémonies du sacrifice dans Orphée, *Argon.*, v. 306 et suiv.

v. 207. *Mopsus.* Quelques-uns le disent fils d'Ampycus et de la nymphe Chloris. Valérius le fait fils d'Apollon. Ce dieu instruisit lui-même Mopsus, et le rendit le plus habile des augures.

v. 219. *Hylas.* Hylas ayant été enlevé par une Naïade, le poëte lui donne les attributs d'une divinité des mers.

v. 220. *Pollux.* Il combattit au ceste contre Amycus, roi des Bébryces, et fut blessé.

v. 221. *Quantus io!* Le poëte fait prophétiser à Mopsus tous les événements du voyage des Argonautes: les taureaux aux narines enflammées, les guerriers qui naissent des dents d'un dragon, l'enlèvement de la toison, l'histoire de Médée; mais il les cache sous l'obscurité ordinaire du style des oracles.

v. 228. *Idmon.* Fils d'Apollon et de Cyrène.

v. 256. *Clamantem.* Cette image est empruntée au poëme d'Apollonius, I, v. 557. Virgile et Valérius la lui ont aussi empruntée. — Du reste, l'histoire d'Achille est si connue, que nous n'en ferons pas l'objet d'une note. Voyez d'ailleurs Apollonius, IV, v. 816, et le scholiaste d'Homère, XVI, v. 36.

v. 270. *Ad hastam.* C'est cette lance fameuse que, si l'on en croit Homère, Chiron avait faite du bois d'un frêne du mont Pélion. Pausanias rapporte qu'au siècle de Périclès, on conservait encore cette lance, la massue d'Hercule et le sceptre d'Agamemnon.

v. 280. *Inoo.* Athamas, rendu furieux par Tisiphone, tua son fils Léarque dans les bras d'Ino, son épouse.

v. 352. *Dant sua.* Nous ne nous étendrons pas sur l'histoire et la généalogie des Argonautes. On pourra consulter Burmann et Khrause, qui en ont dressé le catalogue.

v. 493. *Amano.* Montagne située aux confins de la Cilicie et de la Syrie, appelée aujourd'hui *al Lucan.* D'Anville, t. II, p. 94, *Géog. anc.*

v. 510. *Improba. Improba arva*, expression hardie, mais vraie; terres qui produisent toujours, qui ne se fatiguent jamais. *Improbus* est aussi employé dans le sens d'*ingens. Improbus mons,* dans Virgile, *Énéid.*, XII, veut dire un mont immense, selon Heyne.

v. 511-512. *Teucer.* Fondateur de l'empire des Troyens et aïeul de Tros, ne doit pas être confondu avec Teucer, fils de Télamon et d'Hésione. — *Libys.* Fille de Jupiter et de Cassiopée; elle donna son nom à la Libye. — *Pelopis domus.* Pélops, le vainqueur d'Œnomaüs, le père de Tantale, qui laissa son nom au Péloponnèse.

v. 521. *Inoas.* Ino, belle-mère de Phrixus.

v. 527. *Silva Padi.* Allusion à la mort de Phaéton, foudroyé par Jupiter sur les bords de l'Éridan, et dont les sœurs furent changées en peupliers qui distillaient des larmes d'ambre aux rayons du soleil.

v. 547. *Virgine rapta.* Enlèvement d'Hélène par Pâris, fils de Priam, qui faisait paître les troupeaux de son père sur le mont Ida.

v. 555. *Gentesque foveho.* Le poëte parle ici des Romains.

v. 564. *Japeti post bella.* Voyez la peinture de la guerre des dieux contre les Titans, dans la *Théogonie* d'Hésiode, v. 628 et suivants.

v. 567. *Liber..... Apollo.* Bacchus parcourut le monde entier et conquit les Indes avant de monter aux cieux. Apollon fut exilé des cieux pour avoir tué les Cyclopes, et garda sur la terre les troupeaux d'Admète, roi de Thessalie.

v. 572. *Lumen.* Le feu Saint-Elme.

v. 575. *Pangœa.* Le Pangée, montagne de la Macédoine; on l'appelle aujourd'hui Castagnats. D'Anv., *Geogr. anc.*, t. 1, p. 243.

v. 576. *Æoliam.* Aujourd'hui Stromboli. C'était une des îles Éoliennes, qu'on appelait Vulcaniennes et Lipariennes, situées dans la mer de Tyrrhène ou d'Étrurie.

v. 579. *Pelori.* Le Pélore, aujourd'hui le cap Faro.

v. 583. *Acamas, Pyracmon.* Cyclopes.

v. 588. 589. *Calpen.* Calpé était en Europe, Abila en Afrique. Calpé est aujourd'hui Gibraltar. — *Œnotria.* Ancien nom de l'Italie, qui lui venait des Œnotriens Pélasges, peuples de la Grèce qui vinrent l'habiter.

v. 605. *Mea pignora.* Calaïs et Zétès, fils d'Éole, qui étaient sur l'Argo.

v. 610, 611. *Hippotades.* Éole, fils d'Hippotas. — *Thraces equi.* Les coursiers de Thrace, pour dire les vents du nord. Horace dit :

Vel Eurus, et siculas *equitavit* undas. Od. iv, 4.

C'était une métaphore communément employée chez les Grecs. Euripide, *Phœn*, v. 220, dit : Ζεφύρου.... ἱππεύσαντος.

v. 647. *Orion... Pliade.* Orion, fils de Neptune et d'Euryalé, fille de Minos. — Les Pléiades font partie de la constellation du Taureau.

v. 662. *Salmoneus.* Salmonée, roi d'Élide, fils d'Éolus, qui, avec le bruit de ses chars roulant sur des planches, voulait imiter le tonnerre, et se fabriqua un foudre quadruple de celui de Jupiter. Voyez Virgile, *Énéid.*, vi, v. 585.

v. 664. *Atho... Rhodopen.* Montagnes de la Thrace. — *Pisœ.* Pise, ville de l'Élide.

v. 704. *Dœdalus.* L'histoire de Dédale est trop connue pour que nous la rapportions ici.

v. 708. *Gortyna.* Gortyne, ville de Crète, qui prit son nom du héros Gortys.

v. 726. *Thyoneus.* Nom de Bacchus, de θύειν, être furieux.

v. 727. *Hœmus.* Nom d'une montagne de la Thrace. Ce vers fait allusion au meurtre d'Orphée et à la férocité des habitants de cette contrée.

v. 729. *Lycurgum.* Ce Lycurgue, qu'il ne faut pas confondre avec le Lycurgue, père d'Ancée et vainqueur d'Éreuthalion, dont parlent Apollonius et Homère, ni avec le législateur de Sparte, était fils de Dryas et roi de Thrace. Il voulut chasser Bacchus de ses États, et refusa de reconnaître sa divinité. Le dieu l'ayant enivré, il chercha, dans son ivresse, à violer sa mère, tua sa femme et son fils, et fut ensuite déchiré sur le Rhodope par les panthères de Bacchus.

v. 736. *Grandœva.* Il s'agit ici d'une vieille magicienne de Thessalie, et non pas d'Alcimédé, comme tous les traducteurs et la plupart des commentateurs de Valérius l'ont pensé. On pourra s'en convaincre, en se reportant au vers 780, où l'on voit la magicienne recommencer le sacrifice interrompu, et flétrie par le poëte au vers 779, ainsi que toutes les femmes de son espèce, de l'épithète de *nefanda.* D'ailleurs, les magiciennes de la Thessalie sont célèbres de toute antiquité. Il n'est pas un poëte grec ou latin qui n'en fasse mention.

v. 756. *Prœcipitat.* Nous pensons, comme Burmann, que le mot *prœcipitat*, veut dire ici, *accélère le sacrifice*, et non pas, *précipite, renverse les autels.* Éson se hâte seulement, et fait hâter les assistants ; il cède au premier mouvement de la frayeur : puis, devenu plus calme, ou plutôt ayant un peu honte de lui-même, il fait recommencer le sacrifice, *ergo sacra novat*, v. 774, qui n'avait été que suspendu ; et la magicienne, v. 780, s'apprête à égorger un taureau qu'elle avait en réserve, et dont la terreur générale avait retardé un moment l'exécution.

v. 782. *Retro.* Ce mot veut dire ici, à reculons, à rebours. La magicienne prononce ainsi, pour le cas particulier de l'égorgement du taureau, la formule de ses imprécations ; peut-être aussi marche-t-elle à reculons en débitant cette formule, comme c'était l'usage dans les cérémonies magiques. Voy. Virgile, *Eclog.* viii, v. 101.

v. 797. *Pœna.* Les anciens alliaient souvent les Érinnyes et les Peines ; mais le premier mot désigne plutôt toutes les déesses vengeresses, et le second, les déesses chargées particulièrement de venger le meurtre.

v. 831. *Chaos.* Par le mot *Chaos*, Valérius entend ici les enfers et le palais même de Pluton. Il faut bien se garder de l'entendre dans le sens général, car alors le commencement et la suite de ce morceau impliqueraient contradiction.

v. 842. *Progenies Atlantis.* Mercure, fils de Maïa, fille d'Atlas et de Pléione. Toute cette description des champs Élysées est presque rigoureusement imitée d'Homère, *Odys.*, iv, v. 563 et suiv.

LIVRE II.

v. 7 et suiv. *Templaque Tisœœ.* Le Tisée était un promontoire de Thessalie, où Diane avait un temple. — Sciathos, petite île au midi du golfe Thermaique, voisine des côtes d'Eubée et de la Magnésie. — Sépias, promontoire de la Magnésie, selon Méla, ii, 3, et Diodore, xi. — La Magnésie est un petit canton de l'ancienne Thessalie. — Dolops, suivant Cléon de Chypre, cité par le scholiaste d'Apollonius, i, v. 587, était fils de Mercure, et mourut dans la ville de Magnésie, sur le rivage de laquelle on lui éleva un tombeau. — L'Amyras, petit ruisseau de Thessalie qui se jette dans la mer, près de Mélibée, tire son nom d'Amyros, fils de Neptune. — Euryméné était une ville de Magnésie. — Pallène ou Phlégra est une péninsule de la Macédoine.

v. 54. *In cassum decimœ.* Les anciens attachaient une idée de grandeur au nombre dix ; *decumanus* et *decimus* étaient chez eux devenus synonymes de *maximus.* Ils disaient *porta decumana*, la plus grande porte du camp ; *decumana scuta* les plus grands boucliers ; *decumana ova*, les plus gros œufs ; enfin *decumani fluctus*, les plus grands flots. Voyez Ovide, *Métam.* xi, v. 530 ; *Tristes*, i, *eleg.* ii. v. 49 : Lucain, *Phars.* v, v. 672, et Silius, xvi, v. 121.

v. 62 et suiv. *Orion*. Orion était un géant énorme, le plus adroit, le plus intrépide des chasseurs. Il périt de la morsure d'un scorpion, et fut mis au rang des astres. Sa constellation passait pour présager infailliblement les tempêtes. — Persée, autre constellation. La mer était irritée contre Persée, parce qu'il avait délivré Andromède, en tuant le monstre marin, ministre des vengeances des Néréides, que Cassiopée, père d'Andromède, avait offensées. — Le Serpent, placé entre les deux Ourses, est le dragon qui gardait les pommes d'or du jardin des Hespérides, et qui fut tué par Hercule. D'autres disent que c'est le dragon de Cadmus, d'autres le serpent Python. — Les deux Ourses ont sept étoiles très-brillantes. — Les Hyades et les Pléiades font partie de la constellation du Taureau, et ont chacune sept étoiles. — Le Bouvier est appelé *actœus*, parce que, suivant Hyginus, l'Athénien Icare, père d'Érigone, fut changé en cette constellation; et voilà pourquoi Valérius donne cette épithète à Bootès. — Les commentateurs n'ont point expliqué ce que c'est que l'Épée. Peut-être est-ce une partie d'Orion qu'Euripide, *Ion.* v. 1153, appelle ξιφήρης, et Ovide *ensiger, Ars Amat.* II, v. 56.

v. 79. *Lemnos aquis*. Lemnos est dans la mer Égée. On regardait cette île comme consacrée à Vulcain, parce qu'il y avait des volcans. Asclépiade raconte ainsi l'histoire des Lemniens : « Les Lemniens, pour n'avoir pas offert à Vénus les sacrifices accoutumés, préparèrent eux-mêmes leur perte. La déesse irritée leur inspira de l'amour pour des femmes de Thrace, et leur fit négliger leurs propres épouses. S'étant rendus en Thrace, ils firent la cour aux femmes de cette contrée et obtinrent leurs faveurs. Pendant ce temps, les Lemniennes furent saisies d'une telle rage, qu'elles résolurent d'exterminer tous les hommes de leur île et qu'elles exécutèrent leur projet. C'est quelques années après ce massacre qu'on prétend que Jason aborda dans l'île, et toucha le cœur d'Hypsipyle, leur reine, dont il eut un fils nommé Eunée. » (Didyme, *sur l'Iliade*, VII, v. 467.) Il semble que c'est cette tradition qu'a suivie Valérius.

v. 87. *Mox etiam*. Valérius a traduit ce morceau d'Homère, *Iliad.* I, v. 590.

v. 96. *Aut Lipares*. Les îles de Lipari, selon Diodore v, et Strabon VI, sont au nombre de sept, dont l'une, qui s'appelle le Temple de Vulcain, est entièrement rocailleuse et déserte. C'est elle sans doute qui a porté le nom de Vulcanie, et dont Valérius donne le nom générique à toutes les autres. Car l'île de Lipari, proprement dite, était très-fertile, au rapport de Strabon. Voyez Pline, III, c. 14.

v. 100. *Et tacitæ Martem*. Valérius fait ici allusion à cet épisode des amours de Mars et de Vénus qu'Homère, *Odys.*, VIII, v. 268, a peints avec tant de charme, et qu'Ovide a abrégés dans ses *Métamorphoses*, IV, v. 170.

v. 141. *Veste Neæræ*. Cette Néæra était sœur ou parente d'Eurynome.

v. 149. *Præclara Dorycli*. Le scholiaste d'Apollonius, II, v. 178, parle de ce Doryclus comme étant fils de Phénix et de Cassiopée.

v. 157. *Quod patrium*. Valérius, VI, v. 80, et II, v. 176, peint les Coralètes et les Sarmates avec les mêmes mœurs que les Thraces. Tous les poètes de l'antiquité sont unanimes sur la manière dont ils parlent des usages de ces nations, qu'ils appelaient barbares, depuis la côte de Gibraltar jusqu'au fond de la Tartarie. — Les Dahes étaient une peuplade de la Scythie; selon d'autres, de la haute Hongrie.

v. 173. *Et Stygias infanda... tædas*. C'est une périphrase poétique pour désigner les Furies.

v. 193. *Attonitum Phlegyan*. Phlégyas, roi des Lapithes, fut père d'Ixion et de Coronis, qu'Apollon viola et dont il eut Esculape. Phlégyas irrité brûla le temple de Delphes; mais il fut percé des flèches du dieu et jeté dans les enfers pour ce crime.

v. 239. *Ast aliæ Thressas*. Le scholiaste d'Apollonius rapporte ainsi le sujet de l'horrible action des femmes de Lemnos (I, v. 609) : « Elles célébraient tous les ans une fête en l'honneur de Vénus; mais ayant abandonné cette coutume, la déesse s'en vengea, en leur donnant une odeur désagréable qui empêchait leurs maris de les approcher. Ces femmes s'en croyant méprisées, les massacrèrent tous. » On dit qu'elles conservent encore aujourd'hui cette odeur; et cela se conçoit, car elles n'ont pour vêtements que des peaux de bouc ou de chèvre. « Depuis ce crime, dit Hérodote, VI, c. 138, et une horrible action des Pélasges, habitants de Lemnos, qui firent mourir en un jour tous les enfants qu'ils avaient eus d'un grand nombre d'Athéniennes qu'ils avaient enlevées, et qui tuèrent les mères en même temps, l'usage s'établit en Grèce d'appeler *actions lemniennes* toutes les actions atroces. » Trad. de Larcher.

v. 259. *Trieterica*. Cet airain résonnait dans les fêtes qu'on célébrait tous les trois ans en l'honneur de Bacchus. De τρεῖς trois, et ἔτος an.

v. 265. *Juvenis... Lyæi*. Ces mots et *Pater Bacchus*, qui semblent bien opposés, ne sont, dans Valérius, qu'à huit vers de distance. Bacchus se nommait le père de la joie, et en même temps on le représentait jouissant d'une jeunesse éternelle. Ce qui explique le soin qu'Hypsipyle met à observer que son père garde le voile et la mitre, v. 270, 271, 272, c'est que tous ces attributs représentaient non le *Bacchus juvenis*, mais le *Bacchus Pater*, qui existe au Musée des antiques, avec une longue barbe et couvert d'un long manteau.

v. 267. *Cistas*. Les cistes étaient des espèces de paniers dans lesquels on gardait soigneusement tout ce qui servait aux mystères de Bacchus.

v. 276. *Dracones*. Les dragons ou les serpents étaient consacrés à Bacchus, comme à Minerve et à d'autres divinités; ils étaient, à cause de leur vue perçante, gardiens de leurs temples, de leurs trésors, de leurs sanctuaires. Toutes les fois que Bacchus s'embarquait (*Claudien*, 2ème. *Cons. de Stilicon*, III, v. 362), les serpents s'embarquaient avec lui.

v. 301 et suiv. *Taurorumque locos*. *Tauri*, peuples de Scythie, chez lesquels était le temple de *Diane Taurique*. On y immolait les étrangers à cette déesse. — Égérie était une naïade de la vallée d'Aricie, qui fut l'épouse et le conseil de Numa. Ovide, *Fast.*, III, v. 263. — Jupiter Albain avait son temple sur le mont Albain, près d'Aricie, d'où il prit le surnom d'*Altus*. — Le grand prêtre d'Aricie prenait le nom de roi. On le choisissait parmi des esclaves fugitifs; et, pour conquérir ce poste, la première condition était d'assassiner son prédécesseur.

v. 316. *Polyxo*. Apollonius, I, v. 668 et suiv., en fait la vieille nourrice d'Hypsipyle. — Téthys était la plus ancienne des divinités de la mer; Protée était son fils.

v. 349. *Aula silet*. C'était un usage des anciens de garder le silence pendant les libations. Servius, *ad Æneid.* I, v. 728, explique cet usage.

v. 359. *Pangæa*. Le Pangée est une montagne élevée qui sépare la Macédoine de la Thrace. — Le Gargare est toujours pris dans Homère pour le sommet le plus élevé de l'Ida. Les poètes, dit Servius, *ad Georg.*, III, v. 269, ont depuis nommé tous les sommets des montagnes des *Gargares*. L'Ida n'était pas une montagne isolée, mais une chaîne telle que les Vosges ou les Cévennes. La ville de Gargare se trouvait sur un promontoire qui formait de ce côté l'entrée du golfe d'Adramitte. Son territoire était si

v. 364. *Saturnia sidera.* Les constellations pluvieuses. Saturne était regardé comme le dieu de la pluie. Servius, *ad Georg.*, I, v. 336.

v. 414. *Raptus expresserat.* Ganymède était fils de Tros. Hyginus lui donne pour père Assaracus. Suidas, Eusèbe et Cédrénus disent qu'il fut enlevé par Tantale, et que ce fut pour cela que Tros déclara la guerre à ce roi.

v. 427. *A Castore pendet.* Les anciens prononçaient plus souvent le nom de Castor, et taisaient celui de Pollux. Suétone en donne un exemple : « *Nec dissimularet collega ejus M. Bibulus evenisse sibi quod Polluci. Ut enim geminis fratribus in foro constituta tantum Castoris vocaretur; ita suam Cæsarisque munificentiam unius Cæsaris dici.* » *In Julio Cæs.* c. 10.

v. 431. *Electria tellus.* Cette Électre qui donna son nom à l'île de Samothrace, que les anciens nommaient aussi *Electria*, était fille d'Atlas et mère de Dardanus. Le nom de Samothrace se retrouve dans celui de Samandrachi, qu'elle porte aujourd'hui. Hérodote, XI, c. 51, dit que les Pélasges qui vinrent demeurer avec les Athéniens habitaient auparavant la Samothrace, et que c'est d'eux que les peuples de cette île ont pris leurs mystères. Clément d'Alexandrie attribue à Jason l'institution des mystères des Cabires. Les Cabires, au rapport de Mnaséas (*schol. Apoll.*, I, v. 917), étaient au nombre de quatre, Oxiéros ou Cérès, Axiokersa ou Proserpine, Axiokerson ou Pluton; le quatrième qu'on y a ajouté est Carmillus ou Mercure, comme le rapporte Dyonisodore. Ces mystères étaient très-célèbres dans l'antiquité. Les adeptes étaient reçus par quelques prêtres, nommés *Anactotelesti*, ou Iérophantes, dont un des principaux était le Koès, nom qu'Hésychius nous a conservé. Les cérémonies étaient enveloppées du plus rigoureux secret, et Pausanias, qui vivait cinq siècles après Apollonius de Rhodes, ne veut dire, ni ce que sont les Cabires, ni quels rites on emploie dans leurs sacrifices. Du reste, ceux qui y étaient initiés passaient pour des gens de bien; ils n'avaient rien à craindre dans les guerres, ni dans les tempêtes. Les mystères se célébraient à Samothrace, dans l'antre de Zérinthe. On y invoquait Hécate et les Corybantes; ce qui avait fait donner à cette île le surnom de ville des Corybantes. Voyez l'excellent ouvrage de M. de Sainte-Croix sur les mystères du paganisme.

v. 443. *Imbros.* Ile de la mer Égée, près de la Samothrace. On l'appelle aujourd'hui *Imbro*.

v. 471. *Suprema parentum dona.* On faisait d'avance les apprêts des funérailles des victimes qu'on exposait pour être dévorées par des monstres. Manilius, c. 12; Apulée, *Métam.*, IV.

v. 473. *Nos Ili.* Ilus, fils de Tros, frère de Ganymède et d'Assaracus, fonda sur la colline Atès la ville d'Ilion. Il épousa ensuite Eurydice, fille d'Adraste, et en eut Laomédon. Diodore, IV, c. 42, raconte au long l'histoire de la fourberie de celui-ci.

v. 482. *Hammon.* Ce furent les oracles de Lycie qui ordonnèrent de tirer au sort chaque jour une victime qui devait être dévorée par le monstre. Il paraît que les oracles d'Hammon avaient confirmé ceux de Lycie. Pour les Phrygiens, c'était aller un peu loin chercher, au milieu des sables de l'Afrique, une consultation religieuse : mais la célébrité du temple d'Hammon y attirait les peuples de toutes les parties de la terre.

v. 498. *Sigeaque pestis.* L'énorme cétacé envoyé par Neptune dans la Troade, où est le promontoire de Sigée.

v. 506. *Nubiferi.* Le Notus ou l'Auster est le vent du sud, et l'Africus ou le Libs, le vent du sud-ouest.

v. 516. *Rhipœa.* Les anciens ne s'accordent pas sur la position des monts Riphées. Ptolémée, Pline et Méla appellent ainsi les monts d'où sort le Tanaïs, et Valérius a suivi cette opinion.

v. 523. *Magnus Eryx.* L'Éryx, aujourd'hui monte di Trapani, montagne assez élevée de la Sicile, près du cap de Drépane, célèbre par son temple de Vénus qu'Énée y avait bâti. Ce fut Éryx, fils de Vénus, qui donna son nom au temple et à la montagne.

v. 551. *Trahens cum conjuge.* Laomédon eut pour femme Strymo, fille du Scamandre, dont il eut Tithon; car Priam était fils de Leucippe.

v. 571. *Namque bis.* Ilion devait succomber deux fois sous les flèches d'Hercule; la première fut lorsque, pour se venger de la mauvaise foi de Laomédon, Hercule vint assiéger Troie avec six vaisseaux, accompagné de Télamon, prit la ville et perça le roi de ses flèches; la seconde, lorsque Pâris fut mis à mort par ces mêmes flèches qu'Hercule avait léguées à Philoctète.

v. 581. *Litoraque.* Ilus avait son tombeau, au milieu de la plaine de Troie, près de l'Érinéos ou du figuier sauvage. Homère, *Iliad.* XI, v. 163. Ilus était fils de Dardanus.

v. 586. *Phrixœa subibant Æquora.* L'Hellespont, que traversa Phrixus sur son bélier, et où tomba Hellé. Celle-ci, v. 589, lorsqu'elle apparut aux Argonautes, les bandelettes dont elle fut parée, quand Ino voulut la faire immoler pour faire cesser la peste et apaiser les dieux.

v. 590. *Jam Panopes.* Panope, l'une des filles de Doris et de Nérée, selon Homère, Hésiode, Virgile et Apollodore. Elle était seule restée vierge, entre les Néréides.

v. 602. *Non ego per Stygiæ.* C'était une croyance établie par Orphée, appuyée par Homère, et, depuis lui, par tous les poëtes, que les âmes erraient sur les bords du Styx, jusqu'à ce qu'on eût donné aux corps la sépulture.

v. 606. *Cymothoe.* Cymothoé était une des cinquante filles de Nérée. — Pour Glaucus, voyez Ovide, *Métam.*, XII, v. 898.

v. 608. *Nec Inois.* Ino, poursuivie par son mari Athamas, devenu furieux, se jeta avec son fils Mélicerte dans le golfe Saronique, près des rochers de Scyron, et fut faite déesse de cette mer sous le nom de Leucothoé, comme son fils en fut fait dieu sous celui de Palémon.

v. 620. *Ut Siculum Libycumque.* Les détroits de Messine et de Gibraltar.

v. 622. et suiv. *Percotes.* Ville de l'Hellespont, située entre Abydos et Lampsaque au nord. [Elle existait au temps de la guerre de Troie, et fut, selon Plutarque (*Vie de Thémistocle*), une des deux villes qu'Artaxerxès donna à Thémistocle, pour son ameublement et pour ses habits. — Parinne, ville de l'Hellespont, entre Paros et Priapus. C'est là qu'on place la patrie des Ophiogènes, qui avaient l'art de guérir les morsures des serpents. Elle se nomme aujourd'hui *Camanar*. — Pityé ou Pityée, dit le schol. d'Apollonius, I, v. 933, tirait son nom d'un trésor qu'y avait laissé Phrixus à son passage par Pityé. Πιτύη signifie un trésor, dans la langue des Thraces. — Lampsaque, ville célèbre de l'Hellespont, à l'entrée sud de la Propontide, aujourd'hui *Lampsaco* ou *Lampsaki*. Priape y était très-révéré; il y avait notamment un temple sur les côtes, parce qu'il présidait au commerce et à la navigation. — Ogygès fut un des premiers rois de Thèbes : il avait donné son nom à la Béotie. C'est sous son règne qu'arriva le déluge qui porte son nom.

v. 630. *Terra sinu medio.* C'est la mer Propontide, ainsi nommée par les anciens, parce qu'elle était en avant du Pont-Euxin. On l'appelle aujourd'hui la mer de Marmara. Valérius a suivi l'autorité de Pomponius Méla, qui a fait de la terre dont il est ici question une péninsule. Strabon en fait une île. Quant à la ville de Cyzique, elle reçut son nom de Cyzique, fils d'Ænée et d'Ænète, fille de l'illustre Eusorus, roi de Thrace. Le pays où elle était située s'appelait Dolionie, ou pays des Dolions.

v. 649. *Bebrycis.* Peuple sauvage de la Bithynie. Il en sera parlé au livre suivant. — Les Scythes, habitants des bords de l'Euxin, immolaient les étrangers, mangeaient leur chair et buvaient dans leurs crânes.

v. 660. *Utinam... Pelasgos.* Les Pélasges étaient le même peuple que ces Macriens ou Macrons dont Apollonius, I, v. 1024, rapporte les incursions fréquentes dans le pays de Cyzique; et son scholiaste nous apprend qu'on leur donnait aussi le nom de Pélasges, parce qu'ils étaient originairement une colonie de Grecs ou Pélasges-Eubéens.

LIVRE III.

v. 6. *Bithyno Phrygioque.* Les vins de ces deux pays étaient réputés mauvais, tandis que ceux de Lesbos avaient une haute renommée dans l'antiquité. César en fit servir au repas qu'il donna en l'honneur de son troisième consulat. Pline, xiv, c. 17.

v. 11. *Clite.* Fille de Mérops de Percote, suivant Apollonius et son scholiaste, I, v. 975.

v. 20. *Dindyma.* Le Dindyme, montagne de Phrygie, particulièrement consacrée au culte de Cybèle. Les Galles, les Curètes, les Corybantes en étaient les ministres. Ovide, dans ses *Fastes*, IV, v. 223, raconte l'origine de cette barbare coutume qui excitait les prêtres de Cybèle à se taillader le corps et les bras pour honorer la déesse. Le pin, les lions, la couronne de tours, la cymbale dans la main, la mitre, l'*urceus*, sont les attributs de Cybèle.

v. 34. *Procnesson.* Proconnèse, île de la Propontide, au nord-ouest de l'île de Cyzique. On en tirait le beau marbre appelé dans l'antiquité marbre de Cyzique. — Le *Rhyndacus* prend sa source dans le marais Artynias, près de Milétopolis; il forme la limite de la Mysie et de la Bithynie. — *Scyllacé*, petite ville bâtie par les Pélasges sur les bords du golfe Cianus, entre Cyzique et le mont Olympe : aujourd'hui *Siki*.

v. 47. *Mygdoniæ Pan.* Les anciens varient tellement sur la naissance de Pan, qu'il est impossible d'adopter à cet égard une opinion définitive. Les Mygdoniens, suivant Strabon, VII, étaient des peuples du nord de l'Europe qui avaient abandonné leur pays natal pour venir s'établir en Asie, où ils apprirent le culte de Cybèle. — Les attributs, la forme que le poète donne à Pan, le rôle qu'il lui fait jouer, conformes en tout aux préjugés des anciens, et bien propres à exciter l'effroi, ont valu à ce dieu l'honneur de qualifier du nom de terreur *panique* le ressentiment d'une crainte soudaine et instantanée.

v. 66. *Pholoen.* Montagne de Thessalie.

v. 68. *Learchum.* Athamas, que Tisiphone avait rendu furieux, tua son fils Léarque, croyant tuer un jeune lion, et revint à Thèbes, chantant des hymnes en l'honneur de Diane, et s'applaudissant de sa chasse, en portant son fils sur ses épaules.

v. 130. *Typhon.* Typhon est fils de la Terre et du Tartare, suivant Apollodore. Hésiode, *Théog.*, v. 306, le peint comme un vent impétueux et terrible.

v. 204. *Lelegum.* Les Lélèges, dont le nom vient de λέγω, *j'assemble*, étaient, comme les Étoliens, un composé de peuples divers. Ils habitaient anciennement entre le cap Lectos et l'Ida; de là ils passèrent en Carie, d'où, suivant Hérodote, I, c. 161, ils prirent le nom de Cariens.

v. 224. *Cœus in imo.* Céus est fils d'Uranus et de la Terre, et père de Latone. Il fut jeté dans le Tartare pour avoir voulu détrôner Jupiter. — Tityus fut tué par Apollon, pour avoir voulu violer Latone; il était fils de Jupiter et d'Élaré. Heyne, d'après Homère, *Odys.*, XI, v. 575, ajoute qu'il fut encore puni après sa mort, et que, plongé dans les enfers, il y a le cœur sans cesse rongé par des vautours.

v. 264. *Ceu pavet.* Panthée, fils d'Échion et d'Agavé, roi de Thèbes, refusa de reconnaître la divinité de Bacchus et de recevoir ses mystères. Le dieu, pour se venger, égara l'esprit d'Agavé. Un jour que Panthée, caché sur un arbre, regardait célébrer les mystères interdits aux profanes, sa mère, excitant les autres bacchantes, et le prenant pour un lion, pour un taureau ou pour un sanglier, le déchira de ses propres mains.

v. 299. *Nec Clarii.* Apollon Clarien était adoré à Colophon, ville d'Ionie. Quand on consultait l'oracle, le prêtre descendait dans un antre, y buvait de l'eau d'une fontaine sacrée, et rendait ses réponses en vers. Claros était une ville près de Colophon.

v. 335. *Venatrix.* C'était un usage des temps héroïques, d'immoler sur la tombe d'un roi ou d'un chef illustre les chevaux et les chiens qui lui avaient été le plus chers pendant sa vie. Achille, *Iliad.*, XXIII, v. 171, jette dans le bûcher de Patrocle quatre coursiers et égorge deux chiens. Les Germains, au rapport de Tacite, *Mor. Germ.*, c. 27, brûlaient les armes et le cheval avec le corps du défunt.

v. 360. *Ad patrias.* Ce retour des oiseaux de passage vers le Nord a été chanté aussi par Homère, *Iliad.*, III, v. 3; Virgile, *Æneid.*, VI, v. 310, et X, v. 204; Stace, *Theb.*, V, v. 11; Claudien, *Bel. Gildon.* v. 474, etc., etc.

v. 399. *Cimmerium domus.* Ptolémée, v, c. 9, *Asiæ Tabulæ* II, place un peuple Cimmérien dans la Sarmatie asiatique, un promontoire Cimmérien près de l'embouchure du Tanaïs, une ville des Cimmériens dans la Chersonnèse Taurique. Mais il n'est pas ici question de ces Cimmériens de la Scythie. Ceux de Valérius sont, ainsi que ceux d'Homère (*Odyss.*, XI, v. 12), des peuples fabuleux auxquels on assignait une demeure vague et indéterminée dans l'Océan, et qui n'ont jamais existé que dans l'imagination des poètes.

v. 406. *Celeneus.* Quelques mythologistes parlent d'un Célène, juge aux enfers avant Éacus, Minos et Rhadamanthe. Mais celui-ci n'est probablement qu'un personnage d'invention.

v. 413. *Bina deis.* Le nombre pair était consacré aux dieux infernaux. — C'était un des rites religieux le plus rigoureusement observé que celui de fuir le commerce, le contact avec les profanes, lorsqu'on allait se purifier pour des cérémonies sacrées.

v. 420. *Æsepia.* L'Ésèpe, petite rivière qui sort du mont Ida, ainsi que le Simoïs et le Scamandre, mais par un côté différent. Elle sépare la Dolionie et la Phrygie de la Troade.

v. 497. *Albana.* Ce sont probablement les mêmes que notre poète appelle les portes Caspiennes, VI, v. 106, et où est située aujourd'hui la ville de *Derbent*, mot qui, en persan, signifie toujours une gorge, une barrière fermée.

v. 514. *Regum soror.* Neptune et Pluton, frères de Jupiter et par conséquent de Junon, tous quatre enfants de Saturne.

v. 524. *Manicæ virides.* Ce sont proprement des gants verts. Ils servaient encore à d'autres usages. Outre qu'ils garantissaient du froid, ils défendaient contre les épines. Laërte, dans l'*Odyssée*, XXIV, v. 227, porte à ses pieds des brodequins de peau de bœuf et des gants à ses mains, pour les garantir des ronces.

v. 539. *Eoi fercula. Fercula,* des brancards sur lesquels on portait les statues des dieux, les images des villes conquises, et les dépouilles des ennemis vaincus.

v. 540. *Ac rursus.* Ce *rursus* semble vouloir dire que, les mystères de Bacchus ayant été interrompus pendant son expédition dans les Indes, il les restaura dans cette occasion. Ammien, parlant de ce même retour de Bacchus, XXII, c. 8, dit : *orgia pristina reparavit.*

v. 543. *Bœbeia.* Le lac Bébès ou Bébéis était dans l'ouest de la Magnésie, et voisin de Phérès. Il y avait une ville de ce nom située sur ce lac. — Le Lycormas prend sa source en Étolie, sur le Pinde, dans le pays des Bomiens. Ce fleuve prit ensuite le nom d'Événus, parce qu'Événus s'y précipita. Le nom moderne est *Phidari.*

v. 646. *Calydone satus.* Méléagre, fils d'Oïnée, roi de Calydon, et d'Althée.

v. 705. *Nunc Parthaonides.* Parthaon, fils d'Agénor et d'Épicaste, père d'Oïnée, roi de Calydon, et par conséquent aïeul de Méléagre. A Rome, quand on voulait se moquer d'un homme fier de l'ancienneté de sa race, mais dont la famille était tombée dans l'oubli, on l'appelait *fils de Parthaon.* Plaute, *Menech.*, act. V, sc. 1, v. 44. — *Thracia proles.* Calaïs et Zétès, fils de Borée, roi de Thrace.

v. 707. *Didymaonis, hastam.* Dans la description de cette lance, Valérius a imité ce passage d'Homère, *Iliad.* I, v. 233, où Achille, irrité contre Agamemnon, jure par son sceptre. Virgile, *Énéid.*, XII, v. 206, a également emprunté ce beau mouvement au poëte grec, mais on ne saurait se dissimuler qu'il n'a pas la même vivacité.

v. 727. *Phorcys.* Phorcys ou Phorcus, était, suivant Hésiode, fils de la Terre, et de Pontus (la mer); d'autres lui donnent pour père Neptune, et pour mère la nymphe Thoosa. On lui assignait les mêmes fonctions qu'à Protée, celles de pasteur du dieu des mers.

v. 728. *Massylus.* Les Massyliens, peuple d'Afrique, voisin de la Mauritanie et de la province qu'on désignait sous le nom d'*Africa.* Massinissa, dit Strabon, leur fit habiter des villes et cultiver la terre; mais depuis, s'étant livrés à la vie sauvage, ils prirent le nom de Numides ou Nomades.

v. 729. *Lyctius.* Les Lyctiens, peuple de la Crète, dont la principale ville était Lyctos. Elle porte aujourd'hui le nom de Lassin.

LIVRE IV.

v. 33. *Verum cum... Ista.* Allusion à la fable qui avait attaché la vie de Méléagre à la durée d'un tison. Althée, sa mère, le conserva soigneusement renfermé jusqu'au jour où, apprenant que son fils avait tué ses trois oncles, elle jeta dans le feu le tison fatal.

v. 45. *Cum rapit Halcyones.* L'Alcyon, ἀλκύων, en grec, a tiré son nom de ce que la femelle pond sur la mer, ϰαρὰ τὸ ἐν ἁλὶ ϰύειν. On appelait chez les Grecs et chez les Romains *jours alcyonides*, quatorze jours de brume et de calme, pendant lesquels cet oiseau fait son nid et pond.

v. 63. *Caucasium.* C'est Prométhée, fils de Japet et l'un des Titans. Il déroba le feu du ciel, et Valérius décrit ici son châtiment.

v. 74. *Erinnys.* C'est le mot générique qui comprend toutes les déesses vengeresses des crimes, les Furies, les Peines et les Harpies. Il est dérivé du mot arcadien ἐριvύειv, irriter.

v. 99. *Proxima Bebrycii.* Les Bébryces avaient été les premiers habitants du pays de Lampsaque, selon le scholiaste d'Apollonius, II, v. 2, et même dela Bithynie, selon Eustache, *ad Dionys.*, v. 805. La Bébrycie prit ensuite le nom de Bithynie.

v. 119. *Melie.* Nymphe de Bithynie, qu'Apollonius et son scholiaste, II, v. 4, donnent pour mère à Amycus.

v. 123. *Orion.* Cette fable est rapportée d'une manière très-diverse par les différents écrivains. Voyez Hyginus, *Astron.*, II, c. 34, et *Fab.* 195; Homère, *Odyss.*, V, v. 121 ; Horace, *Od.* IV, v. 122.

v. 162. *Otreos.* Ce guerrier, nommé Otrée par Valérius, porte dans le scholiaste d'Apollonius, II, v. 760, le nom de Priolas; il y est désigné comme le frère de Lycus, roi des Mariandyniens, et comme victime d'Amycus.

v. 187. *Timantis.* C'est le nom de l'étranger rencontré par Échion, et ami d'Otrée.

v. 221. *Symplegas.* Nom qu'on donnait aux Cyanées. Il est dérivé du grec, et veut dire *qui se heurte l'un contre l'autre*, de σὺv et πλήσσω, *concutere.*

v. 227. *Elei parens.* Jupiter Éléen, qui présidait aux jeux olympiques, où combattait souvent Pollux. — L'Œbalie, ou la Laconie, ainsi nommée d'Œbalus, fils d'Argulius. — Le Taygète, montagne près de Sparte.

v. 261. *Maleæ.* Promontoire de la Laconie qui tenait son nom de Maléus, roi des Argiens. On l'appelle aujourd'hui *Malio* ou *San-Angelo.*

v. 265. *Et armis.* Quoique *armi* s'entende communément des quadrupèdes, ce mot s'emploie aussi pour les hommes, et le *Thesaurus linguæ latinæ* en fournit plusieurs exemples tirés de Virgile et de Lucain.

v. 280. *Aut Pæonas.* Peuple de la partie septentrionale de la Macédoine. — Les Lapithes, peuple de la Thessalie. — *Gradivus,* surnom donné à Mars, quand il suspendait l'action des combats.

v. 322. *Pars Erycis.* Montagne de Sicile au-dessus de Drépanum, célèbre par un temple qu'on disait avoir été consacré à Vénus par Énée, et auquel a succédé une citadelle nommée San-Giuliano.

v. 338. *Placati gurgitis.* C'est la mer qu'il fallait apaiser, après avoir tué le fils de Neptune. — *Amni*; ce mot dans Valérius et dans Horace signifie toujours *rivière*; mais il veut dire aussi *courant*, *flots*, comme ποταμὸς chez les Grecs. Voyez Forcellini, au mot *amnis.*

v. 345. *Qua... Bosporos amnes.* Ici *amnes* signifie rivières; littéralement, *par où le Bosphore revomit les fleuves glacés qui se jettent dans l'Euxin.* Le Bosphore proprement dit est le Bosphore de Thrace, qui établit la communication entre l'Euxin et la Propontide. Valérius en donne ici l'étymologie, dans le récit des persécutions et de la métamorphose d'Io.

v. 353. *Virginis Iasice.* La fille d'Iasus, fils d'Argus, roi d'Argos. C'est de là qu'Homère appelle cette ville Ἴασον Ἄργος, *Odys.*, XVIII, v. 245. — Le Lyrcé est une montagne très-boisée d'où descend le fleuve Inachus, située sur les confins de l'Argolide et de l'Arcadie.

v. 366. *Argum.* L'histoire et la généalogie d'Argus sont fort embrouillées, parce que ce nom était très-commun chez les Argiens et même chez tous les Grecs. Il y eut un Argus, fils de Chalciope, et un autre qui construisit le navire Argo; il ne faut pas les confondre avec le gardien d'Io. Les poëtes ont beaucoup varié sur le nombre d'yeux qu'ils attribuent à celui-ci ; mais toutes ces variations semblent dériver de l'épithète antique de πανόπτης, qui désignait un homme prudent et attentif.

v. 373. *Ultima tum patriæ... ripæ.* Les bords de l'Inachus. Ce fleuve du Péloponnèse reçut son nom d'Inachus, fils de l'Océan et de Téthys, et l'un des premiers rois des Argiens. Il était consacré à Junon, de même qu'Argos. Du temps de Lucien, ce fleuve n'existait plus, on n'en voyait plus que le lit.

v. 374. *Amymone.* Amymone, fontaine de l'Argolide, près de Lerne. — Mésséis et Hypérie, autres fontaines du même pays citées par Homère, *Iliad.*, VI, v. 458.

v. 384. *Arcadia.* Mercure, né sur le Cyllène, montagne d'Arcadie, avait inventé la flûte de roseaux ou le chalumeau. On attribue à Pan l'invention du pipeau.

v. 390. *Harpen.* Harpé, nom de l'épée de Mercure, qui vient d'ἁρπαζω, d'où sans doute notre mot *harpon*, *harponner*. Elle était courbée en faucille.

v. 408. *Pharia.* L'Égypte, ainsi nommée de la petite île de Pharos, autrefois éloignée du continent d'un jour de navigation. C'est dans cette île qu'au rapport de Strabon, XVII, et de Pline, XXXVI, c. 18, s'élevait cette fameuse tour à plusieurs étages, bâtie d'une pierre blanche comme la neige, qui portait le nom de Phare, et qui passait pour une des merveilles du monde.

v. 417. *Spectat ab arce.* Io devint une divinité égyptienne sous le nom d'Isis. Les Égyptiens avaient l'aspic en grande vénération, et cet attribut appartenait particulièrement à Isis. Les monuments de ces peuples nous offrent ordinairement Isis avec un aspic sur le front; et c'est de là sans doute que les rois égyptiens portaient des aspics sur leurs diadèmes. Élien, VI, c. 38, et Macrobe, I, c. 20.

v. 425. *Phinei.* Phinée, qui avait régné d'abord à Salmydesse et à Phinopolis, en Thrace, en fut exilé par ses sujets, et vint conduire une colonie de Thyniens et fonder une seconde Phinopolis sur les côtes d'Asie, tout près des Cyanées et des bouches du Bosphore. Il donna aux lieux, aux villes de ses nouveaux États, les noms des lieux et des villes d'où il avait été exilé, et appela Thynias, une île et un cap de l'Asie, du nom du golfe et du promontoire Thynias, près de Salmydesse. C'est probablement dans cette autre Phinopolis, située en Asie, entre les Cyanées, sur la rive orientale du Bosphore, qu'il reçut les Argonautes. — On ignore d'ailleurs de quelle nature était l'indiscrétion qui valut à Phinée les malheurs dont il fait plus loin le récit. On peut en comparer la description avec celle de Virgile, au livre III de l'*Énéide*.

v. 465. *Actææ... sororis.* Cléopâtre, sœur de Zétès et de Calaïs, est appelée Athénienne, *Actæa*, à cause de sa mère Orithyie, fille d'Érechthée, roi d'Athènes.

v. 513. *Strophadas.* Ce sont deux écueils plutôt que deux îles, situés à 35 milles au midi de Zante. Leur nom de Strophades, mot grec qui signifie *retour*, leur fut donné parce que Zétès et Calaïs, arrivés à ces îles, ne poussèrent pas plus loin leur poursuite et s'en retournèrent chez Phinée. Plus anciennement, on les appelait *Plotæ*.

v. 524. *Mox tamen:* Zétès et Calaïs furent percés par les flèches d'Hercule. C'étaient eux qui avaient montré le plus d'animosité contre lui, et qui pressèrent le départ, lorsque les Grecs voulaient rester pour l'attendre.

v. 589. *Proxima regna Lyci.* Lycus, roi des Mariandyniens.

v. 595. *Acheron.* Le promontoire Achérousias est sur la rive du Pont-Euxin, près d'Héraclée. C'est de ce cap, vers le bord de la mer, que sort du fond de la terre, par une large caverne, le fleuve Achéron. La peinture que fait Apollonius (II, v. 728) de ce cap et de ce fleuve, et après lui Valérius, qui n'a fait presque que la traduire et l'abréger, a été vérifiée par Tournefort, qui les a reconnus dans tous leurs détails.

v. 599. *Carambin.* Promontoire de la Paphlagonie. — *Ancon.* Golfe de l'Euxin, entre Amisus et l'embouchure du Thermodon.

v. 604. *Enyo.* Selon Apollodore, II, c. 4, Enyo était fille de Céto et de Phorcus, et sœur de Gorgone. Les poëtes romains la prennent souvent pour Bellone, déesse de la guerre : *civilis Enyo*, *navalis Enyo*, dit Martial, VI, *carm.* 32, v. 1; *Martia Enyo*, dit Stace, *Thébaïd.*, V, v. 155.

v. 611. *Chalybum.* Voyez la note du v. 142 du livre V.

v. 631. *Me Pangææ.* Le Pangée, grande et haute montagne, règne du sud au nord, le long et à l'ouest du fleuve Nestus. On le nommait anciennement *Mons Caramanius.*

v. 671. *Fulminea jaculata.* Pallas était la seule des déesses et des dieux qui pût lancer la foudre de Jupiter, et qui eût la clef de l'arsenal où elle était enfermée, comme nous l'apprend Eschyle, *Euménid.*, v. 818.

καὶ κλῇδας οἶδα δωμάτων μόνη τεῶν
ἐν ᾧ κεραυνός ἐστιν ἐσφραγισμένος.

v. 698. *Rhebæ.* Ce Rhébas, aujourd'hui Riva, qu'Apollonius appelle un fleuve rapide, que Denys Périégète, vers 796, nomme un des plus aimables fleuves qui traînent leur onde sur la terre, n'est plus, dit Tournefort, tom. II, p. 177, qu'un ruisseau bourbeux, large à peu près comme la rivière des Gobelins, qui prend sa source vers le Bosphore, dans un pays assez plat, d'où il coule dans des prairies marécageuses, parmi des roseaux.

v. 701. *Theseusque comes.* Le scholiaste d'Apollonius, I, v. 101, rapporte que Pirithoüs voulant enlever Proserpine, sollicita le secours de Thésée ; puis qu'étant descendus tous deux dans l'enfer par la bouche du Ténare, et s'étant assis sur des pierres qui étaient sur leur route, ils y restèrent attachés sans qu'il leur fût possible de se relever. Quelque temps après, Hercule descendit aux enfers pour enchaîner Cerbère, délivra Thésée, et laissa Pirithoüs, qui avait voulu de dessein prémédité commettre l'attentat contre Proserpine, et qui y avait associé Thésée, presque malgré lui.

v. 714. *Non alibi effusis.* L'auteur veut dire seulement que nulle autre mer ne présente des golfes aussi profonds, et que cette mer, réunie à celle d'Azof, qui communiquait elle-même avec la mer Caspienne par un golfe assez large, le disputait en grandeur à la Méditerranée, en comprenant même dans l'étendue de celle-ci les deux golfes des Sirtes, lesquels ne sont presque que des bancs de sable, à peine couverts d'eau dans beaucoup d'endroits.

v. 718. *Non septemgemini.* Valérius suit ici l'opinion de Strabon, qui donne sept embouchures à l'Ister ou Danube; d'autres ne lui en donnent que six. Ce fleuve prend sa source, selon Hérodote, près de la ville de Pyrène, dans le pays des Celtes. En effet, le Danube sort d'une montagne de la forêt Noire, nommée anciennement Abnoba, actuellement *Brenner*, mot qui veut dire en allemand la même chose que Pyrène en grec. — Le Tanais ou Don prend sa source dans la province de Rézan, en Moscovie, et vient se jeter dans le Palus-Méotide; il sépare l'Europe de l'Asie — Le Bycès est un lac, autrement nommé *Sapra* ou *mer bourbeuse*, qui verse dans l'Euxin une énorme quantité d'eau. — L'Hypanis, ou le *Vardanius* de Ptolémée, descend du Caucase, et se rend dans le Bosphore et dans le Palus-Méotide, en se partageant en plusieurs bras. — Le Tyras ou le Dniester, qui prend sa source dans un grand lac de Scythie, et se jette dans l'Euxin, entre l'Ister et le Dniéper ou Borysthène, est un des plus grands fleuves de cette contrée. — Le Palus-Méotide, mer située entre l'Europe et l'Asie, communique avec le Pont-Euxin par le Bosphore Cimmérien; on l'appelle aujourd'hui mer de Zabache ou d'Azof.

v. 728. *Sinuatus in arcum*. Presque tous les géographes anciens ont comparé le Pont-Euxin, pour la forme, à l'arc scythe qui était celle du Σ.

v. 733. *Mariandynis*. Les États de Lycus étaient formés de la portion de Bithynie limitrophe de la Paphlagonie. Dans le Bas-Empire, la Mariandynie composa une province séparée, sous le nom d'Honorias. Quant à Lycus, il était fils de Dascylus, fils de Tantale et d'Anthémoïsie, fille du fleuve Lycus. Hercule, pour la récompenser de ses bons offices envers les Argonautes, l'aida à vaincre les Bébryces, et lui donna une partie de leur territoire, à laquelle il imposa le nom d'Héraclée.

v. 755. *Tuus ergo... ignis*. Les feux qui s'allumaient la nuit dans les camps, suivant l'usage des anciens.

LIVRE V.

v. 2. *Idmon*, voy. la note du v. 228, liv. I.

v. 10, 11. *Alba.... Fronde*. Les feuillages blanchâtres servaient aux couronnes des morts, et principalement des augures. Ils étaient surtout employés dans les funérailles.

v. 41. *Aut ipse relinquo*. Allusion à Hercule que Jason avait abandonné sur les côtes de Mysie.

v. 75. *Callichoron*. Le Callichore, fleuve de la Paphlagonie, qui se jette dans l'Euxin, à l'orient d'Héraclée, par deux embouchures. Il s'appelait auparavant Oxinos, et prit son nom de ce que Bacchus, en revenant de la conquête des Indes, y avait célébré des danses.

v. 80. *Bœotia qualem*. Le poète fait ici allusion à la fable de Penthée, que Bacchus fit déchirer par les propres mains de sa mère Agavé, qui conduisait les Thyades ou les Bacchantes.

v. 84. *Venturam cœlo*. Vers regardé comme apocryphe par le plus grand nombre des commentateurs, aussi bien que le vers précédent par quelques autres. Il nous paraît assez difficile de comprendre la suppression qu'ils en ont faite; et comme ces vers sont indispensables au sens général du passage, nous les avons maintenus.

v. 90. *It Sthenelus*. Ce Sthénélus, fils d'Actor et l'un des descendants de Minos, avait suivi Hercule dans son expédition contre les Amazones. Il y périt d'un coup de flèche et fut enseveli sur la côte de Paphlagonie, où, du temps d'Apollonius, on voyait encore son tombeau.

v. 101. *Nomen... arenis*. Apollonius rapporte qu'Orphée, après avoir élevé un autel à Apollon, près du tombeau de Sthénélus, déposa une lyre sur cet autel, et que c'est de là que ce lieu s'appelle le cap de la Lyre.

v. 103. *Crobiali*. Crobiale, nommée par Strabon Cobiale, était une ville de Paphlagonie, près d'Amastris. Valérius a un peu interverti ici l'ordre des lieux, lesquels sont distribués différemment dans le périple d'Arrien, dont l'exactitude n'est pas contestée. — Le Parthénius, qui servait de limite entre la Bithynie à l'ouest, et la Paphlagonie à l'est, prend sa source près d'Ancyre, dans le mont Pœmen, et se jette dans l'Euxin, à l'ouest d'Amastris, après avoir coulé dans des vallons fleuris qui, selon Strabon, xii, lui ont donné son nom.

v. 105 et suiv. *Inopi*. L'Inopus, petit ruisseau qui coulait du mont Cinthus, dans l'île de Délos, dit Strabon, x. C'est sur ses bords que Latone mit au monde Apollon et Diane. — Cromna et Érythie, petites villes de la Paphlagonie, près de Sésame et de Crobiale. — Le mont Cytorus, selon Pline, vi, c. 2, est situé dans la Paphlagonie, sur le Pont-Euxin, entre Amastris (Amassero) et Tius (Enoboli), à 64,000 pas de cette dernière ville. Il est remarquable par ses forêts de buis. — Le Carambis, vaste promontoire qui s'avance vers le nord et vers la Tauride, et sépare la mer Noire en deux parties presque égales. Il se nomme aujourd'hui Kérempi. — Sinope, située sur l'isthme étroit d'une péninsule. Une colonie milésienne l'avait rendue puissante, avant qu'elle tombât au pouvoir des rois de Pont, qui en firent leur résidence ordinaire. Elle conserve son emplacement avec le nom de Sinub. Elle s'honore d'avoir été le berceau, la demeure et le tombeau du grand Mithridate, et elle fut la patrie de Diogène le cynique. La Syrie ou la Leuco-Syrie, que les anciens confondaient avec l'Assyrie, s'étendait jusqu'à Sinope. La nymphe qui donna son nom à cette ville était fille de l'Asopus, fleuve de Béotie. Elle pria les dieux qui la poursuivaient de lui octroyer un don avant de céder à leurs désirs; et sur leur consentement, la nymphe leur demanda de rester vierge. Elle éluda ainsi la vive poursuite d'Apollon, du fleuve Halys et même de Jupiter.

v. 115. *Autolycum*. Autolycus, Phlogius et Déiléon, tous trois fils de Déimachus, avaient accompagné Hercule dans son expédition contre les Amazones. Selon le scholiaste d'Apollonius, ii, v. 958, ils s'égarèrent dans ce pays, perdirent les traces d'Hercule et vinrent s'établir à Sinope. Là, ayant appris qu'Hercule était mort, ils s'embarquèrent avec les Argonautes, lors de leur passage près de cette ville.

v. 121. *Transit Halys*. L'Halys, le plus grand des fleuves de cette contrée. Il prend sa source fort au loin, vers ce qu'on appelait l'Arménie Mineure; et, après avoir traversé d'orient en occident tout le nord de la Cappadoce, il est joint par une rivière sortant du mont Taurus, et à laquelle le nom d'Halys a été également attribué. De grands circuits qui se succèdent dans son cours, en tournant au nord, vont aboutir dans le Pont-Euxin. Il porte aujourd'hui chez les Turcs le nom de Kizil Ermath, ou fleuve rouge. (D'Anville, *Géog. anc.*, t. ii, p. 7.) Ce fleuve a pris son nom des terres salées par lesquelles il passe. En effet, tous ces quartiers-là sont pleins de sels fossiles (*Voy.* Tournefort, t. ii, p. 212.) — L'Iris s'appelle aujourd'hui Casalmac. Il arrosait une partie de la belle plaine de Themiscyre où les fameuses Amazones ont eu leur petit empire. La bouche du Casalmac est le lieu que les anciens ont nommé Ancon. (Tournefort, *Ibid.* t. i. p. 215.) — Le Thermodon, dit Apollonius, n'est comparable à aucun autre fleuve par le nombre de ses bouches. Il en a 96, toutes fournies par une seule source qui sort des monts Amazoniens. Il se nomme aujourd'hui Termeh. La plaine qu'il arrose, jadis le séjour des Amazones, est d'une extrême fertilité en grains, en fourrages et en fruits de toutes espèces.

v. 124. *Donat equos*. La coutume de jeter dans les fleuves des chevaux égorgés était pratiquée dans l'Asie, dès les temps les plus reculés. Voyez Homère, *Iliad.*, xxi.

v. 126. *Massageten*. Les Massagètes, peuple scythe, qui, selon Pline et Solinus, habitait le long de la Caspienne, ainsi que les anciens Mèdes. Strabon, xi, rapporte que leur boisson était le cidre. Stace et Claudien leur attribuent la même coutume que Virgile aux Gélons (*Georg.*, iii, v. 346), celle de boire le sang de leurs chevaux, mêlé au lait de leurs juments. — Les Mèdes s'appelaient anciennement Ariens ; mais Médée de Colchos étant passée d'Athènes dans leur pays, ils changèrent leur nom, pour un nouveau qu'ils firent dériver de celui de cette princesse. Ces peuples étaient souvent en guerre avec les Amazones.

v. 128. *Temnere Phinei.* On doit se rappeler que Phinée (iv, v. 606) avait conseillé aux Argonautes d'éviter la terre des Amazones et de gagner la pleine mer, sitôt qu'ils approcheraient de Thémiscyre.

v. 133. *Bellique labores.... Virginei.* On peut, au milieu de toutes les fables dont on a grossi l'histoire des Amazones, distinguer pourtant quelque chose de vraisemblable, quelque chose qui offre en effet un fondement réel. Éphore, suivant le scholiaste d'Apollonius, ii, v. 967, assure que les Amazones, irritées contre les hommes, avaient choisi le moment où plusieurs d'entre eux étaient partis pour la guerre, avaient massacré ceux qui étaient restés, et refusé de recevoir les autres, à leur retour. Elles envoyèrent, suivant Denys et Zénothémis, des colonies en Éthiopie et en Libye, où, après plusieurs conquêtes sur les peuples de ces deux pays, elles passèrent en Europe et y fondèrent des villes. Plutarque (*Vie de Thésée*) rapporte que la guerre des Amazones contre les Athéniens fut une guerre terrible, et non une guerre de femmes. Thésée la vainquit, et depuis, on fit tous les ans un sacrifice aux Amazones, la veille des fêtes de Thésée.

Chez les Circassiens qui habitent la partie du Caucase autrefois occupée par les Amazones, on trouve encore aujourd'hui les femmes habituellement séparées des hommes, et on a vu, dans quelques batailles modernes entre les peuples de ces contrées, des femmes armées de pied en cap, tenir leur rang parmi les guerriers.

v. 140. *Quo balteus.* C'était le baudrier de Mars, que portait Hippolyte, une des Amazones. Il fut l'objet du neuvième des travaux d'Hercule. Admète, fille d'Eurysthée, en eut envie, et le héros se rendit sur les bords du Thermodon. Junon, toujours irritée contre lui, souleva les Amazones, et Hercule ne gagna qu'après un combat terrible ce qu'il aurait pu obtenir comme un don.

v. 142. *Pervigil auditur Chalybum.* Les Chalybes, peuple peu nombreux et voisin de l'Arménie, occupaient un pays partagé en vallées profondes et en montagnes, et qui aujourd'hui est appelé Keldir. Leur ancienneté touche au berceau de la poésie. Homère, qui, selon Strabon, xii, les indique sous le nom d'Alybes, *Iliad.*, ii, v. 857 ; Eschyle, Apollonius, Catulle, Callimaque, Hérodote, Xénophon, et une foule d'autres encore, historiens et poëtes, en parlent comme d'un peuple sauvage, peu hospitalier, laborieux, s'occupant peu ou point d'agriculture, à cause de la stérilité de leurs contrées, mais passant sa vie à forger du fer, dont il possédait de nombreuses et fécondes mines. Strabon représente les Chalybes comme demeurant sur les rives du Pont-Euxin ; il ajoute que les Chaldéens et les Chalybes sont un même peuple. Denys Périégète, vers 768, Anne Comnène, *Alexiade*, xiv, p. 451, appellent aussi les Chaldéens, Chalybes.

v. 148. *Genetœi.* Le cap Génétès et le fleuve du même nom se trouvent immédiatement après les Chalybes, et tout près du promontoire qui prit de l'expédition des Argonautes le nom de Jason, Jasonium, nom qu'il a conservé jusqu'à ce jour presque sans altération sous celui de Jasoun. Il y avait sur ce cap un temple de Jupiter Xenius ou hospitalier. — Les Tibaréniens habitaient non loin du fleuve et du promontoire de Jasonium et de Boona, dans le canton de Sidéna, pays fertile en pâturages, ainsi nommé du fleuve Sidénus qui le traverse et tombe dans l'Euxin. Ce peuple, de race scythe, passait pour le plus juste de tous les peuples ; ne combattant jamais ses ennemis par la ruse ni par les embûches, mais lui dénonçant toujours d'avance le lieu, le jour et l'heure du combat. Cet usage bizarre des hommes, quand les femmes accouchaient, de se mettre au lit le bonnet de nuit sur la tête, de pousser des cris de douleur, de se faire traiter enfin par ces malheureuses comme on traite les accouchées, existait chez les anciens Corses, chez les anciens Espagnols (Strabon, iii), et se retrouve encore aujourd'hui chez les Tartares (Marco Paolo, ii), chez les Caraïbes, au Canada et chez les sauvages de la Guyane, sans qu'on puisse expliquer l'origine de ce singulier usage.

v. 152. *Mossyni.* Les Mossyniens, les Macrons, les Byzères et les Philyres s'appelaient du nom général d'*Heptacometœ* ou habitants des sept bourgades. Ils occupaient tout le pays qui, de la mer à la chaîne des monts Scydisses, se trouve renfermé entre le fleuve Pharmaténus qui coule à l'ouest, près de Cérasonte, et le fleuve Ophis, qui se jette à l'est dans l'Euxin, au delà de Trébisonde. Voyez, sur toutes ces peuplades qu'il visita lui-même, Xénophon, *Anabasis*, v, c. 4. Les Mossyniens, ainsi nommés par Pline l'ancien, tiraient leur nom des tours de bois dont ils faisaient leurs habitations ; οἶκοι maisons, μόσσυν tour de bois. Les Macrons habitaient les montagnes le long de l'Euxin, vers la source du Boas ou Acampsis, rivière impétueuse qui sépare la Colchide des frontières de l'Arménie. Strabon, xii, rapporte qu'ils se sont depuis appelés Sanni ; aujourd'hui Tzani. Les Philyriens ou Philyres étaient voisins de Trapézunte, depuis Trébisonde. Selon Phérécide (*Schol. d'Apol.*, ii, v. 1235), au moment d'être surpris par sa femme Rhéa dans ses amours avec Philyre, fille de l'Océan et mère du centaure Chiron, Saturne se métamorphosa en cheval. Telle est l'origine du nom des Philyriens.

v. 155. *Ultimus ille sinus.* Ce fut le dernier golfe que les Argonautes visitèrent ; de là, apercevant le Caucase, ils dirigèrent droit vers l'embouchure du Phase. Entre l'Euxin et la mer Caspienne, les branches élevées du Caucase traversent dans toutes les directions la Colchide, l'Ibérie, et l'Albanie ; il était regardé comme faisant partie de la chaîne immense du Taurus, dont les anciens le croyaient le point le plus élevé. Pline en fait une très-belle peinture, c. 20 et 27 du liv. v.

v. 167. *Hiber.* L'Ibérie, selon Strabon, xi, et Ptolémée, v, c. 2, est un vaste plateau, entouré de tous côtés par des montagnes ; au couchant, elle joint la Colchide, au levant l'Albanie, dont elle est séparée par le fleuve Alazon. Vers le nord, le Caucase la sépare des Nomades septentrionaux ; vers le midi, le Cyrus et les chaînes du Paryadrès et des Mosches la divisent d'avec l'Arménie.

v. 179. *Ostendere Colchos.* La Colchide s'étendait du nord, depuis Dioscurias, aujourd'hui Isagone, jusqu'à Trapezunte, à présent Trébisonde, ville située vers le sud-est. Elle comprenait encore du temps d'Hérodote, vers le sud et le sud-ouest, les Macrons et les Mossinèques. Selon Chardin, l'ancien royaume de Colchos s'étendait d'un côté jusqu'aux Palus-Méotides, et de l'autre jusqu'à l'Ibérie. La Mingrélie actuelle n'a pas plus de 110 milles de long et 60 de large. Du côté d'orient, elle est enfermée par le petit royaume d'Imirette, du côté du midi par la mer Noire, du côté d'occident par les Abcas, du côté du nord par le Caucase. Les Caucasiens sont ces Huns si renommés, partagés aujourd'hui en différents petits peuples. Les autres peuples voisins de la Colchide sont les Allanes, les Suanes, les Gigues, les Carachères, dans lesquels on retrouve aisément les anciens noms des Alains, des Tzaniens, des Zéchiens, des Caracioles. L'air de la Mingrélie est tempéré, mais extrêmement humide ; il y pleut continuellement. Selon Strabon, xi, la Colchide est un pays fertile ; toutes les productions de la terre y sont savoureuses, excepté le miel, qui y est de mauvaise qualité. Elle abonde en bois de construction, etc., etc. Sa splendeur et ses richesses étaient portées au plus haut degré, du temps de l'expédition des Argonautes.

Le Phase, dit Strabon, xi, prend sa source dans les montagnes de l'Arménie; il traverse ensuite l'Ibérie, où il fait de vastes circuits. Son cours est traversé par 120 ponts. C'est à travers une vallée profonde qu'il s'échappe avec violence et rapidité dans la Colchide. Dans le pays plat, il reçoit entre autres fleuves, le Glaucus et l'Hippus; après cette jonction, son cours devient navigable jusqu'à l'Euxin. Selon les voyageurs modernes (Güldenstaedt, t. 1, p. 393; Reineggs, t. ii, p. 35), les véritables sources du Phase sont dans le pays des Soanes, peuple qui habite les hautes montagnes du Caucase : il est appelé par les indigènes Péhas, et après avoir reçu le grand fleuve Quirilas, prend le nom de Rion (le Ῥέων de Procope), et se jette dans la mer Noire, près de la ville de Roti.

Du temps de Pline, il était navigable pendant 38,500 pas, et il était encore coupé par les 120 ponts signalés par Strabon. Il n'est plus navigable aujourd'hui, et il n'y reste qu'un seul pont, encore en très-mauvais état, (Güldentaedt, t. 1., p. 316). Strabon, xi, ajoute que sur les bords du Phase, dans le pays des Mosches, il existait un temple et un oracle de Leucothoé, établis par Phrixus, où il n'était pas permis d'immoler des béliers. Ce temple, qui contenait de grandes richesses, fut pillé d'abord par Pharnace, et ensuite par Mithridate de Pergame. Arrien dit que tous les navires faisaient eau au Phase, sur l'opinion que l'eau de ce fleuve était sacrée, ou parce qu'elle était la meilleure du monde. Les faisans y sont plus gros, plus beaux et d'un goût plus exquis qu'en aucun autre pays. Martial dit, xiii, *Carm.* 72., que les Argonautes apportèrent les faisans dans la Grèce, et que ces oiseaux reçurent le nom de faisans, de ce qu'ils avaient été pris sur les bords du Phase.

v. 205. *Orte nivali... Arcados.* Parce que Calisto, nymphe d'Arcadie, avait été placée dans le ciel, sous le nom de constellation de la grande Ourse.

v. 276. *Utrimque cremandis.* C'était la coutume chez les anciens de demander aux ennemis un ou deux jours de trêve, pour enterrer les morts. Mais celui qui faisait le premier cette proposition, avouait sa défaite, et son adversaire élevait un trophée.

v. 328. *Qua Circæi plaga.* Les champs Circéens avaient pris leur nom de Circé, fille du Soleil, et sœur d'Éétès. Cette plaine ou cette plage de Circé était destinée à la sépulture des habitants de Colchos.

v. 333. *Lustrantia flumina.* Médée allait, à la suite d'un songe menaçant, se purifier dans le Phase. C'était une coutume religieuse établie chez les anciens. On expiait même un bon songe par des lustrations, sous prétexte, dit Servius, *ad Æneid.*, viii, v. 67, que le sommeil de nuit est une souillure.

v. 345. *Sicula sub rupe.* Enna était un vaste plateau, sur une montagne assez élevée de la Sicile.

v. 349. *Cum lumine tædæ.* Les flambeaux, même en plein jour, étaient nécessaires aux lustrations; on employait tour à tour l'eau, le feu, et diverses plantes. Souvent même on y joignait le soufre.

v. 419. *Ut prima Sesostris.* Strabon, xvi, regarde comme un fait constant l'expédition de Sésostris en Colchide et dans le nord de l'Europe orientale. Sésostris, dit Diodore de Sicile, i, c. 55, passa le Gange, parcourut l'Inde entière jusqu'à l'Océan, et la Scythie jusqu'au Tanaïs. On dit que ce fut alors que des Égyptiens, laissés par ce prince autour du Palus-Méotide, fondèrent la nation des Colchi-

diens. Pline, xxxiii, c. 15, assure que Sésostris fut battu par les Colchidiens. Hérodote, ii, c. 103 et 104, dit qu'il ne saurait affirmer si Sésostris laissa en Colchide une partie de son armée, pour la cultiver; ou bien si quelques-uns de ses soldats, ennuyés de la longueur de ses expéditions, s'y établirent d'eux-mêmes sur les bords du fleuve. Il ne dit rien d'ailleurs de cette défaite de Sésostris, lequel en définitive, et au témoignage du même historien, passa d'Asie en Europe et subjugua les Scythes et les Thraces.

v. 430. *Flebant populeæ.* L'Éridan, dit Heyne, *Opusc. Acad.*, t. v, p. 44, est un fleuve fabuleux adopté par les anciens poëtes, et que ceux qui sont venus après ont pris faussement pour le Pô.

v. 432. *At juga vix Tethys.* Telle n'était pas précisément la fonction de Téthys. Elle recevait en effet le Soleil quand il se couchait dans la mer d'occident, mais elle ne soignait pas son char et ne rassemblait pas ses chevaux dispersés. Ovide au contraire, *Métam.*, ii, v. 398, et Lucrèce, v, v. 402, attribuent ces fonctions au soleil lui-même.

v. 447 à 455. *Deficit in thalamis.* Tous ces tableaux se rapportent à l'histoire de l'abandon de Médée par Jason, et au mariage de celui-ci avec Créuse, fille du roi de Corinthe. Il paraît au reste que c'est d'après l'inculpation d'Euripide que Médée est restée chargée du crime d'avoir égorgé ses enfants. « Du temps de Philippe, dit Barthélemy, *Voy. d'Anach.*, iii, c. 37, on voyait encore à Corinthe le tombeau des deux fils de Médée. Les Corinthiens les arrachèrent des autels où cette mère infortunée les avait déposés, et les assommèrent à coups de pierres. En punition de ce crime, une maladie épidémique enleva leurs enfants au berceau, jusqu'à ce que dociles à la voix de l'oracle, ils s'engagèrent à honorer tous les ans la mémoire des victimes de leurs fureurs. C'est le poëte Euripide qui, s'étant laissé gagner pour 5 talents (27,000 fr.), qu'il reçut des magistrats de cette ville, écrivit le premier que Médée les avait égorgés elle-même. D'ailleurs, un ancien usage prouve que les Corinthiens furent coupables; car c'est pour rappeler et expier leurs crimes, que leurs enfants doivent, jusqu'à un certain âge, avoir la tête rasée et porter une robe noire. »

v. 458. *Absyrtus.* Absyrte était, suivant Apollonius, iii, v. 242, fils d'Éétès et d'Astérodie, nymphe du Caucase, et il était né avant le mariage d'Éétès et d'Idya. L'opinion d'Apollodore et d'Ovide était que Médée avait elle-même tué Absyrte, et l'avait coupé en morceaux, pour retarder son père dans sa poursuite.

v. 478. *Namque idem Cretheus.* Voyez sur la généalogie de Jason la note du vers 29 du livre i. Salmonée était père de Tyro, laquelle fut femme de Créthée et mère d'Éson. Avant son mariage avec Créthée, Tyro avait eu de Neptune Pélias et Nélée, père de Nestor. Voyez Homère, *Odyss.*, ch. xi.

v. 485. *Creantia divos.* En effet, la Thessalie est le pays de la Grèce le plus fertile en héros et en divinités. Là naquirent Esculape, Mnémosyne et ses neuf filles, Pélias, Admète, Achille, etc., etc. *Ferax terra deorum*, dit Sénèque.

v. 489. *Sthenelo.* Ce Sthénélus était fils de Persée : il ne faut pas le confondre ni avec le Sthénélus, fils d'Actor et frère de Ménétius, ni avec le Sthénélus, ami de Diomède et fils de Capanée.

v. 541. *Namque virum trahit ipse chalybs.* C'est la traduction littérale de ce beau vers de l'Odyssée, xix, v. 13 :

.....αὐτὸς γὰρ ἐφέλκεται ἄνδρα σίδηρος.

v. 591. *Dives Aron.* Le poëte ne dit pas de quelle nation Aron était le chef. Claudien, *Contra Ruf.*, II, v. 108, dépeint sous des traits semblables les guerriers de l'Arménie, d'ailleurs très-voisins de Colchos.

v. 686. *Donec et Æeten.* Selon Apollodore, I, c. 9, Médée, après sa fuite de Corinthe, retourna à Athènes et y épousa Égée, dont elle eut un fils nommé Médus ou Médius. Mais elle en fut bientôt chassée avec son fils. Celui-ci, après avoir vaincu plusieurs peuples barbares, donna le nom de Médie au pays qu'il avait conquis, et périt dans une expédition contre les Indiens. Médée retourna à Colchos sans y être connue, et là, ayant trouvé son père Éétès, détrôné par Persès, frère de celui-ci, tua Persès, et rendit la couronne à son père. Justin dit que Jason, chassé de Thessalie par les fils de Pélias, se réconcilia avec Médée, qu'il avait répudiée, quelques années après son retour de Colchos; qu'il rassembla une nombreuse armée; qu'il retourna en Colchide avec Médius, son beau-fils, et replaça son beau-père Éétès sur le trône de Colchos. Après la mort de Jason, Médius, héritier de sa valeur, bâtit en l'honneur de sa mère la ville de Médée, et fonda l'empire des Mèdes, auquel il donna son nom.

Nous rapportons ici toute cette fin de l'histoire de Médée, à laquelle ce passage fait allusion, parce qu'elle ne sera pas inutile à l'intelligence parfaite du texte.

LIVRE VI.

v. 42. *Alanos.* Les Alains étaient un peuple pasteur qui occupait une vaste étendue des déserts de la Scythie. On croit que c'est au nord du Caucase, vers le haut de l'Hypanis, qu'ils étaient principalement établis. — Les Hénioques occupaient, le long de la côte septentrionale du Pont-Euxin, le pays où se sont établis depuis les Abasci, et qui du nom de cette dernière peuplade s'appelle encore Abkazeti. C'étaient, suivant Xénophon (*Anab.*), une colonie de Lacédémoniens.

v. 48. *Bisaltæ.* Les Bisaltes habitaient vers la partie septentrionale de la Macédoine, au midi du Strymon, fleuve qui faisait la séparation des Thraces et des Macédoniens.

v. 50. *Myracen.* On ne sait quelle est cette verte Myracé, ni ce fleuve Tibisus : Pline, Strabon n'en parlent pas. Peut-être serait-ce Tamyracé, ville de Sarmatie, citée par Ptolémée.

v. 55. *Nec primus radios.* On voit par ce vers que la légion foudroyante, *legio fulminatrix*, existait déjà du temps de Domitien, et que son origine ne doit pas être imputée au miracle, rapporté par Eusèbe, d'une pluie de feu qui tombait sur les Quades, tandis que les Romains étaient rafraîchis par une pluie bienfaisante, circonstance qui, suivant le même auteur, valut à Marc-Aurèle la victoire, et dont il immortalisa le souvenir par la dénomination et l'armure de cette légion.

v. 61. *Cimmérias.* Les Cimmériens occupaient la Chersonèse, aujourd'hui Crimée. Ils se rendirent célèbres par leurs incursions en Asie, au midi du Pont-Euxin. Suivant Hérodote, IV, c. 11, 12, ils furent chassés des rives du Pont-Euxin par les Scythes, sous le règne de Cyrus.

v. 65 à 70. *Achæmeniæ.* La Perse était ainsi appelée du nom d'Achémène, fille d'Égée, qui donna son nom à une partie de ce pays. — Les Dandarides étaient voisins des Cimmériens. Nous les appelons Dandarides, contrairement à tous les manuscrits, qui portent *Gangarides*. Mais les Gangarides, selon Pline, habitaient aux extrémités de l'Inde, vers les bords du Gange, et ne pouvaient pas être intervenus dans la guerre des nations sarmates. Tacite, *Ann.*, XII, c. 15, parle d'un roi des Dandarides, détrôné par Mithridate, roi du Bosphore Cimmérien; de Sosa, capitale de la Dandarique; *regem Dandaridarum exturbat... Sosam, oppidum Dandaricæ.* — Le Gérys, appelé Gerus par Pline, aujourd'hui Moloszaijawodi. Ovide, *Métam.*, XV, v. 329; *Fast.*, IV, v. 363, parle de deux autres rivières dont les eaux avaient aussi une vertu enivrante. — Les Acésins étaient une peuplade scythe, qui habitait vers les bords de l'Acésinus, rivière dont parle Pline, IV, c. 26, et qu'on trouve sur la côte septentrionale de l'Euxin, à quelque distance du Bog ou de l'Hypanis. Quant à la biche dont il est ici question, il est assez singulier que le poète lui donne des cornes.

v. 74. *Hylœa.* Les Hyléens, peuplade scythe, étaient établis vers les bords de l'Hypanis. Pline donne à leur pays l'épithète de *silvestris*. Ὕλη, d'où vient le nom d'Hylie, veut dire *forêt*.

v. 79 à 85. *Hyrcanis.* L'Hyrcanie bordait le rivage oriental de la mer Caspienne, à partir de l'embouchure du Sidéris, rivière dont le nom se retrouve encore dans celui d'Ester, qu'elle porte maintenant. De ce point, la mer Caspienne prenait le nom de mer Hyrcanienne. — Les Cyris, dont Pline ne fait aucune mention, sont probablement les Cyriens dont parle Polybe, et qu'il place dans l'Arménie. — Le nom de Coralètes ne se trouve non plus ni dans Pline, ni dans aucun géographe ancien. — La *cataie* était une arme de trait, dont le fer était court et étroit, bien différente de la *romphée* dont il sera parlé plus bas, et dont le fer était d'une longueur égale au manche et d'une largeur proportionnée. — Le Tyra ou Tyras a été postérieurement appelé Danaster, d'où est venu le nom de Dniester qu'il porte aujourd'hui. Le mont Ambénus ou Ambène n'est cité ni par Étienne de Byzance, ni par Ptolémée, Strabon et Pline. Peut-être que le nom est altéré. — Ophiuse était une île située sur le Tyras ou Dniester, près de l'embouchure de ce fleuve dans le Pont-Euxin; elle s'appelle aujourd'hui Afzia. Il y avait dans cette île une ville du même nom. Plusieurs îles désertes, avant que la population des hommes y ait arrêté celle des reptiles, s'appelaient Ophiuse : Rhodes et Formentera sont de ce nombre.

v. 86. *Sindi.* Les Sindes habitaient un canton sur l'Euxin, à la suite du Bosphore Cimmérien. Sundgik, bâti au même lieu que le *Sindicus portus*, a conservé quelque chose de leur ancien nom. C'étaient originairement des esclaves scythes qui se révoltèrent contre leurs maîtres, et s'emparèrent de leur territoire. Voyez Hérodote, IV, c. 1, 3, 4. — Les Corales, dont parle Strabon, dans son septième livre, étaient voisins des Besses, qui ont laissé leur nom à la Bessarabie, et habitaient près de Tomi, vers les embouchures du Danube.

v. 95. *Ast ubi sidonicas.* Les Sidoniens étaient quelque peuplade de la nation des Bastarnes. Ptolémée range les Bastarnes parmi les grandes nations de la Sarmatie; ils occupaient le dessus de la Dacie, et on les retrouve jusqu'en Hongrie, où les monts Krapaks s'appelaient aussi les Alpes Bastarnes.

v. 98. *Rumpia.* La *Rumpie* ou *Romphée*, du grec ῥομφαῖα, était une sorte de pique particulière aux Thraces et aux nations du Caucase. Le fer et le manche en étaient d'égale longueur. — L'*aclyde* était une arme de trait dont le fer était cylindrique; on y adaptait une courroie qui permettait de retirer à soi le trait, après l'avoir lancé. Cette arme est bien décrite dans Virgile, *Æneid.*, VII, v. 730. La *parme* était un bouclier circulaire et parfaitement rond. C'est de là même, s'il faut en croire Varron, que lui venait son nom. *Parma*, dit-il, *quod a media in omnes partes par sit.*

v. 100. *Noæ.* « Le Noès, dit Hérodote, IV, c. 49, vient de la Thrace et se jette dans l'Ister, après avoir traversé le pays des Thraces Crobyziens. » Pline n'en fait aucune mention, et d'Anville ne donne sur ce fleuve aucun renseignement. — L'Alazon n'a point changé de nom; il se nomme encore aujourd'hui Alazon ou Alazan. Il descend du Caucase et se jette dans le Cyrus. Il séparait l'ancienne Albanie de l'ancienne Ibérie, comprises maintenant toutes deux sous le nom de Géorgie. — Le Toras dont il est ici question ne peut pas être le même fleuve cité plus haut, v. 84, sous le nom de Tyras; c'est sans doute *Torus* qu'il faudrait lire, fleuve de la Colchide dont parle Strabon au livre xi. — L'*Évarchus* est une rivière qu'on ne sait où placer, mais qui n'est certainement pas celle que Pline et Strabon mettent dans la Paphlagonie, près de Sinope.

v. 106. *Drancœa*. Les Dranceéns ou Drangéens habitaient au delà de la mer Caspienne une contrée qui fait aujourd'hui partie du Sigistan. — Les portes Caspiennes étaient situées au midi de la mer Caspienne, à quelque distance de cette mer. On les a quelquefois confondues avec les portes Caucasiennes, *Caucasiæ* ou *Sarmaticæ pilæ*, passage fort étroit, dans les montagnes de l'Ibérie, fermé, selon d'Anville, *Géog. anc.*, ii, p. 119, 123, d'une porte que défendait par derrière un boulevard ou une forteresse nommée Cumania, et qui s'appelle maintenant Tatar-Topa.

v. 107. *Turba canum*. Cicéron, dans ses Tusculanes, i, c. 45, parle de ces chiens belliqueux; seulement il les place dans l'Hyrcanie. Les Caspiens, peuples qui habitaient le long de la mer Caspienne, depuis le fleuve Cyrus ou Kur jusqu'au midi de cette mer, s'en faisaient d'utiles auxiliaires dans les combats. On prétend même qu'ils se faisaient un honneur d'être dévorés par eux.

v. 114. *Hyrcanis*. A la suite des Caspiens, dit Pline, vi, c. 18, sont les Hyrcaniens qui donnent leur nom à la mer qui baigne leurs rivages. Ammien Marcellin les peint comme un peuple chasseur. L'Hyrcanie, selon Hardouin, se nomme aujourd'hui le Tarabestan.

v. 118. *Lagea*. On sait que le premier des Ptolémées, qui fonda sa dynastie en Égypte, s'appelait Lagus; de là les *terres Lagides*, *Lagea novalia*, pour désigner l'Égypte. La Panchaïe, c'est-à-dire l'Arabie Troglodyte, dont cette province était une partie.

v. 120. *Iberia*. Les Ibériens, dit Dion Cassius, habitaient les terres qui sont en deçà et au delà du fleuve Kur, voisins par conséquent des Arméniens du côté du couchant, et des Albaniens du côté du levant. Ils ne furent jamais soumis aux Mèdes, ni aux Perses, ni même à Alexandre; seulement ils furent battus par Pompée.

v. 122. *Neurus*. Les Nèvres, suivant Pline, iv, c. 26, habitaient depuis Taphra, aujourd'hui Précop, jusque bien avant dans l'intérieur du continent, dans ce qui est aujourd'hui la partie la plus orientale de la Lithuanie. Ils enlevaient les femmes, les jeunes filles, les jeunes garçons, et élevaient ces derniers dans leurs mœurs. — Les Iazyges étaient établis au-dessus du Palus-Méotide, et on les retrouve encore entre la Dacie et la Pannonie. Ils sont encore connus en Hongrie, dans les environs d'une ville, à la hauteur de Bude, appelée Jaz-Bérin, nom qui signifie fontaine des Iazyges. D'Anville, *Géog. anc.* si, p. 320. Il y a plus; la nation des Iazyges, selon Windisch (*Géographie ancienne*), se retrouve sans altération dans la contrée appelée encore Jaszag. C'est un petit district, sur la Theiss, de 4 milles de long, sur 3 à 4 de large, entre les comitats d'Hervesch, Solrock extérieur, et de Pesth.

v. 129. *Micelæ*. Il paraît que ce nom des Micèles et des Cesséens a été altéré dans le texte. On ne trouve nulle part des traces de ces deux peuples. — Les Arimaspes habitaient un pays montueux, non loin de la Caspienne, et appartenaient tout ensemble à l'Europe et à l'Asie, se trouvant aux confins de l'une et de l'autre. Les anciens ne leur donnaient qu'un œil (Hérodote, iv, c. 27). Ils les représentaient sans cesse en guerre avec les griffons, et cherchant à leur arracher l'or des mines que ces monstres, moitié quadrupèdes, moitié oiseaux, voulaient se réserver. — Les Auchates ou Auchètes, comme les appelle Pline, étaient répandus sur les bords de l'Hypanis, qui prenait sa source dans leur pays. De là ils s'étendirent jusqu'au bord du Tanaïs, dont ils détruisirent les anciens habitants.

v. 135. *Thyrsageten*. Les Thyrsagètes ou Thyssagètes habitaient au delà du Méotis, dans l'intérieur des terres, à la suite des Auchates, des Nèvres et des Gélons.

v. 143. *Eumeda*. On ignore si c'est ici le nom d'un peuple ou d'une montagne. — Les Exomates, appelés Jaxamathes par Étienne de Byzance, habitaient le long du Méoti, près du lieu où fut bâtie depuis la ville d'Azof. — Les Torins ou Toriniens ne sont mentionnés par aucun géographe ancien. — Les Satarques habitaient au delà du Tanaïs. L'intérieur de la Chersonèse Taurique était aussi occupé par eux et par les Tauriques.

v. 151. *Centoras*. Ce peuple n'est cité nulle part. — Les Choatres sont indiqués dans Pline, vi, c. 7, qui les place un peu avant les Dandarides et les Thyssagètes. L'art de la magie semble être inhérent au territoire de Colchos; car, en Mingrélie, des papas, remarquables par leur ignorance, selon Chardin, *Voy. en Perse*, 1, p. 60, se vantent de prédire l'avenir.

v. 161. *Ballonoti*. Ainsi nommés, suivant quelques-uns, de la ville de Bélia, qu'on trouve après Apollonie, dans la partie de la Thrace qui borde le Pont-Euxin. — Les Mèses habitaient le pays qui répond en général à ce que nous nommons la Servie et la Bulgarie. — Les Sarmates étaient proprement ce peuple que les anciens appelaient, comme les Agathyrses, *Hamaxobii*, de sa manière de vivre dans des cabanes traînées sur des chariots. Plus tard le nom de Sarmates ou Sauromates fut donné à tous les peuples qui habitaient les pays situés en Europe et en Asie, sur les deux rives du Tanaïs, lequel, vers le bas de son cours tendant au Palus-Méotide, divisait la Sarmatie d'Europe de la Sarmatie d'Asie.

v. 317. *Te quoque, Canthe*. Voyez livre i, v. 451, où le poète annonce le genre de mort qui attendait Canthus. Tout le passage consacré ici à décrire les luttes engagées sur le corps de Canthus est une imitation presque littérale des combats qu'Homère fait livrer sur le corps de Patrocle. Valérius fait jusqu'à la comparaison du corroyeur que les modernes ont tant critiquée. Voyez le xxiie chant de l'*Iliade*.

v. 375. *Pelta*. Le *pelta* des Amazones était un bouclier très-court, échancré comme la lune dans son croissant.

v. 383. *Machina muri*. On sait que, dans la défense des places, les anciens se servaient de tours de bois exhaussées sur les murs, et qui dominaient les tours que les assiégeants employaient aussi pour l'attaque.

v. 387. *Falcatos... axes*. Les chariots armés de faux furent très-anciennement employés dans les combats, chez les peuples de l'Orient.

v. 410. *Non tam fœda*. Valérius parle ici d'un désastre arrivé dans les dernières années du règne de Néron, et dont le souvenir était encore très-récent. Voici comment le rapporte Tacite. « A quelques jours de là, on apprit la perte de la flotte. Ce malheur n'était pas le fruit d'un combat; car il n'y est jamais une paix si profonde. C'était Néron qui avait fixé un jour précis pour le retour de la flotte en Campanie, sans excepter les hasards de la mer; aussi, quoiqu'elle fût très-menaçante, les pilotes partirent de Formies. Comme ils s'efforçaient de doubler le promontoire de Misène, un vent de sud violent les poussa contre le rivage de Cumes, où l'on perdit beaucoup de trirèmes et une foule de petits bâtiments. » *Ann.*, xv, c. 46.

v. 420. *Umbro*. Les chiens de chasse de l'Ombrie avaient une grande réputation dans l'antiquité.

v. 427. *Cytœi*. On appelait ainsi les Colchidiens du nom de Cyta, ville de la Colchide et patrie de Médée.

v. 433. *Increpat... Vulcanum*. Cette fable des taureaux de Vulcain, que Jason accouplera et qu'il forcera de labourer le champ de Mars, où il sèmera les dents du dragon de Cadmus, est racontée au long dans les *Métamorphoses* d'Ovide, livre vii.

v. 447. *Atracio*. Pour *Thessalico*. Atrax, aujourd'hui, selon d'Anville, Ternovo, était une ville de la Thessalie.

v. 512. *Geloni*. Les Gelons étaient reculés dans l'intérieur des terres, au-dessus du Palus-Méotide. Ils habitaient entre les Nèvres et les Thyssagètes; ils se teignaient la peau, ainsi que les Agathyrses, qui de plus se coloraient les cheveux en bleu.

v. 696 et suiv. Le portrait que Valérius trace de cet ambassadeur des Parthes qui combat avec les Colchidiens, rappelle celui qu'a fait Quinte-Curce, iii, c. 3, des *immortels* de Darius.

L'usage si familier aux Parthes de lancer leurs traits en fuyant, a été souvent décrit par les poètes. Mais on sera peut-être étonné d'apprendre que cette manière de combattre existe encore de nos jours. Les Persans d'aujourd'hui, les cavaliers surtout, se servent de l'arc avec une adresse redoutable. Ils tirent comme les anciens Parthes, se retournent sur leurs chevaux en fuyant, et lancent des flèches avec autant de vigueur que de dextérité. Leurs arcs ont aussi conservé la même forme qu'ils avaient jadis.

v. 710. *Liquido auro*. C'était ou de l'or en fils minces et déliés (filigrane), ou de l'or en bandes légères. Homère, dans une comparaison que Valérius traduit ici sans scrupule, dit aussi : Πλοχμοί θ', οἳ χρυσῷ τε καὶ ἀργύρῳ ἐσφήκωντο. *Iliad.*, xvii, v. 52 et suiv. Peut-être aussi était-ce une pommade, une essence, une huile couleur d'or. Voyez Casaubon, *ad Capitolini Verum, cap.* 10.

v. 738. *Et galeam fletu*. Ce vers semble indiquer que les casques des Scythes étaient fermés comme ceux qui depuis ont été appelés heaumes, *elmo* en italien, mot emprunté par cette langue aux peuples du nord.

v. 753. *Ægraque muris*. *Ægra* n'est pas mis ici pour *œgre*, mais pour *œgro corde*, le cœur malade, comme dit la Fontaine, à l'imitation d'Anacréon, ode 3, à la fin : Σὺ δὲ καρδίαν πονήσεις.

v. 755. *Nyctelii*. Surnom donné à Bacchus, parce que ses sacrifices se célébraient la nuit; de νὺξ nuit, et τελέω achever.

LIVRE VII.

v. 76. *An tibi Cadmei*. Les dents du dragon tué par Cadmus, que Valérius fait plus loin semer par Jason, sous la protection de Médée, l'ont été par Cadmus lui-même. Voici cette histoire. Jupiter ayant enlevé Europe, Cadmus eut ordre d'Agénor, son père, d'aller la chercher et de ne point revenir sans elle. Il consulta l'oracle de Delphes, qui, au lieu de le satisfaire sur sa demande, lui ordonna de bâtir une ville à l'endroit où un bœuf le conduirait. Il partit, résolu de parcourir le monde. Arrivé en Béotie, il fit un sacrifice aux dieux, et envoya ses compagnons à la fontaine de Dircé pour y puiser de l'eau; mais ils furent dévorés par un dragon. Minerve lui conseilla d'attaquer le monstre et de le tuer. Cadmus y réussit. Il sema ensuite les dents du dragon, d'où naquirent des hommes tout armés qui s'entre-tuèrent sur-le-champ, à la réserve de cinq qui l'aidèrent à bâtir la ville de Thèbes, là où le bœuf dont l'oracle lui avait parlé, le conduisit. Voyez les *Métamorphoses* d'Ovide, livre iv.

v. 113. *Phariæque vocant*. Voyez, sur la fable d'Io, notre auteur, l. iv, v. 400-418, et la note du vers 417, même livre : sur l'Égypte, qu'on appelait *Pharia tellus*, voyez la note du vers 408, même livre.

v. 147. *Turbidus ut Pœnis*. Voyez la note du vers 849 du liv. i.

v. 148. *Agmina matris*. La troupe des Furies qui accompagnait Clytemnestre.

v. 179. *Tu face luciferæ*. *Lucifera* était un des surnoms sous lesquels Diane était adorée. On trouve plusieurs médailles antiques avec cette inscription DIANÆ LUCIFERÆ.

v. 232. *Et nunc Ausonii*. Picus était fils de Saturne et roi d'Ausonie. Valérius le donne pour époux à Circé. Il a suivi une autre tradition qu'Ovide, qui, *Métam.*, xiv, *fab.* vi, v. 335) fait épouser Picus à Canente, et changer ce roi en pivert par Circé. La déesse était irritée de ce que Picus, qui aimait tendrement sa jeune épouse, avait refusé de condescendre à ses vœux. Voy. Ovide, à l'endroit indiqué.

v. 276. *Si Pelopis*. Hippodamie était fille d'Œnomaüs. Son père la chérissait tellement, qu'il ne la voulait donner qu'à celui qui la vaincrait à la course, parce qu'il était assuré que personne ne la surpassait dans cet exercice. Il massacrait tous ceux qui en sortaient vaineus, et il tua jusqu'à treize princes. Il faisait placer Hippodamie sur son char, de manière à ce qu'ils pussent bien la voir, et que sa beauté les empêchât d'être attentifs à leurs chevaux. Mais Pélops, quelques-uns disent Pirithoüs, entra dans la lice, vainquit Hippodamie et l'épousa.

v. 279. *Minoïa virgo*. Ariadne, fille de Minos, roi de Crète. Elle fut cause de la mort du Minotaure, son frère, parce qu'étant amoureuse de Thésée, elle facilita à celui-ci la sortie du labyrinthe, après que Thésée eut vaincu et tué le monstre.

v. 301 et suiv. *Sœvus Echionia*. *Echionia*, pour *Thebana*, d'Echion, l'un des cinq compagnons de Cadmus qui survécurent au massacre général des guerriers issus des dents du dragon.

Valérius, dans cette comparaison, a suivi la tradition d'Euripide, dans la tragédie des Bacchantes, où le poète grec introduit Penthée faisant jeter Bacchus dans les fers. Mais le dieu brise ses entraves, sort de prison, souffle ses fureurs à Penthée, le revêt d'un habit de femme, lui donne les attributs d'une bacchante, le pousse au milieu d'une troupe de Ménades, et l'y abandonne à leurs fureurs. Par l'épithète de *pudibunda*, Valérius fait voir que, comme Euripide, il attribue aussi la modestie aux Bacchantes. Ovide (*Métam.*, v, 708 et suiv.) a peint à sa manière, mais sous les couleurs les plus vives et les plus propres à émouvoir, la mort infligée à Penthée par sa mère Agavé.

v. 330. *Et quæ sanguinea*. Rien de si commun dans les poètes anciens que ces descriptions d'enchantements, de magiciennes qui forçaient la lune de descendre, afin que, près de la terre, elle versât son écume sanglante sur les herbes destinées aux opérations magiques. Cette écume était, selon eux, l'effet de la rage que faisait éprouver à la lune la violence des enchantements.

v. 364. *Harpen*. L'harpé était une épée recourbée en faux ou faucille, que les poètes ont donnée à Persée et à Mercure. Voyez la note du v. 390 du livre iv.

v. 391. *Lumina*. Tous les manuscrits portent *Numina*. Les commentateurs ont, bien entendu, proposé chacun sa conjecture; mais aucun d'eux n'a vu le rapport qui existe entre cette phrase : *monstrataque condere vultus Lumina* et cette autre : *Stupet ipsa gravi non tardior umbra.* Il est en effet naturel de penser que la nuit devenait d'autant plus lente que les astres restaient arrêtés plus longtemps par la vertu des enchantements de Médée. On pourrait seulement trouver étrange le mot *vultus* appliqué aux astres. Mais cette métaphore un peu hardie n'est pas sans exemple dans Valérius, qui en emploie souvent de plus hardies encore, et d'un goût bien plus équivoque.

v. 462. *Erinnys.* En Grèce, comme dans l'Orient, le sang de l'homme tué criait vers le ciel, et la vengeance en était confiée au bras des Érinnys. Dans l'origine, elles ne vengèrent que les deux crimes les seuls connus de l'antiquité, le parjure et le meurtre des proches parents. C'est ainsi qu'on les trouve dans Homère et dans Hésiode. Ce sont les *divæ ultrices* des poëtes romains. Elles poursuivent les criminels comme des chasseresses et comme des chiens, disent les tragiques grecs. Lorsqu'Athènes eut plus tard, dans son aréopage, des vengeurs du meurtre, les déesses *irritées* devinrent les déesses *expiées*, Εὐμενίδες. Alors elles se retirèrent dans les enfers, où les poëtes leur attribuèrent les fonctions de bourreaux. Elles ne reviennent sur la terre que lorsqu'il faut inspirer à quelqu'un de la fureur, ou des projets de meurtre. C'est ainsi qu'on les voit dans le cercle mythique des poëtes romains, depuis Virgile. Bientôt Ποινή, qui signifia la rançon du meurtre, comme le *pœna* des Latins, servit à désigner Érinnys qui venge les crimes de meurtre; de là Ποινῆςις Ἐρυννύς. Voyez la note du v. 849 du livre I.

v. 509. *Meritis perjuria pœnis Despondet,* pour *despondet perjuriis meritas pœnas.* C'est un de ces renversements de construction, appelés *hypallages* par les rhéteurs, et qui sont très-familiers aux poëtes, particulièrement à Virgile.

v. 604. *Non aliter medio.* Valérius compare ici Jason, vainqueur, des taureaux, aux Lapithes, les premiers qui domptèrent les chevaux. Le cheval dont parle le poëte est sans doute celui que Neptune fit sortir de terre, d'un coup de son trident.

v. 624. *Agmina Palladios.* Hyginus dit que ce fut avec le secours de Minerve qu'Hercule parvint à détruire l'hydre de Lerne. Elle lui donna le conseil d'employer le feu au lieu du fer.

v. 636. *Comatos.* Ce mot indique les Galles, prêtres de Bellone ainsi que de Cybèle, et qui, descendus de ces Gaulois transplantés dans l'Asie Mineure, où ils prirent le nom de Gallo-Grecs, avaient la longue chevelure de leur nation.

LIVRE VIII.

v. 6. *Ultima virgineis.* Les bandelettes des vierges différaient de celles des femmes mariées. Toutes deux cependant n'appartenaient qu'aux femmes libres. Valérius désigne la bandelette virginale dans le vers indiqué; Properce décrit la bandelette conjugale dans ceux-ci :

Mox ubi jam facibus cessit prætexta maritis,
Vinxit et aspersas altera vitta comas.
Liv. IV, Élég. XI, v. 34.

car on voit qu'il désigne là une autre bandelette que la bandelette conjugale.

v. 8. *Ante perantiqui.* Tous les manuscrits portent *per antiqui* en deux mots. Nous l'avons, à l'exemple de M. Ad. Dureau de Lamalle, à qui cette heureuse correction est due, rétabli en un seul. La préposition *per* qui venait immédiatement après *ante*, rendait celle-ci inintelligible.

v. 28. *Latmius.* Le chasseur du Latmus, Endymion. Le Latmus était une montagne de la Carie, qui dominait sur le petit golfe où était placée la ville de Milet.

v. 91. *Veniens Alpheos.* L'Alphée prenait sa source en Élide; il passait par-dessous les eaux de la mer et par des cavités souterraines, pour venir en Sicile confondre ses eaux avec celles de la fontaine d'Aréthuse. Voyez cette jolie fable dans Ovide, *Métam.* V, v. 494-497 et 573 et suiv.

v. 96. *Sacra ferens epulas.* On a vu que ce dragon avait une origine céleste. Le mot *epulas* était consacré pour les banquets des dieux. A Rome les prêtres qui présidaient aux repas des sacrifices s'appelaient *epulones.*

v. 116. *Thaumantias.* Iris, fille de Thaumas, lequel était fils de la Terre et de la Mer, suivant Hésiode et Hyginus.

v. 177. *Erginus.* Le pilote qui avait succédé à Tiphys. Voy. V, v. 65.

v. 178. *Vos, ait, Æsonide.* En parlant à un chef, à un général, à un empereur, les Romains employaient souvent le pluriel, comme le supposant toujours entouré. Ainsi Plaute dans le *Pœnulus,* act. III, sc. II, v. 27 : *Agite, intro abite Agorastocles;* et Tibulle, liv. I, Élég. III, v. 1 : *Ibitis Ægeas sine me, Messala, per undas.*

v. 183. *Mutandum, o socii.* Les écrivains grecs ne sont point d'accord sur la route que suivirent les Argonautes à leur retour. L'opinion qu'a suivie Apollonius de Rhodes, et après lui Valérius, est celle de Timagète. Celui-ci, dans son ouvrage sur *les ports,* assurait que l'Ister, sorti des monts de la Germanie, se rendait dans un grand lac, et que là il se partageait en deux branches, dont l'une se rendait dans le Pont Euxin et l'autre dans la mer de Germanie; et que c'était en suivant cette dernière branche que les Argonautes s'étaient rendus en Étrurie.

v. 194. *Corymbis.* Voyez IV, v. 691.

v. 195. *Ignarus fixas.* Voyez IV, v. 710.

v. 201. *Plaustris migrantibus.* Voyez VI, v. 154.

v. 211. *Murmura ponunt.* Idas avait déjà donné l'exemple des murmures. Voyez VII, v. 574.

v. 214. *Carambin.* Promontoire de la Paphlagonie. Voyez IV, v. 599. — *Regna Lyci.* Les États de Lycus roi des Mariandyniens, Voy. VI, v. 737, 748; V, v. 8.

v. 217. *Insula... Peuce.* L'île de Peucé est proprement le delta formé par les différents bras du Danube. Selon Ptolémée, les grandes nations de la Sarmatie sont les Bastarnes et les Peucins, qui occupent le dessus de la Dacie. Il est même parlé de ces deux peuples comme d'un seul. D'Anville a placé sur sa carte les Peucins à l'embouchure du Danube. On voit pourtant que Valérius (v. 219) y a mis les Alains.

v. 236. *Arsuras alia.* Ceci a trait à Créuse, fille de Créon, roi de Corinthe, que Jason épousa, après avoir répudié Médée. Pour se venger de cet affront, Médée, suivant Euripide, envoya à Créuse des ornements qui s'enflammèrent aussitôt que Créuse s'en fut parée, et qui la firent périr, elle, son père et tout le palais. Valérius fait donner à Créuse la couronne de Médée, *duplicem coronam,* ainsi appelée, suivant Heyne, *ad Virgil. Æn.,* I, v. 655, parce qu'elle était d'or et incrustée de perles.

v. 239. *Sic ubi Mygdonios.* Médée est ici comparée aux prêtres de Cybèle et aux autres adorateurs de cette déesse, qui, après s'être taillade les bras à coups de couteau, pendant les premiers jours de fêtes, lavaient leurs plaies dans l'Almon pendant les derniers jours, et se livraient ensuite à la joie. Valérius rappelle encore deux fois ces fêtes; III, v. 232 et suiv.; VII, v. 635.

v. 245. *Ignem Pollux.* Ce sont les cérémonies romaines que Valérius a décrites; car l'usage des Grecs, ainsi que des Macédoniens, était que les deux époux goûtassent ensemble d'un pain qu'on avait séparé avec le tranchant d'une épée. La cérémonie de l'eau et du feu, chez les Romains, suivait immédiatement les fiançailles ; cette eau et ce feu étaient placés sur le seuil de la maison que les époux devaient habiter. Il fallait que l'un et l'autre y portassent la main. On ajoutait pour la femme la cérémonie de l'aspersion. Dans les cérémonies lugubres et funéraires, l'usage était de tourner à gauche ; à droite, dans les cérémonies riantes et gaies. Enfin, lorsqu'au jour du mariage la flamme des sacrifices ne s'élevait pas pure et brillante, c'était un funeste présage.

v. 399. *Atque alius lueret.* Allusion à Pâris, qui, en enlevant Hélène, allumera plus tard la guerre entre l'Europe et l'Asie.

v. 447. *Ogygias... arces.* Thèbes, ainsi nommée d'Ogygès, un de ses plus anciens rois. — Le mont d'Aonie était dans la Béotie.

v. 451. *Terrigenas.* Les guerriers nés des dents de Cadmus, semées par Jason.

v. 453. *Et Tempe viridi.* Ce vers paraît n'avoir été entendu par aucun des commentateurs. La traduction dispense de toute explication.

v. 461. *Chaonio... trunco.* Le navire Argo. Sa carène avait été formée d'une poutre de la forêt de Dodone, et la forêt de Dodone se trouvait dans la Chaonie, portion de l'ancienne Épire.

TABLE DES MATIÈRES

CONTENUES

DANS CE VOLUME.

	Pages
Avertissement des éditeurs	1

LUCRÈCE.

Traduction de M. Chaniot.

Notice sur Lucrèce	
De la nature des Choses, livre Ier	1
Livre II	22
Livre III	44
Livre IV	65
Livre V	89
Livre VI	118

Sommaires du poème de la nature des Choses.

Sommaire du livre Ier	143
— du livre II	ib.
— du livre III	144
— du livre IV	ib.
— du livre V	ib.
— du livre VI	ib.

Notes sur le poème de la Nature des Choses.

Notes du livre Ier	145
— du livre II	146
— du livre III	148
— du livre IV	149
— du livre V	151
— du livre VI	152

VIRGILE.

Traduction de M. Auguste Nisard.

Notice sur Virgile	157
Les Bucoliques	
Églogue Ire. Tityre	161
— II. Alexis	163
— III. Palæmon	165
— IV. Pollion	168
— V. Daphnis	169
— VI. Silène	171
— VII. Mélibée	173
— VIII. Les Enchantements	175
— IX. Méris	177
— X. Gallus	179

	Pages
Les Géorgiques	
Livre Ier	182
Livre II	192
Livre III	204
Livre IV	216
L'Énéide	
Livre Ier	229
Livre II	245
Livre III	262
Livre IV	277
Livre V	291
Livre VI	310
Livre VII	329
Livre VIII	346
Livre IX	361
Livre X	378
Livre XI	397
Livre XII	416
Poésies diverses	
Le Moucheron	437
L'Aigrette	445
Catalectes.	
Catalecte Ier, à Tucca	456
Catalecte II, sur le rhéteur C. Annius Cimber	456
Catalecte III, contre Noctuin	457
Catalecte IV, contre le même	ib.
Catalecte V, contre Lucius	ib.
Catalecte VI, à Vénus	458
Catalecte VII, Virgile dit adieu à tous ses travaux littéraires pour embrasser la philosophie Epicurienne	ib.
Catalecte VIII, sur Sabinus. Parodie de Catulle	ib.
Catalecte IX, à Varius	459
Catalecte X, à la villa de Syron	ib.
Catalecte XI, à Valérius Messala	ib.
Catalecte XII, sur Pompée le Grand, ou sur Mithridate	460
Catalecte XIII, à Antonius Musa	461

	Pages.
Catalecte XIV, sur la mort d'Octave..........	*ib.*
Catalecte XV, fragment d'une lettre de Virgile à Auguste sur son Énéide...............	*ib.*
La Cabaretière..................	*ib.*
Le Petit Jardin.................	462
Moretum.......................	463
NOTES SUR VIRGILE................	
Notes des Églogues.	
Églogue Ier................	465
— II........................	*ib.*
— III.......................	466
— IV.......................	*ib.*
— V........................	467
— VI.......................	*ib.*
— VII......................	468
— VIII.....................	*ib.*
— IX.......................	*ib.*
— X........................	469
Notes des Géorgiques.	
Livre Ier...................	449
— II........................	470
— III.......................	472
— IV.......................	473
Notes de l'Énéide.	
Notes du Livre Ier..............	474
— II..............	465
— III.............	*ib.*

	Pages.
— V...............	476
— VI..............	477
— VII.............	*ib.*
— VIII............	*ib.*
— X...............	478
— XI..............	*ib.*
— XII.............	*ib.*

VALÉRIUS FLACCUS.

Traduction de M. Charles NISARD.

	Pages.
Notice sur Valérius Flaccus...........	481
LES ARGONAUTIQUES. Livre Ier..............	483
Livre II................	500
Livre III...............	513
Livre IV...............	528
Livre V................	543
Livre VI...............	557
Livre VII..............	572
Livre VIII.............	585
NOTES SUR VALÉRIUS FLACCUS.............	
Notes du livre Ier...............	595
— du livre II................	597
— du livre III...............	600
— du livre IV...............	601
— du livre V................	603
— du livre VI...............	606
— du livre VII..............	608
— du livre VIII.............	609

www.ingramcontent.com/pod-product-compliance
Lightning Source LLC
Chambersburg PA
CBHW060404230426
43663CB00008B/1385